唐宋八大家文鉴赏辞典

赵朴初题

吴小林 主编

上海辞书出版社

《唐宋八大家文鉴赏辞典》

主　编　吴小林

撰稿人（以姓氏笔画为序）：

王学泰　王琦珍　毛水清　邓小军　田　刚　刘　汾　刘　城
刘元煌　刘文忠　刘学锴　刘勇刚　刘振娅　刘德清　汤贵仁
许伯卿　许逸民　杜维沫　李小兰　李如鸾　吴小林　吴企明
吴振华　沈惠乐　陈　新　陈中林　陈祖美　陈晓芬　林　薇
金　涛　郑忠凤　赵乃增　赵慧文　胡冠莹　段祖青　袁　茹
袁春艳　晏资坤　徐育民　诸天寅　董乃斌　蒋振华　傅秋爽
詹　颂　熊礼汇　魏祖钦

目　录

出版说明

中国散文源远流长，而唐宋八大家文，是中国散文史上的一座高峰，是宝贵的文学遗产。我社新推出“中国文学鉴赏辞典大系”新成员——《唐宋八大家文鉴赏辞典》，以满足广大读者阅读和鉴赏唐宋八大家散文的需求。

唐宋八大家，是唐宋时期八位散文代表作家的合称，他们分别是唐代的韩愈、柳宗元，宋代的欧阳修、曾巩、王安石、苏洵、苏轼、苏辙。明初朱右的《八先生文集》（已逸）最早把两代八人的文章合于一集。后明末茅坤所辑《唐宋八大家文钞》正式提出“唐宋八大家”名称，并流传至今。“唐宋八大家”以其简洁而响亮的称号，概括了一个互有联系而又各具特色的散文作家群，反映了我国散文史上巅峰时期——唐宋时期散文的风貌和成就。他们的文章内容充实，文以明道，饱含着忧国忧民的情怀和改革政治的理想，同时又善于炼造，形式谐美，风格自然流畅，富于文采，具有思想性和艺术性和谐统一的特色，在散文史上有革新、创造意义。

本书共选录唐宋八大家文三百六十余篇，既有抒情、写景、叙事的文学性文章，也有碑志、状、表等实用性文章。各家文前列有作者小传；每篇文后有字、词、相关典故注释，另配一篇精当的鉴赏文章；书后附作品辑评、八大家书目、名句索引和笔画索引，以更好地满足读者的需要。

本书力图秉承先进的历史观点和科学的方法，从文学艺术的角度，鉴赏、评价八大家散文的辉煌成就，帮助读者了解其发展和流变，感受八大家散文的魅力。希冀这部《唐宋八大家文鉴赏辞典》还能为读者提供一种精审的选本和精到的注本。不当之处，敬请专家、读者指正。

上海辞书出版社

2021 年 10 月

凡　例

一、本辞典收录唐代韩愈、柳宗元与宋代欧阳修、苏洵、曾巩、王安石、苏轼、苏辙八大家文的代表作品共366篇。按入选篇数多少依次为韩愈68篇、柳宗元65篇、苏轼64篇、欧阳修62篇、王安石40篇、曾巩25篇、苏辙22篇、苏洵20篇。大体反映了唐宋八大家各自的成就、地位、影响等实际状况。

二、本辞典入选的标准为八大家文中内容形式俱佳的名篇，同时兼顾赋、论、说、传、记、书、序、颂、赞、祭文、碑志、状、表等各种体裁的代表作。全方位体现了唐宋八大家文的最高成就。

三、本辞典的作品按作家所处朝代前后和作家出生先后编次，同一作家的作品编排在一起。

四、本辞典的主体为正文部分。正文每篇包括原文、注、鉴赏三部分。

五、原文的底本尽量选择善本，统一约请专家分工点校，并在有关原文末尾注明“以上××文据×××，×××点校”字样。点校时还参照其他版本，择善而从，以尽可能为读者提供比较完善准确的原文文本。

六、原文的标目，基本上采用所选底本原标的题目。凡考得有其他通行题目者，则在注中另加说明。

七、注以帮助读者排除原文文字阅读障碍为主要目的，力求简明准确。

八、鉴赏部分是对原文的解读与品鉴，力图写得深入浅出、写出文采，做到雅俗共赏。凡征引古今文献，均说明出处。

九、注与鉴赏文中涉及古代部分的历史纪元，采用旧纪元括注公元纪元的方法。括注的公元纪元一般省略“年”字。同一个注或同一篇品读文中多次出现同一年号的年份时，仅在首次括注公元纪元。公元前的年份，加注“公元前”或“前”。

十、注与鉴赏文中涉及的古地名，酌情加注今地名。

十一、对难读与容易误读的字，括注汉语拼音。

十二、本辞典使用简体字，但在原文和引文中有时也酌情保留个别繁体字和异体字。

十三、本辞典附录有作品辑评、“八大家”书目、名句索引、篇目笔画索引等。

序

吴小林

中国是一个诗的国度，也是一个文的国度。中国散文源远流长，丰富多彩。而“唐宋八大家”文，则是古代散文的典范，是中国散文宝库中的璀璨明珠。

中国古典文学中，“唐宋八大家”是一个家喻户晓，妇孺皆知，最为人们所熟悉的习称。

所谓“唐宋八大家”，指唐宋时期八个散文代表性作家，即唐代的韩愈、柳宗元，宋代的欧阳修、曾巩、王安石、苏洵、苏轼、苏辙。这一称号出自明代茅坤所编《唐宋八大家文钞》一书，但渊源更早。远在明初，朱右曾采录韩、柳、欧、曾、王、“三苏”的文章编为《八先生文集》(已逸)，这是把唐宋八个散文作家合称的最初说法。到了明代中叶，“前七子”李梦阳、何景明等人提倡“文必秦汉”，推行是古非今和因袭模仿的散文主张，掀起一股盲目尊古、拟古的形式主义逆流。后来的“唐宋派”王慎中、唐顺之、茅坤、归有光等人就以推崇唐宋古文来与之相抗衡。为了标举学习典范，揭示入门途轨，更好地提倡、推广唐宋古文，唐顺之在他所纂的《文编》中，唐、宋两代只取韩、柳、欧、“三苏”、曾、王的文章，进一步肯定了唐宋八家的地位。稍后的茅坤，最敬崇唐顺之，文学主张也与唐相似，就在《文编》的基础上编纂《唐宋八大家文钞》，正式提出“唐宋八大家”的名称。虽然该书在今天看来存在不少缺陷和弊病，但由于提倡“唐宋八大家”的散文适应了当时文学斗争的需要，《文钞》选入的作品量就选本来说是较大的，与各人的全集相比，还算适中，其评语也有一定的可取之处，所以茅坤的书刊行后便“家弦户诵”(纪昀《四库全书总目提要》)，“盛行海内”(《明史·茅坤传》)，而“唐宋八大家”的称号也得到了大家的公认。

当然，“唐宋八大家”的称呼亦有不够科学的地方，因而遭到有些人的异议，如清人袁枚就说过：“夫文莫盛于唐，仅占其二；文亦莫盛于宋，苏占其三。鹿门当日其果取两朝文而博观之乎？抑亦就所见所知者而撮合之乎？且所谓一家者，谓其蹊径之各异也。三苏之文如出一手，固不得判而为三；曾文平纯，如大轩骈骨，连缀不得断，实开南宋理学一门，又安得与半山、六一较伯仲也？”（《小仓山房文集》卷三十《书茅氏八家文选》）这话并不完全中肯，但也有一定道理，如八家中成就高低不一，很不平衡，有的人称之为“大家”，确实有些勉强。不过，“唐宋八大家”以简练而又响亮的名称，概括了一个互有联系而又各具特色的著名散文作家群，较好地反映出我国散文史上巅峰时期——唐宋时期散文的风貌和成就，自有其合理和吸引人的地方，因而一经提出，便不胫而走，并一直流行到现在。

“唐宋八大家”文开辟了我国古代散文发展的新阶段，在整个散文史上起着承先启后、继往开来的作用，具有崇高的地位。

我国先秦、两汉流行的文章体制，是自然流畅的散体文，有着内容与形式和谐统一等优良传统。魏晋以后开始出现并逐渐占据文坛统治地位的，是讲对偶、尚辞藻、重格律的骈体文。后来这种文体的文风越来越绮靡，语言越来越脱离生活实际，内容也越益空洞，其末流更发展为文字游戏，成了表达思想、反映现实的桎梏，严重地阻碍着散文的健康发展。中唐时期的韩愈、柳宗元就是在这种情况下，发起古文运动，复兴儒学，提倡散句单行、自由抒写的古文，反对当时被称作“今文”的骈文统治文坛。这场改革文体、文风、文章语言的散文革新斗争的胜利，摧毁了骈文在文坛的统治地位，确立起古文这种新型散文，用来更好地宣传儒家思想，反映社会现实，服务于当时的思想文化斗争和政治改革，使先秦、两汉的散文传统得到了继承和发展。及至宋初，绮靡浮艳的骈俪文风重新抬头，并且“余风未殄，新弊复作”（苏轼《谢欧阳内翰书》），在文坛上又出现了艰涩怪僻的不良倾向，我国散文发展再一次受到严重阻碍。后来，欧阳修领导，曾巩、王安石、苏洵、苏轼、苏辙积极参加的宋代新古文运动的胜利，改变了这种情况，一种更加平易自然，更加接近口语的散体文从此盛行于世。韩、柳所确立的古文放出了新的光彩。以后，这种“以单行易排偶，由深趋浅，由简入繁，由骈俪相偶之词，易为长短相生之体”（刘师培《文章源始》），灵活自由，富于表现力的古文文体，始终统治着文坛，一直到五四运动白话文兴起为止。“唐宋八大家”文就是唐宋时期这两次散文革新斗争的光辉结晶，是唐宋古文运动在创作实践上的丰硕成果。

韩、柳、欧、曾、王、“三苏”，除了具有相似的散文主张外，其优秀之作在创作上亦表现出一些共同的倾向和特点。他们的许多文章，有为而作，内容充实，饱含着同情人民、忧念国事的情怀和要求改革政治的理想，闪烁着民主性、现实性和作者崇高人格的光辉，同时形式谐美，风格自然流畅而富于文采，显示出思想性和艺术性和谐统一的特色，与重形式轻内容，文风浮艳纤弱的骈文末流和有些古文运动先驱者质木无文的“宗经”“明道”之文相比，可说是散文创作上的大突破、大开拓。

他们还继承先秦、两汉散文说理透辟和叙事生动的优良传统，并吸取六朝散文写景、抒情的技巧，加以融合发展，大大提高了散文说理、叙事、写景、抒情的能力，不少文章还能做到情景交融，事理兼胜或者融理、事、景、情于一炉。韩愈、柳宗元就十分注重古文的文学特色和美感效果，“其富若生蓄，万物必具”（韩愈《南阳樊绍述墓志铭》），“漱涤万物，牢笼百态”（柳宗元《愚溪诗序》），以及“不平则鸣”（韩愈《送孟东野序》），“情炎于中”（韩愈《送高闲上人序》），“舒泄幽郁”（柳宗元《上李中丞献所著文启》），都是强调散文的形象性、抒情性。到欧阳修、苏轼时更提出“文章如精金美玉”（苏轼《答谢民师书》），认为文章能“见娱”，“为数日喜”（苏轼《答刘沔书》），突出散文的审美价值和愉悦作用。他们散文的文学色彩和审美特征比前有了进一步的增强。

“八大家”文与之前的文章相比较，更加严于章法，更加有意识地重视散文的组织结构，并往往能把文章的起承转合、疏密详略的法则——所谓“死法”，与灵活变化、时出新意——所谓“活法”结合起来，做到既严谨有序又灵动多变，既一气贯通又曲折跌宕，在结构上给人以和谐精巧的美感。

他们文章的语言十分精练简约。从韩愈的“丰而不余一言”（《上襄阳于相公书》）、柳宗元的“廉之欲其节”（《答韦中立论师道书》），到欧阳修的“文简而意深”（《论尹师鲁墓志铭》）、王安石的“词简而精，义深而明”（《上邵学士书》），都主张为文的简练。其所作文比前人剪裁更精当，文字更简约，篇幅更短小，许多百余字或几百字的文章，含意隽永，内容深刻，且文采飞扬，笔墨淋漓，尺幅之中具有波涛万里之势，大大发展了古代散文“文约而事丰”的传统。

“八大家”不满骈文统治文坛的状况，但并不反对骈文本身，有的人自己就擅长写作骈文。他们不仅文“起八代之衰”，而且“吸六朝之髓”（蒋湘南《与田叔子论古文第二书》），吸取六朝以来骈文的长处为己所用，在以散体为主的古文中经常运用一些骈偶句子就是其突出表现之一。“凝重多出于偶，流美多出于奇”，“仪厥错综，至为微妙”（包世臣《艺舟双楫·文谱》）。如此骈散相间，奇偶相配，就具有一种凝重与流美和谐统一，整齐而又错落的句式美。

他们提倡散文的独创性和多样化，主张“唯陈言之务去”（韩愈《答李翊书》），“出新意于法度之中”（苏轼《书吴道子画后》），“尽天下之奇味以足于口”（柳宗元《读韩愈所著毛颖传后题》），“端庄杂流丽，刚健含婀娜”（苏轼《和子由论书》）。首先，他们各人自己的文章新意迭出，富于变化。韩愈“一集之中篇篇变，一篇之中段段变，一段之中句句变，神变，气变，境变，音节变，字句变”（刘大櫆《论文偶记》），“穷文之变”（张耒《明道杂志》），苏轼“姿态横生”（《答谢民师书》），“极天地之变化”（陈秀明《东坡文谈录》），就是其杰出代表。其次，他们的文章各有特色，自具一格。韩愈雄奇奔放，柳宗元沉郁峻洁，欧阳修委婉流丽，曾巩雍容平和，王安石刚劲峭拔，即使“三苏”也并非如上袁枚所说“如出一手”，而是同中有异，在共具的雄放风格中，苏洵显得简切老辣，苏轼显得清旷超逸，而苏辙则表现为疏荡纡折。“八大家”之文可谓人树一帜，各不相袭，达到了刘勰在谈多种风格时所说的那种境界：“笔区云谲，文苑波诡”，“各师成心，其异若面”（《文心雕龙·体性》）。

当然，他们提出的“明道”说，对后来也产生过消极影响。他们中的有些人也写有一些迂腐平庸之作。有些文章在写作上亦存在一定的缺陷和不足：或者严整有余，灵动不足；或者单纯追求简约，有损于叙写的丰满生动；或者过于矜奇求新，近乎虚夸。但是瑕不掩瑜，这些并不影响到他们总体上的卓越表现。

我们说，“唐宋八大家”文体现了唐宋散文的最高成就，形成了我国散文史上继先秦、两汉文之后的又一个高峰，是古代散文的典范，绝非溢美之辞。事实上，在“八大家”之后的许多重要散文作家，许多重要文学流派，如明代的唐宋派、公安派、竟陵派，清代的桐城派等，都或多或少地受到过他们的影响。“唐宋八大家”的许多优秀篇章、名句警句，在我国脍炙人口，不少遗闻佚事、文坛佳话，在民间广泛流传，他们出色的散文写作技巧至今仍可供我们很好地学习借鉴。

“唐宋八大家”中的许多人不仅是卓绝的散文家，而且是杰出的诗人、词人、政治家、哲学家、史学家、书画家、金石学家，是文学艺术乃至文化史上的多面手。他们的文章除记事抒情，写景状物，反映个人遭际和社会现实外，内容还涉及到政治、经济、军事、教育、哲学、史学、文学、艺术等各个领域。其内容之深刻，识见之卓异，观点之精辟，达到了他们所处时代的最前列；文章所闪现出的耀眼的思想火花和睿智光辉，也为当时所少见。“唐宋八大家”文是中华文化的珍贵宝藏，是国学的重要组成部分，值得我们认真品读，以便从中汲取我国传统文化的丰富营养。

正当目前古文热、国学热持续升温的时候，出版这样一部《唐宋八大家文鉴赏辞典》，显然是十分有意义的。

本书收录“唐宋八大家”文共三百六十六篇。这里所说的“文”，采用的是对古代散文一种较宽的界说，既指抒情、写景、叙事的文学性散文，也包括碑志、状、表等实用性文章。由于“八大家”的实际成就有别，韩愈、柳宗元、欧阳修、苏轼四家比其他几家要更胜一筹，可说是“大家”之中的“大家”，故入选篇目较多，其余四家收篇数量要少。选篇的标准是“识高文亦高”（林纾《韩柳文研究法·柳文研究法》），内容形式俱佳的名篇，同时兼顾赋、论、说、传、记、书、序、颂、赞、祭文、碑志、状、表等各种体裁的代表作。书的正文除原文外，包括注释和鉴赏两部分。注释力求简明准确，帮助读者排除文字障碍；鉴赏力图写得深入浅出、雅俗共赏，帮助读者更好地解读、品评原文。附录中的作品辑评、“八大家”书目、名句索引等，是正文的补充部分，有助于大家多角度、全方位地鉴赏“唐宋八大家”文，并对进一步研究“唐宋八大家”亦有所裨益。通过这样的布局安排，希望做到一书在手，能尽览“唐宋八大家”文的概貌和精华。

参加本书撰稿的都是高等院校、科研机构、文化出版单位的学者，有不少还是研究“唐宋八大家”或其中单个“大家”的专家，从而有力地确保了本书既定编纂意图和目标的实现。

不过，本辞典篇幅较大，入选篇目较多，又出于众人之手，所撰稿子质量难免参差不齐。本人虽负主编之责，但亦学识有限。此书不足的地方，甚至有舛误之处，还望广大读者不吝指教。

篇目表

韩愈文

柳宗元文

欧阳修文

苏洵文

曾巩文

王安石文

苏轼文

苏辙文

韩愈文

【作者小传】

韩 愈

(768—824)唐代文学家、政治家、哲学家。字退之,河阳(今河南孟州)人。郡望昌黎,世称韩昌黎。曾任吏部侍郎,人称韩吏部。谥号"文",又称韩文公。贞元八年(792)二十五岁时考中进士。十二年参加宣武节度使董晋的幕府,任观察推官。十九年在监察御史任上,因上奏《论天旱人饥状》,请求朝廷停征灾区赋税,得罪当权的幸臣,被贬为连州阳山(今属广东)令。元和十二年(817)随裴度征讨淮西吴元济叛乱,回京因功升刑部侍郎。十四年唐宪宗派使者至凤翔迎佛骨入禁中,他上《论佛骨表》,切言迎佛骨一事的荒谬,触怒宪宗,被贬为潮州(今属广东)刺史。长庆元年(821)任兵部侍郎时,不顾个人安危,圆满完成宣抚镇州叛乱的朝廷使命。回朝后转吏部侍郎。四年十二月,病逝于长安靖安里,终年五十七岁。著有《昌黎先生集》。他的诗歌,雄放奇崛,以文为诗,在中唐诗坛上独具特色,对后来的宋诗产生很大影响。他的散文成就更高,倡导古文运动,对文体、文风和散文语言进行革新,使更加活泼自如,平顺畅达,接近当时口语的古文,取代骈体文成为文章的正宗。他作为一代宗师,"唐宋八大家"之首,不仅直接对"八大家"中的其余七家为文起示范作用,而且影响深远,在宋代以后一些重要散文家的作品中,都可以看到韩文的流风余韵。

(吴小林)

感二鸟赋

贞元[①]十一年,五月戊辰,愈东归[②]。癸酉,自潼关出,息于河之阴[③]。时始去京师,有不遇时之叹。见行有笼白乌、白鹳鹆[④]而西者,号于道曰:"某土之守某官,使使者进于天子。"东西行者,皆避路,莫敢正目焉。因窃自悲。幸生天下无事时,承先人之遗业,不识干戈、耒耜、攻守、耕获之勤,读书著文,自七岁至今,凡二十二年。其行己[⑤]不敢有愧于道,其闲居思念前古当今之故,亦仅[⑥]志其一二大者焉。选举于有司,与百十人偕进退,曾不得名荐书[⑦]、齿[⑧]下士于朝,以仰望天子之光明。今是鸟也,惟以羽毛之异,非有道德智谋,承顾问、赞教化者,乃反得蒙采擢荐进,光耀如此。故为赋以自悼,且明夫

遭时者,虽小善必达,不遭时者,累善无所容焉。其辞曰:

吾何归乎!吾将既行而后思,诚不足以自存,苟有食其从之。出国门而东骛[9],触白日之隆景[10]。时返顾以流涕,念西路之羌永[11]。过潼关而坐息,窥黄流[12]之奔猛。感二鸟之无知,方蒙恩而入幸。惟进退[13]之殊异,增余怀之耿耿。彼中心之何嘉,徒外饰焉是逞[14]。余生命之湮阨[15],曾二鸟之不如;汩[16]东西与南北,恒十年而不居;辱饱食其有数,况策名[17]于荐书;时所好之为贤,庸有谓余之非愚?昔殷之高宗[18],得良弼于宵寐;孰左右者为之先,信天同而神比。及时运之未来,或两求[19]而莫致;虽家到而户说,只以招尤而速累[20]。盖上天之生余,亦有期于下地;盍求配于古人[21],独怊怅于无位?惟得之而不能,乃鬼神之所戏;幸年岁之未暮,庶无羡于斯类[22]。

〔注〕 ① 贞元:唐德宗年号(785—805)。 ② 东归:指东归故乡河阳(今河南孟州)。 ③ 河之阴:黄河南岸。 ④ 鸜鹆(qú yù):俗称八哥。乌鸦与八哥一般为黑色,其中八哥翅膀稍有白点,纯白者被视为珍异祥瑞之物。 ⑤ 行己:立身行事。 ⑥ 仅:大体上、差不多。 ⑦ 荐书:指应吏部博学宏辞科考试。 ⑧ 齿:同列。 ⑨ 骛(wù):驰。 ⑩ 隆景:烈日。 ⑪ 羌:当为"兼"之误。"兼""永"同义。永,长。 ⑫ 黄流:指黄河。 ⑬ 进退:指二鸟之进幸与自己之退黜。 ⑭ 逞:夸耀。 ⑮ 湮阨(è):阻塞艰困。 ⑯ 汩(gǔ):水流貌。 ⑰ 策名:指科试及第。 ⑱ 殷之高宗:商王武丁。传其梦见贤人,乃摹写形貌寻访,于傅岩下得(傅)说,举以为相。 ⑲ 两求:指求天与神。或说,指荐举与就试。 ⑳ 速累:招致忧患。 ㉑ 求配于古人:跟傅说一类古贤人相配。 ㉒ 斯类:指二鸟。

贞元八年(792),韩愈在四次参加礼部进士试后终于登第,从此开始了漫长曲折、历经挫折、充满屈辱痛苦的求仕之路。贞元九年,应吏部博学宏辞试,原已录取,送中书省审核时却被黜落。十年再应宏辞试不取。十一年,三试亦无成。这年的正月、二月、三月,连续三次上书宰相贾耽、赵憬、卢迈,诉说自己"四选于礼部乃一得,三选于吏部卒无成"的遭遇和"遑遑乎四海无所归,恤恤乎饥不得食,寒不得衣"的处境,希望他们稍加"垂怜",但都如石沉大海,毫无反响。五月二日,乃离长安东归河阳。在潼关以东的黄河南岸京洛大道上,正遇见河阳节度使向皇帝进献白乌、白鸜鹆的使者路过。有感于自己与二鸟之间对比鲜明的命运,韩愈写下了这篇赋。

赋序交代了作赋的缘起和赋的主旨。其中有几点值得注意。一是指出"时始去京师,有不遇时之叹"。看似轻描淡写,实则感情沉重愤郁,必须结合其"四选于礼部乃一得，三选于吏部卒无成”及三上宰相书寂无反响的遭遇方能有深切理解。二是描叙使者进献二鸟时，用貌似客观写实而寓含讽慨的笔法加以渲染。节度使向皇帝进献白乌、白鸜鹆，本为献媚邀宠之举，却以耻为荣、唯恐人之不知，一路吆喝张扬，大抖威风，致使“东西行者，皆避路，莫敢正目焉”，画出了献媚邀宠者的丑态和行路者对他们的鄙视愤恨，具有漫画化的效果。三是感自己的遭遇与二鸟形成鲜明对照时说：“今是鸟也，惟以羽毛之异，非有道德智谋，承顾问、赞教化者，乃反得蒙采擢荐进，光耀如此。”似乎是说鸟，却又不能不使人联想起那些高踞显位，徒有外表，却无“道德智谋，承顾问、赞教化”的宰辅大臣们。韩愈刚从他们那里受了一肚子气回来，愤懑之余，不觉将他们的形象托附于二鸟身上。序末揭示出“为赋以自悼”的主旨，并再次标举“遭时”与“不遭时”的对照，与一开头的“不遇时”呼应，且直贯赋末的“时运”。“时”是这篇赋贯串始终的中心思想，对正确理解赋的思想内容有重要作用。

赋的正文凡两层。第一层从“吾何归乎”到“庸有谓余之非愚”，承上从自己与二鸟的不同遭遇抒慨。“吾何归乎”一句当头喝起，突兀而来，将自己屡遭挫折以后“遑遑乎四海无所归”的处境与心态和盘托出，透露出他当时人虽走在“东归”之路上，却深感身无所托、心无所归。这和陶潜的《归去来兮辞》以“归去来兮”喝起，表现的是完全不同的心态，折射的是完全不同的性格。接着说自己“行而后思，诚不足以自存，苟有食其从之”，于貌似自我贬损中见其“饥不得食，寒不得衣”的困窘处境与内心愤懑不平。“感二鸟”以下十二句，是这一层之主体。二鸟徒有“外饰”而“无知”，却“蒙恩入幸”，自己则生涯湮阨，十年漂泊，连饱食也很稀罕，更不用说策名登第了。对比之下，深感自己连无知的二鸟也不如。“时所好之为贤，庸有谓余之非愚”，进一步由自己与二鸟“进退之殊异”生发出贤愚颠倒的感慨，其中也包含了对封建统治者贤愚不辨的愤郁。

“昔殷之高宗”一层，由上一层的自悼抒愤转为自宽自解。中心在突出“时运”二字。开头举殷高宗因梦得良弼傅说之事，意在说明这是上天和神灵的佑助，是时运的体现。时运未至，即使祈求天、神也无济于事；即使家到户说，也只能招致祸患。天生我材，总期有用于世。何不向古贤傅说学习，版筑待时，而偏要惆怅于目前的无位境遇呢？故结尾说：“幸年岁之未暮，庶无羡于斯类。”当时，韩愈虽历经挫折，但年未及暮，自信尚有进取之机，自不必羡慕像二鸟那样徒以外饰取悦君主的无知之辈。聊自宽解中虽透出几分无奈，但也表现出不畏挫折、待时而起的执着人生态度。

作者称赋的主旨是“自悼”。实际上它的内容并不止于这一端，其中还包含了对高踞显位而无知庸愚之辈的鄙视,对贤愚颠倒的社会现实的愤懑,以及对自己的期许。自伤、自励、抒愤,兼而有之。而"时运"之遇合则是贯串全篇的中心观念。 (刘学锴)

原 道[①]

博爱[②]之谓仁,行而宜之[③]之谓义,由是而之[④]焉之谓道,足乎己无待于外[⑤]之谓德。仁与义为定名[⑥],道与德为虚位[⑦]。故道有君子小人,而德有凶有吉[⑧]。老子之小仁义,非毁之也,其见者小也。坐井而观天,曰天小者,非天小也。彼以煦煦[⑨]为仁,孑孑为义,其小之也则宜。其所谓道,道其所道,非吾所谓道也;其所谓德,德其所德,非吾所谓德也。凡吾所谓道德云者,合仁与义言之也,天下之公言也;老子之所谓道德云者,去仁与义言之也,一人之私言也。

周道衰,孔子没,火于秦[⑩],黄、老于汉[⑪],佛于晋、魏、梁、隋之间[⑫],其言道德仁义者,不入于杨[⑬],则入于墨[⑭],不入于老,则入于佛。入于彼,必出于此。入者主之,出者奴之;入者附之,出者汙之。噫!后之人其欲闻仁义道德之说,孰从而听之?老者曰:"孔子,吾师之弟子也。"佛者曰:"孔子,吾师之弟子也。"为孔子者,习闻其说,乐其诞而自小也,亦曰:"吾师亦尝师之云尔。"不惟举之于其口,而又笔之于其书。噫,后之人虽欲闻仁义道德之说,其孰从而求之?

甚矣,人之好怪也!不求其端,不讯其末,惟怪之欲闻。古之为民者四[⑮],今之为民者六[⑯],古之教者处其一[⑰],今之教者[⑱]处其三。农之家一,而食粟之家六;工之家一,而用器之家六;贾之家一,而资焉[⑲]之家六:奈之何民不穷且盗也!

古之时,人之害多矣。有圣人者立,然后教之以相生养之道。为之君,为之师,驱其虫蛇禽兽,而处之中土。寒然后为之衣,饥然后为之食。木处而颠[⑳],土处而病也,然后为之宫室。为之工以赡其器用,为之贾以通其有无,为之医药以济其夭死,为之葬埋祭祀以长其恩爱,为之礼以次其先后,为之乐以宣其湮郁[21]，为之政以率其怠倦[22]，为之刑以锄其强梗。相欺也，为之符玺斗斛权衡以信之；相夺也，为之城郭甲兵以守之。害至而为之备，患生而为之防。今其言曰："圣人不死，大盗不止；剖斗折衡，而民不争。"呜呼，其亦不思而已矣！如古之无圣人，人之类灭久矣。何也？无羽毛鳞介以居寒热也，无爪牙以争食也。

是故君者，出令者也；臣者，行君之令而致之民者也；民者，出粟米麻丝、作器皿、通货财以事其上者也。君不出令，则失其所以为君；臣不行君之令而致之民，则失其所以为臣；民不出粟米麻丝、作器皿、通货财以事其上，则诛[23]。今其法[24]曰："必弃而君臣，去而父子，禁而相生相养之道。"以求其所谓清净寂灭者。呜呼！其亦幸而出于三代之后，不见黜于禹、汤、文、武、周公、孔子也；其亦不幸而不出于三代之前，不见正于禹、汤、文、武、周公、孔子也。

帝之与王[25]，其号名殊，其所以为圣一也。夏葛而冬裘，渴饮而饥食，其事殊，其所以为智一也。今其言[26]曰："曷不为太古之无事！"是亦责冬之裘者曰："曷不为葛之之易也！"责饥之食者曰："曷不为饮之之易也！"

传[27]曰："古之欲明明德[28]于天下者，先治其国；欲治其国者，先齐[29]其家；欲齐其家者，先修其身；欲修其身者，先正其心；欲正其心者，先诚其意。"然则古之所谓正心而诚意者，将以有为也。今也欲治其心，而外天下国家，灭其天常[30]，子焉而不父其父，臣焉而不君其君，民焉而不事其事。孔子之作《春秋》也，诸侯用夷礼则夷之，进于中国则中国之。经[31]曰："夷狄之有君，不如诸夏之亡[32]。"《诗》曰："戎狄是膺[33]，荆、舒[34]是惩。"今也举夷狄之法，而加之先王之教之上，几何其不胥[35]而为夷也！

夫所谓先王之教者，何也？博爱之谓仁，行而宜之之谓义，由是而之焉之谓道，足乎己无待于外之谓德。其文，《诗》

《书》《易》《春秋》；其法，礼、乐、刑、政；其民，士、农、工、贾；其位，君臣、父子、师友、宾主、昆弟、夫妇；其服，麻、丝；其居，宫、室；其食，粟米、果蔬、鱼肉。其为道易明，而其为教易行也。是故以之为己，则顺而祥；以之为人，则爱而公；以之为心，则和而平；以之为天下国家，无所处而不当。是故生则得其情，死则尽其常㊱，郊㊲焉而天神假㊳，庙㊴焉而人鬼飨㊵。曰：斯道也，何道也？曰：斯吾所谓道也，非向所谓老与佛之道也。尧以是传之舜，舜以是传之禹，禹以是传之汤，汤以是传之文、武、周公，文、武、周公传之孔子，孔子传之孟轲。轲之死，不得其传焉。荀与扬㊶也，择焉而不精，语焉而不详。由周公而上，上而为君，故其事行；由周公而下，下而为臣，故其说长㊷。

然则如之何而可也？曰：不塞不流，不止不行。人其人㊸，火其书，庐其居㊹，明先王之道以道㊺之，鳏寡孤独废疾者有养也。其亦庶乎其可也。

〔注〕①原道：探求道的本原。②博爱：泛爱众人。③行而宜之：实行仁爱而适合社会现实需要。④由是而之：由仁义出发而走的路。⑤足乎己无待于外：内心充满仁义而不必外求。⑥仁与义为定名：仁与义都是有固定内容的概念。⑦道与德为虚位：道与德是可用不同内容去填充的虚泛概念。⑧德有凶有吉：德有恶有善。⑨煦煦：小惠。下“孑孑”意同。⑩火于秦：指秦始皇焚书坑儒。⑪黄、老于汉：指汉初奉行黄帝老子清静无为之术。⑫佛于晋、魏、梁、隋之间：谓晋、南北朝和隋盛行佛教。“魏”指北魏。⑬杨：指杨朱之学。⑭墨：指墨子之学。⑮为民者四：指士、农、工、商。⑯为民者六：四民之外加僧侣、道士。⑰古之教者：指士。处其一：谓四民中居一。⑱今之教者：指儒士、僧侣、道士。⑲资焉：取资于它的。⑳颠：坠落。㉑湮郁：郁结愁闷。㉒怠倦：懈怠懒散。㉓诛：责罚。㉔其法：指佛教教义。㉕帝之与王：帝，指五帝，即黄帝(一作少昊)、颛顼、帝喾、尧、舜。王，指三王，即夏禹、商汤、周文王、武王。㉖其言：指道家之言。㉗传：此指《礼记·大学》。㉘明明德：发扬光大圣明之德。㉙齐：整治。㉚天常：天然的伦理纲常。㉛经：指《论语》。㉜夷狄之有君，不如诸夏之亡：谓夷狄虽有君而无礼义，中国虽有时无君仍有礼义。㉝膺：抵挡、抗击。㉞荆：楚。舒：楚之盟国，指南蛮。㉟胥：相与。㊱尽其常：尽其常礼。㊲郊：祭天。㊳假：通“格”，降临。㊴庙：祭祖庙。㊵飨：享受。㊶荀与扬：荀子与扬雄。㊷说长：学说长远流传。㊸人其人：谓使僧、道还俗为民。㊹庐其居：将寺庙道观改成民居。㊺道：导。

《原道》是韩愈推阐儒学、力辟佛老的代表作，著名的系列论文“五原”的首篇。写作时间，约在其三十八岁之前。关于韩愈尊儒道、辟佛老在当时的积极意义,近人已多有论述。这里只从文章鉴赏角度稍作分析。

《原道》是典型的明道传教之文,但读来毫无高头讲章的枯燥烦琐、单调乏味,而是让人感到它有一种逼人的气势和力量。这得力于以下几个方面的因素:

一是开宗明义,立片言以居要。文章一开头,就用四句话对儒家之道的仁、义、道、德作了精练的定义性概括。四者之中,仁义是根本,仁更是儒学的核心。从仁这个核心出发,环环相扣,形成一个严密的逻辑整体。有这四句话作为全篇的纲要和立论的基础,下面的所有正面论述和反面批判便字字有根。儒和道都讲道和德,老子的著作即称《道德经》,但概念的实际内涵却不同。韩愈在明确"仁与义为定名,道与德为虚位"的同时,一针见血地指出:"凡吾所谓道德云者,合仁与义言之也,天下之公言也;老子之所谓道德云者,去仁与义言之也,一人之私言也。"一开始便使被批判对象处于"一人之私言"的地位,失去与"合仁与义言之"的儒家之道相抗衡的资格,可谓笔未到而气已吞,高屋建瓴,有破竹之势。

二是层层深入,反复论证。在立纲定义、分辨公言私言的基础上,先回溯历史,指出自秦至隋,儒学真谛失坠,佛老寖盛,以致造成"不入于老,则入于佛"的严重局面,以此论证振兴儒学、探求儒家之道本原的必要。次又针对现实,指出佛、道盛行后,大量僧侣、道士不事生产,不纳赋税,不服兵役,加重国家财政困难与人民负担,造成"民穷且盗"的严重后果,从维护封建政权和社会安定的角度对佛老的严重危害给予尖锐批判。然后,又从人类文明发展的角度论证圣人在建立礼乐刑政制度、维系社会安定方面的作用,批判道家绝圣弃智的主张将导致人类的灭绝,从而说明儒家之道符合人类文明发展的要求,而道家的主张则是开倒车的主张。在此基础上,进一步对君、臣、民的职责给予明确界定,并据此对佛教弃君臣、去父子的清净寂灭之道给予尖锐批判。以上两层,一辟老,一辟佛,各有侧重。作者的圣人创造历史的唯心史观和专制主义的观点固不足取,但在当时的历史条件下,对反对藩镇割据,加强中央集权仍有一定积极意义。接着,引经据典,正面论述儒家的修齐治平、正心诚意主张是积极有为和用世济世之道,而佛教的"外天下国家""灭天常"则是导致"子焉而不父其父,臣焉而不君其君,民焉而不事其事",导致社会秩序的解体和封建统治的崩溃。在逐层深入、反复论证的基础上,又总论儒家的仁义道德和其文、其法、其民、其居、其食,指出其"为道易明""为教易行",对于为人、为心、为国的优越性,再次与佛、道划清界限。并构建了从尧舜禹汤到文武周公、孔子孟轲的儒家道统,和"轲之死,不得其传"的道统中断状况,俨然以继承道统者自居。最后即以道统继承者的身份口吻提出取缔佛老的措施。全篇可谓一个阐扬儒学精义、批判佛老危害与荒谬的纲领,论证严密层深,显示出逻辑的说服力。

其三,在语言文字表达和修辞手法运用方面,有意识地创造性地大量运用名词、形容词及至方位词的动词化用法,如“小仁义”“道其所道”“德其所德”“火于秦”“黄、老于汉”“佛于晋、魏、梁、隋之间”“入者主之”“出者奴之”“葛之”“外天下国家”“则夷之”“则中国之”“人其人”“火其书”“庐其居”等,刻意造成一种新奇警动的阅读效果,加强文章的生动性和力度。更突出的则是文中有意识地大量运用排比句式结合对偶句式,以造成一种一往无前的气势。下面是几段比较典型的:

其所谓道,道其所道,非吾所谓道也;其所谓德,德其所德,非吾所谓德也。凡吾所谓道德云者,合仁与义言之也,天下之公言也;老子之所谓道德云者,去仁与义言之也,一人之私言也。

周道衰,孔子没,火于秦,黄、老于汉,佛于晋、魏、梁、隋之间,其言道德仁义者,不入于杨,则入于墨,不入于老,则入于佛。入于彼,必出于此。入者主之,出者奴之;入者附之,出者汙之。

……曰:不塞不流,不止不行。人其人,火其书,庐其居……

第一例分号前后是对偶句式,但同时又构成排比,从严密中见出流畅的气势。第二例“火于秦,黄、老于汉,佛于晋、魏、梁、隋之间”三句也是排比句,又有对偶意味,句子较短,显得节短势促,铿锵有力;“不入于杨,则入于墨,不入于老,则入于佛”;“入者主之,出者奴之;入者附之,出者汙之”,排比而兼对偶,句式整齐,连贯而下,极具气势。第三例则语气斩绝、态度坚决,同样具有无可辩驳的力量。排比对偶加上句式的参差多变,造成了文章的浑浩流转气势和充沛的力量。刘熙载说:“韩文起八代之衰,实集八代之成。盖惟善用古者能变古,以无所不包,故能无所不扫也。”(《艺概·文概》)韩愈倡导古文,反对骈文,但他的古文却吸取了骈文大量运用对偶句、排比句的优长,以造成充沛的气势与力量。

韩愈论文,但导“养气”之说。读《原道》,能突出感受到字里行间,充溢着一股浩然之气。这种气,来源于他崇儒道排佛老、巩固中央集权的历史责任感,来源于对儒家仁义道德学说的高度自信和以继承儒家道统自任的历史使命感。这是文章富于气势和力量更内在的原因。他的这种责任感与使命感,在《原道》中时有流露。如在叙述儒家道说时说:“斯吾所谓道也……尧以是传之舜,舜以是传之禹,禹以是传之汤,汤以是传之文、武、周公,文、武、周公传之孔子,孔子传之孟轲。轲之死,不得其传焉。"鲜明地表现出接续道统、舍我其谁的使命感与高度自信。正由于有这种自信,他的论断往往十分简捷明了,铿锵有力,不容反驳与怀疑。如一开头对儒家道德仁义的断制就是显例。也许可以从学理的层面对他这种定义是否准确全面提出质疑,但作者对自己所作断制的自信却不容置疑。又如声言自己对道德的解释是"天下之公言",而老子所言乃"一人之私言",也是典型的韩愈式口吻。刘熙载说:"说理论事,涉于迁就,便是本领不济。看昌黎文老实说出紧要处,自使用巧骋奇者望之辟易。"(同上)这种直截了当、斩钉截铁的表达方式,正源于对自己所下判断的高度自信。与历史责任感、使命感、自信心相伴,文章还具有强烈的感情色彩。文中多感叹句、反问句,均蕴含强烈感情,如:

农之家一,而食粟之家六;工之家一,而用器之家六;贾之家一,而资焉之家六:奈之何民不穷且盗也!

呜呼,其亦不思而已矣!如古之无圣人,人之类灭久矣。何也?无羽毛鳞介以居寒热也,无爪牙以争食也。

呜呼!其亦幸而出于三代之后,不见黜于禹、汤、文、武、周公、孔子也;其亦不幸而不出于三代之前,不见正于禹、汤、文、武、周公、孔子也。

今也举夷狄之法,而加之先王之教之上,几何其不胥而为夷也!

这些句子,多出现于每段之末,为感情的集中迸发点,故读来倍感其感情的爆发力与震撼力。

吴闿生《古文范》卷三评曰:"凡为文之道,庄言正论,难于出色争胜,独退之此文为例外。由其盛气驱迈,磅礴而不可御也。"文章如长江大河,浑浩流转,正是由这种内在的"气"造成的。

（刘学锴）

原　毁

古之君子,其责己也重以周,其待人也轻以约[1]。重以周,故不怠;轻以约,故人乐为善。闻古之人有舜者,其为人也,仁义人也。求其所以为舜者,责于己曰:"彼人也,予人也,彼能是,而我乃不能是[2]。"早夜以思,去其不如舜者,就其如舜者。

闻古之人有周公者，其为人也，多才与艺人[3]也。求其所以为周公者，责于己曰："彼人也，予人也，彼能是，而我乃不能是。"早夜以思，去其不如周公者，就其如周公者。舜，大圣人也，后世无及焉；周公，大圣人也，后世无及焉。是人[4]也，乃曰："不如舜，不如周公，吾之病也。"是不亦责于己者重以周乎！其于人也，曰："彼人也，能有是，是足为良人[5]矣；能善是，是足为艺人[6]矣。"取其一不责其二，即其新不究其旧，恐恐然惟惧其人之不得为善之利。一善易修也，一艺易能也。其于人也，乃曰："能有是，是亦足矣。"曰："能善是，是亦足矣。"不亦待于人者轻以约乎！

今之君子则不然。其责人也详[7]，其待己也廉[8]。详，故人难于为善；廉，故自取也少。己未有善，曰："我善是，是亦足矣。"己未有能，曰："我能是，是亦足矣。"外以欺于人，内以欺于心，未少有得而止矣，不亦待于己者已廉乎！其于人也，曰："彼虽能是，其人不足称也；彼虽善是，其用不足称也。"举其一不计其十，究其旧不图其新，恐恐然惟惧其人之有闻[9]也。是不亦责于人者已详乎！夫是之谓不以众人待其身[10]，而以圣人望于人，吾未见其尊己也。

虽然，为是者有本有原，怠与忌之谓也。怠者不能修[11]，而忌者畏人修。吾常试之矣。尝试语于众曰："某良士，某良士。"其应者，必其人之与[12]也；不然，则其所疏远、不与同其利者也；不然，则其畏也。不若是，强者必怒于言，懦者必怒于色矣。又尝语于众曰："某非良士，某非良士。"其不应者，必其人之与也；不然，则其所疏远、不与同其利者也；不然，则其畏也。不若是，强者必说[13]于言，懦者必说于色矣。是故事修而谤兴，德高而毁来。呜呼，士之处此世，而望名誉之光[14]，道德之行，难已。

将有作于上者[15]，得吾说而存之，其国家可几而理[16]欤！

〔注〕 ①"其责己也"二句：谓要求自己严格而全面，对待别人宽容而简单。《论语·卫灵

公》:"子曰:'躬自厚而薄责于人。'"《尚书·伊训》:"与人不求备,检身若不及。" ②"彼人也"四句:《孟子·离娄下》:"孟子曰:'……舜,人也;我亦人也。舜为法于天下,可传于后世,我由未免为乡人也。'"又《滕文公上》:"颜渊曰:'舜,何人也?予,何人也?有为者亦若是。'"四句意即由《孟子》化出。 ③多才与艺人:多才多艺的人。《尚书·金縢》载周公自称:"予仁若考,能多材多艺,能事鬼神。" ④是人:指古之君子。 ⑤良人:良善的人。 ⑥艺人:有技艺的人。 ⑦详:周详,全面。 ⑧廉:少,此处指要求不高。 ⑨闻:名望,声誉。 ⑩不以众人待其身:不以普通人来要求自己,即对自己的要求比普通人的标准还低。 ⑪修:进修,指提高道德品质。 ⑫与:党与,同伙。 ⑬说:同"悦"。 ⑭光:光大。 ⑮将有作于上者:居上位而将有所作为的人,指执政的大官们。 ⑯几而理:也许可以得到治理。几,庶几,差不多。

本文为韩愈著名的"五原"(《原道》《原性》《原毁》《原人》《原鬼》)系列文章之一。写作时间与前文《原道》同,约贞元二十一年(805)或此年之前,也属作于贞元二十一年的《上兵部李侍郎书》所说的"谨献旧文一卷,扶树教道,有所明白"的"旧文"。"原毁",推求毁谤的本原。韩愈所处的中唐时期积弊丛生,世风日下,社会矛盾日趋尖锐。其表现之一就是士大夫们妒贤嫉能,排斥异己,好诋毁诽谤后进之士,阻碍起用新秀,严重影响了优秀人才的脱颖而出。韩愈抱负远大,饱读诗书,可是他所走过的科举仕宦道路,却非常曲折坎坷,就像他自己所描述的,"四举于礼部乃一得,三选于吏部卒无成"(《上宰相书》),尝尽了"动而得谤"的滋味,有着被诋毁而不见用于世的亲身感受。于是他笔酣墨饱地写下这篇文章,来探求好毁谤人恶劣风气的由来,以期引起执政者对此问题的重视。

全文主要环绕着古与今、责己和待人的对比来论述。第一段写"古之君子",指出"其责己也重以周,其待人也轻以约",即责己严待人宽,这是该段的总论。接着从责己和待人两方面展开。在写责己的层次时,先举古代圣贤舜和周公,认为他们一个是"仁义人",一个是"多才与艺人",表明这两人是他心目中德才的典范。然后写古之君子以舜和周公这两个"后世无及"的"大圣人"为衡量标准,去除自己不如他们的地方,努力达到他们的道德才艺水平。最后以"是不亦责于己者重以周乎"的反诘句,与开头"其责己也重以周"相呼应。由于文章是以古圣贤作为比照,所以讲古之君子责己严就很有说服力。在阐述待人的层次时,不举例而直写其言行,写法有所变化。在讲古之君子往往对别人多作肯定后,强调"取其一不责其二,即其新不究其旧,恐恐然惟惧其人之不得为善之利",即肯定其好的一面而不苛求不好的另一面,只看其新近的良好表现而不追究其过去的错误,唯恐他得不到做好事的报答,这样末句"不亦待于人者轻以约乎"与开头"其待人也轻以约"相呼应,得出古之君子待人宽的结论同样很令人信服。

第二段写"今之君子",指出"其责人也详,其待己也廉",即责人严待己宽,此为本段的总论。由上段的"责己"变为此段的"责人","待人"变为"待已",这样的改动表明,下面虽然同样分对己、对人两个层次来写,但其侧重点已由"古之君子"的对己转向了"今之君子"对人的态度,以紧扣题目"原毁"。论待己,写其自我满足,放松要求,"未少有得而止矣",便自然地引出结句:"不亦待于己者已廉乎!"写责人,则与上段"取其一不责其二"云云相对照,强调"举其一不计其十,究其旧不图其新,恐恐然惟惧其人之有闻也",即只举出其不好的一面而不考虑他其他许多好的方面,只追究其过去的错误而不考虑他新近的良好表现,唯恐他有好的名声。接着顺势得出结论:"是不亦责于人者已详乎!"和上段不同的是,一段之意并未到此为止,而是又有所生发:"夫是之谓不以众人待其身,而以圣人望于人,吾未见其尊已也。"以此为全段作结,不仅使批判显得更加雄辩有力,而且顺理成章地过渡到下一段。

第三段揭示今之君子责人严待己宽的根源:"怠与忌之谓也。"指出"怠者不能修,而忌者畏人修",然后着重在"忌"字上做文章,用自己赞扬和否定别人得到不同反应的亲身试验,批评妒贤嫉能、排斥异己的恶劣社会风气。在如此或概述或举例,做足铺垫后,就自然而然得出全文总的结论:"事修而谤兴,德高而毁来",事业有成诽谤就会随之兴起,道德高尚诋毁就会跟着出现。"谤兴"与"事修"相联,"毁来"与"德高"相随,如许笔墨最后都落脚到一个"忌"字上,这显然是一种洞明世故、练达人情的切中时弊之见。全段到此并没有戛然而止,而是又写上一笔:"呜呼,士之处此世,而望名誉之光,道德之行,难已。"指出在此种恶习下有德有才之士将被扼杀,实际是强调革除毁谤之风的迫切性。

最后一段只有三句话,概括交待文章的写作意图。"其国家可几而理欤!"把根除好毁谤人的恶劣社会风气提高到治国大计的高度,就比一般地揭露社会恶习具有更深的思想内涵。

韩愈十分重视为文的法度,他曾说:"衡、湘以南为进士者,皆以子厚为师,其经承子厚口讲指画为文词者,悉有法度可观。"(《柳子厚墓志铭》)他自己的散文就谨守法度,结构严谨,本文即有这样的特点。全篇不仅对段落、层次作了精心的安排,而且善分主次,巧为转折。"古之君子"和"今之君子"两大段,看似平分秋色,实则前一段是陪衬,后一段才是重点。在这两段中都分对己对人两个层次,亦是两扇文字,其实侧重在写对人的态度,并放在后面讲,便自然转到揭示责人详待己廉的根源上。"怠"与"忌",仍为两点并举,而其重心在"忌"上。正由于这样,在细述"某良士,某良士""某非良士,某非良士"的反应后,就拈出"谤"和"毁"两字来,巧妙点题。该文就是这样中心突出,主次分明,环环相扣,层层递进，形成了一个布局周严的整体。

论说文字容易写得抽象平实，板滞枯燥，而《原毁》却不乏形象生动之处。该文写每一段时，往往先作概括评述，然后以具体事例加以论证，甚至不惜笔墨作精描细绘，把逻辑严密的议论与鲜活生动的描述结合起来，做到有理有据，事理兼胜。如在揭露士大夫的"怠"和"忌"之后，对"某良士，某良士""某非良士，某非良士"说话的反应，作了细致描写。宋人谢枋得对此评论说："此篇曲尽人情，巧处妙处，在假托他人之言辞，摹写世俗之情状。"(《文章轨范》卷一)所言甚是。其所以巧妙，是因为在抽象的议论中，插进这种形象的刻画，不仅使说理更透辟，更有说服力，而且文章亦显得波澜迭起，活泼有致，达到了逻辑性和形象性的统一。

善于运用排偶也是此文的突出特点，清代沈德潜就称《原毁》为"后代对偶排比之祖"(《唐宋八家古文读本》卷一)。该文用了许多排偶句子，如"其责己也重以周，其待人也轻以约""举其一不计其十，究其旧不图其新"之类都是。文中还把这种排偶扩大到层与层、段与段之间，如"闻古之有舜者"和"闻古之有周公者"，"某良士，某良士"和"某非良士，某非良士"是层次之间的排偶，"古之君子"与"今之君子"是段落之间的排偶。这种"通篇排比"(张裕钊语，见《古文辞类纂》卷二)，加强了对比衬托的力度，并给人以整齐匀称之感。但此文并非一味用排偶，在有的地方是讲参差的，如第三、四段就是单式结构，又如第三段末了的补笔"呜呼，士之处此世……"也是奇式布局，所以又有人说："通篇皆用排偶，惟结处以单行作收。"(李扶九《古文笔法百篇》卷一)正由于这样，该文虽多用排偶，而无呆板滞涩之病。文中既有双峰对峙之妙，又有单峰独奇之巧，整齐错落，随势曲注，收到精整灵动的极佳效果。

(吴小林)

杂　说(四首之一)

龙嘘气成云，云固弗灵于龙也。然龙乘是气，茫洋[①]穷乎玄间[②]，薄[③]日月，伏[④]光景[⑤]，感[⑥]震电[⑦]，神变化[⑧]，水[⑨]下土，汩[⑩]陵谷[⑪]，云亦灵怪[⑫]矣哉！

云，龙之所能使为灵也；若龙之灵，则非云之所能使为灵也。然龙弗得云，无以神其灵矣；失其所凭依，信不可欤！异哉！其所凭依，乃其所自为也。

《易》曰："云从龙[⑬]。"既曰龙，云从之矣。

〔注〕①茫洋：深远状。②玄间：天空。玄，天色。古有天玄地黄之说。③薄：迫

近。 ④ 伏：掩蔽。 ⑤ 光景：指日月光影。景，同“影”。 ⑥ 感(hàn)：通“撼”，动。 ⑦ 震电：即雷电。 ⑧ 神变化：神妙不测，以成变化。 ⑨ 水：作动词用，即降雨。 ⑩ 汩：汩没，沉沦。 ⑪ 陵谷：山陵溪谷。 ⑫ 灵怪：灵异而可惊怪。 ⑬ 云从龙：出自《易·乾卦·文言》。

韩愈作有《杂说》四篇，此为其一。说，文体名，吴讷《文章辨体序说》云：“说者，释也，述也，解释义理而以己意述之也。”杂，是就内容并不拘于某一范围而言，韩愈《杂说》四篇即各说一事。《杂说》四篇的写作时间很难确定。有学者说作于贞元十一年(795)(童第德《韩愈文选》)，也有说作于贞元十四年的(阎琦《韩昌黎文集注释》)，还有人说四篇文章并非作于一时(储欣《韩昌黎文评点注释》)。依据相关材料推测，《杂说》四篇当作于贞元十一年到十六年之间，此时韩愈正急于求仕而未能如愿。

本篇《杂说》借说龙云相生相成之理以立意，实是以诗为文。韩愈以诗为文，最擅长的是“以诗之神理韵味化入散文中”，其“言情达志、敷陈讽谕、抑扬涵泳之文，皆出于诗教”(钱穆《杂论唐代古文运动》)。而比兴手法的运用，也是他以诗为文的重要表现形式。所谓比兴，用钟嵘的解释，即“因物喻志，比也”，“文已尽而意有余，兴也”(《诗品·序》)。就是说，借写他物他事来表达情志为“比”；写得含蓄委曲而能令人回味无穷，为“兴”。以钟嵘关于比兴的定义来检测本篇《杂说》的写作特点和审美效应，至少我们可以感觉到它的以诗为文表现在两点上。一是用龙、云作比，来说明现实生活中两种人(或事物)之间的关系，用以表达作者的一种看法或感慨。二是并不把这种看法或感慨说破，而是通过独特的手法把一种情理、意味写得惝恍迷离，悠远难尽，似有无限寄托。

正因托物作比以言志，而作比之物又因描叙生动成了典型形象，形象大于思维，故前人对文中龙云寓意的理解，分歧很大。清人李光地说：“此条寄托至深，取类至广。精而言之，则如道义之生气、德行之发为事业、文章，皆是也。大而言之，则如君臣之遇合、朋友之应求、圣人之兴起于百世之下，皆是也。”(沈德潜《唐宋八家古文读本》卷一引)吕留良也说：“此篇是比体，凡世间体用感应之理，无不可通。”(《晚村先生八家古文精选·韩文精选》)储欣则说：“有龙斯有云，犹有贤斯有位也。……公于遇合之际，感慨深而自信笃如此。”(《昌黎先生全集录》卷一)曾国藩也有新解，说：“此段未经人道，舜武得五臣十乱而益彰其神圣，所谓得云益灵者也。名师、贤相，亦能广植徒党，旁求俊彦，亦有所谓云者，其义甚大。”(《求阙斋读书录》卷八)还说：“龙以喻其身，云以喻其文章，凭依其所自为，犹曰文书自传道，不仗史笔垂。”(高步瀛《唐宋文举要》甲编卷二引)近人钱基博说法更新，谓“古人多以云龙喻君臣，而韩愈杂说云龙，却别有解。龙喻英雄，云喻时势。……喻英雄能造时势，而时势不造英雄。无英雄则无时势，无龙则无云也。结穴于‘其所凭依，乃其所自为也’，以策励英雄自造时势”(《韩愈志·韩集籀读录》)。诸家说法不一，实乃此文“情存比兴，运诗为文”(钱穆语)所致。仔细体味，此文立意所在，应是古代多数学者所说的，是以龙喻圣君，用云喻贤臣，“谓贤臣必得圣君而用世，圣君必任贤臣而成功”(程端礼《昌黎文式》卷三)。但重点似在圣君必任贤臣、当得贤臣上，所谓“重在君能得臣上立论”(林云铭《韩文起》卷八)。韩愈为文着眼于此，无疑是在抒发他久久求官不得的感慨。

此文极短，仅有一百一十四字。但出语多变化，行文多转折。“(出语)运变之妙，如转辘轳。既云龙弗灵，又云云弗灵；既云云不能使龙灵，又云龙不得云天以灵；既云龙依云，又云云从龙。语语矫变，令人心迷目眩。”(蔡铸《蔡氏古文评注补正全集》卷七)行文则“写得婉委曲折，作六节转换，一句一转，一转一意，若无而又有，若绝而又生。变变奇奇，可谓笔端有神也”(吴楚材、吴调侯《古文观止》卷七评语)。具体说，文中“云固弗灵于龙也”为一转，“云亦灵怪矣哉”为二转，“则非云之所能使为灵也”为三转，“信不可欤”为四转，“乃其所自为也”应为五转，“云从之矣”为六转。前四转实是一个意思(龙云相生相成)分成两层说，五转、六转则分别说龙、说云，各有侧重。小文可谓段段有转，开合转换，令人不测，真能兴层波叠浪于尺水之间。虽然层层转折，说法多变，主意却仍在说云之“灵怪”可为龙所“凭依”上。首段说“云”，起句“龙嘘气成云”来得突兀，前人说是“破空而入，卓如山立”(李刚己语，见《唐宋文举要》甲编卷二)，“有斩关直入之势”(吴闿生语)。接下来一句“云固弗灵于龙也”，是用逆笔写云。所谓逆笔，与正笔顺说相对，指从反面说来。下面“然龙乘是气”云云一长句，即为正笔，是从正面细说云的“灵怪”，从文意上看，是一大转折。文中“云亦灵怪矣哉实承云固弗灵于龙也”而言，行文则一伸一缩。第二段看似说龙，其实是从说龙的角度说云。若以说云为主，那“若龙之灵，则非云之所能使为灵也”，亦为逆笔。“然龙弗得云”至“信不可欤”数句，自为正笔。文中“云，龙之所能使为灵也”系直承“然龙乘是气”云云而来，而“异哉”三句，则是对首段首句“龙嘘气成云”和次段首句，“云，龙之所能使为灵也”的概括。末段引《易》而发挥说“既曰龙，云从之矣”，用字简重而意味深长，故前人说“结笔窈然无际”(李刚己语)。　(熊礼汇)

杂　说(四首之四)

世有伯乐[①]，然后有千里马。千里马常有，而伯乐不常有，故虽有名马,只辱于奴隶人[②]之手,骈死[③]于槽枥[④]之间,不以千里称也。

马之千里者,一食或尽粟一石。食马者[⑤],不知其能千里而食也。是马也,虽有千里之能,食不饱,力不足,才美不外见[⑥],且欲与常马等不可得,安求其能千里也!

策[⑦]之不以其道,食之不能尽其材[⑧],鸣之而不能通其意,执策而临之曰:"天下无马。"呜呼!其真无马邪?其真不知马邪?

〔注〕 ① 伯乐:姓孙名阳,春秋时代秦穆公时人。伯乐原为天星名,主典天马,孙阳善于相马,故以为名。孙阳曾过虞坂,见骐骥伏盐车下,对其长鸣,孙阳下车而泣。 ② 奴隶人:奴仆,文中指车夫(驾驭车马者)、马夫(养马者)一类人。 ③ 骈死:并头而死,言死者甚多。 ④ 槽枥(lì):供马饮食的马槽和系马之处。 ⑤ 食马者:养马的人。食,同"饲"。 ⑥ 外见(xiàn):显现于外。 ⑦ 策:马鞭,文中作动词用,驱赶的意思。 ⑧ 尽其材:充分显现其才能。

《杂说(四)》和《杂说(一)》都是韩愈在急于求仕而未得的年代写的,具体时间应该相离不远。两篇文章的立意都涉及人才启用问题,《杂说(一)》是借说君臣相需相成事抒发感慨,《杂说(四)》则抒发作者对有司不能识别人才、重用人才而使人才泯没于世的愤慨。两篇修辞策略相同,都是"情存比兴,运诗为文"。《杂说(一)》以龙、云作比;《杂说(四)》以伯乐、千里马作比。由于均就喻体作论,并不说破作者的真实用意,便使学者们对文章含义的理解各有所见。如《杂说(四)》,孙琮就说是"借伯乐相马隐寓世无知我"(《山晓阁唐宋八大家选·韩昌黎集》卷四)。李扶九也说"此篇以千里马自喻,以伯乐喻知己,总言知己之难遇也"(《古文笔法百篇》卷九)。唐介轩则说"伯乐喻君,马喻臣,臣待君以展用"(《古文翼》卷六)。林云铭也说"此以千里马喻贤士,伯乐喻贤相也"(《韩文起》卷八)。说到文章立意,谢枋得说"此篇主意谓英雄豪杰必遇知己者,尊之以高爵,食之以厚禄,任之以重权,其才斯可以展布"(《文章轨范》卷五)。何焯则说"此言士待知己者而伸,在上者无所辞其责"(《义门读书记》卷三十一)。诸家所说,都有些道理。大概《杂说(四)》中的千里马是用来比喻有才之士的,伯乐是比喻识人才之人的,食马者是比喻用人却不识人才的有司的。强调有司用人务必知人识才,应是本文立意所在。故(《唐宋文醇》卷一)说:"皋陶举治天下二大端,曰在知人,在安民,知人居其先焉。……诚能知人,将治天下如运之掌矣。虽然,人固不易知,知人固不易。三复斯文,栗然冰渊,惄如调饥。"由于文章从谴责有司不识人才、因而埋没许多人才的角度立论,故为天下怀才不遇者鸣不平也成了本文的重要内容,而叙说中处处带有作者的不遇之感。

《杂说(四)》全文一百五十一字,与《杂说(一)》同为短篇,但行文方式有所不同。《杂说(一)》是妙于转折,《杂说(四)》是妙于不转折,而以善于承接取胜。先说段落之间的承接。文章入手一句"世有伯乐,然后有千里马",即将通篇立意揭明,这也是韩文起句破空而入、造势惊人的例子。它的引人注意,不在于作者对伯乐重要性的强调,而在于为强调其重要说出了一个似乎不合实际的结论。千里马的存在本来是一个客观事实,怎么能说有了伯乐然后才有千里马呢?仔细思索,原来句中讲的千里马,指的是已被识别,甚至受到重用的千里马。这种千里马的出现,当然离不开伯乐的存在。深入体会,作者言此,实有无限感慨。正因世有伯乐,然后才有千里马,而世无伯乐,该有多少千里马泯没于世!接下来两段文字,即承接此意展开。不但中段与首段意连语接,都是对首句"世有伯乐"云云的阐发,就是末段慨叹淋漓,也是接首段、中段所言而发。总之,段段相接,皆承首句所言而来。

再说各段行文意思、语词的承接。首段中"千里马常有,而伯乐不常有",正是针对读者乍读首句"世有伯乐,然后有千里马"的疑窦而设。意思是说千里马本来是常有的,可是能识别千里马的伯乐却不能经常出现,因此那马虽有日行千里的本领,却不被世人当作千里马看待。这一句是对首句意思的解说和补充,两者自然联系得紧。但这一句,又是在说下面几句所写千里马悲惨遭遇的原因。换言之,下面数句内容承接的都是这一句所讲的道理,语意、语气,接续自然。中段三层意思,也承接得好,"马之千里者,一食或尽粟一石"为一层,"食马者,不知其能千里而食也"为一层,"是马也"云云为一层。前二层是讲原因,后一层是讲结果。有因有果,行文逻辑严密。而前二层中第一层说千里马食量大,第二层说"食马者"不知马的食量大是因为它能日行千里(即不能满足千里马的饮食要求),两种情形反差大而对比鲜明。看似意有转折,实是按照理应如此、偏不这样的思维方式顺叙其事,仍是承接而非转折。末段先用叙议结合的排比句极言"食马者""不知马",继而用一典型细节讥言其"不知马",再作慨叹以点题,也是前后接续,势若流水。需要指明的是,本文行文虽以承接为主,但各段各句的承接并不是对上段上句意思、内容的重复。恰恰相反,它是意接而事多变,每有承接,必说出一新物象、新景况,拓开一新情境。故前人称赞文中内容的丰富和叙议的生动,说是"如展画图,尺幅中具有千里之观"(王文濡评注《古文辞类纂》卷二)。

《杂说(四)》与《杂说(一)》行文的不同,还表现在前者出语愤激而后者较为冷静。浦起龙就说:"(韩愈)全注意伯乐对短驭者摅愤,只起句正说,通身是慨,气自惊然。"(《古文眉诠》卷四十七)其"通身是慨",不单显现在关键词"不知"(两用"不知")、"千里"(七曰"千里")的反复应用和用则语带感慨上,还显现在叙说事理的语气上。如首段"故虽有名马,只辱于奴隶人之手,骈死于槽枥之间,不以千里称也"数句,说"伯乐不常有",千里马的可悲下场,就语含激愤。"只辱于"云云,一口气说出千里马生前、死后的遭遇,是借助包含丰富内容的长句和快节奏的语速,抒发作者心中的不平。林纾说:"'不以千里'一语,是代千古才人抱屈,亦是昌黎自家抱屈,说到此,悲梗不复成声矣。"(《林纾选评古文辞类纂》卷一)他是看出了这几句话情随词涌的特点的。中段"是马也"借助"也"字作提顿,为的是突出千里马的不遇之悲,对下作愤词有导入作用。下面数句说千里马的日行千里不能为世人所知,简直是愤而作怒。其中说"虽有千里之能,食不饱,力不足,才美不外见",即连用三"不"字不断撞击、剥去一"有"字,充分显出作者叙议其事时内心的忿忿不平。下二句"且欲与常马等不可得,安求其能千里也",是为天下不遇者辩冤,也是作者为自己泄愤,其用"且欲……不可……,安求……也"句式说不平事,出语狠重,使人觉得作者对"食马者,不知其能千里而食"有怒不可遏之感。末段"策之不以其道"三句,则连用三"不"字说"食马者"(或驭马者)"不知"马,全用逆笔作排比,语语峻切。就承中段而言,实为作者怒不可遏之气喷薄而出所致。就领下句而言,又是在为下面抒愤蓄势。要特别指出的是,作者在文章结尾时并没有让那蓄势待发之气冲口而出,而是以咏叹语调,宕漾作结。其中"其真无马邪"一句,如李刚己所说:"(因)前文语势过于峻急,故用宕漾之笔以疏其气。"(高步瀛《唐宋文举要》甲编卷二引)"其真不知马邪"一句,则如汪武曹所说,是"总结上文以咏叹结之"(同上)。

对末二句语气的认定和作者出语是否倾泄其愤的理解,牵扯到对末句("其真不知马邪")所用助词的看法。末句助词,向来有"也""邪"之分。绝大多数版本的韩文都是用"邪"字,但从朱熹作《韩文考异》"依方本作'也'"(高步瀛语)以后,不少选本就遵从朱说了。其实,体会文义和语气,句末助词用"邪"要胜过用"也"。篇末二句实为点睛之笔,强调的是千里马之所以不能发挥千里马的作用,关键是驭马者不知道什么是千里马。意即优秀的人才不能为世所用,关键是用人者不识人才。这点题之意既是对前两段内容的概括,也是对末段所言驭马者荒唐言行本质的揭露。就写法言,末段的中心应是作者所勾勒的漫画场面:"执策而临之曰:'天下无马。'"前三句是为这幅漫画提供背景材料,以增强其讽刺意味;后三句类似漫画上的题款,是借论画说出文章主旨。行文布局如此,故说话的语气就没有必要一路强硬、峻急到底。事实上,说“执策而临之”云云,已较前言三句语气有所缓和。继而一声“呜呼”,更将峻急之语变为吟叹之词,慨而作论,“以‘真无’‘真不知’相质问,既不自失身份,复以冷隽语折服其人,使之生愧”(林纾《韩文研究法》)。因此,篇末最后一句的语助字应是“邪”而不是“也”。按柳宗元的说法,“也”为决辞,表示肯定语气,“邪”为疑辞,表示疑问语气。而行文用决辞,有利于文势的合;用疑辞则便于文势的开。如果“其真无马”续以“也”字,那便是用肯定语气作断,直言道来,说得干脆、利落,却显得气急语硬,与由“呜呼”引发的哀叹氛围似乎不太协调。用“邪”就不同了。“邪”“其”相配构成一疑问句式,就与上一句句式相同,连作疑问,而所问意思有别,不单能不断开拓文境,还能将一确定不移的结论用发人深思的语气表达出来。过珙说本文“韵短势长,文之极有含蓄者”(《古文评注》卷七),即指此而言。他如李九我说此文“是一篇借喻格,结语吟叹,含蓄味更隽永。若柳子厚《梓人》《橐驼》等传,非不用寓,而结露正意,觉未渊宏矣,韩所以高”(孙琮《山晓阁唐宋八大家选·韩昌黎集》卷四引)。蔡铸说:“《辑评》云:‘起如风雨骤至,结如烟波浩渺,寥寥短章,变态无常。而庸耳俗目,一齐写尽。’此评良确。此篇俱借喻,格力遒迈,结语咏叹含蓄,正意到底不露。高手。”(《蔡氏古文评注补正全集》卷七)林纾说此文“于结束处淡淡作冷语诘问。语愈冷,而意愈深,声愈悲”(《林纾选评古文辞类纂》)。都说出了末段末句末字用“邪”的好处。

在韩愈托物为喻、论及人才问题的古文中,出现过不少“典型形象”,如“龙”“云”“麟”“怪物”“匠石”等。其中“伯乐”“千里马”,可能是流传最广、也最为人津津乐道的形象。古今读者普遍认同和接受韩愈赋予这两个形象的人文精神,有多种原因,不可否认,《杂说》的取材典型,叙议准确、生动,文字精警有味也起了很大作用。《杂说(四)》伯乐识马的故事见于古代文献(如《战国策·楚策四》等),作者构思受到过德宗兴元(784)年间“知马者李幼清”买马故事的启发。据《唐语林》卷六记载,李幼清在马肆买得一“悍马”,曾对围观者说:“此马气色骏异,体骨德度非凡马,是必主者不知马,俾杂驽辈槽栈,陷败狼藉,刷涤不时,刍秣不适,蹄齿蹂奋,蹇破唐突,志性郁塞,终不可久。”又曾对马说:“尔材性不为人知,吾为汝易是锁结杂秽之物。”而经过幼清“汤沫剪饰,别其皂栈,异其刍秣”,竟“数日而神气一小变,逾月而大变。性如君子,步骤如骏,嘶如龙,顾如风,乃天下之骏乘也”,“这正是韩愈进行构思创作的现实材料”(谭家健《中国古代散文史稿》第六章)。至于叙议准确,是说韩愈恰当地赋予伯乐、千里马以人文精神。固然,《吕氏春秋·知士篇》已说过:“今有千里马于此,非得良工,犹若弗取……夫士亦有千里，高节死义，此士之千里也，能使士待千里者，其惟贤者也。”但韩愈托伯乐与千里马用人者当知人的道理，却是因个人的人生感受而发，故言之深切，加上作者写伯乐、写千里马以及“食马者”的特点，充分顾及其所象征的知人爱才的用人者、才士以及既不爱才又不知人的用人者的为人特点，故描叙生动，使人一读文章即知作者所说伯乐、千里马所指现实生活中何人何事。　（熊礼汇）

读 荀

始吾读孟轲书，然后知孟子之道尊，圣人之道易行，王易王①，霸易霸②也。以为孔子之徒没，尊圣人者，孟氏而已③。晚得扬雄书④，益尊信孟氏，因雄书而孟氏益尊，则雄者，亦圣人之徒欤！

圣人之道，不传于世。周之衰⑤，好事者⑥各以其说干⑦时君，纷纷藉藉⑧相乱，《六经》与百家之说错杂，然老师大儒犹在。火于秦，黄、老于汉，其存而醇⑨者，孟轲氏而止耳，扬雄氏而止耳。及得荀氏书，于是又知有荀氏者也，考其辞时若不粹⑩，要其归⑪，与孔子异者鲜⑫矣，抑犹在轲、雄之间乎！

孔子删《诗》《书》，笔削《春秋》，合于道者著之，离于道者黜去之⑬，故《诗》《书》《春秋》无疵⑭。余欲削荀氏之不合者，附于圣人之籍，亦孔子之志欤！孟氏，醇乎醇者也。荀与扬，大醇而小疵。

〔注〕 ① 王易王：儒家倡导以德服人（不靠武力），推行仁政，称为王道。凡是奉行王道的君主，不难把中国统一起来，使天下归服。第一个王读阳平，王道。第二个王读去声，指古代统治者取得天下而称王。易，容易，不难。此言实行王道不难取得天下而称王。 ② 霸易霸：诸侯中的盟主称为霸。霸主尊王攘（打退）夷，救灾恤难。此言奉行霸道的诸侯，不难成为霸主。③ 尊圣人者，孟氏而已：圣人指孔子。孟氏指孟轲。 ④ 扬雄书：指汉代学者扬雄所著的《太玄》《法言》《方言》等书。 ⑤ 周之衰：指孔子逝世之后，周朝衰败时期。 ⑥ 好事者：喜欢多事的人。“好”字作“喜”解释。 ⑦ 干（gān）：求。 ⑧ 藉（jí）藉：也作“籍籍”，纷乱的样子。⑨ 醇（chún）：酒味浓纯，指不掺水的纯酒。醇，同“纯”，这里作纯而不杂解。 ⑩ 不粹：不纯粹。 ⑪ 要其归：要，约而言之，综括大旨的意思。归，归宿，结论。 ⑫ 鲜：少，不多。⑬ 黜（chù）去之：黜，废除。黜去之，删去。 ⑭ 疵：毛病，缺点。

《读荀》写作年代无可考。本篇为作者读过《荀子》这部书后，发表自己的评论意见，因此标题作《读荀》，一本作《读荀子》。韩愈文集中除《读荀》外，还有《读鹖冠子》《读仪礼》《读墨子》三篇，加上《读荀》可视为一组文章，均带有读后感意味，也是韩愈“识古书之正伪”的辨正伪之作。本文评论了荀子、孟子、扬雄三家学说，因为这三人是孔子死后儒家学说的主要继承、阐扬者，可以一并讨论。“孟氏，醇乎醇者也。荀与扬，大醇而小疵”，是对三人带有总结性的论断，和《原道》中所说的“轲之死不得其传焉，荀与扬也，择焉而不精，语焉而不详”是一致的。因此推测本篇当和《原道》是同一时期的作品。

《读荀》全文仅三百字左右，可分为三段。第一段又可分为两层，在写法上很特殊，题目是《读荀》，按照通常惯例，一开始就应开门见山，直接入题。但本篇却没有先写读荀子，而是写读孟轲书，目的是以孟子与荀、扬进行比较，同时因为韩愈特别推崇孟子，他是通过阅读孟轲的著作，才认识到孔子思想体系的博大精深，圣人的思想容易施行，只要以德服人，不靠武力，使天下归服并不难，至于称霸诸侯的事业更容易做到。这是对儒家至尊地位以及圣人之道并不难施行的总体评价。作者读孟轲书，还认为在孔子的弟子们去世之后，推崇与尊奉孔子的只有孟轲一人而已。孟轲推尊孔子的例证，见于《孟子》书中，如《公孙丑上篇》说：“自生民以来，未有盛（伟大的意思）于孔子者也。”《万章下篇》说：“孔子，圣之时者也。……孔子之谓集大成。”以上为第一层，写自己读孟轲书的感想。从“晚得扬雄书”起，至“则雄者，亦圣人之徒欤”为第二层，写通过读扬雄书，作者更加尊重与信服孟子，认为扬雄也是圣人之徒。扬雄，字子云，成都人，卒于王莽天凤五年（18），终年71岁，汉代儒家兼辞赋家。他的著作有《太玄》（学《周易》）、《法言》（学《论语》）、《方言》（记各地不同的方言俗语）等，均属儒家学派的作品。他在《法言·吾子篇》中说：“古者杨、墨（指杨朱、墨翟）塞路（闭塞言路），孟子辞（著书立说）而辟（pì，指驳斥和除去）之，廓如（澄清和扩大）也。后之塞路者有矣，窃自比于孟子。”这是他尊孟的证明，实际上扬雄也有背离孔孟之处。韩愈是从主导方面肯定他是圣人的门徒。

第二段，由扬雄说到荀子。也分二层。从“圣人之道”至“扬雄氏而止耳”为第一层。这一层仍然没有论及荀子。主要是写圣人孔子逝世之后，其思想体系在后世没能得以广泛流传。由于周王朝越来越衰败，好事者想以自己的学说来游说当时各国的君主，希望得到施行，各种学说派别很多，纷纷攘攘显得十分混乱。幸而代表儒家的孔门子弟，如子夏、子贡、曾子等人还健在，当时子夏居西河为魏文侯师，田子方学于子贡，吴起学于曾子等。这说明儒家学说并未断绝，在现实政治中还发挥着作用。此后，秦朝焚烧了儒家的经典，汉代又推重黄、老道家学说，这时存在而且纯粹的儒家思想，就只有孟轲和扬雄了。这层从儒术与百家消长的历史状况再次盛赞孟子、扬雄，充分肯定孟子、扬雄在儒家学派中的地位。从"及得荀氏书"至"抑犹在轲、雄之间乎"为第二层。作者说等到读了荀子的著作，才知道孔子学说还有荀子这样的继承者。《荀子》一书的文辞有时虽然不那么纯粹，可简要地概括它的要旨，和孔子思想不同的地方很少，因此可以认定他是在孟轲、扬雄之间的儒家学者。在此，韩愈肯定了荀子在儒家学派中的重要地位。荀子，名况，战国时越国人，有《荀子》三十二篇传世。他虽属儒家，但曾游学齐国的稷下学宫，广泛接触了当时各主要学派的学说，实际上是一位以儒学为主，兼具法家思想的学者。

第三段作者表示愿意效法孔子删定《诗经》《尚书》，改定《春秋》的做法，打算删掉《荀子》中不合儒家思想的地方，使之达到"合于道者"。最后，对孟轲、扬雄、荀况三人作出总结性的论断："孟氏，醇乎醇者也。荀与扬，大醇而小疵。"认为荀子是"大醇而小疵"，这种评价并不低，而且也很能代表作者的儒家正统思想。

《读荀》在写法上很有特色。题目是《读荀》，实际上是对孟轲、扬雄、荀况三家的总评。文章起首从远处写起，先写他人，用了近一半篇幅议论孟子、扬雄，作为主体部分的铺垫。行之至半，才点出评论主体荀子，非大家不敢如此下笔，因为倘若掌握不好主次，容易给人喧宾夺主之感。但此文宾主次序不乱，论孟轲、扬雄，是为了理清孔子学说的继承关系。先引出孟轲、扬雄，是为了同荀子进行比较，通过比较揭示出孟子是纯而又纯的儒家学者。荀子尚达不到如此高度，他与扬雄一样，虽均属于醇儒之列，但有小的缺点毛病。以宾衬主，宾主分明，让读者获得清晰明确的印象。

《读荀》讲究章法变化。文章虽短，但起、承、转、合，章法井然。开篇突兀，敢于离题而议，避免开门见山、开宗明义的常规写法。第二段"圣人之道，不传于世"承得也很突兀，主要说明圣人的思想体系，在后世没有得到流传，幸而代表儒家思想的孔门弟子还有健在者。紧接着以"火于秦，黄、老于汉"进行转折，引出孟轲、扬雄，并用他们二人与荀子作比较，至此方紧扣题意，款款而论。最后以两句断语作结，收束全文，给人留下无尽回味。尺幅虽小，文约而事丰，非大手书，难以为之。

本文既可看作是读后感，也可以作为一篇书评来读。作为书评，本文有三点值得借鉴：一是有一说一、有二说二，谈自己的真知灼见；二是文字浅显晓畅，言简意赅，通篇未作充分展开分析，而是以提纲挈领式的论断为主，给人留下深刻印象；三是运用比较的方法得出令人信服的评价。以上三点，对于今天的书评作者，也有很大的启迪作用。

综观全文，立论有据，要言不烦，间架盘屈，却气势甚雄。近人高步瀛在《唐宋文举要》甲编卷二中引清代鸿儒张裕钊之语曰："卓识伟论，上下千古，其文势甚雄阔，而以盘劲之致行之，弥觉声光郁然。"又曰："此文虽为读《荀子》作，然直是自抒己意。"清代马其昶评曰："借题以抒己意，无端而来，截然而止，中间突起突转，此数者，文家秘密法也。"(《韩昌黎文集校注》)

附带说明两点，一是对于"余欲削荀氏之不合者"，不合就是指上文所说的"离于道"。至于荀子何处离于道，韩愈没有指出具体例子，我们无法实指。北宋末年樊汝霖在《韩集谱注》中指出三点，最重要的一点就是荀子在《性恶篇》中谓"人之性恶，礼义生于圣人之伪"。按"伪""为"古字通用，"伪"是"作为"之"为"，不是"虚伪"之"伪"，也不作矫其本性解(杨倞说)。荀子又说："可学而能，可事而成之在人者谓之伪。"是说圣人作为"礼义"来教化人，和工人陶人削木、抟土制成器皿一样，是要人去用一番功夫学习修养，不能任性恣意的意思。宋代人误解"伪"字，攻击荀子，不止樊汝霖一人，都是没有根据的议论，这点应予澄清。

二是在汉代传《诗经》和《春秋》的经学大师，大半是荀况的弟子或再传弟子。传《易经》与《礼记》的大师，也和荀况有渊源关系。荀况对我国经籍的流传，有过很大的功绩。《孟子》一书早在东汉时就有注，而《荀子》一书到唐代中叶以后，杨倞才为它作注。杨倞在注中不止一次引韩愈的话。可见《荀子》一书的流行，和韩愈的大力提倡有关，而杨倞的作注，也受到了韩愈的鼓励和启发。阅读本篇对这一点也应知道。

(诸天寅)

读　墨　子[①]

儒[②]讥墨[③]以上同、兼爱、上贤、明鬼。而孔子畏大人，居是邦不非其大夫，《春秋》[④]讥专臣，不上同哉？孔子泛爱亲仁，以博施济众为圣，不兼爱哉？孔子贤贤，以四科[⑤]进褒弟子，疾殁世而名不称，不上贤哉？孔子祭如在，讥祭如不祭者，曰："我祭则受福。"不明鬼哉？

儒墨同是尧、舜[⑥]，同非桀、纣[⑦]，同修身正心以治天下国家，奚不相悦如是哉？余以为辩[⑧]生于末学[⑨]，各务售其师之说，非二师之道本然也。

孔子必用墨子，墨子必用孔子，不相用不足为孔、墨。

〔注〕①墨子：《墨子》，书名。春秋战国之际的墨翟和学生共同写作的，原七十篇，今存

五十三篇。下文提到的上同、兼爱、上贤、明鬼，皆今本《墨子》中的篇名。 ② 儒：儒家或儒家学派的简称。创始人是孔丘，人称孔子或孔夫子。子是古人习惯上的尊称。 ③ 墨：墨家或墨家学派的简称。创始人是墨翟，习惯上称墨子。 ④《春秋》：史书，相传由孔子据鲁史修订而成。记载了鲁隐公元年至鲁哀公十四年(前 722—前 481)时期的历史。 ⑤ 四科：《论语》中孔子将学生分为德行、言语、政事、文学四类，并依此奖拔学生。 ⑥ 尧、舜：中国古代新石器时期的两位首领，被后世公认为典范人物。 ⑦ 桀、纣：夏商两代的末世帝王。桀，史称帝履癸。纣，史称帝辛。被后世公认为腐败人物。 ⑧ 辩：学术争鸣。 ⑨ 末学：后学。

《读墨子》是一篇特别的文字，全篇仅一百六十六字，用类比的方式罗列了儒墨两大学派的基本共同点，简单扼要。

今本《论语》二十篇，《墨子》五十三篇，二者皆内容广泛，思想深刻，各有各的体系，各有各的价值取向，如果从细部开始，难求其是。于是，韩愈只有从大处落笔，"儒讥墨以上同、兼爱、上贤、明鬼"，从儒墨相争开始。众所周知，儒家学派形成之后，到战国之际，百家争鸣，其中儒墨之争影响甚大，所以人称墨学是批评儒学的"显学"。韩愈异中求同，即从儒墨之异中求同，不仅出语惊人，而且行文上有威慑力，震撼人心。分歧有四项：上(尚)同、兼爱、上(尚)贤、明鬼。按照《墨子》说，上(尚)就是尊崇、崇尚，同就是齐、和。怎样才能在社会结构中达到"齐""和"，墨翟主张要有君臣上下长幼之节，要有父子兄弟之礼，要"上之所是，亦必是之；上之所非，亦必非之"。韩愈所处的时代朝纲大坏，那些藩镇据地称雄，拥兵自重，根本不以朝廷之是非为是非，因此读《墨子》而怦然心动。以为与孔子的"畏大人，居是邦不非其大夫，《春秋》讥专臣"一致。《论语·季氏》称孔子说，君子有三畏：畏天命，畏大人，畏圣人之言。大人主要是指君、长。"居是邦不非其大夫"是《荀子·子道》中记载孔子的事，说孔子在鲁，不敢批评鲁大夫，子路不满，孔子说，"居是邑不非其大夫"。《春秋·隐公三年》说孔子以为周大夫尹(一作君)氏有篡权之意，在记载尹(一作君)氏死时，不书其名。这三条说明孔子与墨子的"上同"类似。其次，说"兼爱"。《墨子·兼爱》认为天下之乱，起于不相爱，因而主张"兼相爱，交相利"。而孔子在《论语·学而》中主张"泛爱众而亲仁"，又在《论语·雍也》中提倡博施济众，他在与子贡对话时，说"博施于民而能济众"是达到了圣人的标准。可见孔子"兼爱"。其三，墨子主张上(尚)贤，孔子的学生子夏说"贤贤易色"(《论语·学而》)，孔子本人以德行、言语、政事、文学四科将学生分类，而这种分类是对学生才能的肯定(参见《论语·先进》)。孔子看重个人的社会声誉，因为个人的社会声誉是个人道德、才能和贡献的社会评价，《论语·卫灵公》篇中，孔子说"君子疾没世名不称焉"。君子恨名不称于世，就是追求名扬于世，所谓"扬名声，显父母"。忠于儒学价值观念的人，包括韩愈都尚贤,以为贤者得其位,是天下大治、社会和谐的标志。最后是明鬼。《墨子》有《明鬼》三篇,今缺两篇,存一篇,最后的结论是:“今天下之王公大人士君子,中实将欲求兴天下之利,除天下之害,当若鬼神之有也,将不可不尊明也,圣王之道也。”孔子在《论语·八佾》中说“祭如在,祭神如神在”,又说“吾不与祭,如不祭”。这都是主张祭祀求诚,求真。祭祀者真诚,被祭祀者则有,祭的后果则是受福。《礼记·礼器》中引孔子的话:“我战则克,祭则受福,盖得其道矣。”

需要指出的是,韩愈的方法论并不周延,异中求同,舍其异而求其同,这个被搁置的“异”常常就是“同”的差别。同样承认社会等级差别,墨子向下层倾斜,韩非子向上层倾斜,孔子则主张中庸。墨子明鬼是关系治乱兴衰,孔子则仅仅是尊崇祖先,并且还“不语怪、力、乱、神”。所以,这个“异中求同”为程颐所讥,说《读墨子》“言不谨严,便有不足处”(《二程语录》卷十一)。不过,如果不从社会哲学的角度看问题,作为读书的感想,似亦不必苛求。

“儒、墨同是尧舜”,换一个角度,以同求同。其实,从理论上讲,以同求同同样避开了异,虽然从字面上与异中求同不一样,但实质上是相等的。如果说异中求同是舍其大异而求同,那么,以同求同则是求其大同而舍其异。此外,肯定尧、舜是古代最优秀的首领,认为夏桀、商纣是最腐败的君主,是历史的共识,无须解释。主张修身正心以治天下国家,是中国历史发展过程中全社会的共识,虽然个别人有愤激之说,但至少没有人公开主张以道德败坏的人来治理天下国家。因此,儒、墨乃至其他学派,在治理天下国家的基本点上是大同的,在其他具体社会伦理方面也有相同、相近、相似之处。就儒、墨而言,相同之处已如上述,为什么儒要“讥”墨,墨又要“排”儒呢?因此,韩愈认为,“辩”生于后学,力求推广自己老师的学术,排抑其他学术,提高自己老师的学术价值和地位。韩愈以为,这不是孔丘、墨翟二人的本意。

在完成了异中求同、同中求同之后,韩愈下了一个结论:“孔子必用墨子,墨子必用孔子,不相用不足为孔、墨。”其实这个“用”就是“需要”。作为一种社会哲学伦理,一定要利用所有共同的文化资源,不可以唯一独尊。扩展其“同”,弱化其“异”,社会才能在和谐中进步,在进步中和谐。从这个意义上说,韩愈的结论是不错的。至于有人以为,韩愈曾以反佛、道、墨为旗帜,唯尊儒学,与《读墨子》不协,是“忘其本”(茅坤《唐宋八大家文钞·韩文公文钞》卷十,引自《韩愈资料汇编》二,七七五页),大概与韩愈读书感想角度不同,毋庸细究。要之,韩愈《读墨子》是读书的感慨,一时兴会,信手拈来,形诸文字,与深思熟虑的理论辨析是两个范畴,不足怪,亦不应为怪。

(汤贵仁)

师　说

古之学者[①]必有师。师者，所以传道、授业、解惑也。人非生而知之[②]者，孰能无惑？惑而不从师，其为惑也终不解矣。生乎吾前，其闻道也固先乎吾，吾从而师之；生乎吾后，其闻道也亦先乎吾，吾从而师之。吾师道也，夫庸知[③]其年之先后生于吾乎？是故无贵无贱，无长无少，道之所存，师之所存也。

嗟乎！师道之不传也久矣，欲人之无惑也难矣！古之圣人，其出人也远矣，犹且从师而问焉；今之众人，其下圣人也亦远矣，而耻学于师。是故圣益圣，愚益愚，圣人之所以为圣，愚人之所以为愚，其皆出于此乎？

爱其子，择师而教之，于其身也，则耻师焉，惑[④]矣！彼童子之师，授之书而习其句读[⑤]者，非吾所谓传其道解其惑者也。句读之不知，惑之不解，或师焉，或不焉，小学而大遗，吾未见其明也。

巫医[⑥]乐师百工[⑦]之人，不耻相师。士大夫之族，曰师曰弟子云者，则群聚而笑之。问之，则曰彼与彼年相若也，道相似也，位卑则足羞，官盛则近谀。呜呼！师道之不复可知矣！巫医乐师百工之人，君子不齿，今其智乃反不能及，其可怪也欤！

圣人无常师，孔子师郯子[⑧]、苌弘[⑨]、师襄[⑩]、老聃[⑪]。郯子之徒[⑫]，其贤不及孔子。孔子曰："三人行，则必有我师[⑬]。"是故弟子不必不如师，师不必贤于弟子，闻道有先后，术业有专攻，如是而已。

李氏子蟠[⑭]，年十七，好古文，六艺经传[⑮]，皆通习之，不拘于时，学于余。余嘉其能行古道，作《师说》以贻之。

〔注〕　① 学者：求学的人。　② 之：指道理、知识。　③ 庸知：哪里用得着知晓。④ 惑：此处作"糊涂"解，与上文作"疑惑"解的"惑"含义稍有不同。　⑤ 句读（dòu）：即"句逗"，也就是断句。古书无标点符号，故学童从师求学先要练习断句，懂得判断书中哪里是语意已完足的"句"，哪里是语意未完而需停顿一下的"读"。　⑥ 巫医：巫是古代祭神祈祷、为人求

福兼用药治病的人，往往与“医”连称。医，此指专门治病的医生，与“巫”分属两种职业。⑦ 百工：泛指各种手艺工匠。　⑧ 郯(tán)子：春秋时郯国(在今山东郯城县一带)的国君，据说孔子曾向他请教过官职名称的事。　⑨ 苌(cháng)弘：周敬王时大夫，孔子曾向他请教过有关音乐的问题。　⑩ 师襄：鲁国乐官，孔子曾从他学琴。　⑪ 老聃(dān)：即老子李耳，孔子曾向他问礼。　⑫ 徒：一类人。　⑬“三人行”二句：《论语·述而》：“子曰：‘三人行，必有我师焉，择其善者而从之，其不善者而改之。’”　⑭ 李氏子蟠(pán)：李蟠，贞元十九年(803)进士。　⑮ 六艺经传：六经的经文和传文。经，指经书的本文。传，指解释经文的文字。

此文约作于贞元十八年(802)任国子监四门博士时。说，文体名，多用于解说性的议论，亦可记事。明吴讷《文章辨体序说》曰：“说者，释也，述也，解释义理而以己意述之也。”师说，即说明从师求学的必要及原则、方法等。韩愈所生活的时代，存在着轻视师道的不良习俗，只要有拜人为师者，就会受到社会舆论的嘲笑攻击。韩愈为了通过师承关系更好地推广儒学和提倡古文，于是反抗流俗，写了这篇《师说》。正如柳宗元在《答韦中立论师道书》中所说：“今之世，不闻有师，有辄哗笑之，以为狂人。独韩愈奋不顾流俗，犯笑侮，收召后学，作《师说》，因抗颜而为师。”文章论证求学者必须从师和从何者为师的道理，批判士大夫轻视师道的社会风尚，表现出敢于向传统观念挑战的可贵精神，成为我国古代论述师道的经典性文章，至今对我们仍有很大的借鉴意义。

全文紧紧环绕从师的必要性这一中心展开。第一大段作概括的正面论说。劈头就提出：“古之学者必有师。师者，所以传道、授业、解惑也。”其中第一句说“古之学者”，是为了否定轻视师道的当代学者，并与结尾“余嘉其能行古道，作《师说》以贻之”相呼应，而“必有师”的“必”字，则一开始就表现出作者提倡师道斩钉截铁的态度。第二句的“传道”指传儒家之道，即后文所说的“六艺经传”所明的道；“授业”指传授专业知识，如后文所说“孔子师郯子、苌弘、师襄、老聃”，即向郯子讨教“以鸟命官”的事，向苌弘问乐，向师襄学琴，向老子问礼那样的学问；“解惑”是指解除“传道”“授业”过程中的疑难。这是阐明从师的必要和师的作用。当然，此处所讲的“道”和“师”都带有儒家色彩和旧思想的烙印，但可贵的是作者也重视专业本领，把“业”和“道”相提并论，这就对传统之见有所突破。接着，文章提出从师不能以辈分的高低和年龄的大小作为选择的标准，强调要“师道”，并说：“无贵无贱，无长无少，道之所存，师之所存也。”这也是识透古今之论，一反当时盛行的世族门第观念和论资排辈思想，起着振聋发聩的作用。

第二大段分三个自然段，运用三组对比，从反面批判轻视师道的行为。第一组是以“古之圣人”比“今之众人”，指出“古之圣人”超出“今之众人”很多，可是前者“犹且从师而问焉”，而后者却“耻学于师”，认为“圣人之所以为圣，愚人之所以为愚”,大约就由于这个原因。第二组是以子弟比轻师者自己,指出子弟“句读之不知”,还晓得“择师而教之”,而自己“惑之不解”,却“耻师焉”,这是“小学而大遗”,可谓愚不可及。第三组是以“巫医乐师百工之人”比“士大夫之族”,指出前者“不耻相师”,后者却嘲笑从师,后者看不起前者,“今其智乃反不能及”,真是咄咄怪事。在每一对比的结尾都用了感叹句子,语含讥讽,笔带嘲谑,鞭挞轻师行为的感情色彩十分浓烈。这三组内容,层层深入,步步递进,说理透辟有力。

第三大段照应第一段,以孔子为例,更深入一步从正面具体说明从师的重要性和以什么人为师的观点。先是一句格言式的警句“圣人无常师”,强调要多方从师,广泛求学。后讲孔子在不同的方面,以一些作者认为“其贤不及”孔子自己的人为师。接着带有总结性地说:“弟子不必不如师,师不必贤于弟子,闻道有先后,术业有专攻,如是而已。”鲜明地表现出能者为师、教学相长的卓越教学思想,这是对传统师道观的大胆挑战。

第四大段交代文章写作缘由,指出李蟠“不拘于时,学于余。余嘉其能行古道”,故“作《师说》以贻之”。从李生讲,是勇于从师。从作者自己讲,两个“余”字,表明他以儒学和古文的传承者自居,是勇于为师。此段和文章开头相照应,在从师和为师两个方面,举示典范,进一步提倡师道。

整篇文章有正面论证和反面批判,有抽象阐述和具体举例,有一般议论和示范提倡。这种正反映衬,虚实并举,论驳结合,有理有据的论述,把从师的必要性和以何者为师的问题讲得头头是道,非常透彻,具有无可辩驳的逻辑力量,很能服人。

从谋篇布局来说,该文由正面阐发到反面批判,到举例论证,再到示范提倡,环环紧扣,层层深入,结构十分严密。另一方面,布局与写法又富有变化。如第一、三、四段阐述比较简单,第二段的论说则较为详细,繁简有别,详略分明。第一、三段虽然都是正面论述从师的必要和以何者为师的道理,但第一段是抽象论述,既写为什么要从师,又谈以什么人为师的问题,而第三段是以孔子的言行为例,着重讲师弟子关系的相对和以能者为师的观点,这就有变化。又如第二段三组对比结尾的写法也不一样。第一组是:“圣人之所以为圣,愚人之所以为愚,其皆出于此乎?”在疑问猜测中予以否定。第二组是:“小学而大遗,吾未见其明也。”在斩钉截铁中加以批判。第三组是:“今其智乃反不能及,其可怪也欤!”在感慨喟叹中进行讽刺。虽然都是批判语气,但由于写法多样,就不显得平板单调,做到了既严谨有序,又灵动多变。

在句子的运用上,该文善用排偶句式,如“生乎吾前,其闻道也固先乎吾,吾从而师之;生乎吾后,其闻道也亦先乎吾,吾从而师之”,“古之圣人,其出人也远矣，犹且从师而问焉；今之众人，其下圣人也亦远矣，而耻学于师”等都是。如此频繁而灵活地使用排偶句，显得凝重匀称，和谐整齐。同时该文还更多地运用散体句式，并且极有变化。“人非生而知之者，孰能无惑?”是疑问句。“嗟乎！师道之不传也久矣，欲人之无惑也难矣!”是感叹句。“古之学者必有师。师者，所以传道、授业、解惑也”，用的是接句法。“句读之不知，惑之不解，或师焉，或不焉”，用的是交错法。在一篇短文中，这样错综多变地遣词造句，使人读来有摇曳多姿、奇崛不凡之感。但这又并非刻意雕琢，所以不觉得矫揉造作。清人吴汝纶就评论此文说:“句句硬接逆转，而气体浑灏自然。”(《古文辞类纂》卷二)韩愈的这篇文章写得高屋建瓴，理足辞胜，加上这样整齐的排偶句和富有变化的散体句错综使用，就使全文充满着排宕开阖，浑浩流转，雄放疏荡的气势，是他出色地实践“气盛，则言之短长与声之高下者皆宜”(《答李翊书》)散文主张的代表作之一。

(吴小林)

进 学 解

国子先生[①]晨入太学[②]，招诸生立馆下，诲之曰:“业精于勤荒[③]于嬉，行成于思毁于随[④]。方今圣贤相逢，治具[⑤]毕张[⑥]。拔去凶邪，登崇[⑦]畯良[⑧]。占小善者率[⑨]以录，名一艺者无不庸[⑩]。爬罗剔抉，刮垢磨光。盖有幸而获选，孰云多而不扬[⑪]。诸生业患不能精，无患有司[⑫]之不明；行患不能成，无患有司之不公。”

言未既，有笑于列者曰:“先生欺余哉！弟子事先生，于兹有年矣。先生口不绝吟于六艺之文[⑬]，手不停披[⑭]于百家之编[⑮]；记事者[⑯]必提其要，纂言者[⑰]必钩其玄[⑱]；贪多务得，细大不捐[⑲]；焚膏油以继晷[⑳]，恒兀兀[㉑]以穷年。先生之业，可谓勤矣。觝排[㉒]异端[㉓]，攘斥[㉔]佛老；补苴罅漏[㉕]，张皇[㉖]幽眇[㉗]；寻坠绪[㉘]之茫茫，独旁搜而远绍[㉙]；障百川而东之，回狂澜于既倒。先生之于儒，可谓有劳矣。沉浸醲郁[㉚]，含英咀华[㉛]；作为文章，其书满家；上规[㉜]姚、姒[㉝]，浑浑[㉞]无涯；周《诰》[㉟]、殷《盘》[㊱]，佶屈聱牙；《春秋》谨严，《左氏》浮夸[㊲]；《易》奇而法[㊳]，《诗》正而葩[㊴]；下逮《庄》《骚》，太史所录[㊵]；子云、相如[㊶]，同工异曲。先生之于文，可谓闳其中而肆其外[㊷]矣。少始知学，勇于敢为；

长通于方[43],左右具宜。先生之于为人,可谓成矣。然而公不见信于人,私不见助于友。跋前踬后[44],动辄得咎[45]。暂为御史,遂窜[46]南夷[47]。三年博士[48],冗不见治[49]。命与仇谋,取败几时[50]。冬暖而儿号寒,年丰而妻啼饥。头童[51]齿豁[52],竟死何裨[53]。不知虑此,而反教人为?"

先生曰:"吁,子来前! 夫大木为杗[54],细木为桷[55],欂栌[56]侏儒[57],根阒[58]居楔[59],各得其宜,施以成室者,匠氏之工也。玉札丹砂[60],赤箭青芝[61],牛溲马勃[62],败鼓[63]之皮,俱收并蓄,待用无遗者,医师之良也。登明选公,杂进巧拙,纡余[64]为妍,卓荦[65]为杰,校短量长,唯器是适者,宰相之方也。昔者孟轲好辩,孔道以明,辙环天下,卒老于行[66]。荀卿守正,大论是弘,逃谗于楚,废死兰陵[67]。是二儒者,吐辞为经,举足为法,绝类离伦,优入圣域[68],其遇于世何如也? 今先生学虽勤而不繇[69]其统[70],言虽多而不要[71]其中[72],文虽奇而不济于用,行虽修而不显于众,犹且月费俸钱,岁靡[73]廪粟[74],子不知耕,妇不知织,乘马从徒,安坐而食,踵[75]常途之促促[76],窥陈编以盗窃[77]。然而圣主不加诛,宰臣不见斥,非其幸欤! 动而得谤,名亦随之,投闲置散,乃分之宜。若夫商[78]财贿[79]之有亡,计班资[80]之崇庳[81],忘己量之所称,指前人之瑕疵,是所谓诘匠氏之不以杙[82]为楹[83],而訾[84]医师以昌阳[85]引年[86],欲进其豨苓[87]也。"

〔注〕 ① 国子先生:韩愈自称,当时他的官职是国子博士。唐代国子监主管国家教育,又是设在京城的最高学府,内设国子学、太学、广文学、四门学、律学、书学、算学等七学,各学都设有博士。其中国子学设博士五人,正五品上,掌教三品以上及国公子孙、从二品以上曾孙为学生者。 ② 太学:文中指国子监。唐代国子监相当于魏晋以前的太学,故言。 ③ 荒:废。 ④ 随:任性随意。 ⑤ 治具:治国之具,指法令。《史记·酷吏列传》:"法令者,治之具。" ⑥ 张:施,设。 ⑦ 登崇:进用、推重,有提拔之意。 ⑧ 畯(jùn)良:指优秀人才。畯,通"俊"。 ⑨ 率:大都。 ⑩ 庸:用,任用。 ⑪ 扬:举。 ⑫ 有司:主管的官吏。 ⑬ 六艺之文:即儒家六经(《诗》《书》《礼》《易》《乐》《春秋》)之文。 ⑭ 披:翻阅。 ⑮ 百家之编:指诸子百家的著作。 ⑯ 记事者:指记事类的著作。 ⑰ 纂言者:集诸家之说的著作。 ⑱ 钩其玄:探求其深微的道理。钩,引、索。玄,幽远,理之深奥者曰玄。 ⑲ 捐:弃。 ⑳ 晷(guǐ):日影,指白天。 ㉑ 兀(wù)兀:勤勉不懈的样子。 ㉒ 觝(dǐ)排:抨击,抵制。 ㉓ 异端:指不合儒家正统思想的学说。 ㉔ 攘斥:排斥。 ㉕ 补苴(jū)罅

(xià)漏：意为填塞孔隙漏洞。草枯落曰苴，苴为充满鞋垫之物。　㉖ 张皇：发扬光大。㉗ 幽眇：幽微眇小。幽，微；眇，小。　㉘ 坠绪：指儒家已经断绝的传统。　㉙ 绍：继承。㉚ 酝郁：浓烈馥郁。　㉛ 含英咀华：指对文章精华的仔细品味。　㉜ 规：取法。㉝ 姚、姒(sì)：指《尚书》中的《虞书》(包括《尧典》《皋陶谟》)和《夏书》(包括《禹贡》《甘誓》)。姚为虞舜的姓，姒为夏禹的姓。　㉞ 浑浑：深广的样子。　㉟ 周《诰》：指《尚书·周书》中的《大诰》《康诰》《洛诰》《酒诰》等，它们是周初周公、成王发布的文诰。　㊱ 殷《盘》：指《尚书·商书》中的《盘庚(上、中、下)》，相传是殷王盘庚发布的文告。　㊲ 浮夸：指文字铺张，多夸大之词。　㊳ 奇而法：奇妙而有规则。　㊴ 正而葩：指内容纯正、词藻华美。葩，花。㊵ 太史所录：指太史公司马迁的《史记》。　㊶ 子云、相如：指西汉辞赋大家扬雄和司马相如。　㊷ 肆其外：指文章表现形式自由奔放，不受拘束。　㊸ 方：礼法，道理。　㊹ 跋前踬(zhì)后：前进困难，后退也有阻碍。跋，践踏。踬，跌倒。　㊺ 咎：罪过。　㊻ 窜：放逐。㊼ 南夷：指阳山县(今广东省阳山县)。　㊽ 三年博士：韩愈元和元年(806)权知国子博士，四年(809)为真博士。　㊾ 冗不见治：意谓做闲散之官未表现出好的政绩。见，同"现"。㊿ 几时：不时，常常。　51 头童：脑袋秃顶无发。山无草木曰童。　52 齿豁：牙齿露出豁口。　53 裨：补益。　54 宊(máng)：屋梁。　55 桷(jué)：屋椽。　56 欂栌(bó lú)：即斗拱，柱顶上承托栋梁的方木。　57 侏儒：原指矮人，文中指梁上短柱。　58 椳闑(wēi niè)：门枢臼和门中央所竖的短木。　59 扂楔(diàn xiē)：门闩和门两旁斜立的长木。60 玉札丹砂：玉屑和朱砂。　61 赤箭青芝：天麻和龙芝。　62 牛溲(sōu)马勃：车前子草和马屁菌。　63 败鼓：破烂之鼓。　64 纡余：屈曲的样子，文中指为人稳重、不露锋芒。65 卓荦(luò)：特出，超群出众。　66 卒老于行：指孟子终于在奔走列国的途中年老而死。67 废死兰陵：指荀子在楚相春申君死后，被免掉兰陵令职务，住在兰陵讲学，最后死在那里。68 优入圣域：意谓进入圣人领域绰绰有余。　69 繇：同"由"，从。　70 统：指儒学道统。71 要(yāo)：求，取。　72 中(zhòng)：正中目标，击中要害。　73 靡：费。　74 廪粟：官仓之粮。　75 踵：追随。　76 促促：拘谨的样子。　77 盗窃：剽窃，抄袭。　78 商：计算，计较。　79 财贿：财物，指俸禄。　80 班资：班列资格，指官位品秩。　81 崇庳(bì)：高低。庳，低下。　82 杙(yì)：小木桩。　83 楹(yíng)：柱子。　84 訾(zǐ)：诋毁。85 昌阳：又名菖蒲，传说久服菖蒲可以延年益寿。　86 引年：延年。　87 豨(xī)苓：又名猪苓，一种药草。

韩愈于元和七年(812)二月由职方员外郎左迁国子博士，元和八年三月改官比部郎中、史馆修撰，而《进学解》中"诸生"之一有谓"弟子事先生于兹有年矣"，可见此文作于元和八年二、三月间。这一年，作者四十六岁。此前韩愈为官并不顺利，或一再为人谗害，或数次遭到贬黜，故"作《进学解》以自谕"。史载时相读其文即改任其职，所谓"(韩愈)既才高数黜，官又下迁，乃作《进学解》以自谕，执政(时宰相为李吉甫、李绛和武元衡)览之，奇其才，改比部郎中、史馆修撰"(《新唐书·韩愈传》)。

《进学解》几乎全是"感激怨怼奇怪之辞"，但作者出语巧妙，颇具艺术匠心。茅坤就说："此韩公正正之旗、常常之阵也。其主意专在宰相。盖大材小用，不能无憾。而以怨怼无聊之辞托之人,自咎自责之辞托之己,最得体。"(《唐宋八大家文钞·韩文公文钞》卷十)茅坤认为,韩愈作《进学解》,是在发牢骚,是在为黜官大材小用鸣不平,许多话都是说给宰相听的。这一看法大体符合韩愈写作此文的动机。而说文章"以怨怼无聊之辞托之人,自咎自责之辞托之己"也基本上道出了此文的写作特点。要点明的是,无论是"人"之"怨怼无聊之辞",还是"己"之"自咎自责之辞",都是作者韩愈"感激怨怼"的牢骚语,是他自炫其学、自夸其才、自道其为人、自述其困穷的真心话。

此文构思的奇特,表现在作者抒发累被摈黜、大材小用的牢骚,全借师生问答的形式说出,而问答的设置又极富诙诡情趣:国子先生谆谆教诲诸生,学生振振有词地反驳先生,先生再以自咎自责的态度,平心静气地加以解释。而反驳也好,解释也好,都说得酣畅淋漓。

文章结构简单,仅有三段,但各段行文自有特色,值得细说。前已言及,此文构思时是以一具有诙诡情趣的故事情节作为结构其文的线索的,故三段文字环环相扣,钩连得紧。首段写国子先生以进学之道教诲诸生,实对中段和末段所写师生驳、解内容有引发作用,故所写先生训词极为简要,而有很强的针对性。训词要点有三:一是讲诸生要努力学习,所谓"业精于勤而荒于嬉";二是讲诸生要谨慎行事,所谓"行成于思而毁于随";三是讲当前国家形势大好,君圣相贤,法规健全,而政府十分重视用贤才,诸生不要担心官吏看不清楚自己的才能,也不要担心他们用人不公。显然,三要点中,第一点是直接说如何进学(使学业进步);第二点是因说到学业而言及行事;第三点是要诸生解除顾虑,唯"业精""行成"是求。就文章结构言,这第三点十分重要。正是因为有这层意思,才引起一位太学生的反驳,使得文势大开。试想,如果没有第三点,让国子先生絮絮叨叨地对如何"业精""行成"作"理论发挥",那文章的波澜恐怕就难以生成了。

中段的主体部分全是驳词,系听讲的某一弟子所言。驳词的写法有三个特点。一是驳词内容针对韩愈训词要点而发,意谓先生可谓"业精""行成",现实境遇却是才不见用,动辄得咎。具体说,谓其"业精",则说到"先生之业,可谓勤矣""先生之于文,可谓闳其中而肆其外矣";谓其"行成",则说到"先生之于儒,可谓有劳矣""先生之于为人,可谓成矣"。谓其现实处境狼狈,则言其被谗、黜官之事和生活窘迫之状。使得前后相比,反差极大,足证先生之言的不可信。二是说先生"业精""行成"及处境狼狈事,皆详言尽言,铺陈渲染,以至夸张、形容。如说"业精""行成",不但从四方面分而言之,构成呈排比形式的四小段,而且在每一小段选用对句,细言其事。像"先生口不绝吟于六艺之文"一段,就不但写出了先生读书的勤奋，还写出了他读书的范围、读书的态度和读书的方法。“沉浸酡郁”一段，也是详细说到他如何吸收先秦、西汉文章艺术特长而勤于写作的故事，一口气列出十来种文献艺术上的特点。至于说先生今日的狼狈处境，更是细加形容，展开来说。如此详尽言之，目的是把先生之才说够，把先生动辄得咎和因黜而困的现实遭遇说透。又，作者构思其文，安排弟子作驳，本来就有借其口极称先生之才、极言先生之困而泄作者之愤的用意，他说得愈充分，就愈能见出作者的不平。所以文中驳词的主体部分，由叙议结合、容量极大的长句所构成的排比句组成，而每一长句都是文势有开有合，顿跌有致。故连作排比，既能铺陈其事，又能以气运词，以至出语含怒带愤，感情色彩很浓。三是中段写弟子反驳先生，驳词所用语气极合弟子身份。因而出语自然。文中弟子反驳先生的第一句“导入语”，便是“先生欺余哉”，一张口就对先生训辞所言作了否定，而且是带着激愤情绪作出的否定，这一否定，一方面对下作反驳，有引发作用，另一方面又为下作反驳、用不平语气对先生大材小用和累受摈黜一一道来定了调子。而说“弟子事先生，于兹有年矣”，显然有交代弟子对先生知之甚多的原因，同时也是在为弟子何以说“先生欺余哉”摆证据。值得注意的是，作者并不把这句话放在“先生欺余哉”之前，因为那样就会淡化弟子反驳时的情绪，会影响到驳词语言的节奏和气势，不利于显露弟子的个性特征。驳词中有助于显示弟子个性特征的，还有他最后说的“不知虑此，而反教人为”一句。这句话是反驳先生，但指责中含讥嘲语气，与开头说“先生欺余哉”，都表现出弟子为人单纯、正直、爽快和略显执拗的性格特征。作者写出弟子的这些为人特点，再写他的逞性腾说、罗列事实以作反驳，就显得自然合理，同时也更能显出学生所说事情的真实性。

末段是先生对弟子所作反驳的解释，句句皆为自咎自责之词。意谓自己“学”“言”“文”“行”全不足道，“犹且月费俸钱，岁靡廪粟”，“圣主不加诛，宰臣不见斥”，就够幸运了，“动而得谤”“投闲置散”正是应有的结果，怎么能埋怨宰相不重用自己呢？行文则分三层意思说来。一说“校短量长，唯器是适”乃宰相用人之方；二说孟轲、荀卿“绝类离伦，优入圣域”尚且不遇于世；三说自己学、言、文、行样样不足，应安于现状，不该作非分之想。三层意思的表述，其写法和功用都不一样。说“宰相之方”，实由说“匠氏之工”“医师之良”引出，是用匠氏、医师比喻宰相，把宰相用人之术说得形象、生动。而文中用排比句式曲折道来，不但对宰相用人之术的特点有强调作用，还表现出先生解释时平心静气、自咎自责的诚恳态度。后者显然和弟子反驳时语带怒气不同。又从文章结构着眼，解词先正面说出“宰相之方”，是为最后讲不应该指责宰相用人不公，预作前提。末句“是所谓诘匠氏”云云,实以“匠氏”“医师”代指宰相,正和前言“宰相之方”三句呼应。而说自己应安于现状、不应指责宰相的理由,也是从远处道来。即先说孟、荀不遇于世,再讲自己遭遇理应如此。说孟、说荀都是有叙有议,说自己更是详言其不才、细言其不幸、反复声言其不怨。和中段借弟子驳词称扬作者才高而为其鸣不平一样,末段写先生作解自咎自责而不怨,也是在替作者发牢骚,只是方法不同,前者是直接称扬其才而言其不应累受摈黜,后者是以抑为扬,不说不遇之悲,胜言不遇之悲。如说孟、荀“优入圣域”云云,就有自我标榜之意;而说“投闲置散,乃分之宜”云云,分明是反话正说,内含怨气。

韩愈《进学解》构思的巧妙,除借他人之口扬其才、吐其怨,而精心编写驳词、解词以外,还表现在对引出师生问答的极富戏剧性的情节安排上。如文中写国子先生早晨进入太学,招集诸生听他讲如何进学、行事的道理,话未说完,不意队列中有个学生连连发笑,居然振振有词地以先生为例对先生的教诲一一加以反驳。于是先生就要他出列上前,然后指着学馆屋宇对他由近及远地加以解释。就这样用一个师生辩论的故事,把作者怀才不遇的怨愤说了个痛快。其构思之妙,或如林纾所说:“大旨不外以己所能,借人口中为之发泄,为之不平,极口肆詈,然后制为答词。引圣贤之不遇时为解。说到极谦退处,愈显得世道之乖、人情之妄,只有乐天安命而已。……文不过一问一答,而啼笑横生,庄谐间作。文心之狡狯,叹观止矣。”(《韩柳文研究法·韩文研究法》)

说到《进学解》以问答方式结构其文,人们常将它与东方朔《答客难》、扬雄《解嘲》同论,其实有同有不同。同的是三文均是作者自譬自解以抒愤郁。不同的是,《答客难》《解嘲》“皆以时势不同立论”,而《进学解》则“靠定自身发挥”(钱基博《韩愈志·韩集籀读录》),总以称说己事为主要内容。此外,三者文风也不一样,《答客难》恣肆宏放,颇有战国时代纵横家说辞的风格;《解嘲》铺陈排比,且多对句,辞赋风格显著。《进学解》也用铺陈、排比手法,造句也有大体相对的偶句,有些句子还有韵脚相连,故有人说它是辞赋体,也有人说“《进学解》之为骈,盖亦有意而为之者”(姜书阁《骈文史论》),其实,它只是参用辞赋、骈体句法,基本形态仍是散文。亦如林纾所言:“昌黎所长在浓淡疏密,相间错而成文,骨力仍是散文。以自得之神髓,略施丹彩,风采遂焕然于外。”(《韩柳文研究法·韩文研究法》)

(熊礼汇)

圬者王承福传

圬[①]之为技,贱且劳者也。有业之[②],其色若自得者。听其言,约而尽[3]。问之,王其姓,承福其名,世为京兆长安[4]农夫。天宝之乱[5],发人为兵[6],持弓矢十三年,有官勋[7],弃之来归,丧其土田,手镘衣食[8],余三十年。舍[9]于市之主人[10],而归其屋食之当[11]焉。视时屋食之贵贱,而上下其圬之佣以偿之[12]。有余,则以与道路之废疾饿者焉。

又曰:粟,稼[13]而生者也;若布与帛,必蚕绩[14]而后成者也;其他所以养生之具[15],皆待人力而后完也:吾皆赖之。然人不可遍为,宜乎各致其能以相生[16]也。故君者,理我所以生者也[17];而百官者,承君之化[18]者也。任有小大,惟其所能,若器皿焉[19]。食焉而怠其事,必有天殃[20],故吾不敢一日舍镘以嬉[21]。夫镘易能[22],可力[23]焉,又诚有功,取其直[24],虽劳无愧,吾心安焉。夫力易强而有功也,心难强而有智也[25]。用力者使于人,用心者使人[26],亦其宜也,吾特择其易为而无愧者取焉。嘻[27],吾操镘以入贵富之家有年矣。有一至者焉,又往过之,则为墟[28]矣;有再至三至者焉,而往过之,则为墟矣。问之其邻,或曰:噫,刑戮[29]也。或曰:身既死,而其子孙不能有也。或曰:死而归之官[30]也。吾以是观之,非所谓食焉怠其事,而得天殃者邪?非强心以智而不足,不择其才之称否而冒之者邪[31]?非多行可愧[32],知其不可而强为之者邪?将贵富难守,薄功而厚飨[33]之者邪?抑丰悴有时[34],一去一来而不可常者邪!吾之心悯焉,是故择其力之可能者行焉。乐富贵而悲贫贱,我岂异于人哉!

又曰:功大者,其所以自奉也博[35]。妻与子,皆养于我者也,吾能薄而功小,不有之可也。又吾所谓劳力者,若立吾家而力不足,则心又劳也。一身而二任[36]焉,虽圣者不可能也。

愈始闻而惑之,又从而思之,盖贤者也,盖所谓独善其身[37]者也。然吾有讥[38]焉,谓其自为也过多,其为人也过少,其学杨朱之道[39]者邪?杨之道,不肯拔我一毛而利天下,而夫人[40]以有家为劳心,不肯一动其心以畜其妻子[41],其肯劳其心以为人乎哉！虽然，其贤于世之患不得之而患失之者[42]，以济[43]其生之欲，贪邪而亡道[44]以丧其身者，其亦远矣！又其言有可以警余者，故余为之传而自鉴[45]焉。

〔注〕 ① 圬(wū)：泥瓦工人抹墙的工具，这里指泥瓦工作。 ② 业之：从事这种职业。 ③ 约而尽：简要而全面。 ④ 京兆长安：唐代在京城设京兆府，管理所属各县，长安即其属县之一。 ⑤ 天宝之乱：天宝，唐玄宗(李隆基)年号。天宝十四年(755)十一月，边将安禄山、史思明叛唐作乱，次年攻陷长安。历时九年方平息。史称“安史之乱”。 ⑥ 发人为兵：征调百姓从军。安禄山叛乱爆发后，唐玄宗下诏在京师招募士兵十一万征讨，命荣王李琬(第六皇子)为元帅。 ⑦ 有官勋：授有官职和勋级，指有战功。唐制官有九品，勋有十二级。 ⑧ 手镘(màn)衣食：靠作泥瓦工来换取衣食。手，执，操，作动词用。镘，抹子，泥瓦工砌墙用的工具。 ⑨ 舍：居住。 ⑩ 主人：在此有“雇主”之意。 ⑪ 屋食之当：应付的房租饭钱。屋，房租。食，指饭钱。当，相当或相称的钱数。 ⑫ “视时屋食之贵贱”二句：随着房租、饭钱的高低，来增减自己的工钱用来支付房租、饭钱。时，指市场物价的变化。上下，增减。佣，工钱。偿之，付房租、饭钱。 ⑬ 稼：种植。 ⑭ 蚕绩：蚕，指养蚕，承帛而言。绩，把麻搓成线，承布而言。 ⑮ 养生之具：人们赖以生存的手段。 ⑯ 各致其能以相生：每人都尽自己的能力去劳动，相互帮助，以求生存。致，尽。 ⑰ 故君者，理我所以生者也：君，指皇帝。理，同“治”，唐人避高宗李治的名讳，用“理”字代替“治”字。所以生，得以生存。 ⑱ 承君之化：奉行皇帝的教化。承，奉行。化，教化。 ⑲ “任有小大”三句：承担的工作有大有小，只是根据自己的能力，就像器皿有大小之不同。 ⑳ 食焉而怠其事，必有天殃：只是白吃饭而又懒怠于做事，上天必定要降给他灾祸。天殃，天降的灾祸。 ㉑ 舍镘以嬉：丢下镘不做工去游玩。舍，丢掉。 ㉒ 夫(fú)镘易能：夫，发语词。镘，作动词用，指泥水匠工作。易能，容易做。 ㉓ 可力：可以勉力去做。 ㉔ 直：同“值”，指工钱。 ㉕ “夫力易强而有功也”二句：体力劳动的事肯下力气去做就能收到功效，脑力劳动很难勉力变成有智慧。力，指体力劳动。强，勉强努力。心，指脑力劳动。 ㉖ “用力者使于人”二句：体力劳动者被人使唤，脑力劳动者使唤别人。这两句与《孟子·滕文公上》“劳心者治人，劳力者治于人”意思相同。 ㉗ 嘻(xī)：感叹词，与下文的“噫(yī)”字意思相近，同为表示“呵”“唉”的叹息。 ㉘ 为墟：变为荒废之地。 ㉙ 刑戮(lù)：犯了判刑或杀头的罪。 ㉚ 归之官：收归官有，指被官府没收。 ㉛ 不择其才之称否而冒之者邪：不管自己的才能是否相称，而一味冒进。称，相称，相当。称否，称与不称。冒之，冒进。 ㉜ 多行可愧：尽做一些于内心有愧的事。 ㉝ 薄功而厚飨(xiǎng)：功劳微薄而享受太多。飨，同“享”。 ㉞ 丰悴(cuì)有时：丰，丰裕，此处指家境昌盛。悴，憔悴，此处指家境衰败。时，一定的时间。 ㉟ 自奉也博：自己享用的很多。博，丰厚。 ㊱ 一身而二任：指一人而兼劳力、劳心。 ㊲ 独善其身：洁身自爱，此处是只顾自己的意思。语出《孟子·尽心上》：“穷则独善其身，达则兼善天下。” ㊳ 讥：批评。 ㊴ 杨朱之道：杨朱，字子居，又称杨子，战国时魏国人，主张“为我”说。《孟子·尽心上》：“杨子为我，拔一毛利天下不为。” ㊵ 夫人：那个人，指王承福。 ㊶ 畜其妻子：畜，养活。妻子，妻与子女。 ㊷ 其贤于世之患不得之而患失之者：患不得之患失之，出自《论语·阳货》：“其未得之也，患得之；既得之，患失之。”此句意为，比世上那些贪求富贵患得患失的人强得多。 ㊸ 济：满足。 ㊹ 亡道：丧失正道，做事越出规矩，指胡作非为。亡，同“无”。 ㊺ 自鉴：照照自己，有没有像他所说的毛病。鉴，铜镜。

《圬者王承福传》这篇传记大约作于唐德宗贞元十七年(801),这年韩愈自徐州来京(长安)调选,时年三十四岁。

这是韩愈给一位自食其力的泥瓦匠所写的传记,赞扬王承福从自己的能力出发,勤于适应自己的职业的人生态度。作者的主要目的,是通过王承福这个人物的人生态度及其议论,讽刺当时社会上那些无才无能、患得患失、追求富贵又“食焉而怠其事”的人,表达自己对富贵者不做事、无功而坐享安乐的不合理的社会现象的抨击,规劝人们要度才量力,勤于本业。

圬者在当时是“贱业”,为士大夫所不齿,韩愈肯为之立传并予以同情,这一点十分难能可贵,所以这篇传记在韩愈文章中有着特殊价值。在写法上本文也很有特点。传记文在我国散文史上,是一种源远流长的文体,但大都是史传。到了唐代古文家的笔下,这一古老的文体发生了明显的变化。他们的传记文,传主从帝王将相转向市井小民普通百姓。“传者,传也,所以传示来世。”(刘知几《史通·六家篇》)他们从这些小人物身上,看到可以“传示来世”的闪光点,把他们具有劝善惩恶作用的言行,加以适当的剪裁,生动的描写,精心构撰成一篇篇短小精悍的小传,兼用传奇、寓言的笔法,这在我国散文文体史上是富有创造性的。韩愈这篇《圬者王承福传》便是这类传记文中颇有代表性的一篇。另外,这篇传记的重点不在于记叙传主的生平事迹,而在于记叙传主的言论,通过圬者王承福之口表达韩愈的儒家理想和对社会人生的看法。

全文共分四段,前三段所写,全是出于王承福之口。第一段自叙其经历,由弃农而为兵,又弃官而来归,由于“丧其土田”,遂“手镘衣食,余三十年”。王承福的经历很简单,他是一个自食其力的劳动者,一生安于本分,量力而行,既不患得患失,不过分追求生活的欲望,不贪婪,不做坏事,也不勉强自己去做力不能及的事情。在平凡的人生经历中,显示出与众不同之处,即他宁愿放弃官勋,选择“贱且劳”的圬者为职业。这样的选择是和他后边议论中所表达的思想密切相关的。言行前后一致,文章义脉连贯畅通。

第二段记其议论,其间也有一些陈腐、落后的封建说教,如说“用力者使于人,用心者使人”,此二句与《孟子·滕文公上》中“劳心者治人,劳力者治于人”意思相同。《左传·襄公九年》和《国语·鲁语》都说,“君子(统治阶级)劳心,小人(被统治阶级)劳力”是“先王”的制度。韩愈接受这种思想,他在《原道》中说:“君者,出令者也;臣者,行君之令而致之民者也;民者,出粟米麻丝、作器皿、通货财以事其上者也。君不出令,则失其所以为君;臣不行君之令而致之民,则失其所以为臣;民不出粟米麻丝、作器皿、通货财以事其上,则诛。”绘出了一张封建统治秩序的理想蓝图。本篇中的“君者，理我所以生者也；而百官者，承君之化者也”与《原道》的观点是一致的。对于这些封建时代的传统偏见，倒也不必过于苛求。

这一段可分为两层，第一层重点说明人类社会必然要有分工，“宜乎各致其能以相生”，人们才能生存下去。分工可以不同，但必须各尽其能，而不能无所事事，坐享别人的劳动成果。“食焉而怠其事，必有天殃”，是全篇主旨，也是具有启发意义的警句。如果违背了这个规律，下场将是十分可悲的。王承福正是认识到了这一点，才“择其易为而无愧者取焉”，做了一个圬者，而且“不敢一日舍镘以嬉”。这种淡泊名利，自食其力的人生态度，即使在今天看来也有可取之处。第二层以“嘻”字领起，笔锋陡转，别辟一境。以王承福“操镘以入富贵之家”的经历见闻，饱含浓郁情感的笔触，展现了富贵之家的可悲下场。通过王承福对那些富贵之家转瞬成墟的变化所提出的一系列反问，说明富贵逸乐的不可常保。总之，富贵人家由于“食焉而怠其事”“强心以智而不足，不择其才之称否而冒之”“多行可愧，知其不可而强为之”“薄功而厚飨”，导致必然的可悲下场。行文中既有忽生感慨，造成无限烟波（“吾操镘以入富贵之家有年矣”），又有王承福所省验得力处，写得痛快淋漓（三个“或曰”之言），“是故择其力之可能者行焉”是自言己志，此段末尾承此意以反问句作结，收束得极为有力。《古文观止》卷八评点说：“此段写所以弃官业圬之故，是绝大议论。”十分精辟。

第三段很短，以“又曰”开始，文意一转，为自己折衷主张寻找依据。说自己“能薄而功小”，不足以养活妻与子，所以“不有之可也”，以免一身二任，心力交瘁。一个普通劳动者，连妻子儿女都养活不了，闻之令人心酸。

最后一段，是韩愈的评论，行文有扬有抑，他的抑是批评王承福只知“独善其身”而“不肯拔我一毛而利天下”，这是以儒家衡量封建士大夫的尺度来衡量一个手工劳动的泥瓦匠，却没考虑到他不要妻子儿女是因为被剥削得无法养活家小的残酷事实，而并不是什么“杨朱之道”。但是他的赞扬却是深中肯綮：“虽然，其贤于世之患不得之而患失之者，以济其生之欲，贪邪而亡道以丧其身者，其亦远矣。”话说得十分到位，《古文观止》评点认为：“昌黎作传，全在此数语上。”此段评述，水到渠成，自然有力，把全文的主旨表达得十分圆满，最后以自鉴作结，意极含蓄。其实不仅韩愈可以自鉴，对今天我们这些后来者来说，不都可以用王承福其人、其事、其言作为一面镜子照照自己吗？

前面已经说过，这篇传记的重点不在于记叙传主的生平事迹，而在于记叙传主的言论，通过圬者王承福表达韩愈自己对人生社会的看法，所以文章的重点放在传主的言论上，从传主的言论中把自食其力的劳动者和“食焉而怠其事”的寄生者加以对比，把有自知之明的人生态度和缺乏自知之明、一味贪图禄位的人生态度相对比，叙事议论相间而以议论为主，段与段之间衔接自然，结尾收束有力，给读者留下反躬自省的广阔空间。

清代林云铭推崇此文说："王承福本有官爵，不难致身富贵。其所以弃之而业圬者，自度其能不足以任其事，故宁为贱且劳，自食其力，博得一个心安无愧而已。此即不处富贵、不去贫贱一副大本领也。若仕宦人肯存是念，必能为清官，必能为劳臣，致君泽民之道，尽于此矣。其所言二段，自疏其所以业圬之意，与不能畜妻子之因，语语总是自安本分。中间即借操镘所见，述富贵之家不能自保，把举朝尸位素餐辈，尽行骂杀。不但骂之，且诅之矣，何等淋漓尽致。末段断语，二抑二扬，俱有深意。盖借承福不肯仕宦，为举朝挽回风气；又叹世之患得患失，贪邪亡道，不止于尸位素餐，进一层而骂之诅之，疾时已甚之言也。呜呼！千古如斯，盖有不胜其骂、不胜其诅者矣。"（《韩文起》卷七）此言韩愈借王承福之口对尸位素餐者骂得淋漓尽致，令人感到十分痛快。

的确，文章突破传记体散文传统的、固定的格局和内容，"前略叙一段，后略断数语，中间都是借他自家说话，点成无限烟波，机局绝高，而规世之意，已极切至"（《古文观止》卷八评语）。在记叙传主言语时，注意用对比手法揭示劳动者和尸位素餐的官僚两种迥然不同的人生态度，叙议结合，衔接自然。明茅坤认为"以议论行叙事，然非韩文之佳者"（《唐宋八大家文钞·韩文公文钞》卷八）；清张伯行则以为："借圬者目中口中写出盈虚消息，真如清夜钟声，令人警省。通篇抑扬错落，尽文字之趣，谓非韩文之佳，似未深知文者也。"（《唐宋八大家文钞》卷二）清金圣叹则赞曰："逐段发出人生世间无数至理，却又无叫骂嬉笑之态，细细玩其句法。"（《批才子古文》卷十一）可见后世对此文评价不一，从它的思想内容和写作技巧上看，本文应属韩文中的上佳之作。

也有人把《圬者王承福传》称作"寄托文传"。鲁迅则认为它与《毛颖传》和柳宗元的《种树郭橐驼传》等都是"幻设为文"，"以寓言为本"（《中国小说史略》），这样对王承福是否实有其人，或是文中所写王承福之言是否纯属虚构提出质疑，录之聊备一说。

（诸天寅）

讳[①] 辩

愈与李贺[②]书，劝贺举进士。贺举进士，有名，与贺争名者毁之，曰："贺父名晋肃，贺不举进士为是，劝之举者为非。"听者不察也，和而唱[③]之，同然一辞。皇甫湜[④]曰："若[⑤]不明白，子与贺且得罪。”愈曰：“然。”

律[⑥]曰：“二名不偏讳。”释之者曰：“谓若言‘征’不称‘在’[⑦]言‘在’不称‘征’是也。”律曰：“不讳嫌名。”释之者曰：“谓若‘禹’与‘雨’，‘丘’与‘苡’之类是也。”今贺父名晋肃，贺举进士，为犯二名律乎？为犯嫌名律乎？父名晋肃，子不得举进士；若父名仁，子不得为人乎？

夫讳始于何时？作法制以教天下者，非周公[⑧]、孔子欤？周公作诗不讳，孔子不偏讳二名，《春秋》不讥不讳嫌名。康王钊[⑨]之孙实为昭王。曾参[⑩]之父名皙，曾子不讳“昔”。周之时有骐期，汉之时有杜度，此其子宜如何讳？将讳其嫌，遂讳其姓乎？将不讳其嫌者乎？汉讳武帝名彻为“通”，不闻又讳车辙之“辙”为某字也；讳吕后[⑪]名雉为“野鸡”，不闻又讳治天下之“治”为某字也。今上章[⑫]及诏[⑬]，不闻讳“浒”“势”“秉”“饥”也。惟宦官宫妾乃不敢言“谕”及“机”，以为触犯。士君子言语行事，宜何所法守也？今考之于经，质之于律，稽之以国家之典，贺举进士为可邪，为不可邪？

凡事父母得如曾参，可以无讥矣。作人得如周公、孔子，亦可以止矣。今世之士，不务行曾参、周公、孔子之行，而讳亲之名，则务胜于曾参、周公、孔子，亦见其惑也。夫周公、孔子、曾参卒不可胜，胜周公、孔子、曾参，乃比于宦者宫妾，则是宦者宫妾之孝于其亲，贤于周公、孔子、曾参者耶？

〔注〕 ① 讳：名讳之讳。讳，避。古人对帝王之名、父母乃至尊长辈之名要回避，不能呼其名，书其名，叫做“讳”。“讳”的范围和方式各代有差异。 ② 李贺：字长吉，今河南宜阳人。中唐著名诗人。 ③ 唱：同“倡”，传播，扩散。 ④ 皇甫湜：字持正，今浙江淳安人。著名文学家。 ⑤ 若：你。 ⑥ 律：《唐律疏议》简称。《唐律疏议》，唐代法律，长孙无忌、李勣、于志宁等人撰。 ⑦ 征在：孔子的母亲名。 ⑧ 周公：周初著名大臣，姓姬名旦，是周武王的弟弟。采邑在周（今陕西岐山北），人称周公。 ⑨ 康王钊（zhāo）：周康王姬钊。据《史记·周本纪》周昭王姬瑕是康王的儿子，此言孙子，不知何据。 ⑩ 曾参（shēn）：孔子弟子，以孝顺父母著称。 ⑪ 吕后：名吕雉，汉高祖刘邦的皇后。刘邦死后，一度临朝称制，执掌政权。 ⑫ 章：臣下写给皇帝的文书，或称章，或称奏，或合称章奏。 ⑬ 诏：皇帝颁给臣民的文告、命令。

此文作于元和五年(810),韩愈时为河南令。

中国古代社会避讳之说,长久不衰,赵翼《陔余丛考》有详细缕述。洪迈《容斋随笔》对唐人避讳亦有介绍。简言之,一方面必须避,另一方面又有所宽容,例如"临文不讳""庙中不讳""嫌名不讳""二名不偏讳"等。但是种种因素,唐代似乎于讳情有所钟,至有不近人情、超越法律之处。李贺的父亲名李晋肃,其"晋"与"进"同音,时人不许李贺考进士。李贺若参加进士考试,则是犯家讳,是大不孝的表现。韩愈一生奖掖人才,力促李贺参加进士考试。在遭到世人非议之后,写《讳辩》以正视听。

全文四段:说事实,树标准,讲道理,作结论。

说事实就直陈其事,毫不吞吞吐吐,遮遮掩掩,确乎"辩讳"不"讳",堂堂正正。事件的起因是韩愈给李贺写信,"劝贺举进士"。李贺"少年词笔动时人",为人注目,更为韩愈注目。韩劝李贺"举进士",自在情理之中。韩愈也不回避"举进士"的目的"有名"。唐人特重进士科考试,中进士是有才气的标志。人生在世,争权,争利,争名,是普遍的社会存在。所以"与贺争名者毁之"。这"毁"字用得特有情味。"毁"是诋毁、诽谤,也是毁灭、销毁,与竞争是两回事。知识分子除才能之外,一世清名,十分重要。一旦诋毁收效,则毁却了一世前程。"毁"李贺理由却是"贺父名晋肃","不举进士为是",而"劝"李贺举进士的人为"非"。劝的人自然是韩愈,"非"是"错误""荒唐"的另一种说法。后果是听者不察,信以为真。行文上层层逼进,听者不仅相信,而且还充当"二传手","和而唱之"。不仅附和而且"唱"。一般人如此,知己者亦如此。知己者就是皇甫湜,他向韩愈提出忠告:"若不明白,子与贺且得罪。"众所周知,皇甫湜是韩愈的得意弟子。圈中人惶恐有加,圈外人大概是沸沸扬扬了。事态严重,韩愈不得不"辩","予岂好辩者,予不得已也"(《孟子·滕文公下》)。顺理成章。

不得不辩是态度,如何辩是技巧,要善辩。要辩就要有标准,这就是第二段。标准只能是法律。于是,首先指出唐代法典——《唐律疏议》。众所周知,《唐律疏议》是权威性的法典。唐律关于"讳"的规定是:上书奏事,皆须避宗庙讳。所谓宗庙讳,就是指皇帝及其先祖。但是有两条补充规定:"若嫌名及二名偏犯者,不坐。"这就是著名的二名不偏讳,嫌名不讳。先说"二名不偏讳",二名是两个字的名字。两个字的名字不单讳其中一个字,就是与名字两个字完全相同才避讳。证据是:"孔子母名征在,孔子云'季孙之忧,不在颛臾',即不言'征'。又云'杞不足征',即不言'在'。"韩愈引《唐律疏议》长孙无忌等人的解释,充分说明"二名不偏讳",李贺父名晋肃,"晋"属于不讳的范畴之内。其次,嫌名不讳的"嫌名"就是同音异文的字。《唐律疏议》的例证是“禹”与“雨”，“丘”与“区”(韩引作“苣”。当从韩)。“苣”与“丘”音同而文异。李贺父名晋肃，“晋”与“进”音同而文异，属于“嫌名不讳”的范畴。界定法律是非之后，韩愈放开连珠炮:“今贺父名晋肃，贺举进士，为犯二名律乎？为犯嫌名律乎?”正面进攻，加上反面围剿，使对方毫无存活的希望。“父名晋肃，子不得举进士；若父名仁，子不得为人乎?”一正一反，不仅声势夺人，而且行文多变，使人有目不暇接之感。

在掀起一个文气高潮之后，从第三段开始，一笔宕开，进行历史的追寻，探讨更细更深的道理。“夫讳始于何时?”当头一问，引人深思。然后以问作答，“作法制以教天下者，非周公、孔子欤?”这种以反问对方、让对方作答的方式，在行文中十分巧妙。既然是周公、孔子“作法制以教天下”，那么，就从周公、孔子开始。《诗经·周颂》大都是周人祭祀祖先的诗歌，而且是比较安定发展时期的作品，这些作品，周公看过、听过、身与其事，那么《诗经·周颂·雝》中“克昌厥后”的“昌”就是周公父亲姬昌的名字。可见当时尚不避讳，至少也还存在“庙中不讳”的特例。孔子虽然讲讳，主张为尊者讳、为长者讳、为贤者讳，但名讳上依然划出特区，例如在著作中遵循“二名不偏讳”“不讳嫌名”的规则。周康王姬钊的后人称昭王，曾参的父亲是曾皙，曾子不讳“昔”，都是“嫌名不讳”。此外，韩愈找出两个杀手锏来对付主张“嫌名”应讳而反对李贺举进士的人物，这就是周朝的骐期和汉朝的杜度。骐、期同音，杜、度同音，若以期、度为嫌名而讳，骐、杜依然犯“嫌名”之讳，所以韩愈穷追不舍，“此其子宜如何讳？将讳其嫌，遂讳其姓乎?”追到此处，忽然带住，“将不讳其嫌者乎?”又是以问作答，不答而答。这都是韩文的潇洒处。汉武帝刘彻的避讳，通常以“通”代“彻”，也不以“彻”之音为“讳”，所以韩愈说“不闻又讳车辙之‘辙’为某字也”。同理，吕后名雉，讳雉为野鸡，就不再以“雉”之音为讳，“不闻又讳治天下之‘治’为某字也”。两例说明“嫌名”之讳是应极慎重的。若无界限，同音皆讳，岂不文场大乱，语言大乱吗？以上从历史的角度将“嫌名不讳”“二名不偏讳”讲得广泛、细致、深刻。毫无疑问，法律虽然要有历史渊源，更重要的是现实的依据。《唐律疏议》是为唐代社会秩序服务的。因此必须将唐代朝廷正式认可的行为看作合法行为。所谓“今上章及诏，不闻讳‘浒’‘势’‘秉’‘饥’也”是与朝廷有关的名讳，唐高祖李渊的祖父是李虎，唐太宗的名字叫李世民，唐太宗李世民的爷爷叫李昞，唐玄宗的名字叫李隆基，不讳浒、势、秉、饥，就是不讳李虎、李世民、李昞、李隆基的“嫌名”。韩愈行文，多摇曳，多曲折。在讲完李虎等四人“嫌名不讳”之后，忽然一折，后退一步，嫌名讳是有的，那就是“宦官宫妾”，只有她们才以嫌名为讳，“不敢言‘谕’及‘机’”。“谕”是避唐代宗李豫之讳，“机”是避李隆基之讳。宦官宫妾不避是触犯主子，“士君子”是国之栋梁，以国法为是，不应以“宦官宫妾”之言行为是。所以，“士君子言语行事，宜何所法守也?”又是一问，以问作答，不答而答。结论是：“考之于经，质之于律，稽之以国家之典，贺举进士为可邪，为不可邪?”一连两句，一反一正，实质上是一问。再一次以问作答，让对方回答。毫无疑问，以“讳”而论，李贺举进士，是“可”，而不是“不可”。

最后一段是韩愈的“讳辩”结论。从行文的角度看问题，第二段的法理标准，第三段的说理印证，似乎已经完成了“辩”的过程，但是韩愈以为从法理的角度似嫌不足，最后从伦理的角度做出“讳辩”的结论。需要指出的是，号称“文起八代之衰，而道济天下之溺”的韩愈，其实不善于理论的推演和论证。他的文章常常以叙事、抒情来代替议论。因此，他的文章以人情涵盖抽象的理论。如果说第三段的历史和现实的“讳”之事以申述他《讳辩》之理，那么，第四段则是以家人、社会人和社会结构中的周公、孔子、曾参(也就是本文提到的士君子)与宦官宫妾作类比，说应该如何对待社会上事实存在的“讳”。第一个层次是作为家庭成员的“子”，子应尽孝，如曾参，“可以无讥矣”，如此，则不讳嫌名。第二个层次，作为社会的人，像周公、孔子，“亦可以止矣”，如此，“二名不偏讳”，“嫌名不讳”。第三个层次韩愈责疑“今世之士”不务行曾参、周公、孔子之行为，而务求在“讳亲之名”上超过曾参、周公和孔子，令人大惑不解。前两个层次，层层递进，这个层次忽然一转。“夫周公、孔子、曾参卒不可胜”，务求胜而终不可胜，又一折。“胜周公、孔子、曾参，乃比于宦者宫妾”，又一折。将士君子转折成“宦官宫妾”，则是政治社会地位降格，也是人格的降格。最后转折出一问：“则是宦者宫妾之孝于其亲，贤于周公、孔子、曾参者耶?”这一问，使那些因韩愈劝李贺考进士而威胁韩愈将“得罪”的士君子无法回答，永远也不能回答！韩愈遣词往复，变动意义，行文之际步步逼进，步步深化，令人叹为观止！这种行文之奥妙，只有欧阳修、王安石才心领神会，运用自如。至于《旧唐书》以为《讳辩》是恃才肆意，有背孔孟之道，乃腐儒之见，不足道。

(汤贵仁)

伯　夷[1]　颂

士之特立独行[2]，适于义而已，不顾人之是非，皆豪杰之士，信道笃[3]而自知明者也。一家非之，力行[4]而不惑者，寡矣；至于一国一州非之，力行而不惑者，盖天下一人而已矣；若至于举世非之，力行而不惑者，则千百年乃一人而已耳。若伯夷者，穷天地、亘万世[5]而不顾者也。昭乎日月不足为明，崒乎泰山不足为高，巍乎天地不足为容也[6]。

当殷之亡，周之兴，微子[7]贤也，抱祭器而去之[8]。武王、周公圣也，从天下之贤士与天下之诸侯而往攻之[9]，未尝闻有非之者也。彼伯夷、叔齐者，乃独以为不可。殷既灭矣，天下宗周[10]，彼二子乃独耻食其粟，饿死而不顾。繇是而言，夫岂有求而为哉？信道笃而自知明也。

今世之所谓士者；一凡人[11]誉之，则自以为有余；一凡人沮[12]之，则自以为不足。彼独非圣人，而自是如此。夫圣人乃万世之标准也。余故曰：若伯夷者，特立独行，穷天地、亘万世而不顾者也。虽然，微二子，乱臣贼子接迹于后世矣[13]。

〔注〕 ① 伯夷：商末孤竹君长子。初孤竹君以次子叔齐为继承人，孤竹君死后，叔齐让位，伯夷不受。后二人闻周文王善养老而入周。周武王伐纣，伯夷、叔齐叩马劝谏。武王灭商后，他俩隐居首阳山，采薇（即巢菜、野豌豆）充饥，终因不食周粟而饿死。 ② 特立独行：操守独特高洁，不随波逐流。语出《礼记·儒行》："世治不轻，世乱不沮，同弗与，异弗非也，其特立独行有如此者。" ③ 信道笃：对儒道的信仰极为坚定。 ④ 力行：勉力而为。语出《礼记·中庸》："好学近乎知，力行近乎仁。" ⑤ 穷天地、亘万世：穷尽天地之间，贯穿万代之中。⑥"昭乎日月不足为明"三句：与伯夷的光耀相比，日月的光亮都微不足道；比之伯夷的峻伟，泰山也不显得高了；伯夷之巍峨，天地也难以容纳。崒（zú），同"崪"，高峻。 ⑦ 微子：周朝宋国的始祖。名启（一作开）。商纣王庶兄，封于微（今山东梁山西北）。纣王乱政，数谏不听，微子遂出走。 ⑧ 抱祭器而去之：周武王灭商时，微子抱祭器降周。后被封于商故都商丘（今属河南），国号宋。 ⑨"从天下"句：意谓会同天下贤士、诸侯去攻伐商纣王。事出《史记·周本纪》：武王准备伐纣，于盟津大会诸侯，皆谓可伐，未听到任何异议。从（zòng），汇总。 ⑩ 天下宗周：普天之下尊崇周王朝。 ⑪ 一凡人：一旦人们都…… ⑫ 沮：败坏、诋毁。⑬"微二子"二句：意谓倘没有伯夷、叔齐这两个人，乱臣贼子就会接连出现在后世了。

韩愈名列唐宋八大家之首，其文名作猬丛，这篇《伯夷颂》胪列其中也并不逊色。但是为什么像王安石那样颇能洞察事理真谛的一些人物，每每对《伯夷颂》有所问难呢？此外还有一种现象同样发人深思，即此篇在韩愈诗文选注中，不仅鲜有问津者，更有甚者，每当风吹草动，《伯夷颂》总是难逃厄运，首当其冲地被作为非议，乃至被批判的对象。寻绎其因，抑或在于：

一看文题，易生成见，以为"颂"者，歌功颂德也，而自《诗三百》的《颂》诗以来，《颂》《赞》之类的作品，大都无甚可读性，有不少确实很乏味。

再者，此篇所歌颂的人物是伯夷、叔齐。历来对此二人褒贬不一，他们的"事迹”越来越难以被人理解。

然而这两点,还都是不难驱散的疑云。窃以为王若虚所云《伯夷颂》“散文而以‘颂’名之,非其体也”(《滹南遗老集》卷三十五),此话一半是对的,即《伯夷颂》不是韵文是散文,但又不是与“颂”体无关的散文。追本溯源,其与《诗经》“风、雅、颂”的“颂”却不无承祧。作为一种文体,其特点亦颇如刘勰所说:“颂者,容也,所以美盛德而述形容也……原夫颂惟典雅,辞必清铄,敷写似赋,而不入华侈之区,敬慎如铭,而异乎规戒之域;揄扬以发藻,汪洋以树义,惟纤曲巧致,与情而变,其大体所底,如斯而已。”(《文心雕龙·颂赞》)完全符合这种特点的作品如陆机《汉高祖功臣颂》:“明明众哲,同济天纲。剑宣其利,鉴献其朗。文武四充,汉祚克广。悠悠遐风,千载是仰。”显然,这既是韵文,又是整齐的四字句。《伯夷颂》却不如此刻板,它是字句灵活、无韵而有神的散文,也就是说,《伯夷颂》在文体上颇类似于《酒德颂》,均系“颂”文之别体、变体。它不完全是像唐顺之所说“昌黎此文,分明自《孟子》中脱出来,人都不觉”(《唐宋八大家文钞·韩文公文钞》卷八),实际上并非“不觉”,从《孟子》中脱出来的主要是一个“仁”字,而作为《伯夷颂》一文的警拔之处,莫过于“特立独行”“举世非之,力行不惑者”云云,而这些均与刘伶其人其文密切相关。刘伶是魏晋风度的代表人物阮籍、嵇康之友,为人“志气放旷,以宇宙为狭”(《晋书·刘伶传》),其《酒德颂》云:“有大人先生,以天地为一朝,万期为须臾,日月为扃牖,八荒为庭衢。”

《伯夷颂》在文体上,与《酒德颂》如出一辙,二者都不失为文学史上的名篇。

《伯夷颂》除了文体上的疑云,人们对伯夷、叔齐其人的看法分歧更大。譬如王安石就认为伯夷其人既不事不仁的殷纣王,也不事以仁义著称的周武王,因而诘之曰:“伯夷何处乎?”应该说王安石关于伯夷其人的这一问难,至少是接近腠理的。至于王氏认为韩愈继司马迁之后,所作《伯夷颂》是“偏见独识”,特别是对此《颂》结穴之句“微二子,乱臣贼子接迹于后世”,谓之“是大不然也”(《临川先生文集》卷六十三《伯夷》),此见并不比韩愈在《伯夷颂》中的见解更可取。然而,《唐宋文醇》的编者却很赞成王氏的见解,尝称:“王安石谓:伯夷、叔齐叩马而谏,采薇而食,饿死首阳之事皆无有者。据《孟子》以驳《史记》,亦具有见。”(爱新觉罗·弘历《〈唐宋文醇〉评语卷一昌黎韩愈文》)在对《伯夷颂》的评价问题上,与王安石等人的看法夐然不同的是林云铭,他认为《伯夷颂》“独举不臣周一节”,即是对其“特立独行”的“备极推赞”,“末段又补出此意作结,其词其义,皆至当不易矣”(《〈韩文起〉评语》卷七)。相比之下,林氏的见解应比较接近韩文的原意。

这里需略加赘言的是,有人说王安石诗学韩愈,但是对昌黎其人其作时有褒贬，有时甚至是抑扬难辨，如其《韩子》诗所云："纷纷易尽百年身，举世何人识道真。力去陈言夸末俗，可怜无补费精神。"鉴于此，纪昀所引述的一段话颇可回味："按蔡绦《西清诗话》载，安石尝云李汉岂知韩退之，辑其文不择美恶，有不可以示子孙者，况垂世乎！"（《四库全书总目提要》卷一五三集部别集类六）

王安石并不是对《伯夷颂》的题旨看不透，也不仅是文学观点有所不同，主要是他与韩愈的为人和政见有所不同。因此对于把握《伯夷颂》的主旨而言，王安石的见解似应列为"参考资料"。而最为近于肯綮之见，当推以下两家：

一家为刘开，他说："伯夷行一己之安，且以众圣人之行为耻，而近世之抗志希古者，乃为一凡人之毁誉所夺，此退之所以慨乎其言之也，且退之亦尝负当世之谤矣。夫不为天下所共非者，必不能成一人之是。当退之卓起波靡中，为众人所不能为，犯天下之不韪，其所谓豪杰之士，信道笃而自知明者，虽颂伯夷，倘亦有自任之意乎？且彼排二家于千载之下，挽颓波于八代之余，百折九死，不易其志，是诚举世非之而不惑者矣，故其论古于伯夷有契云。"（《孟塗文集》卷一）

另一家为曾国藩，他说："举世非之而不惑，乃退之生平制行作文宗旨。此自况之文也。"（《求阙斋读书录》卷八《韩昌黎集》）

是的，韩愈不仅在《伯夷颂》和其他文章中，一再揄扬这种"特立独行"的性情，提倡像伯夷那样为信念献身的精神，在他的不少诗中，也同样表现了这种"不顾人之是非""力行而不惑"的勇气，比如《调张籍》，就是在一片扬杜抑李，或李、杜并讥的噪音中，极具胆识地提出了"李杜文章在，光焰万丈长"的惊世骇俗之论，迎头抨击妄言李、杜优劣者为"蚍蜉撼大树，可笑不自量"，这是一种多么值得钦佩的"特立独行"啊！

（陈祖美）

子产不毁乡校颂

我思古人，伊郑之侨[①]。以礼相国[②]，人未安其教[③]。游于乡之校[④]，众口嚣嚣[⑤]。或谓子产[⑥]，毁乡校则止[⑦]。曰："何患[⑧]焉，可以成美[⑨]。夫岂多言，亦各其志[⑩]。善也吾行，不善吾避。维善维否[⑪]，我于此视[⑫]。川不可防[⑬]，言不可弭[⑭]。下塞上聋，邦其倾矣[⑮]。"既乡校不毁，而郑国以理。

在周之兴，养老乞言[⑯]。及其已衰，谤者使监[⑰]。成败之迹，昭哉可观。

维是子产，执政之式[⑱]。维其不遇，化止一国[⑲]。诚率是道[20]，相天下君。交畅旁达，施及无垠[21]。於虖[22]！四海所以不理，有君无臣[23]。谁其嗣之[24]，我思古人！

〔注〕 ① 伊郑之侨：伊，句首助词，无实义。郑，指郑国。侨，子产名公孙侨。 ② 以礼相国：用礼法治理国家。礼，规定社会行为的法规、仪式等的总称。相国，辅佐君主治国。 ③ 人未安其教：人民还没有习惯于他的教化。安，习惯。 ④ 游于乡之校：游，游学，指在乡校读书学习。乡之校，乡里的学校，同时又是乡人聚会议事的地方。 ⑤ 众口嚣嚣：议论纷纷。嚣嚣，嘈杂喧闹。 ⑥ 或谓子产：有人对子产说。或，有人，此处指郑国大夫然明。 ⑦ 毁乡校则止：封掉乡校就没有人乱讲了。毁，封掉，取消。 ⑧ 患：害怕，担心。 ⑨ 成美：成为好事。 ⑩ 夫岂多言，亦各其志：他们哪里是多嘴，也是表达各自的意见。 ⑪ 维善维否(pǐ)：是善是恶。维，助词，此处作是解。否，恶。 ⑫ 我于此视：我从这里来观察。视，观察。 ⑬ 川不可防：川，河流。防，原义为堤，此处作堵塞解。 ⑭ 言不可弭(mǐ)：言论不可用势力来禁止。弭，禁止。 ⑮ 下塞上聋，邦其倾矣：人民的口被封住，执政者听不到批评，就如同聋子一样，国家就要危亡了。邦，古代诸侯的封国。倾，倒台，衰败。 ⑯ 在周之兴，养老乞言：古代的一种礼制，指周文王姬昌的第十一世祖先公刘，举行养老典礼，尊崇年高德劭的老人，请求他们讲话提出意见，作为施政的参考。这种礼制在学校里举行，见《诗经·大雅·行苇》序。 ⑰ 谤者使监：派人去监视议论国政的人。指周厉王暴虐无道，国人纷纷议论他的过错，他非常恼火，派人去监视，一发现谤者就捕捉杀掉，激起国人愤怒，举行暴动，将厉王放逐。见《国语·周语》。 ⑱ 式：法式、榜样。 ⑲ 维其不遇，化止一国：子产得不到辅佐周天子的机遇，教化只能限于郑国一国之内。 ⑳ 诚率是道：若能遵循这一治国之道。率，依照，遵循。 ㉑ 交畅旁达，施(yì)及无垠：如果子产治理国家的方法得到推广的机会，那么可以顺利地无界限地到处施行。交畅，畅通遍及。旁，通"溥"，普遍。施，延扩。 ㉒ 於虖：同"呜呼"。 ㉓ 有君无臣：有好的君主而没有像子产那样好的大臣。 ㉔ 谁其嗣之：谁能继承子产的这种作风呢？嗣，继承。

关于此文的写作时间有不同说法：一说讽刺李实，作于德宗贞元末年；一说讽刺皇甫镈，作于宪宗元和末年；也有人说作于元和初年。似以前说近似。

文章的题目已经揭示了主题，即本文是为了歌颂郑国的子产不毁乡校这一明智举措的。颂是古代称颂功德的一种文体。一般为韵文，偶有不用韵的。子产是春秋时期著名的政治家，他在郑国执政二十年，采用了一系列具有改革意义的措施，使郑国大治。他的政绩从不毁乡校这件典型事例上就可以看出来。乡校，古代乡里地方办的学校。当时郑国人常在乡校集会，议论执政者的得失，郑国大夫然明主张毁乡校，但是子产认为应该加以保存。事见《左传·襄公三十一年》："郑人游于乡校，以论执政。然明(郑国大夫)谓子产曰：'毁乡校，如何？'子产曰：'何为？(为什么？)夫人朝夕退而游焉，以议执政之善否。其所善者，吾则行之；其所恶者，吾则改之。是吾师也，若之何毁之！吾闻忠善以损恶(做好的事，减少人家怨恨)，不闻作威(此指毁乡校)以防怨。岂不遽止(难道不能迅速制止)?然犹防川(筑堤防水,这里借防水做譬喻),大决所犯(洪水把堤防冲倒),伤人必多,吾不克(能)救也。不如小决使道(同导,作“流通”解。大决譬喻众怒难犯,小决譬喻像现在的议论执政之善否),不如吾闻而药之(把他们的批评当作治病的良药)也。’然明曰:‘……若果行此,其郑国实赖之。’”

本文的首段,即隐括《左传》所记之事,只是把《左传》的散文改作韵文,字数虽然减少了近一半,但是原文的主要意思都保留下来,不用难字,不用拗句,仍旧用散文的法度,文从字顺,明白晓畅,使人忘了这是一首韵文,比《左传》容易读多了。充分显示出作者驾驭语言以表情达意的高度成就。

作者的卓越本领还在于不仅仅是对《左传》的复述或压缩,而是有所开掘,有所深化,有所创新,提出自己的独特见解。

文章的第二段,作者把笔触伸向远古西周,以周初“养老乞言”与“厉王弭谤”相对比,阐明“成败之迹,昭哉可观”的结论,称颂广开言路的开明作风。虽仅寥寥数语,但极为精辟,具有警醒力和说服力。以古鉴今,更加证明了子产不毁乡校的英明正确,从而也显示了这种政治举措是值得歌颂的,对后世执政者有很大的启发和示范作用。

最后一段的首二句,紧承上段作出概括性小结,认为子产的做法,应是所有执政者的楷模。随后两句,笔锋一转,惋惜子产只能辅佐郑国这样一个小诸侯国的国君,没有能在更广大的范围内施展治国的才能,惋惜之中仍有歌颂之意。以下则展开想象,作出合乎情理的推断,即如果遵循从乡校舆论决定政令取舍的治国办法,辅佐一统天下的明君,能够广泛地贯彻推行,就可以扩展到无限广阔的地方,这样受益的则不只是郑国一国,而是惠及天下了。写到这里,作者适时地用了一个感叹词“於虖”,直接抒发自己的感慨,其中仍不乏赞颂之意。最后四句篇末点题,发出“谁其嗣之”的感慨,实际上是引用古语歌颂子产。《左传·襄公三十一年》记载,子产从政三年,舆(众)人诵曰:“我有子弟,子产诲之;我有田畴,子产殖之。子产而死,谁其嗣之?”作者直抒己见,认为当今“四海所以不理”,原因在于“有君无臣”,把天下不安定的责任归结于没有子产一样贤能的大臣,颇有一点怀古伤今的意味。本文以“我思古人”开始,又以“我思古人”结束,首尾呼应,构思精巧,而且在文意层层翻深之后,结尾的“我思古人”就有力地传达出作者的愤激与期盼之情,从而使题旨更明确,感染力更强烈。

附带说明一下,本文虽是以赞美称颂子产为主,但同时也讽刺了当时执政者的独断专行,闭塞言路,仔细体会,造成政治黑暗、言路不畅的根本原因还在于封建帝王的专制昏聩,只不过韩愈不敢指明而已。韩愈一生在仕途上受到两次沉重的打击，一次是贞元十九年(803)任监察御史时，上《论天旱人饥状》的奏章，结果讲真话受打击，“朝为青云士，暮作白首囚”(《赴江陵途中寄翰林三学士》)，被贬为阳山(今广东阳山县)县令。另一次是元和十四年(819)上《论佛骨表》，险些招来杀身之祸。因此，这篇文章也凝聚着韩愈言事得祸的血泪之痛，绝非泛泛的怀古伤今之情。

(诸天寅)

张中丞传[①]后叙

元和[②]二年四月十三日夜，愈与吴郡[③]张籍[④]阅家中旧书，得李翰[⑤]所为《张巡传》。翰以文章自名[⑥]，为此传颇详密。然尚恨有阙[⑦]者，不为许远[⑧]立传，又不载雷万春事首尾[⑨]。

远虽材若不及巡者，开门纳巡，位本在巡上，授之柄[⑩]而处其下，无所疑忌，竟与巡俱守死，成功名。城陷而虏，与巡死先后异[⑪]耳。两家子弟材智下，不能通知二父志[⑫]，以为巡死而远就虏，疑畏死而辞服[⑬]于贼。远诚畏死，何苦守尺寸之地，食其所爱之肉[⑭]，以与贼抗而不降乎？当其围守时，外无蚍蜉蚁子之援[⑮]，所欲忠者，国与主耳，而贼语以国亡主灭。远见救援不至，而贼来益众，必以其言为信。外无待而犹死守[⑯]，人相食且尽，虽愚人亦能数日[⑰]而知死处矣，远之不畏死亦明矣。乌有城坏其徒[⑱]俱死，独蒙愧耻求活？虽至愚者不忍为，呜呼，而谓远之贤而为之邪？

说者又谓远与巡分城而守，城之陷，自远所分始[⑲]。以此诟远，此又与儿童之见无异。人之将死，其脏腑[⑳]必有先受其病者；引绳而绝之，其绝必有处[㉑]。观者见其然，从而尤之，其亦不达于理矣。小人之好议论，不乐成人之美如是哉[㉒]！如巡、远之所成就，如此卓卓，犹不得免，其他则又何说。

当二公之初守也，宁能知人之卒不救，弃城而逆遁[㉓]，苟此不能守，虽避之他处何益。及其无救而且穷也，将其创残饿羸[㉔]之余，虽欲去，必不达。二公之贤，其讲[㉕]之精矣。守一城，捍天下，以千百就尽之卒[㉖]，战百万日滋之师，蔽遮江淮，沮遏其势[㉗]，天下之不亡，其谁之功也！当是时，弃城而图存者，不可一二数[28]；擅[29]强兵坐而观者，相环[30]也。不追议此，而责二公以死守，亦见其自比[31]于逆乱，设淫辞[32]而助之攻也。

愈尝从事于汴、徐二府[33]，屡道[34]于两府间，亲祭于其所谓双庙[35]者，其老人往往说巡、远时事，云：南霁云[36]之乞救于贺兰[37]也，贺兰嫉巡、远之声威功绩出己上，不肯出师救。爱霁云之勇且壮，不听其语，强留之，具食与乐，延霁云坐。霁云慷慨语曰："云来时，睢阳之人，不食月余日矣。云虽欲独食，义不忍；虽食，且不下咽！"因拔所佩刀断一指，血淋漓，以示贺兰。一座大惊，皆感激为云泣下。云知贺兰终无为云出师意，即驰去，将出城，抽矢射佛寺浮图[38]，矢著其上砖半箭，曰："吾归破贼，必灭贺兰，此矢所以志[39]也！"愈贞元中，过泗州[40]，船上人犹指以相语。城陷，贼以刃胁降巡，巡不屈，即牵去，将斩之；又降霁云，云未应，巡呼云曰："南八[41]，男儿死耳，不可为不义屈！"云笑曰："欲将以有为也。公有言，云敢不死！"即不屈。

张籍曰：有于嵩者，少依于巡，及巡起事[42]，嵩常[43]在围中[44]。籍大历[45]中于和州乌江县[46]见嵩，嵩时年六十余矣。以巡初尝得临涣县尉[47]，好学，无所不读。籍时尚小，粗问巡、远事，不能细也。云：巡长七尺余，须髯[48]若神。尝见嵩读《汉书》[49]，谓嵩曰："何为久读此？"嵩曰："未熟也。"巡曰："吾于书读不过三遍，终身不忘也。"因诵嵩所读书，尽卷不错一字。嵩惊，以为巡偶熟此卷，因乱抽他帙[50]以试，无不尽然。嵩又取架上诸书，试以问巡，巡应口诵无疑。嵩从巡久，亦不见巡常读书也。为文章，操纸笔立书，未尝起草。初守睢阳时，士卒仅[51]万人，城中居人户亦且数万，巡因一见问姓名，其后无不识者。巡怒，须髯辄张。及城陷，贼缚巡等数十人坐，且将戮。巡起旋[52]，其众见巡起，或起或泣。巡曰："汝勿怖，死，命也。"众泣，不能仰视。巡就戮时，颜色不乱，阳阳[53]如平常。远宽厚长者，貌如其心，与巡同年生，月日后于巡，呼巡为兄，死时年四十九。嵩贞元[54]初，死于亳、宋间[55]。或传嵩有田在亳、宋间，武人夺而有之，嵩将诣州讼理[56]，为所杀。嵩无子。张籍云。

〔注〕 ① 张中丞传：即《张巡传》，唐代李翰作，宋代犹存，今已佚。张中丞，即张巡，邓州南阳（今属河南）人，开元进士，由太子通事舍人出为清河（今属河北）令，调真源（今河南鹿邑东）令，安史之乱时，起兵守雍丘（治今河南杞县），后与许远同守睢阳（今河南商丘），诏拜御史中丞，故称"张中丞"。在坚守睢阳十个月后，终因兵尽粮绝，城池失守，两人先后不屈而死。事后有人加以诬蔑，亲见其战守事迹的李翰即作《张巡传》为之辩诬。 ② 元和：唐宪宗年号。③ 吴郡：今江苏苏州，此为张籍的原籍。 ④ 张籍：唐诗人，字文昌。贞元十五年（799）进士，历任水部郎中、国子司业等职。 ⑤ 李翰：字子羽，赵州赞皇（今属河北）人。《旧唐书·文苑·李翰传》称他"为文精密，用思苦涩"。 ⑥ 自名：自许。 ⑦ 阙：同"缺"，缺失。 ⑧ 许远：字令威，杭州盐官（今浙江海宁）人。安史之乱时，任睢阳太守。至德二年（757）安庆绪大将尹子奇率兵十余万围攻睢阳，许告急于真源令张巡，张自宁陵（今属河南）引兵入城，与许共守。后城陷，许被掳，遇害于偃师（今属河南）。 ⑨ 雷万春事首尾：雷万春守城事迹的始末。雷万春，与南霁云同为张巡的部将，据说守城时面中六矢，兀立不动，敌兵疑为木制假人。一说，下文两次写到南霁云事迹，而再未及雷万春事，故"雷万春"三字当为"南霁云"之误。 ⑩ 柄：权柄。 ⑪ 死先后异：死的时间有先后的不同。睢阳城破，张巡、许远被俘，尹子奇斩张巡、南霁云、雷万春等三十六人，后押送许远到安庆绪所在的洛阳邀功，行至偃师，安庆绪兵败，许远不屈而死。 ⑫"两家子弟"二句：大历中，张巡之子张去疾上书，言睢阳城破张巡等人被害，而许远独生，有降敌之嫌，张巡临死时恨许远心不可测，误国家事，请追夺许远官爵。诏令张去疾与许远子许岘及百官共议，众议不足为疑，事情作罢。张去疾所言为传闻猜疑之辞，许岘当时似亦未能为其父申辩，故云。通知，完全了解。 ⑬ 辞服：投降。 ⑭"食其"句：当时睢阳粮尽，鼠雀亦尽，张巡杀爱妾，许远杀奴仆，以供士卒食。 ⑮ 蚍（pí）蜉（fú）蚁子之援：形容极小的援助。蚍蜉，大蚂蚁。蚁子，小蚂蚁。 ⑯"外无待"句：指当时御史大夫、河南节度使贺兰进明屯兵临淮（今安徽泗县东南），其部下许叔冀在谯郡（今安徽亳州），尚衡在彭城（今江苏铜山），皆观望，不肯相救。叛军知外援断绝，围攻愈急，而张巡、许远仍坚守睢阳。 ⑰ 数日：计算着日期。 ⑱ 其徒：指守城将士。 ⑲"说者"三句：时许远守睢阳西南面，张巡守睢阳东北面，敌军先从西南面攻入。说者，事后发议论的人，包括上书的张去疾。 ⑳ 脏腑：人体内部器官的总称。 ㉑"引绳"二句：谓将绳拉断，一定有先断的地方。 ㉒"小人"二句：语本《论语·颜渊》："君子成人之美，不成人之恶，小人反是。" ㉓ 逆遁：预先逃走。㉔ 羸（léi）：瘦弱。 ㉕ 讲：考虑，谋划。 ㉖ 就尽之卒：指越来越少的士兵。睢阳初守时有兵九千八百人，到城破时只剩下残兵六百人。 ㉗"蔽遮"二句：谓保卫了江淮地区，阻止了敌军南下的攻势。沮遏，阻止。 ㉘"弃城"二句：如山南东道节度使鲁灵弃南阳奔襄阳，灵昌太守许叔冀弃彭城。 ㉙ 擅：专有。 ㉚ 相环：围绕如环，即周围都是。 ㉛ 比：并列。 ㉜ 淫辞：不正当的言论。 ㉝"愈尝"句：指韩愈曾在宣武军节度使董晋、徐泗濠节度使张建封幕府中任推官。从事，唐代幕僚的通称，此作动词用，担任幕僚。汴、徐二府，宣武军节度使府在汴州（治所在今河南开封），徐泗濠节度使府在徐州（治所在今江苏徐州）。㉞ 屡道：多次往来。 ㉟ 双庙：张巡、许远死后，肃宗追赠张巡为扬州大都督，许远为荆州大都督，并在睢阳立庙，将二人合祀，号称"双庙"。 ㊱ 南霁云：魏州顿丘（今河南清丰）人，少贫寒，为人操舟。安史之乱起，先为巨野尉张沼部下，后至睢阳计事，为张巡所留。 ㊲ 贺兰：即贺兰进明。 ㊳ 浮图：佛塔。 ㊴ 志：标记。 ㊵ 泗州：治所在临淮，为贺兰进明驻

地。　㊶ 南八：即南霁云，其兄弟排行第八，故称。　㊷ 起事：指起兵讨伐安、史叛军。　㊸ 常：通“尝”，曾经。　㊹ 围中：围城之中，指睢阳。　㊺ 大历：唐代宗李豫的年号（766—779）。　㊻ 和州乌江县：今安徽和县。　㊼“以巡”句：谓因和张巡一起守睢阳有功，曾经得到临涣县尉的官职。临涣，今安徽宿县西南的临涣集。　㊽ 须髯：胡须。在颐（下巴）叫须，在颊叫髯。　㊾《汉书》：记载西汉历史的书籍，中国第一部纪传体断代史，东汉班固著。　㊿ 帙（zhì）：装书的套子，此处借指书。　51 仅：接近，几乎。　52 旋：小便。　53 阳阳：镇定安详貌。　54 贞元：唐德宗李适年号。　55 亳（bó）、宋间：亳州（治所今属安徽亳州）和宋州（治所在睢阳）之间。　56 诣州讼理：到州里去告状。

《张中丞传后叙》作于元和二年（807）。题中“后叙”的“叙”，同“序”，是对某一书籍或诗文进行说明的文体。该文对李翰原作《张巡传》发表议论和补充事实，故称“后叙”。这是一篇评论和记叙唐代官吏张巡、许远坚守睢阳，英勇抗击安史乱军事迹的佳作。

唐至德元年（756），安史乱军围困战略要地睢阳，守将张巡、许远率领军民，在粮源、兵源断绝，令人难以想象的艰苦条件下顽强奋战，坚守危城达十个月之久，最后终于力不可支，城池被攻陷，张、许二人先后殉难。事后有不少流言蜚语，对张、许进行诽谤，如说张、许不必死守睢阳，责备他们守城断粮时吃人肉太残忍，认为睢阳陷落应由许远负责，怀疑许远后死想投降等等，不一而足。早在韩愈之前，李翰就曾因此而作《张巡传》上呈肃宗，披露真相，辨明是非。可是五十年后，对张、许的种种毁谤继续流传，这显然是中唐藩镇割据势力想以此来为自己的分裂活动张目。韩愈针对这种情况写作此文，补充李翰所作《张巡传》遗漏的材料，澄清张巡、许远的有关事迹，并对加在张、许身上的诬蔑不实之辞予以严正批驳，对抗叛英雄进行热情歌颂，表现了作者反对藩镇割据势力，维护中央集权统一的进步思想，在当时具有鲜明的现实意义。

全文可分为六段。第一段是引子，交代写作因由，点出该文是由“愈与吴郡张籍阅家中旧书，得李翰所为《张巡传》”而引起的。接着先肯定李翰所作：“翰以文章自名，为此传颇详密。”后笔锋一转，“尚恨有阙者”，对其有所阙漏感到遗憾。一个“恨”字，为下面的辩诬和补阙张本，由此生出无数激昂评论和生动叙写。此段最后重点举出《张巡传》之“阙”：“不为许远立传，又不载雷万春事首尾”，便自然过渡到下段写许远事。

第二段至第六段是该文的主体，包括辩诬和补叙两个部分。辩诬部分由第二、三、四段组成，主要批驳对张巡、许远的诬蔑责难，其中第二段是驳许远畏死之说。在驳斥之前先对许远作总的评论：“远虽材若不及巡者，开门纳巡，位本在巡上，授之柄而处其下，无所疑忌，竟与巡俱守死，成功名。城陷而虏，与巡死先后异耳。”指出许远本是睢阳太守，职位在张巡之上，而为了更好地守城，拱手把军权交给张巡，让他来指挥战斗，两人关系和谐，无所猜忌，最后城陷被俘，先后牺牲。热情赞扬许远一心为国，不计权位，赤诚待人的优秀品质，强调许、张二人在坚守危城、英勇殉难上是完全一致的，只不过在牺牲的时间上有先后的不同罢了。这就为下面的批驳打下了有力的基础。接着提出要辨明的错误议论：“两家子弟材智下，不能通知二父志，以为巡死而远就虏，疑畏死而辞服于贼。”此处先点明出现错误议论的原因：张、许两家子弟材智低下，不能完全理解父辈的心志，听信了流言蜚语。后才摆出错误议论本身：许远“畏死而辞服”。这样，在正式批驳前就给了谬论以重重一击，使辩诬占据了有利的地位。后面从三方面对此说进行辩驳：一是举其苦守尺寸之地，坚持抗贼不降的事实，二是分析久围无援，城破为期不远的形势，三是根据其为人从情理上进行推论。由于在批驳之前作了充分的铺垫，而驳斥本身又句句在理，所以此段驳“许远畏死”之谬说，显得雄辩有力，十分令人信服。

第三段驳睢阳失陷应由许远负责之说。与前段不同，此段一开始就摆出要驳斥的错误言论：“说者又谓远与巡分城而守，城之陷，自远所分始。”此说之谬较为明显，故而在用一句“此又与儿童之见无异”，指出其浅薄无知后，只以人死一定内部器官的某个部位先有病，绳被拉断一定有某个地方先断的两个比喻，说明睢阳总有先被攻陷的地方，其说便不攻自破。接着揭露“说者”“不乐成人之美”的劣根性，后便以对张巡、许远的称颂、感叹“如巡、远之所成就，如此卓卓，犹不得免，其他则又何说”，为由这两段对许远的辩诬转到下段对张巡、许远两人的辩诬作一过渡。

第四段驳张巡、许远不必死守睢阳的谬论。先指出二公初守时没有料到会外无救兵，兵尽粮绝，后来困守多日，形势越发危殆，要带领那些剩下的受伤饥饿的士兵弃城而去，肯定达不到目的，强调坚守睢阳是在当时情况下考虑精密的切当之举。这几句写得持之有据，入情入理。后正面论述死守睢阳在整个抗击安史乱军战斗中的重要意义：“守一城，捍天下，以千百就尽之卒，战百万日滋之师，蔽遮江淮，沮遏其势，天下之不亡，其谁之功也！”这从国家救亡图存的战略高度，热情赞扬坚守睢阳对牵制叛军力量，最终平定安史之乱的巨大功绩。类似的意思李翰在《进张中丞传表》中也说过：“巡退军睢阳，扼其咽领，前后拒收。自春阻冬，大战数十，小战数百，以少击众，以弱击强，出奇无穷，制胜如神，杀其凶丑九十余万。贼所以不敢越睢阳而取江淮，江淮所以保全者，巡之力也。”（《全唐文》卷四三〇）但此处写得更概括，更富论辩性。最后笔锋一转，挥戈直击，把批判矛头指向临阵脱逃、见死不救的周围地方官吏，更指向谬论的传播者：弃城逃跑者和坐视不救者到处都是，说者不追究这些人的责任，却反而非议二公死守睢阳，其究竟是何用心？以极犀利的笔调，一针见血地揭示出散布这种流言者附敌助攻的实质，使这些小人原形毕露，无所逃遁。全段就是这样正反结合，论辩兼具，写得跌宕转折，气壮神完，把不必死守睢阳的谬论驳得体无完肤。清人刘大櫆说："通篇议论，盘屈排奡，锋芒透露。"（转引自《韩昌黎文集校注》卷二）吴闿生也说："英骏雄迈，震古铄金。"（转引自高步瀛《唐宋文举要》甲编卷二）都道出了此文议论所具有的风神。

补叙部分由五、六两段组成，记述张巡、南霁云等人英勇斗争的佚事。叙写时，不面面俱到，而是选择几个典型事例，由人物自身的语言行为来展示其性格特点，收到了肖物传神、悲壮动人的艺术效果。第五段主要通过韩愈所见双庙老人之口，记叙南霁云乞师贺兰时断指明志、抽矢射塔、英勇就义三件事，而写法各有不同。断指明志是在贺兰进明的对比和一座宾客的烘托下展现的。南霁云到贺兰进明处乞求救兵，贺兰因妒嫉张、许而不肯出师，且"强留之，具食与乐"，南霁云在睢阳城断粮已久的情况下不忍独食，便断指示贺，"一座大惊，皆感激为云泣下"。此处由于有了贺兰顽固自私态度和一座宾客动容流泪的衬托，南霁云的忠勇壮烈、慷慨激昂更具震撼力。接着写南将出城，抽矢射塔，以作为"吾归破贼，必灭贺兰"的标志，后突然插入韩愈过泗州"船上人犹指以相语"一笔，这既增强此佚事的真实性，突现后人的敬仰之情，又使写法摇曳生姿，别添情趣，可谓神来之笔。最后南霁云的就义是和张巡合写，有着为睢阳群雄传神写照的意味，同时在张、南二人的相互映衬下，写出了二人在忠烈刚毅相一致的基础上，性格和思想方式各有不同，显示出一篇之中人物的多样性。该段通过这一系列细节的生动描写，一个忠贞不屈、壮怀激烈的英雄形象栩栩如生，呼之欲出。吴闿生在评论南霁云射塔情节时说："加入此层，神态愈觉超逸，此类上添毫之笔，乃生气之溢出者。文章死活高下，全争此等。"（同上）文章曲折有致，摹写如画，作者笔下"勇且壮"的南霁云确实写得血肉饱满，虎虎有生气，与下文写的张巡一样，是韩愈散文千姿百态人物长廊中异彩闪耀的形象。

第六段通过张籍的转述，以于嵩的亲见亲闻，着重叙写张巡的佚事，这比上段更为琐碎细微，但主要的亦是三件，从不同侧面昭示了张巡的性格品行。一是写其读书过目不忘，写作文不加点，以显其饱读诗书，才思敏捷，可谓智勇兼备，文武双全。二是写睢阳城中兵民数万，巡一见问姓名，其后无不识者，可见其深入群众，与民兵关系和谐。三是重点，写其就义一事，但也是寥寥数语，只是简略地勾勒人物殉难前的举止、语言和神情:“巡起旋,其众见巡起,或起或泣。巡曰:‘汝勿怖,死,命也。’众泣,不能仰视。巡就戮时,颜色不乱,阳阳如平常。”在悲壮气氛的烘托下,张巡这个英勇无畏、视死如归的英雄形象跃然纸上,千载之下,犹生气凛然。此等记叙,继承了司马迁传记体散文写人叙事的优良传统,并有所创新,显得形象饱满,语言畅达,气势旺盛,典型地体现出韩愈记叙文字高度的表现力,鲜明的生动性和浓郁的诗意。

融议论、叙事、抒情于一炉,是该文写作上的一大特点。前幅议论辩诬,是后文补传的根据;后幅记叙佚事,则回抱前文加以形象的印证。前幅议论中,有时穿插叙述,如“当是时,弃城而图存者,不可一二数”等语;后幅叙事中,时而夹杂议论,如“远宽厚长者,貌如其心”等语。全文有议有叙,议叙互相结合,而在议叙中又洋溢着作者的主观激情,饱含着对抗叛英雄和毁谤英雄者的鲜明爱憎。文中论、事、情浑然一体,共同为英雄人物传神写照服务。

在结构上,文中光人物,除张巡、许远、南霁云三位主人公外,还有作者自己,张籍,李翰,张、许子弟,双庙老人,贺兰进明,船上人,于嵩等,不下十余人,而写法,一会儿议论,一会儿记叙,前者属论辩体,后者属叙事体,各具特性,所以似乎显得很散,很乱,其实不然。就人物来说,在张、许、南之外,除李翰主要为交待写作缘由外,其他人物都是为了增强辩诬的合理性和补叙的可信度。由于有了材智低下的“两家子弟”、自私怯懦的贺兰进明等观望者的衬托,前半辩诬的议论,更显铿锵有力,掷地有声。而无论是文中首中尾三次出现的张籍,较详交待其事的于嵩,还是一笔带过的双庙老人、船上人,无不有助于说明后半补叙事有所据,真实可靠,在为抗叛英雄辩诬补传这根红线贯串下,文中的人物杂而不乱,多而有序。至于前后分议论叙事两大部分,也并不给人割裂不协调之感,相反,在开头以“恨有阙者”四字领起全文,和李翰《张巡传》挂钩后,紧紧抓住补阙的目的,围绕歌颂英雄人物这一中心,把辩诬和补传的各段串联起来,并有为英雄洗刷不白之冤的悲壮之气激荡其间,加上作者极注意运用转折过渡、详略呼应之法,所以全篇做到了形散神不散,从心所欲不逾矩。正如清人方苞所说:“截然五段,不用钩连,而神气流注,章法浑成,惟退之有此。”(转引自《韩昌黎文集校注》卷二)

（吴小林）

燕喜亭记

太原王弘中在连州①,与学佛人景常、元慧游。异日,从二人者行于其居之后,丘荒之间,上高而望,得异处焉。斩茅而嘉树列，发石而清泉激，辇粪壤②，燔椔翳③，却立而视之。出者突然成丘，陷者呀然④成谷，洼者为池，而缺者为洞，若有鬼神异物，阴来相之⑤。自是弘中与二人者，晨往而夕忘归焉，乃立屋以避风雨寒暑。

既成，愈请名之，其丘曰“俟德之丘”⑥，蔽于古而显于今，有俟之道也。其石谷曰“谦受之谷”⑦，瀑曰“振鹭之瀑”⑧，谷言德，瀑言容也。其土谷曰“黄金之谷”⑨，瀑曰“秩秩⑩之瀑”，谷言容，瀑言德也。洞曰“寒居之洞”⑪，志其入时也。池曰“君子之池”⑫，虚以钟其美，盈以出其恶也⑬。泉之源曰“天泽之泉”⑭，出高而施下也。合而名之以屋曰“燕喜之亭”⑮，取诗所谓“鲁侯燕喜”者颂也。

于是州民之老，闻而相与观焉，曰：吾州之山水名天下，然而无与“燕喜”者比。经营⑯于其侧者相接也，而莫直其地。凡天作而地藏之，以遗其人⑰乎？弘中自吏部郎贬秩⑱而来，次其道途所经，自蓝田⑲入商洛⑳，涉淅湍㉑，临汉水㉒，升岘首㉓以望方城㉔；出荆门㉕，下岷江㉖，过洞庭㉗，上湘水㉘，行衡山㉙之下，繇郴逾岭㉚。蝯狖所家，鱼龙所宫㉛，极幽遐瑰诡之观㉜，宜其于山水饫闻而厌见㉝也。今其意乃若不足。传曰：“智者乐水，仁者乐山。”㉞弘中之德，与其所好，可谓协矣。智以谋之，仁以居之，吾知其去是而羽仪于天朝也不远矣㉟。遂刻石以记。

〔注〕 ① 太原王弘中在连州：王弘中，太原人，名仲舒。贞元十九年(803)王弘中由吏部员外郎贬为连州司户参军。连州，今广东连州市。 ② 辇(niǎn)粪壤：把含有粪便的脏土用车运走。辇，本意是车，这里作动词用，表示用车运走。粪壤即粪土，在此作含有粪便的脏土。③ 燔(fán)椔(zī)翳(yì)：燔，焚烧。枯死还直立着的树木，为椔。枯死倒下的树木，为翳。《诗经·大雅·皇矣》：“其菑(同椔)其翳。”《传》：“木立死曰菑；自毙曰翳。” ④ 呀然：凹下空阔的样子。 ⑤ 阴来相之：暗中相助。 ⑥ 俟德之丘：俟德，等待有道德的人，暗指王弘中。⑦ 谦受之谷：谦受，取义《尚书·大禹谟》：“满招损，谦受益，时乃大道。” ⑧ 振鹭之瀑：振鹭，群飞的白鹭。《诗经·周颂》中有“振鹭”一章，是周王设宴招待来朝的诸侯时所唱的乐歌。⑨ 黄金之谷：其谷的土壤为黄色，故名。 ⑩ 秩秩：有次序。 ⑪ 寒居之洞：寒居，冬日所居。暗喻贬官时所处之所。 ⑫ 君子之池：称赞此池有君子之德。 ⑬ 虚以钟其美，盈以出其恶也：此二句是说池中水少的时候能虚其池，集聚美好品德，当池水满溢又能涤荡污秽。

钟,聚集。《左传·昭公·二十八年》:"天钟美于是。"恶,秽浊。《左传·成公·六年》:"有汾浍以流其恶。"以此来喻君子之德。 ⑭ 天泽之泉:泉水自上注下,犹如上天所降恩泽,故名。 ⑮ 燕喜之亭:燕喜,语出《诗经·鲁颂·闷(bì)宫》"鲁侯燕喜"。 ⑯ 经营:指筹划营造房屋。 ⑰ 以遗(wèi)其人:遗,赐予。其人,指合适的人。 ⑱ 贬秩:贬职降级。 ⑲ 蓝田:今陕西蓝田县。 ⑳ 商洛:今陕西商洛市。 ㉑ 淅湍(tuān):两条河的名字。淅水,在河南淅川县。湍水,在河南内乡县。 ㉒ 汉水:也叫汉江。长江主要支流。发源于陕西省宁强县,在湖北汉阳注入长江。 ㉓ 岘(xiàn)首:即岘山,在湖北襄樊市。 ㉔ 方城:山名,在河南叶县。 ㉕ 荆门:今湖北荆门市。 ㉖ 岷江:在四川。 ㉗ 洞庭:我国第二大淡水湖,在湖南。 ㉘ 湘水:即湘江,在湖南。 ㉙ 衡山:五岳中的南岳,在湖南。 ㉚ 繇郴(chēn)逾岭:繇,同"由"。郴,今湖南郴州。逾,翻越。岭,南岭。 ㉛ 蝯狖(yòu)所家,鱼龙所宫:蝯,同猿。狖,古代指一种黑色长尾猴。此二句是说,猿猴所居山林,鱼龙盘踞的大湖,途中都已经过。 ㉜ 极幽遐瑰诡之观:极尽奇伟怪异的各种景观。幽遐,深远。瑰诡,奇特怪异。 ㉝ 饫(yù)闻而厌见:饫闻,饱览。厌,与"饫"义同,满足。厌见,胜览。 ㉞"传曰"三句:传,此处指《论语》。"智者乐水,仁者乐山",出《论语·雍也》篇,意思是说聪明的人喜欢水,仁义的人喜欢山。 ㉟ 羽仪于天朝也不远矣:此句是说不久一定会再回到天子脚下置身于朝廷的。羽仪,羽饰的旌旗,用以表示居官的威严。《周易·渐》:"鸿渐于陆,其羽可用为仪。"意为鸿雁飞到高山上,它的羽毛可以用来做礼仪装饰。天朝,朝廷。

《燕喜亭记》是贞元二十年(804)韩愈被贬为阳山(今属广东)县令时,访游连州(今属广东),应连州司户参军、太原人王仲舒(字弘中)之邀,为其所修建的燕喜亭而写的一篇散文体题记。韩愈与王弘中可以说是交往甚久的老朋友,王曾是韩愈的上司,两人在政治上同属保守派,都受到革新派当权者王叔文、王伾等人的排挤,一再被贬官。韩愈很敬重王弘中刚正不阿的品质以及为文不俗的文学修养。在写《燕喜亭记》之后,于元和十五年(820),王弘中任江西观察使,韩愈为袁州刺史,是他的属下。王重修南昌滕王阁,也让韩愈写一篇题记,韩愈尽管并未到过新修的滕王阁,但凭借想象,还是写出了《新修滕王阁记》,由此可以看出,韩愈对王弘中嘱写的文章,做到了有求必应。王逝世后,韩愈为之撰写了墓志铭及神道碑,充分肯定了王为人正直,政绩显著。了解了韩愈与王弘中的关系,便可知道韩愈这篇题记既是应王之邀,自然是一篇精心之作。

古人将以"记"名篇的文章,称为"杂记体"。一般可分为山水游记、亭台楼阁记、图画记、人物记和器物杂事记五类。其中亭台楼阁记是指古人在修筑亭台、楼观,以及观览某处名胜古迹时所写下的文章。内容一般是记述修葺的过程、历史的沿革,或是借"亭台"抒发对历史或现实的感慨,以及个人的思想、怀抱。本文就是一篇亭台楼阁记,韩愈在这篇记中,记述了燕喜亭周围景物的发现、营造过程以及各景观的命名,步步记来,丝丝入扣,又层层映衬主人君子之德,并断言他不久将再度受到朝廷重用。

全文分为三段，下面逐段进行一些分析。

第一段主要描写连州山水的奇秀，介绍燕喜亭的由来。开篇第一句点出王弘中贬居连州时与僧人交游，接着写其游踪与建亭。对于与燕喜亭无关的一切，无暇旁及。王弘中能与僧人相游，足见其心境的超脱旷达。接着写其善于发现山水之美。在一次出游时，于丘荒之间偶见异处，经过一番简单的人工治理，开辟出一片令其"晨往而夕忘归"的其乐陶陶的迷人景区。然后交代建亭目的，燕喜亭就是因为这一处鬼斧神工的自然美景而兴建的。作者写景尽管均用虚笔，是以建亭者(即美景的发现者)的视角来追溯发现此处山水之美的过程，勾勒山水景观的特色，却能虚处传神，突出此地的天成之美、自然之趣。

第二段写对燕喜亭周围"丘""谷""瀑""洞""池""泉"等自然景观与人造景观"亭"的命名。作者对山水景观的命名颇具特色。在韩愈的心目中，把山水全人化了，即都具有向善的人格、求真的人性。他把山丘名为"俟德之丘"，因为它"蔽于古而显于今，有俟德之道"，象征人虽处江湖之远仍不忘修身养性、砥砺自我，以待天降大任。把山谷名为"谦受之谷"，取自《书经》名句"满招损，谦受益"，象征为人要虚怀若谷，自满会招致损害，谦虚会得到益处，这是天道自然规律。把石谷之瀑名为"振鹭"，取自《诗经·周颂·振鹭》"振鹭于飞，于彼西雝"，象征人操行高洁。把土谷之瀑名为"秩秩"，取自《诗经·大雅·假乐》"威仪抑抑，德音秩秩"，象征道德无尽之意。把池塘命名为"君子之池"，因为它"虚以钟其美，盈以出其恶"，与"谦受之谷"相关联，象征人能谦虚接受美德，又能不断改正缺点。把泉之源命名为"天泽之泉"，因为它"出高而施下"，象征人居庙堂之高要泽被下民。总之，这青山绿水体现出儒家的"比德"观念，通过命名，先赋予自然山川以儒家所提倡的品格美，然后再通过对这些自然山川的游赏来观照、体悟和陶冶人生。

再看作者对亭的命名。"燕喜"一词，语出《诗经·鲁颂·闷宫》："鲁侯燕(亦作"宴")喜，令妻寿母，宜大夫庶士，邦国是有。"有歌颂国泰民安、祝福风调雨顺之意。韩愈取此二字为亭命名，显然含有与友人互勉，渴望中兴唐室的深意，这也正是他的"文以载道"思想的体现。

这一段并没有正面详细描写燕喜亭周围的旖旎风光，而是通过人格化命名，用议论笔法摹写山水的自然特点与人文品格，这也是虚处传神。打破实景常规描写以出新意的方法，给文思增加了深度。

第三段通过"州民之老"的观赏评价，写出燕喜亭的独特景观及周围山水的天工之美。同时历数王弘中贬放之路迢迢，称赞他踏遍千山万水却对山水不感餍足、情有独钟的豁达心态，褒扬他“智者乐水，仁者乐山”的宽阔胸怀与“智以谋之，仁以居之”的躬行实践。作者采用叙述、议论相结合的笔法着重表现王弘中在山水游赏中自得其乐的精神追求。

“智者乐水，仁者乐山”，是体现文章主旨的关键语。何谓“乐水”？朱熹《论语集注》曰：“知(同“智”)者达于事理而周流无滞，有似于水，故乐水。”何为“乐山”？朱熹《论语集注》曰：“仁者安于义理而厚重不迁，有似于山，故乐山。”在儒家看来，山水具有道德属性，作为知(智)者、仁者要想获得山水的涵养和浸润，就必须“乐山”和“乐水”，到山水自然中去游览，从中受到心灵启迪和情操陶冶。这就是“智以谋之，仁以居之”，此八字实乃全篇之警策。

从这篇记中我们隐约看到作者思想上的儒学渊源与庄子流脉。一方面，作者渴望能辅弼朝廷，实现自己的政治理想，因此非常注重个人的品德修养，甚至以儒家的德操品格投射到山水自然，从中获取万物静观皆自得的乐趣。《中庸》曰：“能尽其性，则能尽人之性，则能尽物之性；能尽物之性，则可以与天地参矣。”这段话的意思是说人和物所受于自然界的性，都是一样的。人和物虽然智愚形体不同，而都生长于自然界，都是一样的。天地间虽然森罗万象，无非是各色各样的物类，既能尽物之性，则天地的四时运行，育成万物，种种事理，无不可由我的帮助，容纳我的参与了。概括地说就是人经由自然认识、陶养、充实，提升他自己，就可以参与宇宙生命的创化了。一方面，屡次遭受政治挫折，陷入苦闷境遇，又不甘沉沦，便努力从山水之中寻找精神寄托。在庄子看来，山水自然是道的最高和直接的显现，因而在山林中修道较之尘俗更能使人超凡脱俗，“大林丘山之善于人也”(《外物》)，“山林与，皋壤与，使我欣欣然而乐焉”(《知北游》)。山水使人感受自然的灵气，得到道的真谛，摆脱世俗的羁绊。

作此文时，韩愈与王弘中都是在政治上受到了打击，被贬官到远离帝都的蛮荒地区的，他们需要儒、庄并用，借鉴一点佛道思想(尽管韩愈是反对佛道的)，来处理政治失意的精神苦闷与客居边地的有所作为之间的矛盾。“弘中之德，与其所好，可谓协矣”，赞扬了王弘中在解决这一矛盾方面所获得的成功。清代李渔说：“故知才情者，人心之山水；山水者，天地之才情。使山水与才情判然无涉，则司马子长何所取于名山大川？”(《笠翁文集·梁冶湄明府西湖垂钓图赞》)在山水中寻找精神与理想的栖息地，几乎是封建时代处于逆境的知识分子的共同心态。

从本文语言艺术上看，句式骈散结合，长短参差，善用排比，气势雄浑。如首段用一组长短不一的对句叙述删芜去杂而得胜景的过程，字里行间洋溢着兴奋、自豪之情。第二段用整齐的对句状写景观，庄重典雅，饱含激赏劝勉之意。第三段用一组明快、流利的三字短句铺写“道途”的曲折艰险，透露的却是恬淡、从容的心情。用词精心锤炼，善于熔裁，推陈出新。如动词的择炼，尤见匠心。首段中的“斩”“发”“辇”“燔”这几个动词用得刚劲有力，平仄抑扬，错落有致。尾段中的“入”“涉”“临”“升”“出”“下”“过”“上”“行”“逾”一连十个动词没有重复，节奏轻快，且多用仄声字，充分反映出路途的险阻壮观。第二段截取古代经典中的词语命名景观，含蓄蕴藉，雅洁不俗，表现出作者熟读古籍，腹笥充盈，且善于临景应用，使景色生辉添彩。韩愈描写山水的文章不多，此文以其独具特色而对后世产生深宏影响，宋代欧阳修的《醉翁亭记》，似胎息此文。 （诸天寅）

画 记

杂古今人物小画共一卷。骑而立者五人，骑而被甲载兵立者十人，一人骑执大旗前立，骑而被甲载兵行且下牵者十人，骑且负者二人，骑执器者二人，骑拥田犬者一人，骑而牵者二人，骑而驱者三人，执羁靮[①]立者二人，骑而下倚马臂隼[②]而立者一人，骑而驱涉者二人，徒[③]而驱牧者二人，坐而指使者一人，甲胄手弓矢𫓧[④]钺[⑤]植[⑥]者七人，甲胄执帜植者十人，负者七人，偃寝休者二人，甲胄坐睡者一人，方涉者一人，坐而脱足者一人，寒附火者一人，杂执器物役者八人，奉壶矢者一人，舍而具食者十有一人，挹[⑦]且注者四人，牛牵者二人，驴驱者四人，一人杖而负者，妇人以孺子载而可见者六人，载而上下者三人，孺子戏者九人。凡人之事三十有二，为人大小百二十有三，而莫有同者焉。

马大者九匹。于马之中，又有上者、下者、行者、牵者、涉者、陆[⑧]者、翘者、顾者、鸣者、寝者、讹[⑨]者、立者、人立者、龁[⑩]者、饮者、溲[⑪]者、陟者、降者、痒磨树者、嘘者、嗅者、喜相戏者、怒相踶啮[⑫]者、秣[⑬]者、骑者、骤者、走者、载服物者、载狐兔者，凡马之事二十有七，为马大小八十有三，而莫有同者焉。

牛大小十一头，橐驼[⑭]三头。驴如橐驼之数，而加其一焉。隼一。犬、羊、狐、兔、麋、鹿共三十。旃[⑮]车三两。杂兵器、弓矢、旌旗、刀剑、矛楯、弓服、矢房、甲胄之属，瓶、盂、簦[⑯]、笠、筐、筥[17]、锜[18]、釜、饮食服用之器，壶矢博弈之具，二百五十有一，皆曲极其妙。

贞元[19]甲戌年[20]，余在京师[21]，甚无事，同居有独孤生申叔[22]者，始得此画，而与余弹棋[23]，余幸胜而获焉。意甚惜之，以为非一工人之所能运思，盖丛集众工人之所长耳，虽百金不愿易也。明年[24]出京师，至河阳[25]，与二三客论画品格，因出而观之。座有赵侍御[26]者，君子人也，见之戚然，若有感然，少而进曰："噫，余之手摹也，亡之且二十年矣。余少时常有志乎兹事，得国[27]本，绝人事而摹得之，游闽中[28]而丧焉。居闲处独，时往来余怀[29]也，以其始为之劳而夙好之笃也。今虽遇之，力不能为已，且命工人存其大都[30]焉。"余既甚爱之，又感赵君之事，因以赠之，而记其人物之形状与数，而时观之，以自释[31]焉。

〔注〕 ① 靮(dí)：马缰绳。 ② 隼(sǔn)：一种凶猛的鸟，也叫鹘。 ③ 徒：徒步，步行。 ④ 鈇(fū)：斧头。 ⑤ 钺(yuè)：古代一种像斧子的兵器。 ⑥ 植：立，站立。 ⑦ 挹(yì)：把液体舀出来。 ⑧ 陆：谓在地上行走。又可解为跳跃。 ⑨ 讹：通"吪"，动而不止，与"寝"相对。 ⑩ 龁(hé)：咬。 ⑪ 溲(sōu)：此谓尿尿。 ⑫ 啮(niè)：咬。 ⑬ 秣(mò)：喂养(马匹)。 ⑭ 橐(tuó)驼：骆驼。 ⑮ 旃(zhān)：赤色的曲柄旗。 ⑯ 簦(dēng)：古时有柄的笠。 ⑰ 筥(jǔ)：圆形的竹筐。 ⑱ 锜(qí)：有三支脚的锅。 ⑲ 贞元：唐德宗李适年号，当785—805年。 ⑳ 甲戌年：即公元794年。 ㉑ 京师：唐都城长安。 ㉒ 独孤生申叔：复姓独孤，名申叔。柳宗元《亡友故秘书省校书郎独孤君墓碣》云："君讳申叔，字子重，年二十二举进士；又二年，用博学宏词为校书郎；又三年，居父丧，未练而没。" ㉓ 弹棋：一种棋类游戏。沈存中(括)《梦溪笔谈》云：(弹棋)有谱一卷……其局方二尺，中心高起，如覆盆，其巅为小壶，四角微隆起。 ㉔ 明年：第二年，即公元795年。 ㉕ 河阳：今河南孟州。 ㉖ 赵侍御：其人不详，高步瀛疑为赵博宣。(见《唐宋文举要》甲编卷三)侍御，官名，掌纠察百僚，狱讼等事。 ㉗ 国：一作"故"，国本即故本。 ㉘ 闽中：今福建一带。 ㉙ 往来余怀：在心里往返出现。 ㉚ 大都：大略，大概。 ㉛ 释：释怀，宽解。

韩愈于贞元八年(792)二十五岁时中进士。虽中了进士，却未能授官，为了能入仕，又三次应吏部博学宏辞科考试，前后达三年(793—795)之久，"辱于再三"(《答崔立之书》)，终于落选。于是韩愈上书宰辅以求闻达，在贞元十一年三月之内三次上书，却毫无消息，只好于同年离开京师，求为地方佐吏。这篇《画记》中所云贞元甲戌年(794)在京师"甚无事"以及"明年出京师，至河阳"，就反映了这种求朝廷之任而不得于是退求其次的任官经历与心境。

文章是对从朋友处幸运得来的一幅人物画的内容的描述，属于韩愈散文中的记叙之体。文章开头一语“杂古今人物小画共一卷”，总摄全篇，指出全文描述的次序——由人到物。

先描述画中之人。按照画中人物动作的分类次序描述人物的神态和数量，以“骑”“植”“坐”“偃”等动作来分类，将画中人物的立体姿态动态化，使文字语言既充当阐释画面的信息传递使者，又把画面形象化，所谓“言宜”的文学理论内涵在这个使画面语言化的破译过程中很好地实践检验。这段描述文字的最后几句“凡人之事三十有二，为人大小百二十有三，而莫有同者焉”，是在分类描述后的总括。全段由分到总，由具体到概括的描述和记叙的方法，为记叙类文体的写作提供了借鉴。其中“莫有同者焉”一语，是把一般品评人物画所谓栩栩如生、千姿百态的画论与文学语言的各尽其象、立言尽意的理论融会贯通起来，画与记和谐配合，相得益彰。

然后描述画中之物。又以马、牛、骆驼、驴及其他动物器物的次序记之。在写法及总括归结方面与记人一致，而其中尤以对马的各种动作、姿态、“表情”的描述，更为具体、细致、生动，因此，郭预衡先生称“韩愈的记叙之文如《画记》之工于描述”(《中国散文史》)。

但是，《画记》的文章意义远不止此。从记后的背景材料看，从赵君的偶尔失之偶尔得之看，人生不要太执意于某种得和失，随物而化，不役于物，这也是作者“又感赵君之事”而“以自释”的内心体悟，联系前面我们追述的韩愈在京师那样执着于求官，到此时领悟赵君的画之得失，恐怕退之亦不无自愧之感，记画的隐情在此也昭然若揭了。此外，赵君之画虽又失而复得，然再以二十年后之人力、精神，却再不能摹画出此画中之人物，二十年前是“常有志乎兹”，故“事竟成”，趁早立志砥砺，方能有所成就，退之于此有所获，所获的不唯在此画，更在乎画此画者之画外音。这是我们品味《画记》的最高价值，也是我们解读韩愈的另一种收获。“业精于勤荒于嬉”，“勤”的含义，不仅包括赵君所谓“始为之劳”即辛勤劳苦，也应包括勤于立志的吧。

李塗曾说韩愈记叙类散文往往“前叙事，后议论”(《文章精义》)，我们则要补充说，议论中往往升华了许多人生的哲理和价值。《画记》不就是如此么？

（蒋振华）

蓝田县丞厅壁记[①]

丞之职所以贰令[②]，于一邑无所不当问，其下主簿、尉[③]。主簿、尉乃有分职。丞位高而逼，例以嫌不可否事[④]。文书行，吏抱成案诣丞[5]，卷其前[6]，钳以左手[7]，右手摘纸尾[8]，雁鹜行[9]以进，平立[10]，睨丞[11]曰："当署[12]。"丞涉笔占位署，惟谨[13]。目吏，问："可不可？"吏曰："得[14]。"则退。不敢略省[15]，漫不知何事。官虽尊，力势反出主簿、尉下。谚数慢，必曰丞，至以相訾謷[16]。丞之设，岂端使然哉[17]！

博陵崔斯立[18]，种学绩文[19]，以蓄其有，泓涵演迤[20]，日大以肆。贞元初，挟其能，战艺于京师，再进，再屈于人[21]。元和初，以前大理评事言得失黜官，再转而为丞兹邑[22]。始至，喟曰："官无卑，顾材不足塞职[23]。"既噤不得施用[24]，又喟曰："丞哉，丞哉！余不负丞，而丞负余[25]！"则尽枿去牙角[26]，一蹑故迹[27]，破崖岸[28]而为之。

丞厅故有记，坏漏污不可读，斯立易桷[29]与瓦，墁治壁[30]，悉书前任人名氏。庭有老槐四行，南墙巨竹千梃[31]，俨立若相持，水㶁㶁循除鸣[32]，斯立痛扫溉[33]，对树二松，日哦[34]其间。有问者，辄对曰："余方有公事，子姑去！"

考功郎中[35]、知制诰[36]韩愈记。

〔注〕 ① 蓝田县丞厅壁记：蓝田县，在唐朝的京都长安东南畿辅之地，亦称畿县，即今陕西蓝田。丞，县令的副职，正八品下。厅壁记，在古代官府办公地方的墙壁上所作纪事文字，主要记述历任官员姓名、政绩，及任免始末等。 ② 贰令：原指命令经抄录作为副本者，这里指县丞的副手。 ③ 主簿、尉：二者皆为县令的属官。主簿，掌管文书、簿籍、印鉴等；尉，掌管缉捕治安等。 ④"丞位高"二句：意谓县丞的地位高到与县令逼近，照例为避免侵权之嫌，对县令决策的公事不置可否。 ⑤"文书行"二句：公文在运行、批发的过程中，小吏抱着办好的公文案卷到县丞那里。 ⑥ 卷其前：卷起文件的前一部分。 ⑦ 钳以左手：用左手像钳子一样牢牢地将文件夹住。 ⑧ 右手摘纸尾：用右手拉着公文末尾处。 ⑨ 雁鹜行：雁很像鹅，鹜是家鸭，二者走路大摇大摆。 ⑩ 平立：直立着身子。 ⑪ 睨丞：斜着眼睛注视丞。 ⑫ 当署：这是该你署名的位置。 ⑬"丞涉笔"二句：意谓县丞着笔时估量好位置，小心谨慎地签上自己的名字。 ⑭ 得：可以，行啊。 ⑮ 不敢略省(xǐng)：不敢略微探看一下(文件)。 ⑯"谚数慢"三句：意谓谚语中数说到闲散的官吏，必定说县丞(最)散漫，甚至以此作为诋毁人的话头。訾謷(zǐ áo)，讥诮诋毁。 ⑰"丞之设"二句：县丞这一官职的设置难道本意就是这样的！ ⑱ 博陵崔斯立：博陵，今治所河北安平县。崔斯立，名立之。韩愈是崔立之的朋友，相习以其字"斯立"相称。 ⑲ 种学绩文：以耕耘和纺织喻指崔斯立求学习文勤恳。 ⑳ 泓涵演迤：以水之深远流长形容学问宏深广博。 ㉑"战艺"三句：意谓在京城应进士试，一再降服他人。屈，治服。崔立之，贞元四年中进士，六年再中博学宏词科。 ㉒"以前"二句：意谓崔斯立因为此前在任大理评事评议朝政得失曾被贬官，再次遭贬谪，遂到此地任

蓝田县丞。　㉓“官无卑”二句：意谓“官”本身并无尊卑，只怕自己的才能不足以称职。㉔“既噤”句：既已落到噤若寒蝉不得发挥作用的地步。　㉕“余不”二句：意谓我能够做好县丞分内之事，不会辜负这个职位，倒是任职以来无事可做，是县丞这个职位对不起我啊！㉖枿(niè)去牙角：枿，同“蘖”，指树被砍伐后所生的新芽，这里当取其引申义“杜绝”，亦即收敛锋芒的意思。　㉗一蹑故迹：悉依以往县丞的旧规行事。　㉘破崖岸：崖岸寓有高峻之意，可引申为锐气。破崖岸即去掉棱角与锐气。　㉙桷(jué)：方形的椽子。　㉚墁(màn)治壁：涂饰墙壁。　㉛梃(tǐng)：竿状物的计量单位，千梃即千竿。　㉜“水虢(guó)虢循除鸣”句：水顺着台阶流淌发出的一种响声。　㉝痛扫溉：彻底打扫冲洗干净。　㉞哦：低声吟唱。　㉟考功郎中：官名，属吏部，掌管文武官吏考绩事宜。　㊱知制诰：掌管起草诏令事宜。

从文末所署韩愈官衔看，此记当作于元和十年(815)，因为上一年十月，韩愈尚任史馆修撰，十二月，以考功郎中兼知制诰。作为吏部新上任的属官，此记内容正与其考核文武官员的职责相契合。

韩愈性格中一个很突出的特点是“不平则鸣”，此文与《送孟东野序》等都是这方面的名篇。作为千年之后的“局外人”，笔者每读此文不仅有“拍案而起”的激愤，更有不胜沉痛的种种联想——县吏的嘴脸固然令人作呕，但他的把戏，无非都是由那个未出场的县令导演的，而县令只不过是一个比“芝麻”稍大一点的六品小官，他充其量不过是一个蹩脚的小导演兼作为虎作伥的小角色，至于幕后的“大导演”和那只恶虎之所在，则是不言而喻的，这也正是韩愈此文的沉痛之处和锋芒所在。

但是此文的锋芒是藏而不露的，换言之，作者以笑傲诙谐，乃至以戏谑之笔、绵里藏针之法“轻松”道来，而读者却越发为之愤慨不平。

首先令人气不忿的是那个县吏的行径，他本来是一个在“主簿”“尉”之下，更在“丞”之下的“跑腿儿”的角色，却被扭曲为官场猫腻的低等帮凶。由他传递的文件，本来是县丞有权参与和过问的案件，鉴于此件的不可告人之处，县丞事先一无所知，小吏送来的是一件“成案”。为了继续隐瞒真相，小吏抱着的这一文件前半是卷着的，并且用他的左手像铁钳一样把卷着的部分夹得紧紧的，不消说是将其中的奥秘夹得严严实实。小吏的右手抓着文件的尾部，像鹅鸭一样慢腾腾大摇大摆地朝县丞走来，完全不是依照当时的礼数，在作为上级的县丞面前躬身、俯首，而是在“丞”的面前“平立”着、不屑一顾地斜着眼睛，在既定的位置上，对县丞说了声：“当署。”

对于小吏的这种无视和无礼，“丞”仿佛表现出了一种后世所谓的“阿Q相”，但这绝不是作者对“丞”的丑化，而是一种绝妙的深化。请看，小吏“当署”的话音一落，“丞”急忙动笔在指定的位置上、小心翼翼地签上自己的名字。吏对丞是斜视的白眼，丞对吏不仅是正视“青睐”，而且十分恭谨地陪着笑脸“请示”般地向吏发问说：“这样签可不可以？”而吏只是漫不经心地说了个“得”！丞这才如释重负。从写作上看，这是一些再生动不过的“细节”，但从韩愈的生平看，这很可能是其感同身受的一幕。所以下面的“官虽尊，力势反出主簿、尉下”，“丞之设，岂端使然哉”从行文上看是那么水到渠成。从官场和世态上看，这是何等的贤愚不分、是非颠倒！一个科场“战艺”，屡战屡胜、才干出众、勇于言事的朝官，却被一贬再贬；赤子之心不泯，想干好一个七品芝麻官的机会，也被褫夺一空，最终不得不“日吟”公廨，闭上一双慧眼，任人售奸！

在这里，只是笔者一味为此文叫好，或许有人不以为然，那么，请看下述人物是如何说话。诸如谓此文“雄拔超峻，光前绝后”（洪迈《容斋四笔》卷五），“末叙崔君哦松对人之言，以明其超然于川舍之外，代占却许多地步。细玩结语竟住，此后又加一语不得，真古今有数奇文”（林云铭《韩文起》卷七），“观昌黎此记，唐时州县之治可知也”（爱新觉罗·弘历《唐宋文醇》卷六《昌黎韩愈文》），“此文则纯用戏谑，而怜才共命之意，沉痛处自在言外”（曾国藩《求阙斋读书录》卷八《韩昌黎集》）。

窃以为，不论上述人物的身份、名声如何，对韩愈此文来说，均不失为中肯之言。

（陈祖美）

新修滕王阁记

愈少时则闻江南多临观[①]之美，而滕王阁独为第一，有瑰伟绝特[②]之称。及得三王所为序赋记等[③]，壮其文辞，益欲往一观而读之，以忘吾忧。系官于朝，愿莫之遂。十四年，以言事斥守揭阳[④]，便道取疾[⑤]以至海上，又不得过南昌而观所谓滕王阁者。其冬，以天子进大号[⑥]加恩区内，移刺袁州[⑦]。袁于南昌[⑧]为属邑，私喜幸自语，以为当得躬诣大府[⑨]，受约束于下执事[⑩]，及其无事且还，傥得一至其处，窃寄目[⑪]偿所愿[⑫]焉。至州之七月，诏以中书舍人太原王公为御史中丞，观察江南西道[⑬]，洪江饶虔吉信抚袁悉属治所[⑭]。八州之人，前所不便及所愿欲而不得者，公至之日，皆罢行之。大者驿闻，小者立变[⑮]，春生秋杀，阳开阴闭[⑯]，令修于庭户数日之间，而人自得于湖山千里之外。吾虽欲出意见，论利害，听命于幕下，而吾州乃无一事可假而行⑰者,又安得舍已所事以勤馆人⑱?则滕王阁又无因而至焉矣!

其岁九月,人吏浃和⑲,公与监军使燕于此阁⑳,文武宾士皆在席。酒半,合辞言曰:"此屋不修,且坏。前公为从事此邦㉑,适理新之㉒,公所为文,实书在壁。今三十年而公来为邦伯㉓,适及期月㉔,公又来燕于此,公乌得无情㉕哉?"公应曰:"诺。"于是栋楹梁桷板槛之腐黑挠折者㉖,盖瓦级砖之破缺者,赤白㉗之漫漶㉘不鲜者,治之则已。无侈㉙前人,无废后观。

工既讫功㉚,公以众饮,而以书命愈曰:"子其为我记之!"愈既以未得造观为叹,窃喜载名其上,词列三王之次㉛,有荣耀焉,乃不辞而承公命。其江山之好,登望之乐,虽老矣,如获从公游,尚能为公赋之。

元和十五年十月某日袁州刺史韩愈记。

〔注〕 ① 临观:居高俯瞰观览。 ② 瑰伟绝特:珍奇雄伟,独特超群。 ③ 三王所为序赋记等:指王勃所作《滕王阁序》、王绪所作《滕王阁赋》、王仲舒所作《滕王阁记》。 ④ 以言事斥守揭阳:此指唐宪宗元和十四年(819),韩愈因上《论佛骨表》之事,被贬潮州刺史。斥,贬斥。揭阳,潮州的别称。 ⑤ 便道取疾:犹即刻上路快走。指古代官员受命后不必入朝谢恩,直接迅速赴任。取,通"趋",疾行。 ⑥ 天子进大号:指唐宪宗元和十四年七月,群臣上尊号曰:"元和圣文神武法天应道皇帝","加恩区内"(施恩大赦天下)。 ⑦ 移刺袁州:量移为袁州刺史。移刺,调任刺史职务。移,即量移,指官吏贬谪远地,遇赦量情调任近处任职。袁州,唐时属江南西道,为江西观察使属下。故治在今江西宜春。 ⑧ 南昌:唐南昌州,江西观察使治所。故治在今江西永修。 ⑨ 躬诣大府:亲至南昌大府。躬,亲身。大府,指南昌江西观察使所。 ⑩ 受约束于下执事:指接受南昌府下属吏的领导。 ⑪ 窃寄目:私下观看(滕王阁)。⑫ 偿所愿:满足我的愿望。 ⑬"诏以中书舍人"二句:此指元和十五年六月,朝廷诏令任中书舍人王仲舒为洪州刺史、御史中丞,充江西观察使。 ⑭"洪江"句:此指洪州、江州等八州全属江西观察使治所统辖。洪,洪州,即南昌。江,江州,今江西九江。饶,饶州,今江西鄱阳。虔,虔州,今江西赣州。吉,吉州,今江西吉安。信,信州,故治在今江西上饶。抚,抚州,今江西临川一带。治所,疑为"所治"之误。 ⑮"大者驿闻"二句:指王仲舒实施新措施,大者由驿邮传递文书通告各州,小者立即改变(执行),不须通告各州。 ⑯"春生秋杀"二句:大意是春阳生开,秋阴杀闭,指王仲舒的施政措施合乎天道。 ⑰ 假而行:假借事端,而往南昌。⑱ 勤馆人:劳烦南昌馆驿接待往来官员的人。 ⑲ 浃(jiā)和:融洽、和谐。 ⑳"公与监军使"句:指王仲舒与监军使宴会于滕王阁。监军使,唐朝皇帝派遣宦官出任监督地方节镇军务的官职。燕,同"宴",宴会。 ㉑ 前公为从事此邦:指王仲舒从前在贞元七、八年曾出任江西观察使府"从事"(幕吏、幕僚),来到南昌。 ㉒ 适理新之:正好遇上修缮滕王阁,焕然一新。理,治理、修缮。 ㉓ 邦伯:州牧,此指江西观察使。 ㉔ 适及期(jī)月:正好赶上整

月。　㉕ 乌得无情：怎能不动情？　㉖“于是栋楹”句：此言修缮滕王阁的梁柱椽板栏杆已经朽折的部分。栋，屋顶最高处的大梁。楹，厅堂前部的柱子。桷(jué)，方形椽木。板，泛指门板、栏杆板等。槛，栏杆。　㉗ 赤白：指彩绘的颜色。　㉘ 漫漶(huàn)：模糊不清貌。㉙ 侈：奢侈，此指过度浪费，过分奢华。　㉚ 工既讫功：工匠完成修缮工程以后。功，指土木营造之事，工程。　㉛ 词列三王之次：指自己奉命写的《新修滕王阁序》，列于“三王所为序赋记”之后。

《新修滕王阁记》，是一篇记叙翻新修建滕王阁的别致新颖的文章，于唐宪宗元和十五年(820)十月作于袁州。时韩愈为袁州刺史。当时朝廷诏命中书舍人王仲舒赴南昌，为洪州刺史、充江西观察使。三十年前，唐德宗贞元七、八年间，王仲舒曾出任江西观察使府“从事”，正好遇上修缮滕王阁，焕然一新，王仲舒作《滕王阁记》，书于阁壁；而今，三十年后，唐宪宗元和十五年六月，王仲舒奉诏充任江西观察使，成为“邦伯”，将年久失修的滕王阁翻新修缮，遂以书信命韩愈“为我记之”。可知，韩愈是奉命作记。按照通常写法，便应颂扬王仲舒之德政，摹写三十年间滕王阁建筑与风景之变异等，即使极尽其能，亦不脱寻常窠臼。对于翻新求奇的韩愈来说，是不可取的。然而，即便如此写法，韩愈也面临巧妇难为无米之炊的困难：韩愈从未亲历南昌造访、观赏滕王阁瑰伟绝特之景观，如何能写滕王阁建筑与风景的三十年间之变异呢？如果只写王仲舒的德政种种，就《新修滕王阁记》来说，内容未免单薄，亦难免颂而实谀之嫌。韩愈的高明之处，就在其能独辟蹊径，化虚为实，无中生有，凭虚撰记。

于是，韩愈此记采取了旁托曲致，以虚映实的写法，凭虚撰写了三段欲观而未得一游滕王阁的文字，以韩愈的生平感慨添作波澜，构成全文的主体与关轴，创造了一篇另类的似记非记的奇文。

首段叙写韩愈对滕王阁神往欲观之情和“系官于朝，愿莫之遂”的遗憾。开篇即写欲观缘由，少年时所闻传说，滕王阁为江南第一临观之美，“有瑰伟绝特之称”。步入仕途后，“及得三王所为序赋记等，壮其文辞”，韩愈为王勃《滕王阁序》、王绪《滕王阁赋》、王仲舒《滕王阁记》的文辞所振奋和吸引，更激发了“益欲往一观”的愿望。这里所写显然是指唐德宗贞元九年后、唐宪宗元和十四年前的二十七年间事情；而从“以忘吾忧”的言辞看，大约是指唐德宗贞元十九年贬为阳山令期间，在此失意沉沦之际，想凭眺滕王阁而舒怀忘忧。一句“系官于朝”的羁绊与无奈，隐涵了诸多官场的蹉跌，使韩愈欲观滕王阁的愿望落空。次写唐宪宗元和十四年，“以言事斥守揭阳”，此指韩愈因上《论佛骨表》，反对迎祭法门寺佛骨，被贬潮州刺史之事。此次远贬广东潮州，赴任贬所期程有限，只能“便道取疾”，从海路即刻启程，“又不得过南昌而观所谓滕王阁者”。显然，韩愈深遭贬斥，尚且期盼于贬途中一观滕王阁壮景，"以忘吾忧"，其渴盼之情切矣！然而，因为贬谪南荒，朝廷促迫，匆忙赶路，不能顺便过南昌一睹滕王阁之风采。而"又不得"三字，流露出多少遗憾与无奈！最后写元和十四年冬，唐宪宗加"元和圣文神武法天应道皇帝"之尊号，施恩大赦，韩愈"移刺袁州"，调至江西宜春，距离南昌近在咫尺，一观滕王阁的愿望似乎可以实现了。故而，韩愈"私喜幸自语"，以为"当得躬诣大府"办理公务，"及其无事且还"，想趁无事将要返回袁州时，能到滕王阁"窃寄目偿所愿焉"，借公余之私暇观览滕王阁景观，满足自己多年的愿望。然而，事与愿违的突变又发生了，一睹滕王阁的愿望又落空了！原因就是王仲舒赴任洪州刺史、江西观察使，废止迎接，下令所属八州，"前所不便及所愿欲而不得者"，一律罢止。称美王仲舒施政改革措施令行禁止，数日之间行于千里之外，如春阳生开，秋阴杀闭，合乎天道。韩愈支持新政措施，于是，还可以借"出意见，论利害"，堂而皇之地到南昌，"听命于幕下"，以此假公济私，实现"窃寄目"滕王阁的私愿。此刻，"系官于朝"的自律和责任，让韩愈放弃了。一是"吾州乃无一事可假而行"，没有正当理由、没有可假借的事端和托辞来违背罢止官吏前往南昌的命令；二是不能"舍己所事以勤馆人"，丢掉自己袁州的公事而到南昌，劳烦南昌馆驿的接待。这一次滕王阁无因而至，不是被迫的，而是韩愈主动采取的先公后私的自律约束，既显示出王仲舒新政措施的力量，又显示出韩愈为新政措施所感动的自律精神。三次欲观滕王阁而愿望落空的文字，详略有差，姿态各异。前两次写贬谪之事，简而略，"以忘吾忧"，稍加点染；最后写"移刺袁州"，详而实，三层转折，一私喜之窃愿、二新政之突变、三私愿之舍弃，事随时异，情随事迁，行文跌宕有致，形成全文之高潮。

二段叙写元和十五年九月，王仲舒与监军使宴会于滕王阁，文武宾士与席，共赞王仲舒三十年间两任南昌之政绩，提出"此屋不修，且坏"，王仲舒答应新修滕王阁，为本文点题。新修进程也是雷厉风行，以"于是"统领三个"者"字句，概述了新修滕王阁的三个部分：栋梁楹槛、盖瓦级砖、赤白彩绘，全部更新。这是写王仲舒实施新政的一项重要的文化举措，将南昌一座标志性的艺术建筑新修，自有其深意在，既是对前人政绩的一个纪念，也是对"后观"者的一个希望和激励。"无侈前人，无废后观"八个字，可以说是韩愈对新修滕王阁深意的领会和理解。

三段叙写韩愈奉命作记，流露了韩愈复杂的情感波动。一是"以未得造观为叹"的遗憾，不能具体描述和展示滕王阁三十年间的建筑与风景之变异；二是奉命作记，又"窃喜"载名于滕王阁上，列于"三王之次"，实乃幸运，"有荣耀焉"！最后表示,"虽老矣,如获从公游,尚能为公赋之",希望能有机会"从公游"于滕王阁,一了欲观滕王阁之夙愿,我还能为您做一篇"滕王阁赋"呢!既表示了韩愈对王仲舒新修滕王阁一事的敬佩和赞叹,又抒写了韩愈对新修之滕王阁的"江山之好,登望之乐"的向往之情。

本记经营惨淡,务去陈言,独辟蹊径,凭虚旁托。正如王文濡所评:"作者谋篇布局,以愿游未得为关轴。颂扬处,只以数语了之,而仍不失其本旨,风景亦于不经意中道及。文之优胜处在是。"(《唐文评注读本》)　　(赵乃增)

争臣[①]论

或问谏议大夫[②]阳城[③]于愈,可以为有道之士乎哉?学广而闻多,不求闻于人[④]也。行古人之道,居于晋[⑤]之鄙。晋之鄙人[⑥]薰[⑦]其德而善良者几千人。大臣[⑧]闻而荐之,天子以为谏议大夫。人皆以为华[⑨],阳子不色喜[⑩]。居于位[⑪]五年矣,视其德如在野[⑫],彼岂以富贵移易其心[⑬]哉!愈应之曰:是《易》[⑭]所谓"恒其德贞,而夫子凶"[⑮]者也。恶得为有道之士乎哉[⑯]?在《易·蛊》之"上九"云:"不事王侯,高尚其事[⑰]。"《蹇》之"六二"则曰:"王臣蹇蹇,匪躬之故[⑱]。"夫不以所居之时不一,而所蹈之德不同也[⑲]。若《蛊》之"上九",居无用之地,而致匪躬之节;以《蹇》之"六二",在王臣之位,而高不事之心,则冒进之患生,旷官之刺兴,志不可则,而尤不终无也[⑳]。今阳子在位,不为不久矣;闻天下之得失,不为不熟矣;天子待之,不为不加矣。而未尝一言及于政,视政之得失,若越人视秦人之肥瘠,忽焉不加喜戚于其心[㉑]。问其官,则曰:"谏议也。"问其禄,则曰:"下大夫之秩也。"[㉒]问其政,则曰:"我不知也。"有道之士,固如是乎哉?且吾闻之:"有官守者,不得其职则去;有言责者,不得其言则去[㉓]。"今阳子以为得其言乎哉?得其言而不言,与不得其言而不去,无一可者也[㉔]。阳子将为禄仕[㉕]乎?古之人有云:"仕不为贫,而有时乎为贫。"谓禄仕者也[㉖]。宜乎辞尊而居卑,辞富而居贫,若抱关击柝者可也[㉗]。盖孔子尝为委吏矣,尝为乘田矣,亦不敢旷其职,必曰"会计当而已矣",必曰"牛羊遂而已矣"[28]。若阳子之秩禄,不为卑且贫,章章[29]明矣。而如此,其可乎哉?

或曰:否,非若此也。夫阳子恶讪上[30]者,恶为人臣招其君之过而以为名者[31]。故虽谏且议,使人不得而知焉。《书》[32]曰:"尔有嘉谟嘉猷,则入告尔后于内,尔乃顺之于外。曰:'斯谟斯猷,惟我后之德。'[33]"夫阳子[34]之用心,亦若此[35]者。愈应之曰:若阳子之用心如此,滋所谓惑[36]者矣。入则谏其君,出不使人知者,大臣宰相者之事,非阳子之所宜行也。夫阳子本以布衣隐于蓬蒿之下[37],主上嘉其行谊[38],擢[39]在此位,官以谏为名,诚宜有以奉其职[40],使四方后代知朝廷有直言骨鲠之臣,天子有不僭赏[41]、从谏如流[42]之美。庶岩穴之士,闻而慕之,束带结发,愿进于阙下而伸其辞说,致吾君于尧舜,熙鸿号于无穷也[43]。若《书》所谓,则大臣宰相之事,非阳子所宜行也[44]。且阳子之心,将使君人者恶闻其过乎?是启之也。[45]

或曰:阳子之不求闻而人闻之,不求用而君用之,不得已而起,守其道而不变,何子过之深[46]也?愈曰:自古圣人贤士,皆非有求于闻用也。闵[47]其时之不平,人[48]之不乂[49],得其道,不敢独善其身,而必以兼济天下也。孜孜矻矻[50],死而后已。故禹过家门不入[51],孔席不暇暖,而墨突不得黔[52]。彼二圣一贤者,岂不知自安佚[53]之为乐哉?诚畏天命[54]而悲人穷也。夫天授人以贤圣才能,岂使自有余而已,诚欲以补其不足者也[55]。耳目之于身也,耳司闻而目司见,听其是非,视其险易[56],然后身得安焉。圣贤者,时人之耳目也;时人者,圣贤之身也。且阳子之不贤,则将役于贤[57]以奉其上矣,若果贤,则固畏天命而闵人穷也,恶得以自暇逸[58]乎哉?

或曰:吾闻君子不欲加诸人,而恶讦以为直者[59]。若吾子之论,直则直矣,无乃伤于德而费于辞乎?好尽言以招人过,国武子之所以见杀于齐也[60],吾子其亦闻乎?愈曰:君子居其位,则思死其官;未得位,则思修其辞以明其道[61]。我将以明道也，非以为直而加人也[62]。且国武子不能得善人，而好尽言于乱国[63]，是以见杀。《传》[64]曰："惟善人能受尽言。"谓其闻而能改之也。子告我曰：阳子可以为有道之士也。今虽不能及已，阳子将不得为善人乎哉？

〔注〕 ① 争臣：敢于批评当政者的错误、直言提出自己意见的臣子。争，通"诤"，诤谏。 ② 谏议大夫：官名，唐代属门下省、中书省，掌谏议得失。 ③ 阳城：字亢宗，定州北平人（今河北顺平），徙居夏县（今属山西）。李泌入相后，荐为著作郎。德宗时为谏议大夫。在职时每日饮酒，不言朝事。韩愈作《诤臣论》以讥之，阳城不为所动。后陆贽指责裴延龄奸佞，遭诬陷，几被杀。阳城伏阙上疏，慷慨陈言，言陆无罪，陆贽得免。阳城改官国子司业，深受诸生爱戴。 ④ 不求闻于人：不追求外界了解自己。《论语·学而》有云"人不知而不愠，不亦君子乎"。 ⑤ 晋：今山西中部一带。 ⑥ 鄙人：乡下人。 ⑦ 熏：熏染，影响。 ⑧ 大臣：指李泌。李泌字长源，唐德宗时为宰相，封邺侯。 ⑨ 华：荣耀。 ⑩ 不色喜：脸上没有显示出高兴的样子。 ⑪ 居于位：在谏议大夫之位。 ⑫ 视其德如在野：用做平民时的道德要求自己（指不求人知的道德）。 ⑬ 易其心：改变其想法（指做平民时的想法）。 ⑭《易》：《易经》。 ⑮ 恒其德贞，而夫子凶：《易经》中有一卦为"恒"，"六五"爻辞云："恒其德，贞，妇人吉，夫子凶。"意为从一而终的道德，对于妇女来说是吉卦，对于丈夫来说是凶卦。 ⑯ 恶得为有道之士乎哉：怎么能算有道德的人呢？恶（wū），疑问代词，怎么。 ⑰ 不事王侯，高尚其事："蛊"卦"上九"爻辞。意为不去侍奉王侯，保持高尚的志节。蛊，《易经》卦名。蛊卦是判断做不做事的卦，以阳九处最高位则"不复以世事为心，不系于职累"（《周易正义》）。这是最清高的位置，所以才有"不事王侯"之说。 ⑱ 王臣蹇（jiǎn）蹇，匪躬之故："蹇"卦"六二"爻辞。意为王臣处于难而又难的位置上，但不是为了自己。蹇，《易经》卦名。蹇卦，是判断困难的。为臣柔顺中正，又在臣子的位置上，自然要尽臣子的职责。 ⑲"夫不以"二句：意为这两段爻辞为什么有这样大的差别呢，因为在不同时期地位不同罢了。 ⑳ 若《蛊》之"上九"……不终无也：言蛊卦的最上一爻，是处不可做事之地，如果不顾自身安危，努力做事，就要发生冒进的祸患；蹇卦的"六二"爻，是王臣之位，在此位而生隐居之心，则一定受到旷官渎职的指责。冒进的不可效法，旷官渎职的一定有罪。 ㉑"若越人"二句：像越人看到秦人肥瘦（古人认为肥一点健康）一样，不会关注、更不会喜悦或忧戚。 ㉒"问其禄"二句：言阳城拿的俸禄相当于古代下大夫的俸禄。禄，俸禄。秩，级别。下大夫，先秦的中等官吏。 ㉓"有官守者"四句：意为谏议大夫的职责就是"掌谏议得失"，阳城不向皇帝提意见是没有完成职守。官守，官吏的职责。不得其职则去，不能尽职就离开这个岗位。言责，古代专门设立言官，如唐代谏议大夫、左拾遗、右补阙之类，他们的职责就是向皇帝提意见，这就叫"言责"。不得其言则去，觉得自己提不出什么新鲜的意见，不能尽言责就离开这个职位。 ㉔"今阳子"四句：阳城心中有没有自己的意见，有自己的意见而不向皇帝提出（这是不尽职），或者根本没有自己的意见（无能力尽职），两者没有一种是对的。 ㉕ 为禄仕：单纯的为了俸禄而做官。 ㉖"古之人有云"四句：《孟子·万章下》："孟子曰：'仕非为贫也，而有时乎为贫。'"意为出仕做官，不是为了解决贫困，但有时也是为了解决贫困，称之为"禄仕"。 ㉗"宜乎"三句：出自《孟子·万章下》："为贫者，辞尊居卑，辞富居贫"，"恶乎宜乎，抱关击柝"。意为士人如果是为了解决贫困而做官那就要做位置低、收入少的官。例如做管城门打更的小官。 ㉘"盖孔子"五句：出自《孟子·

万章下》:"孔子尝为委吏矣,曰会计当而已矣;尝为乘田矣,曰牛羊茁壮长而已矣。"委吏,主管粮仓的小官。乘田,管苑囿、负责放牧牛羊的小官。意为孔子为贫出仕,做干具体事情的小官,也要把事情干好。 ㉙ 章章:非常明显。 ㉚ 讪上:讥笑讽刺在上位之人。 ㉛"恶为人"句:意为阳城讨厌做君王的臣子,靠揭举君王的过错以图自己出名。招(qiáo),举。㉜《书》:指《书经》即《尚书》。 ㉝"尔有"五句:出自《君陈》。意为《书经》中说,你有好的意见建议,在朝内贡献给君王,在朝外表现出对君王的顺从。在外要说那些好的谋略都是出自君王。嘉谟,好的规划。嘉猷,好的谋略。尔后,你的君王。 ㉞ 阳子:阳城。 ㉟ 若此:与《书经》说的一样。 ㊱ 惑:糊涂。 ㊲ 隐于蓬蒿之下:在野隐居。 ㊳ 嘉其行谊:高度评价阳城的行为表现。 ㊴ 擢:提拔。 ㊵ 奉其职:努力完成其职守。 ㊶ 不僭(jiàn)赏:不是过度的滥赏。僭,超越。 ㊷ 从谏如流:易于接受批评意见。 ㊸"庶岩穴"六句:意为大概隐士听到阳城的际遇都会整装上路,把自己的想法贡献给朝廷,致君尧舜,让君王的大名辉耀千古。 ㊹"若《书》"三句:意为《书经》所说的那是大臣宰相的做法,不是阳城所应该做的。 ㊺"且阳子"三句:如果阳城认为不管君王是对是错在外都要表现出顺从,那么实际上是引得君王讨厌人们谈论自己的过失。 ㊻ 过之深:责备过苛。 ㊼ 闵:同"悯"。㊽ 人:即民,避唐太宗李世民讳改。 ㊾ 乂(yì):治理、安定。 ㊿ 矻(kū)矻:努力的样子。 (51) 禹过家门不入:《孟子·滕文公上》:"禹八年于外,三过其门而不入。"意为大禹全力带领人民治水,八年在外,三次过家门而不入。 (52)"孔席"二句:意为孔子墨子,一生为天下奔走,孔子连自己的席子未睡暖过,墨子的灶火都没有烧黑过。班固《答宾戏》:"孔席不暖,墨突不黔。"墨,墨子。突,灶火出烟处。黔,黑。 (53) 安佚:同"安逸"。 (54) 畏天命:孔子等都是有使命感的,使命是上天赋予的,所以心怀敬畏。 (55)"夫天授"三句:意为上天赋予圣贤许多自使有余的才能,真诚地希望他们以此帮助才能不足者。 (56) 险易:危险、平安。(57) 役于贤:被贤者役使。 (58) 暇逸:闲暇安逸。 (59)"而恶"句:讨厌把揭发人阴私当作正直。讦(jié),揭发别人的隐私短处。 (60)"好尽言"二句:国武子他好尽言以招过,多次受到别人的批评,于鲁成公十八年被杀。国武子,春秋时齐国大夫。 (61) 愈曰……以明其道:意为君子做官要想到殉职,在野则考虑更好地宣传儒道。 (62)"我将"二句:意为我对阳城的批评,乃是宣传儒道,并非是把自己的意见强加于人。 (63) 乱国:淫乱之国,这里指齐国。(64)《传》:指《国语》,《国语》又称《春秋外传》。

韩愈的说理文许多写得不甚好,其缺点在于往往以造势替代说理,用气势压倒论敌,然后得胜还朝(如《原道》),这类文章为"不讲理文章"。然而这篇文章虽然照金人程端礼说,是"辩难攻击之文"(《昌黎文式》卷三),但其基本上是靠说理行文,作者以设问方式,"截然四问四答,而首尾关键如一线"(茅坤《唐宋八大家文钞·韩文公文钞》卷九)。

本文是围绕着批评阳城作为谏议大夫没有进谏、没有批评朝廷的弊政展开的。文章开头就是一个设问。有人问:难道阳城不是"有道之士"吗?其理由是:阳城学问知识都很广博,但他不求人知。这是儒家较高的道德标准之一,《论语》中就有"人不知而不愠,不亦君子乎"。用此为阳城在朝不能进谏辩护则不当。韩愈批驳说,士人在不同的处境里有不同的道德标准,做平民、隐士就与当官不同。做着高官、拿着高薪还冒充隐士？说什么“不事王侯，高尚其事”，这不仅可笑，甚至可恶。然后又退一步讲，如果阳城只是因为家庭贫困、因贫而仕，那也应该像孔子只做管具体事务和俸禄少的小官，而且即使这样，也要做好工作。这是士人出仕的底线，而阳城连这个底线也没有达到。应该说这些话对阳城来说是很严厉的。

第二个设问是先抬高阳城。说他不是借暴露君王错误而抬高自己的人，他对君王有进谏，只是在朝内进行，对外不说罢了。并用经典作为证明。韩愈驳斥说，那种在朝内与君王秘密磋商朝政得失是宰相的事，设立言官就是要他公开地批评。并且阳城是皇帝亲自从平民提拔到谏官的，他本应该勇于直谏，彰显朝内言论环境的开放，也表明皇帝没有看错人，而且突出了皇帝的从谏之美。这样民间的隐士才会效法阳城，创造一个良好的政治局面。

第三个设问是责问。阳城本来不求闻达，是个独善其身的人，皇帝非要把他安排在这个位子上，他只是守其不求闻达之道不变罢了。你对他为什么责备过甚呢？韩愈回答说，不求闻达是古代圣贤通则，但他们都悲悯天下不治，只要有了机会，圣贤们都会全力以赴、投入解悬纾困中去，不顾自己和家庭。韩愈解释圣贤与众人的关系颇独特。他说众人是身体，圣贤是耳目。古代圣贤都表现出耳目功能，引领躯体前进。如果阳城不是贤人，那么他就应该像众人一样，充当躯体，接受贤人的役使引领；若是贤人就应该效法古代圣贤，充当耳目，敢为天下先，怎么能贪图闲暇安逸不作为呢？

第四个设问比责问又更进了一层，带有点威胁性了。您把说人坏话当作正直，这是正人君子所不取的。甚至会像国武子一样招来杀身之祸。韩愈反驳说我这样做正是履行君子的职责。君子不在其位就要通过作文宣传儒道，不是我对阳城特别苛刻。国武子被杀是他没有遇到善人，难道阳城不是善人吗？

文章写于贞元九年(793)，当时韩愈二十六岁，头年刚刚通过了进士考试(唐代通过进士考试只是获得做官的身份，要做官还要参加吏部考试)，而阳城未入仕时已经名满天下，贞元四年被荐进京时，京师之人皆想望其风采。当时的谏官“纷纷言事细碎，天子益厌苦之”。大家把希望寄托在阳城身上。可是阳城做了五年谏议大夫，只是与二弟及客人日夜痛饮，人们失望了，韩愈的《争臣论》正是这种失望的一个反映。

韩愈年纪轻、地位低，阳城年长、地位高。韩愈这种指名道姓的批评实为不易，颇有点孟子所表彰的“大丈夫”的精神。但也应该看到文中还是运用了一些行文技巧的，显得不那么咄咄逼人。此文不直接指向阳城，而是“因问而论，因辩而论”。第一问就什么是“有道之士”论辩,它的高标准是什么?底线是什么?以此展开论述。意在表明不是专为指责阳城,是儒者都应该遵循这个标准。其次是把阳城可能自辩的话头都拿出来一一加以批驳,使其处在无可自辩之地。其三还是以二圣(大禹、孔子)一贤(墨子)之道期待阳城。不过阳城还是位敢言之士,当贤相陆贽被奸臣陷害,此时“上怒未解,中外惴恐,以为罪且不测,无敢救者。城闻而起曰:‘不可令天子信用奸臣,杀无罪人’”。于是,他与几位言官守住延英门,上书论救,并扬言,如果写出任命裴延龄为相的文件他就撕毁。这一举动,使得皇帝大怒,可是激起京城人士的拥护与欢呼。一位八十多岁的金吾老将军张万福说:“朝廷有直臣,天下必太平矣。”(《资治通鉴》卷二三五)可见当时人们对直臣的期待。但德宗受不了阳城的直言,改官国子司业,后阳城再直言,贬出长安,发到岭南去了。 (王学泰)

太学生[1]何蕃传

太学生何蕃,入太学者廿余年矣。岁举进士,学成行尊,自太学诸生推颂不敢与蕃齿[2],相与言于助教[3]、博士[4],助教、博士以状申于司业[5]、祭酒[6],司业、祭酒撰次蕃之群行焯焯[7]者数十余事,以之升于礼部[8],而以闻于天子。京师诸生以荐蕃名文说者不可选纪。公卿大夫知蕃者比肩立,莫为礼部。为礼部者,率蕃所不合者。以是无成功。

蕃,淮南人,父母具全。初入太学,岁率一归,父母止之。其后间一二岁乃一归,又止之。不归者五岁矣。蕃,纯孝人也,闵亲之老不自克。一日,揖诸生,归养于和州。诸生不能止,乃闭蕃空舍中。于是太学六馆之士百余人,又以蕃之义行言于司业阳先生城[9],请谕留蕃。于是太学阙祭酒,会阳先生出道州[10],不果留。

欧阳詹[11]生言曰:“蕃,仁勇人也。”或者曰:“蕃居太学,诸生不为非义,葬死者之无归,哀其孤而字焉,惠之大小必以力复,斯其所谓仁欤!蕃之力不任其体,其貌不任其心,吾不知其勇也。”欧阳詹生曰:“朱泚[12]之乱,太学诸生举将从之,来请起蕃,蕃正色叱之,六馆之士不从乱,兹非其勇欤!”

惜乎！蕃之居下，其可以施于人者不流也。譬之水，其为泽，不为川乎！川者高，泽者卑，高者流，卑者止。是故蕃之仁义，充诸心，行诸太学，积者多，施者不遐也。天将雨，水气上，无择于川泽涧溪之高下，然则泽之道，其亦有施乎！抑有待于彼者欤！故凡贫贱之士必有待，然后能有所立，独何蕃欤！吾是以言之，无亦使其无传焉。

〔注〕 ① 太学生：太学的学生。唐代国子监下属六学，除太学外，尚有国子、四门、律、书、算五学。 ② 齿：相齿，相提并论。 ③ 助教：太学教学官员，从七品上。 ④ 博士：太学教学官员，正六品上。 ⑤ 司业：教学管理官员，从四品下。 ⑥ 祭酒：教学管理人员，从三品。 ⑦ 焯(zhuó)焯：显著，突出。 ⑧ 礼部：唐尚书省六部之一，掌管礼仪、祭享、贡举事务。唐代知识分子由读书而考试进入仕途，由礼部经管。 ⑨ 阳先生城：阳城，中唐著名大臣，历任谏议大夫、国子司业、道州刺史。 ⑩ 道州：今湖南道县。 ⑪ 欧阳詹：字行周，今福建晋江人。与韩愈、李观等同榜进士，人称“龙虎榜”。曾任国子监四门助教。 ⑫ 朱泚(cǐ)：唐代藩镇割据中著名人物。德宗李适时，一度趁藩镇作乱，自称皇帝，被李晟平息。

韩愈一贯以为，要改善中唐政治状况，在思想上要崇尚儒家社会政治伦理，批判、抵制与儒学意识形态相敌对的意识形态。在朝廷的操作程序上要积极选拔忠于儒学社会政治理想的品学兼优的人才。韩愈一生为此奋斗，坚持不懈。就推荐人才而言，他几乎不遗余力。推介太学生何蕃是其中一例。

《太学生何蕃传》李汉编入书牍类(参见童第德《韩愈文选》)，而朱熹以为“当作传”(同上)，于是世人有书、传是非及书传合一的高妙之论。其实，大家作文，高屋建瓴，以达意为目的，文无定法，出手皆高是他们的特色。必论书、传，那么韩愈的《太学生何蕃传》则是亦书亦传，亦非书非传。是所谓自成机杼，别出心裁，非恪遵绳墨，墨守成规者可同日而语也。

全文分成四段。第一段先声夺人，广泛引述学政两界人士对何蕃的重视和奖誉。未见其人，先见其社会影响。但是，说影响却重在不为当局任用，引人注目，发人深思。太学生何蕃入太学二十年，年年参加考进士，其人又学有成而品行高尚，却考不中，进不了政治棋局，令人纳闷。如果说这是何蕃在太学二十年的考试窘况，那么，这种窘况是大多数太学生共同的。何蕃的出类拔萃之处在于：一、“自太学诸生推颂不敢与蕃齿，相与言于助教、博士”。这足见何蕃在太学中的影响。太学被举荐的学生都不能与何蕃相提并论，并自以为不如何蕃，于是联名向助教、博士推说何蕃。古往今来，竞争的规则是抑制对手，推举自己。而太学生在与何蕃的竞争中却反常，自认与何蕃不可同日而语，抑制自己，推举何蕃,可见何蕃不是一般的出乎其类,拔乎其萃。二、“助教、博士以状申于司业、祭酒”。三、“司业、祭酒撰次蕃之群行焯焯者数十余事,以之升于礼部”。四、“以闻于天子”。前三项中的推荐方式不同,太学诸生以“相与言”的方式,共同向助教、博士口诉何蕃人格德行。助教博士以文书申报给上级司业和祭酒。而司业和祭酒则“撰次蕃之群行焯焯者数十余事”,以呈报给礼部。三者之间,层层递进,一个比一个郑重,一个比一个严肃,一个比一个更有分量,一个比一个似乎更有希望。特别是上报给礼部的主持人司业和祭酒,撰写、编辑数十事,此数十事皆“焯焯”,特别突出,闪耀光辉。到了第四步,“以闻于天子”时,与前三步不同,少了主语。前三者是太学生给助教博士,助教博士给司业祭酒,司业祭酒给礼部,这第四步该是“礼部以闻于天子”,而韩愈却省了“礼部”这个大块头。这是韩愈文心的极细微处。一是为下文“为礼部者,率蕃所不合者”伏笔。蕃不与礼部“合”,韩愈自以为自己也不被礼部重视,略“礼部”二字。于是乎作者、读者都浮想联翩:礼部上报天子没有?若上报,这奏折是何等文法?……五、“京师诸生以荐蕃名文说者不可选纪”。唐代学制,中央学校有六,除太学外,尚有国子学、四门学、律学、书学、算学五个学校。这“京师诸生”应当是太学以外的五校的学生。京都学子以荐举何蕃为标题而作的文章不计其数。可见何蕃不仅于太学有影响,在整个学界也有巨大的影响。文、说皆文体。選通算(从童第德说)。如此,则将何蕃的声誉推向高峰。最后一个层次急转直下:“公卿大夫知蕃者比肩立,莫为礼部。为礼部者,率蕃所不合者。以是无成功。”质言之,了解、推许何蕃的人都不处于关键位子。从公卿大夫比肩立到“莫为礼部”,将蓄足的文气一下子放掉,让人无可奈何!渴望有成的人结果无成,不仅无奈,而且伤感!

这种铺天盖地的造势,自然使读者急切想知道何蕃的究竟。于是乎第二段正面介绍何蕃,顺理成章。何蕃,我们知之甚少,大概是和州(今安徽和县)人,唐属淮南道。称其大,不称其小,和文章关系甚密的是“父母具全”。这“父母具全”有两个用意,一是给何蕃尽孝的机会,二是给何蕃仕进压力。一要尽孝,当岁岁归养,看视,问安;二要光耀父母,光耀门庭。这就是“初入太学,岁率一归,父母止之。其后间一二岁乃一归,又止之。不归者五岁矣”的背景。归是孝,不归是为仕进,也是孝。归与止是相互对立的行为,这种对立的背景是社会的功利和家族的功利,而何蕃就处在这种价值观念的矛盾之中。矛盾的结果是放弃太学,归养和州。突出“蕃,纯孝人也”。“孝”在封建社会被认为是“齐家”“治国”的基础,许多封建时代帝王都打着以“孝”治天下的旗帜。所以韩愈以为何蕃“纯孝”是一大特点,特别值得重视。怀念父母之情而不能自我克制,于是揖诸生,归养和州。

于是发生挽留何蕃，不让他回家归养父母事。韩愈于此事写得极细致，用意甚深。先是诸生将何蕃关在空房中不让走，并且特别标明“六馆之士百余人”强行挽留。随后又以何蕃之“义行”告诉阳城。阳城是司业，又是一代直臣，当请留蕃。结果适逢阳城出任道州刺史，祭酒又缺位，“不果留”。何蕃还是“归养和州”，离开了太学，放弃了仕途。为什么韩愈如此细写？一是强调何蕃“纯孝”，反复强化。“孝”笃，则人的最根本的立世就有了基础。其次，太学六馆百余人挽留，又请阳城，阳城又外调，又无祭酒，太学之士无援，何蕃亦无援，韩愈亦无援，心有所感。其三，太学六馆之士，咸以为何蕃是国家栋梁，放弃仕途于社会、国家不利，同样，于个人，于家庭，亦十分遗憾。是不是如此？第三段提高视野，再一次审视何蕃，证明何蕃不被世用，令人纳闷和伤感。

第三段开头借欧阳詹之口，指出何蕃是“仁勇人也”。因为“孝”虽是治理社会的基础道德，却不是社会运作的伦理。社会性伦理较为重要的，也是何蕃力行的是“仁”与“勇”。韩愈借“或者”之口说何蕃之“仁”。或者，有的人，泛称。于太学诸生中，何蕃“不为非义”。像“葬死者之无归”，当然是“仁”。“哀其孤而字焉”，也是“仁”，“惠之大小必以力复”，更是“仁”。儒家主张仁政，孔子力倡仁，韩愈说“博爱之谓仁”（《原道》）。何蕃的不为非义，葬无家可归之死者，同情无父孤儿而养育他，受惠不拘大小，要尽力回报，这就是“仁”，虽不惊天动地，却也符合博爱的含意。“字”就是“养”。需要指出的是，第一段写何蕃，可以说是大张旗鼓，这第三段的“仁”似乎降低了调门。用了先抑后扬的笔法，写仁的低调为写“勇”的高调蓄势。整个行文收纵自如，摇曳多姿。在写“勇”上，再借“或者”之口，称何蕃“力不任其体”，“貌不任其心”，体弱不胜任力，貌弱不胜任雄心。这当然是常人之见。所以，韩愈借欧阳詹之口，回答“或者”之说。朱泚之乱，惊扰京城，唐德宗仓皇出走，太学诸生至有欲从朱泚者，何蕃正色叱之，“六馆之士不从乱”。这正是大难当头，临危不惧，此“勇”，乃镇国安邦之大勇，非斗气力之匹夫小勇。前边的“或者”之说相形见绌，不可同日而语。“兹非其勇欤”——何等气势！先仁后勇，一段之中，变化多端。无怪乎桐城方苞称为“澹宕处，绝类史公”（转引自马其昶《韩昌黎父集校注》卷二）。行文至此，韩愈将何蕃人格、作为交待完毕，剩下的则是自己的感想与议论。

此文作于贞元十五年（799）冬，韩愈由徐州张建封幕府赴京朝正，欧阳詹要求任命韩愈为博士。唐人重京官轻外任，韩愈也有不遇之憾。何蕃不遇，心有戚戚，自然要议论，这就是第四段。本段的核心是“贫贱之士必有待，然后能有所立”。为了发挥“抑有待”“必有待”的思想，韩愈以自然现象作比喻。他说何蕃地位低下，他的孝、义、仁、勇不能传播扩散，就像水为泽不为川，川高水流，泽低水不流。何蕃的高行道德只能存于心，行于太学。但是希望是有的，一旦天将雨，泽中水气上升，则无论川泽涧溪，都会承受泽中水气形成的雨水，“泽之道”“有施”之机。何蕃大概是“有待”那个机会吧！引申一步，“凡贫贱之士必有待，然后能有所立”，在农耕社会文化中，贫贱之士必有待，才能成功，有一定的道理。所以韩愈推而广之，说不仅仅是何蕃一个人。言外之意是韩愈亦在“有待”。为此，他要使因何蕃而引出的道理传流后世。其实，在农耕社会条件下，人才非常不易拔出其类。有考试之前，且不必说；有考试后，种种社会因素的干扰，才能之士受压抑被埋没的，比比皆是。“有待”而成的为数甚少。时至今日，则只有竞争，不能“有待”，即使“有待”，那也只是相对的，而竞争则是绝对的。因此，前人过分重视“有待”，是应该分析的。不过，就韩文而言，《太学生何蕃传》纵横跌宕，起伏有致，行文别具风采，令人叹赏。 （汤贵仁）

与孟东野书

与足下别久矣，以吾心之思足下，知足下悬悬[①]于吾也。各以事牵，不可合并[②]，其于人人[③]，非足下之为见[④]，而日与之处，足下知吾心乐否也。吾言之而听者谁欤，吾唱之而和者[⑤]谁欤！言无听也，唱无和也，独行而无徒[⑥]也，是非无所与同也，足下知吾心乐否也。足下才高气清[⑦]，行古道，处今世，无田而衣食[⑧]，事亲左右无违[⑨]，足下之用心勤矣，足下之处身劳且苦矣，混混与世相浊[⑩]，独其心追古人而从之，足下之道，其使吾悲也。

去年春，脱汴州之乱[⑪]，幸不死，无所于归[⑫]，遂来于此[⑬]。主人[⑭]与吾有故，哀其穷，居吾于符离睢上[⑮]。及秋，将辞去，因被留以职事[⑯]，默默在此，行一年矣。到今年秋，聊复辞去。江湖余乐也[⑰]，与足下终[⑱]，幸矣。

李习之[⑲]娶吾亡兄[⑳]之女，期在后月，朝夕当来此。张籍[㉑]在和州[㉒]居丧[㉓]，家甚贫。恐足下不知，故具此白，冀足下一来相视也。自彼[㉔]至此虽远，要皆舟行可至，速图之，吾之望也。春且尽，时气向热，惟侍奉吉庆[㉕]。愈眼疾比剧[㉖]，甚无聊，不复一一。愈再拜。

〔注〕 ① 悬：挂念，放心不下。 ② 各以事牵，不可合并：各自为生计所牵累，不能同在一处。 ③ 人人：一般人，众人。 ④ 非足下之为见：所见者都不是像你这样的人。这是倒装句。 ⑤ 吾唱之而和者：指做诗唱和。 ⑥ 独行而无徒：只我一人，没有同伴。说明"道不同不相为谋"的意思。徒，同"伙"。 ⑦ 才高气清：才能杰出，神气清明。 ⑧ 无田而衣食：没有田地可耕种，而能谋取衣食生计。指孟郊靠做文章游幕为生。 ⑨ 无违：顺从父母的意思。 ⑩ 混混与世相浊：指在浑浊中与世人共处，是委曲周旋的意思。混混，浑浊。 ⑪ 脱汴州之乱：贞元十五年二月，驻在汴州的宣武军节度使董晋死了，韩愈随着灵柩离开那里，才走了四天，汴州的军士就把留后的陆长源杀了。韩愈幸而脱难。汴州，今河南开封。 ⑫ 无所于归：没有地方可去。所，处所。于，往。 ⑬ 此：指徐州。 ⑭ 主人：指当时驻在徐州的徐泗濠节度使张建封。 ⑮ 符离睢(suī)上：符离，治今安徽宿州市东北。睢，古水名，今河南睢县以上，下游在安徽萧县、宿州市等地，入于淮水。睢上，睢水的旁边。 ⑯ 因被留以职事：指张建封委任韩愈为节度推官。 ⑰ 江湖余乐也：江湖指闲放之地，引申为弃官退隐。 ⑱ 与足下终：和孟郊相伴终老。 ⑲ 李习之：名翱，曾从韩愈学习古文，有《李文公集》。 ⑳ 亡兄：指已故去的从兄韩弇。 ㉑ 张籍：字文昌，曾任水部员外郎，故人称"张水部"。曾从韩愈学诗，有《张司业集》。 ㉒ 和州：今安徽省和县。 ㉓ 居丧：谓尊亲亡殁，守丧家居。 ㉔ 彼：指当时孟郊所居之处，孟郊当时在常州。 ㉕ 侍奉吉庆：侍奉，指孟郊奉养老母。吉庆，祝福孟郊老母吉祥如意。 ㉖ 眼疾比剧：眼病近来加重。

这封信写于贞元十六年(800)三月，当时韩愈在徐州节度使张建封幕下。孟郊于一年前离开汴州南归，时在常州(今江苏常州)。这时韩愈三十三岁，孟郊五十岁，孟郊虽长韩愈十七岁，但两人志趣相投，友谊深厚，而且诗风也相近，世称"韩孟"。

书信是常用的一种应用文，很早就成为我国古代文章中的重要文体。历代的作家文士，都很重视书信的写作。作为一代散文大师，韩愈在书信这种文体的创作上也有着非常高的成就和独特的风格。韩愈的书信，内容广泛，形式多样。在他的书信中，或议论时政，或讨论学术，或批评诗文，或传授学业，或抒写遭际，或劝谕亲朋，吐露真情，发表见解，往往发自肺腑，言之有物。他的书信，针对不同对象，因人陈词，一篇有一篇的结构和特色，措辞造语立意，极尽变化之能事，具有很高的艺术性。《与孟东野书》《答李翊书》《三上宰相书》等，均是他书信体散文的名篇。

本篇写得短小精悍，抒发了挚友间的深切思念之情，全文仅二百二十四个字，分为三个自然段。第一段写二人之间的深厚友谊，彼此的思念随着分别日久而愈深。在这一段中，慨叹"言无听也，唱无和也，独行而无徒也"，是说自己的见解和主张，没有人能理解和响应，反衬出只有孟郊和他的心是相通的。没有知音，形成一种难言的孤独感，这种孤独感既是韩愈的，也是孟郊的。在当时社会中不被知遇的知识分子都有相似的处境，相似的感情。这一段中还盛赞孟郊“混混与世相浊，独其心追古人而从之”的高尚品格，其实也是韩愈的自况，这也是两人成为至交的思想基础。本段最后落脚于：“足下之道，其使吾悲也”。林纾在《韩柳文研究法·韩文研究法》中说：“昌黎怀才不遇，间有人叩以文章，则昌黎报书，其语必与仕进相关系。其《与孟东野书》，说到自己，着眼在一‘乐’字；说到东野，着眼在一‘悲’字。言无倡所以无和；倡无和，所以独行；身既独行，则当世之是非，遂不为一己之是非。且不说到‘道’字，而抱道自高，不为时赏，又胡能言乐？矧东野之行古道，当更不宜于今世。明明为道悲，偏言为东野悲。悲东野之道不行，即悲己之道不行。寄‘道’字于东野身上，因东野而自悲，分外尤见亲密。”林纾这段话说得十分透辟，韩愈为孟郊感到悲哀，主要不是为个人的处境，而是为孟郊行古道，不合时宜，所以是悲孟郊之道不行，而实际上是悲自己的道行不通。孟郊其人，孟郊之道，自己之道，三位一体，紧密联系，从中更加看出他们同处境、共命运的亲密关系。

第二自然段叙写一年来自己的处境。韩愈在徐州幕中，不大得意，所以信中有“默默在此，行一年矣”的话。同是天涯沦落人，两人都不得意，所以有共同语言。“江湖余乐也，与足下终，幸矣。”表示自己最大的愿望就是归隐不出，以泛舟渔钓自乐，和孟郊相伴终老。孟郊居湖州，乃是水乡，故韩愈以此为言。储欣《唐宋八大家类选》卷八说：“己之所处，足使东野悲；东野之道，足使己悲。惟共老江湖，则不悲而乐且幸矣。韩、孟贤而不遇，故其书如此。读之令人流涕。”这就是说在封建时代像韩愈、孟郊这样的贤士，他们没有遇到明主，空怀治国平天下的大志却没有施展抱负的舞台，只有弄管退隐，相伴终老江湖，这样才是苦中作乐，而且是幸运的。想一想像韩、孟一类的封建文人，动辄得罪，寄人篱下，有话无人说，有志不得申，其处境确实很是悲惨，难怪储欣说要洒一掬同情之泪了。

第三自然段，叙述自己与一些友人的近况，由于两人是道同志合的挚友，因此亟想会晤共诉衷肠。林云铭《韩文起》卷三说：“人生知己，最难相遇，即相遇亦不能同在一方。若同在，贫贱寥落，尤可悲也。公诗与东野唱和联句最多。愿化为云龙，上下四方相逐，则其交情非他人可比矣。考公少东野十六岁，想定交在先；翱、籍二人以同学为文，遂为两家姻戚。其《送东野序》亦带叙二人在内，盖以此也。张徐州非知公者，其从事皆非孟比，益难与为伍。江湖之乐，有激而谈，细读是书自见。”韩、孟两人不但是道义之交，也是文字之交，《韩集》中载有联句十一首，有九首是同孟郊唱和之作，最长的一首，共一百五十三韵，一千五百三十字。韩愈另有《送孟东野序》《贞曜先生墓志铭》，都是至情流露的文章。

有的研究者提出，韩愈散文之所以能深入人心，情韵不匮，主要在于他以诗为文，认为以诗为文给他的散文创作开拓了广阔的新天地，并大大加速了散文创作发展与提高的步伐。这篇《与孟东野书》则是以诗为文的一个范例。作为写给自己好友的一封普通书信，为什么能成为古代散文名篇？就在于短短的一封信中字里行间无不洋溢着诗的情趣，呈现出诗的风采，扣人心弦，感人肺腑，读起来俨如一首具有强烈感染力的抒情诗。

这封信文字诚恳朴实，不多加修饰，不用一难字，是属于文从字顺一类的作品。曾国藩《求阙斋读书录》卷十中评此文"真气足以动千岁下之人，韩公书札不甚经意者，其文尤至"(《求阙斋读书录》卷八《韩昌黎集》)，此话并非虚言。

鲁迅说过："从作家的日记或尺牍上，往往能得到比看他的作品更其明确的意见，也就是他自己的简洁的注释。"因为书信与文章比，"究竟较近于真实"(孔另境编《当代文人尺牍钞·序》，生活书店，1936年版)。这在给知心朋友的信中，表现得尤为明显，从中可以较真实地看到作者在某一时期的处境与心情。《与孟东野书》就是这样一封信。

(诸天寅)

上兵部李侍郎书①

愈少鄙钝，于时事都不通晓，家贫不足以自活，应举觅官，凡二十年矣②。薄命不幸，动遭谗谤，进寸退尺，卒无所成。性本好文学③，因困厄悲愁无所告语，遂得究穷于经传史记百家之说，沉潜④乎训义，反复乎句读，砻磨⑤乎事业，而奋发乎文章。凡自唐虞已来，编简⑥所存，大之为河海，高之为山岳，明之为日月，幽之为鬼神，纤之为珠玑华实⑦，变之为雷霆风雨，奇辞奥旨⑧，靡不通达。惟是鄙钝不通晓于时事，学成而道益穷，年老而智益困，私自怜悼，悔其初心，发秃齿豁⑨，不见知己。

夫牛角之歌，辞鄙而义拙⑩；堂下之言，不书于传记⑪。齐桓举以相国⑫，叔向携手以上⑬，然则非言之难为，听而识之者难遇也！

伏以阁下内仁而外义，行高而德巨⑭，尚贤而与能，哀穷而悼屈，自江而西，既化而行矣⑮。今者入守内职⑯，为朝廷大臣，当天子新即位⑰，汲汲⑱于理化之日，出言举事，宜必施设。

既有听之之明，又有振之之力，宁戚之歌，鬷明之言，不发于左右，则后而失其时矣。[19]

谨献旧文一卷，扶树教道[20]，有所明白；南行诗一卷，舒忧娱悲[21]，杂以瑰怪[22]之言，时俗之好，所以讽于口而听于耳也。如赐览观，亦有可采，干黩[23]严尊，伏增惶恐。愈再拜。

〔注〕 ① 李侍郎：即李巽，赵郡人，《旧唐书》卷七十三有传。贞元二十一年(805)初顺宗即位，他由江州刺史、江西观察使入为兵部侍郎。宪宗即位后，韩愈自阳山令移官江陵府法曹参军，很失望，故上此书干谒，希望得到李巽的提携帮助。 ② 凡二十年矣：韩愈贞元二年(786)入京，至永贞元年(805)，共二十年。 ③ 文学：范围比今天的文学概念要大，包括诗、赋、文章等，是一个文化学术的概念。 ④ 沉潜：沉入其中仔细玩味。 ⑤ 砻(lóng)磨：磨砺。 ⑥ 编简：古代文献。因为在纸张发明之前，古代书籍全写在竹简上，再用牛编绳索串起来，故称。 ⑦ 珠玑华实：圆的称“珠”，不圆的称“玑”。华，同“花”。实，果实。 ⑧ 奇辞奥旨：指语言奇异，含蕴深奥。 ⑨ 发秃齿豁：头发掉了，牙齿落了，形容面容衰老之状。 ⑩ 夫牛角之歌，辞鄙而义拙：宁戚扣着牛角所唱的歌辞鄙野少文采，而意义也比较粗拙。用齐桓公赏知宁戚故事。春秋时卫人宁戚想干谒齐桓公，穷困无以自达，只好去经商。有一天到了齐国，正在东门外给牛喂食，扣牛角而歌。齐桓公听到歌声，非常惊奇，于是载于车后，并举以为相。 ⑪ 堂下之言，不书于传记：用叔向赏知鬷(zōng)蔑事。《左传·昭公二十八年》：“叔向适郑，鬷蔑(即鬷明)恶(貌丑)，欲观叔向，从使之收器者，而往立于堂下，一言而善。叔向将饮酒，闻之，曰：‘必鬷明也！’下，执其手以上。” ⑫ 齐桓举以相国：齐桓公举宁戚一个商贩为宰相。 ⑬ 叔向携手以上：叔向对面容丑陋而有一善言的鬷明谦恭下礼。 ⑭ 德巨：即巨德，德高之意。 ⑮“尚贤而与能”四句：称赞李巽在江西观察使任上的德政。 ⑯ 内职：指到朝廷担任兵部侍郎，皇帝的侍卫之臣。兵部，旧时六部之一，主管中央及地方武官的选用、考查，以及有关兵籍、军械、军令等事宜。侍郎为长官副职。 ⑰ 当天子新即位：指宪宗李纯于顺宗永贞元年八月即皇帝位，改元“元和”。 ⑱ 汲汲：努力追求。 ⑲“既有听之之明”六句：以宁戚、鬷明自喻，以齐桓公、叔向喻李巽。左右，谓李巽，因示尊敬故说“左右”。⑳ 扶树教道：指所献旧文扶持树立儒家的道统和教化，这是韩愈一生致力追求的最高目标。㉑ 舒忧娱悲：即通过诗歌来抒发表达自己的忧患和内心悲愤。舒、娱，均指抒发、表达之意。㉒ 瑰怪：雄奇怪异。 ㉓ 干黩(dú)：冒犯。

永贞元年(805)，韩愈由阳山令迁江陵法曹参军，心中很是失望。顺宗初即位(805年正月)时赵郡人李巽由江州刺史、江西观察使入为兵部侍郎。到宪宗即位(805年8月)后，李巽因为善于理财，又深得宪宗倚重。因此韩愈上书干谒，希望得到提携帮助。

这封书信中，韩愈谈了自己的身世遭际和刻苦治学的经历以及诗文风格特点，一直是研究韩愈生平及思想和创作的重要资料。首先，作者陈述自己因为“家贫不足以自活”，才“应举觅官”。韩愈是贞元二年(786)入京应举，到贞元八年才中进士,后来三试于吏部都没有成功,只得转徙于幕府之间,到贞元十九年才入朝任监察御史,任职仅三个月,就因上《天旱人饥状》得罪权臣,被贬阳山令,直到写此信时头尾约二十年。他所说的“薄命不幸,动遭谗谤,进寸退尺,卒无所成”,就是对这些年仕途辛酸的真切概括,这一切都因为他“于时事都不通晓”。这“不通晓”一方面是真切的老实话,韩愈确实不善于察时识势;另一方面也正标示了他耿性正直、不阿谀逢迎的品质。然而仕途的蹭蹬挫折却成就了他的学问文章。他因此得以深入细致刻苦自律地“究穷于经传史记百家之说,沉潜乎训义,反复乎句读,砻磨乎事业,而奋发乎文章”。这里的“文章”,范围比今天的文学概念要大,包括诗、赋、史传、经典等,是一个文化学术的概念。正是对这些“文章”的反复揣摩、穷根深究、涵溶吟咏,才形成他那渊博无涯涘的学问。他的阅读范围极宽广,又没有思想意识方面的藩篱束缚,所以达到了“大之为河海,高之为山岳,明之为日月,幽之为鬼神,纤之为珠玑华实,变之为雷霆风雨,奇辞奥旨,靡不通达”的学问极境。这不仅仅是自我炫耀的夸饰之词,事实上韩愈也确实达到了这样的学术境界。然而由于“不通晓于时事”,这样的学问成就带来的反而是道穷智困,以致到了“发秃齿豁,不见知己”的尴尬境地,真是令人愤懑又令人酸鼻。可惜在当时的历史情境下,韩愈再次错误地估计了形势,朝廷所需要、李巽所看重的并不是这样的道德文章,而是理财聚敛的才能,看李巽推荐起用因“永贞革新”而贬郴州司马的程异就是典型的例证。从某种意义上讲,韩愈的这封信除了真诚地袒露自己的思想性格、学术追求之外,对仕途是不会有什么切实的帮助的。

接下来,作者举引古代齐桓公赏知宁戚和叔向赏知鬷明的故事,深慨“非言之难为,听而识之者难遇”,即认为自己具有千里马的材质,而难以遇上伯乐这样的识马人。一方面含蓄地抒发了怀才不遇之悲;另一方面也存有被人垂怜赏识之望,希望李巽就是那位有明眼慧识的“伯乐”。因此对李巽的德行作了一番夸赞,说他“内仁而外义,行高而德巨,尚贤而与能,哀穷而悼屈,自江而西,既化而行”,不无夸大之词。据《旧唐书·李巽传》,李在任江西观察使期间确实表现了出色的吏才,“持下以法,吏不敢欺,而动必察之”,而他最大的才能还在于聚敛理财,故深得顺宗、宪宗的重用。从他推荐起用罪党程异来看,也是有相当识力的,但史传中还记载他“性强狠狡恶,忌刻颇甚”,并在贞元期间“乘德宗之怒,谋杀窦参,人皆冤之”,这些本是韩愈应该知道的,但还是向他上书求援,足见韩愈当时是希求汲引之心太切。故他所期许的“宁戚之歌,鬷明之言,不发于左右,则后而失其时”的愿望最终是要落空的。

最后一节韩愈陈述了自己的人生理想和诗文风格特征。他所有的创作都紧紧围绕"扶树教道"来进行，即力求恢复儒家的文统和道统，要"障百川而东之，回狂澜于既倒"(《进学解》)，并自负地说"孟子不能救之于未亡之前，而韩愈乃欲全之于已坏之后"(《与孟尚书书》)。可以看出韩愈一生行事的最高准则，体现了古代士人可贵的历史使命感。至于自己作品的风格，则是不局限于陈陈相因的模拟，而是"舒忧娱悲，杂以瑰怪之言"，那是说通过诗歌来抒发表达自己的忧患和内心悲愤，并时有"感激怨怼奇怪之辞"(《上宰相书》)，因此表现出雄奇险怪、刚毅卓杰、雷奔电发、气势磅礴的风格，与平庸软懦的诗风和靡丽藻饰的文风形成鲜明的对照。并希望李巽能够予以观览，这又进一步体现出韩愈性格中"迂直"的一面，真是识高而用低，这样岂不是明珠投暗！李巽决不是那位真正的识玉者，虽然韩愈抱着荆山之璞，宜其不为荐引也。从这里可以看到韩愈人生中悲剧性的一面，千载之后读之，仍不免为之泣涕。(吴振华)

后廿九日[1]复上宰相[2]书

三月十六日，前乡贡进士[3]韩愈，谨再拜言相公阁下：

愈闻周公[4]之为辅相[5]，其急于见贤也，方一食三吐其哺[6]，方一沐三捉[7]其发。当是时，天下之贤才皆已举用，奸邪谗佞欺负之徒皆已除去，四海皆已无虞[8]，九夷八蛮[9]之在荒服[10]之外者皆已宾贡[11]，天灾时变、昆虫草木之妖皆已销息，天下之所谓礼乐刑政教化之具[12]皆已修理[13]，风俗皆已敦厚，动植之物、风雨霜露之所沾被[14]者皆已得宜，休征嘉瑞[15]麟凤龟龙之属皆已备至。而周公以圣人之才，凭叔父之亲，其所辅理[16]承化[17]之功又尽章章[18]如是，其所求进见之士，岂复有贤于周公者哉？不惟不贤于周公而已，岂复有贤于时百执事[19]者哉？岂复有所计议能补于周公之化者哉？然而周公求之如此其急，惟恐耳目有所不闻见，思虑有所未及，以负成王托周公之意，不得于天下之心。如周公之心，设使其时辅理承化之功未尽章章如是，而非圣人之才，而无叔父之亲，则将不暇食与沐矣，岂特吐哺捉发为勤而止哉？维其如是，故于今颂成王之德，而称周公之功不衰。

今阁下为辅相亦近[20]耳。天下之贤才岂尽举用？奸邪谗佞欺负之徒岂尽除去？四海岂尽无虞？九夷八蛮之在荒服之外者，岂尽宾贡？天灾时变，昆虫草木之妖，岂尽销息？天下之所谓礼乐刑政教化之具，岂尽修理？风俗岂尽敦厚？动植之物，风雨霜露之所沾被者，岂尽得宜？休征嘉瑞麟凤龟龙之属，岂尽备至？其所求进见之士，虽不足以希望盛德[21]，至比于百执事，岂尽出其下哉？其所称说，岂尽无所补哉？今虽不能如周公吐哺捉发，亦宜引而进之，察其所以而去就[22]之，不宜默默而已也。

愈之待命四十余日[23]矣，书再上而志不得通，足三及门而阍人[24]辞焉，惟其昏愚不知逃遁，故复有周公之说焉，阁下其亦察之！古之士，三月不仕则相吊[25]，故出疆必载质[26]。然所以重[27]于自进者，以其于周不可，则去之鲁；于鲁不可，则去之齐；于齐不可，则去之宋、之郑、之秦、之楚也。今天下一君，四海一国，舍乎此则夷狄矣！去父母之邦矣！故士之行道者，不得于朝，则山林而已矣。山林者，士之所独善自养[28]，而不忧天下者之所能安也；如有忧天下之心，则不能矣。故愈每自进而不知愧焉，书亟[29]上，足数及门而不知止焉。宁独如此而已，惴惴焉惟不得出大贤之门下是惧，亦惟少垂察焉。渎冒[30]威尊，惶恐无已！愈再拜。

〔注〕 ① 后廿九日：指在第二次上宰相书（二月十六日）以后二十九天。 ② 宰相：时任宰相者为赵憬、贾耽、卢迈。 ③ 前乡贡进士：唐代举子进士及第、经过吏部关试（获得春关牒的考试）、领到春关牒（证明进士及第的文书，也是冬集铨选的资格证书）者，称前乡贡进士或前进士。 ④ 周公：西周初年政治家。姬姓，名旦，亦称叔旦。因封地在周（今陕西岐山北），故称周公。他是周武王的弟弟，周成王的叔叔。武王去世，成王年幼，由他辅佐，摄理政事。 ⑤ 辅相：相当于后来的宰相，或谓宰相之称沿辅相而来。 ⑥ 哺：口中含嚼的食物。周公事见《史记·鲁周公世家》。周公之子伯禽封于鲁，周公戒之曰："我一沐三捉发，一饭三吐哺，起以待士，犹恐失天下之贤人。" ⑦ 捉：握。 ⑧ 无虞：无复可预测之事。谢枋得《文章轨范》注谓"虞，度也，无虞，言无复可虞度之事"。一说，无虞，没有忧患。 ⑨ 九夷八蛮：泛指东方、南方少数民族政权。九夷，《后汉书·东夷传》说："夷有九种，曰：畎夷、於夷、方夷、黄夷、白夷、赤夷、玄夷、风夷、阳夷。"八蛮，李巡《〈尔雅〉注》谓一天竺，二咳首，三僬侥，四跂踵，五穿胸，六儋耳，七狗轵，八旁春。 ⑩ 荒服：九州以外之地称荒服。一说"离王畿二千里至二千五百里

之地谓之荒服”(《禹贡》)。 ⑪ 宾贡：宾服，归顺纳贡。 ⑫ 具：器具，引申为达到某一目的或发挥某种作用的手段、途径。文中“礼乐刑政教化之具”，即指施行礼乐刑政教化的种种规定。 ⑬ 修理：实行，举而行之。过珙《古文评注》注“修理”，言“谓举行也”。 ⑭ 沾被：浸润覆盖，引申为受益、沾光。 ⑮ 休征嘉瑞：吉祥美好的征兆。 ⑯ 辅理：辅助治理。理，治。唐人避高宗讳，治皆作理。 ⑰ 承化：奉承上意推行教化。 ⑱ 章章：明显，显著。⑲ 时百执事：指周公执政时身边供其使令的人员。 ⑳ 近：接近。文中指三宰相在位岁月较周公辅相七年为近。 ㉑ 盛德：大德。 ㉒ 去就：或退或进，均作动词用，去指不用，就指取用。 ㉓ 四十余日：自正月二十七始上书宰相，至上此书时共四十八天。 ㉔ 阍(hūn)人：守门人。 ㉕ 吊：伤痛。 ㉖ 质：同“贽”，执玉帛以见人谓之贽。《孟子·滕文公下》：“古之君子仕乎？孟子曰：仕。《传》曰：‘孔子三月无君，则皇皇如也，出疆必载质。’” ㉗ 重：难。谢枋得《文章轨范》注“重”曰“难也”。 ㉘ 独善自养：出《孟子·尽心上》：“穷则独善其身，达则兼善天下。” ㉙ 亟(qì)：屡次。 ㉚ 渎冒：冒犯。渎，轻慢。

韩愈《后廿九日复上宰相书》，作于唐德宗贞元十一年(795)三月。同年正月、二月，韩愈先后作《上宰相书》《后十九日复上宰相书》上呈时相求仕，结果时相不予理睬，于是韩愈便写了这第三封《上宰相书》。第三次上书和前两次上书一样，都是杳无回音。三次上书宰相未果的经历，对韩愈的求仕之心打击极大，以至于对功名前途有一种绝望感。之所以如此，实与他三次上书宰相求仕的背景有关。

韩愈服膺儒学，求仕用世之心很强，但仕途并不顺利，所谓“四举于礼部乃一得，三选于吏部卒无成”(《上宰相书》)。即在礼部四次参加进士科的考试才进士及第，而三次参加吏部主持的选官考试(韩愈应试的科目为博学宏词科)都没有通过。按唐代铨选制度规定，举子进士及第并不马上授予官职，须回家守选(等候吏部选用)三年，再冬集吏部参加选试，中试者始得官职。也有在守选期间步入仕途的，如陈子昂上书武后，得授麟台正字，杜牧通过制科考试，何扶通过吏部科目考试得官，皆为其例，但为数甚少。对少数人的破例求仕得官，唐代社会舆论则有两种倾向，一是称美其才华、艳羡其机遇，二是不以为然，视其为躁进之举。韩愈贞元八年(792)进士及第后，并没有像一般“前乡贡进士”那样老老实实地回家去守选，而是接连三次参加吏部的科目选考试，结果三试三黜。在这种情况下，他才上书宰相求仕，作最后的一搏，谁知宰相置之不理。这三上宰相书终无望和他的“三选于吏部卒无成”，不但未使韩愈早日入仕，还使他得了个躁进的名声。由于精神上受到双重打击，韩愈离开了京城，而且放弃了年底到吏部正常铨选授官的机会。

对韩愈三篇《上宰相书》的认识，有一点要加以说明。有学者见到前二书中有“其尝所著文，辄采其可者若干首，录在异卷，冀辱赐观焉”，及“向上书及所著文后，待命凡十有九日，不得命”一类的话，便说三书乃为行卷(唐代习尚，应举者在考试前把所作诗文写成卷轴，投于贵显)而作，这一说法值得商榷。其实三书并非为求进士及第而作，亦非为求登科吏部而作，和行卷并无关系。作者上书的目的，是希望宰相直接荐举自己为官。正因如此，时人才说他躁进。若是行卷，自为社会所认可，韩愈也不会感到有那么大的压力。至于他上书宰相求官算不算躁举妄进，更应作具体分析。站在嫉恨者或拘守常规者的立场看，自为躁进无疑；联系韩愈所说“其所不忘于仕进者，亦将小行乎其志耳”(《与卫中行书》)来看，他的急于求仕实为光明磊落之举，反映出他“以道德为己任”(同上)、积极“行道”用世的人生态度。我们对韩愈上书宰相求仕的看法，显然应着眼于后者。

《后廿九日复上宰相书》虽为三上宰相书之一，但由于它写在二上宰相书未果之后，其写法和风格便与前二书大为不同。大抵上第一书带有投石问路性质，故说理言事较为冷静，讲宰相应当举荐自己和自己当被举荐，均反复陈说、纡曲道来，风格近于平和。具体写法则是屡引经文、反复阐述经义说明“长育人材”“教育英材”为宰相之责，而“我”学统正而文才优秀，正堪造就，宰相当举我用我，不应以我“自进”为非。而言相言己，回环往复，近于繁琐。作者上第二书，仍对宰相抱有一线希望，但鉴于第一书说道理而宰相不为之动，故改为陈情以感之，即用一比喻极言自家穷饿之状，大声疾呼，望宰相发仁爱之心施以援手。可谓文气条达而用笔曲折，虽然出语快利，却难掩悲戚之意。韩愈在引经以告、陈情以感都未奏效的情况下再次上书，当然是怨愤多于希冀，故作第三书，挟怒带愤直击之，对宰相责以大义，侃侃而言，无不气壮辞直，在在显出作者倔强傲兀的天性。

当然，韩愈在书中“直击”宰相，并非使性乱道，而是巧占地步，气盛法立。此书写法的高明处，在于借周公来说理。如林希元所言：“以周公来立说，自是压倒人。后面明说当时不如周公，人亦不敢怪。意复婉转，令人都不觉。末虽有求乞之态，要其自处亦甚高。文字开合变化有法度，有气势，有光焰，熟读可发才思，可长文格。”(《正续古文类抄·书类》)林氏所谓“以周公立说”，是讲书中用周公在天下大治之时尚且礼贤下士为比照，来指责宰相在天下并未大治时对“所求进见之士”的默然不理，然后再用古今对比陈说自己何以“自进而不知愧”的原因。周公为儒家圣人、辅相典范，韩愈借他说宰相对“所求进见之士”不予“引而进之”为非，自然有力。由于“立说”高占地步，出言便理直气壮，许多想说但不便明说的话，就可以无所不言，文笔放得开，说得酣畅淋漓，以至不掩锋芒，几乎把一封求援信写成了一篇声讨书。显然，韩愈能将一求援信写得勃勃有生气，除托周公以立说以外，还与他独特的修辞手法有关。细言之，则表现有三。

一是以周公之事和宰相所为反复对说，自然引出对宰相在“求士”方面“不作为”的指责。对说的好处是将两种迥然不同的情况、行为摆在一起，构成鲜明对比，使得孰是孰非一目了然。韩愈言事抒怀常以对说手法行文，所作古文往往气盛言激，不但说事透彻，而且说得带劲，有一股撼动人心的力量。《原毁》《送李愿归盘谷序》即为典型例子。《后廿九日复上宰相书》的主体部分，就是说周公事，说宰相事，正说反说，两相对照，带出作者无限感慨，也显出文势的峥嵘峭直。诚如归有光所言：“文章正说一段议论，复换数字，反说一段，与上相对，作者但觉其精神，不觉其重叠，此文法之巧处。此篇是也。”（《文章指南·文集》）归氏所言，实已涉及此书行文如何对说的问题。所谓“复换数字”只是大而言之，具体讲则应顾及两段议论文字结构的特点。

二是对比作论，两段文字皆用顿跌手法造成文势的开合，而造句方式大体相同。先看第一段。这一段说周公在天下大治时尚能礼贤下士，无论立意还是行文方式都对下段作对比议论有直接影响，故下笔不可苟且。作者当时考虑最多的，应是如何为下段痛责宰相预作布置。文章开篇就摆出周公礼贤的事实，特以“周公”“辅相”“争于见贤”作关键词，一下子就树起了全文“立说”的顶梁柱。下面的议论即以此为基点展开。很明显，作者是怀着礼赞、向往和无限感慨的心态议论周公求贤之事的，故“笔锋常带感情”。对周公急于求贤的颂扬，并不直言其美，而是一再顿跌以凸显其伟大。所谓顿跌，就是行文中先说诸相关事，每说一事，略作停顿，最后跌出结论般的断语。其妙处如江水奔流，因物受阻，暂为停流便使流速变快，由于不断蓄势，一旦夺路下跌，便有惊天动地的威力。文中“当是时”“而周公以圣人之才”和“其所求进见之士”三小段即为三顿，着此三顿是为跌出周公急于求贤的伟大。这是第一段中大的顿跌。第一段行文还有小的顿跌，“不惟不贤于周公而已”以下四句即是，其中前三句实为三顿其词，后一长句对周公争于求贤的称美，是乘前三顿之势“跌”出来的。故何焯说这四句“一路顿跌而下，如怒涛出峡”（《义门读书记》卷三十二《昌黎集》第三卷评语）。

一般来说，行文顿跌有致，很容易带来文势的开合，此书写作利用了这一特点，同时还用到其他手法。一是铺陈议论，展开来说，不断扩展议论空间，使得文势大开。一是陈说中，用相同的字构成众多的排比句，使得文章声势大增。试读第一段中九用“皆已”、三用“岂复有……哉”的两组排比句，我们就有事理奔凑，目不暇接、心不暇思和不断被某种力量撞击的感觉。这种效应的产生，显然与韩愈“文有数句用一类字，所以壮文势、广文义也”（陈骙《文则》）有关。而他选用的同一类字"皆已""岂复有……哉",一从正面作完全肯定,一以反诘语气作肯定,本身就带有情感倾向,当同有此类字眼的排比句出现在文中时,就不但使得文势大开,还会造成情感的倾泻、文气的激荡。

此外,第一段说理之妙还表现在另外两个地方。一即由周公急于求贤的举动说到"周公之心",特意说到假设周公"而非圣人之才,而无叔父之亲",他将更加努力求贤,"岂特吐哺捉发为勤而止哉"。这显然是为下面指责宰相怠于求贤预作准备,但却借进一步赞美周公的方式说出,来得巧妙、自然。二即本段文势的开合,既有大开大合,又有小开小合,甚至在合中又有开合。但无论怎样,有开必有合,故其文势跌荡,有抑扬顿挫之美,而无剽而不留之弊。像"如周公之心"至"称周公之功不衰"一小段,就属于大合中的小开合。其中"维其如是"以前数句可谓文势小开,后数句则为小合。

第二段说宰相事,实与上言周公事反复对说。文势的开合,也与行文的顿跌有关。至于铺陈其事以说理,用同一类字造句作排比,都与上段相似。只是铺陈作论的排比句,均用反诘句式。本来作者说"岂尽"二字就带有慨叹意味,加上连用十一个以"岂尽"构成的句子一路追问到底,故第二段文字文气勃郁,其势则如连珠炮发,在在显出作者的激愤心情。又作者在此段连作十一句停顿语,把文势宕开,直接跌出"今虽不能如周公"云云数句,速将文势聚合,直吐不平之气。亦与上段行文大开大合、大合中有小开合,终有些曲折道来,有所不同。读一、二段,我们还应注意在两段之间起承接作用的一句话,那就是"今阁下为辅相亦近耳"。这句话说得简略,却用意微妙。它不但能在两段文字之间起转折、过渡作用,还隐含作者对时相为官之时与周公相近而急于求贤远不如周公的不满。句中"为辅相亦近耳"数字,余味曲包,简直无可取代。若将全句换为"今阁下如何"或"今阁下不然",较韩愈用语之贴切、意味之深长,显然都大打折扣。我们说此书出语气盛言宜,正表现在这些地方。

三是高占地步,为"自进而不知愧"辩解,借以重申求荐之意。韩愈作书干谒,多是振振有词,文气不弱。奥妙之一,就是说事善于高占地步,而用来高占地步的,往往是"先达之士"和"后进之士"相须、相资的道理。此书不然。它的高占地步,主要是借周公立说。周公急于求贤伟大,贤者"自进"自然可贵。书中第三段说"自进"不愧,即循此思路作论,故意在求人,却无卑谄之语。书中说"重于自进"的理由有三:一即"古之士"云云,是说自己当如"古之士"急于求仁;二即"以其于周不可"云云,是说今天"四海一国",自己不可能像古人那样环游列国以求仕;三即"山林者"云云,是说自己"有忧天下之心",不能遁入山林。三条理由,当以后者最为堂皇。作者将其“书亟上,足数及门而不知止”,都说成是为“忧天下之心”所迫,立论自高。而所谓“有忧天下之心”,实承上言“周公之心”而来,说得在理,且语气平和,接得自然,无刻意标举之嫌,用语不可谓不妙。

从上面分析可知,借周公立说是《后廿九日复上宰相书》艺术上成功的关键所在。吊诡的是,作者上呈其书,宰相仍无“垂察”之意。后人究其原因,说时相实乃凡庸之人,“惜昌黎之书陈义过高,非赵憬、贾耽、卢迈辈所及知,必骇笑为迂滴而置之”(《韩柳文研究法·韩文研究法》)。可见韩愈作文巧于运思,知人进言却未必在行。同时也说明一点:古代颇有艺术特点的文章,不一定就有很强的实用功能。

(熊礼汇)

答李翊[1]书

六月二十六日,愈白,李生足下:

生之书辞甚高,而其问何下而恭也。能如是,谁不欲告生以其道[2]?道德之归也有日矣,况其外之文乎!抑愈所谓望孔子之门墙而不入于其宫者[3],焉足以知是且非邪!虽然,不可不为生言之。

生所谓立言[4]者是也,生所为者与所期者,甚似而几矣。抑不知生之志,蕲[5]胜于人而取于人[6]邪?将蕲至于古之立言者邪?蕲胜于人而取于人,则固胜于人而可取于人矣。将蕲至于古之立言者,则无望其速成,无诱于势利[7],养其根而俟[8]其实,加其膏[9]而希其光。根之茂者其实遂[10],膏之沃[11]者其光晔[12],仁义之人,其言蔼如[13]也。

抑又有难者,愈之所为,不自知其至[14]犹未也。虽然,学之二十余年矣。始者非三代[15]、两汉[16]之书不敢观,非圣人之志不敢存,处若忘,行若遗,俨乎其若思,茫乎其若迷[17]。当其取于心[18]而注于手[19]也,惟陈言之务去,戛戛[20]乎其难哉!其观于人,不知其非笑之为非笑也。如是者亦有年,犹不改,然后识古书之正伪,与虽正而不至焉者,昭昭然白黑分矣,而务去之,乃徐有得也。当其取于心而注于手也,汩汩然[21]来矣。其观于人也,笑之则以为喜,誉之则以为忧,以其犹有人之说[22]者存也。如是者亦有年，然后浩乎其沛然矣。吾又惧其杂也，迎而距[23]之，平心而察之；其皆醇也，然后肆焉。虽然，不可以不养[24]也。行之乎仁义之途，游之乎《诗》《书》[25]之源，无迷其途，无绝其源，终吾身而已矣。

气，水也；言，浮物也。水大而物之浮者大小毕浮。气之与言犹是也，气盛则言之短长与声之高下者皆宜。虽如是，其敢自谓几于成乎！虽几于成，其用于人也奚取焉[26]？虽然，待用于人者，其肖于器[27]邪？用与舍属诸人。君子则不然，处心有道，行己有方，用则施诸人，舍则传诸其徒，垂诸文而为后世法。如是者其亦足乐乎？其无足乐也？

有志乎古者希矣。志乎古必遗乎今[28]，吾诚乐而悲之。亟称其人[29]，所以劝[30]之，非敢褒其可褒而贬其可贬也[31]。问于愈者多矣，念生之言不志乎利，聊相为言之。愈白。

〔注〕 ① 李翊(yì)：贞元十八年(802)进士。该年陆傪担任礼部考试主考官权德舆的副手，韩愈写《与祠部陆员外书》向陆傪推荐李翊、侯喜等十人，称他们为“或文或行皆出群之才”，后李翊中第。 ② 道：指立言之道。 ③ “抑愈”句：语出《论语·子张》：“子贡曰：‘譬之宫墙，赐之墙也及肩，窥见室家之好。夫子之墙数仞，不得其门而入，不见宗庙之美，百官之富。”以此比喻孔子的道德文章极其高深，一般人难以窥其门径。 ④ 立言：著书立说，流传后世。《左传·襄公二十四年》：“太上有立德，其次有立功，其次有立言，虽久不废，此之谓不朽。” ⑤ 蕲(qí)：同“祈”，求，希望。 ⑥ 取于人：见取于人，为人所取。 ⑦ 势利：权势名利，此指为考科举、求富贵而多习时文(即骈文)，而不作古文。 ⑧ 俟(sì)：等待。 ⑨ 膏：油脂。 ⑩ 遂：完成，长成。 ⑪ 沃：盛多。 ⑫ 晔：火光明亮。 ⑬ 蔼如：和顺貌。 ⑭ 至：指达到“古之立言者”的境界。 ⑮ 三代：指夏、商、周三个朝代。 ⑯ 两汉：指西汉、东汉。 ⑰ “处若忘”四句：形容学习时专心致志、沉迷恍惚的情状。忘、遗，义同，遗忘，失掉。俨，恭敬庄重貌。 ⑱ 取于心：指构思。 ⑲ 注于手：指写作。 ⑳ 戛(jiá)戛：艰难费力貌。 ㉑ 汩汩然：水急流貌，此指文思通畅。 ㉒ 说：同“悦”，喜爱。说者，指陈言。 ㉓ 距：通“拒”，拒绝，排斥。 ㉔ 养：修养。 ㉕《诗》《书》：《诗经》《尚书》。 ㉖ “其用”句：谓它被世人所用时又有什么可取的呢？意即不为世人所取。 ㉗ 肖于器：像器具一样。 ㉘ “志乎”句：谓有志于学习古人的人一定被今人所遗弃。 ㉙ 亟(qì)称其人：一再称赞这些人。 ㉚ 劝：劝勉，鼓励。 ㉛ “非敢”句：此为自谦语，意即对人的褒贬应该由圣人来做，自己既非圣人，就不能随便对人进行褒贬。

该文作于贞元十七年(801)，为李翊贞元十八年登第前韩愈就其求教作文事写给他的回信，是韩愈文论的代表作。清代林纾曾评曰：“昌黎论文书不多见，生平全力所在，尽在李翊一书。”(《韩柳文研究法·韩文研究法》)

全篇可分为五段。第一段一开始就指出对方来信的文辞高于一般人，而提问却是那样的谦虚而恭敬，能够这样，谁还不想告诉其立言为文之道呢？肯定对方求教的态度，为表示愿意回答问题预作铺垫。接着又说："道德之归也有日矣，况其外之文乎？"这样道德修养的提高不是很远的事了，何况作为它外在表现的文章呢！把前面的意思作进一步的申发，又初步提出道德修养与立言为文的关系问题，强调道德修养的重要性。最后引用《论语·子张》中"譬之宫墙"的典故，比喻孔子的道德文章极其高深，不能确定其是或者不是，不过还是不能不回答对方提出的询问。这段文字并不长，可是把乐意复信的意思写得层见叠出，婉曲有致。

第二至第四段，正面回答李翊关于立言作文的询问，提出一些重要的散文主张，为全文的中心部分。第二段首先肯定对方"立言"的说法，然后笔锋一转，问李生是希望自己的文章超过别人而为别人所效法，还是希望达到古人所说的立言的境界呢？接着提出该段的核心论点："无望其速成，无诱于势利，养其根而俟其实，加其膏而希其光。根之茂者其实遂，膏之沃者其光晔，仁义之人，其言蔼如也。"意思是说不要急于求成，不要被权势名利所诱惑，而应着力培育树的根以等待其结果，在灯里添油以希望其明亮。根部茂盛的果实就结得好，灯里的油多的光就明亮，具有仁义道德修养的人，写出的文章一定非常和顺。在此，他认为对创作者来说，首先要提高道德修养，其次才是立言作文，只有具备高度道德修养和优秀人品的人，才能创造出美好的作品，也就是人品往往决定文品的意思。类似的话他不止一次地说过，如《答尉迟生》中说："夫所谓文者，必有诸其中，是故君子慎其实。实之美恶，其发也不掩；本深而末茂，形大而声宏，行峻而言厉，心醇而气和。"《答陈生书》中也说："先乎其质后乎其文。"都是强调必先道德而后文章，把创作者的道德品行视为作文的根本。可见这个主张是韩愈十分看重的，所以在一些文章中屡屡提及。

第三段主要叙述自己学作古文的三个阶段。第一阶段先是"非三代、两汉之书不敢观，非圣人之志不敢存"。韩愈在前面所强调的道德修养是和儒家之道紧密联系在一起的，而在他看来，儒家之道只存在于三代的儒家经典和"大醇而小疵"(《读荀子》)的荀子及汉代扬雄等人的文章中，所以在此提出只读三代两汉的书，只存圣人的志。接下来的"处若忘"四句，是形容当时读书进修的专心痴迷。但尽管如此，这时写出来的文章要做到务去陈言、独出新意还很困难，而对世俗之人嘲笑自己所作与时文(骈文)完全不同的古文则全然不顾，坚持所为。第二阶段是经过几年的努力，能够以儒道的精醇与否为标准来分辨古书的纯正与不纯正，以及虽纯正但还未达到完美的境界，并把不纯正和虽纯正但不完美的东西去除掉，这样再写文章，就“汩汩然来矣”，文思十分畅通了，而这时对别人的嘲笑反而高兴，对别人的称赞反而担心，因为文章中还有时人喜爱的“陈言”在，这进一步表现出作者一反流俗，执着地写作古文的坚定决心。第三阶段是又经过几年的坚持，文思就像水流那样浩浩荡荡，充沛畅达，但还是担心文章不完全纯正，于是精心推敲，仔细体察，到全然纯粹了，才放笔写去，毫无滞碍。不过仍继续要重视道德修养，一生都要“行之乎仁义之途，游之乎《诗》《书》之源”。通过这三阶段学作古文过程的叙写，作者提出了两个重要的散文主张。一个是强调要在提高道德修养、学习书本知识上狠下工夫，做到专心致志，痴迷执着，终其一身，所谓“处若忘，行若遗，俨乎其若思，茫乎其若迷”，“无迷其途，无绝其源，终吾身而已矣”云云，都是指的这个意思。在作者看来，研读儒家经典，提高道德修养，不仅是作文的根本，而且是使文章做到“浩乎其沛然”“肆焉”，即文如泉涌、挥洒自如的基础，这就为下段阐述“气盛言宜”的主张作了准备。另一个是主张创新，文中的名言“惟陈言之务去”，是其集中体现。所谓“务去陈言”，当然首先指摈弃陈词滥调，在文辞形式上能新人耳目。他在《南阳樊绍述墓志铭》中也说：“词必己出”，“必出于己，不袭蹈前人一言一句”，都是强调要在语言上进行创新，反对因袭模仿。但是“务去陈言”又不仅仅指这一点。清人刘熙载曾说：“昌黎尚陈言务去。所谓陈言者，非必剿袭古人之说以为己有也，只识见议沦落于凡近，未能高出一头，深入一境，自结撰至思者观之，皆陈言也。”(《艺概·文概》)确实，韩愈所说的陈言务去，除了指在文辞形式上创新外，还要求在文意内容上也独树一帜，高人一头，富有新意。所以他在《答刘正夫书》中又说：“若圣人之道，不用文则已，用则必尚其能者；能者非他，能自树立，不因循者是也。”这里所说的“能自树立”和“务去陈言”一样，也是强调从内容到形式的全面创新。韩愈自己很好地实践了这个主张，他在此思想的指导下，以复古为革新，成功地倡导了古文运动，而他的散文创作实践，也往往独具一格，出人意表，总给人以新鲜感、惊奇感，充分显示出“惟陈言之务去”主张的强大生命力。

第四段又提出“气盛言宜”的散文主张。作者以水和浮物的关系来比喻气和语言文辞的关系，认为正像水势大了无论大小的物体都能飘浮起来一样，气盛了语句的长短和声调的高下也都会合适的。这里所说的“气”，与曹丕在《典论·论文》中“文以气为主，气之清浊有体，不可力强而致”的“气”，既有继承关系，又有所不同。他们的“气”，首先都指创作者的“气”，即创作者的性情、精神。但曹丕所说的“气”偏重于性，更强调创作者先天的禀赋、气质，而韩愈所说的“气”，从其在别处提出的“不平则鸣”“闳中肆外”的观点以及前文所言“养其根而俟其实”等语来看，则偏重于情，更强调创作者后天的社会实践和道德修养、知识积累。也可以说，“气”就是由社会实践和道德修养、知识积累结晶而成的创作主体的一种情感冲动，一种创作欲望。在作者看来，创作主体的“气”强烈旺盛，就能做到“言之短长与声之高下者皆宜”。此处所谓的“言之短长”，是包括句子即句读的长短不齐和节奏的疾徐快慢不一两个方面，这就打破了骈文句子长短和节奏快慢整齐划一、凝固不变的框框，使古文更加贴近口语，具有一种句子参差错落、节奏和谐多变的自然之美。所谓“声之高下”，是指声调的高低抑扬，由此亦可知，作者不主张像骈文那样对声调作严格的规定，要求平仄相配，而是提倡声调要符合自然语气，可以高低不一，自由变化。而要做到“言之短长”和“声之高下”都“宜”，作者认为不能单纯从“言”和“声”本身着眼，更不能靠人工的雕琢，而要从根本上解决问题，那就是做到“气盛”。“气盛”了，即创作者精神勃发，感情强烈，创作冲动不可抑止，那么驾驭句子长短参差，节奏急缓快慢，声调高下抑扬，就会顺畅妥帖，恰到好处。“气盛言宜”的主张，除了突出“气”对“言”的主导作用外，其实还强调了“气盛”和“言宜”的和谐结合，这种结合就构成了文气，即文章运行的气势。也就是说，文章的气势不仅要靠作者“气盛”，具有强烈的感情冲动，不能自已的创作欲望，而且还决定于“言宜”，要具有语言参差错落和抑扬顿挫的自然之美。这种文章中的气势，是韩愈心目中理想的审美境界，因此往往用来衡人，也以此律己，他的散文就以气势旺盛见长。近代刘师培曾精辟地指出气盛言宜“此韩文之要旨”（《论文杂记》一一）。在提出这主张后，文章紧接着强调不管文章是否为世人所用，心中都要坚持一定的原则，付之行动有一定的法度，能为世所用就施惠于人，不为世所用则传给弟子，写成文章留传下去为后世效法，又一次显示出作者不为外物所动，坚持古文之道的可贵精神。

最后一段指出现在有志于学习古人的很少，而有志于学习古人的人一定会被今人所遗弃，对此是既高兴又悲伤。自己尽管不是圣人，对人不能妄加褒贬，但还是要称赞这些人，加以鼓励。末了肯定对方来信所说的话“不志乎利”，所以“聊相为言之”，实际是点明对方是“有志乎古者”，揭示自己愿意写信回答问题的深层次的原因，以收束全文，并和第一段相呼应。

韩愈提倡的古文，是一种长短参差，散句单行，流转自如，生动形象，可以用来阐发儒家之道，体现崇高道德精神，发挥针砭时弊的社会作用的新型散体文。这封书信就如何写作这种古文的问题作了阐述，但它不是一般的对求教作文的回复，而是借复信提出一系列重要的古文理论主张，这不仅对古文运动起着积极的指导作用,而且在文论史上作出了重大贡献,具有永久的理论价值,至今对我们仍有借鉴意义。

该书在行文上注意转折过渡,针线十分细密。如首段表示愿意回答问题和末段点明乐意提出一些立言作文的看法之前,先宕开几笔,在经过层层转折以后,最后才分别落脚到"不可不为生言之"和"聊相为言之"。第二段也是如此,在提出"仁义之人,其言蔼如也"的观点以前,先赞扬李生的所为与期望已很接近,然后问对方是想超过别人还是要达到古代立言者的水平,接着又告诫不要为权势名利所引诱。在几经曲折之后,才点出主旨。正如清人林云铭所评:"其行文曲折无数,转换不穷,尽文章之致矣。"(《韩文起》卷四)本文是讲如何写作古文的书信,主要是议论,但又有叙述、描绘,并和议论相结合,这就大大增加了文章的形象性。如叙述自己学作古文的三个阶段,既交代本人的做法,描述对别人反应的态度,又点明文章达到的不同的境界,写得既简而有神又亲切有味。又如用"养其根而俟其实,加其膏而希其光",来说明加强道德修养是为文的根本的道理,以"处若忘,行若遗,俨乎其若思,茫乎其若迷"等句,形容专心读书,都是用具体事物比拟抽象的状态,绘声绘影,宛然在目。至于文中以水喻文,用"汩汩然来矣""浩乎其沛然"等水势的湍急来形容文势的充沛,以水和浮物的关系比喻说明"气盛言宜"的观点,也都显得新颖别致,生动贴切。该文本身还出色地实践了文中提出的"气盛言宜"的主张,其所讲的立言作文的道理,是作者长期酝酿,深思熟虑的,所以写起来精神勃发,充满自信,加上时而用"无望其速成,无诱于势利","行之乎仁义之途,游之乎《诗》《书》之源"这样整齐的排偶句子,时而用长短不一的散体句子,参差错落,自然流转,使全文"浩乎其沛然",具有一种充沛的气势。

(吴小林)

与于襄阳[①]书

七月三日[②],将仕郎[③]守国子四门博士[④]韩愈谨奉书尚书[⑤]阁下:

士之能享大名显当世者,莫不有先达之士负天下之望者为之前焉;士之能垂休光[⑥]照后世者,亦莫不有后进之士负天下之望者为之后焉。莫为之前,虽美而不彰;莫为之后,虽盛而不传。是二人者,未始不相须[⑦]也,然而千百载乃一相遇焉。岂上之人无可援[⑧],下之人无可推[⑨]欤?何其相须之殷[⑩],而相遇之疏[11]也？其故在下之人负[12]其能，不肯谄[13]其上；上之人负其位，不肯顾其下。故高材多戚戚[14]之穷，盛位无赫赫之光。是二人者之所为皆过也。未尝干[15]之，不可谓上无其人；未尝求之，不可谓下无其人。愈之诵此言久矣，未尝敢以闻于人。

侧闻[16]阁下抱不世之才，特立而独行，道方[17]而事实[18]，卷舒[19]不随乎时，文武[20]唯其所用，岂愈所谓其人哉？抑[21]未闻后进之士有遇知于左右，获礼于门下者，岂求之而未得邪？将志存乎立功，而事专乎报主，虽遇其人，未暇礼邪？何其宜闻而久不闻也！愈虽不材，其自处不敢后于恒人[22]。阁下将求之而未得欤？古人有言："请自隗[23]始。"

愈今者惟朝夕刍米[24]仆赁[25]之资是急，不过费[26]阁下一朝之享[27]而足也。如曰："吾志存乎立功，而事专乎报主，虽遇其人，未暇礼焉！"则非愈之所敢知也。世之龊龊[28]者，既不足以语之，磊落奇伟之人，又不能听焉，则信乎命之穷也！

谨献旧所为文一十八首，如赐览观，亦足知其志之所存。愈恐惧再拜。

〔注〕 ① 于襄阳：即于頔(dí)，字允元。河南(今河南洛阳市)人，曾任山南东道节度使，因所辖道治所在襄阳(今湖北襄樊市)，故称。 ② 七月三日：从作者自称"守国子四门博士"看，当为贞元十八年(802)，时韩愈三十四岁。 ③ 将仕郎：唐朝的封阶，为文职的散官。 ④ 国子四门博士：国子监的职官，唐设三人充任。 ⑤ 尚书：官名，于襄阳曾任工部尚书，总管百工之事。 ⑥ 垂休光：美名永驻。垂，流传。休，美好。 ⑦ 相须：相待，互为依托。 ⑧ 援：相助。 ⑨ 推：举荐。 ⑩ 殷：迫切。 ⑪ 疏：少。 ⑫ 负：凭恃，自负。 ⑬ 谄：奉承。 ⑭ 戚戚：忧愁，悲伤。 ⑮ 干：拜谒，干谒。 ⑯ 侧闻：从旁听说，倾听。 ⑰ 道方：持道方正、正直。 ⑱ 事实：求实，求是。 ⑲ 卷舒：曲伸，此指待人接物。 ⑳ 文武：文才武略。 ㉑ 抑：抑或，或许。 ㉒ 恒人：常人，一般人。 ㉓ 隗(wěi)：即郭隗。《史记・燕召公世家》："燕昭王于破燕之后即位，卑身厚币以招贤者，谓郭隗曰：'齐因孤之国乱而袭破燕，孤极知燕小力少，不足以报。然诚得贤士以共国，以雪先王之耻，孤之愿也。先生视可者，得身事之。'郭隗曰：'王必欲致士，先从隗始。况贤于隗者，岂远千里哉！'于是昭王为隗改筑宫而师事之。" ㉔ 刍(chú)米：粗米，此指生活艰苦。刍本指牲口吃的草。 ㉕ 赁(lìn)：雇用，租借。 ㉖ 费：花费，开销。 ㉗ 享：用度。 ㉘ 龊(chuò)龊：拘束，迂腐。

本文作于唐德宗贞元十八年(802)。这年秋天，韩愈出任国子监四门博士，这是唐代文职散官的最低一级，因此，韩愈抑郁不平，写信给以工部尚书的官衔出任山南东道节度使的于頔，以求引荐。

信的前半部分论述“先达之士”与“后进之士”相须以存的关系，对于举荐人才的作用。此段文字起笔采用作者擅长的“宕笔”技巧，用两个“士之能”领起的排比句荡开去，为渴望自己能有人举荐张本，也使这种在常人看来庸俗、乞求的举动显得有根有据和冠冕堂皇，尽其委婉曲折之能事。“莫为之前，虽美而不彰；莫为之后，虽盛而不传”，此两句收束前面两个排比句而作结，振振有词，令人信服，于是这种求谒的行为反显光彩荣耀。“是二人者，未始不相须也，然而千百载乃一相遇焉”，承上启下，又荡开一笔，急转直下，为后文于氏终没能举荐作者留有余地和“理由”，“千载难遇”即为其开脱了责任和搭好了下场之台阶，因此，此一句极为关键，反映了韩退之之文的蓄发有度、开合有致的特点。紧接着分析形成此种千载难遇现象的原因，指出在下者与在上者各有其过，这又埋下“我”之不能被发现被重用的“用人”环境使然的伏笔。“未尝干之”与“未尝求之”引起的两句又是对前面的总括，以期对方对人才独有、只是未曾小心发现的客观事实的重视，这又为此信后半部分中称颂对方“道方而事实”的为人特点埋下了伏笔。由此看来，书信的前半部文字逻辑严密，委婉跌宕，既无乞求他人粗俗鄙陋之嫌，又显高尚其志论理有据之尊，真可谓理致充沛，感情饱满，足显韩文气盛言宜之长。

信的后半部分表述作者自己怀才不遇的境况和急切希望受到荐举奖掖的心情。“侧闻”一长句从对方着笔，极力赞美对方的为人，文字虽有“谄谀”“献媚”之态，但也是从客观事实出发的，因此也丝毫不损伤自己的人格尊严，反而把那种渴求得到发现和举荐的急切心情显露得更合情理，更让旁观者接受。几个极富力度的反诘句，一方面有委婉责备之意，这就显示了作者的本心不是一味讨好求进，另一方面更拔高了对方致力于国家朝廷功业的形象地位，也为其忽视人才做客观上的圆场，这就为下文作者干脆毛遂自荐作了铺垫。但是，如果把“志存乎立功，而事专乎报主，虽遇其人，未暇礼邪”作为唯一的推脱责任的理由，则是说不过去的，因为当“我”已名正言顺地向“你”写信，希求举荐时，“你”却采取回避之态显然更暴露了“你”对待人才的“无礼”，这是“我”所不能接受的。至此，文章已把一切的“曲与非”推到了对方身上，从而有力地抨击了以于尚书为代表的不重视人才的社会现象。如果这样“我”还是埋没不闻，那就只能归之于“命之穷”了，从而为文后的悲伤沉郁基调打下了合理合情的隐线。至此，全文由起笔的满怀希望到此时心境的一落千丈，那种跌宕起伏，开合张弛之反差悬殊，都表现出笔力的雄奇突出。由此看出，此段文字正反论述，褒贬扬抑都曲尽其致；论述之中，层层推导，反复设辞，“叨叨絮语，曲折尽情”（刘衍《中国古代散文史论稿》）。

当然，本文表现的韩愈求官之心态，我们应作客观公正的评价。联系他一生

"应举觅官凡二十年"的经历，虽然遭到后人的讥评，如宋人朱熹说他讨官做，近人章士钊亦多抑韩之辞，但刘衍先生的评论却是比较公允的："韩愈求官确有劣迹。如贞元十七年任四门博士的韩愈，不知缘由丢了官，急于求得新官职写了一封《上李尚书书》，阿谀酷吏李实，就是不择手段的行为。不过这毕竟只是权宜之计，并非本心。……韩愈不只是讨官而已，也不只是送穷，而更是要成其志，行其道。"(《中国古代散文史论稿》)这篇《与于襄阳书》就反映了这种心态。

前人评曰，此文"两存地步，不失轻重"(何焯《义门读书记》昌黎集第三卷)。虽然于氏并非伯乐，没能帮助韩愈解决实际问题，但韩愈这封求人引荐的书信却流传下来，广为诵读，是与文章在写法上的有开有合、委婉曲折分不开的。

(蒋振华)

与崔群书

自足下离东都①，凡两度枉问②，寻承已达宣州③，主人④仁贤，同列皆君子⑤，虽抱羁旅⑥之念，亦且可以度日。无入而不自得⑦，乐天知命⑧者，固前修⑨之所以御外物⑩者也。况足下度越此等百千辈⑪，岂以出处⑫近远累其灵台⑬邪？宣州虽称清凉高爽，然皆大江之南，风土不并以北⑭，将息之道⑮，当先理其心，心闲无事，然后外患不入，风气所宜，可以审备⑯，小小者⑰亦当自不至矣。足下之贤，虽在穷约⑱，犹能不改其乐，况地至近，官荣禄厚⑲，亲爱⑳尽在左右者邪！所以如此云云者，以为足下贤者，宜在上位，托于幕府㉑则不为得其所，是以及之，乃相亲重㉒之道耳，非所以待㉓足下者也。

仆自少至今，从事于往还朋友间㉔，一十七年矣，日月不为不久。所与交往相识者千百人，非不多，其相与如骨肉兄弟者，亦且不少。或以事同㉕，或以艺取㉖，或慕其一善㉗，或以其久故㉘，或初不甚知而与之已密，其后无大恶，固不复决舍㉙，或其人虽不皆入于善而于己已厚，虽欲悔之不可。凡诸浅者固不足道，深者止如此。至于心所仰服，考之言行而无瑕尤㉚，窥之阃奥㉛而不见畛域㉜，明白淳粹㉝，辉光日新㉞者，惟吾崔君一人。仆愚陋无所知晓，然圣人之书无所不读，其精粗巨细，出入明晦，虽不尽识，抑不可谓不涉其流[35]者也。以此而推之，以此而度[36]之，诚知足下出群拔萃，无谓[37]仆何从而得之也。与足下情义，宁须言而后自明邪？所以言者，惧足下以为吾所与深者多，不置白黑[38]于胸中耳。既谓能粗知足下，而复惧足下之不我知，亦过也。比[39]亦有人说，足下诚尽善尽美，抑犹有可疑者。仆谓之曰："何疑？"疑者曰："君子当有所好恶，好恶不可不明。如清河[40]者，人无贤愚，无不说其善，伏其为人[41]，以是而疑之耳。"仆应之曰："凤凰芝草[42]，贤愚皆以为美瑞[43]；青天白日，奴隶亦知其清明。譬之食物，至于遐方[44]异味，则有嗜者，有不嗜者，至于稻也，粱也，脍[45]也，胔[46]也，岂闻有不嗜者哉？"疑者乃解。解不解，于吾崔君无所损益也。

自古贤者少，不肖者多。自省事[47]已来，又见贤者恒不遇，不贤者比肩青紫[48]；贤者恒无以自存[49]，不贤者志满气得[50]；贤者虽得卑位，则旋而死[51]，不贤者或至眉寿[52]。不知造物者[53]意竟如何，无乃[54]所好恶与人异心哉！又不知无乃都不省记[55]，任其死生寿夭邪！未可知也。人固有薄卿相之官、千乘之位[56]，而甘陋巷[57]菜羹者，同是人也，犹有好恶如此之异者，况天之与人，当必异其所好恶无疑也。合于天而乖[58]于人，何害？况又时有兼得[59]者邪！崔君，崔君，无怠，无怠！

仆无以自全活者，从一官于此[60]，转困穷甚，思自放于伊、颍之上[61]，当亦终得之。近者尤衰惫，左车[62]第二牙无故动摇脱去，目视昏花，寻常[63]间便不分人颜色，两鬓半白，头发五分亦白其一，须亦有一茎两茎白者。仆家不幸，诸父诸兄皆康强早世[64]，如仆者又可以图于久长哉？以此忽忽[65]，思与足下相见，一道其怀。小儿女满前，能不顾念！足下何由得归北来？仆不乐江南，官满便终老嵩下[66]，足下可相就，仆不可去矣。珍重自爱，慎饮食，少思虑，惟此之望！愈再拜。

〔注〕 ① 东都：唐代以洛阳为东都。 ② 枉问：有劳你来信问候。枉，委屈，烦劳，是指对对方表示敬意的客气字眼。问，问候，指书信。 ③ 寻承已达宣州：寻，不久。承，接奉，指接到消息。宣州，今安徽宣城，当时宣歙观察使的治地。 ④ 主人：指宣歙观察使崔衍，崔群

即在他的幕下做判官。 ⑤同列皆君子：同列，指崔衍幕中的同僚。当时李博也在崔衍幕中，与崔群同官。李博、崔群、韩愈都是陆贽榜下的同年进士。这里说“皆君子”，说明除崔群、李博外，尚有其他人。 ⑥羁旅：寄居外乡。 ⑦无入而不自得：语见《礼记·中庸》，是“守道不改”的意思。入，往。自得，自己心中很得意，很舒适。 ⑧乐天知命：见《易经·系辞》，意谓乐于天意命运的安排。 ⑨前修：前贤。修，美善。 ⑩御外物：御，抵御。外物，指一切天时人事等等。 ⑪度越此等百千辈：度越，超过。此等百千辈，成百上千的这类人。 ⑫出处：出，出仕，做官。处，家居。 ⑬累其灵台：牵累其心。灵台，据《庄子·庚桑楚》郭象注，灵台指心。 ⑭不并以北：不同于大江以北。 ⑮将息之道：养生休息的方法。将，养。⑯审备：充分防备。 ⑰小小者：指上文所说的“外患”，意为风寒疾病。 ⑱穷约：穷困贫乏。约，简约，指贫乏。 ⑲官荣禄厚：崔群所任观察推官，为从五品，但自中唐以后实权渐重，故云。禄，官俸。据《唐会要》载，观察判官每月料钱五十贯文，每月杂给，准时估，不得过二十贯文。 ⑳亲爱：指家中的人。 ㉑幕府：古代军队出征使用帐幕，所以将军府或帅府称幕府。唐代幕府，指幕僚，即地方军政大员手下的文职官员。 ㉒相亲重：爱护敬重你。㉓待：期待。 ㉔从事于往还朋友间：意谓置身于和朋友之间的往来。 ㉕事同：工作相同。 ㉖以艺取：取其长于某种技艺。 ㉗一善：一点长处。 ㉘久故：老交情，老朋友。 ㉙决舍：断绝，抛弃。决，绝。舍，舍去，离去。 ㉚瑕尤：缺点过失。瑕，玉石上的疵点。尤，过错。 ㉛窥之阃(kǔn)奥：窥，考察。阃奥，本指室内深处，这里指内心深处。㉜不见畛(zhěn)域：此言内心不存彼此界限，胸襟广阔坦荡。畛域，界限。 ㉝淳粹：内心光明磊落，没有私心杂念。淳，淳厚。粹，精粹。 ㉞辉光日新：以阳光的每日常新，比喻德行学业不断进步。 ㉟涉其流：渡过水。比喻对圣人的书曾亲自研究过。 ㊱度：推测，揣度。 ㊲无谓：勿谓，别说。 ㊳不置白黑：不辨是非，不分好坏。 ㊴比：近来。㊵清河：清河是崔群的郡望，用郡望称人，表示尊敬。 ㊶伏其为人：佩服他的人格。伏、服二字古时通用。 ㊷凤凰芝草：凤凰，古人以为瑞禽。芝草，即灵芝草，古人以为瑞草。㊸美瑞：美好祥瑞。 ㊹遐方：远方。 ㊺脍(kuài)：切细的肉。 ㊻炙(zhì)：同“炙”，烤肉。 ㊼省(xǐng)事：懂事。 ㊽比肩青紫：比肩，肩并肩，形容人很多。青紫，古代高级文武官员印绶所用的两种颜色，后来即用以代表高官显贵。 ㊾无以自存：没有办法自求生存。 ㊿志满气得：谓如愿得意。 (51)旋而死：不久即死亡。 (52)眉寿：老年人眉间往往有长毫秀出，因此称年老长寿为眉寿。 (53)造物者：指天或天帝。 (54)无乃：得无，诘问之词。 (55)省记：理睬，察问。 (56)千乘(shèng)之位：喻权位之重。乘，量词。古代四匹马拉的兵车一辆为一乘。千乘，一千辆兵车。 (57)陋巷：狭小简陋的房子。巷，这里不作街巷讲。 (58)乖：违背，背离。 (59)兼得：指既合于天，也合于人。 (60)从一官于此：韩愈当时任四门馆博士，从七品上，因此自叹“困穷”。 (61)自放于伊、颍之上：辞官回河南老家，在伊水和颍水边过闲放的生活。伊水、颍水皆源出河南。 (62)左车：左边的牙床。(63)寻常：八尺为寻，十六尺为常。这里指近处。 (64)康强早世：身体健康却早年谢世。早世，早死。 (65)忽忽：心绪不安。 (66)终老嵩下：在嵩山下度过余生。嵩山在河北登封，五岳之一。嵩下即指伊、颍之上。

崔群，字敦诗，贝州武城(今山东武城)人。贞元八年(792)和韩愈同榜进士及第，后官至中书侍郎同中书门下平章事。崔、韩二人既是同科又是知交。元和十四年韩愈因上《论佛骨表》得罪宪宗，几被处死，幸得崔群及裴度等人相救，才免于一死。这封信写于贞元十八年，其时崔群在宣州（今安徽宣城）任观察判官，韩愈任国子监四门馆博士，时年三十五岁。

写这封信时韩愈虽经多方求托，终于摆脱了游幕生涯，出任国子监四门馆博士，这是一个闲散官职，官职很低，故此“从一官于此，转穷困甚”，还是仕途失意。崔群虽然人品、才学俱佳，但也被外放，担任幕府。由于二人交谊甚深，又都在仕途不得意，所以此信写得自然真切，牢骚与不平也得以尽情倾吐。

全信共分四部分。第一段重在写关切、宽慰之情，希望崔群不要因为托身幕府而心情苦闷；又因宣州地处江南，风土不同于北方，所以劝他注意“将息之道”，尤应注意“先理其心”，并进而叮咛，还要因其风土之所宜，做充分周详的备御，以防止小小病患的侵扰，真可谓情真意切，关心备至，让崔群看了会感到友谊的温暖，不是亲人胜似亲人。本段末了文意稍作回旋，说他之所以劝崔乐天知命，并不是期望他永远安心做一个幕僚，他深知“足下贤者，宜在上位”，上所云云，不过是出于“相亲重之道”，结到二人的交情。

第二段重在写二人的交情，可谓畅叙友情。但写法颇有创新，叙友情不是以一般的思念入手，而是细致周到，极力推崇崔群的品德才学。先从十七年来“所与交往相识者千百人”落笔，不过是作一个陪衬，六次用“或”字，说明即使是和自己交往较深的六类朋友也并非自己所悉心倾慕者，借以突出“至于心所仰服……惟吾崔君一人”之意。末后又写了一个与人辩论的小插曲，借回答有人因无人不称誉崔群而产生其是否名不副实的疑问，以“凤凰芝草”“青天白日”等一系列浅近雄辩的比喻，既表达自己的衷心仰慕之情，又说明众人一致称美便足以证明崔群的出类拔萃。这一段文字，发端自然，叙说周延，虽然对崔群的赞美倾倒之情，溢于字里行间，但读来并无阿谀吹捧之嫌。作者先从自己的交友情况说到心所仰服的唯有崔群，接着又说到自己的这种结论是从交游的切身体会和阅读圣人之书的理论认识两个方面得出来的，绝非没有根据的阿谀奉承。随后又以释疑方式，用浅近生动的比喻进一步申说，既能巧妙地说理，又能充分地达情，纵横自如，言简意明，颇具说服力，显示出作者驱遣文词的深厚功力。

第三段忽然放开笔墨，为崔群的困厄下僚、壮志难酬鸣不平。针对“贤者恒不遇，不贤者比肩青紫”一类不公平现象，抒写其怨愤不平之情。进而怀疑“造物者”，“不知造物者意竟如何”云云，奇气郁勃，表达出当时许多被埋没的知识分子的普遍的郁愤。本段用笔摇曳动宕，其意曲折含蓄，其自鸣不平之意，似亦不难于言外得之。段末“合于天而乖于人，何害”，“崔君，崔君，无怠，无怠”数语，转而劝勉崔群，其中亦不无自勉之意。这说明作者并没有一味沉溺在怨愤之中。

第四段说自己愿终老嵩山之下,并望崔群来此相就,有相约卜邻而居、偕隐终老之意。作者还着意突出自己的衰惫之态,似与前“贤者虽得卑位,则旋而死,不贤者或至眉寿”之意隐隐相应,抒情线索一以贯之。

全篇通过情词恳切的家常本色之语,使文意逐步拓展,把对朋友的关切、爱重、钦佩、劝慰、期许的深厚感情表达得淋漓尽致。正像储欣在《昌黎先生全集录》卷三中所说:“敦诗之贤,公心仰服,故尔倾泻无余。书中回折最有味。”

阅读此信,还有三点应注意。其一是本文的抒情方式。这封信本是写给崔群,叙述友谊,表示慰问,但文章最后一段着重写自己的境况和感受,这样就使友人、自己与读者的感情互相沟通起来。在描述或说明一件事物时,把自己的亲身体验融入其中,是韩愈抒情的一个具体手法。另外,感情的真挚与表达的质朴也是互相关联的。本文使用如道家常的语言,不加文饰地叙说人生日常的琐末,写的都是人在一定境遇下的一般感情,因此也就能够引起人的共鸣。但这种真正的艺术的质朴,绝非简陋粗糙。它是千锤百炼而来,是艺术上高度的圆熟形成的平淡,即苏东坡所谓“渐老渐熟”。这是艺术上的相当高的境界。

其二是关于骈散问题。本文中“凤凰芝草,贤愚皆以为美瑞;青天白日,奴隶亦知其清明”,便是于散文中用骈语。一般人都认为骈散似乎誓不两立,而韩、柳的古文运动则以反对骈文为主要内容。殊不知韩愈主要反对的是骈文的浮华风气,并不是否定骈文这种形式。事实上,韩愈本人的骈文写得相当好,他既是古文巨匠,同时也是能写骈四俪六的骈文高手。韩愈作为散文大家既继承了从先秦至西汉的散文创作,同时也继承了自东汉至六朝这一历史时期的文学遗产。对于这点,清人刘开在他《与阮芸台宫保论文书》中就说:“夫退之起八代之衰,非尽扫八代而去之也,但取其精而汰其粗,化其腐而出其奇;其实八代之美,退之未尝不备有也。”(《孟涂文集》卷四)又如刘熙载在《艺概》卷一《文概》中也说:“韩文起八代之衰,实集八代之成。盖惟善用古者能变古,以无所不包,故能无所不扫也。”所谓“包”,即指旁搜远绍,博采众长,把前人文化遗产中凡可以继承的都尽量吸收过来,加以融会贯通而据为己有,形成自己所独具特色的新作品;所谓“扫”,则指推陈出新或除旧布新,通过去粗取精、遗貌取神的手段,创出自己的一条新路。不光是本篇,在其他一些韩愈名篇中我们随处可以发现韩愈有着融骈入散,寓骈于散的操纵文字、控驭辞章的戛戛独造的写作本领。

其三,文中讲“将息之道,当先理其心”,显然是受到当时流行的禅宗心性学说的影响,可看作是暗中接受佛家思想的一例。众所周知,韩愈一生“攘斥佛老”不遗余力,但这不等于他没有接受佛家的某些思想,也不妨碍他结交一些僧人朋

友。总之,我们看问题一定要全面。　　(诸天寅)

与陈给事[①]书

愈[②]再拜。

愈之获见于阁下[③]有年矣[④],始者亦尝辱一言之誉[⑤],贫贱也,衣食于奔走[⑥],不得朝夕继见[⑦]。其后阁下位益尊,伺候于门墙者日益进[⑧]。夫位益尊,则贱者日隔[⑨],伺候于门墙者日益进,则爱博而情不专[⑩]。愈也道不加修[⑪],而文日益有名。夫道不加修,则贤者不与[⑫];文日益有名,则同进者[⑬]忌。始之以日隔之疏,加之以不专之望,以不与者之心,而听忌者之说,由是阁下之庭无愈之迹矣。

去年春,亦尝一进谒于左右[⑭]矣。温乎其容,若加其新也[⑮];属乎其言,若闵其穷也[⑯]。退而喜也,以告于人。其后如东京取妻子[⑰],又不得朝夕继见。及其还也,亦尝一进谒于左右矣。邈乎其容,若不察其愚也[⑱];悄乎其言,若不接其情也[⑲]。退而惧也,不敢复进。

今则释然悟、翻然悔曰[⑳]:其邈也,乃所以怒其来之不继也;其悄也,乃所以示其意也。不敏之诛,无所逃避[㉑]。不敢遂进,辄自疏其所以[㉒],并献近所为《复志赋》以下十首为一卷,卷有标轴[㉓]。《送孟郊序》[㉔]一首,生纸写[㉕],不加装饰,皆有揩字、注字处[㉖],急于自解而谢,不能俟更写[㉗],阁下取其意,而略其礼[㉘]可也。愈恐惧再拜。

〔注〕 ① 陈给(jǐ)事:陈京,字庆复,京兆万年(今陕西西安)人,代宗大历元年(766)登进士第,历官太子正字、咸阳尉,任太常博士,迁左补阙,贞元初任尚膳部考功员外郎,八年(792)任考功员外郎兼集贤学士,迁司封郎中,十九年任给事中,德宗欲用为相,以狂疾改秘书少监。二十一年四月卒。给事,给事中,隋唐时为门下省要职,在侍中及门下侍郎之下,职掌驳正政令的违失。 ② 愈:作者自称,古人对上级或尊者自称名。 ③ 阁下:古代对尊贵者的敬称,后也泛用于朋友之间,称谈话、通信的对方。 ④ 有年矣:有好几年了。 ⑤ 始者亦尝辱一言之誉:开始时,也曾受到您的夸奖。辱,谦词,犹承蒙。 ⑥ 衣食于奔走:为生活而奔走。衣食,穿衣和食物是人的基本生活资料,以此指代生活。 ⑦ 朝夕继见:时时相处,经常见面,此指常往拜访。 ⑧“其后”二句:谓此后您的地位越来越尊贵了,依附巴结在您门下的人也越来越多。伺候于门墙者,供使唤,在身边服侍、照料的人。这里指那些依附巴结奔走于权贵之门

的人,即韩愈《送李愿归盘谷序》中“伺候于公卿之门,奔走于形势之途”的那些人。门墙,家门或家门口。 ⑨ 隔:隔阂,疏远。 ⑩ 爱博而情不专:被喜欢被赏识的人多而感情不专一。⑪ 道不加修:道德修养上没有更完善、更美好。修,完善、美好。 ⑫ 与:结交、交往。⑬ 同进者:与自己一样希望上进的人。 ⑭ 进谒于左右:到您身边拜见。谒(yè),拜见,请见。左右,身边。 ⑮“温乎”二句:态度温和,好像接待一位新朋友。容,仪容,这里指态度、表现。加,施加、对待。 ⑯“属乎”二句:您关切的谈话,好像很同情我困窘的处境。属(zhǔ):注目、专注,这里指表现很关切。 ⑰“其后”句:这以后我到东京洛阳接妻子儿女。东京,唐时把洛阳称为东都、东京。按:韩愈贞元十八春授四门馆博士,尝告归洛阳接家眷到京师。 ⑱“邈乎”二句:疏远冷淡的样子像是不体察我的曲衷。邈乎,疏远的样子。愚,谦指自己的心思。 ⑲“悄乎”二句:沉默不语的样子,好像不愿接受我对您的感情。悄,沉寂无声,这里指沉默。 ⑳ 今则释然悟、翻然悔曰:现在经过考虑,明白之后便放弃以前的误会,并且很快悔改醒悟。释,放下,放弃。翻然,大转变的样子。 ㉑“不敏”二句:言自己不明达事理,应该受到惩罚,自己逃脱不了责任。不敏,不明达,不敏捷。诛,讨伐,引申为惩罚。㉒“不敢”二句:不敢现在就去拜访您,就先用这封信陈述事情的缘由。疏,分条陈述。㉓“并献”二句:并献上近期所作《复志赋》以下十篇为一卷,卷上有标明题号的书轴子。《复志赋》,见《韩昌黎文集》第一卷,为贞元十三年作者三十岁时在汴州之作。首,篇,古人把诗、文、词、赋一篇叫一首。标轴,标明题号的书轴子。古书用卷子,卷端的棍杆为轴。 ㉔《送孟郊序》:即《送孟东野序》,作于贞元十八年在四门馆任博士时。 ㉕ 生纸写:用生纸写成。㉖ 皆有揩字、注字处:有不少涂改添加的地方。揩,擦抹,此指涂改。注,注入,此指添加。㉗“急于”二句:急于向您表白自己的心迹并且谢罪,不能等到再重新誊写清楚。 ㉘ 略其礼:忽略其礼,意思说不要计较我礼貌上有不周到的地方。

这是韩愈写给给事中陈京的一封书信。关于此信的写作时间,韩愈年谱及有关研究资料大多定为贞元十九年(803)韩愈三十六岁时作。也有人认为当写在贞元十七年,韩愈自洛阳入都,尚未调国子监四门博士时(清林云铭《韩文起》评语卷三),但其时陈京尚未任给事中,似与本文写作背景不符。从信的内容看,目的很明确:回顾过去的交往,解释曾经有过疏远冷淡的原因,希望得到陈京的体察和谅解,消除误会,表达恢复旧好的急切愿望。

与韩愈一向“发言真率,无所畏避”“时有恃才肆意”(《旧唐书·韩愈传》)的个性和“雄肆”的文章风格相比较,这封书信的情感却是郁结的,字里行间甚至让人感到有一股强加忍耐的压抑和委屈,行文也极为委婉含蓄。遣辞造句掂量再三,掌握分寸。第一段回顾了他与陈京的交往并陈述疏远的原因。

首句直奔主题,“愈之获见于阁下有年矣”,说明自己与陈京的交往已经有好几年了,为下文的陈述张本。有了这句话,下文才能转出许多曲折,如果是一时半会的短期之交、偶然之交,便不会产生许多情节,可见其行文的缜密。接着说开始时也曾受到陈京的夸奖。既然如此,彼此应该继续往来,增进了解,发展友谊,关系越来越亲近,为什么却反而疏远了呢?文章到此有一个跌宕,笔锋一转,把重心放到解释他们之间疏远的原因：一是说因为自己地位贫贱，每天为生活奔忙，不能经常去拜访陈京，由此产生疏远；二是其后陈京的官越做越大，地位越来越尊贵，依附在他门下巴结他的人也越来越多，地位高了，与自己这样的贫贱之人的交往就疏远了；依附在门下巴结的人越来越多，对旧友的感情就淡薄了。在这里，韩愈不仅含蓄地表达出对陈京的不满，也活画出封建时代一个得遇于时、身居高位、满脑子势利的知识分子的嘴脸，字里行间透露出对那些“伺候于公卿之门，奔走于形势之途”(即“伺候于门墙者”)的不屑。也正是这种不满与不屑造成他与陈京在情感上的隔膜，这恐怕才是他们疏远的真正原因，但话说得很委婉。其三，是说到自己这些年道德上没有更完善，而文名却越来越大。道德不完善，(使得如“阁下”这样的)贤人不愿与自己交往；文名越来越大，却招致那些和自己一样希望上进的人的妒忌。最后将这三层原因归纳为一个过程：由开始的由于为生活奔忙不能经常拜访而疏远，到自己对陈京地位益尊、疏远旧友不满而产生隔阂，加上陈京又不喜欢与别人交往，再加上听了妒忌者的闲话(这种情感上的疏离到隔膜、彼此缺乏沟通的结果当然也就更容易使陈京听信妒忌者的闲话)，对韩愈产生看法，于是便有了“阁下之庭无愈之迹矣”的结果。述事陈情可谓一波三折，波澜层叠，顿挫跌宕。话虽然不多，却十分耐人寻味。

第二段回顾最近的两次交往，情况写得更为具体。先说去年春的那次拜访，陈京态度温和，客气得好像接待一位新朋友，交往中表现很关切，好像很同情自己困窘的处境。这使韩愈喜出望外，因此，从陈京家出来后，就把此事告诉了别人。这表明韩愈对陈京一向是敬慕的，希望与他交往，能够得到陈京的礼遇，他会从内心受到鼓励，深深感动。但陈京的态度很快就发生了一百八十度的转变：不久，待到韩愈从东京接家眷到长安后再去拜访他时，他竟然表情冷淡，沉默不语，疏远得好像根本不体察韩愈的曲衷，根本不愿接受韩愈对他的那一番情感。这使得韩愈从心底里感到恐惧不安，自那次离开陈京家后再也不敢登门拜访了。可见陈京态度的变化对韩愈是个打击，会使他产生沉重的心理压力。从这段回顾不难看出，他们之间的交往是有求和被求的关系，官高位尊的陈京始终处于被人仰视的地位，亲与疏完全取决于他的态度，最终导致疏远，责任在陈京。字里行间委屈地表白了压抑在内心的曲衷。

信的最后一段表达与陈京重修旧好的急切愿望。他首先说自己经过考虑，想明白之后便放弃以前的误会，并且很快悔改醒悟。他不但不指责陈京的冷淡，而且还对陈京的冷淡做了一番一厢情愿的解释，说陈京的疏远是因为怪自己不常去拜访他，陈京的沉默无语就是要表示出这种情绪(让对方知道，以后多来拜访)。人们读到这里会觉得这种解释很难自圆其说,甚至牵强得有些滑稽,有套近乎之嫌。陈京冷淡韩愈,很可能是由于听了妒忌者的闲话,对韩愈有看法。韩愈在这封信中始终没有敢刚正无忌地批评陈京,在这里还曲为解释,替他回护。但我们从他的乞陈中却能明显地感觉到陈京那副“势利”的嘴脸,让人心生厌恶。清人林云铭就骂陈京是“此等势利之徒”,说韩愈是:“以热眼对人冷面,自知扯淡之极。无可奈何,只得如此支离附会也。人止赏其结构之工,而不知其握笔时泪落如雨耳。悲哉!”(《韩文起》卷三)读了这封信的人,会鄙视陈京的为人,这种效果,恐怕也是韩愈始料不及的。其实,这正是韩愈此文用心良苦的地方,这种对那次不愉快的会面的曲解,表面看是回护陈京,实则是有意避开对陈京的批评,不让陈京难堪,避免再有误会,也为自己下文的乞陈留个台阶。于是紧接着自己来一番检讨,指责自己不明达事理,没有明白陈京疏远自己的真正心意,应该受到惩罚,于是顺坡下驴,表达献上近作,急于向陈京表白心迹,希望重修旧好的急切愿望。

我们读这封信,除了欣赏其行文的特色之外,还能感受到封建时代一个身处下层的知识分子在仕途进取中渴望得到有地位的前辈的赏识和帮助的那种艰难和辛酸。即使像韩愈这样“鲠言无所忌”的人,也有委曲求全的时候,这就展现了他性格的另一面和文章风格的多样性。明人王世贞在其《读书后》卷三《书韩文后》就指出:“(韩公)与人书最佳,多得子长遗意;而急于有所请于人,则词漫而气亦屈。”这封信恐怕就属于“急于有所请于人,则词漫而气亦屈”一类。在这类书信中,如《上李尚书书》《上兵部李侍郎书》《上宰相书》等,韩愈都说到献诗献文“以为谒见之资”的事,这恐怕与唐代科举考试士人干谒之风有关(中唐更为盛行)。韩愈想通过献上诗文得到“在上者”的了解和赏识,以有利于仕进,从而实现自己的价值,这也是无可非议的。他本来就是个文人,文人以自己的文章作为进身之本,用以干谒公卿,又有何不可?有人批评韩愈此类行为为“躁进”,恐怕未必都是这样,我们不能苛求古人,得具体情况具体分析。

那么,韩愈为什么要在这个时候给陈京写这封书信,又那么急切地希望得到他的谅解与赏识?其直接原因是什么?因为缺乏有关记载,现已无法确定。但我们还是可以从陈给事其人和韩愈写此信的背景中找出一些蛛丝马迹。从《新唐书·陈京传》和柳宗元的《唐故秘书少监陈公行状》等文献记载中可以确切知道:

一、从年龄上说,陈京于韩愈是长辈。陈京代宗大历元年(766)登进士第,而韩愈大历三年才出世,也就是说韩愈出生前二年陈京已经中进士,二人年龄相差不少。

二、从地位上说，陈京于韩愈是先进。且不说陈京此前官运顺当，担任过一系列重要官职，贞元十九年这年，又正走红。《新唐书·陈京传》载：贞元十九年德宗将举行禘祭，令百官僚议，陈京献议，主张禘祭必尊太祖位，正昭穆。德宗嘉许，陈京由考功员外郎迁升给事中。此事《旧唐书·德宗纪》十九年也有记载。推知陈京迁给事中当在三、四月间。清代林云铭《韩文起》评语卷三云："唐制：给事中位最尊。凡制敕有不便者，即于黄纸后批之，谓之批敕，往往由是拜相；非如今世之给事中，仅与御史同作言官已也。"《新唐书·陈京传》还记载，陈京在这个职位上得到德宗的赏识，一度还打算用他为相，后因病改任秘书少监，贞元二十一年四月死去。今考之《韩昌黎文集》中有《禘祫议》一篇，当写在贞元十七至十九年之间。文中有"虽贱不及议，而志切效忠"的话，是因为按照唐代的制度，只有朝官（亦名常参官，文官五品以上及两供奉官、监察御史、太常博士）才能参与都省集议，韩愈贞元十八至十九年春夏之交任国子监四门馆博士（从七品）任上，不属朝官，没有资格参与此议。但韩愈不仅主动参与，还在议中列举"众议之非"，其中"四曰'献懿庙主，宜附于兴圣庙而不禘祫'，臣又以为不可"，就是针对陈京等人的议加以批驳的。韩愈此举会不会引起一些朝官的不满，招致非议？陈京对此会不会有看法？只知贞元十九年春夏之交突然罢去了他的四门馆博士之职，这个职务一般任期两年，不知何故被提前免职。被罢去此职后不久，韩愈写了一封信给检校工部尚书（正三品）司农卿兼京兆尹（京城最高行政长官）李实。信中赞扬李实"赤心事上，忧国如家"，还附上两卷十五篇文章"以为谒见之资"，并向李实表示"候于左右以求效其悬悬""进退惟命"之类的话。这番举动和这封《与陈给事书》有相似之处，会不会是一时所为？或许他因求仕心切既上书给李实，又写信给陈京，这也是可能的。这年七月韩愈被任命为监察御史，冬，因上《御史台上论天旱人饥状》，十二月贬阳山令。据此推测，此书应写在罢去四门馆博士之后任监察御史之前，时陈京在给事中任上。

三、从文章学问上说，陈京于韩愈应该是同道，有些师友渊源，应该彼此欣赏，至少开始时韩愈会把陈京当作知音。《新唐书·陈京传》云：陈京师事独孤及，长于古文。柳宗元《唐故秘书少监陈公行状》也记载："大历中，公（陈京）始来京师，中书常舍人衮、杨舍人炎读其文，惊以相视曰：'子云之徒也。'常以兄之子妻公，由是名闻。""公有文章若干卷，深茂古老，慕司马相如、扬雄之辞，而其诂训多《尚书》《尔雅》之说，纪事朴实，不苟悦于人，世得以传其稿。其学自圣人之书以至百家诸子之言，推黄炎之事，涉历代洎国朝之故实，钩引贯穿，举大苞小，若太仓之蓄,崇山之载,浩浩乎不可知,岂扬子所谓仲尼驾说者耶?”并称赞他:“其忠类朱云,其孝类颍考叔,廉类公仪休,而又文以文之,学以辅之,而天子以为之知。既得其道,又得其时,而不为公卿者,病也。故议者咸惜其始,而哀其终焉。”(今考《全唐文》,仅卷五一五收藏其文四篇,其中三篇都是议禘祭的,并不见得有什么突出之处,或许多有佚失。)其师友独孤及、常衮、杨炎皆当世名重一时的文章大家。独孤及累迁太常博士,礼部、吏部员外郎,卒谥宪,与萧颖士、李华、贾至等先后倡导古文,为唐代古文运动的先驱,《新唐书》有传,梁肃著有《常州刺史独孤公神道碑》。到韩愈这个时代,古文创作方面最有水平的要推独孤及和梁肃,梁肃之文得独孤及传授,韩愈师事梁肃,贞元八年(792)韩愈第四次应考,就是因为得到主考官陆贽及其助手梁肃的推荐才考中进士。

通过以上考察,我们不难理解陈京其人在韩愈心中的地位,他对这位长辈、先达应该是仰慕并抱有幻想的,他把陈京视为古文的前辈去结交,认为有可能得到对方的赏识和帮助。从上述几层关系看,陈京也似乎应该赏识韩愈。但韩愈并不了解陈京的为人,所以才有许多曲折。从这封信中看出,这位先达对韩愈这位尚处于“贫贱”而又“文日益有名”的晚辈始终不像梁肃那样推心置腹,更没有满腔热情地去扶持,而是时冷时热、若即若离、不冷不热,有时甚至于疏远冷淡,令人摸不透。对此韩愈当然会有所觉察,他肚子里的牢骚可想而知,但又慑于陈京的地位,有求于他,行文便不能不“词漫而气亦屈”了。 (刘振娅)

与冯宿论文书[1]

辱示《初筮赋》[2],实有意思。但力为之,古人不难到[3]。但不知直似古人,亦何得于今人也[4]。仆[5]为文久,每自则[6]意中以为好,则人必以为恶矣。小称意[7]人亦小怪[8]之,大称意即人必大怪之也。时时应事作俗下文字[9],下笔令人惭,及示人,则人以为好矣。小惭者亦蒙谓之小好,大惭者即必以为大好矣。不知古文直何用于今世也,然以俟知者知耳[10]。

昔扬子云[11]著《太玄》[12],人皆笑之。子云之言曰:“世不我知[13],无害也;后世复有扬子云,必好之矣。”子云死近千载,竟未有扬子云,可叹也。其时桓谭亦以为雄书胜《老子》[14]。《老子》未足道也,子云岂止与老子争强而已乎,此未为知雄者。其弟子侯芭[15]颇知之,以为其师之书胜《周易》[16]。然侯之他文不见于世，不知其人果如何耳。以此而言，作者不祈人之知也⑰明矣。直百世以俟圣人而不惑，质诸鬼神而不疑耳⑱。足下岂不谓然乎⑲？

近李翱⑳从仆学文，颇有所得，然其人家贫多事，未能卒㉑其业。有张籍㉒者，年长于翱，而亦学于仆，其文与翱相上下，一二年业㉓之，庶几乎至也。然闵其弃俗尚而从于寂寞之道㉔，以之争名于时也。

久不谈，聊感足下能自进于此㉕，故复发愤一道㉖。愈再拜。

〔注〕①与冯宿论文书：一作《与冯宿书》。冯宿，字拱之（一作珙之），婺州东阳（今属浙江）人。德宗贞元八年（792）登进士第，历仕德宗、顺宗、宪宗、穆宗、敬宗、文宗六朝，官至剑南东川节度使，检校礼部尚书，累封长乐县公。工诗文，尤长赋颂制诰。　②《初筮赋》：已佚。　③"但力为之"二句：谓只要努力去做，文章写得像古人不难做到。这里指模仿先秦两汉的散文写古文。　④"但不知"二句：只是不知道文章写得正像古人，又怎能让今人认可。直似，正像。　⑤仆：我，在下，对自己的谦称。　⑥则：衡量。一本作测，是。测，有估量、测度、预料的意思。　⑦称意：合意，满意。　⑧怪：埋怨，责备。　⑨时时应事作俗下文字：谓时常为应付世事写那些平庸的应酬文章。俗下文字，这里指当时社会上流行的被称为"时文"的骈文。　⑩"不知古文"二句：谓简直不明白古文凭借什么才能被今人承认？虽如此，还是要等待那些有智慧、有见识的人去辨别，去了解它。　⑪扬子云：扬雄，字子云。西汉文学家、哲学家、语言学家，蜀郡成都（今属四川）人。成帝时任给事黄门郎，王莽时校书天禄阁，官为大夫。早年酷好辞赋，以文章名世。后鄙薄词赋，主张一切言论都应以"五经"为准，仿《论语》作《法言》，仿《易经》作《太玄》。　⑫《太玄》：亦称《太玄经》，全书以"玄"为中心思想，提出以"玄"作为宇宙精神本原的客观唯心主义学说。　⑬世不我知：即世不知我，世人不了解我的著作。我，此指我的著作，即《太玄经》。　⑭其时桓谭亦以为雄书胜《老子》：当时桓谭认为扬雄的著作比《老子》好。桓谭，东汉哲学家、经学家，官至议郎给事中。遍习五经，博学多通，喜非毁俗儒。因坚决反对谶纬神学，被光武帝目为"非圣无法"，几遭处斩。其"以烛火喻形神"的著名论点对后世无神论思想发展有影响。著有《新论》二十九篇。　⑮侯芭：生卒不详，《汉书·扬雄传》载："时有好事者载酒肴从游学，而巨鹿侯芭常从雄居，受其《太玄》《法言》焉。"扬雄卒，"侯芭为起坟，丧之三年"。　⑯《周易》：亦称为《易经》，又简称《易》，儒家重要经典之一。相传为周人所作，故名。内容包括《经》和《传》两部分。《周易》通过八卦形式推测自然和社会的变化，认为阴阳两种势力的相互作用是产生万物的根源，提出"刚柔相推，变在其中矣"等富有朴素辩证法的观点。　⑰不祈人之知也：不乞求当世人了解自己。　⑱"直百世"二句：真正是过百世等待圣人而不动摇，验证于鬼神而不怀疑。直，真，简直。惑，疑惑、怀疑，此指心志动摇。　⑲足下岂不谓然乎：您难道不这样认为吗？　⑳李翱（áo）：字习之，郡望陇西成纪（今甘肃秦安西北），陈留（今河南开封东南）人。贞元进士，累迁至户部侍郎，卒于山南东道节度使任所，谥文。曾从韩愈学古文，为中唐古文名家，是古文运动的参加者。有

《李文公集》传世。　㉑ 卒(zú)：完毕，尽。　㉒ 张籍：字文昌，祖籍吴郡(今江苏苏州)，后移居和州乌江(今安徽和县)。中唐诗人，贞元间中进士，历任太常寺太祝、水部员外郎、国子司业等职，故世称“张水部”或“张司业”，曾从学于韩愈，世称“韩门弟子”，与韩愈私交甚厚。有《张司业集》传世。　㉓ 业：从事于，以……为业。这里指从事古文的写作。　㉔ 然闵其弃俗尚而从于寂寞之道：虽如此，也担心他放弃世俗的崇尚而从事于寂寞之道。闵，忧虑，担心。俗尚，世俗，一般人所崇尚的，即前文所云“俗下文字”。寂寞之道，指去做那些孤单、受人冷落的事，此指从事古文写作。　㉕ 自进于此：自己求进于古文的写作。　㉖ 发愤一道：发泄愤懑，一吐为快。

这篇书信写在唐德宗贞元十三年(797)，时韩愈三十岁，由宣武军节度使董晋荐举为汴州(今河南开封)观察推官(掌管勘问刑狱工作)，职衔是试秘书省校书郎(正九品上)，实际上是为董晋做文字工作。这是他初登仕途。从这一年到贞元十八年春他被授为国子监四门馆博士、正式当上朝廷命官前的这五年期间，正是他一心钻研儒学，积极组织队伍，为复兴儒学、进行文体改革创造条件的准备期。

这一时期，他周围聚集了一批志同道合的朋友和有志于古文写作的青年学子，如孟郊、李翱、张籍、欧阳詹、侯喜、尉迟汾、皇甫湜等，韩愈通过和他们的研讨及文书往来阐述自己的古文主张。这些涉及古文理论的文章，如《答崔立之书》《答张籍书》《重答张籍书》《答李翊书》《答尉迟生书》等等及本篇，及稍后写的阐述其古文主张的名篇如《送孟东野序》《题欧阳生哀辞后》《答刘正夫书》及晚年的《南阳樊绍述墓志铭》等，或宣扬复兴儒学的坚强信念和“文以明道”的宗旨，或说明读书治学的经历及具体步骤和方法，或交流写作经验体会，或品评人物世风，涉及古文写作中文与道、文与现实的关系，文气问题，作文与作家修养，文章语言的创新，文风革新，文体改革等一系列问题，内容十分丰富，是我们研究韩愈及中唐古文运动的重要文献。

这篇书信则是向朋友冯宿倾诉了从事古文写作的艰辛，同时表达了进行文体改革的决心、信心，书信中的自我真可谓特立独行，颇具反潮流精神，透露出自己不随时尚而倡导古文的义无反顾的气概和一代文宗一心振兴儒学进行文体改革的远见卓识。

题为《与冯宿论文书》是因为这封书信的内容自始至终都是围绕着古文写作这个话题，中心十分突出。这也是本文与其他一些古文理论的名篇不同的地方，韩愈的有些论文名篇往往并非专门论文，而是在叙事写人中涉及到论文的一些话题，有时甚至是三言两语、片言只语提出自己的主张和见解。本文却不同。“论文”这个话题的提出就是由于冯宿把自己写的《初筮赋》给韩愈阅读，其中不乏向韩愈学习的意思。冯宿是韩愈志同道合的朋友，贞元八年与韩愈同榜登进士第，《旧唐书》本传云“宿昆弟二人，皆幼有文学”，“有文集四十卷”，但今《全唐文》仅存其文十一篇，散佚者想必不少。《初筮赋》今也无法看到，其内容无法考察。不过，从韩愈的书信中可以推知它的形式用的是古文这种文体，所以韩愈觉得它“实有意思”，并且使韩愈读出了信心，表示“但力为之，古人不难到”。韩愈在这里所说的要求努力去做的、文章写得像古人的，就是指效法先秦两汉以来用文言写的那种言有长短、声有高下、单行散句、比较接近口语，能自由抒发的散文，即被韩愈称为“古文”的文体。

事实上，韩愈并没有完全抛弃骈文的长处，他不满的是六朝以来所通行的那种被对偶形式所拘束，矫揉造作，堆砌繁缛，不合自然语气的骈体文。同时他也吸收了骈文结构整严、意味隽永等积极因素而独成一家，使得他的散文既自由畅达，又具有骈文的整饬之美，在质朴中见流丽，恣肆中寓有严整，疏密掩映，丰腴多姿，形成自己雅正弘大的语言风格。清人刘熙载就评价说“韩文起八代之衰，实集八代之成”（《艺概·文概》）。然而，当时在士大夫中流行的正是那种讲究骈俪的被称为“时文”的“骈文”，写“古文”被看作是不合时宜的。由此他提出一个问题：文章写得像古人，又怎样得到今人的承认？对此他是有切肤之痛的。

接着，他向朋友诉说了自己效法古人，改用散文写作的经过以及当时人的反映和评价：“仆为文久，每自则意中以为好，则人必以为恶矣。小称意人亦小怪之，大称意即人必大怪之也。时时应事作俗下文字，下笔令人惭，及示人，则人以为好矣。小惭者亦蒙谓之小好，大惭者即必以为大好矣。”就是说，自己改用古文写出来的东西，自己感到比较满意的，人家反而一定说不好，自己小满意则人家小反对，自己大满意则人家大反对。由此可以看出韩愈在文体改革方面所遇到的阻力之大。在强大的舆论压力下，在一片指责声中，他也时常为应付世事不得已写一些内容平庸，却是当时社会上流行的骈文，下笔时自己都感到羞惭，但拿给别人一看，却博得一片叫好，小惭愧博得的是小叫好，大惭愧博得的是大叫好：自己的追求与时下人的好恶竟如此相反！由此，他不能不喟然叹曰：“不知古文直何用于今世也”，然而他还是要坚持下去，坚信自己的做法，行文到此笔锋一振，果断有力地表达了自己的决心：“然以俟知者知耳。”刚毅的语气中透露出不改初衷的韧劲，也包含着对志同道合者的呼唤和期待。

从这段自述中也可以看出，韩愈摒弃“俗下文字”是自觉的，他不是不能写，而是不愿写，正如孟子所说“是不为也，非不能也”（《孟子·梁惠王上》）。他把当时在士大夫中通行的“时文”称为“俗下文字”，也可以看出他对那种内容平庸、一味追求文字技巧、以骈俪为工的文风的鄙视与不满。接着他以扬雄为例表达自己在文体改革上特立独行，不因循、不与世沉浮的决心，这也是他学习古之“豪杰之士”孟轲、屈原、司马迁、相如、扬雄等人的具体表现。当年扬雄撰写《太玄》得不到人们的理解，“人皆笑之”，他却十分坚定自若地说：“世不我知，无害也；后世复有扬子云，必好之矣。”表现出空前的自信，这需要多么大的勇气和远见卓识啊！历来反潮流、开风气之先者都必须具备这样的胆识。言下之意，自己现在这样做，就是要效法扬雄，认准了的事情就义无反顾地做下去。他赞扬扬雄：“不祈人之知也明矣。直百世以俟圣人而不惑，质诸鬼神而不疑耳。”语气沉着果断，充满自信。他赞扬扬雄不去期期艾艾地祈求当时人们了解自己，真正是过百世等待圣人而不动摇，验证于鬼神而不怀疑，其实是君子自道，借古人来肯定自我。这是何等的气魄和决心啊！他说：“子云死近千载，竟未有扬子云，可叹也。”同样是向世人宣布，千载之下出了个韩愈：我来也，我就是当代的扬雄！接着一连举出与扬雄同时代的哲学家、经学家、官至议郎给事中、遍习五经、博学多闻的桓谭对其著作的评价，扬雄弟子侯芭对他的了解及评价，说明扬雄在当时已有知音（虽然这些评价恰当与否尚需商榷），他并不孤立，还是有支持者追随者的。言下之意是今天我韩愈也不孤立。

信写到这里，水到渠成，很自然地反问朋友：“足下岂不谓然乎？”答案当然是肯定的。这一问，推己及人，让朋友主动接受，也和自己一样充满信心。文章到此又很自然地提到李翱、张籍跟自己学习古文的事，照应上文，说明“吾道不孤”，继起有人。韩愈在简要介绍他们的情况，表达对他们的期望的同时，也对他们放弃世俗的崇尚而从事于“寂寞之道”，求进于古文的写作表示担心，其实是希望他们能够像自己一样坚定信心、耐得寂寞，共同完成文体改革的事业。这一段话语气恳切而又委婉含蓄，有人评论它是“策其退而诱其进之词，非感愤也”（清何焯《义门读书记》评语），可谓知音。

同样的思想在此前此后给朋友的书信中也有表达，如在给崔立之的书信中就谈到自己在科举考试中为了达到录取的目的，也不得不去写一些骈四俪六的东西，他把这些逢场作戏的文章看作是“俳优者之辞”，以致使他“颜忸怩而心不宁者数月”（《答崔立之书》）。他在《答李翊书》中有一段叙述自己实践“古文”的经过，与本文如出一辙。从中都可以看出他在为复兴儒学、进行文体改革的准备阶段是十分艰难的，要有极大的勇气和坚定不移的决心。他在这两封书信中都叙述了自己实践“古文”的经过，他不仅告诉朋友和青年学子学习古文的途径，还强调了学习古文要有坚定的信心，不以时人的毁誉而动摇，深造自得，逐步演进，而且有一个长期曲折的过程。这篇《与冯宿论文书》则更侧重于揭示了自己倡导古文,在当时那种风气下所遇到的阻力与打击。正因为在古文运动的初期,他不顾世人的讥笑、打击,坚持古文写作,才给有志于古文的人作出了榜样;正因为他站在古文运动的最前列,力排障碍,身体力行,大声疾呼,冲锋陷阵,中唐这场以儒学复古为号召,提倡古文,反对时尚骈文的从文体到文风的革新运动才能取得胜利。通过这样的准备,到贞元十八年韩愈被授为国子监四门馆博士,正式当上朝廷命官,条件也更为成熟时,便毅然擎起古文运动的大旗,这场运动,在中国文学史上留下深远的影响。所以其门人李汉赞扬他:"洞视万古,愍恻当世,遂大拯颓风,教人自为。时人始而惊,中而笑且排,先生益坚,终而翕然随以定。呜呼!先生于文,摧陷廓清之功,比于武事,可谓雄伟不常者矣!"(《昌黎先生集序》)

本文虽为"发愤一道"之作,但思路缜密,看似朋友间书信往来随意挥洒,却又不乱章法,全文围绕着文体改革这一中心层层展开。语气随情感起伏变化,开头娓娓道来,中间痛切沉着,结尾推心置腹,似道家常,既有沉痛激愤又不乏含蓄委婉。刚毅果决处语言坚定有力,警策如"不祈人之知也明矣。直百世以俟圣人而不惑,质诸鬼神而不疑耳",这样的句子,使人有高山堕石之感。委婉恳切处如"……一二年业之,庶几乎至也。然闵其弃俗尚而从于寂寞之道,以之争名于时也",直可谓寄托深远、语重心长。在层次转折和文意推进的地方,作者又常用设问之语启开思路,行文流畅自然,开阖自如,很能体现韩愈闳肆奔放的文章风格,这也正是他改革文体的体现。

(刘振娅)

应科目[1]时与人书

月日,愈再拜:

天池[2]之滨,大江之濆[3],曰有怪物[4]焉,盖非常鳞凡介之品汇匹俦也[5]。其得水,变化风雨,上下于天不难也[6]。其不及水,盖寻常尺寸之间耳,无高山、大陵、旷途、绝险为之关隔也[7],然其穷涸,不能自致乎水,为獱獭之笑者,盖十八九矣[8]。如有力者,哀其穷[9]而运转[10]之,盖一举手、一投足之劳也。然是物也,负其异于众也,且曰:"烂死于沙泥,吾宁乐之。若俯首帖耳,摇尾而乞怜者,非我之志也。"[11]是以有力者遇之,孰视之若无睹也。其死其生,固不可知也。

今又有有力者当其前矣,聊试仰首一鸣号焉,庸讵知有力者不哀其穷，而忘一举手、一投足之劳，而转之清波乎⑫？其哀之，命也。其不哀之，命也。知其在命，而鸣且号之者，亦命也。愈今者实有类于是⑬。是以忘其疏愚⑭之罪，而有是说焉。阁下其亦怜察之。

〔注〕 ① 科目：指科举考试中的各种门类。《新唐书·选举志》载唐科举科目云："有秀才，有明经，有俊士，有进士，有明法，直盟皇，有明算，有一史，有三史，有开元礼，有道举，有童子。"不过这些都是礼部考试。韩愈已经通过了这个出身考试中最热门的"进士"考试，但唐代仅仅通过了礼部考试，只是有了做官的身份，要做官还要通过吏部考试。韩愈贞元八年(792)中进士，次年参加吏部的博学宏词考试。此文开篇或作"应博学宏词前进士韩愈再拜上书舍人阁下"。 ② 天池：《庄子·逍遥游》："南冥者，天池也。"成玄英《疏》云："大海洪川，原夫造化，非人所作，故曰天池。"即大海。 ③ 濆(fén)：水边。 ④ 怪物：当为蛟龙一类。 ⑤"盖非"一句：言这个"怪物"不是一般鱼鳖虾蟹之类。鳞，鱼类。介，甲壳类动物。 ⑥"其得水"三句：言"怪物"得到了水，在大风大浪之中上天下地、千变万化都不是难事。 ⑦"其不"三句：言如果没有水，就是没有高山丘陵、遥远的路途和艰险的地势的阻隔和限制，它也只能在尺寸之间挪动。 ⑧"然其"四句：言蛟龙处于干涸之地，自己不能到水中，大约十有八九要为水獭一类所嘲笑。猵(biān)，小水獭。獭，水獭，哺乳动物，栖息于水边，善游泳。 ⑨ 哀其穷：可怜它没有出路。 ⑩ 运转：活动起来。 ⑪ 然是物……非我之志也：此物自负有与众不同之处，宁肯烂死在泥沙，自得其乐；也不愿意俯首帖耳，摇尾乞怜，这不是它的志向。是物，指"怪物"。 ⑫ 今又有……清波乎：言现在又有有力量的人在眼前了，"怪物"当仰首长鸣，又何以知有力量的人不可怜"怪物"困难处境，实施一举手、一投足之力把它运转到江河湖海之中呢！有力者，指作者求助的对象。庸讵，何以。 ⑬ 有类于是：与这个"怪物"的处境有点类似。⑭ 疏愚：疏远、愚昧。

这是一篇求人帮助的文章，希望他能帮自己一把。唐代的士人自我意识非常强，他们即使求人的时候也有"说大人则藐之，勿视其巍巍然"的气度，不随意贬低自己，求得别人的怜悯。我们读李白的《与韩荆州书》或杜甫《奉赠韦左丞丈二十二韵》都会感受到这一点。韩愈的这篇文章也写得气宇轩昂，不可向迩。

为什么在参加选官考试之前韩愈要给官员写信要求对方提携自己呢？这会不会违反考试规则呢？唐朝虽然实行了科举制度，但当时的考试制度尚不完善，录取不录取，不是单纯看考试成绩如何。也就是说，当时取士不完全看卷面，还要看考生当时的名气如何。那么名气如何定呢？这主要靠当时达官贵人的吹捧揄扬。唐代的进士考试实行的是推荐与选拔相结合的制度。"口碑"往往决定于考生的推荐者的名气。像盛唐时的王维参加考试之前受到岐王和公主的推荐，白居易受到顾况的推荐，所以才能顺利入选。唐代士人到长安参加科举考试前请有名望、有地位的人揄扬推荐是非常正常的事情。如果没有人推荐，那仍是处于困穷之中，有多大的学问也难进入仕途。要想得到揄扬，就要常常把自己的诗文作品誊录清楚，写成卷子(类似今日书画的卷轴)送到达官贵人的府上，这叫作“行卷”，然后过一段时间再送，免得他们忘了自己，这叫作“温卷”。

韩愈要考博学宏辞了，就求到这位韦舍人。想来已经行卷多次，再写上这封信让他加深对自己的印象。作为书信，此文很怪。用清人蔡铸的话说就是“通篇亦无头，亦无尾，竟斗然写一怪物，一气直注而下，中间却有无数曲折”(《蔡氏古文评注补正》卷六，转引自《韩愈资料汇编》)。把信写成类似寓言，这可能是韩愈的一个创造。

全篇皆用比喻，反复说一个在风雨中可以上天下地、变化无穷的“怪物”，因为无水被搁置在江滨海边。它不是凡品，不是鱼鳖虾蟹之类可比拟，这是一怪。然而，文章一转，言“其不及水”，不用高山远途的阻隔，只能在尺寸之间挪动，无大风大雨不能动，这是二怪。下面进一步申说穷涸不致于水“怪物”的不幸，并就此一转请有力者出手，而且费不了他多么大的力气。行文至此，问题似乎解决了。然而，作者笔锋一转，这个“怪物”自负异才，不肯低眉俯首，甚至宁肯“烂死于沙泥”，也不肯丧失自尊、摇尾乞怜，这是三怪。既然如此之“怪”，有力者熟视无睹，任其自生自灭也就不奇怪了。寥寥几笔，把怪物的“怪”这一特征已经写得很充分了，把前人不肯相帮也写得情有可原。

下面一个“今”点明上面所述皆属怪物之过去，现在它又面临一个新的机遇了，面前又出现了一位“有力者”了。“怪物”鉴于过去的遭遇不敢乐观，但还是有希望的，因此作者以疑问句出之：“庸讵知有力者不哀其穷，而忘一举手、一投足之劳，而转之清波乎?”一个长的疑问句把怪物内心的悲哀、疑惧、羞惭、企盼等复杂的情感表现了出来。然而，仍不敢确定，同情帮助是命，漠视拒绝也是命，而且连写这一封信也是命，无可奈何谓之命，弱者永远是命运的承受者，只有强者才是造命者。通篇都是比喻，只在结尾表明“愈今者实有类于是”，我韩愈的遭遇就跟那个怪物一样，您能怎么样对待我呢？点明自己写信的本意。经过了四五个转折之后，文结穴于此。

为什么通篇用比喻，不把自己的意图带入文中呢？因为这是求人援手的信，求人之事，直道本意，丑不可耐；用比喻，就婉转了许多。传统文化强调学者要自谦，不能胡乱吹捧自己，可是唐代科举是推荐与选拔相结合，士人游学必须善于推销自己，两者形成悖论。清代林云铭说：“人以为布局之奇，而不知应科目时与人之书，分明衒玉求售，于钻营嘱托，相去几何？不得不自占地步，若不借喻，恐涉夸诩。”(《韩文起》评语卷二)

韩愈不仅文章精彩，他还创造了许多成语，直至今日尚为人们所用。如本篇

的"一举手、一投足""俯首帖耳""摇尾乞怜"等。 （王学泰）

答刘正夫书

愈白，进士刘君足下：辱笺[①]教以所不及，既荷辱赐，且愧其诚然，幸甚，幸甚！

凡举进士者，于先进之门，何所不往，先进之于后辈，苟见其至，宁可以不答其意邪？来者则接之，举城士大夫莫不皆然，而愈不幸独有接后辈名[②]，名之所存，谤之所归也。

有来问者，不敢不以诚答。或问："为文宜何师？"必谨对曰："宜师古圣贤人。"曰："古圣贤人所为书具存[③]，辞皆不同，宜何师？"必谨对曰："师其意，不师其辞。"又问曰："文宜易宜难？"必谨对曰："无难易[④]，惟其是尔。"如是而已。非固开其为此，而禁其为彼也。

夫百物朝夕所见者，人皆不注视也；及睹其异者，则共观而言之。夫文岂异于是乎？汉朝人莫不能为文，独司马相如、太史公、刘向、扬雄为之最。然则用功深者，其收名也远。若皆与世沉浮[⑤]，不自树立，虽不为当时所怪，亦必无后世之传也。足下家中百物，皆赖而用也，然其所珍爱者，必非常物。夫君子之于文，岂异于是乎？今后进之为文，能深探而力取之，以古圣贤人为法者，虽未必皆是；要若有司马相如、太史公、刘向、扬雄之徒出，必自于此，不自于循常之徒也。若圣人之道，不用文则已，用则必尚其能者；能者非他，能自树立，不因循者是也。有文字来，谁不为文，然其存于今者，必其能者也。顾[⑥]常以此为说耳。

愈于足下忝同道而先进者，又常从游于贤尊给事[⑦]，既辱厚赐，又安得不进其所有以为答也。足下以为何如？愈白。

〔注〕 ① 辱笺：答书谦词，意谓承蒙您给我写信。 ② 接后辈名：接待后辈的名声，韩愈愿为学者之师，故其"独有接后辈名"。 ③ 具存：都存在。具，同"俱"。 ④ 无难易：无难无易。 ⑤ 与世沉浮：犹言随俗俯仰。《史记·游侠列传》："岂若卑论侪俗，与世沉浮而取荣名哉！" ⑥ 顾：通"固""故"，所以。 ⑦ 贤尊给事：对刘正夫之父的尊称。刘父名伯刍，字素

芝，累擢给事中，以左散骑常侍终。

《答刘正夫书》大约作于元和七年(812)，韩愈时为国子博士，刘正夫尚未登进士第。

在韩愈所有与后学谈论古文创作经验的书信中，数本文和《答李翊书》说得最充分、最实在，也显得最为重要。大抵《答李翊书》主要是讲做古文用功的步骤，此书是讲"立言宗旨"(储欣《唐宋十大家全集录·昌黎先生全集录》卷三)的作文要旨。张伯行认为此书论文，所讲要领尤为重要，说："此篇论文是昌黎公登峰造极之旨，曰'师其意不师其辞'，曰'无难易，惟其是'，曰'用功深者其收名也远'，曰'能者非他，能自树立不因循者是也'。为文本领，何其切至，公可谓文中之圣矣！"(《重订唐宋八大家文钞》卷二)

《答刘正夫书》论文要旨，除张伯行所拈出者以外，还有很重要的一点，就是为文"宜师古圣贤人"。同时还提出了为文尚"异"、尚"能"的观念。为了弄清上述要点的含义和彼此之间的关系，对几个重要观点作些分析是必要的。第一个观点是为文"宜师古圣贤人"，这应是韩愈散文复古的核心内容。林云铭说："一篇大旨，只在'师古圣贤人'一句。古圣贤人，不是有意为文，随其意之所至而出之，即为不可易之词。"(《韩文起》卷四)韩愈讲为文"宜师古圣贤人"，除林云铭所理解的，是学习古代圣人贤人文风的自然、朴质外，还有重要的一点，即表明他所倡导的散文复古，是复儒家散文之古，是以继承和发扬儒家圣人、贤人的散文艺术传统为依归的。因为他说的"古圣贤人"，主要指的是周公、孔子、孟子、荀卿、扬雄以及司马相如、太史公、刘向等人。如何向他们学习呢？"师其意，不师其辞"。对"师其意，不师其辞"的理解，应注意韩愈另外一些说法，如说："愈之为古文，岂独取其句读不类于今者耶！思古人而不得见，学古道，则欲兼通其辞。通其辞者，本志乎古道者也。"(《题欧阳生哀辞后》)又说"愈之所志于古者，不惟其辞之好，好其道焉尔"(《答李秀才书》)，"愈之志在古道，又甚好其言辞"(《答陈生书》)等。可见，韩愈讲为文师"古圣贤人所为书"，"师其意，不师其辞"，有"志在古道"的目的，即取用古代圣人贤人书中所说的思想观念，作为构成散文艺术精神的理论基础，但并不意味着他不学习"古圣贤人"的文辞之类。相反，他是"甚好其言辞"，要"取其句读不类于今"。只是为了强调得"意"的重要，故有"不师其辞"之说。再者，韩愈此说也是在讲如何学习古人之文的方法，即从精神上领会古人行文(包括构思方法、风格取向、修辞策略，以及篇法、章法、句法、字法)之妙，而不是拘于形迹，停留在对字句语词的套用上。以防散文复古成为仿古、拟古。

第二个观点是为文"无难易,惟其是尔"。首先,我们应明白,韩愈讲这个观点是有很强的现实针对性的。李翱《答朱载言书》就说:"天下之语文章……其爱难者则曰'文章宜深不当易';其爱易者则曰'文章宜通不当难'。此皆情有所偏,滞而不流,未识文章之所主也。……古之人能极于工而已,不知其词之对与否、易与难也。"李翱为韩愈门人,所论与韩文见解相同。可见为文当易当难的问题,在韩愈、李翱生活的时代,是许多人都未解决好的问题。联系到从唐到宋,这个问题对唐宋古文发展的长期困扰,韩愈此说的理论意义自不可低估。其次,我们应该正确理解韩愈所说的"惟其是尔"的"是"。前人解"是",有两个人的说法很突出。一即刘熙载讲的"'是'字注解有二:曰正,曰真"(《艺概·文概》),一即林纾讲的"此文通篇重一个'是'字。公之所谓'是',即古圣贤之所谓是也。道在是,德在是,文亦在是。合于古圣贤之言,为古圣贤之所首肯,方为'是'之正面"(《林纾选评古文辞类纂》)。刘氏论文,重理重识,如果从此角度理解他讲的"正""真",那么他对韩愈"是"作的"注脚"就和林纾想法相近,都是指文章内容的正确或言论稳当而言。这似乎不太符合韩文原意。韩愈说"惟其是尔",分明是就文风当难当易问题作出回答,他不赞成有意求"难",也不赞成有意求"易",而是主张根据文章题材、立意、功用等方面的特点,确定其风格取向、显现其风格特征。这一点,从李翱所举《尚书》《诗经》里"非易""非难"却同为妙句的例子,可以得到佐证。至于韩愈为文,虽有"怪怪奇奇"之作,终以平易自然为主。虽然他说过肯定樊宗师艰涩文风的话,但他自己的文章并不艰涩。要之,其文风取向的求"是",有趋于"易"的特点。而这一特点的形成,并"非固开其为此,而禁其为彼也",而是因应文章题材、立意、功用的特点,自然产生的。

第三个观点是"能自树立,不因循"。文中言此,既说"若皆与世沉浮,不自树立,虽不为当世所怪,亦必无后世之传也",又说"能者非他,能自树立,不因循者是也。有文字来,谁不为文,然其存于今者,必其能者也"。两段话一从反面说,一从正面说,均强调一点,即作文只有"能自树立,不因循",所作之文才能流传后世,有不朽的价值。很明显,韩愈提倡的是一种创新精神。只有创新才能前进,这一精神是符合古代散文发展趋向的。事实上,韩愈自己在散文创作中也做到了这一点。从他的创作实践可以看出,他讲"能自树立,不因循",主要就为文的"与世沉浮"与"师古圣贤人"而言。所谓"与世沉浮",是讲作文与世人同风,即习惯于"作俗下文字(指骈文)",追求内竭外侈的骈体写作风气。韩愈耻于追风,不求悦于世人、无诱于势力,而勇创古文,正是"能自树立,不因循"的重要表现。而他在"师古圣贤人"时所表现出来的创新精神,例证更多(如言惟陈言之务去、词必已出，以及创作中出于古人而胜过古人者）。可以说，韩文在文体、构思、持论、风格、语词等方面的独创性，都得益于此。甚至可以说，韩愈领导的古文运动能成为一场文体、文风、文学语言的革新运动，也与这一指导思想有关。而要求古文写作者在“师古圣贤人”时“能自树立，不因循”，对他们的锐意创新无疑有激励作用。

至于文中所说“异”“能”的关系，比较清楚。所谓“异”系指古文立论、体裁、题材、构思、风格、篇法、章法、句法、字法等而言，强调的是文章内外之类的独特性。要指明的是，韩愈所尚之“异”，乃“惟其是尔”之“异”，“师古圣贤人”之“异”。不能把“立异”和“师古圣贤人”对立起来。而作为“异者”“非常物者”的古文，只有“能者”即“能自树立，不因循者”才能写得出来。换言之，就是鼓励作者写出见识新颖、高明，风格独特的古文。而要做到这一点，非下苦功不可。所以他讲“用功深者，其收名也远”，并不对“后进之为文，能深探而力取之，以古圣贤人为法者”一概否定。有学者说“‘师古圣贤人’‘师其意’‘惟其是’三层，即是立异。立异即是能自树立者”（沈德潜《评注唐宋八家文读本》卷三），将书中所讲“作文要领”（同上）作一系统归纳，所说也大体符合韩愈的本意。

本文是韩愈写给后学（友人之子）刘正夫请教作文之道的回信，除首尾所言为一般复信应有的内容和言说方式外，中间三段实构成一小篇说理文。

三段文字均出语平实，其谈话风格很适合“先进”向“后辈”传道解惑的语气。加上作者所说尽为自家作文本领、切身体会，言之谆谆而“进其所有以为答”，故文风有温醇之美。大抵三段文字，意承文接，总的态势以平顺、和易为主，各段自有特色。首段本说应受“后辈”之问，关键的话是“宁可以不答其意邪”。粗看是说理应回答对方的问题，于答问前作自谦语，实际上是借言此抒发作者因“接后辈”而遭受毁谤的牢骚。但作者只是顺口感慨一番，并未做太多的议论。这样写的好处是能用情真之语缩短对方和自己的距离，用宁可受谤也要作答表明书中所言的重要。中段即承上段所说答“后辈”所问事行文，三问三答，一气而下。读这段文字，应注意到作者讲的三个作文要领，是借说回答“有来问者”的方式讲出来的。这三个问题可能是平日“后辈”向他请教问得最多的问题，也可能是作者所认为的最重要的问题。刘正夫在来信中未必问过这么具体的问题，但作者觉得这些问题应该明白，故借介绍应“有来问者”之问作答的内容扼要说出。文中三问三答，既是说原则，也是讲方法，而内容环环相扣，用语精练平实，应是作者平日深思熟虑、总结经验所提出的散文复古的纲领性意见。

揣测文意和行文语气，末段所言，可能是就刘正夫直接提出的问题作答，故说为文求“异”、尚“能”,说得很细。既拿日常生活中事作比,又举汉代最能为文者为例,且两用“岂异于是乎”作问,启发对方思考其理,两拿司马相如等人说事,使对方有感情认识。此段说理,则以为文求“异”为核心内容,中间讲“汉朝人莫不能为文”事,说“不自树立”“必无后世之传”;讲“家中百物”“所珍爱者”“必非常物”,说文之可珍爱者必为立“异”者;讲司马相如等人那样优秀的作家,只“能深探而力取之,以古圣贤人为法”,方能产生,绝不会通过学习“循常之徒”而产生,说学习古圣贤人的求“异”精神,始能成就文学事业;讲“能者非他”云云,说求“异”的本质精神就是“能自树立,不因循”。无不突出作文求“异”的必要,和阐述求“异”的实质。其行文之紧严、利落,真像林纾说的:“若卷帘,步步倒卷而上。上文有一处点眼,下文即处处回抱。”(《春觉斋论文·用笔八则·用绕笔》)

(熊礼汇)

与孟尚书[①]书

愈白:行官[②]自南回,过吉州[③],得吾兄二十四日手书数番[④],忻悚[⑤]兼至。未审入秋来眠食何似[⑥]?伏惟万福。

来示云:有人传愈近少信奉释氏,此传之者妄也[⑦]。潮州时,有一老僧号大颠[⑧],颇聪明,识道理。远地无可与语者,故自山召至州郭,留十数日,实能外形骸[⑨],以理自胜[⑩],不为事物侵乱[⑪]。与之语,虽不尽解[⑫],要自胸中无滞碍[⑬],以为难得,因与来往。及祭神至海上,遂造其庐[⑭]。及来袁州[⑮],留衣服为别,乃人之情,非崇信其法,求福田[⑯]利益也。孔子云:“丘之祷久矣[⑰]。”凡君子行己立身[⑱]自有法度。圣贤事业,具在方册[⑲],可效可师。仰不愧天,俯不愧人,内不愧心。积善积恶[⑳],殃庆自各以其类至[㉑]。何有去圣人之道,舍先王之法[㉒],而从夷狄之教[㉓],以求福利也?《诗》[㉔]不云乎:“恺悌君子,求福不回[㉕]。”《传》[㉖]又曰:“不为威惕,不为利疚[㉗]。”假如释氏[㉘]能与人为祸祟[㉙],非守道君子之所惧也,况万万无此理。且彼佛者果何人哉?其行事类君子耶?小人耶?若君子也,必不妄加祸于守道之人;如小人也,其身已死,其鬼不灵。天地神祇[㉚],昭布森列[㉛],非可诬[㉜]也。又肯令其鬼行胸臆,作威福于其间哉[33]？进退无所据，而信奉之，亦且惑矣。

且愈不助释氏而排之者，其亦有说。孟子云："今天下不之杨，则之墨。"[34]杨、墨交乱，而圣贤之道不明，则三纲[35]沦而九法[36]斁[37]，礼乐崩而夷狄横[38]，几何其不为禽兽也[39]！故曰："能言拒杨、墨者，皆圣人之徒也。"扬子云[40]云："古者杨、墨塞路，孟子辞而辟之，廓如也。"[41]夫杨、墨行，正道[42]废，且将数百年，以至于秦，卒灭先王之法，烧除其经，坑杀学士[43]，天下遂大乱[44]。及秦灭汉兴且百年，尚未知修明先王之道，其后始除挟书之律，稍求亡书，招学士，经虽少得，尚皆残缺，十亡二三[45]。故学士[46]多老死，新者[47]不见全经[48]，不能尽知先王之事，各以所见为守[49]，分离乖隔[50]，不合不公[51]。二帝三王[52]群圣人之道，于是大坏。后之学者，无所寻逐，以至于今泯泯[53]也。其祸出于杨、墨肆行而莫之禁故也。孟子虽贤圣，不得位[54]，空言无施[55]，虽切何补？然赖其言，而今学者尚知宗孔氏，崇仁义，贵王[56]贱霸[57]而已。其大经大法皆亡灭而不救，坏烂而不收，所谓存十一于千百，安在其能廓如[58]也？然向无孟氏，则皆服左衽[59]而言侏离[60]矣。故愈尝推尊孟氏，以为功不在禹下者，为此也。

汉氏[61]已来，群儒区区修补，百孔千疮，随乱随失。其危如一发引千钧[62]，绵绵延延，寖[63]以微灭。于是时也，而倡释老于其间，鼓天下之众而从之[64]。呜呼，其亦不仁甚矣[65]！释、老之害，过于杨、墨，韩愈之贤，不及孟子，孟子不能救之于未亡之前，而韩愈乃欲全之于已坏之后，呜呼，其亦不量其力，且见其身之危，莫之救以死也。虽然，使其道由愈而粗传，虽灭死万万无恨。天地鬼神临之在上，质之在旁，又安得因一摧折，自毁其道以从于邪也[66]！

籍[67]、湜[68]辈虽屡指教，不知果能不叛去否[69]？辱吾兄眷厚[70]，而不获承命[71]，惟增惭惧，死罪死罪。愈再拜。

〔注〕 ① 孟尚书：孟简，字几道，祖籍汝州梁县（河南临汝）。长期居吴中。贞元中进士，

又登博学宏辞。崔群为相，一度代群为户部尚书。孟简精佛典，曾于元和六年与萧俛等在醴泉寺翻译《大乘本生心地观经》。 ② 行官：唐代官名。受上官差遣往来四方干办公事传信人员。 ③ 吉州：地名，今江西吉安。 ④ 数番：数张。 ⑤ 忻悚（xīn sǒng）：高兴与紧张。 ⑥ 何似：如何。 ⑦“来示云”三句：概括孟简来信的内容，说韩愈相信了佛教。妄也，荒谬的。 ⑧ 大颠：中唐时名僧，俗姓陈，出生于潮州（广东潮州）。贞元初曾居罗浮瀑布岩。贞元七年，在潮阳县西幽岭下置灵山禅院以居，学者四集。元和十四年（819）韩愈因谏佛骨被贬至潮州，曾招大颠至州郡。留十余日，后归山，赠韩愈一诗偈，留别。 ⑨ 外形骸：超脱于形骸之外。 ⑩ 以理自胜：理性占上风。 ⑪ 不为事物侵乱：不被外面事物所扰动。 ⑫ 不尽解：对儒道不能完全理解。 ⑬ 要自胸中无滞碍：大颠心中没有排斥儒道的想法。要自，应自。 ⑭ 造其庐：到大颠寺庙看望他。 ⑮ 袁州：地名，今江西宜春。韩愈于元和十四年七月被任命为袁州刺史。 ⑯ 福田：佛教以布施供养、修德行善为“种福田”。 ⑰ 丘之祷久矣：出自《论语·述而》。孔子有病，弟子为他祈祷，孔子说我早就祈祷过了。 ⑱ 行己立身：立身行事。 ⑲ 方册：儒家经典。 ⑳ 积善积恶：《易经》“坤卦”文言曰“积善之家，必有余庆；积不善之家，必有余殃”。 ㉑ 各以其类至：言各随其类。善有庆，恶有殃。 ㉒ 先王之法：指儒道。 ㉓ 夷狄之教：指佛教。 ㉔《诗》：《诗经》。 ㉕ 恺悌（kǎi tì）君子，求福不回：出自《诗经·大雅·旱麓》。恺悌，和乐平易。不回，不会走错方向。 ㉖《传》：这里指《左传》，注释“经”的文字叫做“传”。《左传》注释的是《春秋》。 ㉗ 不为威惕，不为利疚：“《诗》不云乎……不为利疚”，大意为我遵循先王之道，自求多福，无论是威胁，还是小恩小惠，不会使我迷失方向。不为威惕，出自《左传·哀公十六年》，不因为威胁而发愁。不为利疚，出自《左传·昭公二十年》，不因为利益而败坏自己的信仰。 ㉘ 释氏：指佛教。 ㉙ 祸祟：鬼神造下的灾难。 ㉚ 祇（qí）：土地神。 ㉛ 昭布森列：明白昭告，排列森然。 ㉜ 诬：欺骗。 ㉝“又肯”二句：我们的“天地鬼神”聪明正直，森然罗列，怎么肯让“夷狄”之鬼神，随意在我们这里作威作福呢！ ㉞“孟子云”三句：《孟子·滕文公下》：“圣王不作，诸侯放恣，处士横议，杨朱墨翟之言盈天下。天下之言，不归杨则归墨。”故孟子倡言“拒杨、墨”。这里韩愈把“归”写作“之”。可能引文未核对之故。“之”意为“到”。 ㉟ 三纲：君为臣纲，父为子纲，夫为妻纲，是谓三纲。 ㊱ 九法：泛指治理国家的基本大法。例如《尚书·洪范》中的九畴，称之九法。《周礼》大司马所掌的治国原则，也称九法。 ㊲ 斁（dù）：衰败。 ㊳ 夷狄横：佛教泛滥。 ㊴“几何”句：它离禽兽还有多远呢。 ㊵ 扬子云：汉代思想家扬雄字子云。 ㊶“古者杨、墨”三句：出自扬雄所著《法言》卷二。 ㊷ 正道：指儒道。 ㊸“烧除”二句：指秦始皇三十四年焚书事。《史记·秦始皇本纪》记载此年，采纳了丞相李斯的建议“非秦记皆烧之”。秦始皇三十五年，坑杀方士、儒生等四百六十余人。 ㊹ 天下遂大乱：秦始皇死于三十七年，秦二世继位不到一年陈胜吴广起义，天下遂大乱，不久秦亡。 ㊺“及秦灭”至“十亡二三”：《汉书》卷三十六《楚元王传》言汉初天下“惟有易卜，未有它书。至孝惠之世，除挟书之律，然公卿大臣，绛灌之属，介胄武夫，莫以为意。至孝文皇帝，使掌故朝错从伏生受《尚书》”。不过自汉兴到孝惠只十二年。孝惠四年废挟书之律，也只十六年。从汉初到孝文继位只二十七年。皆不到百年。这八句意为自秦朝灭亡到汉兴将近百年，仍未知学习先王之道（儒道）。后来废除了刑律上的携带书籍罪，开始搜求散亡的书籍，招徕民间有学问的人士。经典搜求到一些，残缺的很多，只是十得其二三。 ㊻ 故学士：指汉以前在朝的学者，如秦博士之类。 ㊼ 新者：指汉代朝廷派去向征召来的学者学习的学生。如朝廷派的朝错（同晁错）就是“新者”，老师伏生九十余岁就是“故学士”。 ㊽ 不见全经：如晁错向伏生学习《尚书》，《尚书》本百篇，到伏生只有二十九篇了。 ㊾ 各以所见为守：当时书还很难得，学生向老师学习经典，老师同时也将自己保存的经典（多是残缺不全的）传授给他。学生坚守老师所传，这就是“守家法”。 ㊿ 分离乖隔：各派之间，虽是同一经，但篇章、文字都有差别，注释差别更大，彼此隔阂，互相矛盾。 ⑤① 不合不公：彼此不合，难以给学者一个公认的定本。如《诗经》不仅分今古文，就是今文中还分齐、鲁、韩三家。其他经典也是如此。 ⑤② 二帝三王：指尧舜二帝，大禹、商汤、周文王三王。儒家认为，二帝三王到周公孔子是儒家道统所在。 ⑤③ 泯泯：丧失，消失。 ⑤④ 不得位：没有权位。 ⑤⑤ 空言无施：空言批判而无措施。韩愈认为对于杨墨邪说就要用行政手段严禁，没有权位的孟子只能批驳，不能禁止。 ⑤⑥ 王（wàng）：王道，儒家的政治主张，其核心是施仁政。 ⑤⑦ 霸：霸道，法家的政治主张，其核心是使用暴力。 ⑤⑧ 廓如：清扫干净。 ⑤⑨ 左衽：衣服的大襟从左边开口，这是少数民族上衣习俗，中原一带华夏族是右衽。 ⑥⓪ 侏（zhū）离：形容方言或少数民族的语言。 ⑥① 汉氏：汉朝。 ⑥② 钧：三十斤为一钧。 ⑥③ 寖：同“浸”，渐渐。 ⑥④“于是时”三句：在儒教千疮百孔、岌岌可危之际，倡导佛教道教，鼓动天下百姓信奉它们。 ⑥⑤ 其亦不仁甚矣：此接上句而来。言如果我那样做（指支持佛教）真是太不仁了。 ⑥⑥“天地”四句：言有天地鬼神的监督和质证，我哪里会因为受到打击就自毁先王之道，投向邪教呢！质，证明。摧折，打击。 ⑥⑦ 籍：张籍，字文昌，吴郡（今江苏苏州）人。中唐诗人。贞元间中进士，曾官水部员外郎，国子司业。后世又称张水部或张司业。韩愈弟子。 ⑥⑧ 湜：皇甫湜，字持正。睦州新安（浙江淳安）人，少时生活在扬州。元和元年进士及第。韩愈弟子。 ⑥⑨“不知”句：言（我也常常教育他们遵守先王之道），不知道他们会不会叛离我而去。 ⑦⓪ 眷厚：深切关怀。 ⑦① 不获承命：没有能够接受您的指教。

这是一篇自辩之作，也是一篇卫道之作。元和十四年正月，韩愈被贬至潮州。唐代潮州还是蛮荒之地，韩愈到了那里不仅自然条件的恶劣使他不能忍受，而且人文环境更差，几乎没有可以交谈的人。此时，韩愈发现了潮州城外寺庙中有高僧大颠是位颇有思想的人，于是请他到郡城一谈。韩愈以排斥佛老驰誉于当时政坛，此次贬官潮州正是排佛所造成的。在韩愈与大颠有交往后，外界哄传他的立场改变了，不再排斥佛教了。本来对韩愈排佛就颇不以为然的孟简来信，劝他乘此机会，改弦更张，不要排佛了。于是韩愈作此书以自辩。通篇讲自己不可能放弃“先王之道”以从佛。

全文可分两部分，除了前面的寒暄外，从“来示云”到“亦且惑矣”为第一部分。这部分主要是自辩。自辩也可分三个层次，第一个层次讲与大颠交游只是一般的人情往来，不是“崇信其法，求福田利益”。有人怀疑韩愈到潮州多病，要靠大颠为之祈福。韩愈说，正像孔子一样我早就为自己祈祷了，根本不需要大颠，君子做事，不能乱来，行己立身，自有法度，福祸皆属自招，只有按先王之道修身才能免祸。批驳外界的妄传。第二层次讲君子当求诸圣贤之道，不要老在“福祸”上兜圈子。关于福祸的基本原则经传上也早有教诲。只要不怕威胁、不贪图小利就不会走上邪僻之路。第三层次繁复申说佛没有予人福祸之理。因此自己即使是求福避祸也要依从先王之道,不会投向佛门。

第二部分是卫道。这可分两个层次,第一个层次讲孟子在"辟杨、墨"保卫先王之道的功绩。"且愈"一句是过渡,言自己不仅不信奉、助长佛教,而且还要排斥佛教,以此引出下面孟子的"辟杨、墨",表明自己是继承孟子传统的。韩愈是把先王之道看作构筑文明社会的根本大法,离了这个道,人们就会变成禽兽,就会变成谁有力量谁就是老大、以暴力为基准的社会,也就是丛林社会。因此在韩愈看来要维护文明,要使人们有秩序的生活就要维护"二帝三王群圣人之道"。然而"先王之道"遭过多次劫难。战国之时,百家争鸣,在孟子看来杨朱学派和墨家学派的信奉者最多,于是就有"天下不归杨则归墨"的感慨。孟子奋力与这两派的思想作斗争。这是儒道遭受的第一次劫难。第二次是秦难。秦始皇建立秦王朝后,只相信暴力,除了刑法武力外敌视一切文明。对于儒家则是"烧除其经,坑杀学士"。秦始皇以为得计,秦朝可以千万世地传下去,然而始皇一死,"天下遂大乱",一个"遂"字点明焚书坑儒与天下大乱的关系。其实杨、墨与秦始皇政治主张相去甚远,秦末之乱也不完全因为秦的焚坑之事,但在时间上确实是前后相承的。韩愈这样论述,让不熟悉思想史的人们看了,也还顺理成章。第三劫是汉朝拨乱反正太晚,弄得老辈凋谢,典籍收拾不全。孟子的最大贡献也就在于使今世学者"尚知宗孔氏,崇仁义,贵王贱霸而已"。也就是保存了人类文明的一线。把儒道(也就是先王之道)的危机说透了,于是自己的作用也就显现了。"孟子不能救之于未亡之前,而韩愈乃欲全之于已坏之后",使儒道"由愈而粗传,虽灭死万万无恨"。这突现了韩愈的卫道精神。在卫道的文字中尽量把儒道说得岌岌可危,仿佛稍一忽略,就会马上断绝似的。以此强调自己不会放弃与佛老的斗争。夸大对方和缩小己方,甚至为己方制造悲情,这些往往是传统的论战中的重要手法。

从文字气势说来真是有荷担道统、一往无前的献身精神,可是如果你真的从思想史角度分析一下,就有许多破绽,其理由大多站不住脚。韩愈只是作文高手,不是思想家,因此他的文章很少以理胜,大多以气胜。 (王学泰)

答吕毉山人书

愈曰:

惠书①责以不能如信陵执辔②者。夫信陵,战国公子,欲以取士③声势倾天下④而然耳。如仆者,自度若世无孔子,不当在弟子之列⑤。以吾子始自山出,有朴茂⑥之美意,恐未砻磨[7]以世事。又自周后文弊[8]，百子为书[9]，各自名家[10]，乱圣人之宗[11]，后生习传，杂而不贯[12]。故设问以观吾子：其已成熟乎，将以为友也；其未成熟乎，将以讲去其非而趋是[13]耳。不如六国公子有市于道者也[14]。

方今天下入仕[15]，惟以进士、明经及卿大夫之世耳[16]。其人率皆习熟时俗[17]，工于语言，识形势[18]，善候[19]人主意。故天下靡靡[20]，日入于衰坏，恐不复振起。务欲进足下趋死[21]不顾利害去就之人于朝，以争救[22]之耳。非谓当今公卿间，无足下辈[23]文学知识[24]也。不得以信陵比。

然足下衣破衣，系[25]麻鞋，率然叩吾门[26]。吾待足下，虽未尽宾主之道，不可谓无意[27]者。足下行天下，得此[28]于人盖寡，乃遂能责不足于我[29]，此真仆所汲汲[30]求者。议虽未中节[31]，其不肯阿曲[32]以事人者，灼灼[33]明矣。方将坐足下三浴而三熏之[34]，听仆之所为[35]，少安无躁[36]。愈顿首[37]。

〔注〕①惠书：对对方来信的客气说法。惠，赐。②信陵执辔(pèi)：信陵，信陵君，名无忌，战国时魏国公子，是战国时四公子中最能礼贤下士者。执辔，握着马缰。③取士：争取和结交贤士。④倾天下：使天下人倾倒、佩服。⑤"自度"二句：是说只承认孔子是自己的老师，只当孔子的学生。度，忖度、思量。⑥朴茂：诚实厚重。⑦砻(lóng)磨：砻和磨同义，磨炼的意思。⑧周后文弊：这句是说周代后期礼乐制度破坏了。《论语·子罕》："文王既没，文不在兹乎？"《集注》："道之显者为之文，盖礼乐制度之谓。"文，礼乐制度。弊，败坏。⑨百子为书：百子，百家，许多人。为书，著书立说。⑩名家：名，此处用作动词，名家即称家。⑪圣人之宗：指儒家学说的根本。宗，宗旨，根本。⑫杂而不贯：驳杂而不能贯通。⑬趋是：归向正确。⑭"不如"句：指信陵君等人把交友之道当作买卖做，目的是获取声势，不是以道义相结合。不如，不像，不同于。六国公子，包括孟尝君等，不仅指信陵君一人。市，买。道，交友之道。⑮入仕：进入仕途，即做官。⑯"惟以"句：指卿大夫的子孙靠先人的门荫，不经过考试便可做官。进士、明经，都是唐代科举考试的科目名称。进士以诗赋为主，明经以通经学为标准。卿大夫之世，卿大夫的家世。⑰习熟时俗：熟习当时的风气。⑱形势：原意指地形高下平坦险要等情形。这里指官场上人事关系及环境条件等。⑲候：伺望。⑳靡靡：顺随的样子。指专门附和别人，自己不作主张的表现。和俗话所说的"随风倒"类似。㉑趋死：舍弃生命。㉒争救：争，同"诤"，直言规劝。救，阻止。㉓足下辈：你们一类人。㉔文学知识：文学，文章之学。知，知识。识，见识，见解。㉕系：穿着。㉖率然叩吾门：这里说没有人介绍便敲门进来。率然，猝然、突然。㉗不可谓无意：不可说没有器重的意思。㉘此：指上文所说的"宾主之道"。㉙责不足于我：在我身上找缺点。责，取，求。㉚汲汲：急切、唯恐不及的样子。㉛中

节：适度、恰当。《礼·中庸》："喜怒哀乐之未发，谓之中。发而皆中节，谓之和。" ㉜ 阿(ē)曲：逢迎巴结。 ㉝ 灼(zhuó)灼：鲜明貌。 ㉞ 三浴而三熏之：再三熏香沐浴，表示以礼待人，十分尊重。原指齐桓公接待管仲之礼，见《国语·齐语》。 ㉟ 听仆之所为：让我来办。听，任凭。 ㊱ 少安无躁：规劝之辞。耐心等待一下，不要急躁。少，稍微。安，当"徐"解。少安，稍缓。无，同勿。躁，急躁。 ㊲ 顿首：古代一种礼节，是叩头拜礼的一种，属于地位相同或平辈相见时的一种礼节，同现在鞠躬礼近似。这里是书信结尾的一种礼节性用语。

吕毉，毉同医。山人，即隐士，指隐居山野不求功名富贵的人，山人为唐代盛行的称谓。此信写作时间无考。从吕毉请求韩愈引荐这点看，当是韩愈仕途顺利，取得较高地位时期的作品。有人推测是韩愈做刑部侍郎或吏部侍郎时的作品。由于韩愈任吏部侍郎后有用人之权，写于此时的可能性更大一些。

吕毉是一个狂放矜诞之人，也是一位朴茂有美意的人，他请求韩愈引荐未果，便写信责备韩愈不能如信陵君执辔之礼那样对待他。对于这样一位素不相识而且直言责备自己的人，韩愈以一个身居高位的名士，对一个有所怨恨的山野狂人，不但复信，而且很诚恳，很有礼貌，突出了平易近人和奖掖后进的作风，这也可以说是韩愈平民意识的表现。

吕毉来信中"责以不能如信陵执辔者"，这里引用了一个古代的小故事。信陵君(魏公子无忌)、孟尝君(齐公子田文)、平原君(赵公子赵胜)和春申君(楚公子黄歇)，号称战国四公子。信陵君在四公子中，被称作最能礼贤下士。据《史记·信陵君列传》记载，魏国有隐士侯嬴，是魏国都城大梁夷门的守门人。一次，信陵君备好车马去迎接他，侯嬴穿着破衣裳，毫不客气地坐上信陵君所坐的上首的座位，以观察信陵君态度如何，信陵君握着马缰绳，态度更加恭敬。于是信陵执辔就成为贵公子礼贤下士的一段佳话。吕毉则是利用这个历史典故，责备韩愈没有以信陵君接待侯嬴那样的礼貌来接待他。韩愈是十分聪明的，他正是抓住了对方的这一指责，写信进行答复，正如黄震所言："盖山人，矜诞人也，责公不能如信陵执辔，公故盛其说以折之。"(《黄氏日钞》卷五九)"盛其说以折之"，即扩大他的说法来折服他，可谓一语道出了韩愈此信的奥妙。

此信第一段首先指出，自己尊信孔子和儒家道统，接待吕毉的目的是要讲习和传播儒家之道，而不是像信陵君那样"以取士声势倾天下"，从而说明自己是为了传道，而信陵君则是为了虚名，两者之间是不可相比的，因此也没有必要学习信陵君那一套的做法。第二段针对吕毉要求引荐，指出自己奖励后进的用意是要向朝廷推荐符合"圣人之道"的人，是"趋死不顾利害去就之人"，以争救当时"天下靡靡，日入于衰坏"的习俗，这与信陵君等人取士的情况也不同。再一次提出不能用信陵君和自己相比。最后一段明确直率地指出吕毉对自己的责备"未中节”，同时也肯定吕毉来信所表现的“不肯阿曲以事人”的品格，正是自己所“汲汲求者”，表示要用三浴三熏的厚礼接待他，并向朝廷予以推荐。

吕毉以一山人身份乞援，显然是以狂傲态度、责难言词表达乞怜之意，在高自标帜中恭维了对方。韩愈的这封复信正好应和了吕毉来信的幽默情趣，也有争奇斗胜的以文为戏的意味。信中反驳了吕毉对自己的责备，对吕毉有批评，也有肯定和鼓励，写得堂堂正正，坦率诚恳。在这样一篇普通的应酬文字中，对当世士气进行了抨击，也表明了自己尚义重才的立场。韩愈能对吕毉这样一个狂放不羁的山人，帮助他分析认识上的偏激片面，又肯定他的不肯曲意逢迎拍马的品格，信中有批评，有肯定，又有礼貌，所以很能鼓舞人。韩门弟子盛极一时，不是没有原因的。

信的最后劝吕毉少安毋躁，就是让他耐心等待，不要着急，暗示他是会向朝廷进行推荐的。当然后来是否有结果，即韩愈的举荐是否成功，朝廷是否任用了吕毉，由于在韩集中吕毉仅此一见，后来的情况便不得而知了。但我们可以想象吕毉接到韩愈的这封复信，一定是既惭愧又高兴，惭愧的是自己对韩愈的指责并不恰当，高兴的是韩愈并没有因为自己对他进行“未中节”的指责就不予理睬，相反不仅回了信，而且表示要用厚礼相迎，达到了自己请求韩愈引荐的目的。韩愈的表现实际上比信陵君高明得多。

这封信在写法上，古人评论说：“抑极忽扬，抑处尽，扬处倍有声光气焰，得司马子长之神。”（储欣《唐宋十大家全集录·昌黎先生全集录》卷三），这是说此信对受信人有褒有贬，有抑有扬，先抑后扬，使吕毉这个人物形象树立起来，很有太史公司马迁的神韵。曾国藩则评此文仅五个字：“绝傲兀自负。”（《求阙斋读书录》卷八）这是说由于韩愈认为道理在自己一边，理足则气盛，所以文章写得很挺拔，直来直去，没有虚情假意，虽自负但非自命不凡。下面我们再引一段《唐宋文醇》上卷的评语：“唐承晋魏之后，六经晦塞。昌黎思扫其榛芜（聚集的污秽），务张而明之。旁搜远绍，孤而无邻。故每以颜子得圣人为依归，则箪瓢自乐为易易，深悲己之不得所依归也。其于经生如殷侑辈，勤绻请问，辞气加敬。遇山野之士，必设问以观其成熟与否。盖可见求其友生，以为错攻玉，平生殆无往不然欤！设与程朱生同时，则其所造诣必更有进。且其《与张籍书》所云，请待五六十然后为书者，究亦未及作也。其胸中所蕴‘流落人间者，泰山一毫芒’，亦可慨矣。若其裁山人之狂简，竭益友之直谅，声出金石，胸罗羲娥，又磊落而英多哉！”（中国三峡出版社）这是从爱惜人才、奖励后进的角度表扬了韩愈，同时认为韩愈如果与二程、朱熹生于同一时代，那他的造诣会更提高，发挥的作用也会更加巨大。

当然这只是一家之言而已。

最后再谈一点典故和比喻的运用。本文中前后都用信陵君好士与自己的情况相对比，先是辩解对方加给自己的“不如信陵执辔”的指责，又批评六国公子只是“有市于道”，再证明当前情况“不得以信陵比”。信陵君这个典故起了反衬作用，既反驳了对方的指责，又明示自己的作为比信陵君高明得多，收到一箭双雕的作用。此文在说到自己对吕毉的态度时，用了“汲汲求”“灼灼明”两个比喻性词语，很富形象性。“三浴而三熏”化用《国语·齐语》中的用词。古代替人熏香沐浴表示恭敬，韩愈在这里用于吕毉身上，当然是一种虚拟和夸张，对吕毉表示敬重和爱戴。

此外像善候人(主)意、天下靡靡、不顾利害、宾主之道、阿曲(以)事人、少安毋(无)躁等词语，经过韩愈提炼加工，贴切恰当地用到文章之中，都显得特别富有表现力，其中有些词语生命力很强，至今仍在使用着。　(诸天寅)

送孟东野序

大凡物不得其平则鸣[①]。草木之无声，风挠之鸣[②]。水之无声，风荡[③]之鸣。其跃也，或激之[④]；其趋[⑤]也，或梗[⑥]之；其沸也，或炙[⑦]之。金石[⑧]之无声，或击之鸣。人之于言也亦然，有不得已者而后言，其歌也有思[⑨]，其哭也有怀[⑩]。凡出乎口而为声者，其皆有弗平者乎！

乐也者[⑪]，郁于中而泄于外者也，择其善鸣者而假[⑫]之鸣。金、石、丝、竹、匏、土、革、木[⑬]八者，物之善鸣者也。维[⑭]天之于时[⑮]也亦然，择其善鸣者而假之鸣。是故以鸟鸣春，以雷鸣夏，以虫鸣秋，以风鸣冬，四时之相推敚[⑯]，其必有不得其平者乎！

其于人也亦然。人声之精者为言，文辞之于言，又其精也，尤择其善鸣者而假之鸣。其在唐、虞[⑰]，咎陶、禹[⑱]，其善鸣者也，而假以鸣。夔[⑲]弗能以文辞鸣，又自假于《韶》[⑳]以鸣。夏之时，五子以其歌鸣[㉑]。伊尹鸣殷[㉒]，周公鸣周[㉓]。凡载于《诗》《书》六艺[㉔]，皆鸣之善者也。周之衰，孔子之徒鸣之，其声大而远。传曰：“天将以夫子为木铎[㉕]。”其弗信矣乎？其末也，庄周以其荒唐之辞鸣㉖。楚，大国也，其亡也，以屈原鸣㉗。臧孙辰、孟轲、荀卿，以道鸣者也㉘。杨朱、墨翟、管夷吾、晏婴、老聃、申不害、韩非、慎到、田骈、邹衍、尸佼、孙武、张仪、苏秦之属㉙，皆以其术鸣㉚。秦之兴，李斯㉛鸣之。汉之时，司马迁、相如、扬雄㉜，最其善鸣者也。其下魏、晋氏㉝，鸣者不及于古，然亦未尝绝也。就其善者，其声清以浮㉞，其节数以急㉟，其辞淫以哀㊱，其志弛以肆㊲，其为言也，杂乱而无章㊳。将天丑其德莫之顾㊴邪？何为乎不鸣其善鸣者也？

唐之有天下，陈子昂、苏源明、元结、李白、杜甫、李观㊵，皆以其所能㊶鸣。其存而在下者㊷，孟郊东野始以其诗鸣。其高出魏、晋，不懈而及于古，其他浸淫乎汉氏㊸矣。从吾游者，李翱、张籍其尤也㊹。三子者之鸣信善㊺矣。抑不知天将和其声㊻，而使鸣国家之盛邪？抑将穷饿其身，思愁其心肠，而使自鸣其不幸邪？三子者之命㊼，则悬㊽乎天矣。其在上㊾也，奚以喜？其在下也，奚以悲？

东野之役于江南㊿也，有若不释然(51)者，故吾道其命于天者以解之(52)。

〔注〕①“大凡”句：全句是说：凡是世上的事物不公平就要发泄而呐喊。大凡，大概。平，这里兼有平衡、平静、常态、公平等几方面的含义。鸣，发声，还含有表现、抒发思想、情趣等意。②“草木”二句：草木本来无声，风吹动它而发出声音。挠，搅动、摇动。前一个“之”，句中助词；后一个“之”，代词，指草木。③荡：振动、振荡。④其跃也，或激之：此句似化用《孟子·告子》：“今夫水，搏而跃之，可使过颡；激而行之，可使在上。”跃，指水飞溅。或，有，下同。《尚书·大禹谟》：“罔或干予正。”（没有人敢冒犯我的政事）孔氏传：“或，有也。”激，搏激。⑤趋：快走，这里指水流的很快。⑥梗：梗塞、阻遏。⑦炙（zhì）：烧，用火加热。⑧金石：这里指钟（金）、磬（石）一类的乐器。⑨思：此指情感。⑩怀：哀伤。⑪乐也者：乐，音乐。也者，“者”字表示提示，“也”字也有加强语气的作用，连用“也者”表示加强这种提示。⑫假：借助。⑬金、石、丝、竹、匏（páo）、土、革、木：我国古代八种乐器。《周礼·春官·大师》郑玄注：“金，钟、镈（bó）也；石，磬也；土，埙（xūn，古代土制乐器，形如鸡蛋，有六个孔）也；革，鼓、鼗（táo，拨浪鼓）也；丝，琴、瑟也；木，柷敔（zhù yǔ，秦乐开始击柷，止乐击鼓）也；匏，笙也；竹，管、箫也。”以上八者，古时总称为八音。⑭维：发语词，无实意。⑮时：时令、季节，此处指春夏秋冬四季的变化。⑯推敚：推移变化。敚，同“夺”。⑰唐、虞：唐，帝尧的国号。虞，帝舜的国号。⑱咎陶（gāo yáo）、禹：咎陶，也作皋陶或咎繇，尧舜时的法官。禹，原为舜臣，因治洪水有功，舜让位于他。今文《尚书》有《皋陶谟》，伪古文《尚书》有

《大禹谟》,分别记载了他们的言论。《尚书》被后儒尊为经,故韩愈以为二人为善鸣。　⑲ 夔(kuí):人名,舜时的乐官。　⑳《韶》:相传是舜时的乐曲名,为夔所创。　㉑“夏之时”二句:夏后帝启死了之后,他的儿子太康继承王位,太康整日沉于游乐,不理民事,百姓都怀有二心。太康的五个弟弟怨恨他失国,作《五子之歌》陈述大禹的警戒。事见《尚书·夏书》和《史记·夏本纪》。《五子之歌》现已亡佚。今伪古文《尚书》中有《五子之歌》,系后人伪托。一说五子指启的少子武观。　㉒ 伊尹鸣殷:伊尹,名挚,他是殷汤的贤相,曾助汤伐桀灭夏,汤死后又辅佐其孙太甲。《尚书》中《伊训》《太甲》《咸有一德》相传是他的著作。　㉓ 周公鸣周:周公,周武王姬发的弟弟,名姬旦,曾辅佐武王伐纣灭商,建立周朝。武王死后,又辅佐成王。《尚书》中《大诰》《康诰》等是他所作。相传《周礼》《仪礼》也经他手所定。　㉔《诗》《书》六艺:《诗》指《诗经》,《书》指《尚书》。六艺,指《诗经》《尚书》《礼》《易》《乐》《春秋》。特别将《诗》《书》举出,以表示此二书在六艺中尤为重要。　㉕“传曰”二句:这里用木铎比喻孔子的言论影响极大。传指《论语》。语见《论语·八佾(yì)》。木铎,与今天的铃铛相似,由金属制成,中有木舌。古代宣布政令时,摇动木铎召集百姓来听。　㉖ 庄周以其荒唐之辞鸣:庄周,字子休,战国时宋国人,道家学派代表人物,有《庄子》一书。《庄子·天下篇》说自己的学说是“荒唐之言”。荒唐,广大无边的意思。这里指《庄子》为文想象力极为丰富,无拘无束,旨趣深奥,异乎寻常。　㉗ 以屈原鸣:屈原,名平,战国末期楚国的伟大诗人,著有《离骚》《天问》《九歌》等二十五篇光照千古的诗篇。　㉘“臧孙辰”二句:臧孙辰,即臧文仲,春秋时鲁国大夫,复姓臧孙,名辰,字仲,谥文。他的言论见于《国语·鲁语》及《左传》。孟轲,字子舆,战国时邹(今山东邹县)人,他是孔子之后的儒家主要代表人物,其言论主要见于《孟子》一书。荀卿,名况,战国末期赵国人,其言论主要见于《荀子》一书。道,思想、学说。韩愈认为的“道”是指儒家的思想学说,其他诸家之说为“术”,是一家之言,所以下文有“以术鸣”。　㉙“杨朱、墨翟(dí)”句:杨朱,战国时卫国人,字子居,主张“为我”学说,著述不传,其说散见于《孟子》《列子》等书中。墨翟,春秋战国之际宋国人(一说鲁国人),墨家学派创始人,今传有《墨子》一书。管夷吾,字仲,春秋时齐桓公的宰相,今传有《管子》一书。晏婴,字平仲,春秋时齐景公的宰相,后人采其行事及谏议之言,辑成《晏子春秋》一书。老聃(dān),即老子,姓李名耳,字伯阳,谥聃,道家学派创始人,著《道德经》(又称《老子》)五千言。申不害,战国时郑国人(一说韩国人),韩昭侯的宰相,有《申子》一书,今佚,《汉书·艺文志》中有《申子》六篇。韩非,战国时韩国公子,荀子的学生,法家思想集大成者,与申不害并称申韩,著有《韩非子》一书。慎到,战国时赵国人,法家,学黄老之术,著有《慎子》四十二篇,已佚,清人严可均有辑本。田骈(pián),亦名陈骈,战国时齐国人,齐宣王时为上大夫,道家,有《田子》二十五篇,也是清人所辑。邹衍,又作驺衍,战国时齐国人,阴阳家,曾为燕昭王师,《汉书·艺文志》著录有《邹子》四十九篇,《邹子终始》五十六篇。尸佼(jiǎo),战国时鲁国人,杂家,曾为秦相商鞅的老师,有《尸子》二十篇,已亡佚,今有辑本。孙武,战国时齐国人,军事家,著有《孙子》(又称《孙子兵法》)十三篇。张仪,战国时魏国人,纵横家,秦惠王宰相,提倡连横以抵抗强秦。苏秦,字季子,战国时东周洛阳人,曾挂六国相印,主张合纵抗秦,使秦国十五年不敢攻打六国。属,类,辈。　㉚ 皆以其术鸣:指上述十四人都是以他们不同的学说著称于世。术,指诸子百家的学术、学说。　㉛ 李斯:战国末年楚国上蔡(今河南上蔡县)人,荀子的学生,后为秦始皇、秦二世时的丞相,帮助秦始皇统一中国,建立了中央集权的封建国家,后遭赵高所忌,诬他谋反,为二世所腰斩。著有《谏逐客书》《论督责书》等,皆见于《史记·李斯列传》。　㉜ 司马迁、相如、扬雄:司马迁,字子长(zhǎng),夏阳(今陕西韩城东北)人,汉武帝时任太史令,著有我国第一部纪传体的史书《史记》。相如,司马相如,字长卿，成都人。西汉时辞赋家，著有《长门赋》《上林赋》《子虚赋》等。扬雄，字子云，成都人，长于辞赋，后弃而不为，仿《易经》著有《太玄》，仿《论语》著有《法言》，仿《尔雅》著有《方言》，成为汉代儒家代表人物之一。　㉝ 魏、晋氏：指曹氏魏王朝和司马氏的晋王朝。　㉞ 其声清以浮：指其声清而轻。　㉟ 其节数(shuò)以急：节，音节、节拍、节奏。数，频繁，细密。急，急促、短促。　㊱ 其辞淫以哀：指文辞过于华艳而凄恻。辞，文辞。淫，过分、过度，或靡丽。哀，哀伤，凄恻。　㊲ 弛以肆：松懈而放纵。　㊳ 杂乱而无章：混乱没有条理。　㊴ 将天丑其德莫之顾：此句与下句的意思是，大概上天憎恶他们的德政卑下而不顾惜他们吧？不然的话，为什么不使那些善鸣者来鸣呢？将，大概、或许。丑，用作动词，意动用法，以……为丑。德，德政。莫之顾，不顾惜他们。　㊵ 陈子昂、苏源明、元结、李白、杜甫、李观：陈子昂，字伯玉，射洪(今四川射洪)人，初唐诗人。苏源明，字弱夫，武功(今陕西武功)人，唐代文学家。元结，字次山，河南(今河南洛阳)人，盛唐文学家。李白，字太白，绵州昌隆(今四川江油)人，唐代大诗人。杜甫，字子美，河南巩县人，唐代大诗人，与李白合称"李杜"。李观，字元宾，赞皇(今河北赞皇)人，唐代文学家。　㊶ 能：特长、擅长。　㊷ 其存而在下者：现存而在下位的。　㊸ 浸淫乎汉氏：浸淫，渐渐渗入、逐渐接近。汉氏，汉代。　㊹ 李翱、张籍其尤也：李翱，字习之，赵郡(今河北赵县)人，唐代文学家。张籍，字文昌，乌江(今安徽和县)人，唐代诗人。他们二人曾从韩愈学习古文。尤，特殊、杰出。　㊺ 信善：实在好。　㊻ 和其声：指互相唱和。　㊼ 命：命运。　㊽ 悬：系、从属，这里有被决定的意思。　㊾ 在上：处于上位，指官阶大、地位高，与下文"在下"相对。　㊿ 东野之役于江南：即孟郊受差遣去江南担任溧阳尉。溧阳在唐代属江南道，所以说"役于江南"。役，服役，这里指供职。　(51) 若不释然：心中好像很不开心，郁郁不乐的样子。　(52) 故吾道其命于天者以解之：所以我谈谈这些命运取决于上天的道理来劝解他。解，开释、劝解。

这是一篇送别之作。据韩愈贞元十九年写的《与陈给事书》云："送孟东野一首，生纸写，不加装饰。"《祭十二郎文》中说："去年孟东野往。"《祭十二郎文》是贞元十九年作，则孟东野是十八年去赴任。本文当作于贞元十八年(802)，即孟东野出任溧阳县尉的那一年，韩愈时年三十五岁。

孟东野，名郊，是韩愈的挚友。他是一生穷愁潦倒的苦吟派诗人，直到五十岁才做了个溧阳县尉的小吏，颇有怀才不遇之慨。韩愈很同情他，于是写了这篇序来赠别，替孟东野抒发内心的抑郁不平，并寄寓自己也不得志的感慨，同时还勉励孟东野在逆境中努力创作，以期在文学上获得更大的成就。

全文共分五段，第一段从自然说到人事，多方取譬，反复阐述"物不平则鸣"的主旨，以开启下文。第二段，在"不平则鸣"中，又提出事物总是"择其善鸣者而假之鸣"，把文章向前推进一步。第三段，由自然论及人事，纵观古今，进一步指出古往今来，皆有善鸣与不善鸣之分；魏晋以后，"鸣者不及于古"，以引出下段入唐以来的诗文革新运动。第四段，作者高度评价了从陈子昂开始，至中唐孟郊(实际上以作者为代表)时诗文革新者"不懈而及于古"的高度成就，而为孟郊鸣不平。最后第五段交代写作目的，是为了劝解孟郊从不开心中超脱出来。

本文是韩愈的散文名篇之一,因选入《古文观止》,更为著名。但是对这篇作品,后人有不同看法。

何焯在《义门读书记》昌黎集第三卷里说:“但吾终疑‘不得其平’四字,与圣贤之善鸣及鸣国家之盛处,终不能包含。此韩子之文,尚未与经为一耳。”他的意思是说这篇序的主旨有问题。序的开头说:“大凡物不得其平则鸣。”感到不平而鸣应指有才能而受压抑的人,可是文中却讲了当权的得意人物,因此这篇文章的主旨与所举的例证不相吻合。

林云铭在《韩文起》卷四中则认为:“凡人之有言,皆非无故而言,其胸中必有不能已者。这不能已,便是不得其平。”“俗眼错认‘不平’为不得用扼腕,何啻千里?独不思篇中言皋陶,言禹,言伊尹,言周公,皆称其鸣之善。其不平处岂亦为不得用而然乎?”他的意见是当权的得意的人有话不能不说,这也是不得其平则鸣,不得其平则鸣同当权者的歌颂盛明并没有矛盾。

吴楚材、吴调侯在《古文观止》卷八里说:“此文得之悲歌慷慨者为多。谓凡形之声者,皆不得已,于不得已中,又有善不善,所谓善者,又有幸不幸之分。”他们的意思是说不平则鸣一般是指悲歌慷慨,但又有幸与不幸之分,幸则指当权者的歌颂,不幸则指被压抑者的鸣不得意。

韩愈原文中说打雷、风鸣是由于不平,而鸟鸣虫鸣则不是由于不平。人们的言语,高兴时发笑,得意时歌颂,也不是不平则鸣。因此不能把各种鸣声都看成是由不平引起的。韩愈的意思是为了安慰孟郊。孟郊处境穷困,准备到江南去做溧阳尉的小官,他的不平则鸣,则鸣他的不得意。韩愈安慰他说不平则鸣不一定都是可悲的,要是你得意了,进入朝廷,为朝廷歌颂,也是不平则鸣。当然韩愈这种说法显得很勉强,缺乏应有的说服力。因为孟郊的鸣主要是鸣他的有才而不得意,如果是替朝廷歌功颂德,则很难说是不平则鸣。

文中所提出的“大凡物不得其平则鸣”这个主要论点却是为广大读者所接受的名句。使人联想到司马迁在《报任少卿书》里提出的一个同类论点:“诗三百篇,大抵圣贤发愤之所为作也。”本文中举出历代的善鸣者如孔子之徒、庄周、屈原、先秦诸子,汉代的司马迁、司马相如、扬雄,唐代的陈子昂、李白、杜甫等,一直到孟郊,都可证实和加强不平则鸣这个主旨,这就说明文章的命题尽管有不完备的地方,但只要有丰富的材料来论证,还是可以为读者所认同的。这篇文章最终的目的实际上是为那些处于下位,“穷饿其身,思愁其心肠”的怀才不遇者表示不平,发出援救、关注的呼吁。“物不平则鸣”这一观点一直影响到后世,成为有正义感的人们反抗压迫与不公的呼声。如果用这一观点来解释文学创作和发展,可说是一种创见。这与近代文学理论上的“苦闷说”“冲突说”，具有相同的意义，因为苦闷与冲突也就是不平。

有一点值得注意，文中对历代善鸣者列举达四十余人，韩愈特别推重庄子和司马迁，把庄子与屈原并提，把司马迁放在汉代善鸣者之首位，这都是韩文不人云亦云，有其独特创见之所在。他的这一见解对后代有很大影响，正是由于韩愈的提倡，庄子和司马迁的散文才为其后的古文家所重视。

本文笔意恣肆，句式多变，以“鸣”字为文眼贯穿全篇。宋代谢枋得《文章轨范》卷七讲：“此篇凡六百二十余字，‘鸣’字四十，读者不觉其繁，何也？句法变化，凡二十九样，有顿挫，有升降，有起伏，有抑扬；如层峰叠峦，如惊涛骇浪，无一句懈怠，无一字尘埃，愈读愈可喜。”《古文观止》中盛赞此文“只是从一鸣中，发出许多议论。句法变换，凡二十九样，如龙之变化，屈伸于天，更不能逐鳞逐爪观之”。

由于句式富于变化，则使人感到不平淡，不呆板，生动有力。再加上连类取譬，旁征博引，以深厚浓郁的感情贯穿其中，形成一种汩汩滔滔，若决江河的磅礴气势，充分体现出韩文“气盛则言之短长与声之高下者皆宜”的特点。清代的刘大櫆评价此文“雄奇创辟，横绝古今”（《古文辞类纂》卷三十一），道出了此文的审美特征和在散文史上的地位。

林纾所著《韩柳文研究法》中，在充分肯定这篇文章的优点之后，也指出有白璧微瑕之处。本文说：“唐之有天下，陈子昂、苏源明、元结、李白、杜甫、李观，皆以其所能鸣。其存而在下者，孟郊东野始以其诗鸣。”林纾认为：“陈子昂诸人，正以诗鸣者也。此数人既以诗名，则说到东野，不应用一‘始’字。”这是用词欠妥的地方。还有，陈子昂、李白、杜甫不称为以诗鸣，用来陪衬孟郊的以诗鸣，这样来突出孟郊，不免把孟郊推崇得过高了。

林纾的意见是有道理的，既肯定名篇的优点和长处，也不放过名篇的缺点和不足，这才是对待名篇应有的态度。（诸天寅）

送李愿[1]归盘谷序

太行之阳[2]有盘谷[3]。盘谷之间，泉甘而土肥，草木藂茂[4]，居民鲜少。或曰：“谓其环两山之间，故曰盘。”或曰：“是谷也，宅幽而势阻[5]，隐者之所盘旋[6]。”友人李愿居之。

愿之言曰：“人之称大丈夫者，我知之矣。利泽[7]施于人，名声昭[8]于时。坐于庙朝,进退百官,而佐天子出令[9]。其在外,则树旗旄,罗弓矢,武夫前呵,从者塞途,供给之人,各执其物,夹道而疾驰[10]。喜有赏,怒有刑。才畯[11]满前,道古今而誉盛德,入耳而不烦。曲眉丰颊,清声而便体,秀外而惠中,飘轻裾,翳长袖,粉白黛绿者,列屋而闲居,妒宠而负恃,争妍而取怜[12]。大丈夫之遇知[13]于天子,用力于当世者之所为也。吾非恶此而逃之,是有命焉,不可幸[14]而致也。

"穷居而野处,升高而望远,坐茂树以终日,濯清泉以自洁。[15]采于山,美可茹[16];钓于水,鲜可食。起居无时[17],惟适之安[18]。与其有誉于前,孰若无毁于其后;与其有乐于身,孰若无忧于其心。车服不维[19],刀锯[20]不加;理乱[21]不知,黜陟[22]不闻。大丈夫不遇于时者之所为也,我则行之。

"伺候于公卿之门,奔走于形势[23]之途,足将进而趑趄[24],口将言而嗫嚅[25],处秽污而不羞,触刑辟而诛戮,侥倖于万一,老死而后止者,其于为人贤不肖何如也?"

昌黎韩愈闻其言而壮之,与之酒而为之歌曰:"盘之中,维子之宫[26]。盘之土,可以稼[27]。盘之泉,可濯可沿。盘之阻,谁争子所[28]?窈而深,廓其有容[29];缭而曲,如往而复[30]。嗟盘之乐兮,乐且无央[31]。虎豹远迹兮,蛟龙遁藏[32]。鬼神守护兮,呵禁[33]不祥[34]。饮且食兮寿而康,无不足兮奚[35]所望?膏[36]吾车兮秣[37]吾马,从子于盘兮,终吾生以徜徉。"

〔注〕 ① 李愿:韩愈友人,生平不详。韩愈另有《卢郎中云夫寄示送盘谷子诗两章》中有句"昔寻李愿向盘谷",就是指这次送李愿归盘谷。 ② 太行之阳:太行山之南。山之南曰阳。③ 盘谷:地名,在今河南济源。谷中有盘谷寺,现为游览胜地。 ④ 藂(cóng)茂:藂同"丛"。指草木茂盛。 ⑤ 宅幽而势阻:言盘谷坐落在幽深而险要的地方。 ⑥ 盘旋:徘徊、逗留。⑦ 利泽:好处。 ⑧ 昭:辉耀。比喻为人所知。 ⑨ "坐于"三句:言身为宰相,坐在朝中(按:唐代宰相在金殿是有座位的,宋代才没有座位的),协助皇帝施政,任命和罢斥官员。庙朝,朝廷。 ⑩ "其在外"八句:写在外担任方面大员的威风和气派。唐代方面大员,如节度使统管军政,其出行则有威仪。保卫人员环立,前有士兵开道,各种服务人员捧着主帅需用的东西,左右追随。旗旄,旗杆顶装饰有牦牛尾的旗帜。前呵,在前面呵斥开道。 ⑪ 才畯:同才俊。这里指属官和幕僚。唐代方面大员有权聘请僚属。 ⑫ "曲眉"九句:写在外做封疆大吏,侍妾众多,美丽娴静,才艺颇多,争宠献媚。丰颊,面颊丰满。唐代以胖为美。便体,体态轻

盈。裾(jū),长衫的大襟。翳长袖,长袖飘舞遮蔽了身体。黛绿,古代女子画眉作黑绿色,这里代指美女。列屋,房屋罗列,形容侍妾众多。闲居,闲静而居,形容侍妾情态。负恃,依仗自己的色艺。争妍,比赛美丽。　⑬ 遇知:这里指臣子受到皇帝赏识。　⑭ 幸:侥幸。⑮"穷居"四句:描写士人的隐居生活。住在闭塞荒野之地,可以登高望远,坐在树下冥思,还可以洗浴清泉保持清洁。濯(zhuó),洗沐。　⑯ 茹:吃。　⑰ 无时:没有固定的时间。⑱ 惟适之安:以舒服为准。　⑲ 车服不维:车子衣服是古代官员等级的标志。不维,指不受束缚。　⑳ 刀锯:指刑法。古代刑法多身体刑,故以刀锯代指。　㉑ 理乱:指政治治理与混乱。　㉒ 黜陟:降职与升官。　㉓ 形势:权势。　㉔ 趑趄(zī jū):走路不稳,这里比喻徘徊不前。　㉕ 嗫嚅(niè rú):欲言又止。　㉖ 宫:居室。　㉗ 稼:耕种。　㉘ 盘之阻,谁争子所:意为盘谷地势险要,没人愿意在此居住。　㉙ 窈而深,廓其有容:意为盘谷幽深、开阔有容量。　㉚ 缭而曲,如而往复:盘谷回环曲折,仿佛迷宫。　㉛ 央:尽。　㉜ 遁藏:消失、隐没。　㉝ 呵禁:呵斥禁止。　㉞ 不祥:祸患。　㉟ 奚:何。　㊱ 膏:润滑车轴的油脂。　㊲ 秣:牲口饲料。这里指喂马。

东坡特别崇拜韩愈,"韩碑"一文把韩文公推到极致。对于此文,东坡也予以超常的赞美。他说:"欧阳文忠公尝谓:晋无文章,惟陶渊明《归去来》一篇而已。余亦以谓:唐无文章,惟韩退之《送李愿归盘谷》一篇而已。平生愿效此作一篇,每执笔辄罢,因自笑曰:'不若且放教退之独步。'"(《跋退之送李愿序》)这话有点大言欺人的味道。诸体文章中韩愈最擅长写"序",这篇只是其中佳篇而已。文章的主题非常简单,就是说李愿耐得住寂寞艰苦在深山隐居,不愿意出仕做官。文章的巧妙之处在于作者借李愿之口把做官的"好处"、出仕的难处和隐居的乐处大加张扬,以突出李愿的淡泊明志、宁静致远的情怀。

贞元十六年(800)韩愈从汴州、徐州的叛乱中脱险,失掉官职。冬到京城求官,听候调选,贞元十七年春回到洛阳,此文当写于洛阳。此时韩愈三十四岁,他一直想在政治上有所作为,但沉沦十多年,只在董晋、张建封等节度使幕下做幕僚,十分失望,因此借隐士之口,以摅写自己对官场的愤懑。

文章开篇写盘谷的地理形势,突出盘谷的宁静幽深,人烟稀少。这是被常人视为寂寞艰苦而为真隐者所乐居的地方,不像终南山,天气晴朗的时候都可以看到巍峨的大明宫,无怪人们说那里是假隐者做官的捷径。李愿从盘谷来,不惯大都会的喧嚣,要回盘谷,过安闲静谧的生活了,朋友为之送行,由韩愈写了这篇"赠序"。

朋友也许很奇怪,东都洛阳,繁华不减长安,怎么来了就走了呢?送行者一定有许多发问,于是,李愿作答。

李愿没有说自己为什么要走,而是先描绘了官场上"成功人士"的"辉煌",展示做官的"好处"。任何社会,人们的眼睛一般都是盯着成功人士的。这里有艳羡,也有嫉妒。大家口头上都赞美“大丈夫”,不是大丈夫怎么能做大官呢?他们出将入相,在朝辅佐天子发令,进退百官;出外为封疆大吏,更是不可一世。唐代的节度使还集军政大权于一身,与诸侯无异。他们威风八面,趋奉者众,不用说专供驱遣的各种执事要看大员的脸色行事,不能稍有怠慢,就是那些帮闲的才俊,争宠的美女也都要歌功颂德,也要争说“入耳而不烦”的话语,哄着老爷高兴。从这些描写中可见李愿说到“人之称大丈夫者,我知之矣”,是语含嘲讽的。什么“利泽施于人,名声昭于时”,“利泽”所施不过是些帮闲和姬妾罢了,所谓“名声”当然也来自那些受惠者。把这样的“大丈夫”与孟子所说的是“富贵不能淫,贫贱不能移,威武不能屈”(《孟子·滕文公下》)的大丈夫相比,作者的用意更为显豁。虽然做官的“好处”不可胜计,但其价值在正统儒者看来是负面的。这些仕途上成功的“大丈夫”的权力不是来自自己的品格和能力,而是来自皇帝的授予,否则什么也不是。

此时李愿开始回答自己为什么回盘谷了。自己没有“大丈夫”那么好的命运,得不到天子的垂青,只能退居盘谷过“穷居而野处”的日子。这是不得已的一面。意为:我本来是要为朝廷服务的,但朝廷没有给我机会。

另外,回盘谷隐居还有体现自己向往的一面。李愿分两层说:一是隐士生活的确有其快乐的一面。在精神上,他写了三点,即“升高”三句。这三句是象征性的。士人隐居虽然口头上说自己是“归农”,但是,他们并不把自己混同一般老百姓。他们“登高”以显示胸怀,“冥坐”以表示自省,“濯清泉”凸显洁身自好,普通的农民是不需要这些做派的。然而这也正是隐士们的乐处所在,他们要借此以显示自己虽是一介平民,但仍是道统的担荷者,所以才有这些功课要做。在物质上,归隐虽然不像“大丈夫”那样处处有人供给役使,但从吃、行动自由自在到身体和内心的平安与平和,也还可以。“大丈夫”物质上虽然丰富,常言道“伴君如伴虎”,天子可以授权给你,当然也可以收回;爬得高,跌得重,古今一理。总之隐居之乐既有积极面的享受,也有消极面的远离灾祸。

二是从求仕的令人不快乐一面讲自己为什么选择归隐。唐代虽然实行了科举制度,但唐代制度与宋代以后不同,它是一个考试与推荐相结合的制度。考试时不糊考生的名字,试官取士除了看卷面外,还要考虑到这位考生在社会上的名声和推荐者的地位,因此士人到了京城参加考选,就要奔走权门,这给有尊严的士人很大心理压力。杜甫诗云:“朝扣富儿门,暮随肥马尘。残杯与冷炙,到处潜悲辛。”(《奉赠韦左丞丈二十二韵》)说得多么沉痛。李愿用“伺候”以下八句形容,其心情是复杂的,既有几分鄙视,又有些可怜。这些士人“足将进而趑趄,口将言而嗫嚅”，而那些“大丈夫”就可以“喜有赏，怒有刑”，颐指气使，谁比谁更高一些呢！求官士人不仅是尊严丧尽，时时会遭到侮辱，而且有“触刑辟”的危险。韩愈的一位好朋友，也是隐者的卢仝，在“甘露事变”中正在宰相王涯家里，王涯家被抄，卢仝正要走，抄家的军人也抓了他，卢仝声辩说：我是山人卢仝。抄家者斥责他说，山人怎么跑到宰相家里，于是他与王涯一起被斩首。与其如此，不如归去。

李愿回答完了，韩愈感慨万端，既有佩服，也有羡慕，更有难以追随的悲哀。于是他写了一首歌颂盘谷隐居之乐的诗歌，进一步铺排盘谷之美和祝福李愿平安祥和。

韩愈文章善于铺排，描写人或物某个特征时往往爱用对偶或排比造成语势，增强其感染力。此文写官场上得意者的炙手可热的威势，写小心伺候豪门士人的可怜，都极富穿透力，所谓入木三分。全文骈散相间，间亦用韵，声调也很美。

（王学泰）

送董邵南序

燕赵[①]古称多感慨悲歌之士[②]。董生举进士，连不得志于有司，怀抱利器[③]，郁郁适兹土，吾知其必有合[④]也。董生勉乎哉！

夫以子之不遇时，苟慕义强仁[⑤]者皆爱惜焉。矧[⑥]燕赵之士出乎其性哉！然吾尝闻风俗与化移易，吾恶知其今不异于古所云邪？聊以吾子之行卜[⑦]之也。董生勉乎哉！

吾因子有所感矣。为我吊望诸君之墓[⑧]，而观于其市，复有昔时屠狗者[⑨]乎？为我谢[⑩]曰：“明天子在上，可以出而仕矣。”

〔注〕 ① 燕赵：战国时代的两个强国，此处借指当时的河北道，即今河北一带。 ② 感慨悲歌之士：指意气慷慨、愤激不平的豪侠之士，如古代荆轲、高渐离一类人物。《史记·刺客列传》：“荆轲既至燕，爱燕之狗屠及善击筑者高渐离。荆轲嗜酒，日与狗屠及高渐离饮于燕市，酒酣以往，高渐离击筑，荆轲和而歌于市中，相乐也，已而相泣，旁若无人者。” ③ 利器：锐利的兵器，比喻杰出的才能。 ④ 有合：有所遇合，即受到赏识重用。 ⑤ 慕义强仁：仰慕仁义并努力实践。强，勉力。 ⑥ 矧(shěn)：况且。 ⑦ 卜：古代有占卜以决疑的习俗，此处借指判断。 ⑧ 望诸君之墓：即乐毅之墓。《元和郡县志》：“乐毅墓，在(邯郸)县西南十八里。”乐毅，战国时赵国人。后仕燕，被昭王任为上将军，破齐七十余城。昭王死，其子惠王受齐离间，不信任乐毅。乐毅奔赵，被赵封于观津，号曰望诸君。 ⑨ 屠狗者：以杀狗为职业的人，此指与荆

轲、高渐离相友善,隐于市井的豪侠之士。 ⑩ 谢:致意。

此文题一本作《送董邵南游河北序》,是一篇送别诗式的短文。作年不可确考,大约写于元和年间(806—820)。

董邵南是韩愈的朋友,寿州安丰(今安徽寿县西南)人,元和间几次应进士试皆落第,有志不得申,韩愈对此深感惋惜。在此作之前写的诗篇《嗟哉董生行》中,韩愈就说道:“寿州属县有安丰,唐贞元时,县人董生邵南隐居行义于其中。刺史不能荐,天子不闻名声,爵禄不及门。门外惟有吏,日来征租更索钱……”为其鸣不平之意非常明显。董邵南在失意的情况下,想投奔河北的藩镇幕府。唐代安史之乱以后,藩镇割据严重。宪宗接位后虽进行了一些平叛征战,但情况并未根本好转。当时藩镇为了扩大实力,对抗朝廷,常常广招人才,而有些怀才不遇的士子,也多往投靠,以求出路。董邵南正是在这样的背景下,打算到藩镇割据的河北去寻找用武之地。韩愈是反对藩镇割据,维护国家统一的。他在可能差不多时候写的《送幽州李端公序》中,要李益劝闹分裂的幽州节度使刘济行开元时的藩臣之礼,“庶几帅先河南北之将来觐奉职”。在《张中丞传后叙》中,则歌颂英勇抗击安史乱军的反叛英雄。因此该文写送董邵南“游河北”就处于十分矛盾的困难境地:作者既同情董生的不幸遭遇,可是又不愿意他到割据的河北去找出路;赠序本是写送行,要表示敬爱劝勉之意的,可是又不情愿他“行”。“生平好弄神通”(林纾《韩柳文研究法》)的韩愈,巧妙地解决了这些难题,在文中表现出高超的写作技巧。

这篇文章共三段。第一段开头“燕赵古称多感慨悲歌之士”句,起得突兀有力。“燕赵”二字,紧扣“游河北”,“古称”云云,近为下文“吾知其必有合也”伏笔,远为第二段写“今”蓄势,用笔很精巧。接下来几句对董生的怀才不遇深表同情,对朝廷当权者遗弃有才之士的做法进行抨击,推测他到多感慨悲歌之士的河北或许“有合”,祝福和勉励他去后能施展才能,这似乎和一般赠序的写法没有什么不同,而实际此段只是陪衬。

第二段先继续申述前意,表示对董生这样怀才不遇的人,崇尚仁义者都会爱惜的,何况是仁义出于本性的燕赵之士呢!补足“有合”之意。而后笔锋一转,由“古”说到“今”,提出现在的燕赵之地是否还保存古代遗风的问题,姑且以董生的河北之行作测试判断,要董生深思警惕,实际是表明对“有合”的怀疑。这段是转折。

第三段前面呼应首句“燕赵古称多感慨悲歌之士”,叮咛董生去吊望诸君乐毅之墓和探寻屠狗者高渐离一类的隐于市廛的豪侠之士,有着感叹他们生不逢时的意味。后面的致意,"明天子在上,可以出而仕矣",表示有用的人才应该而且可以为今天的朝廷出力,隐含着反对董生去河北为藩镇割据势力效劳的意思,表现了作者维护唐王朝集权统一的一贯思想。这段才是文章的本意所在。

该文篇幅短小,语言精悍,全文总共才一百五十余字,可是写得既层层深入,一气贯注,又步步有变,一波三折。正如宋人李塗所说:"文章有短而转折多气长者,韩退之《送董邵南序》……是也。"(《文章精义》)清代朱宗洛也说:"想其用笔之妙,真有云烟缭绕之胜。"(《古文一隅》)该文作为一篇赠序,始终紧扣送行,字面上也都突出"送",但其意在言外,实际写的是"留","微情妙旨寄之笔墨之外"(刘大櫆《唐宋八家文百篇》),抒情达意表现出含蓄婉曲、深微精妙的特点。前人对这篇文章评价很高,清代过珙评曰:"含蓄不露,曲尽吞吐之妙。唐文惟韩奇,此又为韩中之奇。"(《古文评注》卷七)明代茅坤更把它推为韩愈序文中的第一篇(《唐宋八大家文钞·韩文公文钞》卷七)。这些看法,都是颇有道理的。

(吴小林)

赠崔复州[①]序

有地数百里,趋走之吏[②],自长史、司马已下数十人[③],其禄[④]足以仁其三族[⑤]及其朋友故旧,乐乎心则一境之人喜,不乐乎心则一境之人惧[⑥],丈夫[⑦]官至刺史[⑧]亦荣矣。

虽然,幽远之小民[⑨],其足迹未尝至城邑,苟有[⑩]不得其所[⑪],能自直于乡里之吏者鲜矣[⑫],况能自辨于县吏乎[⑬]!能自辨于县吏者鲜矣,况能自辨于刺史之庭[⑭]乎!由是刺史有所不闻,小民有所不宣[⑮]。赋有常而民产无恒[⑯],水旱疠疫之不期[⑰],民之丰约悬于州[⑱],县令不以言,连帅不以信[⑲],民就穷而敛愈急[⑳],吾见刺史之难为也。

崔君为复州,其连帅则于公[㉑]。崔君之仁足以苏复人[㉒],于公之贤足以庸[㉓]崔君。有刺史之荣而无其难为者,将在于此乎!愈尝辱于公之知[㉔],而旧游于崔君[㉕],庆复人之将蒙其休泽[㉖]也,于是乎言。

〔注〕 ① 崔复州:崔君任复州刺史,唐时称其姓加官职,表示敬称。复州,州名,唐时辖境相当今湖北沔阳、天门、监利等地。 ② 趋走之吏:这里指在州境内奔走执行政令的各级官吏。 ③ 自长史、司马已下数十人:自长史、司马以下各级官吏有数十人之多。长史,此指州

刺史之下的长史,意为诸史之长。司马,亦为州刺史下的佐贰官,唐代州刺史以下设长史一人,司马一人,司马位在别驾、长史之下。已下数十人,长史、司马以下还有录事参军、录事各一人,司功、司仓、司户、司兵、司法、司士六曹参军务一人,参军事三人等等。已,同"以"。 ④ 其禄:他的俸禄。 ⑤ 仁其三族:施恩于他的父族、母族、妻族。仁,用作动词,施恩。 ⑥"乐乎心"二句:谓刺史乐与不乐关系着一州百姓的欢喜与忧惧。说明他的权力很大,可以作威作福,州人的命运在他的掌握之中。 ⑦ 丈夫:古时对成年男子的称呼,此处指大丈夫,对有作为有抱负男子的敬称。 ⑧ 刺史:官名,唐时以刺史为州的最高行政长官,兼理军事。 ⑨ 幽远之小民:指住在荒僻地区、离城很远的老百姓。 ⑩ 苟有:如果有。 ⑪ 不得其所:不得其处所,即处境很坏、不能安安稳稳地过日子。 ⑫ 能自直于乡里之吏者鲜(xiǎn)矣:能够自己到乡里之吏去申辩是非曲直的就已经很少了。自直,自行申辩是非,证明自己的正直。乡里之吏,指乡长、里正之类的基层小吏。鲜,少,不多。 ⑬ 况能自辨于县吏乎:何况是到县吏那里为自己申辩呢!县吏,指县令、县尉、县丞等县级官吏。 ⑭ 刺史之庭:刺史的官署衙门。⑮"由是"二句:因此就会导致刺史有听不到的下情,小老百姓有不能申诉的冤屈。宣,发泄、表达,此引申为申诉。 ⑯ 赋有常而民产无恒:官府的赋税有额定的数量,而老百姓赖以生活的收入却没有固定。意谓平常年景百姓尚且衣食不足,如果再意外地遭受灾荒,还得照样负担官府的赋税,自然就得挨饿受冻,无法生活了。赋,赋税。恒,固定的收入,这里指能养活一家大小的生活费用。 ⑰ 水旱疠疫之不期:谓各种灾难随时都会发生,人们无法预料。水旱,指代各种天灾。疠疫,瘟疫疾病。 ⑱ 民之丰约悬于州:百姓生活的好坏完全取决于一州的长官。丰,衣食丰足。约,衣食不足。悬,掌握控制。 ⑲"县令不以言"二句:谓县令不把民间的真实情况向刺史陈报,节度使又不相信刺史对民情的处理。意思说刺史夹在县令和节度使之间很难处,即下文所说"吾见刺史之难为也"。连帅,古代指十国诸侯之长,这里借指节度使。唐代的节度使总揽一区(辖地二、三州至十余州不等)军民政务,辖境内各州的刺史都是他的属官。 ⑳ 民就穷而敛愈急:百姓一天比一天穷困而官府的征收却更加紧迫。敛,征收。 ㉑"崔君为复州"二句:谓崔君任复州刺史时,管辖他的节度使是于公。于公,名頔(dí),字允元。时任山南东道节度使,管辖襄、郢、复、邓、随、唐、均、房八州。 ㉒ 崔君之仁足以苏复人:崔君的仁爱足以使复州人民得到苏息。苏,复苏,苏醒,引申为困顿后得到苏息。㉓ 庸:用、任用。 ㉔ 愈尝辱于公之知:意谓我曾经得到于公的赏识。辱于……之知,谦词。言自己与某人交往,承他知许,是辱没了他的身份。韩愈地位低,于頔地位高,韩愈和于頔曾有过交往,并得到于頔的赏识,故有此说。《韩昌黎文集》中《上襄阳于公书》《与于襄阳书》都是写给于頔的。 ㉕ 而旧游于崔君:并且又与崔君是一向往来的老朋友。 ㉖ 蒙其休泽:蒙受到他们的恩惠。蒙,敬词,承蒙得到。休泽,恩惠。

这篇给崔复州的赠序,其作年一般都系在贞元十九年,时韩愈任国子监四门学士。

关于此文的主旨,研究者都认为旨在规讽,这点是没有异议的。其行文之妙在于委婉含蓄,言在此而意在彼,要细细品味,才能领悟出作者的良苦用心,故明人茅坤《唐宋八大家文钞·韩文公文钞》评语卷六评曰:"此与《送许郢州序》同意,而规讽于公处最含蓄。"

开头一段说的是刺史之"荣",位尊权重到其人的喜忧关系着一州百姓的喜忧，他可以作福作威，州人的命运全在他的掌握之中。

第二段紧承刺史之“荣”一转，说刺史之“难”，其“难”有三：其一，因为刺史之“荣”，位尊权重，百姓往往心存畏惧，尤其是那些住在荒远偏僻地区、离城很远的老百姓，当他们处境很坏，不能安安稳稳地过日子时，能够有胆量自己到乡里之吏去申辩是非曲直的都很少，到县吏那里就更少了，何况是到刺史的官府衙门呢？因此就会导致刺史有听不到的下情，小百姓有不能申诉的冤屈（即“由是刺史有所不闻，小民有所不宣”），由此与百姓产生隔膜，失去民心。其二，官府的赋税有额定的数量（而且刺史的职务，催科是一个重要部分），而老百姓赖以生活的收入却没有固定（即民无“恒产”），平常年景尚且衣食不保，要艰难度日，一旦再意外地遭受灾荒，还得照样负担官府的赋税，自然就无法生活了。而各种灾难又往往是不期而至的，随时都会发生，人们无法预料。所以百姓生活的好坏完全取决于作为一州之长的刺史，身系民情，责任重大。其三，刺史夹在县令和节度使（即连帅）之间，很难自处。如果县令不把民间的真实情况如实向刺史陈报，节度使又不相信刺史对民情的处理，就会出现“民就穷而敛愈急”的局面。上下阻隔，矛盾加剧，这种急征暴敛所带来的严重后果是不言自喻的，所以段末结句落在一个“难”字上：“吾见刺史之难为也。”这段话可谓语重心长，站在崔复州的立场上为他考虑，规劝之意甚明。崔君时任复州刺史，韩愈作为他的“旧游”，赠序之言在肯定他的“荣”的同时更强调他的“难”，他忠告这位做一州之长的老朋友：地位愈尊荣，责任也愈重大，要好自为之，不可掉以轻心。

第三段承接上文出现的“连帅”二字点明“其连帅则于公”，可谓图穷匕现，此文的着意处正在此，是全文的文眼。“于公”即于頔，时任山南东道节度使，管辖襄、郢、复、邓、随、唐、均、房八州，是崔复州的顶头上司，也是崔复州“荣”与“难”的转捩之关键所在：如果崔复州是一位有仁爱之心的地方长官，他施行仁政可以使困窘的州民得到苏息，又加上节度使于公的贤明，能够任用贤能，那么他的施政措施便能得以实现，那就会出现政通人和的局面，所以韩愈很有感慨地说：“有刺史之荣而无其难为者，将在于此乎！”反之，又会是怎样的一个结果，怎样的一种局面呢？作者没有点破，读者心知肚明。而这隐而不谈的一面，正是本文委婉以讽的着眼点。

关于于頔其人，新、旧《唐书》都有传记，《旧唐书》本传言其在任地方官期间“虽为政有绩，然横暴已甚”；随着他的官位升迁，“自以为得志，益恣威虐，官吏益加科罚”，死后赠太保，谥号曰“厉”，从而可以看出朝廷对他在世时为政苛虐的贬责。直到唐穆宗时，由于其子的请求才改谥号为“思”，还遭到大臣上书反对。

《新唐书》本传也说他“暴横少恩”,“峻罚苛惩”。于頔和韩愈是同时代人,《韩昌黎文集》中《上襄阳于公书》《与于襄阳书》都是写给于頔的,所以文章末尾交待一句“愈尝辱于公之知”,而与崔复州又是“旧游”。如此,他对于頔的“暴横少恩”、“峻罚苛惩”必有所闻。于頔的这些行为与儒家的仁政思想绝对是背道而驰的,是韩愈所反对的,但于頔位居方伯之尊,手握生杀予夺之大权,他不好直接批评他(说不定那样做会适得其反,收不到预期的效果),所以要用这种规讽的方式。用委婉的语言进行劝告、讥刺,表面看是给崔君的赠言,用意却在连帅于頔;貌似赞誉,实则讽刺。因为崔君是“旧游”,话不妨说得明白些;因为于頔是方伯之尊,只能含蓄委婉地加以讽喻。文章到此,用意已明,尾句点出“庆复人之将蒙其休泽也,于是乎言”,希望他们施仁政,让复州百姓蒙受到恩惠,这也正是此文的目的。

由于位尊者骄横,或环境的限制,有话不便明说,位卑之人往往采用讽喻的手法进行劝谏,这本身就是一种智慧和机变,行文也必须有技巧。历史上不乏其人,《文心雕龙》卷三《谐隐》篇就记载有一些例子:“昔齐威酣乐,而淳于说甘酒;楚襄宴集,而宋玉赋《好色》。意在微讽,有足观者。及优旃之讽漆城,优孟之谏葬马,并谲辞饰说,抑止昏暴。”就指出了采用这种手法的初衷。该篇还解释说:“讔者,隐也;遁辞以隐意,谲譬以指事也。”就是指的这种以婉言隐语相讥刺的手法。韩愈此文乃是从儒学立场关注现实的一个例子,孔子提出“仁者爱人”的人本思想和人生价值观,提倡“博施于民,而能济众”(《论语·雍也》),反对苛待人民,他说过:“苛政猛于虎也。”(《礼记·檀弓下》)主张轻赋、少征,反对滥杀、虐待。孟子从民贵君轻的以人为本的思想出发,把“土地、人民、政事”看作是诸侯的“三宝”(《孟子·尽心下》),他主张要使人民有一定数量的“恒产”(《滕文公上》),人与人之间要有“恻隐之心”(《公孙丑上》)。于頔的做法显然有悖于孔孟之道,韩愈要对他进行讽劝并且提出了自己的施政理想,即“通”和“惠”。“通”就是官民沟通,上下级之间沟通。“通”则民情可达于官,不会壅阻;“通”则上下级互相信任;“通”则和谐。“惠”就是施仁政于民,停止“暴横少恩”“峻罚苛惩”,百姓就能蒙其休泽。作为一个封建时代的知识分子,韩愈能够看到这些,并对当政者进行讽喻,是难能可贵的。《韩昌黎文集》中与本篇旨意和手法皆有相同之处的是《送许郢州序》,皆用意于于公者也。只是本篇在规讽于公处更为含蓄。《送许郢州序》的作年也系在贞元十九年,郢州也属于于頔的管辖之内,刺史许君也是韩愈的朋友,文中也谈到惠民与赋敛的问题,可见其由于“于頔赋敛苛急,故托文讽谏”(归有光语,转引自《韩昌黎文集校注》卷四)的意旨十分鲜明。一年之内连写二序托文以讽，足见韩愈对此事的重视。

关于此文的社会效益，我们不妨引用《唐宋文醇》卷三对它的一段评语加以考察："欲为君尽君道，欲为臣尽臣道，当于此等文字反复循环，推类以尽其余，庶几赤子得养于其父母乎？"评论者深知上下壅蔽，民情不能上达的危害，所以他希望有《赠崔复州序》这样的文章，并且号召"欲为君尽君道，欲为臣尽臣道"者反复研读，还要"推类以尽其余"，真可谓激赏之情溢于言表。（刘振娅）

送浮屠文畅师序

人固有儒名而墨行①者，问其名则是，校②其行则非，可以与之游乎？如有墨名而儒行者，问之名则非，校其行而是，可以与之游乎？扬子云③称："在门墙④则挥之，在夷狄⑤则进之。"吾取以为法⑥焉。

浮屠师文畅喜文章，其周游天下，凡有行，必请于缙绅⑦先生以求咏歌其所志。贞元十九年春，将行东南，柳君宗元⑧为之请，解其装，得所得叙诗累百余篇。非至笃好，其何能致多如是邪？惜其无以圣人之道告之者，而徒举⑨浮屠之说赠焉。夫文畅，浮屠也。如欲闻浮屠之说，当自就其师而问之，何故谒吾徒⑩而来请也？彼见吾君臣父子之懿⑪，文物事为之盛⑫，其心有慕焉⑬。拘其法⑭而未能入，故乐闻其说⑮而请之。如吾徒者，宜当告之以二帝三王之道⑯，日月星辰之行⑰，天地之所以著⑱，鬼神之所以幽⑲，人物之所以蕃⑳，江河之所以流㉑而语之㉒，不当又为浮屠之说而渎告㉓之也。

民之初生，固若禽兽夷狄然。圣人者立，然后知宫居而粒食㉔，亲亲而尊尊㉕，生者养而死者藏㉖。是故道㉗莫大乎仁义，教㉘莫正乎礼乐刑政。施之于天下，万物得其宜；措之于其躬，体安而气平㉙。尧以是传之舜，舜以是传之禹，禹以是传之汤，汤以是传之文、武，文、武以是传之周公、孔子；书之于册㉚，中国之人世守之。今浮屠者，孰为而传之邪？夫鸟俯而啄，仰而四顾㉛；夫兽深居而简出㉜，惧物之为己害也，犹且不脱焉㉝。弱之肉，强之食㉞，今吾与文畅安居而暇食，优游以生死，与禽兽异者，宁可不知其所自邪[35]！

夫不知者，非其人之罪也。知而不为者，惑[36]也。悦乎故不能即乎新者，弱[37]也。知而不以告人者，不仁[38]也；告而不以实者，不信[39]也。余既重柳请[40]，又嘉浮屠能喜文辞[41]，于是乎言。

〔注〕 ① 儒名而墨行：名义上是儒家信徒，实际行为却遵循墨家学说的规范。 ② 校：考校，考查。 ③ 扬子云：指西汉著名辞赋家、哲学家、语言学家扬雄，字子云。 ④ 门墙：师门。 ⑤ 夷狄：古时对四方边境未开化之民的称呼，实则为对少数民族的一种蔑称。 ⑥ 法：法则。 ⑦ 缙(jìn)绅：古称官僚或做过官的人为缙绅。 ⑧ 柳君宗元：柳宗元，唐代文学家、哲学家，韩愈的好友。 ⑨ 徒举：只列举。 ⑩ 吾徒：我们这些人。 ⑪ 懿：美好。 ⑫ 文物事为之盛：文章事物的茂盛。 ⑬ 有慕焉：有仰慕之情。 ⑭ 拘其法：拘限于佛法。 ⑮ 乐闻其说：乐于听到我们的讲说。 ⑯ 二帝三王之道：二帝指唐尧、虞舜。三王指三代之王，即夏禹、商汤、周文王、武王。道，仁道。 ⑰ 行：运行。 ⑱ 著：明，显。 ⑲ 幽：幽冥。 ⑳ 蕃：繁衍生息。 ㉑ 流：流动不息。 ㉒ 语之：告诉他。 ㉓ 不当又为浮屠之说而渎告：不应当再以佛徒之说来告诉他，以免亵渎他。渎，亵渎。 ㉔ 粒食：以谷物为食。指百姓平居生活。 ㉕ 亲亲而尊尊：亲近亲人，尊敬长辈。 ㉖ 生者养而死者藏：养育活着的人，埋葬死去的人。 ㉗ 道：正道。 ㉘ 教：教化。 ㉙ “施之于”四句：施行于天下，各种事物都得到它适宜的；施行于自身，身体安康而心气平和。 ㉚ 书之于册：在史册上记载下来。 ㉛ 仰而四顾：抬头向四处观望。 ㉜ 夫兽深居而简出：野兽躲在深山密林中，很少出来。后用深居简出指人常呆在家里，不轻易出门。简，少。 ㉝ 犹且不脱焉：尚且会逃脱不了。 ㉞ 弱之肉，强之食：弱者的肉，是强者口中的食物。后用弱肉强食比喻弱者被强者吞并。 ㉟ 宁可不知其所自邪：怎么能不知道它的来源呢？宁(nìng)，怎么，难道。自，来源。 ㊱ 惑：糊涂。 ㊲ 弱：懦弱。 ㊳ 不仁：不仁义。 ㊴ 不信：不诚实。 ㊵ 柳请：柳宗元的请求。 ㊶ 能喜文辞：能够爱好诗文。

本篇作于贞元十九年(803)，韩愈三十六岁任国子监四门博士之时。清代蔡铸说：“时公为四门博士作，后有诗《送文畅师北游》，其略云：‘昔在四门馆，晨有僧来谒’，‘谓僧当少安，草序颇排讦’，盖谓此也。”(《蔡氏古文评注补正全集》卷六)

这篇赠序的主旨为辟佛尊儒，因此被称为“小《原道》”。

浮屠文畅师在当时是一位颇有名气的高僧。他与柳宗元等人交情甚深，柳宗元《送文畅上人登五台遂游河朔序》说他“蹑虚而西，驱锡逾纪，而秦人蒙利者益众”。他北游河朔时，显宦名流，送者云集。随后他又周游天下，目的是弘扬佛教教义，使更多的人崇信皈依佛门。贞元十九年，文畅“将行东南”，柳宗元等人为他写叙诗百余篇，可见他的出行成为当时一件盛事。同时也说明当时士大夫中崇信护法者，谅亦不少。文畅深知韩愈辟佛本领，便借助柳宗元之力为之介绍,专程拜访韩愈,并索取赠序,希冀借韩愈的文章,能够取重于缙绅文人为护法标榜,使天下更加坚定崇奉皈依佛门的信念。

文畅的求文,等于给韩愈出了一道难题,因为韩愈在佛道问题上历来态度鲜明,兀岸不苟,不会违心地给文畅捧场。但如果借机指斥佛教,又有碍人情交往,尤其文畅又是好友柳宗元介绍结识的。韩愈的高明之处在于把喜文章生生硬坐在文畅身上,又从"喜文章"推断出他有儒行,慕圣道,引归于"圣人之道",从而见出吾儒不可以浮屠之说为之赠送,当以"圣人之道"为之开导,就势说出圣人许多好处,颂圣人正是为了贬浮屠。这样构思,既贬抑了浮屠,又将文畅作了开脱,立意十分巧妙。

首段从儒家注重名实入手,先列出两种名实不符之人,一种是儒名而墨行,一种是墨名而儒行。然后引扬子云的话表明自己对这两种人的态度:"在门墙则挥之,在夷狄则进之。"意思是说,如果有人倚着孔子的门墙,挂着儒家的招牌而鼓吹异端邪说,那是他明知有圣人之道却不实行。对于这种挂羊头而卖狗肉的人,应该挥而去之。有的人身在夷狄,不知圣人之道,而又心向往之,对于这种人,而应该加以引导让他进来。这段文字貌似闲笔,其实是为文畅师开脱,把文畅与圣人之道联系起来。

第二段转到介绍文畅师,说他虽系僧人但喜好文章。文畅每次出行,凡是经过的地方,一定要请当地的缙绅大夫来为他写的文章作序。这次"将行东南",又得到达官文人"叙诗累百余篇"。然后用一句反问句:"非至笃好,其何能致多如是邪?"这就进一步说明文畅喜好文章至深。

佛教本不重文章,也不讲求立言。文畅却喜好文章至深,这与佛行有所不同,实际上是一种儒行。既有儒行,就应当明白儒道。文畅身在佛门,佛教来自夷狄,因此他可能不知儒道,也可能受佛法限制不便进入儒道。不管是哪种情况,都应该按第一段所提出的原则向他进行开导。随后笔锋转向那百余篇"叙诗",竟没有一篇告诉他圣人之道,而只是列举佛徒之说来赠序给他。这样,由自己对他进行开导就更有必要了。在开导之前,先写文畅如何羡慕"吾君臣父子之懿,文物事为之盛",只是"拘其法而未能入"。韩愈用"懿""盛"二字,将圣人之道赞美一番,似乎文畅正亟盼听到开导。可是韩愈并不急于立即说出,只说"宜当""不当"表明自己的意见。这种蓄势之笔,增强了文章斩关过隘的气势。

第三段正面宣讲圣人之道,即《原道》中所说"明先王之道以道之"。由于有了上文的蓄势,这里则以"民之初生"相接,文势有如万丈瀑布,凌空飞泻。这段文字，可看作是《原道》的缩写，但着眼在“为”和“传”二字。圣人立教，以仁义为本，使人们“知宫居而粒食，亲亲而尊尊，生者养而死者藏”，这正是区别于禽兽夷狄的地方。圣人立教，以礼乐刑政施于天下，使社会安定，人们“体安而气平”，万物各得其宜。所以圣人之道是有为之道。圣人之道，源于中国，由来久远，代代相传，“书之于册，中国之人世守之”，所以又是有传之道。林纾说：“文中着眼在一‘传’字。传者，传道也。圣人之道有传，而佛教亦未尝无传。然昌黎偏不以传字许他，言外似谓有所传之道，即是人；无所传之道，即是夷狄禽兽。”（《韩柳文研究法·韩文研究法》）的确，文中盛赞儒家的圣人之道，圣人之道以人为本，而佛教主张弃君臣，去父子，是与“尊尊而亲亲”完全相对立；佛徒不事生产，出家即断绝与亲属的伦理关系，从而违背了“生者养而死者藏”的正道；佛教主张“明心见性”，置天下国家于不顾，是灭其天常。因此，佛教是无为之教，是将人混同于禽兽夷狄之教。佛本夷狄之人，佛教为夷狄之法，在中国无根无源，纵然得以泛滥于一时，也不能称之为“传”。“今浮屠者，孰为而传之邪?”佛教无为无传，即是无道，无道则与禽兽夷狄无异。行文至此，图穷匕见，逼人甚矣。妙在作者就此推开浮屠，但论禽兽。禽兽容易罹害，是因为不知道弱肉强食的道理；人知道这个道理，所以得以安居而粒食。道是圣人所立，人的这份福祉来自圣人，却为包括浮屠在内的所有的人享受。“宁可不知其所自邪!”话虽宛转，实际上是指斥佛徒沐圣人之恩却违背忘却了圣人之道。

最后一段，就上文“不知”二字引出一段议论，将上文一一作收。“不知者”和“知而不为者”，回应第一段，隐约之中为文畅作开脱。“悦乎故不能即乎新者”二句，应前“拘其法而未能入”，说明上述文字并非责骂文畅，而只是鼓励他弃弱图强，改故从新。“不仁”“不信”，则是针对那“累百余篇”叙诗，将自己“宜当”“不当”的主张作一收束。韩愈善用虚字，常见方法之一，就是他有意安排同一虚字重复出现。本段连用五个“……者……也”，元代盛如梓评论说：“结句连下五‘也’字，如破竹一段，功夫极大。”（《庶斋老学丛谈》，知不足斋丛书本）这种用法，起到了强调作用。最后把柳君之请、浮屠能喜文辞照应前文作结，明确指出正告之意，不失儒者的风度身分，真令人百读不厌。

清人储欣说：“公排释老，序多出奇，此作独堂堂正正。”（《昌黎先生全集录》，清康熙四十四年松龄堂刻本）所谓堂堂正正，主要是指本文旗帜鲜明，立言有据，推排众说，独申己见，理足气盛，语句警策。韩愈一生排斥佛老，不遗余力。对于他的辟佛，虽有种种议论，但总的来说，目的性是十分明确的。从政治上说，是为了维护封建统治秩序；从思想上说，是为了维护儒学的大一统地位；从经济上说，是为了减轻国家和人民的负担。在中唐时期佛教盛行，严重影响国计民生的情况下，韩愈的主张无疑具有进步的积极意义，这是形成本文“堂堂正正”的根本因素。但我们也应当看到，本文同《论佛骨表》一样，他对佛教的批判，主要是一种政治批判，着重揭露佛教的危害，并不是对佛教神学的唯心主义的哲学批判，因而缺乏思想理论上的深刻性。他所使用的批判武器，是圣人之道，即传统的儒学观念和封建礼法。他以儒家的有为贬斥佛教的无为，在当时是有进步作用的。但他的有为，具体来说是为了维护封建的礼乐刑政，维护君出令、臣奉令、民从令的封建统治秩序。他强调儒道代代相传，不承认佛教的法统，也是出于“严华夷之辨”的儒家传统观念，有盲目排外的狭隘思想成分。

韩愈一生反佛十分坚决，但不等于他不同僧徒来往，相反他利用与僧徒的交往与接触，宣传儒道而非佛理，比如《送高闲上人序》批评高闲法师以佛家的淡泊无所求的精神面貌去写草书，必不能写好，而主张儒家的功利观。本文则大讲儒之是而佛之非。但他讲得十分巧妙，让文畅不感到十分逆耳，这是他运用了遏抑蔽掩的手法。如第三段说圣人之道有为有传，使人得以区别于禽兽夷狄；指责佛教“孰为而传”，言外之意是说佛教主张清净寂灭，忘本背亲，灭其天常，无为无传，与禽兽夷狄无异。行文至此，马上带住，推开佛教不说，只泛论禽兽与人的区别，似乎前面所说的禽兽夷狄也不是有意贬斥佛教。至“知其所自”一语，提醒文畅饮水思源，不要忘记圣人的好处，其实也是告诫他，如果忘了圣人，便是禽兽夷狄。好在这些都不明说，而是遮遮掩掩，让文畅自己去捉摸思忖，感受韩愈处处为自己开脱，进行开导，遂不以为忤。

林纾认为“文畅爱之不以为忤者，以关轴转捩之妙也”（《春觉斋话文》）。本文原是对佛徒的应酬文章，就反佛的韩愈来说写这种文章本来很难置辞。但他却能千回百转，辩辞特特，累擒累纵，微婉而又明显地表达了自己的见解。这样巧于布置“关轴转捩”，使文思曲折深厚，也增强了文章的韵味，引导人玩赏追索。刘大櫆说：“意尽而言止者，天下之至言也。然言止而意不尽者尤佳。意到处言不到，言尽处意不尽，自太史公后，惟韩、欧得其一、二。”（《论文偶记》）这种“言尽意不尽”，归根结底是立意的丰富性的表现，又是一种具有高度技巧的表达艺术，比起简单的“辞达”或“意尽言止”来说，在艺术上更前进了一大步。

曾国藩评此文说：“辟佛者从治心与之辨毫芒，是抱薪救火矣。韩公言：若无中国之圣人，则彼佛者亦如禽兽为物所害，莫能自脱。如此立说，彼教更从何处置喙。立言有本，故其气充溢，历久常新。”（《求阙斋读书录》卷八《韩昌黎集》，湖北咸宁郝经祖刊本）曾氏之言，确为的评。

（诸天寅）

送王秀才[①]序[②]

吾常以为孔子之道大而能博，门弟子[③]不能遍观而尽识也，故学焉而皆得其性之所近[④]。其后离散分处诸侯之国[⑤]，又各以所能授弟子[⑥]，原远而末益分[⑦]。

盖子夏之学，其后有田子方[⑧]，子方之后，流而为庄周[⑨]。故周之书，喜称子方之为人[⑩]。荀卿之书，语圣人必曰："孔子、子弓。"[⑪]子弓之事业不传，惟太史公书《弟子传》有姓名字，曰："馯臂子弓。"[⑫]子弓受《易》于商瞿[⑬]。孟轲师子思[⑭]，子思之学盖出曾子[⑮]。自孔子没，群弟子莫不有书[⑯]，独孟轲氏之传得其宗[⑰]，故吾少而乐观焉[⑱]。

太原王埙，示予所为文[⑲]，好举孟子之所道者[⑳]；与之言，信悦[㉑]孟子而屡赞其文辞。夫沿河而下，苟不止，虽有迟疾，必至于海；如不得其道也，虽疾不止，终莫幸而至焉[㉒]。故学者必慎其所道[㉓]。道于杨、墨、老、庄、佛之学，而欲之圣人之道，犹航断港绝潢以望至于海也[㉔]。故求观圣人之道，必自孟子始。今埙之所由[㉕]，既几于知道[㉖]，如又得其船与楫[㉗]，知沿而不止[㉘]，呜呼！其可量也哉[㉙]！

〔注〕 ① 王秀才：即下文所云王埙(xūn)，太原(今属山西)人。秀才，古代举士制度的科目之一，隋时最重此科，唐代与明经、进士并立为科举考试的科目。此文称王秀才者，是当时作为对一般读书人的尊称，并非科举考中的秀才。 ② 序：文体名称，有书序和赠序两种，书序一般是作者陈述作品的主旨、著作的经过，或他人所作对著作的介绍评述；唐初亲友别离，赠言规勉，乃有赠序，本文即属赠序。 ③ 门弟子：此指及门弟子，即授业弟子。古人亲授业者为弟子，转而相授者称门人。 ④ 故学焉而皆得其性之所近：谓弟子们在学习孔子的学说时，各自根据自己的个性特点和兴趣爱好，各有专长。 ⑤ 其后离散分处诸侯之国：弟子们学成后分散到各诸侯国做事。《史记·儒林列传》载："自孔子卒后，七十子之徒散游诸侯，大者为师傅卿相，小者友教士大夫，或隐而不见。故子路(仲由)居卫，子张(颛孙师)居陈，澹台子羽(灭明)居楚，子夏(卜商)居西河，子贡(端木赐)终于齐。" ⑥ 又各以所能授弟子：孔子的弟子又各自以自己的专长传授给自己的弟子(即所谓再传弟子)。《史记·儒林列传》载："如田子方、段干木、吴起、禽滑釐之属，皆受业于子夏之伦，为王者师……孟子、荀卿之列，咸遵夫子之业而润色之，以学显于当世。" ⑦ 原远而末益分：这里用水流作比喻，说距离水的源头越远，末流的支叉派别自然更加分歧。原，水源、源泉，今字作"源"。末，末尾、末流。 ⑧ "盖子夏之学"二句：谓田子方继承了子夏的学说。 ⑨ 庄周：庄子，战国时宋之蒙(今河南商丘东北)人，战国时期

著名思想家、文学家，是老子之后道家的主要代表，后世把他和老子并称为“老庄”。其代表作《庄子》，对后世哲学、文学影响巨大。　⑩“故周之书”二句：《庄子·外篇》中有《田子方》篇，记载田子方和魏文侯的谈话，称赞他的老师东郭顺子的道德高尚。按：本文云庄周“喜称子方之为人”，似乎称赞不止一次，但现存《庄子》中提到田子方的只有一篇，是否庄周逸篇中还有，现已无考。　⑪“荀卿之书”三句：谓荀卿的书谈论圣人时一定要说到孔子、子弓。事见《荀子》中《非相》《非十二子》《儒效》诸篇。荀卿，荀子，名况，又叫孙卿。战国后期赵国人，先秦唯物主义思想的集大成者，著有《荀子》三十二篇，除书末六篇为弟子附加外，其余都是他亲自撰写。　⑫“子弓之事业不传”三句：谓子弓的事业不见于书传，只有司马迁《史记》的《仲尼弟子列传》中记载有他的姓、名和字。子弓，姓馯(hán)名臂，字子弓。按：《史记·仲尼弟子列传》作馯臂子弘，《汉书·儒林传》作馯臂子弓。杨倞《荀子》注云：子弓即仲弓(冉雍)，与韩愈之说不同。仲弓是孔门弟子中列入德行科的人，孔子曰：“雍也可使南面。”即说冉雍可以做得南面而坐的诸侯。　⑬子弓受《易》于商瞿：谓子弓学习《易经》是由商瞿传授的。《史记·仲尼弟子列传》云：“孔子传《易》于瞿，瞿传楚人馯臂子弘。”《汉书·儒林传》云：“自鲁商瞿子木受《易》于孔子，以授鲁桥庇子庸，子庸授江东馯臂子弓。”商瞿，鲁国人，字子木，孔子弟子，比孔子小二十九岁。　⑭孟轲师子思：孟轲拜子思为老师。孟轲，即孟子，名轲，字子舆，邹(今山东邹城)人，战国中期儒家学派的著名代表人物，被认为是孔子学说的继承者，有“亚圣”之称。著有《孟子》一书。师，此处用作动词，以某人为师。子思，名伋(jí)，孔子之孙，战国初哲学家。按：孟轲与子思年代不相及，不可能拜子思为师。司马迁说：“孟轲受业于子思之门人。”应以此说为是。《荀子·非十二子》云：“子思唱之，孟轲和之。”孟子受业于子思的门人，将其学说加以发挥，形成了思孟学派，后世封建统治者尊子思为“述圣。”　⑮子思之学盖出曾子：子思的学说是从曾子那里继承来的。曾子，名参，字子舆，春秋末鲁国南武城(今山东费县)人，孔子学生，继承孔子学说，后被封建统治者尊为“宗圣”。《孟子·离娄下》云：“曾子、子思同道。”可以作为子思和曾子是同一学派的证明。　⑯“自孔子没”二句：自孔子死后，他众多的弟子们没有不著述写书的。没，通“殁”，死亡。　⑰独孟轲氏之传得其宗：只有孟轲的传承得到孔子学说的宗旨。氏，系于姓或姓名字号之后以为敬称。宗，宗旨，此谓正宗、正统。　⑱故吾少而乐观焉：所以我从少年时代就喜欢读孟子的著作。焉，指代孟子的著作。《韩昌黎集》中谈到尊崇孟子的有多篇，如《答张籍书》、《重答张籍书》、《进士策问》十三首其四、《读荀》、《上宰相书》等等，可资考察。　⑲示予所为文：把他所写的文章拿给我看。　⑳好(hào)举孟子之所道者：喜欢举出孟子说的话、讲的道理。所道者，所说的话，讲的道理，即下文所说的“其文辞”。㉑信悦：信服、喜悦，即心悦诚服。　㉒“夫沿河而下”七句：这七句用行船作比，说如果沿着正确河道顺流而下，只要不停止，虽行走有快有慢，但一定能到达大海；如果道路没选对，即使一路疾行不止，最终也不能侥幸到达目的地。苟，只要。疾，快，急速。道，道路，这里指水流通行的途径。　㉓必慎其所道：一定要慎重选择所取的道路。　㉔“道于”三句：谓如果遵守的是杨、墨、老、庄、佛的学说，却想从中求得圣之道，这就好比航行在断港绝潢，却希望到达大海一样荒谬。道，前一个道字作动词，沿着……的道路，这里引申为遵守、遵循；后一个道字作名词，学说、思想。学，学派、学说。断港，同别的水流不通的港汊。绝潢，与水流隔绝的水池，即通常所说洼地上积下的一潭死水。　㉕所由：所遵循的途径和方法。由，经由。　㉖既几于知道：已经近于懂得圣人之道。道，此指圣人之道，即孔子的思想、学说。　㉗船与楫：都是水上航行必须具备的工具，这里用来比喻学习的途径与方法。楫，船上用以拨水前行的工具，长的称作棹，短的叫作楫。　㉘知沿而不止：懂得沿着正确的道路坚持下去而不半途而废。即上文所说“夫沿河而下,苟不止,虽有迟疾,必至于海”。止,停止、废止。 ㉙ 其可量(liáng)也哉:他(将来)的成就是不可估量的啊!

这是韩愈写给太原书生王埙的一篇赠序。赠序是唐代产生的一种文体,吴讷《文章辨体序说》云:“近世应用,惟赠送为盛。当须取法昌黎韩子诸作,庶为有得古人赠言之义,而无枉己徇人之失也。”关于本文的写作时间,没有明确记载,研究者认为,文中说明杨、墨、老、庄、佛之学不是圣人之道,和《原道》《读荀子》两篇的主张相同,或是同时先后的作品。《原道》《读荀子》皆贞元十九年(803)贬阳山之前的作品,与此文持相同主张的还有《上宰相书》《答张籍书》《重答张籍书》《进士策问》十三首其四诸篇,皆贞元十二年至十九年,韩愈二十八九岁至三十六岁之间的作品。这个时期正是他一心钻研儒学,擎大旗,倡导复兴儒学和古文运动的时期,写了不少阐述儒学理论和儒家道统的文章,不少士子投奔到他门下,人称“韩门弟子”,成为他以复兴儒学为内容的古文运动的骨干力量和社会基础。王埙虽未见列入“韩门弟子”,但可以肯定也是韩愈众多追随者中的一个,志同而道合,这正是他给王埙写这篇赠序的思想基础。

因此,文章的第一、二段撇开一切铺垫、介绍和说明,直接就儒家学说的传承问题展开讨论。首段两句话:第一句“吾常以为……得其性之所近”指出,由于其祖师孔子的学说博大精深,他的及门弟子尚且不能“遍观而尽识”(全面地学习透彻地了解),也只能在学习时各自根据自己的个性特点和兴趣爱好,各得其长(这是儒家学说产生学派分歧的前因);第二句说这些及门弟子学成后分散到各诸侯国做事,又各以自己的专长传授给自己的弟子(即所谓再传弟子),自然就会产生许多不同的派别(这是后果),这就好比水流,距离源头越远,末流的支叉自然就更加分歧了。这两句,开门见山地说出自己的看法,既肯定儒家学说的博大精深,又指明孔子以后学派分歧的事实和原因,为下文的议论张本。第二段紧承“原远而末益分”,指出孔子死后儒学的传承发展分为三派:一派是子夏传田子方,流而为庄周,一派是商瞿传轩臂子弓而传荀卿,一派是曾子传子思再传给孟子。并断定“独孟轲氏之传得其宗”,确定了孟子在儒学传统的正宗地位。最后一句“故吾少而乐观焉”,既说明自己自幼喜欢学习孟子的原因,又借此向世人宣布自己所学习、所继承并发扬的是儒学的正统,从而也看出他捍卫儒学并以儒学正统继承人自居的心理,也为下文张本。这两段议论脉络清晰,文理缜密,语言精练,斩截有力。“原远而末益分”一句,用水流比喻,形象鲜明。

最后一段说明写这篇序的原因,勉励王埙沿着正确的道路学习儒学,并对他寄予厚望。又可以分为四个层次:第一层,说太原王埙把他写的文章拿给自己看(虚心向自己请教),文中喜欢举出孟子讲的道理,与他交谈之中,他对孟子的学说心悦诚服并且屡次赞扬孟子的文辞,这正是王埙得到韩愈肯定和赞赏的原因。第二层以行船作比喻,说明学者一定要慎重选择所取的道路,道路对了,只要不停地前行,即使行走的速度有快有慢,也一定能到达大海(喻指目的地);如果道路没选对,即使一路疾行,终于也不能侥幸地到达目的地。第三层指出杨、墨、老、庄、佛之学不是正道,并断言“求观圣人之道,必自孟子始”,语气非常果断。其间还用了一个比喻:“道于杨、墨、老、庄、佛之学,而欲之圣人之道,犹航断港绝潢以望至于海也。”断言如果遵循的是杨、墨、老、庄、佛的学说,却想从中求得圣人之道,这就好比航行在同别的水流不通的港汊、与水流隔绝的洼地上积下的一潭死水,却希望到达大海一样荒谬。必须指出,韩愈在这里所说的“圣人之道”是指儒家学说,即后世所谓“孔孟之道”,他这样说是基于他捍卫儒家,以恢复儒学正统为己任,排除异端,攘斥佛老的立场。第四层对王埙进行勉励,首先承“故学者必慎其所道”,肯定王埙的路子走对了,这已经近于懂得圣人之道,如果再假于工具,掌握正确的途径和方法,其前途是不可估量的啊!语气和婉敦厚,表达了对一个与自己同道的青年学子的殷切期望,殷殷之情,发自肺腑。

全文结构环环相扣,逻辑严整,见解独到,内容博赡,气魄宏大。明人茅坤评其“通篇以孟子作主,是退之立自己门户,故其文有雄视一世气”(《唐宋八大家文钞·韩文公文钞》评语卷三),清人曾国藩评其“读古人书,而能辨其正伪纯疵,是谓知言。孟子以下,程、朱以前,无人有此识量”(《求阙斋读书录》卷八《韩昌黎集》),都是对它这些特色的肯定。本文在写作上最突出的地方就是议论的精辟而形象。这是一篇以议论为主的赠序,实言之,它就是一篇言简意赅、影响深远的议论文章。阐明儒学的道统,确立孟子的儒学正统地位,发前人之所未发,的确见解独到,需要博览群书,更需要眼光和胆量。清人储欣在其《唐宋八大家类选》卷十就指出:“曾、思、孟得圣道正传,自公发之,前此未有云尔也。”其议论的精辟还表现在强调学习方向、强调正确的学习方法和途径的重要性(即“学者必慎其所道”)。而且这些精辟的议论又是和生动贴切的比喻结合在一起的,这在一、三段都有例子,第三段的比喻尤其精彩。通过比喻,不仅能将深刻的道理说得浅易明白,同时也增加了议论的趣味性,增强了议论的说服力和感染力。

这样一篇四百来字的短文却在中国哲学思想史上占有重要的地位,就在于它的精辟的议论。虽说韩愈尊崇孟子的观点在前面所提到的文章中都有表现,但把孔子死后儒学的传承分为三派,断定“独孟轲氏之传得其宗”,确定了孟子在儒学传统的正统地位,把“统”的观点说得这么明确,这在其他文章中还是没有的。故清人林云铭在其所著《韩文起》评语卷三中指出:"读圣人之书,所以学圣人之道,然必审其所从入之途,而后得其为学之正。唐时,孟子与荀、杨、老、庄诸子并行,无甚轩轾。此因王埙知读《孟子》,故层层发出孟子所传之正,从曾子、子思一派得来……后世知以《学》《庸》《孟子》配《鲁论》为《四书》,颁行学宫,非此数语启之耶?"就说明其对后世影响之大。特别是,他的这一看法启发了宋儒,宋儒把《孟子》和《大学》(宋儒认为是曾子之作)、《中庸》(司马迁云为子思之作)和《论语》配在一起,合称为《四书》,作为封建社会中后期启蒙教育的课本和秀才科举的必读书,这一事实,就证明了该文对后世影响极大。(刘振娅)

荆潭[①]唱和诗序

从事[②]有示愈以《荆潭酬唱诗》[③]者,愈既受以卒业[④],因仰[⑤]而言曰:"夫和平之音淡薄,而愁思之声要妙[⑥];欢愉之辞难工[⑦],而穷苦之言易好也。是故文章之作,恒发[⑧]于羁旅[⑨]草野[⑩]。至若王公贵人,气满志得,非性[⑪]能而好之,则不暇以为。今仆射[⑫]裴公开镇[⑬]蛮荆[⑭],统郡惟九[⑮];常侍[⑯]杨公领湖之南壤地[⑰]二千里:德刑之政并勤,爵禄之报两崇。乃能存志乎诗书,寓辞乎咏歌,往复循环,有唱斯[⑱]和,搜奇抉怪[⑲],雕镂文字,与韦布[⑳]里闾[㉑]憔悴[㉒]专一之士[㉓]较其毫厘分寸,铿锵发金石,幽眇[㉔]感鬼神,信[㉕]所谓材全而能巨者也。两府之从事与部属之吏属[㉖]而和之,苟[㉗]在编者,咸可观也。宜乎施之乐章[㉘],纪诸册书[㉙]。"

从事曰:"子[㉚]之言是也。"告于公[㉛],书以为《荆潭唱和诗序》。

〔注〕 ① 荆潭:荆,指裴均,时任荆南节度使。元和三年(808)入朝为右仆射,加同平章事,元和五年晋升为左仆射。永贞元年(805),韩愈曾佐裴均任江陵法曹参军。潭,指杨凭,柳宗元的岳父,时任湖南观察使,后拜京兆尹,官终太子詹事。 ② 从事:为州郡长的幕僚。 ③《荆潭酬唱诗》:指裴均、杨凭及部属唱和之诗集。 ④ 卒业:即读完全部内容。 ⑤ 仰:表示恭敬之意。 ⑥ 要妙:美好。 ⑦ 工:精妙。 ⑧ 发:产生。 ⑨ 羁旅:指游宦奔波之人。 ⑩ 草野:平民百姓。 ⑪ 性:天性。 ⑫ 仆射(yè):唐初为尚书省副长官,太宗后无尚书令,仆射遂为长官。 ⑬ 开镇:唐代指出任节度使,镇守一方。 ⑭ 蛮荆:指荆南,今鄂西,川东一带,治江陵。 ⑮ 统郡惟九:统辖九郡。时裴均为荆南节度使,统制江陵府及澧、朗、峡、夔、忠、万、施、归八郡。 ⑯ 常侍:散骑常侍。 ⑰ 壤地:土地。 ⑱ 斯:尽,

皆。　⑲ 搜奇抉怪：寻求奇特的语言，挑选怪异之事。　⑳ 韦布：韦带布衣，未仕者或寒素者所服，此指寒士。韦，牛皮。　㉑ 里间：乡间草野，平民所居之处。　㉒ 憔悴：指困顿失意之人。　㉓ 专一之士：指专攻文学之士。　㉔ 幽眇：精深微眇。　㉕ 信：的确。　㉖ 属(zhǔ)：连接，跟着。　㉗ 苟：如果。　㉘ 施之乐章：指配上乐曲。　㉙ 纪诸册书：指编成书册。　㉚ 子：指韩愈。　㉛ 公：指裴均。

本文作于唐顺宗永贞元年(805)，时宪宗已即位，韩愈任江陵府法曹参军。当时裴均任荆南节度使，杨凭任湖南观察使，两人均雅好文辞，交往之间常有诗歌唱和，后来把这些诗连同他们从事、部属的和诗编为一集，名为《荆潭酬唱诗》。此即是韩愈为诗集所作的序。

韩愈在政治上虽不甚顺利，却被时人奉为文坛巨擘，许多名人雅士、王公贵族求其写序，希望通过他的介绍，能够扩大自己的影响。文章中的裴均、杨凭即是如此。他们都是当时的地方大员，韩愈被贬阳山、江陵时，曾受到他们的礼遇，裴均更是韩愈的老上司。这样的情况下，韩愈如何不违心地写这篇应酬式的序文，的确有点左右为难。

文章开头“从事有示愈以《荆潭酬唱诗》者”，说明此序是应“从事”所请，并非自己主动讨好上司。序中故意隐去裴均、杨凭求序，而说“从事”，无形中提高了他们的地位，维护了他们的自尊心。接着一个“受以卒业”“仰而言”，暗示作者是认认真真、恭恭敬敬地读完全部诗作，使求序者认为写序者是读完全部诗作后才写此序，并非敷衍了事，自然心满意足。

之后作者生动而感触颇深地说出了自己的创作体会和创作的一般规律：“和平之音淡薄，而愁思之声要妙；欢愉之辞难工，而穷苦之言易好也。”韩愈认为表现愁苦悲壮之情的作品容易打动人心。“愁思之声要妙”，“穷苦之言易好”道出了人们以悲为美的普遍心理。“是故文章之作，恒发于羁旅草野。至若王公贵人，气满志得，非性能而好之，则不暇以为。”韩愈认为创作欲望往往产生于愁苦困窘，故羁旅草野，贫困憔悴之士多为之。若“气满志得”，没有不平之气的“王公贵人”，则难于产生强烈的写作冲动。这与其《送孟东野序》所称“不平则鸣”之论有着相通之处。在这里，作者通过鲜明的对比，强调的是深切的感受，真实的内容，间接地提出了自己品评诗集的标准。

在此前提下，韩愈通过对“开镇蛮荆”的裴公以及“壤地二千里”的杨公的显赫地位与其“搜奇抉怪，雕镂文字”的创作态度的比较，以其“爵禄之报两崇”的显达与他们的“与韦布里间憔悴专一之士较其毫厘分寸”的行为比较。作者貌似夸赞，但却以“憔悴专一之士”的作品作为检验标准，而且序中很少言及诗作的具体内容。对比之下，读者也就不难察觉作者的真正用意：他们的诗歌，无非是富贵显达的饱嗝，而绝不是“铿锵发金石，幽眇感鬼神”的作品。

此序虽为恭维两位达官贵人而作，但作者“因难见巧”，立意奇特，借此提出自己的文学理论，间接而含蓄地批评了这部诗集。“恭维而没有一味拍捧，世故而不是十足势利”（钱钟书《诗可以怨》），应酬文学而能把握分寸，实为难得。无怪乎刘大櫆评此文：“立言甚简，而雄直之气郁勃行间。”（王文濡《评校音注古文辞类纂》卷七）

（段祖青 晏资坤）

送区册[①]序

阳山[②]，天下之穷处[③]也。陆有丘陵之险，虎豹之虞[④]。江流悍急[⑤]，横波之石廉利侔剑戟[⑥]，舟上下失势[⑦]，破碎沦溺[⑧]者往往有之。县郭[⑨]无居民，官无丞尉[⑩]，夹江荒茅篁竹[⑪]之间，小吏十余家，皆鸟言夷面[⑫]。始至，言语不通，画地为字，然后可告以出租赋，奉期约[⑬]。是以宾客游从之士，无所为而至[⑭]。

愈待罪于斯，且半岁矣。有区生者，誓言相好，自南海挐舟[⑮]而来，升自宾阶[⑯]，仪观甚伟，坐与之语，文义卓然[⑰]。庄周云：“逃空虚者，闻人足音跫然而喜矣。”[⑱]况如斯人者，岂易得哉！入吾室，闻《诗》《书》仁义之说，欣然喜，若有志于其间[⑲]也。与之翳[⑳]嘉林，坐石矶，投竿而渔，陶然以乐，若能遗外声利[㉑]而不厌乎贫贱[㉒]也。岁之初吉[㉓]，归拜其亲，酒壶既倾，序以识别[㉔]。

〔注〕 ① 区册：是韩愈贬阳山时前来从学者。其生平不详。他于贞元十年末返回家乡南海（今广东广州市）省亲，韩愈作此序送别。 ② 阳山：县名，今广东阳山县。 ③ 穷处：僻远荒凉的地方。 ④ 虞：忧，害。 ⑤ 悍急：凶险急速。 ⑥ 廉利侔（móu）剑戟：棱角锋利像剑戟一样。侔，与……一样。 ⑦ 失势：失去控制。 ⑧ 沦溺：沉没。 ⑨ 县郭：县城，外城为郭。 ⑩ 丞尉：佐县令处理事务的官员。 ⑪ 篁竹：竹丛。 ⑫ 鸟言夷面：形容当地少数民族人民语言如鸟语，面貌与中原的人不同。 ⑬ 奉期约：遵守期限规约。 ⑭ 无所为而至：没有什么理由要到这里来。 ⑮ 挐（ráo）舟：乘船。挐通“桡”，指船桨。 ⑯ 升自宾阶：古时主宾相见，客自西阶升堂，曰宾阶。 ⑰ 文义卓然：所言卓然杰出。 ⑱“庄周云”三句：语出《庄子·徐无鬼》。意为逃到空谷中的人，长久居住在空旷里，听到人的脚步声就高兴起来。跫（qióng），脚步声。 ⑲ 有志于其间：追求《诗》《书》仁义之说。 ⑳ 翳（yì）：遮荫。 ㉑ 遗外声利：把名利置之度外。 ㉒ 不厌乎贫贱：不避贫贱。厌，弃。 ㉓ 初吉：古代以农历每月朔（初一）至上弦（初七、初八）为初吉。 ㉔ 序以识（zhì）别：作序以记述离别。

人的一生总需要有一些真正的朋友。当你仕途得意飞黄腾达的时候，能够陪你相与为欢，固然不错，然而只有当你困顿失意百无聊赖时还能来到你的身边，忧戚与共相互慰藉，那才更加值得珍惜。贞元十九年(803)韩愈贬为连州阳山令，正是人生最困顿郁闷的时候，就在这时，却有广东书生区册，从南海乘船慕名前来从学，不仅态度诚恳，而且与韩愈志同道合。这是多么难能可贵啊！所以当贞元二十一年正月区册要返回家乡省亲时，韩愈欣然写了这篇文章赠送给他。

开篇劈空而来，直接描写阳山的荒僻和落后。自然环境方面，这里是"天下之穷处"，即僻远荒凉之地，"陆有丘陵之险，虎豹之虞"，群峰环立，直插云天，道路险阻，丘壑纵横，丛林茂树之间，虎豹时常侵人。而水上呢，则"江流悍急，横波之石廉利侔剑戟，舟上下失势，破碎沦溺者往往有之"，江流湍急，猛浪若奔，横列浪中的礁石如剑似戟，森然恐怖，稍不留神就会造成舟毁人亡的惨剧，真是"漂船摆石万瓦裂，咫尺性命轻鸿毛"(韩愈《贞女峡》)啊！而人文环境方面则更差，不仅居民稀少，而且政府官员设置不完备，竟然没有丞尉，只见"夹江荒茅篁竹之间，小吏十余家，皆鸟言夷面"，更糟糕的是言语不通，只得"画地为字"，然后老百姓才懂得应该缴纳赋税，遵守规章期约。这段描写历历如画，体现出韩愈"写生妙手"的艺术腕力。从文章结构来看，又是陪衬，在这样的"宾客游从之士，无所为而至"的条件下，区册来从学就是非常值得珍惜的。这样就自然引出了下文。

第二段叙述与区册相得为欢的情谊。在作者贬居阳山半年后，区册不远千里而来，"誓言相好"，已属难得，加上其人长得体貌英伟，谈吐高雅，让作者有"空谷足音"之喜，故感叹地说："如斯人者，岂易得哉！"更让韩愈兴奋的是：区生不仅爱读儒家的《诗》《书》经典，还喜欢"仁义道德"的精义，并且仿佛有志于其间。因此作者与区册朝夕相处，"翳嘉林，坐石矶，投竿而渔，陶然以乐"，区生也仿佛把名利置之度外，自甘于贫贱而矢志不移。孙琮评说："第一段说阳山僻陋，已见其人之不可忘。第二段说其人仪伟、好学，尤见其人之不可忘，此序之所以作也。"(《山晓阁唐宋八大家选·韩昌黎》卷三)是体会了韩愈作此文的用意的。

当然韩愈与区生可能并无深交，区生可能也没有什么高深学问，作者对区生的来访又确实深慰其心，因此一方面运用衬托大加赞誉，另一方面则又微用曲笔。林纾看出了这一点，他说："宾客游从之士，既无所为而至，而区生独来，自然可喜，不能不加以褒美之词。然以荒裔一书生，安有学问？过于称扬，则美溢美；不加奖借，又类寡情。通篇用两'若'字，大有斟酌。'若有志于其间'，则诗书仁义四字始不著实；'若能遗外声利而不厌乎贫贱'，则'遗外声利'四字亦非切实之考语。"(《古文辞类纂选本》卷六)两个"若"字显然带有笔意，或许并没有林纾讲的这样深微，但由此可见韩愈散文下字用词确实具有丰富的内涵，既贴切，又不夸饰，还能准确地传达情意，达到了很高的艺术造诣。 （吴振华）

送高闲上人序

苟可以寓其巧智，使机应于心，不挫于气[①]，则神完而守固，虽外物至，不胶于心[②]。尧、舜、禹、汤治天下，养叔治射[③]，庖丁治牛[④]，师旷[⑤]治音声，扁鹊[⑥]治病，僚[⑦]之于丸，秋[⑧]之于弈，伯伦[⑨]之于酒，乐之终身不厌，奚暇外慕[⑩]。夫外慕徙业者，皆不造其堂[⑪]，不哜其胾[⑫]者也。

往时张旭[⑬]善草书，不治他伎，喜怒、窘穷、忧悲、愉佚[⑭]、怨恨、思慕、酣醉、无聊不平，有动于心，必于草书焉发之。观于物，见山水崖谷，鸟兽虫鱼，草木之花实，日月列星，风雨水火，雷霆霹雳，歌舞战斗，天地事物之变，可喜可愕，一寓于书[⑮]。故旭之书，变动犹鬼神，不可端倪[⑯]。以此终其身，而名后世。

今闲之于草书，有旭之心哉？不得其心，而逐其迹，未见其能旭也。为旭有道，利害必明，无遗锱铢[⑰]，情炎于中[⑱]，利欲斗进[⑲]，有得有丧，勃然[⑳]不释，然后一决于书[㉑]，而后旭可几[㉒]也。今闲师浮屠氏[㉓]，一死生[㉔]，解外胶[㉕]，是其为心必泊然无所起，其于世必淡然无所嗜，泊与淡相遭，颓堕委靡[㉖]，溃败不可收拾，则其于书得无象之然乎[㉗]？然吾闻浮屠人善幻[㉘]，多伎能，闲如通其术，则吾不能知矣。

〔注〕①“苟可以寓其巧智”三句：如果可以寓其巧智于一事，使变化与内心相应，不受挫于心气（情绪）。苟，若。寓，寄寓、寄托。巧智，巧技、奇能；智慧、智力。此指某一专业方面的技能和智慧，如琴、棋、书、画等方面的技能和智慧。此序特指书法方面的“巧智”。机，指万物的变化或心意的变化。心，指内心之寄托（本序指书法）。挫，挫折，此处指干扰。 ②“则神完而守固”三句：那么就能精神完满而持守坚固，即使外物机变来到，也不会胶滞于心。神完，精神饱满，神思专注。守固，指对内心之寄托，持守专一。外物，即外物之机变。不胶于心，此言“机应（适应、感应）于心”，而“不胶（胶着、滞碍）于心”。 ③养叔治射：养叔研究、从事射箭技艺。养叔，指春秋时楚人养由基，善射，去柳叶百步而射，百发百中。 ④庖丁治牛：庖丁研究解牛技艺。庖丁，《庄子·养生主》载，庖丁为文惠王解牛，手触肩倚，足踏膝踦，进刀騞然，有如乐舞。文惠王问其解牛技艺何至于此，庖丁回答：臣以神遇而不以目视，顺随牛体天然生理结

构,进刀于骨隙之间,以无厚之刀刃入有隙之骨缝,自然游刃有余矣。 ⑤ 师旷:春秋时晋人,目盲而善于声乐。 ⑥ 扁鹊:姓秦,名越人。战国时名医,勃海郡鄚(今河北任丘北)人。⑦ 僚:即宜僚,春秋时鲁人,熊姓。宜僚擅长操弄弹丸,两手抛多枚弹丸而不落地。 ⑧ 秋:指弈秋,春秋时善弈棋(今围棋)者。 ⑨ 伯伦:指刘伶。魏晋名士,善饮酒,著有《酒德颂》,为竹林七贤之一。 ⑩ 奚暇外慕:哪有闲空对其他以外事物的爱慕。奚暇,犹何暇,哪有闲空。⑪ 不造其堂:不到其堂室,即未登堂入室,不能探得它的奥秘。 ⑫ 不哜(jì)其胾(zì):不食其肉,不能品尝它的滋味。 ⑬ 张旭:唐代书法家,苏州吴(今江苏苏州)人,善草书,狂醉挥毫,变化无穷,若有神助,时人号为"张颠"。 ⑭ 佚:通"逸",安逸、安乐。 ⑮ 一寓于书:全寄托于书法。《新唐书·张旭传》:"旭自言:始见公主担夫争道,又闻鼓吹,而得笔法意,观倡公孙舞剑器,得其神。" ⑯ 不可端倪:不能探究其书法"变动"的端绪和边际(缘由与境界)。⑰ 锱铢:喻指细小。 ⑱ 情炎于中:(爱憎)激情燃烧于胸中。 ⑲ 利欲斗进:公利与私欲展开斗争。进,深入展开。 ⑳ 勃然:指情绪旺盛。 ㉑ 一决于书:全部抒发于书法。决,疏通水道,使水流泻,引申为疏泄、抒发。 ㉒ 可几:或许可能(接近张旭的境界)。 ㉓ 浮屠氏:指佛教。 ㉔ 一死生:视死生同一。 ㉕ 解外胶:解脱外物(指前之"利害""情炎""利欲""得丧")的胶着(即前之"勃然不释")。 ㉖ 颓堕委靡:指情感颓废不振。 ㉗ 其于书得无象之然乎:指他(高闲上人)在书法上能不能类似它(张旭的书法)一样呢?得无,能否。象,假借为"像",类似,好像。 ㉘ 善幻:善于幻术。

《送高闲上人序》是一篇赠序,而谈的是草书书法,主旨却在贬斥佛学。高闲上人,是一位法号高闲,擅长草书的僧人。赞宁《高僧传》卷三十载:"湖州开元寺释高闲,本乌程(今浙江吴兴)人也。……后入长安,于荐福、西明等寺肄习经律,克精讲贯。宣宗重兴佛法,召入,封'御前草圣',遂赐紫衣。……闲常好将霅(zhá)川(即霅溪,在浙江湖州)白纻(白苎麻所织麻布)书真草(真书、草书。真书,即隶书)之迹,与人为学法焉。"本序具体写作时间不详。高步瀛《唐宋文举要》引王元启曰:"按宣宗即位,距公卒已二十二年,此序当属长庆中作。"长庆,唐穆宗长庆年间(821—824)。韩愈时年五十五岁或五十六岁,时在长安历任国子监祭酒、吏部侍郎、京兆尹兼御史大夫等职。则此序乃韩愈晚年所作。

韩愈为传承儒学道统,对佛教极力排斥、抨击。高闲僧人,是在当时被尊为上人,后来还被宣宗皇帝封为"御前草圣"的人物。韩愈就偏偏对这位"御前草圣"的草书,表示出一种轻视和嘲讽态度。林纾即认为此序"语稍欠婉转","重(张)旭正所以轻(高)闲耳"(《韩柳文研究法·韩文研究法》)。

《送高闲上人序》全文三段:首段论人之"寓其巧智",须专一于某一专业的技艺和智能,"乐之终身不厌",才能使客观万物之变化、主观心意之变化,与内心之寄托(巧智,本序指书法)相应,不会受心绪的干扰。如此,就能精神完满而持守坚固,即使外物机变的干扰来临,也不会滞碍于心。韩愈列举了上自儒家理想圣君尧舜禹汤的"治天下",下到养叔、庖丁、师旷、扁鹊、僚、秋、伯伦等人三教九流式的巧智奇技，论证“寓其巧智”，专一其事，方能机应于心、神完守固，登堂入室，窥其奥秘。而“外慕徙业者”则不能登堂窥奥，不能品尝其中美妙滋味。这显然是隐刺高闲上人身为佛教徒，而徙佛学之业，外慕草书，虽称“草圣”而不专一，虚有美名，焉能一窥草书之奥秘？

二段论赞张旭草书艺术，谈了四点：一是“张旭善草书，不治他伎”，强调张旭对于草书艺术的专一，对此草书终身不厌，而名传后世。二是张旭的草书艺术充满激情，种种“喜怒、窘穷、忧悲、愉佚、怨恨、思慕、酣醉、无聊不平，有动于心”的情感兴发，“必于草书焉发之”。张旭草书艺术是其跌宕起伏的情感兴发的结晶和载体。三是张旭草书艺术是“观于物”、融炼“天地事物之变”的综合体现，举凡“山水崖谷，鸟兽虫鱼，草木之花实，日月列星，风雨水火，雷霆霹雳，歌舞战斗”等等自然景观、人事变态，其“可喜可愕，一寓于书”。比如“歌舞”，张旭曾在郾县观赏公孙大娘舞西河剑器，领悟草书飞舞之神态，“自此草书长进，豪荡感激”（杜甫《观公孙大娘弟子舞剑器行序》），就是最佳例证。四是张旭草书“变动犹鬼神”，赞美张旭草书笔势变化，潇洒自然，随心所欲，无所拘束，犹如鬼神变动之诡秘难测，揭示出张旭草书艺术所独有的任性挥洒的神奇、瑰异的美感。此段，韩愈缕述张旭对“巧智”（草书）追求专一、情感激发、观览天地万物之变化，从而达到“不可端倪”的神奇境界，不但草书如此，一切艺术皆如此，它是“巧智”艺术升入高妙境界的必需条件与特征。

三段对比张旭草书与高闲草书之差异，评定高闲“御前草圣”不得张旭之心，“而逐其迹”，“未见其能”与盛唐“草圣”张旭相比肩。为何呢？韩愈总结张旭草书“有道”：“利害必明”，“情炎于中”，公利与私欲搏斗，情绪勃然激昂，然后全部抒发、挥洒于草书艺术。如此才能接近张旭。然而高闲呢？师心佛教，心意泊然，处世淡然，自视生死同一，外物无所胶着，情怀“颓堕委靡”，无利害、无情炎、无情感激发。韩愈反诘：“其于书得无象之然乎？”高闲上人在草书书法上能否类似张旭草书书法呢？以反诘句式表达作者否定高闲草书的正意：高闲草书怎能仿佛张旭草书艺术呢？语带轻蔑与嘲讽。最后，韩愈以一种轻描淡写的语气，说“吾闻浮屠人善幻，多伎能”，高闲如通晓幻术，“则吾不能知矣”，言外之意，通幻术亦无济于事，恰显其技穷而已，不值一提矣！

总之，全文一论、二赞、三评。首段之论，为全文总纲，遂列举八例以为证，使其论点坚确。而以“外慕徙业者”为后文作一铺垫。二段特举盛唐草圣张旭，具体证实首段总纲论点之坚确，成为本文的中坚论据。三段之对比评判，以张旭草书为楷模，凸显张旭草书与高闲草书之优劣，追究高闲草书不及张旭草书之缘由，乃在佛学与草书艺术无缘，佛学妨碍、甚至破坏草书艺术之进境。从而达到排斥、抨击佛学的主旨。再有，此序行文雄辩放荡，纵横恣肆，自然洒脱，颇类庄子文风。然而，韩愈为了贬低高闲草书，而以张旭草书作为打压高闲的一块石头，此种写法是攻其一点（草书），否定其余（佛学），从而证实佛学与书法为敌。然而，懂佛法者，不见得书法必劣；不懂佛学者，不见得书法必优。佛法与书法并不存在必然的抵触。草书亦是风格多样，张旭的草书并不是评定草书优劣的唯一标准。张旭草书、高闲草书，各有各的特长，以张旭草书否定高闲草书，作为抨击佛学的手段，实际存在着逻辑的谬误。这一点，似乎应当明白，不能以韩愈的是非为我们的标准。林纾《韩柳文研究法·韩文研究法》称："昌黎论书，尚诋羲之为俗，似非知书中三昧者。"值得我们玩味。

（赵乃增）

送杨少尹[①]序

昔疏广、受[②]二子，以年老一朝辞位而去，于时公卿设供张[③]，祖道[④]都门，车数百两，道路观者多叹息泣下，共言其贤。汉史[⑤]既传其事，而后世工画者又图其迹。至今照人耳目[⑥]，赫赫若前日事。国子司业[⑦]杨君巨源方以能诗训后进[⑧]，一旦以年满七十，亦白丞相去归其乡[⑨]。世常说古今人不相及，今杨与二疏其意岂异也[⑩]？

予忝在公卿后，遇病不能出。不知杨侯去时，城门外送者几人？车几两？马几匹？道边观者亦有叹息知其贤以[⑪]否？见今世[⑫]无工画者，而画与不画，固不论也。然吾闻杨侯之去，丞相有爱而惜之者，白[⑬]以为其都[⑭]少尹，不绝其禄。又为歌诗以劝之[⑮]，京师之长于诗者，亦属而和之[⑯]。又不知当时二疏之去有是事否？古今人同不同未可知也。

中世[⑰]士大夫以官为家，罢则无所于归。杨侯始冠，举于其乡，歌《鹿鸣》[⑱]而来也。今之归，指其树曰："某树吾先人之所种也。某水某丘吾童子时所钓游也。"乡人莫不加敬，诫子孙以杨侯不去其乡为法。古之所谓"乡先生[⑲]没而可祭于社[⑳]"者，其在斯人欤，其在斯人欤！

〔注〕①杨少尹：即杨巨源，河中（今山西永济）人，有诗名。贞元、元和间历仕太常博士、

虞部员外郎、凤翔少尹,长庆元年为国子司业,四年以年满七十,自请退归乡里。宰相爱其才,奏授河中府少尹,不绝其禄。此文为韩愈任吏部侍郎时送巨源归乡里之作。 ② 疏广、受:西汉疏广、疏受,东海兰陵(今山东枣庄东南)人,受为广之侄。疏广在宣帝时任太子太傅,受任太子少傅,叔侄并为太子师傅,人称其荣。在任五年,以功成身退,俱称病归乡里。 ③ 供张:供具张设。张,一作"帐"。 ④ 祖道:古人于出行前祭祀路神称祖道,后因称饯行为祖道。 ⑤ 汉史:指班固所著《汉书》。 ⑥ 照人耳目:指图画和事迹依然光彩照人,为人传诵。 ⑦ 国子司业:国子监为封建王朝的教育管理机构和最高学府,唐以国子监统辖国子、太学、四门等学。最高行政长官为国子祭酒,司业为属官,帮助祭酒教授生徒。 ⑧ 以能诗训后进:因为会作诗,故任司业教授生徒。 ⑨"一旦"二句:古人为官年满七十致仕,辞官归居。《公羊传·宣公元年》:"古之道不即人心,退而致仕。"注:"致仕,还禄位于君。"唐时致仕还没有恩礼,对杨巨源似是例外。 ⑩"世常说"二句:谓不知杨巨源的致仕与古时二疏是否相同,有意将杨与二疏对比,以突出杨的际遇。 ⑪ 以:同"与"。 ⑫ 见今世:犹言"现在当今之世"。见,同"现"。 ⑬ 白:此处指丞相裴度将杨巨源的为官情况报告皇上。 ⑭ 其都:指杨巨源故里河中府,唐以河中府为中都,设大尹、少尹,如东西两都制。 ⑮ 为歌诗以劝之:作诗歌劝勉他。劝,勉励,奖励。 ⑯"京师"二句:当时和诗的有裴度、张籍等。 ⑰ 中世:中古时期,这里指殷、周时期。 ⑱《鹿鸣》:《诗·小雅》篇目。此句谓巨源怀忠臣之心以报效朝廷。 ⑲ 乡先生:指乡中老人为卿大夫致仕者。 ⑳ 社:乡里祭祀社神的处所。

穆宗长庆四年(824)国子司业杨巨源以年满七十,自请退归故里,当时宰相裴度爱其才,惜其老,奏授河中府少尹,不绝其禄,以示皇恩优渥。韩愈作此序送他,借杨氏辞官还乡事,表达了欢送之盛、优老之典和回乡之情,并抒发了心中的感慨。

古人认为赠序之作,"当随事以序其实"(吴讷《文章辨体序说》)。作此序时有两个具体情况,一是韩愈时任吏部侍郎,杨氏的归里也引发了他的相同情绪;二是韩愈当时生病,不能亲自相送。那么作者怎样"随事(杨氏归里)"来"序其实(当时情形)"呢?他采用了借宾陪主、虚实相生的手法。正如金圣叹所说:"送杨少尹,却劈空忽请出二疏,又偷笔先写自己病不能送,便生出无数波澜。"(《天下才子必读书》卷十一)所谓"二疏",是指汉宣帝时的疏广和疏受,叔侄二人并为太子师傅,功成名就,即时隐退,天子、太子赐金,公卿大夫、故人邑子设宴相送,送者车数百辆,真正是荣归故里,回乡后他们又不矜其荣耀而是与乡党宗族共享其赐,让子孙勤勉自力,不教子孙怠惰。表现出极为深远的睿智和贤德,深得人们称颂,以寿命终。二疏可以说是古代士大夫在出与处方面处理最为恰当的典型,一生既有智有识,又明哲保身,上下称道。韩愈一生汲汲于王朝中兴,屡次在诗文中表达了这种弃官归隐的愿望,只可惜这个愿望总未能实现,因此在这篇文章里,借二疏和杨少尹的辞官表达了心中的相同情怀。写二疏不是主意,目的是引出杨氏的归里来,所以第一段末尾说:"世常说古今人不相及,今杨与二疏其意岂异也?”古人与今人本是不同的,而现在都是七十岁自请辞官,难道不是相同的吗?这一问又引出下文的“异”来。

第二段先说自己“遇病不能出”,故虚笔揣测其盛况,连问“城门外送者几人?车几两?马几匹?道边观者亦有叹息知其贤以否?”与二疏进行对比,因未亲见故而发问,隐然似乎是要写杨氏的归故里不及二疏的荣耀,殊不料用“吾闻”一转,写出杨侯去时,有丞相爱而惜之,奏授河中府少尹,不绝其禄;又有京师长于诗者作歌诗以相劝。这是另一种从未有过的荣耀,所以作者感慨地说:“又不知当时二疏之去有是事否?古今人同不同未可知也。”正如孙琮所评:“一段笔笔写二疏事,其意却遥遥带合杨侯;一段写杨侯事,其意却遥遥带合二疏。回环相生,莫测其妙。”(《山晓阁唐宋八大家选·韩昌黎》卷三)

第三段写杨侯归乡后,追想前事,弱冠应举时,抱着一颗报效朝廷的忠心而来,如今荣归故里,却怀想先人所种之树和童子时代钓游之所,这种不忘家乡的品德让乡人更加崇敬,并以他为法教诫子孙。作者因此感慨道:杨少尹就是那种“乡先生没而可祭于社”的人啊!言外有无限的羡慕与敬戴。这一段开头作者说:“中世士大夫以官为家,罢则无所于归。”这是古代封建士大夫最常见的命运,一生为王朝鞠躬尽瘁,而罢官后却没有归属感,文中的二疏和杨侯似乎超越了这种命运,在各自的故乡找到了自己的归宿。因此,韩愈此文就含有很深的感慨。浦起龙看出了这一层用意,他说:“公(指韩愈)盖感少尹之去,慨迟暮贪荣者,举朝一叹,诤谏不可,借疏形杨,喧寂异趣,而藏用于遇病一语,则良工心苦也。”(《古文眉诠》卷四十八)即是说如果迟暮还贪荣不去,那才是违心交病呢。白居易《不致仕》诗云:“年高须告老,名遂合退身。少时共嗤诮,晚岁多因循。贤哉汉二疏,彼独是何人?寂寞东门路,无人继去尘。”就是指责那些嘴里讲退隐实际上贪禄不去的人,观韩愈一生的行实,他在写完此文后不久就去世了,一生归隐的愿望终究没能实现,则此文中流露的这种“归欤之叹”是相当真实的。

黄庭坚曾赞扬韩愈晚年的文章“不凡绳削而自合”,观此文确实有这种引用自如、出入回合、映衬巧妙、圆融深成的艺术魅力。

(吴振华)

送石处士序[1]

河阳军节度御史大夫乌公[2]为节度之三月[3],求士于从事之贤者。有荐石先生者,公曰:“先生何如?”曰:“先生居嵩、邙、瀍、穀[4]之间,冬一裘,夏一葛,食朝夕饭一盂[5],蔬一盘。人与之钱则辞,请与出游,未尝以事辞,劝之仕不应。坐一室,左右图书，与之语道理，辨古今事当否，论人高下，事后当成败，若河决下流而东注，若驷马驾轻车、就熟路，而王良、造父[⑥]为之先后也，若烛照数计而龟卜[⑦]也。”大夫曰：“先生有以自老[⑧]，无求于人，其肯为某来耶？”从事曰：“大夫文武忠孝，求士为国，不私于家[⑨]。方今寇聚于恒[⑩]，师环其疆[⑪]，农不耕收，财粟殚[⑫]亡。吾所处地[⑬]，归[⑭]输之途，治法征谋[⑮]，宜有所出[⑯]。先生仁且勇，若以义请而强委重[⑰]焉，其何说之辞[⑱]？”于是撰书词[⑲]，具马币[⑳]，卜日[㉑]以授使者[㉒]，求先生之庐而请焉。

先生不告于妻子，不谋于朋友，冠带出见客，拜受书礼于门内。宵则沐浴，戒行李[㉓]，载书册，问道所由，告行于常所来往[㉔]。晨则毕至，张[㉕]上东门[㉖]外。酒三行[㉗]，且起，有执爵[㉘]而言者曰：“大夫真能以义取人，先生真能以道自任，决去就。为先生别。”又酌而祝曰：“凡去就出处何常，惟义之归。遂以为先生寿。”又酌而祝曰：“使大夫恒无变其初，无务富其家而饥其师，无甘受佞人而外敬正士，无昧于谄言[㉙]，惟先生是听，以能有成功，保天子之宠命。”又祝曰：“使先生无图利于大夫而私便其身[㉚]。”先生起拜祝辞曰：“敢不敬蚤夜以求从祝规[㉛]。”

于是东都之人士咸知大夫与先生果能相与以有成也。遂各为歌诗六韵[㉜]，退，愈为之序云。

〔注〕 ① 送石处士序：石处士，名洪，字濬川，洛阳人。元和七年卒于集贤校理任。事详见作者《集贤院校理石君墓志铭》及《祭石君文》，题原作《送石处士赴河阳幕诗并序》，编文集时将诗序单独编入“序”类中，题为《送石处士序》。处士，隐居未仕的士人。 ② 河阳军节度御史大夫乌公：指乌重胤，元和五年(810)四月任河阳节度使，治所在河阳(今河南孟州)。御史大夫是其所带虚衔。 ③ 为节度之三月：指元和五年六月。 ④ 嵩：嵩山，在今河南登封。邙：邙山，在洛阳北。瀍、穀：水名，均在洛阳境。 ⑤ 盂：古代食器。 ⑥ 王良：春秋时晋大夫。造父：周穆王时人。二人均善驭马。 ⑦ 烛照：如烛光之照耀。数计：用数来计算。龟卜：用龟甲来占卜。 ⑧ 有以自老：有使自己终老之道，指隐居不仕至终老。 ⑨ 不私于家：指不为个人谋私利。 ⑩ 寇聚于恒：指割据反叛的成德军节度使王承宗。恒，恒州，唐成德军节度使治所，今河北正定。 ⑪ 师环其疆：指唐朝廷讨伐王承宗的军队四面环绕恒州。元和四年九月，王承宗反，十月下诏讨伐，以神策左军中尉吐突承璀为镇州行营招讨使，命恒州四周藩镇各进兵讨伐。五年七月，王承宗上表自首，宪宗赦之。作序时(五年六月)，王承宗犹未降。 ⑫ 殚(dān)：尽。 ⑬ 吾所处地：指河阳。 ⑭ 归：通“馈”，此指漕运。 ⑮ 治法征谋：治国之法，征伐之谋。 ⑯ 宜有所出：应有所贡献。 ⑰ 强委重：坚决敦请，委以重任。

⑱ 何说之辞：用什么理由辞谢不受。　⑲ 撰书词：指撰写聘书。　⑳ 具马币：备办了马匹和聘钱。　㉑ 卜日：择吉日。　㉒ 使者：指派去迎接的使者。　㉓ 戒行李：准备出行的行李。　㉔ 告行于常所来往：向平常来往较多的友朋告知行期。　㉕ 张：设供帐，具酒食，为石处士送行。　㉖ 上东门：洛阳城北门。　㉗ 酒三行：斟酒三次。　㉘ 爵：酒器。　㉙ 味于谄言：以谄言为甘味。　㉚ 私便其身：私下为自己图便利。　㉛ 敬蚤夜以求从祝规：起早贪黑，敬事其职，以求遵从诸位的祝愿与规劝。　㉜ 歌诗六韵：即序后之赠诗。

这是一篇赠序。朋友石洪应河阳节度使乌重胤的聘请，到河阳幕作参谋。在送行的宴会上，韩愈赋诗以赠，这是诗前面的序。这种赠序，通常抒写惜别、祝颂或劝勉之情，以抒情、议论为主。但韩愈的这篇序，却别开生面：一是在内容上围绕石洪的去就出处对其人、其德、其才以及他所事的幕主作了一番叙述、描绘，以说明石洪此去必能“相与以有成”；二是在写法上主要由对话构成。后一点在赠序中尤为罕见的别调。

开头先叙河阳节度使乌重胤上任不久即郑重求贤。点出“求士于从事之贤者”，一是为了引出下文从事与乌公的对话，二是为了强调唯“贤者”方能识真贤士、荐真贤士。乌公之“求”引出从事之“荐”，从而有乌公之问，从事之答。从事对石处士的介绍，先言其生活之俭朴：“冬一裘，夏一葛，食朝夕饭一盂，蔬一盘。”仿佛是置身世外的上古葛天氏之民。这样的人自然如下文所说是“无求于人”的。再言其品格之高洁：“人与之钱则辞，请与出游，未尝以事辞，劝之仕不应。”既不爱钱，也不爱官，但对“出游”却很感兴趣，插入这一句，说明他虽是品格高洁的隐士，却并不是与世隔绝的人。再言其学识才能：“坐一室，左右图书，与之语道理，辨古今事当否，论人高下，事后当成败，若河决下流而东注，若驷马驾轻车、就熟路，而王良、造父为之先后也，若烛照数计而龟卜也。”不但饱学，而且明辨古今人事道理，得失成败高下。为了突出他的才识，接连用了三个极为形象、生动的比喻。第一个比喻形容其才思敏捷、滔滔雄辩；第二个比喻形容其得心应手，毫不费力；第三个比喻，形容其记古今人事，明白、精确而富于预见性。第二、三个比喻，又喻中有喻。这连贯而下的博喻，既将石洪的学识才能渲染得淋漓尽致，又造成了一种如长江大河、浑浩流转的气势。纯用散句，句子长短参差不齐，又造成一种自然流动的意致。如此品格才识之士，正如乌公所担心的那样：“有以自老，无求于人，其肯为某来耶？”从而又引出从事之答：“大夫文武忠孝，求士为国，不私于家。”这是从乌公的品质上强调他与石洪相处的政治基础；“方今寇聚于恒，师环其疆，农不耕收，财粟殚亡。吾所处地，归输之途，治法征谋，宜有所出”，这是从讨叛的形势和河阳所处的地理位置强调河阳对国家应有自己的贡献；“先生仁且勇，若以义请而强委重焉，其何说之辞”，这是从石洪的“仁且勇”断其必能从"文武忠孝，求士为国，不私于家"之大夫所请。至此，才结束这场对话。最后叙述遣使造门，郑重礼聘。整个这一段，从乌公之求贤，到从事之荐贤，再到乌公担心贤之不来，进而引出对乌公的介绍和石之必至之理。既层层相引，一气贯串，又一波三折，屈曲有致。

下一段紧承从事的预料，一开头便写石洪的积极应聘："不告于妻子，不谋于朋友，冠带出见客，拜受书礼于门内。宵则沐浴，戒行李，载书册，问道所由，告行于常所来往。"不仅毫不犹豫，不跟妻子朋友商量就迅即作出应聘的决定，而且态度郑重，行动迅速，马上准备启程。这一连串行动，仿佛与上文从事所说的"劝之仕不应"的高士形象大异其趣，其实作者正是要通过这些看似反常的行动反托出石洪为国事效力的"仁且勇"的品格。接着，便用繁笔写送行宴会上朋友的祝词和石洪的回应，仍用问答体。祝词凡四层：先"大夫""先生"合提，拈出"义""道"二字作为两人合作的思想政治基础。这里所说的"义"与"道"，也就是作者在《原道》中所阐明的儒家合仁义而言之之道。次单提"先生"，强调他此行是"惟义之归"，说明这里所说的"义"和上文所说的"道"实际上是一个概念。再单提"大夫"，祝其不变忠于国家的初衷，不谋私利，"无务富其家而饥其师"，不为佞人的谄言所惑而疏远石洪这样的贤士。最后又单提"先生"，祝其不谋个人私利。四层祝词，反复切至，语重心长。这才落到石洪的郑重表态上，表示要日夜黾勉从事，以求符合朋友的祝愿与劝勉。

"于是东都之人士咸知大夫与先生果能相与以有成也"，这是全文的结穴与宗旨。祝酒辞在宴会上本就有这种频频祝愿的情形，内容有合有分也是实情。四写祝辞，既显得真诚郑重，也传达出了送行宴上的气氛。

以上两段，分写从事与乌公的对话、送者的祝词与行者的回答，其内容在通常的赠序里，完全可以用作者叙述、议论的方式来表达。之所以采取这种对答方式，是为了使文章写得生动曲折别致而富现场感。历代评者或以为这是"以议论行叙事"（茅坤《唐宋八大家文钞》卷六），或以为是"以叙事行议论"（储欣《唐宋八大家类选》卷十），或以为是"纯用传体写序"（《金圣叹批才子文》卷十一），角度、提法有别，但都看到了这篇序是变体、别调。

有一个问题似乎应该澄清一下，这就是许多评者所说的"藏讽喻于不觉"（何焯《义门读书记》昌黎集第三卷），"其文章深刻处，全在借他人口中说尽许多规讽"（过珙《古文评注》卷七），"此文前含讥讽，后寓箴规，皆不着痕迹"（曾国藩《求阙斋读书录》卷八）。韩愈的送人赴幕之作，的确有规讽之意，如著名的《送董邵南游河北序》。但那是因为董邵南要到割据一方的河北藩镇幕府去做幕僚。而本篇所送的石洪以及他将要从事的幕主乌重胤，则是忠于唐王朝的贤士与方镇。石洪其人，韩愈不但送其赴河阳幕而赋诗赠序，死后又作文以祭，并撰墓志铭。祭文中称其“知道之可行，见人之不幸，不事顾让，以图就功”，并说自己“与游为久”，墓铭中亦言其“佐河阳军，吏治民宽，考功奏从事考，君独于天下为第一”，可见其并非滥得虚名、表里不一之辈。而乌重胤，不但生缚暗中与叛镇王承宗相通的泽潞节度使卢从史于帐下，建立奇功，还因此迁河阳节度使。《旧唐书·乌重胤传》说他“出自行间，及为长帅，赤心奉上，能与下同甘苦，所至立功，未尝矜伐。而善待宾僚，礼分同至，当时名士，咸愿依之。身没之日，军士二十余人，皆割股肉以为祭酹，虽古之名将，无以加焉”。因此，无论是从石洪本人以及他所事的幕主的政治倾向、为人品格看，这篇序都不可能有规讽乃至讥讽之意，而只有赞扬与祝愿之词。

（刘学锴）

送温处士①赴河阳军②序

伯乐③一过冀北④之野，而马群遂空。夫冀北马多天下⑤，伯乐虽善知马，安能空其群邪⑥？解之者曰：吾所谓空，非无马也，无良马也。伯乐知马，遇其良，辄取之，群无留良焉。苟无良，虽谓无马，不为虚语矣。

东都，固士大夫之冀北也。恃才能深藏而不市⑦者，洛之北涯曰石生，其南涯曰温生⑧。大夫乌公⑨以铁钺⑩镇河阳之三月，以石生为才，以礼为罗⑪，罗而致之幕下；未数月也，以温生为才，于是以石生为媒，以礼为罗，又罗而致之幕下。东都虽信多才士，朝取一人焉，拔其尤⑫，暮取一人焉，拔其尤。自居守⑬、河南尹⑭以及百司之执事⑮，与吾辈二县之大夫⑯，政有所不通，事有所可疑，奚所咨而处焉⑰？士大夫之去位而巷处者，谁与嬉游？小子后生，于何考德而问业⑱焉？搢绅⑲之东西行过是都者，无所礼于其庐⑳。若是而称曰：大夫乌公一镇河阳，而东都处士之庐无人焉，岂不可也？

夫南面而听天下㉑，其所托重而恃力者㉒惟相与将耳。相为天子得人于朝廷，将为天子得文武士于幕下，求内外无治，不可得也㉓。愈縻于兹㉔，不能自引去，资二生以待老㉕。今皆为有力者夺之，其何能无介然于怀邪？生既至，拜公于军门，其为吾以前所称，为天下贺，以后所称，为吾致私怨于尽取也㉖。

留守相公㉗首为四韵诗歌其事，愈因推其意而序之。

〔注〕 ① 温处士：温造，字简舆，族望并州祁（今属山西太原），实系怀州河内（今河南沁阳）人，初隐王屋山，故被称为处士。 ② 河阳军：唐方镇名，治所在今河南孟州。 ③ 伯乐：相传春秋秦穆公时善相马的人。 ④ 冀北：古代九州之一的冀州北部，即今河北省北部一带。相传此地多产名马，典出《左传·昭公四年》："冀之北土，马之所生。" ⑤ 夫冀北马多天下：冀北是天下产马最多的地方。 ⑥ 安能空其群邪：怎能使马群一空呢？ ⑦ 恃才能深藏而不市：自负有才能，隐居不出仕。 ⑧ "洛之"二句：洛水北边有个石生，洛水南边有个温生。详见韩愈所作《送石处士序》注。 ⑨ 大夫乌公：乌重胤，字保君，河阳军节度使、御史大夫。 ⑩ 铁钺（fū yuè）：古代刑戮之具。此处借指皇帝赐予节度使的生杀大权。 ⑪ 以礼为罗：以礼作为罗网。 ⑫ 拔其尤：选拔其中优异者。 ⑬ 居守：这里指唐代东部洛阳留守，时由地方长官郑馀庆兼任。 ⑭ 河南尹：河南府长官，时为房式。 ⑮ 百司之执事：指尚书省各部所属有司，即各有专司之官员。 ⑯ 吾辈二县之大夫：指洛阳县和韩愈为河南令的河南县的官员。 ⑰ 奚所咨而处焉：意谓到何处去咨询从而加以处置呢？此当系化用《国语·晋语》"吾闻国家有大事，必顺于典型，而访咨于耇老，而后行之"之语意。 ⑱ 考德而问业：研求道德和向人请教学问。 ⑲ 搢绅：亦作"缙绅""荐绅"。原是古代高级官吏的装束，也用作官宦的代称。《晋书·舆服志》："所谓搢绅之士者，搢笏而垂绅带也。"搢笏，插笏于腰间。笏是古代大臣上朝拿着的手板。绅是士大夫束在衣外的大带，也引申指束绅的人。 ⑳ 无所礼于其庐：意谓无法登门造访致意。 ㉑ 南面而听天下：语出《周易·说卦》："圣人南面而听天下，向明而治。"南面，古代以面朝南为尊位，帝王的座位面南，故称居帝位为"南面"。听，判断、治理。 ㉒ 所托重而恃力者：倚重、依靠其势力。 ㉓ "求内外"二句：意谓要使朝廷内外不得治理，也不可能啊！ ㉔ 縻于兹：束缚于此。縻，牛鼻绳，引申为羁绊。 ㉕ 资二生以待老：依靠两位以终天年。 ㉖ "为吾"句：意谓我个人对于人才被选取一空而抱怨。 ㉗ 留守相公：指郑馀庆，他曾两度为宰相，故称"相公"。

此篇作于元和五年（810）。鉴于笔者至今尚未看到时贤从"滑稽"的视角，对此文加以评骘、揄扬，这里不妨对"滑稽"作一简略训释。在现代汉语里，"滑稽"是指语言、动作、事态诱人发笑的意思。而在古代则多有不同，首先"滑"，读作（gǔ），指能言善辩，语词流畅无阻滞。这与此文的特点相当吻合。在古代，对"滑稽"还有另一种解释，这就是《史记·滑稽列传》司马贞索隐所称："辩捷之人，言非若是，说是若非，能乱异同。"说得直白一点，司马氏的这一索隐和韩愈此文，均有某种口是心非之嫌。此文不对温生着实"推重""漫为夸许"（蔡铸语），而采取所谓"避实击虚法"（朱宗洛《〈古文一隅〉评语》卷中）。总之，此文最突出的特点是狡黠、善变。这是为什么？

这恐怕与作者的政治观点不无关系，即韩愈对于统领所属地方甲兵，乃至掌握全部军政大权的藩镇是不满的，而此文的症结不正是士人对于藩镇的趋附吗？所以本文劈头以伯乐识马之喻，看来是对乌重胤识才爱才的颂扬、对温生才高望重的揄扬，所谓“吞吐之笔”“空灵”之文（朱宗洛语），无不具有言外之意，乃至所谓“正话反说，暗含讽谕”，亦不无可能。

韩愈年届不惑时，曾作《释言》一文为自己解谗，同时请调离开长安。元和三年，虽由代理性质晋任正式博士，但在东都洛阳国子监所任学官，洵为闲职。次年改为东都都官员外郎，又成了僧尼、道士、宦官之流的“天敌”，即所谓“日与宦者为敌”，处境很不消停。元和五年是他来到东都洛阳的第三个年头，这年冬韩愈改任河南县令。其间，在很短的时日内，连续写了《送石处士序》和《送温处士赴河阳军序》，这样两篇同体、同时，所写又几为同一件事，这就面临着一个不小的难题，即极易犯重，乃至出现雷同。

然而，韩愈毕竟是文章高手，况且早在数年前已先后写出了《答李翊书》《送孟东野序》《师说》《祭十二郎文》等等名篇佳作。所以在别人眼中的难题，对于韩愈来说，反而玉成了此一涉笔成趣之作。这或许就是历代一再被人认为“滑稽”的问题，比如蔡铸曾引“姚姬传云：‘此文意含滑稽，此昌黎文所以无奇不有也。’”（《蔡氏古文评注补正全集》卷七）林纾对此曾作过精辟评说：“送石文（指韩愈《送石处士序》），庄而姝，若再为庄论，絮絮作警戒语，便成老生常谈矣。故一变而为滑稽，谑而不虐，在在皆寓风趣。一起便突兀。‘无留良’及‘无马’，皆为‘空’字作注脚。接上东都为士大夫之冀北，风趣横生，森耸已极。由温生补出石生，明示此为第二篇文字，一笔与前篇不犯，盖前以庄，后以趣也。”（《林纾选评古文辞类纂》卷六）

前人除了以“滑稽”“风趣”揄扬此文，更有誉其为“嫖姚”（姚鼐语，见《古文辞类纂》卷三十一）者。“嫖姚”在汉代是作为武官的名号，如“嫖姚校尉”，即指霍去病。而作为文学评论用语，“嫖姚”是指文字“劲疾”而言，这在韩愈此文中不难加以印证。比如“大夫乌公以铁钺镇河阳之三月，以石生为才，以礼为罗，罗而致之幕下；未数月也，以温生为才，于是以石生为媒，以礼为罗，又罗而致之幕下。东都虽信多才士，朝取一人焉，拔其尤，暮取一人焉，拔其尤”云云，对于专为私欲而网罗人才的藩镇来说，这是多么强劲有力的嘲讽！（陈祖美）

石鼎联句[①]诗序

元和[②]七年十二月四日，衡山[③]道士轩辕弥明[④]自衡下来，旧与刘师服[5]进士衡湘中相识，将过太白[6]，知师服在京，夜抵[7]其居宿。

有校书郎[8]侯喜[9]，新有能诗声，夜与刘说诗。弥明在其侧，貌极丑，白须黑面，长颈而高结喉，中又作楚语，喜视之若无人。弥明忽轩衣张眉[10]，指炉中石鼎，谓喜曰："子云能诗，能与我赋此乎？"刘往见衡湘间人说云年九十余[11]矣，解捕逐鬼物[12]，拘囚蛟螭[13]虎豹。不知其实能否也。见其老，颇貌敬之，不知其有文也。闻此说大喜，即援笔题其首两句，次传于喜。喜踊跃即缀其下云云。道士哑[14]然笑曰："子诗如是而已乎！"即袖手[15]竦肩[16]，倚北墙坐，谓刘曰："吾不解世俗书[17]，子为我书。"因高吟曰："龙头缩菌蠢，豕腹涨彭亨[18]。"初不似经意，诗旨有似讥喜[19]。二子[20]相顾惭骇，欲以多穷之[21]。即又为而传之喜，喜思益苦，务[22]欲压道士，每营度[23]欲出口吻，声鸣益悲，操笔欲书，将下复止，竟亦不能奇也。毕，即传道士，道士高踞[24]大唱曰："刘把笔，吾诗云云。"其不用意而功益奇[25]，不可附说[26]，语皆侵刘、侯。喜益忌之。刘与侯皆已赋十余韵，弥明应之如响[27]，皆颖脱[28]含讥讽。夜尽三更，二子思竭不能续，因起谢[29]曰："尊师非世人也，某伏矣，愿为弟子，不敢更论诗。"道士奋曰："不然，章[30]不可以不成也。"又谓刘曰："把笔来，吾与汝就之。"即又唱出四十字，为八句。书讫，使读。读毕，谓二子曰："章不已就乎？"二子齐应曰："就矣。"道士曰："此皆不足与语，此宁为文耶[31]！吾就子所能而作耳，非吾之所学于师而能者也[32]。吾所能者，子皆不足以闻也，独文乎哉！吾语亦不当闻也，吾闭口矣[33]。"二子大惧，皆起，立床下，拜曰："不敢他有问也，愿闻一言而已。先生称吾不解人间书，敢问解何书[34]？请闻此而已。"道士寂然若无闻也，累问不应。二子不自得，即退就座。

道士倚墙睡，鼻息如雷鸣。二子怛然失色，不敢喘[35]。斯须[36]，曙鼓[37]动冬冬，二子亦困，遂坐睡。及觉，日已上，惊顾觅道士，不见。即问童奴，奴曰："天且明，道士起出门，若将便旋[38]然。奴怪久不返，即出到门觅，无有也。"二子惊惋[39]自责，若有失者。闲遂诣余言，余不能识其何道士也。

尝闻有隐君子弥明，岂其人耶？韩愈序。

〔注〕 ① 石鼎联句：刘师服、侯喜、轩辕弥明三人联句而成。鼎，炊器，三足。联句，两人以上通过对句组成一首诗。 ② 元和：唐宪宗年号。 ③ 衡山：五岳中的南岳，在湖南衡阳市北。 ④ 轩辕弥明：宋人以为是韩愈虚拟的一个人物，或即韩愈自己。 ⑤ 刘师服：衡湘一带人。元和中应进士举。十二年因与驸马都尉于季友居母丧时饮酒，被发配连州。 ⑥ 太白：太白山在陕西宝鸡。 ⑦ 抵：到达。 ⑧ 校书郎：唐代官名，秘书省、著作局、弘文馆等官署皆有校书郎。 ⑨ 侯喜：字叔起。贞元十九年进士，出入韩愈门，学古文。终于国子主簿。 ⑩ 轩衣张眉：轩衣，衣服飘举。张眉，眉毛扬起。用以形容轩辕飘飘欲仙状。 ⑪ 九十余：指轩辕弥明。 ⑫ 捕逐鬼物：驱鬼怪、捉鬼是道士应该会的巫术。 ⑬ 蛟螭(chī)：传说中的龙之属。蛟能发洪水，螭似龙而无角。 ⑭ 哑(è)：笑的时候发出的声音。 ⑮ 袖手：揣着手。 ⑯ 竦肩：端肩。 ⑰ 不解世俗书：不会写通行的文字。用此以突出轩辕是世外高人。 ⑱ "龙头"二句：龙头，描写鼎上的雕绘。菌蠢，叠韵连绵词，用以形容退缩不开展状。豕腹，猪的腹部，以喻石鼎肚大。彭亨，叠韵连绵词，形容涨大。 ⑲ "初不"二句：最初写诗好似不经意，主旨始终有些讥讽侯喜。 ⑳ 二子：指刘师服、侯喜。 ㉑ 欲以多穷之：要以写的多使他服输。 ㉒ 务：专力。 ㉓ 营度：心内经营。 ㉔ 高踞：倨傲地蹲在高处。 ㉕ 功益奇：写诗的功力更奇异。 ㉖ 附说：增添解说。 ㉗ 响：回音。 ㉘ 颖脱：锋芒毕露。 ㉙ 谢：谢罪。 ㉚ 章：指诗章。 ㉛ 此宁为文耶：这也是作文吗？ ㉜ "吾就"二句：我只是就你们的能力写作罢了，并非我向老师学的就是这个水平。 ㉝ "吾所能者"五句：我会的事情，你们都没有能力理解，岂止是写诗？我的话也不应该说出让众人知道，现在我该闭嘴了。 ㉞ 解何书：懂得何种文字。 ㉟ "二子怛(dá)然"二句：刘、侯二人惊惧失色，不敢呼吸。 ㊱ 斯须：时间短暂。 ㊲ 曙鼓：天亮报时的鼓声。 ㊳ 便旋：同盘旋，散步。一说小便。 ㊴ 惊惋：惊叹惆怅。

韩愈倡导古文，反对六朝浮靡的文风，主张向周秦两汉古文学习，并撰写典雅庄重的词章以为示范，但偶尔他也写几篇类似传奇小说的作品，如《毛颖传》和本篇都是，因此有人批评他"以文为戏"。

韩愈一生是坚决排斥"佛老"的，即使在赠给僧人或道士的作品中也不假辞色，可是在此文描写道士轩辕弥明时毫无不敬之意，把他写成神仙一流的人物，而且是神龙见首不见尾，充满了神秘感。可见本文虽为诗序，实际上是小说，确实是"以文为戏"，尽管这一点韩愈和他的追捧者都不同意。

小说重点是写人物，本篇重点是描写了轩辕弥明，并附带勾勒出刘师服、侯喜两文人的形象。从外形上轩辕就很不一般。这位九十多岁的老人"貌极丑，白须黑面，长颈而高结喉，中又作楚语"，高个，脖子长，喉结凸现，白胡须，一张黑脸，这种容貌多么怪异！他又说的一口“湖北土话”。历来的京城人都看不起外地老乡，轩辕弥明这种模样，一到了长安一定被人们视为“土物”。无怪他虽在刘师服之侧，进士出身的文官侯喜与刘师服谈诗时连看也不看他一眼，视若无物。这是多大的蔑视！突然，轩辕坐不住了：“子云能诗，能与我赋此乎？”道士不与人比试画符念咒，不比驱鬼迎傩，却比进士的长项——写诗，而且是以联句形式来写，这是一种竞技性很强的文字游戏。看一看《红楼梦》中的“芦雪亭争联即景诗”就可以了解这不仅需要学问、才情，更要有急智。一个九十多岁的人，大脑衰退，怎么能和年轻人竞赛呢！再说唐代进士几乎是以诗为业的。

韩愈行文至此，故作跌宕：刘师服闻联句大喜，侯喜更是乐不可支。轩辕的建议似乎是对刘、侯有利的。于是刘捷足先登：“巧匠斫山骨，刳中事煎烹。”（这两句仿佛是石鼎的谜面）侯立刻跟上“直柄未当权，塞口且吞声”。轩辕弥明是什么样子呢？文章用两句话和一个动作描绘出他漫不经心的态度：“子诗如是而已乎”，“吾不解世俗书，子为我书”和“即袖手竦肩，倚北墙坐”。对这二位的诗才，轩辕实在看不上眼，根本不需要严肃对待。轩辕的诗句多带讥讽。序中所录“龙头”二句，是借描写石鼎外形暗喻对手“龟头猪腹”。这一联的风格是韩昌黎式的，如果给盛唐人看，会认为是胡言乱语，根本不是诗。经过几个回合的比试，刘、侯二人的诗句大多平平，多是刻画石鼎的外形和用途，缺少内涵，而轩辕的诗句，语意双关者多，有讥讽，也有思考，造句奇警。如：“谬当鼎鼐间，妄使水火争”“方当洪炉燃，益见小器盈”“形模妇女笑，度量儿童轻”（均见《石鼎联句诗》）。刘、侯二人搜索枯肠，再也想不出句子了，只好认输，败下阵来，最后还是轩辕补写了四韵八句，使这首咏物诗有个完整的结尾。此时刘、侯才感到这次遇到了高人，不得不心悦诚服地向他求教。轩辕弥明就此亮出了自己非寻常之人的身份，教训他们说：我会的那些东西，你们不配一听！刘、侯彻底拜服了，真心想向轩辕问道时，轩辕先好像是没听见一样，正像鲁迅的《故事新编·出关》中的老子“好像一段呆木头”。“二子不自得”，刘、侯有些不好意思了，知趣地退而就座，但轩辕此时“倚墙睡，鼻息如雷鸣”。这时是什么情景呢？作者补了一笔“二子怛然失色，不敢喘”。轩辕的动作、态度的变化和一些反常情的表现，使刘、侯二人感到可怕，可能会一遍遍自问，他到底是什么人？神仙？鬼物？有道之士？就在刘、侯二人入梦之际，轩辕弥明飘然远引，不知所终。结尾就刘、侯二人“惊惋自责，若有失者”，以及韩愈的“余不能识其何道士也”，“尝闻有隐君子弥明，岂其人耶”以疑案作终。使文章有唱叹之妙。

自唐代关于此文就有争议，如轩辕弥明是否真有其人，他到底是谁？有人说唐代传世的《贾岛碣》中说，弥明就是贾岛；有人提出“轩辕”合音近“韩”，“弥明”暗喻“愈”，轩辕弥明就是韩愈；有人认为实有其人，后来湖南、广西等方志都载有后世伪造的轩辕弥明的作品。大部分人认为这是一篇寓言小说，轩辕弥明是韩愈塑造的文学形象。宋初编的《太平广记》收有此篇。清代李贞华认为《石鼎联句诗》及序都是韩愈一人包办，方世举认为借咏石鼎以讽刺时相，以寄托折鼎覆𫗧之忧。这些议论皆属求之太深之故。我们不妨就当它是一篇小说看待，告诫人们不要自视太高，人外有人，天外有天。

（王学泰）

祭田横墓文

贞元十一年九月，愈如东京①，道出田横墓②下，感横义高能得士③，因取酒以祭，为文而吊之。其辞曰：

事有旷百世④而相感者，余不自知其何心。非今世之所稀⑤，孰为使余歔欷而不可禁⑥？余既博观⑦乎天下，曷有庶几乎夫子之所为⑧？死者不复生，嗟余去此其从谁⑨？当秦氏之败乱⑩，得一士而可王。何五百人之扰扰⑪，而不能脱夫子于剑铓⑫？抑所宝之非贤⑬，亦天命之有常？昔阙里之多士⑭，孔圣亦云其遑遑⑮。苟余行之不迷，虽颠沛其何伤⑯？自古死者非一⑰，夫子至今有耿光⑱。跽陈辞而荐酒⑲，魂仿佛而来享⑳。

〔注〕①如东京：如，往。东京，唐代以洛阳为东京。　②田横墓：在河南偃师尸乡，距洛阳三十余里。　③义高能得士：义高，与“高义”意同，着重在“义”字，所以倒置使用。得士，得到贤智之士做助手。此言重义气而能得到贤智之士的拥戴。　④旷百世：旷，间隔、远隔。百世，形容时间之久远。　⑤非今世之所稀：此句意思是说田横义高能得世的风气已不是今世之人所崇尚的了。“稀”应作“希”，崇尚。一说作“少有”解。　⑥孰为使余歔欷而不可禁：此句意思是说谁使我悲痛不止呢？孰，谁，指田横。歔欷，悲痛、叹息。禁，止住。　⑦博观：放眼观看。　⑧曷有庞几乎夫子之所为：哪有像田横那样的义高而得士。曷有，哪有。庶几，差不多。夫子，对他人的尊称，此处指田横。　⑨嗟余去此其从谁：嗟，慨叹。此，指田横。去此其从谁，除去田横，还能追随谁。　⑩当秦氏之败乱：指秦二世元年陈胜、吴广起义，秦朝崩溃。　⑪扰扰：形容扰攘杂乱。　⑫不能脱夫子于剑铓(máng)：脱，摆脱，免除。剑铓，剑锋，剑刃。这里指田横自杀。　⑬抑所宝之非贤：此句的意思是，抑或所爱重的并非真正的贤人。抑，抑或，一说与“意”字同。宝，用作动词，珍爱，爱重。　⑭昔阙里之多士：阙里，孔子生于曲阜阙里，以此代孔子门墙。多士，相传孔子子弟有三千人之多。　⑮孔圣亦云其遑遑：遑遑，奔走不停的样子。孔子门下有那么多贤人，而孔子尚且东奔西走于列国之间，不得休息。　⑯“苟余行之不迷”二句：此二句以走路为喻，说只要自己走的路正确，即使跌倒在路上也没有关系。行之不迷，指前进的方向正确。颠沛，跌倒。　⑰死者非一：死者，指壮烈而

死的人。非一,不止一人,并非一人。 ⑱ 耿光:灿烂的光辉。 ⑲ 跽(jì)陈辞而荐酒:此言跪读祭文并献上祭酒。跽,跪。陈辞,指读祭文。荐酒,用酒祭奠。 ⑳ 魂仿佛而来享:此言您的英魂好似前来享用。

本文作于贞元十一年(795)九月,是韩愈二十八岁时的作品。

田横是战国时齐王之后。秦末,天下交兵,田横乘楚汉相争之际,与其兄田儋、田荣起兵重建齐国。后田儋、田荣相继战死,田横自立为齐王。当时田氏兄弟广招贤士,齐国贤者多往依附。田横一度联楚抗汉,终为汉所败。刘邦既称帝,田横怕遭杀身之祸,遂率其徒五百余人逃上海岛。刘邦恐有后患,派人赦免其罪,并召之归汉受封。田横与其客二人随使赴洛阳,因不愿称臣,遂在距洛阳三十里尸乡自刎,后二客及在海岛的五百余人,全部自杀报主。事见《史记·田儋列传》。

唐德宗贞元八年,韩愈进士及第,但从此直至贞元十一年这四年间,仕途多舛,他在长安三试博学宏辞科,皆不中选;三上宰相书以谋官职,均未被理睬,毫无结果。于是他带着满怀的失意不遇之情,愤然离开长安,东归河南孟县祭扫祖墓。当他"道出田横墓下"时,这位死于千年之前的古人,其"义高能得士"的遗风,正好与他失意不遇的情怀,相互激射感发。于是他借祭田横而发泄自己的一腔愤慨,写下这篇颇具特色的祭文。

称颂田横"义高能得士",是这篇祭文的主旨,但是田横如何"义高",又如何"得士",文章只是一语带过,并没有具体叙写,由此可见,本文不是通过对死者生平事迹的记叙,来表达自己的追念哀悼之情的。他写此文,看似凭吊田横,实则一为自慰,一为把田横"义高能得士"作为一种标尺,来拿它和现实相比,在古今映照中,抒发自己对现实的不满和内心的感慨。文中借田横能得士来讽刺当时的宰相,和《二鸟赋》的寓意差不多。《二鸟赋》是以鸟和人对比,此篇则以古人和今人对比,试看"余既博观乎天下,曷有庶几乎夫子之所为?死者不复生,嗟余去此其从谁"四句,对当时的统治者加以无情的抨击,措词最为愤激。这样就形成本文一个特点:似乎是为田横而发,又似乎不是为田横而发,或者说不只是、主要不是为田横而发。了解了韩愈当时的失意与遭遇,就可理解本文重在伤今,而不是重在怀古。

文章的后半,从"其辞曰"以下,循祭文之例,都用韵文,一气呵成,感情哀婉。值得注意的是,作者并没有沿着借古慨今这一思路一直写下去,而是掉转笔锋,波澜突起,使文章不显得平直、呆板。作者依据史实,提出了一个耐人寻味的严肃问题:田横既称能得士,手下又有贤士五百人之多,结果不仅无助于实现"可王”的理想，而且最终导致伏剑自杀的悲剧？作者作出了巧妙而别致的回答，他提出了两种可能性：一是他所看重的士“非贤”，一是“天命之有常”。作者并未下断语，但读者可以体会到，作者所肯定的是后者而非前者。接着作者借孔子的际遇支持他的观点。孔子是圣人，孔门多贤士，这在古人，都是深信不疑，极有说服力的。然而这位大圣人，都是一生四处奔波，终不为世所用，这岂不是天命使然吗？既然天命有常，那么怎么办呢？难道只能俯首听从天命吗？作者显然不肯认命。“苟余行之不迷，虽颠沛其何伤”，表现了坚守正道的进取精神。信人事，不信天命，是韩愈平生的一贯主张。这种自强不息，近乎知其不可而为之的意志，正是他受儒家思想影响而形成的极为可贵的品质。

清代林云铭说：“以千百年前丧败武夫之荒冢，何关于人？乃殷殷陈辞荐酒，岂不扯谈。盖是时退之试宏辞科不售，三上宰相书不报，既归河阳，又如东都，一副英雄失路，托足无门，眼泪无处挥洒耳，玩‘今世之所稀’句自见。中段以为横能得士，而士不能免横于死，归之天命。见得有横之高义，便足照耀千古，即千古而下皆乐为之效命，不得较论成败之迹也。寓意最深。”（《韩文起》卷八，清康熙三十二年刊本）林氏对本篇的寓意做了较深入的分析。

这篇祭文不过一百五十个字，如此短章，竟能回环往复，议论纵横，辞简情深，全从空际翻腾，写出无限悲慨。马其昶评赞曰：“词意皆腾空际，似为横发，又似不为横发，此等文不徒以雕琢造语为工也。”（《韩昌黎文集校注》卷五）清代金圣叹曰：“以沉郁之气，发悲凉之音。逐二句抗声吟之，真有天崩海立之势。”（《天下才子必读书》）他们对本文的写作技巧和造诣作出了很高评价。

最后有两个问题附带说明一下，一是清人凌扬藻认为田横不值得称颂，他说：“田氏自田儋兄弟始拒楚约，杀其来使，后负项梁，不肯发兵。在当时诸侯中，田氏为最劣。世徒以横之客三千人自刭，叹其节烈，不知皆粗材也。”（《蠡勺编》卷二十二）姑且不论田横之优劣，对同一历史人物，后世自会有不同评价。韩愈写此文主要是借题发挥，抒发自己的感慨，而对田横则抓住“义高能得士”一点生发开来，并不涉及对田横的全面评价，所以凌氏之言其实无伤本文弘旨。再一个问题是《唐宋文醇》中针对宋代晁无咎所谓此文系韩愈为感董晋而怨裴度之作发表议论说：“裴度为相伐蔡，引愈为行军司马。愈时右庶子耳，归擢刑部侍郎，向用矣。已而为迎佛骨事，直言极谏，贬潮州刺史。愈自为之而自当之，求仁而得仁，又何怨？使怨裴度不己荐，真灌夫所谓不值一钱者哉！若夫称董晋为陇西公而不姓，乃一时行文偶尔。闻有讳君父之名者矣，未闻有讳举主之名者也。以此推崇昌黎，昌黎不受也。”古人论文有时过于牵强附会，此书的意见倒是有几分道

理，有一定的参考价值。总之，本文节奏铿锵，行文自然，情感激愤，不失为韩愈祭文中的名篇。 （诸天寅）

欧阳生[1]哀辞[2]

欧阳詹世居闽越[3]，自詹已上[4]，皆为闽越官[5]，至州佐[6]县令者，累累有焉[7]。闽越地肥衍[8]，有山泉禽鱼之乐，虽有长材秀民[9]、通文书吏事[10]与上国齿者[11]，未尝肯出仕。今上初[12]，故宰相常衮为福建诸州观察使[13]，治其地。衮以文辞进[14]，有名于时，又作大官，临莅其民[15]，乡县小民有能诵书作文辞者，衮亲与之为客主之礼[16]，观游宴飨[17]，必召与之[18]。时未几，皆化翕然[19]。詹于时独秀出，衮加敬爱，诸生皆推服[20]，闽越之人举进士繇詹始[21]。

建中、贞元间，余就食江南[22]，未接人事[23]，往往闻詹名闾巷间，詹之称[24]于江南也久。贞元三年，余始至京师举进士[25]，闻詹名尤甚。八年春，遂与詹文辞同考试登第[26]，始相识。自后詹归闽中[27]，余或在京师他处[28]，不见詹久者，惟詹归闽中时为然[29]。其他时与詹离，率不历岁，移时则必合，合必两忘其所趋，久然后去[30]。故余与詹相知为深。

詹事父母尽孝道，仁于妻子，于朋友义以诚。气醇以方[31]，容貌嶷嶷然[32]。其燕私善谑以和[33]，其文章切深喜往复，善自道[34]。读其书，知其于慈孝最隆[35]也。十五年冬，余以徐州从事朝正于京师[36]，詹为国子监四门助教[37]，将率其徒伏阙下举余为博士[38]，会监有狱[39]，不果上[40]。观其心，有益于余，将忘其身之贱[41]而为之也。

呜呼，詹今其死矣！詹，闽越人也。父母老矣，舍朝夕之养以来京师，其心将以有得于是[42]，而归为父母荣也。虽其父母之心亦皆然。詹在侧，虽无离忧[43]，其志不乐也；詹在京师，虽有离忧，其志乐也。若詹者，所谓以志养志[44]者欤！詹虽未得位，其名声流于人人[45]，其德行信于朋友[46]，虽詹与其父母皆可无憾也[47]。詹之事业文章，李翱既为之传[48]，故作哀辞以舒[49]

余哀，以传于后，以遗[50]其父母而解其悲哀，以卒詹志云。

求仕与友兮，远违其乡[51]。父母之命兮，子奉以行。友则既获兮，禄实不丰[52]。以志为养兮，何有牛羊[53]。事实既修兮，名誉又光[54]。父母忻忻兮，常若在旁[55]。命虽云短[56]兮，其存者长。终要必死[57]兮，愿不永伤[58]。友朋亲视兮，药物甚良。饮食孔时[59]兮，所欲无妨[60]。寿命不齐[61]兮，人道之常。在侧与远兮，非有不同。山川阻深兮，魂魄流行[62]。祀祭则及兮，勿谓不通。哭泣无益兮，抑哀自强[63]。推生知死兮，以慰孝诚[64]。呜呼哀哉兮，是亦难忘！

题哀辞后[65]

愈性不喜书[66]。自为此文，惟自书两通[67]：其一通遗清河崔群[68]，群与余皆欧阳生友也，哀生之不得位而死，哭之过时而悲[69]。其一通今书以遗彭城刘君伉[70]。君喜古文，以吾所为合于古，诣吾庐而来请者八九至，而其色不怨，志益坚。凡愈之为此文，盖哀欧阳生之不显荣于前[71]，又惧其泯灭于后也[72]。今刘君之请，未必知欧阳生，其志在古文耳。虽然，愈之为古文，岂独取其句读不类于今者耶[73]！思古人而不得见，学古道，则欲兼通其辞。通其辞者，本志乎古道者也[74]。古之道，不苟誉毁于人[75]，刘君好其辞，则其知欧阳生也无惑焉。

〔注〕 ① 欧阳生：即欧阳詹，字行周，泉州晋江（治所今福建晋江）人，德宗贞元八年（792）登进士第，曾任国子监四门助教。卒，年四十余。今存有《欧阳詹集》十卷。《新唐书》有传。② 哀辞：古代哀吊文之一体。此体最初用于未成年的人，后来也渐渐用于成年人。 ③ 世居闽越：今福建省简称闽。战国时，越王勾践后裔无诸入闽，自称闽越王，建都东冶（今福州市）。欧阳詹祖居泉州晋江，属古闽越之地，故云。 ④ 已上：同以上。 ⑤ 皆为闽越官：皆在闽越本地做官。按，唐制，闽中郡县官不由吏部选任，派京官五品以上做专使，并派御史一人监督，就地选补，四年一选，称为南选。 ⑥ 州佐：州刺史的属官，如长史、司马之类。 ⑦ 累累有焉：屡屡产生。累累，屡屡，一次又一次。 ⑧ 肥衍：土地肥沃，亦指肥沃平坦。 ⑨ 长材秀民：指有过人的才能和民众中特别优秀突出的人。 ⑩ 通文书吏事：通晓文字图籍、公文、案牍和政事、官务。文书，这里指文字图籍、公文、案牍，如官文书和典章制度之类。 ⑪ 与上国齿者：指能与京师和中原地带文化较高的地区的水平并列的人。上国，古代把中原诸侯之国及国都称为上国，这些地方文化较为发达。齿，并列。 ⑫ 今上初：当今皇上即位之初，指唐德宗（李适）建中元年（780）。 ⑬ 故宰相常衮为福建诸州观察使：常衮，京兆（今陕西西安）人，

玄宗天宝十四年(755)登进士第,授太子正字,历仕玄宗、代宗、德宗三朝。工诗文,尤长于制诰,与杨炎齐名。新、旧《唐书》有传。按,常衮拜相在代宗大历十二年至十四年(777—779),大历十四年贬河南少尹,再贬潮州刺史,德宗建中元年任福建观察使,四年卒,时年五十五。久之,赠左仆射,有文集六十卷。韩愈此文写于德宗贞元十八年(802),其时常衮已卒,故称故宰相。 ⑭衮以文辞进:常衮凭借文章进入仕途。《旧唐书》本传云:"衮文章俊拔,当时推重,与杨炎同为舍人,时称为'常杨'。"《新唐书》本传亦曰其"文采赡蔚,长于应用,誉重一时"。⑮临莅其民:到任后对待他治下的子民。临莅,来到、来临,此指长官到位理政。 ⑯衮亲与之为客主之礼:谓常衮很爱惜这些能诵书作文章的士子,对他们不摆长官的架子,以客礼对待。⑰观游宴飨:观赏游览,设宴飨客。 ⑱必召与之:一定要召集他们参加。 ⑲皆化翕然:都在他的教育感化之下,社会风气变得和谐安定。《新唐书》本传云:"始,闽人未知学,衮至,为设乡校,使作为文章,亲加讲导,与为客主钧礼,观游燕飨与焉,由是俗一变,岁贡士与内州等。" ⑳"詹于时独秀出"三句:《新唐书》本传云:"初,詹与罗山甫同隐潘湖,往见衮,衮奇之。辞归,泛舟饮饯。"可为"衮加敬爱"之佐证。又,李贻孙所作《欧阳行周文集序》云:衮见詹"比为芝英"。独秀出,一枝独秀,特别突出。 ㉑闽越之人举进士繇詹始:谓闽越这地方的人举进士由欧阳詹开始。繇,同由。此说诸家记载不同,意见分歧。宋人严有翼云:"此言闽人举进士自詹始……以其年考之,则藻之登第又在詹之前。然长溪薛令之以中宗神龙二年擢第,则又在藻之前矣。退之谓由詹始,岂考之未审邪?"藻即林藻,贞元七年登第,欧阳詹贞元八年登进士第。高步瀛《唐宋文举要》按:"经业擢第,盖明经非进士,退之言闽越人举进士繇詹始,固不误也。"童第德《韩愈文选》按:"此言举进士,是说以乡贡来京应进士试,不是说进士及第。和下文'贞元三年,余始至京师举进士'意义相同。林藻比韩愈、欧阳詹前一年及第,韩愈岂有不知之理,此是说詹来京应进士比林藻为早,詹集《上郑相公书》有'五试于礼部,方售乡贡进士'之语,可作旁证。至薛令之成进士,前于詹几八十年,则诚是韩愈的疏误。" ㉒"建中"二句:唐德宗建中元年(780)至贞元元年(785),韩愈十三至十八岁,中原连年军阀混战。其间,建中二年,成德、魏博、山南、平卢节度使相继称乱;三年王武俊、李希烈反;四年泾原姚令言犯京师,德宗幸奉天,朱泚犯奉天;兴元元年,李怀光反,如梁州。韩愈一家以中原多故,避地江左。韩愈《祭郑夫人文》云:"既克反葬,遭时艰难;百口偕行,避地江濆。"其《复志赋》亦云:"值中原之有事兮,将就食于江之南。"就食江南,到江南谋生。江南,此指宣城(今属安徽),韩氏有别业在此。 ㉓未接人事:谓止在求学期间,没有外出求仕。 ㉔称:扬名。 ㉕"贞元"二句:按:三年,应作二年,其《祭十二郎文》云:"吾年十九,始来京师。"韩愈自江南入京师在贞元二年。 ㉖"八年春"二句:《韩子年谱》引《唐科名记》云:"贞元八年,陆贽主司,试《明水赋》《御沟新柳诗》。"同榜登进士的有欧阳詹、李观、冯宿、王涯、韩愈、李绛、崔群等二十二人,多天下知名之士,号称"龙虎榜"。 ㉗自后詹归闽中:詹及第后,归闽省亲,留住二年,再来京师。㉘余或在京师他处:《韩文公历官记》载:"贞元二年,始至京师,举进士,凡四举,至八年乃第,年二十五矣。三选于吏部,不得官。闻吏部有博学宏辞选者,再试,才一得,又黜于中书。十一年正月,三上书时相,不报。……五月去京师,有不遇时之叹,感二鸟以赋。过潼关,游凤翔,以书抵邢君牙,不得意去。"十二年至汴州,节度使董晋辟为观察推官,十五年二月晋死,汴京兵变,韩愈几经周折抵徐州,节度使张建封奏为节度推官、试协律郎;十六年五月离徐州,居于洛阳。冬,来京师。十七年春在京师,夏还洛阳,秋再如京师,不久任国子监四门馆博士。㉙"不见詹久者"二句:谓与欧阳詹分离时间长,不能见面的,只是他回闽中那次是这样。㉚"其他时与詹离"五句:谓其他时候与欧阳詹分离时间都比较短,通常都不到一年,过不了多久就一定能到一起。一到一起就情意投合，不愿再往别处去，往往很久才离开。率(shuài)，通常，大致。不历岁，不经历一年，即不到一年。两忘其所趋，形容两人感情融洽，不愿分离。㉛ 气醇以方：谓欧阳詹质性醇厚，为人又方正、刚直。㉜ 容貌嶷(nì)嶷然：形容其容貌端庄高大，强壮威武的样子。㉝ 其燕私善谑以和：他闲居休息时喜欢开玩笑又不讽刺伤害别人。燕私，闲居休息。谑，开玩笑。㉞“其文章”二句：他的文章切中要领，道理深刻，感情真挚，行文喜欢回环往复，善于表达自己的意思。㉟ 隆：隆重。㊱“十五年冬”二句：谓贞元十五年冬，徐州节度使张建封命韩愈到京师朝正。从事，官名，汉代以后三公及州郡长官皆自辟僚属，多以从事为称。韩愈时任节度使推官、试协律郎，为张建封自辟僚属，故称。朝正(cháo zhēng)，古代诸侯和臣属在正月朝见天子，汉以来通常在岁首元旦进行，通称大朝会。一说，朝正即朝见最高统治者，报告本州的政务，同时承受上司指示。㊲ 国子监四门助教：四门馆助教，为国子监管辖。国子监，封建王朝的教育管理机构和最高学府。唐代国子监下辖国子、太学、广文、四门、律、书、算等七学，国子学招收三品以上官僚的子弟。㊳ 将率其徒伏阙下举余为博士：将率领他的学生跪伏宫阙之下，向最高统治者上书呼吁，推举我来做国子监四门馆博士。伏，跪伏。阙下，宫阙之下，借指帝王所居的宫廷。博士，唐代有太学国子诸博士，为教授官。㊴ 会监有狱：适逢国子监有讼事。会，适逢，恰值。监，一本作詹。有狱，有讼事，其事不详。㊵ 不果上：上书未能实现。果，成为事实，实现。㊶ 其身之贱：四门馆助教，仅“从八品上”，官阶很低微，故云。贱，此指官职低微。㊷ 有得于是：谓在京师能有所得，能实现自己的追求。是，指京师。有得，即下文所说的“求仕与友”。㊸“詹在侧”二句：谓詹在身边，父母没有分离思念之苦。㊹ 以志养志：谓欧阳詹是遵循父母的意志来孝养父母的。㊺“詹虽未得位”二句：谓詹虽未得到高的官位，但是他的名声却传布到每个人。㊻ 其德行信于朋友：即上文所云“余与詹相知为深”及下文崔群“哭之过时而悲”。㊼ 虽詹与其父母皆可无憾也：谓詹能达到“其德行信于朋友”，“其名声流于人人”，虽未得位，其本人与其父母也可无遗憾了。憾，恨。㊽ 李翱既为之传：今考之《李文公集》，无詹传，或已散佚。㊾ 舒：抒发，发泄。㊿ 遗(wèi)：赠予，致送。51 远违其乡：远离家乡。违，离开，离别。52 禄实不丰：詹任四门助教，月俸十六贯文，岁得禄六十二斛，俸禄的确不多。53“以志为养兮”二句：谓欧阳詹能遵循父母的意愿孝养父母，使老人精神上得到安慰，心中感到很快乐，虽然物质营养差一点也无妨。何有，何有于，有没有无关紧要。牛羊，代指肉食，此指以肉食孝养父母。54 事实既修兮，名誉又光：谓詹既留下美好的事迹，又留下光彩的名声。55“父母忻忻兮”二句：谓父母为有詹这样一个儿子感到欣慰，虽然詹远离家乡，他们也觉得他如常在身边一样亲切。忻(xīn)忻，同欣欣，喜悦的样子。56 命虽云短：虽说寿命不长，《新唐书》本传云“詹卒年四十余”。57 终要必死：人终归是必然要死的。58 愿不永伤：希望不要长久的哀伤。59 孔时：适时，及时。60 所欲无妨：所需要的都能办到，没有任何妨碍。61 寿命不齐：谓寿命不一样，有长有短。62“山川阻深”二句：谓虽然山川阻隔深远，但魂魄是自由的，可以流动无阻。63 抑哀自强：抑制哀痛，自己努力图强，犹节哀自重之意。自强，这里是自己疆食(努力加餐)，爱惜身体的意思。64 以慰孝诚：用来安慰欧阳詹的孝诚之心。65 题哀辞后：或作《题欧阳生哀辞后》。66 书：书写，此指抄写。67 自书两通：亲自抄写两篇。通，此处作量词，文章从头到尾首尾完备的称为通，犹今所谓整篇也。68 崔群：字敦诗，郡望清河东武城(今山东武城西北)。德宗贞元八年与韩愈、欧阳詹同榜登进士第。历仕德宗、宪宗、穆宗、敬宗、文宗各朝。宪宗十二年拜相，十四年罢为湖南观察使。文宗大和四年(830)召拜检校左仆射、太常卿，五年改吏部尚书，六年八月卒。新、旧《唐书》有传。　⑲ 哭之过时而悲：哭悼他，过了相当时间以后还感到悲哀。　⑳ 彭城刘君伉：彭城，今江苏徐州市。刘伉，事迹不详。　㉑ 不显荣于前：生前不能显赫荣耀，即上文所云“不得位”。　㉒ 又惧其泯灭于后也：又担心他死后湮灭、消失。　㉓“岂独取”句：难道仅仅取法它（古文）的文辞句法和当今流行的文体不同吗？句读（dòu），古人指文辞休止和停顿处为句读，这里指文辞句法。不类于今，因当时士大夫中间所流行的是对偶工整的骈文，故云。　㉔“学古道”四句：谓学古人的道，就需要兼通古人的文辞；通古人的文辞是有志于学习古人的道。　㉕“古之道”二句：古人做人的原则是对人不苟且誉毁，即史家所推崇的“不虚美，不隐恶”，是非曲直，一秉至公，毫不苟且。苟，苟且、草率。誉，赞扬别人，讲别人的好话。毁，毁谤，讲别人的坏话。

本文作于贞元十八年（802），时韩愈三十五岁，任国子监四门馆博士。欧阳詹为“韩友四子”之一，德宗贞元八年与韩愈、崔群等同榜登进士第，曾任国子监四门助教，四十余岁客死京师。李贻孙《欧阳行周文集序》说他“操笔属词，其言秀而多思，率人所未言者……卒以振发于闽越之间”。其为文力求复古，骈散兼行，不屑为纂组排偶，韩愈称其“志在古文”，“文章切深喜往复，善自道”，是韩愈古文运动的早期支持者。故其死也，李翱为之作传，崔群哭之过时而悲，韩愈为之写哀辞。哀辞为古代哀吊文之一体。明代徐师曾《文体明辨序说》：“哀辞者，哀死之文也……昔汉班固初作《梁氏哀辞》，后人因之，代有撰著。或以有才而伤其不用，或以有德而痛其不寿。幼未成德，则誉止于察惠；弱不胜务，则悼加乎肤色。此哀辞之大略也。”此体最初用于未成年的人，后来也渐渐用于成年人。《太平御览·文部》十二引《文章流别论》曰：“哀辞者，诔之流也。崔瑗、苏顺、马融等为主，率以施于童殇夭折，不以寿终者。哀辞之体，以哀痛为主，缘以叹息之辞。”《文心雕龙·哀吊篇》曰：“赋宪之谥，短折曰哀。哀者，依也，悲实依心，故曰哀也。以辞遣哀，盖不泪之悼，故不在黄发，必施夭昏……原夫哀辞大体，情主于痛伤，而辞穷乎爱惜……必使情往会悲，文来引泣，乃为贵耳。”由上可知，哀辞不是针对寿终之人的，而是应用于寿夭者，就是要抒写痛伤，表达爱惜之情。写哀辞就是要情感发自内心，使读者的感情跟作者一同悲伤，能使人读之抽泣下泪者，最为可贵。可见，欧阳詹壮年而夭，韩愈感到无限悲痛、惋惜，用哀辞这种形式来哀吊他，是再恰当不过的了。写作此文的原因、目的文中已言明：由于“詹之事业文章，李翱既为之传，故作哀辞以舒余哀，以传于后，以遗其父母而解其悲哀，以卒詹志云”。《题哀辞后》也说：“凡愈之为此文，盖哀欧阳生之不显荣于前，又惧其泯灭于后也。”因为欧阳詹生前地位不显赫荣耀，所以哀辞中不叙其历官；因为担心他死后湮灭无闻，所以要把他的才学、品德写进文字，加以显彰，永传后世。韩愈写这篇哀辞主要还在于抒己之哀痛，慰死者之双亲，完成朋友的遗愿。

全文分散、韵两个部分，写法上则效法欧阳詹的“切深喜往复”的风格，反复低回，缠绵悱恻。散文部分先写欧阳詹之才学，突出其文名之盛，其中穿插叙述自己与欧阳詹的交往，从闻名到初识到深交，最终成为情投意合不愿分离的朋友，朴实真切，历历在目。把个人的遭遇融入其中，饱含着对这位怀才不遇、身世坎坷、阅尽世态炎凉而又英年早逝的朋友的惋惜之情。在这两段叙事中常常夹有赞美之词：“詹于时独秀出，衮加敬爱，诸生皆推服，闽越之人举进士繇詹始”；“建中、贞元间，余就食江南，未接人事，往往闻詹名闾巷间，詹之称于江南也久”；“闻詹名尤甚”。钦慕之情溢于言表。接下来写欧阳詹的品德之优，一口气说出他“事父母尽孝道，仁于妻子，于朋友义以诚。气醇以方，容貌嶷嶷然。其燕私善谑以和，其文章切深喜往复，善自道”的美德，抒情真挚而又热烈。其中特别强调他“于慈孝最隆”，为下文的抒情张本。就中追忆贞元十五年自己从徐州到京师朝正的一段往事，映证欧阳詹“于朋友义以诚”的美德，可以看出欧阳詹一秉公心、出于大义、敢作敢为的品格，更使人倍加感慨。当年欧阳詹为了国子监的发展，不顾自己官职卑下、人微言轻，打算率领他的学生跪伏宫阙之下，向最高统治者上书呼吁，推举韩愈来做国子监四门馆博士而未果，如今自己正任职在这个位置上，正可以与这位志同道合的朋友携手并肩干一番事业，而斯人却长眠于地下，抚今思昔，此情此景，怎不叫人凄然动容，扼腕叹惜！接下来一段议论，更是沉痛深切，前人指出这段文字推想欧阳詹“所以离亲远仕之故，实体亲心而行，所谓养志之孝，可以传之无穷，死犹不死，较之终身里闬，泯灭无闻者，相去万里。虽为其父母舒垂老之悲，实为詹解死后之嘲也”（清林云铭《韩文起》评语卷八）。其实，字里行间包含着多少对一介“寒士”坎坷人生的感慨啊！这当中也有韩愈自己几十年仕途蹭蹬的辛酸沉痛，所以他对那些有才能而又怀才不遇、遭遇坎坷的朋友特别同情。欧阳詹抛家舍亲，千里迢迢从闽越之地来京师求取功名，事业无成，未能显荣而归，已使人感到失意、凄凉；再加上英年早逝，弃养父母、客死他乡，设身处地地想想，父母在堂不仅不能在身边孝养，如今反是白发人送黑发人，生死异路，永无见期，空劳盼望，实在令人悲哀之至！所谓“其心将以有得于是，而归为父母荣也”，“詹虽未得位，其名声流于人人，其德行信于朋友，虽詹与其父母皆可无憾也”，“以志养志”云云，不过是力为回护辩解，以慰解老人而已，其实饱含着那个时代读书人为谋求仕途而牺牲亲情的悲酸。生离死别，能不悲恸？殷殷之情，感人肺腑，读之令人鼻酸。清代散文家方苞曾评价说：“退之文，每至亲懿故旧，存亡离合，悲思慕恋，恻然自肺腑流出，使读者气厚。”（马其昶《韩昌黎文集校注》）韵文部分用骚体抒写哀痛，长歌当哭。整篇哀辞韵散结合，相得益彰，叙事抒情议论又完全从个人的真实感受出发，下笔有情，语出自然。清人储欣说它："序则司马，辞则灵均，皆师其意不师其辞者。"（《唐宋十大家全集录》之《昌黎先生全集录》卷四哀辞）清人林纾亦有评价云："祭文体，本以用韵者为正格。若不驾驭以散文文法，终觉直致。"（《春觉斋论文》）又云："……子固、震川皆不长于韵语，去昌黎远甚。"（同上）都是对此文在写法上的充分肯定。

《题哀辞后》仍用散文之体，大有书之不尽，余哀未了之意。除进一步抒写自己对欧阳詹的深切痛惜之外，还由欧阳詹的"志在古文"，引发出一段关于"文"与"道"的关系的议论："虽然，愈之为古文，岂独取其句读不类于今者耶！思古人而不得见，学古道，则欲兼通其辞。通其辞者，本志乎古道者也。"在这里，他充分肯定了古文作为一种载体，对传播古道的重要作用，体现了他"文道合一"的主张，作为一条重要的古文理论被后世学者广泛引用，影响甚大。其门人李汉《昌黎先生集序》中所说的"文者贯道之器"，也本于此。这段文字中有一句话"古之道，不苟誉毁于人"，是颇为耐人寻味的，后世对此有不少的揣测与解释。一说是有意为朋友讳，为回护之辞。持此说者多是根据《太平广记》卷二七四引《闽川名士传》及孟简诗，云詹游太原，爱一妓，约定返京师即来迎接，后不能如约，过了一年多才派车去接，妓积思成疾，遂病殁。死前剪下发髻装入匣中，并一首绝命词作为信物，嘱人交给詹。诗曰："自从别后减容光，半是思郎半恨郎！欲识旧时云髻样，为奴开取缕金箱。"詹启函，睹髻，诵其诗，一恸而卒。孟简赋诗哭之，把詹比作《孔雀东南飞》故事中庐江小吏。而韩愈在"哀辞"中言詹之死仅云："友朋亲视兮，药物甚良。""寿命不齐兮，人道之常。"绝不提及太原妓之事。有人认为詹弃养父母离家远游本已违背孝道，现在又为一妓而死，这是为朋友所忌讳的。韩愈为安慰其双亲，把责任诿于天命，以全其人伦父子之恩，可谓用心良苦。但这样做本身就是故意隐讳，不符合"不苟誉毁于人"的原则，不能算"不苟"。另一种看法是，这些本来就属于妄传，韩愈不屑为这些子虚乌有的事和他们详细论辩，故索性将此事抛开不提，特作此语。清人何焯曰："此专为孟简误信穆玄道之语，有为太原伎恸怨而殁之谤，又以其事不足辨，故但自明其不苟誉，则毁者之非实可见矣。"（转引自马其昶《韩昌黎文集校注》三〇五页）还有人认为：以上"两说不同，但都是从爱情为不可见人的封建观点来立说，而且不免穿凿过甚。"（童第德《韩愈文选》六四页）笔者倒认为，或许正是由于韩愈出于为明友隐讳，避而不谈欧阳詹的爱情悲剧，使此文的内容及艺术成就受到损失，这正是他局限性的一面。否则，将平添几分传奇色彩，更加凄艳动人。漂泊之苦、弃亲之痛、求仕不达之悲，再加失去爱情之恨，不是更能让人感受到那个时代寒门知识分子奔走于仕途的沉重与辛酸么？不是更让人哀痛么？不过，这些都不妨碍我们对此文文学成就的欣赏，录于此，以备参考。

（刘振娅）

祭河南张员外[1]文

维[2]年月日，彰义军[3]行军司马[4]守太子右庶子[5]，兼御史中丞[6]韩愈，谨遣某乙以庶羞清酌[7]之奠，祭于亡友故河南县令张十一员外[8]之灵。

贞元十九，君为御史。余以无能，同诏并跱[9]。君德浑刚，标高揭己[10]。有不吾如，唾犹泥滓[11]。余戆而狂[12]，年未三纪[13]。乘气加人，无挟自恃[14]。

彼婉娈者，实惮吾曹[15]。侧肩帖耳，有舌如刀[16]。我落阳山，以尹鼯猱[17]。君飘临武，山林之牢[18]。岁弊寒凶，雪虐风饕[19]。颠于马下，我泗[20]君咷[21]。夜息南山[22]，同卧一席。守隶防夫，觝顶交跖[23]。洞庭漫汗，粘天无壁[24]。风涛相豗[25]，中作霹雳。追程盲进，帆船箭激[26]。南上湘水，屈氏所沉[27]。二妃行迷，泪踪染林[28]。山哀浦思[29]，鸟兽叫音。余唱君和，百篇在吟[30]。

君止于县，我又南逾[31]。把醆[32]相饮，后期有无。期宿界上，一夕相语[33]。自别几时，遽变寒暑[34]。枕臂欹眠，加余以股[35]。仆来告言，虎入厩处。无敢惊逐，以我骤去[36]。君云是物，不骏于乘。虎取而往，来寅其征[37]。我预在此，与君俱膺[38]。猛兽果信，恶[39]祷而凭！

余出岭中，君俟州下。偕掾[40]江陵，非余望者。郴山奇变，其水清写[41]。泊砂倚石，有罾[42]无捨。衡阳放酒，熊咆虎嗥[43]。不存令章，罚筹猬毛[44]。委舟[45]湘流，往观南岳。云壁潭潭，穹林攸擢[46]。避风太湖，七日鹿角[47]。钩登大鲇，怒颊豕豞[48]。脔盘炙酒，群奴余啄[49]。走官阶下，首下尻高[50]。下马伏途，从事是遭[51]。

予征博士[52]，君以使已[53]。相见京师，过愿之始。分教东生[54]，君掾雍首[55]。两都[56]相望，于别何有？解手背面，遂十一年[57]。君出我入，如相避然。生阔死休，吞不复宣。

刑官属郎，引章讦夺[58]。权臣不爱，南康是斡[59]。明条谨狱，氓獠户歌[60]。用迁澧浦，为人受瘥[61]。还家东都，起令河南[62]。屈拜后生，愤所不堪[63]。屡以正免，身伸事蹇[64]。竟死不升，孰劝为善！

丞相南讨，余辱司马[65]。议兵大梁，走出洛下[66]。哭不凭棺，奠不亲斝[67]。不抚其子，葬不送野。望君伤怀，有陨如泻。铭君之绩，纳石壤中。爰及祖考，纪德事功[68]。外著后世，鬼神与通。君其奚憾？不余鉴衷[69]。呜乎哀哉，尚飨！

〔注〕 ① 河南张员外：即张署，郡望河间，曾任刑部员外郎，终河南令。 ② 维：语助词，多用于句首。 ③ 彰义军：唐方镇名，治所在今河南汝南一带。 ④ 行军司马：唐节度使属官，掌军政，权任甚重。 ⑤ 守太子右庶子：守与摄同，暂时代理某种职务。唐代以品级较低之人任职责较高之官为守某官。此时韩愈的官阶是朝议郎，正六品上，太子右庶子官阶是正四品下，故曰“守”。太子右庶子，太子官属官，掌侍从、献纳、启奏等。 ⑥ 御史中丞：御史台属官。隋唐时专掌监察、执法的长官为御史大夫，其副职为御史中丞。 ⑦ 庶羞清酌：指多种佳肴和专用于祭奠的酒。 ⑧ 张十一员外：即张署。 ⑨ 同诏并跱(zhì)：指张署与韩愈同时被任命为监察御史，时在贞元十九年(803)。 ⑩“君德”二句：意谓张署的品德质朴刚正，(值得)自我标榜。 ⑪“有不”二句：意谓假如有不合己意之处，就像对于泥渣污垢一样加以唾弃。 ⑫ 戆(zhuàng)而狂：性情刚直狂放。 ⑬ 三纪：纪是纪年的单位，古代以十二年为一纪，三纪即三十六岁。 ⑭“乘气”二句：意谓盛气凌人，无所依傍却又自负。 ⑮“彼婉娈”二句：婉娈，语出《诗·齐风·甫田》的“婉兮娈兮”，原谓姿态美好，这里借以讽刺谄媚君主的群小。吾曹，我辈。 ⑯“侧肩”二句：意谓群小(对权势者)俯首帖耳，诋毁(仇人)唇舌像刀一样厉害。 ⑰“我落”二句：意谓我被贬到阳山县，管理山林中的大飞鼠和猿猴。鼯猱(wú náo)，一种鼠和一种猿。 ⑱“君飘”二句：意谓张署被贬到临武(今属湖南)，就像在深山老林圈成的牢狱一样。 ⑲“岁弊”二句：意谓岁末严寒雪暴风狂。饕(tāo)，这里是凶猛的意思。 ⑳ 泗：鼻涕。 ㉑ 咷(táo)：嚎啕大哭。 ㉒ 南山：此指坐落在今陕西商州的商山。 ㉓ 觝(dǐ)顶交跖(zhí)：意谓宿处狭窄，并排挤在一起，头碰头，脚蹬脚。觝，同“抵”。跖，此处指脚。 ㉔“洞庭”二句：意谓洞庭湖水天相接，浩渺无边。漫汗，指大水弥漫无边。㉕ 相豗(huī)：互相撞击。 ㉖ 帆船箭激：张帆行船，快如飞箭。 ㉗ 屈氏所沉：指战国时楚国诗人屈原忧愤所沉之湘江支流汨罗江(在今湖南东北)。 ㉘“二妃”二句：意谓舜南巡，其二妃娥皇、女英追踪迷路，至洞庭，听到舜的死讯，二女泪染竹林。事详见张华《博物志》卷十。 ㉙ 山哀浦思：意谓山哀伤，水悲痛。 ㉚ 百篇在吟：形容作者与张署在南贬途中之唱和诗有百篇之多。但此类诗已失传，“百篇”或为约数，概言其多。 ㉛“君止”二句：意谓张署到达临武就停止了，而韩愈却要越过南岭继续远行。 ㉜ 醆：同“盏”，小杯。 ㉝ 一夕相语：彻夜交谈。 ㉞ 遽变寒暑：意谓冬夏急剧变换。 ㉟“枕臂”二句：此系隐括《后汉书·严光传》“帝共偃卧，光以足加帝腹上”，言韩、张二人同卧共眠，关系极为亲密。 ㊱ 以我

濛(méng)去：把我的驴子叼走了。　㊲来寅其征：地支的第三位是寅，其与十二生肖的虎相配，故为寅虎。此句意谓来年寅月(即正月)将得到应验。樊汝霖注此句云："公载张语云云，已而顺宗即位，皆改江陵府掾，公法曹，张功曹。"　㊳膺(yīng)：接受，承当。　㊴恶(wū)：何，怎么。　㊵掾(yuàn)：是古代属官的通称，此处指担任江陵府掾。　㊶清写：指水的清流如注。写，同"泻"，形容流淌之速。　㊷遌(è)：遇到。　㊸"衡阳"二句：在衡阳(今属湖南)纵情饮酒，行令猜拳之声犹如熊虎咆哮怒吼。嗥(háo)，野兽的吼叫。　㊹"不存"二句：令章，即酒令。朱熹注此二句云："令章谓酒令，违令则以筹记其罚也。"猬毛，刺猬之毛，形容其多。　㊺委舟：指乘船顺流而下。　㊻"云壁"二句：意谓峭壁高耸而悠远，林木高深而挺拔。　㊼"避风"二句：意谓在洞庭湖遇到风浪，在湖滨的鹿角山躲避了七天。　㊽"钩登"二句：意谓钓上的大鲇鱼，其腮怒张，发出像猪一样的叫声。豕豞(shǐ hòu)，猪叫声。㊾"脔(luán)盘"二句：意谓盘子里盛的是切成块的肉，酒也烫好，奴仆们将多余的酒肉吃掉。㊿"走官"二句：意谓前往江陵赴任后，因官职低下，(照例)要低下头翘起屁股向长官叩头。尻(kāo)，臀部。　(51)"下马"二句：意谓即使遇到长官的僚属也得下马避道。　(52)予征博士：此谓元和元年六月，作者被召还京授国子博士。　(53)君以使已：指张署在邕管经略使的任务完成。　(54)分教东生：此指元和二年，作者以国子监博士分司东都，教授东都的太学生。(55)君掾雍首：此指张署为京兆府司录参军。张署又是京兆尹李鄘的僚属，故称掾。雍，即古九州之一的雍州，而京兆府地属雍州。张署以司录参军，掌管文书，举弹善恶，又当要害之地，故称"雍首"。　(56)两都：唐以京兆府长安为西京，亦称上都，河南洛阳为东京，亦称东都，故云"两都"。　(57)"解手"二句：意谓作者与张署自同为江陵掾后，分别十一年之久。　(58)"刑官"二句：指张署任刑部员外郎时，依照法律揭发定夺嫌疑人的阴私罪过。　(59)南康是斡：指张署改任虔州刺史。南康，治所在今江西赣州。隋唐时一度改虔州为南康郡。斡，这里是转任的意思。　(60)"明条"二句：意谓张署通晓法理条律，谨慎处理狱讼，得到家家户户老百姓的歌颂拥戴。氓獠(lǎo)，原是古代对我国西南少数民族的侮称。　(61)"用迁"二句：意谓张署之所以改任澧州刺史，是因体恤下民所致。一说为民办事，积劳成疾。瘥(cuó)，疾病。(62)起令河南：指张署出任河南令。　(63)"屈拜"二句：意谓屈身拜迎年轻的长官，为之愤懑不堪。张署任河南令时，其上司河南尹正是他最看不起的人。详见《张君墓志铭》。　(64)"屡以"二句：意谓张署屡次因为正直被免官，直至告老辞官，闭门不出，身心舒坦而仕途坎坷困顿(事蹇)。　(65)"丞相"二句：指裴度率军征讨吴元济，韩愈担任行军司马(权任甚重的军政长官)。辱，谦辞，犹言承蒙。　(66)"议兵"二句：指作者由洛阳至汴州(战国时称大梁，即今河南开封)，去说合驻节大梁的宣武军节度使韩弘协力讨伐淮西之事。　(67)"哭不"二句：意谓作为好友自己未能前往倚棺哭吊，也未能亲手拿着酒器去祭奠。斝(jiǎ)，古代的一种青铜酒器。(68)"爰及"二句：意谓也记载你祖、父的品行、功业。祖考，祖父、父亲。　(69)不余鉴衷：意谓没有明察我的内心悲伤。

此文系元和十二年(817)所作。是时裴度征淮西，韩愈担当军政权任甚重的行军司马，于戎事倥偬中，写了这篇堪称感天地，泣鬼神的祭文。如此称誉此文，或被诘难曰：韩愈的同类文字中，《祭柳子厚文》《柳子厚墓志铭》等等岂不更有名？诚然，单从文学史的角度，柳宗元的名气确实比只有一首诗传世的张署大得多，有关柳氏的文字本身就颇具分量。但是，韩、柳之谊与韩、张之谊却多有不同，韩、柳之间，政治理念时有分歧，比如对王叔文政改举措的态度，柳、韩几近火鼠冰蚕，而韩、张之间，不仅具有古文中所说的“同寅(即同官)协恭和衷哉”、后人诗句中所云的“同寅心契每难忘”，即所谓寅谊情深，更为难能可贵的是，韩、张之交酷似宋朝的苏轼、秦观之间的“同升而并黜”。秦观的盛年亡故，使苏轼悲痛不已，他曾饱含深情地说道：“少游已矣，虽万人何赎！”这何尝不是韩对张要说的心里话，而韩之所云“哭不凭棺，奠不亲斝”，又何尝不是子瞻深感愧对少游之憾！所以此文之被称为哀祭文中未曾有过的佳作，首先取决于韩、张的患难之交、生死不渝的深情厚谊。前人也正是首先从这方面切入，对此文作了全面的肯定、揄扬和有理有节的分析评价：“二公(指韩愈和张署)交情之深，在同官同贬，同行同迁，不必复道。第张公为人，一生持正到底，屡蹶不移。姜桂老而愈辣，与昌黎声气相投，所以关情尤切耳。篇中步步细叙其宦途潦倒之况，与往来山水之奇，离合悲欢之意，能令千载而下，犹宛然在目，令读者欲惊欲怒，欲笑欲哭，所以人不能及。至于摛词俶诡，练句铿锵，则剩技也。”(清林云铭《韩文起》卷八)

作为“千载而下”的“读者”，此文之抒情状物，无不令笔者“宛然在目”，其中的确不乏令人“欲惊欲怒，欲笑欲哭”之处，兹举数例如下：

南宋陆游在南郑一带的遇虎刺虎，历来被传为美谈，被视为英雄壮举，但是韩愈遇虎之事却鲜为人知。记得初读此文至“仆来告言，虎入厩处。无敢惊逐，以我骧去”，不仅韩愈坦言为此受到惊吓，眼睁睁地看着自己唯一的代步者，一头驴子被老虎叼走，也不敢加以追逐。对此事，想必清代人林云铭与笔者一样为韩愈的人身安全捏了一把汗，是为“欲惊”也。然而，读者的惊魂未定，继而看到“君云是物，不骏于乘”以下数句，又不禁为“韩翁失驴，天之赐福”，而捧腹庆幸。这段文字不仅好笑，更能说明韩、张都不是胆小鬼，如果以今人的环保意识加以权衡，以驴喂虎有助生态平衡，又不像陆游那样触犯了“野生动物保护法”。其实“文本”中“欲惊”“欲笑”之事远不止这些，就“欲惊”而言，老虎固然吓人，“洞庭漫汗”以下数句，意谓为了赶路，韩、张不得不在风涛大作的洞庭湖中，令行舟飞速前进，这又是一种何等的惊险之举！

有些事乍一看很可笑，其实作者是在有意无意地刻画他与好友张署的性情操行，以及仕途之维艰云云，比如文中所描绘的两种睡相，一是劳累已极的勤杂人员们，大家都挤在一领席子上，头顶头，脚压脚睡作一团；二是韩、张的“枕臂欹眠，加余以股”等文句，无不说明上下、彼此之间何等的亲密无间，也是他们战胜羁旅困顿的精神力量。更值得一提的是这种令人“欲笑”之处，正是韩、张乐观开朗性格的生动体现，比如“衡阳放酒”及“钩登大鲇”上下各四句，写的是垂钓饮酒,乐而忘忧,毫无仕途偃蹇之状,也是那种"戚戚于贫贱","汲汲于富贵"者所不具备的人格魅力之所在。

如果说此文所写的"惊",最终像是虚惊,"笑"也不无强颜欢笑的因素,那么"欲怒"则是真格动怒,"欲哭"更是发自肺腑的。作者如是,读者亦如是。本来张署的被贬官,系群小进谗所致。群小对上俯首帖耳,一副十足的奴才相,但在上司面前说别人的坏话时,其唇舌就像钢刀一样锋利,致使韩、张这样德才兼备的好官被贬往边远蛮荒之地,这本身就足以令人怒不可遏。至于因为官小位低,每逢高官就得低下头来、撅起屁股叩头迎拜,就是遇到高官的随从也得下马让路,由这种屈辱所导致的愤怒是可想而知的。更有甚者,在明察法规、谨慎处置狱讼之事的张署,得到少数民族百姓的一片称颂之声时,却得罪了权臣,再遭贬黜,又恰恰被贬到一个与自己作对的后生小子手下,张署忍无可忍而愤然辞免,至死再也没有得到升迁,似这般好官得不到好报,谁还再去劝人做善事呢!不是愤怒已极的人,怎能出此激愤之语?!

此文本身就是一曲令人不胜哀伤的"长歌当哭",以写诗文来代替痛哭、宣泄胸中的悲愤。至于具体的"欲哭"之笔,行文中比比皆是,比如"岁弊寒凶,雪虐风饕。颠于马下,我泗君咷"。生活中,这种同声共哭,事后或许还可彼此宽慰,而那种泉路隔绝之哭,特别是还带有"哭不凭棺,奠不亲凷"的遗憾,这恐怕是人世间最为不堪的一种痛哭,因为你就是将黄河哭干,死者又怎能"鉴哀"、明察你的心意呢?

（陈祖美）

祭柳子厚[1]文

维年月日[2],韩愈谨以清酌[3]庶羞[4]之奠[5],祭于亡友柳子厚之灵。

嗟嗟[6]子厚,而至然邪?自古莫不然,我又何嗟!人之生世,如梦一觉[7]。其间利害,竟亦何校[8]?当其梦时,有乐有悲。及其既觉[9],岂足追惟[10]?

凡物之生,不愿为材。牺尊[11]青黄[12],乃木之灾。子之中弃[13],天脱馽羁[14]。玉佩琼琚[15],大放厥辞[16]。富贵无能,磨灭谁纪[17]。子之自著,表表[18]愈[19]伟。不善为斫[20],血指汗颜。巧匠旁观,缩手袖间。子之文章,而不用世[21]。乃令吾徒[22],掌帝之制[23]。子之视人,自以无前[24]。一斥不复[25],群飞[26]刺[27]天。

嗟嗟子厚，今也则亡。临绝之音，一何琅琅[28]。遍告诸友，以寄厥子。不鄙谓余，亦托以死。凡今之交，观势厚薄。余岂可保，能承子托？非我知子，子实命我。犹有鬼神，宁敢[29]遗堕[30]！念子永归[31]，无复来期。设祭棺前，矢[32]心以辞。呜呼哀哉，尚飨[33]！

〔注〕 ① 柳子厚：即柳宗元，字子厚，河东解(今山西永济)人，唐代杰出的思想家、政治家、文学家。 ② 维年月日：即某年某月某日。唐宪宗元和十四年(819)十月五日，柳宗元卒于柳州。同年十月，韩愈自潮州到袁州，在袁州写下此文，对柳子厚的去世深表悼念。 ③ 清酌：淡酒。 ④ 庶羞：多种佳肴。羞，即"馐"，佳肴。 ⑤ 奠：此指祭品。 ⑥ 嗟嗟：伤心嗟叹之语。 ⑦ 觉(jiào)：一段时间的睡眠。 ⑧ 校(jiào)：计较。 ⑨ 既觉(jué)：已醒。 ⑩ 惟：思念，回忆。 ⑪ 牺尊：酒杯。尊，同"樽"。 ⑫ 青黄：此谓酒杯外观以青黄之色涂饰。 ⑬ 中弃：中途弃世。子厚卒年四十七，正为人之中年，故云。 ⑭ 馽(zhí)羁：拴缚马足的绊索和套住马的辔头。 ⑮ 琼琚：美玉，琼玉，此比喻子厚文章语言文字之美。 ⑯ 厥辞：此谓子厚文章的言辞。 ⑰ 纪：记载。 ⑱ 表表：卓立突兀的样子。 ⑲ 愈：更加。 ⑳ 斫(zhuó)：砍，削。 ㉑ 用世：为世所用。 ㉒ 吾徒：我辈。 ㉓ 制：典章、制度。 ㉔ 自以无前：此谓子厚勇于为人。 ㉕ 一斥不复：此指子厚遭贬永州，继徙柳州，死于外所，不再返回朝廷。斥，贬谪。 ㉖ 飞：一作"非"，非议。 ㉗ 刺：责备。 ㉘ 琅琅：本指金玉之声，此指子厚临终时所发善言。 ㉙ 宁敢：岂敢。 ㉚ 遗堕：弃置不顾。 ㉛ 永归：与人世永别，归于黄泉。 ㉜ 矢：誓。 ㉝ 尚飨(xiǎng)：请亡灵享受祭品。

柳宗元是中唐时期重要的政治改革家和思想家，但是，他一生坎坷，终不得志。在参与政治家王叔文的革新失败后，被贬永州司马，时年三十二岁，一直在荒凉之地过了十年"系囚"生活。元和十年(815)三月，柳宗元又迁调柳州，职务略升，而条件更为艰苦。此时柳宗元身体非常孱弱，几年后凄凉寂寞而死，终年四十七岁，时为唐宪宗元和十四年十月五日。

韩愈和柳宗元同为中唐古文运动的倡导者和领袖，都是这场古代散文文体、文风和语言革新运动的卓有成就的古文家，二人有着深厚的友谊。柳宗元去世的这年十月，韩愈自潮州到袁州，惊闻柳宗元悲惨辞世的噩耗，悲伤地写下此文和《柳子厚墓志铭》，以表达对昔日好友的深切怀念。

开首一段，头两句"嗟嗟子厚，而至然邪"，突兀特立，对好友不幸辞世的现实极为怀疑，简直不敢相信这是一个事实，以一种出乎寻常的逻辑思维表达对朋友的怀念。那种心如刀割的痛楚，让读者可想而知。但作者并没有因为感情的极度痛苦而昏迷痴滞，清醒的理智告诫他必须面对残酷的现实，因此，笔锋马上转入对一个亘古不变的常理的表达：死不能逃避，"自古莫不然"，如果能意识到这一点，那么，好友的去世，应为之坦然面对。这无疑是对亡友灵魂的安慰，又是一种自我排遣，所以说“我又何嗟”。下面由死亡的不可预测和捉摸，感慨人生不要去计较太多的名利，人生如梦，又何必在短暂的梦中孜孜以求呢？这里其实也凸显出了子厚坎坷的一生中虽屡遭贬斥，却从不追求功名利禄的高尚品格。我们读一下韩愈另一篇悼念柳宗元的文章——《柳子厚墓志铭》就可知道：“呜呼！士穷乃见节义。今夫平居里巷相慕悦，酒食游戏相征逐，诩诩强笑语以相取下，握手出肺肝相示，指天日涕泣，誓生死不相背负，真若可信，一旦临小利害，仅如毛发比，反眼若不相识，落陷阱，不一引手救，反挤之，又下石焉者，皆是也。……闻子厚之风，亦可以少愧矣。”在苦短的人生中，能够清醒地看待生命与利害如柳子厚者有几人呢？

第二段深切地抒发作者对柳宗元坎坷一生遭遇不幸、待遇不公、埋没不闻的同情之感，充分肯定和高度评价柳宗元不朽的文学成就尤其是他琼玉般美丽珍贵的语言文字。“凡物之生，不愿为材”四句从反面着笔，造语奇诡，人间现实中，有材（才）者受迫害、受排挤是家常便饭，柳子厚也难逃此等厄运，从而暗含作者对戕害人才的社会现实的强烈不满之情和愤世嫉俗之感，这里体现了韩文情感充沛如汪洋大海奔涌澎湃的特点。

“子之中弃”两句承前四句（“凡物之生”引起），沉顿之情突转高亢，把子厚的中年弃世以天脱馽羁、宇宙崩溃为比，高扬子厚经天纬地之才，这两句的潜台词含蕴十分丰富，给读者留下广阔而深邃的想象空间。接下来切取子厚文才一角，赞扬其厥辞伟卓，令富贵达人“血指汗颜”，令天下能工巧匠相形见绌。“子之文章，而不用世”又是笔锋一转，对如此才杰之士不能任用的黑暗社会发出沉痛的谴责，当然也蕴含作者深刻的惜才、爱才之感。“乃令吾徒，掌帝之制”两句以对比手法，把自己的无用（其实也是讥讽反说之语）与子厚的伟著形成对比，又为“子之视人，自以无前”找到证据。就这样，此段文字一波三折，情感的潮水跌宕起伏，既把主题表现得非常充分，又使笔法张弛有致，于此见出韩文之妙。

尾段主要抒发哀悼怀念之情，感情真挚悲婉，伤悼之泪，滴湿纸背。这种怀念又打破传统祭文谀媚的格式，而是把子厚平生的交谊与世俗的“观势厚薄”进行优劣比照，把自己不能承担好友的托付作为退却之辞，以一种以退为进的“曲笔”表达对亡友的纪念，自是独具匠心，别出心裁。

全文突破传统祭文的固定程序，着重抓住子厚的为人和为文两个方面来写，与《柳子厚墓志铭》一样，用史传文学的笔法，以写人为主，而略于记事，这是对祭文的创新和发展。语言虽然全用四言句式，但不显板滞，反而随着情感的起伏跌宕而摇曳生姿，极富感染力。同时，写人当中又略发议论，点到为止，有画龙点睛之奇妙，也见出本文的写作技艺之高超。这样，全文把感情的深沉与议论的精警结合起来，把写人与抒情结合起来，具有不可辩驳的情感力量和逻辑力量，这使得文章具有经久不衰的艺术魅力。 （蒋振华）

祭十二郎文

年月日[①]，季父[②]愈闻汝丧之七日，乃能衔哀致诚，使建中[③]远具时羞之奠[④]，告汝十二郎之灵：

呜呼！吾少孤，及长，不省所怙[⑤]，惟兄嫂是依。中年，兄殁南方[⑥]，吾与汝俱幼，从嫂归葬河阳[⑦]，既又与汝就食江南[⑧]，零丁孤苦，未尝一日相离也。吾上有三兄[⑨]，皆不幸早世，承先人后者，在孙惟汝，在子惟吾，两世一身[⑩]，形单影只。嫂尝抚汝指吾而言曰："韩氏两世，惟此而已。"汝时尤小，当不复记忆；吾时虽能记忆，亦未知其言之悲也。

吾年十九，始来京城，其后四年而归视汝。又四年，吾往河阳省坟墓，遇汝从嫂丧来葬[⑪]。又二年，吾佐董丞相于汴州[⑫]，汝来省吾，止一岁，请归取其孥。明年，丞相薨[⑬]，吾去汴州[⑭]，汝不果来。是年，吾佐戎徐州[⑮]，使取汝者始行，吾又罢去[⑯]，汝又不果来。吾念汝从于东，东亦客也，不可以久。图久远者，莫如西归，将成家而致汝。呜呼！孰谓汝遽去吾而殁乎！吾与汝俱少年，以为虽暂相别，终当久相与处，故舍汝而旅食京师，以求斗斛之禄。诚知其如此，虽万乘之公相[⑰]，吾不以一日辍汝而就也！

去年孟东野往[⑱]，吾书与汝曰："吾年未四十，而视茫茫，而发苍苍，而齿牙动摇。念诸父与诸兄，皆康强而早世，如吾之衰者，其能久存乎！吾不可去，汝不肯来，恐旦暮死，而汝抱无涯之戚也。"孰谓少者殁而长者存，强者夭而病者全乎！呜呼！其信然邪？其梦邪？其传之非其真邪？信也，吾兄之盛德而夭其嗣乎？汝之纯明而不克蒙其泽乎？少者强者而夭殁，长者衰者而存全乎？未可以为信也。梦也，传之非其真也。东野之书[⑲]，耿兰之报[⑳]，何为而在吾侧也？呜呼！其信然矣，吾兄之盛德而夭其嗣矣！汝之纯明宜业其家者，不克蒙其泽矣！所谓天者诚难测，而神者诚难明矣！所谓理者不可推，而寿者不可知矣！虽然，吾自今年来，苍苍者或化而为白矣，动摇者或脱而落矣。毛血日益衰，志气日益微，几何不从汝而死也！死而有知，其几何离；其无知，悲不几时，而不悲者无穷期矣。汝之子始十岁[21]，吾之子始五岁[22]，少而强者不可保，如此孩提者，又可冀其成立邪？呜呼哀哉，呜呼哀哉！

汝去年书云：比得软脚病，往往而剧。吾曰：是疾也，江南之人常常有之。未始以为忧也。呜呼！其竟以此而殒其生乎？抑别有疾而至斯乎？汝之书，六月十七日也，东野云汝殁以六月二日，耿兰之报无月日。盖东野之使者，不知问家人以月日；如[23]耿兰之报，不知当言月日。东野与吾书，乃问使者，使者妄称以应之耳。其然乎？其不然乎？

今吾使建中祭汝，吊汝之孤与汝之乳母。彼有食可守以待终丧[24]，则待终丧而取以来；如不能守以终丧，则遂取以来。其余奴婢，并令守汝丧。吾力能改葬，终葬汝于先人之兆[25]，然后惟其所愿。呜呼！汝病吾不知时，汝殁吾不知日；生不能相养以共居，殁不能抚汝以尽哀；敛[26]不凭其棺，窆[27]不临其穴。吾行负神明，而使汝夭，不孝不慈，而不得与汝相养以生，相守以死。一在天之涯，一在地之角。生而影不与吾形相依，死而魂不与吾梦相接。吾实为之，其又何尤[28]！彼苍者天，曷其有极[29]！

自今已往，吾其无意于人世矣。当求数顷之田于伊、颍[30]之上，以待余年，教吾子与汝子幸其成，长吾女与汝女待其嫁，如此而已。呜呼！言有穷而情不可终，汝其知也邪？其不知也邪？呜呼哀哉，尚飨[31]！

〔注〕①年月日：指作祭文的时间。一本作“贞元十九年五月二十六日”。②季父：父辈中排行最小的叔父。③建中：仆人名。④时羞之奠：时羞，时鲜食品。奠，祭奠，此处作名词，祭品。⑤所怙(hù)：指父亲。《诗经·小雅·蓼莪》：“无父何怙？”怙，依靠。⑥兄殁(mò)南方：韩愈之兄韩会死于韶州(治所在今广东韶关市)刺史任内，年四十二岁。⑦河

阳：今河南孟州市西，韩愈老家，韩氏祖茔在此。 ⑧ 就食江南：指建中二年(781)，藩镇李希烈叛乱，中原动荡不安，韩愈随嫂避居宣州(今安徽宣城)韩氏别业达五年之久。 ⑨ 三兄：长兄韩会，次兄韩介，另一兄早夭。 ⑩ 两世一身：儿孙两代都只剩下一个男丁。 ⑪ 从嫂丧来葬：护送嫂子的灵柩来安葬。韩愈之嫂郑氏贞元九年(793)死于宣州。 ⑫ 佐董丞相于汴洲：指贞元十二年董晋为宣武节度使，韩愈在其手下任观察推官。董丞相，董晋，他任节度使带同中书门下平章事(即宰相)衔，此称“丞相”是以古称表尊敬。汴州，今河南开封市。 ⑬ 丞相薨(hōng)：贞元十五年(799)二月，董晋在汴州逝世。周代诸侯之死或唐代三品以上官员之死称“薨”。 ⑭ 去汴洲：指韩愈随董晋归葬离开汴州西行。 ⑮ 佐戎徐州：此指贞元十五年秋韩愈至徐州(今属江苏)，入徐泗濠节度使张建封幕下任推官。节度使握有兵权，故把任节度推官称为“佐戎”，即协理军务。 ⑯ 吾又罢去：贞元十六年五月，张建封逝世，韩愈罢职后离开徐州赴洛阳。 ⑰ 万乘(shèng)之公相：指高官厚禄。万乘，指能出兵车万辆的大国。公相，公卿宰相。 ⑱ 孟东野往：指贞元十八年孟郊出任溧阳(今属江苏)尉，因溧阳离老成所居的宣城不远，故曾托孟郊捎书信给老成。孟郊，字东野，韩愈的挚友。 ⑲ 东野之书：指十二郎死后，孟郊告诉韩愈其死讯的书信。 ⑳ 耿兰之报：耿兰的报丧信。耿兰，当为宣州韩家的仆人名。 ㉑ 汝之子始十岁：十二郎有二子，长名湘，次名滂，此指韩湘。 ㉒ 吾之子始五岁：指韩昶，贞元十五年韩愈居徐州附近的符离集时所生。 ㉓ 如：连词，而。 ㉔ 终丧：服满丧期。古礼，父母死后子要服三年丧。 ㉕ 先人之兆：祖先的墓地，指河阳韩氏祖坟。 ㉖ 敛：同“殓”。殓分大小殓，为死者更衣是小殓，把尸体放入棺材是大殓。 ㉗ 窆(biǎn)：把棺材埋入墓穴中。 ㉘ 尤：责怪，怨恨。 ㉙ 曷(hé)其有极：痛苦何时才有尽头呢！语出《诗经·唐风·鸨羽》：“悠悠苍天，曷其有极！”曷，何。 ㉚ 伊、颍：伊水、颍水，皆在今河南境内。 ㉛ 尚飨：希望死者来享用祭品，为祭文结尾的套语。

《祭十二郎文》作于贞元十九年(803)韩愈在京任监察御史时。这不仅是他祭文中的代表作，而且是我国古代抒情散文中的不朽名篇。

十二郎是韩愈的侄子，名老成，在族中排行第十二，故称“十二郎”。韩愈从小就是孤儿，长兄韩会四十二岁时在韶州刺史任上逝世，次兄韩介也在一度出任率府参军后死去。老成是韩介的次子，后过继给无子嗣的韩会，其兄伯川早死。所以韩愈和老成是韩家子孙辈中仅存的两人，都由韩愈的长嫂郑氏扶养。他们从小生活在一起，彼此感情很深。后来韩愈为了外出求官，离开家人，与老成天各一方，日夜思念，几度想搬到一起，但久久未能相聚，当他得知侄儿突然去世后悲痛至极，就写下了这篇充满深挚感情的祭文。

除去开头几句为祭文的固定套语外，全文可分为三个部分。这三个部分的内容和写法都有变化。第一部分叙写十二郎健在时作者同他的深情厚谊。先是描述“承先人后者，在孙惟汝，在子惟吾，两世一身，形单影只”的不幸家世和叔侄俩从小“零丁孤苦，未尝一日相离”的情景。后面则写两人长大后离合不定的情况，尤其突出他的追悔莫及：“吾与汝俱少年，以为虽暂相别，终当久相与处”，这才到处奔波，漂泊游宦，谁料生离竟成死别！这个意想不到的打击，使他悔恨交加地发出"诚知其如此,虽万乘之公相,吾不以一日辍汝而就也"的沉痛呼喊。这部分述说的都是家常琐事,看似絮絮叨叨,琐琐屑屑,实则寄深情于淡语之中,写得哀楚动人,并为后文蓄势。

第二部分抒写作者对侄儿之死的悲痛,在此不是泛泛落笔,平实叙写,而是用自己长而衰竟不死来衬托亡侄少而强却早夭的格外可悲。"孰谓少者殁而长者存,强者夭而病者全乎";"汝之子始十岁,吾之子始五岁,少而强者不可保,如此孩提者,又可冀其成立邪?"如此一再运用反差强烈的对比,更突现了长辈祭少辈的悲剧意味。其间还穿插对死讯一会儿怀疑:"其信然邪?其梦邪?其传之非其真邪?"一会儿相信:"东野之书,耿兰之报,何为而在吾侧也?呜呼!其信然矣!"这种对死讯的时信时疑,真切地表现了作者突闻侄儿亡故时的锥心痛楚。在行文上,设问感叹错杂出之,长句短语交相运用,比之一般用直叙和整齐的句子,在表达哀痛欲绝的感情时更显得低回往复,深沉缠绵。

第三部分叙写对十二郎及其家属的吊慰,交代迁葬及教养遗孤等事。在吊慰中突出作者的自怨自责:"汝病吾不知时,汝殁吾不知日;生不能相养以共居,殁不能抚汝以尽哀";"吾行负神明,而使汝夭"。这种披肝沥胆的深自咎怨,较之直诉哀情更见凄婉。后面更是痛呼:"吾实为之,其又何尤!彼苍者天,曷其有极!"到这里已由开始的絮语、呜咽发展到了恸哭长号,呼天抢地,悲痛之情达到极点。语言的运用上,更多地驱遣骈偶句,但仍挥洒自如,奔放畅达。随着感情的起伏,写得萦回跌宕,浑浩流转。

明代茅坤称《祭十二郎文》为"祭文中千年绝调"(《唐宋八大家文钞·韩文公文钞》卷十六),可谓不刊之论,该文确实有不少别人无法企及之处。

这篇祭文的最大特点,是以情运文,以情动人,在一个"情"字上做足了文章。它没有公式化、概念化地表示哀悼,抒情也不是抽象空洞地堆砌一些悲痛的形容词,而是或回忆往事,诉说家世,或质疑死讯,嘱咐善后,或痛责自身,怨尤天神,反复嗟叹,婉曲道来,并不着痕迹地融入了作者自己的身世之感。全文如怨如慕,如泣如诉,长歌当哭,情切意绵,正如篇末所写"言有穷而情不可终",读来回肠荡气,感人至深。清代吴楚材、吴调侯评得好:"情之至者,自然流为至文。读此等文,须想其一面哭一面写,字字是血,字字是泪。"(《古文观止》卷八)余诚亦说:"自始至终,处处俱以自己伴讲。写叔侄之关切,无一语不从至性中流出。几令人不能辨其是文是哭,是墨是血。"(《古文释义》卷七)这可以说是一篇纯抒情美文。

祭文原属于应用文,而《祭十二郎文》却写成了我国古代文学宝库中的精品,这除了抒情色彩浓厚,语言优美外,还因为它运用一些手法大大增强了文章的文学性。韩愈好在文章中通过细节描写来使行文形象生动,在此文中也不例外。如在概括叙述叔侄两人在子孙辈中"形单影只"的情况后,还插叙了"嫂尝抚汝指吾而言曰:'韩氏两世,惟此而已'"的典型细节,并辅以感叹语:"汝时尤小,当不复记忆;吾时虽能记忆,亦未知其言之悲也。"这就把当时的孤苦之状表现得绘声绘影,饱含辛酸。该文亦善于驰骋想象,如作者对关于老成死期互相矛盾的几种说法,设想有几种可能:"盖东野之使者,不知问家人以月日;如耿兰之报,不知当言月日。东野与吾书,乃问使者,使者妄称以应之耳。其然乎?其不然乎?"如此不厌其烦地叙写一些想象之辞,与前面描述对死讯真实性产生怀疑的幻想一样,都是为了更充分地宣泄作者的哀伤之情。文章还常进行形象化的渲染,如写自己未老先衰:"而视茫茫,而发苍苍,而齿牙动摇。"通过三个排比句,把一个人尚在中年,却已视力模糊,头发花白,牙齿松动的形象写得呼之欲出。又如文中的名句:"一在天之涯,一在地之角。生而影不与吾形相依,死而魂不与吾梦相接。"以形容地域的遥远,生死的相隔,极言生离死别之悲。其中前两句已演化为广传人口的成语"天涯海角",这正是对该文形象生动性的肯定。

在结构方面,前文把这篇文章分为三个部分,只是为了分析方便起见。实际此文不着意于段落的安排,不精心于层次的组织,而是笔墨任随感情的驱使,自由挥洒,一气贯注,字字句句从心底流出,似乎不可按通常的段落层次来分,也用不到按通常的段落层次来分,但觉哀音一片,血泪满纸。我国古代文论中讲谋篇布局,有"死法"和"活法""一定之法"和"无定之法"的说法。所谓"死法""一定之法",是指作文要遵守的章法,如文章总由开头、承转、主体、结尾等部分组成,对此要有条理地加以安排。所谓"活法""无定之法",是指运用章法要灵活变化,时出新意,不拘泥于"开阖首尾经纬错综之法"(唐顺之《董中峰侍郎文集序》)。本文主要用的是"活法""无定之法"。宋代李塗就说:"唐人文字,多是界定做,所以死。惟退之一片做,所以活。"(《文章精义》三九)这篇便是典型的例子。

祭文一般用骈文或四言韵文来写,韩愈文集中三十来篇祭文的绝大部分也是如此,而这篇《祭十二郎文》不复依傍,戛戛独造,用自由流转的散体文来表达对亡侄的哀悼。清代曾国藩评论此文时说:"述哀之文,究以用韵为宜。"(转引自《韩昌黎文集校注》卷五)这种看法显然有所偏颇。还是林纾的意见较为正确:"祭文体,本以用韵者为正格。……至《祭十二郎文》,至痛彻心,不能为辞,则变调为散体,饱述其哀。"(《韩柳文研究法·韩文研究法》)此文的实践证明,撰写祭文也要文随事异。老成没有入仕,经历比较简单,无功业可称颂,而叔侄两人关系亲密，情同手足，于是祭文就在亲情上着笔。像这种通过家常琐事来抒写亲人之悲的祭文，用长短参差、自由活泼的散体，更能酣畅淋漓、直率自然地表达真情实感，这是韩愈散文"惟陈言之务去"(《答李翊书》)，富有创造性的又一出色体现。　(吴小林)

祭女挐[1]女文

维年月日，阿爹阿八[2]使汝奶[3]以清酒[4]时果[5]庶羞[6]之奠，祭于第四小娘子挐子之灵。

呜呼！昔汝疾极，值吾南逐。苍黄分散，使汝惊忧。我视汝颜，心知死隔。汝视我面，悲不能啼。我既南行，家亦随谴。扶汝上舆，走朝至暮。天雪冰寒，伤汝羸[7]肌，撼顿险阻，不得少息。不能食饮，又使渴饥。死于穷山，实非其命。不免水火，父母之罪。使汝至此，岂不缘我！

草葬路隅，棺非其棺；既瘗[8]遂行，谁守谁瞻？魂单骨寒，无所托依。人谁不死，于汝即冤。我归自南，乃临哭汝。汝目汝面，在吾眼傍；汝心汝意，宛宛可忘！

逢岁之吉，致汝先墓；无惊无恐，安以即路[9]。饮食芳甘，棺舆华好；归于其丘，万古是保。尚飨！

〔注〕① 女挐(ná)：韩愈第四女。　② 阿爹阿八：父亲母亲。从马其昶说。　③ 奶：乳母。　④ 清酒：佳酒，好酒。　⑤ 时果：鲜果。　⑥ 庶羞：庶，多。羞，佳肴。　⑦ 羸(léi)：身体弱。　⑧ 瘗(yì)：埋葬。　⑨ 即路：就路，上路。

元和十四年(819)正月，宪宗李纯大概觉得大限将至，希望求佛延年。适逢凤翔法门寺护国真身塔开放佛骨，李纯命中使奉佛骨入宫供奉。一时佞佛之风甚嚣尘上，王公士庶，奔走舍施，百姓废业破产，烧顶灼臂，乌烟瘴气，不一而足。于是，韩愈上《论佛骨表》，其中说到历史上有信佛帝王短寿事，宪宗大为恼火，"将加极法"。赖有裴度、崔群救护，贬潮州(今广东)刺史。韩愈被立即送出京城长安。韩愈走后，家中妻小，亦遣送出京。时值隆冬，小女挐又患病，加上惊恐，失于调护，女挐死于商南层峰驿(今陕西商南县)。女挐之死，韩愈至为悲痛。后任京兆尹时，于长庆三年(823)十月归葬女挐于河阳，作了这篇祭文。有关女挐的诗文，今集中还存诗一首，墓志铭一首。

全文分四段，一作文之由，二挐之惨死，三挐死后之凄凉，四挐之归茔。

第一段，写韩愈派人祭奠。文字十分亲切。中国古人在家庭生活中以世俗化方式表达亲密。“阿爹阿八”肯定是俗语。在中国广阔的空间里，称呼五花八门：或称子为弟，称女为妹，称父为达达，称母为姐，称妻为妈绪，不乏其例。因此，“阿爹阿八”可能是方言，亦可能是牙牙戏语，以此来表达父女当年的深情，亦可表达女挐儿时娇憨之态，引出无限思念。下文“奶”“小娘子”等词语的运用，也是这个意思。这一段文字的特色是郑重中显示亲切，亲切中十分郑重。充分显示了不寻常的思女深情。

第二段写挐之惨死。挐之死是因为“一封朝奏九重天”。本来，韩愈上《论佛骨表》十分正确，要喝退社会恶潮中的歪风邪气。但是，因为皇上是恶潮的弄潮儿，韩愈不仅被贬至蛮荒之地，连妻子女儿都遭殃，小小年纪的挐命丧黄泉。下文的“冤”，其来有自。在一声长叹之后，韩愈坠入痛苦的回忆：“昔汝疾极，值吾南逐。苍黄分散，使汝惊忧。”“吾”“汝”对称，如对面细语。“疾极”是病重，“南逐”是远贬南荒不是一般的工作转移。一个“逐”字见其暴虐凶残。于是“苍黄分散，使汝惊忧”是不可避免的厄运。“我视汝颜，心如死隔。汝视我面，悲不能啼”，虽然是叙事，实际是抒情：我视汝，汝视我，心知死别，却悲不能啼，大痛无声，痛如何哉！韩文善于腾挪跌宕，将生离死别的伤情推向巅峰之后，立即扳回一笔，回到“南逐”的叙事上。从“我既南行”到“实非其命”，是对“死隔”的补叙。以“我”为主，说明原委。据韩愈悼念女挐诗题中“自刑部侍郎以罪贬潮州刺史，乘驿赴任，其后家亦谴逐，小女道死，殡之层峰驿旁山下”可知“家亦随谴”的状况。韩愈细说女儿上车，从早到晚在冰天雪地风寒中颠簸，使患病的羸弱之躯，不堪“撼顿”之苦。所谓“官司临门，急于星火”，何况韩愈还是待罪之身呢，自然“不得少息”。在亲情的叙述中，让人时时感受到官场势利的冷酷。“不能食饮，又使渴饥”。两句话是一个意思，但韩愈变换词句，重复一遍，一方面说明官家残暴冷酷，另一方面为“死于穷山，实非其命”蓄势。年幼、体弱、负病、颠簸、无食无水，只有“死”一途。“实非其命”者，实乃人祸也。这个祸首是谁？自然是皇上和他的爪牙。但是韩愈不敢说，何况这时他从潮州刺史转“京兆尹”。京兆尹是长安的最高首长。这种亲情和世情的矛盾，也在煎熬着韩愈，所以只能说“死于穷山，实非其命”。这“非其命”的责任在谁？韩愈敲掉牙往肚里咽，自我包揽，一体承担：“不免水火，父母之罪。使汝至此，岂不缘我！”“水火”就是灾难。为人父母，尝力求给子女以幸福，至少亦应使子女免除灾难。女挐之灾难，韩愈不能免，女挐之死，实乃父母之罪！“使汝至此，岂不缘我！”这个反诘的自责有双倍的沉痛：做父亲的沉痛，做官的父亲的沉痛！开始长叹“呜呼”，导致本段结尾无声的长叹！

第三段写挐死后的凄凉。如果说韩愈与女挐生离死别时已痛心疾首，那么女挐死后的凄凉更使韩愈肝肠寸断！对死者的抚慰之一便是安葬。寻找得风水之地，殓以良好的棺椁，举行符合身份的葬礼仪式，是人之常情。但是韩愈做不到，草草埋葬于路旁，地非其地。“棺非其棺”，据韩愈的悼诗说“数条藤束木皮棺”，大概是几块木板用藤条捆起，便称为“棺”。这样埋葬自然不能称“安”。韩愈是“埋”过便走，连绕坟三匝都做不到，何其匆忙，何其被迫，何其无奈！又何其牵挂，何其伤痛！“谁守谁瞻”一问，令人心胆俱寒。回答“谁守谁瞻”的却是“魂单骨寒，无所托依”！往日父母身边的娇女，如今孤坟旷野，冷风凄凄，孤魂弱质，与野草周旋，岂不痛杀人也！补上“人谁不死，于汝即冤”两句，扣应上文。《论佛骨表》事件，双方责任人应该是李纯与韩愈，姑且不论是非，何卷入家中老小？更不必说年仅十二的娇小女子了。倘有天理，倘有人心，当何以评说？所以“于汝即冤”，特别能撼动读者的心灵，“冤”就“冤”在年幼无知，尚不通人事；“冤”就“冤”在身在事外，与佛事无关；“冤”就“冤”在即使是韩愈之女，何至迫死荒郊？社会之非不敢说，为父之悲却可以直陈：“我归自南，乃临哭汝。汝目汝面，在吾眼傍；汝心汝意，宛宛可忘！”往日的一切如在目前，往日亲情永在心田。“宛宛可忘”，又一个反诘句，将当年的往事变成眼前的真切！“我归自南”六句，好像是叙事，其实抒情。叙事中抒情，抒情中叙事，是本文的一大特色。

第四段写挐之归茔，照应上文，改变地非其地，棺非其棺，魂单骨寒的状态。按照中国古代习俗，安葬坟茔要选择年月日时，不当有冲犯，应该是吉年吉月吉日吉时，“逢岁之吉”，是简化，以年为主，省月日时。将女挐“路隅”之坟，移至祖先坟茔的所在地。毫无疑问，按韩愈的身份和社会地位，他家祖先坟茔，肯定选择了风水之地。且祖先皆在，女挐一至，定会受到关爱和温情。“无惊无恐，安以即路”，从正面关合上文的“惊忧”“撼顿”。“饮食芳甘，棺舆华好”，这等安排，才是“阿爹阿八”应尽的责任。过去是“不能食饮，又使渴饥”，如今是“饮食芳甘”；过去是“草葬路隅，棺非其棺”，如今是“棺舆华好”。两两对比，十分深刻，亲子之情，受社会因素的干扰。“归于其丘，万古是保”，总算有个归宿，有个安慰。

需要指出的是，一封朝奏是犯在李纯的手里，“归于其丘，万古是保”，已经是穆宗李恒的时代了。虽然还是唐王朝，但父子之间还是有一点空间，让人少一点顾忌，这大约是《祭女挐女文》如此动人的又一因素。　　（汤贵仁）

国子助教河东薛君墓志铭

君讳公达[①]，字大顺，薛姓。曾祖曰希庄，抚州[②]刺史，赠大理卿[3]。祖曰元晖，果州流溪县丞[4]，赠左散骑常侍[5]。父曰播，尚书礼部侍郎[6]。侍郎命君后[7]兄据，据为尚书水部郎中[8]，赠给事中[9]。

君少气高[10]，为文[11]有气力，务出于奇，以不同俗[12]为主。始举进士[13]，不与先辈揖[14]。作《胡马》及《圜丘》诗[15]，京师人未见其书[16]，皆口相传以[17]熟。及擢第[18]，补家令主簿[19]，佐凤翔军[20]。军帅[21]武人，君为作书奏[22]，读不识句，传一幕[23]以为笑，不为变。后，九月九日大会射[24]，设标的[25]，高出百数十尺。令曰：中，酬锦与金若干。一军尽射，莫能中。君执弓，腰二矢[26]，指一矢以兴[27]，揖其帅曰："请以为公欢[28]。"遂适射所[29]，一座皆起，随之。射三发，连三中，的坏不可复射。中辄[30]一军大呼以笑[31]，连三大呼笑，帅益不喜[32]，即自免去[33]。后佐河阳军[34]，任事去害兴利，功为多。拜协律郎[35]。益[36]弃奇，与人为同。今天子修太学官[37]，有公卿言[38]，诏拜国子助教，分教东都生[39]。元和四年年卅[40]七，二月十四日疾暴卒。

君再娶，初娶琅邪[41]王氏，后娶京兆[42]韦氏。凡产四男五女。男生辄即死。自给事[43]至君，后再绝[44]。皆有名。遗言曰："以公仪之子巳巳[45]后我。"其年闰二月廿一日，弟试太子通事舍人[46]公仪、京兆府司录[47]公干，以君之丧归[48]，以五月十五日葬于京兆府万年县少陵原[49]，合祔王夫人茔[50]。铭曰：

宦不遂[51]，归讥于时[52]。身不得年，又将尤谁？[53]世再绝而绍[54]，祭以不隳[55]。

〔注〕 ① 讳公达：即名公达。古代称死者，为了表示尊敬，于名前加一"讳"字。 ② 抚州：今江西临川。 ③ 赠大理卿：赠，古代官员死后朝廷赐给的官位。大理卿，大理寺的长官，掌管国家刑法。 ④ 果州流溪县丞：果州，治所在今四川南充。流溪，果州的属县。丞，县令的副职。 ⑤ 左散骑常侍：唐代门下省的属官，侍奉于皇帝左右，充当顾问。 ⑥ 尚书礼部侍郎：礼部为唐代尚书省六部之一，掌管国家礼仪、祭祀、教育等政务。长官称尚书，侍郎为副职。 ⑦ 后：作动词用，过继给。 ⑧ 水部郎中：水部属尚书省工部，略等于现在部下面的"司"，掌管国家水利事宜，其长官称郎中。 ⑨ 给事中：唐门下省属官，分管省内事务。 ⑩ 少气高：少，年少，年轻。气高，气盛，有傲气。 ⑪ 为文：写诗著文。文，兼指诗、文。 ⑫ 不同俗：不同于世俗。指追求创作上的新与奇。 ⑬ 举进士：应进士选，参加进士考试。 ⑭ 不与

先辈揖：先辈，唐代考中进士的人相互之间都称先辈，类似今天的“大学长”。这里指先于自己考中的人。揖，拱手行礼。此句是说看不起(在先已经)考中进士的那班人。　⑮ 作《胡马》及《圜(huán)丘》诗：薛公达所作的这两首诗已失传。圜丘，古代祭天的圆形高坛。　⑯ 书：指书写的上述两首诗。　⑰ 以：而。　⑱ 擢(zhuó)第：被录取，考取进士。　⑲ 补家令主簿：补，委任官职。家令，即太子家令寺，太子所居东宫的官府。主簿，主管文书簿籍的属官。⑳ 佐凤翔军：佐，任僚属。凤翔军，贞元三年邢君牙任凤翔尹、凤翔陇西观察使，引薛公达为僚属。凤翔，今陕西凤翔，中唐以后为边防重镇，唐朝于此设兵戍守。军，唐朝于设兵戍守之地设军，将领称使。　㉑ 军帅：指邢君牙。邢君牙，行伍出身，时任凤翔军统帅。　㉒ 书奏：给朝廷的上书、奏章之类的公文。　㉓ 幕：幕府，指凤翔陇西观察使的官府。　㉔ 大会射：全军聚会大比武。　㉕ 标的：箭靶子。的，箭靶子的中心。　㉖ 腰二矢：腰，动词，腰里箭袋装着。二矢，两支箭。　㉗ 指一矢以兴：指，手里拿着。兴，站起。　㉘ 请以为公欢：请允许我用这三支箭为您助兴。欢，助兴取乐。　㉙ 遂适射所：遂，就。适，往。射所，射箭比武的靶场。　㉚ 辄(zhé)：总是，就。　㉛ 大呼以笑：大声欢呼而笑。　㉜ 益不喜：更不喜欢他。　㉝ 自免去：自己辞职而去。　㉞ 河阳军：河阳，唐河南府属县，今河南孟州。安史之乱后常置重兵，设节度使。　㉟ 协律郎：太常寺的属官，掌管朝廷的音乐。　㊱ 益：逐渐。　㊲ 今天子修太学官：天子，指唐宪宗。修太学官，整顿太学的教官。修，整治，整顿。㊳ 有公卿言：朝中公卿大臣中有人推荐。言，推荐。　㊴ 分教东都生：分教国子学在东都洛阳的学生。唐代在京城长安与东都洛阳都设有国子学，薛公达是在东都任国子助教。　㊵ 卌(xì)：又作卌，四十。　㊶ 琅邪：古郡名，治所在今山东诸城，唐时属密州。　㊷ 京兆：指京城长安。唐在长安设京兆府管理京城及附近各县。　㊸ 给事：指赠给事中薛据。　㊹ 后再绝：再次绝后。古代以无子为绝后。　㊺ 巳巳：其弟公仪之子的小名。　㊻ 试太子通事舍人：试，非正式任职，略相当于后来的“见习”“实习”。太子通事舍人，东宫的属官。掌导引官臣辞见及承令劳问之事。　㊼ 司录：京兆府的属官。　㊽ 丧归：丧，死者的遗体、灵柩。归，从东都洛阳运回京兆府万年县。　㊾ 万年县少陵原：万年县，管辖唐京城东半部分。少陵原，在今西安市南，为汉宣帝许皇后的葬地，规模小于宣帝的杜陵，故称少陵原。　㊿ 合祔(fù)王夫人茔(yíng)：合祔，合葬。王夫人，公达前妻。茔，墓。　(51) 宦不遂：仕途不顺。宦，外出求官、做官。遂，称心，顺利。　(52) 归讥于时：归咎于时俗的非难。归，归罪、归咎。讥，非难。　(53) 身不得年，又将尤谁：中年而死，是天不假年，又将责怪谁呢？不得年，寿命短。尤，责怪。　(54) 世再绝而绍：世再绝，两代绝后。绍，继，得到继承。　(55) 祭以不隳(huī)：此言祭祀之礼不至中断。祭，宗庙的祭祀。以，因而。隳，毁坏，断绝。

本文约写于元和四年(809)，韩愈四十二岁时。

先解释一下文章的题目，国子助教，据《旧唐书·职官志》三：唐国子监“有六学，一国子学、二太学、三四门、四律学、五书学、六算学也”。后又加了广文学，共有七学。国子学设有国子博士、国子助教各二人，助教帮助博士教授生徒。河东，古代郡名，秦、隋置河东郡，唐代废郡改为蒲州，又改河中府，治所在今山西永济。《新唐书·薛播(薛公达之父)传》：“薛播，河中宝鼎人。”河中府即古河东郡，唐初之蒲州，宝鼎为其属县。薛君，指薛公达，《新唐书·薛播传》附有《薛公达传》，所载事迹，与本文略同。墓志铭是我国古代殡葬制度下产生的一种应用文体，刻在石上，埋于墓中。它通常包括“志”和“铭”两部分。前为“志”，用散文，叙述死者生平事迹，按惯例，应包括家世、名字、爵位、经历、卒葬及子孙概况等项；后为“铭”，用韵文，一般表示对死者的褒扬或祈祷之意。

韩愈是写墓志铭的高手，他写的墓志铭数量多，质量高，不仅合乎墓志铭这种文体的要求，做到剪裁有方，刻画细腻，叙述生动，感情色彩浓厚，爱憎分明，而且在写法上多种多样，能够不断变化出新，乃至把史传散文与传奇小说的一些写法，引进到墓志铭中来，着力于人物形象的描绘，给这种应用性极强的文体，增添了浓郁的文学性。本文就是他所写的一篇著名墓志铭。

薛公达是韩愈的好友，二人交往较早，关系深厚。二十年前，韩愈就曾向当时任徐州节度使的张建封推荐过公达。公达死后，韩愈先写了祭文(《祭薛助教文》)，又写了这篇墓志铭，可见二人的交情不同一般。薛公达一生坎坷，连连碰壁，逝世前任国子助教，也多得力于韩愈的引荐。韩愈对薛公达评价甚高，爱之极深。在《上张徐州荐薛公达书》中，他说薛公达“年二十有六，抱惊世之伟材”，“发言挺志，敻绝天秀；服仁食义，融内光外，直刚简质，与世不常”，认为他如果能“升朝廷议”，就会“凛莹冰玉”，使“隐慝潜奸，灭心烁谋”。请求张建封能“奉之以非常之礼”，以饵此“吞舟之鱼”。有人疑此书是伪文，备一说。这样一个难得的人才，却一直仕途不顺，加之天不永年，遂使他的一生带有明显的悲剧色彩。

本文共分四段，第一段，简述薛公达家世。第二段详写公达不幸的一生，集中刻画其气高、务奇，一反流俗的性格特点。第三段，交代其死后情况。第四段是墓铭，也是全篇有机的结尾部分，惋惜其不幸的一生，慰藉其不幸中有幸。由于薛公达一生主要是为人作幕，不过是一个地位低下的僚属，没有很多功德治绩可写。所以本文的第一段和第三段，只简单地叙述了他的家世和卒葬、子嗣的大略。第二段则集中主要笔墨，描绘他的才能、性格。作者选取薛公达一生中的三件突出事例予以描述，力状传主“气高”“务出于奇”和“不同俗”的性格特征。所谓不同俗系指贞元、元和以前，形式主义的骈文统治文坛；代宗大历年间，诗坛又被以大历十才子为代表的平庸纤弱的文风所左右。所以当时的一些有志之士，皆一反流俗，致力创新，追求创作上的新与奇，韩愈、薛公达均属此辈。第一件事是写薛公达诗作得好，他作的《胡马》《圜丘》二诗，京城的人还不曾看到诗稿，就都口耳相传记得很熟了，足见京城百姓对他的诗喜爱的程度，他的诗能如此受欢迎，正是不同流俗之故。第二件是写他的文才出众，在佐凤翔军时，军帅是个武夫，因而对他不加礼重。他为作书奏，军帅竟读不成句，“传一幕以为笑，不为变”，寥寥数语，不唯突出了薛公达的文才，而且写出他并不因军帅才疏就有所改变的梗直倔强性情。军帅之神情心志，亦可想而知。第三件写他以竞射而技冠全军一段最为精彩。从“后，九月九日大会射”到“中辄一军大呼以笑，连三大呼笑”，仅用九十个字就写出一个精彩场面，把主人公的从容自信、高超技艺全部生动地描绘出来了。在场面中，以主要人物为核心，在场的全部人物都被调动起来。特别是“一军大呼以笑，连三大呼笑”的描写，如闻其声，写出了全军将士被薛公达的武艺所惊服的热烈情绪。金代文学家王若虚行文主简，认为后面的“连三大呼笑”是用语重复，不须用，并联系《史记》写陈平从攻陈狶、黥布时说到“凡六出奇计，辄益邑，凡六益封”，认为二者弊病相同（见《滹南遗老集》卷三十五《文辨》）。如果单从达意看，像“连三大呼笑”“凡六益封”这样的词句确实可以删去。但从文情上看，这种重复却是有力的渲染，在表现上是起很大作用的。当我们读到“连三大呼笑”时，好像亲闻那一阵阵欢呼声，也可以想见群情踊跃的情景。所以储欣说：“写射咄咄欲活，未知读《史记·李将军传》之快，视此何如？”（《昌黎先生全集录》卷五）从艺术手法和表达的生动性上看，韩愈的笔法确实可以与司马迁相媲美。

像薛公达这样一个文才武艺兼擅的人，终因“帅益不喜”，只得自行离职而去。接连的挫折失意，使他“益弃奇，与人为同”，似乎棱角磨平，有些心灰意冷了。最后任国子助教，这个职务，如韩愈所说，“学而不见施设，禄又不足以活身”（《祭薛助教文》），其失意抑郁之情，当一如既往，其境遇并未因“与人为同”而改变。他的英年早逝或与此有一定关系。

“佐凤翔军”以下对其文才武艺的描绘愈突出，则与其遭遇不幸之反差愈大。这种巨大的反差，既显示了薛公达之才无所施，有志无成，也表现了当时对人才之压抑与摧残，对于认识死气沉沉、有才者不得施展抱负的中唐社会，也有一定的意义。

由于韩愈与薛公达二人过从较早，了解较深，所以作者才能够突出人物的性格特点，予以具体典型的描写；也正因为作者与人物有某些志同道合之处，对其评价甚高，所以文章展示给我们的人物形象，也打上了作者性格的烙印，寄寓了作者深深的惋惜、哀痛之情。

结尾部分写薛氏两代绝后，幸而过继了一个小侄儿为子，总算后继有人，祭祀之礼不至于中断。封建社会重男轻女，以没有儿子为绝后。为了弥补无子之缺憾，总要想方设法过继一个儿子，使香火不绝。对于这种封建意识的表述，我们应该批判地阅读。

（诸天寅）

试[①]大理评事[②]王君墓志铭

君讳適,姓王氏。好读书,怀奇负气[③],不肯随人后举选。见功业有道路可指取,有名节可以戾契[④]致,困于无资地[⑤],不能自出,乃以干诸公贵人,借助声势。诸公贵人既志得,皆乐熟软媚耳目者[⑥],不喜闻生语,一见,辄戒门以绝。

上[⑦]初即位,以四科[⑧]募天下士。君笑曰:"此非吾时邪!"即提所作书,缘道歌吟,趋直言试[⑨]。既至,对语惊人[⑩],不中第,益困。

久之,闻金吾李将军[⑪]年少喜事,可撼[⑫],乃踏门[⑬]告曰:"天下奇男子王適,愿见将军白事。"一见语合意,往来门下。卢从史[⑭]既节度昭义军,张甚,奴视法度士[⑮],欲闻无顾忌大语,有以君生平告者,即遣客钩致。君曰:"狂子不足以共事。"立谢客。李将军由是待益厚,奏为其卫胄曹参军[⑯],充引驾仗判官[⑰],尽用其言。将军迁帅凤翔[⑱],君随往,改试大理评事,摄监察御史、观察判官[⑲]。栉垢爬痒[⑳],民获苏醒。

居岁余,如有所不乐,一旦载妻子入阌乡[㉑]南山不顾。中书舍人[㉒]王涯[㉓]、独孤郁[㉔]、吏部郎中[㉕]张惟素[㉖]、比部郎中[㉗]韩愈,日发书问讯,顾不可强起,不即荐。明年九月,疾病[㉘],舆医京师,其月某日卒,年四十四。十一月某日,即葬京城西南长安县界中。

曾祖爽,洪州武宁[㉙]令。祖微,右卫骑曹参军[㉚]。父嵩,苏州昆山[㉛]丞。妻,上谷[㉜]侯氏处士高[㉝]女。高固奇士,自方阿衡、太师[㉞],世莫能用吾言,再试吏,再怒去,发狂投江水。

初,处士将嫁其女,懲曰:"吾以龃龉[㉟]穷[㊱],一女,怜之,必嫁官人,不以与凡子。"君曰:"吾求妇氏久矣,惟此翁可人意,且闻其女贤,不可以失。"即谩谓媒妪[㊲]:"吾明经及第,且选,即官人。侯翁女幸嫁,若能令翁许我,请进百金为妪谢。"诺许,白翁。翁曰:"诚官人邪?取文书来!"君计穷吐实。妪曰:"无苦，翁大人，不疑人欺我，得一卷书粗若告身[38]者，我袖以往。翁见，未必取视，幸而听我。"行其谋。翁望见文书衔袖，果信不疑，曰："足矣。"以女与王氏。生三子，一男二女，男三岁夭死，长女嫁亳州永城[39]尉姚挺，其季始十岁。铭曰：

鼎[40]也不可以柱车[41]，马也不可使守闾。佩玉长裾[42]，不利走趋[43]。只系其逢[44]，不系巧愚。不谐其须，有衔不祛[45]。钻石埋辞，以列幽墟[46]。

〔注〕 ① 试：在正式任命以前暂时代理。 ② 大理评事：官名，掌狱讼。 ③ 怀奇负气：怀有不凡的志向且恃其意气不屈于人。 ④ 戾契：同"剫锲"，刻画，磨炼。 ⑤ 资地：资格，地位。 ⑥ "皆乐"句：谓都喜欢听得顺耳看着悦目的人。 ⑦ 上：指唐宪宗李纯。⑧ 四科：在进士、明经等常规科目之外特开的考试科目，即贤良方正直言极谏科、才识兼茂明于体用科、达于吏理可使从政科、军谋宏远堪任将帅科。 ⑨ 趋直言试：去参加贤良方正直言极谏科的考试，事在元和二年(807)三月。 ⑩ 对语惊人：对策中的话因太直而触犯忌讳、使主考官震惊，因而落第。对语，科举考试中有"策问"项目，照提出的问题回答，称对策，对语即是对策中的话。 ⑪ 金吾李将军：指李惟简，元和初任检校户部尚书、金吾大将军。金吾，金吾卫，唐时皇帝的卫队之一。 ⑫ 可撼：可以说动。 ⑬ 蹐(jí)门：小步登门，形容谦恭而进。蹐，后脚紧接着前脚，小步走路。 ⑭ 卢从史：先世自元魏以来，仕宦颇显，其本人善逢迎中使，得授昭义军节度使。后叛唐，元和五年被俘赐死。 ⑮ "奴视"句：谓卑视守法度的人。 ⑯ 卫胄曹参军：指金吾卫胄曹参军，官名，掌管军戎器械等事宜。 ⑰ 引驾仗判官：官名，掌管皇帝出行时仪仗等事宜。 ⑱ "将军"句：指元和六年李惟简调任凤翔陇右节度使、户部尚书，兼凤翔尹。凤翔，今属陕西。 ⑲ 观察判官：观察使的属官。自贞元三年(787)起，凤翔节度使兼陇右支度营田观察使，故王適被委以此职。 ⑳ 栉(zhì)垢爬痒：梳去头上的污垢，搔着痒处，比喻去除有害于百姓的弊政。 ㉑ 阌(wén)乡：今河南灵宝。㉒ 中书舍人：官名，掌管起草诏令、进奏参议等事宜。 ㉓ 王涯：字广津，太原(今属山西)人。贞元进士，元和九年任中书舍人，后曾官至宰相。 ㉔ 独孤郁：字古风，洛阳(今属河南)人，中唐古文家独孤及之子，官至秘书少监。 ㉕ 吏部郎中：官名，掌管官吏的班秩品命和选举等事。 ㉖ 张惟素：元和间曾任吏部郎中。 ㉗ 比部郎中：官名，掌管内外诸司官吏薪俸和官署财物等事宜。韩愈于元和八年三月任比部郎中、史馆修撰，前者是虚衔，后者是实职。㉘ 疾病：病重。病，重病。 ㉙ 洪州武宁：今江西武宁。洪州，唐州名，治所在今江西南昌。㉚ 右卫骑曹参军：官名，掌管诸州军府杂畜簿账牧养等事宜。 ㉛ 苏州昆山：今江苏昆山。苏州，(唐州名)治所在今江苏苏州。 ㉜ 上谷：今河北易县。 ㉝ 侯氏处士高：处士侯高，字玄览，少为道士，居庐山，号华阳居士，与韩愈、孟郊等人结交。 ㉞ "自方"句：谓自比伊尹、吕望。阿衡，官名，相当于后来的宰相，商朝汤和太甲时，伊尹曾任此职，故借指伊尹。太师，官名，三公之一，周武王时吕望曾为太师，故借指吕望。 ㉟ 龃龉(jǔ yǔ)：上下牙齿对不上，比喻与人不合。 ㊱ 穷：不得志。 ㊲ 谩谓媒妪(yù)：对媒婆说谎。 ㊳ 告身：古代授以官职的文书，上盖印章，印文是"尚书吏部告身之印"，故称。此相当于后世的委任状。㊴ 永城：今属河南。 ㊵ 鼎：古代的食器或礼器。 ㊶ 柱车：支撑车子。柱，同"拄"，支

撑。 ㊷裾：衣袖。 ㊸走趋：跑步。 ㊹只系其逢：只决定于际遇遭逢。 ㊺有衔不祛(qū)：有才能也无法施展。衔，含，蓄积。祛，同"胠"，开。 ㊻幽墟：幽暗的坟墓。

本文写于元和九年(814)，是韩愈墓志铭中别具一格之作。

韩愈"少小尚奇伟，平生足悲吒"(《县斋有怀》)，自小就崇尚奇特不凡的事物。论文辞，他赞许薛公达"为文有气力，务出于奇，以不同俗为主"(《国子助教河东薛君墓志铭》)，称自己"凡自唐虞已来，编简所存"，"奇辞奥旨，靡不通达"(《上兵部李侍郎书》)。还说自己作文"时有感激怨怼奇怪之辞"(《上宰相书》)，"文虽奇而不济于用"(《进学解》)。在《送穷文》中更假托主人之口说自己为文"不专一能，怪怪奇奇，不可时施，只以自嬉"。这些都说明，他创作散文追求一种"奇"的境界。所谓"奇"，就是异乎寻常，脱俗不凡。所谓"奇"文，就是与众不同的非常之文。本文就很好体现了韩愈的这个主张，写奇人，记奇事，用奇文，处处显示出"奇"的特色。

首先，写奇人。文章一开始就突出传主王適"怀奇负气"，说他有着奇特不凡的志向和不屈于人的意气。后面更写他一见金吾将军李惟简的面，就自称是"天下奇男子"，是个十足的奇人。文中另一个人物，王適的岳丈侯高也是个"奇士"。他自比商朝的伊尹、周朝的吕望。因当世无人采纳他的意见，一再做官，又一再怒而离去，最后竟发狂投水而死。一婿一翁，一老一少，两个奇人，在文中相映成趣。

其次，记奇事。全文七段除了第五段主要写侯高，第七段为铭文外，其余五段记了王適的五件奇事。第一段写他"好读书"，但"不肯随人后举选"，即不愿随着一般人那样去应举考试，可是又没有资历地位，"不能自出"，于是去求达官贵人，"借助声势"。而达官贵人"皆乐熟软媚耳目者，不喜闻生语"，即喜欢阿谀奉承者，不爱听生硬不入耳的话。"生"与"熟"相对，文中没有明言王適说的是"熟软"之语还是"生语"。不过从"一见，辄戒门以绝"可知，他说的是"生语"，这当然不为诸公贵人所喜，此为王適的奇事之一。第二段写唐宪宗以进士、明经以外的四科招募天下之士，王適笑言"此非吾时邪"，即提所作书，"缘道歌吟"，一路歌咏不绝，去参加考试，其必胜的信心溢于言表。可是却因为"对语惊人"，对策中的话语太直而犯忌，因而落第。由于此处用了欲抑先扬、抬高跌重的写法，更凸现了他的"益困"，此为王適的奇事之二。第三段记叙王適自称"天下奇男子"往投金吾卫李惟简，"一见语合意，往来门下"。后来，"张甚，奴视法度士"，企图谋反的昭义军节度使卢从史要罗致他，他却以"狂子不足以共事"而相拒，可见他不羁而守节义，奇特而不狂悖。由是李将军"待益厚"，"尽用其言"，而王適担任一些官职后,“栉垢爬痒,民获苏醒”。用“栉垢爬痒”四个字形容革除弊政,既特异又形象,属于宋代罗大经所说韩文“犹用奇字、重字”(《鹤林王露》甲编卷五)的“奇字、重字”。以“民获苏醒”一句描写百姓在除弊后得到休养生息,亦简练传神。这些施政成绩,是他“怀奇负气”的自然延伸,此为王適的奇事之三。第四段写王適在李惟简处待了一年多,“如有所不乐”,便不辞而别,带了妻子入阌乡南山隐居去了,朋友们一再劝说、引荐,也不能“强起”。文中没有明白交待“不乐”的原因,但从铭文“只系其逢,不系巧愚。不谐其须,有衔不祛”等语来看,显然是因与李惟简意见不合,故辞官归隐,一去不起,此为王適的奇事之四。通过这一系列奇事的生动记叙,一个“怀奇负气”,刚直不阿,落拓不羁的奇士形象写得声情毕现,跃然纸上。当然,文中更为着力描写,也更为精彩的奇事是他娶妻的轶事,这就要提到奇文了。行文之奇,在前面几段中已有所表现,但尤以这第六段的文字为甚。

墓志铭这种碑志文字,从六朝以来就有着“铺排郡望,藻饰官阶”(章学诚《文史通义·外篇》)的凝固格式,而韩愈所写的墓志铭往往能打破成式,随事而别,新意迭出。像本文第六段就在本来严肃凝重的碑志文字中写进了传主“骗婚”的轶事。这简直不像是墓志铭,倒像是一篇精彩绝伦的小小说。它具备了一些小说的要素,如有引人入胜的情节。侯高将要嫁女儿时告诫大家说,自己因不合时宜而失意困顿,十分怜爱女儿,一定要她嫁给官人,不嫁普通人。王適听后很高兴,说对侯翁和他的女儿都很满意,娶妻机不可失。于是骗媒婆说自己已明经及第,即将派官,如果做成媒,愿以百金重谢。媒婆传话后,不料侯翁要看做官的凭证,于是王適只得对媒婆实言相告。媒婆说不用苦恼,只要找一卷像委任状的文书放在袖子里,侯翁不一定会拿出来看,或许能蒙混过关。后来,侯翁真的“果信不疑”,终于把女儿嫁给了王適。整段文字不长,可是把“骗婚”的过程写得绘声绘色,波澜起伏,情节十分吸引人。它又具有活龙活现的人物。文中对人物的描写,虽然都只寥寥数语,但无论是奇倔不凡中透出厚道的侯高,“怀奇负气”而又执着诚实的王適,还是见多识广、工于计谋的媒婆都写得栩栩欲活。此外,它还运用生动精妙的细节。侯高要验看委任官吏的文书,是媒婆以“粗若告身者”的一卷文书笼在袖中蒙混过去的细节描写,不仅进一步展现了三个人物的性格,而且使故事平添波澜,文章更显得摇曳生姿。此段文字的人物语言也声口毕肖,富有个性化的特点。如侯高将要嫁女时告诫说:“吾以龃龉穷,一女,怜之,必嫁官人,不以与凡子。”这些话语符合他作为一个特立独行,很不得志而又深爱女儿的“奇士”的口吻。最后他看到媒婆文书衔袖就相信了,说道:“足矣。”这两个字如闻其声,如见其人,一个狂放不羁而又很宽厚的长者形象呼之欲出。至于媒婆知道王適并非官人的真相后所说的话:"无苦,翁大人,不疑人欺我,得一卷书粗若告身者,我袖以往。翁见,未必取视,幸而听我。"也和一个老于世故、善于揣摩人心理的媒婆身份相吻合。总之,这段生动传神、令人拍案叫绝的文字,即使放在优秀的唐代传奇小说之列也毫不逊色。

有人曾非议这种写法,清代曾国藩就说:"此等文已失古意","末流效之,乃堕恶趣矣"(《求阙斋读书录》卷八)。这种看法显然有失偏颇。其实这是选取典型事例加以描述,不失墓志铭叙写传主生平行事的基本体例,而用富有小说意味的"奇文"来写"天下奇男子王適"的奇人奇事,两者既和谐一致,又相得益彰,更好地突现了全文"奇"的特色。宋代王安石就说:"退之善为铭,如王適、张彻铭尤奇也。"(《韩昌黎文集校注》卷六)明代茅坤亦评此文"澹宕多奇"(《唐宋八大家文钞·韩文公文钞》卷十四)。清代储欣更深入一步评论道:"非天下奇男子,不足以发公之文;非公之文,亦无以传天下奇男子:交相得者也。"(《唐宋十大家全集录·昌黎先生全集录》卷五)皆为深中肯綮之论。事实上,此等奇文,正体现了韩愈散文"道人之所不道,到人之所不到"(孙樵《与王霖秀才书》)的创造性和擅长赋予传统应用文以鲜明文学色彩的独特本领。　　（吴小林）

贞曜[1]先生墓志铭

唐元和九年,岁在甲午[2],八月己亥[3],贞曜先生孟氏卒。无子,其配郑氏以告,愈走位哭,且召张籍会哭[4]。明日,使以钱如东都,供葬事。诸尝与往来者,咸来哭吊韩氏[5],遂以书告兴元尹故相馀庆[6]。闰月[7],樊宗师使来吊[8],告葬期,征铭[9]。愈哭曰:"呜呼,吾尚忍铭吾友也夫!"兴元人以币如孟氏赙[10],且来商家事[11]。樊子使来速铭,曰:"不则无以掩诸幽[12]。"乃序而铭之。

先生讳郊,字东野。父庭玢,娶裴氏女,而选为昆山尉,生先生及二季[13]酆、郢而卒。先生生六七年,端序则见[14],长而愈骞[15],涵而揉之[16],内外完好,色夷气清,可畏而亲[17]。及其为诗,刿目鉥心[18],刃迎缕解,钩章棘句[19],掐擢胃肾[20],神施鬼设[21],间见层出[22]。唯其大玩于词[23],而与世抹摋[24],人皆劫劫,我独有余[25]。有以后时开先生者[26],曰:"吾既挤而与之矣,其犹足存邪[27]！"

年几五十，始以尊夫人之命，来集京师，从进士试，既得，即去。间四年，又命来，选为溧阳尉[28]，迎侍溧上[29]。去尉二年，而故相郑公尹河南，奏为水陆运从事[30]，试协律郎[31]，亲拜其母于门内。母卒五年，而郑公以节领兴元军[32]，奏为其军参谋，试大理评事[33]。挈其妻行之兴元，次于阌乡[34]，暴疾卒，年六十四。买棺以敛，以二人舆归。酆、郢皆在江南。十月庚申，樊子合凡赠赙[35]而葬之洛阳东其先人墓左，以余财附其家而供祀。将葬，张籍曰："先生揭德振华[36]，于古有光，贤者故事有易名，况士哉[37]！如曰'贞曜先生'，则姓名字行有载[38]，不待讲说而明。"皆曰："然。"遂用之。

初，先生所与俱学同姓简[39]，于世次为叔父，由给事中观察浙东[40]，曰："生吾不能举，死吾知恤其家。"铭曰：

於戏[41]贞曜，维执不猗[42]，维出不訾[43]，维卒不施[44]，以昌其诗[45]。

〔注〕 ① 贞曜：即孟郊。古代士大夫死后由亲属、朋友或门人给予的谥号，称为私谥。孟郊由张籍定谥为贞曜，是坚贞、光耀的意思。 ② 唐元和九年，岁在甲午：指唐宪宗李纯元和九年的干支纪年是"甲午"(814)。 ③ 八月己亥：此指元和九年八月二十四日，是日孟郊卒。④"愈走位"二句：意谓韩愈在自己家中为孟郊设灵堂，在其牌位前哭吊，并请张籍来一同哭灵。 ⑤ 咸来哭吊韩氏：意谓都来韩愈家吊唁孟郊。此因孟郊丧事在洛阳办理，时在京都长安的孟郊生前友好不便远赴东都洛阳之故。 ⑥ 兴元尹故相馀庆：馀庆，即郑馀庆。曾任宰相，元和九年三月出为兴元(治所在南郑，即今陕西汉中)尹。尹为地方长官之称。 ⑦ 闰月：是年闰八月。 ⑧ 樊宗师使来吊：樊宗师派使者到韩家吊唁孟郊。樊宗师，字绍述，时任太子舍人，守母丧在洛阳。 ⑨ 征铭：即请求韩愈为孟郊撰写墓志铭。 ⑩"兴元人"句：意谓兴元尹郑馀庆所派遣的使者送来钱财帮助孟家办丧事。赙(fù)，指以财物助人治丧。 ⑪ 家事：当指郑、韩对孟郊家事的关切、费心。 ⑫"不则"句：意谓没有墓志铭的话便无法下葬。⑬ 二季：两个弟弟。 ⑭ 端序则见：意谓显露头角。 ⑮ 长而愈骞(qiān)：意谓孟郊长大后更有鹏程高举之势。骞，飞起，高举。 ⑯ 涵而揉之：意谓涵养心性、磨炼意志。 ⑰"色夷"二句：意谓面色平和，气度清峻，既可亲又可畏。 ⑱ 刿(guì)目鉥(shù)心：意谓孟郊的诗文像利刃和长针一样刺目椎心，具有杀伤力。 ⑲ 钩章棘句：意谓文辞奇僻艰涩，不够浑成流畅。 ⑳ 掐(tāo)擢胃肾：意谓像要把胃肾掏出一般。 ㉑ 神施鬼设：意犹鬼斧神工，形容孟郊诗极为奇妙而不见斧凿痕。 ㉒ 间(jiān)见层出：意谓孟郊诗作不断涌现，层出不穷。间，一会儿，顷刻。 ㉓ 大玩于词：意谓倾力于文词的探索体味，亦即致力于文学创作。㉔ 与世抹摋：意谓断绝世俗利欲之事。抹摋，今作抹杀或抹煞，勾销、扫灭的意思。此句释义，

一说孟郊之文辞造诣，被世人所抹杀、隐没。　㉕“人皆”二句：意谓世俗之人无不对名利汲汲以求，只有我（孟郊）游刃有余。劫劫，犹汲汲，形容疲于奔命的样子。　㉖“有以”句：意谓有人以所谓“后时”，即落后于时代为因由“开导”孟郊。　㉗“吾既”二句：意谓我既然将名利推让于人，难道还值得念念不忘吗？　㉘“间四年”三句：意谓时隔四年，又应命候选为溧阳（今属江苏）县尉。　㉙迎侍溧上：将母亲接到溧阳侍奉。　㉚水陆运从事：承接上文，当时郑馀庆为河南尹、水陆转运使，从而上奏以孟郊为水陆转运使的属官，即判官，亦称从事。　㉛试协律郎：试为暂管、代理。协律郎，太常寺所属掌管音乐之官，具体行使调和律吕、监试乐人典课等职。　㉜“而郑公”句：指郑馀庆于元和九年（814）三月，被任为兴元尹。节，即古代朝廷授予地方官员行使管理权的凭证，称符节、符信。　㉝大理评事：此系掌狱讼的官名。　㉞次于阌（wén）乡：意谓停留于阌乡（属今河南灵宝市）。　㉟合凡赠赙：总合他人所馈资助丧事的钱财。　㊱揭德振华：彰显德操，激发文采。　㊲“贤者”二句：意谓以往凡是贤者都有为其立谥号的先例可缘，何况孟郊还是官至大理评事、掌狱讼的士官呢？故事，指旧时的典章制度或成例。易名，古代的帝王高官死后，朝廷给以谥号，叫做易名；像孟郊由张籍所立的私谥，也叫易名。　㊳“则姓名”句：意谓“贞曜先生”这一易名，包含了孟郊的操行和人品。　㊴同姓简：即孟简，字几道，郡望德州平昌（今属山东），贞元七年登进士第，又登宏辞科。累官至主管封爵、袭荫、褒赠等事的司封郎中。曾以论事忤旨出为常州刺史等，后坐贿赂宦官，罢为太子宾客，分司东都，卒于是官。事迹详见两《唐书》本传。　㊵“由给事中”句：孟简曾任给事中（属门下省）和浙东观察使（掌考查地方官吏政绩，举善惩恶等事）。　㊶於戏（wū hū）：同呜呼。　㊷维执不猗（yǐ）：意谓坚持自己的操守不依傍他人。维，发语词。猗，同“倚”，即依靠。　㊸维出不訾（zī）：意谓所发出的光耀无可计量。　㊹维卒不施：意谓最终未能施展才华。　㊺以昌其诗：意谓只有使孟郊的诗发扬兴盛，流传千古。

此篇作于元和九年（814）。确切地说是孟郊于是年八月暴卒之后，同年十月下葬之前，樊宗师派使者向韩愈“征铭”时，他一面哭着一面说：“呜呼！吾尚忍铭吾友也夫！”也就是说，此文是作者在极度悲恸的情况下命笔的。韩愈的这句话，令笔者油然想到《后汉书·范式传》中，关于“死友”的典故，而韩愈、孟郊之间，甚至是比这种交情深厚、至死不相负的“死友”更“铁”的朋友，所以很不忍心写这篇墓志铭。

但凡对唐代诗文有所了解，便不难得知中唐有个“韩孟诗派”，这个诗派中颇有几位中坚，在文学史上的影响相当深远。而韩愈、孟郊就是其中的创派人物，二人又是齿位悬殊的“忘年交”，所有这一切，在韩孟交游的其他诗文中，均在不同程度上有所涉及，这里提供读者关注的主要是此文的独到之处。

最值得一提的是这一墓志铭的史料价值。凡是介绍孟郊生平事迹的文字，无不以韩愈此文为据，比如关于生卒年，唐代有不少知名度与孟郊相仿的文人，其生卒年不是被写作“不详”，就是在生年或卒年的位置上打着“？”，而孟郊的生卒年之确凿无误，全凭韩愈这篇文章中所提供的“第一手”资料，这是弥足珍贵的。

韩愈不愧是孟郊的“死友”，他曾以“不平则鸣”（《送孟东野序》）和“横空盘硬语，妥帖力排奡”（《荐士》），对孟郊诗的风格作出过极为恰切而精警的概括。而这篇《墓志铭》所云："刿目铽心""神施鬼设"云云，则更为全面准确地道出了孟郊诗的思想艺术成就，历来为研究者所首肯，不时加以征引，以之作为孟诗特色的定谳之论。

此文感人至深的莫过于"愈走位哭"。此事的来龙去脉，注释中有较为详细的说明，这里只就此事的内在意蕴略摅拙见。在自己家中为并无亲属关系的异姓人士设灵堂，这本身就非同寻常。我们知道就个人志向和终身成就来说，韩、孟难以同日而语。虽然有"孟诗韩笔(文)"之说，不消说"孟笔"无可一提，单就诗歌而论，孟只长于五言古体，韩愈文尤高已不待论，韩诗亦众体具备，其所受孟诗影响是很有限的。那么韩愈为什么对孟郊如此多情多义？这其中的原因虽说是多种多样的，但起决定作用的当推"不平则鸣"的"物理"和"抱不平"的善心。孟郊在晚辈心目中可谓德高望重，《游子吟》所体现出来的孝悌厚德，更令时人和后人景仰不已。就是这样一位德才兼备的孟郊，却"一贫彻骨"，不仅"借车载家具，家具少于车"，以至大半生都是忍饥受冻"龌龊"(这里是穷愁困顿的意思)度日。所以在这里，韩愈不仅是为孟郊个人鸣不平，因为他们之间完全是一种君子之交，用孟郊自己的话说就是："何以定交契？赠君高山石。何以保贞坚？赠君青松色。"(《赠韩郎中愈二首》)由此看来，对于"韩孟诗派"和韩孟交谊，与其说是诗歌观点风格上的相近或差同、私人交往的情深意笃，不如说是基于对社会不公、人心不古的一种愤懑不平。所以韩愈为孟郊私设灵堂也好，张籍所拟定的代表操守高洁的"贞曜"的私谥也好，想来都是出于对社会弊端的一种枨触和矫正，也是对死者的一种最好的安慰和追悼。

以上拙见，人们是否苟同，未敢强求，下引前人关于此文的解读，想必对读者更有启发和教益："此等文字当在笔墨外寻其气味，愈读愈见其高，任他如何妙手，总不能仿佛其万一也。茅鹿门(指茅坤)谓公与东野生平厚交，志铭亦不妄许一字，不知东野仕路中，并未著有功绩。即为溧阳尉，亦日向投金濑、平陵城，以赋诗为事，不理邑政，溧阳令言之刺史，使人代摄，而分其半俸，卒以此去尉。则作志铭时，如何可以扭捏得来。但极赞其为诗，与持身孝养处，便觉于古有光，后人无匹，已足以不朽矣，岂靳其揄扬哉！"(林云铭《〈韩文起〉评语卷十一》)

(陈祖美)

唐故监察御史卫府君[1]墓志铭

君讳某，字某[2]，中书舍人、御史中丞讳某之子[3]，赠太子洗马讳某之孙[4]。家世习儒，学词章。昆弟三人[5]，俱传父祖业,从进士举。君独不与俗为事,乐弛置自便[6]。

父中丞薨[7],既三年,与其弟中行别,曰:"若既克自敬勤,及先人存[8],趾美进士[9],续闻成宗[10],唯服任遂功[11],为孝子在不怠[12]。我恨已不及,假令今得,不足自贳[13]。我闻南方多水银、丹砂,杂他奇药,爊为黄金[14],可饵以不死。今于若丐我[15],我即去。"遂逾岭阨[16],南出。药贵,不可得,以干容帅[17]。帅且曰:"若能从事于我[18],可一日具[19]。"许之。得药,试如方,不效,曰:"方良是[20],我治之未至耳。"留三年,药终不能为黄金,而佐帅政成[21],以功再迁监察御史。帅迁于桂[22],从之。帅坐事免[23],君摄其治[24],历三时[25],夷人[26]称便。新帅将奏功,君舍去。南海马大夫[27]使谓君曰:"幸尚可成,两济其利[28]。"君虽益厌[29],然不能无万一冀[30]。至南海,未几竟死,年五十三。

子曰某[31]。元和十年十二月某日,归葬河南某县某乡某村[32],祔先茔[33]。于时中行为尚书兵部郎,号名人,而与余善,请铭。铭曰:

嗟惟君,笃所信[34]。要无有,弊精神[35]。以弃余,贾于人[36]。脱外累,自贵珍[37]。讯来世,述墓文[38]。

〔注〕 ① 府君:汉代人对太守的尊称。后来用法很泛,对职位和太守相同的甚至没有职位的也可称为府君,像子孙后代对其先世祖上,甚至对山神均可称作府君。 ② 讳某,字某:即讳中立,字退之。由于是底稿,一般均用某字代替名号。 ③ 中书舍人、御史中丞讳某之子:中书舍人,官名,主管草拟诏令。御史中丞是中央监察机关御史台的副长官,长官称御史大夫。讳某,一本作讳晏。 ④ 赠太子洗马讳某之孙:赠,死后所加封的官位。太子洗马,东宫的属官,随太子出入侍从并掌管图书等事。讳某,一本作讳璿。 ⑤ 昆弟三人:昆,兄。三人,长名之玄,字造微。次即中立。又次名中行,字大受。 ⑥ 乐弛置自便:乐,喜欢。弛置,松懈不经心。自便,自由,随自己的心意。 ⑦ 薨(hōng):古代指诸侯或大官死去。 ⑧ 及先人存:指父亲活着的时候。 ⑨ 趾美进士:趾美,踵美,继美,继承先人的美德。指卫中行于贞元九年考中进士。 ⑩ 续闻成宗:续闻,继承先人的好名声。闻,名声,名誉。成宗,成就了自己的宗族。一说子孙有了功德,可以自成一个宗派。 ⑪ 唯服任遂功:服任,承担职务,做事。遂功,成功,立功。 ⑫ 为孝子在不怠:勉励他弟弟不断努力,做孝子,为国家建功立业。孝子,《论语·学而》:"子曰:父在观其志,父没观其行,三年无改于父之道,可谓孝矣。"可知孝子不只是指一般的孝顺,更在于继承父亲的德业。不怠,不懈怠,不断努力。 ⑬ 假令今得,不足自贳(shì):本该趁先人还在世就中进士,现已太晚,即使中了也不能得到宽恕。今得,指得进士及第。贳,赦免,宽恕。 ⑭ 爊(āo)为黄金:爊,本指把鱼、肉等放在微火里煨烤。这里指烧

炼。把水银、丹砂(即朱砂)和其他药物放在一起烧炼,可变为黄金,并说人服用后可以长生不死。这是道士们的欺人之说。　⑮ 今于若丐我:现在请你允许我(离开这个家)。丐,乞求。⑯ 岭阨(ài):指大庾岭等五岭要塞。阨,指险要难行的通路。　⑰ 以干容帅:干,求。容帅,指当时任容管经略使的房启。　⑱ 若能从事于我:你如能做我的僚属。　⑲ 具:齐备。⑳ 方良是:药方的确是对的。良,的确,实在。是,对,正确。　㉑ 政成:治理得很有成绩。㉒ 帅迁于桂:元和八年四月,房启调任桂管观察史。　㉓ 帅坐事免:指同年七月房启因得罪被免去观察使的职务。坐事,因事犯罪。　㉔ 摄其治:代理他的职务。摄,代理。　㉕ 历三时:经三季。古称春夏秋三个农忙季节为三时。　㉖ 夷人:古称东方种族为夷,这里指广西桂林一带的少数民族。　㉗ 南海马大夫:指岭南节度使马摠。　㉘ 两济其利:指作幕僚与炼丹一举两得。　㉙ 益厌:逐渐厌烦。　㉚ 然不能无万一冀:仍然抱着万一成功的侥幸心理。　㉛ 某:一本作景微。　㉜ 某县某乡某村:一本作伊阙县伊国乡高都村。　㉝ 祔先茔:合葬于祖先的坟地。　㉞ 笃所信(xīn):对炼丹的事深信不疑。信读平声,和下文"神""人""珍""文"押韵。　㉟ 要无有,弊精神:追求不存在的虚空,从而使自己精神疲弊。㊱ 以弃余,贾于人:把自己抛弃的多余的东西,出售给别人。指卫君原无心于功名事业,而做幕僚却有成绩。　㊲ 脱外累,自贵珍:解脱了外在的负累(指炼丹服食求长生),得到了自己所重视、珍贵的东西。　㊳ 讯来世,述墓文:为了告诉后世的人,我才写下了这篇墓志铭。讯,告诉。

这是韩愈力辟服食丹砂的文章,写于元和十年十二月作者四十八岁时。

韩愈碑志不唯叙墓主事迹,时亦借以发议论,寓讽刺,表现强烈的爱憎之情。如《柳子厚墓志铭》以大段议论之词表达他对浮薄世风和乘人之危、落井下石者的极度愤慨,对柳宗元与刘禹锡在危难中互相扶持的义烈之风的由衷敬慕。《殿中侍御史李君墓志铭》和本文,则以议论的形式对那些假隐士以及服药"祈不死"者进行讽刺。这就突破了一般墓志铭一味地"铺陈郡望,藻饰官阶"的常规模式,而是将重心转向揭露现实社会的弊端,这种写法在此前墓志中是不多见的,所以可以说本文是一篇极富创新精神的墓志铭。它的创新精神不仅表现在对卫中立的家世及其卒葬、子嗣的叙述,一笔带过,极其简略;还表现在文章语言雄奇简古,文中写卫中立与其弟卫中行相别时的一段话:"若既克自敬勤,及先人存,趾美进士,续闻成宗,唯服任遂功,为孝子在不怠。我恨已不及,假令今得,不足自贳。我闻南方多水银、丹砂,杂他奇药,爊为黄金,可饵以不死。今于若丐我,我即去。"这段话的意思是:"你已经能够自己敬业勤事,还在父亲活着的时候,就继承先人的美德中了进士,接续了先人的名声,成就了自己的宗派,只望继续努力做事立功,成为一个孝子。我自己悔恨已经来不及了,即使如今得中进士,自己也不能得到宽恕。我听说南方水银、朱砂很多,还有一些其他奇药,把它们一起炼成为黄金,吃了可以长生不老。现在我来向你求借我自身,我就要走了。"这段几近于"《周诰》《殷盘》,佶屈聱牙"(韩愈《进学解》中语),刻意求奇的话,目的似乎是要显出卫府君很有学养，所以谈吐不凡，但是如果不加注释，一般人很难读懂。创新精神最主要表现在，本文不是对死者一味称颂赞扬，而是对卫中立深信采药烧炼后“可饵以不死”这种愚昧行为提出批评，表示惋惜，并以此“讯来世”，告诫后人。曾国藩评本文说：“公与中行书（韩集卷一七有《与卫中行书》），交谊绝厚，而铭其兄墓，专叙合药一事，极愚可悯。若中行存世俗之见，止肯称美而不称恶，公或俯从之，而夹叙其善事一二，则文不能如此之奇警矣。”（曾国藩《求阙斋读书录》卷八）曾氏认为本文之奇警，主要在于一反世俗之见，确为谠论。

本文行文线索为卫中立痴迷寻药烧炼，将过程依次叙写，其间插入他简略的仕宦经历，他于父亲死后三年，辞别了弟弟，“逾岭阨，南出”去寻药，“药贵，不可得”，作了容帅房启的幕僚后有了薪俸方才得到。初试不效，他并不怀疑药方本身，却说：“方良是，我治之未至耳。”埋怨自己烧炼的功夫还不到家，定要坚持到底。以至于“留三年，药终不能为黄金”，仍毫无结果。下边，忽然掉转笔锋，写他“佐帅政成，以功再迁监察御史”，后又随“帅迁于桂”，不久，“帅坐事免”，他接替“摄其治”，并“历三时，夷人称便”。可见他在做官上颇有才干，取得了一定的政绩。然而，“新帅将奏功，君舍去”，说明他对建立功业、仕途发展毫无兴趣，仍迷恋于他“可饵以不死”的灵药。经过数年努力，一无所成，屡试无效，心神交瘁，使他已渐有厌弃的意思，却仍不能断然决绝，还抱有万分之一的希望。因而复应“南海马大夫”之邀，去了南海。不料，“至南海，未几竟死”，求长生反而加速死期，其愚不可及，文中不着一贬词，而贬意自在。“要无有，弊精神”二句，总结批评，毕生作此无益之事，最后仓促地结束了他可笑亦复可怜的一生。文中对卫中立的一生还是一分为二的，尽管他对炼药、服食金丹几近偏执的程度，始终迷信服食可以长生不死，这种愚昧行径属于一个应被否定的反面人物，然而憎而知其善，“以弃余，贾于人”。“佐帅政成”“夷人称便”等句，说明他还是有用之才。以有用之才而偏要坚持炼丹，令人更加惋惜。文中显露的贬抑之词很少，而惋惜之意甚多，因为卫中立毕竟是韩愈好朋友卫中行的哥哥，所以对卫中立还是笔下留情，没有把他的政绩一笔抹煞。明人吴讷说墓志铭“古今作者，惟昌黎最高。行文叙事，面目首尾，不再蹈袭”（《文章辨体序说》），堪称的评。像本文这种意在警示后人的写法，在已往的墓志铭中极为罕见。这也使本文成为排斥佛老的杰作之一。

（诸天寅）

南海神庙碑[①]

海于天地间为物最巨。自三代圣王莫不祀事，考于传记，而南海神次[2]最贵，在北东西三神、河伯之上，号为祝融。天宝中，天子以为古爵莫贵于公侯，故海岳之祝，牺币之数，放[3]而依之。所以致崇极于大神。今王亦爵也，而礼海岳尚循公侯之事[4]，虚王仪而不用，非致崇极之意也。由是册尊南海神为广利王[5]。祝号祭式，与次俱升。因其故庙，易而新之，在今广州治之东南海道八十里，扶胥之口，黄木之湾。常以立夏气至，命广州刺史行事祠下，事讫驿闻。

而刺史常节度五岭诸军[6]，仍观察其郡邑，于南方事无所不统，地大以远，故常选用重人。既贵而富，且不习海事，又当祀时海常多大风，将往皆忧戚。既进，观顾怖悸。故常以疾为解[7]，而委事于其副，其来已久。故明宫斋庐上雨旁风[8]，无所盖障。牲酒瘠酸，取具临时。水陆之品，狼藉笾豆[9]。荐裸兴俯[10]，不中仪式。吏滋[11]不供，神不顾享。盲风[12]怪雨，发作无节，人蒙其害。

元和十二年始诏用前尚书右丞国子祭酒鲁国孔公为广州刺史[13]、兼御史大夫以殿南服[14]。公正直方严，中心乐易[15]，祗[16]慎所职，治人以明，事神以诚；内外单[17]尽，不为表襮[18]。至州之明年，将夏，祝册[19]自京师至，吏以时告，公乃斋祓[20]视册，誓群有司曰："册有皇帝名，乃上所自署，其文曰：'嗣天子某，谨遣官某敬祭。'其恭且严如是，敢有不承！明日，吾将宿庙下，以供晨事[21]。"明日，吏以风雨白，不听。于是州府文武吏士凡百数，交谒更谏，皆揖而退[22]。

公遂升舟，风雨少弛[23]，棹夫奏功，云阴解驳[24]，日光穿漏，波伏不兴。省牲[25]之夕，载旸[26]载阴；将事之夜，天地开除[27]，月星明概[28]。五鼓既作，牵牛[29]正中，公乃盛服执笏以入即事。文武宾属，俯首听位，各执其职。牲肥酒香，樽爵静洁，降登有数，神具醉饱。海之百灵秘怪，慌惚毕出，蜿蜿虵虵，来享饮食。阖庙旋舻，祥飙[30]送帆，旗纛旄麾，飞扬晻蔼，铙鼓嘲轰，高管嗷噪，武夫奋棹，工师唱和，穹龟[31]长鱼，踊跃后先，乾端坤倪[32]，轩豁呈露。祀之之岁，风灾熄灭，人厌鱼蟹，五谷胥熟。明年祀归，又广庙宫而大之，治其庭坛，改作东西两序[33]、斋庖之房，百用具修。明年其时，公又固往，不懈益虔，岁仍大和，耋艾[34]歌咏。

始公之至，尽除他名之税，罢衣食于官之可去者。四方之使，不以资交。以身为帅[35]，燕享[36]有时，赏与以节。公藏私畜，上下与足。于是免属州负逋之缗钱廿有四万，米三万二千斛。赋金[37]之州，耗金一岁八百，困不能偿，皆以丐[38]之。加西南守长之俸，诛其尤无良不听令者，由是皆自重慎法。人士之落南不能归者与流徙之胄百廿八族，用其才良，而廪[39]其无告者。其女子可嫁，与之钱财，令无失时。刑德并流，方地数千里不识盗贼。山行海宿，不择处所。事神治人，其可谓备至耳矣。咸愿刻庙石以著厥美，而系以诗，乃作诗曰：

南海阴墟[40]，祝融之宅，即祀于旁，帝命南伯[41]。吏惰不躬，正自今公，明用享锡，右我家邦。惟明天子，惟慎厥使，我公在官，神人致喜。海岭之陬[42]，既足既濡[43]，胡不均弘，俾执事枢[44]。公行勿迟，公无遽归，匪我私公，神人具依[45]。

〔注〕 ① 南海神庙碑：此碑石刻首题“使持节袁州诸军事、守袁州刺史韩愈撰，使持节循州诸军事、守循州刺史陈谏书并篆额”，末云“元和十五年十月一日建”。 ② 次：位次。《太公金匮》云：“南海之神曰祝融，东海之神曰勾芒，北海之神曰颛顼，西海之神曰蓐收。”以南海神居首。 ③ 放：仿。 ④“而礼海岳”句：《礼记·王制》：“天子祭天下名山大川，五岳视三公，四渎视诸侯。” ⑤“由是册尊”句：《旧唐书·礼仪志》：“（天宝）十载正月，四海并封为王遣……义王府长史张九章祭南海广利王。” ⑥ 五岭诸军：指广、桂、容、邕、安南五管之军。 ⑦ 解：辞。 ⑧ 上雨旁风：屋顶漏雨，屋旁漏风。 ⑨ 笾(biān)豆：盛祭物之竹、木器具。 ⑩ 荐祼(guàn)兴俯：荐，进献祭品。祼，灌祭，以酒灌于地。兴俯，起立俯伏。 ⑪ 滋：益。 ⑫ 盲风：疾风，指海上的台风、飓风。 ⑬“元和十二年”句：元和十二年七月，以孔戣为岭南节度使。戣为孔子三十八代孙，两《唐书》有传。 ⑭ 殿南服：镇南方。 ⑮ 易：和悦。 ⑯ 祗(zhī)：敬。 ⑰ 单：尽。 ⑱ 表襮(bó)：矫饰。 ⑲ 祝册：祝读以告神明之册，皇帝祭神之文书。 ⑳ 斋祓：斋戒。 ㉑ 晨事：指祭祀之事。祭祀天明时行礼。 ㉒ 揖而退：指不从部下之劝阻。 ㉓ 弛：缓。 ㉔ 解驳：散开斑驳的云彩。 ㉕ 省牲：省阅祭祀用的牲畜是否洁净合乎要求。 ㉖ 旸(yáng)：日出。 ㉗ 开除：廓清。 ㉘ 穊(jì)：稠。 ㉙ 牵牛：牵牛星。《礼记·月令》：“季春之月……旦，牵牛中。” ㉚ 飙：泛指风。 ㉛ 穹龟：龟背微伛，故云。 ㉜ 乾端坤倪：天地边际。 ㉝ 序：厢房。 ㉞ 耋艾：老幼。

㉟帅：表率。 ㊱燕享：同宴享。以酒食祭神。 ㊲赋金：贡金。 ㊳丐：免除。 ㊴廪：公家供给粮食。 ㊵南海阴墟：指在南海之南。水之南曰阴。 ㊶南伯：南邦之侯伯，指广州刺史、岭南节度使孔戣。 ㊷陬(zōu)：角落。 ㊸濡：沾润(孔戣之德泽)。 ㊹"胡不均弘"二句：何不召还为相，使执中枢之权，以均弘德于天下乎？ ㊺神人具依：谓南海神与南方之百姓均依恋挽留孔戣。

《南海神庙碑》作于元和十五年十月之前，其时韩愈任袁州刺史(据韩愈《袁州谢上表》，其移袁州在元和十四年十月二十四日，十五年正月八日到任)。

碑文共分六段。第一段叙南海神之尊及唐王朝对祭祀南海神的重视：封神为王、提升仪礼、缮修旧庙、命广州刺史主持祭祀。为下文重笔写孔戣祭南海伏脉。

第二段叙此前广州刺史"既贵而富，且不习海事"，畏惧海风，常以疾为辞，只委副手代祭，致使神庙破敝，祭事草率，神无所享，因而"盲风怪雨，发作无节，人蒙其害"。将官吏不敬神与百姓蒙灾害联系起来，以反衬孔戣敬神的根本出发点是使百姓免受其害，前之怠反托今之敬，而敬神实为安民。

第三段写新任广州刺史孔戣"治人以明，事神以诚"，于到任之明年亲往主持祭祀南海神之事。特用详笔叙写其态度诚敬及不惧风波、不听州府文武吏士劝阻的坚定态度，与此前广州刺史"怖悸"海风正形成鲜明对照。

第四段承"事神以诚"，重笔叙写祭神的过程及祭神获福祐，"风灾熄灭，人厌鱼蟹，五谷胥熟"的情况，说明祭神乃为百姓造福。

第五段承"治人以明"，详叙孔戣在粤之治绩：除杂税、节开支、绝贿赂、简燕享、免逋欠、整吏治、用人才、抚流徙、嫁女给予钱财，不令失时。这两段是碑文的主体。末总结云："事神治人，其可谓备至耳矣。"

第六段系碑铭，概括碑文大意，顺势转出新意，认为朝廷应慎选这样的节度使，使"海岭之陬，既足既濡"，并祈望能任用这样的人执掌中枢，使广大人民均受其益。

这篇碑文在内容上一个显著的特点，是对南海神及神庙本身着墨不多。全篇言及南海神者，仅"南海神次最贵，在北东西三神、河伯之上"一语；言及神庙，亦仅"因其故庙，易而新之""明宫斋庐上雨旁风，无所盖障""又广庙宫而大之，治其庭坛，改作东西两序、斋庖之房，百用具修"寥寥数语。绝大部分篇幅，都用于写新任广州刺史孔戣事神治人态度的虔敬和成绩的卓著。第一段写唐廷对南海神的尊崇，第二段写往任广州刺史因畏惧海上风浪而不躬亲祀事，以致"盲风怪雨，发作无节，人蒙其害"，也是为了从正、反两个方面衬托孔戣的"祗慎所职，治人以明，事神以诚"。不妨说，碑文虽题文《南海神庙碑》，其实际内容倒像是歌颂广州刺史孔戣的功德碑。前人评论已经注意到了这一特点。林云铭《韩文起》卷九:“题是《南海神庙碑》,文却是孔公重修碑记。不但记重修一事,且纯是孔公广州德政碑也。开首说南海神最贵,本朝祀典最隆,而前此奉行不虔,亦为孔公作一反衬话头。次转入孔公治人以明,事神以诚,分叙二大段,备极赞扬。即舟行致祭,往返海洋,铺张许多异景,总言其有诚必格,虽写神灵,亦是写孔公也。若论庙碑正格,末段许多政绩,不应一齐掺入。故昌黎因于叙政绩之前,加‘鼇艾歌咏’四字,末又云‘感愿刻庙石,以著厥美,而系以诗’,是明明以称颂之词,借百姓之意,作个卸担之法,谓非恐涉于献谀而然乎?”正确指出了将南海神庙碑写成孔公德政碑的事实,但对作者这样写的原因则未加揭示。林纾《韩柳文研究法·韩文研究法》则谓:“先言海常大风,刺史托疾,神不愿享,人蒙其害,激起孔公将事之敬。其下写孔公渡海入庙致祭,光色皆古,几于凌纸怪发,直逼汉京。行文至此,豪畅已极。然不稍述孔公宦迹,则区区此举,直是演剧,登场下台,都无余味。看他将孔公事极力搬演,虽平平无奇,然一经润色,都不觉其可厌处。此亦立碑示后应有之体例。”仅从“直是演剧,登场下台,都无余味”来解释为什么要写孔戣政绩一段,亦未中的。实则作者打破碑文写作常规,反客为主,自有其深层的用意。文中一则曰“公正直方严,中心乐易,祗慎所职,治人以明,事神以诚”,再则曰“事神治人,其可谓备至耳矣”,终则曰“我公在官,神人致喜。海岭之陬,既足既濡”,可谓一篇之中,三致志焉。目的在于强调:作为镇守一方的地方长官,其职责就是严肃认真地履行其“治人以明,事神以诚”的职责。而“事神以诚”的目的又是为了保一方平安,使百姓受益。文中将以往刺史不敬祀事,致使“盲风怪雨,发作无节,人蒙其害”与孔戣不畏风波,亲往致祭,因而“风灾熄灭,人厌鱼蟹,五谷胥熟”,“岁仍大和”作鲜明对比,其意即在强调“事神以诚”的根本出发点是使百姓受益。事神与治人是完全统一的。因而在写孔戣敬祀南海神的同时,写其“治人以明”的政绩,便是顺理成章之事,而非旁枝杈节,亦非主次颠倒。也就是说,这篇文章的题目虽是《南海神庙碑》,其真正的主题则是:百姓需要孔戣这样一类“祗慎所职,治人以明,事神以诚”的长官。扩而充之,朝廷也需要这样的人任中枢之事。联系韩愈的《柳州罗池庙碑》乃至《祭鳄鱼文》,可以看出其基本思想都是古代的民本思想。

这篇碑文在写法上也打破常规,不循简古庄严一路,而是采用了传记乃至类似游记的写法。“元和十二年”一段,“始公之至”一段,便是典型的传记文体。而《新唐书·孔戣传》取“始公之至”一段的内容入传,几乎不费什么气力。为了加强生动性和现场感,文中还写了孔戣的誓言(第三段孔戣誓群有习一节),以突出其态度的虔敬。文中写得最生动出色的无疑是升舟出海祭神及祭毕返航一段。全用整齐的四字句组成，从登舟出海之际的天气和波浪不兴，写到“省牲之夕，载旸载阴”，再写到“将事之夜，天地开除，月星明概”，天气的变化牵动人们的神经；然后正面描叙祭祀的场面，其中既有庄严静肃，又有夸张渲染与想象，“海之百灵秘怪，慌惚毕出，蜿蜿虵虵，来享饮食”的描写，甚至流露出滑稽与幽默。然后写“阖庙旋舻”的归途中祥风送帆，旗帜飘扬，鼓乐齐奏，船夫唱和的喜庆热闹景象，人们的欢乐情绪甚至感染了海中的鱼龟，连它们也“踊跃后先”，争逐归舟。这段描写，全用赋法，铺张渲染，穷形尽相，淋漓尽致，神采飞扬，不像是写庄严的祀事，倒像是一篇兴高采烈的出海游记。打破碑铭常规的内容正需要打破常规的写法方能相应。

（刘学锴）

柳州①罗池庙②碑

罗池庙者，故刺史③柳侯④庙也。柳侯为州⑤，不鄙夷⑥其民，动以礼法。三年，民各自矜奋⑦：“兹⑧土虽远京师，吾等亦天氓⑨，今天幸惠⑩仁侯，若不化服⑪，我则非人。”于是老少相教语，莫违侯令。凡有所为于其乡闾及于其家，皆曰：“吾侯闻之，得无⑫不可⑬于意否？”莫不忖度⑭而后从事。凡令之期，民劝⑮趋⑯之，无有后先，必以其时。于是民业有经⑰，公无负租，流逋⑱四归⑲，乐生⑳兴事。宅有新屋，步有新船，池园洁修，猪牛鸭鸡，肥大蕃息。子严父诏㉑，妇顺夫指㉒，嫁娶葬送，各有条法，出相弟长㉓，入相慈孝。先时民贫，以男女相质㉔，久不得赎，尽没为隶。我侯之至，按国之故，以佣除本，悉夺归之。大修孔子庙，城郭巷道，皆治使端正，树以名木。柳民既皆悦喜。

尝与其部将魏忠、谢宁、欧阳翼饮酒驿亭，谓曰：“吾弃于时，而寄于此，与若等㉕好也。明年，吾将死，死而为神。后三年，为庙祀我。”及期㉖而死。三年㉗孟秋辛卯㉘，侯降于州之后堂，欧阳翼等见而拜之。其夕，梦㉙翼而告曰：“馆㉚我于罗池。”其月景辰㉛，庙成大祭，过客李仪醉酒慢侮堂上，得疾，扶出庙门即死。明年春，魏忠、欧阳翼使谢宁来京师，请书其事于石。

余谓柳侯生能泽[32]其民，死能惊动福祸[33]之，以食[34]其土，可谓灵也已。作《迎享送神诗》遗柳民，俾[35]歌以祀焉，而并刻之。

柳侯，河东[36]人，讳宗元，字子厚。贤而有文章。尝位于朝，光显矣，已而摈不用。其辞曰：

荔子丹兮蕉黄，杂肴蔬兮进侯堂。侯之船兮两旗，度中流兮风泊[37]之。待侯不来兮，不知我悲。侯乘驹兮入庙，慰我民兮不嚬[38]以笑。鹅之山[39]兮柳之水，桂树团团兮白石齿齿。侯朝出游兮暮来归，春与猨[40]吟兮秋鹤与飞。北方之人兮为侯是非[41]，千秋万岁兮侯无我违。福我兮寿我，驱厉鬼[42]兮山之左。下无苦湿兮高无干[43]，秔稌[44]充羡[45]兮蛇蛟结蟠[46]。我民报事兮无怠其始，自今兮钦[47]于世世[48]。

〔注〕 ① 柳州：今广西柳州市。 ② 罗池庙：为纪念柳宗元而建的庙，位于罗池(在柳州市东)旁，建于唐穆宗长庆二年(822)。 ③ 刺史：唐代地方行政长官，一州之长。 ④ 柳侯：因柳宗元主管一州之事，其职位略同于古代之诸侯，故尊称为“侯”。 ⑤ 为州：做州刺史。 ⑥ 鄙夷：轻视、看不起。 ⑦ 矜奋：矜持而奋发。 ⑧ 兹：此。 ⑨ 天氓：天子之民。 ⑩ 惠：恩惠，此有恩赐之意。 ⑪ 化服：感化服从。 ⑫ 得无：莫非，该不会。 ⑬ 不可：不合。 ⑭ 忖度(duó)：揣测、估量。 ⑮ 劝：劝勉。 ⑯ 趋：奔赴，此有进行、从事之意。 ⑰ 经：常(规)。 ⑱ 流逋(bū)：流亡逃跑。 ⑲ 四归：从四面八方归来。 ⑳ 乐生：安居乐业地生活。 ㉑ 诏：告诫，教导。 ㉒ 指：意指。 ㉓ 弟长：弟同“悌”(tì)，敬爱兄长和长辈。 ㉔ 质：抵押。 ㉕ 若等：你们这一辈。 ㉖ 期(jī)：一周(年、月)。 ㉗ 三年：指柳宗元死后三年，即长庆二年。 ㉘ 孟秋辛卯：指七月三日。 ㉙ 梦：托梦。 ㉚ 馆：修筑馆舍。 ㉛ 景辰：指丙辰日。景辰即丙辰，为避唐高祖李渊父名李昞之讳，改“昞”(与丙同音)为“景”。 ㉜ 泽：流惠，施恩。 ㉝ 福祸：使获患或获福。 ㉞ 食：享用。 ㉟ 俾(bǐ)：使。 ㊱ 河东：今山西永济。 ㊲ 风泊：被风阻止不能前进。 ㊳ 嚬(pín)：同“颦”，皱眉，此指发愁。 ㊴ 鹅之山：即峨山，在柳州城西四十里处。 ㊵ 猨：猿猴。 ㊶ 是非：谈论是非得失。 ㊷ 厉鬼：恶鬼，此指灾难、祸福。 ㊸ 高无干：高处之地不要有干旱。 ㊹ 秔(jīng)：无黏性的稻谷。稌(tú)：有黏性的稻谷。 ㊺ 充羡：满而有余。 ㊻ 蟠(pán)：卷伏、屈曲。 ㊼ 钦：受敬重。 ㊽ 世世：世世代代。

唐宪宗元和十四年(819)十一月八日，柳宗元卒于柳州。三年后，即唐穆宗长庆二年(822)，为柳建庙于柳州罗池旁，故取名罗池庙。次年春，韩愈为罗池庙撰写碑文。

文章主要叙述柳宗元被贬柳州后，在柳州刺史任上的政绩，“柳侯生能泽其民，死能惊动福祸之，以食其土，可谓灵也已”，是对柳宗元政绩的集中概括。

全文可从三个部分来解读和欣赏。

“柳民既皆悦喜”以上文字，赞柳侯生能泽其民。柳侯上任伊始，首先整饬礼法，礼法顺则百事顺，教化通；法令一经公布，必严格执行，“凡令之期，民劝趋之，无有后先，必以其时”。然后以农为本，发展经济，“于是民业有经，公无负租，流逋四归，乐生兴事”。生产发展了，人民富庶了，于是大兴道德之教，子孝父慈，妇顺夫指，风俗淳厚。接着柳侯又废除当地奴婢制度，恢复人身自由。经过这些具体措施和努力实行，柳州社会大治，“柳民既皆悦喜”。由此看出，文章叙述条畅，层次清楚。此段文字对柳宗元初任柳州刺史时以诚待民的真挚感情记叙逼真，对柳民因受柳侯感染而表现得深切真诚的表情描写也非常客观，如云“吾等亦天氓，今天幸惠仁侯，若不化服，我则非人”，以发誓的口吻表露真心，故高步瀛评此曰：“语皆刻挚。”（《唐宋文举要》甲编卷三）至于对人物内心感情的描写，也往往生动细致，比如描写柳民担心自己的所作所为将有愧于柳侯的心理活动，既形象又入微。

“而并刻之”以上文字，颂柳侯死能食其土。这段文字一反韩愈不信鬼神显灵的态度，记叙柳侯的亡灵与他生前的部下对语，并自云已死而化为神灵，希望建庙为祀。庙成，柳侯的神灵严惩了一个在庙宇中对其侮慢不恭的醉者，并咒之以死。这段记叙弥漫着鬼神迷信、因果有报的气氛，故多遭当世的非议，《旧唐书·韩愈传》批评韩愈“恃才肆意，亦有盭孔孟之旨，若南人妄以柳宗元为罗池神，而愈撰碑以实之。……颇为当代所非”。我们认为，韩愈之所以冒天下之大不韪，实是非常惋惜柳宗元“死于穷裔，材不为世用，道不行于时也”（韩愈《柳子厚墓志铭》），为其“弃于时而寄于此”“摈不用”“北方之人兮为侯是非”发不平之鸣，故有意安排柳侯的亡灵显神以骋其愤愤之怒，以惩其不礼之人，生前所不能遂愿者只好寄之于死后。对此，吕祖谦注《观澜文乙集》引石敏若语云：“世以韩愈《罗池碑》为语怪，非也。士有抱负不克施，遭流落以死，其不平之气上干牛斗，为明神烈鬼，福善祸淫，巍峨庙食，此理也。岂随臭腐漂坏等慵人哉？”朱熹《楚辞后语》亦引晁补之曰：“夫神不可知，孔子乃不语。然此非铭罗池神之文，愈吊宗元之文也。”田表圣曾在罗池庙碑的阴面书字云：“子厚终于柳州，以精多魄强为罗池之神，昌黎叙其事而铭之，大意谓子厚宏深之量，昭明之识，当为星辰，为岳渎，胡为在柳州之陋为神？其所以推尊甚大。……李卫公窜海上，死矣，其精魄凛然，尚能使犬鼠余党破胆于梦中；不然，退之岂矫诬柳州以求异乎？”都说出了韩愈为此文是“不平则鸣”的创作原则的实践表征，故有学者认为，韩愈为此文“乃因柳入神之，遂著其死居精魄凛凛，以见生时之屈抑，所谓深痛惜之，意旨最为沉郁”。文章确实达到了一种神奇的境界，其中也包含了作者的深衷隐意，借此一吐方快。当然，这段铭神文字也体现了韩愈“所谓文者，必有诸其中，是故君子慎其实。实之美恶，其发也不掩”(《答尉迟生书》)的文学主张，为了发其同情柳侯之实并借此浇洗自身的“块垒”，就不想遮遮掩掩，而是要利用一切表达的手段来鸣不平，因此，神乎其事就可以理解了。

“柳侯，河东人”以下文字为第三部分，补叙柳宗元生平，模拟楚辞之体作深情之歌。

在让读者经历了一段与神灵的对话之后，韩愈马上把笔触抽回现实之中，来一段对柳宗元生平的简单平实的补叙之语，这样，文章显得摇曳多姿，变化有节。最后用楚辞诗体语言夸赞柳宗元的赫赫政绩和表达人民世代景仰之情，感情真挚，造语诚恳，故曾文正公评此曰：“此文情韵不匮，声调铿锵，乃文章第一妙境。情以生文，文亦足以生情；文以引声，声亦足以引文。循环互发，油然不能自已，庶可渐入佳境。”(《求阙斋读书录》卷八)

总之，这篇碑文赞美柳宗元在柳州的治绩，也体现了韩愈本人的社会理想。文章虽未全面铺叙柳宗元的一生，只重点突出他在柳州的政绩及其为神之事，但脱去了一般碑文的俗套，表现了韩愈精于剪裁的匠心和不拘一格的创造精神。文章在语言风格上有点类似于柳宗元的踔厉风发而又淳厚蕴藉，末一段迎送神灵的楚辞之语又受屈原的影响，可谓做到了融注古今，博采他人，自成一家。

(蒋振华)

柳子厚墓志铭

子厚讳宗元。七世祖庆①，为拓跋魏②侍中，封济阴公③。曾伯祖奭④，为唐宰相，与褚遂良⑤、韩瑗⑥俱得罪武后⑦，死高宗⑧朝。皇考讳镇⑨，以事母弃太常博士⑩，求为县令江南。其后以不能媚权贵，失御史⑪，权贵人死，乃复拜侍御史。号为刚直，所与游皆当世名人。

子厚少精敏，无不通达。逮其父时，虽少年，已自成人，能取进士第，崭然见头角。众谓柳氏有子矣。其后以博学宏词⑫，授集贤殿正字⑬。俊杰廉悍⑭，议论证据今古，出入经史百子,踔厉风发[15],率常屈其座人,名声大振,一时皆慕与之交。诸公要人,争欲令出我门下,交口荐誉之。

贞元十九年,由蓝田尉拜监察御史[16]。顺宗[17]即位,拜礼部员外郎[18]。遇用事者得罪[19],例出为刺史;未至,又例贬永州司马[20]。居闲,益自刻苦,务记览,为词章,泛滥停蓄,为深博无涯涘,而自肆于山水间。

元和[21]中,尝例召至京师,又偕出为刺史,而子厚得柳州[22]。既至,叹曰:"是岂不足为政邪!"因其土俗,为设教禁,州人顺赖。其俗以男女质钱,约不时赎,子本相侔[23],则没为奴婢。子厚与设方计,悉令赎归。其尤贫力不能者,令书其佣,足相当,则使归其质。观察使[24]下其法于他州,比一岁,免而归者且千人。衡、湘[25]以南为进士者,皆以子厚为师,其经承子厚口讲指画为文词者,悉有法度可观。

其召至京师而复为刺史也,中山[26]刘梦得禹锡[27]亦在遣中,当诣播州[28]。子厚泣曰:"播州非人所居,而梦得亲在堂,吾不忍梦得之穷,无辞以白其大人,且万无母子俱往理。"请于朝,将拜疏,愿以柳易播,虽重得罪,死不恨。遇有以梦得事白上者,梦得于是改刺连州[29]。呜呼!士穷乃见节义。今夫平居里巷相慕悦,酒食游戏相征逐,诩诩[30]强笑语以相取下,握手出肺肝相示,指天日涕泣,誓生死不相背负,真若可信,一旦临小利害,仅如毛发比,反眼若不相识,落陷阱,不一引手救,反挤之,又下石焉者,皆是也。此宜禽兽夷狄所不忍为,而其人自视以为得计,闻子厚之风,亦可以少愧矣。

子厚前时少年,勇于为人,不自贵重顾藉[31],谓功业可立就,故坐废退。既退,又无相知有气力得位者推挽,故卒死于穷裔,材不为世用,道不行于时也。使子厚在台、省时[32],自持其身,已能如司马、刺史时,亦自不斥;斥时,有人力能举之,且必复用不穷。然子厚斥不久,穷不极,虽有出于人,其文学辞章,必不能自力以致必传于后如今,无疑也。虽使子厚得所愿，为将相于一时，以彼易此，孰得孰失，必有能辨之者。

子厚以元和十四年十一月八日卒，年四十七。以十五年七月十日归葬万年㉝先人墓侧。子厚有子男二人：长曰周六，始四岁；季曰周七，子厚卒乃生。女子二人，皆幼。其得归葬也，费皆出观察使河东㉞裴君行立㉟。行立有节概，立然诺，与子厚结交，子厚亦为之尽，竟赖其力。葬子厚于万年之墓者，舅弟卢遵。遵涿㊱人，性谨慎，学问不厌。自子厚之斥，遵从而家焉，逮其死不去。既往葬子厚，又将经纪其家，庶几有始终者，铭曰：

是惟子厚之室㊲，既固既安，以利其嗣人。

〔注〕 ① 庆：柳庆，字更兴，曾任北魏侍中，入北周后任宜州刺史，封平齐县公。 ② 拓跋魏：即北朝的北魏，因国君为鲜卑族拓跋氏(后改姓元)，故称。 ③ 济阴公：实为"平齐公"之误，封济阴公的是柳庆之子柳旦。见柳宗元《先侍御史府君神道表》。 ④ 曾伯祖奭(shì)："曾伯祖"实为"高伯祖"之误。奭，柳奭，字子燕，贞观中任中书舍人，因外孙女王氏为高宗皇后，升中书令，位同宰相。后高宗废王皇后，立武则天为后，不久被杀。 ⑤ 褚(chǔ)遂良：字登善，钱塘(今浙江杭州市)人。高宗时官至尚书右仆射，封河南公。后因反对高宗立武则天为后，屡被贬官而死。 ⑥ 韩瑗(yuàn)：字伯玉，雍州三原(今属陕西)人。高宗时官侍中，因反对立武则天为后，引援褚遂良，获罪贬振州刺史而卒。 ⑦ 武后：武曌，高宗皇后，后称帝，改国号为周，中宗复位，上尊号"则天大圣皇帝"，故称武则天。 ⑧ 高宗：李治，唐太宗第九子，公元 649 至 683 在位。 ⑨ 皇考讳镇：父亲名镇。皇考，对死去的父亲的尊称。柳镇，肃宗时任左卫率府兵曹参军、朔方节度判官、掌书记、长安主簿等职。后母死守丧，服除后为太常博士。因老弱家属在吴(今江苏苏州市)，遂请求为宣城(今安徽宣州市)令。后两句记叙亦有误。 ⑩ 太常博士：太常寺的属官，掌礼及议定王公大臣的谥号等事。 ⑪ 御史：指殿中侍御史，掌纠察朝仪，兼知库藏出纳及官门内事、京畿纠察等。 ⑫ 博学宏词：唐代科举考试科目之一，由进士及第者参加，考取后即授以官职。柳宗元于贞元十二年(796)中博学宏词(辞)科。 ⑬ 集贤殿正字：官名，掌校勘典籍，刊正文字事。 ⑭ 俊杰廉悍：才能杰出而有棱角。 ⑮ 踔(chuō)厉风发：形容议论雄辩有力，滔滔不绝。 ⑯ 监察御史：御史台属官，掌监察百官，巡按郡县等事。 ⑰ 顺宗：李诵，在位一年(805)，年号永贞。 ⑱ 礼部员外郎：礼部下设的礼部司的副长官，掌辩明、拟定礼制等事。柳宗元任此官为王叔文、韦执谊等所荐引。 ⑲ 用事者得罪：指宪宗即位，王叔文、王伾等人推行的"永贞革新"失败，王叔文等人或被贬，或赐死。 ⑳ 永州司马：永州刺史属下分管治安的副职。永州，唐属江南道，治所在零陵县(今湖南永州市)。 ㉑ 元和：唐宪宗李纯年号(806—820)。 ㉒ 柳州：唐属岭南道，治所在今广西柳州市。 ㉓ 子本相侔(móu)：利息和本钱相等。 ㉔ 观察使：官名。掌考查州县官吏政绩，亦兼理民事。其管辖区域为一道或数州。 ㉕ 衡、湘：衡山、湘水。 ㉖ 中山：地名，今河北定州市。 ㉗ 刘梦得禹锡：刘禹锡，字梦得，彭城(今江苏徐州市)人，中山为其郡望，中唐著名思想家、文学家，亦是王叔文革新集团的重要成员。 ㉘ 播州：州名，治所在今贵州遵义

市。　㉙ 连州：州名，治所在今广东连州市。　㉚ 诩（xǔ）诩：讨好的样子。　㉛ 顾藉：顾惜。　㉜ 在台、省时：指柳宗元任监察御史和礼部员外郎时，监察御史属御史台，礼部员外郎属尚书省，故云。　㉝ 万年：古县名，在今陕西西安市境内。　㉞ 河东：郡名，治所在今山西永济市。　㉟ 裴君行立：裴行立，绛州稷山（今山西稷山县）人，河东为其郡望，是柳宗元的上司和朋友。　㊱ 涿：州名，治所在今河北涿州市。　㊲ 室：墓室，墓穴。

《柳子厚墓志铭》为作者元和十五年（820）任袁州刺史时所作。韩愈和柳宗元在某些问题上存在着思想分歧，但他们在倡导古文运动方面是一致的，并且私交甚深，作墓志铭例当称传主官衔，而此文题目却仅书其字，也说明了这一点。柳宗元死后，韩愈十分悲痛，共写了三篇哀悼纪念文字。除本文外，同时还写有《祭柳子厚文》，后来又作《柳州罗池庙碑》，三篇中以此文最为出色。韩愈是作墓志铭的高手，他往往能突破传统作法，写得穷情尽变，精妙生动，富有文学意味。明代吴讷说：墓志铭"古今作者，惟昌黎最高"（《文章辨体叙说》）。近人钱基博也说：韩愈碑志"随事赋形，各肖其人"，"一集之中，以为第一"（《韩愈志》）。《柳子厚墓志铭》为其代表作之一。

这篇文章先叙柳宗元的先世、生平，次叙其政绩、为人，后论其文学成就，末了写其卒时和卒后情况。由于韩愈对"永贞革新"缺乏正确的认识，在文中错误地认为柳宗元参加王叔文等人的革新集团是"不自贵重顾藉"，不能"自持其身"，暴露了他的思想弱点。不过，韩、柳友谊很深，加上他写这篇墓志铭正是在远贬潮州后刚内调到袁州的时候，对失意坎坷的遭遇有深切感受。所以"……故坐废退。既退，又无相知有气力得位者推挽，故卒死于穷裔，材不为世用，道不行于时也"云云，记叙柳宗元遭贬后穷困抑郁而死的悲惨经历，揭露社会的黑暗腐败和摧残人才，写得淋漓感慨，哀婉动人，并包含有借他人之酒杯浇自己之块垒的成分，表现出对包括柳宗元在内的一切怀才不遇者的同情，也流露了对扼杀有用良材的当政者的不满。

在肯定柳宗元的文学业绩时，指出他被贬后"居闲，益自刻苦，务记览，为词章，泛滥停蓄，为深博无涯涘，而自肆于山水间"，后面更写道："子厚斥不久，穷不极，虽有出于人，其文学辞章，必不能自力以致必传于后如今，无疑也。"强调他"必传于后"的文学成就是和他"斥久""穷极"的遭遇是分不开的。类似的观点在作者以前写的一些文章中也出现过，如《送孟东野序》中说："大凡物不得其平则鸣。……人之于言也亦然，有不得已者而后言，其歌也有思，其哭也有怀。"《荆潭唱和诗序》中亦云："夫和平之音淡薄，而愁思之声要妙；欢愉之辞难工，而穷苦之言易好也。"意思都是说遭遇坎坷，失意穷愁的人因为身处社会矛盾的漩涡之中，往往能由个人经历进而较深地感触到政治的弊端、人民的不幸，从而写出富有真情实感、动人心魄的优秀作品。韩愈在此揭示出一个在封建社会具有普遍意义的艺术规律，显现了他卓越的文学见解，这是对司马迁“发愤著书”观点的继承发展，同时又为后来欧阳修“穷而后工”说的确立打下了基础，在文论史上具有重要的意义。

墓志铭是古代记载死者世系、姓名、爵里、生平、卒葬年月以及子孙大略的一种文体。此文在写作上打破成法，独辟蹊径，不是单纯地记叙，而是行议于叙，寓情于事，熔叙事、议论、抒情于一炉。如第五段，叙写柳宗元重于友谊，为了挚友能更好地照顾老母，哭泣诉说，声泪俱下，愿以柳州任换刘禹锡更为荒远的播州任，并表示“虽重得罪，死不恨”，写得声情毕现，生动传神。接着对照柳宗元的所为，抒发感慨，进行议论，说有些人“平居里巷”时慕悦欢笑，信誓旦旦，“一旦临小利害”，却反眼不识，甚至落井下石，揭露见利忘义、卖友求荣的卑劣行径，可谓穷形尽相，一针见血。而在上述的叙事、议论中又饱含着作者鲜明、浓烈的爱憎感情。清人吴闿生评得好：“韩、柳至交，此文以全力发明子厚之文学风义。其酣恣淋漓，顿挫盘郁处，乃韩公真实本领，而视所为墓铭以雕琢奇诡胜者，反为别调。盖至性至情之所发，而文字之变格也。”（《古文范》卷三）

该文在选择材料、安排结构上颇具匠心。它不是全面叙写柳宗元的生平功业，而是以文学风义为主，以家世、政绩为辅，这是由作者既对柳宗元在“永贞革新”中的表现甚有微辞而又和他私交很深的特殊立场决定的。正由于这样，第五段写柳宗元以柳州刺史任易播州刺史任一事，不惜篇幅，大书特书，以突现柳宗元为了朋友能尽孝道而勇于自我牺牲的“节义”。第六段是归纳其政治遭遇、文学成就，而重心显然在赞扬柳宗元“必传于后”的文学业绩以及与“斥久”“穷极”的因果关系上。最后几句议论：“虽使子厚得所愿，为将相于一时，以彼易此，孰得孰失，必有能辨之者。”以不言自明的语气，肯定“必传于后”的文学辞章要高于显赫一时的出将入相，宣扬文章为“不朽之盛事”的观点，从而浓墨重彩地褒扬柳宗元。第一段记叙家世中，关于其父柳镇的部分只提他的孝道和刚直，显然是为了照应后面柳宗元为刘禹锡母亲着想而以柳易播事及其为人。第七段交待传主卒年和丧葬情况，提到观察使裴行立和舅弟卢遵，这固然是为了写二人对柳宗元的情谊，但又点出“子厚亦为之尽”，还是归结到柳宗元的风义。至于第二至第四段写柳宗元长安、永州、柳州三个时期的事迹，长安时期中进士前后情况只写他才华横溢，意气风发，“名声大振”，而“永贞革新”中的表现及其遭贬，就用“遇用事者得罪，例出为刺史”二句一笔带过，总之，尽量从简，并暗示其获罪是被动的。永州时期的司马是个无事可做的闲官，所以在用“居闲”二字概括此种情况后，主要称颂其文学成就。柳宗元的政绩集中放在柳州时期交待，但也不是面面俱到，而是只拈出革除男女质钱往往被没为奴婢的习俗和传授古文两件事来写。这两件事具有典型意义，韩愈在袁州任上就实施过禁止质钱为奴的措施，自己也抗颜为师，以倡导古文为己任，所以驾轻就熟，写得深切而又简明。全文就是这样选材布局，做到了重点突出，详略分明，很好地解决了在这篇墓志铭中既要表现与传主不同的政治立场，又要热情褒扬传主的难题。

语言精确生动，灵活多变，亦是本文的一大特点。文中虽然对柳宗元在“永贞革新”中的表现有所不满，但在这方面的行文，字斟句酌，极注意分寸。如写他进入仕途后，才华出众，声名鹊起，“诸公要人，争欲令出我门下，交口荐誉之”，突出的是执政诸公把他拉入集团，而不是他主动结交诸公要人，这就对柳宗元有所“维护”。在叙写他永州时期的文学成就时说：“泛滥停蓄，为深博无涯涘”，形容其诗文像水泛滥一样汪洋恣肆，像水积蓄一样深沉凝敛，达到深厚博大而难以穷尽的境地。这和作者在另一处评柳文所言“雄深雅健，似司马子长，崔、蔡不足多也”(见刘禹锡《唐故柳州刺史柳君集》)，意思十分相似，而此处用水作比喻，就显得更为精确形象。此外，以“崭然见头角”，形容柳宗元中进士时显露超群才华，脱颖而出；用“酒食游戏相征逐”，描摹饮酒作乐时呼朋唤友，来往密切的情景；以“落陷阱，不一引手救，反挤之，又下石焉”数语，刻画见人处于困境，非但不加救助，反而乘人之危，加以更重打击的状况。都写得栩栩欲活，简练有神，后来分别演化为“崭露头角”“酒食征逐”“落井下石”等成语。该文全篇几乎都没有韩愈擅用的排偶句子，用的尽是些长短参差的散体。其中有的句子很长，如“今夫平居里巷相慕悦……皆是也”一句，共计有八十四个字。有的句子很短，如“子厚少精敏，无不通达”，“呜呼！士穷乃见节义”，都不超过十个字。长句子显得气顺语畅，屈折舒缓；短句子节奏急促，遒劲有力。两者在文中按照文意的变化而交错用之，使文章既流转自如，又屈曲雄健，表现出韩文又一种特有的句式美。

（吴小林）

殿中少监马君墓志[①]

君讳继祖[②]，司徒、赠太师北平庄武王[③]之孙，少府监、赠太子少傅讳畅[④]之子。生四岁，以门功[⑤]拜太子舍人[⑥]。积三十四年，五转[⑦]而至殿中少监，年三十七以卒。有男八人，女二人。

始余初冠[⑧]，应进士，贡在京师[⑨]，穷不自存，以故人稚弟[10]，拜北平王于马前，王问而怜之，因得见于安邑里第[11]。王轸[12]其寒饥，赐食与衣，召二子使为之主[13]。其季[14]遇我特厚，少府监、赠太子少傅者也。姆抱幼子立侧，眉眼如画，发漆黑，肌肉玉雪可念[15]，殿中君也。当是时，见王于北亭[16]，犹高山深林巨谷[17]，龙虎变化不测[18]，杰魁人也。退见少傅，翠竹碧梧，鸾鹄停峙[19]，能守其业者也。幼子娟好静秀，瑶环瑜珥，兰茁其牙[20]，称其家儿[21]也。

后四五年，吾成进士[22]，去而东游[23]，哭北平王于客舍[24]。后十五六年，吾为尚书都官郎，分司东都[25]，而分府少傅卒[26]，哭之。又十余年，至今哭少监焉[27]。呜呼！吾未耄老[28]，自始至今，未四十年[29]，而哭其祖子孙三世，于人世何如也！人欲久不死，而观居此世者，何也[30]？

〔注〕 ① 殿中少监马君墓志：一本"墓志"下有"铭"字。殿中少监，官名，系掌管供奉等事的殿中监之副职。墓志，刻有生平事迹的石刻放于墓中。志用散文写，铭为韵文，仅有志而无铭的，称墓志。 ② 君讳继祖：标题中的"马君"即马继祖。《国史补》卷上谓："马司徒孙始生，德宗名之曰继祖，退而笑曰：'此有二义，意谓以索系祖也。'" ③ 司徒、赠太师北平庄武王：唐朝大将马燧，字洵美，汝州郏城(今河南郏县)人。少年即攻读兵书战策，多谋略，曾屡立战功，后被罢。司徒，官名，三公之一，是宰相、亲王的加官。太师，官名，三师之一，此系死后追赠的官爵。马燧生前因军功被封为北平郡王。庄武是谥号。 ④ 少府监、赠太子少傅讳畅：马畅，马燧次子。少府监，官名，掌管宫廷百工技艺诸事。太子少傅，东宫属官，掌管教谕太子事宜。⑤ 门功：指家门祖上的功勋。 ⑥ 太子舍人：东宫属官，掌管太子文秘等事。 ⑦ 五转：五次改任升迁官职。 ⑧ 初冠：开始戴冠。按照古代礼制，男子二十而冠，作为成人的开始。此指韩愈二十岁时，亦即贞元三年(787)。 ⑨ 贡在京师：指州府将考试合格的士子送往京都应试。 ⑩ 以故人稚弟：指韩愈以故人小弟的名义。故人，指韩愈的从兄韩弇(yǎn)，曾与马燧有一段极不寻常的交情。贞元三年，马燧力主与吐蕃议和。参与赴平凉会盟的韩弇，因吐蕃毁盟而殉难，马燧亦因其轻信吐蕃而被罢官。 ⑪ 安邑里第：安邑是长安东城的一条街，马燧府第在此。 ⑫ 轸：怜悯、痛念。 ⑬ 召二子使为之主：把长子彙和次子畅两个儿子叫来作为东道招待韩愈。 ⑭ 其季：排行最小的，这里指马畅。 ⑮ 肌肉玉雪可念：意谓马继祖生得肌肤雪白如玉招人喜爱。 ⑯ 北亭：此指马家的亭台楼阁。 ⑰ 犹高山森林巨谷：赞美马燧像高山一样雄伟，像深林般的幽雅，像巨大的山谷一样深邃。 ⑱ 龙虎变化不测：形容马燧动作像龙腾虎跃般的变化莫测。 ⑲"翠竹"二句：形容马畅像青翠的修竹、绿油油的梧桐一样鲜亮夺目，吉祥的鸾凤鸟和志气高远的鸿鹄停立其上。意谓马畅有碧梧引凤之高德重望。 ⑳"幼子"三句：意谓幼小的继祖形象娟美，犹如美玉和初生的兰草一样芬芳可爱。一说兰茁其芽是形容牙齿初生的样子。 ㉑ 称其家儿：与其作为贵家子弟的身份相称。㉒ 吾成进士：韩愈自谓考中进士，时在贞元八年(792)，二十五岁。 ㉓ 去而东游：作者自谓

东归河阳(今河南孟州),时在贞元十一年。　㉔哭北平王于客舍:马燧系贞元十一年八月卒于洛阳,是时韩愈即由河阳至洛阳,故云哭吊于客舍。　㉕分司东都:唐代官制,中央职官有分在陪都洛阳执行任务者,谓之分司。　㉖分府少傅卒:意谓分司东都的少府监马畅元和五年卒于洛阳。　㉗哭少监焉:此谓哭马继祖,他约卒于长庆(821—824)初年。　㉘吾未耄老:意谓我还未到耄耋老年(概指七老八十)。　㉙"自始"二句:意谓自从贞元三年在长安初遇马燧,至长庆初,共约三十多年,不到四十年。　㉚"人欲"三句:有谁想长久地活在世上,请看一看马家祖孙三代相继这样快地亡故之事,作何感想呢?

此文作于长庆(821—824)初年,马继祖谢世不久。大约三年之后,韩愈本人也与世长辞,所以此文当系作者晚年游刃有余之作,正如林纾所云:"文却翻新出奇,一变常格,以沉吟感慨之笔出之。"(《林纾选评古文辞类纂》)

那么,怎样理解林氏对此文的这一评语呢?所谓"翻新出奇,一变常格",这是说此文的写法不同于通常所谓的墓志铭。作为一种文体,墓志铭包括志和铭两部分。志多用散文记叙死者姓氏、籍贯、生平等,铭则用韵文统括全篇,是对死者赞扬、悼念或安慰之词。此墓志无铭,故谓其"一变常格"。但这里的"一变",并非只是在文体上的"翻新出奇",而是作者针对墓主其人所作出的灵活而正确的取舍。从"文本"对马家祖孙三代的形象描述来看,不仅"龙虎变化"的马燧、"鸾鹄停峙"的马畅,分别与"荣府"贾家的祖、父两辈的贾代善、贾政有某种可比性,"眉眼如画"的马继祖,与"抓周"时单把"脂粉钗环"抓来的贾宝玉,不仅"娟好"长相有所相似,其一无事功可言,亦堪称"何其相似乃尔"!千余年前,韩愈为马继祖作墓志铭,就像后世为贾宝玉作墓志铭相似,如果按照墓志铭的旧框框来写,那是很难下笔的,不加以"翻新""变格"的话,此文就无法结撰。

所谓"以沉吟感慨之笔出之",更是韩愈此文的神来之笔。这一笔,具体当指"呜呼"以下一段文字,特别"人欲久不死,而观居此世者,何也"三句,通过在短短三十余年内,马家祖孙三代接连过世、尤其是年方三十七岁的马继祖早亡的事实,表明长生不死的不可能,从而有力地印证了佛道所宣扬的所谓长生的骗局。不仅如此,其言外之意,更是在于对生死问题的一种深沉的哲理思考。这种思考之中,虽然不免有韩愈所熟悉的、关于人生短暂的著名的"牛山之叹",对我们具有积极启发意义的是,既然人生苦短,那么就应该在有限的生命中,对于亲情、友谊多作奉献,以免在与亲友永诀时,徒增哀伤和遗憾。

看来,对于此文是否为"全豹"的问题,这里也应作一简略交代:由以上对于墓志铭这种文体特点的说明中,可以断定,程端礼所云:"此文惜乎有缺,不得见其全也。"(《昌黎文式》卷二前集下卷)这一说法既无根据,也是对于墓志铭这一文体的一知半解。因为这一墓志虽然没有押韵的铭文,而放于墓中的石刻,既有只用碑志,也有只用碑铭的,此文属于前一种,不仅并非“有缺”,这其中恐怕大有深意。

行文至此,不由得联想到墓主家世和墓志作者的一些令人感慨万千之事。名盖一时的大功臣马燧,原本家资丰厚,其子马畅又善于守成,家门十分显赫,令宦官、豪右极为眼红,从而对马家巧取豪夺,遂至穷困不堪,诸孙沦为乞者。还有一件事曾令白居易忿忿不平:马畅曾将其宅第中的大杏赠与窦某人品尝,而窦氏将大杏进献唐德宗。德宗少见多怪,令人将马家的杏树就第封锁。此事令马畅十分惊惧,不得不将庭院进献为“奉诚园”,房产亦被拆毁充公,即白诗所云“不见马家宅,今作奉诚园”者也。

“不平则鸣”的韩愈,在撰写这一墓志时,舍去专事歌功颂德的韵文“铭”,以浓墨重笔抒写马家祖孙三代的败亡史,其旨不言而喻——赤子功臣的后代命运如此悲惨,而朝廷以民脂民膏豢养的诸路藩镇,却飞扬跋扈,野心昭著,造成了社稷不安、民不聊生的严重局面!这一切无不是韩愈一贯大声疾呼的社会问题。一个作者对这类问题的关注,岂不比对并无任何事功的墓主歌功颂德一番,更有意义!

（陈祖美）

南阳樊绍述[1]墓志铭

樊绍述既卒,且葬,愈将铭之,从其家求书。得书号《魁纪公》[2]者三十卷,曰《樊子》者又三十卷,《春秋集传》[3]十五卷,表、笺、状、策、书、序、传记、纪志、说论、今文赞铭凡二百九十一篇[4],道路所遇及器物门里杂铭二百二十,赋十,诗七百一十九。曰:多矣哉,古未尝有也。然而必出于己[5],不袭蹈前人一言一句,又何其难也。必出入仁义[6],其富若生蓄[7],万物必[8]具,海含地负[9],放恣横从,无所统纪,然而不烦于绳削而自合也[10]。呜呼!绍述于斯术[11],其可谓至于斯极者矣。

生而其家贵富,长而不有其藏一钱[12]。妻子告不足,顾且笑曰:“我道盖是[13]也。”皆应曰:“然。”无不意满。尝以金部郎中告哀南方,还言某帅不治,罢之,以此出为绵州刺史[14]。一年,征拜左司郎中[15]。又出刺绛州[16]。绵、绛之人,至今皆曰:“于我有德。”以为谏议大夫,命且下,遂病以卒,年若干[17]。

绍述讳[18]宗师。父讳泽,尝帅襄阳、江陵[19],官至右仆射,赠某官[20]。祖某官，讳泳[21]，自祖及绍述三世，皆以军谋堪将帅策上第以进[22]。

绍述无所不学，于辞于声，天得也[23]。在众若无能者。尝与观乐，问曰："何如？"曰："后当然。"已而果然[24]。铭曰[25]：

惟古于词必己出[26]，降而不能乃剽贼[27]，后皆指前公相袭[28]，从汉迄今用一律[29]。寥寥久哉莫觉属[30]，神徂圣伏道绝塞[31]。既极乃通发绍述[32]，文从字顺各识职[33]。有欲求之此其躅[34]。

〔注〕 ① 南阳：今河南获嘉县北。樊绍述：名宗师，字绍述，河中（今山西永济）人。南阳樊姓历史上为名门望族，云南阳樊某是称其族望。绍述初为国子主簿，宪宗元和三年擢军谋宏远科，授著作佐郎，历金部郎中，绵、绛二州刺史，有治绩。为文奇涩，人称"涩体"。 ②《魁纪公》：《新唐书·艺文志三》杂家类著录有"樊宗师《魁纪公》三十卷，又《樊子》十卷"。魁，指北斗七星之第一星，即天枢；另一说北斗七星第一至第四星的总名曰魁。童第德《韩愈文选》注："自称魁纪公，有衡量一切的意思。"可资参考。 ③《春秋集传》：《新唐书·艺文志一》春秋类著录有"樊宗师《春秋集传》十五卷"。 ④ 凡二百九十一篇：《韩集五百家注》引樊汝霖的注："今以《艺文志》考之，皆有其目，独铭赋诗亡焉，所谓表笺状策等文，凡二百九十一篇，曰《樊宗师集》二百九十一卷，数同，而以卷为篇，疑志之字误也。"诸家注本亦采纳此说。 ⑤ 必出于己：一定要出于自己的创造，不因袭古人的陈词滥调，即下文所说"不袭蹈前人一言一句"之意。⑥ 必出入仁义：言其德行文词一定不离仁义这一根本。 ⑦ 其富若生蓄：比喻繁盛众多的样子。富，指文章的内容丰厚。生蓄，滋生繁殖，积蓄并发展。 ⑧ 必：通"毕"，作皆解。 ⑨ 海含地负：形容其文章之深广、厚重如海之包容万象，地之负载万物。 ⑩"放恣横从"三句：赞扬樊绍述的文章笔力纵横恣肆，无拘无束，好像是没有系统，缺乏纲纪，其实都合乎规矩，不劳删改。从，同纵。统纪，系统，纪纲。绳削，绳为木工用以测定直线的墨线，木工用墨线做准绳，将不直的地方加以斧削谓绳削，后引申为对文章进行修改。 ⑪ 斯术：此道，这里指写文章的方法、技巧。 ⑫"生而其家富贵"二句：说樊绍述生在世代官宦之家，生而富贵，但他长大后不蓄藏家资，把财物统统给了他的弟弟。《新唐书·樊宗师传》："始宗师家饶于财，悉散施姻旧宾客，妻子告不给，宗师笑不答。"藏，蓄藏家资。 ⑬ 是：如此，即上文所云"必出入仁义"。⑭"尝以"四句：元和十五年正月，宪宗李纯逝世，樊绍述被派为特使，以金部郎中的身份去通知南方，回到朝廷因为"言某帅不治"，被罢黜官职，贬为绵州刺史。其真正的原因不详，很可能是因此得罪了权贵所致。尝，曾经。金部郎中，户部的属官，掌管全国库藏出纳事项。告哀，这里指报告皇帝逝世的消息。绵州，今四川绵阳。 ⑮ 左司郎中：尚书省的属官，协助左丞管理吏、户、礼三部的事务。 ⑯ 出刺绛州：出任绛州刺史。绛州，今属山西。 ⑰"以为谏议大夫"四句：谓正当朝廷打算任命他做谏议大夫，诏命即将下达时，樊绍述便因病亡故，享年若干岁。谏议大夫，唐代隶属门下省，职掌侍从规谏。"病以卒"，或作"以病卒"。 ⑱ 讳：指已故尊者长者之名，文中"绍述讳宗师"即樊绍述名宗师。 ⑲"父讳泽"二句：谓樊绍述的父亲樊泽曾任襄阳、江陵节度使。帅，统帅，这里指任节度使。襄阳，今湖北襄樊，时为山南东道节度使驻地。江陵，今属湖北，时为荆南节度使驻地。 ⑳ 官至右仆射，赠某官：唐代以左、右

仆射代居尚书令之位,为事实上的宰相。赠某官,樊泽卒,赠官司空,司空为三公之一,职位最为尊荣。《旧唐书·樊泽传》:"十二年,加检校右仆射,卒年五十,赠司空。" ㉑ 祖某官,讳泳:《旧唐书·樊泽传》:"父泳,开元中举草泽,授试大理评事,累赠兵部尚书。" ㉒"自祖"二句:按:唐科举考试有"军谋宏远堪任将帅科",樊绍述祖父樊泳玄宗开元十五年中草泽科,父亲樊泽德宗建中元年中贤良方正直言极谏科,绍述本人宪宗元和三年中军谋宏远堪任将帅科,韩愈言其祖孙三世"皆以军谋堪将帅策上第以进",疑行文有误记。策上第,对策及第,名次为上等。㉓ 天得也:得之于天,言其天生具有对文词和音乐的才能。 ㉔"尝与观乐"六句:谓樊绍述听音乐便能知道民间的风俗世情、奢俭盛衰,此后用事实验证,果然如他所说。后当然,预见后来应当怎样怎样。 ㉕ 铭曰:以下是一首用入声韵的九句韵文。 ㉖ 惟古于词必己出:古人写文章遣辞造句一定要出于自己的创造。 ㉗ 降而不能乃剽贼:后来的人写文章不能自己创作新词就只好剽窃前人了。降,下,后来。剽贼,剽窃,贼和窃都有偷盗劫夺的意思,在这里用贼代窃是因为押韵的需要。 ㉘ 公相袭:公开地相互抄袭前人的东西。 ㉙ 从汉迄今用一律:言从后汉到今天都沿用这个办法。从汉,各本有异,当作"后汉"。 ㉚ 寥寥久哉莫觉属:很长时间没有人知道做文章的道理。属(zhǔ),属文,做文章。 ㉛ 神徂圣伏道绝塞:即圣人不出,道统中断的意思。神、圣,意同,在这里皆指古代圣贤之人。徂(cú),往,已过去。道,这里指圣贤之道,即韩愈所维护的儒学道统。 ㉜ 既极乃通发绍述:(自后汉以来)文坛的这种剽窃因袭之风发展到了极点,就必然要发生变化,变则通,于是就产生了樊绍述。㉝ 各识职:即上文所说"不烦于绳削而自合"的意思。 ㉞ 此其躅:这大概是一条可以遵循的(作文章)的正路吧,意谓樊绍述为作文者提供了一个可以学习的榜样。躅(zhuó),足迹、轨迹。

据考,绍述长庆三年(823)五月十七日作《绛守居园池记》,卒于由绛州升任谏议大夫诏令即将下达之时,韩愈卒于长庆四年(824)十二月,墓志铭当写在传主卒后下葬前,由此推断,此文的写作时间当在长庆三年五月十七日之后,长庆四年十二月之前。本文是韩愈生前最后一篇谈论文章的重要著作,写作时已是五十六七岁的老人了。樊宗师是韩愈古文运动理论的忠实拥护者和积极实践者,与韩愈是志同道合的朋友,他与李元宾、欧阳詹、柳宗元同被称为"韩友四子"。韩愈在他死前失去这样一位文章知己,其悲痛可想而知。可见,他是怀着深厚的感情写这篇墓志铭的。也正因为如此,这篇墓志铭无论在内容和形式上都显示出自己的特点。

从形式上说,墓志铭是放在墓穴里刻有死者事迹的石刻,又称为埋铭、墓记、圹志、圹铭等。一般包括志和铭两部分,志多用散文,叙述死者世系、岁月、字、爵里,用以防陵谷迁改;铭为韵文,用于对死者的赞扬、悼念。本文题为墓志铭,却不按这种文体的常格依次叙述其人的世系、名字、爵里、行治、寿年、卒葬年月,及其子孙之大略的事实,而是开篇就写其文章业绩,甚至不惜笔墨罗列具体数字突出其著作"多矣哉,古未尝有也"。接着,围绕着两个方面评价其文章成就之高:一是从内容上"必出入仁义",肯定其修词之本是儒学思想,这也正是韩愈古文运动“文以载道”(即传载儒学道统)的思想核心;二是赞扬他著文的创造精神,“必出于己,不袭蹈前人一言一句”,高度评价他的文章“富若生蓄,万物必具,海含地负,放恣横从……不烦于绳削而自合也”。从形式到内容都给予充分肯定,铭词也是单表其文。其次才是用简略的文字扼要叙述他的为人、性情、履官及樊氏三世官爵,以及他本人在音乐方面的杰出天才,而这些也都围绕“必出入仁义”,还是在于说明其为人有德与为文的关系。这和他在《答李翊书》中所说“将蕲至于古之立言者,则无望其速成,无诱于势利,养其根而俟其实,加其膏而希其光。根之茂者其实遂,膏之沃者其光晔,仁义之人,其言蔼如也”的意思是一致的。

这篇墓志铭之所以要这样写,就是因为樊绍述是他的文章知音,是他古文运动的中坚。他说樊绍述,又何尝不是君子自道?他赞扬樊绍述的为文之道实则宣扬了自己的创作主张和审美追求。他在本文中所提出的词“必出于己”“不袭蹈前人一言一句”“文从字顺各识职”和他此前在《答李翊书》《答刘正夫书》中所提倡的“唯陈言之务去”“师其意,不师其辞”“不因循”“能自树立”一样,都反映了他在古文创作中求变求新的精神。他在《答刘正夫书》一文中更集中概括地阐发了他上述古文创作主张,以“是”“异”二字论文。对“是”字的含义,清人刘熙载的解释是:“昌黎论文曰‘惟其是尔’,余谓‘是’字注脚有二:曰正,曰真。”(《艺概·文概》)这主要指对思想内容方面的要求。关于“异”,韩愈在该文中反复强调“师其意,不师其辞”“不因循”“能自树立”,不与世沉浮,更集中地体现了他对古文写作在艺术创新方面的要求。可以说韩愈这种为文求“是”和为文求“异”的主张贯穿在他创作实践的始终,二者相辅相成,密不可分,辨证施用,形成了其散文的独特风格。二者的结合,使他的文章达到了“辞事相称,善并美具”(《进撰平淮西碑文表》)的思想境界。他在《上襄阳于相公书》的这段话:“文章言语,与事相侔。惮赫若雷霆,浩汗若河汉,正声谐韶濩,劲气沮金石,丰而不余一言,约而不失一辞,其事信,其理切。”也同样是他对古文创作理想境界的阐释。这段话是赞扬别人,何尝不也是君子自道?正因为他把为文内容上的求正求真和艺术上的求新求变高度结合,作品才有强大的震撼力,艺术上也臻于出神入化的妙境:文从字顺,自由抒发,浑浩流转,姿态万千,如江河倾泻;其美好让人仿佛听到古代韶濩之音一样雅正和谐,其刚强正直之气能使金石沮折,其语言的精练准确达到丰而不余一言,约而不失一辞,叙事真实,说理透彻,可谓至善至美矣!

也正是由于韩愈实践了他自己的这些创作主张,在文字技巧的锤炼和文学语言的创造上付出了巨大的劳动,取得了卓越的成就,所以他的散文语言准确、鲜明、形象、生动,具备了雄奇奔放,富于曲折变化而又流畅明快的特点,无论在文法、句法，还是在创造性地使用古人的语言，并吸收当代富有表现力的口语加以改造，熔铸新的辞语方面，都作出了突出的贡献。前人评价昌黎文"以气盛"，并用"雄肆"二字概括韩愈文章的风格，用他自已的话说就是"闳其中而肆其外矣"(《进学解》)，为文能做到"闳其中"，首先要求"正"求"真"，心醇道正，心怀仁义则关心天下社稷，包涵万物，内容博大精深；胸中有浩然正气，与为文求"异"，大胆创新相结合，写起来才能"放恣横从"，无拘无束。历代对韩文的艺术成就评价很高，如唐代皇甫湜云："韩吏部之文，如长江大注，千里一道，冲飙激浪，汙流不滞。"(《皇甫持正文集》卷一《谕业》)宋代苏洵云："韩子之文，如长江大河，浑浩流转，鱼鼋蛟龙，万怪惶惑，而抑遏蔽掩，不使自露，而人望见其渊然之光，苍然之色，亦自畏避，不敢迫视。"(《上欧阳内翰第一书》)明代茅坤亦曰："吞吐骋顿，若千里之驹，而走赤电，鞭疾风，常者山立，怪者霆击，韩愈之文也。"《唐宋八大家文钞论例》这些评价都很形象、生动地诠释了韩文的特点，有助于我们对本文中"其富若生蓄""万物毕具""海含地负""放恣横从"的内涵的理解。

韩愈古文创作的创新精神也突出地表现在他对应用文体发展的贡献上。尤其是碑志文的写作，往往突破其原有格式，不主故常，在记叙的选材、谋篇及表现方法上都有创意。韩愈根据传主的具体情况加以剪裁，突出重点，写出特色，叙事中融入议论，极尽变化之能事，不但避免了千篇一律的毛病，而且增加其文学色彩，这使得他创作的墓志铭具有很高的成就。明人吴讷在其《文章辨体序说·墓碑墓志》一则中评价说："古今作者，惟昌黎最高。行文叙事，面目首尾，不再蹈袭。"本文就是一个例子。

因为韩愈在这篇文章中对樊绍述评价过高，引起当时和后世一些人对樊的批评。宋欧阳修《绛守居园池》诗曰："……异哉樊子怪可吁，心欲独出无古初。穷荒探幽入有无，一语诘曲百盘纡。孰云已出不剽窃，句断欲学《盘庚》书……以奇矫薄骇群愚，用此犹得追韩徒。我思其人为踌躇！作诗聊谑为坐娱。"唐代李肇的《国史补》卷下《叙时文所尚》中有"元和已后，为文笔则学奇诡于韩愈，学苦涩于樊宗师"之说。清林纾《韩柳文研究法·韩文研究法》云："退之才大，无所不包。"又云"昌黎之奇，奇而能正，不似绍述转转自入拗晦……绍述则奇而近涩，文中谓其'不袭蹈前人一言一句'，而欧径谓其学《盘庚》之书。"樊绍述的文章奇涩难懂，现存其《绵州越王楼诗并序》及《绛守居园池记》等文章，虽经注释，犹使人感到读不下去。显然，樊绍述没有做到"词必已出""文从字顺"，也没有达到韩愈文章"海含地负，放恣横从"的地步，但他们古文写作的主张和追求的目标是一致的，这才是韩愈高度赞扬他的原因。"文贵天成"，在"韩友四子"中樊绍述努力学习韩愈而走向极端，过分追求“以奇矫薄”的结果却是因奇涩僻奥受到众人非议，后人应从中吸取教训。

（刘振娅）

故幽州节度判官赠给事中清河张君墓志铭[1]

张君名彻，字某。以进士累官至范阳府监察御史[2]。长庆元年[3]，今牛宰相为御史中丞[4]，奏君名迹[5]中御史选，诏即以为御史[6]。其府惜不敢留，遣之，而密奏：“幽州将父子继续，不廷选[7]且久，今新收，臣又始至[8]，孤怯，须强佐乃济[9]。”发半道，有诏以君还之，仍迁殿中侍御史[10]，加赐朱衣银鱼[11]。

至数日，军乱，怨其府从事，尽杀之，而囚其帅。且相约：“张御史长者，毋侮辱轹蹙[12]我事，毋庸杀。”置之帅所。居月余，闻有中贵人[13]自京师至，君谓其帅：“公无负此土人。上使至，可因请见自辨[14]，幸得脱免归。”即推门求出。守者以告其魁[15]，魁与其徒皆骇，曰：“必张御史。张御史忠义，必为其帅告此，余人不如迁之别馆[16]。”即与众出君。君出门，骂众曰：“汝何敢反！前日吴元济斩东市[17]，昨日李师道[18]斩于军中，同恶者父母妻子皆屠死，肉喂狗鼠鸱鸦[19]。汝何敢反！汝何敢反！”行且骂。众畏恶其言，不忍闻，且虞生变，即击君以死。君抵死口不绝骂，众皆曰：“义士！义士！”或收瘗[20]之以俟。

事闻，天子壮之，赠给事中[21]。其友侯云长佐郓使[22]，请于其帅马仆射[23]，为之选于军中，得故与君相知张恭、李元实者，使以币请之范阳，范阳人义而归之。以闻，诏所在给船轝[24]，传归其家，赐钱物以葬。长庆四年四月某日，其妻子以君之丧，葬于某州某所。

君弟复[25]，亦进士。佐汴宋，得疾，变易丧心，惊惑不常[26]。君得闲，即自视衣褥薄厚，节时其饮食[27]，而匕箸进养之[28]，禁其家无敢高语出声。医饵之药，其物多空青、雄黄[29]，诸奇怪物，剂钱至十数万。营治勤剧，皆自君手，不假之人[30]。家贫，妻子常有饥色。

祖某，某官。父某，某官。妻韩氏，礼部郎中[31]某之孙，汴州开封尉[32]某之女，于余为叔父孙女。君常从余学，选于诸生而嫁与之。孝顺祗修[33]，群女效其所为。男若干人，曰某。女子曰某。

铭曰：呜呼彻也！世慕顾以行，子揭揭[34]也。噎喑[35]以为生，子独割[36]也。为彼不清，作玉雪也。仁义以为兵，用不缺折[37]也。知死不失名，得猛厉[38]也。自申[39]于暗明，莫之夺也。我名以贞之[40]，不肖者之呾[41]也。

〔注〕 ① 故幽州……墓志铭：本篇是张彻的墓志铭。张彻，元和四年(809)进士，为幽州节度判官，被乱兵所杀。彻娶韩云卿子韩俞之女，于韩愈为堂侄女婿。给事中，皇帝侍从官，唐属门下省，掌读署奏抄，驳正违失。清河，是张姓郡望。墓志铭，埋在墓中的志墓文，用正方两石相合，一刻志铭，一题死者姓氏、籍贯、官爵，平放在棺前。 ② 范阳府监察御史：范阳府指幽州节度使府。监察御史为张彻任判官的朝中官衔。 ③ 长庆元年：即公元821年，长庆为唐穆宗年号。 ④ 牛宰相：牛僧孺，字思黯，鹑觚(今陕西灵台县)人，他于元和十五年(820)十二月以库部郎中知制诰并任御史中丞，长庆三年(823)同中书门下平章事(即宰相)。 ⑤ 名迹：名声事迹。 ⑥ 诏即以为御史：诏命真拜张彻为监察御史。 ⑦ 不廷选：幽州节度使奏官不由朝廷派遣，而且父子相继，实际上是割据状态。 ⑧ 臣又始至：臣，指接替原幽州节度使刘总职务的张弘靖。他以检校司空同平章事兼幽州大都督府长史充幽州、卢龙军节度使。 ⑨ 强佐乃济：必须要有一个强有力的辅佐，事情才能成功。 ⑩ 殿中侍御史：掌纠察朝仪等事。 ⑪ 赐朱衣银鱼：五品以上官服红色，佩银鱼袋，这是加赐的章服。 ⑫ 轹蹙(lì cù)：意为败坏。轹，车轮碾过。蹙，踏，蹋。 ⑬ 中贵人：指前来幽州观察、安抚的宦官。 ⑭ 自辨：通过中使向叛军辩解。 ⑮ 其魁：叛军首领。 ⑯ 迁之别馆：迁往另外的馆舍。 ⑰ 吴元济斩东市：吴元济，淮西叛将。元和十二年(817)裴度率师讨平之，押到长安东市斩首示众。 ⑱ 李师道：淄青节度使李师古异母弟，元和元年(806)继为节度使，元和十四年被部下杀死。 ⑲ 鸱鵶(chī yā)：鸱，猫头鹰。鵶，同"鸦"。 ⑳ 收瘗(yì)：收尸掩埋。瘗，埋葬。 ㉑ 天子壮之，赠给事中：皇帝很赞赏，赠官给事中。 ㉒ 侯云长佐郓使：侯云长，张彻友人。此时在郓濮曹节度使府为僚佐。 ㉓ 马仆射：即马总，为天平军节度使，于长庆二年(822)加尚书左仆射衔。 ㉔ 船轝(yú)：轝，同"舆"，车船。 ㉕ 弟复：张彻弟张复，元和元年进士。 ㉖ 变易丧心，惊惑不常：谓精神有病变，时常惊悸错乱。 ㉗ 节时其饮食：按时调节饮食。 ㉘ 匕箸进养之：亲自用羹匙和筷子喂食。 ㉙ 空青：一种有药用价值的矿石，又称"杨梅青"，入药可通血脉、养精神。雄黄：亦为矿物，即"石黄"，入药可除邪气。 ㉚ "营治勤剧"三句：张彻为弟弟治病操办非常辛苦，不借助他人之手。 ㉛ 礼部郎中：指韩云卿。 ㉜ 汴州开封尉：指韩俞。 ㉝ 祗修：谨敬端正。 ㉞ 揭揭：高貌。 ㉟ 噎喑(yīn)：噎，咽喉闭塞不通。喑，哑。 ㊱ 割：说话作决断。 ㊲ 缺折：断坏。 ㊳ 猛厉：勇猛刚毅。 ㊴ 申：伸张。 ㊵ 贞之：指刻石表彰。 ㊶ 呾(dá)：呵责。

本篇是韩愈为其侄女婿张彻写的墓志铭。张彻于长庆元年任幽州节度使判官，因军士哗变，被乱兵所杀，当时灵柩未能运回，"无所于葬"，只得"舆魂东归"，韩愈曾写《祭张给事文》称赞其“杀身就德”的高义。张彻的灵柩于长庆四年才辗转运回故乡安葬，韩愈因此撰写这篇文章，来褒奖张彻的忠义和孝悌。在程式化的刻板的碑铭文中，这是一篇形象生动、情文并茂的佳作。

首段叙张彻的经历，重点交代任幽州范阳府监察御史一事，因为这是张彻一生最高也是最后的任职。张彻本来由于牛僧孺的荐举，朝廷已任命他为朝官监察御史，他的上司是刚刚到任的幽州节度使张弘靖，张弘靖不敢违背朝命，只得让他回朝，但又舍不得他走，因此密奏朝廷，说原幽州节度使刘怦、刘济、刘总三世父子相继奏官，不由朝廷派遣已经很久，自己初来乍到，必须要一强有力的辅佐才能扭转局面。这样朝廷又迅速下诏让张彻从半路返回幽州，仍给他殿中侍御史官衔，并加赐朱衣银鱼袋，以示恩宠。

第二段写张彻刚回到幽州，没有几天就发生了兵乱，主帅张弘靖被囚禁，他手下几个骄悍的副官都被杀死。这里有一个重要原因，原来张弘靖认为安史之乱起源于幽州，所以想彻底改变当地的民风习俗，但他不恤下情民意、恣意享乐的作风让蓟人不满；加上他一上任就掘安禄山坟墓，毁其棺椁，人尤失望。更有甚者，他的几个副将“轻肆嗜酒，常夜饮醉归，烛火满街，前后呵叱”（《旧唐书·张弘靖传》），并诟责侮辱吏卒，动不动就要将士兵与禄山等同论罪，终于引起民怨沸腾，激起兵变。从某种意义上讲，张弘靖是由良好的初衷出发，因作风不良、纵容属下最终酿成了不可收拾的后果。而最无辜的就是张彻，他刚到，又是长者，当初“军人以其无过，不欲加害，将引置馆中”，但张彻不知他们的用意，“遂索弘靖所在，大骂军人，亦为乱兵所杀”（同上）。《旧唐书》交代了兵乱的原因，却未能描写出张彻被杀的详情，而韩愈此文对此作了详细的描述：哗变的士兵本与魁首相约不要伤害张彻，但张彻要求主帅张弘靖向中贵人“请见自辨”，并“推门求出”，这引起魁首和士兵的惊恐，他们说张彻是忠诚义士，不能让他出去，必须迁往别馆。可是张彻却巍然不可侵犯，大声骂贼，还引吴元济斩首东市、李师道死于乱军的例子来斥责作乱者决不会有好下场。这一连串振聋发聩的呵骂，使哗变的官兵更加不安，于是“击君于死”，而张彻“抵死口不绝骂”，体现出“义士”的凛凛风骨和铮铮气节。韩愈通过对语言、行为的细致描写，运用侧面烘托刻画出张彻忠勇刚烈、义薄云天的壮烈形象，使“忠义之气，千载如生矣”（林云铭《韩文起》卷十二）。

接着第三段叙张彻事迹受到皇帝嘉奖和张彻的灵柩在其友人们的帮助下终于运回故乡安葬的事。在行文中韩愈运用了春秋笔法，前文说幽州士兵“怨其府从事”，称“张御史忠义”“壮士”，此段又说“范阳人义而归之（灵柩）”，可见韩愈对范阳乱兵是有所同情的，而对主帅则有微词。韩愈虽然旗帜鲜明地反对割据叛乱，但他主张安抚人心，体恤下情，不能帅骄将悍人为激生变故。这与史臣指责"弘靖兴戎"的观点基本相同。也正是基于此，韩愈才于对张彻的大义表彰中寄寓了对其死于非命的深切同情。

在大是大非面前，在生死抉择时候，能选择杀身成仁的张彻，于平日家居又是怎样的情形呢？接着第四段通过张彻悉心细致护理病弟的事迹来表现他的孝悌品质。他亲自护理害精神分裂症的弟弟，按时调节饮食，亲手用汤匙喂食，并严禁家人高声说话；即使一剂药昂贵到十数万钱，他也毫不犹豫，不惜任何代价，并亲手操办，不让他人插手。为了给病弟治病，他几乎倾家荡产，致使"家贫，妻子常有饥色"。这是多么感人的人间至情！至此一个忠孝节义、无私无畏、友爱恺悌的伟男子形象完全矗立在读者面前，你不能不为韩愈笔下涌动的深情挚意所感动。即使在"家贫"的情况下，也没有家人埋怨，足见这一家人过得多么和谐，而这一切都是张彻品德操行影响的结果。"孝顺祗修，群女效其所为"一句说出了张彻的这种精神的影响深远。

张彻的崇高精神和不幸遭遇让作者既深深敬佩又深感痛楚，因此在最后的铭文中，作者一方面赞扬张彻的揭举大义、冰清玉洁的品行，勇猛刚毅不失气节的操守，另一方面却将那些琐屑污浊、贪生怕死的不肖之徒大加贬斥，表现出鲜明的情感倾向。此文没有遵循墓志铭的刻板写法，而是抓住人物一生的大节，通过典型细节展现人物的精神风貌，具有传记的味道。艺术上叙事委曲详赡又时用曲笔，情感滔滔奔涌又停蓄回环，极沉郁顿挫之妙境。　　（吴振华）

故太学博士①李君墓志铭

太学博士顿丘②李于③，余兄孙女婿也④。年四十八，长庆三年正月五日卒。其月二十六日，穿其妻墓而合葬之⑤，在某县某地。子三人，皆幼。

初，于以进士为鄂岳从事⑥，遇方士⑦柳泌⑧，从受药法⑨，服之往往下血。比四年⑩，病益急，乃死。其法以铅满一鼎，按中为空，实以水银，盖封四际，烧为丹砂云⑪。

余不知服食⑫说自何世起，杀人不可计，而世慕尚之益至⑬，此其惑⑭也！在文书所记及耳闻相传者不说，今直⑮取目见亲与之游⑯而以药败者⑰六七公，以为世诫⑱。

工部尚书归登[19]、殿中御史李虚中[20]、刑部尚书李逊[21]、逊弟刑部侍郎建[22]、襄阳节度使工部尚书孟简[23]、东川节度御史大夫卢坦[24]，金吾将军李道古[25]，此其人皆有名位，世所共识。工部既食水银得病，自说若有烧铁杖自颠贯其下者[26]，摧而为火[27]，射窍节以出[28]；狂痛号呼乞绝[29]，其茵席[30]常得水银，发且止[31]，唾血[32]十数年以毙[33]。殿中疽发其背死[34]。刑部且死，谓余曰："我为药误。"其季建一旦无病死。[35]襄阳黜为吉州司马[36]，余自袁州还京师[37]，襄阳乘舸，邀我于萧洲[38]，屏人曰："我得秘药，不可独不死，今遗子一器，可用枣肉为丸服之[39]。"别一年而病。其家人至，讯之，曰："前所服药误，方且下之，[40]下则平矣。"病二岁竟卒。卢大夫死时，溺出血肉[41]，痛不可忍，乞死乃死。金吾以柳泌得罪，食泌药，五十死海上。[42]此可以为诫者也。蕲[43]不死，乃速得死，谓之智，可不可也？

五谷[44]三牲[45]、盐醯[46]果蔬[47]，人所常御[48]。人相厚勉，必曰强食[49]。今惑者[50]皆曰：五谷令人夭[51]，不能无食，当务减节[52]。盐醯以济百味，豚鱼鸡三者，古以养老[53]，反曰："是皆杀人，不可食。"一筵之馔，禁忌十常不食二三[54]。不信常道[55]而务鬼怪[56]，临死乃悔。后之好者[57]，又曰："彼死者皆不得其道[58]也，我则不然。"始病，曰："药动故病，病去药行，乃不死矣。"及且死，又悔。呜呼，可哀也已，可哀也已！

〔注〕 ① 太学博士：国子监学官，唐代太学设博士三人，掌管教授太学生徒。 ② 顿丘：今河北清丰县。 ③ 于：一作干。 ④ 余兄孙女婿也：疑为韩愈长兄韩会之子韩老成的女婿。 ⑤ 穿其妻墓而合葬之：即凿开其妻子的墓合葬在一起。穿，凿通。 ⑥"于以进士"句：李于在宪宗元和十年(815)中进士，曾在鄂岳观察使李道古幕下做事。 ⑦ 方士：方术之士，此指自称能访仙炼丹以求长生不老的人。 ⑧ 柳泌：唐宪宗时由宦官和幸臣推荐入宫的方士，宪宗就是因为服食他的丹药中毒而变得性情狂躁，最后被宦官合谋杀害而死。 ⑨ 从受药法：李于从柳泌那里讨得炼丹和服食的方法。药，此指金丹，一名大药。 ⑩ 比四年：到第四年。比，及，等到。 ⑪"其法"五句：这五句交代炼丹的方法，是先把铅当中挤压出一个空处，灌进水银(即汞)，然后四面封严，放在鼎中烧炼，最后炼成金丹。鼎，这里指方士用来炼丹的炉子。按中为空，把铅当中加以挤压，弄成一个空穴处。 ⑫ 服食：服用丹药。 ⑬ 而世慕尚之益至：而世间那些羡慕崇尚此术的人却越来越多。 ⑭ 惑：迷惑、蛊惑。 ⑮ 直：只是，仅。 ⑯ 游：交游、交往。 ⑰ 以药败者：因服仙丹大药损坏身体而致死的。

⑱ 以为世诫：以此来告诫世人。　⑲ 归登：字冲之，苏州吴郡（今江苏苏州市）人，大历中举孝廉高第，入仕。宪宗朝迁工部尚书，元和十五年卒，享年六十七岁，赠太子少保。《旧唐书·归登传》云：登"晚年颇好服食，有馈金石之药者，且云先尝之矣，登服之不疑。药发毒几死，方讯云未之尝，他人为之怒，登视之无愠色"。　⑳ 李虚中：字常容，他是用金、木、水、火、土五行生克衰旺来"推算"人生"命禄"的始作俑者。　㉑ 李逊：字友道，登进士第，历官虞部郎中、衢州越州刺史、浙江东都团练观察使、给事中、户部侍郎、国子祭酒、检校吏部尚书，终官刑部尚书，长庆三年正月卒，享年六十三岁，赠右仆射。　㉒ 建：李建，逊弟，字杓直。举进士，历任右拾遗、翰林学士、以兵部郎中知制诰、京兆少尹、刑部侍郎，卒赠工部尚书。　㉓ 孟简：字几道，德州平昌（今山东德平）人。工诗，擢进士第，登宏辞科，历官仓部员外郎、谏议大夫、工部侍郎、山南东道节度使，长庆三年入为太子宾客，分司东都，是年十二月卒。　㉔ 卢坦：字保衡，河南洛阳（今属河南）人。历任河南府尹、刑部侍郎、宣歙池三州观察使、户部侍郎判支度、东川节度使，元和十二年卒，年六十九，赠礼部尚书。　㉕ 李道古：唐太宗李世民之子曹王明之后。以进士及第，拜校书郎、集贤学士，四迁至宗正丞。宪宗时迁尚书司门员外郎，历任利、随、唐、睦四州刺史，迁少宗正。平淮西，因功加检校御史大夫，征拜宗正卿，转左金吾卫将军。因荐方士柳泌事，贬循州司马，因服丹药，呕血而卒。《韩昌黎文集》中有《唐故昭武校尉守左金吾卫将军李公墓志铭》。　㉖"自说"句：他自己说好像有烧热的铁杖，从头顶贯穿下来。颠，头顶。贯，穿。　㉗ 摧而为火：像要被烧断的铁杖一样，烧灼如火。摧，摧折，烧断。　㉘ 射窍节以出：全身的孔穴关节都热得像要喷射出火焰。　㉙ 乞绝：请求快死。　㉚ 茵席：被褥及卧席。　㉛ 发且止：指浑身剧痛一会儿发作一会儿停止。　㉜ 唾血：吐血。　㉝ 毙：倒下，死亡。　㉞ 殿中疽（jū）发其背死：殿中御史李虚中背上生恶疮而死。疽，痈疽，恶疮。㉟"其季"句：他的弟弟李建一天突然无病就死了。实际是服食丹药慢性中毒而死。　㊱"襄阳"句：襄阳节度使工部尚书孟简被贬为吉州司马。黜（chù），贬官。吉州，今江西吉安。司马，隋唐时州、郡、府佐吏设有司马一人，位在别驾、长史之下，一般用来安排被贬斥之官，是有名无权的闲职。　㊲ 余自袁州还京师：韩愈元和十五年（820）自袁州回京师途中遇孟简。袁州，今江西宜春。　㊳ 萧洲：清静冷落的小洲。　㊴"屏（bǐng）人曰"五句：谓孟简叫其他人退避，告诉韩愈：我得到长生的秘药，不能光使我自己不死，现在送你一盒，可以用枣肉做成丸服食它。遗（wèi），赠送。一器，器是盛饮食用的器皿，这里指一盒或一罐药。　㊵ 方且下之：正好泻了出来。　㊶ 溺出血肉：小便中尿出血肉。　㊷"金吾以柳泌得罪"三句：新、旧《唐书》李道古传载：唐宪宗因服食方士柳泌的丹药致死，李道古曾参与推荐柳泌，穆宗杀柳泌，李道古也因此贬为循州司马。循州辖境相当于今广东兴宁、陆丰以西，新丰、惠阳以东，文中谓其"五十死海上"，即指此地。　㊸ 蕲（qí）：通"祈"，祈求。　㊹ 五谷：五种谷物，古代有多种说法，一指麻、黍、稷、麦、豆；一指稻、黍、稷、麦、菽（菽是豆的总称）；一指稻、稷、麦、豆、麻；还有指粳米、小豆、麦、大豆、黄黍。　㊺ 三牲：一说指牛、羊、猪；后也把豚、鱼、鸡称为"三牲"。㊻ 盐醯（xī）：醯是醋，与盐统指调味品。　㊼ 果蔬：瓜果蔬菜。　㊽ 常御：日常食用。御，用。　㊾"人相厚勉"二句：人们互相慰问、劝勉时，一定会说努力加餐（以增加营养，增强体质）、保重身体的话。强食，《汉书·赵充国传》："将军强食，慎兵事，自爱！"后又把"强食自爱"作为劝慰人努力加餐、保重身体的成语。　㊿ 惑者：指那些被服食丹药以求长生的说法迷惑的人。　51 五谷令人夭：食用五谷会使人短命。　52"不能无食"二句：意谓不能不吃，但一定要尽量少吃。　53"盐醯以济百味"三句：意思说盐醯用来调济百味，豚鱼鸡三牲，自古以来都拿它们赡养老人。济，调济。《礼记·王制》："六十非肉不饱。"《孟子·梁惠王上》："鸡

豚狗彘之畜，无失其时，七十者可以食肉矣。” ㊿“一筵之馔”二句：一顿筵席上的食物，因为禁忌常常十样之中不到二三样可食。馔(zhuàn)，食物。禁忌，因忌讳而禁止不食。讲禁忌的人常有某种食物与某种食物品性相反，不能同时食用的说法，如同《本草》上说服食丹砂要忌一切血的道理一样。 ㊺常道：通常的法则、规律。这里指食用五谷三牲、盐醯果蔬。 ㊻鬼怪：此指服食丹药以求长生的歪道。 ㊼好者：指那些喜欢服食丹药的人。 ㊽道：此指服食丹药的方法。

本文名为墓志铭，实则是一篇针对现实、有为而发的议论文。从形式上说，它突破了墓志铭固有的格式，开头一段寥寥数语，简略叙述李君的身份、与自己的关系、卒年、岁数、葬法，甚至葬地也是“某县某地”四字带过。其他有关死者的世系、爵里、生平事迹等等统统略去，其子孙大略也只用“子三人，皆幼”五字就交代了。第二段述卒因：点明遇方士柳泌，跟他学习炼制丹药的方法，服之往往下血，到第四年，病益急，就死去了。并扼要地介绍一下炼制金丹的方法——今天看来，这其实就是用铅、汞(即水银)做原料，装在炉(即文中所说“鼎”)中加热，经过化学反应得到化学合剂铅汞剂。铅、汞是具有毒性的，服食会中毒，用它来求长生当然十分荒唐。寥寥数语笔带情感，“年四十八”，说明这个侄孙女婿寿命不长，照应下文“蕲不死，乃速得死”；“遇方士柳泌，从受药法，服之往往下血。比四年，病益急，乃死”。韩愈写这篇墓志铭时为长庆三年正月，已五十六岁，第二年便弃世。以垂暮之年为侄孙女婿作墓志，真可谓白发人送黑发人，字里行间充满惋惜与哀伤，切肤之痛，不言自明。

下文即由此生发开去，展开叙事、描写、议论。第三段笔锋一转，用“余不知服食说自何世起”宕开，抛开对传主李君本人的伤悼，由他的死因转入对丹药毒害的叙说，这才是全文的核心。作者连用了“杀人不可计”“此其惑也”两句质直峻切的话指出服食丹药毒害之众及“而世慕尚之益至”的流毒之广，受迷惑蒙骗之深，大有振臂疾呼，唤醒天下受害者之心。以下围绕“杀人不可计，而世慕尚之益至，此其惑也”，用了大部分篇幅写当朝与自己交游过的工部尚书归登等七位高官显贵迷信金丹大药致死的事例加以证实，叙述他们服药致病的经过、被蒙骗犹抱着希望而执迷不悟的愚蠢，描写他们病中痛苦万状、欲生不得欲求速死的惨状。在这里，作者用“在文书所记及耳闻相传者不说”一句，照应前文“余不知服食说自何世起，杀人不可计”，又用“今直取目见亲与之游而以药败者六七公，以为世诫”开启下文，似不经意地信笔道来，实则文思条达，结构缜密。一方面他向人们昭示了服食之说时间久远，其毒害已有文书记载和过去许多人耳闻相传的事实可以证明，点到为止，是为略写；另一方面就是本朝的活生生的例子——而且这些人都是与自己交往过、有名有姓、官高位显的人，血淋淋的事实摆在那里，不能不信。这一段中，作者一一描述他们病中剧痛惨状，可谓不厌其详。如写工部尚书归登"既食水银得病，自说若有烧铁杖自颠贯其下者，摧而为火，射窍节以出；狂痛号呼乞绝，其茵席常得水银，发且止，唾血十数年以毙"，如见其状，如闻其声；写襄阳节度使工部尚书孟简在途中遇到作者时邀至萧洲，屏退左右神秘兮兮地说那一番话，又可笑又愚蠢；写东川节度使御史大夫卢坦死时"溺出血肉，痛不可忍，乞死乃死"，其描述之惨状都让人怵目惊心。以此说明服食丹药"杀人不可计"，一针见血地指出他们"蕲不死，乃速得死"的愚蠢，以告诫世人，具有很强的说服力。

最后一段夹叙夹议，进一步表达自己的观点。作者指出：五谷三牲、盐醯果蔬，这些本是日常食用的东西，人们相互慰问、劝勉时，一定会劝慰对方要努力加餐，以增加营养，保重身体。这在古人的诗文中是不乏记载的，除注中所引《礼记·王制》《孟子·梁惠王章句上》的话，还可以举《周礼·考工记·梓人》："强饮强食，诒汝曾孙，诸侯百福。"《古诗》云："服药求神仙，多为药所误；不如饮美酒，被服纨与素。"可是现在那些被服食丹药就能长生的邪说迷惑的人却都说吃五谷会使人短命，务必要减节；盐醯用来调济百味，豚鱼鸡三牲古人用来赡养老人，这些人反说它们都是杀害人的东西，不可食用，还弄出许多禁忌。作者尖锐地指出这是"不信常道而务鬼怪"，必然要落个"临死乃悔"的下场，结尾连用两个"可哀也已"，表达自己的心情，激切之情，溢于言表。

明代徐师曾《文体明辨序说》云：墓志铭"其为文则有正、变二体，正体唯叙事实，变体则因叙事而加议论焉"。本文有叙事、有描写、有议论，是为变体，体现了韩愈对墓志铭这一实用文体的发展。叙事详略得当，剪裁合理，独具匠心，描写真切生动，议论剀切。因此得到后世重视，好评不断，如清人何焯《义门读书记》卷三十三评此文曰："志弟子墓不嫌于直。深切著明，笔力亦健。时主好方士服金丹，公之为世诫者，微词也。……公作此文，盖所戒者远，不嫌于讦也。"清人林纾《韩柳文研究法·韩文研究法》亦云："《昌黎集》中墓志铭之文多于他文，其最奇者，无如《故太学博士李君墓志铭》中述博士服丹砂死，其下乃大发议论，极诋服食之弊。历引工部尚书归登、殿中御史李虚中、刑部尚书李逊、逊弟刑部侍郎建、襄阳节度使工部尚书孟简、东川节度使大夫卢坦、金吾将军李道古，皆以药死。合李君之死，用为世诫。"

唐代炼丹术在统治阶级中流行，中毒的人必然更多，而服食金丹者多为帝王将相，流毒所及，影响空前。据赵翼《廿二史札记》卷十九《唐诸帝多饵丹药》载，唐代皇帝因服食金丹致死的有七人，其中竟包括唐太宗李世民。宪宗李纯晚年一心求长生不老，下诏征求天下方士，宠信方士柳泌，为求灵草，竟任命他为台州刺史，还赐给“金紫”(最尊贵的官服)。让方士出任地方官，历史上还是首次。谏官劝阻，李纯却说：烦一州之力，而能为人主求得长生，做臣子的犯得着去爱惜小小一州吗？李纯服食柳泌的金丹中毒，日益燥渴，动辄发怒杀人，导致被身边的宦官陈弘志、王守澄合谋杀死，拥立太子即位，就是历史上的穆宗。这件事在中唐社会的影响是极其深远的。韩愈此文借题发挥，实有深刻的社会背景，可谓骨鲠在喉，一吐为快。韩愈提倡儒学，反对佛、老，是他一贯的思想主张。《论语·述而》云：“子不语怪、力、乱、神。”《论语·雍也》云：“子曰：‘务民之义，敬鬼神而远之，可谓知矣！’”文中批评那些受服食之说蒙骗的人是“不信常道而务鬼怪”，与此一脉相承。

《唐故监察御史卫府君墓志铭》，也是说同时代朋友卫中立服食丹药之事，措辞比较和婉，可参照阅读。不过此文倒是涉及一段韩愈生平事迹的公案，在韩愈研究中引起争论，不能不加以考辨。卫君，一说指卫之玄，另一说指卫中立。沈钦韩《韩集补注》云：“方氏《增考》《年谱》云：此志今本作卫之玄，及质之善本，实中立，非之玄也。中立字退之，饵奇药求不死，而卒死；故白乐天诗云：‘退之服硫黄，一病竟不痊。’孔毅夫、陈无已之徒皆指以为公，非也……适以中立之字偶同耳。陈景云曰：所谓善本，即汪彦章所据王仲信本也，方说甚辨而核。”由此可知，此退之并非彼退之，后世有人根据白居易的诗说韩愈晚年服食硫黄致病而死的说法，是站不住脚的。这从此文的立场也可以得到证明。　（刘振娅）

毛　颖　传

毛颖者，中山人也①。其先明视②，佐禹治东方土③，养万物有功，因封于卯地④，死为十二神⑤。尝曰：“吾子孙神明之后，不可与物同，当吐而生⑥。”已而果然。明视八世孙䨲⑦，世传当殷时居中山，得神仙之术，能匿光使物⑧，窃姮娥，骑蟾蜍入月⑨。其后代遂隐不仕云。居东郭者曰㕙⑩，狡⑪而善走，与韩卢⑫争能，卢不及，卢怒，与宋鹊⑬谋而杀之，醢⑭其家。

秦始皇时，蒙将军恬⑮南伐楚，次⑯中山，将大猎以惧楚⑰。召左右庶长与军尉⑱，以《连山》⑲筮⑳之，得天与人文之兆㉑。筮者贺曰：“今日之获，不角不牙㉒，衣褐之徒，缺口㉓而长须，八窍而趺居㉔，独取其髦㉕，简牍是资㉖，天下其同书㉗。秦其遂兼诸侯乎！”遂猎，围毛氏之族，拔其豪[28]，载颖而归，献俘于章台宫[29]，聚其族而加束缚[30]焉。秦皇帝使恬赐之汤沐[31]，而封诸管城[32]，号曰管城子，日见亲宠任事。

颖为人，强记而便敏[33]，自结绳之代[34]以及秦事，无不纂录[35]。阴阳、卜筮、占相、医方、族氏、山经、地志、字书、图画、九流、百家、天人之书[36]，及至浮图、老子、外国之说，皆所详悉[37]。又通于当代之务[38]，官府簿书[39]、市井货钱注记[40]，惟上所使[41]。自秦皇帝及太子扶苏、胡亥[42]，丞相斯[43]，中车府令高[44]，下及国人[45]，无不爱重。又善随人意，正直、邪曲、巧拙，一随其人。虽见废弃，终默不泄。惟不喜武士，然见请亦时往。

累拜中书令[46]，与上益狎[47]，上尝呼为“中书君”。上亲决事，以衡石自程[48]，虽宫人不得立左右，独颖与执烛者常侍，上休方罢。颖与绛人陈玄、弘农陶泓及会稽褚先生友善[49]，相推致[50]，其出处必偕[51]。上召颖，三人者不待诏辄俱往，上未尝怪焉。后因进见，上将有任使[52]，拂拭之，因免冠谢[53]。上见其发秃[54]，又所摹画不能称上意。上嘻笑曰：“中书君老而秃，不任吾用。吾尝谓君中书，君今不中书邪？[55]”对曰：“臣所谓尽心者。”因不复召，归封邑，终于管城。其子孙甚多，散处中国[56]夷狄[57]，皆冒管城；惟居中山者，能继父祖业。

太史公曰[58]：毛氏有两族。其一姬姓，文王之子，封于毛[59]，所谓鲁、卫、毛、聃[60]者也。战国时有毛公、毛遂[61]。独中山之族，不知其本所出，子孙最为蕃昌。《春秋》之成，见绝于孔子，而非其罪[62]。及蒙将军拔中山之豪，始皇封诸管城，世遂有名，而姬姓之毛无闻。颖始以俘见，卒见任使，秦之灭诸侯，颖与有功，赏不酬劳，以老见疏，秦真少恩哉！

〔注〕 ①“毛颖者”二句：毛颖，是中山人。此指毛笔产自中山。毛颖，指毛笔。毛，指兔毛。颖，指毛笔的锋毫。中山，古国名。春秋时鲜虞人所建，战国时灭于赵，故地在今河北正定一带。马其昶《韩昌黎文集校注》引马永卿《嬾真子》：“退之以毛颖为中山人者，盖出于《右军经》云‘为赵国毫中用’：盖赵国平原广泽，唯有细草，是以兔肥。兔肥则毫长而锐，此良笔也。”一曰：中山，山名。在今江苏溧水东南。唐李吉甫撰《元和郡县志》载：“江南道宣州栗水县中

山,在县东南一十五里,出兔毫,为笔精妙。” ② 其先明视:毛颖祖先明视。明视,兔子的别名。 ③ 佐禹治东方土:辅佐夏禹治理东方国土。 ④ 卯地:即“东方土”。古代按十二地支划分方位,东方属于卯位。 ⑤ 十二神:即十二生肖(属相)。兔,为十二生肖之一。《论衡·物势》:“卯,兔也。” ⑥ 吐而生:传说兔子是口吐而生。晋张华《博物志》云:“兔望月而孕,自吐其子,故谓之兔。兔,吐也。”又,唐徐坚《初学记》引王充《论衡》曰:“兔舐雄毫而孕,及其生子,从口中(出)。” ⑦ 䨲(nóu):初生的幼兔。 ⑧ 匿光使物:指隐匿身形于光日下,能驱使诸物。《本草纲目》集解引《天玄主物簿》:“孕环之兔,怀于左腋,毛有光彩。至百五十年,环转于脑,能隐形也。” ⑨“窃姮娥”二句:此言兔窃嫦娥,骑蟾蜍,均不详所据,大概皆出于想象之辞。姮娥,即嫦娥。窃姮娥,私下伴随嫦娥窃不死之药奔月。此处当指嫦娥窃不死之药的神话。《淮南子·览冥训》:“羿请不死之药于西王母,姮娥窃以奔月。”骑蟾蜍,《初学记》载:“月中有兔,与蟾蜍并。”蟾蜍,俗名癞蛤蟆。 ⑩ 居东郭者曰㕙(jùn):此言居住东郭的兔子名㕙。东郭,城郭东门外。郭,外城。《新序·杂事》:“齐有良兔曰东郭㕙,盖一旦而走五百里。” ⑪ 狡:壮健、骁勇。 ⑫ 韩卢:韩国猎犬名。《战国策·齐策》:“韩子卢者,天下之疾犬也。……韩子卢逐东郭逡,环山者三,腾山者五,兔极于前,犬废于后。” ⑬ 宋鹊:宋国良犬名。 ⑭ 醢(hǎi):古代酷刑,将人剁成肉酱。 ⑮ 蒙将军恬:指秦始皇时大将蒙恬。相传毛笔是蒙恬所创制。 ⑯ 次:临时驻扎。 ⑰ 大猎以惧楚:举行大规模田猎,威慑楚国使其恐惧。古代田猎,就是军事(射猎)演习。此处属于军事威慑行动。 ⑱ 召左右庶长与军尉:此言蒙恬大猎前,召集左右庶长与军尉,举行占卜。庶长,秦制爵位二十级,左庶长,为第十级;右庶长,为第十一级。军尉,官名,军中尉吏。 ⑲《连山》:指连山易,古代卜筮之一派。 ⑳ 筮:以蓍草占卜。 ㉑ 天与人文之兆:指自然与人事的征兆。兆,卜兆,占验吉凶的征兆、预兆。㉒ 不角不牙:指兔子不生兽角,不长利牙。 ㉓ 缺口:指兔上唇有裂口。 ㉔ 八窍而趺(fū)居:指兔子雌雄八窍,俯地而居。八窍,《埤雅》卷三:“咀嚼者九窍而胎,独兔雌雄八窍。”此乃古人不明兔子生理结构的一种妄言。趺,同“俯”。一说,趺居指盘足蹲踞。趺,同“跗”,盘足而坐。居,同“踞”,蹲。 ㉕ 髦:毛中的长毫。 ㉖ 简牍是资:此言兔毫笔是简牍书写的工具。简牍,竹简、木片。资,依仗。 ㉗ 同书:指秦统一文字。 ㉘ 豪:豪杰。此处双关,又指兔毫之长者。 ㉙ 章台宫:秦国宫殿名。 ㉚ 聚其族而加束缚:指聚束兔毫制作毛笔。族,毛颖家族,此处指兔毛的毫丛。束缚,指约束、捆扎兔毛的毫丛,制成毛笔头。 ㉛ 使恬赐之汤沐:此言秦皇帝命蒙恬赏赐毛颖汤沐邑。汤沐,汤沐邑,指古代诸侯朝见天子时,住宿并沐浴斋戒的封地。 ㉜ 封诸管城:封之于管城。诸,“之于”的兼辞。管城,周初管叔的封地,故址在今河南郑县一带。此处双关,指将毛笔头安置于笔管上。 ㉝“颖为人”二句:此言毛颖记忆力甚强,思维敏捷。便,灵便,快捷。 ㉞ 结绳之代:指远古尚无文字,靠结绳记事的时代。 ㉟ 纂(zuǎn)录:编纂、记录。 ㊱“阴阳”句:此言毛颖对于九流百家的书籍全有详细记录。阴阳,阴阳家方术。占相,占天、骨相之术,观测天象与人之骨相,以推测吉凶。族氏,大概指家族谱系。山经,即山海经。地志,即地理志。字书,专门研究文字训诂的书籍。九流,指儒、道、阴阳、法、名、墨、纵横、杂、农九家。百家,诸子百家。天人之书,指研究天人之际的历史、哲学书籍。司马迁《报任安书》:“究天人之际,通古今之变。” ㊲“及至浮图”句:此言毛颖对于佛、道、外国的学说,均有记载。浮图,指佛教。老子,道家创始人老聃,此指《老子》(《道德经》)。外国,中国以外的异域。 ㊳ 通于当代之务:此言毛颖通晓当代事务。 ㊴ 簿书:簿册文书。 ㊵ 市井货钱注记:商贾交易的货物钱财的记录。市井,商贾交易的场所。《管子·小匡》:“处商必就市井。”注记,记载、记录。 ㊶ 惟上所使:任凭皇帝驱使。上,指皇帝。

㊷ 扶苏、胡亥：秦始皇之子。长子扶苏，先立为太子。始皇死后，为赵高、胡亥所害。少子胡亥，始皇死后，赵高扶持其为秦二世。 ㊸ 斯：秦始皇丞相李斯。 ㊹ 高：赵高，时任中车府令，掌管皇帝车驾。 ㊺ 国人：指国都中的人。泛指一般官员和用笔撰文的人。 ㊻ 中书令：中书谒者令，掌管尚书奏事，后掌机密，并代皇帝草拟诏书。此处双关语，指毛笔适宜书写文书等，故得皇帝的爱重与任用。 ㊼ 益狎：更加亲密。 ㊽ 以衡石自程：以衡石称量书（简牍）的限量。衡，秤。石，重量单位，一百二十斤。自程，指皇帝自定的每日审阅公文（简牍）的限量（指标）。 ㊾“颖与绛人陈玄”句：此言毛颖（笔）与墨、砚、纸，结成友善的伙伴。绛，今山西新绛县，当时以产墨闻名。陈玄，指墨。玄，黑色。墨以陈久为佳，故称。弘农，唐虢州弘农郡（今河南灵宝市），以产瓦砚闻名。陶，陶制砚台。泓，水，指墨水。会稽，今浙江绍兴。当时以产纸闻名。褚（chǔ）先生，谐音“楮先生”，指以楮树皮所造的纸。 ㊿ 相推致：互相推许、称道。 (51) 出处必偕：指毛颖与陈玄、陶泓、褚先生出行、退居，必定偕伴。出处，双关语。一指出仕与退隐；一指使用笔墨和不使用笔墨。 (52) 任使：委任、使用。双关语，指提笔写字。 (53) 免冠谢：脱帽谢恩，执行使命。双关语，指脱下笔帽写字。 (54) 发秃：年老头发脱落，双关语，指毛笔的笔毫磨秃。 (55)“吾尝谓君中书”二句：我曾说你适合书写，你今日怎么不适合书写了呢？中，适合，中用。 (56) 中国：指黄河流域中原一带。 (57) 夷狄：指古代中国以外的东部、北部游牧部族。 (58) 太史公曰：模仿《史记》所写的作者对历史人物之论赞。 (59) 封于毛：指周文王第八子名郑封于毛，在今河南宜阳县。 (60) 鲁、卫、毛、聃：西周初分封的四个姬姓诸侯国。鲁，周公旦封地，在今山东曲阜。卫，康叔封的封地，在今河南淇县。聃，聃季载封于沈，在今安徽阜阳西北。 (61) 毛公、毛遂：战国时赵国隐士。 (62)“《春秋》之成”三句：此言《春秋》完成以后，中山之族就被孔子弃绝闲置了，然而这并非是中山之族有什么罪。此指《春秋》写至鲁哀公十四年，孔子见获麟而泣，不再写作，故而弃笔不用了。

《毛颖传》是一篇诙谐戏谑的寓言文章，被后世赞为“千古奇文”（林纾《韩柳文研究法·韩文研究法》）。本文大约写于唐宪宗元和（806—820）初，时韩愈为国子博士。此文一出，议论哗然，嘲笑它怪奇讥戏，不近人情。贬为永州司马的柳宗元在元和五年（810）读到《毛颖传》，颇为推许，遂写了《韩愈所著〈毛颖传〉后题》，称此文谐而庄，乃借毛颖之遭遇，“以发其郁积”。宋叶梦得称：“退之所致意，亦正在‘中书君老不任事，今不中书’等数语，不徒作也。”（《避暑录话》卷下）故本文意蕴乃在讥刺统治者之少恩，抒发胸中郁愤之不平。

《毛颖传》为兔毫毛笔立传，采取拟人化的手法，将兔毫毛笔幻化为出身不凡、才能卓绝的人物，为其立传述功。从“毛颖者，中山人也”的开头，到“太史公曰”的结尾论评，中间叙写毛颖的身世变迁、才能事迹、悲剧结局，都故意仿照司马迁《史记》人物纪传的体例和写法，将拟人化的虚拟人物与写实性的历史叙事巧妙结合，在总体结构上遵循史传体例的规范。

《毛颖传》全文包括三部分：第一部分，追叙毛颖之先世渊源。从毛颖远祖明视辅佐大禹有功，封于东方卯地，位列十二神灵的神迹，到殷代的䨲“得神仙之术”、私下伴随嫦娥窃不死之药奔月，后世的东郭㕙“狡而善走”，被韩卢、宋鹊嫉根谋杀的悲剧，既突出了毛颖先祖的神明不凡，也为秉承先祖异质的毛颖所具有的才能和悲剧命运，预作暗示与铺垫。

第二部分，叙写毛颖出世（毛笔制作）的来历到衰老、弃置的人生悲剧遭遇。以非常郑重的笔调分三层叙写：

一层叙写毛颖的出世：秦始皇大将蒙恬南伐楚国，驻军中山，以大规模军事田猎威慑楚国。这是秦始皇兼并六国，一统天下的最后决战。大猎前以《连山易》占卜，预示将获得中山兔，取毫为笔，“简牍是资，天下同其书”，以至“秦其遂兼诸侯”的吉兆！于是蒙恬捕兔拔毫，献毛颖于章台宫，“聚其族而加束缚焉”，“赐之汤沐，而封诸管城”，以双关语的方式，讲述蒙恬聚束兔毫制成毛笔，赐予砚水，封存于笔管、笔帽之中，获得“亲宠任事”。这段故事，是根据蒙恬是始制笔者、而制笔兔毫以中山兔毫最佳的历史传说为基础，编述出的一段毛颖出世的寓言。而“亲宠任事”四字，总上启下，引出二、三两层文字的展开。

二层叙写毛颖“任事”的才能和性情：首先以“颖为人，强记而便敏”的拟人双关方式，概括毛笔强于记忆（记载）和便利敏捷（胜于简册刻录）的特征，显示出毛颖“自结绳之代以及秦事，无不纂录”的非凡才能，诸如九流百家的图书，佛、道、外国异域的学说，以及当代“官府簿书、市井货钱注记”种种事务，均能详悉记载，满足皇帝的任何驱使。毛颖的任事才能获得上自皇帝，下至国人的普遍爱重。从这一侧面，显示出毛笔书写便捷，长于记载所引发的革命性变化，在国家事务乃至个人生活的各种领域，发挥了广泛而积极的作用。进而赞颂了毛颖（毛笔）“善随人意”的仁和品性，毛颖与各类人群都有良好的亲和关系，不论“正直、邪曲、巧拙，一随其人”，显示出作为书写工具的毛笔所具有的便捷性和易用性，较之甲骨、简册刻录的不易掌握、不便使用，毛笔自然获得社会各类人群的广泛喜爱和普遍使用。最后，作者以调侃的口吻，强调毛颖（毛笔）的文化品性：“惟不喜武士，然见请亦时往。”武夫见请，实际是讲武夫弄笔，既可能是喜好文学者，也可能是附庸风雅者，毛颖也任随其意，忠实地完成它的本职职能。毛颖如此品性，显示出一副仁和博爱的君子心怀。作者于调侃中透出无限崇敬。

三层叙写毛颖因材见异而获得皇帝“亲宠”和因老见弃而被皇帝弃置的悲剧遭遇。“累拜中书令，与上益狎，上尝呼为‘中书君’。”标志着毛颖才能（毛笔功用）获得极度“亲宠”和重用，出任“中书令”职务，负责尚书奏事、军政机密、代皇帝草拟诏书等要务。皇帝决事，“宫人不得立左右，独颖与执烛者常侍”，毛颖（毛笔）作为皇帝书写要务的依托，成为皇帝贴身的机要侍从。作者又以调侃诙谐的笔调，显示毛笔与墨、砚、纸这“文房四宝”的亲密无间的关系。皇帝用笔书写，墨、砚、纸三者自然相伴，故而"上召颖，三人者不待诏辄俱往，上未尝怪焉"。笔致诙谐幽默，令人莞尔。然而，毛颖尽管"尽心"侍奉皇帝办事建功，一旦衰老，"上见其发秃，又所摹画不能称上意"，就遭到无情的嘲笑和摈弃，归于管城封邑，落得弃置不用的悲剧结局。毛颖如此，而其子孙繁衍，散处中国夷狄，唯中山毛氏能继承父祖事业；此乃指中山兔毫所制毛笔最佳，世代绵延，应用最广，能发挥毛颖事业之辉煌。

第三部分，假太史公曰的评论，为毛颖"尽心"任事而衰老头秃，遭皇帝摈弃的遭遇伸张不平，讥刺"秦之灭诸侯，颖与有功，赏不酬劳，以老见疏，秦真少恩哉"，为本文主旨画龙点睛，透露出作者内心的积郁和愤懑。

《毛颖传》虽是"设幻为文"的寓言作品，但其中所写每个人物与事件，都以历史或传说的素材为基础。作者运用隐语双关的奇特新颖的构思方式和表现手法，将寓言与史传两种文学因素巧妙结合，以拟人化方式将作为兔毫毛笔的毛颖比拟为人，将作为人的毛颖与作为笔的毛颖巧妙关合，如毛颖的身世，蒙恬制笔与始皇用笔的叙述，隐语双关运用得巧妙无迹；又如将笔的功能与人的才能，笔的秃废与人的弃废，亦物人双绾，巧妙无迹。作者借史传文学形式虚拟寓言式的《毛颖传》，以庄重的历史纪实形式叙写虚幻荒诞的寓言故事，既有史传的庄重，又有寓言的谐谑，寓庄于谐，寓谐于庄，亦庄亦谐，妙趣横生，引人深思，产生一种诙谐、滑稽的讽刺嘲谑的艺术效果。总之，以庄谐双绾的方式传达作者严肃的人生郁积和愤懑，表达了对统治者"少恩"的讥刺。《毛颖传》章法谨严，重点突出，其中第二部分的三层文字，为本文的中心和重点。中心部分，按制笔、用笔、笔的功能、笔的废弃四层安排材料。叙写脉络由远及近，叙写事态由盛而衰，叙写情绪由赞而愤。叙事、说明、抒情、议论巧妙综合，在叙述说明的过程中，深寓强烈的爱憎激情和是非评判。寓论于事，是司马迁《史记》叙事的突出特点。韩愈继承《史记》的艺术传统而加以变化，既寓论于事，又寓情于物。毛颖的遭遇，就是毛笔的故事；通过对毛颖这一形象与性格、命运的生动描述，深寓了对毛颖的才能、品性的赞美，对毛颖的衰老、弃置的伤心叹惋，表达了鲜明的是非评判和愤世嫉俗的激情。

（赵乃增）

送穷[①] 文

元和六年[②]正月乙丑晦[③]，主人使奴星[④]结柳作车[⑤]，缚草为船，载糗舆粻[⑥]，牛系轭下，引帆上樯，三揖穷鬼而告之曰："闻子行有日矣，鄙人不敢问所途，窃具船与车，备载糗粻，日吉时良，利行四方，子饭一盂，子啜一觞，携朋挈俦[7]，去故就新，驾尘彍风[8]，与电争先，子无底滞之尤[9]，我有资送之恩，子等有意于行乎？"

屏息潜听，如闻音声，若啸若啼，砉欻嘎嘤[10]，毛发尽竖，竦肩缩颈，疑有而无，久乃可明，若有言者曰："吾与子居，四十年余，子在孩提，吾不子愚[11]。子学子耕，求官与名，惟子是从，不变于初。门神户灵，我叱我呵[12]，包羞诡随[13]，志不在他。子迁南荒[14]，热烁湿蒸[15]，我非其乡，百鬼欺凌。太学四年[16]，朝齑暮盐[17]，惟我保汝，人皆汝嫌。自初及终，未始背汝，心无异谋，口绝行语。于何听闻，云我当去？是必夫子信谗，有间于予也。我鬼非人，安用车船，鼻齅臭香[18]，糗粻可捐。单独一身，谁为朋俦？子苟备知，可数已不[19]？子能尽言，可谓圣智，情状既露，敢不回避[20]。"

主人应之曰："子以吾为真不知也邪？子之朋俦，非六非四，在十去五，满七除二[21]。各有主张，私立名字，捩手覆羹[22]，转喉触讳[23]。凡所以使吾面目可憎[24]，语言无味者，皆子之志也。其名曰智穷，矫矫亢亢[25]，恶圆喜方[26]，羞为奸欺，不忍害伤；其次名曰学穷，傲数与名[27]，摘抉杳微[28]，高挹群言[29]，执神之机[30]；又其次曰文穷，不专一能，怪怪奇奇，不可时施[31]，只以自嬉；又其次曰命穷，影与形殊，面丑心妍，利居众后，责在人先[32]；又其次曰交穷，磨肌戛骨[33]，吐出心肝，企足以待，置我仇冤[34]。凡此五鬼，为吾五患，饥我寒我，兴讹造讪[35]，能使我迷，人莫能间[36]。朝悔其行，暮已复然。蝇营狗苟[37]，驱去复还。"

言未毕，五鬼相与张眼吐舌，跳踉偃仆[38]，抵掌顿脚[39]，失笑相顾。徐谓主人曰："子知我名，凡我所为[40]，驱我令去，小黠大痴[41]。人生一世，其久几何，吾立子名，百世不磨。小人君子，其心不同，惟乖于时[42]，乃与天通[43]。携持琬琰[44]，易一羊皮，饫于肥甘[45]，慕彼糠麋[46]。天下知子，谁过于予，虽遭斥逐，不忍子疏。谓予不信，请质《诗》《书》[47]。"

主人于是垂头丧气，上手称谢[48]，烧车与船，延之上座[49]。

〔注〕①送穷：旧俗正月晦日送穷。据宗懔《荆楚岁时记》："正月晦日，送穷鬼。"相传颛顼高辛时，宫中生一子，不着完衣，号为穷子，后于正月晦日死，宫中葬之。从此每至此日，人们在巷中祭他，称为"送穷"。此风俗在唐时仍然盛行。②元和六年：即811年。③正月乙丑晦：正月最后一天。晦，月末一日。④奴星：奴仆名星。⑤结柳作车：用柳枝制作车子。⑥载糗舆粻(zhāng)：用车装载干粮。糗，干粮。粻，米粮。⑦携朋挈俦：携带朋友伙伴。挈，带领。俦，伙伴。⑧驾尘彍(kuò)风：指牛车奔驰扬起尘土，风吹船帆而急驶。彍，张大。⑨底滞之尤：滞留不去的过失。⑩砉欻(xū xū)嘤嘤(yōu yīng)：砉欻，细小窸窣声。嘤嘤，细小声。⑪吾不子愚：我不愚弄你。⑫我叱我呵：谓由我来呵斥统管。⑬包羞诡随：忍受羞辱而曲从人意。⑭子迁南荒：指贞元十九年(803)冬作者贬为阳山令。⑮热烁湿蒸：被酷热所伤，被湿气熏蒸。⑯太学四年：韩愈元和元年起任国子博士分司东都，至四年改都官员外郎，前后四年。⑰朝齑(jī)暮盐：早晚只有咸菜和盐下饭。齑，细切的咸菜。⑱鼻齅(xiù)臭香：指鬼们接受祭享时仅闻食物的气味。齅，以鼻闻味。⑲可数已不(fǒu)：谓可以数一数吗？已，同"以"。不，同"否"。⑳回避：躲开。㉑"非六"三句：即五个。㉒捩(liè)手覆羹：扭手打翻了羹汤。捩，扭转。㉓转喉触讳：开口说话就犯忌讳。㉔面目可憎：面貌令人讨厌。㉕矫矫亢亢：形容刚强正直。㉖恶圆喜方：讨厌圆滑喜爱方正。㉗傲数与名：谓轻视一般术数与玩弄概念的学问。数，术数，技艺。名，名相，概念。㉘摘抉杳微：揭示发掘幽深的道理。㉙高挹群言：居高临下酌取百家之言。挹，舀，酌取。㉚执神之机：把握神妙的关键。㉛时施：施用于时。㉜"利居"二句：两句谓自己获利在众人之后，受责难在别人之前。㉝磨肌戛(jiá)骨：磨去肌肉，刮出骨头，形容袒露真诚。㉞置我仇冤：置我于冤仇之中。㉟兴讹造讪：散布谣言，制造诽谤。㊱人莫能间：没有人能加以离间。㊲蝇营狗苟：像苍蝇一样飞来飞去，如狗一样苟且偷生。㊳跳踉(liáng)偃仆：跳踉，蹦跳。偃仆，仆倒。㊴抵掌顿脚：击掌跺脚，形容五鬼张狂谐笑之态。㊵凡我所为：我所做的一切。㊶小黠(xiá)大痴：有小聪明而实际上非常愚蠢。㊷惟乖于时：虽违背时俗。惟，通"虽"。㊸乃与天通：却与天意相通。㊹琬琰(yǎn)：美玉。㊺饫(yù)于肥甘：饱足了美好的食物。㊻慕彼糠糜：羡慕得到那糠粥。㊼请质《诗》《书》：请与《诗》《书》相对证。㊽上手称谢：举手谢罪。㊾延之上座：请他坐在上座。

韩愈是一个汲汲于王朝中兴、志欲重振儒学道统的人，但自贞元八年(792)中进士后，一直到元和时任国子博士期间，长期困于仕途，心境苦闷愤激。虽志大虑深却投闲置散，因才高德美而动辄遭忌，以至到了"公不见信于人，私不见助于友"，"冬暖而儿号寒，年丰而妻啼饥"(《进学解》)的困顿穷愁境地，于是他在元和六年正月，借传统的"送穷"习俗，来发泄心中的一腔忧愤，写了这篇传诵千古的奇文。

第一段以郑重庄严的态度煞有介事地写"送穷"仪式，他让仆人用柳枝作车，缚草为船，并准备了充足的干粮，"牛系轭下，引帆上樯"，向穷鬼作揖相送。说自己听闻穷鬼要走，不敢(其实根本不想)问所去的地方，因此特意准备车船和干粮，选择良辰吉日，希望穷鬼吃饱喝足，“携朋挈俦，去故就新”，像风飞电驶那样赶快离去，好让自己一身轻松。“子无底滞之尤，我有资送之恩，子等有意于行乎?”三句从内容上看表现出作者急于送走穷鬼过上轻松自由生活的愿望，而从结构上看又引出穷鬼们的一番争议，是非常巧妙的过渡。

第二段写穷鬼十分惊耸，并说出了一段出乎意料的驳难。实际上作者是借穷鬼之口诉说自己四十年来的坎坷经历。“子在孩提，吾不子愚”，指作者三岁丧父，就养于兄嫂，十岁时随兄迁居南方，而十二岁时兄殁南方，因此随寡嫂艰辛度日，穷鬼就在这时紧紧与作者相附。后来“子学子耕，求官与名”，穷鬼更是“惟子是从，不变于初”，作者经历了“四举于礼部乃一得，三选于吏部卒无成”(《上宰相书》)的挫折，在这样的蹭蹬之中，即使作者对穷鬼们大声呵斥，而穷鬼竟然包羞忍耻，“志不在他”。后来作者终于入朝做了监察御史，仅三个月就因为为民请命而遭非罪之罪，贬为阳山县令，在那“热烁湿蒸”的瘴疠之乡，穷鬼们也一样遭受了“百鬼欺凌”的境遇。在太学任博士的四年时间里，作者生活清贫，“朝齑暮盐”，却遭到猜疑诽谤，也只有穷鬼们“惟我保汝，人皆汝嫌。自初及终，未始背汝，心无异谋，口绝行语”。表面上看穷鬼们是表现出忠贞不渝紧紧跟随的品质，实际的用意则是表现出作者无法摆脱穷鬼走出困顿的悲苦命运。因此穷鬼的话听起来越有理有据，而实际上反衬作者的内心就更加痛苦无奈。穷鬼们在占有充分的理由后，向作者反问:“于何听闻，云我当去?”并认为这是由于别有用心的离间。因为鬼不是人，所以不需车船;因为鬼只享受食物的馨香，因此干粮可以捐弃。并说他是单独一身没有朋友，务必请作者说明清楚，表示“情状既露”，不打算回避。鬼的咄咄逼人，活灵活现，既风趣幽默，让人忍俊不禁，又引出作者的一番义正词严的驳责。

第三段写作者对穷鬼的责难。先以“非六非四，在十去五，满七除二”的谜语幽默而醒目地说穷鬼的朋友有“五”个。他们的宗旨是让作者“捩手覆羹，转喉触讳”，面貌令人讨厌，说话没有意味。第一个穷鬼叫“智穷”，他让作者刚强正直讨厌圆滑而偏爱方正，将奸诈欺骗视为可耻，不忍心伤害别人。这本是一个正人君子应具的美德，然而却让作者陷入“智穷”的绝境，足见当时是怎样的一个是非不分黑白颠倒的世界！接下来的诸鬼都是运用正话反说。第二个穷鬼叫“学穷”，他让作者轻视术数与玩弄概念的时髦学问，而致力于发掘高深幽渺的道理，酌取百家之言，要把握神妙的关键。第三个是“文穷”，让作者拥有多方面的专长，为文奇奇怪怪，与众不同，却不堪世用，只能自我消遣。体现出孔子“吾不试，故艺”那样的深沉慨叹。第四个是“命穷”，让作者“影与形殊，面丑心妍，利居众后，责在人先”，这简直是“命与仇谋”啊！最后是“交穷”，即使作者真诚待人，可换来的却是恩将仇报，陷入“私不见信于友”的尴尬境地。这五鬼就是作者最大的“五患”，他们“饥我寒我，兴讹造讪，能使我迷，人莫能间”。这是多么沉痛的概括，而这些穷鬼又是“朝悔其行，暮已复然。蝇营狗苟，驱去复还”，让作者无法摆脱他们的控制。作者的这一通责骂，实际上是为了展现自己光明正大的胸怀，高远幽洁的旨趣，忠诚坚贞的操守，勇于创新的精神，无愧于天地的形象，在颠倒中展开文思，形成奇趣，用嬉笑怒骂的方式表现自己内心的纯洁高尚和庄严端正，因而幽默诙谐中见出作者的自尊与自负，而自尊自负的背后又是惨痛的血泪，这是作者对命运的一腔悲愤淋漓的控诉。

第四段写面对作者犀利的责骂，穷鬼们反而更加振振有词，足见韩文在变化中不断掀起高潮的艺术手腕。作为论难体，主人的驳词已经将文势推向了顶峰，本应以五鬼的败落收场，可是韩文气势充沛，波澜横生，却另出新境。先描写五鬼被切中要害的责骂后的表现：“张眼吐舌，跳踉偃仆，抵掌顿脚，失笑相顾。”这正是上文所产生的必然效果，但这只是洄澜的暂时停顿，五鬼迅速反驳，以更大的声势和理由压住作者的驳难，作者企图送走他们是小聪明，其实非常愚蠢，因为人生在世只有几十年的光阴，所以五鬼这是在为作者树立百世不磨的大名，五鬼所说的“惟乖于时，乃与天通”却也是真谛，在这个颠倒的社会中，都是“古来圣贤皆寂寞”，唯有死后享美名！五鬼们还说手里虽有美玉，却想来换一张羊皮；尽管有肥肉甘旨，却羡慕糠糟稀粥；虽然遭到作者的斥逐，但不忍疏远离去，如果不信可以查证诗书，因为“君子固穷”是儒家的人生宿命。穷鬼占据了儒家社会政治的最高伦理准则，所以作者只得认输，“垂头丧气，上手称谢，烧车与船，延之上座”。于是一场庄重肃穆的“送穷”竟然变成了无可奈何的“留穷”。文章也就在一落千丈后，在余韵缭绕中留下无尽的回味。

韩愈的《送穷文》显然是在模仿扬雄的《逐贫赋》，但在立意上超过了后者。谢榛说：“扬子云《逐贫赋》曰：‘人皆文绣，予褐不完；人皆稻粱，我独藜飧。贫无宝玩，予何为欢？’此作辞虽古老，意则鄙俗。其心急于富贵，所以终仕新莽，见笑于穷鬼多矣。”（《四溟诗话》卷四）指出扬雄的立意着眼于个人的遭遇，追求富贵之心急切，所以显得卑劣鄙俗，而韩愈则揭示出正人君子光明磊落却反遭困顿失意的命运这一不合理的社会现实，并表现出君子固穷坚贞中正的品行。黄庭坚《寄晁元忠十首·之二》说：“子云赋《逐贫》，退之文《送穷》。二作虽类俳，颇见壮士胸。”用俳谐滑稽的文笔来表现壮士胸怀，这一评语对扬赋似有欠妥，而用来评韩文则最为恰当。

在语言表达方面，韩愈采取四言韵语为主的形式，全文一百五十二句，其中四言句一百二十六句，占绝对优势，但韩愈又灵活地组织进散句，恰当地使用了对偶与排比，使文气流畅自然又富于波澜。作者善于写生刻画，对五鬼的神态、语言、心理的描摹非常传神，能营造出鬼气阴森、诙谐怪谲的氛围。在词语锤炼上更见功力，如本文中就有“去故就新”“面目可憎”“语言无味”“蝇营狗苟”“垂头丧气”等为人熟知的成语，表现出韩愈务去陈言善于创新的高超的语言驾驭能力。总之，全文运用讽刺反语笔法，既富于幽默情趣，又善于寓庄于谐，形成诙谲诡怪的独特风格。

（吴振华）

鳄　鱼　文

维年月日[①]，潮州刺史韩愈，使军事衙推[②]秦济，以羊一、猪一，投恶溪之潭水，以与鳄鱼食，而告之曰：

昔先王既有天下，列[③]山泽，罔绳[④]擉刃[⑤]，以除虫蛇恶物为民害者，驱而出之四海之外。及后王德薄[⑥]，不能远有，则江汉之间，尚皆弃之以与蛮夷楚越，况潮岭海[⑦]之间，去京师万里哉！鳄鱼之涵淹[⑧]卵育[⑨]于此，亦固其所。

今天子嗣唐位，神圣慈武，四海之外，六合[⑩]之内，皆抚而有之，况禹迹所揜[⑪]，扬州之近地，刺史、县令之所治，出贡赋以供天地宗庙百神之祀之壤者哉！鳄鱼其不可与刺史杂处此土也。刺史受天子命，守此土，治此民，而鳄鱼睅然[⑫]不安溪潭，据处食民畜、熊、豕[⑬]、鹿、獐[⑭]，以肥其身，以种[⑮]其子孙，与刺史亢拒[⑯]，争为长雄。刺史虽驽弱，亦安肯为鳄鱼低首下心，伈伈[⑰]睍睍[⑱]，为民吏羞，以偷活于此邪！且承天子命以来为吏，固其势不得不与鳄鱼辨。

鳄鱼有知，其听刺史言：潮之州，大海在其南，鲸鹏之大，虾蟹之细，无不容归，以生以食，鳄鱼朝发而夕至也。今与鳄鱼约：尽三日，其率丑类南徙于海，以避天子之命吏；三日不能，至五日；五日不能，至七日；七日不能，是终不肯徙也。是不有刺史，听从其言也；不然，则是鳄鱼冥顽不灵，刺史虽有言，不闻不知也。夫傲天子之命吏，不听其言，不徙以避之，与冥顽不灵而为民物害者，皆可杀！刺史则选材技吏民，操强弓毒矢，以与鳄鱼从事⑲，必尽杀乃止。其无悔！

〔注〕 ① 维年月日：维，发语词，无实义。年月日，本应标明具体纪年和月日时间，文属拟稿，从略。 ② 军事衙推：《新唐书·百官志》作"军衙推"，刺史下属官。 ③ 列：列序、列位之列。 ④ 罔绳：以绳结网捕，罔通网，音意同。 ⑤ 擉(chuō)刃：以刃刺。 ⑥ 德薄：道德低下。古人以正心修身齐家治国平天下为目的，所以道德水平低下则不能统治天下。 ⑦ 潮岭海：潮州、岭南、南海，泛指今广东潮汕沿海地区。 ⑧ 涵淹：隐蔽生存。 ⑨ 卵育：鳄鱼卵生，此指鳄鱼以卵繁衍后代。 ⑩ 六合：上下东西南北，指天下或国家。 ⑪ 揜(yǎn)：夺取，据有。 ⑫ 睅(hàn)然：瞪大眼睛的样子。 ⑬ 豕：猪。 ⑭ 獐(zhāng)：獐子，哺乳动物，似鹿而小。 ⑮ 种：繁育。 ⑯ 亢拒：抗拒。 ⑰ 伈(xǐn)伈：胆怯、惧怕。⑱ 𪾢(xiàn)𪾢：小心胆怯。 ⑲ 从事：周旋，此指刺杀。

此文元和十四年(819)作于潮州。

陕西扶风法门寺中藏有佛指骨一节，每三十年开启一次。佛家言，开启时，人和年丰(一说是人寿年丰)。唐宪宗李纯派中使杜英奇率宫人迎佛骨入宫供奉三日，其心理可想而知。韩愈上《论佛骨表》，痛论其非。甚至申言："佛如有灵，能作祸祟，凡有殃咎，宜加臣身。"其确认佛事荒唐，其忠于皇室之诚恳，溢于言表，令后人敛衽以敬。但是，中唐之际，朝纲大坏，社会政治伦理陷入极度不规则危机，错误的社会现象会被极度地推演与崇奉，正确的社会行为常常被极度地批评与打击。

韩愈正是处在这样一个无可奈何的社会政治格局中，于是，"一封朝奏九重天，夕贬潮阳路八千"便是无可奈何的然而也是必然的现实。有趣的是，韩愈到潮州后，仍然以"道济天下之溺"的雄心，追求恢复儒家道统，拯救唐王朝的颓运。至于《鳄鱼文》(亦作《祭鳄鱼文》)以及韩愈的其他文章能否完成这个社会历史使命，是另外一个问题，不在品读范围之内。

《鳄鱼文》共四个层次。首告作文之由，交待时间、地点、人物、事件。人物是韩愈、秦济，引人注目的是郑重其事地加上官衔。按照儒家的社会伦理观念，名正言顺，循名责实，刺史是地方行政长官，掌管数县，职责是为皇室征赋税、驱邪恶、安生民。因此，刺史加上军事衙推为下文的"皆可杀""必尽杀乃止"张目，堂堂正正，浩气凛然。但是，杀气之前又以羊一猪一"投恶溪之潭水，以与鳄鱼食"，又有点滑稽，就是"谐"。其实，这"谐"中亦藏着"庄"。这就是儒家主张的先化而后刑，先礼而后兵。开篇数语，先庄后谐，谐中见庄。这亦庄亦谐，亦谐亦庄，就是本文的艺术特色。

第二个层次是讲历史。儒家主张法先王和德治，所以于后王则时有不恭。

这里先王据有天下，对统治下所有山泽中存在虫蛇恶物以网捕，以刃刺，务驱之于四海之外，远走他荒。既然如此，言外的先王则德高望重，治国有方。后王德薄，统治的地域不能广远，甚至连江汉之间（今长江、汉水一带）都放弃给了蛮夷楚越。这里的蛮夷是民族的属性，楚越是地理的概念。是说后王连江汉都统治不了，更不必说岭南滨海距京师长安万里之遥了。本来，强调法先王，强调德，庄严神圣，然而笔锋一转，在后王德薄之后带出鳄鱼在潮岭海之间"涵淹卵育"是理所当然，亦固其所。由庄转谐，欲擒故纵。在行文上先正面，后反面，承反面而退步，摇曳变化。需要指出的是，这里的"先生""后王""蛮夷""楚越"以及下文的"今天子"等概念，皆宜活看。这些概念既是固化的，又是泛化的。不必韩之前的"王"都是"先王"，也不必尧舜之后的"王"都是"后王"。不必"蛮夷"都属于"楚越"，而"楚越"亦不尽都是"蛮夷"。韩文常常是"情"的演绎，而不是"理"的推演。因此，"先王"就是公认的圣主，"后王"就是公认的昏君，"蛮夷"就是王化不到或拒绝王化的边远臣民，与民族属性并无必然的联系，与楚越的地理概念亦并不等同。本层次在文气上不断降级，降至鳄鱼可以在潮岭海生存繁育，为下文的"今天子"之世鳄鱼不可以生存作铺垫。

第三层是"今天子"之世的现实。毫无疑问，这个"现实"是承继着上文的"历史"的。有趣的是，"今天子"却不是"德薄"的后王，而是与"先王"一致。所以在"今天子嗣唐位"之后，缀上"神圣慈武"四个字。"神圣慈武"是就道德与威望而言的，就是通常说的德高望重。因此，四海之外，六合之内，都在掌控之内。这里的疑问是潮岭海与扬州何干？韩愈好用古字古事。中国古代将全国分为九州，整个南半个中国仅扬、荆二州，习惯上的荆州距中原较近，唯扬州为远，所以说四海六合都在拥有之列，何况大禹行踪所至的扬州，自然就是"近地"，潮岭海距扬州又为近，必然是今天统治的范畴了。那么，这些地方的刺史、县令为天子治理，是"出贡赋以供天地宗庙百神之祀"的地方。终韩愈一生，始终在主观上希望恢复儒家的社会政治伦理，也就是所谓"道统"来达到社会秩序的稳定和安宁。这里的祭祀天地、宗庙、百神，实际上就是指朝廷的政治生活。所谓宗庙，亦称太庙，是皇帝供奉祖宗的地方，古人将宗庙与朝廷、天下国家视为一体。

我们感兴趣的是韩愈文章的气势滔滔。这个气势通过句子长短来构成。几个短句子加上"出贡赋以供天地宗庙百神之祀之壤者哉"长句，造成如骏马奔驰一勒一纵的旋律，令人叹为观止！"鳄鱼其不可与刺史杂处此土也"，戛然而止，将奔纵的气势带住。转出既理直气壮然而又十分诙谐的态势，与鳄鱼对话，使行文由直而曲，变化多端。"刺史受天子命，守此土，治此民"，正写刺史的职责，而鳄鱼“据处食民畜、熊、豕、鹿、獐，以肥其身，以种其子孙”，也是正写鳄鱼的正常的生活，但这两种各自的属性却造成了巨大的社会冲突，“与刺史亢拒，争为长雄”，无法调和，只有对抗。本来，以刺史之实力，与鳄鱼战，是不成对比的，但韩文却曲曲折折，从退一步引出刺史“虽驽弱”，使文气一宕。但又不“肯为鳄鱼低首下心”，决不“偷活于此”，豪气大振。再加一个“且”字，引出“承天子命”作后盾，“固其势不得不与鳄鱼辨”。辨别是非，决一雌雄。确乎又是以谐写庄。

韩文不仅亦庄亦谐、亦曲亦直，而且用词极其准确，“睅然不安溪潭”的睅然，使人目见鳄鱼瞪着圆滚滚的大眼在溪潭骚动的样子。“伈伈睍睍”，活画出胆怯气柔的心态。

如果说前边是从历史与现实、社会政治与个人心态进行文脉的铺垫的话，那么，第四个层次则进入全文的核心：向鳄鱼宣战。值得注意的是，韩愈的宣战也追求一个过程，这就是一劝二逼三杀，刚柔相济。首先细心给鳄鱼寻找安身之所：潮州之南的大海空间之大，足以容身；上有鲸鹏之大，下有虾蟹之细，物产丰饶，可以养生；路程之近，可以“朝发而夕至”。可谓谋划周细，体贴入微。刺史的条件宽厚，可三日走，亦可以五日走，确有他故亦可七日走，让之又让，仁至义尽。“七日不能，是终不肯徙也。”忍无可忍，不得不“逼”。不过，“逼”也有理有威，逐步递进。第一步是“不有刺史，听从其言也”。句子有跳跃。不有刺史，自然也未闻其言。不知刺史，不闻其言，尚无对抗性质。第二步是“鳄鱼冥顽不灵”，知刺史，亦闻其言而故作不闻不知，则忍无可忍。既然如此，无可救药，只有开杀戒以灭之。杀的理由是：“傲天子之命吏”“不听其言”“不徙以避之”“冥顽不灵”“为民物害”五项，内容上理由充足，行文上一一照应前文，关合紧密，一气呵成。既然“可杀”，那就必杀，“尽杀乃止”！然杀亦有术，一选“材技吏民”，二操“强弓毒矢”。在“尽杀乃止”之后，加上“其无悔”三字，意态横生。一方面保持了斩钉截铁、戛然而止的行文态势，另一方面又添加了亦刚亦柔亦庄亦谐的韵味。有余音绕梁，三日不绝的效果。

至于有人说鳄鱼真的迁徙了，那是好事者的雅兴，与《鳄鱼文》本身无关，兹不赘。

(汤贵仁)

御史台[1]上论天旱人饥状

右。臣伏以今年已来，京畿诸县[2]，夏逢亢旱[3]，秋又早霜，田种所收，十不存一。陛下恩逾慈母，仁过春阳，租赋之间，例皆蠲免[4]，所征至少，所放[5]至多。上恩虽弘，下困犹甚。

至闻有弃子逐妻以求口食[⑥]，坼[⑦]屋伐树以纳税钱，寒馁[⑧]道途，毙踣沟壑[⑨]。有者皆已输纳，无者徒被追征。臣愚以为此皆群臣之所未言，陛下之所未知者也。

臣窃见陛下怜念黎元[⑩]，同于赤子。至或犯法当戮，犹且宽而宥[⑪]之，况此无辜之人，岂有知而不救？又京师者，四方之腹心，国家之根本，其百姓实宜倍加忧恤[⑫]。今瑞雪频降，来年必丰，急之则得少而人伤，缓之则事存而利远。伏乞特敕[⑬]京兆府[⑭]：应今年税钱及草粟等在百姓腹内[⑮]征未得者，并且停征，容至来年蚕麦，庶得少有存立[⑯]。

臣至陋至愚，无所知识，受恩思效，有见辄言，无任[⑰]恳款[⑱]惭惧之至。谨录奏闻，谨奏。

〔注〕 ①御史台：专司纠察弹劾的官署。 ②京畿诸县：古代王都所辖千里之地。唐代称京畿采访使所属各州县。本篇实指京兆府所辖各县。 ③亢(kàng)旱：大旱。 ④蠲(juān)免：免除。 ⑤放：免去。 ⑥口食：口粮。 ⑦坼：同“拆”。 ⑧寒馁：冻饿。 ⑨毙踣(bó)沟壑：倒毙在路边的水沟坑谷中。 ⑩黎元：百姓。 ⑪宥(yòu)：宽赦。 ⑫忧恤：忧念体恤。 ⑬敕：皇帝的命令，这里用作动词。 ⑭京兆府：管理京师及所属各县的行政机构。 ⑮腹内：犹“名下”，当时俗语。 ⑯少有存立：稍有借以生存的生活资料。 ⑰无任：不胜。 ⑱恳款：诚恳。

贞元十七年(801)冬天，韩愈在经历长达十年的痛苦等待之后，终于入仕为官，任四门博士。贞元十九年冬，因御史中丞李汶的推荐，擢任监察御史。这是一个品级虽不高(正八品下)却负有纠弹臣僚、论谏皇帝过失之职责的“喉舌之官”。这年正月到七月，京畿地区大旱。时任京兆尹的李实却“方务聚敛征求，以给进奉。每奏对，辄曰‘今年虽旱，而谷甚好’，由是租税皆不免。人穷至坏屋卖瓦木贷麦苗以应官。优人成辅端为谣嘲之，实闻之，奏辅端诽谤朝政，杖杀之”(韩愈《顺宗实录》卷一)。出于身为“喉舌之官”的政治责任感和对百姓疾苦的同情，他和同在御史台为官的张署、李方叔联名上了这道锋芒直指权臣李实的奏状。

一开头，便用朴实无华、精练概括的语言揭示今年京畿地区“亢旱”的严重情况。“夏逢亢旱，秋又早霜，田种所收，十不存一。”这与李实所谎报的“今年虽旱，而谷甚好”形成鲜明对照，有力地戳穿了他的谎言。在久旱之下，朝廷曾下令停宏辞试与贡举，并曾有按例减免租税之举，韩愈颂称此举体现了皇帝的仁爱恩惠，“所征至少，所放至多”，这自然是使话说得尽量婉转，避免触犯皇帝的忌讳，减少来自皇帝方面的阻力。接着,却笔锋陡转,用“上恩虽弘,下困犹甚”八个字揭出上恩不能下达,减免徒成虚语,百姓困苦犹甚的实际状况,并将“下困犹甚”的情形怵目惊心地展示出来:“弃子逐妻以求口食,坼屋伐树以纳税钱,寒馁道途,毙踣沟壑。有者皆已输纳,无者徒被追征。”这里所展示的“人饥”状况,已经严重到了百姓无以为生、难以忍受的程度。最后一针见血地指出:这种“天旱人饥”的严重情况“皆群臣之所未言,陛下之所未知者也”。群臣未言,是知而未言,是为失责,这里首当其冲的是主管长官京兆尹李实,皇帝未知,是由于“群臣未言”。用“未知”二字开脱皇帝的昏聩与失察,用心可谓良苦,但皇帝未必领情。整个一段,用了一系列整齐的对偶句,如“夏逢亢旱,秋又早霜”,“上恩虽弘,下困犹甚”,“弃子逐妻以求口食,坼屋伐树以纳税钱,寒馁道途,毙踣沟壑”,“有者皆已输纳,无者徒被追征”,对渲染“天旱人饥”的严重状况和百姓的困绝之境起着重要作用。

接下来一段,分三层论述解决问题的必要性和提出具体办法。先以颂为劝,强调皇帝怜念百姓,视同赤子,有过尚且宽赦,无辜更应拯救。点出“知”字,应上段结尾之“未知”。暗示“未知”犹可原谅,“知而不赦”,则岂仁君所为。话说得虽平和却含锋芒。次则强调京师的特殊重要地位,以说明这一地区的百姓理应“倍加忧恤”。“腹心”“根本”之语,突出其对国家安危、政权稳定的特殊重要性。第三层则强调“今瑞雪频降,来年必丰”,以说明继续急征暴敛必然导致“得少而人伤”,而缓征则“事存而利远”。三层分别以三个不同方面(皇帝本身职责、京师特殊地位、今明两年收成)说明缓征的必要性,然后便顺理成章地引出具体措施:停征今年税钱及草粟等在百姓名下征未得者,宽限到明春蚕麦收成时。使百姓稍解目前的困境,得以勉强过活,明点“特敕京兆府”,显示急征暴敛的责任者就是京兆尹李实。

这是韩愈入仕后第一篇公开为民请命,将矛头直接指向皇帝的宠臣李实的奏状。在韩文中,这类关心百姓疾苦的文章并不多见。论者或谓人民疾苦似乎只有成为当时一个政治问题的时候,才会引起韩愈的注意。这种看法当然有一定的道理。但与此状同一年作的《赠崔复州序》《送许郢州序》中,韩愈也同样表达了对地方官“民就穷而敛愈急”“财已竭而敛不休”的尖锐指责。这可能和他初入仕途、锋芒正锐有关,也说明这一时期他对这一问题有较为集中的思考与关切。这篇奏状上于刚任命为监察御史时,作为皇帝的喉舌,自然更有责任反映上述严重情况。篇末所说的“受恩思效,有见辄言”,便鲜明地表明了自己的政治责任感。以李实对优人成辅端的报复,韩愈并非不知道上此奏状的危险,但他还是义无反顾地这样做了。这说明韩愈虽然热中功名，但当情况已严重到不能不站出来说话时，他也不怕丢官。果然，上奏状后不久，他就被罢职，贬到远在岭南蛮荒之地的连州阳山去当县令，与他联名上状的张署、李方叔也一齐被贬。林云铭说："公才迁御史，即以缓征为请，其意以天旱人饥之时，正供尚不能输，何况额外？其中回护斡旋，语意亦甚和婉。但当天子患贫，小人固宠之时，安能以不入耳之谈为民请命乎？阳山之贬必有以公市恩于民，使民归怨于上语而行谗者。猜忌如德宗，未有不信而加罪也。"（《韩文起》卷二）分析颇有见地。李实的聚敛进奉，正是为了迎合德宗敛财贪得的需要。韩愈上奏揭露京畿地区天旱人饥，百姓因急征暴敛而"寒馁道途，毙踣沟壑"的惨痛景象，不但触怒了聚敛以固宠的李实，也触及贪财而喜进奉的德宗的忌讳，遭阳山之贬是必然的。

和韩愈一部分刻意为文，怪怪奇奇的篇章不同，这篇奏状通体明白晓畅，揭示"天旱人饥"的严重现象具体而有力，论析亦精要而切当。　（刘学锴）

论佛骨表

臣某言[①]：伏以佛者[②]，夷狄之一法耳[③]，自后汉时流入中国[④]，上古未尝有也。昔者黄帝在位百年，年百一十岁；少昊在位八十年，年百岁；颛顼在位七十九年，年九十八岁；帝喾在位七十年，年百五岁；帝尧在位九十八年，年百一十八岁；帝舜及禹，年皆百岁[⑤]。此时天下太平，百姓安乐寿考[⑥]，然而中国未有佛也。其后殷汤[⑦]亦年百岁，汤孙太戊[⑧]在位七十五年，武丁[⑨]在位五十九年，书史不言其年寿所极，推其年数，盖亦俱不减百岁。周文王[⑩]年九十七岁，武王[⑪]年九十三岁，穆王[⑫]在位百年。此时佛法亦未入中国，非因事佛而致然[⑬]也。

汉明帝[⑭]时，始有佛法，明帝在位，才十八年耳。其后乱亡相继，运祚不长[⑮]。宋、齐、梁、陈、元魏已下[⑯]，事佛渐谨[⑰]，年代尤促。惟梁武帝[⑱]在位四十八年，前后三度舍身施佛[⑲]，宗庙之祭，不用牲牢[⑳]，昼日一食，止于菜果[㉑]，其后竟为侯景所逼，饿死台城[㉒]，国亦寻灭。事佛求福，乃更得祸。由此观之，佛不足事，亦可知矣。

高祖始受隋禅，则议除之[㉓]。当时群臣材识不远[㉔]，不能深知先王之道，古今之宜，推阐圣明[25]，以救斯弊[26]，其事遂止，臣常恨焉。伏维睿圣文武皇帝[27]陛下，神圣英武，数千百年已来，未有伦比。即位之初，即不许度[28]人为僧尼道士，又不许创立寺观。臣常以为高祖之志，必行于陛下之手，今纵未能即行，岂可恣之[29]转令盛也？

今闻陛下令群僧迎佛骨于凤翔[30]，御楼以观，舁入大内[31]，又令诸寺递[32]迎供养。臣虽至愚，必知陛下不惑于佛，作此崇奉，以祈福祥也。直[33]以年丰人乐，徇[34]人之心，为京都士庶设诡异之观[35]，戏玩之具耳。安有圣明若此，而肯信此等事哉！然百姓愚冥[36]，易惑难晓，苟见陛下如此，将谓真心事佛，皆云："天子大圣，犹一心敬信；百姓何人，岂合[37]更惜身命！"焚顶烧指[38]，百十为群，解衣散钱[39]，自朝至暮，转相仿效，惟恐后时，老少奔波，弃其业次[40]。若不即加禁遏，更历诸寺，必有断臂脔身[41]以为供养者。伤风败俗，传笑四方，非细事也。

夫佛[42]本夷狄之人，与中国言语不通，衣服殊制[43]；口不言先王之法言[44]，身不服先王之法服[45]；不知君臣之义，父子之情[46]。假如其身至今尚在，奉其国命，来朝京师，陛下容而接之[47]，不过宣政[48]一见，礼宾一设[49]，赐衣一袭[50]，卫而出之于境，不令惑众也。况其身死已久，枯朽之骨，凶秽之余[51]，岂宜令入宫禁？

孔子曰："敬鬼神而远之[52]。"古之诸侯，行吊于其国[53]，尚令巫祝先以桃茢祓除不祥[54]，然后进吊。今无故取朽秽之物，亲临观之，巫祝不先，桃茢不用，群臣不言其非，御史不举其失，臣实耻之。乞以此骨付之有司，投诸水火[55]，永绝根本，断天下之疑，绝后代之惑。使天下之人，知大圣人之所作为，出于寻常万万[56]也。岂不盛哉！岂不快哉！佛如有灵，能作祸祟[57]，凡有殃咎[58]，宜加臣身，上天鉴临[59]，臣不怨悔。无任感激恳悃之至[60]，谨奉表以闻。臣某诚惶诚恐[61]。

〔注〕 ① 臣某言：臣下奏表起头的一种格式，"某"作为写奏表者的代词。此处"臣某言"

相当于"臣愈言"。　② 伏以佛者：伏，伏首。以，认为。封建时代下时上的敬词，表示俯伏着讲话。佛，本文的"佛"字有二解：如标题的"佛"字，指佛教始祖释迦牟尼；如本句的"佛"字，指佛教。　③ 夷狄之一法耳：夷狄，古时对少数民族的称呼，这里指天竺(今印度)。佛教发源于印度，故云。法，教法，法术，这里指宗教。　④ 自后汉时流入中国：佛教东汉时传入中国，这是传统的说法。今人考证，比这更早。　⑤"昔者"至"年皆百岁"十二句：黄帝、少昊(hào)、颛顼(zhuān xū)、帝喾(kù)、尧、舜、禹，都是传说中的远古帝王名。他们的在位年数与活的岁数，虽见于《史记·五帝本纪》《夏本纪》等有关文献，古人也信以为真，但今天看来毕竟是传说而已。　⑥ 寿考：长寿。考，老。　⑦ 殷汤：即商汤，汤消灭夏桀，建立了商王朝，后来盘庚迁都于殷，又称殷朝。　⑧ 太戊：汤的第四代孙，曾中兴殷朝。　⑨ 武丁：汤的第十代孙，曾使殷朝大治。　⑩ 周文王：姓姬名昌，殷商时代西方诸侯的领袖，称西伯，后谥文王。　⑪ 武王：文王的次子，名发。灭殷，建立周王朝。　⑫ 穆王：名满，文王的第五代孙。　⑬ 事佛而致然：信奉佛教而使之如此。　⑭ 汉明帝：东汉第二个皇帝，光武帝刘秀之子，名庄，公元58—75年在位，年号永平。　⑮"其后"二句：东汉自明帝死后，至汉献帝被曹丕取代，共十二帝，一百四十五年，其间朝政混乱，外戚、宦官专权，引发了黄巾起义及以后的军阀混战、三国鼎立。西晋统一不久，又继以八王之乱、五胡乱华，中原地区变成一个大战场，终致东晋王朝偏安江南，形成南北分裂的局面。运，命运。祚(zuò)，福禄。运祚，指世运、国运，即封建王朝的盛衰兴亡。运祚不长，指封建王朝的统治时间不长。　⑯ 宋、齐、梁、陈、元魏已下：宋、齐、梁、陈是南北朝时期南朝的四个王朝。刘裕代晋建立宋(420—479)，立国五十九年，经八帝，四帝被杀；萧道成代宋建立齐(479—502)，立国二十四年，经七帝，三帝被杀；萧衍代齐立梁(502—557)，立国五十六年，经四帝，一饿死，三被杀；陈霸先代梁立陈(557—589)，立国三十三年，经五帝，一帝被废。元魏，即北魏(386—557)，南北朝时期鲜卑族拓跋氏在北方建立的政权。后拓跋氏改姓元，故称元魏。立国一百六十年，经十七帝，八帝被杀。　⑰ 渐谨：逐渐虔诚。⑱ 梁武帝：即萧衍，字叔达，南朝兰陵(今江苏武进)人。梁王朝的开国皇帝，公元502年称帝，549年被侯景逼死。　⑲ 三度舍身施佛：萧衍曾三次到同泰寺舍身作佛徒，后皆由太子和群臣用重金赎回。　⑳ 牲牢：祭祀用的牛、羊、猪等牲畜。梁武帝信佛，佛家不主张杀生，祭祀时改用面制品代替。　㉑ 昼日一食，止于菜果：佛教规矩，过午不食，晚年的萧衍溺于佛教，每天只吃一次饭。只限于蔬菜果品，即素食，不吃荤。　㉒"其后"二句：侯景原是北魏将领，后降梁，不久又叛梁，率兵攻入宫城，萧衍被囚，终至饿死。台城，即宫城，因当时称朝廷禁省为台。　㉓"高祖"二句：高祖指唐高祖李渊。公元618年，李渊废隋恭帝，受禅让称帝，建立了唐王朝。唐高祖武德九年，从太史令傅奕之请，曾下诏裁汰僧尼、道士、女冠(道姑)。后因高祖退位，未得施行。　㉔ 材识不远：才能见识短浅。材，通"才"。当时大臣萧瑀信佛，反对傅奕，上疏力争。　㉕ 推阐圣明：推广阐发英明的意图，指唐高祖要裁汰僧道的正确打算。㉖ 斯弊：指迷信佛教的弊端。　㉗ 睿圣文武皇帝：元和三年正月，群臣上给宪宗的尊号。睿，聪明智慧。　㉘ 度：佛教语，俗人出家的一种仪式，由寺僧剃去发须，给以文牒，方可成为僧人。也叫剃度，意思是引度人离开俗世苦海。元和二年宪宗曾下诏，不准冒充僧道逃避徭役。　㉙ 恣之：放任它。　㉚ 凤翔：法门寺在今陕西省扶风县，唐时属凤翔府管辖。㉛ 舁(yú)入大内：抬入皇宫。　㉜递：依次，轮流，一个接着一个。　㉝ 直：只是，只不过。㉞ 徇：顺从，顺应。　㉟ 诡异之观：奇奇怪怪的观赏物。　㊱ 愚冥：愚昧无知，不明事理。㊲ 合：应该。　㊳ 焚顶烧指：佛教徒用香火烧灼头顶或手指，以忍受肉体的痛苦来表示对佛的虔诚。　㊴ 解衣散钱：即"布施"，表示代佛向穷苦人施舍财物。　㊵ 弃其业次：丢弃自己的职业和社会义务。业,生业,谋生的职业。次,经次,指所处的社会地位。 ㊶ 断臂脔(luán)身:这是比焚顶烧指更进一步的修炼行为,表示忏罪奉佛,甚至可以牺牲生命。断臂,砍掉手臂。脔身,把自己身上的肉割下来,切成小块。 ㊷ 佛:指释迦牟尼。 ㊸ 衣服殊制:衣服式样不同中国。殊,不同。制,制作,引申为式样。 ㊹ 法言:合于礼法之言。 ㊺ 法服:合于礼法的服饰。 ㊻"不知"二句:僧人见皇帝不行世俗规定的君臣礼节,离父母,无妻子出家修行,没有家庭亲人之间的感情。 ㊼ 容而接之:宽容他们准许接见。 ㊽ 宣政:指宣政殿,唐代皇帝接见外国使臣的宫殿。 ㊾ 礼宾一设:在礼宾院设宴一次。礼宾,指礼宾院,唐代设置的招待外宾的官署。 ㊿ 一袭:一套。 51 凶秽之余:不吉利的、污秽的遗物。此处指尸骨的残余。因仅存指骨一节,故曰"之余"。 52 敬鬼神而远之:孔子这句话见《论语·雍也》篇。意思是对鬼神要尊敬,但不可过于亲近,含有不很相信的意思。 53 行吊于其国:去别的国家参加葬礼。行吊,举行吊唁活动。 54"尚令"句:巫祝,古代官名。巫是以舞蹈降神显灵的官,祝是以言辞祷神求福的官。桃茢(liè),用桃树枝编成的苕帚。古人认为鬼怕桃木,用桃树枝编成的苕帚可以扫除不祥,驱逐恶鬼。祓(fú),是古代除凶祈福的一种迷信仪式。祓除,举行"祓"以消除不祥。 55 投诸水火:丢弃于河流,或用火烧毁。 56 出于寻常万万:超出一般人非常之多。 57 祸祟:鬼神降于人的灾祸。祟,指鬼神作怪害人。 58 殃咎(jiù):祸殃,灾祸。与上句"祸祟"同一意思。 59 上天鉴临:上天亲临鉴察。鉴,铜镜,引申为照,察看。临,从高处往低处看。上天鉴临也可理解为指天发誓,意为老天在上看着,老天可以作证。 60 无任感激恳悃(kǔn)之至:无任,不胜,非常。恳、悃同义,诚恳,真心诚意。之至,达到极点。 61 臣某诚惶诚恐:古代奏章中的套语,表示自己恭敬而又不安的心情。诚惶诚恐,惶恐不安。

《论佛骨表》写于元和十四年(819)正月,韩愈五十二岁。本文是韩愈给唐宪宗上的进谏表。表,古代文体的一种,是臣子上给皇帝的奏章。事情的起因是当时凤翔府扶风县法门寺有一座护国真身塔,内藏有佛祖释迦牟尼的一节指骨。据《资治通鉴》载,此塔"三十年一开,开则岁丰人安"。元和十四年正值三十年之数,唐宪宗派中使杜英奇押宫人三十,持香花迎佛骨入宫中供奉三天,然后送到京中各寺院轮流供奉,一时之间,王公士庶奔走瞻奉舍施,唯恐不及。当时任刑部侍郎的韩愈对这种现象很看不惯,便不顾个人得失,上此表进谏,劝唐宪宗杜绝迎佛骨这种迷信行为,把这节佛骨投到水里或用火焚毁,从根本上永远消除它,断绝天下人的疑虑,根除后代人的迷惑。没想到,这样一篇写得很有道理的文章,差点引来杀身之祸。唐宪宗看了之后大怒,竟要处死韩愈,幸而得到宰相裴度和重臣崔群等极力营救,总算免除一死,但被贬到边远地区潮州去当刺史。"一封朝奏九重天,夕贬潮州路八千。欲为圣明除弊事,肯将衰朽惜残年。"(韩愈《左迁至蓝关示侄孙湘》)诗中说的就是上《论佛骨表》获罪贬官这件事。

全文共六个自然段,可分为四大段。第一、二两个自然段为第一大段,用佛教传入中国以前与以后的大量事实,从正反两个方面证明"佛不足事"、事佛有害这一道理。第三自然段为第二大段,再以唐高祖在开国初对佛教"则议除之"的历史与唐宪宗违背祖宗遗教、迎奉佛骨、“伤风败俗，传笑四方”的现实，仍从正反两个方面来证明“佛不足事”、事佛有害。第四、五两个自然段为第三大段，再从先王礼法的角度来证明“佛不足事”，事佛有害。最后第六自然段为第四段，提出“永绝根本”的排佛措施。

韩愈是儒家的忠实信徒，他一生“攘斥佛老”不遗余力。这篇文章是他反佛的代表作，中心论点是“佛不足事”，坚决反对宪宗拜迎佛骨这一迷信举动。文章的思想内容，充分显示了作者反佛明儒的坚定立场和英勇无畏的战斗精神。这在佛教势力非常猖獗、朝野上下佞佛成风的形势下，具有重大的现实意义。他对佛教迷信的批评，更具有明显的进步意义。

在写作方法上，韩愈是很花费了一番心思的。由于进谏的对象是皇帝，就必须讲求论辩的方式方法，话要说得委宛曲折，而不能像《原道》那样直斥佛教的荒谬与虚妄。文章紧紧围绕迎佛骨这一事实，列举事例，反复申说，寓贬于褒，辞雄气壮。这种手法是尽量不直接揭示宪宗的荒谬举措，而是在表面称颂之下，很含蓄地指出迷信佛教的危害，以期引起宪宗的反思，进而改弦更张，中止迎佛的闹剧。比如明明是宪宗迷信佛教，表中却列举他即位之初，曾下令不准剃度百姓去做僧尼道士，也不准新建僧寺道观。其实宪宗这样做是另有目的，主要是为了显示他的振作景象，并非出于禁佛的本意，但韩愈抓住这一点，大大称颂一番，说“高祖之志，必行于陛下之手”；说他“不惑于佛”，只不过是为吏民设游戏之具，因为“安有圣明若此，而肯信此等事哉”！明明是宪宗一意孤行，表中却只责备“群臣不言其非，御史不举其失”。这些地方，都是有意替宪宗开脱责任，明明是宪宗的过失，却把板子打在群臣身上。但尽管韩愈煞费苦心，作为天子的宪宗却仍是天颜震怒，这是因为封建最高统治者都喜欢听恭维话，对于敢触犯逆鳞的臣子，不管话说得多么委宛曲折，也是不肯轻易放过的。何况韩愈在奏表中列举东汉以后帝王奉佛，结果是“乱亡相继，运祚不长”，“事佛求福，乃更得祸”，礼佛不但不能长生，反而大多短命夭促的事例，触犯了正在做“太平天子”和“长生梦”的宪宗皇帝的忌讳，以致要把他处以极刑。韩愈因上一道表进谏而获罪，这可以看做是开文字狱之先河。

本文在写作上另一个特出特点是长句的使用。比如揭露佛教危害的那一段，从说老百姓愚昧无知，将会效法宪宗，一心信佛，甚至会焚烧自己的头顶和手指，或者成天从早到晚，聚众专做施舍之事，从而抛弃自己的工作和生产，这种伤风败俗的事，能说是小事吗？运用长句，理足气壮，一气呵成，中间由整齐的四字词组组成，有力地表达了自己的感情。李塗在《文章精义》中曾说：“司马子长文字,一二百句作一句下,更点不断。韩退之三五十句作一句下。苏子瞻亦然。初不难学,但长句中转得意去便是好文字,若一二百句三五十句只说得一句事则冗矣。"吴德旋在《初月楼古文绪论》中也说:"文章之道,刚柔相济,《史记》及韩文,其两、三句一顿,似断不断之处极多。要有灏气潜行,虽陡峻亦寓绵邈,且自然恰好,所以为风神绝世也。"他们的意思是说,韩愈文章中的长句,内容是丰富的,而且句中的语言组织是彼此有机联系的,所以能做到似断实联,联中有断,收到气势雄浑与凝练峻洁相济之妙。的确,韩愈文章在运用语言、句式上的特点,是很值得研究、探讨的。

本文在写作上还有不少可供借鉴之处,例如文章一开始就大量引证"书史"资料,让历史事实说话;在大量的历史事实面前,用人们易于理解、易于接受的归纳法来论证"佛不足事"这一中心论点。这在当时不仅有说服力,并且增加了文章的准确性。在论证时由远及近,从古到今,环环紧扣,层层深入,事佛有害的道理,也越讲越明,使文章层次分明而且有较强的逻辑性。所举例证有正有反、两两对比:佛教传入中国之前与佛教传入中国之后的不同情况,唐高祖排佛的遗志与唐宪宗佞佛的表现,先王的礼法与唐宪宗的崇佛行为,处处对比,泾渭分明,大大增强了文章的鲜明性和生动性。文中还引证孔子不信鬼神的话,孔子是封建社会的圣人,有了圣人作标准,韩愈批评皇帝就有了依据。在行文中,时时以排宕的语气,反语、排比、感叹的笔法造成气势,处处流露出道义在手、无暇多辩的精神,从而做到了气盛言宜、斩截明健,突出了文章的感染力。在前人的评论中,认为《论佛骨表》出于《尚书·无逸》,这是有一定道理的。《无逸》是周公还政于成王之后,担心成王贪图享乐,荒废政事,于是对成王发出告诫。韩愈受此影响,也就迎佛骨一事,向宪宗进谏,两者在写法上都是纵论古今,列举出大量史实作证,无可辩驳,气势雄豪,言词恳切明快,受《尚书》影响十分明显。从本文中还可看出韩愈散文最卓越、最可贵的成就,乃是他能在继承古人的文章的基础上,创造出自己新奇的文章风格,体现出个人独特的精神面貌,表达了迥异凡俗的思想见解和发自内心的真挚感情。像本文虽源出《尚书·无逸》,但在锋芒棱角和屈盘遒劲上又远远超出周公之作。

韩愈一生有两大功绩,一个是参与平藩以维护国家统一,一个就是反佛批判宗教唯心主义。他在这两次斗争中,都表现出坚定的、大无畏的气概。前者表现在《守戒》中敢于痛斥强藩"暴于猛兽穿窬",后者则是本篇中的敢触逆鳞,在"立言"上做到了养根强实、本深末茂。在封建时代,一位年已五十二岁的老人,历尽坎坷好容易才熬到刑部侍郎的高位,如果为了保住官职,在群臣缄口之时,他完全可以采取保持沉默的超然态度,但他以知其不可而为之的积极入世精神,为了国家的命运,坚持自己的信念,置个人进退得失于不顾,挺身而出,忠言进谏,这种敢于直言的勇气和品格正是中国知识分子的优秀传统。在现代学者梁漱溟和马寅初身上,我们可以看到这种传统的继承与发扬。(诸天寅)

潮州刺史谢上表[1]

臣某言:臣以狂妄戆[2]愚,不识礼度,上表陈佛骨事,言涉不敬[3],正名定罪,万死犹轻[4]。陛下哀臣愚忠,恕臣狂直,谓臣言虽可罪,心亦无他,特屈刑章,以臣为潮州刺史。既免刑诛,又获禄食,圣恩宏大,天地莫量,破脑刳[5]心,岂足为谢!臣某诚惶诚恐,顿首顿首。

臣以正月十四日,蒙恩除潮州刺史,即日奔驰上道,经涉岭海,水陆万里,以今月二十五日到州上讫。与官吏百姓等相见,具言朝廷治平,天子神圣,威武慈仁,子养[6]亿兆[7]人庶,无有亲疏远迩[8]。虽在万里之外,岭海之陬,待之一如畿甸之间,辇毂之下[9]。有善必闻,有恶必见,早朝晚罢,兢兢业业,惟恐四海之内、天地之中,一物不得其所,故遣刺史面问百姓疾苦,苟有不便,得以上陈。国家宪章完具,为治日久,守令承奉诏条,违犯者鲜,虽在蛮荒,无不安泰。闻臣所称圣德,惟知鼓舞欢呼,不劳施为,坐以无事。臣某诚惶诚恐,顿首顿首。

臣所领州,在广府[10]极东界上,去广府虽云才二千里,然往来动皆经月[11]。过海口,下恶水。涛泷[12]壮猛,难计程期;飓风鳄鱼,患祸不测。州南近界,涨海连天,毒雾瘴氛[13],日夕发作。臣少多病,年才五十,发白齿落,理不久长,加以罪犯至重,所处又极远恶,忧惶惭悸,死亡无日。单立一身,朝无亲党,居蛮夷之地,与魑魅[14]为群,苟非陛下哀而念之,谁肯为臣言者?

臣受性愚陋,人事多所不通,惟酷好学问文章,未尝一日暂废,实为时辈所见推许。臣于当时之文,亦未有过人者。至于论述陛下功德,与《诗》《书》相表里;作为歌诗,荐之郊庙;纪泰山之封,镂白玉之牒;铺张对天之闳休,扬厉无前之伟绩,编之乎《诗》《书》之策而无愧，措之乎天地之间而无亏。虽使古人复生，臣亦未肯多让⑮。

伏以大唐受命有天下，四海之内，莫不臣妾，南北东西，地各万里。自天宝之后，政治少懈，文致未优，武克不刚⑯。孽臣奸隶⑰，蠹居棋处⑱，摇毒自防⑲，外顺内悖⑳，父死子代，以祖以孙，如古诸侯自擅其地，不贡不朝，六七十年㉑。四圣传序㉒，以至陛下㉓。陛下即位以来，躬亲听断㉔；旋乾转坤㉕，关机阖开㉖；雷厉风飞，日月清照；天戈㉗所麾，莫不宁顺；大宇之下㉘，生息理极㉙。高祖㉚创制天下，其功大矣，而治未太平也；太宗㉛太平矣，而大功所立，咸在高祖之代㉜。非如陛下承天宝之后㉝，接因循之余㉞，六七十年㉟之外，赫然兴起，南面指麾㊱，而致此巍巍之治功㊲也。也宜定乐章㊳，以告神明，东巡泰山㊴，奏功㊵皇天，具著显庸㊶，明示得意，使永永年代，服我成烈㊷。当此之际，所谓千载一时不可逢之嘉会，而臣负罪婴舋㊸，自拘海岛，戚戚嗟嗟㊹，日与死迫，曾不得奏㊺薄伎㊻于从官之内、隶御之间，穷思毕精，以赎罪过，怀痛穷天，死不闭目，瞻望宸极㊼，魂神飞去。伏惟皇帝陛下，天地父母，哀而怜之，无任㊽感恩恋阙㊾惭惶恳迫㊿之至。谨附表陈谢以闻。

（以上韩愈文据东雅堂本《韩昌黎集》，吴小林点校）

〔注〕 ① 谢上表：元和十四年(819)正月，正值凤翔法源寺塔开塔，传说此塔三十年一开，开则人寿年丰。塔中供有佛指骨一节，此年唐宪宗派使臣迎佛骨进宫供养。韩愈上表（即著名的《论佛骨表》）坚决反对，触怒宪宗皇帝，把他贬至潮州为官。此表是他到达潮州以后给皇帝写的谢表。 ② 戆(gàng)：愚直。 ③ 不敬：《唐律》中有大不敬罪，是“十恶”之一。冒犯皇帝属大不敬罪。《论佛骨表》说到自汉明帝佛教传入中国以来，宋齐梁陈和元魏等历代信佛的皇帝皆不长寿，唐宪宗以为在诅咒自己，事涉大不敬。 ④ 万死犹轻：大不敬罪是“十恶”罪中的一款，是要判死刑的，而且遇赦不赦。 ⑤ 刳(kū)：剖开。 ⑥ 子养：像对待儿子那样对待百姓。 ⑦ 亿兆：古代十万为亿，百万为兆。这里的亿兆指众多。 ⑧ 远迩：远近。 ⑨“虽在”四句：言虽然在万里之外，天涯海角，皇帝也与京城一视同仁。陬(zōu)，角落。畿(jī)，靠近京城的地方。甸，京城郊外。辇毂，皇帝的车子。这里指京城。 ⑩ 广府：指广州，唐代在广州设都护府，故称广府。 ⑪ 经月：超过一个月。 ⑫ 泷(lóng)：湍急的水流。⑬ 瘴氛：热带或亚热带湿热的空气，古人认为这种湿热可以传播疾病。 ⑭ 魑魅(chī mèi)：传说中多在深山密林中害人的妖怪。 ⑮“至于……未肯多让”十二句：表述自己的文字才能。言自己可以写作国家大典所用的一切典雅文字，其水平与《诗经》《书经》不相上下，并将君

王的丰功伟绩昭告于天地与历史。我的写作才能可与古人相比美。荐,进奉。郊,古代君王祭祀天地。庙,祭祀祖先。泰山之封,古代帝王到泰山封禅,刻石纪事,称之为“封”。白玉之牒,古代封禅、盟誓等向上天祷祝的文字,刻在玉简,埋入地下,或藏诸盟府。铺张,铺叙渲染。对天,郊祭就是对天地说话。闳(hóng)修,宏大完美。扬厉,发扬光大。无前之伟绩,庙祭时对祖先所陈述的内容。　⑯“自天宝”下四句:言天宝末安史之乱,后是藩镇割据,国家在文治武功都有欠缺。文治未优,指礼乐不完备,没有达到最佳状态。武克不刚,武力制敌的能力不够刚强。　⑰孽臣奸隶:此句指割据藩镇的主持者节度使,他们大多出身不高,有的是养子奴隶出身。孽臣,邪恶之臣。奸隶,奸险奴才。　⑱蠹(dù)居棋处:如蠹虫一样深居,像棋子一样密布。　⑲摇毒自防:骚扰与其相邻的州郡。　⑳外顺内悖:外表恭顺,实际背叛。㉑“父死”五句:言藩镇六七十年来,父死子继,已经从祖宗传到孙子一辈。他们擅有自己所盘踞的土地,也不向朝廷纳贡和朝觐。　㉒四圣传序:已经经历了四朝皇帝。他们是唐肃宗、唐代宗、唐德宗、唐顺宗。　㉓陛下:这里指唐宪宗。　㉔听断:听政决断。　㉕旋乾转坤:扭转天地。唐宪宗消灭了一些地方割据势力。　㉖关机阖开:枢纽的关闭,用以比喻掌握朝廷与藩镇斗争的主动权。　㉗天戈:天子的武装力量。　㉘大宇之下:天地之间。㉙生息理极:人口生息繁殖,天下大治。　㉚高祖:指唐高祖李渊。他是唐朝开国皇帝。在位九年。　㉛太宗:唐太宗李世民,在位二十三年。　㉜咸在高祖之代:全在高祖李渊做皇帝的时代。　㉝承天宝之后:继承天宝之后这个烂摊子。　㉞接因循之余:承接了历来的因循守旧的政策。　㉟六七十年:从天宝十五年(756)安史之乱到作者写此表的元和十四年(819),历六十多年。　㊱南面指麾:以皇帝身份指挥军队平定割据。　㊲致此巍巍之治功:指唐宪宗即位以来,励精图治,对藩镇割据采取严厉的态度,平定了一些藩镇。如元和二年镇海节度使李锜反,遣将讨之,李锜被部下所缚至长安。元和十二年彰义节度使吴元济被擒。另外河北三镇不同程度地被削弱了。这都是宪宗在位时所为,后来史称“元和中兴”。　㊳宜定乐章:古代郊庙祭祀都有音乐、歌舞。韩愈建议重新写定乐章,把宪宗的功绩写进去。㊴东巡泰山:到泰山封禅。　㊵奏功:把立下大功奏明上天。　㊶具著显庸:皇帝辉煌的功绩全部彰显出来。　㊷服我成烈:佩服我们皇帝的成就功业。　㊸婴釁(xìn):获罪。釁,过失。　㊹嗟嗟:感叹。　㊺奏:进奉。　㊻薄伎:小小的技艺。这里指自己的写作能力。　㊼宸极:北极星。这里比喻皇帝。　㊽无任:十分。　㊾恋阙:眷恋朝廷。㊿恳迫:真诚而迫切。

此文写于元和十四年(819)三月初到潮州之时。本年正月因为反对宪宗皇帝从法源寺把佛骨迎到宫中供养,触怒皇帝,贬到潮州。当时的潮州还是蛮荒之地,烟瘴蔽日,人们听到这个地方都感到恐惧,何况亲履其地!韩愈贬到潮州,做当地的长官,到后按惯例要给皇帝上表,表达对委任的感谢。皇权专制社会里,即使被惩处也要感谢皇恩,不仅上面如此要求,在下位者也如此思考。正像鲁迅所说西洋的火神是为人间盗火种的神,中国的火神是放火之神,他烧完你,你还要感谢他,否则下次还来烧。当然作者谢表的主要目的还是求他网开一面,让自己早日回到中原。

第一段韩愈的感谢充分展现了传统臣民的心态:说了过头话,事涉大不敬,完全有可能丢掉脑袋，自己不仅没有被杀，反而“既免刑诛，又获禄食”，多少有点侥幸，因此，千恩万谢，也不为过。不过读者注意这一段也埋伏了韩愈不认罪的种子。他虽然检讨了说话的方式，但没有说自己不忠，他不仅忠，而且是不顾一切后果的“愚忠”，真是又可怜、又可敬啊！

第二段汇报到达潮州后的工作和潮州的情况。唐代皇帝可能渡过淮河的都不多，潮州在中国的南之端了，因此韩愈特别强调他扬皇威于万里之外，向当地百姓讲明皇帝“早朝晚罢，兢兢业业，唯恐四海之内、天地之中，一物不得其所”，自己奉旨南来，就是要当面询问老百姓疾苦，百姓有任何事情都可以上奏皇帝。这些话既能刺激皇帝注意，又使他听着高兴。

三、四、五段才是本表的重点。三段着重讲潮州离中原之远、地势之险、气候之恶、环境之可怕，并把这些与自己的年迈体衰结合起来，惧怕自己埋骨于蛮荒。而自己在朝廷中又是“单立一身，朝无亲党，居蛮夷之地，与魑魅为群，苟非陛下哀而念之，谁肯为臣言者”。这又是让皇帝听来很舒心的话。皇帝最怕外臣（在外地做官）在朝中有党，结党营私是皇权专制时代最令皇帝头痛的。韩愈把自己在朝中的关系只接到皇帝身上，这是他获得安全和谅解的保障。四段表白自己的写作能力：前五句平实而诚恳，因此最后结穴在“虽使古人复生，臣亦未肯多让”时，读者不会感到作者自我吹嘘。第五段是赞颂宪宗中兴，并借以确立自己在中兴大业中的位置。这一段是全文的核心。民初吴闿生评价此文“如铸精金纯铁，如驱千军万马，山起潮立，坚刚直达，山岳可穿，读之每字入口，皆有千钧万石之重”（《古文范》评语卷三）。用此评论第五段尤为恰当。在短短二百来字中，举证了唐帝国的伟大，安史之乱后唐朝的中衰与此时期藩镇飞扬跋扈。然后大肆张扬唐宪宗在唐代历史上的重要地位，宪宗促成的中兴局面继承了祖宗的基业，而且单就个人功业来说宪宗甚至超过开国的高祖、直追太宗。韩愈建议皇帝应该把自己的功绩禀告祖宗、昭告历史、上达神明，让这份光辉永远辉耀于天地之间。一连串的建言与判断累积成一往无前的语势，在这里作者以四字短句为主，间以五六七字句调节文气，骈散相间，节奏鲜明，错落有致，形成磅礴的气势。文章忽如排山倒海，忽如壁立千仞，声光炯炯，精神喷溢，比较典型地代表了韩文的风格。

至于最后鼓动皇帝封禅，历来为文人所诟病。韩愈落拓时常常有不择言的毛病，这是后来的理学家（如朱熹）特别看不起他的地方。　（王学泰）

柳宗元文

【作者小传】

柳宗元

(773—819)字子厚,祖籍河东(今山西永济),故世称柳河东。唐代文学家、政治家、哲学家。他生长于长安,贞元九年(793)进士及第,十四年登博学宏词科,授集贤殿正字。十七年秋调任京兆府蓝田县尉,留为京兆府从事。十九年闰十月调入京师,为监察御史里行。二十一年正月,顺宗李诵即位,柳宗元晋升为尚书礼部员外郎,协助王叔文等力革弊政,在革新派中“居权衡之地”。八月,宦官和守旧官僚逼顺宗退位,扶持宪宗李纯即位,改元永贞,贬斥革新派王叔文等人。九月,柳宗元被贬为邵州刺史,未至州,十一月改贬为永州司马。在永州十年,居常郁郁,发奋著书撰文,著述甚丰。元和十年(815)正月,他被召回京师。三月,又出为柳州刺史。到任之后,他积极兴办教育,施行教化;大力革除积弊,释放奴婢;组织挖井开荒,发展生产,多行善政,惠化一方。十四年十一月八月,病故于柳州任所。人称柳柳州,民为立祀。柳宗元提倡“文以明道”,其所作可分为论说、寓言、传记、游记、骚赋五类,各类作品在思想上和艺术上都取得很高成就,其中寓言讽刺文和山水游记尤富创造性。其文集以今人尹占华、韩文奇校注《柳宗元集校注》较为完备。

(金　涛)

瓶　赋

昔有智人,善学鸱夷①。鸱夷蒙鸿②,罍罃③相追。谄诱吉士,喜悦依随。开喙④倒腹,斟酌更持。味不苦口,昏至莫知。颓然纵傲,与乱为期。视白成黑,颠倒妍媸。己虽自售,人或以危。败众亡国,流连不归。谁主斯罪?鸱夷之为。

不如为瓶,居井之眉⑤。钩深挹洁⑥,淡泊是师。和齐五味⑦,宁⑧除渴饥。不甘不坏,久而莫遗。清白可鉴,终不媚私。利泽广大,孰能去之?绠⑨绝身破,何足怨咨!功成事遂,复于土泥。归根反初⑩,无虑无思。何必巧曲,徼觊⑪一时。子无我愚⑫,我智如斯⑬。

〔注〕 ① 鸱(chī)夷:酒囊,盛酒的皮口袋。《史记·越王勾践世家》载:“范蠡浮海出齐,变姓名,自谓鸱夷子皮。”唐司马贞《索隐》:“范蠡自谓也。……韦昭曰:鸱夷,革囊也。”《汉书·货

殖列传》:“范蠡……适齐为鸱夷子皮。”唐颜师古注:“自号鸱夷者,言若盛酒之鸱夷,多所容受,而可卷怀,与时张弛也。鸱夷,皮之所为,故曰子皮。” ② 蒙鸿:广大貌。 ③ 罍(léi)蓄:皆饮酒器。罍,樽。蓄,缶。 ④ 喙:嘴。 ⑤ 井之眉:井边。 ⑥ 钩深挹洁:指从深水井中打上清洁的井水。挹,酌取。 ⑦ 和齐五味:调和五味。指用水制作羹汤饮食。五味,酸、苦、甘、辛、咸。 ⑧ 宁:乃。 ⑨ 绠:井索。 ⑩ 归根反初:《老子》:“万物并作,吾以观复。夫物芸芸,各复归其根。归根曰静,是谓复命。” ⑪ 徼觊(jì):侥幸。 ⑫ 子无我愚:子无愚我。我,前置宾语;愚,谓语。 ⑬ 如斯:如此。指如上文所述。

柳宗元的《瓶赋》,当作于被贬永州时期。其文类,是四言体辞赋。其体性,是寓言式作品。

《瓶赋》可分两段,从起笔到“鸱夷之为”,为第一段,可名之曰:鸱夷的寓言。从“不如为瓶”到结尾,为第二段,可名之曰:瓶的寓言。鸱夷的寓言,是陪衬;瓶的寓言,是主体。

《瓶赋》写酒囊的形象,是肚皮大,盛酒多,所以总是有无数酒杯追随缭绕。酒囊的性格,是唯利是图。它以酒的美味诱惑人们,使人们喝酒没完没了,喝得醉醺醺,喝得昏天黑地,以致颠倒黑白,颠倒是非,直到腐败亡国,还恋恋不舍只想喝酒。酒囊的酒是卖出去了,可是误人误国,害人不浅。回头来看起笔二句,“昔有智人,善学鸱夷”,可见酒囊象征的是唯利是图、利欲熏心、误人误国的小人。

水瓶是井上用来打水的陶瓷瓶。水瓶的性格,是淡泊清白。它为人们提供清澈的井水,可以用来制作羹汤饮食,解除饥渴。它为人们提供清澈的井水,永远不会腐败,而且像一面明亮的镜子,可以为人们提供借鉴。它不要回报,毫不利己,默默奉献,直到“绠绝身破”,完成了自己的使命,毫无怨言。水瓶象征的是宁静淡泊、公而忘私、鞠躬尽瘁的君子。结笔二句“子无我愚,我智如斯”,回应起笔“昔有智人,善学鸱夷”,更明白指出君子人以为愚,其实是智慧,因为他没有违背自己的本性。小人自以为聪明,其实是愚蠢,因为害人必害己。

《瓶赋》以寓言结体,通篇都是写物,其实是写出了两种人格。这是咏物赋中的高品,因为不仅写物生动传神,而且有寄托,有形象之外的第二个意思,可以回味不尽。

《瓶赋》写酒囊,笔墨幽默。刻画酒囊:“鸱夷蒙鸿,罍蓄相追。谄诱吉士,喜悦依随”,“己虽自售,人或以危”;刻画追随酒囊的众人“开喙倒腹,斟酌更持。味不苦口,昏至莫知。颓然纵傲,与乱为期。视白成黑,颠倒研媸”,皆惟妙惟肖,而讽刺入骨。

《瓶赋》写水瓶,笔墨风趣。“不如为瓶,居井之眉。钩深挹洁,淡泊是师。和齐五味，宁除渴饥。不甘不坏，久而莫遗。清白可鉴，终不媚私”，本来平凡而无生命的水瓶，原来是如此亲切可爱，读来开人心颜。

《瓶赋》云：“利泽广大，孰能去之？”此语诚令人低徊流连。　　（邓小军）

牛　赋

若[①]知牛乎？牛之为物[②]，魁形[③]巨首。垂耳抱角[④]，毛革疏厚[⑤]。牟[⑥]然而鸣，黄钟[⑦]满脰[⑧]。抵触[⑨]隆曦[⑩]，日耕百亩。往来修直[⑪]，植乃禾黍[⑫]。自种自敛[⑬]，服箱[⑭]以走。输[⑮]入官仓，已不适口[⑯]。富穷饱饥[⑰]，功用[⑱]不有[⑲]。陷泥蹶块[⑳]，常在草野。人不惭愧，利满天下[㉑]。皮角见用，肩尻[㉒]莫保。或穿缄縢[㉓]，或实[㉔]俎豆[㉕]。由是观之，物无逾者[㉖]。不如羸驴[㉗]，服逐[㉘]驽马。曲意[㉙]随势[㉚]，不择处所。不耕不驾，藿菽[㉛]自与。腾踏康庄[㉜]，出入轻举[㉝]。喜则齐鼻[㉞]，怒则奋踯[㉟]。当道长鸣，闻者惊辟[㊱]。善识门户，终身不惕[㊲]。牛虽有功，于己何益？命有好丑，非若能力[㊳]。慎勿怨尤，以受多福[㊴]。

〔注〕①若：你。②牛之为物：牛这种动物。③魁形：体形魁梧。④抱角：两角相对弯曲，形如环抱。⑤毛革疏厚：毛疏皮厚。⑥牟：同“哞”，牛之鸣叫声。⑦黄钟：我国古代音乐十二律之一，声调浑厚而低沉。这里用黄钟形容牛叫声。⑧脰(dòu)：脖子，这里指牛的喉咙。⑨抵触：顶冒，犹言顶着。⑩隆曦(xī)：烈日。⑪往来修直：往来耕地，翻出的垄沟又长又直。⑫禾黍：泛指农作物。⑬敛：收获。⑭服箱：拉车。《诗经·小雅·大东》：“睆彼牵牛，不以服箱。”服，“负”的假借字。箱，车厢。⑮输：送，指运送粮食。⑯不适口：即吃不饱。适，到。一作满足讲。⑰富穷饱饥：使穷者富，饥者饱。⑱功用：功劳。⑲不有：不自占有。⑳蹶(jué)块：倒在地上。㉑“人不”二句：谓人们尽情地使用牛劳动而不感到惭愧，牛的好处遍布天下。㉒肩尻(kāo)：指全身骨肉。肩，指前腿部分。尻，屁股。㉓缄縢(jiān téng)：绳索。㉔实：充实，引申为盛。㉕俎(zǔ)豆：古代祭祀时盛祭品的器皿。㉖逾者：超过它的。㉗羸(léi)驴：瘦驴。㉘服逐：顺从追随。㉙曲意：尽意，挖空心思。㉚随势：见机行事，趋炎附势。㉛藿菽(huò shū)：豆叶和豆子，这里泛指上等饲料。㉜康庄：大路。㉝轻举：轻快。㉞齐鼻：扬鼻相对互嗅。㉟奋踯：跃起蹬踍。㊱惊辟：吓得避开了。辟，同“避”。㊲惕：恐惧。㊳能力：能够用力改变。㊴多福：洪福。

《牛赋》是柳宗元被贬谪永州期间的作品。永贞革新失败之后，柳宗元及其同道都备受排摈打击，远谪边荒，有的甚至被害致死，但他对自己事业的信念仍然坚守不渝。《牛赋》就是一篇体物言志、托物寄情之作。

在这篇抒情小赋中，柳宗元紧紧抓住牛的特征，形神兼备地描绘了牛的形象，情深意切地颂扬了牛的精神。赋开头六句："牛之为物，魁形巨首。垂耳抱角，毛革疏厚。牟然而鸣，黄钟满脰。"首先勾画了牛的外形：魁梧的身躯，巨大的头颅，两耳直竖，两角如抱，毛疏皮厚，哞哞的鸣叫声在喉头震荡，像黄钟一样浑厚低沉。作者着笔不多，却已绘声绘色，形容如画。接下来着力描写牛的辛勤劳作及其对人类的贡献。"抵触隆曦，日耕百亩。往来修直，植乃禾黍"四句，写牛顶着烈日，耕地播种，每天耕种大量田地，不辞辛勤劳苦。"自种自敛，服箱以走。输入官仓，己不适口"四句，写牛到了收获时节，把一车一车的粮食送进了官仓，自己却吃不到粮食。"富穷饱饥，功用不有。陷泥蹶块，常在草野。人不惭愧，利满天下"六句，夹叙夹议写牛的劳动贡献，突出牛的高尚品德：它使穷者富，饥者饱，自己却不要半点功劳。它整日在泥田里滚打，常年在荒野上忙碌，从不计较人们的态度，只是为了利满天下。"皮角见用，肩尻莫保。或穿缄縢，或实俎豆"四句，写牛即使死了以后，皮角骨肉都为人所利用，真可以说达到了完全彻底奉献自我的地步。写到这里，作者情不自禁地赞叹："由是观之，物无逾者。"对牛的无私奉献的品德，给予极高的评价。

赋的后一半，"不如羸驴，服逐驽马"以下，作者笔锋一转，描写另类瘦驴的嘴脸与行径：瘦驴顺从地追随劣马，挖空心思，趋炎附势，什么地方都去投靠。它既不耕田，又不驾车，却自有好饲料给它吃。它自由奔跑在康庄大道上，进出随意，高兴时扬鼻吐气，恼怒时使劲蹬蹄，站在大路上昂首嘶叫，听到的人吓得慌忙躲避。因为它善于钻营，投靠豪门，一辈子都不要担惊受怕。这一切与牛的遭际命运形成了鲜明的对照。牛与瘦驴两相对比，相互衬托，使牛的形象显得更加魁伟，更加高尚，收到了相反相成的效果。

《牛赋》系作者感愤而作，托物言志，这一点，历来的注释者和评论者都是公认的。但对牛的形象喻指什么，有两种不同的看法。一种看法认为牛是作者自喻。柳集廖注云："(公)以牛自喻，谓牛有耕垦之劳，利满天下，而终不得其所——为缄縢俎豆之用；虽有功于世，而无益于己。彼羸驴驽马，曲意从人，而反得所安。终谓'命有好丑，非若能力'，皆感愤之辞也。"另一种看法认为牛喻指永贞革新首领王叔文。章士钊云："《牛赋》，人谓子厚谪永州后有所感愤而作，牛盖自喻，此颇近是。钊意与谓子厚自喻，毋宁谓牛喻叔文之更为贴切，以'人不惭愧，利满天下'，子厚不肯为己夸张到此；又'皮角见用，肩尻莫保'，子厚虽见羁囚，究亦不达此一绝境也。子厚为文，善于持喻，然其妙处，在分寸不溢，一出口即如人意之所欲言，凡吾谓此赋为叔文写照以此。"(《柳文指要》上·体要之部卷二)台湾学者段醒民先生亦认为牛“是影射王叔文的”,而羸驴、驽马,“子厚以它们影射与王叔文并世的朝臣,则贪恋权位、器识拙劣的政敌,如杜黄裳、武元衡、贾耽、卫次公、郑絪、窦群、高郢、郑珣瑜等都有可能。”(《柳宗元寓言文学探索》第94页)我们认为,赋中牛的形象若限于自喻,确有偏颇,其喻指对象应该是王叔文及其同道,当然包括作者自己;而瘦驴与劣马的形象,喻指的是与王叔文并世的守旧腐败的官僚,当然包括郑絪、卫次公之流。这两种人,革新派勤恳工作,辛辛苦苦,忘我奉献,做了利满天下的好事,却得不到好报;而那班趋炎附势的官僚,不劳无功,无益于世,却因为善于钻营取巧而被重用,横行天下。作者通过这两种形象、两种遭遇的鲜明对比,愤怒抨击了良莠不分、忠奸莫辨的黑暗现实。

赋末六句:“牛虽有功,与己何益?命有好丑,非若能力。慎勿怨尤,以受多福。”作者在愤激之中,感到无力回天,只好用“命运”来寄托愁思,自我排遣。段醒民先生对本段文字的内涵作了如下诠释:“叔文虽‘有功’于朝野天下,乃至后世子孙;可是他非但未受褒扬,犹且含冤以死;试问这种不幸‘于己何益’?可是人生在世,‘命有好丑’,盗跖与颜回的遭遇,谁人不知?而叔文如此悲惨的下场,亦非你我‘能力’所得改变;因此,‘怨尤’政敌的言行,慎勿表现;且将这一切隐秘与冤抑埋藏心底,先求摆脱‘罪籍’,‘以受多福’,然后始有可能大白真相于天下后世啊!”(同上第97—98页)费振刚先生对此段文字的理解更为积极:“这赋末六句,看似消沉,实则正话反说,是对现实的辛辣讽刺,也恰切地体现了柳宗元的忧愤情绪,是他作品中特有的风格。”(金涛主编《柳宗元诗文赏析集》第151页)以上两种见解都可聊备一说,以供参考。而我们是从柳宗元当时孤身待罪南荒的现实处境和无奈心情出发作出上述解读的。

《牛赋》的可贵之处,不仅在于思想意蕴的光华,而且还在于艺术表现的成功。赋重形象描绘,它对牛与瘦驴形象的刻画,善于体物察微,抓住动物的特征,绘声绘色,做到了形神毕现的地步。如写牛的形象,用“垂耳抱角”四字,即勾画出南方水牛两角如抱的特征;写牛的耕作劳苦,用“陷泥蹶块”一句,即描绘出水牛耕田时而陷入泥淖、时而跌倒在地的情状。而写瘦驴,则用“喜则齐鼻,怒则奋蹄。当道长鸣,闻者惊辟”几句,就勾画出它横行无忌、自鸣得意的神情意态,历历如在目前。在体物寓言方面,亦水到渠成,意象浑然一体,作者的褒贬和寄托都体现在水牛和瘦驴的形象刻画之中,丝毫没有牵强附会的感觉。柳宗元创造的这两个栩栩如生的艺术形象,已经超越作者的喻意范围,成为社会上两种典型人物的写照,具有恒久的生命力,至今仍可以给人们有益的启迪。　(金　涛)

囚山[①]赋

楚越之郊[②]环万山兮，势[③]腾踊夫波涛。纷[④]对回合[⑤]仰伏以离迾[⑥]兮，若重墉[⑦]之相褒[⑧]。争生角逐上轶[⑨]旁出兮，其下坼[⑩]裂而为壕。欣下颓[⑪]以就[⑫]顺兮，曾[⑬]不亩平[⑭]而又高。沓[⑮]云雨而渍[⑯]厚土兮，蒸郁勃[⑰]其腥臊[⑱]。阳[⑲]不舒[⑳]以拥隔[㉑]兮，群阴沍[㉒]而为曹[㉓]。侧[㉔]耕危获苟[㉕]以食兮，哀斯民之增劳。攒[㉖]林麓以为丛棘[㉗]兮，虎豹咆㘎[㉘]代狴牢[㉙]之吠嗥。胡[㉚]井眢以管视[㉛]兮，穷[㉜]坎险[㉝]其焉逃？顾幽昧之罪[㉞]加兮，虽圣犹病[㉟]夫嗷嗷[㊱]。匪兕[㊲]吾为柙[㊳]兮，匪豖吾为牢[㊴]。积[㊵]十年莫吾省[㊶]者兮，增蔽[㊷]吾以蓬蒿[㊸]。圣日以理[㊹]兮贤[㊺]日以进，谁使吾山之囚吾[㊻]兮滔滔[㊼]。

〔注〕① 囚山：囚禁于山，被山囚禁。这是个比喻的说法，指作者长期被贬谪于群山围绕中，无法离去，像被囚禁一样。 ② 楚越之郊：楚地和越地的郊外。楚、越本是春秋时代的诸侯国名，大致相当于今之江浙、两湖一带，这里借指永州。 ③ 势：群山起伏之势。 ④ 纷：众多。 ⑤ 回合：环绕。 ⑥ 离迾(liè)：遮隔。 ⑦ 重(chóng)墉：重重叠叠的城墙。 ⑧ 褒：本义是赞美，这里引申为拔高。 ⑨ 轶：超过。 ⑩ 坼(chè)：裂开。 ⑪ 颓：倾斜。 ⑫ 就：趋向。 ⑬ 曾：乃，却。 ⑭ 不亩平：没有一亩平地。 ⑮ 沓(tà)：会合。 ⑯ 渍：浸湿。 ⑰ 郁勃：形容臭味强烈。 ⑱ 腥臊：臭恶的气味。 ⑲ 阳：阳气，与下文"阴气"相对。 ⑳ 舒：舒展。 ㉑ 拥隔：阻塞。 ㉒ 沍(hù)：寒冷凝结。 ㉓ 曹：偶，对偶。 ㉔ 侧：不平。 ㉕ 苟：苟且，得过且过。 ㉖ 攒：聚集。 ㉗ 丛棘：古代囚犯人的地方，四周用棘条堵塞，防止犯人逃跑。 ㉘ 咆㘎(hǎn)：虎豹咆哮声。㘎，同"阚"。 ㉙ 狴(bì)牢：监狱。狴，即狴犴，传说是看守牢门的野兽。 ㉚ 胡：何故。 ㉛ 井眢(yuān)以管视：意即坐井观天。眢，无水的枯井。 ㉜ 穷：尽。 ㉝ 坎险：地面低陷不平。 ㉞ 幽昧之罪：不明不白的罪名。 ㉟ 病：忧虑。 ㊱ 嗷嗷：众声嘈杂。 ㊲ 兕(sì)：似牛一角，即犀牛。 ㊳ 吾为柙：倒装句，即为柙吾，把我关在木笼子里。 ㊴ 吾为牢：与"吾为柙"句式相同。 ㊵ 积：累积。 ㊶ 省：问候。 ㊷ 蔽：遮蔽。 ㊸ 蓬蒿：蓬草和蒿草。 ㊹ 理：治理。 ㊺ 贤：贤人，有才能的人。 ㊻ 囚吾：世綵堂本《柳河东集》注："一本无下吾字。"何焯校本注："囚字下宋本无吾字。"当从之。 ㊼ 滔滔：连绵不断的样子。

本文作于元和九年(814)。赋云"积十年莫吾省者兮"，从永贞元年被贬永州算起，积十年，恰为元和九年。这一年的腊月，刘禹锡、柳宗元、韩晔等人同时诏征回京。刘禹锡《子刘子自传》："又贬朗州司马，居九年诏征。"文安礼《柳宗元年谱》"元和九年"有《囚山赋》《北还登汉阳北原题临川驿》《戏赠诏追南来诸宾》。《囚山赋》当作于"诏征"以前。

赋,古代一种文体,多用铺陈排比之手法状物、抒情。林纾指出:“柳州诸赋,摹楚声,亲骚体,为唐文巨擘。”(《韩柳文研究法·柳文研究法》)《囚山赋》正是用幽思苦语写成,读之令人凄恻,最近骚体。刘昫《旧唐书·柳宗元传》云:“既罹窜逐,涉履蛮瘴,崎岖堙厄,蕴骚人之郁悼,写情叙事,动必以文,为《骚》文十数篇,览者为之凄恻。”传文谓《骚》十数篇,乃指柳赋再加上《骚》十篇、《问答》三篇、三吊(即《吊苌弘文》《吊屈原文》《吊乐毅文》)等作品。《囚山赋》便是其中的一篇。

本文为抒情小赋,前半部分扣住题上的“山”字,大做文章,反复描写永州群山环绕的山景,借山抒情,融情于景。

柳宗元在永州贬所曾写过一系列的游记文章,着手表现永州山水清秀幽邃之美,时时流露出“乐之”的心情,在主客观交融中获得审美享受,以排遣他谪居生活中的郁闷与忧伤。写《囚山赋》时的心情,与之恰恰相反,因为久谪海隅,无法返回故乡和朝廷,他深切感受到自己就像是一个囚犯,被禁锢在南隅蛮荒之地。这种感受经常在他的文章中表露出来,如《惩咎赋》:“为孤囚以终世兮,长拘挛而辖轲。”自己是个孤独的罪囚,长久受到束缚,不得志。《与李翰林建书》:“譬如囚拘圜土,一遇和景,负墙搔摩,伸展支体,当此之时,亦以为适,然顾地窥天,不过寻丈,终不得出,岂复能久为舒畅哉?”子厚自比是一个囚犯,居于牢狱,遇到和暖的阳光,会感到舒适,然而环顾天地,不过寻丈,终不能外出,岂能有舒畅的感觉呢?当作者看到永州连绵不尽的山势,心底自然产生出被群山囚困的情绪,故而逐渐厌恶山林。怀着如此的心态,笔底群山便被铺排成“纷对回合”“争生角逐”“阳不舒”“群阴沍”的险恶景象,林纾以为“通篇着眼在‘阳不舒以拥隔兮,群阴沍而为曹’。‘沍’,涸寒也,也是阳掺阴舒之意”(《韩柳文研究法·柳文研究法》)。这便是柳宗元对客观环境的形象化体识,也是他久困永州后心态的外露,赋予客观景物以强烈的感情色彩。

这种“移情”手法的运用,与诗歌创作相仿佛。柳宗元将心中的情感移注于审美对象“山”,做到物我交融为一,使景物人格化,具有了人的感情。刘勰《文心雕龙·神思》:“登山则情满于山,观海则意溢于海。”吴乔《围炉诗话》则说:“情能移境。”此之谓也。作者摹写永州群山仰伏离迥之态,极为逼真,于此可见柳州作赋,非特寓意深远,而且善于状物。林纾说:“至摹写山林仰伏离迥之态,是柳州所长,读时自能会之。”(《韩柳文研究法·柳文研究法》)林氏的提示,很有意义。

赋的后半部分,自“侧耕危获苟以食兮”句至结尾,抒写作者处在险恶环境里的情感体验,他将林麓视作牢畔的棘丛,闻虎豹声以为是守狱的狴犴在嗥叫,从而发出“穷坎险其焉逃”的呐喊,喊出“匪兕吾为柙兮,匪豕吾为牢”的呼声,结句

“谁使吾山之囚吾兮滔滔”，点出题意，意味深长，向长期迫害自己的黑暗现实，提出强烈抗争，十年来，郁结心底的烦闷、愤懑一下子倾泻下来，痛快淋漓！这篇抒情小赋押平声豪韵，一韵到底，随意写来，意尽而言止，适应了直接抒情表现手法的艺术需要。王文禄称柳宗元赋为“唐之冠也”(《文脉》)，就《囚山赋》而言，亦可知王氏其言不诬。

（吴企明）

封建[①]论

天地果无初[②]乎？吾不得而知之也。生人[③]果有初乎？吾不得而知之也。然则孰为近？曰有初为近。孰明之？由封建而明之也。彼封建者，更古圣王尧、舜、禹、汤、文、武[④]而莫能去之。盖非不欲去之也，势[⑤]不可也。势之来，其生人之初乎？不初，无以有封建。封建，非圣人意也。

彼[⑥]其初与万物皆生，草木榛榛[⑦]，鹿豕狉狉[⑧]，人不能搏噬[⑨]，而且无毛羽，莫克自奉[⑩]自卫，荀卿[⑪]有言：“必将假物以为用[⑫]”者也。夫假物者必争，争而不已，必就其能断曲直者而听命焉。其智而明者，所伏必众，告之以直而不改，必痛之[⑬]而后畏，由是君长[⑭]刑政[⑮]生焉。故近者聚而为群。群之分，其争必大，大而后有兵有德。又有大者，众群之长又就而听命焉，以安其属，于是有诸侯[⑯]之列[⑰]。则其争又有大者焉。德又大者，诸侯之列又就而听命焉，以安其封[⑱]，于是有方伯[⑲]、连帅[⑳]之类。则其争又有大者焉。德又大者，方伯、连帅之类又就而听命焉，以安其人，然后天下会于一。是故有里胥[㉑]而后有县大夫，有县大夫而后有诸侯，有诸侯而后有方伯、连帅，有方伯、连帅而后有天子。自天子至于里胥，其德在人者，死必求其嗣而奉之[㉒]。故封建非圣人意也，势也。

夫尧、舜、禹、汤之事远矣，及有周[㉓]而甚详。周有天下，裂土田而瓜分之[㉔]。设五等[㉕]，邦群后[㉖]，布履星罗[㉗]。四周于天下，轮运而辐集[㉘]。合[㉙]为朝觐[㉚]会同[㉛]，离[㉜]为守臣扞城[㉝]。然而降[㉞]于夷王[㉟]，害礼伤尊，下堂而迎觐者[㊱]。历于宣王[㊲]，挟中兴复古之德[㊳]，雄南征北伐之威[㊴]，卒不能定鲁侯之嗣[㊵]。陵夷迄于幽厉[41]，王室东徙[42]，而自列为诸侯矣[43]。厥后，问鼎之轻重[44]者有之，射王中肩[45]者有之，伐凡伯[46]、诛苌弘[47]者有之，天下乖戾[48]，无君君[49]之心。余以为周之丧[50]久矣，徒建空名于公侯之上耳。得非[51]诸侯之盛强，末大不掉[52]之咎欤？遂判为十二[53]，合为七国[54]。威分于陪臣之邦[55]，国殄[56]于后封之秦[57]。则周之败端，其在乎此矣。秦有天下，裂都会而为之郡邑[58]，废侯卫而为之守宰[59]，据天下之雄图[60]，都六合之上游[61]，摄制[62]四海，运于掌握[63]之内，此其所以为得[64]也。不数载而天下大坏，其有由矣。亟役万人[65]，暴[66]其威刑，竭其货贿[67]。负锄梃谪戍之徒[68]，圜视[69]而合从[70]，大呼而成群。时则有叛人[71]而无叛吏，人怨于下而吏畏于上，天下相合，杀守劫令而并起。咎在人怨，非郡邑之制失也。汉有天下，矫秦之枉[72]，徇周之制[73]，剖海内而立宗子[74]，封功臣[75]。数年之间，奔命扶伤之不暇[76]。困平城[77]，病流矢[78]，陵迟[79]不救者三代[80]。后乃谋臣献画，而离削自守矣[81]。然而封建之始[82]，郡邑居半[83]，时则有叛国而无叛郡。秦制之得，亦以明矣。继汉而帝者，虽百代可知也。唐兴，制州邑[84]，立守宰，此其所以为宜也。然犹桀猾[85]时起，虐害方域[86]者，失不在于州而在于兵，时则有叛将而无叛州。州县之设，固不可革也。

或者[87]曰："封建者，必私其土，子其人[88]，适其俗，修其理[89]，施化[90]易也。守宰者，苟其心，思迁其秩[91]而已，何能理乎？"余又非之。周之事迹，断可见矣。列侯骄盈[92]，黩货事戎[93]。大凡乱国多，理国寡。侯伯不得变其政，天子不得变其君。私土子人者，百不有一。失在于制，不在于政，周事然也。秦之事迹，亦断可见矣。有理人之制[94]，而不委郡邑[95]，是矣[96]。有理人之臣，而不使守宰[97]，是矣。郡邑不得正其制[98]，守宰不得行其理[99]，酷刑苦役，而万人侧目[100]。失在于政，不在于制，秦事然也。汉兴，天子之政行于郡，不行于国[101]；制[102]其守宰，不制其侯王。侯王虽乱，不可变也；国人虽病[103]，不可除也。及夫大逆不道,然后掩捕[104]而迁[105]之,勒兵[106]而夷[107]之耳。大逆未彰,奸利浚财[108],怙[109]势作威,大刻[110]于民者,无如之何[111]。及夫郡邑,可谓理且安矣。何以言之?且汉知孟舒于田叔[112],得魏尚于冯唐[113],闻黄霸之明审[114],睹汲黯之简靖[115],拜之可也,复其位可也,卧而委之以辑[116]一方可也。有罪得以黜[117],有能得以赏,朝拜而不道,夕斥之矣。夕受而不法,朝斥之矣。设使汉室尽城邑而侯王之,纵令其乱人[118],戚之[119]而已。孟舒、魏尚之术莫得而施,黄霸、汲黯之化莫得而行。明谴而导[120]之,拜受而退已违矣。下令而削之,缔交[121]合从之谋,周于同列[122],则相顾裂眦[123],勃然而起[124]。幸而不起,则削其半。削其半,民犹瘁[125]矣。曷若举而移之以全其人乎[126]?汉事然也。今国家尽制郡邑,连置守宰,其不可变也固矣。善制兵,谨择守,则理平矣。

或者又曰:"夏、商、周、汉封建而延[127],秦郡邑而促[128]。"尤非所谓知理者也。魏[129]之承汉也,封爵[130]犹建。晋之承魏也,因循不革。而二姓陵替[131],不闻延祚[132]。今矫而变之,垂[133]二百祀[134],大业[135]弥固,何系于诸侯哉?

或者又以为:"殷、周,圣王也,而不革其制,固不当复议也。"是大不然。夫殷、周之不革者,是不得已也。盖以[136]诸侯归殷者三千焉,资以黜夏[137],汤不得而废。归周者八百焉,资以胜殷,武王不得而易。徇之以为安,仍[138]之以为俗,汤、武之所不得已也。夫不得已,非公之大者[139]也,私其力于己[140]也,私其卫于子孙也。秦之所以革之者,其为制,公之大者也。其情私也,私其一己之威也,私其尽臣畜[141]于我也。然而公天下[142]之端自秦始。

夫天下之道,理安斯得人者也。使贤者居上,不肖[143]者居下,而后可以理安。今夫封建者,继世而理[144]。继世而理者,上果贤乎?下果不肖乎?则生人[145]之理乱[146]未可知也。将欲利其社稷,以一[147]其人之视听,则又有世大夫[148]世食禄邑[149],以尽其封略[150]。圣贤生于其时,亦无以立[151]于天下,封建者为之也。

岂圣人之制使至于是乎？吾固[152]曰："非圣人之意也，势也。"

〔注〕①封建：指"封国土，建诸侯"的分封制，即奴隶制时代帝王把爵位、土地赐给贵族，在封定的区域内建立诸侯国，世代相传，这和我们今天所说封建社会制度的"封建"含义不同。②初：原始阶段。③生人：生民，人类。④更古圣王尧、舜、禹、汤、文、武：经历古代圣明的帝王唐尧、虞舜、夏禹、商汤、周文王、周武王。⑤势：客观形势。⑥彼：指人类。⑦榛(zhēn)榛：草木杂乱丛生的样子。⑧狉(pī)狉：野兽成群奔跑的样子。⑨噬(shì)：咬。⑩自奉：自己供养自己。⑪荀卿：对荀况的尊称。战国时越国人，著名思想家，有《荀子》一书传世。⑫"必将"句：谓一定要凭借外物以为维持生存之用。语出《荀子·劝学篇》："君子生非异也，善假于物也。"⑬痛之：让他受痛苦，即惩罚他。⑭君长：君主、官吏。⑮刑政：刑法、政令。⑯诸侯：古时称分封的小国君主为诸侯，此指早期奴隶制小国的首领。⑰列：类。⑱封：封疆，即所管辖的地区。⑲方伯：一方诸侯的首领。⑳连帅：十国诸侯的首领。㉑里胥：里长，古代地方基层行政单位的小吏，相当于后代的保长、乡长之类。㉒奉之：拥戴他当领袖。㉓有周：周朝。有，名词词头，有音无义。㉔"裂土田"句：指周初实行分封，把土地像剖瓜一样分割。㉕五等：指公、侯、伯、子、男五等爵位。㉖邦群后：分封诸侯。邦，封国，此处作动词用。后，君长，此处指诸侯。㉗布履星罗：诸侯国遍布各地，像繁星罗列一样。履，指诸侯足迹践履所及。㉘轮运而辐(fú)集：谓诸侯尊奉天子，就像车轮转动时辐条都集中向着车轮的轴心一样。辐，车轮上连接外缘的轮和中央轴心的直条。㉙合：会合。㉚朝觐(cháo jìn)：都是指诸侯朝见天子，春天叫"朝"，秋天叫"觐"。㉛会同：都是指天子接见诸侯，按时接见的叫"会"，同时接见许多诸侯叫"同"。㉜离：指诸侯离开天子，回到各自的封地。㉝扞(hàn)城：保卫天子的将帅，此指诸侯。㉞降：下传到。㉟夷王：西周国君，名燮，公元前869至前858年在位。㊱"下堂"句：下堂去迎接来朝见的诸侯。《礼记·郊特牲》："觐礼，天子不下堂而见诸侯。下堂而见诸侯，天子之失礼也，由夷王以下。"㊲宣王：西周国君，名静，前827年至前782年在位。㊳"挟中兴"句：凭着中兴复古的功德。宣王使原已衰落的周朝国势有所恢复，史称"中兴"，故云。㊴"雄南征"句：显示出南征北战的威力。前827年宣王接位后，举兵讨伐西北部族西戎和北方部族严允，次年又征服南方的荆蛮、东南方的淮夷、徐戎等部族，声威大振，故云。㊵"卒不能"：谓最终不能决定诸侯鲁武公的继承人。《国语·周语》载：前817年，鲁武公带长子括与少子戏朝见宣王，宣王立戏为武公继承人。武公死后，鲁人杀戏而立括为国君。次年，宣王伐鲁，另立戏弟称为鲁君，由此引起诸侯的不满。故云。㊶"陵夷"句：逐渐衰落到幽王、厉王。幽，周幽王，名宫涅，西周最后一个国君，前781年至前771年在位，昏庸暴虐，后为西方部族犬戎所杀。厉，周厉王，西周国君，名胡，前857年至前842年在位，暴虐无道，后为国人所驱逐，死于彘(今山西霍州市东北)。㊷王室东徙(xǐ)：厉王死后，其子平王宜臼为了躲避西方部族犬戎等的威胁，把国都由镐(今陕西西安市西南)向东迁移至洛邑(今河南洛阳市)，以后的周朝史称"东周"。㊸"而自列"句：周王朝自此日渐衰弱，实力已与诸侯国相仿，故云。㊹问鼎之轻重：问九鼎的重量。鼎，九鼎，相传为夏禹所铸，是夏、商、周三代的传国之宝，国家政权和帝位的象征。㊺射王中肩：《左传·桓公五年》载：周桓王十三年(前707)，率诸侯伐郑，郑庄公领兵抵抗，王师大败。郑大夫祝聃射桓王，箭中其肩。㊻伐凡伯：劫持周桓王的大臣凡伯。《左传·隐公七年》载：周桓王四年(前716)，王派遣卿士凡伯出使鲁国，归途中，在楚丘(今山东曹县东南)被戎人劫持。㊼诛苌(cháng)弘：杀死周

敬王的大臣苌弘。《左传·哀公三年》载：周敬王二十七年(前493)，晋国发生政争，大臣范吉射和赵鞅相攻，苌弘支持范吉射，后范氏失败，赵鞅责问周朝，周敬王不得已杀苌弘。　⑱ 乖戾(lì)：反常。　⑲ 君君：把君主当作君主对待。第一个"君"字作动词用。　⑳ 丧：指丧失天子的权威。　㉑ 得非：难道不是。　㉒ 末大不掉：犹"尾大不掉"，比喻上弱下强，指挥不动。掉，摇摆。　㉓ 判为十二：指春秋时期分为十二个主要的诸侯国，即齐、鲁、晋、秦、楚、宋、卫、陈、蔡、曹、郑、燕。判，分。　㉔ 合为七国：指战国时期诸侯互相攻伐，兼并为七个较强的国家，即魏、韩、赵、楚、燕、齐、秦。　㉕ 陪臣之邦：指韩、赵、魏及齐诸国。古代天子以诸侯为臣，诸侯以大夫为臣，大夫对天子是隔了一层的臣子，称为陪臣。周烈王二十三年(前403)，晋国大臣韩虔、赵籍、魏斯瓜分晋国，自立为诸侯。齐国原是吕尚的封国，周安王十六年(前386)，大臣田和篡夺君位，自立为齐侯。因韩、赵、魏、齐等国的国君原来都是诸侯国的臣子，故称"陪臣之邦"。　㉖ 殄(tiǎn)：灭亡。　㉗ 后封之秦：秦国原是周朝的附庸，平王东迁时，秦襄公护送有功，始被封为诸侯。其受封时间远在齐、鲁各国之后，故称"后封之秦"。秦庄襄王元年(前249)，秦王命相国吕不韦诛灭东周君，东周遂亡。　㉘"裂都会"句：指废除分封制，建立郡县制。秦始皇统一中国后，分天下为三十六郡，郡下设县。都会，指被秦所灭六个诸侯国的都城，此处代指六国的土地。郡邑，郡县，秦朝的地方行政单位。　㉙"废侯卫"句：指废除诸侯，设置郡守、县令。侯卫，指诸侯。周朝将王畿以外的土地按地域远近分为九服，距天子直属领地近的诸侯称"侯服"，较远的称"卫服"。守宰，秦朝的地方行政长官，郡的长官叫"守"，县的长官叫"令"。宰即"令"。　㉚ 雄图：险要之地。　㉛"都六合"句：秦建都咸阳(今属陕西)，地处西北高原地带，居高临下，有如河流的上游，故云。六合，古以上下四方为六合，借指天下。　㉜ 摄制：控制。　㉝ 掌握：手掌。　㉞ 得：得当，正确。　㉟ 亟(qì)役万人：一再役使万民。亟，屡次。　㊱ 暴：显露。　㊲ 货贿：财物。贿，财。　㊳"负锄梃(tǐng)"句：扛着锄头木棍，被惩罚去防守边疆的人，此指秦末陈胜、吴广领导的农民起义军。梃，木棍。　㊴ 圜(huán)视：互相顾视的样子。《汉书·贾谊传》："天下圜视而起。"圜，同"环"。　㊵ 合从：本指战国时东方六国联合以抗秦，此指全国各地联成一体反抗秦王朝。㊶ 叛人：叛民，指起义的农民。　㊷ 矫秦之枉：纠正秦朝废封建、设郡县的"错误"。枉，弯曲，引申为错误。　㊸ 徇(xùn)周之制：沿袭周朝的分封制。徇，依从。　㊹ 立宗子：立子侄为王。宗子，原指嫡长子，此指同姓子侄。汉高祖刘邦得天下后，分封自己的儿子、兄弟、侄子为王，故曰"立宗子"。　㊺ 封功臣：指刘邦封异姓功臣韩信、彭越、英布等人为王。㊻"奔命"句：指诸侯一再反叛，朝廷派兵镇压，到处奔走应急，救死扶伤，不得空闲。奔命，奔走应命。　㊼ 困平城：被围困于平城(今山西大同东)。《汉书·高帝纪下》载：汉高祖六年(前201)，韩王信叛汉投降匈奴。次年，高祖率兵讨伐，被匈奴围困于平城七日，后用陈平秘计才脱身。　㊽ 病流矢：为飞箭所伤。《汉书·高帝纪下》载：汉高祖十一年(前196)，淮南王英布叛乱，高祖亲往镇压，为飞箭所中，次年因箭伤发病而死。　㊾ 陵迟：衰落。　㊿ 三代：指汉高祖刘邦以后的惠帝刘盈、文帝刘恒、景帝刘启三代。这时期不时有诸侯反叛朝廷。(81)"后乃"二句：指汉文帝时，贾谊建议诸侯子孙可以分别继承祖宗的封地；景帝时，晁错献策削减诸侯的封地；武帝时，主父偃建议令诸侯把土地分封给每个子弟，不限于嫡长子。意在削弱诸侯的势力，使之无力谋反。献画，献策。离削，分散削弱。自守，自保。　(82) 封建之始：指汉王朝最初恢复分封制时。　(83) 郡邑居半：指未分封而实行郡县制的地区占全国的一半。(84) 制州邑：设置州县。唐代改郡为州，州的行政长官是刺史。州邑制相当于郡县制，州的刺史相当于郡的太守。　(85) 桀猾：凶悍狡猾的人。此指反叛的藩镇。　(86) 方域：地方，指州县。

⑰或者：有的人。 ⑱子其人：把封地内的百姓当作自己的子女。 ⑲修其理：修明政事。理，治。 ⑳施化：施行教化。 ㉑秩：官职的品级，官阶。 ㉒骄盈：骄傲自满。 ㉓黩(dú)货事戎：贪财好战。 ㉔理人之制：治理人民的制度，指郡县制。 ㉕不委郡邑：不让郡邑发挥作用。委，委托。 ㉖是矣：这是确实的。 ㉗不使守宰：不让守宰行使职责。 ㉘正其制：合乎制度而不偏。"正"作动词用。 ㉙行其理：行使治理人民的职权。 ⑩侧目：怨恨的样子。 ⑩国：指诸侯国。 ⑩制：控制。 ⑩国人虽病：诸侯国的人民虽受害。 ⑩掩捕：乘人不备而予以逮捕。 ⑩迁：放逐。 ⑩勒兵：率领军队。 ⑩夷：平定。 ⑩奸利浚(jùn)财：非法取利，搜刮钱财。浚，取。 ⑩怙(hù)：依恃。 ⑪刻：苛刻，刻薄。 ⑪无如之何：不能把他们怎么样。 ⑪"且汉知"句：《史记·田叔列传》载：汉高祖时，孟舒任云中郡(今山西西北部和内蒙古自治区西南一带)太守，匈奴大举进犯，劫掠云中，因此被免官。文帝继位后，召见汉中郡(今陕西汉中市南及湖北西北部一带)太守田叔问曰："公知天下长者乎?"田叔答道："故云中守孟舒，长者也。"并讲了孟之所以为长者的理由。文帝听后便重新起用孟舒当云中郡太守。且，句首语气词，用以提起下文。⑪"得魏尚"句：《史记·冯唐列传》载：汉文帝时，云中郡太守魏尚防御匈奴有功。因一次上报杀敌首级多报了六颗，被削去官爵。后中郎署长冯唐在文帝面前为之辩白，文帝便令冯唐持节赦魏尚，恢复他的官职。 ⑪"闻黄霸"句：《汉书·循吏传》载：汉宣帝听说黄霸执法公平，召为廷尉正。后任颍川郡太守，外宽内明，治绩为天下第一，晚年官至丞相。明审，明察审慎。⑪"睹汲黯"句：《史记·汲黯列传》载：汉武帝时，汲黯任东海郡(今山东、江苏交界沿海一带)太守，奉行黄老学说，清静无为，不苛细小，经常卧病在床，不大出门。年余，东海郡大治。后武帝又任命他为淮阳郡(今河南淮阳一带)太守，他因病辞谢。武帝对他说：淮阳官民关系不好，我要借重你的威望，有病躺在床上治理就行了。简靖，简政安民。 ⑪辑：安抚。 ⑪黜(chù)：贬斥，降官或免职。 ⑪乱人：残害人民。 ⑪戚之：为此而忧虑。 ⑫导：开导，教育。 ⑫缔交：结交。 ⑫周于同列：遍及于各诸侯国。 ⑫裂眦(zì)：瞪裂眼眶，盛怒的样子。 ⑫勃然而起：指突然起兵反叛朝廷。 ⑫瘁(cuì)：劳累，此指受害。⑫"曷若"句：谓何不把诸侯国全部废除掉，改为郡县，以保全那里的人民呢？曷若，何如。举，全部。 ⑫延：长久。 ⑫促：短促。 ⑫魏：指曹丕建立的魏。 ⑬封爵：指分封国土、授予爵位的分封制。 ⑬二姓陵替：魏、晋两代衰亡。二姓，指魏国的曹氏和晋朝的司马氏。 ⑬不闻延祚(zuò)：没有听说国运长久。曹魏只传五帝四十六年便亡，司马氏的西晋也只传四帝五十二年而亡，故云。祚，帝位。 ⑬垂：将近。 ⑬祀：年。 ⑬大业：帝业，国家基业。 ⑬以：因为。 ⑬资以黜夏：借以灭掉夏朝。资，凭借。黜，废除。⑬仍：因袭。 ⑬非公之大者：不是最大的公。 ⑭私其力于己：怀着私心要诸侯为自己出力。 ⑭臣畜：臣服，归顺。 ⑭公天下：以天下为公，指废除分封制，把诸侯世袭的封地收归国家控制。 ⑭不肖：不贤，即无德无才。 ⑭继世而理：一代继承一代地统治所封领地。 ⑭生人：生民，百姓。 ⑭理乱：治乱，即得到太平还是遭受祸乱。 ⑭一：统一。 ⑭世大夫：诸侯国的大夫是世袭的，故称"世大夫"。 ⑭禄邑：诸侯分给世大夫的封地。 ⑮尽其封略：分完了全部国土。封略，封疆，指国土。 ⑮立：建树。 ⑮固：通"故"，所以，因此。

该文作于永州时期，确切作年不详，是柳宗元议论文中最出色的篇章。

《封建论》为论述封建制，即分封制的力作。文中所论的分封制，是一种适应商、周奴隶制社会需要，把全国分为许多由世袭诸侯统治的小王国的政权制度。后来这些诸侯小国闹独立，造成国家的分裂，阻碍社会生产力的发展，越来越暴露出这种制度的不合理性。秦始皇统一全国后，把天下划分为郡、县，由中央直接统辖，叫作郡县制，以此来代替原有的分封制。郡县制显然是一种有利于国家统一集权的进步制度。但由于秦的速亡，有些守旧保守势力就把这归咎于实行郡县制的结果。所以秦以后，分封制和郡县制的论争一直延续不断，不少人对郡县制持否定态度，如汉代的班固，三国魏的曹冏，晋代的陆机、刘颂等人都是，连唐太宗李世民也有过恢复分封制的想法。到了中唐时期，藩镇割据的现象越演越烈，和这种局面相配合，倡导分封制的论调又盛行起来。针对此等情况，柳宗元就写了这篇《封建论》，论述分封制和郡县制产生的原因，肯定郡县制的巨大优越性，并给予各种鼓吹恢复分封制的谬论以有力的驳斥。文章把总结历史经验和现实思想政治斗争结合起来，通过揭露分封制的种种弊端，借以猛烈抨击腐朽跋扈的藩镇割据势力，表现出高超的识见和鲜明的现实针对性。苏轼评得好："昔之论封建者，曹元首、陆机、刘颂及唐太宗时魏徵、李百药、颜师古，其后则刘秩、杜佑、柳宗元。宗元之论出，而诸子之论废矣。虽圣人复起，不能易也。……柳宗元之论，当为万世法也。"（《论封建》）清代孙琮亦云"识透古今，眼空百世"（《山晓阁选唐大家柳柳州全集》评语卷二论）。

此文识高文亦高，不仅观点精辟，内容深刻，而且具有卓越的写作技巧。韩愈曾说："衡、湘以南为进士者，皆以子厚为师，其经承子厚口讲指画为文词者，悉有法度可观。"（《柳子厚墓志铭》）可见柳宗元教人为文极注意"法度"，而他自己为文也极讲究"法度"，本文在谋篇布局上就颇具匠心，写得极有章法。全文分四大段。第一大段包括第一、二两个自然段，提出"势"的观点，作为全文立论的根据。作者从历史进化的角度，论述分封制产生的过程，强调"封建非圣人意也，势也"，认为一种政治制度的确立和更替，并非为圣人的意志所左右，而是由社会的客观情势所决定的。尽管文中对历史进化和分封制产生过程的叙述分析，今天看来不是很科学，但它所标举的"势"的论点，是一种朴素唯物主义思想和进步的政治历史观，符合社会历史发展的规律。由于立论正确，就为下文论述郡县制的优越性和批驳攻击郡县制的谬论，打下了坚实的基础。第二大段是第三个自然段，列举周、秦、汉、唐的史实，比较郡县制和分封制的优劣，肯定郡县制有利于统一集权的优越性。此段有理有据，辨析透辟有力。第三大段包括第四、五、六共三个自然段，驳斥几种鼓吹分封制的论调，即所谓分封制下统治者责任心强，政治清明；分封制使夏、商、周、汉等朝代长久，而郡县制造成秦朝速亡；分封制是殷、周圣王实行的制度，因而是不能改变的。并在批驳上述谬论的过程中，进一步赞扬郡县制破除世袭特权，有利于革新政治，能够顺应历史发展潮流的优越性。这段重点突出，论驳昭晰无疑。第四大段即最后一个自然段，收束归源，总结全文，在上面论驳的基础上，又一次指出在分封制"继世而理"和分裂割据的情况下，根本不可能治理好政治，而只有实施郡县制，才能出现"贤者居上，不肖者居下"，选贤任能的局面，使政治清明，人民安乐，并以"非圣人之意也，势也"的句子结束文章，和首段结句"封建非圣人意也，势也"相呼应。这样的结论在最后提出，可说是水到渠成，顺理成章，并在全文中起到了画龙点睛和扩延内涵的作用。整篇文章间架宏阔，布局合理，中心论点和大小分论点紧密相连，条分缕析，结撰十分严谨。林纾评曰："《封建》一论，为古今至文"，"今就文论文，识见之伟特，文阵之前后提紧，彼此照应，不惟识高，文亦高也"。（《韩柳文研究法·柳文研究法》）

作为优秀的议论文，在思想深刻、观点卓绝的同时，还应该说理透辟、论证有力，《封建论》出色地做到了这点。该文富有雄辩力，是由于运用了多种手法，其中之一是引证史实。"事实胜于雄辩"，举史实加以论证是说理的重要手段。柳宗元不仅是杰出的政治家、文学家，而且是学富五车、博古通今的学者，在此文中史实引用信手拈来，驱遣自如，纷纷奔赴笔底，为论事析理服务。在第二大段中写道："然而降于夷王，害礼伤尊，下堂而迎觐者。历于宣王，挟中兴复古之德，雄南征北伐之威，卒不能定鲁侯之嗣。……厥后，问鼎之轻重者有之，射王中肩者有之，伐凡伯、诛苌弘者有之，天下乖戾，无君君之心。"通过周夷王、宣王、定王、桓王、敬王时的一系列史实，说明由于实行分封制，周王室的威严越来越衰弱，最后形成尾大不掉，中央王朝指挥不动诸侯国的局面。第四个自然段在讲汉初郡邑的部分"理且安"时，也举出孟舒、魏尚、黄霸、汲黯等人的史实，论证在郡县制下中央能够很好地控制地方。由于这些地方引用的史实确实存在，且富有代表性，如此旁征博引，据事类义，就大大增强了文章的说服力。

该文在论述上，既有正面的论述，又有反面的批驳。第二大段是正面说明郡县制和分封制的优劣，主要运用比较的方法。俗话说："不怕不识货，就怕货比货。"通过比较，能把道理说得更为透彻。此段列举周、秦、汉、唐四个朝代的情况，这四朝所实行的制度以及造成的结果都不一样。周朝推行分封制，助长分裂割据，"周之败端，其在乎此矣"，导致最后的覆灭。秦朝实行郡县制，天下全在中央朝廷的掌控之中，"此其所以为得也"，至于其不久灭亡，"咎在人怨，非郡县之制失也"，是由于政治暴虐无道，致使人民怨恨造反，不是郡县制的过失。汉朝

“封建之始，郡邑居半”，一半实行分封制，一半实行郡县制，“时则有叛国，而无叛郡”，搞叛乱的都是实行分封制的诸侯国，而没有实行郡县制的地方政府。唐朝搞州县即郡县制，但又有闹割据的藩镇军阀的存在，“时则有叛将，而无叛州”，谋反的只是藩镇军阀，而不是州县地方当局。以周、秦、汉、唐的历史作依据，经过这样明晰的比较说明，“秦制之得，亦以明矣。继汉而帝者，虽百代可知也”，郡县制优于分封制便自然成为无可辩驳的确论。

第三大段则是反面的批驳。历史上宣扬分封制的论调很多，作者在文中选择了三种典型的说法，当作批驳的靶子。其一是“封建者，必私其土，子其人，适其俗，修其理，施化易也。守宰者，苟其心，思迁其秩而已”，即分封制有利于治理，郡县制则相反。如晋代陆机在其《五等诸侯论》中就有这样的说法：“夫进取之情锐，而安民之誉迟，是故侵百姓以利己者，在位所不惮，损实事以养名者，官长所夙夜也。君无卒岁之图，臣挟一时之志。五等则不然。知国为己土，众皆我民。民安，己受其利；国伤，家婴其病。……为上无苟且之心，群下知胶固之义。”作者对此也举周、秦、汉、唐四朝的事实予以驳斥。如指出实行分封制的周朝，诸侯国“大凡乱国多，理国寡”，“私土子人者，百不有一”。对汉朝则作鲜明的对比：“天子之政行于郡，不行于国；制其守宰，不制其侯王。”天子的政令只通行于郡县，不能通行于诸侯国；只能控制郡邑长官，无法制约诸侯王。在搞分封制的地方，“侯王虽乱，不可变也；国人虽病，不可除也”，诸侯即使无法无天，朝廷亦“无如之何”，而在实行郡县制的地方，官吏“有罪得以黜，有能得以赏”。经过这样透辟的分析，所谓分封制有利于治理的谬论，就被驳得体无完肤，无招架之力了。

其二是“夏、商、周、汉封建而延，秦郡邑而促”，即夏、商、周、汉四朝实行分封制而年代长久，秦朝实行郡县制而年代短促。如三国时魏人曹冏在《六代论》中说：“昔夏、殷、周之历世数十，而秦二世而亡，何则？三代之君，与天下共其民，故天下同其忧；秦王独制其民，故倾危而莫救。”晋人刘颂亦云：“至于三代……列爵五等，开国承家，以藩屏帝室，延祚久长……逮至秦氏，罢侯置守，子弟不分尺土，孤立无辅，二世而亡。”（《晋书·刘颂传》）由于秦代速亡的问题前文已经论及，此处就改变写法，举魏、晋与唐代的事例进行论述：魏国和西晋都继承汉朝的分封制，却“二姓陵替，不闻延祚”，年代并不长久；而“今”，即唐代实行郡县制，则“垂二百祀，大业弥固”，国运长久而坚固。在这样富有说服力的对比下，所谓“封建而延”“郡邑而促”的说法也不攻自破了。

其三是“殷、周，圣王也，而不革其制，固不当复议也”，即分封制是商、周圣王实行的制度，因而不能改变。如陆机在《五等诸侯论》中有类似的看法：“昔者成汤亲照夏后之鉴，公旦目涉商人之戒，文质相济，损益有物。故五等之礼，不革于时，封畛之制，有降焉尔者，岂玩二王之祸而阍经世之算乎？”作者以“殷、周之不革者，是不得已”加以批驳，强调这是“势”造成的，“势”变了，当然可以“复议”。接着由驳转立，提出“公天下之端自秦始”，把秦朝实行郡县制，使全国处于中央朝廷的控制之下，提到以天下为公的高度来加以肯定，完全是一种闻所未闻的反传统观点，把近代林纾评论柳宗元《送薛存义序》的话搬到此处正合适：“柳州见解，可云前无古人。”（《韩柳文研究法·柳文研究法》）此处驳论富有说服力，立论则振聋发聩，新人耳目。

第四大段又作正面论述，带有归纳收结的性质，强调“天下之道，理安斯得人者”，进一步揭露分封制“继世而理”，任人唯亲，割据分裂，不能“理安”的弊端。要而言之，前面的正面论述为后边的反面批驳打下基础，后面的反面批驳则是对前面正面论述的加强和延伸，最后的正面论述又是对前面正反面论驳的提升和呼应。全篇文章有正有反，立驳结合，逻辑严密，论证透辟，充分体现出柳宗元“俊杰廉悍，议论证据今古，出入经史百子，踔厉风发”（韩愈《柳子厚墓志铭》）的议论文特点。

《封建论》的语言有两大特色。其一是峻洁。柳宗元曾说：“参之太史公以著其洁”（《答韦中立论师道书》），“穀梁子、太史公甚峻洁”（《报袁君陈秀才避师名书》）。别人也称赞他的散文“峻洁精奇”（黄震《黄氏日钞》卷六〇）。所谓“峻洁”或“洁”，在语言上是指不拖沓，不含糊，无赘语，无泛笔，言约事丰，干脆简劲，本文就体现了这点。其首先表现为语言不模棱两可，而是斩绝明了。文中不论是一些主要论点，如“封建非圣人意也，势也”，“秦制之得，亦以明矣”，“州县之设，固不可革也”，“公天下之端自秦始”，还是一些断语，如“周之败端，其在乎此矣”，“咎在人怨，非郡邑之制失也”，“继汉而帝者，虽百代可知也”，“周之事迹，断可见也”，“秦之事迹，亦断可见也”，都是写得干脆利落，斩钉截铁，劲健有力。其次表现为语言不啰唆冗赘，而是简洁精练。尽管此文篇幅较长，但是达到了“丰而不余一言，约而不失一辞”（韩愈《上襄阳于相公书》），字字经思，句句有法，无一字一句懈怠的境地。清代李光地说柳宗元的散文“虽千余言，要删他一个虚字不得”（《榕村语录》）。本文可说是虽二千余言，没有一个多余的、可删的虚字。为了使文章简练精悍，作者在文中多采取词类活用的语法手段，如把名词、形容词用作动词，例子有：“邦群后”，“无君君之心”，“都六合之上游”，“暴其威刑”，“私其土，子其人”等，这样使语言不仅富有动感，而且更显得简约凝练。

其二是雄健。柳宗元的文章，一般不像韩愈那样雄奇奔放，而是以沉郁凝敛见长，但是《封建论》也具笔力雄俊、气势充沛的特色，该文那种高屋建瓴的气势，雄深雅健的风格，当然主要是由精警的观点、严密的逻辑、有力的论驳造成的，不过和语言上多用排偶句子也有关。柳宗元曾批评骈文末流“眩耀为文，琐碎排偶”，“骈四俪六，锦心绣口”（《乞巧文》），可是又吸收骈文的长处为己所用，把骈文对偶的特点恰当地融入自己以散行为主的文章中，本文中的排偶句子就随处可见，如：“秦有天下，裂都会而为之郡邑，废侯卫而为之守宰，据天下之雄图，都六合之上游，摄制四海，运于掌握之内，此其所以为得也”；“汉知孟舒于田叔，得魏尚于冯唐，闻黄霸之明审，睹汲黯之简靖，拜之可也，复其位可也，卧而委之以辑一方可也”。这样骈散相间，句式既整齐而又有变化，有助于形成文章大气磅礴、雄放劲健的特点。（吴小林）

晋文公[1]问守原[2]议

晋文公既受原于王[3]，难其守。问寺人[4]教鞮[5]，以畀[6]赵衰[7]。

余谓守原，政之大者也。所以承[8]天子，树霸功，致命[9]诸侯，不宜谋及媟近[10]，以忝[11]王命。而晋君择大任[12]，不公议于朝，而私议于宫；不博谋于卿相[13]，而独谋于寺人。虽或衰之贤足以守，国之政不为败，而贼贤[14]失政之端[15]，由是滋矣。况当其时不乏言议之臣乎？孤偃[16]为谋臣，先轸[17]将中军[18]，晋君疏而不咨，外而不求，乃卒定于内竖[19]，其可以为法[20]乎？且晋君将袭[21]齐桓[22]之业，以翼[23]天子，乃大志也。然而齐桓任管仲[24]以兴，进竖刁[25]以败。则获原启[26]疆，适[27]其始政，所以观视诸侯[28]也，而乃背[29]其所以兴，迹[30]其所以败。然而能霸诸侯者，以土则大，以力则强，以义[31]则天子之册[32]也。诚[33]畏之矣，乌[34]能得其心服[35]哉？其后景监[36]得以相卫鞅[37]，弘、石[38]得以杀望之[39]，误之者晋文公也。呜呼！得贤臣以守大邑[40]，则问非失举[41]也，盖失问[42]也。然犹羞当时[43]，陷后代若此，况于问与举又两失者，其何以[44]救之哉？

余故著[45]晋君之罪[46]，以附[47]《春秋》许世子止[48]、赵盾[49]之义。

〔注〕 ① 晋文公：春秋时晋国国君重耳，公元前636至前628年在位。 ② 原：原地，在今河南济西北。 ③ 王：周襄王，他把原地封给晋文公。 ④ 寺人：宦官。 ⑤ 教鞮(bó dī)：人名，即寺人披。 ⑥ 畀(bì)：给与。 ⑦ 赵衰(cuī)：晋臣，曾随重耳出亡十九年。《左传·僖公二十五年》记载：晋文公受封于原地，向宦官教鞮询问谁可担任原地的长官，以治理原地，教鞮推荐赵衰。 ⑧ 承：遵奉。 ⑨ 致命：传达命令。 ⑩ 媟(xiè)近：昵近的人，这里指宦官。媟，狎，不恭敬。 ⑪ 忝：辱。 ⑫ 大任：重任，指治理原地。 ⑬ 卿相：朝中大臣。 ⑭ 贼贤：伤害贤能之人。 ⑮ 端：始，开端。 ⑯ 孤偃：晋臣，重耳之舅父，晋侯成就霸业，皆出孤偃之谋略。 ⑰ 先轸：晋将。 ⑱ 中军：古代军队分上、中、下三军，以中军为主力。 ⑲ 内竖：汉代以后，宦官皆被称为内竖。 ⑳ 法：效法。 ㉑ 袭：继承。 ㉒ 齐桓：即齐桓公，齐国国君，春秋时期第一个创建霸业。 ㉓ 翼：辅佐。 ㉔ 管仲：齐桓公宰相，辅佐桓公成霸业。 ㉕ 竖刁：齐桓公亲近的宦官。 ㉖ 启：开启。 ㉗ 适：正。 ㉘ 观视诸侯：向诸侯展示自己的为政之道。 ㉙ 背：违背。 ㉚ 迹：追循。 ㉛ 义：名义。 ㉜ 册：册封。 ㉝ 诚：实在。 ㉞ 乌：怎么。 ㉟ 心服：心悦诚服。 ㊱ 景监：秦孝公亲近的宦官。 ㊲ 卫鞅：公孙鞅，也即是后人所称的商鞅，本卫国人，入秦后为秦孝公重用，帮助秦国富强。 ㊳ 弘、石：指汉元帝时专权的宦官弘恭、石显。 ㊴ 望之：萧望之，元帝时重臣，因与弘、石不合，被害死。 ㊵ 大邑：这里指原地。 ㊶ 举：推荐。 ㊷ 失问：所问的对象不对。 ㊸ 羞当时：羞辱当时的朝臣。 ㊹ 何以：用什么办法。 ㊺ 著：揭示。 ㊻ 罪：过错。 ㊼ 附：依随。 ㊽ 许世子止：许悼公患疾，太子止进药，悼公饮药后死去，太子止惧怕嫌疑，逃往晋国，被《春秋》戴以"弑君"之罪。世子，太子。事见《左传·昭公十九年》。 ㊾ 赵盾：晋臣赵盾为灵公逼迫，正逃往国外时，灵公被赵穿杀死。赵盾退回后，不治赵穿之罪。史官书"赵盾弑其君"。事见《左传·宣公二年》。本文作者依《春秋》褒贬之义，认为晋文公开了后世宦官干政的先河，应受贬责。

柳宗元这篇文章，内容以《左传·僖公二十五年》所载晋文公向寺人教鞮问守原之臣一事发表议论，题旨在"不宜谋及媟近"一句，这是作者极为鲜明的政治观点，他借古以箴时，针对中唐时代宦官专权的特定历史背景，发出高论，具有极强的现实意义。前人对此文的评论，虽然表述不同，但看法很一致，宋韩醇说："公此议虽曰论晋文之失，其意实悯当时宦者之祸。"(《五百家注柳先生集》卷四引)清林云铭《古文析义》二编卷六评："子厚之时，宦官典禁旅，其权最重。是篇全为时事起见，借晋文以守原问教鞮一事，层层罪其作俑。"本文作于何年，不可详考。

议，古代一种议论性的文章，所议内容，必须关涉国家大事。《文心雕龙·议对》论及此体时说："采故实于前代，应通变于古今，理不谬摇其枝，字不妄舒其藻。"刘勰明确指出"议"的写作要求是：必须吸取前人的经验，切合当前的情势，说理要抓住要点，明核不误，行文要简洁而不繁缛。对照柳宗元的《晋文公问守原议》，全文吸取春秋、战国、汉代的历史经验和教训，议论实中中唐社会之症结，事关重大，能通古今之变，语言峻洁，富有思辨力，一点没有繁缛的痕迹，议事明白确切，“明澈醒人眼，造语极古，而析理又极明达，不着一闲话，于此见用意之精”（林纾评语，见《韩柳文研究法·柳文研究法》）。完全符合“议”体的美学特征。

柳宗元辩议一类的文章，结构上有三段模式，罗联添先生指出：“大致上有一个共同的结构形式，即立案、翻案、断案。”（《柳宗元二篇议论文分析》，载学海出版社出版的《唐代四家诗文论集》）立案，就是将要议论的问题作为文章的纲领提出来，本文开端四句即是。翻案，就是针对立案所提出的问题，予以翻驳和论辩，本文从“余谓守原，政之大者也”始，至“其何以救之哉”止即是。断案，就是文章的结论，对第二段的论辩作个总结，本文结尾两句即是。循此结构寻释文意，一目了然。

本文在写作上很有特色，约而言之，有三种做法，值得注意。一、无中生有，波澜横起，孙琮曾极为扼要论说过本文的妙处，云：“妙在说晋文公不是处，叠下五番断案，妙在二番，只就守原上发挥。其余三番，俱是从旁援引。真是无中生有，波澜横起之文。”（《山晓阁选唐大家柳柳州全集》卷四）孙氏对晋文公所下的“五番断案”是：“择大任，不公议于朝，而私议于宫”，一也；“不博谋于卿相，而独谋于寺人”，二也；“贼贤失政之端，由是滋矣”，三也；“背其所以兴，迹其所以败”，乌能令诸侯心服，四也；“景监得以相卫鞅，弘、石得以杀望之，误之者晋文公也”，五也。这前面二番断案，都是针对“问守原”这件事。这后面三番断案，都是从“问守原”一事生发出来，遂使文章“波澜横起”，“步骤紧严”。二、回互转换，步步承接照应，辞简意多，论辩之文句，都紧紧扣住论点，前后照应。吕祖谦《古文关键》卷一：“看回互转换，贯珠相似，辞简意多。”林云铭《古文析义》二编卷六：“篇中虽有许多曲折，皆步步承接照应，看来是一气文字。”三、字句无懈怠，简练有力，段段转紧。谢枋得《文章轨范》卷二评曰：“字字经思，句句有法，无一字一句懈怠，此柳文得意者也。”同书引邱维屏评：“只一口气直下，作段段转煞转紧，精力万倍。”以上三种做法，交互作用，形成本文文气上下贯通、气势恢宏浑厚、“精悍严谨”（《唐宋八大家文钞》茅坤语）的写作特色。

文章的结尾云：“余故著晋君之罪，以附《春秋》许世子止、赵盾之义。”如何理解？作者揭示中唐时代缺乏像《春秋》那样的良史，没有人敢把永贞时代“君不君”“臣不臣”的事件直书于史册中。尾句文意与前文“不宜谋及媟近”遥相呼应，指出永贞时代臣弑君、子弑父的逆案，正是那些“媟近”也就是宦官所制造的。本文意义重大，因为它牵涉到中唐社会的痼疾，也关乎唐王朝的存亡。中唐时代有两大社会祸害，一是藩镇割据，一是宦官专权，而唐德宗、宪宗都犯了谋及媟近、委政宦官的错误，造成宦官统军、扰乱朝政、擅自废立等黑暗政治。柳宗元敢于在文章中直言“不宜谋及媟近”，抨击宦官，反对他们参预政事，其胆识实为卓绝。《唐宋文醇》卷一一云：“子厚假晋文的立论，谓守原一问，得不偿失，所以申履霜坚冰之戒者深矣。其言可为后世法戒。”林纾论本文，也一针见血地指出：“柳州论失政之端，明斥晋文，实隐讥德宗之迁政于阉人。”(《韩柳文研究法·柳文研究法》)林氏解读柳文之旨要，真是深得柳柳州之用心，可帮助我们深入理解柳宗元写作本文的动机和目的。

(吴企明)

驳复仇议

臣伏见天后[1]时，有同州[2]下邽[3]人徐元庆者，父爽为县吏赵师韫所杀，卒能手刃父仇，束身归罪。当时谏臣陈子昂[4]建议诛之而旌[5]其闾，且请编之于令[6]，永为国典。

臣窃独过[7]之。臣闻礼之大本[8]，以防乱也，若曰无为贼虐[9]，凡为子者[10]杀无赦；刑之大本，亦以防乱也，若曰无为贼虐，凡为理者[11]杀无赦。其本则合，其用则异，旌与诛莫得而并焉。诛其可旌，兹谓滥[12]，黩[13]刑甚矣；旌其可诛，兹谓僭[14]，坏礼甚矣。果以是示于天下，传于后代，趋义者[15]不知所向，违害者[16]不知所立，以是为典可乎？

盖圣人之制，穷理以定赏罚，本情以正褒贬，统于一而已矣。向使刺谳[17]其诚伪，考正其曲直，原[18]始而求其端，则刑礼之用，判然离[19]矣。何者？若元庆之父，不陷于公罪，师韫之诛，独以其私怨，奋其吏气[20]，虐于非辜[21]，州牧[22]不知罪[23]，刑官[24]不知问，上下蒙冒[25]，吁号[26]不闻；而元庆能以戴天[27]为大耻，枕戈[28]为得礼[29]，处心积虑，以冲[30]仇人之胸，介然[31]自克[32]，即死无憾，是守礼而行义也。执事者[33]宜有惭色，将谢[34]之不暇，而又何诛焉？其或元庆之父，不免于罪，师韫之诛，不愆[35]于法，是非死于吏也，是死于法也。法其可仇乎？仇天子之法，而戕[36]奉法之吏，是悖骜[37]而凌[38]上也。执[39]而诛之，所以正邦典[40]，而又何旌焉？

且其议曰：“人必有子，子必有亲，亲[41]亲相仇，其乱谁救？”

是惑于礼也甚矣。礼之所谓仇者，盖以冤抑沉痛而号无告[42]也，非谓抵罪触法，陷于大戮[43]。而曰“彼杀之，我乃杀之”，不议曲直，暴[44]寡胁弱而已。其非经背圣，不以甚哉！《周礼》[45]：“调人[46]掌司万人之仇。”“凡杀人而义者，令勿仇，仇之则死。”“有反杀者，邦国交[47]仇之。”又安得亲亲相仇也？《春秋公羊传》[48]曰：“父不受诛[49]，子复仇可也。父受诛，子复仇，此推刃[50]之道。复仇不除害。”今若取此以断两下相杀，则合于礼矣。且夫不忘仇，孝也；不爱[51]死，义也。元庆能不越于礼，服孝[52]死义[53]，是必达理而闻道者也。夫达理闻道之人，岂其以王法为敌仇者哉？议者反以为戮，黩刑坏礼，其不可以为典，明矣。

请下[54]臣议，附于令，有断斯狱[55]者，不宜以前议从事。谨议。

〔注〕 ① 天后：即武曌，唐高宗永徽六年(655)立为皇后，后废中宗、睿宗，自称“神圣皇帝”，改国号为周，在位十六年。 ② 同州：州名，治所在今陕西大荔。 ③ 下邽(guī)：县名，今陕西渭南东北，当时属同州管辖。 ④ 陈子昂：字伯玉，梓州射洪(今四川射洪)人。武后时曾任右拾遗，属谏诤之官，专管给皇帝提批评与建议。 ⑤ 旌：旌表，即用立牌坊或悬匾额等方式进行表扬。 ⑥ 令：唐代法律条文的一种。 ⑦ 过：意动用法，即认为有错失。 ⑧ 大本：根本作用。 ⑨ 贼虐：杀人逞凶。 ⑩ 为子者：指为报父仇而杀人的人。 ⑪ 为理者：治理百姓的官吏。 ⑫ 滥：滥杀。 ⑬ 黩(dú)：滥用。 ⑭ 僭(jiàn)：超越本分，越轨。 ⑮ 趋义者：寻求正义的人。 ⑯ 违害者：躲避邪恶的人。 ⑰ 刺谳(yàn)：刺，侦察，调查。谳，审判定罪。 ⑱ 原：考察，推究。 ⑲ 离：区分开。 ⑳ 吏气：做官的气焰。 ㉑ 非辜：无罪的人。 ㉒ 州牧：一州的最高长官。 ㉓ 罪：问罪。 ㉔ 刑官：执法的官。 ㉕ 蒙冒：蒙蔽。 ㉖ 吁号(xū háo)：呼冤喊屈。 ㉗ 戴天：和仇人同存于世。 ㉘ 枕戈：睡觉时头枕着武器。 ㉙ 得礼：使自己的行动合乎礼。据《礼记·檀弓》：“子夏问于孔子曰：‘居父母之仇，如之何？’夫子曰：‘寝苫，枕干，不仕，弗与共天下也。遇诸市朝，不反兵而斗。’” ㉚ 冲：冲击，此处指刺杀。 ㉛ 介然：愤激而坚定的样子。 ㉜ 自克：下定决心。 ㉝ 执事者：执法的人，此处指州牧、刑官。 ㉞ 谢：谢罪，认错。 ㉟ 愆(qiān)：罪过，此处意即违反。 ㊱ 戕(qiāng)：杀害。 ㊲ 悖骜(bèi ào)：桀骜不驯。 ㊳ 凌：冒犯，侵越。 ㊴ 执：捉拿，逮捕。 ㊵ 邦典：国法。 ㊶ 亲：敬爱。 ㊷ 无告：无处申诉。 ㊸ 大戮：死刑。 ㊹ 暴：欺压。 ㊺《周礼》：书名，原名《周官》，也称《周官经》，西汉末列为经而属于礼，故有《周礼》之名。所记基本上为西周政治制度，分天官、地官、春官、夏官、秋官、冬官六篇。 ㊻ 调人：官名，主司法调解。 ㊼ 交：都，共。 ㊽《春秋公羊传》：书名，相传由孔子弟子子夏传于齐人公羊高，汉景帝时由公羊高之玄孙公阳寿与弟子胡毋子都著于竹帛。此书以解释《春秋》经文为主，与《春秋左氏传》《春秋穀梁传》合称“春秋三传”。 ㊾ 不受诛：罪不当诛。 ㊿ 推刃：往来相杀不止。 (51) 爱：吝惜。 (52) 服孝：遵守孝道。 (53) 死

义：为义而死。　㉞下：下发。　㉟狱：案件。

《复仇议》为陈子昂所作的《复仇议状》的简称，本文针对陈议发难批驳，是一篇颇负盛名的驳议之作。此文作于何时何地，学界有不同意见。《新唐书·孝友传》于陈子昂所议之后节录此文曰："后礼部员外郎柳宗元驳曰……"可知《新唐书》以此文为子厚任礼部员外郎时所作，即贞元二十一年(805)作于长安。从文体及文中措辞看，此说与柳宗元其时的官阶、职责与政治立场吻合。

《新唐书·孝友传》记载了七则孝子杀人复仇事，本文所论徐元庆案即其中之一。文章第一段简要叙述了此案大概：徐元庆的父亲为县吏赵师韫所杀，元庆手刃仇人，并自己捆绑身体到官府自首。对于此案，谏臣陈子昂主张对元庆处以死刑，但予以旌表。陈子昂并请将这种处理办法编入法令，"永为国典"。陈子昂在其《复仇议状》中肯定了徐元庆报父仇并能"束身归罪"的行为，誉之曰"虽古烈士何以加"，并指出为父报仇符合儒家经典对于礼的要求。但是，若从国家法律的角度来考虑，"杀人者死，画一之制也，法不可二，元庆宜伏辜"。在陈子昂看来，礼与法在此出现了不可调和的矛盾，他诛而旌之的处理建议也正是这种矛盾的产物。他自以为这一处理办法既维护了国家法律的尊严，又褒扬了儒家礼法所重视的孝道。

柳宗元则认为陈子昂的建议是错误的，第二段开头他明确表示自己的态度之后，即从礼与刑(亦即法)的根本作用入手，驳斥陈议。他指出礼之"大本"为"防乱"，如果说不许杀人逞凶，那么，那些为犯法的父亲报仇的人都要处死，不能赦免；刑之大本与礼相同，因此，那些违法杀人的官吏也当"杀无赦"。作者以两组相同的句式分述礼与刑之"大本"及"为子者"与"为理者"越礼与违法的后果，并强调礼与刑"其本则合，其用则异"，得出"旌与诛莫得而并焉"的结论。作者又进一步辩证地阐明诛杀那些应当旌表的人，是滥杀无辜，"滥刑甚矣"；而旌表那些应当诛杀的人，则是非法越轨，"坏礼甚矣"。不论何种情况，"旌与诛"都不应并行，而陈子昂则建议对徐元庆诛而旌之，岂非自相矛盾且违法悖礼？果真将这样的处置办法"传于后代"，将造成极大的混乱，"趋义者"将会迷失方向，"违害者"也会无所适从。作者不禁质问："以是为典可乎？"答案不言自明，这一反问句有力地结束了第二段，并对第一段末陈子昂"请编之于令，永为国典"的要求作出了强烈的回应。

那么，执法者应如何针对具体情况确定赏罚与褒贬？作者在第三段中首先称述圣人之制"穷理以定赏罚，本情以正褒贬"，礼与法"统于一"。这是圣人制定礼法的本旨与原则。至于如何操作，文章落实到徐元庆一案，指出当时若能"刺谳其诚伪，考正其曲直，原始而求其端，则刑礼之用，判然离矣”，就不会出现诛而旌之那种矛盾而荒谬的处理办法。接着作者如同法官，根据圣人的原则以及上文提出的操作方法，对徐元庆复仇案的是非曲直细加考正。他推想了元庆之父被杀及元庆复仇的两种可能情况：一种是其父并未犯罪，赵师韫公报私仇，致使其父含冤而亡，而有司不予理睬，“上下蒙冒”，元庆“吁号不闻”，无奈而激愤之下，手刃仇人。此乃“守礼而行义”之举，州牧、刑官应向其谢罪，如何能处以死刑？另一种可能则是元庆之父有罪，师韫杀之合法，则徐父并非死于个人之手，而是死于国法的制裁。“法其可仇乎”，作者这一反诘发人深省，倘若元庆“仇天子之法，而戕奉法之吏”，理应诛之以正国法，又如何能予以旌扬？如此周密细致的分析推究之后，则元庆或诛或旌，必取其一，绝不应诛而旌之。陈子昂昧于圣人制定礼与法的本旨，而又不能推究案情始末，其建议割裂了礼与法。

第四段作者首先驳斥陈子昂所谓“亲亲相仇，其乱谁救”的议论，指出“礼之所谓仇者，盖以冤抑沉痛而号无告也，非谓抵罪触法，陷于大戮”。因此，所谓“彼杀之，我乃杀之”是“不议曲直，暴寡胁弱”，对这种不辨是非、以强凌弱的观点，作者愤怒地斥责道：“其非经背圣，不以甚哉!”他又征引《周礼》及《春秋公羊传》作为以礼断案的依据。据《周礼》，杀人而合乎道理的，就不准被杀者的亲属复仇，若复仇，即处以死刑，且“有反杀者，邦国交仇之”，这又怎么会出现“亲亲相仇”的现象？《春秋公羊传》亦将复仇分为两种情况：父罪不当诛，则其子可以复仇；父罪当诛，其子复仇即是互相残杀，不能消除彼此仇杀的祸害。以此来断元庆一案，是非曲直甚明。作者指出元庆“能不越于礼，服孝死义”，必是“达理而闻道者”，这样的人怎么会以王法为仇？陈子昂反而认为应对他处以死刑，作者认为这是“黩刑坏礼”，此段末句“其不可以为典，明矣”，与首段相呼应，驳议的主体部分至此亦画上了一个完美的句号。

末段作者请求下发其议，“附于令”，明确指出有断此类案件者，不应按陈子昂的建议办理。由此可知，此文虽针对徐元庆一案而作，但作者的目的则是欲为同类案件提供理论依据与司法参照。据《新唐书·孝友传》，子厚其时身为礼部员外郎，孝子杀人复仇事关礼制，子厚就此向皇帝上奏，正是其职分所司。敢于驳斥名臣旧例，且当仁不让地请求皇帝下发自己所议，并附于令，亦正可见子厚其时锐意革新的精神风貌。唐律对孝子杀人复仇未作规定，因此每遇此类案件常由多方集议，或主杀，或主宥，争论不下，甚至须由皇帝亲自裁决。柳公此议精辟而透彻地阐述了“礼”与“法”之“大本”及圣人制定礼法的本旨与原则，对陈子昂建议的自相矛盾、“非经背圣”和“黩刑坏礼”作了一针见血、痛快淋漓的批驳。

文章逻辑严密，辨理明晰，从理论上廓清了人们对于“礼”与“法”的混乱认识，对元庆一案的分析判断令人折服。

同为古文大家的韩愈亦作有一篇《复仇状》，可与本文参看。韩愈所议为元和六年(811)九月富平人梁悦为父报仇杀人事，与元庆事相类。韩文亦引柳文所征引之《周官》与《公羊传》中语句为据，但却做出了与柳宗元不同的解读。韩愈认为《周官》“凡杀人而义者，令勿仇，仇之则死”指的是百姓之相仇，《公羊传》“父不受诛，子复仇可也”中的“诛”是上施于下之辞，指的是为官所诛。他对两种情况做了区分，认为《周官》所称尚“可议于今者”，即对百姓相仇的规定尚可讨论，而《公羊传》中所称则“不可行于今者”，亦即明确反对为人子者为父报仇而杀死官吏，严格维护等级秩序，这与柳宗元的态度截然不同。柳公对于像徐元庆那样投告无门的弱者给予了极大的同情，强烈谴责官吏滥杀无辜及官员上下勾结的官场黑暗现象，认为官吏违法杀人亦应偿命，表现出了难能可贵的正义感与平等观念。自然韩愈也对弱者表示了委婉的同情，如他引《周官》中复仇必先言于官则无罪之语，指出“孤稚羸弱，抱微志而伺敌人之便，恐不能自言于官”，因此认为这一规定“未可以为断于今”。至于陈子昂，虽然主张旌表孝子，但对身为县尉的赵师韫违法杀人则不置一词。陈、柳、韩三议均为《新唐书·孝友传》引录，可称其时对孝子复仇事最具代表性的三种议论。若论思想境界，自以柳文为高。柳文的“精悍严紧”(明茅坤《唐宋八大家文钞·柳柳州文钞》卷八语)亦为后世论者所称道。

(詹　颂)

桐叶封弟辩

古之传者[①]有言，成王[②]以桐叶与小弱弟[③]，戏曰：“以封汝。”周公[④]入贺。王曰：“戏也。”周公曰：“天子不可戏。”乃封小弱弟于唐[⑤]。

吾意不然。王之弟当封耶？周公宜以时[⑥]言于王，不待其戏而贺以成之也。不当封耶？周公乃成其不中[⑦]之戏，以地以人与小弱者为之主，其得为圣乎？且周公以王之言，不可苟[⑧]焉而已，必从而成之耶？设有不幸，王以桐叶戏妇[⑨]寺[⑩]，亦将举[⑪]而从之乎？凡王者之德，在行之何若。设未得其当，虽十易之不为病[⑫]。要[⑬]于其当，不可使易也，而况以其戏乎？若戏而必行之，是周公教王遂[⑭]过[⑮]也。

吾意周公辅成王，宜以道⑯，从容优乐⑰，要归之大中⑱而已，必不逢⑲其失而为之辞⑳，又不当束缚㉑之，驰骤㉒之，使若牛马然，急则败矣。且家人父子尚不能以此自克㉓，况号为君臣者耶？是直小丈夫䂮䂮㉔者之事，非周公所宜用，故不可信。或曰：封唐叔㉕，史佚㉖成之。

〔注〕①传者：编撰史书的人。②成王：周成王，姓姬，名诵，周武王之子。③小弱弟：周成王幼弟叔虞，为周武王幼子。④周公：姓姬，名旦，文王之子，武王之弟。武王死，成王年幼即位，由周公摄政。⑤唐：西周小国名，在今山西翼城县西，为晋之前身。⑥以时：及时。⑦中(zhòng)：合适，恰当。⑧苟：轻率、随便。⑨妇：妇人。⑩寺：宦官。⑪举：都、全。⑫病：过错。⑬要(yào)：凡，总之。⑭遂：完成、实现。⑮过：错误。⑯道：正道。⑰优乐：优游、和乐。⑱大中：柳宗元所认为的适时、恰当而正确的道理、原则或方法。⑲逢：逢迎。⑳辞：此处指巧言开脱、掩饰。㉑束缚：捆绑。㉒驰骤：鞭策使快跑。㉓克：钳制，约束。㉔䂮(quē)䂮：小聪明。㉕唐叔：即叔虞，因成王封之于唐，故称唐叔。㉖史佚：指周武王时的太史尹佚。据《史记·晋世家》，促使成王封叔虞于唐的为史佚，而非周公。

《桐叶封弟辩》，柳宗元在永州时所作，确切作年不详。子厚谪居永州，大量阅读史书，反思历史，以史为鉴。此文正是一篇辨析史料真伪、阐发政治主张的力作。桐叶封弟事，见《吕氏春秋·重言篇》："成王与唐叔虞燕居，援梧叶以为珪而授唐叔虞曰：'余以此封女。'叔虞喜，以告周公。周公以请，曰：'天子其封虞邪？'成王曰：'余一人与虞戏也。'周公对曰：'臣闻之，天子无戏言。天子言则史书之，工诵之，士称之。'于是遂封叔虞于晋。"汉刘向《说苑·君道篇》所载相同，仅字句有小异。

对这件事中周公的做法，前人予以充分肯定，如《说苑·君道篇》在记叙这个故事后评论道："周公旦可谓善说矣，一称而成王益重言，明爱弟之义，有辅王室之固。"故事中周公所谓的天子无戏言之说，更是为后世宣扬君权神圣者津津乐道。至于这个故事是否可信，则无人质疑。柳宗元独具慧眼，对这个故事进行了辨伪，并借史评阐述了自己的政治观点。三百余字的短文逻辑严密，层层推进，堪称"辩"体文章的典范。

文章第一段以简洁的语言叙述了史书上记载的桐叶封弟故事，此段的三个"戏"字给人深刻印象，周公所谓"天子不可戏"，也正是下文驳论的靶子。

第二段作者开门见山，以"吾意不然"四字明确表示自己对此记载的态度，接着层层深入地展开辩驳。首先，作者用两个设问，就成王之弟叔虞当封不当封，推想周公应有的处理办法。若叔虞当封，那周公就应及时向成王进言，不会等着成王口出戏言时才促成其事;若叔虞不当封,则周公此举就使得成王不恰当的戏言成了事实,将土地和人民交给了一个不具备国君资格的人。周公若是如此行事,"其得为圣乎?",这句反诘点出了作者进行推论的根据,即历史上周公的圣人形象,作者正是据此推想周公应有的行为原则与方式。行文至此,已足以证明史书所载周公促成桐叶封弟事与其形象相悖。作者继而指出即使周公认为成王作为君主,其言语不可轻率随便,难道就一定要促其将戏言变成事实吗?作者设想了一种可能出现的意外情况,即成王若是拿桐树叶子作为封地的凭证给妇人和宦官,那也都要照办吗?此处作者运用归谬法,以显而易见的可笑结论使天子不可戏的谬误昭然若揭,也进一步否定了周公促成桐叶封弟事的说法。"王以桐叶戏妇寺"的假设并非随手拈来。其时宦官擅权,而皆借君令行之。作者虽被贬远窜,身为僇人,但仍系心国家前途,关注政局,这一假设正是借古讽今,影射朝政,显出作者的现实政治关怀。

仅仅对史书记载进行辨伪并非柳宗元的最终目的,他是要借辨伪来阐明自己的政治观点。因此他在辩驳史书记载后,水到渠成地提出了"王者之德"的问题。他认为君王之德如何在于政令施行得如何。若不得当,即使多次更改也不算错。如一味认定天子不可戏、出言必果,必将不恰当的戏言付诸实行,那周公就是教成王将错误坚持到底,岂非大谬?作者在此否定了天子不可戏的错误原则,指出君王的政令有可能不得当,亦即指出君王有出错的可能。作者又认为君王的政令有不当处应加以改正,使之臻于完善,臣下不应为维护君权的尊严而"教王遂过"。这种观点去除了君王头上的神圣光环,将其还原为人。在君权至高无上的时代,这是一种难能可贵的理性态度。

那么,周公应以怎样的原则与态度辅佐成王?作者在第三段中正面论述了这个问题,他首先直截了当地提出了辅佐君王"宜以道"的主张。何谓"道"?下文的"从容优乐,要归之大中而已"即是最好的注解。柳宗元在其文中屡言"大中"。如《断刑论下》中曰:"当也者,大中之道也。"《时令论下》中曰:"立大中、去大惑,舍是而曰圣人之道,吾未之信也。"又曰:"圣人之教,立中道而示于后。"可见,"大中"或曰"中道"是柳宗元提出的一个重要的政治和哲学概念,也是他的政治与道德理想。"大中"之道即圣人之道,其要义在于"当",亦即恰当,切合时势。周公作为圣人,必以此道辅佐君王。他一定不会迎合君王的错误而为之巧言开脱或掩饰;也不应拘束或驱赶君王,像对待牛马一样。作者否定了辅佐君王的两种错误态度与方式,前者是无原则地顺从与逢迎,后者则是不讲策略地操控与逼迫。二者都背离了"大中"之道。作者更以父子关系作比,指出父子尚且不能以戏言相约束,何况君臣之间!经上述推论,作者断定促成桐叶封弟事只不过是那些要弄小聪明的"小丈夫"的把戏,"非周公所宜用",因此不可信。

至此,作者以严密的推论彻底推翻了所谓周公促成桐叶封弟事的历史记载,并从中引出了"王者之德"与辅君之道这两个重大的政治问题,阐述了自己的主张。文章似乎可以结束了,但作者在结尾处又加上了一小段:"或曰:封唐叔,史佚成之。"指出史书中关于此事另有一种记载,据《史记·晋世家》,促成此事的是史佚,而非周公。可见作者的推论亦有历史根据。这一小段看似闲笔,却与篇首呼应,意味深长。太史公的《史记》向称信史,但从柳宗元引述《史记》记载的语气看,他并非挟此为据,只是摆出不同的历史记载,对其可信性作出自己的判断。作为一个政治家和思想家,他的着眼点并不限于判别史实记载的真伪,他更关注的是史实背后的事理,他对史料真伪的判断建立在辨析事理的基础上,而辩驳史料疑点的目的则是阐明其政治主张。

明人徐师曾《文体明辨序说》中指出汉以前无"辩"体文,"故《文选》莫载,而刘勰不著其说。至唐韩柳乃始作焉",将柳宗元与韩愈并列为"辩"体文的开创者,本文即充分体现了柳公"辩"体文的创作实绩。作为一种判别是非、辩驳谬误的文体,此文针对史料记载,有破有立,破立结合。首段树立驳论的靶子。第二段以设问、反诘句式及逻辑上的归谬法层层推进,驳斥周公促成桐叶封弟事于情理不合,提出王者之德,重在行事得当,而不能执定天子不可戏的错误原则。第三段正面立论,以比喻及比较的修辞方法阐述辅君之道,指出促使戏言成真这样的做法不应为周公这样的圣人所采用,回到辩题。结尾处闲闲荡开一笔,点出史书对此事亦有他种记载,引人深思。宋人谢枋得称赞此文"义理明莹,意味悠长。字字经思,句句著意,无一句懈怠,亦子厚之文得意者"(《文章轨范》卷二)。清人林云铭认为此文"笔笔锋刃,无坚不破。是辩体中第一篇文字"(《古文析义》初编卷五),洵非虚誉。

(詹　颂)

唐故特进[①]赠[②]开府仪同三司扬州大都督[③]南府君[④]睢阳庙碑并序

急病[⑤]让夷[⑥],义之先;图国忘死[⑦],贞之大。利合[⑧]而动,乃市贾之相求;恩加而感,则报施之常道。睢阳所以不阶[⑨]王命[⑩],横绝凶威,超千祀而挺生,奋百代而特立者也。

时惟南公,天与[⑪]拳勇[⑫],神资机智,艺穷[⑬]百中[⑭],豪出千人。不遇兴词，郁[15]龙眉之都尉[16]；数奇[17]见惜，挫猨臂之将军[18]。天宝末，寇剧恁陵，隳突[19]河华[20]。天旋亏[21]斗极之位[22]，地圮[23]积狐狸之穴[24]。亲贤在庭，子骏陈谟[25]以佐命；元老[26]用老，夷甫[27]委师而劝进[28]。惟公与南阳张公巡[29]、高阳许公远[30]，义气悬合[31]，订[32]谋大同，誓鸠[33]武旅[34]，以遏横溃。裂裳[35]而千里来应，左袒[36]而一呼皆至。柱厉不知而死难[37]，狼瞫见黜而奔师[38]。忠谋朗然，万夫齐力。公以推让，且专奋击，为马军兵马使。出战则群校同强，入守而百雉[39]齐固。初据雍丘[40]，谓非要害，将保江淮之臣庶，通南北之奏复[41]，拔我义类[42]，扼于睢阳。前后捕斩要遮[43]，凶气连沮。汉兵已绝，守疏勒而弥坚[44]；虏骑虽强，顿盱眙而不进[45]。贼徒乃弃疾于我[46]，悉众合围。技虽穷于九攻[47]，志益专于三板[48]。偪阳悬布之劲[49]，汧城凿穴之奇[50]。息意牵羊，羞郑师之大临[51]；甘心易子，鄙宋臣之病告[52]。诸侯环顾而莫救[53]，国命[54]阻绝而无归。以有尽之疲人，敌无已之强寇。公乃跃马溃围，驰出万众，抵贺兰进明[55]乞师[56]。进明乃张乐[57]侑食[58]，以好聘[59]待之。公曰："弊邑父子相食，而君辱以燕礼[60]，独何心欤？"乃自噬[61]其指曰："啖[62]此足矣！"遂恸哭而返，即死孤城。首碎秦庭，终懵《无衣》之赋[63]；身离楚野，徒伤带剑之辞[64]。至德[65]二年十月，城陷遇害。无傅燮之叹息[66]，有周苛之慷慨[67]。闻义能徙，果其初心。烈士抗词，痛臧洪之同日[68]；直臣致愤，惜蔡恭于累旬[69]。朝廷加赠特进扬州大都督，定功为第一等。与张氏、许氏并立庙睢阳，岁时致祭。男在襁褓，皆受显秩，赐之土田。葬刻鲍信之形[70]，陵图庞德之状[71]。纳官其子，见勾践之心[72]；羽林字孤，知孝武之志[73]。举门关于周典[74]，征印绶于汉仪[75]。王猷[76]以光，宠锡斯备。

於戏！睢阳之事，不唯以能死为勇，善守为功，所以出奇以耻敌，立懂[77]以怒寇。俾其专力于东南，而去备于西北。力专则坚城必陷，备去则天讨可行。是故即城陷之辰，为克敌之日。世徒知力保于江淮，而不知功靖乎丑虏，论者或未之思欤？

公讳霁云，字某，范阳人。有子曰承嗣，七岁为婺州[78]别驾[79]，赐绯[80]鱼袋[81]，历刺[82]施、涪二州[83]。服忠思孝，无替[84]负荷[85]。惧祠宇[86]久远，德音[87]不形[88]，愿斫[89]坚石，假辞纪美[90]。惟公信以许其友，刚以固其志，仁以残其肌，勇以振其气，忠以摧其敌，烈以死其事。出乎内者合于贞，行乎外者贯于义，是其所以奋百代而超千祀者矣，其志不亦宜乎！庙貌[91]斯存，碑表攸讬。洛阳城下，思乡之梦傥来[92]；麒麟阁中，即图之词可继[93]。铭曰：

贞以图国，义惟急病。临难忘身，见危致命。汉宠死事，周崇死政。烈烈南公，忠出其性。控扼地利，奋扬兵柄。东护吴楚，西临周郑[94]。娄娄[95]群凶，害气弥盛。长蛇封豕[96]，踊跃不定。屹彼睢阳，制其要领。横溃不流，疾风斯劲。梯冲[97]外舞，缶穴中侦[98]。钤马[99]非艰，析骸[100]犹竞。浩浩列士[101]，不闻济师[102]。兵食歼焉，守逾三时。公奋其勇，单车载驰。投躯无告，噬指而归。力穷就执，犹抗其辞。圭璧可碎，坚贞不亏。寇力东尽，凶威[103]西恧[104]。孤城既拔，渠魁受戮[105]。雷霆之诛，由我而速。巢穴之固，由我而覆。江汉淮湖，群生咸育。倬[106]焉勋烈[107]，孰与齐躅[108]？天子震悼[109]，陟[110]是元功[111]。旌褒有加，命秩斯崇。位尊九牧[112]，礼视三公。建兹祠宇，式[113]是形容，牲牢[114]伊硕[115]，黍稷伊丰。虔虔[116]孝嗣，望慕无穷。刊碑[117]河浒[118]，万古英风。

〔注〕① 特进：唐代正二品官名。 ② 赠：追赠，古代朝廷在功臣死后追封官职。③ 开府仪同三司扬州大都督：赠官，非实职。 ④ 南府君：南霁云。府君，是唐代碑志对碑主的通称。南霁云在安史之乱中，为张巡部将，与张巡、许远同守睢阳，城破殉难。他的事迹，韩愈《张中丞传后叙》、新旧《唐书》本传均有记载。 ⑤ 病：危难。 ⑥ 夷：平安。此句语出《国语·鲁语上》："贤者急病而让夷。" ⑦ 图国忘死：此句语出《左传·昭公元年》："图国忘死，贞也。"图，谋划。 ⑧ 利合：利益相合。 ⑨ 阶：凭借。 ⑩ 王命：帝皇的命令。 ⑪ 与：给予。 ⑫ 拳勇：力量和勇气。 ⑬ 艺穷：艺，武艺。穷，穷尽。 ⑭ 百中：射箭百发百中，借以形容武艺高强。 ⑮ 郁：苦闷。 ⑯ 龙(máng)眉之都尉：指汉代的颜驷，他仕途不顺

利，眉毛白了才被升为都尉。都尉，武官名。这里借指南霁云之不得志。 ⑰ 数奇：命运不好。 ⑱ 猿臂之将军：指汉代李广，他臂长如猿，善骑射，但命运不好，功劳无数，却未封侯。这里借来比喻南霁云命运不好。 ⑲ 隳(huī)突：冲撞毁坏。 ⑳ 河华：黄河、华山，泛指中原地区。 ㉑ 亏：损坏。 ㉒ 斗极之位：北斗星和北极星的位置，这里比喻帝王的君位。㉓ 圮：倒塌。 ㉔ 狐狸之穴：指被叛军占领的地方。 ㉕ 子骏陈谟(mó)：子骏，汉代刘歆的字，他是西汉皇族大臣，却帮助王莽篡夺皇位。陈谟，陈说谋划。这里用刘歆比喻朝中那些在安史乱中变节的亲贤。 ㉖ 元老：资格老、威望高的大臣。 ㉗ 夷甫：晋代王衍的字，他是西晋大臣，长期担任要职。与石勒作战被俘后，他劝石勒称帝。 ㉘ 劝进：劝人称帝。这里借指安史乱中投敌的大臣。 ㉙ 南阳张公巡：张巡，邓州南阳(今属河南)人，历任清河令、真源令，安史乱中，起兵抗敌，与睢阳太守许远坚守睢阳，城陷遇害。 ㉚ 高阳许公远：许远字令威，杭州盐官(今浙江海宁)人。高阳，乃其祖籍。安史乱时，任睢阳太守，与张巡合力抗敌，也遇害。 ㉛ 悬合：投合。 ㉜ 讦(xū)：大。 ㉝ 鸠：聚集。 ㉞ 武旅：军队。㉟ 裂裳：把衣服撕裂作为旗帜。 ㊱ 左袒：露出左臂。 ㊲ 柱厉不知而死难：春秋时，柱厉叔事莒敖公，因不被重用，就出居海上。后来莒敖公有难，他又回去为莒敖公效死。事见《吕氏春秋·恃君篇》。 ㊳ 狼瞫(shěn)见黜而奔师：春秋时晋国将领狼瞫被降低官职，秦晋彭衙之战中，他率军冲锋陷阵，直至战死。见黜，被降职。以上两句，借指南霁云平时不受重用，但在国难时，却能为国英勇牺牲。 ㊴ 百雉：古代城墙，高一丈长三丈为一雉，百雉指全城。㊵ 雍丘：地名，在今河南杞县。 ㊶ 奏复：臣子的奏章和朝廷的批复。 ㊷ 义类：正义的军队。 ㊸ 要遮：拦截。 ㊹"汉兵"二句：汉明帝死后，西域少数民族地方政权乘机反叛中央。西域都护班超驻守疏勒城，虽然将士很少，外无援兵，仍坚守一年。事见《后汉书·班超传》。 ㊺"虏骑"二句：魏武帝拓跋焘率军攻打盱眙城，守将臧质坚守，北魏兵死伤极多，只好退兵。顿，困顿。事见《南史·臧质传》。以上四句，用典借指张、许、南等坚守睢阳，杀伤敌人。 ㊻ 弃疾于我：放弃迅速攻下睢阳的企图。 ㊼ 九攻：多次攻城。语出《吕氏春秋·爱类篇》："墨子设守宋之备，公输般九攻之，墨子九却之，不能入。" ㊽ 三板：晋国大夫智伯率韩、魏军攻打赵国晋阳，引水灌城，城墙仅剩三板未被水淹没。事见《战国策·赵策》。这里指睢阳守军的危急处境。 ㊾ 偪(bī)阳悬布之劲：晋国攻打偪阳，守军悬布诱敌，等敌军攀布而上，即割断布匹，使敌人坠死。事见《左传·襄公十年》。劲，世綵堂本下注"一作巧"，近是。㊿ 汧城凿穴之奇：晋襄帝时，氐羌叛军进攻汧城，从四面向城中放箭，箭如雨下。汧督马敦率众凿穴而处，固守城池。事见潘岳《马汧督诔》。以上两句，借指睢阳守军巧妙拒敌。 (51)"息意"二句：楚军包围郑国国都，郑襄公准备求和，全城军民大哭。城陷后，郑襄公袒露上身牵羊投降。事见《左传·宣公十二年》。息意，无意。大临，大哭。 (52)"甘心"二句：楚军长期围宋，宋臣华元向楚军哀告，城内已易子而食。但因楚军兵临城下，仍不能投降，要求楚军后退三十里才能讲和订盟。事见《左传·宣公十五年》。以上四句是指睢阳守军决心固守，绝不屈服投降。 (53) 诸侯环顾而莫救：谓睢阳周围的藩镇为了保存自己的实力，拥兵观望，不肯出兵救援。诸侯，指睢阳周围的藩镇。 (54) 国命：朝廷的命令。 (55) 贺兰进明：时为河南节度使，率兵驻扎在临淮(今安徽凤阳东北)。 (56) 乞师：请求救兵。 (57) 张乐：设置宴乐。(58) 侑食：奏乐为宴会助兴。 (59) 好聘：友好的聘问。古代诸侯之间派大夫互相通问修好。(60) 燕礼：设宴招待之礼。"燕"，通"宴"。 (61) 噬(shì)：吞。 (62) 啖(dàn)：食。按，韩愈《张中丞传后叙》："因拔所佩刀，断一指，血淋漓"，《新唐书》本传与之同。 (63)"首碎"二句：吴军攻楚，楚大夫申包胥到秦国求援，九顿首而坐，在秦国宫廷痛哭七日，秦哀公被感动，为他诵读了《无衣》诗，以示团结对敌，然后出兵救助。事见《左传·定公四年》。首碎，用力磕头而头破。懵(měng)，不懂。《无衣》，《诗经·秦风》中的一篇。这句意谓南霁云向贺兰进明求救，进明不懂得团结抗敌的道理，终究不肯发兵。　㊽“身离”二句：语出屈原《九歌·国殇》：“带长剑兮挟秦弓，首虽离兮心不惩。”歌颂南霁云等人为国牺牲。　㊾至德：唐肃宗年号(756—758)。　㊿无傅燮之叹息：傅燮任汉阳太守，韩遂率兵围攻汉阳，众人劝傅燮离开，他叹息说：“我又能走到哪儿去呢?”后临阵战死。事见《后汉书·傅燮传》。　67 有周苛之慷慨：刘邦部将周苛守荥阳，抵御项羽，城破被俘，他慷慨陈词，痛骂项羽，被煮死。事见《史记·项羽本纪》。　68“烈士”二句：袁绍围攻东郡，太守臧洪被俘遇害。其同乡人陈容斥责袁绍杀害忠义之士，也被杀害。时人痛惜，称袁绍一日之内杀害两位忠义之士，事见《三国志·魏书·臧洪传》。　69“直臣”二句：北魏兵围攻义阳，司州刺史蔡道恭率兵抵御百余日，后病死。这四句，借指朝野上下都为南霁云等人的牺牲痛惜，对贺兰进明拒发援兵十分愤怒。　70 鲍信之形：鲍信与黄巾军作战而死，因尸首找不到，就用木头刻成他的形状下葬，事见《三国志·魏书·武帝纪》。　71 庞德之状：魏将于禁、庞德，与蜀将关羽作战，战败被俘，于禁投降，庞德不屈而死。后于禁归魏，曹丕预先在曹操陵墓上画了庞德怒斥关羽、于禁屈膝投降的情景，然后让于禁去祭拜。于禁看后，羞惭而死。事见《三国志·魏书·于禁传》。　72“纳宦”二句：越王勾践被吴国打败后，发愤图强，下“孤子寡妇疾疹贫病者，纳宦其子”之令，以求匡复。事见《国语·越语》。　73“羽林”二句：汉武帝刘彻曾下令把战死者之子抚养在羽林军中。事见《汉书·百官公卿表》。字，抚养。　74 举门关于周典：在城门设司门一职，负责没收出入的违禁财物，用来赡养为国牺牲者的父母和后代。典出《周礼·地官》。　75 征印绶于汉仪：朝廷借鉴汉代的规定，对南霁云等人追赐印绶。　76 猷：道，法则。　77 憧：勇。　78 婺州：唐代州名，在今浙江金华一带。　79 别驾：州刺史的助理官职。　80 赐绯：朝廷赏赐的红色官服。　81 鱼袋：唐制，五品以上官员赐鱼袋。　82 刺：任刺史。　83 施、涪二州：施，施州，在今湖北恩施。涪，涪州，在今四川涪陵。　84 替：废弃，引申为辜负。　85 负荷：负担，引申为继承。　86 祠宇：指睢阳庙。　87 德音：美好的声誉。　88 不形：不彰，不被人了解。　89 斫(zhuó)：砍削，雕刻。　90 纪美：记载美德。　91 庙貌：庙中的塑像。　92“洛阳”二句：温序为国死难，被光武帝厚葬在洛阳城旁，其子温寿上书，称梦见父亲说思乡，朝廷便准许迁葬家乡。事见《后汉书·温序传》。这里设想南霁云忠魂思乡而托梦其子。　93“麒麟”二句：赵充国御敌平叛有大功，朝廷在麒麟阁列其画像。后来汉成帝命扬雄就其画像赋诗赞颂。事见《汉书·赵充国传》。　94 周郑：今陕西河南一带。本句和上句，即韩愈《张中丞传后叙》所说的：“守一城，捍天下”。　95 婪婪：贪得无厌的样子。　96 长蛇封豕：比喻叛军。封，大。　97 梯冲：云梯和冲车，古代攻城的工具。　98 缶穴中侦：在城墙上挖像缶一样的洞口，以侦察敌情。　99 钤马：在马口拴上小木棍，只让马咀嚼，不让马吃到草料。　100 析骸：无柴烧时，把死人骨头劈开当柴烧。　101 浩浩列士：指睢阳周围按兵不动的驻军首领。　102 济师：发兵救援。　103 凶威：指敌人的气焰。　104 恧(nǜ)：本意为惭愧，这里指收敛。　105 渠魁受戮：指安禄山被杀。渠魁，首领。　106 倬：显著，伟大。　107 勋烈：功业。　108 齐躅(zhú)：足迹一致，引申为并驾齐驱。　109 震悼：震惊悲痛。　110 陟：提升。　111 元功：大功。　112 九牧：九州的长官。　113 式：作动词用，指塑造雕像。　114 牲牢：祭祀时用的牲畜。　115 硕：肥大。　116 虔虔：恭敬诚实的样子。　117 刊碑：刻碑。　118 河浒：河边。

本文作于元和三年(808)，作者时在永州司马任上。黄震说：“近世晦翁尝以年考之，乃子厚晚年作。"（《黄氏日钞》卷六〇）不详作于何年。世綵堂本《柳河东集》题下注："宪宗元和三年戊子，公时年三十六，永州司马。"文安礼《柳先生年谱》"元和三年戊子"下，有《特进南公睢阳庙碑》。南霁云子南承嗣，于贞元末年任涪州刺史，元和元年，刘阙反于蜀中，承嗣因无备而谪永州。元和二、三年在永州，故延请柳宗元为父亲撰写庙碑文。

全文由序和铭两部分组成。其序为散文，传其事，其铭则为韵文，赞其人。正如刘勰《文心雕龙·诔碑》所云："其序则传，其文则铭。"这是碑文的基本文体特征。

序文较长，详细叙述了天宝末年南霁云与张巡、许远同守睢阳，抗击安史叛军以及至德二载城陷遇害的事实，兼带叙其子南承嗣的情况。本文所叙之事，可以与李翰的《张巡传》、韩愈的《张中丞传后叙》参看，三文相辅相成，比较全面地反映出天宝末年睢阳战役的真实面貌。因为三文的写作时序不同，李传在前，韩文在后，所以《张中丞传后叙》便起了补充李传的作用；柳志更在后，也有补充前两文的意义。又因为三文的表现对象不同，也起着互相补充的作用，李传以张巡为写作对象，重在叙述张巡的事迹；韩文虽说也补充了南霁云的事迹，但主要地叙写张巡、许远事，为张、许辩诬；而柳宗元此文，为褒赞碑主南霁云而作，虽然也叙及张、许同守睢阳事，但重点写南霁云，比较全面深入，韩文写到的南霁云事，只是一个侧面，无法与本文相比。

序文时叙时议，以叙事为主，间以议论，互相配合，相辅成文。篇端为总论，总的评论睢阳战役中众多贤者、英雄"义""贞"的共同品格，所以他们能"千祀""百代"特立于人间。这段文字立论卓绝，气势宏大，成为全文之总纲。"时惟南公，天与拳勇，神资机智，艺穷百中，豪出千人。不遇兴词，郁龙眉之都尉；数奇见惜，挫猿臂之将军"数语，概要评骘南霁云神勇机智的性格及其数奇不遇的命运。中间"所以出奇以耻敌，立懂以怒寇。俾其专力于东南，而去备于西北。力专则坚城必陷，备去则天讨可行。是故即城陷之辰，为克敌之日"一段文字，论说睢阳战役吸引了叛军大部分兵力，放松西北的防备，造成叛军迅速瓦解。这段有关睢阳战役以及张、许、南诸人之历史功绩的论断，比"守一城，捍天下"，"力保江淮"之说，要更进一层，并深刻得多。在叙述承嗣事后，又云："公信以许其友，刚以固其志，仁以残其肌，勇以振其气，忠以摧其敌，烈以死其事，出乎内者合于贞，行乎外者贯于义。是其所以奋百代而超千祀者矣，其志不亦宜乎。"高度评价了南霁云的忠贞品格和仁义德行，并与开端之总评相呼应，称颂南霁云是奋百代、超千祀的英雄。以上这些议论和前后的叙事连贯起来，非常全面地刻画出南霁云这位历史功臣的英雄形象。

铭文也较长，平仄韵相间，不断换韵，音节浏亮顿挫，文词温和柔润，称述南霁云的平生功德，突出歌颂他的忠贞勇毅，完全符合“铭兼褒赞”“体归弘润”的铭体写作特征。铭文与序文互为表里，不啻是序文的诗化。如序文中“於戏！睢阳之事，不唯以能死为勇，善守为功，所以出奇以耻敌，立懂以怒寇。俾其专力于东南，而去备于西北。力专则坚城必陷，备去则天讨可行。是故即城陷之辰，为克敌之日。世徒知力保于江淮，而不知功靖乎丑虏，论者或未之思欤？”一段文意，与“孤城既拔，渠魁受戮。雷霆之诛，由我而速。巢穴之固，由我而覆。”六句铭文，完全一致。其例尚多，不一一赘述。

全文还有如下几个写作特色，值得称道：

其一，因本文写在李翰《张巡传》、韩愈《张中丞传后叙》（元和二年作）之后，睢阳死守的情状，两文述之详矣。南霁云事，韩文亦已详载，所以柳宗元这篇碑文力避载事之重复，彼详此略，各有侧重。其二，采用骈体文，四六成文，大量用典使事，一句一事，频频属对，以便与李《传》、韩《叙》相区别，不相雷同。似模燕许（张说、苏颋）文笔，在柳文中别是一格。所以何焯说：“此碑用南朝文体，盖相避也。”（《义门读书记·河东集上》）一句一事，如“偪阳悬布之劲”“汧城凿穴之奇”“无傅燮之叹息”“有周苛之慷慨”等。其三，借用颜驷、李广、杜厉叔、狼瞫诸人故事，既为南霁云之不遇洒下同情之泪，亦为自己的坎坷命运叫屈，这正如王志坚所说的“子厚微意”（《四六法海》卷一一），盖借他人之酒杯，以浇自己胸中之块垒。何焯看出了柳宗元的深层用意，评本文云：“‘郁龙眉之都尉，挫猨臂之将军’，‘杜厉不知而死难，狼瞫见黜而奔师’，柳子方为僇人，假以发其愤慨。”（《义门读书记·河东集上》）联系本文写作的时代背景，应该说何焯之论，是言之成理的。

《文心雕龙·诔碑》：“写实追虚，碑诔以立。铭征纂行，文采允集。观风似面，听辞如泣。”这是刘勰以为碑文、诔文写作应该达到的审美要求：叙述碑主的生平行事，赞美碑主的懿美德行，与碑文的文采要结合起来，使读者观文风似乎与碑主见面，听悲哀的文辞如闻哭泣。我们读柳宗元的《唐故特进赠开府仪同三司扬州大都督南府君睢阳庙碑》，确有如见其人，似闻悲泣的审美体验，这正是柳文感人至深的地方。

（吴企明）

段太尉逸事状[①]

太尉始为泾州刺史时[②]，汾阳王[③]以副元帅居蒲[④]，王子晞[5]为尚书[6]，领行营节度使[7]，寓军邠州[8]，纵士卒无赖[9]。邠人偷嗜暴恶[10]者，率以货窜名[11]军伍中，则肆志[12]，吏不得问。日群行丐取[13]于市，不嗛[14]，辄奋击折人手足，椎[15]釜鬲瓮盎[16]盈道上，袒臂徐去，至撞杀孕妇人。邠宁[17]节度使白孝德[18]以王故[19]，戚[20]不敢言。

太尉自州[21]以状[22]白府[23]，愿计事[24]。至则曰："天子以生人[25]付公理[26]，公见人被暴害，因恬然，且大乱，若何？"孝德曰："愿奉教[27]。"太尉曰："某为泾州，甚适，少事。今不忍人无寇暴死，以乱天子边事[28]。公诚以都虞候[29]命某[30]者，能为公已乱[31]，使公之人不得害。"孝德曰："幸甚！"如太尉请。既署[32]一月，晞军士十七人入市取酒，又以刃刺酒翁[33]，坏酿器，酒流沟中。太尉列卒[34]取十七人，皆断头注[35]槊[36]上，植[37]市门[38]外。晞一营大噪，尽甲[39]。孝德震恐，召太尉曰："将奈何！"太尉曰："无伤[40]也！请辞[41]于军。"孝德使数十人从太尉，太尉尽辞去，解佩刀，选老躄者[42]一人持马，至晞门下。甲者出，太尉笑且入曰："杀一老卒，何甲也？吾戴吾头来矣！"甲者愕。因喻[43]曰："尚书固负若属耶[44]？副元帅固负若属耶？奈何欲以乱败郭氏？为白尚书，出听我言。"晞出见太尉。太尉曰："副元帅勋塞天地，当务始终[45]。今尚书恣卒为暴，暴且乱，乱天子边，欲谁归罪？罪且及副元帅。今邠人恶子弟以货窜名军籍中，杀害人，如是不止，几日不大乱？大乱由尚书出，人皆曰尚书倚副元帅，不戢士[46]，然则郭氏功名，其与存者几何？"言未毕，晞再拜曰："公幸教晞以道，恩甚大，愿奉军以从。"顾叱左右曰："皆解甲，散还火伍[47]中，敢哗者死。"太尉曰："吾未晡食[48]，请假设草具[49]。"既食，曰："吾疾作，愿留宿门下。"命持马者去，旦日来。遂卧军中。晞不解衣，戒候卒击柝[50]卫太尉。旦，俱至孝德所，谢不能[51]，请改过。邠州由是无祸。

先是太尉在泾州，为营田官[52]。泾大将焦令谌[53]取人田，自占数十顷，给与农，曰："且熟，归我半。"是岁大旱，野无草，农以告谌。谌曰："我知入数而已，不知旱也。"督责[54]益急。农且饥死，无以偿，即告太尉。太尉判状，辞甚巽[55]，使人求喻谌。谌盛怒，召农者曰："我畏段某耶？何敢言我！"取判铺背上，以大杖击二十，垂死，舆来[56]庭中。太尉大泣曰："乃我困汝。"即自取水洗去血，裂裳衣疮[57]，手注[58]善药，旦夕自哺农者，然后食。取骑马卖，市谷代偿[59]，使勿知。淮西寓军帅尹少荣，刚直士也，入见谌，大骂曰："汝诚人耶？泾州野如赭[60]，人且饥死，而必得谷，又用大杖击无罪者。段公，仁信大人也，而汝不知敬。今段公唯一马，贱卖市谷入汝，汝又取不耻。凡为人傲天灾、犯大人、击无罪者，又取仁者谷，使主人出无马，汝将何以视天地[61]？尚不愧奴隶耶[62]？"谌虽暴抗[63]，然闻言则大愧流汗，不能食，曰："吾终不可以见段公！"一夕自恨死[64]。

及太尉自泾州以司农[65]征[66]，戒其族："过岐[67]，朱泚[68]幸致货币，慎勿纳。"及过，泚固致大绫[69]三百匹，太尉婿韦晤坚拒，不得命[70]。至都，太尉怒曰："果不用吾言！"晤谢曰："处贱[71]，无以拒也。"太尉曰："然终不以在吾第[72]。"以绫如司农治事堂[73]，栖之梁木上。泚反[74]，太尉终[75]，吏以告泚，泚取视，其故封识具存[76]。

太尉逸事如右[77]。

元和九年月日[78]，永州司马员外置同正员[79]柳宗元谨上史馆[80]。今之称太尉大节者出入[81]，以为武人，一时奋不虑死，以取名天下。不知太尉之所立如是[82]。宗元尝出入岐周[83]邠斄[84]间，过真定[85]，北上马岭[86]，历亭鄣堡戍[87]，窃好问[88]老校退卒[89]，能言其事。太尉为人姁姁[90]，常低首拱手行步，言气卑弱，未尝以色待物[91]，人视之儒者也。遇不可，必达其志，决非偶然者[92]。会州刺史崔公[93]来，言信行直，备得太尉遗事，复校[94]无疑。或恐尚逸坠，未集太史氏[95]，敢以状私于执事[96]。谨状[97]。

〔注〕 ① 段太尉：名秀实，字成公，唐汧阳（今陕西千阳）人。任泾、原、郑、颍节度使，后入朝为司农卿。因反对朱泚谋反遇害，死后追赠太尉。逸事：散佚未经记载的事迹。状：又称行状，是记述死者生平事迹的一种文体。 ②"太尉"句：段秀实在代宗广德二年（764）任泾州刺

史。泾州，治所在今甘肃泾川县北。刺史，州的长官。 ③ 汾阳王：指著名将领郭子仪。他曾被封为汾阳郡王。广德二年任关内河东副元帅。 ④ 蒲：蒲州（今山西永济）。 ⑤ 王子晞：汾阳王之子郭晞。 ⑥ 尚书：官名。时郭晞未做尚书，为左常侍（见《通鉴考异》）。 ⑦ 行营节度使：副元帅军营的统领。 ⑧ 邠（bīn）州：今陕西彬州。 ⑨ 无赖：横行不法。 ⑩ 偷嗜暴恶：狡诈贪婪，凶横邪恶。 ⑪ 率以货窜名：大都用钱财贿赂混进去。 ⑫ 肆志：纵情，为所欲为。 ⑬ 丐取：乞求。此指强行索取。 ⑭ 嗛（qiǎn）：满足。 ⑮ 椎（chuí）：敲破，击碎。 ⑯ 釜：锅。鬲（lì）：古代三只脚的锅。瓮：一种盛水、酒等物的陶器。盎（àng）：瓦盆。 ⑰ 宁：宁州，治所在今甘肃宁县。 ⑱ 白孝德：唐安西（新疆吐鲁番西）人，临淮王李光弼的部将，广德二年为邠宁节度使。 ⑲ 以王故：因为汾阳王的缘故。 ⑳ 戚：忧愁。 ㉑ 州：指泾州。 ㉒ 状：官府文书。 ㉓ 府：官府。指白孝德的节度使府。 ㉔ 计事：商议公事。 ㉕ 生人：生民，百姓。 ㉖ 付公理：交付给您治理。 ㉗ 愿奉教：愿意接受指教。 ㉘ 边事：边防大事。 ㉙ 都虞候：官名。节度使军中执法官，主管惩治不法的人。 ㉚ 命某：任命我，委派我。 ㉛ 已乱：制止暴乱。 ㉜ 署：代理。指代理都虞候官职。 ㉝ 酒翁：《资治通鉴》胡三省注："酒翁，酿酒者也，今人呼为'酒大工'。"此指酿酒的技工。 ㉞ 列卒：布置士兵。 ㉟ 注：贯穿、插着。 ㊱ 槊（shuò）：长矛。 ㊲ 植：树立。 ㊳ 市门：市场的门。古代市场出入有门，按时开关。 ㊴ 甲：披上铁甲。用作动词。 ㊵ 无伤：不妨事。 ㊶ 辞：说一说，劝说。 ㊷ 躄（bì）者：瘸脚的人。 ㊸ 喻：晓喻、开导。 ㊹ "尚书"句：尚书难道亏待你们这班人了吗？ ㊺ 当务始终：应力求善始善终。 ㊻ 戢（jí）士：约束士兵。 ㊼ 火伍：队伍。五人为列，二列为火，十人共一火炊煮。 ㊽ 哺（bū）食：吃晚饭。哺，申时，下午三时到五时。 ㊾ 草具：粗糙的食物。 ㊿ 戒候卒击柝（tuò）：戒，同"诫"，告诫，命令。候卒，担任警卫的士兵。击柝，旧时巡夜人敲打梆子报更。 (51) 不能：无能。没有治军的才能。 (52) 营田官：掌管军队屯垦的官。 (53) 焦令谌（chén）：泾州刺史马璘的部将。 (54) 督责：催逼索取。 (55) 巽（xùn）：同"逊"，谦虚。 (56) 舆来：抬来。 (57) 衣疮：包扎伤口。 (58) 注：敷上。 (59) 市谷代偿：买谷子代为偿还。 (60) 赭（zhě）：红土。 (61) 视天地：见天地。指活在世上。 (62) "尚不"句：即使在奴隶面前不也感到惭愧吗？ (63) 暴抗：强横。 (64) 自恨死：自己感到悔恨而死。与史实有出入。唐代宗大历八年（773）焦令谌还任泾原兵马使（见《通鉴》卷二百二十四）。 (65) 司农：指司农卿，中央主管粮食的官。 (66) 征：被朝廷所召。 (67) 岐：岐州。治所在今陕西凤翔。 (68) 朱泚（cǐ）：昌平人，原为卢龙节度使朱希彩部将，后朱希彩被杀，泚以自代。时任凤翔尹。 (69) 大绫：一种丝织品。 (70) 不得命：不允许，推辞不掉。 (71) 处贱：处于卑贱地位。 (72) 吾第：我家里。第，住宅。 (73) "以绫"句：指把大绫三百匹送往司农卿办事的官署。 (74) 泚反：朱泚反叛作乱。德宗建中四年（783），朱泚发动叛乱，拥兵自立，国号大秦，又改国号为汉。后被唐名将李晟击败，被部将杀死。 (75) 太尉终：建中四年，朱泚据长安，召段秀实议事，段骂朱为狂贼，以笏猛击其额，血溅满地，被害。 (76) 故封识俱存：原来包装的标记都在。识，通"志"。 (77) 如右：如右所写。以前汉文自右向左直行书写，先写的在右边。 (78) 元和九年月日：元和九年（814）某月某日。 (79) 永州司马员外置同正员：柳宗元当时官职的全称。员外置，太宗时规定全国官员共七百三十员，此为定员，定员之外，称"员外置"。同正员，地位、待遇与正员司马相同。 (80) 史馆：官修史书的机构，隶属中央。 (81) 出入：不外乎。有不出某个范围之意。 (82) 所立如是：指太尉的律己和处世就是如此。 (83) 岐周：今陕西岐山。唐属凤翔府，西周建国于此，故称岐周。 (84) 斄（tái）：同"邰"。在今陕西武功西南。　㉕真定：疑为“真宁”之误。即今甘肃省正宁县。属邠宁节度使管辖。　㉖马岭：今甘肃庄阳西北，因县西有马岭坂，故名。　㉗亭鄣堡戍：边防哨所、防御工事、堡垒、戍所。　㉘窃好问：私下喜欢打听。　㉙老校退卒：年老的下级军官和退伍的老兵。　㉚姁(xǔ)姁：和善的样子，平易近人的样子。　㉛以色待物：用严厉的态度对待人。色，严厉声色。待物，待人接物。　㉜“遇不可”三句：遇到不合理的事，一定要达到自己的心愿，绝不轻率从事。　㉝崔公：崔能，字子才，元和九年(814)任永州刺史。与作者友善。　㉞复校：反复核对。　㉟未集太史氏：未能集中到史官手中。太史氏，指当时的史官。　㊱“敢以”句：敢把这些逸事写成行状私下交给您。状，指本文。执事，即侍从左右的人。不直说交给你，而说交给你手下的人，是表示尊敬。此指韩愈。　㊲谨状：恭敬而慎重地呈上这篇行状。

《柳宗元全集》收有作者三篇行状，《段太尉逸事状》是写得最好的一篇，堪称记人散文的精品，是柳氏人物传记中出类拔萃的代表作。

本篇作于唐宪宗元和九年(814)，时柳宗元已贬为永州司马，年四十二岁。文章素材是经过深入调查获得的。早在德宗贞元十年，作者二十二岁时，曾经到过邠州探望在军伍中任职的叔父。在为时两年的留住期间，有机会向一些下级军官、退伍老兵和当地群众调查访问，了解不少西北边防驻军鱼肉百姓的罪行，特别是掌握段秀实为维护群众利益跟黑恶势力作坚决斗争的佚闻逸事，这些感人事迹给作者留下很深的印象。时隔二十年，可谓历久弥新。

本文既然是“逸事状”，就有别于正式的行状，也有别于正史中的人物本传，无须全面记叙传主一生形迹，评价其人。所写内容，只能是一些散佚而未载录的事迹，即“逸事”。徐师曾《文体明辨序说》云：“逸事状则但录其逸者，其所已载，不必详焉，仍状之变体也。”后来，宋祁、欧阳修等人编写《新唐书》，宋祁撰写《段秀实传》，便采用了这篇文章的材料。

本文共载录了段秀实的三件逸事，从不同侧面刻画了这位封建社会正直的官吏形象。第一件逸事，写邠州除恶，力折郭晞，以见其勇；第二件逸事，写泾州济民，情感焦令谌，以表其仁；第三件逸事，写岐州拒贿，节彰治事堂，以状其廉。正如清代沈德潜所说：“凡逸事三：一写其刚正，一写其慈惠，一写其清节，段段如生。”(《唐宋八家古文读本》)

本文用前两段写第一件逸事：段秀实任泾州刺史时，汾阳王郭子仪第三子郭晞驻军邠州，倚仗其父权势，纵容士卒无恶不作；邠州的狡诈邪恶之徒，也多以行贿的卑劣手段混入军中挂名，胡作非为。文章仅用百余字便清楚地交代了事件发生的时间、地点、人物，以及事件的起因与背景。“吏不得问”，见出郭氏权势之大、之重；“以王故”，表明肇事者敢于肆无忌惮的根本缘故；邠宁节度使白孝德“戚不敢言”，是投鼠忌器，怕得罪副元帅。混乱局面已经失控。此时，段秀实毛遂自荐，主动请缨，先用文书报告上司，请求商议此事，并从“以乱天子边事”的高度，敲打警示白孝德这位直接领导。段秀实所以要求兼任都虞候新职，是为了国家和百姓。讨个名分，名正则言顺，便于行使职权，而非觊觎权势。代理都虞候一个月，段太尉抓住了郭晞部下闹事的契机，砍杀十七人，把人头挂在长矛上，这个娄子捅得很大，非如此，仅以都虞候之微职是难以见到驻军最高领导人的。这一来，气氛陡然转为紧张。郭晞“一营大噪，尽甲”，“孝德震恐”，独段太尉因能洞悉事态发展，故能气定神闲，从容自若，他放弃随从卫士，解下自身佩刀，单骑走军营，想以“辞”说动郭晞。表明他大智大勇，真理在手，正义在握，成竹在胸。趁“甲者愕”之机，段太尉指出他们的恶行严重败坏了郭氏的威望，毁损了郭氏的声誉，使甲者的情绪得以消释。郭晞出见，段太尉站在国家社稷利益一边，也站在郭氏利益一边，晓以大义，陈述郭晞放纵士卒给社会造成的严重混乱，给天子边防大事造成的干扰破坏，给郭副元帅声威造成的不利影响，也会给郭晞戴上新的罪名。太尉义正辞严，陈说利害，晓之以理，让郭晞顿然醒悟，心悦诚服，当即表示“奉军以从”。此时太尉又以“未晡食”“疾作”为由，请准留宿，借以观察对方的诚意，显示自己的坦然。这些便突出了太尉的精细机智、随机应变、善于辞令、智勇双全等性格特点，以及甘愿为民请命、为国献身的无畏精神。

本文用第三段写第二件逸事：太尉在泾州为营田官时，泾大将焦令谌霸占农田数十顷，租给农民。在“野无草”的大旱之年，他仍想按原来不合理的规定强行索取一半粮食。有的农民告于太尉，太尉判状措辞谦恭，托人转告焦令谌请他谅解。他却盛气凌人，出言不逊，“取判铺背上，以大杖击二十，垂死”，这种野蛮暴虐的行径，既侮辱了段太尉，也摧残了告状的农民。太尉对农民的受刑深感不安和自责，他仁信爱民，为之洗血、衣疮、注药、哺食、卖马、偿谷，以安抚怒火中烧的饥饿难挨的农民，稳定动荡的政局。太尉深知西北边陲重地常有吐蕃骚扰，社会不能乱，维持社会稳定是州长官的头等政务，社会稳定才能度过饥荒之年。焦令谌是一介武夫，生性鲁莽，以硬碰硬恐怕难以奏效，还可能引发更大的骚乱，所以必须讲求灵活的斗争策略，即以实际行动做出榜样，感化他，教育他，让他自惭形秽，自叹弗如，才有可能幡然悔悟，矛盾也才可能化解。实践证明，焦令谌通过刚直的淮西寓军帅尹少荣一番义正辞严的责难与不留情面的批评，果然“大愧流汗，不能食”，深悔自身的所作所为。从中可见出作为头脑清醒的政治家，太尉是有远见卓识的，做法是正确见效的，安抚百姓，稳定大局，总要比具体处理焦令谌（可能引起连锁反应）更重要，特别是在较为动荡局面下的重灾之年。

本文用第四段写第三件逸事：太尉离泾赴朝任司农卿时，曾告诫家人亲属，过岐州，不要收受朱泚的钱财。后其婿韦晤坚拒不成，只好收下了三百匹大绫。太尉得知后很生气，认为不宜放在家里，就放置到司农卿办公大厅的屋梁上。朱泚反，太尉被害后，朱泚发现大绫原来封存的标记还都在。这不仅表明太尉能洞察朱泚其人，具有卓越识见，更重要的是从小处表现他清正廉洁、一尘不染的高风亮节，这正好与他因反对朱泚反叛称帝而被害的大节，遥相辉映，相得益彰。

三件逸事叙述毕，跟上"太尉逸事如右"一句，将以上三部分内容作个收结。

最后一段交代转呈逸事状的具体时间（元和九年月日）、撰写状文的原因（澄清世人对段太尉为人的误解）、材料的来源（亲自调查访问所得），及对太尉其人性情和言谈举止的认识，以有力证明逸事状的内容真实可信。

本文在写作形式上的显著特色有两点：

首先是人物形象的成功刻画。作者使段太尉置身于激烈斗争的风浪中去，置身于紧张复杂的人际关系中去，让他自己"表现"自己，即用其富有个性化的语言和一系列的行动，并与其他封建官吏对照着映衬着写，使人物形象更加光彩照人。其他次要人物的描写也没有简单化、概念化。如白孝德的怯弱无能，焦令谌的横暴跋扈，尹少荣的刚直仗义，形象都栩栩如生。

其次是逸事的组织安排见出作者独到的艺术匠心。三件逸事，互无关涉、互无联系，但放在一起却浑然成为一个有机体。如以时间为序，第二件逸事是段太尉任泾州营田官时发生的，应当先写；第一件逸事是此后段太尉始为泾州刺史时发生的，应当后写。作者出于刻画人物性格的需要，按照逸事情节的复杂曲折程度，做了现在这样的巧妙安排，艺术效果是张弛有度，非常成功。

柳宗元对这份"逸事状"也很重视，认为是得意之作。在题为《与史官韩愈致段秀实太尉逸事书》的书信中，他客观地评论此状文说："太史迁言荆轲征夏无且，言大将军征苏建，言留侯征画容貌。今孤囚贱辱，虽不及无且、建等，然比画工传容貌尚差胜。《春秋传》所谓传信传著，虽孔子亦犹是也。窃自以为信且著。"上述引文，表明作者认为刻画人物是成功的，事实确凿有据，是"信且著"的。

（李如鸾）

先侍御史[①]府君[②]神道表[③]

呜呼！先君[④]之墓，仲父[⑤]殿中[⑥]君志焉。孤宗元不敢称道先德，然而无以昭[⑦]于外者，用[⑧]敢悉取仲父之所陈而系其辞[⑨]。刻兹石表。

先君讳[⑩]镇，字某。六代祖讳庆，后魏[⑪]侍中[⑫]平齐公[⑬]。

五代祖讳旦，周[14]中书侍郎[15]济阴公[16]。高祖讳楷，隋刺济、房、兰、廓[17]四州。曾祖讳奭[18]，字子燕，唐中书令[19]。曾祖讳子夏，徐州长史[20]。祖讳从裕，沧州清池令。皇考[21]讳察躬，湖州德清令。世德谦孝，飏[22]于河浒[23]。士之称家风者归[24]焉。

先君之道，得《诗》之群[25]，《书》之政[26]，《易》之直方大[27]，《春秋》之惩劝[28]，以植于内而文[29]于外，垂声当时[30]。天宝[31]末，经术[32]高第[33]。遇乱[34]，奉德清君夫人[35]载家书隐王屋山。间行[36]以求食，深处[37]以修业，作《避暑赋》。合[38]群从弟子侄，讲《春秋左氏》[39]《易王氏》[40]，衎衎[41]无倦，以忘其忧。德清君喜曰：兹谓遁世无闷[42]矣。乱有间[43]，举族如吴[44]，无以为食。先君独乘驴无僮御[45]以出，求仁者，冀[46]以给食。尝经山涧，水卒[47]至，流抵大壑[48]，得以无苦。被濡涂[49]以行无愠容[50]，观者哀悼而致礼加焉。季王父[51]六合君[52]忤贵臣[53]，死于吏舍，犹鞫其状[54]。先君改服徒行，逾四千里，告于上[55]，由是贷其问[56]。

既而以为天子平大难[57]，发大号[58]，且致太平。人罹[59]兵戎，农去[60]耒耜[61]，宜以时兴太学，劝耦耕[62]，作《三老五更议》[63]，《籍田书》[64]，斋沐以献。道不果用[65]。授左卫率府兵曹参军[66]。尚父汾阳王[67]居朔方[68]，备礼延望[69]，授左金吾卫仓曹参军[70]，为节度推官[71]，专掌书奏，进大理评事[72]。以为刑法者军旅之桢干[73]，斥候[74]者边鄙[75]之视听，不可以不具。作《晋文公[76]三罪[77]议》《守边论》，议事确直，势不能容。表[78]为晋州[79]录事参军[80]。晋之守[81]，故将也，少文而悍，酣嗜杀戮，吏莫敢与之争。先君独抗以理，无辜将死[82]，常以身扞笞箠[83]，拒不受命。守大怒，投几折簧[84]，而无以夺[85]焉。以为自下绳上[86]，其势将殆，作《泉竭木摧诗》。终秉直[87]以免于耻[88]，调长安主簿[89]。居德清君之丧，哀有过而礼不逾，为士者咸服。服既除[90]，常吏部[91]命为太常博士[92]。先君固曰："有尊老孤弱[93]在吴，愿为宣城[94]令。"三辞而后获。徙为宣城。四年，作阌乡[95]令。考绩皆最[96]，吏人怀思，立石[97]颂德。迁殿中侍御史，为鄂岳沔[98]都团练判官[99]。

元戎[100]大攘狄虏[101]，增地进律[102]，作《夏口[103]破虏颂》。后数年，登朝为真[104]，会宰相与宪府[105]比周[106]，诬陷正士，以校[107]私仇。有击登闻鼓[108]以闻于上，上命先君总三司[109]以听理[110]。至则平反之。为相者不敢恃威以济欲，为长者[111]不敢怀私以请闲[112]，群冤获宥[113]，邪党侧目[114]，封章[115]密献，归命[116]天子，遂莫敢言。逾年，卒[117]中[118]以他事，贬夔州[119]司马。作《鹰鹯[120]诗》。居三年，丑类就殛[121]，拜[122]侍御史。制书[123]曰："守正为心[124]，疾恶不惧。"先君捧以流涕，曰："吾唯一子，爱甚，方谪去至蓝田[125]，诀曰[126]：'吾目无涕'。今而不知衣之濡也[127]，抑有当我哉[128]！"作《喜霁[129]之歌》。副职持宪[130]，以正经纪[131]。

贞元九年，宗元得进士第。上问有司[132]曰："得无以朝士子冒进者乎[133]？"有司以闻[134]。上曰："是故抗奸臣窦参者耶！吾知其不为子求举[135]矣。"是岁[136]五月十七日，终于亲仁里第[137]，享年五十五。七月某日，葬于万年县[138]栖凤原。后十一年，宗元由御史[139]为尚书郎[140]。天子行庆[141]于下，申命崇赠[142]，而有司草创颇缓[143]。会宗元得罪[144]，遂寝[145]不行。

太夫人范阳庐氏[146]，某官某之女，实有全德，为九族[147]宗师。用柔明[148]勤俭以行其志，用图史箴诫[149]以施其教，故二女之归[150]他姓，咸为表式[151]。太夫人既授封河东县太君，会册[152]太上皇后于兴庆宫。既乃[153]宗元贬秩，为永州司马，奉侍温凊[154]，未尝见忧。元和元年[155]五月十五日，终于州之佛寺[156]，享年六十八。

呜呼！宗元不谨先君之教，以陷大祸，幸而缓于死。既不克[157]成先君之宠赠，又无以宁太夫人之饮食，天殛[158]荐酷[159]，名在刑书[160]。不得手开玄堂以奉安祔[161]，罪恶益大，世无所容。尚顾[162]嗣续[163]，不敢即死。支缀[164]气息，以严邦刑[165]。大惧祭祀之无主[166]，以添盛德。敢用特牲[167]，昭告神道[168]，号叫万里[169]，以毕其辞云。

〔注〕① 侍御史：掌管检察群臣、举劾非法的御史台官员。 ② 府君：子孙对已死长辈

的敬称。 ③ 神道表：刻在墓前记载死者生平事迹的碑文。 ④ 先君：古人对已故父亲的称呼。 ⑤ 仲父：叔父。 ⑥ 殿中：指殿中侍御史。 ⑦ 昭：显扬。 ⑧ 用：因此。 ⑨ 系其辞：续其辞，意思是对原来的文辞加以发挥。 ⑩ 讳：古时人死后，于其名前称“讳”，以示尊敬。 ⑪ 后魏：即北魏(386—534)。 ⑫ 侍中：皇帝的高级侍从官。 ⑬ 平齐公：柳庆曾被封为平齐县公。 ⑭ 周：指北周(557—581)。 ⑮ 中书侍郎：中书省的副长官。 ⑯ 济阴公：济阴，郡名，今山东菏泽一带。柳旦曾被封为济阴公。 ⑰ 刺济、房、兰、廓：刺，刺史，一州的长官。这里作动词用。济，济州，今山东茌平一带。房，房州，今湖北竹山一带。兰，兰州，州治在今甘肃皋兰一带。廓，廓州，今青海贵德一带。 ⑱ 奭(shì)：柳奭。据《新唐书·宰相世系表》，柳奭为柳镇的曾伯祖。 ⑲ 中书令：唐朝中央决策机构中书省的长官。 ⑳ 长史：刺史的副手。 ㉑ 皇考：对已故父亲的敬称。 ㉒ 飏：同“扬”，闻名的意思。 ㉓ 河浒：黄河边，这里指柳家祖籍河东郡一带。 ㉔ 归：向往。 ㉕《诗》之群：《论语·阳货》上有“诗可以群”的话。《诗》，指《诗经》。作者这里引用它，用以表示柳镇善于交友。 ㉖《书》之政：《汉书·太史公传》说：“《书》记先王之事，故长于政。”《书》，指《尚书》。这里用它，是说柳镇有处理政事的才干。 ㉗《易》之直方大：《周易·坤·六二》有“直方大，不习无不利”的话，意思他是有正直方正广大的品德，不事经营，也无不生利。《易》，指《周易》。这里是借用它说柳镇有方正无私的品德。 ㉘《春秋》之惩劝：晋朝杜预《春秋左传·序》上说，《春秋》体现了“惩恶劝善”的原则。这里借用它说柳镇是非分明。《春秋》为编年体史书。 ㉙ 文：作动词用，修饰的意思。 ㉚ 垂声当时：在当时留下好名声。 ㉛ 天宝：唐玄宗年号(742—755)。 ㉜ 经术：经学，这里指明经科。 ㉝ 高第：指取录时名列前茅。 ㉞ 乱：指安史之乱。 ㉟ 德清君夫人：柳察躬夫人，即柳宗元的祖母。 ㊱ 间(jiàn)行：行走在小道上。 ㊲ 深处：深居。 ㊳ 合：集合，召集。 ㊴《春秋左氏》：即《左传》，亦称《春秋左氏传》。 ㊵《易王氏》：指王弼注的《周易》。 ㊶ 衎(kàn)衎：和乐的样子。 ㊷ 遁世无闷：语出《周易·乾·文言》，意思是隐居而不感到苦闷。 ㊸ 乱有间：大乱稍停。 ㊹ 吴：今江苏南部一带。 ㊺ 僮御：随身的奴仆。 ㊻ 冀：希望。 ㊼ 卒(cù)至：突然而来。 ㊽ 流抵大壑：人随水漂流到一个大山谷里。 ㊾ 被濡涂：冒着泥泞。 ㊿ 愠(yùn)容：怨恨的脸色。 (51) 季王父：叔祖父。 (52) 六合君：柳镇的叔祖父担任过六合县令，故称六合君。 (53) 忤(wǔ)贵臣：冒犯宦官。 (54) 鞫其状：追查他的案情。 (55) 上：指皇帝。 (56) 问：指问罪。 (57) 平大难：指平定安史之乱。 (58) 发大号：发布重要命令。这里指公元763年，唐代宗发布大赦令，改年号为广德。 (59) 罹(lí)：遭遇。 (60) 去：离开，丢下。 (61) 耒耜(lěi sì)：翻土的农具。 (62) 耦(ǒu)耕：两个人在一起耕地，这里指耕种。 (63)《三老五更议》：柳镇的《三老五更议》今已不存，大概主张复兴学校和尊养老人的制度。三老五更，相传古代设三老五更之位，以养老人。 (64)《籍田书》：柳镇的《籍田书》今已不存，大概是讲重视农业的事。籍田，本为周天子督促耕种“公田”的一种制度和典礼。 (65) 道不果用：这些主张都没有得到采用。 (66) 左卫率府兵曹参军：京城卫戍部队中掌管兵器的官。 (67) 尚父汾阳王：指中唐名将郭子仪。他因平定安史之乱有功被封为汾阳郡王，后来唐德宗又尊称他为尚父。 (68) 居朔方：唐代宗广德二年(764)郭子仪为朔方大节度使。 (69) 延望：延请有名望的人。 (70) 左金吾卫仓曹参军：京城卫戍部队中掌管军需的官。 (71) 节度推官：节度使的僚属。前者为兼带的朝官衔，后者为实际职务。 (72) 大理评事：大理寺中掌管刑法判决的官员。这也是兼带的朝官衔，实际职务还是节度推官。 (73) 桢干：支柱。 (74) 斥候：侦察兵。 (75) 边鄙：边远偏僻的地方。 (76) 晋文公：春秋五霸之一。 (77) 三罪：定了三人的罪。《左传·僖公二十九年》载：晋文公用刑严明，不徇私情，杀了跟他立过大功但后来犯罪的颠颉、祈瞒和舟之侨三人。　⑦⑧ 表：上表(奏书)推荐。　⑦⑨ 晋州：治所在今山西太原。　⑧⓪ 录事参军：唐代在州府掌管文书、纠察的官员。　⑧① 守：太守，即刺史。　⑧② 无辜将死：无罪之人将要被打死。　⑧③ 常以身扞笞箠(chī chuí)：常挺身出来挡住鞭子。　⑧④ 投几折箦(zé)：掀掉几案，折毁坐席。　⑧⑤ 夺：改变。　⑧⑥ 绳上：纠正上级的错误。　⑧⑦ 秉直：坚持正直。　⑧⑧ 耻：这里指受耻辱。　⑧⑨ 主簿：主管文书的官员。　⑨⓪ 服既除：服丧期已满。　⑨① 常吏部：指吏部尚书常衮。　⑨② 太常博士：专管礼仪的官。　⑨③ 尊老孤弱：尊老，年老的尊者，这里指柳镇的母亲。孤弱，指未成年的儿女。　⑨④ 宣城：今安徽宣城。　⑨⑤ 阌(wén)乡：今河南灵宝。　⑨⑥ 最：最上等。　⑨⑦ 立石：立碑。　⑨⑧ 鄂岳沔：鄂州、岳州、沔州。　⑨⑨ 都团练判官：都团练使的僚属。都团练使是唐朝地方上的军事长官，辖三至十个州。　⑩⓪ 元戎：元帅。这里指唐鄂州刺史李兼。　⑩① 狡虏：指叛乱的藩镇李希烈的军队。　⑩② 增地进律：增加封地，提升官级。　⑩③ 夏口：地名，旧城在今湖北武昌黄鹄山上。　⑩④ 真：指实任的官。指柳镇回到朝廷实任殿中侍御史。　⑩⑤ 宪府：即御史台，当时最高的检察官署。　⑩⑥ 比周：结党营私。　⑩⑦ 校：报复。　⑩⑧ 登闻鼓：朝堂外挂的鼓，有冤屈要上诉的可以击鼓申报。　⑩⑨ 三司：御史台、刑部、大理寺合称三司。　⑪⓪ 听理：受理。　⑪① 为长者：担任长官的人。　⑪② 请闲：以私事请托别人。　⑪③ 获宥(yòu)：得到宽大，引申为得到昭雪。　⑪④ 侧目：不敢正视，指邪党害怕柳镇。　⑪⑤ 封章：将奏章加封。　⑪⑥ 归命：报命，汇报执行命令的情况。　⑪⑦ 卒：终于。　⑪⑧ 中：中伤。　⑪⑨ 夔州：州治在今四川奉节。　⑫⓪ 鹰鹯(zhān)：两种猛禽。古人常用以比喻敢与坏人坏事作斗争的人。　⑫① 就殛(jí)：被处死。　⑫② 拜：任命。　⑫③ 制书：盖有皇帝大印的文书。　⑫④ 为心：作为心愿。　⑫⑤ 蓝田：即今陕西蓝田。　⑫⑥ 诀曰：诀别时说。　⑫⑦"今而"句：而今天我的眼泪不知不觉把衣服湿透了。　⑫⑧ 抑有当我哉：也许制书说中了我的心事了吧。　⑫⑨ 霁(jì)：雨过天晴。　⑬⓪ 持宪：执法。　⑬① 经纪：纲纪，法纪。　⑬② 有司：指礼部官吏。　⑬③"得无以"句：该不会因为朝官的子弟通过不正当的手段取录上来的吧？　⑬④ 有司以闻：官吏将先父的名字告诉皇帝。　⑬⑤ 举：选举，这里引申为录取。　⑬⑥ 是岁：指贞元九年(793)。　⑬⑦ 亲仁里第：柳氏在长安亲仁里的住宅。　⑬⑧ 万年县：唐县名。古城在今陕西临潼东北。　⑬⑨ 御史：这里指监察御史，唐朝中央监察官。　⑭⓪ 尚书郎：这里指尚书省礼部员外郎。　⑭① 行庆：施行奖赏。指顺宗即位，对群臣进行奖赏。　⑭② 崇赠：优礼加赠。指可以给先父加赠官爵。　⑭③ 草创颇缓：拟议缓慢。　⑭④ 会宗元得罪：恰遇我得罪遭贬。　⑭⑤ 寝：停止。　⑭⑥ 太夫人范阳卢氏：指柳宗元的母亲。范阳，唐郡名，今河北大兴一带。　⑭⑦ 九族：旧有两说，一以高祖至玄孙为九族，一以父族四、母族三、妻族二为九族。　⑭⑧ 柔明：柔顺、精明。　⑭⑨ 箴诫：两种以规劝、教诫为主旨的文体。　⑮⓪ 归：出嫁。　⑮① 表式：表率。　⑮② 册：册封。这里指永贞元年(805)八月，唐宪宗封其母王氏为太上皇后。　⑮③ 既乃：事后就，接着。　⑮④ 奉侍温凊：在她身边问寒问暖。　⑮⑤ 元和元年：公元 806 年。　⑮⑥ 佛寺：指永州的龙兴寺。　⑮⑦ 克：能够。　⑮⑧ 天殛：天诛，天罚。　⑮⑨ 荐酷：接连遭到严酷的惩罚。　⑯⓪ 刑书：这里指罪犯名册。　⑯①"不得"句：不能亲自挖开先父的坟墓来安葬父母。祔(fù)，合葬。　⑯② 尚顾：还考虑。　⑯③ 嗣续：传宗接代。　⑯④ 支缀：维持延续。　⑯⑤ 邦刑：国法。　⑯⑥ 祭祀之无主：指没有儿子主持祖宗的祭祀。　⑯⑦ 特牲：这里指杀猪作祭品。　⑯⑧ 昭告神道：在墓前表白心愿。　⑯⑨ 号叫万里：在万里之外哭号。

此文作于唐宪宗元和二年(807)，柳宗元在永州司马任上。

这是柳宗元记述其父柳镇生平事迹的文章。文章以时间为序徐徐道来，重点突出，刻画生动，柳镇积极用世的态度和刚正不阿的品德跃然纸上。

正文的第一部分叙写柳氏六代家世，突出家风的清正淳厚和柳镇的儒学修养。文中说：先父的德行，他学到了《诗经》中合群的本领，《尚书》中施行政治的道理，《周易》中正直方大的品德，《春秋》中惩恶劝善的原则。他把这些扎根在自己心里并很好地表现在行动上，在当世留下了好名声。这段话概括了柳镇一生的为人处世原则及其良好社会效果。

正文第二部分写柳镇在安史之乱年代的避难经历。柳镇刚刚明经及第，恰遇安史之乱，他护送母亲到山西王屋山避难，尽管生活很艰难，仍然不忘在深山里修习学业，为柳家子弟讲学，传授《左传》和《周易》，和和乐乐，毫不厌倦，借以忘忧。大乱稍息，柳镇一家也汇入逃亡人群，"举族如吴"，到南方避难。有时家中薪米无着，柳镇甚至被迫外出乞求食物。有一次，他在外出途中经过一个山洞，正好赶上山洪暴发，他被裹挟而下，幸好冲到一个山谷里被截住。他爬起来踏着泥泞继续前进，毫无怨恨的表情，看到的人都十分同情感动。这期间，柳镇的一位做六合县令的叔祖父冒犯了宦官，屈死在官府，而朝廷还要继续追究。柳镇乔装改扮步行四千多里，将这件事上诉给皇帝，朝廷才免于追究。文章记叙这三件事，说明柳镇虽落入逃难求生的狼狈境地，仍然积极乐观，仗义勇为，不禁令人肃然起敬。

正文第三部分写柳镇在做地方官时期的表现。安史之乱刚刚平定，柳镇立即向朝廷提出两份建议书：《三老五更议》是主张兴办太学，恢复教育事业；《籍田书》是建议劝人耕种，恢复农业生产。在郭子仪幕府做节度使推官期间，他关心时局，作《晋文公三罪议》和《守边论》。前者借春秋时期晋文公重耳为维护法制处死帮助他归国复位的功臣颠诘、祁瞒、舟之侨的故事，宣扬法不阿贵、刑赏一律的思想，这里显然是针对骄横不法的权臣悍将而发的；后者论述侦察敌情的重要性，阐述"斥候者，边鄙之视听"的观点，也是着眼于吐蕃连年内侵、边防空虚的军事形势而作的。由于这两篇文章"议事确直，势不能容"，郭子仪只好报请朝廷把他调走。在他任晋州录事参军期间，刺史原先是个武将，缺少文化，脾气粗暴，任意打人杀人。衙府里没有人敢与他争辩，只有柳镇一人对其暴虐行为常据理抗争。有时无辜者将要被打死时，柳镇看不过去，挺身而出，用自己的身子挡住用刑的棍棒，惹得刺史暴跳如雷，掀掉几案，折毁坐席，他却毫不畏惧。这时期柳镇宦游四方，尽管仕途并不顺畅，只在地方上做一些参军、县令之类的小官，但他为官确直，忠于职守，坚持正义，不畏权幸，表现出令人敬服的高贵品德。

正文第四部分，写柳镇入朝为官之后的作为和际遇。柳镇五十岁时从地方调到朝廷做殿中侍御史，在御史台担任监察工作。“会宰相与宪府比周，诬陷正士，以校私仇。有击登闻鼓以闻于上，上命先君总三司以听理。至则平反之。”是指卢岳遗产案及穆赞冤案：陕虢观察史卢岳死后，其妾裴氏有儿子，应该得到一份遗产继承权，但卢妻想独吞遗产，不分给裴氏子，裴氏因而上诉告状。这个案子原来由殿中侍御史穆赞主持审理。但其上司御史中丞卢佋和宰相窦参勾结，偏袒卢妻，迫胁穆赞给原告裴氏定罪。穆赞持正不允，卢佋就诬陷他接受裴氏贿赂，将他逮捕下狱。穆赞的弟弟不服，到公堂上为哥哥击鼓鸣冤，于是皇上命令柳镇总领御史台、刑部、大理寺办理此案。柳镇大义凛然，不怕官场权势，秉公处理了卢岳遗产，平反了穆赞的冤案，并且密奏皇帝，使那些奸臣们不敢说三道四。权臣窦参因此对柳镇大为不满，过了一年，就借故把他贬为夔州司马。临行时，柳宗元一直送父亲到蓝田县城，柳镇只对儿子说了一句话：“吾目无涕。”受屈而决不掉泪，十分刚强。三年以后，名臣陆贽出任宰相，窦参贬官，因而召柳镇回朝廷任侍御史。朝廷诏书上称赞他“守正为心，疾恶不惧”，意思是坚守正直是你的心愿，反对邪恶从不畏惧。柳镇手捧诏书，感动得涕泪纵横，因此写了《喜霁之歌》。但他回长安第二年就病故了。柳镇生命最后五年在反对“邪党”斗争中的表现，充分展示了他大义凛然、刚直不阿的精神，给人留下非常深刻的印象。

这篇墓碑文不同凡响之处，首先在于他不是一般化的平铺直叙，罗列墓主生平事迹，而是善于选取典型事件，着力描写刻画人物形象，突出墓主的精神品格。柳镇一生经历丰富，可写的事迹很多，作者经过一番选择，去粗取精，从中选择了最有代表性的几件事，着力加以描写刻画。作者在写这些典型事迹的时候，既致力于正面的描写刻画，也注意侧面的烘托渲染，借以突出人物的精神品格及其影响。

写柳镇在安史之乱期间的经历，作者选取三件事。第一件事写他避难王屋深山而不忘修业，给从弟子侄们讲学，显示其从容镇定，身居乱世而不忘修业，和睦家庭。其父德清君的赞许：“兹谓遁世而无闷矣”，说明柳镇的行为在家族里的良好影响。第二件事写他在南方逃难期间独自为家庭外出求食，被山洪冲到大山谷里，爬起来继续往前走，使“观者哀悼而致礼加焉”。第三件事写他为叔祖父的冤案步行四千里到朝廷上诉，终于得到“贷其问”的结果。这三个生活事件很好地表现了柳镇为民期间对于家庭的高度责任心，彰显了他刚毅不屈的思想性格。

写柳镇做地方官期间的经历，文章着力描写了一件事，即写他与悍吏抗争，挺身而出挡住用刑的鞭子，惹得刺史暴跳如雷。尽管他认为这样从下面去纠正上级的错误，处境很危险，还是不顾个人安危，坚持正道。这个事件很好地表现了柳镇为官正直无私、不畏权幸的思想品格。

写柳镇入朝为官以后主事理政的经历，文章也只写了一件事，即写他与邪党斗争，为正士穆赞平反冤案，使“为相者不敢恃威以济欲，为长者不敢怀私以请闲，群冤获宥，邪党侧目”。后遭权臣报复，外贬夔州，他受屈而不掉泪。三年后召回朝廷任职，制书上说“守正为心，疾恶不惧”。柳宗元进士及第时，皇帝得知他的父亲是柳镇，说“是故抗奸臣窦参者邪！吾知其不为子求举矣”，说明皇帝也知道柳镇正直无私，不会徇私舞弊。作者详细叙写了这个事件的原委及其震动朝廷上下的影响，柳镇“守正为心，疾恶不惧”的思想品德及其精神风貌亦因而得到光辉的展示。

柳宗元选取几个典型事件，塑造了柳镇刚正不阿的形象，显然不只是为了“称道先德”，而是有意识地借以表达自己决心继承先辈传统，坚持改革，决不屈服的坚强意志。因此这篇文章对于我们研究柳宗元思想的形成，有着十分重要的价值。

其次，此文不像一般墓碑文那样枯燥乏味，而是写得声情并茂，饱含感情色彩，文字洗练，语句富有变化，或对称，或排比，或感叹，或比喻，气势非凡，力透纸背，确是一篇不可多得的表志佳作。

（金　涛）

愚　溪[①]　对

柳子名[②]愚溪而居。五日，溪之神夜见[③]梦曰：“子何辱予，使予为愚耶？有其实者，名固[④]从之，今予固[⑤]若是耶？予闻闽有水，生毒雾厉气[⑥]，中之者，温屯[⑦]呕泄[⑧]。藏石[⑨]走濑[⑩]，连舻[⑪]糜解[⑫]。有鱼[⑬]焉，锯齿锋尾而兽蹄，是食人，必断而跃之，乃仰噬[⑭]焉，故其名曰恶溪[⑮]。西海[⑯]有水，散涣[⑰]而无力[⑱]，不能负芥[⑲]，投之则委靡[⑳]垫没[㉑]，及底而后止，故其名曰弱水[㉒]。秦有水，掎汩[㉓]泥淖[㉔]，挠混沙砾，视之分寸，眙若睨壁[㉕]，浅深险易，昧昧[㉖]不觌[㉗]，乃合泾渭[㉘]，以自彰[㉙]秽迹，故其名曰浊泾。雍[㉚]之西有水，幽险若漆，不知其所出，故其名曰黑水[㉛]，夫恶弱，六极[㉜]也，浊黑，贱名也。彼得之而不辞，穷万世而不变者，有其实也。今予甚清与美，为子所喜，而又功可以及圃[33]畦[34]，力可以载方舟[35]，朝夕者济[36]焉。子幸择而居予，而辱以无实之名以为愚，卒不见德[37]而肆其诬[38]，岂终不可革[39]耶？”

柳子对曰：“汝诚无其实，然以吾之愚而独好汝，汝恶得避是名耶！且汝不见贪泉[40]乎？有饮而南[41]者，见交趾[42]宝货之多，光溢于目，思以两手左右攫[43]而怀之，岂泉之实耶？过而往贪焉犹以为名，今汝独招愚者居焉，久留而不去，虽欲革其名不可得矣。夫明王之时，智者用，愚者伏。用者宜迩，伏者宜远。今汝之托也，远王都三千余里，侧僻[44]回隐[45]，蒸郁[46]之与曹，螺蜯[47]之与居，唯触罪摈辱[48]愚陋黜伏[49]者，日侵侵[50]以游汝，闯闯[51]以守汝。汝欲为智乎？胡不呼今之聪明皎厉[52]握天子有司之柄以生育天下者，使一经[53]于汝，而唯我独处？汝既不能得彼而见获于我，是则汝之实也。当汝为愚而犹以为诬，宁[54]有说[55]耶？”

曰：“是则然矣。敢问子之愚何如而可以及我？”柳子曰：“汝欲穷我之愚说耶？虽极汝之所往，不足以申[56]吾喙[57]；涸汝之所流，不足以濡[58]吾翰[59]。姑示子其略：吾茫洋[60]乎无知，冰雪之交，众裘我絺[61]；溽暑之铄[62]，众从之风，而我从之火。吾荡[63]而趍[64]，不知太行[65]之异乎九衢[66]，以败[67]吾车；吾放[68]而游，不知吕梁[69]之异乎安流[70]，以没吾舟。吾足蹈坎井[71]，头抵木石，冲冒[72]榛棘，僵仆[73]虺蜴[74]，而不知怵惕[75]。何丧[76]何得，进不为盈[77]，退不为抑[78]，荒凉昏默[79]，卒不自克[80]。此其大凡[81]者也。原以是汙[82]汝可乎。”

于是溪神深思而叹曰：“嘻！有余矣，其及[83]我也。”因俯而羞，仰而吁[84]，涕泣交流，举手而辞。一晦一明[85]，觉而莫知所之。遂书其对。

〔注〕 ① 愚溪：水名，在今湖南永州西南，本名冉溪，柳宗元谪居于此，改名曰愚溪。② 名：作动词用，命名，起名。 ③ 见：出现。 ④ 固：姑且。 ⑤ 固：本来。 ⑥ 厉气：邪气，多指南方地区山林间湿热蒸发致人疾病之气。 ⑦ 温屯：恶心。 ⑧ 呕泄：呕吐腹泻。⑨ 藏石：指水中的暗礁。 ⑩ 走濑：溪水奔流。 ⑪ 连舻：船很多，排列成队。 ⑫ 糜

解：船撞石而破碎。⑬ 鱼：这里指鳄鱼。⑭ 噬(shì)：吞食。⑮ 恶溪：广东潮安有鳄溪，产鳄鱼，贻害于人，一称恶溪，见韩愈《鳄鱼文》。⑯ 西海：泛指西方湖、海。⑰ 散涣：离散。⑱ 无力：没有浮力。⑲ 芥：小草。⑳ 委靡：指水草低垂下沉。㉑ 垫没：沉没。㉒ 弱水：古水名。《水经注·大荒西经》："其下有弱水之渊环之。"郭璞注："其水不胜鸿毛。"㉓ 掎汩(jǐ gǔ)：搅乱。㉔ 泥淖：泥沼。㉕ 眙(chì)若睨(nì)壁：此句意谓水中泥沙很重，视之如同泥壁一样。眙，瞪眼直视。睨，斜视。㉖ 昧昧：昏暗貌。㉗ 觌(dí)：见。㉘ 泾渭：泾河，渭水的支流。相传泾渭二水合流处，清浊分明，渭清而泾浊。㉙ 彰：显明。㉚ 雍：雍州，古九州之一。㉛ 黑水：水名，《尚书·禹贡》："黑水西河惟雍州"。此水在今何处？众说不一，以出甘肃张掖鸡山之说，近之。㉜ 六极：六件极不幸的事。《尚书·洪范》："六极，一曰凶短折，二曰疾，三曰忧，四曰贫，五曰恶，六曰弱。"㉝ 圃：可以种蔬果的园子。㉞ 畦：田垅。㉟ 方舟：两船相并。㊱ 济：渡过。㊲ 见德：给予恩惠。㊳ 肆其诬：肆意诬蔑。㊴ 革：更改。㊵ 贪泉：传说广州附近的石门，有泉，人饮之贪得无厌，故名。㊶ 南：向南行。㊷ 交趾：古地名，泛指五岭以南地区。㊸ 攫(jué)：迅速抓取。㊹ 侧僻：偏僻。㊺ 回隐：迂回隐蔽。㊻ 蒸郁：令人发闷的热气郁勃上蒸。㊼ 螺蚌：螺蛳与河蚌。㊽ 摈辱：遭受排摈的耻辱。㊾ 黜伏：谪居。㊿ 侵侵：快速。51 闯(chèn)闯：窥视貌，引申为观察。52 皎厉：为人清白峻厉，指矜持自高。53 经：经过。54 宁：难道。55 说：陈述，解说。56 申：申诉，诉说。57 喙(huì)：嘴。58 濡：沾湿。59 翰：毛笔。60 茫洋：无边无际。61 绨(chī)：葛布单衣。用作动词，指穿着葛布衣。62 溽暑之铄：天气炎热得可以熔化金石。63 荡：行动貌，这里指放逐。64 趋：小步快走。65 太行：山名，位于河北平原和山西高原之间，古人多以太行代表山之险。66 九衢：四通八达的大道。67 败：毁坏。68 放：流放。69 吕梁：水名，今在彭城(江苏徐州)。《庄子·达生》："孔子观于吕梁，悬水三十仞，流沫四十里，鼋鼍鱼鳖之所不能游也。"70 安流：没有风浪的清浅水流。71 坎井：陷阱。72 冲冒：冲，冲撞。冒，顶着。73 僵仆：跌倒。僵，向后倒下。仆，向前倒下。74 虺蜴(huǐ yì)：毒蛇和蜥蜴。75 怵惕：恐惧貌。76 丧：丧失。77 盈：满足。78 抑：抑郁，苦闷的样子。79 昏默：昏昏默默，糊涂无知。80 卒不自克：始终不能克制自己。81 大凡：大概。82 汙：玷污。83 及：涉及。此句应前文"何如而中以及我"。84 吁：叹息。85 一晦一明：指溪神在暗处，作者在明处。

对，即问对，文体名，徐师曾《文体明辨序说》云："按问对者，文人假设之词也。""乃设词以见志，于是有问对之文，而反复纵横，真可以舒愤郁而适意虑，盖文之不可缺者也。"柳宗元《愚溪对》即用此体。本文与《愚溪诗序》同时作，一用寓言手法，借与溪神的对话，抒写满腹牢骚；一为诗序，正面摅写自己罢黜后愤懑心情，两文在写作上还有差异，"愚溪之对，愤词也，亦稍伤排比，较诸《愚溪诗序》，实逊其淡冶"(《韩柳文研究法·柳文研究法》林纾语)。两文写法虽有差异，但抒发的情感相同，互为表里，相辅相成。

全文主要由溪神与柳子的对话构成，分四段。第一段，先写溪神责问柳子，为什么让我蒙受"愚"之丑名，并自我表述"甚清与美"，"功及圃畦"，"力可载舟"，远胜于闽地的恶溪，西海的弱水，秦地的浊泾，雍西的黑水，因而请求柳子为自己改名。本文举恶溪、举弱水、举浊泾、举黑水四者，实有喻意，何焯指出："篇中所引恶溪，比养小人，弱小比抑君子，浊泾不法知人，黑水赋质昏昧。"(《义门读书记·河东集上》)可见作者设词以见志的用意。这段话，出自溪神之口，实在是作者自己的心里话，借溪神之口表明自己的清白高洁，宣扬自己的才能，诉说自己胸中的郁闷。茅坤说："柳子自嘲，并以自矜。"(《唐宋八大家文钞·柳柳州文钞》卷一〇)林纾说："此托梦神之言以自方也。清美有功，力能济人，表溪之能，亦即所以自表其能。在理无可愚之实。"(《韩柳文研究法·柳文研究法》)这一段是全文之枢纽，掌握了"托梦神之言以自方"这个枢纽，以下的文意便迎刃而解。

第二段柳子回答溪神，举贪泉为例，说明贪泉因人贪而得名，愚溪也因人愚而称为愚。我是"愚"者，独独喜爱你，所以你也不可能避开"愚"的名称。这段对答文词中，频频使用排比句法，如"燕郁之与曹，螺蜂之与居"；"侵侵以游汝，闯闯以守汝"。所以林纾说它们"稍伤排比"(《韩柳文研究法·柳文研究法》)本段和第一段一样，都巧妙地采用比喻手法，以溪喻人，正、喻夹写，时而写溪，时而写人，溪神与柳子合而为一，难以分别，直抒自己远谪永州的幽怨、悒郁的心情。

第三段，写溪神与柳子的第二次对答，文意递进一层。溪神问，先生的愚为什么牵涉到我呢？柳子禁不住向溪神诉说自己的不幸遭际："吾茫洋乎无知，冰雪之交，众裘我絺；溽暑之铄，众从之风，而我从之火。吾荡而趋，不知太行之异乎九衢，以败吾车；吾放而游，不知吕梁之异乎安流，以没吾舟。吾足蹈坎井，头抵木石，冲冒榛棘，僵仆虺蜴，而不知怵惕。"用铺排夸张的手法，说明自己是一个不谙机巧，不随流俗，身陷困境而不知戒惧的"愚"者，这里改变了前文的比喻写法，改用直接抒情的表现手法，宣泄自己的满腔悲愤，极写自己因愚而得祸的经历。

最后一段总收，描写溪神以感悟、羞惭的神情，举手辞去。溪神说："有余矣，其及我也。"此为倒装句法，等于说："其及我也有余矣。"与第三段之"敢问子之愚何如而可以及我"句呼应，表示溪神已明白柳子之愚可以及我的道理。柳子也自梦中醒来，溪神已不知去向，于是便记下了上述这些对话。

全文构思奇特巧妙，运用假设之词以抒情，情感激越凄楚，满纸愤词，实在是柳宗元谪居永州时心态和情感的真实写照。诚如林纾所说："发其无尽之牢骚，泄其一时之悲愤，楚声满纸，读之肃然。"(《韩柳文研究法·柳文研究法》)孙琮评此文足以与屈原楚骚媲美，云："屈子泽畔行吟，柳子愚溪问答，千古同慨！"(《山晓阁选唐大家柳柳州全集》卷四)柳子既窜南荒，远涉蛮瘴，蕴屈子之郁悒，因而抒情叙事,得骚辞之正派,《愚溪对》正是这等文字,难怪宋代严沧浪会说:"唐人唯柳子厚深得骚学。"(《沧浪诗话·诗评》)诚哉斯言!　(吴企明)

对　贺　者①

柳子②以罪贬永州,有自京师来者,既见,曰:"余闻子坐事③斥逐,余适④将唁⑤子。今余视子之貌,浩浩然⑥也,能是达⑦也,余无以⑧唁矣,敢⑨更⑩以为贺。"

柳子曰:"子诚以貌乎,则可也⑪,然吾岂若是⑫而无志⑬者耶?姑以戚戚为无益乎道⑭,故若是而已耳。吾之罪大,会主上方以宽理人⑮,用和⑯天下,故吾得在此。凡⑰吾之贬斥,幸矣,而又戚戚焉何哉?夫为天子尚书郎⑱,谋划无所陈,而群比以为名⑲,蒙耻遇僇⑳,以待不测之诛㉑。苟人尔,有不汗栗㉒危厉㉓偲偲㉔然者哉!吾尝静处以思,独行以求㉕,自以上不得自列于圣朝,下无以奉宗祀㉖,近丘墓,徒欲苟生幸存,庶几似续㉗之不废。是以傥荡㉘之心,倡佯㉙其形,茫乎㉚若升高以望,溃乎㉛若乘海而无所往㉜,故其容貌如是。子诚以浩浩而贺我,其孰承㉝之乎?嘻笑之怒,甚于裂眦㉞,长歌之哀,过乎恸哭㉟。庸讵㊱知吾之浩浩,非戚戚之尤㊲者乎?子休㊳矣。"

〔注〕①对贺者:回答祝贺人的话。对,古代一种文体,属于问对体,实由汉赋之设为主客问答及反复铺陈两个特征发展而来的。②柳子:柳宗元自称。③坐事:因为"永贞革新"这件事获罪。坐,因为。④适:往,到。⑤唁:慰问。《说文》:"唁,吊生也。"⑥浩浩然:旷远貌。这里指柳宗元神情旷达、无忧无虑的样子。⑦是达:"达是"的倒装,即达到这种(浩浩然的)境界。另一种解释为:是,如此。达,达观,对人生挫折能看得开。亦通。⑧无以:没有什么用来。⑨敢:谦辞,自言冒昧的意思。⑩更:更改。⑪"子诚"二句:如果您是就外表而言,是可以这样看待的。诚,如果。貌,作动词用,指凭借外貌来判断。⑫若是:像这样。⑬志:意向。⑭"姑以"句:(我)姑且认为忧愁对于义理修养并没有好处。姑,姑且。戚戚,忧惧的样子。⑮"会主上"句:恰逢当今皇上正实行宽宏的政策来治理百姓。会,恰逢。主上,皇帝,指唐宪宗。方,正。理,治理,因避唐高宗之讳,以"理"为"治"。人,百姓。因为避唐太宗之讳以"民"为"人"。⑯用和:用,以。和,和顺。⑰凡:总之。⑱尚书郎:柳宗元自称,因为其被贬以前是礼部员外郎,礼部属于尚书省,隋唐时期在尚书省下分为六部,每部设四司,每司设员外郎一名,泛称为尚书郎,因此柳宗元称自己为尚书郎。⑲而群比以为名:却结成朋党而博取名誉。这是当时反对改革的人攻击王叔文、柳宗元等革新集团的罪名。群比,朋党。⑳遇僇(lù):遭辱。僇,辱。㉑诛:惩罚。

㉒ 栗：因恐惧而发抖。　㉓ 危厉：恐惧。　㉔ 偲(sī)偲：相互切磋，互相督促，此处形容自我反省忧虑不安的样子。　㉕ 求：求索，思考问题。　㉖ 奉宗祀：祭祀祖宗。　㉗ 庶几似续：庶几，表示希望之词。似续，子孙，此处指生子，继承柳家香火。《诗经·小雅·斯干》："似续妣祖，筑室百堵。"　㉘ 傥(tǎng)荡：放任自由，不加约束。　㉙ 倡佯：同"徜徉"，悠闲自在地游逛。　㉚ 茫乎：广大无边的样子。　㉛ 溃乎：水乱流无序的样子。　㉜ 无所往：没有固定的去向。　㉝ 承：接受。　㉞ 裂眦(zì)：因为愤怒而瞪裂眼眶，表示极度愤怒。眦，眼眶。　㉟ 恸(tòng)哭：悲痛大哭。　㊱ 庸讵(jù)：岂，怎么。表示反问语气。庸与讵同义，故此处并用。　㊲ 尤：最。　㊳ 休：终止。即算了吧，请求对方停止道贺。

本文写作时间不详，据文章中柳宗元忧愤抑郁的心情以及毫无隐藏的流露，可知创作时间应为其贬谪永州之始。清张伯行曾评价此文："子厚既遭贬斥，知戚戚之无用，而姑为浩浩以自排遣耳。故自道其真情而无所饰如此。"(《唐宋八大家文钞》评语卷四)可见本文是柳宗元当时心态的真实写照。

文章短短三百余字，道尽了柳宗元政治热情遭受挫折之后的不平愤懑之气。全文共分为两段。第一段由京师来客提出观点：据柳宗元外貌之浩浩断定其很达观，所以值得庆贺。第二段由柳子出面反驳客的观点，由表及里，层层剖析，反驳有力，感情深切。

第一段自述自己写该文之缘起。京师来客当是关心柳宗元的朋友，他本来是要慰问的，因为在他心目中，柳宗元当是形容枯槁，愁容满面，但柳宗元却"浩浩然"，让客改变了想法，转唁为贺。对于"客"是何人，没有人考证过，也不需要考证。因为"对"这种文体的特点决定了这个"客"并不一定实有其人，这个"客"多是假设的。明徐师曾《文体明辨序说》："问对者，文人假设之词也。"由此说，本文中的"贺者"应该是假设之人，实则为柳宗元自己内心的痛苦愤怒心理的反映，是对自己内心真实感情的叩问。或者从创作缘起的角度看，这个"客"有生活上的原型，只不过和文章中的"客"一样非常模糊，只是为他提供一个反驳的论点即可。因为创作文章时需要媒介的触动，或者柳宗元真的遇到一个比较熟悉的人，某一天看到他，随口说说他的气色还好之类的话，这样就激发了柳宗元的创作欲望，于是虚构了这样一个"京师来客"的形象。

第二段则是就"客"提出的观点进行批驳，层层推理，感情深切激烈。首先看柳宗元批驳对方观点的清晰的层次。

"客"的观点也是有层次可寻的。他首先惊讶柳子竟然在"坐事获罪"后能不戚戚而能浩浩然，后提出"貌"和内心之"志"是相对等的观点——貌戚戚则内心戚戚，貌浩浩然则内心达观，推断出柳宗元必然是"浩浩然"的。柳宗元对于"客"的观点逐层提出反驳意见：他首先声明自己不这样看，"子诚以貌"可以，先承认对方的观点，是退一步，然后认为自己不是“无志”者，想法自然不同，说明自己不同意对方的观点。然后柳宗元解释自己不作“戚戚然”之态的原因：第一是无益乎道；第二是自己罪责深重而能贬谪到永州是一件非常幸运的事情，没有理由戚戚然。既然不能“戚戚”，那么只能作达观之态——浩浩然。但是自己怎么能做到达观呢？于是他按照人之常情常理去论证：自己于国于家有什么作用。忠孝两全是当时文人的完美理想模式，是世人对男子评价的标准，即使忠孝不能两全，满足其中一个也可以。但是柳宗元呢？为尚书郎时，“谋划无所陈，而群比以为名”，上不得自列于圣朝，实为不忠；下不能奉宗祀，扫祖坟，延续柳家香火，实为不孝。既然不忠不孝还怎么能谈得上达观！人生的价值标准在他身上一点都没有得到实现，内心当然是无所适从的。“浩浩然”的外表实际是“茫乎若升高以望”，“溃乎若乘海而无所往”，登高远望不知望什么，乘海不知道要往哪里去，人生的目标就这样不知所以，是多么无助和无望！而这样的心情在外貌上表现的就是这种“浩浩然”，是不知所以的表现。一个人经历什么样的打击才会有这种感觉，就可想而知了。所以证明，自己的“浩浩然”之貌并不是达观的表现，最后顺理成章地推出自己的观点——“嘻笑之怒，甚于裂眦，长歌之哀，过乎恸哭”，自己的“浩浩”诚“戚戚之尤”者也！

柳子在反驳对方和陈述自己的观点时，感情都是非常深切激烈的，从中我们可以清晰地看出柳宗元初到永州时的心态。

对于“客”的批驳，他慷慨激烈；对于自己感情的描绘，悲愤异常。“客”的话之所以如此强烈地触动他，第一是因为“客”的看法代表了当时很多人的观点：柳宗元是个“坐事斥逐”的罪人。年轻气盛的柳宗元是无法容忍朝廷对自己政治热情和政治实践的全盘否定，而且初到永州面临的是落井下石者的百般诽谤，使自己的人格定位在污浊不堪的境地。天地之大，竟没有自己可立足之地！如他在《乞巧文》中感叹的：“乾坤之量，包含海岳，臣身甚微，无所投足。”柳宗元此时“身居下流，为谤薮泽。骂先生者不忌”（《答问》）。这对于一个注重人格道德修养的高傲者来说，是一个致命的打击。起初，他几乎丧失了生活的信心，每天惶惶不安，连吃饭都成问题，只是因“宗祀所重，不敢死亡”（《上广州赵宗儒尚书陈情启》），永州之贬使他身体情况每况愈下，如《与杨京兆凭书》中说自己“痞气尤甚，加以众疾，动作不常”；《与裴埙书》中说自己在永州备受煎熬，眼睛昏花，脚部肿胀，染上风寒，毛发脱落，三十七岁时预测自己“大都不过数十寒暑，则无此身也”；《寄许京兆孟容书》中说自己常常内心像刀割一般，每到寒食节，“则北向长号，以首顿地”，心态的抑郁使他食不甘味，“洗沐盥漱，动逾岁时，一搔皮肤，尘垢满爪”。这种心态说明柳宗元对自己的贬谪悲愤痛苦不堪，说明这种打击对他来说太大，有时是不知该如何表现的，所以有时会故意作出“浩浩然”之态，实际却是内心最悲痛感情的流露。他虽然在诉说自己不做戚戚之状是因为皇帝的仁慈之幸，但何尝不是以反语出之！自己为朝廷“谋划”不是“无所陈”，而是“有所陈”，但朝廷却给自己定下“群比以为名”的罪名，能不是自己所遇到的耻辱吗？自己的贬谪，是先贬谪为邵州（今湖南邵阳）刺史，继而在赴任中改贬为永州司马，这种“不测之诛”也许还会继续，自己倘若被这种打击压倒，每天作戚戚状，正达到了当权者目的——因为打击别人的人最期盼的就是使其心死。孤傲的柳宗元是无法承受的，他明确地认为戚戚状“无益于道”，于是就以“浩浩然”表现出来，但是内心的真正感情是掩盖不住的，他的感情最终强烈迸发出来——“嘻笑之怒，甚于裂眦，长歌之哀，过乎恸哭”，天下最悲伤最愤怒的感情不过如此也！

于是，因为本文，“嘻笑之怒，甚于裂眦，长歌之哀，过乎恸哭”，成为描绘愤怒悲伤至极的经典名言。（袁 茹）

答 问

有问柳先生者曰：“先生貌类学古者，然遭有道，不能奋厥志，独被[①]罪辜，废斥伏匿。交游解散，羞与为戚，生平向慕，毁书灭迹。他人有恶，指诱增益，身居下流[②]，为谤薮泽[③]。骂先生者不忌，陵[④]先生者无谪[⑤]。遇揖目动，闻言心惕，时行草野，不知何适[⑥]。独何劣耶？观今之贤智，莫不舒翘[⑦]扬英，推类援朋，叠足天庭[⑧]，魁礨[⑨]恢张[⑩]，群驱连行。奇谋高论，左右抗声[⑪]，出入翕忽[⑫]，拥门填扃[⑬]，一言出口，流光垂荣。岂非伟耶？先生虽读古人书，自谓知理道，识事机，而其施为若是其悖也！狼狈摈僇[⑭]，何以自表于今之世乎？”

先生答曰：“敬闻命。然客言仆知理道、识事机，过矣。仆懵[⑮]夫屈伸去就，触罪受辱，幸得联支体、完肌肤，犹食人之食，衣人之衣，用人之货，无耕织居贩，然而活给羞愧恐栗之不暇，今客又推当世贤智以深致诮责[⑯]，吾缧囚[⑰]也，逃出林入江海无路，其何以容吾躯乎？愿客少假声气，使得详其心次其论。”

客曰：“何取[⑱]？”先生曰：“仆少尝学问，不根师说，心信古书，以为凡事皆易，不折之以当世急务，徒知开口而言，闭目而息，挺而行，踬[19]而伏。不穷喜怒，不究曲直，冲罗陷阱，不知颠踣[20]，愚惷狂悖，若是甚矣。又何以恭[21]客之教而承厚德哉？今之世工拙不欺，贤不肖明白。其显进者，语其德，则皆茫洋深闳[22]，端贞鲠亮[23]，苞并[24]涵养，与道俱往。而仆乃蹇浅窄僻，跳浮[25]嚄唶[26]，抵瑕陷厄，固不足以赵趄批捩[27]而追其迹。举其理，则皆谟明渊沉[28]，剖微穷深，劈析是非，校度古今。而仆乃缄钳默塞，耗眊[29]窒惑，抉异探怪，起幽作匿，攸攸恤恤[30]，卒自祸贼[31]，固不足以睢盱[32]激昂而效其则。言其学，则皆总揽罗络，横竖杂博，天旋地缩，鬼神交错。而仆乃单庸撇莩[33]，离疏空虚，窃听道途，颛嚚[34]蒙愚，不知所如，固不足以抗颜[35]摇舌而与之俱。称其文，则皆汗漫[36]辉煌，呼嘘阴阳，轇轕[37]三光，陶镕帝皇。而仆乃朴鄙艰涩，培塿[38]潗湁[39]，毫联缕缉，尘出块[40]入，固不足以摅摛[41]踊跃而涉其级。兹四者悬判，虽庸童小女皆知其不及，而又裹以罪恶，缠以羁絷[42]，客从而挤之，不亦忍乎？且夫白羲、騄耳[43]之得康庄也，逐奔星[44]，先飘风[45]，而跛驴不出泥滓。黄钟[46]、元间[47]之登清庙[48]也，铿天地，动神祇，而呜呜咬哇[49]，不入里耳[50]。西子毛嫱[51]之蹈后宫也，皦[52]朝日，焕浮云，而无盐[53]逐于乡里。蛟龙之腾于天渊也，弥六合，泽万物，而虾与蛭不离尺水。卓诡倜傥之士之遇明世也，用智能，显功烈，而么眇[54]连蹇[55]，颠顿披靡，固其所也。客又何怪哉？且夫一涉险厄惩而不再者，烈士[56]之志也；知其不可而速已者，君子之事也。吾将窃取之以没[57]吾世，不亦可乎？”

乃歌曰：“尧、舜[58]之修兮，禹、益之忧兮。能者任而愚者休兮，躧躧[59]蓬藋[60]，乐吾囚兮。文墨之彬彬，足以舒吾愁兮。已乎已乎，曷之求乎！”客乃笑而去。

〔注〕 ① 被：遭受。 ② 下流：卑下的地位。 ③ 薮(sǒu)泽：指人或事物聚集之处。 ④ 陵：欺侮，侵犯。 ⑤ 谪(zhé)：责备，指摘。 ⑥ 适：去，往。 ⑦ 翘(qiáo)：鸟尾的长羽毛。 ⑧ 天庭：指朝廷。 ⑨ 魁礨(lěi)：雄伟。 ⑩ 恢张：扩展，张大。 ⑪ 抗声：高声，大声。 ⑫ 翕(xī)忽：迅疾貌。 ⑬ 扃(jiōng)：门。 ⑭ 摈僇(bìn lù)：被排斥，被羞辱。

⑮ 懵(měng)：糊涂，不明白。 ⑯ 诮(qiào)责：责备。 ⑰ 缧(léi)囚：犯人。 ⑱ 何取：何为。 ⑲ 踬(zhì)：被东西绊倒，比喻事情不顺利。 ⑳ 颠踣(bó)：跌倒。 ㉑ 恭：恭敬地领受。 ㉒ 茫洋深闳(hóng)：茫洋，浩渺，无边无际。深闳，深邃，宏大。 ㉓ 鲠(gěng)亮：正直，坦白。 ㉔ 苞并：兼容并包。 ㉕ 跳浮：浅陋，浮躁。 ㉖ 嚄唶(huò zé)：多言。 ㉗ 批捩(liè)：手不灵便。 ㉘ 渊沉：很深。 ㉙ 耗眊(mào)：昏昧不明。 ㉚ 攸攸恤恤：忧患悬危的样子。 ㉛ 祸贼：祸害。 ㉜ 睢盱(huī xū)：张目仰视的样子。 ㉝ 撇莩(fú)：极言其微末。 ㉞ 颛嚚(zhuān yín)：蒙昧、愚蠢而顽固。 ㉟ 抗颜：面色庄严不屈。 ㊱ 汗漫：广泛，无边际。 ㊲ 轇轕(jiāo gé)：交错。 ㊳ 培塿(pǒu lǒu)：小土丘，比喻卑小。 ㊴ 濈湁(jí chì)：小水貌。 ㊵ 坱(yǎng)：尘埃。 ㊶ 攄摛(shū chī)：抒发，传布。 ㊷ 羁絷(jī zhí)：羁指马笼头，絷指缰绳。 ㊸ 白羲(yì)、騄(lù)耳：均为良马名，属周穆王八骏。白羲，或作“白蟻”“白義”等；騄耳，亦作“绿耳”。 ㊹ 奔星：流星。 ㊺ 飘风：旋风。 ㊻ 黄钟：古乐十二律之一，声调最宏大响亮。 ㊼ 元间：指古乐十二律之大吕。 ㊽ 清庙：宗庙。 ㊾ 呜呜咬哇：呜呜，歌呼的声音。李斯《谏逐客书》：“夫击瓮叩缻，弹筝搏髀，而歌呼呜呜快耳目者，真秦之声也。”咬哇，民歌民乐，此处与上文“呜呜”均指低级的音乐。 ㊿ 里耳：里巷俗人之耳。 51 西子毛嫱(qiáng)：西子，春秋时越国美女西施的别称。毛嫱，古美女名。《庄子·齐物论》：“毛嫱、丽姬，人之所美也。” 52 皦(jiǎo)：纯白，明亮。 53 无盐：指战国时齐国无盐邑女子钟离春，貌极丑，四十未嫁，自谒齐宣王，陈四始之义，宣王纳为后。 54 么眇(mó miǎo)：细小。 55 连蹇(jiǎn)：遭遇坎坷。 56 烈士：有志于建功立业的人。 57 没(mò)：尽，终，一直到完了。 58 尧、舜：尧、舜与下文的禹均为上古帝王。下文的益指伯益，姓嬴。部落首领。相传他帮助禹治水有功。 59 蹮(xiān)蹮：相得的样子。 60 蓬藋(diào)：指草莽荒僻之地。蓬，蒿。藋，藜类植物。

《答问》，作于贬谪永州之后，确切作年不详。本文属“问对”体，假设问难以著其意，虽不以辞赋名篇，实为辞赋之一种。此类文体源远流长，汉代东方朔《答客难》、扬雄《解嘲》脍炙人口，韩愈《进学解》则是与本文同代的名篇。明人徐师曾《文体明辨序说》认为此类问对之文，反复纵横，“真可以舒愤郁而通意虑”。柳公被贬荒州，郁郁不得志，于是屡以问对之文抒发胸臆，作有《愚溪对》《答问》及《起废答》等篇。

《答问》开篇第一大段为问者的诘难之辞。自“先生貌类学古者”至“独何劣耶”，从问者的视角写出了自身遭贬后的处境与心态。韩愈在《柳子厚墓志铭》中描述子厚初露头角时，“一时皆慕与之交。诸公要人，争欲令出我门下，交口荐誉之”，而一旦遭贬，人避之犹恐不及，甚者落井下石。“交游解散，羞与为戚”至“陵先生者无谪”数句写尽了世态炎凉与人情冷暖。子厚从青年才俊沦为被人毁谤、凌辱的罪人，“身居下流，为谤薮泽”，内心的惶恐、孤独时时流露于诗文中。他在《始得西山宴游记》中自言被贬永州后“恒惴栗”，本文“遇揖目动，闻言心惕，时行草野，不知何适”四句正为这“惴栗”作了形象化的注解。自“观今之贤智”至“岂非伟耶”，将“今之贤智”与上文所写作者的处境相对照。作者“遭有道，不能奋厥志，独被罪辜，废斥伏匿”，而那些贤智之士无不充分发挥自己的才能。作者被人孤立、排斥乃至凌辱，而那些贤智之士则推荐同类，援引朋辈，纷纷进入朝廷，人多势壮，成群结队，“奇谋高论，左右抗声”，气势慑人。他们“出入翕忽”，挤满了朝堂。一句话出口，就能留下不朽的荣光。这岂不是很了不起！此处作者借问者之口对所谓的“贤智之士”极尽夸赞，实则活画出了一幅结党营私、以势压人的小人得志图，有讽刺漫画的效果。问者以“独何劣耶”总结作者的处境，以“岂非伟耶”表示对“贤智之士”的钦羡，代表了世人对两者的看法，形成了强烈的反差与对比。自“先生虽读古人书”至第一大段末数句，问者指出作者自谓“知理道、识事机”，而其行事作为却与此相悖，以致落到狼狈不堪、受人排斥与侮辱的境地。末句“何以自表于今之世乎”正是要他对这一矛盾作出解释，引出下文。

作者在第二段中立即对此予以回应，首先否认自己“知理道、识事机”，恰恰相反，他认为自己正因为不明白屈伸去就，才触罪受辱，幸得肢体健全，肌肤完好，未受刑罚，衣食与财货无需自己“耕织居贩”，免去了劳作之苦。自己羞愧惶恐尚且来不及，而问者又以当世贤智之士来与之相比，深致诮责，这更让他惶愧无地了。其次，他强调自己的身份是“缧囚”，世间无其容身之处。他希望问者能允许他详述本心，陈说自己的看法。此段为下文的大段铺述作一简短的过渡与铺垫。

自“仆少尝学问”至“不亦可乎”是全文的核心，作者充分发挥辞赋长于铺陈的特点，针对问者的诘难，将所谓的贤智之士与自身的情况作正反对照，淋漓尽致地刻画世相，抒泄忧愤。此段凡四层：

第一层反省触罪受辱的根源，语语皆出以否定口气，而读者均可自肯定方面来理解。柳公回顾少时“不根师说，心信古书，以为凡事皆易”，正可见其不盲从师长的权威，能独立思考，充满少年的锐气。“徒知开口而言，闭目而息，挺而行，踬而伏”数句，可见其参与政治活动时勇往直前，不畏挫折与失败。“不穷喜怒，不究曲直”，则可知其不伺人眼色行事，刚直不阿。在波谲云诡的政治斗争中，“冲罗陷阱，不知颠踣”，正是其坚持政治理想的必然结局。他自言“愚蠢狂悖，若是甚矣”，非客所谓知理道、识事机者，道出了时人对自己的评价，也回答了问者的诘难。柳公以被贬窜斥之身，无法正面为自己辩解，此处的自我检讨恰可视为自我表白，正话反说，言外之意令人深长思之。

第二层自“今之世工拙不欺”至“不亦忍乎”，从德、理、学、文四个方面将“显进者”与自己进行比较。说到“德”，那些显进者（即上文所谓“今之贤智”）的道德修养深广无际，品德端方正直，兼容并包，涵蓄存养，与大道同在；而自己则浅陋狭隘，浮躁多言，犯下错误，陷于困境，本来就不能够步履蹒跚地追赶他们的足迹。谈到“理”，他们都明晰而深邃，洞烛幽微，剖析是非，衡量古今；而自己则缄默笨拙，昏昧不明，糊涂不通，发些异端怪论，忧患悬危，最终害了自己，本来就不足以张目仰视而效法他们的榜样。就“学”而论，他们系统全面，杂学博识，贯通天地鬼神；而自己则才疏学浅，只有一些道听途说的微末之学，懵懂愚顽，不知去向何方，本来就不足以面色庄严、摇唇鼓舌地与他们在一起。就“文”而言，他们汗漫辉煌，与阴阳之气相吞吐，同日月星辰共永恒，融会三皇五帝；而自己则鄙陋艰涩，如小丘小水，琐细纤小，出入尘埃，本来就不足以抒写传布，大步踏上他们所处的位置。上述四个方面的差别如此悬殊，即使小孩子也知道自己赶不上他们，何况又是有罪在身，陷于缧绁之中。问者却要拿作者与那些显进者相比，这不是挤兑人吗？不也太忍心了吗？此段铺张扬厉，以排比句式铺叙显进者与自己在德、理、学、文四方面的差别，叙显进者，皆出以堂皇之语及宏大意象；写自己，则选用贬义词语及卑陋意象，形成鲜明的对照。如此处理极富反讽意味，作者的用意不言自明。

第三层自“且夫白羲、騄耳之得康庄也”至“客又何怪哉”，以四组形象的比喻进一步将显进者与自身相对照。白羲、騄耳那样的良马能踏上康庄大道，追逐流星，超越旋风，而跛驴则陷在泥淖中。黄钟大吕那样宏亮的音乐能在宗庙中演奏，而其声呜呜的民歌小曲甚至不入里巷俗人之耳。西施、毛嫱那样的美女进入后宫，能使朝日更明亮，浮云更有光彩，而无盐那样的丑女当然应被斥逐于乡里。蛟龙腾空，遮蔽天地，润泽万物，而虾与水蛭则只能守着一尺深的水。良马与跛驴、雅乐与俗曲、美女与丑女，蛟龙与虾蛭境遇不同，奇伟杰出的人士与平庸委琐的小人物亦正如此，前者遇到盛明之世，发挥其聪明才智，建功立业；后者遭遇坎坷，受到挫折，颠沛困顿，也是理所当然，没什么奇怪的。此段作者连用四喻烘托“显进者”与自身现实境遇的悬殊，讽刺了良莠不分、美丑莫辨、黑白颠倒、贤愚易位的现实。

第四层反用名言，曹操《龟虽寿》诗曰：“烈士暮年，壮心不已。”有志于建立功业的人不惮于危险困厄，其雄心壮志直到晚年也不会止息。孔子那样的圣人“知其不可而为之”（《论语·宪问》）。而柳公却反其意曰“一涉险厄惩而不再者，烈士之志也；知其不可而速已者，君子之事也”，并声称自己将“窃取之以没吾世”。其实，柳公有志于用世，以济世安民为己任，但遭贬远窜，受人排斥、凌辱，起复无期，此处正可见其内心的愤懑与痛苦。

文章末段歌以自解，柳公以愚人自居，表示自己将以在荒州的贬谪生活为乐，而文墨足以宽解其愁闷，“已乎已乎，曷之求乎”，这显然是一种无奈的自我安慰。表面的自得与无忧隐藏着内心的深哀巨痛，正如其在《对贺者》中所言：“嘻笑之怒，甚乎裂眦，长歌之哀，过乎恸哭。庸讵知吾之浩浩，非戚戚之尤者乎？”

柳公数篇设辞见志的问对之文各有特色，《答问》的突出特点是在辞赋体制上兼采众长，融合无间，形成了独特的风格。它采用主客问答体，在写作方法上继承与发扬了散体大赋长于铺陈与状物的特点，排比与夸饰的修辞手法贯穿始终，将显进者与自身各方面的差别摹画得淋漓尽致。在二者的对照中，作者的愤懑之情、不平之气喷涌而出，具有骚体赋感情勃郁的特色。文章主客问难挥洒恣肆的气势则有战国纵横家的遗风。《答问》的语言、用韵与句式亦可见作者的匠心。文章造语古雅，凡铺陈处皆出以韵语。述贤智之士，多用宏亮、悠扬的开口呼类平声字和平声韵；述自身情况，则多用细弱、短促的仄声字和仄声韵，使声韵与内容相配合，且增强了节奏感。通篇以韵语为主，且多用四字句，句式整齐，间以散句，韵散结合，错落有致。因此《答问》虽不似《起废答》富有谐谑之趣，亦不似《愚溪对》想象奇特，但它在柳公的辞赋作品中亦是别具一格的精心结撰之作。

（詹　颂）

起 废 答

柳先生既会[①]州刺史，即治事，还，游于愚溪之上。溪上聚黧[②]老壮齿，十有一人，谡[③]足以进，列植[④]以庆。卒事，相顾加进而言曰：“今兹是州，起废者二焉，先生其闻而知之欤？”曰：“谁也？”答曰：“东祠躄[⑤]浮图[⑥]，中厩病颡[⑦]之驹。”

曰：“若是何哉？”“凡为浮图道者，都邑之会必有师，师善为律，以敕戒始学者与女释者，甚尊严，且优游。躄浮图有师道，少而病躄，日愈以剧，居东祠十年，扶服[⑧]舆曳，未尝及人，侧匿愧恐殊甚。今年，他有师道者悉以故去，始学者与女释者伥伥[⑨]无所师，遂相与出躄浮图以为师，盥濯之，扶持之，壮者执舆，幼者前驱，被以其衣，导以其旗，怵惕疾视，引且翼之。躄浮图不得已，凡师数百生。日馈饮食，时献巾帨[⑩]，洋洋[⑪]也，举莫敢逾其制。中厩病颡之驹，颡之病亦且十年，色玄不厖[⑫]，无异技，硿然[⑬]大耳。然以其病，不得齿他马。食斥弃异皂[⑭]，恒少食，屏立摈辱，掣顿异甚，垂首披耳，悬涎属地，凡厩之马，无肯为伍。会今刺史[15]以御史中丞来莅吾邦，屏弃群驷，舟以溯江，将至，无以为乘。厩人或曰：'病颡驹大而不庞，可秣饰焉；他马巴僰[16]庳狭[17]，无可当吾刺史者。'于是众牵驹上燥土大庑[18]下，荐之席，縻之丝，浴剔蚤鬋[19]，刮恶除洟[20]，莝[21]以雕胡[22]，秣以香萁[23]，错贝鳞纕[24]，凿金文羁，络以和铃[25]，缨以朱绥[26]，或膏其鬣，或劘[27]其脽[28]，御夫尽饰，然后敢持。除道履石，立之水涯，幢旟[29]。前罗，杠盖后随，千夫翼卫，当道上驰，抗首出臆，震奋遨嬉。当是时，若有知也，岂不曰宜乎?"

先生曰："是则然矣，叟将何以教我?"黧老进曰："今先生来吾州亦十年，足轶[30]疾风，鼻知膻香，腹溢儒书，口盈宪章，包今统古，进退齐良，然而一废不复，曾不若躄足涎颡之犹有遭也。朽人不识，敢以其惑，愿质之先生。"先生笑且答曰："叟过矣！彼之病，病乎足与颡也；吾之病，病乎德也。又彼之遭，遭其无耳。今朝廷洎四方，豪杰林立，谋猷川行，群谈角智，列坐争英，披华发辉，挥喝雷霆，老者育德，少者驰声，丱[31]角羁贯[32]，排厕鳞征[33]，一位暂缺，百事交并，骈倚悬足，曾不得逞，不若是州之乏释师大马也；而吾以德病伏焉，岂躄足涎颡之可望哉？叟之言过昭昭矣，无重吾罪！"于是黧老壮齿，相视以喜，且吁曰："谕之矣！"拱揖而旋，为先生病焉。

〔注〕 ① 会：会晤。 ② 黧(lí)：黑而黄色。 ③ 谡(sù)：起来。 ④ 植：行列。 ⑤ 躄(bì)：跛足。 ⑥ 浮图：亦作浮屠，佛的梵语音译，亦指僧人。 ⑦ 颡(sǎng)：额。 ⑧ 扶服：同"匍匐"，伏地爬行。 ⑨ 伥伥：无所适从。 ⑩ 巾帨(shuì)：佩巾，古人用以擦拭不洁之物。 ⑪ 洋洋：美盛貌。 ⑫ 庬(máng)：杂乱。 ⑬ 硿(kōng)然：岩石隆起貌。 ⑭ 皂：通"槽"，牛马食槽。 ⑮ 今刺史：指崔能，元和九年(814)，以御史中丞刺永州。 ⑯ 巴僰(bó)：我国西南地区少数民族，这里指该民族居住地。 ⑰ 庳(bì)狭：矮小。 ⑱ 庑(wǔ)：堂下周围的走廊、廊屋。 ⑲ 蚤鬋(jiǎn)：语出《礼记·曲礼下》："不蚤鬋"。蚤，通"爪"，作动词用，治理手脚爪甲。鬋，剃须发。 ⑳ 洟(yí)：鼻液。 ㉑ 莝(cuò)：铡草。 ㉒ 雕胡：菰米，即茭白籽实。 ㉓ 香萁：豆秆。 ㉔ 鳞纕(xiāng)：鱼鳞形的马腹带。 ㉕ 和铃：车铃，装在轼上的叫和铃。 ㉖ 朱绥：上车时挽手所用的红色绳索。 ㉗ 劘(mó)：磨砺。 ㉘ 脽(shuí)：臀部。 ㉙ 幢旟(yú)：旗帜一类的东西。 ㉚ 轶(yì)：超过。 ㉛ 丱(guàn)：儿童束发成两角的样子。 ㉜ 羁贯：儿童的发髻。 ㉝ 排厕鳞征：排列整齐，鱼贯而行。

本文作于元和九年(814)，文中有黧老进曰:“今先生来吾州亦十年”句，则本文与《囚山赋》同年作。本文云:“会今刺史以御史中丞来莅吾邦”，按崔能于元和九年来刺永州，柳宗元《湘源二妃庙碑》:“元和九年八月二十日，湘源二妃庙灾，司功掾守令彭城刘知刚、主簿安邑卫之武，告于州刺史、御史中丞清河崔公能。”这些文字，都是本文作于元和九年的明证。

本文与《答问》篇，体式相似，用意略近，但是写法不一样。《答问》效东方曼倩《答客难》体，完全用说理之笔墨，渐次对答，明己无用世之心。而《起废答》固然同为解嘲语，亦用对答体，但写法有一个明显的特点，全文由黧老与先生对答构成，黧老的对问，不是空洞的说教，却通过“东祠躄浮图”和“中厩病颡之驹”的起废两事，作生动、具体的描绘，从而发生先生久贬不起的疑问。

全文分三段，实即黧老与先生的三次对答。

第一段，先交代黧老与先生对答的缘起，愚溪的黧老壮齿十一人，列队为先生庆贺，告知本州有二起起废事，一为“东祠躄浮图”，一为“中厩病颡之驹”。这段文字，引出以下两次对答的话题，为整篇文章作了铺垫。

第二段，是黧老与先生的第二次对答，为上一次对答的延伸和深化。黧老先叙躄浮图的际遇，他“居东祠十年，扶服舆曳，未尝及人，侧匿愧恐殊甚”。今年，形势突变，本州缺少释师，躄浮图便被请出，盛饰之，厚遇之，成数百生之师。此躄浮图之废与起也。次叙中厩病颡之驹的际遇，“以其病，不得齿他马”，“食斥弃异皂，恒少食”，“凡厩之马，无肯为伍”。今年，崔能来刺永州，需用大马，于是厩人为病颡之驹治病，秣以上等饲料，饰以文羁和铃，旗旌前罗，千夫翼卫，将为刺史之坐骑，此“病颡之驹”的废与起也。

第三段，是黧老与先生的第三次对答，当先生听到黧老的陈述后，便问:“叟将何以教我?”黧老便以先生之废起事，向先生质疑，先生笑而答曰:“吾之病，病乎德也。”不像躄浮图之病于足，中厩之驹病于颡那样容易补救，又说当今英才辈出，竞争激烈，不像永州之缺少释师和大马那样容易充数，先生最后作出结论:“吾以德病伏焉，岂躄足涎颡之可望哉!”一番对答，皆解嘲语，亦皆激愤语。当人们读其文，悟其理，联想到柳宗元远贬永州十年的困厄遭际，很自然地明白了作者的用意。全文处处扣合“躄浮图”和“中厩病驹”行笔，寓意于象，如此写来，文笔生动，意趣横生，故林纾论曰:“《起废答》略趣。”(《韩柳文研究法·柳文研究法》)着一“趣”字，便将本文的写作特色，揭示出来。

柳宗元《与萧翰林俛书》《寄许京兆孟容书》《囚山赋》《答问》等文章，与本文一样都非常细致地描绘了自己贬谪南荒后的困厄生活境遇，相似相近的文意屡见,因此,有的学者就认为有“平易”之嫌(如《柳文研究法》林纾说),批评本文“稍冗”(如《唐宋八大家文说·柳宗元文说》陈祥耀说),应该说,这些先生们的说法是很有见地的。(吴企明)

鹘 说[①]

有鸷[②]曰鹘者,穴[③]于长安荐福[④]浮图[⑤]有年矣。浮图之人[⑥]室宇于其下[⑦]者,伺[⑧]之甚熟,为余说之曰:“冬日之夕,是[⑨]鹘也,必取鸟之盈握[⑩]者完而致之[⑪],以燠[⑫]其爪掌,左右而易[⑬]之。旦则执而上浮图之跂[⑭]焉,纵之,延[⑮]其首以望,极其所如往[⑯],必背[⑰]而去焉。苟东矣[⑱],则是日也不东逐[⑲],南北西亦然。”

呜呼!孰谓爪吻毛翮之物[⑳]而不为仁义器[㉑]耶?是固[㉒]无号位爵禄之欲[㉓],里闾[㉔]亲戚朋友之爱也,出乎鷇卵[㉕],而知攫[㉖]食决裂[㉗]之事尔,不为其他。凡食类[㉘]之饥,唯旦为甚[㉙],今忍[㉚]而释之,以有报也[㉛]。是不亦卓然[㉜]有立者乎?用其力而爱其死[㉝],以忘其[㉞]饥,又远而违之,非仁义之道耶[㉟]?恒其道,一其志,不欺其心,斯固世之所难得也[㊱]。

余又疾[㊲]夫今之说曰:以煦煦而嘿、徐徐而俯者,善之徒[㊳];以翘翘而厉、炳炳而白者,暴之徒[㊴]。今夫枭鸺[㊵],晦于昼而神于夜[㊶],鼠不穴寝庙[㊷],循墙而走[㊸],是不近于煦煦者耶[㊹]?今夫鹘,其立趯[㊺]然,其动砉然[㊻],其视的然[㊼],其鸣革然[㊽],是不亦近于翘翘者耶?由是而观其所为,则今之说为未得[㊾]也。孰若鹘者,吾愿从之。毛耶翮耶,胡不我施[㊿]?寂寥太清,乐以忘饥[51]。

〔注〕 ① 鹘(hú)说:鹘,猛禽,俯击小鸟如鸠鸽等为食。一说鹘即隼。说,古代文体,此体始自韩愈、柳宗元。 ② 鸷(zhì):猛禽。 ③ 穴:巢居。 ④ 荐福:寺名,又塔名。唐睿宗文明元年(684),在长安城南建大佛寺,武则天天授元年改为荐福寺。中宗景龙元年起塔,高十五层,塔因寺而得名。 ⑤ 浮图:一义为塔,一义为佛。此处为塔,为梵语音译,也写作“浮屠”“佛图”。 ⑥ 浮图之人:寺内僧人。 ⑦ 其下:塔下。 ⑧ 伺:观察。 ⑨ 是:这。 ⑩ 盈握:满一握。 ⑪ 完而致之:活捉回来。完,完好。 ⑫ 燠(yù):温暖。 ⑬ 易:调换。 ⑭ 跂(qí):(荐福塔的)最高处。 ⑮ 延:伸长。 ⑯ 所如往:(鸟儿)飞去的方向。

⑰ 背：相背的方向。 ⑱ 苟东矣：如果向东飞。 ⑲ 逐：追（鸟）。 ⑳ 爪吻毛翮（hé）之物：指禽鸟类。翮，羽毛。 ㉑ 仁义器：有仁义之物。 ㉒ 是固：这些禽类本来。 ㉓ 无号位爵禄之欲：没有官职爵禄的欲望。号位，官阶职位。爵禄，爵位俸禄。 ㉔ 里闾（lǘ）：乡里。 ㉕ 鷇（gòu）卵：刚出蛋壳的雏鸟。 ㉖ 攫（jué）：抓取。 ㉗ 决裂：撕碎。 ㉘ 食类：吃食物的鸟类。 ㉙ 唯旦为甚：清晨是（鸟儿饥饿得）最厉害的时候。 ㉚ 忍：忍饥。 ㉛ 以有报也：必然有所报答的事情。 ㉜ 卓然：特异不凡的样子。 ㉝ 用其力而爱其死：（鹘）因为借用了鸟儿之力来温暖自己，所以爱惜鸟儿的生命。 ㉞ 其：指代鹘。 ㉟ 非仁义之道耶：难道不是仁义的行为吗？ ㊱“恒其”四句：鹘能一直保持自己的行为准则永远不变，永远不自欺，这本来是在人世间都难以找到的。 ㊲ 疾：痛恨。 ㊳“以煦（xù）煦”三句：认为那些温和沉默、低眉俯首的人是善人。煦煦，和悦的样子。嘿，同“默”。徒，类。 ㊴“以翘（qiáo）翘”三句：认为那些高亢猛烈、坦白率真的人都是暴劣之人。翘翘，高貌。厉，猛烈。炳炳，光明貌。白，坦白，率真。 ㊵ 枭鸺（xiāo xiū）：泛指猫头鹰。枭，猫头鹰，昼伏夜出，传说猫头鹰食母，为不孝之鸟。鸺，鸺鹠，鸱鸮的一种。 ㊶ 晦于昼而神于夜：猫头鹰晚上明察毫末，但白天却看不见。晦，暗，看不见。神，有神，指眼睛明亮。 ㊷ 寝庙：宗庙，是天子、诸侯祭祀祖先的处所。寝在后，庙在前，合称寝庙。 ㊸ 循墙而走：沿着墙跑。 ㊹ 是不近于煦煦者耶：（枭鸺和老鼠）难道不是和那些和颜悦色的善人很近似吗？ ㊺ 趯（tì）：跳跃。 ㊻ 砉（huā）然：形容迅速动作的声音。 ㊼ 的（dí）然：明亮的样子。 ㊽ 革（jí）然：急骤的鸟鸣声。 ㊾ 未得：不正确。 ㊿“毛耶”二句：为何不给我插上羽毛？施，给予。 51“寂寥”二句：使我能翱翔寂静的天空，心情愉悦可以忘却饥饿。太清，天空。

本文是寓言式的论说文，具体创作时间不详。从文章中所抒发的悲慨之语来看，应该是作于永贞元年被贬谪以后。本文通过鹘不食所取之鸟以报答鸟暖其爪之恩的故事，赞叹鹘之义性，针对现实社会中不知报恩的现象进行批判，并具有一定的现实针对性。

关于本文的创作缘起，根据《柳河东集》本篇注者所云可以略知一二。黄庭坚曰：“唐之中世，酷吏罗织，奸臣擅权，朋党相轧者四十年，藩镇跋扈者二百载。腥风逆气，弥漫宇内，仁人君子为之恸哭……鹘能纵鸟，柳子从而为之说，以见斯人多害物之忍。是数子皆有激而云。”韩醇曰：“退之志公墓，谓子厚既退，无相知有气力得位者推挽，故卒厄于穷裔。观公此说，必有当途者资子厚之气力而不知报，其篇末意昭然。”至于柳宗元在生平经历中是否遇到忘恩负义者，尚不得而知。柳宗元贬谪之后多次修书，但这希望援引而未得结果，并不能说明他真的遇到忘恩负义者。因此这种创作缘由之说未成定论，还只是推测。

本文中提到的鹘是猛禽，传说中有义性。唐李邕《鹘赋》亦曰：“有俊鹘之超特。”杜甫《义鹘行》以白蛇上树咬死小鹰，忽遇健鹘飞来报仇的故事，热情赞扬鹘爱憎分明、勇于助人的义行。以此来看，鹘在人们的心目中虽然是一种比较凶悍的禽类，但它的义性却是深入人心的，柳宗元在此称赞鹘之义性当在情理之中，不是为鹘作翻案文章。因此,本文实是以鹘来借题发挥,不仅仅是在称赞鹘之义。本文的主要内容是感叹社会上不知报恩的现象,是人不如禽鸟,借以说明人世间要行仁义之道,不要恃强凌弱,残害无辜,警世疾俗之意十分强烈。

全文共分为三段。第一段是记僧人所叙鹘捉鸟纵鸟的奇事,是为叙述之手法。作者通过住在长安荐福佛塔下的和尚之口,讲述了鹘为小鸟放生的故事。故事叙述完整,情节颇具悬念。"冬日之夕",鹘把小鸟握在手里,温暖其爪,且"左右易之",让人担心小鸟的命运。但生性凶猛的鹘在第二天早上,把小鸟带上佛塔的最高处放飞。鹘在小鸟飞后能"延其首以望,极其所如往,必背而去焉",大大出乎人们的意料。到底如何看待鹘的仁义之心?通过这个情节引发读者思考。本段的叙述十分生动地刻画出鹘的神态、动作。第二段是赞扬鹘为仁义之物,它的品质为人世间之少见,是为议论之手法。作者先肯定"毛翮之物"能行仁义,并分析其原因:鹘没有人间高官厚禄的贪欲和三亲六故间的私情。接着进一步分析阐明鹘"忍而释之"的行为正是一种"卓然有立"的品格,再次强调这是"仁义之道"。作者反复说明这一点,其意是以此与人世相对照。"恒其道,一其志,不欺其心",本来应是人追求的道德标准,反而在凶猛的鸟身上实现,在人世却难得到。"斯固世之所难得也",是作者对社会激愤而深刻的揭露与讽刺。第三段以枭鸺、鼠和鹘为例,批驳当时流行的以表象来品评人物的标准,寄托对世俗自欺其心者的憎恶之情。世人多认为温和而少言、行为迟缓又常常低眉俯首的是善人;昂扬威猛,处事态度鲜明、直率坦白的是恶人。作者针对此标准,用反差对比的方法,指出枭鸺和鼠都是"近于煦煦者",因为枭鸺"晦于昼而神于夜",鼠"不穴寝庙,循墙而走",而众所周知,枭鸺是有名的不孝鸟,鼠是公认的害人之物。鹘"其立趯然,其动砉然,其视的然,其鸣革然",正是"近于翘翘者";然而其所为和枭鸺、鼠恰恰相反,从而推翻世人品评人物的惯用标准。

从第三段中,可以看出作者的个性,发现柳宗元之所以批驳当时品评人物的标准,具有很强烈的针对性。在韩愈《柳子厚墓志铭》中,韩愈对柳宗元的评价是"俊杰廉悍""踔厉风发",说明在时人的眼中,柳宗元是一个很有锋芒且言辞奋发有力的人,柳宗元这样的个性特征正是"近于翘翘者"。这一形象特征在他自己的文章中也有表现,如《与杨诲之第二书》中,他回顾自己早年为官备受讪骂诟辱,虽然"摧其形,锄其气","然已得号为狂疏人也"。《六逆论》中反对那种对某些问题含混不清的人,"明者"一定要"慨然定其是非"。

柳宗元的个性在永贞革新中的表现必然是昂扬向上、雷厉风行的,他和当时的革新者们虽然行仁义之道,但是在当时人看来却是"近于翘翘者",而那些破坏变革的保守派,有的就是"煦煦者",他们表面温和,但做事情却不能正大光明,和"枭鸺""鼠"一样,他们的凶残祸害都是在不见天日的黑暗中进行,以鸺鼠为例来比喻那些"煦煦而嘿"者,语带锋芒。长安佛寺之鹘正如贬官前住在长安的柳宗元,虽翘翘昂扬,却是遵从圣人之道。而那些反对者如"枭鸺""鼠"辈,他们阴险狠毒,恩将仇报,这样的人当政,必然会造成民生困弊、社会混乱。柳宗元初到永州时候,因仕途挫败已痛苦不堪,又面对着落井下石者的百般诽谤,"身居下流,为谤薮泽。骂先生者不忌"(《答问》),使自己的人格定位在污浊不堪的境地。此时的柳宗元激愤的心态可想而知。但他忍辱偷生,期待被起用、洗刷冤屈的心情至柳州时还依然存在,"齿少心锐,径行高步,不知道之艰以陷于大厄","日号而望者十四年矣",他多次采取行动希望得到援引,虽然没有人能帮助他,但"犹仰首伸吭,张目而视曰:庶几乎其有异俗之心,非常之力,当路而垂仁者耶?"(《上门下李夷简相公陈情书》)因此,本文结尾要从鹘而行,显然流露出企望有一如鹘者之资助,使其得以摆脱困境,再展宏图的意思。

本文体现出柳宗元论说文的特点。为使自己的新颖深刻的观点能得到别人的信服,必然会加强论辩的力度。散文要具有说服力,必须逻辑性很强,思路畅达,前后连贯。柳宗元的散文在结构和行文上具有严谨缜密的特点。《鹘说》在针对当时品评人物的标准时,第一段以鹘表面凶猛而为仁义之事的叙述开始,为下文批评时人之观点作准备;第二段紧接着评论鹘行仁义之难得;第三段自然转到对时人品评人物之观点的批判。整篇文章简短而文气连贯,批驳现实先是不露声色,后缓缓托出,水到渠成,并将浓厚的感情融注其中。本文简洁明快,在写法上就事论理,构思新颖,结构缜密,巧妙利用叙述、议论、抒情等多种手法,使文章富有很强的感染力。

（袁　茹）

捕蛇者说

永州之野产异蛇,黑质而白章[①];触草木尽死;以啮人[②],无御[③]之者。然得而腊之以为饵[④],可以已大风、挛踠、瘘、疠[⑤],去死肌[⑥],杀三虫[⑦]。其始,太医以王命聚之[⑧],岁赋其二[⑨],募有能捕之者,当其租入[⑩]。永之人争奔走焉。

有蒋氏者,专其利[⑪]三世矣。问之,则曰:"吾祖死于是[⑫],吾父死于是。今吾嗣为之[⑬]十二年,几死[⑭]者数[⑮]矣。"言之,貌若甚戚[⑯]者。余悲之,且曰:"若毒之乎[⑰]?余将告于莅事者[⑱],

更若役[19]，复若赋[20]，则何如？"蒋氏大戚，汪然涕曰："君将哀而生之[21]乎？则吾斯役之不幸，未若复吾赋不幸之甚也。向[22]吾不为斯役，则久已病[23]矣。自吾氏三世居是乡，积于今六十岁矣。而乡邻之生日蹙[24]，殚其地之出[25]，竭其庐之入[26]，号呼而转徙[27]，饥渴而顿踣[28]，触风雨，犯寒暑，呼嘘毒疠[29]，往往而死者相藉[30]也。曩[31]与吾祖居者，今其室十无一焉；与吾父居者，今其室十无二三焉；与吾居十二年者，今其室十无四五焉。非死则徙尔。而吾以捕蛇独存。悍吏[32]之来吾乡，叫嚣乎东西，隳突[33]乎南北，哗然[34]而骇者，虽鸡狗不得宁焉。吾恂恂[35]而起，视其缶[36]，而吾蛇尚存，则弛然[37]而卧。谨食之[38]，时而献焉[39]。退而甘食[40]其土之有，以尽吾齿[41]。盖一岁之犯死者二焉；其余则熙熙而乐。岂若吾乡邻之旦旦有是[42]哉！今虽死乎此[43]，比吾乡邻之死则已后矣，又安敢毒耶？"

余闻而愈悲。孔子曰："苛政猛于虎也[44]。"吾尝疑乎是[45]，今以蒋氏观之，犹信[46]。呜呼！孰知赋敛之毒，有甚是蛇者乎[47]！故为之说[48]，以俟夫观人风者得焉[49]。

〔注〕 ① 黑质而白章：黑色体质，白色花纹。 ② 啮(niè)人：咬人。 ③ 御：抵御。指抗御、治疗蛇毒。 ④ 得而腊(xī)之以为饵：此言得到毒蛇晾成肉干，把它制成药饵。腊，干肉。此处用作动词，指将蛇肉晾成肉干。饵，食物总称，此处特指药饵。 ⑤ 已大风、挛踠(luán wǎn)、瘘(lòu)、疠：可以医治麻风、痉挛等病症。已，止。此处"治疗"之意。大风，麻风病。挛踠，手足痉挛。瘘，颈肿。疠，癞疮。 ⑥ 死肌：坏死的肌肉，如溃疡肿烂的肌肉、萎缩瘫痪的肌肉。 ⑦ 三虫：泛指人体中的各种寄生虫。 ⑧ 太医以王命聚之：皇宫太医以王命招募捕蛇者。太医，皇室的御用医生。王命，皇帝的诏命。聚，搜集、征集。 ⑨ 岁赋其二：每年征收两次。 ⑩ 当其租入：抵当(抵消)应缴纳的租税。 ⑪ 专其利：独享捕蛇以抵销租税的利益。 ⑫ 是：此。指捕蛇以当租税这件事。 ⑬ 嗣为之：接续做捕蛇这件事。嗣，继续、接续。 ⑭ 几死：濒临死亡危险。几，近、几乎。 ⑮ 数(shuò)：许多次。 ⑯ 戚：悲戚、悲伤。 ⑰ 若毒之乎：你认为捕蛇这事很痛苦吗？若，你。毒之，犹"以之为毒"，即认为捕蛇这件事很痛苦。毒，毒害、痛苦，意动用法，认为……痛苦。 ⑱ 莅事者：指主管政事的地方官。莅，治理、管理。 ⑲ 更若役：更换你的徭役(指捕蛇)。 ⑳ 复若赋：恢复你的赋税。 ㉑ 哀而生之：犹哀之而生之，哀悯我而使我生存。生之，使动用法，使之生。之，代"我"。 ㉒ 向：以往，过去。 ㉓ 病：困苦、穷困。 ㉔ 乡邻之生日蹙：乡邻(为赋税所逼)生存日益困窘。生，生存、生活。蹙，困窘。 ㉕ 殚其地之出：竭尽土地的出产。殚，竭尽。出，指土地出产的东西。 ㉖ 庐之入：家里的收入。庐，庐舍，指家里。 ㉗ 转徙：辗转迁徙，即逃亡。 ㉘ 顿踣(bó)：困顿倒毙。 ㉙ 呼嘘毒疠：呼吸能致疫病的疠气。毒疠，

指南方山林湿热蒸郁致人疾病的瘴气。 ㉚ 相藉：互相枕压。 ㉛ 曩(nǎng)：从前、过去。 ㉜ 悍吏：凶悍、强暴的官差。 ㉝ 隳(huī)突：冲撞，骚扰。 ㉞ 哗然：惊呼状。 ㉟ 恂(xún)恂：小心谨慎貌。 ㊱ 缶(fǒu)：瓦器，大腹小口，有盖。 ㊲ 弛然：松弛貌。此指放心的样子。 ㊳ 谨食(sì)之：小心地喂养它。 ㊴ 时而献焉：到(进献毒蛇的)时候就献给官府。时，按时。 ㊵ 退而甘食：回家享受美食。甘食，鲜美的食物。此处用作动词，品尝(享受)甜美食物。 ㊶ 以尽吾齿：以尽吾之天年。齿，年岁，年寿。 ㊷ 旦旦有是：天天有此种(悍吏的逼索骚扰)。 ㊸ 死乎此：死于此(捕蛇)。 ㊹ 苛政猛于虎也：残酷的政治比猛虎还凶啊。《礼记·檀弓下》："孔子过泰山侧，有妇人哭于墓者而哀。夫子式而听之，使子路问之，曰：'子之哭也，壹似重有忧者。'而曰：'然。昔者吾舅死于虎，吾夫又死焉，今吾子又死焉。'夫子曰：'何为不去也？'曰：'无苛政。'夫子曰：'小子识之，苛政猛于虎也！'" ㊺ 疑乎是：犹疑于是，疑于此。对此(这件事)怀疑。 ㊻ 犹信：还是可信，还是真情。 ㊼ "孰知"二句：谁知赋税暴敛的荼毒比此毒蛇更厉害。孰，谁知。甚，厉害。 ㊽ 为之说：即为此说，写作这篇《捕蛇者说》。 ㊾ 俟夫观人风者得焉：等待观察民情风俗的官吏获得此记。此指以供考察民情的官吏参考，纠正弊端。俟，等待。

《捕蛇者说》是一篇取材独特的揭露中唐时代苛政重赋残民的小故事，却表达了"赋敛之毒"甚于毒蛇的大议论，堪称是柳宗元为民伸冤诉愤之作。写于唐宪宗元和元年至元和十年期间，正当柳宗元贬谪永州司马之际。

《捕蛇者说》全文三段：首段叙写永州异蛇之剧毒和医疗功用，永州人争相奔走捕蛇的缘由：朝廷太医聚纳，"岁赋其二""当其租入"。作者点明永州百姓面对异蛇剧毒的反常行为：非但不避蛇，反而争相冒死捕蛇，为下文的蒋氏申诉重赋残民，预作铺垫。

二段写作者与蒋氏的错位式对话，构成本文主体。以"三世"专捕毒蛇的蒋氏为范例，凸现异蛇剧毒杀人之惨烈，概括了永州百姓数十年来挣扎于死亡阴影的艰危境况：蒋氏祖辈、父辈死于毒蛇，自己亦"几死"于毒蛇，"貌若甚戚者"。引发作者的同情，按照人情的常规利害提出：欲为蒋氏"更若役，复若赋"。却不料蒋氏与作者想法绝然不同，非但没有喜悦和庆幸，反而"大戚，汪然出涕"，说出了种种令人惊心动魄的残酷事实：蒋氏首先对比"斯役"(捕蛇)与"复赋"的利害轻重："吾斯役之不幸，未若复吾赋不幸之甚也"，若"不为斯役"，早就困穷不堪啦！这就是蒋氏(永州百姓)对两种不幸的权衡、弃取的无奈。

继而对比描述了乡邻与蒋氏的不同境况：六十年来，乡邻的生存日益困窘，土地的出产、家庭的积蓄，全光了！乡邻饥渴呼号，离乡逃亡，困顿倒毙，遭受风雨、寒暑、毒疠的折磨摧残，野死者往往枕藉。"曩与吾祖居者，今其室十无一焉；与吾父居者，今其室十无二三焉；与吾居十二年者，今其室十无四五焉。非死则徙尔。"作者描述了一幅苛政重赋残民，导致百姓困穷、逃亡，农村凋敝萧条的凄惨画图。这幅凄惨画图，描述了蒋氏生存所面临的大不幸环境，它真实地再现了安史之乱以来中唐农民备受重赋盘剥而陷于水火的惨状，是整个中唐农村经济萧条与崩溃的一个缩影。“而吾以捕蛇独存”一句，流露了蒋氏“以捕蛇独存”于世的大幸。“斯役之不幸”，在残酷的现实中竟然成为“独存”的大幸，岂不怪哉？而这大幸，仅仅是沾了“太医以王命聚之”的光，皇帝重视“异蛇”，胜过重视百姓生命；皇帝重视赋敛，胜过重视百姓生存！两种不幸，赋敛导致百姓困穷，而“异蛇”却给人以“幸运”！蒋氏能捕“异蛇”，自然也就沾了皇帝的浩荡皇恩了！作者没有明言此意，但我们从文章描述的逻辑，可以体味出其中没有明言的意蕴，令人深思这残酷的“独存”“幸运”背后，“乡邻”们困穷流离、饥渴倒毙的大不幸！再次，作者对比描述了悍吏虐民、逼索赋税的恐怖情景，和蒋氏安卧无忧、甘食尽齿的生活状态，而作者特别突出地描画了悍吏的凶残嘴脸和虐民气焰：“叫嚣乎东西，隳突乎南北”，哗然而骇，鸡犬不宁，同前面所写百姓流亡倒毙之惨状：“号呼而转徙，饥渴而顿踣”，前后又形成了强烈的对比，鲜明地揭露出悍吏虐民，官逼民穷的罪恶。柳宗元为民伸冤诉愤的仁爱情怀，堪称博大而凛然。相对于乡邻之恐骇，蒋氏仅仅求得大不幸中的苟安、大穷困中的苟活而已，然而他却流露出一种视毒蛇为活命奇珍，小心侍奉，按时奉献，得享甘食，“以尽吾齿”的“熙熙而乐”！蒋氏于“不幸”中求熙乐，算了两笔账：捕蛇，一年冒死两次，其余安然自乐，“岂若吾乡邻之旦旦有是哉”，此其一。即使今天死于毒蛇，“比吾乡邻之死则已后矣”，因而值得冒险“犯死”，又怎敢怕苦怕死呢？此其二。凭冒死捕蛇的生涯，获求熙乐甘食的苟活，这就是柳宗元描述的中唐农民中少数幸运者的生存境况，而那些安分朴实、没有捕蛇技能和勇气的广大农民，则没有这种幸运。蒋氏之幸运，反衬出广大农民的大不幸的命运之凄惨。

综上所述，作者与蒋氏的对话，想法各异，作者之同情，恰成蒋氏之不幸；蒋氏“斯役之不幸”，却是蒋氏谋求生存，获得熙乐甘食的大幸。因而，作者与蒋氏的对话，就成为想法悖谬的错位式对话，产生一种悲剧性的荒谬效果，触人深思而感慨。运用对比与反衬的写法，将蛇毒与赋敛之毒两两对勘，相互反衬，展现了蒋氏与乡邻两种生存境况的对比，而蒋氏与乡邻又互为反衬，从两种不同的角度揭示出中唐农民陷于水火的困窘；将悍吏之逼索赋敛，与农村之民不聊生相对比，揭示出官逼民穷的因果关系。而乡邻的求苟活而不得，蒋氏的以苟活为熙乐，则让我们联想到鲁迅先生的名言：一种“想做奴隶而不得”，一种“暂时做稳了奴隶”，同是时代悲剧的体现，令人叹惋。

三段抒发作者的议论感慨，交代写作此文的意图。“余闻而愈悲”，“愈悲”

者，绝不仅仅是对蒋氏一家处境的同情，而是对广大农民困窘处境的博大关怀，和对中唐政治措施的深切忧虑。正是“愈悲”的现实，使作者与孔子之心发生共鸣，从而认识到孔子所讲的“苛政猛于虎”，并非古代的寓言故事，而是现实的真实景象。作者表明，自己就是有感于现实存在的“苛政猛于虎”之真实情景，“故为之说”，特意写作这篇《捕蛇者说》。作者禁不住感慨：“呜呼！孰知赋敛之毒，有甚是蛇者乎！”这是对蒋氏所讲的“吾斯役之不幸，未若复吾赋不幸之甚也”的精辟概括，将孔子古代的“苛政猛于虎”，发展为唐代现实的“赋敛之毒甚于毒蛇”，并借孔子的圣人之言，表明作者秉承儒家圣哲的仁政传统以立言，显示作者崇尚儒家圣哲的仁爱胸怀，遂使这篇小故事，高屋建瓴，立意宏深，境界博大。最后交代“以俟夫观人风者得焉”，类似新乐府诗的“卒章显志”，似乎多余。然而，我们如果了解，柳宗元被贬永州后，处境险恶，“诋诃万端，旁午构扇，尽为敌仇”（《寄许京兆孟容书》），那么，柳宗元“以俟夫观人风者得焉”，似乎就含有避免敌仇诋诃构陷的自保之意了。

（赵乃增）

谪 龙 说

扶风①马孺子言：年十五六时，在泽州②，与群儿戏郊亭上。顷然，有奇女坠地，有光晔然③，被緅④裘白纹之里，首步摇⑤之冠。贵游少年骇且悦之，稍狎⑥焉。奇女頩尔怒⑦曰：“不可。吾故居钧天帝宫⑧，下上星辰，呼嘘阴阳，薄⑨蓬莱⑩，羞⑪昆仑⑫而不即者。帝以吾心侈大⑬，怒而谪来，七日当复。今吾虽辱尘土中，非若⑭俪⑮也。吾复，且害若。”众恐而退。遂入居佛寺讲室焉。及期，进取杯水饮之，嘘成云气，五色翛翛⑯也。因取裘反之，化为白龙，徊翔登天，莫知其所终。亦怪甚矣。呜呼！非其类而狎其谪，不可哉。孺子，不妄人也，故记其说。

〔注〕① 扶风：唐郡名，故址在今陕西凤翔等地。　② 泽州：唐州名，治州在今山西晋城。　③ 晔(yè)然：光盛貌。　④ 緅(zōu)：深青透红的颜色。　⑤ 步摇：女子头饰，钗上垂挂珠玉，行步时珠玉摇动，故名。《释名·释首饰》：“步摇，上有垂珠，步则摇动也。”　⑥ 狎：轻侮。　⑦ 頩(pīng)尔怒：形容怒色，语出宋玉《神女赋》：“颓薄怒以自持兮。”洪迈《容斋三笔》卷三谓：“柳子厚《谪龙说》有奇女頩薄怒之语，正用此也。”　⑧ 钧天帝宫：天之中央的帝宫。　⑨ 薄：轻视。　⑩ 蓬莱：海上三仙山之一。　⑪ 羞：羞辱。　⑫ 昆仑：仙山名。　⑬ 侈大：行为放纵。　⑭ 若：你。　⑮ 俪：配偶。　⑯ 翛(xiāo)翛：交杂貌。

本文当作于贬谪永州之后，韩醇于题下注云："当在贬谪后作，盖有激而然者也。"林纾也以为："想公在永州，必有为人所侵辱者，文亦浅显易读。"（《韩柳文研究法·柳文研究法》）细读全文，林说甚当。然具体作于何年，无法确考。

马位《秋窗随笔》认为本文"可补入《搜神记》"。子厚被谪后，在永州边远地区，受到无知小人的欺凌。他便假怪异传闻，以谪龙自喻，托扶风马孺子言，讲述他年轻时的奇遇：有奇女自天而降，受贵游少年欺凌，奇女大怒曰：吾本居天帝宫，天帝怒而谪吾来人间，七日后当复回天宫。及期，她化为白龙，"徊翔登天，莫知其所终"。事虽涉怪异，然处处露出作者"自喻"的痕迹，奇女"有光晔然"，服饰华贵，暗指自己的才华；"贵游少年"，暗指无知小人；天帝怒谪龙女，暗指自己被谪出京。"帝以吾心侈大，怒而谪来"，暗指自己参加政治改革，逆龙鳞，被皇帝怒谪来边地。"遂入居佛寺讲室"，亦与柳宗元初到永州时居住龙兴寺西序之下（见《永州龙兴寺西轩记》）一事暗合。这都是柳宗元故意逗漏的消息。结尾四句，发感慨，点出写作本文的缘由。全篇的正意在于"非其类而狎其谪"句，醒明题意，所用的写作手法，与《罴说》篇相同。

柳宗元贬谪永州后，遭人侵辱，本可以用激切的语言，直接发泄心中的愤懑，然而作者却描写龙女之被谪，事出异常，以怪诞的故事，叙自己的遭遇，抒心中之郁愤，富有传奇色彩，难怪马位要说本文可以采入《搜神记》。中唐时代，传奇创作进入兴盛期，许多著名文人都投入传奇创作，如沈既济的《枕中记》、李公佐的《南柯太守传》、李朝威的《柳毅传》、李复言的《续玄怪录》，都是脍炙人口的好作品，可说蔚然成风。柳宗元固然擅长写古文，但受中唐时代传奇大盛的影响，偶尔放笔拈来，便成佳构。黄震说："文极佳。"（《黄氏日钞》卷六）笔者以为"佳"就佳在用传奇体式以泄愤，意含言外，耐人寻味。

（吴企明）

罴　说

鹿畏貙[1]，貙畏虎，虎畏罴[2]。罴之状，被[3]发人立，绝[4]有力，而甚害人焉。

楚[5]之南有猎者，能吹竹[6]为百兽之音。昔云持弓矢罂[7]火，而即之山。为鹿鸣以感其类[8]，伺其至，发火[9]而射之。貙闻其鹿也，趋而至。其人恐，因为虎而骇之。貙走而虎至，愈恐，则又为罴。虎亦亡去[10]。罴闻而求其类，至则人也。捽搏[11]挽裂[12]而食之。

今夫不善内而恃外者,未有不为罴之食也。

〔注〕 ① 貙(chū):兽名。也称貙虎,形状像野狸猫而体大。 ② 罴(pí):熊的一种,俗称人熊或马熊。比熊大,黄白花纹,能直立行走。 ③ 被(pī):同“披”。 ④ 绝:最,非常。 ⑤ 楚:春秋、战国时属楚国,相当于今湖南、湖北一带。 ⑥ 竹:指小竹管。 ⑦ 罂(yīng):一种腹大口小的瓦罐。古代用来盛酒或水,这里用来装灯火。 ⑧ 类:指鹿的同类。 ⑨ 发火:亮出灯火。指去掉遮蔽灯火的东西,以便照明射击。 ⑩ 亡去:逃走。 ⑪ 捽(zuó)搏:揪住搏击,扭打扑抓。 ⑫ 挽裂:撕开,撕碎。

《罴说》是一篇托物喻人、借事寄讽的寓言小品,是柳宗元贬官永州(今属湖南)时所作。

开篇处,作者选用连锁递进兼排比的句式:“鹿畏貙,貙畏虎,虎畏罴。”径直点出本篇寓言中的四个角色;其中三个“畏”字揭示了“一物降一物”——四兽相克的关系。九个字作为全文总领。随后根据题意所需,再就四兽中的重要角色——“罴”本身发意。先状其外形:“被发人立”,头上长着长毛,像人一样立着。形象森然可怖,令人不寒而栗。后述其特性:“绝有力,而甚害人焉。”重点表明罴的极其有力,特性昭然。《山海经·西山经》:“兽多犀兕熊罴。”郭璞注:“罴似熊而黄白色,猛憨能拔树。”“猛憨能拔树”,足证作者出语不虚。这两句全属不可或缺的交代文字,作为后文貙、虎、罴先后出场及罴如何“甚害人”张本。

经过铺垫,寓言开始。主人公是南方的一位打猎者,他“能吹竹为百兽之音”,是说他能吹竹管模仿诸多野兽的叫声。这句话最是全文关捩,如不写猎人的这种职业性专长,这种猎兽的手段,后面生动情节便无从生发、展现。而“百兽之音”都可模仿,则鹿、貙、虎、罴的叫声自在其中。这位猎人身带弓箭,备好罂火,利用夜色悄悄进山。他吹竹管模仿鹿鸣,是想诱鹿入彀,以便亮出灯火予以猎杀,不料貙闻声赶到;猎人害怕便模仿虎叫以驱貙,虎听到同类声音迅速赶来;猎人更加恐惧就又模仿罴叫,虎虽奔逃,罴却骤至。经过激烈搏斗,猎人被罴撕碎吃掉了。

应当说,猎人的不幸遭遇并非完全出于偶然。他既没有防范野兽侵害的得力措施,也不具备制服野兽的强大实力,也不利用兽类相克的外部条件,单凭模拟兽音的本领,便想从事这种冒险的职业,怎能不败!

作者正是从猎人致死之因,联想到“不善内而恃外者”,从而自然提出文末一句,揭示了深刻题旨:指出那种不善于增强自身的实力而专门依靠外界力量的人,必会遭到这个猎人一样的下场。这种写法,正如林纾评论柳氏寓言所说那样:“必有一句最有力量,最透辟者镇之。”(《韩柳文研究法·柳文研究法》)

至于“不善内而恃外者”具体所指为何，就作者而言，自当心有所属；但对读者来说，却有不确定性。它可以是人：或指那种不知提高自身修养、一味攀附权贵的无耻文人，或指那些拥兵自重、擅权一方的藩镇政要。也可以是事：如朝廷政策的失察、养痈遗患，不免误国。总之，寓言是有现实性的，这种现实性对针砭时弊颇具积极意义。这是作者长期关注社会、不断反思得出的人生感悟，也是他作为思想家高度政治敏感的体现。

本文语言洗练精粹。寓言本身有完整的故事，生动的情节，角色的活动，仅用了不足九十字；寓言前有力的铺垫也才用二十余字；其中状写罴的性状不过十余字。若非古文大家，断乎不能臻此。

柳宗元的寓言，善用各种动物拟人化的艺术形象，讽刺社会上种种腐败现象。本文同样具有这种特点。它造意奇特，寓意精警，文风辛辣讽刺，堪称警世佳作。 （李如鸾）

观八骏图[1]说

古之书[2]有记周穆王[3]驰八骏升昆仑之墟者，后之好事者为之图，宋、齐以下传之。观其状甚怪，咸若骞[4]若翔[5]，若龙凤麒麟，若螳螂然。其书尤不经[6]，世多有，然不足采。世闻其骏也，因以异形求之。则其言圣人者，亦类是矣。故传伏羲[7]曰牛首，女娲[8]曰其形类蛇，孔子如倛头[9]，若是者甚众。孟子曰：“何以异于人哉？尧舜与人同耳！[10]”

今夫马者，驾而乘之，或一里而汗[11]，或十里而汗，或千百里而不汗者，视之，毛物尾鬣[12]，四足而蹄，龁[13]草饮水，一也。推是而至于骏，亦类也。今夫人，有不足为负贩[14]者，有不足为吏者，有不足为士大夫者，有足为者，视之，圆首横目，食谷而饱肉，絺[15]而清，裘而燠[16]，一也。推是而至于圣，亦类也。然则伏羲氏、女娲氏、孔子氏，是亦人而已矣。骅骝、白羲、山子之类，若果有之，是亦马而已矣。又乌得为牛，为蛇，为倛头，为龙、凤、麒麟、螳螂然也哉？

然而世之慕骏者，不求之马，而必是图之似，故终不能有得于骏也。慕圣人者，不求之人，而必若牛、若蛇、若倛头之问,故终不能有得于圣人也。诚使天下有是图者,举而焚之[17],则骏马与圣人出矣。

〔注〕 ① 八骏图:人们根据传说中周穆王驾八匹骏马升昆仑远游的故事,所绘制出的八匹骏马的图画。八骏,据晋王嘉《拾遗记》书中记载,是指:绝地、翻羽、奔宵、超影、逾晖、超光、腾雾、挟翼。而《列子》和《穆天子传》则作赤骥、盗骊、白羲、逾轮、山子、渠黄、骅骝、騄耳。从本文得知,柳宗元取后说。 ② 古之书:指《列子》。《列子·周穆王》中记有周穆王"不恤国事,不乐臣妾,肆意远游"之事。 ③ 周穆王:西周国王。姓姬,名满。昭王之子,周朝第五代君主。后世传说他曾周游天下,《穆天子传》即写他西游的故事。 ④ 骞:高举、腾跃。指图中骏马腾空的样子。 ⑤ 翔:飞翔在天空中。 ⑥ 不经:荒诞不经,没有根据。 ⑦ 伏羲:伏羲氏,又称宓羲、庖犧、伏戏,秦汉之际,伏羲也称太皞。神话中人类的始祖,东方的天帝,"为百王先"。传说他教民结网,从事渔猎畜牧,制作八卦。 ⑧ 女娲:中国历史神话传说中的女神,与伏羲为兄妹,人首蛇身。相传曾炼五色石以补天,并抟土造人,制嫁娶之礼,延续人类生命,造化世上生灵万物。是被民间广泛而长久崇拜的创世神和始祖神。 ⑨ 倛(qī)头:也作魌头,古时打鬼驱疫时用的面具。 ⑩ "何以"二句:语出《孟子·离娄下》。 ⑪ 一里而汗:走了一里路就出汗。 ⑫ 鬣(liè):某些兽类脖子上的毛。 ⑬ 龁(hé):咬。 ⑭ 负贩:小商贩。 ⑮ 绨(chī):细葛布。此处用作动词。 ⑯ 燠(yù):暖、热。 ⑰ 举而焚之:全部烧掉。举,全部。

《观八骏图说》是一篇论说骏马是马、圣人亦是人,并借此来肯定人人平等思想的论说文。文章具体作年不详,但应该是柳宗元被贬永州之后的作品。由于此时的柳宗元经历了人生之中的重大变故,由一个意气风发的朝廷官员变成了被贬蛮荒之地的罪臣,使得他有机会深入到社会的底层,从而更深刻地接触社会现实,了解普通大众的疾苦,这对他原本进步的历史观和人人平等的思想无疑是一次实践上的验证。因此,他在这篇文章中从批评"以异形求骏"的角度入手,对当时社会上的一些荒诞不经的迷信之说进行了批判,从而肯定自己圣人与人同类、天赋人性、人人平等的思想。

文章一开始从当时社会上流传的关于八骏图的来历入手,并指出这些看上去甚是怪异、像龙凤麒麟又像螳螂的奔腾的骏马,其实都是些荒诞不经的传说,然而,偏偏世人却都据此图去寻找现实中的骏马,并把这种传说罗列到圣人身上,把伏羲说成是长着牛头、女娲说成是长着蛇身、孔子的脸说成是像驱鬼面具等不同于常人的人,似乎只要是圣人,就一定不是常人的样子。柳宗元在文章中借孟子的话对这种说法提出了批评:"何以异于人哉,尧舜与人同耳!"就是说,圣人和常人实际上并没有什么两样。

接下来,作者就对自己的这种观点进行了论证,为什么说所谓的骏马、圣人与凡马、常人没有什么两样呢?因为从外表上看,无论是骏马还是凡马,都长着一样的皮毛，都要靠四足来奔跑，都要吃草喝水，都是用来驾驶乘坐的，所不同的是，凡马跑了一里或十里就要出汗，而骏马跑了千百里而不出汗。同样，圣人和常人也都是人类，都长着圆首横目一样的面孔，都要吃饭穿衣，只不过常人在道德修养和知识能力上不及圣人。但是，柳宗元在这里指出，决不能因为这些而故意夸张地将骏马和圣人说成是不同于凡马和常人的，他们的外表实际上并没有什么不同。

文章的最后，柳宗元对社会上那些以图索马、以貌取人的观点进行了严厉批评："然而世之慕骏者，不求之马，而必是图之似，故终不能有得于骏也。慕圣人者，不求之人，而必若牛、若蛇、若倛头之问，故终不能有得于圣人也。诚使天下有是图者，举而焚之，则骏马与圣人出矣。"如果一味地以图索马，最后的结果是一定得不到好马。同样，一味地以貌取人，最后也得不到有真才实学的人。因此，那些所谓的"慕骏者""慕圣人者"，只不过是一些徒有虚名的人而已，果真如此，倒不如把那些《八骏图》之类的东西一把火烧掉了还好，因为没有这样的框框限制，真正的骏马、圣人说不定倒会大量地涌现出来。

在此文中，柳宗元阐述的两个观点特别值得关注，一个是人人平等的思想，这与他一贯进步的历史观相贯穿。柳宗元从小生长在一个相对比较自由和开放的时代环境中，加上他有一个比较宽松的家庭环境，这使他在接受传统的儒家教育之外，还能够接受到更加开阔丰富、更富于批判意识的思想影响，因此，他在社会历史发展观方面就逐步形成了自己的观点。比如说他虽然并不否定"圣人"的存在及其作用，但他却与他之前的一些思想家的看法不同，他认为"圣人"也是人，而不是异于常人的"神"，这种把"圣人"还原于人的思想在这篇文章中有了集中的体现。与此相适应，柳宗元认为人都是平等的，没有高低贵贱之分。特别是当他自己的身份和境遇改变之后，他和普通民众的接触更多了，关系也随之加深，这对他的思想产生了长远的影响。他到了永州，尽管还是一个"官"，但实际上作为"谪吏"，已没有了官员的地位和威严，他也因此和地方上的普通百姓有了更多的接触，而且在感情上与这些"常人"有了更深的交流，加上他思想中受"仁民爱物""民胞物与"等传统思想的影响，因而，人人平等的思想在这时候就更加坚决。这也是他在这篇文章中所要着力表达的观点：圣人和常人，其实都是一样的，我们不能把圣人想象成非同一般的人，更不能据此来以貌取人，那就更加大错特错。

第二个观点，便是他在文章中表达的对自己怀才不遇的感慨。尽管柳宗元在此文中是想通过批评迷信思想表达自己人人平等的观点，但实际上在文章中却隐含了对自己怀才不遇的感慨。想当年,柳宗元在朝廷参与革新,做出了许多有影响的事情,尽管时间短暂,但仍不失为一时俊杰。可是,事与愿违,最终的结果却是落得个窜逐蛮荒、永远不得量移的罪臣之身,柳宗元的心中自然充满了愤懑。他在此文的结尾说,那些羡慕骏马的人,不去找实际中的骏马,而是专找和图中的所谓骏马相似的马,那是一定不可能找到真正的骏马的;同样,那些羡慕圣人的人,也不去找真正的有真本领的人,而是去找一些长相奇异的,像牛头、蛇身、驱鬼面具的异人,这怎么可能啊,这样做是无论如何也得不到圣人的。在这里,柳宗元对当权者的用人标准进行了强烈的批判,也为像自己这样真正有才能的人得不到重用而不平。

柳宗元的论说文一般都短小精悍,文字犀利,观点鲜明,论证精确,能自圆其说。《观八骏图说》就很好地体现了这些特点。 (陈中林)

种树郭橐驼传

郭橐驼[①],不知始何名。病偻[②],隆然伏行[③],有类橐驼者,故乡人号之“驼”。驼闻之曰:“甚善,名我固当。”因舍其名,亦自谓“橐驼”云。其乡曰丰乐乡,在长安西。驼业种树,凡长安豪富家为观游[④]及卖果者,皆争迎取养[⑤]。视驼所种树,或移徙,无不活;且硕茂早实以蕃[⑥]。他植者虽窥伺效慕[⑦],莫能如也。

有问之,对曰:“橐驼非能使木寿且孳[⑧]也,能顺木之天[⑨]以致其性[⑩]焉尔。凡植木之性,其本欲舒[⑪],其培欲平,其土欲故[⑫],其筑[⑬]欲密。既然已[⑭],勿动勿虑,去不复顾。其莳[⑮]也,若子;其置[⑯]也,若弃。则其天者全,而其性得矣。故吾不害其长而已,非有能硕茂之也;不抑耗[⑰]其实而已,非有能早而蕃之也。他植者则不然,根拳[⑱]而土易,其培之也,若不过[⑲]焉则不及[⑳]。苟有能反是者,则又爱之太恩[㉑],忧之太勤,旦视而暮抚[㉒],已去而复顾,甚者爪其肤[㉓]以验其生枯,摇其本以观其疏密,而木之性日以离[㉔]矣。虽曰爱之,其实害之;虽曰忧之,其实仇之,故不我若[㉕]也,吾又何能为哉!”

问者曰:“以子之道[㉖],移之官理[㉗],可乎?”驼曰:“我知种树而已,理,非吾业也。然吾居乡,见长人者㉘好烦其令,若甚怜焉,而卒以祸。旦暮吏来而呼曰:'官命促尔耕,勖㉙尔植,督尔获,早缫尔绪㉚,早织尔缕㉛,字㉜尔幼孩,遂㉝尔鸡豚。'鸣鼓而聚之,击木㉞而召之。吾小人辍飧饔㉟以劳㊱吏者,且不得暇,又何以蕃吾生㊲而安吾性㊳耶?故病且怠㊴。若是,则与吾业者,其亦有类乎?"

问者曰:"嘻!不亦善夫!吾问养树,得养人术㊵。"传其事,以为官戒㊶。

〔注〕①橐(tuó)驼:骆驼。此指驼背。②偻(lóu):是一种病,患者鸡胸驼背。③伏行:俯身走路。④观游:此指供赏玩游览的园林。⑤争迎取养:争着迎来养在家里。⑥蕃:繁多。⑦窥伺效慕:偷看模仿。⑧寿且孳:活得长久而且繁殖得多。⑨天:天性。此指树木生长的自然规律。⑩性:指树木的本性、习性。⑪舒:伸展,舒展。⑫故:旧的,原有的。⑬筑:捣土的杵。此指夯土、砸土。作动词。⑭既然已:已经这样做完了。⑮莳(shì):移栽或分种。⑯置:搁,放。⑰抑耗:遏制使减少。⑱拳:拳曲,卷曲。⑲过:超过,过多。⑳不及:不够,不够格。㉑恩:关切,爱惜。㉒抚:摸。㉓肤:指树皮。㉔离:失去,丧失。㉕不我若:"不若我"的倒文,即不如我。㉖道:道理,此指种树的道理。㉗官理:即官治,指当官治理政事。理,本应作"治",因避唐高宗李治的讳而改为"理"。㉘长(zhǎng)人者:做官的人,为民之长。㉙勖(xù):勉励。㉚绪:蚕丝的头。㉛缕:线。㉜字:抚养,养育。㉝遂:生长,成长。引申为"喂大"。㉞击木:指敲梆子。㉟飧饔(sūn yōng):晚饭和早饭。㊱劳:慰劳、招待。㊲蕃吾生:繁荣我们的生计。㊳安吾性:使我们的生活安定。㊴病且怠:既困苦又疲乏。㊵养人术:指治理人民的办法。㊶官戒:给当官的作鉴戒。

《种树郭橐驼传》并非正统式的传记散文,因为它没有传记散文的题材,也没有记载传主的具体事迹。郭橐驼倒很像《庄子》寓言中的人物——常以畸形人作为正面主人公。鲁迅《中国小说史略》说《种树郭橐驼传》是"幻设为文","以寓言为本"。由此看来,与其说本文是传记散文,倒不如说是寓言散文。至于文章以"传"名之,不过为了加强真实性可信度罢了。

全文可分为四段。

第一段,记叙郭橐驼外号的由来和种树的高超技术。文章开篇便交代"橐驼"是乡人给郭氏起的外号,而非真名。郭氏听到这个外号,没有感到是嘲笑,不尊重,而是欣然接受,说"甚善,名我固当",见出他朴实、憨厚、心胸开阔、性情爽朗并带有几分滑稽的性格特点。作者将其籍贯安排在"长安西",是使得下文"凡长安豪富家为观游及卖果者,皆争迎取养"更显自然。"驼业种树",总括一笔,点明其职业身份，紧扣题目。下面从三个角度写郭橐驼精于种树：先侧面烘托，说他受欢迎的热烈程度；再正面直叙，说他种树或移植的极佳效果；最后反面衬写，说这种技术“他植者”无法学到。这样写，除了足以见出郭橐驼种树技术确实高明，还能让读者顿生疑窦，产生急于阅读下文的心理。

第二段，阐述种树之道在于“能顺木之天以致其性”，就是要顺应树木生长的自然规律，合乎树木生长的习性。文章用“凡植木之性”总括一句，再分别阐述移植时和栽种后的“木之性”。移植时的“木性”，用四个“欲”字组成四个结构相同的分句，使之前后有序地形成一组排句(“其本欲舒，其培欲平，其土欲故，其筑欲密”)来阐明；栽种后的“木性”，则用字数不一、有骈有散的一组句子(“既然已，勿动勿虑，去不复顾。其莳也，若子；其置也，若弃”)来表达。从而既形成句式匀齐的形式美，也具有句式参差的错落美。文中“其莳也，若子”，关合着“其本欲舒”四句；而“其置也，若弃”，又呼应了“勿动勿虑，去不复顾”字样。这样做的结果是“则其天者全，而其性得矣”。此句不仅阐明了“驼所种树，或移徙，无不活；且硕茂早实以蕃”的道理，也印证了郭橐驼提出的“顺木之天以致其性”的种树之道。下面再以“不……非……；不……非……”两个复句组成的排句，从反面阐述，以呼应前文郭橐驼种树的“硕茂”和“孳以蕃”，进一步深化“顺木之天以致其性”的题旨。这样正反两方面阐述，便将种树之道解释得更扎实，更透彻。柳文的“精裁密致”(《唐书·柳宗元传》)于此可见。

以下转写“他植者”如何种树。先总提“他植者则不然”，语句带有鲜明的层次感。再分述两种表现。一种是马虎从事：“根拳而土易”，有别于“其本欲舒”“其土欲故”；“其培之也，若不过焉则不及”，也有别于“其土欲平”“其筑欲密”。这是移植时的违反“木性”。另一种是过分殷勤，由于情况比较复杂，所以仍采用先总提后分述的写法。“爱之太恩，忧之太勤”，是总提。而后分述，分述时用两种对仗工妥的偶句。一组是“旦视而暮抚，已去而复顾”，表述过分行为中的普遍现象。另一种是“爪其肤而验其生枯，摇其本以观其疏密”，描述“甚者”尤为严重的表现。这是栽种后的违反“木性”。这些做法的后果必然是“木之性日以离”。虽然“恩”与“忧”的主观愿望是好的，但是操作失当，不按自然规律行事，其客观效果也只能是“害之”与“仇之”了。段末得出结论“故不我若也”，与文章首段“他植者虽窥伺效慕，莫能如也”遥相呼应。

第三段，由种树之道论及“官治”——治民之道。因设有一问者提问，使得话题的转换非常自然。郭氏仅是个种树能手、土专家，国家政治他不大懂，官治之道他更是说不清。他只能从自身居住在“丰乐乡”所直接感受到的最深切的东西,借助种树积累的经验加以说明。这很切合他的身份,也很合乎情理。原来“丰乐乡”的百姓并不丰足安乐,可见这个子虚乌有的地名是为了讥讽社会时弊——整个官僚制度,作者“幻设”出来的。郭氏居乡,耳濡目染,“见长人者好烦其令”最为刻骨铭心,便一语道出。下面再用亲身经历的具体情况加以说明。“旦暮吏来”说明他们扰民是不分时间的,来后便吆喝出诸多内容:包括耕田、播种、收割等农事的全过程,包括抽丝、纺线等副业,还包括子女的抚育以及禽畜的饲养。召集的方式是“鸣鼓而聚之,击木而召之”。这些看来“若甚怜焉”,却也足见“好烦其令”。其结果必然是“而卒以祸”,弄得小百姓为招待官吏连吃饭的工夫都没有,还怎能人丁兴旺、生活安定呢?所以都十分困苦和疲惫不堪。郭氏的最后一句话:“若是,则与吾业者,其亦有类乎?”答话结尾再回到种树上。

最后一段,点出了写作本文的目的,目的就是记下这件事,作为当官的鉴戒。

关于本文的主旨,清代过珙曾经说:“借种树以喻居官。”(《古文评注》评语卷七)此语极是,即种树“能顺木之天以致其性”,居官也是同样的道理,不能烦令害民。由此看来,种树云云,仅是陪笔,是铺垫;“官理”才是主意,是题旨。郭橐驼的一席居乡感言,实际体现了作者的进步政见,是作者改革弊政的主张。如果我们了解产生本文的中唐社会背景,了解当时百姓为烦令骚扰困苦不堪,就更能认识到它的针对性和现实意义。

本文的主要特色,除了“幻设为文”“以寓言为本”之外,还有两点可作陈述:一是使用问答式。这不仅使谈论的话题转换显得自然(即文意承转自然),对人物形象的刻画、展现,对人物现身说法以增强文章的真实性、说服力,都具有积极的作用。这显然受到先秦《论语》《孟子》等语录体散文的影响,是柳氏继承了这种写作的传统。二是使用对比写法。先从种植者当与不当进行对比,即郭橐驼与“他植者”的对比,再从管理的善与不善进行对比,管理不善中又以“他植者”的态度过于疏懒与过分殷勤进行对比。文章以种植之道与官治之理加以对比,即“养人”之不善与“养树”之不善的对比,是全篇的“精神命脉”。这种层层对比,都是为了使题旨更加醒豁,把道理阐述得更加深刻。 (李如鸾)

童区寄[①]传

柳先生曰:越[②]人少恩[③],生男女,必货视之[④]。自毁齿[⑤]已上,父兄鬻[⑥]卖,以觊[⑦]其利。不足,则取他室,束缚钳梏之[⑧],至有须鬣者[⑨]。力不胜,皆屈为僮。当道相贼杀以为俗。幸得壮大,则缚取幺[⑩]弱者。汉官[⑪]因以为己利,苟得僮,恣所为不问。以是越中户口滋耗[12]。少得自脱,惟童区寄以十一岁胜,斯亦奇矣。桂部从事杜周士[13]为余言之。

童寄者,郴州[14]荛牧儿[15]也,行牧且荛。二豪贼劫持,反接[16],布囊[17]其口,去逾四十里之虚所[18]卖之。寄伪儿啼,恐栗为儿恒状[19]。贼易之,对饮,酒醉。一人去为市,一人卧,植刃[20]道上。童微伺[21]其睡,以缚背刃,力下上,得绝,因取刃杀之。逃未及远,市者还,得童,大骇。将杀童,遽曰[22]:"为两郎[23]僮,孰若为一郎僮耶?彼不我恩[24]也,郎诚见完[25]与恩,无所不可。"市者良久计,曰:"与其杀是僮,孰若卖之?与其卖而分,孰若吾得专焉?幸而杀彼,甚善"。即藏其尸,持童抵主人所,愈束缚牢甚。夜半,童自转,以缚即炉火,烧绝之,虽疮手,勿惮,复取刃杀市者。因大号,一虚皆惊。童曰:"我区氏儿也,不当为僮。贼二人得我,我幸皆杀之矣。愿以闻于官。"

虚吏白[26]州[27],州白大府[28]。大府召视,儿幼愿[29]耳。刺史颜证[30]奇之,留为小吏,不肯。与衣裳,吏护还之乡。乡之行劫缚者,侧目[31]莫敢过其门,皆曰:"是儿少秦武阳[32]二岁,而讨杀二豪,岂可近耶?"

〔注〕 ① 童区(ōu)寄:儿童姓区名寄。 ② 越:通"粤",唐时五岭以南的两广均可称"粤",此指今广西柳州一带。 ③ 少恩:缺少恩爱之情。 ④ 货视之:把他们看作可以买卖的商品。 ⑤ 毁齿:小孩七八岁时换牙,此指小孩换牙的年龄。 ⑥ 鬻(yù):卖。 ⑦ 觊(jì):希图。 ⑧ 束缚钳梏(gù)之:捆绑起来戴上铁箍手铐。钳,用来束颈的铁箍。梏,用以铐手的木制刑具。 ⑨ 须鬣(liè)者:长胡须的成年人。鬣,胡须。 ⑩ 幺(yāo):小。⑪ 汉官:唐朝廷委任的统治少数民族地区的汉族地方官。 ⑫ 滋耗:更加减少。 ⑬ 桂部从事杜周士:桂管观察使的僚属杜周士。桂部,指桂管观察使的衙门。从事,州郡地方长官的僚属。杜周士,贞元十七年(801)进士,曾任桂管观察留后。 ⑭ 郴(chēn)州:治今湖南郴州。当为"柳州"之误。陈景云《柳集点勘》:"区寄事既闻之桂部从事,而区寄乃郴州荛牧儿,郴系潭部属郡,非桂所部。又传言'州白大府','刺史颜证奇之'。据《旧史》,颜证以贞元二十年除桂部刺史、桂管观察使,则州所白大府,盖桂管非潭部也。'郴'当从《文苑》作'柳'。"陈说是。 ⑮ 荛(ráo)牧儿:打柴放牧的小孩。 ⑯ 反接:反绑双手。 ⑰ 囊:口袋,此处作动词用,塞住。⑱ 虚所:集市。虚亦写作"墟"。 ⑲ 恒状:常态。 ⑳ 植刃:插刀。 ㉑ 微伺:悄悄地等候。 ㉒ 遽(jù)曰:急忙说。 ㉓ 郎:奴仆对主人的称呼。 ㉔ 彼不我恩:他对我不好。 ㉕ 见完:保全我。 ㉖ 白:报告。 ㉗ 州:指州的长官。 ㉘ 大府:州官的上级,指桂管经略使衙门。 ㉙ 幼愿:幼小老实。 ㉚ 颜证:当时的桂州刺史兼桂管观察使。

㉛ 侧目：畏惧不敢正视。 ㉜ 秦武阳：战国时燕国少年勇士，年十三，杀人，燕太子丹曾派他作为荆轲的副手入秦行刺秦王。

《童区寄传》作于柳州时期，确切作年不详。该文叙写儿童区寄与掠卖人口的豪贼作斗争，连杀二贼，最终取得胜利的故事，歌颂他不畏强暴，机智勇敢的反抗精神，为柳宗元传记文中的名篇之一。

柳宗元的传记文有两个重要特点：一是为平民立传，他传记中的主人公，无论是种树的园艺匠，盖房子的建筑师，还是卖药的商人，均为普通百姓；二是不单纯地记叙传主的生平事迹，而是把人物放在社会大环境中来写，由人而系事，借人以明世，通过人物传记反映作者所生活的中唐时期的时代风貌，具有深广的社会内容。该文就是这样。作者一改为贵族官僚、文人墨客作传的传统，在这篇传记中为一个穷苦孩子传神写照，体现了他一贯的重视人民、同情人民的民本思想。此外，作者在写区寄的英勇事迹之前，先通过"柳先生曰"，交代故事的背景，点出当地劫掠幼儿、贩卖人口的恶俗："自毁齿以上，父兄鬻卖，以觊其利。不足，则取他室，束缚钳梏之，至有须鬣者。力不胜，皆屈为僮。当道相贼杀以为俗。"有人为了图利，把子女当作货物进行买卖，甚至掠卖别人家的孩子，还包括成年人，在道路上公然劫掠和残杀已成风气。这和柳宗元在《寄韦珩》一诗中所写"到官数宿贼满野，缚壮杀老啼且号"的当时柳州的情况完全相同。作者还由"柳先生曰"，揭露"汉官因以为己利，苟得僮，恣所为不问"。地方官吏因可以从掠卖人口中渔利，便对此放纵不管。这样，区寄被劫就不是孤立的、偶然的现象，而是具有典型性、必然性的事件。文中所写也不只停留在叙述区寄的遭遇、为其个人立传上，而是借此展示出当时真实的社会图画，暴露黑暗腐败的吏治，并寄寓作者自己要求改革弊政的理想，从而大大加深了这篇传记的思想底蕴和现实意义。

此文在结构上十分讲究疏通脉络，巧设文眼，以此把文中各种材料贯串起来，显示出全文鲜明的整体感和连贯性。这篇文章共分三段。首段记叙人物的社会环境，指明劫掠贩卖人口的现象十分普遍，受害者甚多，并概括交代区寄的事迹说："少得自脱，惟童区寄以十一岁胜，斯亦奇矣。"点出一个"奇"字，成为全篇文眼，然后引出第二段传记的主体部分，具体写区寄之"奇"。而在写其"奇"之前，先写其不"奇"，很普通：他只是一个儿童，是打柴放牧的小孩，以此为后面叙其遭遇，写其"奇"伏根。接着记叙"二豪贼劫持，反接，布囊其口"，他们要把区寄劫持到四十里以外的集市上卖掉。"豪贼"有"二"，且十分凶狠，说明双方力量悬殊；而贩卖的路程有四十里之遥，又为区寄的反劫持提供了有利条件，这些都替下文作了进一步的铺垫。其后，按照时间先后顺序，分三个层次来写区寄的

“奇”。伪装恐惧，麻痹对手，然后伺机果断地手刃其中一个豪贼，这是一“奇”；重被抓获，随机应变，摸准对方心理，投其所好，寻机再杀另一豪贼，这是二“奇”；事后大声喊叫，惊动集市，把事情真相公之于众，这是三“奇”。明人茅坤曾评此文曰：“事亦奇。”（《唐宋八大家文钞·柳柳州文钞》卷五）清代孙琮亦云：“事奇，人奇，文奇。”（《山晓阁选唐大家柳柳州全集》评语卷四传）此段就是通过这些奇事写奇人，所用笔墨不多，而一个勇于斗争，善于斗争，机智勇敢的少年英雄形象便清晰地突现出来。末段结尾写区寄杀贼的反响，以刺史颜证留之为小吏而不肯，和乡之劫贼对之畏惧惊恐、心有余悸，进一步写其“奇”。全文以“奇”字为一篇之骨，以“奇事”为中心线索，组织材料，安排情节，做到了紧凑集中，有条不紊，又前后连贯，浑然一体，谋篇布局十分精严完整。

柳宗元的传记文着重写人，写人的性格和命运，本文就是以运用多种手法来塑造鲜明生动的人物形象见长。首先，作者往往在尖锐的矛盾冲突中，通过人物自己的语言行动来刻画形象。如区寄杀一贼之后，“逃未及远”，被返还的另一豪贼抓获，面对即将被杀的危急情势，却非常从容镇定，并针对豪贼贪婪自私的心理，晓以利害：“为两郎僮，孰若为一郎僮？彼不我恩也，郎诚见完与恩，无所不可。”意思是说，做两个主人的奴仆，哪有做一个主人的奴仆好呢？他待我不好，你如果真能保全我的性命并待我好一点，要我做什么都可以。这样投其所好，果然使利令智昏的豪贼中计：“与其杀是僮，孰若卖之？与其卖而分，孰若吾得专焉？”于是放下屠刀，区寄因此而转危为安。后来当豪贼将他“愈束缚牢甚”后，他又忍受肉体的烧灼之痛，半夜里“自转，以缚即炉火，烧绝之，虽疮手，无惮，复取刃杀市者”，终于杀死另一豪贼。该文就是在如此紧张的气氛中，通过人物的言行，把区寄的沉着机智写得逼真传神，令人过目难忘。其次，此文还善于运用细节描写来增强人物形象的丰满和生动。文中在交代两豪贼“对饮，酒醉。一人去为市，一人卧”后，曾写了这样一句：“植刃道上。”豪贼把刀插在路上。这不是等闲之笔，而是一个重要的细节：既写出了二贼对年仅十一岁的区寄估计不足，掉以轻心，照应前面“易之”二字，表现其麻痹；又写出豪贼不懂得武器在这场劫缚与反劫缚斗争中的重要性，竟随便放置，显示其愚蠢。同时它在情节的展开上，又为后面写区寄“以缚背刃”，“因取刃杀之”，歌颂其机智勇敢作了伏笔。这个颇具匠心，巧为设置的细节，对刻画人物起了重要作用。运用烘托手法，也是该文塑造人物的主要特点之一。第一段在记叙人口贩子猖狂劫持掠卖儿童情况时，曾写“少得自脱”四字，这对后来区寄英雄事迹的叙写就是一种铺垫衬托，使他杀贼自救的行为更显难能可贵。第三段继第二段续写区寄之“奇”，也用的是烘托。

“大府召视,儿幼愿耳”,区寄显得幼小老实,可是刺史“留为小吏,不肯”,此用不奇来衬托其奇,可谓不奇之奇。后来写他“吏护还之乡”,“乡之行劫缚者”把他看作战国时的少年勇士秦武阳,“侧目莫敢过其门”,以劫贼认为他奇来烘托其奇,可谓奇而又奇。由于这些烘托手法的巧妙使用,使奇特不凡、智勇兼备的少年英雄区寄越发显出其夺目的光彩。

该文的语言也颇具特色。清人沈德潜在评文中“以缚背刃,力下上,得绝”数语时说:“二句语简而明,抵十数言。”(《唐宋八家古文读本》卷九)其实,不仅是这二句“语简而明”,而是全文都是如此。如文章的主体第二段,总共才二百余字,却把豪贼与区寄之间劫缚与反劫缚的斗争过程写得跌宕起伏,一波三折,典型地体现出此文言简意赅,精悍无匹的特点。清人陶元藻评《童区寄传》曰:“无衍词,无泛笔,一字不容增减。”(《泊鸥山房集·与蔡芳三论韩柳文优劣书》)可谓知言。这篇文章还多用短句,多停顿,如“寄伪儿啼,恐栗为儿恒状。贼易之,对饮,酒醉”,“即藏其尸,持僮抵主人所。愈束缚牢甚”,还有如上文提到的叙写两次杀贼经过所用的短句,都是突出的例子。这样读来简劲刻削,短促有力,有助于形成本文“简老明快”(沈德潜《唐宋八家古文读本》卷九)的语言风格。 (吴小林)

梓人[①]传

裴封叔[②]之第,在光德里。有梓人款[③]其门,愿佣隟[④]宇而处焉。所职寻引[⑤]、规矩、绳墨,家不居砻斫[⑥]之器。问其能,曰:“吾善度材,视栋宇之制,高深、圆方、短长之宜,吾指使而群工役焉。舍我,众莫能就一宇。故食于官府,吾受禄三倍;作于私家,吾收其直太半焉。”他日,入其室,其床阙足而不能理,曰:“将求他工。”余甚笑之,谓其无能而贪禄嗜货者。

其后京兆尹[⑦]将饰官署,余往过焉。委群材,会众工,或执斧斤,或执刀锯,皆环立向之,梓人左持引右执杖而中处焉。量栋宇之任,视木之能,举挥其杖曰:“斧。”彼执斧者奔而右,顾而指曰:“锯。”彼执锯者趋而左。俄而斤者斫、刀者削,皆视其色,俟其言,莫敢自断者。其不胜任者,怒而退之,亦莫敢愠焉。画宫于堵,盈尺而曲尽其制,计其毫厘而构大厦,无进退焉。既成,书于上栋,曰:“某年某月某日某建,”则其姓字也。凡执用之工不在列。余圜视[⑧]大骇,然后知其术之工大矣。

继而叹曰：彼将舍其手艺，专其心智，而能知体要者欤？吾闻劳心者役人，劳力者役于人，彼其劳心者欤？能者用而智者谋，彼其智者欤？是足为佐天子、相天下法矣！物莫近乎此也。彼为天下者本于人。其执役者，为徒隶，为乡师[9]、里胥[10]，其上为下士，又其上为中士、为上士，又其上为大夫、为卿、为公。离而为六职，判而为百役。外薄四海，有方伯[11]、连率[12]。郡有守，邑有宰，皆有佐政。其下有胥吏，又其下皆有啬夫[13]版尹[14]，以就役焉，犹众工之各有执伎以食力也。彼佐天子相天下者，举而加焉，指而使焉，条其纲纪而盈缩焉，齐其法制而整顿焉，犹梓人之有规矩、绳墨以定制也。择天下之士，使称其职；居天下之人，使安其业。视都知野，视野知国，视国知天下，其远迩细大，可手据其图而究焉，犹梓人画宫于堵而绩于成也。能者进而由之，使无所德；不能者退而休之，亦莫敢愠。不衒能，不矜名，不亲小劳，不侵众官，日与天下之英才讨论其大经，犹梓人之善运众工而不伐艺[15]也。夫然后相道得而万国理矣。相道既得，万国既理，天下举首而望曰："吾相之功也。"后之人循迹而慕曰："彼相之才也。"士或谈殷、周之理者，曰伊、傅、周、召[16]，其百执事之勤劳而不得纪焉，犹梓人自名其功而执用者不列也。大哉相乎！通是道者，所谓相而已矣。其不知体要者反此，以恪勤[17]为公，以簿书为尊，衒能矜名，亲小劳，侵众官，窃取六职百役之事，听听[18]于府廷，而遗其大者远者焉，所谓不通是道者也。犹梓人而不知绳墨之曲直、规矩之方圆、寻引之短长，姑夺众工之斧斤刀锯以佐其艺，又不能备其工，以至败绩用而无所成也。不亦谬欤？

或曰："彼主为室者，傥或发其私智，牵制梓人之虑，夺其世守而道谋[19]是用，虽不能成功，岂其罪耶？亦在任之而已。"余曰：不然。夫绳墨诚陈，规矩诚设，高者不可抑而下也，狭者不可张而广也。由我则固，不由我则圮，彼将乐去固而就圮也，则卷其术，默其智，悠尔而去，不屈吾道，是诚良梓人耳。

其或嗜其货利，忍而不能舍也，丧其制量，屈而不能守也，栋挠[20]屋坏，则曰“非我罪也”。可乎哉？可乎哉？

余谓梓人之道类于相，故书而藏之。梓人，盖古之审曲面势[21]者，今谓之都料匠[22]云。余所遇者，杨氏，潜其名。

〔注〕 ① 梓人：建筑师。 ② 裴封叔：裴瑾，河东闻喜（今属山西）人，柳宗元之姊夫。贞元元年（785），登进士第，历仕京兆参军事、殿中侍御史、比部员外郎、万年令，元和十二年（817）卒。柳宗元有《唐万年令裴府君墓碣》。 ③ 款：敲、叩。 ④ 隟：同“隙”，空。 ⑤ 寻引：度量长短。寻，八尺。引，十丈。 ⑥ 砻斫（lóng zhuó）：磨和砍削。 ⑦ 京兆尹：京城所在地区的行政长官。 ⑧ 圜视：向四周看。 ⑨ 乡师：一乡之长。 ⑩ 里胥：一里之长。 ⑪ 方伯：一方诸侯之长。《礼记·王制》：“千里之外设方伯。” ⑫ 连率：连，十国以为连。率，同“帅”，连有帅。即诸侯十国之长。 ⑬ 啬夫：乡官。汉代制度，乡小者，设啬夫一人。 ⑭ 版尹：掌户籍的小官吏。 ⑮ 伐艺：炫耀技艺。 ⑯ 伊、傅、周、召：指伊尹、傅说、周公、召公。 ⑰ 恪（kè）勤：谨慎勤奋。 ⑱ 听（yín）听：笑貌。《子虚赋》：“听然而笑”。陈景云《柳集点勘》云：“当作‘龂龂’，《史记》注：龂龂，斗争貌。观下‘姑夺众工’句，对上‘龂龂’言之耳。”陈说疑是，可参。 ⑲ 道谋：谋于路人，难于成功。《诗经·小雅·小旻》：“如彼筑室于道谋，是用不溃于成。” ⑳ 栋挠：同“栋桡（ráo）”。屋梁脆弱曲折。 ㉑ 审曲面势：审察地形或器物之曲直及其阴阳面背之势。语出《周礼·冬官·考工记》：“审曲面势，以饬五材，以辨民器，谓之百工。” ㉒ 都料匠：营造师，总工匠。

本文约作于贞元十七、十八年（801、802）。柳宗元之姊嫁裴瑾，贞元十六年三月卒于光德里府第，事见柳宗元《亡姊京兆府参军裴君夫人墓志》。本文云：“裴封叔之第，在光德里，有梓人款其门，愿佣隟宇而处焉。”当为其姊死后，府第有空房，故梓人愿佣居。又云：“其后京兆尹将饰官署，余往过焉。”柳宗元于贞元十六年授校书郎，调蓝田尉，时姊夫裴瑾任京兆府参军，两人都是京兆府属官，有可能接近京兆尹。贞元十九年，柳擢监察御史，永贞元年，贬永州，直到他逝世，都无法与京兆尹往还。由此推论，本文约作于子厚任蓝田尉时。

古代达官贵人之传记，由史官为之叙写，而文人私作传记，皆为小民。柳宗元集中所为传记，犹守古义，如《宋清传》《种树郭橐驼传》《童区寄传》等。子厚又于传记中，发抒己议，有类于庄子的“寓言”，《梓人传》传梓人杨潜事，叙其不使砻斫之器，能总持大体，善度材使众，以构筑大厦，进而申论为相之道。全文的重点是“相道”，不是为梓人立传。《唐宋文醇》批评王弇洲“认煞公为梓人立传，而触类相臣”的说法，乃是“失厥指矣”，说得很有道理。

全文分为五段。第一段描写梓人佣室，自述能事云：“吾善度材，视栋宇之制，高深、圆方、短长之宜，吾指使而群工役焉。舍我，众莫能就一宇。”柳子不信其言，以为他是一个“无能而贪禄嗜货者”，运用欲扬先抑之法，先写作者对梓人的初步印象。

第二段，作者目睹梓人指挥工匠构筑大厦，运筹如意的种种举动，然后知“其术之工大矣”。描写梓人之能，极细，他指使群工或斫或削，众人“皆视其色，俟其言，莫敢自断者”，他根据“画宫于堵”的宫宇形制，“计其毫厘而构大厦”，许多细节，都入于子厚笔下。以上两段，为全文的前半幅，详写梓人，序次摹写，抑扬得法，先抑正自为了后扬。

“继而叹曰”一段，为第三段，由梓人之能识体要，联想到相道，悟出“足为佐天子、相天下法矣”的道理。此段详写为相之道，又处处回抱上段梓人“指使而群工役焉”之道，“彼佐天子相天下者，举而加焉，指而使焉，条其纲纪而盈缩焉，齐其法制而整顿焉”，这就像梓人“有规矩、绳墨以定制也”。“择天下之士，使称其职；居天下之人，使安其业。视都知野，视野知国，视国知天下，其远迩细大，可手据其图而究焉”，这就像梓人“画宫于堵而绩于成也”。“能者进而由之，使无所德；不能者退而休之，亦莫敢愠。不衒能，不矜名，不亲小劳，不侵众官，日与天下之英才讨论其大经”，这就像梓人“善运众工而不伐艺也”。正是层层回应，井井然有条不紊，诚如吕祖谦所云：“一节应一节，严序事实。”（《古文关键》卷上）虽发为相之道的大议论，却又不脱“梓人”之正意，于此益见柳宗元文法之缜密、高妙。

第四段用“或曰”拓开，另发一番议论，补出事君之道“不可则止”之意，这是对第三段论为相之道的重要补充。张伯行认为这是“古今绝大议论”（《唐宋八大家文钞》卷四）。这也正是柳宗元对君臣之道的体认，在封建社会里能发出如此的议论，实在难得。

第五段“梓人之道类于相”句，点题收场。全文题为“梓人传”，却分明是一篇大臣论，论述如何“为相”，“梓人”不过是借以发端，由宾入主。一、二段写梓人，处处隐伏“相道”，不是单写梓人；三、四段写相道，又处处回应“梓人”，真是笔无虚文，金圣叹对本文的写作，赞不绝口，他说：“前幅，细写梓人；后幅，细写相道。段段，句句，字字精练，无一懈字、懈句、懈段。”（《金圣叹批校古文》卷一二）

对于本文的立意，有一种看法，说：“《梓人传》规模从《吕氏春秋》来。”（王应麟《困学纪闻·诸子》引迂斋论）似乎牵强。倒是杨慎的见解有意义，他说：“郭象《庄子注》曰：‘工人无为于刻木，而有为于运矩；主人无为于亲事，而有为于用臣。’柳子厚演之，为《梓人传》一篇，凡数百言。”（《丹铅总录》卷一二）杨氏这个说法很有道理，柳宗元写作本文时，确实受到过郭象文意的深刻启迪，不过柳文写得更有深度和力度，更能启示后人。

（吴企明）

蝜　蝂[①]　传

蝜蝂者，善负[②]小虫也。行遇物，辄持取，卬[③]其首负之。背愈重，虽困剧[④]不止也。其背甚涩[⑤]，物积因不散，卒踬仆[⑥]不能起。人或怜之，为去其负，苟能行，又持取如故。又好上高，极其力不已[⑦]，至坠地死。

今世之嗜[⑧]取者，遇货不避[⑨]，以厚其室[⑩]，不知为己累[⑪]也，惟恐其不积。及其怠[⑫]而踬也，黜弃[⑬]之，迁徙[⑭]之，亦以病[⑮]矣。苟能起，又不艾[⑯]，日思高其位，大其禄[⑰]，而贪取滋甚[⑱]，以近于危坠[⑲]，观前之死亡不知戒。虽其形魁然[⑳]大者也，其名人也，而智则小虫也。亦足哀夫[㉑]！

〔注〕 ① 蝜蝂(fù bǎn)：也作负版。一种黑色小虫。 ② 善负：擅长以背载物。 ③ 卬(áng)：同"昂"，抬起。 ④ 困剧：疲惫到极点。 ⑤ 涩：不光滑。 ⑥ 踬(zhì)仆：绊倒、跌倒。 ⑦ 已：停止。 ⑧ 嗜：极端爱好。 ⑨ 不避：不让。 ⑩ 厚其室：扩充他的财产，充实他的家业。 ⑪ 累：累赘，负担。 ⑫ 怠：懈怠，荒疏。引申为"出了问题""捅了娄子"。 ⑬ 黜(chù)弃：被罢免。 ⑭ 迁徙：贬谪，流放。 ⑮ 病：受害。 ⑯ 艾(yì)：悔恨，悔改。 ⑰ 禄：旧时官吏的薪俸。 ⑱ 滋甚：更加厉害，愈加超过。 ⑲ 危坠：摔死。指身败名裂。 ⑳ 魁然：魁伟高大的样子。 ㉑ 夫(fú)：用在句尾表示感叹语气。

《蝜蝂传》是柳宗元贬放永州(今属湖南)时所作。仅看题目，作者是在为蝜蝂立传，应属传记一类文章；其实是借助蝜蝂小虫，揭露贪夫丑恶，鞭挞社会黑暗，抨击吏治腐败。由此看来，本文是寓言体的讽刺小品，归入杂文之列似更合适。

全文分为两部分。

第一部分先写蝜蝂。开篇概括点出蝜蝂小虫的重要习性是"善负"。下面具体接写如何"善负"：爬行时，它见物就取，背到身上，不肯中辍。因背部滞涩，积累之物虽多也不致滑落，直到跌倒而不能起。有人可怜它，为其减负，它却不知悔悟，一旦能走动，又照取不误。其另一习性是喜欢爬高，力气用尽也不止歇，直到落地摔死。

作者仅用七十二个字，蝜蝂形象便跃然纸上。其中不乏生动的笔墨，如"卬其首负之"的"卬"字，是对蝜蝂持物后得意忘形的神态的刻画，见出笔触的细腻。又如用"其背甚涩"四字作为补笔，适时交代物积不散的原因，以消除读者疑窦，这样写，既不悖情理，又饶有意趣，也可见出作者思维的周严和行文的缜密。

第二部分再写贪夫。文中"今世之嗜取者",即指那些高位厚禄、吮吸民脂民膏的官吏。他们遇到财物便据为己有,以充实家业,浑然不觉不义之财足以招祸。待到东窗事发,或罢官,或贬放,也算吃尽苦头。而一旦得势,便终日想升官发财,恣意攫取,几近身败名裂。尽管他们看到从前因贪取而覆灭的事例,仍不能引以为戒。

文章刻画贪夫形象,处处与前文呼应、关合、比照。蝜蝂"遇物,辄持取",贪夫"遇货不避";蝜蝂因"物积"而"踬仆",贪夫因"怠"而"踬";蝜蝂"苟能行,又持取如故",贪夫"苟能起","而贪取滋甚";蝜蝂"好上高","至坠地死",贪夫"日思高其位","近于危坠"。作者描述蝜蝂小虫,每一笔都见贪夫形象;而刻画贪夫形象,又每一笔皆为蝜蝂习性。二者的本质属性均是"贪",人与虫何其相似乃尔!

基于此,文末寥寥数语,水到渠成地指出贪夫"其形魁然大者","而智则小虫",不仅点睛结穴,卒章显志,使讽刺性的题旨更加醒豁,还将前后文有机地绾结在一起,形成严谨的结构,细密的章法。

在布局方法上,这篇寓言性杂文又不同于作者的《三戒》《罴说》。《三戒》《罴说》的叙事,都用了较多的文字,仅在结尾处用一二语点明题旨。本文则平均使用笔墨,形式上看似平分秋色,不论主次,而立意则蝜蝂是宾,是陪笔,贪夫为主,是主笔。这种正面揭露,更显尖锐辛辣。

《蝜蝂传》是不朽文字,蝜蝂的贪婪形象也随之不朽。中唐以降,将蝜蝂写入诗文者,代不乏人。元邓玉宾《南吕一枝花》套曲:"是一个无斤两的风云怛,蝜蝂虫般舍命的贪。"清钱谦益《移居》诗之二:"褵褷自笑般姜鼠,堆积人嗤蝜蝂虫。"这都表明本文对后世文学的影响。

柳氏寓言不同于先秦诸子中作为修辞一格的寓言,已发展成为独立的文学样式。究其原因,主要在于内容完整丰满,叙事生动有细节,语言警策具文学性,全然具备了作为新兴文体的诸多要素之故。 (李如鸾)

乞 巧[①] 文

柳子夜归自外庭[②],有设祠者,餔饵[③]馨香,蔬果交罗,插竹垂绥[④],剖瓜犬牙[⑤],且拜且祈。怪而问焉。女隶进曰:"今兹秋孟[⑥]七夕,天女之孙[⑦]将嫔于河鼓[⑧]。邀而祠者,幸而与之巧,驱去蹇拙[⑨],手目开利[⑩],组纫缝制[⑪],将无滞于心焉。为是祷也。"

柳子曰:“苟然欤?吾亦有所大拙,傥[12]可因是以求去之。”乃缨弁束衽[13],促武缩气[14],旁趋曲折[15],伛偻将事[16],再拜稽首称臣而进曰:“下土之臣,窃闻天孙,专巧于天,缪辖璇玑[17],经纬星辰,能成文章,黼黻帝躬[18],以临下民。钦圣灵、仰光耀之日久矣。今闻天孙不乐其独得,贞卜于玄龟[19],将蹈石梁[20],款天津[21],俪于神夫[22],于汉之滨[23]。两旗开张[24],中星耀芒。灵气翕欻[25],兹辰之良。幸而弭节[26],薄游[27]民间,临臣之庭,曲听臣言:臣有大拙,智所不化,医所不攻,威不能迁,宽不能容。乾坤之量,包含海岳,臣身甚微,无所投足。蚁适于垤[28],蜗休于壳[29]。龟鼋螺蚌,皆有所伏[30]。臣物之灵,进退唯辱。彷徉[31]为狂,局束为谄[32],吁吁为诈[33],坦坦为忝[34]。他人有身,动必得宜,周旋获笑[35],颠倒逢嘻[36]。己所尊昵[37],人或怒之。变情徇势,射利抵巇[38]。中心甚憎,为彼所奇。忍仇佯喜,悦誉迁随。胡执臣心,常使不移[39]?反人是己,曾不惕疑。贬名绝命,不负所知。抃嘲似傲[40],贵者启齿。臣旁震惊,彼且不耻。叩稽匍匐,言语谲诡[41]。令臣缩恧[42],彼则大喜。臣若效之,瞋怒丛己[43]。彼诚大巧,臣拙无比。王侯之门,狂吠狴犴[44]。臣到百步,喉喘颠汗。睢盱[45]逆走,魄遁神叛[46]。欣欣巧夫,徐入纵诞[47]。毛群掉尾[48],百怒一散。世途昏险,拟步如漆[49],左低右昂,斗冒冲突。鬼神恐悸,圣智危栗[50]。泯焉直透,所至如一[51]。是独何工,纵横不恤。非天所假[52],彼智焉出?独啬于臣,恒使玷黜[53]。沓沓骞骞[54],恣口所言。迎知喜恶,默测憎怜[55]。摇唇一发,径中心原[56]。胶加钳夹,誓死无迁。探心扼胆,踊跃拘牵[57]。彼虽佯退,胡可得旃[58]!独结臣舌,暗抑衔冤。擘眦[59]流血,一辞莫宣。胡为赋授[60],有此奇偏[61]?眩耀为文,琐碎排偶。抽黄对白[62],啽哢[63]飞走。骈四俪六[64],锦心绣口。宫沉羽振[65],笙簧触手[66]。观者舞悦,夸谈雷吼。独溺[67]臣心,使甘老丑。嚚昏莽卤[68],朴钝枯朽。不期一时,以俟悠久。旁罗万金,不鬻弊帚[69]。跪呈豪杰,投弃不有。眉矉頞蹙[70],喙唾胸欧[71]。大赧而归，填恨[72]低首。天孙司巧，而穷臣若是，卒不余畀[73]，独何酷欤？敢愿圣灵悔祸，矜臣独艰。付与姿媚[74]，易臣顽颜[75]。凿臣方心[76]，规以大圆[77]。拔去呐舌[78]，纳以工言[79]。文词婉软，步武[80]轻便。齿牙饶美，眉睫增妍。突梯卷脔[81]，为世所贤。公侯卿士，五属十连[82]。彼独何人，长享终天！”

言讫，又再拜稽首，俯伏以俟。至夜半，不得命，疲极而睡，见有青褎朱裳[83]，手持绛节[84]而来告曰：“天孙告汝，汝词良苦，凡汝之言，吾所极知。汝择而行，嫉彼不为[85]。汝之所欲，汝自可期。胡不为之，而诳我为！汝唯知耻，谄貌淫词[86]，宁辱不贵，自适其宜。中心[87]已定，胡妄而祈？坚汝之心，密汝所持，得之为大，失不污卑。凡吾所有，不敢汝施[88]，致命而升[89]，汝慎勿疑。”

鸣呼！天之所命，不可中革[90]。泣拜欣受，初悲后怿[91]。抱拙终身，以死谁惕[92]！

〔注〕 ① 乞巧：中国古代民间习俗。每逢七夕，妇人向织女星乞求智巧。以彩缕穿七孔针，陈几筵酒脯瓜果于庭中以乞巧。 ② 外庭：外边的庭院。 ③ 餰(zhān)饵：糕点。餰，通“饘”，稠粥。饵，以黍稻豆屑合蒸之曰饵。 ④ 插竹垂绥：插着旗杆，缨穗下垂。绥，旗子的缨穗。 ⑤ 剖瓜犬牙：切开的瓜果交错放置。犬牙，交错放置、参差不齐的样子。 ⑥ 秋孟：秋季的第一个月，即七月。每个季节的第一个月称为孟月。 ⑦ 天女之孙：指织女。传说织女是天帝的孙女。 ⑧ 嫔于河鼓：织女星就要与牵牛星相会。嫔，嫁。此处指夫妻相会。河鼓，指牵牛星所在地。 ⑨ 蹇(jiǎn)拙：不顺利。 ⑩ 手目开利：变得眼明手巧。 ⑪ 组纫(rèn)缝制：编织缝补的事情。组纫，编织。 ⑫ 傥：或者。 ⑬ 缨弁(biàn)束衽：系好冠带，整理好衣服。缨，帽子上的带子，这里用作动词，指系上。弁，古代的一种帽子。衽，衣襟。⑭ 促武缩气：急促的小步走着，屏住呼吸。促武，小步急走。武，半步。 ⑮ 旁趋曲折：从旁边快步绕道走过去。 ⑯ 伛偻将事：弯着腰准备做这件事。表示很恭敬。 ⑰ 轇轕(jiāo gé)璇玑：(织女)连缀复杂的天体。轇轕，交错连缀。璇玑，用美玉装饰的天文仪器，这里指天体。 ⑱ 黼黻(fǔ fú)帝躬：(织女)能够做成装饰华丽的衣服，穿在天帝的身上。黼黻，古代礼服上绣制的花纹，这里指装饰。帝躬，天帝的身体。 ⑲ 贞卜于玄龟：占卜了一个吉日。贞卜，占卜。玄龟，大乌龟。古代用火烧龟壳占卜，预测吉凶。 ⑳ 石梁：传说中天河(银河)上的桥梁。 ㉑ 款天津：渡过天河。天津，星座名，九颗星横在天河中。这里指天河。㉒ 俪于神夫：与牵牛星相会。俪，配偶。神夫，指牛郎，即牵牛星。 ㉓ 于汉之滨：到天河对岸。 ㉔ 两旗开张：左旗九星和右旗九星像两面大旗一样张开。 ㉕ 灵气翕欻(xī xū)：灵光闪烁。翕欻，迅疾的样子。 ㉖ 弭节：使持节者停下来，这里指休息。弭，止。节，符节，古

代使者持以作凭信。 ㉗ 薄游：到（民间）游览一番。 ㉘ 蚁适于垤（dié）：蚂蚁住在窝里。垤，蚂蚁打洞时形成的小土堆，这里指蚂蚁洞。 ㉙ 蜗休于壳：蜗牛在壳内栖息。 ㉚"龟鼋（yuán）"二句：龟鼋螺蚌，都有藏身之处。鼋，鳖的一种，俗称癞头鼋。 ㉛ 彷徉（páng yáng）：徘徊，这里指自由自在。 ㉜ 局束为谄：谨小慎微，被人认为是阿谀奉承。 ㉝ 吁吁为诈：忧愁叹息，有人认为是弄虚作假。吁吁，忧愁、长吁短叹的样子。 ㉞ 坦坦为忝（tiān）：安然自得，有人认为是恬不知耻。忝，厚颜无耻。 ㉟ 周旋获笑：善于应酬，得到人们的喜欢。 ㊱ 颠倒逢嘻：言行错乱也获得人们的赞美。嘻，赞美声。 ㊲ 尊昵：尊敬亲近的人。 ㊳ 射利抵巇（xī）：为谋取名利而投机钻营。抵巇，趁其间隙，钻空子。 ㊴"胡执"二句：为什么我常常坚持自己的看法而不能改变？ ㊵ 抃（biàn）嘲似傲：别人鼓掌戏谑近于傲慢。抃，鼓掌。 ㊶ 言语谲诡：言语狡诈。 ㊷ 缩恧（nǜ）：（使我为他们）感到惭愧。恧，惭愧。 ㊸ 丛己：聚集在自己身上。 ㊹ 狂吠狴犴（bì àn）：（权贵的家门口）有许多狂叫的恶狗。狴犴，传说中的猛兽，这里指看门狗。 ㊺ 睢盱（suī xū）：张目仰视，受惊吓的样子。 ㊻ 魄遁神叛：魂飞魄散。 ㊼ 徐入纵诞：大摇大摆地从容地走进去。 ㊽ 毛群掉尾：看门的恶狗摇着尾巴。毛群，指看门狗。 ㊾ 拟步如漆：就像在漆黑的夜里摸索行走。㊿ 圣智危栗：最聪明的人也会惊惧发抖。 (51)"泯焉"二句：（巧夫们）却消泯了这些危险，到哪里都一样畅通无阻。 (52) 非天所假：要不是上天授予的。 (53) 恒使玷黜：使我经常遭受玷污和排斥。 (54) 沓（tà）沓骞（qiān）骞：（巧夫）说话滔滔不绝，高谈阔论。沓沓，话多的样子。骞骞，肆意高谈的样子。 (55) 默测憎怜：暗中揣测别人的憎恨和怜爱。 (56) 径中心原：一开口说话，就能说到别人的心坎上。 (57) 踊跃拘牵：争先恐后地攀附拉扯。 (58) 胡可得旃（zhān）：又哪里能得到上司的同意呢？旃，"之""焉"的合音。 (59) 擘（bò）眦：眼眶破裂。(60) 胡为赋授：为什么赋予人的巧拙。 (61) 有此奇偏：偏差得这么厉害呢？ (62) 抽黄对白：用黄和白作对比，指作诗和骈文时上下文的对仗。 (63) 唵哢（án lòng）：鸟叫的声音。(64) 骈四俪六：指骈文的偶句，以四言六言相间成对。骈、俪，成双成对的意思。 (65) 宫沉羽振：宫音低沉，羽音激越高昂。宫、羽，古代五音宫、商、角、徵、羽中的两种音调。 (66) 笙簧触手：鼓动笙竽中的簧片，使之发出有节奏的声音。这里形容文章音调铿锵。笙，乐器名，通常用十三根长短不齐的竹管组成，用口吹奏。簧，乐器里用铜片或竹箬制成的薄片，吹奏时振动发声。 (67) 溺：沉溺，此处指坚守的意思。 (68) 嚚（yín）昏莽卤：显得愚蠢粗鲁。嚚昏，愚蠢糊涂。 (69) 弊帚：坏的扫帚。古代常以弊帚谦称自己的作品。 (70) 眉膑（pín）頞（è）蹙：皱眉蹙额。膑，皱起。頞，鼻梁。 (71) 喙唾胸欧：感到恶心作呕。欧，同"呕"，作呕。 (72) 填恨：满腔怨恨。 (73) 畀（bì）：赐予。 (74) 付与姿媚：授予我媚人的姿态。 (75) 顽颜：固执的容貌。 (76) 凿臣方心：凿通我正直的心肠。 (77) 规以大圆：使我善于随机应变。(78) 呐舌：言语迟钝的舌头。 (79) 工言：善于花言巧语。 (80) 步武：脚步。 (81) 突梯卷脔（luán）：随俗浮沉，小心谨慎。突梯，随俗浮沉的样子。卷脔，屈曲不舒展的样子。 (82) 五属十连：代指高官显贵。《礼记·王制》：五个诸侯国之长为属长，十个诸侯国之长为连帅。(83) 青褎（xiù）朱裳：青衣红裙。褎，同"袖"。 (84) 绛节：大红色的符节。 (85) 嫉彼不为：厌恶巧夫的行为而不愿意去做。 (86) 谄貌淫词：谄媚取宠的样子和不合正道的言辞。 (87) 中心：心中所想，决心。 (88) 不敢汝施：不敢向你传授。汝施，即"施汝"。 (89) 致命而升：传达的话已经说完，马上要返回天宫。 (90) 不可中革：不要中途改变。 (91) 怿：喜悦。(92)"抱拙"二句：决心抱定笨拙终身不改，就是因此而死也没有什么可怕的。

本文作于永州时，具体写作时间不详。本文中，柳宗元借用民间每逢七夕向织女星乞巧的风俗，假设与织女星的问答，讽刺当时投机取巧、追名逐利的巧夫，从而揭露仕途黑暗，表达自己情愿"抱拙终身"的观点。此文从西汉扬雄所作《逐贫文》化出，设想奇特，寓意深刻。

本文为骚体文，由一序一辞组成，序是散文，辞是骚体韵文。序是说明柳子乞巧是因为见到女仆向织女祈祷，求得聪明灵巧，有感于自己拙笨，也要向织女乞巧。辞的部分是乞巧的整个过程。乞巧的第一个环节是赞颂织女星的聪明与灵巧，希望织女星在与牛郎相会的时候到自己的庭院来走一趟，听听自己的倾诉。乞巧的第二个环节是倾诉自己乞巧的原因。他首先说明自己的处境，把自己和那些巧夫相比，突出自己之"拙"。因为自己的"大拙"是"智所不化，医所不攻，威不能迁，宽不能容"的，所以乾坤之大，没有自己的栖身之地，"彷徉为狂，局束为谄，吁吁为诈，坦坦为忝"，自己的所作所为总能被别人挑出毛病，而那些"巧夫"在处世方面却极为圆滑，"动必得宜，周旋获笑，颠倒逢嘻"，他们能"忍仇佯喜，悦誉迁随"，而唯独自己不能发生任何改变，即使是"贬名绝命"，也不肯背弃原则。那些谄媚者，丑态百出，"叩稽匍匐，言语谲诡"，他们到权贵家门口，连看门的恶狗都摇尾欢迎，而自己至"王侯之门"，遇到的是"狂吠狴犴"。然后感叹自己的拙笨和巧夫的圆滑都是上天所赐，但上天"独结臣舌，暗抑衔冤"，使自己"嚚昏莽卤，朴钝枯朽"，因此希望天孙能"易臣顽颜。凿臣方心，规以大圆。拔去呐舌，纳以工言。文词婉软，步武轻便"，即能使自己如巧夫一样周旋于世间，得到世人的称赞。乞巧的第三个环节是等候回音。在梦中遇到织女的使者的一番话，明确表明柳之的乞巧实际上是反言为之，他自己对巧夫的蔑视以及"宁辱不贵，自适其宜"的坚持，得到织女的肯定和赞赏，使柳子得到精神上的支持。至此，乞巧环节结束。文章的最后一段是柳子的感叹，明确表明自己"抱拙终身"、至死不悔的决心。

从本文中可以看出柳宗元对屈原辞赋的借鉴。屈原的辞赋多是以神话的形式表达自己百折不挠、坚持正直独立人格的精神，具有暴露黑暗、鞭挞邪恶的批判精神，具有慷慨悲歌、激愤哀怨的情感格调。《乞巧文》也是以神话的形式表达自己坚持自我、抱拙终身、宁辱不贵的志向和节气，对于现实中巧夫谄媚取宠，到处沆瀣一气、虚伪狡诈的现状予以无情的揭露与批判。在这样的社会中，自己虽然是一身正气，刚正不阿，竟然没有立足之地，堪称悲凉！贯穿全文的慷慨激愤之气不下屈子之《离骚》。不仅如此，在艺术形式上，柳宗元也发展了屈赋的比兴手法，创立了融辞赋、寓言、杂文于一体的新型讽赋。

在柳宗元的许多辞赋中，对于邪恶的批判主要采取直辞指斥的方式，甚至直接以“骂”字作为题目。而本文,采用的是反语的方式予以嘲讽,近于嬉笑。郭预衡《中国散文史》中册第九章第一节《柳宗元的用世之文》中说:“柳宗元文章具有两大特征:一是立论新颖,打破传统;二是牢骚太盛,出言多讽。”本文中,作者以拙言笨腮的愚者自谓,对于巧夫,予以嘲讽,进而刻画那些人谄媚之相,丑态百出。这样的人在社会上如鱼得水,可见当时的政治的黑暗,而作者不愿意同流合污。文章以乞巧开始,以抱拙终身结束,可见他的乞巧是借一个“巧”字痛骂一场,可谓是“嬉笑之怒,甚于裂眦”。

很明显,本文的嘲讽带有幽默的特点。首先,乞巧节自古以来是女人的节日,主要是向织女乞求女红方面的才能,而柳宗元作为一须眉,虔诚向织女星乞巧,形式本身值得一笑。另外,写到自己在权贵门前的神态,“臣到百步,喉喘颠汗。睢盱逆走,魄遁神叛”,带有自嘲,实际上是反衬那些谄媚者的丑态,并予以严厉的抨击。由此可见柳宗元在永州期间的执着心态,即使身被贬谪,但还是顽强抗争,对政敌的抨击不留情面。

从本文中,也可看出柳宗元对骈文的批判态度。他讽刺巧夫们所写的骈文是“眩耀为文,琐碎排偶。抽黄对白,啽哢飞走。骈四俪六,锦心绣口。宫沉羽振,笙簧触手。观者舞悦,夸谈雷吼。独溺臣心,使甘老丑”,批评骈文徒有其表,并无实际用处,甚至还会迷惑人心。但纵观柳宗元的文论,他并不完全否定骈文,而注意吸取其有益成分。只不过在本文中,不是单纯从批判骈文的角度出发,而是从批判写骈文以邀宠的巧夫的角度出发的,所以才会无所保留地批判骈文。

（袁　茹）

憎王孙[①]文并序

猨[②]、王孙居异山,德异性[③],不能相容。猨之德静以恒[④],类仁让[⑤]孝慈。居相爱,食相先[⑥],行有列,饮有序。不幸乖离[⑦],则其鸣哀。有难,则内[⑧]其柔弱者。不践稼蔬[⑨]。木实[⑩]未熟,相与视之谨;既熟,啸呼群萃[⑪],然后食,衎衎[⑫]焉。山之小草木,必环而行遂其植[⑬]。故猨之居山恒郁然[⑭]。王孙之德躁以嚣[⑮],勃诤号呶[⑯],唶唶彊彊[⑰],虽群不相善也。食相噬啮,行无列,饮无序。乖离而不思。有难,推[⑱]其柔弱者以免[⑲]。好践稼蔬,所过狼籍披攘[⑳]。木实未熟,辄龁咬投注[㉑]。窃取人食,皆实其嗛[㉒]。山之小草木,必凌挫折挽[㉓],使之瘁然[㉔]后已。故王孙之居山恒蒿然[25]。以是猨群众则逐王孙，王孙群众亦齚[26]猨。猨弃去，终不与抗。然则物之甚可憎者，莫王孙若也[27]。余弃[28]山间久，见其趣[29]如是，作《憎王孙》云：

湘水[30]之滺滺[31]兮，其上群山。胡兹郁而彼瘁[32]兮，善恶[33]异居其间。恶者王孙兮善者猨，环行遂植兮止暴残[34]。王孙兮甚可憎！噫，山之灵[35]兮，胡不贼[36]旃[37]？

跳踉叫嚣兮，冲目宣龂[38]。外以败物[39]兮，内以争群[40]。排斗善类[41]兮，哗骇披纷[42]。盗取民食兮，私已不分[43]。充嗛果腹[44]兮，骄傲欢欣。嘉华美木兮硕而繁，群披[45]竞啮兮枯株根[46]。毁成[47]败实兮更怒喧，居民怨苦兮号穹旻[48]。王孙兮甚可憎！噫，山之灵兮，胡独不闻？

猨之仁兮，受逐不校[49]。退[50]优游兮，惟德是效[51]。廉、来[52]同[53]兮圣囚[54]，禹、稷[55]合兮凶[56]诛。群小遂[57]兮君子违[58]，大人[59]聚兮孽无余[60]。善与恶不同乡[61]兮，否泰[62]既兆其盈虚[63]。伊[64]细大[65]之固然兮，乃祸福之攸趋[66]。王孙兮甚可憎！噫，山之灵兮，胡逸而居[67]？

〔注〕 ① 王孙：即猢狲，猴子的别称。 ② 猨：同"猿"，猴类。 ③ 德异性：品性不同。 ④ 静以恒：安静而持久不变。 ⑤ 让：礼让。 ⑥ 相先：互相推让。 ⑦ 乖离：失散。 ⑧ 内(nà)：古"纳"字，放进其中加以保护。 ⑨ 稼蔬：庄稼、蔬菜。 ⑩ 木实：果实。 ⑪ 啸呼群萃：呼唤大家聚集在一起。 ⑫ 衎(kàn)衎：和气欢乐的样子。 ⑬ 遂其植：使其顺利生长。 ⑭ 郁然：草木茂盛的样子。 ⑮ 躁以嚣：暴躁而嚣张。 ⑯ 勃诤号呶(háo náo)：勃诤，争吵。号呶，嚎叫。 ⑰ 唶(zé)唶彊(jiāng)彊：唶唶，大声喧哗。彊彊，相互追逐。 ⑱ 推：推诿，抛弃。 ⑲ 免：脱身，脱险。 ⑳ 狼籍披攘：乱七八糟。 ㉑ 龁(hé)咬投注：乱啃乱扔。 ㉒ 嗛(qiǎn)：王孙两颊内储藏食物的皮袋。 ㉓ 凌挫折挽：凌挫，摧残。折挽，乱折乱扯。 ㉔ 瘁(cuì)然：残破、衰败的样子。 ㉕ 蒿然：荒芜不堪的样子。 ㉖ 齚(zé)：咬。 ㉗ 莫王孙若也："莫若王孙"的宾语提前句，意为莫过于王孙了。 ㉘ 弃：抛弃，被贬谪。 ㉙ 趣：趣向，指生活习性。 ㉚ 湘水：湘江，流经永州。 ㉛ 滺(yóu)滺：水流的样子。 ㉜ 兹郁而彼瘁：这边草木茂盛，那边草木衰败。 ㉝ 善恶：善，指猨。恶，指王孙。 ㉞ 环行遂植兮止暴残：环行遂植，主语为猨。止暴残，主语为王孙。猨绕道而走使草木顺着自然规律成长，而王孙却停下来把它们肆意摧残。 ㉟ 山之灵：山神。 ㊱ 贼：诛灭，杀掉。 ㊲ 旃(zhān)：之，它，指王孙。 ㊳ 冲目宣龂(yín)：瞪着眼睛，露出牙根。 ㊴ 败物：破坏树木稼蔬。 ㊵ 争群：与群内争斗。 ㊶ 排斗善类：指排斥猨。 ㊷ 哗骇披纷：哗骇，喧哗骚动。披纷，纷乱不堪。 ㊸ 私已不分：占为己有而不分给同伙。 ㊹ 果腹：吃饱肚子。 ㊺ 披：攀折。 ㊻ 枯株根：使树死根枯。 ㊼ 成：长

成的树。 ㊽ 穹旻(qióng mín):上天。 ㊾ 校(jiào):计较。 ㊿ 退:指从原所居山离开。 51 惟德是效:只是效仿高尚的德操。 52 廉、来:指飞廉、恶来。相传他们是殷纣王手下的两个酷吏。 53 同:勾结。 54 圣囚:指周文王被囚禁于羑(yǒu)里(今河南牖城)。 55 禹、稷:指夏禹、后稷。相传他们是舜向尧推荐的两个贤臣。 56 凶:指"四凶",四个恶人,即混吞、穷奇、梼杌(táo wù)、饕餮(tāo tiè)。相传舜用禹、稷并流放了这四个恶人,而天下平安。 57 遂:得逞。 58 违:背时、遭殃。 59 大人:君子。 60 无余:清除干净。 61 同乡:共处。 62 否(pǐ)泰:本为《易》两卦名,分别代表恶运好运。 63 盈虚:升降消长。 64 伊:发语词,无义。 65 细大:小人君子。 66 攸趋:所向。 67 胡逸而居:为何安然坐视,无动于衷?逸而居,安逸地幽居。

本文作于柳宗元被贬谪永州时期。文章记述猴类习性,由序文和骚辞两部分组成。序文侧重客观记叙,骚辞侧重主观抒情,二者相辅相成,淋漓尽致地表达了作者的寓意与讽托。

序文描写猿与王孙这两种动物截然不同的习性、特点和二者势不两立的情状。文章开门见山,总写一笔:"猿、王孙居异山,德异性,不能相容。"接着用两段文字,分别描写猿与王孙的不同品性与作为:猿的品性恬静而稳重,大家能互助互让、孝敬和善。他们住在一起时互相爱护,吃东西时彼此推让,走起路来有队列,饮起水来有秩序。如果不幸分离了,他们就发出悲哀的叫声。遇到患难时,强壮的便保护弱小的。它们不践踏庄稼、蔬菜。果子还没有成熟,就互相细心地看守;等到果子成熟了,便呼唤大家聚集在一起,然后和和乐乐地吃。遇到山里的小草木,必定绕道而走,使小草木能够顺着自然规律茁壮地成长。所以猿居住的山上,总是郁郁葱葱的。而王孙的品性暴躁而嚣张,喜欢争吵嚎叫,经常大声喧哗,互相追逐,即使结伴群居,彼此也不和好。吃东西的时候互相乱咬,走起路来没有队列,饮起水来没有秩序。如果分离了也互不思念。遇到患难时,就把弱小的推出去抵挡,以便自己脱险。王孙喜欢践踏庄稼、蔬菜。凡是它们走过的地方,都被搞得乱七八糟。果子还没有成熟,它们就乱咬乱扔。偷了人家的食物,都只顾把它塞在自己两颊内的皮袋里。遇到山里的小草木,王孙必定要破坏摧残,一直把它弄得枝残叶败才罢休。所以它们住过的山上,总是荒芜不堪。这里,作者用两相对比的手法,具体生动地勾画出猿与王孙的不同形象。然后进一步写猿与王孙势不两立:因此猿群众多的时候就驱逐王孙,王孙众多的时候也咬猿。猿厌弃王孙因而离开它,始终不与它抗争。这时作者原先隐藏于字里行间爱憎好恶之情,一下子迸发出来:"然则物之甚可憎者,莫王孙若也。"接下去骚辞的直抒胸臆,也就水到渠成。

骚辞三段,虽以序文所述猿与王孙的所作所为为基础,但并不是"序已述其意,词又述之”(廖本卷十九《憎王孙文》题注引陈长方语)的重复笔墨,而是借题发挥,进一步陈述自己的讽托之意。

历来的评论者都承认《憎王孙文》是意有所讽的作品。魏本在本篇文末引录宋代黄庭坚的一段评论:“子厚《憎王孙文》,以猿喻君子,王孙喻小人,有意呼用君子而去小人也。”这样的解说,应该说颇得柳文之旨。但君子指什么人,小人指什么人,包括黄庭坚在内的许多人,都囿于传统史籍偏见,乃至颠倒了是非。当代研究柳宗元的学者对此已经取得共识:猿是用以暗喻子厚所曾参与的王叔文集团,而王孙则是影射宦党俱文珍之类的反动势力,至于文中的“山”是喻天下,“山之灵”是影射宪宗皇帝。柳宗元在骚辞中借题发挥,以爱憎分明的笔墨,一方面赞美了王叔文集团在政治上主张革新进步的德行,一方面则无情地揭露了以大阉强藩为核心的反动势力的罪行,并对最高统治者提出了责问。

骚辞首段写“善者猿”和“恶者王孙”给山林带来“兹郁而彼瘁”的不同后果,暗喻两种政治势力给天下百姓带来的不同利害。第二段进一步具体抒写王孙的所作所为的严重危害,实际上是直接声斥反动势力的祸国殃民:不仅指斥他们恃强逞暴,“排斗善类”,而且抨击他们“盗取民食”“毁成败实”,以致“居民怨苦兮号穹旻”的罪行。第三段,借猿颂扬进步势力高尚德操,并就他们的不幸遭遇抒发感慨:好人坏人不能共处,小人得逞君子就遭殃,等等。骚辞中随着文意的逐层深入,三段分别收束以如下意味深长的话语:

噫,山之灵兮,胡不贼旃?

噫,山之灵兮,胡独不闻?

噫,山之灵兮,胡逸而居?

这里的“山之灵”,显然是影射唐宪宗。作者尽管对皇帝还寄予一定的希望,但他把讽斥的矛头直指当时的最高统治者,责问他对王孙之流残民害物的罪行,为什么“不贼”“不闻”,听之任之,纵恶为非,这已经是十分难能可贵了。骚辞写得情真意切,语长声悲,一唱三叹,表达了作者强烈的是非爱憎,增强了作品的感染力和说服力。

《憎王孙文》借题发挥而不使人感到牵强,有几方面的原因。其一,事实有所本。《埤雅》就曾对猿与王孙的性情加以辨别:“猨之德静以缓,猴之德躁以嚣。”东汉王延寿曾作《王孙赋》。宋代庄季裕云:“后汉王延寿作《王孙赋》云:‘有王孙之狡兽,形陋观而丑仪。颜状类乎老公,躯体似乎小儿。储粮食于耳颊,稍委输于胃脾。同甘苦于人类,好铺糟而啜醨。’柳子厚作《憎王孙文》,其名盖出于此。余谓自王公而次侯,故以王孙寄之耳。”(《鸡肋编》卷中)其二,手法有所本。宋代朱熹云："晁氏(补之)曰：'《憎王孙文》者，柳宗元之作也。《离骚》以虬龙鸾凤托君子，以恶禽臭物指谗佞，而宗元仿之焉。'"(《楚辞后语》卷五《憎王孙文第四十四》)其三，描写曲尽其致。清代林纾云："《憎王孙文》，幽渺峭厉，能曲状小物，皆尽其致。"(《韩柳文研究法·柳文研究法》)正如柳宗元在文中所说："余弃山间久，见其趣如是，作《憎王孙》云。"由于他贬斥永州已久，对山野间王孙的生活习性体察入微，感受真切，因此写起来就能够惟妙惟肖，曲尽其妙。这恐怕是作品写得真实可信的最主要原因。 (金 涛)

哀溺[①]文并序

永之氓[②]咸善游。一日，水暴甚，有五六氓，乘小船绝[③]湘水。中济[④]，船破，皆游。其一氓尽力而不能寻常[⑤]。其侣曰："汝善游最也，今何后为？"曰："吾腰[⑥]千钱，重，是以后。"曰："何不去之？"不应，摇其首。有顷，益怠[⑦]。已济者立岸上，呼且号曰："汝愚之甚！蔽[⑧]之甚！身且死，何以货为？"又摇其首，遂溺死。吾哀之。且若是，得不有大货[⑨]之溺大氓[⑩]者乎？于是作《哀溺》。

吾哀溺者之死货兮，惟大氓之为忧。世涛鼓[⑪]以风涌兮，浩滉荡[⑫]而无舟。不让禄以辞富兮，又旁窥而诡求[⑬]。手足乱而无如[⑭]兮，负重逾乎崇丘[⑮]。既浮颐而灭膂[⑯]兮，不忍释利而离尤[⑰]。呼号者之莫救兮，愈摇首以沉流。发披鬤[⑱]以舞澜[⑲]兮，魂怅怅[⑳]而焉游。龟鼋[㉑]互进以争食兮，鱼鲔[㉒]族而为羞[㉓]。始贪赢以啬厚[㉔]兮，终负祸而怀雠[㉕]。前既没而后不知惩[㉖]兮，更揽取而无时休。哀兹氓之蔽愚兮，反贼己而从仇。不量多以自诫[㉗]兮，姑指幸者而为谋。

夫人固灵于鸟鱼兮，胡昧罻[㉘]而蒙钩[㉙]！大者死大兮，小者死小。善游虽最兮，卒以道夭[㉚]。与害偕行兮，以死自绕。推今而鉴古兮，鲜克[㉛]以保其生。衣宝焚纣[㉜]兮，专利灭荣[㉝]。豺狼死而犹饿兮，牛腹尸而不盈。民既贸贸[㉞]而无知兮，故与彼咸谥[㉟]为氓。死者不足哀兮，冀中人[㊱]之为余再更[㊲]。噫！

〔注〕 ① 溺：淹没。此指淹死的人。 ② 氓(méng)：百姓，多指外来客户。此指当地百

姓。③ 绝：横渡。④ 中济：渡到中流。⑤ 寻常：古代八尺为寻，二寻为常。又指平常。⑥ 腰：腰中围着。动词。⑦ 怠：疲倦无力。⑧ 蔽：蒙蔽。被金钱所迷。⑨ 大货：大笔贵重财物。⑩ 大氓：大人物。指贪得无厌的大官僚贵族。⑪ 涛鼓：大浪激荡。⑫ 滉荡：摇晃、波动的样子。⑬ 诡求：用不正当的手段索求。⑭ 无如：无可如何，不知所措。⑮ 崇丘：高山。⑯ 膂(lǚ)：脊梁骨。⑰ 离尤：遭罪，遭祸。⑱ 披鬤(ráng)：头发散乱的样子。⑲ 舞澜：随着波浪起伏、翻动。⑳ 伥(chāng)伥：无所适从的样子，不知所措的样子。㉑ 鼋(yuán)：形似甲鱼，比甲鱼大，俗称癞头鼋。㉒ 鱼鲔(wěi)：泛指鱼类。㉓ 羞：同"馐"。美食。㉔ 啬厚：吝啬丰厚的财富。㉕ 怀雠(chóu)：怀抱仇恨。㉖ 惩：克制，鉴戒。㉗ 谏：纠正，挽回。㉘ 罻(wèi)：捕鸟的罗网。㉙ 钩：鱼钩。㉚ 道夭：中途夭亡。㉛ 克：能够。㉜ 衣宝焚纣：周武王率诸侯讨伐殷纣，纣王战败逃走，穿上藏有珍宝的玉衣，自焚而死。(见《史记·殷本纪》) ㉝ 专利灭荣：周厉王贪利，重用同样贪利的荣夷公为卿，他不听大夫芮良夫的谏阻，后国内果然发生叛乱，厉王出走，死于彘(今山西霍州)。(见《国语·周语》) ㉞ 贸贸：目不明的样子。引申为蒙昧糊涂。㉟ 谥(shì)：号称，称为。㊱ 中人：一般人，智慧中等学习后可以领悟道理的人。㊲ 更：改变。

虽然柳宗元是唐代古文大家，却也是辞赋的高手。明代王文禄就说："柳赋，唐之冠也。"(《文脉卷二》)如《牛赋》《骂尸虫赋》《憎王孙文》《愈膏肓疾赋》，都是立意奇警精巧、语言辛辣犀利、刻画入木三分的辞赋佳作。《哀溺文并序》当列其中。

这是一篇寄寓深意、文风辛辣的小赋，为柳宗元贬谪永州(今湖南永州)期间所作。

小赋前附有序文。序文说永州有个水性很强的人，落水后因舍不得丢掉围在腰间的一千钱，终于淹死的故事。这个序道出写作《哀溺文》的原委。其实是作者以此为引子，借以批判为贪图大量财富而被淹死的大人物。

第一部分，叙写大氓为利所蔽，不择手段聚敛财富，终遭灭顶之灾。赋文的前八句写大氓的贪婪表现。其中第一、二句从怜悯那个死于金钱的溺水者，引出对那些大氓的担忧。既直承序文，又揭示赋文"哀大氓"的题旨。开门见山，起得直截了当。三、四句用自然界的"涛鼓""风涌""滉荡""无舟"，喻指风波险恶的社会现实。接下来四句写其贪婪本性(不让禄、不辞富)，索取财富的卑鄙手段(旁窥、诡求)，以及暴敛后的沉重负担与狼狈相。中间八句写大氓沉溺的过程和可悲的下场。开始也像永州溺水者，头部浮在水面，身躯浸在水里，因不肯丢弃财利而遭祸。同伴呼喊难施援手，不纳忠言导致沉溺。乱发随波起伏，魂魄不知依归，尸骸为龟鱼争食。最后八句深刻揭示大氓遭祸的缘由，在于既贪且吝：既不知吸取教训自我克制，也不想自我纠正，仍旧揽取不休，并追求害己之物而毁灭自己，认敌为友，与之图谋。

第二部分，哀大氓之“溺”。作者有感于人虽比鸟鱼聪明，仍不免自投罗网，自上钓钩；虽善游仍不免中道夭亡。先援引“衣宝焚纣”与“专利灭荣”两则皆因贪利而灭亡的古代典实，加以类比；再选举豺狼的死而犹饿与牛腹尸而不盈的生活实例，表明欲壑难填。文末以揭示为文的目的作为结束。

整篇小赋在“溺”字上做足了文章。序文中的“溺”字用的是本义，“永州之氓”确实因小利被水淹死。即“小者死小”。赋文中的大氓之“溺”的溺字用的是引申义——沉迷而无节制。贪婪的大氓并非真的被水淹死，而是由于沉迷于大货又不自救才毁掉。即“大者死大”。“哀”字作为感情线索，贯穿始终。作者对“小者死小”的哀是同情、怜悯；对“大者死大”的哀则是讽刺、奚落。

辞赋不用韵者为文赋，用韵者为诗赋。本文是诗赋。第一部分只用一个韵部的韵脚：忧、舟、求、丘、尤、流、游、羞、雠、休、仇、谋，同属平声“尤”韵部。第二部分则用了三个韵部的韵脚；前二句中的“钩”仍押“尤”韵部；三至八句中的小、夭、绕，转为同属仄声的“篆”韵部；九句至结尾的生、荣、盈、氓、更，再由仄声韵转为同属平声的“更”韵部。无论平声韵，还是仄声韵，都是两句一押。小赋以六言句、七言句为主，间有少量的四言句、五言句。长短相杂、错落有致的句子，加上平仄互换、富于变化的韵式，便构成鲜明顿挫的节奏，铿锵和谐的声调。读起来琅琅上口，美不胜收。

（李如鸾）

吊屈原[①]文

后先生盖千祀[②]兮，余再逐而浮湘[③]。求先生之汨罗兮，擥[④]蘅若[⑤]以荐[⑥]芳。愿荒忽[⑦]之顾怀[⑧]兮，冀陈词而有光。先生之不从世[⑨]兮，惟道是就[⑩]。支离[⑪]抢攘[⑫]兮，遭世[⑬]孔疚[⑭]。华虫[⑮]荐壤[⑯]兮，进御羔裘[⑰]。牝鸡[⑱]咿嗄[⑲]兮，孤雄束咮[⑳]。哇咬[㉑]环观[㉒]兮，蒙耳[㉓]大吕[㉔]。堇[㉕]喙[㉖]以为羞[㉗]兮，焚弃稷黍。犴狱[㉘]之不知避兮，宫庭之不处，陷涂[㉙]藉秽[㉚]兮，荣若绣黼[㉛]。榱[㉜]折火烈[㉝]兮，娱娱[㉞]笑舞。谗巧之哓哓[㉟]兮，惑以为咸池[㊱]。便媚[㊲]鞠恧[㊳]兮，美愈西施。谓谟言[㊴]之怪诞[㊵]兮，反置瑱[㊶]而远违。匿[㊷]重痼[㊸]以讳避兮，进俞缓[㊹]之不可为。

何先生之凛凛[㊺]兮，厉[㊻]铖石[㊼]而从之。但仲尼之去鲁兮，曰吾行之迟迟[㊽]。柳下惠之直道[㊾]兮，又焉往而可施。今夫世之议夫子兮，曰胡隐忍[㊿]而怀斯[51]。惟达人[52]之卓[53]轨[54]兮，固僻陋[55]之所疑。委[56]故都以从利[57]兮,吾知先生之不忍。立而视其覆坠[58]兮,又非先生之所志。穷与达固不渝[59]兮,夫唯服[60]道以守义。矧[61]先生之悃愊[62]兮,滔[63]大故[64]而不贰[65]。沉璜瘗[66]珮兮,孰幽而不光。荃蕙[67]蔽匿兮,胡久而不芳。先生之貌不可得兮。犹仿佛其文章。托[68]遗编[69]而叹喟兮,涣[70]余涕之盈眶。呵星辰而驱诡怪兮,夫孰救于崩亡[71]。何挥霍[72]夫雷霆兮,苟[73]为是之荒茫[74]。耀姱辞[75]之曭朗[76]兮,世果以是之为狂[77]。哀余衷[78]之坎坎[79]兮,独蕴愤而增伤。谅[80]先生之不言[81]兮,后之人又何望[82]?忠诚之既内激[83]兮,抑衔忍[84]而不长[85]。芈[86]为屈之几何兮,胡独焚其中肠[87]。吾哀今之为仕兮,庸[88]有虑时之否臧[89]。食君之禄畏不厚兮,悼[90]得位之不昌。退[91]自服[92]以默默[93]兮,曰吾言之不行。既媮风[94]之不可去兮,怀先生之可忘!

〔注〕 ① 屈原:古代著名爱国诗人。名平,战国时楚人,曾任楚国左徒、三闾大夫,后遭谗言而被放逐,作《离骚》《九歌》《九章》等诗篇。见楚国腐败,无力挽回,于五月五日投汨罗江而死。 ② 祀:商朝称年为祀,千祀,即千年。屈原投江到柳宗元写此吊文,约一千一百余年。 ③ 浮湘:飘浮于湖湘间,柳宗元初贬邵州,再贬永州,两地均在湖南湘水流域。 ④ 擥(lǎn):执,举。 ⑤ 蘅若:杜蘅、杜若,都是香草。 ⑥ 荐:进献。 ⑦ 荒忽:不分明貌,谓自己处于冥漠之中。 ⑧ 顾怀:回顾而怀念。 ⑨ 从世:随从世俗。 ⑩ 惟道是就:"惟就是道"的倒装。 ⑪ 支离:分散貌。 ⑫ 抢攘:纷乱貌。 ⑬ 遭世:遭逢乱世。 ⑭ 孔疚:内心很痛苦。 ⑮ 华虫:古代冕服上的画饰。 ⑯ 荐壤:献于土壤,即委弃于地。 ⑰ 羔褎(xiù):普通服饰。褎,同"袖"。这两句是比喻,言贵者不获用,而贱者反得以进御。 ⑱ 牝(pìn)鸡:母鸡。 ⑲ 咿嚘(yōu):鸡叫声。 ⑳ 束咮(zhòu):缚住鸟喙。比喻贤者不能伸其喙,而小人反得肆其言。 ㉑ 哇咬:此指低俗的曲调。 ㉒ 环观:环而观之。 ㉓ 蒙耳:蔽蒙耳朵,听不到。 ㉔ 大吕:古乐中十二调之一,比作正声。 ㉕ 堇(jǐn):乌头,有毒的草药。 ㉖ 喙:乌喙,有毒中药。 ㉗ 羞:同"馐",佳肴。 ㉘ 犴(àn)狱:牢狱。 ㉙ 涂:泥。 ㉚ 藉秽:以污秽之物为坐垫。 ㉛ 绣黼(fǔ):有斧形的绣袍。 ㉜ 榱(cuī):屋椽。 ㉝ 火烈:木料被火焚烧而爆裂。 ㉞ 娭娭:欢乐貌。 ㉟ 哓(xiāo)哓:乱嚷乱叫。 ㊱ 咸池:黄帝时的音乐。 ㊲ 便媚:阿谀逢迎而得以宠信的近臣。 ㊳ 鞠恧(nǜ):鞠,曲躬。恧,惭愧。 ㊴ 谟言:没有信用的话。 ㊵ 怪诞:离奇荒诞。 ㊶ 瑱(zhèn):戴在耳垂上的玉。 ㊷ 匿:隐匿。 ㊸ 痼:积久难治之病。 ㊹ 俞缓:俞跗和秦缓,古代的名医。 ㊺ 凛凛:恐惧貌。 ㊻ 厉:同"砺",磨砺。 ㊼ 铖石:古代治病用的石针。 ㊽ "但仲尼"二句:用孔子的典故,比喻屈原不忍离开故土。《孟子·万章下》:"孔子之去齐,接淅而行,去鲁,曰:'迟迟吾行也',去父母国之道也。" ㊾ 柳下惠之直道:柳下惠行直道,多次受到罢黜,别人劝他到外地去,他说:"直道而事人,焉往而不三黜?横道而事人,何必去父母之邦。"事见《论语·微子》。柳州用此典暗喻

屈原不愿弃主投奔他国。 ㊿ 隐忍：克制忍耐。 (51) 怀斯：指对楚国的忠诚。 (52) 达人：通达之人。 (53) 卓：卓异，卓立。 (54) 轨：轨则、准则。 (55) 僻陋：偏执鄙陋之人。 (56) 委：委弃。 (57) 从利：追逐名利。 (58) 覆坠：倾覆，覆灭。 (59) 渝：变更。 (60) 服：顺从，执着。 (61) 矧(shěn)：况且。 (62) 悃愊(kǔn bì)：至诚貌。 (63) 滔：诵聚。 (64) 大故：重大变故，此指楚国灭亡。 (65) 不贰：没有二心。 (66) 瘗(yì)：埋。 (67) 荃(quán)蕙：两种香草。此句出自屈原《离骚》："兰芷变而不芳兮，荃蕙化而为茅。" (68) 讬：依托。 (69) 遗编：遗留后世的著作。 (70) 涣：流散。 (71)"呵星辰"两句：指屈原作《天问》事。王逸《天问章句序》：屈原放逐，见楚庙图画天地、山川、神灵瑰玮谲诡，及古圣贤怪物行事，书其壁，呵而问之，作《天问》。吴挚父评曰："咎其奇辞之无益，乃所为自伤悼也。"（章士钊《柳文指要》引） (72) 挥霍：轻捷迅疾貌。 (73) 苟：随便。 (74) 荒茫：旷远迷茫。 (75) 姱(kuā)辞：美好的言辞。 (76) 皝(tǎng)朗：目无睛，直视而见之不明。 (77) 狂：气势猛烈。 (78) 衷：内心。 (79) 坎坎：不平貌。 (80) 谅：体谅。 (81) 不言：无言。《庄子·齐物论》："大辩不言。" (82) 望：景仰，瞻望。 (83) 内激：内心高亢激越。 (84) 衔忍：蕴积于胸中。 (85) 不长：寿命不长。 (86) 芈(mǐ)：春秋时楚国之祖姓，屈为其一分支，乃同姓。 (87) 中肠：内心。 (88) 庸：岂，难道。 (89) 否臧：好坏。 (90) 悼：恐惧，害怕。 (91) 退：退职、贬官。 (92) 服：习惯。 (93) 默默：失意貌。 (94) 媮(tōu)风：浮薄之风。

本文作于永贞元年(805)十月以后。柳宗元因永贞革新失败而遭贬谪，先为邵州刺史，十月后再贬永州司马。两地均在湖湘，"余再逐而浮湘"，有感于屈原之遭际，为作《吊屈原文》，柳宗元的创作动机，与汉代贾谊写《吊屈原赋》有极为相似之处。据《汉书·贾谊传》载，贾谊力主改革政制，遭到勋贵大臣周勃、灌婴的反对，被贬谪到长沙。贾谊路过湘水时，痛悼屈原之遭谗放逐以至殒命作此赋而吊之。贾谊《吊屈原赋序》："谊为长沙王太傅，既以谪去，意不自得。及渡湘水，为赋以吊屈原。"刘勰《文心雕龙·哀吊》说贾谊此赋是吊文的"首出之作"，对后代影响极大。距千百年而心迹相通，柳宗元与贾谊的遭际相仿佛，因此他的《吊屈原文》显然是受到贾赋的启迪而写成的。

吊文，文体的一种，追悼死者，致辞表示感慨。屈原沉江以后，历代很多文人撰文哀吊、怀念他，然各人都从自身的心态出发，文义也各有不同。在柳宗元以前，贾谊、扬雄都写过吊屈原的文章，贾谊愍悯其忠心，自谓以忠见屏，故理直而词悲。扬雄自谓是儒者，责屈原不必沉身以表直。柳宗元之所以吊屈原，篇首已经点明："后先生盖千祀兮，余再逐而浮湘。求先生之汨罗兮，擥蘅若以荐芳。"柳宗元远谪南方，遭际与屈原相近，故特意寻访其沉身之汨罗，一洒同病相怜之泪。以此为契机，便可以深入理解《吊屈原文》的题旨和深意。

自"华虫荐壤兮，进御羔裘"，至"进俞缓之不可为"一段文字，具体描绘屈原"遭世孔疚"的当世环境，他继承屈原《离骚》多用譬喻的艺术传说，用"华虫"委地，比喻贤者不获进用，用赋服羔裘进御，比喻贱者反而被亲近；用雄鸡独立而

“束咮”,比喻贤者不能施展才能,用“牝鸡咿嗄”,比喻小人肆意胡说,如此等等,一系列的喻象,生动地喻写黑暗的社会现实,形象地表现出屈原的处境,所以祝尧说:“愚谓此篇亦用比赋体,而杂出于风兴之义。”(《古赋辩体》卷一〇)

自“何先生之凛凛兮”至结句,称颂屈原在如此腐朽险恶的环境里,仍然能遵道守义,愈益显示出屈原精神之可嘉。最后,以无可奈何的哀叹,终结全文,感慨良深。李贽评曰:“其伤今念古,亦可感也。”(《焚书·反骚》)真能撷本文之要义也。就吊文的写作要求来说,坚持赤诚忠心、坚贞不渝的高风亮节,然后,柳宗元再以“今之仕者”的种种丑行进行反衬,吊古所以伤今,也为后来者鉴戒。柳宗元的《吊屈原文》,既哀悼屈原之不幸,称颂其高风亮节,也自伤遭到谗毁贬谪,更以“今之仕者”为对衬,给后来者示以警戒。吊文还要求“正义以绳理,昭德而塞违,割析褒贬,哀而有正”(《文心雕龙·哀吊》刘勰语),柳宗元的《吊屈原文》颂屈原之道,昭屈原之德,塞小人之欲,明褒贬之义,文虽哀伤而有正气。由此可见,柳文是完全符合吊文的写作要求的。

柳宗元效屈原“骚”体写作《吊屈原文》,吊屈原,亦以自吊,借屈原以明自己的心迹,“其迹原之心,亦颇得之”(祝尧《古赋辩体》卷一〇)。他悲远谪,怀故国,其情低回郁结,凄楚动人。祝尧说:“愚谓子厚三吊(按:指《吊苌弘文》《吊屈原文》《吊乐毅文》)古文,皆本于《骚》,而用比赋之义为多。然吊屈文意最佳。”(《古赋辩体》卷七)又说:“晦庵(朱熹)常称扬、柳于《楚辞》逼真,必非苟言。”(同书卷一〇)这当然是指扬雄、柳宗元的《吊屈原赋》而言。朱熹从韩愈、柳宗元的古文中看到楚骚的精神,认为入宋以后“《骚》学殆绝”(《朱子语类》卷一三九)。许学夷亦以为柳宗元的骚辞,以《吊屈原文》等“诸文为胜”(《诗源辩体》卷二三)。前代论家一致认为柳宗元古文《吊屈原文》最近《骚》学,给以很高的评价。

通观全文,我们完全可以从柳宗元赞颂屈原的文辞中,看到他对自己品德才能的估量和追求,从他哀伤屈原的文辞中,感受到他哀伤自身不幸遭遇的情感,追悼死者和哀伤自我,交织在一起,这是柳子的匠心,也是本文的艺术特征。

(吴企明)

伊尹五就桀赞

伊尹[①]五就桀[②]。或疑曰:“汤之仁闻[③]且见矣,桀之不仁闻且见矣,夫胡去就之亟[④]也?”柳子曰:“恶[⑤],是吾所以见伊尹之大[⑥]者也。彼伊尹,圣人也。圣人出于天下,不夏、商其心[⑦],心乎生民[⑧]而已。曰:‘孰能由[⑨]吾言?由吾言者为尧、舜，而吾生人尧、舜人⑩矣。'退而思曰：'汤诚仁，其功迟⑪。桀诚不仁，朝吾从而暮及于天下可也。'于是就桀，桀果不可得，反而从汤。既而又思曰：'尚可十一乎⑫？使斯人蚤被其泽⑬也。'又往就桀，桀不可而又从汤。以至于百一、千一、万一⑭，卒不可，乃相⑮汤伐桀。俾汤为尧舜，而人为尧舜之人，是吾所以见伊尹之大者也。仁至⑯于汤矣，四去之；不仁至于桀矣，五就之，大人⑰之欲速其功⑱如此。不然，汤、桀之辨，一恒人⑲尽之矣，又奚⑳以憧憧㉑圣人之足观乎？吾观圣人之急生人，莫若伊尹；伊尹之大，莫若于五就桀。"作《伊尹五就桀赞》：

圣有伊尹，思德㉒于民。往归汤之仁，曰仁则仁矣，非久不亲㉓。退思其速之道，宜夏是因㉔。就焉不可，复反亳殷㉕。犹不忍其迟，亟往以观。庶狂作圣㉖，一日胜残㉗。至千万冀㉘一，卒无其端。五往不疲，其心乃安。遂升㉙自陑㉚，黜㉛桀尊汤，遗民以完㉜。大人无形，与道为偶㉝。道之为大，为人父母。大矣伊尹，惟圣之首㉞。既得其仁，犹病㉟其久。恒人所疑，我之所大。呜呼远㊱哉，志㊲以为诲㊳。

〔注〕①伊尹：商朝大臣。 ②五就桀：伊尹五次投靠夏桀，事见《孟子·告子下》："五就汤，五就桀者，伊尹也。" ③闻：有令誉，有名声。 ④亟：多次。 ⑤恶(wū)：叹词，表惊叹。 ⑥大：高大，高尚。 ⑦不夏、商其心：不以夏、商之别而改变志向。 ⑧心乎生民：一心所系的只是老百姓。 ⑨由：从，所从。 ⑩吾生人尧、舜人：我使百姓生活得像尧舜时代的人一样幸福。生，使动用法，使人民生活得安康。 ⑪其功迟：使百姓安居乐业的功效很慢。 ⑫尚可十一乎：还可以有十分之一的希望。 ⑬蚤被其泽：使人早日得到帝王的恩泽。蚤，同"早"。被，同"披"。 ⑭百一、千一、万一：言希望为百分之一、千分之一、万分之一。 ⑮相：辅助。 ⑯至：极，到顶点。 ⑰大人：圣人。 ⑱速其功：加速其功效。 ⑲恒人：常人，普通人。 ⑳奚：何以。 ㉑憧(chōng)憧：往来不定的样子。 ㉒德：作动词用，施恩惠于人。 ㉓非久不亲：相处不久，不能亲近。 ㉔宜夏是因："宜因是夏"的倒装句式。宜因夏，应当通过夏桀，实施"速之道"。 ㉕亳(bó)殷：商汤都城，在今河南商丘北。《史记·殷本纪》："汤始居亳。" ㉖庶狂作圣：希望狂者成为圣人。 ㉗一日胜残：有朝一日，使残暴的人不再作恶。 ㉘冀：希冀，希望。 ㉙升：登上。 ㉚陑(ér)：地名，在今山西永济境内，商汤伐桀，起兵于此。升自陑：语出《尚书·汤誓》："伊尹相汤伐桀，升自陑。" ㉛黜：贬废。 ㉜遗民以完：亡国之民得以保全。 ㉝偶：伙伴。 ㉞惟圣之首：为圣人中的第一名。 ㉟病：指责。 ㊱远：深奥，指伊尹就桀事。 ㊲志：记下。 ㊳诲：教导。

赞，是一种以赞扬、褒美人物为主旨的文体。本文即由散文体的赞前之"序"

和有韵之文“赞”两者构成，相辅相成，共同完成赞美历史人物伊尹的任务。本文作于何时，无法确知，大约写在贬谪永州之后。

桀，是我国历史上著名的暴君，“不仁”闻名于天下，为什么伊尹要五次往就桀呢？作者为什么称伊尹为“圣人也”，要为他作“赞”呢？柳宗元的文章，正是要回答这些问题。文章分两大部分，第一段为赞前之“序”，作者正是从“或疑曰”处落笔，抓住“胡去就之亟也”的疑点，逐层分析伊尹去汤就桀的种种心理活动。先云：“退而思曰：‘汤诚仁，其功迟……’”相反，桀纵使不仁，但其功速，吾朝从桀而暮使天下百姓得到恩泽，于是伊尹往就桀。桀终不用伊尹，伊尹返而从汤。后云：“既而又思曰：尚可十一乎！使斯人蚤被其泽。”桀纵使不仁，即使施恩泽十分之一给予百姓，也是好事，于是伊尹又往就桀。桀仍不用伊尹，伊尹仍返而从汤。继而伊尹考虑尚可“百一”“千一”“万一”，又再三往就桀，直至“卒不可”，于是伊尹决意助汤伐桀。柳宗元不厌其烦地叙述伊尹五就桀、五就汤的过程，渐次论述伊尹心系百姓，欲百姓早被恩泽，安居乐业，归结到“吾观圣人之急生人，莫若伊尹”，具体阐发伊尹五去五就以“急生人”的道理。整篇序文三次提到“伊尹之大者”，这正是柳宗元文章的主旨，也就是他为什么要为伊尹作赞的缘故。柳宗元论伊尹之五就桀，完全为老百姓着想，其理由是正确的、充分的，也是崇高的，是圣人的伟大之处，理直气壮，所以文气雄厚，言词峻拔，气盛言宜，有着不可辩驳的力量和气势。吴北江评曰：“英壮磊落，由其理盛，故其词岸伟而气雄厚。”（《唐宋文举要》甲编卷四引）柳宗元散文“雄深雅健”的风格和“清峻秀洁”的文笔，在本文中得到充分的体现。柳宗元“急生人”的宗旨，应该说是吸取了前代人的见解。《淮南子·泰族训》说，伊尹“五就桀，五就汤，将欲以浊为清，以危为宁也”。《孟子·告子下》赵岐注：“伊尹为汤见贡于桀，桀不用而归汤，汤复贡之，如此者五。思济民，冀得施其道也。”前儒“以浊为清”“思济民”的思想，也正是柳宗元“急生人”文意的来源，近人章士钊更将本文概括为申发“人民本位思想”（《柳文指要》），给予充分的肯定。

第二段赞文为有韵之文，笔意纵横，与序文配合默契。前半部分，赞颂伊尹就桀、伐桀的经过及其意义。后半部分，论伊尹之“大”，他能“遗民以完”，“为人父母”，归根结蒂是伊尹能“以道为偶”，以仁为道，以“思天下之民”为道。这一结论，完全符合儒家思想，《孟子·告子下》论古代三位贤人，伯夷、伊尹、柳下惠，曰：“三者不同道，其趋一也。一者何也？曰：仁也。”子厚认为伊尹“五就桀”的理由是正当的，所以他在赞中理直气壮地说“大矣伊尹，惟圣之首”。与序文中的三次提到“伊尹之大者”紧相呼应。作者在赞颂历史人物伊尹的时候，亦借以摅写自己“急生人”的大志，他帮助王叔文进行政治改革，欲收宦官兵权，削弱藩镇势力，正是“急生人”的表现。故吴闿生《古文范》卷三引吴汝纶语：“此子厚解嘲之作，非强颜作高语，其所自负故如此也。”甚合柳宗元作文之心。

苏轼曾经说过：“宗元意欲以此自解其从王叔父之罪也。”（《柳子厚论伊尹》）从此开始，便有一些学者以为柳宗元这篇文章是为自己解嘲而作，如何焯的《义门读书记·河东集上》、爱新觉罗·弘历《唐宋文醇》、吴汝沦（见吴闿生《古文范》），都持此说。揆理而论，柳宗元从王叔文革新政治，大有功于国家，膏泽于下民，则又何罪之有？即使如伊尹云“五就桀”，只要能“急生人”，桀尚可以就，更何况就进步政治家王叔文！柳宗元借着赞颂历史人物伊尹为由头，表明自己为国为民跟随王叔文辈从事革新政治的心迹和本志，确也达到“自解”的目的。

（吴企明）

敌戒

皆知敌之仇①，而不知为益之尤②；皆知敌之害，而不知为利之大。秦有六国③，兢兢④以强；六国既除⑤，訑訑⑥乃亡。晋败楚鄢⑦，范文⑧为患；厉⑨之不图，举国造⑩怨。孟孙⑪恶臧⑫，孟死臧恤⑬：药石⑭去矣，吾亡无日。智能知之，犹卒以危⑮；矧⑯今之人，曾不是思⑰！敌存而惧，敌去而舞，废备⑱自盈⑲，祗益为瘉⑳。敌存灭祸，敌去召过㉑。有能知此，道大名播㉒。惩㉓病克寿㉔，矜壮㉕死暴㉖。纵欲不戒，匪㉗愚伊㉘耄㉙。我作戒诗㉚，思者无咎㉛。

〔注〕 ① 仇：可恨。 ② 尤：甚，非常。 ③ 六国：指战国时期与秦国并存的齐、楚、燕、赵、韩、魏六个诸侯国。 ④ 兢兢：小心谨慎的样子。 ⑤ 六国既除：指秦灭了六国而统一了中国。 ⑥ 訑(yí)訑：骄傲自满的样子。 ⑦ 晋败楚鄢(yān)：晋、楚，指春秋时期的晋国、楚国。鄢，鄢陵，春秋时期郑国地名，在今河南鄢陵。公元前575年晋国曾在鄢陵打败楚军。 ⑧ 范文：范文子，名士燮，晋国大夫。 ⑨ 厉：晋厉公，晋国君主，名姬寿曼。公元前580至前573年在位。 ⑩ 造：兴。 ⑪ 孟孙：孟孙速，春秋时鲁国大夫： ⑫ 臧(zāng)：臧孙纥(hé)，也是当时鲁国大夫。 ⑬ 恤(xù)：忧伤。 ⑭ 药石：古代药物的总称。石，古代治病用的石针、石磁等。 ⑮ “智能”二句：这些古代聪明智慧的人能够认识到这个道理，还终于出现了危亡的情况。智能，聪明贤能的人。犹，尚且。卒，终于，最终。危，危亡。 ⑯ 矧(shěn)：何况。 ⑰ 曾不是思：从不是思，不曾想到这一道理。 ⑱ 废备：解除戒备。 ⑲ 自盈：自满。 ⑳ 瘉(yù)：疾病，引申为祸患。 ㉑ “敌存”二句：敌人存在能促使人去消除灾祸，没有了敌人反而容易招来过错。召，同“招”，招来。 ㉒ 名播：声名远播。 ㉓ 惩：鉴戒，警惕。 ㉔ 克寿：能够长寿。 ㉕ 矜(jīn)壮：自持强壮。 ㉖ 死暴：暴病而死。 ㉗ 匪：同“非”，不是。 ㉘ 伊：是。 ㉙ 耄(mào)：八九十岁的老年人，这里作糊涂解。 ㉚ 戒诗：“戒”为古代

一种文体，可以是散文，也可以是韵文。这篇用韵文写的，所以说“戒诗”。 ㉛ 思者无咎：思考其中道理的人就可以不犯错误。

这篇富于哲理的短文，作于元和十四年(819)，是作者针对时政有感而发的。唐宪宗李纯执政前期对藩镇的叛乱有所警惕，连续对其进行讨伐，先后取得了平夏州、夷剑南、取江东、定河北、讨淮蔡等一系列的胜利，元和十三、十四年初又接连取得了制服成德镇王承宗、平定了淄青镇李师道叛乱的胜利，时局一度出现了“中兴”景象。以唐宪宗为首的统治集团以为从此可以高枕无忧，滋长了骄傲情绪，肆意娱乐，沉迷欢宴；大兴土木，崇尚奢侈；贬贤任佞，朝政腐败。此时柳宗元在柳州刺史任上，看到这种情况，心中深感忧虑，但自己已处于被贬谪的地位，不可能上书直陈己见。于是他借用历史典故写了这篇文章，阐明了“敌存灭祸，敌去召过”的道理，指出“敌去而舞，废备自盈”，将会招来更大的祸害，提醒朝廷应当居安思危。事态的发展果然不出柳宗元所预料，到元和十五年(820)，唐宪宗就被宦官陈宏志等人杀掉。

文章通篇围绕一个“敌”字，就“敌存”“敌去”的利害得失反复论说，层层深入，把“生于忧患，死于安乐”的思想阐发得淋漓尽致。文章起首四句，以敌人存在固然有害，然而对自己更有益、更有利，提出敌人具有二重性的立论，不同凡响，令人耳目一新。接下来以三个历史故事，反复论证“敌存灭祸，敌去召过”的道理。“秦灭六国”四句，写秦国的兴亡：秦国在有六国对抗的情况下，能兢兢业业而日渐强盛起来；六国被灭掉以后天下统一了，就骄傲自满起来而导致自己的灭亡。“晋败楚鄢”四句，写春秋时期晋厉公的教训。据《左传·鲁成公十六年》及《国语·晋语》记载：鲁成公十六年(前575)，晋军在鄢陵打败楚军，范文子认为晋厉公年少，大臣间有矛盾，“外宁必有内忧”，因而劝说晋厉公提高警惕，不要骄傲，但晋厉公不听，自恃聪明和威力，不注意政教而加重搜刮财富，又杀掉几个大臣，把他们的财产分给自己的姬妾，引起臣民的怨恨，终于发生内乱，被大臣栾书等所杀。“孟孙恶臧”四句，写春秋时鲁国大夫臧孙纥的觉悟。据《左传·襄公二十年》记载：孟孙平时憎恶臧孙，孟孙死时，臧孙却很忧伤，说：“孟孙憎恨我好比是治病的药石”，“孟孙死了，我灭亡的日子也就没有几天了”。不久，臧孙果然被赶出了鲁国。作者引证这三个历史故事，目的是希望当政朝廷能够以史为鉴，吸取教训。“智能知之”四句承上启下，把文章推进一层，指出：像范文子、臧孙这些聪明贤能的古人懂得这个道理，还最终出现了危亡的情况，何况现今的人们，从来不思考这个道理。笔锋一转，回到了现实社会。“敌存而惧”四句，直接针对现实问题发表评论：存在着敌人胆怯害怕，去掉了敌人就歌舞升平，骄傲自满，放弃戒备，这只能带来更大的祸害！在此基础上提出了“敌存灭祸，敌去召过”的论断，乃一篇之警策，言简意赅地说明事物相反相成，矛盾相互转化的精辟道理，闪烁着朴素辩证法的思想光辉。作者对此大加张扬，说有谁能了解这个道理，他的道德就高尚，他的名声就能传播久远。文章末尾宕开一笔，推及养生之道，并非节外生枝，而是以生活事理进一步论证文章主旨。“惩病克寿，矜壮死暴”云云，仍在申述引“敌”以为戒的重要性，放纵嗜欲不加警戒的危险性。

文章短小精悍，警策有力。全文只有一百六十七个字，而立论精辟，析理透彻，其哲理发人深思；文章层次清晰，转折自然，行文错落有致，确是短篇中的佳作。

（金　涛）

三　戒并序

吾恒恶世之人，不知推己之本，而乘物以逞，或依势以干非其类，出技以怒强，窃时以肆暴，然卒迨于祸。有客谈麋、驴、鼠三物，似其事，作《三戒》。

临江[①] 之麋

临江之人，畋得麋麑[②]，畜之。入门，群犬垂涎，扬尾皆来。其人怒，怛[③]之。自是日抱就犬，习示之，使勿动，稍使与之戏。积久，犬皆如人意。麋麑稍大，忘己之麋也，以为犬良我友，抵触偃仆，益狎。犬畏主人，与之俯仰甚善，然时啖其舌。三年，麋出门，见外犬在道甚众，走欲与为戏。外犬见而喜且怒，共杀食之，狼藉道上，麋至死不悟。

黔[④] 之 驴

黔无驴，有好事者船载以入。至则无可用，放之山下。虎见之，尨然[⑤]大物也，以为神，蔽林间窥之，稍出近之，慭慭然[⑥]莫相知。他日，驴一鸣，虎大骇，远遁，以为且噬己也，甚恐。然往来视之，觉无异能者，益习其声，又近出前后，终不敢搏。稍近，益狎，荡倚冲冒，驴不胜怒，蹄之。虎因喜，计之曰：“技止此耳！”因跳踉[⑦]大㘎[⑧]，断其喉，尽其肉，乃去，噫！形之尨也类有德，声之宏也类有能。向不出其技，虎虽猛，疑畏，卒不敢取。今若是焉,悲夫!

永某氏之鼠

永⑨有某氏者,畏日,拘忌异甚。以为己生岁直子,鼠,子神也,因爱鼠,不畜猫犬,禁僮勿击鼠。仓廪庖厨,悉以恣鼠不问。由是鼠相告,皆来某氏,饱食而无祸。某氏室无完器,椸⑩无完衣,饮食大率鼠之余也。昼累累与人兼行,夜则窃啮斗暴,其声万状,不可以寝,终不厌。数岁,某氏徙居他州,后人来居,鼠为态如故。其人曰:"是阴类恶物也,盗暴尤甚,且何以至是乎哉?"假五、六猫,阖门撤瓦灌穴,购僮罗捕之,杀鼠如丘,弃之隐处,臭数月乃已。呜呼!彼以其饱食无祸为可恒也哉!

〔注〕①临江:今江西樟树市。②畋(tián)得麋麑(ní):狩猎获得一只小鹿。③怛(dá):恐吓。④黔(qián):唐有黔中道,今为贵州省的简称。⑤尨(páng)然:即庞然。⑥慭(yìn)慭然:惊疑、谨慎貌。⑦跳踉(liáng):跳跃。⑧大㘎(hǎn):大声怒吼。⑨永:永州,即今湖南永州市。⑩椸(yí):衣架。

《三戒》是柳宗元散文的代表性作品,也是中国古代寓言的经典之作。

寓言的特点是讲一个小故事,却说明一种大道理,在读者喜闻乐见的形式下包含着发人深省的思想意义。

《三戒》共讲了三个小故事,集中地体现出柳宗元的人生阅历和他所厌恶的三种生活态度。文章的小序指明,他所批评的,是世人"不知推己之本,而乘物以逞"的三种表现,用俗话说,就是不知掂量自身,而仗外势逞志。具体地说,一是恃宠无知而触犯异类,一是显示劣技而激怒强者,一是趁时借势横施暴虐,三种情况都没有好下场。柳宗元是针对中唐时代官场中某些人的行为而发,"三戒",就是三种要戒除和警惕的现象,今天虽然历史条件已变,其所寓含的道理仍能启发我们深思。

《临江之麋》针砭的是无知幼稚。临江之麋在主人的护卫下与家犬勉强和平共处,家犬碍着主人的面让着它,它竟真的以为狗是自己的好朋友,一旦走出家门,便被街上的狗"杀食之"。更其可悲的,是"麋至死不悟"——麋始终不明白,自己和狗是永远成不了朋友的啊。同时,一切受到家庭、父母长辈荫庇呵护而浑不知世事的年轻人,不该从中汲取些教训吗?反过来,那些以为自己有力量保护子孙永世无虞的家长,是不是也该早些清醒:孩子们迟早是要走上社会的,你保得他一时,保得了他一辈子吗?

《黔之驴》讽刺无能而又缺乏自知之明者。贵州的小老虎没见过庞然大物的驴,不敢轻易冒犯,可一旦发现驴除了嘶吼和蹬蹄外一无所能,它就不客气了,驴的下场如何可想而知。寓言本不必直接言明寓意,《临江之麋》的寓意就没有明说。但对黔驴柳宗元忍不住了,自己出来评说道:驴啊驴,你身材庞大仿佛德高望重,吼声洪亮好像挺有能耐,倘若一开始你就有点自知之明,不暴露那点儿算不得本领的本领,老虎虽猛,也不至于来吃掉你啊!看来柳宗元是在替驴设想,替那些并无真才实学、过硬本领而徒有虚名或窃据高位者设想。古文家林纾读这个寓言,感受也是"喻全身以远祸也。驴果安其为驴,尚无死法。惟其妄怒而蹄,去死始近"。他的结论是:"故君子身居乱世,终以不出其技为佳。"(《韩柳文研究法·柳文研究法》)没能耐没力量,就韬晦避世安分守己,至少不至于妄死。柳、林二位所取的可谓是弱者立场。但这个寓言也可反而用之。毛泽东在1942年动员精兵简政时,就把革命军队比作精悍的小老虎,而以日本侵略者为驴,说精兵简政后的人民军队一定能够打败庞然大物的日本驴子。可见,读者是可以将新的意义创造性地赋予寓言的。

如果说对临江之麋,柳宗元多少抱有哀悯之情,对黔之驴也持有"哀其不幸,怒其愚蠢"之意,那么,对永某氏之鼠,就是彻头彻尾的憎恶痛恨了。《永某氏之鼠》告诉人们,老鼠之所以极度嚣张无法无天,完全是房屋主人某氏纵容宠惯的结果,一旦房屋易主,政策改变,老鼠们只有死路一条。丑类和恶人受到惩处,无疑是大快人心的,文章的结尾是:"哈哈,老鼠们以为饱食无祸的日子是永世不变的吗!"这几乎可以看作是柳宗元对那些踩着革新者身躯爬上高位的人的控诉和警告,而对后世读者,则足以发人深省——依靠某种势力夤缘攀爬的人,总有摔得粉身碎骨的一天!

寓言的文字总是很短小精练的,《三戒》每篇不过二百来字。难能可贵的是描写物情还相当精致。古人有云:"读此文,真如鸡人早唱,晨钟夜警,唤醒无数梦梦。妙在写麋、写犬、写驴、写虎、写鼠、写某氏,皆描情绘影,因物肖形,使读者悦其解颐,忘其猛醒。"(孙琮《山晓阁选唐大家柳柳州全集》卷四,转引自高海夫主编《唐宋八大家文钞校注集评》之《柳州文钞》)这评论是颇精当的。

(董乃斌)

舜禹之事

魏公子丕[①],由其父[②]得汉禅[③]。还自南郊[④],谓其人曰:

"舜、禹之事[5]，吾知之矣。"由丕以来皆笑之。

柳先生曰：丕之言若是可也。向者丕若曰："舜、禹之道[6]，吾知之矣。"丕罪也。其事则信。吾见笑者之不知言，未见丕之可笑者也。

凡易姓授位[7]，公与私，仁与强，其道不同；而前者忘[8]，后者系[9]，其事同。使以尧之圣，一日得舜而与之天下，能乎？吾见小争于朝[10]，大争于野[11]，其为乱，尧无以已之。何也？尧未忘于人，舜未系于人也。尧之得[12]于舜也以圣，舜之得于尧也以圣，两圣独得于天下之上，奈愚人何？其立于朝者放齐[13]犹曰"朱[14]启明[15]"，而况在野者乎？尧知其道不可，退而自忘[16]；舜知尧之忘己而系舜于人也，进而自系。舜举[17]十六族[18]，去[19]四凶族[20]，使天下咸得其人；命二十二人[21]，兴五教[22]，立礼刑[23]，使天下咸得其理[24]；合时月[25]，正历数[26]，齐律、度、量、权衡[27]，使天下咸得其用[28]。积十余年，人曰："明[29]我者舜也，齐[30]我者舜也，资[31]我者舜也。"天下之在位者，皆舜之人也。而尧隤然[32]，聋[33]其聪，昏其明，愚其圣。人曰："往之所谓尧者果乌在哉？"或曰"耄[34]矣"，曰"匿[35]矣"。又十余年，其思而问者加少矣。至于尧死，天下曰："久矣，舜之君我[36]也。"夫然后能揖让[37]受终[38]于文祖[39]。舜之与禹也亦然。禹旁行[40]天下，功系于人者多，而自忘也晚。益[41]之自系犹是也，而启[42]贤闻于人，故不能。夫其始系于人也厚，则其忘之也迟。不然，反是。

汉之失德久矣，其不系而忘也甚矣。宦、董、袁、陶[43]之贼生人盈矣，丕之父攘祸[44]以立强，积三十余年，天下之主，曹氏而已，无汉之思也。丕嗣[45]而禅，天下得之以为晚，何以异夫舜、禹之事耶？然则汉非能自忘也，其事自忘也；曹氏非能自系也，其事自系也。公与私，仁与强，其道不同，其忘而系者，无以异也。尧、舜之忘，不使如汉，不能授舜、禹；舜、禹之系，不使如曹氏，不能受之尧、舜。然而世徒探其情而笑之，故曰：笑其言者非也。

问者曰："尧崩⑯，天下若丧考妣㊼，四海遏密㊽八音㊾三载。子之言忘若甚然㊿，是可不可欤？"曰：是舜归德于尧，史51尊尧之德之辞者也。尧之老更一世52矣，德乎尧者，益已死矣，其幼而存者，尧不使之思也。不若是，不能与人天下。

〔注〕 ①魏公子丕：指曹操的儿子曹丕，古称国君之子为公子，曹操于东汉末年被封为魏王，故称曹丕为魏公子。 ②其父：指曹操，东汉末年著名政治家、军事家和文学家，曾参加镇压黄巾起义，后起兵讨董卓，迎献帝（刘协）迁都许昌，并消灭袁绍等割据势力，统一了中国北方，位至丞相及大将军，封魏王，成为北方的实际统治者。 ③禅（shàn）：禅让。公元220年，曹操死后，曹丕授意汉献帝让位，建立了魏朝。 ④南郊：古代帝王祭天之处。此处指许昌南郊。 ⑤舜、禹之事：指舜将帝位禅让给禹那样的事情。舜与禹为上古的两个帝王。 ⑥舜、禹之道：指舜禹禅让的道理与原则。 ⑦易姓授位：把帝位禅让给另一姓的人。 ⑧前者忘：指让出帝位者被人遗忘。 ⑨后者系：继承帝位者，被人拥护、记挂。 ⑩朝：朝廷。⑪野：民间。 ⑫得：此处意为了解、信任、尊重。 ⑬放齐：尧的大臣。 ⑭朱：丹朱，尧的儿子。 ⑮启明：开明，明达事理。据《尚书·尧典》，尧晚年召集群臣讨论帝位继承问题，放齐说"丹朱开明"，主张由丹朱继承帝位，尧没有采纳。 ⑯自忘：使人忘记自己。 ⑰举：提拔，任用。 ⑱族：氏族，此处指氏族首领。据《左传》文公十八年，舜曾任用高阳氏八个有才能的子孙和高辛氏八个有才能的子孙，百姓称为"八恺""八元"。 ⑲去：除掉。 ⑳四凶族：据《左传》文公十八年，舜曾将浑敦、穷奇、梼杌（táo wù）、饕餮（tāo tiè）四个凶恶的氏族首领流放到边远的地方。 ㉑命二十二人：相传舜曾任命禹、皋陶（yáo）、契（xiè）、后稷等二十二人担任重要官职。 ㉒五教：五种道德规范。据《左传》文公十八年，舜举"八元"，使布五教于四方。五教指"父义、母慈、兄友、弟共（即恭）、子孝"。 ㉓礼刑：指礼制和刑法。《尚书·尧典》有舜修订礼的记载。 ㉔理：治。为避唐高宗李治讳而以"理"代"治"。 ㉕合时月：使四时季节和月份的划定合乎自然规律。 ㉖正历数：整理历法。 ㉗齐律、度、量、权衡：齐，统一。律，乐律。度，量长短的工具。量，量器。权衡，称重量的工具。 ㉘用：功用。㉙明：开导。 ㉚齐：治理。 ㉛资：帮助。 ㉜隤（tuí）然：衰老的样子。 ㉝聋：与下文的"昏""愚"均作动词用。 ㉞耄（mào）：年老。古称八九十岁的年纪为"耄"。 ㉟匿：隐藏，隐居。 ㊱君我：做我们的君主。"君"作动词用。 ㊲揖让：此处指禅让。 ㊳终：指尧的帝王名位终止。 ㊴文祖：尧的祖庙。 ㊵旁行：遍行。 ㊶益：伯益，姓嬴。部落首领。相传他帮助禹治水有功。 ㊷启：禹的儿子。 ㊸宦、董、袁、陶：宦，宦官。董，董卓。袁，袁绍、袁术兄弟。陶，陶谦。 ㊹攘祸：消除祸乱。 ㊺嗣：继承。 ㊻崩：古称帝王死为崩。 ㊼考妣：古称死去的父亲为"考"，死去的母亲为"妣"。 ㊽遏密：停止。 ㊾八音：指用丝、竹、匏（páo）、革、土、木、石、金等八类材料制作的乐器发出的声音。此处泛指音乐。 ㊿甚然：过分。 51史：指《尚书·尧典》和《史记·五帝本纪》等史书，其中载有"尧崩，天下如丧考妣"等语。 52一世：古称三十年为一世。

《舜禹之事》，作于何时何地不详。宋人王应麟《困学纪闻》卷十七谓晏殊疑此文为博士韦筹所作。

此文论说历史上帝王的禅让问题。第一段引述历史记载，据《魏氏春秋》，曹丕于黄初元年(220)十一月受汉献帝禅让,“帝升坛礼毕,顾谓群臣曰:‘舜、禹之事,吾知之矣。’”曹丕此言一直为人讥笑,因舜、禹为人们心目中理想的贤君,舜禅位于禹被认为是公天下的典范,而汉献帝禅位于曹丕,人们普遍认为乃受胁迫而为之,实即曹丕篡位。二者有天壤之别,而曹丕竟将两事相提并论,无怪乎历代论者皆笑其妄诞。

第二段作者就此发表自己的意见。他面对的是一个颇为棘手的问题。因为从道德角度看,曹丕此语为人耻笑是在情理之中的,而作者则独排众议,认为“丕之言若是可也”。他持论的根据是:“舜禹之事”与“舜禹之道”含义不同,前者指的是禅让的情况与事势,而后者则指的是禅让的原则与道理,一字之差,而其义迥异。如果曹丕说自己懂得“舜禹之道”,那是他的严重错误,而曹丕恰恰说的是“舜禹之事”,因此作者不认为曹丕之言有何可笑之处,倒是那些嗤笑他的人“不知言”。此段分出“事”与“道”两个概念,将禅让的问题深化,总领下文。

第三段首先阐述“道”与“事”的涵义,指出易姓授位,其道不同,而其事则同。所谓道不同者,以禅让的本心有“公与私”之分,而方式有“仁与强”之别;所谓其事同者,则谓不论禅让的本心与方式如何,“前者忘,后者系”的情况均相同。下文作者引经据典,用大量笔墨论证易姓授位“前者忘,后者系,其事同”这一中心论点。

作者先以尧舜之事为例,假设尧一得到舜就把天下托付给他,作者推想其结果是会在朝野上下引起广泛的争议,造成全国性的混乱,连尧也无法制止。原因就在于此时尧还未被人遗忘,而舜亦未得到人们的拥护。因此,仅仅尧舜两个圣明的人互相了解和信任是远远不够的,因为老百姓并不了解继承人的情况,甚至大臣也并不了解。据《尚书·尧典》记载,尧晚年召集群臣讨论帝位继承问题,大臣放齐说尧的儿子丹朱开明,主张由丹朱继承帝位,但尧认为丹朱愚顽、凶恶,没有采纳其建议。作者征引这一记载正是要证明这一点。尧为使人们忘记自己而拥护舜,就退居幕后,令舜摄行天子之政。舜知道尧的用心,也主动争取人民对自己的拥护。作者引用史书中的记载,以一组排比句列举舜的政绩。舜使天下“咸得其人”“咸得其理”“咸得其用”。于是,过了十余年,百姓对舜的功绩铭感于心,而天下的官员也都是舜任用的人,尧则衰老了,耳不聪、目不明,糊里糊涂,渐渐为人所遗忘。等到尧死的时候,舜就顺理成章地在尧的祖庙里接受禅让,继承帝位了。舜禅位给禹的情况与此相同。禹与伯益和启的情况则恰可作为作者观点的反证。据《史记·夏本纪》,禹因治水遍行天下,劳身焦思,居外十三年,过家门不敢入,其功厥伟。本文作者谓禹“功系于人者多,而自忘也晚”,虽然禹拟将帝位禅让给伯益，而伯益辅佐禹的时日不长，未在百姓中树立威望。禹死后，诸侯因禹的儿子启贤，都不拥护伯益，而拥护启，于是启即帝位，确立了帝王世袭制。

作者以上述三例来论证只有在“前者忘，后者系”的情况下，帝位的禅让才能顺利完成。尧舜之事为正面例证，作者重点论述；舜禹之事因与尧舜之事同，故作者不浪费笔墨，一笔带过：舜与益、启之事为反面例证，文中简笔略写。三例详略得当，正反相衬，互为补充。

第四段落到本文的论题，阐述舜禹禅让与曹魏代汉其道虽异，而其事则同。东汉末年，宦官把持朝政，专权跋扈，无恶不作，董卓、袁氏兄弟、陶谦等世家豪族势力割据一方，拥兵自重，残害百姓。董卓更是趁乱控制了中央政权，废立皇帝全凭己意，天子只不过是受其操纵的傀儡而已。其时天下大乱，群凶肆虐，汉道陵迟，久已失去民心。曹操起兵于乱世，消灭了宦官及豪族割据势力，统一了中国北方，积三十余年，天下归心，皆以曹氏为君主，早已“无汉之思”，因此曹丕受禅，“天下得之以为晚”。作者指出这与禹受舜禅的情况并无不同。不过汉朝统治者并非像尧舜那样自愿让人忘记，而是其所作所为不得人心；而曹氏父子亦并不能像舜禹那样以贤德为人拥戴，但是其功绩却赢得了民心。因此，作者得出结论：舜禹的禅让与汉魏的禅让，“公与私，仁与强，其道不同，其忘而系者，无以异也”。文章进一步将二者相比较，指出“尧、舜之忘，不使如汉，不能授舜、禹；舜、禹之系，不使如曹氏，不能受之尧、舜”。而世人只窥测到曹丕的思想动机就讥笑他，这是错误的。作者将禅让一事从“道”与“事”两个层面进行考察，深入探究事件的本质，摆脱了片面的道德评价的局限，阐明了易姓授位“前者忘，后者系，其事同”的普遍规律，论理透辟。文章对曹操功绩及曹魏代汉的评价符合历史事实，持论客观、公允。

末段作者假设问答，进一步论证其观点。据《尚书·尧典》和《史记·五帝本纪》等史书中的记载，“尧崩，天下如丧考妣，四海遏密八音三载”，作者假设有人以此为据，质疑作者之“言忘若甚然”，亦即质疑其论据有夸张不实之嫌。对这种疑问，作者答称上述史书中的记载乃“舜归德于尧，史尊尧之德之辞”，不足为据。他从事实出发，推论尧衰老退休三十年之久，“德乎尧者，盖已死矣，其幼而存者，尧不使之思也”。文章结尾斩钉截铁地得出结论：“不若是，不能与人天下。”从上文对尧、舜、禹及汉魏禅让情况的分析来看，这一结论是可信的。

此文不囿于陈见，笔锋犀利，见解深刻，作者所揭示的朝代更替“前者忘，后者系”的规律对于今天的政治家仍有一定的启发。 （詹　颂）

谤　誉[1]

凡人之获谤誉于人者，亦各有道[2]。君子[3]在下位则多谤，在上位则多誉；小人[4]在下位则多誉，在上位则多谤。何也？君子宜于上不宜于下，小人宜于下不宜于上，得其宜则誉至，不得其宜则谤亦至。此其凡[5]也。

然而君子遭乱世，不得已而在于上位，则道[6]必咈[7]于君，而利必及于人[8]，由是谤行于上而不及于下，故可杀可辱，而人犹誉之。小人遭乱世，而后得居于上位，则道必合[9]于君，而害必及于人，由是誉行于上而不及于下，故可[10]宠可富，而人犹谤之。君子之誉，非所谓誉也，其善[11]显焉尔；小人之谤，非所谓谤也，其不善彰[12]焉尔。

然则在下而多谤者，岂尽愚而狡也哉？在上而多誉者，岂尽仁而智也哉？其谤且誉者，岂尽明而善褒贬也哉？然而世之人，闻而大惑，出一庸人之口，则群而邮[13]之，且置[14]于远迩，莫不以为信[15]也。岂惟不能褒贬而已，则又蔽[16]于好恶，夺[17]于利害，吾又何从而得之耶？

孔子曰："不如乡人之善者好之，其不善者恶之[18]。"善人者之难见也，则其谤君子者为不少矣，其谤孔子者亦为不少矣。传之记者，叔孙武叔[19]，时之贵显者也。其不可记者，又不少矣。是以在下而必困也。及乎遭时得君[20]而处乎人上，功利[21]及于天下，天下之人皆欢而戴之，向[22]之谤之者，今从而誉之矣。是以在上而必彰也。

或曰："然则[23]闻谤誉于上者，反而求[24]之，可乎？"曰："是恶[25]可？无亦征[26]其所自而已[27]矣！其所自善人也，则信之；不善人也，则勿信之矣。苟吾不能分于善不善也，则已耳。如有谤誉乎人者，吾必征其所自，未敢以其言之多而举[28]且信之也。其有及乎[29]我者，未敢以其言之多而荣且惧也。苟不知我而谓我盗跖[30]，吾又安取惧焉？苟不知我而谓我仲尼，吾又安取荣焉？知我者之善不善，非吾果能明之也，要[31]必自善[32]而已矣。”

〔注〕 ①谤：毁谤，指责。誉：称赞，表扬。 ②道：道理，原因。 ③君子：这里指作者心目中有才德的人。本文主要指革新派。 ④小人：在封建社会中，常常诬蔑下层劳动人民为“小人”。这里主要指保守的腐败分子。 ⑤凡：一般。这里指一般情况。 ⑥道：政治主张。 ⑦咈(fú)：违背。 ⑧利必及于人：好处一定施及百姓。人，民。唐人为避太宗李世民讳，改“民”为“人”。下文“人犹誉之”“害必及于人”“人犹谤之”之“人”同此。 ⑨合：迎合。 ⑩可：能够。 ⑪善：美好的德行。下一句中的“不善”，即指恶劣的德行。 ⑫彰：显明。这里是暴露的意思。 ⑬邮：旧时驿站名，由人步行传递公文函件。 ⑭置：骑马传递公文函件。这里“邮”和“置”都是动词，传播、流传的意思。 ⑮信：确实，真实。 ⑯蔽：蒙蔽。 ⑰夺：强行改变。 ⑱“不如”二句：这句话的意思是：孔子说：“不如村里的好人喜欢他，而坏人憎恶他。”语见《论语·子路》：“子贡问曰：‘乡人皆好之，何如？’子曰：‘未可也。’‘乡人皆恶之，何如？’子曰：‘未可也。不如乡人之善者好之，其不善者恶之。’”乡人，指一乡的人。 ⑲叔孙武叔：春秋时期鲁国大夫。《论语·子张篇》记载：“叔孙武叔语大夫于朝曰：‘子贡贤于仲尼。’”又云：“叔孙武叔毁仲尼。” ⑳遭时：遇到机会。得君：得到君主的信任。 ㉑功利：这里指政绩。 ㉒向：从前。 ㉓然则：既然这样，那么…… ㉔求：征求。 ㉕恶(wū)：何，怎么。 ㉖征：考察。 ㉗已：止，作罢。下文“则已耳”之“已”义同。 ㉘举：全部。 ㉙及乎：牵涉到，关系到。 ㉚盗跖：即跖，传说中春秋后期的人物，盗是旧时的诬称。 ㉛要：总之。 ㉜自善：加强自我修养，使自己的思想行为趋于完善。

贞元二十一年(805)，唐德宗李适病死，他的儿子李诵继位，这就是唐顺宗。八月顺宗内禅，自称太上皇，太子李纯即位，是为唐宪宗，改元永贞。就在这一年，担任监察御史里行职务的柳宗元积极参加了以王叔文为首的“永贞革新”。一百四十六天之后，革新失败。柳宗元“于众党人中，罪状最甚”(《寄许京兆孟容书》)，被贬为永州司马。柳宗元遭受贬谪后，他的政敌们仍不肯放过他，不断对他进行恶意诽谤，几年之后，还是骂声不绝。他感到难以抑制的愤怒，在《游南亭夜还叙志七十韵》中感慨屈原“忠而被谤，信而见疑”。但是政敌不能消灭他的“辅时及物”之志，他继续与腐朽势力作斗争。《谤誉》这篇杂文，就是对种种毁谤的有力回击。

作者指出，由于人们追求和实践的“道”即政治理想不同，他们受到的谤、誉自然也不相同；加上谤人、誉人之人有善恶诚伪之分，故其所作谤、誉也有是非曲直之别。因此，应当对谤誉作具体的辨析，“征其所自”，对于“不善人”的恶意中伤，就大可不必担惊受怕，而应当不改初志，我行我素，至少要做一个独善其身的人。

文章首先从谤誉的一般规律入手，指出：“凡人之获谤誉于人者，亦各有道。

君子在下位则多谤,在上位则多誉;小人在下位则多誉,在上位则多谤。何也?君子宜于上不宜于下,小人宜于下不宜于上。得其宜则誉至,不得其宜则谤亦至。此其凡也。”

紧接着,文章便以犀利之笔,深入剖析谤、誉产生的根由,在于统治阶级和底层民众之间存在难以调和的矛盾。于是,代表不同利益的“君子”,与“小人”,其所获谤、誉自然大相径庭。这个矛盾和分歧便在于:君子谋国在利民,“不得已而在于上位”,所实行的政治主张虽对下层民众有好处,但往往和君主的利益相抵触,“由是谤行于上而不及于下,故可杀可辱,而人犹誉之”;小人“而后得居于上位”,所实行的政治主张迎合君主的旨意,却常常对百姓构成危害,“由是誉行于上而不及于下,故可宠可富,而人犹谤之”。可见,以帝王为代表的贵族阶层和下层人民,其谤、誉的尺度是完全不同甚至对立的。

一个封建士大夫,能认识并揭发统治阶级和底层民众之间存在不可调和的矛盾,已属不易;而柳宗元还有一般人无法企及的胆力和卓识,凭借这样的胆力和卓识,把文章的境界推向新高。这个新高便是,作者深刻地认识到,谤、誉的失信和错位,有着非常复杂的政治背景和个人因素,并由此对谤、誉提出了更为大胆的质疑:“然则在下而多谤者,岂尽愚而狡也哉?在上而多誉者,岂尽仁而智也哉?其谤且誉者,岂尽明而善褒贬也哉?”这是三个反诘句,答案不言而喻:处下位而得谤多的未必全是小人,处上位而得誉多的未必全是君子,谤人、誉人的人也未必时时刻刻掌握着真理。本文以“谤誉”名篇,中心话题便是讨论谤誉的形成及其真伪,作者连用三个反问句,以强烈的愤慨,旗帜鲜明地将主要观点横陈到读者眼前。

但作者显然不满足于牢骚和怨嗟,因为斗争更需要理性的分析和判断。那么,应该如何正确认识“谤”和“誉”呢?作者从孔子那儿撷取到了智慧。在孔子看来,谤誉、好恶当发自本心而不虚伪,众口一词称善未必就是真好,众口一词贬损也未必就是真坏,所以还不如好人说好、坏人说坏来得真实可靠。这种思维和认识无疑是辩证的。而现实的政治环境,使柳宗元对孔子的话有了更深的理解。柳宗元认为,要想在现实的复杂政治关系中,明辨“谤誉”,关键在于“征其所自”,考察毁谤和赞誉来自什么人,“其所自善人也,则信之;不善人也,则勿信之矣”,不能因为谤、誉的多寡而偏听偏信,不能因为谤、誉汩汩滔滔就丧失辨别是非善恶的原则和能力。对其实难副的称誉,绝不贸然、欣然,引以为荣;对言过其实的毁谤,也绝不惶然、惴然,畏惧戒惕。当然,人处下位,易遭毁谤;而在上位,则易受赞誉。所以一个人应该时刻保持清楚的头脑,坚守志节。

既然人心有善恶，谤誉有真伪，那又何必太在意它呢？一个人能够做的，最应该做的，也许就是“自善”了。是的，“自善”确实是一个人唯一能够把握，也最应该把握的人生准则。“穷则独善其身”，固然完全是“自善”；“达则兼善天下”，也只能从“自善”开始。如此说来，“自善”既是征战的据点，也是自卫的堡垒；一句话，是一个人安身立命的根本。顺流而下，文章最后便归结到“自善”上。一个政治革新者和政治革新失败者的初志和归宿，终于合而为一。从“兼善天下”退回“独善其身”，似乎是一种悲凉，其实更是一种壮烈，因为它是封建时代一个正直的知识分子拼尽全力，所能达到的最高人生境界。

这篇短文对“谤誉”问题不是笼统、抽象地议论，而是按照“君子”和“小人”、“上位”和“下位”、“善人”和“不善人”、“谤誉乎人者”和“及乎我者”分而论之，将“谤誉”的不同性质，以及对待“谤誉”的心态，阐述得头头是道，透彻严密，从而给予诋毁革新派的腐朽保守势力以有力的还击，显示了柳宗元杂文高度的逻辑性和雄辩力。柳宗元论创作主张“文以明道”。这篇文章有感而发，有为而作，雄辩恣肆，逻辑严密，显示了他力排群谤，百折不回地坚持自己政治理想的斗争精神。文章虽短，却写得一波三折，起伏跌宕。对比、转折、因果、假设等多种关系复句的交互运用，更加强了行文的曲折性和逻辑的严密性。“文似看山不喜平”，柳宗元此文虽然小制作，但一样拥有这样的大境界。（许伯卿　袁春艳）

咸　宜[1]

兴王之臣[2]，多起污贱[3]，人曰“幸[4]也”；亡王之臣[5]，多死寇盗[6]，人曰“祸[7]也”。余咸宜之。

当两汉氏[8]之始，屠贩徒隶[9]出以为公侯卿相，无他焉，彼固公侯卿相器[10]也。遭时之非是以诎[11]，独其始之不幸，非遭高、光[12]而以为幸也。汉、晋[13]之末，公侯卿相劫戮[14]困饿伏[15]墙壁间以死，无他焉，彼固劫戮困饿器也。遭时之非是以出，独其始之幸，非遭卓[16]、曜[17]而后为祸也。

彼困于昏乱，伏志气，屈身体，以下奴虏[18]，平难[19]泽物[20]之德不施于人，一得适其傃[21]，其进[22]晚尔，而人犹幸之[23]。彼伸于昏乱[24]，抗[25]志气、肆[26]身体以傲豪杰，残民[27]兴乱[28]之技行于天下；一得适其傃，其死后耳，而人犹祸之[29]。悲夫！余是以咸宜之。

〔注〕 ① 咸：都，全。宜：恰当，合乎情理。文中"咸宜之"之"宜"，为意动用法，认为……合乎情理。 ② 兴王之臣：辅助君主使王业兴盛的臣子。 ③ 污贱：卑贱，指社会地位低下。 ④ 幸：幸运。 ⑤ 亡王之臣：败坏君主使王业衰亡的臣子。 ⑥ 寇盗：这里主要指那些叛乱的军阀。 ⑦ 祸：遭殃，倒霉。 ⑧ 两汉氏：指西汉、东汉。 ⑨ 屠贩徒隶：屠户、商贩和在监狱里服役的犯人。这里泛指出身卑贱的人。如辅助刘邦建立西汉的大臣萧何、曹参本是秦朝沛县的狱吏，大将樊哙本是杀狗的；辅助刘秀建立东汉的大司马吴汉原以贩马为业。 ⑩ 器：材料，人才。 ⑪ 诎(qū)：受压抑。 ⑫ 高：指汉高祖刘邦。光：指东汉光武帝刘秀。 ⑬ 汉、晋：指东汉、西晋。 ⑭ 劫戮：劫持杀戮。 ⑮ 伏：藏匿。 ⑯ 卓：指东汉末年大军阀董卓。汉灵帝时，曾任并州牧。189年，他带兵进入洛阳，废少帝，立献帝，自己充当太师。他残暴专横，先后杀死许多大臣，又在挟持献帝及百官迁都长安时，纵火烧洛阳一带，使人民生命财产受到极大的损害。 ⑰ 曜：指西晋末年大军阀刘曜。他是匈奴部落首领刘渊的养子，曾随父起兵反晋。311年，他率兵攻陷洛阳，俘怀帝，杀王公大臣及士民三万多人，并怂恿部下大肆抢掠，烧毁晋朝宗庙和民房，造成严重的破坏。 ⑱ 下奴虏：低下到与仆婢奴隶为伍。 ⑲ 平难：平定战乱。 ⑳ 泽物：造福于人。 ㉑ 适其傃(sù)：符合他们本来的情况。傃，平素。这里指取得的职位符合"兴王之臣"平素的才能和志向。 ㉒ 进：仕进，进取。 ㉓ 幸之：意动用法，以……为幸。 ㉔ 伸于昏乱：乘昏乱之际发展。伸，伸展，发达。 ㉕ 抗：通"亢"，高昂。 ㉖ 肆：恣肆。 ㉗ 残民：害民。 ㉘ 兴乱：作乱。 ㉙ 祸之：认为他们是遭殃。祸，意动用法，以……为祸。

本文是柳宗元在宪宗元和年间贬官永州司马时所作，当时李唐王朝已趋于衰落，朝政日非，而魏晋以来盛行的门阀制度气势犹存。朝廷铨选人才时，门第出身仍是一个重要的砝码。作为一个具有进步思想，立志革新的正直士大夫，柳宗元对这种以门阀取士、任人唯亲的不正之风予以批判，《咸宜》就是在这种背景下写作的。

在文中，柳宗元继承了韩非"宰相必起于州部，猛将必发于卒伍"的进步思想，通过历史的回顾和剖析，严厉驳斥了当时那种以门阀观念衡量人事成败的谬论。指出"兴王之臣"尽管出身低微，但怀瑾握瑜；"亡王之臣"虽然身居高位，却残民以逞。因此前者有所建树，后者遭受惩罚，都是理所当然的。

文章一开头，作者便开门见山，以简洁典正的语言，叙述了时人对"兴王之臣"与"亡王之臣"的看法，即"兴王之臣"是幸运的，而"亡王之臣"是不幸的。随即笔锋一转，以"余咸宜之"四字表明自己的态度，既旗帜鲜明，又扣合题目。短短二十八字，不表感情，而感情自现，却绝无牢骚之词，这得力于作者措词的精严缜密。

接着，作者笔分两路，双排说去。以夹叙夹议的笔法，举出汉初和汉晋之际两个时期公侯卿相的遭遇为例子，指出"起污贱"者本来就是"公侯卿相器"，他们后来才成为"兴王之臣"，应该说是开始时的不幸，而非后来的侥幸；而"死盗寇"

者本来就是“劫戮困饿器”，他们后来成为“亡王之臣”，则是开始时的侥幸，而不是后来的不幸。在这里，作者援史为证，正反结合，从而有力地强化了自己的观点，用笔简洁而又劲健有力。

最后，作者又从史实的剖析转向对现实的批判。作者认为，上述两种人的遭遇都是合情合理的，有其自身发展的逻辑性。可是兴王之臣怀“平难泽物”之志，“其进晚尔”，而人“犹幸之”；亡王之臣，逞“残民兴乱之技”，“其死后尔”，而人“犹祸之”。作者不禁对此颠倒是非的世风发出了“悲夫”的感怆，末尾以“余是以咸宜之”作结，与起首相呼应。在这段议论中，语句长短相间，缓促相宜，言尽而意无穷。

此文虽似论史，实则以古喻今，表达了作者对当下黑暗政治的不满。柳宗元本是一个有着进步思想的政治家，他立志于“励才能，兴功力，致大康于民，垂不灭之声”（《答贡士元公瑾论仕进书》），却由于“永贞革新”的失败而从庙堂之上被贬到荒远之地，使得他怀才不遇，有志不获骋，而那些无德无能的人却瓦釜雷鸣，尸位素餐。看到大唐王朝将会毁于这些人手中，作为一个正直的士大夫，柳宗元怎能不“感激愤悱”呢？

此文以“咸宜”立论，发人之所未发。整篇文章以简驭繁，锤字坚而不移，句句击中要害，行文明快透彻，精桿有力。首尾呼应，如常山之蛇，神完气足，理酣意畅，可见作者用笔之老练。　　（刘勇刚　郑忠凤）

鞭　贾[①]

市之鬻[②]鞭者，人问之，其贾[③]宜五十，必曰五万。复[④]之以五十，则伏而笑[⑤]；以五百，则小怒；五千，则大怒；必以五万而后可。有富者子，适[⑥]市买鞭，出五万，持以夸余[⑦]。视其首[⑧]，则拳蹙而不遂[⑨]；视其握[⑩]，则蹇仄而不植[⑪]；其行水[⑫]者，一去一来不相承[⑬]；其节[⑭]朽墨[⑮]而无文[⑯]，掐之灭爪[⑰]，而不得其所穷[⑱]；举之翲然[⑲]若挥虚[⑳]焉。余曰：“子何取于是而不爱五万[㉑]？”曰：“吾爱其黄而泽[㉒]。且贾者云[㉓]。”余乃召僮爚汤以濯之[㉔]。则遬然枯[㉕]，苍然白[㉖]，向之黄者栀也，泽者蜡也[㉗]。富者不悦，然犹持之三年。后出东郊，争道[㉘]长乐坂[㉙]下。马相踶[㉚]，因大击[㉛]，鞭折而为五六[㉜]。马踶不已，坠于地，伤焉。视其内则空空然[㉝]，其理若粪壤[㉞]，无所赖者[㉟]。

今之栀其貌，蜡其言㊱，以求贾技于朝㊲，当其分则善㊳。一误而过其分，则喜；当其分，则反怒㊴，曰："余曷㊵不至于公卿㊶？"然而至焉者亦良多矣㊷。居无事，虽过三年不害㊸。当其有事，驱㊹之于陈力㊺之列㊻以御乎物㊼，以夫空空之内，粪壤之理，而责其大击之效㊽，恶有不折其用，而获坠伤之患者乎㊾？

〔注〕①鞭贾(gǔ)：卖马鞭的商人。②鬻(yù)：卖。③贾：通"价"。④复：还价。⑤伏而笑：弯着腰笑，卖鞭人因对还价者说法不可思议而发出的嘲笑。⑥适：往，到。⑦夸余：向我夸耀。⑧其首：马鞭的鞭梢。⑨拳蹙而不遂：弯曲而不伸展。拳，通"蜷"，蜷曲。遂，伸展，通顺。⑩握：(马鞭的)把柄。⑪蹇(jiǎn)仄而不植：歪斜而且不直。蹇仄，歪斜。植，通"直"。⑫行水：当是鞭行术语，待考。⑬一去一来不相承：挥动鞭梢，来回不相承接。⑭节：鞭节。⑮朽墨：腐朽发黑。⑯文：纹理。⑰掐之灭爪：用指甲一掐，指甲就完全陷进去。⑱不得其所穷：不知道要陷进去多深。说明鞭子的把柄质量很差，不坚固，木质疏松。⑲翲(piāo)然：很轻的样子。⑳虚：空。㉑"子何"句：您为什么花高价钱买这个鞭子而不爱惜您的五万钱？㉒黄而泽：黄色且有光泽。㉓且贾者云：况且卖鞭子的人一定要这样的价格。云，说，此处指索价。㉔爚(yuè)汤以濯(zhuó)之：(我让仆人)烧热水洗鞭子。爚，煮，烧。汤，热水。濯，洗涤。㉕遬(sù)然枯：立刻就变得枯朽收缩。遬然，立刻。㉖苍然白：灰白色。㉗"向之"二句：原来以前鞭子明亮的黄色是用栀子染的，光泽是用蜡涂的。向，从前。栀(zhī)，木名，常绿灌木，果实成熟呈黄色，可以作黄色染料。㉘争道：抢道。㉙长乐坂(bǎn)：地名。在长安城东。㉚踶(dì)：踢。《庄子·马蹄》："夫马，……怒则分背相踶。"㉛大击：重重地用鞭打。㉜鞭折而为五六：鞭子断为五六段。㉝视其内则空空然：看马鞭的把柄之中空空如也。㉞其理若粪壤：它的质地像泥土一样。㉟无所赖者：鞭子的内部空疏不实。赖，依靠，凭借。㊱栀其貌，蜡其言：伪装他的外貌，粉饰他的言辞。栀，此处用作动词，涂成黄颜色。此处指伪装。蜡，动词，用蜡涂上光泽，此处指粉饰。㊲以求贾技于朝：以此向朝廷求取任用。贾技，出售其才能，即(凭借伪装的外表和所谓的才干)向朝廷要求任用自己。㊳当(dàng)其分(fèn)则善：朝廷给他的职位合乎他的实际能力，就可以不露出马脚，善始善终。当，恰当。分，本分，指实际能力。㊴"一误"四句：如果朝廷给他的职位超过了他的实际能力，他就高兴；如果相当，反而会发怒。㊵曷(hé)：为什么。㊶公卿：三公九卿。此处泛指极高的官位。㊷"然而"句：(没有公卿才能的却)位至公卿的人也已经很多了。㊸"居无事"二句：平时天下太平，这类人做几年公卿也没有什么妨害。居，平时。㊹驱：命令。㊺陈力：施展才能本领。㊻列：行列。㊼御乎物：治理国家大事。御，治，用。㊽"以夫"三句：要求这些(像这种鞭子一样的肚内空空的)人为国家做出重大贡献，像用鞭子用力打马一样。㊾"恶(wū)有"二句：怎能不出现像鞭子折断，富家子弟被摔伤这样的事情呢？以此比喻这些腹内空空的官员在处理重大的事情时会注定失败，给国家和君主带来灾祸。恶，如何。

本文作于作者居永州时，具体创作时间不详。有观点认为本文表达了柳宗元任人唯贤、量才录用，反对豪门贵族垄断要职的改革思想，推断其创作于长安期间。本文通过一个卖鞭者善于巧饰、以次充好，而买鞭者甘愿以重价购买并最终招致伤祸的故事，讽刺当时官场上擅长伪装的钻营者谋取高位，但是一旦遇到国家大事，最终会伤害自身以及国家。所以，本文不仅讽刺卖鞭者，而且把笔触更直接地指向买鞭的富家子弟，暗寓作者对朝廷用人不明最终招致祸患的劝戒讽刺之意。愤世嫉邪，言辞激烈。

本文分为两段。第一段在叙述故事，细节生动，体物甚工。文章首先写到一个卖鞭子的商人，以自己的鞭子为奇，其中生动的细节描写在于其神态变化。他开价五万，人家还价五十，他"伏而笑"，意在嘲笑对方说笑话；还价五百，"则小怒"，有点生气别人不识货；还价五千，他就"大怒"，装腔作势之态让不明就里者愈加相信其真。而关于买鞭者的细节也在其神态心理，作者只说他买鞭之后"持以夸余"，其欣欣然、自得骄傲之态如在目前。当"余"告知其买的鞭子为假货时，他"不悦"，既符合一般买者的心理，又体现其虚荣、自欺欺人之心理。这两个生动的细节描写使故事情节生动引人，吸引读者看其情节之发展。本段对鞭子之劣质的描写非常具体，其首"拳蹙而不遂"；其握"蹇仄而不植"；其行水"一去一来不相承"；其节"朽墨而无文"，因此举之"翲然若挥虚"。此描绘惟妙惟肖，真实细致。第二段主要针对现实中用人不当导致祸害发表议论，言辞激烈。直接把作者说此故事之用意表明。"栀其貌，蜡其言"者不仅是卖鞭子的人，更是指那些伪装自己"以求贾技于朝"的人。这种人才能平庸，一旦给他与之相符合的官位，他就不高兴，认为朝廷大材小用。而这样的人一旦"居无事，虽过三年不害"，"当其有事"，凭其"空空之内，粪壤之理"，最终会导致自己和国家都要受到损失。文章的结尾和开头相呼应，使文章结构完整，讽刺批判之意顿出。

本文作者的写作目的鲜明，寓意也比较明显，现实性很强。本文单单以"鞭贾"为题目，而文章中着重刻画的是买鞭者的形象及其后果，有其用意。目的主要在讽刺买鞭者。正如林纾《韩柳文研究法·柳文研究法》中所言："通篇命意，原斥用人者之不善。"这个买鞭者如果不知道鞭子的好坏倒也怪卖鞭者的以次充好，欺瞒顾客，关键是当"余"为他揭露鞭子的虚假真相后，仍然使用，岂不是自招祸患？而这个买鞭者明显代指朝廷，其用人不明，还不听良臣的劝谏，并以"不悦"的态度对之，这样的朝廷可谓昏庸。而卖鞭子的人指那些拥有假才能，空空如也的官员，他们才能低劣但还要高位，鞭子就代指卖鞭者的才能。对此，作者严肃指出，这些腹内空空的官员在处理重大的事情时会注定失败，给国家和君主带来灾祸。

以卖鞭者与买鞭者之间的关系来说明朝廷用人是很恰当的。朝廷用臣子之才，好与不好自然关系朝廷和国家的安危，鞭子的好坏即是臣子之才能好坏。在唐代中期，白居易曾说“朝廷雇我作闲人”，说明当时已经有人认为朝廷和朝臣之间的关系似雇佣关系。此处作者以买卖鞭子的故事来比喻朝廷用人，与传统的朝臣对朝廷的依附关系似乎有点区别。朝廷以重金使用人才，朝臣明确向朝廷索取利益，朝臣虽然是作者批判的对象，但是也曲折表明作者对朝廷与朝臣之间关系的观点。

卖鞭者和买鞭者是周瑜打黄盖，卖鞭者是姜太公钓鱼。倘若不究其内在寓意，本文在今天的社会中应是警世寓言。媒体往往爆出天价之说，至于值不值那么多钱，且不管，只要能唬住买者，是为卖鞭者；有富家子愿意出钱购买，不管其质量如何，有何用处，也许就是想显示自己的非同一般吧，比如富有钱财，此为买鞭者。

因为本文是寓言体，具有很大的概括力。栀鞭、栀蜡已经成为外表华丽、弄虚作假而腹内空空者的代称，也为后世文人所习用。如宋刘克庄《送林推官》：“非有珠犀堪自献，若无栀蜡可为研。”宋周必大《鹿鸣宴坐上次钱守韵》：“有弟已容诗布鼓，无能仍许鬻栀鞭。”元方回《次韵酬郝润甫》：“俯仰此心了无愧，冷看举世售栀鞭。”

（袁　茹）

读韩愈所著毛颖传[①]后题

自吾居夷[②]，不与中州[③]人通书。有来南者，时言韩愈为《毛颖传》，不能举[④]其辞，而独大笑以为怪，而吾久不克[⑤]见。杨子诲之[⑥]来，始持其书[⑦]，索而读之，若捕龙蛇，搏虎豹，急与之角[⑧]而力不敢暇[⑨]，信韩子之怪于文[⑩]也。世之模拟窜窃[⑪]，取青媲白[⑫]，肥皮厚肉[⑬]，柔筋脆骨[⑭]，而以为辞者之读之[⑮]也，其大笑固宜。

且世人笑之也，不以其俳乎[⑯]？而俳又非圣人之所弃者。《诗》曰：“善戏谑兮，不为虐兮[⑰]。”《太史公书》有《滑稽列传》[⑱]。皆取乎有益于世者也。故学者终日讨说答问，呻吟习复[⑲]，应对进退，掬溜播洒[⑳]，则罢惫而废乱[㉑]，故有“息焉游焉”[㉒]之说。不学操缦，不能安弦[㉓]。有所拘[㉔]者，有所纵[㉕]也。大羹玄酒[㉖]，体节之荐[㉗]，味之至[㉘]者。而又设以奇异小虫、水草、樝梨[㉙]、橘柚[㉚]，苦咸酸辛，虽蜇吻裂鼻[㉛]，缩舌涩齿[㉜]，而咸有笃好之者[33]。文王之菖蒲菹[34]，屈到之芰[35]，曾皙之羊枣[36]，然后尽天下之奇味以足于口[37]。独文异乎[38]？韩子之为[39]也，亦将弛焉[40]而不为虐欤！息焉游焉而有所纵欤！尽六艺[41]之奇味以足其口欤！而不若是，则韩子之辞，若壅大川[42]焉，其必决而放诸陆[43]，不可以不陈[44]也。

且凡古今是非[45]六艺百家，大细穿穴[46]用而不遗[47]者，毛颖之功也。韩子穷古书，好斯文，嘉颖之能尽其意[48]，故奋而为之传，以发其郁积[49]，而学者得以励[50]，其有益于世欤！是其言也，固与异世者[51]语，而贪常嗜琐者[52]，犹呫呫然[53]动其喙[54]。彼亦甚劳[55]矣乎！

〔注〕 ① 毛颖传：韩愈作，用毛笔拟人，后因以“毛颖”作为毛笔的代称。 ② 居夷：指贬谪永州。 ③ 中州：古代指九州之中，今河南一带。此泛指中原。 ④ 举：列举。 ⑤ 克：能。 ⑥ 杨子诲之：杨诲之，湖南江西观察使、京兆尹杨凭之子。 ⑦ 其书：指韩愈所写的文章《毛颖传》。 ⑧ 与之角：指与韩愈《毛颖传》相角。角，较量、较胜。 ⑨ 力不敢暇：拼力而不敢偷闲，婉言力不相逮。力，用力，拼力。暇，闲暇，偷闲。 ⑩ 信韩子之怪于文：韩愈为文确实怪异、诡谲。信，诚然，确实。于，犹为也。《尚书·蔡仲之命》：“降霍叔于庶人。”郑玄注：“于，读曰‘为’。” ⑪ 模拟窜窃：模仿剽窃。 ⑫ 取青媲白：以青配白。比喻诗文讲求对仗。媲，配。 ⑬ 肥皮厚肉：比喻文辞丰厚虚华。 ⑭ 柔筋脆骨：比喻文章筋骨(风格)柔脆。 ⑮ 为辞者之读之：指那些凭模仿剽窃而写作文章的庸俗文人读到它(《毛颖传》)。 ⑯ 不以其俳(pái)乎：不是因为它俳谐吗。以，因。俳，俳谐，诙谐戏谑。 ⑰ “善戏谑”二句：引自《诗经·卫风·淇奥》。戏谑，以诙谐的话语逗乐。不为虐，没有粗暴、秽亵言语。 ⑱ “《太史公书》”句：此言司马迁《史记》有《滑稽列传》，为淳于髡等以滑稽幽默解纷济困的人物所作的传记。司马迁称许他们“岂不亦伟哉”！ ⑲ 呻吟习复：诵读复习。 ⑳ 掬溜播洒：指学者问答应对，或捧起，或丢落；或传播，或散落。掬，掬捧。溜，滑落，此指丢落、放弃。播，散布、传播。洒，泼洒、散落。 ㉑ 罢惫而废乱：此指因终日讨论答问，诵读应对，疲惫而有所废弃、惑乱。 ㉒ 息焉游焉：休息与闲暇。焉，于之，于此，在此学业中。《礼记·学记》：“故君子之于学也，藏焉修焉，息焉游焉。”此言君子为学之法，对“有益于世”的学业时时怀抱于心，修习不废，亦须休息，亦须闲暇。 ㉓ “不学操缦”二句：指学弹奏琴瑟，不先学习调弦，就不能安正(按准)琴弦。操缦，操弄琴弦，熟练手指。安弦，犹按弦，按正琴弦。此二句，见于《礼记·学记》。 ㉔ 拘：拘禁，约束。 ㉕ 纵：放纵，自由。 ㉖ 大羹玄酒：古代祭祀先王的大飨之礼，崇尚大羹玄酒。大羹，不知五味的肉汁。玄酒，不知滋味的清水。 ㉗ 体节之荐：以“体节”祭荐先王。体节，指带骨的大块牛羊肉。此指半解牺牲(牛羊)之体而祭荐之。 ㉘ 味之至：滋味的极致，指真纯的滋味。 ㉙ 樝(zhā)梨：味酸之梨。 ㉚ 橘柚：似橙而酸。《太平御览》卷九六六引《庄子》：“三王五帝之礼义法度，譬犹樝梨、橘柚，其味相反，而皆可以适口。” ㉛ 蜇(zhē)吻裂鼻：指苦咸酸辣滋味，口吻触之如蝎虫之蜇，嗅之冲鼻如裂。 ㉜ 涩齿：口齿(口味)麻木干涩，味觉不甘滑。 ㉝ 咸有笃好之者：都有特别喜好它的。咸，全、都。笃好，专一爱好。 ㉞ 文王

之菖蒲菹(zū)：周文王姬昌嗜好菖蒲菹。此句应为“文王之笃好菖蒲菹”，“笃好”二字，承上句“咸有笃好之者”而省略。以下二句，仿此。菖蒲菹，一种以草本植物菖蒲腌成的酸菜。《吕氏春秋·遇合》：“文王嗜菖蒲菹。孔子闻而服之，缩頞(犹额)而食之。三年然后胜之。” ㉟ 屈到之芰(jì)：屈到嗜好菱角。屈到，春秋时，楚庄王大夫屈荡之子，楚康王时莫敖(楚官名)。芰，俗称菱角。两角叫菱，四角叫芰。《国语·楚语上》：“屈到嗜芰。有疾，召其宗老而属之，曰：‘祭我必以芰。’” ㊱ 曾皙之羊枣：曾皙嗜好羊枣。曾皙，春秋时曾点，字皙，曾参之父。曾皙、曾参父子皆为孔子门生。羊枣，俗名羊矢(屎)枣，即黑枣。《孟子·尽心下》：“曾皙嗜羊枣，而曾子不忍食羊枣。”曾子，曾皙之子曾参，至孝。曾皙嗜羊枣，死后，其子曾参终生不食羊枣。㊲ 尽天下之奇味以足于口：品尝尽天下的奇异滋味，以满足口味需要。 ㊳ 独文异乎：偏偏文章不同吗？意谓品尝文章的滋味与“尽天下之奇味”没有什么不同。 ㊴ 韩子之为：韩愈的写作《毛颖传》。 ㊵ 弛焉：弛缓，松弛。指韩愈学习《诗经》的“善戏谑”“不为虐”，轻松诙谐为文。 ㊶ 六艺：从本文后面所提“六艺百家”看，此处六艺，当指儒家六经，即《礼》《乐》《书》《诗》《易》《春秋》。或曰：六艺，指儒家教育的“礼”“乐”“射”“御”“书”“数”六种技艺。 ㊷ 壅大川：壅塞大河。 ㊸ 决而放诸陆：指壅塞的河水冲决河堤，散放(泛滥)水流于陆地。㊹ 陈：陈述、宣扬。 ㊺ 是非：评判是非。 ㊻ 大细穿穴：大大小小，钻研学问无微不至。穿穴，犹钻研。指钻研究学问，落笔为文。 ㊼ 用而不遗：因而无所遗漏。 ㊽ 嘉颖之能尽其意：嘉许毛颖的能尽其意，指毛颖能尽其(指治学者，此指韩愈)“古今是非六艺百家，大细穿穴用而不遗”之意(见解、议论)。 ㊾ 发其郁积：抒发他内心积郁的愤懑。 ㊿ 励：勉励，激励。㊿51 异世者：异于现世者，思想行为特异与现世的人。 52 贪常嗜琐者：贪恋(恪守)常规、嗜好琐碎的人，指拘谨于现世常规、嗜好烦琐俗物的人。 53 呫(chè)呫然：絮语多言貌。 54 喙(huì)：原指鸟兽的嘴，此处指人嘴。 55 甚劳：过于劳烦。

《读韩愈所著毛颖传后题》，是一篇文章评论。写于唐宪宗元和五年(810)。柳宗元在元和五年十一月《与杨诲之书》曰：“足下所持韩生《毛颖传》来，仆甚奇其书，恐世人非之，今作数百言，知前圣不必罪俳也。”柳宗元欣赏这篇诙谐戏谑的寓言奇文，而且预感到世人对它的非难和嘲笑，故作此文加以批驳、论评。

全文三段，首段写读《毛颖传》的总体观感和它遭到世人嘲笑的缘由，那就是一个字：“怪”。此段三层转折，一写从中州来南者听到韩愈作《毛颖传》的传闻，他们不能举出《毛颖传》的文辞，只是一味“大笑”《毛颖传》的“怪”。揭明韩愈《毛颖传》遭到世人极大嘲笑的一个缘由，就是《毛颖传》出格的“怪”！这引起柳宗元的关注和兴趣，遗憾的是“吾久不克见”。二写杨诲之持韩愈《毛颖传》南来，“索而读之”，一个“索”字，点明柳宗元求索《毛颖传》，一睹为快，对世人为何嘲笑探寻究竟的急切心情。然而，柳宗元读后的总体印象，“若捕龙蛇，搏虎豹”，具有一种超凡出奇的气势和力度，并非如世人所嘲笑的荒唐纰缪，“讥戏不近人情”(《旧唐书》韩愈本传)。柳宗元“急与之角”，急切地想自作一篇能与韩愈《毛颖传》相较胜的“俳谐”文章，“力不敢暇”，婉言“苦于力不逮耳”(清何焯《义门读书记》)，表示了对韩愈“怪于文”的佩服。柳宗元因《毛颖传》之“怪”而较胜佩服，同世人见《毛颖传》之"怪"而讥讽嘲笑,形成鲜明反差。于是,最后揭开"大笑"《毛颖传》的世人之真相:"世之模拟篡窃,取青媲白,肥皮厚肉,柔筋脆骨而以为辞者",这种人或模拟,或剽窃,既守旧,又无能,毫无创新求奇的意识与才能,为文讲求青白对仗,文辞丰华,风格柔脆。柳宗元感叹:如此为文者,读了《毛颖传》这样极具创新求奇的俳谐文章,"其大笑固宜",实在不值一哂。

二段为俳谐文章的地位和价值正名。首先正面提出作者的观点:"且世人笑之也,不以其俳乎?而俳又非圣人之所弃者。"作者从历史对比的角度,提出对"俳"的两种态度:世人笑之,而圣人不弃。作者列举儒家圣哲孔子所传述的经典《诗经》之《淇奥》诗篇,列举史圣司马迁《太史公书》(《史记》)的《滑稽列传》为例,证实圣人之"戏谑""滑稽"文字,"皆取乎有益于世者也"。借圣人之言以立论,这是古人假借圣人之言以自重己言的惯常做法。而且特别强调俳谐文字并非荒唐纰缪,而是谐而庄,"有益于世",外貌俳谐,实则庄重,否定了嘲笑《毛颖传》"讥戏不近人情"的偏颇。进而论述学者(包括韩愈)以"有益于世"为宗旨而为学的两种状态:"终日讨说答问","掬溜播洒",以至殚精竭虑,"罢惫而废乱",故而"息焉游焉",在休息、闲暇的身心舒松和放纵中,不废学业。这就是《礼记·学记》说的:"不学操缦,不能安弦。"柳宗元总结:圣人为学"有所拘者,有所纵也"。有所拘禁和规范,也有所放纵和自由,前者就是严肃庄重,后者就是放纵诙谐。从而说明俳谐文章是"有所纵"的产物。作者进而列举各种事例论证"有所拘者,有所纵也",是一种自然合理的现象,从而证实韩愈之俳文也是"有所纵"的自然宣泄。宴飨,有"大羹玄酒,体节之荐"的纯真至味,但是也摆设了一些"苦咸酸辛"的"奇异"滋味,即使"蜇吻裂鼻,缩舌涩齿",都有"笃好"者。诸如文王之好"菖蒲菹"、屈到之好"芰"、曾皙之好"羊枣",以至后世人们"尽天下之奇味"来满足口欲。柳宗元从宴飨到口欲的滋味,提出了世人对纯真至味与奇异滋味的不同需求与嗜好,而且对奇异滋味的需求与嗜好,相当的广泛与多样。柳宗元这里实际提出了审美滋味多样性的问题。滋味如此,"独文异乎?"以一句不容置疑的反诘,强调了为文亦当如此的结论。故而,韩愈为文之息焉游焉的放纵,也是"尽六艺之奇味"而已!柳氏将韩愈《毛颖传》之俳谐,提到秉儒学"有益于世"之宗旨,而"尽六艺之奇味"的高度。特别指出,韩愈不如此,其文辞(积郁之情怀)将如大川壅塞,无以宣泄。要决口而放诸陆,就不能不以俳谐的方式陈述其积郁不平。情之所郁,文必如此!这里,柳宗元一是从口欲滋味论证了审美滋味的多样性,一是说明韩愈俳谐之文写作的心理状态:"若壅大川",不吐不快,不纵不畅。综上所述,第二段三层转折,从对"俳"的两种态度、为学的两种状态、口欲的(审美的)两种滋味,展开三层对比论证,对俳谐文章的地位和价值给予了恰当的肯定,得出韩愈《毛颖传》之俳谐文章,乃秉儒学"有益于世"之宗旨,"尽六艺之奇味"的放纵谐谑的艺术结晶。对那些嘲笑《毛颖传》世人,批驳严肃而深刻。

三段总评韩愈《毛颖传》的写作缘由和意蕴、价值。首先概括肯定"毛颖"(兔毫毛笔)的作用:凡是古今评判六艺百家是非,钻研大大小小学问无所遗漏,要靠什么呢?自然要靠"毛颖",故而作者断然肯定:"毛颖之功也。"进而总述韩愈《毛颖传》的写作缘由和内蕴、价值:韩愈"穷古书,好斯文",有感于毛颖"是非六艺百家,大细穿穴用而不遗","嘉颖之能尽其意",所以奋而作《毛颖传》;韩愈作此传"以发其郁积",借毛颖衰老弃置的悲剧,讥刺统治者之少恩,宣泄胸中郁愤不平。韩愈《毛颖传》充分展现了毛颖在文化学术领域的不可或缺的重要地位和作用,使学者得到激励,充分发挥毛颖在自己文化学术研究方面的作用。如此,《毛颖传》之"有益于世"则确定无疑了!最后,作者认为《毛颖传》之不为世人所理解,乃在《毛颖传》"固与异世者语",此指《毛颖传》原本是写与异于现世者,也就是写与思想行为特异于现世的人的"怪文"。言外之意,《毛颖传》不是写与现世俗人的常规作品。因而,作者对那些"贪常嗜琐者"的絮絮叨叨、非议不断,给予了辛辣的讽刺:"彼亦甚劳矣乎!"就是说他们不嫌累、不嫌烦吗?作者的鄙夷、蔑视、不屑之意,锋芒内敛,令人莞尔。　　(赵乃增)

杨评事文集[①]后序

赞曰:文之用,辞令褒贬,导扬讽谕而已。虽其言鄙野,足以备于用。然而阙其文采,固不足以竦动时听,夸示后学。立言[②]而朽,君子不由也。故作者抱其根源,而必由是假道焉。作于圣,故曰经;述于才,故曰文。文有二道:辞令褒贬,本乎著述者也;导扬讽谕,本乎比兴者也。著述者流,盖出于《书》[③]之谟[④]、训[⑤],《易》[⑥]之象[⑦]、系[⑧],《春秋》之笔削,其要在于高壮广厚,词正而理备,谓宜藏于简册也。比兴者流,盖出于虞、夏之咏歌,殷、周之风雅,其要在于丽则[⑨]清越[⑩],言畅而意美,谓宜流于谣[⑪]诵[⑫]也。

兹二者,考其旨义,乖离不合。故秉笔之士,恒偏胜独得,而罕有兼者焉。厥有能而专美,命之曰艺成。虽古文雅之盛世,不能并肩而生。唐兴以来,称是选而不怍[⑬]者,梓潼[⑭]陈拾遗[15]。其后燕文贞[16]以著述之余,攻比兴而莫能极;张曲江[17]以比兴之隟[18],穷著述而不克备。其余各探一隅,相与背驰于道者,其去弥远。文之难兼,斯亦甚矣。

若杨君者,少以篇什著声于时,其炳耀尤异之词,讽诵于文人,盈满于江湖,达于京师。晚节遍悟文体,尤邃叙述。学富识远,才涌未已,其雄杰老成之风,与时增加。既获是,不数年而夭。其季年所作尤善,其为《鄂州新城颂》[19]、《诸葛武侯传论》、饯送梓潼陈众甫[20]、汝南周愿、河东裴泰、武都符义府、太山羊士谔[21]、陇西李炼凡六《序》,《庐山禅居记》《辞李常侍启》[22]《远游赋》《七夕赋》,皆人文之选已。用是陪陈君之后,其可谓具体者欤?

呜呼!公既悟文而疾,既即功而废,废不逾年,大病及之,卒不得穷其工、竟其才,遗文未克流于世,休声[23]未克充于时。凡我从事于文者,所宜追惜而悼慕也!宗元以通家修好[24],幼获省谒,故得奉公元兄命[25],论次篇简。遂述其制作之所诣,以系于后。

〔注〕 ① 杨评事文集:今已佚,《全唐诗》存其诗一卷,《全唐文》存其文一篇。杨评事,杨凌,字恭履,虢州弘农(今河南灵宝)人。安史乱中,移居苏州。大历十一年(776),登进士第,仕协律郎。贞元初官大理评事,官终侍御史。柳宗元《先君石表阴先友记》:"杨氏兄弟者,弘农人。……凌以大理评事卒。最善文。" ② 立言:古人重立言,以为是不朽之业。《左传·襄公二十四年》:"太上有立德,其次有立功,其次有立言,虽久不废,此之谓不朽。" ③《书》:即《尚书》。 ④ 谟:谋画之文,《尚书》有《大禹谟》《皋陶谟》。 ⑤ 训:教导之文,《尚书》有《伊训》。⑥《易》:即《周易》。 ⑦ 象:形之外者皆曰象,柳文乃论文章之道,故这里的象,乃指《周易》中的《象传》,总释卦之象者,谓之"大象",论一爻之象者,曰"小象"。 ⑧ 系:这里的系,指《周易》中的《系辞》。 ⑨ 丽则:文章华丽而有法则,不失于正。语出扬雄《法言·吾子》:"诗人之赋丽以则。" ⑩ 清越:声音清亮高昂。语出《礼记·聘义》:"其声清越而长。" ⑪ 谣:徒歌,无音乐伴奏的歌唱。 ⑫ 诵:朗读。 ⑬ 怍:惭愧。 ⑭ 梓潼:梓州,又名梓潼郡。 ⑮ 陈拾遗:即陈子昂,字伯玉,梓州射洪(今属四川)人。文明元年(684),登进士第,任右拾遗。唐初,文章承徐、庾余风,子昂始变正风雅,韩愈称他"国朝盛文章,子昂始高蹈"(《荐士》),有《陈伯玉文集》传世。 ⑯ 燕文贞:即张说,字道济,一字说之,祖籍河东(今山西永济),十四岁后迁居洛阳。历仕中书令、右丞相,封燕国公,卒谥文贞。有《张燕公集》传世。 ⑰ 张曲江:即张九龄,字子寿,韶州曲江(今广东韶关)人。长安二年(702),登进士第,神龙三年(707),登材堪经邦制科,历仕右拾遗、中书舍人、中书令、右丞相。工诗,沈德潜评曰:"陈正字起衰而诗品始正,张曲江继续而诗品乃醇。"(《唐诗别裁集》卷一)有《曲江张先生文集》二〇卷传世。

⑱ 隟：同“隙”，间隙。 ⑲《鄂州新城颂》：此文为李兼破李希烈有功而作。 ⑳ 陈众甫：柳宗元《先君石表阴先友记》：“陈众甫，梓潼人，高志气。” ㉑ 羊士谔：字谏卿，寿山（今山东泰安）人，家于洛阳。贞元元年（785），登进士第，历仕义兴县尉、监察御史，元和三年秋贬资州刺史，后历洋、睦二州刺史。士谔诗文两擅，有《羊士谔集》一卷传世。 ㉒《辞李常侍启》：李常侍，即李兼。陈景云《柳集点勘》：“案常侍名兼，建中二年，以鄂岳防御使加散骑常侍，见赵憬《鄂州新厅记》。” ㉓ 休声：美好的名声。 ㉔ 通家修好：杨凌即柳宗元岳父杨凭之弟，柳、杨两家乃能“通家修好”。 ㉕ 奉公元兄命：奉杨凭之命。公元兄，即凌之长兄杨凭。

杨评事，即大理评事杨凌。杨凌约卒于贞元六年（790）前后，亲属编集其文集后，命子厚写序，约当贞元中后期。

《杨评事文集后叙》先从文章流别叙起，渐次扣到杨评事的文学成就上。全文分四段，第一段发挥“文有二道”的理论。文章开宗明义地指出文有二大功能：“辞令褒贬”“导扬讽谕”。接着按其功能，分述二道之不同：“辞令褒贬”，本乎著述，指散文，它们源出《尚书》《周易》《春秋》，主要在于论理、论事、记叙，追求“高壮广厚”“词正而理备”的审美要求。“导扬讽谕”，本乎比兴，指诗歌，它们源出于虞夏之咏歌，殷周之《风》《雅》，主要追求“丽则清越”“言畅而意美”的审美要求。柳宗元从文章流别的角度，很清楚地把散文与诗歌区分开来。

第二段，柳宗元继而论述二道难以兼通的道理，秉笔之士，往往“偏胜独得，而罕有兼者焉”，用一“罕”字，先伏下笔，为下文称善杨凌作好准备。作者进而论述唐代只有陈子昂能兼通二道，其后张说、张九龄各有偏诣，张说以能文称，而比兴之道不能达到极致；张九龄长于诗，而著述不能全备，至于其他作者更是“各探一隅”，因而作出“文之难兼，斯亦甚矣”的推断。柳宗元的诗文分体、二者难兼的观点，实际上是接受了前代文论家的影响。曹丕《典论·论文》云：“文非一体，鲜能兼善。”先已言之，殷璠则云：“历代词人，诗笔双美者鲜矣。”（《河岳英灵集》评陶翰语）继之于后，柳宗元正是继承了他们诗文二道难兼的基本观点。

第三段，转入本文正意，论杨评事之文，先称赞他“少以篇什著声于时”，他的文章在文人口中传诵，在江湖上流布，甚至传到京城长安。晚年对各种文体都能悟人，尤深于叙述，再评论其文风“雄杰老成”，可与陈子昂比肩，只可惜他不数年而亡，流露出“追惜而悼慕”之深情。

最后一段，叙述自己奉命为杨评事遗文作序，评论其“制作之所诣”，冀望能使其遗文流传于人世间，充其休声于时。

杨凌是柳宗元的通家长辈，为之作序，难于措词，既不能溢美，也不能失实，必须恰到好处。子厚先从文有二道导入，继论世无兼美，有唐唯陈子昂能兼之。然后论述杨凌的创作成就能“陪陈君之后”，前后呼应，互为映照，所以孙琮说：

"妙在有第一段分别源流,便见第四段自已论次不谬,有第二段世罕兼通,便见第三段评事旷代一人,自是文章互相照耀处。"(《山晓阁选唐大家柳柳州全集》卷二)第二段既论世罕兼通,唯陈子昂能兼美,第三段接论杨评事,似乎令人感到杨凌也能兼通,然而子厚但论其文,未述其诗,很快转入"不数年而夭",言外之意,如果天假以年,则杨凌定然诗文兼美,直追陈子昂。林纾看出柳文个中奥妙,故论:"不坐实,不过誉,言正得体。"(《韩柳文研究法·柳文研究法》)林氏此评,可谓文评中之妙评也。最可遗憾的是,杨评事文集已经散佚,柳宗元论及的诸名篇,今已不存,真天道之不幸乎!

(吴企明)

送薛存义序[①]

河东[②]薛存义将行,柳子载肉于俎[③],崇[④]酒于觞[⑤],追而送之江之浒[⑥],饮食之[⑦]。

且告曰:"凡吏于土[⑧]者,若[⑨]知其职乎?盖民之役[⑩],非以役民[⑪]而已也。凡民之食于土[⑫]者,出其什一[⑬]佣[⑭]乎吏,使司平[⑮]于我也。今我受其直[⑯],怠其事[⑰]者,天下皆然。岂唯[⑱]怠之,又从而盗[⑲]之。向使[⑳]佣一夫于家,受若直,怠若事,又盗若货器,则必甚怒而黜罚之矣。以今天下多类此,而民莫敢肆[㉑]其怒与黜罚者,何哉?势[㉒]不同也。势不同而理同,如吾民何[㉓]?有达于理[㉔]者,得不[㉕]恐而畏乎!"

存义假令[㉖]零陵二年矣。早作而夜思,勤力而劳心,讼者[㉗]平,赋者[㉘]均,老弱无怀诈暴憎[㉙],其为不虚取直也的[㉚]矣,其知恐而畏也审[㉛]矣。

吾贱且辱[㉜],不得与[㉝]考绩幽明[㉞]之说[㉟];于其往也,故赏[㊱]以酒肉,而重之以辞[㊲]。

〔注〕 ① 送薛存义序:题目一作《送薛存义之任序》。薛存义,柳宗元的同乡,在永州零陵任代理县令。 ② 河东:唐代道名。治所在蒲州(今山西永济)。 ③ 俎(zǔ):古代祭祀时盛食品的礼器。此指放肉的器物。 ④ 崇:充满。动词。 ⑤ 觞(shāng):盛酒的器物。 ⑥ 浒(hǔ):水边。 ⑦ 饮(yìn)食(sì)之:请他喝,请他吃。 ⑧ 吏于土:在地方上做官。 ⑨ 若:你。 ⑩ 役:仆役,服务的人。 ⑪ 役民:驱使人民,奴役人民。役,动词。 ⑫ 食于土:依靠土地生活,耕田而食。 ⑬ 什一:此指赋税的十分之一。 ⑭ 佣:雇用。 ⑮ 司平:管理和治理。 ⑯ 直:同"值"。指官吏所得的俸给。 ⑰ 怠其事:不认真给他们(人民)办事。 ⑱ 岂唯:哪里只是。 ⑲ 盗:窃取。此指贪污和敲诈勒索。 ⑳ 向使:假若。

㉑ 肆：完全表露，爆发出来。 ㉒ 势：情势。指主仆关系不同于官民关系，人民没有办法黜罚官吏。 ㉓ 如吾民何：即“如何吾民”。如何对待我们的老百姓呢？一说如果人民责问官吏，该如何回答呢？ ㉔ 达于理：明白这个道理。 ㉕ 得不：能不。 ㉖ 假令：代理县令。 ㉗ 讼者：打官司的人。 ㉘ 赋者：缴纳赋税的人。 ㉙ 怀诈暴憎：心中怀有欺诈的念头，脸上露出憎恨的表情。 ㉚ 的(dì)：确实。 ㉛ 审：显然，确实。 ㉜ 辱：被贬受辱。 ㉝ 与(yù)：参与。 ㉞ 考绩幽明：考核官吏的政绩，黜退昏庸官吏，提升贤良官吏。 ㉟ 说：议论，意见。 ㊱ 赏：赠送，赠给。 ㊲ 重(chóng)之以辞：再加上这些话。

《送薛存义序》是柳宗元贬放为永州司马时所作。这不是一般的应酬之作，而是一篇挞伐奸佞表扬贤良的赠序，是宣传作者进步的政治理想——民本思想的好文章。今人章士钊《柳文指要》中说：“子厚《送薛存义序》，乃《封建论》之铁板注脚也。两文相辅而行，如鸟双翼，洞悉其义，可得于子厚所构政治系统之全部面貌，一览无余。”清人刘熙载《艺概》中也说：“柳州《送薛存义序》，可谓精能之至。”都是有见地的评语。

唐代零陵是永州的属邑，也是永州的治所，柳宗元就在此地办公，所以薛存义从零陵代理县令调离时，柳氏得以为他饯行。

全文分为四段。

第一段，叙述送行友人的情景。开篇便交代送行之人、送行之地，以及送行的方式。载、崇、追、送、饮、食六个动词，表现作者一系列的行动，显出送行的郑重、主客之间深厚的情谊和浓重的惜别之情。特别是“追”字，生动地传达出作者得知朋友将行的消息，急切赶路以求一见的心情。

“赠人以言，古之道也。”赠序都以记言为主，所以开篇简括，介绍写作本文背景后便进入主题。

第二段，提出“官为民役”的政治主张，批判怠事之吏，挞伐盗民之吏。本段内容深刻，有两点值得重视。封建社会，百姓是“子民”，官吏是“父母”；而柳氏却认为百姓是“主”，官吏是“仆”，官吏是百姓出钱雇用的，应该公平地为百姓办事。这是一。为了阐明这种主张，他打个比方：主人雇用仆役，如仆役偷盗财物，主人必然盛怒责罚、驱逐仆役，借以表明百姓惩处“怠民”“盗民”之吏理所当然。这是二。柳氏的这种政治愿望，封建时代根本无法实现。但他身为官吏，又处于被贬谪的逆境之中，仍能坚守进步信念不动摇，并不懈地宣传自己政见（此前所作《送宁国范明府诗序》，曾提出“夫为吏者，人役也”的主张），希望发扬光大，旗帜鲜明地站在同情人民疾苦的正义立场上，满怀义愤地替人民讲话，鸣不平，这种独持异说的勇气，实在难能可贵；这种振聋发聩、石破天惊的理论，更是令人叹服！

本段笔法也值得称道：先正面立意，直抒己见。直抒己见是分层表述：先提出“官为民役”的观点，立下官吏的准则；再表“怠民”之吏，暗寓批判意味；最后揭出“盗民”之吏的腐败现象。为了加强正面立意，作者巧用譬喻，譬喻用后截住文意，陡转笔锋，再生波澜，以诘问语从反面逆承上文，得出“势不同也”的结论。段末两句，连用胜过直陈效果的反诘、咏叹笔调，完成立论任务，发人深思，耐人寻味。文中“天下皆然”“今天下多类此”，语非重复而在强调，表明这绝非个别现象，而是带有普遍性本质性的社会症结。

第三段，称颂薛存义治理零陵的政绩，用先进典型具体说明官吏怎样做才算为民之役。这样写，一是题意所需，二是为前文正面立意提供注脚。“早作而夜思，勤力而劳心”，是用骈俪句式，就薛存义本人这一方说的，并与“今我受其直，怠其事者”形成鲜明对照。“讼者平，赋者均，老弱无怀诈暴憎”，是用骈中带散句式，从群众反映的角度写的。其中“讼者平，赋者均”又与上段“使司平于我也”相关合。“其为不虚取直也的矣”，则与“凡民之食于土者，出其什一佣乎吏”相呼应；而“其知恐而畏也审矣”又与“有达于理者，得不恐而畏乎”相照顾。可见薛存义是“知其职”“达于理者”。这段文字，针头线脚编织细密、丝丝入扣、无懈可击。

第四段，点明饯别、赠言的原因。柳氏于永贞元年(805)由礼部员外郎贬为永州司马，无权举荐薛存义这样贤良的官吏。文字间表现出无可奈何、力不从心的负疚之意，并隐然含有抑郁无欢、愤慨不平之情。自己能办到的也只是赠朋友以酒肉、写赠序以表彰而已。这样收尾不仅保持着与二、三段意脉的贯通，还与首段文字相呼应，形成严谨的结构。

本文篇幅短小，言浅意深，以议论为主，杂以记叙，做到有情、有理、有境。作为古文大家，他的政论素以笔锋犀利，论证精严，内容丰富而有识见著称，统观本文也能得到充分印证。 (李如鸾)

送从弟①谋归江陵②序

吾与谋，由高祖王父而异③。谋少吾二岁，往时在长安，居相迩④也。与谋皆甚少，独见谋在众少言，好经书，心异之。其后吾为京兆从事⑤，谋来举进士，复相得，益知谋盛为文词，通外家书。一再不胜，惧禄养之缓⑥，弃去，为广州从事。复佐邕州，连得荐举至御史，后以智免，归家江陵。有宅一区，环之以桑，有僮指⑦三百，有田五百亩，树之谷，艺⑧之麻，养有牲，出有车，无求于人。日率诸弟具滑甘[9]丰柔，视寒燠之宜[10]，其隙[11]则读书，讲古人所谓求其道之至者以相励也。过永州，为吾留信次[12]，具道其所为者。

凡士人居家孝悌恭俭，为吏祗肃。出则信，入则厚[13]。足其家，不以非道[14]；进其身，不以苟得。时退则退，尊老无井臼之劳[15]。和安而益寿，兄弟衎衎[16]以相友。不谋食而食给[17]，不谋道而道显。则谋之去进士为从事于远，始也吾疑焉，今也吾是焉。别九岁而会于此，视其貌益伟，问其业益习[18]，叩其志益坚。於虖[19]！吾宗不振久矣。识者曰：今之世稍有人焉[20]。若谋之出处，庸非所谓人欤[21]？或问管仲，孔子曰："人也。"[22]谋虽不试于管仲[23]，其为道无悖，亦可以有是名也。抑又闻圣人之道，学焉而必至，谋之业良矣，而又增焉；志专矣，而又若不足焉。孔子之门，不道管、晏[24]，则谋之为人也，其可度哉！

吾不智，触罪摈越、楚间六年，筑室茨草[25]，为圃乎湘之西，穿池可以渔[26]，种黍可以酒，甘终为永州民。又恨徒费禄食而无所答[27]，下愧农夫，上惭王官[28]。追计往时咎过，日夜反覆，无一食而安于口平于心。若是者，岂不以少好名誉，嗜味得毒[29]，而至于是耶！用是愈贤谋之去进士为从事以足其家，终始孝悌，今虽欲羡之，岂复可得？谋在南方有令名[30]，其所为日闻于人，吾恐谋不幸又为吾之所悔者，将已之而不能得，可若何？然谋以信厚少言，蓄其志以周于事[31]，虽履吾迹[32]，将不至乎吾之祸，则谋何悔之有？苟能是，虽至于大富贵，又何栗[33]耶？振吾宗者，其惟望乎尔！

〔注〕①从弟：堂弟。　②江陵：今湖北荆州，处于长江中游，是著名的交通要道，古有"七省通衢"之称。　③"由高祖"句：《河东先生集》韩醇注曰："公高祖讳子夏，徐州长史。此序首云：吾与谋，由高祖王父而异。其别盖自此。然谋之父祖，《年表》谱系皆阙，无所稽焉。"王父，祖父。　④迩：近。　⑤京兆从事：当时柳宗元任京兆府蓝田县尉，并被府尹韦夏卿留为京兆府从事。从事，州郡长官的佐吏。　⑥一再不胜，惧禄养之缓：两次没有考中进士，担心想通过科举考试来谋取生路太缓慢。　⑦僮指：僮仆。　⑧艺：种植。　⑨滑甘：指调和五味。滑，古时指给菜肴调味的作料。《周礼·天官·食医》："调以滑甘。"　⑩寒燠(yù)之宜：寒热相宜的时候。　⑪隙(xì)：空闲。　⑫信次：几天。《左传·庄公三年》：凡师一宿为舍，

再宿为信，过信为次。 ⑬ 出则信，入则厚：对外讲信用，对内要淳厚。 ⑭ 不以非道：不是通过不正当的路子得到的。 ⑮ 尊老无井臼之劳：尊敬老人，不让他有一点辛苦（指让老人能颐养天年）。 ⑯ 衎（kàn）衎：和乐。 ⑰ 不谋食而食给：不刻意去谋取生计，但是生活自然有供给。 ⑱ 其业益习：他的学问更加精深。 ⑲ 於虖（wū hū）：同“呜呼”，叹词。 ⑳ 稍有人焉：总算有振兴家族的人才了。 ㉑ 庸非所谓人欤：难道不是所说的人才吗？ ㉒“或问管仲”三句：（就像）有人问管仲是否为人才，孔子赞赏他说：“人才啊。” ㉓ 谋虽不试于管仲：谋虽然不能和管仲相比。 ㉔“孔子”二句：此二句出自《孟子·公孙丑上》：公孙丑问曰：“夫子当路于齐，管仲、晏子之功，可复许乎？”孟子曰：“管仲，曾西之所不为也，而子为我愿之乎！” ㉕ 筑室茨（cí）草：用茅草建造房屋。茨，用茅或苇盖房子。 ㉖ 穿池可以渔：下到池塘里可以抓鱼。 ㉗“又恨”句：又恨自己白白地浪费俸禄而对人民没有报答。 ㉘ 王官：皇帝。一说，王朝的官员。 ㉙ 嗜味得毒：以至于中毒。此处指沉浸于名誉很深。《国语》：单襄公谓鲁成公曰：“高位实疾颠，厚味实腊毒。” ㉚ 令名：很好的名声。 ㉛ 蓄其志以周于事：志向坚定，做事周密。 ㉜ 虽履吾迹：即使步我之后尘。 ㉝ 栗：担心，害怕。

本文的写作时间根据文中“吾触罪摈越、楚间六年”句，断定此为元和五年（810）作。从文章中得知，从弟柳谋于此年到永州，为柳宗元留住数日，后欲回江陵家中，临行柳宗元作此序送别。

文章分为三段。第一段首先介绍被送者的情况。柳谋少时便与众不同，“在众少言，好经书”，而且“盛为文词，通外家书”，但是却科场蹭蹬，于是便弃去科举，“为广州从事”，“复佐邕州，连得荐举至御史”，后来被免官以江陵为家，过着种田、读书而且富足悠闲的生活，并注重“讲古人所谓求其道之至者以相励”。

对于柳谋这样的人生抉择和目前的生活状态，柳宗元是如何看待的？第二段、第三段所表现的态度是一致的，即肯定赞赏。在柳宗元心目中，一个成功的人应该具有以下的标准：在家“孝悌恭俭”，为人要厚道，能尊老，使兄弟相和，能“不以非道”使其家富足，“不谋食而食给”；而在外要讲信用，做官要“祗肃”，不以苟得而进其身，该退隐就退隐，“不谋道而道显”。而柳宗元眼中的柳谋就具有这内外两个方面的特征，所以柳宗元对他是羡慕的，“愈贤谋之去进士为从事以足其家，终始孝悌”，而自己“下愧农夫，上惭王官”，羡慕柳谋能“足其家，始终孝悌”，实际上是暗示自己不能为之。居家永州，是一个罪人，过的是“筑室茨草，为圃乎湘之西”的日子，自然谈不上“足”；自己遭遇贬谪，连累老母病逝蛮荒之地，并至今没有子嗣，是为不孝，这些都是深深刺痛柳宗元内心的，因此才如此羡慕。

但是这种肯定赞赏带有柳宗元心中隐藏的悔恨和无奈之意，语带悲愤。由此可以了解柳宗元在贬谪期间复杂的心态。柳宗元的心态是积极和消极相混合的，他常常有畏罪恐惧的心态，如《与李翰林建书》中的柳宗元“闷即出游，游复多恐”。他常常有自信和期待之心，如《与裴埙书》中不相信“圣上”制度大立，“使仆辈为匪人”。在永州期间,他对各类有希望引荐自己的人物投书以求荐引,其中有哀求之语,但他始终没有认“罪”,而是一直在为自己辩驳,执着之心态处处可见。在本文中,他明显表示其悔恨之意,但他悔恨的不是参加永贞革新,而是后悔自己当初追求功名过切,自己的名声太盛,导致长期“触罪摈越、楚间”的遭遇。而名声之盛正是柳宗元才能的体现,柳宗元对此产生悔恨,并不是真正否定自己的才能,而是对被贬谪的悲愤和无奈。悲愤的是,自己落入蛮荒之地,成为戴罪之身,又能如何想?无奈的是,不悔恨自己当初的所作所为,又如何改变现状?悔恨了,又不能解决任何问题。心态的复杂使他有时候不能确定该何去何从,特别是如何对待古代文人特有的使心灵得以安定的方式——归隐。在《送娄图南秀才游淮南将入道序》中直接表明“以出则穷,以处则乖”的进退两难心态,本文中是认可柳谋隐居种田读书的生活,但《〈娄二十四季才花下对酒唱和诗〉序》中又认为君子生逢治世,又打消归隐之志。还有他一系列的希望汲引的书信,说明他始终是无法归隐的。最大的隐在于心,而柳宗元的心是牵挂在政治上的,是逃遁不掉的。即使连最小的隐——表面的隐居山林都做不到。隐居只不过是历史上隐居文人的生活方式在他的心中的一个闪念而已。

作者在表露自己的心态和情感的时候,比较婉转含蓄。主要通过自己对柳谋的赞赏和担忧,并通过描述自己的生存状态和对方相比较来暗示出来,即送别之文必然谈及自身处境或心态。这样的表达方式在柳宗元的序体文章中比比皆是,说明柳宗元受到的打击和内心的痛楚,已经让他时时刻刻把这种感情融入到自己的任何一次创作过程之中。本文中,他赞赏柳谋的抉择,实际上就是在否定自己当初的抉择;对柳谋的担忧,实际上是对自己过去经历的反思。今天柳谋已经有自己的盛名,应该是柳谋自己没有料到的。柳宗元联系自己当年的盛誉,婉转告诫柳谋不要因为声名大而改变了素志,不要重蹈自己的覆辙。

在序文中,也包含着柳宗元想重振家声的想法。柳宗元感叹“吾宗不振久矣”,他反复赞赏柳谋的为人及学识,认为“今之世稍有人焉”,“振吾宗者,其惟望乎尔”。振兴自己的家族,不只是本文有所表现,在《送澥序》中回想自己家庭“武氏败,犹不能兴”的遭遇,把振兴家族的希望寄托在柳澥身上,反映了柳宗元的宗族意识。

(袁 茹)

愚溪诗[1] 序

灌水[2]之阳[3],有溪焉,东流入于潇水[4]。或曰:“冉氏尝居也,故姓[5]是溪为冉溪。”或曰:“可以染也,名之以其能,故谓之染溪。”余以愚触罪[⑥]，谪潇水上，爱是溪，入二三里，得其尤绝者家焉。古有愚公谷[⑦]，今予家是溪，而名莫能定，土之居者犹龂龂然[⑧]，不可以不更也，故更之为愚溪。

愚溪之上，买小丘，为愚丘。自愚丘东北行六十步，得泉焉，又买居之，为愚泉。愚泉凡六穴，皆出山下平地，盖上出[⑨]也，合流屈曲而南，为愚沟。遂负土累石，塞其隘，为愚池。愚池之东为愚堂，其南为愚亭，池之中为愚岛。嘉木异石错置，皆山水之奇者，以余故，咸以愚辱焉。

夫水，智者乐也[⑩]。今是溪独见辱于愚，何哉？盖其流甚下，不可以溉灌；又峻急多坻石[⑪]，大舟不可入也；幽邃浅狭[⑫]，蛟龙不屑，不能兴云雨，无以利世，而适类于余，然则虽辱而愚之，可也。

宁武子[⑬]“邦无道则愚”，智而为愚者也；颜子[⑭]“终日不违如愚[⑮]”，睿[⑯]而为愚者也。皆不得为真愚。今余遭有道[⑰]，而违于理，悖于事，故凡为愚者莫我若也。夫然，则天下莫能争是溪，余得专而名焉。

溪虽莫利于世，而善鉴[⑱]万类[⑲]，清莹秀澈，锵鸣金石，能使愚者喜笑眷慕[⑳]，乐而不能去也。余虽不合于俗，亦颇以文墨自慰，漱涤[㉑]万物，牢笼[㉒]百态，而无所避之。以愚辞歌愚溪，则茫然而不违，昏然而同归，超鸿蒙[㉓]，混希夷[㉔]，寂寥[㉕]而莫我知也。于是作《八愚诗》，纪于溪石上。

〔注〕 ① 愚溪诗：子厚曾为愚溪、愚丘、愚泉、愚沟、愚池、愚堂、愚亭、愚岛赋诗，称为《八愚诗》，本文为其序文，诗已佚，而序独存。 ② 灌水：湘江的支流，源出今广西壮族自治区灌阳县西南，流经永州。 ③ 阳：水的北面。 ④ 潇水：湘江的支流，源出湖南道县潇山，流至零陵，注入湘江。 ⑤ 姓：作动词用，意谓为此溪起个名字。按章士钊以为此句不词，末尾溪字为编者误衍，见《柳文指要》卷二四，可参看。 ⑥ 触罪：犯罪。 ⑦ 愚公谷：在今山东临淄西。传说春秋时，齐桓公出猎，至一山谷，不知名，遇一老翁，告其因己而名为愚公谷。事见刘向《说苑·政理篇》。 ⑧ 龂(yín)龂然：争辩的样子。 ⑨ 上出：水上涌而出。陈景云《韩集点勘》认为“上”当作“正”字，近是。 ⑩ 智者乐(yào)也：水是聪明人所喜爱的，语出《论语·雍也》：“知(智)者乐水，仁者乐山。”乐，喜好。 ⑪ 坻(chí)石：水中岩石。 ⑫ 幽邃浅狭：指愚溪幽僻浅窄。 ⑬ 宁武子：春秋时卫国大夫宁俞，武为谥号。《论语·公冶长》：“宁武子，邦有道则知，邦无道则愚。其智可及也，其愚不可及也。” ⑭ 颜子：颜回，字子渊，孔子弟子。

⑮ 不违如愚：颜回听讲时，整天不提出疑问，好像是愚笨的人。语本《论语·为政》："子曰：吾与回言终日，不违如愚。" ⑯ 睿：明智。 ⑰ 遭有道：遇到政治清明的时代。 ⑱ 鉴：鉴别。 ⑲ 万类：万物。全句意谓擅长照清楚各种事物的美丑好坏。 ⑳ 眷慕：留恋爱慕。 ㉑ 漱涤：洗涤。 ㉒ 牢笼：包罗。 ㉓ 鸿蒙：同"鸿濛"，宇宙形成前的混沌状态。 ㉔ 希夷：无声无色，指空虚寂静的状态。《老子》上篇："视之不见名曰夷，听之不闻名曰希。" ㉕ 寂寥：无形无声。《老子》上篇："寂兮寥兮。"魏源《老子本义》："寂兮无声，寥兮无形也。"

本文是作者为他的《八愚诗》所写的序。作者曾为愚溪、愚丘、愚泉、愚沟、愚池、愚堂、愚亭、愚岛八处景观赋诗，故称"八愚诗"，诗已失传。因为"八愚诗"以愚溪为根本，所以诗序便以愚溪命题。吴文治《柳宗元年谱》系此文于唐宪宗元和五年(810)，今从之。

柳宗元在谪居永州期间，写过许多篇山水诗和著名的山水游记，他说过："投迹山水地，放情咏《离骚》。"(《游南亭夜还叙志七十韵》)这是他被谪居边远地区时的生活写照，也是他借着模山范水，以摅写自己的郁悒怨愤，抒发对现实不满的情绪。《八愚诗》这一组诗，便是在这样的写作背景下吟咏出来的。

《愚溪诗序》借景寄意，以愚溪之"清与美"，却"独见辱于愚"，比喻自己遭贬受辱的境遇，抒发自己被贬谪的感愤。全文分五段。第一段，叙写"愚溪"命名的原因，先以冉溪、染溪虚写在前，再以"余以愚触罪""爱是溪"，坐实于后，点明更名"愚溪"的来历。韩愈《送孟东野序》连用三十七个"鸣"字，气充词沛，为友人孟郊鸣不平。陈骙《文则》说："退之《送孟东野序》，一鸣字发出许多议论。"柳宗元的《愚溪诗序》，全文仅四百四十二字，却连用二十七个"愚"字，极意渲染，倾诉衷肠，为自己的"愚"解嘲，同样也是在一愚字上发出许多议论。本段叙述愚溪得名的来历，顺笔交代自己"谪潇水上"的经历，"余以愚触罪"，是全篇的关纽，为全文定下基调，以下的许多"愚"字和一切文意都由此而生成。

第二段，以愚溪为纲，叙写自己继得愚溪之后，又得愚丘，继而得愚泉，得愚溪，得愚池，筑愚堂，筑愚亭，筑愚岛，一切景物均以"愚"名之，逐处铺排，各纪其胜，将"八愚"完全交代清楚。结句"以余故，咸以愚辱焉"，与首段紧相呼应，以"愚"字贯串始终。柳宗元以愚名溪，并非他的独创。刘向的《说苑·政理》记载"愚公谷"命名的由来，管仲以为愚公并不愚，而是政治环境不好。王维有《愚公谷》诗，云："缘底名愚谷，都由愚所成。"他用愚公谷指代自己的住处，借以寄托自己的感慨。可见，柳宗元自称"愚"，又以"愚"名溪，也隐含着对现实政治的不满。

第三段，从"愚"字的对面切入，说"智者乐也"，说聪明人都喜爱水，语本出自《论语·雍也》："知者乐水。"文笔随即一转，折入愚溪，言溪之可愚者有三："不可以溉灌"，"大舟不可入"，"不能兴云雨"，总括之，"无以利世"。接着，以"适类于余”一语道破，将溪之愚与“余”之愚联系起来，溪之无用与“余”之无用联系起来，言在溪而意在己，正如林纾所说：“极状溪之不适于世用，用以自况。”（《韩柳文研究法·柳文研究法》）

第四段，从“愚”字的侧面切入，引宁武子之愚与颜子之愚作陪衬，说明自己才是“真愚”，才能专有“愚溪”之名，而天下谁也不能与“我”争夺。一味责备自己之愚，反话正说，沉痛之极。第三、四两段，一写溪之愚，一写“我”之愚，文意“自抑”，总为末段“自扬”作铺垫，文章顿起波澜，起伏多姿。

第五段，为全文的精彩处，文气转“自抑”为“自扬”，先尽情赞美溪，“善鉴万类”，言其识力高，“清莹秀彻”，言其自身澄洁，“锵鸣金石”，状其美声，总括之，溪可以乐于人，“使愚者喜笑眷慕，乐而不能去”，这些赞美语，都是针对第三段“无以利世”而发的，为愚溪大翻其案。接着尽情赞美人，由溪而及于“余”，“余”无他能，然“颇以文墨自慰，漱涤万物，牢笼百态”，文意出自陆机《文赋》：“笼天地于形内，挫万物于笔端。”自我评价写作诗文的能力很强，能够反映出各种事物的本来面貌，捕捉各种事物变化的姿态。刘熙载《艺概·文概》说：“《愚溪诗序》云‘漱涤万物，牢笼百态’此等语皆若自喻文境。”所论极是。最后，文章扣到本文序诗的主旨上来，以愚辞歌咏愚溪（即八愚诗），进入“茫然而不违，昏然而同归，超鸿蒙，混希夷，寂寥而莫我知也”的化境。作者在写作《八愚诗》时，将自己的精神与愚溪的自然景色融为一体，自己完全陶醉在诗的意境中，和“希夷”“寂寥”的境界合而为一，达到超越自我、物我两忘的境界。全文循着居溪、爱溪、名溪、乐溪、歌溪的思路推进，文脉清晰，至此戛然收结，回归到为诗作序的本题上来。

柳宗元的《八愚诗》早已散佚，《愚溪诗序》却独能传诵千古，具有极强的艺术魅力。这篇诗序，既不像是一篇山水游记，也不同于普通的诗集序言，通篇俱从“愚溪”上借端发挥，就一“愚”字点缀成文，从“愚”字生情，“愚”是反语，是牢骚语，字里行间渗透进作者对现实社会的强烈不满，尽情发泄郁结在胸中的怨愤之情。王惟夏论本文曰：“借愚溪自写照，愚溪之风景宛然，自之行事亦宛然。善于作姿，善于寄托。”（《山晓阁选唐大家柳柳州全集》卷二引），全文铺排二十多个“愚”字，意味易尽，文气易板，子厚能行变化于铺排之中，前后关合照应，层层转换自如，融叙事、写景、议论、抒情于一体，文意婉曲而意味深长。作者故作旷达，以“愚”人自居，把牢骚不平、怨愤不逊的情绪，隐含在写景、叙事之中，不露一点痕迹。孙琮就本文的结构艺术发表如下的评论：“妙在前幅先将冉溪、染溪二段虚影于前，又将许多愚丘、愚泉、愚沟、愚池增置于后，便令文字有波澜。后幅借愚溪自抑一段，复借愚溪自扬一段，便令文字有曲折。”（《山晓阁选唐大家柳柳州全集》卷二）通读全文，深感孙氏此说完全符合本文的实际情况。　（吴企明）

序　棋

房生直温，与予二弟①游，皆好学。予病其确②也，思所以休息之者。得木局，隆其中③而规焉，其下方以直，置棋二十有四。贵者半，贱者半，贵曰上，贱曰下。咸自第一至十二，下者二乃敌一，用朱墨以别焉。房于是取二毫，如其第书之。既而抵戏④者二人，则视其贱者而贱之，贵者而贵之。其使之击触也，必先贱者，不得已而使贵者，则皆慓焉⑤惛焉⑥，亦鲜克以中。其获也，得朱焉则若有余，得墨焉则若不足。

余谛睨⑦之，以思其始，则皆类也，房子一书之而轻重若是。适近其手而先焉，非能择其善而朱之，否而墨之也。然而上焉而上，下焉而下，贵焉而贵，贱焉而贱，其易彼而敬此，遂以远焉。然则若世之所以贵贱人者，有异房之贵贱兹棋者欤？无亦近而先之耳！有果能择其善否者欤？其敬而易者，亦从而动心矣，有敢议其善否者欤？其得于贵者，有不气扬而志荡者欤？其得于贱者，有不貌慢⑧而心肆⑨者欤？其所谓贵者，有敢轻而使之者欤⑩？所谓贱者，有敢避其使之击触者欤？彼朱而墨者，相去千万不啻⑪，有敢以二敌其一者欤？余墨者徒也，观其始与末，有似棋者，故叙。

〔注〕①予二弟：柳宗元二弟即宗直、宗一。　②确：有牢靠意，即笃于学。　③隆其中：唐时弹棋，四方中高，李商隐《无题》：“莫近弹棋局，中心最不平。”　④抵戏：击触以为戏。　⑤慓（piāo）焉：急速轻捷。中华本《柳宗元集》作“慄”，恐惧貌，近是。　⑥惛焉：神志不清貌。　⑦谛睨：斜视细察。　⑧貌慢：容仪怠慢。　⑨心肆：心情纵恣。　⑩有敢轻而使之者欤：《唐文粹》《全唐文》“使之”下有“击触”二字，按，下句有“有敢避其使之击触者欤”，与此为并列句式，当以有“击触”二字近是。　⑪啻（chì）：仅；止。

本文不知作于何年，从文意看，自称为“墨者徒”，似乎作于贬谪永州以后。

本文与《序饮》是同一类型的短文，但写法迥异。《序饮》就“饮”立意，通篇序饮地、序饮、序投筹，穷形尽相，真如一幅流觞曲水图。然而《序棋》却不就棋说，以“棋”为由头，触发人生贵贱之慨，“只就‘棋’上寓言，发出一段感慨”（《山晓阁选唐大家柳柳州全集》卷二引卢文子语)。两文虽然写法不同,但是“各极其妙”(卢文子语),推究物理,淡宕可诵,都是“以小题”“抒正论”的精妙文章。

本文分两段。第一段先写“弹棋”,本意敦促房生和二弟读书之余,玩玩弹棋,好生休息。得弹棋木局后,便详述“棋”之形制,房生以朱、墨两色书写棋子序数(第一至第十二),别以为贵贱。既而又叙二人触击棋子为戏。作者从棋子的贵贱,“推究物理”,为下文张本。

第二段一开始便说“以思其始,则皆类也”承上文发表感慨。棋子本来是一样的,被房生用两色笔一经书写,分出“朱”(贵)、“黑”(贱),就分出轻重,这与人之贵贱高下有什么不同?以下的感慨、议论均由此生发。“上焉而上,下焉而下。贵焉而贵,贱焉而贱。”这本是指局中棋子而言的,到了柳宗元的笔下,就富有人间上下、贵贱之意,“若世之所以贵贱人者”,作者以一语便点穿了上述的寓意。以下种种感慨,调侃世上的势利人,写得淋漓慷慨。柳宗元指出,人世间对人分出贵贱,与房生分出棋子的贵贱,是不一样的。他用六组排比句,分层发出议论,第一层说:“无亦近而先之耳!有果能择其善否者欤?”人们多接近贵人,可以先得利益,而弹棋时,必先弹击贱者,人们是不能选择“善”与“否”的。卢文子论这一层文意,言外有微意:“刘季从龙,大都丰沛,光武奋迹,半属南阳,近者先贵,何可胜道。”(《山晓阁选唐大家柳柳州全集》卷二引)。汉代如此,唐代又何尝不是如此。第二层说:“其敬而易者,亦从而动心矣,有敢议其善否者欤?”人们敬重贵者而轻忽贱者,从贵者而动心,人们是不敢议论它们的“善”与“否”的。第三层说:“其得于贵者,有不气扬而志荡者欤?”人们得以接近贵人,有谁不志高气扬的呢?第四层说:“其得于贱者,有不貌慢而心肆者欤?”人们接近贱者,有谁不态度怠慢而心意纵恣的呢?第五层说:“其所谓贵者,有敢轻而使之者欤?”棋之贵者,有谁敢轻忽地击触它呢?一定会谨慎地击触它。第六层说:“所谓贱者,有敢避其使之击触者欤?”棋之贱者,有谁敢避开它而击触其他棋子呢?

以上六层文意,将人们对待贵贱之人和贵贱之棋的不同态度,层层写出,讽刺世上那些敬“贵”而易“贱”的势利人,得出棋子之朱墨与人之贵贱相去不啻千里的结论,两者不可同日而语,怎么能用二个黑子去换一个红子呢?结尾“余墨者徒也,观其始与末,有似棋者,故叙”总收全文,明言自己是贱者,观看人生之始末,有似弹棋,很有感触,所以将这种深奥的人生哲理记叙下来,告诫后世人。诚如陈祥耀所说:“《序棋》谓棋子朱者贵,黑者贱,‘以思其始,则皆类也’,不类者,以人偶然朱墨之取舍,人之贵贱高下亦若是,则述哲理者。”(《唐宋八大家文说·柳宗元文说》)他揭出了柳文《序棋》的要义,是很值得人们深思的。 (吴企明)

送僧浩初[1]序

儒者韩退之[2]与余善[3]，尝病[4]余嗜浮图言[5]，訾[6]余与浮图游。近陇西李生础自东都来[7]，退之又寓书罪余[8]，且曰："见《送元生序》[9]，不斥浮图[10]。"浮图诚有不可斥者，往往与《易》《论语》合，诚乐之[11]，其于性情奭然[12]，不与孔子异道。退之好儒未能过扬子[13]，扬子之书于庄、墨、申、韩皆有取焉[14]。浮图者，反不及庄、墨、申、韩之怪僻险贼耶？曰："以其夷[15]也。"果不信道而斥焉以夷[16]，则将友恶来、盗跖[17]，而贱季札、由余[18]乎？非所谓去名求实[19]者矣。吾之所取者与《易》《论语》合，虽圣人复生不可得而斥也。

退之所罪者其迹[20]也，曰："髡而缁[21]，无夫妇父子，不为耕农蚕桑而活乎人[22]。"若是，虽吾亦不乐也。退之忿其外而遗其中[23]，是知石而不知韫玉[24]也。吾之所以嗜浮图之言以此。与其人游者，未必能通其言也。且凡为其道者，不爱官，不争能，乐山水而嗜闲安者为多。吾病世之逐逐然唯印组为务以相轧也[25]，则舍是其焉从[26]？吾之好与浮图游以此。

今浩初闲其性，安其情，读其书，通《易》《论语》，唯山水之乐，有文而文之[27]；又父子咸为其道[28]，以养而居，泊焉而无求，则其贤于为庄、墨、申、韩之言，而逐逐然唯印组为务以相轧者，其亦远矣[29]。

李生础与浩初又善。今之往也，以吾言示之[30]。因北人寓退之[31]，视何如也[32]。

〔注〕 ① 浩初：僧人法名，龙安海禅师弟子。 ② 韩退之：韩愈，字退之。 ③ 善：交好。 ④ 病：不满意。 ⑤ 嗜浮图言：信奉佛教学说。浮图，又称"浮屠"，梵文 buddha 的译音。此处指佛教徒，僧人。 ⑥ 訾(zǐ)：批评指责。 ⑦"近陇西"句：近期有儒生李础从东都来。陇西，今甘肃陇西东南。李生础，李础，贞元十九年(803)进士，元和年间李础为湖南从事，与韩愈、柳宗元皆有交往。元和六年请告省其父于东都(今洛阳)，时韩愈官东都。 ⑧ 退之又寓书罪余：退之托李础带信来批评我(信奉佛教一事)。今《韩集》逸此书。 ⑨《送元生序》：即柳宗元《送元十八山人南游序》。元十八，行十八，与韩愈、柳宗元都相识。山人，隐士。⑩ 不斥浮图：《送元十八山人南游序》中曰："太史公没，其后有释氏，固学者之所怪骇舛逆其尤

者也。今有河南元生者……悉取向之所以异者，通而同之，搜择融液，与道大适，咸伸其所长，而黜其奇斜，要之，与孔子同道，皆有以会其趣。”韩愈说柳宗元“不斥浮图”当指此。 ⑪ 诚乐之：真喜欢它。 ⑫ 奭(shì)然：旷达解脱貌。 ⑬ 扬子：汉代扬雄，字子云，曾著《太玄》《法言》等哲学著作。 ⑭ 于庄、墨、申、韩皆有取焉：指(扬子之学说)于《庄子》《墨子》《申子》《韩非子》等书都有所取法。世綵堂本孙汝听注：“扬子曰：‘庄周荡而不法，墨、晏俭而废礼，申、韩险而无化。是扬子尝取之矣。’”申，申不害，战国郑国人，其学说本于黄老而主刑名。 ⑮ 以其夷：因为它(佛教)由夷地传入。夷，古代称外国为夷，佛教从印度传入。 ⑯“果不”句：果真不信佛教的教义学说是因为它由外国传来而排斥它。 ⑰ 友恶来、盗跖：与恶来、盗跖为友。恶来，商纣王的臣子，擅长谗毁作恶。盗跖(zhí)，跖为春秋末大盗，人称为盗跖。 ⑱ 贱季札、由余：贱视季札、由余。季札，吴王寿梦之少子，以博闻见称，季札所属吴国不是周王室所封的诸侯，所以称夷。由余，其先祖为晋人，后逃奔戎，为戎人，又从戎入秦，帮助秦开拓国土称霸。 ⑲ 去名求实：舍去名称而追求实质。 ⑳ 迹：形迹，外在表象。 ㉑ 髡(kūn)而缁(zī)：剃光头发，着黑色衣服。缁，黑色，僧衣色黑，故称缁衣。 ㉒ 活乎人：活于人，即被别人养活。 ㉓ 忿其外而遗其中：(退之)怨恨他们的外表而遗弃其内在的一切。 ㉔ 韫(yùn)玉：包藏。指石中包含着玉，即说明佛教学说中有其精髓，有可取之处。 ㉕“吾病”句：我厌恶世间人以高官厚禄为自己毕生的追求，并且在追求权力的竞争中以势力互相倾轧。病，厌恶。逐逐然，竞争的样子。印，官印。组，佩印用的丝带。印组，指做官。务，追求。轧，倾轧。 ㉖ 则舍是其焉从：那么舍弃这样的人我与谁相随？是，指信奉佛教义理的“不爱官，不争能，乐山水而嗜闲安者”。 ㉗ 有文而文之：(浩初)有文才而能写作。前一个“文”指文才，后一个“文”用作动词，指写作。 ㉘ 咸为其道：(浩初父子)都信奉佛教。 ㉙“则其”三句：比信奉庄、墨、申、韩的学说要好，而那些只为了追求名利而相互倾轧的人与浩初相比，则相差很远。 ㉚“今之”二句：现在浩初到李础那里去，可将这篇序拿给他看。 ㉛ 因北人寓退之：托到北方的人把序带给韩愈。因，托请。寓，寄。 ㉜ 视何如也：看他有什么看法。

本序作于元和五年(810)，当时柳宗元在永州。其内容是通过和韩愈的辩论，表明自己对佛教的态度。

本文的创作缘起是在元和五年，在东都洛阳为官的韩愈托将返回湖南的李础带给柳宗元一封书信，批评柳宗元喜好佛教义理，喜欢和僧人来往。柳宗元不满意韩愈的观点，此时自己的朋友浩初将要离开永州远行，柳宗元借为浩初写序来申明自己对佛教义理的看法和与僧人交往的原因，并托浩初将此序带给李础看，再请北去的人带给韩愈，作为对韩愈来信的答复，可谓一文两用。

从本文可以看出柳宗元对佛教的态度，即“统合儒佛，兼容并包”，此为一种开放的文化态度。柳宗元的信佛，着重于佛教义理，他把作为外壳的宗教迷信与内在实质的义理区别对待。在本文中，柳宗元寻找儒释之间的共同点，如他认为佛教义理中包含着与“圣人之道”相通的、有益于世的内容，“往往与《易》《论语》合”，是不应当简单加以否定的；而且佛教徒的“不爱官，不争能”，是儒家传统的“安贫乐道”的生活态度。同时他也批判“髡而缁，无夫妇父子，不为耕农蚕桑而活乎人”。

在柳宗元其他文章中,也屡屡提到他对佛界的不良现象的批评。如《岳州圣安寺无姓和尚碑》中的“佛道逾远,异端竞起”;《送琛上人南游序》中说:“今之言禅者,有流荡舛误,迭相师用,妄取空语,而脱略方便,颠倒真实,以陷乎己,而又陷乎人。”《送方及师序》中批评“游民”学文章不成,“则借浮屠之形以为高”。柳宗元的佛家思想也是与他常常提倡的大中之道联系在一起的。他注重的是佛学的社会作用,教化之功,通过有选择地容纳佛学思想,借助佛学理论来丰富儒学的思想方法,对宋明理学产生了重大影响。

与韩愈相比,柳宗元对于佛的态度更客观,是学者的探讨。韩愈对于佛教是全盘排斥的态度,所以有的行为更彻底,是政治家所为。韩愈在《原道》中明确宣传对佛教徒要“人其人,火其书,庐其居”。柳宗元《送僧浩初序》应该最终送到了韩愈的手中,但是他对佛教徒的态度并没有发生任何改变,在元和十四年(819)作《论佛骨表》时言辞依然非常激烈:“乞以此骨付之有司,投诸水火,永绝根本,断天下之疑,绝后代之惑。”

柳宗元序体文章较多。陈长方曰:“子厚作序皆平平,惟送浩初一序,真文章之法。”(《柳宗元集》卷二十五《补注》引)说其合乎文章之法,窃以为是本序在论述的过程中非常符合驳论立论之法,立论鲜明,批驳有力,且言简意赅,无繁文赘语,完全符合柳宗元自己对文章的要求:洁。

在序中,柳宗元首先申明自己对佛教的基本态度:“浮图诚有不可斥者,往往与《易》《论语》合,诚乐之,其于性情奭然,不与孔子异道。”把韩愈所遵从的儒家学说作为自己立论的根本,首先承认佛教有其缺点,但是它因为和儒家学说有相通之处,所以不能一概推翻,这个立论因为是退一步承认对方的部分观点,又抓住对方观点中最关键的地方,说明自己喜欢佛学的原因是因为喜欢儒学,所以最终起到的效果是不容置疑的。下面就以此作为正面论点,针对韩愈批评自己的两个方面展开:关于如何看待佛教义理,以及如何看待自己与佛教徒交游。

第一段,重在表明如何看待佛教义理。柳宗元首先把韩愈的好儒和扬子相比,“退之好儒未能过扬子”,但是扬子尚且能从“庄、墨、申、韩”中“有所取”,何况退之你?而且浮屠“不及庄、墨、申、韩之怪僻险贼”,又有什么理由全盘排斥佛教呢?然后批驳韩愈以其为外来宗教就应该全盘排斥的观点,如同“友恶来、盗跖,而贱季札、由余”,“去名求实”才是看待问题的最客观的态度。作者用比喻来批驳韩愈,然后在驳论之后立论:“吾之所取者与《易》《论语》合,虽圣人复生不可得而斥也”,圣人尚且不可斥,何况退之?批驳有力,且言辞激烈。

第二段首先强调看待佛教的正确观点。首先表明自己和韩愈的观点一致的地方是斥僧人“髡而缁，无夫妇父子，不为耕农蚕桑而活乎人”，但是如果只是重在外表“忿其外而遗其中”，就是“知石而不知韫玉”，得出自己的观点：“吾之所以嗜浮图之言以此”，表明自己喜爱佛教的原因是知道佛教义理中蕴含的精髓。然后转向说明自己喜欢和佛教徒交游的原因：他们“不爱官，不争能，乐山水而嗜闲安者为多”，和当今追逐名利之徒相比，应该和谁相处，答案自明，“则舍是其焉从？吾之好与浮图游以此”，就是柳宗元的结论。

第三段具体到文章所赠的主人公浩初，而他正具有柳宗元上文所提到的一切特点：不仅“闲其性，安其情，读其书”，而且还精通儒家学说，“通《易》《论语》”，能“以养而居”，并且“贤于为庄、墨、申、韩之言”，和上文紧密相连，进一步申明总结自己的观点，回应韩愈对自己的责备，可谓有理、有例，把浩初作为印证自己观点的论据，既达到了送行和赞赏浩初的目的，又有力地论证了自己的观点，文字简洁而内蕴丰富，不愧是柳宗元序中具有“文章之法”的作品。

（袁　茹）

永州韦使君新堂记[1]

将为穹谷[2]嵁岩[3]渊池于郊邑之中，则必辇[4]山石，沟[5]涧壑，凌绝[6]险阻，疲极人力，乃可以有为也。然而求天作地生之状[7]，咸无得焉。逸其人[8]，因其地，全其天，昔之所难，今于是乎在。

永州实惟九疑[9]之麓，其始度[10]土者，环山为城。有石焉，翳于奥草[11]；有泉焉，伏于土涂[12]，蛇虺[13]之所蟠，狸鼠之所游，茂树恶木，嘉葩毒卉，乱杂而争植，号为秽墟[14]。韦公之来既逾月，理[15]甚无事，望其地，且异之。始命芟[16]其芜[17]，行[18]其涂，积之丘如，蠲[19]之浏如[20]，既焚既酾[21]，奇势迭出，清浊辨质，美恶异位。视其植[22]，则清秀敷舒[23]，视其蓄[24]，则溶漾[25]纡余[26]。怪石森然，周于四隅[27]，或列或跪，或立或仆，窍穴[28]逶邃[29]，堆阜突怒。乃作栋宇[30]，以为观游。凡其物类，无不合形辅势，效伎于堂庑[31]之下。外之连山高原，林麓之岸，间厕[32]隐显。迩[33]延野绿，远混天碧，咸会于谯门[34]之外。

已[35]乃延客入观，继以宴娱。或赞且贺，曰：“见公之作，知公之志。公之因土而得胜，岂不欲因俗以成化？公之择[36]恶而取美，岂不欲除残而佑仁？公之蠲浊而流清，岂不欲废贪而立廉？公之居高以望远，岂不欲家抚而户晓[37]？夫然，则是堂也，岂独草木土石水泉之适欤？山原林麓之观欤？将使继公之理者，视其细，知其大也。”宗元请志诸石，措[38]诸屋漏[39]，以为二千石[40]楷法[41]。

〔注〕 ① 永州韦使君新堂记：题一作《永州新堂记》。韦使君，指时任永州刺史的韦彪。使君，汉称刺史为使君，后世沿用来尊称州郡长官。 ② 窅谷：深谷。 ③ 嵁(kān)岩：峭壁。 ④ 辇(niǎn)：车，这里用如动词，用车装载的意思。 ⑤ 沟：这里用如动词，沟通，开凿的意思。 ⑥ 凌绝：超越。 ⑦ 天作地生之状：天造地设的景观。 ⑧ 逸其人：不必耗费人力。 ⑨ 九疑：即九嶷山，在今湖南蓝山西南。 ⑩ 度(duó)：测量，这里有勘测规划的意思。 ⑪ 翳(yì)：遮蔽。奥草：深草。 ⑫ 涂：污泥。 ⑬ 虺(huǐ)：一种毒蛇。 ⑭ 秽墟：污秽荒废之地。 ⑮ 理：治理。 ⑯ 芟(shān)：割除。 ⑰ 芜：荒草。 ⑱ 行：流通。这里是疏导的意思。 ⑲ 蠲(juān)：清洁，使动用法。 ⑳ 浏如：水清澈的样子。 ㉑ 酾(shī)：疏导。 ㉒ 植：树木。 ㉓ 敷舒：舒展自如。 ㉔ 蓄：指积蓄的湖水。 ㉕ 溶漾：水动荡的样子。 ㉖ 纡余：曲折萦回。 ㉗ 四隅：这里指四方。 ㉘ 窍穴：这里指山洞。 ㉙ 逶邃：曲折深远。 ㉚ 栋宇：堂屋。 ㉛ 庑(wǔ)：堂下四周的廊屋。 ㉜ 间厕：参加。这里是交错的意思。 ㉝ 迩(ěr)：近。 ㉞ 谯门：城门上的瞭望楼。 ㉟ 已：指新堂建成之后。 ㊱ 择：应作“释”，舍弃。 ㊲晓：晓谕。一作“饶”，富裕。 ㊳ 措：放置。 ㊴ 屋漏：室内西北角地方。 ㊵ 二千石：汉代刺史的俸禄为二千石，故以二千石作为刺史一级官吏的代称。 ㊶ 楷法：效法的楷模。

韦彪于元和七年(812)出任永州刺史，到任一个多月，就在城郊建造了一个新堂。柳宗元当时谪居永州，应邀写了这篇《永州韦使君新堂记》。文章记叙新堂的选址、景观和建成后宾客相贺的情形，但不平铺直叙，肤浅俗套，更是有自己独特的构思和遥深的寄托。

文章以议论开头，说历来在城郊营造景观都大兴土木，耗尽人力，而难得天然之美。“逸其人，因其地，全其天，昔之所难，今于是乎在。”文章陡然转入正题，赞扬韦使君没有大耗民力，因地制宜建造景观，保持了天然之美，这在过去很难做到的事情，如今却在这里实现了。开篇别具一格入题，既避免平铺直叙，又为记新堂张本立意。

文章第二部分，以对比手法记叙韦使君修建新堂前后的变化。先写新堂修建之前满目荒芜的景况：永州地处九嶷山下，最早来这里规划开发的人，依山修筑起了城市，却未能开发胜景。这里的山石被遮蔽在深草丛中，山泉被掩埋在污泥之下，成了一个毒蛇盘踞、狸鼠出没的处所。好树恶木，鲜花毒草，杂居一处，竞相争长。接着写韦使君来永州后修建新堂的业绩。他派人割除荒草，疏通水道，除恶显美，使这里奇景迭出：树木清秀舒展，溪流澄清萦回，怪石林立四周，形状千姿百态，洞穴曲折幽深，石山突兀矗立。经过一番精心整治，永州山水焕然一新，“乃作栋宇，以为观游”，这才建造厅堂，以供观赏游览之用。作者写新堂，并未作正面描写，而是强调“凡其物类，无不合形辅势，效伎于堂庑之下”，以应上文的“因其地，全其天”，说明天堂之美在于它与自然山水融为一体。文章就此作进一步开展，描绘出一幅辽阔的堂外景观：峰峦山崖，交错隐现，近处与绿野相连，远处与蓝天一色。以此映衬新堂之美，显得十分壮观。

文章第三部分，以推理的手法表述对韦使君治民理政的期望。新堂落成，韦公邀请客人前来参观，并设宴助兴，人们纷纷表示赞美、祝贺。文中采录一段贺词，缘事出论，加以推理引申：由因地制宜辟出胜景引申出顺应民俗推行教化，由铲除恶木毒草保留嘉树鲜花引申出铲除凶暴保护仁人，从清洁浊水化为清泉引申出惩腐肃贪倡导廉洁，由登高远眺引申出安抚晓谕百姓。在对韦使君的一席颂扬和期望中，寄寓着作者革新政治的主张和理想。在此基础上，文章指出韦使君修建新堂不仅在于揽观胜景，更是为了使继任者能够即小知大，从中懂得治民为政的大道理。这未必是韦使君建堂的本意，却是作者写作此文的用意。篇末一段表示愿望：请求将上述内容刻在石碑上，置于新堂的西北角，作为刺史们效法的楷模。如此作结，再一次表明作者执意宣扬自己政治主张的良苦用心。

这篇记文，思想新颖，立意非凡。文章没有局限于题面，而能够因小喻大，托物言理，立意于革新吏治，即借韦使君修建新堂因地制宜除恶显美的过程，张扬自己因俗成化、除残佑仁、废贪立廉、爱护百姓的政治主张。这种超凡脱俗、高瞻远瞩的立意，是作者关注国计民生，主张革除弊政，虽遭贬而不悔的思想境界的一种反映。

文章立意之所以成立，在于构思表现上的成功。建堂和为政这本是互不相干的两码事，作者却从中找到了两者之间勾连贯通的桥梁，这桥梁就是“因地制宜除恶显美”这个统摄全局的构思。文章记叙新堂，并没有描写新堂建筑本身，而是着笔于新堂修建的过程，修建前后的变化，全力突出因地制宜除恶显美的主旨。然后因事出论，循意引申，把建堂之理引申到为政之道，也就顺理成章，水到渠成，而没有给人牵强附会的感觉。

行文章法灵活，笔墨富于变化。全文以议论开篇，给人劈空而来，波澜顿起之感。中间写修堂前后的变化，细致状写修堂前的荒芜不堪，修堂后的天然美妙，颇具诗情画意。文章第三部由叙写新堂建成之功推演为政治民之道，又换一副笔墨,把叙事、写景、抒情、议论熔于一炉,从容入理,张扬政治见解而没有枯燥乏味之感。

语言简洁优美,句式整散结合。全文只有短短几百字,以洗练的语言,表达精深的内容,句式灵活多变,偶句和散句交错使用。一般说,叙事、议论多用散句,写景抒情多用偶句,灵活变换,顿挫有致。在一段文章之中,句式也参差变化。如第二段,作者在开头和中间过渡处用散句,贯通文气,写建堂前和建堂后的景致则大量采用排偶句,文字练达工巧,饶有映衬、对比之美。句式的灵活变换,不仅造成文气的跌宕起伏,而且形成节奏的抑扬顿挫,给人以丰富的美感。

(金　涛)

永州崔中丞万石亭记①

御史中丞②清河③男崔公,来莅永州。闲日,登城北墉④,临于荒野丛翳⑤之隙,见怪石特出,度其下必有殊胜⑥。步自西门,以求其墟⑦。伐竹披奥⑧,欹侧⑨以入。绵谷跨溪,皆大石林立,涣若奔云⑩,错若置棋,怒者虎斗,企者鸟厉⑪。抉其穴,则鼻口相呀,搜其根,则蹄股交峙⑫,环行卒愕,疑若搏噬⑬。于是刳辟朽壤⑭,剪焚榛薉⑮,决浍沟⑯,导伏流⑰,散为疏林,洄为清池。寥廓泓渟⑱,若造物者始判清浊,效奇于兹地,非人力也。乃立游亭,以宅厥中⑲。直亭之西,石若掖分⑳,可以眺望。其上青壁斗绝,沉于渊源,莫究其极。自下而望,则合乎攒峦㉑,与山无穷。

明日,州邑耋老㉒,杂然而至,曰:“吾侪㉓生是州,蓺㉔是野,眉厖齿鲵㉕,未尝知此。岂天坠地出,设兹神物,以彰我公之德欤?”既贺而请名。公曰:“是石之数,不可知也。以其多,而命之曰万石亭。”耋老又言曰:“懿㉖夫公之名亭也,岂专状物而已哉!公尝六为二千石,既盈其数。然而有道之士,咸恨公之嘉绩未恰于人㉗。敢颂休声㉘,祝于明神。汉之三公㉙,秩号万石㉚,我公之德,宜受兹锡。汉有礼臣,惟万石君。我公之化,始于闺门。道合于古,佑之自天。野夫献辞,公寿万年。”

宗元尝以笺奏隶尚书㉛,敢专笔削,以附零陵故事。时元和十年[32]正月五日记。

〔注〕 ① 此文一题为《永州万石亭记》，是元和十年(815)正月五日，为刺史崔能建成万石亭所作。崔中丞，即崔能，永州刺史兼御史中丞。 ② 御史中丞：官名。御史台的台长，掌监察等事。 ③ 清河：郡、国名。治所在清河(今属河北省)。 ④ 北墉(yōng)：北边的城墙。 ⑤ 丛翳(yì)：树丛遮蔽之处。 ⑥ 殊胜：特别优美的风景。 ⑦ 墟：荒废了的地方。 ⑧ 披奥：指清理深凹偏僻之地。 ⑨ 攲(qī)侧：倾斜。杜甫《奉先刘少府新画山障歌》："攲岸侧岛秋毫末。" ⑩ 涣若奔云：此处指山谷中的石头到处都是，像空中奔腾的云彩。涣，离散。 ⑪ 企者鸟厉：此处指山谷中的石头像疾飞的鸟。企，踮起脚后跟。厉，疾飞。 ⑫ 交峙：交织在一起。 ⑬ 搏噬：打斗撕咬。 ⑭ 刳(kū)辟朽壤：这句是说把腐朽的泥土清除干净。刳，剖开而挖空。 ⑮ 榛薉(huì)：榛，植物名，此处指树丛。薉，同"秽"，杂草。 ⑯ 浍(kuài)沟：田间水沟。 ⑰ 伏流：地下的河流。 ⑱ 寥廓泓渟(tíng)：此处是说在山中挖出了一个类似于人工湖的大片水域。寥廓，高远空旷。泓，水深。渟，水积聚而不流通。 ⑲ 以宅厥中：此处是说在湖中兴建亭子。 ⑳ 石若掖分：是说石头的分布像两腋一样，分布在两旁。掖，通"腋"，引申为两旁。 ㉑ 攒峦：重叠的山峦。 ㉒ 耋(dié)老：耋，七八十岁的年纪，泛指老年。 ㉓ 吾侪(chái)：我辈。侪，同辈。 ㉔ 蓺(yì)：种植。 ㉕ 眉厖(máng)齿鲵(ní)：形容年老。眉厖也作厖眉，指眉毛花白，状人的老态。鲵，老年人牙齿落尽后重生的细牙，古时作为长寿的象征。 ㉖ 懿(yì)：美好，多指德行。 ㉗ 恰于人：是说好的德行没被人们接受和了解。恰，适合，正好。 ㉘ 休声：美好的名声。 ㉙ 汉之三公：三公，官名。西汉以丞相(大司徒)、太尉(大司马)、御史大夫(大司空)合称三公；东汉时以太尉、司徒、司空合称三公，又称三司。为共同负责军政的最高长官。 ㉚ 秩号万石：俸禄号称"万石"。颜师古《百官公卿表》题解："汉制，三公号称万石，其俸异各三百五十斛穀"。 ㉛ 尚书：官名。掌管文书奏章等事，柳宗元在贞元二十一年曾任尚书礼部员外郎。 ㉜ 元和十年：元和，唐宪宗年号(806—820)。元和十年，即815年。

这篇文章中确切地记载了写作此文的时间是元和十年正月五日，应该是柳宗元在永州时期最后的作品，因为在同年的一月份，柳宗元即接到了朝廷征召回京的诏书。

永州十年，是柳宗元政治生涯中的低谷时期，但是，对于柳宗元的文学创作而言却是一个顶峰阶段，特别是他的纯文学作品如抒情诗和山水游记，达到了他自己创作道路上一个前所未有的高度。此时的他不仅有时间，可以闷即出游，能够做到"幽泉怪石，无远不到"(《始得西山宴游记》)，并从中得到精神上的慰藉和创作上的灵感，更因为他在十年的贬谪生活中积累了丰富的人生经验和情感体验，所以，他能够在创作过程中把这些经验和体验融进作品当中。特别是在这个时期创作的山水游记，更是寄托了他深深的情怀。

此文所记述的万石亭，其实只不过是永州地区一个很寻常的，而且是人工建设的景点，然而，在柳宗元的笔下，万石亭的景色却充满了奇情异趣。文章的第一段首先记述了万石亭景观区的发现过程，交代出万石亭所在地是在经过了一番艰难的探寻之后才找到的；接着描写万石亭的建设过程，尽情展示了万石亭的雄奇与俊秀。在第二段中，作者又将写景与写人结合在一起，交代出万石亭的主人不同寻常的经历，为万石亭的来历作了注解。最后，说明为什么要写作此文。整篇文章的内容并不复杂，结构也很简单。乍看上去，也就是一篇普通的游记而已。

可是，仔细阅读此文，却发现其中自有精彩之处。

首先，作者紧扣“奇”字行文。文章一开始就说，万石亭地址的发现颇不容易，是在那种常人不会注意的“荒野丛翳之隙”，而且是在经过了一番砍伐清理之后，才勉强侧身进入的。这里写的是“奇址”，即万石亭奇特的地址；接下来，作者把这个奇特山谷中的景色写得活灵活现，特别是谷中的那些石头，更是形态各异：像空中的奔云，像棋盘中的棋子，像打斗的老虎，像疾飞的鸟儿。正是这种“奇景”，才吸引了崔能在此地建设万石亭。作者笔下的万石亭虽然是人工所建，但仍然呈现出了吸引人的“奇貌”：“青壁斗绝，沉于渊源，莫究其极。”而且这个人工建设的景观却又那么自然地与周围的景色融合在一起，让人流连忘返。

其次，如果说这还只是描写自然界之“奇”的话，那么，在文章的第二段，作者又将万石亭的命名过程和刺史崔能奇特的经历结合在一起，让读者在景物描写之中又看到了一个“奇”人。崔能为万石亭命名，是因为万石亭周围的石头太多，所以叫万石亭。但是，州中的老人却认为，万石亭并不仅仅只是一个亭的名字，它与崔能曾经“六为二千石”的为官经历相吻合，所以这个名字实际上也是对崔能治理地方政绩的一种彰显。作者在这些不经意的描写中，把人们对崔能的敬仰也写了出来。

第三，这篇游记文字优美，语言精练。特别是写万石亭地址及景观建设的那段文字，写石头：“涣若奔云，错若置棋，怒者虎斗，企者鸟厉。”通过动词和形容词的搭配使用，把静态的石头写得千姿百态，如同活着的有生命的物体一般。写环境：“刳辟朽壤，剪焚榛薉，决浍沟，导伏流，散为疏林，洄为清池。”用字简练，生动准确，把万石亭周围优美的景色描写得有如画境。

章士钊在《柳文指要》卷二十七中认为“子厚以善记山水知名，凡山水不经子厚渲染则已，一著笔，无不工。欧阳永叔素不喜柳文，独至此记，辄美其出语崔嵬。”确实，万石亭和柳宗元此前描写的永州八记中的景色比起来，肯定要差得多，但是，经过柳宗元的笔墨描绘，这个地方也成为了后世许多人观赏的胜地。难怪宋代的欧阳修、梅尧臣也都纷纷挥笔题写了吟咏万石亭的诗歌。

（陈中林）

连山郡复乳穴记

石钟乳①,饵②之最良者也。楚、越之山多产焉,于连③于韶④者,独名于世。连之人告尽焉⑤者五载矣,以贡⑥,则买诸他部⑦。

今刺史崔公⑧至,逾月,穴人⑨来以乳复告。邦人⑩悦是祥也,杂然⑪谣曰:"氓⑫之熙熙⑬,崔公之来。公化⑭所彻⑮,土石蒙烈⑯。以为不信,起视乳穴。"穴人笑之曰:"是恶知所谓祥耶⑰?向⑱吾以刺史之贪戾嗜利,徒吾役而不吾货也⑲,吾是以病⑳而绐㉑焉。今吾刺史令明㉒而志洁㉓,先赖㉔而后力㉕,欺诬屏息㉖,信顺休洽㉗,吾以是诚告焉。且夫乳穴必在深山穷林,冰雪之所储,豺虎之所庐。由而入者,触昏雾,捍㉘龙蛇,束火㉙以知㉚其物,縻㉛绳以志其返。其勤若是,出又不得吾直㉜,吾用是安得不以尽告㉝?今而乃㉞诚,吾告故也,何祥之为㉟!"

士闻之曰:"谣者之祥也,乃其所谓怪㊱者也;笑者之非祥也,乃其所谓真祥者也。君子之祥也,以㊲政不以怪。诚乎物㊳而信乎道㊴,人乐用命㊵,熙熙然以效其力。斯其为政也,而独㊶非祥也欤?"

〔注〕 ① 石钟乳:石灰岩溶洞中自洞顶下垂的一种碳酸钙积淀物,也叫钟乳石。石钟乳可以做药,因此官吏向民间征收。 ② 饵:药饵。 ③ 连:连州,辖今广东连州、连山等地。 ④ 韶:韶州,今广东韶关、乐昌等地。 ⑤ 焉:代词,指石钟乳。下文"绐焉""诚告焉"之"焉",亦皆为代词,一指前任刺史,一指现任刺史崔公。 ⑥ 以贡:到需要进贡之时。以,介词,在,到。 ⑦ 他部:他方,其他州郡。 ⑧ 刺史崔公:唐时刺史为一州的行政长官。崔公,指崔敏,连州刺史。 ⑨ 穴人:以开采石钟乳为业、常年生活在山间洞穴中的人。 ⑩ 邦人:乡人,本地人。 ⑪ 杂然:纷纷然。 ⑫ 氓:百姓。 ⑬ 熙熙:安乐的样子。 ⑭ 化:教化。 ⑮ 彻:贯彻,施行。 ⑯ 蒙烈:指受其恩惠。烈,功劳。 ⑰ "是恶(wū)知"句:怎么能知道这是所谓的祥瑞呢?恶,怎,如何。 ⑱ 向:从前,以前。 ⑲ "徒吾役"句:白白地服劳役却不给我们钱。吾役而不吾货,宾语前置。货,这里是动词,给钱的意思。不吾货,不给我们钱。 ⑳ 病:恨。 ㉑ 绐(dài):欺骗。 ㉒ 令明:法令严明。 ㉓ 志洁:襟怀高洁。 ㉔ 赖:利也。 ㉕ 力:使……出力,役使。 ㉖ 屏息:收敛。 ㉗ 信顺休洽:诚信、和顺、美善、融洽。 ㉘ 捍:抵挡,对付。 ㉙ 束火:捆扎草木以为火把。 ㉚ 知:知道,这里有"找到"的意思。 ㉛ 縻(mí):原意是系牛的绳子。这里作动词,系的意思。 ㉜ 直:同"值",指报酬。 ㉝ 以尽告:用"没有了""开采光了"的话去告诉他。 ㉞ 乃:竟,竟然。 ㉟ 何祥之为:哪里是什

么吉兆。　㊱ 怪：反常现象。　㊲ 以：在，在于。　㊳ 诚乎物：真诚待人。　㊴ 信乎道：信守道义。　㊵ 用命：效命。　㊶ 独：难道。

《连山郡复乳穴记》作于元和四年(809)，柳宗元贬谪永州期间。本文原题作《零陵郡复乳穴记》，而文中所述之事发生在连州连山郡。题中"零陵"实为"连州"之误。零陵属永州，据《唐书·地理志》载，连州连山郡贡钟乳。文中所记皆为连州事，石钟乳也是连州特产，与零陵无关。之所以出现误差，可能与崔敏、崔简同时出任连、永两州的刺史有关，姓名混淆以至于连带到地名错位。

文章开篇即以简洁的语言点明事件：连州、韶州的石钟乳独名于世，但连州的石钟乳被州人告知采尽已有五年了，每次要进贡时，"则买诸他部"。连州石钟乳不是"告尽"了吗？而题目却云"复乳穴"，这是怎么回事呢？从而在开篇设置了一个悬念，引起读者一探究竟的强烈兴趣。

接着，作者叙述了连州新刺史崔公到任，下车伊始，只一个多月后，穴人就来报告石钟乳又有了。州人都认为这是天赐的祥瑞，而穴人却笑着解释说哪里是什么祥瑞，以前的刺史贪戾嗜利，"徒吾役而不吾货"，我们冒着生命危险采到石钟乳，"其勤若是，出又不得吾直"，所以我们谎说石钟乳已采尽，而今新刺史令明志洁，我们故来以诚相告。穴人的一席话解开了悬念。

接着以议论的形式，点明了全文的主旨："君子之祥也，以政不以怪。"石钟乳之所以如合浦珠还，并不是什么祥瑞之兆，而是本来就有，只是由于当道者为政"贪戾嗜利"，不得已而编造了谎言。

全文以连州石钟乳尽而复有这件事，引发议论，点明题旨，表明了作者的为政思想，即仁政爱民。作者行文先叙后议，由所叙之事件引发议论，水到渠成，在士之议论中揭示主题，解开萦绕在作者心头的疑问，呼应了开头，又深化了主题。

全篇行文，作者站在一个旁观者的立场上，叙述了一件他听说的事情。采用先叙事，后议论，叙议结合的形式，在客观冷静的行文中将主体情感不露痕迹地融注于叙述和士人的议论中。"谣者之祥也，乃其所谓怪者也；笑者之非祥也，乃其所谓真祥者也。君子之祥也，以政不以怪"，借士人之口亮出了"我"的观点："以政不以怪"，此乃文章之眼。作者不直接发表评论，而褒贬之情立见。

全文语言冷静而峻洁，毫无繁冗拖沓之感，行其所当行，止于其所不可不止。形容乳穴所在地的难于找寻和危险丛生，用了"冰雪之所储，豺虎之所庐"；描写穴人获取石钟乳的艰辛，则说"触昏雾，扞龙蛇，束火以知其物，縻绳以志其返"，用语简洁、干练，刻画形容却十分地透彻和形象，且语句长短相间，对称而富有音韵美感，读来铿锵有声，抑扬顿挫。纵观全文则给人短小警策、精严生动之感。

柳宗元是唐代重要的寓言作家，本篇其实就是一篇辞浅义丰的寓言故事。作者寓教化于娓娓叙述之中。过去刺史"贪戾嗜利"，于是"连之人告尽焉"。"今吾刺史令明而志洁，先赖而后力"，故"吾以是诚告焉"。通过对比前任和现任刺史的施政行为及其效果，形象地凸显了施行仁政和礼治的重要意义，表明了柳宗元的为政理想，读来极富于教育意义，给后人以深刻的启迪。

（刘勇刚　田　刚）

永州龙兴寺息壤①记

永州龙兴寺东北陬②有堂③，堂之地隆然负砖甓④而起者，广四步⑤，高一尺五寸。始之为堂也，夷⑥之而又高，凡持锸⑦者尽死。永州居楚、越间，其人鬼⑧而机⑨，由是寺之人皆神之，人莫敢夷。

《史记·天官书》及《汉志》⑩有地长⑪之占⑫，而亡其说⑬。甘茂⑭盟息壤⑮盖其地有是类也。昔之异书⑯，有记洪水滔天，鲧⑰窃帝之息壤，以湮洪水，帝乃令祝融⑱杀鲧于羽郊⑲。其言不经见⑳。今是地，夷之者不幸而死，岂帝之所爱耶？南方多疫，劳者先死，则彼持锸者，其死于劳且疫也。土乌㉑能神？余恐学者之至于斯，征是言㉒，而唯异书之信，故记于堂上。

〔注〕①息壤：传说中一种能生长不已的土壤。②陬(zōu)：角落。③堂：殿堂。④砖甓(pì)：铺地砖。⑤步：长度计量单位，五尺为一步。⑥夷：平。⑦锸(chā)：铁锹。⑧鬼：作动词用，指迷信鬼神。⑨机(jī)：机祥，吉凶的先兆。⑩《汉志》：指《汉书·天文志》。⑪地长(zhǎng)：土地上长隆起。全句意谓《史记·天官书》和《汉书·天文志》都有"地长"的记载。《史记·天官书》："水澹地长，泽竭见象。"《汉志》记载同。⑫占：占验。⑬亡其说：没有具体的说法。⑭甘茂：战国时楚之下蔡人，秦武王的右丞相。⑮息壤：秦国地名，《史记·甘茂传》张守节《史记正义》云："甘茂归息壤，与秦王盟。"⑯异书：记载怪异事的书籍。⑰鲧(gǔn)：相传是禹的父亲，受尧的命令治水。鲧偷取天帝的息壤，用以填塞洪水。⑱祝融：神话中的火神。⑲羽郊：羽山之郊。这则神话，载见《山海经·海内经》。⑳不经见：无稽之谈。㉑乌：怎么。㉒征是言：引证、听信铲息壤尽死的说法。

本文当作于元和初谪居永州的初期。柳宗元《永州龙兴寺西轩记》云："出为邵州，道贬永州司马，至则无以为居，居龙兴寺西序之下。"写作本文时应该还是寄居在龙兴寺的时候。

永州地处湖南、广东交界处，当地人迷信鬼神，因此，对龙兴寺隆起的土壤以及“持锸者尽死”的事实，不可能作出科学的解说，反而相信迷信，把那儿的土壤当作“神”看待，认为工匠的死亡，是因为铲了“息壤”，惊动了“神”，受到了惩罚。这种不经之说，长期流传下来，谁也没有提出过反对意见。

独有柳宗元不为邪说所惑，他运用朴素的唯物思想，解说这种现象，写下本文。

全文分两层写。

第一层，交代龙兴寺东北角有殿堂，堂中有土隆起，削平后又隆起，持锸铲土的工匠都死去，当地人迷信神仙，把这块地当作神。述往事，文笔简洁，毫无拖泥带水处。第二层，作者据理反驳，他先引正史，说虽有“地长”之说，但无具体记载；再引异书之记载，论其不可信，然后他斩钉截铁地说这些劳工“死于劳且疫也”，发出了“土乌能神”的呼声，而且还把自己的判断，记在殿堂之下，公之于众，充分表现出他反对鬼神迷信的勇气和胆识，也体现出他的朴素唯物论的思想。

本篇是柳宗元的随笔小文，体式灵活自由，他为了辟除邪说，或征史籍，或引异书，或记自己的识断，其言凿凿，令人信服。陈骙《文则》论古人援引书证，莫不有法，说：“推而论之，盖有二端：一以断行事，二以证立言。”柳宗元此文引《史记·天官志》《汉书·天文志》“地长”之说及《山海经》的记载，以证成自己的立论。孙琮说：“事本野流荒僻，子厚欲辟异说，而不以繁言置辨，龈龈断断，自足垂示后人。”（《山晓阁选唐大家柳柳州全集》卷三）

全文篇幅虽短小，而语言凝练，笔锋锐利，文笔清峭生动，足见柳宗元写作文章的严谨态度和精切功夫。柳宗元曾自言：“吾每为文章，未尝敢以轻心掉之，惧其剽而不留也。”（《答韦中立论师道书》）以《永州龙兴寺息壤记》验之，其言信然。

（吴企明）

永州铁炉步志

江之浒，凡舟可縻[①]而上下[②]者曰“步[③]”。永州北郭有步，曰“铁炉步”。余乘舟来，居九年[④]，往来求其所以为铁炉者无有。问之人，曰：“盖尝有锻者[⑤]居，其人去而炉毁者不知年矣，独有其号冒而存[⑥]。”

余曰：“嘻！世固有事去名存而冒焉若是耶？”步之人曰：“子何独怪是？今世有负其姓而立于天下者，曰：‘吾门大[⑦]，他不我敌[⑧]也。’问其位与德[⑨]，曰：‘久矣其先也。’然而彼犹曰

‘我大’，世亦曰‘某氏大’，其冒于号有以异于兹步者乎？向使有闻兹步之号，而不足釜、锜⑩、钱、镈⑪、刀、鈇⑫者，怀价⑬而来，能有得其欲乎？则求位与德于彼，其不可得亦犹是也。位存焉而德无有，犹不足大其门，然世且乐为之下。子胡不怪彼⑭而独怪于是⑮？大者⑯桀⑰冒禹⑱，纣⑲冒汤⑳，幽、厉㉑冒文、武㉒，以傲天下。由不知推其本而姑大其故号㉓，以至于败，为世笑僇㉔，斯可以甚惧。若求兹步之实，而不得釜、锜、钱、镈、刀、鈇者，则去而之他，又何害乎？子之惊于是，末矣！”

余以为古有太史㉕，观民风，采民言。若是者，则有得矣。嘉其言可采，书以为志。

〔注〕 ① 縻(mí)：拴系。 ② 上下：人登舟下船，货物装上卸下。 ③ 步：通“埠”，停船的码头。 ④ 居九年：柳宗元于永贞元年(805)到达永州，居住九年，即元和八年(813)。 ⑤ 锻者：打铁的人。 ⑥ 冒而存：假冒的称号，名不副实地保存下来。 ⑦ 吾门大：我的门第高。 ⑧ 他不我敌：提宾句式，即他不敌我，意谓他人比不上我。 ⑨ 位与德：官职、地位和道德、功业。 ⑩ 釜、锜(qí)：均为炊具。釜，无脚的铁锅。锜，有脚的铁锅。 ⑪ 钱、镈(bó)：均为农具。钱，铁铲。镈，除草的锄子。 ⑫ 刀、鈇(fū)：均为兵器。鈇，铡刀。 ⑬ 怀价：带着钱。 ⑭ 彼：那个，指门阀势力。 ⑮ 是：此，指铁炉步。 ⑯ 大者：最突出的假冒者。 ⑰ 桀：夏代的暴君。 ⑱ 禹：夏代的开国君主。 ⑲ 纣：商代的暴君。 ⑳ 汤：商代的开国君主。 ㉑ 幽、厉：幽王和厉王，周代的暴君。 ㉒ 文、武：周文王、周武王，周代的开国君主。 ㉓ 姑大其故号：以祖先的名望妄自尊大。 ㉔ 为世笑僇(lù)：被世人取笑侮辱。 ㉕ 太史：古代的史官。

本文作于元和八年(813)，读本文“余乘舟来，居九年”，可知。这时已是他谪居永州的后期。

唐朝，士子们通过科举考试，凭借自己的才能，进入仕途，可以施展抱负，为国出力，因而门阀世族势力，已经逐渐削弱。但是，门阀世族的残余影响，在社会上还存在着，还有人炫耀自己祖宗的门第名望，妄自尊大，倚仗祖宗的地位权势，作威作福。本文不是为“永州铁炉步”作志，不过假名不副实的永州铁炉步为由头，无情地揭露并辛辣讽刺那些“不知推其本而姑大其故号”的人，从而有力地抨击门阀世族残余势力和世族特权思想。

本文虽然短小，而结构明晰，层次井然。文分三段：

启端一段，就题做文章，交代“步”与“铁炉步”命名的来由，点清“独有其号冒而存”的事实，为下文发议论张本。茅坤评曰：“志步特数言，讬讽言外者，无限深情。”(《唐宋八大家文钞·柳柳州文钞》卷七)茅评洗练地揭示出本文并非为永州铁炉步作志,却别有用意的写作特征。

第二段,自"余曰"起,至"末矣"止,为本文的主干部分,紧扣题目大发议论。唐顺之评本文:"转处妙"(《文编》卷五五)。"转处",指"余曰:嘻!世固有事去名存而冒焉若是耶?"三句,文章由"步之人"的一番诉说炉毁人去而号冒而存的话,转而发出一段讽刺世族门阀残余势力的议论,仍借"步之人"之口说出。

"余曰"以下三句,承上而启下,转折自然。作者不是简单地在文中大发议论,而是由永州铁炉步名存实亡的事实说开去,揭露出冒号自大者与铁炉步没有什么两样。先使用假设句,说如果有人缺少炊具、农具、兵器,带着钱来寻找"铁炉步"求购,"能有得其欲乎?"就好像向假冒名号的人"求位与德于彼,其不可得亦犹是也"。推断精确,论说时时与铁炉步紧相联系,处处扣合题目。作者又举出世上最大的、最突出的"冒号者",夏桀假冒夏禹的名位与功德,幽王、厉王假冒周文王、武王的名位与功德,最终失败,惹世人耻笑。文章层层转紧,逐步表明本文确为"以门地论相而发"(何焯《义门读书记·河东集下》评本文语)的题旨。

尾段,感叹古有太史采民风之举,惜今已不传。"余"嘉美"步之人"其言可采,因此将它写在这篇"志"里,让大家从中得到启发。

孙琮说:"就炉步上发出一段讽世议论,彼世禄子弟,服奇食美,冒先世之号以自大于世者,读之能无汗下。"(《山晓阁选唐大家柳柳州全集》卷三)孙氏真可谓是柳宗元的知音,他剖析本文的写作特点和社会效应,完全合乎作者的本意。近人陈祥耀也说:"《永州铁炉步志》,谓步无冶铁者,将以空名误人,然世之冒高门大族以欺人者,其害更大。"(《唐宋八大家文说·柳宗元文说》)评说尤为明确。

(吴企明)

游黄溪[①]记

北之晋[②],西适[③]豳[④],东极[⑤]吴[⑥],南至楚、越[⑦]之交,其间名山水而州者[⑧]以百数,永[⑨]最善。环永之治百里,北至于浯溪[⑩],西至于湘之源,南至于泷泉[⑪],东至于黄溪、东屯,其间名山水而村者以百数,黄溪最善。

黄溪距州治七十里,由东屯南行六百步,至黄神祠。祠之上,两山墙立,如丹碧之华[⑫]叶骈[⑬]植,与山升降。其缺者为崖,峭岩窟水之中,皆小石平布。黄神之上,揭水[⑭]八十步,至初潭[⑮],最奇丽,殆不可状。其略若剖大瓮,侧立千尺,溪水积焉,黛蓄膏渟[16]。来若白虹,沈沈[17]无声。有鱼数百尾,方来会石下。南去,又行百步,至第二潭,石皆巍然,临峻流,若颏颔龂齶[18]。其下大石杂列,可坐饮食。有鸟赤首乌翼,大如鹄[19],方东向立。自是又南数里,地皆一状,树益壮,石益瘦,水鸣皆锵然[20]。又南一里,至大冥[21]之川,山舒水缓,有土田。始黄神为人时,居其地。

传者曰:"黄神王姓,莽[22]之世也。莽既死,神更号黄氏,逃来,择其深峭者潜焉。"始莽尝曰:"余黄虞[23]之后也。"故号其女[24]曰黄皇室主[25]。黄于王声相迩[26],而又有本[27],其所以传言者益验。神既居是,民咸安焉。以为有道,死乃俎豆[28]之,为立祠。后稍徙近乎民,今祠在山阴溪水上。元和八年五月十六日,既归为记,以启后之好游者。

〔注〕 ① 黄溪:距永州七十里,位于今永州市东。发源于湖南宁远北阳明山,西流经永州东北,折北又东北流到祁阳会合白江水入湘江。 ② 晋:今山西省。 ③ 适:去,到。④ 豳(bīn):今陕西旬邑、彬县及甘肃镇原、泾川、宁县一带。 ⑤ 极:至。 ⑥ 吴:今江苏南部与浙江北部一带。 ⑦ 楚、越:指今湖南南部和广东、广西一带。以上都是柳宗元大致的经历范围。 ⑧ 名山水而州者:以山水之美而知名的州。 ⑨ 永:永州,大致相当于今湖南永州、东安、祁阳和广西全州、灌阳一带。 ⑩ 浯(wú)溪:发源于湖南祁阳西南之松山,东北向流入湘江。 ⑪ 泷(shuāng)泉:地名。不详。 ⑫ 华:同"花"。 ⑬ 骈:并列。 ⑭ 揭(qì)水:提衣涉水。《诗经·邶风·匏有苦叶》:"深则厉,浅则揭。" ⑮ 初潭:沿途所见第一潭。⑯ 黛蓄膏渟(tíng):形容潭水青黑幽深。黛,青黑色。膏,油脂。此处以"黛""膏"写潭水青黑发亮幽深的状态。渟,水停滞。 ⑰ 沈沈:沉沉。 ⑱ 颏(kē)颔龂(yín)齶(è):形容潭边山石的形状。颏颔,下巴。龂,同"龈",齿根肉。齶,口腔的上腭。 ⑲ 鹄(hú):天鹅。 ⑳ 锵然:(水声)像金玉相碰发出的声音。 ㉑ 大冥:川名。 ㉒ 莽:指王莽,字巨君,魏郡元城人(河北大名东),原是汉元帝皇后的侄子,公元8年夺取西汉政权,国号新,在位期间变法改革,号为新政,但改革因种种原因失败,并导致国家混乱,公元23年政权被农民起义军推翻,自己亦被杀。 ㉓ 黄虞:黄指黄帝,传说中中原各族的共同祖先。虞指虞舜,传说中父系氏族社会后期部落联盟的领袖。 ㉔ 故号其女:所以把他(王莽)的女儿称为。 ㉕ 黄皇室主:王莽的女儿为定安太后,后称黄皇室主。 ㉖ 相迩:相近。 ㉗ 有本:有根据。 ㉘ 俎(zǔ)豆:古代祭祀用以盛食物的两种器具,引申为祭祀、崇奉之意。

《游黄溪记》写于唐宪宗元和八年(813)五月。是年,柳宗元随同永州刺史韦中丞到黄神祠求雨、游览黄溪后作。此时,柳宗元因永贞元年(805)的"永贞革新"失败被贬谪永州已是第九年了。在此之前,柳宗元山水游记的高峰——著名的"永州八记"已经分别于元和四年(809)和元和七年(812)创作完成。《游黄溪记》记录了柳宗元游览永州东七十里的黄溪美景的情况，虽不若“永州八记”有名，但也是其山水游记中颇具特色的一篇，林纾《韩柳文研究法·柳文研究法》赞曰：“黄溪一记，为柳州集中第一得意之笔。”

与“永州八记”相比，会感觉略有不同，因为从中很难再读出明显的凄凉冷落之意。是柳宗元此时的心态乐观了？不是，以其同年在黄溪所写诗《入黄溪闻猿》为参照就可以看出。诗曰：“溪路千里曲，哀猿何处鸣。孤臣泪已尽，虚作断肠声。”既然是孤臣泪已尽，说明他在闻猿声之前，悲凉之意潜在心中已久，不是猿声催发出来的，只不过猿声使其原本悲凉的情感更加浓重而已。此诗证明，柳宗元当时的心情，并未因为谪迁九年之漫长而乐观旷达。但相比较而言，《游黄溪记》中柳宗元的心态比较平和了，虽然不如《柳州山水近治可游者记》中的平和心态，但已经有相似之处。这一点，从文中对于景物的描写与赞美、对黄神的歌颂以及游记的特征可以窥探一二。

首先看文章是如何写黄溪的。文章采用的是烘云托月的描写手法，和《袁家渴记》中的开头相类，这种手法来自太史公《史记·西南夷列传》：“西南夷君长以什数，夜郎最大。”不过，司马迁是从西南夷这个大范围，归结到夜郎这个小范围；而本文是说，在这个全国的大范围里，黄溪风景最好，采用的是逐步缩小范围的方法，层次非常鲜明，就像一组蒙太奇的镜头，先是全国“北之晋，西适豳，东极吴，南至楚、越之交”这样的镜头，然后推出永州之美，当观赏者已经赞叹永州之美时，黄溪的美又被突出出来，让人目不暇接。通过这样层层烘托，黄溪之最美的感受已经深入到读者的心里了。这样写黄溪的笔调很舒缓，娓娓道来，有纡徐之致。

不仅如此，在描写作者所见之景观时，采用的是移步换形的手法，因此结构安排也很有层次感，不急促，有疏宕之气。全文分三个自然段，第一段突出黄溪之美，第二段具体描绘黄溪之第一潭、第二潭，第三段写黄溪之地的人文景观——黄神，赞美黄神。段与段之间过渡自然，如第一点点明黄溪最美后，自然就吸引读者看第二部分的对黄溪景物的描写，先写黄神祠之山花烂漫、山石陡峭之景，和第二段结束提到黄神居住之地和第三段赞颂黄神文气相接。再写沿黄神祠上行至初潭，观“最奇丽”之景，描绘深潭的水色“黛蓄膏渟”，水声沉沉，看鱼儿嬉戏潭中，让人流连忘返。然后向南走一百步，到第二潭，有怪石嶙峋，再沿着作者的游踪到传说中的黄神居住之处。最后一段就自然由黄神居住之地引起对黄神的赞叹。

而“永州八记”中多峭笔，笔调很急促。如《钴鉧潭西小丘记》中“铲刈秽草，伐去恶木,烈火而焚之”,先是写除残去秽、破旧立新、整理小丘的一番活动,何等干脆利落!行文之势急促,但马上转为此美景所带来的与自然合而为一的虚静:“枕席而卧,则清泠之状与目谋,瀯瀯之声与耳谋,悠然而虚者与神谋,渊然而静者与心谋。”悠远而恬淡,文势即转为平缓。《钴鉧潭记》的结尾蕴涵的郁闷愤激之情,用一句反问结束全文:“孰使予乐居夷而忘故土者,非兹潭也欤?”属于刘熙载所说的“峭收”之笔。而本文的舒缓,和柳州山水游记《柳州山水近治可游者记》相似:全篇只是在叙述所见所闻,不着一句议论,也显疏宕之气,如孙琮所谓“一篇无起无收,无照无应,逐段记去”(《山晓阁选唐大家柳柳州全集》评语卷三)。

其次是看对黄溪的美景的描写和赞美,既看出柳宗元描写山水景物的卓越技巧,又能看出柳宗元已经较多地注意从山水之中获得愉悦之感,不仅仅是借助山水来解脱自己的愁情。

文章中或用比喻,或用烘托,或写动景,或写静景,无不穷形尽相,且对于景物的描绘更多的让人感到柳宗元欣赏山水的兴致。像黄神祠上陡峭如墙的山,以及山上被比喻为“丹碧”的花叶,感受到花叶随着山势高低起伏,有神采飞扬之致,可以感受到作者在欣赏的时候随眼前美景俯仰观看,惊叹自然之美。写去初潭,是“揭水”而行,可以看出柳宗元探胜畅游兴致之高。发现初潭后,首先想到的是“最奇丽,殆不可状”,是几乎没有语言可以描摹的惊叹,和常人欣赏美景之心态无异。最后把目光锁定在游鱼上,说它们是“会石下”,仿佛鱼也有人性,特意一起来聚会取乐,可谓物我难分。到了第二潭,极力比喻石头的各种情状,后注意到一只“赤首乌翼”的大鸟在静默不动,耳边细听金玉相撞般的水声,若非处于虚静之状态之静观,若非高昂的欣赏山水的兴致,是描摹不出这般美景的。所以林纾所赞其写景之笔力“虽合荆、关、董、巨(唐末到宋初四大画家荆浩、关仝、董源、巨然)四大家,不能描而肖也”(林纾《韩柳文研究法·柳文研究法》)。

相比较而言,“永州八记”既重视自然景物的真实描摹,又将主体情感不露声色地融注其中,使人体验到的不只是清晰可见的形象,还有朦胧而渺远的、蕴涵在景物描写中的作者因身世之感而引起的悲怆凄凉之心态,如《始得西山宴游记》中首句“恒惴栗”的心态;《钴鉧潭西小丘记》写的是就“唐氏之弃地”抒发感慨,寓含着对当局者摧残人才的愤懑,有自己的身世之悲;《至小丘西小石潭记》借描绘潭至清之境产生“寂寥无人,凄神寒骨”的伤感之情;《小石城山记》所说的“怪其不为之中州,而列是夷狄”“造物之有无”,是借物对命运表示怀疑,都是很明显的凄凉心态的反映。而且“永州八记”中景物的季节性特征也区别于《游黄溪记》。前者都是写在秋天，描写的景是契合柳宗元心目中特有的凄清之境。而后者写在初夏，文章描写的景物是“如丹碧之华叶骈植”的艳丽之景，没有秋风吹过的“纷红骇绿”(《袁家渴记》)，只有初夏之清凉的风轻轻吹过。溪水“黛蓄膏渟”“来若白虹”，是那么的安静而有生气，而不是让人有“寂寥无人，凄神寒骨”(《至小丘西小石潭记》)之感觉。所以这些景物的描写就没有“永州八记”中特有的秋风秋景之凄清。

第三是对于王莽后代的歌颂，表明柳宗元思想与当时正统思想的区别，也反映柳宗元此时心态的变化。在当时的正统思想中，朝廷一定不会表彰像王莽这样篡汉的典型，而柳宗元此时的思想如同当时的另类。从而说明，柳宗元是一个非常务实的政治家。王莽是历史上变法的典型，也是失败的典型。变法的宗旨没有错，但因为种种原因失败了，相信因为变法失败的柳宗元到此地想到黄神，想到他的祖宗，应该首先想到的是王莽的变法失败吧！黄神是因为王莽改革失败受到牵连来到永州隐姓埋名，还为当地百姓做了很多好事，使“民咸安”，和柳宗元因为永贞革新失败来到永州的境遇很相似。作者在这里大力赞颂黄神，把他放在当时自己认为的天下最美丽的山水背景中来写，仿佛是用美丽的背景来衬托非同一般的人物，赞颂使百姓安居乐业的黄神。回想当年自己的改革目的就在于此，虽然在永州期间他焦虑、抑郁、惴惴不安，也借黄神来写自己的不幸，但也说明自己的理想和抱负在于此。黄神从皇家贵族子孙流落民间，并没有完全自怨自艾，消极度日，而是为百姓谋福利，这一点也许触动了柳宗元，使他暂时从借山水解忧的现状中解脱出来，警醒自己不要再沉浸在痛苦之中不能自拔，也许会有向黄神学习的念头。虽然此时他在永州任一闲职，没有机会施展，但此时的心态也表明，他一旦有机会就会实践自己的政治理想。写《游黄溪记》的第三年，他被召回京，改任柳州刺史，虽然令他很失望，但从此尽力于当时事务，再也不致力于写“永州八记”这样的文章。

最后，把《游黄溪记》和其他游记相比，《游黄溪记》的游记特征极为鲜明。它明确以“游××记”作为题目，不仅明确地记述黄溪之方位，明确采用移步换形的手法来描写景观，而且涉及自然和人文景观黄神祠。从对黄神的议论，感受到柳宗元对有“道”的黄神的赞颂。作为永州人信仰的主宰一方百姓幸福之神，能是一个“有道”者，对于永州人是福气；而永州人因为黄神为自己带来了安居乐业的生活，因此立祠纪念他，香火不断，也可见永州人民的纯朴。所以这篇短文既写了黄溪的景美，又写了黄溪的风情美和人情美。

通过以上诸多方面的比较，都可以看出作者在写《游黄溪记》的时候心境已经比较平和。也许“是通过多年的读书反思,加上永州的山水灵气的慰藉,使他的心情渐渐平静”(柳州市地方志编纂委员会办公室编著《柳宗元图传》)。所以,把《游黄溪记》看成是柳宗元在永州心态变化的一个鲜明的标志也未尝不可。正是因为这种渐趋平和的心态,他在后来赴柳州为官时,一心去实践自己的政治理想,不再借山水游记来抒发郁闷之情,从《柳州山水近治可游者记》可以看出;另一篇《柳州东亭记》被章士钊先生评价为“政治性重”(章士钊《柳文指要》),主旨不在抒情。《游黄溪记》算得上是从永州到柳州山水游记的一个转折点。

(袁　茹)

始得西山宴游记

自余为僇①人,居是州,恒惴栗②。其隙也,则施施③而行,漫漫而游,日与其徒上高山,入深林,穷回谿,幽泉怪石,无远不到。到则披草而坐,倾壶而醉,醉则更相枕以卧,卧而梦,意有所极,梦亦同趣。觉而起,起而归。以为凡是州之山水有异态者,皆我有也,而未始知西山之怪特。

今年九月二十八日,因坐法华西亭④,望西山,始指异之。遂命仆人过湘江,缘染溪⑤。斫榛莽,焚茅茷⑥,穷山之高而止。攀援而登,箕踞⑦而遨,则凡数州之土壤,皆在衽席⑧之下。其高下之势,岈然⑨洼然,若垤⑩若穴。尺寸千里,攒蹙⑪累积,莫得遁隐。萦青缭白,外与天际,四望如一。然后知是山之特立,不与培塿⑫为类。悠悠乎与颢气⑬俱,而莫得其涯;洋洋乎与造物者游,而不知其所穷。引觞满酌,颓然就醉,不知日之入。苍然暮色,自远而至,至无所见,而犹不欲归。心凝形释,与万化冥合。然后知吾向之未始游,游于是乎始。故为之文以志。是岁,元和四年⑭也。

〔注〕①僇(lù):罪。②隙(xì):同“隙”。惴栗:忧惧貌。③施(yí)施:徐行貌。④法华西亭:永州法华寺西之亭,作者于本年所建。⑤染溪:潇水支流。⑥茅茷(fá):茅草类。⑦箕踞:席地而坐,两脚伸直分开,如簸箕形。⑧衽(rèn)席:席子。⑨岈(xiā)然:山谷空阔貌。⑩垤(dié):蚂蚁穴外积土。⑪攒蹙(cù):簇聚。⑫培塿(pǒu lǒu):小土堆。⑬颢气:即浩气,化生万物的元气,体现着道。《周易·系辞下》:“天地细缊(氤氲),万物化生。”《庄子·知北游》:“通天下一气耳。”⑭元和四年:唐宪宗元和四年(809)。作者被贬到永州的第五年。

中国文学史上的山水散文，早在南北朝时期就已成熟。晋宋之际陶渊明所作《桃花源记》，刘宋时鲍照所作《登大雷岸与妹书》，北魏郦道元所作《水经注》等，都是其中的典范作品。这些作品描写山水自然，具有很高的艺术造诣，但其笔端所带有的情思，则限于人对大自然的赞美。《水经注·江水》"三峡"一篇，引东晋袁山松云"曾无称有山水之美也，及余来践跻此境，既至欣然"，"既自欣得此奇观，山水有灵，亦当惊知己于千古矣"，写出了南北朝人对自然美的发现，对山水的审美自觉，亦标示出南北朝山水散文中所表现的人对自然之体验的深度，尚属于审美层次。《桃花源记》的意境核心，则是社会理想。盛唐李白的《春夜宴从弟桃园序》，意境也属于审美层次。王维《山中与裴秀才迪书》云："非子天机清妙者，岂能以此不急之务（指游赏山水）相邀？然是中有深趣矣。"已呈现出向大自然求天人合一之哲思理趣的趋向，但是尚未自觉地营造出此种散文意境。在柳宗元以前，我国山水散文尚不具有天人合一的意境。

柳宗元是开创中国山水散文天人合一意境的第一人。《始得西山宴游记》是柳宗元"永州八记"的第一篇，亦是中国文学史上开创天人合一散文意境的第一篇散文。

《西山记》以行踪为序，用游记笔法，记叙了发现、奔赴、攀登西山，描写出西山之高、之美，以及西山之上人与自然合一的体验。

作者记述自到永州，"漫漫而游，日与其徒上高山，入深林，穷回谿。幽泉怪石，无远不到。到则披草而坐，倾壶而醉"，写出了不同寻常的"游"。"游"是向大自然寻求精神的自由解放，是使人从政治迫害的恐惧中，从世俗命运名利得失的束缚中，获得自由解放。所以每一次的"游"，都令人沉醉。但是作者后来才知道，发现西山之前的"游"，都算不上真正的"游"。为什么？就是因为在西山之上，才有了人与自然合一的体验，那是精神自由解放的真正体验。

《西山记》第一次写出了天人合一的散文意境。这一意境的境的一面，是"望西山，始指异之"，"过湘江，缘染溪"的游踪，和"穷山之高而止"，"则凡数州之土壤，皆在衽席之下"，"尺寸千里，攒蹙累积，莫得遁隐。萦青缭白，外与天际，四望如一"的画面。

这一意境的意的一面，则是在那西山之上，"悠悠乎与颢气俱，而莫得其涯；洋洋乎与造物者游，而不知其所穷"，"心凝形释，与万化冥合"的体验。人心升华到了与宇宙自然契合的境界，获得了彻底的自然解放。至于政治迫害的恐惧，世俗命运名利得失的束缚，自是烟消云散。在《西山记》中，意从境生，意与境融合为一。

《西山记》的风景描写，生动传神。“箕踞而遨，则凡数州之土壤，皆在衽席之下。其高下之势，岈然洼然，若垤若穴。尺寸千里，攒蹙累积，莫得遁隐”，写高山绝顶俯瞰周边地形的起伏变化，“萦青缭白，外与天际，四望如一”，写高山绝顶环顾四周地平线云气混茫，“苍然暮色，自远而至，至无所见，而犹不欲归”，写夜色弥漫上了高山绝顶，无不历历如在眼前，真能引人入胜。

《西山记》所写天人合一之体验，即是庄子所说“与造物者为人，而游乎天地之一气”（《庄子·大宗师》），孟子所说“上下天与地同流”（《孟子·尽心上》）的境界。但是，柳宗元呈现在散文作品中的这种天人合一之体验，是从宇宙自然之美的观照中产生的，因此宇宙自然之美与天人合一体验有机地融为一幅完整的意境。所以，既不同于《庄子》《孟子》有天人合一之体验而无宇宙自然之美，亦不同于以前山水散文有宇宙自然之美而无天人合一之体验。

作者郑重地记述这一体验的来历，最后并点明其意义：“然后知吾向之未始游，游于是乎始。故为之文以志。”可见作者对这一体验异常珍惜。文章前后用“今年九月二十八日”，和“是岁，元和四年也”的笔墨，特别记下登上西山的当下时间，亦绝非闲笔。对于政治迫害之下，忧患意识深重的作者来说，没有什么比精神的自由解放更加宝贵的了。

（邓小军）

钴鉧潭[①] 记

钴鉧潭在西山西。其始盖冉水[②]自南奔注，抵山石，屈折东流，其颠委[③]势峻，荡击益暴，啮[④]其涯，故旁广而中深，毕至石乃止。流沫成轮[⑤]，然后徐行。其清而平者且十亩余，有树环焉，有泉悬焉。

其上有居者，以予之亟游[⑥]也，一旦款门[⑦]来告曰：“不胜官租私券[⑧]之委积[⑨]，既芟山而更居，愿以潭上田贸财[⑩]以缓祸[⑪]。”予乐而如其言，则崇[⑫]其台，延[⑬]其槛，行其泉于高者而坠之潭，有声潨[⑭]然。尤与中秋观月为宜，于以见天之高，气之迥[⑮]。孰使予乐居夷[⑯]而忘故土者，非兹潭也欤？

〔注〕 ① 钴鉧潭：形状如熨斗的水潭。 ② 冉水：即冉溪，又名愚溪，是潇水的支流，在永州城西。 ③ 颠委：溪水自上而下。颠，顶部。委，尾部。 ④ 啮（niè）：咬，这里指侵蚀。 ⑤ 轮：波纹如车轮形。 ⑥ 亟（qì）游：多次往游。 ⑦ 款门：叩门。 ⑧ 私券：私人的债券。 ⑨ 委积：积聚。 ⑩ 贸财：（将潭上田）变换成钱财。 ⑪ 缓祸：缓解租税、债务所造成的灾祸。 ⑫ 崇：高，作动词用，使台增高。 ⑬ 延：长，作动词用，延长。 ⑭ 潨（cóng）：小水汇

入大水时发出的声音。 ⑮ 迥：远。 ⑯ 夷：指边远的少数民族地区。

本文是“永州八记”的第二篇，作于元和四年(809)十月。文中并未交代写作年月，但从“永州八记”的前后两篇游记中的文字，可以推知本文的写作时间。“八记”第一篇《始得西山宴游记》云：“今年九月二十八日”，始得游西山。“八记”的第三篇《钴鉧潭西小丘记》又云：“得西山后八日，寻山口西北道二百步，又得钴鉧潭。”可见，得钴鉧潭于十月上旬，此记在此后不久写成。

文章开端迅即着题，交代了钴鉧潭的位置，与上篇《始得西山宴游记》自然承接，省却了许多背景方面的文字。接下来不马上写潭，却写冉溪之奔注，力量全在“抵”字上，以下的描写，均从“抵”字生发，水被山石挡住，曲折东流，山石高低不平，水势自上下注，冲击震荡，越益猛烈，冲刷掉石间之土，土尽而石成深糟，形成水潭，水至此而徐行，先成轮形波纹，逐渐平静清澈。由冉溪而写到水潭，行笔自如。第一段写水势，写潭，子厚用跌宕激扬的文笔，描写激荡奔涌转而又徐行清平的水势，非常得体。

林纾评这段文字说：“曲写潭状，煞费无数力量，非柳州不复能道。”(《韩柳文研究法·柳文研究法》)说得真好。林纾又进而论述这段文字的深层意蕴，更为精彩，《林纾选评古文辞类纂》卷九说：“言颠委者，自上而下，皆石势之突怒处。以突怒的石势，御奔注之水势，自然荡击。然石间有土，既为水啮，则土尽石穷，故云毕至石止也。然后徐行，则峻势已平，水势亦杀，故成徐行。犹子厚在朝时颇自矜张，故受人弹纠。迨既远谪，物议稍平。”他认为柳宗元把钴鉧潭的水势，与自己的政治遭际联系起来，以“荡击益暴”的水势，比拟自己在朝颇自矜张、受人弹纠的状况，以“徐行”的水势，比拟自己远谪后物议稍平的状况，将自己在朝和远谪前后的切身体验，融入写景之中，实在是很精到的见解。

第二段叙写土人鬻潭上田，自己增置的经过，以慨叹告终。文章从“亟游”导出买潭上田，土人来告一节文字，既叙写鬻潭上田的本事，又兼及民间疾苦。读者从“不胜官租私券之委积”，卖田以“缓祸”等寥寥数语中，看到当地百姓的沉重负担。

游记文章以写景畅神为主，本文能在游记中映带民生疾苦，写出子厚关切、同情人民的真情，写得含蓄而不刻露，深得儒家诗教“温柔敦厚”的精神，也是本文的一个特征。

子厚购得潭上田以后，崇台、延槛、引泉，增土人之置，扩大、完善钴鉧潭的景观，为下文写“乐”张本。子厚居潭上，既能观溪水奔注、徐行、清平之态，又引泉自高处下坠而听泉声，尤宜中秋赏月，领略水、月之趣，可以欣赏天之高旷，气之清逸。这时，作者陶然于钴锅潭之美景中，融和着他得潭的乐趣，居然忘掉故土，忘掉不愉快的旧事，深得禅悟之味。最后，以设问句连用反诘句收结全文，发出深深的感叹。

卢元文评本文："潭字起，潭字住，潇然洒然。"(《山晓阁选唐大家柳柳州全集》卷三引）确乎道出《钴锅潭记》艺术结构的独特之处。刘熙载论述柳宗元的文章，如奇峰异嶂，层见叠出，"所以致之者有四种笔法：突起、纡行、峭收、缦迴也"(《艺概·文概》)。《钴锅潭记》正是这样的文章。

此文第一段写冉溪之奔注，用"突起"之法，描写水势"荡击益暴"，惊人耳目。写潭水徐行，用"纡行"之法，描写溪水入潭后，水势徐缓，水清且平，悦人耳目。第二段，写买潭，增置，用"缦迴"之法，与上段写潭水相配合，结尾写"乐居夷"而"忘故土"，用"峭收"之法，戛然而止。四法俱全，故文势如奇峰叠见，遂成一篇"大观"。钟惺说："点缀小景，遂成大观。"(《山晓阁选唐大家柳柳州全集》卷三）正谓此文也。

如何理解这篇游记的结尾？刘大櫆提出一个精辟的见解："结处极幽冷之趣，而情甚凄楚。"(《唐宋文举要》甲编卷四引）本文不是以"乐居夷"收结的吗？何来凄楚之情？联系当时作者贬谪夷地的遭际，可知他购得钴锅潭、赏山水景物所获得之"乐"，是一种暂时的超脱，他也希望通过引泉观月，可以心空无滓，寻找一种禅趣，然而许久不幸的旧事、困厄的命运则是难以忘怀的。柳宗元在摹写工细、极力表现钴锅潭之自然美的时候，透出的却是哀怨、凄楚的情怀，这完全由贬谪人内在心境所决定的。徐幼铮指出："结语哀怨之音，反用一乐字托出，在诸记中，尤令人泪随声下。"(《唐宋文举要》甲编卷四引）徐氏如此观照、剖析本文的意蕴，真可谓是柳宗元的知音。这种反衬手法的运用，极似诗歌创作中"乐景写哀"的手法。王夫之说："以乐景衬哀，以哀景衬乐，一倍增其哀乐。"(《姜斋诗话》)贬谪人柳宗元哀怨凄楚的心境，反用"乐"景补出，一倍增其哀怨。

柳宗元是位诗风清峻的诗人，他用诗的意境、情韵、技法，渗入散文中，促成游记散文的诗化，创造清秀隽永的散文意境，极具艺术魅力。 (吴企明)

钴锅潭[1]西小丘记

得[2]西山后八日[3]，寻[4]山口西北道[5]二百步[6]，又得钴锅潭。潭西二十五步，当湍[7]而浚[8]者，为鱼梁[9]。梁之上有丘焉，生竹树。其石之突怒[10]偃蹇[11]，负土[12]而出，争为奇状者，殆不可数。其嵚然[13]相累而下者，若牛马之饮于溪；其冲然[14]角列⑮而上者，若熊罴之登于山。

丘之小不能一亩，可以笼⑯而有之。问其主，曰："唐氏之弃地，货而不售⑰。"问其价，曰："止四百⑱。"余怜而售⑲之。李深源、元克己⑳时同游，皆大喜，出自意外。即更取㉑器用，铲刈㉒秽草，伐去恶木㉓，烈火㉔而焚之。嘉木立，美竹露，奇石显。由其中以望，则山之高，云之浮，溪之流，鸟兽之遨游，举熙熙然㉕回巧献技㉖，以效㉗兹丘之下。枕席而卧，则清泠之状与目谋㉘，瀯瀯㉙之声与耳谋，悠然而虚者与神谋，渊然㉚而静者与心谋。不匝㉛旬而得异地者二㉜，虽古好事之士㉝，或未能至焉。

噫！以兹丘之胜，致之沣㉞、镐㉟、鄠㊱、杜㊲，则贵游之士㊳争买者，日增千金而愈不可得。今弃是州也，农夫渔父过而陋㊴之。贾四百，连岁不能售。而我与深源、克己独喜得之，是其果有遭㊵乎？书于石，所以贺兹丘之遭㊶也。

〔注〕 ① 钴𬭁(gǔ mǔ)潭：因潭的形状像熨斗而得名。钴𬭁，即熨斗。 ② 得：发现。 ③ 后八日：柳氏发现西山在唐宪宗元和四年(809)九月二十八日。后八日应是十月六日。 ④ 寻：沿着、顺着。 ⑤ 道：在道上走。 ⑥ 步：古代长度单位，旧制五尺。 ⑦ 湍(tuān)：急流。 ⑧ 浚(jùn)：水深。 ⑨ 鱼梁：阻水的堰。中间留洞，把捕鱼器具安放其间，可以捕鱼。 ⑩ 突怒：突然挺起，高耸的样子。 ⑪ 偃蹇(jiǎn)：高耸而有气势。一说傲慢的样子。 ⑫ 负土：指石头上有土壤。 ⑬ 嵚(qīn)然：石头高耸的样子。 ⑭ 冲然：前进的样子。 ⑮ 角列：争取到前列。另有斜列、像兽角一样排列诸说。 ⑯ 笼：装进笼子。 ⑰ 售：卖出。 ⑱ 四百：四百文钱。 ⑲ 怜而售：喜爱而买下。一说同情而买下。 ⑳ 李深源、元克己：与作者同游的友人，生平不详。 ㉑ 更(gēng)取：轮流替换着拿着。 ㉒ 刈(yì)：割。 ㉓ 恶木：质地差的树木，不好的树木。 ㉔ 烈火：燃起大火。 ㉕ 熙熙然：和乐的样子。 ㉖ 回巧献技：运用技巧，呈献技艺。 ㉗ 效：献出，呈献。 ㉘ 谋：相合，接触。 ㉙ 瀯(yíng)瀯：形容水回流声。 ㉚ 渊然：形容静默、幽深。 ㉛ 匝：经历一周。 ㉜ 异地者二：奇异之地二处。指钴𬭁潭和小丘。 ㉝ 好事之士：指爱好山水风景的人。 ㉞ 沣(fēng)：水名。流经长安。 ㉟ 镐(hào)：在长安西南，古代周武王时的都城。 ㊱ 鄠(hù)：在今陕西户县。 ㊲ 杜：杜曲，在长安南。 ㊳ 贵游之士：指爱好游览的贵族之士，如王公子弟一类人。 ㊴ 陋：轻视，瞧不起。 ㊵ 遭：运气，际遇。 ㊶ 遭：碰上好运气。

柳宗元在永州撰写了许多篇山水游记。本文是"永州八记"的第三篇。全文分为三段。

第一段，点明小丘所在，状写小丘环境之奇。因为"永州八记"首篇写西山，次篇写钴鉧潭，所以写小丘的位置，从“得西山”起。仅三两句便清楚地交代了西山与钴鉧潭、钴鉧潭与鱼梁、鱼梁与小丘这些景点的空间关系。这和准确地选用方位词语密不可分。如“西北道二百步”“潭西二十五步”“（鱼）梁之上”等，见出作者对事物的敏感与观察之细。写游记，必须有清晰的空间概念，这很重要。下面接写小丘总体风貌：众多奇石生于竹树之中。状摹奇石是先总写“突怒偃蹇，负土而出”，“殆不可数”。山石形态各异，争胜斗奇，勃勃有生气，而且多到不可胜数。再分写：一种是那峭拔的石头层层连缀而下，好像成群的牛马去溪边饮水；一种是那突起的石头争取到前列，好像熊罴向山上攀登。作者连用两个新颖的比喻，对静态而无生命的山石，作动态而有性灵的刻画。其中“相累”“角列”都在坐实山石的“殆不可数”；而“上”“下”的字样又是在写小丘起伏的情势。

第二段，叙写得小丘的始末。层次井然有序：先写小丘之小，是“弃地”，价廉物美远超所值，便购得。同游者“大喜”是因其地之贱，作者却出于怜爱。次写修治小丘的过程及修治后可眺望到的奇景。修治后“嘉木立，美竹露，奇石显”，焕然现出真容。山高、云浮、溪流以及鸟兽遨游都是作者望中所得，景色都染上作者怡然自得的主观感情色彩。“举熙熙然回巧献技，以效兹丘之下”，作者并以拟人化的修辞手法，让客观景物都活动起来。接着再写览景会心的真趣。作者枕席而卧，目之所触，是清凉明澈的波光；耳之所闻，是山泉回流的声韵；神之所遇，是缥渺空灵的境界；心之所感，是静默幽深的氛围。真是达到可意会难以言传的物我交融的妙境。本段最后再为不到旬日便得两处异地而发出赞叹，用以收束上文，并开启下面抒发感慨的文字。

第三段，抒发小丘景胜价廉遭遇弃掷的感慨。行文以感叹词“噫”发端，用扬抑有致的笔法：先说小丘如易京畿附近，必受贵游之士的青睐，欲出高价而不可得，是扬，又是反跌；再说小丘是弃地，而遭农夫渔父的白眼，“连岁不能售”，是抑。见出文字的跌宕顿挫。其实，这些感慨是寄寓深意的：小丘作为“唐氏之弃地”的不幸遭遇，正像作者自身作为“唐廷之罪臣”贬放边荒的处境；小丘的佳胜而不被人重视，也正像自身怀才不遇、频经挫折的写照。宋人洪迈认为：“（但）钴鉧复埋没不可识，士之处世，遇与不遇，其亦如是哉！”（《容斋三笔》卷九）刘大櫆认为：“前写小丘之胜，后写弃掷之感，转折独见幽冷。”（转引高步瀛《唐宋文举要》甲编卷四）都很有见地。

本文的主要艺术成就是写景有突破，有创新，借景抒情，情景交融。将静态之景物作动态的刻画，无生命的嘉木、美竹、奇石赋予其生命与性灵，无知的高山、浮云、流溪作了拟人化的艺术处理，并与作者彼时彼刻的心境相应相谐。景中所寄寓之情，既有从政治苦闷中转而陶醉于自然山水、寻求精神寄托的一面，也有不幸人生、不幸遭遇所产生的怨愤抑郁的一面。广大读者除了能从本篇游记中，得到自然美的享受，学到描写景物的技法经验，还能有助于加深对封建社会罪恶本质的认识。

（李如鸾）

至小丘西小石潭记

从小丘西行百二十步，隔篁竹，闻水声，如鸣珮环，心乐之。伐竹取道，下见小潭，水尤清冽。全石以为底，近岸卷石底以出，为坻为屿[①]，为嵁[②]为岩。青树翠蔓，蒙络摇缀，参差披拂。潭中鱼可百许头，皆若空游无所依。日光下澈，影布石上，佁然不动，俶尔[③]远逝，往来翕忽[④]，似与游者相乐。

潭西南而望，斗折蛇行，明灭可见，其岸势犬牙差互，不可知其源。坐潭上，四面竹树环合，寂寥无人，凄神寒骨，悄怆幽邃。以其境过清，不可久居，乃记之而去。

同游者，吴武陵、龚古、余弟宗玄。隶而从者，崔氏二小生，曰恕己，曰奉壹。

〔注〕 ① 坻(chí)、屿(yǔ)：皆水中小洲。 ② 嵁(kān)：不平的岩石。 ③ 俶(chù)尔：意即倏忽。 ④ 翕(xī)忽：轻快的样子。

唐顺宗永贞元年(805)，柳宗元被贬为永州司马，他以戴罪之身僻居荒远，何以解忧，惟有游览风景，著名的“永州八记”就是他记录游踪、寄托忧愤的一组游记。

“永州八记”共八篇，作于元和四年，《至小丘西小石潭记》是其中的第四篇，前三篇是《始得西山宴游记》《钴鉧潭记》《钴鉧潭西小丘记》。柳宗元的游踪是一路西行，故从西山写起，到了钴鉧潭，往西有小丘，再往西，柳宗元又发现了一个新的景观，那就是本篇所写的小石潭。

小石潭的景色如何？且看柳宗元怎样描写。文章先说了小石潭的位置，但只用了一句话，紧接着便写到一片竹林和优美的水流声，形容水声也只用了四个字——“如鸣珮环”，听过玉环轻扣琳琅和美之声的人，不难想象水声的美妙。柳宗元就是被这水声吸引到小石潭边的。

文章的重点当然是写潭。具体地说，一是写潭周围和潭中的岩石。原来这潭的底是一块完整的大石头，近岸处的石头则形状各异。二是写树，“青树翠蔓，蒙络摇缀，参差披拂"，仅十二个字，就把小石潭周围的青树和藤蔓和它们在清风吹拂下的动态都写出来了，柳宗元当时舒畅的心情也得到含蓄的表露。三，也是最精彩的是写潭中的鱼。这是一幅电影镜头般的画面，清澈见底的水中，鱼儿是那样悠闲自在，日光照着鱼儿，投影水中，它们有时一动不动，一扭身又游得无影无踪，那样轻捷，那样自由。除了电影的长镜头，还有什么手段能摄下如此真实而灵动的画面？最妙的更在于"似与游者相乐"一句，顿时把潭上的游人和潭中的游鱼拉得亲近起来了，而且使人想起庄子和惠施在濠梁上关于人是否能体会鱼之乐的著名论辩，这段写景的意味就更深长了。前人有云："写鱼乐处，于濠梁外又出一奇。"（常安《古文披金》卷十四，转引自高海夫主编《唐宋八大家文钞校注集评》之《柳州文钞》）从这里也能体会到柳宗元对大自然万事万物的一片仁人心怀。

这次游览有几个同行者，最后记下了他们的名字以结束全文，一篇短短的文章章法如此严谨，也是值得学习的。

《小石潭记》之后，还有四篇，即《袁家渴记》《石渠记》《石涧记》《小石城山记》，都是以后几年陆续写成的。

（董乃斌）

袁家渴记[①]

由冉溪[②]西南水行十里，山水之可取者五，莫若[③]钴鉧潭。由溪口而西，陆行可取者八九，莫若西山。由朝阳岩[④]东南，水行至芜江[⑤]，可取者三，莫若袁家渴。皆永中[⑥]幽丽奇处也。

楚、越之间[⑦]方言，谓水之反流者为渴，音若衣褐之褐。渴上与南馆高嶂合[⑧]，下与百家濑[⑨]合。其中重洲[⑩]、小溪、澄潭、浅渚[⑪]，间厕[⑫]曲折。平者深墨，峻者沸白[⑬]。舟行若穷[⑭]，忽又无际[⑮]。有小山出水中，山皆美石，上生青丛[⑯]，冬夏常蔚然[⑰]。其旁多岩洞，其下多白砾[⑱]。其树多枫、楠、石楠、楩、槠[⑲]、樟、柚，草则兰、芷[⑳]，又有异卉，类合欢[㉑]而蔓生[㉒]，轇轕[㉓]水石。每风自四山而下，振动大木，掩苒众草[㉔]，纷红骇绿[㉕]，蓊葧[㉖]香气，冲涛旋濑[㉗]，退贮溪谷，摇飏葳蕤[㉘]，与时推移。其大都如此，余无以穷其状。

永之人未尝游焉，余得之，不敢专[㉙]也，出而传于世。其地主袁氏，故以名焉。

〔注〕 ① 这是柳宗元著名的“永州八记”中的第五篇，作于元和七年(812)十月。袁家渴(hé)，水名，唐代楚地方言把逆向而流的水称为“渴”，因这一带是姓袁的地主家所私有，故以其姓名之。 ② 冉溪：潇水的支流，在永州近郊，景色秀丽，柳宗元曾筑室于此，并改名愚溪。 ③ 莫若：没有像，没有比得上。 ④ 朝阳岩：地名，在永州城西南。唐代诗人元结也曾来此游览。 ⑤ 芜江：地名，在今湖南永州零陵区西潇江水边。 ⑥ 永中：永州周围。 ⑦ 楚、越之间：指永州一带。楚，今湖南、湖北，古属楚地。越，古称五岭之南少数民族为百越或百粤。永州南与岭南道桂州以越城峤为界，故称楚、越之间。 ⑧ 上与南馆高嶂合：上，上游。南馆高嶂，指袁家渴上游发源处的高山。合，会合，相接。 ⑨ 百家濑：水名，今名百家渡，在零陵区城南不远处。 ⑩ 重洲：重叠的洲。 ⑪ 浅渚：刚露出水面的洲渚。渚，露出水面的陆地，比洲要小一些。 ⑫ 间厕：夹杂，杂列。 ⑬ 沸白：像水沸时出现的白色浪花。 ⑭ 舟行若穷：是说小船前行时好像无路可通。 ⑮ 无际：开阔得没有边际。 ⑯ 青丛：青青的草树丛。 ⑰ 蔚然：草木茂盛的样子。 ⑱ 白砾：白色的小石子。 ⑲ 楠(nán)、石楠、楩(pián)、槠(zhū)：楠常绿乔木，木质坚硬，气甚芬芳，是制作器物的好材料。石楠，常绿树，多生山地，初夏茎顶丛生淡红色合瓣花。楩，即黄楩木，可做器物。槠，常绿乔木，初夏开花，黄绿色，木质坚硬，可做器具。 ⑳ 兰、芷：兰，指兰花。芷，又名白芷，香草，夏开小白花，根可入药。 ㉑ 合欢：落叶乔木，叶子像槐叶，羽状，由多数小叶合成，入夜便合拢，故又称“夜合”或“夜合花”。 ㉒ 蔓生：不能直立，附在别的物体上生长。 ㉓ 轇轕(jiāo gé)：牵引纠结的意思。 ㉔ 掩苒众草：吹倒了许多茂盛而柔软的野草。苒，轻柔、茂盛貌。 ㉕ 纷红骇绿：红花绿叶皆纷乱摇动，好像吃惊似的。 ㉖ 蓊葧(wěng bó)：浓郁、浓烈。 ㉗ 冲涛旋濑：大风掀起的波涛，使溪水急流回旋。 ㉘ 葳蕤(wēi ruí)：草木茂盛的样子。 ㉙ 不敢专：不敢独自占用或享用。

元和七年(812)十月十九日，柳宗元继三年前的西山之游后，来到了袁家渴一带游览，这一次游览的结果是他一气写作了《袁家渴记》《石渠记》《石涧记》和《小石城山记》四篇文章，与三年前创作的《始得西山宴游记》《钴鉧潭记》《钴鉧潭西小丘记》《至小丘西小石潭记》一起，这便是文学史上著名的“永州八记”。

《袁家渴记》是“八记”中后四记的首篇，因此，在“八记”这个有机的整体中，它起到的是一个承上启下的作用。这八篇作品写作的时间不一，而且涵盖的空间又比较分散，柳宗元利用时空的转换，巧妙地将“八记”连接在一起，形成了一个结构严谨的系列。前四篇文章把四个不同的地方通过空间变换的线索连接，显得有条不紊。但后四篇文章在写作时间上相隔了三年，如何把它们连接起来呢？柳宗元在《袁家渴记》的开篇特意加上了一段概述性的文字，对此进行了必要的交代：“由冉溪西南水行十里，山水之可取者五，莫若钴鉧潭。由溪口而西，陆行可取者八九，莫若西山。由朝阳岩东南，水行至芜江，可取者三，莫若袁家渴。皆永中幽丽奇处也。”这一段文字既照应了已游过、写过的西山等处，又引出了将要游览和写作的袁家渴等地方，呼应得十分巧妙。

在交代了袁家渴的地理位置之后，柳宗元在文章中详细描述了袁家渴的山水特色：写山则“山皆美石，上生青丛”，写树则“多枫、楠……樟、柚”，皆是佳木，写花草则是多“兰、芷,又有异卉”,写风则“振动大木”“纷红骇绿”,写水则“冲涛旋濑,退贮溪谷”。这些美丽的景色交织在一起,形成了袁家渴独特的风景。柳宗元在文章的最后说,袁家渴这个地方太美了,而永州的人却不知道,也没有游历过,因此他觉得自己不能独自享受,而应该有责任把它写出来以便让袁家渴这样优美的地方流传后世。从结果来看,柳宗元确实做到了这一点。

柳宗元在写作《袁家渴记》之前,于元和五年(810)在潇水西的一条支流冉溪上买了一块土地,在此清除积秽,疏泉凿池,构筑亭屋,过着“筑室茨草,为圃乎湘之西,穿池可以渔,种黍可以酒,甘终为永州民”(《送从弟谋归江陵序》)的村民生活,并将溪名改为愚溪。相对于刚到永州时的情况而言,他此时的生活和心情显得比较平和与宁静,贬谪的痛苦也在与大自然的接触中得到了一定程度的缓解。正是这种宁静的心境,才使得他能够更加耐心细致地观察自然,发现自然山水中的胜景。

所以,柳宗元在描写袁家渴的景色时,才能敏锐地抓住景物特征,运用高超的艺术手法,把看似平常的山水点化为一幅个性鲜明、形神兼备的精美图画。在写袁家渴的山光水色时,仅颜色就用了墨、白、青、红、绿来形容,真可谓是五颜六色,缤纷夺目;写水的形态就用了澄、浅、平、峻、冲、旋、退、贮,可谓有动有静,动静相宜。而写风的六句,更是构思奇特,使本来柔弱纤细的草木呈现出一种刚健的美感。整段文字洋溢着浓郁的诗情画意,确实是“须含一股静气,又须十分画理,再著以一段诗情,方能成此杰构”(林纾《韩柳文研究法·柳文研究法》)。难怪苏轼读到这里也会情不自禁地赞叹:子厚“善造语,若此句,殆入妙矣”(《书子厚梦得造语》)。

读《袁家渴记》,最让人难忘的就是文章中诗情与画意的高度统一。“文有诗境,是柳州本色。”(林纾语《韩柳文研究法·柳文研究法》)这既得益于唐代诗歌繁荣的时代精神的熏陶与孕育,也得力于柳宗元的艺术禀赋和他在游记诗化上的苦心经营。同时,他能够克服古文运动矫枉过正、把骈文一棍子打死的褊狭,而是充分吸收骈文语言上的精华,形成自己“丽则清越,言畅而意美”(《杨评事文集后序》)的语言特色。像他写风,在“每风自四山而下”后,连用了八个四字句:“振动大木,掩苒众草,纷红骇绿,蓊葧香气,冲涛旋濑,退贮溪谷,摇飏葳蕤,与时推移。”显得节奏明快,声韵浏亮,读来琅琅上口,富有音乐美。而在这其中,他又将色彩、动静、远近等有机地结合在文字的描写之中,使整篇文章呈现出文笔优美灵秀,写景生动传神,画面绚丽多姿。在这里,山水木石交相辉映,诗情画意跃然纸上。难怪,清代的孙琮会说:“读袁家渴一记,只如一幅小山水,色色画到。

其间写水，便觉水有声；写山，便觉山有色；写树，便觉枝干扶疏；写草，便见花叶摇曳。真是流水飞花，俱成文章者也。”（《山晓阁选唐大家柳柳州全集》卷二）细读全文，始信此言非虚。

（陈中林）

石　渠　记

自渴①西南行，不能百步，得石渠，民桥其上②。有泉幽幽然③，其鸣乍大乍细。渠之广，或咫尺④，或倍尺⑤，其长可十许步⑥。其流抵大石，伏⑦出其下；逾石而往⑧，有石泓⑨，昌蒲⑩被之⑪，青鲜⑫环周⑬。又折西行，旁陷⑭岩石下，北堕小潭。潭幅员⑮减百尺⑯，清深多鯈鱼⑰。又北曲行⑱纡余⑲，睨⑳若无穷，然卒㉑入于渴。其侧皆诡石怪木，奇卉美箭㉒，可列坐而庥㉓焉。风摇其巅，韵动崖谷。视之既静，其听始远。

予从州牧得之㉔，揽㉕去翳㉖朽，决疏㉗土石，既崇而焚㉘，既酾而盈㉙。惜其未始有传焉者㉚，故累记㉛其所属，遗之其人㉜，书之其阳㉝，俾后好事者求之得以易㉞。元和七年正月八日，蠲渠㉟至大石。十月十九日，逾石得石泓小潭，渠之美于是始穷㊱也。

〔注〕①渴（hé）：指袁家渴。在今湖南永州西潇江畔朝阳岩东南。渴，“楚、越之间方言，谓水之反流者为‘渴’”（《袁家渴记》）。　②民桥其上：百姓建桥于石渠上。　③幽幽然：幽暗、深邃貌。　④咫尺：形容相距很近。咫，古代度量单位，周制八寸，合今制市尺六寸二分二厘。　⑤倍尺：尺的一倍，即二尺。　⑥可十许步：约十步左右。许，表示约略估计的数量。⑦伏：潜伏，指地下潜流。　⑧逾石而往：指越过大石前往。　⑨石泓：凹石积水而成的水潭。　⑩昌蒲：即菖蒲，水生植物，有香气，地下根茎可作香料。　⑪被之：遮覆它（石泓）。⑫青鲜：犹青藓，青绿的苔藓。　⑬环周：环绕石泓周围。　⑭旁陷：侧陷。　⑮幅员：指疆域、面积。　⑯减百尺：不足百尺。　⑰鯈（tiáo）鱼：白鲦鱼，体长侧扁，银白色，性活泼，善跳跃，常于水面结群迅速游动。　⑱曲行：弯曲斜行。　⑲纡余：迂回曲折。　⑳睨（nì）：斜视，顾视。　㉑卒：最后，终止。　㉒奇卉美箭：奇花美竹。箭，箭竹，此处泛指竹林。㉓庥（xiū）：同“休”，止息。庥，《全唐文》作“休”。　㉔予从州牧得之：此言柳宗元从永州州牧得到石渠，加以修整。州牧，指永州刺史。　㉕揽：采摘，此指扫除。　㉖翳：蒙翳、遮蔽。㉗决疏：开掘疏通。　㉘崇而焚：指堆高“决疏”之土石，焚毁“翳朽”之草木。崇，高。㉙酾（shī）而盈：指疏导石渠而水流盈溢。酾，疏导（水道）。　㉚“惜其”句：柳宗元怜惜石渠从未有人传述它的美景。未始有传，犹始未有传，自始（从来）没有传述。　㉛累记：接连记述，指对石渠“其所属”景观一处一处记述。　㉜遗之其人：指留赠关心石渠的“好事者”。㉝书之其阳：书写在石渠的南面。　㉞“俾（bǐ）后”句：使后来的好事者容易找到石渠。俾，

使。求之，觅求石渠。得以易，容易找到。 ㉟ 蠲(juān)渠：清除石渠。蠲，通“涓”，使……洁净。 ㊱ 始穷：才穷尽(石渠之美)。

《石渠记》，是柳宗元著名的山水游记“永州八记”之一，写于唐宪宗元和七年(812)，柳宗元谪贬永州司马期间。

《石渠记》全文两段，生动地记述了作者游览石渠景物的观感，以及获得石渠后的整治情况，语言简洁清峻，叙述婉转，以铿锵短句，奏出一曲琤琮跌宕的乐音。

首段叙写作者沿着石渠和渠流寻奇探幽的美妙经历。开篇即交代石渠的方位：“自渴西南行，不能百步，得石渠，民桥其上。”渴，就是袁家渴，在今湖南永州城南潇江对岸的朝阳岩东南。从袁家渴西南行不足百步，就找到石渠，百姓建桥于其上。“得石渠”，是作者寻游的开始，就发现“有泉幽幽然，其鸣乍大乍细”。写石渠之泉，完全诉之于听觉感受，“幽幽然”者，暗示此泉必在桥侧幽僻处，未见其泉而闻其声。幽远隐蔽之泉，发出的不是汩汩喷涌的泉水声，而是幽深渺远的“乍大乍细”的泉水声。可以想见，作者必有一番循声觅泉的探幽举动，体味幽幽然泉声之乐，而柳宗元将这些全部省略掉，点染一笔，留下空白，让读者去领略其中的妙趣。这同《小石潭记》所写“隔篁竹，闻水声，如鸣佩环，心乐之”，有异曲同工之妙。

进而叙写石渠之宽长，或咫尺，或倍尺，长约十步，规模狭小，并无甚奇观。石渠之奇在何处呢？显然，石渠之奇不在石渠本身，而在石渠之旁，石渠之流。石渠之奇的第一个妙景，就是石渠之旁的幽幽然之泉。

石渠之奇的第二个妙景，就是石渠之流的伏流与石泓：“其流抵大石，伏出其下；逾石而往，有石泓，菖蒲被之，青鲜环周。”渠流碰到大石阻断，不折不绕，竟毅然从大石重压之下伏流潜行，作者似乎从中感悟到一种面临人生阻难的顽强和坚忍。越过大石的石渠伏流，在下边汇成一湾“石泓”，就是在石渠流经的凹石处汇积成一湾水潭。菖蒲遮覆着石泓，散发着芳香，青绿的苔藓环绕于石泓四周。石泓的清湛、菖蒲的芳香、苔藓的青碧，组成一幅石泓苔蒲图，在伏流压抑后，展现了一片奇妙的石泓景观。这境界，堪称阴霾后的彩虹，真是“山重水复疑无路，柳暗花明又一村”啊！

石渠之奇的第三个妙景，就在从石泓“折西行”得一处小潭：“旁陷岩石下，北堕小潭。”这又是一处容易被人忽略的妙景，渠流从石泓折西而行，陷于旁侧的岩石之下，向北堕入小潭。作者循踪追迹，终于发现了隐蔽在岩石下的小潭。这处小潭“幅员减百尺，清深多鯈鱼”，“清深”二字，兼有二义，既形容小潭的清幽深邃，又形容潭水的清澈深湛。

这小潭，作者以"陷""堕"二字，隐然暗示它是被坑陷、遗弃在幽僻之地，谁人识其奇美？柳宗元与此小潭，似有同病相怜之感。小潭，让我们想到《钴鉧潭西小丘记》所写的小丘："唐氏之弃地"的遭遇，俨然就是柳宗元悲剧命运的象征。小潭"清深"，却"多鯈鱼"，在其寒冽的潭水中，不是死水一潭，而是蕴涵着活泼的生命。显然，这不仅是在描写小潭鯈鱼游动的美景，也是柳宗元内在生命力的形象写照。

石渠之奇的第四个妙景，是写石渠之流的终点："卒入于渴"，最后流入袁家渴。此处景观之奇在哪里呢？一是"曲行纡余"，渠流曲折迂回，蜿曲多姿，流水自然韵致动人。一是"睨若无穷"，顺着向北的渠流望去，唯见渠流蜿曲迂回，视线延伸到无穷的远方，竟然看不到尽头！留给读者一幅类似"江流天地外"的邈远画面，让读者去细细品味此中的无穷美感。

石渠之奇的第五个妙景，就是石渠终点的旁侧"诡石怪木，奇卉美箭"，以诡、怪、奇、美四个字，概括了石渠一带山石、树木、花卉、竹林的独特风貌。渠流泓潭之幽清，山林花竹之诡奇，交汇成不同寻常的个性与风貌，显现着奇异的独特美感。这奇异美感吸引作者与其至好"列坐而庥"，感受"风摇其巅"的呼啸，聆听"韵动崖谷"的天籁，"视之既静"，那"风摇其巅"过后，看到的依然是一片寂静，而那"韵动崖谷"的天籁余音，却余音袅袅，越传越远……"睨若无穷"与此段描摹，皆由实入虚，侧重描摹作者身心与石渠自然景观物我交感的超然感受和奇异美感，给予读者以无穷的回味。

二段叙写作者从永州"州牧"（刺史）获得石渠后加以整治，附带说明寻游石渠的过程。整治石渠，一是彰显石渠之美，"揽去翳朽，决疏土石，既崇而焚，既酾而盈"，拔除遮覆石渠的朽木枯草，堆积起来焚毁；开掘疏通阻塞石渠的积土乱石，疏导渠流而使之盈溢，从而使石渠景观焕然一新。二是传播石渠之美，作《石渠记》并书写于石渠之阳。因为作者怜惜石渠之美湮没于幽僻山野，无人问津，"未始有传焉者"。故作《石渠记》，留与后世之"好事者求之"，容易寻访石渠，让石渠之美流传永久。最后说明寻游石渠的经过，元和七年正月寻求并清理石渠到大石；十月"逾石得石泓小潭"，这才得以穷尽石渠之美的奥秘。一个"穷"字，显现出柳宗元寻奇探幽的曲折和尽心，点明"石泓小潭"两处奇景的探秘，是作者最得意的新发现，也是《石渠记》最得意的新境界。

纵观《石渠记》全文，以石渠和渠流的始终为主线，贯串了石渠之奇的五处妙景，犹如一串精美的珍珠项链，而最后的整治石渠，焕发石渠之美的文字，犹如坠在项链下的玉饰。作者的情感意蕴则隐蔽在景物描述之中，清深峻洁，自然无痕。这种结构美和意蕴美，在“永州八记”中，堪称别具一格。（赵乃增）

石　涧　记

石渠之事既穷，上由桥西北，下土山之阴①，民又桥焉。其水之大，倍石渠三之一②。亘③石为底，达于两涯。若床若堂，若陈筵席，若限阃奥④。水平布其上，流若织文，响若操琴。揭跣⑤而往，折竹扫陈叶，排腐木，可罗胡床⑥十八九居之。交络⑦之流，触激⑧之音，皆在床下；翠羽⑨之木，龙鳞之石，均荫其上。古之人其有乐乎此耶？后之来者，有能追予之践履⑩耶？得意之日，与石渠同。

由渴⑪而来者，先石渠，后石涧；由百家濑上而来者，先石涧，后石渠。涧之可穷者，皆出石城村东南，其间可乐者数焉。其上深山幽林逾峭险，道狭不可穷也。

〔注〕①阴：山北为阴。②三之一：三分之一。③亘(gèn)：延续不断。④阃(kǔn)奥：内室深隐之处。⑤揭(qì)跣(xiǎn)：揭，提起衣裳。跣，光着脚。⑥胡床：一种可以折叠的轻便坐具。也叫交椅，交床。由胡地传入，故名胡床。⑦交络：交织。⑧触激：碰撞冲激。⑨翠羽：本指翠色的鸟羽。此处喻翠绿的树叶。⑩践履：足迹。⑪渴(hé)：指袁家渴。

《石涧记》为“永州八记”中的第七篇，上承《石渠记》，亦作于元和七年(812)。是年十月十九日，柳宗元在尽览石渠的美景后，又发现了石涧，故作此文以志之。本文与《袁家渴记》《石渠记》和《小石城山记》合称“永州八记”的“后四记”。

永州山水幽丽怪特，本文中石涧的奇特之处在于涧底的大石，作者即抓住这一特点，以一系列生动形象的比喻描绘出了石涧奇丽的胜境。石涧以大石为底，大石延续不断，直达两岸。作者首先以博喻写出了涧底大石给人的平整、阔朗的印象：“若床若堂，若陈筵席，若限阃奥。”四个喻象均令人联想到家宅，仿佛涧底的大石在此静候主人的到来，令人虽在野外而有归家的亲切感。而平布石上的流水其形其声亦令人愉悦：“流若织文，响若操琴。”作者在此用了两个明喻，以美丽的锦绮喻其形，以悦耳的琴声喻其音。流水与大石相得益彰，形成了一个天然的休憩之所，作者设想可以在大石上摆放胡床，与友人在此悠然闲坐，听流水之声，享木石之荫。作者用“翠羽之木，龙鳞之石”这两个暗喻来形容石涧上的嘉木美石，以翠羽喻树，着眼处在树之颜色，而绿枝与鸟羽亦形似；以龙鳞喻石，则石之纹理形态可知，而其映日之绚烂色泽亦如在目前。两个动态的喻象将静景写活了，使石涧胜境充满了生气。值得注意的是，“交络之流，触激之音，皆在床下；翠羽之木，龙鳞之石，均荫其上”，数句所写的并非实在的游赏之乐，而是作者由眼前美景触发的想象，虚实相生，令人神往。

作者对石涧景色的描写不足百字，其中竟有八个比喻，令人目不暇接，而并无生硬、堆砌之感，因作者巧妙地使用了不同的比喻手法，避免了句式的重复，所选择的喻象贴切而生动，形象地描绘出了景物的特色，准确地传达出了作者的感受。

本文结构严谨，且与后四记中的前二篇形成了一种前后呼应的关系。文章开篇以“石渠之事既穷”句承接上篇《石渠记》，继之自然地循行踪叙述石渠的方位。作者从石渠出发，经过一座桥，下了一座土山，又到了一座桥边，方见到石涧。乍见石涧，作者的第一印象是石涧的水“倍石渠三之一”，而涧底平整地延伸到两岸的大石则是石涧的独特之处，作者的游记虽惜墨如金，但对此美景，也忍不住连用八喻，由水底之石写到石上流水，再写想象中休憩于此的景象。行文至此，作者不禁发出这样的感叹：“古之人其有乐乎此耶？后之来者，有能追予之践履耶？”欣悦之情、满足之感跃然纸上。

文章继写发现石涧的时间，“得意之日，与石渠同”，与开篇呼应，而“得意”二字更将作者发现、清理与欣赏胜境的喜悦与满足进一步强化。本文写至此句，似应搁笔，而作者写了如下一段话：“由渴而来者，先石渠，后石涧；由百家濑上而来者，先石涧，后石渠。涧之可穷者，皆出石城村东南，其间可乐者数焉。其上深山幽林逾峭险，道狭不可穷也。”此段看似蛇足，但清人沈德潜早已指出：“柳州游山水记诸篇，有次第，有联络，而又不显然露次第联络之迹，所以别于后人。”（《唐宋八家文读本》卷九）柳公此处不厌其烦地交代石渠、石涧循不同源头而来的相对方位，正是此意。柳公心中是把“永州八记”当作一个整体来考虑的，又因“后四记”为同时写成，关系更为密切，故此段说明不仅自然地展现了袁家渴、百家濑与石渠和石涧的地理方位，也将后四记中的前三篇联系起来，使之成为各自独立而又相互呼应的整体，而并无刻意为之的痕迹。对于永州这些僻处荒野的美景，柳公屡屡怜其被埋没的命运，以其能被自己发现为幸事。最后一段中作者对地理方位的详细说明，好似在给“后之来者”指路，希冀有更多的知音能欣赏他的发现。

清人孙琮曰：“读《袁家渴记》一篇，已是穷幽选胜，自谓极尽洞天福地之奇观矣。不意又有《石渠记》一篇，另辟一个佳境。读《石渠记》一篇，已是搜奇剔怪，洞天之中，又有洞天；福地之内，又有福地，天下之奇观，更无有逾于此矣。不意又有《石涧记》一篇，另辟一个佳境。真是洞天之中，有无穷洞天；福地之内，有无穷福地。”他不禁发出这样的疑问：“不知永州果有此无限妙丽境界，抑是柳州胸中笔底真有如此无限妙丽结撰，令人坐卧其间，能不移情累月？从古游地，未有如石涧之奇者；从古善游人，亦未有如子厚之好奇者。”（《山晓阁选唐大家柳柳州全集》评语卷三记）后四记中前三记奇观迭出，出人意想，令孙琮叹赏不已，他的赞语道出了千百年来读者的心声，他的疑问亦耐人寻味。永州山水固然奇秀，但若无作者灵心映照与神思点化，岂有如此令人心驰神往的魅力？本文中石涧的胜境正应作如是观。

（詹 颂）

小石城山[①]记

自西山道口径北[②]，逾黄茅岭[③]而下，有二道：其一西出，寻之无所得；其一少北而东，不过四十丈，土断[④]而川分[⑤]，有积石横当其垠[⑥]。其上为睥睨[⑦]梁欐[⑧]之形，其旁出堡坞[⑨]，有若门焉。窥之正黑，投以小石，洞然[⑩]有水声，其响之激越[⑪]，良久乃已。环之可上，望甚远，无土壤而生嘉树美箭[⑫]，益奇而坚，其疏数[⑬]偃仰[⑭]，类智者所施设[⑮]也。

噫！吾疑造物者[⑯]之有无久矣。及是，愈以为诚有。又怪其不为之中州[⑰]，而列是夷狄[⑱]，更千百年不得一售[⑲]其伎[⑳]，是固劳而无用。神者[㉑]傥[㉒]不宜如是，则其[㉓]果无乎！或曰：“以慰夫贤而辱于此者[㉔]。”或曰：“其气之灵[㉕]，不为伟人，而独为是物[㉖]，故楚之南[㉗]，少人[㉘]而多石。”是二者，余未信之。

〔注〕 ① 小石城山：位于湖南零陵（今永州市）西北。零陵县西有石城山，小石城山“视石城差小，而结构天巧过之，望如城墉”见《零陵县志》。 ② 径北：一直往北。径，作动词用，有直往之意。 ③ 黄茅岭：山名，在永州西潇水西岸。 ④ 土断：地层下陷。 ⑤ 川分：水流分支。 ⑥ 垠（yín）：河岸。 ⑦ 睥睨（pì nì）：女墙，俗称城垛。 ⑧ 梁欐（lì）：栋梁。 ⑨ 堡坞：小城堡，本文指堡坞形石头。 ⑩ 洞然：幽深貌。 ⑪ 激越：响声高亢而清脆。 ⑫ 美箭：箭竹，高不过一丈，竹节间隔三尺，宜作箭杆，故名。 ⑬ 疏数：疏密。 ⑭ 偃（yǎn）仰：俯仰。 ⑮ 施设：设置，安排。 ⑯ 造物者：上天，古人称天创造万物。 ⑰ 中州：指中原一带文化发达地区。 ⑱ 夷狄：古人对少数民族的蔑称，这里指边远地区永州。 ⑲ 售：出卖，这里指显示。 ⑳ 伎：同“技”，技能、技巧。 ㉑ 神者：即造物者。 ㉒ 傥（tǎng）：或许。 ㉓ 其：表示揣测之意，相当于“大概”。 ㉔ 辱于此者：埋没在这里的人。 ㉕ 气之

灵：天地的灵秀之气。 ㉖是物：这个事物，指小石城山。 ㉗楚之南：战国时代，楚国为南方大国，其疆域南至湖南南部，这里指永州。 ㉘少人：杰出的伟人很少。

本文是“永州八记”中的最后一篇，作于元和七年(812)，是子厚游览永州西北郊的小石城山后写成的。

这篇游记描写小石城山的自然景观以及作者目睹奇景而产生的感慨，分两个自然段，一段写景，一段发议论，层次非常清楚。第一段自启端至“类智者所施设也”，先写小石城山的方位，然后细致地描绘了小石城山的形状及其独特景观，写景按游踪为叙述脉络，描写沿途所见之景物，重点表现山石之“瑰玮”，着眼于“奇”。石缝中生出嘉树美箭，顽强坚挺，它们或疏、或密、或俯伏、或仰立，姿态各异，引起作者的关注，发出“类智者所施设也”的感叹。木文于写景处，轻轻着此一句，开出下文，为后半部分的议论伏笔，起着承上启下的结构作用。

第二段，承上文“类智者所施设也”产生丰富的联想，提出“造物者之有无”的疑问，发出一番议论。柳宗元是中唐时代杰出的朴素唯物主义思想家，历来坚持天人相分说，反对天命论，因此本文关于有无“造物者”的文意，实是借题发挥，借以抒发作者郁勃的愁思和愤激的情绪。文章处处扣住小石城山，将它“不为之中州，而列是夷狄，更千百年不得一售其伎”的遭遇，比作自己长久为朝廷所弃置的遭遇，借以发抒自己久谪不迁的郁悒情思。茅坤评这一节文字，曰：“暗影自家。”(《唐宋文举要》甲编卷四引)说得极是精辟，对读者起着点醒作用。最后连用两个“或曰”，分两层说，一层意思说，造物主留此奇石，让辱居于此土的贤士心里愉悦；一层意思说，这里的灵气，不钟于人而钟于石，故此地“少人而多石”。这两个“或曰”，表现了否定的态度，表明自己不肯乐天安命，不愿屈从命运的襟怀，行文曲折出奇，跌宕多姿，不平之气，溢于毫端。议论由“以为诚有”造物者，回到“未信”造物者的立场上，在否定之否定的逻辑推理中，表达自己明确的态度。诚如茅坤所说：“借石之瑰玮，以吐胸中之气。”(《唐宋八大家文钞》卷二三)孙琮也评曰：“妙在后幅，从石城上忽信一段造物有神，忽疑一段造物无神，忽捏一段留此石以娱贤，忽捏一段不钟灵于人而钟灵于石，诙谐变幻，一吐胸中郁勃。”(《山晓阁选唐大家柳柳州全集》卷三引)全文短小而有气势，议论奇峭，在已结而似未结中收束全文，意味含蓄深长，有不尽之意在言外，奇趣逸情，引人入胜。

本文作为“永州八记”中的最后一篇，借山、石发论，带有总结性质，对这组游记的前七篇，起着点题的作用。柳宗元从元和四年开始写作《始得西山宴游记》，距此已有三年时间，他遍游永州诸山，探幽寻胜，借以排遣内心之郁闷，写下八篇游记。“八记”虽然各自成篇，但借山水以吐胸中之气这一构思特征，却贯彻始终。永州城外多山,多石,多奇石,子厚徜徉其间,借境叙情,抒发迁谪后的郁悒之情,笔意幽冷,寄托遥深,所以储欣认为本文"惝恍然疑,总束永州诸山水记,千古绝调。"(《唐宋文举要》甲编卷四引)真是不刊之言。 (吴企明)

柳州山水近治[1]可游者记

古之州治,在浔水[2]南山石间,今徙[3]在水北,直平[4]四十里,南北东西皆水汇[5]。北有双山[6],夹道崭然[7],曰背石山[8]。有支川[9],东流入于浔水。浔水因是北而东[10],尽大壁下[11]。其壁曰龙壁[12]。其下多秀石[13],可砚[14]。南绝水[15],有山无麓[16],广百寻[17],高五丈,下上若一[18],曰甑山[19]。山之南皆大山,多奇。又南且西,曰驾鹤山[20],壮耸环立,古州治负[21]焉。有泉在坎[22]下,恒[23]盈而不流。南有山,正方而崇,类屏者,曰屏山[24]。其西曰四姥山[25],皆独立不倚[26]。北流浔水濑[27]下。又西曰仙弈之山[28],山之西可上,其上有穴,穴有屏,有室,有宇[29],其宇下有流石[30]成形,如肺肝,如茄房[31],或积于下,如人,如禽,如器物,甚众。东西九十尺,南北少半[32]。东登入小穴,常有四尺[33],则廓然甚大,无窍[34],正黑,烛[35]之,高仅见其宇,皆流石怪状。由屏南室中入小穴,倍常而上[36],始黑,已而[37]大明[38],为上室。由上室而上,有穴,北出之[39],乃临大野[40],飞鸟皆视其背[41]。其始登者[42],得石枰[43]于上,黑肌而赤脉[44],十有八道,可弈,故以云[45]。其山多柽[46],多槠[47],多筼筜[48]之竹,多橐吾[49],其鸟多秭归[50]。

石鱼之山[51],全石,无大草木,山小而高,其形如立鱼[52],在多秭归西[53]。有穴,类仙弈。入其穴,东出,其西北灵泉[54]在东趾[55]下,有麓环之。泉大类毂雷鸣[56],西奔二十尺,有洄[57],在石涧,因伏[58]无所见,多绿青之鱼,多石鲫,多鲦[59]。雷山[60]两崖皆东面[61],雷水出焉,蓄崖中曰雷塘[62],能出云气,作雷雨,变见[63]有光,祷用俎鱼[64],豆彘[65]修形[66],糈稌[67]阴酒[68],虔则应[69],在立鱼[70]南。其间多美山,无名而深[71]。峨山[72]在野中,无麓,峨水[73]出焉,东流入于浔水。

〔注〕 ① 近治：靠近州治所在地，即城郊。 ② 浔水：即柳江，西江的支流，由柳州城西绕城南、城东而过。 ③ 徙：迁移。 ④ 直平：平坦，纵横。 ⑤ 水汇：水流回合。 ⑥ 双山：两山对峙。 ⑦ 崭然：山高而险峻。 ⑧ 背石山：即双山，又称弃贵双山，相背而立，东山叫桃竹，西山叫雀儿。 ⑨ 支川：水的支流。 ⑩ 北而东：由向北流改为向东流。 ⑪ 尽大壁下：指江水经一处高大的石壁下。尽，全部，整个。 ⑫ 龙壁：在柳州东北，石壁峭立于江边，形如巨龙。 ⑬ 秀石：美石。 ⑭ 可砚：可做砚台。 ⑮ 绝水：横渡江水。 ⑯ 无麓：山陡峭无缓坡。麓，山脚。 ⑰ 寻：古度量单位，八尺为寻。 ⑱ 上下若一：上边下边宽广都一样，指山上下陡直无变化。 ⑲ 甑(zèng)山：今名东台山，在柳州东南柳江之滨。甑，古代蒸饭的一种瓦器，类似现代的蒸笼。 ⑳ 驾鹤山：在柳州东南柳江岸上，耸立如孤鹤。㉑ 负：背靠。 ㉒ 坎：地面低陷之处。 ㉓ 恒：经常。 ㉔ 屏山：在柳州东南，平地拔起，直插云天，由西东望，方正如屏风。今名箭盘山。 ㉕ 四姥山：《明一统志》卷八十三柳州府："四姥山，在府城西五里，其山四面对峙，因名。" ㉖ 不倚：不连接。 ㉗ 濑(lài)：流得很急的水。㉘ 仙弈(yì)山：又名仙人山，在柳州南。弈，下棋。 ㉙ 宇：屋檐。这里指石穴上外突部分像屋檐一般。 ㉚ 流石：钟乳石。 ㉛ 茄(jiā)房：莲蓬。 ㉜ 少半：小于一半，将近一半的意思。 ㉝ 常有四尺：即二丈左右。常，古度量单位。八尺为寻，倍寻为常，常为十六尺。有，通"又"。 ㉞ 窍：孔洞。 ㉟ 烛：作动词用，用烛光照亮。 ㊱ 倍常而上：三十二尺的上面。㊲ 已而：不久。 ㊳ 大明：很亮。 ㊴ 北出之：由北面出洞口。 ㊵ 大野：空旷的原野。㊶ 飞鸟皆视其背：只看到飞翔鸟儿的背部，意谓所处之地极高，鸟都在视线以下飞翔。㊷ 始登者：指初登上仙弈山顶的人。 ㊸ 石枰(píng)：石制的棋盘。 ㊹ 黑肌而赤脉：黑色的石质，红色的纹理。 ㊺ 故以云：所以便以弈名山，叫仙弈山。 ㊻ 柽(chēng)：木名，即柽柳，又名观音柳、西河柳、三春柳或红柳。落叶小乔木，花淡红色，枝叶可入药。 ㊼ 槠(zhū)：常绿乔木，木质坚硬。 ㊽ 筼筜(yún dāng)：大竹名，节长竿高皮薄。 ㊾ 橐(tuó)吾：草本植物名，常绿多年生。 ㊿ 秭(zǐ)归：即子规，杜鹃鸟。 51 石鱼之山：现名立鱼山，在柳州南。 52 立鱼：站立的鱼。 53 多秭归西：即在多秭归鸟的仙弈山西面。 54 灵泉：又名小龙潭、南潭。 55 趾：脚。 56 类毂(gǔ)雷鸣：像车轮发动时发出雷鸣般的声音。 57 洄(huí)：水流回旋。 58 伏：潜伏。这里指泉水潜入地下。 59 鲦(tiáo)：鲦鱼，又名白鲦。60 雷山：在柳州南郊。 61 两崖皆东面：雷山的南北两堵悬崖都面向东方。面，各本作"西"，误，与实际情况不符。 62 蓄崖中曰雷塘：两崖中间蓄成的水塘叫雷塘。雷塘，今名大龙潭。63 见：同"现"，显露的意思。 64 俎(zǔ)鱼：用俎盛着鱼。 65 豆彘(zhì)：用豆器盛着猪肉。66 脩形：瓦器里盛干肉。 67 糈稌(xǔ tú)：稻米。 68 阴酒：曲酒。用曲酿造的米酒。69 应：应验。 70 立鱼：立鱼山。 71 深：幽深。 72 峨山：亦作鹅山，山形如鹅，在柳州西。 73 峨水：即鹅水，从鹅山脚流出的一条小溪，流入柳江。

这是柳宗元担任柳州刺史时期写的一篇游记，写的是柳州城郊可资游览的山水景观。

柳州城坐落在柳江(浔水)之滨。柳江自柳州城西北而来，在西、南、东三面绕城如壶。在州城周围，还耸立着许多喀斯特地貌的山峰，挺拔秀丽，奇景迭出。柳宗元于元和十年(815)三月出任柳州刺史之后，与永州相比，政务民事比较繁忙，游山玩水的时间不多，但他仍旧为柳州附近的自然风光所吸引，游览了城郊周围的重要景点，写下了这篇风格特异、篇幅较长的山水游记。

文章采用工笔白描的手法，描绘了一幅柳州城郊山水画卷。全文首段写柳州治所的定位：它位于柳江之北，纵横四十里，东南西北四面几乎都为江水所环绕。这个定位，是整幅山水画卷的中心。风姿各异的山山水水，都围绕着这个中心展开。

作者写城北的背石山，南面的甑山、驾鹤山、屏山、四姥山，都用十分洗练的语言，勾画山体形象。写背石山曰："北有双山，夹道崭然"；写甑山曰："有山无麓，广百寻，高五丈，下上若一"；写驾鹤山曰："壮耸环立"；写屏山曰："正方而崇，类屏者"；写四姥山曰："皆独立不倚"，寥寥数笔，下笔成形，再现诸峰拔地而起、独立不倚、陡峭高峻的独特风貌，让我们看到了喀斯特山峰的奇姿异态。

作者写城西的仙弈山，则用细致传神的笔墨，刻画山间溶洞的神奇美妙。作者如同一个导游，引领我们在变幻莫测的溶洞中寻幽探胜。从西面走进山洞，展现在我们面前的是一个千姿百态的钟乳石世界："穴有屏，有室，有宇，其宇下有流石成形，如肺肝，如茄房，或积于下，如人，如禽，如器物，甚众。"这一节描写溶洞风光：有屏风，有房间，有屋檐，屋檐下挂着熔岩形成的钟乳石，有的如肝似肺，有的像莲蓬。还有些熔岩滴到下面累积而成形，有的像人，有的像禽兽，有的像器物，千姿百态，非常之多。作者运用生动的比喻刻画钟乳石的形态，如雕如塑，具有鲜明的立体感。接着作者引着我们入小洞，进大洞，登高处，穿长廊，几经柳暗花明、盘桓曲折，最后从北面出洞，豁然开朗，面临一片广阔的原野，"飞鸟皆视其背"，只见飞鸟在脚下飞翔。文章写得引人入胜，使人如临其境，历尽柳暗花明。

作者写城南"其形如立鱼"的石鱼山，"两崖皆东面"的雷山，都一笔带过，而着重写两山脚下的水：灵泉和雷塘。写石鱼山下的灵泉："有麓环之。泉大类毂雷鸣。西奔二十尺，有洄，在石涧，因伏无所见，多绿青之鱼，多石鲫，多鯈。"再现了灵泉山林环抱的环境，泉水雷鸣般的响声及其奔流变化的情状，清澈可见的各种鱼类。写雷山脚下的雷塘，"雷水出焉，蓄崖中曰雷塘，能出云气，作雷雨，变见有光"，突出了雷塘水气的变幻莫测，渲染了一种神秘色彩，为下文写雷塘祷雨的民情风俗作好铺垫。最后，写峨山拔地而起，挺立原野之中："峨水出焉，东流入于浔水。"看似无意，实则有心。正如吴文治先生指出："全文以浔水始，亦以浔水终，连缀成一幅和谐而完整的环状画卷。"（《柳宗元诗文选评》第203页）

这篇文章写柳州山水，采用了《山海经》《水经注》的记叙笔法。这一点前人已经指出。清代沈德潜评论该文："体似太史公《天官书》，句似郦道元《水经注》，零零杂杂，不立间架，不用联络照应，真奇作也。"(《唐宋八大家文读本》卷九评语)陈衍说："柳子厚《柳州山水近治可游者记》，全学《山海经》，而偶参以《仪礼》《考工记》《水经注》句法。"(《石遗室论文》卷四)柳宗元成功地运用这种笔法，才能自如地记叙柳州城郊的山水风光，做到奇景迭出，美不胜收。

这篇游记与"永州八记"不同之处，在于它纯粹以记叙体制，客观地再现山水自然之美，没有加入个人抒怀寄托的笔墨。明代茅坤指出："全是叙事，不着一句议论感慨，却澹宕风雅。"(《唐宋八大家文钞·柳柳州文钞》卷七)可谓中肯之见。但是，在这篇游记中缺乏"永州八记"那种情景交融的诗意境界、情思隽永的遥深寄托，也不能不说是一种遗憾。

(金　涛)

寄许京兆孟容[1]书

宗元再拜五丈[2]座前：伏蒙赐书诲谕，微悉重厚，欣跃恍惚，疑若梦寐。捧书叩头，悸不自定。伏念得罪来五年，未尝有故旧大臣肯以书见及者，何则？罪谤交积，群疑当道，诚可怪而畏也。以是兀兀[3]忘行，尤负重忧，残骸余魂，百病所集，痞结[4]伏积，不食自饱。或时寒热，水火互至，内消肌骨，非独瘴疠为也。忽捧教命，乃知幸为大君子所宥，欲使膏肓沈没，复起为人，夫何素望，敢以及此！

宗元早岁，与负罪者[5]亲善，始奇其能，谓可以共立仁义，裨教化。过不自料，勤勤勉励，唯以中正信义为志，以兴尧、舜、孔子之道，利安元元为务，不知愚陋，不可力强，其素意如此也。末路孤危，阨塞臲卼[6]。凡事壅隔，很忤贵近[7]，狂疏缪戾，蹈不测之辜，群言沸腾，鬼神交怒。加以素卑贱，暴起领事[8]，人所不信。射利[9]求进者填门排户，百不一得，一旦快意，更造怨讟[10]。以此大罪之外，诋诃万端，旁午构扇[11]，尽为敌仇，协心同攻，外连强暴失职者，以致其事。此皆丈人所闻见，不敢为他人道说。怀不能已，复载简牍。此人虽万被诛戮，不足塞责，而岂有赏哉？今其党与，幸获宽贷，各得善地，无分毫事，坐食俸禄，明德至渥[12]也。尚何敢更俟除弃废痼[13]，以希望外之泽哉？年少气锐，不识几微[14]，不知当否，但欲一心直遂，果陷刑法，皆自所求取得之，又何怪也！

宗元于众党人中，罪状最甚，神理降罚，又不能即死，犹对人言语，求食自活，迷不知耻，日复一日。然亦有大故，自以得姓来二千五百年，代为家嗣，今抱非常之罪，居夷獠之乡，卑湿昏雾，恐一日填委沟壑，旷坠先绪[15]，以是怛然痛恨，心肠沸热。茕茕孤立，未有子息，荒陬中少士人女子，无与为婚，世亦不肯与罪大者亲昵，以是嗣续之重，不绝如缕。每当春秋时乡，孑立捧奠，顾眄无后继者，惸惸然[16]欷歔惴惕，恐此事便已。摧心伤骨，若受锋刃，此诚丈人所共悯惜也。先墓所在城南，无异子弟为主，独托村邻。自谴逐来，消息存亡，不一至乡闾，主守者固以益怠。昼夜哀愤，惧便毁伤松柏，刍牧[17]不禁，以成大戾。近世礼重拜扫，今已阙者四年矣！每遇寒食，则北向长号，以首顿地。想田野道路，士女遍满，皂隶庸丐[18]，皆得上父母丘墓，马医夏畦[19]之鬼，无不受子孙追养者。然此已息望，又何以云哉！城西有数顷田，树果数百株，多先人手自封植，今已荒秽，恐便斩伐，无复爱惜。家有赐书三千卷，尚在善和里[20]旧宅，宅今已三易主，书存亡不可知。皆付受所重，常系心腑，然无可为者。立身一败，万事瓦裂，身残家破，为世大僇[21]，复何敢更望大君子抚慰收恤，尚置人数中耶？是以当食不知辛咸节适，洗沐盥漱，动逾岁时，一搔皮肤，尘垢满爪。诚忧恐悲伤，无所告诉，以至此也。

自古贤人才士，秉志遵分，被谤议不能自明者，仅以百数。故有无兄盗嫂[22]，娶孤女云挝妇翁[23]者，然赖当世豪杰，分明辨别，卒光史籍。管仲遇盗，升为功臣[24]，匡章被不孝之名，孟子礼之[25]。今已无古人之实，而有其诟，欲望世人之明己，不可得也。直不疑买金以偿同舍[26]，刘宽下车，归牛乡人[27]。此诚知疑似之不可辩，非口舌所能胜也。郑詹束缚于晋，终以无死[28]，钟仪南音，卒获反国[29]，叔向囚虏，自期必免[30]，范痤骑危，以生易死[31]，蒯通据鼎耳，为齐上客[32]，张苍、韩信伏斧锧，终取将相[33]，邹阳狱中，以书自活[34]，贾生斥逐，复召宣室[35]，倪宽摈死，后至御史大夫[36]，董仲舒、刘向下狱当诛，为汉儒宗[37]。此皆瑰伟博辩奇壮之士，能自解脱。今以恇怯[38]淟涊[39]，下才末技，又婴[40]恐惧痼病，虽欲慷慨攘臂，自同昔人，愈疏阔矣！

贤者不得志于今，必取贵于后，古之著书者皆是也。宗元近欲务此，然力薄才劣，无异能解，虽欲秉笔覼缕[41]，神志荒耗，前后遗忘，终不能成章。往时读书，自以不至觝滞，今皆顽然无复省录。每读古人一传，数纸已后，则再三伸卷，复观姓氏，旋又废失。假令万一除刑部囚籍，复为士列，亦不堪当世用矣。伏惟兴哀于无用之地，垂德于不报之所，但以存通家宗祀为念，有可动心者，操之勿失。虽不敢望归扫茔域，退托先人之庐，以尽余齿[42]，姑遂少北[43]，益轻瘴疠，就婚娶，求胤嗣，有可付托，即冥然长辞，如得甘寝，无复恨矣。书辞繁委，无以自道，然即文以求其志，君子固得其肺肝焉。无任恳恋之至！不宣。宗元再拜。

〔注〕 ① 许京兆孟容：许孟容，字公范，元和初，为尚书左丞、京兆尹。 ② 五丈：五，许孟容排行第五。丈，对前辈的称呼。 ③ 兀兀：昏沉貌。 ④ 痞结：腹中结痛。 ⑤ 负罪者：指王叔文。唐德宗贞元二十一年即顺宗永贞元年(805)，王叔文集团执政，不久败于宦官势力及皇太子李纯即后来的唐宪宗，而获罪。 ⑥ 臲卼(niè wù)：不安貌。 ⑦ 很忤贵近：很忤，逆忤。很，逆。贵近，指宦官势力。近，指接近皇帝。 ⑧ 暴起领事：指王叔文集团政治地位低下而突然掌握朝政。 ⑨ 射利：图利。 ⑩ 讟(dú)：诽谤、怨言。 ⑪ 旁午构扇：交相攻击。旁午，交错。 ⑫ 渥(wò)：厚。 ⑬ 除弃废痼(gù)：指免于贬谪。 ⑭ 不识几微：不懂事机。 ⑮ 旷坠先绪：指自己无后，中断祖先血脉。 ⑯ 惸(qióng)惸然：愁思貌。 ⑰ 刍(chú)牧：割草放牧。 ⑱ 皂隶庸丐：皂隶，奴隶。庸，帮工。丐，乞丐。 ⑲ 马医夏畦：马医，治马病的兽医。夏畦，夏天在田野劳作的人。 ⑳ 善和里：唐长安城坊里名。 ㉑ 僇(lù)：罪。 ㉒ 无兄盗嫂：《汉书》本传载，有人诬陷直不疑盗嫂，不疑闻曰："我乃无兄。"终不自明。 ㉓ 娶孤女云挝妇翁：《后汉书》本传载，第五伦从淮阳王朝京师，帝戏谓伦曰："闻卿为吏，篣妇翁，宁有之邪？"伦曰："臣三娶妻，皆无父。" ㉔"管仲"二句：《礼记·杂记》载，管仲遇盗，取二人焉，以为公臣。 ㉕"匡章"二句：《孟子·离娄下》载，公都子问："匡章，通国皆称不孝焉，夫子与之游，又从而礼貌之，敢问何也？"孟子答："世俗所谓不孝者五"，"章子有一于是乎？" ㉖"直不疑"句：《汉书》本传载，直不疑为郎，其同舍有告归，误持其同舍郎金去。已而同舍郎觉亡，意不疑。不疑买金偿。后告归者至而归金，亡金郎大惭。 ㉗"刘宽"二句：《后汉书》本传载，刘宽尝行，有人失牛者，乃就宽车中认之。宽无所言，下驾步归。有顷，认牛者愧而送还。 ㉘"郑詹"二句：《国语·晋语四》载，文公伐郑，欲得詹而师还。郑人以詹与晋，晋人将烹之，詹

据鼎耳而疾号，乃命弗杀，厚为礼而归之。 ㉙"钟仪"二句：《左传》成公九年载，晋侯观于军府，见钟仪，与之琴，操南音。范文子曰："乐操土音，不忘旧也，君盍归之。"公从之，使归求成。南音，楚声。 ㉚"叔向"二句：《左传》襄王二十一年载，栾盈出奔楚，晋囚叔向等人。乐王鲋见叔向曰："吾为子请。"叔向弗应，其人皆咎叔向。叔向曰："必祁大夫。"或曰："乐王鲋言于君无不行，求赦吾子，吾子不许。而曰'必由之'，何也？"叔向曰："乐王鲋，从君者也，何能行？祁大夫外举不弃仇，内举不失亲，其独遗我乎？"祁奚见宣子曰："夫谋而鲜过，惠训不倦者，叔向有焉，社稷之固也。犹将十世宥之，以劝能者。今壹不免其身，以弃社稷，不亦惑乎？"宣子说，免之。 ㉛"范痤"二句：《史记·魏世家》载：赵使人谓魏王："为我杀范痤，吾献地。"王使捕之，痤因上屋骑危，谓使者曰："与其以死痤市，不如以生痤市。有如痤死，赵不与王地，则奈何？"魏王曰："善。"乃不杀。 ㉜"蒯通"二句：《汉书·蒯通传》载，高帝诛韩信，信曰："悔不用蒯通之言。"帝召通，欲烹之。通曰："犬各吠非其主。"上乃赦之。据鼎耳，言将烹也。至齐悼惠王时，曹参为相，请通为客。 ㉝"张苍"二句：《汉书·张苍传》载，张苍从刘邦攻南阳，当斩，解衣伏质，王陵乃言沛公，赦勿斩，后至孝文时为相。《汉书·韩信传》载，韩信亡楚归汉，为连敖，坐法当斩，适见滕公，公奇其言，壮其貌，释勿斩。其后拜大将。斧锧（zhì），斧砧。 ㉞"邹阳"二句：《汉书》本传载，邹阳从梁孝王游，羊胜、公孙诡等疾阳，恶之孝王，孝王怒，下阳吏，将杀之，阳从狱中上书奏王，孝王立出之。 ㉟"贾生"二句：《汉书》本传载，贾谊为太中大夫，受文帝赏识，大臣周勃、灌婴等害之，出为长沙王傅。后来文帝思谊，征之，入见宣室。 ㊱"倪宽"二句：《汉书》本传载，倪宽为廷尉文学卒史，以儒生不习事，不署曹，除为从史，之北地视畜。其后议封禅事，拜御史大夫。 ㊲"董仲舒"二句：《汉书·董仲舒传》载，大儒董仲舒居家，辽东高庙、长陵高园殿灾，仲舒居家推说其意，草稿未上。主父偃窃其书奏焉，于是下仲舒吏，当死，诏赦之。《汉书·楚元王传》载，刘向事宣帝，为谏大夫，献言黄金可成。上令典尚方铸作事，费甚多，方不验，下吏当死。上奇其才，得逾冬减死论。 ㊳恇（kuāng）怯：畏惧。 ㊴淟涊（tiǎn niǎn）：污浊。 ㊵婴：指患病。 ㊶覼（luó）缕：委曲，原委。此指委曲陈述。 ㊷余齿：余年，余生。 ㊸少北：指从永州贬地稍为北迁，接近中原。

尚书左丞、京兆尹许孟容，是柳宗元的父执辈，又是朝廷大臣。元和四年，许孟容寄信给柳宗元，表示关怀，这使柳宗元非常感动。当时柳宗元身为罪人，被贬永州已经五年。柳宗元的回信，就是这篇《寄许京兆孟容书》。

《寄许京兆孟容书》是了解作者性格、作者被贬永州后的内心世界的重要作品，亦是体现微言艺术和委曲陈述艺术的散文杰作。

《寄许京兆孟容书》是一篇长文，可以分为五段。

第一段是引子，对许京兆的来信和关怀，表达了喜出望外和无比感激的心情。"欣跃恍惚"，描画喜出望外的神态，真是如在眼前。"伏念得罪来五年，未尝有故旧大臣肯以书见及者，何则？罪谤交积，群疑当道"，写出身为罪人的艰危处境，而无比感激的心情，洋溢于字里行间。

第二段，回顾获罪被贬的原因，表达自己的态度。"宗元早岁，与负罪者亲善，始奇其能，谓可以共立仁义，裨教化。过不自料，勤勤勉励，唯以中正信义为志，以兴尧、舜、孔子之道，利安元元为务，不知愚陋，不可力强，其素意如此也”，这是借此机会表示自己当年参与王叔文集团政治革新，是怀抱理想和正义，而为之奋斗。这哪是认罪？其实是说自己并没有罪啊。下面说到具体的“罪过”，“很忤贵近”，指王叔文集团与宦官为敌，这是获罪的主因之一。“狂疏缪戾，蹈不测之辜，群言沸腾，鬼神交怒”，实是微言，暗指王叔文集团与皇太子李纯即后来的唐宪宗为敌，这是获罪的又一主因。在永贞元年皇太子争夺皇位的斗争中，王叔文集团拥戴顺宗，反对太子，这是王叔文集团失败后罪不容赦的真正原因，而且是说不出口的。“加以素卑贱，暴起领事，人所不信”，“以此大罪之外，诋诃万端，旁午构扇，尽为敌仇，协心同攻，外连强暴失职者，以致其事”等，则是次要原因了。最后说，“年少气锐，不识几微，不知当否，但欲一心直遂，果陷刑法，皆自所求取得之，又何怪也”，看似认罪，其实只是表面辞令罢了。大约是准备让许孟容给人看的。

第三段，诉说自己的隐痛。“宗元于众党人中，罪状最甚”，而自己最大的隐痛，则是无后之忧。“恐一日填委沟壑，旷坠先绪，以是怛然痛恨，心肠沸热。茕茕孤立，未有子息。荒陬中少士人女子，无与为婚，世亦不肯与罪大者亲昵，以是嗣续之重”，如磐石之重，压在作者的心头。在古代社会，不孝以无后为大，作者的这一痛苦，是今人难以体会到的。

“是以当食不知辛咸节适，洗沐盥漱，动逾岁时，一搔皮肤，尘垢满爪。诚忧恐悲伤，无所告诉，以至此也”，写孤身一人的状况，亦真实，惨痛，感人。

第四段，委曲陈述自己的期望。作者列举“自古贤人才士，秉志遵分，被谤议不能自明者”，“赖当世豪杰，分明辨别，卒光史籍”，以及“瑰伟博辩奇壮之士，能自解脱”的故事，一气举出了十八位含冤负屈而终于洗雪冤屈的古人。然后说自己满怀忧惧，才能平凡，又患有病，要像古贤人才士改变不幸命运，怕是做不到了——其实正是委婉期望许孟容能出力相救，改变自己的不幸命运。

十八位古人的故事，一以贯之的特征，是含冤负屈，而终于洗雪冤屈。作者期望“能自解脱”，不仅是期望改变自己的不幸命运，实质亦是希望能洗雪冤屈。

第五段，是自述志向，和再次陈情。“贤者不得志于今，必取贵于后，古之著书者皆是也”，是表明自己发愤著述的志向。“虽不敢望归扫茔域，退托先人之庐，以尽余齿，姑遂少北，益轻瘴疠，就婚娶，求胤嗣”，是期望能减轻罪贬，从永州贬地稍为北迁，接近中原，能结婚生子，死无遗憾矣。

《寄许京兆孟容书》体现了作者坚贞倔强的个性，和满怀悲情与理性清明的内心世界。借机表示自己当年参与王叔文集团政治革新，是怀抱理想和正义，而为之奋斗，自己并没有罪，这就是坚贞倔强个性的体现。向关爱自己的人，陈述自己不为人知的种种隐痛，期望帮助改变自己的不幸命运，并不失掉自己的人格尊严，这就是满怀悲情而不失清明理性的体现。

作者说，“然即文以求其志，君子固得其肺肝焉”，可以说是文如其愿了。

《寄许京兆孟容书》是微言艺术和委曲陈述艺术的散文杰作。“狂疏缪戾，蹈不测之辜，群言沸腾，鬼神交怒”，委婉地说出了王叔文集团败于皇太子李纯即后来的唐宪宗的历史事实真相。这就是微言。“自古贤人才士，秉志遵分，被谤议不能自明者”，亦是微言。王叔文集团拥戴顺宗，是作为人臣，“秉志遵分”，而罪不容赦，则公道何在？在唐朝，毕竟还有过太宗宽容曾事隐太子的魏徵的榜样。用微言表达王叔文集团失败获罪之真相，申述自己的冤屈，是柳宗元永州时期一系列诗文作品中的重要文学现象。

《寄许京兆孟容书》感人的根源，是真情感。尽管出之以微言和委曲陈述，但作者悲愤郁勃的情感，如地下的火，如岩浆，随时喷薄而出，灼热着读者。文中一气举出十八位含冤负屈而终于洗雪冤屈的古人，酷似司马迁《报任安书》：“盖文王拘而演《周易》；仲尼厄而作《春秋》；屈原放逐，乃赋《离骚》；左丘失明，厥有《国语》；孙子膑脚，《兵法》修列；不韦迁蜀，世传《吕览》；韩非囚秦，《说难》《孤愤》；《诗三百篇》，大抵贤圣发愤之所为作也。”都是一样的气势磅礴，一样的感动人心。

（邓小军）

与萧翰林俛[①]书

思谦兄足下：昨祁县[②]王师范[③]过永州，为仆言得张左司[④]书，道思谦蹇然[⑤]有当官[⑥]之心，乃诚助太平者也，仆闻之喜甚。然微王生之说，仆岂不素知耶？所喜者，耳与心叶[⑦]，果于不谬焉尔。

仆不幸，向者进当䡾軏[⑧]不安之势，平居闭门，口舌无数，况又有久与游者，乃岌岌[⑨]而造其门哉，其求进[⑩]而退[⑪]者，皆聚为仇怨，造作粉饰，蔓延益肆，非的然[⑫]昭晰[⑬]，自断于内，则孰能了仆于冥冥[⑭]之间哉？然仆当时年三十三，甚少。自御史里行[⑮]得礼部员外郎，超取显美，欲免世之求进者怪怒媢嫉[⑯]，其可得乎？凡人皆欲自达，仆先得显处，才不能逾同列，声不能压当世，世之怒仆宜也。与罪人交十年，官又以是进，辱在附会。圣朝弘大，贬黜甚薄，不能塞众人之怒，谤语转侈[17]，嚣嚣[18]嗷嗷[19]，渐成怪民[20]。饰智求仕者，更詈仆以悦仇人之心，日为新奇，务相喜可，自以速援引之路。而仆辈坐[21]益困辱，万罪横生，不知其端，伏自思念，过大恩甚，乃以致此。悲夫！人生少得六七十者，今已三十七矣。长来觉日月益促，岁岁更甚，大都不过数十寒暑，则无此身矣。是非荣辱，又何足道！云云[22]不已，只益为罪。兄知之，勿为他人言也。

居蛮夷中久，惯习炎毒，昏眊[23]重膇[24]，意以为常。忽遇北风，晨起，薄寒中体，则肌革瘆[25]懔[26]，毛发萧条，瞿然[27]注视，怵惕[28]以为异候，意绪殆非中国[29]人。楚、越间声音特异，鴃舌[30]啅噪[31]，今听之怡然不怪，已与为类矣。家生小童[32]，皆自然哓哓[33]，昼夜满耳。闻北人言，则啼呼走匿，虽病夫亦怛然[34]骇之。出门见适州闾[35]市井[36]者，其十有八九，杖而后兴，自料居此尚复几何？岂可更不知止，言说长短，重为一世非笑哉！读《周易》[37]困卦[38]，至“有言不信[39]，尚口乃穷[40]”也，往复益喜，曰：“嗟乎！余虽家置一喙[41]，以自称道，诟益甚耳。”用是更乐瘖默[42]，思与木石为徒，不复致意。

今天子兴教化，定邪正，海内皆欣欣怡愉。而仆与四五子者，独沦陷如此，岂非命欤？命乃天也，非云云者所制，余又何恨！独喜思谦之徒，遭时言道，道之行，物得其利，仆诚有罪，然岂不在一物之数耶？身被之，目睹之，足矣！何必攘袂[43]用力而矜[44]自我出耶？果矜之，又非道也。事诚如此，然居理平之世，终身为顽人之类，犹有少耻，未能尽忘。傥[45]因贼[46]平庆赏之际，得以见白，使受天泽余润，虽朽枿腐败，不能生植，犹足蒸出芝菌[47]，以为瑞物。一释废痼[48]，移数县之地，则世必曰：“罪稍解矣！”然后收召魂魄，买土一廛[49]为耕甿，朝夕歌谣，使成文章，庶木铎者[50]采取，献之法官[51]，增圣唐大雅[52]之什[53]，虽不得位，亦不虚为太平之人矣。此在望外，然终欲为兄一言焉。宗元再拜。

〔注〕 ① 萧翰林俛(fǔ):即萧俛,字思谦,唐德宗贞元中,举进士,以贤良方正对策异等,拜右拾遗。元和六年(811),召为翰林学士,历三年,进知制诰。 ② 祁县:地名,今属山西。 ③ 王师范:作者友人,生平不详。 ④ 张左司:作者友人,生平不详。 ⑤ 蹇然:艰难的样子。 ⑥ 当官:指尽其官之职责,参见杨伯峻《春秋左传注·文公十年》:"当官而行"注。 ⑦ 叶:通"协"。 ⑧ 臲卼(niè wù):不安。 ⑨ 岌岌:危也,指造门者皆危己之人。何焯《义门读书记·柳河东集上》:"若作'造其门',则'岌岌'当为'汲汲'。"其说可供参考。汲汲,急切的样子,指造门者急急乎求官。 ⑩ 进:指做官。 ⑪ 退:没有做成官。 ⑫ 的然:显著。 ⑬ 昭晰:明白。 ⑭ 冥冥:幽昧,此指不白之冤。 ⑮ 御史里行:即监察御史里行,贞元十九年(803),柳宗元任此职。里行,即里行使,非正官,不占名额。 ⑯ 媢(mào)嫉:嫉忌。 ⑰ 侈(chǐ):放纵。 ⑱ 嚣嚣:喧哗,吵闹。 ⑲ 嗷嗷:众人叫嚷的嘈杂声。 ⑳ 怪民:病狂之人。《周礼·天官·阍人》:"奇服怪民不入宫。"郑玄注:"怪民,狂易。" ㉑ 坐:自,表示无缘无故。 ㉒ 云云:指纷纭之议。 ㉓ 眊(mào):眼睛看不清。 ㉔ 腿(zhuì):脚肿。 ㉕ 瘆(shèn):刺痛。 ㉖ 懔(lǐn):畏惧。 ㉗ 瞿然:形容心惊的样子。 ㉘ 怵惕(tì):恐惧惊惕。 ㉙ 中国:中原地区。 ㉚ 鴂(jué)舌:伯劳鸟的叫声,形容语言难懂。鴂,鶗鴂,即伯劳,善鸣叫。语出《孟子·滕文公上》:"今也,南蛮鴂舌之人。" ㉛ 啅(zhào)噪:说话噪杂。 ㉜ 家生小童:家里奴仆之子,仍为奴仆。 ㉝ 哓(xiāo)哓:惊叫声。 ㉞ 怛然:惊愕的样子。 ㉟ 州闾:本地。周代制度,二十五家为闾,二千五百家为州。见《周礼·地官·大司徒》郑玄注。 ㊱ 市井:这里指集市。 ㊲《周易》:即《易》,是一部以占筮定吉凶、祸福的书,由卦、爻和卦辞、爻辞构成。 ㊳ 困卦:《易》六十四卦中第四七卦,专叙刑狱之事。 ㊴ 有言不信:见困卦"彖"(释卦辞),意谓其人有言而他人不信。 ㊵ 尚口乃穷:解释上面的卦辞,意谓平日崇尚口谈,不务实际,故被人歧视,以致穷困。 ㊶ 喙:鸟兽的嘴,这里指人嘴。 ㊷ 瘖(yīn)默:缄默,不说话。 ㊸ 攘袂:挽袖伸臂,形容人激奋的样子。 ㊹ 矜:夸耀。 ㊺ 傥(tǎng):倘使,假如。 ㊻ 贼:指成德军节度使王承宗不听王朝号令,宪宗遣吐突承璀讨之。 ㊼ 芝菌:灵芝。 ㊽ 废痼:废除禁锢。 ㊾ 一廛(chán):古代一家所居的地方为廛。 ㊿ 木铎(duó)者:《汉书·食货志》:"行人振木铎徇于路以采诗,献之太师。"木铎,金口木舌的铃。 51 法宫:帝王所居之正殿。 52 大雅:《诗经》有大雅、小雅,借指正统的诗歌。 53 什:即十,《诗经》中的"雅",以十篇为一组,后因称诗篇为篇什。

本文写于元和四年(809)。文中云:"人生少得六七十者,今已三十七矣。"本年柳宗元正好三十七岁。文又云:"傥因贼平庆赏之际",本年成德军节度使王承宗不服中央号令,十月,宪宗出师讨伐。本文当写于十月以后,已知讨贼消息,冀望贼平庆赏的到来。世綵堂本《柳河东集》于本文题下注:"此书当是俛为翰林时作。"非是。题注系后人所加,乃牵就《与萧翰林俛书》题名而言。

这是柳宗元写给友人萧俛的信,从文中"仆岂不素知""兄知之"等句,可知他们同朝为官时有过交往,彼此相知,所以子厚假书信一吐谪居生活中的苦况,向好友吐露心曲,直率真诚,极少顾忌,敢于陈情,并希冀友人能援手相助。文章开端乃酬应之辞,措辞甚巧,两次点出"喜"字,引出下文,遥与末段"独喜"相呼应,表述望思谦援己的愿望,顺理成章。

第二段，自“仆不幸”始，至“勿为他人言也”，叙己事，追述自己获罪的因由，含两层意思：一、骤得美官，“超取显美”，为求取者所忌。柳宗元年三十余，便自御史里行进至礼部员外郎，“欲免世之求进者怪怒媢嫉，其可得乎？”宗元才不能超过同列之官，名不能压倒当世之士，“世之怒仆宜也”。此所以获罪之由也。二、与罪人交久，迹涉嫌疑，因而谄言谤语横生，含冤而不能白。宗元自称：“与罪人交十年，官又以是进，辱在附会。”点出获罪之由。他又说：“谤语转侈，嚣嚣嗷嗷，渐成怪民”，点明谤语之盛，他还说：“饰智求仕者，更詈仆以悦仇人之心，日为新奇，务相喜可，自以速援引之路。”点出谤者之用心，文意层层深进，诚如孙琮所说：“述被谤获罪之故，妙在写出一片忧谗畏讥。”（《山晓阁选唐大家柳柳州全集》卷一）全段将一腔忧谗畏讥之心事，曲曲写出，于是恍然大悟，年寿几何，何必深究是非、荣辱，文势至此顿住。

第三段，自“居蛮夷中久”起，至“不复致意”止，转而写出自己久居蛮夷之经历，逐渐习惯当地的风俗，委之以命运，心情渐趋平静，又从《易》困卦中自悟，只思“与木石为徒”。心既平静而语气亦舒徐平朴，与第二段之笔势迥异。林纾评这段文字，曰：“乃居蛮夷，又往往不能自聊，一路写居夷不堪之状。又念到到居此尚复几何，应上年寿不永意，似以下更无余语，亦无余望。”（《林纾选评古文辞类纂》卷五）概论本段文意，极是。

末段，落到这封书信的主题上来，第一层文意先承上文用“沦陷”二字，概括出自己独遭沦弃的际遇，作为向萧思谦进言的依据。第二层文意再从“独喜”着手，先赞思谦能行义达道，“物得其利”，然后望思谦伸出援手，使自己的冤屈“得以见白”，申述幸沾泽露的迫切愿望。

全文前后文气层层旋折多变，文辞精采，前段叙遭谗致讥的往事，不胜愤慨，多用四言短句，显出语气激越。后渐入纡徐，诉尽自己谪居远方的哀怒，“哀鸣极矣”，凄怆之音，令闻者酸鼻。末段引譬设喻，言辞恳切，望知友援己，尤为得体。柳宗元的文章，素来严谨，独独书信文辞疏朗，与知心朋友谈心，倾诉衷肠，无所顾忌，所以“理虽密而情较恣，意虽曲而辞较畅”（陈祥耀《唐宋八大家文说·柳宗元文说》）。茅坤认为柳宗元在谪所写给友人的书信，源出司马迁的《报任少卿书》和杨恽《报孙会宗书》，所以书信中“多悲怆呜咽之旨，而其辞气环诡跌宕，譬之听胡笳，闻塞曲，令人肠断者也。”（《唐宋八大家文钞·柳柳州文钞》卷一）正因为如此，所以本文“与《寄许孟容书》略同，但语气稍夷”（储欣《唐宋八大家类选》卷八），两者可以参看。茅氏的见解，只说出柳文的艺术渊源，而柳宗元在永州贬所所写书信的风格、基调、情韵，还是由他当时的生活环境和心境所决定的，章士

钊先生说它们“涉笔吐实”(《柳文指要》),这个评论是切合实际的。（吴企明）

答元饶州[1]论政理书

奉[2]书,辱[3]示以政理之说[4]及刘梦得[5]书,往复[6]甚善。类[7]非今之长人者[8]之说。不唯[9]充赋税[10]养禄秩[11]足已[12]而已,独以富庶且教为大任[13]。甚盛甚盛!

孔子曰:“吾与回言终日,不违如愚。”[14]然则蒙者[15]固难晓,必劳申谕[16],乃得悦服。用是尚有一疑焉。兄所言免贫病[17]者,而不益富者税,此诚当也。乘理政[18]之后,固非若此不可;不幸乘弊政[19]之后,其可尔邪[20]?夫弊政之大,莫若贿赂行而征赋乱。苟然[21],则贫者无赀[22]以求于吏,所谓有贫之实,而不得贫之名[23];富者操其赢以市于吏[24],则无富之名而有富之实。贫者愈困饿死亡而莫之省[25],富者愈恣横侈泰[26]而无所忌。兄若所遇如是,则将信其故[27]乎?是不可惧挠[28]人而终不问也,固必问其实。问其实,则贫者固免而富者固增赋矣,安得[29]持一定之谕[30]哉!若曰止免贫者而富者不问,则侥幸者众,皆挟重利以邀[31],贫者犹若不免焉。若曰检[32]富者惧不得实而不可增焉,则贫者亦不得实不可免矣。若皆得实,而故纵[33]以为不均[34],何哉?孔子曰:“不患寡而患不均,不患贫而患不安。[35]”今富者税益少,贫者不免于捃拾[36],以输县官[37],其为不均大矣。然非唯此而已,必将服役而奴使之[38],多与之田而取其半[39],或乃出其一而收其二三[40]。主上[41]思人[42]之劳苦,或减除其税,则富者以户独免[43],而贫者以受役卒输其二三与半焉[44]。是泽不下流[45],而人无所告诉,其为不安亦大矣。夫如是,不一定[46]经界[47]、核名实,而姑重改作[48],其可理乎?

夫富室,贫之母[49]也,诚不可破坏。然使其大幸而役于下,则又不可。兄云惧富人流为工商浮窳[50],盖甚急而不均[51],则有此尔。若富者虽益赋,而其实输当其十一,犹足安其堵[52],虽驱之不肯易[53]也。检之逾精,则下逾巧。诚如兄之言,管子[54]

亦不欲以民产为征[55]，故有"杀畜伐木"[56]之说。今若非市井之征[57]，则舍其产而唯丁田之问[58]，推以诚质[59]，示以恩惠，严责吏以法，如所陈一社一村之制[60]，递[61]以信相考[62]，安有不得其实？不得其实，则一社一村之制亦不可行矣。是故乘弊政必须一定制，而后兄之说乃得行焉。蒙[63]之所见，及此而已。永州以僻隅，少知人事[64]。兄之所代者[65]谁耶？理欤，弊欤？理，则其说行矣；若其弊也，蒙之说其[66]在可用之数[67]乎？

因南人来[68]，重[69]晓之。其他皆善，愚不足以议，愿同[70]梦得之云者。兄通《春秋》，取圣人大中之法[71]以为理。饶之理，小也，不足费其虑[72]。无所论刺[73]，故独举均赋之事，以求往复而除其惑焉。不习吏职而强言[74]之，宜为长者所笑弄。然不如是，则无以来[75]至当[76]之言，盖明而教之，君子所以开后学[77]也。

又闻兄之莅政[78]三日，举韩宣英[79]以代己[80]。宣英达识多闻而习于事，宜当[81]贤者类举[82]。今负罪屏弃[83]，凡人不敢称道其善，又况闻之于大君[84]以二千石[85]荐之哉！是乃希世[86]拔俗[87]，果于直道[88]，斯古人之所难，而兄行之。宗元与宣英同罪，皆世所背驰[89]者也，兄一举而德皆及焉[90]。祁大夫不见叔向[91]，今而预知斯举[92]，下走[93]之大过矣。书虽多，言不足导意[94]，故止于此。不宣[95]。宗元再拜。

〔注〕 ① 元饶州：此书信所写的元饶州，未详其人。据王应麟《困学纪闻》及岑仲勉《唐集质疑》考证，认为元饶州是元芎(xù)。饶州，饶州(治所在今江西波阳)刺史。 ② 奉：敬接。书信中的敬语。 ③ 辱：承蒙，谦词。 ④ 政理之说：治理国家的道理。 ⑤ 刘梦得：刘禹锡的字，刘禹锡，洛阳人，和柳宗元是好友，著名的文学家。两人一同参加永贞革新，并一起遭到贬谪，刘禹锡为朗州(今湖南常德)司马，十年后再贬为连州(今属广东)刺史。晚年被召回京城，任太子宾客等。文章中提到的刘禹锡给元饶州的信现存《刘梦得集》中。 ⑥ 往复：反复论述。 ⑦ 类：都。 ⑧ 长(zhǎng)人者：做官的人。 ⑨ 不唯：不懂。 ⑩ 充赋税：充实赋税。 ⑪ 养禄秩：供给俸禄。 ⑫ 足已：满足自己。 ⑬"独以"句：唯以使社会富裕繁荣、对百姓实行教化为己任。 ⑭"孔子曰"三句：出自《论语·为政》，意思是，孔子说："我每天和颜回讲学，他从来不提出异议，好像很笨。"实际上说颜回的领悟力很强，对全部问题都能理解。柳宗元用此例说明自己不像颜回那样一说就懂。 ⑮ 蒙者：愚昧的人。柳宗元自己的谦称。 ⑯ 申谕：说明，开导。 ⑰ 免贫病：免去贫穷患病者的赋税。 ⑱ 理政：清明的政治。 ⑲ 弊政：政治腐败。 ⑳ 其可尔邪：难道还要这样吗？其，岂。尔，这样，如此。 ㉑ 苟然：假如这样。 ㉒ 赀：同"资"，钱财。 ㉓"所谓"二句：所谓有贫苦的实际却得不到

贫苦的名分。 ㉔ 以市于吏：(富者用其富余的钱财)收买官吏。 ㉕ 莫之省(xǐng)："莫省之"的倒装。省，过问，了解。之，指代贫者。 ㉖ 恣横侈泰：任意横行，穷奢极欲。 ㉗ 信其故：相信旧有在弊政下所定下的各户应交的税款。 ㉘ 挠：干扰。此处指得罪。 ㉙ 安得：怎能。 ㉚ 一定之谕：一成不变的主张。这里指元饶州所说的"免贫病者，而不益富者税"。 ㉛ 皆挟重利以邀：都倚仗用巨资买通官吏来要求免税。邀，要求。 ㉜ 检：调查。 ㉝ 纵：放纵。 ㉞ 不均：指赋税负担不均衡。 ㉟"不患寡"二句：出自《论语·季氏》，意思是：不怕少，怕的是不平均；不怕贫，怕的是不安定。 ㊱ 捃(jùn)拾：捡取。这里指贫户为缴纳赋税而东拼西凑。 ㊲ 输县官：缴纳给官府。县官，官府。 ㊳ 服役而奴使之：贫困的人还会像奴隶一样被富人使唤去服劳役。 ㊴ 多与之田而取其半：富户租种给贫户的田地然后收取其收获的一半。 ㊵ 出其一而收其二三：富户借一份债钱给贫民然后索回二三倍的利息。㊶ 主上：皇帝。 ㊷ 人：民。 ㊸ 以户独免：因为有独立的户口获得减免税收。 ㊹ 输其二三与半焉：(贫民)结果还要缴纳二三倍的高利贷或收获的一半。 ㊺ 泽不下流：(皇帝的)恩泽不能下及于广大贫民百姓。 ㊻ 一定：统一划定。 ㊼ 经界：田地之间的界限。㊽ 姑重改作：暂且重新改变做法。 ㊾ 夫富室，贫之母：富裕户是贫困户的生活依靠。㊿ 工商浮窳(yǔ)：游手好闲的人。古代重农轻工商，把工商业者和游手好闲的人同等看待，所以说是"工商浮窳"。窳，懒惰。 51 甚急而不均：官吏要求加税很急使其负担不平均。52 堵：墙，这里指家庭。 53 易：改行。 54 管子：即管仲，春秋时期政治家，曾经辅佐齐桓公建立强大的齐国。 55 以民产为征：征收民众的财产税。 56"杀畜伐木"：见《管子·轻重篇》。齐桓公想对种树和养家畜的人征税，管仲认为不可，因为这样做人们就会不种树，不养家畜，就等于"杀畜伐木"，造成对生产严重的破坏。 57 非市井之征：除了征收工商税。58 唯丁田之问：只根据人口和田地征税。 59 推以诚质：开诚布公。 60一社一村之制：唐代制度，以乡为村，村下有社，二十五家为一社。 61 递：依次。 62 以信相考：作确实可信的调查。 63 蒙：柳宗元的谦称。 64 人事：人员变动的情况。 65 所代者：所代替的人。即指元饶州的前任。 66 其：大概。 67 可用之数：可用之列。 68 南人来：指元饶州派遣的从饶州南下永州的送信者。 69 重(zhòng)：更加。 70 同：赞成。 71 大中之法：指最合理的、最符合实际情况的办法，柳宗元所赞成的"大中之道"与此同。 72 不足费其虑：不值得您费太多的心思。 73 刺：批评。 74 强言：勉强说。 75 来：得到。 76 至当：很恰当。 77 开后学：开导启发后来学者。 78 莅(lì)政：到任。 79 韩宣英：即韩晔，字宣英，与柳宗元一起参加"永贞革新"被贬的八司马之一，当时被贬为饶州司马。 80 代己：代替自己作为下任的候选人。据唐德宗建中元年(780)正月五日诏书，凡五品以上的京官及节度使、观察使、各州刺史等，在授官三日内须向朝廷奏表，推荐一人代替自己，并陈述被举荐人的品德学识，以被录用。 81 当：当得起。 82 类举：推荐。 83 屏弃：被贬官。 84 大君：皇帝。85 二千石：代指刺史。汉代以俸禄多少定官吏等级，二千石为郡守级，唐代刺史相当于汉代的郡守，故代称。 86 希世：世间少有。 87 拔俗：超出一般人。 88 果于直道：敢于坚持正道。 89 背驰：背道而驰。此处指远远避开。 90 德皆及焉：(元饶州的举荐)使韩宣英、柳宗元两人都受益。 91 祁大夫不见叔向：据《左传·襄公二十一年》记载：晋大夫叔向被晋平公囚禁，祈奚向晋君说情，赦免了叔向，然后祈奚没有见叔向表功就走了。这里借此称赞元饶州做了好事不愿让别人知道。 92 斯举：指元饶州举荐韩宣英这件事情。 93 下走：作者自称的谦词。 94 导意：达意。 95 不宣：不再一一多说。这是古代书信末尾的常用语。

本文作于永州，未详其年，大致作于元和七年(812)至九年(814)之间。书信的主要内容是和元饶州讨论怎样改革赋税制度，从中反映出柳宗元的政治思想。书信虽然是讨论重大社会政治问题，但是切情入理，看出柳宗元真切的感情流露，很感人。

文章主要是通过和元饶州讨论赋税制度，陈述自己一贯坚持的大中之道，即根据实际情况制定适宜的政治措施。怎样处理赋税问题，柳宗元针对元饶州所提出的观点和担心的问题进行详细分析，论证缜密，并提出有效的解决办法，使问题很明确，可谓有理有据。茅坤所评此文为“纤悉”（《唐宋八大家文钞·柳柳州文钞》卷四）当指此意。

元饶州提出“免贫病者，而不益富者税”的观点，其目的是为了既使政府有足够的税收，又能使贫病百姓得到恩惠，对于这个观点的合理性，柳宗元首先予以赞成，但是这赞成是有条件的，即在“乘理政之后”，如果在“乘弊政之后”，所带来的后果就很严重了。弊政之大者尤在于“贿赂行而征赋乱”，一旦富户贿赂官吏会使富户“无富之名而有富之实”，因此就会不缴或少缴税，而穷人则“有贫之而不得贫之名”，反而更增加税收，最终导致“贫者愈困饿死亡而莫之省，富恣横侈泰而无所忌”。遇到这样棘手的问题不能听之任之，一定要“问其实能怕得罪人。如果说不去严格调查事实情况，就会有“不均”的现象，从长看，按照孔子的说法，不平均就会带来不安定；从当前来看，是使皇恩“浮流”，所以有效的解决办法就是一定要清查土地数量，严查贫富人口的真实

对于严查富户的真实情况，元饶州似也有此想法，因为他担心的问题富人流为工商浮窳”。对此，柳宗元明确提出不必有此忧虑，因为造成这果是因为官吏工作方式的不当造成的，即“甚急而不均”。只要是征收这人家的十分之一，不要动其根本，则“驱之不肯易”。对于如何征收税收，提出凭借人丁、土地而不凭财产征税，即“舍其产而唯丁田之问”，并且“质，示以恩惠，严责吏以法”，若以此方法，元饶州所说的“一社一村之制行得通。

从以上的分析中可看出，柳宗元的政治方面的才能是很突出的，他不敢锐的观察能力，而且有很强的实践能力。文章中对于元饶州的观点提的对策，各方面的考虑极其周到，切实可行，而且他对于现实社会中的一题观察得非常细致而透彻，如“检之逾精，则下逾巧”，即说上级查核财产的越缜密，下面逃避的方法就越巧妙，是今日“上有政策，下有对策”的古典表 由此可以看出，他的被贬谪以及后来的不被重用，实在是对人才的闲置。

从本文中可以看出柳宗元政治思想的特点是儒家的民本思想。虽不在其

位，但他考虑的却是国计民生的大事，时刻从百姓的利益出发，他已经认识到当时社会中贫与富的对立，他同意“免贫病者税”，充满了对当时社会弱势群体的同情，而且试图探求贫富不均的根源。但是这种民本主义思想明显带有它的局限性。柳宗元对于征收赋税现状在弊政之后的情况的分析，反映了当时“两税法”实行以来所具有的最致命的弱点，因为它只是剥削方式的改变，并没有解决任何根本问题。他所提出的避免社会“不均”现象，反映了他对人民的同情，但是这种土地权利的平均主义在当时的社会制度下只能是空想。

因为本文是书信体，所以自然能看出执笔者和对方之间的关系和感情。从本文中明显感受到柳宗元对元饶州的感激和关切之情。在柳宗元的眼中，元饶州是一个能吏，并且是自己的知音，因为在当时的一片骂声中，举荐和柳宗元一样的罪人韩宣英，元饶州此举需要多大的勇气！对于柳宗元又是多大的精神支持！所以柳宗元说元饶州的举荐是“兄一举而德皆及焉”，所以在言词之间表现出对这位“果于直道”者充满感谢和敬重之情。对于这样的朋友的执政方案，他认真地提意见，并不因为对元饶州深厚的感情而说假话或不愿意提意见，可见柳宗元对待事情的一贯的求真求实的作风。同时在提出自己观点的时候，能看出柳宗元对元饶州的关切之情。像在分析完“免贫病者，而不益富者税”在理政和弊政之后出现的不同问题时，他询问元饶州：“兄之所代者谁耶？理欤，弊欤？”并要元饶州若在弊政之后不得草率推行自己的“免贫病者，而不益富者税”，关切之情在殷切的询问中得以自然流露。 （袁 茹）

答周君巢[①]饵药久寿书

奉二月九日书[②]，所以抚教甚具[③]，无以加焉。丈人[④]用文雅，从知己，日以惇大府之政[⑤]，甚适。东西[⑥]来者，皆曰：“海上[⑦]多君子，周为倡[⑧]焉。”敢再拜称贺。

宗元以罪大摈废[⑨]，居小州[⑩]，与囚徒为朋，行则若带缧索[⑪]，处则若关桎梏[⑫]，彳亍[⑬]而无所趋，拳拘[⑭]而不能肆，槁然若枿[⑮]，隤然若璞[⑯]。其形[⑰]固若是，则其中[⑱]者可得矣，然犹未尝肯道鬼神等事。今丈人乃盛誉山泽之臞者[⑲]，以为寿且神，道若与尧、舜、孔子似不相类焉，何哉？又曰：饵药[⑳]可以久寿将分以见与，固小子之所不欲得也。尝以君子之道，处[㉑]焉则外愚而内益智[㉒]，外讷而内益辩[㉓]，外柔而内益刚；出[㉔]焉则外内若一，而时动[25]以取其宜当，而生人之性[26]得以安，圣人之道得以光。获是而中[27]，虽不至耇[28]老，其道寿矣。今夫山泽之臞，于我无有焉。视世之乱若理[29]，视人之害若利[30]，视道之悖若义[31]；我寿而生，彼夭而死，固无能动其肺肝[32]焉。味味而趋[33]，屯屯而居[34]，浩然若有余[35]，掘草烹石[36]，以私其筋骨，而日以益愚，他人莫利，己独以愉。若是者愈[37]千百年，滋所谓夭[38]也，又何以为高明之图哉？

宗元始者讲道不笃[39]，以蒙世显利[40]，动获大僇[41]，用是奔窜禁锢[42]，为世之所诟病。凡所设施，皆以为戾[43]，从而吠者[44]成群。己不能明，而况人乎？然苟守先圣之道，由大中以出，虽万受摈弃，不更乎其内[45]。大都类往时京城西[46]与丈人言者，愚不能改。亦欲丈人固往时所执[47]，推而大之，不为方士所惑。仕虽未达[48]，无忘生人之患，则圣人之道幸甚，其必有陈矣。不宣。宗元再拜。

〔注〕 ① 周君巢：汝南（今属河南）人，贞元十一年（795）进士，大和中担任掌管武库的卫尉卿。柳宗元的朋友。 ② 奉二月九日书：敬接二月九日的书信。 ③ 抚教甚具：对我的安慰和教诲极为周到。 ④ 丈人：对年长的人或亲属中长辈的称呼。此处指周君巢。 ⑤ 日以惇（dūn）大府之政：每天都在尽心促进大府的政事。惇，劝勉。 ⑥ 东西：东指东海之滨，西指长安，相对于永州而言。 ⑦ 海上：海边。 ⑧ 周为倡：周君巢是其中领头的。 ⑨ 摈（bìn）废：被斥逐抛弃。 ⑩ 小州：指永州。 ⑪ 纆（mò）索：绳索。 ⑫ 桎梏（zhì gù）：脚镣和手铐。 ⑬ 彳亍（chì chù）：慢步走，走走停停。 ⑭ 拳拘：肢体弯曲。 ⑮ 槁然若枿（niè）：身体干瘦像砍下来的木桩。槁然，像枯木的样子。枿，树木砍伐后留下的树桩。 ⑯ 隤（tuí）然若璞：神色衰颓像朴陋无光的璞石。隤然，无精打采的样子。隤，同“颓”。璞，未经雕琢的玉石。 ⑰ 其形：指柳宗元的外貌。 ⑱ 其中：指柳宗元的内心。 ⑲ 山泽之臞（qú）者：隐居山野间采药炼丹、求仙学道的人。语出《汉书·司马相如传》：“相如以为，列仙之儒，居山泽间，形容甚臞。”臞，清瘦。 ⑳ 饵药：服用药石。 ㉑ 处：居处，指在家未做官时。 ㉒ 外愚而内益智：外表看来很愚笨但内心非常聪明。 ㉓ 外讷（nè）而内益辩：外表像是很迟钝，但内心却思维敏捷。讷，口齿迟钝。 ㉔ 出：指出仕做官。 ㉕ 时动：顺应时事要求而行动。 ㉖ 生人之性：老百姓的生活。生人，即生民，老百姓。性，性命，这里指生活。 ㉗ 中：何焯《义门读书记》：“‘中’作‘终’。”近是。 ㉘ 耇（gǒu）：高寿。 ㉙ 视世之乱若理：看待世道之乱和理一样。指方士神仙对治乱漠不关心，无动于衷。 ㉚ 视人之害若利：把人们的受害看成像得利一样。 ㉛ 视道之悖若义：把治道的不合理看成和合理一个样。 ㉜ 固无能动其肺肝：本来一切事情都不能动其心，指上述的这类人对任何事情都漠不关心。 ㉝ 味味而趋：糊涂盲目地奔走。指方士在采药过程中的状态。味味，糊糊涂涂的样子。 ㉞ 屯

(zhūn)屯而居：小心谨慎地居家。指方士在家炼丹药的样子。 ㉟ 浩然若有余：神气十足，志得意满的样子。此处指方士采药炼丹的精神状态。 ㊱ 烹石：煮炼药石。石，指汞、铅、硫磺之类的药物。 ㊲ 愈：同"逾"，超过。 ㊳ 夭：幼年死亡。 ㊴ 笃：专心致志。 ㊵ 以蒙世显利：而得到大利益。显利，指柳宗元永贞革新时期任礼部员外郎之事。 ㊶ 僇：辱。㊷ 奔窜禁锢：指长期遭到贬谪。奔窜，指遭贬逐。禁锢，指长期遭贬谪，不得升迁。 ㊸ 戾：乖张，背理。 ㊹ 吠者：嘲弄辱骂自己的人。 ㊺ 更乎其内：改变自己的内心所向。 ㊻ 京城西：长安(今陕西西安)城西郊。柳宗元的家原来在那里。 ㊼ 固往时所执：坚持以往的主张。 ㊽ 达：畅通顺利。

本文作于永州时，从文中"宗元以罪大摈废，居小州"一句可以断定，但具体写作时间不详。关于本文创作缘起，章士钊《柳文指要》说："周君巢者，子厚相识中一幕客也，以药饵久寿之术动子厚，而子厚复书拒之。"

本文的内容比较简单，主要是驳斥了服用药石可以延年益寿的诬妄之说，体现作者一贯坚持的唯物主义的无神论观点，并讥讽神仙方士的愚蠢，以进步的政治思想批判当时的统治者不关心世道治乱、人民疾苦，只追求个人长生不老的态度，表明了他虽然遭到贬谪，但是仍然不忘生民之患，恪守圣人之德，可谓是不在其位，但还是谋其政。

文章的第一段，作者没有首先对周君巢的观点提出批评，而是先赞赏周君巢的政治声誉，"海上多君子，周为倡焉"，为下文自己的立论张本。第二段先说自己被贬谪而"未尝肯道鬼神等事"，来反衬周君巢身处顺境，正是要大展宏图为国事操劳的人，却迷信于神仙求长寿，是与尧、舜、孔子之道不一样的。怎样看待长寿这个问题，作者认为：如果君子能使"生人之性得以安，圣人之道得以光"，达到这样的目的而死去，即使不能长寿，他的理想信念也会永存；如果对世事漠不关心，于"他人莫利"，而"己独以愉"，即使长寿，也是夭折。这种观点在柳宗元是一贯坚持的，如永州作《送娄图南秀才游淮南序》中认为，要"行尧、舜、孔子之道"，"寿"才有意义。对寿命的见解十分难能可贵。第三段表明自己如何对待被贬谪的问题。作者对参与永贞革新到底是什么态度？在本文中应该是一个很明确的表白：对于自己"动获大僇"而"为世之所诟病"，"凡所设施，皆以为戾"，自己始终不能理解，那么他就是坚信自己的所作所为是正确的，而自己的被贬谪是冤枉的。在这样的情形下，"苟守先圣之道，由大中以出"，即使"万受摈弃"，也不会改变自己的心志，这是何等执着而坚强的心态！即使仕途不是很畅达，只要"无忘生人之患"，"则圣人之道幸甚"，表现出他鲜明的民本思想。

对于本文，茅坤评曰："此子厚不好仙家者之言，然太倨。且君子以其术延年却病，未必无可取者。"(《唐宋八大家文钞·柳柳州文钞》卷二)此评说明柳宗元对神仙的看法。柳宗元反对天命、神明的观点是一贯的。如《贞符并序》是一篇直接批评受命于天的论文；《愈膏肓疾赋》中认为治理天下“宁关天命，在我人力”；《与韩愈论史官书》中认为：“凡鬼神事，渺茫荒惑无可准，明者所不道”；《永州龙兴寺息壤记》揭示了鬼神迷信的荒谬。但在柳文中又有一些看似相信天命神明、谶纬的观点，但不构成柳宗元对神明的矛盾态度，因为其中有许多不得已或刻意为之的原因。或者是因为职责而不能不为之，如柳宗元在为官期间所写的表章之类的文章，如实地述说各地所上奏的祥瑞之事，以示国家的风调雨顺；或者是因一些仪式符合百姓利益而愿意为之，柳宗元不反对有益于百姓的信奉神明的传统仪式，如求雨，《太白山祠堂碑并序》写于贞元十二年(796)初秋，是写求雨之灵验；或者为宣扬一些节孝观念而心甘情愿为之，如《饶娥碑》写饶娥的孝道感动了天地，河中的“鼋鱼鼍蛟浮死万数，塞川下流”，将她父亲的尸首浮出；或者以神怪之事抒己之悲愤，别有寄托，皆以反语出之，柳宗元的问天，问鬼神，只是在不合情理的情况下的发问，反而更见他真正的痛苦与悲伤，如《憎王孙文》中，怒斥山神“胡隐而居”，就是借斥山神斥责人间的不公无人过问。

茅坤批评柳宗元“太倨”，是没有深刻了解柳宗元之关切现实之内心，但也说明了柳宗元的个性。周君巢之所以劝说柳宗元服用药石，不仅是因为自己信奉，也出于作为朋友的关切之心。在永州，柳宗元的身体每况愈下，如《与李翰林建书》中说自己因为瘴疠之气而“行则膝颤，坐则髀痹”；《与裴埙书》中说自己在永州眼睛昏花，脚部肿胀，染上风寒，毛发脱落。他自己也曾经种植许多药草来用以治病，周君巢一定也耳闻此事，所以才以自己信奉的药石可以延年益寿的观点来说服柳宗元，并“将分以见与”，但是柳宗元并没有领这份情。因为他隐约感受到在周君巢的眼中，像自己这样贬谪外地的人，以后生活当中的重心应该是关注自己。对于这样的想法，关注现实政治并一心期待复出的柳宗元是没有办法容忍的，他明确表明自己与那些隐居之士不同：“今夫山泽之臞，于我无有焉。”虽然他也写了诸如《种术》中的“守闲事服饵”之类的诗句，但愤激之情非常明显。而且柳宗元向来是不信神仙鬼怪的，特别是作为一个官员，不去把全部的身心放在政事上，只推崇这些于世无补的东西，柳宗元自然有自己要说的话，所以，本文的主要用意并不是单单在拒绝周君巢的好意。即使周君巢是自己熟悉的朋友或亲戚，柳宗元的批评也一样毫不留情，从而看出柳宗元个性直率而不随和。而这种个性是一直存在的，如《与裴埙书》提到自己年轻时“性又倨野，不能摧折”；《送从兄偁罢选归江淮诗序》中讲述自己的为人：“夫闻善不慕，与聋聩同；见善不敬，与昏瞽同；知善不言，与嚚喑同。”

本文的文字虽然因为文章开头对周君巢的表扬而显得婉转，但言词的犀利却能明显感受到。柳宗元直言不讳地批评周君巢对寿夭的看法，认为不关心时事即使长寿也算是夭折；刻画求神仙的方士们“昧昧而趋，屯屯而居”的状态，嘲骂那些批评自己的人是“吠者成群”，都写得尖锐辛辣。文章不仅言辞犀利，有时也比较幽默，如说自己在永州的形象是“槁然若枿”，这个比喻在自我揶揄中含有说不尽的辛酸。 （袁　茹）

贺进士王参元[①]失火书

得杨八[②]书，知足下遇火灾，家无余储。仆始闻而骇，中而疑，终乃大喜，盖将吊[③]而更以贺也。道远言略，犹未能究知其状，若果荡焉泯[④]焉而悉无有，乃吾所以尤贺者也。

足下勤奉养，宁朝夕，唯恬[⑤]安无事是望也。乃今有焚炀[⑥]赫烈[⑦]之虞，以震骇左右，而脂膏滫瀡[⑧]之具，或以不给，吾是以始而骇也。

凡人之言，皆曰：盈虚倚伏[⑨]，去来之不可常。或将大有为也，乃始厄困震悸，于是有水火之孽，有群小之愠[⑩]，劳苦变动，而后能光明，古之人皆然。斯道辽阔诞漫[⑪]，虽圣人不能以是必信，是故中而疑也。

以足下读古人书，为文章，善小学[⑫]，其为多能若是，而进不能出群士之上，以取显贵者，无他故焉。京城人多言足下家有积货，士之好廉名者，皆畏忌，不敢道足下之善，独自得之，心蓄之，衔忍[⑬]而不出诸口，以公道之难明，而世之多嫌[⑭]也。一出口，则嗤嗤者[⑮]以为得重赂[⑯]。仆自贞元[⑰]十五年见足下之文章，蓄之者盖六七年，未尝言。是仆私一身[⑱]而负公道久矣，非特负足下也。及为御史[⑲]、尚书郎[⑳]，自以幸为天子近臣，得奋其舌，思以发明[㉑]足下之郁塞[㉒]。然时称道于行列[㉓]，犹有顾视而窃笑[㉔]者。仆良恨修己[㉕]之不亮[㉖]，素誉[㉗]之不立，而为世嫌之所加，常与孟几道[㉘]言而痛之。乃今幸为天火[㉙]之所涤荡，凡众之疑虑，举为灰埃。黔[㉚]其庐，赭[㉛]其垣，以示其无有，而足下之才能，乃可显白而不污。其实出矣，是祝融[㉜]、回禄[33]之相[34]吾子也。则仆与几道十年之相知,不若兹火一夕之为足下誉也。宥[35]而彰[36]之,使夫蓄于心者,咸得开其喙[37],发策决科者[38],授子而不栗[39],虽欲如向之蓄缩[40]受侮,其可得乎?于兹吾有望乎尔,是以终乃大喜也。古者列国有灾,同位者皆相吊。许不吊灾[41],君子恶[42]之。今吾之所陈若是,有以异乎古,故将吊而更以贺也。颜、曾之养[43],其为乐也大矣,又何阙焉?

足下前要仆文章古书[44],极不忘,候得数十幅乃并往耳。吴二十一武陵[45]来,言足下为《醉赋》及《对问》,大善,可寄一本。仆近亦好作文,与在京城时颇异。思与足下辈言之,桎梏甚固,未可得也。因人南来,致书访[46]死生[47]。不悉[48]。宗元白。

〔注〕 ① 王参元:汴州濮阳(今属河南)人,行五,鄜坊节度使王栖曜少子,宪宗元和二年(807)中进士第。 ② 杨八:杨敬之,字茂孝,行八,柳宗元岳父杨凭之侄,著有《华山赋》,受韩愈、柳宗元赞赏。 ③ 吊:慰问。 ④ 泯(mǐn):净尽的样子。 ⑤ 恬(tián):心神安适。⑥ 炀(yáng):焚烧。 ⑦ 赫烈:火热炽烈。 ⑧ 滫瀡(xiǔ suì):使菜肴滑腻的淀粉类调料。⑨ 盈虚倚伏:祸福相因相随,往往因祸得福,福中藏祸。《老子》:"祸兮福之所倚,福兮祸之所伏。"盈,满。虚,空。两字联用,泛指吉凶、福祸等。"倚",因,随。"伏",藏。 ⑩ 群小之愠(yùn):众多小人的怨恨,语出《诗经・邶风・柏舟》:"忧心悄悄,愠于群小。" ⑪ 诞漫:放纵。⑫ 小学:我国古代通称文字、训诂、音韵之学为小学。 ⑬ 衔忍:藏在心中强忍不说出口。⑭ 多嫌:指多疑的人。 ⑮ 嗤(chī)嗤者:爱讥笑别人的人。 ⑯ 重赂:厚重的赠礼。⑰ 贞元:唐德宗年号,前后二十一年(785—805)。 ⑱ 私一身:偏爱自己。 ⑲ 御史:监察御史,贞元十九年柳宗元任监察御史里行。 ⑳ 尚书郎:尚书省之郎官,分郎中和员外郎两职,贞元二十一年,柳宗元任尚书省礼部员外郎。 ㉑ 发明:开导,解除。 ㉒ 郁塞:胸中之郁闷。 ㉓ 行列:同行,与作者居于同等地位的人。 ㉔ 窃笑:暗中发笑。 ㉕ 修己:自修其身,指修养身心。 ㉖ 亮:显著。 ㉗ 素誉:清白的名声。 ㉘ 孟几道:名简,汝州梁县(今河南临汝)人,长期寓居吴中,贞元七年前后,登进士第,又登博学宏辞科。累官至谏议大夫,敢于直言,尚节好义。 ㉙ 天火:由雷电或物体自燃引发的火灾。 ㉚ 黔:黑色,作动词用,指烧焦。 ㉛ 赭(zhě):红褐色,作动词用,指烧成红土。 ㉜ 祝融:号赤帝,为帝喾时的火正(掌火官),死后为火神。 ㉝ 回禄:传说中的火神。 ㉞ 相(xiàng):帮助。 ㉟ 宥(yòu):祐,相助。 ㊱ 彰:显扬。 ㊲ 喙(huì):鸟兽的嘴,这里借指人嘴。 ㊳ 发策决科者:指主持科举考试的人。 ㊴ 栗:害怕得发抖。 ㊵ 蓄缩:慑于外界的议论和讥笑,把称道之词憋在心里,不敢说出来。 ㊶ 许不吊灾:春秋时,宋、卫、陈诸国发生火灾,许国不向他们吊灾,事见《左传・昭公十八年》。 ㊷ 恶:憎恶。 ㊸ 颜、曾之养:孔子弟子颜回、曾参,生活虽清贫,但是颜能安贫乐道,曾事亲至孝。养,奉养。 ㊹ 古书:古体字之书法,章士钊《柳

文指要》:"子厚自诩工书,文中'足下前要仆文章古书,极不忘,候得数十幅并往',是得意语。" ㊺ 吴二十一武陵:吴武陵,信州(今江西上饶)人,祖籍濮阳(今属河南),行二十一。元和二年进士,曾被贬永州。柳宗元的好友。 ㊻ 访:探讨。 ㊼ 死生:这里泛指人生中生死、祸福、吉凶诸大事。《庄子·德充符》:"死生亦大矣。" ㊽ 不悉:言之不尽。

《贺进士王参元失火书》写于唐元和三年(808),当时作者被贬为永州司马。吴武陵于元和三年被贬永州,与子厚交往甚密。本文云"吴二十一武陵来,言足下为《醉赋》及《对问》",应是吴武陵刚来永州时事。柳宗元有《初秋夜坐赠吴武陵》诗、《同吴武陵赠李睦州诗序》、《答吴武陵论非国语书》,亦是年作。

王参元家失火,家产荡然无存,不去慰问,反而去祝贺,似乎有悖于情理。柳宗元的信,正是从奇处立论,写出一篇出人意表、议论奇创的文章来,用诙谐的语气,说出一番令人深思的道理。茅坤说它是"深识之言,逼古之文"(《唐宋八大家文钞·柳柳州文钞》卷四),洵为至论。

全文分为五段。开首一段总起,具有提纲挈领的功能,写出作者闻知王参元家遇火灾后的由"骇"到"疑"、到"喜"的心理变化过程。柳宗元欲贺王参元,分两层意思说出:闻火而喜更以贺,因为"不火不足以表参元",一层意;若果荡焉泯焉而悉无有,尤贺者也,因为"不火亡尽不足以大表参元",二层意。一个"尤"字,将文章层层深入之意点出,用得妙。蔡铸说本文"文首立三柱"(《蔡氏古文评注补正全集》卷七)三柱者,即"始闻而骇""中而疑""终乃大喜",以下的文章便顺此文脉层层推展开去。

第二段写"骇"。王参元平日家居,勤勉养亲,早晚安宁,突然遭到大火,连平日调和饮食的佐料都无法供给,所以"我"一开始便感到震惊。这一段上应首段"始闻而骇",脉络很清楚,文字虽少,说的也是常理,但为下文抑扬转换写"疑"、写"喜",作好铺垫。

第三段写"疑"。先引出"盈虚倚伏"的古语,说明祸福、得失互相依存、转化,不是固定不变的道理。然而,这个道理迂阔而又虚妄,连圣人也未必相信,所以我中途又产生了怀疑,这一段开始正面说理,却以否定的态度作结,婉曲地道出自己的人生体验,上应有首段"中而疑",文意顿起波澜,为全文进入"吊而更以贺","终乃大喜"的正题,蓄足了势。

第四段写"喜"。这一段是全文的核心部分,分五个层次,逐层剖析阐理,说明所以"喜"的理由。文章先从"参元以积货而累其材"(张伯行《唐宋八大家文钞》卷四评语)写起,说王参元好学多能,读古人书,为文章,善小学,却不能"以取显贵",唯一的原因是"家有积货",因而人们不敢"道足下之善",怕招来人们的嗤笑。其次写“子厚以避谤而掩人善”(同上书引)，作者说自己很早就喜欢王参元的文章，但偏护自己而有负于公道。后来有幸作为近臣，本可以荐扬参元，但又顾忌“世嫌”，以致掩没了参元的长处。第三层，掉转笔头写到大火，因大火而“终大喜”，文气“踔厉风发”，确有惊人的艺术魄力。天火涤荡王参元家之“积货”，王参元的真材才能显白于世。作者和孟简虽然关爱参元，但不如一夕大火给他带来了声誉，所以“终乃大喜”。从柳宗元的论述中，可以看出，王参元才高多能，却因家有积货而不能为世所用，柳宗元秉性耿直，竟也为避谤而不敢称王参元之善，可见“公道之难明，而世之多嫌也”。透过王参元事，可见中唐时代士子行贿以求仕进的社会风气确实相当盛行，才促使柳宗元、孟简也要避世嫌。最后一层，以春秋故事作譬，再申“吊而更以贺”之意。“颜、曾之养”三句，收结全段，以颜回、曾参安贫乐道的品格，比喻、劝勉参元，与前文紧相配合，真可谓“收得密”(何焯评语，见《义门读书记·河东集中》)。这一段，是全文的中心，主旨之所在，作者用奇警之笔，间行诙谐之气，淋漓畅快地说理剖析，透辟地说出“将吊而更以贺”的道理，回应首段的“终乃喜”。全文结构严密，前呼后应，蔡铸论此文“文首立三柱，以下分疏，此作文之篇法也”(《蔡氏古文评注补正全集》卷七)。孙琮论之尤为周详，说：“此篇提柱分应，一段写骇，一段写疑，一段写吊且贺。虽分四段，其写骇写疑，写吊写贺，是客意；写喜一段，是正意。盖失火而贺，此是奇文，失火而反表白参元之材，又是奇事。从奇处立论，便见超越，固知写喜一段，是一篇正文也。”(《山晓阁选唐大家柳柳州全集》卷一)论说本文结构的美学特征，很精当。

最后一段，记叙作者与王参元之间文字翰墨交往，其中点到柳宗元在永州时的心情和处境，“桎梏甚固”一句，透露出子厚在贬地时行动、思想很不自由的信息，这与他后来写的诗句“欲采蘋花不自由”(《酬曹侍御过象县见寄》)，其心境是一致的。作者正是在这样的背景下写出《贺进士王参元失火书》，因此，末段也就成为全文的有机组成部分，不可或缺。《古文观止》选录本篇时，略去末段，是很不恰当的。

(吴企明)

答韦中立[1]论师道书

二十一日，宗元白[2]：辱[3]书云欲相师[4]。仆[5]道不笃[6]，业甚浅近，环顾其中，未见可师者。虽常好言论，为文章，甚不自是也。不意吾子自京师来蛮夷间[7]，乃幸见取[8]。仆自卜[9]固无取，假令有取，亦不敢为人师。为众人师且不敢，况敢为吾子师乎？

孟子称："人之患，在好为人师[10]。"由魏晋[11]氏以下，人益不事师[12]。今之世，不闻有师，有，辄哗笑之，以为狂人。独韩愈奋不顾流俗，犯笑侮，召收后学，作《师说》，因抗颜[13]而为师。世果群怪聚骂，指目牵引[14]，而增与为言辞。愈以是得狂名。居长安炊不暇熟[15]，又挈挈[16]而东[17]，如是者数矣。屈子赋曰：邑犬群吠，吠所怪也[18]。仆往闻庸蜀[19]之南，恒雨少日，日出则犬吠。余以为过言。前六七年，仆来南[20]。二年[21]冬，幸大雪逾岭[22]，被[23]南越[24]中数州，数州之犬，皆苍黄[25]吠噬狂走者累日，至无雪乃已。然后始信前所闻者。今韩愈即自以为蜀之日，而吾子又欲使吾为越之雪，不以病乎[26]？非独见病，亦以病吾子[27]。然雪与日岂有过哉？顾[28]吠者犬耳！度今天下不吠者几人？而谁敢衒怪于群目[29]，以召闹取怒乎？

仆自谪过[30]以来，益少志虑。居南中九年[31]，增脚气病，渐不喜闹，岂可使呶呶[32]者早暮咈[33]吾耳、骚吾心？则固僵仆烦愦[34]，愈不可过矣。平居望外，遭齿舌[35]不少，独欠为人师耳。

抑又闻之，古者重冠礼[36]，将以责成人之道，是圣人所尤用心者也。数百年来，人不复行，近有孙昌胤者，独发愤行之。既成礼，明日造朝，至外庭[37]，荐笏[38]言于卿士曰："某子冠毕。"应之者咸[39]怃然[40]。京兆尹郑叔则[41]怫然[42]曳笏却立[43]，曰："何预我耶[44]！"廷中皆大笑。天下不以非郑尹而快孙子[45]，何哉？独为所不为也[46]。今之命师者，大类此。

吾子行厚而辞深，凡所作，皆恢恢然[47]有古人形貌，虽仆敢为师，亦何所增加也。假而以仆年先吾子，闻道著书之日不后，诚欲往来言所闻，则仆固愿悉陈中所得者[48]。吾子苟自择之，取某事，去某事，则可矣。若定是非，以教吾子，仆材不足，而又畏前所陈者，其为不敢也决矣。吾子前所欲见吾文，既悉已陈之，非以耀明[49]于子，聊欲以观子气色诚好恶[50]何如也。今书来，言者皆大过[51]，吾子诚非佞誉[52]诬谀之徒，直见爱甚故然耳。

始吾幼且少，为文章，以辞为工[53]。及长，乃知文者以明道[54]，是固不苟为炳炳烺烺[55]，务采色[56]、夸声音[57]而以为能也。凡吾所陈，皆自谓近道，而不知道之果近乎？远乎？吾子好道，而可[58]吾文，或者其于道不远矣。故吾每为文章，未尝敢以轻心掉之[59]，惧其剽而不留[60]也；未尝敢以怠心易之[61]，惧其弛而不严[62]也；未尝敢以昏气[63]出之，惧其昧没[64]而杂也；未尝敢以矜气[65]作之，惧其偃蹇[66]而骄也。抑之欲其奥[67]，扬之欲其明，疏之欲其通[68]，廉[69]之欲其节[70]，激而发之[71]欲其清，固而存之欲其重[72]，此吾所以羽翼[73]夫道也。本之《书》以求其质[74]，本之《诗》以求其恒[75]，本之《礼》以求其宜[76]，本之《春秋》以求其断[77]，本之《易》以求其动[78]，此吾所以取道之原也。参之穀梁氏以厉其气[79]，参之《孟》《荀》以畅其支[80]，参之《庄》《老》以肆其端[81]，参之《国语》以博其趣[82]，参之《离骚》以致其幽[83]，参之太史公以著其洁[84]。此吾所以旁推交通[85]而以为之文也。凡若此者，果是耶？非耶？有取乎？抑其无取乎？吾子幸观焉，择焉，有余[86]以告焉。苟亟来以广是道[87]，子不有得焉，则我得矣，又何以师云尔哉！取其实而去其名，无招越蜀吠怪，而为外廷所笑，则幸矣。宗元白。

〔注〕 ① 韦中立：潭州(今湖南长沙一带)刺史韦彪之孙，元和十四年(819)进士。② 白：说，告，寄语。 ③ 辱：谦词，表示对方这样做是一种屈辱。古人书信常用的客套。④ 相师：相烦为师。相，表示一方对另一方有所动作。 ⑤ 仆：我，谦词。 ⑥ 笃：深、厚。⑦ 蛮夷间：指作者被贬的所在地永州(今湖南永州市)。蛮夷，古代对少数民族轻蔑的称呼。⑧ 见取：被采用，被看中，指要拜柳宗元为师。 ⑨ 自卜：自己估量。 ⑩“人之患”二句：见《孟子·离娄上》。 ⑪ 魏晋：魏(220—265)，朝代名，三国之一。晋(265—420)，朝代名。⑫ 益不事师：更加不做求师的事。一说更加不愿去做别人的老师。 ⑬ 抗颜：态度严正不屈，毫不客气的样子。 ⑭ 指目牵引：指众人指手画脚、传递眼色、拉扯衣角示意，表示惊奇和轻蔑。 ⑮ 炊不暇熟：来不及做熟一顿饭。形容工作忙，时间紧。 ⑯ 挈(qiè)挈：急切的样子，一说孤独的样子。 ⑰ 东：到东方去。指元和二年韩愈为避开别人诽谤到东都洛阳去任职。 ⑱“邑犬”二句：出自屈原《楚辞·九章·怀沙》：“邑犬之群吠兮，吠所怪也。”意谓城中群狗见到从未见过的事物感到奇怪，就一齐狂叫。 ⑲ 庸蜀：泛指湖北、四川。庸，古国名，在今湖北竹山东南。蜀，古国名，在今四川中部偏西。 ⑳ 来南：指唐顺宗永贞元年(805)，柳宗元被贬为永州司马而南来。 ㉑ 二年：指元和二年(807)。 ㉒ 岭：指横亘在湖南、江西与广

西、广东之间的五岭(越城岭、都庞岭、萌渚岭、骑田岭、大庾岭)。岭南很少下雪。 ㉓ 被：覆盖。 ㉔ 南越：指今广东、广西一带，古代是百越之地。 ㉕ 苍黄：即“仓皇”，惊慌失措的样子。 ㉖ 不以病乎：不因此而认为有毛病吗？病，有伤害、艰难困苦、困窘难堪诸说，均可通。 ㉗ 病吾子：使你受到世俗的指责非议。 ㉘ 顾：但，只是。 ㉙ 衒怪于群目：在众人眼前炫耀那些被人见怪的事。衒，同“炫”。 ㉚ 谪过：因罪被贬，指作者被贬永州司马。 ㉛ 居南中九年：当是元和八年(813)。南中，南方，此指永州。 ㉜ 呶(náo)呶：喧闹。 ㉝ 咈(fú)：骚扰。 ㉞ 愦(kuì)：心乱，昏乱。 ㉟ 齿舌：口舌，非议。 ㊱ 冠礼：古代男子二十岁行加冠之礼，表示已经成人。冠礼在宗庙举行，由父亲主持，请尊贵来宾参加。 ㊲ 外庭：外朝，与皇帝宫内(内廷)相对而言。指群臣等待上朝和办公议事之处。 ㊳ 荐笏(hù)：把笏插在衣带中。荐，插。笏，古代大臣上朝时拿的手板，主要用来记事。 ㊴ 咸：都。 ㊵ 怃然：莫名其妙的样子。一说茫然不知所措的样子。 ㊶ 京兆尹郑叔则：京城所在州的行政长官郑叔则。贞元初为京兆尹，五年(789)二月被贬为永州刺史。 ㊷ 怫(fú)然：不高兴、不耐烦的样子。 ㊸ 曳笏却立：一手拿着笏板垂下倒退一步站着。 ㊹ 何预我耶：与我有什么相干？ ㊺ 不以非郑尹而快孙子：不认为郑尹不对而为孙昌胤的做法感到高兴。 ㊻ 独为所不为也：独自做了别人所不做的事。 ㊼ 恢恢然：气魄宏大的样子。 ㊽ 愿悉陈中所得者：愿意把学习心得全都告诉你。中，心中，内心。 ㊾ 耀明：炫耀。 ㊿ 诚好恶：确实了解你喜欢什么讨厌什么。 51 大过：太过分了。 52 佞誉：佞，巧言谄媚。誉，赞誉。 53 以辞为工：以为讲究文辞就能把文章写好。柳宗元早年学写骈文，用力甚勤。 54 明道：此指阐明圣贤之道。 55 炳炳烺(lǎng)烺：炳与烺同义，都是明亮的样子。形容文辞漂亮，形式好看。 56 采色：指华丽的辞藻。 57 声音：指文章的声韵。 58 可：认为……还可以。意动用法。认可，肯定。 59 掉之：摆弄它。 60 剽而不留：浮滑而不沉着。 61 怠心易之：用松懈的思想草率地对待它。 62 弛而不严：松散而不严谨。 63 昏气：头脑不清醒或胸中浑浊之气。 64 昧没：指思路混乱不清。 65 矜气：骄傲之气。 66 偃蹇：傲慢，骄傲不恭。 67 奥：幽深，含蓄。 68 通：畅达。 69 廉：精简。 70 节：简约。 71 激而发之：激荡使它奋起。 72 固而存之欲其重：固而存之，凝聚胸中浩气并保存下来。重，庄重，不浮滑。 73 羽翼：辅佐，维护。用如动词。 74 “本之《书》”句：以《尚书》作范本，要求达到它那样质朴。 75 “本之《诗》”句：以《诗经》为范本，要求达到它那样具备永恒的情理。 76 “本之《礼》”句：以《周礼》《仪礼》《礼记》为范本，要求达到它那样的合乎准则。 77 “本之《春秋》”句：以《春秋》作范本，要求达到它那样褒贬分明。 78 “本之《易》”句：以《周易》为范本，要求达到它那样灵动多变。 79 “参之穀梁氏”句：参考《春秋穀梁传》而磨炼出它那样的气势。 80 “参之《孟》《荀》”句：参考《孟子》《荀子》而使文章条理畅达。 81 “参之《庄》《老》”句：参考《庄子》《老子》而使文章放开思路。 82 “参之《国语》”句：参考《国语》以增多文章的意趣。 83 “参之《离骚》”句：参考《离骚》而获得那样隐微深沉的含义。 84 “参之太史公”句：参考《史记》而使文章简洁精练。 85 旁推交通：由此及彼，相互贯通。 86 有余：有余暇。一说有更多的心得。 87 以广是道：指广泛讨论学习、写作的道理。是道，此道。

这篇文章是柳宗元贬为永州司马时写给韦中立的一封复信，时在唐宪宗(李纯)元和八年(813)。韦中立，年轻时聪敏好学，对柳宗元的道德文章非常倾倒。他不忌惮柳氏以罪臣之名被谪永州，也不顾被“耻于相师”的流风世俗所讥讽，毅然从京师远赴永州，虔诚地请求拜柳为师，这在当时是很勇敢的举动，难能可贵。

全文共六段，可分两部分：第一部分为第一至四段，第二部分为第五至六段。

第一段：开门见山，提出来信想拜师，而自己德行不深，业务浅薄，无可为人师之处。虽好议论，写文章，也很不自信。不料你来蛮荒，竟认为可以取法。自己实无可取，即使有一点，也不敢为人之师，何况要做你韦中立的老师呢？这段文字，对韦来信请求拜师，先明确表态，婉言拒绝。说“道”与“业”都不够做老师资格的。其实，这些都是过谦的话。柳宗元是进步思想家，又是古文大家，论“道”与“业”，做韦的老师，都可谓游刃有余。柳宗元所以没有满足韦中立的拜师之请，是有隐衷的。

第二段：引孟子语，说魏晋以来“人益不事师”；“今之世”越发严重。就在这种恶俗甚嚣尘上之际，韩愈敢于“抗颜”，作《师说》，不怕“群怪聚骂”，不惧“指目牵引”，字句间，对韩愈的叛逆精神和不幸遭际，深表赞赏和同情。然后引用屈原赋中语，辛辣地讽刺那些“益不事师”之人和为恶俗推波助澜者。再用岭南大雪印证屈子所言之不虚。有鉴于韩愈“自以为蜀之日”，自己便不愿再为“越之雪”，也不愿韦生因此而遭诟病。段末提出如今天下“不吠者”少，因此不敢在众人面前炫耀那些被人见怪的事而“召闹取怒”。这便道出了不愿为师的社会原因。这是主要的。

第三段：叙写谪居永州“渐不喜闹”的宁静心境，以及不愿多遭齿舌的悲抑情怀。“独欠为人师”未惹齿舌。因此不想再遭“犬吠”。这是对前段文意的补充，是不愿为韦之师的另一原因。这是次要的。

第四段：从现实中摄取一个“成礼造朝”的生动事例，作为文中有趣插曲，以证明“独为所不为”在流俗盛行时行不通。作者先对“古者重冠礼”表明赞许的态度，然后发出师道不复的深沉感慨。下面便举述孙昌胤行冠礼后，在朝中言于卿士的反应。明明是郑尹之举不妥而“天下不以非”；明明是孙昌胤之举无甚不可，众卿士却因其遭遇奚落和尴尬而感到快慰，足见人心之不古。

这一部分，对社会上“人益不事师”的流俗，进行了尖锐的批评；对韩愈的勇于“抗颜”反潮流，表示支持和钦佩；对师道的衰微，深表愤慨和隐忧；对官场的轻薄则予以无情的揭露。为了加强语言表达的生动性和形象性，行文中连用三个比喻：把韩愈的“抗颜而为师”比作“蜀之日”，把自己如应韦中立之请而为其师比作“越之雪”，把身染流俗、“群怪聚骂，指目牵引”之比作“邑犬”。作者把强烈的褒贬之情寓于鲜明的形象之中。

第五段：先对韦中立的为人及文章作了高度评价，继而高度表示不敢为韦之师，如韦“诚欲往来言所闻”，“固愿悉陈中所得”。段末表述将自己之文“悉以陈之”的目的，用语谦和，虚怀若谷，态度至诚热情，读来感人。最为可贵的是，作者不拘于师道陈规，主张学生根据自己的需求来取舍教师所授内容，启发学生独立思维，尊重学生学习的自觉性和主观能动性，不搞“灌注式”“填鸭式”，这种先进的教学思想极其可贵，今天仍有积极意义。

最后一段：阐述“文者以明道”的主张，介绍自己治学和写作的经验。作者现身说法，否定自己初学写作时“以辞为工”的不妥，借以告诫韦生，浮光耀彩的华美文风不可取。既然“文者以明道”，就要与政治思想、道德修养联系起来，就应当有明确的目的和正确的态度，摒弃“轻心”“怠心”“昏气”和“矜气”。他的写作心得是：有时要意有未尽，使文章含蓄深刻；有时要尽情抒写，使文章锐利明快；有时要解释疏通，使文章流利畅达；有时要洁净精简，使文章言简意赅；荡涤头脑浊气，而使文章神清气朗；凝聚胸中浩然，而使文章端重庄严。柳宗元主张多学习经典著作，汲取前贤的写作经验。读书要有所“本”，也要有所“参”。“经”与“道”和政治思想密切相关。如《尚书》《诗经》《周礼》《春秋》《易经》等，可视为“本”。“子”“史”“集”中的名著，《孟子》《荀子》《老子》《庄子》《国语》《离骚》《史记》等，各有特点，各取其长，可视为“参”，“旁推交通而以为之文”。

这部分是全文的重点和精华。作者所表现出的先进教育思想可与韩愈《师说》媲美；进步的文学主张可视作文学史中著名文论；宝贵的学习经验更是后学从书本中无法寻求的。这些都很有意义和价值，这也是本文得以成为佳作、流传不衰的根本原因。

本文或嬉笑怒骂，或循循善诱，皆出于真性情。文笔曲折多姿，笔随意转，顿挫摇曳，得心应手。清人朱宗洛评此文时说：“此文虽反复驰骋，曲折顿挫，极文章之胜观，然总不出结处‘取其实而去其名’一句意。”(《古文一隅》卷中)其说甚是。金圣叹也曾说：“此为恣意恣笔之文。恣意恣笔之文，最忌直，今看其笔笔中间皆作一折。后贤若欲学其恣，必须学其折也。”(《批才子古文》卷十二)也是的评。

(李如鸾)

报崔黯[①]秀才[②]论为文书

崔生[③]足下[④]：辱书[⑤]及文章，辞意[⑥]良高，所向慕[⑦]不凡近[⑧]，诚有意乎圣人之言[⑨]。然圣人之言，期以明道[⑩]，学者务求诸道而遗其辞[⑪]。辞之传于世者，必由于书。道假[⑫]辞而明，辞假书而传，要之，之道[⑬]而已耳。道之及[⑭]，及乎物[⑮]而已耳,斯取道之内⑯者也。今世因贵辞⑰而矜书⑱,粉泽⑲以为工,遒密⑳以为能㉑,不亦外㉒乎?吾子之所言道,匪辞而书㉓,其所望于仆,亦匪辞而书,是不亦去㉔及物之道愈以远㉕乎?

仆尝学圣人之道,身虽穷,志求之不已,庶几㉖可以语于古。恨与吾子不同州部,闭口㉗无所发明㉘。观吾子文章,自㉙秀士㉚可通圣人之说。今吾子求于道也外,而望于余也愈外,是其可惜欤!吾且不言,是负㉛吾子数千里不弃朽废者㉜之意,故复云尔㉝也。

凡人好辞工书㉞,皆病癖㉟也。吾不幸蚤㊱得二病。学道以来,日思砭针㊲攻熨㊳,卒不能去,缠结心腑牢甚,愿斯须㊴忘之而不克㊵,窃㊶尝自毒㊷。今吾子乃始钦钦㊸思易吾病,不亦惑乎?斯固有潜块㊹积瘕㊺,中子之内藏,恬而不悟㊻,可怜哉!其卒与我何异?均㊼之二病,书字㊽益下,而子之意㊾又益下,则子之病又益笃㊿,甚矣,子癖于伎[51]也。

吾尝见病心腹人[52],有思啗[53]土炭、嗜酸咸者,不得则大戚[54]。其亲爱之者不忍其戚,因探而与之[55]。观吾子之意,亦已戚矣。吾虽未得亲爱吾子,然亦重来意之勤[56],有不忍矣。诚[57]欲分吾土炭酸咸,吾不敢爱[58],但远言其证[59]不可也,俟面[60]乃悉陈吾状[61]。未相见,且试求良医为方已之[62]。苟能已[63],大善,则及物之道专而易通[64]。若积结既定[65],医无所能已,幸期[66]相见时,吾决分子其啗嗜者[67]。不具[68]。宗元白。

〔注〕①崔黯:字直卿,卫州(今河南卫辉)人。大和二年(828)进士,后官至谏议大夫。传见《旧唐书·崔宁传》附传。②秀才:唐初科举有秀才科,后来此科停废,往往称才学秀异者为秀才。③生:旧时泛称年轻的读书人为生。④足下:对平辈或晚辈的敬称。⑤辱书:承蒙你给我写信。⑥辞意:文辞和文意。⑦向慕:向往追求。⑧不凡近:不平凡。⑨圣人之言:指以孔孟为榜样的言论。⑩期以明道:目的在于阐明一种道理和主张。⑪遗其辞:抛开其辞章。⑫假:借,利用。⑬之道:达到道。⑭及:推行。⑮及乎物:即及物,恩泽及于万物,有利于社会现实。⑯内:指内在的核心。⑰贵辞:重视辞藻。⑱矜(jīn)书:夸耀书法。⑲粉泽:搽脂抹粉,指追求华丽的辞藻。⑳遒(qiú)密:遒紧,指诗文造句有力而严谨。㉑能:才干,本事。㉒外:外表,指脱离了道的实质。㉓匪辞而书:不是文辞就是书法。匪,通“非”,不是。㉔去:脱离。㉕愈以远:更加远。㉖庶几:差不多,接近于。㉗闭口:指无从开口交谈。㉘无所发明:无法阐明圣人之道。

㉙ 自：自然是。 ㉚ 秀士：才能出众的读书人。 ㉛ 负：辜负。 ㉜ 朽废者：老朽无用之人，柳宗元自谦。 ㉝ 故复云尔：所以还是说说这些。 ㉞ 好辞工书：追求华丽工巧的辞藻和书法。 ㉟ 病癖：不良的癖好。 ㊱ 蚤：同“早”。 ㊲ 砭（biān）针：砭，古代用石针刺穴治病的方法。针，指用金属针刺穴治病的方法。 ㊳ 攻熨（yù）：中医以药物熨贴治病的方法。 ㊴ 斯须：一会儿。 ㊵ 不克：不能做到。 ㊶ 窃：谦词，私下。 ㊷ 自毒：自己很痛恨。 ㊸ 钦钦：急切希望的样子。 ㊹ 潜块：潜伏着的痞块。 ㊺ 积瘕（jiǎ）：久积腹中的蛊胀病。 ㊻ 恬而不悟：安然自得而不醒悟。 ㊼ 均：衡量，比较。 ㊽ 书字：书这个字，即单纯讲书法这件事。 ㊾ 意：想法。 ㊿ 益笃：更加重。 51 癖于伎：嗜好追求技巧。伎，通“技”。 52 病心腹人：患心腹病的人。 53 啗（dàn）：同“啖”，吃。 54 大戚：大为悲伤。 55 探而与之：寻找来给他吃。 56 勤：殷勤恳切的意思。 57 诚：果真。 58 爱：吝惜的意思。 59 证：通“症”，病症。 60 俟面：等待见面。 61 吾状：我的症状。 62 为方已之：开个药方治好它。 63 苟能已：如果能够治好。 64 专而易通：专心致志而容易弄通。 65 积结既定：积下的病根已经很顽固。 66 幸期：希望等待。 67“吾决”句：我决定把你所爱吃的东西分给你。 68 不具：不再详说。

这是柳宗元在永州期间回复崔黯的一封书信，中心是谈论文章写作问题，因此题目上就标明“论为文书”。

文章开宗明义，明确提出了“文以明道”的主张：“圣人之言，期以明道，学者务求诸道而遗其辞。”这里的“道”，是指儒家圣人之道，但又不局限于传统儒学，因为文中一再强调“及物之道”，所谓“及物”，就是恩泽及于万物，有利于社会现实。可见柳宗元的“明道”，是要求儒学与现实相结合，达到“辅时及物”的目的，解决时代的现实问题。文中通过道（儒道）、辞（辞章）、书（书法）三者关系的论述，阐发了文以明道的主张：“道假辞而明，辞假书而传，要之，之道而已耳。道之及，及乎物而已耳。”他认为辞章是表达儒道的手段，书法是书写文章的手段，要诀在宣扬儒道，推行儒道，而推行儒道，是为了解决现实问题，有补于国计民生。他批评了当时许多作者片面追求华丽辞章、舍本逐末的不良文风。他认为只懂得重视辞章，夸耀书法，一味追求辞藻的华丽精巧、遣词造句的谨严有力，那是抓住了皮毛而丢弃了作文的根本。基于此，他指出崔黯言道只讲辞章、书法，求教只希望学习辞章、书法，那是离辅时及物之道越来越远了。

文章没有一味给人讲大道理，而是结合个人学道为文的经验教训，谆谆教诲求教自己的后学者。“仆尝学圣人之道”一段文字，是一个过渡性的段落，说明写这封信的原因：自己可以谈谈古人之道，而因与崔黯异地而居无法当面交谈；看崔黯才学可以通圣人之说，而今却舍本逐末感到甚为可惜。为了不辜负千里求教的一片心意，所以写信跟你说说。其中可见一个长者的坦诚和善意。接下去一段文字，就与崔黯讲述个人的经验教训：“凡人好辞工书，皆病癖也。吾不幸蚤得二病。”他说自己早年曾得“好辞工书”的毛病,并不是自谦之辞。在《答韦中立论师道书》中也曾讲过这段经历:“始吾幼且少,为文章,以辞为工。及长,乃知文者以明道,是固不苟为炳炳烺烺,务采色、夸声音而以为能也。”接着,他与崔黯讲述了自己克服病癖的痛苦体验:“学道以来,日思砭针攻熨,卒不能去,缠结心腑牢甚,愿斯须忘之而不克,窃尝自毒。”他说自己学道以来,天天想方设法来纠正上述病癖,一直为不能摆脱这种毛病而痛恨自己。如今你竟然急切地想把我以前的毛病移到你身上,不是很糊涂吗?这就像一个人身上得了蛊胀病,安然而不自觉,那是十分可怜的呀!他忠告崔黯:你那种单纯追求文字技巧的毛病,已经很严重了!这一段文章,作者以自己的切身体验,启发、告诫后学者,写得情真意切,发人深思。

文章最后一段,作者以心腹病患者嗜好土炭、咸酸的病态表现作比方,进一步说明崔黯好辞工书的病癖已经到了十分严重的地步,并委婉表明自己治病救人而不迁就姑息的态度。话虽然说得比较曲折婉转,作者的态度却是鲜明的:“苟能已,大善,则及物之道专而易通。”希望崔黯能够治好一味好辞工书的病癖,专心致志学好辅时及物之道,这才是柳宗元写这封信的真实意图。

“文以明道”是柳宗元文学理论的纲领,也是他倡导古文运动的口号。这篇《报崔黯秀才论为文书》的意义,不仅在于它与《答韦中立论师道书》一样,提出了“文以明道”的主张,而且在于它从明道的根本目的、文章内容与形式的关系等方面精辟地阐发了“文以明道”的内涵,尖锐地批判了单纯追求辞章的形式主义倾向,显示了自己的战斗锋芒。文中说得很清楚,他提倡“文以明道”,并不是简单地复兴儒道,要求人们用文章去进行抽象的说教,而是主张辅时及物,作品应该对社会现实起到褒贬和讽喻的作用。他认为“及物之道专而易通”,致力于发挥文章的社会政治作用,是一条可行的康庄大道。文中还表明,“文以明道”既是文章的写作要求,也是处理文章内容与形式的关系的原则。他认为“道假辞而明”,内容的表达离不开辞章,但“粉泽以为工”,片面追求辞章的华丽也是一种要不得的病癖。文章第一段中提出及物之道为“内”,辞章书法为“外”,很值得注意。关于这一个问题,他在《送豆卢膺秀才南游序》中更明确地指出:“君子病无乎内而饰乎外,有乎内而不饰乎外者。”他认为写作必须避免这两种倾向,做到作品内容与形式的统一,思想性与艺术性的统一。这正是他倡导“文以明道”、批评形式主义的真实意图所在。

这是一篇书信,在写法上一个显著的特点是亲切自然,情理兼备。文章主要是批评崔黯好辞工书的病癖,可以说给他击一猛掌,但作者又很注意方式方法,在批评之前先给予一些肯定和鼓励，如“向慕不凡近，诚有意乎圣人之言”，“观吾子文章，自秀士可通圣人之说”，等等，以便对方容易接受。批评时也不是板着面孔进行说教，而是结合个人的经验教训，取譬日常生活的事例，循循善诱进行开导，做到情理兼备，让人信服。书信写到最后，也没有强迫别人接受自己的见解，而是给对方留下选择的余地，说你如果积习难治，等到见面时，我决定把你爱吃的东西分给你。这种宽容的态度，显示了长者的气度，更容易令人折服。

（金　涛）

祭吕衡州温[1]文

维元和六年[2]，岁次[3]辛卯，九月癸巳朔[4]某日，友人守永州司马员外置同正员柳宗元，谨遣书吏同曹[5]、家人襄儿，奉清酌庶羞之奠，敬祭于吕八兄化光[6]之灵。

呜呼天乎！君子何厉[7]？天实仇之[8]；生人何罪？天实仇之。聪明正直，行为君子，天则必速其死；道德仁义，志存生人，天则必夭其身。吾固知苍苍之无信[9]，莫莫之无神[10]，今于化光之殁[11]，怨逾深而毒逾甚，故复呼天以云云。

天乎痛哉！尧、舜之道，至大以简[12]；仲尼之文，至幽以默[13]。千载纷争，或失或得，倬[14]乎吾兄，独取其直。贯于化始，与道咸极[15]。推而下之，法度不忒[16]。旁而肆之，中和允塞[17]。道大艺备[18]，斯为全德。而官止刺一州[19]，年不逾四十，佐王之志，没而不立，岂非修正直以召灾，好仁义以速咎者耶[20]？

宗元幼虽好学，晚未闻道，洎[21]乎获友君子，乃知适于中庸，削去邪杂，显陈直正，而为道不谬[22]，兄实使然。呜呼！积乎中不必施于外[23]，裕乎古不必谐于今[24]，二事相期[25]，从古至少，至于化光，最为太甚。理行第一[26]，尚非所长，文章过人，略而不有[27]，素志所蓄[28]，巍然可知。贪愚皆贵，险很皆老[29]。则化光之夭厄，反不荣欤[30]？所恸者志不得行，功不得施，蚩蚩之民[31]，不被[32]化光之德；庸庸之俗，不知化光之心。斯言一出，内若焚裂[33]。海内甚广，知音几人？自友朋凋丧，志业殆绝[34]，唯望化光伸其宏略，震耀昌大[35]，兴行于时，使斯人徒，知我所立[36]。今复往矣，吾道息[37]矣！虽其存者，志亦死矣！临江大哭，万事已矣！穷天之英[38]，贯古之识[39]，一朝去此，终复何适[40]？

呜呼化光！今复何为乎[41]？止乎行乎？昧乎明乎[42]？岂荡为太空与化无穷乎[43]？将结为光耀以助临照乎[44]？岂为雨为露以泽下土乎？将为雷为霆以泄怨怒乎？岂为凤为麟、为景星[45]为卿云[46]以寓其神[47]乎？将为金为锡、为圭为璧以栖其魄[48]乎？岂复为贤人以续其志[49]乎？将奋为神明以遂其义[50]乎？不然，是昭昭者其得已乎，其不得已乎[51]？抑有知乎，其无知乎？彼且有知，其可使吾知之乎？幽明茫然，一恸肠绝。呜呼化光！庶或听之[52]。

〔注〕 ① 吕衡州温：吕温，字和叔，一字化光，河中（今山西永济）人。元和三年（808）十月，贬均州刺史，后再贬道州刺史。五年，移守衡州（今湖南衡阳）。六年八月，卒于衡州，十二月十四日，槁葬江陵，是年四十岁。传见《旧唐书》卷一三七。他是柳宗元的好友，柳称吕"交侣平生意最亲"（《受九秀才处见亡友吕衡州书迹》）。 ② 元和六年：公元811年。 ③ 岁次：每年岁星所值的星次与其干支，古代岁星纪年，也叫年次。 ④ 朔：农历每月初一称为"朔"。 ⑤ 同曹：人名，为永州书吏。 ⑥ 吕八兄化光：吕温行八，字化光。 ⑦ 戾：恶。 ⑧ 天实仇之：上天如此仇视他。 ⑨ 苍苍之无信：上天没有信义。苍苍，代指苍天。 ⑩ 莫莫之无神：苍天茫茫不可知。莫莫，同"寞寞"，寂静无声，代指苍天。 ⑪ 殁（mò）：死亡。 ⑫ 至大以简：（尧舜的大道）宏大简约。 ⑬ 至幽以默：（仲尼的文笔）深刻含蓄。 ⑭ 倬（zhuō）：显著。 ⑮ 与道咸极：与道相合。 ⑯ 法度不忒：与法度不矛盾。忒，差错。 ⑰ "旁而"二句：向别的地方推广开去，很是和谐恰当。 ⑱ 道大艺备：指吕温追随陆质学《春秋》、从梁肃为文章，道与艺皆有所本。 ⑲ 官止刺一州：说吕温的官职只做到一州刺史。元和三年（808）十月，吕温贬均州刺史，后再贬道州刺史，五年移为衡州刺史。 ⑳ "岂非"二句：这难道不是修身正直而招致灾祸，喜爱仁义却要受到惩处吗？ ㉑ 洎（jì）：自。 ㉒ 为道不谬：这样行道才不会有错误。 ㉓ "积乎"句：得之于心而不必施之于外物。 ㉔ "裕乎古"句：适合古而不必适合于今世。 ㉕ 二事相期：做到这两个方面的。 ㉖ 理行第一：治理政事的才能第一。 ㉗ 略而不有：略而不论。 ㉘ 素志所蓄：平生志向远大。 ㉙ 险很皆老：那些阴险狠毒的人却很长寿。很，同"狠"。 ㉚ 反不荣欤：不是成了荣耀了吗？ ㉛ 蚩蚩之民：老百姓。蚩蚩，愚蠢的样子。 ㉜ 被：得到。 ㉝ 内若焚裂：内心疼痛像被焚烧撕裂一样。 ㉞ 志业殆绝：志向事业几乎丧失殆尽。 ㉟ 昌大：昌明远大。 ㊱ "使斯人徒"二句：使那些人知道我们的志向。 ㊲ 息：停止。 ㊳ 穷天之英：上天赐予的英才。 ㊴ 贯古之识：博古通今的学者。 ㊵ 终复何适：（一朝逝去，）最终要到哪里去了呢？ ㊶ 今复何为乎：（您）现在又在做什么呢？ ㊷ 昧乎明乎：是在阴间还是在阳间？ ㊸ "岂荡为"句：是幻化为气息飘荡在太空化为无穷

呢？ ㊹“将结为”句：是凝结为光芒以帮助太阳照耀人间吗？ ㊺景星：闪亮的星星。 ㊻卿云：祥云。 ㊼以寓其神：来寄寓你的神明。 ㊽“将为金”二句：将化为金、锡、圭、璧来栖息您的魂魄吗？ ㊾“岂复为”句：难道是要重生为贤人来接续您的志向吗？ ㊿“将奋为”句：将要发愤为神明来实现您的仁义？ (51)“是昭昭者”二句：这样的神明是可以消失还是不可以消失？昭昭者，神灵。昭昭，光明，明亮。 (52)庶或听之：也许您听到了吧！

章士钊《柳文指要》卷三十评价此文道：“子厚祭文中之最真挚者。”这种真挚的情感，是以发自柳宗元内心的难以抑制的悲痛之情为中心的。

通过本祭文，读者能真切感受到柳宗元愤懑、悲痛以及痛苦至绝望的心情。元和六年(811)八月，好友吕温刚刚四十岁就离开人间，闻听这一噩耗的柳宗元，在九月即带着书吏家人祭奠好友的在天之灵。文章的第一段，即突出表现柳宗元的悲愤难抑的感情。其愤懑，在于面对的是不公平的社会。柳宗元不禁呼天怒斥其不公：“君子何厉？天实仇之；生人何罪？天实仇之。”柳宗元感到不平的是，像吕温这样“聪明正直”的君子，而“天则必速其死”；像吕温这样“道德仁义”之士，而“天则必夭其身”。这样的苍天真是没有一点信用可言，柳宗元感到“怨逾深而毒逾甚”。对天的怒斥，对于不信神仙鬼怪的柳宗元来说，何尝不是对现实社会的痛斥！也是借他人之酒杯浇己之块垒。这种怒斥社会不公的情感到第二段更加强烈。第二段伊始，全力赞叹吕温的“道大艺备，斯为全德”，但官职只是任一州之刺史，言外之意是刺史之官不足以推行吕温之道，是明显的德才兼备者没有得到重用。吕温不仅怀才不遇，且又早早离开人世。最后自然推出“岂非修正直以召灾，好仁义以速咎者耶”的感叹。到第三段，作者首先赞赏吕温的“理行第一”“文章过人”，但是在这样“贪愚皆贵，险很皆老”的社会中，却必然不会长寿。这样的愤懑之情，贯穿全篇。当然，全文的最主要的情感还是在于“悲”，主要是作者失去朋友的痛惜。

其悲痛，至“内若焚裂”的程度，首先是因为失去一个人才。祭文的第二段、第三段所塑造的吕温德才兼备的形象，正是柳宗元对朋友的极力肯定，也更对比出这样的人才过早谢世的可惜。不过才四十岁，正是年富力强的时候，而这样的归去，岂不令人痛惜！平庸之才过早离开人世尚值得可惜，何况像吕温这样的人才！柳宗元“所恸”的是吕温“志不得行，功不得施”，可惜的是老百姓“不被化光之德”。其次是因为吕温这样的人才在世间几乎是个孤独者，因为吕温之心不能被一般人所能理解。即“庸庸之俗，不知化光之心”。所以他的志向就不可能得到上层统治者的青睐，所以他才会“官止刺一州”。第三是因为柳宗元失去的不仅是一个朋友，而且是一个知音。海内之大，知音有几？特别是他“自友朋凋丧，志业殆绝”之时。作者自己是戴罪受辱之身，无法亲身实践自己的大中之道，把唯一的希望寄托在吕温身上，但是吕温"今复往矣"，怎能不让柳宗元痛感"吾道息矣"，"万事已矣"！从这里也可看出柳宗元在永州的心境，被抛入蛮荒之地已六年之久，自己得到恢复重用的希望屡屡破灭，只好转而求其次，希望朋友来替自己实践理想，但就是这样的希望也破灭了，让他怎能不绝望！所以柳宗元的悲痛包含着更为深层的内容，不仅来自于吕温的谢世，也来自于自己内心理想的再度破灭，是肝肠寸断的悲痛，不会因为朋友去世的时间的推移而减弱。

这种悲痛使他的祭文没有依照一般的祭文惯用格式来写，而使文章具有充沛的情感，极富气势。像文章的开头，没有像其他祭文一样介绍吕温的生平，不仅是因为已经在他的诔文《衡州刺史东平吕君诔》中介绍过了，而且因为感情所驱遣，这位朋友又是知音，很多话已经不需要多说。文章的语言，没有刻意的雕琢，因为情感的充沛不需要文饰。文章的结尾，没有呜呼尚飨之类的常用语，而是一连用了十四个反问句，感情滔滔而出，不能停止。

文章的气势之盛是柳文突出的特点，祭文有此特征者却在该文体中少见。本文之气势的体现，首先在于强烈的情感贯穿全篇。文章开篇即以对天的责问口气领起全文："呜呼天乎！君子何厉？天实仇之；生人何罪？天实仇之。"气势凌厉。文章的结尾运用的十四个反问句，让读者感受到柳宗元回旋往复的情感流，悲痛又难以抑制。他似乎在到处寻觅着好友，几乎陷入幻觉：朋友到底到哪里去了？他是化为光，还是化为雨露？是化为星，还是化为云？是再生为贤人，还是化为神明？他到底有知觉还是没有知觉？如果他有知觉的话，他能不能听到我的声音……这样的询问是一个普通人在失去至亲至爱者时的表现，显得真挚感人。这十四个反问句在句式方面也加强了文章的气势。它和前面所用的四言短句相反，多用长句，再加上反问的句式，使读者感受到柳宗元时时要喷薄而出的情感——恸哭肠断之痛，亦不弱长歌之哀！

（袁　茹）

祭弟宗直[1]文

维年月日，八哥[2]以清酌之奠，祭于亡弟十郎[3]之灵。吾门凋丧，岁月已久，但见祸谪[4]，未闻昌延[5]，使尔有志，不得存立。延陵[6]已上，四房子姓，各为单孑[7]，慥慥[8]早夭，汝又继终，两房[9]祭祀，今已无主。吾又未有男子，尔曹则虽有如无。一门嗣续[10]，不绝如线[11]。仁义正直，天竟不知，理极道乖[12]，无所告诉[13]。

汝生有志气，好善嫉邪，勤学成癖，攻文致病，年才三十，不禄[14]命尽。苍天苍天，岂有真宰[15]？如汝德业，尚早合出身[16]，由吾被谤年深[17]，使汝负才自弃。志愿不就，罪非他人，死丧之中，益复为愧。汝墨法[18]绝代，知音尚稀，及所著文，不令沉没，吾皆收录，以授知音。《文类》[19]之功，更亦广布，使传于世人，以慰汝灵。知在永州，私有孕妇，吾专优恤，以俟其期[20]。男为小宗[21]，女亦当爱，延子长大，必使有归。抚育教示，使如己子，吾身未死，如汝存焉。

炎荒万里，毒瘴[22]充塞，汝已久病，来此伴吾。到未数日，自云小差[23]，雷塘[24]灵泉[25]，言笑如故。一寐不觉，便为古人。茫茫上天，岂知此痛！郡城之隅[26]，佛寺之北，饰以殡纼[27]，寄于高原。死生同归，誓不相弃，庶几[28]有灵，知我哀恳。

（以上柳宗元文据世綵堂本《柳河东集》，吴企明点校）

〔注〕 ① 宗直：即柳宗直，柳宗元的堂弟，是同祖异父兄弟。 ② 八哥：在家族中，柳宗元排行第八。 ③ 十郎：在家族中，柳宗直排行第十。 ④ 祸谪：灾祸、贬谪，指柳氏家庭遭到的不幸。 ⑤ 昌延：昌盛、兴旺，指人丁兴旺，繁衍不息。 ⑥ 延陵：柳氏宗族中的一人名。⑦ 单子：形单影只，指只有一房男子传续家脉。 ⑧ 慥(zào)慥：应是柳氏宗族中一早夭孩童名。 ⑨ 两房：指柳氏宗族中的两房小宗。就上下文意思看，这两房小宗就是指柳宗元和柳宗直两家。 ⑩ 嗣续：传承延续。 ⑪ 不绝如线：就像一条线一样孤单脆弱，指家族传延存在危机。 ⑫ 理极道乖：道理极对而事实却背道而驰。 ⑬ 无所告诉：不知道向谁诉说。⑭ 不禄：未能入仕为官。 ⑮ 真宰：真正的主宰。 ⑯ 尚早合出身：合，应该。出身，成名之业。 ⑰ 被谤年深：被贬斥多年。 ⑱ 墨法：书法。 ⑲《文类》：指柳宗直编纂的《西汉文类》四十卷。 ⑳ 其期：指小孩出生之期。 ㉑ 小宗：按古代宗法制度，嫡长子为大宗，余子(包括妾所生之子)皆为小宗。 ㉒ 毒瘴：有毒的瘴气。 ㉓ 小差：指身体有小毛病。㉔ 雷塘：雷塘山脚下一片蓄水，旁有一神庙，旧址在今柳州市龙潭公园内，今称大龙潭。㉕ 灵泉：又名小龙潭、南潭，泉水流动会发出雷鸣般的声音。在今柳州市立鱼峰之东。㉖ 郡城之隅：指柳州城的一角。《志从父弟宗直殡》："是月(元和十年七月)二十四日，出殡城西北若干尺。" ㉗ 纼(zhèn)：这里指牵棺用的麻绳。 ㉘ 庶几：或许，表示心存希望。

此文作于唐元和十年(815)七月二十四日，是柳宗元祭奠堂弟柳宗直的一篇祭文。

柳宗元的堂弟柳宗直，是一位很勤奋、很有才华的青年，于永贞元年进士及第，因柳宗元得罪于朝廷，受连累没有做官。在柳宗元被贬永州时期，伴随其左右，在元和十年又跟随来到柳州。他因用功过度素来体弱多病，路上又害了疟疾，到柳州后病情刚刚好转，由于随柳宗元到雷塘祈雨，又到灵泉游玩，劳累而突然病发，一夜之间就去世了，终年三十三岁。柳宗元没有亲兄弟，柳宗直长期追随左右，情同手足。对于柳宗直的志业未成，他感到十分悲痛，接连写下《祭弟宗直文》和《志从父弟宗直殡》两篇文章。

哀祭文的特点是内容以抒情为主，形式上韵散相融。柳宗元这篇《祭弟宗直文》，正是运用韵散结合的语言，淋漓尽致地抒发了对柳宗直的痛惜之情。

祭文开头，交代祭奠的时间、祭奠者与被祭对象。转入正文，由宗直的逝世，想到家族凋丧，后继无人，深为柳氏家族的命运担忧。一个“仁义正直”的家族，为什么会落到“一门嗣续，不绝如线”的危险境地？“但见祸谪，未闻昌延”，点明了其中的原因。正因为如此，柳宗元才呼天喊地，感到一腔悲愤，无处诉说。

祭文第二段，首先称颂宗直的志气才德，感叹其英年早逝：“汝生有志气，好善嫉邪，勤学成癖，攻文致病，年才三十，不禄命尽。”关于柳宗直的为人治学，《志从父弟宗直殡》有较为详细的记述，可见柳宗元情之由来：“从父弟宗直，生刚健好气，自字曰正夫。闻人善，立以为己师；闻恶，如己仇；见佞色谄笑者，不忍与坐语”；“读书不废蚤夜，以专故，得上气病。胪胀奔逆，每作，害寝食，难俯仰。时少闲，又执业以兴，呻痛咏言，杂莫能知”。柳宗直刚健好气，疾恶如仇，爱憎分明，一身正气。他勤学苦读，不分早晚，以至得了上气病，每每发作，害得他寝食难安。稍好一点，又重操旧业，专心学习，往往呻吟声和读书声混杂一起，教人难以分辨。这样一个品行高尚、勤奋好学的青年，居然英年早逝，志不能申，怎不令人痛惜？“苍天苍天，岂有真宰？”天道为何如此不公？柳宗元在责问苍天之后，又自责自怨：“如汝德业，尚早合出身，由吾被谤年深，使汝负才自弃。志愿不就，罪非他人，死丧之中，益复为愧。”由于自己长期遭受贬谪而使从弟受牵累，以致负才自弃，他深深感到愧疚。在愧疚之中，一股愤懑不平之气，溢于言表。接着他向宗直承诺两件事：第一，收录他的书法和著作，使之传于世人；第二，抚养好他的遗腹子女，如同对待自己孩子一样，以望死者安心。

祭文第三段，痛陈柳宗直病死的经过：“炎荒万里，毒瘴充塞，汝已久病，来此伴吾。到未数日，自云小差，雷塘灵泉，言笑如故。一寐不觉，便为古人。茫茫上天，岂知此痛！”

《志从父弟宗直殡》对此有更详细记载：“元和十年，宗元始得召为柳州刺史，七月，南来从余。道加疟寒，数日良已。又从谒雨雷塘神所，还戏灵泉上，洋洋而归。卧至旱，呼之无闻，就视，形神离矣。”对于这样突如其来的病故，柳宗元简直无法接受。祭文情随笔至，倾诉了变故的过程和自己的无比哀痛。“死生同归，誓不相弃，庶几有灵，知我哀恳”，祭文的结语，是生者对死者的誓辞，体现了两人命运与共、生死无间的深情。

古人曰：“文章要诀，无过‘真切’二字。”（清代余诚《重订古文释义新编》卷七）这篇祭文的最大特点是情真意切。柳宗直长期伴随柳宗元待罪南荒，两人朝夕相处，生死相依，历尽忧患。如今宗直突然“一寐不觉”，离开人世，使柳宗元悲痛欲绝，自责自怨。这篇祭文就是作者这种真情实感的自然流露，句句从肺腑中流出，如泣如诉，凄楚动人。文中三次责问天道不公：“仁义正直，天竟不知”，“苍天苍天，岂有真宰？”“茫茫苍天，岂知此痛！”包含着作者一腔沦落不遇的身世之感，愤世嫉俗的不平之鸣，实际上是对不平现实的一种控诉。因此，它比一般抒写儿女情长或者歌功颂德的祭文，更能引人深思。 （金 涛）

欧阳修文

【作者小传】

欧阳修

(1007—1072)字永叔,号醉翁,晚号六一居士,宋吉州(今江西吉安)永丰人。北宋中期著名的政治家、文学家、史学家。他四岁丧父,靠母亲"画荻"教子,读书成才。天圣八年(1030)考中进士,步入仕途。其一生行迹以贬官滁州为界,分为前后两期。前期投身改革热潮,抨击时弊,敢作敢为,表现出强烈的政治担当与革故鼎新精神;后期既为朝政改革失败而痛心,又认真反思庆历新政,放弃前期的激烈改革主张,转向稳健求变。终其一生,就像王安石所说"果敢之气,刚正之节,至晚而不衰"。欧阳修将改革创新精神贯彻于学术研究与文学创作,为宋代学术文化发展作出过多方面开创性贡献,其中文学成就尤为突出。其文学成就又以散文为最著。他的散文创作,不仅数量可观,而且体裁多样,可以说"文备众体","各极其工"。在艺术上,欧阳修散文追求新意,不拘成规,常常从表达个人情感出发,率性而作,信笔所至,形成自己独特的艺术风格,这就是后人艳称不已的"六一风神"。欧阳修散文在当时影响了曾巩、苏辙的创作,尤其是曾巩的文风,委婉平和,雍容醇雅,受欧阳修影响更深,后人常常将他们并称"欧曾"。明代中叶以后,归有光的抒情小品文,情感真挚,文笔流畅,深得欧阳修"风神"。清代方苞、姚鼐等桐城派古文,讲究雅洁、神韵、义法,风格偏于阴柔,与欧文风格一脉相承。　(刘德清)

秋　声　赋

欧阳子方夜读书,闻有声自西南来者。悚然而听之,曰:"异哉!"初淅沥以萧飒,忽奔腾而砰湃,如波涛夜惊,风雨骤至。其触于物也,𫓩𫓩铮铮①,金铁皆鸣;又如赴敌之兵,衔枚②疾走,不闻号令,但闻人马之行声。予谓童子:"此何声也?汝出视之。"童子曰:"星月皎洁,明河在天,四无人声,声在树间。"

予曰:"噫嘻悲哉!此秋声也,胡为而来哉?盖夫秋之为状也,其色惨淡,烟霏云敛;其容清明,天高日晶;其气栗冽,砭人肌骨;其意萧条,山川寂寥③。故其为声也,凄凄切切,呼号愤发。丰草绿缛而争茂,佳木葱茏而可悦,草拂之而色变,木遭之而叶脱。其所以摧败零落者，乃其一气之余烈。

“夫秋，刑官也[④]，于时为阴[⑤]；又兵象也[⑥]，于行用金[⑦]；是谓天地之义气，常以肃杀而为心[⑧]。天之于物，春生秋实。故其在乐也，商声主西方之音，夷则为七月之律[⑨]。商，伤也，物既老而悲伤；夷，戮也，物过盛而当杀。

“嗟乎！草木无情，有时飘零。人为动物，惟物之灵[⑩]，百忧感其心，万事劳其形，有动于中，必摇其精[⑪]。而况思其力之所不及，忧其智之所不能，宜其渥然丹者为槁木，黟然黑者为星星[⑫]。奈何以非金石之质，欲与草木而争荣？念谁为之戕贼[⑬]，亦何恨乎秋声！”

童子莫对，垂头而睡。但闻四壁虫声唧唧，如助予之叹息。

〔注〕 ① 鏦(cōng)鏦铮铮：金属撞击声。 ② 衔枚：古代行军时，常令士兵嘴里横衔一根小棍，以防止说话，保持肃静。枚，小木棍，状似筷子。 ③“盖夫秋……山川寂寥”九句：宋玉《九辩》：“悲哉，秋之为气也！萧瑟兮草木摇落而变衰，憭栗兮若在远行，登山临水兮送将归，泬寥兮天高而气清，寂寥兮收潦而水清。”此九句化用其意而成。 ④ 夫秋，刑官也：《周礼》把官职按天、地、春、夏、秋、冬分为六类。职掌刑法、狱讼的司寇分属于秋。 ⑤ 于时为阴：古人以阴阳配合四时，春夏属于阳、秋冬属于阴。 ⑥ 又兵象也：古代征伐，多在秋天，故云。⑦ 于行用金：古人以金木水火土“五行”分配四时，秋天属金。 ⑧“是谓”二句：《礼记·乡饮酒义》：“天地严凝之气，始于西南，而盛于西北，此天地之尊严气也，此天地之义气也。”孔颖达疏：“西南，象秋始。” ⑨“故其在乐”三句：按我国古代乐理，音乐分宫、商、角、徵、羽五音。《礼记·月令》：“孟秋之月，其音商，律中夷则。”五音中的商声，四方中的西方，都属于五行中的“金”。音乐又分为十二律，每律分属一月。《史记·律书》：“七月也，律中夷则。夷则，言阴气之贼万物也。”张守节《史记正义》引《白虎通》：“夷，伤也；则，法也，言万物始伤被刑法也。”⑩ 人为动物，惟物之灵：人具有灵性，不同于无情的草木。 ⑪“百忧”四句：《庄子·在宥》：“必静必清，无劳汝形，无摇女精，乃可以长生。”此四句化用其意而从反面立说。 ⑫“宜其”二句：理应是红润面容变得枯槁，乌黑头发变得花白。渥(wò)然丹者，红润的面容。黟(yī)，黑色。星星，鬓发花白。 ⑬ 戕(qiāng)贼：伤害，残害。

欧阳修《秋声赋》是宋代文赋的典范之作，也是中国古代赋文学发展史上一篇具有开拓性贡献的重要作品。它打破宋代骈赋、律赋统治赋坛的格局，突破其僵化板滞的体式，在保留赋体铺张扬厉、富赡华美、注重韵律等审美特性的基础上，大胆地吸收散文表现手法，以文为赋，句式灵活流畅，风格清新自然。作者在铺陈事物的同时，融入自己强烈的情感体验和深刻的哲理思辨，全文既华赡优美，又简峭精炼、深刻警策。日本学者铃木虎雄在其《赋史大要》中称颂此篇"诚文赋开山之功"，正是此赋的大胆创新和成功尝试，将误入歧途的赋体引向坦途，为赋体文学的重焕光彩作出了巨大贡献。

《秋声赋》作于嘉祐四年(1059)，欧阳修时年五十三岁，已过知天命之年。此时的欧阳修虽然身居高位、官运亨通，但在历经坎坷、饱受沧桑之后，对社会与人生的体悟更为深刻、透彻，对生命意义的思索更为理性、通脱，心境也更为平和、豁达。在这篇文赋里，作者以审美的眼光欣赏秋声、思考秋声、领悟秋声；在写景造境的同时，又将人生的体验和生命的思考融注其中，使笔下的秋声秋气具有了强烈的主体意识和浓重的情思；进而以一种理性的超拔的心态将对自然之秋、人生之秋的审美体验提升至对生命的哲理彻悟，从而以新颖的立意，超越传统的悲秋主题，赋予本文主题难得的哲学意味和理性风采，在对秋的观照中创造出丰富的审美意蕴。

文章的第一段，作者对秋声进行了传神描摹，以神来之笔创造出如诗如画的意境。作者笔下的秋不是"雨中黄叶树，灯下白头人"(司空曙《喜外弟卢纶见宿》)的衰飒的秋，不是"满天风雨下西楼"(许浑《谢亭送别》)的萧瑟的秋，这里的秋，穿透静谧的夜空，以巨大的气势和声威扰乱伏案夜读的作者，触动着作者的心弦，惹动着作者的文思，让作者悚然而惊、骇然而叹。这个破空而来的秋之精灵具有一种新的美质。作者随之从秋声这一独特的角度，对无形无影的秋声进行了惟妙惟肖的描写。作者用"淅沥""砰湃""鏦鏦铮铮"等象声词摹其声响，描摹出秋声不同凡响的威势。接下来，作者又运用一连串形象的比喻，将秋声比作夜闻惊心的奔涌的波涛，比作突如其来的暴风骤雨，比作互撞齐鸣的金铁，比作衔枚疾走的夜行军。这里的秋声，充满着不同寻常的动态之美、力量之美。作者处于一种宁静的心态，才能倾听、捕捉到大自然的这种难以捉摸的神奇，并将之形诸笔端。这一段的结尾堪称绝妙，作者借童子的对答，巧妙地将喧响的秋声和自己惊骇的心绪融入无边的静夜，融入宇宙星空永恒不变的宁静，从而营造出朗洁静谧的秋夜氛围，创造出情景交融、思与境谐的绝美意境。此外，童子对秋声的无动于衷与作者的敏锐善感形成了迥然对比，秋声的难以捕捉亦由此可见一斑。

第二段，作者由对秋声直觉、感性的体验转向对秋心秋意的理性思索。这一段虽以"噫嘻悲哉"开头，但从后面的具体内容来看，作者并没有陷入伤感凄怨之中，也没有以浓情重彩铺写自己的情感和心绪。作者主要采用议论的手法，从多个方面揭示出秋声常常勾惹悲情的原因。首先，秋之为状：秋色惨淡，秋容清明，秋气栗洌，秋意萧条，所以秋声也就凄凄切切、呼号愤发。秋气摧败零落的肃杀威烈，正是人们闻秋声而易悲的原因。接下来，作者展开了充分的联想，运用自己广博的知识进一步揭示秋声悲切的文化因素。从官制来看，古代掌握刑法的刑官称"秋官"；从四时来看，秋冬都属阴；从五行来看，秋季属金，是用兵之象。此外，宫、商、角、徵、羽五声中，秋对应的是商声，"商""伤"为同音互训；十二乐律中，与七月秋季相配的是"夷则"，"夷"字有杀戮之义。正因为秋具有如此丰富的文化内涵，所以人们一闻秋声就会悲伤难禁。这一段中，作者在深入思索、展开议论的同时，穿插运用传统赋篇的表现手法，即文句的骈偶工丽和铺张渲染，文章既简劲峭拔，又呈现出骈丽缤纷之态。

关于此赋的主题，大多数研究者认为，这是一篇典型的悲秋之作，主要抒发作者晚年萧瑟感伤、苦闷惆怅的心绪。自悲秋之祖宋玉的《九辩》开始，悲秋就成为中国文人千古不变的情结，而且"悲秋"的题旨大都定向在"贫士失职""离乡去土"的"感怀不遇"方面。从《秋声赋》的前两部分来看，这篇文赋的立意显然与传统的悲秋主题大异其趣。第一段对秋声的描绘，并没有出现秋云冷月、秋树哀蝉、秋雨孤灯、秋坟鬼唱等常见的意象，作者选取的意象具有全新的独特的美感，这种美不是那种幽怨之美、凄艳之美，而是一种力量之美、壮大之美。作者的心绪也没有被感伤浸润，而是以审美的态度欣赏着大自然的奇异声响，享受着喧响中的心灵的静妙。第二部分，作者又宕开笔墨，对秋声之所以易惹动人们悲情的自然因素和文化因素进行分析。作者在对秋的观照中始终保持着一定的距离，作者并非要寄托某种情绪，其用意不是悲秋，醉翁之意不在酒，这是显而易见的。

第三部分是理解本文题旨的关键。在这一段中，作者写到，无情的草木，按时飘零，这是自然规律，是千古不易之理，因此对此不足为怪，也不足为悲；而人作为万物之灵，忧心劳形，而且还经常要去思考力所不能及的事情，忧虑其智慧所不能达到的道理，心力交瘁就在所难免，所以人比起无情的草木更容易衰颓，其红润的容颜会变得枯槁，乌黑的亮发转瞬即成斑白，这也是理所当然的，又"何恨乎秋声"。也就是说，人在面临自然之秋和人生之秋时，不必叹老，毋须伤怀，更何必悲秋怨秋呢？很显然，第二段与第三段是先立后破的关系，第三段是对第二段的否定，也是对传统的审美习惯的背离。

总之，作者的思路由赏秋声到思秋声到悟秋声，先以诗意的审美观照消解了笼罩在秋之上的悲怨色彩，然后以一个老者的成熟、智者的风神和睿智，通过理性的思辨实现了对"悲秋"主题的超越，将读者由千古不散的沉郁悲凄的秋之迷雾中引入豁然开朗的境界。这就是本文立意高妙之处，也是其巨大的魅力所在。

文章的结尾，童子的鼾声与秋虫的清鸣，有一种“蝉噪林逾静，鸟鸣山更幽”（王籍《入若耶溪》）的妙处，可谓余音袅袅、余味无穷。世人对秋多悲苦之音，难以有透彻的体悟，只会徒然地悲秋怨秋，这才是可悲可叹，所以作者对此报以一声长叹，并以此结篇，完成了对世人的忠实警悟。（李小兰　刘德清）

朋 党 论

臣闻朋党[1]之说，自古有之，惟幸[2]人君[3]辨其君子、小人而已。

大凡君子与君子以同道[4]为朋，小人与小人以同利为朋，此自然之理也。然臣谓小人无朋，惟君子则有之，其故何哉？小人所好[5]者禄利也，所贪者财货也。当其同利之时，暂相党引[6]以为朋者，伪也；及其见利而争先，或利尽而交疏[7]，则反相贼害[8]，虽其兄弟亲戚不能相保。故臣谓小人无朋，其暂为朋者，伪也。君子则不然，所守者道义，所行者忠信，所惜者名节。以之修身[9]，则同道而相益，以之事国[10]，则同心而共济，终始如一，此君子之朋也。故为人君者，但当退[11]小人之伪朋，用[12]君子之真朋，则天下治[13]矣。

尧[14]之时，小人共工、驩兜等四人[15]为一朋，君子八元、八凯[16]十六人为一朋。舜佐尧退四凶小人之朋，而进元凯君子之朋，尧之天下大治。及舜自为天子，而皋、夔、稷、契[17]等二十二人并列于朝，更相称美、更相推让[18]，凡二十二人为一朋，而舜皆用之，天下亦大治。《书》[19]曰：“纣有臣亿万，惟亿万心；周有臣三千，惟一心。”纣之时，亿万人各异心，可谓不为朋矣，然纣以亡国。周武王之臣三千人为一大朋，而周用以兴。后汉献帝[20]时，尽取天下名士囚禁之，目为党人，及黄巾贼[21]起，汉室大乱，后方悔悟，尽解党人而释之[22]，然已无救矣。唐之晚年，渐起朋党之论[23]，及昭宗[24]时，尽杀朝之名士，或投之黄河，曰：“此辈清流，可投浊流[25]。”而唐遂亡矣。

夫前世之主[26]，能使人人异心不为朋，莫如纣；能禁绝善人为朋，莫如汉献帝；能诛戮清流之朋，莫如唐昭宗之世：然皆乱亡其国。更相称美推让而不自疑，莫如舜之二十二臣，舜亦不疑而皆用之；然而后世不诮[27]舜为二十二人朋党所欺，而称舜为聪明之圣者，以辨君子与小人也。周武之世，举其国之臣三千人共为一朋，自古为朋之多且大莫如周，然周用此以兴者，善人虽多而不厌[28]也。

夫兴亡治乱之迹[29]，为人君者可以鉴矣。

〔注〕 ① 朋党：人们因政治目的、主张相同而结合的派别或集团。 ② 惟幸：惟，语助词，用于句首。幸，希冀，幸运。 ③ 人君：国君、皇帝。 ④ 同道：共同的道德规范，指下文的“道义”“忠信”“名节”等。 ⑤ 好(hào)：喜欢、爱好。 ⑥ 党引：结为同党，互相援引。 ⑦ 交疏：交情疏远。 ⑧ 贼害：残害。 ⑨ 以之修身：用它(指上文的“道义”“忠信”“名节”)来提高自己的品德修养。 ⑩ 事国：治理国事。 ⑪ 退：黜退。 ⑫ 用：进用。 ⑬ 治：政治清平，社会安泰。与“乱”相对。 ⑭ 尧：尧和下文的舜、周武王都是儒家推崇的古代贤明帝王。 ⑮ 共(gōng)工、驩(huān)兜等四人：指共工、驩兜、鲧(gǔn)、三苗等四人，传说中人物。据说是尧舜时期四个坏人，被称为四凶。 ⑯ 八元、八凯：传说中人物。据《史记·五帝本纪》：“昔高阳氏有才子八人，世得其利，谓之八凯。高辛氏有才子八人，世谓之八元。此十六族者，世济其美，不陨其名。” ⑰ 皋(gāo)、夔(kúi)、稷(jì)、契(xiè)：传说中人物，舜时贤臣。 ⑱ 更相推让：互相谦让。 ⑲《书》：指《尚书》。这里引的四句话，见《尚书》中的《周书·泰誓》，是周武王伐纣，部队渡孟津(今河南孟县南)时的誓师词。纣是殷(即商)朝的末代帝王，被周武王所灭。 ⑳ 汉献帝：应是汉灵帝。当时宦官专权，将一些名士如李膺、范滂等百余人诬为朋党加以杀害。又禁锢六七百人，陆续被捕千余人，史称“党锢之祸”。 ㉑ 黄巾贼：汉灵帝时，巨鹿人张角以太平道传道为活动手段，聚众三十余万人，在黄河南北和长江下游同时起义。起义军的头上都戴黄色头巾为标志，所以被称作“黄巾军”。贼，是当时统治阶级对起义军的污蔑性称号。 ㉒“后方悔悟”二句：汉灵帝因“党锢之祸”招致民怨沸腾，又惧怕党人与起义军联合，于是大赦党人。 ㉓“唐之晚年”二句：这里指的是延续了文宗、武宗、宣宗三朝的牛僧孺和李德裕之争，史称“牛李党争”。 ㉔ 昭宗：误，应为“昭宣帝”(即哀帝)，昭宗已于天祐元年为朱温谋杀。 ㉕“此辈”二句：唐昭宣帝天祐二年(905)，朱全忠专权，将朝士贬官者三十余人，聚集在滑州白马驿，一夕之间全部杀害。朱全忠的谋士李振因屡举进士未中，深恶朝中大臣，就对朱说：“此辈常自谓清流，宜投之黄河，使为浊流。”朱竟笑而从之，将朝中名士尸体抛入黄河。清流，旧时常用来称负有时望，不肯与权贵同流合污的士大夫。 ㉖ 主：即上文的“人君”。 ㉗ 诮(qiào)：讥嘲，责备。 ㉘ 厌：满足，嫌弃。 ㉙ 迹：事迹、史迹。

《朋党论》一文作于宋仁宗庆历三年(1043)。景祐三年(1036)，守旧派官僚吕夷简指斥革新派范仲淹、余靖、尹洙、欧阳修等为“朋党”，数人均遭贬黜。一时间朋党之说喧嚣不息，使有志改革之士不得进用。庆历三年，宋仁宗锐意改革，吕夷简罢相，起用范仲淹为参知政事，欧阳修为谏官，富弼、韩琦、杜衍也被擢用。他们提出了十项改革方案，这就是“庆历新政”。于是“朋党”之论再起，革新派又被指为党人。欧阳修力排众议，就写了这篇《朋党论》呈奏给皇帝，理直气壮地驳斥了朋党之说，表现了他的强项——敢言。这篇《朋党论》既是北宋政治斗争的产物，也是北宋政论中的一篇典范作品。

本文立意新颖，构思巧妙："朋党"之说，正像作者文章开首所说，"自古有之"，《韩非子》《战国策》《史记》中都有论及。而且传统观念一向视为贬义之词，如《韩非子·孤愤》说："朋党比周以弊主。"又见《韩非子·饰邪》说："群臣朋党比周以隐正道，行私曲。"所以封建帝王为了维护自己的专制统治，都最怕群臣背着自己结朋成党。如果帝王认为某些人有朋党之嫌，轻则被贬，重则遭杀戮。所以在封建社会中，攻击、诬蔑对方为朋党，便成为置敌于危地的厉害手段。景祐初年的所谓"朋党之说"致使范仲淹、欧阳修等人的相继被贬黜就是显例。在这一政治背景之下，加之传统观念的影响，欧阳修的《朋党论》，本来可以按照驳论的一般写法，即不承认自己一方为朋党，并逐一驳斥对方的攻击是恶意造谣与中伤，进而指出对方才是破坏有志之士对朝政的改革，结党营私的朋党。但是，欧阳修本文却出人意料地另辟蹊径，寓驳论于正论之中，他高瞻远瞩，论述精深，令政敌的谬论不攻自破。他首先把"朋党"一词作为中性词，即"朋党"一词本身无所谓好坏错对。关键看组成朋党的动机和目的，对国家有利还是有害，从而划分成君子和小人。所谓"物以类聚，人以群分"，作者自然理直气壮地以"君子之真朋"自居，并且希望皇帝信用他们，这关乎国家的治乱兴亡。这一立意十分新颖，构思极其巧妙。基于此，全文可分为两大部分。第一部分从"臣闻朋党之说"到"则天下治矣"，从理论上阐明"小人之伪朋"与"君子之真朋"的区别。第二部分从"尧之时"到"可以鉴矣"，引证史实作为论据，具体论述"朋党"的性质与国运的关系，突出本文写作目的，婉谏国君，以史为鉴。

文章第一部分又分三个层次把道理讲清说透。第一层旗帜鲜明地亮出自己的观点，攻击政敌为朋党的伎俩，并不新鲜，也不高明，它"自古有之"。不能笼统谈"朋党"，因为其中有君子和小人之别。这一点如果能被"人君"接受，并能正确地分辨真伪，那不仅作者感到高兴，也是国家之大幸。文章一开头，便把一直喧嚣不息的朋党之说，置于不屑一驳、不攻自破的境地。而把中心归重人君，这是本篇文章的主旨。接着第二层便对朋党这一概念进行不同质的具体分析论证。首先概括指出君子以同道为朋、小人以同利为朋这一不容置疑的自然之理，这看似平写的一笔，却是作者关于朋党之争的带有纲要性的论断。至此，文章突然一转，陡生波澜，竟提出"小人无朋，惟君子则有之"的前所未闻、发人深思的新奇见解。所谓小人无朋，是因为他们所好、所贪的禄利、财货都是利，见利互相争抢，利尽就无友情可言，甚至反目为仇，互相伤害，六亲不认。当其同利暂时为朋时，也是虚假现象。而君子则相反。他们所守、所行、所惜的是道义、忠信、名节。他们以同道为朋，始终如一，这种君子之朋，才是真正之朋。所以说君子有朋。这是作者立论的重点。那么，作者为什么要反复论证君子之朋与小人之朋的本质区别呢？其写作意图于第二层明确点出："故为人君者，但当退小人之伪朋，用君子之真朋，则天下治矣。"以上文章第一部分，作者通过层层分析，既从理论上阐述了自己关于朋党之说的见解，同时也把以范仲淹为首的革新派堂堂正正地归入了君子之真朋一方，理直气壮地要求皇帝支持与重用。这种寓驳论于正论的别具一格的辩驳方法，更具强大的内在力量。

文章第二部分引证史实，层层对比，论辩剀切，充分说明朋党性质与国家兴亡的关系。第一层，从众多史例中精选六个最典型的例子。尧之时，退小人之朋，进君子之朋，天下大治；舜为天子，朝臣二十二人为一朋，舜用君子之朋，天下大治；纣之时，政治黑暗，没有人敢为朋党，纣因而亡国；周武王之臣三千人为一大朋，而周进用后国兴；东汉末年，大搞"党锢之祸"，造成汉室大乱；唐代有牛李党争，后又有昭宣帝尽杀朝之名士，唐遂灭亡。以上六例按时代顺序说明人君识别君子之朋与小人之朋的重要性。第二层又将六个史例分成正反两组加以对比，深化论证。反面一组有"能使人人异心不为朋"的纣王；"能禁绝善人为朋"的汉献帝（实应为"汉灵帝"）；"能诛戮清流之朋"的唐昭宗（实应为"唐昭宣帝"）。这三个反面典型，都是不能分辨君子与小人的帝王，所以都"乱亡其国"。正面一组，有"能辨君子与小人"的舜，其中暗含尧帝，因为前面提到"舜佐尧"退小人之朋，进君子之朋；另有"自古为朋之多且大"的周武王。尧、舜、周武王都是能识别并能重用君子之朋，而令天下大治的圣贤之君。两组对比，更能强化作者关于朋党之说的观点。这一层不是上一层的简单重复，作者把论述的重点放在"前世之主"上，特别称颂舜为"聪明之圣者"，周武王是"善人虽多而不厌"的人君，给后世树立了退小人之朋，用君子之朋的治国之道的榜样。至此，文章便顺理成章，水到渠成地转入第三层，得出"夫兴亡治乱之迹，为人君者可以鉴矣"的结论。历史是一面镜子，君主在治乱兴亡中起着关键作用，提醒为人君的要吸取历史经验教训。这一部分，议论寓于事例之中，不仅印证了第一部分理论的正确性，而且具体有力地驳倒了论敌。说明国家兴亡，不在于有无朋党的存在，而决定于人君能否识别君子朋党与小人朋党的真伪。与首句"惟幸人君辨其君子、小人而已"遥相呼应。希望宋仁宗学习效法古圣先哲，退弃吕夷简、夏竦一伙小人之朋，重用范仲淹为代表的君子之朋，为革新派大造了声势。这种立意新颖、构思巧妙的论文，令人拍案叫绝。清代沈德潜评此文说："反反复复，说小人无朋，君子有朋，末

归到人君能辨君子小人。见人君能辨，但问其君子小人，不问其党不党也。”(《唐宋八大家文读本》卷十)

本篇论辩风格既雍容平和，又严正犀利。《朋党论》虽然是一篇批驳性极强的政论文，但作者通篇没有一处点名道姓及针锋相对的批驳，也没有为己方不停地辩解，只是从理论上、从史实上从容不迫又旗帜鲜明地论证自己关于“朋党”的观点。这种论证风格，一方面是因为文章是呈给皇帝看的，要保持臣对君的礼仪与风度，所以文中都用“臣闻”“惟幸人君”“臣谓”的语气说话，以期感悟皇帝。但更重要的因素是，作者为一代文章大师，他有高深的思想与文学的修养，为文当然旨意精邃，不同凡响，以理服人，不能像政敌那样用扣帽子、诬陷的手段。还应看到文章在从容平和的外表下蕴含着严正犀利的敢言胆识。作为谏官，他在论文中也充分流露出是非分明的原则精神。如论小人无朋时，可以说把政敌驳诘得体无完肤，笔锋锐利至极点，但并未失去高雅的论战风度。

本文语言平实朴素，明白曲畅，声情并茂，富有神韵。语言平易自然，但并不直白无味，读来铿锵有力，琅琅上口。作者合理吸收了骈文的表达方法，使句式在散行中搀进整齐的排比、对偶等句型，语言更显声调谐婉，珠圆玉润的韵味。如第二段论述君子与小人的区别时说：“君子与君子以同道为朋，小人与小人以同利为朋”；说小人“所好者禄利也，所贪者财货也”；说君子“所守者道义，所行者忠信，所惜者名节。以之修身，则同道而相益，以之事国，则同心而共济”。以上对偶、排比，或二者兼用，语言运用自然顺畅，理论辩赡不可驳诘。特别第二部分第二层的写法，他一一用倒卷之法，五个“莫如”句式，真有排山倒海之势，语言犹加错落可诵，不仅增强了文章的说服力，而且充分表现出作者光明磊落、理直气壮的战斗风度。清代金圣叹在《天下才子必读书》卷八中评此文说：“最明畅之文，却甚幽细；最条直之文，却甚郁勃；最平夷之文，却甚跳跃鼓舞。”抓住了本文的特色，值得我们深入体味。

欧阳修《朋党论》一出，引起朝野强烈反响。小人之朋，惧怕“修论事切直，人视之如仇”(《宋史·欧阳修传》)。君子之朋则与之产生共鸣。《宋史纪事本末·庆历党议》记，庆历四年夏，“帝(仁宗)与执政论及朋党事，范仲淹对曰：‘方以类聚，物以群分。自古以来，邪正在朝，各为一党，在主上鉴辨之耳。诚使君子相朋为善，其于国家何害？不可禁也。’”可见范仲淹的观点与欧阳修完全相同。甚至宋仁宗读完《朋党论》的当时，可能也曾为之感悟，《宋史·欧阳修传》记：“帝独奖其敢言，面赐五品服，顾侍臣曰：‘如欧阳修者，何处得来？’”但是以范仲淹为首的改革派与以吕夷简为首的守旧派的激烈斗争，触及到了封建制度不可解决的痼疾，由来已久的社会积弊，不是少数君子之朋、几篇论文就能解决的。《朋党论》虽然论据充分，论证有力，最终也未能释君之疑，庆历新政只进行一年左右时间，便宣告完全失败。新政主要主持者范仲淹、杜衍、韩琦、富弼相继被罢免。欧阳修也因不停地放胆直言在庆历五年贬知滁州。但这篇《朋党论》却成为千古传诵的佳品。

（徐育民）

纵 囚 论

信义行于君子，而刑戮施于小人①。刑入于死者②，乃罪大恶极，此又小人之尤甚者③也。宁④以义死，不苟幸生⑤，而视死如归，此又君子之尤难者⑥也。方唐太宗之六年⑦，录大辟囚三百余人⑧，纵⑨使还家，约其自归以就死⑩。是以君子之难能，期⑪小人之尤者以必能也。其囚及期而卒自归无后者⑫，是君子之所难，而小人之所易也。此岂近于人情哉⑬？

或曰⑭：罪大恶极诚小人矣，及施恩德以临之⑮，可使变而为君子，盖恩德入人之深而移人⑯之速，有如是者矣。曰：太宗之为此，所以求此名也。然安知夫纵之去也，不意⑰其必来以冀免⑱，所以纵之乎？又安知夫被纵而去也，不意其自归而必获免，所以复来乎？夫意其必来而纵之，是上贼下之情⑲也；意其必免而复来，是下贼上之心⑳也。吾见上下交相贼以成此名也，乌有㉑所谓施恩德与夫知信义者哉！不然，太宗施德于天下，于兹六年㉒矣，不能使小人不为极恶大罪，而一日之恩能使视死如归而存信义，此又不通之论也。

然则何为而可㉓？曰：纵而来归，杀之无赦，而又纵之，而又来，则可知为恩德之致尔。然此必无之事也。若夫纵而来归而赦之，可偶一为之尔，若屡为之，则杀人者皆不死，是可为天下之常法乎？不可为常者，其圣人之法乎？是以尧、舜、三王之治㉔，必本于人情，不立异㉕以为高，不逆情㉖以干誉㉗。

〔注〕①"信义"二句：信义通行于君子之中，刑戮施加于小人之上。信义，信用、道义，指遵守信诺，坚持公理。君子，指道德高尚、遵纪守法的人。刑戮，刑法、杀戮。小人，指道德低下、触犯刑法的人。此虽有"刑不上大夫"的封建统治意识之偏见，但在本文论述法制问题时，

“小人”是作为违法乱纪者的代名词而使用的。　②刑入于死者：指刑法定罪达到死刑者。入，指定以罪名，使受刑罚。　③小人之尤甚者：此指判处死刑者是小人中尤其(特别)过甚(严重、恶劣)的。　④宁：宁肯。　⑤不苟幸生：不苟且侥幸求生。　⑥尤难者：尤其(特别)难以做到的。　⑦方唐太宗之六年：此指当唐太宗贞观六年。方，正当。　⑧录大辟囚三百余人：选取死囚三百余人。录，采取。此处指选取。或，收集、汇集之意。大辟，古代五刑之最，死刑。　⑨纵：放纵。此指假释性地放出囚犯。　⑩约其自归以就死：此指“纵使还家”之前，约定死囚探家后，在规定期限自己返回监狱接受死刑。就死，受死。　⑪期：期望。⑫及期而卒自归无后者：(死囚)到了期限而最终自己归来，没有误期迟到的。《旧唐书·太宗纪》载：“贞观六年十二月辛未，亲录囚徒，归死罪者二百九十人于家，令明年秋末就刑。其后应期毕至，诏悉原(赦免)之。”　⑬此岂近于人情哉：这难道合乎人情吗？近于，接近于，即合乎于。　⑭或曰：有人说。古代论辩文中常用的设问方式，提出问难，引出下文的深入论辩。⑮临之：降临到他(身上)。　⑯移人：改变人(的品性)。　⑰不意：不料。意，猜测、料想。此处意思是暗中已料想到。　⑱冀免：希求赦免(死罪)。　⑲上贼下之情：指皇帝窥测了囚犯的心情。贼，偷窃，此指偷窥、暗中窥测。　⑳下贼上之心：指囚犯暗中窥测了皇帝的用心。㉑乌有：何有，哪里有。　㉒于兹六年：指唐太宗自贞观元年即位，至纵囚还家自归就死这件事，此六年期间，小人为恶者不绝。于兹，至此、至今。　㉓何为而可：如何做才行。　㉔三王之治：指夏禹、商汤、周文王周武王的治国理民。　㉕立异：指违反传统法制的标新立异。㉖逆情：违背人情法理。　㉗干誉：谋求名誉。

《纵囚论》是一篇史论文。大约作于宋仁宗康定元年(1040)，作者任馆阁校勘，修《崇文总目》；或任太子中允，同修礼书之际。欧阳修对《旧唐书·太宗纪》所载唐太宗李世民“纵囚”赦死的所谓“德政”壮举，发表了矫枉正偏的批评见解。

《纵囚论》全文三段：

首段，欧阳修对太宗“纵囚”赦死的不合人情法理，提出质疑。《旧唐书·太宗纪》载：贞观六年，唐太宗假释性地纵放死囚归家，约定期限，自归受死。这件后世传为美谈的太宗“德政”，显然是史官圣化太宗的溢美之词，与唐太宗主张刑法宽简、死刑要严、赦令勿滥的一贯态度不合。因为，如此“德政”壮举，在《贞观政要》中竟无一字涉及，反而有与此相反的记载。《贞观政要》载：贞观七年，唐太宗谈及赦令：“智者不肯为恶，愚人好犯宪章。凡赦宥之恩，惟及不轨之辈。古语云：‘小人之幸，君子之不幸’；‘一岁再赦，善人喑哑’。凡养稂莠者伤禾稼，惠奸宄者贼良人，昔‘文王作罚，刑兹无赦’……诸葛亮治蜀十年不赦，而蜀大化。梁武帝每年数赦，卒至倾败。夫谋小仁者，大仁之贼。故我有天下以来，决不放赦。今四海安宁，礼义兴行，非常之恩，弥不可数。将恐愚人常冀侥倖，惟欲犯法，不能改过。”唐太宗批评梁武帝滥施“放赦”，是“谋小仁者，大人之贼”。只会开启“常冀侥倖”宽赦的心理，导致“惟欲犯法，不能改过”的恶果。这简直是对《旧唐书·太宗纪》所载“纵囚”赦死之“德政”的否定，而对贞观六年刚刚发生的

"纵囚"赦死之"德政",竟然忽漏,仿佛毫不知情,岂非怪事?这只能说,所谓"纵囚"赦死之"德政",确为史官溢美虚妄之词无疑。

因此,欧阳修秉承太宗"智者不肯为恶,愚人好犯宪章"的论述,提出"信义行于君子,而刑戮施于小人"的主张和措施。这就是强调对待不肯为恶的智者、君子,要施行"信义",倡导遵纪守法的模范。对待好犯刑法的愚人、小人,要施行"刑戮",以威慑违法乱纪的行径。这是维护社会治安、国家安定的通则。特别指出,刑罚达到死刑者,那又是"罪大恶极"的"小人之尤甚者",不可轻易宽赦。如今,太宗纵囚,"约其自归以就死"的举措,"是以君子之难能,期小人之尤者以必能",因为舍生取义,视死如归,即使知信义的君子也"尤难"做到,更何况小人?而《旧唐书·太宗纪》所载,这些"罪大恶极"的死囚竟然比君子更知"信义",如期自归!欧阳修认为,"君子之所难,而小人之所易"的反常现象,"此岂近于人情哉?"这难道合乎人情法理吗?以一反诘句,收上启下,表达作者的不解和质疑,引发读者思考,为下文预作提示。

中段,欧阳修对《旧唐书·太宗纪》所载的美化太宗"纵囚"赦死之壮举,撇开史官之溢美,只当作既成史事,直指太宗失误,深入辨析其真实意图。首先以"或曰"的虚拟方式,概述历来对太宗"纵囚"赦死一事的赞誉:一是"施恩德以临之",可使罪大恶极之小人变为君子;二是,像太宗"纵囚"一事,则证明了"恩德入人之深而移人之速"。从辩驳文章看,这是为作者的论难,树立了批驳的靶子。继而,以"曰"承之,表达作者的批驳和辨析。作者一针见血地直指:"太宗之为此,所以求此名也。""求此名"者,就是博求帝王施德,感化小人知信义而幡然君子的美名!随之,作者以两个"安知"的设问句,追究辨析"纵囚"之际,太宗与囚犯双方"上下交相贼"的侥幸心理:安知太宗纵囚,不是料想(侥幸)囚犯必定归来以"冀免"死罪,所以"纵囚"呢?又安知那些被纵之囚,不是料想(侥幸)自己如期归来必定会"获免"死罪,所以"复来"呢?如此,太宗作为君王,料想到囚犯"必来而纵之",这是皇帝窥测囚犯的心情。反之,囚犯料想到"必免而复来",则是囚犯窥测君王的用心。欧阳修断然确认"纵囚"赦死的所谓"德政",实际是为成此(帝王施恩德而"移人",小人知信义而速变)美名,上下交相窥测的侥幸结果,哪里有什么"施恩德""知信义"呢?以设问、推论的方式,揭穿"或曰"赞誉的虚伪,破除了笼罩在太宗"纵囚"上的美丽光环,暴露出"纵囚"德政,不过是为博求高誉,上下交相窥测而演出的一幕耐人寻味的喜剧罢了!最后,作者从反面论证"纵囚"感化小人而变君子之虚妄:唐太宗施德于天下,至此六年,"不能使小人不为极恶大罪",怎么能单凭"纵囚"的一日之恩,就能使小人"视死如归而存信义”？以太宗施政的六年事实，证实一日“纵囚”感化乃“不通之论”，与首段“此岂近于人情哉”相呼应。

末段，欧阳修提出“何为而可”的法理原则。第一，“纵而来归，杀之无赦”，这是指罪大恶极的囚犯，即使“纵而来归”，也要严格执法，犯死刑者，“杀之无赦”，不能因一日之恩，以情代法，“侥幸免死”。即使，又纵之，又来之，则可知是君王恩德所致如此。但作者认为，“然此必无之事”，点明《旧唐书·太宗纪》所载“纵囚”一事，实乃溢美虚妄之词。第二，退一步讲，假如君王大发恻隐，法外施恩特赦，真有“纵而来归而赦之”的事情，也只可“偶一为之”，不能作为“天下之常法”，否则，“屡为之，则杀人者皆不死”，皆生觊觎侥幸赦死之欲望，难免导致“惟欲犯法，不能改过”的法制混乱局面。第三，欧阳修提出“圣人之法”的根本原则：“必本于人情。”所谓“人情”，指的是普通百姓的愿望与相互关系（秩序、规范）。这是继承了汉代晁错《贤良对策》的观点：“计安天下，莫不本于人情”，“其为法令也，合于人情而后行之”。就是说，百姓之人情欲安逸，而厌危乱；人情欲生存，而惧死亡。法令则使百姓安逸，解除危乱；保百姓安逸，避免死亡。反之，对违反百姓人情愿望的小人，尤其罪大恶极的“小人之尤甚者”，则反其道而行之，以危亡之大辟死刑震慑之，制约犯罪，维持社会的秩序与规范，这正是百姓之人情所愿望的秩序与规范。这就是所谓的“本于人情”的“圣人之法”。所以，欧阳修针对太宗“纵囚”之事，提出君王治国要以“本于人情”的“尧、舜、三王之治”为常法，不能立异以求成高名，逆情以博取美誉。

综观全文，欧阳修认为史书应当“褒贬前世，著为成法”，而《旧唐书》立异逆情的虚夸溢美的记载，不足为训。欧阳修以百姓的人情（愿望、秩序、规范）为根本，为常法，针对太宗的逆情立异的作为，层层批驳辨析，暴露出“纵囚”事件的违背人情常理的荒谬不实，行文老辣，有理有据，令人信服。（赵乃增）

资政殿学士户部侍郎文正范公神道碑铭并序

皇祐①四年五月甲子，资政殿学士尚书户部侍郎汝南②文正③公薨④于徐州。以其年十月二日壬申，葬于河南尹樊里之万安山下。

公讳仲淹，字希文。五代之际，世家苏州，事吴越⑤。太宗皇帝时，吴越献其地，公之皇考从钱俶朝京师，后为武宁军掌书记以卒。公生二岁而孤，母夫人贫无依，再适⑥长山朱氏。

既长，知其世家，感泣，去之南都[⑦]，入学舍，扫一室，昼夜讲诵。其起居饮食，人所不堪，而公自刻益苦。居五年，大通六经之旨，为文章论说，必本于仁义。祥符[⑧]八年举进士，礼部选第一，遂中乙科，为广德军司理参军，始归迎其母以养。及公既贵，天子赠公曾祖苏州粮料判官讳梦龄为太保，祖秘书监讳赞时为太傅，考讳墉为太师，妣谢氏为吴国夫人。

公少有大节，于富贵贫贱毁誉欢戚不一动其心，而慨然有志于天下。常自诵曰：士当先天下之忧而忧，后天下之乐而乐也[⑨]。其事上遇人，一以自信，不择利害为趋舍。其所有为，必尽其方。曰："为之自我者当如是，其成与否，有不在我者，虽圣贤不能必，吾岂苟哉。"

天圣[⑩]中，晏丞相[⑪]荐公文学，以大理寺丞为秘阁校理。以言事忤章献太后旨，通判河中府[⑫]。久之，上记其忠，召拜右司谏。当太后临朝听政，时以至日大会前殿，上将率百官为寿，有司已具。公上疏言天子无北面，且开后世弱人主以强母后之渐，其事遂已。又上书请还政天子，不报。及太后崩，言事者希旨，多求太后时事，欲深治之[⑬]。公独以谓太后受托先帝，保佑圣躬，始终十年，未见过失，宜掩其小故，以全大德。初，太后有遗命，立杨太妃[⑭]代为太后。公谏曰：太后，母号也，自古无代立者。由是罢其册命。

是岁大旱蝗，奉使安抚东南。使还，会郭皇后废[⑮]，率谏官御史伏阁争，不能得，贬知睦州，又徙苏州。岁余，即拜礼部员外郎、天章阁待制，召还，益论时政阙失，而大臣权幸多忌恶之。居数月，以公知开封府。开封素号难治，公治有声，事日益简，暇则益取古今治乱安危为上开说。又为百官图[⑯]以献，曰：任人各以其材而百职修，尧、舜之治不过此也。因指其迁进迟速次序，曰：如此而可以为公，可以为私，亦不可以不察。由是吕丞相怒，至交论上前，公求对辨，语切，坐落职，知饶州。明年，吕公亦罢，公徙润州，又徙越州。而赵元昊反河西[⑰]，上复召相吕公。乃以公为陕西经略安抚副使，迁龙图阁直学士。

是时新失大将，延州危[18]。公请自守鄜延扞贼，乃知延州。元昊遣人遗书以求和，公以谓无事请和难信，且书有僭号，不可以闻，乃自为书，告以逆顺成败之说，甚辩。坐擅复书，夺一官，知耀州。未逾月，徙知庆州。既而四路置帅[19]，以公为环庆路经略安抚招讨使、兵马都部署。累迁谏议大夫、枢密直学士。

公为将，务持重，不急近功小利。于延州，筑青涧城，垦营田，复承平、永平废寨，熟羌归业者数万户。于庆州，城大顺以据要害，又城细腰胡芦，于是明珠、灭臧等大族，皆去贼为中国用。自边制久隳[20]，至兵与将常不相识[21]，公始分延州兵为六将，训练齐整，诸路皆用以为法。公之所在，贼不敢犯[22]。人或疑公见敌应变为如何，至其城大顺也，一旦引兵出，诸将不知所向。军至柔远，始号令告其地处，使往筑城。至于版筑之用，大小毕具，而军中初不知。贼以骑三万来争，公戒诸将，战而贼走，追勿过河。已而贼果走，追者不渡，而河外果有伏。贼失计，乃引去。于是诸将皆服公为不可及。

公待将吏，必使畏法而爱己，所得赐赉[23]，皆以上意分赐诸将，使自为谢。诸蕃质子[24]，纵其出入，无一人逃者。蕃酋来见，召之卧内，屏人彻卫，与语不疑。公居三岁，士勇边实，恩信大洽，乃决策谋取横山，复灵武，而元昊数遣使称臣请和，上亦召公归矣。初，西人籍为乡兵者十数万，既而黥以为军[25]。惟公所部，但刺其手，公去兵罢，独得复为民。其于两路[26]，既得熟羌为用，使以守边，因徙屯兵[27]，就食内地，而纾西人馈輓之劳。其所设施，去而人德之，与守其法不敢变者，至今尤多。

自公坐吕公贬，群士大夫各持二公曲直，吕公患之，凡直公者，皆指为党，或坐窜逐[28]。及吕公复相，公亦再起被用[29]，于是二公欢然相约，戮力平贼。天下之士，皆以此多二公。然朋党之论，遂起而不能止。上既贤公可大用，故卒置群议而用之。

庆历[30]三年春，召为枢密副使，五让，不许，乃就道。既至，数月，以为参知政事。每进见，必以太平责之。公叹曰："上之用我者至矣，然事有先后，而革弊于久安，非朝夕可也。"既而上再赐手诏，趣使条天下事。又开天章阁召见，赐坐，授以纸笔，使疏于前。公惶恐避席，始退而条列时所宜先者十数事[31]上之。其诏天下兴学取士，先德行不专文辞，革磨勘例迁[32]以别能否，减任子[33]之数而除滥官，用农桑考课守宰等。事方施行，而磨勘、任子之法，侥幸之人皆不便，因相与腾口。而嫉公者亦幸外有言，喜为之佐佑。会边奏有警，公即请行，乃以公为河东陕西宣抚使。至则上书愿复守边，即拜资政殿学士，知邠州，兼陕西四路安抚使。其知政事，才一岁而罢，有司悉奏罢公前所施行而复其故。言者遂以危事中之[34]，赖上察其忠，不听。

是时，夏人已称臣，公因以疾请邓州。守邓三岁，求知杭州，又徙青州。公益病，又求知颍州，肩舁[35]至徐，遂不起。享年六十有四。方公之病，上赐药存问。既薨，辍朝一日。以其遗表无所请，使就问其家所欲，赠以兵部尚书，所以哀恤之甚厚。

公为人，外和内刚，乐善泛爱。丧其母时尚贫，终身非宾客，食不重肉。临财好施，意豁如也。及退而视其私，妻子仅给衣食。其为政所至，民多立祠画像。其行己临事，自山林处士，里闾田野之人，外至夷狄，莫不知其名字，而乐道其事者甚众。及其世次官爵，志于墓，谱于家，藏于有司者，皆不论著[36]。著其系天下国家之大者，亦公之志也欤！铭曰：

范于吴越，世实陪臣。俶纳山川，及其士民。范始来北，中间几息。公奋自躬，与时偕逢。事有罪功，言有违从。岂公必能？天子用公。其艰其劳，一其初终。夏童跳边，乘吏怠安。帝命公往，问彼骄顽。有不听顺，锄其穴根。公居三年，怯勇隳完。儿怜兽扰，卒俾来臣。夏人在廷，其事方议。帝趣公来，以就予治。公拜稽首，兹惟难哉！初匪其难，在其终之。群言营营，卒坏于成。匪恶其成，惟公是倾。不倾不危，天子之明。存有显荣，殁有赠谥。藏其子孙，宠及后世。惟百有位，可劝无怠。

〔注〕 ① 皇祐：宋仁宗赵祯年号(1049—1054)。 ② 汝南：范姓的郡望。 ③ 文正：范仲淹死后的谥号。 ④ 薨：封建时代称大官的死。 ⑤ 事吴越：在吴越国做官。吴越，五代时江南钱镠立的国名，下文“钱俶”是钱镠的孙子。 ⑥ 再适：再嫁。范仲淹在朱家时，改名朱说。 ⑦ 南都：宋真宗改宋州(今河南商丘市)为应天府，称南京。 ⑧ 祥符：即大中祥符，宋真宗赵恒年号(1008—1016)。 ⑨“士当”二句：见《岳阳楼记》，为后世传诵。 ⑩ 天圣：宋仁宗年号(1023—1032)。 ⑪ 晏丞相：晏殊，当时任应天府知府。 ⑫“以言事”二句：当时章献太后垂帘听政，天圣七年冬至，太后准备临朝受贺，仁宗将率百官上寿，为范仲淹谏阻。范又上书请太后还政，因此触怒太后，出通判河中府。 ⑬“及太后崩”四句：仁宗为真宗李宸妃所生，章献太后是真宗的刘德妃，攘为己子。所以她死后官员们发难欲加之罪。 ⑭ 杨太妃：真宗的杨淑妃。章献太后遗命，尊杨太妃为皇太后，与皇帝垂帘听政。 ⑮ 郭皇后废：明道二年(1033)仁宗废郭后，宰相吕夷简因与郭后有憾，主废立之议。御史中丞孔道辅率谏官范仲淹等谏阻不获，于是面责吕夷简，结果孔道辅贬泰州，范仲淹贬睦州。 ⑯ 百官图：景祐三年(1036)，范仲淹以吕夷简执政，官吏进用多出其门，上百官图。由此引发“庆历党议”。 ⑰ 赵元昊反河西：宝元元年(1038)，西夏元昊称帝。 ⑱“是时”二句：康定元年(1040)正月，元昊攻延州，鄜延副总管刘平、石元孙等兵败被俘。 ⑲ 四路置帅：庆历元年(1041)，分陕西路为秦凤、泾原、环庆、鄜延路，各置经略安抚使，以抵抗西夏。 ⑳ 隳(huī)：毁坏。 ㉑ 至兵与将常不相识：宋初为了限制将帅权力，兵制十分腐败，将不专兵，兵不识将，都是临时凑集，所以不能作战。 ㉒ 公之所在，贼不敢犯：据《渑水燕谈录》：“范文正以龙图阁直学士帅邠延泾庆四郡，威德著闻，夷夏耸服。蕃部率称曰龙图老子，至于元昊亦以此呼之。” ㉓ 赉(lài)：赏赐。㉔ 诸蕃质子：臣服宋朝的少数部族首领(蕃酋)送自己的儿子作为抵押。 ㉕ 黥(qíng)以为军：宋代正规军脸上要刺字，这里是说强迫乡兵为正规军。 ㉖ 两路：指鄜延路、环庆路。㉗ 屯兵：驻防的军队。 ㉘ 窜(cuàn)逐：放逐。窜，同“窜”。 ㉙ 及吕公复相，公亦再起被用：据《涑水纪闻》：康定元年，“吕公自大名复入相，言于仁宗曰：‘范仲淹贤者，朝廷将用之，岂可但除旧职耶。’除龙图阁直学士、陕西经略副使。……文正面谢曰：向以公事忤犯相公，不意相公乃尔奖拔。许公(吕夷简)曰：夷简岂敢以旧事为念邪。” ㉚ 庆历：宋仁宗赵祯年号(1041—1048)。 ㉛ 所宜先者十数事：即《答手诏条陈十事》，见《范文正集》。是“庆历新政”的基础。 ㉜ 革磨勘例迁：宋代有磨勘司，初定文官五年，武官七年都得升官，后来每遇喜庆、郊祀亦要升官，范仲淹建议应加限制。 ㉝ 减任子：宋初定任子之法，台省六品、诸司五品官子孙都可得荫，后来封荫愈来愈广，因此建议削减。 ㉞ 言者遂以危事中之：时宰相夏竦伪造证据，诬陷范仲淹与富弼酝酿废仁宗另立皇帝，于是谏官们纷纷上书。 ㉟ 肩舁(yú)：轿子。舁，通“舆”。 ㊱“及其”五句：据《水东日记》，富弼曾对此文“差叙官次”过于简略提出意见，作者说：“此碑直系天下国家大事，后人固不必于此求范公官况也。”

"神道碑铭",碑志文之一,立在墓前称碑,埋于墓中称志。《文体明辨序说》说:"故碑实铭器,铭实碑文,其序则传,其文则铭,此碑之体也。"因此文前一段散文为序,后边的铭文才为正文。《事祖广记》说:"古之葬有丰碑以窆。秦汉以来,死有功业,则刻于上,稍改用石。晋宋间始称神道碑,盖地理家以东南为神道,碑立其地而名之耳。"

范仲淹是"庆历新政"的主持者。宋初建国后,由于帝王猜忌,搞得文恬武嬉,以致积贫积弱。庆历三年,仁宗锐意改革,以范仲淹为参知政事,并开天章阁,召辅臣条对。仲淹退而上十事:明黜陟、抑侥幸、精贡举、择长官、均公田、厚农桑、修武备、推恩信、重命令、减徭役。翻采用之,宜著令者,皆以诏书画一颁下,史称"庆历新政"。但"新政"因限制了权贵的利益,遇到了强烈反对而失败,"其知政事才一岁而罢,有司悉奏罢公前所施行而复其故"。以后范仲淹一直任地方官,再也没有入朝。但"庆历新政"虽然失败,却为不久后的王安石变法起了先导作用。

欧阳修是"新政"的积极参与者,为此而一再受到贬谪,但一生钦仰范仲淹。在写作本文时(皇祐四年至至和元年),作者恰在母丧中,加以党议的余波未息,新政亦悉奏罢。遣辞命笔有不少为难之处。因此在《与孙元规书》中说:"昨日范公宅得书,以埋铭见托。哀苦中无心绪作文字,然范公之德之才,岂易称述。至于辨谗谤,判忠奸,上不损朝廷事体,下不避怨仇侧目,如此下笔,抑又难哉。"

本文成稿时,经韩琦审定。但文中述及范仲淹和吕夷简和解,"于是二公欢然相约,戮力平贼",却为富弼反对。作者在《答徐无党书》中说:

> 谕及富公言范文正公神道碑事,当时在颍已共详定,如此为允。述吕公事,于范公见德量包宇宙,忠义先国家;于吕公事各纪实,则万世取信。非如两仇相讼,各过其实,使后世不信,以为偏词也。大抵某之词,无情之语平,富之志(富弼为范仲淹撰有墓志铭)嫉恶之心胜。后世得此二文虽不同,以此推之,亦不足怪也。……富公如必要换,则请他命别人作尔。

对于范吕和解事,实际的碑文和此文也有不同。据《避暑录话》说:

> 欧文忠作范文正神道碑,累年未成,范丞相(范仲淹子范纯仁,宋哲宗时为宰相)兄弟数趣之。文忠以书报之曰:此文极难作,敌兵尚强,须字字与之对垒。盖是时吕许公(夷简)客尚众也。余尝于范氏见此帖,其后碑载初为西帅时与许公释憾事曰:二公欢然相约平贼。丞相得之曰:无是,吾翁未尝与吕公平也,请文忠易之。文忠怫然曰:此吾

所目击，公等少年，何从知之。丞相即自刊去二十余字乃入石。既以碑献文忠，文忠却之曰：非吾文也。

事实上，范吕和解，应是无疑的。据《宋史纪事本末》：

先是，石介奏记于(富)弼，责以行伊、周之事。夏竦怨介斥己，又欲因以倾弼等，乃使女奴阴习介书，久之习成，遂改伊、周曰伊、霍，且伪作介为弼撰废立诏书，飞语上闻。帝虽不信，而弼与仲淹恐惧，不自安于朝，皆请出按西北边，不许。适闻契丹伐夏，仲淹固请行，乃独允之。仲淹将赴陕，过郑州。时吕夷简已老，居郑。仲淹往见之，夷简问：何事遽出。仲淹对以暂往经抚两路，事毕即还。夷简曰：君此行正蹈危机，岂复再入，若欲经制西事，莫如在朝廷为便。仲淹愕然。仲淹既去朝，攻者果益急，帝心不能无疑矣。

据此，庆历四年范仲淹罢参知政事出为陕西、河东宣抚使赴陕路过郑州时，尚去看望退休居郑的吕夷简，那么康定元年的范吕和解，是可信的。

欧阳修撰写碑志，强调“不虚美、不溢恶”，对人物评价实事求是，文字要求简练含蓄，使读者能寻味其中的褒贬含义。加以碑文有惟书死者学行大节的体例，以致限制了作者对范仲淹的感情。而在《祭资政范公文》中，则连书四个“呜呼公乎”，说“公曰彼恶，公为好讦；公曰彼善，公为树朋；公所勇为，公则躁进；公有退让，公为近名”，又说：“举世之善，谁非公徒；谗人岂多，公志不舒；善不胜恶，岂其然乎？成难毁易，理又然欤！”哀悼之情，就一发不可收。　　（陈　新）

石曼卿墓表

曼卿讳延年，姓石氏，其上世为幽州[①]人。幽州入于契丹[②]，其祖自成始以其族间走南归[③]。天子嘉其来，将禄之[④]，不可，乃家于宋州之宋城[⑤]。父讳补之，官至太常博士[⑥]。

幽燕俗劲武[⑦]，而曼卿少亦以气自豪。读书不治章句[⑧]，独慕古人奇节伟行非常之功，视世俗屑屑[⑨]，无足动其意者。自顾不合于时，乃一混以酒。然好剧饮大醉，颓然自放，由是益与时不合。而人之从其游者，皆知爱曼卿落落[⑩]可奇，而不知其才之有以用也。年四十八，康定[⑪]二年二月四日，以太子中允[⑫]、秘阁校理[⑬]卒于京师。

曼卿少举进士，不中，真宗推恩，三举进士皆补奉职。曼卿初不肯就，张文节[14]公素奇之，谓曰："母老乃择禄耶？"曼卿矍然[15]起就之，迁殿直[16]。久之，改太常寺太祝[17]，知济州金乡县[18]。叹曰："此亦可以为政也。"县有治声，通判乾宁军[19]。丁母永安县君李氏忧，服除，通判永静军[20]。皆有能名。充馆阁校勘，累迁大理寺丞[21]，通判海州[22]。还为校理[23]。庄献明肃太后[24]临朝，曼卿上书，请还政天子。其后太后崩，范讽[25]以言见幸，引尝言太后事者，遽得显官，欲引曼卿，曼卿固止之，乃已。

自契丹通中国，德明[26]尽有河南而臣属，遂务休兵，养息天下，然内外弛武三十余年。曼卿上书言十事，不报。已而元昊[27]反，西方用兵，始思其言，召见。稍用其说，籍[28]河北、河东、陕西之民，得乡兵数十万。曼卿奉使籍兵[29]河东，还称旨，赐绯衣银鱼[30]。天子方思尽其才，而且病矣。既而闻边将有欲以乡兵扞[31]贼者，笑曰："此得吾粗也。夫不教之兵，勇怯相杂，若怯者见敌而动，则勇者亦牵而溃矣。今或不暇教，不若募其敢行者，则人人皆胜兵也。"

其视世事，蔑若不足为。及听其施设之方，虽精思深虑，不能过也。状貌伟然，喜酒自豪，若不可绳以法度。退而质其平生趣舍大节，无一悖于理者。遇人无贤愚，皆尽忻欢，及间[32]而可不[33]天下是非善恶，当其意者无几人。其为文章，劲健称其意气[34]。

有子济、滋。天子闻其丧，官其一子，使禄其家。既卒之三十七日，葬于太清[35]之先茔[36]，其友欧阳修表于其墓曰：

呜呼曼卿！宁自混[37]以为高，不少屈以合世，可谓自重之士矣。士之所负[38]者愈大，则其自顾也愈重，自顾愈重，则其合愈难。然欲与共大事，立奇功，非得难合自重之士，不可为也。古之魁雄[39]之人，未始不负高世之志，故宁或毁身污迹，卒困于无闻。或老且死，而幸一遇，犹克[40]少施于世。若曼卿者，非徒与世难合，而不克所施，亦其不幸不得至乎中寿[41]，其命也夫！其可哀也夫！

〔注〕 ① 幽州：古地名，在今北京市及河北省北部一带。 ② 契丹：古民族名，自唐末起，其民族首领始称帝建辽国，后其国为金所灭。 ③ 间走南归：私下奔到南方（指宋）来。间，私自。 ④ 禄之：给他官做。 ⑤ 宋州之宋城：即今河南商丘市。 ⑥ 太常博士：即太常寺的博士，主管礼乐仪制及祭祀等。 ⑦ 劲武：用力于武功，尚武。 ⑧ 章句：剖章析句。 ⑨ 屑屑：琐屑，猥琐。 ⑩ 落落：孤高，难与人合。 ⑪ 康定：宋仁宗的年号，康定二年即公元1041年。 ⑫ 太子中允：太子宫的属官。 ⑬ 秘阁校理：宋官名，由京朝官充任，与直秘阁通掌阁事。元丰改制后，秘阁并入秘书省。 ⑭ 张文节：张知白，字用晦，仁宗朝，官至宰相，谥文节。 ⑮ 矍（jué）然：惊惧的样子。 ⑯ 殿直：殿中省的佐官。 ⑰ 太祝：主管祭祀的属官。 ⑱ 金乡县：今属山东济宁市。 ⑲ 乾宁军：故城在今河北青县。 ⑳ 永静军：故治所在今河北东光。 ㉑ 大理寺丞：主管刑狱的官吏。 ㉒ 海州：故治所在今江苏东海。 ㉓ 校理：即注⑬之秘阁校理。 ㉔ 庄献明肃太后：即章献明肃刘皇后，她是真宗皇后，仁宗的母后。 ㉕ 范讽：字补之，仁宗时累官龙图阁大学士。 ㉖ 德明：西夏之主。 ㉗ 元昊（hào）：西夏德明之子，本名元昊，又名李曩霄，不甘心臣宋，遂僭称国号，战败后求和，被封为夏国主，在位十七年。 ㉘ 籍：记录，登记。 ㉙ 籍兵：征集士兵。 ㉚ 绯衣银鱼：绯衣，朝官的红色品服，四品服深绯，五品服浅绯。银鱼，银制的鱼形佩饰，为五品以上官员的章服。 ㉛ 扞（gǎn）：防止，抵抗。 ㉜ 间：或者。 ㉝ 可不：犹可否。 ㉞ 劲健称其意气：文章的刚劲有力与他的气质是相称的。 ㉟ 太清：后魏置县，故治所在山西寿阳县北，此处的太清疑为宋城之村镇。 ㊱ 先茔（yíng）：先人墓地。 ㊲ 混：指前文的一混以酒。 ㊳ 负：抱负。 ㊴ 魁雄：杰出而强有力。 ㊵ 克：能够。 ㊶ 中寿：中等的年寿。有九十以上、八十以上、七十以上、六十以上四种不同的说法。欧阳公用的是六十以上的说法。

此文写于康定二年或庆历元年（1041），这时欧阳修在汴京任馆阁校勘。石曼卿与欧阳修是很要好的朋友，除了这篇墓表之外，在二十多年后，欧阳公又写了一篇《祭石曼卿文》，遣使致祭，足见两人交情之深厚。

叙家世，颂先人之清芬，这是墓表不可或缺的，所以文章开头便先写了石氏本幽州人，在幽州为契丹占据之后，石氏家族由北入南，而定居于宋城。对曼卿的父亲石补之，只写了“官至太常博士”一句，下文一转，写曼卿的气质、好恶、习尚等个性特点。他的个性特点，又与幽燕之地的尚武、任侠，多慷慨悲歌之士联系在一起。

墓表写曼卿其人，是多层次、多侧面的，先写其“少亦以气自豪。读书不治章句，独慕古人奇节伟行非常之功，视世俗屑屑，无足动其意者”。这是总写，也是一篇之纲。第二个层面写他不合于时的方面：因不合于时，所以“一混以酒”，“好剧饮大醉”，醉后又像刘伶、阮籍那样“颓然自放”，这样就更加与时不合了。所以人们对他的理解是不全面的，交游者只爱其“落落可奇”，而不知他有治世之才。只有欧阳公是“知其才之有以用”的，可见真正了解曼卿是欧阳公。

下文又分几个层面补写曼卿的“才之有以用”。他在金乡县的知县任上，赢得“县有治声”的声誉，为两军通判，“皆有能名”。特别可贵的是，他在任馆阁校理时，在庄献明肃太后临朝听政的时候，曼卿上书让太后还政天子，皇太后是个炙手可热的人物，上书还政天子必然得罪太后，动辄得祸。敢冒险上书之人，是不怕丢官、不怕杀头的有识之士。当上书言太后事的范讽受到皇上重用之后，范讽想援引曼卿，曼卿坚决阻止这件事，不愿因此而得显官，这种不矜其功的品德，正是曼卿超出常人的地方，也是他的"落落可奇"之处。

曼卿"才之有以用"的另一个侧面，是对北宋的边防武备的预见性。在和平的年代，他看到潜伏的战争危机，于是上书言十事，但未得到当权者的重视。当西夏的元昊造反之后，朝廷才发现他的上书切实可行，被召见之后，稍用其说，即见成效。这是对他"才之有用"的最好说明。

表现曼卿个性特点的另一侧面是"其视世事，蔑若不足为"。文中叙写他一生大节不悖理，"遇人无贤愚，皆尽忻欢"，与人论天下是非善恶，合他意的人很少。通过这几个具体方面，展观其为人的"落落可奇"，印证他把世事看得"蔑若不足为"。此段从首段的"一混以酒"脱出，表面看是复写首段内容，实际不完全是复写，而是印证首段，在内容上有所深化。

最后的一段文字，融悲慨、议论、同情于一体，赞扬曼卿的"宁自混以为高，不少屈以合世"。并称曼卿为"自重之士"。由此生发，引出议论的主题："士之所负者愈大，则其自顾也愈重，自顾愈重，则其合愈难。然欲与共大事，立奇功，非得难合自重之士，不可为也。"由此议论，转到曼卿自身，指出自重之士多是不幸的，而曼卿的不幸尤甚，"非徒与世难合"，而又"不克所施"，朝廷刚要重用他，他却"不得至乎中寿"而死，"其命也夫！其可哀也夫"！最后以悲慨作结。

茅坤评此文说："以悲慨带叙事。欧阳公知得曼卿，如印在心，故描画得会哭会笑。"(《宋大家欧阳文忠公文钞》卷之十四)"以悲慨带叙事"的确是此文的行文特色。欧阳公所以能把石曼卿这个人物写活，写得栩栩如生，主要得力于他与曼卿交情深厚，能深刻地理解曼卿的平生抱负与"落落可奇"的个性特点，他能理解常人所不能理解的石曼卿。他对石曼卿没有抽象的赞扬，而是通过具体事例，来展现石曼卿的人格美。成功处在此，感人处亦在此。　（刘文忠　刘元煌）

泷冈阡表

呜呼！惟我皇考崇公卜吉于泷冈之六十年①，其子修始克表于其阡。非敢缓也，盖有待②也。

修不幸，生四岁而孤。太夫人③守节自誓，居穷，自力于衣食，以长以教，俾至于成人。太夫人告之曰："汝父为吏，廉而好施与，喜宾客，其俸禄虽薄，常不使有余，曰：‘毋以是为我累。’故其亡也，无一瓦之覆、一垅之植，以庇而为生，吾何恃而能自守邪？吾于汝父，知其一二，以有待于汝也。自吾为汝家妇，不及事吾姑，然知汝父之能养也；汝孤而幼，吾不能知汝之必有立，然知汝父之必将有后也。吾之始归也，汝父免于母丧[④]方逾年，岁时祭祀，则必涕泣曰：‘祭而丰不如养之薄也。’间御酒食，则又涕泣曰：‘昔常不足而今有余，其何及也！’吾始一二见之，以为新免于丧适然耳。既而，其后常然，至其终身未尝不然。吾虽不及事姑，而以此知汝父之能养也。汝父为吏，尝夜烛治官书，屡废而叹。吾问之，则曰：‘此死狱也，我求其生不得尔。’吾曰：‘生可求乎？’曰：‘求其生而不得，则死者与我皆无恨也，矧求而有得邪！以其有得，则知不求而死者有恨也。夫常求其生犹失之死，而世常求其死也。’回顾乳者抱汝而立于旁，因指而叹曰：‘术者谓我岁行在戌将死[⑤]，使其言然，吾不及见儿之立也。后当以我语告之。’其平居教他子弟常用此语，吾耳熟焉，故能详也。其施于外事，吾不能知；其居于家无所矜饰，而所为如此，是真发于中者邪！呜呼！其心厚于仁者邪！此吾知汝父之必将有后也，汝其勉之！夫养不必丰，要于孝；利虽不得博于物[⑥]，要其心之厚于仁。吾不能教汝，此汝父之志也。”修泣而志之，不敢忘。

先公少孤力学，咸平三年[⑦]进士及第，为道州[⑧]判官，泗、绵二州推官[⑨]，又为泰州判官[⑩]，享年五十有九，葬沙溪之泷冈。太夫人姓郑氏，考讳德仪，世为江南名族。太夫人恭俭仁爱而有礼，初封福昌县太君，进封乐安、安康、彭城三郡太君。自其家少微时，治其家以俭约，其后常不使过之，曰：“吾儿不能苟合于世，俭薄所以居患难也。”其后修贬夷陵[⑪]，太夫人言笑自若，曰：“汝家故贫贱也，吾处之有素矣。汝能安之，吾亦安矣。”

自先公之亡二十年，修始得禄而养[⑫]。又十有二年，列官于朝，始得赠封其亲[13]。又十年，修为龙图阁直学士、尚书吏部郎中，留守南京[14]，太夫人以疾终于官舍[15]，享年七十有二。又八年，修以非才，入副枢密，遂参政事[16]，又七年而罢[17]。自登二府[18]，天子推恩，褒其三世，故自嘉祐以来，逢国大庆，必加宠锡。皇曾祖府君累赠金紫光禄大夫、太师、中书令，曾祖妣累封楚国太夫人。皇祖府君累赠金紫光禄大夫、太师、中书令兼尚书令，祖妣累封吴国太夫人。皇考崇公累赠金紫光禄大夫、太师、中书令兼尚书令，皇妣累封越国太夫人。今上初郊，皇考赐爵为崇国公，太夫人进号魏国。

于是，小子修泣而言曰："呜呼！为善无不报，而迟速有时，此理之常也。惟我祖考，积善成德，宜享其隆，虽不克有于其躬，而赐爵受封，显荣褒大，实有三朝之锡命，是足以表见于后世，而庇赖其子孙矣。"乃列其世谱，具刻于碑。既，又载我皇考崇公之遗训，太夫人之所以教而有待于修者，并揭于阡。俾知夫小子修之德薄能鲜，遭时窃位，而幸全大节，不辱其先者，其来有自。

熙宁三年[19]岁次庚戌四月辛酉朔[20]十有五日乙亥，男推诚保德崇仁翊戴功臣、观文殿学士、特进、行兵部尚书、知青州军州事、兼管内劝农使、充京东东路安抚使、上柱国、乐安郡开国公[21]，食邑[22]四千三百户、食实封[23]一千二百户修表。

〔注〕 ①"惟我皇考"句：皇考，对已故父亲的尊称。崇公，欧阳修父亲名观，字仲宾。死后追封崇国公。卜吉，占卜风水好的墓地安葬。泷冈，地名，在今江西省永丰县沙溪凤凰山下。六十年，欧阳观卒于大中祥符三年(1010)，距欧阳修作此阡表，整整六十年。 ②有待：等待皇帝封赠。 ③太夫人：欧阳修母亲郑氏。 ④免于母丧：除去为母亲守丧而穿的丧服，即守丧期满。古时父母去世，儿子须在家守孝三年。做官者解除职务。 ⑤"术者"句：术者，指占卜星相、推算人事吉凶的人。岁行在戌，指岁星运行正在戌年。古时以干支纪年，戌为十二地支之一。欧阳观死于宋真宗大中祥符三年庚，正好与术者的话巧合。 ⑥博于物：博施于众人。 ⑦咸平三年：公元1000年。咸平，宋真宗年号。 ⑧道州：治所在今湖南道县。 ⑨泗、绵二州推官：泗州在今安徽泗县，绵州在今四川绵阳市。推官，州府长官僚司，主管刑事。 ⑩泰州判官：泰州，治所在今江苏泰州。判官，州府长官僚属，主管文书事务。 ⑪贬夷陵：欧阳修景祐三年作《与高司谏书》，为范仲淹辩解，因而得罪守旧派，被贬为夷陵(今湖北宜昌)县令。 ⑫"自先公"二句：欧阳修于仁宗天圣八年(1030)进士及第，任西京留守推官，

始得官禄,奉养母亲。⑬"又十有二年"三句:欧阳修于康定元年(1040)恢复馆阁校勘原官。次年改集贤校理,属于朝中高官,符合赠封亲属的规定。⑭"又十年"三句:仁宗皇祐二年(1050),欧阳修以龙图阁直学士知应天府兼南京留守司事,转吏部郎中,加轻骑都尉。龙图阁,宋代管理典籍文献的官署,设有学士、直学士、待制、直阁等官。这些官号,常常是加侍从官员的一种荣誉称号。⑮"太夫人"句:欧阳修母亲郑氏病死于皇祐四年。⑯"又八年"四句:嘉祐五年(1060)十一月,欧阳修任枢密副使。次年八月,拜参知政事。⑰又七年而罢:治平四年(1067)三月,欧阳修罢免参知政事,出知亳州。⑱二府:宋枢密院主管军事,中书省主管政事,同为最高国务机关,并称二府。⑲熙宁三年:公元1070年。⑳四月辛酉朔:农历四月初一日。㉑"男……乐安郡开国公":男,古代儿子对父母的自称。"推诚保德"以下为欧阳修当时的全部官衔和封爵。其中除"知青州军州事,兼管内劝农使,充京东东路安抚使"为实际职务外,其余都是功臣号、勋号、爵号等空名虚衔。㉒食邑:即封地。古制卿大夫征收封地的租税作食禄,故称。㉓食实封:即实封的食邑。宋制食邑自二百户至一万户,食实封自一百户至一千户,两者皆为虚名,并无所给。

《泷冈阡表》是欧阳修晚年撰写的一篇力作。这篇为父母合撰的墓表,在皇祐五年所作《先君墓表》的基础上精心改就,构思新颖,立意深远,极剪裁之妙,又化入无痕,语语入情,句句感人,成为欧阳修散文的传世名篇。与《先君墓表》相比较,《泷冈阡表》显得真切自然,不落俗套,平易中见奇崛,从容里显老到,尤能体现作者晚年炉火纯青的艺术功力与别开生面的艺术风格。

父亲去世六十年后,欧阳修才撰此表,确实存在很大难度。清人林云铭《古文析义》卷十四,分析这篇墓表"尤不易作"的原因,归纳为"四难"。其中最难的一点,就在于作者四岁而孤,"不能通知父亲行状",为一位自己不熟知其生平行状的人作墓表,无异于无中生有,空穴来风;而且以人子的身份,颂扬父德母节,稍欠斟酌,便有溢美护亲之嫌。欧阳修凭借自己驾轻就熟的叙事本领,灵活处置材料,巧妙立意构思,既能驾驭全局,一线贯通,又能开阖变化,融会一体,更能精雕细琢,让音容如睹,亲情再现,从而使诸多写作难点迎刃而解。其文法之峻洁、独运之匠心,主要表现在以下三个方面:

第一,代言叙事,一碑双表。由于不熟知父亲的生平行状,欧阳修不能按照常规墓表的写法,客观地列叙事迹,详介生平,文章仅用不到四十字的篇幅,简要概述父亲的经历,可谓惜墨如金。作品最具匠心之处,就是从侧面落笔,选择母亲作为自己的代言人,以母亲的视角介绍、评价父亲,避实就虚,以虚求实。通过母亲对亡夫的追思,展示父亲的人格,塑造父亲的形象。知父者莫如母,母亲对亡夫的缅怀、对往事的追忆,最真实可信,服膺人心。此表借母亲之口,真实地展现父亲三方面的高风亮节:一是为官至廉,父亲一生清廉自守,乐于施舍,脱略俗念,不为物累,以至于死后家中"无一瓦之覆、一垅之植"。二是奉亲至孝,传世名言“祭而丰不如养之薄”,孝子之心,赫然可知。三是为政至仁,父亲坚持为死囚寻求活路,求而不得,万分沉痛,其仁慈宽厚,如闻如见。“吾于汝父,知其一二”,“然知汝父之能养也”,“然知汝父之必将有后也”,在母亲的这些话语中,处处流露对父亲的理解与支持,父母当年的相知相敬、相濡以沫,一并可知,诚如林纾先生评点所言:“佐以无数‘知’字,公虽不见其父,而自贤母口中述之,则崇公之仁心惠政,栩栩如生。”(《林纾选评古文辞类纂》卷八)

值得注意的是,作者巧借这种代言叙事的手法,达成一笔双写,一碑双表之目的。通过母亲的话语褒扬父德,追述者母亲的形象也逐渐凸显出来,她对父亲人格与德行的认同与崇扬,她在丈夫死后的守节自誓,居穷教子,一位襟怀开阔、贤惠、刚毅而坚强的母亲形象,浮于纸面。第三段描写母亲在父亡之后的俭约治家,身处逆境而安之若素,子贬夷陵而言笑自若,既是写母,亦是写父,母亲的处世态度、人格魅力,颇具父亲的遗风遗范,也是对父亲高风亮节的侧面衬托。文章以母褒父,父因母显,母因父成,可谓一举两得,父亲的清廉仁厚与母亲的贤淑豁达,交相辉映,相得益彰。

第二,事细情深,听辞如泣。此表具有非常浓烈的抒情气息,笔锋挟带感情,如泣如诉,催人泪下。据《江西通志》和宋人曾敏行《独醒杂志》等文献记载,此表碑刻由青州南运途中,被长江神龙借读,碑刻中的“祭而丰不如养之薄”八字,曾被神龙用朱笔圈点。事虽荒诞无稽,而其惊天地、泣鬼神的艺术感染力,可见一斑。

文章的这种艺术魅力,固然出自真情感人,是作者的肺腑之作,同时也和作者的精心选材、巧妙构思分不开。作品借母亲之口叙事,诉说者的特殊身份,使其内容自然而然地染上强烈的感情色彩。母亲对往事的追忆,寄托的是一位妻子对亡夫的深沉哀思,情致悱恻;而再现画荻教子的情景,表达的是一位伟大母亲对儿子的关爱与期待,舐犊之心,情深似海;同时又借母亲之口,传达父亲对幼子的无比眷恋,以及不能望子成材的无限遗憾。温馨的夫妻之爱、伟大的母爱、崇高的父爱,以及欧阳修对亡父亡母的崇敬与哀悼,这种种血亲之情,人间至爱,自然能感人肺腑,催人泪下。

作品中母亲对往事的追忆,没有列举或铺陈父亲的宏伟业绩,而是精心选炼几件日常琐细的小事,再现生活场景,用真实而生动的细节,体现人物的精神风貌。写父亲之廉,以身后“无一瓦之覆、一垅之植”为证。写父亲之孝,着重描写父亲的两次“涕泣”,懊恨之声、哀思之态,孝心如闻如见。写父亲之仁,突出刻画父亲的两次长“叹”,一叹不能为死囚求得活路,其沉痛之情、仁厚之心,为官之尽心守职、公正廉明，表达得淋漓尽致。对封建吏治的腐败与社会现实的黑暗，父亲有着清醒认识却又无能为力，这一声长叹，也透露出沉重的无奈，令人扼腕。父亲的第二声长“叹”，交织着复杂难言的种种隐痛，死之将至，自己想要有所作为，却力所难及；欲寄希望于后继，爱子尚幼，自己不能亲见其成人。悠悠长恨，曷其有极！读及此处真觉字字凄凉，句句悲怆。

作者精心选择的这些材料，平常而隽永，又如细事琐谈，率意说出，不事雕琢而一往情深。作者又特别善于提炼人物的精粹话语，如“毋以是为我累”“祭而丰不如养之薄”“求其生而不得，则死者与我皆无恨也”“利虽不得博于物，要其心之厚于仁”之类，寥寥数语，境界全出。文章所描述的琐细生活情景，以及这些言简意深、精光四射的语言，往往最能触及人物的灵魂深处，也最易触发读者的感思，成为刻骨铭心、历久弥深的永恒记忆，确实达到了“观风似面”“听辞如泣”的审美效果。

第三，驾驭全局，一气贯之。《泷冈阡表》的结构首尾照应，浑然一体，其间多具变化开阖、腾挪跌宕之妙，全赖作者谋篇布局的匠心独运。文章以“有待”为纲领，以“为善无不报，而迟速有时”为主题，处处紧扣“有待”二字而作，事事彰显“积善成德，必有厚报”的写作宗旨。

开头一段，简要交代父死六十年、母葬近二十年后才撰表立碑的缘由，即“非敢缓也，盖有待也”，“有待”二字实为后文埋设种种伏笔。第二、三段追怀父功母德，母亲口中反复叨念一个“知”字——“吾于汝父，知其一二”，“然知汝父之能养”，“然知汝父之必将有后也”等，这是母亲守节自誓的精神支柱，也是母亲心中的“有待”。正如林纾所言，“实则‘待’字正与无数‘知’字相应”，可见第二、三段实际上也紧紧围绕“有待”二字而写作。第四段，作者一一列举自己的官品禄位以及祖宗三代所获的封赏名号，用意很明显，就是将前面的“有待”落到实处。不辱先人，光宗耀祖，实现父母遗志，此为作者之所待；家门后继有人，爱子长大成才，此是父母之所待。全文环环相连，丝丝入扣。在此基础上，作者水到渠成地揭示文章主题：“为善无不报，而迟速有时”，意即积善必有厚报，所待必有所成，善报之日，就是所待之时，全文可谓一气贯之，浑如天成。充斥在文章中的这种光宗耀祖、积善厚报的主题，既表现作者浓厚的封建宗亲观念与迷信思想，也展示其追求修齐治平、注重节操人品的封建士大夫的道德风范。

这篇出自欧阳修晚年手笔的墓表，经由作者的精心构思，匠心剪裁，确实达到了“丰而不余一言，约而不失一辞”（韩愈《上襄阳于相公书》）的艺术境界。文章言简意赅，情韵绵邈，是一篇情文并茂、峻洁有法的千古佳作，无怪乎前人誉其

为古代碑志文中的“千古至文”。 （李小兰 刘德清）

张子野[①]墓志铭[②]

吾友张子野既亡之二年[③]，其弟充以书来请曰：“吾兄之丧，将以今年三月某日葬于开封，不可以不铭，铭之莫如子[④]宜。”呜呼！予虽不能铭，然乐道[⑤]天下之善以传焉。况若吾子野者[⑥]，非独其善可铭，又有平生之旧，朋友之恩，与其可哀者，皆宜见于予文。宜其来请于予也。

初，天圣九年，予为西京留守推官[⑦]。是时，陈郡谢希深[⑧]、南阳张尧夫[⑨]与吾子野，尚皆无恙[⑩]。于时一府之士，皆魁杰贤豪，日相往来，饮酒歌呼[⑪]，上下角逐[⑫]，争相先后，以为笑乐。而尧夫、子野退然其间[⑬]，不动声气，众皆指为长者[⑭]。予时尚少，心壮志得，以为洛阳东西之冲[⑮]，贤豪所聚者多，为适然[⑯]耳。其后去洛来京师，南走夷陵[⑰]，并江汉，其行万三四千里，山砠[⑱]水厓[⑲]，穷居独游，思从曩人[⑳]，邈不可得[㉑]。然虽洛人，至今皆以谓无如向时之盛。然后知世之贤豪不常聚而交游之难得，为可惜也。初在洛阳时，已哭尧夫而铭之[㉒]，其后六年[㉓]，又哭希深而铭之，今又哭吾子野而铭之。于是又知非徒[㉔]相得之难，而善人君子欲使幸而久在于世，亦不可得也。呜呼！可哀也已！

子野之世曰：赠太子太师[㉕]，讳[㉖]某，曾祖也。宣徽北院使[㉗]、枢密副使[㉘]，累赠尚书令[㉙]，讳逊，皇祖[㉚]也。尚书比部郎中[㉛]，讳敏中，皇考[㉜]也。曾祖妣[㉝]李氏，陇西郡夫人[㉞]。祖妣宋氏，昭应郡夫人[㉟]，孝章皇后[㊱]之妹也。妣李氏，永安县太君[㊲]。

子野家联后姻，世久贵仕[㊳]，而被服操履[㊴]甚于寒儒[㊵]。好学自力，善笔札[㊶]。天圣[㊷]二年举进士，历[㊸]汉阳军[㊹]司理参军[㊺]，开封府咸平主簿[㊻]，河南法曹参军[㊼]。王文康公[㊽]、钱思公[㊾]、谢希深，与今参知政事宋公[㊿]，咸荐其能。改著作佐郎[51]，监郑州酒税[52]，知阆州[53]阆中县，就拜秘书丞[54]。秩满[55]，知亳州鹿邑县[56]。宝元二年二月丁未以疾卒于官,享年四十有八。子伸,郊社[57]掌坐[58]。次从[59],次幼,未名。女五人,一适人[60]矣。妻刘氏,长安县君[61]。

子野为人,外虽愉怡[62],中自刻苦,遇人浑浑[63],不见圭角[64],而志守端直[65],临事敢决[66]。平居[67]酒半[68]脱帽垂头,童然[69]秃且白矣。予固[70]已悲其早衰,而遂止于此,岂其中亦有不自得者[71]耶?

子野讳先,其上世博州高堂[72]人,自曾祖已来,家京师而葬开封,今为开封人也。铭曰:

嗟夫[73]子野,质厚材良。孰屯其亨[74],孰短其长[75]?岂其中有不自得,而外物有以戕[76]?开封之原[77],新里之乡,三世于此,其归其藏[78]。

〔注〕 ① 张子野:名先,博州(今山东聊城)人。作者天圣九年(1031)在西京留守推官任上相识并交游的友人之一。当时张任河南府法曹参军,已四十岁,也在洛阳。北宋另有词人张先,字子野,乌程(今浙江湖州)人。 ② 墓志铭:古代墓碑文的一种,主要记述死者生平事迹。后有铭文,是押韵的,以四言为主。 ③ 既亡之二年:张子野去世的第二年。即宋仁宗宝元三年(1040,是年改元康定,亦为康定元年)。张子野是前一年二月因病去世在知亳州鹿邑县任上的。 ④ 子:尊称对方,这里指作者。 ⑤ 乐道:乐于称道。 ⑥ 若吾子野者:如同我的好朋友子野这样的人。 ⑦ 推官:西京留守府的属官,掌勘问刑狱。唐置,以后历代有之,俗称刑厅。 ⑧ 陈郡谢希深:陈郡(今河南淮阳)人谢希深。谢名绛,当时任河南府通判,有文名,与作者交游。谢去世后,作者曾作《谢绛墓志铭》。 ⑨ 南阳张尧夫:南阳(今属河南)人张尧夫,名汝士,时任河南府推官及司录,也是欧阳修的友人,去世时才三十七岁。 ⑩ 尚皆无恙:当时都还健康。恙,病。 ⑪ 歌呼:歌唱呼喊。 ⑫ 角逐:游戏追逐。 ⑬ 退然其间:退居一旁,指不介入。 ⑭ 长者:长辈。 ⑮ 东西之冲:形容洛阳地理位置的重要。冲,要冲,要道。 ⑯ 适然:舒适的样子。 ⑰ 南走夷陵:从京师开封南行(贬官)至夷陵(今湖北宜昌)。这里指作者于嘉祐三年(1036)五月,被贬为夷陵县令事。 ⑱ 砠(jū):戴土的石山。 ⑲ 厓(yá):同"涯"。 ⑳ 曩(nǎng)人:昔人。 ㉑ 邈不可得:这句话的意思是,想向古人学习吧,又遥远不能得到。 ㉒ 哭尧夫而铭之:指作者参与写作的《河南府司录张君墓志铭》,该墓志由尹洙撰,作者专写铭文。 ㉓ 其后六年:指宋仁宗康定元年(1040),作者写作《尚书、兵部员外郎、知制诰谢公墓志铭》。谢绛在宝元二年(1039)四月贬知邓州,十一月卒于官,可知作者撰张尧夫的《墓志铭》是景祐二年(1035),其间相隔六年。 ㉔ 非徒:不仅仅。 ㉕ 赠太子太师:太子太师,是辅导太子的官。这里是赠官,不是实职。 ㉖ 讳:指已故尊长者之名。 ㉗ 宣徽北院使:宣徽南北院,是唐代开始建立的官署,负责官内诸司及三班内侍名籍和郊祀、朝会、宴飨、供帐等事务。院使初由宦官担任,五代及宋改由大臣充任,事简位尊。明初并入光禄寺。 ㉘ 枢密副使:枢密院的副长官。枢密院初建于唐代宗永泰年间,五代后梁改为崇政院,宋代沿

置枢密院。是管理国家军事机密、边防等重要的国务官署,与中书省并称二府。 ㉙累赠尚书令:累赠,多次赠官。尚书令,尚书省的最高长官。魏晋南北朝时是实际上的宰相,宋神宗时因侍中、中书令、尚书令"官高不除人,以尚书令之贰左右仆射为宰相"(《宋史·职官志》)。可见宋代的尚书令后来只是赠官,并无实职。 ㉚皇祖:对已故祖父的敬称。 ㉛比部郎中:是刑部下属一个部门的官员,掌管勾覆中外帐籍。 ㉜皇考:父亲(专指去世的)。 ㉝曾祖妣:曾祖母。妣,母亲(专指去世的)。 ㉞陇西郡夫人:去世曾祖母李氏的封号。陇西郡,因陇山而得名,在今甘肃陇西县东北。 ㉟昭应郡夫人:去世祖母宋氏的封号。昭应郡,今陕西西安市东北部。 ㊱孝章皇后:宋太祖赵匡胤的皇后之一,河南洛阳人。 ㊲永安县太君:去世母亲李氏的封号。永安县,在今河南巩义市西南的芒田镇一带。地近宋陵,因立县为永安。㊳贵仕:因出身高贵(与孝章皇后的妹妹联姻)而出仕。 ㊴操履:穿鞋。 ㊵寒儒:穷书生。 ㊶笔札:书法。札,木简。古代最初无纸,故书于竹木之简。 ㊷天圣:宋仁宗年号(1023—1032)。 ㊸历:历仕。指为官的经历。 ㊹汉阳军:宋代武昌军节度使府下属的相当于县级的一个兼管军事和地方行政的部门,其地在汉阳(今武汉的一部分)。 ㊺司理参军:汉阳军的属官。 ㊻咸平主簿:咸平县治在今河南通许县。主簿是县府的属官,宋以后成为县令的助理,相当于副县长。 ㊼法曹参军:即司法参军,河南府的属官,主管刑狱,与推官的职掌相近。 ㊽王文康公:即王曙,洛阳人,字晦叔,仁宗朝官至枢密使,同中书门下平章事,卒后赠太保、中书令。为人方严简重,性喜浮图(佛),能诗,有文集四十卷,谥文康。 ㊾钱思公:即钱惟演,杭州人,字希圣,吴越王钱俶子,随父归宋,历真宗、仁宗两朝,曾任知制诰、给事中、工部尚书、枢密使等,加同中书门下平章事等,卒后赠侍中,初谥为思,后改谥为文禧。博学能文,为西昆派重要诗人。有《典懿集》三十卷等。 ㊿参知政事宋公:当指宋绶,字公垂,赵州平棘(今河北赵县)人,明道二年(1033)初拜参知政事,后出知河南府。康定元年(1040),西夏战事起,因迁兵部尚书,九月再除参知政事,十二月病卒。赠司徒兼侍中,谥宣献。其文有唐元和贞元风格,有《文馆集》五十卷等。其任参知政事的时间,正与本《墓志铭》"今参知政事"相合,又曾"知河南府",因此,必为宋绶无疑。或疑为宋庠,非是。他虽曾为参知政事,但却在庆历五年(1045),与"今参知政事"不合。 (51)著作佐郎:秘书省的官员,为著作郎的属官。(52)监郑州酒税:旧时朝廷酿酒专营,酒税为重要的税收之一,因此在各地设酒监,全称监酒税。郑州,宋属荥阳郡,治管城县(今河南郑州)。 (53)阆州:宋属安德军节度府,治阆中县(今四川苍溪县东南)。 (54)秘书丞:秘书省的官员,地位在秘书监、秘书少监之下。 (55)秩满:任官期满。旧时一般十年为一秩。 (56)知亳州鹿邑县:担任鹿邑县的知县。鹿邑县(今河南属县),故城在鹿邑县西六十里。 (57)郊社:祭天地。周礼,冬至祭天称郊,夏至祭地称社。(58)掌坐:郊社祭礼中,掌管与会者座位的人。 (59)次从:次子名从。 (60)一适人:其中有一个女儿已出嫁了。适,嫁人。 (61)长安县君:张先妻刘氏的封号。唐制规定:四品官妻封郡君,其母封郡太君;五品官妻封县君,其母封县太君。宋因之,但徽宗后废郡县、县君,改用夫人、淑人的称号。 (62)愉怡:乐观。怡,和悦。 (63)浑浑:浑厚质朴的样子。 (64)圭(guī)角:圭的棱角,犹锋芒。 (65)志守端直:为人端正直率。 (66)临事敢决:碰到事端却果敢坚决。(67)平居:平时生活。 (68)酒半:酒喝了一半,意味着酒喝得高兴的时候。 (69)童然:头光秃貌。 (70)固:本来就。 (71)不自得者:不得意的地方。 (72)高堂:疑即高唐,古博州属县,在今聊城北。 (73)嗟夫:可悲呀,叹词。 (74)孰屯其亨:谁将你的通达藏起来?意为,谁让你一生不平顺?屯,累积,储藏。亨,亨通,通达。 (75)孰短其长:谁将你的长处说成短处? (76)戕(qiāng):残害。这句说是什么外物来残害你? (77)原:原野。 (78)其归其藏:埋葬于此。古代风俗以入土为安。入土就是归藏。

欧阳修一生写了七十多篇墓志铭，这是他认真从事的主要文体之一。其中有一些名篇，如为知交所写的《尹师鲁墓志铭》就精心结撰，文中对逝者倾注了深厚的惋惜和同情。由于尹妻张氏“初怒志文简略”，后来又写了《论尹师鲁墓志》，将自己的写作意图和构思详略加以辨明，因此被近人高步瀛共尊并称为“范碑（《范文正公神道碑》）”“尹志”。还有《黄梦升墓志铭》，墓主是黄庭坚的叔祖，也是作者的友人。一开篇，作者劈头云：“予友黄君梦升，其先婺州金华人，后徙洪州分宁……世为江南大族。”山谷后跋云：“校今众本，凡增损异同七十余字，疑公后尝修润”，也成了名篇。再就是本篇。张先也是作者的友人，知根知底，知情知性。但细读三篇的结构和记述重点都有所不同，摇曳各见妙姿，值得我们认真品读。

这篇《张子野墓志铭》作于宋仁宗康定元年（1040）春，时作者任滑州（今河南滑县）武成军节度判官，年三十四岁。全文分七个自然段。第一段记述作铭的缘由。张子野是在宝元二年（1039）二月以四十八岁病卒在亳州鹿邑知县任上的，由于家族墓地是在开封，因此就必须从鹿邑县移柩开封，然后才能择地卜吉下葬。作者告诉我们第二年初墓主的弟弟张充来书请求作者为亡兄作墓铭，“铭之莫如子宜”。接着，作者认为无论从子野的为人，或者是“平生之旧，朋友之恩”来说，撰写墓志铭都应该是自己义不容辞的责任，“皆宜见于予文。宜其来请于予也。”这开头开得很自然，虽有哀痛和感慨，但相对来说还比较平静，因为友人去世已一年了。

第二段回顾当年作者年轻时任西京留守推官，大家结友游处的快乐，如同抒情散文，极有人情味。其中特别有重点地提到了三个人，即陈郡谢希深、南阳张尧夫和张子野。子野“退然其间，不动声气，众皆指为长者”，生动地描画了张的长者般的性格和为人，令人悬想。然后，笔锋一转，写到朋友们的分别离散，作者由洛入京，南走贬官夷陵，穷居独处的孤独，两者成一对照。再写到张尧夫的去世，作者为写墓铭；谢希深的病亡，作者又写墓铭；现在又轮到张子野的客死，接二连三，哀哭撞击心怀。于是，作者感到朋友之间不仅相知相聚再见之难，而且又都以盛年消殒（谢四十五岁，张尧夫三十七岁，张子野四十八岁），为善不能长寿享其天年，于是呼出了“呜呼！可哀也已”，可谓感悟深长，痛彻心腑。这段文字写得极好，既有丰富的内容，又充满着强烈的抒情色彩，语言简练，时间和空间跨度都大，极为难得。有的学者批评欧阳修这类文字有“干燥枯涩之弊”，不能说完全没有，但作为墓志铭这种体裁的具体要求，有时是很难避免的。就本文而言，作者搀用抒情散文的笔法，就没有这方面的毛病，反而显示了作者行文的长处。

第三段作者介绍了张子野的世系，第四段介绍了张子野的履历生平、子女、妻族。值得注意的是他的祖母是宋太祖孝章皇后的亲妹，属于真正的“家联后姻”，但却穷得“甚于寒儒”，并不富有。另外，由于他“好学自力，善笔札”，先后得到了当世名公王曙、钱惟演、宋绶等人的推荐，因此逐渐步入仕途，但并不平顺，终于郁郁以终。这些内容，都是墓志铭应该写的，不可或缺，除非实在没有可写处。

第五段专写张子野的“为人”，刻画了墓主的生动形象。如“外虽愉怡，中自刻苦，遇人浑浑，不见圭角，而志守端直，临事敢决”六个四字句，及“平居酒半脱帽垂头，童然秃且白矣”两句，真如一幅特写，令人想起现代作家鲁迅写孔乙己，真是形象极了，也深刻极了。我们仿佛看到一个宋代真实的历史人物，端直、质朴、果决、秃头、早衰的失意小官吏，站在我们面前，真真切切，实实在在，活脱脱，令人感动，使人生慨。这是欧阳修的一个贡献。第六段才点出他的名字叫张先，他原先是山东乡下人，后来成为京都人，也许还保留了山东人某些耿直的品性。水到渠成，作者写得何等从容啊。最后一段是四言为主的铭文。有意思的是作者在悲叹之后，用了三个问句，即“孰屯其亨”“孰短其长”“外物有以戕”，却没有正面的回答，实际上是一种问天。它反映了作者对封建社会人物生存环境的深长思考，委婉地说明人才悲剧产生的主客观原因，也值得我们今人认真想一想。我认为，这是本文的思想意义所在，今天仍有它的价值。可惜，由于“墓志铭”这种文体的客观限制，作者无法明说、细说，并作进一步的发挥，只能遗憾而委婉地打住，并不是作者没有自己的答案。 （毛水清）

黄梦升墓志铭

予友黄君梦升，其先[①]婺州金华[②]人，后徙[③]洪州之分宁[④]。其曾祖讳[⑤]元吉，祖讳某，父讳中雅，皆不仕[⑥]。黄氏世为江南大族，自其祖父以来，乐以家资[⑦]赈[⑧]乡里，多聚书以招四方之士。梦升兄弟皆好学，尤以文章意气自豪。

予少家随[⑨]，梦升从其兄茂宗官于随[⑩]，予为童子，立诸兄侧，见梦升年十七八，眉目明秀，善饮酒谈笑。予虽幼，心已独奇梦升[⑪]。后七年，予与梦升皆举进士于京师。梦升得丙科[12],初任兴国军永兴[13]主簿[14],怏怏[15]不得志,以疾去[16]。久之,复调江陵府公安[17]主簿。时予谪[18]夷陵令[19],遇之于江陵。梦升颜色憔悴,初不可识,久而握手嘘嚱[20],相饮以酒,夜醉起舞歌呼大噱[21]。予益悲梦升志虽衰而少时意气尚在也。后二年,予徙[22]乾德[23]令,梦升复调南阳[24]主簿,又遇之于邓[25]间。常问其平生所为文章几何,梦升慨然叹曰:"吾已讳[26]之矣。穷达有命,非世之人不知我,我羞道于世人也。"求之不肯出,遂饮之酒,复大醉起舞歌呼。因笑曰:"子知我者。"乃肯出其文,读之,博辨雄伟,其意气奔放,犹不可御[27]。予又益悲梦升志虽困[28]而独其文章未衰也。是时谢希深[29]出守邓州,尤喜称道天下士[30],予因手书梦升文一通,欲以示希深,未及而希深卒[31],予亦去邓。后之守邓者皆俗吏,不复知梦升。梦升素刚,不苟合,负其所有[32],常怏怏无所施[33],卒[34]以不得志死于南阳。

梦升讳注[35],以宝元二年[36]四月二十五日卒,享年四十有二。其平生所为文,曰《破碎集》《公安集》《南阳集》,凡三十卷。娶潘氏,生四男二女。将以庆历四年[37]某月某日葬于董坊之先茔[38]。其弟渭[39]泣而来告曰:"吾兄患世之莫吾知,孰可为其铭?"予素悲[40]梦升者,因为之铭曰:

予尝读梦升之文,至于哭其兄子庠[41]之词,曰:"子之文章,电激雷震,雨雹忽止,阒然[42]灭泯。"未尝不讽诵叹息而不已。嗟夫梦升!曾不及庠,不震不惊,郁塞埋藏[43]。孰与其有,不使其施[44]?吾不知所归咎[45],徒为梦升而悲。

〔注〕 ① 先:祖先。 ② 婺(wù)州金华:县治在今浙江金华。 ③ 徙(xǐ):迁移。 ④ 洪州之分宁:县治在今江西修水,宋代属洪州(今江西南昌)。 ⑤ 讳:中国古代称去世的帝王或尊长的名字时,前面要加"讳"。 ⑥ 仕:当官。 ⑦ 资:钱财。 ⑧ 赈:救济。 ⑨ 予少家随:我小时候家住随州。随州,今湖北随州。 ⑩ 从其兄茂宗官于随:跟随他在随州做官的哥哥黄茂宗。 ⑪ 独奇梦升:特别感到梦升与众不同。奇,奇异,与众不同。 ⑫ 丙科:宋代进士分甲、乙、丙三科。 ⑬ 兴国军永兴:县治在今湖北阳新县。军,宋代的行政区划的一种。 ⑭ 主簿:宋代千户以上的县仅次于县令的官。 ⑮ 怏(yāng)怏:不满意、不服气的样子。 ⑯ 以疾去:因为生病离职。 ⑰ 江陵府公安:江陵府公安县,今湖北公安县。 ⑱ 谪(zhé):中国古代将官员降职并调到边远地方去,称贬谪。 ⑲ 夷陵令:夷陵县令。县治

在今湖北宜昌。 ⑳ 嘘嚱(xū xī):叹息。 ㉑ 噱(jué):大笑。 ㉒ 徙:调职。 ㉓ 乾德:今湖北老河口一带。 ㉔ 南阳:今河南南阳。 ㉕ 邓:今河南邓州。北宋时南阳是邓州下属的县。 ㉖ 讳:这里的意思是有所顾忌而不愿说。 ㉗ 御:抵挡。 ㉘ 困:处境艰难窘迫。 ㉙ 谢希深:名绛,字希深。早年中甲科进士。曾任汝阴县令、太常博士等职。出使契丹回来后,请求做邓州知府,为民兴修水利,未就而卒。他以文学知名一时,在河南修国子学,教授学生,有几百人从远处来求学。 ㉚ 士:读书人。 ㉛ 未及而希深卒:还没有来得及到谢希深那里去,他就逝世了。 ㉜ 负其所有:依仗自己有才能。 ㉝ 无所施:没有地方可以施展。 ㉞ 卒:终于。 ㉟ 梦升讳注:梦升名注。 ㊱ 宝元二年:公元1039年。 ㊲ 庆历四年:公元1044年。 ㊳ 先茔(yíng):祖先的墓地。 ㊴ 其弟渭:他的弟弟黄渭。 ㊵ 悲:感伤、同情。 ㊶ 兄子庠:侄子黄庠。 ㊷ 阒(qù)然:静寂的样子。 ㊸ 郁塞(yù sè)埋藏:忧郁不得志地死去被埋葬。 ㊹ 孰与其有,不使其施:是谁使梦升这样有才华,又是谁不让梦升施展才华呢? ㊺ 归咎(jiù):归罪。

黄梦升英年早逝,一生郁郁不得志。欧阳修虽然只与他见过三次面,但对他的才华十分仰慕,对他的不幸际遇充满同情。这篇墓志铭选取与黄梦升三次见面的印象作为主要材料,却涵盖了他怀才不遇的坎坷一生。

本文是应黄梦升的弟弟黄渭的请求而写的,写于他逝世之后的第四年——庆历三年(1043)。墓志铭一般分为两大部分。第一部分是对死者生平的记述,第二部分是赞颂死者的铭文。

第一部分的开头依照墓志铭的惯例先介绍墓主的出身。突出了如下的内容:一、黄氏虽"世为江南大族",但曾祖、祖父、父亲三代"皆不仕"。二、自祖父以来,乐善好施,"乐以家资赈乡里,多聚书以招四方之士"。三、"梦升兄弟皆好学,尤以文章意气自豪"。这三方面与黄梦升一生的际遇都有一定的关系。第一点可能与他不擅做官不无关联。第二、第三点可能与他狂放不羁的性格形成和"善饮酒谈笑"、擅长作文赋诗密不可分。这些都为下面写黄梦升郁郁不得志的一生做了铺垫。

欧阳修与黄梦升第一次见面是在随州。他是以一个"童子"的眼光审视十七八岁的少年黄梦升。"眉目明秀,善饮酒谈笑"是作者对黄梦升的第一印象。这个印象当时在幼年欧阳修心里非常深刻,使得他在众人中"独奇梦升"。寥寥数语,一个英俊潇洒谈笑风生的少年学子的形象,活脱脱地展现在我们面前,欧阳修对他的仰慕之情也表露无遗。

第二次见面是若干年之后在江陵。此前经过了两个人同时中进士,然后异地为官,屡遭贬谪的由喜转悲的过程。黄梦升曾经任兴国军永兴主簿,"怏怏不得志,以疾去"。后来在任江陵府公安主簿时,与被贬谪做夷陵县令的欧阳修在江陵相遇。欧阳修对他的印象如何呢?作者先描写他的外貌,用"颜色憔悴"与少年时的“眉目明秀”形成鲜明的对比，变化之大让欧阳修见到他竟然“初不可识”。“久而握手嘘嚱”，描写出久别重逢的老友相见相认时激动的样子：感慨万端，纵有千言万语也难以表达，尽在握手叹息之中。两人为什么那么激动呢？这大概和二人这几年的仕途坎坷、黄梦升的颜色憔悴有关吧？嘘嚱之后，二人便高高兴兴地“相饮以酒”。黄梦升兴犹未尽，于是“夜醉起舞歌呼大噱”。作者只写黄梦升与作者见面后的一连串行为、神态，而没有一句对话，却将他又悲又喜几乎忘乎所以、近于癫狂的样子描写得活灵活现。他的狂放不羁的性格特征，他的“怏怏不得志”且无处发泄的被扭曲的心理，都在这狂舞、歌呼、大笑中爆发了出来。难怪欧阳修看了之后不但不高兴，反倒“益悲”起来。“益悲”比前面的“嘘嚱”更进了一步，这说明欧阳修从黄梦升的一系列举动中已经由表及里地窥测到他内心的苦痛。“志虽衰而少时意气尚在”恰如其分地揭示了黄梦升内心的激烈矛盾状态，这怎能不让欧阳修为他悲痛呢？

第三次见面是在第二次见面两年之后的邓州。欧阳修任乾德县令，黄梦升任南阳主簿。欧阳修主动地问他“平生所为文章几何”，并请求看看他的文章，而他却不肯拿出来，只是“慨然叹曰：‘吾已讳之矣。穷达有命，非世之人不知我，我羞道于世人也。’”一个狂放的文人，却显得如此自卑，只听天由命，并不埋怨世人。黄梦升的这些话反映出他经过官场的历练，棱角已逐渐磨平了。另外他的文章从不示人，也表现出他落落寡合的个性特征。然而在欧阳修请他饮酒之后，他“复大醉起舞歌呼”，这些举动又将他狂放不羁的秉性真实地还原了出来。其实他并没有真醉，“子知我者”一句，表现出他经过认真思考，终于觉得欧阳修才是自己真正的知己。于是将文章拿给欧阳修看。从“求之不肯出”到“乃出其文”，黄梦升自身行为的前后对比，可以看出他对欧阳修的信任在一步步加深。黄梦升处境如此困窘，调来调去，却连个远离京师的县份的县令都做不上，永远停留在县的副职——主簿这个等级。然而才气纵横的他并未因此整天无所事事沉迷于饮酒，而是默默地为文不辍。作者用“读之，博辨雄伟，其意气奔放，犹不可御”对黄梦升的文章给予高度的评价。困窘的客观环境和黄梦升笔耕不辍的主观努力是这样的不相匹配，这怎么不让富于同情心的欧阳修“又益悲梦升志虽困而独其文章未衰”呢？与第二次见面时的“悲”相比较，这次的“悲”有了更加具体、深广的内容。

欧阳修终于按捺不住心中的悲愤与不平，他要到礼贤下士的大学问家、当时的邓州太守谢希深那里去举荐黄梦升。为了让谢希深了解黄梦升的才能，他“手书梦升文一通，欲以示希深”，想得多么周到，做得何等认真。可惜“未及而希深卒,予亦去邓。后之守邓者皆俗吏,不复知梦升”。因此黄梦升就这样永远被埋没。从这里我们也可以分析出封建社会选拔人才的弊病:首先靠科举做官,做官之后靠官场上有人举荐。然而无论哪种途径,都得靠善于识人、用人的伯乐,否则即使是千里马也只能老死在肮脏的马厩之中。欧阳修用“梦升素刚,不苟合,负其所有,常怏怏无所施,卒以不得志死于南阳”对他盖棺论定。概括了黄梦升的品格及他的死因。

墓志铭第一部分的最后一般都要交代死者的生卒年、埋葬地、传世的著述、妻子儿女等情况及写作墓志铭的缘由,本文也不例外。从中可以看出,黄梦升英年早逝,著述颇丰。他担忧的是“世之莫吾知,孰可为其铭”,可见他的一生没人理解,他的才能一世被埋没,他甚至担心没有人可以给他写墓志铭。这种一生一世的悲哀除了他的亲人之外,恐怕只有欧阳修能够理解了。“予素悲梦升者,因为之铭”,这也就是欧阳修为之写墓志铭的缘由了。

文章第二部分是铭。本文的铭也很有特色:作者引用了一段死者生前哭他的侄儿黄庠的话,与黄梦升作对比。黄梦升说黄庠的文章“电激雷震,雨雹忽止,阒然灭泯”,而黄梦升“曾不及庠,不震不惊,郁塞埋藏”,前者还曾经有激烈震撼之时,后者却从始至终都无声无息。两相对比,怎能不让欧阳修悲痛不已呢?无怪乎他要提出这样的质疑:“孰与其有,不使其施?”振聋发聩,石破天惊。然而作者自己也“不知所归咎”,只能“为梦升而悲”。黄梦升一生的“怏怏不得志”应该归咎于谁呢?归咎于封建朝廷选举官吏制度的不合理?地方官员的不爱护、不尊重人才?官场生活对人性的摧残?还是黄梦升本人性格过于刚直、狂放不羁?这只能留给后人去思考……

这是一篇只有悲叹没有赞颂的墓志铭。作者选材十分精当,开掘也十分深刻,让读者能够从一滴水中窥见大海,从几个画面中了解人生。在讲述黄梦升的生平时,善于用对比的方法,将他入仕之前与入仕之后的容貌进行对比,将他前后的不同行为进行对比,将他与侄儿的文章进行对比,突出他一生的怏怏不得志。作者还善于抓住最能表现性格特征的典型的行动、语言来刻画人物,如狂饮、狂舞、歌呼、大噱,使人过目不忘。抒情与叙述、描写结合得天衣无缝,感情真挚强烈,感人肺腑,引人共鸣。让读者与黄梦升同悲,与欧阳修同叹。

(胡冠莹)

徂徕石先生[①]墓志铭并序

徂徕先生,姓石氏,名介,字守道,兖州奉符[②]人也。徂徕[3]，鲁东山[4]，而先生非隐者也，其仕尝位于朝矣。鲁之人不称其官而称其德，以为徂徕鲁之望[5]，先生鲁人之所尊，故因其所居山以配其有德，称之曰徂徕先生者，鲁人之志也。

先生貌厚而气完[6]，学笃[7]而志大，虽在畎亩[8]，不忘天下之忧。以谓："时无不可为，为之无不至。不在其位，则行其言。吾言用，功利施于天下，不必出乎己；吾言不用，虽获祸咎，至死而不悔。"其遇事发愤作为文章，极陈古今治乱成败，以指切[9]当世。贤愚善恶，是是非非，无所讳忌。世俗颇骇其言，由是谤议喧然，而小人尤嫉恶之，相与出力必挤之死。先生安然不惑不变，曰："吾道固如是。吾勇过孟贲[10]矣。"不幸遇疾以卒。既卒，而奸人[11]有欲以奇祸中伤大臣[12]者，犹指先生以起事[13]，谓其诈死而北走契丹矣，请发棺以验。赖天子仁圣，察其诬，得不发棺，而保全其妻子。

先生世为农家。父讳丙，始以仕进，官至太常博士[14]。先生年二十六举进士甲科[15]，为郓州[16]观察推官[17]、南京[18]留守推官。御史台辟主簿[19]，未至，以上书论赦罢不召。秩满，迁某军节度掌书记。代其父官于蜀，为嘉州[20]军事判官。丁内外艰[21]去官[22]，垢面跣足[23]，躬耕徂徕之下，葬其五世未葬者七十丧。服除，召入国子监直讲[24]。是时，兵讨元昊[25]久无功，海内重困，天子奋然思欲振起威德，而进退二三大臣[26]，增置谏官[27]、御史，所以求治之意甚锐。先生跃然喜曰："此盛事也。雅颂[28]吾职，其可已乎？"乃作《庆历圣德诗》[29]以褒贬大臣，分别邪正，累数百言。诗出，太山孙明复[30]曰："子祸始于此矣。"明复，先生之师友也。其后所谓奸人作奇祸者，乃诗之所斥也。

先生自闲居徂徕，后官于南京，常以经术教授。及在太学，益以师道自居，门人弟子从之者甚众。太学之兴，自先生始。其所为文章，曰某集者若干卷，曰某集者若干卷。其斥佛老[31]、时文[32]，则有《怪说》《中国论》，曰："去此三者[33]，然后可以有为。"其戒奸臣、宦、女[34]，则有《唐鉴》，曰："吾非为一世监也。”其余喜怒哀乐，必见于文。其辞博辩雄伟，而忧思深远。其为言曰：“学者学为仁义也。仁急于利物，义果[35]于有为。惟忠能忘其身，惟笃于自信者乃可以力行也。”以是行于己，亦以是教于人。所谓尧、舜、禹、汤、文、武、周公、孔子、孟轲、扬雄、韩愈氏者，未尝一日不诵于口。思与天下之士皆为周孔之徒，以致其君为尧舜之君，民为尧舜之民，亦未尝一日少忘于心。至其违世惊众，人或笑之，则曰：“吾非狂痴者也。”是以君子察其行而信其言，推其用心而哀其志。

先生直讲[36]岁余，杜祁公[37]荐之天子，拜太子中允[38]。今丞相韩公[39]又荐之，乃直集贤院[40]。又岁余，始去太学，通判濮州[41]。方待次[42]于徂徕，以庆历五年七月某日卒于家。享年四十有一。友人庐陵欧阳修哭之以诗[43]，以谓“待彼谤焰熄[44]”然后先生之道明矣。先生既没，妻子冻馁不自胜。今丞相韩公与河阳富公[45]分俸买田以活之。后二十一年，其家始克[46]葬先生于某所。将葬，其子师讷与其门人姜潜、杜默、徐遁等来告曰：“谤焰熄矣，可以发先生之光矣。敢请铭。”某曰：“吾诗不云乎？‘子道自能久[47]’也。何必吾铭？”遁等曰：“虽然，鲁人之欲也。”乃为之铭曰：

徂徕之岩岩[48]，与子之德兮，鲁人之所瞻！汶水[49]之汤汤[50]，与子之道兮，逾远而弥长！道之难行兮，孔孟亦云遑遑[51]！一世之屯[52]兮，万世之光！曰吾不有命兮，安在夫桓魋[53]与臧仓[54]？自古圣贤皆然兮，噫，子虽毁其何伤！

〔注〕 ①徂(cú)徕石先生：即石介，字守道，曾躬耕徂徕山，时称徂徕先生。他与孙复、穆修、尹洙等人，积极提倡古文，猛烈攻击以杨亿为代表的“西昆体”，是北宋古文运动的先驱者之一。在政治态度上，他是庆历新政的积极鼓吹者与支持者。著有《徂徕集》，《宋史》卷四百三十二有传。 ②奉符：县名。县治在今山东泰安。 ③徂徕：山名，在泰安东南四十里。④东山：《孟子·尽心上》：“孔子登东山而小鲁，登泰山而小天下。”作者认为东山即徂徕山。⑤望：古祭名，遥望山川、日月、星辰。《书·尧典》：“望于山川，遍于诸神。” ⑥气完：气足。⑦学笃：学问深厚。 ⑧畎(quǎn)亩：田野。 ⑨指切：指责。 ⑩孟贲(bēn)：古代勇士。 ⑪奸人：指夏竦等人。据《宋史·石介传》说：“会徐狂人孔直温谋反，搜其家得介书，夏竦衔介甚，且欲中伤杜衍等，因言介诈死，北走契丹，请发棺以验。诏下京东访其存亡。”后数百

人立军令状担保,才没有发棺验尸。⑫大臣:指杜衍。⑬起事:生事,闹事。⑭太常博士:即太常寺的博士,主管礼乐仪制及祭祀等。⑮进士甲科:科举时代考试科目名,唐宋进士分甲、乙科。⑯郓州:州名。隋置。治所在今山东郓城。宋移治今山东东平。⑰推官:州府的属官,管刑狱等事。⑱南京:指宋州。宋真宗大中祥符七年改宋州(今河南商丘)为南京应天府。⑲辟主簿:征辟任命为主簿。主簿,古代官府皆有主簿一官,上自三公及御史府,下至郡县多置之。管文书簿籍及监守印信。⑳嘉州:州名。治所在今四川乐山。㉑丁内外艰:旧时称父母丧为丁忧,丁父丧称外艰,丁母丧称内艰。㉒去官:离职。封建时代礼法规定,父母去世必须辞官守服。㉓垢面跣(xiǎn)足:脸上有污垢又光着脚。㉔国子监直讲:封建时代的最高学府为国子监,辅佐博士讲解经术的为直讲。㉕元昊:李元昊,一称赵元昊,宋仁宗宝元元年(1038)反叛宋朝,在西夏称帝,不断打败宋朝的边防军队。㉖进退二三大臣:指庆历三年,仁宗推行新政,罢免宰相吕夷简,任用晏殊、范仲淹、富弼、韩琦、杜衍等执政。㉗谏官:又称言官。当时起用欧阳修、王素、余靖、蔡襄等为谏官。㉘雅颂:此指附庸风雅,作诗颂圣德。㉙《庆历圣德诗》:是石介仿《诗经》所作的一首长篇四言诗,全诗见载于《宋史·石介传》中。㉚孙明复:孙复,字明复,晋州平阳(今山西临汾)人,举进士不中,退居泰山著书讲学,石介以先生事复。《宋书》卷四百三十二有传。㉛佛老:指佛教与道教。㉜时文:指以杨亿为代表的西昆体诗文。㉝三者:指佛、老、时文。㉞宦、女:宦官与女色。唐代宦官与后妃专权的现象很严重,所以石介作《唐鉴》。㉟果:果敢,有决断。㊱直讲:指任国子监直讲。㊲杜祁公:指杜衍,字世昌,曾被封为祁国公,故称杜祁公。㊳太子中允:皇太子属官,属詹事府,掌管侍从礼仪,审核太子给皇帝的奏章文书等。㊴韩公:指韩琦。㊵集贤院:宋代管理秘书图籍的机构,设有学士、直学士、修撰、校理等职。㊶通判濮州:为濮州的通判。濮州,今山东濮县。通判,州郡的属官,宋代凡民政、财政、户口、赋役、司法等事务文书,知州或知府须由通判连署方能生效,并有监察所在州、府官员之权,号称"监州"。故名为佐官,其实与知州、知府无异。㊷待次:旧时官吏授职后,要依次按照资历补缺称待次。㊸哭之以诗:石介死后,欧阳修写了两首五言古诗《读徂徕集》《重读徂徕集》。㊹待彼谤焰熄:欧阳修《重读徂徕集》诗云:"待彼谤焰熄,放此光芒悬。"㊺富公:指富弼。㊻克:能,能够。㊼子道自能久:《重读徂徕集》诗末句云:"子道自能久,吾言岂须镌?"㊽岩岩:山高峻的样子。与下文"鲁人之所瞻",化用《诗经·鲁颂·閟宫》:"泰山岩岩,鲁邦所瞻。"㊾汶水:源于山东莱芜,流经泰安,至汶上县入运河。㊿汤汤(shāng):水盛大的样子。51遑遑:心神不安的样子。《孟子·滕文公下》:"孔子三月无君,则皇皇如也。"52屯(zhūn):处境困难。53桓魋(tuí):宋国司马向魋,因其是宋桓公之后故名桓魋。孔子过宋,他想谋杀孔子。孔子说:"天生德于予,桓魋其如予何?"(《论语·述而》)54臧仓:鲁平公宠爱的小臣。鲁平公要接见孟子,被他用谗言阻止。孟子叹息说:"吾之不遇鲁侯,天也。臧氏之子焉能使予不遇哉?"(《孟子·梁惠王下》)

这篇《墓志铭》写于宋英宗治平二年(1065),也即石介死后的第二十一年后。欧公与石介是同榜进士,在封建社会很重视这种"同年"关系,二人年龄相近(欧阳修小石介两岁),早就有书信往来,他们大约有十几年的交往,是彼此无所不谈的朋友。欧公对石介一生的品德、为人乃至著作都十分了解,他又是写墓志铭的大手笔。石介的儿子和学生找欧公写这篇《墓志铭》,可以说找到了最合适的人选。石介死后二十一年写此文,也算找到了最合适的时机。欧阳修早已预见到,只有到了对石介的“谤焰”熄灭的时候,石介的光芒才能真正释放出来。在写这篇《墓志铭》的时候,这种时机已经具备了。

作为《墓志铭》,石介一生可写的事情很多,作者没有按常例先叙家世、出身、仕历,再叙其功德,而是选取石介一生中最为突出的亮点,打破了时间的叙次,使时间与叙次都有所交叉,运笔比较自如。

首段简单交代了墓主的姓名、籍贯之后,先描写鲁人为什么称石介为徂徕先生。徂徕是鲁之东山,而泰山则是齐鲁两国的分界线。孟子云:“孔子登东山而小鲁,登太山而小天下。”徂徕山古来乃鲁侯的望祭之山,鲁人不称石介的官职,而称其道德风范,所以称他为徂徕先生,以山配其德,这是鲁人对石介的极大尊重。

第二段笔锋一转,状写石介的体貌气质特点,用高度概括的“貌厚”“气完”“学笃”“志大”来总写,特别突出他的“虽在畎亩,不忘天下之忧”的忧国忧民思想。作者又引述石介自己的语言,阐述石介一心为天下、至死不悔的精神。一般人是“不在其位,不谋其政”,而石介则不然,他是“不在其位,则行其言。吾言用,功利施于天下,不必出乎己;吾言不用,虽获祸咎,至死而不悔”。石介的这几句话,像他的人生格言,鲜明地表现出他的个性特征。他所写的文章,大都是为了经世致用,有所为而发,是遇事发愤之作,另一方面指陈古今治乱成败,总结历史上的经验与教训,目的是讥评当世时事,而且对是非、善恶、贤愚的评论,无所忌讳,锋芒毕露,多有惊世骇俗之言,因此谤议四起。而像夏竦之类的小人,对石介深恶痛绝,必欲置之死地而后快。但他处之安然,不惑不变,并且说:“吾道固如是。吾勇过孟贲矣。”笑骂由人笑骂,我行我素。当他死后,奸小之人为了中伤像杜衍这样的大臣,造谣说石介诈死而北走契丹了,要求朝廷开棺验尸。此事一时闹得纷纷扬扬,由于数百人立军令状担保,夏竦等奸小开棺验尸的阴谋才没有得逞,石介的妻子也得以保全。

第三段补写了石介的家世、仕历,但作者描写的重点并不在此,而是着重表现石介《庆历圣德诗》的写作背景。石介是“庆历新政”的积极鼓吹者与支持者,庆历三年三月,他写诗以“褒贬大臣,分别邪正”。诗中点名赞美了庆历新政的推行者范仲淹、富弼、韩琦、杜衍、欧阳修、余靖、王素、蔡襄等人。对于奸邪之臣,他并没有点名,只是说了几句“举擢俊良,扫除妖魃”,“大奸之去,如距斯说”;歌颂皇帝“退奸进贤”等。诗中“所称多一时名臣,其言大奸盖斥(夏)竦也”(《宋史·石介传》)。他的师友孙复看到这首诗说:“子祸始于此矣。”果然不出孙复所料,诈死投契丹一事,正是夏竦所为。欧公写此,一方面鞭打了奸小,同时也深为石介鸣不平。

第四段描写石介讲学授徒之贡献，但重点是在弘扬石介著作中的精华。“其斥佛老、时文，则有《怪说》《中国论》”，认为“去此三者，然后可以有为”。又举出石介旨在戒奸臣、宦官、女色的《唐鉴》，这些都是“指切当世”的文章。在此基础上，作者由点到面，又总体评价了石介的著作：“喜怒哀乐，必见于文。其辞博辩雄伟，而忧思深远。”他对仁、义、忠、信的看法，颇有独到之处，既能身体力行，也能以之教人，欲使“天下之士皆为周、孔之徒，以致其君为尧舜之君，民为尧舜之民”。这是他终生为之奋斗的目标，虽然实现是困难的，但推其用心，是令人钦佩的。欧公此段对石介的文章的内容与形式，一生的志向与言行，都作了很中肯的评价。

第五段写其生前的一段仕历与死后二十一年其妻子与家人的凄凉景象。重点是叙述写《墓志铭》的缘起与经过。最后以一段“骚体”的铭文结束全篇。自六朝以来，铭文多用四言，有韵而且注重对仗。唐宋古文运动以后，《铭》文的形式发生变化，古文家向着文体解放的路上走，不再讲究对仗，但还是多用四言，用韵，而用骚体诗来写《铭》的则极为少见。欧公选用这种形式是抒发感情的需要，他打破了整齐的四言诗的限制，句子有长有短，用韵也有转换，这样写来既自由活泼，又加强了《铭》文的抒情性能。

《徂徕石先生墓志铭》在欧阳修所写的数十篇墓志铭中，堪称名篇。在艺术手法上，它有以下几个特点。

第一，在篇章结构上，它把石介的家世生平仕历，分散到各个段落的开头，克服了罗列生平仕历的呆滞堆垛，交叉叙述生平，有错综变化之美。

第二，全文着重表现石介的人生亮点与道德风尚，突出描写石介的人格美与个性特点，又用人物自己的语言与行动来描写他的执着追求，写出了人物的“至死不悔”的精神和带有一点“狂痴”的个性特点，可以说欧公活画出石介的灵魂，把石介这个人物写活了。

第三，笔端带有感情，有浓厚的抒情色彩。作者对石介这个人物是尊重的，对其不幸遭遇，包括石介死后妻、子的穷困生活，充满深厚的同情。对于企图把石介置之死地而后快的奸小，对于中伤、陷害石介的夏竦之流，流露出愤慨之情，爱憎的感情十分鲜明，所以读来十分感人。欧公不愧是石介的知音。

（刘文忠　刘元煌）

故霸州文安县主簿苏君墓志铭并序

有蜀君子曰苏君，讳洵，字明允，眉州眉山[①]人也。君之行义,修于家,信于乡里,闻于蜀之人久矣。当至和、嘉祐之间,与其二子轼、辙偕至京师,翰林学士欧阳修得其所著书二十二篇,献诸朝[2]。书既出,而公卿士大夫争传之。其二子举进士[3],皆在高等,亦以文学称于时。眉山在西南数千里外,一日父子隐然名动京师,而苏氏文章遂擅天下。君之文博辩宏伟,读者悚然想见其人[4]。既见,而温温似不能言。及即之,与居愈久而愈可爱,间而出其所有,愈叩而愈无穷。呜呼!可谓纯明笃实之君子也。

曾祖讳祐,祖讳杲,父讳序,赠尚书职方员外郎。三世皆不显。职方君[5]三子,曰澹,曰涣,皆以文学举进士。而君少,独不喜学,年已壮,犹不知书,职方君纵而不问,乡闾亲族皆怪之。或问其故,职方君笑而不答,君亦自如也。年二十七,始大发愤,谢其素所往来少年,闭户读书,为文辞。岁余,举进士,再不中。又举茂材异等[6],不中。退而叹曰:"此不足为吾学也。"悉取所为文数百篇焚之,益闭户读书,绝笔不为文辞者五六年,乃大究六经、百家之说,以考质古今治乱成败、圣贤穷达出处之际,得其粹精,涵蓄充溢,抑而不发。久之,慨然曰:"可矣。"由是下笔,顷刻数千言,其纵横上下,出入驰骤,必造于深微而后止。盖其禀也厚,故发之迟;志也悫,故得之精。自来京师,一时后生学者皆尊其贤,学其文以为师法。以其父子俱知名,故号"老苏"以别之。

初,修为上其书,召试紫微阁[7],辞不至,遂除试秘书省[8]校书郎。会太常[9]修纂建隆以来礼书,乃以为霸州文安县主簿,使食其禄。与陈州项城县令姚辟同修礼书,为《太常因革礼》一百卷。书成,方奏未报,而君以疾卒,实治平三年四月戊申也[10],享年五十有八。天子闻而哀之,特赠光禄寺丞,敕有司具舟,载其丧归于蜀。君娶程氏,大理寺丞文应之女。生三子:曰景先,早卒;轼,今为殿中丞、直史馆;辙,权大名府推官。三女,皆早卒。孙曰迈,曰迟。有文集[11]二十卷,《谥法》

三卷。

君善与人交，急人患难，死则恤养其孤，乡人多德之。盖晚而好《易》，曰："《易》之道深矣，汩而不明者，诸儒以附会之说乱之也，去之，则圣人之旨见矣。"作《易传》，未成而卒。治平四年十月壬申，葬于彭山之安镇乡可龙里⑫。

君生于远方，而学又晚成，常叹曰："知我者，惟吾父与欧阳公也。"然则，非余谁宜铭？铭曰：

苏显唐世，实栾城人，以宦留眉，蕃蕃子孙⑬。自其高曾⑭，乡里称仁。伟欤明允，大发于文。亦既有文，而又有子。其存不朽，其嗣弥昌。呜呼明允，可谓不亡。

〔注〕 ① 眉州眉山：今属四川。 ②"与其二子……献诸朝"：苏洵与子轼、辙于嘉祐元年(1056)进京。据南宋叶梦得《避暑录话》："嘉祐初，安道守成都……乃为作书办装，使人送之京师，谒文忠。文忠得明允父子所著书，亦不以安道荐之非其类，大喜曰：'后来文章当在此。'极力推誉，天下于是高此两人。" ③ 其二子举进士：苏轼、苏辙于嘉祐二年(1057)中进士，主试官即欧阳修。 ④ 想见其人：能感觉到这个人的风貌。 ⑤ 职方君：苏洵父苏序。⑥ 茂材异等：宋代进士科以外的制科名。苏洵《与梅圣俞书》："自思少年尝举茂才，中夜起坐，裹饭携饼，待晓东华门外……其后每思至此，即为寒心。" ⑦ 紫微阁：中书省办事处。⑧ 秘书省：掌管图籍的中央官署。 ⑨ 太常：太常寺，主管礼乐祭祀的机构。 ⑩"实治平"句：苏洵卒于治平三年(1066)四月二十五日。 ⑪ 文集：《嘉祐集》二十卷。 ⑫"治平"二句：苏轼兄弟治平四年十月二十七日葬父于眉州彭山安镇乡可龙里老翁泉侧。 ⑬"苏显唐世"四句：唐初栾城(今属河北)人苏味道，曾任凤阁侍郎。后因事贬为眉州刺史。《苏氏族谱》载："唐神尧初，长史苏味道刺眉州，卒于官。一子留于眉，眉之有苏氏自此始。" ⑭ 高曾：苏洵的高祖、曾祖。

本文作于治平四年(1067)，是欧阳修为挚友著名散文家苏洵写的墓志铭。古之墓志铭常可作为人物小传来读，本篇亦然。文章围绕苏洵的才识与人品两方面精心选材，剪裁得当，不落俗套，将苏洵的形象刻画得生动感人，令人读之想见其人；而作者于朋友的一片赞赏叹惋之情，也于字里行间毕现，显得格外真切动人。清代储欣《六一居士全集录》卷五称赏此文："(欧)集中诸名士墓铭，此为第一。"

文章起始即以"君子"称苏洵，说他的行义"修于家，信于乡里，闻于蜀之人久矣"。嘉祐初年，生长于千里之外、默默无闻的苏洵携二子来到京师，文章就得到公卿士大夫的争相传阅，乃至名动京师，文章"遂擅天下"。德行久闻于西蜀，文章名动于京都，文章开篇就突出了苏洵德与才的不同凡响，给人留下深刻的印象。接着，作者顺势对苏洵的文风和性情气质进行客观评价，其文“博辩宏伟”，既深微精妙，又气势充沛，让读者“悚然想见其人”；及至见到其人后，则“温温似不能言”，与之相处愈久愈觉得其可爱，且愈叩愈无穷。苏洵文风上显示出的气势与锋芒和内向温雅的气质之间的反差，进一步给人留下深刻印象。作者从其德说到才，又从其才回到德；从西蜀说到京师乃至天下，从远处说到自身与之相处的感觉，紧扣才、德两方面反复求证，既突出了苏洵才学之高超，又烘托出苏洵人格之魅力。本段以“君子”起文，复以君子之叹作结，是给死者的盖棺定论，也是对死者才德俱备的高度礼赞。但作为苏洵生前好友，欧阳修却是以第三人称来写这一段的。从得其书献诸朝到与之久居的，都是作者自己，正因为作者以旁观者的身份记录这些事情，所以对苏洵才德的评价愈显得客观和真实。“可谓纯明笃实之君子也”的赞语虽主观色彩浓厚，却避免了溢美的嫌疑，而苏洵可敬可爱的形象也已深入读者之心。

苏洵的才德是怎样得来的，这不能不引起读者的兴趣。文章接下来讲述苏洵传奇般的成长经历。少不知书，父亲却并不责怪，他自己也处之自如。至二十七岁开始发愤，闭门攻读。制考失败后，他烧掉了之前所有为应考而作的文章，并封笔不为文辞。于是潜心研读六经百家著作，广览博收，追根探源，五六年后，终于得其精粹，下笔千言，纵横驰骤。一到京师，他的贤德与文才就得到了后生学者的尊崇，当然也得到了作者的赏识。作者评价他禀赋深厚，所以发之较晚，他情志也悫，所以得之精微。恐怕当年苏洵的父亲也是因为看到了这一点，才不怪罪他的少不知书，这也正照应了后文苏洵语“知我者，唯吾父与欧阳公也”。作者此段写苏洵成才成名的经历，选择的材料颇具传奇色彩，但昭示给读者的却是一个古代学者屡历挫折的坎坷人生和艰难坚定的求学治学之道。至此，可叹可敬的文坛奇人苏洵的形象丰满地凸现出来，而前文作者对其才德的评断也得到了进一步的印证。父子皆知名，也是从一个侧面说明了苏洵才德与影响，“修于家”此语不虚矣。

苏洵以非凡的才具被任命为霸州文安县主簿，既而参加礼书的修纂。书成一百卷，却未能进一步得到朝廷的赏识与重用，其才能也未得到充分发挥就去世了，是何等的可叹与遗憾。所幸的是，他的文章得以传世，两个儿子也都能继承其志，以文名世，苏君泉下，应能自慰，这是归于墓志铭的本位的写法。

文章到此意思似已尽了，但作者却又以德、才为纲，别出心裁地补写细说其“(行义)闻于蜀之人久矣”的原因，“君善与人交，急人患难，死则恤养其孤”，是以蜀人多德之。苏不仅在生活中是一磊落君子，更难得的是，在为学上也能做到如此。如在对《易经》的研究中,他谴责那些牵强附会、曲解原作意思的前代儒者,认为是他们让后来读者迷乱不解,所以自为《易传》,可见苏氏治学也是有鲜明的“德”的要求的,确实是一位德才兼备的君子。遗憾的是,苏未能完成他这部阐发《易》理的作品就去世了。其急人患难之德有人享受其惠,但其以学为德者,后人因其早逝未能享受到他更多的益处,这实在是一个莫大的遗憾。作者的叹惋哀惜之情,渗透于字里行间。

作者对苏洵是如此的看重,而苏洵之语“知我者,唯吾父与欧阳公也”,更使他觉得为苏氏撰写墓志铭是责无旁贷。苏氏视欧为知己,欧氏又何尝不是以苏洵知己自居呢。欧阳修又复为之一叹。

最后一段才是铭文的正体了。作者仍以德与文为纲,称叹苏氏德、才之高。其德昭世,其文不朽,影响其后代也将更昌隆。虽是铭体,却不全是场面告慰之辞,而充满着作者对友人的深重悼念和热烈推崇。（李小兰　刘德清）

南阳县君[1]谢氏墓志铭

庆历四年[2]秋,予友宛陵梅圣俞[3]来自吴兴[4],出其哭内[5]之诗而悲曰:“吾妻谢氏亡矣。”丐[6]我以铭而葬焉。予未暇作。

居一岁[7]中,书七八至[8],未尝不以谢氏铭为言。且曰:“吾妻,故太子宾客讳涛之女,希深之妹也[9]。希深父子为时闻人[10],而世显荣[11]。谢氏生于盛族[12],年二十以归[13]吾,凡十七年而卒。卒之夕,敛[14]以嫁时之衣。甚矣,吾贫可知也。然谢氏怡然处之,治其家有常法。其饮食器皿虽不及丰侈[15],而必精以旨[16];其衣无故新[17],而浣濯[18]缝纫必洁以完[19];所至官舍,虽卑陋[20],而庭宇[21]洒扫必肃以严;其平居语言容止[22],必怡以和。吾穷于世久矣,其出而幸与贤士大夫游而乐,入则见吾妻之怡怡而忘其忧。使吾不以富贵贫贱累其心者,抑[23]吾妻之助也。吾尝与士大夫语,谢氏多从户屏[24]窃听之,间则尽能商榷[25]其人才能贤否[26]及时事之得失,皆有条理。吾官吴兴,或自外醉而归,必问曰:‘今日孰与饮而乐乎?’闻其贤者也,则悦。否,则叹曰:‘君所交皆一时贤俊[27],岂其屈己下之[28]耶?惟以道得焉[29],故合者尤寡[30]。今与是人饮而欢邪?’是岁[31],南方旱,仰见飞蝗而叹曰:'今西兵未解[32],天下重困,盗贼暴起于江淮,而天旱且蝗如此。我为妇人,死而得君葬我,幸矣。'其所以能安居贫而不困者,其性识[33]明而知道理,多类此。呜呼,其生也迫吾之贫,而殁[34]也又无以厚[35]焉!谓惟文字可以著其不朽,且其平生尤知文章为可贵,殁而得此,庶几以慰其魂,且塞[36]予悲。此吾所以请铭于子之勤也。"若此,予忍不铭?

夫人享年三十七,用夫恩封南阳县君。二男一女。以其年[37]七月七日卒于高邮[38]。梅氏世葬宛陵,以贫不能归也,某年某月某日葬于润州[39]之某县某原。铭曰:

高崖断谷兮,京口之原。山苍水深兮,土厚而坚。居之可乐兮,卜者[40]曰然。骨肉虽土兮,魂气则天。何必故乡兮,然后为安?

〔注〕 ① 县君:古代妇女的封号,唐代五品官的妻子封为县君,宋因之。梅尧臣的妻子谢氏因为丈夫的恩庇被封为南阳县君。 ② 庆历四年:公元1044年。 ③ 宛陵梅圣俞:名尧臣,圣俞是他的字,宣城(今安徽宣城)人。北宋初年著名文学家。当过尚书都官员外郎,后人称之为"梅都官",又因为他的故乡宣城古代称为宛陵,也称呼他"梅宛陵"。有《宛陵先生文集》。 ④ 吴兴:在今浙江湖州境内。当时梅尧臣任湖州盐税监官。 ⑤ 内:内人,古人称呼自己的妻子为内。 ⑥ 丐:乞求、请求。 ⑦ 一岁:一年。 ⑧ 书七八至:(梅尧臣)给我寄来七八封信。 ⑨"吾妻"三句:我的妻子是太子宾客谢涛的女儿,谢希深的妹妹。谢涛,字济之,祖籍阳夏,因父亲谢懿文为杭州盐官县令,去世后葬在富阳,就成为富阳人。历任兵部员外郎、侍御史,累官至太子宾客。希深,谢涛之子,名绛,字希深。见《黄梦升墓志铭》注。 ⑩ 闻人:知名人士。 ⑪ 世显荣:世世代代显赫荣耀。 ⑫ 盛族:望族,有名望有地位的大家族。 ⑬ 归:出嫁。 ⑭ 敛(liàn):装殓。 ⑮ 不及丰侈:达不到丰盛奢侈的程度。 ⑯ 精以旨:精致而且味美。 ⑰ 无故新:无论旧的新的。 ⑱ 浣濯(zhuó):洗。 ⑲ 完:完整、完好。 ⑳ 卑陋:低矮简陋。 ㉑ 庭宇:庭院屋宇。 ㉒ 容止:仪容举止。 ㉓ 抑:抑或、还是。 ㉔ 户屏:屏风。在厅内设屏风,遮住内门,起隔断作用。 ㉕ 商榷(què):商量、评论。 ㉖ 贤否(pǐ):好坏。 ㉗ 贤俊:德才出众的人。 ㉘ 屈己下之:降低自己的身份去与他们结交。 ㉙ 以道得焉:凭借道义和他们结交。 ㉚ 寡:少。 ㉛ 是岁:这年,指庆历四年。 ㉜ 西兵未解:指与西夏的战争还没结束。 ㉝ 性识:秉性见识。 ㉞ 殁(mò):去世。 ㉟ 厚:这里指厚葬。 ㊱ 塞:阻断、填补、弥补。 ㊲ 其年:那年。指庆历四年。 ㊳ 高邮:今属江苏。 ㊴ 润州:州治在今江苏镇江。下文京口亦指镇江。 ㊵ 卜者:这里指选择坟地的人。

中国人形容人世间最大的不幸莫过于"幼年丧父,中年丧妻,老年丧子"。庆历四年(1044),北宋初年著名的文学家梅尧臣适逢中年,爱妻早逝,和妻子感情深厚的他怎么能不悲痛欲绝呢？然而家贫，无以厚葬，只能用墓志铭来聊表寸心，慰藉亡灵，抚平自己的心痛。这篇墓志铭由谁来写呢？他最终求助于自己的诗友欧阳修。

这篇墓志铭以记谢氏的生平事迹为主，实际上也写了梅尧臣。

本文写作于庆历五年。开头便交代写作的缘由。从中也可以看出梅尧臣对妻子的挚爱。庆历四年秋天，梅尧臣远从吴兴来找欧阳修，一见面就说明来意："丐我以铭而葬焉。"欧阳修用"出其哭内之诗而悲"将这个年已不惑的封建时代的官员的表情、动作真实地毫不掩饰地描摹了出来。我们仿佛可以体会出梅尧臣爱妻之深、悲痛之甚。一年中，梅尧臣又给欧阳修写了七八封信，"未尝不以谢氏铭为言"，可见他心情的急切。老朋友的殷切企盼，使得在百忙之中的欧阳修不得不立即为之挥毫。然而谢氏与作者未曾谋面，文章应当怎样落笔呢？作者采取了一个非常巧妙的办法：引述梅尧臣讲述的内容。这样写可以达到真实亲切，生动感人的效果。

梅尧臣对谢氏生平的叙述分为三个部分。

第一部分（从"吾妻"至"吾妻之助也"）叙述谢氏的安贫乐道，治家有方。先介绍谢氏的身世，这是一般墓志铭的惯例。这里用这个"生于盛族"的大家闺秀嫁到梅尧臣家十七年，死后却只能"以嫁时之衣"装殓的令人唏嘘的事实，作为后面介绍她安贫乐道、勤俭持家的优秀品质的铺垫和反衬。一句"甚矣，吾贫可知也"承上启下，接着写谢氏持家的情况。在这样贫穷的生活环境中，谢氏却能"怡然处之，治其家有常法"。接着从食、衣、住、容四方面，用一系列的近似于排比的句子，突出谢氏的安贫乐道、治家有方。由于她的精心管理，使得并不富裕的谢家能够食"必精以旨"，衣"必洁以完"，住"必肃以严"，而她本人的语言容止，"必怡以和"。一个从容面对贫困，永远微笑的谢氏，一个"妇德""妇容"都合乎标准的封建时代命妇的形象，生动地展现在我们面前。她的治家有方，不但给在外面做官的梅尧臣营造了一个安乐小窝，也让他从精神上增加了自信，使得他"不以富贵贫贱累其心"。这样的贤内助怎不让梅尧臣念念不忘呢？难怪他一年之内连写七八封信，催促欧阳修为她撰写墓志铭了。

第二部分（从"吾尝与士大夫语"至"今与是人饮而欢邪"）描写谢氏的明辨是非，善于识人。其中写了两件事：一是在屏风外偷听梅尧臣与士大夫的谈话并在事后与之商榷。她为什么要这样做呢？文章没有说，恐怕是出于对丈夫的关爱和担忧吧。出身于盛族世家的谢氏可能对官场上因识人不准、料事不当、出言不慎而灾祸缠身的事情并不陌生，所以她要暗地里助夫君一臂之力。人们常说识人必须“听其言观其行”，知事则“百闻不如一见”。谢氏尽管未见客人，只闻其语，但却“间则尽能商榷其人才能贤否及时事之得失，皆有条理”。“尽”和“皆”表明谢氏的评论和判断并非偶尔正确，而是绝大多数都很有道理，并且分析得条理清晰，这显示了她超人的聪明和智慧。二是打听与梅尧臣狂饮的酒友的贤否，“闻其贤者也，则悦”，“否，则叹”，这一“悦”、一“叹”两种不同的态度，反映出谢氏臧否人物的明确的是非观念。值得注意的是，她不仅仅是发一声叹息而已，还要给梅尧臣讲一番“君所交皆一时贤俊，岂其屈己下之”以及交友“惟以道得焉”的大道理，给梅尧臣在如何识人交友方面提出忠告。这些都已超出了封建社会“女主内”的行为范畴。而梅尧臣对她的所作所为不但不反感，反而绘声绘色地讲述给欧阳修听，这说明梅尧臣对处处关爱自己的谢氏理解得非常深透。这一部分谢氏的行动与对话的描写都十分逼真，人物形象鲜活，生动。

第三部分（从“是岁，南方旱”至“多类此”）描写谢氏的忧国忧民，深明大义。这里着重写的是谢氏对梅尧臣的临终嘱托，她担忧的一是国难当头：“今西兵未解，天下重困”；二是民不聊生：“盗贼暴起于江淮，而天旱且蝗如此”。而对如何料理自己的后事却要求极低：“我为妇人，死而得君葬我，幸矣。”这段对话质朴感人，表现了谢氏崇高的精神境界。

在此基础上作者继续引用梅尧臣的话，对谢氏的生平加以总结和评价，说明上面讲述的只是她事迹的一部分，还有很多与此类似的事情，就不再一一叙述。谢氏之所以能“安贫而不困”，是因为“其性识明而知道理”。选材精当，评价恰切。

下面用抒情的笔法再一次说明梅尧臣要求欧阳修为谢氏作墓志铭的原因和欧阳修写作本文的原因，与文章的开头互相呼应，突出了本文的写作目的。应该指出的是，欧阳修也给很多命妇写过墓志铭，不少都是官样文章，寥寥几笔，并不都给人如此深刻的印象。他所以这样精心构思并写作本文，显然是被谢氏的事迹和梅尧臣的一片深情所打动。也就是他所说的：“若此，予忍不铭？”

最后说明谢氏被封南阳县君的原因，她的寿数、卒年、生儿育女的情况、埋葬地以及不能归葬宛陵的原因。再一次强调了梅尧臣家的贫困，与前面叙述谢氏的安贫乐道相呼应。结尾按照典型的墓志铭的写法，用一段四字句的韵文对谢氏加以赞颂。

短短一篇文章，刻画了一个完美的封建时代命妇谢氏的生动形象，同时烘托出了一个富有人情味、对妻子一往情深的清廉的官员梅尧臣的形象。构思巧妙，一举两得，举重若轻，自然流畅，浑若天成。（胡冠莹）

夷陵县[1]至喜堂[2]记

峡州治夷陵，地滨大江[3]，虽有椒[4]、漆、纸以通商贾[5]，而民俗俭陋[6]，常自足，无所仰[7]于四方。贩夫所售[8]，不过鱃鱼[9]腐鲍[10]，民所嗜而已，富商大贾皆无为而至[11]。地僻而贫，故夷陵为下县[12]，而峡为小州[13]。

州居无郭郛[14]，通衢[15]不能容车马[16]，市无百货之列[17]，而鲍鱼之肆[18]不可入。虽邦君[19]之过市，必常下乘[20]掩鼻以疾趋[21]。而民之列处[22]，灶廪匽井无异位[23]，一室之间，上父子而下畜豕[24]。其覆[25]皆用茅竹，故岁常火灾。而俗信鬼神，其相传曰作瓦屋者不利。夷陵者，楚之西境[26]。昔《春秋》[27]书荆以狄[28]之，而诗人[29]亦曰蛮荆[30]。岂其陋俗自古然欤？

景祐[31]二年，尚书驾部员外郎[32]朱公治是州，始树木[33]，增城栅[34]，甓[35]南北之街，作市门市区[36]；又教民为瓦屋，别灶廪[37]，异人畜[38]，以变其俗。既[39]，又命夷陵令刘光裔[40]治其县，起敕书楼[41]，饰厅事[42]，新吏舍[43]。三年夏，县功毕[44]。某有罪来是邦[45]，朱公于某有旧，且哀[46]其以罪而来，为至县舍，择其厅事之东以作斯堂，度为疏洁高明而日居之[47]，以休其心[48]。堂成，又与宾客偕至而落之[49]。

夫罪戾之人[50]，宜弃恶地，处穷险，使其憔悴忧思而知自悔咎[51]。今乃赖朱公而得善地，以偷宴安[52]，顽然[53]使忘其有罪之忧，是皆异其所以来之意[54]。

然夷陵之僻，陆[55]走荆门[56]、襄阳，至京师，二十有八驿[57]；水道大江，绝淮[58]，抵汴东水门，五千五百有九十里。故为吏者多不欲远来，而居者[59]往往不得代[60]，至岁满[61]或自罢去[62]。然不知夷陵风俗朴野[63]，少盗争，而令之日食有稻与鱼，又有桔柚茶笋四时之味，江山美秀，而邑居[64]缮完[65]，无不可爱。是非惟[66]有罪者之可以忘其忧，而凡为吏者莫不始来而不乐，既至而后喜也。作至喜堂记藏其壁[67]。

夫令虽卑[68]，而有土与民[69]。宜志[70]其风俗变化之善恶，使后来者[71]有考焉耳[72]。

〔注〕 ① 夷陵县：今湖北省宜昌市。宋属荆湖路峡州，是州治的所在，一个只有二十个乡的小县。 ② 至喜堂：由峡州知州朱正基所建，地在夷陵县衙正厅东侧，建于嘉祐三年(1036)。至喜，最大的喜悦。 ③ 大江：长江，夷陵是三峡的出口处，有西陵峡流过。 ④ 椒：木名，有刺，树似茱萸，当地人以其叶作茶，有香味。草本的椒，有辣椒、花椒等。 ⑤ 商贾：生意人。 ⑥ 俭陋：节俭而简陋。 ⑦ 仰：依赖。这句话说这里的民风自给自足，不依赖其他地方的供给。 ⑧ 所售：所出售的物品。 ⑨ 鳙(sù)鱼：干鱼。 ⑩ 腐鲍：指盐渍鱼，其味腐臭。 ⑪ 无为而至：来夷陵无所作为，即没有好生意(大宗的)好做。 ⑫ 下县：下等县。 ⑬ 小州：下等州。这里作者从荒僻的角度(主观感觉)而言。据《元丰九域志》和《宋史·地理志》，峡州为中州，夷陵为中县，全国还有若干州县比峡州和夷陵更差的。 ⑭ 郭郛(fú)：外城墙。 ⑮ 通衢：大道，指夷陵的主街。 ⑯ 不能容车马：形容主街道路的狭小。 ⑰ 列：列肆。这句说：市面上没有百货摆出来。 ⑱ 肆：店铺。 ⑲ 邦君：这里指州官。邦，古代诸侯的封国。 ⑳ 乘：车乘，这里指马车。 ㉑ 趋：急步。 ㉒ 列处：指居处的房屋。 ㉓ "灶廪(lǐn)"句：锅、灶、米仓、厕所、水井杂摆在一起。匽(yàn)，厕所。 ㉔ "上父子"句：上层住人(一家人)，下层养家畜。豕(shǐ)，猪。 ㉕ 覆：覆盖，指屋顶。 ㉖ 西境：夷陵是古代楚国的西部边境。楚人多信鬼神，因此才有"作瓦屋者不利"的传说。 ㉗《春秋》：相传为孔子根据鲁史而修订成的编年体史书，语言简略，内含褒贬。 ㉘ 狄：《春秋》中将荆楚称作"狄"。 ㉙ 诗人：《诗经》的作者。 ㉚ 蛮荆：《诗经》有的篇章又将荆楚称作"蛮荆"(如《小雅·采芑》就有"蛮荆来威"的句子)。狄蛮，是周人对北方和南方少数民族的蔑称。 ㉛ 景祐：宋仁宗赵祯年号(1034—1038)。 ㉜ 尚书驾部员外郎：这是峡州知州朱正基的京衔。他于景祐二年(1035)以尚书驾部员外郎来峡州任职。驾部属兵部尚书管辖，是兵部下属的官员之一，掌管舆辇、车马、驿置和厩牧的有关事务。员外郎为驾部的副长官，位于驾部郎中之下。 ㉝ 始树木：才开始种树。树，这里作动词，即种树。 ㉞ 栅(zhà)：栅栏。 ㉟ 甓(pì)：以砖铺砌。 ㊱ 作市门市区：建立市场。市门，市场的门。市区，规定市场的范围。 ㊲ 别灶廪：让老百姓将厨房和米仓分开。 ㊳ 异人畜：让老百姓将人住的地方和关牲畜的地方分开安排。 ㊴ 既：既而，之后。 ㊵ 刘光裔：欧阳修的前任。 ㊶ 敕书楼：当地官署供奉皇帝诏书的地方。敕书，诏书的泛指。古代皇帝命令有策书、制书、诏书、戒敕等的区别，要求各有不同。 ㊷ 饰厅事：装修办公的地方。 ㊸ 新吏舍：修建县官们的住处。 ㊹ 县功毕：这一些县的建设工程得以完成。 ㊺ "某有罪"句：指贬官夷陵事。景祐初年，范仲淹从苏州回京以吏部员外郎权知开封府，上《百官图》和《四论》，揭露宰相吕夷简操纵朝政，进用私人，坏了朝廷法度，后来被贬知饶州(今江西鄱阳县)。范的友人余靖、尹洙等也相继被逐出朝廷。一时间人心惶惶，惊恐不安。激于义愤，欧阳修给右司谏高若讷写了一封信，即著名的《与高司谏书》，严厉责怪他趋炎附势，不出来主持公道，"不复知人间有羞耻事"。高居然恼羞成怒，将书信进呈给皇帝。于是，作者被贬为夷陵县令。 ㊻ 哀：同情，怜悯。 ㊼ "度为"句：设计建造得疏朗清洁、高敞明亮、充满阳光而让作者住下。度，度量、设计。日，日照。 ㊽ 休其心：使作者远贬的心得到休息。休，休息，平静。 ㊾ 落之：参加至喜堂的落成典礼。 ㊿ 罪戾之人：作者自贬之词。戾，罪过。 [51] 悔咎(jiù)：悔过，悔罪。 [52] 宴安：安乐，安逸。 [53] 顽然：愚笨的样子，这里是自谦之词。 [54] "是皆"句：意为，这就违背了朝廷贬官悔过的原意了。

㊺ 陆：陆路。 ㊻ 荆门：本山名，在今湖北荆门市一带。 ㊼ 驿：驿站，古代供官员往来住宿和传递文书、转运官物的一种机构，多设于水陆交通要道、险阻镇戍之处，提供食宿车马。 ㊽ 绝淮：渡过淮水。 ㊾ 居者：指远来的官吏。 ㊿ 不得代：无法调走。代，替代。 61 岁满：为官的任期已满。 62 自罢去：自动离职。 63 朴野：朴实原始。 64 邑居：即县舍，指官吏居处。邑，小县。 65 缮完：修缮完好。 66 是非惟：这不仅仅是。 67 藏其壁：将作者撰的《至喜堂记》刻石，镶砌在墙壁上，以利长久保存。 68 卑：指官位低。 69 有土与民：却管有土地和老百姓。 70 志：记载。 71 后来者：指将来接替作者的夷陵县官员。 72 有考焉耳：得以考证。焉、耳，两者都是语气词。

本文作于景祐三年(1036)，作者时在夷陵县令任上，年三十。据作者的《于役志》记载，他于当年五月二十四日带着老母、寡妹、侄女四人，仓皇中离开汴京的家，先到内城宋门，次日从外城出东水门，乘船沿汴河出发赴夷陵贬所。经南京(河南商丘)、宿州、泗州(安徽盱眙)，渡过淮河，来到楚州(江苏淮安)、扬州、真州(江苏仪征)，然后渡长江南行，到达江宁(江苏南京)。又沿长江，经江州(江西九江)、鄂州(湖北武昌)、岳州(湖南岳阳)、江陵、建宁，终于十月二十六日抵达夷陵。历时五个多月，水路五千九百九十里，可以说受尽了天时、地理的种种磨难，心境之苍凉可想而知。但途中见到了许多老朋友，相聚了异母兄欧阳昞，在岳州和建宁又都受到夷陵派来官员的迎护，而且态度还是相当热情的，这多少给他途中带来若干安慰。这篇《夷陵县至喜堂记》，当为知州朱正基为其建至喜堂后不久而作，虽无法细考作记的具体日子，但撰于其年岁暮，则应无问题。

全文共分六个自然段。第一、第二自然段，描述夷陵的方位，虽然它濒临长江，又是州治的所在，但却非常荒僻落后，经济文化不发达，故而常常处于被人忽视的地位。从经济来说，这里还是自然经济，自给自足，只有小商小贩，没有富商大贾，买卖市场还很落后。从市政建设来说，城外连城墙都没有，所谓通衢大道狭小得车马都难以通行，街上看不见百货摆出来，有的只是臭鱼烂蟹之类，连州官老爷来了，也只能掩鼻而过，急急走开。以县城民居来说，不仅灶台、米仓、厕所、水井靠得太近，而且屋里人住在上畜养在下，也非常不卫生。至于建房的材料，包括盖的房顶和墙壁，只用茅草和竹子，都不用砖瓦，既不牢靠，也很容易引起火灾。因为老百姓迷信鬼神，总以为瓦屋会对住者不吉利。作者的这些描述，给人的感觉很真实，很实在，对于今天的读者既有历史价值，又有民俗价值，应是了解我国五代和北宋长江三峡一带的重要见证材料。我们可以设想，作者作为新来的夷陵县令，为官是认真、负责、清正、严明的。因为他不仅巡视了县城的街面市容，而且深入了民间，进入民居，与普通老百姓谈话交流，了解他们真实的心态，否则是不可能写得这样细致、真切、感人的。我们注意到第二自然段的结尾，作者还引证了孔子《春秋》和《诗经》中的话，指出夷陵峡州这一带自古属于楚的西境，所以，有荆狄、蛮荆的称谓，故而陋俗可能由来已久。这无形中又反映了作者渊博的学识和深邃的学者眼光，这是一般的官员和文人所缺乏的。欧阳修联想丰富，顺手拈来，即增加了历史的深度，这是颇为难得的。

第三、四自然段，转向歌颂州官朱正基的治绩，并表达自己来夷陵后得到他悉心照顾而产生的感激之情。朱正基来夷陵要比作者早一年多，作为州官也要比作者位高权重，因此，他的治绩相对也可以比较容易地体现出来。这些治绩，一是开始在城里种树；二是增加城栅，当然还不是城墙；三是砌了一条贯通南北的大街；四是建了市门，规范了市区；五是着手改革陋习，教老百姓造瓦屋，破除迷信；六是让老百姓将灶台与米仓分开，人畜住处隔离，改变他们不卫生的习惯；七是请示上级，临时任命了夷陵县官，起了"敕书楼"，装修了县衙，新建了官吏宿舍。客观地说朱知州还是一位有眼光有头脑、敢于革新旧习、有志于建设的好官员，确实值得赞扬。当然，这些治绩大都是作者听州官亲口讲的，不排除有自我表彰的成分。至于作者此来夷陵，他以"罪戾之人"自称，"知自悔咎"，比较低调。而朱长官却以礼相待，还特别在县衙之东找了一处宽敞、明亮、整洁，日照好的地方，建了"至喜堂"专供作者"休其心"之用，这至喜，是双向的，既属于主人，也包括客人，当然会大出作者意外。朱长官为何对作者这样厚爱？作者的解释是"于某有旧"。"有旧"者，旧相识、老朋友之谓也。相识的地方大约在京都开封。同为朝臣，朱长官早就倾慕作者的胆识、才华和敢作敢为的品格。因为景祐元年闰三月作者被授为宣德郎、试大理评事、兼监察御史、充镇南军节度掌书记、馆阁校勘，共兼好几个头衔，来到开封，被朝廷看中。也许朱长官那时也正在朝廷任职，当驾部员外郎，于是相见相识，有深刻的印象。只不过后来他外出为官，来峡州任职了。当然，朝官的迁谪和种种矛盾，也仍然是他所关心的。这次欧阳公的远贬得到朝野舆论的普遍同情，恰好也给他带来了晤谈深交的机会，他自然是高兴的。可惜，由于我们对于朱长官的了解甚少，不能作更深入的勾勒。

第五、六自然段，补写作者赴贬的大略经过，以及逐渐适应当地环境，由"始来而不乐，既至而后喜"的情绪转换，最后归于平和、自适，贬地夷陵也在作者眼中变得可爱起来。笔触自然而婉转，没有那种叫嚣、狂勃和大喜大悲的强烈对比，颇有一种大家风范，细读自与韩文异趣。

欧阳公在夷陵大约一年有余。《续资治通鉴长编》卷一二〇云：景祐四年(1037)十二月，"徙知饶州范仲淹知润州，监筠州税，余靖监泰州税，夷陵县令欧阳修为光化县令(光化军乾德县令)。上喻执政,令移近地故也”。这样,“四贤”中有三个得到宋仁宗赵祯的亲自关照,终于量移近地。乾德(湖北老河口)虽同在湖北,但比起夷陵,到底离京师近得多了。然而,欧阳公既安于夷陵,对于这里的山水和民情、物产,不禁留恋难舍。但朝命难违又不得不走,因而陷入一种莫名的痛苦,所谓“经年迁谪厌荆蛮,惟有江山兴未阑”(《离峡州回寄元珍表臣》),就是这种心情的部分流露。我们读欧阳公的抒情散文,对于作者这种回环反复、喜忧羼杂的复杂感情应该细细体会,不可简单化。其实本文的后半部,作者对夷陵风俗的朴野少盗,山水的美秀,物产稻鱼的丰盛,桔柚茶笋的四时之味,邑舍修缮的完好,是很肯定的,“无不可爱”四字可以说已作了充分概括,也与柳文“永州八记”之幽愤悒郁有明显不同。

(毛水清)

画舫斋记

予至滑[①]之三月,即其署东偏之室,治为燕私之居[②],而名曰“画舫斋”。斋广一室,其深七室,以户相通。凡入予室者,如入乎舟中。其温室之奥,则穴其上以为明;其虚室之疏以达,则栏槛其两旁以为坐立之倚。凡偃休于吾斋者,又如偃休乎舟中。山石巉崒[③],佳花美木之植,列于两檐之外,又似泛乎中流,而左山右林之相映,皆可爱者。故因以舟名焉。

《周易》之象,至于履险蹈难,必曰涉川[④]。盖舟之为物,所以济险难,而非安居之用也。今予治斋于署以为燕安,而反以舟名之,岂不戾哉?况予又尝以罪谪,走江湖间,自汴绝淮,浮于大江,至于巴峡,转而以入于汉沔,计其水行几万余里[⑤]。其羁穷不幸[⑥],而卒遭风波之恐,往往叫号神明以脱须臾之命者,数矣。当其恐时,顾视前后,凡舟之人,非为商贾,则必仕宦,因窃自叹,以为非冒利与不得已者,孰肯至是哉?赖天之惠,全活其生,今得除去宿负[⑦],列官于朝,以来是州,饱廪食而安署居,追思曩[⑧]时山川所历,舟楫之危,蛟鼍[⑨]之出没,波涛之汹欻[⑩],宜其寝惊而梦愕;而乃忘其险阻,犹以舟名其斋,岂真乐于舟居者邪!

然予闻古之人,有逃世远去江湖之上,终身而不肯反者,其必有所乐也。苟非冒利于险，有罪而不得已，使顺风恬波，傲然枕席之上，一日而千里，则舟之行，岂不乐哉！顾予诚有所未暇，而舫者宴嬉之舟也，姑以名予斋，奚曰不宜？

予友蔡君谟⑪善大书，颇怪伟，将乞其大字以题于楹，惧其疑予之所以名斋者，故具以云。又因以置于壁。

壬午十二月十二日书。

〔注〕①滑：滑州，今河南滑县。据胡柯《庐陵欧阳文忠公年谱》载：庆历二年，"九月，通判滑州。十月至"。②燕私之居：闲居歇息的处所。③崷崒(qiú zú)：峥嵘高峻的样子。④"《周易》"三句：《易经》中的"象"辞，多用"利涉大川"比喻处境困难。象，《易经》中解释卦象的辞。⑤"况予"七句：欧阳修于景祐三年(1036)贬峡州夷陵令，由水路经汴河、淮河、长江到达贬所。宝元元年(1038)三月仍由水路经长江、溯汉水，调任光化军乾德县令。故云"水行几万余里"。⑥羁穷不幸：指仕途挫折，颠沛流徙。⑦除去宿负：免去以前受贬谪的罪愆。欧阳修宝元二年(1039)恢复原来的官职，次年进京，任馆阁校勘，权同知太常礼院。因议事不合，自请外职，被任命为滑州通判。⑧曩(nǎng)：以前。⑨鼍(tuó)：扬子鳄。⑩汹欻(xū)：声音喧腾迅疾。⑪蔡君谟：即蔡襄，字君谟，兴化军仙游(今属福建)人。欧阳修的朋友，北宋著名书法家。

《画舫斋记》作于庆历二年(1042)十二月。据胡柯《庐陵欧阳文忠公年谱》载，是年四月，"契丹遣泛使求关南地，宰相吕夷简荐富弼报聘，人皆危之。公(欧阳修)上书引颜真卿使李希烈事，乞留弼。不报。五月，复应诏上书，极陈弊事"，又不报，因自请放职外任，被任命为滑州通判。本文即欧阳修至滑州后所写的一篇抒情写意散文，记录了他当时复杂的心境。文章围绕画舫斋命名原因，融写景、抒情、议论为一体，写得一波三折，意趣充盈，又主旨含蓄，耐人寻味，很能体现宋人写意散文的特征。清代浦起龙《古文眉诠》卷五九评此文曰："因名写趣，因名设难，因名作解，亦是饱更世故之言。"可谓深得此文之三昧。

一、"因名写趣"。抒情写意散文，以借景抒情、咏物言志为主要特色，特别注重意境的创造，写景造境，最显功力。文章第一部分写作者于滑州修治闲居歇息之住所，其形制似舟。狭长温奥，以室相通。既有采明之顶穴，又有倚立之栏槛。人偃休其中，如处舟中。而从外观之，山石花木，左右掩映，斋又酷似中流漂泛之舟，非常可爱。作者以舟名斋，而介绍命名由来时，描摹斋的形状、结构、周围环境，既景致如画，又情趣盎然，妙不可言。

二、"因名设难"。作者逸兴雅致既已溢于纸笔，取名为舟的原因也有了交代，似乎以舟名斋已不需要再有其他的说明，但作者的旨意显然并不止于此，所以文章第二部分，笔锋陡转，从舟的文化意蕴与自己治居所于官署可能引起的误解讲起。在《周易》中，舟是作为"济险难"之用的，这让作者联想到自己以前，虽非冒险于利之人，却也因罪不得已而谪走江湖，历经风浪之险。虽最终化险为夷，但回顾往昔遭遇，仍不免心余悸惧。现在却将自己的燕安之居取以舟名，难道是忘了当时的艰险而以之为乐吗？这样看来，作者这样命名，是取乐之之意还是取惧之之意，作者此时心境究意如何，确实是值得深究。作者第二段中挑起一个疑窦，设置一个悬念，引起了读者的期待。

三、"因名作解"。对上文设置的疑难，作者在下文中只以几句轻轻点出，可谓意高志迥，言约意丰。江湖之行，虽不能免于风波，却自有能得其乐者。那些非冒险于利也非有罪不得已的古代隐士，他们就能傲然枕席，顺风恬波，享受一日千里的乐趣。舟自可作为取乐之用，关键看乘舟之人的初衷与心境罢了。面对政治上的风波，又何尝不是如此呢。作者引古之隐士说理，并不表示欧阳修就因此想到归隐，事实正相反，他立刻明确表示，自己"诚有所未暇"，并特称其人为"逃世"者，可见他自己依然不改初衷，志在治世。但心在署衙，却有心游天下的恬然；曾历危难，仍泰然处世，有何不可？这恰如其治斋之法，其深奥者，穴其上则明，虚室疏达者，栏槛其两旁则倍添情致，偃于其中取其静，出乎其外则见花木山石之可爱，其势过于狭长是缺憾，而以舟命名就妙趣横生了。风浪本是不可避免的，但面对它是惧之还是乐之，全在个人的态度。这样的心境，这样的情志，才是作者以舟名室的深层的原因。

文章第二部分既有作者对自身经历的回忆引发的感慨叹息，又以理性的议论生发开来，既能看到作者当时的心情，又能因见作者的人格与境界之高迥。确可称是借题抒臆，以小见大。

文章末尾，作者交代写作缘由，以朋友怪伟之字题斋名于楹，却担心朋友质疑其命名，所以作文解释之。其实作者所惧者，并非朋友疑虑其命名，而是惧怕他人以为自己因遭遇坎坷而意志颓靡、不思进取，所以作文表明心志。作者又何尝不惧怕自己真的落于这样的境地，画舫斋又何尝会成为真正的燕私嬉戏之地呢？文章最后说他置文章于壁，就是这个意思，他正是要借这篇文章、这段思考，来抒泄胸臆，勉励自己、警示自己。而他的这一怪伟之思境，正应以朋友怪伟之书法表现。这样的思考与境界，是欧阳修历经外放滑州三个月后的结果，也可以看作是此事带给欧阳修的熟思与进步。篇首强调"至滑三月"并非赘语，因为外放滑州之事及欧阳修的这段心路历程，确实值得铭记。

围绕"画舫斋"这个名字，作者阐释了由此引发的议论与思考，曲曲折折，且层层见新，无怪乎宋代楼昉在《崇古文诀》卷十八称赏此文"文字宛转"；更兼此文意趣盎然，层次分明，前后照应，结构规整，确实是一篇抒情写意的佳作。

（李小兰　刘德清）

王彦章画像记

太师[①]王公，讳彦章，字子明，郓州寿张[②]人也。事梁，为宣义军[③]节度使，以身死国，葬于郑州之管城[④]。晋天福二年[⑤]，始赠太师。

公在梁以智勇闻。梁、晋[⑥]争数百战，其为勇将多矣，而晋人独畏彦章。自乾化[⑦]后，常与晋战，屡困庄宗于河上。及梁末年，小人赵岩等用事，梁之大臣老将，多以谗不见信，皆怒而有怠心。而梁亦尽失河北，事势已去，诸将多怀顾望。独公奋然自必[⑧]，不少屈懈，志虽不就，卒死以忠。公既死而梁亦亡矣，悲夫！

五代终始才五十年[⑨]，而更十有三君，五易国[⑩]而八姓[⑪]。士之不幸而出乎其时，能不污其身得全其节者，鲜矣！公本武人，不知书，其语质，平生尝谓人曰："豹死留皮，人死留名。"盖其义勇忠信出于天性而然。予于五代书[⑫]，窃有善善恶恶之志。至于公传，未尝不感愤叹息。惜乎旧史[⑬]残略，不能备公之事。

康定元年[⑭]，予以节度判官[⑮]来此。求于滑人[⑯]，得公之孙睿所录家传，颇多于旧史，其记德胜之战[⑰]尤详。又言：敬翔怒末帝不肯用公，欲自经于帝前[⑱]。公因用笏画山川，为御史弹而见废[⑲]。又言：公五子，其二同公死节。此皆旧史无之。又云：公在滑以谗自归于京师，而史云召之[⑳]。是时，梁兵尽属段凝[㉑]，京师羸兵不满数千，公得保銮[㉒]五百人，之郓州，以力寡，败于中都[㉓]，而史云将五千以往者[㉔]，亦皆非也。

公之攻德胜也，初受命于帝前，期以三日破敌。梁之将相，闻者皆窃笑。及破南城，果三日。是时，庄宗在魏，闻公复用，料公必速攻，自魏驰马来救，已不及矣。庄宗之善料，公之善出奇，何其神哉！今国家罢兵四十年[㉕]，一旦元昊反[㉖]，败军杀将，连四五年，而攻守之计，至今未决。予尝独持用奇取胜之议，而叹边将屡失其机。时人闻予说者，或笑以为狂，或忽若不闻，虽予亦惑不能自信。及读公家传，至于德胜之捷，乃知古之名将，必出于奇，然后能胜。然非审于为计者不能出奇，奇在速，速在果，此天下伟男子之所为，非拘牵常算之士可到也。每读其传，未尝不想见其人。

后二年，予复来通判州事[27]。岁之正月，过俗所谓铁枪寺者，又得公画像而拜焉。岁久磨灭，隐隐可见。亟命工完理[28]之，而不敢有加焉，惧失其真也。公尤善用枪，当时号“王铁枪”。公死已百年，至今俗犹以名其寺，童儿牧竖[29]皆知“王铁枪”之为良将也。一枪之勇，同时岂无？而公独不朽者，岂其忠义之节使然欤？画已百余年矣，完之复可百年。然公之不泯者，不系乎画之存不存也。而予尤区区[30]如此者，盖其希慕之至焉耳。读其书，尚想乎其人；况得拜其像，识其面目，不忍见其坏也。画既完，因书予所得者于后，而归其人，使藏之。

〔注〕 ① 太师：与太傅、太保合称三公，为古代最高官衔，唐宋以后非实职。这里是追赠给王彦章的官衔。 ② 寿张：旧县名。1964年撤销，并入山东阳谷县和河南范县。 ③ 宣义军：治所在今河南滑县。 ④ 管城：今河南郑州市。 ⑤ 天福二年：公元937年。天福为后晋高祖年号。 ⑥ 晋：指晋王李存勖，灭梁建立后唐，为后唐庄宗。 ⑦ 乾化：后梁太祖年号(911—915)。 ⑧ 自必：自信决断。 ⑨ 五十年：五代自梁太祖开平元年(907)始，至周恭帝显德七年(960)终，历时五十三年，这里取其整数言。 ⑩ 五易国：指后梁、后唐、后晋、后汉、后周五国。 ⑪ 八姓：五代君主计有八姓：后梁朱姓；后唐李姓，明宗是李克用养子，本胡人，末帝为明宗养子，本姓王，故实有三姓；后晋石姓；后汉刘姓；后周郭姓，世宗为太祖养子，本姓柴，实有二姓。 ⑫ 五代书：即欧阳修所著《五代史记》，今称《新五代史》。 ⑬ 旧史：指《旧五代史》。 ⑭ 康定元年：公元1040年。康定为宋仁宗年号。 ⑮ 节度判官：官名。欧阳修在康定元年任武成军节度判官。 ⑯ 滑人：滑州人。滑州治所在今河南滑县。 ⑰ 德胜之战：德胜是古代黄河的一个渡口，晋军在德胜南北筑两城，称夹寨。龙德三年(923)，王彦章受命而出，三日攻破南城。 ⑱ “敬翔”二句：《新五代史·死节传》载，宰相敬翔携绳见末帝，称若不用王彦章，即以绳自尽。末帝乃召王彦章为招讨史。 ⑲ “公因”二句：《新五代史·死节传》载，德胜战后，王彦章遭诬陷罢官，急驰至京，在末帝前以笏画地，自陈胜败之迹，被劾为不恭，令归第。 ⑳ 史云召之：《五代史·王彦章传》载王彦章至京是“诏令归阙”。 ㉑ 段凝：原为招讨副使，王彦章罢免后，升任招讨使，后梁精兵皆属之，后投降后唐。 ㉒ 保銮：皇帝的禁卫军。 ㉓ 中都：今山东汶上县。 ㉔ 而史云将五千以往者：《旧五代史》云，王彦章领保銮骑士数千以往。 ㉕ 罢兵四十年：宋真宗景德元年(1004)，宋与辽订立澶渊和约，双方罢

兵,至作此文的庆历三年(1043)整四十年。 ㉖ 元昊反:西夏主元昊于宋仁宗宝元元年(1038)自称大夏皇帝,与宋屡有战事。 ㉗ 复来通判州事:宋仁宗庆历二年(1042),欧阳修任滑州通判。 ㉘ 完理:修复。 ㉙ 牧竖:牧童。 ㉚ 区区:恳切貌。

王彦章是五代后梁以骁勇著称的一员名将,也是在政权频繁更替的乱世中难得的忠直之士。欧阳修对王彦章深怀敬仰之心,他著《新五代史》独辟《死节传》,在记载的三人中,王彦章置于其首,并且占据了传记的主要篇幅。不过作为史传,欧阳修主要是实录其事,字里行间虽有褒贬之意,毕竟不能过于显露主观感情。在这篇画像记中,他却尽意抒写自己的心绪和感慨,因而此文以欧阳修的感情发展为线索,时叙时议,既是对王彦章的讴歌,也是对现实的思考针砭。

文章没有直接切入画像,而是从王彦章的事迹写起。在这里,欧阳修不是像史传那样作全面记叙,而是以勾勒写意的笔法,紧紧扣住"义勇忠信"这一特征略施笔墨,人物的精神尽显其中。起首对王彦章生平作简略介绍,即突现出他"以身死国"的壮烈人生。接着写彦章之勇,既称其时"勇将多矣",又说"晋人独畏彦章",两相对照,其勇可知。再写其忠,又以梁大臣老将"多怀顾望",与彦章独"奋然自必,不少屈懈"构成对比,足见王彦章耿耿之志。这两层对照,充分反映出王彦章远出众人之上的品格风神。欧阳修还专门引述了王彦章"豹死留皮,人死留名"这句话,言辞质朴却铿锵有力,最能表现王彦章的个体特性,为人物增添了生动的一笔。在叙写之中,欧阳修又不时插入自己的议论慨叹,如直接以"悲夫"的叹息加重了文章的感情色彩,也以其时"能不污其身得全其节者,鲜矣"的论说反衬出王彦章的可贵。总之,在这个层次,欧阳修的感情思绪皆围绕着王彦章事迹加以表露,随后,他转换视角,提出了著王彦章传的过程中补旧史残缺的情况,文章也进入一个新的层次。

欧阳修一一举出他所获得的新史料,虽然每则材料仅三言两语,却以高度凝练的词句,从各个侧面丰富了王彦章的形象。宰相敬翔请求末帝任用王彦章时的激烈情绪,旧史未有记载,而这事映衬出王彦章的艰难处境以及关键时刻无可替代的作用;王彦章用笏画山川,以及因谗而自归京师,纠正了旧史所写"诏令归阙"的情况,形象地表现出他的率真刚直;而以"五百人"改正旧史"五千人"之失,更见王彦章的义无反顾,也说明了他最终兵败的客观情势。这些材料都被欧阳修用入《新五代史》中,在王彦章本传有详尽的记叙。本文记述虽然简略,也使王彦章的形象有了更完整的表现,同时也表明了欧阳修"善善恶恶"之志是如何在史料的应用中体现出来的。

欧阳修称其新得的史料"记德胜之战尤详",于是,文章很自然地转为叙述王彦章攻德胜的情况。然而实质上，这一记叙仅是一个引子，欧阳修的真实意图是借此表达对当前国家边事的看法。北宋朝廷于边境战事的态度十分软弱，面对北方辽、夏的威胁，一直以大量财物的赠送来换取和平，却始终不能根本解决边患。对于这一情况，欧阳修等一些有识之士早就表示不满，他们屡屡上书力主改变这一被动局面，却得不到朝廷认同，甚至还因此遭受贬黜。因而，王彦章在德胜一战中表现得果决神勇，不能不让欧阳修感慨万千，在叹美王彦章的文字中，充满了对现实生活中"拘牵常算之士"的鄙夷，也流露出他对本朝边患的深深担忧。

直至最后，文章才点出画像。有了前文王彦章生平事迹以及作者自我情感两个方面的充分铺垫，这里写见到画像后的曲折心情更是丝丝入扣。因见画像年久受损，欧阳修亟命人修复，又惧失真而不敢任加修饰，"亟""惧"二字，生动地表现出既万分急切又小心翼翼的情状，可见作者对画像的极度珍惜。但接着笔锋一转，指出王彦章以忠义大节而英名永垂，其精神的长存是无须依托一幅画像来实现的，表明具体的物象远不能与精神意义相比。而后再折一笔，说明虽则如此，仍如此精心修复画像，是对王彦章"希慕之至"使然。此可谓跌宕迂回，摇曳情深。而有了前文的积聚，这里感情的波澜起伏就显得真实自然。

这篇作品篇幅不长，但记叙的内容很多，从表彰介绍王彦章的事迹开始，引出辨正旧史、当朝边患及修复画像等一系列话题，作者以自我思绪的流转变化为线索来结构文章，诸多内容犹如散珠得线，井然有序地连接起来。作者的感情流露从一个叹词开始，随着内容的展开逐渐强烈，令人生动地感觉到，欧阳修面对一幅存世百年的人物画像，时而神往，时而感慨，时而激愤，浮想联翩，思潮起伏。而他的百般思绪，都围绕着王彦章的忠义和英勇这两个特征展开，又以忠义为其精神核心，这使得作者主体感情与叙写的对象紧密联系在一起，内容丰富繁衍而不觉零乱枝蔓，结构曲折多变而不觉松散突兀，这些特点无不蕴蓄着作者的结撰匠心。

（陈晓芬）

吉州学记

庆历三年秋，天子开天章阁，召政事之臣八人，问治天下其要有几，施于今者宜何先，使坐而书以对[①]。八人者皆震恐失位，俯伏顿首，言此非愚臣所能及，惟陛下所欲为，则天下幸甚。于是诏书屡下，劝农桑，责吏课，举贤才。

其明年三月,遂诏天下皆立学,置学官之员[2]。然后海隅徼塞、四方万里之外,莫不皆有学。呜呼,盛矣!学校,王政之本也。古者致治之盛衰,视其学之兴废。《记》曰:"国有学,遂有序,党有庠,家有塾。[3]"此三代极盛之时大备之制也。宋兴,盖八十有四年,而天下之学始克大立,岂非盛美之事,须其久而后至于大备欤?是以诏下之日,臣民喜幸,而奔走就事者以后为羞。

其年十月,吉州[4]之学成。州旧有夫子庙,在城之西北。今知州事李侯宽之至也,谋与州人迁而大之,以为学舍,事方上请而诏已下,学遂以成。李侯治吉,敏而有方。其作学也,吉之士率其私钱一百五十万以助。用人之力积二万二千工,而人不以为劳;其良材坚甓之用凡二十二万三千五百,而人不以为多;学有堂筵斋讲,有藏书之阁,有宾客之位,有游息之亭,严严翼翼,壮伟雄耀,而人不以为侈。既成,而来学者三百余人。

予世家于吉[5],而滥官于朝,进不能赞天子之盛美,退不得与诸生揖让乎其中。然予闻教学之法,本于人性,磨揉迁革[6],使趋于善,其勉于人者勤,其入于人者渐。善教者以不倦之意,须迟久之功,至于礼让兴行而风俗纯美,然后为学之成。今州县之吏不得久其职而躬亲于教化也,故李侯之绩及于学之立,而不及待其成。惟后之人,毋废慢天子之诏而殆以中止。幸予他日,因得归荣故乡而谒于学门,将见吉之士,皆道德明秀而可为公卿。问于其俗,而婚丧饮食皆中礼节。入于其里,而长幼相孝慈于其家。行于其郊,而少者扶其羸老,壮者代其负荷于道路。然后乐学之道成,而得时从先生、耆老,席于众宾之后,听乡乐之歌,饮献酬之酒,以诗颂天子太平之功。而周览学舍,思咏李侯之遗爱,不亦美哉!

故于其始成也,刻辞于石,而立诸其庑[7]以俟。

〔注〕 ①"庆历"六句:庆历三年九月三日,宋仁宗开天章阁召对辅臣范仲淹、富弼、韩琦

等,问御边大略。范仲淹退而上奏《答手诏条陈十事》。提出“庆历新政”十大主张。天阁,宋朝宫廷中藏书阁名。仁宗即位后,专用珍藏太祖、太宗御像及真宗御制文集、御书等宫廷物品。② “其明年”三句:据《宋史·仁宗本纪》庆历四年三月:“乙亥,诏天下州县立学。更定科举法。” ③ “《记》曰”句:《礼记·学记》:“古之教者,家有塾,党有庠,术有序,国有学。” ④ 吉州:治所在今江西吉安市,宋时治庐陵、吉水、安福、泰和、龙泉、永新、永丰、万安等八县。⑤ 予世家于吉:欧阳修籍属吉州永丰沙溪镇,平生自署庐陵人。他的《欧阳氏谱图序》自述:“(欧阳)琮为吉州刺史,子孙因家于吉州。自琮八世生万,又为吉州安福令。其后世或居安福,或居庐陵,或居吉水,而修皇祖,始居沙溪。至和二年,分吉水置永丰县,而沙溪分属永丰。今谱虽著庐陵,而实为吉州永丰人也。” ⑥ 磨揉迁革:指经受教育而有变化。磨揉,即磨炼。⑦ 庑:堂下周围的走廊、廊屋。

《吉州学记》是庆历四年(1044)冬,欧阳修应吉州知州李宽扩迁州学之请而作的一篇叙事性散文。这篇散文被茅坤誉为“典刑之文”(《宋大家欧阳文忠公文钞》卷二十一),它既是非常规范的叙事性散文,又具有超出一般叙事性散文的文学品位,堪称叙事性散文之典范。《吉州学记》以吉州知州李宽扩迁州学为中心事件,完整地交代了这个事件发生的背景、经过、结果,以及它的意义和影响,体现了叙事性散文的规范性特点。此外,这篇散文充实的内容、深刻的思想价值、谨严浑融的结构、真挚热切的情感、流畅有致的行文风格,又给人赏心悦目的独特美感,称之为“典刑之文”,实非过誉。其不同寻常的艺术品位体现在:

一、主旨突出,立意高妙。欧阳修散文善以哲理入文,在叙事中加入议论成分,于平常的事件中,发掘出耐人寻味的意旨,以小喻大,见微知著,《吉州学记》正体现出这样的特点。吉州知州李宽扩迁州学,只不过是州县的小举措而已,作者首先将这个事件放置到“庆历新政”、仁宗下诏在全国范围内立学兴教的大的政治背景中去思考,从而赋予这个小事件普遍性的深广的意义。第一段,作者写仁宗问政于臣,以众臣的惶恐失措揭示出举贤才的重要性,而贤良之才的大量涌现又有赖于学校的培养,所以兴教立学也就势在必行。为此,作者接下来便阐述了立学兴教的主张,认为立学兴教是治国的根本,是决定国家兴衰的关键。作者以“三代极盛之时”的完备学制为例,又以立学之诏下、臣民云集响应为证,进一步说明立学兴教深得民心。而办学能否获得成效,学校能否源源不断地为社会输送人才,教育能否移风易俗,使礼义兴行、风俗纯美,更为关键的是要有正确的教育理念,要遵循教育规律和掌握教育方法。所以,欧阳修用更多的笔墨对正确的教育规律和教学方法进行了精辟的论述:“然予闻教学之法,本于人性,磨揉迁革,使趋于善,其勉于人者勤,其入于人者渐。”教学要以人性为本,教学的过程就是对人性的反复磨炼,使之发生迁移、趋于完善的过程,而人性的完善不可能一蹴而就，要靠教育者的勤于劝勉才能深入人心，因此，教育者只有孜孜不倦、持之以恒，并假以时日，方能有所成就。李宽扩迁州学确实值得称赞，朝廷下诏立学也确实令人欣慰，但是，如何使这个一时举措产生深远的影响，不至于一轰而散，半途而废，才是最值得思索的至关重要的问题。作者能从李宽扩迁州学这一普通的事件中借题发挥，深入挖掘出发人深省的哲理启示意义，而且又能一语中的，切中肯綮，作者立意之高妙，令人叹服。

二、逐层深入，详略有致。李宽扩迁州学是本文的中心事件，但作者并没有单纯地叙述这一事件，而是从举贤才说起，进而宣扬立学的主张，然后顺势提出"其勉于人者勤，其入于人者渐"，"以不倦之意，须迟久之功"的教育理念。作者由远而近，由浅及深，逐层深入地揭示出一个具有普遍意义的道理，文章思路一目了然，有条不紊。作者对材料的处理也显得详略有致，浓淡相宜。仁宗问政与下诏立学只是事件的背景，作者的叙述非常简要明了，而对吉州办学的盛况和如何掌握正确的教学规律，使立学真正卓有成效，作者则用了大量的笔墨来写。详写吉州扩迁州学，用铺排的句式，具体地罗列出吉州办学所用的人力、物力，描绘出吉州学堂宏伟的规模、壮观的景象，真实地再现了当时的空前盛况，既是点题，又能通过对一个地方的集中详写，给人留下深刻鲜明的印象，让人有身临其境之感。文中第四段是全文的主旨所在，也是全文的重中之重，作者先精辟地论述了正确的教学观念和教学方法及其重要性，然后以饱含感情的文字憧憬故乡吉州有朝一日立学有所成之时社会的和乐美好，让人油然萌生向往之心，既以理服人，又以情动人。

三、真挚热切，极富感染力。《吉州学记》行文平易流畅，浅显质朴，而又极富表现力和感染力。作者对全国立学兴教的欣慰之情、对家乡吉州的拳拳之心、对国家的忧思之意、对治国者的期望、对未来的憧憬……强烈的感情盈溢于纸笔之间。叙述四方立学的盛况时，作者慨然赞叹："呜呼，盛矣！"叙述宋兴八十有四年，天下之学始能大立时，作者又情不自禁地赞道"岂非盛美之事"。文章的后半部分，作者设想有朝一日故乡立学有成、父老乡亲风俗纯美的情景："将见吉之士，皆道德明秀而可为公卿。问于其俗，而婚丧饮食皆中礼节。入于其里，而长幼相孝慈于其家。行于其郊，而少者扶其羸老，壮者代其负荷于道路。然后乐学之道成，而得时从先生、耆老，席于众宾之后，听乡乐之歌，饮献酬之酒，以诗颂天子太平之功。"作者用一连串铺排的句式写出，更是充溢着激情和诗意，感染力极强。这些由衷的激情赞语，犹如一支激昂而优美的乐曲，萦绕于读者耳际，给人以余音绕梁的美感。

（李小兰　刘德清）

丰乐亭记

修既治滁之明年[①]，夏，始饮滁水而甘[②]。问诸滁人，得于州南百步之近。其上丰山耸然而特立[③]，下则幽谷窈然[④]而深藏，中有清泉，滃然[⑤]而仰出。俯仰左右，顾而乐之。于是疏泉凿石，辟地以为亭，而与滁人往游其间。

滁于五代干戈之际，用武之地也。昔太祖皇帝[⑥]尝以周师破李景[⑦]兵十五万于清流山下，生擒其将皇甫晖、姚凤于滁东门之外，遂以平滁。修尝考其山川，按[⑧]其图记[⑨]，升高以望清流之关[⑩]，欲求晖、凤就擒之所，而故老[⑪]皆无在者，盖天下之平久矣。自唐失其政，海内分裂，豪杰并起而争，所在为敌国者，何可胜数！及宋受天命，圣人出而四海一[⑫]。向之凭恃险阻[⑬]，刬削[⑭]消磨，百年之间，漠然徒见山高而水清。欲问其事，而遗老尽矣。今滁介于江淮之间，舟车商贾、四方宾客之所不至。民生不见外事，而安于畎亩[⑮]衣食，以乐生送死[⑯]。而孰知上[⑰]之功德，休养生息，涵煦[⑱]百年之深也！

修之来此，乐其地僻而事简，又爱其俗之安闲。既得斯泉于山谷之间，乃日与滁人仰而望山，俯而听泉。掇[⑲]幽芳[⑳]而荫乔木，风霜冰雪，刻露[㉑]清秀，四时之景无不可爱。又幸其民乐其岁物之丰成，而喜与予游也。因为本其山川，道其风俗之美，使民知所以安此丰年之乐者，幸生无事之时也。夫宣上恩德，以与民共乐，刺史[㉒]之事也。遂书以名其亭焉。

庆历丙戌六月日，右正言、知制诰、知滁州军州事欧阳修记。

〔注〕 ① 治滁之明年：欧阳修于庆历五年(1045)贬知滁州。明年，即庆历六年丙戌。滁，滁州，治今安徽省滁州市。 ② 始饮滁水而甘：欧阳修《与韩琦书》(庆历六年)："山州穷绝，比乏水泉。昨夏秋之初，偶得一泉于州城之西南丰山之谷中，水味甘冷，因爱其山势回抱，构小亭于泉侧。" ③ 特立：独立，挺立。 ④ 窈然：幽深貌。 ⑤ 滃(wěng)然：水沸涌貌。 ⑥ 太祖皇帝：宋太祖赵匡胤，其时他是后周世宗(柴荣)属下的大将，世宗显德三年(956)从征淮南，南唐节度皇甫晖、姚凤，号十五万，塞清流关，赵匡胤率周师袭清流关，大破南唐兵于清流山下，生擒皇甫晖、姚凤，遂克滁州。 ⑦ 李景：即南唐中主李璟。 ⑧ 按：查索。 ⑨ 图记：地

理图籍。 ⑩ 清流之关：在滁州西北清流山上，南唐置，地极险要，欧阳修《永阳大雪》诗："清流关前一尺雪，鸟飞不度人行绝。" ⑪ 故老：经历过当年事件的老年人。 ⑫ 一：统一。⑬ 凭恃险阻：指凭借山川险阻的割据势力。 ⑭ 刬(chǎn)削：铲除。刬，同"铲"。 ⑮ 畎(quǎn)亩：田地，田间。 ⑯ 乐生送死：快乐地活着，生儿育女，养老送终，指过太平日子。⑰ 上：指皇帝。 ⑱ 涵煦：滋润养育。 ⑲ 掇(duō)：采摘。 ⑳ 幽芳：幽香的花。 ㉑ 刻露：毕露，意谓秋冬叶落草枯，山石巉岩嶙峋之态毕露。 ㉒ 刺史：汉、唐时州的主管官称刺史，相当于宋的知州，欧阳修时任知州，习惯上可称刺史。

此篇作于庆历六年(1046)，欧阳修贬知滁州之次年。

《丰乐亭记》可以说是欧文的代表作品。欧阳修十分重视滁州往事，一直念念不忘丰乐亭和幽谷，在诗文中屡屡言及，直到他的晚年，熙宁三年(1070)的诗作中还自称"丰乐山前一醉翁"(《寄答王仲仪太尉素》)，可谓魂萦梦牵了。这关乎他的政治信念和理想。他在滁州与梅尧臣书中曾经十分欣喜地述说："某此愈久愈乐，不独为学之外有山水琴酒之适而已。小邦为政，期年粗有所成，固知古人不忽小官，有以也。"牛刀小试，兴奋不已。这是《丰乐亭记》一文的写作背景。

作为一位封建士大夫，为官一方，能够做到与民共享丰年之乐，也就足慰平生了。此即斯亭、斯文之所由来。他的政治理念是"为政所以安民也，无扰之而已"(《江邻几墓志铭》)，亦即此文中所说的"休养生息，涵煦百年之深也"。由此可知，丰乐亭的修建以及《丰乐亭记》的撰写，均非一时苟然之作，而是他惨淡经营、匠心独运的得意手笔。不少古文评点家认为《丰乐亭记》是欧阳修文中之极品。陈衍有云："永叔文以序跋杂记为最长，杂记尤以《丰乐亭》为最完美。"(《石遗室论文》卷五)李刚已则云："朱子以此篇为公文之最佳者，岂虚语哉!"(《古文辞约编》)诚然，此文充分体现了欧阳修文纡徐委婉、摇曳生姿的特色，极尽抑扬顿挫、一唱三叹之妙，此欧公平生擅长之技，最足以见欧文之风神。

首段叙说修筑丰乐亭之所由来，点明其地理之方位，山水之形胜，而缘起于泉。"修既治滁之明年，夏，始饮滁水而甘。"《古文观止》夹批："始饮而甘，则初至滁未暇知水甘也。只此句，意极含蓄。"虽然发现滁水之甘，系于偶然，但是那种"小邦为政，期年粗有所成"的欣欣然，踌躇满志，却是溢于言表了。寻找甘洌之水的源头，原来只在州南百步之近。以下铺陈渲染环境之优美，"其上丰山耸然而特立，下则幽谷窈然而深藏，中有清泉，滃然而仰出。俯仰左右，顾而乐之。于是疏泉凿石，辟地以为亭"，山峦耸翠，幽谷蒙密，如果参读欧阳修的《与梅尧臣书》(庆历七年)，则丰山与幽谷泉之形胜，历历可见："去年夏中，因饮滁水甚甘，问之，有一土泉在城东百步许，遂往访之，乃一山谷中，山势一面高峰，三面竹岭，回抱泉上，旧有佳木一二十株，乃天生一好景也。遂引其泉为石池，甚清甘。作亭其上，号丰乐，亭亦宏丽。……山下一径，穿入竹篆蒙密中。豁然路尽，遂得幽谷(作者自注：泉名幽谷)。"原来丰山是孤峰高耸天半，三面竹岭环抱，而幽谷就深藏于篁竹蒙密之中。他的《丰乐亭晚饮》诗也描绘了揽胜寻幽的佳境："一径入蒙密，已闻流水声。行穿翠篆尽，忽见青山横。山势抱幽谷，谷泉含石泓。旁生嘉树林，上有好鸟鸣。鸟语谷中静，树凉泉影清。……"丰乐亭就构建在青山翠谷之间，千岩万壑，流水潺湲，不仅天然美景，而且刻意经营，欧阳修自称"亭亦宏丽"，可以想见浮岚暖翠之中的亭台壮观。州东五里许的菱溪之畔，有怪石二，欧阳修用三牛将其曳至幽谷，置于亭前，"以为滁人岁时嬉游之好"(《菱溪石记》)；韩琦送来芍药十种，亦植于亭侧；其他花木，不可胜数。传闻欧阳修命幕僚谢某杂植花卉于其间，谢某询以花的品种，欧阳修信笔书纸尾云："浅深红白宜相间，先后仍须次第栽。我欲四时携酒去，莫教一日不花开。"(《谢判官幽谷种花》)太守风流潇洒如此，丰乐亭前竟是群芳烂漫了。首段之末，以"而与滁人往游其间"一句收束，举重若轻，点出命意所在，为下文大发议论张本。

次段，笔势陡转，横空插入"滁于五代干戈之际，用武之地也"二语，辟开新境，追溯滁州之历史沧桑，俯仰古今，感慨系之，生出烟波无限。"昔太祖皇帝尝以周师破李景兵十五万于清流山下，生擒其将皇甫晖、姚凤于滁东门之外，遂以平滁"，语句铿锵，激昂排宕，一气贯注，令人想见金戈铁马，战血流腥，重温那往昔的凯旋辉煌。"修尝考其山川，按其图记，升高以望清流之关，欲求晖、凤就擒之所，而故老皆无在者，盖天下之平久矣。"欲求盛衰兴亡之故迹，漫游于昔日鏖兵的古战场，想要追寻那惊天地、泣鬼神的历史一瞥，竟然了无痕迹，当年曾经目击这场历史巨变的故老已经孑然无存。抚今追昔，低回往复，此为一层顿挫。以下宕开一笔："自唐失其政，海内分裂，豪杰并起而争，所在为敌国者，何可胜数！及宋受天命，圣人出而四海一。向之凭恃险阻，刬削消磨，百年之间，漠然徒见山高而水清。欲问其事，而遗老尽矣。"五代之际，群雄逐鹿，及宋统一天下，割据势力次第铲除削平，承平已有百年之久，人们忘记了兵连祸结的岁月，忘记了战争疮痍，也忘记了大宋王朝当年创业之艰辛，对于历史的成败兴亡，漠然置之，只有山河依旧。时间抹平了记忆，承平淡漠了人们的忧患意识，而那些饱经沧桑的遗老也都已经湮没，往事无痕，"徒见山高而水清"，感慨万端，不胜浩叹！此又一层顿挫。林纾评说："欧文讲神韵，亦于顿笔加倍留意。如《丰乐亭记》……或谓'故老无在'及'遗老尽矣'用笔似沓，不知前之思故老，专问南唐事也；后之问遗老，则兼综南汉、吴、楚而言。本来作一层说即了，而欧公特为夷犹顿挫之笔，乃愈见风神。"(《春觉斋论文》)文章一波三折，忧深思远，顿挫跌宕，酣畅淋漓。沈德潜云:“记一亭而由唐及宋,上下数百年之治乱,群雄真主之废兴,一一在目,何等识力!”(《唐宋八大家文读本》卷十二)以下折入今昔对比,专叙今之滁州,反差何其强烈,俨然世外桃源。山州僻远,交通闭塞,舟车商旅所不能至,他的诗中也曾描述:“滁山不通车,滁水不载舟。舟车路所穷,嗟谁肯来游。”(《怀嵩楼晚饮示徐无党无逸》)百姓生来就不知道外界的事,只知耕田种地,谋求衣食温饱,就这样快快乐乐地生儿育女,养老送终,过着太平日子,简直就是无忧无虑的葛天氏之民了。“而孰知上之功德,休养生息,涵煦百年之深也!”谁又知道大宋皇帝的功德,与民休养生息,百年滋润覆育的深恩呢!俯仰今昔,一唱三叹,固然是为朝廷歌功颂德,同时也是感叹天下太平来之不易,居安思危,仁者襟怀。储欣有云:“唐人喜言开元事,是乱而思治。此‘丰乐’二字,直以五代干戈之滁,形今日百年无事之滁,是治不忘乱也。一悲一幸,文情各极。”(《六一居士全集录》卷五)李刚己则云:“按欧公文字,凡言及朋友之死生聚散与五代之治乱兴亡,皆精采焕发。盖公平生于朋友风义最笃,于五代事迹最熟,故言之特觉亲切有味也。”(《古文辞约编》)

第三段正面抒写修建丰乐亭与滁人共乐之本旨。欧阳修以贬谪之身,出知滁州,自然乐其民风淳朴,政简事闲,既于苍崖翠谷之间构筑斯亭,“乃日与滁人仰而望山,俯而听泉”,烟岚翠岫,泉水淙淙,竟尔逐日流连忘返。丰山和幽谷泉,令他感到无上的惬意,也留下了难以泯灭的记忆。无论当时还是其后云荒石老的岁月,都令他浮想联翩。“滁南幽谷抱千峰,高下山花远近红”(《忆滁南幽谷》),幽谷泉则是“潺湲无春冬,日夜响山曲”(《幽谷泉》),往事前尘,令他魂思飞越,“中间永阳(永阳为滁州古称)亦如此,醉卧幽谷听潺湲”(《奉答原甫见过宠示之作》)。以下刻意摹写亭之四时美景:“掇幽芳而荫乔木,风霜冰雪,刻露清秀,四时之景无不可爱。”春则花光烂漫,芳菲满目;夏则长松高荫,盘石醉眠;秋则风清木落,霜白月明;冬则冰雪严凝,千仞巉岩;四时宜人,均可啸咏。观其即兴之作,《丰乐亭游春三首》其二:“春云淡淡日辉辉,草惹行襟絮拂衣。行到亭西逢太守,篮舆酩酊插花归。”其三:“红树青山日欲斜,长郊草色绿无涯。游人不管春将老,来往亭前踏落花。”《丰乐亭晚饮》:“……嘉我二三友,偶同丘壑情。环流席高荫,置酒当峥嵘。是时新雨余,日落山更明。……”前二首写太守与滁人的融洽无间;后一首写太守与朋友僚属的不拘形迹,都是游兴方浓,其乐融融。读此,则“掇幽芳而荫乔木”便宛然如画、历历在目了。若干年后,他在颍州时还曾深情地忆及:“吾常思丰乐,魂梦不在身。三年永阳谪,幽谷最来频。谷口两三家,山泉为四邻。但闻山泉声,岂识山意春。春至换群物,花开思故人。故人今何在?憔悴颍之滨。人去山自绿,春归花更新。空令谷中叟,笑我种花勤。”(《思二亭送光禄谢寺丞归滁阳》)至此,已将他和丰乐亭的情缘、亲缘拈出。丰乐亭不仅是他的憩息嬉游之地,也是他的为政之本,即如今之所谓的政绩工程。他的《送谢中舍二二首》(谢中舍疑即帮他种花的谢某):“滁南幽谷抱山斜,我凿清泉子种花。故事已传遗老说,世人今作画图夸。……”如此珍重其词,他是作为政绩来写的,或许这也就是他那坎坷多艰的仕宦生涯中的一抹亮色。他所告慰于心的便是:为官一任,幸而能使百姓乐其岁物丰成,而喜欢与太守一道徜徉漫游于丰乐亭畔,这是他欣然命笔的由来。篇末庄重其词,道出作记本意:“使民知所以安此丰年之乐者,幸生无事之时也”,与上段“休养生息,涵煦百年”相呼应,缴足题旨,一个“幸”字,语重心长,珍重万千之意,尽在不言之中。清人浦起龙云:“行墨间恰已传出贤太守本色元神。”(《古文眉诠》)收笔极其端庄郑重,文章千回百折,方才落到此句:于是便以“丰乐”二字命名此亭。

(林　薇)

醉翁亭记

环滁①皆山也。其西南诸峰,林壑尤美。望之蔚然而深秀者,琅邪②也。山行六七里,渐闻水声潺潺,而泻出于两峰之间者,酿泉也。峰回路转,有亭翼然临于泉上者,醉翁亭也。作亭者谁?山之僧曰智仙也。名之者谁?太守③自谓也。太守与客来饮于此,饮少辄醉,而年又最高,故自号曰醉翁也。醉翁之意不在酒,在乎山水之间也。山水之乐,得之心而寓之酒也。

若夫日出而林霏④开,云归而岩穴暝,晦明变化者,山间之朝暮也。野芳发而幽香,佳木秀而繁阴,风霜高洁,水落而石出者,山间之四时也。朝而往,暮而归,四时之景不同,而乐亦无穷也。

至于负者歌于途,行者休于树,前者呼,后者应,伛偻⑤提携⑥,往来而不绝者,滁人游也。临溪而渔,溪深而鱼肥;酿泉为酒,泉香而酒洌⑦,山肴野蔌⑧,杂然而前陈者,太守宴也。宴酣之乐,非丝⑨非竹⑩,射⑪者中,弈者胜,觥筹⑫交错,起坐而喧哗者,众宾欢也。苍颜白发,颓然乎其间者,太守醉也。

已而夕阳在山，人影散乱，太守归而宾客从也。树林阴翳[13]，鸣声上下，游人去而禽鸟乐也。然而禽鸟知山林之乐，而不知人之乐；人知从太守游而乐，而不知太守之乐其乐也。醉能同其乐，醒能述以文者，太守也。太守谓谁？庐陵[14]欧阳修也。

〔注〕 ① 滁(chú)：滁州，治所在今安徽滁州市。 ② 琅邪(yá)：山名，在今滁州市西南。 ③ 太守：汉代郡的行政长官。宋代置州，仍惯称州的行政长官为太守。 ④ 林霏：林间雾气。 ⑤ 伛偻(yǔ lǚ)：弯腰曲背，指老年人。 ⑥ 提携：搀扶，指小孩。 ⑦ 洌(liè)：清。 ⑧ 蔌(sù)：菜蔬。 ⑨ 丝：指弦乐器。 ⑩ 竹：指管乐器。 ⑪ 射：指投壶，古代的一种游戏，以箭投入壶中决定胜负。一说即指射箭。 ⑫ 觥(gōng)筹：觥，古代酒器。筹，行酒令时用以计数的筹码。 ⑬ 阴翳(yì)：树木繁茂成荫。 ⑭ 庐陵：今江西吉安。欧阳修为永丰(今属江西)人，但其先世为庐陵大族，故称。

《醉翁亭记》作于宋仁宗庆历六年(1046)，是欧阳修被贬滁州第二年写就的名篇。前一年，"庆历新政"失败，推行新政的代表人物范仲淹、富弼、杜衍、韩琦等相继罢官出朝，欧阳修愤而上书，为之辩解，触怒权贵，被滥加诬词而贬为滁州知州。欧阳修已经不是第一次遭受贬斥，十年前，当他被贬夷陵令时，就认为主持正义当不避险难，告诫自己"勿作戚戚之文"。如今对官场有更深刻的认识，对人生有更成熟的体悟，此时写就的《醉翁亭记》，更体现欧阳修独特的思想个性和散文创作风貌。

《醉翁亭记》内容丰富，林壑山泉的自然风光，朝暮四时的景色变化，滁人游乐，太守宴请，可谓层见叠出，尽入文中。但作者以醉翁亭为空间布局的中心，以主体情感的"乐"贯通全篇，把美丽的景色和深沉的情感和谐地糅于一体，各项内容自然流转，环环紧扣，形成一篇结构完善词语精美的文学佳作。

文章第一段从醉翁亭所在位置出发，主要描写自然景色。作者的笔触由全镜头的环滁之山，渐推向西南一角，引出了醉翁亭所在的琅邪山。然后再进入山中，峰回路转，渐行渐观，直至醉翁亭出现在眼前。这样的表现方式，既突现出醉翁亭主景，又写出山环水绕的整体环境，尤其是在动势中进行景色描写，有令人身入其境的艺术效应，仿佛随同作者行走于山水之间，尽享自然美景带来的愉悦。随后，作者因交代亭名来由而表述自我感受，说道："山水之乐，得之心而寓之酒也。"有了之前一番景色描写，这种心情也变得具体生动了。

不仅如此，文章第二段进而写了朝暮四季的景色之变，作者用精练的词语，仅短短六句，就勾勒出不同时间不同季节的景色特征，尽显变化中的无限风光。

第一段对美景的空间展示，在这里又得到时间的延续，于是“山水之乐”也得到无穷的延伸。欧阳修从不同角度描写他在自然山水中的快乐，传示出很多心理信息，他用这样的方式表示对滁州山水的喜爱，表示自己遭受挫折以后寄情自然的高旷意绪，无数文人在仕途失意时所经由的心路历程，似乎也重现于欧阳修身上。

然而，这并不是欧阳修精神世界的全部。他固然有借山水以示摆脱烦恼求得旷达的一面，但他更不能忘怀自己的社会责任，这其中就包括恪尽职守，治理好一方政务。犹如他在《丰乐亭记》所云：“夫宣上恩德，以与民同乐，刺史之事也。”文章由写自然景色而转入滁人之游，意义正在于此。接着一段的描写中出现了负者、行者、老人、孩童，游人往来不绝，而且还有歌声喊声，前呼后应地响成一片。这与前两段的景象发生了很大的变化，以上展现的是作者本人在山水中的情景，感受到的是宁谧的环境和作者恬淡的意兴情趣，而这里呈现的景象则欢快热闹，形成了另一种游乐氛围。作者通过这样的描写，生动反映出“民生不见外事，而安于畎亩衣食”（《丰乐亭记》）的一派太平盛景，而这正是欧阳修以一任地方长官所希望实现的目标。

随之描写的太守之宴更是别具一貌，作者用“杂然而前陈”写席面上的菜肴，以“觥筹交错”形容杯盘狼藉的样子，以“起坐而喧哗”写宾客的纵情恣意，他还特别点出，宴席上的娱乐“非丝非竹”，而是争强斗胜的各种游戏。总之，这决不是拘谨有礼、文质彬彬的官宴场面，而充满了平民般的喧闹和放纵。欧阳修作这样的描写是很有深意的，在秀美的山水之间，平添上往来不绝的行人游者，再增设一席热闹非凡而世俗化的太守之宴，这形象地表明，他不是在山水中感受孤寂和超脱，不是一个仅凭山水景色寻求精神慰藉的人，他依然有踏踏实实的人生追求，他更在目前的职位中感受到与民同乐的快慰，这含蓄地反映出他在滁州的治政成就，也充分表达了他的胸襟情怀。这正是欧阳修一贯追求的君子人格的具体体现。

不过，引人注目的还有宴席中的太守形象，欧阳修让自己以“苍颜白发，颓然乎其间”的醉态出现在欢乐的宾客之中，这既印证了第一段所写的醉翁之称的来历，也符合与客共饮同乐的情景，但是，究其深处，却隐隐透露出欧阳修内心抑郁的一面。欧阳修自贬滁州即自号醉翁，其时年仅四十，他在《赠沈遵》诗中写道：“我时四十犹强力，自号醉翁聊戏客。”当然，自号醉翁远非戏客那么简单，他在不少诗中提及酒醉，如《题滁州醉翁亭》说：“醉中遗万物，岂复记吾年。”《丰乐亭游春》中写道：“鸟歌花舞太守醉，明日酒醒春已归。”以醉忘却旧事得以释怀的意思清晰可见，那么这里出现在醉翁亭的乐中之醉，就很有一番意味了。更何况，以“四十犹强力”的壮年，却刻意呈现“苍颜白发”的容貌，这一笔传示出了这次打击在他心中留下的阴影，但这一笔又并未破坏欢乐的整体场景，这是欧阳修叙写中的分寸把握，可见出欧阳修精神状态的主导面还是积极乐观的。

最后，文章仍以“乐”结尾，写禽鸟乐、山水乐、众人乐，并收结于“人知从太守游而乐，而不知太守之乐其乐也”，此语意味隽永，蕴涵着作者理性地挣脱个人烦恼，坚持人生价值目标的精神追求。

这篇文章充分反映出欧阳修的人格风貌，也集中体现了他在创作艺术上的个性风采。全文内容灵动多变，但脉络清晰，可见作者构思的缜密。文章表达的思想感情复杂深沉，但写来却平和婉转，景色的优美，境象的生动，令人在美的享受之余才渐渐咀嚼出内在的况味。欧阳修作文总是力图达到完美的程度，据载，本文开头说滁州四面是山，初稿有数十字，待斟酌改定，仅“环滁皆山也”五字（见朱熹《朱子语类》卷一三九）。在文中，处处可见欧阳修的精心营构。他写景布局错落有致，有全景，也有写醉翁亭“翼然临于泉上”这样的特写；有实景，也有随时变化的虚象。而用词也精美婉丽。难怪宋祁读后不禁发出“只目为《醉翁亭赋》有何不可”的感叹（朱弁《曲洧旧闻》卷一）。作者又特别注重虚词的应用，如每段分别以“若夫”“至于”“已而”这样的虚词开头，既清晰地标志出内容的转换，又在节奏上显得舒缓轻柔，自然递进。尤其是连用二十一个“也”字，一方面增强了表达效果，如在写景过程中，以这样一种句式，先写出视觉或听觉上的直感，再有结果的判断，真切地传达了人们在游览过程中的实际感受，其中酿泉及醉翁亭等景物的出现，都具有这样的效果。另一方面则使全文摇曳生姿，读来一唱三叹，别具情调，因而受到历代文人的称道。据载：“《醉翁亭记》初成，天下莫不传诵，家至户到，当时为之纸贵。”（朱弁《曲洧旧闻》卷一）《醉翁亭记》在当时就引起巨大反响，以后又广传不衰，正得之于欧阳修的人格精神与文学风采二者在文中的完美结合。

（陈晓芬）

菱溪石记

菱溪①之石有六，其四为人取去。其一差小而尤奇，亦藏民家。其最大者，偃然②僵卧于溪侧，以其难徙，故得独存。每岁寒霜落，水涸而石出，溪旁人见其可怪，往往祀以为神。

菱溪，按图与经③皆不载。唐会昌④中，刺史李渍为《荇溪记》，云水出永阳岭[⑤]，西经皇道山[⑥]下。以地求之，今无所谓荇溪者。询于滁州人，曰此溪是也。杨行密[⑦]有淮南，淮人为讳其嫌名，以荇为菱，理或然也。

溪旁若有遗址，云故将刘金[⑧]之宅，石即刘氏之物也。金，伪吴时贵将，与行密俱起合淝，号三十六英雄，金其一也。金本武夫悍卒，而乃能知爱赏奇异，为儿女子之好，岂非遭逢乱世，功成志得，骄于富贵之佚欲[⑨]而然邪？想其[⑩]陂池[⑪]台榭、奇木异草与此石称[⑫]，亦一时之盛哉！今刘氏之后散为编民[⑬]，尚有居溪旁者。

予感夫人物之废兴，惜其[⑭]可爱而弃也，乃以三牛曳置幽谷[⑮]。又索其小者，得于白塔[⑯]民朱氏，遂立于亭[⑰]之南北。亭负[⑱]城而近，以为滁人岁时嬉游之好。

夫物之奇者，弃没于幽远则可惜，置之耳目则爱者不免取之而去。嗟夫！刘金者虽不足道，然亦可谓雄勇之士，其平生志意，岂不伟哉！及其后世，荒堙零落，至于子孙泯没而无闻，况欲长有此石乎？用此[⑲]可为富贵者之戒。而好奇之士闻此石者，可以一赏而足，何必取而去也哉。

〔注〕 ① 菱溪：在安徽滁州东。欧阳修《书简》卷《与梅圣俞》四十六首（其十三）云："又于州东五里许菱溪上，有二怪石，乃冯延鲁家旧物，因移在亭前。"冯延鲁，乃南唐词人冯延巳之弟。 ② 偃然：安然。 ③ 图与经：指地理、地图类图书。 ④ 会昌：唐武宗年号（841—846）。 ⑤ 永阳岭：在今安徽来安县北。 ⑥ 皇道山：在滁州东北十八里。 ⑦ 杨行密：合肥人，字化源，唐昭宗时任淮南节度使，封吴王，占有淮南江东之地。后自立为吴国，为五代十国之一。 ⑧ 刘金：杨行密的部将。唐僖宗时与杨行密同在合肥起事，曾为濠、滁二州刺史。 ⑨ 佚欲：淫佚之欲。 ⑩ 其：代指刘金宅第。 ⑪ 陂（bēi）池：池塘。 ⑫ 称：相称。 ⑬ 编民：编入户籍的平民。 ⑭ 其：代指怪石。 ⑮ 幽谷：在滁州南，丰乐亭建于此。 ⑯ 白塔：指滁州的白塔寺。 ⑰ 亭：指丰乐亭，为欧阳修在滁州时所建。 ⑱ 负：靠近。 ⑲ 用此：因此。

这是一篇记事散文，写于庆历六年（1046），当时作者在滁州知府任上。作者另外写了一首七言古诗《菱溪大石》，刻画此石较为详细。此石嶙峋奇特，诗曰："南轩旁列千万峰，曾未有此奇嶙峋。乃知异物世所少，万金争买传几人？……山经地志不可究，遂令异说争纷纭。……仰视苍苍补其缺，染此绀碧莹且温。"据诗所言，大石为绀碧色，晶莹如玉，而且具有玉的温润，据说是从西北万里流入中国的。从其描写看不像是太湖石。

《菱溪石记》对大石没有多少刻画，着重描写了石的来历和菱溪的变革。这种变革有自然的，但更多的是人为的变革。怪石原有六个，其中四个早已被人取走，而且下落不明。剩下的两个也不在一处，留在溪旁的仅有大石一块，只能在岁寒霜落的枯水季节才能看到。作者考证菱溪的来历和溪旁的遗址，认定其遗址乃五代十国时将军刘金的宅第，大石乃刘氏园圃中的奇物。推想昔日刘氏园圃之盛，转写今日刘氏之后散为编民，人事的兴废，引出作者对华屋山丘的感叹。

下文叙述移石于丰乐亭的经过。古诗《菱溪大石》也描写到移石的情景："曳以三犊载两轮，行穿城中罢市看。"可见移石已引起满城人的关注。又在白塔民朱氏家找到"小而尤奇"的一石，得石两块，一立于亭南，一立于亭北，为丰乐亭又添了一景。欧阳修是主张"与民同乐"的，建亭的目的在此，移石的目的亦在此。他为滁州人增添了一个游憩之所，办了一件好事。

末段笔锋一转，由叙事而转向议论。议论由怪石生发，先感叹物之奇者，"弃没于幽远则可惜，置之耳目则爱者不免取之而去"，这是就奇物的一般规律而言的。接着由一般又转向具体，议论到刘金这位雄勇之士，当年其园圃虽为一时之盛，花木奇石据为已有，但日后又如何呢？他的子孙能长期占有怪石吗？这种发问是奇警的，可以成为富贵者的鉴戒。结尾的三句话，是一篇之旨归，用意颇为深切。告诫人们，对奇物，可以一赏而足，不必占为已有。

此文虽篇幅不长，但叙事颇多转折，议论、叙事结合得天衣无缝，文字简净、优美，与诗互参，余味曲包。可以称作欧阳修记事散文的名篇。

明人唐顺之评此文说："行文委曲幽妙。零零碎碎作文，欧阳公独长。"茅坤评此文说："事虽不甚紧要，却自风致翛然。"(《宋大家欧阳文忠公文钞》卷之四)其评虽不甚高明，但他们对此文之审美亦有可取之处。说此文"委曲幽妙"与"风致翛然"，基本抓住了《菱溪石记》的艺术特色。"委曲"言其转折层次多，有波澜；"幽妙"状其文字优美，意境幽深而美妙。就其整体艺术风格而论，是自然而又清新的，故给人"风致翛然"的艺术感受。

(刘文忠　刘元煌)

真州[①]东园记

真为州，当东南之水会[②]，故为江淮、两浙、荆湖发运使[③]之治所。龙图阁直学士[④]施君正臣[⑤]、侍御史[⑥]许君子春[⑦]之为使也，得监察御史里行[⑧]马君仲涂[⑨]为其判官[⑩]。三人者乐其相得之欢，而因其暇日，得州之监军[⑪]废营以作东园，而日往游也。

岁[12]秋八月，子春以其职事走京师，图其所谓东园者来以示予曰：园之广百亩，而流水横其前，清池浸其右，高台起其北。台，吾望以拂云之亭；池，吾俯以澄虚之阁；水，吾泛以画舫之舟。敞其中以为清宴之堂[13]，辟其后以为射宾之圃[14]。芙渠芰荷[15]之的历[16]，幽兰白芷[17]之芬芳，与夫佳花美木列植而交阴，此前日之苍烟白露而荆棘也；高甍[18]巨桷[19]，水光日景，动摇而下上，其宽闲深靓[20]，可以答远响[21]而生清风，此前日之颓垣断堑而荒墟也；嘉时令节，州人士女啸歌而管弦，此前日之晦冥风雨、鼪鼯[22]鸟兽之嗥音也。吾于是信有力[23]焉。凡图之所载，盖其一二之略也。若乃升于高以望江山之远近，嬉于水而逐鱼鸟之浮沉，其物象意趣，登临之乐，览者各自得焉。凡工之所不能画者，吾亦不能言也。其为我书其大概焉。

又曰：真，天下之冲[24]也，四方之宾客往来者，吾与之共乐于此，岂独私吾三人者哉？然而池台日益以新，草树日益以茂，四方之士无日而不来，而吾三人者有时而皆去也，岂不眷眷于是哉？不为之记，则后孰知其自吾三人者始也？

予以谓三君子之材贤足以相济，而又协[25]于其职，知所后先，使上下给足，而东南六路[26]之人无辛苦愁怨之声；然后休其余闲，又与四方之贤士大夫共乐于此。是皆可嘉也，乃为之书。

庐陵欧阳修记。

〔注〕① 真州：治所在今江苏仪征。 ② 水会：河流交会之处。 ③ 江淮、两浙、荆湖发运使：宋代在江淮、两浙、荆湖诸路设置发运使，以真州为治所，负责漕运江湖粮食供给中原。江淮，江南东、西路和淮南路，相当今江西、江苏、安徽一带。两浙，两浙路，包括浙东和浙西，相当今浙江一带。荆湖，荆湖南路和荆湖北路，相当今湖南、湖北一带。 ④ 龙图阁直学士：宋代官名，为加官，用以加文学之士，备顾问，与论议，以示尊宠。 ⑤ 施君正臣：施正臣，名昌言，字正臣，通州静海(今属天津市)人，累官至江淮发运使。 ⑥ 侍御史：御史台的副长官，掌纠察、弹劾等事。 ⑦ 许君子春：许子春，名元，字子春，宣城(今属安徽)人，累官江淮发运副使。 ⑧ 监察御史里行：官卑而任监察御史者，监察御史掌分察百僚，巡按郡县等事。 ⑨ 马君仲涂：马仲涂，名遵，字仲涂。 ⑩ 判官：协助长官处理公事的属官，职位略低于副长官。

⑪ 监军：监督军队的官员，唐、五代多以宦官为之，作为皇帝在军队中的耳目。 ⑫ 岁：指宋仁宗皇祐三年(1051)。 ⑬ 清宴之堂：举行清雅宴会的厅堂。 ⑭ 射宾之圃：招待宾客进行射箭游戏的园圃。 ⑮ 芙渠芰(jì)荷：芙渠和芰荷，指荷花和荷叶。《离骚》："制芰荷以为衣兮，集芙蓉以为裳。" ⑯ 的(dì)历：鲜明绚丽的样子。 ⑰ 白芷(zhǐ)：多年生草本植物，夏天开白花。 ⑱ 甍(méng)：屋脊。 ⑲ 桷(jué)：方形的椽子。 ⑳ 靓(jìng)：通"静"，幽静。 ㉑ 响：回声。 ㉒ 鼪鼯(shēng wú)：黄鼠狼和鼯鼠。 ㉓ 有力：指有力能改变环境。 ㉔ 冲：交通要道。 ㉕ 协：合作。 ㉖ 东南六路：指江南东路、江南西路、淮南路、两浙路、荆湖南路、荆湖北路。路为宋代行政区划。

《真州东园记》是一篇别具一格的园亭记，作于皇祐三年(1051)。

全文分四段。第一段交代东园所在地真州的地理位置及东园的来历。真州治所在今江苏仪征市，位于长江北岸，东临大运河，是水上交通要道，所以说真州作为一个州，"当东南之水会"。因为它方便于通过水路把东南一带的粮食运送到中原地区，于是成了江淮、两浙、荆湖发运使衙门的所在地。接着叙写正副发运使施正臣、许子春及判官马仲涂三人相处得十分融洽，利用闲暇的日子，在真州监军营地的废址上修建了东园。"得州之监军废营以作东园"一句，为后面写今昔对比预设伏笔。末句"而日往游也"则自然引出下段对园内景色的描写。

第二段写景，为全文的重点所在。开头三句是引子，写皇祐三年八月，许子春因公事到京城，拿了画东园的图给欧阳修看。下面就通过许子春之口，来写东园的规模和景色。首先在交代了园子的面积，点出水、池、台的位置后，就着重写园中的建筑和设施：台上修拂云亭用来眺远，池边建澄虚阁用来俯观，水上置画舫用来泛游，在园中宽敞的地方盖了清宴堂，在园子后部开辟了射圃。这里是直接铺叙，使人一目了然。其次写园中景色和游况：如今鲜花盛开，佳木成行，从前却是烟露笼罩，荆棘遍地；如今高屋大房，水光日影，从前却是断壁残垣，一片废墟；如今州人连袂而游，笙歌四起，从前却是风雨如晦，鸟鸣兽吼。此处通过今昔对比来突现园中的美景，写法与上有所变化，显得摇曳生姿，情韵无限。而"芙渠芰荷之的历，幽兰白芷之芬芳"，"其宽闲深靓，可以答远响而生清风"等语，则绘声绘色，写景如画，正如茅坤所评："有画意。"(《唐宋八大家文钞·欧阳文忠公文钞》卷二十)最后强调"其物象意趣，登临之乐，览者各自得焉"，园中之景不能被图一一画出，也不能为人一一道出，所写只是其大概而已。在着力描写重点景观之余，补此一笔，使行文更加严丝合缝，缜密周全。

第三段点出请作者作记之意。此段仍是借许子春之口，写东园为四方之宾客与建园者共乐之地，四方的人士没有一天不来，而建园者三人却终有一天会离开，"不为之记，则后孰知其自吾三人者始也？"把请作者为东园写记的意思表达得言简意赅，含蓄隽永。

第四段交代作记缘由。此从上段引出议论，先赞扬施正臣等三人通力合作，使朝廷和民间的供应都充足，东南六路的百姓无愁怨之声，后指出他们在闲暇之时，又与四方贤士大夫一同游乐。最后呼应前段作记之请，以“是皆可嘉也，乃为之书”二句收束全文，饶有余意。

欧阳修没有游观过真州的东园，却把东园写得如此真切传神，韵味十足。在中国古代的园亭楼台记中，有作者未亲临其境却叙写十分精彩的先例，如韩愈的《新修滕王阁记》就是如此。此篇与韩文虽都另辟蹊径，生面别开，凭虚作记，但写法不同。韩文主要在欲游滕王阁而终未偿愿上作文章，在自己的生平感慨上添波澜。而此文则凭见到的图画和许子春的介绍，充分发挥想象，着重从今昔对比方面来写园中之景，既历历如绘地写出当时园中的景色，显得优美可爱，气象万千，又设想建园之前监军废营的荒芜来作陪衬，引起人们的遐思感慨，更觉得今日园中盛况的弥足珍贵。正如清人刘大櫆评此记时所说：“柳州记山水，从实处写景，欧公记园亭，从虚处生情，柳州山水以幽冷奇峭胜，欧公园亭以敷娱都雅胜。此篇铺叙今日为园之美，一一倒追未有之荒芜，更有情韵意态。”（《古文辞类纂》卷五十四）宋代欧阳发等人的《欧阳修事迹》亦说此文“创意立法，前世未有其体”。这些评价并非溢美之辞。

本文还善用虚词。宋代罗大经说：“韩、柳犹用奇字重字，欧、苏唯用平常轻虚字，而妙丽古雅，自不可及。”（《鹤林玉露》甲编卷五）可以说，“之”“而”“也”等虚词一到欧阳修的笔下，便被他“点铁成金”。该文中有三十几个“之”字，十几个“而”字，还有不少“也”字。“文必虚字备而神态出”（刘大櫆《论文偶记》），这些虚词的正确运用，使文章唱叹有致，更富神韵。不过《真州东园记》在语言上也不无瑕疵。据说曾巩读《真州东园记》“泛以画舫之舟”一语，“以为病”（见邵博《邵氏闻见后录》卷十六）。确实，这句中的“舫”和“舟”意思重复，给人以造句生硬的感觉。可见，即使是像欧阳修这样的散文大师，作文也难免有着意雕琢之弊。

（吴小林）

有美堂记

嘉祐二年，龙图阁直学士、尚书吏部郎中梅公①，出守于杭。于其行也，天子宠之以诗②，于是始作有美之堂。盖取赐诗之首章而名之，以为杭人之荣。然公之甚爱斯堂③也，虽去而不忘。今年自金陵④遣人走京师⑤，命予志⑥之，其请至六七而不倦。予乃为之言曰：

夫举[7]天下之至美与其乐，有不得而兼[8]焉者多矣。故穷[9]山水登临之美者，必之[10]乎宽闲之野、寂寞之乡，而后得焉。览人物之盛丽，夸都邑之雄富者，必据乎四达之冲[11]，舟车之会[12]，而后足焉。盖彼[13]放心于物外[14]，而此[15]娱意于繁华，二者各有适焉。然其为乐，不得而兼也。

今夫所谓罗浮[16]、天台[17]、衡岳[18]、庐阜[19]、洞庭[20]之广，三峡[21]之险，号为东南奇伟秀绝者，乃皆在乎下州小邑[22]，僻陋之邦[23]。此幽潜之士[24]、穷愁放逐之臣[25]之所乐也。若乃四方之所聚，百货之所交，物盛人众，为一都会，而又能兼有山水之美，以资富贵之娱者，惟金陵、钱塘[26]。然二邦皆僭窃[27]于乱世，及圣宋受命，海内为一，金陵以后服见诛[28]。今其江山虽在，而颓垣废址，荒烟野草，过而览者，莫不为之踌躇而凄怆。独钱塘，自五代时，知尊中国[29]，效臣顺。及其亡也，顿首请命，不烦干戈，今其民幸富完安乐。又其俗习工巧，邑屋华丽，盖十余万家。环以湖山，左右映带，而闽商海贾[30]，风帆浪舶，出入于江涛浩渺、烟云杳霭之间，可谓盛矣。而临是邦者[31]，必皆朝廷公卿大臣，若[32]天子之侍从，又有四方游士为之宾客，故喜占[33]形胜，治亭榭，相与极游览之娱。然其于所取，有得于此者，必有遗于彼。独所谓有美堂者，山水登临之美，人物邑居之繁，一寓目[34]而尽得之。盖钱塘兼有天下之美，而斯堂者，又尽得钱塘之美焉，宜乎公之甚爱而难忘也。

梅公，清慎[35]好学君子也。视其所好，可以知其人焉。

四年八月丁亥，庐陵欧阳修记。

〔注〕 ① 梅公：梅挚，字公仪，成都新繁（今并入成都市新都区）人。宋仁宗嘉祐二年(1057)任杭州知州。 ② 天子宠之以诗：梅挚出守杭州，仁宗赠诗《赐梅挚知杭州》以示宠爱，诗的首联是："地有吴山美，东南第一州。" ③ 斯堂：这个有美堂。 ④ 金陵：指江宁府府治，在今江苏南京（古称金陵）。写作本文时（嘉祐四年）梅挚已调任知江宁府。 ⑤ 京师：指开封。 ⑥ 志：用文字记载。 ⑦ 举：全。 ⑧ 不得而兼：不能同时具备（指至美与至乐）。 ⑨ 穷：尽，极。指寻求到尽头。 ⑩ 之：此处是动词，到……去。 ⑪ 四达之冲：四通八达的交通要道，冲，交通要道。 ⑫ 舟车之会：水陆交会枢纽。 ⑬ 彼：指上文"穷山水登临之

美”。 ⑭ 放心于物外：在大自然中怡情悦性，尽心陶醉。物外，世俗之外。 ⑮ 此：指居都邑之人。 ⑯ 罗浮：山名，主峰在今广东博罗西北，粤中游览胜地。 ⑰ 天台：山名，主峰华顶山在今浙江天台东北，以石梁瀑布著名。 ⑱ 衡岳：南岳衡山，在今湖南衡阳，有七十二峰。 ⑲ 庐阜：即庐山，又名匡庐，在今江西九江西南，有“匡庐奇秀甲天下山”之称。 ⑳ 洞庭：洞庭湖，是我国最大的内陆湖泊之一。在今湖南境内。 ㉑ 三峡：长江三峡，以险峻著称。 ㉒ 下州小邑：泛指比较偏僻的小州县。 ㉓ 邦：古代诸侯国封地。此泛指地方。 ㉔ 幽潜之士：隐士。 ㉕ 穷愁放逐之臣：被贬谪失意的官吏。 ㉖ 钱塘：即杭州。吴越钱氏都钱塘，故云。 ㉗ 僭(jiàn)窃：为僭号者（旧史称僭越自封帝王称号为僭号）所窃据。五代十国时，南唐李氏都金陵。 ㉘ 金陵以后服见诛：宋太祖开宝八年(975)，宋将曹彬攻入金陵，灭南唐，李煜兵败出降后被杀。此即所谓“后服见诛”。 ㉙ 知尊中国：吴越国于五代时即尊中原王朝为正统（使用中原王朝年号），以藩镇自居。宋太宗太平兴国三年(978)吴越王钱俶(chù)自动献地归宋，没有经过战争。 ㉚ 闽商海贾：当时闽地（今福建省）人民多经营海上贸易，杭州是海上贸易的重要港口。 ㉛ 临是邦者：指来到杭州任地方官的人。 ㉜ 若：与、和。 ㉝ 占：选择。 ㉞ 寓目：过目，看到。 ㉟ 清慎：廉洁谨慎。

本文作于嘉祐四年(1059)。有美堂，是嘉祐二年梅挚官杭州知州时，在杭州吴山上所建。取仁宗赠诗之首章“地有吴山美，东南第一州”中“有美”二字命名，自然含有感恩颂圣之意。两年后，梅挚移官江宁知府，对此堂仍留恋不忘，多次请文坛巨匠欧阳修为之作记，以志自己与杭人之无上荣幸。对于欧公来说，这虽是一篇随俗应酬之作，但他却能避开俗套，另辟蹊径，全篇着重抒写杭州“为一都会，而又能兼有山水之美”的特色，中间夹叙王朝兴亡的感叹，最后归结为“盖钱塘兼有天下之美，而斯堂者又尽得钱塘之美焉”，点出有美堂独占天下之美。格调高雅不俗，气势流动恢廓，显示出作者文字上的功力，思想认识上的涵养。

本文突出的艺术特色有以下两点。

其一，行文流畅自然，于平易中见出结构的严谨。文章开篇简述梅公建有美堂之因由，以及作者为之写记文的始末。梅公“出守于杭。于其行也，天子宠之以诗，于是始作有美之堂”，这是有美堂的建筑缘由。其中“宠之”“始作”二语是关键，说明建堂的背景，是由天子宠幸才建造此堂。因此梅公“甚爱斯堂也，虽去而不忘”，坚请文章大师欧公作记，其用意与后文所写一般游士“喜占形胜，治亭榭”，以欣赏“山水登临之美”不尽相同。“以为杭人之荣”一句交代清楚，这有美堂，标志梅公和杭州人民的荣幸，表达感恩颂圣之意。以欧阳修的社会地位，品格，是不会轻易为他人写随俗应酬之作的，但梅公与欧公是诗文往来应和之至友，加之梅公“自金陵遣人走京师，命予志之，其请至六七而不倦”，其诚意不可推托，乃为之作记。接下来自然进入记文部分。

记文伊始，并未直接叙写有美堂，也并未落入俗套歌颂圣恩，赞羡梅公之圣宠，而是另辟蹊径，放开一笔，欲擒故纵，先感叹“夫举天下之至美与其乐，有不得而兼焉者多矣”，其中“美”与“乐”二字统领全篇，也是此文的“文眼”。所谓“美”，指的是自然山水之美，所谓“乐”，指的是都会富贵之乐。但具有自然山水之美，又多不具备都会富贵之乐；具有都市富贵之乐，又多无自然山水之美。所以美与乐不能同时兼得者居多。人们若想欣赏大自然山水之美，就必须到荒远的“宽闲之野、寂寞之乡”去才能发现，但这些地方大多人烟稀少，远离尘世，没有繁华富贵之乐。人们若想“览人物之盛丽，夸都邑之雄富”，就“必据乎四达之冲，舟车之会，而后足焉”。但有了繁华富贵之乐，却又无自然山水之美。“盖彼放心于物外”，“彼”者指上文“穷山水登临之美者”，那种纵心于物外，陶醉在大自然怀抱中的人。“而此娱意于繁华”，“此”者是指贪恋都邑繁华富贵之乐者。二者虽适合不同人的心意，“然其为乐，不得而兼也”一句锁住，与前文“夫举天下之至美与其乐，有不得而兼焉者多矣”相呼应。记文这第一层围绕至美与至乐，行文走笔，层层叙写，自然流畅，颇有韵味。

记文第二层，仍然以“美”与“乐”二字展开叙写。但仍不急于写有美堂，而是举例印证上层论述。如“号为东南奇伟秀绝”的罗浮、天台、衡岳、庐阜、洞庭、三峡等这些当今名山胜水，“乃皆在乎下州小邑，僻陋之邦”，它们虽都具有山水之美，却无富贵之乐(隐士、逐臣穷愁苦乐，非一般人之所乐)。然则何处才既有山水之美，又具备富贵之乐呢？行文又推进一层，“物盛人众，为一都会，而又能兼有山水之美，以资富贵之娱者，惟金陵、钱塘”。运笔由远到近，层层深入，逐步靠近题旨。这里又用排除法，说金陵，南唐后主李煜降宋被毒死之后，“今其江山虽在，而颓垣废址，荒烟野草，过而览者，莫不为之踌躇而凄怆”。金陵经过战争洗劫，失掉了山水之美，富贵之乐也不复存在了。过往之客，都为之驻足伤感。字里行间透露出作者王朝兴亡的慨叹。令人想起王安石的《桂枝香·金陵怀古》词：“念往昔、繁华竞逐……六朝旧事如流水，但寒烟、衰草凝绿。”而唯独钱塘(杭州)吴越王钱俶自动降宋称臣，免去战争的破坏，所以民众至今得以富庶安乐。这里有山水之美：“环以湖山，左右映带”，“江涛浩渺、烟云杳霭”。兼有富贵之乐：“邑屋华丽，盖十余万家”，“闽商海贾，风帆浪舶”。杭州兼得自然山水之美与社会人文之美，是我国著名的山水与城市结合的风景区，旅游胜地，在唐代就已经十分繁荣。白居易《余杭形胜》诗说：“余杭形胜四方无，州傍青山县枕湖，绕郭荷花三十里，拂城松树一千株。”宋代词人柳永在其《望海潮》词中描绘杭州风貌说：“东南形胜，三吴都会，钱塘自古繁华。烟柳画桥，风帘翠幕，参差十万人家。云树绕堤沙，怒涛卷霜雪，天堑无涯。市列珠玑，户盈罗绮、竞豪奢。重湖迭巘清嘉，有三秋桂子，十里荷花。……”真不愧为“东南第一州”。

在上述层层烘托之下，记文第三层方点出主题，有美堂真如千呼万唤始出来。杭州的达官贵人“喜占形胜，治亭榭，相与极游览之娱”。杭州著名景点不胜枚举，但它们所取之景观都有所局限，即只能欣赏部分美景，“有得于此者，必有遗于彼”。于是从钱塘之美，自然过渡到有美堂。“独所谓有美堂者，山水登临之美，人物邑居之繁，一寓目而尽得之。”唯独登临有美堂，杭州山水之美，富贵之乐尽收眼底。篇末总括全篇文意：“盖钱塘兼有天下之美，而斯堂者，又尽得钱塘之美焉。”一个“有”字，一个“得”字，用语极准确精当。作者从头至尾，围绕一个“美”字，一个“乐”字布局谋篇，梳理脉络。层层推进，由远及近，最后点出有美堂，行文流畅自然，于舒缓平易中见出结构的严谨。

在记文之后，又补一笔梅公。“宜乎公之甚爱而难忘也”，与开篇“公之甚爱斯堂也，虽去而不忘”呼应。文尾又对梅公颂扬说：“梅公，清慎好学君子也。视其所好，可以知其人焉。”欧公曾有《送梅龙图公仪知杭州》诗：“万室东南富且繁，羡君风力有余闲。渔樵人乐江湖外，谈笑诗成樽俎间。日暖梨花催美酒，天寒桂子落空山。邮筒不绝如飞翼，莫惜新篇屡往还。”可见二人是志趣相投的诗友。

其二，曲折多姿，于抑扬起伏中绘出诗情画意。本文题为《有美堂记》，但有关有美堂这一建筑本身，作者却只字未提，粉饰太平盛世之俗套话一句未说。而只就有美堂独占天下之美、之乐展开。文章起伏跌宕，曲折多姿。首先进入人们视野的是两幅画面：一幅“宽闲之野、寂寞之乡”，具有大自然“山水登临之美”，“放心于物外”之乐；一幅“人物之盛丽”“都邑之雄富”的“四达之冲，舟车之会”，具有“娱意于繁华”之乐。作者肯定“二者各有适焉”，但紧接笔端一转：“然其为乐，不得而兼也”，陡起波澜，引人入胜。又如“今夫所谓罗浮、天台、衡岳、庐阜、洞庭之广，三峡之险，号为东南奇伟秀绝者”，这些名山胜水确实具有“奇伟秀绝”之美。当读者脑海中刚刚浮现这些山水美丽的画面时，作者又说它们“乃皆在乎下州小邑，僻陋之邦”，这些地方享受不到富贵繁华之乐。真是抑扬顿挫，气势流动。终于出现了“为一都会，而又能兼有山水之美，以资富贵之娱者”的金陵与钱塘。而金陵“今其江山虽在，而颓垣废址，荒烟野草”，这幅残败的画面，令人联想起那位亡国之君李后主的悲剧命运。写金陵的荒凉惨状，是为了烘托钱塘（杭州）没经过战乱的繁盛。“邑屋华丽，盖十余万家。环以湖山，左右映带”，极写杭州富贵之乐，山水之美。诗情画意“可谓盛矣”，所以杭州的历任地方官“喜占形胜，治亭榭”，与四方文人骚客“相与极游览之娱”，盛况之后又一转，说他们所选取之处，“有得于此者，必有遗于彼”，有山水之美，可能就失掉富贵之乐，还是不能二者兼得。一个“独”字，推出有美堂，“山水登临之美，人物邑居之繁，一寓目而尽得之”，当今只有杭州吴山上的有美堂，能尽览杭州自然山水之美与社会人文之美。文末方点出文章主旨。真是曲折多姿，跌宕起伏，于抑扬顿挫中绘出诗情画意，突出主题。

本文体现了欧阳修记事文的艺术风格。正如宋代苏洵的评论：“纡余委备，往复百折，而条达疏畅，无所间断……而容与闲易，无艰难劳苦之态。”（《嘉祐集·上欧阳内翰书》）

有美堂独占天下之美，因有欧阳公作记，更引来四方游士，特别是文人墨客，登堂览胜，吟咏抒怀。如苏轼《有美堂暴雨》：

游人脚底一声雷，满座顽云拨不开。
天外黑风吹海立，浙东飞雨过江来。
十分潋滟金樽凸，千杖敲铿羯鼓催。
唤起谪仙泉洒面，倒倾鲛室泻琼瑰。

真是写出了有美堂至美至乐的境界。　（徐育民）

相州昼锦堂记

仕宦而至将相，富贵而归故乡，此人情之所荣，而今昔之所同也。盖士[①]方穷时，困厄[②]闾里[③]，庸人孺子皆得易[④]而侮之，若季子[⑤]不礼于其嫂，买臣[⑥]见弃于其妻。一旦高车驷马[⑦]，旗旄[⑧]导前而骑卒拥后，夹道之人，相与骈肩[⑨]累迹[⑩]，瞻望咨嗟[⑪]，而所谓庸夫愚妇者，奔走骇汗[⑫]，羞愧俯伏[⑬]，以自悔罪于车尘马足之间。此一介[⑭]之士得志于当时，而意气之盛，昔人比之衣锦之荣者也。

惟大丞相[⑮]卫国公则不然。公，相人也。世有令德[⑯]，为时名卿[⑰]。自公少时，已擢高科[⑱]、登显仕，海内之士闻下风[⑲]而望余光[⑳]者，盖亦有年矣。所谓将相而富贵，皆公所宜素有，非如穷厄之人侥幸得志于一时，出于庸夫愚妇之不意，以惊骇而夸耀之也。然则高牙[㉑]大纛[㉒]不足为公荣，桓圭[㉓]衮冕[㉔]不足为公贵。惟德被生民而功施社稷，勒之金石[㉕]，播之声诗[㉖]，以耀后世而垂无穷。此公之志，而士亦以此望于公也。岂止夸一时而荣一乡哉！

公在至和㉗中，尝以武康之节来治于相，乃作昼锦之堂于后圃。既㉘，又刻诗于石㉙以遗相人。其言以快恩仇、矜名誉为可薄，盖不以昔人所夸者为荣，而以为戒。于此见公之视富贵为如何，而其志岂易量哉！故能出入将相，勤劳王家，而夷险一节㉚。至于临大事、决大议㉛，垂绅正笏㉜，不动声色而措㉝天下于泰山之安，可谓社稷之臣㉞矣！其丰功盛烈，所以铭彝鼎而被弦歌者，乃邦家㉟之光，非闾里之荣也。

余虽不获登公之堂，幸尝窃诵公之诗，乐公之志有成，而喜为天下道㊱也，于是乎书。

尚书吏部侍郎、参知政事欧阳修记。

〔注〕 ① 士：旧时读书人的通称。 ② 困厄：穷困潦倒。 ③ 闾(lǘ)里：乡里、民间。 ④ 易：轻视，看不起。 ⑤ 季子：战国策士苏秦的字。《战国策》记载苏秦游说秦惠王，失败而归，"归至家，妻不下纴(床席)，嫂不为炊(烧火做饭)，父母不与言"。 ⑥ 买臣：《汉书·朱买臣传》："家贫，好读书，不治产业……妻羞之，求去。买臣笑曰：我年五十当富贵，今已四十余矣，女(汝)苦日久，待我富贵报女(汝)功。妻恚怒曰：如公等终饿死沟中耳，何能富贵。买臣不能留，即听去。" ⑦ 高车驷马：古时显贵者的车乘。此指显贵。 ⑧ 旗旄(máo)：泛指旗帜，仪仗队。旄，古时旗杆头上用旄牛尾作的装饰，因即指有这种装饰的旗。 ⑨ 骈肩：并肩，肩挨肩，形容人多。 ⑩ 累迹：脚印重叠，也是形容人多。 ⑪ 咨嗟(zī jiē)：叹息，赞叹。 ⑫ 骇汗：因惊恐、惶惧而流汗。 ⑬ 俯伏：趴在地上，不敢仰视。 ⑭ 一介：一个。含有藐视，轻贱的意味。 ⑮ 大丞相：韩琦，字稚圭。相州(今河南安阳)人。历官宋仁宗、英宗、神宗三朝，累封仪、卫、魏三国。他久居相位。是庆历新政主持者之一，和富弼并称一时"贤相"。 ⑯ 令德：美德。 ⑰ 卿：古时高级官员的称谓。 ⑱ 擢(zhuó)高科：即擢第。韩琦不到二十岁时，即中进士而知名。 ⑲ 闻下风：闻风钦佩之意。 ⑳ 望余光：旧时比喻力所能及的照顾。 ㉑ 高牙：牙旗，军前旄旗杆上以象牙装饰，故称牙旗。 ㉒ 大纛(dào)：古时军队或仪仗队的大旗。 ㉓ 桓圭(guī)：古玉器名，王公贵族朝见君主所执礼器。 ㉔ 衮冕(gǔn miǎn)：古代帝王及上公的礼服。 ㉕ 勒之金石：把功绩镌刻在金属器物或石碑上，即下文的"铭彝鼎"。 ㉖ 播之声诗：写入诗歌传诵，即下文的"被弦歌"。 ㉗ 至和：宋仁宗年号。至和二年(1055)二月，韩琦因病自请由并州武康军节度使改知相州。 ㉘ 既：不久之后。 ㉙ 刻诗于石：韩琦《安阳集·昼锦堂》诗："古人之富贵，贵归本郡县。譬若衣锦游，白昼自光绚。不则如夜行，虽丽胡由见。事累载方册，今复著俚谚。或纡太守章，或拥使者传。歌樵忘故穷，涤器掩前贱。所得快恩仇，爱恶任骄狷。其志止于此，士固不足羡。兹予来旧邦，意弗在矜炫。以疾而量力，惧莫称方面。抗表纳金节，假守冀乡便。帝曰其汝俞，建纛往临殿。行路不云非，观叹溢郊甸。病躯谐少休，先陇遂完缮。岁时存父老，伏腊洁亲荐。恩荣孰与偕，衰劣愧独擅。公余新此堂，夫岂事饮宴。亦非张美名，轻薄诧绅弁。重禄许安闲，顾已常兢战。庶一视题榜，则念报主眷。汝报能何为，进道确无倦。忠义耸大节，匪石乌可转。虽前有鼎镬，死耳誓不变。丹诚难悉陈，感泣对笔砚。" ㉚ 夷险一节：无论平时或危急时，都不改常态。夷，

平安。一节,一致。 ㉛ 临大事、决大议:韩琦曾提出立英宗、神宗,调停英宗和太后间的对立,并经略西夏事务,这是封建朝廷的“大事”“大议”。 ㉜ 垂绅正笏(hù):是描写大臣的风度。绅,官服上的大带。笏,朝笏。古代大臣朝见皇帝时拿的手板,用玉、象牙或竹制成,记载上朝时要奏的事项。 ㉝ 措:处置。 ㉞ 社稷之臣:国家栋梁的意思。 ㉟ 邦家:指国家。㊱ 道:说、讲。

《相州昼锦堂记》一文作于宋英宗治平二年(1065),时作者在开封。

昼锦堂,是韩琦任相州知州时,在州署后园所建造的。堂名“昼锦”,源于《汉书·项籍传》:“富贵不归故乡,如衣锦夜行,谁人知之者。”此反其意。堂名,意味深长,发人深思。韩公建昼锦堂,欧公为之作记,难道是宣扬以衣锦为荣的传统观念?还是反其意,以衣锦昼行为戒?这是本篇要探讨的中心论题。

全文分三段阐述。

第一段从开首至“衣锦之荣者也”,记述当时人们对荣华富贵的观念。“仕宦而至将相,富贵而归故乡”二句,下笔暗扣题意,富贵归故里,犹白昼衣锦还乡,人生在世,还有比它更荣耀的事吗?“此人情之所荣,而今昔之所同也”,世人以荣华富贵为荣,这一传统观念,古今概莫例外。开头四句,言简意赅,概括力极强,记述之文,以议论起,全篇主意,从此生发。接下来举苏秦、朱买臣的生活实例,具体印证首四句的文意。苏秦说秦,失败而归,穷困潦倒,遭致“妻不下衽,嫂不为炊,父母不与言”的冷遇。令人不由得想起唐代诗人潘图的诗《末秋到家》:“归来无所利,骨肉亦不喜。黄犬却有情,当门卧摇尾。”可见世人以富贵为荣,衣锦还乡的观念“今昔之所同也”。朱买臣,家贫时,妻子离开了他,买臣受到羞辱与伤害。以上二人故事家喻户晓,说明以穷为耻的世态。当二人一旦显达,昼锦荣归,则“夹道之人,相与骈肩累迹,瞻望咨嗟”,“奔走骇汗,羞愧俯伏,以自悔罪于车尘马足之间”,穷达对比,历数世态冷漠、炎凉,何等痛切!古书中对此多有描述,说苏秦妻嫂,父母及买臣故妻俯伏迎接,不敢仰视的丑状,其中虽有著书人的主观渲染,但也生动地道出了当时人们的荣辱观。段末结出“此一介之士得志于当时,而意气之盛,昔人比之衣锦之荣者也”的评语。在当时世人眼中,像苏秦、朱买臣这类普通士人,能得到荣华富贵,昼锦还乡,声名显赫,倾动故里,那就是最大的荣耀了。这四句结语,含义丰富,耐人寻味。“一介之士”,颇有微辞贬意。“得志于当时”,似说小人物一时得志,当时显达,而不能流芳百世。“意气之盛”,令人想起《战国策》记载:苏秦为赵相后,路过洛阳,“父母闻之,清宫除道,张乐设饮,郊迎三十里。妻侧目而视,侧耳而听。嫂蛇行匍伏,四拜自跪而谢。苏秦曰:嫂,何前倨而后卑也?嫂曰:以季子位尊而多金。苏秦曰:嗟乎,贫穷则父母不子,富贵则亲戚畏惧,人生世上,势位富贵盍可以忽乎哉!”戏曲中有朱买臣马前泼水，羞辱故妻的描述，这都是写得到势位富贵，衣锦昼行的得意神态，即所谓的意气之盛。但这仅是“昔人”眼中的荣辱观念。寥寥数句，收束前文，引出下段，其中深埋伏笔。

第二段从“惟大丞相”至“非闾里之荣也”，重点突出韩琦不以富贵荣华，衣锦昼行为荣，反以为戒的高风亮节。这一段层层与第一段照应，笔笔与苏秦、买臣暗比。衬出韩琦的志向、追求异于二人，异于传统观念。第一层首先概括评述韩琦。“惟大丞相卫国公则不然”一句转得妙！撇开上文，把读者注意力一下集中在韩公身上。“则不然”三字，引人联想，韩公与苏秦、买臣，与今昔“人情之所荣”如何不同？原来不论家世还是个人身世，韩琦都早已显赫闻达。“所谓将相而富贵，皆公所宜素有”，与首四句照应，说明韩公早已具备了“仕宦而至将相，富贵而归故乡”的夸耀闾里的条件了，但他却不以为然。“非如”三句，翻季子、买臣所作所为。用语蕴含讽意，把韩公与世俗之士显明地区别开。三公所执，三公所服，是世人追求的最高势位富贵，却“不足为公荣”，“不足为公贵”，两个“不足”，衬出韩公胸怀抱负何其不凡！行文烘托至此，自然点出：“惟德被生民而功施社稷，勒之金石，播之声诗，以耀后世而垂无穷。此公之志”。韩公平生之志就是为百姓谋福，为国家建功，追求万世流芳，名垂青史。“岂止夸一时而荣一乡哉！”又应前文，总兜一句，以见异于季子、买臣之处。在我们对韩公的志向有了概括了解之后，文章进入第二层，写韩公建造昼锦堂的意图，正面点题。韩公以武康军节度使高位改知家乡相州，当然是富贵而归故乡，一派昼锦之荣光！又建昼锦堂，又写《昼锦堂》诗，按照常理，肯定是炫耀平生功名富贵，昼锦归乡。否也！那不是韩公之志，而是世俗小人物之想。韩公在长诗中明确地抒写了自己的高尚情操。诗中先述传统观念：“古人之富贵，贵归本郡县。……或纡太守章，或拥使者传。……所得快恩仇，爱恶任骄狷。”然后表达自己观点：“其志止于此，士固不足羡。兹予来旧邦，意弗在矜炫”；“公余新此堂，夫岂事饮宴。亦非张美名，轻薄诧绅弁。……忠义耸大节，匪石乌可转。虽前有鼎镬，死耳誓不变”。欧公在此文中，用最准确、最简练的语言，概括了韩诗的旨意，亦即建造昼锦堂的良苦用心。“其言以快恩仇、矜名誉为可薄，盖不以昔人所夸者为荣，而以为戒。”见出韩公轻富贵，而不以昼锦为荣，这是对韩公最透彻的阐发。一个“戒”字，是“文眼”。全文就是围绕“为荣”还是“为戒”，进行对比，衬出韩公其志，深不可测。一个“戒”字，既是警戒自己，同时，造堂刻诗，“以遗相人”，也是给乡里留下一笔做人的宝贵财富，以申鉴戒。韩公正因胸怀大志，所以才能成为国家栋梁之臣。第三层又盛赞韩公的“丰功盛烈”。“出入将相，勤劳王家，而夷险一节”，韩公为将，曾经略西夏事务；入朝为相，位居三公。无论平时，或处危难，都能镇定自若，不失常态，以显出宰相风度。“至于临大事、决大议，垂绅正笏，不动声色而措天下于泰山之安，可谓社稷之臣矣！”这些评价并非溢美之辞，所称皆是实事。韩公为谏官时，前后上疏七十余次，忠言嘉谟，效于当朝。及居相位，曾提出立英宗、神宗，调停英宗和太后间的对立，并经略西夏事务，平定贼寇以安天下。这都是封建朝廷的“大事”“大议”。“垂绅正笏，不动声色”，韩公这位社稷之臣的庄严风姿，跃然纸上。韩公的丰功伟业，“乃邦家之光，非闾里之荣也”，全篇旨意，只此二语概括，笔力千钧，写出欧公无限崇敬之情。

第三段从“余虽不获”至篇末，拈出作记之意。作者虽未能去过韩公的昼锦堂，但诵读过韩公的《昼锦堂》诗，敬佩韩公有志竟成。愿意将其不以富贵为荣，“惟德被生民而功施社稷”，“以耀后世而垂无穷”的远大志向、高尚节操，传扬天下，所以为之作记。短短几句，平实而令人慨想独深。欧公作记之意，恐怕不止是称美韩公之脱俗高尚，而亦是希冀后世显贵之人有所感悟而仿效吧！

本篇题为《相州昼锦堂记》，但关于堂的建筑规模、风格、色彩以及周围风景却只字未题。全文紧扣题目，赞扬韩琦以“衣锦昼行”炫耀富贵为戒的道德节操，衬出“夸一时而荣一乡”的不足道。中国的封建士大夫，历来注重立德、立功、立言，即所谓三不朽。韩琦丰功盛烈著于三朝，道德文章彰昭后世。欧阳修也崇膺“三不朽”原则，因此在本文中盛赞韩琦的道德走向，理想追求。讽刺季子、买臣之流，以功名富贵夸耀乡里的浅薄可憎，有一定的历史意义与现实意义。

本篇在写作特色上有以下两点较为突出：

一是篇中点题：清代文学家刘熙载在其《艺概》中说：“揭全文之旨，或在篇首，或在篇中，或在篇末。在篇首则后顾之，在篇末则前必注之，在篇中则前注之，后顾之。顾、注，抑所谓文眼者也。”本文开首便点出“仕宦而至将相，富贵而归故乡，此人情之所荣，而今昔之所同”的传统观念。紧接着评述“此一介之士得志于当时，而意气之盛，昔人比之衣锦之荣者也。”已经暗注本文的中心论题，即人生的最高境界不是富贵荣华，衣锦还乡。行文至第二段开端仍未涉及昼锦堂题旨，而是宣扬韩琦“德被生民而功施社稷”的不凡志向，追求的是“耀后世而垂无穷”的远大理想，异于“夸一时而荣一乡”的世俗之士的浅薄之志。行文至此，文势已造足，全文旨意已注明，水到渠成，揭出韩公建造相州昼锦堂之旨意，这就是前注之。此时赞扬韩公建堂，不是为了张扬富贵，反以为戒，就十分自然，令人信服。所谓后顾之，就是在揭出文旨之后，为了论述更充分，人物形象更丰满，前后照应，结构谨严，第三段又盛赞韩公的丰功伟业。这样前注后顾，篇中点题，平易畅达，一唱三叹，情深韵长，耐人寻味。

二是对比鲜明，文旨突出：本篇运用对比手法，是非分明，形象生动，增强了文章的艺术效果。如第一段重笔烘托苏秦与朱买臣穷困与发达所面临的不同境遇，前后对比，反衬世人以衣锦昼行为荣的传统观念，笔调十分幽默犀利，作者的感情、意向，渗透在字里行间。而第二段正面写韩琦的道德节操，建昼锦堂自戒自警，决不夸耀富贵，张扬功名，这一切又与第一段形成鲜明对照。就在第二段以表彰韩琦为主的同时，也不时插入对比文字，如："非如穷厄之人侥幸得志于一时，出于庸夫愚妇之不意，以惊骇而夸耀之也。"又如："岂止夸一时而荣一乡哉"；"乃邦家之光，非闾里之荣也"。对比在本文中起了绝妙的作用，不用多语，文旨自明。

此外本篇在语言上富于韵律，节奏感强。唐彪《读书作文谱》云："词要音响，听之如敲金戛玉。词要色丽，观之如散锦明珠。"本文开头两句原来是"仕官至将相，富贵归故乡"。文章写完已给韩琦送去，欧阳修又派人取回，在两句中间各加了一个"而"字，成为"仕官而至将相，富贵而归故乡"，使文章的韵律感、节奏感大大增强。

这篇文章曾被誉为"天下文章，莫大于是"。《古文观止》卷十评曰："以永叔之藻采，著魏公（卫公）之光烈，正所谓天下莫大之文章。" （徐育民）

岘山[①]亭记

岘山临汉上[②]，望之隐然[③]，盖[④]诸山之小者。而其名特著[⑤]于荆州[⑥]者，岂非以其人哉？其人谓谁？羊祜叔子[⑦]、杜预元凯[⑧]是已。方晋与吴以兵争，常倚荆州以为重[⑨]，而二子[⑩]相继于此，遂以平吴而成晋业[⑪]，其功烈[⑫]已盖[⑬]于当世矣。至于风流余韵[⑭]，蔼然[⑮]被[⑯]于江汉[⑰]之间者，至今人犹思之，而于思叔子也尤深。盖元凯以其功，而叔子以其仁[⑱]，二子所为虽不同，然皆足以垂[⑲]于不朽。余颇疑其反自汲汲[⑳]于后世之名者，何哉？

传言叔子尝登兹山，慨然语其属，以谓此山常在，而前世之士皆已湮灭于无闻，因自顾而悲伤。然独不知兹山待己而名著也[㉑]。元凯铭功于二石，一置兹山之上，一投汉水之渊。是知陵谷有变而不知石有时而磨灭也[㉒]。岂皆自喜其名之甚而过为无穷之虑欤？将自待者厚[23]而所思者远欤？

山故有亭，世传以为叔子之所游止也。故其屡废而复兴者，由后世慕其名而思其人者多也。熙宁元年[24]，余友人史君中辉以光禄卿[25]来守襄阳。明年，因亭之旧，广而新之，既周[26]以回廊之壮，又大其后轩[27]，使与亭相称。君知名当世，所至有声[28]，襄人安其政而乐从其游也。因以君之官，名其后轩为光禄堂。又欲纪其事于石，以与叔子、元凯之名并传于久远。君皆不能止也，乃来以记属于余[29]。

余谓君知慕叔子之风[30]，而袭[31]其遗迹，则其为人与其志之所存者，可知矣。襄人爱君而安乐之如此，则君之为政于襄者，又可知矣。此襄人之所欲书也。若其左右山川之胜势，与夫草木云烟之杳霭[32]，出没于空旷有无之间，而可以备诗人之登高，写《离骚》之极目者[33]，宜其览者自得之[34]。至于亭屡废兴[35]，或自有记，或不必究其详者，皆不复道[36]。

熙宁三年[37]十月二十有二日，六一居士[38]欧阳修记。

〔注〕 ① 岘(xiàn)山：又称岘首山。在今湖北襄樊市南汉水上。 ② 临汉上：靠近汉水之上。 ③ 隐然：隐隐约约、朦胧不清的样子。 ④ 盖：这里是副词，大概。 ⑤ 特著：特别显著。 ⑥ 荆州：州名，治所在襄阳。 ⑦ 羊祜(hù)叔子：羊祜，字叔子，晋武帝时都督荆州诸军事，驻守襄阳，与东吴的陆抗对峙。他以德政怀柔东吴人，彼此不相侵扰。后来到朝廷陈述讨伐东吴的计策。 ⑧ 杜预元凯：杜预，字元凯，学问渊博，善于用兵，人们称呼他“杜武库”，后来代羊祜为镇南大将军，晋平定东吴后，封当阳县侯。 ⑨ 常倚荆州以为重：常常依靠荆州作为军事重镇。 ⑩ 二子：指羊祜和杜预。 ⑪ 成晋业：完成晋统一天下大业。 ⑫ 功烈：功劳、业绩。 ⑬ 盖：压倒、超过。 ⑭ 风流余韵：流传下来的值得回味的风雅之事。 ⑮ 蔼然：和谐的样子。 ⑯ 被：覆盖、笼罩。 ⑰ 江汉：长江、汉水。 ⑱ 仁：仁德、仁爱。据《晋书·羊祜传》记载，羊祜驻守荆州时，开设学校，深得民心。他以诚信对待东吴人，投降的东吴人想回家的，都允许他们回去。羊祜出兵到东吴境内，割谷子做军粮，都按价用绢给予补偿。到游猎的季节，人们常常到沔水一带去打猎，如果东吴人先猎伤的禽兽却被晋兵捡到，都必须按规定还给东吴人。因此东吴人对羊祜心悦诚服，都不称他的名字，而称他羊公。襄阳百姓在羊祜经常游憩的岘山，为他建碑立庙，按时祭祀。看到他的碑，没有谁不流泪的，因此杜预把它称为“堕泪碑”。 ⑲ 垂：流传。 ⑳ 汲(jí)汲：形容心情急切，极力追求的样子。 ㉑“传言叔子尝登兹山”六句：据《晋书·羊祜传》记载，羊祜常常和他的随员邹湛等一起登岘山。羊祜流着眼泪说：“自有宇宙就有这座山，从古到今贤达胜士像我和先生这样登临这座山的人很多，这些人都已经湮没无闻，想到这里，真让人悲伤。我百年之后，魂魄还应该留在这山上。”后来因为州里的人仰慕思念羊祜，于是在岘山上建立羊公庙，并为他立碑。属，下属，随

员。待，这里指依靠。名著，著名。 ㉒“元凯铭功于二石”四句：据《晋书·杜预传》，杜预喜欢名留后世，他常说：“高岸会变成深谷，深谷也会变成山陵。”于是在两块石头上刻字为碑，记录自己的功绩，一块沉在万山之下，一块立在岘山之上。说：“怎么知道此后这些地方不变成陵、谷呢？” ㉓将自待者厚：又对自己过于重视。将，并且，又。厚，重视。 ㉔熙宁元年：公元1068年。 ㉕光禄卿：光禄寺的主管。掌管朝廷的祭祀朝会等事宜。 ㉖周：环绕。 ㉗轩：有窗的廊子或小房子。 ㉘所至有声：所到之处都有好名声。 ㉙“因以君之官”六句：意思是说襄阳的百姓要把岘山亭的后轩命名为光禄堂，并想把史中辉的事迹刻在石上，史中辉制止不了，才嘱咐我替他写记。属，通“嘱”，嘱咐。 ㉚风：风度、风采。 ㉛袭：沿袭，继承。 ㉜杳霭：远处云烟缭绕的样子。 ㉝写《离骚》之极目者：极目远眺，写出《离骚》那样的诗歌。 ㉞宜其览者自得之：适合由那些观赏景物的人自己写出来。 ㉟屡废兴：多次废毁、兴建。 ㊱不复道：不再说明。 ㊲熙宁三年：公元1070年。 ㊳六一居士：晚年欧阳修的自号。他认为自己一个老翁和书、金石遗文、琴、棋、酒五种东西为伴，总共是六个“一”，因此自称六一居士。

晚年自称六一居士的欧阳修经历了政治上的风风雨雨，希望能退居颍水之上，与书、金石文、棋、琴、酒为伴，过一段气定神闲、超尘脱俗的安乐生活。他多次上书请求致仕，直到1071年，才获批准。本文写于他致仕前一年，是应以光禄卿的名分镇守襄阳的史中辉之请而作。从本文的字里行间可以看出，史中辉的目的是想将自己的政绩挂在堂上、刻在石上，与羊祜叔子、杜预元凯“并传于久远”。而当时已经对轩裳珪组心如止水，宣称自己的理想境界是“泰山在前而不见，疾雷破柱而不惊”（《居士集·六一居士传》）的欧阳修，与史中辉的心境早已南辕北辙。那么这篇文章应当怎样写才不违自己的心境，又不悖朋友的嘱托呢？我想作者大概是经过一番苦思冥想的。

作者将文章的重点放在晋武帝时建功立业的羊祜叔子和杜预元凯的事迹，以及为纪念他们建立的岘山亭方面，而不是放在史中辉的政绩方面，并对“汲汲于后世之名”的做法提出质疑，倾向性十分明显。他特别歌颂了羊祜叔子施行的仁政，说明有益于民的人，必然会得到百姓的永远思念，不需要自己刻意留名，透露出对追求虚名的史中辉不满，显示出自己淡泊名利的广阔胸怀和为民造福的崇高理想。

文章从山说起，然后到人，到亭。

开头说岘山是汉上“诸山之小者”，而在荆州却特别著名。接着用反诘句“岂非以其人哉”提起全文。下面便着力写使这座小山出名的人：羊祜叔子和杜预元凯。作者概括地叙述了他们的功劳及其深远影响：“其功烈已盖于当世矣”“风流余韵，蔼然被江汉之间”“皆足以垂于不朽”。欧阳修特别强调时至今日人们还在思念他们，“而于思叔子也尤深”，原因就是杜预以战功传世，而“叔子以其仁”。

这就为本文的思想内容定下了基调：对人民施行仁政，才能得到百姓深厚的挚爱与永远的纪念。可是历史记载：羊祜和杜预都是在生前就想名垂千古，人们才给他们建亭刻石的。于是作者在歌颂了他们的功绩之后，笔锋一转，对他们的好后世之名提出质疑。“余颇疑其反自汲汲于后世之名者，何哉?”一句，承上启下，从人写到岘山亭的建立和杜预碑的刻成。

作者认为，羊祜慨叹山之永存和杜预希望石之不灭都是太看重自己的名声，思虑得太过了。所谓“皆自喜其名之甚而过为无穷之虑”“自待者厚而所思者远”。作者说：其实岘山是依仗羊祜而出名的，杜预将记录自己功绩的石碑分别置于山顶、水渊，以求不朽，实际上石亦“有时而磨灭”。这里表面看来是在批评羊祜和杜预，实际上是在批评请他为自己写记的史中辉。然而却含而不露，不着一丝痕迹。

下面写岘山亭的兴废、史中辉对它的重修和扩建，以及作者写这篇记的原因。值得注意的是，史中辉镇守襄阳的第二年，还没有什么利国利民之举，就迫不及待地对岘山亭“广而新之，既周以回廊之壮，又大其后轩，使与亭相称”，并且将后轩命名为“光禄堂”，“又欲纪其事于石，以与叔子、元凯之名并传于久远”。他花那么大力量去刷新、扩建岘山亭，还要推托说是襄阳人“安其政而乐从其游”，自己“皆不能止”所致。既然非己所愿，那么又为什么求作者为之作记呢?欧阳修只是客观地、平静地转述史中辉的所作所为，并未加以褒贬，但人们已经从文中嗅出史中辉急功近利、好图虚名的世俗之气。

最后作者说明《岘山亭记》为什么要这样选材。欧阳修说，由于史中辉“慕叔子之风，而袭其遗迹”，并且这正是“襄人爱君”之“所欲书”，所以本文才以羊祜和杜预的事迹以及岘山亭的遗迹为主要材料。两个“可知也”，言之凿凿，说明这样写完全是遵从史中辉的本意。这表现了作者处事的周密老练、圆通睿智。作者又说，岘山的自然风光应该由亲自游览过的文人墨客来写；“至于亭屡废兴，或自有记，或不必究其详者，皆不复道”，言外之意是说，史中辉如果真有辉煌的政绩的话，将来自会有襄阳百姓来记录，本文也就不写了。作者就是这样巧妙地回应了求他写记的史中辉：文章既不为史中辉歌功颂德，也不使两位古代名人的功绩被埋没；既表达了自己的仁政理想，又批评了贪图虚名的不良作风。含蓄委婉，耐人寻味。

清代的著名古文家姚鼐说，欧阳修的《岘山亭记》“神韵缥缈，如所谓吸风饮露蝉蜕尘壒者，绝世之文也”(《古文辞类纂》卷五十四)。这正是对本文含而不露、委婉蕴藉的风格的形象描述。

(胡冠莹)

释秘演[1]诗集序

予少以进士游京师[2]，因得尽交当世之贤豪。然犹以谓国家臣一四海[3]，休兵革[4]，养息天下以无事者四十年，而智谋雄伟非常之士，无所用其能者，往往伏[5]而不出。山林屠贩[6]，必有老死而世莫见者，欲从而求之不可得。

其后得吾亡友石曼卿[7]。曼卿为人，廓然[8]有大志，时人不能用其材，曼卿亦不屈以求合。无所放其意，则往往从布衣野老[9]，酣嬉淋漓[10]，颠倒而不厌。予疑所谓伏而不见者，庶几狎而得之[11]，故尝喜从曼卿游，欲因以阴求[12]天下奇士。

浮屠[13]秘演者，与曼卿交最久，亦能遗外世俗[14]，以气节自高。二人欢然无所间[15]。曼卿隐于酒，秘演隐于浮屠，皆奇男子也，然喜为诗歌以自娱。当其极饮大醉，歌吟笑呼，以适天下之乐，何其壮也！一时贤士，皆愿从其游，予亦时至其室。十年之间，秘演北渡河[16]。东之[17]济、郓[18]，无所合[19]，困而归。曼卿已死，秘演亦老病。嗟夫！二人者，予乃见其盛衰，则予亦将老矣。

夫曼卿诗辞清绝，尤称秘演之作，以为雅健有诗人之意。秘演状貌雄杰，其胸中浩然，既习于佛无所用，独其诗可行于世，而懒不自惜。已老，胠其橐[20]，尚得三四百篇，皆可喜者。曼卿死，秘演漠然无所向。闻东南多山水，其巅崖崛峍[21]，江涛汹涌，甚可壮也，遂欲往游焉，足以知其老而志在也。于其将行，为叙其诗，因道其盛时以悲其衰。

庆历二年十二月二十八日庐陵欧阳修序。

〔注〕 ①释秘演：秘演和尚。释，佛教，这里指佛教徒，即和尚。 ②予少以进士游京师：我年轻时中进士(1030)，在京师游历。 ③国家臣一四海：国家统一，四海臣服。太平兴国四年(979)，割据北方的北汉向北宋投降。景德元年(1004)北宋与契丹和议成功，停止了战争。④休兵革：平息战争。兵革，这里用武器及用皮革制造的甲胄指代战争。 ⑤伏：隐藏，隐居。 ⑥山林屠贩：这里指山林和屠夫小贩中的隐士。 ⑦石曼卿：名延年，祖籍幽州，后迁居宋城(今河南商丘)，宋真宗时中进士。历任乾宁军通判、馆阁校勘、大理寺丞、海州通判、太子秘阁校理等职。 ⑧廓然：开阔的样子。这里指心胸广阔。 ⑨布衣野老：平民百姓，乡

村老农。 ⑩ 酣嬉淋漓：尽情尽兴地喝酒、嬉戏。淋漓，尽兴、畅快的样子。 ⑪ 庶几狎(xiá)而得之：也许能够亲近并得到他们。狎，亲近而随便。之，这里指上文所说的伏而不见的隐士。 ⑫ 阴求：暗中求访。 ⑬ 浮屠：佛。这里指佛教徒、和尚。 ⑭ 遗外世俗：超脱于世俗之外。 ⑮ 无所间：亲密无间。 ⑯ 河：黄河。 ⑰ 之：动词，到。 ⑱ 济、郓(yùn)：济南、郓城一带。 ⑲ 无所合：没遇到志同道合的人。 ⑳ 胠(qū)其橐(tuó)：打开他的口袋。胠，从旁打开。 ㉑ 巅崖崛嵂(lǜ)：山峰、山崖高峻陡峭。

这篇文章名为诗序实际上却是一篇赠序。一般的诗序或文序，重点都是对写作的缘由、作品的内容、文集的体例、编撰的目次等等加以叙述和申说。写法或议论或叙述，或议叙兼顾，又往往具有抒情的色彩。而本文是作者在庆历二年(1042)与释秘演分别之际，为他的诗集写的序言，兼有赠别之意，因此独具一格，更具有赠序的特征。作者着重叙述和释秘演之间从相识相知到离别的友情，描述释秘演独特的个性和“健雅”的诗风，并抒发自己人生盛衰的慨叹，也隐含着对社会现实的批评。内容丰富，结构独特，文词隽永，感情充沛。

文章由远及近，先写自己与释秘演的相识。作者是通过亡友石曼卿认识释秘演的。然而他既不忙于写石曼卿，也不忙于写释秘演，却远远地宕开一笔，写自己“少以进士游京师，因尽交当世之贤豪”的情况。作者说，当时“国家臣一四海，休兵革，养息天下以无事者四十年”。依照常理，这样的太平盛世，本应人才辈出，为天子所用。而事实上却是不少智谋之士“无所用其能者，往往伏而不出”，隐于山林屠贩之中，“必有老死而世莫见者”。作者想要寻求他们，在京师却找不到。从作者介绍的这些情况中，我们可以看出刚刚走进仕途的欧阳修并没有像常人那样游走于达官显贵之家，去为自己今后的发展铺平道路，却将关注的重点放到卓有才能的隐士们中间，这体现了他高尚的人格和求贤若渴的心情，同时也婉转地批评了当时摒弃贤才的社会现实，还为后来写石曼卿和释秘演作了铺垫。

石曼卿就是作者得到的“贤豪”之一，又是他与释秘演相识的介绍人。在叙述了“尽交当世之贤豪”之后，接着介绍石曼卿，可以说是水到渠成了。作者写过若干纪念石曼卿的文章，而本文与其他文章不同，既不写石曼卿做过什么官，也不叙他有什么政绩，却着重写他的性格与爱好。他本来“廓然有大志”，因为“时人不能用其材”，自己也不愿屈从时人与之苟合，因而“无所放其意”，就与“布衣野老，酣嬉淋漓，颠倒而不厌”。作者把本来刚正不阿、理想远大的石曼卿，因不被重用而只能与下层百姓为伍，狂饮嬉戏，乐此不疲的豪爽、狂放、好酒、无拘无束的性格特征，描述得非常突出。这样性格的人，自然容易与隐居的“智谋雄伟非常之士”接近，欧阳修想借助他去寻求“天下奇士”，也就顺理成章了。作者对石曼卿的介绍,承上启下,为下面写释秘演做了准备。

写石曼卿是为了烘托释秘演,在经过层层铺垫之后,欧阳修终于写到释秘演其人以及与之相识、相交、相知的过程。作者处处以石曼卿作为释秘演的参照物。说由于释秘演和石曼卿交往很久,因而“亦能遗外世俗,以气节自高”。“久”和“亦”,显现出石曼卿对释秘演超凡脱俗的清高气节的影响。“二人欢然无所间”表明二人关系的融洽与密切。尽管一个“隐于酒”一个“隐于浮屠”,而他们“皆奇男子也,然喜为诗歌以自娱”。在这里,作者将他们互相映衬地加以描述,写出二人同中有异,异中有同,突出他们的特立独行,及喜欢作诗的共同爱好。作者想象他们在一起狂饮、赋诗、歌呼的情景,并认为他们是“以适天下之乐”,快乐得无与伦比,这怎能不让作者赞叹呢?他用“何其壮也”抒发出对两个“奇士”由衷的赞美。正因为这两个奇士独特的品格与清高的雅好,使得贤士们都愿与之交往,作者“亦时至其室”,“时至”表现出作者与释秘演交往的频繁。接下来写十年中释秘演、石曼卿的盛衰变化:释秘演从北到东云游四方,“无所合,困而归”。石曼卿已死,释秘演“亦老病”。作者与这二位奇士交往的过程,就是见证他们由饮酒赋诗广交贤士到落落寡合困顿病老的过程;也是作者中进士,遭到贬谪,后来又返回京师的过程。文中作者并没有写自己的遭遇,而一句“予亦将老矣”,将世态的炎凉、人际的悲欢、身世的悲叹交融在一起。在叙述描写的基础之上抒情,感情浓烈,催人泪下。

介绍了释秘演其人,又介绍其诗。作者还是用烘托的手法,以石曼卿的诗与之相对照。作者给予石曼卿的诗很高评价,说他“诗辞清绝”;而石曼卿又给予释秘演的诗更高的评价,说他的诗作“雅健有诗人之意”。这样层层烘托,更显示出释秘演诗风的高雅刚健。释秘演不仅诗作上乘,而且从外貌到气质都高标特立,作者说他“状貌雄杰”“胸中浩然”。这样一个德才貌兼备的伟丈夫,为什么竟不为朝廷所用呢?欧阳修认为是他“习于佛”。这里既有对释秘演怀才不遇的痛惜,也隐藏着对主张出世的佛教的含蓄批评。那么他可以留给世人的唯有三四百篇诗了。因此作者给他的诗集作序,就具有非常特殊的意义。作者写到石曼卿去世后,释秘演的状况,用“漠然无所向”将他失去挚友的落寞心情描摹得十分真切。释秘演打算去东南云游,去领略高山悬崖之奇绝,江涛汹涌之壮美,正体现出他的“遗外世俗”的志向和落寞的心情,与上文互相呼应。作者在与他离别之时,给他的诗集作序,“道其盛时以悲其衰”。也就是说不仅序诗,更重要的是记人,表达作者与诗人的诚挚友谊,和对诗人人生遭际的同情。这正是作者写作本文的目的。

欧阳修写作这篇诗序时,正是重回京师任馆阁校勘的得志之时,然而他半生的坎坷遭遇,使得他对诗人的际遇有着深刻的理解和共鸣。因此在写作的过程中非常自然地将叙述、议论、抒情完美地结合在一起,“多慷慨呜咽之旨,览之如闻击筑声”(明茅坤《唐宋八大家文钞·欧阳文忠公文钞》卷十七),使每一个读过这篇序言的人都深受感动,具有极强的感染力。(胡冠莹)

集古录目序

物常聚于所好,而常得于有力之强。有力而不好,好之而无力,虽近且易,有不能致之。象犀虎豹,蛮夷山海杀人之兽,然其齿角皮革,可聚而有也。玉出昆仑流沙万里之外,经十余译[①]乃至乎中国[②]。珠出南海,常生深渊,采者腰絙[③]而入水,形色非人,往往不出,则下饱蛟鱼。金矿于山,凿深而穴远,篝火[④]餱粮[⑤]而后进,其崖崩窟塞,则遂葬于其中者,率常数十百人。其远且难而又多死祸,常如此。然而金玉珠玑,世常兼聚而有也。凡物好之而有力,则无不至也。

汤盘[⑥],孔鼎[⑦],岐阳之鼓[⑧],岱山、邹峄、会稽之刻石[⑨],与夫汉、魏已来圣君贤士桓碑[⑩]、彝器[⑪]、铭诗、序记,下至古文籀篆分隶[⑫]诸家之字书,皆三代以来至宝,怪奇伟丽工妙可喜之物。其去人不远,其取之无祸。然而风霜兵火,湮沦磨灭,散弃于山崖墟莽之间未尝收拾者,由世之好者少也。幸而有好之者,又其力或不足,故仅得其一二,而不能使其聚也。

夫力莫如好,好莫如一。予性颛[⑬]而嗜古,凡世人之所贪者皆无欲于其间,故得一其所好于斯。好之已笃,则力虽未足,犹能致之。故上自周穆王[⑭]以来,下更秦、汉、隋、唐、五代,外至四海九州、名山大泽,穷崖绝谷、荒林破冢,神仙鬼物,诡怪所传,莫不皆有,以为《集古录》。以谓传写失真,故因其石本[⑮]轴[⑯]而藏之,有卷帙次第而无时世之先后。盖其取多而未已,故随其所得而录之。又以谓聚多而终必散,乃撮其大要,别为录目,因并载夫可与史传正其阙谬者,以传后学,庶益于多闻。

或讥予曰：物多则其势难聚，聚久而无不散，何必区区[17]于是哉？予对曰：足吾所好，玩而老焉可也。象犀金玉之聚，其能果不散乎？予固未能以此而易彼也。

庐陵欧阳修序。

〔注〕①译：指语言不通的地域。②中国：中原。③絙(gēng)：同"緪"，粗绳。④篝火：置于竹笼中的火。⑤餱(hóu)粮：干粮。餱，同"糇"。⑥汤盘：据传是商汤沐浴之盘，上刻铭文曰："苟日新，日日新，又日新。"⑦孔鼎：据传是孔子先祖正考父庙之鼎，上有铭文。⑧岐阳之鼓：在陕西凤翔发现的刻石，形似鼓，据考为东周初秦国的石刻文字。⑨岱山、邹峄(yì)、会稽之刻石：秦始皇登泰山、邹峄、会稽诸山皆刻石颂德。岱山，即泰山。邹峄，山名，在今山东省。会稽，山名，在今浙江省。⑩桓碑：指墓碑。⑪彝器：各种祭器的总称。⑫古文籀(zhòu)篆分隶：古文，指秦以前文字。籀，书体名，即籀书，亦称大篆。篆，指小篆。分，书体名，即八分书。隶，隶书。⑬颛(zhuān)：拘谨老实。⑭周穆王：西周第五代君王。现《集古录》中《毛伯敦铭》是最早的拓本，据说是周武王时彝器，欧阳修得此铭文时，《录目序》已写就刻石，故文中以周穆王刻石为最早。⑮石本：石刻的拓本。⑯轴：卷起。⑰区区：形容一心一意。

嘉祐七年，欧阳修编成《集古录》，并作此文。《集古录》由欧阳修依据自己收集的金石古文编撰而成，据欧阳修《与蔡君谟求书集古录序书》云："尝集录前世金石之遗文，自三代以来古文奇字，莫不皆有。……盖自庆历乙酉逮嘉祐壬寅，十有八年，而得千卷。"《集古录》现存十卷，有四百余篇欧阳修所著的金石跋文，并附有部分描摹的鼎铭原文。据《四库全书总目》载，梁元帝始集录碑文，然其书不传，曾巩亦欲作《金石录》而未成，故朱熹《题欧公金石录序真迹》云："集录金石，于古初无，盖自欧阳文忠公始。"(《朱文公文集》卷八十二)《集古录》可谓现存最早的研究金石文字的专著，此书无论对于保留古代文化的真貌，还是用为史学研究，都有重要的意义。欧阳修辛勤搜求达十八年之久，在他的一些文章中记录下了他对这项工作的热情，如他在与友人刘敞的书简中，多次叙说集录之事，并表达获得古物的兴奋之情，其中一书云："复惠以古器铭文，发书，惊喜失声。群儿曹走问乃翁夜获何物，其喜若斯。"(《欧阳文忠公文集·书简》卷五)欣喜若狂的情景如在目前。欧阳修晚年自号"六一居士"，以示陪伴自己晚年生活的珍爱之物，其中一项就是"集录三代以来金石遗文一千卷"(《六一居士传》)，可见他的重视爱惜。

欧阳修以十八年的时间，投入大量心力来收集石刻文字，并视之为珍贵之物，这与当时世俗之好大异其趣。欧阳修在与刘敞的书简中就曾说到自己对古器铭文的爱好甚至令"世俗所憎邪"，但他明确表示，他不会改变志趣，不欲"求合世人以取悦”。他的这篇序文就是从叙说两种截然不同的爱好而入题。

文章的前半部分即以两种爱好构成对比。世人之好多为象犀金玉，攫取这些宝物极为不易，甚至可能付出生命的代价，即使如此，人们总会冒着危险，尽其所能地获取这些物品。欧阳修应用铺叙的表现方式，一一描写采集这些珍奇之物的艰险情状，充分显出世人对这类物品的喜好之甚。同时，他在文首就提出的“好”与“有力”这两个积聚珍贵物品的必要条件，也得到了形象化的体现，说明正是具备这两个条件，人们的意志才会转化为具体行动，并最终达到目的。欧阳修在这一层次不吝笔墨地叙述议论，为文章的进一步展开完成了足够的铺垫，他既用普遍的世俗现象说明了人寻求喜爱之物的规律，也借此逗引出另一种爱好，并成为后者的反衬。

在叙写金石之好的一段，欧阳修依然采用第一段的表现方式，同样对物品一一罗列铺陈，同样是扣住“好”和“有力”两点进行议论，正是如此，对比效果显得尤其突出。不过，欧阳修一方面指出金石古文“其去人不远，其取之无祸”，与世人不顾危险求取金玉形成对照，另一方面，他又挽回一笔，申明也有少数人虽爱好古物却不能收聚之，这是因为凡积聚宝物都不能摆脱普遍性的规律，必须具备既好之又有力这两个条件，鼎铭古文固然不用登山入海般冒险取之，但如果不作努力，同样难以得到。

两种不同爱好，实际上是两种价值观的反映，欧阳修积聚这些古物的不易，更体现在他置身于世俗普遍的价值观之外而孜孜以求，因为这要面对世人的不解，还要面对物质财富的诱惑。正是在这一层意义上，欧阳修提出了“力莫如好，好莫如一”的观点。他强调这是自己的唯一所好，而对世俗喜爱的金玉珠宝则毫不心动，正是这种专一，使他能够有所成就。欧阳修分别从时间和空间两个方面写出他的“莫不皆有”，并由此引出了《集古录》，那么这本书的价值也自在不言之中。在对该书编次体例等问题作了简明扼要的交代以后，欧阳修着重说明了此书的宗旨，一是以文字的记载来应对古物“聚多而终必散”的问题，二是“可与史传正其阙谬”，达到“以传后学，庶益于多闻”的目的，至此，欧阳修才真正点出了其所好及所为的意义所在，这是任何其他财宝所不能比同的。顺因此意，文章的结尾以作者之好与世人象犀金玉之好再一次形成对比，就文章结构而言，是呼应上文的缩结；就文章旨意而言，更显出作者不可动摇的志趣追求。　（陈晓芬）

苏氏文集序

予友苏子美[①]之亡后四年，始得其平生文章遗稿于太子太傅杜公[②]之家，而集录之以为十卷。

子美，杜氏婿也，遂以其集归之，而告于公曰："斯文，金玉也，弃掷埋没粪土，不能消蚀。其见遗于一时，必有收而宝之于后世者。虽其埋没而未出，其精气光怪已能常自发见，而物亦不能掩也。故方其摈斥摧挫、流离穷厄之时，文章已自行于天下，虽其怨家仇人，及尝能出力而挤之死者，至其文章，则不能少毁而掩蔽之也。凡人之情，忽近而贵远，子美屈于今世犹若此，其伸于后世宜如何也。公其可无恨！"

予尝考前世文章政理[③]之盛衰，而怪唐太宗致治几乎三王[④]之盛，而文章不能革五代之余习。后百有余年，韩、李[⑤]之徒出，然后元和之文始复于古。唐衰兵乱，又百余年而圣宋[⑥]兴，天下一定，晏然无事。又几[⑦]百年，而古文始盛于今。自古治时少而乱时多，幸时治矣，文章或不能纯粹，或迟久而不相及[⑧]。何其难之若是欤！岂非难得其人欤？苟一有其人，又幸而及出于治世，世其可不为之贵重而爱惜之欤？嗟吾子美，以一酒食之过，至废为民而流落以死[⑨]。此其可以叹息流涕，而为当世仁人君子之职位宜与国家乐育贤材者惜也[⑩]！

子美之齿[⑪]少于予，而予学古文反在其后。天圣[⑫]之间，予举进士于有司，见时学者务以言语声偶擿裂[⑬]，号为时文，以相夸尚。而子美独与其兄才翁[⑭]及穆参军伯长[⑮]，作为古歌诗杂文，时人颇共非笑之，而子美不顾也。其后天子患时文之弊，下诏书讽勉学者以近古[⑯]。由是其风渐息，而学者稍趋于古焉。独子美为于举世不为之时，其始终自守，不牵世俗趋舍，可谓特立之士也。

子美官至大理评事[⑰]、集贤校理[⑱]而废，后为湖州长史[⑲]以卒，享年四十有一。其状貌奇伟，望之昂然而即之温温[⑳]，久而愈可爱慕。其材虽高，而人亦不甚妒忌，其击而去之者，意不在子美也。赖天子聪明仁圣，凡当时所指名而排斥，二三大臣[㉑]而下，欲以子美为恨而累之者，皆蒙保全，今并列于荣宠。

虽与子美同时饮酒得罪之人[22]，多一时之豪俊，亦被收采，进显于朝廷。而子美独不幸死矣，岂非其命也？悲夫！

庐陵欧阳修序。

〔注〕 ① 苏子美：苏舜钦，字子美，祖籍梓州铜山(今四川中江)，生于开封(今属河南)。历任县令、大理评事、集贤校理、监进奏院等职。为北宋诗文革新运动中的重要作家。卒于庆历八年(1048)。有《苏学士集》。 ② 太子太傅杜公：杜衍，字世宗，越州山阴(今浙江绍兴)人。苏舜钦岳父。曾官至宰相，后因苏舜钦事罢知兖州，致仕后进太子太傅。太子太傅，官名，为太子师傅。 ③ 政理：政治。 ④ 三王：指夏禹、商汤、周文王和武王。 ⑤ 韩、李：韩愈、李翱。翱字习之，赵郡(今河北赵县)人，韩愈的学生，唐代古文运动的重要骨干。韩、李提倡古文主要在唐宪宗元和年间(806—820)。 ⑥ 圣宋：即宋朝。古人多尊称本朝为圣朝，故云。 ⑦ 几：将近。 ⑧ 迟久而不相及：指文章的兴盛较慢，赶不上时世的兴盛期。 ⑨“以一酒食”二句：庆历四年十一月，进奏院祀神，当时任集贤校理的苏舜钦依旧例用卖废纸的公钱设宴娱宾客，御使中丞王拱辰唆使属下鱼周询、刘元瑜劾奏此事，苏舜钦以“监守自盗”的罪名削职为民，参与宴会的十余人也同时遭贬。苏为范仲淹所荐举，又是杜衍的女婿，且积极参与庆历新政，王拱辰此举意在打击新政，故事后曾得意地说：“吾一举网尽之矣。”苏被逐后寓于吴中(今苏州)，八年(1048)被授湖州长史，未及赴任而卒。 ⑩“而为当世”句：意谓替当时那些担任要职，应为国家培育人才的仁人君子们感到痛惜。 ⑪ 齿：年龄。 ⑫ 天圣：宋仁宗年号(1023—1031)。欧阳修于天圣八年(1030)考中进士。 ⑬ 言语声偶擿(zhāi)裂：指注重雕琢词句，讲究声律对偶，生硬摘取前人文辞，显得支离破碎。擿裂，割裂。 ⑭ 才翁：苏舜元字才翁，苏舜钦之兄。 ⑮ 穆参军伯长：穆修字伯长，郓州(今属山东)人，官至蔡州文学参军。参军，官名，为散官，无职掌。 ⑯“下诏书”句：宋仁宗曾于明道二年(1033)、庆历四年(1044)下诏礼部贡举戒浮华文风。 ⑰ 大理评事：官名，掌狱讼。 ⑱ 集贤校理：官名，掌校勘典籍。 ⑲ 湖州长史：湖州行政长官的助理。湖州，治所在今浙江湖州市。 ⑳“望之昂然”句：《论语·子张》：“望之俨然，即之也温。”温温，温和柔顺的样子。 ㉑ 二三大臣：指杜衍、范仲淹、富弼等人。 ㉒“虽与子美”句：指刘巽、王洙、刁约、江休复、王益柔、吕溱、宋敏求、徐绶等，其中多人后来官复原职。

欧阳修的诗文集序很有名，有些篇章被清人姚鼐誉为“序之最工者”(《古文辞类纂序目·序跋类序)》。《苏氏文集序》就是其代表作之一。

该文是欧阳修为好友苏舜钦文集所作的序。苏舜钦为北宋诗文革新运动中的重要作家。他在散文方面，不满当时流行的“四六”骈文，倡导古文，写作古文的时间比欧阳修还早，与穆修齐名，是宋代古文运动的先驱者之一，其所作《沧浪亭记》为世所传诵。他在诗歌方面，反对西昆体浮靡诗风，主张不雕琢以害正，取得了比文更大的成就，在当时与欧阳修、梅尧臣齐名，称“欧苏”或“苏梅”。在政治上，他站在革新派范仲淹、杜衍等人一边，主张改革，勇于直言，“论朝廷大事，敢道人之所难言”(欧阳修《湖州长史苏君墓志铭》)，因而为守旧派所忌。为了通过他打击“庆历新政”的革新力量，御使中丞王拱辰及其属下利用苏舜钦任集贤校理时以卖废纸的公钱宴饮一事，进行劾奏，苏因此被撤职除名，成为这场政治斗争的牺牲品。他被逐后一直寓居苏州，年仅四十一岁便抑郁而死。欧阳修与他是志同道合的知交，他们一起提倡诗文革新，政治立场也相一致，都积极支持范仲淹的“庆历新政”，所以对苏舜钦的不幸遭遇十分同情，对他的英年早逝深为悲痛，所以在他病故后的第四年，即皇祐三年(1051)为他编录好文集，并写下了这篇序文。在此之前的庆历八年(1048)和之后的嘉祐元年(1056)，欧阳修还分别写过《祭苏子美文》和《湖州长史苏君墓志铭》，足见其对苏舜钦的关爱之深。

文章首先竭力称颂苏舜钦的诗文成就，但不是直截了当地写。而是先以金玉作比，指出其光辉终不可掩，即使在遭受摈斥之时，连他的怨家仇人，对其文章也“不能少毁而掩蔽之”。后又以“凡人之情，忽近而贵远”二语推进一层，说就人们轻忽的“近”而言，“子美屈于今世”，其文尚且已自行于天下，那么就人们珍贵的“远”而言，“其伸于后世宜如何也”，此处不答自明，用类似诗中的“加一倍写法”(施补华《岘佣说诗》)，意味深长地肯定了苏舜钦诗文的不朽价值。接着为苏舜钦的悲剧性遭遇惋惜，这从大处、高处着笔，先在世运和文运的关系上展开文章，通过概括唐宋古文运动兴起的过程，揭示世运好不一定文运兴，治世未必能导致文坛繁荣的规律，后说明自古治时少而乱时多，治世难逢，人才难得，振兴文运更不容易。在经过这样拓展开来写以后，才落脚到苏舜钦身上，“苟一有其人，又幸而及出于治世”，虽未明言，但实际是说苏舜钦生于治世而又能文，是难得的人才，而却蒙冤被废，最后流落以死，殊为可叹。“为当世仁人君子之职位宜与国家乐育贤材者惜也!”此一长句，在深深痛惜中，对原本应该为国家培育贤才，而却为一己之政治私利肆意扼杀人才的当权者给予严厉的鞭挞。继而肯定苏舜钦提倡古文的功绩，指出当浮华的“四六”时文风靡之时，他反潮流而动，不顾人们的讥笑，写作古文，“为于举世不为之时”，开启了宋代古文运动的先河，强调他“始终自守，不牵世俗趋舍”，是个“特立之士”，由文品而及人品，更深一层地赞扬了苏舜钦。最后写其为人，说他温和可爱，才高而不招嫉，“其击而去之者，意不在子美也”，进而揭示其被废的真实原因是受守旧派政治打击，并以同时获罪者的命运作对比，为其他人多复进用独苏舜钦早死而惋惜。全文在设问悲叹中戛然而止，写得余意不尽。

该文作为苏舜钦文集的序文，固然写其文，但又用了更多的篇幅写其人，写他的才华、品行以及命运遭际，而苏舜钦则与当时的庆历新政和诗文革新运动关系密切。所以《苏氏文集序》的意义已远远超出了普通序文就文论文的范围。它在对苏舜钦文学业绩的赞扬和对其不幸遭遇的痛惜中，表现出作者抨击守旧势力，坚持政治改革的进步态度和反对绮靡文风，倡导诗文革新的鲜明主张，反映了庆历新政斗争和宋初诗文革新运动的一个侧面，不仅具有深刻的思想内涵，而且有着很高的文献价值。

关于序文，宋代的王应麟说："序者，序典籍之所以作。"(《辞学指南》)明代的徐师曾说："《尔雅》云：'序，绪也。'字亦作'叙'，言其善叙事理，次第有序，若丝之绪也。……其为体有二：一曰议论，二曰叙事。"(《文体明辨序说》)所以诗文集序是一种说明文字，以议论叙事为主，而此文则别具一格。作者的《湖州长史苏君墓志铭》在提到本文时曰："予为集次其文而序之，以著君之大节，与其所以屈伸得失，以深诮世之君子当为国家乐育贤材者，且悲君之不幸。"确实，这篇序文重点在写苏舜钦的文品、人品及得失遭遇，借此讥诮守旧势力，为苏的不幸鸣不平，带有浓重的抒情色彩。但这种抒情不像作者的《祭苏子美文》那样是直抒胸臆，而是紧扣序文所固有的议论叙事特点，采用多种手法进行。有的是融合议论，寓情于论，如第三段在治世难逢，人才难得的议论感喟中，倾注了对像苏舜钦这样的贤材被摧残的惋惜。有的是结合叙事，寓情于事，如第四段叙述描写苏舜钦的状貌、性格、品行以及被废的真实原因，而为其抱屈悲叹之意自现。有的则抒愤写悲，直接表达，"此其可以叹息流涕，而为……国家乐育贤材者惜也"等语，将作者的悲痛之情和盘托出。全文字里行间充溢着深挚的感情，弥漫着凄怆的气氛，读来悲风四起，催人泪下。明人茅坤评曰："予读此文，往往欲流涕。专以悲悯子美为世所摈死上立论。"(《唐宋八大家文钞·欧阳文忠公文钞》卷十七)清代刘大櫆亦曰："沉着痛快，足为子美舒其愤懑。"(《古文辞类纂》卷八)

欧阳修的散文具有委婉曲折的特点，这在此文中也有所体现。其一是多转折，如第三段写痛惜苏舜钦的不幸遭遇，不是平铺直叙，一览无余，而是由远及近，从虚到实，在几经曲折后，才在得人之难与废人之易的鲜明对照中，发出哀惋之声，就更加动人心弦。其二是多变化，如第二段是对苏舜钦赞颂，第三段是对其惋惜，第四段又是赞颂，第五段又是痛惜，如此交错轮回，任情挥洒，就使得全文的谋篇布局不是平直板滞，而显得曲折往复，灵动多变。

《苏氏文集序》在行文上，多用感叹句，几乎每一段都以感慨喟叹结束，如"子美屈于今世犹若此，其伸于后世宜如何也。公其可无恨！""嗟吾子美，以一酒食之过，至废为民而流落以死……惜也！"写得低回抑扬，一唱三叹。本文也多用设问句，如"岂非难得其人欤？""世其可不为之贵重而爱惜之欤？"使得文章波折顿挫，文短意广。该文还多回环句，如"独子美为于举世不为之时，其始终自守，不牵世俗趋舍，可谓特立之士也"；"子美独不幸死矣，岂非其命也？悲夫！"两个

"独"字回环重出，写才和写命相互映衬对比，这样叙写其不幸，收到了悲怆呜咽、一字一泪的艺术效果。这多种句式的错落使用，大大增强了文章的抒情意味。

（吴小林）

送杨寘序

予尝有幽忧之疾，退而闲居，不能治也。既而学琴于友人孙道滋，受宫声数引①，久而乐之，不知疾之在其体也。

夫琴之为技，小矣。及其至②也，大者为宫，细者为羽③，操弦骤作，忽然变之。急者凄然以促，缓者舒然以和。如崩崖裂石，高山出泉，而风雨夜至也；如怨夫寡妇之叹息，雌雄雍雍④之相鸣也。其忧深思远，则舜与文王、孔子之遗音⑤也；悲愁感愤，则伯奇孤子⑥、屈原忠臣⑦之所叹也。喜怒哀乐，动人心深。而纯古淡泊，与夫尧舜三代之言语⑧、孔子之文章⑨、《易》之忧患⑩、《诗》之怨刺⑪无以异。其能听之以耳，应之以手，取其和者，道⑫其堙郁⑬，写⑭其忧思，则感人之际，亦有至者焉。

予友杨君，好学有文，累以进士举，不得志。及从荫调⑮，为尉⑯于剑浦⑰。区区⑱在东南数千里外，是其心固有不平者。且少又多疾，而南方少医药，风俗饮食异宜⑲。以多疾之体，有不平之心，居异宜之俗，其能郁郁以久乎？然欲平其心以养其疾，于琴亦将有得焉。故予作《琴说》以赠其行，且邀道滋酌酒进琴以为别。

〔注〕①受官声数引：即学会了几支乐曲。官声，五音之一。我国古代有五声：宫、商、角、徵、羽。引，乐曲体裁之一种，古代琴曲有操、弄、引等别名。　②至：指达到至高的境界。③大者为宫，细者为羽：古代五声音阶（宫、商、角、徵、羽）中，宫声最低，羽声最高，宫声宏大，羽声尖细，从上而下，从重而轻，概括了五声音阶的全部。　④雍雍：鸟和鸣声。《诗经·邶风·匏有苦叶》："雍雍鸣雁"。　⑤舜与文王、孔子之遗音：相传舜创五弦之琴。《礼记·乐记》："昔者舜作五弦之琴，以歌《南风》。"《南风》之辞曰："南风之薰兮，可以解吾民之愠兮。"周文王被殷纣王囚于羑里，作《拘幽操》。孔子曾作《猗兰操》《龟山操》。孔子自卫返鲁，见香兰而作《猗兰操》，是托兰自喻、伤不逢时的一首琴曲。《水经注·汶水》："昔夫子伤政道之陵迟，望山而怀操，故《琴操》有《龟山操》焉。"此句列举古代圣贤所作琴曲，说明音乐关系于国家之治乱、民生之安危。应劭《风俗通》云："凡琴曲……忧愁之作，命之曰操。"　⑥伯奇孤子：周代尹

吉甫之子名伯奇，母死，吉甫听信后妻谗言，逐伯奇，伯奇清晨履霜而行，自伤无罪见逐，抚琴作《履霜操》。　⑦ 屈原忠臣：屈原，战国楚人，忠而被逐，形容枯槁，行吟泽畔，于五月五日怀石自投汨罗江而死。　⑧ 尧舜三代之言语：指《尚书》。《尚书》是所谓虞、夏、商、周之书，包括了尧、舜和夏、商、周三代的典、谟、训、诰等。《汉书·艺文志》云："左史记言，右史记事；事为《春秋》，言为《尚书》。"所以称为"尧舜三代之言语"。　⑨ 孔子之文章：指《春秋》。相传孔子修《春秋》，《史记·孔子世家》："子曰：君子病没世而名不称焉。吾道不行矣，吾何以自见于后世哉？乃因史记(指鲁国史书)作《春秋》。"　⑩《易》之忧患：指《周易》。司马迁《报任安书》云"文王拘而演《周易》"，相传周文王被纣拘于羑里后推演易之八卦为六十四卦。《周易·系辞下》云："作《易》者，其有忧患乎！"　⑪《诗》之怨刺：指《诗经》。《毛诗序》云："乱世之音怨以怒，其政乖。"又云："上以风化下，下以风刺上。"怨刺，抒发哀怨，讽刺时政。刘知幾《史通·疑古》："观夫子之删《诗》也，凡诸《国风》，皆有怨刺。"　⑫ 道：同"导"，疏通。　⑬ 堙(yīn)郁：心情抑塞郁积。　⑭ 写：宣泄。　⑮ 荫调：按照荫官规定而调遣。　⑯ 尉：宋代掌管地方军务刑务的小官。　⑰ 剑浦：今福建省南平一带。　⑱ 区区：小。　⑲ 异宜：不相宜。

这是欧阳修为朋友杨寘送行所作的一篇赠序，情意殷殷，爱之弥深，虑之弥切，语语自肺腑中流出。从文章看，杨寘是一位怀才不遇的病弱书生，虽然"好学有文"，却科场失意，郁郁寡欢，如今靠先辈官职的荫庇，照顾他到数千里外的福建剑浦去当一个小小的县尉，地方僻处东南，缺医少药，以他多愁多病之躯，何以堪此？他的仕途前景堪称黯淡，留下心灵的创伤在所难免。欧阳修为他写的这篇赠序，一本题作《送杨二赴剑浦序》，笔调凄然，充满了同情和感伤。

本文主旨在于赠琴送别，希望以音乐来平复朋友身心的创伤。全篇娓娓道来，情深旨远。孙琮评云："本意为杨寘郁郁，作序以解之。今读其前幅，闲闲然只说琴声，若与后幅绝不相关者，写得何等高脱。及读至后幅，始悟前幅皆是为后幅出力写照，写得又何等神采！文之以法胜者。"(《山晓阁选宋大家欧阳庐陵全集》卷三)

首段用自己的亲身体验来讲述音乐可以疗疾的道理。"予尝有幽忧之疾"，这是一个含义微妙的字眼，大略如今之所谓的忧郁症，欧阳修入仕以来，几经宦海沉浮，政治上的挫折，令他不得不慨叹"世事多虞嗟力薄……心以忧醉安知乐"(《赠沈博士歌》)，虽然退而闲居，也不能治愈。后来向朋友孙道滋学了几支乐曲，久而久之，体验到了音乐可以使人愉悦，心境平和，竟然不药而愈，忘却了病的存在。首段之下，一本尚有以下四十五字："夫疾，生乎忧者也。药之毒者能攻其疾之聚；不若声之至者能和其心之所不平，心而平，不和者和，则疾之忘也，宜哉！"这是欧阳修疗治心理疾患的良方。他酷爱琴曲，家蓄古琴三张，撰《三琴记》，自谓"独爱琴声，尤爱小流水曲，平生患难，南北奔驰，琴曲率皆废忘，独流水一曲，梦寝不忘。今老矣，犹时时能作之"。他在诗中还曾忆及当年初贬夷陵之际，以琴声舒郁闷的往事："不作流水声，行将二十年。吾生少贱足忧患，忆昔有罪初南迁，飞帆洞庭入白浪，堕泪三峡听流泉。援琴写得入此曲，聊以自慰穷山间。"(《奉答原甫见过宠示之作》)无怪乎直到他的晚年自号"六一居士"之时，仍将"琴一张"列于其中，可谓与琴厮伴终生了。

欧阳修将此篇别命名为《琴说》，次段即是《琴说》正文，将琴的美感特征、移情作用、燮和天地、陶冶性灵的功能阐发得淋漓尽致。"夫琴之为技，小矣"，琴作为一种技艺，固然是雕虫小技——然其言外之意，恐怕正如他的《书梅圣俞稿后》一文中所说的"乐之道深矣"。如果达到至高的境界，从最低的宫声，到最高的羽声，只要手抚琴弦，一旦演奏起来，瞬息之间，便呈现出千变万化的情态。节奏快的使人感到凄怆而促迫，节奏慢的使人感到舒缓而平和。惊心动魄的，宛如悬崖崩塌、巨石断裂，或如高山之巅流泉飞泻，又如狂风骤雨掠过沉沉暗夜；哀怨悱恻的，宛如旷夫寡妇之低徊悲叹；柔曼缠绵的，则如大雁雄飞雌从雍雍和鸣。这段对琴音的精微刻画，妙譬连珠，泠泠在耳，不仅仅是将琴音化无形为有形，化抽象为具象，最主要的，是它揭示了琴曲的最本质的美感特征——它弹拨出了宇宙的神奇奥秘，昭示着自然与人的蓬勃活力与无穷魅力，真正扣人心弦的便是大自然中一刹那间的生命律动。唐文治评欧阳修文云："《秋声赋》满纸皆秋声，此文满纸皆琴声。'桃花流水杳然去，别有天地非人间'，文境仿佛似之，神乎技矣！"(《国文经纬贯通大义》卷一)以下一个层次写琴曲寄托遥深，绵亘今古，具有摇魂荡魄的移情作用。古代圣哲以琴音抒怀抱，忧深思远的，如舜之弦歌《南风》，文王、孔子之伤时忧民而作琴操；悲愁感愤的，如孤子伯奇的履霜哀鸣，忠臣屈原的泽畔行吟，是皆情郁于中，播于琴声。至此作者总收一笔，"喜怒哀乐，动人心深"，对于音乐的潜移默化的移情作用，感悟深矣。他曾为之三叹息："至乎动荡血脉，流通精神，使人可以喜，可以悲，或歌或泣，不知手足鼓舞之所然。问其何以感之者，则虽有善工，犹不知其所以然焉。盖不可得而言也。……乐之道深矣。"(《书梅圣俞稿后》)再下折入一个新的层次，"纯古淡泊"——这是古人憧憬的一种至高的音乐境界，追慕上古的、理想的、达到天地人之和的完美的音乐境界。或如范仲淹之所云："盖闻圣人之作琴也，鼓天地之和而和天下，琴之道大乎哉！"(《与唐处士书》)如此，音乐便可燮理阴阳、明乎治乱了。所以欧阳修断然将音乐与儒家经典相提并论，认为琴曲与《尚书》之训诰、《春秋》之大义、《易》之忧患意识、《诗经》之怨刺兴寄，没有什么两样。这是强调了琴声可以修身养性、陶冶情操的功能。至此，已将《琴说》的题意完足。以下归穴于以琴曲来抚平心灵创伤，治疗忧郁症之本旨。"琴曲不必多学，要于自适。"(《三琴记》)如能听之以耳，得于心，会以意，而应之以手，取其中和之声，疏导胸中的郁积，宣泄内心的凄苦和忧伤，那么，当琴曲摇魂荡魄之际，也会有拈花一笑的顿悟吧。一本以下有“是不可以不学也”七字。过珙论析其章法：“杨子心怀郁郁，而欧公借琴以解之，故通篇只说琴，而送友意已在其中。文致曲折，古秀雅淡。”(《详订古文评注全集》卷八)

三段临别赠言，充满了天涯孤旅的凄怆，留下了一个萧然上道、踽踽独行的身影。杨寘此番一去，水驿山程，乡关万里，仕途的失意，人生期望值的巨大落差，未来的渺茫难卜，都使人难以承受这沉重的精神负荷。他“少又多疾”，心有不平，耿耿于明珠尘掩、峣峣易折，空负才名，宏图大志旋成空幻；加之从此异乡漂泊，满目风物皆殊，生命如萍漂絮影之脆弱，令人情何以堪！相知之深如欧阳修者，临歧之际，不免悲从中来，慨叹“以多疾之体，有不平之心，居异宜之俗，其能郁郁以久乎？”作为朋友，只能相赠以琴，无限惺惺相惜之意，尽在不言之中。“然欲平其心以养其疾，于琴亦将有得焉”，寄希望于琴的怡情悦性的功能，抚慰朋友的一颗创深痛巨的心，重新找回宁静、平和的心态。文章结尾点出“故予作《琴说》以赠其行，且邀道滋酌酒进琴以为别”，一本此下尚有数言：“挈道滋之琴而行，曰：‘是真可乐也，行将学之。’”以朋友的一抹凄然的微笑收束全文，以见灵犀相通的解悟，山高水远的深情。林纾评其入题后收束，点滴不漏：“将孙道滋弹琴作结，此首尾相应法也，文之幽渺凄厉，如秋宵之风雨，是欧文中别饶一种风格。”(《古文辞类纂选本》卷六)前人多赞此篇言有尽而情味无穷，毛庆蕃称“此篇风韵尤绝”(《古文学余》卷三二)，储欣则誉为“千年绝调，此移我情”(《唐宋十大家全集录·六一居士全集录》卷五)。 (林 薇)

送曾巩秀才序

广文[①]曾生[②]，来自南丰，入太学[③]，与其诸生群进于有司[④]。有司敛群材[⑤]，操尺度[⑥]，概以一法[⑦]，考其不中者而弃之。虽有魁垒拔出[⑧]之材，其一累黍[⑨]不中尺度，则弃不敢取。幸而得良有司，不过反同众人叹嗟爱惜，若取舍非己事者。诿[⑩]曰：有司有法，奈不中何！有司固不自任其责，而天下之人亦不以责有司，皆曰：“其不中，法也。”不幸有司尺度一失手，则往往失多而得少。呜呼，有司所操果良法邪？何其久而不思革[⑪]也。

况若曾生之业[12]，其大者固已魁垒，其于小者亦可以中尺度，而有司弃之，可怪也。然曾生不非同进，不罪有司，告予以归，思广其学而坚其守。予初骇[13]其文，又壮其志。夫农不咎[14]岁而菑[15]播是勤，其水旱则已，使一有获，则岂不多邪？

曾生橐[16]其文数十万言来京师，京师之人无求曾生者，然曾生亦不以干[17]也。予岂敢求生，而生辱[18]以顾[19]予。是京师之人既不求[20]之，而有司又失之，而独余得也。于其行也，遂见于文，使知生者可以吊[21]有司，而贺余之独得也。

〔注〕①广文：广文馆。唐、宋设置的机构，负责掌教国子监中习进士业的生徒。②曾生：这里指曾巩。字子固，南丰(今江西南丰)人。早年文章得到欧阳修赏识，嘉祐二年(1057)中进士，后来成为唐宋八大家之一。他向欧阳修推荐了王安石。③太学：宋代国学的一种，负责培养八品以下的官员子弟和庶人中的才能俊异者。④进于有司：到礼部参加进士考试。有司，负有专责的机构或官员，本文中有时指礼部，有时指礼部考官。⑤敛群才：聚集众多的人才。⑥操尺度：掌握(考试的)标准。⑦概以一法：用同一个标准选拔。⑧魁垒拔出：壮伟突出。⑨累黍：极其细微。古人将一百粒黍子排列在一起的长度定为一尺。⑩诿：推诿。⑪革：改革。⑫业：学业。⑬骇：惊奇。⑭咎(jiù)：怪罪。⑮菑(zī)：耕耘。⑯橐(tuó)：袋。这里作动词用，指用口袋装。⑰干：干谒。为求取功名利禄而去拜见(居高位的人)。⑱辱：谦辞，意思是辱命。⑲顾：探望。⑳求：需求。㉑吊：怜悯。

《送曾巩秀才序》写于庆历二年(1042)。体裁是"赠序"。这一类的序文，是专门写来送别亲友的。本文是为送别来京参加进士考试的曾巩而写的，是对才华横溢的曾巩竟然名落孙山发表的感慨。当时的考试先诗赋，后策论，重视声病对偶，在博取功名的知识分子群体中形成一种时尚。欧阳修在《苏氏文集序》中是这样描述的："时学者务以言语声偶摘裂，号为时文，以相夸尚。"(《居士集》卷四一)礼部考官往往以声病对偶定文章优劣，而忽视或摒弃了有真才实学的人才。正如《宋史》所载："有司束以声病，学者专于记诵，则不足尽人才。"(卷一五五《选举一》)曾巩的落第明显与当时的考试方法和标准有关。而宋代选拔官员的手段唯科举一途，这就不能不让对国家前途和命运有着强烈责任感和使命感的欧阳修十分担忧。他写此文，一方面抨击当时考试方法和标准的弊病，一方面赞扬了曾巩不怨天尤人的磊落胸怀和意志坚定、开拓进取的精神，并呼吁立即对不合理的考试方法和标准进行改革。本文继承了韩愈写赠序文的传统，不仅"叙友谊、道别情，还述主张，议时事，咏怀抱，劝德行"(见褚斌杰《中国古代文体概论》第十章第四节《赠序文》)。全文说理透彻，爱憎分明，情真意切。

文章的第一段抨击当时礼部的考试方法和标准。

首先揭露“操尺度，概以一法”的根本弊病。认为这种用一个标准、一种方法去衡量不同人才的制度，会造成“虽有魁垒拔出之材，其一累黍不中尺度，则弃不敢取”的恶果，使众多出类拔萃的人才被摒弃，不能为国效力。然后进一步从两个方面将“良有司”和尺度失手的有司的执法后果分别加以分析。先假设考官们是“良有司”，他们只要照章办事，便可以自诿其责，把痛失良才的责任推脱给考试方法；天下人落第的人也就不会责备考官，只能慨叹。再假设有司所操的标准万一失手，那么将是“失多而得少”。从上述的分析中读者不难看出：有司们尽管良莠不齐，有优有劣，然而造成的痛失贤才的恶果却极其相似。这更表明弊病的根源在于当时的考试方法和标准，无论考官是怎样的人，都不可能为国家选出栋梁之材。在此基础上，欧阳修归结出一个非常尖锐的问题：“有司所操果良法邪?”并痛斥有司“何其久而不思革也”，发出立即改革考试方法和标准的强烈呼吁。作者在分析问题时，采取“总—分—总”的方法，先从曾巩的落第引申出考试方法和标准的弊病，再分别从两种不同考官造成的相似恶果加以论述，最后对它加以彻底的否定。在论述过程中模拟考官的言语“有司有法，奈不中何”和天下人的慨叹的话语“其不中，法也”，将考官的推诿和落第者的无奈表现得神形毕露，使读者进一步认清弊病的根源。最后以叹词“呜呼”引出两个反诘句，表现出对当时考试方法和标准的极度不满，感情色彩非常强烈。

文章的第二段对曾巩加以赞扬并激励他进取。

作者从才能和操守两个方面对曾巩加以赞扬。先称赞他学业水平之高超：“其大者固已魁垒，其于小者亦可以中尺度。”于是为他的落第感到奇怪。与第一段相呼应，再一次加大对考试方法与标准的抨击力度。然后赞扬他操守之高尚：称赞了他“不非同进，不罪有司”的磊落胸怀和“思广其学而坚其守”的进取精神和坚定意志。在这个基础之上欧阳修抒发了自己的感受，“予初骇其文，又壮其志”，表现了对怀才不遇的后辈学子的钦佩和挚爱之情。为了说明像曾巩这样德才兼备的人才必然会脱颖而出，并做出不同凡响的贡献，欧阳修以从不抱怨年成不好而勤奋耕耘不辍的农民总会有好收获与之相比，通俗易懂，形象生动。这一段作者将议论与抒情自然地结合在一起，情真意切，很有鼓动性。在议论时又采取了类比的方法，正所谓“引物连类，折之于至理”(苏轼《居士集序》)，深入浅出，说服力强。

文章最后一段说明写作本文的目的并表达了自己慧眼识人的欣喜之情。

曾巩不被京师的达官贵人所接纳，也得不到考官的青睐，而作者却独具慧眼发现了这个贤才。所以他要把这件事写成文章，目的是“使知生者可以吊有司，而贺余之独得也”。在作者看来，曾巩落第，值得怜悯的不是曾巩，而是考官，一个“吊”字准确而深刻地表达了对因循不合理的考试方法与标准而一叶障目，不见泰山的考官的蔑视之情。在这短短的一小段文字中，作者连用了“独余得”“余之独得”两个词组，以反复强调唯独自己得到了曾巩这样的贤才的内心激动，欣喜之情溢于言表。

欧阳修写这篇文章的第二年，即庆历三年(1043)，范仲淹就提出了十项改革主张，其中的第三条就是“精贡举”，主张“进士先策论，后诗赋，诸科取精通经义者”(《宋史》卷三百一十四《范仲淹传》)。可见欧阳修这篇文章影响之巨大，朝中有识之士也赞成对不合理的考试办法进行改革。嘉祐二年(1057)，欧阳修任主考，他身体力行，用新的考试办法遴选贤才，曾巩与苏轼、苏辙等出类拔萃之才均被录取为进士。

(胡冠莹)

梅圣俞诗集序

予闻世谓诗人少达[1]而多穷[2]，夫岂然哉！盖世所传诗者，多出于古穷人之辞也。凡士之蕴其所有[3]而不得施于世者，多喜自放于山颠水涯，外见虫鱼草木风云鸟兽之状类，往往探其奇怪；内有忧思感愤之郁积，其兴[4]于怨刺[5]，以道羁臣[6]寡妇之所叹，而写人情之难言，盖愈穷则愈工[7]。然则非诗之能穷人，殆穷者而后工也。

予友梅圣俞，少以荫补为吏，累举进士，辄抑于有司[8]。困于州县凡十余年，年今五十，犹从辟书，为人之佐[9]。郁其所畜，不得奋见于事业。其家宛陵[10]，幼习于诗，自为童子，出语已惊其长老。既长，学乎六经仁义之说，其为文章，简古纯粹，不求苟说于世[11]，世之人徒知其诗而已。然时无贤愚，语诗者必求之圣俞；圣俞亦自以其不得志者，乐于诗而发之。故其平生所作，于诗尤多。世既知之矣，而未有荐于上[12]者。昔王文康公[13]尝见而叹曰：“二百年无此作矣[14]！”虽知之深，亦不果荐也。若使其幸得用于朝廷，作为雅颂[15]，以歌咏大宋之功德，荐之清庙[16]，而追商、周、鲁颂之作者，岂不伟欤！奈何使其老不得志,而为穷者之诗,乃徒发于虫鱼物类、羁愁感叹之言?世徒喜其工,不知其穷之久而将老也,可不惜哉!

圣俞诗既多,不自收拾。其妻之兄子谢景初惧其多而易失也,取其自洛阳至于吴兴已来所作,次为十卷⑰。予尝嗜圣俞诗,而患不能尽得之,遽喜谢氏之能类次⑱也,辄序而藏之⑲。其后十五年,圣俞以疾卒于京师⑳,余既哭而铭之㉑,因索于其家,得其遗稿千余篇,并旧所藏,掇其尤者㉒六百七十七篇为一十五卷㉓。呜呼!吾于圣俞诗,论之详矣㉔,故不复云。

庐陵欧阳修序。

〔注〕 ① 达:显贵。 ② 穷:指困顿,不得志。 ③ 蕴其所有:指学问、才能藏于胸中。 ④ 兴(xìng):指诗歌即景生情的表现手法。 ⑤ 怨刺:怨恨讽刺。《汉书·礼乐志》:"周道始缺,怨刺之诗起。" ⑥ 羁(jī)臣:被贬谪的官员。 ⑦ 工:指诗写得好。 ⑧"予友"四句:梅圣俞,即梅尧臣,字圣俞,宣州宣城(今安徽宣城)人。宋代有恩荫制度,梅尧臣的叔父梅询官翰林侍读学士,梅尧臣入仕是因叔父之荫补为太庙斋郎,而他自己多次考进士都未考中,故终生不得志。辄,总是。抑,压制。有司,这里指主持进士考试的官员。 ⑨"困于"四句:梅尧臣做过三任县主簿、二任知县、二任节度判官。辟书,征召的文书。佐,主簿、判官等职都是州县的佐吏。宋仁宗嘉祐二年梅尧臣五十六岁,欧阳修知贡举,曾辟梅为小试官。 ⑩ 宛陵:宣城旧名。 ⑪ 不求苟说于世:谓不作雕琢险怪的时文以迎合世俗。说,通"悦"。 ⑫ 荐于上:向朝廷推荐。 ⑬ 王文康公:王曙,宋仁宗景祐元年继钱惟演任西京留守,当时欧、梅都是他的下属。文康为王曙谥号。 ⑭ 二百年无此作矣:指梅诗直追中唐诗人。是很高的评价。 ⑮ 雅颂:此指歌颂盛世的诗篇。《诗经》中有《大雅》《小雅》《商颂》《周颂》《鲁颂》。 ⑯ 荐之清庙:献于太庙。荐,献,祭。清庙,太庙,皇帝的祖庙。 ⑰"其妻"三句:梅尧臣的妻子是谢绛的妹妹,谢景初为谢绛之子。梅尧臣于宋仁宗天圣九年(1031)官河南县主簿,在洛阳,宋仁宗庆历二年至四年(1042—1044)在吴兴任监湖州盐税,谢景初所辑者当为梅作于其间十余年的诗。次,编排。 ⑱ 类次:分类编辑。 ⑲ 辄序而藏之:作序文并收藏。辄,即,就。欧阳修于宋仁宗明道元年(1032)作有《书梅圣俞稿后》,此处提及之序,今欧文集中不存。 ⑳"其后"二句:嘉祐五年(1060)春梅尧臣在京师开封因病去世。 ㉑ 哭而铭之:欧阳修于嘉祐五年作有《梅圣俞墓志铭》。 ㉒ 掇其尤者:选择其中优秀的作品。 ㉓ 一十五卷:关于梅尧臣集,此处谓十五卷,《梅圣俞墓志铭》称"其文集四十卷"。今有明正统本《宛陵先生集》六十卷,无文,存诗约二千九百首。 ㉔ 论之详矣:欧阳修诗文中多有评价梅诗的作品,两人唱和之作尤多。

欧阳修的这篇《梅圣俞诗集序》作于宋仁宗嘉祐六年(1061)。梅圣俞即梅尧臣,字圣俞,宣州宣城(今安徽宣城)人,因宣城古名宛陵,故世称宛陵先生,嘉祐五年春病逝于京都开封,终年五十有九。梅尧臣长欧阳修五岁,他们年轻时同在西京洛阳为官,彼此志同道合,成为挚友,与尹洙、苏舜钦等共同发起了诗文革新运动，梅尧臣是诗歌革新方面的主将。嘉祐初年，北宋诗文革新运动已取得了彻底的胜利。嘉祐五年欧阳修在朝廷任枢密副使，六年改任参知政事。

这篇序文包括三个段落。第一段对世俗所谓"诗人少达而多穷"之说进行辩驳，用以引起下文。作者认为，自古流传下来的优秀诗篇多为处境坎坷困顿的士人所创作，这是因为这些士人怀才不遇，没有官职或官位不显，在政治上受到压抑，抱负和理想不能实现，他们常漫游山水以自遣，广泛接触社会生活和自然界，而他们的内心则愤慨不平，由触事感物发为诗歌，便能写出难以描摹的忧思孤愤之情，他们的处境越是坎坷困顿，对社会生活的体验就越加丰富，创作出来的诗歌也就越发优秀，所以并不是写诗会使诗人遭受坎坷困顿，而是处境坎坷困顿能使诗人写出好诗。我们知道，西汉司马迁在《报任少卿书》中曾说过："《诗》三百篇，大抵圣贤发愤之所为作也。"唐代韩愈在《荆潭唱和诗序》中也说过："夫和平之音淡薄，而愁思之声要妙；欢愉之辞难工，而穷苦之言易好也。是故文章之作，恒发于羁旅草野，至若王公贵人，气满志得，非性能而好之，则不暇以为。"显然，欧阳修在这里所提出的"诗穷而后工"论，是对司马迁及韩愈论点的继承和发展，此论更进一步阐释了作家生活遭遇对其创作成就所起的重要作用，成为我国古代文学理论批评发展史上的一个新的贡献。

作为"诗穷而后工"论的具体例证，此序文第二段即写梅尧臣仕途的坎坷和他诗歌创作成就在宋诗发展中的重要地位。大意是说：梅尧臣自幼勤奋好学，熟读经史，有远大的政治抱负，为文简古纯粹，不迎合时俗，屡试进士不第，他入仕是靠叔父之荫补为吏员，长期任州县小官，至老仍为官府佐吏，所以终生郁郁不得志；他童年就开始写诗，且出语惊人，后来专心致力于诗歌创作，可惜不被朝廷重用，未能写出歌颂大宋功德的雅颂之篇，但他的诗作不论是描写社会现实生活、刻画自然风物、抒发个人胸中的愤懑不平，都意新语工，生动感人，得到人们的普遍喜爱，被广为传诵，他诗作既多，诗名遂大显于世。这里作者大书仁宗景祐年间王曙任西京留守时评梅尧臣诗的一句赞语："二百年无此作矣！"其意思就是称赞梅诗在当时所产生的积极影响，认为梅诗的艺术成就足可与二百年前中唐时代的大诗人相媲美，令人耳目一新，使晚唐五代以来、特别是宋初以来流行的那种缀风月、弄花草、浮艳雕琢、内容空洞的西昆体诗黯然退出诗坛，从而开启了宋诗的一代新风。

欧阳修曾多次描述过他阅读欣赏梅尧臣诗时的艺术感受，如在《书梅圣俞稿后》文中写道："其体长于本人情，状风物，英华雅正，变态百出，哆兮其似春，凄兮其如秋；使人读之，可以喜，可以悲，陶畅酣适，不知手足之将鼓舞也。"又如在《水谷夜行寄子美圣俞》诗中写道:"梅翁事清切,石齿漱寒濑,作诗三十年,视我犹后辈;文词愈清新,心意难老大,譬如妖韶女,老自有余态;近诗尤古淡,咀嚼苦难嘬,初如食橄榄,真味久愈在。"这些描述同时也归结出梅诗的主要艺术特点,即平淡含蓄、清新自然、韵味醇厚。梅尧臣诗有开启宋诗一代新风之功,这在北宋已经是许多诗人的共同认识。到南宋时,大诗人陆游亦评梅尧臣为唐代李白、杜甫后的第一位作家,且更赞誉梅诗"突过元和作"(《书宛陵集后》),可谓是与王曙的赞语遥相呼应。南宋另一位大诗人刘克庄则明确推尊梅尧臣为宋诗的"开山祖师",他在《后村诗话》中说:"欧公(欧阳修)诗如昌黎(韩愈),不当以诗论,本朝惟宛陵为开山祖师;宛陵出然后桑濮之哇淫稍熄,风雅之气脉复续,其功不在欧、尹(洙)下。"所以我们应该肯定,欧阳修在这篇序文中借王曙之赞语对梅尧臣诗所作的高度评价,绝非虚辞,而是恰如其分的。

序文末段记叙梅尧臣诗两次收集编辑的情况。第一次是仁宗庆历初年由谢景初收集分类编辑,编成后作者甚喜,即"序而藏之";第二次是在梅尧臣去世之后由作者亲自收集编选,并写了这篇序文。于此可见作者对梅尧臣诗的珍视。

嘉祐五年欧阳修作《梅圣俞墓志铭》,其内容与此序文互有详略,二者可以合读。我们讽诵这篇《梅圣俞诗集序》,能够深深感到字里行间所饱含着的作者对亡友的无限钦敬和怀念之情。 (杜维沫)

送徐无党南归序

草木鸟兽之为物,众人之为人,其为生虽异,而为死则同,一归于腐坏澌尽[①]泯灭而已。而众人之中,有圣贤者,固亦生且死于其间,而独异于草木鸟兽众人者,虽死而不朽,逾远[②]而弥存[③]也。其所以为圣贤者,修之于身[④],施之于事[⑤],见之于言[⑥],是三者所以能不朽而存[⑦]也。

修于身者,无所不获[⑧];施于事者,有得有不得焉;其见于言者,则又有能有不能也。施于事矣,不见于言可也。自《诗》《书》《史记》所传,其人岂必皆能言之士哉?修于身矣,而不施于事,不见于言,亦可也。孔子弟子[⑨]有能政事者矣,有能言语者矣。若颜回[⑩]者,在陋巷,曲肱[⑪]饥卧而已,其群居则默然终日如愚人[⑫]。然自当时群弟子皆推尊之[⑬],以为不敢望而及,而后世更[⑭]百千岁亦未有能及之者。其不朽而存者,固不待施于事,况于言乎?

予读班固《艺文志》[15]、唐《四库书目》[16],见其所列,自三代[17]、秦、汉以来,著书之士,多者至百余篇,少者犹三四十篇。其人不可胜数,而散亡磨灭,百不一二存焉。予窃悲其人,文章丽矣,言语工矣,无异草木荣华[18]之飘风,鸟兽好音之过耳也。方其用心与力之劳,亦何异众人之汲汲营营[19]?而忽焉以死者,虽有迟有速,而卒[20]与三者[21]同归于泯灭。夫言之不可恃也盖如此。今之学者,莫不慕古圣贤之不朽,而勤一世以尽心于文字间者,皆可悲也。

东阳徐生[22],少从予学为文章,稍稍见称于人[23]。既去,而与群士试于礼部[24],得高第[25],由是知名。其文辞日进,如水涌而山出。予欲摧其盛气而勉其思也,故于其归,告以是言。然予固亦喜为文辞者,亦因以自警焉。

〔注〕 ① 澌(sī)尽:与"泯灭"同义,都是消灭净尽的意思。 ② 逾远:超越久远。 ③ 弥存:更加垂世不朽。 ④ 修之于身:指道德修养,即立德。 ⑤ 施之于事:指建功立业,即立功。 ⑥ 见之于言:指著书立说,即立言。 ⑦ 不朽而存:三不朽之说,最早见于《左传·襄公二十四年》:"太(大)上有立德,其次有立功,其次有立言,虽久不废,此之谓不朽。" ⑧ 无所不获:意思是必定有收获见实效。 ⑨ 孔子弟子:《史记·仲尼弟子列传》:"孔子曰:受业身通者七十有七人,皆异能之士也。德行:颜渊、闵子骞、冉伯牛、仲弓。政事:冉有、季路。言语:宰我、子贡。文学:子游、子夏。" ⑩ 颜回:字子渊,孔子弟子。《论语·雍也》:"子曰:'贤哉回也!一箪食,一瓢饮,在陋巷,人不堪其忧,回也不改其乐。'" ⑪ 曲肱(gōng):弯曲胳膊(当枕头)。 ⑫ 如愚人:《论语·为政》:"子曰:吾与回言终日,不违如愚。"又《史记·仲尼弟子列传》:"孔子曰……回也如愚,退而省其私,亦足以发,回也不愚。" ⑬ 推尊之:《论语·公冶长》:"子谓子贡曰:'汝与回也孰愈?'对曰:'赐(子贡姓端木,名赐)也何敢望回?回也闻一以知十,赐也闻一以知二。'子曰:'弗如也;吾与汝(我同意你说的)弗如也。'" ⑭ 更:经历。 ⑮《艺文志》:《汉书》十志之十,著录前代典籍。 ⑯《四库书目》:唐代以经、史、子、集四大部类分别整理国家藏书,编纂目录。 ⑰ 三代:指夏、商、周。 ⑱ 荣华:草木开花。草花曰荣,木花曰华。 ⑲ 汲汲(jí)营营:匆匆忙忙奔走经营。汲汲,心情急迫的样子。营营,往来不停息的样子。 ⑳ 卒:终于。 ㉑ 三者:指草木、鸟兽、众人。 ㉒ 东阳徐生:徐无党,婺(wù)州东阳郡永康县(今属浙江)人。 ㉓ 见称于人:被人称赞。 ㉔ 试于礼部:即参加进士科考试(由礼部主持)。 ㉕ 高第:名列前茅。

本篇作于仁宗至和元年(1054),时作者在京师开封。这是一篇赠序体文章。徐无党曾从欧阳修学习古文,中进士后,官郡学教授,曾为欧阳修编纂的《新五代史》作过注。徐无党从京师开封南归永康,欧阳修为他送行而写这篇序相赠。

这篇文章的写作宗旨是论述道与文的关系。宋代古文运动,是继承韩、柳的,坚持文以明道、文以载道的原则,这是古文理论的一个重要内容,欧阳修也一贯强调这一原则。在本文中,作者虽然把文章提高到“立言”的高度,但在“修之于身,施之于事,见之于言”三者关系上,修身是根本,最为重要。即学道(立德)为本,文为末。批判今之学者,终生溺于文字之间,学非其道之可悲。文章对浮靡的时文有明显的针对性。简而言之,本文的主题就是:先学做人,后学做文章。

这篇文章突出的写作特点就是逻辑性强,层层剖析,环环相扣,首尾相映,剪裁得当,重点突出,文简意深,说理透辟。实质是一篇令人信服的政论性文章。

文章第一部分先讲人生追求的最高境界,即“三不朽”原则,这是全文要论述的题目。人活世上,都希望流芳百世,永垂不朽。但是正像作者开篇所言:草木、鸟兽与众人,他(它)们生存在世上,情况千差万别,各不相同,但死后却毫无例外地“一归于腐坏澌尽泯灭而已”,即灵魂消灭,肉体腐烂,一切不复存在。但在众人当中有被称为“圣贤”的人,却与草木、鸟兽与众人不同,他们虽然有生也有死,然死而犹生,名垂青史,“死而不朽”。追其原因,这些人之所以成为圣贤,能做到“死而不朽”,就是他们努力“修之于身,施之于事,见之于言”,这就是古人所宣扬的“立德、立功、立言”“三不朽”原则。一个人来到世上,如果坚持自身的道德修养,为国家建功立业,并能著书立说,这样就能在有限的生命里程中,作出不朽的贡献,留下不朽的名声。作者开篇提出“三不朽”原则,是人生最理想的目标,是人生追求的最高境界。

第二部分承上,论述“三不朽”之间的关系。古今仁人志士都期望做到“三不朽”,谈何容易!事实上是不可能的,因为有些事是不以人们主观意志为转移的。接着作者对“三不朽”加以分析,他认为“修之于身”(立德)是根本,最为重要,它“无所不获”,因为它掌握在自己手中,是个人可以控制的,只要自己努力,不断提高自己的道德修养,就必然有收获,见实效。“施之于事”(立功)就不完全决定于个人,有社会因素,有个人机遇的不同等等,立功之事,有成功的也有失败的,即不能保证必得。“其见于言者”(立言),则又有个人才智、能力的不同,有人能著书立说,有人就不能。这样看来,按《左传》所记,“三不朽”虽有太上、其次之分,但三者同为不朽,本文作者则认为真正可以不朽的是修身(立德),它又不受机遇、才能的限制,是人人都能做到的,因此,作者认为人生努力的重点应放在修养品德上,其次是立功,再次之才是立言。为说明这一论点,作者举了两个例子加以印证。一是以《诗》《书》《史记》中所记载的人物为例,这些人一生都有突出的功业，但他们不一定都是能言之士，他们又为什么能留传后世呢？作者于是结论说："施于事矣，不见于言可也。"二是以孔子弟子颜回为例，他一生"在陋巷，曲肱饥卧而已"，并未"施之于事"，"其群居则默然终日如愚人"，并无"见之于言"，然而他却受到孔子弟子们的一致"推尊"，后世之人也没有能赶上他的。作者感叹说："其不朽而存者，固不待施于事，况于言乎？"说明人生不朽，万世流芳，不在于非要干出一番惊天动地的事业，更不在于著书立说，会写文章了。那么作者的结论又如何呢？"修于身矣，而不施于事，不见于言，亦可也。"关键是要修养高尚的道德品质。读到此人们似乎觉得欧阳修有重道轻文的偏激，但结合本文的写作背景分析，作者之所以强调修身是第一位的，道是文章的核心，是最重要的，这是针对宋初以来的那种为粉饰太平不可或缺的"缀风月，弄花草"的西昆体诗文而言的，重点在于反对为文而文。读第三部分，作者写作意图就阐述得更清楚了。

第三部分又从反面举例，论述只重文不重道的可悲后果。首先从古代著书之士论证，班固的《汉书·艺文志》以及唐代《四库书目》所列从夏、商、周、秦、汉以来的著书人士名单，这些人写的文章有的多至百余篇，少的也有三四十篇。作者人数也不可胜数，但是留传下来不朽的人士和文章连百分之一二都没有，大部分都散失了。究其原因，就是只重文不重道，只在形式上下工夫，不努力修养个人品德，结果"文章丽矣，言语工矣"，这样的文章及其作者，如同草木开花，随风飘散，鸟兽鸣声，过耳即逝。这些人终生"汲汲营营"，心力交瘁，而死后终究与草木鸟兽以及普通人一样，归于泯灭。欧阳修悲叹地说"夫言之不可恃也盖如此"。这里与文章开篇相呼应，严密的结构以及与本文宗旨的关系，读到此一目了然。文章首句看似游离于主题，实质是与主题息息相关。接着由古及今自然转到现实，说当今的学者没有不敬仰古圣贤所达到的不朽境域，但他们不把修身放在首位，而是把一生勤奋的目标与精力都放在磨炼文字技巧与写好文章上，其下场也会和古代著书之士一样："无异草木荣华之飘风，鸟兽好音之过耳也。"作者在为之悲叹的同时，也在谆谆告诫当代的文人，而对西昆体的时文的批判也明显渗透在字里行间。

第四部分说明写赠序的用意，正式点题。本文题为《送徐无党南归序》，但作者写本文的目的并非针对徐无党一人，而是借此赠序来发表自己的文学主张，论述文道关系，批判当时的浮靡时文。所以文章前三部分并未提及徐无党，而是先抓住中心论题，论述透彻之后，在结尾落实到徐无党身上。这一方面是文章结构的需要，扣住题目，前后照应，同时也是深化主题。作者表明前面对文与道的关系问题所作的阐述，并非只是教育别人，自己在培养学生，甚至要求自己都必须身体力行，理论与创作实践相结合。文中先说徐无党从少年跟随自己学习古文辞（这里的“学为文章”，指学习辞章），名师出高徒，很快科举高中，有了名声。“文辞日进，如水涌而山出”，作者恐怕徐无党少年进士，文辞擅名，产生骄盛得意的情绪，只在文辞上下工夫，忘了修养品德，所以在此加以摧抑，加以提醒，使之在学业上能继续有所进步。“勉其思也”一句，真是文简意深！告诫徐生，只靠文辞求得不朽，是靠不住的！“告以是言”，用临别赠语，勉励学生深思啊！语重心长，充分流露出师长对青年晚辈的关怀、期待与爱护。同时作者又以谦虚而诚恳的态度说：“然予固亦喜为文辞者，亦因以自警焉。”这样结尾令人感动，耐人寻味。欧阳修自宋仁宗天圣九年（1031）二十五岁时提倡诗文革新，至写此文时已经过二十多年。本年他任翰林学士，兼史馆修撰，奉诏修《唐书》，在当时的文坛上已居于领袖地位。在这种情况下仍能“自警”，防止自满，坚持前进，实在难能可贵。三年之后，欧阳修知贡举，便通过科举考试来提倡古文辞，进一步打击西昆派的浮艳文风，使诗文革新运动取得了决定性胜利。

以上分析见出本文结构严密，逻辑性强，对问题一层一层地剖析，一步一步地探究，说理透彻，语言明快，具有极强的说服力和感染力。

有人就此文说欧阳修重道轻文，这种说法是不符合实际的。他给后进指点作文之要，确实多以先道后文为言，希望他们加深儒道的修养，以充实自己的内心。在《答吴充秀才书》中甚至说：“道胜者文不难而自至也。”但欧阳修毕竟不是道学家，他是一位大文学家。他重道亦重文，而主张重道的一个明显的目的，就是为了文。他从理论上明确地树立了文相对于道的独立地位。他在多篇论述文道关系的文章中，实际都是从文的角度提出要重视道的修养，用以充实文的内容，并不是有道就有文。在本文中论述“三不朽”关系时曾说：“其见于言者，则又有能有不能也。”这也说明了道不能代替文。中间从古今例证批判当时文士受科举利禄之诱，“勤一世以尽心于文字间”，结果其文也不可能不朽。末尾更清楚说明，作者无论指导学生，还是自己自警，其目的都是为了文道结合，写出更有内容，更有品格，能传世不朽的好文章。

（徐育民）

廖氏文集序

自孔子殁而周衰①，接乎战国，秦遂焚书，六经②于是中绝。汉兴，盖久而后出③。其散乱磨灭，既失其传，然后诸儒因得措④其异说于其间。如《河图》《洛书》⑤，怪妄⑥之尤甚者。余尝哀夫学者知守经⑦以笃信⑧，而不知伪说之乱经也，屡为说以黜⑨之。而学者溺其久习之传,反骇然非⑩余以一人之见,决千岁不可考之是非。欲夺⑪众人之所信,徒自守而世莫之从也。

余以为自孔子殁,至今二千岁之间,有一欧阳修者为是说矣。又二千岁,焉知无一人焉,与修同其说也。又二千岁,将复有一人焉。然而同者至于三,则后之人不待千岁而有也。同予说者既众,则众人之所溺者可胜而夺也。夫六经非一世之书,其将与天地无终极⑫而存也。以无终极视数千岁,于其间顷刻尔。是则余之有待于后者远矣,非汲汲⑬有求于今世也。

衡山⑭廖倚⑮,与余游三十年。已而出其兄偁之遗文百余篇号《朱陵编》者,其论《洪范》⑯,以为九畴⑰圣人之法尔,非有龟书出洛之事也。余乃知不待千岁而有与余同于今世者。始余之待于后世也,冀⑱有因余言而同者尔,若偁者,未尝闻余言,盖其意有所合焉。然而举今之世,固有不相求而同者矣,亦何待于数千岁乎!

廖氏家衡山,世以能诗知名于湖南,而偁尤好古,能文章,其德行闻于乡里,一时贤士皆与之游。以其不达⑲而早死,故不显于世。呜呼!知所待⑳者,必有时而获;知所畜㉑者,必有时而施。苟有志焉,不必有求而后合。余嘉与偁不相求而两得㉒也,于是乎书。

嘉祐六年四月十六日,翰林学士、尚书吏部郎中、知制诰㉓、充史馆修撰欧阳修序。

〔注〕 ① 孔子殁而周衰:孔子死于周敬王四十一年(前479),其时东周已经衰微。 ② 六经:六部儒家经典,指《易》《诗》《书》《春秋》《礼》《乐》。汉以来无《乐经》,今文家认为"乐"本无经,皆包含于《诗》《礼》之中。古文家以为《乐》毁于秦始皇焚书。 ③"汉兴"二句:汉代的儒家经典,大都没有先秦的古文旧本,而由战国以来学者师徒父子传授,到汉代才一一写成以当时通行的文字(隶书)记录的定本,称为今文经。又有据传汉武帝末出于孔子住宅壁中和民间,经过学者窜改增加的古文经。 ④ 措:施于。 ⑤《河图》《洛书》:《易·系辞》:"河出图,洛出书,圣人则之。"传说伏羲时有龙马负图出黄河,禹时有大龟负书出洛水,皆是天意的显示。实为迷信之说。 ⑥ 怪妄:怪诞虚妄。 ⑦ 守经:死守经书。 ⑧ 笃信:深信不疑。

⑨ 黜：贬斥，批驳。 ⑩ 非：非难，责备。 ⑪ 夺：改变。 ⑫ 无终极：没有终了。喻时间之无限。 ⑬ 汲汲：心情急切的样子。 ⑭ 衡山：也称南岳，五岳之一，在湖南省。 ⑮ 廖倚：生平不详。欧阳修《集》中有《送廖倚归衡山序》，知其人于明道二年在开封与欧阳修定交，至写本篇时交游已二十九年。 ⑯《洪范》：《尚书》篇名，其中有"天乃锡禹《洪范》九畴，彝伦攸叙"的话。锡，赐与。 ⑰ 九畴：治理天下的九种方法。 ⑱ 冀：希望。 ⑲ 不达：指没有出仕做官。 ⑳ 所待：指所等待与自己意见相合之人。 ㉑ 所畜：指心中所积储的学问与治世方略。 ㉒ 两得：指作者与廖偁不谋而合，各得意见相合者。 ㉓ 知制诰：翰林院代皇帝草拟制诏的官职。

这篇"集序"写于嘉祐六年(1061)四月十六日。在欧公写此文的前后，正是他仕途比较顺利的几年。嘉祐三年，加龙图阁学士，权知开封府。五年，拜礼部侍郎，又拜枢密副使。在写此文后的闰八月，升参知政事(副宰相)，封开国公。他的官越做越大，职位也愈来愈高了。

欧公写这篇"集序"，是应有三十年交情的友人廖倚的请求而写的，廖倚名不见经传，其兄廖偁的《朱陵编》也没留传下来，如果没有这篇序，廖氏兄弟的名字恐怕是湮灭无闻了。

此序可分五段。第一段追叙自秦始皇焚书坑儒之后，六经于是中绝。汉兴之后，经书多靠私家传诵、传授。如《尚书》，是靠年近九十岁的老人伏生传授。汉武末，鲁恭王坏孔子宅，又发现一部《尚书》，与伏生所传授的《尚书》不同，于是汉代就有了今文《尚书》和古文《尚书》之分。《诗》也有齐、鲁、韩、毛四家，异说纷呈，"然后诸儒因得措其异说于其间"，如《周易·系辞》有"河出图，洛出书，圣人则之"的话，欧公对于这种说法是不相信的，故称之为"怪妄之尤甚者"。他有感于学者对经书的说法坚信不疑，而不知伪说之乱经，于是屡次撰写文章以驳斥这些怪妄之说；但学者溺于久习之传，积习难反，反而责难他不自量力，以一己之见，妄图决断千岁不可考之是非。他想改变众人之所信，但是孤掌难鸣，世人并没有听从他的，他只好徒唤奈何了。这段文字表面看来说得久远了些，似乎与"集序"关系不大，实则不然，它既与廖偁的论《洪范》有密切的关系，也与欧公自己批驳经书的怪妄的观点有密不可分的关系，是为后文作铺垫，不然后文所叙二人的不谋而合，就缺少了过渡的环节，也没有了根底。

第二段反复申说的是等待后世有同意欧公观点的人出现，哪怕是二千年间出现一人，再过二千年又复出一人，三人为众，同其说的人愈来愈多，怪妄之说自然就会改变。这就是欧公所期望的，即有待于将来，非汲汲有求于今世。这一段紧承首段而来，由其说"世莫之从"而生发，这种长期的等待，是作者坚信正确的东西必将战胜谬误与怪妄的东西，真理必将取得最后的胜利。

第三段又一转折，过渡到为廖偁写集序的缘起上来。作者通过交游多年的廖倚而得以看到廖偁的《朱陵编》，看到了廖偁的论《洪范》。他的观点与作者是一致的，认为《尚书·洪范》之“九畴”是圣人治理天下的九种方法，既非上天赐予大禹的天意垂示，也与“河出图、洛出书”无关，是人事而非天意显示。廖偁的观点与欧公不谋而合，可谓“不相求而同者矣”。这必然引起欧公的共鸣，原期望等待数千岁以求“同其说”之人，不料此人今世就有，故“集序”突出描写这一点。

第四段落脚到“集序”的中心内容，正面描写集主的家世、生平、德行、文章。叙家世，仅有“世以能诗知名于湖南”一句，对集主廖偁的描写，也只有“好古，能文章，其德行闻于乡里，一时贤士皆与之游”数句。对于其“不达而早死，故不显于世”，笔墨间充满着同情。叙述极其简括。后文是以议论作为结束的：“知所待者，必有时而获；知所畜者，必有时而施。苟有志焉，不必有求而后合。”这一段文字的议论，是与第二段末的文字相呼应的。

第五段文字不过是文章的系年与署名而已。

此篇“集序”的写法别具一格。以议论开始，又以议论结束。对于廖偁的《朱陵编》，作者只拈出其论《洪范》的一篇文章，突出此文的独到观点，这个观点又是欧公与廖偁不谋而合的观点。明写他人，暗写自己。写己者多于写人，议论多于叙事，《集序》的主体文字不过百字而已。从篇章结构而来，起承转合有法，议论之中杂有感慨，充满着真理必然战胜谬误的追求与探索的精神。文字自然流利，是一篇优秀而有特色的“集序”。

（刘文忠　刘元煌）

江邻几文集序①

余窃不自揆②，少习为铭章③，因得论次④当世贤士大夫功行⑤。自明道⑥、景祐⑦以来，名卿⑧巨公⑨往往见于余文矣。至于朋友故旧，平居⑩握手言笑，意气伟然⑪，可谓一时之盛。而方从其游⑫，遽⑬哭其死，遂铭其藏者⑭，是可叹也。

盖自尹师鲁之亡，逮今⑮二十五年之间，相继而殁⑯为之铭者至二十人⑰。又有余不及铭⑱，与虽铭而非交且旧者，皆不与焉⑲，呜呼！何其多也！不独善人君子难得易失，而交游零落如此，反顾⑳身世死生盛衰之际，又可悲夫！

而其间又有不幸罹㉑忧患，触㉒网罗，至困厄㉓流离以死，与夫仕宦连蹇㉔，志不获伸而殁，独其文章尚见于世者，则又可哀也欤！然则虽其残篇断稿，犹为可惜；况其可以垂世㉕而行远也！故余于圣俞㉖、子美之殁，既已铭其圹㉗，又类集㉘其文而序之，其言尤感切而殷勤者，以此㉙也。

陈留江君邻几，常与圣俞、子美游，而又与圣俞同时以卒㉚。余既志而铭之，后十有五年㉛，来守淮西㉜，又于其家得文集而序之。邻几，毅然㉝仁厚君子也。虽知名于时，仕宦久而不进㉞，晚而朝廷方将用之，未及而卒。其学问通博㉟，文辞雅正深粹㊱，而论议多所发明，诗尤清淡闲肆㊲可喜。然其文已自行于世矣，固不待余言以为轻重，而余特区区于是者㊳，盖发于有感而云然㊴。熙宁㊵四年三月日，六一居士㊶序。

〔注〕 ① 江邻几文集序：本序作于熙宁四年(1071)三月，是作者得到江邻几的文集后而撰的。江邻几，作者的友人之一，名休复，邻几是他的字，开封陈留(今河南开封东南)人，北宋文学家。为人强学博览，"外若简旷，则内行修饬"(欧阳修《江邻几墓志铭》)。天圣(仁宗年号，1023—1032)中，与尹洙、苏舜钦交游，遂知名当世。中进士后，曾任蓝山尉、大理寺丞、集贤校理、刑部郎中等，卒于嘉祐五年(1060)，享年五十六。长于诗，善琴、弈，有文集二十卷，今佚。今存《江氏笔录》三卷等。 ② 余窃不自揆(kuí)：这句话是欧公谦说自己不自量力。窃，私下里，谦词。自揆，自己估量。 ③ 少习为铭章：这句说：他从小学习写墓志铭的文章。习，学习，练习。铭，墓志铭。章，文章。 ④ 论次：依次论述。这里主要是指墓志铭，这是一种记述墓主一生功业的文体。欧文中墓志铭的数量较大。他是北宋的一位著名写手。 ⑤ 功行：业绩。 ⑥ 明道：宋仁宗的第二个年号(1032—1033)。 ⑦ 景祐：宋仁宗的第三个年号(1034—1038)。 ⑧ 名卿：名臣。卿，古代高官名，位在公下，大夫上。 ⑨ 巨公：泛指大官。⑩ 平居：平时见面。 ⑪ 伟然：意气盛大的样子。 ⑫ 方从其游：刚刚开始交往。 ⑬ 遽(jù)：突然，急速。 ⑭ 遂铭其藏者：就给死者写墓志铭。藏，入土，指埋棺出葬。 ⑮ 逮今：及今，到了现在。 ⑯ 殁(mò)：死去。 ⑰ 至二十人：是指作者写了墓志铭的友人。欧公写这篇"序"的时候，已经六十五岁。他写《尹师鲁墓志铭》是庆历八年(1048)，四十二岁时。尹师鲁则去世于前一年。可见二十五年只是一个约数。 ⑱ 余不及铭：我来不及写墓志铭。⑲ 皆不与焉：都不算在内了。 ⑳ 反顾：即返顾。顾，回顾。 ㉑ 罹(lí)：遭遇。 ㉒ 触：触犯，碰撞。 ㉓ 厄：灾难。 ㉔ 连蹇(jiǎn)：遭遇坎坷，不顺利。 ㉕ 垂世：留传后世。㉖ 圣俞：梅尧臣的字，北宋诗人，生于宣城(今属安徽)，人称宛陵(宣城古名)先生，欧阳修的好友之一。与苏舜钦(字子美，开封人)齐名，史称苏梅。欧、尹(师鲁)、苏、梅四人平生交游最密。作者对他们的贬死，感慨很深。 ㉗ 圹(kuàng)：墓穴。这句指欧公为梅圣俞、苏子美撰墓铭的事。梅铭作于嘉祐六年(1061)，苏铭(《湖州长史苏君墓志铭》)作于皇祐元年(1049)。㉘ 类集：分类编集。 ㉙ 以此：为此。 ㉚ 同时以卒：同年同月去世。江休复，嘉祐五年(1060)四月卒于京师开封，时年五十六，正任修起居注。梅尧臣也于同年四月卒于京师开封，时年五十九，正任国子监直讲，参与修《新唐书》。据欧公《梅圣俞墓志铭》得知，其时"京师大疫(传染病大流行)"，两人去世仅差八日，江在先，梅在后，可能都是"大疫"所致。 ㉛ 后十有五

年：当指熙宁三年(1070)，作者自请知蔡州，得到朝廷同意，九月至蔡州。 ㉜ 淮西：淮河以西，指蔡州。 ㉝ 毅然：刚毅的样子，形容江休复生前的君子风采。 ㉞ 不进：没有升官。进，提升官阶。 ㉟ 通博：通达而博大。 ㊱ 深粹：深刻而精粹。 ㊲ 闲肆：闲雅而恣肆。肆，放肆，形容诗风发挥想象，能放得开。 ㊳ 区区于是者：作者自谦不避琐细(介绍和评述江的为人、为文)。 ㊴ 云然：这样说。 ㊵ 熙宁：宋神宗赵顼年号(1068—1077)。 ㊶ 六一居士：欧公晚年的自号。

这是欧公晚年作的一篇书序，那年他六十五岁，仍在知蔡州任上。三个月(六月)后，他以观文殿学士、太子少师致仕。七月，归颍州(今安徽阜阳)。第二年闰七月二十三日去世。因此，我们可以把本文看成他晚年重要的抒情散文之一。

全文共分四个自然段。

第一自然段，从"少习为铭章"开始，回顾自己与朋友故旧交游，并"遽哭其死"，又亲为之撰墓志铭的经过，段末以"是可叹也"归结，已初露人生感慨。

第二自然段，进一步申说。他总结自己从友人尹师鲁在宋仁宗庆历八年(1048)去世开始写墓志铭算起，二十五年间，已先后为二十位友人写了墓志铭，还不包括来不及(或忙于政务，或信息迟来等)为之写墓志铭的友人，以及虽应请为之写了墓志铭却非友人、故旧的在内，这就可见这些年自己认识的朝彦秀士们去世的人数之多了。联想及此，作者一时间不由得情绪激动，终于呼出了"呜呼！何其多也！"这样的强烈语言，这既是情感的一种喷发，也是往事的一种小结，仿佛是内心急切的独白，不吐不快似的。然而作者还嫌不够充分，还让自己的情感继续奔腾，并进一步申说。他深刻地指出：当今社会，不单单善人君子难找(指人数太少)，容易散失(指早逝)，而且自己的交游者竟然零落到如此地步(指一个个死去)！可见人生的死生盛衰之变是多么的难以逆料。这样，感慨就自然地转向悲感。在作者为之写墓志铭的二十人中，除了前面注释已经提及的苏、梅、尹、江外，至少还包括：张子野，四十八岁；黄梦升，四十二岁；谢绛，四十五岁；石介，四十一岁；张尧夫，三十七岁；尹子渐(尹师鲁弟)，五十岁；薛良孺，四十六岁；蔡襄，五十六岁；余靖，六十五岁；王尧臣，五十六岁；张谷，五十九岁等。这些人，除了少数人得到高官，大多数都经历了贬斥流离，以至盛年零落以终，客死他乡。这些友人的不幸去世，给了作者持久的痛楚和强烈的精神打击，再加上作者本人从小失去父亲，三年两丧新妇和为官多次因正直敢言而贬谪的亲身经历，更使他的内心深处留下了深刻的伤痕。在多年的灵魂拷问和沉思中，作者这种悲慨越来越深沉，难以磨灭。现在自己又已趋老境，因此这种悲慨情绪与日俱增，发生的频率也越来越高。这篇序的写作，由于偶然得到《江邻几文集》而强烈思念故人，以致使悲慨之情再一次爆发。序中这些激动的文字，以“又可悲夫”收煞，就是这种悲慨心态的生动表露。

第三自然段，从这些友人的不幸遭遇，说到他们去世后存留的文章，包括残篇断稿和分类编纂的文集，是全文的一个过渡。其中前五句，是上段“死生盛衰之际”的具体补充。一种是“罹忧患，触网罗”，在宋仁宗等皇帝严酷统治期间，犯了“王法”的；一种是“仕宦连蹇”，志不获伸，始终没有被重用的。他们在困厄中死去，只有文章尚存，作者认为“则又可哀也欤”，也就是他们所以值得同情的所在了。说到文集，作者不由得想起苏、梅的去世，他不仅为两人写墓志铭，而且还为他们的文集写了序言。据考，其中《苏氏文集》十卷，是欧公于苏舜钦在苏州去世四年后编成的，序写于皇祐三年(1051)，《梅圣俞诗集》十五卷，是欧公于梅尧臣在开封去世一年后编成的，序写于嘉祐六年(1061)。作者总结说这两篇序：“其言尤感切而殷勤者，以此也。”尤，格外。感切，感觉亲切。殷勤，热情而周到。因为作者对这两位友人的去世怀有更深的悲感，读来使人心动不已。古人的笃于友情，往往不是心存浮躁的现代人所能企及的。

最后一个自然段，才真正写到江邻几的去世和文集，篇幅相当短，概括性极高，读者最好与他于“十有五年”前(即嘉祐五年，实与此文仅隔前后十二年)写的《江邻几墓志铭》参读。如关于江邻几的为人，本文仅用“毅然仁厚君子”六字，但《墓志铭》中则说“其为人外若简旷，则内行修饬，不妄动于利欲”，“不以矜人，至有问辄应，好辩者不能穷也”，“与人交，久而益笃，孝于宗族，事孀姑如母”，这就显得具体多了，真有“毅然仁厚君子”的风范。至于《铭》中“调蓝山尉，骑驴赴官，每据鞍读书，至迷失道，家人求得之，乃觉”的一段描写，不仅生动如在目前，而且活画了一个憨厚的年轻“书痴”的形象，使人忍俊不禁。这是欧公墓志铭文可媲美于韩文的地方。又如本文“仕宦久而不进，晚而朝廷方将用之，未及而卒”数句，《墓志铭》也写得更为具体：“……在上位者久未之用也。自其修起居注，士大夫始相庆，以为在上者知将用之矣，而用君者亦自以为得，而君亡矣。呜呼，岂非其命哉！”真是一波三折，可见江邻几是居于第二种人。至于他的学问、文辞、论议、诗风等内容，墓志铭中也有更多的描述，这里暂且略之。他的“文集”，据欧公墓志铭为二十卷，只不知他写这篇序时，所得“文集”的卷数是多少，可惜今天都失传了。

这篇序重在悼念二十五年间先后去世的友人，重点是苏、梅、尹、江四人，充满着一种深长的叹逝悲慨之情，呈现出浓浓的抒情性，不同于一般的书序。在形式上，简练，概括，结构严密，篇幅精当，语言畅达。尤其是结构，先是由喜而叹，接着是由叹而悲，进一步揭示悲叹的缘由，最后落实到江邻几和他的“文集”，注意到段与段之间的连接和过渡，层层推进，有分有合，重点突出，叙事抒情相结合，给人层次分明，控纵有度的印象。而语言浅俗而雅洁，既不用僻字，也不用典故，始终保持儒者的风度，寓悲叹于相对平静之后。这是欧公晚年波澜不惊、炉火纯青文风的代表作之一。

（毛水清）

薛简肃公①文集序

君子之学，或施之事业，或见于文章，而常患于难兼也。盖遭时②之士，功烈显于朝廷，名誉光于竹帛③，故其常视文章为末事④，而又有不暇与不能⑤者焉。至于失志之人，穷居隐约⑥，苦心危虑而极于精思，与其有所感激发愤惟无所施于世者，皆一寓于文辞。故曰穷者之言易工⑦也。如唐之刘、柳⑧无称于事业，而姚、宋⑨不见于文章。彼四人者犹不能于两得，况其下者乎！

惟简肃公在真宗⑩时，以材能为名臣；仁宗母后⑪时，以刚毅正直为贤辅⑫。其决大事，定大议，嘉谋谠论⑬，著在国史，而遗风余烈，至今称于士大夫。公，绛州正平人也。自少以文行推于乡里，既举进士，献其文百轴于有司，由是名动京师。其平生所为文至八百余篇，何其盛哉！可谓兼于两得也。公之事业显矣，其于文章，气质纯深而劲正，盖发于其志，故如其为人。

公有子直孺，早卒。无后，以其弟之子仲孺公期为后。公之文既多，而往往流散于人间，公期能力收拾。盖自公薨后三十年，始克类次⑭而集之为四十卷，公期可谓能世其家⑮者也。呜呼！公为有后矣。

熙宁四年五月日序。

〔注〕①薛简肃公：即薛奎，字宿艺，绛州正平（今山西新绛）人。位至参知政事（副宰相），简肃是其谥号。　②遭时：逢时，得时。　③竹帛：本指竹简与白绢，为纸未使用前的书写材料。此代指书籍。　④末事：末等之事，次要之事。孔子把立德、立功、立言视为“三不朽”，立言排为第三位，故言末事。　⑤不暇：指无空闲时间写文章。不能：指无能力写文章。⑥隐约：隐身守约，指困苦俭约之人。　⑦穷者之言易工：化用韩愈《荆潭唱和诗序》：“欢愉

之辞难工,而穷苦之言易好也。” ⑧ 刘、柳:指刘禹锡与柳宗元。 ⑨ 姚、宋:指姚崇与宋璟。二人在唐玄宗时相继为相,被称为一代贤相。 ⑩ 真宗:即宋真宗赵恒,公元997—1021年在位。 ⑪ 仁宗母后:即章献明肃刘皇后,她是宋真宗所立的皇后。仁宗初即位时,她被尊为皇太后,并曾垂帘听政。但她不是宋仁宗的生母。 ⑫ 以刚毅正直为贤辅:据《宋史·薛奎传》载:“太后谒太庙,欲被服天子衮冕,奎曰:‘必御此,若何为拜?’力陈其不可,终不见听。及太后崩,帝见左右泣曰:‘太后疾不能言,犹数引其衣若有所属,何也?’奎曰:‘其在衮冕也。服之岂可见先帝于地下!’帝悟,卒以后服敛。”薛奎之刚毅正直指此。 ⑬ 谠(dǎng)论:正直之言,直言。 ⑭ 类次:分类编次。 ⑮ 世其家:继承其家业。世,继承。

这是熙宁四年(1071)欧阳修为薛奎的文集所写的一篇序文。这年五月欧公写下此文,六月便告老致仕了。

中国古代的“集序”是一种常见的文体,几乎所有的文集都有序,有的文集还不止一篇序。集序多是应集主的要求而写的,一般写法除叙集主的生平之外,多是对集主的各类作品赞扬一番,多为捧场文章。但也有不少序跋,写得很好。有的文字很美;有的对文集的评价颇有见地;有的表述了自己的文论观点,可供时人和后人借鉴。从文字批评史的角度看,集序是一份珍贵的文学理论遗产。

欧阳修的这篇集序,写法颇为特别。文章开篇,便以议论发端,提出了一个带有普遍性的问题:一个人的事业与文章往往不能兼得。他所说的事业,指的是从政方面的业绩。政界的达官贵人,往往把文章视为末事。先秦儒家的典籍认为,写文章属于“立言”。《左传·襄公二十四年》载:“大上有立德,其次有立功,其次有立言,虽久不废,此之谓不朽。”后代把这段话概括为“三不朽”,“三不朽”把“立言”排在末位,所以不少人把文章视为“末事”。这个“三不朽”的次序是排定了的。历史上有不少人对文章或文学的重要性相当重视,如曹丕说:“盖文章,经国之大业,不朽之盛事。年寿有时而尽,荣乐止乎其身,二者必至之常期,未若文章之无穷。……不假良史之辞,不托飞驰之势,而声名自传于后。”(《典论·论文》)他把文章提到与事功并立的地位,看作是“经国之大业,不朽之盛事”,但是这并没有把“三不朽”的排次颠倒过来。他的弟弟曹植就与他的认识大相径庭。曹植《与杨德祖书》云:“辞赋小道,固未足以揄扬大义,彰示来世也。昔扬子云先朝执戟之臣耳,犹称壮夫不为也;吾虽德薄,位为蕃侯,犹庶几戮力上国,流惠下民,建永世之业,流金石之功,岂徒以翰墨为勋绩,辞赋为君子哉?”与曹植观点相类似者,亦不在少数。

欧公在文章的开头,就把“事业”与“文章”并提,说明他对文章是重视的。他认为,把文章视为“末事”的,是那些“遭时之士”。他们所重视的是“功烈显于朝廷,名誉光于竹帛”,所以常视文章为“末事”,可见把文章视为末事的不是所有的人，而是那些逢时得势之人。而“遭时之士”，又可以分为两种。一种是政事繁忙，无暇顾及文章；一种是根本写不出好文章来。与“遭时之士”相反的是“失志之人”，由于政治上的失意，他们专心致志地为文，把自己平生的不得志与感愤，寄寓在文辞当中。所以欧公赞成“穷者之言易工”的说法。这是韩愈的文学观点，欧公平生最佩服韩愈，把韩愈奉为宗师，在文学观点上也继承了韩愈。上文从理论上分析了事业与文章不能兼得，下文又递进一层，转到这个议论中心上来，举出唐代的刘、柳与姚、宋四人为例，说明事业与文章不能兼得的现象。其实这种现象是普遍存在的，这里不过是举一反三而已。

这一段议论具有深厚而广阔的文化背景，牵涉到我国古代文论中的重要观点，既为后文论述集主薛奎能在事业与文章上兼得做了铺垫，也在议论中表达了自己的文学观点，可谓议论得体。明代的茅坤评此文说：“大约本韩昌黎诗序中来。”(《唐宋八大家文钞·宋大家欧阳文忠公文钞》卷之一)这话说得不错。茅坤的着眼点主要指的就是这一段。他所说的昌黎诗序，实指韩愈的《荆潭唱和诗序》。其序云：“夫和平之音淡薄，而愁苦之声要妙；欢愉之辞难工，而穷苦之言易好也。是故文章之作，恒发于羁旅草野。至若王公贵人，气满志得，非性能而好之，则不暇以为。”韩愈的这篇诗序也是以议论开篇，也谈到“羁旅草野”的“失志之人”，与“遭时之士”的“王公贵人”，也将这两类人进行了对比，在这一点上，两序的议论路数是颇为相似的。就其“穷苦之言易好”而论，这一观点在我国古代有很深的根底。宋玉在《九辩》中所感叹的“贫士失职而志不平”，司马迁在《太史公自序》中所说的“昔西伯拘羑里，演《周易》；孔子厄陈、蔡，作《春秋》；屈原放逐，著《离骚》；左丘失明，厥有《国语》；孙子膑脚，而论兵法；不韦迁蜀，世传《吕览》；韩非囚秦，《说难》《孤愤》；《诗三百篇》，大抵贤圣发愤之所为作也。此人皆意有所郁结，不得通其道也，故述往事，思来者。”这些观点，与韩愈的“不得其平则鸣”说(《送孟东野序》)和“穷苦之言易好”说，都有一脉相承的关系。这些也是欧公议论的根底和文化背景。

下段笔锋一转，写薛简肃公独能在事业与文章上兼于两得。其事业与文章的成就写得相当概括，言简意赅，突出的是薛简的刚毅正直的品德和决大事、定大议的嘉谋谠论，但这些都没有具体展开描写，而是用了藏笔，用“著在国史”四字概括。看来要了解简肃公的刚正直，就非读《宋史》本传不可了。本传所记他对仁宗母后的违礼行为所做的斗争，就是薛奎直言敢谏的典型事例。这里有许多潜台词，需要借助史传来解决。写薛奎的文章成就，也极其简略，由“自少以文行推于乡里”，到“名动京师”，又总叙“其平生为文至八百余篇”，与首段之“兼于两得”之难相呼应。对于其文章的评价,也是寥寥数语,强调的是“气质纯深而劲正”,发自内心,文如其人。

第三段,不过是简单的交待而已。重点说明的是薛奎之侄薛公期为其伯父编集,是位能继承其家业之人。

此篇集序,篇幅虽然简短,但转折层次颇多。以首段而论,先提出事业、文章难得两兼之后,笔锋一转,议论到遭时之士视文章为末事的观点,又分笔写其“不暇”与“不能”两种情况。紧接着又转笔写“失志之人”对文章的“苦心危虑而极于精思”,可谓一波三折,层层递进。由此自然翻转到“穷者之言易工”的另一观点上来,有腾挪跌宕之妙。后文运笔,无不如此。宋人吴充说欧阳修“文备众体,变化开阖,因物命意,各极其工。”(《欧阳修行状》)此文可见其“变化开阖”之功。

欧公本人就是事业与文章兼得之人,为薛简肃公的文集作序,实际上也是在影写自身,但却不露形迹,无丝毫之矜能自德,所以显得浑厚深婉。

欧公是语言大师,在语言上崇尚平易、自然、流畅。本篇在语言上也很能体现欧公的风格。文字简净、通俗,善于用虚词,读之朗朗上口、神完气足。

(刘文忠 刘元煌)

六一居士传

六一居士初谪滁山[①],自号醉翁。既老而衰且病,将退休于颍水之上[②],则又更号六一居士。

客有问曰:“六一,何谓也?”居士曰:“吾家藏书一万卷,集录三代以来金石遗文一千卷[③],有琴一张,有棋一局,而常置酒一壶。”客曰:“是为五一尔,奈何?”居士曰:“以吾一翁,老于此五物之间,是岂不为六一乎?”客笑曰:“子欲逃名[④]者乎?而屡易其号,此庄生所诮畏影而走乎日中者也[⑤]。余将见子疾走大喘渴死,而名不得逃也。”居士曰:“吾固知名之不可逃,然亦知夫不必逃也。吾为此名,聊以志我之乐尔。”客曰:“其乐如何?”居士曰:“吾之乐可胜道[⑥]哉!方[⑦]其得意于五物也,太山[⑧]在前而不见,疾雷破柱而不惊,虽响九奏[⑨]于洞庭之野,阅大战于涿鹿之原[⑩],未足喻其乐且适也。然常患不得极吾乐于其间者,世事之为吾累者众也。其大者有二焉,轩裳珪组[⑪]劳吾形于外,忧患思虑劳吾心于内,使吾形不病而已悴,心未老而先衰，尚何暇于五物哉？虽然，吾自乞其身于朝者三年矣，一日天子恻然哀之，赐其骸骨[12]，使得与此五物偕返于田庐，庶几偿其夙愿[13]焉。此吾之所以志也。”客复笑曰：“子知轩裳珪组之累其形，而不知五物之累其心乎？”居士曰：“不然。累于彼者已劳矣，又多忧；累于此者既佚[14]矣，幸无患。吾其何择哉？”于是与客俱起，握手大笑曰：“置之[15]，区区[16]不足较也。”

已而叹曰：“夫士少而仕，老而休，盖有不待七十者[17]矣。吾素慕之[18]，宜去一也。吾尝用于时[19]矣，而讫无称[20]焉，宜去二也。壮犹如此，今既老且病矣，乃以难强[21]之筋骸，贪过分之荣禄，是将违其素志[22]而自食其言[23]，宜去三也。吾负[24]三宜去，虽无五物，其去宜矣，复何道哉！”

熙宁三年九月七日，六一居士自传。

〔注〕①初谪滁山：指欧阳修贬谪滁州(今安徽滁州)知州，时宋仁宗庆历六年(1046)，欧阳修年四十岁，自号醉翁。滁山，泛指滁州周边的群山，代指滁州。按：宋仁宗庆历三年(1043)八月，范仲淹为参知政事，推行新政，史称“庆历新政”。庆历五年(1045)，范仲淹遭吕夷简“朋党”之诬，罢政。庆历新政失败。同年，欧阳修遭守旧派诬陷，被贬滁州。　②将退休于颍水之上：指宋神宗熙宁元年(1068)，欧阳修六十二岁时，在颍州(今安徽阜阳)修建宅舍，准备隐居。颍水，指颍州西湖。按：在宋仁宗皇祐元年(1049)，欧阳修曾出任颍州，颇赏颍州西湖风景，与梅尧臣相约，晚年将退休于颍州。熙宁四年(1071)，欧阳修六十五岁，退居颍州的夙愿终于实现。但次年，欧阳修即逝世了。　③“集录三代”句：搜集著录三代以来的金石遗文一千卷。三代，指中国古代夏、商、周三个朝代。金石遗文，指欧阳修所撰《集古录》中所搜集著录的金石拓本。金石，指镌刻文字、纪功颂德的青铜钟鼎彝器与碑碣石刻之类。　④逃名：指耿介之士处世低调匿迹，逃避名声。　⑤“此庄生所诮”句：庄子讥诮人害怕影迹却逃于日中。《庄子·渔父》：“人有畏影恶迹而去之走者，举足愈数而迹愈多，走愈疾而影不离身。自以为尚迟，疾走不休，绝力而死。不知处阴以休影，处静以息迹，愚亦甚矣。”　⑥胜道：尽道，完全说得尽。胜，尽，完。　⑦方：当。　⑧太山：即泰山。　⑨响九奏：奏响九韶。九奏，即九韶，相传为远古舜帝时的舞乐。《庄子·至乐》：“咸池九韶之乐，张之洞庭之野。”　⑩阅大战于涿鹿之原：观阅黄帝与蚩尤大战于涿鹿之野。涿鹿，古地名，在今河北涿鹿一带。　⑪轩裳珪组：指身处官场的种种约束。轩，高车。裳，官服。珪，官员所佩带的玉制礼器。组，系印信之带，指官员的印绶。　⑫赐其骸骨：(皇帝)赐我骸骨(退休归老)。其，指代词，我。骸骨，古代官员告老退休称“乞骸骨”，即乞求归老残躯之意。　⑬庶几偿其夙愿：幸得满足我的夙愿。庶几，或许，表示希望。　⑭佚：即“逸”，安逸。　⑮置之：放置它(在一边)。　⑯区区：微小。形容微不足道的小事。　⑰不待七十者：不等待到七十岁才退休。《礼记·王制》：“七十不俟朝。”七十岁不等待上朝，指七十岁致仕退休。欧阳修以有人不到七十岁就已退休，来为自己六十余岁退休作自解。　⑱素慕之：素常羡慕他(不待七十而退休者)。　⑲用于时：指被皇帝

信用于当世。欧阳修曾任枢密副使、参知政事等职,获得皇帝信任。 ⑳ 讫(qì)无称:终究没有值得称许的政绩。讫,终究、毕竟。称,称许。 ㉑ 难强:难以勉强。 ㉒ 违其素志:违背我素常的愿望(不待七十而退休者)。 ㉓ 自食其言:自己背弃自己所讲过的话。食,背弃(诺言)。 ㉔ 负:负担。此处有"具备"之意。

《六一居士传》作于宋神宗熙宁三年(1070)九月,欧阳修六十四岁之际。此文之写作,实乃欧阳修历经人生变故与磨难后的淡定人生之自白。全文三段:

首段,简要交代自号之变迁。"初谪滁州,自号醉翁",此指宋神宗时,范仲淹庆历新政失败,"四十不惑"的欧阳修遭到人生首次打击,虽上《朋党论》《论杜衍、范仲淹等罢政事状》为范仲淹等辩诬,却无济于事,自己也被贬滁州。欧阳修感到人生的大惑不解,遂自号"醉翁"以自解,远尘俗之烦,乐山水之乐,虽未改忧国忧民之志,但激昂慷慨的情怀开始变为潇洒平淡。宋英宗治平三年(1066),在对待英宗生父濮王称号的"濮议"之争中,欧阳修刚直敢言,反对司马光"不得顾私情",应称"皇伯,封大国"的建议,而主张父母之名不可没,应称"父母"之亲。乃至皇太后出手诏,"宜尊濮王为皇",英宗依然谦让,不受尊号,只称亲。于是,侍御史吕悔等认为皇帝谦让,实乃欧阳修"首开邪议",纷纷自请贬斥。御史彭思永、蒋之奇等人则利用欧阳修妻弟薛宗孺,诬陷欧阳修"帷薄不修",与其长子妇暧昧的绯闻,欲置欧阳修于死地。这使"六十耳顺"的欧阳修,又面临道德毁灭的危机,欧阳修连上《乞根究蒋之奇弹疏札子》等七次自辩,三次上表乞罢政事,三上乞调外任的札子,其急切摆脱朝官不测之渊,厌倦官场倾轧之险,急流勇退,全身避祸的恐惧心情,可见一斑。神宗虽两次手诏慰安,也未能留住欧阳修,遂外放亳州。神宗熙宁元年,欧阳修调任兵部尚书,但欧阳修退意已决,接连上表请求"致仕",归老颍州,"退休于颍水之上"。这就是欧阳修"更号六一居士"的人生背景与缘由。

文章首段,行文简约,轻描淡写,但其背后却隐藏着欧阳修多么复杂的人生失据的艰险经历,面临着何等艰难的人生抉择?正如其《归田录序》所讲:"既不能因时奋身,遇事发愤,有所建明,以为补益,又不能倚阿取容,以徇世俗。"这就是欧阳修面临人生困境,而从"醉翁"到"六一居士"的变迁缘由。

第二段是本文的重心,以主客问答方式,四层辗转,层层深入地缕叙自号"六一居士"的内涵与志趣。第一层,以"客有问"为发端,不解地询问:"六一,何谓也?"欧氏回答"六一居士"称号之内涵:藏书一万卷、金石遗文一千卷、琴一张、棋一局、酒一壶。客依然不解:这是五一呀,怎么叫六一?欧氏耐心解释:还有"吾一翁,老于此五物之间",难道不是六一吗?这主客问答之间,写得充满诙谐风趣,显示出欧氏悠游陶醉于琴棋书画与美酒的文人风雅而潇洒的志趣和气度。第二层,回应“客笑曰”的嘲笑问难:“子欲逃名者乎?”这是诘问欧阳修沉醉于五物之中是想逃名吧?所谓“逃名”,就是指逃匿、隐蔽自己往日的声名。他借用庄子讥讽“畏影恶迹”者在日中逃走,“走愈疾而影不离身”,自逃反累其身,嘲笑欧氏:“余将见子疾走大喘渴死,而名不得逃也。”对此,欧氏坦然应对:我根本知道不能逃名,亦不必逃名。表明我只是改号,而非逃名,恰恰是以“六一居士”的新名号,“聊以志我之乐”罢了。欧氏颇为从容的解释,巧妙化解了客之诘难。第三层,回应客之“其乐如何”的追询,首先,以宏观的气势描摹了“六一居士”所蕴含的极乐境界:吾(一翁)“得意于五物”之乐,“可胜道”哉?当自己沉醉于弘富藏书的博览,沉醉于金石遗文的钻研,沉醉于琴曲的乐境,沉醉于棋局的博弈,沉醉于美酒的意趣,那就能使“吾”之精神忘我而升华:泰山矗前而不见,疾雷破柱而不惊!即使舜帝奏九韶舞乐于洞庭之野,黄帝与蚩尤大战于涿鹿之原,都不足以比拟吾之极乐与畅适。就欧阳修来说,这是摆脱官场困扰后,面临人生“老而衰且病”的境况之际,坦然淡定、忘我无畏地面对衰老病困,完美地度过人生终境的旷达与感悟。继而,辞意顿折,提出“常患不得极吾乐”而“为吾累”的两大困扰,其一是“轩裳珪组劳吾形于外”,其二是“忧患思虑劳吾心于内”。前者指官场束缚,导致身不由己的种种劳形,使自己的形无病憔悴;后者指时世忧患,导致思虑难舍的种种劳心,使自己的心未老先衰。如此,哪还有闲暇感受“五物”之乐呢?其实,欧氏此处所讲的两大困累,前者尚可摆脱,而后者则难忘怀,如何才能摆脱这两大困累呢?最后,欧氏庆幸自己终于获得摆脱这两大困累的时机:天子终于准许自己致仕归老,使自己“得与此五物偕返于田庐”,不在其位,不谋其政,“忧患思虑”亦可放松,或许能满足自己的“夙愿”。欧氏强调:这就是我的志趣!第四层,又回应“客复笑”的嘲讽诘难:你知道轩裳珪组累其形,却不知五物累其心吗?欧氏接过对方的话茬,承认“五物”之累,却巧妙地分辨了两种“累”的本质区别:累于轩裳,不但劳形,又多心忧;累于五物,既身心安逸,又幸无灾患。我该选择什么呢?至此,客心悦诚服,欧氏与客“握手大笑”,至于其他“区区”琐碎小事,就不值计较了。

这段文字,以主客问答为主线,以客之不解、嘲笑、追询、诘难构成四层转折,层层深入地揭示出欧阳修“六一”相融的极乐境界;以客之狭隘、局促的心态,反衬出欧阳修豪华落尽见真淳的从容淡定的儒雅风度,读来情趣盎然。

末段,抒发作者致仕“宜去”的自解与感叹。一是“老而休”,是人生归宿,何况前人早有不待七十而致仕者,“素慕”于心。二是为官用时,“讫无称”,表面谦虚,内蕴牢骚,是对"怨疾谤怒,丛于一身,以受侮于群小"(《归田录序》)的隐愤。三是老病之躯,留恋禄位,则如"太仓之鼠","贪过分之荣禄",违背自己素常志向,故而,功成身退,知足常乐,宜为儒士君子之抉择。对于恋居权位者,言外不无嘲讽之意。最后甚至表示:即使没有"五物",也应致仕退休,更何况而今幸有"五物",及时退休,还有何话呢?

综上所述,《六一居士传》表达了欧阳修晚年"悠游田亩,尽其天年"(《归田录序》)的志趣,表述了超越官场侮毁、年老衰病之困累,寄托"五物","六一"相融的旷达潇洒、从容淡定的情怀。问答风趣,行文活泼,跌宕有致,情趣盎然。既恬淡,又豪放;既委婉,又激愤。堪与陶渊明《五柳先生传》相媲美。 (赵乃增)

答吴充[1]秀才书

修顿首白,先辈[2]吴君足下:前辱示书及文三篇,发而读之,浩乎若千万言之多,及少定而视焉,才数百言尔。非夫辞丰意雄,沛然有不可御之势,何以至此!然犹自患伥伥[3]莫有开之使前者,此好学之谦言也。

修材不足用于时,仕不足荣于世,其毁誉不足轻重,气力不足动人。世之欲假誉以为重,借力而后进者,奚取于修焉?先辈学精文雄,其施于时,又非待修誉而为重、力而后进者也。然而惠然见临,若有所责,得非急于谋道,不择其人而问焉者欤?

夫学者未始[4]不为道,而至者鲜焉。非道之于人远也,学者有所溺[5]焉尔。盖文之为言,难工而可喜,易悦而自足。世之学者往往溺之,一有工焉,则曰:"吾学足矣!"甚者至弃百事不关于心,曰:"吾文士也,职于文而已。"此其所以至之鲜也。

昔孔子老而归鲁,六经之作,数年之顷尔[6]。然读《易》者如无《春秋》,读《书》者如无《诗》[7],何其用功少而至于至也!圣人之文虽不可及,然大抵道胜者文不难而自至也。故孟子皇皇不暇著书[8],荀卿盖亦晚而有作[9]。若子云[10]、仲淹[11],方勉焉以模言语,此道未足而强言者也。后之惑者,徒见前世之文传,以为学者文而已,故愈力愈勤而愈不至。此足下所谓终日不出于轩序[12]，不能纵横高下皆如意者，道未足也。若道之充焉，虽行乎天地，入于渊泉，无不之也。

先辈之文浩乎沛然，可谓善矣。而又志于为道，犹自以为未广，若不止焉，孟、荀可至而不难也。修学道而不至者，然幸不甘于所悦，而溺于所止。因吾子[13]之能不自止，又以励修之少进焉。幸甚幸甚。修白。

〔注〕 ① 吴充：字冲卿，建州浦城（今属福建）人。康定二年（1041）中进士，官至同中书门下平章事（即宰相）。 ② 先辈：唐、宋应科举的士子互相推敬谓之先辈，此处作一般敬称用。③ 伥（chāng）伥：无所适从的样子。 ④ 未始：未尝。 ⑤ 溺：沉迷。 ⑥ 数年之顷尔：只用了几年的时间。孔子晚年归鲁后著书的时间约五年，故云。顷，顷刻，短时间。 ⑦"然读《易》者"二句：意谓六经各自有创意，互不雷同。语本李翱《答朱载言书》："创意造言，皆不相师。故其读《春秋》也，如未尝有《诗》也；其读《诗》也，如未尝有《易》也；其读《易》也，如未尝有《书》也；其读屈原、庄周也，如未尝有六经也。" ⑧"故孟子皇皇"句：孟子周游列国，东奔西走，没有时间著书，《孟子》一书为门人记其言行而成。皇皇，奔忙不定的样子。 ⑨"荀卿盖亦"句：荀子先在齐国做官，后至楚，春申君以为兰陵令。春申君死而荀子废，遂居兰陵著《荀子》一书。荀卿，即荀子，名况。 ⑩ 子云：扬雄，字子云，西汉蜀郡成都（今属四川）人，其所著《太玄》模仿《易》，《法言》模仿《论语》。 ⑪ 仲淹：王通，字仲淹，隋绛州龙门（今山西河津）人，其所著《中说》模仿《论语》。 ⑫ 轩序：指屋子。轩是窗户，序是堂屋的东西墙。 ⑬ 吾子：对对方的敬爱称呼。

本文作于康定元年（1040），时欧阳修回京复任馆阁校勘。该年尚未考中进士的吴充进京赴试，投书给欧阳修，向他请教作文之道，欧公即以此信作答。这是一篇论文的书信，为欧阳修文论的代表作。

这篇文章主要阐述三个方面的文论主张。其一，在"文"与"道"的关系问题上，他反对重文轻道，片面讲究形式而忽视内容的倾向，不满意一味溺于文辞，只在技巧形式上下工夫的做法，提倡重道以充文，把作品的思想内容放在首位。文中的中心论点"大抵道胜者文不难而自至也"，强调的就是这个意思。为了进一步论证此观点，作者举出了正反两方面的例子。正面的例子是：孟子东奔西走，没有闲暇的时间写书；荀子早先并未写作，直到晚年才进行著述。他们留下的不朽著作，正是道胜而文不难自至的明证。相反，扬雄、王通只能写出一些模仿圣人之作的著述，就是因为"道未足而强言"。文章接着说："后之惑者，徒见前世之文传，以为学者文而已，故愈力愈勤而愈不至。"认为忽视道而光致力于文，就会南辕北辙，适得其反，愈是用力愈写不出好作品。这些看法，对当时忽视思想内容、只重视形式技巧的时文流弊起到了有力的批判作用。总的来讲，欧阳修既重道又不轻文，他在《代人上王枢密求先集序书》中曾曰："事信言文乃能表见于后世。"但就"道胜者文不难而自至"这一具体观点来看，存在矫枉过正之处，有着把"道"和"文"混同看待的弊病，抹杀了"文"，即作品形式技巧的相对独立性，表现出一定程度的重道轻文的片面性。

其二，在文与现实的关系问题上，他主张文要反映现实，促使现实改变。作者在文中所说的"道"，主要是指儒家之道，他在《与张秀才第二书》中就说过："其道，周公、孔子、孟轲之徒常履而行之者也"，但"道"也指"百事"，含有与现实政治紧密联系的内容。他先在文中说："夫学者未始不为道，而至者鲜焉。非道之于人远也，学者有所溺焉尔"；"一有工焉，则曰：'吾学足矣！'甚者至弃百事不关于心，曰：'吾文士也，职于文而已。'此其所以至之鲜也"，指出有些作者所写"为道"的作品之所以不能达到极致的境地，就是因为他们往往满足于文字上的"工"，"甚者至弃百事不关于心"。他把世间"百事"和"道"联系起来，把"百事"也看作是"道"的内容，从而否定了溺于文字、忽视现实的倾向。后又说："此足下所谓终日不出于轩序，不能纵横高下皆如意者，道未足也。"这里虽然主要还是强调道对文的重要性，但也批评了"终日不出于轩序"，不关心现实的做法。他在另一篇论文书《与黄校书论文章书》中也说："中于时病而不为空言"，反对文章崇尚空谈，脱离实际，主张文章要和现实结合起来，为革除弊政服务。这种关心"百事"，重视反映现实的主张，是他的政治革新精神和忧国忧民思想在文学观上的体现。

其三，在继承和革新的关系问题上，主张继承与革新相结合，标举创新，反对模仿前作，拾人牙慧。文章中"读《易》者如无《春秋》，读《书》者如无《诗》"，就是继承李翱的观点，肯定作品的创意造言要有新意，要有个性特点，不能陈陈相因，千篇一律。后面批评扬雄模仿《易》作《太玄》，模仿《论语》作《法言》，批评王通模仿《论语》作《中说》，说是"勉焉以模言语"，也是不满对前人遗产全盘照搬，亦步亦趋，缺乏创造性的做法。欧阳修的这些思想曾不止一次地表达过，他一再谆谆告诫人们作文不要"模拟前人"，并说："孟、韩文虽高，不必似之也，取其自然耳。"（见曾巩《与王介甫第一书》）反对"为辞不规模于前人，则必屈曲变态以随时俗之所好，鲜克自立。"（《与乐秀才第一书》）可见，在欧阳修看来，创新也是写好古文的重要关键之一。

欧阳修从天圣年间进入仕途，开始写作古文起，到写这篇书信的时候，已经过了十几年。此文中提出的上述主张，是他这段时期古文创作的经验总结，是他古文理论的重要组成部分，对当时兴起的古文运动具有指导意义，并对整个中国文论史的发展作出了重大贡献。

本文在写作上的最大特色，是摇曳跌宕，婉转曲折，体现了欧阳修散文“纡余委备，往复百折”（苏洵《上欧阳内翰书》）的典型风格。

这是欧阳修在收到吴充的书函及文章，表示向他求教作文后所写的回信，但开头并没有就从对为文的看法讲起，而是在首段先称赞对方的文章。说一开始读时觉得“浩乎若千万言之多”，而再仔细一看，“才数百言尔”，于是发出赞叹：“非夫辞丰意雄”，“何以至此！”从而巧妙地称赞了对方所作之文。接着又由其为文转到其为人，说对方文好而却仍然向人求教，“此好学之谦言也”。一起首就写得如此波折起伏，摇曳生姿，令人叫绝。第二段依旧没有讲作文之法，而说人们投献文章往往为了请托引荐，可是自己官卑权小，人微言轻，“奚取于修焉？”况且对方“学精文雄”，也用不到自己来延誉，那为什么还要来求教呢？在几经曲折后才推测道：“得非急于谋道，不择其人而问焉者欤？”可能是因为急于求道，才随便选择个人来请教的。这样写既婉转地肯定了对方写信请益的动机，又含蓄地表达了自己的谦虚。此段一波三折，层见叠出的特点同样十分突出。第三、四段是文章的主体部分，正面论述古文主张，其核心是强调道对文居主导地位，突出道的重要性，但先指出当时的弊病：有些人认为自己是个文士，任务就是作文，于是沉迷于为文而文，只在文辞上花力气，结果事与愿违，“此其所以至之鲜也”。然后以孔子为典范，指出他晚年只用几年时间就修订成六经，“何其用功少而至于至也”，其原因何在？作者便顺势提出全文的主旨：“然大抵道胜者文不难而自至也。”接着用孟子、荀子和扬雄、王通正反两方面的实例，进一步说明只有道充足文才能达到极致境地的道理。后又回到写人们沉溺于文的弊端，指出只重文辞而忽视道的作用的人，就会越用力气越写不好文章。结论是道充实了，“虽行乎天地，入于渊泉，无不之也”。这两段论文也是写得有波澜，多转折。最后一段是结束语，先说对方文辞雄健，又志于为道，这样不停地发展下去，达到孟子、荀子的境界也不难。后才转到谦虚地表示自己学道不至，但并不溺于所止，现在能得到对方不断进取精神的激励，深感万幸。全文曲径通幽，峰回路转，极尽千波百折、腾挪跌宕之妙，正如清代金人瑞所评：“卓然有主于胸中，而笔底又能行之以清折。看他笔笔清深，笔笔曲折。”（《批才子古文》卷十三）《答吴充秀才书》作为一篇以议论为主，指导人作文的信函，采用这种写法，就收到了既娓娓道来，服人以理，又灵动多变，引人入胜的极佳效果。

苏轼称欧阳修为“今之韩愈也”（《六一居士集叙》）。这话是对的，但不够全面。应该说，不论是文论主张还是写作实践，欧阳修之于韩愈，既有继承和相似的一面，又有发展和变化的一面。欧、韩的文道观是相一致的，但又有所区别。

就拿“道”来说，他们都主要指儒家之道，但从本文所强调的“百事”来看，欧阳修所说的“道”的社会内容要比韩愈的“道”更为显著。再就具体写作来说，此文与韩愈的《答李翊书》十分相似，两者都是论文书，皆为各自文论的代表作，且都谈文与道的关系等问题，欧文明显受到过韩文的影响，但这两篇文章的写法与风格有所不同。韩愈的《答李翊书》虽也有写得委婉曲折的地方，不过全文还是体现了他自己的“气盛言宜”的文论主张，其气势旺盛的特点更为突出，而《答吴充秀才书》则纯以“往复百折”见长。从这两篇欧、韩文的比较中，亦可印证清人袁枚如下的说法是颇有见地的：“欧公学韩文，而所作文全不似韩，此八家中所以独树一帜也。”（《随园诗话》卷六）

（吴小林）

上杜中丞论举官书

具官①修，谨斋沐②书中丞③执事④：修前伏见举南京⑤留守推官石介⑥为主簿⑦。近者，闻介以上书论赦被罢，而台中因举他吏代介者。主簿于台职中最卑，介，一贱士也，用不用当否，未足害政。然可惜者，中丞之举动也。

介为人，刚果有气节，力学，喜辩是非，真好义之士也。始执事举其材，议者咸曰知人之明。今闻其罢，皆谓赦乃天子已行之令，非疏贱当有说，以此罪介，曰当罢。修独以为不然。然不知介果指何事而言也。传者皆云介之所论，谓朱梁⑧刘汉⑨不当求其后裔尔。若止此一事，则介不为过也。然又不知执事以介为是为非也。若随以为非，是大不可也。

且主簿于台中非言事之官，然大抵居台中者，必以正直刚明、不畏避为称职。今介足未履台门之阈⑩，而已用言事见罢，真可谓正直刚明、不畏避矣。度介之才，不止为主簿，直可任御史也；是执事有知人之明，而介不负执事之知矣。

修尝闻长老⑪说，赵中令⑫相太祖皇帝⑬也，尝为某事择官，中令列二臣姓名以进，太祖不肯用。它日又问，复以进，又不用。它日又问，复以进，太祖大怒，裂其奏掷殿阶上，中令色不动，插笏带间⑭，徐拾碎纸袖归中书。它日又问，则补缀之复以进，太祖大悟，终用二臣者。彼之敢尔者，盖先审知其人之可用，然后果而不可易也。今执事之举介也，亦先审知其可举邪，是偶举之邪？若知而举，则不可遽止；若偶举之，犹宜一请介之所言，辩其是非而后已。若介虽忤上，而言是也，当助以辩；若其言非也，犹宜曰所举者为主簿尔，非言事也，待为主簿不任职，则可请罢。以此辞焉可也。

且中丞为天子司直之臣[15]。上虽好之，其人不肖，则当弹而去之；上虽恶之，其人贤，则当举而申之。非谓随时好恶而高下者也。今备位之臣百千，邪者正者，其纠举一信于台臣。而执事始举介曰能，朝廷信而将用之，及以为不能，则亦曰不能，是执事自信犹不果。若遂言它事，何敢望天子之取信于执事哉？故曰主簿虽卑，介虽贱士，其可惜者，中丞之举动也。

况今斥介而它举，必亦择贤而举也。夫贤者固好辩，若举而入台，又有言，则又斥而它举乎？如此，则必得愚暗懦默者而后止也。伏惟执事如欲举愚者，则岂敢复云；若将举贤也，愿无易介而它取也。

今世之官，兼御史[16]例不与台事，故敢布狂言，窃献门下，伏惟幸察焉。

〔注〕 ① 具官：书信中对本人官职的省写，以示谦敬。 ② 斋沐：斋戒沐浴，以示尊敬。为书信中套语。 ③ 中丞：指御史中丞，为御史台长官。当时杜衍任此官。 ④ 执事：对对方的敬称，表示不敢直称对方，只呼其身边办事者而告之。 ⑤ 南京：在今河南商丘市南，宋大中祥符七年(1014)建为南京。 ⑥ 石介：字守道，曾隐居徂徕，人称徂徕先生，北宋初学者。⑦ 主簿：官名，这里指御史台主簿，负责文书及其他事务，官职低微。 ⑧ 朱梁：指后梁，帝王姓朱，故称。 ⑨ 刘汉：指后汉，帝王姓刘，故称。 ⑩ 阈(yù)：门槛。 ⑪ 长老：老年人。⑫ 赵中令：指赵普，在宋太祖、太宗两朝任宰相，曾授中书令。 ⑬ 太祖皇帝：即赵匡胤，宋朝创立者。 ⑭ 插笏(hù)带间：把笏插在腰带间。笏，古代大臣朝见皇帝时所执的手板，可用以记事。 ⑮ 司直之臣：御史台的职责是弹劾纠正官员的过失，故称。 ⑯ 兼御史：欧阳修当时兼领监察御史，此仅有官资迁叙之名义，不可实际参与御史台事务。

本文作于景祐二年(1035)。是年二月，御史中丞杜衍荐举石介为御史台主簿，十一月，宋仁宗因行祭天大礼，下诏大赦，录用五代及诸国后嗣。当时石介尚未到御史台就职，即上书表示反对，因此触怒仁宗，被罢免官职。朝中众臣都认为石介以卑微之位而谏说皇帝已行之令，罪当罢官，独欧阳修以为不然，故致书杜衍，对罢免石介一事提出了自己的看法，希望杜衍能向皇帝申说而挽回此事。

欧阳修当时任馆阁校勘，虽兼领监察御史，但此职仅有官资迁叙之名义，不可实际参与御史台的事务。故按照通例，他无权对罢免石介一事发表意见。但欧阳修深感此事反映了朝廷用人的原则，会对朝政产生重大影响，他毅然决然地仗义执言，修书呈送杜衍，可以想知，他的心情是十分急切的。然而在这篇书信中，欧阳修并没有用严厉质问或慷慨陈词的方式来表达自己的心绪，而是处处从维护杜衍的角度来思考问题，根据对方的身份和面对此事可能出现的心理情状，设想周全，说理透辟，在不急不躁的叙述议论中，却又透出步步紧逼的气势。

欧阳修在文章起首就指明，若就事论事地看石介罢免，本无关治政大局，然令人深感可惜的，恰恰是杜衍因此而受到的影响。这清楚地表明，欧阳修致书杜衍的原因不单是为石介抱屈叫冤，更是出于对杜衍的尊重与关切。这固然是欧阳修的真实想法，而从文章效果来看，这样的表述立即缩短了他与杜衍的距离，从情感上为以下内容的展开创造了条件。不难想象，对杜衍而言，荐举的对象未上任就遭罢免，毕竟令人沮丧，举人不当似是难以逃脱的批评。然而出人意料的是，欧阳修却大力肯定杜衍有知人之明。一方面，他强调石介一贯刚正好义，并以当时朝官的一致称赞说明杜衍荐举的正确。另一方面，他对石介此次举动作出不同众人的解释，认为这恰好证明了石介固有的品格，也证明了杜衍的眼光。这里，欧阳修以热烈的情绪极称："是执事有知人之明，而介不负执事之知矣。"显然，欧阳修是以赞美、维护杜衍的方式，表达了不赞同罢免石介的看法。

不仅如此，欧阳修进而鼓励杜衍应百折不回地坚持自己的正确主张。在此，欧阳修生动地描述了宋初发生在赵普和宋太祖之间的一件事，这个事例不仅切合文中话题，而且，将深得太祖信任的一代名相作为仿效范例，也是不露声色地表达了对杜衍的尊敬和信任。除了正面的鼓励，欧阳修也后退一步，提出另一种设想，并指出，杜衍如果跟随众人而轻易改变主张，那种"自信犹不果"的表现，必将失去皇帝的最后信任，在其他问题上也难以实现自己的主张。可以看到，欧阳修的态度是明朗坚决、不留余地的，但他论说的前提是对杜衍有知人之明的肯定，其基调是对杜衍的敬重和信任，其内容是设身处地地为杜衍权衡谋划，这构成了文章刚柔兼具的气格。

为了最大程度地达到表述效果，欧阳修思虑细密，在文章细节处尤见这一特点。如第一段，作者以"然可惜者，中丞之举动也"表明自己的关注方向，这既有上文所说的靠近对方的心理效应，同时也有立刻吸引对方注意力，令人急欲知道究竟的作用。而在层层论说的基础上，他再次写道："故曰主簿虽卑，介虽贱士，其可惜者，中丞之举动也。"这说明作者在文首并非故发警竦之言，他是经过周密思虑才有此说，这一笔既强调了自己的见解，也起到绾结全文的作用。又如欧阳修在第二段表明自己“不知介果指何事而言也”，看似顺笔一提，却撇清了他和石介的关系，说明两人之间并没有超出规矩的特殊联系，以免引起不必要的猜测而影响文章效应。与此同时，欧阳修还表示了一层意思，他在不晓石介所言的情况下即写此信，说明石介上书内容其实并不重要。这一意思在后文得到了揭示，他一方面向杜衍提出当了解石介所言，“辩其是非而后已”，另一方面又分别从是或非两个方面进行设想，结论是无论哪种情况皆不可就此罢免，那么，他本人不清楚石介之言即为其辩说的合理性也就此得到申明。

苏洵曾称欧阳修文“气尽语极，急言竭论，而容与闲易，无艰难劳苦之态”（《嘉祐集笺注》卷一二《上欧阳内翰第一书》）。本文即表现出执着激奋与从容细密两者紧密结合的特点，可见，在欧阳修早期写就的文章中，这一个性风貌已经有了突出表现。能够形成这样的文章风格，固然有写作上的技巧，但也离不开作者的胸襟气度。就欧阳修与石介的关系而言，他确实认同石介的基本人格，他在后来所作的《徂徕石先生墓志铭》中写道：“其遇事发愤作为文章，极陈古今治乱成败，以指切当世。贤愚善恶，是是非非，无所讳忌。”（《欧阳修全集·居士集》卷三四）这与他在本文的评说是一致的。然而，对于石介的某些不足，欧阳修也毫不留情地指出，就在写本文的同一年，他在书信中就多次对石介为学过求怪异提出批评。可以说，在此次石介罢免一事上，他完全是出于高度的责任感，不夹杂个人私念，心胸坦荡，文章也就从容大气。　（陈晓芬）

祭尹师鲁文

维[①]年月日[②]，具官[③]欧阳修谨以清酌庶羞[④]之奠，祭于亡友师鲁十二兄[⑤]之灵曰：

嗟乎师鲁！辩[⑥]足以穷万物[⑦]，而不能当一狱吏；志可以挟四海[⑧]，而无所措[⑨]其一身[⑩]。穷山[⑪]之崖，野水[⑫]之滨，猿猱[⑬]之窟[⑭]，麋[⑮]鹿之群，犹不容于其间兮[⑯]，遂即万鬼而为邻[⑰]。嗟乎师鲁！世之恶子[⑱]之多，未必若爱子者之众，何其穷而至此[⑲]兮，得非命在乎天，而不在乎人？

方其奔颠[⑳]斥逐[㉑]，困厄艰屯[㉒]，举世皆冤，而语言未尝以自及[㉓]，以穷至死，而妻子不见其悲欣。用舍[㉔]进退，屈伸语默[㉕]，夫何能然，乃学之力[㉖]。至其握手为诀[㉗]，隐几待终，颜色不变，笑言从容；死生之间，既已能通于性命，忧患之至，宜其不累于心胸。自子云[28]逝，善人宜哀；子能自达[29]，予又何悲！惟其师友之益，平生之旧，情之难忘，言不可究[30]。

嗟乎师鲁！自古有死，皆归无物[31]，惟圣与贤[32]，虽埋不没，尤于文章，焯[33]若星日。子之所为，后世师法，虽嗣子[34]尚幼，未足以付予[35]，而世人藏[36]之，庶[37]可无于坠失[38]。子于众人，最爱予文[39]，寓辞千里[40]，侑[41]此一尊[42]，冀以慰子，闻乎不闻？尚飨！[43]

〔注〕 ① 维：发语词，无义。 ② 年月日：具体时间临祭时再填写，这是文稿预留的位置。 ③ 具官：作者当时所任官职的省写。本文作于庆历八年(1048)，时欧阳修以知制诰徙知扬州。 ④ 清酌庶羞：清酒佳肴。古代清酒是好酒，浊酒是劣酒。庶羞，众多的佳肴。羞，借为"馐"，好的食品。 ⑤ 十二兄：这是尹师鲁的排行。古人重排行，唐宋尤甚。 ⑥ 辩：辩才，赞扬尹师鲁口才好。 ⑦ 穷万物：可以说出穷尽万物的真理。 ⑧ 志可以挟(xié)四海：这句话说他(指尹师鲁)的志向远大，仿佛四海都可以用胳膊夹住。挟，挟持，用两个胳膊夹住。古语云："挟泰山以超北海"(《孟子·梁惠王上》)，应为本句出处。 ⑨ 措：安放，措置。 ⑩ 一身：一个人，这里指尹师鲁本人。 ⑪ 穷山：荒僻的山丘。 ⑫ 野水：乡野的溪河。 ⑬ 猱(náo)：猿的一种，即猕(mí)猴。 ⑭ 窟：洞窟，这里指猿猴的居处，自然也是荒凉的。 ⑮ 麋(mí)：一种哺乳动物，毛淡褐色，雄有角，但角像鹿，尾像驴，蹄像牛，颈像骆驼，俗称四不像。原产我国，是一种稀有珍贵兽类。 ⑯"犹不"句：这句话总结前四句，极言即使是穷山恶水、荒僻之地，也不能容纳这位口有辩才、胸有大志的天才人物(指尹师鲁)。 ⑰ 万鬼而为邻：指尹的去世。意即既然天地人间不能容纳他，他只有以万鬼为邻(居)，走向死路了。 ⑱ 恶子：憎恨你的人。 ⑲ 何其穷而至此：何至于穷厄到这样的地步。据作者的《尹师鲁墓志铭》云："师鲁凡十年间，三贬官，丧其父又丧其兄。有子四人，连丧其三；女一适人，亦卒，而其身终以贬死。一子三岁，四女未嫁，家无余资，客其丧于南阳，不能归。"真可以说穷厄之极。 ⑳ 奔颠：奔走颠簸，言其生活不安定。 ㉑ 斥逐：贬斥放逐，暗示多次贬官。 ㉒ 屯：艰难。 ㉓ 自及：言及自身，指没有私心。参考《尹师鲁墓志铭》："疾革，隐几(几案)而坐，……与宾客言，终不及其私。" ㉔ 用舍：起用或贬弃，与"进退"意相近。舍，舍弃，抛弃。 ㉕ 语默：言语默默，即"不见其悲欣"，沉默寡言。 ㉖ 学之力：是好学而养成的精神力量。所谓学，当然是指儒学，也就是《墓志铭》所说的"其大节乃笃于仁义，穷达祸福不愧古人"，有很高的思想道德修养。 ㉗ 诀：诀别。 ㉘ 云：语助词，无义。 ㉙ 达：通达，指忧患进退都能看得透，想得通。 ㉚ 究：穷究，探究。意为两人交谊情同师友兄弟，非言语所能表达而穷尽。 ㉛ 无物：指死后人的肉体可以逐渐消亡无迹。 ㉜ 圣与贤：圣人与贤人。古代圣人与贤人是有区别的。圣人是神圣的人，指道德品质特别高的人，儒家典籍中多以泛指尧、舜、禹、汤、文、武、周公、孔子，后又特指孔子。贤人是贤能的人，要才德并美兼备，位于圣人之下。作者把尹师鲁看成圣贤之间，"子之所为，后世师法"。 ㉝ 焯(zhuó)：明亮，明显。 ㉞ 嗣(sì)子：继承人。 ㉟ 付予：交付给予。 ㊱ 藏：爱护，宝藏。 ㊲ 庶：几乎，差不多。 ㊳ 坠失：坠落散失。尹师鲁的幼子名尹朴，父亲去世时才三岁，事实上后来亦夭亡了。因此"子之所为"，包括他的遗

著《河南集》和其他精神财富都失去传人。这是作者所没有料到的。 ㊴“子于众人”两句：尹在众人中，最喜欢我的文章。 ㊵寓辞千里：指作者将这篇祭文托人寄到洛阳葬地。辞，祭文。千里，形容两地相距之远。当时作者在扬州任职，而尹师鲁的灵柩在友人的帮助下亦已从南阳归葬洛阳，两地距离确实不近。 ㊶侑(yòu)：劝酒。 ㊷尊：古代的酒器，以青铜或陶土为之。这里是泛指。 ㊸尚飨(xiǎng)：请享用祭物。这是一般祭文的习惯性结束语。尚，差不多，有祈请之意。飨，享用。

这是一篇祭文。古代祭文基本上有两种，一种是祭神(包括天地水旱雷电之神)的，一种是祭人(包括亲人和友人)的。明代的吴讷说：“大抵祷神以悔过迁善为主，祭故旧以道达情意为尚。若夫谀词巧语，虚文蔓说，固弗足以动神，而亦君子之所厌听也。”(《文章辨体序说》)宋以前，王僧达的《祭颜延年》，刘令娴的《祭夫徐敬业文》，韩愈的《祭十二郎文》《祭柳子厚文》，白居易的《祭元微之文》等都堪称名篇。欧阳修写的祭文虽然数量没有他写的墓志铭多，但也有不少名篇，其中《祭石曼卿文》《祭梅圣俞文》《祭苏子美》等，都是人们经常提及的，成就也在墓志铭之上，足可为后人取法。祭文一般比较短，本文虽略长于《祭苏子美文》，却也只有三百三十二字，可以说是很短的了。

这篇祭文的最重要特点是痛惜抒哀，极为真挚深沉，感人肺腑。阅读时，最好能与作者写的另一篇《尹师鲁墓志铭》一起参读，以便互相比较补充，加深对这位与欧阳修“兄弟交”却不幸早逝的北宋著名文士尹师鲁的认识。根据严杰的《欧阳修年谱》和张兴璠的《欧阳修传》，欧尹的相识是在天圣九年(1031)两人在洛阳任官时，当时尹三十一岁，欧二十五岁。他们与朋友僚佐们在一起宴游赋诗。后来又模仿白居易的“香山九老会”，他们两人也成了“八老”之一，欧被称为“逸老”，尹被称为“辩老”，还有张先被称为“默老”，梅尧臣被称为“懿老”，张尧夫被称为“晦老”，杨愈被称为“俊老”等等，各有雅号，虽然他们都并不老，但彼此的感情是很融洽的。到尹师鲁于南阳去世的庆历七年(1047)四月，两人相交的时间长达十六年之久，不仅在政治上，而且在文学上、生活上都情同兄弟，堪称战友。作者在《尹师鲁墓志铭》中，对他的生平、履历、为人、性格、才能和杰出成就，进行了全面的评价：

> 天下之士识与不识皆称之曰师鲁，盖其名重当世。而世之知师鲁者，或推其文学，或高其议论，或多其才能。至其忠义之节，处穷达，临祸福，无愧于古君子……为文章，简而有法。博学强记，通知今古，长于《春秋》。其与人言，是是非非，务穷尽道理乃已，不为苟止而妄随，而人亦罕能过也。遇事无难易，而勇于敢为，其所以见称于世者，亦所以取嫉于人，故其卒穷以死。

而本祭文对尹师鲁的生平履历却一概略去，而将重点转向对其“奔颠斥逐，困厄艰屯”不幸命运的惋惜，对其“屈伸语默”“笑言从容”“语言未尝以自及”的人格和道德力量加以赞美，对其“辩足以穷万物，而不能当一狱吏；志可以挟四海，而无所措其一身”的“举世皆冤”的不公正遭遇表示愤慨，对其形同圣贤，“虽埋不没，尤于文章，焯若星日”，可为“后世师法”的历史地位充满信心……观点坦率直露，不吞吞吐吐，抒情真挚激昂，敢于褒贬，从而也映衬出作者本人血性与男儿的本色。其实，这些年间作者的仕途也不平顺，他的改革朝政的思想也不断遭到保守派的反对而屡遭挫折，一贬为夷陵令，再贬乾德县令，三贬为通判滑州，四贬为滁州知州，五贬为徙知扬州，历经磨难，同时昔日的友人相继凋亡，因此内心深处也有一种不平之气不断郁积，升腾，奔涌。这篇祭文，如同《祭苏子美文》一样，是一种情感的喷发，一方面是哀痛友人冤死，另一方面也是借此浇自己屡遭贬斥的“块垒”，故而感情显得比较愤激。

作为祭文，本文在形式上也有自己的特点。第一，除了一般套语外，它的头段和尾段，都以“嗟呼师鲁”领起，有强烈的感情色彩。第二，以扇对（即隔句对）为正文的开头，即以“辩足以穷万物”，对“志可以挟四海”，“不能当一狱吏”对“无所措其一身”，虽有些突兀，却比较工整，这一定是作者预先想好的佳句，希望起“语出惊人”的效果。前面我们已指出，尹师鲁在洛阳“八老”中，是以“辩老”知名的，当时这一定给了作者以深刻印象，因此当他为本文设对时，当然首先会有“辩”字涌进脑海。第三，全文以四字句为主，这是祭文中的常例。除套语外，它共六十二句，其中四字句四十一句，准四字句如“方其**奔颠斥逐**”“至其**握手为诀**”“既已能**通于性命**”“宜其不**累于心胸**”“惟其**师友之益**”“虽**嗣子尚幼**”“未**足以付予**”“**而世人藏之**”“庶可**无于坠失**”等，共九句，合起来共占五十句，几乎是六分之五。第四，两处用了骚体句，如“犹不容于其间兮”“何其穷而至此兮”，说明作者力图打破句式的呆板。第五，适当押韵。如第二自然段的“滨”“群”“邻”；第三自然段的“屯”“冤”，“力”“诀”，“终”“容”“胸”，“旧”“究”，第四自然段的“物”“没”，“日”“里”“失”，“文”“尊”“闻”等。当然是宽韵，平上去入通押，比较随意的那一种。

（毛水清）

祭苏子美[1]文

维年月日，具官欧阳修谨以清酌庶羞之奠，致祭于亡友湖州长史[2]苏君子美之灵曰：

哀哀子美，命止斯[3]邪！小人[4]之幸[5]，君子[6]之嗟[7]！子[8]

之心胸，蟠屈龙蛇，风云变化，雨雹交加，忽然挥斧，霹雳轰车。人有遭[9]之，心惊胆落，震仆[10]如麻，须臾霁止[11]，而回顾百里，山川草木，开发萌芽。子于文章，雄豪放肆有如此者，吁[12]可怪邪！

嗟乎世人，知此而已，贪悦[13]其外，不窥[14]其内。欲知子心，穷达之际[15]，金石虽坚，尚可破坏，子于穷达，始终仁义。惟人不知，乃穷至此，蕴[16]而不见，遂以没地[17]，独留文章，照耀后世。嗟世之愚，掩抑[18]毁伤，譬如磨鉴[19]，不灭愈光。一世之短，万世之长，其间得失，不待较量[20]。哀哀子美，来举予觞[21]。尚飨！

〔注〕①苏子美：作者最亲密的友人之一，名舜钦，字子美。生于开封，苏易简之孙。北宋古文家和诗人。与梅尧臣齐名，时称“苏梅”。卒于庆历八年(1048)，年四十一。　②湖州长史：湖州知州的属官。庆历八年，苏复官湖州长史，未赴任而卒。湖州，今浙江湖州市，在省境之北。　③斯：此，这里。　④小人：指庆历新政的反对者。　⑤幸：幸运。　⑥君子：指庆历新政的主持者和拥护者。　⑦嗟：嗟叹，可惜。　⑧子：您。指苏子美。下面十三组四字句，均以生动的笔触，形容苏文闪电雷鸣、雄健奇幻、震撼人心的风格。　⑨遭：遭遇。⑩仆：扑，倒地。　⑪霁(jì)止：雨后天晴。　⑫吁(xū)：叹词，表示惊异。　⑬贪悦：贪图喜悦。　⑭窥：看。　⑮穷达之际：指仕途。穷，潦倒，不顺。达，升官，通达。　⑯蕴：内蕴，包含。　⑰没地：埋没而死。　⑱掩抑：掩盖压制。　⑲鉴：镜子，古人以铜为鉴，铜镜隔一段时间会生锈斑，需要适当打磨，方始光亮。　⑳不待较量：用不着较量。　㉑来举予觞：来和我一起举觞。觞，酒杯。

本文作于庆历八年(1048)十二月，当时作者四十二岁，在扬州任知州。据作者《湖州长史苏君墓志铭》所载：“居数年(指苏被贬居苏州)，复得湖州长史。庆历八年十二月某日，以疾卒于苏州，享年四十有一。”写作此文的具体时间，应是子美去世后不久。他们两人几乎是同龄友人。

作者初识苏舜钦为天圣六七年间，在京师开封时。据作者《苏氏文集序》云：“天圣(宋仁宗年号，1023—1032)之间，予举进士于有司，见时学者务以言语声偶擿裂，号为时文，以相夸尚。而子美独与其兄才翁及穆参军伯长，作为古歌诗杂文，时人颇共非笑之，而子美不顾也。其后天子患时文之弊，下诏书讽勉学者以近古，由是其风渐息，而学者稍趋于古焉。”这段话告诉我们作者与子美的相识相交，是以改革时文和诗文革新为基础的。子美之兄舜元(字才翁，善草书及歌诗)和穆参军(名穆修，字伯长，以古文称)等人，也是诗文革新的中坚人物。苏舜钦开始写作古文的时间甚至早于欧阳修，作者自己也说：“子美之齿少于予，而予学古文反在其后”(《苏氏文集序》)。据《宋史》本传,子美在担任集贤校理、监进奏院祠神时,按惯例用所拆奏封的废纸换钱置酒宴会宾客,受到保守势力的弹劾而被削籍为民,贬死吴中,加给他的罪名实际上只是一种借口,一种迫害。他成了庆历革新运动的牺牲品之一。

这篇祭文,从内容上说,作者同情友人苏子美的冤死,既悲痛又愤激,情感色彩很强烈。全文一开始用“哀哀子美”,结尾时又用“哀哀子美”,并以此贯穿全文,笼罩全篇。作者直指“小人之幸,君子之嗟”,爱憎分明。所谓小人,是指弹劾者王拱辰、鱼周询等人。作者“嗟乎世人”,无眼识珠,“贪悦其外,不窥其内”,表面看人,是非颠倒,而实际上子美是一个真君子,“子于穷达,始终仁义”,他的为人为文虽埋没当世,却都可以“照耀后世”。只是才及中年,“命止斯邪”,是很值得痛惜的。作者“嗟世之愚”,把子美的一生为人,比成一面镜子,令人想起唐太宗谈到谏臣魏徵的死时说的“今魏徵徂逝,遂亡一镜”(前此,他有“三镜”说:即“以铜为镜,可以正衣冠;以古为镜,可以知兴替;以人为镜,可以明得失”,见《贞观政要·任贤第三》),“譬如磨鉴,不灭愈光”,会越磨越亮的。因此,虽然“一世之短”,才四十一年,但“万世之长”,堪为后人效法。作者归结说:这其中的得与失,是明眼人一看就知道,用不着锱铢细较、反复权衡的,这就是苏子美永久的价值。评价很高。

本文的另一个特点是以四字句为主,语言短促有力,铿锵动听。读者阅读时要注意其中的句式和韵脚。如第二自然段共二十句,除了第十五句和第二十句略有变化外,其他十八句都是完全的四字句。其中嗟、蛇、化、加、车、麻、芽、邪八字古读都是押韵的。第二段二十七句,二十六句全是标准四字句,只有一句是二字句。其中前十六句为一韵,已、际、义、知、此、地、世七字是押韵的。后十一句为一韵,伤、光、长、量、觞五字为一韵。当然是宽韵,平上去入通押,许多旧小韵部合并为大韵部。全文仅二百二十八字,可以说简练之极,基本上是一首四言抒情古诗,是一篇感人肺腑、言简意深、生动流畅、一气呵成的哀祭佳作。

其中第二段描写苏子美的诗文创作风格,用了许多形象的比喻,最为精彩,读者应该细细品味。其实,此前在其往来的诗文也已经有所描写,如《水谷夜行寄子美圣俞》:“缅怀京师友,文酒邈高会,其间苏与梅,二子可畏爱。篇章富纵横,声价相磨盖。子美气尤雄,万窍号一噫,有时肆颠狂,醉意洒雾沛。譬如千里马,已发不可杀。盈前尽珠玑,一一难柬汰。梅翁事清切,石齿漱寒濑。作诗三十年,视我犹后辈。文词愈清新,心意虽老大。譬如妖韶女,老自有余态。近诗尤古硬,咀嚼苦难嘬。初如食橄榄,真味久愈在。苏豪以气轹,举世徒惊骇。梅穷独我知，古货今难卖。二子双凤凰，百鸟之嘉瑞……”今录之，以供比较参考。此诗以比较平静的心态，缅怀京师好友苏子美与梅尧臣，比较他们诗风的各自特点和艺术成就，显示了很高的审美视野和鉴赏水平。而本文在作者的祭奠哀痛和惋叹中，更激发了丰富的想象力，因此意象喷薄叠出，又体现了一种浪漫的豪情，使文章别具一种淋漓的才气和人格的魅力。

（毛水清）

祭资政范公文

月日，庐陵[①]欧阳修谨以清酌庶羞[②]之奠，致祭于故资政殿学士、尚书户部侍郎范文正公[③]之灵曰：

呜呼公乎！学古居[④]今，持方入圆[⑤]，丘、轲[⑥]之艰，其道则然[⑦]。公曰彼恶[⑧]，公为好讦[⑨]；公曰彼善，公为树朋[⑩]；公所勇为，公则躁进；公有退让，公为近名[⑪]。谗人之言，其何可听！先事而斥[⑫]，群讥众排；有事而思[⑬]，虽仇谓材[⑭]；毁不吾伤，誉不吾喜；进退有仪，夷行险止[⑮]。

呜呼公乎？举世之善，谁非公徒[⑯]；谗人岂多，公志不舒。善不胜恶，岂其然乎？成难毁易，理又然欤！

呜呼公乎！欲坏其栋[⑰]，先摧桷榱[⑱]；倾巢破鷇[⑲]，披折傍枝。害一损百，人谁不罹[⑳]，谁为党论[㉑]，是不仁哉！

呜呼公乎！易名谥行[㉒]，君子之荣。生也何毁[㉓]，没也何称[㉔]？好死恶生，殆非人情。岂其生有所嫉，而死于所争？自公云亡[㉕]，谤不待辨，愈久愈明，由今可见。始屈终伸，公其[㉖]无恨。写怀[㉗]平生，寓[㉘]此薄奠。

〔注〕 ① 庐陵：今江西吉安市，欧阳修为今江西永丰县人，但其先世为庐陵大族，故称。 ② 清酌庶羞：清酒与众鲜果菜肴，皆祭祀品。 ③ 范文正公：范仲淹死后的谥号。 ④ 居：治理，处理。 ⑤ 持方入圆：以方榫就圆凿，喻艰难。 ⑥ 丘、轲：孔丘与孟轲。 ⑦ 其道则然：艰难的道理就在这里。 ⑧ 彼恶：那人不好。 ⑨ 好讦(jié)：爱攻击诋毁别人。 ⑩ 树朋：树立朋党。 ⑪ 近名：好名，追求名誉。语出《庄子·养生主》：“为善无近名，为恶无近刑。” ⑫ 先事而斥：指景祐三年(1036)，吏部员外郎、权知开封府的范仲淹以官吏的进用多出吕夷简私门，遂上《百官图》，指出居官者谁为当、谁为不当，并提出近臣进退不宜完全出自于宰相，这就触怒了吕夷简。不久，范仲淹因论迁都事又与吕夷简发生冲突，吕评范为“迂阔，务名无实”；范公进献“帝王好尚”“选贤任能”“近名”“推委”四论，讥切时政，且指责吕夷简败坏宋朝家法。吕夷简遂攻击范“越职言事，离间君臣，引用朋党”。结果是范仲淹被贬。斥，贬斥。

⑬ 有事而思：指西夏元昊反叛朝廷，边防有事，朝廷又想到范仲淹，任用他为陕西经略副使，整顿西部边防。 ⑭ 虽仇谓材：指吕夷简而言。《涑水纪闻》：“范文正公于景祐三年言吕相之短，坐落职知饶州。康定元年复天章阁待制知永兴军，寻改陕西都转运使。会吕公自大名复入相，言于仁宗曰：‘范仲淹贤者，朝廷将用之，岂可但除旧职邪？除龙图阁直学士、陕西经略副使。’上以许公（指吕夷简）为长者，天下皆以许公为不念旧恶。文正面谢曰：‘向以公事忤犯相公，不意相公乃尔奖拔’。许公曰：‘夷简岂敢以旧事为念邪。’” ⑮ 夷行险止：谓范仲淹一生行止夷险兼备。夷，平坦。险，险阻。 ⑯ 谁非公徒：哪一个不是范公的同类。 ⑰ 栋：栋梁。 ⑱ 桷榱（jué cuī）：屋椽。 ⑲ 觳（què）：卵，蛋。 ⑳ 罹：遭遇。 ㉑ 党论：朋党之论，是攻击范仲淹等人的口舌。 ㉒ 易名谥行：不用原名，死后根据死者一生行为给予谥号，此制始于周代。 ㉓ 毁：诋毁，毁谤。 ㉔ 称：称誉。 ㉕ 云亡：死亡，云为语助词。 ㉖ 其：当。 ㉗ 写怀：抒发胸怀。写，宣泄。 ㉘ 寓：寄托。

欧阳修一生钦仰范仲淹。范仲淹是“庆历新政”的主持者，欧阳修是“庆历新政”的支持者。庆历新政，因限制了权贵的利益，受到强烈的反对而失败，但为后来的王安石变法起了先导作用。纵观范仲淹的一生，不愧是一位优秀的政治家、军事家与文学家。

欧、范二人可谓志同道合、同治同难。范每次遭贬，欧都为他鸣不平。

范仲淹死于皇祐四年（1052）五月二十日，同年十二月一日，葬于河南尹樊里之万安山下。欧阳修曾为范公撰《资政殿学士户部侍郎文正范公神道碑铭并序》一文，洋洋洒洒近三千言，此文是《神道碑铭》的姊妹篇，当作于至和元年（1054）或再晚一些。

这篇祭文的写法很别致，其写法完全不同于《神道碑铭》，对范公的平生之事几乎无一句具体涉及，而是把行文的重点放在为范公辩斥谗谤方面。那些利用各种借口的谗人，处处与范公为敌。范公说某人不好，他们便说范公爱攻击别人；范公说某人好，他们便说范公树朋结党；范公勇为朝廷谋事，他们便说范公躁动冒进；范公在利禄方面谦让，他们便说范公沽名钓誉。总之，范公的每一行为，都能受到谗人的攻击与诽谤。范公力图改革，谋事在先，反而遭到贬斥，有人乘机落井下石，讥笑他，排挤他；可是遇到国家的有事之秋，却又想到范公，连他的政敌也认为他是有用之才。毁谤也好，赞誉也好，范公皆能泰然处之，不为谗毁或称誉所动摇，总是按照一定的原则办事，他的一生是夷险兼备的。

“举世之善”以下八句，又从为范公辩诬转入议论。议论的中心是善与恶的斗争。作者认为天下之善人，都是与范公志同道合的同类之辈。所谓同类，当指杜衍、富弼等推行庆历新政的一批人与支持新政的一批人，包括欧公本人。这些正直有为的善人，都是时代的精英。但是那些反对范公的人，亦不在少数，他们起的破坏作用颇大，使得范公的济世强国之志不能施展，所以作者发出“善不胜恶”与“成难毁易”的感叹。

“欲坏其栋”八句，概括了许多史事。新政的反对者为了打击范公，采取的恶劣手法就是“欲坏其栋，先摧桷榱”的手法，企图用连坐之法，对新政的推行者和支持者一网打尽，“倾巢破鷇”犹嫌不足，还要折断巢边的旁枝，收到“害一损百”的效果。这是暗写杜衍、范公罢相后，一大批新政的支持者如尹洙、欧阳修、石介、余靖、孙复等人都被贬黜。而最使欧公感到愤慨的就是吕夷简等人所制造的朋党论，欧公曾作《朋党论》专辩其事，又在《唐六臣传》中说：“呜呼！始为朋党之论者谁欤？甚乎作俑者也，真可谓不仁之人哉！”

末段是为范公“写怀平生”。范公死后谥“文正”，这是对他一生品行的极高评价，生前被谗毁的人，死后却受到称誉。作者对此感叹说：这或者是由于活着的时候有人嫉妒，而死后就无所争了吧！范公的一生已可盖棺定论了，对他的诽谤，可以不必再辩，经过时间和实践的检验，可以说“愈久愈明”了，他受的委屈最终得以疏解，也算是没有什么遗恨了。

此祭文在语言上的特点是多用四言短句，是用铭文的写法成篇的，欧公的铭文不同于六朝的铭文，不用对仗，很少用典故，用韵也比较自由，多次换韵。他写的散文是唐宋古文运动所创造出来的新体散文，铭文也是新体铭文。用铭文体写祭文也是欧公的创造。它的特点是把许多历史事实，用简短的四字句高度概括而成，化实为虚，将史实含蕴在其中，充分发挥铭文的长处。

茅坤评此文说：“范公与公，同治同难，故痛独深。”(《唐宋八大家文钞·欧阳文忠公文钞》卷三十一)也算知人论世之言。范公是死在贬所的，欧公与范公之关系非同一般，祭文抒发的悲痛之情是深切哀惋的，而且一发而不可收。

(刘文忠　刘元煌)

祭石曼卿文

维治平四年[①]七月日，具官[②]欧阳修，谨遣尚书都省[③]令史[④]李敭，至于太清[⑤]，以清酌[⑥]庶羞[⑦]之奠，致祭于亡友曼卿之墓下，而吊之以文，曰：

呜呼曼卿！生而为英，死而为灵。其同乎万物生死，而复归于无物者，暂聚之形；不与万物共尽，而卓然其不朽者，后世之名。此自古圣贤莫不皆然，而著在简册[⑧]者，昭如日星。

呜呼曼卿！吾不见子久矣，犹能仿佛[⑨]子之平生。其轩昂[10]磊落[11]、突兀峥嵘[12]而埋藏于地下者，意其不化为朽壤，而为金玉之精。不然，生长松之千尺，产灵芝[13]而九茎[14]。奈何荒烟野蔓，荆棘纵横，风凄露下，走磷[15]飞萤？但见牧童樵叟，歌吟而上下[16]；与夫惊禽骇兽，悲鸣踯躅[17]而咿嘤[18]。今固如此，更千秋而万岁兮，安知其不穴藏狐貉[19]与鼯鼪[20]？此自古圣贤亦皆然兮，独不见夫累累乎旷野与荒城[21]！

鸣呼曼卿！盛衰之理，吾固知其如此，而感念畴昔[22]，悲凉凄怆，不觉临风而陨涕[23]者，有愧乎太上之忘情[24]！尚飨[25]！

〔注〕①治平四年：公元1067年。治平，宋英宗年号。②具官：代表作者的官衔。唐宋以来，拟文稿时，常常不一一列举作者的全部官衔，而以“具官”代之。③尚书都省：官署名，即尚书省。宋高承《事物纪原·会府台司·都省》：“汉以仆射总理六尚书，谓之都省。至唐垂拱中，改尚书省曰都省。”④令史：三省、六部的低级办事员。⑤太清：乡名，指永城县(今河南省商丘市东南)太清乡，石氏祖坟所在。欧阳修《石曼卿墓表》：“既卒之三十七日，葬于太清之先茔。”⑥清酌：祭奠用的酒。⑦庶羞：多种佳肴，众多曰庶，肴美曰羞，指祭品。羞，同“馐”。⑧简册：史籍。著在简册，犹言名垂青史。⑨仿佛：依稀想见。⑩轩昂：形容气度不凡。⑪磊落：形容仪态俊伟。⑫突兀峥嵘：本都是形容山势高峻的样子，这里用以比喻才具出类拔萃。⑬灵芝：一种菌类植物，古人认为是仙草。⑭九茎：九为极数，九茎灵芝，被认为是祥瑞极品。⑮磷：磷火。人和动物尸体腐烂时，能自燃，夜间发出蓝绿色的火焰，就是磷火，俗称“鬼火”。⑯上下：来回走动。⑰踯躅(zhí zhú)：徘徊不进的样子。⑱咿嘤(yī yīng)：象声词，鸟兽悲鸣声。⑲狐貉(hé)：狐与貉。貉，狸类的兽。⑳鼯鼪(wú shēng)：鼯，俗称飞鼠，肉翼若蝙蝠，能飞行树上，栖于深山，声如人号。鼪，黄鼠狼。㉑荒城：指荒坟。㉒畴昔：往日。㉓陨涕：流泪。㉔太上之忘情：太上，意即最上，指圣人。《世说新语·伤逝》引王戎云：“圣人忘情，最下不及情，情之所钟，正在我辈。”㉕尚飨：祭文末的套语，希望亡灵享用祭品。

这是一篇著名的祭文，林云铭称其“文情浓至，音节悲哀，不忍多读”(《古文析义》卷一四)。石延年，字曼卿，是一位特立独行的天下奇才。欧阳修《石曼卿墓表》云：“曼卿少亦以气自豪。读书不治章句，独慕古人奇节伟行非常之功，视世俗屑屑，无足动其意者。自顾不合于时，乃一混以酒。然好剧饮大醉，颓然自放，由是益与时不合。而人之从其游者，皆知爱曼卿落落可奇，而不知其才之有以用也。”欧阳修于景祐元年(1034)与曼卿同官馆阁校勘，彼此相识恨晚，其时欧阳修二十八岁，曼卿四十岁，虽然他们相聚时间不长，却成为情投意合的挚友。曼卿胸怀韬略，欧阳修认为他对朝廷的建言，“虽精思深虑，不能过也”(《石曼卿墓表》)，枉为治世良才，却仕途蹭蹬，沉沦下僚。欧阳修对曼卿十分倾慕，恐怕不仅仅因为曼卿是文苑中之翘楚。曼卿才华横溢，文章劲健，诗与书法称雄于一时，欧阳修亟赏“曼卿诗辞清绝”(《释秘演诗集序》)，又云：“曼卿自少以诗酒豪放自得，其气貌伟然，诗格奇峭，又工于书，笔画遒劲，体兼颜柳，为世所珍。余家尝得南唐后主澄心堂纸，曼卿为余以此纸书其《筹笔驿》诗，诗曼卿平生所自爱者，至今藏之，号为三绝，真余家宝也。”(《六一诗话》)这些固然是欧阳修之所珍所爱，然而，更加令他心仪的恐怕还是曼卿那不甘与世沉浮的风骨。“曼卿为人，廓然有大志，时人不能用其材，曼卿亦不屈以求合。无所放其意，则往往从布衣野老，酣嬉淋漓，颠倒而不厌。”(《释秘演诗集序》)令欧阳修怦然心动的正是他那自高、自重、不屑随俗俯仰的个性。也许，在世俗人们的眼中，曼卿只是一个酒徒，混迹酒肆；而欧阳修则无愧为他的风尘知己，爱之深，惜之切，深知曼卿乃是一个放浪形骸、不可羁勒的天才，“落落可奇”的一个“奇”字，是欧阳修对他的由衷赞美，不时肆于笔端，“嗟我识君晚，君时犹壮夫。信哉天下奇，落落不可拘。轩昂惧惊俗，自隐酒之徒。……”(《哭曼卿》)论其出处仕隐之大节，则云“曼卿隐于酒，秘演隐于浮图，皆奇男子也”(《释秘演诗集序》)，奇男子——这就是曼卿卓尔不群、横世独立的风范，深深镌刻在朋友的脑海之中久久不可磨灭。曼卿于康定二年(1041)四十七岁英年早逝，欧阳修作长诗《哭曼卿》，并撰写了《石曼卿墓表》，痛惜他的有志难酬：“呜呼曼卿！宁自混以为高，不少屈以合世，可谓自重之士矣。……古之魁雄之人，未始不负高世之志，故宁或毁身污迹，卒困于无闻。”这也就是曼卿的悲剧性的宿命。

而治平四年(1067)作《祭石曼卿文》之时，则在曼卿去世的二十六年之后，欧阳修的晚年，六十一岁，已经是历尽沧桑了。欧阳修一生多次遭到弹劾，治平四年又被蒋之奇、彭思永等诬以帷薄不修之恶名，宦海波涛，令他身心俱瘁，“当其惊风骇浪，卒然起于不测之渊，而蛟鳄鼋鼍之怪，方骈首而闯伺，乃措身其间，以蹈必死之祸”(《归田录序》)。就在这年，他辞去参知政事等职，出知亳州。“平生自恃心无愧，直道诚知世不容。”(《寄答王仲仪太尉素》)一旦离开政治舞台的中心，虽然悠游岁月，却也孤寂失落。此时他已届暮年，不免怀旧，昨梦前尘，往事历历，忆及当日亲朋故旧握手言笑的情景，心潮澎湃，感慨系之。欧阳修曾为很多朋友写过墓志铭，“方从其游，遽哭其死”，“交游零落如此，反顾身世死生盛衰之际，又可悲夫!”(《江邻几文集序》)二十六年的岁月尘封，也不曾抹掉他对亡友刻骨铭心的怀念，他六月到任，七月就派人到曼卿墓前致祭，并写下了这篇深痛沉哀的祭文。

前人评说：“篇中三提曼卿：一叹其声名，卓然不朽；一悲其坟墓，满目凄凉；一叙己交情，伤感不置。文亦轩昂磊落、突兀峥嵘之甚。”(《古文观止》卷十)而一个垂暮之人对于死生盛衰的感悟，则是文之心，文之魂。

祭文首段，“呜呼曼卿”，一声深情迸泪的呼唤，在篇中凡三见，这是幽明永隔的对话，宛若平生风雨对床夜语。生为英杰，死为神灵——这是对曼卿的至高礼赞。此段所涉及的是名与形、灵与肉之关系的哲理命题，他苦苦思索的是生命存在的终极价值，人生有限抑或无限、速朽抑或不朽？生命辉煌永在抑或虚无寂灭？“暂聚之形”（肉体）可以“复归于无物”；而“后世之名”（精神）则可“卓然其不朽”。他在很多文章中表述过这一执着信念。《与王郎中道损书》云：“自古贤者无不死，惟令名不朽，则为永存矣。”《送徐无党南归序》更是论析透辟：“草木鸟兽之为物，众人之为人，其为生虽异，而为死则同，一归于腐坏澌尽泯灭而已。而众人之中有圣贤者，固亦生且死于其间，而独异于草木鸟兽众人者，虽死而不朽，逾远而弥存也。”本文亦自断言“此自古圣贤亦皆然兮”，足以名垂青史，彪炳千秋，与日月星辰同辉。他许曼卿以不朽，冥冥之中，曼卿一灵飘渺，似乎亦可长亘于天地之间，所以他才在《诗话》中记述了曼卿死后为芙蓉城主的故事，民间也就传诵着曼卿为十月木芙蓉花神的美名。（因为曼卿爱喝酒，木芙蓉花艳如酒晕，故名。）

次段，祭墓正文，怀旧亦是伤今，满纸苍凉，死生盛衰之感，令人不禁侘傺歔欷。此段揭示理想与现实的强烈反差，仿佛目击了死生界域的巨大鸿沟。“吾不见子久矣，犹能仿佛子之平生”，故人音容宛在，岁月的流逝，忧患的消磨，均未能淡漠他的怀旧之情，当日曼卿痛饮剧醉，歌吟笑呼，颠倒淋漓之醉态、狂态，一一在目，宛若平生。“轩昂磊落、突兀峥嵘”——这就是作者魂萦梦牵的故人！他用了这力透纸背的八个字勾勒出了一位奇男子的风貌：伟岸、俊朗、风骨嶙峋！曼卿就这样不可磨灭地树立在了后世千万读者的心中。如此一位神采奕奕的奇男子，岂可与草木同朽，沉于九幽，化作腐泥朽壤？意想之中，他将化作至贵至宝的“金玉之精”，中间“不然”一折，语气更加劲峭，那也将化作千尺长松、九茎灵芝，以供后人凭吊。最美好的期盼，最热切的祝愿，他的想象之词，高贵、华美、劲拔、灵异，极尽铺陈渲染，而这正所以反跌下文，一落千丈。“奈何荒烟野蔓，荆棘纵横，风凄露下，走磷飞萤？”触目悲怆，一抔黄土，青磷明灭，荒原旷野，风露凄其，一幅秋坟鬼哭图画，成为祭墓之作的绝唱。何人可伴长眠地下的孤魂？“但见牧童樵叟，歌吟而上下；与夫惊禽骇兽，悲鸣踯躅而咿嘤。”牧童樵叟，匆匆过客，行歌游走于三尺断坟的荒冢；还有惊禽骇兽，惶惶奔突，出没于荆榛丛莽，跳踉呼号。满目肃杀，谁人识君？以上悲其今日之墓；以下更折一层，悲其后日之墓。“今固如此，更千秋而万岁兮，安知其不穴藏狐貉与鼯鼪？”叩问未来，心事浩茫，更过千秋万代，则早已是白云苍狗，沧海桑田，今日埋骨之所，他年一片丘墟，断碑残碣，魂归何处？所谓墓者，焉知不会成为野兽栖息的巢穴？一念及此，万境皆空。以下宕开一笔："此自古圣贤亦皆然兮，独不见夫累累乎旷野与荒城！"自古圣贤亦不能逃脱有生则必有死、有盛则必有衰的宇宙法则，悄然湮没于历史深处，难道就没有见到旷野莽原之上那一座座土馒头似的荒冢吗？它见证了人世间的死生盛衰之理。文章低回往复，缠绵凄恻。浦起龙评说："文虽极悲凉，却能向已墟境象，点出不朽精神。"（《古文眉诠》卷六二）

三段尾声，点逗出了理智与感情的冲突，以理节情，情不自胜。"盛衰之理，吾固知其如此"，紧承次段而来，既已参透荣枯盈消之理，亦可豁达平静地面对死生。以下又是一折，文境旋扫旋生："而感念畴昔，悲凉凄怆，不觉临风而陨涕者，有愧夫太上之忘情！"然而，往昔携手同游的峥嵘岁月，依然清晰可辨，一一浮现眼前，感情的闸门顿开，一泻而不可止，临风睹顾，老泪纵横，正所谓是"情之所钟，正在我辈"，有愧于圣人的忘情了。张伯行评此文："似骚似赋，亦怆亦达。"（《唐宋八大家文钞》卷五）是谓得其文心。金圣叹所论略同："胸中自有透顶解脱，意中却是透骨相思，于是一笔已自透顶写出去，不觉一笔又自透骨写入来。"（《天下才子必读书》卷八）朱宗洛则云："此文妙处，总在转换处、顿束处及开宕处见精神，故尺幅中有排宕百折之妙。"（《古文一隅》卷下）　　（林　薇）

述　梦　赋

夫君[①]去我而何之乎？时节逝兮如波[②]。昔共处兮堂上，忽独弃兮山阿[③]。

呜呼！人羡久生，生不可久，死其奈何。死不可复[④]，惟可以哭。病予喉使不得哭兮，况欲施乎其他。愤既不得与声而俱发兮，独饮恨而悲歌。歌不成兮断绝，泪疾下兮滂沱。行求兮不可过[⑤]，坐思兮不知处。可见惟梦兮，奈寐少而寤多[⑥]。

或十寐而一见兮，又若有而若无，乍若去而若来，忽若亲而若疏。杳兮，倏兮[⑦]，犹胜于不见兮，愿此梦之须臾[⑧]。尺蠖怜予兮为之不动[⑨]，飞蝇闵[⑩]予兮为之无声。冀驻君兮可久[⑪]，恍[⑫]予梦之先惊。梦一断兮魂立断，空堂耿耿[⑬]兮华灯。

世之言曰：死者澌[⑭]也。今之来兮，是也非也？又曰：觉[⑮]之所得者为实，梦之所得者为想。苟一慰乎予心，又何较乎真妄⑯？绿发⑰兮思君而白，丰肌兮以君而瘠⑱，君之意兮不可忘，何憔悴而云惜？愿日之疾兮，愿月之迟，夜长于昼兮，无有四时。虽音容之远矣，于恍惚以求之。

〔注〕 ① 夫君：夫，发语词。君，指明道二年(1033)欧公去世之夫人胥氏。 ② 波：指流水。此句言时节的过去，如流水一般，不舍昼夜。 ③ 山阿：山陵，此指坟墓。陶渊明《挽歌诗》："死去何所道，托体同山阿。" ④ 复：复生，再生。 ⑤ 过：原注："疑是'遇'字"。可从。 ⑥ 寐少而寤多：谓睡着的时候少而醒着的时候多。 ⑦ 杳兮，倏兮：谓梦中情景模糊不清而且时间短促。杳，杳冥。倏，倏忽。 ⑧ 须臾：停留片刻。 ⑨ "尺蠖(huò)"句：意谓昆虫怜悯我而停止活动。尺蠖，尺蠖蛾的幼虫。 ⑩ 闵：通"悯"，怜悯，同情。 ⑪ "冀驻君"句：希望留住胥氏夫人在梦中久停一会儿。冀，希望。 ⑫ 恍：忽然。 ⑬ 耿耿：微明的样子。 ⑭ 澌：尽，灭。《礼记·曲礼》注："死之言澌也。" ⑮ 觉：梦醒的时候。 ⑯ 真妄：真实与妄想，即上文所言之"实"与"想"。 ⑰ 绿发：黑色鬓发。 ⑱ 瘠：消瘦。

明道二年(1033)正月，欧阳修因公赴开封，事后又往随县(今属湖北)探望叔父欧阳晔，已于三月回到洛阳。其时胥氏夫人产子后未逾一月而卒，新生婴儿嗷嗷待哺，胥氏夫人却不在了。欧公对此是十分悲痛的。这年，他除了写下这篇《述梦赋》之外，另外还写了一篇七言古诗《绿竹堂独饮》，诗与赋相参，可以相得益彰。其诗云："人生暂别客秦楚，尚欲泣泪相攀邀。况兹一诀乃永已，独使幽梦恨蓬蒿。忆予驱马别家去，去时柳陌东风高。楚乡留滞一千里，归来落尽李与桃。残花不共一日看，东风送哭声嗷嗷。……安得独洒一榻泪，欲助河水增滔滔。"此诗全文很长，我们仅摘引一部分，即可见它与赋写得同样悲恸，同样凄切感人。

《述梦赋》重点描绘的是作者与亡妻梦中相见的情景。在写梦之前，作者先追忆自己在胥氏夫人死后的悲痛，为写梦作铺垫。想到昔日夫妻朝夕相伴，共处一堂，如今妻子弃我而去，托体山阿，这是作者不能接受的现实。作者感叹道：人都羡慕长生，但长生是不可能的，人都不免一死，这又有什么办法呢？人死是不能复生的，悼念死者，只有痛哭了。无奈喉咙早已哭哑，已经不能再哭了，悲愤之情不能与声俱发，只好饮恨悲歌，长歌当哭。但悲歌因过度悲伤中途断绝了，只有眼泪涕泗滂沱地流下。作者又想到"行求""坐思"都不能与亡妻相见，唯一能见到妻子的方法，只有在梦中了。这段铺垫，把思念亡妻的心态，表现得逼真、传神。如此写来，再过渡到写梦中相见，便如瓜熟蒂落，水到渠成，十分自然。

下文写与妻子梦中相见，是全篇之重点。虽说是日有所思，夜有所梦，但做梦并非每天都能成功，有时可能是十寐见一见。梦中的相见又不是很真切的，恍恍惚惚，若有若无，若去若来，若亲若疏。这六个"若"字，把梦中的情景真正写活了。梦中的情景多是模糊不清而又时间短暂，但尽管如此，犹胜于无梦而不见，所以他愿这美好的时刻多停留一下。

为了深化梦境，作者又用拟人化的手法，把尺蠖、飞蝇等昆虫写得若为有情，它们也同情作者的不幸，不行动、不发声，以此来延长作者做梦的时间。可惜好梦难久，作者却忽然惊醒了，梦断变成魂断，梦醒之后只见空堂上的华灯还有微明的光亮，此种描写不仅深化了主题，也使文章增添了波澜。

下文继写梦醒后的心境。他把梦醒后的现实之真与梦中之幻对比描写，并认为苟能安慰自己痛苦的心灵，又何必计较何者为真，何者为幻呢？接着文章又转折一层，写思念亡妻之苦，即使黑发变白、丰肌消瘦也在所不惜。又以反常之心态，希望日疾月迟，夜长昼短，而且没有四季的变化，以便有更多的时间在夜梦中与妻子相见，幻想在恍惚之中以求亡妻之音容笑貌，言外有着无限的沉痛。

《述梦赋》可称欧公的名篇，真情极切，自然感人，作者善于把自己感情的波澜，通过多次转折，翻为文章的波澜，非大手笔不能达此境界。写思念亡妻之情，通过述梦来表现，又表现得迷离恍惚，似幻且真，给人一种朦胧之美，从梦中，到梦醒，再到追梦，把感情波澜表现得摇曳多姿，令人叹为观止，茅坤《唐宋八大家文钞》未收此篇，不能不说是一种疏漏。

（刘文忠　刘元煌）

本　论

天下之事有本末，其为治者有先后。尧、舜之书[①]略矣，后世之治天下，未尝不取法于三代者，以其推本末而知所先后也。三王之为治也，以理数均天下[②]，以爵地等邦国，以井田域民，以职事任官。天下有定数，邦国有定制，民有定业，官有定职。使下之共[③]上勤而不困，上之治下简而不劳，财足于用而可以备天灾也，兵足以御患而不至于为患也。凡此具矣，然后饰礼乐、兴仁义以教道之。是以其政易行，其民易使，风俗淳厚，而王道成矣。虽有荒子孱孙继之，犹七八百岁而后已[④]。

夫三王之为治，岂有异于人哉？财必取于民，官必养于禄，禁暴必以兵，防民必以刑，与后世之治者大抵同也。然后世常多乱败而三王独能安全者，何也？三王善推本末，知所先后，而为之有条理。后之有天下者，孰不欲安且治乎？用心益劳而政益不就，諰諰然[⑤]常恐乱败及之而辄以至焉者，何也？

以其不推本末，不知先后而已。

今之务众矣，所当先者五也。其二者有司之所知，其三者则未之思也。足天下之用，莫先乎财，系天下之安危，莫先乎兵，此有司之所知也。然财丰矣，取之无限而用之无度，则下益屈而上益劳。兵强矣，而不知所以用之，则兵骄而生祸。所以节财、用兵者，莫先乎立制。制已具备，兵已可使，财已足用，所以共守之者，莫先乎任人。是故均财而节兵，立法以制之，任贤以守法，尊名以厉贤[6]。此五者相为用，有天下者之常务，当今之世所先，而执事者之所忽也。

今四海之内非有乱也，上之政令非有暴也，天时水旱非有大故也，君臣上下非不和也。以晏然至广之天下，无一间隙之端，而南夷敢杀天子之命吏，西夷敢有崛强之王，北夷敢有抗礼之帝者[7]，何也？生齿之数日益众，土地之产日益广，公家之用日益急，四夷不服，中国不尊，天下不实者，何也？以五者之不备故也。

请试言其一二。方今农之趣耕，可谓劳矣；工商取利乎山泽，可谓勤矣；上之征赋、榷易、商利之臣[8]，可谓纤悉而无遗矣。然一遇水旱如明道、景祐之间[9]，则天下公私乏绝。是无事之世，民无一岁之备，而国无数年之储也。以此知财之不足也。古之善用兵者，可使之赴水火[10]。今厢禁之军[11]，有司不敢役，必不得已而暂用之，则谓之“借倩”[12]。彼兵相谓曰：“官倩我”，而官之文符亦曰“倩”。夫赏者所以酬劳也，今以大礼之故，不劳之赏三年而一遍，所费八九百万，有司不敢缓月日之期。兵之得赏，不以无功知愧，乃称多量少，比好嫌恶，小不如意，则群聚而呼，持梃欲击天子之大吏。无事之时其犹若此，以此知兵骄也。

夫财用悉出而犹不足者，以无定数也。兵之敢骄者，以用之未得其术。以此知制之不立也。夫财匮兵骄，法制未一，而莫有奋然忘身许国者，以此知不任人也。不任人者，非无人也。彼或挟材蕴知，特以时方恶人之好名，各藏畜收敛，不敢奋露，惟恐近于名以犯时人所恶。是以人人变贤为愚，愚者无所责，贤者被讥疾，遂使天下之事将弛废，而莫敢出力以为之。此不尚名之弊者，天下之最大患也。故曰五者之皆废也。

前日五代之乱[13]可谓极矣，五十三年之间，易五姓十三君，而亡国被弑者八，长者不过十余岁，甚者三四岁而亡。夫五代之主，岂皆愚者邪，其心岂乐祸乱而不欲为久安之计乎？顾其力有不能为者，时也。当是时也，东有汾晋，西有岐蜀，北有强胡，南有江淮、闽广、吴越、荆潭，天下分为十三四，四面环之[14]。以至狭之中国，又有叛将强臣割而据之，其君天下者，类皆为国日浅，威德未洽，强君武主力而为之，仅以自守，不幸孱子懦孙，不过一再传而复乱败。是以养兵如儿子之啖虎狼，犹恐不为用，尚何敢制[15]？以残弊之民人，赡无赀[16]之征赋，头会箕敛[17]，犹恐不足，尚何曰节财以富民？天下之势方若弊庐[18]，补其奥[19]则隅坏，整其桷[20]则栋倾，枝[21]撑扶持，苟存而已，尚何暇法象[22]规圜矩方而为制度乎？是以兵无制，用无节，国家无法度，一切苟且而已。

今宋之为宋，八十年矣[23]。外平僭乱，无抗敌之国；内削方镇，无强叛之臣。天下为一，海内晏然。为国不为不久，天下不为不广也。语曰："长袖善舞，多钱善贾[24]。"言有资者其为易也。方今承三圣[25]之基业，据万乘之尊名，以有四海一家之天下，尽大禹贡赋之地[26]，莫不内输，惟上之所取，不可谓乏财。六尺之卒，荷戈胜甲，力彀[27]五石之弩、弯二石之弓者数百万，惟上制而令之，不可谓乏兵。中外之官居职者数千员，官三班[28]吏部[29]常积者又数百，三岁一诏布衣，而应诏者万余人，试礼部者七八千[30]，惟上之择，不可谓乏贤。民不见兵革者几四十年[31]矣，外振兵武，攘夷狄，内修法度，兴德化，惟上之所为，不可谓无暇。以天子之慈圣仁俭，得一二明智之臣相与而谋之，天下积聚，可如文、景之富[32]；制礼作乐，可如成周[33]之盛；

奋发威烈以耀名誉，可如汉武帝、唐太宗之显赫；论道德，可兴尧、舜之治。然而财力不足用于上而下已弊，兵不足威于外而敢骄于内，制度不可为万世法而日益丛杂，一切苟且，不异五代之时，此甚可叹也。是所谓居得致之位，当可致之时，又有能致之资，然谁惮而久不为乎？

〔注〕 ① 尧、舜之书：指《尚书》中的《尧典》《舜典》。 ② 以理数均天下：制定一定数量的贡赋以平均天下百姓的负担。 ③ 共：同“供”。 ④“虽有”二句：夏、商、周三代虽然各有荒淫懦弱的子孙，但是都享国远久。相传夏朝传国四百余年，商朝传世六百余年，周朝传世八百余年。 ⑤ 諰(xǐ)諰然：畏惧、害怕的样子。 ⑥“尊名”句：尊重名位以勉励贤人。厉，激励劝勉。 ⑦“而南夷”三句：陈述宋廷严峻的外部局势。 ⑧ 征赋、榷(què)易、商利之臣：主要指户部、度支、盐铁三司的官吏，控制全国的赋税和重要物资的专卖。榷，对某些商品的专营专卖。 ⑨“然一遇”二句：明道年间连年旱蝗，仁宗曾下诏自责，并于明道二年下诏改元。《长编》明道二年十二月丙辰：“时岁仍旱蝗，执政谓宜有变更，以导迎和气。” ⑩“古之善用兵”二句：《史记·孙子吴起列传》：吴王阖庐试用孙武练兵，出宫女百八十人令其教练。孙武三令五申，宫女仍不服禁令，于是斩队长二人，再施号令，“妇人左右前后跪起皆中规矩绳墨”。孙武报告吴王说：“兵既整齐，王可试下观之，唯王所欲用之，虽赴水火犹可也。” ⑪ 厢禁之军：负责京师警卫的称为禁军；留驻各州，不加训练，只充劳役的称为厢军。朝廷紧急征用两种军队混编而成的称为厢禁军。 ⑫ 借倩：暂时借用。倩，请人替自己做事。 ⑬ 五代之乱：唐与宋之间统治中原的梁、唐、晋、汉、周五个王朝，共五十三年。五代帝王分别姓朱、李、石、刘、郭(柴)，故称“易五姓”。梁有两代国君，计十六年；唐有四代国君，计十三年；晋有两代国君，计十一年；汉有两代国君，计四年；周有两代国君，计九年。故后文称“易十三君”。 ⑭“当是时也……四面环之”：当时五代统治者所据的中原四周，被外族和割据势力包围。汾晋，刘旻的北汉据山西。岐蜀，王建的前蜀，孟知祥的后蜀据四川等地。江淮，杨行密的吴据淮南，李昪的南唐据江南。闽广，王潮的闽据福建，刘隐的南汉据南海。吴越，钱镠的吴越据江浙。荆潭，马殷的楚据湖南，高季兴的南平据荆南。以上称“十国”。强胡，指契丹。 ⑮“是以”三句：五代君主都取武力篡弑夺取政权，军队高于一切，君主无法制约。因此君主全力养兵，就像小孩子喂养虎狼，只担心不听使唤，哪还敢控制他们？ ⑯ 无赀(zī)：没有限度。赀，计量。⑰ 头会箕敛：繁重的赋税。《汉书·陈馀传》：“头会箕敛，以供军费，财匮力尽。”服虔注：“吏到其家，以人头数出谷，以箕敛之。” ⑱ 弊庐：破房子。 ⑲ 奥：内室。 ⑳ 桷(jué)：方形的椽子。 ㉑ 枝：同“支”，支撑。 ㉒ 法象：效法。 ㉓ 八十年矣：宋自建隆立国至庆历二年，时已八十三年。 ㉔“语曰”三句：有本钱的人做事容易。《韩非子·五蠹》：“鄙谚曰：长袖善舞，多财善贾，此言多资之易为工也。”贾，做买卖。 ㉕ 三圣：指宋太祖、太宗和真宗。 ㉖ 大禹贡赋之地：指宋王朝据有的九州土地。《尚书》有《禹贡》篇，记载九州土地、物产和缴纳天子的贡物。 ㉗ 彀(gòu)：张满弓弩。 ㉘ 三班：三班院，掌管武官铨选差遣。 ㉙ 吏部：掌管文官的铨选差遣。 ㉚“三岁”三句：朝廷三年举行一次科举考试，应考的人有一万多，参加礼部考进士的有七八千。 ㉛ 几四十年：宋自景德元年与契丹缔结“澶渊之盟”，至庆历二年已三十八年，其间除西北地区与西夏有战事外，中原基本安定。 ㉜ 文、景之富：汉代文帝、景帝时，国内安定富足，史家誉为治世。 ㉝ 成周：指周朝。

《本论》作于庆历二年(1042),原有上、中、下三篇,据《居士外集·本论》题下注:"《本论》三篇,中下篇已载《居士集》第十七卷,此乃公晚年所删上篇",可知欧阳修晚年亲自编纂《居士集》时,删芟了上篇,将原来的中、下篇改作上、下篇;后人编辑《居士外集》时,又辑入上篇,题作《本论》。欧阳修此篇《本论》,可与他同年撰作的《准诏言事上书》《为君难论》等篇目参照阅读,这些为"庆历新政"制造舆论的重要作品,其深刻的思想、卓越的识见,以及踔厉风发、一往直前的革新精神,代表了北宋中期政治改革者不俗的才识与非凡的气度。

顾名思义,《本论》旨在探讨治国安邦之根本。这是一篇大胆针砭时弊、积极倡导革新的政论文,是庆历新政的纲领性文献。文章全面地分析了庆历初年弊端丛生、危机四伏的时局与现状,深入揭露出国家在政治制度、经济、军事边防、人才选用等方面存在的弊端及潜伏的危机。因此,此文具有深刻的现实批判意义与历史性价值。

作者认为,北宋社会之所以陷入内忧外患的危局与颓势,是因为治国者不推本末,不知轻重,没有处理好几个最根本、最关键的问题,即本文所说的"五事尽废","五事尽废"最终导致社会危机的不可收拾。社会财富的"取之无限,用之无度",导致财物匮乏,社会矛盾日渐尖锐;驭兵乏术,导致兵冗、兵骄,朝廷置兵非但不能止乱,反而养乱、生乱;国家制度不备、法制不立,导致百业不举、万事荒废;官僚机构虽然庞大,庙堂之上却无可用之贤臣;朝廷急需人才,世风却恶人好名,不能尊名尚贤,导致贤者藏形敛迹,朝廷人才匮乏。作者对以上社会积弊的论析,广泛涉及到北宋经济、政治、军事、人才选用、世风等各个方面,论析与针砭可谓一针见血、力透纸背,而且真正触及到了北宋王朝的症结所在。

此外,作者对社会危机的论析,并没有停留在单纯的揭批上,而是进一步思考挽救社会危局与颓势的革新方案,寻求拯救时代的妙药良方。"五事尽废"既是社会症结所在,当务之急就是革除旧弊,让"五事尽备"。因此,欧阳修针对社会的五大弊端,系统地提出了自己革弊兴利的治国方略:均财、节兵、立制、任贤、尊名,五者相互为用。综观欧阳修的改革思想和除弊方案,有几个突出的特点:其一,把优选人才、任用贤良作为治世首务。解决人才危机,这是摆脱所有困境的凭依和基础,"惟有择人,最为首务"。欧阳修的改革方略,有关择人、用人方面的措施最具体,也最行之有效,如请修磨勘法、荫补法,精选官吏;主张改革科举考试,复古兴学;请立按察法,澄清吏治等,可以说是欧阳修革弊措施中的重中之重。至于怎样才能成功地"择贤""任贤",作者认为首先要改变"恶人好名"的世风,倡导形成"尊名""尚贤"的社会风气,重名节,讲道德,制礼乐,兴仁义,这是孕育贤才的社会土壤。有了孕育、尊崇贤才的社会土壤和时代风气,又有完善的人才选用制度,庙堂之上,不愁无贤;重用贤才,各种社会危机就会迎刃而解。因此,作者认为首先必须“尊名”,“尊名”是革除其他弊端的出发点和突破口。其二,重实效,讲功利。欧阳修的改革思想非常讲求实际功效,很务实。“冗费”“冗兵”“冗官”,是北宋王朝三大积弊,本文提出的均财、节兵、立制、任贤等措施,都是有的放矢、对症下药,颇具建设性意义的除弊兴利的治国方略,表现了一位奋发有为的政治家不凡的才识和可贵的锐气。明代茅坤评价此文曰:“欧公异日相略亦概见于此矣,当与王荆公万言书参看。”(《唐宋八大家文钞·欧阳文忠公文钞》卷十三)

在艺术手法上,本文最突出的特色,就是援引史例,通过古今对比、正反对比,在鲜明的对比中凸显文章的主旨。

一是以三代之治对比宋廷之弊。文章一开头,作者便以夏、商、周三代之治为据,热情饱满地描绘出自己心中的理想蓝图:制度完备,秩序井然;政通人和,国富民强;仁义施行,风俗淳厚,让人油然而生向往之心。作者援引“三代之治”的正面例子,旨在探究其长治久安的原因,即“善推本末”“知所先后”“为之有条理”。作为三代对照的宋廷,之所以弊端丛生,危机重重,其根源也就在其“不推本末”“不知先后”而已。通过总结三代经验,吸取当世教训,作者提出了“均财而节兵,立法以制之,任贤以守法,尊名以厉贤。此五者相为用”救宋于危难之际的完整的政治纲领。接着,作者又广泛地联系现实、分析现实,列举宋王朝财匮兵骄、法制不一、不厉贤尊名等弊端的种种表现,深刻揭露了时弊,既揭示出社会的病情,又探究了根源,开出了治国良方。

二是以五代之乱对比宋廷之弊。五代乱世,天下纷争,割据争雄,频易其主,动荡不宁。作者形象地将五代之势比作“弊庐”,“补其奥则隅坏,整其桷则栋倾,枝撑扶持,苟存而已”。在这种破败不堪的形势下,出现“兵无制,用无节,国家无法度,一切苟且而已”等诸多弊端,让人无能为力。与五代之乱相比,北宋形势发生了翻天覆地的巨变,北宋疆域辽阔,四海归一,承平日久,海内晏然,而且财广、兵多、官备、有暇,完全具备励精图治的资本。如此大好形势,本应早有作为,建设一个富足、兴盛、显赫、清明的国家,然而现实却是“一切苟且,不异五代之时”,实在令人叹惜。作者引五代之乱作为反面映衬,将宋廷的弊端暴露无遗。

本文通过北宋为政之弊与三代之治、五代之乱的强烈反差及鲜明对比,尖锐地揭露了时弊,突出了北宋形势的严峻危困,同时又有力地论证了作者的“治本之论”。全文说理精辟透彻,文笔犀利有力,作者大量地运用排比、层递、对偶等

句式，论及宋廷之危局与困境，痛心疾首；阐述自己革弊图新的主张，坚定果决，全文显得情感充沛，气势磅礴。（李小兰 刘德清）

非非堂记

权衡[1]之平物，动则轻重差，其于静也，锱铢[2]不失。水之鉴[3]物，动则不能有睹，其于静也，毫发[4]可辨。在乎人，耳司听，目司视，动则乱于聪明[5]，其于静也，闻见必审[6]。处身者[7]不为外物[8]眩晃而动，则其心静，心静则智识明，是是非非[9]，无所施而不中。夫是是近乎谄[10]，非非近乎讪[11]，不幸而过[12]，宁讪无谄。是者，君子之常，是之何加[13]。一以观之[14]，未若非非之为正也。

予居洛之明年，既新厅事，有文纪于壁末[15]。营其西偏作堂[16]，户北向，植丛竹，辟户[17]于其南，纳日月之光。设一几一榻，架书数百卷，朝夕居其中。以其静也，闭目澄心，览今照古，思虑无所不至焉。故其堂以非非为名云。

〔注〕①权衡：天平。②锱铢（zī zhū）：锱与铢都是古代极小的重量单位，锱为一两的四分之一，铢为一两的二十四分之一。这里比喻极轻微的重量。③鉴：照，反映。④毫发：毫毛和头发。这里比喻极微小的事物。⑤聪明：这里分指听觉（聪）和视觉（明）。⑥审：确实。⑦处身者：立身处世的人。⑧外物：身外之物，如名利、地位、荣誉等。⑨是是非非：肯定和赞同正确的事物，否定和批评错误的事物。前一字用作动词。⑩谄（chǎn）：阿谀逢迎。⑪讪（shàn）：讥讽，诽谤。⑫不幸而过：指因判断上没有把握而失误。⑬"是者"三句：意思是言行的正确，是作为君子的正常现象，肯定它并不能增加君子的光荣。⑭一以观之：综合起来观察。⑮"予居洛"三句：欧阳修于宋仁宗天圣九年（1031）到洛阳任职，第二年改元明道。既新厅事，指重修洛阳河南府官署。有文纪于壁末，指作者于明道元年所撰《河南府重修使院记》。⑯营其西偏作堂：指在河南府官署西边建非非堂。⑰辟户：开辟窗户。

欧阳修于宋仁宗天圣八年（1030）三月考中进士，五月被任命为西京留守推官，天圣九年三月到西京洛阳河南府任职，第二年改元明道。《非非堂记》即是仁宗明道元年在洛阳所作，这年作者二十六岁。

这篇文章分前后两段，前一段由写静而展开议论。天平静，称物才能分毫不差；水静，照物才能毫发可辨；人的耳目静，闻见才能确实无误。作者用这三个比喻证明为人处世只有"心静"才能"智识明"而不为物欲所蔽，才能明辨是非，从而也才能做到恰如其分地肯定正确的事物、否定错误的事物，即文中所说的“是是非非，无所施而不中”。然而，事情并不是如此之简单。所以作者在这里又特别指出，肯定、赞同正确的事物，在君子是很平常的事，不必多加表扬，表扬过多会有谄谀的嫌疑（“是是近乎谄”）；而要否定、批评错误的事物，虽在君子有时也难免因判断不准确惹上讥谤的嫌疑（“非非近乎讪”）。如若将“是是”与“非非”两种言行的社会效果相比较，总起来看，还是以能够勇于否定、批评错误的事物为正当，讥谤之嫌是君子所不应该顾虑的。“不幸而过，宁讪无谄。”这无疑是作者针对当时社会上因循保守、谄谀之风盛行而写下的愤激之词。

文章后一段转到记事。这里作者记叙了非非堂营建的时间和营建的情况、堂外的景致和堂内的陈设，而着力描写的则是非非堂环境的静以及这静给作者所带来的莫大益处。“以其静也，闭目澄心，览今照古，思虑无所不至焉。”我们不难领会，非非堂内外清幽宁静的环境氛围，有助于作者安心读书、思考问题、贯通古今、辨别是非，尤其有助于作者对当时社会上错误的事物进行全面的分析，找出错误事物的要害和产生的根源，尽量排除掉讥谤之嫌，使他能够给错误的事物以最有力的批判和否定——这便是作者为什么要把新建成的书斋命名为“非非堂”的缘由和寓意了。

很明显，以写静来联结前后两个段落，将议论与记事融而为一，寓理于文，引人入胜，是这篇文章突出的艺术特色。作者在文中用生动形象的描述来阐释“非非”应该重于“是是”之理，这中间也表现着他在政治上的一种进取精神。我们知道，“是是非非”特别是要敢于“非非”的原则，为欧阳修一生所身体力行，他一生不循世俗，不畏权贵，在许多重大问题上都不随波逐流，只要他认为不合理的事情，包括朝廷在政治上的阙失，他都敢于提出自己的见解，且敢于抗争，虽屡屡遭受打击贬谪而不悔，故《宋史》本传说他“天资刚劲，见义勇为，虽机阱在前，触发之不顾。放逐流离，至于再三，志气自若也”。因而，我们可以把这篇《非非堂记》看作是欧阳修初入仕途意气风发、用以自我激励并将终生奉行不渝而写成的一篇座右铭。

深刻的寓意、丰富的理趣，使我们读完这篇仅有二百字的短文之后，感觉不是一览无余，而是饶有余味。（杜维沫）

樊侯[①]庙灾记

郑[②]之盗，有入樊侯庙刳[③]神像之腹者，既而[④]大风雨雹，近郑之田，麦苗皆死。人咸骇[⑤]曰：“侯怒而为之也。”

余谓樊侯本以屠狗立军功，佐⑥沛公至成皇帝，位为列侯⑦，邑食⑧舞阳，剖符⑨传封，与汉长久。《礼》⑩所谓“有功德于民则祀之者”欤？舞阳距郑既不远，又汉、楚常苦战荥阳、京、索间⑪，亦侯平生提戈⑫斩级⑬所立功处，故庙而食之⑭，宜矣。

方侯之参乘沛公⑮，事危鸿门⑯，振目⑰一顾，使羽失气⑱，其勇力足有过人者，故后世言雄武称樊将军。宜其聪明正直有遗灵⑲矣。

然当盗之倳⑳刃腹中，独不能保㉑其心腹肾肠哉！而反贻怒㉒于无罪之民以骋其恣睢㉓，何哉？岂生能万人敌，而死不能庇一躬㉔耶？岂不灵其神㉕于御盗㉖，而反神于平民以骇其耳目㉗耶？风霆㉘雨雹，天之所以震耀威、罚有司者㉙，而侯又得以滥用之耶？

盖闻阴阳之气㉚，怒则薄㉛而为风霆；其不和之甚㉜者，凝结而为雹。方今岁且久旱，伏阴不兴㉝，壮阳刚躁㉞，疑有不和而凝结者，岂其适会㉟民之自灾也耶？不然，则喑呜叱咤㊱，使风驰霆击，则侯之威灵暴矣哉！

〔注〕①樊侯：即樊哙(kuài)，沛(江苏属县)人，为西汉初功臣，娶吕后妹吕媭为妻，本以屠狗为业，跟从刘邦从丰镇起兵，勇敢征战，曾因军功封为舞阳(河南县名，今属漯河市)侯。后人立庙祭祀。事见《史记·樊郦滕灌列传》。　②郑：郑州。隋开皇三年(583)改荥州为郑州，这是郑州建置之始。今河南省会。　③刳(kū)：挖开。　④既而：不久，时间副词。　⑤骇：震惊。　⑥佐：辅佐。　⑦列侯：即彻侯，后因避汉武帝讳，改为列侯。汉承秦制，爵位分为二十级，彻侯为最高的一级。　⑧邑食：古代封赐给卿大夫们的田邑，是世袭的，大小以爵位的等级而定，由嫡长子继承，以所征的赋税作为俸禄。从周朝开始盛行。　⑨剖符：将符信剖为两半，受封者与朝廷各持一半。符信有以竹为之，如竹使符；有以铜为之，如铜鱼符；有以金为之，称金虎符；唐还有龟符等。　⑩《礼》：即《礼记》，为五经之一。“有功德于民则祀之者”的话，见于《礼记·祭法》，但与原书文字略有出入：“夫圣王之制祭祀也……此皆有功烈于民者。”这段话又见于《国语·鲁语》。　⑪“又汉、楚”句：汉、楚，即楚汉之争。秦末战争以两军主力为代表，汉，即刘邦为一方，他率军先入潼关，攻占咸阳，被封为汉王；楚，即项羽，他自称西楚霸王。最后，项羽兵败乌江，自刎而亡。刘邦统一天下，建立汉朝。荥阳(河南荥泽西南)、京(荥阳东南，春秋郑邑地)、索(古大索城，因索水得名，即荥阳)间，楚汉之争的主要战场。⑫戈：兵器之一。　⑬级：首级。古代习惯以斩取首级多少以定每战军功。《史记》本传即多有樊哙历战斩首数量的记载。　⑭庙而食(sì)之：建立祠庙，并按时祭祀。食，供养，给……

吃。 ⑮ 参乘沛公：做沛公(刘邦占领沛县，被推称沛公)的卫士。参乘，古代乘车，尊者在左，御者(驾车人)在中，又一人在右，称参乘。 ⑯ 鸿门：地名，在陕西西安市临潼区东北，为当时项羽的军营所在地。 ⑰ 振目：瞋目，怒目。 ⑱ 失气：丧气。 ⑲ 遗灵：遗留的威灵。 ⑳ 傳(zì)：插入，刺入。也写作"剚"。 ㉑ 保：保持、保卫。 ㉒ 贻(yí)怒：迁怒。 ㉓ 骋其恣睢(suī)：任意胡作非为。恣睢，胡作非为。 ㉔ 庇一躬：庇护自身。躬，这里指樊侯庙中的自身塑像。 ㉕ 灵其神：使神像灵验起来。 ㉖ 御盗：防范小偷。 ㉗ 骇其耳目：使老百姓的眼睛看了耳朵听了害怕。 ㉘ 霆：雷霆，暴雷。 ㉙ 有司者：指官府的官吏。 ㉚ 阴阳之气：即天地之气。 ㉛ 薄：逼迫。 ㉜ 不和之甚：指阴阳失调太厉害了。 ㉝ 伏阴不兴：潜伏的阴气弱。 ㉞ 壮阳刚躁：壮强的阳气猛烈而干燥。 ㉟ 适会：正好遇到。 ㊱ 喑(yīn)呜叱咤(chì zhà)：吞声悲咽，发怒吆喝。

本文作于洛阳。严杰《欧阳修年谱》云："记原未系年，以本卷前后文之系年推测，当作于洛阳，姑系于是年。"当年即宋仁宗明道元年(1032)，作者年二十六岁。两年前，由于作者才华横溢，参加礼部试(晏殊权知贡举)为第一，任西京留守推官，成为钱惟演的幕僚，交游宴歌，名声初振。舞阳在河南中部稍南，并不算远。因此，那里的风土、人情、传说，他会比较了解，应邀写作这篇《樊侯庙灾记》自然会得心应手。这是作者青年时代的优秀作品。

"记"这种文体，虽然起源甚早，但繁荣时期大约要从唐代算起，韩、柳之"记"已有不少名篇。宋陈师道说："韩退之作'记'，记其事耳。今之'记'乃论也。"(明徐师曾《文体明辨序说》)，这话有些道理。欧阳修写的"记"，今大约存有近四十篇，可以说丰富多彩，蔚为大观，成就颇高。本文除开头六句，说明写"记"的缘由，是由于"郑之盗"将樊侯庙的神像肚子挖空(可能想借此盗取财富)，而引出舞阳县一带风雨成灾"麦苗皆死"的传说，是用的叙事法，而内文的大部分篇幅却是真正的议论，这与后山居士的看法是一致的。说明他的概括，至少是符合唐宋散文变迁的实际的。今《后山先生集》，收其"记"十五篇，似乎暗示着他对"记"这种文体是比较喜欢，而且作过认真的思考的。

神像显灵的故事，今天看来当然纯属迷信，未免可笑。但是现代农村，仍然有各种各样的显灵的故事存在，这就陷入了愚昧的境地，使人有点笑不起来了。所以，读这样的"灾记"，对于今天的读者以古鉴今，还是有某种教育意义的。

欧阳修不仅是一位优秀的文学家，而且是位杰出的历史学家，他参与编纂《新唐书》，并独立完成《五代史记》，有非常渊博的历史知识。自然，对于汉初的功臣舞阳侯樊哙的事迹是非常熟悉的了。本文第二段略述樊功，指出"庙而食之，宜矣"。这是表示对建庙的支持，认为让舞阳的民众祭祀他，不要忘记樊哙佐汉的功劳是应该的。如果不确立这个基本点，那么这篇"记"就不用写了。第三段通过鸿门宴，进而介绍樊哙的个性：英武、正直、聪明，归结为"有遗灵矣"。这样的历史人物，应该是有威灵的。这就给人以幻想：也许天灾，真的是“侯怒而为之也”。

第四段从“然当盗之傳刃腹中”开始，来一个逆转。既然樊侯有灵，那么第一为什么当盗刳腹，他不能自我保护呢？第二老百姓平时祭祀他，以前又无怨无仇，他为何要滥用威灵、祸害百姓呢？这就振振有辞提出了反驳。第五段，导向深入。作者纡纡徐徐，从从容容，以阴阳之气的生成和变化这个自然道理，说明地域性风雨旱涝之灾的出现是正常的，来结束全篇。这里结在一个“灾”字，与前文起了呼应作用。

本“记”当然具有议论性。但议论性却以叙事和描写为基础，这就有别欧氏一般的议论文，如《朋党论》《上高司谏书》《贾谊不至公卿论》《上杜中丞论举官书》等。我们读这些描写、叙事与议论相结合的段落时，常常感叹它的精彩和绝妙，这是真正的欧氏本色。

（毛水清）

养鱼记

折檐[①]之前有隙地，方四五丈，直对非非堂[②]。修竹环绕荫映，未尝植物。因洿[③]以为池，不方不圆，任其地形；不甃[④]不筑，全其自然。纵锸以浚之，汲井以盈之[⑤]。湛乎汪洋，晶乎清明[⑥]。微风而波，无波而平。若星若月，精彩下入[⑦]。予偃息其上，潜形于毫芒；循漪沿岸，渺然有江湖千里之想[⑧]。斯足以舒忧隘[⑨]而娱穷独[⑩]也。

乃求渔者之罟[⑪]，市[⑫]数十鱼，童子养之乎其中。童子以为斗斛之水[⑬]不能广其容[⑭]，盖活其小者而弃其大者。怪而问之，且以是对。嗟乎，其童子无乃嚚昏而无识矣乎[⑮]！予观巨鱼枯涸在旁，不得其所，而群小鱼游戏乎浅狭之间，有若自足焉。感之而作《养鱼记》。

〔注〕 ① 折檐：屋檐下回廊。同“步檐”。 ② 非非堂：宋仁宗明道元年(1032)作者任西京留守推官时在洛阳河南府官署西边所建的书斋。 ③ 洿(wū)：低凹之地。这里作动词用，挖掘的意思。 ④ 甃(zhòu)：用砖砌。 ⑤“纵锸(chā)”二句：意思是用铁锹疏浚水渠，汲井水把池塘灌满。锸，铁锹。 ⑥“湛(zhàn)乎”二句：从近和远两个角度写池水。湛，清澈。晶，光亮。 ⑦“若星”二句：指夜间星星和月亮深映在池水中，光彩鲜明。 ⑧“予偃息”四句：意思是我休息在池水边，形象纤毫毕现在池水之中；绕着池水散步，仿佛漫游在遥远的江湖之间。漪(yī)，水波纹。 ⑨ 忧隘(ài)：指忧思。隘，困窘。 ⑩ 穷独：指困顿寂寞孤独。

⑪ 罟(gǔ)：鱼网。 ⑫ 市：买。 ⑬ 斗斛(hú)之水：指池塘中水量少。斛，古量器。容量本为十斗，后改为五斗。 ⑭ 不能广其容：无法扩大池塘的容量。 ⑮ "其童子"句：这小童岂不是愚蠢糊涂而无知么！此为感叹反语，以引起下文，意思并非真的认为小童太蠢。无乃，岂不是。嚚(yín)：愚顽。

《养鱼记》作于宋仁宗明道元年(1032)，时作者欧阳修初入仕途，在洛阳河南府任西京留守推官，年二十六岁。

这是一篇寓言性的记事，也是一篇优美的小品文。全文仅二百余字，有两个段落。第一段写在河南府官署西边非非堂对面竹林空地上就着地形挖成一个小池塘，池塘灌满水后清澈明亮，微风吹来，水面泛起层层涟漪，无风时水面平滑如镜，夜晚星月映入水中，尤见精彩；作者在池塘边休息，身影毕现水中，沿池塘散步，则仿佛漫游于遥远的江湖之间，因而忧思得以舒散，寂寞孤独的心情也得到了排解。

第二段写命官署小童买来几十条鱼，养在池塘中，鱼大小不等，不料小童只放小鱼入水而弃大鱼于池岸，并且说池水太少，池塘不能扩大，所以只好将大鱼抛弃了。听到小童的话又看到池塘岸上处于干涸困境中的大鱼不得其所，而那些小鱼倒悠然自得地游戏于浅狭的池水之中，作者不禁感慨系之，于是便写成这篇《养鱼记》。

我们可以看到，作者在此短文中充分采用了骈散结合的对称句式，间或用韵，遣辞亦十分高妙。如写池塘随地形而挖掘、不多加人工："不方不圆，任其地形；不甃不筑，全其自然。"写挖塘灌水、池水清澈喜人："纵锸以浚之，汲井以盈之。湛乎汪洋，晶乎清明。微风而波，无波而平。若星若月，精彩下入。"写作者在池塘边休息散步的情景："予偃息其上，潜形于毫芒；循漪沿岸，渺然有江湖千里之想。"写作者的感慨："予观巨鱼枯涸在旁，不得其所，而群小鱼游戏乎浅狭之间，有若自足焉。"如此，全文即被赋予一种内在的韵律，使我们读来朗朗上口，同时也就大大增强了文章的艺术感染力。

欧阳修深受庄子的影响，他的不少作品都透露出化用庄子文章的痕迹。《庄子·外物》有云："夫揭竿累，趣灌渎，守鲵鲋，其于得大鱼难矣。"意思是：举着细小的鱼竿钓绳，跑到用作灌溉的沟渠旁来垂钓，只能等候小鱼上钩，要想得到大鱼就难了。在这篇《养鱼记》中，作者结合当时的社会现实，略变庄子之说，借养鱼事抒发大鱼"不得其所"而群小鱼"有若自足"的慨叹，当是有感时伤己的寓意。因为我们知道，宋仁宗天圣、明道年间，朝廷由章献太后垂帘听政，幸臣、宦官用事，人才不能进用，国家积贫积弱的局面已经形成，这是包括欧阳修在内的许多有识之士大夫所共同忧虑的。此文中所写的"舒忧隘而娱穷独"，正是这种忧虑的自然流露。然而，这篇带有寓言性的短文所反映的作者情绪却并非消沉的。我们从全文优美的文辞和生动活泼的语气，从记事与抒情的融合无间和昂奋进取的格调，即不难清楚地领略到作者初入仕途胸怀大志，准备要在政治上有所作为以报效国家的思想风貌。

（杜维沫）

偃虹堤[1]记

有自岳阳[2]至者，以滕侯之书[3]、洞庭之图来，告曰："愿有所记。"予发[4]书按图，自岳阳门西，距金鸡[5]之右，其外隐然隆高以长者，曰偃虹堤。问其作而名者，曰："吾滕侯之所为也。"问其所以作之利害[6]，曰："洞庭[7]，天下之至险；而岳阳，荆[8]、潭[9]、黔[10]、蜀[11]四会之冲[12]也。昔舟之往来湖中者，至无所寓[13]，则皆泊南津[14]，其有事于州者远且劳，而又常有风波之恐，覆溺之虞[15]。今舟之至者，皆泊堤下，有事于州者近而且无患。"问其大小之制、用人之力，曰："长一千尺，高三十尺，厚加二尺而杀其上[16]，得厚三分之二。用民力万有五千五百工，而不逾时以成。"问其始作之谋，曰："州以事上转运使[17]，转运使择其吏之能者行视可否[18]，凡三反复，而又上于朝廷，决之三司[19]，然后曰可，而皆不能易吾侯之议[20]也。"曰："此君子之作也，可以书矣。"

盖[21]虑于民也深，则谋其始也精，故能用力少而为功多。夫[22]以百步之堤，御天下至险不测之虞，惠其民而及于荆、潭、黔、蜀，凡往来湖中，无远迩[23]之人皆蒙[24]其利焉。且岳阳四会之冲，舟之来而止者，日凡有几，使堤土石幸久不朽，则滕侯之惠利于人物，可以数计哉！夫事不患于不成，而患于易坏。盖作者未始不欲其久存，而继者常至于殆废[25]。自古贤智之士，为其民捍患兴利[26]，其遗迹往往而在。使其继者皆如始作之心，则民到于今受其赐[27]，天下岂有遗利[28]乎？此滕侯之所以虑而欲有纪于后也。

滕侯志大材高，名闻当世。方朝廷用兵急人之时，常显用之，而功未及就，退守一州㉙。无所用心，略施其余，以利及物。夫虑熟谋审㉚，力不劳而功倍，作事可以为后法㉛，一宜书。不苟㉜一时之誉，思为利于无穷，而告来者不以废，二宜书。岳之民人与湖中之往来者皆欲为滕侯纪，三宜书。以三宜书不可以不书，乃为之书。

庆历六年月日记。

〔注〕 ① 偃虹堤：北宋滕子京在岳阳西门外修筑的堤，因为形状像卧在水中的彩虹，故名。 ② 岳阳：今湖南省岳阳市。 ③ 滕侯之书：滕子京的信。滕子京，名宗谅，河南人。大中祥符八年(1015)进士。对防御西夏入侵做过贡献。后来被诬陷，经范仲淹、欧阳修辩白，贬虢州知府，庆历四年(1044)，又被贬到岳州巴陵郡(今湖南岳阳一带)。后来改知苏州，卒。④ 发：打开。 ⑤ 金鸡：金鸡石。 ⑥ 利害：这里是偏义词，指益处。 ⑦ 洞庭：洞庭湖。⑧ 荆：荆州。州治在今湖北襄樊。 ⑨ 潭：潭州。在今湖南长沙。 ⑩ 黔：黔州。州治在今四川彭水。 ⑪ 蜀：四川。 ⑫ 四会之冲：各处聚会的交通要冲。 ⑬ 寓：居住。 ⑭ 南津：南津港，在岳阳城南五里。 ⑮ 虞：忧患。 ⑯ 厚加二尺而杀其上：堤底部的厚度比堤的高度多二尺，向上逐渐削减。杀，削减。 ⑰ 州以事上转运使：州里把筑堤的事上呈转运使。转运使，宋代主管一路财务的官员。 ⑱ 行视可否：下去看看(筑堤工程)是否可行。⑲ 三司：宋初主管全国财政的最高机关。 ⑳ 易吾侯之议：改变我们滕侯的倡议。 ㉑ 盖：句首语气词，表示下面将展开议论。 ㉒ 夫(fú)：句首语气词，表示将展开议论。 ㉓ 迩(ěr)：近。 ㉔ 蒙：蒙受。 ㉕ 殆(dài)废：几乎荒废。殆，近于，几乎。 ㉖ 捍患兴利：抵御灾害兴办有利的事。捍，抵御。 ㉗ 赐：恩惠、好处。 ㉘ 遗利：被忽略的公益事业。遗，遗漏，忽略。 ㉙“方朝廷用兵”四句：这个长句叙述的是滕子京的一段经历。庆历二年(1042)西夏入侵，泾原路副都部署葛怀敏战败，西夏军队长驱入渭州，泾州危急。时任泾州知州的滕子京，为安定民心，动用公款武装农民，犒赏士兵，存恤死难者家属，后来被弹劾，牵连甚众。范仲淹为他辩护，说他并未将公款挪为私用。欧阳修也反对守旧派为打击革新派而企图借滕子京事件大肆株连。但是滕子京还是被一贬再贬，庆历四年(1044)到岳州做了知府。方，当。显用之，给他显赫的官职，并加以任用。一州，指岳州。 ㉚ 虑熟谋审：考虑得非常成熟，谋划得十分审慎。 ㉛ 法：效法。 ㉜ 苟：苟安，只顾眼前。

本文是欧阳修应滕子京之托，为偃虹堤写的记。写于滕子京被贬谪到岳州的第三年(1046)。作者以滕子京修筑偃虹堤的事迹为材料，颂扬他“惠利于人物”的政绩，并抒发自己为民兴利除害的政治抱负。实际上《偃虹堤记》也隐含着对屡进谗言打击革新派的旧党和用人失当的朝廷的有力批评。

滕子京蒙冤受屈，仕途坎坷，然而他并没有沉溺于个人的得失荣辱不能自拔，而是励精图治，为岳州的百姓兴利除弊，这种精神本身就可歌可泣。况且欧阳修与他志同道合，为他筑的堤写记在常人看来本应是轻而易举的事情。然而欧阳修在写作之前，还是详细询问了来人有关偃虹堤方方面面的情况，这体现了作者实事求是的严肃态度。

文章的第一段像是一篇访谈录。欧阳修听了滕子京派来的人的请求之后，没有立即答应为偃虹堤作记，却在看了滕子京的信和洞庭湖的地图上标志的偃虹堤之后，层层逼近、不厌其烦地向来人提出了一连串问题：第一，“作而名者”；第二，“所以作之利害”；第三，“大小之制、用人之力”；第四，“始作之谋”。来人一一作了详细的回答，使欧阳修感到十分满意。当他确信偃虹堤是滕子京所为并为之题名、它解除了水上往来行人的忧患、堤的具体建制和用工的详细情况以及筑堤方案从地方到中央，从计划、呈报到审议的全部过程之后，才答应为之作记。四问四答将欧阳修思维的条达缜密、处事的稳健求实，以及来人对偃虹堤的熟悉了解、回答问题的干练周密，表现得活灵活现。这段问答使读者对滕子京修筑偃虹堤的政绩深信不疑。段末的“此君子之作也，可以书矣”，恰到好处地反映了作者对滕子京筑堤的由衷称赞和欣然命笔为之写记的兴奋心情。这一段不是平铺直叙地介绍偃虹堤，而是用问答的方式对其做全面细致的描述，通俗生动。二人的对话流畅自然，明白如话。

第二段在前述的基础之上展开议论。进一步阐述筑堤的重大意义。作者以偃虹堤御险惠民，利于人物为例，推而广之，阐明“虑于民也深，则谋其始也精，故能用力少而为功多”，因而“自古贤智之士，为其民捍患兴利，其遗迹往往而在”的道理。并推论如果后继者也有始作者“欲其久存”的愿望，“则民到于今受其赐”，天下就没有被忽略的公益事业了。并推断这正是滕子京“之所以虑而欲有纪于后也”的原因。作者认为滕子京求他写记的目的绝不是为了炫耀自己的政绩，而是希望对后继者有所启示，让他们也多做为民捍患兴利的公益事业。经过这番议论，滕子京不顾个人得失荣辱，深谋远虑，奋力为民兴利除害的可贵精神得到进一步展现。这实际上也是作者政治理想的抒发。

第三段在前面的记录的事实和阐发的深刻道理的基础之上，对滕子京其人及他筑堤的行为加以赞扬，并说明自己为他写《偃虹堤记》的原因。作者用“志大材高，名闻当世”对他的远大的志向、出众的才能和巨大的社会影响力进行简约而中肯的概括和评价。然而在“朝廷用兵急人之时”，不但没得到“显用”，反而“功未及就，退守一州”。本来可以“无所用心”的他，并未无所事事，而是“略施其余”，筑堤“利物”。这里真实地记录了滕子京被人诬陷，以致壮志未酬，屈居岳州，但仍然坚持办利民利物的实事的情况。这既是对滕子京的赞扬与同情，也是对朝廷听信谗言，疏远忠良的批评，更是对陷害革新者的旧党的反击。最后交代写作本文的三个原因。以“一宜书”“二宜书”“三宜书”的反复修辞法，从主观方面和客观方面反复强调自己为什么要写作本文，表现出作者推崇为民兴利除害的善人、善举的强烈责任感。结尾"以三宜书不可以不书，乃为之书"，几个"书"字循环往复，透露出欧阳修因滕子京的卓著政绩而乐不可支的心理状态，感情充沛，语言质朴而富于幽默感。

本文由堤及人，相互关联，层层深入，详略得当。比如第一段全面详细地介绍偃虹堤，内容丰富，条理分明，行文自然；第二段有理有据，说理充分；第三段赞扬滕子京其人，文字简约、精当，概括力极强。全文非常典型地体现了欧阳修"为文天才自然，丰约中度"(《宋史·欧阳修传》)的散文风格。 (胡冠莹)

送陈经秀才[1]序

伊[2]出陆浑[3]，略国南[4]，绝山[5]而下，东以会河[6]。山夹水东西，北直[7]国门[8]，当双阙。隋炀帝[9]初营宫[10]洛阳，登邙山[11]南望，曰："此岂非龙门邪！"世因谓之"龙门"，非《禹贡》所谓导河自积石而号龙门者也[12]。然山形中断，岩崖缺呀[13]，若断若镵[14]。当禹[15]之治水九州[16]，披山斩木，遍行天下，凡水之破山[17]而出之者，皆禹凿[18]之，岂必龙门[19]？

然伊之流最清浅，水溅溅鸣石间。刺舟[20]随波，可为浮泛[21]。钓鲂[22]擉[23]鳖，可供膳羞[24]。山两麓[25]浸流中，无岩崭[26]颓怪盘绝[27]之险，而可以登高顾望[28]。自长夏[29]而往，才十八里，可以朝游而暮归。故人之游此者，欣然[30]得山水之乐，而未尝有筋骸之劳[31]，虽数至不厌也。

然洛阳西都[32]，来此者多达官尊重[33]，不可辄轻出。幸时[34]一往，则驺奴[35]从骑吏属遮道[36]，唱呵[37]后先，前傧[38]旁扶，登览未周[39]，意已怠[40]矣。故非有激流上下[41]、与鱼鸟相傲然徙倚之适[42]也。然能得此者，惟卑且闲者[43]宜之[44]。

修为从事[45]，子聪参军[46]，应之主县簿[47]，秀才陈生旅游，皆卑且闲者。因相与期[48]于兹夜宿西峰[49]，步月松林间，登山上方[50]，路穷而返。明日，上香山石楼[51]，听八节滩[52]。晚泛舟，傍山足[53]夷犹[54]而下。赋诗饮酒，暮已归。后三日，陈生告予且西。予方得生喜与之游也，又遽[55]去，因书其所以游以赠其行。

〔注〕 ① 陈经：生平事迹不详。应为游学洛阳的一位年轻读书人。秀才：宋代凡应举者均称秀才。 ② 伊：伊水，又称伊河、伊川。在今河南省西部，源出伏牛山北麓，东北流经嵩县、伊川、洛阳等地，在偃师县南杨村附近汇入伊洛河。 ③ 陆浑：旧县名，因境内有陆浑山(俗名方山)而得名。故城在今嵩县北。今伊水流经陆浑山下汇为陆浑水库。 ④ 略国南：流经洛阳南面。国，城邑。这里指洛阳。 ⑤ 绝山：断开山。山，指龙门山，也称伊阙，在洛阳市南，两山(东称香山，西名龙门山)夹峙，伊水从下流过。 ⑥ 东以会河：伊水向东流入洛水(伊洛河)。 ⑦ 直：直对，正对。 ⑧ 国门：洛阳城门。 ⑨ 隋炀帝：名杨广，隋文帝杨坚第二子，后因残暴荒淫而亡国。 ⑩ 营宫：营建宫殿。 ⑪ 邙山：即北邙山，在洛阳北郊，又名北山、芒山、郏山。 ⑫ “非《禹贡》”句：《禹贡》，我国最早的地理著作。后编入《尚书·夏书》，约在战国时成书，《汉书·地理志》《水经注》等，都以此书为据。作者不详。导河，疏通河道，即《禹贡》所说的：“导河积石，至于龙门。”积石，山名，在今青海西宁西南。龙门，这里是指今山西稷山县西北的龙门，不是洛阳附近的龙门。 ⑬ 缺呀(xiā)：形容岩崖险奇，如同张开的缺口。⑭ 镵(chán)：一种古代铁制的刨土工具。这里形容岩崖的形状。 ⑮ 禹：夏朝的创建者。他姓姒，原为夏后氏部落领袖，后为舜臣，奉命治水，疏通河道，足迹遍九州。 ⑯ 九州：《尚书·禹贡》所定的九州为冀、豫、雍、扬、兖、徐、梁、青、荆。 ⑰ 破山：冲破山岩。 ⑱ 凿：开凿。⑲ 岂必龙门：哪里仅仅是龙门呢？ ⑳ 刺舟：撑船，划船。 ㉑ 浮泛：在水上漂浮泛舟。㉒ 魴(fáng)：鱼的一种，与鳊鱼相似略宽，银灰色，属淡水鱼类。 ㉓ 擉(chuò)：刺。 ㉔ 羞：同“馐”，滋味好的食物。这二句话说鱼鳖钓捕来以后，可供改善伙食。 ㉕ 两麓(lù)：东西两边的山麓。麓，山脚。 ㉖ 岩崭(zhǎn)：形容山岩的高峻。 ㉗ 盘绝：盘绕险绝。 ㉘ 顾望：四顾而望。顾，回望。 ㉙ 长夏：地名，疑在伊水边。 ㉚ 欣然：快乐的样子。欣，欢欣。㉛ 筋骸之劳：即筋骨之劳。骸，骸骨。劳，劳累。 ㉜ 西都：洛阳地在开封(汴京)之西，因称西都，亦称西京。 ㉝ 达官尊重：即高官重臣，指位高权重之官。 ㉞ 幸时：假若有时。幸，假使，假若。 ㉟ 驺(zōu)奴：掌管车马的仆隶。 ㊱ 遮道：站在路旁阻止行人来往。㊲ 唱呵：前后吆喝。 ㊳ 傧(bīn)：接引导行。 ㊴ 登览未周：登高览胜还未终了。 ㊵ 怠：懈怠，疲倦，指没有兴趣了。 ㊶ 激流上下：指驾舟而游。 ㊷ 与鱼鸟相傲然徙倚之适：指与鱼鸟相伴，流连不去的闲适之乐。徙倚，犹徘徊，流连不去之意。 ㊸ 卑且闲者：地位不高(卑)而且有闲暇的人。 ㊹ 宜之：得到这种享受。宜，适宜。 ㊺ 从事：州府的属官。此时欧阳修任西京留守推官。 ㊻ 子聪参军：子聪，即杨愈，子聪是他的字，此时任河南府户曹参军。作者的友人。欧阳修《送杨子聪户曹序》云：“子聪南人，乐其土风，今秩满，调于吏部，必吏之南也。”可见他是南方人。 ㊼ 应之主县簿：应之，即张谷，原字仲容，后改应之。因排行第九，又称张九。此时任河南县主簿。主簿，县令的属官。为作者的另一位友人。 ㊽ 期：约定。 ㊾ 西峰：龙门山。 ㊿ 上方：指上方阁。作者有《游龙门分题·上方阁》诗。诗云：“闻钟度寒水，共步寻云嶂。还随孤鸟下，却望层林上。清梵远犹闻，日暮空山响。”写此次夜游龙门山上方阁的具体感受。可为本文参考补充。 51 石楼：香山名胜，唐诗人白居易所筑。作者有《游龙门分题·石楼》，诗云“高滩复下滩，风急刺舟难。不及楼中客，徘徊川上山。夕阳洲渚远，唯见白鸥翻”。 52 八节滩：原为伊水流向龙门的险滩，也是白居易晚年所开凿。53 山足：山脚。 54 夷犹：犹犹豫豫的样子。屈原《九歌·湘君》：“君不行兮夷犹。” 55 遽(jù)去：突然要离去。

韩、欧喜欢交游，爱写赠序这一类文体。本文写于宋仁宗明道元年(1032)，当时作者任西京留守推官，驻洛阳，才二十六岁。

韩愈一生写作赠序三十多篇，内容丰富多彩，极有创造性和个性特色，有不少名篇。欧阳修的赠序虽然篇数略少（十六篇），但可以媲美于韩公，也写得熠熠生辉，常常在构思运笔中令人意外得之，能辟昌黎未辟之境。本篇可为显例。

文的奇处是赠序未正面写别事、别境、别情，只是在全文结尾处轻轻带过："后三日，陈生告予且西。予方得生喜与之游也，又遽去，因书其所以游以赠其行。"我们不知道作者新结识的这位友人陈经何所来，何所去，以及他的性格为人等，作者在文中的基调也只略略有点惋惜而已。这种写法在赠序中是很少见的。以韩文论，就没有这样写的。如著名的《送孟东野序》也起得突兀，好像很热闹，文不及义，但细看立旨全是议论，一言不平则鸣，二言有善鸣和不善鸣者，最后才点出主题，说孟东野以诗鸣，又言及李翱、张籍两位善鸣者，然后劝慰行役于江南的东野。又如《送李愿归盘谷序》，先描写盘谷形胜和环境，然后用主要篇幅以李愿的话揭露官场两类人物的嘴脸与隐居者相对照，说明他自己是不得已而隐居的，最后用韩愈自写的杂言酒歌结束，"闻其言而壮之"，写下了这篇赠序。而欧阳修这篇赠序却以描写见长，近似柳宗元的山水游记，但见伊水两岸奇险之美，却没有柳侯"永州八记"那种凄情悒郁忧愤的意绪，也与韩文异趣。它的格调是纡徐、明快、流畅的，具有更强的审美性。

欧阳修在西京洛阳任职的三年间，曾多次与幕僚友人出外游赏。仅以明道元年来说，就曾两次游嵩山，一次去龙门。去龙门和伊水这一次，同游的有杨愈、张谷和陈经等人，时间为春天。游赏而激发了诗文创作，他也因此初获丰收，如《游龙门分题十五首》等，即是这一次游赏的副产品。本文共分四段。第一段综写伊水和龙门，先是用四句话概写，陆浑说是伊水发源地，今天看来不够精确。略国南，是描写流程，伊水流经洛阳之南。山是指龙门山。河是汇入的洛水，也称洛河（今伊洛河）。接着，三句突出龙门双阙。然后十四句回顾隋炀帝初营洛阳宫，登北邙山南看龙门的一番评论，体现了作者丰富的学识，告诉读者龙门相传是夏禹亲自开凿的。这一段文字作者用描写法作介绍。第二段直写伊水刺舟浮泛之游，清浅的水流，溅溅鸣石的水声，钓鲂捕鳖以供膳羞的快乐，登高顾望的快目。十八里水路的一天游程，大家共游十分惬意，由于年轻力健，虽有些疲劳，也无所谓了。这是全文描写最精彩的部分。请注意：作者没有用任何的比喻和夸张的手法，但却将鲜活的情感自然地流露在描写的文字里。第三段小议论。作者有意用了一点对照和描写并用的手法，隐含讽刺和揭露。作者指出：这种畅游伊水的快乐，是那些前呼后拥、装腔作势、威风凛凛的达官贵人享受不到，也体会不到的。只有像作者和同游者这些地位卑微又有闲暇的人才能获得。当然,这些官小职卑的人是诗人、文士,也只有他们才有独特的审美眼光和审美情趣,仅有闲暇,也还是不够的。

第四段即最后一段,古代的游记常常在结尾处才点明同游者的姓名和有关情况及与作者的关系。如柳文"永州八记"的《至小丘西小石潭记》结尾云:"同游者,吴武陵、龚古、余弟宗玄。隶而从者,崔氏二小生:曰恕己,曰奉壹。"即是。稍有不同的是,本文还补写了当晚夜宿西峰、登上方阁和第二天上香山石楼,听八节滩,赋诗饮酒暮归的情况。这样,此游才显得完整,有头有尾。最后又照应文题,点出陈经西行,作者临时作序送别之事。表面看来,似乎分量太轻,重视不够。但细想,也许陈经只是作者新认识的顺便同游者,还只是一个普通的没有功名的青年,作者对他并不深知。也许这样处理,才是适宜的,符合实际的。至于陈经的"西行",可能是去汴京,也可能是去长安,探亲访友,问学,他自己大约对前程也不一定很明确,没有十分具体的安排,只能是笼统地离开,而作者也不好细问,似乎只得在惋惜中告别。因此,这结尾实话实说,又显示了欧文朴实的一面。

（毛水清）

桑　怿　传

桑怿[1],开封雍丘[2]人。其兄慥,本举进士[3]有名。怿亦举进士,再[4]不中,去游汝颍[5]间,得龙城[6]废田数顷,退而力耕。

岁凶,汝旁诸县多盗。怿白令[7]:"愿为耆长[8],往来里中察奸民。"因召里中少年戒曰:"盗不可为也!吾在此,不汝容[9]也!"少年皆诺。里老父[10]子死未敛[11],盗夜脱其衣。里父老怯,无他子,不敢告县,裸其尸,不能葬。怿闻而悲之,然疑少年王生者。夜入其家,探其箧,不使之知觉。明日遇之,问曰:"尔诺[12]我不为盗矣,今又盗里父子尸者,非尔耶?"少年色动,即推仆地缚之。诘[13]共盗者,王生指某少年。怿呼壮丁守王生,又自驰取少年者。送县,皆伏法[14]。又尝之郏城[15],遇尉[16]方出捕盗,招怿饮酒,遂与俱行。至贼所藏,尉怯,阳[17]为不知以过。怿曰:"贼在此,何之[18]乎?"下马独格杀数人,因尽缚之。又闻襄城[19]有盗十许人,独提一剑以往,杀数人,缚其余。汝旁县为之无盗。京西转运使[20]奏其事,授郏城尉。

天圣[21]中，河南诸县多盗，转运奏移[22]渑池[23]尉。崤[24]，古险地，多涂山[25]，而青灰山尤阻险，为盗所恃。恶盗王伯者藏此山，时出为近县害。当此时，王伯名闻朝廷，为巡检[26]者，皆授名[27]以捕之。既怿至，巡检者伪为宣头[28]以示怿，将谋招出之。怿信之，不疑其伪也。因谍知[29]伯所在，挺身入贼中招之，与伯同卧起十余日，信之，乃出。巡检者反以兵邀[30]于山口，怿几不自免。怿曰："巡检授名，惧无功尔。"即以伯与巡检，使自为功，不复自言。巡检俘献[31]京师，朝廷知其实，罪黜[32]巡检。

怿为尉岁余，改授右班殿直[33]永安县[34]巡检。明道、景祐[35]之交，天下旱蝗，盗贼稍稍起。其间有恶贼二十三人，不能捕。枢密院[36]以传[37]召怿至京，授二十三人名，使往捕。怿谋曰："盗畏吾名，必已溃[38]，溃则难得矣，宜先示之以怯。"至则闭栅[39]，戒军吏无一人得辄出[40]。居数日，军吏不知所为，数请出自效[41]，辄[42]不许。既而夜与数卒变为盗服以出，迹[43]盗所尝行处。入民家，民皆走，独有一媪[44]留，为作饮食，馈之如盗[45]，乃归。复闭栅三日，又往，则携其具[46]就媪馔[47]，而以其余遗[48]媪。媪待以为真盗矣，乃稍就媪，与语，及[49]群盗辈。媪曰："彼闻桑怿来，始畏之，皆遁矣。又闻怿闭营不出，知其不足畏，今皆还也。某在某处，某在某所矣。"怿尽钩[50]得之。复三日，又往，厚遗之，遂以实告曰："我，桑怿也。烦媪为察其实而慎勿泄！后三日，我复来矣。"后又三日往，媪察其实审[51]矣。明旦，部分[52]军士：用甲若干人于某所，取某盗；卒若干人于某处，取某盗。其尤强者在某所，则自驰马以往，士卒不及从，惟四骑追之，遂与贼遇，手杀三人。凡二十三人者，一日皆获。二十八日，复命京师。

枢密吏谓曰："与我银，为君致阁职[53]。"怿曰："用赂得官，非我欲，况贫无银。有，固不可也。"吏怒，匿其阀[54]，以免短使[55]送三班[56]。三班用例[57]，与兵马监押[58]。未行，会交趾[59]獠[60]叛，杀海上巡检。昭化[61]诸州皆警，往者数辈不能定。因命怿往，尽手杀之，还，乃授阁门祗候[62]。怿曰："是行也，非独吾功，位有居吾上者，吾乃其佐也。今彼留而我还，我厚赏而彼轻，得不疑我盖其功而自伐[63]乎？受之徒惭吾心。"将让其赏归己上者，以奏稿示予。予谓曰："让之必不听，徒以好名与诈取讥也。"怿叹曰："亦思之，然士顾[64]其心何如尔。当自信其心以行，讥何累[65]也？若欲避名，则善皆不可为也已。"余惭其言。卒让之，不听。怿虽举进士，而不甚知书，然其所为皆合道理，多此类。

始居雍丘，遭大水，有粟二廪[66]，将以舟载之。见民走避溺者，遂弃其粟，以舟载之。见民荒岁，聚其里人饲之。粟尽乃止。

怿善剑及铁简[67]，力过数人，而有谋略。遇人常畏，若不自足。其为人不甚长大，亦自修为威仪，言语如不出其口[68]。卒然遇人，不知其健且勇也。

庐陵欧阳修曰：勇力，人所有；而能知用其勇者，少矣。若怿，可谓义勇之士。其学问不深而能者，盖天性也。余固喜传人事，尤爱司马迁善传[69]，而其所书皆伟烈奇节士，喜读之，欲学其作，而怪今人如迁所书者何少也！乃疑迁特雄文善壮其说，而古人未必然也。及得桑怿事，乃知古之人有然[70]焉，迁书不诬[71]也，知今人固有而但不尽知也。怿所为壮矣，而不知予文能如迁书使人读而喜否？姑次第[72]之。

〔注〕 ① 桑怿(yì)：《宋史》卷三百二十五有传，附在《任福传》中。所叙桑怿的生平事迹，两传大体相似。《宋史·桑怿传》明显受到欧阳修《桑怿传》的影响，桑怿是庆历元年(1041)与西夏的李元昊作战牺牲的。任福违背韩琦在敌后寻求战机、不要鲁莽行事的布署，与桑怿在好水川被李元昊诱入埋伏，致使全军覆没，任福与先锋桑怿皆力战而死。欧公《桑怿传》将此略去。 ② 雍丘：治所在今河南杞县，宋属京畿路开封府。 ③ 举进士：参加进士考试。④ 再：两次。 ⑤ 汝颍：汝，为汝州，州治在今河南汝州市。颍，指颍州，州治在今安徽阜阳。⑥ 龙城：汝州有龙兴县(治所在今河南宝丰)，境内有豢龙城。 ⑦ 白令：告诉县令。 ⑧ 耆长：乡村中管捕盗的人。 ⑨ 汝容：纵容你。文言中的宾语前置。 ⑩ 里老父：里中老人。后文指里父，父为对老人的称呼。 ⑪ 敛：成殓，指把死人装入棺材。 ⑫ 诺：答应。⑬ 诘：追问。 ⑭ 伏法：受到法律制裁。 ⑮ 郏(jiá)城：今河南郏县，宋代属汝州。⑯ 尉：指县尉。宋县尉于建隆三年(962)始置，地位在主簿之下，掌阅习弓兵，缉奸禁暴。

⑰ 阳：同"佯"，假装。 ⑱ 之：去，往。 ⑲ 襄城：今河南襄城县，宋属汝州。 ⑳ 转运使：掌管一路财赋的官，同时可以举荐、监督一路的官吏。 ㉑ 天圣：宋仁宗年号，相当于公元1023—1032年。 ㉒ 奏移：上奏批转到。 ㉓ 渑(miǎn)池：今河南渑池县，宋属京西北路河南府。 ㉔ 崤(xiáo)：指崤山，在渑池县东。 ㉕ 涂山：泥山，土山。一本作"深山"于义较优。 ㉖ 巡检：官名，管理治安捕盗。 ㉗ 授名：朝廷开列出名字。 ㉘ 宣头：唐宋时皇帝有旨，出付中书省，叫"宣"。小事如给予驿马之类，叫做"宣头"或"头子"。 ㉙ 谍知：通过侦察得知。 ㉚ 邀：堵截。 ㉛ 俘献：犹"献俘"，把俘获的罪犯上交。 ㉜ 罪黜：因罪贬斥。 ㉝ 殿直：皇帝侍从官，分左右班，这里是虚衔。 ㉞ 永安县：在今重庆市奉节县东。 ㉟ 明道、景祐：皆为宋仁宗的年号，相当于公元1032—1038年。 ㊱ 枢密院：宋代最高军事机关。 ㊲ 传：传车，驿站的官车。 ㊳ 溃：逃散。 ㊴ 栅：栅栏，指营门。 ㊵ 辄出：擅自出去。 ㊶ 自效：献出自己的力量。 ㊷ 辄：总是。 ㊸ 迹：跟踪。 ㊹ 媪(ǎo)：老年妇女。 ㊺ 馈之如盗：像盗贼那样赠送钱物。 ㊻ 具：此指饮食之器。 ㊼ 馔(zhuàn)：饮食。 ㊽ 遗(wèi)：赠送。 ㊾ 及：言及，说到。 ㊿ 钩：引出，即使媪不自觉地讲出真实情况。 51 审：详细，准确。 52 部分：部署分派。 53 阁职：宋代的阁门通事舍人、阁门祗候并称阁职，是武官中有发展前途的职位。 54 匿其阀：隐瞒他的功绩。阀，功绩。 55 免短使：宋代选武官，考试弓箭骑马等武艺，列为第一第二等的称免短使。 56 三班：即三班院，管武官任免的机构。 57 用例：按常规，援用常例。 58 兵马监押：宋代武官名。掌屯戍、边防、训练的政令。官高资深者为都监，或称兵马都监。官低资浅者为监押，或称兵马监押。 59 交趾：汉代置郡，辖境在两广南部和越南北部。 60 獠(lǎo)：古代对少数民族的蔑称。 61 昭化：指昭州(今广西平乐)和化州(今广东化州)，宋属广东西路。 62 阁门祗候：武官名。宋以内诸司及三班使臣充阁门祗候。其地位低于阁门宣赞舍人。 63 伐：夸耀。 64 顾：问。 65 累：妨碍。 66 廪(lǐn)：米仓。 67 简：古兵器，似剑而无刃，有四棱，也写作"锏"。 68 言语如不出其口：形容嘴笨，有话好像说不出。 69 善传：善于写人物传记。 70 然：这样。 71 诬：诬妄，不真实。 72 次第：排比编次。

此文写于皇祐二年(1050)，此时欧阳修正为颍州(今安徽阜阳)知州。上距桑怿与元昊作战牺牲已近十年。从本文中看，欧公与桑怿是认识的，并有过接触，那是在桑怿上奏让功之时。作者对桑怿其人是熟悉的，写此传前资料有所积累，写此文时，是依据回忆桑怿平生所为而写成。欧公全集中只有两篇传记，一是《六一居士传》，那是欧公的自我写照。一篇是《桑怿传》，这是用司马迁纪传体的笔法而写的带有一定传奇色彩的人物传记。

传记的开篇，先简单介绍了桑怿其人。他原先也是个读书人，因屡次举进士不中，在汝、颍二州之间，得废田数顷，过上了躬耕垅亩的生活。他干捕盗为耆长，是向县令毛遂自荐的。他上任后，就召集里中少年告诫他们不可做盗贼，少年们口头上都答应。可是很快出现了一个案件，死者的衣服夜间被脱去，因此裸其尸而不能葬。他利用夜间潜入怀疑对象之家，进行侦察。次日便质问怀疑对象，小偷承认偷盗事实，并交待了犯罪同伙，桑怿把他们一同送县治罪。继而又写桑怿在郏城、襄城一带，独提一剑，上马杀贼，下马缚贼，专职缉盗的郏城尉，在他的对比下，是那样的胆怯和敷衍塞责。由于桑怿的勇敢和忠于职守，使汝州各县没有了盗贼的踪迹。京西路转运使上奏其事，桑怿升为郏城尉。

第二段写天圣年间桑怿缉捕青灰山恶盗王伯的故事。王伯是朝廷点名要缉捕的对象，巡检为邀功请赏，出示假“宣头”以欺骗桑怿。桑怿信以为真，挺身入贼窝中去招安，竟然与王伯一同生活了十几天。直到王伯相信朝廷真的对他招安，才与桑怿一起出山。但他们一出山口，就遭到巡检的邀击拦截，桑怿几乎丧命。他明白巡检如此欺骗他，是担心在捕盗中巡检无功可言，于是把缉捕王伯的功劳让给巡检，自己不再说什么。巡检献俘京师，冒功请赏，不料事实真相被朝廷知道，黑心的巡检反被治罪。这可以说是巡检应得的报应。

第三段写桑怿捕盗有功，由县尉升为巡检。但是更艰巨的任务又压在他的肩上。地方有恶贼二十三人，官兵对他们无可奈何。枢密院传召桑怿，授名捕贼。桑怿用谋，闭栅不出，示之以怯，又四次深入贼穴，探明虚实，遂一举成功，二十三个授名之贼，“一日皆获”。桑怿可谓智勇兼全者也。

第四段叙述了桑怿反对“用赂得官”和“让赏”两件事。旨在赞扬桑怿正直谦让的品德。枢密吏公开向桑怿索取贿赂，答应给桑怿谋个阁职。桑怿严词拒绝，说“用赂得官，非我欲，况贫无银。有，固不可也。”枢密吏索赂不成，恼羞成怒，隐瞒桑怿的功绩不报，结果只授职为兵马监押。紧接着，桑怿又在交趾平叛中立下战功，回京复命之后，授职阁门祇候。以战功而论，他是当之无愧的。但他却一再谦让，将让其赏归地位在自己以上者。欧公看到他的上奏稿，劝他说：“让之无用，反而会被人认为你虚伪好名而受到讥笑。”他回答说：“做人要凭自己的良心行事，讥笑对我有什么妨碍。如想避开好名与虚伪的讥笑，那么善事就不敢做了。”这几句话说得很在理，欧公为自己说过的话感到惭愧。欧公把自己摆进文章中，以自己的出言不当来衬托桑怿的“所为皆合道理”，对于像欧公这样位望通显的人来说，是很难得的。

第五段是补写桑怿做的一件好事，即弃粟救灾民。以表现桑怿的仗义。

第六段描写桑怿的体貌、言语等特征，这位“力过数人，而有谋略”的人，在人前却是“遇人常畏，若不自足”，个子也不高大，又不善言谈，在外表上看不出桑怿是“健且勇”之人。这犹如司马迁笔下的张良，这位“运筹帷幄，决胜千里”的张良，司马迁认为他应当是身材高大的伟男子，可是在见到他的画像之后，才知张良长像似妇人女子。欧公如此描写，有可能受到《史记·留侯世家》的影响。

最后一段是欧公模仿《史记》的“太史公曰”所写的“传论”。他称赞桑怿为

"义勇之士",他平时就喜爱司马迁的人物传说,认为他笔下的许多人物都是"伟烈奇节"之士,欲学其作,又怪今人缺乏"伟烈奇节"之士,并认为司马所写的人物可能有些夸张,古人未必就是这样;及得桑怿之事,始信古代确有司马迁笔下的传奇式的人物,相信司马迁《史记》的人物传记是真实不诬的,今天也有伟烈奇节之士,只是这些人不尽为人所知。他认为桑怿的行为是壮伟的,因此模仿《史记》作《桑怿传》,不知此文能否使人爱读。

综而论之,作者写桑怿,是以捕盗为重点,所写捕盗之事,由易而难,步步深入。其捕盗有力战,有智取,为了表现桑怿的壮伟与义勇,作者还多次使用了对比手法:郏城捕盗,用郏城尉的胆怯与桑怿的勇敢相对比;青灰山捕盗,以桑怿的胸怀坦荡与巡检的欺诈相对比;枢密吏索贿,也使用了与贪官污吏对比描写的手法,形成鲜明对照;让赏的情节,又和作者欧公的想法相对比:通过种种对比描写,突出主人公的个性特点与正直善良的品格。同时在客观上也暴露了从地方到中央官吏的腐败。再加上"盗贼"四起、水、旱、蝗等灾害的描写,也在客观上较全面地反映了当时的社会现实。

本文在人物描写上选择了最能代表人物性格和才能及道德风尚的情节,是人物生活的剪影,情节都围绕一个中心,一些人与事都与捕盗这个中心主题有关,而且情节带有一定的传奇色彩,故事性较强,对读者具有较强的吸引力,这也是欧阳修写此文时所追求的艺术效果。最后一段的评论,也与一般史传人物的传论不同,是有意模仿《史记》"太史公曰"的。这种介乎正史与传奇之间的写法,对后代颇有影响。明人宋濂的人物传记《秦氏录》,清人魏禧的《大铁椎传》,都受到了它的影响。

欧阳修的《桑怿传》没有写桑怿在与元昊作战时力战而死的事,这件事引起一些评论者的猜测。有人认为桑怿在好水川战役中为国捐躯,宋军惨败,作者可能有意避开这个问题。这个看法说服力不强。作者写此文时,桑怿已死十年,为什么要有意避开呢?这是个值得令人探讨的问题。也可能是欧公只写桑怿一生中的亮点,即只写他的捕盗成功,不愿写他的失败与惨死吧!

(刘文忠 刘元煌)

上范司谏书

月日①,具官②谨斋沐③拜书司谏学士执事④。前月中得进奏吏⑤报,云:自陈州⑥召至阙⑦,拜司谏。即欲为一书以贺,多事,匆卒未能也。

司谏，七品官[8]尔，于执事得之，不为喜，而独区区[9]欲一贺者，诚以谏官者，天下之得失、一时之公议系焉。今世之官，自九卿[10]、百执事[11]，外至一郡县吏，非无贵官大职可以行其道[12]也。然县越其封[13]，郡逾其境，虽贤守长不得行，以其有守[14]也；吏部之官不得理兵部，鸿胪[15]之卿不得理光禄，以其有司[16]也。若天下之失得，生民之利害，社稷之大计，惟所见闻而不系职司[17]者，独宰相可行之，谏官可言之尔。故士学古怀道[18]者仕于时，不得为宰相，必为谏官。谏官虽卑，与宰相等。天子曰不可，宰相曰可；天子曰然，宰相曰不然：坐乎庙堂[19]之上与天子相可否者，宰相也。天子曰是，谏官曰非；天子曰必行，谏官曰必不可行：立殿陛之前与天子争是非者，谏官也。宰相尊，行其道；谏官卑，行其言。言行，道亦行也。九卿、百司、郡县之吏守一职者，任一职之责；宰相、谏官系天下之事，亦任天下之责。然宰相、九卿而下失职者，受责于有司；谏官之失职也，取讥于君子。有司之法，行乎一时；君子之讥，著之简册[20]而昭明，垂之百世而不泯[21]，甚可惧也。夫七品之官，任天下之责，惧百世之讥，岂不重耶？非材且贤者不能为也。

近执事始被召于陈州，洛[22]之士大夫相与语，曰："我识范君，知其材也。其来，不为御史[23]必为谏官。"及命下，果然。则又相与语，曰："我识范君，知其贤也。他日闻有立天子陛下，直辞正色、面争庭论者，非他人，必范君也。"拜命以来，翘首企足[24]，伫乎有闻[25]而卒未[26]也。窃惑之，岂洛之士大夫能料于前而不能料于后也，将执事有待而为也？

昔韩退之作《争臣论》[27]，以讥阳城不能极谏，卒以谏显[28]。人皆谓城之不谏盖有待而然，退之不识其意而妄讥，修独以谓不然。当退之作论时，城为谏议大夫已五年，后又二年始庭论陆贽[29]，及沮[30]裴延龄[31]作相欲裂其麻[32]，才两事尔。当德宗时，可谓多事矣。授受失宜[33]，叛将强臣[34]罗列天下，又多猜忌，进任小人。于此之时，岂无一事可言，而须七年耶？当时之事，岂无急于沮延龄、论陆贽两事也？谓宜朝拜官而夕奏疏也。幸而城为谏官七年，适遇延龄、陆贽事，一谏而罢，以塞其责；向使止五年六年而遂迁司业[35]，是终无一言而去也，何所取哉！

今之居官者率三岁而一迁[36]，或一二岁，甚者半岁而迁也，此又非可以待乎七年也。今天子躬亲庶政[37]，化理清明，虽为无事，然自千里诏执事而拜是官者，岂不欲闻正议而乐谠言[38]乎？然今未闻有所言说，使天下知朝廷有正士而彰吾君有纳谏之明也。

夫布衣韦带[39]之士，穷居草茅，坐诵书史，常恨不见用。及用也，又曰彼非我职，不敢言；或曰我位犹卑，不得言矣；又曰我有待。是终无一人言也，可不惜哉！伏惟[40]执事思天子所以见用之意，惧君子百世之讥，一陈昌言[41]，以塞重望[42]，且解洛之士大夫之惑，则幸甚幸甚。

〔注〕 ① 月日：书信底稿上省去具体日期，正式誊写时要写某月某日。 ② 具官：书信底稿上对个人官职的省称。 ③ 斋沐：斋戒沐浴(而后作书)以示尊敬。 ④ 执事：左右办事人员，称呼对方的自谦之辞，表示信件不敢直接写给对方，只是给他身边的办事人员。以上都是古人书信中习用套语。 ⑤ 进奏吏：指地方向朝廷送公文的官吏。 ⑥ 陈州：州治在今河南淮阳。 ⑦ 阙(què)：宫阙，代指朝廷。 ⑧ 七品官：《宋史·职官八》：左右司谏为正七品。 ⑨ 区区：恳切、诚挚之心怀。 ⑩ 九卿：概指朝廷高级官员。 ⑪ 百执事：泛指朝廷上下官员。 ⑫ 行其道：实践自己的政治理想。 ⑬ 封：与下文的“境”，都是疆界之意。 ⑭ 有守：有明确范围的职守(不能越权行事)。 ⑮ 鸿胪(lú)：与下面的“光禄”，均为官署名，即鸿胪寺，光禄寺。各掌其责。 ⑯ 有司：职有专司。与“有守”意同。 ⑰ 不系职司：意思是不受任何专门机构的限制。 ⑱ 学古怀道：学习古圣贤，胸怀济世之志。 ⑲ 庙堂：指朝廷议政的殿堂。 ⑳ 简册：史书、典籍。 ㉑ 泯(mǐn)：消灭。 ㉒ 洛：洛阳，宋之西京。时作者在洛阳任西京留守推官。 ㉓ 御史：纠察百官的官，品级虽低，职任甚重，小事奏弹，大事廷辩。 ㉔ 翘首企足：抬起头，踮起脚盼望，形容盼望之切。 ㉕ 伫(zhù)乎有闻：久立而等待着范仲淹向朝廷建言的消息。 ㉖ 卒未：终于没有。 ㉗《争臣论》：唐代韩愈著有《争臣论》，讽刺阳城为谏官五年，无诤谏之言。阳城，唐德宗贞元四年(788)任谏议大夫，长期不肯言谏。其后陆贽被贬，他上疏论救；德宗欲任裴延龄为宰相，他又力争不可，恸哭于廷。因此贬为道州刺史。此二事令阳城声名大振。 ㉘ 卒以谏显：阳城终于以敢谏而显名。 ㉙ 庭论陆贽：在朝廷上为陆贽无罪辩论。(陆贽为中唐名臣，历任翰林学士、宰相，因裴延龄的谗害，罢官被贬。) ㉚ 沮(jǔ)：阻止。 ㉛ 裴延龄：唐德宗时官至户部侍郎。好欺罔谗毁，但受德宗宠信。 ㉜ 裂其麻：撕毁裴延龄宰相的任命诏书。唐代任命将相大臣用白麻纸颁诏。 ㉝ 授

受失宜：指任命官员不当。 ㉞ 叛将强臣：德宗时朝纲不振，奸佞当路，藩镇割据，天下纷乱。 ㉟ 司业：学官名，国子司业，掌管国子监（全国最高学府）的副职，太学的清闲官职。阳城因谏裴延龄事改官国子司业，后贬道州刺史而死。 ㊱ 三岁而一迁：宋代制度，官员一任三年，任满之后照例考核迁官。 ㊲ 躬亲庶政：亲自处理朝政。宋仁宗年幼即位，由章献太后垂帘听政，明道二年（1033）三月太后死，仁宗才亲政。 ㊳ 谠（dǎng）言：正直的言论。 ㊴ 布衣韦带：粗布衣，熟皮带，是平民的服装。 ㊵ 伏惟：俯伏着想，表示谦恭之辞。 ㊶ 昌言：善言。引申为直言无所隐讳，如：昌言无忌。 ㊷ 以塞重望：用以满足人们的厚望。

本文作于明道二年（1033）西京留守推官任上。这一年章献太后病逝，仁宗亲政，酝酿政治改革。范仲淹即在同年四月由陈州通判召回开封任右司谏。欧阳修素有改变宋王朝积贫积弱之志，寄重望于谏官，所以在范仲淹进京不久，即写了这封鼓励和切责的信。

这封书信最突出最具个性的有如下几个方面：

第一，正面说理，义正词严。本文开宗明义，直入主题，正面强调谏官职任的重大。说它关乎到"天下之失得，生民之利害，社稷之大计"。它的作用甚至可以和宰相相提并论："谏官虽卑，与宰相等。"一语惊人，引人入胜。为什么这么说呢？下面用几组生动形象的排比句式加以阐述："天子曰不可，宰相曰可；天子曰然，宰相曰不然：坐乎庙堂之上与天子相可否者，宰相也。天子曰是，谏官曰非；天子曰必行，谏官曰必不可行：立殿陛之前与天子争是非者，谏官也。"朝廷上下百官之中，只有宰相与谏官能够与天子面对面争是非，然可否。尽管宰相位尊可"坐乎庙堂之上"，谏官位卑只能"立殿陛之前"，但他们都"系天下之事，亦任天下之责"，身负重任，必须尽职尽责。而宰相与九卿百官都职有专司，各负专责，如果失职、渎职，要"受责于有司"。谏官失职，虽无有司责罚，却"取讥于君子"，天下仁人志士都在注视朝廷谏官是否敢于直言相谏。舆论的监督压力胜于百官有司的责管。所以作者总结说："夫七品之官，任天下之责，惧百世之讥，岂不重耶？非材且贤者不能为也。"正面说理，义正词严，令人折服，想必范司谏见此信也会为之震动。

第二，引证切题，言辞委婉：这封信显然是批评范任谏官以来没进什么谏言，使人颇为失望。但在陈言方式上不失雍容平易、纡曲百折的风格。他先扬后抑。如引证洛之士大夫对范的称赞："我识范君，知其材也。其来，不为御史必为谏官。""我识范君，知其贤也。他日闻有立天子陛下，直辞正色、面争庭论者，非他人，必范君也。"说明范君是谏官最理想的人选，与上文"非材且贤者不能为也"相呼应。然而"拜命以来，翘首企足，伫乎有闻而卒未也"，前后对比，落差极大，不必多言，作者的恳切批评，企盼，在委婉、含蓄的言辞中，纡曲道出。至此作者意犹未尽,又引证韩愈的《争臣论》进一步申明文旨。他认为一个谏官应该“朝拜官而夕奏疏”,要以只争朝夕的精神尽职尽责。不能学阳城,任谏议大夫七年之后,“始庭论陆贽,及沮裴延龄作相”,“才两事尔”,太少了!尽管阳城终以二事名扬天下,成为敢谏之臣,但太侥幸了。如今居官,调动频繁,不能坐视等待。何况今天子千里迢迢诏范君为谏官,不就是为了听到改革朝政的正直言论吗?“然今未闻有所言说”,殷切的期望与内心的失望交织在一起。引证在文中既突出主题,又使行文显得曲折多姿,还有节约文字的作用。《宋史·欧阳修传》评曰:“为文天才自然,丰约中度(繁简适当,合乎要求)。其言简而明,信而通(恳切而流畅),引物连类(广征博引),折之于至理,以服人心。”

第三,辞中见情,以情动人。情感是欧阳修布局谋篇、组织材料的重要手段,强烈的抒情,深沉的咏叹,是构成欧文艺术魅力的重要因素。这封贺信中,蕴藏着作者对国事的政治热情和对范仲淹的友爱与期待。信一开篇便充满激情地写道:“司谏,七品官尔,于执事得之,不为喜,而独区区欲一贺者,诚以谏官者,天下之得失、一时之公议系焉。”明确表示,写信目的不是一般庆贺升迁官职,“七品官尔”,“不为喜”,对范君说来,小小七品官,不值得称喜,字里行间流露出对范君的敬重之情。那又为什么这么诚挚地写信祝贺呢?“独区区”“诚以”等词感情色彩浓厚,原来是庆贺范君担任了谏官,它官位虽卑,可干系国家得失之大事啊!一位关注时事的热血青年的情怀见诸笔端。文中强烈抒情的句子,感慨极深的叹喟比比皆是。如“翘首企足,伫乎有闻而卒未也”“谓宜朝拜官而夕奏疏也”“然自千里诏执事而拜是官者,岂不欲闻正议而乐谠言乎?然今未闻有所言说”。文章结尾,更是语重心长:“是终无一人言也,可不惜哉!伏惟执事思天子所以见用之意,惧君子百世之讥,一陈昌言,以塞重望,且解洛之士大夫之惑,则幸甚幸甚。”正所谓爱之深而责之切。

这封信是欧阳修二十七岁时所写,他在信中大声疾呼,慷慨陈词,体现了一种阳刚之气,充分反映出血气方刚而历练不足的政治热情和进取精神。

事实上,范仲淹还是敢言的,他担任谏官不过几个月,提出过不少建议。同年十二月,就因和宰相吕夷简争论废郭后事,被罢了谏职,出知睦州。

由本篇可知,欧阳修后来写《与高司谏书》,义愤填膺地斥责高若讷身任谏官而不明谏事,是“以智文其过,此君子之贼也”。思想的核心,是出于对谏官责任的认识,完全不是一时的感情冲动。庆历三年,欧阳修自己任谏官,更是尽职尽责,论事切直,进言无所隐。此间支持范仲淹的“庆历新政”,曾上《朋党论》,直谏君主用人,只须分辨是君子还是小人,不必问党与不党。欧阳修平生关心国事,

坚持正义，不徇私情，以风节自持，令世人敬仰。（徐育民）

与石推官[1]第一书

修顿首再拜白公操足下：前岁于洛阳，得在郓州[2]时所寄书，卒然[3]不能即报，遂以及今，然其勤心[4]未必若书之怠[5]，而独不知公操察[6]不察也？修来京师已一岁也，宋州[7]临汴水[8]，公操之誉日与南方之舟[9]至京师。修少与时人相接尤寡，而誉者无日不闻。若幸使尽识舟上人，则公操之美可胜道哉！凡人之相亲者，居则握手共席，道欢欣，既别则问疾病起居，以相为忧[10]者，常人之情尔。若闻如足下之誉者，何必问其他乎？闻之欣然，亦不减握手之乐也。夫不以相见为欢乐，不以疾病为忧问，是岂无情者乎？得非相期者在于道[11]尔。其或有过而不至于道者[12]，乃可为忧也。

近于京师频得足下所为文，读之甚善，其好古闵世[13]之意，皆公操自得于古人，不待修之赞也。然有自许太高，诋时太过[14]，其论若未深究其源者。此事有本末，不可卒然语，须相见乃能尽。然有一事，今详而说，此计公操可朝闻而暮改[15]者，试先陈之。

君贶[16]家有足下手作书[17]一通，及有《二像记》石本[18]，始见之，骇然[19]不可识，徐而视定，辨其点画[20]，乃可渐通。吁，何怪之甚也！既而持以问人，曰："是不能乎书者邪[21]？"曰："非不能也。""书之法当尔邪[22]？"曰："非也。""古有之乎？"曰："无。""今有之乎？"亦曰："无也。""然则何谓而若是[23]？"曰："特欲与世异而已。"

修闻君子之于学，是而已，不闻为异也。好学莫如扬雄[24]，亦曰如此。然古之人或有称独行[25]而高世[26]者，考其行，亦不过乎君子，但与世之庸人不合尔。行非异世，盖人不及而反弃之，举世斥以为异者欤？及其过[27]，圣人犹欲就之于中庸[28]。况今书前不师乎古，后不足以为来者法。虽天下皆好之，犹不可为。况天下皆非之，乃独为之，何也？是果好异以取高欤？

然向谓公操能使人誉者，岂其履中道㉙、秉常德而然欤？抑亦昂然自异以惊世人而得之欤？

古之教童子者，立必正㉚，听不倾㉛，常视之毋诳㉜，勤谨乎其始，惟恐其见异而惑也。今足下端然㉝居乎学舍㉞，以教人为师，而反率然㉟以自异，顾㊱学者何所法哉？不幸学者皆从而效之，足下又果为独异乎！今不急止，则惧他日有责后生之好怪者，推其事㊲，罪以奉归㊳，此修所以为忧而敢告也，惟幸察之。不宣。同年㊴弟欧阳某顿首。

〔注〕 ① 石推官：即石介，字守道，又字公操，世称徂徕先生，兖州奉符（今山东泰安市）人。天圣八年(1030)进士。有《石徂徕集》。为人梗概有气，因支持"庆历新政"被贬。推官，实即留守推官，是宋代留守司的属官，主管刑狱等事。时石介任南京（宋州应天府，今河南商丘）留守推官。 ② 郓(yùn)州：宋之郓州，治所在郓城（今属山东）。 ③ 卒然：仓促的样子。 ④ 勤心：殷勤的心意。 ⑤ 书之怠：指回信的懒怠。 ⑥ 察：察知，体察。 ⑦ 宋州：即宋之宋州应天府，治所在今河南商丘。 ⑧ 汴水：又称汴河、汴渠，古汴河流经郑州、开封、商丘，经徐州会合泗水入淮。今已淤。 ⑨ 南方之舟：宋时的汴水是由南方向京师运粮的重要线路。南方之舟沿京杭运河至徐州，再西向进入汴水。 ⑩ 以相为忧：用以表示互相之间的忧虑。 ⑪ 相期者在于道：彼此相企求的在于儒家之道。期，希望，企求。 ⑫"其或"句：言过分或不及于儒家之道。不至，即不及。儒家之道讲究中庸，即不偏不倚，过犹不及，皆非中庸之道。 ⑬ 闵世：忧患世事。闵，同"悯"。 ⑭ 诋时太过：批评诋讦当世之事太过分。指石介著有《怪说》《中国论》，他认为佛、老和文弊是三害，"去此三者，乃可以有为"。又抨击杨亿等人的文风，不遗余力，当时西昆体文人对他疾之如仇。 ⑮ 朝闻而暮改：犹"朝闻夕改""朝过夕改"，喻改正错误之迅速。 ⑯ 君贶(kuàng)：王拱辰，字君贶，咸平（今河南通许县）人。年十九举进士第一。《宋史》卷三百一十八有传。 ⑰ 手作书：亲手写的书信。 ⑱《二像记》石本：即《二像记》一文的石刻拓本。 ⑲ 骇然：诧异的样子。 ⑳ 辨其点画：辨别石介所书写的一点一画。 ㉑ 是不能乎书者邪：此人是不善于书法的吗？ ㉒ 书之法当尔邪：写字的方法应当这样吗？尔，如此。 ㉓ 何谓而若是：为什么要这样做呢？ ㉔ 扬雄：字子云，蜀郡成都人。西汉后期著名的辞赋作家、哲学家和语言学家。 ㉕ 独行：节操高尚，不随俗浮沉。 ㉖ 高世：高出世表。 ㉗ 过：过分。过犹不及，均不合中庸之道。 ㉘ 中庸：儒家的政治、哲学思想，主张待人接物、处理事情要不偏不倚，无过无不及。 ㉙ 履中道：履行不偏不倚的中正之道。《孟子·尽心下》："孔子岂不欲中道哉！" ㉚ 立必正：《礼记·曲礼上》作"立必正方"。 ㉛ 倾：偏斜。 ㉜ 常视之毋诳(kuáng)：出自《礼记·曲礼上》："幼子常视毋诳。"郑玄注："小未有所知，常示以正物，以正教之，无诳欺。"视，通"示"。按：以上三句话，均出自《礼记·曲礼上》，强调的是以正教童子。 ㉝ 端然：庄严整肃的样子。 ㉞ 学舍：犹学校。 ㉟ 率然：轻率随便的样子。 ㊱ 顾：发语词。 ㊲ 推其事：推究事情发生的原委。 ㊳ 罪以奉归：罪名还要归于你。 ㊴ 同年：封建科举时代同一年考中进士的称同年。欧阳修与石介都是天圣八年的进士。

此文写于景祐二年(1035)。欧阳修于景祐元年五月,由西京洛阳来到京师。六月,被授宣德郎、试大理评事兼监察御史、充镇南节度掌书记、馆阁校勘。实际上朝廷委派的具体职务就是馆阁校勘,以上职务不过是定禄秩的官阶而已。担任三馆(史馆、昭文馆、集贤院)秘阁所藏图书的编校,职位虽不算高,但由于多以学者充任,颇为时人所重视。由西京推官来到京师,这次升迁给他提供了在政治上发展的机会。他对王朝内部的种种矛盾,早已有所察觉,在西京时曾上书范仲淹。这封书信就写于他同保守势力进行斗争的前夕。

欧公与石介是同榜进士,他给石介写过两封信,两封信的内容基本上是一致的,都是针对石介书法的怪异而生发。

全文可分五段。第一段是个引子,说了一些客套话。欧公在西京洛阳时,就收到石介从郓州寄来的书信,欧公未及时回信,所以有婉转致歉之意。他在京师听到许多人对石介的赞誉。他对这些赞誉,闻之欣然,认为亦不减相见握手之欢。下文又一转折:“夫不以相见为欢乐,不以疾病为忧问,是岂无情者乎?”作者对这一设问虽没有正面回答,言外之意是自己并非无情之人,因为他们所企求的都是儒家之道,只有违背儒家之道,在道方面“过犹不及”才是需要忧虑的东西。这一段重点是解释没有及时回信的原因,渐渐引入到儒家之道上来,此处所说的道,实际是儒家的中庸之道,也是中道。中庸与中道,都要求在对立的两极中间用折中的手段求得和谐,即儒道所说的“中和”,要求对两个极端不偏不倚,既反对过分,又反对“不及”,“过犹不及”,均违背了中庸之道。首段的落脚点就在这里。后文作者对石介的批评,也是以此为准绳的。

第二段又一转折,转到石介近来所写的文章上来。此段文字首先肯定了石介文章的“好古闵世之意”及“自得于古人”之处。但重点不是赞扬石介的文章,所以用“不待修之赞也”一句话带过。下文一转,转到批评石文“自许太高,诋时太过”,所论述的问题也没有“深究其源”。这几句话才是作者真正要说的话。

第三段转入书信所要商榷问题的重点,也是书信需要“详而说”的“一事”,即批评石介书法的怪异。石介书法的怪,乍看起来让人骇然不可辨识,通过慢慢辨其点画,才略可辨认。作者手持石介的字问人,别人对它的评价也是否定的,有人认为石介根本不会写字,有的提出质问:书法难道应该这样吗?有人问:古代有这种写法吗?有人问:现在有这种写法吗?作者的回答都是“非也”“无也”。信中连发五问,最后的一问一答是找出石介书法怪异的原因,一言以蔽之曰:“特欲与世异而已。”这是问题的症结所在。原来石介在有意追求怪异,有追怪尚异的倾向。此段对石介书法怪异没作多少具体的描写,在以后作者所写的《与石推官第二书》中，又指出石介的书法“以直者为斜，以方者为圆”，略可窥见石介书法的怪异特色。

第四段是作者对石介的书法追求怪异的批评。欧公首先指出君子之于学，求其“是”而不求其“异”。进而指出古代“称独行而高世者”，就其行为而论，也没有超出君子，只是与世上的庸人不合而已。欧公批评石介所用的标准是儒家的中庸哲学，这是儒家的道德规范与行为准则。中庸哲学主张人的行为要不偏不倚，“过犹不及”，均不符合中道。一个人的行为虽然与世无异，但行事不求适度，让人感到过分或不及，人们反而会抛弃他，或者遭到“举世斥以为异”的下场。对不及与过分，圣人责之于中庸之道。下文又一转折，转到直接批评石介的书法上来，指出其书法“前不师乎古，后不足以为来者法。虽天下皆好之，犹不可为。况天下皆非之，乃独为之，何也？是果好异以取高欤？”最后一句，可谓一话击中要害。接着又加以反问：你以前所以受到人们的称誉，是履行中道、秉持常德才受到称赞的呢？还是“昂然自异以惊世人”而获得的呢？不言而喻，前者才是他受称誉的原因。

最后一段又换一个角度批评石介书法的怪异，其立论的基础是《礼记·曲礼》，以《礼记》对童子的一系列要求，归结到惟恐童子“见异而惑”。石介又居学舍、为人师，反而“率然以自异”，这就更不应该了。如果学生以你为法，都追求怪异，你也不能独异了。如果不立即制止“好异以取高”的倾向，造成不良影响，追究责任，你就难辞其咎了。这段批评之中又含有警告。

这篇书信是议论体，也可以视为书法批评论，议论之中有辩难。信中反映出两种截然不同的书法美学观。欧公所欣赏的书法是点画曲直皆有准则的书法（见《与石推官第二书》），石介的书法美学观是崇尚怪异，“以直者为斜，以方者为圆”，所以遭到欧公的批评。

在谋篇布局上，此文叙次井然，转折层次颇多，论说得体，有理有序有节。有些话说得婉转，有些话却颇为直露，单刀直入，一语中的。从整体艺术风格看，这篇书信是直而婉的。（刘文忠　刘元煌）

与高司谏[①]书

修顿首再拜，白司谏足下[②]。某年十七时，家随州[③]，见天圣二年[④]进士及第榜，始识足下姓名。是时予年少，未与人接[⑤]，又居远方[⑥]，但闻今宋舍人兄弟[⑦]，与叶道卿[⑧]、郑天休[⑨]数人者，以文学大有名，号称得人[⑩]。而足下厕[⑪]其间，独无卓卓可道说者，予固疑足下不知何如人也。其后更[12]十一年，予再至京师，足下已为御史里行[13]，然犹未暇一识足下之面。但时时于予友尹师鲁[14]问足下之贤否，而师鲁说足下正直有学问，君子人也。予犹疑之。夫正直者，不可屈曲；有学问者，必能辨是非。以不可屈之节，有能辨是非之明，又为言事之官[15]，而俯仰默默，无异众人，是果贤者耶？此不得使予之不疑也。自足下为谏官来，始得相识。侃然正色[16]，论前世事，历历可听，褒贬是非，无一谬说。噫！持此辩以示人，孰不爱之，虽予亦疑足下真君子也。是予自闻足下之名及相识，凡十有四年，而三疑之。今者推其实迹而较之，然后决知足下非君子也。

前日范希文[17]贬官后，与足下相见于安道[18]家，足下诋诮[19]希文为人。予始闻之，疑是戏言；及见师鲁，亦说足下深非希文所为，然后其疑遂决。希文平生刚正、好学、通古今，其立朝有本末[20]，天下所共知。今又以言事触宰相得罪[21]，足下既不能为辨其非辜[22]，又畏有识者之责己，遂随而诋之，以为当黜，是可怪也！夫人之性，刚果懦软禀之于天，不可勉强。虽圣人亦不以不能责人之必能。今足下家有老母，身惜官位，惧饥寒而顾利禄，不敢一忤宰相以近刑祸，此乃庸人之常情，不过作一不才谏官尔。虽朝廷君子亦将闵[23]足下之不能，而不责以必能也。今乃不然，反昂然自得，了无愧畏，便毁其贤，以为当黜，庶乎饰己不言之过。夫力所不敢为，乃愚者之不逮[24]；以智文其过，此君子之贼[25]也。

且希文果不贤耶？自三四年来，从大理寺丞至前行员外郎、作待制日[26]，日备顾问[27]，今班行[28]中无与比者。是天子骤用不贤之人？夫使天子待不贤以为贤，是聪明有所未尽。足下身为司谏，乃耳目之官[29]，当其骤用时，何不一为天子辨其不贤，反默默然无一语；待其自败，然后随而非之。若果贤耶？则今日天子与宰相以忤意[30]逐贤人，足下不得不言。是则足下以希文为贤，亦不免责；以为不贤，亦不免责，大抵罪在默默尔。

昔汉杀萧望之[31]与王章[32]，计其当时之议，必不肯明言杀贤者也。必以石显、王凤为忠臣，望之与章为不贤而被罪也。今足下视石显、王凤果忠邪，望之与章果不贤邪？当时亦有谏臣，必不肯自言畏祸而不谏，亦必曰当诛而不足谏也。今足下视之，果当诛邪？是直可欺当时之人，而不可欺后世也。今足下又欲欺今人，而不惧后世之不可欺邪？况今之人未可欺也。

伏以今皇帝[33]即位已来，进用谏臣，容纳言论。如曹修古[34]、刘越[35]，虽殁犹被褒称。今希文与孔道辅皆自谏诤擢用[36]。足下幸生此时，遇纳谏之圣主如此，犹不敢一言，何也？前日又闻御史台榜朝堂，戒百官不得越职言事[37]，是可言者惟谏臣尔。若足下又遂不言，是天下无得言者也。足下在其位而不言，便当去之，无妨他人之堪其任者也。昨日安道贬官[38]、师鲁待罪[39]，足下犹能以面目见士大夫，出入朝中称谏官，是足下不复知人间有羞耻事尔！所可惜者，圣朝有事，谏官不言，而使他人言之。书在史册，他日为朝廷羞者，足下也。

《春秋》之法，责贤者备[40]。今某[41]区区[42]犹望足下之能一言者，不忍便绝足下，而不以贤者责也。若犹以谓希文不贤而当逐，则予今所言如此，乃是朋邪之人尔。愿足下直携此书于朝，使正予罪而诛之，使天下皆释然知希文之当逐，亦谏臣之一效也。

前日足下在安道家召予往论希文之事，时坐有他客，不能尽所怀，故辄布区区，伏惟幸察，不宣[43]。修再拜。

〔注〕 ① 高司谏：即高若讷，字敏之，并州榆次（今属山西）人，当时任左司谏。司谏，官名，掌规谏讽谕。 ② 足下：古代书信中对同辈的敬称。 ③ 随州：治所在今湖北随州市。欧阳修四岁丧父，母郑氏携他投靠时任随州判官的叔父，后在随州居住。 ④ 天圣二年：公元1024年。天圣为宋仁宗年号（1023—1032）。 ⑤ 接：结交。 ⑥ 远方：偏远的地方，指随州。 ⑦ 宋舍人兄弟：指宋庠、宋祁兄弟。宋庠，字公序，安州安陆（今属湖北）人，曾官同修起居注，即起居舍人之职，故称“宋舍人”。宋祁，庠弟，字子京，曾任同修起居注、翰林学士等官职。 ⑧ 叶道卿：叶清臣，字道卿，苏州长洲（今江苏苏州）人，曾任太常丞、知制诰等职。 ⑨ 郑天休：郑戬，字天休，吴县（今江苏苏州）人，官至枢密副使等职。 ⑩ 得人：录取了很多人才。

⑪ 厕：杂置，参与。 ⑫ 更：经历。 ⑬ 御史里行：官卑而任御史者。御史掌监察。 ⑭ 尹师鲁：尹洙，字师鲁，河南(今河南洛阳)人，官至起居舍人、直龙图阁。 ⑮ 言事之官：谏官。⑯ 侃然正色：刚直严肃的样子。 ⑰ 范希文：范仲淹，字希文，吴县(今江苏苏州)人，北宋著名政治家。 ⑱ 安道：余靖，字安道，韶州曲江(今广东韶关)人，官至工部尚书。 ⑲ 诋诮(qiào)：诽谤责备。 ⑳ 立朝有本末：在朝做官能贯彻始终。 ㉑ "今又"句：指范仲淹因言事得罪宰相吕夷简事。 ㉒ 非辜：无罪。 ㉓ 闵：同"悯"，怜悯。 ㉔ 不逮：不及。㉕ 贼：败类。 ㉖ "从大理寺丞"句：范仲淹于天圣二年(1024)至六年(1028)任大理寺丞，景祐二年(1035)升为吏部员外郎、天章阁待制，权知开封府。大理寺丞，治狱的助理官。前行员外郎，宋代六部分为前行、中行、后行，吏部是前行，前行员外郎即指吏部员外郎。待制，即天章阁待制，收藏皇帝御文集、御书殿阁的侍从官。 ㉗ 日备顾问：经常为皇帝提供咨询。 ㉘ 班行：同列的官员。 ㉙ 耳目之官：古代掌监察、谏议等事的官员，为皇帝的耳目，故称。㉚ 忤意：违反意旨。 ㉛ 萧望之：字长倩，兰陵(今山东苍山西南)人。汉宣帝时任太子太傅，元帝接位，以师傅见重，后反对宦官弘恭、石显用事，被弘、石诬陷下狱，服毒自杀。 ㉜ 王章：字仲卿，钜平(今山东宁阳)人，汉成帝时任谏大夫、京兆尹，因反对帝舅大将军王凤专权，为王凤所诬陷，下狱而死。 ㉝ 今皇帝：指宋仁宗赵祯。 ㉞ 曹修古：字述之，建州建安(今福建建瓯)人，累官监察御史等职。刘太后垂帘听政时，权幸用事，他直言敢谏，无所顾忌。仁宗亲政后，他已死，特赠右谏议大夫。 ㉟ 刘越：字子长，大名(今属河北)人。曾任秘书丞，上疏请太后还政。仁宗亲政时，越已卒，赠右司谏。 ㊱ "今希文"句：宋仁宗明道二年(1033)，右司谏范仲淹、御史中丞孔道辅因谏阻废郭皇后被贬，三年后孔官复原职，范为吏部员外郎，权知开封府。孔道辅，字原鲁，曲阜(今属山东)人。 ㊲ "前日又闻"二句：范仲淹因言事得罪宰相吕夷简被贬官后，御史韩缜为迎合吕夷简的旨意，请在朝堂张榜公布范仲淹朋党的名单，以戒百官越职言事者。 ㊳ 安道贬官：余靖因上书谏阻贬谪范仲淹，由集贤校理贬为监筠州酒税。㊴ 师鲁待罪：范仲淹因言事被贬后，尹洙上书自认为范仲淹之党，请求处分，宰相吕夷简大怒，当时尚未处理，后贬为监郢州酒税。待罪，等待处分。 ㊵ "《春秋》之法"二句：谓《春秋》笔法，对贤者求全责备，要求很高。《新唐书·唐太宗纪》赞："《春秋》之法，常责备于贤者。"《春秋》，编年体史书，相传孔子据鲁国史书修订而成，为儒家经典之一。备，完备。 ㊶ 某：自称。㊷ 区区：恳切之意。下文的"区区"作"心中的想法"解。 ㊸ 不宣：古代书信结束时的套语，是言不尽意的意思。

此文作于景祐三年(1036)。当时主张政治改革的范仲淹任吏部员外郎，权知开封府，因不满宰相吕夷简任人唯亲，官吏进用多出其门，遂上《百官图》加以暗讽。后又进献《帝王好尚》《选贤任能》《近名》《推委》四论，讥切时政。由此触怒吕夷简，吕夷简给范仲淹加上"越职言事，荐引朋党，离间君臣"的罪名，范遂贬为饶州知州。余靖、尹洙由于替范仲淹辩护，对贬斥范进行谏阻，亦同时获罪贬官。这时候，身为谏官的高若讷，面对范仲淹遭贬的错误处置，非但该谏不谏，反而落井下石，跟在吕夷简的后面诋毁范仲淹。同样主张政治改革的欧阳修对此十分不满，于是怀着极大的义愤，写了这封信给高若讷。他明知高若讷与宰相吕夷简关系密切，仍然在信中毫无顾忌地痛责高若讷，表现出极大的勇气。文章写得理足辞胜，气壮神完，堂堂之鼓，正正之旗，实际是一篇书信体式的政论文。

文章从年少情事写起，先说自己对高若讷由闻名到识面的过程，以引出三次怀疑高的为人：一疑未必是个人才，二疑未必正直有学问，三疑是真君子。然后联系高的所作所为得出“决知足下非君子”的结论，确立总的论点。此处欲抑先扬，欲破先立，笔法十分狡黠。接着为范仲淹辩诬，对高若讷的为人进行剖析，而在揭露高趋炎附势、奉承权贵时先荡开两笔，一说人的刚果懦弱不可勉强，“虽圣人亦不以不能责人之必能”，二说身惜高位，不敢忤相，此乃人之常情，“虽朝廷君子亦将闵足下之不能”，然后折回，指出高现在“昂然自得”，诋毁范以为当黜，并以此为荣，文过饰非，“此君子之贼也”。这样先退后进，欲擒故纵，抨击更显犀利尖锐。继而又两路出击，严密推理，指出不管范仲淹是贤还是不贤，对他过去的迅速升迁和现在的严厉贬斥，作为谏臣的高若讷都难辞其咎。因为如果范不贤，就不应委以重任；如果范贤，就不该遭逐：“大抵罪在默默尔”。所论言之成理，不容置疑。后引用汉代萧望之、王章分别被宦官石显、外戚王凤诬陷至死的历史事实，说明忠贤奸邪自有公论，曲直是非终不可欺。再联系现实，指出当今圣上“进用谏臣，容纳言论”的牌子，并强调在所谓范仲淹朋党榜朝堂，戒百官越职言事后，“可言者惟谏臣尔”，从而更有力地批评高若讷作为谏官不能直言的失职行为。后又以非谏官的余靖、尹洙的仗义执言作衬托，怒斥他沉默不谏，随人高下的可耻。最后退一步，表示希望对方主持公道，“能一言者”。后又反激一句，说如若不然，自己愿意将书公之于朝，甘愿承担获罪的严重后果。语气委婉中透出决绝。

在此文中，作者责备高若讷谏官不言，驳斥他对革新派范仲淹的诋毁诬蔑，鞭挞他趋炎附势的卑劣行径，斥责他的所作所为是“不复知人间有羞耻事”，并表示如果高若讷执迷不悟，坚持己见，那么就希望他“直携此书于朝，使正予罪而诛之”。一股浩然正气充溢于字里行间，表现了欧阳修不计个人利害，维护改革，敢于直言的可贵精神。后来果然“若讷上其书”，欧阳修“坐贬夷陵令”（《宋史·欧阳修传》）这虽然导致了欧阳修的第一次政治挫折，但其高风亮节得到了当时和后世人们的普遍赞许。其时蔡襄曾作《四贤一不肖》诗，“四贤”指范仲淹、余靖、尹洙、欧阳修，“一不肖”指高若讷。诗中有句云“累幅长书快幽愤，一奏司谏心无疑”，对欧阳修的所为作了充分肯定。据说此诗一出，都城人士争相传写，连正好来聘的契丹使臣也带了一份回国（见王辟之《渑水燕谈录》卷二），可见其影响之大。

本文主要是论辩驳难，时而据事论析，时而逻辑推理，一会援古证今，一会联系现实,或者巧妙婉讽,或者激切直斥,议论风生,雄辩滔滔,“语气可以折冲万里”(黄庭坚《跋欧阳公红梨花诗》),写得理直气壮,极有说服力,体现了欧阳修议论文字“其言简而明,信而通,引物连类,折之于至理,以服人心”(苏轼《六一居士集叙》)的特点。

《与高司谏书》观点鲜明,语意斩绝,但在写法上不是开门见山,直截了当,而是由远及近,从虚到实,峰回路转,腾挪跌宕,极尽曲折摇曳之能事,正如清代陈兆仑所说:“《高司谏》一书,发之最激,而亦不掩其往复百折之常度。”(《欧文选序》)该文还言辞激切,锋芒犀利,直刺高若讷的要害,但在行文上不是剑拔弩张,气势汹汹,而是藏锋敛锷,纡徐从容,可说是“天材有余,丰约中度,雍容俯仰,不大声色,而义理自胜”(苏辙《欧阳文忠公神道碑》),做到了柔中见刚。(吴小林)

与尹师鲁[①]第一书

某顿首,师鲁十二兄[②]书记[③]:前在京师相别时,约使人如河上。既受命,便遣白头奴[④]出城,而还言不见舟矣。其夕,及得师鲁手简,乃知留船以待,怪不如约。方悟此奴懒去而见绐[⑤]。

临行,台吏[⑥]催苛百端,不比催师鲁人长者有礼,使人惶迫不知所为。是以又不留下书在京师,但深托君贶[⑦]因书道修意以西。始谋陆赴夷陵,以大暑,又无马,乃作此行。沿汴绝淮,泛大江凡五千里,用一百一十程才至荆南[⑧]。在路无附书处,不知君贶曾作书道修意否?

及来此问荆人,云去郢止两程,方喜得作书以奉问。又见家兄言:有人见师鲁过襄州[⑨],计今在郢久矣。师鲁欢戚不问可知,所渴欲问者,别后安否,及家人处之如何,莫苦相尤否?六郎旧疾平否?

修行虽久,然江湖皆昔所游,往往有亲旧留连,又不遇恶风水。老母用术者[⑩]言,果以此行为幸。又闻夷陵有米、面、鱼,如京洛,又有梨栗、桔柚、大笋、茶荈[⑪],皆可饮食,益相喜贺。昨日因参转运[⑫],作庭趋[⑬],始觉身是县令矣。其余皆如昔时。

师鲁简中言，疑修有自疑之意者，非他，盖惧责人太深以取直尔，今而思之自决，不复疑也。然师鲁又云暗于朋友[14]，此似未知修心。当与高书时，盖已知其非君子，发于极愤而切责之，非以朋友待之也。其所为何足惊骇，路中来颇有人以罪出不测见吊者，此皆不知修心也。师鲁又云非忘亲[15]，此又非也。得罪虽死，不为忘亲，此事须相见可尽其说也。五六十年来，天生此辈，沉默畏慎，布在世间，相师成风。忽见吾辈作此事，下至灶门老婢，亦相惊怪，交口议之。不知此事古人日日有也，但问所言当否而已[16]。又有深相赏叹者，此亦是不惯见事人也。可嗟世人不见如往时事久矣！往时砧斧鼎镬，皆是烹斩人之物，然士有死不失义，则趋而就之，与几席枕藉之无异[17]。有义君子在傍，见有就死，知其当然，亦不甚叹赏也。史册所以书之者，盖特欲警后世愚懦者，使知事有当然而不得避尔，非以为奇事而诧人也。幸今世用刑至仁慈，无此物，使有而一人就之，不知作何等怪骇也。然吾辈亦自当绝口不可及前事也。居闲僻处，日知进道而已。此事不须言，然师鲁以修有自疑之言，要知修处之如何，故略道也。

安道[18]与予在楚州，谈祸福事甚详，安道亦以为然。俟到夷陵写去，然后得知修所以处之之心也。又常与安道言，每见前世有名人，当论事时，感激不避诛死，真若知义者，及到贬所，则戚戚怨嗟，有不堪之穷愁形于文字，其心欢戚无异庸人，虽韩文公[19]不免此累。用此戒安道，慎勿作戚戚之文。师鲁察修此语，则处之之心，可又知矣。近世人因言事亦有被贬者，然或傲逸狂醉，自言我为大不为小。故师鲁相别自言：益慎职，无饮酒。此事修今亦遵此语。咽喉自出京愈矣，至今不曾饮酒。到县后勤官，以惩洛中时懒慢[20]矣。

夷陵有一路，只数日可至郢，白头奴足以往来。秋寒矣，千万保重，不宣。修顿首。

〔注〕 ① 尹师鲁：尹洙（1001—1047），字师鲁，河南（今河南洛阳）人。他与欧阳修是一同

主张政治革新、志同道合的朋友。 ② 十二兄：尹洙家中排行十二。 ③ 书记：指尹洙山南东道节度掌书记的官衔。 ④ 白头奴：老仆人。 ⑤ 见绐(dài)：欺骗我。 ⑥ 台吏：御史台的执行官吏。 ⑦ 君贶：王拱辰字君贶，与欧阳修同榜进士，后两人政见不同。 ⑧ 荆南：指江陵府(今湖北江陵县)，《宋史·地理志》："江陵府，次府，江陵郡，荆南节度。"夷陵为荆南节度所属。 ⑨ 襄州：州治在今湖北襄樊。 ⑩ 术者：占卜、相面等的迷信职业者。 ⑪ 茶荈(chuǎn)：早采者为茶，晚取者为荈，见《尔雅·释木》疏。 ⑫ 转运：转运使，初始时负责一路财赋转运，天圣六年罢诸路提点刑狱，职权并入转运使，因此有监察本路地方官的权力。 ⑬ 庭趋：趋庭参拜，为参见长官的礼仪。趋，快走。 ⑭ 暗于朋友：不了解朋友。此指没料想到高若讷将信上交朝廷一事。见《与高司谏书》。 ⑮ 忘亲：古人认为身遭罪罚，陷父母于不义，是忘了父母养育之恩。尹洙说"非忘亲"是一种辩解态度，所以欧阳修指出这不正确。 ⑯"不知"二句：意谓因犯颜极谏被贬谪杀戮，在古代是经常的事，人们只问诤谏的言论是否正确。 ⑰"然士有"三句：意谓古代正直士大夫舍生取义，对待砧斧鼎镬等杀人刑具如同凭几卧席一样平常。 ⑱ 安道：余靖字安道。欧阳修在途中由淮河入长江时在楚州(今江苏淮安)晤面。 ⑲ 韩文公：唐代韩愈的谥号。欧阳修对韩愈十分推崇，但对他被贬后作戚戚之文表示惋惜。宋人的意见大致相似。如胡仔在《苕溪渔隐丛话》中说："韩退之，唐之文士也，正色立朝，抗疏论佛骨，疑若杀身成仁者。一经窜谪，则忧愁无聊，概见于诗词。" ⑳ 洛中时懒慢：指在洛阳任留守推官时游饮无节，曾为西京留守王曙戒敕。

尹洙，字师鲁，是欧阳修的挚友，欧阳修于天圣九年(1031)初任西京(洛阳)留守推官时即与尹结识，当时作有《七交诗》七首，其中《尹书记》称：

> 师鲁天下才，神锋凛豪俊。逸骥卧秋枥，意在騕騕迅。平居弄翰墨，挥洒不停瞬。谈笑帝王略，驱驰古今论。良工正求玉，片石胡为韫。

见出对尹才能的赞扬和期许。

欧阳修《居士外集》中，收有《与尹师鲁书》五封，此是第一封，作于景祐三年(1036)。《宋史纪事本末·庆历党议》载：景祐三年，范仲淹以吕夷简执政，官吏进用多出其门，上《百官图》，由此引发"庆历党争"。范仲淹被贬饶州，余靖、尹洙等为此事上疏进言，均被贬。欧阳修写信给司谏高若讷，指其未尽谏官之责，高若讷怒而上书，欧阳修被贬为夷陵令。本文即是欧阳修初到贬地江陵府时写给尹洙的信。

据说宋初有不杀文官的制度，因此朝官被贬谪后大多改到地方任职。如这次事件，范仲淹由礼部员外郎、天章阁待制、权知开封府贬知饶州，余靖由集贤校理贬监筠州酒税，尹洙由馆阁校勘贬监郢州酒税，欧阳修也由馆阁校勘贬为夷陵令。这就是信中说的"幸今世用刑至仁慈，无此物(指砧斧鼎镬)，使有而一人就之，不知作何等怪骇也"。

信中前二段，说明不曾如约去河畔给尹送别，又未能及时写信的原因。《欧阳修集》中有《于役志》，记录了此行经过。

第三段，说到江陵府后问当地人，说这里离郢州只有二天路程，才高兴地给尹写信。又在路上见到胞兄欧阳昞，说有人见到尹经过襄州，估计到郢州已经很久了。尹思想上的苦乐，不问也能明白，急于要问的，是别后身体平安否？家里的人对这次贬谪态度如何，曾经受到埋怨否？第六个小儿子旧病痊愈否？

第四段，写自己路上的情况。一路多是过去游历过的，还有亲友接待，而且一直风平浪静。母亲亦为此行高兴。又听说夷陵物产丰富，像开封、洛阳，且多水果、蔬菜，更是觉得可喜。昨天因为到郡参见转运使，才知道自己已是县令了，其余一切都像过去一样。宋代的馆职，官位虽不高，却是储养人才的所在，不少卿相大臣都由此出身，所以欧阳修有“身是县令”的感慨。

第五段，是这封信中重要的一段，一方面解释尹的疑问，一方面说明自己的态度。说确曾担心过自己不自觉地以过于苛责别人来取得忠直的名声，如今想来决非如此。而当时给高若讷写信，也是由于极端愤慨而责备他，并非把他看作朋友。高若讷将这封信上告朝廷，是意料中的事。所以一路上来亲友们大多以这次被贬谪是出于意料慰问，都是不了解自己的思想。尹信上所说，做这件事并非忘了父母之恩，这又是错了。义之所在不得不发，获罪即使受死刑，不能说是忘掉父母之恩，这道理一时说不清楚，须得见面时详细讨论。这是封建社会中所谓“忠孝不能两全”的矛盾，欧阳修在《新五代史》的《明宗子从璟论》《符习论》中都论及这问题，以为“忠孝以义则两得”，实际亦无法解决。

以下大篇文字用古今言事者的对比，慨叹宋朝建国这五六十年来，像高若讷一样沉默畏惧的人，充斥世间，相师成风。所以突然间见到几个敢于言事的人，连地位低下的奴仆，也十分惊怪。据《宋史纪事本末》，范仲淹等被贬后，“馆阁校勘蔡襄作《四贤一不肖诗》，以誉（范）仲淹、（余）靖、（尹）洙、（欧阳）修而讥（高）若讷，都人士（争）相传写，鬻书者市之以得利。契丹使适至，买以归，张以幽州馆”。正因为舆论所归，所以在信中告诫不要津津乐道“前事”。现在在偏僻的地方作清闲的小官，只有每日加强自己的道德修养，这些事不必说，只是对“自疑”的简单说明罢了。

第六段，写在楚州与余靖见面时的谈话。据《于役志》，六月己未，“遂至楚州，泊舟西仓，始见安道（余靖）于舟中”，“辛酉，安道解舟，不果别”。说当时和余靖讨论人生遭遇的事很详细，余靖也以为如此，经常见到前代的著名人物，在论事时感动奋发不怕诛死，等到到了贬地，却忧愁哀伤形诸文字，他们心中的快乐痛苦和普通人一样，就是唐代的韩文公（愈）也不免如此。因此告诫余靖，不要写忧愁哀伤的文章。从中也可看出自己对待此事的态度吧。近代亦有因言事被贬的人，有的故作傲逸，有的放任于酒，声称只管大事不顾小节。而自己一直谨记您临别时的话，到夷陵后一定谨慎地做好本职工作，不会像当年在洛阳时那样游饮无度了。

这封信中，作者答复尹洙的疑问，抒发自己的怀抱，层次分明，感情充沛。作者把言事获罪被贬谪视为当然，说明当时给高若讷去信时，唯一担心的是责难他是否太苛刻，自己有无邀取忠直名声的动机，在自省不疑后，就一切处之泰然，不以迁谪之情萦怀。同时提出在贬所要勤官慎职，不作穷愁的文字，以韩愈为戒。并在此后与尹洙往来的信中，建议尹洙继续完成在馆阁时共修的《十国志》，表示"吾等弃于时，聊欲因此粗伸其心"。其目的都在于和同时遭贬的朋友互相鼓励。

（陈　新）

答祖择之[1]书

修启：秀才人至[2]，蒙示书一通，并诗赋杂文两策，谕之[3]曰："一览以为如何？"某[4]既陋[5]，不足以辱好学者之问，又其少贱而长穷[6]，其素所为未有足称以取信于人。亦尝有人问者，以不足问之愚，而未尝答人之问。足下[7]卒然[8]及之，是以愧惧不知所言。虽然，不远数百里[9]走使者以及门，意厚礼勤，何敢不报[10]。

某闻古之学者必严[11]其师，师严然后道尊，道尊然后笃敬[12]，笃敬然后能自守，能自守然后果[13]于用，果于用然后不畏而不迁[14]。三代[15]之衰，学校[16]废。至两汉，师道尚存，故其学者各守其经以自用。是以汉之政理文章与其当时之事，后世莫及者，其所从来深矣。后世师法渐坏，而今世无师，则学者不尊严，故自轻其道。轻之则不能至，不至则不能笃信，信不笃则不知所守，守不固则有所畏而物可移。是故学者惟俯仰徇时[17]，以希禄利[18]为急，至于忘本趋末[19]，流而不返[20]。夫以不信不固之心，守不至之学，虽欲果于自用，莫知其所以用之之道，又况有禄利之诱、刑祸之惧以迁之哉！此足下所谓志古知道之士世所鲜[21]，而未有合者，由此也。

足下所为文，用意甚高，卓然[22]有不顾世俗之心，直欲自到于古人。今世之人用心如足下者有几？是则乡曲之中能为足下之师者谓谁，交游[23]之间能发足下之议论者谓谁？学不师则守不一，议论不博则无所发明而究其深。足下之言高趣远，甚善，然所守未一而议论未精，此其病[24]也。窃惟足下之交游能为足下称才誉美者不少，今皆舍之，远而见及，乃知足下是欲求其不至。此古君子之用心也，是以言之不敢隐。

夫世无师矣，学者当师经，师经必先求其意。意得则心定，心定则道纯，道纯则充于中者实，中充实则发为文者辉光，施于世者果致[25]。三代、两汉之学，不过此也。足下患世未有合者，而不弃其愚，将某以为合，故敢道此。未知足下之意合否？

〔注〕 ① 祖择之：祖无择，字择之。上蔡(今河南上蔡)人。少年师从穆修学习写作，后来中进士。因首建学官，设置生徒教育而出名。 ② 秀才人至：祖无择派的人到了。 ③ 之：这里是代词，我。 ④ 某：欧阳修自称。 ⑤ 陋：知识浅陋。 ⑥ 其少贱而长穷：我幼年贫贱，年纪大了，又窘迫不得志。当时欧阳修刚刚从被贬谪的地方回到首都开封，所以对自己的生平作了上述评价。 ⑦ 足下：第二人称的敬称，这里指祖择之。 ⑧ 卒然：猝然，突然。 ⑨ 数百里：指上蔡与开封之间的距离。 ⑩ 报：回信。 ⑪ 严：尊敬。 ⑫ 笃敬：真诚地敬重。 ⑬ 果：坚决。 ⑭ 迁：改变。 ⑮ 三代：夏、商、周。 ⑯ 学校：地方上的官学。夏代称校，商代称序，周代称庠。 ⑰ 徇时：遵从时弊。徇，通“循”，遵从，遵循。 ⑱ 希禄利：希图俸禄、名利。 ⑲ 忘本趋末：忘记了本源却追逐末流。 ⑳ 流而不返：随波逐流而忘记了正道。 ㉑ 鲜(xiǎn)：少。 ㉒ 卓然：高超的样子。 ㉓ 交游：(朋友)交往。 ㉔ 病：弊病。 ㉕ 果致：必定达到(目的)。

《答祖择之书》写于宋仁宗康定元年(1040)。景祐元年(1034)欧阳修曾经在京城任馆阁校勘，后来因为替主张改革的范仲淹辩护，得罪了保守派的权威人物，而遭贬谪，直到康定元年才被召回京城，复职馆阁校勘。在这种情况下，突然接到并不熟悉的祖择之派人从百里之外送来的文稿及求教信，应如何回答呢？

我们虽然没有读到祖择之的来信，但从送信人的问话中可以推测出，祖择之是想请欧阳修评价他的文章写得怎么样。然而欧阳修没有就事论事地对祖择之的诗、赋、杂文等文稿的布局、谋篇、修辞、音韵、句读等发表具体的意见，而是从治学的根本态度和方法等方面阐述了自己精辟的见解，提出了尊师重道、身体力行、学以致用的主张。言简意赅，发人深省。

本文开头先谈写作的缘起，态度诚恳而谦逊。

然后将古今学者的学习态度和学习方法加以对比，阐述了必须尊师重道、身体力行、学以致用的道理。首先欧阳修肯定了古人的学习态度：尊师重道，笃信自守，不畏不迁（从“某闻古之学者必严其师”到“学者各守其经以自用”）。那么古人所尊崇的道是什么呢？在《与张秀才第二书》中作者曾经这样解释：“其道，周公、孔子、孟轲之徒常履而行之者是也。”（《居士外集》卷十六）可见他所推崇的就是正统的儒家之道。他认为古人学习不仅仅是为了通晓传统的儒道，还要把它当成终生不渝的信仰贯穿到自己的修身、处世、为文中去，强调了尊师重道的重要性以及身体力行的重要性。为了证明这些观点，他回顾了历史，从夏、商、周三代讲到两汉，用历史事实作为论据，说明两汉的文章所以“后世莫及”，是因为“师道尚存，故其学者各守其经以自用”。然后抨击了师法渐坏以至于当今没有良师可以追随的社会现实（从“后世师法渐坏”至“由此也”）。说明当今学者既不尊师，也不重道，因此没有坚定的操守和信仰，也无法抵御功名利禄的诱惑和刑罚灾祸的恐吓，不仅学不成正道，更不可能身体力行。这正是祖择之找不到志同道合者的原因。经过正反对比、古今对照，什么才是正确的学习态度、学习方法昭然若揭。作者在这里阐述的不仅仅是学习的态度与方法，也是做人的根本态度与操守。这对纠正当时社会上的浮躁、虚靡、趋名逐利的不良风气，无疑是有积极意义的。

为了进一步阐述正确的学习方法，欧阳修接着概括地指出祖择之文章的弊病，说他的文章尽管“言高趣远”但是“所守未一而议论未精”。并分析了产生这些弊病的原因：由于乡村中没有优秀的老师可以求教，也没有志同道合的朋友可以一起研讨议论，因此“学不师则守不一，议论不博则无所发明而究其深”，再一次强调了学习必须有值得尊敬的老师，并且说明学友之间互相议论、切磋对深入理解经典的重要性。众所周知，欧阳修强调写文章要看多，做多，商量多。所谓的商量多，大概除了向名师求教，也包括和朋友一起探讨议论吧。正如本文所说，有了名师指导，才能有专一的操守，和学友一起讨论才能有所发明，探究出深刻的道理。

然而当时社会上没有名师，要想学而有成怎么办？欧阳修提出“学者当师经”，强调必须自学儒家经典《六经》。那么怎样“师经”呢？作者认为“必先求其意”。也就是要求学者首先要探明经典所论述的道理的深刻含义，而不是记取它的只言片语。欧阳修认为只有这样才能心定道纯，内心充实，为文辉光，施世果致。这里作者主要阐述的是学习经典与做人、为文、处世的关系。认为学习的根本途径是深刻理解经典所论述的道理的本意。只有深刻理解了经典，才能成为一个内心充实信仰坚定的人,才能写出光照日月的文章,才能对社会做出应有的贡献。这和他在《与张秀才第二书》中所说的"知古明道,而后履之于身,施之于事,而又见于文章而发之,以信后世"(《居士外集》卷十六)的观点,以及《答吴充秀才书》中所阐述的"道胜者文不难而自至""若道之充焉,虽行乎天地,入于渊泉,无不之也"(《居士集》卷四十七)的观点是一致的。和唐宋八大家之首的韩愈提倡的要写好文章必须先学习儒家经典提高自己的道德水平,"根之茂者其实遂,膏之沃者其光晔,仁义之人,其言蔼如也"(《答李翊书》,见《韩昌黎文集校注》卷三)的主张也是一脉相承的。

纵观全文,它不是一封普通的书信,而是一篇阐述欧阳修散文理论的颇具代表性的议论文。作者高屋建瓴从治学的根本问题上为后学者指明方向,体现出他的大家风范。文章以尊师重道、身体力行为中心,层层深入地展开论述,前后呼应,结构环环相扣。在修辞方面多处运用了顶真、排比等方法,如:"古之学者必严其师,师严然后道尊,道尊然后笃敬,笃敬然后能自守,能自守然后果于用……";"意得则心定,心定则道纯,道纯则充于中者实,中充实则发为文者辉光……"。语言节奏紧凑,气势贯通,雄辩有力。议论中运用了对比的手法,文章的主旨显得非常突出。　(胡冠莹)

与乐秀才第一书

某白,秀才①乐君足下②:昨者舟行往来③,皆辱见过④。又蒙以所业⑤一册,先之启事⑥,宛然如后进之见先达之仪⑦。某年⑧始三十矣,其不从乡进士之后⑨者,于今才七年。而官仅得一县令,又为有罪之人⑩,其德、爵、齿三者⑪皆不足以称足下之所待,此其所以为惭。自冬涉春,阴泄⑫不止,夷陵水土之气比频作疾⑬,又苦多事,是以阙⑭。

然闻古人之于学也,讲⑮之深而信之笃⑯,其充于中⑰者足,而后发乎外者大以光⑱,譬夫金玉之有英华,非由磨饰染濯之所为,而由其质性坚实,而光辉之发自然也。《易》之《大畜》⑲曰:"刚健笃实,辉光日新。"谓夫畜于其内者实,而后发为光辉者日益新而不竭也。故其文曰:"君子多识前言往行,以畜其德。"此之谓也。

古人之学者非一家,其为道虽同,言语文章未尝相似。孔子之系《易》[20],周公之作《书》[21],奚斯之作《颂》[22],其辞皆不同,而各自以为经。子游、子夏、子张与颜回同一师[23],其为人皆不同,各由其性而就于道耳。今之学者或不然,不务深讲,而笃信之徒,巧其词以为华,张其言以为大。夫强为[24]则用力艰,用力艰则有限,有限则易竭。又其为辞不规模于前人[25],则必屈曲变态以随时俗之所好,鲜克自立[26]。此其充于中者不足,而莫自知其所守[27]也。

窃[28]读足下之所为高健[29],志甚壮而力有余。譬夫良骏之马,有其质矣,使驾大辂[30]而王良[31]驭之,节以和銮[32]而行大道,不难也。夫欲充其中,由讲之深,至其深,然后知自守。能如是矣,言出其口而皆文。

修见恶于时,弃身此邑,不敢自齿于人[33],人所共弃。而足下过礼之,以贤明巧正见待,虽不敢当,是以尽所怀[34]为报,以塞其惭[35]。某顿首。

〔注〕 ① 秀才:唐宋时代泛指从事举子业的文人。 ② 足下:对同辈、朋友的敬称。③ 昨者舟行往来:往日乘船往来。此指欧阳修从开封水路乘船至夷陵,往来经过荆南。昨者,泛指往日,过去。 ④ 辱见过:承蒙乐秀才到船见过(问候)。辱,谦词,承蒙。 ⑤ 所业:指乐秀才所写的文章。 ⑥ 先之启事:先送文章以为进见礼。唐宋时文人谋求仕进,多以其诗文投谒显宦,求得提掖。 ⑦ 见先达之仪:拜见前辈师长的礼仪。 ⑧ 某年:我的年纪。某,自称的谦词。 ⑨ 从乡进士之后:随从乡人于进士之后,指应举进士。按:宋代应进士举者,称"进士"。举进士后称"前进士"。 ⑩ 有罪之人:宋真宗景祐三年(1036),范仲淹上《百官图》,献四论,讥切时弊,触忤权相吕夷简,被"越职言事,离间君臣,引用朋党"罪名贬饶州。欧阳修时任馆阁校勘,作《与高司谏书》切责高司谏随势诋毁范仲淹,被贬夷陵令。 ⑪ 德、爵、齿三者:指德性、官爵、年纪三个方面。《孟子·公孙丑》:"天下有达尊者三:爵一,齿一,德一。朝廷莫如爵,乡党莫如齿,辅世长民莫如德。" ⑫ 阴泄:腹泻。 ⑬ 比频作疾:近来频发疾病。比,近来。 ⑭ 是以阙:因此缺漏。阙,指缺漏回信。 ⑮ 讲:钻研,讨论。 ⑯ 笃:实诚、专一。 ⑰ 充于中:充实于内心。 ⑱ 大以光:博大而光耀。 ⑲《易》之《大畜》:指《易经》的《大畜》卦。其卦彖(tuán)辞称:"大畜,刚健笃实,辉光日新其德。"其卦象辞称:"大畜,君子多识前言往行,以畜其德。"《大畜》卦上艮下乾,乾为阳为大,乾阳上升,刚健笃实;艮为山为止,畜乾阳而辉光日新。综而论之,此指君子涵养美德,犹如乾阳的刚健笃实,蓄聚不止,"多识前言往行",即多记前贤往圣的言行事迹,以至辉光焕发,日日增新美德。 ⑳ 孔子之系《易》:孔子作系辞以阐释《易》理。相传孔子为《易》作十翼,即系辞上下、彖辞上下、象辞上下、文言、说卦、序卦、杂卦。 ㉑ 周公之作《书》:指《尚书》中的《金縢》《大诰》《多士》《无逸》等篇,均为周公所作。周公,周武王之弟姬旦。 ㉒ 奚斯之作《颂》:指《诗经·鲁颂·閟宫》篇,诗中标

明:“奚斯所作”。 ㉓“子游”句:此指子游、子夏、子张、颜回同遵从一师(孔子)。 ㉔强为:勉强作为,指勉强写作。 ㉕规模于前人:以前人(前贤往圣)为规模(准则、楷模)。 ㉖鲜克自立:很少能够确立自己的见解与风格。鲜,少。克,能。 ㉗所守:指自己坚守的准则。 ㉘窃:用作表示自己的谦词,我。 ㉙所为高健:所作的高健文辞。此为对乐秀才文章的称赞,是鼓励,也是书信中的礼貌之词。 ㉚使驾大辂:假使骏马驾驭着皇帝乘坐的大车,比喻才俊之士成为辅佐君王的贤能。大辂,皇帝郊祀时所乘的大车。 ㉛王良:春秋著名的御夫。比喻善于驾御贤能的重臣。 ㉜节以和銮:以和谐的鸾铃调谐(骏马)步履。和銮,犹“和鸾”,皇帝所乘车驾上缀系的鸾铃。 ㉝自齿于人:自列于人群。齿,序列、等同。 ㉞尽所怀:倾尽我之所怀,即毫无保留。 ㉟塞其惭:弥补我的愧惭。塞,弥补。其,指示代词,代“我”。

《与乐秀才第一书》,是欧阳修贬谪夷陵令后所作。宋仁宗景祐三年(1036),范仲淹向朝廷“献四论”,讥切时弊,触忤权奸吕夷简,贬谪饶州。欧阳修因作《与高司谏书》,谴责高司谏阿媚权势诋毁范仲淹,被贬夷陵令。欧阳修自开封奉母携妹,冒暑溯江赴夷陵贬所,途中船经荆南,乐秀才上船问候并送上他所作的文章,作为进见礼。欧阳修至夷陵后,“自冬涉春”,未能及时写信。据此可知,《与乐秀才第一书》,是欧阳修至夷陵贬所后的次年,即景祐四年春所作。《欧阳修文集》中还有《与荆南乐秀才书》,说“再辱书,再而未答”,可知《与乐秀才第一书》,是一篇写成后却因故并未寄出的书信。

《与乐秀才第一书》,对于乐秀才的谦敬问候与所送文章,欧阳修作了恳切的回答,谈论了文章写作的重要见解。全文三大段:

首段(第一自然段):欧阳修追述“昨者”路经荆南,受到乐秀才“宛然如后进之见先达之仪”的礼敬,表达愧惭。据文推测,此位乐秀才年龄不比欧阳修年轻,却以“后进”敬见“先达”的礼仪相待,其谦诚、恳切令人感动,而其“先之启事”,奉文投谒,希求提掖的急切心情,亦隐然透露。此前,仁宗天圣九年(1031),欧阳修二十五岁,在西京与尹洙、梅尧臣、杨愈、张汝士、王复、张太素结为七友,切磋道义,诗文唱酬,就已经是文章名冠天下的人物。乐秀才向这位年轻杰出、名冠天下的欧阳修希求提携仕进,可以理解。然而,欧阳修并不愿接受这种超常的礼仪,也无意满足这种超常礼仪所透露的真实欲求,于是告知对方:一是本人年龄尚浅,“某年始三十”;二是本人官爵低微,“仅得一县令”;三是本人德行亏损,“为有罪之人”。“德、爵、齿三者皆不足以称足下之所待”,委婉地表示难以满足乐秀才希望提携仕进的真实欲求,这就是欧阳修“所以为惭”的原因。而且对于自己迟迟未能及时回信,如实作了解释:自冬涉春,不服水土,阴泻作疾,又苦多事,以至书信“阙”失,委婉致谦。一“惭”一“阙”,以低调谦恭的态度,表达了对乐秀才真实欲求的婉拒。

中段(第二、三、四自然段):欧阳修着重谈“古人之学者”的内在修养、文章风格与乐秀才文章特点,启发、鼓励乐秀才励志进取。

首先,欧阳修提出“古人之于学”的内在修养:“讲之深而信之笃”,这是讲道德修养与百事学问,钻研深入而诚信专一,充实于心而发乎文章,就能博大光辉。继而以金玉之“质性坚实”,“光辉之发自然”为喻,以《易经》之《大畜》的彖辞、象辞为证,强调畜德于内者“实”(“刚健笃实”),而后才能“辉光日新”。联系欧阳修的古文创作,一贯主张“君子之于学也,务为道”(《与张秀才第二书》),“言以载事”(《代人上王枢密求先集序书》),以明道为本,以载事为实,以关切、明察现实的“人事”“百事”充实于作者内心,从而“发为文者辉光”(《答祖择之书》),“施之于事”(《与张秀才第二书》),做到学以致用、文以致世。

第二,欧阳修正反对比论述“古人之学者”与“今之学者”的本质区别。古之学者,当指古代尊奉儒学的学者,“为道虽同”而学派并“非一家”(先秦时代,孔门儒学衍分八派,其中孟子、荀子成为影响重大的两大派),“言语文章未尝相似”,提出“言语文章”风格多样性的问题。首先,欧阳修列举了孔子为《易经》所撰的系辞传,周公所作的载于《尚书》之《金滕》《大诰》等文章,《诗经·鲁颂》所载“奚斯所作”的《閟宫》诗篇,这些后世奉为儒家经典的文章,均文辞不同,风格异彩。继而,欧阳修以儒家后学子游、子夏、子张、颜回证实“言语文章”各异的根源:他们同尊孔子为师,为人性情不同,“各由其性而就于道”,他们各自顺随(按照)个人的性情去接近、体悟、涵养儒道精神,“多识前言往行”以畜德,于是,“为道虽同”,而性情(个性气质)各异,导致明道载事的“言语文章”风格多样,异彩纷呈,辉光博大。此为正论,继而反论,指出“今之学者”的两大弊端:一是不务深讲笃信,忽视品德修养与百事学问,只是“巧其词以为华,张其言以为大”,巧妙修辞以为华丽,铺张言辞以求博大,而其畜于内者不足,遂勉强为文,用力艰难,导致力竭文枯。二是为辞不以前贤为楷模,却“随时俗之所好”,使自己的性情、文辞“屈曲变态”,弃金玉之质性,投时俗之庸劣,“鲜克自立”,很少能够确立自己的独到见解与个性风格。最后,作者概括总结今之学者的弊病,就是“充于中者不足”,“莫自知其所守”。作者以正反对比的方式,既论证了道同而文异的根源,又反证了弃道随俗,“充于中者不足”所导致的人格变态和文章媚俗之恶果。

最后,欧阳修向乐秀才诚恳建议,致以期望,作为对于秀才“先之启事”的答复。一是对乐秀才文章的观感:“足下之所为高健,志甚壮而力有余。”而与后边所讲的“譬夫”“夫裕充其中”“能如是矣”的一连串假设言辞相对映,则作者对乐秀才的观感,似有深意而耐人寻味。实际作者对乐秀才的文章褒赞中隐含微意:

乐秀才文章“志甚壮”，则指其文章自壮其志，用世求进之心甚为迫切，而在品德修养与百事学问方面，似有不足；“力有余”，则指其文章求进迫切，强为用力，缺乏深涵雅正之意蕴。反观前面作者对今之学者的批评，似乎就是对乐秀才的棒喝与启发。二是对乐秀才的期望：欧阳修因乐秀才文章“高健”而志壮，故称其有良骏之质，假使有“王良”（比喻引导者）的驾驭、节制和调教，行于大道不难也。三是对乐秀才的建议：“充其中”“讲之深”“知自守”，“能如是矣，言出其口而皆文”，希望乐秀才不要蹈袭今之学者弃道随俗的斜径和泥淖。

末段，欧阳修表示写作此书的真意。欧阳修感激乐秀才在自己“见恶于时，弃身此邑”的失意之际，竟得到乐秀才的“过礼之，以贤明巧正见待”，实愧“不敢当”，因而“尽所怀为报”；陈述了前面一大篇为学为文的见解，来弥补自己的愧惭，希望乐秀才能领会自己的这份用心。

综观全文，首尾以乐秀才的“过礼”和作者对“过礼”的愧惭遥相呼应，而以针对乐秀才文章内充之不足，展开中间三段文字，阐述自己文章写作的经验和主张，意态温雅，既有礼貌，又有原则，没有因对方的“过礼”而虚夸，说些违心的赞誉。平实严谨，不务虚夸，是此文的一大特色。　（赵乃增）

书梅圣俞稿后

凡乐，达天地之和，而与人之气相接，故其疾徐奋动可以感于心，欢欣恻怆可以察于声[①]。五声[②]单出于金石，不能自和也，而工者和之。然抱其器，知其声，节其廉肉而调其律吕[③]，如此者工之善也。

今指其器以问于工曰：彼簨者、簴者[④]、堵而编[⑤]、执而列[⑥]者，何也？彼必曰：鼗鼓、钟磬、丝管、干戚也。又语其声以问之曰：彼清者，浊者，刚而奋、柔而曼衍者，或在郊、或在庙堂之下而罗者，何也？彼必曰：八音[⑦]、五声、六代之曲[⑧]，上者歌而下者舞也。其声器名物皆可以数而对也。然至乎动荡血脉，流通精神，使人可以喜，可以悲，或歌或泣，不知手足鼓舞之所然[⑨]。问其何以感之者，则虽有善工，犹不知其所以然焉。盖不可得而言也。

乐之道深矣。故工之善者，必得于心，应于手，而不可述之言也。听之善，亦必得于心而会以意，不可得而言也。尧、舜之时,夔[10]得之,以和人神、舞百兽。三代、春秋之际,师襄、师旷、州鸠[11]之徒得之,为乐官,理国家、知兴亡。周衰官失,乐器沦亡,散之河海,逾千百岁间,未闻有得之者。其天地人之和气相接者,既不得泄于金石,疑其遂独钟于人。故其人之得者,虽不可和于乐,尚能歌之为诗。

古者登歌清庙[12],大师掌之,而诸侯之国亦各有诗,以道其风土性情。至于投壶、飨射[13],必使工歌,以达其意,而为宾乐。盖诗者,乐之苗裔与!汉之苏、李,魏之曹、刘得其正始[14]。宋、齐而下,得其浮淫流佚[15]。唐之时,子昂、李、杜、沈、宋、王维之徒,或得其淳古淡泊之声,或得其舒和高畅之节[16],而孟郊、贾岛之徒,又得其悲愁郁堙之气。由是而下,得者时有而不纯焉。

今圣俞亦得之。然其体长于本人情,状风物,英华雅正,变态百出,哆[17]兮其似春,凄兮其如秋。使人读之,可以喜,可以悲,陶畅酣适,不知手足之将鼓舞也。斯固得深者邪!其感人之至,所谓与乐同其苗裔者邪!余尝问诗于圣俞,其声律之高下,文语之疵病,可以指而告余也。至其心之得者,不可以言而告也,余亦将以心得意会,而未能至之者也。

圣俞久在洛中,其诗亦往往人皆有之。今将告归,余因求其稿而写之。然夫前所谓心之所得者,如伯牙鼓琴、子期听之,不相语而意相知也[18]。余今得圣俞之稿,犹伯牙之琴弦乎?

〔注〕 ①“凡乐”五句:古人把礼、乐、刑、政都当作统治手段,认为乐是圣人效法风雨雷霆、四时寒暖等天地之气而作,可以影响人的思想感情。详见《礼记·乐记》。 ②五声:我国古代五声音阶中的五个音级,即宫、商、角、徵、羽。 ③“节其”句:《礼记·乐记》:“廉直劲正庄诚之音作,而民肃敬;宽裕肉好顺成和动之音作,而民慈爱。”廉直,指高音。肉好,指低音。律吕,六吕六律的合称,泛指音律。 ④箕(sǔn)者、簴(jù)者:箕、簴,古代悬挂钟磬鼓的木架。横杆叫箕,直柱叫簴。 ⑤堵而编:《周礼·小胥》:“凡悬钟磬,半为堵,全为肆。”郑玄注:“钟磬者,编县之二八十六枚而在一簴,谓之堵。” ⑥执而列:指下文中的“干戚”,乐舞所用的盾牌和斧头。 ⑦八音:指金、石、土、革、丝、木、匏、竹八种乐器,即钟、磬、埙、鼓、琴瑟、柷敔、笙、管。 ⑧六代之曲:帝王祭祀的乐曲,指“云门”“咸池”“箫韶”“大夏”“大濩”“大武”。 ⑨“然至乎”六句:言音乐的感化作用。《史记·乐书》:“故音乐者,所以动荡血脉,通流精神而和正心也。”又:“故歌之为言也,长言之也。……嗟叹之不足,故不知手之舞之足之蹈之。”

⑩ 夔：传说中尧、舜时代的乐官，见《尚书·益稷》。　⑪ 师襄：春秋时鲁国的乐官。师旷：春秋时晋国的乐官。州鸠：不详。　⑫ 登歌清庙：《乐府诗集》卷三："登歌者，祭祀燕飨堂上所奏之歌也。《礼记·明堂位》曰：'升歌《清庙》，下管象《武》。'……《周礼·大师》职曰：'大祭祀，师瞽登歌，令奏击拊。'……按登歌，各颂祖宗之功烈，去钟撤竽，以明至德。"　⑬ 投壶、飨射：古代士大夫的宴饮娱乐。见《礼记·投壶》。　⑭ "汉之苏、李"二句：苏武和李陵、曹植和刘祯，他们的诗歌感慨世乱变迁、表达彷徨苦闷，合符"道其风土人情"的标准，继承了诗歌优良传统。正始，正始之音，纯正的诗歌传统。　⑮ "宋、齐而下"二句：言六朝的宋、齐、梁、陈等朝代，宫体诗盛行，诗坛充斥靡靡之音。　⑯ "唐之时"四句：陈子昂、李白、杜甫、沈佺期、宋之问、王维等人的诗歌，风格不一，成就各异。其中初唐的沈、宋诗属对精切、音韵谐调，对唐代律诗的形成与发展有贡献；陈子昂首先标举"建安风骨"，对扭转初唐诗风影响最大。李、杜、王代表了盛唐诗歌创作的最高成就。　⑰ 哆(chǐ)：宽和的样子。　⑱ "如伯牙"二句：《吕氏春秋·本味》："伯牙鼓琴，钟子期听之。"相传伯牙操琴，琴声高妙，唯钟子期知音。后世用为知音相遇之典。又见《列子·汤问》。

本文作于明道元年(1032)，是欧阳修读梅尧臣诗稿后所撰写的题跋，也是一篇构思精妙、形散神聚的精品散文，还可以把它当作一篇颇具参考价值的音乐和诗歌理论批评论文。

梅圣俞，名尧臣，是作者志同道合的诗友，与苏舜钦同被誉为欧阳修诗文革新的"左右骖"。梅尧臣在北宋诗坛享有盛誉，南宋的刘克庄在《后村诗话》中更将梅推为宋诗的"开山祖师"。作者在本文中以别出心裁的创意和新颖别致的笔墨，对挚友的诗稿进行品味、评价，并发出由衷的赞叹，被明代茅坤评为"知音之言"(《唐宋八大家文钞·欧阳文忠公文钞》卷三十二)。

文章的开头不写梅圣俞，也不谈梅的诗稿，而是宕开笔锋，从音乐说起。作者认为，音乐有着巨大的魅力，可以达天地之和，感动人心，表达人的欢愉与悲凄之情。但音乐的魅力不是金石丝竹等乐器本身就具备了，美妙的音乐也不是乐器自然组合而成，而是有赖于精通音乐的"善工"，调节音高，协调韵律，然后将优美的旋律演奏出来。作者还指出，音乐之美是妙不可言、难以言说的。即使是乐之善工，他也只能告诉你，各种乐器的名称，什么小鼓、大鼓、编钟、磬、琴瑟、箫笛等，还有音质音色的清浊、刚柔等差别，以及在郊外与宗庙不同场合下不同的音乐形式。这些音乐的物质载体和外在形式是可以用语言表达的，乐工可以一一告诉你。但是，流淌在旋律中的那种使人热血沸腾、精神焕发，让人为之悲、为之喜、为之歌、为之哭，甚至因之手舞足蹈的东西到底是什么，即使是最优秀的乐工，也不知其所以然，当然也无法告知你。"乐之道深矣"，音乐是深奥的、玄妙的，这是作者对音乐的审美特性的总结。而且，优秀的乐工对其技艺不能用语言传达出来，当然也无法授之予人，因为它是得之于心而应之于手，是得自天机，出乎灵府,出神入化的;而善于欣赏音乐的人,也只能心领神会,靠直觉的体悟、心灵的契合才能体会其真谛,音乐的演奏和欣赏都是只可意会、不可言传的过程。因此,能够精通音乐之道的乐工,能够神会音乐之精粹的欣赏者,都是少之又少的。尧舜之时,乐官夔精通乐理,能使人神和谐、百兽率舞;夏商周三代及春秋之时,师襄、师旷、州鸠之徒深通音乐,以乐施政,预知兴亡。周朝衰落之后,千百年来,再没听说过有精通音乐之人。

以上是作者对音乐的认识,作者首先强调了音乐表达情志的情感性及其感动人心的巨大的感染力,音乐能给人以心灵上的熏染与震撼,让欣赏者兴奋、愉悦、净化和提升,其魅力是无穷的。音乐的意蕴是模糊性、暗示性的,因此,音乐之道、之美又极其的深奥和玄妙。音乐的表达和欣赏都是得意忘言,不可言说的过程,乐工是得心应手,欣赏者则靠心领神会。作者对音乐的看法触及到了音乐的本质,把握住了音乐的审美特性。

文章开头的一半笔墨,作者绝口不提梅尧臣及其诗稿,而是大谈特谈音乐,这一大段文字似乎是游离散漫之笔墨,显得文不对题,漫无边际。读者在阅读之时一定会感到十分突兀和迷惑。这是作者精心设置的一个审美悬念。

文章的第三段,作者先论述了诗与乐的关系,非常从容地将笔墨由论乐转到论诗上。在艺术起源阶段,诗乐本是一体,古代在宗庙歌诗,由大乐师掌管;士大夫们宴饮娱乐之时,也让乐工为之歌诗,来表达他们的情感。作者认为,诗是乐之苗裔,是由音乐派生出来的。既然诗乐本是一家,前面论乐即是论诗,音乐的魅力即是诗的魅力,音乐的审美特性就是诗歌的审美特性,诗歌之美、之妙、之不可言说也一并可知了,而卓越的诗人之难得,就如乐之"善工"之举世难逢。所以,对本文要写的梅圣俞及其诗稿,作者其实已经曲折表达了自己的见解。文章至此,读者定是疑惑顿消、恍然大悟,同时叹服作者构思上的匠心和起承转合的从容与自然。接下来,作者简要概述了诗歌的发展历程。汉代相传为苏武、李陵的诗作,以及汉末曹植、刘桢的诗歌,感叹世乱变迁及人生境遇,继承了诗歌纯正的传统;到了南北朝的宋齐之后,浮靡淫佚的诗充斥诗坛,使诗歌的发展偏离了正道;唐朝,陈子昂、李白、杜甫、沈佺期、宋之问、王维等诗人,有的继承了诗歌清淳古淡的风格,有的则继承了诗歌舒缓、和谐或高亢畅达的特色;后来的孟郊、贾岛等人又得到了悲苦、哀愁、抑郁的气质。此后,有所成就的诗人虽常出现,但却不纯正。作者对诗歌发展史的回顾,旨在说明中国诗史上真正精通诗艺、能继承诗歌纯正传统的诗人少之又少。很显然,这是为了引出梅圣俞,为下一段张目。

文章的最后两段,作者终于转入正题,对梅圣俞的诗稿进行评述。作者赞叹梅诗“本人情，状风物，英华雅正，变态百出”，赞扬梅诗能够抒写人的真实性情，展现风土景物，风格雅正，形态百出，有着强烈的感染力，“使人读之，可以喜，可以悲，陶畅酣适，不知手足之将鼓舞也”。梅诗的这种艺术魅力与音乐美一脉相承，其创作的奥妙与技巧也形同音乐，是难以言述、不可授之予人的。作者向梅圣俞请教为诗之法，梅能够传授给自己的，只是诗歌声律的讲究和遣词造句的技巧，而诗歌的精髓只能靠自己用心灵意念去领会和体悟。作者自谦地说，自己的诗歌创作达不到梅圣俞的境界，但对梅圣俞的诗却能够心领神会。文章的结尾，作者借伯牙与钟子期的典故，将梅圣俞引为知己，表述对梅圣俞真挚深厚的友谊，其高山流水的典故，则间接表达出作者对梅圣俞的赏识与赞誉。

全文新颖奇特，别出心裁，逶迤而来，转合自然。开章抛开正题写音乐，初看不着边际，实则处处写梅诗，处处赞梅诗；后面的部分作者着重论诗，又处处和音乐关联。诗如乐，乐如诗，诗乐的奥妙得到了完美的展现，梅诗的魅力也一并托出，文章的精妙亦在其中。（李小兰　刘德清）

读李翱文

予始读翱《复性书》[①]三篇，曰此《中庸》[②]之义疏尔。智者诚其性，当读《中庸》。愚者虽读此，不晓也，不作可焉。又读《与韩侍郎荐贤书》[③]，以谓翱特穷时，愤世无荐己者，故丁宁如此，使其得志，亦未必。然以韩为秦汉间好侠行义之一豪俊[④]，亦善论人者也。最后读《幽怀赋》[⑤]，然后置书而叹，叹已复读，不自休。恨翱不生于今，不得与之交；又恨予不得生翱时，与翱上下其论[⑥]也。

凡昔翱一时人，有道而能文者，莫若韩愈。愈尝有赋矣，不过羡二鸟之光荣，叹一饱之无时尔[⑦]。此其心使光荣而饱，则不复云矣。若翱独不然，其赋曰：“众嚣嚣而杂处兮，咸叹老而嗟卑。视予心之不然兮，虑行道之犹非。”[⑧]又怪神尧[⑨]以一旅取天下，后世子孙不能以天下取河北[⑩]，以为忧。呜呼！使当时君子皆易其叹老嗟卑之心，为翱所忧之心，则唐之天下岂有乱与亡哉！

然翱幸不生今时，见今之事[⑪]，则其忧又甚矣。奈何今之人不忧也？余行天下，见人多矣，脱[12]有一人能如翱忧者，又皆贱远，与翱无异。其余光荣而饱者，一闻忧世之言，不以为狂人，则以为病痴子，不怒则笑之矣。呜呼！在位而不肯自忧，又禁他人使皆不得忧，可叹也夫！

景祐三年十月十七日，欧阳修书。

〔注〕 ①《复性书》：李翱研究人性问题的著作。作者以《中庸》为理论根据，把“性”和“情”分开，认为性善情恶，要求去“情”复“性”。 ②《中庸》：本是《礼纪》中的一篇，相传为孔子之孙孔伋所作。 ③《与韩侍郎荐贤书》：即李翱《答韩侍郎书》。韩侍郎即韩愈。 ④“然以”句：《答韩侍郎书》论及韩愈为人，有云“此秦汉间好侠行义之一豪俊耳”。 ⑤《幽怀赋》：李翱所著。其序云：“朋友有相叹者，赋幽怀以答之。” ⑥上下其论：斟酌研讨他的议论。 ⑦“愈尝”三句：韩愈入仕前，曾作《感二鸟赋》，其中有云：“感二鸟之无知，方蒙恩而入幸。……余生命之湮厄，曾二鸟之不如。汩东西与南北，恒十年而不居。辱饱食其有数，况策名于荐书。”赋文抒发自己不得志的愤懑。 ⑧“其赋”五句：李翱《幽怀赋》表达了心系国家命运和前途的思想。 ⑨神尧：指唐高祖。唐高祖谥“神尧皇帝”，见《唐书·高祖本纪》。 ⑩“后世之孙”句：唐代自安史之乱后，河北、河南诸重镇相继被藩镇割据，战事不休，唐王朝始终未能收复。 ⑪今之事：指吕夷简专权，驱逐范仲淹“朋党”一事。 ⑫脱：倘若，或许。

《读李翱文》是一篇短小而独具匠心的读后感，也是中国迁谪文学中凝聚着宋代文人独特人文精神和审美内涵的一篇佳作。李翱是中唐散文家、哲学家，是韩愈的学生，曾被清人列入唐宋十大家之一。本文写阅读李翱之文后的感受，评李翱为文，赞李翱为人，其实是借题发挥，目的在于抒自我之感慨，明自我之心志。清人林云铭说：“是篇虽赞李翱，却是借李翱作个引子，把自己一片忧时热肠血泪，向古人剖露挥洒耳。文之曲折感怆，能令古今来误国庸臣无地生活。”(《古文析义》二编卷七)这段话一语中的地概括了本文的思想和艺术特点。

本文作于宋仁宗景祐三年(1036)。当时，主张革新的范仲淹因触怒宰相吕夷简等人而遭受贬谪，身为谏官的高若讷不但不尽职上谏，事后反而落井下石，竭力诋毁范仲淹。义愤填膺的欧阳修给高若讷写了《与高司谏书》一文，层层剥去高若讷“伪君子”的外衣，斥责他“不复知人间有羞耻事”。后来高氏把信上奏宋仁宗，并谗言中伤欧阳修，欧阳氏因此被贬为夷陵令。本文就是作者赴夷陵贬所的途中所作。

文人贬官，历朝历代屡见不鲜，迁谪文学也就成为中国文学长廊中独特的艺术奇观。从屈原《离骚》的滥觞，再到唐宋时迁谪诗文的大量涌现，迁谪文学的文化精神和审美内蕴不断地充实丰富。综而言之，迁谪文学的核心内涵是“抒怨”，抒发失意文人的零落、孤独，因此其主旋律特为酸楚哀怨，是一种独具悲剧之美的悲情文学。

《读李翱文》虽然写于作者贬官途中，但此文却一洗迁谪文学的酸辛之态，全无戚戚之色。作者欣赏赞叹李翱《幽怀赋》的原因，是因为这篇赋中的一段话引起了作者的强烈共鸣："众嚣嚣而杂处兮，咸叹老而嗟卑。视予心之不然兮，虑行道之犹非。"作者认为，李翱能够摆脱个人得失穷通的卑微情感，不叹老嗟卑，亦不自怨自艾，而是虑道之非行，忧时之艰危。这种不戚戚于个人进退得失的磊落胸怀与心忧天下、胸怀天下的高尚思想境界，才是作者与李翱之间的精神契合点。在作者仕途人生遭受挫折、革新势力屡遭打击、一大批国家的中坚力量被贬官罢官之际，作者引李翱为同调，强调失意者不应当仅仅为个人的遭遇发泄不平，不应当沉溺于哀怨与牢骚之中，而应当忘怀个人得失荣辱，以天下为己任，继续求索，很显然，作者是有为而作，用心良苦。可以说，《读李翱文》既是作者逆境中的自我鞭策，也是与遭贬谪的诸多同道的共勉。本文折射出作者的高尚人格、博大胸怀和贤者风范，贯注了中国传统的人文情怀，又凝聚了庆历之际独特的时代精神，闪烁着不朽的思想光辉，与范仲淹的《岳阳楼记》有着异曲同工之妙。

此文一改迁谪文学幽怨的风格，赋予迁谪文学一种全新的审美内涵。它在艺术手法上充分体现了欧文委婉曲折、平易从容的特点，极尽婉转曲折之妙。作者没有直截了当地评价李翱《幽怀赋》，也没有慷慨激昂地吐泻自己的满腔义愤，而是灵活地运用多种手法，由远而近，百转千回，蓄势并发，逐渐地把情感推向高潮，同时水到渠成地将文章的主旨凸显出来。

第一段用欲扬先抑法。文章主旨是写读李翱《幽怀赋》的感想，却先以李翱的其他两篇文章为铺垫，衬托出《幽怀赋》对作者心灵的强烈震撼。作者先说读李翱《复性书》的看法。《复性书》是李翱的代表作之一，但作者认为它只是对《中庸》的注释而已，没有多少价值，聪明的人要明了自己的本性应直接去读《中庸》，而愚笨的人即使读了《复性书》也不会懂。此为一抑。作者接着说李翱的《与韩侍郎荐贤书》，这是李翱写给当时的吏部侍郎韩愈的一封信。欧阳修认为这只是李翱不得志时的个人牢骚，如果得志就未必会说这样的话。此为二抑，然而抑中有扬，作者认为此文评价韩愈为"秦汉间好侠行义之一豪俊"，还是很善于评价人物的。最后作者才写到《幽怀赋》，作者真实地描绘了自己读《幽怀赋》时的情景和感受："置书而叹，叹已复读，不自休。"真是爱不释手，赞叹不已。作者还把李翱视为不世知己，深恨自己与李翱生不同时。通过《幽怀赋》与前面二文的对比，先抑后扬，蓄势衬托，作者对李翱的钦佩与赞叹之情，表达得淋漓尽致。

第二段用对比衬托法。此段开头并没有承接上文，交代《幽怀赋》到底什么内容打动了自己，而是把韩愈的《感二鸟赋》拿来对照。欧阳修对韩愈一向十分倾心推崇，这里也说“有道而能文者，莫若韩愈”，但是作者对韩愈的《感二鸟赋》中流露出的思想却不以为然。《感二鸟赋》是韩愈在仕途失意时所作，羡二鸟之荣幸、伤自己之不遇。赋中说：“感二鸟之无知，方蒙恩而入幸。唯进退之殊异，增余怀之耿耿。”作者认为，此赋只不过是韩愈失志时的牢骚之言而已，如果他能像两只贡鸟之“光荣而饱”，志得意满，他便不会再发类似的牢骚。接着，作者笔锋陡转，指出“若翱独不然”，引出李翱《幽怀赋》中精光四射的那段“众嚣嚣而杂处兮，咸叹老而嗟卑。视予心之不然兮，虑行道之犹非”，肯定和赞扬李翱能跳出个人命运狭隘的圈子，以天下为己任，心忧天下。此段用大名鼎鼎的散文家韩愈来作对照陪衬，又把这种难能可贵的精神与胸怀提升至系乎国家安危的高度加以赞扬，就是为了突出李翱《幽怀赋》的思想境界以及这种思想境界的重要性，以便对当时所有贬谪者进行及时的警示与勉励。

第三段，作者巧妙地运用了一个转折句，使文意发生陡转，将李翱所处的唐王朝与当时的宋王朝进行对比，非常自然地由历史人物的评述转到对现实的感慨。作者说，李翱幸亏不是生在今天，否则他会更加忧心，言下之意就是宋王朝的政治弊端和危机比李翱所目睹的唐王朝更严重。作者进而义愤填膺地指出，那些为国而忧的革新者一个个遭到贬黜，难以伸展，而在位者却不谋其政，尸位素餐，只知党同伐异，打击排挤异己，“在位而不肯自忧，又禁他人使皆不得忧”，这种令人忧心、痛心的现状使作者不由发出了“可叹也夫”的愤怒而沉重的感叹。

总之，这篇读后感以“忧”为文眼，以李翱的《幽怀赋》为引子，由古及今，由人及己，一波三折，层层递进，将作者的忧时之心、愤世之意，曲折而又尽情地吐泻。全文在环环相扣的论述中，融入了作者深沉的忧患意识和痛切的愤世之情，具有非常强的艺术感染力。

（李小兰　刘德清）

记旧本韩文后

予少家汉东[①]。汉东僻陋，无学者；吾家又贫，无藏书。州南有大姓李氏者，其子尧辅颇好学，予为儿童时多游其家。见有弊筐贮故书在壁间，发而视之，得唐《昌黎先生文集》[②]六卷，脱落颠倒无次序。因乞李氏以归，读之，见其言深厚而雄博。然予犹少，未能悉究其义，徒见其浩然无涯若可爱。

是时，天下学者，杨、刘[③]之作，号为时文[④]，能者取科第、擅名声,以夸荣当世,未尝有道韩文者。予亦方举进士,以礼部诗赋[5]为事。年十有七,试于州,为有司所黜[6]。因取所藏韩氏之文复阅之,则喟然叹曰:学者当至于是而止尔!因怪时人之不道,而顾己亦未暇学,徒时时独念于予心。以谓方从进士干禄[7]以养亲,苟得禄矣,当尽力于斯文,以偿其素志。后七年,举进士及第,官于洛阳[8],而尹师鲁之徒[9]皆在,遂相与作为古文。因出所藏《昌黎集》而补缀之,求人家所有旧本而校定之。其后天下学者亦渐趋于古,而韩文遂行于世。至于今,盖三十余年矣,学者非韩不学也,可谓盛矣。

呜呼!道固有行于远而止于近,有忽于往而贵于今者,非惟世俗好恶之使然,亦其理有当然者。而孔、孟惶惶于一时,而师法于千万世。韩氏之文,没而不见者二百年,而后大施于今。此又非特好恶之所上下,盖其久而愈明,不可磨灭,虽蔽于暂而终耀于无穷者,其道当然也。予之始得于韩也,当其沉没弃废之时。予固知其不足以追时好而取势利,于是就而学之。则予之所为者,岂所以急名誉而干势利之用哉?亦志乎久而已矣。故予之仕,于进不为喜、退不为惧者,盖其志先定而所学者宜然也。

集本出于蜀,文字刻画颇精于今世俗本,而脱谬尤多。凡三十年间,闻人有善本者,必求而改正之。其最后卷帙不足,今不复补者,重增其故[10]也。予家藏书万卷,独《昌黎先生集》为旧物也。呜呼!韩氏之文之道,万世所共尊,天下所共传而有也。予于此本,特以其旧物而尤惜之。

〔注〕 ① 汉东:汉水以东,指随州(今属湖北)。 ②《昌黎先生文集》:韩愈文集,其弟子李汉编。韩愈是河阳(今河南孟州)人,郡望昌黎,故自称"昌黎韩愈"。 ③ 杨、刘:杨亿、刘筠,北宋初西昆派代表作家。 ④ 时文:指西昆派提倡的重对偶、声律、辞藻的骈文。 ⑤ 礼部诗赋:指进士考试内容。宋代由礼部主持科举考试,北宋前期,进士科以诗赋为主要考试科目。 ⑥ 为有司所黜:欧阳修于天圣元年应随州州试,因赋不合官韵落选。 ⑦ 干禄:求官职俸禄。 ⑧ 官于洛阳:欧阳修中进士后至洛阳任西京留守推官。 ⑨ 尹师鲁之徒:尹洙等人。尹洙,字师鲁,北宋文学家。 ⑩ 重增其故:意即不轻率地增补旧本。重,不轻易。

这是欧阳修在进士及第三十余年后写的一篇文章。欧阳修于天圣八年

(1030)中进士,时二十四岁,此文当作于嘉祐五年(1060)后数年。在这篇文章中,欧阳修记载了《昌黎先生文集》在三十余年间发生的命运转折,这本文集曾“沉没弃废”,置于旧筐而无人理会,而今,韩文却大行于世,乃至出现“学者非韩不学”的盛况。韩愈文集的盛衰变化,是北宋前期文学风尚发生巨大转变的缩影,是欧阳修继承唐代古文运动精神,大力推进文学革新的标志。一本文集承载着一段历史时期文学进程的印迹,也承载着一位文学家的理想与追求,这正是欧阳修为旧本《昌黎集》写下这篇跋文的意义所在。

文章从《昌黎集》的变化过程写起。欧阳修首先记叙了他发现此书的情境。当时他年少家贫,无意之中在一位朋友家翻拣到了《昌黎先生文集》,这位朋友“颇好学”,然此文集被弃置于壁间弊筐中,而且还是“脱落颠倒无次序”,因为此书不受重视,欧阳修也就很容易地乞之而归。寥寥数笔,把韩文在当时受到的冷落境况表现得极其充分。而这种情况与欧阳修读后的感受形成了巨大反差,虽然他因年少而尚未能深刻领悟文义,但韩愈的文章风格已激起他心灵强烈的呼应,“其言深厚而雄博”,“浩然无涯若可爱”,这些形象感性的表达,传示出了欧阳修阅读后的欣喜之情。

接着,是欧阳修十七岁首次应举落选后再读韩文的情景。欧阳修以简洁的言辞记述了当时文坛状况。在杨亿、刘筠等人为代表的西昆文风的影响下,士人尚骈俪,重藻饰,以取科第为目标,纷纷仿效时文,自然无人道及韩愈之文。欧阳修却在考试失败的情况下,取出所藏的韩愈文集再次阅读。这一举动本身就颇耐寻味,这说明欧阳修清醒地意识到韩文与时文不同的价值意义,也表明了欧阳修内心的价值取向。韩文依然寂寞,但此书已得欧阳修珍藏,而且,欧阳修这次阅读的体会是:“学者当至于是而止尔!”这一认识比较初次阅读的感受有很大发展,他不再停留在文辞气势的直感上,而是对韩文作出了根本价值的确认。欧阳修虽然为应对科试仍无暇专意学习韩文,但他时时独念于心者则是韩愈的文章,当他根据考试规程行事时,心里期盼的却是在得禄后尽力于韩文的学习。他以自己无奈的应时与内心的真实向往两相对照,从而表露出自己的文学主张。其实,以欧阳修的美学观念,他并不笼统地否定骈俪藻饰,他在《试笔·苏氏四六》中说:“往时作四六者,多用古人语及广引故事,以炫博学,而不思述事不畅。近时文章变体,如苏氏父子以四六述叙,委曲精尽,不减古人。”他还在《与荆南乐秀才书》中对热衷于时文者作了这样的斥责:“皆穿蠹经传,移此俪彼以为浮薄,惟恐不悦于时人,非有卓然自立之言如古人者。”可见他深感不满的,是那种形式上的低俗模仿,是过度的追求外在形式而影响文章深度的情况,是为取悦时人而失去独立意志的不良风气。

文章再写到七年后，欧阳修进士及第，又经三十余年的努力倡导，他终偿素志，韩文形成大盛的局面，当年的文坛风气得到根本的改变。就这样，欧阳修层次分明地叙写了他和《昌黎集》的密切关系，从情感上的喜爱到价值意义的确认，从内心向往到大力推崇的实际举动，随着这一过程的展开，既越来越清晰地显露出欧阳修本人的志向，也是以事实说明，文章的生命力不能以一时的盛衰加以判定，西昆习气风靡文坛之时，韩愈文集尚默默无闻，但最终在文坛产生主导作用的却还是韩愈之文，这一强弱转化过程本身就很有启示意义。

在记叙《昌黎集》变化过程的基础上，欧阳修通过一番议论，使文章主旨进一步深化。如果就事论事地看，《昌黎集》由沉没废弃到发扬光大，是欧阳修等人努力推崇彰扬的结果，但欧阳修的可贵，在于他并不是停留在这一层面认识问题。他指出，某一事物或某一道理，当时不被接受，难以通行，日后却受到重视，并久远地发生影响，这种现象的出现自有其原因。文中特别举出孔、孟的遭遇以为例证，这表明，但凡一种见解卓异特立而出于众上，必定会在短时间内得不到世人的理解，然而随着时间的推移，其正确合理的内在将历久弥明，并显示出强大的生命力而长远流传。他把韩愈文章的大盛归入事物发展的普遍规律中予以认识，这是对韩文价值进一步的肯定。这也说明，他对韩文的推崇并非缘于个人好恶，他的主张得以推行也并非缘于个人力量，正因为合乎事物的客观规律，他的努力才会得到社会的普遍认同。欧阳修在这方面始终保持着清醒冷静的认识，他曾说过："凡人之情，忽近而贵远。"(《苏氏文集序》)正是有这样理性的认识，所以他能不为世俗好恶所惑，不为眼前的得失所动，坚守大道，坚守自己的价值标准，在这个问题上，既反映了他思想的深刻，也表现出他的人格追求。而这也是欧阳修见到韩愈文集一拍即合的原因所在，这说明，欧阳修发现并推崇韩文并非偶然。

文章末段，欧阳修申说了他对旧本《昌黎集》进行校正的情况，三十年间，凡闻人有善本，即求得用以校正，可见他是怀着高度的责任感，以严肃认真的学术态度，把满腔热情落实到了具体的实践之中。在全文结尾处，欧阳修留下了一段深情的表白。如今天下共传韩文，可以想见韩愈文集随处可得，而欧阳修本人也已藏书万卷，但他对旧本韩文倍感珍惜。值得注意的是，这里的叙述与文首描述的《昌黎集》的窘状及欧阳修家贫无藏书的境况，一一形成呼应，这不仅显出文章结构的严密，也突现出欧阳修深沉的慨叹。在欧阳修心中，这不是简单的一部旧书，而是一段人生过程的见证，是他理想追求的见证。三十余年的不懈努力，三十余年的巨大变化,在欧阳修心中蕴积着的是多么强烈的情感,但他毫无慷慨之色,只是围绕着旧本韩文,缓缓地叙说往事,平和地抒发感想,却在不露声色的文辞之中记录下一段文坛风云,传示出深广的旨意,这正是欧阳修散文风格的典型表现。

(陈晓芬)

题青州山斋

吾常喜诵常建诗云:"竹径通幽处,禅房花木深。"① 欲效其语作一联,久不可得,乃知造意者为难工也。晚来青州,始得山斋宴息②。因谓不意平生想见而不能道以言者,乃为己有。于是益欲希其仿佛,竟尔莫获一言。夫前人为开其端而物景又在其目,然不得自称其怀,岂人才有限而不可强?将③ 吾老矣,文思之衰邪?兹为终身之恨尔!

熙宁庚戌④ 仲夏月⑤ 望日⑥ 题。

〔注〕 ①"竹径"二句:唐常建《题破山寺后禅院》诗:"清晨入古寺,初日照高林。竹径通幽处,禅房花木深。山光悦鸟性,潭影空人心。万籁此俱寂,惟闻钟磬音。" ② 宴息:休息。③ 将:连词,表选择,抑或。 ④ 熙宁庚戌:熙宁三年(1070)。欧阳修六十四岁。 ⑤ 仲夏月:农历五月。 ⑥ 望日:农历十五日。

此篇作于熙宁三年,欧阳修知青州时。这是一篇兴之所至的随笔,似为闲情逸致的笔墨,信笔写下一段轶事,一段山斋絮语,飘风掠影而已。然而,认真玩味,却觉此尺幅小品,意蕴颇丰,其中也蕴涵了欧阳修检点平生的深沉感慨。

首从常建诗谈起。唐人常建《题破山寺后禅院》诗,当时已负盛名,欧阳修拈出的颔联"竹径通幽处,禅房花木深",尤其为人击节赞赏,堪称兴象华妙,意境浑融。清晨入于古寺,修竹夹路,翠色拂衣,山岚天外,曲径通幽,漫步至后禅院,花木扶疏,崇光泛彩,影落庭墀,阒无人声,景象清幽、静谧,怡情悦目。欧阳修酷爱此联,"欲效其语作一联,久不可得",此联佳处,不仅在于刻画景物精微入妙;更主要的在于意境——它将人引入翛然物外之境,不假雕琢,天机清妙,它醇美、和谐、远离尘嚣,令人体验到了禅悦之趣,心地达到物我同化的一片澄明。这是可遇而不可求的妙悟,人与自然的灵犀默契。它的难以仿效,原因也即在此。欧阳修对此虽然心仪神往,然而,"百忧感其心,万事劳其形"(《秋声赋》),他的宦海生涯,历尽惊涛骇浪、激流险滩,即使在他官高位显之时,也是如履薄冰,如临深渊,慨叹:"自从中年来,人事攻百箭。非惟职有忧,亦自老可叹。形骸苦衰病,心志亦退懦。……”(《读书》)熙宁三年,作《六一居士传》,回首平生,剖析自我:“轩裳珪组劳吾形于外,忧患思虑劳吾心于内,使吾形不病而已悴,心未老而先衰。”作为一个忧国忧民的官吏,他也很难做到忘情世事,徜徉于琴棋山水之乐,当然更加难以捕捉那份物我同化的禅悦之趣,大约这就是他欲效常建诗句而“久不可得”的缘故吧。

“晚来青州,始得山斋宴息。因谓不意平生想见而不能道以言者,乃为己有。”欧阳修自嘉祐六年(1061)官参知政事(副宰相),位居枢要,与闻国政,至治平四年(1067)辞参知政事,出知亳州,次年,熙宁元年(1068)改知青州。从政治斗争的漩涡中撤退下来,或者说是败退下来,虽然符合他乞身求退的愿望,但终究是从人生事业的巅峰滑落。此际他曾自叙萌生退志的由来:“尔来俯仰二十年间,历仕三朝,窃位二府,宠荣已至而忧患随之,心志索然而筋骸惫矣。”(《思颍诗后序》)出知外郡,不过乞一闲差、养拙偷安而已,他的心绪十分复杂,既有摆脱尘累的轻闲,也有颓然失落的沉重,素志未遂始终是他的内心隐痛。在青州,宴息山斋,他惊喜地发现常建所描摹的清幽、恬美的环境,竟然为自己所拥有。青州州城四面皆山,他的居室,戏名山斋,诗中有云:“偷得青州一岁闲,四时终日面孱颜。”(《留题南楼二绝》)山斋闲眺,苍崖远岫,山光云影,随时扑入眼帘,一抹青黛,共此朝夕。室外庭园寂寂,应该也是花木扶疏,与撰写此文同时作有《山斋戏书绝句二首》,其中写道:“正是山斋睡足时,不觉花间日亭午”;“经春老病不出门,坐见群芳烂如雪”。原来花影横窗,娇红艳粉,争相烂漫,婀娜春风,偃卧山斋,便可餐此秀色。既然身历其境,更加想要写出可与常建匹敌的佳句。“于是益欲希其仿佛,竟尔莫获一言。”两句一开一合,大起大落,一代文坛宗师,竟然莫获一言!其中又有多少难言的苦涩。熙宁年间正是新法雷厉风行、沸反盈天之际,欧阳修与此同时给朝廷的上表中坦陈了自己的忧戚:“历官以来,多触罪辜,屡罹忧患,盖以不通时务、不习人情……举事乖违,大抵时多喜于新奇,则独思守拙;众方兴于功利,则苟欲循常。”(《辞宣徽使判太原府札子》)他痛切地感到了与新法的格格不入,他对新法弊端的观察也不可谓不敏锐。欧阳修时年六十四岁,已是垂暮之人,在荣华落尽之后,蓦然回首,发现自己已经被时代所抛弃,无论辉煌还是挽狂澜于既倒的悲壮,都不再属于自己,他只不过是“索寞滁山一醉翁”(《马上默诵圣俞诗有感》)罢了。青州山斋,虽有赏心悦目的景物,而他却无宁静怡悦的心境,胸中仍然翻涌着不平和遗憾,在诗文中不时流露。即如他的《留题南楼二绝》其二:“醉翁到处不曾醒,问向青州作么生?公退留宾夸酒美,睡余欹枕看山横。”似为旷达,实含凄梗。首句,面对沧海横流的现实,他已经是但愿长醉不愿醒；次句，对自己灵魂的拷问，到青州究竟所为何来？这是对生命存在价值的审视；三、四句，写饮酒看山，虽然闲适，虽然写尽岁月优游，但却带着一抹浓重的自嘲自伤的无奈，难道就这样了此残生吗？人们不难体味到一个迟暮老人的灵魂深处的忧伤。因此，他也无法进入常建诗中的禅悦的境界，终于"莫获一言"。

"夫前人为开其端而物景又在其目，然不得自称其怀，岂人才有限而不可强？将吾老矣，文思之衰邪？兹为终身之恨尔！"他继续犀利地剖析自我：前人已经写出天然佳句示范于前；如今坐拥山斋，又有天然美景朝夕在目，而自己仍然不能写出称心惬意的诗篇，缘由何在？是人的才情有限不可强求？还是自己年老、江郎才尽呢？无论何种答案，都足以令人黯然神伤。究竟是什么原因，使欧阳修写下如此分量沉重的语句："兹为终身之恨尔！"难道仅仅是寻章觅句之事吗？就在写作此文的熙宁三年，欧阳修因擅止散发青苗钱，受到朝廷诘责。同年，他在与友人信中写道："土俗淳厚，本自闲僻，日生新事，条目固繁，然上下官吏畏罚趋赏，不患不及。而老病昏然，不复敢措意于其间。"(《与韩琦书》)纵然是有睿智仁恕之心，也只能徒唤奈何。真正困扰他的是：时代已经不属于自己。他嘲笑那些步履轻翩的惜花少年，然而，"豪横当年气吐虹，萧条晚节鬓如蓬"(《答资政邵谏议见寄》)，自己已经无复当年，犹如在激流中冲刷搁浅的旧船，一任身边涛翻波涌，浪花飞溅，再也不能扬帆疾驶。"每恨老年才已尽，怕逢诗敌力难当"(《答子履学士见寄》)，这才是他刻骨铭心的遗憾。"兹为终身之恨尔！"——只能是对生命虚耗与浪掷的悲悼。这则随笔，勿宁说是晚年欧阳修的心灵自白。

(林　薇)

贾谊不至公卿论

论曰：汉兴，本恭俭，革弊末，移风俗之厚者，以孝文为称首；议礼乐，兴制度，切当世之务者，惟贾生为美谈。天子方忻然说之，倚以为用，而卒遭周勃、东阳之毁，以谓儒学之生纷乱诸事，由是斥去，竟以忧死①。班史赞之以"谊夭年早终，虽不至公卿，未为不遇"。予窃惑之，尝试论之曰：

孝文之兴，汉三世矣。孤秦之弊未救，诸吕之危继作，南北兴两军之诛，京师新喋血之变②。而文帝由代邸嗣汉位，天下初定，人心未集。方且破觚斫雕③，衣绨履革，务率敦朴，推行恭俭。故改作之议谦于未遑，制度之风阙然不讲者，二十余年矣。而谊因痛哭以悯世，太息而著论④。况是时方隅未宁，表里未辑，匈奴桀黠，朝那、上郡萧然苦兵⑤；侯王僭拟，淮南、济北继以见戮⑥。谊指陈当世之宜，规画亿载之策，愿试属国以系单于之颈，请分诸子以弱侯王之势⑦。上徒善其言而不克用。

又若鉴秦俗之薄恶，指汉风之奢侈，叹屋壁之被帝服，愤优倡之为后饰⑧。请设庠序，述宗周之长久；深戒刑罚，明孤秦之速亡。譬人主之如堂，所以优臣子之礼⑨；置天下于大器，所以见安危之几⑩。诸所以⑪日不可胜，而文帝卒能拱默化理、推行恭俭、缓除刑罚、善养臣下者，谊之所言，略施行矣。故天下以谓可任公卿，而刘向亦称远过伊、管⑫。然卒以不用者，得非孝文之初立日浅，而宿将老臣方握其事？或艾旗斩级矢石之勇⑬，或鼓刀贩缯贾竖之人⑭，朴而少文，昧于大体，相与非斥，至于谪去。则谊之不遇，可胜叹哉！

且以谊之所陈，孝文略施其术，犹能比德于成、康，况用于朝廷之间，坐于廊庙之上，则举大汉之风，登三皇之首，犹决壅⑮裨坠耳。奈何俯抑佐王之略，远致诸侯之间！故谊过长沙作赋以吊汨罗，而太史公传于屈原之后，明其若屈原之忠而遭弃逐也。而班固不讥文帝之远贤，痛贾生之不用，但谓其天年早终，且谊以失志忧伤而横夭，岂曰天年乎！则固之善志，逮与《春秋》褒贬万一矣⑯。

谨论。

〔注〕 ①"天子"六句：谓汉初崇尚黄老之术，不重儒学，周勃、张相如等武将排斥贾谊。《汉书·贾谊传》："于是天子议以谊任公卿之位。绛、灌、东阳侯、冯敬之属尽害之，乃毁谊曰：'洛阳之人年少初学，专欲擅权，纷乱诸事。'于是天子后亦疏之，不用其议，以谊为长沙王太傅。" ②"南北"二句：指周勃等人诛吕安刘的事迹。汉初，长安驻南、北两军，北军守卫京城，南军警卫宫廷。吕后死后，军权落入诸吕手中。太尉周勃派人从北军统领吕禄那里骗取印信，进入北军，夺得军权；又派刘章入宫斩杀南军统领吕更始，尽诛诸吕。蹀血，踩血而行，形容杀人多。 ③ 破觚(gū)斫(zhuó)雕：摒弃奢侈用品。觚，盛酒的器具。斫，砍。此处引申为去除。雕，雕花装饰。 ④"而谊"二句：贾谊担任梁怀王太傅时，忧虑世事，上《治安策》，其中有

句:"臣窃惟事势,可为痛哭者一,可为流涕者二,可为长太息者六。" ⑤"况是"四句:谓汉文帝即位之初,内外尚未安定。文帝前元三年,匈奴右贤王侵盗上郡;前元十四年,匈奴老上单于十四万骑入侵朝那、萧关。 ⑥"侯王"二句:汉初大封同姓诸侯。这些诸侯王僭越礼制,威胁中央政权。淮南厉王刘长、济北王刘兴居,都因谋反事败,在文帝前元三年自杀。 ⑦"谊指陈"四句:贾谊曾自荐担任典属国官职,拟运用计谋制服匈奴,又提议庶子也继承侯王土地,以削弱同姓王侯势力。 ⑧"又若"四句:贾谊《治安策》:"古者以奉一帝一后而节适,今庶人屋壁得为帝服,倡优下贱得为后饰,然而天下不屈者,殆未有也。" ⑨"譬人主"二句:《治安策》:"人主之尊,譬如堂;群臣如陛,从庶如地。"旨在说明君臣等级分明,相互依存,皇帝要尊重臣下。 ⑩"置天下"二句:《治安策》:"夫天下,大器也。今人之置器,置诸安处则安,置诸危处则危。天下之情与器亡以异,在天子之所置之。"旨在说明统治天下的方法,法令不如礼义,刑罚不如教化。 ⑪ 诸所以:贾谊《治安策》在阐述各项治国策略时,喜欢使用"所以"一词。⑫"而刘向"句:《汉书·贾谊传赞》引刘向的话:"贾谊言三代与秦治乱之意,其论甚美,通达国体,虽古之伊、管未能远过也。"伊、管,古代贤相伊尹、管仲。 ⑬"或艾旗"句:有的人是冲锋陷阵、冒死争功的勇夫。艾,通"刈",斩。矢石,箭和垒石,古时守城工具。 ⑭"或鼓刀"句:有的人是出身屠户或贩卖丝织品的商人。鼓刀,摆弄刀子发出响声。宰杀牲畜时敲击刀具,使之发声,故曰鼓刀。缯,丝织品的总称。贾竖,古时对商人的贱称。 ⑮ 决壅(yōng):清除蒙蔽。 ⑯"则固之善志"二句:批评班固在评价历史人物方面不及《春秋》万分之一。

《贾谊不至公卿论》是欧阳修应进士试时所作的论文,当作于天圣八年(1030)第二次应试时。在这篇论文中,作者对班固《汉书》的观点进行针锋相对的批驳,显示出宋人独特新颖的见解和敢于挑战经典与权威的批判精神。文章论据充分详实,议论雄辩透辟,驳斥剀切有力,堪称驳论文的佳作。其实,作者的用意并非单纯地对历史作出评判,而是有感于宋王朝内外交困、积贫积弱的现状,借古讽今,有为而作。作者希望统治者能够以史为鉴,招贤远佞,革除弊政,避免贾谊之类人才的埋没和浪费。因此,本文有着强烈的时代感和鲜明的针对性,可谓"深切中于时病",同时也曲折地投射出作者经世致用的自我心态。

贾谊,西汉初著名的政论家和辞赋家。十八岁就誉满洛阳,二十多岁即被汉文帝召为博士,并超迁至太中大夫。此人有着经天纬地之才、经邦治国之志,所陈政见多能切中时弊。但受到周勃、灌婴等老臣的谗毁和排挤,汉文帝逐渐地疏远他,并将他贬出朝廷。失志后的贾谊,郁郁寡欢,忧愤成疾,终致英年抱恨而终,年仅三十三岁。

对于贾谊的遭遇和命运,班固《汉书》的结论是:"天年早终,虽不至公卿,未为不遇。"班固认为贾谊虽位不至公卿,但不能说他是怀才不遇,而应归咎于贾谊短命,是他命该如此。欧阳修此文对这个观点进行了雄辩有力的驳斥。

文章第一段,作者先以极简省的笔墨对汉文帝和贾谊作了总的评价,表明汉文帝之所以能在汉代皇帝中首屈一指,与贾谊提出的诸多治国方略密不可分。

点明贾生不至公卿的真相是“遭周勃、东阳之毁”“由是斥去，竟以忧死”，与班固的观点形成鲜明的对比，使班固的观点一开始就在历史事实面前不攻自破，难以立足。

作为一篇驳论，要驳倒对方，很关键的一点就是要找准突破口，抓住对方的要害，给对方致命的一击。本文的第二、第三自然段，作者援引了大量的史实，集中针对“未为不遇”这一点进行批驳。作者主要从两方面展开辩驳：

第一，汉文帝对贾谊的治国良策，“徒善其言而不克用”，导致贾谊空有满腹经纶而不能用世济世，此为“谊之不遇”之一证。作者从汉文帝继位时的社会状况起议：文帝即位时，汉室已历二世，而天下仍未大定。先是诸吕之乱，京师蹀血，冲突不休；文帝即位后，虽说天下初定，但隐患无数，危机四伏。外部，有匈奴扰边，“方隅未宁”；内部，有“侯王僭拟”，一触即发。冲突流血，此伏彼起，内忧外患，人心惶惶。面对上述诸多棘手的问题和隐患，贾谊开出了一系列救世的良方，提出了一整套切实可行的方案，例如，“愿试属国以系单于之颈，请分诸子以弱侯王之势”，愿亲任典属国之官，以平外患；建议分侯王之权，以除内祸，并提出推行恭俭、减轻刑罚、立学办校、善养臣下等重要措施。这些治国方略，既能“指陈当世之宜”，拯溺救弊，安邦定国，成一世之大业，又能“规画亿载”，有长治久安之效。汉文帝本该在这个社会亟需人才之际招贤纳谏，采纳贾生的这些金玉之言，而他却是“徒善其言而不克用”，贾生之不遇，不言而喻。

第二，贾生才过公卿，“而卒以不用”，横遭谗毁，此贾生不遇之二证。对贾谊上疏的政见，如戒奢侈、倡恭俭、设学校、兴礼义、缓刑罚、优臣子，汉文帝只是略施其术，便能称首于汉代诸皇，贾生之才，可想而知。这也证明贾生完全能够胜任公卿且有余力，所以“天下以谓可任公卿”，刘向甚至认为贾谊之才远胜于古代贤相伊尹和管仲。汉文帝却对这样千载难逢的奇才弃置不用，令人痛惜。作者还深入分析了贾谊不为汉文帝重用的原因，是由于汉文帝“初立日浅”，老臣宿将依然掌控着生杀予夺的权柄，这些人以武功起家，缺少文化，缺乏政治远见，他们的谗言中伤、特别是对自身利益的权衡左右了汉文帝的决定，从而导致了贾谊的命运悲剧。贾谊的不遇于时，既得到了充分的论证，又有了合理的解释。作者不禁感叹道：“则谊之不遇，可胜叹哉！”

最后一段为结论部分，作者以强烈的感情、激愤的语调赞誉贾谊的盖世才华，谴责汉文帝“俯抑佐王之略，远致诸侯之间”的不明之举，并以《史记》所载的史实为据，说明贾谊“若屈原之忠而遭弃逐”，谊之怀才不遇又得一力证。至此，班固的观点已经被驳得完全没有立足之地。作者进而毫不留情地指出，班固对汉文帝文过饰非，而且不顾贾谊“以失志忧伤而横夭”的历史事实，而谓其“天年早终”，其是非褒贬根本不及《春秋》之万一。

综观全文，其具体确凿的事实、剀切透辟的分析、犀利激愤的笔调，使文章具有一种无可辩驳的论辩力。而排比、骈偶句式的大量运用，增强了辩驳的气势，全文既有理有据，又给人痛快淋漓之感。由于此篇为应举“时文”，受体例所限，讲究偶俪和用典，加上作者早期的创作风格未臻成熟等原因，文章略有生硬滞重之感，当为瑕疵之处。（李小兰 刘德清）

论杜衍范仲淹等罢政事状

臣闻士不忘身不为忠，言不逆耳不为谏。故臣不避群邪切齿之祸，敢干一人难犯之颜[①]，惟赖圣明，幸加省察。

臣伏见杜衍、韩琦、范仲淹、富弼等，皆是陛下素所委任之臣，一旦相继罢黜，天下之士皆素知其可用之贤，而不闻其可罢之罪。臣虽供职在外[②]，事不尽知，然臣窃见自古小人谗害忠贤，其说不远。欲广陷良善，则不过指为朋党[③]；欲动摇大臣，则必须诬以专权。其故何也？夫去一善人而众善人尚在，则未为小人之利。欲尽去之，则善人少过，难为一二求瑕，惟有指以为朋，则可一时尽逐。至如大臣已被知遇，而蒙信任，则难以他事动摇，惟有专权是上之所恶，故须此说，方可倾之。臣料衍等四人各无大过，而一时尽逐，弼与仲淹委任尤深，而忽遭离间，必有以朋党、专权之说，上惑圣聪。臣请试辨之。

昔年仲淹初以忠言谠论闻于中外[④]，天下贤士争相称慕，当时奸臣[⑤]诬作朋党，犹难辨明。自近日陛下擢此数人，并在两府，察其临事，可以辨也。盖衍为人清慎而谨守规矩，仲淹则恢廓自信而不疑，琦则纯正而质直，弼则明敏而果锐[⑥]。四人为性，既各不同。虽皆归于尽忠，而其所见各异，故于议事，多不相从。至如杜衍欲深罪滕宗谅，仲淹则力争而宽之[⑦]。仲淹谓契丹必攻河东，请急修边备。富弼料以九事，力言契丹必不来[⑧]。至如尹洙，亦号仲淹之党[⑨]，及争水洛城事，韩琦则是尹洙而非刘沪，仲淹则是刘沪而非尹洙[⑩]。此数事尤彰著，陛下素已知者。此四人者,可谓天下至公之贤也。平日闲居,则相称美之不暇;为国议事,则公言廷诤而不私。以此而言,臣见衍等真得汉史[11]所谓忠臣有不和之节,而小人谗为朋党,可谓诬矣。

臣闻有国之权,诚非臣下之得专也。然臣窃思仲淹等自入两府以来,不见其专权之迹,而但见其善避权也。权者,得名位则可行,故好权之臣必贪位。自陛下召琦与仲淹于陕西,琦等让至五六,陛下亦五六召之[12];富弼三命学士,两命枢密副使[13],每一命,皆再三恳让:让者愈切,陛下用之愈坚。臣见其避让太繁,不见其好权贪位也。及陛下坚不许辞,方敢受命,然犹未敢别有所为。陛下见其皆未作事,乃特开天章,召而赐坐,授以纸笔,使其条事[14]。然众人避让,不敢下笔,弼等亦不敢独有所述。因此又烦圣慈,特出手诏,指定姓名,专责弼等条列大事而施行,弼等迟回,又近一月,方敢略条数事。然仲淹深练世事,必知凡事难遽[15]更张,故其所陈,志在远大而多若迂缓,但欲渐而行之以久,冀皆有效。弼性虽锐,然亦不敢自出意见,但多举祖宗故事,请陛下择而行之。自古君臣相得,一言道合,遇事便行,更无推避。臣方怪弼等蒙陛下如此坚意委任,督责丁宁,而犹迟缓自疑,作事不果。然小人巧谮已曰专权者,岂不诬哉!

至如两路宣抚[16],圣朝常遣大臣。况自中国之威,近年不振,故元昊叛逆一方,而劳困及于天下。北虏乘衅,违盟而动,其书辞侮慢,至有贵国祖宗之言。陛下愤耻虽深,但以边防无备,未可与争,屈志买和,莫大之辱。弼等见中国累年侵凌之患,感陛下不次进用之恩,故各自请行[17],力思雪国家之前耻,沿山傍海[18],不惮勤劳,欲使武备再修,国威复振。臣见弼等用心,本欲尊陛下威权,以御四夷,未见其侵权而作过也。

伏惟陛下睿哲聪明,有知人之圣,臣下能否,洞见不遗,故于千官百辟[19]之中特选得此数人,骤加擢用。夫正士在朝,群邪所忌；谋臣不用，敌国之福也。今此数人一旦罢去，而使群邪相贺于内，四夷相贺于外，此臣所以为陛下惜之也。

伏惟陛下圣德仁慈，保全忠善，退去之际，恩礼各优[20]。今仲淹四路之任亦不轻矣。惟愿陛下拒绝群谤，委任不疑，使尽其所为，犹有裨补。方今西北二虏交争未已[21]，正是天与陛下经营之时，如弼与琦，岂可置之闲处？伏望陛下早辨谗巧，特加图任，则不胜幸甚！

臣自前岁召入谏院，十月之内，七受圣恩，而致身两制[22]。方思君宠至深，未知报效之所。今群邪争进谗巧，正士继去朝廷，乃臣忘身报国之秋，岂可缄言而避罪。敢竭愚瞽[23]，惟陛下择之。臣无任祈天待罪，恳激屏管[24]之至。臣修昧死再拜。

〔注〕①难犯之颜：难以冒犯的皇帝威严。当时罢范仲淹、杜衍等已有成命，故此行文。②供职在外：欧阳修于庆历四年三月奉使河东，回京城后，即被任命河北都转运按察使。③指为朋党：宋代朋党之说始于景祐初范仲淹与吕夷简之争，吕诉范"离间君臣，引用朋党"，欧阳修庆历四年作《朋党论》以辩说。④中外：朝廷内外、中央和地方。⑤当时奸臣：指吕夷简、高若讷之流。景祐三年，老相吕夷简与改革志士范仲淹发生激烈冲突，而身为司谏的高若讷，曲从宰相吕夷简旨意，不但不为范仲淹辩白，反而诋毁范氏。⑥"盖衍"四句：论杜衍、范仲淹、韩琦、富弼四人的品质为人，所引都是皇帝制诰上的话，后来分别写进《宋史》各人传记。⑦"至如杜衍"二句：庆历二年，滕知泾州时，西夏大败宋兵于定川寨。滕为保护州城，动用公钱武装农民，犒赏士兵，存恤战死者家属，事后被弹劾枉费公用钱。杜衍主张严惩，而范仲淹为滕辩白，作者所见与范同。滕宗琼，字子京，河南府（治所在今洛阳）人，大中祥符进士。⑧"仲淹谓"四句：庆历二年三月，契丹趁西夏举兵侵宋之机，扬言起兵南下。范仲淹主张增兵防卫，而富弼认为宋无力同时与西夏、契丹作战，主张议和。料以九事，未详。《宋史》本传记富弼曾"上当世之务十余条及安边十三策，大略以进贤退不肖、止侥幸、去宿弊为本。"⑨"至如尹洙"二句：尹洙，字师鲁，宋河南府人。景祐年间，尹洙支持范仲淹，以朋党罪，黜监唐州酒税。西夏攻宋，累被陕西主帅辟为判官，历知泾、渭等州。⑩"及争"三句：庆历初，尹洙知渭州，郑戬为陕西四路都总管，遣刘沪、董士廉在水洛筑城，以通秦渭援兵。而尹以为城寨多易分散兵力，奏罢之，刘沪等不听命令，尹逮捕刘、董等下狱。韩琦支持尹，范仲淹则支持刘。欧阳修不同意尹的处理办法。⑪汉史：当指班固《汉书》。⑫"自陛下"三句：庆历三年四月，诏韩琦、范仲淹为枢密副使。八月，以范仲淹参知政事，又以富弼为枢密副使。范被召前，官环庆路经略安抚招讨使兵马都部署，被诏后，范多次辞让，仁宗不许，多次征召，最终受命。⑬"富弼"二句：《宋史·富弼传》："庆历三年拜枢密副使，辞之愈力，改授资政殿学士兼侍读学士。七月，复拜密使副使。"⑭"陛下"五句：《文正范公神道碑铭》："既而，上再赐手诏，趣使条天下事；又开天章阁召见，赐坐，授以纸笔，使疏于前。公惶恐避席，始退而条列时所宜先者十数事上之。"⑮遽（jù）：立即。⑯两路宣抚：庆历五年，范仲淹罢参知政事后官知邠州兼陕西四路缘边安抚使；富弼罢枢密副使后官京东西路安抚使。⑰各自请行：范、富实际都

因不安于位,自请外任。欧阳修《资政殿学士户部侍郎文正范公神道碑铭》:"会边奏有警,公即请行,乃以公为河东陕西宣抚使。" ⑱ 沿山傍海:沿山,指陕西四路。傍海,指京东西路。⑲ 千官百辟:指众多的臣僚。辟,原指诸侯、国君。《诗经·大雅·假乐》:"百辟卿士,媚于天子。" ⑳ 恩礼各优:恩遇及礼遇上提供优惠。范仲淹罢参知政事后,仍兼陕西四路缘边安抚使重任。 ㉑"方今"句:庆历四年,契丹主亲征西夏。西夏与契丹之间开始了一场旷日持久的战争。 ㉒"臣自前岁"四句:欧阳修于庆历三年三月任太常丞知谏院,九月赐绯衣银鱼,又同评定国朝勋臣名次、同修三朝典故,十月擢同修起居注。两制,内制和外制,代皇帝拟制诰命令。 ㉓ 愚瞽(gǔ):愚笨。 ㉔ 屏營:诚惶诚恐的样子。

庆历五年(1045),主持新政的范仲淹、杜衍、韩琦、富弼等人因朝中奸邪的谗毁攻击,皆坐朋党斥逐,相继罢黜,轰动一时的"庆历新政"宣告失败。始于庆历三年的"朋党之议"至此已成定论,对范仲淹等人的处置亦成不易之成命。在此忠良受贬遭抑、小人喧嚣得志之际,欧阳修冒天下之大不韪,敢犯圣颜,敢触众怒,愤笔直书,上奏这篇《论杜衍范仲淹等罢政事状》,"为群小逆揣中伤善类之术,为诸贤力洗群小谤毁之诬"(清王元启《读欧记疑》),体现一位封建正直官吏高尚无私的淑世情怀和奋不顾身、无所畏惧的正气与勇气。

这篇奏状,是一篇理足气盛、传颂千古的优秀论辩文。文章针对朝中群邪对忠良的无耻诬蔑与谗毁展开有力的辩驳,观点突出,一针见血;论据确凿,鞭辟入里;逻辑严密,析理深透;情辞激愤,而又张弛有度,体现作者高超的论辩艺术。明归有光《欧阳文忠公文选》卷二对这篇奏状有过全面精当的评价:"情激而文婉,议论有针线,指陈有根据,使人神动。"本文的论辩技巧,具体表现如下:

一、击中要害,一针见血。论辩一开始,作者便抓住事物的要害,一针见血地揭示自古小人谗害忠贤的两种伎俩:"欲广陷良善,则不过指为朋党;欲动摇大臣,则必须诬以专权。"作者认为"指为朋党"与"诬以专权",是历史上小人诬陷忠良惯用的手段,自古以来,皆是如此。从而把一个杜、范罢官的时政问题,提升到历史层面进行深刻剖析,说明朝中群小的所作所为,不过是司空见惯的故伎重演罢了。作者进一步揣摩这群小人的鬼蜮心计,揭露他们之所以常以"朋党"和"专权"诬害忠贤,是因为要将一大批有大贤无大过的忠良尽行逐去,利用人主最忌恨的"朋党"和"专权",常常是最行之有效的。因此,作者一开始便击中了对方的要害,使小人之心,昭然若揭;让鬼蜮小人的阴暗卑劣,原形毕露,无处遁迹。

二、分层辩驳,以事力证。文章接下来围绕"朋党"与"专权"问题,分层次展开针锋相对的辩驳。在具体的论辩过程中,作者没有旁征博引,借古讽今,也没有采用类比,博喻说理,只是反复举例,引证事实。事实胜于雄辩,事实最具说服力。作者所选用的事实材料,都是朝臣有目共睹,特别是皇帝所熟知的,其中的是非曲直,一目了然,不辩自明。

作者辩“朋党”之诬,紧扣一个“异”字,“以‘异’字破朋党”(清孙琮《山晓阁选宋大家欧阳庐陵全集》卷一引卢元昌评语)。文章指出范仲淹、杜衍等人,性情各异,“衍为人清慎而谨守规矩,仲淹则恢廓自信而不疑,琦则纯正而质直,弼则明敏而果锐”,作者在此引用的是皇帝制诰上的原话,无疑是一个力证。范、杜等四人除了性情各异,政见亦常相左,朝中议事,多不相从,作者引事实为证,一是“深罪滕宗谅”时杜衍与范仲淹之争,一是论契丹时范仲淹与富弼战与和之争,一是水洛城事件尹洙、韩琦、范仲淹之争,一桩桩,一件件,事实摆在眼前,而且都是“陛下素知”、尤为彰著的事实。这些事实,作者归结为“忠臣有不和之节”,足以证明范等四人绝非朋党,而小人谗为朋党,实在是无中生有的诬陷。

作者辩“专权”之诬,紧扣一个“让”字,“以‘让’字破专权”(清孙琮《山晓阁选宋大家欧阳庐陵全集》卷一引卢元昌评语)。作者同样列举大量的事实为证,证明范仲淹等人“不见其专权之迹”,“但见其善避权”;不见其贪权贪位,但见其屡召屡让,淡泊名位。韩琦被召五六次,避让五六次;富弼三让学士,两让枢密副使。后被召至天章阁议事,四人也是避让迟疑,顾虑重重,谨小慎微,不敢造次。作者正怪其“迟缓自疑,作事不果”,小人却诬其“专权”,岂不是诬陷?这些事例,都是皇帝本人心知肚明的,具有不容置疑的说服力。作者进一步指出,富弼等人“各自请行”,不辞辛劳,“欲使武备再修”,目的就是重振国威,欲雪国耻,这也是富弼等人尊崇圣上威权,毫不专权侵权的明证。

“铁证”如山,不可推翻,要为杜衍等已经定罪罢黜的忠臣辩屈,任何善辩的巧言,都比不上这些事实“铁证”。

三、气势充沛,情激文婉。这篇奏状在驳斥小人的无耻诬陷时,针锋相对,当理不让,读来痛快酣畅;作者的疾恶如仇,对得志小人的无比痛恨,对蒙冤忠臣的不平之情,鲜明而强烈的爱憎情感每每溢于文表;加以作者奋不顾身、直言谠论的果敢与正气,使文章慷慨激昂,震撼人心,裹挟着一股磅礴的激情与充沛的气势,具有强烈的感染力。

然而,此文毕竟是上呈给皇帝的奏状,作者虽然悲情难禁,义愤填膺,措辞并不剑拔弩张,论辩并非放言无忌。特别是涉及到皇帝时,用语合度得体。文章的重点放在“辩诬”,而不在评议皇帝的是非正误;作者对皇帝的成命未加评议,对皇上未来的决断满怀期待。作者辩事说理,不是声色俱厉,而是披肝沥胆,忠心可掬。全篇行文有缓有急,张弛有度,这正是后代评论家以“曲折入情”“曲尽其情”“情激文婉”称道此文的原因所在。　（李小兰　刘德清）

归 田 录(选三则)

一

陈康肃公[①]尧咨善射,当世无双。公亦以此自矜[②]。尝射于家圃[③],有卖油翁释担[④]而立,睨之[⑤],久而不去。见其发矢[⑥]十中八九,但微颔[⑦]之。康肃问曰:"汝亦知射乎?吾射不亦精乎?"翁曰:"无他[⑧],但手熟尔。"康肃忿然曰:"尔安敢轻吾射!"翁曰:"以我酌油知之。"乃取一葫芦置于地,以钱覆其口,徐[⑨]以勺酌油沥[⑩]之,自钱孔入而钱不湿。因曰:"我亦无他,惟手熟尔。"康肃笑而遣之[⑪]。此与庄生所谓解牛[⑫]斫轮[⑬]者何异?

二

孙何、孙仅[⑭]俱以能文,驰名一时。仅为陕西转运使,作《骊山诗》二篇,其后篇有云"秦帝[⑮]墓成陈胜[⑯]起,明皇[⑰]宫就禄山来"。时方建玉清昭应宫,有恶仅者欲中伤之,因录其诗以进。真宗读前篇云"朱衣[⑱]吏引上骊山",遽曰:"仅,小器[⑲]也,此何足夸。"遂弃不读。而陈胜、禄山之语,卒得不闻[⑳]。人以为幸也。

三

钱思公[㉑]虽生长富贵,而少所嗜好。在西洛[㉒]时尝语僚属[㉓],言平生惟好读书,坐则读经史,卧则读小说[㉔],上厕则阅小辞[㉕]。盖未尝顷刻释卷也。谢希深[㉖]亦言:宋公垂[㉗]同在史院[㉘],每走厕必挟书以往,讽诵之声琅然[㉙],闻于远近,亦笃学[㉚]如此。余因谓希深曰:余平生所作文章,多在三上,乃马上、枕上、厕上也。盖惟此尤可以属思[㉛]尔。

(以上欧阳修文据《四部丛刊》影元本《欧阳文忠公文集》,吴小林点校)

〔注〕 ① 陈康肃公:陈尧咨,字嘉谟,阆州阆中(今属四川)人。宋真宗时任龙图阁直学士、尚书工部郎中。死后谥号康肃。善射,自号"小由基"(由基,养由基,春秋时楚国人,善射,能百步穿杨)。 ② 自矜(jīn):自夸。 ③ 家圃:古代富贵人家自设射箭的场地。 ④ 释担:放下担子。 ⑤ 睨(nì)之:斜着眼睛看他射。 ⑥ 矢(shǐ):箭。 ⑦ 微颔(hàn):微微点头。 ⑧ 无他:没有什么特别的地方。 ⑨ 徐:慢慢地。 ⑩ 沥:注入。 ⑪ 遣之:打发他(卖油翁)走了。 ⑫ 解牛:见《庄子·养生主》中的"庖丁解牛"故事。 ⑬ 斫(zhuó)轮:见

《庄子·天道》中“轮扁斫轮”的故事。 ⑭ 孙何、孙仅：二人均是宋太宗时进士。 ⑮ 秦帝：秦始皇。 ⑯ 陈胜：秦末农民起义领袖。 ⑰ 明皇：唐玄宗。他曾在骊山上建造温泉宫。不久安史之乱爆发，唐王朝从此衰败。 ⑱ 朱衣：唐贞观四年规定四品、五品文官的服色为朱色。这里是说由高品级的宫廷服役人员导引。 ⑲ 小器：器量狭隘。 ⑳ 卒得不闻：终于没有被真宗知道。宋真宗误会孙仅的诗意是艳羡唐代官员上骊山朝见玄宗的荣耀，所以说不值得夸耀。 ㉑ 钱思公：钱惟演，字希圣，吴越王钱俶之子，从其父归宋后，官至使相，卒谥“思”。 ㉒ 西洛：西京洛阳。洛阳在北宋东京汴梁(今开封)之西，为北宋西京。景祐中钱惟演以枢密副使任西京留守。 ㉓ 僚属：官府的佐助官。当时欧阳修、尹洙、谢绛等都是钱惟演的僚属。 ㉔ 小说：在中国古代指神话传说、志怪志人、传奇讲史、杂言琐记之类的作品，与今天小说概念不同。 ㉕ 小辞：宋代兴起的词曲、小令。 ㉖ 谢希深：谢绛，字希深，宋仁宗时历任知州、知制诰。欧阳修友人。 ㉗ 宋公垂：宋绶，字公垂，宋仁宗时官至翰林学士，参知政事，家多藏书，以读书敏慧强记著名。欧阳修友人。 ㉘ 史院：史馆，宋代史馆称为国史实录院，有修撰、编修、检讨等官，属翰林院。 ㉙ 琅(láng)然：读书声清朗响亮。 ㉚ 笃学：好学。 ㉛ 属思：构思命意，撰写文章。

《归田录》共二卷，是欧阳修的笔记集，成书于宋英宗治平四年(1067)。时作者辞去参知政事，以观文殿学士、刑部尚书知亳州。书中追记朝野遗闻轶事，内容丰富，可以增广知识，有些还颇具启发教育意义。书以《归田》为名，表示了作者希望及早引退的愿望。《归田录序》说自己“备位朝廷，与闻国论者，盖八年于兹矣。既不能因时奋身，遇事发愤，有所建明，以为补益；又不能依阿取容以徇世俗，使怨疾谤怒丛于一身，以受侮于群小”，“宜乞身于朝，退避荣宠，而优游田亩，尽其天年”。所以以《归田》命名，曲折地表达了远离官场祸患的心意。经多次上章乞求告老，熙宁四年(1071)获准退休。

笔记一体，是宋代特别繁荣的一种文学体裁，它们较全面地反映了有宋一代的时代风貌，文字也大多生动活泼，富于趣味性。《归田录》是其中较早出现的一部。

卖油翁的故事，说明人们熟知的“熟能生巧”的道理。任何技艺，都必须经过长期的刻苦锻炼，努力钻研，才能得心应手，技艺高超。这则故事，把熟能生巧的道理，很自然地寓于故事之中，展示得具体生动，令人信服，耐心寻味。

作品中写了两个人物，陈尧咨以善射箭自以为了不起，当他发现旁观的卖油翁并不赞赏时，不由勃然大怒。而卖油翁以自己熟练的酌油技术作比，使他若有所悟。故事的中心人物是卖油翁，但卖油翁所以能给人留下深刻的印象，主要是得力于陈尧咨的映衬。写陈尧咨，主要突出写他的思想变化，写卖油翁则侧重表现他对事物的见解。写陈尧咨的转变也是从卖油翁观射的角度写的。“睨之”，对陈的“自矜”略微显示出几分不以为然；“十中八九，但微颔之”，是稍含称许之意，也未大加赞赏。“汝亦知射乎？吾射不亦精乎？”流露出了陈的自许甚高，狂妄自大，目中无人。“无他，但手熟尔”，卖油翁这句漫不经心，平淡朴素的话，却包含着他对生活真理的深刻认识，这句富有哲理的话，却惹得陈“忿然”作色，“尔安敢轻吾射？”气氛骤然紧张。作者转向写卖油翁酌油，把酌油的每一个动作，都叙述得清清楚楚，油“自钱孔入而钱不湿”，一片寂静，可谓此时无声胜有声。最后卖油翁又好像漫不经心地说了一句“我亦无他，惟手熟尔”，与前面评价陈的射箭技术相呼应。陈尧咨终于心悦诚服，“笑而遣之”。陈的这个思想变化过程，描写得很自然。卖油翁对事物的深刻见解，也从而得到了进一步体现。两个人物都写得相当生动，令读者过目不忘。给后人以极大的启发。实际上技艺本没有高低大小之分，一个人只要专心于他本职的业务，精益求精，自然能创造出优异的成绩来。作者结尾用设问句收束，引发读者深思与联想。

第二则故事写孙仅作《骊山诗》二篇，歌咏骊山的史迹，因后篇有“秦帝墓成陈胜起，明皇宫就禄山来”的句子，竟被要陷害他的小人把他的诗和当时皇帝大建宫室联系起来，认为是影射宋朝江山不久，于是将其诗呈送到皇帝面前，幸亏宋真宗只读了第一篇，觉得写得不好，就丢在一边，没有读下去，这才幸免一场大祸。欧阳修写这则故事，从字里行间流露出痛恨小人中伤告密的恶行。“人以为幸也”，也反映了众人同情孙仅，为他庆幸。

古代以文字引发祸事的案例，不胜枚举。大多数都出于别有用心的奸人罗织莫须有的罪名告讦。宋代著名的有苏轼的乌台诗案。这则孙仅的故事，也折射出封建社会文字狱的现实。王禹偁《孙庯墓志》说：“某为司谏，知制诰，得何之文，因夸于同列。又得仅文，时右庶子毕公（士安）与吾同典诰命，出仅文示之，读未竟，乃大呼曰：吓死老夫矣。”可见二人“俱以能文，驰名一时”，而孙仅文字尖锐犀利一些。

第三则记载介绍了两个人的读书故事，并补充作者自己“三上”的写作经验。可见天才来自勤奋。

钱思公、宋公垂、欧阳修三人事业的成功，这与他们平生“少所嗜好”“惟好读书”“作文章”有一定关系。笔记文学有很大的随意性，故事也没有过分曲折的情节，写人物也不致力于面面俱到，它擅长的是剪下人物的侧影，惯常用白描手法，即选择具有典型意义的材料，通过人物富有特征的片言只语，行动细节，去表现其性格、心理和神韵。故事富于趣味性，寓庄于谐。如这一则三人勤奋好学各有特色。钱思公，作者抓住“坐”“卧”“上”三个字表现他“平生惟好读书”，经史是圣贤的书，读时必须正襟危坐；小说差一等，可以卧读；小辞在当时还算不上文学正宗，所以"上厕"阅读。用字极准确形象。宋公垂更是分秒必争，"每走厕必挟书以往，讽诵之声琅然，闻于远近"，读古文就要这样大声诵读。他读书以敏慧强记著名，就是这么长期练出来的。《归田录》曾记载他与夏竦见一和尚背不出《法华经》，据说这和尚已经学了十年，于是两人"各取《法华》一部诵之，夏公七日，宋公五日，不复遗一字"。欧阳修一生繁忙，所以他"平生所作文章，多在三上，乃马上、枕上、厕上也"。由此可知，欧阳修成为一代文章宗师巨匠，并不是偶然的。

（徐育民）

新五代史伶官①传序

呜呼！盛衰之理，虽曰天命，岂非人事哉！原②庄宗③之所以得天下，与其所以失之者，可以知之矣。

世言晋王④之将终也，以三矢赐庄宗而告之曰："梁⑤，吾仇也；燕王⑥，吾所立；契丹⑦，与吾约为兄弟，而皆背晋以归梁。此三者，吾遗恨也。与尔三矢，尔其无忘乃父之志。"庄宗受而藏之于庙⑧。其后用兵，则遣从事⑨以一少牢⑩告庙，请其矢，盛以锦囊，负而前驱，及凯旋而纳之⑪。

方其系燕父子以组⑫，函梁君臣之首⑬，入于太庙，还矢先王而告以成功，其意气之盛，可谓壮哉！及仇雠⑭已灭，天下已定，一夫夜呼，乱者四应⑮，苍皇东出⑯，未及见贼，而士卒离散⑰，君臣相顾，不知所归，至于誓天断发，泣下沾襟⑱，何其衰也！岂得之难而失之易欤？抑⑲本其成败之迹而皆自于人欤？

《书》曰："满招损，谦得益⑳。"忧劳可以兴国，逸豫㉑可以亡身，自然之理也。故方其盛也，举天下之豪杰莫能与之争；及其衰也，数十伶人困之而身死国灭㉒，为天下笑。夫祸患常积于忽微㉓，而智勇多困于所溺㉔，岂独伶人也哉！作《伶官传》。

〔注〕 ① 伶官：古代乐官，此指供职宫廷的伶人。 ② 原：推究。 ③ 庄宗：指后唐庄宗李存勖，沙陀族人，公元923年灭后梁称帝，国号唐，史称后唐。 ④ 晋王：李存勖之父李克用。本姓朱邪，因事唐，赐姓李。唐末借帮助朝廷镇压黄巢农民起义军之机，扩大自己的势力，割据今山西一带地区，唐昭宗乾宁二年(895)封晋王。死于后梁开平二年(908)。 ⑤ 梁：指后梁太祖朱温。原为黄巢农民起义军将领，后叛变降唐，赐名全忠，与李克用一起成为唐昭宗

时的两大军阀，互相争斗。朱温曾袭击李克用，李几死，遂结下深仇。天复元年(901)被封为梁王，天祐四年(907)篡唐自立为帝，国号梁，号称后梁。 ⑥ 燕王：指刘仁恭、刘守光父子。刘仁恭原为幽州李可举手下部将，后投奔李克用，李保举他为卢龙军节度使。后又与李发生冲突，归附朱温。朱温于开平三年(909)封刘仁恭之子刘守光为燕王。 ⑦ 契丹：我国北方的一个游牧部族，即后来的辽。天祐二年(905)李克用与契丹首领阿保机约为兄弟，准备共同攻打朱温，后来阿保机又背约与朱温通好，约共举兵灭晋。 ⑧ 庙：指帝王供奉祖先神位的太庙。⑨ 从事：指一般的属吏。 ⑩ 少牢：古代祭品，指一猪一羊。 ⑪ 纳之：把箭仍放回太庙。⑫ 系燕父子以组：用绳索捆绑燕王父子。组，组练，丝编的绳索。史载天祐十年(913)，李存勖率兵攻打幽州，生俘燕王刘仁恭、刘守光父子，献于太庙。 ⑬ 函梁君臣之首：用木匣装梁君臣的首级。函，木匣，此处作动词用。史载同光元年(923)李存勖率兵攻梁，长驱直入。梁末帝朱友贞(朱温之子)为避免被活捉，命臣子皇甫麟杀死他。末帝死后，麟即自刎。后庄宗将其人头藏于太庙。 ⑭ 仇雠(chóu)：仇敌。 ⑮"一夫夜呼"二句：同光四年(926)，驻守在贝州(今河北清河)的军士皇甫晖作乱，后赵太、李嗣源等亦相继叛变。一夫，指皇甫晖。 ⑯ 苍皇东出：指庄宗在众叛亲离下由京城洛阳出奔至汴州(今河南开封)。苍皇，匆忙而慌张。⑰ 士卒离散：指刚东出时从驾的士兵有二万五千，不久已失万余人。 ⑱"至于"二句：指庄宗至石桥(今河南洛阳东)，置酒悲哭，臣子元行钦等百余人拔刀断发，誓死效忠，君臣相对而泣。 ⑲ 抑：或者。 ⑳"满招损"二句：《尚书·虞书·大禹谟》："满招损，谦受益。"意思是自满会遭到损害，自谦会受到益处。 ㉑ 逸豫：安乐。 ㉒"数十伶人"句：庄宗喜好伶人，又洞晓音律，有时自己还粉墨登场，与伶人杂戏于庭，伶人由此得到重用。当庄宗的养子李嗣源叛变后，时任皇帝近卫军指挥使的伶官郭从谦乘机作乱，庄宗被乱兵射死，李嗣源继承帝位。㉓ 忽微：形容极其细微。忽为寸的十万分之一，微为寸的百万分之一。 ㉔ 所溺：所溺爱的事物。

《新五代史伶官传序》是《新五代史》中类传《伶官传》前面的一段序文，题目有的选本作《五代史伶官传序》或《伶官传序》。《新五代史》，指欧阳修撰写的记叙后梁、后唐、后晋、后汉、后周五个朝代历史的纪传体史书，原名《五代史记》，因区别于前此薛居正所撰的《五代史》，故称《新五代史》。其中的《伶官传》，记后唐庄宗时伶官敬新磨、景进、史彦琼、郭从谦的事迹。后唐庄宗李存勖原先继承父志，励精图治，奋发努力，终于打败后梁，统一北方。可是在消灭强敌，建立后唐后便沉溺声色，耽于逸乐，"既好俳优，又知音，能度曲……常身与俳优杂戏于庭，伶人由此用事"。他宠幸伶官景进等人，委以重任，引起文武大臣的不满，终于导致祸乱败亡，自己也为乱兵所杀。《伶官传》就记载了后唐庄宗李存勖的伶官景进等人败政乱国的史实。本文作为该传的序，对此史实进行概括性的评论，是我国古代散文中一篇脍炙人口的史论。《新五代史》是从景祐三年(1036)到皇祐五年(1053)撰成的，《伶官传序》的作时当在此期间。

全文可分为四段。

第一段提出中心论点。"盛衰之理，虽曰天命，岂非人事哉！""盛衰"二字为一篇之文眼，贯串全文的始终。“天命”是宾，“人事”是主，“天命”是虚晃，“人事”是实指，着重强调“盛衰之理”在于人事。接着联系下面传记的内容，点出后唐庄宗：“原庄宗之所以得天下，与其所以失之者，可以知之矣。”“得”字照应“盛”字，“失”字照应“衰”字，以庄宗的“得”“失”天下作为立论的根据，引起下文。

第二段写庄宗的“得”天下。文章引用王禹偁《五代史阙文》中一则民间故事，叙写李存勖当年牢记父志，负矢杀敌，凯旋而还的情况。王禹偁的原文是这样写的：

> 世传武皇临薨，以三矢付庄宗曰：“一矢讨刘仁恭，汝不先下幽州，河南未可图也。一矢击契丹，且曰阿保机与吾把臂而盟，约为兄弟，誓复唐家社稷，今背约附贼，汝必伐之。一矢灭朱温。汝能成吾志，死无憾矣。”庄宗藏三矢于武皇庙庭。及讨刘仁恭，命幕吏以少牢告庙，请一矢，盛以锦囊，使亲将负之以为前驱，及凯旋之日，随俘馘纳矢于太庙。伐契丹、朱氏亦如之。

而此文则用短促铿锵的语言加以概括，写得更形象，更有气势。叙晋王李克用临终交待遗志，如闻其声，写庄宗李存勖请矢盛囊，负而前驱，如见其人，并在生动的叙事中融入对励精图治的礼赞之情，从而有力地论证了忧劳可以致使国家盛和兴的道理，为下文写衰和亡伏笔。

第三段写庄宗的“失”天下。但在写“失”之前仍然写“得”，对前段作补叙和提升，渲染其“系燕父子以组，函梁君臣之首”，报仇杀敌，完成父亲遗志，“还矢先王而告以成功”，以富有激情的笔墨肯定其“意气之盛”，这是扬。接着写“失”，对一些史实进行提炼，概括而传神地刻画庄宗在大功告成，建立后唐后，贪图享乐，宠幸伶官，造成众叛亲离，祸乱相继，“一夫夜呼，乱者四应”，“君臣相顾”，“泣下沾襟”的情景，以悲怆的语气突现其“衰”，这是抑。全段通过这一扬一抑，对后唐的盛和衰，兴和亡进行对比叙写，雄辩地揭示出逸豫奢华是乱国败政的根源。最后一句“抑本其成败之迹而皆自于人欤?”远承首段“岂非人事哉”句，进一步强化中心论点。

第四段总结全文。由上段写盛和衰，自然引出古语“满招损，谦得益”，并联系庄宗盛时“举天下之豪杰莫能与之争”，衰时“数十伶人困之而身死国灭”的史实，得出“忧劳可以兴国，逸豫可以亡身”的结论。将中心论点换一种说法，以对偶的警策之句加以归纳，收到了更为发人深省的效果。最后数句：“夫祸患常积于忽微，而智勇多困于所溺，岂独伶人也哉!”强调祸乱常起自于细小的所沉溺的事物，并不只局限于狎近伶人，而是具有普遍的意义，这和开头盛衰在于人事的论点相呼应，进一步深化了题旨，并有告诫统治者应从中吸取教训的用意在。末句“作《伶官传》”，把全篇议论和《伶官传》挂钩，点明《伶官传》的写作意图，语重心长，耐人寻味。

该文通过总结庄宗伶官败政乱国，后唐速亡的教训，非常精辟透彻地阐明了“盛衰”之理在于人事，即“忧劳可以兴国，逸豫可以亡身”的道理，这不仅是颠扑不破的至理名言，具有永久的鉴戒作用，而且在社会危机十分严重，迫切需要革除弊政的北宋中叶，有着鲜明的现实意义。

本文的写作技巧十分出色。首先，文章结构严谨，语言简练，做到了“法严词约”（脱脱等《宋史·欧阳修传》）。作者讲究过渡转折，铺垫呼应之法，全文层次井然，首尾连贯，布局周严。欧阳修主张“文简而意深”（《论尹师鲁墓志》），本文也是惜墨似金，用笔简约，全文只有三百余字，却有理有据，十分精辟地总结出一个带有普遍意义的历史规律，写得可谓精能之至，堪称我国古代短文中的精品。

其次，该文论证有力。在论证的方式上表现出作为一篇史传序论不必详议，只须略写的独有特点，并为此而采取了一些表现手法：其一是举事说明，如举庄宗李存勖继承父志负矢杀敌的民间传说，论证忧劳兴国的道理，就很有说服力，而叙写则非常简明扼要。其二是对比论述，文中一劳一逸，一盛一衰，一得一失，一扬一抑，对照鲜明，反差强烈，产生了很好的艺术效果。其三是夹叙夹议，它不作单纯的议论，而是联系有关传说、史实以及后面的传论，采用议叙结合的方式，给人以事理兼胜，言约意丰的感觉。

欧阳修生当弱宋，他一辈子都在关心国运，都在忧念时事，这种情况反映在他的散文创作上，体现为抒情的气味较浓，感慨的气息很重。本文一个更为明显的特点就是写得气势横空，感慨淋漓，带有浓重的感情色彩。这除了由于内在精神方面的原因外，与在形式上多用短句、感叹句、疑问句和对偶句也有关。如文章劈头就用感叹词“呜呼”，表现出作者深沉的感慨，为全文定下了悲怆哀婉的基调。宋代李塗说：“欧阳永叔《五代史》赞首必有‘呜呼’二字，固是世变可叹，亦是此老文字遇感慨处便精神。”（《文章精义》五一）又如在庄宗盛衰、得失对比的结尾分别以“可谓壮哉！”和“何其衰也！”这样短促的感叹句出之，议论中融有情韵，使人有一唱三叹、跌宕有致之感。又如第三段结尾“岂得之难而失之易欤？抑本其成败之迹而皆自于人欤？”这种设问句的运用，也显得吞吐抑扬，富于情致，正如前人所评：“欧公五代史论，多感慨，又多设疑。盖感叹则动人，设疑则意广，此作文之法也。”（转引自王若虚《滹南遗老集》卷三十六）文中还有不少对偶句，语意警策，句式整齐，和散体句参杂用之，读来抑扬顿挫，音节谐美，气势充沛，具有很强的艺术感染力。

明人茅坤说："此等文章，千年绝调。"(《唐宋八大家文钞·欧阳文忠公文钞》卷十六)清代沈德潜也说："抑扬顿挫，得《史记》神髓，《五代史》中第一篇文字。"(《唐宋八家古文读本》卷十四)可见前人对此文评价之高。《伶官传序》后来成为许多古代散文选本的必选篇目，不是没有道理的。　(吴小林)

新五代史宦者传论(节选)

自古宦者乱人之国，其源深于女祸。女，色而已；宦者之害，非一端也。

盖其用事也近而习①，其为心也专而忍②。能以小善中人之意，小信固人之心，使人主必信而亲之。待其已信，然后惧以祸福而把持之。虽有忠臣、硕士③列于朝廷，而人主以为去己疏远，不若起居饮食、前后左右之亲为可恃也。故前后左右者日益亲，则忠臣硕士日益疏，而人主之势日益孤。势孤，则惧祸之心日益切，而把持者日益牢。安危出其喜怒，祸患伏于帷闼④，则向之所谓可恃者，乃所以为患也。患已深而觉之，欲与疏远之臣图左右之亲近，缓之则养祸而益深，急之则挟人主以为质⑤。虽有圣智，不能与谋。谋之而不可为，为之而不可成，至其甚，则俱伤而两败。故其大者亡国，其次亡身，而使奸豪得借以为资而起，至抉⑥其种类⑦，尽杀以快天下之心而后已。此前史所载宦者之祸常如此者，非一世也！

夫为人主者，非欲养祸于内而疏忠臣、硕士于外，盖其渐积而势使之然也。夫女色之惑，不幸而不悟，则祸斯及矣。使其一悟，捽⑧而去之可也，宦者之为祸，虽欲悔悟，而势有不得而去也，唐昭宗之事⑨是已。故曰深于女祸者，谓此也。可不戒哉？

(以上两篇欧阳修文据百衲本《新五代史》，吴小林点校)

〔注〕①习：亲近。　②专而忍：专横而残忍。　③硕士：品节高尚、学问渊博的人。　④帷闼(tà)：指宫廷。帷，帘幕。闼，门。　⑤质：抵押。　⑥抉(jué)：抉剔，搜求。　⑦种类：指宦者。　⑧捽(zuó)：揪住头发。　⑨唐昭宗之事：唐昭宗亲狎宦官，宦官专权，数次作乱。后昭宗与宰相崔胤密谋对付宦官，崔胤恐力量不足，矫诏召朱温入朝。时昭宗已被宦官挟持至凤翔，朱温围凤翔三年，才使昭宗回到长安，朱温杀宦官七百余人，唐朝实权也落入朱温

手中。事见《旧唐书·昭宗本纪》。

本文是《新五代史·宦者传》后的论赞,此处为节选。《宦者传》记叙了张承业、张居翰两名宦者,他们为人比较正直,在朝中起了一些好作用,这也是欧阳修为他们立传的原因。但在中国封建社会的历史中,宦官常常给朝政造成严重危害,欧阳修深感于此,因此在人物传后,专就宦者之祸这个问题进行论说,以补足史传未能表达的旨意。

欧阳修首先以女祸与宦者之害相并提出,这里固然沿袭了封建社会对妇女的偏见,却也以二者的对比说明宦官的祸害不是简单的一个人员群体的问题,而有许多特殊之处,文章以下的议论就是围绕着宦官问题的特殊性而展开。

作者首先对宦官的特性作了精练的概括:"其用事也近而习,其为心也专而忍。"这道出了宦者紧随皇帝的特殊地位,也反映出他们因自身遭遇及目前身份而产生的特殊心态。从这一特点出发,作者具体叙写了皇帝与宦官之间的微妙关系。作者采用展示过程的方式,通过四个阶段,动态地表现出情势的变化。第一层是宦者以小善小信获取皇帝的信任,因为所谓的小善小信都关联着皇帝起居饮食的具体事项,所以作者特别用"亲之"表达皇帝与宦者特殊的亲狎,而这种关系是不可能发生在朝官身上的。第二层,宦者实施恐吓而把持皇帝,造成皇帝疏远朝官而位势日孤的局面。第三层,随着情况的严重,皇帝终于意识到宦官的祸患。第四层,皇帝欲解决祸患却进退两难,结果是两败俱伤,非亡国,即亡身。

在这一过程的描写中,欧阳修特别突出皇帝每一阶段的心理状况,而这些心理表现也基本合乎常情,是很容易产生的。如因为生活中的密切接触而生出亲近感,如畏惧祸患而依赖亲近者,尤其是写到"势孤,则惧祸之心日益切,而把持者日益牢",可谓细致入微地刻画出皇帝在当时境况中的真实心态。欧阳修的可贵就在于写出皇帝是在不知不觉之中发生了变化,于是,便顺理成章地得出结论,并非是皇帝主观上欲"养祸于内",也并非有意要疏远朝官,"盖其渐积而势使之然也"。这一认识十分深刻,宦者之祸之所以在历史上频频发生,是皇帝独裁这一封建专制及宦官制度存在的必然结果,欧阳修的结论在一定程度上触及了问题的本质。而他对宦官给朝政造成祸害的过程叙述,则使问题的本质得到形象化的展现,因而具有很强的说服力。

在充分论说的基础上,欧阳修再次提出女祸以示对照,使上文提出的观点有了一个完整的结论。而且,又特别强调其要害在于,宦者之祸一旦发生,虽悔悟也无可挽回。最后,本段结束在"可不戒哉"的警示语中,充满了震撼人心的力量。

(陈晓芬)

苏洵文

【作者小传】

苏 洵

(1009—1066)北宋散文家。字明允,号老泉,眉州眉山(今属四川)人。与其子苏轼、苏辙合称“三苏”,他被人称为“老苏”。二十七岁时才开始发愤用功,然屡试不中。后闭门潜心研读《论语》《孟子》以及韩愈等人的文章,大有收获。嘉祐元年(1056)携苏轼、苏辙进京,因张方平等人的推荐,得识欧阳修,其文获欧的称誉,被公卿士大夫争相传诵。第二年在欧阳修主持的礼部贡举中,苏轼、苏辙同时考中进士,一时之间苏氏父子名动京师。嘉祐五年他被任命为试秘书省校书郎。次年任霸州文安县(今属河北)主簿,与陈州项城县令姚辟同修《太常因革礼》,书成呈送朝廷未获批复之时因病而亡,终年五十八岁。著有《嘉祐集》。他文不如苏轼,但其崇尚自然为文的主张对苏轼颇有影响。其文以议论文最为出色,所作史论和政论,不为空言,期于有用,纵横驰骋,论辩滔滔,富有说服力。他雄奇恣肆,简切老辣的文风,在“唐宋八大家”中独具一格。有言曰:“一门父子三词客”。这是对苏洵及其二子苏轼、苏辙散文成就的最好肯定。

(吴小林)

心 术

为将之道,当先治心[1]。泰山崩[2]于前而色不变,麋[3]鹿兴于左而目不瞬[4],然后可以制利害[5],可以待[6]敌。

凡兵上义[7],不义,虽利无动。非一动之为害,而他日将有所不可措手足也。夫惟义可以怒士[8],士以义怒[9],可与百战。

凡战之道,未战养[10]其财,将战养其力,既战养其气[11],既胜养其心[12]。谨烽燧[13],严斥堠[14],使耕者无所顾忌,所以养其财。丰犒而优游之[15],所以养其力。小胜益急[16],小挫益厉[17],所以养其气。用人不尽其所欲为[18],所以养其心。故士常蓄其怒、怀其欲而不尽,怒不尽则有余勇[19],欲不尽则有余贪[20]。故虽并[21]天下而士不厌兵[22],此黄帝[23]之所以七十战而兵不殆[24]也。不养其心,一战而胜,不可用矣。

凡将欲智而严,凡士欲愚[25]。智则不可测,严则不可犯,故士皆委己[26]而听命,夫安得不愚?夫惟士愚,而后可与之皆死。

凡兵之动,知敌之主,知敌之将,而后可以动于险㉗。邓艾㉘缒㉙兵于蜀中,非刘禅㉚之庸,则百万之师可以坐缚㉛,彼固有所侮㉜而动也。故古之贤将,能以兵尝㉝敌,而又以敌自尝,故去就㉞可以决。

凡主将之道,知理㉟而后可以举兵,知势㊱而后可以加兵,知节㊲而后可以用兵。知理则不屈,知势则不沮㊳,知节则不穷㊴。见小利不动,见小患不避,小利小患,不足以辱吾技也㊵,夫然后可以支㊶大利大患。夫惟养技而自爱者,无敌于天下。故一忍可以支百勇,一静可以制百动。

兵有长短,敌我一也。敢问吾之所长,吾出而用之,彼将不与吾校㊷。吾之所短,吾蔽而置之,彼将强与吾角㊸,奈何?曰:吾之所短,吾抗而暴之㊹,使之疑而却;吾之所长,吾阴而养之㊺,使之狎㊻而堕其中。此用长短之术也。

善用兵者,使之无所顾㊼,有所恃㊽。无所顾,则知死之不足惜。有所恃,则知不至于必败。尺棰㊾当猛虎,奋呼而操击;徒手遇蜥蜴㊿,变色而却步:人之情也。知此者,可以将矣。袒裼[51]而按剑,则乌获[52]不敢逼;冠胄衣甲[53],据兵[54]而寝,则童子弯弓杀之矣。故善用兵者以形固[55],夫能以形固,则力有余矣。

〔注〕 ① 治心:指加强思想意志的修养锻炼。治,研究。心,思想,意志。 ② 崩:倒塌。 ③ 麋(mí):鹿属动物,俗称"四不像"。 ④ 瞬(shùn):眨眼。 ⑤ 制利害:控制利弊得失。 ⑥ 待:备,抵御。 ⑦ 上义:崇尚正义。上,通"尚"。 ⑧ 怒士:使士怒,激起士兵的义愤。 ⑨ 以义怒:因正义而激起愤怒。 ⑩ 养:积蓄。 ⑪ 气:指士气,战士对敌作战的精神状态。 ⑫ 既胜养其心:意谓不能因胜利而麻痹松懈。 ⑬ 谨烽燧(suì):认真地做好报警工作。烽,烽火。燧,烽烟。古代边防报警昼则燔燧,夜则举烽。 ⑭ 斥堠(hòu):供士兵居住并瞭望敌情的亭堡。 ⑮ 优游之:使士兵优游。优游,悠闲自得,这里用作动词。 ⑯ 小胜益急:意谓取得了小胜更要抓紧。急,紧张。 ⑰ 小挫益厉:受到了小挫折更要激励士气。 ⑱ 不尽其所欲为:不要完全满足他们所想做的,也就是使他们心中有所追求。 ⑲ 余勇:未尽的勇气。 ⑳ 余贪:指尚未满足仍有追求。 ㉑ 并:兼并。 ㉒ 厌兵:厌烦战争。 ㉓ 黄帝:姬姓,号轩辕氏,又号有熊氏,传说中为中原各族的共同祖先。相传与炎帝发生三次大冲突,身经七十余战而士气仍然旺盛。 ㉔ 殆(dài):疲乏,懈怠。 ㉕ 士欲愚:指令行禁止,要使士兵绝对服从,像个笨人。 ㉖ 委己:委屈自己。 ㉗ 动于险:冒险行动。 ㉘ 邓艾:字士载,三国时任魏镇西将军。景元四年(263),邓艾秘密地选择了一条险路攻蜀,他让战士们用绳子拴住身

体吊下山去，破了天险蜀道，消灭了蜀汉。 ㉙ 缒(zhuì)：系在绳子上放下去。 ㉚ 刘禅：刘备之子，蜀汉后主，昏庸无能。炎兴元年(263)魏军迫近成都，他亲自出降。 ㉛ 坐缚：坐着捆缚，喻轻而易举。 ㉜ 侮：轻慢，瞧不起。 ㉝ 尝：试，探。 ㉞ 去就：去，指率师离开，不打仗。就，指接近敌人，与敌作战。 ㉟ 理：这里指战争的特殊规律以及指导战争所应遵循的基本原理。 ㊱ 势：这里指敌我形势。 ㊲ 节：节度，这里指掌握适当的进退时机等。 ㊳ 沮(jǔ)：指受挫折而灰心。 ㊴ 穷：指陷入困境。 ㊵ 不足以辱吾技也：意谓不值得我去用心施展技能。 ㊶ 支：撑，应付。 ㊷ 校(jiào)：对抗、较量。 ㊸ 角：斗。 ㊹ 抗而暴(pù)之：意谓故意显现暴露它。抗，显现。 ㊺ 阴而养之：暗暗地巩固保存下来。 ㊻ 狎(xiá)：轻忽。 ㊼ 顾：顾虑。 ㊽ 恃：依靠。 ㊾ 尺棰(chuí)：约一尺长的短木棍。 ㊿ 蜥蜴(xī yì)：俗称四脚蛇。 (51) 袒裼(tǎn xī)：赤身露臂。 (52) 乌获：战国时秦武王的勇士，据说力大无穷，能举千钧之重。 (53) 冠胄(zhòu)衣甲：戴着头盔，穿着铠甲。冠，衣，用作动词。 (54) 据兵：凭靠着兵器。 (55) 以形固：凭借有利的形势巩固自己的阵容。

《心术》系《权书》的第一篇。《权书》是苏洵精心结撰的一部著作。宋仁宗嘉祐元年(1056)苏洵离蜀赴京谒见欧阳修时，就以《权书》献给欧阳修，作为推介自己的贽礼，可见他对《权书》的看重。权，有权变、变通的意思，《权书》中阐述了作者主张顺应世变、因事制宜的思想。在《权书·叙》中说："人有言曰：儒者不言兵，仁义之兵无术而胜。……《权书》，兵书也，而所以用仁济义之术也。吾疾夫世之人不究本末，而妄以我为孙武之徒也。夫孙氏之言兵，为常言也。而我以此书为不得已而言之之书也。故仁义不得已，而后吾《权书》用焉。"这说明苏洵是以儒者的身份言兵，写这部与孙武不同的兵书，他是有意识地这样做的。北宋统治者于建国初期为了巩固中央集权，防止地方割据势力拥兵自重，许用文臣统兵就是一项新的措施，但这给日后军事上屡屡失利、一次次败给契丹与西夏种下了祸根。苏洵希望北宋统治者在使用输币纳贡的"仁义"手法无法达到退敌的目的时，运用《权书》中的战略战术思想来克敌制胜，他写作《权书》真是用心良苦。

《权书》共十篇文章，《心术》是第一篇，有"序"的作用，它是作者研究兵法的一篇心得，犹如替主将草拟的一份"用兵须知"，反映了时代的要求，对提高当时将帅的军事修养有一定的积极意义。文章的主旨是讲述为将帅者应掌握哪些作战的谋略，才能在战争中取胜，其中包含有很多朴素的军事辩证法思想，可资借鉴。如开宗明义的第一句"为将之道，当先治心"，就是要求带兵的将领首先要有良好的心理素质，要临危不惧，"泰山崩于前而色不变"；要专心致志，心无旁骛，"麋鹿兴于左而目不瞬"，具有这样良好心理素质的将领才能打胜仗。再如"兵上义，不义，虽利勿动"，涉及了战争性质的问题，指出要打正义的战争，"惟义可以怒士，士以义怒，可与百战"，只有正义的战争才能激发士兵的斗志，百战不殆。又如论述了战前战后的种种用兵原则：战前要积蓄战争所需的财物("未战养其财”)，将战要养精蓄锐(“将战养其力”)，已经交战要保持部队的士气(“既战养其气”)，打了胜仗后要提高士兵的思想修养(“既胜养其心”)。特别是对作战过程中主将的要求，本文尤有精辟的见解。要求主将知道了战争的特殊规律后才发兵(“知理而后可以举兵”)，了解了敌我形势辰方可部署兵力(“知势而后可以加兵”)，掌握了适当的战机才能指挥士兵作战(“知节而后可以用兵”)，还要懂得以忍制勇、以静制动的道理等等。另外，对打仗要知己知彼、扬长避短这一经典的战略战术思想，苏洵在前人论述的基础上进一步作了发挥。他认为先要了解敌方的首领、将帅，然后才可以冒险行动(“知敌之主，知敌之将，而后可以动于险”)，并举了一个历史上的战例加以说明：三国时曹魏的邓艾秘密地选择了一条险路攻打蜀汉，他让战士们用绳子拴住身体吊下山去，破了天险蜀道，消灭了蜀汉，取得了胜利。邓艾之所以能取胜，是因为蜀汉后主刘禅实在太昏庸了，邓艾掌握刘禅的情况，很藐视他，才敢这样冒险行动的。苏洵还将扬长避短的战术，修正为“阴长暴短”。就是说，将我方的短处隐藏到一定的时候然后故意暴露出来，使敌人疑惑而退却；我方的长处，暗暗地巩固保存下来，使敌人轻忽麻痹而堕入圈套(“吾之所短，吾抗而暴之，使之疑而却；吾之所长，吾阴而养之，使之狎而堕其中”)。这种“暴短阴长”的战术思想，比起扬长避短要更诡谲更有迷惑力。以上这些都是非常有见地的用兵策略，有的甚至可以弥补孙子兵法的不足。但是文中也有一些不很正确的观点，如“将智士愚”，认为将领足智多谋，也就令人莫测高深，威风凛凛，也就令人不可冒犯(“智则不可测，严则不可犯”)，而只有愚蠢的士兵才可以和他们共死生(“夫惟士愚，而后可与之皆死”)。这样来看待战争中将领与士兵的关系和作用是有问题的，反映了作者思想认识上的局限和偏颇。

本文的结构很有特色，是以纲统目的网状结构，显得纲目清楚条理井然。头段的“为将之道，当先治心”是全篇的纲领，它为文章规定了范围，指明了中心。范围就是“为将之道”，中心就是“当先治心”，故篇名题为“心术”。下面相继用五个“凡”字，从五个不同侧面论述各种各样“治心”的方法，如引线穿珠一般。第二、三、四段偏重于论述为将者如何带兵，战时要用正义来激励士气，而在战后要有一系列的措施跟上，如打胜仗后要提高士兵的思想修养，要给他们丰厚的犒赏，同时要使他们继续保持旺盛的斗志等等。第五、六段论述为将者应如何审时度势，要知己知彼，战时不为小利所动，不避小患之害，抓住有利的时机出击，以达到作战胜利的目的。最后七、八两段论述为将者攻守之术。攻要出奇制胜，“阴长暴短”，守要使士兵无所顾虑而有所依靠，而凭借有利的地形，稳固自己的阵容尤为重要,因为它能使战斗力充足有余。整篇文章都围绕为将者的"心术"而生发,结撰出了一篇详尽的"用兵须知"。

清人吴楚材、吴调侯评论本文说:"此篇逐节自为段落,非一片起伏首尾议论也,然先后不紊。由治心而养士,由养士而审势,由审势而出奇,由出奇而守备,段落鲜明,井然有序。文心之善变化也。"(《古文观止》卷十)确是道出了这篇文章结构脉络的特点。

此外,本文多排比、对偶句,读来气势充沛,铿锵有力。而生动形象的比喻如"泰山崩于前而色不变,麋鹿兴于左而目不瞬","尺棰当猛虎,奋呼而操击;徒手遇蜥蜴,变色而却步,人之情也","袒裼而按剑,则乌获不敢逼;冠胄衣甲,据兵而寝,则童子弯弓杀之矣",使文章文采斐然,故明代茅坤说"此文中多名言"(《唐宋八大家文钞·苏文公文钞》卷七)。而"邓艾缒兵于蜀中"的战例的插入,更增强了文章的说服力。

(沈惠乐)

六　国

六国破灭,非兵[①]不利,战不善,弊在赂秦[②]。赂秦而力亏,破灭之道也。或曰[③]六国互[④]丧,率[⑤]赂秦耶?曰:不赂者以赂者丧。盖失强援,不能独完,故曰弊在赂秦也。

秦以攻取之外,小则获邑,大则得城。较秦之所得,与战胜而得者,其实[⑥]百倍。诸侯之所亡,与战败而亡者,其实亦百倍。则秦之所大欲,诸侯之所大患,固不在战矣。思厥[⑦]先祖父[⑧]暴[⑨]霜露,斩荆棘,以有尺寸之地。子孙视之不甚惜,举[⑩]以予人,如弃草芥[⑪],今日割五城,明日割十城,然后得一夕安寝。起视四境,而秦兵又至矣。然则诸侯之地有限,暴秦之欲无厌[⑫],奉之弥[⑬]繁,侵之愈急,故不战而强弱胜负已判[⑭]矣。至于颠覆[⑮],理固宜然。古人云:"以地事秦,犹抱薪救火,薪不尽,火不灭。"此言得之。[⑯]

齐人未尝赂秦,终继五国迁灭[⑰],何哉?与嬴[⑱]而不助五国也。五国既丧,齐亦不免矣。燕、赵之君,始有远略,能守其土,义不赂秦。是故燕虽小国而后亡,斯用兵之效也。至丹以荆卿为计[⑲],始速祸[⑳]焉。赵尝五战于秦,二败而三胜。后秦击赵者再，李牧连却之[21]。洎牧以谗诛，邯郸为郡[22]，惜其用武而不终也。且燕、赵处秦革灭[23]殆[24]尽之际，可谓智力孤危，战败而亡，诚[25]不得已。向使[26]三国各爱其地，齐人勿附于秦，刺客[27]不行，良将[28]犹在，则胜负之数[29]，存亡之理[30]，当与秦相较，或未易量[31]。

呜呼！以赂秦之地封天下之谋臣，以事秦之心礼天下之奇才，并力西向，则吾恐秦人食之不得下咽也。悲夫！有如此之势，而为秦人积威[32]之所劫[33]，日削月割，以趋于亡，为国者无使为积威之所劫哉！

夫六国与秦皆诸侯，其势弱于秦，而犹有可以不赂而胜之之势。苟以天下[34]之大，下而从六国破亡之故事[35]，是又在六国下矣。

〔注〕 ① 兵：兵器。 ② 赂秦：向秦国行贿。这里指割土地给秦国。 ③ 或曰：这是设问。下文的“曰”，是对设问的回答。 ④ 互：交互，这里有一个接一个的意思。 ⑤ 率：全都。 ⑥ 其实：它的实际(数量)。 ⑦ 厥：其。 ⑧ 先祖父：去世的祖辈、父辈。 ⑨ 暴(pù)：暴露，冲冒。 ⑩ 举：全，都。 ⑪ 草芥：比喻极微贱的东西。芥，草。 ⑫ 厌：通“餍”，满足。 ⑬ 弥：愈，越加。 ⑭ 判：分明。 ⑮ 至于颠覆：直到灭亡。 ⑯“古人云”六句：《史记·魏世家》：苏代谓魏王曰：“且夫以地事秦，犹抱薪救火，薪不尽，火不灭。”得之，得其理。之，代上面所说的道理。 ⑰ 迁灭：随之而灭亡。迁，移动。 ⑱ 嬴：秦王姓嬴，这里指秦国。 ⑲ 丹以荆卿为计：指公元前227年，燕太子丹派荆轲谋刺秦王(就是后来的秦始皇)未成，荆轲被秦国杀害的事件。 ⑳ 速祸：招致祸患。 ㉑ 李牧连却之：据《史记·赵世家》载：赵幽缪王(名迁)三年(前233)，秦兵攻赵，“李牧率师与战肥下(今河北石家庄市藁城区)，却之”；四年，“秦攻番吾(今河北平山)，李牧与之战，却之”。李牧，赵国的良将，领兵抗秦屡立战功，被封为武安君。却，打退。 ㉒“洎牧”二句：据《史记·李牧列传》载：公元前229年，秦将王翦攻赵，李牧领兵连败秦军，秦用反间计，重金买通赵王宠臣郭开，郭诬陷李牧谋反，赵王听信谗言，派人夺李牧兵权。李牧不受命，被杀。李牧既死，秦兵灭赵，虏赵幽缪王。秦始皇十九年(前228)，秦置邯郸郡，即秦灭赵后，以赵原来的都城邯郸为郡名，把赵国变成了秦国的一个郡。洎(jì)，及，等到。郡，古代的行政区划名。 ㉓ 革灭：消灭，灭亡。 ㉔ 殆：几乎，差不多。 ㉕ 诚：确实。 ㉖ 向使：当初假使。 ㉗ 刺客：指荆轲。 ㉘ 良将：指李牧。 ㉙ 数：定数，命运。 ㉚ 理：规律。 ㉛ 量：判断，估量。 ㉜ 积威：历年累积所得的威势。 ㉝ 劫：胁迫，挟制。 ㉞ 天下：指北宋时的国家版图。 ㉟ 故事：旧事，前例。

本文系《权书》第八篇，评述六国灭亡的原因。六国究竟为何灭亡？历来众说纷纭。与苏洵差不多同时的司马光说：“从衡(合纵连横)之说虽反覆百端，然大要合从(合纵)者，六国之利也。……向使六国能以信义相亲，则秦虽强暴，安得而亡之哉!”(《资治通鉴》卷七)认为六国未能做好合纵结盟,才导致了灭亡。南宋时的洪迈说:“韩、燕弱小,置不足论。彼四国(魏、齐、楚、赵)者……苟为保境睦邻,畏天自守,秦虽强大,岂能加我哉!”(《容斋随笔》卷十)认为六国如能各保其境,并和邻国搞好团结,强秦未必能加害于它们。他们两人所持的观点都是六国因不能联合而灭亡。而苏洵在本文中说“六国破灭,非兵不利,战不善,弊在赂秦”,与两人的观点明显不同。苏洵因何提出这个观点呢?他是以古鉴今,有感而发。

北宋王朝的开国统治者赵匡胤,本是后周的禁军首领,是靠“陈桥兵变”起家登上帝座的。他怕手下的将领效法,也来篡夺他的江山,于是采取了一系列的兵制改革来削弱地方割据势力;又用文臣来管理州事,经常调动将官,使“兵不识将,将不识兵”,形成高度的中央集权的局面。这样对皇帝的威胁是少了,但使军队严重丧失战斗力,不能有力地抵御外患。宋太祖对北方的契丹纯取守势,宋太宗赵炅虽曾两次兴兵北伐,却都大败逃回,最后中箭受伤身亡。景德元年(1004),契丹又入侵宋境,在宰相寇准的坚持下,宋真宗勉强前往澶州督战,宋军在澶州城下打了胜仗,射杀了契丹大将萧挞览,形势对宋十分有利,但一向主和的宋真宗却不想乘胜追击,仍与对方签订了“澶渊之盟”,由宋每年输给契丹白银十万两、绢二十万匹。到了宋仁宗庆历二年(1042),契丹要求割地,宋朝又每年增加白银十万两、绢十万匹。三年,西夏向宋朝请和,宋朝却仍要每年赠给西夏银十万两、绢十五万匹、茶三万斤。宋朝统治者一再以银、绢赂敌以换取和平。苏洵感到北宋当时的情况与六国旧事极为相似,因而写作此文,提出了六国是因赂秦而灭亡的观点,旨在借古讽今,提醒当时的统治者要汲取当年六国破灭的历史教训,一味向外敌献币纳贡是保不住江山社稷的!

苏洵在本文中一开始就以斩截的语句开门见山地将论点推出:“六国破灭,非兵不利,战不善,弊在赂秦。”并且从两个方面来论证这个论点:一是“赂秦而力亏”导致破灭,二是“不赂者以赂者丧”,有的国家即使没有贿赂秦国,但因受到了行贿国家的连累,失掉了援助而灭亡,所以归根结底还是“弊在赂秦”。“或曰”的设问句式,自问自答,解答了可能会有的疑问,使论点更加无懈可击。

第二段正面论述六国的因赂秦而亡。作者先列举了两个数字,秦受赂得到六国的土地是战胜而得的土地的百倍,六国诸侯赂秦失去的土地也是被打败而失去的土地的百倍,说明六国国土的丧失主要不是因为打败仗,这就照应了论点“非兵不利,战不善,弊在赂秦”。接着又分析六国诸侯为何赂秦的原因。六国的子孙不知其祖先“暴霜露,斩荆棘”创业的艰辛,很不珍惜祖先一尺一寸积累起来的国土，为了苟且偷安保一夕之安寝就“今日割五城，明日割十城”。可是秦国的欲壑难填，“奉之弥繁，侵之愈急”，六国在失去大量土地后最终还是被秦国灭亡了。作者引用古人的话作了形象的比喻：“以地事秦，犹抱薪救火，薪不尽，火不灭。”以上那些指责六国不肖子孙的话虽然并不十分严厉，但字里行间流露出的是对他们孱弱、不争气的痛惜、哀叹和无奈，联系宋朝当时一再加码向外族输币纳贡的现实，作者的用心可谓良苦！

第三段从第一段中“不赂者以赂者丧。盖失强援，不能独完”几句生发议论，分两层来写。第一层论述不赂秦的国家灭亡的原因。齐、燕、赵三国义不赂秦，齐的亡是因为“与嬴而不助五国也”。据《史记·田敬仲完世家》载，齐相“多受秦间金”，“不修攻战之备，不助五国攻秦，秦以故得灭五国”。到后来“五国既丧，齐亦不免矣”。燕国是个小国，却灭亡在后，是对秦用兵的结果。后来的灭亡是因为燕太子丹招募了刺客荆轲去刺秦王，事情败露，“始速祸焉”，秦王派将军王翦击燕，俘虏了燕王喜，才把燕灭掉。至于赵国，曾五次与秦力战，取得了三胜二败的战绩，后来李牧又接连打退秦的进攻。秦只得设计向赵王身边的佞臣郭开行贿，使进谗言，诬陷李牧将要谋反，于是赵王捕斩了李牧。缺了李牧这样的良将，赵才被秦击败而亡。第二层承上反过来作假设：“向使三国（指韩、魏、楚）各爱其地，齐人勿附于秦，刺客不行，良将犹在”，同秦作较量的话，鹿死谁手还很难说呢！这是为了进一步证明齐、燕、赵并非亡于用兵抗秦，而是因为韩、魏、楚赂秦增强了秦的力量而使它们“智力孤危”，没有外援而战败被亡的，因此归根结底还是“弊在赂秦”。

第四段针对上述六国破灭的教训，作者提出了设问：假如当初能够使用谋臣奇才，使用武力作战，联合起来西向攻秦，秦人就会“食之不得下咽也”，可是六国偏偏为秦的积累已久的威势所挟制，走了天天割地月月割地的路而自取灭亡。至此，作者不禁要大声疾呼：“为国者无使为积威之所劫哉！”

于是，在文章的最后一段水到渠成地联系现实，将宋王朝同六国作比较，六国弱于宋“而犹有可以不赂而胜之之势”，宋朝的天下远比契丹、西夏大，如步六国的后尘，真是连六国都不如了！末尾以六国之事影射宋朝，显示了作者借古讽今的写作目的，也表达了忧国忧民的一片诚意。

文章发于六国，收于六国，布局谋篇颇具匠心。作为一篇议论文，又有夹叙夹议的特点。叙述的文字简洁明了，还适当运用了比喻，使文章形象生动，增加了说服力；议论时又大量运用了排比句，使文章气势纵横，音调铿锵，很有鼓动力。无怪乎欧阳修称说苏洵文章“辞辩闳伟”（《荐布衣苏洵状》），刘大櫆赞美这篇《六国》"笔力简老"(《古文辞类纂》卷三)。

(沈惠乐)

项 籍[1]

吾尝论项籍有取天下之才,而无取天下之虑[2];曹操[3]有取天下之虑,而无取天下之量[4];刘备[5]有取天下之量,而无取天下之才。故三人者,终其身无成焉。且夫不有所弃,不可以得天下之势;不有所忍,不可以尽天下之利。是故地有所不取,城有所不攻,胜有所不就,败有所不避。其来不喜,其去不怒,肆天下之所为,而徐制其后[6],乃克有济[7]。

呜呼!项籍有百战百胜之才,而死于垓下,无惑也。吾观其战于巨鹿也,见其虑之不长,量之不大,未尝不怪其死于垓下之晚了。方籍之渡河,沛公[8]始整兵向关[9]。籍于此时,若急行军趋秦,及其锋而用之,可以据咸阳,制天下。不知出此,而区区与秦将争一旦之命[10]。既全巨鹿,而犹徘徊河南、新安间,至函谷,则沛公入咸阳数月矣。夫秦人既已安沛公而仇[11]籍,则其势不得强而臣。故籍虽迁沛公汉中而卒都彭城[12],使沛公得还定三秦[13],则天下之势,在汉不在楚。虽百战百胜,尚何益哉?故曰:兆[14]垓下之死者,巨鹿之战也。

或曰:"虽然,籍必能入秦乎?"曰:"项梁死,章邯谓楚不足虑,故移兵伐赵,有轻楚心,而良将劲兵,尽于巨鹿。籍诚能以必死之士[15],击其轻敌寡弱之师,入之易耳。且亡秦[16]之守关,与沛公之守,善否[17]可知也;沛公之攻关,与籍之攻,善否又可知也。以秦之守,而沛公攻入之;沛公之守,而籍攻入之。然则亡秦之守,籍不能入哉?"

或曰:"秦可入矣,如救赵何?"曰:"虎方捕鹿,罴据其穴,搏其子,虎安得不置鹿而返,返则碎于罴明矣。军志[18]所谓攻其必救也。使籍入关,王离、涉间必释赵自救,籍据关逆击其前,赵与诸侯救者十余壁蹑其后,覆之必矣。是籍一举解赵之围,而收功于秦也。战国时,魏伐赵,齐救之,田忌引兵疾走大梁,因存赵而破魏。彼宋义号知兵,殊不达此,屯安阳不进,而曰待秦敝。吾恐秦未敝，而沛公先据关矣。籍与义俱失焉。”

是故，古之取天下者，常先图所守[19]，诸葛孔明[20]弃荆州而就西蜀，吾知其无能为也。且彼未尝见大险也。彼以为剑门[21]者，可以不亡也。吾尝观蜀之险，其守不可出，其出不可继[22]，兢兢[23]而自完，犹且不给[24]。而何足以制中原哉？若夫秦、汉之故都[25]，沃土千里，洪河大山，真可以控天下，又乌[26]事夫不可以措足如剑门者，而后曰险哉？今夫富人，必居四通五达之都，使其财布[27]出于天下，然后以收天下之利。有小丈夫[28]者，得一金椟[29]而藏诸家，拒户[30]而守之。呜呼，是求不失也，非求富也。大盗至，劫而取之，又焉知其果不失也？

〔注〕 ① 项籍：字羽，下相(今江苏宿迁)人，楚贵族出身。少时随其叔父项梁避仇吴中，力能扛鼎，勇猛过人，吴中子弟皆惮之。陈胜起义，他助梁杀会稽守，举吴中兵响应。梁死，秦将章邯围赵，楚怀王任宋义为上将，他为次将，往救赵。宋义行至安阳(今山东曹县)，逗留四十六日不进。他杀死宋义，为上将，率兵渡漳水救赵，破釜沉舟，于巨鹿(今河北平乡)摧毁秦军主力，后又坑杀秦降卒二十余万。入关，自立为西楚霸王，大封诸侯王，封刘邦为汉王。屠咸阳，杀秦降王子婴，烧秦宫室。随后与刘邦争天下，历时四年，史称楚汉战争。公元前 202 年，他被刘邦困于垓下(今安徽灵璧)，突围到乌江(今安徽和县东北)，自刎。 ② 虑：思虑，谋划。 ③ 曹操：字孟德，沛国谯县(今安徽亳州)人。少时机警，有权术，任侠放荡。东汉末黄巾起义爆发，他任骑都尉，参与镇压。建安元年(196)迎汉献帝于许都(今河南许昌)，“挟天子以令诸侯”。官渡之战破袁绍后，逐渐统一了中国北部。建安十三年(208)，进位为丞相，率军南下，被孙权和刘备的联军击败于赤壁。二十一年，受封为魏王，四年后病逝洛阳，其子曹丕称帝，追尊为魏武帝。 ④ 量：器量，度量。 ⑤ 刘备：字玄德，涿郡涿县(今属河北)人。东汉远支宗族，幼贫。初起时，常寄人篱下。先后投归公孙瓒、曹操、袁绍、刘表等。建安十二年，“三顾茅庐”，请教于诸葛亮，采纳其建议。次年联合孙权，大败曹操于赤壁，占领荆州。不久又夺取益州和汉中。221 年称帝定都成都(今属四川)，国号汉，年号章武。221—223 年在位。 ⑥ 徐制其后：意即“后发制人”。徐，缓，从容。 ⑦ 乃克有济：方能成功。克，能。济，成功。 ⑧ 沛公：即汉高祖刘邦。 ⑨ 整兵向关：事见《史记·高祖本纪》：楚王令宋义、项羽、范增等北救赵，又令沛公两入关击秦，与诸将约定，谁先平定关中谁当王。刘邦先入关。 ⑩“而区区”句：指项羽在巨鹿之战中急于消灭秦将苏角、王离、涉间之事。区区，小小，这里可引申为斤斤计较之意。一旦，一个早晨，指短时间内。 ⑪ 仇：这里是对抗的意思。 ⑫ 迁沛公汉中而卒都彭城：项羽自恃强大(项羽入关军队四十万，刘邦仅十万)，负约(“先入定关中者，王之”的约定)，自立为西楚霸王，大封诸侯。刘邦被封为汉王，都南郑；项羽自己则离开关中东归，建都彭城(今江苏徐州)。汉中，秦郡名，治所在南郑(今陕西汉中东)。迁，调动官职，这里指改变封地。 ⑬ 还定三秦：《史记·淮阴侯列传》载，汉元年(前 206)八月，汉王刘邦用韩信之计，举兵东出陈仓，收复、平定三秦。三秦，今陕西一带，原是秦的故地，项羽三分其地，封章邯为雍王，司马欣为塞王，董翳为翟王，故称三秦。 ⑭ 兆：预兆，征兆。 ⑮ 必死之士：不惜牺牲、不怕死的战

士。 ⑯ 亡秦：当时秦国已亡，故称亡秦。刘邦入关时，秦王子婴当即出降于刘邦，秦亡。 ⑰ 善否：好坏。 ⑱ 军志：兵法。《孙子兵法·虚实篇》："故我欲战，敌虽高垒深沟不得不与我战者，攻其所必救也。" ⑲ 所守：指能防守之地。 ⑳ 诸葛孔明：诸葛，复姓。诸葛亮，字孔明，琅邪阳都（今山东沂南）人。三国时著名政治家、军事家。东汉末，隐居邓县隆中（今湖北襄阳西），建安十二年（207），刘备三顾草庐，他向刘备提出占据荆（今湖南、湖北）、益（今四川）两州，谋取西南各族统治者的支持，联合孙权，对抗曹操，统一全国的建议，即所谓"隆中对"。诸葛亮从此成为刘备的主要谋士，后辅佐刘备建立蜀汉政权，任丞相。 ㉑ 剑门：剑门关。在今四川剑阁县。 ㉒ "其守"两句：意谓若在剑门防守就不能出兵，若从剑门出兵，就不能有后继的援兵。因为此地狭窄，出入不便。 ㉓ 兢兢：小心谨慎的样子。 ㉔ 给（jǐ）：丰足。 ㉕ 秦、汉之故都：指咸阳、长安。 ㉖ 乌：何。 ㉗ 财布：财物货币。布，古代的一种钱币。 ㉘ 小丈夫：与大丈夫的概念相反，指没有大志、无所作为的人。 ㉙ 金椟（dú）：金匣。 ㉚ 拒户：关起门防御。拒，拒绝，抵御。

本文是《权书》的第九篇，《权书》是一部兵书。本文从兵家用兵打仗的战略角度来探究项羽失败的原因。

自从太史公司马迁的《项羽本纪》问世以来，项羽给人的印象是一个曾经叱咤风云，最终却失败的英雄。人们惊叹他在巨鹿之战中破釜沉舟的勇气，惋惜他在鸿门宴中的坐失良机，同情他在垓下四面楚歌的遭遇，感佩他在乌江自刎时的刚烈。然而项羽究竟何以会失败？项羽自己说是"此天之亡我，非战之罪也"，认为命运对他不公，老天爷故意与他作对。司马迁说是"自矜攻伐，奋其私智而不师古……欲以力征经营天下"而亡其国（《史记·项羽本纪》），批评项羽太好夸耀自己的战功，一味施逞个人的才智而不肯学习古人，只想用武力征战而走上了灭亡之路。而苏洵并不认为项羽错在用武力征战，他认为项羽有军事才能，只因缺少周全的思虑和谋略，犯了战略性的错误才失去了天下。

全文可分五段。首段提出了论点，指出项羽虽"有取天下之才"却"无取天下之虑"以致失败。并将项羽与曹操、刘备作比较，认为"曹操有取天下之虑，而无取天下之量；刘备有取天下之量，而无取天下之才"，这两人因而也没有成功。曹操当年作为汉丞相，"挟天子以令诸侯"，并非没有取天下的谋划，并非不想当皇帝，但是他没有取天下的胆量，建安二十四年（219）十二月，当孙权上表称臣劝曹操称帝时，曹操反而心虚胆怯，说不要把我放在火上烤，因此终其一生没有登上帝位。魏武帝是曹丕做了皇帝后追赠给他的称号。刘备确"有取天下之量"，当曹丕登基做了皇帝，刘备马上也称帝，以"汉"为国号，表示自己是正宗的汉室后裔。但是他又确"无取天下之才"，当吴、魏合力把关羽杀死后，他无法忍耐，急于报仇，就不顾大局攻打东吴，拆毁了诸葛亮苦心经营的与东吴的联盟，原来就处于弱势的蜀汉，从此一蹶不振，他自己也身心交瘁，一病呜呼。综合三人的情况，苏洵得出了有所弃才可以得天下之势，有所思才可以尽天下之利的结论，并提出了他的战略方针，应是“地有所不取，城有所不攻，胜有所不就，败有所不避”，胜利时不必喜悦，失败时也不必发怒，后发制人，方能成功。

第二段正面论述项羽失败的原因。作者欲抑先扬，一上来先是赞扬“项籍有百战百胜之才”，然后急转直下，断言：“死于垓下，无惑也。”“无惑”二字暗暗照应了前面所说的“无取天下之虑”，由于缺乏思虑，谋划不足，后来必然会导致这样的结局。接着作者发前人之所未发，提出了一个新见：项羽死于垓下已是迟了，在巨鹿之战中已显现了败亡的先兆。他认为项羽不该渡过黄河，为救赵而去攻打巨鹿，而应该抢在刘邦之前先去占据咸阳，就可控制天下。项羽的攻打巨鹿是走了一步臭棋。因为当项羽徘徊在河南、新安时，刘邦已先入咸阳数月，已与当地父老“约法三章”，取得了百姓的信任，后来尽管他慑于项羽之威，迁汉中受封为“汉王”，但还是用了韩信之计“明修栈道，暗度陈仓”，收复了三秦又回到了咸阳。项羽无奈最终定都在彭城，永远失去了控制天下形势的时机和条件。确是“兆垓下之死者，巨鹿之战也”。

三、四两段用设问的方式进一步论述项羽的战略错误。

第三段的设问针对有人怀疑项羽未必能入秦作出解释。作者从两个方面予以回答，一是因秦方面认为项梁已死，对楚军有轻视之心，故良将劲兵尽于巨鹿，咸阳方面的军力反而不足，能使项羽“击其轻敌寡弱之师，入之易耳”。二是指出亡秦之守关不如刘邦之守关，刘邦的攻关又不如项羽之攻关；既然刘邦能攻入亡秦守的关，项羽又能攻入刘邦守的关，项羽无疑更能攻入亡秦守的关，故曰：“亡秦之守，籍不能入哉？”此段步步深入，层层进逼。把项羽必能入秦的道理分析得令人无可置疑。

第四段的设问针对有人怀疑项羽一旦入秦就无法救赵予以释疑。作者先是打了一个比喻：当老虎捕捉鹿时，罴却占据了虎穴，并且击杀虎崽，老虎怎么可能不放下鹿而回到自己的洞里去救自己的虎崽呢？这正如孙子兵法中说的“攻其必救”。所以如果项羽进入了函谷关，秦将王离、涉间必定会放弃攻赵而回兵自救，这样项羽可以“一举解赵之围，而收功于秦也”。作者还怕自己说理不够清楚，又举了战国时孙膑围魏救赵的故事作为佐证：当年魏伐赵，赵请求齐国援助，齐威王以田忌为将，孙膑为军师，救赵。田忌采纳孙膑之计，引兵包围魏大梁（今河南开封），使围赵的魏军急忙赶回大梁自救，被齐军打得大败。然而项羽却没有采用这个战略，作者因而批评项羽其实同“屯安阳不进，而曰待秦敝”的宋义同样不懂得用兵，缺少谋略。

最后一段，作者拓展开去，纵论“古之取天下者，常先图所守”的话题，探讨应据守怎样的地形才有利于控制天下。苏洵仍然从三国人物中选取事例加以论述。诸葛亮是人们公认的智者，大家都推许他的深谋远虑，可是苏洵说：“诸葛孔明弃荆州而就西蜀，吾知其无能为也。”因为蜀地虽险，剑门关能守而不能出，囿于蜀地一隅，不能同控制中原的魏都相比，更无法同“沃土千里，洪河大山”可以控制天下的秦汉故都相比。以此批评诸葛亮的失策，可谓深中肯綮。接着作者仍从“常先图所守”一句生发，在“守”字上做文章，讨论富人、小丈夫对待财富的不同态度。富人“必居四通五达之都，使其财布出于天下，然后以收天下之利”。而小丈夫“得一金椟而藏诸家，拒户而守之”，等到“大盗至，劫而取之”，非但没有守住财富，反而失去了财富，更谈不上求富了。以上文字从表面上看，似乎都同项羽的事无关，其实是在总结全文，照应首段所揭示的论点。以诸葛亮的弃荆州就西蜀一隅，终未取得天下，来说明秦汉故都之不可弃，隐讥项羽因放弃咸阳而导致失败的严重战略错误。富人与小丈夫的对比同样也是用以说明项羽谋略的不足和见识之小，“无取天下之虑”。

本文开头先立论，然后层层论述。在论述时引用史实和典故作佐证，使论据更充分。中间两段设问的插入，不仅发人深思，而且使文章的开掘更深，逻辑更严密。“虎方捕鹿”“小丈夫藏金椟”的比喻，浅显生动，既有助于说理，又增添了文章的形象性。

明代茅坤说：“苏氏父子往往按事后成败立说，而非其至，然其文特雄，近《战国策》。”（《唐宋八大家文钞·苏文公文钞》卷七）就本文言，这一见解，是有一定道理的。

（沈惠乐）

高　祖

汉高祖挟数用术①，以制②一时之利害，不如陈平③；揣摩天下之势，举指摇目④以劫制⑤项羽⑥，不如张良⑦。微⑧此二人，则天下不归汉，而高帝乃木强⑨之人而止耳。然天下已定，后世子孙之计，陈平、张良智之所不及，则高帝常先为之规画处置，以中后世之所为，晓然⑩如目见其事而为之者。盖高帝之智，明于大而暗于小，至于此而后见也。

帝尝语吕后⑪曰：“周勃⑫厚重少文⑬，然安刘氏必勃也，可令为太尉。”方是时，刘氏既安矣，勃又将谁安⑭邪？故吾之意曰："高帝之以太尉属勃也，知有吕氏之祸也。"虽然，其不去[15]吕后，何也？势不可也。昔者武王[16]没[17]，成王[18]幼，而三监[19]叛。帝[20]意百岁后[21]，将相大臣及诸侯王有武庚禄父[22]者，而无有以制之也，独计以为家有主母[23]，而豪奴悍婢不敢与弱子[24]抗。吕后佐帝定天下，为大臣素所畏服，独此可以镇压其邪心，以待嗣子[25]之壮。故不去吕后者，为惠帝计也。

吕后既不可去，故削其党以损其权，使虽有变，而天下不摇。是故以樊哙[26]之功，一旦遂欲斩之而无疑[27]。呜呼！彼岂独于哙不仁耶？且哙与帝偕起，拔城陷阵，功不为少矣。方亚父嗾[28]项庄时，微哙诮让[29]羽，则汉之为汉，未可知也。一旦人有恶哙欲灭戚氏者，时哙出伐燕，立命平、勃即斩之。夫哙之罪未形也，恶之者诚伪未必也[30]，且高帝之不以一女子斩天下之功臣，亦明矣。彼其娶于吕氏，吕氏之族若产、禄[31]辈，皆庸才不足恤，独哙豪健，诸将所不能制，后世之患，无大于此矣。夫高帝之视吕后也，犹医者之视堇[32]也，使其毒可以治病，而无至于杀人而已矣。樊哙死，则吕氏之毒将不至于杀人，高帝以为是足以死而无忧矣。彼平、勃者，遗其忧[33]者也。哙之死于惠之六年[34]也，天也。使其尚在，则吕禄不可绐，太尉不得入北军矣[35]。

或谓哙于帝最亲，使之尚在，未必与产、禄叛。夫韩信[36]、黥布[37]、卢绾[38]，皆南面称孤[39]，而绾又最为亲幸，然及高祖之未崩也，皆相继以逆诛。谁谓百岁之后，椎埋屠狗之人[40]，见其亲戚乘势为帝王，而不欣然从之邪？吾故曰彼平、勃者，遗其忧者也。

〔注〕 ① 挟数用术：随机应变，运用权术。 ② 制：控制。 ③ 陈平：汉初阳武(今河南原阳)人。少时家贫，好黄老之术。曾在项羽手下任都尉。不久归从刘邦，任护军中尉。楚汉战争中，建议用反间计，离间项羽、范增，以爵位笼络韩信，均为刘邦所采纳。刘邦被匈奴围于平城(今山西大同)，陈平出秘计，使之脱险。汉朝建立后，封曲逆侯，历任惠帝、吕后、文帝时丞相。吕后死，他和周勃等人一起诛诸吕，立文帝。 ④ 举指摇目：指点观察，意谓出谋划策，部署战略。 ⑤ 劫制：强使慑服。 ⑥ 项羽：名籍，下相(今江苏宿迁)人，楚贵族出身。参见前文《项籍》注①。 ⑦ 张良：汉初大臣，字子房，父、祖为韩王之相。秦灭韩后，他图谋恢复韩

国,曾结交刺客在博浪沙(今河南原阳)狙击秦始皇。公元前208年,聚众归从刘邦,为其重要谋士。屡出奇谋妙策,被刘邦赞为“运筹帷幄之中,决胜千里之外”。汉朝建立,封为留侯。⑧ 微:无,不是。 ⑨ 木强(jiàng):性格质直刚强。 ⑩ 晓然:清楚明白的样子。 ⑪ 吕后:汉高祖皇后,名雉,字娥姁(xǔ)。曾佐刘邦定天下。汉初,又助刘邦诛杀韩信、彭越等诸侯王。刘邦死后,其子刘盈(惠帝)即位,她掌握实权,杀害戚夫人及其子赵王如意。刘盈死,立少帝,她临朝称制。未久杀少帝,立常山王刘义为帝。继而剥夺太尉周勃之兵权,罢免右丞相王陵,背刘邦“非刘氏而王,天下共击之”的约定,分封诸吕亲族为王侯,控制南北军,酿成了后来的诸吕作乱。 ⑫ 周勃:汉初大臣,与刘邦同乡。少时织薄曲(蚕具)为生,后从刘邦起义,以军功为将军,封绛侯。惠帝时任太尉(全国最高军事长官),但军权仍为诸吕所控制。吕后死后,诸吕阴谋篡汉,他与陈平定计,入北军号召将士拥护刘氏,诛杀诸吕,迎立刘恒为帝(即汉文帝),勃任右丞相。 ⑬ 厚重少文:敦厚稳重但缺少文才,在文化素养方面不够。 ⑭ 谁安:即“安谁”。疑问句宾语提前。 ⑮ 去:除,除掉。 ⑯ 武王:周武王姬发,西周的建立者。⑰ 没:通“殁”,死亡。 ⑱ 成王:姬诵,武王之子。 ⑲ 三监:武王伐纣灭商后,封纣的儿子武庚作诸侯,分商地为三部分,命令自己的兄弟管叔、蔡叔、霍叔各据一部,监视武庚,称为“三监”。后叛变,被周公废黜。 ⑳ 帝:指汉高祖刘邦。 ㉑ 百岁后:“死”的婉辞。 ㉒ 禄父:武庚的字。武庚后来联合奄国(今山东曲阜一带)、蒲姑(今山东博兴东南)等起兵反周。周公率兵东征,征服了这次叛乱。 ㉓ 主母:指吕后。 ㉔ 弱子:指惠帝刘盈。 ㉕ 嗣子:继承王位的儿子。指惠帝刘盈。 ㉖ 樊哙:刘邦的同乡和连襟。少以屠狗为业,后随刘邦起兵,为其部将。汉朝建立后任左丞相,封舞阳侯。 ㉗“一旦”句:据《史记·樊哙列传》载,卢绾谋反,刘邦命令樊哙以相国的身份击燕。这时刘邦已病重。有人憎恨樊哙与吕后结党,就乘机对刘邦说,假如皇上一旦去世,樊哙将诛灭戚夫人一族及赵王如意。刘邦听了大怒,就命令陈平和周勃到军中诛杀樊哙。但由于陈平惧怕吕后,把樊哙执回长安。这时刘邦已死,吕后就放了樊哙,并恢复了他的爵禄。这句话的意思是:一旦当高祖想要杀他也就毫不迟疑。 ㉘ 嗾(sǒu):教唆,指使。 ㉙ 诮(qiào)让:谴责。 ㉚“恶(wù)之者”句:这句意思是说厌恶樊哙而密告的人实际上是假定他可能的罪行,樊哙不一定真会那样做。 ㉛ 产、禄:吕后的侄子吕产、吕禄。他们在吕后死后率领诸吕谋反,被周勃等诛杀。 ㉜ 堇(jǐn):即中药“乌头”,性味辛、温,有大毒。适量入药,有祛风湿、温经止痛的功效,过量不当则令人中毒休克。 ㉝ 遗其忧:指陈平、周勃未杀樊哙而留下了忧患。 ㉞ 惠之六年:汉惠帝刘盈六年,即公元前189年。㉟“则吕禄”二句:据《史记·吕太后本纪》载,吕后死后,吕禄、吕产欲发乱关中,周勃已被剥夺军权。曲周侯郦商的儿子郦寄与吕禄交好。周勃就与陈平谋,派人胁迫郦商,令其子郦寄诱使吕禄交出兵权。吕禄认为郦寄不会欺骗自己,就解下将印,周勃得以带兵入军门,率领北军安刘诛吕。绐(dài),欺骗。 ㊱ 韩信:淮阴(今江苏淮阴)人。初属项羽,未被重用。继归刘邦,拜为大将军。刘邦采其策,攻占关中。楚汉相持于荥阳、成皋间,韩信率军击魏破代,又以数千人背水为阵,大破赵军二十万,斩其主将陈馀,继而下燕取齐,刘邦被迫封他为齐王。公元前202年,率军与刘邦会合,击灭项羽于垓下。西汉建立,改封楚王,后有人告他谋反,降为淮阴侯。又被指控与陈豨勾结谋反,为吕后所杀。 ㊲ 黥布:六县(今安徽六安北)人,原名英布,因犯法受黥刑(面上刺字),所以又称“黥布”。初率骊山刑徒起义,随项羽,被封为九江王。后降汉,封淮南王。因见彭越、韩信相继被刘邦所杀,举兵谋反。战败逃江南,被长沙王(吴芮之子吴臣)诱杀。 ㊳ 卢绾:初随刘邦起义于沛,汉朝建立后,被封为燕王。陈豨叛乱,他派人前往联合,并与匈奴贵族勾结。事败,逃亡匈奴,匈奴单于封他为东胡卢王。死于匈奴。 ㊴ 南面称孤：居于王位。南面，古代以面向南为尊位，帝王的座位面向南，故称居帝位为“南面”。称孤，即称王，称帝。孤，古代帝王的自称。 ㊵ 椎埋屠狗之人：指出身微贱的人。椎埋，椎杀人而埋尸，一说指“盗墓”。屠狗，樊哙曾以屠狗为业。

本文是《权书》的第十篇。高祖，指西汉王朝的建立者刘邦，字季，公元前202—前195年在位。他出身微贱，家中排行第三，从小“不事家人生产作业。及壮，试为吏，为泗水亭长，廷中吏无所不狎侮。好酒及色”（《史记·高祖本纪》）。就是这样一个无赖，却抓住了秦末群雄并起的有利时机，乘势而起，又凭借了张良、陈平、萧何、曹参、韩信等人的辅佐，最终登上了皇帝的宝座，开创了西汉二百三十年历史的基业。在挫败项羽、建立王朝的过程中，他善用权谋，惯施机诈，屡次化险为夷，转败为胜，终于逼得项羽乌江自刎。关于刘邦在取天下过程中的智和诈，可以说在前人的史论中已备述详尽，而本文另辟蹊径，另立视角，从定天下后安子孙这点出发，论述刘邦过人的智慧和谋略。

文章的第一段提出中心论点：“天下已定，后世子孙之计，陈平、张良智之所不及，则高帝常先为之规画处置，以中后世之所为”，认为在定天下后安子孙，以及对以后将会发生的事的预见方面，高祖的智谋要大大超过陈平、张良他们，而且“高祖之智，明于大而暗于小”。下面的文字就紧紧围绕这一论点展开。对刘氏政权最大的威胁来自吕后，因为“佐高祖定天下，所诛大臣多吕后力”（《史记·吕太后本纪》），还有一批后党：“长兄周吕侯死事，封其子吕台为郦侯，子产为交侯；次兄吕释之为建成侯”，左丞相、舞阳侯樊哙是吕后的妹夫。高祖担心自己死后诸吕会篡汉，因此采取了一系列防微杜渐的措施来根除这后患。

文章的第二段写刘邦对付吕后的谋略。用周勃为太尉（全国最高军事长官）来安刘，暂不去除吕后，因为刘邦深知太子刘盈虽是吕后的亲生子，但性格仁弱，不像其母，日后为帝，尚需吕后扶持，就如当年周武王死后成王年幼，而管叔、蔡叔、霍叔三监乘机叛乱，导致武庚造反，需周公保驾成王一样，“故不去吕后者，为惠帝计也”，要以吕后来镇压大臣的邪心，“以待嗣子之壮”。惠帝刘盈在位仅七年，死时只有二十三岁。以后吕后临朝称制，分封娘家诸吕亲属为王侯，控制了南北军。在吕后死后，诸吕阴谋篡汉，幸亏掌握军权的周勃与陈平定计，入北军号召将士拥护刘氏，诛杀诸吕，迎立刘恒（即汉文帝）为帝，才安定了刘氏天下。这是一写“高祖之智”。

第三段写刘邦削弱后党的谋略。在吕后暂不能去除的情况下要减弱她以及她娘家亲戚即后党的权力，要“使虽有变，而天下不摇”，那就必须对后党中最强有力的樊哙开刀。尽管在鸿门宴上，当范增嗾使“项庄舞剑，意在沛公”时，樊哙闯帐责怪项羽，并以死护驾才使刘邦得以脱身。可是当有人说刘邦死后樊哙将诛灭戚夫人一族及赵王如意时，刘邦就授意陈平和周勃去斩杀樊哙，因为樊哙虽有功，但后党中其他人“皆庸才不足恤，独哙豪健，诸将所不能制，后世之患，无大于此矣”。这是二写“高祖之智”。接着作者再翻进一层，用了一个比喻：“夫高帝之视吕后也，犹医者之视堇也”，刘邦将吕后当作一味毒药“堇”(乌头)，利用她来以毒攻毒，治疗疾病，而不至于毒死人。樊哙一死，吕氏之毒就更不至于毒死人了，刘邦也可死而无忧了。

最后一段承上补充申述应杀樊哙的理由：为安子孙计必须这样做，推断樊哙若不是死于惠帝六年的话，他会跟着吕禄等一起叛乱的。作者以韩信、黥布、卢绾南面称王的例子，对“哙于帝最亲”未必会叛的说法予以反驳。韩、黥原本都是项羽手下的人，同樊哙的情况有所不同，而卢绾像樊哙一样也是随同刘邦起兵反秦的，汉朝建立后被封为燕王。但陈豨叛乱时，他派人前往联合，并与匈奴贵族勾结，事败，逃亡匈奴，最后死在匈奴。韩、黥、卢的叛变都发生在刘邦还在世的时候，他们的事例是对樊哙不会叛变一说的有力驳斥。而当年陈平、周勃却放过了樊哙，不由得作者再次发出“彼平、勃者，遗其忧也”的感叹，这是三写“高祖之智”。文章至此有力地回应了头段所述“后世子孙之计，陈平、张良智之所不及”。

综上所述，本文在围绕中心论点展开论述时，论证严密，层层深入，处处设防。以周勃安刘、掣肘吕后，和令陈平、周勃斩杀樊哙，剪除后世之患的两个例证，以吕后为堇的比喻以及对有人对刘邦的责难(一是刘邦对樊哙不仁，二是樊哙未必会叛)的驳斥，都使人对高祖之智无可置疑。而在突出高祖之智时，文章又用了以宾衬主的手法。先是说：“汉高祖挟数用术……不如陈平；揣摩天下之势……不如张良。”这是欲扬先抑，随即用一个“然”字进行转折，“然天下已定，后世子孙之计，陈平、张良智之所不及”，指出陈平、张良之智不如高祖。接着再用周勃来衬托高祖。高祖预知吕氏之祸，故令周勃为太尉以安刘氏，然而陈平、周勃却因惧怕吕后，在樊哙出伐燕时，没有遵照高祖的命令杀死樊哙。要是樊哙不早死，那么诸吕叛变时樊哙必成大患，周勃也就无从安刘，可见周勃也不如高祖。文章论述高祖之智有理有据，言之凿凿，实为一篇千古名论。　　(沈惠乐)

御　将①

人君御臣，相易而将难。将有二，有贤将②，有才将③，而御才将尤难。御相以礼，御将以术④。御贤将之术以信，御才将之术以智。不以礼，不以信，是不为[5]也。不以术，不以智，是不能[6]也。故曰御将难，而御才将尤难。

六畜[7]，其初皆兽也，彼虎豹能搏能噬[8]，而马亦能蹄，牛亦能触。先王知能搏能噬者，不可以人力制，故杀之。杀之不能，驱之而后已。蹄者可驭以羁绁[9]，触者可拘以楅衡[10]，故先王不忍弃其才而废天下之用。如曰是能蹄，是能触，当与虎豹并杀而同驱，则是天下无骐骥[11]，终无以服乘[12]邪？

先王之选才也，自非大奸剧恶如虎豹，不可以变其搏噬者，未有不欲制之以术，而全其才以适于用。况为将者，又不可责以廉隅细谨[13]，顾其才何如耳。汉之卫[14]、霍[15]、赵充国[16]，唐之李靖[17]、李勣[18]，贤将也。汉之韩信[19]、黥布[20]、彭越[21]，唐之薛万彻[22]、侯君集[23]、盛彦师[24]，才将也。贤将既不多有，得才者而任之可也。苟又曰是难御，则是不肖者而后可也[25]。结以重恩，示以赤心，美田宅，丰饮馔[26]，歌童舞女，以极其口腹耳目之欲，而折之以威，此先王之所以御才将也。

近之论者，或曰将之所以毕智竭虑，犯霜露、蹈白刃而不辞者，冀赏耳，为国家者，不如勿先赏，以邀[27]其成功。或曰赏所以使人，不先赏，人不为我用。是皆一隅之说[28]，非通论[29]也。将之才固有小大，杰然于庸将之中者，才小者也；杰然[30]于才将之中者，才大者也。才小志亦小，才大志亦大，人君当观其才之大小，而为之制御之术，以称其志。一隅之说，不可用也。

夫养骐骥者，丰其刍粒[31]，洁其羁络[32]，居之新闲[33]，浴之清泉，而后责之千里。彼骐骥者，其志常在千里也，夫岂以一饱而废其志哉？至于养鹰则不然[34]。获一雉，饲以一雀；获一兔，饲以一鼠。彼知不尽力于击搏，则其势无所得食，故然后为我用。才大者，骐骥也，不先赏之，是养骐骥者饥之而责其千里，不可得也。才小者，鹰也，先赏之，是养鹰者饱之而求其击搏，亦不可得也。是故先赏之说，可施之才大者，不先赏之说，可施之才小者，兼而用之，可也。

昔者汉高祖一见韩信而授以上将，解衣衣之，推食哺之[35]；一见黥布而以为淮南王，供具饮食如王者[36]；一见彭越而以为相国[37]。当是时，三人者未有功于汉也。厥后追项籍[38]垓下[39]，与信、越期而不至[40]，捐数千里之地以畀之[41]，如弃敝屣[42]。项氏未灭，天下未定，而三人者已极富贵矣。何则？高帝知三人者之志大，不极于富贵则不为我用。虽极于富贵而不灭项氏，不定天下，则其志不已也。至于樊哙[43]、滕公[44]、灌婴[45]之徒则不然，拔一城，陷一阵，而后增数级之爵，否则终岁不迁也。项氏已灭，天下已定，樊哙、滕公、灌婴之徒，计百战之功，而后爵之通侯[46]。夫岂高帝至此而啬[47]哉？知其才小而志小，虽不先赏不怨，而先赏之则彼将泰然自满，而不复以立功为事故也。

噫！方韩信之立于齐，蒯通、武涉之说未去也。当此之时而夺之王，汉其殆哉！夫人岂不欲三分天下而自立者，而彼则曰："汉王不夺我齐也。"[48]故齐不捐[49]，则韩信不怀[50]，韩信不怀，则天下非汉之有。呜呼！高帝可谓知大计矣。

〔注〕 ① 御将：为《衡论》十篇之一。《衡论》为权衡国家得失之书。苏洵《衡论叙》有"始吾作《权书》"，"于是又作《衡论》"语，可知《衡论》作于《权书》后不久。《权书》多论兵，《衡论》多议政，乃姊妹篇，均作于至和二年(1055)前。 ② 贤将：指贤良有德之将。 ③ 才将：指才能杰出之将。 ④ 术：方法，策略。 ⑤ 是不为：指有意不去做。 ⑥ 是不能：指做不到。《孟子·梁惠王上》："挟太(泰)山以超北海，语人曰：'我不能。'是诚不能也。为长者折枝，语人曰：'我不能。'是不为也，非不能也。" ⑦ 六畜：牛、猪、羊、马、鸡、狗六种家畜。 ⑧ 噬(shì)：咬。⑨ 羁绁(xiè)：络系犬马的用具。绁，也作"紲"，绳索。 ⑩ 楅(fú)衡：缚在牛角上以防触人的横木。一说楅设于角，衡设于鼻。 ⑪ 骐骥：良马名。 ⑫ 服乘：车马。古代一车驾四马，居中二马称服。乘，车辆。 ⑬ 廉隅细谨：指人言行端方，谨小慎微。廉隅，棱角，比喻人的品行端方不苟。 ⑭ 卫：卫青，字仲卿，河东平阳(今山西临汾西南)人，曾七次击败匈奴，捕斩虏首五万余级。以军功至大将军，封长平侯。 ⑮ 霍：霍去病，河东平阳人，曾六次出击匈奴，捕斩虏首十一万余级。 ⑯ 赵充国：字翁孙，陇西上邽(今甘肃天水西南)人，后徙金城令居。武帝、昭帝时出击匈奴，勇敢善战，拜中郎将，擢为后将军。 ⑰ 李靖：本名药师，京北三原(今属陕西)人。太宗时历任兵部尚书、尚书右仆射，先后击败东突厥、吐谷浑，封卫国公。 ⑱ 李勣(jì)：字懋功，本姓徐，名世勣，曹州离狐(今山东东明东南)人。参加瓦岗军，后降唐，赐姓李，名勣。从李世民平窦建德等。后与李靖出击东突厥，因功封英国公。高宗时官至司空。 ⑲ 韩信：汉初诸侯王。淮阴(今江苏清江西南)人，初属项羽，后归刘邦，助刘定齐地，被封为齐王。与刘邦会师灭项羽于垓下，汉朝建立，致封楚王。后被告谋反，被吕后所杀。 ⑳ 黥布：又称

莫布。汉初诸侯王。六县(今安徽六安东北)人。秦末率骊山刑徒起义,属项羽,封九江王。楚汉之争,归汉,封淮安王,从刘邦击灭项羽于垓下。 ㉑ 彭越:汉初诸侯王。字仲,昌邑(今山东金乡县西北)人。秦末聚众起义。楚汉之争时,将兵三万余归刘邦,屡绝项羽粮道。后从刘邦灭项羽于垓下。 ㉒ 薛万彻:唐汾阴(今山西荣河北)人,一说本敦煌人,后徙咸阳。归唐高祖,屡立战功。从李靖讨突厥,以功授统军,进爵郡公。尚丹阳公主,拜驸马都尉,后因谋反被诛。 ㉓ 侯君集:唐三水(今陕西旬邑)人。从唐太宗征伐有功,以功进封潞国公,历任右卫大将军、兵部尚书、交河道行军大总管。因太子事被杀。 ㉔ 盛彦师:唐虞城(今河南虞城西南)人。以功封葛国公,拜武卫将军。后以罪诛。 ㉕"则是"句:那么承认他们是不贤之人,然后便可以制御了。 ㉖ 饮馔(zhuàn):饮料食品。 ㉗ 邀:通"要"(yāo),求,迫使。 ㉘ 一隅之说:一种片面的见解。 ㉙ 通论:通达之论。 ㉚ 杰然:突出不凡貌。 ㉛ 刍粒:草料。 ㉜ 羁络:马络头。 ㉝ 闲:马厩。 ㉞"至于"句:《后汉书·刘焉袁术吕布列传》:陈登见曹操后对吕布曰:"登见曹公,言养将军譬如养虎,当饱其肉,不饱则将噬人。公曰:'不如御言。譬如养鹰,饥即为用,绝则飏去。'" ㉟"昔者"三句:《史记·淮阴侯列传》:韩信对项羽派来的使者曰:"汉王授我上将军印,予我数万众,解衣衣我,推食食我,言听计用,故吾得以至此也。"解衣衣之,脱下自己身上的衣服给他穿。推食哺之,推让自己的美食给他吃。 ㊱ 供具饮食如王者:供给(黥布的)用具及吃的喝的均像做王一样。 ㊲"一见彭越"句:此指彭越助汉王攻楚,刘邦拜彭越为魏相国。 ㊳ 项籍:即项羽,名籍,下相(今江苏宿迁西南)人。楚国贵族出身,在巨鹿之战中摧毁秦军主力。秦亡后,自立为西楚霸王。楚汉之争时,被刘邦击败,自刎乌江。 ㊴ 垓下:今安徽灵璧县南陀河北岸。 ㊵ 期而不至:汉五年(前202),汉王追项王至阳夏南,与韩信、彭越相约同击楚军。至固陵,而韩信与彭越之军并未如期赴约。 ㊶ 捐数千里之地以畀之:指刘邦舍弃几千里的地方给他们。畀(bì),给予。 ㊷ 敝屣(xǐ):破鞋,喻废物。 ㊸ 樊哙(kuài):汉初将领。沛县(今属江苏)人。少以屠狗为业。初随刘邦起事,为其部将,以军功封贤成君。汉初,随刘邦击破陈豨、臧荼与韩王信的叛乱,任左丞相,封舞阳侯。 ㊹ 滕公:即夏侯婴,沛人,随刘邦起兵,屡立战功,封汝阴侯。吕后死,与陈平等共立文帝。曾任滕令,楚人称令为公,故称滕公。 ㊺ 灌婴:睢阳(今河南商丘)人。秦末随刘邦转战各地,攻杀项羽。刘邦称帝,任车骑将军,封颍阴侯。后与陈平等平定吕氏叛乱,迎立太子,任太尉、丞相。 ㊻ 通侯:即彻侯。汉袭秦制,因避武帝讳,改为通侯。通侯无封地。 ㊼ 啬:吝惜。 ㊽"方韩信之立于齐"以下七句:据《史记·淮阴侯列传》,刘邦立韩信为齐王,项羽恐,使武涉往说韩信反汉独立为王,三分天下。齐人蒯通亦劝韩信背汉自立称王,三分天下,鼎足而居。韩信皆不听。蒯通,即蒯彻,范阳(今河北定兴北)人。武涉,盱眙(今属安徽)人。 ㊾ 故齐不捐:意谓汉王刘邦不舍弃齐地用以封韩信为齐王。 ㊿ 韩信不怀:韩信也不会归附汉王。怀,归向。

本文是《衡论》十篇中的第二篇,论述驾御将领的道理与方法。宋王朝鉴于晚唐五代藩镇割据的教训,不敢信用武将,本文详尽地论述了御贤将和御才将,御大才和御小才的不同之术,强调要敢于信用才将,具有现实性。

文章内容可分三部分。

第一部分(第一段)提出全文中心论点:"御将难,而御才将尤难。"绕领全篇。文章论道国君驾驭大臣,御宰相易,御将领难。因为御宰相靠"礼",御将领靠方法、策略。而将领又可分为贤将与才将，御贤将的方法是以“信”，御才将的方法是以“智”。不用“礼”与“信”，是主观上不愿为；不用方法、策略、智慧是因为难，不能做到。此段采取层层引起法，以“相”引出“将来”，然后又从“将”中引出“贤将”“才将”。重点放在“御才将”上。

第二部分(第二、三段)论述选御才将的标准、原则——“制之以术，而全其才以适于用”。第二自然段以比喻论证的方法，将自然界中的虎豹与牛马等六畜作比，言虎豹不能以人力制之，故杀之、驱之；牛马可驭可拘，故可留而用之。从而论证选将的标准与原则。第三自然段则从正面入手进行论证。先从先王选才谈起，除了大奸剧恶如虎豹者不用外，凡有才者均可用，而且不能求全责备。然后引用史实进行论证，分别举出汉、唐时期的贤将、才将，言贤将不多有，才将(指有卓越军事才能者)虽难驾驭，但不可舍弃不用。如何驾御才将？既要“结以重恩，示以赤心”，又要给以美好的田宅，丰富的饮食，歌童舞女等物质享受，“以极其口腹耳目之欲”，“而折之以威”，也就是驾御才将要恩威并施，要制之以术，全其才，适其用。此处与第一段的“御才将之术以智”相呼应，使行文严谨周密。

第三部分(第四至七段)论述御才将的具体办法，将才将分为才大、才小，御大才与御小才的方法不同。

第四自然段宕开一笔，提出两种不同的封赏意见，将议论引向深入。一种认为将领们出生入死，奋而不辞，就是希望得到封赏；国家不先封赏，以促使他们不断立新功；一种认为，不先封赏人不为我用，故应先赏。作者认为这两者都是一隅之见，提出了新的论点：将之才有大有小，才大志大，才小志小；君主应视将之才大小，采用可先可后的封赏办法，从而使才将实现不同的志向。此段采用对比论证的方法，引出正确的论点。

第五自然段又以比喻论证进一步阐述对将之才大小不同者，采用不同封赏办法。以骐骥喻将才之大者，以隼鹰喻将才之小者。骐骥有千里之志，先赏，才能责其千里；隼鹰志短，先赏则绝，欲求其击搏，就不可能了，故要后赏。

第六自然段以史实为例，进一步论证为何御才将之大小不同者。此段举汉之韩信、黥布、彭越是才将之大者，汉高祖如何“结以重恩，示以赤心”，先封王授赏，给予千里之地，使他们三人帮助汉高祖打败项羽于垓下，完成统一大业，以说明将之才大志大，先封赏的必要性。后又举汉之樊哙、夏侯婴、灌婴三人是才之小志之小者为例，说明后赏才能使他们不断立新功的道理。

最后一段，更以韩信在蒯通、武涉游说之下，虽军力雄厚，终不叛汉，从而使汉一统天下为例，说明汉高祖有御将之大计。很好地完成了对“御将难，御才将尤难”中心论点的论证。

本篇结构严谨,层层引起,层层深入。第一部分提出中心论点:御将难,而御才将尤难。先从“相”引出“将”来,再从“将”引出“贤准”“才将”,而侧重“才将”,此为层层引起。然后层层深入地论述如何御才将:先将才将分为才大、才小,再论述才大志大,才小志小,所御之术不同。如此完成全文主旨。沈德潜云:“从贤将引出才将,于才将中分出才大、才小两项,后引高祖为御才大者之证。正喻相生,反复曲畅。此亦纵横家之术也。”(《唐宋八家古文读本》卷十七)

该文论证方法多样,形象有力。论证时既有道理,又有比喻;既有正面对照,又有反面对比;既有引言,又有史实。比如第一段中的“人君御臣,相易而将难。将有二,有贤将,有才将,而御才将尤难。御相以礼,御将以术。御贤将之术以信,御才将之术以智”是正面的道理论证。“不以礼,不以信,是不为也。不以术,不以智,是不能也”则是从反面入手进行道理论证。在第二段、第五段中,以虎豹比喻大奸剧恶,以牛马比喻贤将与才将,论证“制之以术,而全其才以适于用”。以骐骥之千里之志喻将之才大志大者,以隼鹰志短喻才将中才小志小者,来论证求赏之术,形象有力。在第四段中举出先赏后赏两种不同观点加以对比,然后文章提出才大志大者先赏,才小志小者后赏的观点,又一次进行对比论证,如此使论点鲜明突出,曲畅有力。在第三段所引汉唐之贤将、才将,既是对比的,又是史实论证。第六段所引韩信、黥布、彭越、樊哙、滕公、灌婴等历史人物,既以对比论证才大志大、才小志小,又是史实论证,加强了论点的说服力。第七段更以韩信所言“汉王不夺我齐也”的言辞论证了高祖用将之大计,从而有力地结束了全文“御将”之主旨。

欧阳修评苏洵曰:“辞辩闳伟,博于古而宜于今,实有用之言,非特能文之士也。”(《荐布衣苏洵状》)这在此文中得到了有力的印证。　(赵慧文)

任 相

古之善观人之国者,观其相何如人而已[①]。议者常曰“将与相均[②]”,将特一大有司耳,非相侔也[③]。国有征伐,而后将权重。有征伐无征伐,相皆不可一日轻。相贤邪,则群有司[④]皆贤,而将亦贤矣。将贤邪,相虽不贤,将不可易也。故曰将特一大有司耳,非相侔也。

任相之道,与任将不同。为将者大概多才,而或顽钝无耻[5]，非皆节廉好礼[6]不可犯者也。故不必优以礼貌，而其有不羁不法之事，则亦不可以常法御[7]。何则？豪纵不趋约束者，亦将之常态也。武帝视大将军，往往踞厕[8]，而李广利破大宛侵杀士卒之罪，则寝而不问[9]，此任将之道也。若夫相，必节廉好礼者为也，又非豪纵不趋约束者为也，故接之以礼而重责之[10]。

古者相见于天子，天子为之离席起立，在道为之下舆，有病亲问，不幸而死亲吊，待之如此其厚[11]。然其有罪，亦不私[12]也。天地大变，天下大过，而相以不起闻矣[13]。相不胜任，策书至而布衣出府免矣。相有他失，而栈车牝马归以思过矣[14]。夫接之以礼，然后可以重其责而使无怨言。责之重，然后接之以礼而不为过。礼薄而责重，彼将曰主上遇我以何礼，而重我以此责也甚矣。责轻而礼重，彼将遂弛然不肯自饬[15]。故礼以维[16]其心，而重责以勉[17]其怠，而后为相者，莫不尽忠于朝廷，而不恤[18]其私。

吾观贾谊[19]书，至所谓"长太息"者[20]，常反复读不能已。以为谊生文帝时，文帝遇将相大臣不为无礼，独周勃一下狱，谊遂发此[21]。使谊生于近世，见其所以遇宰相者，则当复何如也？

夫汤、武[22]之德，三尺竖子[23]皆知。其为圣人，而犹有伊尹、太公[24]者为师友焉。伊尹、太公非贤于汤、武也，而二圣人者特不顾以师友之，以明有尊也。噫！近世之君，姑勿责[25]于此，天子御坐，见宰相而起者，有之乎？无矣。在舆而下者，有之乎？亦无矣。天子坐殿上，宰相与百官趋走[26]于下，掌仪之官名而呼之，若郡守召胥吏耳[27]。虽臣子为此亦不过，而尊尊贵贵之道，不若是亵[28]也。

夫既不能接之以礼，则其罪之也，吾法将亦不得用。何者？不果于用礼，而果[29]于用刑，则其心不服。故法曰有某罪而加之于某刑，及其免相也，既曰有某罪而刑不加焉，不过削之以官而出之大藩镇[30]，此其弊皆始于不为之礼。贾谊曰："中罪而自弛，大罪而自裁。"[31]夫人不我诛，而安忍弃其身，此必有大愧于其君。故人君者必有以愧其臣[32]，故其臣有所不为。武帝尝以不冠见平津侯[33]。故当天下多事，朝廷忧惧之际，使石庆[34]得容于其间而无怪焉。然则必其待之如礼，而后可以责之如法也。

且吾闻之，待以礼而彼不自效[35]以报其上，重其责而彼不自勉以全其身，安其禄位，成其功名者，天下无有也。彼人主傲然于上，不礼宰相以自尊大者，孰若使宰相自效以报其上之为利[36]？宰相利其君之不责而丰其私者，孰若自勉以全其身，安其禄位，成其功名之为福[37]？吾又未见去利而就害、远福而求祸者也。

〔注〕①"观其"句：观察这个国家的宰相是什么样的人就可以了。相，此指宰相。②将与相均：将与相地位同等重要。将，将军，此指掌握兵权的最高军事统帅。③"将特"二句：将只不过是一个大的主管官员而已，不能与相相等。有司，古代设官分职，各有专司，因称主管官员为有司。侔(móu)，相等。④群有司：百官。⑤顽钝无耻：愚昧迟钝，不知羞耻。⑥节廉好礼：严正不贪而又爱好礼节。⑦御：驾驭、控制。⑧"武帝"二句：谓汉武帝对大将军卫青不接之以礼。《史记·汲郑列传》："大将军青侍中，上踞厕而视之。"踞厕，裴骃集解引如淳曰："厕音侧，谓床边，踞床视之。一云溷厕也。"各本多取后一种解释：蹲在厕所里。⑨"而李广利"三句：《汉书·张骞李广利传》载，汉武帝太初元年(前104)，命广利伐大宛取善马，发属国六千骑及郡国恶少年数万以往，经营四年，多次增兵，始得善马数十匹，中马以下三千余匹归。由于将吏贪，不爱士卒，侵牟之，以此物故者众。有人揭发其罪，武帝有意回护，不录其过，还封他为海西侯，食邑八千户。李广利，西汉中山(今河北定州市)人，汉武帝宠姬李氏之族人，武帝以李广利为贰师将军伐宛，破大宛国；后又出击匈奴，兵败投降，不久为匈奴贵族所杀。寝，止息。⑩"故接之"句：所以要以礼仪接待他并且要他担负起重要责任，对他严格要求。⑪"古者"六句：《太平御览》卷二〇四引《汉仪制》曰："朝臣见二公皆拜；天子御坐，即起：在舆，为下。"又曰："丞相有病，皇帝法驾亲至问疾。薨，即移于第中，赐棺，赙葬地。葬日，公卿以下会送。"离席起立，即避席，古人席地而坐，离席起立，以示敬意。舆，此指皇帝乘坐的车辇。⑫私：偏私，不公道。⑬"天地大变"三句：意谓天地有大变化，天下有大过失，宰相却以卧病不愈报告皇上，以推卸责任。《太平御览》卷二〇四引《汉书》曰："有天地大变，天下大过，皇帝使侍中持节，乘四白马，赐上尊酒十斛，牛一头，策告殃咎。使者去半道，丞相追，上病。使者还，未白事，尚书以丞相不起病闻。"天地大变，天下大过，指发生地震、日蚀、瘟疫等异常现象，古人认为这是为政者有人过失，老天爷示警，要追究宰相的罪过。不起，卧病不愈。闻，听见，这里特指报告上级，使上级听见。⑭"相不胜任"四句：《太平御览》卷二〇四引《汉书》曰："若丞相不胜任，使者策书，驾驷马，即时布衣步出府，免为庶人。若丞相有他

过，使者奉策书，骓駠马，即时步出府，乘栈车牝马，归田里思过。"策书至而布衣出府，皇帝的命令一到立即穿上布衣，贬为普通百姓离开相府。策书，指古代书写帝王任免官员等命令的简策。栈车牝(pìn)马，陋车劣马。牝马，雌马，此指劣马。 ⑮ 弛然不肯自饬(chì)：松弛懈怠，不肯自行整肃、儆戒。 ⑯ 维：维系，连结。 ⑰ 勉：鼓励，使人努力。 ⑱ 恤：顾念，顾及。 ⑲ 贾谊：西汉政论家、文学家。洛阳(今属河南)人。以能诵读诗书、善文章，十八岁被推荐给汉文帝，任为博士，不久迁太中大夫，后因受权臣排挤贬为长沙太傅。 ⑳ 至所谓"长太息"者：贾谊著名的政论文《陈政事疏》开头有"臣窃惟事势，可为痛哭者一，可为流涕者二，可为长太息者六"之句。 ㉑"独周勃"二句：《汉书·贾谊传》载："是时(文帝二年)丞相绛侯周勃免就国，人有上告勃谋反，逮系长安狱治。卒亡事，复爵邑，故贾谊以此议(《陈政事疏》)讥上。"周勃，汉初大臣，沛县(今属江苏)人。秦末从刘邦起义，以军功为将军，封绛侯。吕后时任太尉，吕后死，与陈平定计铲除诸吕，迎立文帝，任右丞相。 ㉒ 汤、武：汤，又称成汤、商汤，商朝的建立者。武，周武王姬姓，名发，西周王朝的建立者。 ㉓ 竖子：童仆。 ㉔ 伊尹、太公：伊尹，商初大臣，帮助汤攻灭夏桀。太公，即吕尚，姜姓，名望，字子牙。辅佐武王灭商有功，封于齐，有太公之称，俗称姜太公。 ㉕ 责：要求。 ㉖ 趋走：小步快走，表示恭敬。 ㉗"掌仪之官"二句：掌管仪式的官员直呼其名地呼叫他，就像郡守召唤自己属下的一名小吏。郡守，为一郡的长官，汉景帝时，改称太守。胥吏，旧时在官府中办理文书的小吏。 ㉘ 亵(xiè)：亵渎，轻慢。 ㉙ 果：终。 ㉚ 大藩镇：唐代藩镇指总领一方的军府，掌管所属数州甲兵、土地人民、财赋等大权。此处指大地方的长官。宋代朝臣有罪，出为地方长官。 ㉛"贾谊曰"三句：《汉书·贾谊传》中《陈政事疏》曰："(大臣有罪)上不执缚系引而行也。其有中罪者，闻命而自弛，上不使人颈戾而加也。其有大罪者，闻命则北面再拜，跪而自裁，上不使人捽抑而刑之也。"自弛，自废而死。自裁，自杀。 ㉜ 必有以愧其臣：必定要有使他的大臣感到惭愧的地方。 ㉝"武帝尝以"句：《史记·汲黯列传》："丞相弘燕见(在内廷见皇帝)，上或时不冠。"不冠，不戴帽子。平津侯，即公孙弘，汉武帝时大臣，元朔中为丞相，封平津侯。 ㉞ 石庆：汉武帝时大臣，"万石君"石奋之少子。元鼎五年(前112)升任丞相，封牧丘侯。《汉书·万石卫直周张传》云："是时汉方南诛南越，东击朝鲜，北逐匈奴，西伐大宛；中国多事……事不关决于庆，庆醇谨而已。在位九岁，无能有所匡言。"又云："庆为丞相，文深审谨，无他人略。" ㉟ 自效：这里指自愿贡献自己的力量和生命，努力报效皇帝。 ㊱"彼人主"三句：意谓那些高傲地高踞上位，不对宰相接之以礼而自以为尊大的皇帝，怎么比得上对宰相接之以礼，使他愿为自己尽忠报效的更为有利呢？孰若，何如，怎么比得上，表示反诘的语气。 ㊲"宰相"四句：意谓那些利用国君对自己没有严格要求而大谋私利的宰相，怎么比得上能自觉地勉励自己胜任职位来保全其身，安享其禄位，成其功名所带来的幸福呢？

本文为作者政论散文《衡论》十篇的第三篇，其前为《远虑》《御将》。苏洵论说文向来受人推崇，宋代"古文运动"的领袖、一代文宗欧阳修评价它"博辩宏伟""纵横上下，出入驰骤，必造深微而后止"(《故霸州文安县主簿苏君墓志铭》)。"博辩宏伟"是对苏洵论说文的总体评价，再恰当不过地概括了他这类文章"文辞雄奇坚劲，笔势浩荡，雄辩滔滔，结构大开大合，纵横捭阖"(王昊《苏洵传》186页)的特点。同时代并列入"唐宋散文八大家"的曾巩也评价其文："少或百字，多或千言，其指事析理，引物托喻，侈能尽之约，远能见之近，大能使之微，小能使之著，烦能不乱，肆能不流。其雄壮俊伟，若决江河而下也；其辉光明白，若引星辰而上也。”（《苏明允哀词》）这些都能帮助我们认识本文写作上的一些特色。

苏洵主张国君对待相与将要采用不同的心术、不同的手段，他不仅在本文提出“任相之道，与任将不同”，在此前的《御将》篇中也开宗明义地提出“御相以礼，御将以术”。他将论将称为“御将”，对将要驾御；论相称为“任相”，对宰相要任用。从标题可以看出他对相的敬重，对将的轻视，从中也可以看出宋代崇文抑武的基本国策在士人当中的影响。相作为百官之首，在任何一个朝代都是位显权重的，负有掌邦治，安社稷，均四海，济苍生的责任。对这样的股肱之臣，历代有识之士皆主张帝王应恃以为腹心，有司应以之为楷模，宜接之以礼而重责之。《汉书·贾谊传》载：文帝三年丞相绛侯周勃，人有上告勃谋反，逮系长安狱治，受到狱吏的欺慢。贾谊因此上《陈政事疏》对皇上进行讥讽。疏中再三强调对相要待之以礼，即使犯了过失有了罪也不应凌辱其人格，提出“夫尝已在贵宠之位，天子改容而礼貌之矣……今而有过，帝令废之可也，退之可也，赐之死可也，灭之可也；若夫束缚之，系绁之，输之司寇，编之徒官，司寇小吏詈骂而榜笞之，殆非所以令众庶见也……死而死耳，贱人安宜得如此顿辱之哉！”又曰：“（大臣有罪）上不执缚系引而行也。其有中罪者，闻命而自弛，上不使人颈戾而加也（苏林注：不戾其颈而亲加刀锯也）。其有大罪者，闻命则北面再拜，跪而自裁，上不使人捽抑（师古注：捽，持头发也。抑，谓按之也。）而刑之也。”并指出其效果：“遇之有礼，故群臣自憙；婴以廉耻，故人矜节行。上设廉耻礼义以遇其臣，而臣不以节行报其上者，则非人类也。故化成俗定，则为人臣者，主而忘身，国耳忘家，公耳忘私，利不苟就，害不苟去，唯义所在。”史载“文帝深纳其言，养臣下有节。是后大臣有罪，皆自杀，不受刑。至武帝时，稍复入狱，自宁成始”。本文立论大概就是因贾谊之论而起，写法上也受到贾谊政论文的影响。

首段比较将与相的地位轻重。首句“古之善观人之国者，观其相何如人而已”，强调相在国家权力机构的重要，发语惊人，气度恢宏。接下来阐明将不过是一个大的主管官员而已，不能与相相提并论：“国有征伐，而后将权重。”而相则无论有无征伐，“皆不可一日轻”。相贤则百官皆贤，而将亦贤；将贤而相不贤，则将不能替代。无形中也肯定了本文论任相之道的价值和意义，激发人阅读的兴趣，收到先声夺人的效果。第二、三段阐明任相之道与御将之道不同及其原因，开宗明义地提出任相之道要“接之以礼而重责之”，这是全文论证的核心。然后围绕这个核心反复进行论证。先举出古代帝王对相“接之以礼”及“重责之”的事例，阐明这样做与治理国家的利益攸关，辩证地指出君主对相接之以礼然后重责之，相才无怨言;如果礼薄而责重,相则会心存怨怼;但责轻而礼重,也会使相“弛然不肯自饬”。最后点明“接之以礼而重责之”的意义在于:“以礼维其心,而重责以勉其怠”,其目的是使“为相者,莫不尽忠于朝廷,而不恤其私”。析理深微而透彻,也是对贾谊思想的进一步发挥。他在此前的《远虑》篇中也具体地提出:“圣人之任腹心之臣也,尊之如父师,爱之如兄弟,握手入卧内,同起居寝食,知无不言,言无不尽,百人誉之不加密,百人毁之不加疏,尊其爵,厚其禄,重其权,然后可以议天下之机,虑天下之变。”这些都是对相“接之以礼而重责之”的很好的注脚。第四、五段进行古今对比,以贾谊向汉文帝上《陈政事疏》的例子,说明古代有识之士是多么重视对相接之以礼,而帝王又是如何接受大臣的意见的,并以汤、武的例子阐明圣明有德之君对待相有如师友,这也是苏洵理想中的君臣关系。对比近世之君对相的轻慢及其事实,给予批评,深刻地寄托了个人的讥讽。第六、七段指陈利弊,分析近世之君对相既不能“接之以礼”又不能“重责之”的弊端,指出国君对相能接之以礼,到相有了过错或犯了罪,才能依法严惩;如果不接之以礼,如近世之君,高高在上,宰相与百官趋走于下,掌仪之官名而呼之,如同郡守召唤手下的小吏一般,宰相有罪便不好依法惩办,也只能罢了他的原职,让他到地方上去做长官。又好比汉武帝不以礼接待相,因此对宰相也不能严格要求,于是像石庆那样无能的冗官才能被容纳在宰相的位置上。析事说理,援古证今,头头是道;议论纵横,开阖自如。其立论的精辟,发语惊人的议论,确有“博辩宏伟”“纵横上下,出入驰骤,必造深微而后止”的特点。结尾两个反诘句肯定了任相“接之以礼而重责之”的策略对国君、对相本人的好处,斩截有力,发人深省,堪称其势“雄壮俊伟,若决江河而下也;其辉光明白,若引星辰而上也”。

关于本文的写作用意,我们可以从其《几策》的《审势》篇得到说明。苏洵在《审势》篇里指出,宋朝积弱的现实是“官吏旷惰,职废不举,而败官之罚不加严也。多赎数赦,不问有罪,而典刑之禁不能行也。冗兵骄狂,负力幸赏,而维持姑息之恩不敢节也。将帅覆军,匹马不返,而败军之责不加重也。羌胡强盛,陵压中国,而邀金缯,增币帛之耻不为怒也。若此类者,大弱之实也”。其根源在于“赏与刑与兵之不得其道,是以有弱之实著于外焉”。可谓见解深刻,切中时弊。本文指出近世之君对待宰相的错误做法及不良后果,其目的也是要改变宋朝积弱的局面,可见苏洵此文是有现实针对性的。北宋统治者加强中央集权的重要措施一是集中军权,一是削弱相权。削弱相权,不但在宰相之下添设“参知政事”作为副贰,而且还把唐末五代设置过的枢密使和三司使定为常设官员,以枢密使分取宰相的军政大权,以三司使分取宰相的财政大权,二者的权力与宰相不相上下，本来“事无不统”的宰相，只剩下有限的权力。在中书、枢密二府之外又有台谏，在州郡长官之外又设通判，使彼此互相牵制。这就使当时的官僚机构非常臃肿，其结果是造就一大批“冗官”，遇到国内外重大问题时彼此争论不休，很难制定有效的对策，正如后人讽刺的那样：“宋人议论未定，兵已渡河。”

而崇文抑武的基本国策，集中军权的措施，又削弱了军队的战斗力，对辽、西夏和女真作战的失败，求和、送礼需要巨大的开支，又形成“冗兵”“冗费”等弊端，这些都加剧了北宋的社会矛盾和民族矛盾。苏洵是一位广泛研读经史百家之说，深入探讨治乱成败规律以及一些圣贤名人立身处世经验的作家。他和他之前的范仲淹、欧阳修等一些能正视现实的文人一样，都从维护封建统治集团的利益出发，提出富国强兵的策略。虽然这些策略对宋朝的强大未必都是金玉良方，其可行性未必没有值得商榷的地方，但他用心探讨治乱成败规律的态度以及议论文写作方面的成就是值得肯定的。他的论说文受到贾谊的影响，也如贾谊一样，擅长于史论、策论一类文章，《权书》十篇、《衡论》十篇、《几策》两篇便是这方面的代表作。嘉祐元年，他携苏轼、苏辙二子由蜀地来到汴京，将它们献给当时的翰林学士欧阳修，欧读后大为赞赏，称贾谊、刘向不过如此。一时公卿士大夫争相传诵，学者争相仿效，产生了不小的社会效益，故而名声大振。在文章风格上，其纵横捭阖，老辣简奥又与《战国策》相近。他善用清遒顿挫之笔，极挥斥辨析之致，而又沉浸浓郁，议论圆转，既有《战国策》之雄放，又兼《韩非子》之峭劲，在唐宋散文大家中独具特色，别开生面。

（刘振娅）

广 士

古之取士，取于盗贼，取于夷狄①。古之人非以盗贼、夷狄之事可为也，以贤之所在而已矣。夫贤之所在贵，而贵取焉；贱，而贱取焉。是以盗贼下人，夷狄异类②，虽奴隶之所耻，而往往登之朝廷，坐之郡国，而不以为怍③；而绳趋尺步④、华言华服⑤者，往往反摈弃不用。何则？天下之能绳趋而尺步、华言而华服者众也，朝廷之政、郡国之事非特如此而可治也。彼虽不能绳趋而尺步、华言而华服，然而其才果可用于此，则居此位可也。古者，天下之国大而多士大夫者，不过曰齐与秦也。而管夷吾⑥相齐，贤也，而举二盗⑦焉；穆公⑧霸秦，贤也，而举由余⑨焉。是其能果于是非而不牵于众人之议也，未闻有以用盗贼、夷狄而鄙之者也。今有人非盗贼非夷狄，而犹不获用，吾不知其何故也。

夫古之用人，无择于势[10]。布衣寒士而贤，则用之；公卿之子弟而贤，则用之；武夫健卒而贤，则用之；巫医[11]方技[12]而贤，则用之；胥史贱吏[13]而贤，则用之。今也。布衣寒士持方尺之纸，书声病[14]剽窃[15]之文，而至享万钟之禄[16]；卿大夫之子弟饱食于家，一出而驱高车，驾大马，以为民上；武夫健卒有洒扫之力、奔走之旧，久乃领藩郡[17]，执兵柄；巫医方技一言之中，大臣且举以为吏。若此者，皆非贤者，皆非功也。是今之所以进之之途多于古也。而胥史贱吏独弃而不录，使老死于敲榜趋走[18]，而贤与功者不获一施。吾甚惑也。不知胥吏之贤，优而养之，则儒生武士或所不若。

昔者，汉有天下，平津侯[19]、乐安侯[20]辈皆号为儒宗[21]，而卒不能为汉立不世[22]大功，而其卓绝隽伟[23]、震耀四海者，乃其贤人之出于吏胥中者耳。夫赵广汉[24]，河间[25]之郡吏也；尹翁归[26]，河东之狱吏也；张敞[27]，太守[28]之卒史[29]也；王尊[30]，涿郡之书佐[31]也。是皆雄隽明博，出之可以为将，而内[32]之可以为相者也。而皆出于吏胥中者，有以也。夫吏胥之人，少而习法律，长而习[33]狱讼，老奸大豪畏惮慑伏[34]，吏之情状变化出入，无不谙究[35]。因而官之，则豪民猾吏之弊，表里毫末毕见[36]于外，无所逃遁。而又上之人，择之以才，遇之以礼，而其志复自知得自奋于公卿，故终不肯自弃于恶，以贾[37]罪戾[38]而败其终身之利。故当此时，士君子皆优为之。而其间自纵于大恶者，大约亦不过几人；而其尤贤者，乃至成功如是。

今之吏胥则不然，始而入之不择也，终而遇之以犬彘[39]也。长吏[40]一怒，不问罪否，袒[41]而笞之；喜而接之，乃反与交手为市[42]。其人常曰："长吏待我以犬彘，我何望而不为犬彘哉？"是以平民不能自弃为犬彘之行，不肯为吏矣，况士君子而肯俯首为之乎？然欲使之谨饬[43]可用如两汉，亦不过择之以才，待之以礼，恕其小过，而弃绝其大恶之不可贳忍[44]者，而后察其贤有功，而爵之、禄之、贵之，勿弃之于冗流[45]之间，则彼有冀[46]于功名，自尊其身，不敢丐夺[47]，而奇才绝智出矣。夫人固有才智奇绝而不能为章句[48]、名数[49]、声律[50]之学者，又有不幸而不为者。苟一之以进士、制策[51]，是使奇才绝智有时而穷也。使吏胥之人得出为长吏，是使一介之才无所逃也。进士制策网之于上，此又网之于下，而曰天下有遗才者，吾不信也。

〔注〕 ① 夷狄：古代对边境地区少数民族的蔑称。东方的称夷，北方的称狄。 ② 异类：异族。指汉族以外的民族。 ③ 怍(zuò)：惭愧。 ④ 绳趋尺步：形容举止行动皆合法度。绳、尺是木工取直和测量长度的工具，引申为行事的准则、法度。趋，急走。步，行走。 ⑤ 华言华服：漂亮的言辞，华丽的服饰。 ⑥ 管夷吾：管仲，名夷吾，春秋时期著名的政治家。辅佐齐桓公在国内进行改革，使齐国力大振，又以“尊王攘夷”相号召，使齐桓公成为春秋时第一个霸王。 ⑦ 举二盗：据《礼记·杂记下》记载，管仲遇群盗选取二人而荐进，使为公家之臣。并说，因为这两人所交游的都是邪僻之人，因此相诱为盗，但这两人本是可用之人。 ⑧ 穆公：秦穆公，嬴姓，名任好。继晋文公后，称霸诸侯。 ⑨ 由余：春秋时晋国人，先在西戎任职，后来投奔秦国，帮助秦穆公统一西戎各个部落。 ⑩ 势：权势。 ⑪ 巫医：巫师和医师，古指低贱的职业。 ⑫ 方技：古代指医、卜、星、相等技能。 ⑬ 胥史贱吏：古代官衙中办理文书案牍、看管监狱之类的小吏。 ⑭ 声病：诗文不合格律，此指刻意避免声病。 ⑮ 剽窃：抄袭、窃取他人的文章。这里指割裂摘取经典中的文句。 ⑯ 万钟之禄：指优厚的俸禄。钟，古量器名。 ⑰ 领藩郡：指出任经略使或安抚使之类官职。隋唐后，州郡并称。宋代设州府，州府之上设路，边远地区设经略使，掌管一路军事；又有安抚使，掌管一州(或府)军政，常由知州(或知府)兼任。藩郡，偏远州郡。 ⑱ 敲榜趋走：指胥史贱吏所干的工作。敲榜，用木棍短棒打人。趋走，奉长官之命为执行差役而奔走。 ⑲ 平津侯：指公孙弘。少时为狱吏，后因罪免。家贫，放牧为生。年四十始治《春秋公羊传》。汉武帝即位，他以贤良征为博士，后迁御史大夫、丞相、封平津侯。史称以白衣为天子三公，但他虽然熟习文法吏事，而不肯犯颜强谏，以迎合主上为能，实际功业无所建树。 ⑳ 乐安侯：指匡衡，字稚圭，西汉经学家。能文学，善说《诗》，时以经义议论时政得失。元帝时，累官至丞相，封乐安侯，时中书令石显掌握大权，衡量石显的权势，逢迎依违，不敢立异。成帝时，为司隶校尉王尊所劾，不久以事罢官，又以侵占公家土地，免为庶人。 ㉑ 儒宗：儒者所尊为师表的人。 ㉒ 不世：不为每代都有的。犹言罕有，非凡。 ㉓ 隽(jùn)伟：才智出众。隽，同“俊”。 ㉔ 赵广汉：汉代涿郡蠡吾(今河北博野)人，字子都，少为河间郡吏，举茂材，任阳翟令、颍川太守、京兆尹。善治刑狱，执法不避权贵，尽职而著治绩。终因侵犯当权者而被处死。 ㉕ 河间：郡、国名，治所在乐城(今河北献县)。 ㉖ 尹翁归：河东平阳(今山西临汾)人，字子兄，初为狱小吏，汉宣帝时任东海太守，执法谨严，为政清廉，死后家无余财。 ㉗ 张敞：河东平阳人，字子高。汉宣帝时为太中大夫、京兆尹、冀州刺史等职。直言敢谏，执法不阿，所至有政绩。 ㉘ 太守：郡守，郡的最高行政长官。 ㉙ 卒史：汉代官署中属吏，官阶低下，俸禄为一百石或二百石。 ㉚ 王尊：汉代涿郡高阳人，字子赣。少年时曾牧羊，后为虢县令、安定太守、益州刺史等。不畏豪强，修堤抗洪，颇有威望和政绩。

㉛ 书佐：汉代的郡县各曹都有书佐，负责起草和缮写文书。 ㉜ 内：通“纳”，入。 ㉝ 习：熟习，通晓。 ㉞ 畏惮(dàn)慑(shè)伏：因畏惧而屈服。 ㉟ 谙(ān)究：熟悉至极。究，究尽，终极。 ㊱ 见(xiàn)：同“现”。 ㊲ 贾(gǔ)：招引，招致。 ㊳ 罪戾(lì)：罪过。戾，罪。 ㊴ 彘(zhì)：猪。 ㊵ 长(zhǎng)吏：旧称地位较高的官员。《汉书·景帝纪》：“吏六百石以上，皆长吏也。” ㊶ 袒(tǎn)：脱衣裸露。 ㊷ 交手为市：相换做交易，这里是相互利用的意思。 ㊸ 谨饬(chì)：谨慎周到。 ㊹ 贳(shì)忍：赦免容忍。 ㊺ 冗流：多余的闲散的官员。 ㊻ 冀：希望。 ㊼ 丐夺：强取。丐，乞求。 ㊽ 章句：古代儒生读经，必须分析章节，辨明句逗，称为章句之学。 ㊾ 名数：名称、术数。 ㊿ 声律：指讲究平仄协韵的格律诗赋。章句、名数、声律，都是科举取士的考试内容。 (51) 制策：宋代进士科的考试，除考诗赋、经义外，又有制策，或称策试，内容则是政事问答。

宋代的开国皇帝赵匡胤在“陈桥兵变”登上帝座之后，为了防止别人重演他的故技，采取了一系列巩固皇权、强化中央集权的措施。为了分散大臣的权力，宋朝建立起庞大的官僚机构，设置了众多名目的官员，很多官都不管事，只依品级领受俸禄，而各级官吏之间互相牵制，矛盾很多，以便于中央控制。当时的官吏主要由任子(靠祖宗的恩荫做官)、科举两条途径晋身。在宋真宗时，一次科举取士就达一千八百多名，这就使冗员越来越多。沉重的封建枷锁套在老百姓身上，为了支付浩大的军费和官俸，人民的负担越来越重，造成了北宋积贫积弱的局面。要扭转这局面，使北宋强盛起来，改革吏制，去冗员、选良才，让真正有才干的人出来做官，这是当时有识之士集中关注的问题。

苏洵也深感北宋吏制问题的严重性，在本文中深刻揭露了当时取士用人上的弊病，明确提出了希望广择贤士的主张。

他认为取士应不拘一格，选拔官吏应重真才实学，任人唯贤，要像古人那样敢于“取于盗贼，取于夷狄”，古人并不认为盗贼、夷狄的行为都是可取的，只是因为在盗贼、夷狄之中有人才存在。明确提出“夫贤之所在贵，而贵取焉；贱，而贱取焉”，这里说的“贤”，主要是指才，是指能治国安邦的实才，因此有人虽然曾经做过盗贼，或者身为夷狄，但他们只要有真才实学，就可以“登之朝廷，坐之郡国”，而一点不用感到愧怍。苏洵以当年管仲相齐举二盗、穆公霸秦举由余的例子为证，说明唯才是举不必究其出身。同时苏洵还指出古人对那些“绳趋尺步、华言华服者”，往往反摈弃不用，因为这些做事循规蹈矩、穿着华丽、会说漂亮话的人不一定能治理好朝廷之政、郡国之事。因为这些人往往是坐享万钟之禄夸夸其谈的卿大夫子弟。苏洵又补充一句说，那些“虽不能绳趋而尺步、华言而华服，然而其才果可用于此，则居此位可也”，强调的是“其才可用”，可见苏洵对贤才的重视。

从为国择取治国安邦的实才出发，苏洵提出用人要唯贤是用，“无择于势”。

仍以古人为例，不但布衣寒士、公卿子弟、武夫健卒、巫医方技中的贤者可用，而且胥史贱吏中的贤者也可用，甚至更要用。因为“吏胥之人，少而习法律，长而习狱讼，老奸大豪畏惮慑伏，吏之情状变化出入，无不谙究”，他们有丰富的实践经验。为了证实自己的观点，苏洵举了汉代赵广汉、尹翁归、张敞、王尊等人为例，他们“皆雄隽明博，出之可以为将，而内之可以为相者也”。而号为儒宗的平津侯、乐安侯“卒不能为汉立不世大功”。苏洵又指出宋朝对待吏胥的态度与古人截然不同，开始接纳他们时不加选择，最后又像对待猪狗那样对待他们，这就使连平民中的不肯自暴自弃者都不愿为吏胥，更何况士君子了。苏洵因而主张对吏胥应“择之以才，待之以礼，恕其小过，而弃绝其大恶之不可贯忍者，而后察其贤有功，而爵之、禄之、贵之，勿弃之于冗流之间”，这样就不难发现“奇才绝智”的人了。

文章中苏洵还对宋朝科举取士制度、任子荫补制度以及由此出现的冗员现象作了抨击。指出“持方尺之纸，书声病剽窃之文，而至享万钟之禄”的不一定是贤士。由于“人固有才智奇绝而不能为章句、名数、声律之学者”，如果一律都用进士制策的考试来考他们，具有非凡才智的人，反会感到困窘。而任子荫补制度，不但使“卿大夫之子弟饱食于家，一出而驱高车，驾大马，以为民上”，还可使旁支、亲属等也可得官。此外还有其他做官的途径：“武夫健卒有洒扫之力、奔走之旧，久乃领藩郡，执兵柄；巫医方技一言之中，大臣且举以为吏。”而这些人既非贤士，又没有功绩，却都当了官僚，造成了宋代冗员多、贤臣能吏少的官场弊病。

苏洵对宋代的取士、用人制度作了严厉的批判，主要出于对社会现实政治的关注，但也包含有作者个人的感受，他深受科举制度的压制，两次举进士、一次举制策都落第，对科举制度有切肤之痛。故在文章中明确提出了不拘一格、唯才是举、唯贤是用、广择贤士的主张，特别强调要从具有丰富政治经验，了解地方民俗民情的下级官吏中取用人才。这些见解，在当时无疑是有进步意义的，即使在今天也有借鉴作用。

在写作上，本文采用了征引古今、对比论证的方法以凸显宋代吏制的腐败。第一、第二两段将古今取士用人上的不同做法，作了对照，肯定了古代唯才是举，不避盗贼，不避夷狄的取士标准以及不论门第、不论权势，唯贤是用的做法；对当今持方尺之纸，书声病剽窃之文，就可享万钟之禄的科举取士制度和凭借公卿出身，依靠故旧情谊，由于言语投合就可进入官场的种种不正当风气作了挞伐。第三段以汉代为例，将儒宗与吏胥作对比，用儒宗不能为汉建立不世大功，而吏胥出身的多数能出将入相的史实，论证了科举取士的弊端及唯贤是用的功效。第四段又将今之吏胥同汉之吏胥作对比，指出由于当今不能择之以才，待之以礼，使今之吏胥有犬彘之行，论证了宋代用人方法上的失误。总之，全文反复对比，环环相扣，层层深入地论证了以古为镜、广择贤士的意义，显示了苏洵政论雄辩遒劲的特色。

（沈惠乐）

养　才

夫人之所为，有可勉强者，有不可勉强者。煦煦然[①]而为仁，孑孑然[②]而为义，不食片言以为信，不见小利以为廉[③]。虽古之所谓仁与义、信与廉者，不止若是，而天下之人，亦不曰是非仁人，是非义人，是非信人，是非廉人，此则无诸已而可勉强以到者也。在朝廷而百官肃，在边鄙[④]而四夷惧，坐之于繁剧纷扰[⑤]之中而不乱，投之于羽檄[⑥]奔走之地而不惑，为吏而吏，为将而将，若是者，非天之所与，性之所有，不可勉强而能也。

道与德可勉以进也，才不可强揠[⑦]以进也。今有二人焉，一人善揖让，一人善骑射，则人未有不以揖让贤于骑射矣。然而揖让者未必善骑射，而骑射者舍其弓以揖让于其间，则未必失容。何哉？才难强而道易勉也。

吾观世之用人，好以可勉强之道与德，而加之不可勉强之才之上，而曰我贵贤贱能，是以道与德未足以化人，而才有遗焉。然而为此者亦有由矣，有才者不能为众人所勉强者耳。何则？奇杰之士，常好自负，疏隽傲诞[⑧]，不事绳检。往往冒[⑨]法律，触刑禁，叫号欢呼，以发其一时之乐，而不顾其祸；嗜利酗酒，使气傲物[⑩]，志气一发，则倜然[⑪]远去，不可羁束以礼法。然及其一旦翻然而悟，折节而不为此，以留意向[⑫]所谓道与德可勉强者，则何病不至？奈何以朴樕[⑬]小道加诸其上哉！

夫其不肯规规以事礼法，而必自纵以为此者，乃上之人之过也。古之养奇杰也，任[⑭]之以权，尊之以爵，厚之以禄，重之以恩，责之以措置天下之务，而易[⑮]其平居自纵之心，而声色耳目之欲又已及于外，故不待放恣而后为乐。今则不然。奇杰无尺寸之柄，位一命之爵、食升斗之禄者过半，彼又安得不越法逾理而自快邪？我又安可急之于法，使不得泰然自纵邪？今我绳之以法，亦已急[16]矣，急之而不已，而随之以刑，则彼有北走胡[17]，南走越[18]耳。噫！无事之时既不能养，及其不幸，一旦有边境之患，繁乱难治之事，而后优诏[19]以召之，丰爵厚禄以结之，则彼已懒矣。夫彼固非纯忠者也，又安肯默默然于穷困无用之地而已邪？

周公之时，天下号为至治，四夷[20]已臣服，卿大夫士已称职。当是时，虽有奇杰，无所复用，而其礼法风俗尤复细密，举朝廷与四海之人无不遵蹈，而其八议[21]之中犹有曰议能者。况当今天下未甚至治，四夷未尽臣服，卿大夫士未皆称职，礼法风俗又非细密如周之盛时，而奇杰之士复有困于簿书米盐间者，则反可不议其能而恕之乎？所宜哀其才而贳[22]其过，无使为刀笔吏[23]所困，则庶乎尽其才矣。

或曰：奇杰之士有过得以免，则天下之人孰不自谓奇杰而欲免其过者，是终亦溃法乱教[24]耳。曰：是则然矣。然而奇杰之所为，必挺然[25]出于众人之上，苟指其已成之功以晓天下，俾得以赎其过，而其未有功者，则委之以难治之事而责其成绩，则天下之人不敢自谓奇杰，而真奇杰者出矣。

〔注〕 ① 煦(xù)煦然：和悦的样子。 ② 孑(jié)孑然：渺小的样子。 ③ 廉：廉洁，不贪财物。 ④ 边鄙：边境。 ⑤ 繁剧纷扰：指纷繁杂乱的事务。 ⑥ 羽檄(xí)：羽即羽书，插上鸡毛的急信。檄文是古代战争期间用来征召、声讨的文书。 ⑦ 强揠(yà)：勉强提拔。 ⑧ 疏隽傲诞：放纵不羁，傲慢怪诞。 ⑨ 冒：触犯。 ⑩ 使气傲物：意气用事，恃才自高自大。 ⑪ 倜(tì)然：高举远离的样子。 ⑫ 向：先前。 ⑬ 朴樕(sù)：小木，比喻浅陋平庸的道理。 ⑭ 任：使……担当重任。 ⑮ 易：改变。 ⑯ 急：急迫，困窘。 ⑰ 北走胡：向北逃入胡人之境。 ⑱ 南走越：向南逃入越国之境。指士人不堪折磨而流亡。 ⑲ 优诏：优待的诏书。 ⑳ 四夷：古代对中国四境少数民族的轻蔑称呼。 ㉑ 八议：周代统治者为确定等级身份和调整内部关系，制定减轻刑罚的八种条件，包括"议亲""议故""议贤""议能""议功""议贵""议勤""议宾"，凡符合条件者可考虑减刑或免刑，称为"八辟"。汉代改为"八议"，三国时写入法典，沿用至清。 ㉒ 贳(shì)：宽纵赦免。 ㉓ 刀笔吏：刀、笔均为古代办案文官的书写工具，因此刀笔吏指主办文案的官吏。 ㉔ 溃法乱教：破坏礼教和法律。 ㉕ 挺然：卓然突出的样子。

举贤授能，唯才是举，任人不计贵贱，是先秦以来历代有识之士的共识。如屈原《离骚》的美政理想之一就是“举贤而授能兮，循绳墨而不颇”。儒家典籍《礼记·礼运》篇也将“选贤与能”作为“天下为公”的上古大同时代重要的标志之一。生当乱世的曹操在建安十三年颁布《求贤令》，曾针对东汉以来选拔官吏的旧传统、旧标准而提出不论是“被褐怀玉者”还是“盗嫂受金者”，只要有“治国用兵之术”，都“唯才是举”。“削平群雄，混一车书”的唐太宗更是因为善于发现、提拔、重用各种奇才，才开创了政治清明的“贞观之治”。面对北宋初期人才被埋没的现实，苏洵以战国策士的豪情，作《衡书》十篇，其中第五篇《广士》和第六篇《养才》都谈到人才问题，他的观点既有历史继承性，更有现实针对性。《广士》篇主要论取士之道，主张任人唯贤，认为无论布衣寒士、公卿子弟、武夫健卒、巫医方技、胥吏贱吏，甚至盗贼、夷狄，只要“贤之所在”，都应取拔任用。而这篇《养才》则着重论述如何培养和重用“奇杰之士”。

文章开篇即提出“道德”与“才能”不同，认为“才难强而道易勉”。苏洵认为儒家倡导的“仁、义、信、廉”等德行可以勉强学到，而吏才将才则是禀性所有，不能勉强而得。这里作者将道德当成“道德行为”，认为是简单易学的外在东西，而将为官为将的才能当作人本性禀赋的内在的东西。与古人理解的“道德”(人的本性的最高形式)不同，实际上无论道德还是才能都需要经历一个艰苦的磨炼过程。修炼道德境界，既要“苦其心志”的广泛学习，择善而从，还要“一日三省乎吾身”的反躬自思；而培养杰出才能也需要“劳其筋骨、饿其体肤、空乏其身”的艰苦磨炼。显然苏洵这里是强调“才能”比“道德”更为重要才如此说，因为道德毕竟是虚泛而空阔的，而目前国家所需要的正是各类有实际效用的奇才。接着，苏洵运用例证法，用“善揖让”喻道德，用“善骑射”喻才能。他认为善揖让的人要他勉强学会骑射，勉强不来；而善骑射的人，放下弓来揖让则未必差人一等。这说明道德可以轻易学到，而才能却不能勉强。这样的类比不一定很恰当，苏洵把道德简单化了，像孟子所说的“富贵不能淫，贫贱不能移，威武不能屈”的精神境界和“杀生成仁，舍生取义”的道德情操，就比揖让要高得多，也比骑射难能可贵。因此道德不一定比骑射易于做到。孔子讲兵、食、信三者“信”更重要，因为“民无信不立”。尽管有这样的缺陷，但苏洵还是通过鲜明而简洁的对比和类推，证明了“才难强而道易勉”的论点，为下文作好了重要的铺垫，在苏洵看来，当今社会并不需要也不缺乏这样空口仁义道德、作揖礼让的人，而最需要的是“在朝廷而百官肃，在边鄙而四夷惧，坐之于繁剧纷扰之中而不乱，投之于羽檄奔走之地而不惑”的干吏能将，才能彻底扭转积贫积弱的不利局面。

第二段转到当今的用人之策上，批评世人“贵贤贱能”的人才观念，认为在这种观念指导下使用人才，就会导致“才有遗焉”，因为那些有突出才能的人是不能为众人所勉强的。他们一方面“常好自负，疏隽傲诞，不事绳检。往往冒法律，触刑禁”，猖狂恣肆，为行乐而不顾其祸；另一方面他们“嗜利酗酒，使气傲物，志气一发，则倜然远去”，不愿为礼法所束缚。真是形象而生动地概括出奇杰之士的性格特点。正因为如此，所以不能“以小道加诸其上”。但实际上历代的才士都不能舒展才性，而是命途多舛，由此看来，导致“才士”的自纵恰恰是由于“上之人之过”。接着苏洵又将古、今培养人才的方式作了鲜明对比：古代养育奇杰之士，用权柄来任用他，用爵位来尊崇他，用俸禄来厚待他，用恩惠来笼络他，用处置天下的事务来要求他，改变他平常放纵的心态，至于耳好声、目好色的欲望，又已经在外面极其满足，所以不等自纵也很快乐。而当今却相反，奇特杰出的人，没有尺寸的权柄，爵位最低，半数人吃着升斗的微薄俸禄。使他们不得不“越法逾礼而自快”，如果再加上法律的束缚和刑罚的威胁，这就迫使他们不得不“北走胡，南走越”。因为天下太平无事时不能妥善养才，如果一旦不幸发生边境之患，遇上繁乱难治之事，再下优诏招揽人才，用高官厚禄来重用他们，则为时已晚。

第三段再用“周公之时”的“至治”与“当今天下”的“实情”进行对比：古代“四夷已臣服，卿大夫士已称职”，虽有奇杰无所复用，在礼法风俗细密，举朝廷四海之人都遵法律的情况下，还特别地设立“八议”的措施来减轻刑罚，而当今天下“未甚至治，四夷未尽臣服，卿大夫士未皆称职，礼法风俗又非细密如周之盛时”，却让那些奇杰之士“困于簿书米盐间”，岂不可议！通过鲜明对照，苏洵为那些奇杰之士大鸣不平，认为“宜哀其才而贳其过，无使为刀笔吏所困”，实际上是要求给“奇杰之士”一条脱颖而出、不受约束、能人尽其才的出路，即使给予一定的特权也是应该的。

结尾用“或曰”，异峰突起，提出“自谓奇杰而欲免其过”，会导致“溃法乱教”的问题。苏洵旗帜鲜明地回击了这虚拟的诘问，认为奇杰之士必定是挺然出众，可以大胆地让其建功以赎过；只要让他们治理烦难复杂的事并责其成效，这样杰出的真才就真脱颖而出了。

这篇文章主要目的还是用触目惊心的对比来引起朝廷重视人才问题，正如茅坤所言：“养奇杰之才而特挈出古者议能一节，以感悟当世，直是刺骨。”（《唐宋八大家文钞·苏文公文钞》卷八）苏洵是希望朝廷看重有才能的人，不要让有才能者屈居下位，使他们“北走胡，南走越”，对于真正有才能的人，即使有些缺点，也应该加以宽赦，加以重用。不过对宋朝来说，要真正做到这一点，就必须改变“崇文抑武”的国策，改变宋太祖制定的大将不得带重兵的规定，但宋朝皇帝都是遵守祖训，虽有王安石变法，改变了“将不知兵，兵不知将”的做法，也只能设立许多将来带领部队，不能设立大将来统率重兵，抗拒大敌，纵有奇杰，也无从措手。所以祖训不变，虽有苏洵写《养才》，王安石讲变法，都无法将宋朝转弱为强。

这篇文章比较典型地显示了苏洵散文的一些基本特征，首先是有强烈的现实批评指向，对不重用人才的现象，“轻能”的观念及时局都有指责，乃至发出“上之人之过”的急切之言，体现了苏洵散文“有为而作，精悍确苦，言必中当世之过”（苏轼《凫绎先生诗集叙》）的特点。其次是笔锋犀利，激情澎湃，文中既有对国家前途的深切忧虑，又有对奇杰之士不能伸展怀抱的不平，也融入了自己屡试不第的人生感愤，因此多用质问、反问、设问来表达强烈愤激的情怀。第三，立论警醒，对比鲜明。虽然论点并不周密，但新颖动人，能起到振聋发聩的效果。

（吴振华）

管　仲　论

管仲相[①]桓公[②]，霸诸侯，攘[③]戎狄[④]，终其身齐国富强，诸侯不叛。管仲死，竖刁[⑤]、易牙[⑥]、开方[⑦]用，桓公薨于乱[⑧]，五公子[⑨]争立，其祸蔓延，讫[⑩]简公[⑪]，齐无宁岁。

夫功之成，非成于成之日，盖必有所由起[⑫]；祸之作，不作于作之日，亦必有所由兆[⑬]。则齐之治也，吾不曰管仲，而曰鲍叔[⑭]。及其乱也，吾不曰竖刁、易牙、开方，而曰管仲。何则？竖刁、易牙、开方三子，彼固乱人国者，顾[⑮]其用之者桓公也。夫有舜而后知放四凶[⑯]，有仲尼[⑰]而后知去少正卯[⑱]。彼桓公何人也，顾其使桓公得用三子者，管仲也。

仲之疾也，公问之相。当是时也，吾以仲且举天下之贤者以对，而其言乃不过曰竖刁、易牙、开方三子非人情，不可近而已。呜呼！仲以为桓公果能不用三子矣乎？仲与桓公处几年矣，亦知桓公之为人矣乎？桓公声[⑲]不绝于耳，色[⑳]不绝于目，而非三子者则无以遂[㉑]其欲。彼其初之所以不用者，徒[㉒]以有仲焉耳。一日无仲，则三子者可以弹冠相庆[㉓]矣。仲以为将死之言，可以絷[㉔]桓公之手足邪？夫齐国不患有三子，而患无仲，有仲则三子者三匹夫[㉕]耳。不然，天下岂少三子之徒[㉖]？虽桓公幸而听仲，诛此三人，而其余者，仲能悉数㉗而去之邪？呜呼！仲可谓不知本者矣。因桓公之问，举天下之贤者以自代，则仲虽死，而齐国未为无仲也，夫何患？三子者不言可也。

五霸㉘莫盛于桓、文㉙。文公之才不过桓公，其臣又皆不及仲。灵公㉚之虐，不如孝公㉛之宽厚，文公死，诸侯不敢叛晋。晋袭㉜文公之余威，得为诸侯之盟主者，百有余年。何者？其君虽不肖㉝，而尚有老成人㉞焉。桓公之薨也，一乱涂地㉟。无惑也，彼独恃一管仲，而仲则死矣。夫天下未尝无贤者，盖有有臣而无君者矣。桓公在焉，而曰天下不复有管仲者，吾不信也。仲之书㊱有记其将死，论鲍叔、宾胥无㊲之为人，且各疏㊳其短，是其心以为是数子㊴者，皆不足以托国，而又逆知㊵其将死，则其书诞谩㊶不足信也。

吾观史鳅㊷，以不能进蘧伯玉㊸而退弥子瑕㊹，故有身后之谏。萧何㊺且死，举曹参㊻以自代。大臣之用心，固宜如此也。夫国以一人兴，以一人亡，贤者不悲其身之死，而忧其国之衰，故必复有贤者而后可以死。彼管仲者，何以死哉？

〔注〕 ① 相(xiàng)：辅助。 ② 桓公：齐桓公，姜姓，名小白，公元前685年至前643年在位。任用管仲进行改革，国力富强，以“尊王攘夷”相号召，多次会合诸侯，订立盟约，成为春秋时第一个霸主。 ③ 攘：排斥。 ④ 戎狄：古代对边远地区少数民族的蔑称。 ⑤ 竖刁：官为寺人(古代宫中供使令的小臣)。 ⑥ 易牙：雍人，名巫，亦称雍巫。擅长调味，善于逢迎，传说曾烹其子以进桓公。 ⑦ 开方：卫国的公子，弃其母至齐。 ⑧ 薨(hōng)于乱：齐桓公生病，他的儿子们纷纷各树党羽，争夺继位权。以致桓公死后无人收殓尸体，尸腐生虫。薨，周代称诸侯之死为薨。 ⑨ 五公子：指齐桓公的如夫人大卫姬生的武孟、小卫姬生的惠公元、葛嬴生的昭公潘、密姬生的懿公商人、宋华子生的公子雍。 ⑩ 讫(qì)：通“迄”，止。 ⑪ 简公：名壬，公元前484年至前481年在位。 ⑫ 由起：起因。 ⑬ 兆：预兆。 ⑭ 鲍叔：鲍叔牙，齐大夫，是管仲的好友。齐国发生内乱，襄公被杀，公孙无知立为国君。鲍叔牙和管仲分别辅佐公子小白和公子纠出奔。后来齐国大臣又杀死了公孙无知，公子纠和公子小白回来争夺王位。公子纠失败被杀，管仲当了俘虏。公子小白接位，就是齐桓公。他要杀管仲，鲍叔牙竭力称誉管仲的经世治国之才，于是齐桓公赦免了管仲，并任他为相。 ⑮ 顾：但是。 ⑯ 四凶：指浑敦、穷奇、梼杌(táo wù)、饕餮(tāo tiè)四人。相传是不服从舜控制的四个部族的首领，皆被舜流放。 ⑰ 仲尼：孔子，名丘，字仲尼。 ⑱ 少正卯：春秋末期鲁国大夫。复姓少正，一说少正卯乃官名。传说他聚徒讲学，使得“孔子之门三盈三虚”。孔子任鲁国司寇，“三月而诛少正卯”。 ⑲ 声：指音乐。 ⑳ 色：女色，美女。 ㉑ 遂：满足，达到。 ㉒ 徒：仅，只是。㉓ 弹冠相庆：比喻为即将出来做官而互相庆贺。多为贬义。弹冠，弹去冠上灰尘，准备出仕。

㉔ 絷(zhí)：绊马的绳索。这里用作动词，束缚。 ㉕ 匹夫：普通人。这里含轻蔑意思。 ㉖ 徒：同类。 ㉗ 悉数：全数，全部。 ㉘ 五霸：春秋时期先后称霸的五个诸侯，即齐桓公、晋文公、楚庄王、宋襄公、秦穆公。 ㉙ 文：指晋文公，姬姓，名重耳，公元前636—前628年在位，继齐桓公之后为霸主。 ㉚ 灵公：晋灵公，晋文公之孙，名夷皋，公元前620—前607年在位。残暴无道。 ㉛ 孝公：齐孝公，齐桓公之子，名昭，公元前642—前633年在位。齐桓公死后，五公子争位内乱，昭奔宋，在宋襄公派军队护送下回国即位。 ㉜ 袭：继承。 ㉝ 不肖：不贤。 ㉞ 老成人：阅历多而练达世事的人。 ㉟ 一乱涂地：一本作一败涂地，是说一旦失败，便如泥土坠地，不可收拾。 ㊱ 仲之书：托名为管仲著的《管子》。 ㊲ 宾胥无：齐桓公时的贤大夫。 ㊳ 疏：条举，陈述。 ㊴ 数子：几个人。指鲍叔、宾胥无等。 ㊵ 逆知：预先料到。逆，预先。 ㊶ 诞谩：荒诞无稽，瞎说骗人。 ㊷ 史鳅(qiū)：字子鱼，卫国大夫，也称子鱼，以耿直敢谏著称。 ㊸ 蘧(qú)伯玉：名瑗，卫国的贤士，后被卫灵公所任用。 ㊹ 弥子瑕：卫灵公的幸臣，善于奉承，后卫灵公用史鳅之谏，将他治罪。 ㊺ 萧何：汉初丞相。他在病危时，向汉惠帝刘盈推荐曹参继任他的职务。 ㊻ 曹参：西汉开国功臣。萧何死后，任为丞相，遵照萧何所订的法度治政。史称“萧规曹随”。

管仲是春秋时代齐国著名的政治家，是他辅佐齐桓公富国强兵，九合诸侯，一匡天下成为“五霸”之首的。孔子曾说：“桓公九合诸侯，不以兵车，管仲之力也。如其仁，如其仁”；“管仲相桓公，霸诸侯，一匡天下，民到于今受其赐。微管仲，吾其被发左衽矣”(《论语·宪问》)。充分肯定了管仲帮助桓公主持诸侯间的盟会，停止战争，施惠于百姓的功劳，认为若无管仲，我们大家都要披散着头发，衣襟向左边开，沦为落后民族了。可是孔子又曾说：“管仲之器小哉”；“管氏而知礼，孰不知礼”(《论语·八佾》)。批评管仲器量狭小，不懂得礼节。后来司马迁发挥孔子的话，说：“管仲世所谓贤臣，然孔子小之。岂以为周道衰微，桓公既贤，而不勉之至王，乃称霸哉？语曰‘将顺其美，匡救其恶，故上下能相亲也’。岂管仲之谓乎？”(《史记·管晏列传》)对管仲也是有褒有贬，既肯定管仲顺百姓之美，匡救国家之恶，令君臣百姓相亲的政绩，又指出他的不足，认为孔子之所以“小之”，是因为管仲未能使桓公行王道，却让其称霸。前已有孔子、司马迁对管仲作了这样全面的评价，几成定论，后人再写就很难有所突破。可是苏洵不囿于前人之见，自出机杼对管仲另作评论。苏洵认为管仲无治齐之功，却有乱齐之过，由于他死前未能向桓公推荐能替代他的贤人，以致在他死后竖刁、易牙、开方三人搞乱了政局，造成齐国的大乱，对此，管仲有不可推卸的责任。作者因此抓住这点——管仲死前未能向桓公举贤自代的重大失误来展开文章。

首段以简明扼要的语言摆出事实：管仲生前齐国大治，“终其身齐国富强，诸侯不叛”。管仲死后“其祸蔓延，讫简公，齐无宁岁”。突出了管仲生前死后齐国的不同局面，对照鲜明，发人深思，为下文的立论作本。

二段笔锋陡然一转,亮出观点:“齐之治也,吾不曰管仲,而曰鲍叔。及其乱也,吾不曰竖刁、易牙、开方,而曰管仲。”认为管仲无治齐之功,却有乱齐之过。因为“顾其使桓公得用三子者,管仲也”,并以舜的放四凶、孔子的诛少正卯来反比管仲的不知处分这三人,反而听任桓公亲近他们。这样写表面上看似乎同首段有矛盾,否定了管仲为相使齐国大治的作用,实际上使文意深入了一步,尽管管仲有功劳,但他为相时未能除掉这三个小人,还让桓公使用他们,终于为后来留下了祸根,管仲是有过错的。这就很自然地转入了下文的议论:“仲可谓不知本者矣。”

据《史记·齐太公世家》记载,在管仲病重的时候,桓公问他,群臣中有谁可以为相?管仲不作正面回答,却说:“知臣莫如君。”于是齐桓公问,易牙这人怎么样?管仲回答说:“杀子以适君,非人情(违背人情),不可。”齐桓公再问,开方怎么样?管仲回答说:“倍(背)亲以适君,非人情,难近。”齐桓公又问,竖刁怎么样?管仲说:“自宫(残伤生殖器)以适君,非人情,难亲。”管仲死后,齐桓公最终亲近了这三个人,以至于三人专权误国,使齐国大乱。第三段依据《史记》的这段记载对管仲提出批评:“仲可谓不知本者矣。”管仲为相,与桓公相处多年,应该深知桓公的为人,他“声不绝于耳,色不绝于目,而非三子者则无以遂其欲”,怎么离得开这三个人呢?当初三人虽得桓公宠幸而未能为害,是因为管仲尚在,他们不过是使桓公开心的“宠物”,而一旦管仲死了,这三人就可为所欲为了。况且,即使桓公听了管仲的话除去了这三个人,也还会有与这三人相类似的小人重新再出现在桓公的身边,这是为桓公的喜好声色的本性所决定的。解决问题的根本是管仲应向桓公推荐一个与自己相仿的贤人为相,才能使齐国保持稳定和富强的局面。可是,管仲没有这样做。这段文字,结合桓公的为人来分析管仲所犯的错误,剖析犀利,层层深入,特别是:“诛此三人,而其余者,仲能悉数而去之邪?”语气斩截,强调了举贤自代才是根本的办法,非常有说服力。

在第四段中,作者又将笔触从齐国拓展到晋国,将齐晋两国进行横向比较。同为霸主,晋文公的才能没有超过齐桓公,而晋文公之后的晋灵公暴虐无道。据《左传》记载,他向百姓收取很重的赋税来雕画墙壁,在高台上用弹弓弹人以取乐,更有甚者,因厨子未把熊掌煮熟而将其残杀,是个十足的暴君。可是晋国在文公死后的百余年,依然称霸诸侯,原因在于晋国还有老成持重洞达世事的大臣,如拼死向灵公进谏的赵盾等人。这段文字通过齐、晋的比较,进一步申述了举贤自代,使贤者为相的必要和重要。为了使立论更严密,作者又指出“仲之书”(即托名为管仲所著的《管子》)中所记述的管仲临死前所说的话是有问题的,似乎是因为鲍叔牙、宾胥无的为人不足以拿国家相托付，才不向桓公推荐他们为相的，这也不能成为管仲不举贤自代的理由，难道堂堂齐国除此之外再无贤人了吗？

最后一段作者先是列举了史鳅、萧何的例子来反衬管仲。史鳅生前未能进贤退佞，深以为憾，临死之时吩咐儿子把他的尸体停放在窗下，进行“尸谏”，这就是文中所说的“身后之谏”。卫灵公前来吊唁，见到这情况，终于醒悟过来。萧何在去世之前及时推举了曹参代替自己，以后“萧规曹随”，遵照萧何所订的法度治政，西汉基业继续得到巩固。于是，作者紧接上面的文意抒发议论：大臣的用心，本来就该像史鳅、萧何那样临死也要为国家着想，可是管仲却没有做到。因此作者不由得不把矛头直接指向管仲：“贤者不悲其身之死，而忧其国之衰，故必复有贤者而后可以死。彼管仲者，何以死哉？”言下之意管仲你不是个贤者，因为你只悲哀自身之死，而没有担忧国家之衰，还没有举贤自代就去死了，你怎么能不顾国家就这样死了呢？话虽说得委婉，但针砭管仲之意还是十分显豁的。

作为一篇评论历史人物的文章，本文避免了全面评述管仲生平业绩的写法，在观点上更不蹈袭前人的陈说，而是着眼于宰相的责任，只就管仲死前未能向桓公举贤自代这一点进行评论，使得文章视角独特，含义精深。举贤授能是为相者辅佐国君治国的一个重要方针，应该终其一生去贯彻。尽管管仲帮助桓公成就了霸业，但因临死前的失策，未能举贤自代，导致后来齐国大乱，管仲还是有过错的，而且不可原谅。对管仲的这一批评切合情理，并非苛求，足见作者思维的缜密，凸显了老苏史论遒劲详密的特点。　（沈惠乐）

上韩枢密[①]书

太尉[②]执事：洵著书无他长，及言兵事，论古今形势，至自比贾谊[③]。所献《权书》[④]，虽古人已往成败之迹，苟深晓其义，施之于今，无所不可。昨因请见，求进末议[⑤]，太尉许诺，谨撰其说。言语朴直，非有惊世绝俗之谈、甚高难行之论，太尉取其大纲，而无责其纤悉。

盖古者非用兵决胜之为难，而养兵不用之可畏。今夫水激之山，放之海，决之为沟塍[⑥]，壅[⑦]之为沼沚[⑧]，是天下之人能之。委江河[⑨]，注淮泗[⑩]，汇为洪波，潴为大湖[⑪]，万世而不溢者，自禹[⑫]之后未之见也。夫兵者，聚天下不义之徒，授之以不仁之器[13]，而教之以杀人之事。夫惟天下之未安，盗贼之未殄[14]，然后有以施其不义之心，用其不仁之器，而试其杀人之事。当是之时，勇者无余力，智者无余谋，巧者无余技。故其不义之心变而为忠，不仁之器加之于不仁，而杀人之事施之于当杀。及夫天下既平，盗贼既殄，不义之徒聚而不散，勇者有余力则思以为乱，智者有余谋则思以为奸，巧者有余技则思以为诈，于是天下之患杂然出矣。盖虎豹终日而不杀，则跳踉[15]大叫，以发其怒；蝮[16]蝎终日而不螫[17]，则噬啮[18]草木，以致其毒。其理固然，无足怪者。

昔者刘、项奋臂于草莽之间[19]，秦、楚无赖子弟，千百为辈，争起而应者，不可胜数。转斗五六年，天下厌兵，项籍死，而高祖亦已老矣[20]。方是时，分王诸将[21]，改定律令，与天下休息，而韩信[22]、黥布[23]之徒，相继而起者七国[24]，高祖死于介胄[25]之间而莫能止也。连延及于吕氏之祸，讫孝文而后定[26]。是何起之易而收之难也？刘、项之势，初若决河，顺流而下，诚有可喜。及其崩溃四出，放乎数百里之间，拱手[27]而莫能救也。呜呼！不有圣人，何以善其后？

太祖[28]、太宗[29]，躬擐甲胄，跋履险阻[30]，以斩刈四方之蓬蒿[31]。用兵数十年，谋臣猛将满天下，一旦卷甲而休之[32]，传四世[33]而天下无变，此何术也？荆楚、九江之地[34]，不分于诸将，而韩信、黥布之徒，无以启其心也。虽然天下无变，而兵久不用，则其不义之心，蓄而无所发，饱食优游，求逞于良民。观其平居无事，出怨言以邀[35]其上，一旦有急，是非人得千金不可使也。往年诏天下缮完城池，西川[36]之事，询实亲见。凡郡县之富民，举而籍其名[37]，得钱数百万，以为酒食馈饷之费。杵声未绝，城辄随坏，如此者数年而后定。卒事[38]，官吏相贺，卒徒相矜，若战胜凯旋而待赏者。比来京师，游阡陌[39]间，其曹[40]往往偶语，无所讳忌。闻之土人[41]，方春时，尤不忍闻。盖时五六月矣，会京师忧大水，锄耰畚筑[42]列于两河[43]之壖[44]，县官日费千万，传呼劳问之声不绝者数十里，犹且睊睊狼顾[45]，莫肯效用。且夫内之如京师之所闻，外之如西川之所亲见，天下之势今何如也？

御将者，天子之事也。御兵者，将之职也。天子者，养尊而处优，树恩而收名，与天下为喜乐者也，故其道不可以御兵。人臣执法而不求情，尽心而不求名，出死力以捍社稷，使天下之心系于一人[46]，而己不与焉。故御兵者人臣之事，不可以累天子也。今之所患，大臣好名而惧谤。好名则多树私恩，惧谤则执法不坚。是以天下之兵，豪纵至此，而莫之或制也。顷者，狄公[47]在枢府[48]，号为宽厚爱人，狎昵士卒，得其欢心，而太尉适承其后。彼狄公者，知御外之术，而不知治内之道，此边将材也。古者兵在外，爱将军而忘天子；在内，爱天子而忘将军。爱将军所以战，爱天子所以守。狄公以其御外之心，而施诸其内，太尉不反其道，而何以为治？

或者以为兵久骄不治，一旦绳以法，恐因以生乱。昔者郭子仪[49]去河南，李光弼[50]实代之，将至之日，张用济斩于辕门，三军股栗[51]。夫以临淮[52]之悍，而代汾阳之长者[53]，三军之士，竦然如赤子之脱慈母之怀，而立乎严师之侧，何乱之敢生？且夫天子者，天下之父母也；将相者，天下之师也。师虽严，赤子不以怨其父母；将相虽厉，天下不以咎[54]其君，其势然也。天子者，可以生人[55]杀人，故天下望其生。及其杀之也，天下曰是天子杀之，故天子不可以多杀。人臣奉天子之法，虽多杀，天下无以归怨，此先王所以威怀天下之术也。

伏惟太尉思天下所以长久之道，而无幸一时之名；尽至公之心，而无恤[56]三军之多言。夫天子推深仁以结其心，太尉厉威武以振其堕[57]。彼其思天子之深仁，则畏而不至于怨；思太尉之威武，则爱而不至于骄。君臣之体顺，而畏爱之道立，非太尉吾谁望邪？不宣。洵再拜。

〔注〕 ① 韩枢密：指韩琦，字稚圭，相州安阳（今属河南）人。官至宰相，为“庆历新政”中

主要人物。枢密，即枢密使。宋以枢密院为最高军事机关，神宗以前，长官为枢密使或知枢密院事。 ② 太尉：秦汉时官名，为执掌军事的最高官员。此处为借用。 ③ 贾谊：西汉政论家、文学家。文帝初，召为博士，曾多次上疏，评论时政。 ④《权书》：苏洵著，计十篇，均论用兵。 ⑤ 末议：微不足道之论。为自谦之词。 ⑥ 塍(chéng)：田埂。 ⑦ 壅：堵塞。⑧ 沚(zhǐ)：水中小块陆地。 ⑨ 委江河：曲折流往长江黄河。江，长江；河，黄河。 ⑩ 注淮泗：流入淮河泗水。 ⑪ 潴(zhū)为大湖：水积为大湖。潴，水积之地。大湖，另本为"太湖"。⑫ 禹：大禹。夏朝开国之君，长于治水。 ⑬ 不仁之器：指武器。因专为杀人而制，故谓"不仁"。 ⑭ 殄(tiǎn)：灭绝。 ⑮ 跳踉(liáng)：犹跳跃。 ⑯ 蝮：蝮蛇，一种剧毒之蛇。⑰ 螫(shì)：蜂、蝎等刺人。 ⑱ 噬啮(shì niè)：咬。 ⑲ 刘、项奋臂于草莽之间：刘邦、项羽分别于前209年起事于沛(今江苏沛县)和吴中(今江苏苏州)。 ⑳"转斗五六年"四句：自刘、项起兵，至汉元年(前206)灭秦，其后楚汉为争天下进行了长期战争。 ㉑ 分王诸将：指汉初刘邦分封功臣或后裔为王之事。 ㉒ 韩信：淮阴(今属江苏)人。初投项梁、项羽，后归汉，拜为大将军。以军功初封齐王，徙楚王。后有人告其谋反，降为淮阴侯。又被告与陈豨勾结在长安谋反，为吕后所杀。 ㉓ 黥布：即英布，六县(今安徽六安东)人。率兵数千人从项羽。后背楚归汉，封淮南王。汉初，以彭越、韩信相继为刘邦所杀，因举兵反，战败逃江南，被长沙王(吴芮子成王臣)诱杀。 ㉔ 相继而起者七国：指韩信、英布等七异姓王相继谋反。 ㉕ 死于介胄：指刘邦在镇压英布谋反的战争中为流矢所中，后逝世。介胄，披甲戴盔。 ㉖ 讫孝文而后定：意谓汉文帝即位后，朝政方才安定。孝文即汉文帝，刘恒原为代王，诸吕尽灭，被群臣迎立为帝。 ㉗ 拱手：谓束手无策。 ㉘ 太祖：指宋太祖赵匡胤，世为涿州(今属河北)人，出生于洛阳(今属河南)。后周显德七年(960)，以陈桥兵变代周而立，登帝位，在位十七年。 ㉙ 太宗：宋太宗，初名匡义，改名光义、炅，太祖之弟，在位二十二年。 ㉚"躬擐甲胄"二句：语出《左传》成公十三年："文公躬擐甲胄，跋履山川，逾越险阻。"此指身穿盔甲，跋涉在险阻之中。㉛ 斩刈四方之蓬蒿：喻平定四方。 ㉜ 卷甲而休之：谓宋太祖收兵权事。建隆二年(961)七月，太祖与侍卫亲军马步军都指挥使石守信等饮酒，劝石守信等多积金钱市田宅以遗子孙，多置歌儿舞女饮酒相欢。次日石守信与殿前都指挥使王审琦、殿前副都检点高怀德等皆称病，乞解兵权，太祖从之，授以有职无权的节度使职衔，赏赉甚厚。开宝初，凤翔节度使王彦超来朝，太祖宴请彦超及武行德、郭从义等，亦劝使罢镇改官。此后，宋朝渐以文臣知州，藩镇兵权尽取。 ㉝ 四世：太祖、太宗、真宗、仁宗四朝。 ㉞ 荆楚、九江之地：为韩信、英布受封之地。荆，古代楚国的别称。约当于今长江中游广大地区以及汉水流域。九江，古诸水名。一说在今湖北广济、黄梅一带；一说指今江西赣江及八大支流。一说指今洞庭湖所汇湘、沅等九水。㉟ 邀：同"要"(yāo)，要挟。 ㊱ 西川：沿唐方镇"剑南西川"旧称，指今四川中西部一带。㊲ 籍其名：谓登记其名。 ㊳ 卒事：犹竣工。 ㊴ 阡陌：田间小路，东西为阡，南北为陌。㊵ 曹：等辈。 ㊶ 土人：当地居民。 ㊷ 锄耰(yōu)畚(běn)筑：器具名。耰，状如槌，用以击碎土块，平整土地和覆种。畚，用草绳或竹篾编成的盛土器具。筑，捣土的杵。 ㊸ 两河：黄河、汴河。汴河，又称汴渠，为京杭大运河的一段。自今河南荥阳北引黄河东南流，经开封等县市，至江苏盱眙入淮河。 ㊹ 堧(ruán)：河边之地。 ㊺ 睊(juān)睊狼顾：侧目而视，显得很凶狠。 ㊻ 一人：指天子。 ㊼ 狄公：指狄青，字汉臣，汾州西河(今山西汾河)人。行伍出身，善骑射，有将才。曾四年二十五战，所向披靡。皇祐四年(1052)擢枢密副使。次年拜枢密使。《宋史·狄青传》："行师，先正部伍，明赏罚，与士同饥寒劳苦。故其出，常有功，尤喜推功与将佐。" ㊽ 枢府：枢密院。 ㊾ 郭子仪：唐大将。华州郑县(今陕西华县)人。以武举累官至天德军使兼太原太守。安禄山叛乱时，任朔方节度使，在河北击败史思明。肃宗即位，任关内河东副元帅，收复长安、洛阳，后晋封汾阳郡王。　㊿ 李光弼：其先为契丹酋长。营州柳城(今辽宁朝阳)人。为平息安史之乱的大功臣，后封临淮郡王。　(51)“将至之日”三句：《旧唐书·李光弼传》：乾元二年(759)八月，“史思明因杀安庆绪(禄山子)，即伪位，纵兵河南。(唐)加光弼太尉，兼中书令，代郭子仪为朔方节度、兵马副元帅，以东师委之。左厢兵马使张用济承子仪之宽，惧光弼之令，与诸将颇有异义，欲逗留其众。光弼以数千骑出次汜水县，用济单骑迎谒，即斩于辕门。诸将慑伏。”　(52) 临淮：指李光弼。　(53) 汾阳之长者：指郭子仪。　(54) 咎：怪罪。　(55) 生人：使人活命。　(56) 恤(xù)：忧念、怜悯。　(57) 堕：同“惰”。

此篇写于宋仁宗嘉祐元年(1056)韩琦初任枢密使时。叶梦得《避暑录话》云：“韩魏公(指韩琦，封魏国公)至和(宋仁宗年号，1054—1055)中，还朝为枢密使(韩为枢密使应为嘉祐元年，非至和年间——笔者注)。时军政久弛，士卒骄惰，欲稍裁制，恐其忤怨而生变，方阴图以计为之。会明允(苏洵)自蜀来，乃探公意，遽为书显载其说，且声言教公先诛斩。公览之大骇，谢不敢再见。”由此可见苏洵此文是针对当时军政久弛，士卒骄惰，韩琦初任枢密使，想整顿而又有疑虑之时，决非泛泛之交，而是向韩琦建言献策，以矫正宋初治军之弊而为。

全文可分三部分。

第一部分(第一段)开门见山言自己著书善论兵事及古今形势，言语朴直，引证古今，便于实施。其中谈到所献之《权书》，有《心术》《法制》《强弱》《攻守》《用间》《孙武》《子贡》《六国》《项籍》《高祖》等十篇皆谈用兵之道。可见文中说“自比贾谊”绝非虚妄之谈，亦可看出其忠悃报国之心。

以下切入正题，言用兵之道——养兵不用，骄悍可畏；御兵之术，在于执法。

第二部分(第二至四段)论述养兵不用，骄悍可畏。二段开头即提出“养兵不用之可畏”的论点，然后以水作譬。言水激发于山，奔放入海，导之为沟塍，堵之为沼址，一般人还能做到；但要疏导控制长江黄河，使之流入淮河泗水，汇集洪水成大湖，使其万世不溢为民造福，那只有大禹才能办到。以此来谈“用”之必要。下面转而谈“兵”。先说用兵，聚徒为兵，援之武器，教其杀人，正当天下不安之时，那么军队中的勇者、智者、巧者就会变不义之心为忠，杀那些当杀的不仁之人。此层是讲“用”之好处。以下讲“不用”之坏处——当天下太平时兵聚之不散，则会勇者思乱，智者思奸，巧者思诈，那么天下就会大乱。最后又以虎豹、蝮蝎为例，喻兵不用必乱的道理。此段正如徐扬贡所云：“养兵不用，起处一语提纲下，一喻水，一正说兵。正说中，一层用，一层不用，一连百十句，并作一句，混浩流转，复以喻束住。”(见孙琮《山晓阁选宋大家苏老泉全集》卷一)

第三段，以刘邦、项羽的史实为证，在楚汉相争时，应者不可胜数；待天下统一后，高祖分封诸侯，引起七国之乱，犹为洪水崩溃莫能救也，极言“不用”之危害。

第四段，转入宋朝来谈。先谈太祖、太宗养兵而用兵，斩刈四方，统一天下；一旦天下统一，即削将之兵权，天下太平。然后又以汉之韩信、黥布之乱为例，说明分封诸侯之危害。此从正面来谈养兵之“用”与“不用”，充分肯定了太祖、太宗用兵之道的明智，此一顿挫，然后转入养兵不用的现实。

先从道理讲“兵久不用”，则会起不义之心，求逞于良民，出怨言要挟其上，一旦有急，非千金不可使。然后举出西川、京师两件事实以证之。西川之事指高良夫为益州太守时，闻南诏依智高欲来攻蜀，良夫大惊，移兵屯边郡，发民筑城，日夜不得休息。民争迁居城中，贱卖谷帛，买金银埋于地中。犒赏军兵以酒肉馈饷厚之，结果城池随筑随坏，“数年而后定”。此事例言“数年而后定”，实则半年而定，与事实有出入，但说明养兵不用则骄悍的道理。另一事例，举京城发大水，朝廷每日费千万，而军兵们仍然贪婪不止，不肯效用。进一步证明养兵不用，则骄悍可畏。行文至此则收束。

第三部分(第五至七段)论述御兵之术，在于执法。在第五段先论述将之御兵与君之御将之不同。将之御兵要执法、尽心、出死力捍卫社稷，一句话要出于公，不能求私情、求名。此是正面论述。以下又从反面论述，指出目前令人忧患的是，大臣好名，多树私恩，执法不坚。正因如此，使天下之兵，豪纵而无以制之。然后举前任枢密使狄青为例，言其宽厚爱人，士卒对其亲昵，《宋史·狄青传》谓：“青在枢密四年，每出，士卒辄指目以相矜夸。”得到士兵的欢心。作者认为狄青对士兵宽厚，实为名所累，是“知御外之术，而不知治内之道，此边将材也”。于是道“古者兵在外，爱将军而忘天子”。他主张作为将领应当“使天下之心系于一人(指皇帝)”，捍卫社稷江山。如此议论，就将将领御兵之术放在捍卫国家社稷出以公心的高点来谈，有高屋建瓴之势。意思深切，笔势纵横。

第五段，谈天子御将，将之御兵，从行文来讲似从养兵用兵宕开，实则讲将之御兵出以公心，从而将文章深入展开，为用兵须严以执法作铺垫。

第六段，言兵骄久不治，必须绳之以法。此段开头用设疑法，提出“绳以法，恐因以生乱”。下面就以唐之郭子仪、李光弼治军宽严不同作对比，郭如慈母，李为严师。李治军严，“三军股栗”，何敢生乱。继而谈天子为慈母，将为严师，奉天子之法杀人，实是先王所以威怀天下之术。

最后一段，希望韩枢密使从国家“长久之道”出发，出于公心；不重一时之名，扬厉威武以改变军队的骄惰之风，结束全篇的用兵之道。

本文议论精切,笔势纵横,开阖变化,曲尽其妙。本文中心是养兵须用兵,用兵则以法。开章从反面提出论点;然后用比喻论证及正反论证指出"不用"之危害,"用"之有益;接着又以汉之刘邦、项羽史事证"用"与"不用"之利弊;继而,又以宋之开国与今之现实论"用"与"不用"之得失,从而将文之立意言之剀切。行文时有顿收、宕开、转折、关照、呼应,开阖变化,笔势纵横,故刘大櫆云:"雄放当属宋人书中第一。"(王文濡《评校音注古文辞类纂》卷三十)

文章还善用譬喻与史实剖析道理,既生动形象又能步步深入。语言多用排比、递进句式,意急句促,具有滔滔之势。如:"及夫天下既平,盗贼既殄,不义之徒聚而不散,勇者有余力则思以为乱,智者有余谋则思以为奸,巧者有余技则思以为诈,于是天下之患杂然出矣。"楼昉言此文"辞严气劲","十分回斡精神"(《三苏文范》卷四),颇中肯綮。

(赵慧文)

上欧阳内翰第一书

内翰[①]执事[②]:洵布衣[③]穷居,尝窃[④]有叹,以为天下之人不能皆贤,不能皆不肖[⑤]。故贤人君子之处于世,合必离,离必合。往者天子[⑥]方有意于治,而范公[⑦]在相府,富公[⑧]为枢密副使,执事与余公[⑨]、蔡公[⑩]为谏官,尹公[⑪]驰骋上下,用力于兵革之地。方是之时,天下之人,毛发丝粟[⑫]之才,纷纷然而起,合而为一。而洵也自度[⑬]其愚鲁无用之身,不足以自奋于其间,退而养其心,幸其道之将成,而可以复见于当世之贤人君子。不幸道未成,而范公西[⑭],富公北[⑮],执事与余公、蔡公分散四出[⑯],而尹公亦失势[⑰],奔走于小官。洵时在京师,亲见其事,忽忽[⑱]仰天叹息,以为斯人[⑲]之去,而道虽成,不复足以为荣也。既复自思念,往者众君子之进于朝,其始也必有善人焉推[⑳]之,今也亦必有小人焉间[㉑]之。今之世无复有善人也则已矣,如其不然也,吾何犹焉。姑养其心,使其道大有成而待之,何伤?

退而处十年,虽未敢自谓其道有成矣,然浩浩乎[㉒]其胸中若与曩者[㉓]异。而余公适[㉔]亦有成功于南方,执事与蔡公复相继登于朝,富公复自外入为宰相,其势将复合为一。喜且自贺，以为道既已粗成，而果将有以发[25]之也。既又反而思其向之所慕望爱悦之而不得见之者，盖有六人。今将往见之矣，而六人者已有范公、尹公二人亡焉，则又为之潸然[26]出涕以悲。呜呼！二人者不可复见矣，而所恃以慰此心者，犹有四人也，则又以自解。思其止于四人也，则又汲汲[27]欲一识其面，以发其心之所欲言。而富公又为天子之宰相，远方寒士[28]未可遽以言通于其前，余公、蔡公远者又在万里外[29]，独执事在朝廷间，而其位差不甚贵，可以叫呼扳援[30]而闻之以言。而饥寒衰老之病，又痼[31]而留之，使不克[32]自至于执事之庭。夫以慕望爱悦其人之心，十年而不得见，而其人已死如范公、尹公二人者，则四人之中，非其势不可遽以言通者，何可以不能自往而遽已也[33]？

执事之文章，天下之人莫不知之，然窃自以为洵之知之特深，愈于天下之人。何者？孟子之文，语约而意尽[34]，不为巉刻斩绝[35]之言，而其锋不可犯。韩子[36]之文，如长江大河，浑浩流转[37]，鱼鼋[38]蛟龙，万怪惶惑，而抑遏蔽掩，不使自露，而人自见其渊然[39]之光，苍[40]然之色，亦自畏避，不敢迫视[41]。执事之文，纡余委备[42]，往复百折，而条达疏畅[43]，无所间断，气尽语极，急言竭论，而容与闲易[44]，无艰难劳苦之态。此三者，皆断然自为一家之文也。惟李翱[45]之文，其味黯然[46]而长，其光油然[47]而幽，俯仰揖让[48]，有执事之态。陆贽[49]之文，遣言措意，切近的当，有执事之实。而执事之才，又自有过人者。盖执事之文，非孟子、韩子之文，而欧阳子之文也。夫乐道之人善而不为谄者，以其人诚足以当之也。彼不知者，则以为誉人以求其悦己也。夫誉人以求其悦己，洵亦不为也，而其所以道执事光明盛大之德，而不自知止者，亦欲执事之知其知我[50]也。

虽然，执事之名满于天下，虽不见其文，而固已知有欧阳子矣。而洵也不幸堕在草野泥涂[51]之中，而其知道之心，又近而粗成，而欲徒手奉咫尺之书[52]，自托于执事，将使执事何从而知之，何从而信之哉？洵少年不学，生二十五岁，始知读书，从士君子游。年既已晚，而又不遂刻意厉行[53]，以古人自期，而视与己同列者[54]皆不胜己，则遂以为可矣。其后困益甚，然后取古人之文而读之，始觉其出言用意与己大异。时复内顾[55]，自思其才，则又似夫不遂止于是而已者。由是尽烧曩时所为文数百篇，取《论语》、《孟子》、韩子及其他圣人贤人之文，而兀然端坐[56]，终日以读之者七八年矣。方其始也，入其中而惶然，博观于其外，而骇然以惊[57]。及其久也，读之益精，而其胸中豁然[58]以明，若人之言固当然者，然犹未敢自出其言也。时既久，胸中之言日益多，不能自制，试出而书之。已而再三读之，浑浑乎[59]觉其来之易矣，然犹未敢以为是也。近所为《洪范论》《史论》凡七篇，执事观其如何？嘻，区区[60]而自言，不知者又将以为自誉，以求人之知己也，惟执事思其十年之心[61]如是之不偶然也而察之。

〔注〕 ① 内翰：唐宋时称翰林为"内翰"，这里指欧阳修，他当时任翰林学士。 ② 执事：侍从左右的办事人员，旧时书信用为表敬套语，意谓不敢直接致函对方，而由其执事转达。③ 布衣：平民，此指无官职的读书人。 ④ 窃：犹言"私下"，用作表示个人意见的谦词。⑤ 不肖：不贤。 ⑥ 天子：指宋仁宗赵祯。 ⑦ 范公：范仲淹，字希文，庆历三年(1043)任参知政事(副宰相)。 ⑧ 富公：富弼，字彦国。庆历三年(1043)任枢密副使(全国军事副长官)，分掌北方、西方边防军事。 ⑨ 余公：余靖，字安道。庆历三年(1043)为右正言(谏官)。⑩ 蔡公：蔡襄，字君谟。庆历三年(1043)为秘书丞、知谏院。 ⑪ 尹公：指尹洙，字师鲁。庆历初年以太常丞知泾州(今甘肃泾川)，又以右司谏知渭州(今甘肃陇西)，并兼任泾原路经略部署。 ⑫ 毛发丝粟：喻细小平凡。 ⑬ 度(duó)：忖度，估量。 ⑭ 范公西：庆历四年(1044)六月，范仲淹出任陕西、河东宣抚使。 ⑮ 富公北：庆历四年(1044)八月，富弼出任河北宣抚使。 ⑯ 分散四出：庆历五年(1045)，欧阳修出知滁州(今安徽滁县)，余靖出知吉州(今江西吉安)，蔡襄出知福州(今福建福州)。 ⑰ 尹公亦失势：指尹洙被贬监均州(今湖北均县西北)酒税。 ⑱ 忽忽：心绪愁乱的样子。司马迁《报任少卿书》："忽忽若有所亡。" ⑲ 斯人：这些人，指上述范仲淹等六人。 ⑳ 推：推荐。 ㉑ 间：离间。这里指中伤以离间他们与天子的关系。 ㉒ 浩浩乎：广大的样子。 ㉓ 曩(nǎng)者：从前。 ㉔ 适：恰好。 ㉕ 发：施展。㉖ 潸(shān)然：流泪的样子。 ㉗ 汲汲：心情急切的样子。 ㉘ 远方寒士：作者自指。㉙ 在万里外：当时余靖尚在广西，宋仁宗至和二年(1055)，蔡襄出知泉州(今福建泉州)。㉚ 扳(pān)援：攀附援引。 ㉛ 痼(gù)：久病难治。 ㉜ 不克：不能。 ㉝ "非其势"二句：意谓对于可以用言语来沟通的人，为什么不前往拜见而停止呢。 ㉞ 语约而意尽：即"言简意赅"的意思。约，简略概括。尽，完备。 ㉟ 巉(chán)刻斩绝：形容文辞锐利尖刻。巉，山势险

峻。 ㊱ 韩子：指韩愈。 ㊲ 浑浩流转：大水奔涌澎湃。这里形容文章有气势。 ㊳ 鼋(yuán)：鳖的一种。 ㊴ 渊然：深邃的样子。 ㊵ 苍：深青色，形容深水的颜色。 ㊶ 迫视：就近看。 ㊷ 纡余委备：形容文辞曲折详备。 ㊸ 条达疏畅：指文章条理清楚，意思明白。 ㊹ 容与闲易：形容文章风格从容舒缓，不急迫。容与，从容。闲易，安闲和悦。 ㊺ 李翱(áo)：字习之，唐代散文家。 ㊻ 黯然：幽深的样子。 ㊼ 油然：自然流畅的样子。 ㊽ 俯仰揖让：形容文章的结构既有变化又严谨有序。揖让，宾主相见的礼仪。 ㊾ 陆贽：字敬舆，唐代苏州嘉兴(今浙江嘉兴)人。官至翰林学士，谥号"宣"，因称"陆宣公"。其文多用排偶，委婉畅达，有《陆宣公集》。 ㊿ 知其知我：意谓知道我是您的知己。其，指代作者苏洵自己。我，指代欧阳修。 51 草野泥涂：荒野乡村，与"廊庙""朝堂"相对而言。 52 咫尺之书：指书信。 53 刻意厉行：锻炼意志，砥砺德行。 54 同列者：地位相同的人。这里指一起读书的人。 55 内顾：内省，自我省察。 56 兀(wù)然端坐：形容读书时用心认真的神态。兀然，稳坐不动的样子。 57 "入其中"三句：意谓初读书时，深入钻研书中之意有些恐惧不安，从外部统观浏览这些书籍又令人吃惊。 58 豁然：通晓领悟的样子。 59 浑浑乎：泉水涌流的样子。这里比喻文思奔涌。 60 区区：渺小。自谦之词。 61 十年之心：指长期以来，苏洵对欧阳修等人仰慕之心和自己的求"道"之心。

苏洵的《嘉祐集》中收有写给欧阳修的书信共五封，本文是其中的第一封，故称"第一书"。苏洵在庆历六年(1046)应进士举、茂材异等举皆不中之后，在家乡发愤十年，终于学有所成，并得到了四川地方长官雷简夫及张方平的赏识。雷简夫在《上欧阳内翰书》(见邵博《闻见后录》卷十五)中说："张益州(张方平)一见其文(苏洵的文章)，叹曰：'司马迁死矣，非子吾谁与？'简夫亦谓之曰：'生(指苏洵)，王佐才也。'……执事(指欧阳修)职在翰林，以文章忠义为天下师。洵之穷达，宜在执事(指欧阳修)。"他以此文向欧阳修揄扬推荐了苏洵。于是在嘉祐元年(1056)苏洵携带了苏轼、苏辙二子一同上京赴试，给欧阳修写下了这封带有"行卷"性质的干谒信，希望欧阳修读后能了解、赏识自己的才华，从而引荐自己登上仕途。

然而这封信毫无一般干谒文章阿谀奉承、摇尾乞怜之态，行文迂回曲折，娓娓道来，不卑不亢地推介自己，请求提携的隐衷如剥茧抽丝一般逐渐显露出来。本文诚如明代茅坤所说："此书凡三段，一段历叙诸君子之离合，见己慕望之切；二段称欧阳公之文，见己知公之深；三段自叙平生经历，欲欧阳公之知之也。而情事婉曲周折，何等意气，何等风神！"(《唐宋八大家文钞·苏文公文钞》卷三)

第一部分(即文章的第一、第二自然段)，从天下人中"贤人君子之处于世，合必离，离必合"叙起，摆列欧阳修等贤人君子的离合情况。先叙合。"往者天子方有意于治"，是指仁宗时的"庆历新政"。庆历三年(1043)范仲淹任参知政事(副宰相)，富弼任枢密副使(全国军事副长官)，欧阳修、余靖为谏官，蔡襄为秘书丞、知谏院，尹洙在庆历初知泾州，知渭州，又兼任泾原路经略部署，参与抵抗西夏侵扰的战争。他们都是庆历新政的核心人物，为新政而聚合在一起。次叙离。四年范仲淹西至陕西，出任陕西、河东宣抚使，富弼北往河北，出任河北宣抚使，欧阳修出知滁州，余靖出知吉州，蔡襄出知福州，尹洙被贬监均州酒税。再叙合。余靖"成功于南方"，指余靖为广西路安抚使平定了南方壮族首领侬智高的叛乱。欧阳修等"复相继登于朝"，指欧阳修在至和元年(1054)迁翰林学士，同年蔡襄迁龙图阁直学士，知开封府。二年，富弼为同中书门下平章事(宰相)。尹洙和范仲淹先后亡于庆历七年和皇祐四年(1052)，除了范、尹，四人又聚合在一起。

苏洵用了大量笔墨来叙说诸君子的聚合与离散，文字是否有失简洁？是否有游离主旨之嫌？前人对此也曾有过"颇伤繁"的批评。但是仔细读来，作者如此安排笔墨是大有深意焉。他是故意如此，为了把欧阳修诸君子的"离合"同自己"道"的成与未成联系起来。庆历三年诸贤人君子聚合于朝廷，天下仅有"毛发丝粟之才"的人也纷纷然而起时，苏洵自忖愚笨无用而未"自奋于其间，退而养其心"，想在道有所成时，再与当世之贤人君子相见。而在不久之后，诸贤人君子离散，作者也"不幸道未成"。退处十年，再经磨砺，作者这时感到"浩浩乎其胸中若与曩者异"，道已初成，而往昔的贤人君子中健在的四位，重又聚合到了朝廷，作者终于盼到了"有善人焉推之"的机遇。至此，作为一介布衣的苏洵因何关心贤人君子的离合、因何不嫌其烦地详细叙述他们的离合，其用意已很清楚了，他通过写离合既表达了自己对贤人君子的关心、仰慕，更是为了表达自己对仕进途中机遇的期待。这种从远而近、从大到小的写法，足见作者行文的高明，运思的邃密。可是，信为何要写给欧阳修呢？作者径直道出了原委。因"范公、尹公二人亡焉"，富公又为天子之宰相，远方寒士未可遽以言道于其前，余公、蔡公远者又在万里外，只有欧阳修在朝廷，地位又"差不甚贵"。其实，最直接的原因应是欧阳修作为翰林学士，有提携士子的条件和责任，作者当然要向他呼请，请求援引。这是作者写此信的第一个原因。

第二部分(即第三自然段)承上，既然是向欧阳修请求提携自己，当然要说些恭维欧阳修的话。但作者说来极有艺术。他牢记自己读书人的身份，恪守以文会友的原则，从评论欧阳修的文章入手。先是自诩对欧阳修文章"知之特深，愈于天下之人"，尽管"天下之人莫不知之"。然后，宕开一笔，评论孟子、韩愈的文章。说孟子文章语言简约、意思详尽，不作锐利尖刻的言辞，却锋芒不可冒犯；说韩愈的文章如长江大河，汹涌澎湃，鱼鳖蛟龙深藏其间，令人惊心动魄，不敢近前观看；接着就盛赞欧阳修的文章，说欧文从容不迫，委婉详备，回环曲折，极尽变化而又条理清楚，自然畅达。作者将欧文与孟、韩的文章并列评论，分别说出了各自不同的特点，目的是以孟子、韩愈之文来衬托欧阳修之文，肯定欧阳修的文章自成一家，可追逼甚至超过古人。接着又用李翱、陆贽的文章同欧阳修的相比较。认为前者有欧阳修文章的仪态风格，后者有欧阳修文章的实质，欧阳修文章只是同李文、陆文的某一方面相像而已，这就进一步说明了欧文的自成一家，独树一帜。以上都是借宾陪主的手法。行文至此，可见"洵之知之特深"果然不是虚言。于是苏洵顺势道出了写这封信的第二个原因：他把欧阳修引为文章知己，希望欧阳修也能赏识自己。在说这个写信原因时，再次显示了苏洵的说话艺术。首先他申明他揄扬欧文不是谄媚，而是欧文"诚足以当之"。其次，誉人也不是为了"求其悦己"，而自己一再揄扬欧文只是想让欧阳修了解自己是他的文章知己。明明在求人，却以这等语言出之，似师友间倾心论文，手法何等高明！

第三部分(即第四自然段)转入自我介绍，自叙学习经历。少年不学，二十五岁始知读书，却又不能严格锻炼意志，砥砺德行，还很自负，"视与己同列者皆不胜己"，学业很不长进。后来发愤读书，经过了"惶然""骇然""豁然"三个阶段，"胸中之言日益多"，才有了《洪范论》《史论》等文章。最后要求欧阳修能读一读自己的这些文章，潜台词是希望欧阳修读后也能像自己对他的文章"知之特深"那样来知自己的文章，从而推介提携自己，再次迂回曲折地点明了写此信的目的，可谓水到渠成。据张方平《文安先生墓表》和李一公《东坡密语》等记载，欧阳修读了这封信，看了他的那些文章后，果然对苏洵大为欣赏，称他的文章为"孙卿子(荀子)之文"，并写了《荐布衣苏洵状》向仁宗皇帝举荐，苏洵于是名满京师。

本文三个部分之间前后照应，过渡自然，无不围绕自荐这一中心来展开文字，但措辞含蓄蕴藉，藏而不露。论文一段，见解尤其精辟，抓住了孟子、韩愈、欧阳修等人文章的风格特点，发前人之所未发。故后世常把本文当作干谒体信函与文艺评论的范文来称引。

(沈惠乐)

上张侍郎[1]第二书

省主侍郎执事：洵始至京师时，平生亲旧往往在此，不见者盖十年矣，惜其老而无成。问所以来者，既而皆曰："子欲有求，无事他人，须张益州来乃济[2]。"且云："公不惜数千里走表[3]为子求官，苟归，立便殿[4]上，与天子相唯诺[5]，顾不肯邪？"退自思公之所与我者，盖不为浅，所不可知者，惟其力不足而势不便。不然，公于我无爱也。闻之古人："日中必熭，操刀必割。[6]”当此时也，天子虚席[7]而待公，其言宜无不听用。洵也与公有如此之旧，适[8]在京师，且未甚老，而犹足以有为也。此时而无成，亦足以见他人之无足求，而他日之无及也已。

昨闻车马至此有日，西出百余里迎见。雪后苦风，晨至郑州，唇黑面裂，僮仆无人色。从逆旅主人得束薪缊火[9]，良久乃能以见。出郑州十里许，有导骑[10]从东来，惊愕下马立道周[11]。云宋端明[12]且至，从者数百人，足声如雷，已过，乃敢上马徐去。私自伤至此，伏惟明公所谓洁廉而有文，可以比汉之司马子长[13]者，盖穷困如此，岂不为之动心而待其多言邪？

〔注〕 ① 张侍郎：指张方平，字安道，号乐全居士，应天宋城（今河南商丘）人。当时张由知益州调任盐铁、户部、度支三司使。曾官户部侍郎，故称“张侍郎”。 ② 济：成功。 ③ 走表：上表推荐。 ④ 便殿：帝王休息宴游的别殿。 ⑤ 唯诺：应对。 ⑥“日中”二句：见贾谊《新书·宗首》。意谓办事应该及时。熭（wèi），晒。 ⑦ 虚席：留着位子等候。 ⑧ 适：正好。 ⑨ 束薪缊（yùn）火：束薪，一捆干柴。缊，乱麻、旧絮。火，取暖。 ⑩ 导骑：官员出行时，骑马前驱者称为“导骑”。 ⑪ 道周：路边。 ⑫ 宋端明：即宋祁，字子京，安陆（今属湖北）人，后迁开封雍丘（今属河南）。官至工部尚书。嘉祐元年（1056）八月，张方平罢益州任，宋祁以端明殿学士特迁工部侍郎知益州，故称宋端明。 ⑬ 司马子长：汉代文学家司马迁，字子长。张方平曾称赞苏洵文“似司马子长”（见苏洵《上欧阳内翰第二书》）。

这是苏洵于嘉祐元年冬天写给张方平的第二封求荐信，苏洵于该年春初曾上书张方平（《上张侍郎第一书》），鉴于自己“年几五十”而“以懒钝废于世”的惨痛经历，不忍心轼、辙二子“复为湮沦弃置之人”，尽管自己屡试不中“遂绝意于功名”，但仍寄希望于二子，因此在内心不宁累月之后还是向张方平求援荐引。张方平对苏氏父子才华极为叹赏，便向欧阳修推荐。在欧阳修的推荐下，苏洵父子文名大震，但实际上在嘉祐元年这一年里，他们的境况还是十分窘迫的。这年八月，朝廷召还张方平为三司使，到京已是仲冬，苏洵立即给张方平写了这封信希求再荐，抱着极大的希望。为什么苏洵如此迫不及待呢？这要追溯他与张方平的友谊。

张方平，字安道，河南商丘人，自幼聪明绝伦，举茂才成绩入异等，曾被称为“天下奇才”。他成名早，仕宦通达，先知昆山县，后为翰林学士知制诰，再转滁州、杭州、滑州、益州、知州。他在仁宗至和元年（1054）十一月任益州知州镇守成都时，认识苏洵，很快成为苏洵的知己，也成为改变苏洵命运的重要恩人。张方平在蜀急于访贤，苏洵于是向他上书，这就是至和二年的《上张益州书》，并进献了所著《几策》《衡论》《权书》等文章。张方平读后大加赞赏，“目为司马子长”，并向朝廷推荐。但是这次荐举并没有马上产生实际效用。嘉祐元年春，苏洵带着张方平的推荐信入京拜见欧阳修。虽然欧阳修立刻上《荐布衣苏洵状》，但到这年年底还是没有消息，所以苏洵不得不重新将希望寄托在张方平身上。

这封信的开头，苏洵即交代在京十年未见的亲旧对自己充满了同情，“惜其老而无成”，但都无能为力，说“子欲有求，无事他人，须张益州来乃济”。这说明苏洵对张方平是何等的信赖，也说明他们相知之深，依靠之切。苏洵本来对张方平“千里走表”为他求官充满了期待与感激，说“公之所与我者，盖不为浅”。然而又怀疑是不是张方平“力不足而势不便”。接着又一转念，说“当此时也，天子虚席而待公，其言宜无不听用”，说明张方平是“力足势便”的，而张公又是那样的热心鼎力相助，竟然不起作用，这让苏洵的确产生了绝望的心情，说“此时而无成，亦足以见他人之无足求，而他日之无及也已”，悲凉已极。这就是茅坤所说的“告知己者之言，情词可涕”(《唐宋八大家文钞·苏文公文钞》卷三)。

书信这种文体，本来是向知己倾诉衷情的，以情感动人为重要特色。苏洵平生知己唯张方平相知最深，所以第二段写自己去郑州迎接张方平的经过。他听说张方平回来了，便西出百余里迎见。雪野茫茫，寒风凛冽，他早晨就来到郑州，“唇黑面裂，僮仆无人色”，不得不向旅店主人借一点柴火和旧絮生火取暖。出郑州后又见到宋祁赴益州的前驱随从，于是不得不赶紧惊愕地下马站在路边等候。这种“青袍送玉珂”的士人遭际，足以让人伤感，下千年之泪，而苏洵就是被张方平称为“可以比汉之司马子长者”，现在竟如此穷困，“岂不为之动心”？这让人自然想起苏洵几个月前在赴京途中《上王长安书》中所描述的情景，当时苏洵正对前途充满信心，意气风发，兴会飙举，以居安思危之心，操“士贵王贱”之说，论当今“世衰道丧”之病，认为“士之贵贱，其势在天子；天子之存亡，其权在士”，以“贤士”自居，大有“天将降大任于斯人”的气概。而今却是这样的惨淡悲凉，怎不让人感慨万千。

苏洵的《上张益州书》流露以天下为己任的气概，而《上张侍郎第一书》《上张侍郎第二书》则偏重于身世的感伤，抒写现实窘境，尤其这最后一封信，历述凄凉景况，可以看出苏洵对时局、对自身遭际的失望，甚至到了丧魂落魄的地步。

但这些书信都表现出苏洵散文的一个相同特点，即跌宕顿折之妙，都惟妙惟肖地展现出他既丰富多彩又复杂矛盾的心态，进取的豪宕与现实的冷漠，朋友的真情厚谊与自己的命途多舛总是交织在一起。苏洵散文表现真淳情感和坦荡胸怀，不作摇尾乞怜态，不说华丽浮靡语，不用虚词滥调，就像这篇文章，正如储欣

所言“就目前感动知己，妙绝。其模写亦直造司马子长”(《唐宋十大家全集录·老泉全集录》卷四)。 (吴振华)

上韩舍人[1]书

舍人执事：方今天下，虽号无事，而政化[2]未清，狱讼未衰息，赋敛日重，府库空竭，而大者又有二敌之不臣[3]。天子震怒，大臣忧恐，自两制[4]以上，宜皆苦心焦思，日夜思念，求所以解吾君之忧者。

洵自惟闲人[5]，于国家无丝毫之责，得以优游终岁，咏歌先王之道以自乐。时或作为文章，亦不求人知，以为天下方事事[6]，而王公大人岂暇见我哉？是以逾年在京师，而其平生所愿见如君侯者，未尝一至其门。有来告洵以所欲见之之意，洵不敢不见，然不知君侯见之而何也。天子求治如此之急，君侯为两制大臣，岂欲见一闲布衣，与之论闲事邪？此洵所以不敢遽[7]见也。

自闲居十年，人事荒废，渐不喜承迎将逢[8]，拜伏拳跽[9]。王公大人苟能无以此求之，使得从容坐隅，时出其所学，或亦有足观者。今君侯辱[10]先求之，此其必有异乎世俗者矣。《孟子》曰：“段干木逾垣而避之，泄柳闭门而不纳，是皆已甚。迫，斯可以见矣[11]。”呜呼！吾岂斯人之徒欤？欲见我而见之，不欲见而徐去之，何伤！况如君侯，平生所愿见者，又何辞焉。不宣。洵再拜。

〔注〕 ① 韩舍人：指韩绛，字子华，开封雍丘(今河南杞县)人，官至同中书门下平章事，当时任中书舍人。 ② 政化：政治教化。 ③ 二敌之不臣：指辽和西夏经常侵扰宋的边境，不臣服于宋。 ④ 两制：宋代以翰林学士掌内制，以知制诰掌外制，并称“两制”。 ⑤ 闲人：闲适无所事事之人，此处特指没有官职赋闲在家。 ⑥ 事事：办事，前一事为动词。 ⑦ 遽(jù)：仓促。 ⑧ 承迎将逢：顺从逢迎。 ⑨ 拜伏拳跽(jì)：泛指繁文缛节。拳，同“蜷”，屈曲，指屈身鞠躬。跽，长跪。 ⑩ 辱：敬词，“有劳”的意思。 ⑪ “段干木逾垣”五句：语见《孟子·滕文公下》。段干木，战国初魏文侯时贤人，他守道不移，据说为了拒绝做官，当魏文侯造访时，他翻墙躲避。泄柳，春秋时鲁国人，鲁缪公听说他贤明，前去拜访，他开始闭门不出，后为缪公臣。迫，迫不得已。

宋仁宗嘉祐元年(1056),四十八岁的苏洵送二子入京应试,他带着益州知州张方平和雅州知州雷简夫的推荐信,向曾参与庆历新政、现任翰林学士并权知礼部贡举的著名文豪欧阳修求见,并献上自己苦学十年精心结撰的文章。欧阳修读后大加赞赏,认为苏洵文章具有荀子散文议论纵横、鞭辟入里的风采。欧阳修当时正致力于恢复古道、力挫时文,因此要奖掖苏洵这样的通经学古、履忠守道之士,他随即向朝廷上《荐布衣苏洵状》,状中说:"眉州布衣苏洵,履行淳固,性识明达,亦尝一举有司,不中,遂退而力学。其论议精于物理而善识变权,文章不为空言而期于有用。其所撰《权书》《衡论》《几策》二十篇,辞辩闳伟,博于古而宜于今,实有用之言,非特能文之士也。其人文行久为乡闾所称,而守道安贫,不营仕进,苟无荐引,则遂弃于圣时。"(《欧阳文忠公集》卷一百一十)尽管朝廷没有马上下诏录用,但欧阳修的大力荐誉,使苏洵文名大震。加上不久他的两个儿子不负众望,举进士入高等,因此父子三人名动京师,以至有王公大人主动登门求见。嘉祐二年春天,时任翰林学士的大臣韩绛就是最早求见苏洵的人。苏洵对心仪已久却素昧平生的大臣求见,心情既万分激动又非常矛盾,在这篇《上韩舍人书》中有真切的流露。这封书信也比较典型地展现了苏洵那特有的战国策士的孤傲品性,体现了苏洵散文纵横恣肆、酣畅淋漓的风格特点。

书信这种文体要求舒展拓衍,议论风生,故徐师曾说:"书者,舒也,舒布其言而陈之简牍也。"(《文体明辨序说》)在具体的"舒布其言"时,又要求能够委曲详尽地展露心声,故徐氏又说:"书记之体,本在尽言,故宜条畅以宣意,优柔以怿情,乃心声之献酬也。"(同上)在"献酬心声"时,苏洵运用委婉曲折的方式表情达意,极富顿折跌宕之致。开篇即运用欲扬先抑的手法,说方今天下虽号太平无事,但是政治教化还未真正清明,狱讼并未衰息,赋敛日加沉重,府库空竭,而西北边境又有辽和西夏的不断骚扰,正值内忧外患不断加剧的关键时期,因此"天子震怒,大臣忧恐"。接着一段刻画两制大臣忙于"解吾君之忧"而"苦心焦思,日夜思念"的情状,在这样的情境下,他们当然是无暇来见苏洵这样的"闲人"了。而这样抑的写法,就是为下文写韩绛竟然忙里偷闲亲自求见的出人意料和十分难得。这里通过对时局的一番议论,可谓切中当时内忧外患的病根,也潜含着希望朝廷广开言路,让更多的人参与议论朝政为天子分忧的心声。同时也自然地过渡到第二段叙写自己悠闲自乐的处境上来。

与两制的"忙"相比,自己可以说是典型的"闲人",不需要对国家负任何的责任,"优游终岁,咏歌先王之道以自乐"。而透过这个"闲"字,我们可以体会到苏洵并不甘心这样的悠然自乐,其实他是急切地想参与朝政,不然他就不会向朝廷进献自己的文章。这貌似闲暇的心境里实含有对朝廷未能重用自己的忧愤不平，因此产生了“亦不求人知”，只以文章自娱的心态。文章写完自己的“闲”之后，突然兀立一句：“天下方事事，而王公大人岂暇见我哉?”因为自己这一年在京师闲居，平生所愿见的像韩舍人这样的人，都未尝一至其门，就是具体的例证。因此，当韩绛登门求见时，苏洵一时不知所措，说是“不敢不见”，但不知为何求见，而“不敢遽见”。因为韩舍人是两制大臣，正忙于“解吾君之忧”，岂能有闲暇来与“闲人”论“闲事”呢？这里写出了苏洵的复杂心态，一方面他是十分兴奋的，因为心仪的大臣竟然登门求见，这是仕途希望的开端；另一方面，他又担心韩舍人以“闲人”待之，想以不论闲事，不拘世俗之礼作为条件。看似倨傲，其实是希望得到重用。正如储欣所言“欲韩公加礼而论议天下之事”(《唐宋十大家全集录·老泉全集录》卷四)。

接下来一段宕开一笔，说自己“闲居十年，人事荒废”，形成了不愿顺从逢迎、屈身拜伏的孤傲品行。基于此，他说如果王公大人不以繁文缛节来要求，能让他“从容坐隅，时出其所学，或亦有足观者”。这正是他自尊、自负、自信的表现。因此他对韩绛的求见抱着极大的希望，认为必定与世俗不同。行文至此，苏洵已将自己的复杂心声宣泄出来了，但文势尤未能已，又引出孟子论说的两个倨傲之士段干木和泄柳作为不知权变的典型，说明自己并非那些立志归隐避世不愿从政的人，因此见与不见都没有关系，对仕与隐看得很通脱。而韩绛又是自己平生所愿见者，当然是不可推辞的。

这篇书信紧紧围绕自己的心态这条主线，通过“忙”与“闲”的对比，层层铺垫，从两制大臣的无暇见写到竟主动登门求见，从自己的不敢不见到不敢遽见，最后非常愉快地表示愿意见，真是顿折跌宕，波澜起伏。推论、假设、设问、反问叠相运用，如长江大河滔滔奔注，雄放自如，从中展现出苏洵坦荡洒脱又倨傲自负的个性和忧愤不平而急于效力的复杂心态。

(吴振华)

与梅圣俞[1]书

圣俞足下[2]：瞬间[3]忽复岁晚，昨九月中尝发书，计已达左右。洵闲居经岁[4]，益知无事之乐，旧病渐复散去。独恨沦废山林，不得圣俞、永叔[5]相与谈笑，深以嗟惋。

自离京师，行已二年[6]，不意朝廷尚未见遗，以其不肖之文[7]犹有可者，前月承本州发遣赴阙[8]就试。圣俞自思，仆岂欲试者[9]？惟其平生不能区区[10]附合有司[11]之尺度，是以至此穷困。今乃以五十衰病之身，奔走万里以就试，不亦为山林之士所轻笑哉！自思少年尝举茂材[12]，中夜起坐，裹饭携饼，待晓东华门[13]外，逐队而入，屈膝就席，俯首据案。其后每思至此，即为寒心。今齿[14]日益老，尚安能使达官贵人复弄其文墨，以穷其所不知邪？

且以永叔之言[15]，与夫三书[16]之所云，皆世之所见。今千里召仆而试之，盖其心尚有所未信，此尤不可苟进以求其荣利也。昨适有病，遂以此辞。然恐无以答朝廷之恩，因为《上皇帝书》[17]一通以进，盖以自解其不至之罪而已。不知圣俞当见之否？冬寒，千万加爱。

〔注〕①梅圣俞：名尧臣，字圣俞，宣城(今属安徽)人，北宋诗人，官至尚书都官员外部。与欧阳修友谊颇深，常相唱和。 ②足下：称呼对方的敬词。 ③睽(kuí)间：分离，离别。 ④经岁：一年。 ⑤永叔：欧阳修，字永叔。 ⑥"自离京师"二句：苏洵于嘉祐二年(1057)五月因其妻程氏卒于家而匆匆离京，至嘉祐三年十二月将近两年。 ⑦不肖之文：指苏洵所著、欧阳修上奏朝廷的《几策》《权书》《衡论》，计二十二篇。 ⑧赴阙：赴京城。 ⑨仆岂欲试者：苏洵《上韩丞相书》："洵少时自处不甚卑，以为遇时得位当不卤莽。及长，知取士之难，遂绝意于功名而自托于学术。" ⑩区区：专心一意。 ⑪有司：官吏，古代设官分职，各有专司，故称有司。 ⑫茂材：即"茂材异等"，制科考试名。欧阳修《故霸州文安县主簿苏君墓志铭》："举进士不中，又举茂材异等不中。" ⑬东华门：据《宋史·地理志一》载，东京宫城"东西面门曰东华、西华"，宫内有集英殿，为殿试之所。 ⑭齿：年齿、年龄。 ⑮永叔之言：指欧阳修《荐布衣苏洵状》。 ⑯三书：指苏洵所著的《权书》《衡论》《几策》。 ⑰《上皇帝书》：指苏洵《上皇帝书》。

此文写于嘉祐三年(1058)十二月。嘉祐元年，苏洵携长子苏轼、次子苏辙首次出川赴京应举，次年兄弟二人中同榜进士，时欧阳修知贡举，梅尧臣为属官。梅曾向欧阳修推荐苏轼试卷。欧阳修很赏识苏轼，并荐苏洵于朝。二年五月，苏洵妻程氏卒于家乡，苏洵携子归里。三年十一月，朝中召苏洵试策论于舍人院。苏洵上书仁宗，称病不赴试。此《与梅圣俞书》谈了他不赴试的真实原因。

首段，言离别之后已到岁末，自己回乡后一年余无事繁扰颇自得其乐，旧病渐消。只是不能与在京城的梅圣俞、欧阳修相与谈笑，深为叹惋。从中可看到梅、欧二人对苏洵品学的赏识，苏洵对梅、欧二人的敬仰之情。欧阳修在嘉祐元年秋写的《荐布衣苏洵状》中道："伏见眉州布衣苏洵，履行淳固，性识明达……其论议精于物理而善识变权，文章不为空言而期于有用。"对苏洵赞赏有加。

第二段，写出其不赴京参与试策论的真实原因。开头讲离开京城已有两年，没有想到朝廷尚认为自己的文章有可取处，上月本州（眉州）转发来赴京就试的文件。这里所谈的"不肖之文"是指苏洵所著，欧阳修上奏朝廷的《几策》《权书》《衡论》二十二篇。当时，欧公在《荐布衣苏洵状》中，对苏洵这些文章极为称赞，言"其所撰《权书》《衡论》《几策》二十篇，辞辩闳伟，博于古而宜于今，实有用之言，非特能文之士也"。既然如此，那么梅圣俞大约想苏洵会上京应试。而苏洵却不想赴试，其原因是：苏洵在《上韩丞相书》中道："洵少时自处不甚卑，以为遇时得位当不卤莽。及长，知取士之难，遂绝意于功名而自托于学术。"在《上文丞相书》中也说："不复以考举为意。"在本篇又道"惟其平生不能区区附合有司之尺度，是以至此穷困"，在《广士》一文中更说："人固有才智奇绝而不能为章句、名数、声律之学者，又有不幸而不为者。苟一之以进士，制策，是使奇才绝智有时而穷矣。"这里所谈不赴京考试的原因有二：第一，自己的才智不长于为章句、名数、声律之学，因此不可能专心一意地去做符合有司官员尺度的文章，如果为了考中进士等专做此类文章，那么奇才绝智也就受限制而穷了，因此，绝意于功名而托身于学术，不再以科举为意；第二，少年时曾考过"茂材异等"，所受之罪，"每思至此，即为寒心"，现在的五十衰病之身，再赴京就试岂不为山林之士所轻视笑话。

在第三段中还谈了一个重要的原因：自己的识见才学早在《几策》《权书》《衡论》等二十二篇文章中展示了，并有欧阳修的推荐，世上都已了然，何必再千里迢迢去赴试以求荣利。在《上皇帝书》中最后道："曩臣所著二十二篇，略言当世之要，陛下虽以此召臣，然臣观朝廷之意，特以其文采词致稍有可嘉，而未必其言之可用也。"更深刻地揭示了科考的弊病是重文采轻实用。

此文最后提到为答谢朝廷之恩，又写了《上皇帝书》以进，其中针对现实中的问题，写了十点建议，这是在全面而深刻地分析北宋政治、经济、军事等领域的形势与存在问题后提出的。此书五千余言，洋洋洒洒，"反复数千言，于天下事了然，心目自尔快切明透"（《御选古文渊鉴》卷四十七）。

由此文可看出苏洵时怀世事心思报国，但不愿以才智附和有司之尺度去赴试，遂绝意于功名而自托于学术。

苏洵文以议论见长，但有些记叙文字亦写得十分出色。如本文中抚今追昔的一段："自思少年尝举茂材，中夜起坐，裹饭携饼，待晓东华门外，逐队而入，屈膝就席，俯首据案。其后每思至此，即为寒心。"绘声绘色，情见乎词，叙写平易从容，而批判锋芒直指不合理的科举考试制度。

（赵慧文）

张益州画像记

至和元年[①]秋，蜀人传言有寇至[②]，边军夜呼，野无居人。妖言[③]流闻，京师震惊。方命择帅，天子曰："毋养乱，毋助变。众言朋兴[④]，朕志自定。外乱不作，变且中起。不可以文令，又不可以武竞，惟朕一二大吏，孰为能处兹文武之间，其命往抚朕师？"乃推曰："张公方平其人。"天子曰："然。"公以亲辞，不可，遂行。冬十一月至蜀。至之日，归屯军，撤守备，使谓郡县："寇来在吾，无尔劳苦。"明年正月朔旦[⑤]，蜀人相庆如他日，遂以无事。又明年正月，相告留公像于净众寺，公不能禁。

眉阳[⑥]苏洵言于众曰："未乱，易治也。既乱，易治也。有乱之萌，无乱之形，是谓将乱。将乱难治，不可以有乱急，亦不可以无乱弛。是惟元年之秋，如器之欹[⑦]，未坠于地。惟尔张公，安坐于其旁，颜色不变，徐起而正之。既正，油然[⑧]而退，无矜容[⑨]。为天子牧[⑩]小民不倦，惟尔张公。尔繄[⑪]以生，惟尔父母。且公尝为我言：'民无常性，惟上所待。人皆曰蜀人多变，于是待之以待盗贼之意，而绳[⑫]之以绳盗贼之法，重足屏息[⑬]之民而以砧斧[⑭]令。于是民始忍以其父母妻子之所仰赖之身，而弃之于盗贼，故每每大乱。夫约之以礼，驱之以法，惟蜀人为易。至于急之而生变，虽齐鲁亦然。吾以齐鲁待蜀人，而蜀人亦自以齐鲁之人待其身。若夫肆意于法律之外，以威劫齐民[⑮]，吾不忍为也。'呜呼！爱蜀人之深，待蜀人之厚，自公而前，吾未始见也。"皆再拜稽首[⑯]曰："然。"

苏洵又曰："公之恩在尔心，尔死，在尔子孙，其功业在史官，无以像为[⑰]也。且公意不欲，如何？"皆曰："公则何事于斯[⑱]？虽然，于我心有不释焉。今夫平居闻一善，必问其人之姓名与乡里之所在，以至于其长短大小美恶之状，甚者或诘[⑲]其平生所嗜好，以想见其为人，而史官亦书之于其传。意使天下之人，思之于心则存之于目，存之于目，故其思之于心也固。

由此观之，像亦不为无助。”苏洵无以诘，遂为之记。

公南京[20]人，为人慷慨有大节，以度量[21]雄天下，天下有大事，公可属[22]。系之以诗曰：

天子在祚[23]，岁在甲午[24]。西人[25]传言，有寇在垣[26]。庭有武臣，谋夫如云。天子曰嘻，命我张公。公来自东，旗纛舒舒[27]。西人聚观，于巷于途。谓公暨暨[28]，公来于于[29]。公谓西人：安尔室家，无敢或讹[30]。讹言不祥，往即尔常[31]。春尔条[32]桑，秋尔涤场[33]。西人稽首，公我父兄。公在西囿[34]，草木骈骈[35]。公宴其僚，伐鼓渊渊[36]。西人来观，祝公万年。有女娟娟[37]，闺闼[38]闲闲[39]。有童哇哇[40]，亦既能言。昔公未来，期[41]汝弃捐[42]。禾麻芃芃[43]，仓庾崇崇。嗟我妇子，乐此岁丰。公在朝廷，天子股肱[44]。天子曰归，公敢不承。作堂严严[45]，有庑[46]有庭。公像在中，朝服冠缨。西人相告，无敢逸荒。公归京师，公像在堂。

〔注〕①至和元年：公元1054年。至和，宋仁宗的年号(1054—1056)。②有寇至：当时谣传在大理的侬智高要进犯益州。③妖言：怪诞荒唐、蛊惑人心的言论。④朋兴：群起。⑤正月朔旦：指阴历正月初一。朔，阴历每月初一。⑥眉阳：眉山之阳，山的南面称阳。苏洵原籍眉山(今属四川)。⑦攲(qī)：倾侧。这里指倾斜将倒的样子。⑧油然：这里指温谨而自然的样子。⑨矜(jīn)容：居功自傲的表情。⑩牧：治。古代统治者轻视人民，把官吏统治人民比作牧羊。⑪繄(yī)：是。⑫绳：原本是指木工取直用的墨线，引申为按一定的标准去衡量、纠正。这里是约束，制裁的意思。⑬重(chóng)足屏(bǐng)息：形容十分害怕的样子。重足，叠足而立，不敢前进。⑭砧斧：指严刑酷具。砧，是古代腰斩时铡刀下面的垫板。⑮齐民：平民百姓。⑯稽(qǐ)首：叩头至地，古代的一种跪拜礼。⑰无以像为：不用画像。⑱何事于斯：意思是对此不在意。斯，此，指画像事。⑲诘(jié)：询问。下文“苏洵无以诘”的“诘”，反诘，反驳。⑳南京：北宋时的南京，在今河南商丘南。㉑度量：器量，胸襟。㉒属(zhǔ)：托付。㉓祚(zuò)：指皇位。㉔甲午：甲午年，指宋仁宗至和元年(1054)。㉕西人：因为北宋四川路(治所益州)在京城汴梁(今河南开封)之西，故称蜀人为西人。㉖垣(yuán)：墙。这里指边境。㉗旗纛(dú)舒舒：旗帜飘扬。纛，古代军队或仪仗队的大旗。舒舒，形容旗帜飘拂的样子。㉘暨(jì)暨：果断刚毅的样子。㉙于于：行动舒缓自得的样子。㉚无敢或讹：意思是不要传谣言。讹，假。这里指传谣言。㉛往即尔常：就像你们往常那样。㉜条：这里是修剪的意思。㉝涤场：扫除打谷场。㉞囿(yòu)：本指养动物的园子，这里指园林花圃。㉟骈骈：草木并生而茂盛的样子。㊱渊渊：形容击鼓声音的平和。㊲娟娟：美好的样子。㊳闺闼(tà)：女子居住的内室。㊴闲闲：从容自得的样子。㊵哇哇：犹“咿呀”，小儿学语声。㊶期：料定，

必定。 ㊷ 弃捐：丢弃。 ㊸ 芃(péng)芃：植物茂密旺盛的样子。 ㊹ 股肱(gōng)：比喻帝王左右辅助得力的大臣。股，大腿。肱，胳膊上从肩到肘的部分。 ㊺ 严严：庄严肃穆的样子。 ㊻ 庑(wǔ)：堂周围的廊屋。

本文作于嘉祐元年(1056)正月。是年三月，苏洵带领轼、辙二子至成都辞别张方平至京师准备应进士试。

张方平，字安道，官至太子太保，曾任益州(治所在今四川成都)知州，故称“张益州”。张方平任益州知州期间，很注意访贤，据《宋史》本传记载，张方平“守蜀日，得眉山苏洵与其二子轼、辙，深器异之”，认为苏洵父子都是人才。在苏洵携子至京师前，他就写信给欧阳修等人，极力举荐苏洵。苏洵对他也深深地怀有知遇之感，因而精心结撰本文，尽力称赞张方平的为人与政绩，以示报谢。

张方平在朝廷曾任翰林学士、知制诰等职；在地方上除益州外，还曾任滁州、杭州、滑州等地知州，确是个“能处兹文武之间”的人才。至和元年(1054)至益州任知州，是因为传言壮族首领侬智高将进犯蜀地，朝廷令他去平乱。张方平却认为当时侬智高远在大理(辖今云南全境及四川西南)，距益州有两千多里，道路险阻，不可能大举进蜀，于是决定以静镇之。他一到成都就召还屯边之兵，停止筑城之役；上元节照常观灯，还命令城门通宵不闭。结果，不出他之所料，侬智高没有入蜀，蜀地民心大安，百姓们在净众寺高挂张方平的画像以示感恩和纪念。这就是本文第一段所述的情况，是作者写作本文的缘起。

作为一篇以描写张方平这个人物为中心的“记”，本文用了多侧面的描写手法。文章第一段天子为了处理变乱而择帅时，要求既不可以用文的办法应付，又不可以用武的手段解决，而要有一个能在文武两者之间行事的人来统领安抚部队，张方平恰好是大臣们一致推举的人选，这就为他的出场烘托了气氛，有先声夺人的作用。然后文章再以张方平的言行、政绩，正面描写他的儒将本色。一上任就“归屯军，撤守备”，并说“寇来在吾，无尔劳苦”，他向蜀地军民作出了承诺，第二年果然就平安无事。至此，张方平的形象已基本确立。可是作者并不停留于此，接着再通过与蜀地民众的对话，用大段议论进一步赞扬张方平，丰满他的形象。这段议论文包含有两层意思：一是高度评价张方平弭乱的功绩，突出他谦和的品格。张方平至蜀时面对的是将乱的局面，“未乱，易治也。既乱，易治也”，而“将乱难治，不可以有乱急，亦不可以无乱弛”，但张方平却成功地处理了危局，就如把一个将要倾倒的器皿扶正，不使它坠地一样，其功非小。他如同生养百姓的父母，可是不居功自傲。二是转述并阐发张方平的话，赞扬他的治蜀方针。张方平曾告诉苏洵，他对于“蜀人多变”的性格特点，不像别的官员那样用对待盗贼之心来对待他们，用制裁盗贼的法令来制裁他们，这会造成他们自暴自弃地加入盗贼的队伍之中，而是“约之以礼，驱之以法”，像对待礼仪之邦的齐鲁百姓那样来对待他们，使得蜀中百姓也就像齐鲁百姓一样容易治理了。他不忍心用威势来胁迫百姓。张方平服膺的是儒家的仁政，在他身上体现了宽政爱民的思想，因此苏洵感慨万千地说：“爱蜀人之深，待蜀人之厚，自公而前，吾未始见也。”行文至此，一个卓有才干、崇尚教化的儒将形象已跃然纸上，无怪乎受其恩泽的百姓要为他画像，“使天下之人，思之于心则存之于目”。

作者在文末用四言诗作的赞，热情颂扬了张方平的政绩，为全文作了总结。依次写了西蜀有乱、天子命师、张公平乱、张公宴客、西人祝寿、年丰仓实、感恩留像，概括了张方平至蜀、治蜀的过程和政绩，以及百姓对此的反应。其中所写的“公宴其僚”“嗟我妇子，乐此岁丰”等安乐融洽、兴旺欢悦的场面为正文所不备，起了补充丰富正文内容的作用。诗的语言风格颇似《诗经》，有的文句如“春尔条桑，秋尔涤场”，即从《豳风·七月》“蚕月条桑”“十月涤荡”化出；写“公宴其僚，伐鼓渊渊。西人来观，祝公万年”的场面，颇有《诗经·大雅》飨客宴乐的遗韵。

这篇以记人为主的文章集记事、议论、诗赞于一体，全面反映了作者驾驭文字的功力，是苏洵传世文章中的一篇力作，故茅坤评论本文说：“词气严重，极有法度。益州（张方平）常称老苏似司马子长（司马迁），此记自子长之后，殆不多得。”（《唐宋八大家文钞·苏文公文钞》卷十）

（沈惠乐）

彭州[1]圆觉禅院记

人之居乎[2]此也，其必有乐乎此也。居斯乐，不乐不居也。居而不乐，不乐而不去，为自欺，且为欺天。盖君子耻食其食而无其功[3]，耻服其服而不知其事[4]。故居而不乐，吾有吐食脱服[5]，以逃天下之讥而已耳。天之畀[6]我以形，而使我以心驭[7]也。今日欲适秦，明日欲适越，天下谁我御[8]？故居而不乐，不乐而不去，是其心且不能驭其形，而况能以驭他人哉？

自唐以来，天下士大夫争以排释老为言[9]，故其徒之欲求知于吾士大夫之间者，往往自叛其师以求容于吾[10]，而吾士大夫亦喜其来，而接之以礼。灵师、文畅[11]之徒，饮酒食肉，以自绝于其教。呜呼！归尔父子[12]，复尔室家[13]，而后吾许尔以叛尔师。父子之不归，室家之不复，而师之叛，是不可以一日立于天下。《传》曰："人臣无外交⑭。"故季布之忠于楚也⑮，虽不如萧⑯、韩⑰之先觉，而比丁公⑱之贰则为愈。

予在京师⑲，彭州僧保聪⑳来求识予㉑甚勤。及至蜀，闻其自京师归，布衣蔬食，以为其徒先㉒。凡若干年，而所居圆觉院大治。一日，为予道其先师平润㉓事，与其院之所以得名者，请予为记。予佳聪之不以叛其师悦予也，故为之记曰：

彭州龙兴寺僧平润，讲《圆觉经》㉔有奇，因以名院。院始弊不葺㉕，润之来，始得隙地以作堂宇㉖。凡更二僧而至于保聪，聪又合其邻之僧屋若干于其院以成。是为记。

〔注〕 ① 彭州：今四川彭州。 ② 居乎：犹位于，身在某处。 ③"盖君子"句：谓君子耻于食禄而没有功绩。 ④"耻服"句：耻于身着官服却不了解自己所掌握的事务。 ⑤ 脱服：脱去官服。 ⑥ 畀(bì)：给，给予。 ⑦ 以心驭：用心驾驭自己。 ⑧ 天下谁我御：意谓天下谁能阻止我。谁我御，即谁御我。御，止，止息。一说，御，驾驭，控制。《周易·系辞上》："夫易，广矣大矣！以言乎远则不御。"孔颖达疏："御，谓无所止息也。" ⑨"自唐"二句：谓唐代以来，天下的士大夫争着排斥佛老。中唐以韩愈为代表，大张儒家之道，排斥佛老。释，佛教。老，道教。 ⑩"往往"句：往往背叛自己所师之道以求见容于我辈儒家士大夫。吾，苏洵自指，他信奉儒学。容，容纳。 ⑪ 灵师、文畅：与韩愈同时之僧人，不守佛门戒律。韩愈《送灵师》云："灵师皇甫姓，胤胄本蝉联。少小涉书史，早能缀文篇。……饮酒尽百觥，嘲谐思逾鲜。"韩愈《送文畅师北游》亦言文畅"酒场舞闺姝，猎骑围边月"。 ⑫ 归尔父子：指僧人回家还俗。 ⑬ 复尔室家：指还俗回家与妻子恢复关系。尔，你，你们。 ⑭ 人臣无外交：《穀梁传·隐公元年》："寰内诸侯，非有天子之命，不得出会诸侯。"《礼记·郊特牲》："为人臣者无外交。" ⑮"故季布"句：《史记·季布栾布列传》载，季布，楚人也，项羽使将兵，数窘刘邦。项羽灭，邦赦布，拜为郎中。 ⑯ 萧：指萧何，汉初大臣。沛(今属江苏)人。曾为沛县吏，秦末佐刘邦战胜项羽，建汉朝。 ⑰ 韩：韩信汉初诸侯王。淮阴(今江苏清江西南)人，初属项羽，后归刘邦，被任为大将，楚汉相争时，助刘邦灭项羽。封齐王、楚王。 ⑱ 丁公：季布母弟丁公为楚将，在楚汉相争时放走刘邦。羽灭，丁公谒见，刘邦斩丁公，曰："使后世为臣者无效丁公。"见《史记·季布栾布列传》。 ⑲ 京师：指北宋京都汴京(今河南开封)。 ⑳ 保聪：未详其生平。 ㉑ 求识予：希望和我结交。 ㉒ 为其徒先：做他徒弟的表率。 ㉓ 平润：未详其生平。 ㉔《圆觉经》：佛经名，全称《大方广圆觉修多罗了义经》，记释迦答文殊、善贤等问。 ㉕ 葺(qì)：指修理房屋。 ㉖ 堂宇：谓庙宇。堂，殿。宇，屋檐，屋宇。

本篇写作时间不详。据文中"及至蜀……请予为记"所言，可能作于离开京师后在四川家居期间。全文虽命题为《圆觉禅院记》，并不以禅院修葺为重点，而是借此谈人生应当心身一致的哲理。

首段统领全篇，凌空而来，"天之畀我以形，而使我以心驭也"，极为警策地谈到我心要驭我形，心形一致。作者认为人身居于某处，必是乐于此；不乐，就不居于此;如果居而不乐,又不离开,就是自欺,甚至是欺天。此以“自欺”“欺天”来指出心形相背的严重性。下面又举出君子食俸禄而无功绩,穿官服而无所事事是应引以为耻的,进一步说明身位于此,心也必须与身一致,做出业绩;否则,不如脱去官服,退其俸禄,免得天下人耻笑讥讽。此段从正反两方面进行论述,指出心形一致的重要性。

第二段,结合禅院之僧徒来谈为人必须心形一致。先言自唐以来,士大夫排斥佛老,禅门僧徒自叛其师以求见容于士大夫等现象,此从历史的深度来谈僧徒的心形不一,“往往自叛其师”又从现实的广度来谈。接着又举出唐代的僧徒灵师、文畅为例,言其饮酒食肉歌舞娱乐去败坏佛门法规。这种心形不一是作者不能容忍的,文章道:“呜呼!归尔父子,复尔室家,而后吾许尔以叛尔师。”言其如此破坏佛门清规,还不如还俗好了,做到心形一致。然后又从反面论述道,如果不还俗,却要背叛佛门宗师,这样“是不可以一日立于天下”的。此句故言心形不一的危害性。以下又举了汉朝季布与丁公的例子,季布忠而不贰受到尊重得以重用,丁公背叛为贰臣受到诛杀的后果,此从心形不一,引申到“叛”,进一步说明“叛”之危害性。

第三段,正笔落到文题“圆觉禅院”。叙写彭州僧保聪尊其师平润,而不是叛其师取悦于士大夫,以布衣蔬食做僧徒榜样,经过努力,艰苦奋斗,将平润师留下的圆觉禅院进行了大的修葺,请苏洵作题记。文末以“予佳聪”三字,来称赞保聪品德的高尚美好作结。

第四段,是苏洵所写之“记”的内容。其中讲到“圆觉禅院”命名的由来,是因为龙兴寺僧平润讲《圆觉经》特别突出有贡献,故以“圆觉”命名禅院。并论述了平润僧辟地建堂,保聪僧继师志扩大修葺的情况。在后两段的叙写中,很好地表现了人之心形一致终成事业的内容,从而与首段心形一致的命题遥相呼应。

本文立意深刻,论述由远及近,形散神不散。文题是“彭州圆觉禅院记”,开章却谈居与乐,第二段又谈唐之以后排斥佛老,似都与圆觉禅院无关,只有后半部分才涉及禅院事,故有论者曰,苏洵文章各自为片段。实则不然,本文立意是论“心形一致”的重要性。故在第一段从居与乐谈起,居于此,乐于此,则心形一致;居而不乐,不乐而不去,是心形不一。士大夫为官食禄,知其事,成其功,则心形一致;居官食禄而无所事事,则心形不一。第二段,以唐之僧灵师、文畅为例,身在庙宇,却饮酒食肉,违犯清规,是心形不一。在这两段极言心形不一的危害性;不仅受“天下之讥”,而且“不可以一日立于天下”。此立意对当时的在其位而不谋其政的现象是有深刻的现实针对性的。第三段、第四段扣住文题谈圆觉禅院僧人保聪如何心形一致一生为僧,一心一意继师业节衣缩食兴建圆觉禅院,弘扬佛法。全文论述由远及近,形散神不散。

此文采用对比论证与史实论证法,论辩有力。如第一段,以居而乐与居而不乐又不去对比。第二段,以唐之僧灵师、文畅犯教规而不去与返俗归家对比,以汉之季布不贰而荣与丁公为贰被杀对比。第三、四段以平润师与保聪僧作类比,同时又与唐之灵师、文畅作反比。如此鲜明的对比论证及史实论证,有力地阐释了论点,无怪茅坤云:“翻案格议论,有一段风致。”(《唐宋八大家文钞·苏文公文钞》卷十)欧阳修曰:“其论议精于物理而善识变权,文章不为空言而期于有用。”(《荐布衣苏洵状》)这在本文中得到了又一次的印证。 (赵慧文)

木假山[①]记

木之生,或蘖而殇[②],或拱而夭[③],幸而至于任为栋梁则伐。不幸而为风之所拔,水之所漂,或破折或腐。幸而得不破折不腐,则为人之所材,而有斧斤之患[④]。其最幸者,漂沉汩没[⑤]于湍沙[⑥]之间,不知其几百年,而其激射啮食[⑦]之余,或仿佛于山者,则为好事者取去,强之以为山,然后可以脱泥沙而远斧斤。而荒江之溃[⑧],如此者几何!不为好事者所见,而为樵夫野人所薪[⑨]者,何可胜数。则其最幸者之中,又有不幸者焉。

予家有三峰,予每思之,则疑其有数[⑩]存乎其间。且其蘖而不殇,拱而不夭,任为栋梁而不伐,风拔水漂而不破折不腐,不破折不腐而不为人所材,以及于斧斤,出于湍沙之间,而不为樵大野人之所薪,而后得至乎此,则其理似不偶然也。然予之爱之,则非徒爱其似山,而又有所感焉。非徒爱之,而又有所敬焉。予见中峰,魁岸踞肆[⑪],意气端重,若有以服其旁之二峰。二峰者,庄栗刻峭[⑫],凛乎[⑬]不可犯,虽其势服于中峰,而岌然[⑭]决无阿附[⑮]意。吁,其可敬也夫!其可以有所感也夫!

〔注〕 ① 木假山:树木在河里,被夹杂着沙子的激流所冲刷和侵蚀,日久而变成假山状。故有此谓。 ② 或蘖(niè)而殇(shāng):有的(树木)才刚发芽就死掉了。蘖,树木的嫩芽,亦指树木被砍伐后所生的新芽。殇,未成年而死。 ③ 或拱而夭:有的长到两手合围粗就被砍伐了。拱,两手合围,常用来表示树木粗细。夭,原指短命、早死,文中指被摧折及砍伐。

④ 斧斤之患：指树木有被砍伐的祸害。斤，指斧子一类的东西。 ⑤ 汩(gǔ)没：沉沦埋没。汩，没，沉下。 ⑥ 湍沙：夹杂着沙子的急流。 ⑦ 激射啮(niè)食：指急水冲击，虫子蛀蚀。啮，咬。 ⑧ 濆(fén)：水边，河旁高地。 ⑨ 薪：名词作动词，意为当作柴来砍伐。 ⑩ 数：指非人力所能及的偶然客观因素，自然之理。有时可指命运。 ⑪ 魁岸踞肆：高大壮伟，傲慢不羁。魁，高大，壮伟。踞，通“倨”，傲慢，高傲。 ⑫ 庄栗刻峭：庄重威严而又高傲有气势。庄，庄重严肃。栗，恐惧。这里应指假山给人以威严的感觉。刻峭，形容地势陡险，这里指威严得让人产生敬畏之感。 ⑬ 凛乎：严厉貌，形容令人敬畏的样子。 ⑭ 岌(jí)然：高耸貌。⑮ 阿附：迎合附和之意。

苏洵在文学史上以散文，特别是内容大抵为“兵谋、权利、机变之言”(邵博《闻见后录》引王安石语)的论说文闻名于世，而文中那些立论精辟、发语惊人的议论更是受到人们的称赞，欧阳修就曾称苏洵的文章“辞辨闳伟”(《荐布衣苏洵状》)，苏洵的代表作《权书》《衡论》《几策》等莫不如此。但也许正是因为上述文章特点之突出，而掩盖了苏洵在其他文章体裁上的闪光点。其实苏洵在一些记生活杂事或随想杂感的散文中，也毫无疑问地显示出他作为一个大家的风范，《木假山记》即为一篇。

此文作于嘉祐二年(1057)。文中所写的木假山，乃苏洵买于一溪叟手中，有梅圣俞《苏明允木山》“空山枯楠大蔽牛，霹雳液落鱼凫洲。鱼凫水射千秋蠹，肌烂随沙荡漾流。唯存坚骨蛟龙镂，形如三山中雄酋。左右两峰相挟翊，尊奉君长无慢尤。苏夫子见之惊且异，买于溪叟凭貂裘。因嗟大不为梁栋，又叹残不为薪櫎。雨浸藓涩得石瘦，宜与夫子归隐丘”一诗为证，且诗的内容、主旨和此文大多相同。另外，其事在苏轼《木山并叙》诗中也有记载：“吾先君子尝蓄木山三峰，且为之记与诗。诗人梅二丈圣俞见而赋之，今三十年矣。”在今天四川眉山的“三苏祠”中还有一间木假山堂，堂中央摆放着一座木质的假山，虽已不是原物，但我们依稀可见出苏洵当时对木假山的喜爱。

苏洵对木假山的喜爱，并不只限于它是一件精美的艺术品，而是包含着更深层次的内容。文章的题目为《木假山记》，但读者掩卷之后会发现，文中岂止写木假山？更多的是写人才的际遇啊！苏洵由木假山而联想到树木的不同遭遇，由此推及当时社会人才的状况，然后再显出自己的孑然傲骨，欧阳修谓苏洵“文章不为空言，而期于有用”(《荐布衣苏洵状》)，丝毫不为过。

此文虽为木假山之“记”，但作者开篇并没有直接落题，或交待木假山之所得，或描绘它的精美外形，而是通过自己观赏木假山，由它奇特的外形联想到了树木的不同的遭遇，然后再引出木假山的形成经过。苏洵先展示了树木的几种命运。有的刚刚发芽就夭折了，有的才长到两手合围粗就过早地被砍掉。有幸成才的，有些会被砍伐作栋梁，有些会被风拔起，被流水漂走，或折断，或腐烂。这些当中没有折断、腐烂的，也会被认作有用之材而难免斧子砍伐的祸害。树木当中最幸运的，就遭受激水和泥沙天长日久的冲击和侵蚀，最后变成山之形状，被懂得欣赏的“好事者”拿走做成假山，这样就可以逃脱斧斤之害了。可是在荒野的江边，形似假山的树木有多少啊！其中不被人当成艺术品带走，而被樵夫和农民当作柴火烧掉的又有多少啊！所以说，在这些最幸运的当中又有太多的不幸者！由此可知，在树木当中能给“好事者所见”的“仿佛于山者”是多么的幸运！

在对树木命运的这些讲解以后，苏洵才把视线转移到自己所喜爱的这座木假山上，想象着木假山的形成之路，其实就是重复上文树木中最幸运的“仿佛于山者”的遭遇。在这里，作者的重复似乎是有意而为，强调得到木假山的可贵。于这可贵之中，作者觉得这其中虽有“数存乎其间”，有命运在起作用，但这好像又是一种必然的结果。为什么呢？作者没有继续往下写，而留给读者作无尽的遐想。

至此，苏洵是句句写树木，写木假山，无一句牵及其他。但细品之后，又感到句句似在写人，写作者自己。木假山“后得至乎此”，是经历过了多少磨难与艰辛，在极其偶然的机会中侥幸地来到伯乐、知己的身边，获得真正属于自己的地位。而像苏洵这样的知识分子不也是如此吗？许多有识之士受到当时社会、历史条件的制约，多少人一生都无出头之日，其中极少数的幸运儿稍有机会施展自己的抱负，也会被统治阶级压制、迫害。所以说，知识分子的不能有所作为，不也像木假山的留存于世一样，看起来好像是“有数存乎其间”，但实际上“其理似不偶然”，这就由对命运的猜测而转到对其结果的必然推论，苏洵对当时人才受抑制的社会现状之批判可谓是颇具力度。清代吴子光在《台湾纪事》卷二之《双峰草堂记(二)》中说：“昔苏明允作木假山记，于人才显晦、气数遇不遇之际，尝三致意焉。”他也看到了这一点。而苏洵自己又是怎样的一种情况呢？他二十七岁发奋读书以后，在三十八岁到四十八岁的十年时间里，屡屡在科举考场上失败，以致后来他感叹地说道：“此不足为吾学也。”宋嘉祐元年(1056)，四十八岁的苏洵带着苏轼和苏辙出川到京师考试，结果，苏轼和苏辙双双考中进士，而苏洵却未在仕途上有所收获。但欧阳修很赏识四十八岁的老苏，便向皇帝进言，要求破格“召试紫微阁”(欧阳修《故霸州文安县主簿苏君墓志铭》)，但自认为不合适科举的苏洵拒绝了再试，打算回乡去。后来，欧阳修还是把苏洵推荐到霸州文安县去当了主簿。像他这样一生中屡遭科举失意，身为一介布衣却能为一代文宗欧阳修所赏识提拔而名闻天下者，虽说有所遗憾但已属非常幸运之人。而天下像他那样的人又有几个呢？木假山在逃脱了多种灾祸后留于人间实属不易，而人生经历了许多痛苦、浮沉才得以留名青史，又是何等的艰辛！

在文章的最后，苏洵终于在行文中明显地表露出自己的志趣和情操。文人对某一件事物的喜爱，并不会是单纯的，而是或多或少地在其中寄托着自己的理想、追求，苏洵也不例外。他爱这木假山，“非徒爱其似山”，而是“有所感焉”“有所敬焉”，何谓？原来是木假山的形状及所表现出来的气势让苏洵感到了很大的相契之处——“中峰，魁岸踞肆，意气端重，若有以服其旁之二峰。二峰者，庄栗刻峭，凛乎不可犯，虽其势服于中峰，而岌然决无阿附意”。中峰的伟岸、庄重，旁边二峰的虽势服于中峰却毫无阿附之意，这不正是一种傲然独立的个性及不谄媚、不依附于他人，不与人同流合污的人格精神之体现吗？这难道不是苏洵自己的思想与为人的写照吗？“吁，其可敬也夫！其可以有所感也夫！”是对上述精神的赞赏，难道不也是苏洵对自己个性的自诩吗？或者是对自己一生做人原则的鼓励吧！文章到这里，才真正物我合一。

关于中峰和二峰的比喻，有学者认为是分别代指苏洵和苏轼、苏辙，如明代方孝孺就说：“（此文）首尾不过四百以下字，而起伏开合，有无限曲折。此老可谓妙于文字者矣。其终盖以三峰比父子三人。”（《三苏文范》卷四）而清人林纾在《林氏选评名家文集》中则说得更明白：“以上种种，大概述其家难几于不保其一身，盖有托而言也。后论中峰及左右二峰，中峰自喻，左右二峰喻轼辙也。老泉之文似逊于东坡而名位尤不及颍滨，父子相敬畏，不期流露于言表。”但不管其具体指代的是谁，其中所凸现的那种傲岸的精神气势是不变的。这种比喻、比兴手法的使用，也是本文的一大特点。除了三峰各有各的寓意以外，作者用树木成长及木假山形成所经历的种种遭遇来隐喻人在一生中所经历的各种磨难以及人才在当时普遍地被压抑，用木假山被“好事者”所得来比拟人才得以施展抱负的艰难及幸运。这样写就使得文章避免了枯燥乏味的直白说理，从而显得含蓄隽永，意蕴丰富。

此文乃借物抒怀的散文，虽然不似苏洵所擅长的政论文那样，气势磅礴，“纵横上下，出入驰骤”（欧阳修《故霸州文安县主簿苏君墓志铭》），但是却也写得曲折变化，极有味道。由树木的多种幸与不幸，引出木假山，再带出天命说，接着再转到自己所喜爱的木假山上，再谈其不幸与幸，指出木假山的幸和其他树木的不幸，乃是必然所致，进而否定天命。这就由对树的客观记叙转为对人事的主观批判。层层推演，环环相扣，思路缜密。明代茅坤云：“即木假山看山看出许多幸与不幸来，有感慨，有态度。”（《唐宋八大家文钞·苏文公文钞》卷十）明代的袁宏道说:“以幸、不幸字反复立说,笔力变化,文字古茂。”(《三苏文范》卷四)均所言极是。而苏洵由一普普通通的木假山联想到树的遭遇,联系到当时社会人才的境遇,联想到自己的人格理想等等,无不体现出作者思维的开阔。另外,树木的幸与不幸和木假山留存于世的幸运,其中有一段极其相似的重复,非但不让人感到累赘,反而使文章更有气势,析理更明畅,难怪同为唐宋八大家之一的曾巩肯定苏洵之文:“侈能尽之约,远能见之近,大能使之微,小能使之著,烦能不乱,肆能不流。”(《苏明允哀辞》)可谓是看得极真切。这篇文章的写法也为后人所称道,北宋大诗人黄庭坚就曾崇敬地说:“往尝观明允《木假山记》,以为文章气旨似庄周、韩非,恨不得趋拜其履舄间,请问作文关纽。”(《豫章黄先生文集》卷二十六《跋子瞻木山诗》)即为一证。　(刘振娅　刘　城)

仲兄字文甫说

洵读《易》①至《涣》之六四②曰:“涣其群,元吉③。”曰:“嗟夫!群者,圣人所欲涣以混一④天下者也。”盖余仲⑤兄名涣,而字公群,则是以圣人之所欲解散涤荡者以自命⑥也,而可乎?他日⑦以告,兄曰:“子可无⑧为我易⑨之?”洵曰:“唯⑩。”

既而曰:请以文甫易之,如何?且兄尝见夫水之与风乎,油然⑪而行,渊然⑫而留,渟洄⑬汪洋,满而上浮者,是水也,而风实起之。蓬蓬然⑭而发乎太空,不终日而行乎四方,荡⑮乎其无形,飘乎其远来,既往而不知其迹之所存者,是风也,而水实形之⑯。今夫风水之相遭乎大泽之陂⑰也,纡余委蛇⑱,蜿蜒⑲沦涟⑳,安而相推,怒而相凌㉑,舒而如云,蹙㉒而如鳞,疾而如驰,徐而如徊,揖让㉓旋辟㉔,相顾而不前;其繁如縠㉕,其乱如雾,纷纭㉖郁扰㉗,百里若一,汩乎㉘顺流,至乎沧海之滨,滂薄㉙汹涌,号怒相轧㉚,交横绸缪㉛,放㉜乎空虚,掉㉝乎无垠㉞,横流㉟逆折㊱,渍㊲旋倾侧,宛转胶戾㊳,回者如轮,萦㊴者如带,直者如燧㊵,奔者如焰,跳者如鹭,投者如鲤,殊状异态,而风水之极观㊶备矣。故曰:“风行水上涣㊷。”此亦天下之至文㊸也。

然而此二物㊹者,岂有求乎文哉?无意乎相求,不期㊺而相遭,而文生焉。是其为文也,非水之文也,非风之文也。二物者非能为文，而不能不为文也，物之相使而文出于其间也，故曰此天下之至文也。今夫玉，非不温然美矣，而不得以为文[46]；刻镂组绣，非不文矣，而不可以论乎自然[47]。故夫天下之无营[48]而文生之者，惟水与风而已。

昔者君子之处于世，不求有功，不得已而功成，则天下以为贤；不求有言，不得已而言出，则天下以为口实[49]。呜呼！此不可与他人道之，惟吾兄可也。

〔注〕①《易》：即《周易》，古代占筮用书，《六经》之一，又称《易经》。②《涣》之六四：《涣》，卦名。六四，爻(yáo)名。爻是组成八卦中的每一个卦的长短横道，如"—""--"。③涣其群，元吉：这是六四爻辞的上段。孔颖达《周易正义》："涣者，散释之名。……涣是离散之号也"，"能为群物散其险害，故曰：'涣其群'也"，"能散群险，则有大功，故曰'元吉'也"。④混一：统一。⑤仲：兄弟中排行第二称仲。⑥自命：自许。⑦他日：后来有一天。⑧可无：可否。⑨易：更换。⑩唯：应答声。⑪油然：水流丰沛的样子。⑫渊然：水深而静止的样子。⑬渟(tíng)洄：水积聚而回旋的样子。⑭蓬蓬然：风初起的样子。⑮荡：洗涤。引申为清除，廓清。⑯水实形之：意谓水使无形之风变得有形了。风本无形状，但风吹动水面，在水面上形成了波纹，就可从中看到风的形状。之，指风。⑰大泽之陂(bēi)：大湖沼的堤岸。泽，湖沼。陂，堤岸。⑱纡(yū)余委蛇(wēi yí)：曲折向前的样子。委蛇，同"逶迤"。⑲蜿蜒：弯曲的样子。⑳沦涟：风吹水面所激起的波纹。㉑凌：侵犯，引申为交错。㉒蹙(cù)：收缩，密集。㉓揖让：古代宾主相见的礼节，这里用来比拟风水相遭时彼此退让的景象。㉔旋辟：旋转后向两旁避开。㉕縠(hú)：绉纱一类的丝织品。㉖纷纭：多而杂乱。㉗郁扰：丛聚纷乱。㉘汩(yù)乎：水流迅疾的样子。㉙滂薄：波澜壮阔，无边无际的样子。㉚轧(yà)：排挤，倾轧。㉛绸缪(chóu móu)：紧密缠缚。㉜放：放纵，恣肆。㉝掉：摆动。㉞垠(yín)：边际。㉟横流：水流不由河道，指横溢，泛滥。㊱逆折：指逆流和水流转弯的折流。㊲濆(fén)：指水波涌起的地方。㊳宛转胶戾(lì)：指水流展转曲折的样子。㊴萦(yíng)：缠绕。㊵燧(suì)：古代告警的烽烟。烟很直。㊶极观：犹"大观"，丰富多彩的景象。㊷风行水上涣：见《易·涣》："象曰：'风行水上涣。'"孔颖达《周易正义》："风行水上，激动波涛，散释之象，故曰'风行水上涣'。"㊸至文：语意双关，既指风吹水面而形成的最美的波纹，又指天下最好的文章。㊹二物：指风与水。㊺不期：没有相约。㊻"今夫玉"三句：意谓玉石并不是没有温润柔和的美，但还没有能形成文采。温然，玉色温润柔和。㊼"刻镂"三句：意谓雕刻刺绣形成的花纹，不能说出于自然。刻镂，雕刻花纹。组绣，编织刺绣。㊽无营：不刻意经营。㊾口实：话柄，谈话的资料。

说，是古代的一种文体，也叫"杂说"。本文题目的意思是：说明为二哥（仲兄）改字文甫的理由。文章作于庆历七年(1047)，是年五月苏洵的父亲苏序逝世。苏涣是苏洵的二哥，他自天圣二年(1024)进士及第后，常年在外做官。此次因父亡而回家奔丧，兄弟久别重逢，守孝之余，两人论学读文，从《易经》中的《涣》

卦,联系到苏涣的名字,苏涣原字"公群",苏洵要把公群改为"文甫",在讲述改字文甫的理由时,苏洵借题发挥,阐述了为文贵乎自然的文艺思想,即文中所说的"'风行水上涣。'此亦天下之至文(文,一字双关,既指波纹,亦指文章)",比喻好文章的写作,就如风吹拂在水面上自然形成的波纹一样,乃兴会所至,自然形成,无意作文而成文,不求其工而自工,刻意去写,冥思苦索是不成的。这体现了作者崇尚自然、反对雕琢的文学观。后来苏轼在他的影响下也持这一观点。在《答谢民师书》中,苏轼赞美谢民师的文章"大略如行云流水,初无定质,但常行于所当行,常止于所不可不止,文理自然,姿态横生",以及在《文说》中自评其文"吾文如万斛泉源,不择地皆可出。在平地滔滔汩汩,虽一日千里无难。及其与山石曲折,随物赋形,而不可知也。所可知者,常行于所当行,常止于不可不止,如是而已矣",都表达了崇尚平易自然的文风,提倡自然美的文学观点,即是苏洵这一文学思想的发挥。

本文第三段中又说:"此二物(指风与水)者,岂有求乎文哉?无意乎相求,不期而相遭,而文生焉。"则可比喻为作家创作文章的过程。水,好比是作家的艺术素养、生活积累和真情实感;风,好比是作家的创作灵感和创作冲动。一个有艺术素养和生活积累的优秀作家,一旦触发了灵感,有了创作的冲动,就自然而然会写出具有真情实感且有艺术魅力的绝妙文章,犹如风行水上,自然成文。刘勰在《文心雕龙·情采》中说:"五情发而为辞章,神理之数也。"认为辞章应是作家喜怒哀乐怨五情的自然流露,这是作家写作时必须遵循的一条规律,所以他反对为文而造情,赞成"为情而造文"。苏洵的风、水之喻,可说是对刘勰这一文艺观点的进一步阐发。因此,本文实质上是一篇出色的文论。

本文在写作上颇具特色,第二段完全是赋的笔法。先描写在风的引动下水的各种形态:有自在地流着的("油然而行"),有静静地停聚着的("渊然而留"),有回旋激荡,水势浩大的("停洄汪洋"),有满溢而且上溅的("满而上浮者")。接着描写风,突出它的来无踪去无形:渐渐地从远远的天空吹起("蓬蓬然而发乎大空"),不到一天就吹遍四面八方,("不终日而行乎四方"),它动荡而无踪形("荡乎其无形"),飘忽而来自远方("飘乎其远来"),来过后仍不知它的踪迹所在("既往而不知其迹之所存者")。然后描写风水相遇在大湖沼岸边的情景:曲折前行("纡余委蛇"),蜿蜒起伏,形成各种波纹("蜿蜒沦涟"),纷纭变幻无穷("纷纭郁扰"),纵观百里,远近都是如此("百里若一")。而顺流直下("汩乎顺流"),到了沧海之滨则磅礴汹涌,风浪怒号,相互倾轧,交错纠缠在了一起,这是大海的怒涛。为了形容风水相遭时的各种状态,作者用了拟人化的手法,如"安而相推,怒而相凌”“揖让旋辟(像宾主揖让,转过身来回避),相顾而不前”,赋予波纹以人的感情(安,怒)和动作(揖让,相顾)。除了暗喻外,还一口气用了十二个明喻,说波纹舒展如云彩(“舒而如云”),迫蹙如鱼鳞(“蹙而如鳞”),迅疾如驰马(“疾而如驰”),缓慢如徘徊(“徐而如徊”),繁多如绉纱(“其繁如縠”),纷乱如浓雾(“其乱如雾”),回转如车轮(“回者如轮”),萦绕如缠带(“萦者如带”),直如烽燧(“直者如燧”),奔如火焰(“奔者如焰”),跳如鹭鸟(“跳者如鹭”),跃如鲤鱼(“投者如鲤”),作者几乎动用了所能想象到的一切比喻来形容风水相激出现的种种奇特怪异的状态。以上种种描绘,铺张扬厉,气势开阔。西汉枚乘曾在《七发》“观涛”一段中形容江涛始起时“若白鹭之下翔”,接着“如素车白马帷盖之张”。当波涛纷乱迅速涌起时“如三军之腾装”,潮水向两旁上扬时“如轻车之勒兵”。将此与本文上述所描写的风、水相比较,苏洵所写毫不逊色,几可直逼枚乘,大有汉赋的神韵。故清人刘大櫆评本文曰:“极形容风水相遭之态,可与《庄子》言风比美,而其运词,却从《上林》《子虚》得来。”(《古文辞类纂》卷三十二)。

此外,本文构思之巧妙、章法之细密也是不可不提的。文章写的是为二哥苏涣改“字”的事,范围很窄,本无多少话可说,有了第一段和最后一段的文字已经差不多了。可是作者却从读《易》写起,二哥名涣,原字公群,正好同《易·涣》之六四爻“涣其群,元吉”有关;再同涣卦的象辞“风行水上涣”相联系,演绎出大段的对风水相遭的状态的描绘,自然而然地得出了“无意乎相求,不期而相遭,而文生焉”的结论,隐喻了文贵自然的作文要领。最后从为文要领归结到“君子之处于世,不求有功”的为人准则,暗暗点出为二哥改“字”的原因,是由于原来的字公群“是以圣人之所欲解散涤荡者以自命”,要为圣人担当消除朋党小群的大任,这与作者所追求的为人准则不符。全文环环扣紧题旨,层层推进,而又极尽开阖变化之能事,实是一篇匠心独具的千古妙文。　　(沈惠乐)

名 二 子 说

轮辐盖轸①,皆有职②乎车,而轼③,独若无所为者。虽然,去轼,则吾未见其为完车也。轼④乎,吾惧⑤汝之不外饰⑥也。天下之车,莫不由⑦辙,而言车之功者,辙不与焉。虽然,车仆⑧马毙⑨,而患亦不及辙,是辙者,善处乎祸福之间也。辙⑩乎,吾知免矣。

〔注〕 ① 轮辐盖轸:古代车子的四种部件。轮,车轮。辐,辐条,车轮中凑集于中心毂

(gǔ)的直木。毂是车轮中心的有孔圆木,周围与车辐的一端相接,圆孔,用以插轴。盖,车盖,车上的帐篷。轸,车厢底部四面的横木。 ② 职:职责,引申为"用处"的意思。 ③ 轼:车厢前供人凭倚的横木,其形如半框,有三面,古人用手俯按轼上表示敬意。 ④ 轼:此指苏轼。⑤ 惧:这里是担心的意思。 ⑥ 不外饰:指不注意外在行为的掩饰。 ⑦ 由:经由,经过。⑧ 仆:向前跌倒。这里指车子翻倒。 ⑨ 毙:这里也是仆倒的意思。 ⑩ 辙:此指苏辙。

本文作于宋仁宗庆历七年(1047)。是年苏轼十二岁,苏辙九岁,苏洵已是三十九岁。在经历了再次下第之后,去年举制策又不中,苏洵心情的失落是可想而知的。在本文中他借两个儿子的名字做文章,既有对两人嘱咐、勉励的意思,又抒发了仕途艰难、人生坎坷的感慨。

作者为两个儿子取的名都同车有关。轼,是车厢前面供人凭倚的横木,形状如半个框,有三面,古人用手俯按轼上表示敬意,或倾听,或注视。就一辆车而言,轼虽是车中的一个部件,但它没有轮、辐、盖、轸那么重要,没有了车轮、车辐,车无法转动进退;缺了盖、轸,车厢不成形状,无法载坐;而如果失去了轼,车的进退、载坐的功能仍然齐备,只是外观上有点不雅,故作者说"轼,独若无所为者",似乎不起什么作用,只是"去轼,则吾未见其为完车也"。辙,是车轮碾过的痕迹,即轨迹。凡车所行过之处都会有车轮留下的印痕,可是辙不是车本身上的部件,所以"言车之功"时"辙不与焉";当"车仆马毙"发生车祸时,"患亦不及辙",也就是不会怪罪到辙,因此辙"善处乎祸福之间也"。轼、辙于车的情况大抵就是如此。这都是从车的部件或与车行走有关的方面而言的,是对两个儿子名字的物质意义上的解释。古人的名和字,往往有相关意义。苏轼字子瞻,就因乘在车上人可扶轼远瞻,故曰"子瞻"。苏辙字子由,因辙是车子经由路上留下的痕迹,故曰"子由"。但是苏洵写此文的目的不仅仅是为了解释两人名字的意思,而是借此发端,以"轼""辙"为比兴,引发下文对二子的叮咛和期许。"轼乎,吾惧汝之不外饰也!"这句话中的"轼",就不是车轼的轼了,而是指苏轼。作为父亲,苏洵用这句深情的呼唤,表示对儿子性格的担心:车轼,对车有外观装饰的作用,可是,"轼儿啊,我担心你不注意外表行为的修饰啊!"同样地,"辙乎,吾知免矣!"是对儿子苏辙的呼唤:"辙儿啊,我知道你是能脱免祸患的。"

苏轼和苏辙当时还很幼小,但是苏洵可能已从两人的行为举止上预感到他们两人将来的命运,而写作此文予以告诫。苏洵原有三个儿子,长子景先仅四五岁就夭折了。苏辙在《次韵子瞻寄贺生日》诗中说"弟兄本三人,怀抱丧其一",苏轼是次子。据宋释洪《冷斋夜话》载苏轼语:"先妣方孕时,梦一僧来托宿,记其颀然而眇一目。"苏母因梦而认为苏轼是高僧转世,苏洵也因此对苏轼更为关怀,希望他不要锋芒太露,免得遭人忌害。而苏辙自幼便沉静好学,故苏洵预言他"善处于祸福之间”,“吾知免矣”。综观苏轼、苏辙一生的性情、遭际,对照此文,更觉意味深长。苏轼为人明敏,性格外向,爽朗豪放。在仕途生涯中,对自己的思想、行为毫不掩饰,招致政敌的攻击陷害,“乌台诗案”中差点失去性命也不知后悔,故连他的小妾都说他“一肚皮不合时宜”。一生三次遭贬,越贬越远,最后仅能免死北还。去世前两个月看到别人为自己作的画像,他还要作诗自嘲:“心似已灰之木,身如不系之舟。问汝平生功业,黄州、惠州、儋州。”(《金山志》)而苏辙冲和淡泊,性格内向,深沉不露。虽也屡遭贬谪,却曾官拜尚书右丞,进门下侍郎,一生比苏轼显赫。晚年居许州颍滨(今河南许昌),以遗老解脱,过了十二年的悠闲生活,去世时还被追赠为大中大夫,三子也受到恩泽。据朱弁《曲洧旧闻》记载,连他的政敌、时任丞相的蔡京也因“子由长厚,故恤典独厚”。本文正显示了苏洵的预见性和洞察力,可谓“知子莫若父”。

本文虽然短小,不足一百字,但隽永有味,情思婉转,语言凝练,别具一格。

(沈惠乐)

送石昌言使北引

昌言举进士,时吾始数岁,未学也。忆与群儿戏先府君[①]侧,昌言从旁取枣栗啖我[②]。家居相近,又以亲戚故,甚狎。昌言举进士,日有名。吾后渐长,亦稍知读书,学句读[③]、属对[④]、声律[⑤],未成而废。昌言闻吾废学,虽不言,察其意,甚恨。后十余年,昌言及第第四人,守官[⑥]四方,不相闻。吾日以壮大,乃能感悔,摧折[⑦]复学。又数年,游京师,见昌言长安,相与劳苦[⑧]如平生欢。出文十数首,昌言甚喜,称善。吾晚学无师,虽日为文,中[⑨]甚自惭。及闻昌言说,乃颇自喜。今十余年,又来京师,而昌言官两制[⑩],乃为天子出使万里外强悍不屈之虏庭,建大旆[⑪],从骑数百,送车千乘,出都门,意气慨然。自思为儿时,见昌言先府君旁,安知其至此!

富贵不足怪。吾于昌言独自有感也。大丈夫生不为将,得为使,折冲口舌[⑫]之间足矣。

往年彭任从富公使[⑬]还,为我言曰:“既出境,宿驿亭。闻介马[⑭]数万骑驰过,剑槊[⑮]相摩,终夜有声,从者怛然[⑯]失色。及明,视道上马迹,尚心掉[⑰]不自禁。”凡虏所以夸耀中国者,多此类也。中国之人不测[18]也，故或至于震惧而失辞，以为夷狄[19]笑。呜呼！何其不思之甚也！昔者奉春君[20]使冒顿[21]，壮士大马皆匿不见，是以有平城之役[22]。今之匈奴[23]，吾知其无能为也。孟子曰："说大人，则藐之[24]。"况于夷狄！请以为赠。

（以上苏洵文据《四部丛刊》影宋本《嘉祐集》，许逸民点校）

〔注〕 ① 先府君：犹言"先父"（已死去的父亲）。府君，汉代称太守为府君，后来成了子孙对其父祖的敬称。 ② 啖（dàn）我：给我吃。 ③ 句读（dòu）：断句。 ④ 属对：对对子。 ⑤ 声律：声韵格律。 ⑥ 守官：做官。 ⑦ 摧折：犹言"折节"，指改变过去废学的行为。 ⑧ 劳苦：慰劳辛苦。 ⑨ 中：心中。 ⑩ 两制：宋代以翰林学士掌内制，以知制诰掌外制，并称"两制"。当时石昌言任知制诰，因此称"官两制"。 ⑪ 大旆（pèi）：大旗。 ⑫ 折冲口舌：指外交上以言辞取胜。折冲，使敌人战车后撤。冲［衝］，古代的一种战车。 ⑬ 彭任从富公使：富公，富弼，北宋大臣，曾于庆历二年（1042）出使契丹，彭任（字有道）随从他前往。 ⑭ 介马：披上战甲的马。 ⑮ 槊（shuò）：长矛。 ⑯ 怛（dá）然：畏惧、惊恐的样子。 ⑰ 掉：颤动。 ⑱ 不测：不能揣度。 ⑲ 夷狄：古代对边远地区少数民族的蔑称，这里指契丹。 ⑳ 奉春君：娄敬，因建议刘邦入都关中有功，赐姓刘，封号奉春君。 ㉑ 冒顿（mò dú）：匈奴单于，姓挛鞮。秦二世元年（前209）杀父头曼自立，加强内部组织，建立军事政治制度，使匈奴空前强大。西汉初年，经常骚扰边地。 ㉒ 平城之役：《汉书·刘敬传》载："（汉高祖刘邦）使人使匈奴。匈奴匿其壮士肥牛马，但见老弱及羸畜。使者十辈来，皆言匈奴可击。上（指汉高祖刘邦）使刘敬复往匈奴，还报曰：'两国相击，此宜夸矜见（同"现"）所长，今臣往，徒见羸瘠老弱，此必欲见短，伏奇兵以争利。愚以为匈奴不可击也。'"刘邦不听刘敬的劝告，往击匈奴，结果在平城（今山西大同市东北）被匈奴围困了七日。 ㉓ 今之匈奴：指契丹。 ㉔ 说大人，则藐之：语出《孟子·尽心下》。

本文是一篇赠序。据苏轼《跋送石昌言引》，本文作于嘉祐元年（1056）九月十九日。其年苏洵送轼、辙二子入京赴试，五月到达京师，石昌言时在京师任刑部员外郎知制诰，两人得以相遇。石昌言将奉命出使北国，庆贺契丹国母生辰，苏洵于是写了这篇文章，为他送行。因为苏洵的父亲名序，为避家讳，不称序而改称引。石昌言名扬休，眉州人，《宋史》中有他的传。他的兄弟石扬言是苏序次女的丈夫，他与苏洵既是同乡又是亲戚。

契丹是北宋在北方的强大威胁，北宋王朝长期对它采取输币纳款的屈辱妥协政策。石昌言出使敌国如何才能不辱使命，保持民族和国家的尊严呢？这是个至关重大的问题。苏洵与石昌言虽是平辈，但石的年纪要比苏洵大得多，又是高官，故对他进言，特别要注意方式，不能使对方感到难堪，因而苏洵在文中的措词十分得体，分寸把握得极好。

文章先是从叙旧情聊亲谊开始。两家是邻居又是亲戚，苏洵幼年时在父亲身边游戏，昌言就以长兄的身份“从旁取枣栗啖我”，可见关系的融洽。后来昌言举进士，离乡在京做官，两人不再能经常见面，但昌言一直关心苏洵的学业。在苏洵“学句读、属对、声律，未成而废”时，“昌言闻吾废学，虽不言，察其意，甚恨”。当“吾日以壮大，乃能感悔，摧折复学”，游京师见到昌言时，“出文十数首，昌言甚喜，称善”，而作者听到昌言的赞扬也感到高兴。这些文字都不是闲笔，说明作者的成长始终受到昌言的关怀，两人关系非常亲密，相互之间十分信任，彼此说话可以推心置腹。于是水到渠成地引入文章的正题：得知昌言要“为天子出使万里外强悍不屈之虏廷”，作者鼓励他“大丈夫生不为将，得为使，折冲口舌之间足矣”，希望他在外交上取胜回来。

尽管正题已入，题旨已出，但文章不能于此草草收结，于是作者将笔锋一转，又将文章深入一层，举古今使臣出使的事为昌言示例。先转述彭任的话。作者曾听彭任诉说当年随从富弼出使契丹，夜宿在驿亭里，契丹的骑兵马队经过时剑槊相撞，声音整夜不断。天明之后见到路上都是马队走过的痕迹，作者认为他们向中国夸耀的仅此而已，不必为之害怕。但有些人却吓得胆战心惊“至于震惧而失辞，以为夷狄笑”，他们实在是不善于思考。作者以有些人的怯懦委婉地提醒昌言，绝不可像这些人那样做出有损于国格的事。接着又举西汉奉春君娄敬出使匈奴的事例。娄敬到匈奴后，经过仔细考察，识破了匈奴藏匿壮士马匹的奸计，认为是“伏奇兵以争利”，匈奴不可击。而刘邦不听娄敬的劝告，出击匈奴，结果在平城被匈奴围困了七日，险些丢了性命。这个例子又从另一角度建议昌言要谨慎小心，防范契丹的阴谋诡计。两个事例从两个方面向昌言作了嘱咐。那么，到底该持什么态度呢？作者最后掷地有声以孟子的话来激励昌言：“‘说大人，则藐之。’况于夷狄！”想当初孟夫子周游列国，不管是见了梁惠王，还是齐宣王，对这些诸侯王，孟子都养足了自己的浩然正气，不因自己是布衣之身而低声下气，反以藐视的态度去游说这些“大人”；更何况昌言现在是大宋命官，去见的是契丹王，更可以藐视他们，不要为契丹的虚张声势所吓倒，要长自己的志气和威风，要敢于“折冲在口舌之间”，夺取外交上的胜利。苏洵的这番赠言，在当时无疑是很有见地的，表现了不畏强暴、大义凛然的爱国主义精神。

文章的前半部分，行文如兄弟相对促膝谈心，情真意挚，亲切动人。后半部分列举史实，剖析精切。结尾处慷慨激昂，正气凛然，全文情理兼胜，文质俱美，诚如清代刘大櫆所赞：“波澜跌宕，极为老成，句调声响，中窾合节，几并昌黎。”（《古文辞类纂》卷三十二）

（沈惠乐）

曾巩文

曾巩文

【作者小传】

曾　巩

(1019—1083),字子固,建昌军南丰(今属江西)人。北宋散文家。宋仁宗嘉祐二年(1057)进士,任太平州司法参军。嘉祐六年因欧阳修之荐举,入京任馆阁校勘、集贤校理兼判官告院。宋神宗熙宁二年(1069),因为在变法革新的时机选择和具体方略等问题上,与好友王安石发生严重政治分歧而自求外任,出为越州通判,两年后移知齐州。此后又移知襄州、洪州、福州、明州、亳州等处,前后共十二年。宋神宗元丰三年(1080)移知沧州路过京师,受到神宗召见,留京任职。次年,被任命为史馆修撰,编修《五朝国史》。元丰五年四月升任中书舍人。不久,居母丧去职,在护送母亲灵柩返回南丰途中,病逝于江宁(今江苏南京市),享年六十五岁。南宋理宗宝祐年间,追谥文定,世人称之为南丰先生。著有《元丰类稿》五十卷,《续元丰类稿》四十卷,《外集》十卷。其早期文章慓鸷奔放,雄浑瑰伟。后来在欧阳修的疏导下,逐渐形成了自己独特的风格:雍容典雅,古奥精密。表现在内容上,儒雅博厚,典重平正,显示出很浓的儒学气味。而在表现形式上既长于议论,又长于记叙,往往叙议结合,融为一体。在结构上则纡徐婉曲,绵密幽深,层次特别清楚,又环环相扣,包蕴严密。在语言上,则平易晓畅,淳古明洁,精确生动,有很强的表现力。他也被后人尊为"唐宋八大家"之一。

新序目录序

刘向[①]所集次《新序》[②]三十篇,目录一篇,隋唐之世尚为全书,今可见者十篇而已。臣既考正其文字,因为其序论曰:

古之治天下者,一道德,同风俗。盖九州[③]之广,万民之众,千岁之远,其教已明,其习已成之后,所守者一道,所传者一说而已。故《诗》《书》[④]之文,历世数十,作者非一,而其言未尝不相为终始,化[⑤]之如此其至[⑥]也。当是之时,异行者[⑦]有诛,异言者有禁,防之又如此其备[⑧]也。故二帝[⑨]三王[⑩]之际,及其中间尝更衰乱而余泽[⑪]未熄[⑫]之时,百家[⑬]众说未有能出于其间者也。

及周之末世,先王之教化法度既废,余泽既熄,世之治方术[14]者,各得其一偏。故人奋其私智,家尚其私学[15]者,蜂起于中国,皆明其所长而昧[16]其短,矜[17]其所得而讳[18]其失。天下之士各自为方而不能相通,世之人不复知夫学之有统、道之有归也。先王之遗文虽在,皆绌[19]而不讲,况至于秦为世之所大禁哉!

汉兴,六艺[20]皆得于断绝残脱之余,世复[21]无明先王之道以一之者,诸儒苟见传记百家之言,皆悦而向之。故先王之道为众说之所蔽[22],暗而不明,郁而不发。而怪奇可喜之论[23],各师异见,皆自名家者,诞漫[24]于中国,一切不异于周之末世,其弊至于今尚在也。自斯以来,天下学者知折衷于圣人,而能纯于道德之美者,扬雄[25]氏而止耳。如向之徒,皆不免乎为众说之所蔽,而不知有所折衷者也。孟子曰:待文王而兴者,凡民也。豪杰之士,虽无文王犹兴[26]。汉之士岂特无明先王之道以一之者哉?亦其出于是时者,豪杰之士少,故不能特起[27]于流俗之中、绝学之后也。

盖向之序此书,于今为最近古,虽不能无失[28],然远至舜禹而次及于周秦以来,古人之嘉言善行亦往往而在也,要在慎取之而已。故臣既惜其不可见者,而校其可见者特详焉,亦足以知臣之攻其失[29]者,岂好辩哉?臣之所不得已也。

〔注〕 ① 刘向:字子政,本名更生,沛(今江苏沛县)人。西汉文学家、经学家、目录学家。著有《别录》《列女传》《说苑》《新序》等书。 ②《新序》:刘向撰,今本十卷。所载录的是自春秋至汉初可作为历史借鉴的故事。 ③ 九州:古代分天下为九州,但《禹贡》及商、周九州名称各不相同。 ④《诗》《书》:《诗经》和《尚书》。 ⑤ 化:教化。 ⑥ 至:极,指最好的状态。⑦ 异行者:行为不合于社会规范的人。 ⑧ 备:完备,全面。 ⑨ 二帝:尧、舜。 ⑩ 三王:夏禹、商汤、周文王。 ⑪ 余泽:亦作"遗泽"。指先代帝王的恩泽。 ⑫ 未熄:尚未消亡。⑬ 百家:诸子百家。 ⑭ 方术:古代关于治道的艺术和方法。 ⑮ 私学:私人办的学校。西周以前,学在官府。春秋时,孔子首开私人讲学之风。 ⑯ 昧:隐蔽不明。此处指掩盖。⑰ 矜:自以为贤能。此处有夸耀之意。 ⑱ 讳:隐瞒。 ⑲ 绌(chù):通"黜"。贬退,排斥。⑳ 六艺:本指礼、乐、射、御、书、数六种科目,汉代以后,通指儒家的六经,即《诗》《书》《易》《春秋》《礼》《乐》。 ㉑ 复:再。 ㉒ 蔽:掩盖、遮蔽。 ㉓ 而怪奇可喜之论:指不合于儒家观念的学术观点和理论。 ㉔ 诞漫:放纵。此处有泛滥之意。 ㉕ 扬雄:字子云,蜀郡成都(今属四川)人,西汉文学家、经学家,著有《太玄》《法言》《方言》等书。 ㉖"孟子曰"五句:语出《孟子·尽心上》,曾巩此处引用有所删节。 ㉗ 特起:独起。 ㉘ 无失:没有不妥当的地方。

㉙ 攻其失：批评它不当的地方。

本文不明具体写作年月，大体上作于校书史馆时期。《新序》是刘向编撰的叙述古代历史故事的一部书，基本上是抄录古史。它所辑录的材料，陈振孙《直斋书录解题》说是“舜、禹以来迄于周，嘉言善行，往往在焉，其书最为近古”。《崇文总目》则说是“采载战国、秦、汉间事”。原书三十卷，到北宋时已亡佚二十卷，曾巩“校正其讹舛，而缀辑其放逸，久之《新序》始复全”（晁公武《郡斋读书志》）。晁公武说的“全”，其实只是遗留下来的十卷。和《列女传》一样，《新序》也有借历史故事来儆示汉代统治者，使之能以史为鉴的意图。但曾巩认为，其所选材料过于驳杂，未能很好地突出“先王之道”和“先王之教化法度”，所以，后人在读此书时，就应“慎取之”。基于这样一种认识，便写了这篇序文予以说明。

曾巩文章历来以儒雅博厚、绵密幽深而著称。这种特点，主要导源于他极为深厚的儒学修养。他常常借评论一些历史事件，或者评价前人的著作，引发议论，又以儒家六经的典则为依据，来评判是非，阐释自己的政治主张，“信口所谈，无非三代礼乐”（王一夔《元丰类稿序》）。这篇序文也体现了这一特点。

《新序》编撰的目的既然是要让后人以史为鉴，那么其判别是非的标准就必须明确，但《新序》的驳杂恰恰模糊了这一标准。曾巩因而特别强调治理国家天下，必须严格遵循“先王之教化法度”，“一道德，同风俗”。为了说明这一思想，本文以三代以前的帝王们治理国家的经验，和周朝末世的百家争鸣相对比，充分论证了是否遵循先王之教化法度，将决定一个国家政权的盛衰这一法则，强调了“学之有统、道之有归”在国家治理中的重要性。由于曾巩对古代历史及儒家理论了如指掌，这些论述都有原有本，有理有据，将道理说得非常明白。所以，张伯行称赞说：“叙世教盛衰处，历有原委。”（《唐宋八大家文钞》卷十四）王慎中说它“原本经训”（《唐宋八大家文钞·曾文定公文钞》卷四）。他们所说的，都是这篇序文熔式经诰、方轨儒门的特点。

本文也同样体现出曾巩文章层次清楚、结构严密的特点。全文分五大段。第一段为文章开头，简单交代了《新序》一书的篇目、流传及自己的整理情况，然后引出二、三、四、五段的议论，为全文的主体。第二段叙远古先王教化的强盛。第三段则叙述周末至秦的诸子争鸣乃至禁绝儒学。第四段写汉代学者的众说纷纭，以至学无统，道无归，揭示刘向所以会为邪说异见所蒙蔽的原因。第五段具体评价《新序》的价值，并指出对其应持“慎取”的态度。环环相扣，层层递进，将道理说得非常明白。

这篇文章每一段的具体论述也是如此。如第二段叙先王的教化，便分三层展开。第一层先说一道德,同风俗,学有统,道有归的重要性。指出"古之治天下者"因为能够"一道德,同风俗",所以社会稳定,政权巩固。从地域来说,"九州之广";从人民来说,"万民之众";从时间来说,"千岁之远",都不会影响及此。这是因为这样做的结果,"其教已明,其习已成",天下万民"所守者一道,所传者一说",其行为举止也就会自然而然地统一了。第二层再说社会的防范措施。社会如此,典籍所载也就前后一致,"故《诗》《书》之文,历世数十,作者非一,而其言未尝不相为终始,化之如此其至也";与此同时,对邪说异行的禁止和诛伐也明确,"当是之时,异行者有诛,异言者有禁,防之又如此其备也"。第三层则说影响的深远。"化之如此其至","防之又如此其备",其他各种言论就不能得行其非,"故二帝三王之际,及其中间尝更衰乱而余泽未熄之时,百家众说未有能出于其间者也"。这些论述,是全文的基础,下面写周末至秦之诸子争鸣、策士游说,写汉代的众说纷纭,都是以此为标准来进行对照的。

接下去的第三段便转而写周末至于秦时思想界的混乱状况,其中又着力写周末至秦的论争:"及周之末世,先王之教化法度既废,余泽既熄,世之治方术者,各得其一偏。故人奋其私智,家尚其私学者,蜂起于中国,皆明其所长而昧其短,矜其所得而讳其失。天下之士各自为方而不能相通,世之人不复知夫学之有统、道之有归也。"至于秦代对儒学的禁绝,则一笔带过:"先王之遗文虽在,皆绌而不讲,况至于秦为世之所大禁哉!"奴隶制度的解体,诸子百家的争鸣,本来是历史的进步。至于战国策士的游说"皆明其所长而昧其短,矜其所得而讳其失",尽管也一直为人所诟病,但也是在那个特定的历史时期所发生的一种正常的社会现象。曾巩在这里所表现的看法无疑反映了他思想保守的一面,但如果从文章写作的角度来看,这一节议论却是主次分明,一气流走,笔力遒劲,将教化衰落所导致的混乱状况写得极为突出,和第二段所写的先王教化之盛形成鲜明的对照。

这样,文章就渐次地接近于对《新序》的批判了。第四段也就进而写《新序》所以会显得驳杂的原因。经过了周末以来教化的衰落,经过了暴秦的禁绝,至汉代,儒家的六经都已经残缺不全了。汉代学者所看到的六经,"皆得于断绝残脱之余",所以再也没有出现那种"明先王之道以一之"的人了。汉代的学者们一旦看到诸子百家之言,便往往喜好并向往它们,"故先王之道为众说之所蔽,暗而不明,郁而不发。而怪奇可喜之论,各师异见,皆自名家者,诞漫于中国,一切不异于周之末世"。在这种众说纷纭的情势下,能够是非"折衷于圣人",以"纯于道德之美者",只有扬雄一人。至如刘向一类人,则"皆不免乎为众说之所蔽,而不知有所折衷”。曾巩所说的“折衷”，就是“取正”，即以圣人的教化思想为准则。文章进而引《孟子·尽心下》中的话说，如果是豪杰之士，即便是没有周文王也一样。汉代的士人中还不只是没有“明先王之道以一之者”，而是在那个时代，豪杰之士本来就很少，所以“不能特起于流俗之中、绝学之后”。刘向的儒学修养如此，他所编撰的《新序》显得驳杂也就不奇怪了。

《新序》既然如此驳杂，那是否也要像一些人对《战国策》那样主张“放而绝之”呢？曾巩不这样看。文章第五段便对《新序》的价值作出评价。曾巩认为：“向之序此书，于今为最近古，虽不能无失，然远至舜禹而次及于周秦以来，古人之嘉言善行亦往往而在也，要在慎取之而已。”换句话说，就是《新序》尽管有不当之处，但还是保留了许多真实可贵的、有益于社会教化的历史材料，仍旧有着它的价值，关键在于后人在阅读时要仔细判别，谨慎选取而已。以其如此，所以自己既惋惜此书所散失的那些内容，而对流传下来的篇目校勘得也特别详细，至于所以如此严厉地批评刘向和《新序》，并不是自己喜好与人争辩，而是因为事关社会教化，不得不特别指出它的不足与失误。

由一部书的不足，洋洋洒洒地演绎出来这样一大篇论说文字，而且说得又如此的周密详尽，这既反映出作者极其深厚的儒学功底，同时也显示出作者富于才情的语言表达能力，以及娴熟的文章写作技巧。所以，茅坤在评点本文时，便说它“见极正大，文有典型”（《唐宋八大家文钞·曾文定公文钞》卷四）。

（王琦珍）

列女传目录序

刘向所叙《列女传》，凡八篇，事具[①]《汉书》向列传[②]。而《隋书》[③]及《崇文总目》[④]皆称向《列女传》十五篇，曹大家[⑤]注。以《颂义》[⑥]考之，盖大家所注，离[⑦]其七篇为十四，与《颂义》凡十五篇，而益以陈婴[⑧]母及东汉以来凡十六事，非向书本然[⑨]也。盖向旧书之亡久矣。嘉祐[⑩]中，集贤校理[⑪]苏颂[⑫]始以《颂义》为篇次，复定其书为八篇，与十五篇者并藏于馆阁[⑬]。而《隋书》以《颂义》为刘歆[⑭]作，与向列传不合。今验《颂义》之文，盖向之自叙。又《艺文志》[⑮]有向《列女传颂图》，明非歆作也。自唐之乱，古书之在者少矣，而《唐志》[⑯]录《列女传》凡十六家，至大家注十五篇者亦无录，然其书今在。则古书之或有录而亡,或无录而在者,亦众矣,非可惜哉!今校雠[17]其八篇及其十五篇者已定,可缮写。

初,汉承秦之敝,风俗已大坏矣,而成帝[18]后宫[19]赵、卫之属[20]尤自放[21]。向以谓王政必自内始,故列古女善恶所以致兴亡者以戒天子,此向述作之大意也。其言大任[22]之娠文王也,目不视恶色,耳不听淫声,口不出敖言[23]。又以谓古之人胎教者皆如此。夫能正其视听言动者,皆大人[24]之事,而有道者之所畏也。顾令天下之女子能之,何其盛也!以臣所闻,盖为之师傅[25]保姆[26]之助,《诗》《书》[27]图史[28]之戒,珩璜琚瑀[29]之节,威仪动作之度。其教之者虽有此具,然古之君子,未尝不以身化也。故《家人》[30]之义归于反身[31],《二南》[32]之业本于文王,夫岂自外至哉!世皆知文王之所以兴,能得内助,而不知所以然者,盖本于文王之躬化[33],故内则后妃[34]有《关雎》[35]之行,外则群臣有《二南》之美,与之相成。其推而及远,则商辛[36]之昏俗[37],江汉[38]之小国,兔罝[39]之野人,莫不好善而不自知,此所谓身修故国家天下治者也。后世自学问之士,多徇[40]于外物而不安其守,其家室既不见可法,故竞于邪侈,岂独无相成之道哉!士之苟于自恕,顾利冒耻[41]而不知反已者,往往以家自累故也。故曰"身不行道,不行于妻子[42]",信哉!如此人者,非素处显也,然去《二南》之风亦已远矣,况于南向[43]天下之主哉!向之所述,劝戒之意可谓笃[44]矣。

然向号博极群书,而此传称《诗·芣苢》[45]《柏舟》[46]《大车》[47]之类,与今序《诗》者[48]之说尤乖异,盖不可考。至于《式微》[49]之一篇,又以谓二人之作。岂其所取者博,故不能无失欤?其言象[50]计谋杀舜及舜所以自脱者,颇合于《孟子》。然此《传》或有之,而《孟子》所不道[51]者,盖亦不足道也。凡后世诸儒之言经传者,固多如此,览者采其有补,而择其是非可也。故为之叙论以发其端云。

〔注〕 ①具:陈述。 ②《汉书》向列传:《汉书》的《刘向列传》。《汉书》,二十四史之一,

东汉班固撰，凡纪、表、志、传共百篇。　③《隋书》：二十四史之一，唐魏徵等撰，八十五卷。④《崇文总目》：书名，宋王尧臣等编撰，六十六卷。　⑤曹大家(gū)：班固妹班昭，字惠姬，嫁曹世叔，夫亡，汉和帝召入宫，令皇后贵人师事之，号“曹大家”。大家，古代对女子的尊称。⑥《颂义》：刘向《列女传》每篇后均有颂辞，各颂其义，谓之“颂义”。后人合“颂义”单独为一篇。　⑦离：分。　⑧陈婴：据《列女传》记载，秦二世时，陈婴为东阳令史。陈胜起义，里中少年杀县令，欲立陈婴为王，被陈婴母劝止，后归汉，封侯。　⑨本然：原本就如此。　⑩嘉祐：宋仁宗年号。　⑪集贤校理：官名。全称集贤殿校理，为校勘书籍之职。唐始设，宋因之，后改称秘书校理。　⑫苏颂：字子容，晋江(今福建泉州市)人。　⑬馆阁：此处泛指国家收藏经籍图书之所在。馆阁之名始于宋，“馆”指昭文馆、史馆、集贤院，“阁”指秘阁及龙图、天章诸阁。　⑭刘歆：刘向子，字子骏，西汉文学家。　⑮《艺文志》：指《汉书》之《艺文志》。其中说：“刘向所序六十七篇。《新序》《说苑》《世说》《列女传颂图》也。”　⑯《唐志》：指《旧唐书·经籍志》。　⑰校雠(chóu)：校对。　⑱成帝：刘骜，字太孙，在位二十六年。　⑲后宫：古代帝王妃嫔所居的宫室。此处指妃嫔。　⑳赵、卫之属：均为汉成帝妃嫔，恃骄专宠，祸乱朝纲。赵，赵飞燕及其妹妹。卫，卫婕妤。　㉑自放：自我放纵。　㉒大任：姓任，周文王之母。大，同“太”。　㉓敖言：喧噪的语言。　㉔大人：古代对德高者的称呼。　㉕师傅：老师。教人以道曰师，傅其德义曰傅。　㉖保姆：古代君主妻妾中专事抚养子女的人。　㉗《诗》《书》：《诗经》和《尚书》。　㉘图史：图画与史书。如《汉书·艺文志》所载刘向《列女传颂图》，即每篇各颂其义，又图其状，故谓之颂图。　㉙珩璜琚瑀(héng huáng jū yǔ)：均指佩玉。古人常佩带玉石，佩时分左右，上双珩，下双璜，中缀琚瑀下垂于两璜之间。行走时相触而成声，以为趋走之节制。　㉚《家人》：《易经》六十四卦之一。　㉛反身：反观自身，即严格要求自己。《易·家人》：“威如之吉，反身之谓也。”　㉜《二南》：《诗经》中《周南》《召南》两部分。“周”指周公，“召”指召公。南，言教化自北而南。　㉝躬化：以身作则教化万民。　㉞后妃：皇帝的妻室。　㉟《关雎》：《诗经》中《周南》的首篇，旧时以为是叙后妃之德，为《国风》之始，以教化天下而正夫妇。　㊱商辛：商纣王，名辛。　㊲昏俗：即婚俗。此指《召南》的《行露》一篇。旧说此篇是说人民受文王教化的影响，女子以礼自守，不屈服于强暴，以革除商纣王时淫乱的婚俗。　㊳江汉：长江、汉水流域。此指《周南》的《广汉》一篇。旧说此篇言文王德泽广被，教化行于江汉之间的小诸侯国。　㊴兔罝(jié)：《兔罝》本为《周南》篇名，此指以网捕兔。旧说此篇是称赞文王教化使贤才众多，虽罝兔之平民，其才亦可用。　㊵徇：曲从，偏私。　㊶顾利冒耻：见利忘义，不顾羞耻。　㊷“身不”二句：语出《孟子·尽心》。意思是说：自身不履行道德，而想使别人行道，则其妻子儿女都不肯行之。　㊸南向：古代以面向南为尊位，帝王之位即坐北朝南。　㊹笃：深厚。　㊺《诗·芣苢(fú yǐ)》：《周南》篇名。《诗序》以为此篇言后妃之美，其声平和，表示妇人乐有其子。而《列女传》则谓此篇言妇人嫁于蔡国而其夫有恶疾，其母逼其改嫁，不听，故作《芣苢》之诗。　㊻《柏舟》：《诗经·邶风》篇名。《诗序》以为此诗言卫顷王时，小人在侧，君子不遇。《列女传》则谓卫宣公夫人在卫君死后坚贞不二，不肯改嫁而作此诗。　㊼《大车》：《诗经·王风》篇名。《诗序》以为是讽刺大夫之诗。而《列女传》则说是楚王伐息国，掳其君而将霸占其妻。息夫人乘隙出宫见息侯，以死自誓而作此诗。　㊽序《诗》者：指作《诗序》的人。此指毛诗序，每篇前有小序，揭示其题旨。　㊾《式微》：《诗经·邶风》篇名。《诗序》云此诗是黎侯寓于卫，其臣劝以归而作。《列女传》则以为是黎庄公夫人与其傅母对答之诗。故下文说是“二人之作”。　㊿象：舜帝同父异母的弟弟，常设计谋杀舜。事见《孟子·万章》及《列女传·有虞二妃》的记载。　51不道：不记载，不说。《列女传》载有舜父瞽叟与象合谋杀舜,使舜饮酒。舜告知二妃,二妃与舜药,舜终日饮酒不醉。此事《孟子》中未记载。

本文作于嘉祐六年(1061)至治平四年(1067)期间,是曾巩在史馆整理古籍时,为汉代刘向所著的《列女传》一书写的一篇序文。

刘向的《列女传》一书,是我国古代第一部妇女人物传记。书中收录旧史遗文中一百零五名妇女的故事,按她们的德行种类分为"母仪""贤明""仁智""贞顺""节义""辨通""嬖孽"七类,另有《颂义》一篇。其中前六类大致都属于作者认为值得称扬和取法的人物,后一类则将先秦史书曾记载过的淫邪以致亡国的妇女,如妲己、褒姒、卫宣姜、鲁文姜、骊姬、夏姬等,一一列出,予以批判。《汉书·楚元王传》说到过《列女传》一书的编撰目的:"(刘)向睹俗弥奢淫,而赵、卫之属起微贱,逾礼制。向以为王教由内及外,自近者始,故采取《诗》《书》所载贤妃贞妇,兴国显家可法则及孽嬖乱亡者,序次为《列女传》凡八篇,以戒天子。"《列女传》流传至北宋,已有错讹,曾巩进行整理后,写了这篇序文。

这篇文章也是曾巩散文风格已经成熟时期的作品,集中地体现出曾巩散文的特点:儒雅博厚,曲折绵密。本文的儒雅博厚,主要是受文章思想内容的影响。和《战国策目录序》略有不同,本文在叙述《列女传》的版本源流上花了较多的笔墨,但就全文的总体倾向看,也还是着重于议论,借题发挥,以表现自己的政治理想。

在古代,许多有识见的思想家就明确地认识到,作为国家政权的主要执掌者,帝王自身的品德修养如何,对政权的稳定和国家的安危,有着重要的、直接的影响,所以,都十分强调加强对天子及太子的教育。这些教育广泛地涉及社会生活的各个方面,如历史经验、统治权术、文化修养等等。其中最为核心的,则是道德品质的教育。而这种道德修养的培植,又包括先天和后天两个阶段。先天性教育的最好方法,又是作为未来帝王的母亲,要在妊娠期间对胎儿进行符合传统礼仪规范的胎教。即便是在后天的教育中,母亲乃至帝王妃嫔的影响,也是十分重要的,周文王的母亲大任,在孕育文王期间,"目不视恶色,耳不听淫声,口不出敖言",也便成了进行成功胎教的典范。

曾巩对传统儒学的这些理论和掌故非常熟悉,也非常赞同。所以,在整理《列女传》时,便准确地把握住了刘向编撰《列女传》的目的,并且非常欣赏刘向这一写作意图。这篇目录序,便在介绍《列女传》篇目次第的基础上,进而以儒家自我修养中所奉行的"格物、致知、诚意、正心、修身、齐家、治国、平天下"的人生信条为基础,充分肯定了《列女传》的思想价值。又尤以周文王的母亲大任在妊娠期间的表现，和后世那些淫乱邪恶的后妃相对比，围绕君主的修养与国家安危的关系充分展开议论，反复称扬刘向撰述《列女传》的意图，将帝王母亲、后妃对帝王品德，乃至国家社稷安危的影响，说得极为透彻。文章“平平说去，亹亹不断，最淡而古”（李塗《文章精义》），显得温厚丰腴，雍容典雅。文中所表现的思想和文章的写法，都得到了后世学者的肯定。茅坤说：“子固诸序，并各自为一大段议论，非诸家所及。而此篇尤深入，近程、朱之旨矣。”王慎中也说：“宋人叙古人集及古人所著书，往往有此家数，然多以考订次第为一篇之文而已，不能如先生更有一段大议论以成其篇也。盖小集自不足以发大议论，又适当然耳。”（《唐宋八大家文钞·曾文定公文钞》卷四）

与此相关的，是结构上的绵密幽深。序文的中心，是阐述母亲的德行与教育，对后来作为帝王的子女的影响及作用。文章第一段先就《列女传》的流传与整理情况作一些概括性的介绍，然后立即转入第二段，明确指出，刘向作是书的目的，是因为“王政必自内始，故列古女善恶所以致兴亡者以戒天子”，并以大任之娠文王一事为例，环绕着“王政必自内始”这一中心，反复说明上述刘向撰书的意图，这是全文的主体部分。这部分的布局也十分谨严。前半分四层展开：第一层先指出刘向作此书的直接缘由，是汉承秦敝，风俗大坏，到汉成帝时，其后宫嫔妃如赵飞燕姊妹、卫婕妤，淫乱恣肆，扰乱朝纲。刘向看到了这一问题的严重性，认为“王政必自内始”，所以选取历史上这些或兴国显家或孽嬖乱亡的妇女的故事，编成这本《列女传》，以警诫天子。转入第二层，即盛赞大任娠文王时如何注重“胎教”：“目不视恶色，耳不听淫声，口不出敖言”，指出“顾令天下之女子能之，何其盛也”，并用来和上文所叙汉代的淫邪风气相对照，为下面的论述树立了正反两方的典型例子，也为下文议论的充分展开作了有力的铺垫。下文至“此所谓身修故国家天下治也”为第三层，在前面充分铺垫的基础上，进而辨析“外教”与“内助”的关系。曾巩不否定后天的教育，但他认为“内助”的影响更大，它往往可直接决定帝王的品格与修养。文王之所以兴，主要就在于得母亲的影响以成躬化，“故内则后妃有《关雎》之行，外则群臣有《二南》之美，与之相成”，再由此推而及远，以至天下大治，风俗淳美。第四层是反衬，举出后人多徇于外物而不安其守，顾利冒耻而不及反己为例，指出其主要原因是“以家自累”，足见“身不行道，不行于妻子”，这就与文王之“躬化”形成鲜明的对照。但本文既然意在劝诫君主，所以文章还须回到主旨上来。曾巩的艺术功力、曾巩散文中矫劲的笔法等等，也就在这样的地方表现了出来。文章至此便进入这一段的后半部分，一笔折转，发出深沉的慨叹：“如此人者，非素处显也，然去《二南》之风亦已远矣，况于南向天下之主哉！向之所述，劝戒之意可谓笃矣！"这个推论是合乎情理的，因而这结论与收束也特别精警，特别干净有力，文章也自然又归到刘向著书的本意上来了。从布局看，前四层是逐次展开的，而这一节的收束则一气翻卷，与前文的议论紧密回护。这是全篇议论的着力处，也正是在这样的地方，最能看出曾巩散文结构的严密和作者驾驭文字的能力。

本来，文章至此也可结束了，但曾巩却进而就原书和其他典籍对一些事件记载的相同与相异，再铺开议论。其中，如刘向对《诗经》一些篇目的解释与《诗序》不同这一现象，曾巩觉得无法考实其原因。或许是刘向的失误；而关于象反复谋害舜而舜总得以逃脱一事，《列女传》和《孟子》都有记载，但有些细节，《孟子》则没有提及。曾巩认为，这是因为孟子以为"不足道"，而这也是后世儒者解释经典时常用的方法，读者在阅读时，可以互相参照，选择其中有补于世的内容，而摈弃其不正确的东西就可以了。这一节文字，实际上是关于校勘工作的一个补充说明，这也是这类文章写作中所应作的必要的交代。而在结构上，它又起到了一个徐缓从容地收束全文的作用。

综观全文，作者的行文就似一道曲折回旋的溪涧，起为汩汩清流，似乎是不经意地流出；继而旁广中深、波涛汹涌而又明漪绝艳；至末尾则泻入绿湍平潭之中，流沫成轮，清徐和缓，从容收束。这种结构上的精严以及驾驭文字的能力，实在令人叹为观止。　　（王琦珍）

战国策目录序

刘向所定[①]《战国策》三十三篇，《崇文总目》[②]称第十一篇者阙[③]。臣访之士大夫家，始尽得其书，正其误谬，而疑[④]其不可考者，然后《战国策》三十三篇复完。叙曰：

向叙此书，言："周之先，明教化，修法度，所以大治；及其后，谋诈用[⑤]，而仁义之路塞，所以大乱。"其说既美矣，卒以谓"此书战国之谋士度[⑥]时君之所能行，不得不然"，则可谓惑于流俗，而不笃[⑦]于自信者也。

夫孔孟之时，去周之初，已数百岁，其旧法已亡，旧俗已熄久矣。二子乃独明先王之道，以谓不可改者，岂将强[⑧]天下之主以后世之所不可为哉？亦将因其所遇之时、所遭之变，而为当世之法，使不失乎先王之意而已。二帝三王[⑨]之治，其变固殊，其法固异，而其为国家天下之意，本末先后，未尝不同也。二子之道，如是而已。盖法者，所以适变也，不必尽同；道者，所以立本也，不可不一，此理之不易者也。故二子者守此，岂好为异论哉？能勿苟[10]而已矣。可谓不惑乎流俗，而笃于自信者也。

战国之游士则不然，不知道之可信，而乐于说[11]之易合[12]；其设心注意[13]，偷[14]为一切之计[15]而已。故论诈之便，而讳[16]其败；言战之善，而蔽其患。其相率而为之者，莫不有利焉，而不胜其害也；有得焉，而不胜其失也。卒至苏秦、商鞅、孙膑、吴起、李斯[17]之徒以亡其身；而诸侯及秦用之者，亦灭其国。其为世之大祸明矣！而俗犹莫之寤[18]也。惟先王之道，因时适变，为法不同，而考之无疵[19]，用之无弊。故古之圣贤，未有以此而易彼也。

或曰："邪说之害正[20]也，宜放而绝之[21]；则此书之不泯[22]其可乎？"对曰："君子之禁邪说也，固将明其说于天下，使当世之人，皆知其说之不可从，然后以禁则齐[23]；使后世之人，皆知其说之不可为，然后以戒则明。岂必灭其籍哉？"放而绝之，莫善于是。是以孟子之书，有为神农之言者[24]，有为墨子之言者[25]，皆著而非之[26]。至于此书之作，则上继《春秋》[27]，下至楚汉之起[28]，二百四十五年之间，载[29]其行事，固不可得而废也。

此书有高诱[30]注者二十一篇，或曰三十二篇；《崇文总目》存者八篇，今存者十篇云。

〔注〕 ① 定：编定。 ②《崇文总目》：书名。宋王尧臣等编撰，六十六卷。 ③ 阙(quē)：同"缺"。 ④ 疑：同"凝"，存止。 ⑤ 用：施行。 ⑥ 度(duó)：揣摩。 ⑦ 笃：深。 ⑧ 强：强行，强迫。 ⑨ 二帝三王：二帝指尧、舜。三王，夏禹、商汤、周文王。 ⑩ 苟：随便。 ⑪ 说：游说。 ⑫ 易合：容易迎合各国国君。 ⑬ 设心注意：居心和用意。设，置。注，措。 ⑭ 偷：苟且。 ⑮ 一切之计：一时权宜之计。 ⑯ 讳：讳言。 ⑰ 苏秦：战国时东周洛阳人，字季子，战国策士，曾说齐、楚、燕、赵、韩、魏六国合纵抗秦。后为齐人所杀。商鞅：即公孙鞅，战国时卫国人。辅佐秦孝公，变法图强，封于商，因号商君。孝公死后，商鞅被车裂。孙膑：战国时齐国人，著名军事家。吴起：战国时卫国人。著名军事家，为魏将。后逃往楚国，辅佐楚悼王。悼王死，楚宗室作乱，吴起被杀。李斯：战国时楚国上蔡人，辅佐秦王嬴政一统天下，官

至丞相。秦始皇死后，李斯被赵高所害。 ⑱ 寤：通“悟”，醒悟。 ⑲ 疵：缺点。 ⑳ 正：政治。 ㉑ 放而绝之：抛弃并杜绝它。 ㉒ 泯：灭。 ㉓ 齐：齐心。此处有思想统一的意思。 ㉔ 有为神农之言者：《孟子·滕文公上》：“有为神农之言者许行。”许行，战国时楚人，曾见滕文公，陈述神农的主张，力主君臣同耕、自食其力。孟子在书中记叙了许行的见解，并加以驳斥。神农，传说中的“三皇”之一，又称炎帝。 ㉕ 有为墨子之言者：《孟子·滕文公上》记载了墨家学者夷之倡导薄葬的主张，并加以驳斥。墨子，名翟（dí），春秋战国之际的著名思想家。 ㉖ 著而非之：记载下来并予以批评。著，记载。非，反对。 ㉗《春秋》：书名，我国最早的编年体史书，相传为孔子编定。 ㉘ 楚汉之起：公元前206年，秦亡后，项羽自立为西楚霸王，封刘邦为汉王。此后五年，楚汉相争，直至项羽兵败自刎。 ㉙ 载：记载。 ㉚ 高诱：东汉学者，涿郡（今河北涿州）人，曾注释《战国策》等书。

本文作于宋仁宗嘉祐末年曾巩校书史馆时期，是曾巩为汉代刘向整理的《战国策》一书所作的一篇序文。刘向所整理的《战国策》，流传到宋代，已残缺不全，并且出现了许多错讹。曾巩访求残缺，将其补充完整，又考订谬误，然后，写了这篇序文。这期间，正是曾巩散文艺术风格完全成熟，并且趋于定型的阶段。他的文章显示出极为深厚的儒学修养，文字又平实典雅，纡徐婉曲，包蕴密致。本文堪称是一篇代表作。

从文体要求来说，一般书序多以考订次第为主，文集序则多叙作者生平、学识及著作刻印过程。曾巩的这类作品则一革旧例。他并不排斥对上述内容作必要的交代，但全篇却往往着重于议论，以古鉴今，借题发挥，用以表明自己的政治主张与理想。

曾巩校书史馆期间，正是朝廷上下就政治变法的必要性和可行性进行激烈辩论的时候，争论的一个核心问题，就是如何看待“祖宗法度”。保守派以为祖宗之法不可变更，而力主变法的王安石则旗帜鲜明地提出了不法先王之政，而法先王之意的主张。王安石说：“以今之世，去先王之世远，所遭之变、所遇之势不一，而欲一一修先王之政，虽甚愚者犹知其难也。”他认为“法其意，则吾所改易更革，不致乎倾骇天下之耳目，嚣天下之口，而固已合乎先王之政矣。”（《上仁宗皇帝言事书》）曾巩在这方面与王安石有着相近的认识，本文便是借评价刘向《战国策序》，阐述了自己在这一问题上的主张。而文中所有的论述，又和儒家的基本理论及以往的历史事实结合得非常紧密，从而将道理阐发得极为明白。

曾巩有着深厚的儒学修养，同时又是一位极为博学的作家，他对儒家经典和史籍都非常熟悉。所以本文在论述自己的观点时，便始终结合历史人物和历史事实，以儒家的基本观点为依据，来进行阐发。刘向在《战国策序》中说，周之先，明教化，修法度，以致天下大治；但发展到后来，政治昏乱，谋诈盛行，儒家所倡导的仁义礼德被人们所废弃，于是天下大乱。曾巩很赞成这一看法。

但刘向在对战国策士之所作为进行评价时，则认为“战国之世，君德浅薄，为之谋策者，不得不因势而为资，据时而为划。故其谋扶持倾，为一切之权，虽可以临教化，兵革救急之势也。皆高才秀士，度时君之所能行，出奇策异智，转危为安，运亡为存，亦可喜，皆可观”。曾巩不赞同刘向这一估价，他的《战国策目录序》便以此为中心展开议论。曾巩先举出孔子和孟子为例，指出孔、孟之时，离周代开国已经好几百年，周代的法度和美好的风俗，早已不复存在，而孔子和孟子所以极力倡导恢复先王之道，以为不可废弃，并不是要恢复旧法，而恰恰是“因其所遇之时、所遭之变，而为当世之法，使不失乎先王之意而已”。然后又进而指出，即便是二帝、三王之治，也是“其变固殊，其法固异”的，“而其为国家天下之意，本末先后，未尝不同也”。曾巩因而认为：“盖法者，所以适变也，不必尽同；道者，所以立本也，不可不一，此理之不易者也。”而战国策士之所作为，恰恰是与之相违背的。他论述的是战国策士，而所阐发的，却是与现实政治密切相关的政治主张。

本文在布局上非常严谨。就全篇而论，文章开篇先叙述了其书的校勘情况，然后展开议论；至文章末尾，则补充说明《战国策》注本的存佚情况，前后呼应，首尾圆合。中间的主体部分，又分为四个段落，先以极精练的笔墨，概述了刘向对《战国策》的评论后，便明确指出，刘向对战国策士的评断是“惑于流俗而不笃于自信”之论。为了说明这一观点，作者采用了对比的手法进行论证。议论一经展开，便先以孔、孟为例，正面说明“法者，所以适变也，不必尽同；道者，所以立本也，不可不一”的道理。这就为下文的议论确立了一个衡量是非得失的尺度。而尺度一经确立，便进而引战国策士之所作为与之对照，说明正因为他们有悖于先王之意，所以终致杀身灭国，“为世之大祸”。两相对照，是非自明，文章也就因势而下，收束起前文：“惟先王之道，因时适变，为法不同，而考之无疵，用之无弊。故古之圣贤，未有以此而易彼也。”那么，何以又要校勘整理该书呢？文章借一设问再拓开一层：“或曰：‘邪说之害正也，宜放而绝之。则此书之不泯其可乎？’”这是行文的一个新的波澜，作者进而说明，“放而绝之”的最好方法是“明其说于天下”而不必“灭其籍”，并举出孟子对诸子之说“著而非之”一事为佐证。最后又从史料价值角度说明此书“固不可得而废”，以为全文的收束。

这种正反相应，层层迭转的结构，还同样体现在具体的段落中。如第二段概述刘向的评论，便分为明显的两层，先肯定其正确的一面，再指出其不当之处，先扬后抑，并为后面的议论奠定基础。第三段则分为三个层次：至“使不失乎先王之意而已”为第一层，举孔、孟对先王之法的态度，说明在“法”与“道”的问题上最明智的选择是什么。转入第二层，又直接举出二帝三王为例，说明先王治国，其“法”本来就有不同，但“其为国家天下之意，本末先后，未尝不同”，而孔、孟所主张的，正合符先王的精神。自“盖法者”至这段的末尾为第三层，在上述论述的基础上，正面提出自己的主张，以“不必尽同”回护上文的“其变固殊，其法固异”，以“不可不一”回护上文的“未尝不同”，说明这其实是古代帝王治理国家的成功经验，孔、孟并非好为异论，而是“不惑乎流俗，而笃于自信”，所以他们“能勿苟”，即不像战国策士那样不讲仁义，专事谋诈，而无所谓原则和正义。这一层既回应了第二段末尾“可谓惑于流俗，而不笃于自信者也”一句，又自然地引出下面第三段的议论。所以第三段便举战国策士之作为来与之对照，以“设心注意，偷为一切之计”，对应第二段的孔、孟的“勿苟”；以虽杀身灭国而世人却“莫之寤”，来对应第二段末尾对刘向的“惑于流俗，而不笃于自信”的论断。

无论是从全篇而言，还是从具体的行文而言，这篇文章都是层次清楚，前勾后连，环环相扣，显得非常严密，语言又较《新序目录序》更为爽净，更见变化。所以茅坤评价说：“大旨与《新序》相近，有根本，有法度。”王慎中也认为：“此序与《〈新序〉序》相类，而此篇为英爽轶宕。”（《唐宋八大家文钞·曾文定公文钞》卷四）这种朴茂深厚的蕴藉，纡徐婉曲的结构，藏锋不露的笔法，充分体现了曾巩散文的独特风貌。气势奔放、一泻千里的文章，往往不易显出婉曲的情致来，而只有漾漾曲涧式的结构，才可藏锋不露，敛气蓄势于浑厚曲折之中。结构一至于婉曲，则不只行文能从容不迫，舒展和缓，而且能予人以层次迭转、幽深缜密的美感。这种结构形式，既适宜于叙述纷繁的社会生活，也适宜于精细地剖析复杂的事物。本文的说理所以能如此透辟，与这种婉曲绵密的结构有不可分割的关系。

《战国策目录序》所体现的这些特点，说明曾巩的艺术风格，至此已经是发展得相当完美和成熟了。和王安石相比，他同样是“密而古”，但他更多的是取其“洁”，而扬弃其过于求“峻”的一面。洁而雅，就更见平正；洁而峻，就趋于峭拔。前者温厚，后者遒劲；前者缠绵，后者矫变。而曾巩则是属于前一类的，因而较王安石散文更丰腴、更浑厚。和欧阳修比，他很得其纡徐婉曲的长处，但不具欧文那种感慨低徊、摇曳多姿的情韵与风神，而是从纡徐之中显示出来一种极其深厚的儒学底蕴。文章读来，就似走马于千山万壑之间，百步九折，触处皆春，而结尾又烟波不尽，有无限境地可供徘徊。全文淳古明洁，法度精严。无怪乎这篇文章历来都为古文家们所激赏，清代桐城文派的宗祖方苞甚至据此还认为曾巩散文“能与欧、王并驱而争先于苏氏”（《古文辞类纂》卷九）。这评价，尽管有些过分，但确实说出了曾巩散文的独特之处。这篇文章正是曾巩散文风格趋于成熟的标志。

（王琦珍）

南齐书目录序

《南齐书》八纪[1]，十一志[2]，四十列传[3]，合五十九篇，梁[4]萧子显[5]撰。始，江淹[6]已为《十志》[7]，沈约[8]又为《齐纪》，而子显自表[9]武帝[10]，别为此书。臣等因校正其讹谬，而叙其篇目曰：

将以是非得失、兴坏理乱之故而为法戒，则必得其所托，而后能传于久，此史之所以作也。然而所托不得其人，则或失其意，或乱其实，或析理之不通，或设辞之不善，故虽殊功韪德[11]非常之迹[12]，将暗而不章[13]，郁而不发，而梼杌[14]嵬琐[15]奸回[16]凶慝[17]之形[18]，可幸而掩也。

尝试论之。古之所谓良史者，其明必足以周万事之理，其道必足以适天下之用，其智必足以通难知之意，其文必足以发难显之情，然后其任可得而称也。

何以知其然也？昔者唐虞[19]有神明之性，有微妙之德，使由之者不能知，知之者不能名，以为治天下之本；号令之所布，法度之所设，其言至约[20]，其体至备，以为治天下之具。而为二典[21]者推而明之，所记者岂独其迹也？并与其深微之意而传之，小大精粗无不尽也，本末先后无不白也。使诵其说者如出乎其时，求其旨者如即乎其人。是可不谓明足以周万事之理，道足以适天下之用，知足以通难知之意，文足以发难显之情者乎？则方是之时，岂特任政者[22]皆天下之士哉！盖执简操笔[23]而随者，亦皆圣人之徒也。

两汉[24]以来，为史者去之远矣。司马迁[25]从五帝[26]三王[27]既没数千载之后，秦火[28]之余，因散绝残脱之经[29]，以及传记[30]百家之说，区区[31]掇拾[32]，以集著其善恶之迹、兴废之端，又创己意，以为本纪、世家[33]、八书[34]、列传之文，斯亦可谓奇矣。然而蔽害天下之圣法，是非颠倒而采摭[35]谬乱者，亦岂少哉？是岂可不谓明不足以周万事之理，道不足以适天下之用，智不足以通难知之意，文不足以发难显之情者乎？

夫自三代以后，为史者如迁之文，亦不可不谓隽伟拔出[36]之才、非常之士也。然顾[37]以谓明不足以周万事之理，道不足以适天下之用，智不足以通难知之意，文不足以发难显之情者，何哉？盖圣贤之高致[38]，迁固有不能纯达其情而见之于后者矣，故不得而与之也。迁之得失如此，况其他邪！至于宋、齐、梁、陈、后魏、后周之书[39]，盖无以议为也。

子显之于斯文，喜自驰骋，其更改破析刻雕藻缋[40]之变尤多，而其文益下，岂夫材固不可以强而有邪！数世之史既然，故其事迹暧昧[41]，虽有随世以就功名之君，相与合谋之臣，未有赫然得倾动天下之耳目，播天下之口者也。而一时偷夺倾危[42]、悖礼反义[43]之人，亦幸而不暴著于世，岂非所托不得其人故也，可不惜哉！

盖史者所以明夫治天下之道也，故为之者亦必天下之材，然后其任可得而称也。岂可忽哉！岂可忽哉！

〔注〕 ①纪：亦称“本纪”，古代史书中的一种体裁，多用以记述帝王的主要事迹或一代的大事。 ②志：古代史书中的一种体裁，记叙典章制度及州县建制、山川地理的变革情况。《史记》称作“书”，班固《汉书》改称“志”。 ③列传：古代史书中的一种体裁，用以记载帝王之外各类历史人物的事迹。 ④梁：南朝梁代(502—557)。 ⑤萧子显：字景阳，南兰陵郡(今江苏常州)人，官至吏部尚书。著有《南齐书》等。 ⑥江淹：字文通，济阳考城(今河南兰考)人。南朝齐、梁时期著名作家。 ⑦《十志》：记载南朝齐代的史书，江淹著，已轶。 ⑧沈约：字休文，吴兴武康(今浙江湖州市)人。历仕宋、齐、梁三朝。所著《齐纪》已轶，另有《宋书》传世。 ⑨表：表彰，彰显。 ⑩武帝：即梁武帝萧衍。 ⑪韪(wěi)德：美德。 ⑫非常之迹：不同于一般的事迹。 ⑬不章：不能彰显。 ⑭梼杌(táo wù)：古代传说中的怪兽名。此处比喻恶人。 ⑮嵬琐：卑劣猥琐。 ⑯奸回：奸诈。 ⑰凶慝(tè)：凶恶。 ⑱形：面目，劣迹。 ⑲唐虞：即尧、舜，都是古史传说中的贤明君主。 ⑳约：简约。 ㉑二典：指《尚书》中记载尧、舜事迹的《尧典》和《舜典》。 ㉒任政者：执掌政事的人。 ㉓执简操笔：负责文书工作的人。简，魏、晋以前用来书写文书、史传的一种人工削制而成的竹片。 ㉔两汉：指西汉、东汉两代。 ㉕司马迁：字子长，左冯翊夏阳(今陕西韩城)人，汉武帝时任太史令，著有《史记》。 ㉖五帝：传说中的上古时五位帝王，但有多种说法，《史记·五帝本纪》认为是黄帝、颛顼(zhuān xū)、帝喾(kù)、唐尧、虞舜。 ㉗三王：指夏、商、周三朝的开国之君夏禹、商汤、周文王。 ㉘秦火：指秦始皇焚书之举。 ㉙经：经书，指儒家经典。 ㉚传记：泛指文献载记。 ㉛区区：一点一点地。此处引申为辛勤的意思。 ㉜掇拾：拾取。

㉝ 世家：《史记》的一种体裁，用以记载诸侯世系的活动。 ㉞ 八书：指《史记》中的《礼书》《乐书》《律书》《历书》《天官书》《封禅书》《河渠书》《平准书》等八篇文章。 ㉟ 采摭(zhí)：采集摘取。 ㊱ 隽伟拔出：英俊伟岸，挺拔突出。 ㊲ 顾：反而，却。 ㊳ 高致：高尚的品格或情趣。 ㊴ 宋、齐、梁、陈、后魏、后周之书：指沈约《宋书》、萧子显《南齐书》、姚思廉《梁书》及《陈书》、魏收《魏书》、令狐德等《周书》。为记载南北朝时这六个朝代的史书。 ㊵ 藻缋(huì)：文采。缋，同“绘”。 ㊶ 暧昧：模糊，不清晰。 ㊷ 偷夺倾危：指阴谋篡夺政权、颠覆国家的人。 ㊸ 悖礼反义：违背礼仪的人。

本文是曾巩整理南北朝时梁代萧子显所编撰的《南齐书》时写的一篇序文，作于他在馆阁校勘古代典籍时期。

《南齐书》是记叙南朝齐一代的史书。南齐是我国南北朝时期继刘宋之后建立的一个王朝，立国仅二十四年，时间非常短暂。萧子显是南齐开国皇帝齐高帝萧道成的孙子，因而在书中处处为自己的祖父和家族回护甚至加以溢美之辞，所以，后人对这部史书便颇多非议。曾巩对这部史书也十分不满，认为它有意篡改历史，以致一些应该予以颂扬的历史人物没有得到很好的表现，而一些“偷夺倾危、悖礼反义之人”反而被美化，使其恶行未能暴露于天下；其语言又“刻雕藻缋”，刻意追求华丽。而所以会如此，曾巩认为，其中最根本的原因，就在于“所托不得其人”，即萧子显根本就不具备一个优秀的历史学家所应有的基本素质。他不由得十分感慨，并由此而想到史官的责任和作为优秀史官所应具备的基本条件，于是在整理完萧子显的这部拙劣的史书之后，便写了这篇目录序，来阐述自己对史书与史官的看法。

和曾巩的其他书序一样，本文的重点也不在于介绍原书的体例、流传及整理情况，而是借《南齐书》的得失引发议论，阐述自己的认识，充分表现自己的史学观。曾巩认为，一部史书是否优秀，取决于它能否“以是非得失、兴坏理乱之故而为法戒”。既然史书编写的目的是使后代君臣能以史为鉴，去奸佞，远小人，推行正确的治国方略，建立清明的政治，那么史家的水平、素质和作史动机就显得尤为重要。曾巩在综论历代史家、史书优劣得失的基础上，充分地阐述了自己的主张，认为优秀的史家应该具备四个基本的条件：“明”“道”“智”“文”，即识见、思想、才智和文采。“其明必足以周万事之理，其道必足以适天下之用，其智必足以通难知之意，其文必足以发难显之情，然后其任可得而称也。”他认为只有儒家经典《尚书》中的《尧典》《舜典》的作者才具备这样四个条件。这是因为那时不只“任政者”都是圣哲贤士，而且“执简操笔”的史官，也都是“圣人之徒”。而两汉以来，史官的水平与尧、舜时期相差太远，即便是司马迁这样杰出的史学家，其《史记》也有许多“蔽害天下之圣法，是非颠倒而采摭谬乱”之处，这是因为司马迁也不具备上述四个条件，才会有这样的失误。至于司马迁之后，史家虽代不乏人，但是等而下之，他们的著作，“盖无以议为”，根本不值得去评价。

曾巩所提出“良史”的四个条件，应该说是非常有道理的，因而也得到后世学者的充分肯定。茅坤称这篇文章：“论史家得失处如(指)掌。”(《唐宋八大家文钞·曾文定公文钞》卷四)张伯行也说：“南丰推本唐、虞二典，抉摘史家谬乱，而结之以明夫治天下之道，直为执简操笔者痛下针砭。”(《唐宋八大家文钞》卷十四)但他对《史记》及其作者司马迁的评价，则显见是偏颇的。其中的原因，主要是他从儒家思想出发所产生的对《史记》的传统偏见。

这篇序文在结构上也非常绵密周匝。文章中心是借对萧子显的《南齐书》进行批评，来展开关于良史标准的讨论，开头一节便先以极简略的笔墨介绍《南齐书》的篇目，然后立即指出，南齐短短二十四年的历史，“江淹已为《十志》，沈约又为《齐纪》”，应该说是已经作了详尽的记载。萧子显为了“自表武帝”，而又“别为此书”，不只是多此一举，而且是动机不纯。这一节关于萧子显《南齐书》的编撰背景和目的意图的叙述，目的是由事及议，引出全篇议论。而议论一经展开，文章便先阐明史书编撰的目的是为了以史为鉴，是有益于国家社稷，“所托不得其人，则或失其意，或乱其实，或析理之不通，或设辞之不善，故虽殊功韪德非常之迹，将暗而不章，郁而不发，而梼杌嵬琐奸回凶慝之形，可幸而掩也”。这段议论，笔力遒劲，气势磅礴，一泻千里。说的虽是一般的道理，但在全篇中却起着极为重要的作用：从下文的写作来说，它是全篇议论展开的基础；对《南齐书》来说，它是文章末尾对其作者进行批评的伏笔。

接下去的议论，便分五层展开。针对《南齐书》的教训，以及史官在史书编撰中的重要作用，文章先旗帜鲜明地提出了作为“良史”的标准。这一层是从正面立论，也是全文的中心所在。这四项标准的提出，完全是与上文所说的拙劣的史书和史官相对应的，因而这种对比也就特别有说服力，作为史官，萧子显的不称职也就了然于目了。但作者却没有由此而直接转入对萧子显和《南齐书》的批判，而是进而举出历史上优秀的史书和优秀的史家为具体的事例，来论证自己的观点。曾巩认为，尧、舜时代，是清明政治的典范。作为帝王，尧、舜“有神明之性，有微妙之德，使由之者不能知，知之者不能名，以为治天下之本；号令之所布，法度之所设，其言至约，其体至备，以为治天下之具”。对于这段历史，以及他们的成功经验，作为史书的《尧典》与《舜典》，作了极好的记载。这些记载，不止限于事迹的记述，而是深入到对他们的治国思想和具体方略进行探讨，“并与其深微之意而传之”，而且“小大精粗无不尽”，“本末先后无不白”，“使诵其说者如出乎其时,求其旨者如即乎其人”。这是因为“任政者”是贤德之士,而史官们也都是“圣人之徒”。这两层,先说理,后举例,事理结合,周到严密,萧子显的“不称”与《南齐书》的“不足”,已经是被衬托得再明白不过了。但曾巩似乎还觉得文章蓄势依然不够,文章又进而转入第三、四两层,以两汉以后的史书、史家与之相比,说明要做一个优秀的史官,并编撰一部优秀的史书,是何等的不易。这一节论述,又以分析司马迁和他的《史记》为主,于其他史官和史书则一笔带过,显得主次分明,详略有致,更加强了上文的说服力。经过这样反复对比,层层申说,将文气蓄积到了极其充分的地步,这才乘势而下,转入第五层,归到对萧子显及《南齐书》的批评,指出《南齐书》正是一部“所托不得其人”的史书,它的作者萧子显也正是一位不具备史识和史才的作者。最后以无限感慨的笔调,仍从史书与史家两方面入手论述,并得出结论:“盖史者所以明夫治天下之道也,故为之者亦必天下之材,然后其任可得而称也。岂可忽哉!岂可忽哉!”既照应了前文,使之首尾呼应,包蕴严密,又感慨遥寄,意味深长,让人从中受到震撼,得到启迪,有效地突出了全文的中心。整篇文章,层层迭转,环环相扣,正反相衬,反复申说,将道理阐释得非常明白。

用同样的语句,稍稍易动数字,反复论述,突出自己的见解,以加深读者的印象,增强文章的说服力,是这篇序文一个极为重要的表现手法。文章中明确提出作为“良史”的标准应该是“其明必足以周万事之理,其道必足以适天下之用,其智必足以通难知之意,其文必足以发难显之情”。然后三次重复这四句话,但又有所变动,而且语气也有所不同。第一次重复在举出唐虞时的优秀史书之后,删去每句中的“必”字,用反问的句式和赞叹的口吻说出,表示对唐虞时代的“良史”们的崇敬。第二次是在批评司马迁的《史记》“蔽害天下之圣法,是非颠倒而采摭谬乱”之后,将四句中的“必足以”三字改为“不足以”,以感叹的口吻说出,表示对司马迁未能成为“良史”的惋惜之情。第三次是对其他史书与史家进行批评,用十分肯定的口吻指出他们都和司马迁一样“明不足以周万事之理,道不足以适天下之用,智不足以通难知之意,文不足以发难显之情”,进而探讨司马迁所以如此的原因,指出是因为“盖圣贤之高致,迁固有不能纯达其情,而见之于后者矣,故不得而与之也”。然后推及其他,指出司马迁尚且如此,何况其他人呢?前后四次,二正二反,反复论证,将道理说得极为透辟,也将自己的观点表达得十分鲜明。这种有意的反复,最易于加深读者的感受,而文字及情感又有变动,不给人以重复的印象。前人说曾巩文章论述严密,从这一技巧的成功使用中也可以找到印证。

(王琦珍)

先大夫集后序

公所为书[1]，号《仙凫羽翼》者三十卷，《西陲要纪》者十卷，《清边前要》五十卷，《广中台志》八十卷，《为臣要纪》三卷，《四声韵》五卷，总一百七十八卷，皆刊行于世。今类次[2]诗、赋、书、奏一百二十三篇，又自为十卷，藏于家。

方五代[3]之际，儒学既摈[4]焉，后生小子，治术业[5]于闾巷，文多浅近。是时公虽少，所学已皆知治乱得失兴坏之理，其为文闳深[6]隽美，而长于讽谕，今类次乐府已下是也。

宋既平天下，公始出仕。当此之时，太祖[7]、太宗[8]已纲纪大法[9]矣，公于是勇言当世之得失。其在朝廷，疾[10]当事者不忠，故凡言天下之要，必本天子忧怜百姓、劳心万事之意，而推[11]大臣从官[12]执事[13]之人，观望怀奸[14]，不称[15]天子属任[16]之心，故治久未洽[17]，至其难言[18]，则人有所不敢言者。虽屡不合而出[19]，其所言益切，不以利害祸福动其意也。

始，公尤见奇于太宗[20]，自光禄寺丞[21]、越州[22]监酒税[23]召见，以为直史馆[24]，遂为两浙[25]转运使[26]。未久而真宗[27]即位，益以材见知。初试以知制诰[28]，及西兵起[29]，又以为自陕以西[30]经略判官[31]。而公常激切论大臣[32]，当时皆不悦，故不果用。然真宗终感其言，故为泉州[33]未尽一岁，拜苏州[34]，五日[35]，又为扬州[36]。将复召之也，而公于是时又上书，语斥大臣尤切，故卒以龃龉[37]终。

公之言，其大者，以自唐之衰，民穷久矣，海内既集[38]，天子方修法度，而用事者尚多烦碎，治财利之臣又益急，公独以谓宜遵简易、罢管榷[39]，以与民休息[40]，塞[41]天下望[42]。祥符[43]初，四方争言符应[44]，天子因之，遂用事泰山[45]，祠汾阴[46]，而道家[47]之说亦滋甚[48]，自京师至四方，皆大治[49]宫观[50]。公益诤[51]，以谓天命不可专任，宜绌[52]奸臣，修人事，反复至数百千言。呜呼！公之尽忠，天子之受尽言[53]，何必古人！此非传[54]之所谓主圣臣直[55]者乎？何其盛[56]也！何其盛也！

公在两浙，奏罢苛税二百三十余条。在京西[57]，又与三司[58]争论免民租、释逋负[59]之在民者，盖公之所试[60]如此。所试者大[61]，其[62]庶几[63]矣。公所尝言甚众，其在上前[64]及书亡者，盖不得而集[65]。其或从或否[66]，而后常可思者，与历官行事，庐陵[67]欧阳公[68]已铭公之碑特详焉，此故不论，论其不尽载者。公卒以龃龉终，其功行或不得在史氏记，藉令[69]记之，当时好公者少，史其果可信欤？后有君子欲推而考之，读公之碑与其书，及余小子之序其意者，具见其表里[70]，其于虚实之论可核矣。

公卒乃赠[71]谏议大夫[72]。姓曾氏，讳某，南丰人。序其书者，公之孙巩也。至和元年十二月二日谨序。

〔注〕 ① 所为书：所著的书。 ② 类次：按文体分类依次编排。 ③ 五代：指后梁、后唐、后晋、后汉、后周五个朝代，前后共五十四年。 ④ 摈(bìn)：抛弃。 ⑤ 术业：技术、学业。 ⑥ 闳(hóng)深：博大精深。 ⑦ 太祖：宋太祖赵匡胤。 ⑧ 太宗：宋太宗赵炅，太祖弟。 ⑨ 纲纪大法：指制定好了国家政策法令。 ⑩ 疾：痛恨。 ⑪ 推：推究。 ⑫ 从官：指帝王身边的侍从官员。 ⑬ 执事：古时指侍从左右供使令的人。 ⑭ 观望怀奸：见风使舵，心怀奸诈。 ⑮ 称：相副。 ⑯ 属(zhǔ)任：委任，托付。 ⑰ 洽：协和。 ⑱ 难(nàn)言：诘难责备的话。 ⑲ 出：离开京城到地方去任职。 ⑳ 见奇于太宗：为宋太宗所赏识。 ㉑ 光禄寺丞：光禄寺属官，职责是参与准备祭祀、朝会及酒宴诸事。 ㉒ 越州：州名，治所在今浙江绍兴市。 ㉓ 监酒税：收取酒税的官。 ㉔ 直史馆：为馆职。或以京官兼任，负责修撰历书及典司图籍诸事。 ㉕ 两浙：宋代路名，辖境相当于今浙江省及江苏省东部地区。 ㉖ 转运使：宋初所设的州府以上的行政长官，负责一路或数路财赋，并督察地方官吏。 ㉗ 真宗：宋真宗赵恒。 ㉘ 知制诰：负责为皇帝起草诏令的官。 ㉙ 西兵起：指宋真宗咸平五年(1002)西夏兵围攻灵武一事。 ㉚ 自陕以西：宋曾设陕西路，以其在陕原以西，故名。 ㉛ 经略判官：为经略安抚使的僚属，负责处理日常公务。 ㉜ 论大臣：批评朝中大臣。此指曾致尧批评丞相向敏中一事。 ㉝ 泉州：州名，治所在今福建晋江市。 ㉞ 苏州：州名，治所在今江苏省苏州市。 ㉟ 五日：它本一作“五月”。 ㊱ 扬州：州名，治所在今江苏省扬州市。 ㊲ 龃龉(jǔ yǔ)：上下齿不相配合。此指意见不合，彼此相恶。 ㊳ 集：同“辑”。辑睦，安定。 ㊴ 管榷(què)：宋代一种制度，对茶、酒等实行国家专卖。 ㊵ 休息：休养生息。 ㊶ 塞：满足。 ㊷ 望：期盼，盼望。 ㊸ 祥符：全称“大中祥符”。宋真宗赵恒年号。 ㊹ 符应：也叫“瑞应”。古时以所谓天降“符瑞”，附会与人事相应，称作“符应”。 ㊺ 用事泰山：大中祥符元年，四方争言符瑞，十月，宋真宗至泰山举行封禅大典，祭祀天地。 ㊻ 祠汾阴：即祠后土祭地。汾阴治今山西万荣荣河镇西南，汉武帝始立后土祠于此。大中祥符四年二月，宋真宗至汾阴祭祀后土神。 ㊼ 道家：古代以老子、庄子学说为中心的学术派别，此处“道家之说”实指道

教的学说。 ㊽ 滋甚：滋生蔓延得很厉害。 ㊾ 治：建造。 ㊿ 官观：道官、道观。 51 诤：直言规谏。 52 绌(chù)：贬退、排斥。 53 尽言：毫无保留的话。 54 传：史传。 55 主圣臣直：因君主圣明，故臣下敢于直言。语出《汉书·薛广德传》。 56 盛：美好。 57 京西：宋代路名，治所在河南府(今河南省洛阳市)。 58 三司：指盐铁、度支、户部三部门。为宋代主管国家财政的中央机构。 59 释逋(bǔ)负：取消(百姓)拖欠的赋税。逋，拖欠。负，亏欠。 60 试：此处指“作为”。 61 大：指事件规模大而且有意义。 62 其：语气词，无义。 63 庶几：此处指贤德的人。 64 在上前：留在御前。指被皇帝留下来不批发的奏章。 65 集：收集，辑集。 66 或从或否：指被皇帝采纳或被否定。 67 庐陵：郡名。故城在今江西吉水县。 68 欧阳公：欧阳修。 69 藉令：即使，即便。 70 表里：此指言行和思想。 71 赠：古代帝王赐给臣下诰敕，生前称“封”，身后称“赠”。 72 谏议大夫：负责向皇帝提意见和建议的官。

本文是曾巩为已故祖父曾致尧的文集所作的后序，写于宋仁宗至和元年(1054)。曾致尧，字正臣，宋太宗太平兴国八年(983)进士，历任秘书丞、转运使、尚书户部郎中等职，死后追赠右谏议大夫，所以曾巩称之为“先大夫”。

在宋初的大臣中，曾致尧是一位喜欢直言批评时政而屡受打击和排斥，并最后“以龃龉终”的人物。欧阳修《户部郎中赠谏议大夫曾公神道碑铭》、王安石《户部郎中赠谏议大夫曾公墓志铭》《续资治通鉴长编》及《宋史》本传、《南丰县志》等，都记载了他许多这方面的事迹，而最早记载他历官行事的文章，又是欧阳修作的神道碑铭。这类事迹中，如在苏州整治无人敢犯的权奸魏庠，如连上十余疏弹劾得到皇帝恩宠的奸邪的陈省华父子，如本文提及的西夏兵围攻灵武时，他因自己正确的谋略未被采用，抗章上疏，“不受章绂之赐”等等。这种不畏强权，敢于直言的品格，甚至在和皇帝直接对话时也表现了出来。一次，宋太宗向曾致尧夸耀国库所藏金帛无法统计，当时正值江南大旱，颗粒无收，曾致尧即直言不讳地对答说：“未若江南一夜秋雨之为富也。”《宋史》本传说他“性刚率，好言事，前后屡上章奏，辞多激讦”。又说他在“不受章绂之赐”的上疏中“词旨狂躁”。他也因此而为权臣乃至帝王们所厌恶和压制。《续资治通鉴长编》记载说：“上(宋太宗)雅敬(李)沆，尝问治道所宜先。沆曰：‘不用浮薄新进喜事之人。此最为先。’上问其人。曰：‘如梅询、曾致尧、李夷庚等是矣。’上深然之。故终上之时，数人者，卒不进用。”

曾致尧这种貌似迂阔而实则耿介的性格，给了曾巩以极为深刻的印象。曾致尧殁于宋真宗大中祥符五年(1012)，在曾巩出世前七年。曾巩对祖父的了解，主要是假之于曾致尧的遗著和亲旧间的传闻。曾巩一生，都非常崇敬祖父，又尤为赞赏祖父这种勇言当世得失的精神，不仅亲自整理其文集，还求请当时文坛的大手笔欧阳修、王安石为作神道碑铭和墓志铭。本文便是他在整理曾致尧的文集后,为文集作的一篇序文。

本文虽然是一篇文集序,但其实是借评论祖父的文集来颂扬祖父的政绩和人品。所以,实际上成了一篇别具一格的人物传论。文章取夹叙夹议的形式,将自己的议论与对祖父生平事迹的介绍结合得非常紧密。而既然要叙事,也就涉及一个剪裁的问题。曾致尧的生平事迹,在欧阳修所撰写的曾致尧神道碑铭中,已作了详细记叙。为避免雷同,本文便专写为碑铭所"不尽载者"。也就是说,曾致壳的"历官行事"并不是本文的写作重点,本文重在论述他的生平言行中所表现出来的崇高品德。而曾致尧思想品德中最可贵、同时也是曾巩所最崇敬的,又是他从国家利益、社稷安危的大局出发"勇言当世之得失"的精神,这种精神又集中体现在他的文章中。所以,本文先概括介绍了曾致尧的著作,并介绍了他年轻时研习儒业,"所学已皆知治乱得失兴坏之理,其为文闳深隽美,而长于讽谕"。这也就决定了他后来一生著作的特点与基调。所以,他一入仕时,便勇言当世之得失,激烈地批评朝廷官员"观望怀奸,不称天子属任之心",以致天下"治久未洽"。这些文章中所批评的事,甚至有许多为别人所"不敢言"者,他也因此而屡次受到打击与排斥,被排挤出京城去任地方官,但"所言益切,不以利害祸福动其意"。在这样一番总的介绍与评价之后,文章进而举出几个具体的事例来加以论证:一是在太宗、真宗两朝,他本来几度受到皇帝赏识,官职屡屡升迁,却又都因"常激切论大臣,当时皆不悦,故不果用"。后来真宗想重新召用他时,他又在这关键时刻上书,"语斥大臣尤切",以致"卒以龃龉终"。二是真宗大中祥符年间,自天子至百官,崇尚道教之风极为浓烈,曾致尧却极言力谏,"以谓天命不可专任,宜绌奸臣,修人事,反复至数百千言"。三是在任两浙转运使时,奏罢苛税。四是在京西任职时,"又与三司争论免民租、释逋负之在民者"。而这些都反映在他的文集中,他自己也因此而落了个"以龃龉终"的结局。纵观全文,作者的裁剪非常精严,文章始终围绕"勇言当世之得失"这一中心来陈述祖父的事迹,因此很清晰地刻画出了曾致尧忠君爱民、刚直好谏的形象,突出了他不为利害祸福所动的思想品德。

本文融感情于叙事之中,显得感慨低回。和《战国策目录序》《宜黄县县学记》等致力于阐述儒家学说和思想的文章不同,本文是一篇饱含感情的文章。曾巩既为祖父的悲剧命运而感叹,又不能直言批评造成这一命运的君主。而曾致尧文集所辑集的,又正是这类批评尖锐、言辞激切的章表文字,人物本身的坎坷经历与文集的内容,都决定着文章易于显现出一种辞危言苦的倾向。但这篇序文却采用夹叙夹议的方法,以叙述人物直言批评时政的事迹为主,不时杂以慨叹与评论，反复称述其直言忠谏的品格，感叹当时朝臣的非难及天子优容纳谏的圣德。叙其不得志处，措辞也极有分寸，多取一种感叹的口吻，而其意则在言外。如说自己每读其文，总不由抚卷长叹："呜呼！公之尽忠，天子之受尽言，何必古人！此非《传》之所谓主圣臣直者乎？何其盛也！何其盛也！"这是感慨，但感叹之中又有讽刺，是讽刺与批评的一种委婉的表现形式。"主圣臣直"，结果却又"以龃龉终"，这相互间正形成一种鲜明的对比和深刻的矛盾。王勃《秋日登洪府滕王阁饯别序》说："屈贾谊于长沙，非无圣主；窜梁鸿于海曲，岂乏明时？"曾致尧的遭际又何尝不是这种历史悲剧的重演！曾巩没有长歌当哭地去表达内心的不平，而是将这种感情寓于委婉的慨叹中，采用层层迭转、娓娓而谈的结构形式来曲折地传达内心深沉的悲哀。文章平平说去，总不肯着一句激切言辞，道理既透辟，语言又动听，其批评意图则从娓娓的夹叙夹议中委婉地传达了出来，而结果却能使读者从中透见到刚正者不见用于朝廷，而奸险庸碌之辈却安立于庙堂的现实，这就是贤愚颠倒！这就是古道之不行于天下！言在此意在彼，十分含蓄。因其委婉周匝，藏锋不露，所以较措辞激烈的批评更有扣人心弦的力量。如果说，欧阳修能将《与高司谏书》那样内容激切的文章写得闲与从容、无艰难劳苦之态的话，那么，曾巩则确实深得其婉曲的长处，而同时又较欧公的文章更抹上了一层醇厚古雅的色彩。较之韩愈的《争臣论》《论佛骨表》的激切奔放，较之王安石的《答司马谏议书》的斩截峭拔，《先大夫集后序》所表现的完全是另外一种风韵，体现出曾巩散文独特的风貌。（王琦珍）

王深父文集序

深父，吾友也，姓王氏，讳回。当先王之迹[1]熄[2]，六艺[3]残缺，道术[4]衰微，天下学者无所折衷，深父于是时奋然独起，因[5]先王之遗文以求其意，得之于心，行之于己，其动止语默必考于法度，而穷达[6]得丧[7]不易其志也。文集二十卷，其辞反复辨达，有所开阐，其卒盖将归于简也。其破去[8]百家传注，推[9]散缺不全之经，以明圣人之道于千载之后，所以振斯文于将坠，回[10]学者于既溺[11]，可谓道德之要言，非世之别集[12]而已也。后之潜心于圣人者，将必由是而有得，则其于世教，岂小补之而已哉！

呜呼！深父其志方强，其德方进，而不幸死矣。故其泽[13]

不加于天下，而其言止于此。然观其所可考者，岂非孟子所谓名世者⑭欤？其文有片言半简，非大义所存，皆附而不去⑮者，所以明深父之于其细行⑯，皆可传于世也。

深父，福州侯官⑰县人，今家于颍⑱。尝举进士，中其科，为亳州⑲卫真县主簿⑳。未一岁弃去，遂不复仕。卒于治平二年㉑之七月二十八日，年四十有三。天子尝以某军㉒节度推官㉓知陈州㉔南顿㉕县事，就其家命之，而深父既卒矣。

〔注〕①先王之迹：古代贤君遗留下来的功业和言论。②熄：消亡。③六艺：本指礼、乐、射、御、书、数六种科目，汉代以后，指儒家的六经。此处即指后者。④道术：道德学术。⑤因：依据。⑥穷达：穷困和显贵。⑦得丧：即得失。⑧破去：即破除扬弃。⑨推：探究。⑩回：挽回，返归。⑪溺：沉湎而无节制。此处指一些人痴迷于老庄及佛教的学说而忘却了儒家的道德学术。⑫别集：指古代汇集某一个人全部诗、文、奏议、书信等著述的文集。⑬泽：雨露。此处指德泽。⑭名世者：闻名于世的人。语出《孟子·公孙丑下》。⑮去：删除。⑯细行：细微的言行。⑰侯官：地名，即今福建省福州市。⑱颍：州名。治所在今安徽省阜阳市。⑲亳州：今河南省亳州市。⑳主簿：官名。负责文书簿籍印鉴工作。㉑治平二年：公元1065年。治平，宋英宗年号。㉒军：宋代行政区划之一，与府、州、监同属于路管辖。㉓节度推官：节度使属官。㉔陈州：州名。治所在今河南省周口市。㉕南顿：县名。故城在今河南项城市西。

本文是曾巩为其好友王回的文集作的序。文中言及王回卒于宋英宗治平二年(1065)，则此文当作于治平二年或其后。王回，字深父，福州侯官(今福州市)人，移居颍州。与其弟王向(字子直)、王冏(字容季)，都是很有道德和儒学修养的人，而且都长于文章，与曾巩又都是非常要好的朋友。他们最初是在京师结识了王安石，后由王安石介绍认识曾巩的，时间是在宋仁宗嘉祐二年曾巩赴京应试时。第二年，王向又去拜访了曾巩。从此，王氏兄弟与曾巩结下了深厚的友谊。在曾巩的文集《元丰类稿》中，便保留了《王深父文集序》《王子直文集序》《王容季文集序》《与王深父书》《答王深父论扬雄书》《与王向书》《王容季墓志铭》以及为王氏兄弟的母亲写的《金华县太君曾氏墓志铭》等多篇文章，说明他们之间曾有过很密切的交往。

在王氏兄弟中，儒学修养最深的是王回。而在曾巩和王安石心目中，王回是可以担当大任的贤者。王安石在《王深父墓志铭》中说他“志欲以圣人之道为己任”，平时“取舍进退必度于仁义”，若能得以显达于时，将可以“施泽于天下”，或者“明先王之道，觉后世之民”。可惜去世太早，以至于“道不任于天，德不酬于人”，令人扼腕叹息。曾巩对王回的评价与王安石相近，所以，这篇文集序也就一力地从道与文两个方面来称扬王回。

文章分三大段。

第一段写王回深厚的儒学修养及其文章的特点。王回的文章是在他死后结辑成集的，按一般的写法，先写王回去世，家人或朋友乃至门生后学将他的文章整理后，编辑成文集，行将付梓，来请作者为之作序云云，也未尝不可。但曾巩这篇文章没有采用这种写法，而是先简单地交代了王回的姓名及其与自己的关系。然后分两层叙述，极力说明王回是一位不同凡响的贤德之士，是足可以担当重任的栋梁之材。第一层写王回深研儒学的社会背景及所得的收获。王回习儒，是在唐末五代天下大乱之后，“当先王之迹熄，六艺残缺，道术衰微，天下学者无所折衷”之时，“深父于是时奋然独起，因先王之遗文以求其意，得之于心，行之于己，其动止语默必考于法度，而穷达得丧不易其志也”。赵宋王朝一建立，特别强调恢复儒学，所以历史上便有所谓宋王朝“半部《论语》治天下”的说法。王深父对儒学的深研，及其身体力行，显然合乎了赵宋王朝文化政策的需要。这样的人才，正是统治阶级所需要的。一旦得以大用，用王安石的话来说，便可“施泽于天下”。第二层写王回的文章。王回有文集二十卷，他之所学，他对儒家学说的深入研究，决定了他的文章不是那种叙写性情、流连光景的情灵摇荡之文，而是深入阐发儒学精义的论辩文字。这些文章，在写作上，是长于议论，“其辞反复辨达”，但这些议论又不是一般的介绍和分析，而是“有所开阐”，即对儒学精义有新的阐发和理解，而文辞又“归于简”，显得简洁而凝练。在内容上，则以自己独立的思考，扬弃以往的经学家们为六经所作的注解，探究那些已经散缺不全的儒家经典，阐明圣人之思想学说于千年之后。这样的载道之文，既可以“振斯文于将坠”，挽回已变得极为颓放的文风，又能够“回学者于既溺”，拯救那些沉湎于老庄、佛学而忘记了儒家精典的读书人。所以，曾巩认为，王回的二十卷文集，可称得上是“道德之要言”，不等同于社会上文人的一般文章。以后研读儒家学说的学者，一定可以从他的文集中得到许多启迪，这对于文治教化，决不止于小有补益而已。这两层论述，一写其道，一写其文。文是道的表现，道是文的内涵。合而言之，这就是传统儒家所提倡的道德文章，王回的文集所体现的正是这种特点。而能写出这样文章的人，无疑正是社会所需要的贤者，是国家所需要的治国的能人。文章这样安排，意在为下文蓄势。将王回的形象写得越高大、越完美，则下文写他的早逝，也就更令人感到惋惜和悲哀。

果然，文章进入第二段，便突然逆转，以无限哀惋的笔调，发出令人心颤的仰天长叹：“呜呼！深父其志方强，其德方进，而不幸死矣。”一位本来可以大有作为的学者，在其“志方强”“德方进”的时候却过早地去世了，作为好友，那种悲哀与沉痛，那种惋惜与失落，可想而知。在作者看来，王回的死，对国家、对社会是不可估量的损失，“其泽不加于天下”；对王回自己来说，也是令人扼腕的遗憾，他本来还可以写出更多的能“以明圣人之道于千载之后”，足以“振斯文于将坠，回学者于既溺”的文章，可惜“其言止于此”。这样两个方面与上一段写其道与文形成对应。显然，上文的写王回的道德文章，正是为这一段写他死后的损失与遗憾作铺垫；这里极力地写他的死留给世人的惋惜与悲痛，又正是为了与上一段相回应。但曾巩认为，即便是如此，他仍然不失为一位贤德之士，“观其所可考者，岂非孟子所谓名世者欤?”这一掌故出自《孟子·公孙丑下》：“五百年必有王者兴，其间必有名世者。”孟子所说的“名世者”，指的是那种可以辅佐帝王成就万世基业的所谓“兴王道者”。曾巩以此来评价王回，这个评价是相当高的。这一段的最后一层，是就一些相关的问题作必要的说明。因为在第一、二两段中都是说王回的文章乃“道德之要言，非世之别集而已”，但在王回文集中又还辑录了一些不是谈论儒学精义的“片言半简”。这些文字，“非大义所存”，编者所以“附而不去”，是因为这些文字能够“明深父之于其细行，皆可传于世”。换句话说，就是这些文章可以反映出王回在日常生活中如何注意自我修养，即第一段所说的“得之于心，行之于己，其动止语默必考于法度，而穷达得丧不易其志”的情况，这对人们了解王回都有帮助，所以仍然辑入其中。这一节说明，既是文集序写作的一般要求，从文章写作的中心来讲，它也起到了丰富文章内容的作用，是对第一段写王回身体力行研习儒学的补充。

第三段是对王回的爵里、仕宦、卒年、享年等有关情况作一简单的介绍，这也是这类文章写作的常见格式。本来，文章至此就可以结束了，但本文却在这些交代之后，再补充叙述王回去世前朝廷的一次任命：“天子尝以某军节度推官知陈州南顿县事，就其家命之，而深父既卒矣。”较之王回此前弃去的官职，这是一次提升，或许这也会是他将来“施泽于天下”的一个新的起点，但王回却已经去世了。这看上去似乎是一段不经意的文字，却使文章平添了一层情韵内美，让人读来觉得作者行文感慨低回，觉得作者内心对王回去世的惋惜与哀痛之情是那样的真挚，是那样的排解不开，那样的挥之不去。而在文章中，这种情感又是那样的贯穿始终。这真可称得上是神来之笔。

（王琦珍）

赠黎安二生序

赵郡苏轼[①]，余之同年友[②]也，自蜀以书至京师[③]遗[④]余，称蜀之士曰黎生、安生者。既而黎生携其文数十万言,安生携其文亦数千言,辱[⑤]以顾[⑥]余。读其文,诚[⑦]闳壮[⑧]隽伟,善反复驰骋,穷尽事理,而其才力之放纵,若不可极者也。二生固可谓魁奇特起[⑨]之士,而苏君固可谓善知人者也。

顷之,黎生补[⑩]江陵府[⑪]司法参军[⑫],将行,请予言以为赠。余曰:“余之知生,既得之于心矣,乃将以言相求于外邪[⑬]?”黎生曰:“生与安生之学于斯文[⑭],里之人皆笑以为迂阔[⑮]。今求子之言,盖将解惑于里人[⑯]。”

余闻之,自顾而笑。夫世之迂阔,孰有甚于予乎?知信乎古[⑰],而不知合[⑱]乎世;知志乎道[⑲],而不知同乎俗。此余所以困于今而不自知也。世之迂阔,孰有甚于予乎!今生之迂,特以文不近俗[⑳],迂之小者耳,患为笑于里之人。若余之迂大矣,使生持吾言而归,且重得罪[㉑],庸讵[㉒]止于笑乎?然则[㉓]若[㉔]余之于生,将何言哉?谓余之迂为善,则其患[㉕]若此;谓为不善,则有以合乎世,必违乎古;有以同乎俗,必离乎道矣。生其[㉖]无急于解里人之惑,则于是焉,必能择而取之。遂书以赠二生,并示苏君,以为何如也?

〔注〕 ① 赵郡:在今河北赵县,苏轼的远祖苏味道,为唐时赵州人,故云。 ② 同年友:旧时称同科考中的人为同年。曾巩与苏轼同登嘉祐二年进士,故称同年友。 ③ 京师:指开封。 ④ 遗(wèi):赠予。 ⑤ 辱:谦辞,承蒙之意。 ⑥ 顾:拜访。 ⑦ 诚:确实。 ⑧ 闳壮:内容丰富深刻。 ⑨ 魁奇特起:非常杰出。 ⑩ 补:补充官职缺额。 ⑪ 江陵府:治所今湖北荆州。 ⑫ 司法参军:官职名,掌管狱讼。 ⑬“乃将”句:竟要我在形式上写几句赠言吗? ⑭ 斯文:指欧阳修等人倡导的古文。 ⑮ 迂阔:迂远而不切实际。 ⑯ 里人:同乡人。 ⑰ 古:指韩柳开创的古文运动。 ⑱ 合:同。 ⑲ 道:古文运动所倡导的“道”。 ⑳ 文不近俗:所作文章和盛行一时的世俗文体不同。 ㉑ 且重得罪:将招致更多指责。 ㉒ 庸讵:岂。 ㉓ 然则:那么。 ㉔ 若:如,像。 ㉕ 患:祸患。 ㉖ 其:语气助词,有“希望”之意。

这是曾巩颇为有名的赠序,约作于英宗治平年间。宋初百余年间,文风犹沿晚唐五代颓习,夸声色、讲偶对、空洞卑弱的“时文”泛滥一时。仁宗嘉祐二年(1057),欧阳修主持科场,力黜“太学体”士子,提拔了后来成为北宋诗文革新运动中坚力量的苏轼、苏辙、曾巩等人,才使“场屋之习,从此遂变”(《宋史》卷三一九)。欧阳修等人笃行儒道,力介古文,极大地扭转了文坛风气。但“时文”沿袭既久,不易一下子革除。其后很长一段时间,古文与时文一直在反复激烈较量。蜀士黎、安二生学习古文,被乡人笑为迂阔,以致不知如何消除里人讥笑,这正反映出双方较量的激烈和流俗之毒影响之大。曾巩便借赠序的机会,反击世俗对古文运动的指责,向有志于古文的黎、安二生表示赞赏,表达自己"信乎古""志乎道"的坚定信念,并抒发自己受困于世的牢骚不平。

首段介绍黎、安二生,称赞他们的文学才华。介绍黎、安二生,却并不立即下笔,而是从苏轼和苏轼对他们的引荐迤逦写来,用古文大家苏轼的称赏,烘托二生的不凡。然后才写黎、安二生先后携文拜访自己,赞赏他们的文"闳壮隽伟,善反复驰骋,穷尽事理,而其才力之放纵,若不可极者也"。最后再以苏轼"善知人"做结,表面赞赏苏轼,实是夸赞黎、安二生。此段文字虽然简短,却迂徐曲折,法度谨然。第二段交代写作此文的缘起。黎生将要补任江陵府司法参军,称自己与安生有志于古文,却被乡人笑为迂阔,希望得到曾巩临别赠言以消除乡人之惑。第三段才是文章重心之所在。黎、安二生因乡人讥其迂阔,请曾巩为之辩驳。曾巩接下来并没有正面为之辩驳,而是抓住"迂阔"二字生发出许多议论,迂徐回复二生的问题。作者首先称自己也"迂阔",而且更甚。然后再拿自己的迂阔和黎、安二生的迂阔相比,称自己只知"信乎古""志乎道",不知"合乎世""同乎俗",困顿而不自知。黎、安二生只是"文不近俗",自己却是行不合世,则迂更大,更甚。通过这种对迂"大""小"的比较,曾巩曲折表达了自己对文与道关系的认识。二生的迂是文的问题,是迂之小者;自己的迂是道的问题,是迂之大者,这反映出曾巩先道德后文章的文论观。既然自己之迂更甚,则写赠言为迂阔辩解,非但达不到"解惑于里人"的目的,反而会招致更多的指责。那么,曾巩该如何回复二生的困惑呢?于是,作者笔锋一转,结合自己的亲身体会,把迂阔的善与不善摆在黎、安二生的面前,让他们自己选择:"谓余之迂为善,则其患若此;谓为不善,则有以合乎世,必违乎古,有以同乎俗,必离乎道矣。生其无急于解里人之惑,则于是焉,必能择而取之。"这一段话语重心长,既有对后学的爱护,又有殷切的期望。在曾巩看来,迂阔只是世俗的看法,只要自己信古志道,完全可以不必急于解里人之惑。至此,问题实际已经解决,作者立即以问句收笔,干净利落,又颇有余味。

这篇赠序以构思巧妙、行文迂徐曲折为显著特色。从全文来看,"迂阔"二字出现了三次,"迂"字另单独出现四次,"迂阔"二字是本赠序谋篇布局的关键。黎、安二生作古文"数十万言""数千言",文章境界宏伟雄壮,文思奔放峻拔,但面对里人讥笑,犹不能自释于怀,可见流俗余毒之烈,对人困扰之深。所以,对于二生来说，要消除困惑，就要对导致其疑惑的根源——乡人“迂阔”之讥加以辨析。同时，在对“迂阔”的辨析之中，还可阐发自己的文论观点，并借机把自己的牢骚不平抒发出来。所以，抓住“迂阔”二字生发议论，构思可谓巧妙。吴楚材、吴调侯称：“文之近俗者，必非文也。故里人皆笑，则其文必佳。子固借迂阔二字，曲曲引二生入道。”（《古文观止》卷十一）揭示其构思机杼，可谓一语中的。从行文来看，前两段叙述黎、安二生的文采以及他们的困惑，既是交代写作缘由，也是为文章铺垫蓄势。二生只是文不近俗，便被世俗如此讥笑，自己行事不合世俗，则困于世可想而知。所以写二生的疑惑，实际上也是为烘衬自己的困顿。第三段之说理叙事更为曲折。作者先自顾而笑，再言自己的迂比二生更甚。进而分析自己的迂，从而得出二生之迂，只是文不近俗的小“迂”，自己之迂，则是行不合世的大“迂”的结论，并以“使生持吾言而归，且重得罪，庸讵止于笑乎”来回复黎生“将解惑于里人”的请求。行文至此，似在回绝黎生解惑的请求。但这并不是作者的本意，接下来作者才转入正题，分析迂的善与不善，把选择的主动权交给黎、安二生，让他们自己选择，看似没有回答黎、安二生的疑问，但文中满含期待的语气，实际是以一种含蓄和缓的方式劝勉二生坚守儒道，不要顾忌世俗的嘲笑。行文有山穷水复，峰回路转之妙。曾巩文章以迂徐委备，平易柔缓为特色。吕本中云：“曾子固文章迂余委曲，说尽事情。”（《童蒙诗训》）姚鼐《复鲁絜非书》也说：“宋朝欧阳、曾公之文，其才皆偏于柔之美者也。”此文迂徐和缓，有摇曳曲尽之妙，很好地体现出了曾巩行文的特色。

感情郁勃，吞吐回环，从容含蓄，也是本文的一大特色。曾巩借赠序的机会，表露自己“信乎古”“志乎道”的坚定信念，并抒发自己愤世嫉俗、牢骚不平的情绪。曾巩坚守儒道，行事正直，不苟合世俗，所以在现实社会中落落寡合，处境困顿。他曾经说：“巩性朴陋，无所能似，家世为儒，故不业他。自幼逮长，努力文字间，其心之所得，庶不凡近。……惟其寡与俗人合也，于公卿之门未尝有姓名，亦无达者之车回顾其疏贱。抱道而无所与论，心常愤愤悱悱，恨不得发也。”（《元丰类稿》卷十五《上欧阳学士第一书》）曾肇《子固先生行状》也有类似的叙述：“其为人惇大直方，取舍必度于礼义，不为矫伪姑息以阿世媚俗。弗在于义，虽势官大人不为之屈。非其好，虽举世从之，不辄与之比。以其故，世俗多忌嫉之，然不为之变也。”（《曲阜集》卷三）黎、安二生要求为其“迂阔”辩护，这正好触发了曾巩的心事，因此他借为他人解惑的机会，浇自己心头块垒，写下了这篇愤世嫉俗的牢骚文字。王文濡《古文辞类纂评注》卷之十二曰：“一肚皮不合时宜，触机而发，出以诙谐，文笔何隽妙乃尔。”这是切中肯綮之评。如文中连用两个“世之迂阔，孰有甚于余乎”和一个“使生持吾言而归，且重得罪，庸讵止于笑乎”，以反问的形式表达自己的万千感慨，语淡意深。特别是“谓余之迂为善，则其患若此；谓为不善，则有以合乎世，必违乎古，有以同乎俗，必离乎道矣”一段话，与范滂临刑前说的一段话出于同一机杼。范滂由于党锢之祸受刑，临死前对儿子说：“吾欲使汝为恶，恶不可为；使汝为善，则我不为恶。”（范晔《后汉书》卷六十七《党锢列传》）范滂此语满含激愤，内有深哀巨痛，故行路闻之，莫不流涕。曾巩则说若自己迂阔对，则不应困顿；若不对，投合流俗就会违古背道。看似平淡，实际是抨击当世不能容纳正直之人，语中渗透着激愤不平的情绪。不过，作者并没有让自己的牢骚一泻无余地迸发，而是以一波三折的语调层层抒发。所以尽管文章抒发的是满肚子不合时宜的牢骚，但写来却丝毫不怒张直露，反觉醇厚隽永，有不尽的意味。

结构完整，行文谨严是本文另一大特色。前由苏轼引荐二生入题，结尾“遂书以赠二生，并示苏君”照应，二生开头有两个问题“里之人皆笑以为迂阔”“解惑于里人”，文中对迂阔做了辨析，并在结尾以“生其无急于解里人之惑”，回应二生对迂阔的困惑，都可见结构的完整谨严。（魏祖钦）

送王希序

巩庆历三年[①]遇潜之[②]于江西[③]。始其色接[④]吾目，已[⑤]其言接吾耳，久其行[⑥]接吾心，不见其非。吾爱也，从之游。四年间，巩于江西三至焉。与之上滕王阁[⑦]，泛东湖，酌马跑泉。最数游而久乃去[⑧]者，大梵寺秋屏阁，阁之下百步为龙沙[⑨]，沙之涯为章水[⑩]，水之西涯横出为西山[⑪]，皆江西之胜处也。

江西之州中，凡游观之可望者，多西山之见。见西山最正且尽者，唯此阁而已。使览登之美穷于此，乐乎？莫与为乐也。况龙沙、章水、水涯之陆陵、人家园林之属[⑫]于山者，莫不见，可见者不特西山而已，其为乐可胜道邪！故吾与潜之游其间，虽数且久不厌也。其计于心曰：奚[⑬]独吾游之不厌也，将奉吾亲，托吾家于是州，而游于是[⑭]，以欢吾亲之心而自慰焉。未能自致也，独其情旦而作，夜而息，无顷[⑮]焉忘也。病不游者期月[⑯]焉，而潜之又遽去[⑰]，其能不怃然[⑱]邪！

潜之之将去，以书来曰：子能不言于吾行邪？使吾道潜之之美也，岂潜之相望意也，使以言相镌切[19]邪，视吾言不足进也。视可进者，莫若道素与游之乐而惜其去，亦情之所不克已[20]也，故云尔。嗟乎！潜之之去而之京师，人知其将光显[21]也。光显者之心，于山水或薄，其异日肯尚从吾游于此乎？其岂使吾独也乎？六年八月日序。

〔注〕 ① 庆历三年：公元1043年。庆历，宋仁宗年号。 ② 潜之：王希，字潜之。 ③ 江西：唐宋时的江南西路。此处代指洪州（治所在今江西南昌市）。 ④ 接：交接。 ⑤ 已：已而，随后。 ⑥ 行：品行，操守。 ⑦ 滕王阁：唐永徽四年（653）滕王李元婴都督洪州（今江西南昌市）时建。与下文东湖、马跑泉、大梵寺秋屏阁等，均为南昌名胜。 ⑧ 去：离开。 ⑨ 龙沙：在洪州德胜门外龙岗上，旧有龙沙亭，唐时名清风亭。其地江沙甚白而高峻，居人时见龙迹，故而得名。 ⑩ 章水：即今赣江。赣江合章、贡二水而成。 ⑪ 西山：一名散原山，在江西南昌市新建区。 ⑫ 属（zhǔ）：连接。 ⑬ 奚：何。 ⑭ 是：此，这里。 ⑮ 无顷：没有一刻。 ⑯ 期（jī）月：一整月。 ⑰ 遽去：骤然离去。 ⑱ 怃然：怅然失意的样子。 ⑲ 镌切：情意恳挚地劝诫。镌，凿，刻。切，责备。此处均为引申义。 ⑳ 情之所不克已：情不自禁。克已，约束自己。 ㉑ 光显：光荣显耀。

本文是曾巩为送朋友王希赴京而作的一篇赠序，作于宋仁宗庆历六年（1046），当时曾巩正求学于临川。文章回顾了两人从相识到同游的经过，着重写了两人一同游览的踪迹和在游览中所获得的乐趣，字里行间显示出两人间深厚的友情，最后归到送别，委婉地表示希望王希在仕途"光显"之后，不要淡漠了和自己之间的这份友谊。

在赠别一类的诗文中，对朋友寄托这样一种期望，这原本是极为正常的写法。但在曾巩的这一类诗文中所流露的这种情感，则有着更为深层的原因。在写这篇赠序之前，曾巩曾入京参加进士考试，不第而归。这期间，他染上了肺病，父亲曾易占又遭人诬陷而失官，家中生活非常贫困，他不得不奔走四方，役役口食。而处于这样一种困境时，还有一些人不断地在精神上给他以打击。除了一些幸灾乐祸者对他科举失利进行嘲笑之外，还有另一些人对他进行恶意的中伤，这种谤伤甚至扩展到对他人格的诋毁与攻击。这些飞短流长一时间甚嚣尘上，以至连王安石的哥哥都相信了，并将此告诉了一位叫段逢的人。段逢便搜集了种种谣言和传闻，罗织罪名，写信给远在淮南的王安石，诬诋曾巩"居家亲友惴畏"，谩骂他"行无纤完"，并指责王安石在和曾巩交往中，未曾规劝曾巩，认为这是因为他们结为"朋党"，因而才如此偏私。王安石非常气愤，当即写了《答段逢书》予以批驳，并写了一首七言古诗《赠曾子固》安慰曾巩，诗中说："曾子文章众无有，水之江汉星之斗。挟才乘气不媚柔，群儿谤伤均一口。吾谓群儿勿谤伤，岂有曾子终皇皇？借令不幸贱且死，后日犹为班与扬。”王安石这样说，并不是护短。曾巩所以遭谤，原因可能有很多方面。但其中最主要的一点，则是他的迂阔。由于他当时文名日盛，来求他作文的人也就特别多。但为了“自守于义”，他宁可被人谗毁，也不肯苟作，不去写那些无谓的应酬文字，不去写那种被人称之为“谀墓”的墓志铭。他有一篇《书与客言》，内中记述说：“居十日，求文于某者四人，义不克与也。客至，曰：‘盍与之？不然，子其戒，毁且至矣。’应之曰：‘与非义，吾不敢违义也。虽然，君子者未尝不戒也，毁何患？’”在时风日下的时代，他这种迂阔固执的处世态度，自然要得罪许多人，甚至招致谤伤了。

正由于是处于这样一种困境中，曾巩也就特别期望能得到一些志同道合的朋友，琢磨学问，破砺情操，按欧阳修所告诫他的那样，“广其学”，“坚其守”。而来自朋友的真诚的友谊和帮助，对他来说，就显得特别可贵，因而也特别为他所珍惜。从庆历三年(1043)到六年，他在临川、洪州等地，结交了一批朋友，如赵宏、裴煜、张彦博、刘希声、蔡元振、王希等。在曾巩最困难的时候，他们都给予过曾巩许多力所能及的支持、声援与帮助。曾巩对他们也非常感激，相继写了《答裴煜二首》《代书寄赵宏》《送刘希声序》等文章表示感谢，并追述他们之间的友情。本文即是其中的一篇。

本文一个突出的特点，就是构思非常精巧。文章要表达的，是希望朋友不要因天各一方而冷淡了几年相处中所建立起来的友情，但开头并不直说，而是先掷笔天外，写两人的交往：“巩庆历三年遇潜之于江西。”这种交往，又非一般的关系，而是在相互接触中，不断地加深了解，最后达到了心心相印、志同道合的境地：“始其色接吾目，已其言接吾耳，久其行接吾心，不见其非。吾爱也，从之游。”正由于如此，两人才多次同游，而且所游历的地方，都是江西著名的风景名胜：“四年间，巩于江西三至焉。与之上滕王阁，泛东湖，酌马跑泉。最数游而久乃去者，大梵寺秋屏阁，阁之下百步为龙沙，沙之涯为章水，水之西涯横出为西山，皆江西之胜处也。”在这样一篇短小的赠序中，自然不可能将他们的游历所见，一一进行具体的描述，所以先作一个概括性的叙述。但这种泛泛的介绍又不足以表现他们同游之乐，更不足以体现两人在游览中建立起来的深厚感情。因此在这番概述之后，又选择这些游览中最令他们流连忘返的大梵寺秋屏阁进行描述，极写登临秋屏阁之所见所感，写由这些所见所感中所体味到的无穷之乐。这部分分三层展开。先写在洪州可远眺的风景，是西山。而登秋屏阁望西山又是最佳的去处：“江西之州中，凡游观之可望者，多西山之见。见西山最正且尽者，唯此阁而已。”正由于“最正且尽”，所以“览登之美穷于此”，从中所获得的游览之乐也就为别处所不能比拟。然而其间的乐趣还不止于此，文章接着展开第二层，写秋屏阁上可以看到的其他景物，写这些景物是如何的令他们陶醉："龙沙、章水、水涯之陆陵、人家园林之属于山者，莫不见，可见者不特西山而已，其为乐可胜道邪!"以其如此，"故吾与潜之游其间，虽数且久不厌也"。这句话既是第二层的收总，又是进入第三层的过渡。文章至此顺势推进一层，写自己甚至想举家居此，让全家人都来饱览这美不胜收的山水风光，但一直未能如愿，所以感到非常遗憾，以致"其情旦而作，夜而息，无顷焉忘也"。偏偏此时王希又突然要离去，自己能不觉得怅然若失么？这一层不是正面写秋屏阁风光之美，而是通过写对其美景的极度喜爱与眷恋，来反衬和烘托这种美令人不能忘怀。风光如此之美，同游如此之乐，因病一月未游，便觉十分惦念，而同游者又要离去，从此天各一方，以后自己即便再来，即便美景依旧，也未必会有那种与志同道合的朋友同游之乐了。想到这些，能不为之"怃然"么？

显然，第一、二两段明的是写景，而在实际上是借写游览景物时的同游之乐来写与王希之间的深厚情谊。这种同游之乐写得越充分，则朋友之间的友情就显得越深厚；友情越深厚，也就更值得自己珍惜。从这个角度上讲，上面两大段的写交往，写情谊，便都是为揭示全文的主旨作铺垫。所以，文章第三段便正式切入本文的主旨，说明写作本文的缘由，是王希将要离任，来信索取赠言。自己考虑，如果称扬一番朋友的美德，则绝非王希求文之本意；而说一番劝勉、告诫抑或鼓励的话，则自己各方面又不如王希，"言不足进"。自己所可以说的，"莫若道素与游之乐而惜其去"，而且，这也是自己"情之所不克已"者，所以，写了上面那些话。行文至此，水到渠成，乘势揭示出全文的主旨："嗟乎！潜之之去而之京师，人知其将光显也。光显者之心，于山水或薄，其异日肯尚从吾游于此乎？其岂使吾独也乎?"文章要说的是希望王希不要淡漠了和自己的友情，但文中却仍然不直说，而说希望友人不要在"光显"之后淡薄了山水之情，不再与游，使自己的游历显得寂寞而孤独。以山水之情的淡薄暗喻朋友间友情的淡薄，含蓄而有韵味，显得委婉曲折，寄寓深远。（王琦珍）

上蔡学士书

庆历四年[①]五月日，南丰曾巩谨再拜上书谏院学士[②]执事[③]：朝廷自更[④]两府[⑤]谏官来，言事者皆为天下贺得人而已。贺之诚当也，顾[⑥]不贺则不可乎？巩尝静思天下之事矣。以天子而行圣贤之道，不古圣贤然者否也。然而古今难之者，岂无异焉？邪人以不己利也，则怨；庸人以己不及也，则忌[7]。怨且忌，则造饰[8]以行其间[9]。人主不寤[10]其然，则贤者必疏而殆[11]矣。故圣贤之道，往往而不行也，东汉之末是已。今主上至圣，虽有庸人、邪人，将不入其间。然今日两府谏官之所陈[12]，上已尽白而信邪？抑未然邪？其已尽白而信也，尚惧其造[13]之未深，临事而差也。其未尽白而信也，则当屡进而陈之，待其尽白而信，造之深，临事而不差而后已也。成此美者，其不在于谏官乎！

古之制[14]善矣。夫天子所尊而听者，宰相也，然接之有时，不得数且久矣。惟谏官随宰相入奏事，奏已，宰相退归中书，盖常然矣。至于谏官，出入言动相缀接，蚤暮相亲，未闻其当退也。如此，则事之得失，蚤思之不待暮而以言可也，暮思之不待越宿[15]而以言可也，不谕[16]则极辩之可也。屡进而陈之，宜莫若此之详且实也，虽有邪人、庸人，不得而间焉。故曰：成此美者，其不在于谏官乎！

今谏官之见也有间矣，其不能朝夕上下议亦明矣。禁中[17]之与居，女妇而已尔，舍是则寺人[18]而已尔，庸者、邪者而已尔。其于冥冥[19]之间，议论之际，岂不易行其间哉！如此，则巩见今日两府谏官之危，而未见国家天下之安也。度[20]执事亦已念之矣。苟念之，则在使谏官侍臣[21]复其职[22]而已，安有不得其职而在其位者欤？

噫！自汉降戾[23]后世，士之盛未有若唐太宗也。自唐降戾后世，士之盛亦未有若今也。唐太宗有士之盛而能成治功，今有士之盛，能行其道，则前数百年之弊无不除也，否则后数百年之患，将又兴也，可不为深念乎！巩生于远，厄[24]于无衣食以事亲[25]今又将集于乡学，当圣贤之时，不得抵京师而一言，故敢布[26]于执事，并书所作通论杂文一编以献。伏惟执事，庄士[27]也，不拒人之言者也，愿赐观览，以其意少施焉。

巩之友王安石者，文甚古，行称[28]其文，虽已得科名，然居今知安石者尚少也。彼诚自重,不愿知于人。然如此人,古今不常有。如今时所急,虽无常人千万不害也,顾如安石,此不可失也。执事倘进于朝廷,其有补于天下。亦书其所为文一编进左右,庶知巩之非妄㉙也。

〔注〕 ① 庆历四年:公元1044年。庆历,宋仁宗年号。 ② 谏院学士:指蔡襄。蔡襄,字君谟,兴化仙游(今福建莆田)人。谏院,官署名。庆历三年,蔡襄曾知谏院。 ③ 执事:旧时书信中用以称呼对方,谓不敢直陈,故向执事者陈述,表示尊敬。 ④ 更:更换。 ⑤ 两府:此指门下省和中书省。 ⑥ 顾:但。 ⑦ 忌:妒忌。 ⑧ 造饰:编造饰辞。 ⑨ 行其间:即行间。指挑拨离间。 ⑩ 不寤:不觉悟,不了解。 ⑪ 疏而殆:被疏远而且处境危险。 ⑫ 陈:陈述,进谏。 ⑬ 造:往,到。此处指对谏官所陈述的事接触到何种程度。 ⑭ 制:制度。 ⑮ 越宿:过一个晚上。 ⑯ 不谕:不理解。 ⑰ 禁中:宫中。 ⑱ 寺人:官名,古代王宫中供使令的小官。后世称宦官为寺人。 ⑲ 冥冥:昏暗。 ⑳ 度(duó):推测,估计。 ㉑ 侍臣:即侍从之臣。宋代称大学士及待制为侍从官,常在君主左右以备顾问。 ㉒ 职:职守。 ㉓ 降戾(lì):降至。戾,到达。 ㉔ 厄:困。 ㉕ 事亲:侍奉长辈。 ㉖ 布:陈述。 ㉗ 庄士:端庄严肃的人。 ㉘ 称:相副。 ㉙ 妄:虚妄不实。

本文作于宋仁宗庆历四年(1044),是曾巩写给谏官蔡襄的一封信。据邵博《邵氏闻见后录》记载:"仁宗庆历中,亲除王素、欧阳修、蔡襄、余靖为谏官,风采倾天下。"当时曾巩正困于乡间,为维持家庭的生计而奔走。但他怀着饱满的政治热情,一直关注着当时朝廷内部正在进行的政治革新运动,先后写了《上王转运》《上欧阳舍人书》《上蔡学士书》《上范资政书》等阐述自己的政治主张,同时屡次向他们推荐王安石;此外,还写了许多杂论,探讨革新的措施和治国方略,并将这些杂论寄给了欧阳修、范仲淹、王素和蔡襄,希望能为他们所采纳。当然,这中间也有想引起他们对自己的注意这样一种意图。

这封信既然是因蔡襄任谏官而引出,文章的论述也就围绕着与谏官有关的问题而展开。茅坤说它从欧阳修的《上范司谏书》和《与高司谏书》脱化而来。其实,本文和欧阳修的与两司谏书还是有区别的。正如张伯行所说的:"欧公与两司谏书,一激其进谏,一责其不谏,其词气奋发慷慨。此则深恐谏官不得时时进见,使庸人、邪人之说得行其间,其防微杜渐之意至深远也,原与两司谏书不同。其文词缠绵劲折,又是曾公本色。"(《唐宋八大家文钞》卷十二)

本文的中心,不是激励蔡襄进谏,或者批评他没有进谏。而是提请蔡襄注意,作为谏官,他们虽在其位,但没有"得其职",不能时时进谏。在谏官与帝王之间,还留有许多空隙,会被庸人、邪人所利用。这不只是会给当今的谏官们造成危害,而且还会给后世留下祸患。较之于韩愈的《争臣论》、欧阳修的与两司谏书那样突出地讨论谏官职责问题，这篇文章所论述的则是一个几乎多为人所忽略的方面。曾巩在信中指出，朝廷选用了一批刚正不阿的官员为谏官，天下以为“得人”，这自然是值得庆贺的事，但“得人”并不等同于就没有问题。天子能行圣贤之道，所得结果却和古圣贤不一样，按理说这是不可能的。但古往今来的帝王们都感到很难做到古圣贤那样，原因就在于有邪人、庸人利用帝王与大臣之间的这种空隙，得行其奸，而帝王们又不觉悟，所以“贤者必疏而殆矣”，圣贤之道，也就往往而不行。当今如何呢？“今主上至圣，虽有庸人、邪人，将不入其间”，这是为了使文章不至于犯上而说的客气话，其实，文章所要论述的正是庸人、邪人得行其奸的问题。但这里还是不直接说出，而是先以疑问的口吻，对当前朝廷中的状况提出质疑：在当今的朝廷中，谏官们所进谏的意见，帝王是否真的完全明白并且听信了呢？或者根本就没有弄懂，也没有听信呢？对于谏官们来说，对帝王们明白并听信了的那些意见，还担心他们了解得不深，在处理这些事件时还会出现偏差；而对于那些没有被帝王们接受的意见，就应当反复地进谏，反复地说明，一直到他们真正明白并且听信，达到了解既深，临事不差的程度。而能“成此美者”，正在谏官。

文章的第二段则从分析古代谏官制度的周密入手，说明为什么能成此美者正在谏官。先指出，古代的制度非常完善，在天子身边，能够得到天子尊重并听取其意见的，只有宰相，但宰相和天子相见的时间有限，陈述意见不可能多次而且占用很久的时间，陈述之后，就退归中书省。谏官则不然，因为常侍奉于天子左右，“出入言动相缀接，蚤暮相亲，未闻其当退也”，以此，则随时都可以劝谏，天子不理解时极力辩论也是可以的。在屡次进谏中陈述自己的意见，没有人能够似谏官那样翔实。这就弥补了天子和大臣之间的空白，所以“虽有邪人、庸人，不得而间焉”。论述至此，顺势推出结论：“故曰：成此美者，其不在于谏官乎！”收束一、二两段的论述。

显然，第二段论古代谏官制度的完善与周密，既是由第一段引出，同时又是为下一段的论当今谏官制度的缺陷树立一个评判的标尺。所以，接下去的第三段一开头，便明确指出：“今谏官之见也有间矣，其不能朝夕上下议亦明矣。”理由是，在当今的内宫之中，时时和天子在一起的，除了皇后嫔妃，就是宦官和那些庸者、邪者。他们在暗中借助平常议论事情的机会，是很容易进行挑拨离间的。因此，文章在鲜明的对比中，就当朝谏官的状况得出判断说：“如此，则巩见今日两府谏官之危，而未见国家天下之安也。”这才是这封信所要说的最关键的话，是本文的核心之所在。这一结论，并非耸人听闻，而是建立在上述一系列分析的基础上的，所以说得特别郑重，足以起到振聋发聩的作用。而这些分析，又只是从大臣与天子之间的间隙入手来说庸人和邪人得行其间，和“主上至圣”并不矛盾。这就使文章的论述既能对现实痛下针砭，又不至于犯上，显得十分得体。但这样还不行，因为作为谏官，蔡襄似乎不应该不明白这一点。所以，文章接着一笔折转，以一种很委婉、很客气的口吻推测说，这一问题估计蔡襄也已经想到了，这也是一种很得体的说法。既指出了问题之所在，又表示了对蔡襄的尊重。但是，既然注意到了，就应该去解决，于是文章便乘势而下，对蔡襄等提出批评：“苟念之，则在使谏官侍臣复其职而已，安有不得其职而在其位者欤？”这又回应了第一、二两段的论述，使文章的结构显得极为严密。

本来，文章至此已经将问题的实质揭示得很清楚了。但作者似乎觉得还不够，接下去又转入第四段，以一种极为感叹的口气，进一步分析妥善处理好这一问题的重要性。指出自汉以后，人才之盛没有什么时候能比得上唐太宗时期；而自唐以来，又没有什么时候能比得上当代。唐太宗能以此而成就其天下大治的功绩，当今如能充分利用这一条件以行其道，“则前数百年之弊无不除也”，否则，“后数百年之患，将又兴也，可不为深念乎”，再次对这一问题的严重性予以强调，以引起对方的高度重视。和韩愈、欧阳修同类题材的文章相比，本文却是从一个为人们所不易觉察的地方着笔，结果却引出来一个令人震撼而且不得不深思的大问题，而且引发出来一大篇发人深省的议论，分析又透辟，说得又很郑重，张伯行说它“防微杜渐之意至深远”是很有道理的。一位尚未取得功名的儒生，以书信的形式，向朝廷重要官员，谈如此重大的问题，似乎是不大礼貌。所以，这一段的第二层便就此作出说明，一是地处偏远，二是生活贫困，三是将去地方学府求学，所以“不得抵京师而一言”，才以书信向蔡襄阐述自己的看法，并且表示，相信蔡襄这样端庄严肃的人，是不会拒绝听取别人意见的，期望蔡襄能看一看这封信，并多少采纳一点信中的建议。这些话说得非常委婉动听，有很强的感染力和说服力。

文章的第五段是附带说及的。作为谏官，蔡襄有举荐贤才的职责和权力。曾巩借此机会，向他推荐自己的好友王安石，希望蔡襄能向朝廷推荐。这并不是徇私，而是从国家利益出发，按古人所谓“外举不避仇，内举不避亲”的原则，来举荐人才。正由于他对王安石十分了解，所以对王安石的评介也就特别明确和肯定：“文甚古，行称其文，虽已得科名，然居今知安石者尚少也。彼诚自重，不愿知于人。然如此人，古今不常有。如今时所急，虽无常人千万不害也，顾如安石，此不可失也。执事倘进于朝廷，其有补于天下。”写这封信的时候，曾巩自己正处在家道坎壈、功名蹭蹬的困境之中，他却能如此关心国家大事，如此举荐人才，这实在是难能可贵的了。

本文的另一个特点，便是张伯行所说的“文词缠绵劲折”。如第一段中的一节文字：“今主上至圣，虽有庸人、邪人，将不入其间。然今日两府谏官之所陈，上已尽白而信邪？抑未然邪？其已尽白而信也，尚惧其造之未深，临事而差也。其未尽白而信也，则当屡进而陈之，待其尽白而信，造之深，临事而不差而后已也。成此美者，其不在于谏官乎！”先说“今主上”如何如何，然后用一个“然”字折转说当今如何如何。说当今又连用两个反问句“上已尽白而信邪？抑未然邪？”以步步紧逼，引出下文分说“其已尽白而信也”当如何如何，“其未尽白而信”又当如何如何。分说之后，立即收束：“成此美者，其不在于谏官乎！”干脆利落。一节文字，句句相扣，句句折转，连绵不断，但又不显得拖沓，而是语语转，笔笔紧，矫健劲折，语语都有新意。如张伯行在评他的《上欧蔡书》时所说的那样：“曲曲折折，愈劲愈达。如水之穿峡而出，不知其所以然，而适与之相赴。能言人所不能言之意，亦是能言人人所欲言之意。”（《唐宋八大家文钞》卷十二）此外，如“至于谏官，出入言动相缀接，蚤暮相亲，未闻其当退也。如此，则事之得失，蚤思之不待暮而以言可也，暮思之不待越宿而以言可也，不谕则极辩之可也。屡进而陈之，宜莫若此之详且实也，虽有邪人、庸人，不得而间焉。故曰：成此美者，其不在于谏官乎”，如“今谏官之见也有间矣，其不能朝夕上下议亦明矣。禁中之与居，女妇而已尔，舍是则寺人而已尔，庸者、邪者而已尔。其于冥冥之间，议论之际，岂不易行其间哉！如此，则巩见今日两府谏官之危，而未见国家天下之安也”，都是这样缠绵劲折的文字。《宋史·曾巩传》说他的文章立言在欧阳修和王安石之间，“纡徐而不烦，简奥而不晦”，这样一种特点，在这篇文章中已经表现得很突出了。

（王琦珍）

寄欧阳舍人书

巩顿首再拜舍人[①]先生：

去秋人还，蒙赐书及所撰先大父[②]墓碑铭，反复观诵，感与惭并[③]。

夫铭志之著于世，义近于史，而亦有与史异者。盖史之于善恶无所不书，而铭者，盖古之人有功德、材行、志义之美者，惧后世之不知，则必铭而见之，或纳于庙，或存于墓[④]，一也。

苟[5]其人之恶，则于铭乎何有？此其所以与史异也。其辞之作，所以使死者无有所憾，生者得致其严[6]。而善人喜于见传，则勇于自立[7]；恶人无有所纪，则以愧而惧。至于通材达识[8]，义烈节士，嘉言善状，皆见于篇，则足为后法[9]。警劝之道，非近乎史，其将安近[10]？

及世之衰，为人之子孙者，一欲褒扬其亲，而不本乎理。故虽恶人，皆务勒[11]铭以夸后世。立言者既莫之拒而不为，又以其子孙之所请也，书其恶焉，则人情之所不得，于是乎铭始不实。后之作铭者，常观其人。苟托之非人，则书之非公与是，则不足以行世而传后。故千百年来，公卿大夫至于里巷之士，莫不有铭，而传者盖少。其故非他，托之非人，书之非公与是[12]故也。

然则孰为其人而能尽公与是欤？非畜[13]道德而能文章者，无以为也。盖有道德者之于恶人，则不受而铭之，于众人则能辨焉。而人之行，有情善[14]而迹非[15]，有意奸[16]而外淑[17]，有善恶相悬而不可以实指[18]，有实大于名，有名侈[19]于实。犹之用人，非畜道德者恶[20]能辨之不惑、议之不徇[21]？不惑不徇，则公且是矣！而其辞之不工，则世犹不传，于是又在其文章兼胜焉。故曰非畜道德而能文章者，无以为也。岂非然哉！

然畜道德而能文章者，虽或并世[22]而有，亦或数十年或一二百年而有之。其传之难如此，其遇之难又如此。若先生之道德文章，固所谓数百年而有者也。先祖之言行卓卓[23]，幸遇而得铭，其公与是，其传世行后，无疑也。而世之学者，每观传记所书古人之事，至其所可感，则往往衋然[24]不知涕之流落也，况其子孙也哉！况巩也哉！其追睎[25]祖德，而思所以传之之由，则知先生推一赐[26]于巩而及其三世。其感与报，宜若何而图[27]之？

抑[28]又思，若巩之浅薄滞拙[29]，而先生进之；先祖父之屯蹶否塞[30]以死，而先生显之。则世之魁闳[31]豪杰不世出[32]之士，其谁不愿进于门？潜遁幽抑之士[33]，其谁不有望于世？善谁不为，而恶谁不愧以惧？为人之父祖者，孰不欲教其子孙？为人之子孙者，孰不欲宠荣其父祖？此数美者，一归于先生！既拜赐之辱，且敢进其所以然。所谕世族之次[34]，敢不承教[35]而加详[36]焉？

愧甚，不宣[37]。巩再拜。

〔注〕① 舍人：官名。欧阳修于庆历五年降知制诰，知滁州，庆历八年才转起居舍人。此时称其为舍人，盖因其尝知制诰而通称之。② 先大父：去世的祖父，这里指曾致尧。③ 感与惭并：既感激又惭愧。④"纳于庙"二句：放在家庙里，或存在坟墓间。古代的碑制有二，一是庙中之碑，用以识日影、系牲口；一是坟间之碑，葬时用以下棺。故云或纳于庙，或存于墓。⑤ 苟：假若。⑥ 致其严：表示对他的尊敬。⑦ 自立：有可立于世的德行。⑧ 达识：高明通达的识见。⑨ 法：榜样。⑩"警劝之道"三句：意思是说墓铭所发挥的警世劝善作用和史传相近。⑪ 勒：刻。⑫ 公与是：公正与正确。⑬ 畜：通"蓄"，具备。⑭ 情善：内心善良。⑮ 迹非：行迹不好。⑯ 意奸：内心险恶。⑰ 外淑：外表和善。⑱"有善恶"句：是说有的人行事复杂，有善有恶，但善恶很悬殊，很难确凿地指出来。⑲ 侈：超过。⑳ 恶：如何。㉑ 徇：徇私，袒护。㉒ 并世：同时代。㉓ 卓卓：特异貌。㉔ 衋(xì)然：悲伤痛苦的样子。㉕ 晞(xī)：仰慕。㉖ 一赐：赐予一件事，此指为其祖父作墓志铭这件事。㉗ 图：考虑(报答)。㉘ 抑：然而，转折语词。㉙ 滞拙：迟钝愚拙。㉚ 屯蹶(zhūn jué)否(pǐ)塞：处境艰难不顺。㉛ 魁闳(hóng)：俊伟。㉜ 不世出：不是每代都有。㉝ 潜遁幽抑之士：指隐士。潜遁，沉沦隐逸。幽抑，隐忍受压制。㉞ 世族之次：家族的世系。㉟ 承教：遵照你的指示。㊱ 加详：加以详细研究。㊲ 不宣：不尽，如同说"书不尽意"。

本文作于庆历七年(1047)。此前，曾巩请求欧阳修为其祖父曾致尧撰写墓志铭。在收到欧阳修撰写的铭文之后，曾巩便写了这封致谢信，表达有幸得到欧阳修所写铭志的感激之情，并盛赞欧阳修的道德文章。本文历来被视为曾巩的最佳作品，吴楚材、吴调侯称："在南丰集中，应推为第一。"(《古文观止》卷十一)浦起龙也称此篇为"南丰第一得意书"(《古文眉诠》卷七十一)。过珙也说："在南丰集中，应推为千古绝调。"(《古文评注》卷十二)

文章首段记叙写信的缘起。作者特别提到自己在收到欧阳修的墓志铭后，反复阅读，"感与惭并"。"感"与"惭"两字是本文的感情线索，其后文字都是围绕这两条线索展开的。第二段并不直接入题，表达感激之意，而是笔墨一宕，比较铭志与史传的异同。在作者看来，铭志与史书，既有相同之处，也有不同之处。史书善恶并书，铭志则只记人善，此其异；铭志可以使善者勇于自立，恶人有所愧惧，所以在劝善惩恶这一点上，与史书并无二致。这样，作者就把铭志的地位提高到了与史书同样的高度。这样拔高铭志的地位，其实意在称颂欧阳修，其深刻的用心不可不知。第三段分析衰世铭志不能行世而传后的原因。及世之衰，传主的子孙为褒扬其亲，而不顾铭志所应有的警劝之义，夸大失实，撰铭者也往往曲笔徇情，陈词敷衍。所以在作者看来，铭志很少能流传的原因，就在于“托之非人，则书之非公与是”。本段由上段对铭志作用的探讨过渡到对铭志传世因素的探讨，层次向前推进了一步。第四段，承接前面的分析，探讨写铭志之人所具备的条件。既然铭志的能否行世而传后取决于作铭志之人及其是否能做到“公与是”。那么什么样的作铭之人才能做到公与是就是必须要探讨的问题了。对这一问题，作者先推出结论：“非畜道德而能文章者，无以为也。”然后再分述“畜道德”与“能文章”对于写作传世铭文的重要意义：有道德才能不为表象所迷惑，辨出是非善恶，做到公与是；能文章，才能使公与是表达出来，使铭志流传后世。最后再次归结到前面结论上来：“故曰非畜道德而能文章者，无以为也。”作者这样一路写来，花了许多文字论述铭志的作用、传世的条件、对作者的要求，渐次由铭志引到了铭志的作者上来，但仍然没有切入正题，行文似有拖沓累赘之嫌。刘大櫆就曾经批评道：“前半历叙作铭源流，不免钝拙呆蹇。”（姚鼐《古文辞类纂》卷三十引）其实刘大櫆错了。曾巩花这么多文字论述铭志作用之大，传世之不易，做到公与是之难，都是为下文赞扬欧阳修的道德文章和表现自己得到欧阳修的铭志的幸运作铺垫。这样迂折行文，是曾巩的一贯作风。沈德潜评此文：“逐层牵引，如春蚕吐丝，春山出云，不使人览而易尽。”（《唐宋八大家文读本》卷二十七）确实如此。有了上述这些成功的铺垫，下文赞美欧阳修，表达感激之意，自然水到渠成，毫不费力。第五段，才转入正题，热情赞扬欧阳修的道德文章，表达对欧阳修的感激之情。这段文字亦有许多曲折。先说遇到“畜道德而能文章”者非常不易，其人“虽或并世而有，亦或数十年或一二百年而有之”。接着肯定欧阳修的道德文章为“数百年而有者”，是非常难得，他为先祖所做铭文必定会“传世行后”。这样就把先祖和自己得铭之万分荣幸之情以及对欧阳修的感激赞扬之情表露无遗。不过，作者意犹未尽，还要把这种情绪继续向前推进几层：接下来，先言世人看到传记所写古人之事至于激动之处，尚要不自觉流泪；再说何况传主的子孙；再说何况是像我曾巩这样善感的人。一连三层递进，感情激荡，文笔曲折。接着又称赞欧阳修的铭文“推一赐于巩而及其三世”，并以“其感与报，宜若何而图之”的反问，把对欧阳修的铭感之情表达得酣畅淋漓。但曾巩犹觉不足，第六段又进一步表达了对欧阳修的赞美敬仰之情。作者用“抑又思”三字，紧承上文，做进一步深入推衍。本段连用六个反问句式，议论饱含感情，极力突出欧阳修此文的巨大社会效果，并遥应前文所论的“警劝之道”。在曾巩看来，此文不但会惠及自己和先祖；世上其他魁闳豪杰之士、隐居之士，也会因此而愿进于门；还能警示人们进而为善，愧惧作恶；并对为人父祖者与为人子孙者各有警劝。然后，以“此数美者，一归于先生”作结，把对欧阳修的推重感激之意抒发到了极点。曾巩文章善于说尽事情，于此文可见一斑。最后作者又以“愧甚”作结，照应前文的“惭”字。

本文结构完整，迂徐曲折，反复尽情。此书的主旨是为了称赞欧公“畜道德而能文章”，并表达对欧阳修赐铭的感激之意。按照一般写法，在“反复观诵，感与惭并”后，即可入题。可是，作者却偏把笔墨宕开，先谈铭志的“警劝之道”与史无异，再谈铭志难于行世传后的原因在于“托之非人，书之非公与是”，进而探讨传世行后的铭志作者必须是“畜道德而能文章者”，并称“畜道德而能文章”者，其人“虽或并世而有，亦或数十年或一二百年而有之”，然后才归结到欧阳修身上，赞美他的道德文章，表达自己有幸得到铭文的感激之情。文章虽然处处归美欧阳修，却不予点破，而是抓住“畜道德而能文章”反复论证，由古及今，层层推进，条分缕析，在做好成功铺垫之后，直至最后方请出欧阳修，回到感谢欧阳修作铭的题旨上。行文迂回曲折，环环相扣，严整有序。第五、六两段，更是层层推衍，把作者对欧阳修的感激与敬佩之情，表达得酣畅淋漓。本文首段言“感与惭并”，第五段言“其感与报”，遥应“感”；结尾言“拜赐之辱”，“愧甚”，遥应“惭”。前面论述铭志的“警劝之道”，后面则赞美欧阳修此文的社会效应，与之照应。这些都可见本文结构之完整。

本文感情深挚，曲尽其情。文章首段称自己反复阅读墓志铭，“感与惭并”，为文章营造浓厚的感情氛围。其后迂徐地从铭志写到铭志作者，再到欧阳修，无不洋溢着浓厚的感激赞赏之情。第五、六两段的感情抒发达到了高潮，作者运用多重递进的感叹、设问句式，反复推衍，把自己的感激赞扬之情抒发得淋漓尽致。茅坤说：“此书迂徐百折，而感慨呜咽之气，博大幽深之识，溢于言外。”（《唐宋八大家文钞·曾文定公文钞》卷三）茅坤的评论准确地点出本文的感情特色。本文抒情还有一个特点，就是寓感激之情于议论之中，随着议论的深入，作者对欧阳修的推重感激之情也达到了极点。

曾巩此文，还有一层巧妙构思不可不提，这一点吴楚材、吴调侯把握得很准确：“子固感欧公铭其祖父，寄书致谢，多推重欧公之辞。然因铭祖父而推重欧公，则推重欧公，正是归美祖父。”（《古文观止》卷十一）明写感激之情，暗夸先祖之德，极力赞扬欧阳修的道德文章，正是为归美先祖！

（魏祖钦）

与王介甫第二书

巩顿首介甫[①]足下：比[②]辱书，以谓时时小有案举[③]，而谤议[④]已纷然矣。足下无怪其如此也。夫我之得行其志而有为于世，则必先之以教化，而待之以久，然后乃可以为治，此不易之道也。盖先之以教化，则人不知其所以然，而至于迁善[⑤]而远罪，虽有不肖[⑥]，不能违也。待之以久，则人之功罪善恶之实自见[⑦]，虽有幽隐，不能掩也。故有渐磨陶冶之易，而无按致操切之难；有恺悌[⑧]忠笃[⑨]之纯，而无偏听摘抉[⑩]之苛。己之用力也简，而人之从化也博。虽有不从而俟[⑪]之以刑者，固少矣。古之人有行此者，人皆悦，而恐不得归之。其政已熄而人皆思，而恨不得见之，而岂至于谤且怒哉！

今为吏于此，欲遵古人之治，守不易之道，先之以教化，而待之以久，诚有所不得为也。以吾之无所于归，而不得不有负冒于此，则姑汲汲[⑫]乎于其厚者，徐徐乎于其薄者，其亦庶几[⑬]乎其可也。顾[⑭]反不然。不先之以教化，而遽欲责善于人；不待之以久，而遽欲人之功罪善恶之必见。故按致操切之法用，而怨忿违倍[⑮]之情生；偏听摘抉之势行，而谮诉告讦[⑯]之害集。己之用力也愈烦，而人之违己也愈甚。况今之士非有素厉之行[⑰]，而为吏者又非素择之材[⑱]也。一日卒然[⑲]除去，遂欲齐之以法[⑳]，岂非左右者之误而不为无害也哉？则谤怒之来，诚有以召之。故曰足下无怪其如此也。

虽然，致此者岂有他哉？思之不审而已矣。顾吾之职而急于奉法，则志在于去恶，务于达人言而广视听，以谓为治者当如此。故事至于已察，曾不思夫志于去恶者，俟之之道已尽矣，则为恶者不得不去也。务于达人言而广视听者，己之治乱得失，则吾将于此而观之；人之短长之私，则吾无所任意于此也。故曰思之不审而已矣。

足下于今最能取于人以为善，而比闻有相晓[㉑]者，足下皆不受之，必其理未有以夺㉒足下之见也。

巩比懒作书，既离南康㉓，相见尚远，故因书及此，足下以为如何？不宣。巩顿首。

〔注〕①介甫：王安石，字介甫。　②比：近来。　③案举：指政治措施或改革建议。　④谤议：指责或攻击别人的言论。　⑤迁善：向善靠拢。　⑥不肖：不贤。　⑦见：通"现"。显露，暴露。　⑧恺悌(kǎi tì)：和易近人。　⑨忠笃：忠实诚笃。　⑩摘抉：挑剔。　⑪俟(sì)：等待。　⑫汲汲：心情急切。　⑬庶几：差不多。　⑭顾：但。　⑮违倍：即违背。倍通"背"。　⑯谮(zèn)诉告讦(jié)：进谗言以攻击别人。谮，诬陷。告讦，告发别人的阴私。　⑰素厉之行：往常磨砺的品行。　⑱素择之材：平素经过选择的人才。　⑲卒然：突然。　⑳齐之以法：以法令来衡量。齐，整治。　㉑晓：告知。　㉒夺：改变。　㉓南康：南康军，治所在今江西庐山市。

本文是曾巩就如何推行政治变法问题写给王安石的一封信。关于它的写作时间，陆九渊在《荆国王文公祠堂记》中说："公（王安石）为使时，舍人曾公复书切磋，有曰'足下于今最能取于人以为善'云云。"所谓"为使"，指的是王安石奉使提点江东刑狱，其时间在宋仁宗嘉祐三年(1058)。而在此前一年，曾巩刚刚及进士第，回到南丰，并被任命为太平州（今安徽当涂）司法参军。这封信中说："既离南康，相见尚远，故因书及此，足下以为如何？"结合这两条材料来推断，这封信很可能作于嘉祐三年他从南丰出发，去太平州赴任途中，乘船经过南康军时。而这正是北宋政局在酝酿着重大变化的时候。因为就在这一年，王安石写了那篇可视作后来熙宁变法总纲领的《上仁宗皇帝言事书》，公开提出了改革朝政的主张。这在自庆历革新失败以来已变得死气沉沉的北宋政坛上，掀起了一场轩然大波，一时间舆论汹汹，朝野哗然。这期间，王安石还写了一篇《议茶法》，主张放宽茶税，让人民休养生息。这本是一项很切合国家长远利益的政治主张，但一经王安石提出，便立即遭到保守派的强烈反对。王安石在《酬王詹叔奉使江东访茶利害见寄》中无可奈何地说："区区欲救弊，万谤不容口。"小的改革尚且如此，王安石不由得十分感叹："天下大安危，谁当执其咎？"他将自己的气愤和担忧写信告诉了曾巩，而曾巩又为羁旅所累，不能立即和王安石见面，面陈自己的看法，便写了这封信，命人先行送给王安石。

这封信是曾巩变法思想最集中的反映。所论述的中心，就是郑重建议王安石不要操之过急，并劝告他要谨慎用人和冷静地、多方面地听取意见，将变法计划考虑得更周密一些。

文章分三部分展开。

第一部分是针对王安石来信所谈的情况，阐述自己的看法，明确提出自己的观点:“必先之以教化,而待之以久,然后乃可以为治。”文章先概述了王安石来信的内容:“比辱书,以谓时时小有案举,而谤议已纷然矣。”接着劝慰王安石说:“足下无怪其如此也。”然后立即转入议论,分析所以会出现这种谤议纷然的情况的原因。曾巩认为,一个人要实现自己有为于世的志愿,积极推行政治革新,便一定要“先之以教化,而待之以久,然后乃可以为治”,这是治理国家过程中一个不可移易的基本规律和成功经验。教化先行,便可以使人在不知不觉中提高道德素养,迁善远罪。即便有品德不好的人,也无法抗拒。而待之以久,则一个人的品行优劣、功过是非,也就有了一个充分展示或暴露的过程,人们也就可以看清他的本质究竟如何。即便有什么隐秘,也很难掩盖。这样做的结果,便会“有渐磨陶冶之易,而无按致操切之难;有恺悌忠笃之纯,而无偏听摘抉之苛。己之用力也简,而人之从化也博”。虽然仍有不肯服从而必须借助刑法来处置的,但那也就相当的少了。这样的政治变革也就不至于招致社会广泛的抵制:“古之人有行此者,人皆悦,而恐不得归之。其政已熄而人皆思,而恨不得见之,而岂至于谤且怒哉!”

第二部分是在第一部分正面立论的基础上,结合现实情况分析当前要先之以教化而待之以久的困难,和不这样做可能带来的恶果。这一部分分为三层。第一层讨论这种方略的可行性。曾巩认为,在现今的社会里,“欲遵古人之治,守不易之道,先之以教化,而待之以久”,确实不容易办到。但在没有别的选择的情况下,而不得不这样做的时候,经过努力,还是大致可以达到的。二、三两层便从两个方面说明实施这一方略的必要性。其一是不这样做可能产生的恶果:“不先之以教化,而遽欲责善于人;不待之以久,而遽欲人之功罪善恶之必见。故按致操切之法用,而怨忿违倍之情生;偏听摘抉之势行,而谮诉告讦之害集。己之用力也愈烦,而人之违己也愈甚。”其二是在任的官吏及社会士人自身的道德修养和政治素质,还不足以担当起推行变法的重任,倘若依靠他们来变法,必然会“按致操切”“偏听摘抉”,导致许多失误,甚至形成祸害。而待到那时来追究他们的责任,不仅为时已晚,任用者也难辞其咎,因为这其实是任用者误了他们。所以,“谤怒之来,诚有以召之”,大可不必为此而觉得不理解。

有了上面这样正反两方面的对比分析,文章便进一步转向探讨出现这种谤议纷然状况的直接原因。曾巩直截了当地指出,这是因为王安石在策划这场大规模的政治变法运动时,考虑得还不够周密:“致此者岂有他哉,思之不审而已矣。”他郑重而又坦诚地指出,王安石此时正处于一个“最能取于人以为善”的优越位置上,正可广泛听取意见,集思广益,制订出一套完整周密的改革计划,实现自己远大的政治理想，但却听不进反对意见，“比闻有相晓者”，“皆不受之”。他因而推心置腹地劝告老朋友：“顾吾之职而急于奉法，则志在于去恶，务于达人言而广视听，以谓为治者当如此。”他认为，倘能如此，“已之治乱得失，则吾将于此而观之；人之短长之私，则吾无所任意于此”，变法也就可以顺利进行了。不过，曾巩也估计到，王安石所以听不进不同意见，很可能是那些批评意见不足以使他折服。所以这封信才从对整个政局把握的关键入手，坦诚地阐述了自己的主张。

这封信所讨论的内容，实际上涉及变法策略中两个带根本性的问题：一是时机的选择；二是破除阻力的方法。曾巩主张变法之前要有较充分的理论和舆论准备，要创造较为成熟的条件，这就是向官吏和人民广泛地宣传儒家的政治思想和道德观念，然后再渐次地实施政治变革，决不可操之过急。鉴于庆历革新失败的教训，曾巩建议王安石选择一条所谓“力小而易使，势便而易治”的道路。而之所以要如此，是出于两方面的考虑：一是可以避免不必要的阻力，以求得社会舆论和各派政治力量的支持；二是顾及吏员素质太差的现状。他确实看到了变法准备工作中一些带根本性的问题。他的考虑也确实比王安石要周密一些，而且这些预见后来也大都为历史所证实。但北宋王朝积贫积弱的局面，以及宋神宗急于改变现状的殷切心情，迫使王安石没有采用他的建议，也没有听取他的这些忠告。不久，曾巩和王安石都入京任职，他们间的分歧越来越大，曾巩在诗中一再谈到过他们的分歧与裂痕：“日暮驱马去，停镳扣君门。倾诸肺腑尽，不闻可否言。”(《过介甫》)“结交谓无嫌，忠告期有补。直道讵非难？尽言竟多迕。知者尚复然，悠悠谁可语！”(《过介甫归偶成》)而在王安石入京任职之前，欧阳修已被一些政敌排挤出朝廷，曾巩在朝中失去了权臣的有力支持。陷于新旧两派权力斗争中的这种尴尬处境，终于促使他上书神宗皇帝，自求外任，开始了长达十二年的转徙七州的地方官的生活。

这篇文章的论述非常集中，三个段落自始至终都紧紧扣住如何周密地做好变法的准备工作展开议论。文中采用有总有分、正反对比等多种论证方法，反复陈述先之以教化然后可以为治的道理，阐述能否妥善处理这一问题对变法成败的影响，将道理说得非常透彻。在语言上既直言不讳，又推心置腹，令人读来特别感到亲切。既体现出曾巩文章纡徐典雅的特点，又显示出曾巩对王安石的一片深情。

（王琦珍）

分宁县云峰院记

分宁[①]人勤生[②]而啬施[③]，薄义[④]而喜争[⑤]，其土俗然也。

自府[6]来抵其县五百里,在山谷穷处[7]。其人修农桑之务,率数口之家,留一人守舍行馌[8],其外尽在田。田高下硗腴[9],随所宜杂殖五谷,无废壤。女妇蚕杼[10],无懈人[11]。茶盐蜜纸竹箭材苇之货,无有纤巨,治咸尽其身力。其勤如此。富者兼田千亩,廪实[12]藏钱[13],至累岁不发[14],然视捐一钱,可以易死,宁死无所捐。其于施何如也?其间利害不能以稊米[15],父子、兄弟、夫妇,相去若弈棋然。于其亲固然,于义厚薄可知也。长少族坐里闾,相讲语以法律[16]。意向小戾[17],则相告讦[18],结党诈张,事关节[19]以动视听。甚者画刻金木为章印,摹文书以绐[20]吏,立县庭下,变伪一日千出,虽笞扑[21]徙死[22]交迹[23],不以属心。其喜争讼,岂比他州县哉?民虽勤而习[24]如是,渐涵入骨髓,故贤令长佐吏比肩,常病其未易治教使移也。

云峰院在县极西界,无籍图[25],不知自何时立。景德三年[26],邑僧道常治[27]其院而侈[28]之。门闳[29]靓深[30],殿寝言言[31]。栖客之庐,斋庖[32]库庾[33],序列两傍。浮图[34]所用铙鼓鱼螺钟磬[35]之编[36],百器备完。吾闻道常气质伟然,虽索[37]其学,其归[38]未能当于义[39],然治生事不废,其勤亦称[40]其土俗。至有余辄斥散之,不为黍累[41]计惜,乐淡泊无累,则又若能胜其啬施喜争之心,可言也。或曰,使其人不汩溺[42]其所学,其归一当于义,则杰然[43]视邑人者,必道常乎?未敢必也。庆历三年九月,与其徒谋曰:"吾排蓬藋[44]治是院,不自意成就如此。今老矣,恐泯泯[45]无声畀[46]来人,相与图文字,买石刻之,使永永与是院俱传,可不可也?"咸曰:"然。"推其徒子思来请记,遂来,予不让,为申其可言者宠嘉之,使刻示邑人,其有激也。二十八日,南丰曾巩记。

〔注〕 ① 分宁:县名,今江西修水县。 ② 勤生:勤劳于生计。 ③ 啬施:啬于施舍。 ④ 薄义:轻视仁义。 ⑤ 喜争:好于争斗。 ⑥ 府:指隆兴府(治所在今江西南昌)。 ⑦ 穷处:尽头。 ⑧ 行馌(yè):给在田间耕作的人送饭。 ⑨ 硗腴(qiāo yú):土地坚硬瘠薄或者肥沃。 ⑩ 蚕杼(zhù):养蚕织布。 ⑪ 懈人:懈怠之人。 ⑫ 廪实:谷仓中堆满粮食。 ⑬ 藏钱:储存了许多钱财。 ⑭ 发:打开。 ⑮ 稊(tí)米:稊,形似稗草,子实形同小

米。此处比喻极微小的东西。 ⑯ 以法律：用法令去衡量。律，衡量，规范。 ⑰ 戾(lì)：违反。 ⑱ 告讦(jié)：告发别人的阴私。 ⑲ 事关节：用行贿、说情的办法打通关节。 ⑳ 绐(dài)：欺骗。 ㉑ 笞(chī)扑：鞭打。刑罚的一种。 ㉒ 徙死：流放而死。 ㉓ 交迹：交相追逼。 ㉔ 习：习惯，习俗。 ㉕ 籍图：即"图籍"。户籍地图。 ㉖ 景德三年：公元1006年。景德，宋真宗年号。 ㉗ 治：整理，修理。 ㉘ 侈：扩大。 ㉙ 门闼(tà)：此处泛指大门小户。 ㉚ 靓(jìng)深：安静幽深。 ㉛ 言言：高大貌。 ㉜ 斋庖：厨房。 ㉝ 库庾：仓库。庾，露天积谷处。 ㉞ 浮图：一作"浮屠"，通常有佛、佛教、佛徒、佛塔等不同意义。此处指僧人。 ㉟ 铙(náo)鼓鱼螺钟磬(qìng)：均为寺庙中的乐器。 ㊱ 编：成组的乐器。 ㊲ 索：寻求、求取、探讨。 ㊳ 归：旨归。 ㊴ 当于义：合于仁义。 ㊵ 称：相称。 ㊶ 黍累：轻重、多少。 ㊷ 汩(gǔ)溺：犹沉溺。指沉迷而不悟。 ㊸ 杰然：特异出众貌。 ㊹ 蓬藋(diào)：野草。蓬、藋均为草名。 ㊺ 泯泯：消失，灭绝。 ㊻ 畀(bì)：给予。

这篇文章作于宋仁宗庆历三年(1043)，是作者应分宁县云峰院住持道常之请托而写的。云峰院在分宁县西境，与邻县隔界，寺院建自何时，地方图籍中没有记载。宋景德三年道常入主云峰院之后，对其进行了修缮并扩建，使之气宇轩昂，规模宏大，设施完备，并委派其弟子子思来请曾巩作一篇记文，曾巩便写了这篇《分宁县云峰院记》。

曾巩是一位正统的儒者，他和唐代的韩愈一样，毕生以排斥佛教为己任。他认为"自先王之道不明，百家并起，佛最晚出，为中国之患"(《梁书目录序》)，但有时又会应寺院僧人的托请，为一些寺院写杂记文，如《菜园院佛殿记》《兜率院记》《鹅湖院佛殿记》和这篇《分宁县云峰院记》。他排斥佛教，而又要为佛院作记，这自然就形成了一个矛盾。对此，曾巩和唐宋其他古文家一样，别开蹊径，由此引出其他内容，展开议论。在这些文章中，他既尖锐地批评佛教，同时又往往借这些寺庙中的一些僧人个人所具有的可贵品质与精神，来比照社会上的不良习俗，对社会上的人情风俗、道德修养还不及佛徒表示感慨。本文便是如此。

按通常的写法，作为寺院记，应是将主要笔墨放在对寺庙建筑设施、修建过程或周围的山川景物的介绍和描写上。但本文除了在第二段简略地介绍了道常修缮扩建云峰院的情况外，对其他方面却几乎未置一词，而是用大量的篇幅，尽力描述分宁的习俗好尚、风土人情，然后以道常的精神品德与之相比较，说明道常淡泊无累、勤生好施、不喜争讼的品德，对改变分宁风土人情中不良的一面，有借鉴的作用。所以，明代唐宋派的古文家茅坤便说此文所写"于云峰院无涉，而意甚奇"(《唐宋八大家文钞·曾文定公文钞》卷九)。何焯《义门读书记》也说它"一篇俱在'分宁县土俗之不善'立论"。

这篇文章在布局上极为讲究章法，层次非常清楚。全文分两大段。

第一段写分宁的风土人情。文章一开头，便用两句极简洁的话，高度概括其特点："分宁人勤生而啬施，薄义而喜争，其土俗然也。""勤生"是作者所欣赏和赞扬的，而"啬施""薄义"和"喜争"则是作者所厌恶的。文章接下去便先介绍分宁的地理位置："自府来抵其县五百里，在山谷穷处"，极力突出其偏远与闭塞。以其如此，地方政府所推行的文治教化也就不易于达到，其风土人情也就容易带有强烈的地方性特征。这一介绍，从文字上看虽然简短，却非常清楚地说明了分宁人"勤生而啬施，薄义而喜争"这一"土俗"所以形成的原因，为后面写道常的品德对改变分宁风土人情的示范作用作了铺垫。行文至此，作者便分四层对分宁人的"勤生""啬施""薄义""喜争"逐一地进行描述。分宁人的勤劳于生计，反映出分宁民风古朴淳厚的一方面，也反映出分宁人的精明能干。曾巩对此不只是赞赏，而且由衷地钦佩。在写其"勤生"时，笔墨中流露出一种非常喜悦的感情。文章从三个方面进行叙述：一是全家在外耕作，家无闲人，"其人修农桑之务，率数口之家，留一人守舍行馌，其外尽在田"。二是依据山区特点，充分合理地利用土地，其所种植，兼及农桑，"田高下硗腴，随所宜杂殖五谷，无废壤。女妇蚕杼，无懈人"。三是其所经营，广泛而且丰富，"茶盐蜜纸竹箭材苇之货，无有纤巨，治咸尽其身力"。将分宁人的勤劳与精明表现得非常充分，并由衷地赞叹说："其勤如此。"第二层写"啬施"。勤劳而又精明，自然易于积累起钱财，"富者兼田千亩，廪实藏钱，至累岁不发"。但无论是捐资，还是施舍，则一毛不拔，即使是亲人之间也是如此："视捐一钱，可以易死，宁死无所捐。其于施何如也？其间利害不能以稊米，父子、兄弟、夫妇，相去若弈棋然。"为人啬施到这种地步，也就无所谓有情义可言了。所以第三层写其"薄义"也就一笔带过："于其亲固然，于义厚薄可知也。"第四层写"喜争"，这是义薄的必然结果。所谓"喜争"，就是喜好争讼。分宁人的喜争较之于其他州县，其程度大不一样。"意向小戾，则相告讦，结党诈张，事关节以动视听。"这还只是一般的争讼，至于那些狡诈百端的争讼，则可以发展到无法无天、变伪百出的程度："甚者画刻金木为章印，摹文书以给吏，立县庭下，变伪一日千出，虽笞扑徙死交迹，不以属心。"这四层的描述，将分宁民情风俗的特点表叙得十分明白，而层次又非常的分明。文章至此便转入这一段的结尾，对分宁的"民虽勤而习如是"，表示无比惋惜，并对这种民风涵入骨髓而又地处偏远，以至文治教化都无法改变，流露出深深的忧虑。既回应了前面对分宁地处偏远的交代，又为下文写道常品德对改变分宁土俗的典范作用作了铺垫。

文章的第二段便转而写道常对云峰院的治理，并与分宁民情风俗相对比。

这种对比，同样围绕着上述四个方面展开，只是在顺序上有所变化。曾巩认为，道常信奉佛教，“其归未能当于义”，即不合儒家的思想和理论。但他为寺院而“治生事不废”，正体现出他勤劳的品性，“其勤亦称其土俗”，即与分宁人“勤生”的品德相吻合。而更为可贵的，是道常勤生而不啬施，也不喜争，“至有余辄斥散之，不为黍累计惜，乐淡泊无累”。这正是他超出分宁土风的地方，是值得称颂和表彰的品德。那么，道常如果不沉溺于佛学，而力求合乎儒家的理论，比分宁人更杰出的人就一定会是道常吗？曾巩认为，那也未必。这节议论，反映出曾巩对佛教徒的偏见，但在行文上，却形成了一层波澜，使文章在慓鸷奔放的气势中，显示出一种纡徐婉曲的情韵。这一段的最后一层，是交代作记的缘由。道常回顾治理云峰院的经历与成就，感到非常自豪，恐怕后人不知，所以委派其弟子子思来求作记文。曾巩应允了他，从中选择出他认为值得称颂和表彰的品德，予以赞美，使刻示邑人，以激励他们向道常学习，发扬勤生的传统美德，改易民风中啬施、薄义、喜争的陋习。

两段文字，在内容上相互对应。而每一段中，层次又十分清楚，且有详有略，措辞也极有分寸。后来明清两代古文家都喜欢以曾巩的文章作为取法的榜样，与这种章法严谨，层次分明的特点不无关系。

本文的另一个特点是辞采铺张，气势奔放。文中叙述分宁人的勤生、啬施、薄义、喜争，叙述道常的治理云峰院，都是一气而下，显得笔酣墨饱，极有气势，体现出曾巩早期文章的特点。和他同时代的作家王震在《南丰曾先生文集序》中评论他早期文章的风格特点说：“南丰先生以文章名天下久矣。异时齿发壮，志气锐，其文章之慓鸷奔放，雄浑瑰伟，若三军之朝气，猛兽之抉怒，江河之波涛，烟云之姿状，一何奇也。”这在本文中也可明显地体味出来。（王琦珍）

秃秃记

秃秃，高密[①]孙齐儿也。齐明法[②]，得嘉州[③]司法[④]。先娶杜氏，留高密。更绐[⑤]娶周氏，与抵蜀。罢[⑥]归，周氏恚[⑦]齐绐，告县。齐赀谢[⑧]得释。授歙州[⑨]休宁[⑩]县尉，与杜氏俱迎之官，再期[⑪]，得告归。周氏复恚，求绝[⑫]，齐急曰：“为若出[⑬]杜氏。”祝发[⑭]以誓。周氏可之。

齐独之休宁，得娼陈氏，又纳之。代受抚州[⑮]司法，归间[⑯]周氏，不复见，使人窃取其所产子，合杜氏、陈氏，载之抚州，明道二年[17]正月至。是月,周氏亦与其弟来,欲入据其署[18],吏遮[19]以告齐。齐在宝应佛寺受租米,趋归,挽[20]置庑下[21],出伪券[22]曰:“若佣也,何敢尔!”辨于州,不直[23]。周氏诉于江西[24]转运使[25],不听[26]。久之,以布衣书里姓联诉事,行道上乞食。

萧贯[27]守饶州[28],驰告贯。饶州,江东[29]也,不当受诉[30]。贯受不拒,转运使始遣吏祝应言为覆[31]。周氏引产子为据,齐惧子见[32]事得[33],即送匿旁方政舍。又惧,则收以归,扼其咽,不死。陈氏从旁引儿足,倒持之,抑其首瓮[34]水中,乃死,秃秃也。召役者邓旺,穿寝后垣下为坎[35],深四尺,瘗[36]其中,生五岁云。狱上[37],更赦[38],犹停齐官,徙濠州[39],八月也。

庆历三年[40]十月二十二日,司法张彦博[41]改作寝庐[42],治地,得坎中死儿,验问知状者,小吏熊简对如此。又召邓旺诘之,合狱辞[43],留州者皆是[44],惟杀秃秃状盖不见。与予言而悲之,遂以棺服敛之,设酒脯[45]奠焉。以钱与浮图人[46]升伦,买砖为圹[47],城南五里张氏林下瘗之,治地后十日也。

呜呼!人固择[48]于禽兽夷狄[49]也。禽兽夷狄于其配合[50]孕养[51],知不相祸[52]也,相祸则其类绝也久矣。如齐何议焉?买石刻其事,纳之圹中,以慰秃秃,且有警也。事始末,惟杜氏一无忌言[53]。二十九日,南丰曾巩作。

〔注〕 ① 高密:今属山东。 ② 明法:熟悉法令。唐宋科举有“明法”一科,主要考试关于法令的知识。 ③ 嘉州:州名。治所在今四川乐山。 ④ 司法:即司法参军的简称,为州府中负责狱讼的官吏。 ⑤ 绐(dài):欺骗。 ⑥ 罢:被免职。 ⑦ 恚(huì):愤怒,怨恨。 ⑧ 赀(zī)谢:用钱财赎罪。 ⑨ 歙(shè)州:州名。治所在今安徽歙县。 ⑩ 休宁:县名,在歙县西。 ⑪ 再期(jī):两周年。期,周年。 ⑫ 绝:指解除婚姻关系。 ⑬ 出:离弃。 ⑭ 祝发:断发。 ⑮ 抚州:州名。治所在今江西抚州。 ⑯ 间:疏远。 ⑰ 明道二年:公元1033年。明道,宋仁宗年号。 ⑱ 署:官署。 ⑲ 遮:阻拦。 ⑳ 挽:揪扯着。㉑ 置庑下:放在堂下的走廊上。 ㉒ 伪券:假的契约。 ㉓ 不直:不能申冤。 ㉔ 江西:指唐宋时的江南西路。 ㉕ 转运使:宋初所设的府以上的行政长官,负责一路或数路财赋,并督察地方官吏。 ㉖ 不听:没有处理。 ㉗ 萧贯:字贯之,临江军新喻(今江西新余)人。㉘ 守饶州:为饶州知州。饶州,州名,治所在鄱阳(今属江西)。 ㉙ 江东:指唐宋时的江南东路。 ㉚ 不当受诉:宋时饶州属江南东路管辖,抚州属江南西路管辖,饶州知州不能受理属于江南西路的诉状。 ㉛ 覆:审查,察看。 ㉜ 见:同“现”,显现。 ㉝ 得:得到实情。㉞ 瓮:一种陶制的盛器。此处指水缸。 ㉟ 坎:墓穴。 ㊱ 瘗(yì):埋葬。 ㊲ 狱上:案情

上报。 ㊳ 更赦：再次得到赦免。 ㊴ 徙濠州：迁往濠州。濠州，州名，故治在今安徽凤阳县东。 ㊵ 庆历三年：公元 1043 年。庆历，宋仁宗年号。 ㊶ 张彦博：字文叔，蔡州汝阳人。 ㊷ 寝庐：卧室所在的房屋。 ㊸ 合狱辞：验合案卷中的供词。 ㊹ 是：认为是这样。 ㊺ 脯(fǔ)：干肉，此处泛指肉类。 ㊻ 浮图人：指佛徒。 ㊼ 圹(kuàng)：墓穴。 ㊽ 择：区别。 ㊾ 夷狄：古时汉族文人对少数民族的蔑称。此处是指尚未开化的野蛮民族。 ㊿ 配合：此处指交配。 (51) 孕养：孕育生养的后代。 (52) 不相祸：不自相残害。 (53) 忌言：嫉妒的话。

本文名为“记”，其实是一篇别具一格的墓志铭，作于宋仁宗庆历三年(1043)十月二十九日，而在此之前的十月二十二日，曾巩的朋友，时任抚州司法参军的张彦博，在改造其所住寝室时，在墙脚下掘得一小儿墓穴，引出来一桩十三年前的谋杀案。张彦博审理了这一案件，并将小儿骸骨改葬于城外，请曾巩作了这篇“记”，刻之于石，纳于墓穴之中。

曾巩的议论文取法西汉的刘向、董仲舒和匡衡，而墓志铭和人物传记则深受司马迁和班固的影响。前人说他的文章“濯磨乎《史》《汉》，故峻而不庸，洁而不秽”，指的就是他深得《史记》《汉书》简练峻洁、条理清晰的叙事笔法的长处。在宋代的古文家中，他又深受欧阳修的影响。欧阳修在《论尹师鲁墓志铭》中便主张墓志铭要写得“简而有法”，这种“简而有法”，是一贵“语简”，二须“择要”。曾巩非常赞成这种主张，这篇文章便体现了这种特点。

以时间而论，本文无疑是急就之篇，但却写得有声有色、曲折生动。这主要得力于作者严格的剪裁和出色的叙事能力。文章所记述的，是一桩令人发指的亲子谋杀案，其无耻与残忍，足以使人扼腕。前嘉州司法参军孙齐，先娶杜氏，留置家乡高密。然后又骗娶周氏，带往任所，并生有一子秃秃。卸任之后，周氏发觉受骗，讼之于官。孙齐以钱财疏通官府，平息了这场风波。后来，周氏再次提出解除婚姻关系，孙齐立下誓言，许诺休弃结发妻子杜氏，得到了周氏的同意。未过多久，孙齐又结识了娼妓陈氏，并纳为妾，于是产生了遗弃周氏的念头。他调任抚州代司法参军时，便使人窃取秃秃，“合杜氏、陈氏，载之抚州”。不久，当周氏寻找至抚州，并冲破诸多阻挠，四出控告，终得清正廉明、主持公道的官吏受理时，为逃避罪责，孙齐先是将秃秃藏匿，最后终于亲扼其咽喉，又由陈氏提其足，倒置于瓮水之中闷死。然后买通衙役，移尸寝室墙下，毁灭罪证。直至十三年之后才为人所掘得，其沉冤始得大白于天下。在这一案件中，孙齐的婚姻关系颇为复杂，事件的演变过程也较曲折。但作者依据欧阳修所主张的“择要”的原则，紧紧扣住秃秃被害这一中心，以事件的演变为线索，选取整个事件中的所有重要环节，逐一地叙述了孙齐骗婚、遗妻、窃子、赖婚、杀人、藏尸等诸多劣迹，将整个谋杀案发生的始末写得条分缕析，极为清楚，而且生动简练。表现在具体的叙述中也一样。孙齐复杂的婚姻关系，是这一悲剧产生的主要原因，能否将这些关系介绍清楚，对本文的写作来说至关重要。文章在先明确了孙齐与秃秃的父子关系之后，便以极精细的笔墨，先后有序地介绍孙齐三房妻妾娶纳的过程。其中，又一直以他和周氏之间的恩恩怨怨为叙述的着重点，因而将秃秃被害的缘由交代得非常明白。

选取事件中的主要环节，通过对人物丑恶言行的描写，来刻画人物形象，是本文的另一特点。为了刻画孙齐这一弃妻杀子、禽兽不如的下层官吏的形象，作者选取了他一些极为典型的言行进行描述，将他的卑劣与残忍，写得毫发毕现。如写他骗娶周氏及骗局败露后的表现："先娶杜氏，留高密。更给娶周氏，与抵蜀。罢归，周氏恚齐给，告县。齐赀谢得释。授歙州休宁县尉，与杜氏俱迎之官，再期，得告归。周氏复恚，求绝，齐急曰：'为若出杜氏。'祝发以誓。"这一节文字，几乎将一个变诈百端的无赖写得呼之欲出了。又如周氏追至抚州，欲进其住所时，他气急败坏地将周氏拖至堂下的走廊上，拿出一份假契约，将妻子诬为佣人："若佣也，何敢尔！"在整篇文章中，孙齐的语言只有两句，却声口毕肖，将一个薄情寡义、狡诈凶残的流氓无赖形象写得跃然纸上。刻画人物形象的另一个手法，是写人物的行为。文章记叙孙齐的行为，则全用白描手法。上述对孙齐骗婚、遗妻、窃子、将周氏诬为佣人等等行为的描写，都是这样。而最为精彩的，是写他谋杀自己亲生儿子的残忍与暴虐："周氏引产子为据，齐惧子见事得，即送匿旁方政舍。又惧，则收以归，扼其咽，不死。陈氏从旁引儿足，倒持之，抑其首瓮水中，乃死，秃秃也。召役者邓旺，穿寝后垣下为坎，深四尺，瘗其中，生五岁云。"前后不足八十字，语言可谓是质朴之致，却将这个具体的谋杀过程写得历历在目。描述中还适当地插入一些感叹的语句，如在写完秃秃被害的情状后，插入"秃秃也"一句；写完秃秃被移尸墙下的情节后，插入"生五岁云"一句，话不多，语句不长，却使文章对整个事件的描述极富感情色彩，作者对秃秃的同情，对孙齐的痛恨，乃至孙齐禽兽不如的品性，陈氏作为孙齐帮凶的面目，都在这简洁平实的描述中，得到了有力的表现。

本文的第三个特点是在写人物时主次分明。文章题名为《秃秃记》，但其实并没有花一点笔墨去刻画秃秃。文中的人物，除孙齐外，还写了他的三房妻妾，但各人着墨却不一样。杜氏是他的原配夫人，他骗娶周氏，对杜氏其实是一种伤害。而且在周氏第二次以断绝婚姻关系相威胁时，他还以"为若出杜氏"作为条件，甚至还"祝发以誓"，以求再次缓和他和周氏的矛盾。所以，在这起案件中，杜氏其实也是个受害者。有趣的是，杜氏对孙齐、对周氏几乎没有一点抗争甚至报复，而且在孙齐和陈氏合伙谋杀秃秃时，她也没有任何表现。文章只是在写孙齐骗娶周氏一事时两次提及她而已，并在文章的最后对她作了一个简短的评价："事始末，惟杜氏一无忌言。"其次是陈氏。在整个案件中，陈氏与孙齐前两房妻子其实不存在任何瓜葛，她也没有像杜氏那样受到伤害，但她却成了孙齐杀人的帮凶。文章在写这一形象时，先交代她的出身是娼妓，再交代就是在纳她为妾之后，孙齐做出了遗弃周氏的决定，然后便写孙齐杀害秃秃时，她"从旁引儿足，倒持之，抑其首瓮水中，乃死"。虽然只写了她三件事，但她作为娼妓的狡诈，她在风月场中练就的善于邀宠的手段，她杀人时的凶残，都表现得极为突出。文中的第三个女性是周氏，她是这一谋杀案中的关键人物，从被孙齐骗婚又被孙齐遗弃这一角度来说，她是一位受害者；但她同时又是极力想取代孙齐结发妻子杜氏的人物。她和孙齐的纠葛，既有受害者的抗争在内，也有损人利己的意图在内。正是她为取代杜氏而作的这些近乎愚蠢的抗争，一步一步地激化了她和孙齐的矛盾，也促使孙齐作出了谋害秃秃以毁灭罪证这样一个选择，这却是为她所始料未及的。曾巩在描写这一人物形象时，既流露出对她的同情，也隐含了对她的批评在内。三房妻妾，三个不同的形象，各有各的特点，各有各的面目，毫不雷同，所使用的笔墨又极经济。而五岁小儿秃秃，却成了她们争斗的牺牲品。所以，尽管文章中没有花一点笔墨去写秃秃，却同样使人觉得秃秃是那样的无辜，那样的令人同情。无怪乎曾巩会在叙述秃秃被害的过程后，发出"秃秃也""生五岁云"这样的慨叹。

正是由于这些成功的叙述与描写，使这篇文章成了曾巩叙事散文中的佳作。元代学者刘壎在其所著的《隐居通议》一书中，评价这篇文章说："公之文，源流经术，议论正大。然《秃秃记》则自《史》《汉》中来也。此记笔力高妙，文有法度，而世之知者益鲜，予独喜之不厌。"确实是准确地把握住了这篇文章之特点与成就的一段评论。

（王琦珍）

墨　池　记

临川[①]之城东，有地隐然[②]而高，以临[③]于溪，曰新城。新城之上，有池洼然[④]而方以长，曰王羲之[⑤]之墨池[⑥]者，荀伯子[⑦]《临川记》云也。羲之尝慕张芝[⑧]，临池学书，池水尽黑，此为其故迹，岂信然[⑨]邪？方羲之之不可强以仕[⑩]，而尝极东方，出沧海，以娱其意[11]于山水之间，岂其徜徉肆恣[12]，而又尝自休于此邪？羲之之书晚乃善[13]，则其所能，盖亦以精力自致者，非天成也。然后世未有能及者，岂其学不如彼邪？则学固岂可以少哉！况欲深造道德者邪？

墨池之上，今为州学舍[14]。教授[15]王君盛恐其不章[16]也，书"晋王右军墨池"之六字于楹[17]间以揭[18]之，又告于巩曰："愿有记。"推王君之心，岂爱人之善，虽一能不以废，而因以及乎其迹邪？其亦欲推其事以勉学者邪？夫人之有一能，而使后人尚之如此，况仁人庄士[19]之遗风余思[20]，被于[21]来世者如何哉！

庆历八年九月十二日，曾巩记。

〔注〕①临川：地名。今江西抚州。 ②隐然：突起的样子。 ③临：靠近。 ④洼(wā)然：低深的样子。 ⑤王羲之：字逸之，东晋临沂(今山东临沂)人。官至右将军，会稽内史，故世称王右军。著名书法家，世人尊之为"书圣"。 ⑥墨池：洗墨池。传说中的王羲之的墨池遗迹除临川之外，还有浙江会稽、永嘉，江西庐山，湖北蕲水等地。 ⑦荀伯子：南朝宋代颍阴(今河南许昌)人，曾任临川内史，著有《临川记》六卷。 ⑧张芝：字伯英，东汉酒泉(今甘肃酒泉)人，善草书，号为"草圣"。 ⑨信然：真实，确实。 ⑩强以仕：勉强他做官。王羲之在会稽内史任上时，正遇朝廷以王述为扬州刺史，王羲之先前与王述不和，因而耻于做他的下级，称病辞官，誓不再仕。 ⑪娱其意：寻求内心的快乐。 ⑫徜徉肆恣：纵情游览，不受拘束。 ⑬善：精妙。 ⑭州学舍：指抚州州学的所在地。 ⑮教授：官名。宋代在路、府、州各级学校均设置教授，主管当地学政。 ⑯不章：不为人们所知。章即彰，显露。 ⑰楹(yíng)：厅堂的前柱。 ⑱揭：标示。 ⑲仁人庄士：泛指有学问和道德修养的人。 ⑳遗风余思：可以流传后世的好作风和令人思慕的美德。 ㉑被于：影响到。

《墨池记》作于庆历八年(1048)，是曾巩的代表作。

曾巩早期文章的风格，和王安石有些相似，奔放刚健，雄浑瑰伟，但往往显得比较粗豪，不及王安石文章绵密。后来，在欧阳修指点下，他不断加强儒学修养，文章也改而取法西汉的刘向、匡衡、董仲舒等，终于形成了自己独特的艺术风格，"立言于欧阳修、王安石间，纡徐而不烦，简奥而不晦"(《宋史·曾巩传》)。《墨池记》正体现出这种风格形成时期的基本特点。

这首先是显示出了浓厚的儒学修养。这篇文章题名为"记"，但其主要内容却不在于记写景物，而是由小及大，借事立论。文中所叙"墨池"，乃临川城中一处胜迹，荀伯子说是王羲之临池学书之处。到宋代，在墨池遗址之上，建立了抚州州学。教授王盛想借王羲之苦练书法的精神，来激励后学刻苦学习，便在学舍的楹间题写了"晋王右军墨池"六个大字来说明，并且请曾巩写一篇《墨池记》。

王羲之是晋代著名书法家，被后人尊为“书圣”。他很钦慕汉代书法家张芝的狂草和他勤学苦练的精神，曾在《与人书》中说：“张芝临池学书，池水尽黑。使人耽之若是，未必后之也。”据《晋书》之王羲之传记载，王羲之早年从卫夫人学，后来草书改学张芝，正书则学钟繇，并博采众长，终于自成一体，“尤善隶书，为古今之冠。论者称其笔势，以为飘若浮云，矫若惊龙”。他练习书法的遗迹，人们称之为墨池，而这样的墨池又有多处。荀伯子作《临川记》，则将“临池学书，池水尽黑”一事附会于王羲之，并且称临川之洗墨池为王羲之临池学书之处。曾巩认为，其传闻未必可信。但他又认为，这种传闻之所以会为社会所广泛认可甚至还有人为之张扬，究其因，则在于人们想借此激励后人勤奋学习，以期产生深刻的教育作用。从这个意义上说，王羲之之苦练书法，荀伯子之记传闻，乃至州学教授王盛之彰表墨池并索记于曾巩，其精神都是十分可嘉的。因此，这篇文章便从求记者的本意入手，从王羲之“耽之若是，未必后之”的话中引出结论：王羲之的书法造诣，所以至其晚年才臻于精妙，是由于他刻苦练习，“以精力自致”的结果，而非天成。并由此生发开去，举一反三，因类连义，从书法练习推及于求学，再及于人的自我修养，归结出“学固岂可以少哉”这一共同规律，教育后人要刻苦学习，加强道德修养，以成为国家有用的人才。如果说，王盛之彰表墨池，意在鼓励后人专力向学，曾巩则将这一遗迹的教育意义发掘得更为深刻，推及于儒家的教育主张和士人的道德修养。这种阐释，既合符国家兴学的意图，又比单一地鼓励后人刻苦学习具有更深远的眼光和更为开阔的胸襟，很发人深省。而这又正是曾巩文章儒学色彩极为浓重的表现。

这篇文章在艺术上也比较集中地体现了曾巩散文的风格与特点：纡徐婉曲，典雅庄重，严谨绵密，而又于婉曲中时有矫劲的笔墨。文章分两大部分，每部分又各为两个层次。第一部分先按这类作品写作的一般格式，简略交代了墨池的处所、方位、形状及得名缘由，用推测的口吻对历史传闻提出质疑，形成文章的第一层波澜。然后顺势展开，由墨池而论及书法，指出王羲之的书法造诣并非天成，而是专心苦练的结果，而后人所以无法企及，就因为缺乏这种刻苦磨炼的精神。于是就自然地引出一个常理：“学固岂可以少哉！”然后，文章一笔折转，引申到儒家的道德修养功夫：“况欲深造道德者邪？”既言简意赅，又笔力矫劲。这是第二层波澜。这样几经迂回之后，文章之所论就渐次地接近于作者的本意了。因为创立学校的目的，正是要提倡封建教化，培养生员正心诚意修身齐家治国平天下的才能。文章也便顺理成章转入第二部分，进而说明作记缘由，是因为“墨池之上，今为州学舍”，教授王盛题字于楹间以劝勉后学努力深造，并向作者索记，自己推究王盛的苦心，慨然应允，也同样以此期望于后学。但这一层意义文中却不直接说出，而是于第三个层次交代缘由之后，再就王盛的殷切期望而抒发感慨：人有一能，而“后人尚之如此”，更何况道德高深之士其影响还会更深远呢？以此启发后学刻苦学习，增强道德修养，以期成为有广泛影响的“仁人庄士”。这既是文章的第四层波澜，也是全文主旨所在。两大部分，四个层次，承转衔接，天衣无缝，十分自然，显示出极其深厚的艺术功力。

这篇文章的语言也十分精练典雅。如文章开头写墨池，只用“有地隐然而高”和“有池洼然而方以长”两句，便将墨池的地势和形状写得了然于目。此外，历代传说中的王羲之的墨池遗址也很多，曾巩并没有以猎奇的态度，旁逸斜出地去一一考证，以增强文章的传奇色彩，而是紧扣自己所要论述的中心问题，来为下文的议论作好铺垫。于临川墨池，只用两个设问“岂信然邪”“岂其徜徉肆恣，而又尝自休于此邪”，委婉地表示了对荀伯子这一记载的怀疑态度，而且是点到为止。因为这则传闻的真实与否，并不影响他全文的写作宗旨。他这篇文章所要阐述的事理和要强调的重点，是王羲之那种勤学苦练的精神对后代的教育意义。这样处理，便使行文要言不烦，文章语言显得既简练而又典重。文中还借用一连串的设问句式，以推心置腹的口吻，层层推进地说理，既婉转诚挚，典雅纡徐，又简朴从容，自然亲切，让人读后感到回味无穷。这也符合本文意在劝勉的宗旨。所以，沈德潜评点说：“用意或在题中，或出于题外，令人徘徊赏之。”（《评注唐宋八大家古文》卷二八）但这种婉曲纡徐又不显得散缓，两大部分的末尾都各以一个简洁精警的语句“况欲深造道德者邪”“况仁人庄士之遗风余思，被于来世者如何哉”收束，笔力矫若游龙，刚劲有力。这正是“纡徐而不烦，简奥而不晦”的体现。

《墨池记》曾给后世以很大的影响，如明代宋濂的《送东阳马生序》和清代袁枚的《黄生借书说》，都借记叙自己的求学经历，勉励后人珍惜光阴与时机，专心向学，其立意显然有取法《墨池记》之处。而他们文章语言的简括精确、条畅明达，说理的推心置腹、婉曲从容，也都不同程度地反映出所受的曾巩的影响。

（王琦珍）

宜黄县县学记

古之人，自家至于天子之国[①]，皆有学[②]，自幼至于长，未尝去[③]于学之中。学有《诗》[④]《书》[⑤]六艺[⑥]、弦歌[⑦]洗爵[⑧]、俯仰[⑨]之容[⑩]、升降[⑪]之节[⑫]，以习[⑬]其心体、耳目、手足之举措[⑭]；

又有祭祀、乡射、养老之礼[15]，以习其恭让；进材[16]、论狱[17]、出兵[18]、授捷[19]之法，以习其从事[20]。师友以解其惑，劝惩以勉其进，戒其不率[21]，其所以为具如此。而其大要，则务使人人学其性[22]，不独防其邪僻放肆也。虽有刚柔缓急之异，皆可以进之中[23]，而无过不及。使其识之明，气之充于其心，则用之于进退语默[24]之际，而无不得其宜；临[25]之以祸福死生之故[26]，无足动其意者。为天下之士，为所以养其身之备如此，则又使知天地事物之变，古今治乱之理，至于损益废置、先后始终之要，无所不知。其在堂户之上[27]，而四海九州之业[28]、万世之策皆得[29]；及出而履天下之任[30]，列百官之中，则随所施为，无不可者。何则？其素所学问然也。

盖凡人之起居、饮食、动作之小事，至于修身为国家天下之大体[31]，皆自学出，而无斯须[32]去于教也。其动于视听四支[33]者，必使其洽[34]于内；其谨于初者，必使其要于终[35]。驯之以自然，而待之以积久。噫！何其至[36]也。故其俗之成，则刑罚措[37]；其材之成，则三公[38]百官得其士；其为法之永[39]，则中材[40]可以守；其入人之深，则虽更[41]衰世而不乱。为教之极至此，鼓舞天下，而人不知其从之，岂用力也哉！

及三代[42]衰，圣人之制作尽坏，千余年之间，学有存者，亦非古法。人之体性之举动，唯其所自肆[43]，而临政治人之方，固不素讲[44]。士有聪明朴茂之质，而无教养之渐，则其材之不成固然。盖以不学未成之材，而为天下之吏，又承衰弊之后，而治不教之民。呜呼！仁政之所以不行，贼盗刑罚之所以积[45]，其不以此也欤！

宋兴几[46]百年矣。庆历三年[47]，天子图当世之务，而以学为先，于是天下之学乃得立。而方此之时，抚州之宜黄犹不能有学。士之学者皆相率而寓于州，以群聚讲习。其明年，天下之学复废，士亦皆散去，而春秋释奠之事[48]以著于令，则常以庙祀孔氏，庙不复理[49]。皇祐元年，会令[50]李君详至，始议立学。

而县之士某某与其徒皆自以谓得发愤于此，莫不相励而趋为之。故其材不赋而羡[51]，匠不发而多[52]。其成也，积屋之区[53]若干，而门序[54]正位，讲艺之堂、栖士之舍皆足。积器之数若干，而祀饮寝食之用皆具。其像孔氏而下，从祭之士[55]皆备。其书经史百氏[56]、翰林子墨[57]之文章无外求者。其相基[58]会作[59]之本末，总为日若干而已，何其周[60]且速也！当四方学废之初，有司[61]之议[62]，固以谓学者人情之所不乐。及观此学之作[63]，在其废学数年之后，唯其令之一唱[64]，而四境之内响应而图[65]之，如恐不及。则夫言人之情不乐于学者，其果然也与？

宜黄之学者，固多良士。而李君之为令，威行爱立[66]，讼清事举[67]，其政又良也。夫及良令之时，而顺其慕学发愤之俗，作为宫室[68]教肄[69]之所，以至图书器用之须，莫不皆有，以养其良材之士。虽古之去今远矣，然圣人之典籍皆在，其言可考，其法可求，使其相与学而明之，礼乐节文之详[70]，固有所不得为者。若夫正心修身，为国家天下之大务，则在其进之而已。使一人之行修移之于一家，一家之行修移之于乡邻族党，则一县之风俗成，人材出矣。教化之行，道德之归，非远人[71]也，可不勉与！县之士来请曰："愿有记。"其记之。十二月某日也。

〔注〕 ① 国：国都。 ② 学：学校。 ③ 去：离开。 ④《诗》：《诗经》。 ⑤《书》：《尚书》。 ⑥ 六艺：礼、乐、射、御、书、数。 ⑦ 弦歌：犹言"弦诵"。音乐。 ⑧ 洗爵：洗净酒器再斟酒敬客。为古时乡射、乡饮酒时所行的一种礼仪。 ⑨ 俯仰：低头与抬头。 ⑩ 容：法度。 ⑪ 升降：登上与降下。此处引申为进退。 ⑫ 节：法度。 ⑬ 习：教习，训练。 ⑭ 举措：举止动作。 ⑮ 祭祀、乡射、养老之礼：古时学校中举行的三种礼仪。祭祀，指祭神和祭祖。乡射，古代一种射礼。养老，尊敬老人，给他们奉以酒食的礼仪。 ⑯ 进材：推荐有才能之士。 ⑰ 论狱：判决狱讼之事。 ⑱ 出兵：出征。 ⑲ 授捷：出征而归，将在战场上所割敌人的左耳祭告于先庙。 ⑳ 从事：办事的能力。 ㉑ 不率：不遵从命令。 ㉒ 性：本性。 ㉓ 中：不偏不倚，无过与不及。 ㉔ 语默：即应对之意。语，说话。默，不说话。 ㉕ 临：面对。 ㉖ 故：变故。 ㉗ 堂户之上：意为足不出户。 ㉘ 四海九州之业：指天下大业。 ㉙ 得：得到，了解。 ㉚ 履天下之任：担任治理天下的重任。履，实践。 ㉛ 大体：基本原则。 ㉜ 斯须：须臾，片刻。 ㉝ 四支：四肢。 ㉞ 洽：协调。 ㉟ 要(yāo)于终：约束到最后。要，约束。 ㊱ 至：周到。 ㊲ 措：搁置。 ㊳ 三公：古代朝廷中级别最高的官员，其具体官员各代不同，周为太师、太傅、太保，西汉为大司马、大司徒、大司空，东汉为太尉、司徒、司空。 ㊴ 永：长久。 ㊵ 中材：中等才能的官吏。 ㊶ 更：经历。 ㊷ 三代：夏、

商、周。 ㊸ 自肆：自我放纵。 ㊹ 素讲：平时常讲。 ㊺ 积：累积，增加。 ㊻ 几：将近，差不多。 ㊼ 庆历三年：公元 1043 年。庆历，宋仁宗年号。 ㊽ 释奠之事：古代学校的一种典礼，春天，应陈设酒食以祭奠先师先圣，秋冬亦如此。 ㊾ 理：修理，整治。 ㊿ 令：县令。 51 不赋而羡：不征敛而有余。 52 不发而多：不征召而来了许多人。 53 区：面积。 54 序：堂的东西墙。 55 从祭之士：随同孔子享受祭祀的人。宋时学校立孔子及亚圣十哲塑像，又绘七十二贤人及先儒二十一人像于东西廊的板壁上，同时祭祀。 56 百氏：诸子百家。 57 翰林子墨：代指文人。 58 相基：选择地基。 59 会作：聚集工匠建造。 60 周：细致周密。 61 有司：主管官吏。 62 议：议论。 63 作：兴办。 64 唱：倡导，倡议。 65 图：谋划。 66 威行爱立：威严的法令得到贯彻，仁爱的风气得以树立。 67 讼清事举：案件判处明白，各项事业得以兴办。 68 宫室：指房屋。 69 教肄：教学。 70 礼乐节文之详：古代礼乐仪节的详细情况。 71 远人：离人很遥远。

宜黄在今江西抚州地区，宋时属江南西路抚州府管辖。宋仁宗皇祐元年(1049)，在县令李详的主持下，始建县学。竣工之后，曾巩应宜黄县有关人士之请求，作了这篇学记。

曾巩有两篇著名的学记：《筠州学记》和《宜黄县县学记》，历来都得到很高的评价。如清代的何焯在其《义门读书记》中便说："自汉氏以来，能为如此之文者，不过五六人耳。"清代桐城派作家刘开在《与阮芸台宫保论文书》中，也将曾巩的善于作学记，和韩愈的长于碑志、柳宗元的工于山水、苏洵的长于策论、欧阳修的精于序事、王安石的善于序经相并论。

前人之所以这样推崇曾巩的学记，一个极为重要的原因，是这些学记依经立论，体现出了曾巩极其深厚的儒学修养，用茅坤的话来说，就是所谓"深于经术"。在任何一个时代，通过办学来为社会培养人才，都是一件为社会所重视的事。在中国古代封建社会中，兴办学校历来是推行文治教化的重要组成部分。为此，古代的圣人们不断摸索、总结，乃至确立了一套较为完备的制度，来保证学校教学的进行。这些制度与方法，都记载在儒家的六经中。如本文第一句所说的"古之人，自家至于天子之国，皆有学"，记载于《礼记·学记》："古之教者，家有塾，党有庠，术有序，国有学。"如文中所说的"弦歌洗爵"，其中"弦歌"见于《礼记·文王世子》："春诵夏弦。""洗爵"则见之于《诗经·大雅·行苇》："洗爵奠斝。"文中的"祭祀、乡射、养老之礼"也见于《礼记》及《周礼》。曾巩对此非常熟悉，所以在论及兴学的重要性和古代学制时，能有源有委，条畅而详备，将古代从下到上学校的设制、教学的内容、教学的目的及具体措施，都讲得清清楚楚、明明白白，使文章显示出一种历史的厚重感。茅坤评论说："子固记学，所论之制，与其所以成就人材处，非深于经术者不能，韩、欧、三苏所不及处。"张伯行也说："论学制详备处，有源有委。至言士之所以成材，则在驯之以自然，而待之以积久，真鹿门(茅坤)所

谓‘深于经术’者。”(《唐宋八大家文钞·曾文定公文钞》卷七)

这篇学记的另一个特点，是论述的层次极为清楚，文章结构非常严密。全文分五大段。第一、二两段写古人立学，培养人才，人才出而天下治。第三段写三代以后千余年来废学所造成的恶果。第四段写宜黄县立学的始末及其积极性。第五段则赞美县令李详兴学和为政的功绩，并对宜黄县学寄予希望。文章议论恣肆，层次分明，有极强的说服力。

本文既然是为宜黄县县学而作的一篇学记，按一般写法，可以一落笔就从宜黄兴学写起，写其筹建经过，写其选址，写其集资，写其规模，写其内部设施，写自己的期望等等。曾巩作学记，正是在这样的地方显示出了他过人之处。本文落笔，先暂时搁下宜黄立学不写，而是由远而近，辟出全篇一半的篇幅，纵论立学的重要性，以烘托宜黄立学的深远意义。

文章第一段先详细介绍古代的学制，分三层展开。第一层简单介绍古代学校设置的完备。从国家来说，是“自家至于天子之国，皆有学”；从每个求学者来说，则“自幼至于长，未尝去于学之中”。第二层写教学内容和方法方面的周密安排，又分四方面逐一介绍，并指出其中每一个方面的学习都有明确的针对性。学习《诗经》《尚书》和礼、乐、射、御、书、数，以及弹琴歌吟、洗盏敬酒种种礼仪，待人接物、进退上下的种种规矩，目的是训练学生的心身、耳目、手足的举止动作；学习祭祀、乡射、养老的礼节，目的是培养学生恭敬、谦让的美德；除此之外，还要学习如何举荐贤人、处理案件、主持出征授捷仪式，以培训学生办事的能力；这样全面培养还怕达不到预期的目的，又让老师和学友为他们解答疑难，用鼓励和责罚的方法勉励他们进步，以防他们不听教诲。这些设置所以如此完备，目的是为社会培养人才。第三层便进而阐述立学的最终目的。这也从两个方面展开论述。先就一般人而言，是使社会上的人都“学其性”，而不单是防止他们出现邪恶放纵的行为。人的性格虽然各有不同，但都可以通过学习达到适当的境地，即儒家所说的中庸的标准。一旦他们能够是非分明，内心充满正气，那就无论是出仕还是归隐，无论是发表自己的意见还是保持沉默，他们所有的行为都没有不恰如其分的。即便是面对死生祸福的考验，也不能动摇他们的意志。其次，从培养可以担当天下大事的人才来说，是为了“养其身”，使他们懂得天地间事物的变化，懂得古往今来国家治理得好坏的原因，懂得在施政的过程中，对具体的措施应如何增减损益、废置或施行，如何善始善终。未出仕时，天下大业的治理，社稷安泰的策略，他都了然于心，一旦出来担当国家重任，跻身于百官之中，则他之所有施政措施，便没有行不通的。所以能如此，是因为他平时学习和求教的结果。

那么,立学何以会如此的重要呢?第二段起首即承上作出解释:“盖凡人之起居、饮食、动作之小事,至于修身为国家天下之大体,皆自学出,而无斯须去于教也。”要使人内外相协,始终如一,“驯之以自然,而待之以积久”。这样做的结果,必然是人才辈出,教化易行。文章接下去从四个方面描绘了人才出、天下治的盛世气象:好的社会风气一经形成,刑罚就可以搁置不用;人才培养成功了,三公、百官就会有合适的人选;教育之法能坚持长久,中等材质的人也能保持其才能;教育能如此深入人心,那即便是经历世道的衰败,人们也不会去作乱。最后是这一段的收总,指出办教育能达到这样高的水准,就能对天下的人民产生极大的鼓舞,使人们在不知不觉中按其所受的教育行事,治理国家也就不必用强力了。

教育的重要性如此,古代办教育的成功经验如此,后世又如何呢?第三段即写后世废学的恶果,分三层展开。对照上文所说的教学制度的完备,文章指出,三代衰亡之后,圣人制定的这些制度都遭到破坏,千余年来,保存下来的学校,也不是按古代的方式办的。对照上文所说的对一般人的“学其性”,及对“天下之士”的“养其身”,文章指出废学之后,“人之体性之举动,唯其所自肆,而临政治人之方,固不素讲”。即便是有聪明淳朴之士,因为得不到良好的教育,也不能成为有才能的人才。第三层则对照上文第二段所说的人才出、天下治,写后世教育不兴,人材不成,仁政不行的恶果:“以不学未成之材,而为天下之吏,又承衰弊之后,而治不教之民。呜呼!仁政之所以不行,贼盗刑罚之所以积,其不以此也欤!”

仔细分析这两段的结构,可以看出,第一、二两段的叙制度、叙目的、叙收效,环环相扣,层层铺开;第三段的对照则是一一对应,层层翻卷。前详后略,包蕴严密,将立学的重要性、古代学制的完备与周密,以及废学的恶果,说得非常清楚明白。而这又是为下文写宜黄兴学的意义蓄势。蓄势既足,文章便转入第四段,写宜黄兴学的“周且密”,分三层叙写。第一层先说在庆历三年兴学的热潮中,宜黄未能建立学校,“士之学者皆相率而寓于州,以群聚讲习”。第二年,“天下之学复废,士亦皆散去”。但春秋祭祀先圣先师的仪式,因为是已著于法令,人们只好到庙里去举行,而庙又没有再加修理。第二层写兴学的过程。先写兴学时间之短、速度之快,以突出宜黄人办学的热情。李详来担任宜黄县令之后,倡议兴学,得到县中士人的积极响应,“其材不赋而羡,匠不发而多”,在很短的时间内,就修建完毕。然后分屋、器、像、书四方面,逐一进行介绍,极写其设施的完备,以突出宜黄士人在办学时思虑的周密。最后发出由衷的赞叹:“何其周且速也!”并顺带批驳在庆历废学时一些人所发出的所谓“人之情不乐于学”的议论,作为这一段的收束。然后承势而下,转入第五段,对宜黄兴学提出希望,也分三层展开。先写李详办学的功绩,指出宜黄本来就多“良士”,又有“慕学发愤”的“良俗”,如今又得李详这样能施行“良政”的“良令”和设施完备的学校,那么,必定可以为国家养育出许多担当重任的“良材”。接着说明办学不必呆板地学古人的礼仪规矩,去亦步亦趋地模仿古人的动作,而应按古人“学其性”“养其身”的原则,在“正心修身,为国家天下之大务”方面不断努力。宜黄所办,虽是县学,同样可以起到改变风俗、培养人才的作用:“使一人之行修移之于一家,一家之行修移之于乡邻族党,则一县之风俗成,人材出矣。教化之行,道德之归,非远人也,可不勉与!”这一层同样是紧紧扣住一、二两段的论述,回环往复,逐一照应,显得非常严密。文章至此,已将宜黄兴学的意义写得极为充足,文章自然而然地转入结尾。最后一层便简单地交代作记的缘由和时间,从容收束全文。

这篇学记,夹叙夹议,典重博厚,叙述有原有委,议论深刻透辟,堪称是曾巩文章的代表作。沈德潜评论说:“先叙古人之建学,次序后代之废学,后叙宜黄之立学,末叙勉励士子之进学,虽未推阐天命人心之奥,五常百行之原,然汉代以来,能见及此者罕矣。行文不用间架,每段收住处,含蕴无穷,后惟朱子之文,肖其神味。”(《评注唐宋八大家文读本》卷二十七)孙琮也说:“八家中,子固独长于学记。此篇起首两扼‘学’字,气概已自不凡,接下历言学之为教,有关系于风俗人材,极其详悉,却将后世之失相形伴说,方入宋事。有宋庆历间,天下立学,而宜黄不能有,及皇祐而其成周且速。此段点次明备,已尽作记正面。妙在因有司谓人情不乐于学,翻出波澜,跌到归美李君与宜黄学者,卒乃勉励之,以进于教化道德经术。详赡之中自有腾踔振掉之势。得此一义,可废诸家学记。”(《山晓阁南丰文选》)这些评论,都注意到了本文的这些长处。 (王琦珍)

学 舍 记

予幼则从先生受[1]书,然是时,方乐与家人童子嬉戏上下,未知好也。十六七时,窥六经[2]之言与古今文章,有过人者,知好之,则于是锐意欲与之并。而是时,家事亦滋出[3]。自斯以来,西北则行陈、蔡、谯、苦、睢、汴、淮、泗[4],出于京师;东方则绝江[5]舟[6]漕河之渠[7],逾[8]五湖[9],并[10]封、禹、会稽之山[11],出于东海上；南方则载大江⑫，临夏口⑬而望洞庭⑭，转彭蠡⑮，上庾岭⑯，繇⑰浈阳⑱之泷⑲，至南海上。此予之所涉世而奔走也。蛟鱼汹涌湍石⑳之川，巅崖莽林貙虺㉑之聚，与夫雨旸㉒寒燠㉓、风波雾毒不测之危，此予之所单游远寓，而冒犯㉔以勤也。衣食药物，庐舍器用，箕㉕筥㉖碎细㉗之间，此予之所经营以养也。天倾地坏㉘，殊州㉙独哭，教千里之远，抱丧而南，积时之劳，乃毕大事㉚，此予之所遘祸㉛而忧艰㉜也。太夫人㉝所志㉞，与夫弟婚妹嫁，四时之祠㉟，属人㊱外亲之问㊲，王事之输㊳，此予之所皇皇㊴而不足也。予于是力疲意耗，而又多疾，言之所序㊵，盖其一二之粗也。得其闲时，挟书以学，于夫为身治人，世用之损益，考观讲解，有不能至者。故不得专力尽思，琢雕文章，以载㊶私心难见㊷之情，而追古今之作者为并，以足予之所好慕，此予之所自视而嗟也。

今天子至和之初，予之侵扰多事故益甚，予之力无以为，乃休于家，而即其旁之草舍以学。或疾其卑㊸，或议其隘者，予顾而笑曰："是予之宜也。予之劳心困形，以役㊹于事者，有以为之矣。予之卑巷穷庐，冗衣㊺砻饭㊻，芑苋㊼之羹，隐约㊽而安者，固予之所以遂其志㊾而有待也。予之疾则有之，可以进于道者，学之有不至。至于文章，平生所好慕，为之有不暇也。若夫土坚木好高大之观㊿，固世之聪明豪隽挟长[51]而有恃者所得为，若予之拙，岂能易而志彼哉？"遂历道其少长出处[52]，与夫好慕之心，以为《学舍记》。

〔注〕①受：通"授"。②六经：指《诗》《书》《礼》《易》《春秋》《乐》六部儒家经典。③滋出：层出不穷。滋，增益，加多。④陈：州名，为春秋时陈国故地，治所在今河南周口市淮阳区。蔡：州名，为春秋时蔡国故地，治所在今河南汝南县。谯：县名，治所在今安徽亳州市。苦(gǔ)：古县名，宋代为卫真县，治所在河南鹿邑县东。睢：水名，故道自今河南杞县东流至江苏省，入泗水。汴：水名，在河南省境内，南流入淮。淮：水名，由河南经安徽、江苏入海。泗：水名，由山东经江苏入淮。⑤绝江：横渡长江。绝，穿过，越过。⑥舟：此处用作动词，航行。⑦漕河之渠：漕运的河道。宋有汴、黄、惠民、广济四河通漕运，合称"漕运四河"。⑧逾：越过。⑨五湖：古来具体说法不一，此处指太湖及其附近湖泊。⑩并(bàng)：通"傍"。挨着。⑪封、禺、会稽之山：山名，均在今浙江绍兴市东南。⑫载大江：乘船于长

江之上。载,装载,乘坐。大江,长江。 ⑬ 夏口:古地名,在今湖北武汉市西。 ⑭ 洞庭:洞庭湖,在湖南省境内。 ⑮ 彭蠡(lǐ):即鄱阳湖,在江西省境内。 ⑯ 庾岭:大庾岭,亦称梅岭,在江西、广东交界处。 ⑰ 繇:通“由”。自,从。 ⑱ 浈阳:古县名,治所在今广东英德市东。 ⑲ 泷(shuāng):古县名,故城在今广东罗定市。 ⑳ 湍石:急流转石。 ㉑ 貙虺(chū huǐ):猛兽毒蛇。 ㉒ 旸(yáng):晴天。 ㉓ 燠(yù):热。 ㉔ 冒犯:冲撞。此处指遭遇风险。 ㉕ 箕:扬米的器具。 ㉖ 筥(jǔ):一种竹制的盛物器具。 ㉗ 碎细:指琐碎的家务。 ㉘ 天倾地坏:此指其父曾易占之丧。 ㉙ 殊州:异地他乡。 ㉚ 大事:指治理其父亲的丧事。 ㉛ 遘(gòu)祸:遭祸。 ㉜ 忧艰:指其父丧。 ㉝ 太夫人:指母亲。古时父没之后称呼母亲当加一“太”字。 ㉞ 志:愿望。 ㉟ 祠:祭祀。 ㊱ 属人:同宗的亲属。 ㊲ 外亲之问:外亲,母系或妻系的亲属。问,问候。 ㊳ 王事之输:指向官府缴纳税赋一类的事务。输,缴纳。 ㊴ 皇皇:同“惶惶”。 ㊵ 序:同“叙”,叙述。 ㊶ 载:记录。 ㊷ 难见:难以表现。 ㊸ 卑:低矮简陋。 ㊹ 役:驱使。 ㊺ 冗衣:粗劣的衣服。 ㊻ 砻(lóng)饭:粗粝的饭食。 ㊼ 芑苋(qǐ xiàn):泛指野菜。 ㊽ 隐约:穷愁忧困。隐,忧患。约,受屈。 ㊾ 遂其志:实现我的志向。遂,成功。 ㊿ 观:楼台。 (51) 挟长:倚仗自己的长处。 (52) 出处:去就进退。出,出仕。处,隐退。

《学舍记》作于宋仁宗至和元年(1054),当时曾巩正家道坎壈,他率领弟辈们躬耕垄亩,以求箪瓢之食,来维持全家的生计。从仁宗景祐三年(1036),他父亲曾易占在信州(今江西上饶)玉山县任上被人诬陷而失官开始,至此时,曾巩在人生的困境中,已经苦苦地挣扎了十八年。而其间自庆历三年(1043)至写作本文后两年的嘉祐元年(1056),又是他人生道路上最为困苦与凄凉的时期。他曾在诗中描述过自己当时的状况,说是“十年万事常坎壈,奔走未足供藜羹”(《初夏有感》);“今年霜霰虽未重,室冷尚无薪可燎。一亩酸寒岂易言?局促不殊鱼在罩”(《代书寄赵宏》)。这种处境,千古之下,都令人为之动容。但他安贫乐道,“挟书以学”,依旧念念不忘努力增强自己的道德与文学修养,不忘要去创造彪炳青史的功业:“我身今虽落众后,我志素欲希轲卿”,“非同世俗顾颜色,所慕少壮成功名”(《初夏有感》);“嗟予计真不自料,欲挽白日之西颓”,“龙潭瀑布入胸臆,叹息但谢宗(炳)与雷(次宗)”(《冬望》)。本文便记述了他这十八年以来在困苦中挣扎的艰辛经历,和奋发向上、不甘沉沦的抗争精神。

曾巩在本文中所写的“学舍”,又叫“南轩”,其实就是他住房旁边一间又矮又小的茅屋,是曾巩率领他的弟辈们在邻居一块茅草丛生的荒地上搭建的一间草舍。正如民间的治家格言所说:“勤而不足再加俭,耕有余闲且读书。”劳作之余,他和弟辈们便在其中刻苦学习。以此,他对这间学舍有一种特别的感情,这期间接连写了两篇文章来抒发自己的情感,一篇叫《南轩记》,一篇便是《学舍记》。在写法上,《南轩记》侧重于议论,借题发挥,尽情地抒发自己的理想与抱负;而这篇《学舍记》则分为两大部分,前一部分叙事,后一部分述志。前一部分详,后一部分略。前一部分写尽了自己人生的艰辛和求学的勤奋,后一部分则酣畅淋漓地抒发了自己高远的志向。所以,这既是一篇求学记,又是曾巩前半生的一篇自传,是他在人生逆境中贫贱不移、奋发向上的一份宣言。

文章第一部分先介绍了自己幼年时的学习情况:"予幼则从先生受书,然是时,方乐与家人童子嬉戏上下,未知好也。"直到十六七岁时,看到儒家经典中讲的道理,和古往今来优秀的文学作品,开始懂得喜爱它们,也便"锐意欲与之并"。这节文字虽是平平说起,但却为第二部分的述志奠定了基础。"六经之言",是作者毕生刻苦研习的"道";"古今文章",则是作者倾心模仿的"文"。二者的融合,则正是他自己在《寄欧阳舍人书》中提出的一个优秀的作家所应具备的基本素质——"畜道德而能文章",也是他在欧阳修的影响下,终生都孜孜以求地为之奋斗的目标。

然而目标明确了,并不等同于可以顺利地去"遂其志"。一个非常重要的原因,便是他家中发生的诸多变故。他十六七岁开始明确了奋斗的目标和求学的方向,但恰恰就在这个时候,"家事亦滋出",使他的求学的道路显得困难重重。文章接下去,便分五个层次,以五个排比句,一气而下地叙写自己人生的艰辛。曾巩这些"滋出"的家事中的第一件,便是父亲的被诬罢官,当时曾巩才十九岁。他弟弟曾肇在《亡兄曾巩行状》中记述当时的情况说:"初,光禄(曾易占)仕不遂而归,无田以食,无屋以居。公时尚少,皇皇四方,营饩粥之养。"文章第一、二、三等三个层次所说的,就是自己在这一变故后的生活状况。这一是"涉世而奔走"。其间西北至于京师,是去参加科考,以博取功名。这无疑是改变家庭困境最好的途径,但结果却是屡屡碰壁。曾巩尽管在当时就很有文名,但他长于写汉唐风格的散文而短于辞赋诗歌,与当时科举考试的取录标准不同,所以在科考中落第,在求仕的道路上走得非常艰难。他还曾东游,极于大海,这是奉父亲之命,带二弟曾宰去浙江求见章岷,为弟弟谋求到了一份差事。这也是"皇皇四方,营饩粥之养"的重要举措。南方则先至夏口,然后溯赣江而上,直至南海。这是因为其岳父晁宗恪曾先后任安州(今湖北安陆)和虔州(今江西赣州)通判,又继而提点广东刑狱。曾巩数次去其岳父的住所,除迎娶他的妻子晁文柔之外,自然也有寻求岳父帮助的意图在内。这种涉世奔走,使他结识了许多名人,得到过他们的鼓励、接济和帮助,还了解了社会。如北宋著名政治家、文学家范仲淹,便曾接见他,给予了他鼓励,后来还托人给他带来布匹;又如建昌知府刘沆还曾拨给了他一点田产,以供耕种。这种奔走又是充满危险和艰辛的。所以第二个层次便历数自己"单游远寓,而冒犯以勤"的种种危险经历,作为上一层惶惶四方,为生计奔忙而历尽艰辛的印证。求请四方亲友的帮助，是摆脱困境的一条途径；自己躬耕垄亩，自食其力，则是更为重要的方面。“傍人应总笑为生，病体朝朝踏雨行。红饭白葅妻具饷，青秧绿水自催耕。”（《田中作》）经过几年的辛苦耕作，家境有了一些改善。文中的第三个层次即叙述了自己操持家政，“经营以养”的种种琐碎事务：“衣食药物，庐舍器用，箕筥碎细之间。”这些事虽然琐碎，但毕竟没有多大危难，作者在叙述时口气就比较平稳，语言也极简洁。然而“家事亦滋出”的状况不但没有改变，挫折和打击反而一个又一个地接踵而至。首先是其祖母于庆历四年（1044）去世，第二年，他随父亲一道归葬祖母于南丰。七年，曾易占接到朝廷重新起用的旨意，败落的家庭出现了新的复兴希望。曾巩奉父进京，行至南京（今河南商丘），曾易占突然暴病身亡。这就是本文第四个层次所写的：“天倾地坏，殊州独哭，数千里之远，抱丧而南，积时之劳，乃毕大事。此予之所遭祸而忧艰也。”四年之后，曾巩回忆这段经历，依旧惊魂未定，在《读书》一诗中写道：“最自忆往岁，病躯久羸尪。呻吟千里外，苍黄值亲丧。母弟各在远，计归恐惊惶。凶祸甘独任，危形载孤艎。崎岖护旅榇，缅邈投故乡。至今惊未定，生还乃非常。”经历了这场劫难，曾巩家道更加衰败，他不得不终日为一家老小的生计而奔忙，“荏苒岁云几，家事已独当。经营众口食，四方走遑遑。一身如飞云，遇风任飘扬”（《读书》）。皇祐五年（1053），他的哥哥曾晔赴京应试，不第而归，在返回南丰途中，卒于江州。这对曾巩来说，无疑是雪上加霜。他从庆历初就染上了肺病，带病奔走，为一家数十口的生计和完成官府的赋税而操劳。这就是第五个层次所写的：“太夫人所志，与夫弟妹婚嫁，四时之祠，属人外亲之问，王事之输，此予之所皇皇而不足也。”五个层次的叙述，一气呵成，起伏跌宕。文章至此，收总一笔，说明自己已经“力疲意耗”，而又多病，上面所说的，只是自己所历艰辛的一小部分，而且还只是个大概。这一个小收束，既使文气在一气奔泻之后转向从容徐缓，形成文章叙述的一层波澜，也让读者加深了对其所历艰辛的印象，同时又是转入下一个层次的过渡。他写生活的艰辛，目的又是为了写求学的艰难。这种艰辛写得越充分，其求学的艰难和毅力也就会显得越突出。从行文来说，前五层都是为了蓄势，气势已足，便转入自己在如此逆境中勤奋学习的叙述：“得其闲时，挟书以学。”而学习的内容也还是文章开头所说的“道”与“文”：“于夫为身治人，世用之损益，考观讲解，有不能至者。故不得专力尽思，琢雕文章，以载私心难见之情，而追古今之作者为并，以足予之所好慕，此予之所自视而嗟也。”从句式上看，这一层和前五层一样，用的都是“此予之……也”的排比句式，但内容上却与上面五层不同，是写求学的勤奋。这一层是主，前五层是辅，是为了突出这一层而作的铺垫。结构上又回应了这一段开头关于自己青少年时期求学经历的叙述,显得包蕴严密。

文章的第二部分是述志。求学的目的是要增强自己的修养和学养,以便将来成为有益于国家社稷的人才,去建立彪炳青史的功业。所以,文章归到建学舍以就学,然后借学舍的矮小狭窄,以对话的形式,抒发自己的远大志向:"予之劳心困形,以役于事者,有以为之矣。予之卑巷穷庐,冗衣砻饭,芑苋之羹,隐约而安者,固予之所以遂其志而有待也。予之疾则有之,可以进于道者,学之有不至。至于文章,平生所好慕,为之有不暇也。若夫土坚木好高大之观,固世之聪明豪隽挟长而有恃者所得为,若予之拙,岂能易而志彼哉?"这节议论,正是第一部分的引申,也是这篇文章写作的目的所在,真可谓是意气风发,豪情满怀,而又写得笔酣墨饱。这部分的述志与上文的自传有机地结合在一起,使两大部分之间,转折自然,文气贯通。读来既使人钦佩,又让人感奋。也就在作此文后不久,欧阳修奉命知贡举,一革科考积弊,苏轼、苏辙均中进士,曾巩和他的弟辈、妹夫,一门六人也同时及第。他终于跨入仕途,虽未能如他在年轻时所期望的那样,在政治上大展抱负,但在北宋政界,他还是颇有政绩与声望的政治家。而在文坛上,他的散文本来就有很大的影响。入仕之后,更加炉火纯青,取得了令人瞩目的成就,被后人列作"唐宋八大家"之一。他终于"遂其志",从"道"与"文"两个方面,实现了自己的理想。

大量使用排比句,是本文一大特点。第一部分用了六个,第二部分用了三个。这些排比句的运用,高度概括了作者的人生经历,酣畅淋漓地抒发了他高远的志向,不仅显得饱含激情,而且使文章缜密而又有气势。在具体安排上,前后两部分的句式又有变化。前六句都是在叙述事情之后,以一个"此予之……也"的句式结束,相互之间为层层递进的关系;后三句则是在对话中,以"予之……"起头,然后以"……矣(也)"结束。而且三句都归总在对话的首句"是予之宜也"之下。这种变换,既合符文章的内容表达的需要,句式上又不呆板,显示出很高的语言技巧。

（王琦珍）

拟岘台记

尚书司门员外郎[①]晋国[②]裴君[③]治抚之二年,因城之东隅作台以游,而命之曰拟岘台,谓其山溪之形,拟乎岘山[④]也。数与其属与州之寄客[⑤]者游其间,独求记于予。

初,州之东,其城因[⑥]大丘,其隍[⑦]因大溪,其隅因客土[⑧]以出溪上，其外连山高陵，野林荒墟，远近高下，壮大闳廓[9]，怪奇可喜之观，环抚之东南者，可坐而见也。然而雨隳[10]潦[11]毁，盖藏弃[12]委[13]于榛丛茀草[14]之间，未有即[15]而爱之者也。君得之而喜，增甓[16]与土，易其破缺，去榛与草，发[17]其亢爽[18]，缭[19]以横槛[20]，覆[21]以高甍[22]，因而为台，以脱埃氛[23]，绝烦嚣[24]，出云气而临风雨。然后溪之平沙漫流，微风远响，与夫波浪汹涌，破山拔木之奔放，至于高桅劲橹[25]，沙禽水兽，下上而浮沉者，皆出乎履舄[26]之下。山之苍颜秀壁，巅崖拔出，挟光景[27]而薄[28]星辰。至于平冈长陆，虎豹踞而龙蛇走，与夫荒蹊聚落[29]，树阴晻暧[30]，游人行旅，隐见而断续者，皆出乎衽席[31]之内。若夫烟云开敛，日光出没，四时朝暮，雨旸[32]明晦[33]，变化不同，则虽览之不厌，而虽有智者，亦不能穷其状也。或饮者淋漓，歌者激烈；或靓观[34]微步，旁皇[35]徙倚[36]。则得于耳目与得之于心者，虽所寓[37]之乐有殊[38]，而亦各适其适[39]也。

抚非通道[40]，故贵人蓄贾[41]之游不至。多良田，故水旱螟縢[42]之灾少。其民乐于耕桑以自足，故牛马之牧于山谷者不收[43]，五谷之积于郊野者不垣[44]，而晏然[45]不知桴鼓[46]之警，发召之役也。君既因其土俗，而治以简静，故得以休其暇日，而寓其乐于此。州人士女，乐其安且治，而又得游观之美，亦将同其乐也，故予为之记。其成之年月日，嘉祐二年[47]之九月九日也。

〔注〕 ① 尚书司门员外郎：尚书省刑部属官，负责守卫城门、关隘、桥梁及巡查道路诸事。② 晋国：晋阳，治所在今山西太原市。 ③ 裴君：何焯《义门读书记》引虞集语，云裴君名材，当时为抚州知州。 ④ 岘(xiàn)山：又名岘首山，在今湖北襄阳市南。 ⑤ 寄客：寄居裴君门下的客人。 ⑥ 因：依托。 ⑦ 隍：城池。此指无水的护城河。 ⑧ 客土：从他处移来的泥土。 ⑨ 闳廓：宏大空阔。 ⑩ 隳(huī)：毁坏。 ⑪ 潦：同“涝”。雨水大。 ⑫ 藏弃：隐藏遗弃。 ⑬ 委：丢弃。 ⑭ 榛(zhēn)丛茀(fú)草：树丛野草。榛，树丛。茀，野草塞路。⑮ 即：接近，靠近。 ⑯ 甓(pì)：砖。 ⑰ 发：显现。 ⑱ 亢爽：开朗，高爽。 ⑲ 缭：围绕。 ⑳ 横槛：横栏。 ㉑ 覆：覆盖。 ㉒ 甍(méng)：屋脊。 ㉓ 埃氛：尘氛。 ㉔ 烦嚣：喧哗，吵闹。 ㉕ 高桅劲橹：此处代指船。桅，桅杆。橹，大而似桨的一种划船工具。 ㉖ 履舄(xì)：鞋子。履，鞋。舄，木屐。 ㉗ 光景：指日月。景，同“影”。 ㉘ 薄：逼近。 ㉙ 荒蹊丛落：荒芜的山路，聚居的村落。 ㉚ 晻(ǎn)暧：又作“晻蔼”。昏暗貌。 ㉛ 衽席：床席。

㉜ 旸(yáng)：日出，天晴。　㉝ 晦：昏暗。　㉞ 靓观：静观。　㉟ 旁皇：同“彷徨”。　㊱ 徙倚：徘徊，流连。　㊲ 寓：寄寓。　㊳ 殊：不同。　㊴ 各适其适：各有所适，各得其宜。　㊵ 通道：交通要道。　㊶ 蓄贾(gǔ)：有许多积蓄的商人。　㊷ 螟螣(míng tè)：危害农作物的害虫。　㊸ 收：收归栏棚马厩之中。　㊹ 垣(yuán)：墙。此处作动词，指构筑围墙保护收割后堆积于野外的庄稼。　㊺ 晏然：平静、安逸貌。　㊻ 桴(fú)鼓：战鼓或报警的鼓声。桴，鼓槌。　㊼ 嘉祐二年：公元1057年。嘉祐，宋仁宗年号。

《拟岘台记》作于宋仁宗嘉祐二年(1057)，这一年科考，曾巩和他的弟弟、妹夫六人及第。在返回南丰途中，他应抚州知州裴材之请，作了这篇亭台记。

拟岘台是抚州府临川县东盐步岭上一处胜迹。其所以称之为“拟岘”，用曾巩在本文中的话来说，是因为裴材“谓其山溪之形，拟乎岘山”。而其所说的岘山，又名岘首山，在今湖北襄阳市南。西晋名臣羊祜镇守襄阳时，襄阳民康物阜，风俗淳美。公事之余，羊祜常在岘山上饮酒赋诗。后人为了缅怀他的功绩，在山上立碑纪念，见者无不悲泣，世人称之为堕泪碑。裴材在盐步岭上筑台，并名之曰“拟岘台”，除其“山溪之形，拟乎岘山”之外，显然还有一层不便明确说出的意思，即以羊祜自况，自诩已将地方治理得吏治清明，百姓安泰。而这也正是曾巩在年轻时就已确立了的政治理想，刚刚进士及第的曾巩，又正带着一展宏图的勃勃雄心，准备去建立一番足以彪炳青史的功业。所以，当裴材请他作这一篇亭台记时，他便欣然命笔，写了这篇脍炙人口的文章。

拟岘台得名的缘由既然如此，而本文又是为这样一座有着深刻寓意的亭台作记，文章便自始至终地围绕着题目展开。行文紧扣题意，写景，写人，进而议论，在对景物的描写和对地方风俗的评论中，表达自己企望吏治清明、人民安泰的政治理想。

本文分三大段。

第一段交代作文的缘起，是抚州知州裴材在任职的第二年，在抚州城东筑台，以其山溪之形拟乎襄阳之岘山，便名之为“拟岘台”，并请自己为之记。这段叙述，落笔即入题，文字虽然很简短，但在全文中却起着极为重要的作用。因为“拟岘”的命名本身，就隐含了极其深刻的含义，所以这节文字也就为下文的描写和最后的点题预设下了伏笔。

第二段写拟岘台所见的景色及登台者的愉悦，其中又以写景为主，以写人为辅。

全段分为四层。第一层先交代拟岘台未建之前其地的地势及所见景物：“初，州之东，其城因大丘，其隍因大溪，其隅因客土以出溪上，其外连山高陵，野林荒墟，远近高下，壮大闳廓，怪奇可喜之观，环抚之东南者，可坐而见也。”地势虽高，观察景物的位置虽好，但“雨隳潦毁，盖藏弃委于榛丛荆草之间”，未被人发现和喜爱。这节叙述，极力突出其地观景之佳和荒芜之状，两相对照，流露出一种极为惋惜之情。第二层即写裴材发现其地并筑台的过程。先是针对其地易于“雨隳潦毁”的缺陷，“增甓与土，易其破缺”，平整好地基；再是因为其佳处被掩蔽于榛丛荆草之间，所以要清理杂草丛莽，“去榛与草，发其亢爽”；最后才是筑台，“缭以横槛，覆以高甍，因而为台”，企望建成之后，能够借此“以脱埃氛，绝烦嚣，出云气而临风雨”，使人在清静幽远的氛围和赏心悦目的景物中，饱尝山水风光的乐趣。本来，关于筑台过程的叙述，是最容易写得枯燥呆板的文字。但作者却逐次展开，并逐一照应上一层关于其地如何荒芜的叙述，而言及台成之后能带给人们的种种愉悦时，则流露出一种极为向往的深情，使文章既层次清晰，语言简洁，又清新生动，包蕴严密。台既竣工，接下去自然要写登台临观之美，而这时所能看到的美景，也自然要远胜于筑台前之所见。所以第三层便分四个方面详细地描写在拟岘台上所见的景色，这一是水：“溪之平沙漫流，微风远响，与夫波浪光涌，破山拔木之奔放，至于高桅劲橹，沙禽水兽，下上而浮沉者，皆出乎履舄之下。”二是山：“山之苍颜秀壁，巅崖拔出，挟光景而薄星辰。”三是平川旷野：“至于平冈长陆，虎豹踞而龙蛇走，与夫荒蹊聚落，树阴晻暖，游人行旅，隐见而断续者，皆出乎衽席之内。”四是四时景物的变化：“若夫烟云开敛，日光出没，四时朝暮，雨旸明晦，变化不同，则虽览之不厌，而虽有智者，亦不能穷其状也。”四个方面的描写，极尽渲染之能事，语言上又简练传神，层次井然，将拟岘台上所能见到的万千气象，写得历历在目，笔笔如画。景物如此，来游者自然会获得难以名状的愉悦。第四层便自然转向写人：“或饮者淋漓，歌者激烈；或靓观微步，旁皇徙倚。则得于耳目与得之于心者，虽所寓之乐有殊，而亦各适其适也。”如果说，上一层写景是泼墨如云，以精细传神的笔墨描绘眼前的实景，很得了柳宗元“永州八记”笔法的精髓的话，那么，这一层写人则完全出于想象，以极为峻爽的文字，用写意的笔法，来写游人的情态，字里行间大有欧阳修《醉翁亭记》的神韵。

第三段是由上述描写而引出的议论，由抚州之人民以耕桑自足，知州裴君的简静之治，归结到裴君筑台并以“拟岘”为其名的宗旨，揭示出全文的主题。

先指出抚州比较偏远而且闭塞，达官显贵和腰缠万贯的富商几乎都不会到这方来，但却是一个非常富饶安泰、风俗淳美的地方。“多良田，故水旱螟螣之灾少。”土地既如此的肥沃，人民又如此的勤劳，所以民康物阜，社会安定，“其民乐于耕桑以自足，故牛马之牧于山谷者不收，五谷之积于郊野者不垣，而晏然不知桴鼓之警,发召之役也”。这样一个富足安泰的社会,正是羊祜、曾巩、裴材等许多企望在事业上有所作为的政治家的理想。治理一地如此,推及于一国也一样。从某种意义上讲,如果能够把一个地方治理得如此清明富足,那便是他们治理国家的政治理想在局部范围内的实现。裴材知抚州虽然才两年,但他对抚州的民情风俗十分了解,也十分谙熟治理的方法,“因其土俗,而治以简静”。“因”即是遵循当地民俗的特点来进行治理。民风既如此淳美,其施政也就自然应简静。这样社会就会安定和谐,人民也就安居乐业,官吏自己也就能政平事简,觉得游刃有余。裴材即是如此,所以能“得以休其暇日,而寓其乐于此”。一地的父母官既如此,那么当地的人民呢?“州人士女,乐其安且治”。不仅“乐其安且治”,而且又得以来拟岘台观赏景物,从中得其游观之美,与裴君“同其乐”。曾巩写的是拟岘台的风物,称赞的是裴材的治绩,而所向往的则是成为羊祜那样的一代名臣,想实现的则是自己远大的政治理想。裴材对抚州的治理,以及将这一亭台命名为“拟岘”的深刻用意,正好和他的政治理想相吻合,所以他很高兴地“为之记”。这段议论,文字上显得温淳典重,纡徐平和,但喜悦赞美之情流动于字里行间,足见这篇文章虽然是应裴材之请托而作的,但绝非一般的应酬之作,其所表达的是曾巩自己的真实感受。末尾一句“故予为之记”虽是这类文章的常用语,但却是他发自内心的话,而在全篇结构而言,又是文章第一段的回应,使全文首尾圆美,包蕴严密。

全篇充分体现出曾巩文章在结构上精于布置,在立意上寄托深远的特点。三大段文字环环相扣,首尾完好。而每一段中,又一层一层地展开,先说后说,秩序井然;各层之间,则脉络贯通,前后相连。由一座亭台,因小及大,言及治国的方略,言及国泰民安的政治理想,流露出自己即将进入社会政治舞台前夕的勃勃雄心。所以,张伯行称赞说:“景象历历如画,而归宿在民康物阜,上下同乐,有典有则之文。”(《唐宋八大家文钞》卷十五)孙琮也评论说:“写台之景,能集诸家之胜,已自不同凡响。入后,将抚之土风,与裴之治行,发出同乐议论,遂觉从前诸景都非虚设。是能于小题中出大手笔者。”(《山晓阁南丰文选》)这些评论,都很准确地指出了这篇文章的艺术特色。

(王琦珍)

道 山 亭 记

闽,故隶周者也[①]。至秦,开其地,列于中国[②],始并[③]为闽中郡。自粤[④]之太末[⑤],与吴之豫章[⑥],为其通路。其路在闽者,陆出则阸[⑦]于两山之间,山相属[⑧]无间断,累[⑨]数驿[⑩]乃一得平地,小为县,大为州,然其四顾亦山也。其途或逆坂[11]如缘絙[12],或垂崖如一发,或侧径钩出于不测之溪上,皆石芒[13]峭发[14],择然后可投步。负戴者[15]虽其土人,犹侧足然后能进。非其土人,罕不踬[16]也。其溪行,则水皆自高泻下,石错出其间,如林立,如士骑满野,千里下上,不见首尾。水行其隙间,或衡缩[17]蟉糅[18],或逆走旁射,其状若蚓结,若虫镂,其旋[19]若轮,其激[20]若矢。舟溯沿[21]者,投便利[22],失毫分辄破溺。虽其土长[23]川居[24]之人,非生而习水事者,不敢以舟楫自任也。其水陆之险如此。汉尝处其众江淮之间而虚其地[25],盖以其狭[26]多阻,岂虚也哉?

福州治侯官[27],于闽为土中,所谓闽中也。其地于闽为最平以广,四出之山皆远,而长江[28]在其南,大海在其东,其城之内外皆涂[29],旁有沟,沟通潮汐[30],舟载者昼夜属[31]于门庭。麓多桀木[32],而匠多良能,人以屋室巨丽相矜[33],虽下贫,必丰[34]其居,而佛、老子之徒[35],其宫又特盛。城之中三山,西曰闽山[36],东曰九仙山[37],北曰粤王山[38],三山者鼎趾立。其附山[39]盖佛、老子之宫以数十百,其瑰诡殊绝[40]之状,盖已尽人力。

光禄卿[41]、直[42]昭文馆[43]程公[44]为是州,得闽山嵚崟[45]之际,为亭于其处,其山川之胜,城邑之大,宫室之荣,不下簟席[46]而尽于四瞩[47]。程公以谓在江海之上,为登览之观,可比于道家所谓蓬莱、方丈、瀛州[48]之山,故名之曰道山之亭。闽以险且远,故仕者常惮[49]往,程公能因其地之善,以寓其耳目之乐,非独忘其远且险,又将抗[50]其思于埃壒[51]之外,其志壮哉!

程公于是州以治行闻,既新其城,又新其学,而其余功又及于此。盖其岁满[52]就更[53]广州[54],拜谏议大夫,又拜给事中[55]、集贤殿修撰[56],今为越州[57],字公辟,名师孟云。

〔注〕 ① 闽,故隶周者也:福建以前是隶属于周朝的。 ② 中国:华夏民族上古时建都于黄河流域,以为居天下之中心,自称中国。 ③ 并:合并。周朝时居处在今福建及浙江南部的闽人分为七族,称七闽。秦合七闽为闽中郡。治所在冶县(今福州市)。 ④ 粤:同“越”。⑤ 太末:古县名,秦汉时属会稽郡,旧治在今浙江省龙游县。 ⑥ 豫章:郡名,治所在今江西

省南昌市。 ⑦ 隍(è)：阻塞。 ⑧ 相属(zhǔ)：相连接。 ⑨ 累：连接。 ⑩ 驿：驿站。 ⑪ 逆坂：迎着斜坡而上。 ⑫ 缘絚(gēng)：缘着粗绳往上爬。 ⑬ 石芒：石头的尖端。芒，通“铓”。 ⑭ 峭发：尖利外露。 ⑮ 负戴者：指运送东西的人。负，背物。戴，以头顶物。 ⑯ 踬(zhì)：跌倒。 ⑰ 衡缩：纵横。 ⑱ 蟉(liú)糅：屈曲混杂。 ⑲ 旋：旋涡。 ⑳ 激：激流。 ㉑ 溯沿：逆流而上或顺流而下。 ㉒ 投便利：贪图方便。有投机取巧之意。 ㉓ 土长：在本地长大的。 ㉔ 川居：长年生活在水上。 ㉕“汉尝”句：汉武帝因东越及闽越交通不便，民风剽悍，常常叛乱，曾诏令军吏将其民迁至江淮。江淮之间，长江、淮河之间，即今江苏、安徽一带。虚其地，让这些地方空着无人居住。 ㉖ 狭：狭窄。此指地势险要。 ㉗ 侯官：旧县名，宋属福建路，即今福州市。 ㉘ 长江：指闽江。 ㉙ 涂：通“途”，道路。 ㉚ 通潮汐：即与海相通。 ㉛ 属：聚集。 ㉜ 桀木：大树。 ㉝ 矜：夸耀。 ㉞ 丰：丰裕。此处作动词用，宽敞。 ㉟ 佛、老子之徒：指僧人与道士。 ㊱ 闽山：本名乌石山，唐改名闽山，宋改曰道山。 ㊲ 九仙山：一名九日山。 ㊳ 粤王山：一名屏山。 ㊴ 附山：依山。 ㊵ 瑰诡殊绝：奇伟怪异，超尘脱俗。 ㊶ 光禄卿：光禄寺长官，负责朝令、祭祀诸事。 ㊷ 直：当值。 ㊸ 昭文馆：朝廷藏经籍图书之所，与集贤院、史馆并称“三馆”。直昭文馆是文臣加官，通掌馆事。 ㊹ 程公：程师孟，字公辟，苏州吴县(今江苏苏州)人。 ㊺ 嵚崟(qīn yín)：山高貌。 ㊻ 簟(diàn)席：供人坐卧用的竹席。 ㊼ 瞩：注视。此处指眺望。 ㊽ 蓬莱、方丈、瀛州：古代传说中的三神山。州，当作“洲”。 ㊾ 惮：惧怕。 ㊿ 抗：高举。 51 埃壒(ài)：尘埃。此处指尘世。 52 满：指任期已满。 53 更：改任。 54 广州：旧府名，宋属广南东路，即今广州市。 55 给事中：门下省属官，侍从皇帝左右，以备顾问应对。 56 集贤殿修撰：官名。集贤殿，即集贤院，掌管秘书图籍诸事。 57 越州：州名，治所在今浙江绍兴市。

《道山亭记》作于宋神宗元丰二年(1079)，是曾巩在明州(今浙江宁波)知州任上，应福州前任知州程师孟之请而作的。程师孟曾于宋神宗熙宁元年(1068)前后任福州知州，并在福州城西的乌石山上筑一亭以观风景。乌石山在唐天宝年间曾奉敕命改名闽山，程师孟知福州时，则改名道山，并将其所筑之亭命名为“道山之亭”。程师孟筑道山亭十年之后的熙宁十年(1077)，曾巩也曾任福州知州，第二年改知明州。程师孟在福州任满之后，曾改任广州知州六年，请曾巩写这篇亭台记时，已调任越州知州。

程师孟所以要改闽山为道山，是因为他认为在闽山上观赏福州的景物，可以和道家所谓的海上三神山蓬莱、方丈、瀛州(洲)相比。曾巩对他这样一种在偏远的地方犹能随遇而安、自得其乐的旷达情怀十分佩服，所以接受了他的请求，欣然命笔，写了这篇《道山亭记》，来称扬程师孟的旷世豪情。

明白了这篇文章的立意，就易于理解作者在布局上所下的功夫。本文题名“道山亭记”，但对亭的描写却只有寥寥几笔，而是花了大量的笔墨，去写福州的偏远和道路的险峻，写福州地方山川之美好和建筑的华丽。粗看上去，这些都和道山、道山亭没有多大关系，而在实际上，又都是为揭示全文的主旨所作的铺垫。

这篇文章分四大段。

第一段写闽地的远且险，其中又着力写其道路的险峻。这一段分四层。文章落笔，便掷笔天外，以极简洁的笔墨，交代福建的历史沿革及其在南北交通中的地位。福建在周时即已隶属周朝，秦时称为闽中郡。从浙东的太末，到江西的豫章，闽地是唯一的通道。这是第一层，是总写。接下去从“其路在闽者”至“罕不蹶也”为第二层，写入闽陆路的艰险。这一层又先作纵向的描绘：这一条道路在福建境内的部分，陆路则全是夹在两山之间的小路，路两边的山则“相属无间断”，要接连经过好几个驿站，才能遇到一块平地，州县的治所就设在这些大小不等的平地上。纵向叙述之后，再是对路上的艰险作横向的具体描绘：“其途或逆坂如缘絙，或垂崖如一发，或侧径钩出于不测之溪上，皆石芒峭发，择然后可投步。负戴者虽其土人，犹侧足然后能进。非其土人，罕不蹶也。”这种纵向与横向描写的结合，将闽地陆路的艰难险阻写得非常清楚，也很生动形象，简直如同李白笔下那难于上青天的蜀道了。自“其溪行”至“其水陆之险如此”为第三层，写水行的危艰：“其溪行，则水皆自高泻下，石错出其间，如林立，如士骑满野，千里下上，不见首尾。水行其隙间，或衡缩蟉糅，或逆走旁射，其状若蚓结，若虫镂，其旋若轮，其激若矢。舟溯沿者，投便利，失毫分辄破溺。虽其土长川居之人，非生而习水事者，不敢以舟楫自任也。”这一层先写水中的礁石，再写在礁石中奔湍而下的激流，写舟楫川行的危险，真所谓险象环生，惊心动魄。写完水行和陆行的危艰以后，以“其水陆之险如此”一句收总二、三两层，并转入第四层，引汉代以移民的方式来治理七闽一事为例，进一步说明闽地的偏远与险阻。据《史记·东越列传》记载，汉武帝以“东越狭多阻，闽越悍，数反复，诏军吏皆将其民徙处江淮间。东越地遂虚”。一个地域，因其偏远，不易治理，而迫使朝廷采用移民的方法来将它变成无人区，那么，这个地方的远且险，就可想而知了。四层文字，首尾相对简短，中间两层则泼墨如云，极尽渲染之能事，来写闽地道路的艰险。从结构上讲，第一层是总起，二、三两层是分叙，第四层则是一个补充，使文章对闽地远且险的描述，显得极其充分。

闽地山川尽管如此远且险，但福州却是一个极好的去处，福州的风土人情也有许多可圈可点的地方。文章的第二段便转而写福州山水风物之“善”。这一段分三层展开。第一层也是先以简洁的笔墨交代福州在闽地的地理位置：“福州治侯官，于闽为土中，所谓闽中也。”然后分两层进行描述。其中第二层写福州的山川形势：“其地于闽为最平以广，四出之山皆远，而长江在其南，大海在其东，其城之内外皆涂，旁有沟，沟通潮汐，舟载者昼夜属于门庭。”山川如此，当地的风土人情如何呢？第三层便写福州的人情风物。因为这些描述都是要为下文写道山亭作铺垫，而在道山亭上观览福州风光，能“寓其耳目之乐”的，自然只能是那些可以看得到而且又能体现当地风土人情的景致，所以作者选择了写福州的城市建筑。而福州的“麓多桀木，而匠多良能”又为其城市建筑提供了极为有利的条件。福州人因而喜好“以屋室巨丽相矜”，“虽下贫，必丰其居”。而这些豪华巨丽的建筑中，又以佛、道两教的寺庙为最突出：“而佛、老子之徒，其宫又特盛。城之中三山，西曰闽山，东曰九仙山，北曰粤王山，三山者鼎趾立。其附山盖佛、老子之宫以数十百，其瑰诡殊绝之状，盖已尽人力。”福州城外三山鼎立，“附山盖佛、老子之宫以数十百”，足见其规模之大；“瑰诡殊绝”，“已尽人力”，可见其耗费之多。曾巩这样说，并非是夸张。北宋历代帝王都佞佛，寺院倚仗官府的支持而大肆发展。偏于一隅的福州就有佛徒近万人，号称“城里三山千簇寺，路上行人半是僧”。曾巩知福州期间，便曾对福州的寺院和那些违法乱纪的僧人进行过极为严厉的整治。所以在这里曾巩尽管主要是写福州城市建筑的华丽和气势，以突出道山亭中观赏景物时可得到的“耳目之乐”，但在字里行间，还是流露出了他对佛教、道教乃至佛、道教徒的不满。

有了上面两段铺垫，到文章的第三段才正式转到对道山和道山亭的描写上来，并在描写中逐渐地揭示全文的主旨。这一段也分三层展开。第一层写筑亭的经过，是程师孟为福州知州时，发现闽山山势高耸，便“为亭于其处”，使福州“山川之胜，城邑之大，宫室之荣，不下簟席而尽于四瞩”。第二层写道山亭命名的缘由：“程公以谓在江海之上，为登览之观，可比于道家所谓蓬莱、方丈、瀛州(洲)之山，故名之曰道山之亭。”这一层其实是对上文的照应，所谓“在江海之上”，回应“长江在其南，大海在其东”；所谓“为登览之观”，回应“山川之胜，城邑之大，宫室之荣，不下簟席而尽于四瞩”。第三层则揭示全文题旨，表示对程师孟旷达情怀的赞扬。这一层也是逐次展开的，而且也逐次地回应前文。“闽以险且远，故仕者常惮往”，回应第一大段；“程公能因其地之善，以寓其耳目之乐”，回应第二段；“非独忘其远且险，又将抗其思于埃壒之外，其志壮哉”，则收总全文，深入揭示程师孟不畏艰险，随遇而安，且自得其乐的旷达情怀。正由于有一、二两段的铺垫，第三段揭示主旨也就水到渠成。至此，读者才明白，文章题名“道山亭记”，开头两大段却不写亭，而去写闽地的远且险，写福州风物之美，写那些粗看上去与题无关的内容的原因，其实这正是作者精心布置的表现。正由于文章选取的角度非常别致，构思也就显得既巧妙而又有条理。

文章第四段是全文的结尾。先交代了程师孟在福州的政绩：“程公于是州以治行闻，既新其城，又新其学”，至于建道山亭，则为其“余功”。接着交代他离开福州之后的仕宦情况及姓名。这样结尾，既是文章写作的一般格式，同时也使文章的收束显得纡徐从容，余波绮丽。

这篇文章的另一个特点是语言非常精确，诚可谓是字字有法。由于曾巩曾在福州任职，他的入闽和返赣都是从这条路上经过的，所以对福州的风土人情非常熟悉，对闽中山川的险阻危艰深有体会。文章完全是将闽中的山川融于胸中，然后逐次吐出，又借许多生动的比喻来描绘沿途景物的情状，穷形极貌，牢笼百态，将山行水涉的崎岖艰险写得历历在目。如写闽中的山路：“或逆坂如缘絙，或垂崖如一发”，将它比作如同缘斜坡挂着的粗绳，如同下垂在悬崖上的一根头发。写溪流中密密麻麻、四处耸立的巨石：“石错出其间，如林立，如士骑满野，千里下上，不见首尾。”这些比喻，下语都非常精确，描写得极为形象，给人以一种强烈的立体感。至于写水流的湍急，则更是穷形极态，用一连串极为生动的比喻，来写其形状，甚至写其情态：“或衡缩蟉糅，或逆走旁射，其状若蚓结，若虫镂，其旋若轮，其激若矢。”波翻浪涌，惊心动魄，较之于写路、写溪中石头，又更见功力。这种写法，吸取了柳宗元山水游记笔法的长处，所以清代学者沈德潜称赞说“何减韩、柳”(《评注唐宋八大家古文》卷二十八)，确为的评。 （王琦珍）

越州赵公救灾记

熙宁八年[①]夏，吴越[②]大旱。九月，资政殿大学士、右谏议大夫、知越州赵公[③]，前民之未饥[④]，为书[⑤]问属县[⑥]：灾所被者几乡？民能自食者有几？当廪于官者[⑦]几人？沟防构筑[⑧]可僦[⑨]民使治之者几所？库钱仓粟可发者几何？富人可募出粟者[⑩]几家？僧、道士食之羡粟[⑪]书于籍者[⑫]，其几具存[⑬]？使各书以对，而谨其备[⑭]。

州县吏[⑮]录[⑯]民之孤老疾弱、不能自食者二万一千九百余人以告。故事[⑰]：岁廪穷人[⑱]，当给粟三千石[⑲]而止。公敛[⑳]富人所输[㉑]及僧、道士食之羡者，得粟四万八千余石，佐其费[㉒]。使自十月朔[㉓]，人受粟日一升，幼小半之。忧其众相蹂也[㉔]，使受粟者男女异日[㉕]，而人受二日之食[㉖]。忧其且流亡也，于城市郊野为给粟之所[㉗]，凡[㉘]五十有七，使各以便受之[㉙]，而告以去其家者勿给[㉚]。计官为不足用[㉛]也，取吏之不在职而寓于境者[32]，给其食而任以事[33]。不能自食者，有是具[34]也。能自食者，为之告富人，无得闭粜[35]。又为之出官粟，得五万二千余石，平其价予民[36]。为粜粟之所[37]凡十有八，使籴[38]者自便如受粟[39]。又僦民完城[40]四千一百丈，为工三万八千，计其佣与钱[41]，又与粟，再倍之[42]。民取息钱[43]者，告富人纵予之[44]，而待熟[45]，官为责其偿[46]。弃男女者，使人得收养之。

明年春，大疫。为病坊[47]，处[48]疾病之无归者。募僧二人，属[49]以视[50]医药饮食，令无失所恃[51]。凡死者，使在处随收瘗[52]之。

法[53]：廪穷人，尽三月当止。是岁尽五月而止。事有非便文者[54]，公一以自任[55]，不以累[56]其属。有上请者[57]，或便宜，多辄行[58]。公于此时，蚤[59]夜惫[60]心，力不少[61]懈[62]，事细巨必躬亲[63]。给病者药食，多出私钱。民不幸罹[64]旱疫，得免于转死；虽死，得无失敛埋[65]，皆公力也。

是时旱疫被吴越，民饥馑疾疠[66]，死者殆半，灾未有巨于此也。天子东向忧劳[67]，州县推布上恩[68]，人人尽其力。公所拊循[69]，民尤以为得其依归。所以经营绥辑[70]先后终始之际，委曲[71]纤悉[72]，无不备[73]者。其施[74]虽在越，其仁足以示天下；其事虽行于一时，其法足以传后。盖灾沴[75]之行，治世不能使之无，而能为之备。民病而后图之，与夫先事而为计者，则有间[76]矣；不习而有为，与夫素得之[77]者，则有间矣。予故采[78]于越，得公所推行，乐为之识[79]其详。岂独以慰越人之思，将使吏之有志于民者，不幸而遇岁之灾，推公之所已试，其科条[80]可不待顷[81]则具[82]，则公之泽岂小且近乎！

公元丰二年[83]以大学士加太子少保[84]致仕[85]，家于衢。其直道正行[86]在于朝廷、岂弟[87]之实在于身者，此不著[88]。著其荒政[89]可师[90]者，以为《越州赵公救灾记》云。

〔注〕 ① 熙宁八年：公元 1075 年。熙宁是宋神宗年号。 ② 吴越：指江、浙一带。③ 赵公：赵抃，字阅道，宋衢州西安(今浙江衢州)人。熙宁中以资政殿学士知越州。“资政殿大学士”“右谏议大夫”，俱是他在朝廷的官衔。知越州，任越州行政长官。 ④ 前民之未饥：

在人民尚没有发生饥荒之前。前,在……之前。 ⑤ 为书:写书信。 ⑥ 属县:越州所属各县。 ⑦ 当廪于官者:应当从官府的仓库里发给他们粮食的人。廪,官家的粮仓,这里作动词用,由仓库发给。 ⑧ 沟防构筑:沟渠堤防、建筑工事。 ⑨ 僦(jiù):雇用。 ⑩ 富人可募出粟者:富人中可以劝捐拿出粮食的。 ⑪ 食之羡粟:吃不完的多余粮食。羡,多余。 ⑫ 书于籍者:登记在册的。 ⑬ 具存:实际余存。 ⑭ 谨其备:做好周密的防灾准备。 ⑮ 州县吏:州县的官吏。 ⑯ 录:登录。 ⑰ 故事:旧例,惯例。 ⑱ 岁廪穷人:每年开仓救济穷苦百姓。 ⑲ 石(dàn):容量单位。旧时以十合为升,十升为斗,十斗为石。 ⑳ 敛:收。 ㉑ 输:上缴。 ㉒ 佐其费:补助救灾的费用。佐,帮补。 ㉓ 朔:初一日。 ㉔ 忧其众相蹂也:担心领粮食的人互相拥挤、践踏。 ㉕ 使受粟者男女异日:使领粮食的人按男女分日领取。 ㉖ 人受二日之食:人们每次领取两天的口粮。 ㉗“于城市”句:在城市和郊野设置发放粮食的点。 ㉘ 凡:总共。 ㉙ 使各以便受之:使人们可以得到就近领取粮食的便利。 ㉚ 去其家者勿给:凡是离开家的就不发给粮食(这是为防止饥民向外地流亡)。 ㉛ 计官为不足用:估计官吏不够使用。 ㉜“取吏之”句:取没有现职而住在越州境内的公务人员。 ㉝ 任以事:委任他们一定的工作。 ㉞ 有是具:有这样的办法措施(指以上所叙述的救灾措施)。 ㉟“能自食者”三句:那些能自己购买粮食的人,替他们告诫富人,不得停止向他们出售粮食。粜(tiào),出卖粮食。 ㊱ 平其价予民:以平价出售给老百姓。 ㊲ 为粜粟之所:设置卖粮食的点。 ㊳ 籴(dí):买进粮食。 ㊴ 自便如受粟:使(买粮食)和领救济粮食一样方便。 ㊵ 完城:修城。 ㊶ 计其佣与钱:计算他们的工时给钱。 ㊷ 又与粟,再倍之:工钱之外,再发给粮食,粮食的价值与工钱相等。(劳动一次,可以领到工钱与粮食,故曰“再倍”。) ㊸ 息钱:有利息的钱。 ㊹ 纵予之:放开贷给他们。 ㊺ 待熟:等到庄稼成熟。 ㊻ 责其偿:责令债务人还债。 ㊼ 病坊:收养病人的处所。 ㊽ 处(chǔ):安置。 ㊾ 属:同“嘱”,托付。 ㊿ 视:照料。 (51) 恃:依靠。 (52) 瘗(yì):埋葬。 (53) 法:过去的规定。 (54) 事有非便文者:有不便于见诸公文的事情(即有些不合法定手续的事情)。 (55) 公一以自任:赵抃一概自己承担下来。 (56) 累:牵累。 (57) 有上请者:凡需要向上级请示的事。 (58) 或便宜,多辄行:有的(对救灾)有较大好处的,多打破陈规立即执行。 (59) 蚤:同“早”。 (60) 惫:疲倦,困乏。 (61) 少:同“稍”。 (62) 懈:懈怠。 (63) 事细巨必躬亲:大小事必定亲自抓。 (64) 罹(lí):遭遇。 (65) 失敛埋:无人收葬。 (66) 疾疠:病。 (67) 天子东向忧劳:皇上望着东方的吴越之地,忧思劳心。 (68) 推布上恩:推广宣扬皇帝的恩德。 (69) 拊(fǔ)循:抚慰。 (70) 绥辑:安顿。 (71) 委曲:繁琐的事情。 (72) 纤悉:无微不至。 (73) 备:周到。 (74) 施:措施。 (75) 灾沴(lì):灾害。 (76) 有间(jiàn):有距离,有差别。 (77) 素得之:平素已经得之于心。 (78) 采:采访。 (79) 识:同“志”,记录。 (80) 科条:救灾的具体办法。 (81) 顷:不多时间。 (82) 具:完备。 (83) 元丰二年:公元1079年。元丰,宋神宗年号。 (84) 大学士、太子少保:皆是官衔名。 (85) 致仕:旧时官僚退休称“致仕”。 (86) 正行:正直的行为。 (87) 岂弟:即“恺悌”,宽厚温良。 (88) 此不著:本篇不著录。 (89) 荒政:治荒的措施办法。 (90) 师:效法。

本文写于元丰二年(1079)。

熙宁八年(1075),越州发生大旱灾,时任越州知州的赵抃采取一系列的救荒措施,取得了明显的成效,颇被朝野称道。苏轼《赵清献公神道碑》云:“吴越大饥,民死者过半,公尽所以救荒之术,发廪劝分而以家赀先之,民乐从焉。生者得食，病者得药，死者得藏。下令修城，使民食其力，故越人虽饥而不怨。"(《东坡全集》卷八十六)如实地记述了赵公的救灾功绩。曾巩曾做过十几年的地方官吏，转宦七州。他非常注重实际政务，关心民生疾苦，所以在各地都颇有政绩，特别是在救灾方面也很有一套办法。据《宋史》记载，曾巩通判越州时，"岁饥，度常平不足赡，而田野之民，不能皆至城邑。谕告属县，讽富人自实粟，总十五万石，视常平价稍增以予民。民得从便受粟，不出田里，而食有余。又贷之种粮，使随秋赋以偿，农事不乏"(《宋史》卷三一九)。又在洪州任上，"会江西岁大疫，巩命县镇亭传，悉储药待求，军民不能自养者，来食息官舍，资其食饮衣衾之具，分医视诊，书其全失、多寡为殿最"(《宋史》卷三一九)。本篇文章是作者在越州考察之后写成的，对赵公的救灾工作从灾前调查、准备，救灾措施，为政精神到救灾成效都做了详细的记述，不但赞颂了赵公的吏治才能和卓越政绩，也表现出作者一贯的关心民生疾苦，注重具体政务实践和善于总结救灾经验的作风态度。

文章首段介绍赵公救灾前的调查准备工作。本段有详有略，简明扼要。对于灾害情况只用"大旱"一词点明，而把叙述的重点放在"谨其备"三个字上，把赵公责成属下调查的七个问题有条不紊地开列出来，具体包括灾害所及范围、能自食的人数、需要官仓救济的人数、官府可以提供的建筑工事量、仓库的存量、可以从富人处募捐到的粮食量以及僧道盈余的粮食量等方面的数据调查。有了这些调查摸底，就可以对灾民需求量和救灾所能提供的供应量做到心中有数，从而能有效地开展下一步的救灾工作。作者对灾情一笔带过，却不厌其烦地把赵公调查的问题一一列举出来，不只是为了突出"救灾"这个叙述重点和出于总结救灾经验这一写作目的的考虑，同时也是为突出赵公临事从容、深谋远虑的吏治才能和认真负责、严谨精细的工作作风。

第二、三段详细叙述了赵公的救灾措施。对于救灾举措，作者分四个方面作了介绍：一是对不能自食者的救助。大灾之年，不能自食者人数最多，做好对这些人的救助和安置是救灾取得成效的关键，因此作者首先详细介绍了对这部分人的救助措施。赵公积极筹措救济粮，通过向富人募捐和征集僧道余粮的渠道征集到大量粮食，以补国库所拨救济粮的不足。对救济粮的发放工作也安排得周密细致：为防止灾民在领取粮食时拥挤践踏，区别男女异日领取；忧虑百姓流亡，就在城市和郊区分别设置多处发放点以方便就近领取；算计到人手不足，就聘任属地闲官协助。有了这些措施，不能自食者就有了基本的生存保证。二是对能自食者的救助。对于能自食者，赵公主要采取措施为他们提供供应保证。

为此,赵公责令富人不得囤积粮食不卖,拨出仓库粮食平价销售,并安置多处售粮地点,以方便购买。三是以工代赈、救济遗弃的措施。赵公还为灾民提供修城的工作机会,让有力气干活的人通过劳动取得生活资本。对需要举债渡过难关的人,赵公责令富人放贷,等到有收成时,官府为其讨债。四是对疫病防范与救济。为防止灾后疫病的流行,赵公还设置病坊,收容病人,掩埋死者。救灾工作本纷繁杂乱,千头万绪,但曾巩这样信笔写来,却简洁明白,有条不紊,不但如实地把这些周密细致的救助措施叙述了出来,还在平实的叙述中,表现了赵公勤于政务、关心民瘼的精神,寄寓了对赵公的敬佩赞扬之情。明人茅坤《唐宋八大家文钞·曾文定公文钞》卷八云:"赵公之救灾,丝理发栉,无一遗漏;而曾公之记其事,亦丝理发栉,而无一不入于机杼,及其謦总。"确实如此,赵公做得周密细致,曾巩亦叙得详细具体,无一遗漏。

前面对救灾措施的介绍已够详细,从中也显出了赵公考虑的周密细致,但文章若仅此而止,还不算是一篇有深度的"救灾记"。因为措施虽然周密,具体指挥调度实施还要"人"去落实,"人"的因素在救灾工作中至关重要。所以,第四段作者又进一步介绍救灾措施的指挥者调度者——赵公的工作态度,揭示救灾取得成效的人的因素。作者首先列举赵公一系列的工作表现:敢于打破法令限制,灵活操作;勇于承担责任,为下属撑腰;日夜操劳,事必躬亲;出私钱为病人买药食。然后,以"民不幸罹旱疫,得免于转死;虽死,得无失敛埋,皆公力也"的议论归结,热情赞扬赵公,揭示他在这场救灾工作中所起的作用。

第五段叙述赵公救灾效果及意义。此段以议论为主,指出赵公的救灾成效显著,赵公救灾措施和救灾中所表现的精神可以为天下法,"其施虽在越,其仁足以示天下;其事虽行于一时,其法足以传后",并以"公之泽岂小且近乎"的反问句式,肯定赵公救灾的深远影响。

篇末交代了赵公的晚年状况和行事大节,看似题外话,却是作者精心安排。肯定赵公的德行不但表明了对赵公的赞扬态度,实际上也暗示赵公之所以能够出色救灾的深层原因,给人以无尽的思考空间。

本文有点类似于现在的调查报告,对救灾种种措施细节作了记述,但"叙琐事而不俚"(方苞语,《古文辞类纂》卷五十五引),简洁明白,读来丝毫没有琐碎之感,这得益于作者善于以要驭繁的写作能力。朱熹《朱子语类》记载,有一次曾巩请陈师道代写文章,师道:"穷日之力方成,仅数百言。明日以呈南丰。南丰云:'大略也好,只是冗字多,不知可为略删动否?'后山因请改窜。但见南丰就坐,取笔抹数处。每抹处连一两行,便以授后山。凡削去一、二百字,后山读之,则其意尤完,因叹服,遂以为法。所以后山文字简洁如此。”《宋元学案》也有类似记载:“陈无己(师道)好学苦志,以文谒曾子固,子固为点去百十字,文约而义意加备,无己大服。”可见,曾巩行文一向以简洁著称。本文先写赵公从七个方面调查摸底,再写基于调查基础上的具体救灾措施和赵公为政精神,最后再揭示赵公救灾的意义。要点突出,详略得当,细密翔实而又条理井然,文字简约而内涵丰富,很能体现曾巩“简奥”的行文特色。

数据与对比运用是本文的一大特色。文中所涉及的数据很多,如“不能自食者二万一千九百余人”“得粟四万八千余石”“人受粟日一升”“于城市郊野为给粟之所,凡五十有七”“为之出官粟,得五万二千余石”“为粜粟之所凡十有八”“僦民完城四千一百丈”“为工三万八千”等等,这些珍贵翔实的数据资料不但精确地反映了救灾工作,也是用无言的事实称颂赵公的业绩。文中对比的运用也很突出。如按照旧例,国库能发给穷人的救灾粮最多为三千石,而赵公自筹的救灾粮是四万八千余石,是国家所拨救灾粮的十六倍,这样一组对比,不用作者评说,读者就会对赵公及早动手积极筹措救灾粮的举动产生由衷的敬意。再如法令规定,救济粮发到三月就可以停止,而赵公根据灾情发到五月底才结束。这样对比,很好地表现出了赵公敢于打破法令限制,因便操作的工作态度。

文章还通过对细节的记述表现赵公勤政爱民的精神。如“前民之未饥”就责令属下作好调查工作;“忧其众相蹂也,使受粟者男女异日”;担心百姓流亡,广置给粟之所,“使各以便受之”;多处设置粜粟之所,“使籴者自便如受粟”。这些工作细节很能表现赵公深谋远虑,工作细致,考虑问题周到。

总之,本文叙事重点突出,条理井然,文简义丰,不但如实记录救灾过程,总结了救灾经验,赞扬了赵公的救灾业绩,也体现了曾巩重视实践经验、关心民瘼的为政理念,是一篇不可多得的“救灾记”。 (魏祖钦)

祭王平甫文

呜呼平甫!决江河不足以为子之高谈雄辩,吞云梦[①]不足以为子之博闻强记。至若操纸为文,落笔千字,徜徉恣肆,如不可穷,秘怪恍惚,亦莫之系,皆足以高视古今,杰出伦类。而况好学不倦,垂老愈专,自信独立,在约[②]弥厉[③]。而志屈于不申[④],材穷于不试[⑤]。人皆待子以将昌[⑥],神胡速子于长逝!

呜呼平甫!念昔相逢,我壮子稚[⑦],间托婚姻[⑧],相期道义。每心服于超轶⑨，亦情亲于乐易⑩。何堂堂而山立，忽泯泯⑪而飙驶⑫。讣皎皎⑬而犹疑，泪汍汍⑭而莫制。聊寓荐于一觞⑮，纂斯言而见意。

〔注〕 ① 云梦：云梦泽。古大泽名，据《汉书·地理志》等记载，云梦泽在南郡华容县（今湖北潜江市西南）南，范围并不大。晋以后的经学家将范围越说越大，一般把洞庭湖包括在内。② 约：约束、检束。 ③ 弥厉：更加严格。 ④ 申：通“伸”。舒展。 ⑤ 试：任用。⑥ 昌：兴盛，繁荣。 ⑦ 稚：幼小。 ⑧ 婚姻：曾巩之妹为王平甫之妻。 ⑨ 超轶：超然而无所拘忌。 ⑩ 乐易：和乐平易。 ⑪ 泯泯：纷乱貌。 ⑫ 飙驶：被狂风挟裹而疾驰。⑬ 皎皎：月亮。此指清楚明白。 ⑭ 汍(wán)汍：流泪貌。 ⑮ 觞：古代盛酒的器皿。

本文作于宋神宗熙宁十年(1077)十月二十一日，是曾巩为祭奠妹夫王安国而作的一篇祭文，当时曾巩至福州任知州才两个月。王安国，字平甫，是王安石的长弟，工诗能文，有名于当时。以材行召试，赐进士及第，历官著作佐郎、秘阁校理，官至大理寺丞，后因在变法问题上与宋神宗及其兄王安石相左，被神宗革去官职，于熙宁八年正月放归田里。第二年七月朝廷准备给他复官，待到任命书下达时，他已经病故了。至于其病故的具体时间，史无载记。王安石所作《王平甫墓志铭》提到了他熙宁九年复官一事，并说他终年四十七岁，但也未说明具体卒年。曾巩是熙宁十年八月从洪洲(今江西南昌)调任福州知州的，十月，接到王安国病故的讣告，肝肠寸断，痛不欲生，便写了这篇祭文。以此推测，王安国应卒于熙宁十年。

对王安石变法中的操之过急和用人不当等问题，曾巩和王安国一样，有相同的看法。曾巩从熙宁二年起，便因此而离开京师，自求外任，先后担任过越州通判、齐州知州、襄州知州、洪州知州等地方官职。王安国被革职之后，也一直流露出对政局的不满情绪。吴曾《能改斋漫录》说他被废于家后，曾作诗曰：“三见齐王不一言，须知自古致君难。纷纷齐虏夸迂阔，口舌从来易得官。”他同时又为自己的不得见用表现出一种超然的态度：“海鹏未击三千里，天马须归十二闲。”(胡仔《苕溪渔隐丛话》前编五十二引)曾巩对王安国的遭遇非常同情；对变法，他们又有着相同的立场。所以，对王安国之死，他所流露出来的悲痛，就不只是一般的兄长对妹夫英年早逝的悲伤，更有一种超出亲情之外的失去志同道合的朋友的悲伤。因此，他长歌当哭地写了这篇《祭王平甫文》，来抒发自己的悲痛。而且在写作本文之后的元丰元年(1078)，还作了《王平甫文集序》，高度评价了王安国的高材博学及其诗文成就，为他的“不得用于世”而深致感慨，并简略地叙述了他的人品和死后人们对他的悼念。

从内容看，本文对王安国的评价，与《王平甫文集序》大致相同；在写法上，也是迅笔疾书，汪洋恣肆，和曾巩其他文章的纡徐婉曲、缠绵劲折显得有些不大一样。文章分两大段，都以一句“呜呼平甫”起头，以撕心裂肺的呼唤，引出自己对死者的哀思，让人感到这种哀思发自肺腑，是那样的不可抑止，是那样的使人痛不欲生。而接下去的抒发则各有侧重。

第一段是对死者的人品才学进行介绍并作出评价。这些评价又以先扬后抑的笔法，分五层展开：一是写他的才华，二是写他的博学。这两层都是用极为夸张的比喻，并以排比句的形式来表示：“决江河不足以为子之高谈雄辩，吞云梦不足以为子之博闻强记。”从感情基调上说，这正可与起首一句撕心裂肺的呼唤相衔接；从行文看，则显得壁立千仞，气势磅礴，将自己内心的悲痛如同火山爆发一般地倾泻而出。第三层先以“至若”二字连缀上文，并推进一步，写死者的文学才能与成就：“至若操纸为文，落笔千字，徜徉恣肆，如不可穷，秘怪恍惚，亦莫之系，皆足以高视古今，杰出伦类。”这和《王平甫文集序》所说的“为文思若决河，语出惊人，一时争传诵之”是一样的，而且和他的高谈雄辩、博闻强记也相吻合。第四层也以“而况”二字连缀上文，再推进一步，写他的好学与人品：“好学不倦，垂老愈专，自信独立，在约弥厉。”这样就将一位人品出众、才华横溢的栋梁之材写得呼之欲出了。经过这样层层渲染之后，文章以第五层转向写死者的不幸遭遇。这样一位才德之士，该得到国家的重用了吧？但结果却是“志屈于不申，材穷于不试”。尽管如此，人们还是期望他能得以发达，但鬼神却催促他，让他过早地离开了人世。

这种先扬后抑的手法，使人物的杰出才能和他的不幸遭遇形成了强烈的反差，也有效地揭示了作者自己所以如此悲痛的深层原因，抒发了对栋梁之材不得用于世的深刻感慨，和文章开头那种撕心裂肺的哭喊中所表现的哀痛之情显得浑然一体。从篇幅上说，这节文字也特别简洁，正如张伯行所说：“其文学人品，具见于尺幅中。”（《唐宋八大家文钞》卷十七）

祭文的第二段是抒发自己的悲痛。曾巩的妹妹嫁给王安国时，正是曾巩家境十分困顿的时期。曾巩竭尽全力，使自己的弟妹都能毕其婚事，而且妹妹们嫁的都是他认为的有道德的文士，王安国即是其一。所以这节抒发便从两家的婚姻关系着笔，极力地表现自己和王安国之间的手足亲情：“念昔相逢，我壮子稚。间托婚姻，相期道义。每心服于超轶，亦情亲于乐易。”这种亲情不只是一般的姻亲关系，而是建立在“相期道义”的基础上。他们既是兄长与妹夫的关系，又是志同道合的朋友关系。以其如此，他们就可以相互鼓励，蓄德养志，以期在将来成为国家有用的栋梁之材。事实上,他们相处得也非常融洽。在人生的困境中,他们能超然物外,以平和的心态去对待,共同期待将来大展宏图的机会的到来。然而令曾巩意想不到的是,王安国却突然去世:"何堂堂而山立,忽泯泯而飙驶。"这一无情的噩耗来得是如此的突然,是如此的不能令人相信,面对着写得明白清楚的讣告,他仍旧不肯相信这是事实:"讣皎皎而犹疑。"但又不能不承受这残酷的打击,所以"泪泬泬而莫制",心中无限的悲痛,化作滚滚的热泪,不断地流淌而出,无法制止。然而,斯人已逝,无可挽回,自己只能"聊寓荐于一觞,纂斯言而见意",借一杯薄酒来祭奠,并写了这篇祭文来表示对死者的悼念之情。

两段文字,一叙事,一哀吊,前后相映,融合得非常紧密,也将作者内心的悲痛表现得淋漓尽致。

本文的另一个特点是:涉及当时的政治时,表现得极为含蓄,措辞极有分寸。

在由宋神宗一力支持的熙宁变法中,王安石是领袖人物,曾巩的弟弟曾布则是他推行变法的左右手。曾巩和王安石原本就是要好的朋友,而曾、王两家又是姻亲。恰恰曾巩和王安国又在变法问题上与王安石意见相左,司马光《涑水记闻》甚至还记载说,王安国曾斥责曾布以变更法令蛊惑王安石,"丞相由汝之故,杀身破家,戮及先人,发掘丘垄,岂得不预我事邪"?政坛上不同政治派别的矛盾,演化成了家庭、姻亲之间的矛盾。这样一种错综复杂的政治关系、姻亲关系,就使这篇祭文在涉及王安国因批评变法而受到打击这一事件时,显得难以着笔。这不只是可能因此招致其他政治势力的构陷,使本来就已经很复杂的关系更加复杂化;就是在曾、王两家内部,也易于加深已有的裂痕。以此,本文便没有对这一事件作一笔正面的描述,而是极力去写王安国的才能,来反衬他的不见用于世,"志屈于不申,材穷于不试",写他在人生的逆境中表现出来的"超轶"和"乐易"的态度。而实际上在这些词语后面,又都隐含了对这一事件的抱怨在内。这就使文章的叙写显得很有分寸感。

(王琦珍)

祭亡妻晁氏文

子有仁孝之行,勤俭之德。宏裕[①]端庄,聪明静默。穷达[②]能安,死生不惑。可以齐[③]古淑人[④],为世常则[⑤]。

归我之昔,明年始笄[⑥]。言无疵悔[⑦],动应衡规[⑧]。亲疏悦慕,稚艾[⑨]嗟咨。事姑[⑩]之礼,左右无违。服难体顺,惟日孜孜[11]。谐我属人[12]，又笃[13]以私。有犯不校[14]，有劳不施[15]。人隆[16]己约[17]，乃以为宜。衣有穿弊[18]，珥[19]无光辉。曰顺[20]吾性，余复何为。纷纶[21]世务，逼仄[22]群疑。子陈得失，效若蓍龟[23]。及其既退，婉婉其仪。不矜以色，不伐[24]以辞。幽闲深谧，度量谁窥？吾贫口众，智不继资。脱粟[25]藜藿[26]，具无盐醯[27]，人不堪忧，子独怡怡。绾综[28]虽爱，不偏以慈。训诲惟谨，曰宜幼时。我扶我翼，共处穷羁[29]。锄荒补漏，细大无遗。

呜呼！天祸我家，降集凶厉。始来京师，辛丑之岁[30]。子之方壮，疾疹中伤。孰云此日，一女先亡[31]。子虽自达[32]，病岂宜然？自秋至春，有益[33]无痊。迎医市药，我力为殚[34]。术宁非善？不胜于天。将逝之夕，逆知其期，语论自若，精神不衰。遍召室人，告以长归。

呜呼哀哉！父失贤女，姑亡孝妇，子丧严师，吾亏益友。岁时虽往，悲酸则新。禫月[35]之终，奠此一尊。教养二子，期获[36]子心。时良[37]返子[38]，托葬先林[39]。言如不复，谁谓我人。长号叙哀，寓以斯文。

〔注〕① 宏裕：宽宏大度。 ② 穷达：困厄与显达。 ③ 齐：同，比。 ④ 淑人：旧指善良的人。 ⑤ 则：准则，榜样。 ⑥ 笄(jī)：特指女子可以盘发插笄的年龄，即成年。笄，簪子。 ⑦ 疵悔：值得后悔的缺点或过失。 ⑧ 衡规：权衡是否合符礼仪规范。 ⑨ 稚艾：老少。 ⑩ 姑：丈夫的母亲。 ⑪ 孜孜：努力不怠。 ⑫ 属人：亲属，族人。 ⑬ 笃：诚笃。 ⑭ 校：计较。 ⑮ 不施：不给别人。 ⑯ 隆：盛，多。 ⑰ 约：节俭。 ⑱ 穿弊：破烂。 ⑲ 珥(ěr)：女子的珠玉耳饰。 ⑳ 顺：合符。 ㉑ 纷纶：纷繁复杂。 ㉒ 逼仄：狭窄。 ㉓ 蓍(shī)龟：蓍草和龟甲，古人用来占卜。此处指占卜。 ㉔ 伐：自我夸耀。 ㉕ 脱粟：糙米。只去皮壳而不加精制的米。 ㉖ 藜藿：藜草和豆叶。此代指粗劣的饭菜。 ㉗ 醯(xī)：醋。 ㉘ 绾综：曾巩的长子曾绾与次子曾综。 ㉙ 穷羁：穷困。 ㉚ 辛丑之岁：辛丑年，指公元1061年。 ㉛ 一女先亡：曾巩女庆老于嘉祐六年夭折于京师。 ㉜ 自达：自己能看得开。 ㉝ 益：指病情增重。 ㉞ 殚：竭尽。 ㉟ 禫(dàn)月：除去丧服之月。自服丧至此，共二十七个月。 ㊱ 期获：希望能够合乎。 ㊲ 时良：选择好的日子。 ㊳ 返子：护送你的灵柩返回故乡。 ㊴ 先林：指安葬先人的坟场。

本文作于宋英宗治平元年(1064)，是曾巩为吊念他的亡妻晁文柔写的一篇祭文，当时曾巩仍在史馆任上。

曾巩是皇祐二年(1050)结婚的，妻子晁文柔是光禄少卿晁宗恪之女，开封府祥符县人。嘉祐七年(1062)三月,随曾巩居处开封时病重不治,卒于京师。这一不幸对曾巩的打击可说是超过了以往任何磨难。晁文柔只活了二十六岁,她与曾巩厮守只有十二年,其中十年又正是曾巩躬耕垄亩,家道坎壈,过着"奔走未足供藜羹"的清苦生活的时期。索寞箪瓢,事长抚幼,她既要协助丈夫操持耕种,"红饭白菹妻具饷,青秧绿水自催耕";又肩负着"长嫂如母"一样的责任,代兄嫂料理家务,抚育九妹四弟成长。而当曾巩方始发达,他们刚刚可以免于落叶添薪之苦时,她却猝然去世,曾巩内心的哀痛是可想而知的。这种异乎常人的遭遇,这些足以使人刻骨铭心、永志难忘的磨难,这种地老天荒矢志不渝的情感,在曾巩心中,便凝聚成了心心念念、绵绵不绝的悲戚与怀恋。因而这短促的十二年,在曾巩的记忆中,便比任何事物都更珍贵了。追悼亡妻,抒发哀感,在其后直到他去世的二十一年中,他长歌当哭,以一往情深的笔墨,写了两篇祭文,一篇墓志铭,和《郧口》一诗,来悼念妻子,追怀他们曾经共同经历过的相濡以沫的艰苦生活,称颂妻子高尚贤淑的品格与情操,字里行间充满对亡妻怀念与感激的深情。《祭亡妻晁氏文》便是其中的一篇。

本文为祭文,自始至终都用四言韵语写成,抑扬顿挫,整齐精炼,极富感情色彩。文章分三部分。第一部分介绍晁文柔的生平事迹。先总起,以概括性的语言对妻子的品德作总的评价:"子有仁孝之行,勤俭之德。宏裕端庄,聪明静默。穷达能安,死生不惑。可以齐古淑人,为世常则。"曾巩将妻子与古代的淑人相比,以为可以作为世人的榜样,可见晁文柔在他心目中的地位。文章接下去分四个层次叙述妻子的品行和治家业绩:第一层写她刚嫁到曾家时的表现和家人亲友对她的评价。晁文柔来曾家时虽然是刚到出嫁的年龄,但她的一言一行都合符礼仪规范,以至"亲疏悦慕,稚艾嗟咨"。第二层则从三个方面逐一介绍她事长、待人、克己的态度。对婆婆勤俭恭敬,"左右无违","服难体顺,惟日孜孜";与家人则能和睦相处,诚恳待人,"有犯不校,有劳不施";而自己则甘于节俭,饮食衣物,克己让人,"人隆己约,乃以为宜",以致自己"衣有穿弊,珥无光辉",却说这正符合自己的心性,其他的就没有什么可追求的了。第三层写她治家的才能和谦虚的品德。面对曾家内外交困的处境,纷繁复杂的事务,层出不穷的灾难,她能够应对裕如,处理得井井有条。而当这些纷乱的事件都得到妥善解决之后,她却静水深流,"婉婉其仪",不居功自傲,"不矜以色,不伐以辞",显示出一种外人难以估摸的度量。第四层写她安贫乐道,相夫教子。面对家贫口众,脱粟藜藿的艰苦生活,"人不堪忧",她却和颜悦色,怡然自得。教育孩子,"训诲惟谨","不偏以慈"。与丈夫则"共处穷羁",相扶相帮,"锄荒补漏,细大无遗"。这一节文字,集中笔墨追忆晁文柔在曾氏家境最贫困时的处世为人，真切地写出了一对贫贱夫妻相濡以沫的艰苦经历和深厚感情。

文章的第二部分是写晁文柔的因病去世。这一节一开头，作者便以呼天抢地的哀号先抒发内心难以抑制的悲痛："呜呼！天祸我家，降集凶厉。"曾巩说灾祸"降集"于其家，并非夸张之语。曾巩是宋仁宗嘉祐六年(1061)春天奉召入京充任馆职的。跨入仕途，他的家境也有所改善，但家庭的不幸却依旧接踵而至。起先是晁文柔到京师后不久即身患重病，卧床不起。曾巩求医问药，精心护理，却一直不见好转。至九月，随同来京的八妹德耀又突然病故。到十一月，他的幼女庆老又染急病意外地夭亡。这些打击中最让他不能承受的，是妻子也于次年三月病逝。所以，这一节文字接下去，便细致地叙述了晁文柔由发病到去世的经过："始来京师，辛丑之岁。子之方壮，疾疹中伤。孰云此日，一女先亡。子虽自达，病岂宜然？自秋至春，有益无痊。迎医市药，我力为殚。术宁非善？不胜于天。将逝之夕，逆知其期，语论自若，精神不衰。遍召室人，告以长归。"这是叙事，同时也是抒情。以其发自肺腑，也就有一种特别感人的力量。尤其是"迎医市药，我力为殚。术宁非善？不胜于天"四句，诚可谓是长歌当哭，动人心魄。

文章的第三部分是哀悼之辞，这也是祭文常见的格式。一般来说，祭文的悼词，因为是抒发对死者的哀悼之情，都写得哀感动人。但曾巩这篇祭文和一般的祭文不一样，他祭奠的是与自己在极端的艰难困苦中相濡以沫的妻子，所以更加真切感人，如泣如诉，如怨如慕，娓娓倾诉自己的悲痛与思念："呜呼哀哉！父失贤女，姑亡孝妇，子丧严师，吾亏益友。岁时虽往，悲酸则新。"然后说明此次祭奠，是因为已到除丧之日。接下去，似乎是在与亡妻促膝交谈，向亡妻表示自己一定会做好两件大事：一是教养好两个儿子，完成妻子的遗愿；二是选择一个好的日子，将亡妻的灵柩运回南丰，归葬曾氏家族的坟场。并且立下铮铮誓言："言如不复，谁谓我人。"最后才是结尾："长号叙哀，寓以斯文。"

这篇祭文一个突出的特点，是叙事和抒情的完美结合。文章二、三两段的抒情，都是由第一段对亡妻生平事迹的追忆而引发。前面的层层铺叙，正是后面抒情的基础。前后相连，使叙述和抒情结合得非常紧密。作者对妻子那种无限感激与怀念的深情，也因此而表现得淋漓尽致。

（王琦珍）

苏明允哀辞

明允姓苏氏，讳洵，眉州眉山①人也。始举进士，又举茂材异等②，皆不中。归，焚其所为文，闭户读书，居五六年，所有③

既富矣,乃始复为文。盖少或百字,多或千言,其指事析理,引物托喻,侈能尽之约[4],远能见之近,大能使之微[5],小能使之著[6],烦[7]能不乱,肆能不流[8]。其雄壮俊伟,若决江河而下也;其辉光明白,若引[9]星辰而上也。其略如是。以余之所言,于余之所不言,可推而知也。明允每于其穷达[10]得丧[11],忧叹哀乐,念[12]有所属,必发之于此。于古今治乱兴坏,是非可否之际,意有所择,亦必发之于此。于应接酬酢[13]万事之变者,虽错[14]出于外,而用心于内者,未尝不在此也。

嘉祐[15]初,始与其二子轼、辙复[16]去蜀,游京师。今参知政事[17]欧阳公修[18]为翰林学士[19],得其文而异之,以献于上[20]。既而欧阳公为礼部[21],又得其二子之文,擢[22]之高等[23]。于是三人之文章盛传于世,得而读之者皆为之惊,或叹不可及,或慕而效之,自京师至于海隅障徼[24],学士大夫莫不人知其名,家有其书。既而明允召试舍人院[25],不至[26],特用为秘书省校书郎[27]。顷之,以为霸州[28]文安县[29]主簿[30],编纂太常礼书[31]。而轼、辙又以贤良方正[32]策[33]入等[34]。于是三人者尤见[35]于当时,而其名益重于天下。

治平三年[36]春,明允上其礼书[37],未报[38]。四月戊申以疾卒,享年五十有八。自天子辅臣[39]至闾巷[40]之士,皆闻而哀之。

明允所为文,有集[41]二十卷行于世,所集《太常因革礼》者一百卷,更定《谥法》[42]二卷[43],藏于有司[44],又为《易传》[45]未成[46]。读其书者,则其人之所存[47]可知也。明允为人聪明辨智,遇人气和而色温,而好为策谋,务一出已见,不肯蹑故迹[48]。颇喜言兵[49],慨然有志于功名者也。

二子,轼为殿中丞[50]、直史馆[51],辙为大名府[52]推官[53]。其年,以明允之丧归葬于蜀也,既请欧阳公为其铭,又请予为辞以哀之,曰:铭将纳之于圹[54]中,而辞将刻之冢[55]上也。余辞不得已,乃为其文。曰:

嗟明允兮邦之良,气甚夷[56]兮志则强[57]。阅今古兮辨兴亡，惊一世兮擅文章。御六马⑱兮驰无疆，决大河兮齧浮桑⑲。粲⑳星斗兮射精光㉑，众伏玩㉒兮雕肺肠㉓。自京师兮洎㉔幽荒㉕，矧㉖二子兮与翱翔。唱律吕㉗兮和宫商㉘，羽峨峨㉙兮势方扬㉚，孰云命兮变不常，奄忽逝兮汴之阳㉛，维自著兮暐㉜煌煌㉝，在后人兮庆㉞弥长。嗟明允兮庸何㉟伤！

〔注〕 ① 眉州眉山：今四川眉山。 ② 茂材异等：宋仁宗时所设制科，以待布衣之士。 ③ 所有：指胸中积累的学问。 ④ 侈能尽之约：能够将丰富的内容用精炼的文字表达出来。 ⑤ 微：精微。 ⑥ 著：明显。 ⑦ 烦：繁杂。 ⑧ 肆能不流：文气奔放而不松散。 ⑨ 引：牵挽。此处指星辰升起。 ⑩ 穷达：贫困和显贵。 ⑪ 得丧：即得失。 ⑫ 念：思虑。 ⑬ 酬酢：朋友间互相宴请。此处泛指应酬。 ⑭ 错：交叉。 ⑮ 嘉祐：宋仁宗年号。 ⑯ 复：再一次。此指嘉祐元年(1056)苏洵携苏轼、苏辙离四川赴京应试一事。 ⑰ 参知政事：副宰相。 ⑱ 欧阳公修：欧阳修。 ⑲ 翰林学士：负责为皇帝起草制诰诏令的官。 ⑳ 以献于上：苏洵至京师后，欧阳修得其《权书》《衡论》等文章，极为赞赏，即进献给仁宗。 ㉑ 礼部：尚书省六部之一，负责礼秩及学校贡举诸事，其长官为礼部尚书。此指嘉祐二年(1057)欧阳修知贡举一事。 ㉒ 擢：选拔。 ㉓ 高等：苏轼、苏辙此年同登进士科，苏轼且排名第二。 ㉔ 海隅障徼(jiào)：遥远的海疆和边塞。隅，边远的地方。障，边塞上的城堡。徼，边界。 ㉕ 舍人院：中书省下属机构，负责替皇帝起草诏诰制敕。 ㉖ 不至：嘉祐三年(1058)召苏洵试舍人院，洵辞不至。 ㉗ 秘书省校书郎：秘书省官员，负责校勘书籍，订正讹误。 ㉘ 霸州：州名，治所在永清(今河北霸州)。 ㉙ 文安县：地名，今河北文安县。 ㉚ 主簿：官名，主管文书、印鉴诸事。 ㉛ 太常礼书：指由太常寺负责编撰的记述礼仪之书。 ㉜ 贤良方正：宋代制科之一。 ㉝ 策：策问。 ㉞ 入等：嘉祐六年，苏轼、苏辙同应制科试，轼对策入第三等(最高等级)，辙入第四等。 ㉟ 见：同"现"，显露。 ㊱ 治平三年：公元1066年。治平，宋英宗年号。 ㊲ 礼书：即上文所说的"太常礼书"，书名为《太常因革礼》，计一百卷。 ㊳ 未报：上级未有答复。 ㊴ 辅臣：即大臣。 ㊵ 闾巷：街巷。 ㊶ 集：文集。苏洵有《嘉祐集》二十卷。 ㊷《谥法》：礼法著作。为苏洵在前人六家谥法基础上，删考增订而成。 ㊸ 二卷：此记可能有误，四库全书《谥法》为四卷。 ㊹ 有司：主管的官府。 ㊺《易传》：阐述《易经》经义的著作。 ㊻ 未成：苏洵作《易传》未及成书而亡，后由苏轼完成。 ㊼ 所存：此指学养。 ㊽ 蹑故迹：重复前人的足迹。 ㊾ 言兵：谈论军事。 ㊿ 殿中丞：殿中省属官，负责皇帝的饮食、服御、医药等事宜。 (51) 直史馆：当值史馆。 (52) 大名府：府名，治所在今河北大名县东。 (53) 推官：负责勘问刑狱的官员。 (54) 圹(kuàng)：墓穴。 (55) 冢：坟墓。 (56) 夷：平和。 (57) 强：刚强。 (58) 六马：又称"六龙"。传说日神乘车，架以六龙。 (59) 齧(niè)浮桑：当作"齧桑浮"，此处为押韵而有意颠倒。齧桑，古地名，在今江苏沛县西南。此句语出《史记·河渠书》所载汉武《瓠子歌》："齧桑浮兮淮泗满。" (60) 粲：灿烂。 (61) 精光：明亮的光芒。 (62) 伏玩：因佩服而研习。伏，通"服"。玩，研习。 (63) 雕肺肠：如同云"雕肝琢肾"，比喻写作时苦心锤炼。雕，通"凋"，损伤之意。 (64) 洎(jì)：到。 (65) 幽荒：偏远的地方。 (66) 矧(shěn)：况且，何况。 (67) 律吕：我国古代音乐术语。十二律中奇数各律称"律"，偶数各律称"吕"，总称"六律""六吕"。 (68) 宫商：宫、商、角、徵、羽五音的概称。 (69) 峨峨：高峻貌。 (70) 扬：高举，飞起。 (71) 汴之阳：代指开封。苏洵卒于汴京，故云。 (72) 暐：同"炜"，明亮有

光泽。 ⑬ 煌煌：明亮貌。 ⑭ 庆：幸福。 ⑮ 庸何：何用。

本文是曾巩为悼念好友苏轼、苏辙的父亲苏洵而写的一篇哀祭文，作于宋英宗治平三年(1066)，当时曾巩正校书史馆。苏洵，字明允，眉州眉山人，北宋古文家，与其子苏轼、苏辙都以文章知名，并称"三苏"，而且又都被后人列入"唐宋八大家"之中。苏洵于治平三年卒于京师汴梁，当年即归葬四川。离开京师前，苏轼兄弟特地请文坛领袖欧阳修为他作了墓志铭，又请曾巩作了这篇哀辞。

本文虽然是应苏氏兄弟之请而作的，但和一般的应酬之文不同。从全文的整体风格来看，显得很庄重典雅，这无疑是表示出对朋友父亲的尊重，但又于庄重典雅中流露出极为真挚的情感。曾巩与三苏同受欧阳修的关怀和培养，和苏轼、苏辙同是在嘉祐二年欧阳修知贡举时，为欧阳修所拔举而进士及第的，彼此之间有很深的友谊。他对苏氏父子的为人和文章，都十分了解和赞赏。所以，文中对苏洵生平的叙述，以及对他文章人品的称扬，就和一般的应人之请而作的哀吊碑铭文字不一样，而都是发自肺腑，显得情真意切，典重肃穆；对其为人的介绍，也生动形象；对其文章风格和文学成就的评价，则准确精当。

文章分六大段。第一段介绍苏洵入仕之前的经历和他的文学成就，分五层展开。第一层先以极简洁的笔墨，介绍苏洵的姓名、籍贯。第二层写他入仕之前在文学创作方面所进行的艰苦磨炼，极力突出他刻苦攻读、坚忍不拔的精神和严谨的创作态度："始举进士，又举茂材异等，皆不中。归，焚其所为文，闭户读书，居五六年，所有既富矣，乃始复为文。"积之愈厚，发之愈佳。如此刻苦的磨炼，如此丰厚的积累，文章写作也就自然会取得高于他人的成就。第三层便进而写他文章的表现力："少或百字，多或千言，其指事析理，引物托喻，侈能尽之约，远能见之近，大能使之微，小能使之著，烦能不乱，肆能不流。"苏洵是位颇有政治抱负的人，他的作品，都是议论文，所以曾巩说他的文章"指事析理，引物托喻"，简洁明了，剖析精微，条理清晰。苏洵的文章又大多是策论，其所谋划的都是治国安邦的大计。为了使自己的意见能被执政者所采用，或者至少也能引起统治者注意，文章就特别讲究明白晓畅，讲究行文的气势。所以在文章风格上，他很受战国策士文章的影响，既有着极为强烈的纵横色彩，又有很强的说服力，而这又与他文章的表现力有密切的关系。因此，接下去第四层便写他文章的风格："其雄壮俊伟，若决江河而下也；其辉光明白，若引星辰而上也。其略如是。以余之所言，于余之所不言，可推而知也。"所谓"雄壮俊伟""辉光明白"，这正是战国策士文章的特点。那么，这种风格的形成，与苏洵自己又有什么关系呢？第五层便从三个方面阐述了其中的原因：一是苏洵对自己人生道路上的"穷达得丧，忧叹哀乐”，每有所感，都借文章来宣泄；二是对古往今来与国家和社会的治乱兴坏有关系、有影响的历史经验和教训，他有自己的选择和意见时，也借文章来表达；三是在社会交往、朋友应酬中，需要花费精力和时间去对待的事，也常常在文章中表现出来。正是这种丰富的内容、浓烈的情感、治国兴邦的壮志，共同组成了苏洵文章纵横恣肆、明白晓畅的风格。

第二段写苏氏父子文章在当时所产生的巨大影响，以写苏洵仕迹为主，写苏轼、苏辙为辅，交叉穿凿；至写他们的影响时，则将三人合而为一。这一段分三层展开。第一层写苏氏父子的才华被发现的过程。嘉祐初年，苏氏父子再次离开四川，赴京应试。最初是欧阳修读到苏洵的文章，举荐给皇上；接着，欧阳修又奉命知贡举，主持科试，阅卷时得到苏轼兄弟的文章，擢之高等，使其兄弟二人都得以进士及第。第二层便接着写“三苏”文章在顷刻之间所发生的影响：“于是三人之文章盛传于世，得而读之者皆为之惊，或叹不可及，或慕而效之，自京师至于海隅障徼，学士大夫莫不人知其名，家有其书。”曾巩这段话并非溢美之辞。欧阳修在《故霸州文安县主簿苏君墓志铭》中也作过相近的描述：“当至和、嘉祐之间，(洵)与其二子轼、辙偕至京师，翰林学士欧阳修得其所著书二十二篇，献诸朝。书既出，而公卿士大夫争传之。其二子举进士，皆在高等，亦以文学称于世。眉山在西南数千里外，一日父子隐然名动京师，而苏氏文章遂擅天下。”苏洵虽然名震京师，又有欧阳修和当时的宰相韩琦的推荐，但始终没有得到与其名声相应的官职，而苏轼和苏辙却在紧接着而来的嘉祐六年的制科考试中，都中高等。这段的第三层便叙述了苏洵父子在名动京师以后的情况，说明尽管苏洵未得重用，但苏轼兄弟的以贤良方正入等，“三苏”还是显扬于当时，“而其名益重于天下”。

以上两段是本文的重心所在，也是文章最精彩的部分。无论是写人还是论文，都气势恢宏，笔酣墨饱，而且两者结合得非常紧密，将人物的面目和文章的特点，都表现得非常突出。所以，茅坤说它“叙明允生平，亦尽有生色可观”(《唐宋八大家文钞·曾文定公文钞》卷十)。张伯行则评论说：“苏明允奋起西川，文章之杰也。南丰叙其为文处，即可以想像其为人。古人文字不溢美一词，而其人精神愈见，此类是也。”(《唐宋八大家文钞》卷十七)储欣也说：“能言老苏先生之文者，曾公也。”(《唐宋十大家全集录》)

文章第三段是写苏洵去世。苏洵在嘉祐五年被任命为秘书省校书郎，六年除霸州文安县主簿，留京编纂《太常因革礼》，其书计一百卷，书刚编成，他就去世了。这一段以极简洁的笔墨，交代了他去世的情况及人们的惋惜与哀悼。

第四段是介绍苏洵一生的著作，并对他的为人作出评价。这一段分两层展开。先叙述他的著作："明允所为文，有集二十卷行于世，所集《太常因革礼》者一百卷，更定《谥法》二卷，藏于有司，又为《易传》未成。"第二层则是对他的评价：为人聪明辨智，待人和颜悦色。但又是一位极有个性特征的人："好为策谋"，"颇喜言兵"，在阐述自己的主张时，"务一出己见，不肯蹑故迹"，是"慨然有志于功名者"。这一段评价，初看上去似乎和前文重复，其实不然。前文是介绍他文章的特点与风格，这里是对他的为人与成就作出总的评价，这是对死者作出的历史的定论，也是墓志铭和哀辞写作中不可缺少的内容。而这种评价又与他的著作有密切关系。苏洵的文集《嘉祐集》中所收集的文章，尤其是《权书》十篇和《论衡》十篇，都是讨论政治甚至军事的作品。文章中所体现的这种爱好，无疑反映出人物性格的某些特征，把握住了这一点，也就易于突出苏洵和别人不同的地方。曾巩基于他和苏氏父子的深厚友谊，以及他对苏洵的深刻了解，非常准确地把握住了这些特点，所以这一节评价将苏洵的特点写得明确而又突出，下语干脆利落，非常精确。

文章的第五段是一个过渡段，介绍苏洵的子女，并说明写作这篇哀辞的缘由，这也是这类文章写作中必不可少的部分。接下去也就自然地引出第六段，即用韵语写成的哀辞了。和墓志铭、祭文末尾的铭辞、悼词一样，哀辞的内容也要大体上与前文所述的死者的事迹相同。本文很严格地遵循了这一格式。这段哀辞分四个层次展开。第一层为总起，也是对苏洵作出一个总的评价："嗟明允兮邦之良，气甚夷兮志则强。阅今古兮辨兴亡，惊一世兮擅文章。"第二层则先写苏洵，一气连用三个比喻以形容他文章的风格特点：像日神驾六龙之车驰骋于无边的原野，像黄河决堤时的滔滔洪水能将罂桑浮起，像灿烂的星斗发出明亮的光辉，能让人们佩服得雕肝琢肾地去研习。再写苏氏父子在当时文坛上所形成的巨大影响，自京师至于偏远的地方，三苏的文章名满天下。两层渲染之后，第三层则突然折转，用"孰云命兮变不常，奄忽逝兮汴之阳"两句，哀悼苏洵的去世，语虽简短，但悲痛惋惜之情溢于言表。哀悼之后，转入第四层，则结以告慰之语：斯人虽逝，其文章却光耀千秋，他的后人也必将在其荫蔽下幸福绵长，那么，作为死者，苏洵大可不必为自己的死而悲伤。这段哀辞在写法上也很讲究。四个层次，一、二两层为扬，第三层为抑，最后一层又为扬。这种先扬后抑，抑后又再扬的写法，使哀辞显得文气起伏跌宕，也将自己内心哀伤痛惜的复杂情感表现得淋漓尽致。

这篇哀辞同样体现了曾巩文章层次分明、结构绵密的特点。但在语言风格上，却和他其他文章的纡徐婉曲、雍容典雅不大一样。就文章的整体来看，写得非常庄重，有典有则；但庄重中又时时显示出一种雄健豪宕之气。这既显得自己对朋友的父亲非常尊重，又合乎苏洵的为人和其文章的特点，二者结合得极为紧密。

（王琦珍）

仁寿县太君吴氏墓志铭

仁寿县太君[1]、抚州[2]金溪[3]吴氏，尚书都官员外郎[4]、赠尚书刑部侍郎[5]、抚州临川[6]王公讳益[7]之夫人，卫尉寺丞[8]讳用之[9]之妇[10]，年六十有六，嘉祐八年[11]八月辛巳卒于京师，十月乙酉葬于江宁府[12]之蒋山。

夫人好学强记，老而不倦，其取舍是非，有人所不能及者。然好问自下，于事未尝有所专[13]也。其平生养舅姑[14]甚孝。盖侍郎七子，而少子五人，吴氏出也。然夫人之爱其长子，甚于少子，曰："吾爱之甚于吾子，然后家人爱之能不异于吾子也。"故其子孙已壮大，有不知为异母者。居久之，二长子前死，夫人已老矣，每遇其嫠妇[15]异甚，而身为字[16]其孤儿，忘其力之惫也。其处内外亲疏之际，一主于恩。有谗讪踞骂[17]己者，数困苦，常置之，不以动声色，亦未尝有所含怒于后也。有以穷归[18]己者，急或分衣食，不为秋毫计惜，以其故至不能自给，然亦未尝不自若[19]也。其嫁三从[20]之孤女如己女，而待长子之母族如己族，盖笃行[21]如此，而天性之所有也。其自奉养，未尝择衣食。其视世俗之好，无足累心者。方其隐约穷匮之时，朝廷尝选用其子[22]，坚让[23]至于数十，或谓可强起之，夫人曰："此非吾所以教子也。"卒不强之。及处显矣，其子尝有归志，而以不足于养为忧。夫人曰："吾岂不安于命哉？安于命者，非有待于外也。"其子为知制诰[24]，故事[25]：其母得封郡太君[26]，夫人不许言，故卒不及封。此夫人之德见于行事之迹，而余以通家[27]，故熟于耳目者也。

夫人之考[28]讳畋[29]，畋之配黄氏，两人者皆有善行，乡里称之。而黄氏兼喜阴阳数术[30]学，故夫人亦通于其说。七子者，曰安仁、安道、安石、安国、安世、安礼、安上。安仁，宣州㉛司户参军㉜。安石，尚书工部郎中㉝、知制诰。安世，太平州㉞当涂县㉟主簿㊱。安礼，大名府㊲莘县㊳主簿。余未仕也。女三人，长适尚书虞部员外郎㊴沙县㊵张奎，次适前衢州㊶西安㊷县令天长㊸朱明之，次适扬州㊹沈季长。孙男九人，曰雱、旉、旁、旊、斻、防、斿、旂、放。孙女九人，长适解州㊺安邑县㊻主簿徐公翊，次许嫁太庙斋郎㊼吴安持，余尚幼。铭曰：

嗟若人㊽兮，洵㊾好善兮。始终一德，仁七子兮。遗弃细故，笃㊿九族兮。脱珥[51]推食[52]，光惠施兮。以义易利，能无累兮。纵心委命，志弥邵[53]兮。谓宜百岁，奄忽逝兮。风[54]有《采蘋》[55]，《经》[56]所首[57]兮。原念美实，辑此辞兮。庶几[58]德音[59]，与古对[60]兮。

〔注〕①仁寿县太君：王安石母之封号。仁寿县，今属四川省。太君，封建社会官员母亲的封号。　②抚州：州名，治所在今江西抚州。　③金溪：县名，今江西金溪县。　④尚书都官员外郎：官名，尚书省二十四司各设员外郎一人，地位为侍郎之次。　⑤赠尚书刑部侍郎：追封的官名。官员生前曰封，死后曰赠。尚书刑部侍郎为刑部属官。侍郎为各部长官的副职。　⑥临川：县名，今江西抚州。　⑦王公讳益：即王安石之父王益。　⑧卫尉寺丞：官名。卫尉寺属官，掌管宫门警卫。　⑨用之：王安石祖父王用之。　⑩妇：儿媳妇。⑪嘉祐八年：公元1063年。嘉祐，宋仁宗年号。　⑫江宁府：府名。治所在今江苏南京市。⑬专：专断。　⑭舅姑：公婆。　⑮嫠(lí)妇：寡妇。　⑯字：养育。　⑰踞骂：傲慢地骂人。　⑱归：投靠，投奔。　⑲自若：如常，像原来一样。　⑳三从：旧社会压迫妇女的封建礼教。"三从"指未嫁从父，既嫁从夫，夫死从子。　㉑笃行：专心实行。　㉒选用其子：宋仁宗皇祐六年(1054)，诏王安石为集贤校理。　㉓坚让：坚决推辞。王安石曾上《辞集贤校理状》两篇，又有《上欧阳永叔书》申诉不宜就任之意，朝野谤议纷然。　㉔知制诰：官名。负责为皇帝起草诏诰文书。　㉕故事：成例。指按旧的典章制度的规定。　㉖郡太君：封号。宋代以官员级别不同，其母封号亦分为国太夫人、郡太君、县太君各等级。　㉗通家：世家或姻亲。　㉘考：旧称已死的父亲为考。　㉙畋(tián)：吴畋，王安石外祖父，抚州金溪人，未入仕。　㉚阴阳数术：即阴阳学。古代以阴阳解释万物化生，以为凡天地、日月、昼夜、男女以至于腑脏、气血皆分属阴阳。阴阳家所为涉及天文、占候、星卜、相宅、选日诸方面。　㉛宣州：府名。治所在今安徽宣城。　㉜司户参军：官名。郡的属官，主管民户。　㉝尚书工部郎中：官名。工部，国家六部之一，掌管营造工程事项。郎中，即侍郎，为诸司之长官。　㉞太平州：府名。辖今安徽当涂、芜湖、繁昌等地。　㉟当涂县：今属安徽省。　㊱主簿：官名。主管文书、印鉴诸事。　㊲大名府：府名。治所在今河北大名县东。　㊳莘县：县名，在山东省西部。　㊴尚书虞部员外郎：工部属官，掌管京城街巷种植、假山泽苑、草木薪炭诸事。㊵沙县：县名，属福建省。　㊶衢州：州名，治所在今浙江衢州市。　㊷西安：县名。即今浙

江衢州。㊸天长：县名，属安徽省。㊹扬州：州名。治所在今江苏扬州市。㊺解州：州名。治解县(今山西运城市西南解州镇)。㊻安邑县：现并入山西运城市。㊼太庙斋郎：太常寺属官，以五品以上子孙及六品职事官子为之，为办理祭祀事务的小吏。㊽若人：犹言此人，那人。㊾洵：诚然，实在。㊿笃：诚笃。此处指以诚实待人。(51)珥(ěr)：女子的珠玉耳饰。(52)推食：分食与人。(53)弥卲：更加高尚、美好。(54)风：《诗经》中的《国风》。(55)《采蘋》：《诗经》中《召南》篇名，为赞美贵族女子将出嫁时祭祖庙的诗。(56)《经》：此处指《诗经》。(57)首：此处指推荐的意思。(58)庶几：也许可以。(59)德音：美好的声誉。(60)对：并立，相媲美。

本文作于宋仁宗嘉祐八年(1063)，是为王安石的母亲吴氏夫人作的墓志铭。吴氏夫人为抚州金溪县人。在抚州一地，南丰曾氏、金溪吴氏和临川王氏为三大望族，同时又都是著名的文学世家。他们之间，还有着非常复杂的姻亲关系。曾巩的一位姑姑嫁金溪吴敏，王安石的母亲吴氏夫人即吴敏的侄女。曾巩的一位妹妹又嫁王安石的弟弟王安国，而王安石的夫人吴氏又是吴敏的孙女。这样一种关系，使他们相互之间十分了解。他们为对方亡故的亲人所作的哀祭文、墓志铭、神道碑铭、墓表等，也就别有一种沉痛感，往往流露出一种发自内心的尊敬与哀痛，而对死者生平事迹的介绍也特别细致真实、生动感人。本文即是其一。

从格式上说，这篇墓志铭相当规范。这大概和他们之间是姻亲，而对姻亲中的长辈必须特别尊重有很大关系；加上墓主又是王安石之母，王安石当时的地位，也决定了其母有着相当高贵的身份。二者结合，文章自然要写得极为得体、典重，符合规范。

文章共分四段。

第一段按墓志铭的一般格式，先交代了死者的基本情况：一是封号，二是身份，三是所享寿年及卒、葬年月。

第二部分是文章的主体部分，详细记述了“夫人之德见于行事之迹”，即吴氏夫人之美德在其为人处世中的表现。先总说，用概括性的语言将吴氏夫人的美德分为四个方面介绍：“好学强记，老而不倦”；“取舍是非，有人所不能及者”；“好问自下，于事未尝有所专”；“平生养舅姑甚孝”。概括介绍之后，转入具体的记述。但并不是于上述四者都逐一地叙述，而是只记述她“取舍是非，有人所不能及者”。这是因为墓志铭也和人物传记一样，不能事无巨细，一概照录，而应严其取舍。欧阳修将此称为“择要”。曾巩这篇墓志铭严格地遵循了这一原则，在全面介绍墓主的美德后，选取她所有美德中最为突出、最为感人的一个方面进行叙述。这些叙述分三层展开。第一层写夫人“爱其长子，甚于少子”。王安石的父亲王益先娶徐氏，徐氏去世之后，又娶吴氏，共生七子。七子中，长子王安仁和次子王安道为徐氏所生，余为吴氏所生。王益去世也比较早，吴氏对安仁、安道的爱抚，远超过自己所生的孩子。安仁、安道死后，在他们的遗孀与自己冲突很厉害的情况下，不顾自己年老力衰，还坚持抚育他们的孤儿。第二层写夫人在处理内外亲疏的关系时，都是施以恩德。这一层列举了三个事例来说明：一是胸怀坦荡，"有谗讪踞骂己者，数困苦，常置之，不以动声色，亦未尝有所含怒于后也"；二是乐于助人，"有以穷归己者，急或分衣食，不为秋毫计惜，以其故至不能自给，然亦未尝不自若也"；三是宽以待人，"其嫁三从之孤女如己女，而待长子之母族如己族，盖笃行如此，而天性之所有也"。待人如此，待己则极为严格。第三层便写夫人对自己及所生子女的严格要求。对自己，在日常生活必需品方面，"未尝择衣食"；对世俗所追求的奢侈物品，则从未挂怀。对自己所生的孩子要求也一样。接着举出三件事情进行说明：一是皇祐五年(1053)朝廷征召王安石入京为集贤校理，王安石以家有婚嫁丧葬诸事而不宜就馆职为由一力推辞。这事在当时即遭到一些人的恶意攻击。而此时王家又正好处在"隐约穷匮之时"，有人希望吴氏夫人以母命来强令王安石就范，夫人却说："此非吾所以教子也。"而"卒不强之"。二是王安石在显达之后，面对反对变法的汹汹舆论和极其残酷的政治倾轧，曾一度萌发了归隐林泉的念头，但又担心家庭会因此而经济拮据，所以举棋不定。吴氏夫人同样给予了支持："吾岂不安于命哉？安于命者，非有待于外也。""安于命"，就是安于贫穷。能安于贫穷者，也就不必"待于外"，自己躬耕垄亩、落叶添薪也能维持生计。在封建社会中，这样一种见识，出自一位妇女之口，无疑是极为豁达的。其三是关于封号。按朝廷规定，封建官吏至一定的等级，其父母甚至于祖父母，都可取得朝廷给予的封号。王安石任知制诰后，吴氏夫人本应加封为郡太君，但她不许申报，"故卒不及封"。仔细分析本段开头的总体介绍和这三层的具体叙述，可以明显地看出，作者对吴氏夫人美德的介绍，既概括全面而又重点突出。第一、二两层是写夫人的待人，第三层则是写她的待己。而且是有意地采取了对比的写法，在对比中突出夫人的高贵品德与远见卓识。其所选取的材料，无一不反映出夫人的"取舍是非，有人所不能及者"，而又无一不与表现夫人的"取舍是非，有人所不能及者"有关，剪裁极为精严。一位襟怀开阔、待人宽厚、见识过人的老妇人的形象，也便非常突出地屹立在了读者的面前。而为了证明这些材料的真实性，行文至此，作者还特地补上一笔："此夫人之德见于行事之迹，而余以通家，故熟于耳目者也。"将夫人的美德和形象，写得神情完足。

文章的第三段是关于墓主生身父母及其子孙的介绍。介绍其父母时，尤为突出其优良家风和对阴阳术数的喜好，这是夫人美德及处世态度的渊源，是对夫人“取舍是非，有人所不能及者”这一特点的深层揭示。介绍其子孙，则按墓志的一般写法，着力叙述他们所取得的功名及所嫁的人家，这是一个家庭社会声望的体现，也是长辈辛勤教育的结果。在墓志铭写作中，这些内容也可以写在全文的开头，本文在安排上和一般的写法则略有不同。文章第一段在交代墓主身份时，只介绍其夫家长辈，而未及于其他。到第三段，再来写其娘家及子孙后辈。从长辈与晚辈关系来讲，长辈在先，晚辈在后；从夫家与娘家关系来讲，先写夫家，再写娘家。这是显得长幼有序，内外有别，既合乎礼仪规范，又特别显示出对夫家的尊重，诚可谓是有典有则之文。说这篇墓志写得尤为典重得体，从这些也可以看出来。

文章最后一段是铭辞。和哀祭文章末尾的哀辞一样，墓志铭末尾的铭辞一般也要与墓志所叙墓主的事迹相对应，只是在句式上改用以四言为主的韵语来概述而已。这段铭辞起首两句“嗟若人兮，洵好善兮”，是对墓主品德的总的赞扬。接下去的“始终一德，仁七子兮。遗弃细故，笃九族兮”四句，是分两个方面说其待人。“脱珥推食，光惠施兮。以义易利，熊无累兮”四句则说其待人以诚的具体表现。“纵心委命，志弥邵兮。谓宜百岁，奄忽逝兮”四句是承上启下的过渡。前两句说她全心全意经理全家，到晚年更为高尚美好，这是收束上文；后两句又分两层，先承上顺理成章地推测，像这样高尚的人，应会是长命百岁；然后突然一个转折，“奄忽逝兮”，哀叹她的不幸早逝。这在感情上和行文的气势上，都形成一层波澜，表现出对死者极为深沉而真挚的哀悼和惋惜之情。铭辞的末尾是颂词，作者特别举出《诗经》“二南”的《采蘋》一篇来比照墓主，认为《国风》中的《采蘋》一篇是《诗经》所特别推崇的。自己推究其所以如此，是因为《诗经》的编辑者非常称许这首诗中所颂扬的美德。而吴氏夫人的美好声誉，则足可与古人相媲美。这一评价，可以说是相当的高了。而在形式上，这段铭辞，全用四言韵语写成，层次清楚，音韵优美，和谐悦耳，与整篇墓志的风味显得非常完美统一。

（王琦珍）

亡兄墓志铭

君姓曾氏，讳晔，字茂叔，有智策，能辨说，其贯穿[①]反复，人莫有能屈之者。身穷，为生事[②]，或毛密[③]，应之无留[④]；而读书理笔墨[⑤]，交宾客，又思事未至当如何，亦不废也。欢愉忧悲、疾病行役、寝食之间，书未尝去目。故自上古以来，至今圣贤百氏⑥、骚人材士⑦之作,训教警戒,辨议识述⑧,下至浮夸诡异之文章,莫不皆熟。而于治乱兴亡、是非得失之际,莫不能议焉。其文章尤宏赡⑨瑰丽可喜。

三代远矣。汉以来,世有成事业、就功名之时,则贤臣、谋士、材技之人,同世并出,常若有余。至时或无所用之,则士虽往往有纪⑩,而亦不俱见于世。盖堙穷顿委⑪于岩墙闾巷⑫之中者岂少哉?如君之材知⑬辨博,又其学如此,使得用其意于事,其施设⑭必有异焉,然卒不克⑮见于世,盖亦岂非其命也夫?

君年四十有五,皇祐五年⑯以进士试于廷,不中,得疾归,卒江州⑰。祖讳某,尚书户部郎中,赠右谏议大夫⑱。考⑲讳某,故太常博士⑳。娶李氏。子曰觉,曰黄。女二人。卒之岁十二月某日,葬建昌军㉑南丰县之某乡某原某里也。弟巩为其铭曰:

世或须㉒人,中士㉓为材。有非其应㉔,圣不能谐。故君之学于己为足,而材与世为乖㉕。刻铭幽石㉖,维㉗以告哀。

〔注〕①贯穿:通达。②生事:生计。③毛密:琐细繁杂。④应之无留:处理得干净利落。应,应对。⑤理笔墨:指作文章。⑥圣贤百氏:圣人贤哲,诸子百家。⑦骚人材士:诗人才子。⑧识述:记述。识,通"志"。⑨宏赡:气魄宏大,内容丰富。⑩有纪:有才能。⑪堙(yīn)穷顿委:埋没于穷困之中。⑫岩墙闾巷:危墙街巷。⑬材知:才智。⑭施设:政治作为。⑮克:能。⑯皇祐五年:公元1053年。皇祐,宋仁宗年号。⑰江州:州名,治所在今江西九江市。⑱谏议大夫:负责向皇帝提意见和建议的官。⑲考:古时对已故父亲的称呼。⑳太常博士:太常寺属官,负责郊祀礼仪及朝廷典法等职事。㉑建昌军:军名,治所在南城(今属江西)。辖南城、南丰、金溪、新城、广昌五县。㉒须:通"需"。需要。㉓中士:中等才能之士。㉔有非其应:如果生不逢时。㉕乖:违背,相悖。㉖幽石:墓石。幽,阴间,此指坟墓。古时墓志铭埋于墓中。㉗维:句首助词,无义。

本文是曾巩为其亡兄曾晔写的墓志铭。曾晔于宋仁宗皇祐五年(1053)赴京应试,未能及第,在返回南丰途中,卒于江州(今江西九江市),同年十二月葬于南丰,本文当作于是年。

曾晔是曾巩同父异母的哥哥,为曾易占之长子。曾易占初娶豫章周氏,生曾晔;周氏死后,继取金溪吴氏,生曾巩、曾牟、曾宰;吴氏三十五岁去世,又娶高邮朱氏，生曾布、曾肇。

在曾巩的这些兄弟中，唯一没有进士及第的是曾晔。曾晔曾三次赴试，其中前两次曾巩均与之同往，而且兄弟俩都落第而归。他们首次落第时，南丰还有人作诗嘲讽说："三年一度举场开，落煞曾家两秀才。好似檐间双燕子，一双飞去一双来。"皇祐五年曾晔第三次赴试，曾巩因病没有同往。然而，恰恰是这次赴试，曾晔落第之后，染上重病，在返回家乡途中，不幸病故。

皇祐之前曾氏兄弟屡屡落第，并非他们学问不及别人。根本的原因，是宋初科举制度的弊端所致。宋初科举承袭唐制，进士考试以诗赋和策论为主，"有司束以声病，学者专于记诵"(《宋会要辑稿·崇儒二》)。王安石在《取材》一文中评述这种弊端说："其策进士，则但以章句声病，苟尚文辞，类皆小能者为之；策经学者，徒以记问为能，不责大义，类皆蒙鄙者为之。使通才之人或见赘于时，高世之士或见排于俗。"在《上仁宗皇帝言事书》中又进而批评说："方今取士，强记博诵而略通于文辞，谓之茂才异等、贤良方正。茂才异等、贤良方正者，公卿之选也。"其结果是使那些"木肖者"因为"能雕虫篆刻之学"，而得以"以此进至乎公卿"。曾氏兄弟所学，是儒家学说的精髓，务求切于世用；在文学上，他们擅长写汉、唐风格的散文，而短于辞赋，与科举取士的标准完全不相吻合，屡屡落第也就势所必然了。

曾氏兄弟都是宋初科举制度的直接受害者，是王安石所说的那种"赘于时"且被"排于俗"的"通才之人"和"高世之士"。对曾巩来说，兄长的遭遇其实也是他自已的遭遇，他对科举的弊端深恶痛绝，对兄长的遭遇特别同情，对这种制度给国家社稷造成的危害抱有深深的忧虑。所以本文便围绕着曾晔"学于已为足，而材与世为乖"这一中心展开，着力赞扬曾晔的"材知辨博"和好学不辍，对他"卒不克见于世"的命运表示出深深的惋惜与同情。言辞之中又对当时众多才学之士因受科举弊端的影响，"埋穷顿委于岩墙闾巷之中"的社会现实，流露出强烈的不满情绪。从这个意义上讲，曾晔只不过是千千万万个不合理的科举制度的受害者之一而已。因此，这篇文章虽然是为曾晔作的墓志铭，而在实际上，是借哀悼兄长，沉痛控诉和愤怒抨击扼杀人才、危害国家的科举制度。其思想价值已远远超出了墓主事迹本身，而具有了普遍性的社会意义。

了解了曾巩这一写作意图，也就易于理解本文在材料取舍和谋篇布局上的特点了。古人作墓志铭，通常都是从墓主的功、德、言三者着笔，而曾晔作为屡试不第的秀才，自然无仕历宦迹可供记叙。但在家道坎壈中苦苦挣扎、为生计而奔忙这方面，曾氏兄弟则是一样的。作为墓志铭，本来也可以从这方面着笔，但在曾晔短短一生之中，最令人扼腕叹息的，还是他的屡试不第，而且最终还病故于落第之后的返乡途中。换句话说,科举制度的不合理,不但使曾晔未能求取功名,而且连性命都赔上了,而这也是曾巩最为愤慨痛心的事情。所以本文没有选取他们兄弟为生计奔忙的那些感人的经历来铺开描述,而是着力叙述曾晔的材知辨博、好学不辍而又"卒不克见于世"。材料选择中的这种处理,也就使本文的思想内涵比去写为生计奔忙的艰辛,显得更为深刻,更有社会意义。

本文分三大段。

从开头至"其文章尤宏赡瑰丽可喜"为第一段,写曾晔的"学于己为足";从"三代远矣"至"盖亦岂非其命也夫"为第二段,写曾晔的"材与世为乖"。前后对照,形成强大的反差,更增强了人们对曾晔的惋惜与同情。最后一段交代曾晔的死因、家世并附上铭文。

在具体写法上,一、二两段又有所不同。第一段以叙述为主,在简略介绍了曾晔的姓名、字号之后,先总说他的"材知辨博":"有智策,能辨说,其贯穿反复,人莫有能屈之者。"然后分三层逐层递进地予以说明。其一是好学不辍:"身穷,为生事,或毛密,应之无留;而读书理笔墨,交宾客,又思事未至当如何,亦不废也。欢愉忧悲、疾病行役、寝食之间,书未尝去目。"这种好学的精神,是"材知辨博"的前提条件,所以花了较多的笔墨来说明。好学的结果自然是博学,文章便顺势转入第二层,写曾晔的博学。而这种博学又是为了入仕之后能做出一番有益于江山社稷的功业,所以在叙述其博学多才的时候,又尤为强调其所学有用于世的一面:"自上古以来,至今圣贤百氏、骚人材士之作,训教警戒,辨议识述,下至浮夸诡异之文章,莫不皆熟。而于治乱兴亡、是非得失之际,莫不能议焉。"第三层写曾晔的文学才能,而在正统的儒者那儿,文章历来被认为是"最为儒者末事",所以只用了一句"其文章尤宏赡瑰丽可喜"轻轻带过。综合这三方面的叙述,曾晔的"学于己为足"也就表现得很充分了。

孔子说:"学而优则仕。"曾晔道德才学如此,却至死都报国无门。所以,第二段便写他的"材与世为乖",来与上文所叙相对照。这一段在写法上则以议论为主。全段分为两层。第一层先拓开一笔,分析自汉代以来士人的两种不同遭遇:或为世用,或不为世用。指出造成这种差异的原因,在于其处所的时代是否为他们提供了一个尽情展示才华的舞台:"世有成事业、就功名之时,则贤臣、谋士、材技之人,同世并出,常若有余。至时或无所用之,则士虽往往有纪,而亦不俱见于世。盖堙穷顿委于岩墙闾巷之中者岂少哉?"这节议论,又是为下文写曾晔的遭遇作铺垫,所以接下去便落实到曾晔身上:"如君之材知辨博,又其学如此,使得用其意于事,其施设必有异焉,然卒不克见于世,盖亦岂非其命也夫?"正由于有上面的分析作铺垫，这里写曾晔的遭遇，就易于使人体味到，这不只是曾晔个人的不幸，在这种博学多才而又不为世用后面，有着更为深刻的社会原因。

“卒不克见于世”是因为未能“用其意于事”，那么，未能“用其意于事”的原因又是什么呢？文章至此便乘势转入第三段，交代曾晔的死因、家世，并引出铭文。这段开头说：“君年四十有五，皇祐五年以进士试于廷，不中，得疾归，卒江州。”“年四十有五”还在为功名奔波，并且死于落第途中。这就回答了上文的疑问，造成这种人生悲剧的不是别的，正是不合理的科举制度。接着按墓志铭写作的一般规矩，对曾晔的家世、爵里、妻室、儿女等作必要的交代，然后引出铭文。这段铭文的内容与第二段大致相同，即围绕着士之用与不用的不同遭遇，来写曾晔的不幸，以收束全文，显得中心突出。在形式上这节铭文也很讲究。铭文共八句，以四言韵语为主，杂以两个对称的长句。前四句为第一层，全用四言韵语，“世或须人，中士为材”写士之得时；“有非其应，圣不能谐”写士之不得时。后四句为第二层，先以两个对仗工整的排比句，高度概括曾晔的才学与遭遇，标示全文的中心；再改回四言韵语，说明写作本文的缘由是为了“刻铭幽石，维以告哀”。这种句式的适当变化，就使铭文既音韵铿锵，文气又于紧凑之中显得从容舒缓，悱恻缠绵，将自己对亡兄的痛惜之情表现得淋漓尽致。

（王琦珍）

二 女 墓 志

南丰曾氏，葬其二女。其父巩为志曰：予校书史馆凡九年，丧女弟[①]，丧妻晁氏及二女。余穷居京师，无上下之交，而悲哀之数[②]如此。

二女：曰庆老，吾妻晁氏出也。生三岁而夭，实嘉祐六年[③]十一月壬申。方是时，吾妻晁氏病已革[④]。庆老病未作之夕[⑤]，省[⑥]其母，勉慰如成人，中夕[⑦]而疾作，遂不救。盖若与其母诀也。曰兴老，吾继室李氏出也，卒时始二岁，实治平三年[⑧]九月甲寅。是时，余方锁宿[⑨]景德寺[⑩]，试[⑪]国子监[⑫]进士，不得视其疾、临其死也。二女生而值予之穷多故[⑬]，其不幸又夭以死，所谓命非邪？

熙宁十年[⑭]，予为[⑮]洪州，始以三月庚申瘗[⑯]二女于南丰之源头，同穴，庆老在右，兴老在左，是为志。

（以上曾巩文据清长洲顾崧龄刻本《南丰先生元丰类稿》，王琦珍点校）

〔注〕 ① 女弟：妹妹。此指八妹德耀，卒于嘉祐六年(1061)九月。 ② 数(shuò)：屡次。此处引申为频繁。 ③ 嘉祐六年：公元1061年。嘉祐，宋仁宗年号。 ④ 革(jí)：通“亟”。危急。 ⑤ 夕：夜晚。此指傍晚时分。 ⑥ 省(xǐng)：探望，问候。 ⑦ 中夕：半夜时分。⑧ 治平三年：公元1066年。治平，宋英宗年号。 ⑨ 锁宿：亦称锁院。宋代殿试前三日，试官到学士院锁院，然后陪同考生赴殿对策。 ⑩ 景德寺：在东京(今河南开封)上清宫背，当时为试院所在地。 ⑪ 试：指参与主持进士考试。 ⑫ 国子监：古代国家的教育管理机构和最高学府。 ⑬ 穷多故：窘困而且多变故。 ⑭ 熙宁十年：公元1077年。熙宁，宋神宗年号。⑮ 为：治理。曾巩自熙宁九年移知洪州(今江西南昌)，次年八月改知福州。 ⑯ 瘗(yì)：埋葬。

本文作于宋神宗熙宁十年(1077)，是曾巩为安葬他早夭的两个女儿而写的一篇墓志铭。曾巩曾生过两个女儿，一名庆老，是他前妻晁文柔所生，仁宗嘉祐六年(1061)十一月卒于京师；另一位名兴老，是其继室李氏所生，英宗治平三年(1066)九月卒于京师，都是曾巩在史馆任上的时候。曾巩是熙宁二年离开朝廷通判越州的，此后八年，他先后担任过齐州、襄州、洪州知州，一直到熙宁十年，他才得以将前妻晁文柔、八妹德耀及二女庆老、兴老的灵柩归葬南丰源头的曾氏坟山。本文便是这次归葬时为两个爱女写的墓志铭。

本文最大的特点，是情感尤为浓厚和真挚。舐犊之情，人皆有之。两个如此聪颖纯真的孩子，都这样横遭恶疾，猝然夭折，怎能使为人父母者不为之痛不欲生，更何况是历尽艰辛、饱受磨难的曾巩呢！所以在这篇文章中，他用一种饱含深情的笔墨，着力刻画两个女儿天真可爱、聪颖活泼的形象，字字血泪地抒写自己内疚的心情：“二女生而值予之穷多故，其不幸又夭以死，所谓命非邪？”而把孩子写得越可爱，她们的夭折就越令人感到惋惜与悲痛，文中所流露出来的内疚之情也就更真实和浓郁。所以，读这篇文章，总会感到其沉痛惨恻之思溢于言表，千古之下，都令人嗟叹不已。

本文的第二个特点，是出色的细节描写。一般的墓志铭，都是记叙墓主的功业、品德。即便是一般的百姓，也可以记述他们治家理财、和睦家庭、接济邻里、造福地方的事迹。可这篇墓志铭所记述的却是两个并无殊功异德的小女孩，如按墓志铭常见的写法，则几乎是无法着笔。但作者借鉴了前代作家如韩愈写《祭十二郎文》、李商隐写《祭小侄女寄寄文》的笔法，从抒发感人至深的亲情入手，捕捉并选取生活中的典型细节，来刻画人物。如写庆老，便写她病亡之前的傍晚，去探望和安慰重病的母亲时的情状：“方是时，吾妻晁氏病已革。庆老病未作之夕，省其母，勉慰如成人，中夕而疾作，遂不救。盖若与其母诀也。”而兴老死时，自己正参与主持进士考试，不在家中，于其前后情况，并不清楚。所以，写兴老时，则改而写孩子病时死时自己都不在身边的遗恨："是时，余方锁宿景德寺，试国子监进士，不得视其疾、临其死也。"正因如此，文章虽是平平常常地叙事，却把孩子们一片天真可爱的形象写得呼之欲出，也把自己由于穷困和为公事奔忙而未能使孩子得以生存并成长的内疚之情，写得跃然纸上。这种笔法对后代散文作家产生了很大的影响，明代唐宋派作家归有光写《寒花葬志》《女二二圹志》等，便借鉴了曾巩这类文章的笔法。直至今天，人们都还十分推许归有光这类小品，给予了很高的评价，而其实，这些文章正是从韩愈、李商隐和曾巩这类作品中脱化出来的。

这篇墓志铭篇幅虽然短小，但同样层次分明，包蕴严密。文章先总叙，介绍自己校书史馆九年间丧妹、丧妻、丧二女的不幸遭遇与无尽的悲痛。然后分写庆老、兴老的出处、年龄、卒年及令人难以忘怀的天真与聪慧。最后写将她们合葬的情况，以为全文的收束。行文极其从容，笔墨也十分经济。（王琦珍）

王安石文

【作者小传】

王安石

(1021—1086)北宋政治家、文学家、哲学家。字介甫,号半山,抚州临川(今江西抚州)人,世称临川先生。曾封荆国公,人称王荆公。谥号“文”,又称王文公。庆历二年(1042)二十一岁时考中进士,历任鄞县(今浙江宁波)知县、舒州通判、常州知州、江东提点刑狱等地方官职,皆颇有政绩。治平四年(1067),神宗接位,锐意变革,起用王安石为江宁(今江苏南京)知府、翰林学士等职。熙宁二年(1069)被任命为参知政事,次年拜相,陆续推行均输、青苗、农田水利、保甲、市易、保马、方田均税等新法,并进行科举和学校制度的改革。变法失败后两次罢相,晚年退居江宁。元祐元年(1086)四月病卒,终年六十六岁。著有《临川先生文集》《临川先生歌曲》《周官新义》等。他是文学上的多面手。诗歌创作以文为诗,以议论为诗,长于修辞,工于用典,对宋诗以文字为诗,以才学为诗,以议论为诗特点的形成,起了重要作用。词作不多,但引言志、怀古题材入词,风格雄放疏朗,对后来苏轼的豪放派词颇有影响。在文的方面,是“唐宋八大家”之一,诸体皆备,尤以议论文见长,立意新颖,观点超卓,风格刚劲峭拔,雄健奇崛,犹如其刚毅果敢、坚韧不拔的为人,在“八大家”中自具一格。

(吴小林)

上仁宗皇帝言事书(节选)

臣尝试窃观天下在位之人,未有乏于此时者也。……然则方今之急,在于人材而已,诚能使天下之才众多,然后在位之才可以择其人而取足焉。在位者得其才矣,然后稍视时势之可否,而因人情之患苦,变更天下之弊法,以趋[①]先王之意,甚易也。今之天下,亦先王之天下。先王之时,人才尝众矣,何至于今而独不足乎?故曰:陶冶而成之者非其道故也。

……

所谓陶冶而成之者,何也?亦教之、养之、取之、任之[②]有其道而已。

所谓教之之道,何也?古者天子诸侯,自国至于乡、党[③]皆有学,博置教导之官而严其选。朝廷礼乐刑政之事,皆在于学。士所观而习者，皆先王之法言[4]德行治天下之意，其材亦可以为天下国家之用。苟不可以为天下国家之用，则不教也。苟可以为天下国家之用者，则无不在于学。此教之之道也。

所谓养之之道，何也？饶之以财[5]，约之以礼，裁之以法也。何谓饶之以财？人之情，不足于财，则贪鄙苟得，无所不至。先王知其如此，故其制禄，自庶人之在官者[6]，其禄已足以代其耕[7]矣。由此等而上之，每有加焉，使其足以养廉耻而离于贪鄙之行。犹以为未也，又推其禄以及其子孙，谓之世禄[8]。使其生也，既于父子、兄弟、妻子之养，婚姻、朋友之接，皆无憾矣；其死也，又于子孙无不足之忧焉。何谓约之以礼？人情足于财而无礼以节之，则又放僻邪侈[9]，无所不至。先王知其如此，故为之制度。婚丧、祭养、燕享之事，服食、器用之物，皆以命数[10]为之节，而齐之以律度量衡之法。其命可以为之，而财不足以具，则弗具也；其财可以具，而命不得为之者，不使有铢两分寸之加焉。何谓裁之以法？先王于天下之士，教之以道艺[11]矣，不帅[12]教，则待之以屏弃远方终身不齿之法；约之以礼矣，不循礼，则待之以流、杀之法。《王制》[13]曰："变衣服者，其君流。"《酒诰》[14]曰："厥或诰曰：'群饮，汝勿佚。尽执拘以归于周，予其杀！'"夫群饮、变衣服，小罪也；流、杀，大刑也。加小罪以大刑，先王所以忍而不疑者，以为不如是，不足以一天下之俗而成吾治。夫约之以礼，裁之以法，天下所以服从无抵冒[15]者，又非独其禁严而治察[16]之所能致也。盖亦以吾至诚恳恻之心，力行而为之倡。凡在左右通贵[17]之人，皆顺上之欲而服行之，有一不帅者，法之加必自此始。夫上以至诚行之，而贵者知避上之所恶矣，则天下之不罚而止者众矣。故曰：此养之之道也。

所谓取之之道者，何也？先王之取人也，必于乡党，必于庠序，使众人推其所谓贤能，书之以告于上而察之。诚贤能也，然后随其德之大小、才之高下而官使之[18]。所谓察之者，非专用耳目之聪明，而听私于一人之口也。欲审知其德，问以行；欲审知其才，问以言。得其言行，则试之以事[19]。所谓察之者，试之以事是也。虽尧之用舜亦不过如此而已，又况其下乎？若夫九州之大，四海之远，万官亿丑之贱[20]，所须士大夫之才则众矣。有天下者，又不可以一一自察之也，又不可以偏属于一人，而使之于一日二日之间考试其行能而进退之也。盖吾已能察其才行之大者，以为大官矣，因使之取其类以持久试之，而考其能者以告于上，而后以爵命、禄秩予之而已。此取之之道也。

所谓任之之道者，何也？人之才德，高下厚薄不同，其所任，有宜有不宜。先王知其如此，故知农者以为后稷[21]，知工者以为共工[22]。其德厚而才高者以为之长，德薄而才下者以为之佐属。又以久于其职，则上狃习[23]而知其事，下服驯而安其教，贤者则其功可以至于成，不肖者则其罪可以至于著，故久其任而待之以考绩之法。夫如此，故智能才力之士，则得尽其智以赴功，而不患其事之不终、其功之不就也。偷惰苟且之人，虽欲取容于一时，而顾僇辱[24]在其后，安敢不勉乎？若夫无能之人，固知辞避而去矣。居职任事之日久，不胜任之罪，不可以幸而免故也。彼且不敢冒而知辞避矣，尚何有比周[25]、谗谄、争进之人乎？取之既已详，使之既已当，处之既已久，至其任之也又专焉，而不一一以法束缚之，而使之得行其意，尧、舜之所以理百官而熙众工[26]者，以此而已。《书》曰："三载考绩，三考，黜陟幽明[27]。"此之谓也。然尧、舜之时，其所黜者则闻之矣，盖四凶[28]是也；其所陟者，则皋陶[29]、稷、契[30]皆终身一官而不徙。盖其所谓陟者，特加之爵命、禄赐而已耳。此任之之道也。

夫教之、养之、取之、任之之道如此，而当时人君，又能与其大臣悉其耳目心力，至诚恻怛[31]，思念而行之，此其人臣之所以无疑，而于天下国家之事，无所欲为而不得也。

〔注〕 ① 趋：遵循，求合。 ② 教：教育。养：培养。取：选拔。任：任用。 ③ 乡、党：

古代地方组织。周制，五百家为党，一万二千五百家为乡。乡党之学名庠。 ④ 法言：合乎礼法的言论。 ⑤ 饶之以财：指厚其俸禄。 ⑥ 庶人之在官者：指《周礼·春官》中够不上"王臣"的府、史、胥、徒等下级吏役。 ⑦ 代其耕：代替其耕田的收入。 ⑧ 世禄：世代享有的爵禄。 ⑨ 放僻邪侈：肆意为非作歹。 ⑩ 命数：法定的数量。 ⑪ 道艺：学问与技能。 ⑫ 帅：遵循。 ⑬《王制》：《礼记》篇名。 ⑭《酒诰》：周初禁酒的文告，《尚书》篇名。 ⑮ 抵冒：抗拒冒犯。 ⑯ 治察：管理细密。 ⑰ 通贵：达官显贵。 ⑱ 官使之：任以官职。 ⑲ 试之以事：用担任实际工作来试验。 ⑳ 万官亿丑之贱：指广大的下层官吏。丑，类。 ㉑ 后稷：尧时农官，此泛指。 ㉒ 共工：舜时管百工之官，此泛指。 ㉓ 狃(niǔ)习：习以为常、熟悉。 ㉔ 僇(lù)辱：侮辱。 ㉕ 比周：结党营私。 ㉖ 熙众工：兴办各种政事。 ㉗ 黜陟幽明：罢免糊涂无知的官吏，提升明智有才的官吏。 ㉘ 四凶：相传为尧、舜时代四个恶名昭彰的部族首领。据《尚书·尧典》，指共工、驩兜、三苗、鲧。《左传》谓指浑敦、穷奇、梼杌、饕餮。 ㉙ 皋陶：舜时管刑法的官。 ㉚ 稷、契：稷，主管农事之官。契，舜时司徒，掌文化教育。 ㉛ 恻怛：恳切。

《上仁宗皇帝言事书》，题一作《上皇帝万言书》，作于宋仁宗嘉祐三年(1058)(一说作于嘉祐四年)，是王安石关于变法的纲领性文章。其时王安石调任提点江东刑狱，对社会现实已有相当深入的了解。文章首先尖锐地揭示北宋王朝内外交困、财匮俗衰的深重危机，指出其原因在不知法度，从而提出根据"所遭之变，所遇之势……改易更革天下之事"的因时改革纲领。接着又强调指出，当前要进行变法，其势必不能，关键原因在于人才的严重缺乏。而人才的缺乏，又由于"陶冶而成之者非其道"。节选的这部分，就是文中正面论述人才的教育、培养、选拔、任用之道的核心部分。

这部分的开头是个总旨。先明确指出"方今之急，在于人才而已"这个论断。接着论述人才与变法的关系，指出人才如果众多，在位的官吏就有充足的选择余地；在位者得其才，方能因时势、人情而变更"天下之弊法"。最后指出人才不足，是由于"陶冶而成之者非其道"，亮明了这部分的中心观点。以下便从正面分别论述教之、养之、取之、任之之道。

先论"教之之道"。作者首先指出，古代各级均有学。"朝廷礼乐刑政之事，皆在于学"，学校教育的内容和朝廷的政事是密切结合、完全一致的。"苟不可以为天下国家之用，则不教也。苟可以为天下国家之用者，则无不在于学"，从正反两个方面明确提出学校教育的内容必须紧密结合朝廷礼乐刑政的建设，为其服务。实际上提出了改革单纯讲说章句、教以课试之文章、与天下国家之事相脱离的教学内容和教育制度的主张。

次论"养之之道"。作者提出"饶之以财，约之以礼，裁之以法"三项原则主张。即在经济上给予比较丰厚的待遇，以保证其本人及家人的生活无忧，养其廉洁而离于贪鄙之行。同时，又要有各种制度的约束，“婚丧、祭养、燕享之事，服食、器用之物，皆以命数为之节”；最后，还要用法律加以制裁，“不帅教，则待之以屏弃远方终身不齿之法”；“不循礼，则待之以流、杀之法”，强调对罪行的处罚要严，方能有震慑作用。而在上者还必须以诚恳之心率先垂范，方能使下服从而无抵冒。这是一套比较完整系统的对官吏的管理方案。值得注意的是，王安石在提出这三项原则时，每每从人情的角度论述这样做的原因。如论“饶之以财”时说：“人之情，不足于财，则贪鄙苟得，无所不至。”论“约之以礼”时说：“人情足于财而无礼以节之，则又放僻邪侈，无所不至。”因此这种分析论证切合实际，切合人的常态心理，有说服力。

再论“取之之道”。首先指出，选拔人才，“必于乡党，必于庠序，使众人推其所谓贤能，书之以告于上而察之”，即从基层经过众人的推荐上报，再加以考察；接着强调，这种考察不能只凭上级官吏个人的耳目，而应有一整套有效的考察办法，即“欲审知其德，问以行；欲审知其才，问以言。得其言行，则试之以事。所谓察之者，试之以事是也”，从而明确提出了根据实际言行，通过政治实践来考察人才的主张。最后又进一步明确指出，因为人才众多，君主不可能一一自察，也不可偏属于某一人，使其于一两日间考试其行能而进退之，而应将主要精力放在考察“大官”上，“吾已能察其才行之大者，以为大官矣，因使之取其类以持久试之，而考其能者以告于上”。总之，是从基层推荐选拔，根据实际言行、通过政治实践选拔，君主主要考察公卿之选，这就是王安石提出的考察选拔人才之道。

最后论“任之之道”。首先提出要根据不同对象的不同专长和才德的高下厚薄分别任以最合适的官职，即量才任用，人尽其才。其次是要“久于其职”，使贤能的官吏能够做出显著的成绩，不贤者的罪过也能充分暴露。不仅处之要久，而且任之要专，使官吏能在专任的岗位上行己之意，并援古为证，说明古之贤臣皋陶、稷、契“皆终身一官而不徙”，官吏的升迁主要体现在爵禄上，而不是官职上。

节选的最后一段是对这部分的小结。

作为一篇全面系统阐述自己变法纲领和主张的奏章，要达到引起皇帝的注意并予以采纳的目的，最关键的一条，是所论述的问题切中时弊，所提出的主张切实可行。就节选的这部分而言，作者正面论述的教之、养之、取之、任之之道，实际上正是针对当时现实政治中种种教之、养之、取之、任之不以其道的现象提出来的。紧接这部分正面的论述，文章列举大量现象，对其时这四方面存在的问题和积弊进行了详尽的揭示与分析，其篇幅远远超过了正面的论述。将上面的论述与反面的揭露联系起来，就更能清楚地看出正面论述的具体针对性。如前面提出“苟不可以为天下国家之用，则不教”的原则，后面则揭露当时所教者唯“讲说章句”“课试之文章”而已，“移其精神，夺其日力，以朝夕从事于无补之学，及其任之以事，然后卒然责之以为天下国家之用，宜其才之足以有为者少矣”。其他三方面，对时弊的揭露更为尖锐而详尽。正反面的结合，使正面的论述更有针对性与说服力。另一条则是论述的周详明晰。节选的这部分，前有总旨，后有小结，中间主体四节，又条分缕析，并于每一节中用几句话点出其中心。如“教之之道”一节，点出“苟不可以为天下国家之用，则不教也。苟可以为天下国家之用者，则无不在于学”二语，“养之之道”一节，点出“饶之以财，约之以礼，裁之以法”，均为提要钩玄之语，便于君主的省览与把握。

作者提出的人才的教育、培养、选拔、任用之道，不但切中时弊，切合时须，而且有些主张和原则，今天仍有一定参考价值。（刘学锴）

上时政疏

年月日，具位臣[①]某昧死再拜上疏尊号皇帝[②]陛下：臣窃观自古人主享国日久，无至诚恻怛忧天下之心，虽无暴政虐刑加于百姓，而天下未尝不乱。自秦已下，享国日久者，有晋之武帝、梁之武帝、唐之明皇[③]。此三帝者，皆聪明智略有功之主也。享国日久，内外无患，因循苟且，无至诚恻怛忧天下之心，趋过[④]目前，而不为久远之计，自以祸灾可以无及其身，往往身遇灾祸，而悔无所及。虽或仅得身免，而宗庙固已毁辱，而妻子固已困穷，天下之民固已膏血涂草野，而生者不能自脱于困饿劫束[⑤]之患矣。夫为人子孙，使其宗庙毁辱；为人父母，使其比屋[⑥]死亡。此岂仁孝之主所宜忍者乎？然而晋、梁、唐之三帝，以晏然[⑦]致此者，自以为其祸灾可以不至于此，而不自知忽然已至也。

盖夫天下至大器[⑧]也，非大明法度，不足以维持；非众建贤才，不足以保守。苟无至诚恻怛忧天下之心，则不能询考[⑨]贤才，讲求法度。贤才不用，法度不修，偷假岁月，则幸或可以无他，旷日持久，则未尝不终于大乱。

伏惟皇帝陛下，有恭俭之德，有聪明睿智之才，有仁民爱物之意，然享国日久[⑩]矣。此诚当恻怛忧天下，而以晋、梁、唐三帝为戒之时。

以臣所见，方今朝廷之位，未可谓能得贤才，政事所施，未可谓能合法度。官乱于上，民贫于下，风俗日以薄，财力日以困穷。而陛下高居深拱[⑪]，未尝有询考讲求之意。此臣所以窃为陛下计而不能无慨然者也。

夫因循苟且，逸豫[⑫]而无为，可以侥幸一时，而不可以旷日持久。晋、梁、唐三帝者，不知虑此，故灾稔[⑬]祸变生于一时，则虽欲复询考讲求以自救，而已无所及矣。以古推今，则天下安危治乱，尚可以有为。有为之时，莫急于今日。过今日，则臣恐亦有无所及之悔矣。然则以至诚询考而众建贤才，以至诚讲求而大明法度，陛下今日其可以不汲汲[⑭]乎？《书》曰："若药不瞑眩[⑮]，厥疾弗瘳[⑯]。"臣愿陛下以终身之狼疾[⑰]为忧，而不以一日之瞑眩为苦。

臣既蒙陛下采擢[⑱]，使备从官[⑲]，朝廷治乱安危，臣实预其荣辱。此臣所以不敢避进越[⑳]之罪，而忘尽规之义。伏惟陛下深思臣言，以自警戒，则天下幸甚！

〔注〕①具位臣：谦称自己具位充数，不称其职。　②尊号皇帝：草稿中略去皇帝的尊号，简称"尊号皇帝"。　③"有晋之"句：晋武帝，公元265—290年在位，死后爆发八王之乱。梁武帝，公元502—549年在位，死于侯景之乱。唐明皇，即唐玄宗，公元712—756年在位，晚年爆发安史之乱。　④趋过：苟且度过。　⑤劫束：艰险窘迫。　⑥比屋：家家户户。　⑦晏然：安然。　⑧至大器：最大的宝器。　⑨询考：询问考查。　⑩享国日久：宋仁宗公元1023年即位，至王安石上此奏疏时，已在位三十八年。　⑪高居深拱：高居帝位，垂拱而治。指无所作为。　⑫逸豫：安乐。　⑬灾稔（rěn）：积久的灾祸。稔，积久。　⑭汲（jí）汲：急切努力貌。　⑮瞑眩：眼花头晕。　⑯瘳（chōu）：病愈。　⑰狼疾：指致命之疾。　⑱采擢：录用提拔。　⑲从官：侍从官。王安石时任知制诰，为皇帝起草诏诰。　⑳进越：超越职位权限。

《上时政疏》作于宋仁宗嘉祐六年（1061），当时王安石任知制诰，职责是替皇帝起草诏诰，是皇帝的近臣。文中针对仁宗在位日久，因循苟且，缺乏危机感的心理，援引晋武帝、梁武帝、唐玄宗享国日久，逸豫无为，终于酿成祸乱的历史教训，指出趋过目前，不计久远，旷日持久，必酿祸乱。要求仁宗有为思变，抓紧时机进行变法。可以说是一篇援古警今的预警书。

文章的第一段主要论述晋武帝、梁武帝、唐玄宗统治的历史教训。这三位皇帝都具有以下几个共同特点：一是“皆聪明智略有功之主”，晋武、梁武为开国之主，唐玄宗则致开元之治。二是享国日久，内外无患。三是因循苟且，缺乏危机感。这和第一、二两点有密切联系。第四是生前或身后爆发巨大变乱，给国家、人民造成灾难。第四点是前三点，特别是第三点导致的严重后果。在前面这三点上，宋仁宗跟这三位君主都有明显的相似之处。王安石援引他们统治的历史教训，正是为了警戒宋仁宗切勿重犯他们的错误，重蹈他们的覆辙。因此一开头就明确指出：“自古人主享国日久，无至诚恻怛忧天下之心，虽无暴政虐刑加于百姓，而天下未尝不乱。”这一段的最后又语重心长地提醒：“然而晋、梁、唐之三帝，以晏然致此者，自以为其祸灾可以不至于此，而不自知忽然已至也。”开头的明确论断，意在强调，这是带规律性的历史现象；结尾的提醒，重在说明这种祸乱的发生，往往不为当事的君主所自知，因而尤其值得警惕。

第二段承上对以晏然致乱的原因进行分析。指出天下乃至大之器，治理这样庞大的国家机器，必须“大明法度”“众建贤才”；如果统治者缺乏忧念天下的心意，就不可能询考贤才，讲求法度，“贤才不用，法度不修”而又苟且偷安、旷日持久，则“未尝不终于大乱”。论证环环相扣，层层进逼，非常具有说服力。

在援引历史教训，进行理论分析的基础上，三、四两段就进而联系仁宗在位的实际进行阐说。先指出其“享国日久”，以说明“此诚当恻怛忧天下，而以晋、梁、唐三帝为戒之时”；继又针对当前的政治现实，指出朝廷之位未可谓能得贤才；政事所施，未可谓能合法度。从而造成“官乱于上，民贫于下，风俗日以薄，财力日以困穷”的政治经济社会危机；危机如此严重，而仁宗仍高居深拱，未尝有询考贤才、讲求法度之意，这才是更大的危险，因而作者语重心长地说：“此臣所以窃为陛下计而不能无慨然者也。”

第五段是全文的重心，也是对以上各段内容的综合与总结。先重提晋、梁、唐三帝的历史教训，指出不能等灾祸已经发生时再求自救。然后指出“以古推今，则天下安危治乱，尚可以有为；有为之时，莫急于今日。过今日，则臣恐亦有无所及之悔矣”。步步紧逼，突出进行变革的紧迫性。同时，引经据典，强调统治者应“以终身之狼疾为忧，而不以一日之瞑眩为苦”，痛下改革的决心。

末段结合自己备位从官、实预朝廷治乱安危与荣辱，表明不避进越之罪、尽规谏之义的态度，是对上疏原因的一种说明，也表现了作者的政治责任感。

本篇与《上仁宗皇帝言事书》之全面论述变法的必要性与方针原则、主要关键不同，也与《本朝百年无事札子》以揭示现实政治危机为主有别。它以历史教训为切入点，主要论述因循苟且必致祸乱的道理，以强调主政者必须有忧患感、危机感。也就是说，它主要是从思想意识层面提高对危机的认识，克服因循苟安思想，认识到进行变革的紧迫性，对具体的现实政治弊端并不展开论述。文章说理透辟剀切，虽尽言极论而无危言耸听、张大其词之感，充分表现出作者的远见卓识和正直敢言的政治家品格。

（刘学锴）

本朝百年[1]无事札子[2]

臣前蒙陛下问及本朝所以享国百年，天下无事之故。臣以浅陋，误承圣问，迫于日晷[3]，不敢久留，语不及悉，遂辞而退。窃惟念圣问及此，天下之福，而臣遂无一言之献，非近臣[4]所以事君之义，故敢昧冒而粗有所陈。

伏惟太祖躬上智独见之明，而周知人物之情伪。指挥付托，必尽其材；变置施设，必当其务。故能驾驭将帅，训齐[5]士卒，外以捍夷狄，内以平中国。于是除苛赋，止虐刑，废强横之藩镇，诛贪残之官吏。躬以简俭为天下先，其于出政发令之间，一以安利元元为事。太宗承之以聪武，真宗守之以谦仁，以至仁宗、英宗，无有逸德[6]。此所以享国百年，而天下无事也。

仁宗在位，历年最久，臣于时实备从官[7]，施为本末[8]，臣所亲见。尝试为陛下陈其一二，而陛下详择其可，亦足以申鉴于方今。伏惟仁宗之为君也，仰畏天，俯畏人，宽仁恭俭，出于自然，而忠恕诚悫，终始如一。未尝妄兴一役，未尝妄杀一人。断狱务在生之，而特恶吏之残扰。宁屈己弃财于夷狄，而终不忍加兵[9]。刑平而公，赏重而信；纳用谏官御史，公听并观[10]，而不蔽于偏至之谗；因任[11]众人耳目，拔举疏远，而随之以相坐之法[12]。盖监司[13]之吏以至州县，无敢暴虐残酷，擅有调发以伤百姓。自夏人顺服，蛮夷遂无大变，边人父子夫妇，得免于兵死，而中国之人，安逸蕃息，以至今日者，此未尝妄兴一役，未尝妄杀一人，断狱务在生之，而特恶吏之残扰，宁屈己弃财于夷狄，而不忍加兵之效也。大臣贵戚，左右近习[14]，莫敢强横犯法，其自重慎，或甚于闾巷之人，此刑平而公之效也。募天下骁雄横猾以为兵，几至百万，非有良将以御之，而谋变者辄败；聚天下财物，虽有文籍，委之府史，非有能吏以钩考，而断盗者辄发；凶年饥岁，流者填道，死者相枕，而寇攘者辄得，此赏重而信之效也。大臣贵戚，左右近习，莫能大擅威福，广私货赂，一有奸慝[15]，随辄上闻；贪邪横猾，虽间或见用，未尝得久，此纳用谏官御史，公听并观，而不蔽于偏至之谗之效也。自县令京官以至监司台阁[16]，升擢之任，虽不皆得人，然一时之所谓才士，亦罕蔽塞而不见收举者，此因任众人之耳目，拔举疏远，而随之以相坐之法之效也。升遐之日，天下号恸，如丧考妣，此宽仁恭俭，出于自然，忠恕诚悫，终始如一之效也。

然本朝累世因循末俗之弊，而无亲友群臣之议。人君朝夕与处，不过宦官女子出而视事，又不过有司之细故，未尝如古大有为之君，与学士大夫讨论先王之法，以措之天下也。一切因任自然之理势，而精神之运，有所不加，名实之间，有所不察。君子非不见贵，然小人亦得厕其间；正论非不见容，然邪说亦有时而用。以诗赋记诵求天下之士，而无学校养成之法。以科名资历叙朝廷之位，而无官司课试之方。监司无检察之人，守将非选择之吏。转徙之亟，既难于考绩，而游谈之众，因得以乱真。交私养望[17]者，多得显官，独立营职者，或见排沮。故上下偷惰取容而已，虽有能者在职，亦无以异于庸人。农民坏于徭役，而未尝特见救恤，又不为之设官，以修其水土之利。兵士杂于疲老，而未尝申敕训练，又不为之择将，而久其疆埸[18]之权。宿卫则聚卒伍无赖之人，而未有以变五代姑息羁縻之俗。宗室则无教训选举之实，而未有以合先王亲疏隆杀[19]之宜。其于理财，大抵无法，故虽俭约而民不富，虽忧勤而国不强。赖非夷狄昌炽之时，又无尧、汤水旱之灾，故天下无事，过于百年。虽曰人事，亦天助也。盖累圣相继，仰畏天，俯畏人，宽仁恭俭，忠恕诚悫，此其所以获天助也。

伏惟陛下躬上圣之质，承无穷之绪，知天助之不可常恃，知人事之不可怠终，则大有为之时，正在今日。臣不敢辄废将明[20]之义，而苟逃讳忌之诛，伏惟陛下幸赦而留神，则天下之福也。取进止[21]。

〔注〕①百年：自宋太祖建国(960)到写这通奏章的熙宁元年(1068)，共百余年。②札子：奏章。欧阳修《归田录》卷二："凡群臣百司上殿奏事，两制以上，非时有所奏陈，皆用札子。"③迫于日晷(guǐ)：限于时间。日晷，日影，指时间。④近臣：作者时任翰林学士，故自称"近臣"。⑤训齐：训练使其整齐划一。⑥逸德：失德。⑦备从官：备位侍从之官。指任知制诰。⑧施为本末：政治措施的始终。⑨"宁屈己"二句：仁宗庆历二年(1042)，辽国屯兵边境，声言南侵，仁宗派使臣求和，增加给辽岁币银十万两，绢十万匹。四年，封赵元昊为夏王，岁给银、绢二十五万五千。⑩公听并观：听取多方面意见、全面考察。⑪因任：依靠。⑫相坐之法：牵连犯罪的法律。此指被举荐者犯罪，举荐者也连带犯罪。⑬监司：宋代各路分设安抚、转运、提点刑狱、提举常平四司，其中转运使、提点刑狱有监察本路官吏之责，称监司。⑭左右近习：指宦官。⑮慝(tè)：邪恶。⑯台阁：指中央政府机构。⑰交私养望：结交私党以抬高声望。⑱疆埸(yì)：边界。⑲隆杀：增减。此指待遇而言。⑳将明：奉行职责，阐明事理。语本《诗·大雅·烝民》："肃肃王命，仲山甫将之；邦国若否，仲山甫明之。"㉑取进止：听候(皇帝)裁决。进止，犹可否。

本篇是宋神宗熙宁元年(1068)四月作者任翰林学士时所上的奏章。神宗即位后，锐意改革，对曾上万言书的王安石非常倚重，特将其从江宁召至汴京，任为翰林学士兼侍讲。一次召见，神宗向他询问"祖宗守天下，能百年无大变，粗致太平，以何道也"(《通鉴长编纪事本末》卷五十九)，王安石因此上奏章阐述自己对这一问题的看法，并顺势提出变法有为的主张。

客观地说，"本朝百年无事"之道这样一个问题，很容易被思想保守的人做成一篇歌颂祖宗功德、主张遵循祖宗旧法的文章。对于王安石这种一贯主张改革变法的人来说，回答这个问题可以说颇费踌躇：既不能避开皇帝问的问题不作正面回答，又不能将奏章的内容限制在"百年无事"之因这个范围内，特别是不能限制在"无事"这一表象上。否则，就很难将奏章真正的重点落到揭露时弊、倡言改革上来。应该说，题目和作者要着重表达的题旨之间存在着矛盾。作者正是通过巧妙的构思很好地解决了这个矛盾：既正面回应"百年无事"之因这个问题，又透过"无事"的表象揭露积弊，倡言改革，表达了自己的一贯主张。

开头一段是个引子，说明承召入对时因时间匆促，未能详言，故作此奏章上陈。"迫于日晷"云云，恐非托辞，其中正透露作者需要时间来构思这篇奏章，做到既回答皇帝所问，又表达自己的政见。强调近臣事君之义，正表明奏章的内容不是粉饰太平之词，而是揭露时弊、呼吁放革之词，表现了鲜明的政治责任感。

第二段正面回答“本朝百年无事”之因。历叙太祖、太宗、真宗、仁宗、英宗五朝。其中太祖是开国皇帝，许多重要制度措施均在他统治期间创建并一直沿袭，故作为重点详加论述分析，其余诸帝则一带而过（仁宗朝留待三、四两段详加论析）。对太祖的颂扬，涉及其知人善任及除苛赋、止虐刑、废藩镇、诛贪吏等政治措施，“出政发令之间，一以安利元元为事”的施政原则。这些方面，实际上也反映了王安石自己的政见。这种借总结“百年无事”经验以表达自己政见的做法，相当巧妙。太宗、真宗，仅以“聪武”“谦仁”一语带过；仁宗、英宗，则径曰“无有逸德”，为下一段专论仁宗朝预留地步。

整个第三段，专论仁宗。这不单是因为“仁宗在位，历年最久”，占了百年中的四十余年，更由于仁宗在位的这段时间，正是宋王朝表面上繁荣太平，实际上积弊丛生、危机日深的转折期，而王安石又亲历了仁宗朝的“施为本末”，对情况的了解相当全面透彻，因而通过对仁宗朝“无事”表象的深入剖析，正可揭示出其潜藏的危机，从而提出变革的主张。整个第三段是从正面论述仁宗朝各种政治措施成效，以回答“无事”之由的。先总提，后分论“刑平而公之效”，“赏重而信之效”，“纳用谏官御史，公听并观，而不蔽于偏至之谗之效”，“因任众人之耳目，拔举疏远，而随之以相坐之法之效”，“宽仁恭俭，出于自然，忠恕诚悫，终始如一之效”。这些论述中，有一点值得注意：即突出强调仁宗“宽仁”的性格，将他在位期间所实行的政治措施与这种性格联系起来，如说他“断狱务在生之，而特恶吏之残扰。宁屈己弃财于夷狄，而终不忍加兵”，“未尝妄兴一役，未尝妄杀一人”。这里既有肯定和颂扬，也寓含委婉的批评。如说他“宁屈己弃财于夷狄，而终不忍加兵”，就对仁宗的对外妥协求和政策不无微词。因此对仁宗的颂扬之词如“自夏人顺服，蛮夷遂无大变，边人父子夫妇，得免于兵死，而中国之人，安逸蕃息，以至今日”也不免要大打折扣，因为这种“安逸蕃息”是以“屈己弃财于夷狄”的代价换来的。这实际上也揭示了“百年无事”表象下的可悲真实。除此之外，这段论述中有的颂扬之词是褒中有贬，如说仁宗“仰畏天，俯畏人”，这跟王安石倡言的不畏天命、不恤人言显然不同，细加体味，不无委婉批评之意；有的则是在褒扬的同时又有批评，如“募天下骁雄横猾以为兵，几至百万，非有良将以御之，而谋变者辄败”；“凶年饥岁，流者填道，死者相枕，而寇攘者辄得”；“贪邪横猾，虽间或见用，未尝得久”，就揭示了仁宗在任用将帅官吏方面的失误和太平繁荣表象下的危机。但总的来说，第三段主要还是对仁宗在位期间施政的颂扬，揭露与批评是次要的。

第四段掉转笔锋，来纵论“本朝累世因循末俗之弊”。看似离题，实则在第三段对仁宗朝情况的论述中，已在一定程度上揭示出“无事”表象下的“有事”，“安逸蓄息”表象下的积弱，太平繁荣表象下的危机。因此这一段顺势对“累世因循末俗之弊”作集中的揭露，正是顺理成章。所揭示的流弊有以下十个方面：一是皇帝平常很少与学士大夫讨论“先王之法”，以求变法图强，所接触的多为宦官女子及有司的具体政事，缺乏战略远见。二是因循旧法，听任自然，缺乏“精神之运”即主观能动性。三是君子小人杂厕，正论邪论并用。四是科举制度以诗赋、记诵取士，无学校培养有用人才之法。五是以科名资历叙官位，而无考察官吏绩能的有效办法。六是各地监司及守将所择非人，官吏迁转太频，难以考绩。七是农民困于徭役，水利失修。八是军队兵士疲老缺乏训练，将领不能久其疆埸之权，京师宿卫多无赖子弟。九是宗室的教育选拔制度缺乏。十是理财无法。以上所揭露的累世积弊，实际上大部分是他后来变法的内容，可见在上这道奏疏时对变法的问题已经思考得相当成熟。在历举累世积弊之后，王安石意味深长地将话题又转回到“本朝百年无事”之因上来，作出总结性的回答：“赖非夷狄昌炽之时，又无尧、汤水旱之灾，故天下无事，过于百年。虽曰人事，亦天助也。”这实际上是说，累朝之弊已十分严重，之所以未出大乱子，是由于外无强敌压境，内无水旱大灾。“天助”云云，实为侥幸、天幸之代名词。“虽曰人事”云云，对历朝正确的措施虽仍有所肯定，但已是近乎虚晃一枪了。这一段集中揭示的积弊，虽是百年来渐进形成的，但在位时间最长的仁宗朝，却是上述弊端加深加重的关键时期。因此这一段也可以看成对仁宗朝积弊的深入揭露。

最后一段，顺着以上的答案，指出“天助之不可常恃”，“人事之不可怠终”，“大有为之时，正在今日”，呼吁立即进行改革。显得水到渠成，顺理成章。

与《上仁宗皇帝言事书》之规模宏大，详尽反复有所不同，本篇以言简意赅、深刻尖锐、组织严密、笔意巧妙为主要特色。从中不但可以看出作者透辟的分析能力和卓越的识见，而且可以窥见其善于辞令的一面。上此奏章的第二年，王安石即被任命为参知政事，实行变法。可见这通奏章对神宗的震撼力。

（刘学锴）

伯　夷[1]

事有出于千世之前，圣贤辩之甚详而明，然后世不深考之，因以偏见独识[2]，遂以为说，既失其本，而学士大夫共守之不为变者，盖有之矣，伯夷是已。

夫伯夷，古之论有孔子、孟子焉，以孔、孟之可信，而又辩之反复不一，是愈益可信也。孔子曰："不念旧恶，求仁而得仁，饿于首阳之下，逸民也。"孟子曰："伯夷非其君不事，不立恶人之朝，避纣居北海之滨，目不视恶色，不事不肖，百世之师也。"[③]故孔、孟皆以伯夷遭纣之恶，不念以怨，不忍事之，以求其仁，饿而避，不自降辱，以待天下之清，而号为圣人耳。然则司马迁以为武王伐纣，伯夷叩马而谏，天下宗周，而耻之，义不食周粟，而为《采薇之歌》，韩子[④]因之，亦为之颂，以为微二子，乱臣贼子接迹于后世，是大不然也。

夫商衰而纣以不仁残天下，天下孰不病纣？而尤者，伯夷也。尝与太公[⑤]闻西伯善养老，则往归焉。当是之时，欲夷纣者，二人之心岂有异邪？及武王一奋，太公相之，遂出元元于涂炭之中，伯夷乃不与，何哉？盖二老，所谓天下之大老，行年八十余，而春秋固已高矣。自海滨而趋文王之都，计亦数千里之远，文王之兴以至武王之世，岁亦不下十数，岂伯夷欲归西伯而志不遂，乃死于北海邪？抑来而死于道路邪？抑其至文王之都而不足以及武王之世而死邪？如是而言伯夷，其亦理有不存者也。

且武王倡大义于天下，太公相而成之，而独以为非，岂伯夷乎？天下之道二，仁与不仁也[⑥]。纣之为君，不仁也；武王之为君，仁也。伯夷固不事不仁之纣，以待仁而后出。武王之仁焉，又不事之，则伯夷何处乎？余故曰圣贤辩之甚明，而后世偏见独识者之失其本也。呜呼，使伯夷之不死，以及武王之时，其烈[⑦]岂减太公哉！

〔注〕 ① 伯夷：商末孤竹君长子。孤竹君欲立次子叔齐为继承人，他死后，叔齐让位给伯夷，伯夷不受。二人先后投奔到周国。周武王伐纣，伯夷、叔齐劝阻。武王灭商后，二人耻食周粟，逃到首阳山采薇而食，饿死山中。事见《史记·伯夷列传》。 ② 独识：个人的见解。 ③"孔子曰"十二句：孔、孟有关伯夷的议论，分见《论语·公冶长》《述而》《季氏》《微子》及《孟子·万章下》《公孙丑上》。 ④ 韩子：指韩愈，作《伯夷颂》，称之为"信道笃而自知明"，"举世非之，力行而不惑者"，"微二子，乱臣贼子接迹于后世"。 ⑤ 太公：即太公望，姜姓，吕氏，名望。传其钓于渭滨，文王出猎遇之，与语大悦，载归，曰："吾太公望子久矣。"因号太公望。后佐

武王灭商。文中所引述投归西伯(即周文王)养老之说,见《孟子·离娄上》。⑥"天下"二句:见《孟子·离娄上》引孔子语。⑦烈:功绩。

长期以来,受司马迁《史记·伯夷列传》的影响,伯夷一直被视为不事新朝的遗老与高士的典型。韩愈作《伯夷颂》,虽系借以自抒其"举世非之,力行而不惑"的精神品格及对"乱臣贼子"的痛恨,但在史实的叙述上,仍本《史记·伯夷列传》"武王……东伐纣,伯夷、叔齐叩马而谏……武王已平殷乱,天下宗周,而伯夷、叔齐耻之,义不食周粟,隐于首阳山,采薇而食之……遂饿死于首阳山"之说。王安石这篇文章,则一反传统看法,提出了自己对伯夷为人的独特见解。

文章一开头用一个突兀而来的超长句提出问题:有的事发生在千世之前,圣贤原已讲得很清楚,但后世不加深考,以一己之偏见立说,使事情失其本来面目,其后的学士大夫又守偏见而不变,伯夷的事就是典型。其中提到的"后世不深考"者,指司马迁的《史记·伯夷列传》;而"学士大夫"则指韩愈一类人。一开头就树起了批判的靶子。这个长句,既曲折盘旋,又一气灌注,具有一股浩大的气势。

第二段承"圣贤辩之甚详而明",主要是引述孔、孟有关伯夷的议论作为自己立论的依据。引孔子之论,主要着眼于"求仁而得仁",而对"饿于首阳之下,逸民也"之论则不加置评;引孟子之说,则主要着眼于"非其君不事,不立恶人之朝,避纣居北海之滨",并将孔、孟的上述评论联系起来,加以综合,从而得出如下结论:"故孔、孟皆以伯夷遭纣之恶,不念以怨,不忍事之,以求其仁,饿而避,不自降辱,以待天下之清,而号为圣人耳。"这个结论,有符合孔、孟原意之处,也有王安石自己对孔、孟评论含意的推测(如说伯夷避纣是"待天下之清")。接下来,就据此对司马迁、韩愈之说作指名道姓的严厉批评。以时代更早、更权威的圣贤之论来批驳后世的"偏见独识",理足气盛,故直斥之为"大不然"。

第三段进一步正面申述自己对伯夷的看法。主要依据孔孟的"求仁""避纣"之论进行推论。先指出纣不仁,伯夷避纣,与吕望皆闻西伯善养老而往归之,从而得出伯夷"欲夷纣"的心愿与吕望无异。既然如此,他就不可能在武王伐纣时叩马而谏,认为这是"以臣弑君""以暴易暴",义不食周粟而饿死。从而否定司马迁的上述记载,也否定韩愈的"乱臣贼子"之说。将伯夷与佐周灭商的吕望绑在一起,相提并论,是颇为巧妙的论证方法。但伯夷最终饿死于首阳之下,未参加灭纣兴周之举,是历史事实,故作者又提出自己的推论,共三层:一是因年事已高,路途遥远,历时又长,欲归西伯而志不遂,死于北海;二是已动身前来而死于道路;三是已至文王之都而未赶上武王伐纣之时。这三种推论都没有任何事实依据，仅仅是作者根据自己对伯夷的理解所作的推测猜想，故段末说："如是而言伯夷，其亦理有不存者也。"口气比较灵活。

最后一段，又反过来推论：武王倡伐纣之大义，太公辅佐而成就大业，"夷纣"之心与吕望无异的伯夷不可能以之为非而加以劝阻反对。原因在于：天下之道惟仁与不仁；纣之为君不仁，武王之为君仁。伯夷当然不事不仁之纣，以等待仁君而后出仕；武王是仁君，又不服事之，则伯夷何以自处？这段推论，完全是抓住仁与不仁作文章，辩驳振振有词，同样显得理盛气足。然后回应篇首，重申自己的观点："圣贤辩之甚明，而后世偏见独识者之失其本。"并感慨系之，补上一句自己的推想："使伯夷之不死，以及武王之时，其烈岂减太公哉！"为自己心目中积极用世的伯夷形象添上重彩浓墨的最后一笔。

总之，作者按照自己的人生态度和政治观点，引述孔孟有关言论，为己所用，论证了伯夷和吕望一样，都是痛恨暴君虐政，拥护仁君善政，希图积极用世，建功立业的人物。他之所以未能像吕望一样，建立佐周灭商的功勋，只不过是因为先武王之世而死的缘故。从而树立了与遗老高士相对立的伯夷形象。所论虽多推想之辞，却表现了不拘于传统成见的精神和热情用世的态度。这种别具一格的历史人物论，和王安石许多关于翻案的咏史诗在精神上一脉相通，带有借题抒怀的性质。它不是以论证的严密著称，而是以见解的新颖取胜。（刘学锴）

材　论

天下之患[①]，不患材之不众，患上之人[②]不欲其众[③]；不患士之不欲为，患上之人不使其为也。夫材之用，国之栋梁也，得之则安以[④]荣，失之则亡以辱。然上之人不欲其众、不使其为者，何也？是有三蔽[⑤]焉。其尤蔽者，以为吾之位可以去辱绝危，终身无天下之患，材之得失无补于治乱之数[⑥]，故偃然[⑦]肆[⑧]吾之志，而卒入于败乱危辱，此一蔽也。又或以谓吾之爵禄[⑨]贵富足以诱天下之士，荣辱忧戚在我，吾可以坐骄[⑩]天下之士，而其将无不趋我者，则亦卒入于败乱危辱而已，此亦一蔽也。又或不求所以养育取用之道，而諰諰然[⑪]以为天下实无材，则亦卒入于败乱危辱而已，此亦一蔽也。此三蔽者，其为患[⑫]则同，然而用心非不善，而犹可以论其失者，独以天下为无材者耳。盖其心非不欲用天下之材，特[⑬]未知其故也。

且人之有材能者，其形[14]何以异于人[15]哉？惟其遇事而事治[16]，画策[17]而利害得，治国而国安利，此其所以异于人也。上之人苟[18]不能精察之、审用之，则虽抱皋、夔、稷、契[19]之智，且不能自异于众，况其下者乎？世之蔽者方曰："人之有异能于其身，犹锥之在囊[20]，其末[21]立见，故未有有其实而不可见者也。"此徒有见于锥之在囊，而固未睹夫马之在厩[22]也。驽骥[23]杂处，饮水食刍[24]，嘶鸣蹄啮[25]，求其所以异者蔑[26]矣。及其引[27]重车，取夷路[28]不屡策[29]，不烦御[30]，一顿其辔[31]而千里已至矣。当是之时，使驽马并驱，则虽倾轮绝勒[32]，败筋伤骨，不舍昼夜而追之，辽[33]乎其不可以及也。夫然后骐骥騕褭[34]与驽骀[35]别矣。古之人君知其如此，故不以天下为无材，尽其道以求而试[36]之。试之之道，在当其所能而已。

夫南越之修簳[37]，镞[38]以百炼之精金，羽[39]以秋鹗[40]之劲翮[41]，加强弩[42]之上而彍[43]之千步之外，虽有犀兕[44]之捍[45]，无不立穿而死者，此天之利器，而决胜觌武[46]之所宝也。然而不知其所宜用，而以敲扑，则无以异于朽槁[47]之梃[48]。是知虽得天下之瑰材桀智[49]，而用之不得其方，亦若此矣。古之人君知其如此，于是铢量[50]其能而审处之，使大者小者、长者短者、强者弱者无不适其任者焉。如是，则士之愚蒙鄙陋者，皆能奋其所知以效小事，况其贤能智力卓荦[51]者乎？呜呼！后之在位者，盖未尝求其说而试之以实也，而坐[52]曰天下果无材，亦未之思而已矣。

或曰：古之人于材有以教育成就之，而子独言其求而用之者何也？曰：天下法度未立之先，必先索[53]天下之材而用之；如能用天下之材，则能复先王之法度。能复先王之法度，则天下之小事无不如先王时矣，况教育成就人材之大者乎？此吾所以独言求而用之之道也。

噫！今天下盖尝患无材。吾闻之，六国合从[54]，而辩说[55]之材出；刘、项并世[56]，而筹画战斗之徒起；唐太宗[57]欲治，而谟谋[58]谏诤[59]之佐[60]来。此数辈者，方此数君未出之时，盖未尝有也；人君苟欲之，斯至矣。今亦患上不求之、不用之耳。天下之广，人物之众，而曰果无材者，吾不信也。

〔注〕 ① 患：忧虑。 ② 上之人：泛指位居高层的统治者，此处指皇帝。 ③ 不欲其众：不希望人才多。 ④ 以：同“而”，下一句的“以”同。 ⑤ 蔽：遮挡，蒙蔽。这里引申为偏见。 ⑥ 数：旧指气数，即命运。这里指人才的得失，对国家治乱的命运无所补益，不起作用。 ⑦ 偃(yǎn)然：安乐的样子。 ⑧ 肆：放纵。 ⑨ 爵禄：官位和俸禄。 ⑩ 坐骄：安然不动，傲视天下。 ⑪ 谡(xǐ)谡然：担心害怕的样子。 ⑫ 患：祸害。与首句“患”字意不同。 ⑬ 特：但，只不过。 ⑭ 形：指外表。 ⑮ 人：指普通人。 ⑯ 事治：把事情办理好。 ⑰ 画策：出谋划策。 ⑱ 苟：假如，如果。 ⑲ 皋(gāo)：皋陶(yáo)，姓偃，相传曾被舜帝任为管刑法的官。夔(kuí)：舜时期的乐官。稷：是历山氏之子，名农，能种植百谷。为五谷之神。契(xiè)：相传是舜的大臣，主管教化。为商朝的祖先。 ⑳ 锥之在囊：典故见《史记·平原君列传》。这里比喻有杰出才能的人士是不会被埋没的，就像放在口袋里的锥子一样，马上会露出尖端来。囊，口袋。 ㉑ 末：本指树梢，引申为末梢。锥末，即锥尖。 ㉒ 厩(jiù)：马棚。 ㉓ 驽(nú)：劣马。骥(jì)：千里马，常以比喻杰出的人才。 ㉔ 刍(chú)：喂牲畜的草料。 ㉕ 啮(niè)：咬。 ㉖ 蔑(miè)：无，没有。 ㉗ 引：拉。 ㉘ 夷路：平坦的路。 ㉙ 策：鞭打。 ㉚ 御：驾驶，控制。 ㉛ 一顿其辔(pèi)：一拉马缰绳。 ㉜ 倾轮绝勒：车轮歪斜，马缰绳勒断了。 ㉝ 辽：远，远远地。 ㉞ 骐骥：良马。騕褭(yǎo niǎo)：骏马名。 ㉟ 驽骀(tái)：能力低下的劣马。比喻才能平庸。 ㊱ 试：任用，考察。 ㊲ 修簳(gǎn)：长的箭。 ㊳ 镞(zú)：箭头。 ㊴ 羽：羽毛。这里作动词用，即插上羽毛。 ㊵ 鹗(è)：鸟名，也叫鱼鹰。头顶和颈后羽毛为白色。性凶猛。 ㊶ 劲翮(hé)：坚硬的翎管，可造箭尾。 ㊷ 弩(nǔ)：古代一种利用机械力量射箭的弓。 ㊸ 彍(kuò)：张满弩弓。 ㊹ 犀兕(sì)：像野牛似的猛兽。犀有二角，兕是雌性的犀牛，只有一角。 ㊺ 捍(hàn)：凶悍、勇猛。 ㊻ 觌(dí)武：以武力相见，即打仗的意思。 ㊼ 朽槁(gǎo)：枯朽，干枯。 ㊽ 梃(tǐng)：棍棒。 ㊾ 瑰材桀智：指奇伟杰出的人才。 ㊿ 铢量：仔细地衡量。 (51) 卓荦(luò)：超绝。 (52) 坐：徒然，空。 (53) 索：搜求，寻找。 (54) 六国合从(zòng)：指战国时齐、楚、燕、韩、赵、魏，六国联合起来抗秦的策略。因六国地连南北，故称合从，合从亦作“合纵”。 (55) 辩说：辩论、游说。 (56) 刘、项并世：刘邦和项羽同处在一个时代。指公元前206—前202年，刘邦和项羽相持五年之久的楚汉战争年代。在这次战争中，双方都出现了许多人才。 (57) 唐太宗：即李世民，唐朝第二代皇帝。 (58) 谟(mó)谋：计策、谋略。 (59) 诤(zhèng)：直言规谏。 (60) 佐：辅佐。这里指辅佐之臣。

《材论》一文，从题目即可看出，是一篇专讲人才问题的专论。

在文中王安石对人才的重要性和选拔、使用人才的方法，作了相当精辟的论述，被列宁誉为“中国十一世纪改革家”的王安石，面对北宋日益严重的社会政治问题“慨然有矫世变俗之志”(《宋史·王安石传》)。而改革弊政的关键问题，他认为就是人才问题。

嘉祐四年(1059)三十九岁的王安石担任了三司度支判官的职务，这年他写了《上仁宗皇帝言事书》，全面提出了自己的改革方针，而改革的最大障碍"以方今天下之人才不足故也"。人才不足，为万言书中之要义。因为新法要靠有志改革的人去推行，腐败的官僚队伍是不可能去推行改革的。但北宋当时的社会情况王安石早已深入调查研究过，他说："今以一路数千里之间，能推行朝廷之法令，知其所缓急，而一切能使民以修其职事者甚少，而不才苟简贪鄙之人，至不可胜数。……朝廷每一令下，其意虽善，在位者犹不能推行，使膏泽加于民。而吏辄缘之为奸，以扰百姓。"形成这种情况的原因，在于宋朝官僚制度腐败，教养不得其道，而又"取之不详，使之不当，处之不久，任之不专"，合此数端，彻底败坏了天下之人才。为了改变这种状况，他提出了培养人才、选拔人才、使用人才的方针，即"教之、养之、取之、任之"之道。他希望整顿教育，改革科举和任用官吏的制度，建立一个能够推行革新路线的官吏队伍，从而实行自上而下的改革。文中他疾呼"方今之急，在于人材而已"。

这篇万言书是王安石改革的总纲。但要想实现他具有远见卓识的人才观与方略，却面临社会上的诸多阻力。不批判和纠正当时的社会弊病，大批优秀人才便无由以出，变法图新也就难成。因此，在人才观方面的是非问题不可不辩论清楚，在此背景之下，《材论》这篇专论便应运而生。

这是一篇驳论型的论说文。《文心雕龙·论说》中说："论者，伦也。伦理无爽，则圣意不坠。"论这种文体，主要是用以把是非辨别清楚。驳论即驳斥对方的错论观点，并在驳斥敌论的过程中树立自己的正确观点。《材论》一文，篇幅不长，却有较强的针对性，有的放矢，批驳有力，深刻阐明了有关人才的重大社会问题，表达了"索天下之才而用之"的政治改革家的宏图大略。可以说是王安石改革图新的"招贤书"。文中巧用比喻，类比史实，既有浓厚的论说文的政治色彩，又有较强的说服力和一定的感染力。

（一）正面亮出作者的人才观，批驳上层统治者不重视人才的"三蔽"：王安石首先指出"夫材之用，国之栋梁也"，人才是国家栋梁，得到他们，国家就会安定而昌盛；失去他们，国家就要灭亡而遭受屈辱。把人才问题提高到关乎国家生死存亡的高度，是治国的极端重要的大事。但是当今"上之人"，最上层的统治者，却"不欲其众、不使其为"，他们不希望人才众多，也不让他们有所作为，这是当今社会之大患，所以作者文章伊始便喊出"天下之患，不患材之不众，患上之人不欲其众；不患士之不欲为，患上之人不使其为也"。语气何其坚定！论点何其鲜明！这种社会弊病，是怎么形成的？接着作者尖锐地指出当今在人才问题上存在的"三蔽"，即三种偏见，三种错误观点，并一一加以批驳。

其一,也是最突出的是:认为自己处在最高的地位,无人能够凌辱他,危害他,不论天下有什么灾难,他永远不会碰到,人才得失无关国家治乱。因此随意放纵自己,结果陷入了败乱、危亡和受辱的境地。

其二,又有人以为自己的官位、金钱足以引诱天下有才能的人,他们的荣辱祸福都掌握在自己手里,自己可以傲视天下人才,不用重视、争取、延揽人才,他们也必然会归向自己。结果也会陷入败乱、危亡和屈辱的境地。

其三,又有人不善于培养、选拔和使用人才,而一味忧心忡忡地认为天下实在没有人才,结果也只有陷入败乱、危亡和受辱的境地罢了。

以上,作者在列举了人才问题的三种偏见的同时,还概括其共同的危害性是"卒入于败乱危辱",这一结论真是振聋发聩,发人深省。与前边"失之则亡以辱"相呼应,再一次有力地论证了人才关于国家生死存亡的极端重要性,有必要进一步深入地分析与批驳,但作者对三种偏见并不想平均用力去批驳,因为前两种偏见自视位高、财足,认为人才得失与国家治乱无关的谬论,容易被识破,不需赘述。只有第三种偏见,其"用心非不善""其心非不欲用天下之材","独以天下为无材者耳",这类人,其主观上不是不想用天下人才,而是糊涂无知,不懂选用天下人才之道。对这种人之偏见,作者认为"犹可以论其失者",即作为本文重点批驳的内容。

王安石变法方针大计的实施,要靠皇帝的支持,他的政治论文,大多也是写给皇帝看的,这篇《材论》,也多次出现"上之人""人君""在位者",论述关乎国家存亡的人才大事,当然要使当今在位之人君接受他的论点。抓住主要问题,直言相陈,紧抓不放,语言简洁,道理说透,表现出他驳论文所向披靡的锋芒;但是也要考虑如何让"上之人"乐于接受他的论点,因此在正面亮出自己的论点论据的基础上,进一步运用文学上的巧比妙喻手法,生动形象地驳斥了天下无才的错误观念,循循善诱地阐述了"索天下之材而用之"的中心论点。

(二)以马为喻,主张在实践中发现人才:王安石所要的人才,是能够"遇事而事治,画策而利害得,治国而国安利"的国家栋梁之材。这样的人才,光看外表是发现不了他的特殊之处的。如果"上之人"不在实践当中"精察之、审用之",那么,即使他有皋、夔、稷、契那样高的才智,也不能使自己突出于一般人。但存有偏见的人却说:"人之有异能于其身,犹锥之在囊,其末立见,故未有有其实而不可见者也。"作者批判说这种话的人,只看见放在口袋里的锥子,却没有看到圈在马棚里的马。平时好马和劣马混杂在一起,饮水吃草,嘶鸣踢咬,两种马看不出有什么不同。如果让它们拉车跑路,那情形就大不同了。好马"引重车,取夷路,不屡策，不烦御，一顿其辔而千里已至矣”；而劣马“虽倾轮绝勒，败筋伤骨，不舍昼夜而追之，辽乎其不可以及也”。这一对比，好马、劣马的区别就显而易见了。选拔人才也是一样，要在实践中为人才脱颖而出创造机会。在这方面，古代的人君就很明智，他们不认为天下没有人才，而是用尽一切办法去寻取人才，考察人才。考察人才的方法，就是分配给他适合他才能的工作，让他在治事、画策、治国等不同实践中，比试才华的高低。作者以马为喻，把道理讲得如此精辟透彻，难道当今“上之人”还不明白怎样当好“伯乐”吗？

（三）以箭为喻，阐明各尽其才的道理：作者认为，南越的长箭，用百炼的精钢作箭头，用秋鹗的劲翮作箭尾，把它用在强弓上，“千步之外，虽有犀兕之捍，无不立穿而死”，这是天下锐利的武器，是打胜仗的法宝，但如果不懂得适当地使用这个法宝，而“用以敲扑，则无以异于朽槁之梃”，于是作者很自然地过渡到人才问题上，“是知虽得天下之瑰材桀智，而用之不得其方，亦若此矣”。用人不当，等于摧残人才，古代贤君懂得这个道理，量才而用，各尽其才，“使大者小者、长者短者、强者弱者无不适其任者焉”，人才云集，云龙风虎。接着文章一转，作者慨叹说：“呜呼！后之在位者，盖未尝求其说而试之以实也，而坐曰天下果无材，亦未之思而已矣。”作者不好直说当今皇上不懂量才为用的道理，空喊天下没有人才，那是没有动脑筋去深思罢了，而委婉地用“后之在位者”，用语何其巧！

（四）以史为鉴，说明人才总是适应时势产生的：作者首先用感叹语气，再次明确批驳的对象：“噫！今天下盖尝患无材可用者。”现在仍然有担心无人才可用的人啊！这些人应读一读历史。于是作者举出“六国合从，而辩说之材出；刘、项并世，而筹画战斗之徒起；唐太宗欲治，而谟谋谏诤之佐来”等史例，说明战国时代出现苏秦、张仪等游说人才；秦汉之际刘邦和项羽相争时出现萧何、张良、韩信等多谋善战人才；唐太宗时出现魏征等辅臣，他们都是顺应时势的需要和君主的慧眼识才与重用的结果。即“此数辈者，方此数君未出之时，盖未尝有也；人君苟欲之，斯至矣”。历史的经验证明，人才总是适应时势而产生的，关键在于人君的认识与态度。所以作者斩钉截铁地指出：“今亦患上不求之、不用之耳。”这与文章开头所说“天下之患，不患材之不众，患上之人不欲其众；不患士之不欲为，患上之人不使其为也”相呼应。把人才问题这一“天下之患”，归结到“患上之人不欲……患上之人不使……”，何其有胆识！语言何其犀利！至此，一篇驳论文已告完成。作者关于人才的重要性，选拔、使用人才的原则和方法都做了精辟深刻的论述。当世存在的错误观点，不攻自破。但作者意犹未尽，再一次以不可辩驳的语气总结全文:"天下之广,人物之众,而曰果无材者,吾不信也。"多么有气势,语言又是多么通俗流畅,自然有力。

王安石关于人才问题的论述,不只本篇,如《取材》一文,也强调"取人之道,世之急务也"。又如《拟上殿札子》一文。基本内容与《上仁宗皇帝言事书》一致,把"改易更革"的必要和培养人才的当务之急两点联系起来论述。《宋史·王安石传》载,宋神宗很器重王安石,于即位之初,便诏问王安石的治国之术,王安石与神宗也主要谈论人才选拔问题,希望神宗学习尧舜进"四贤",诛"四凶",学习刘备用诸葛亮,唐太宗用魏征,便可有所作为。同时,他强调:天下之大,人民之众,学者不为多,常患无人是择术未明。内容与本文相表里。（徐育民）

勇　惠

世之论者曰:"惠者轻与[①],勇者轻死,临财而不訾[②],临难而不避者,圣人之所取,而君子之行也。"吾曰不然。惠者重与,勇者重死,临财而不訾,临难而不避者,圣人之所疾,而小人之行也。

故所谓君子之行者有二焉:其未发也,慎而已矣;其既发也,义而已矣。慎则待义而后决,义则待宜[③]而后动,盖不苟[④]而已也。《易》曰"吉凶悔吝生乎动[⑤]",言动者贤不肖之所以分,不可以苟尔。是以君子之动,苟得[⑥]已,则斯静矣[⑦]。故于义有可以不与不死之道而必与必死者,虽众人之所谓难能[⑧],而君子未必善[⑨]也;于义有可与可死之道而不与不死者,虽众人之所谓易出[⑩],而君子未必非也。是故尚难而贱易者,小人之行也;无难无易而惟义之是[⑪]者,君子之行也。传曰:"义者,天下之制也[⑫]。"制行而不以义,虽出乎圣人之所不能,亦归于小人而已矣。

季路[⑬]之为人,可谓贤也,而孔子曰:"由也好勇过我,无所取材[⑭]。"夫孔子之行,惟义之是,而子路过之,是过于义[⑮]也。为行而过于义,宜乎孔子之无取于其材也。勇过于义,孔子不取,则惠之过于义,亦可知矣。

孟子曰:"可以与,可以无与,与伤惠;可以死,可以无死,死伤勇[16]。"盖君子之动,必于义无所疑而后发,苟有疑焉,斯无动也。《语》[17]曰"多见阙殆,慎行其余,则寡悔[18]",言君子之行当慎处于义[19]尔。而世有言孟子者曰:"孟子之文,传之者有所误也。孟子之意当曰'无与伤惠,无死伤勇'。"呜呼,盖亦弗思[20]而已矣。

〔注〕 ① 惠者轻与:谓有仁惠之心的人,把救济他人的施舍看得很轻。 ② 临财而不訾(zī):面对钱财而不动心。訾,希求,思虑。 ③ 宜:时机适当。 ④ 苟:苟且。 ⑤ 吉凶悔吝生乎动:出自《周易·系辞下》:"吉凶悔吝者,生乎动者也。"谓吉凶悔吝皆出于人的行动(用高亨《周易大传今注》说)。悔吝,灾祸。《周易·系辞上》:"悔吝者,忧虞之象也。"高亨注:"悔,小不幸也。吝,难也。……《易经》所谓悔吝乃人遇悔吝之事而心中怵惊之象也。" ⑥ 苟得:不当得而得。《礼记·曲礼上》:"临财勿苟得。"孔颖达疏:"非义而取,谓之苟得。" ⑦ 则斯静矣:那就不动。斯,乃。 ⑧ "故于义"二句:谓在情理上说有可以不与、不死的方法而一定要与、要死,即便是一般的人也很难做到。义,宜也,引申为情理。 ⑨ 善:赞同。 ⑩ 易出:容易做到。出,做出,做到。 ⑪ 惟义之是:一切行动都要符合宜的原则。义,宜也。 ⑫ "义者"二句:出自《礼记·表记》:"义者,天下之制也。"孔颖达疏:"义,宜也。制,谓裁断。即使物各得其宜,是能裁断于事也。" ⑬ 季路:即仲由,孔子弟子。字子路,一字季路。性好勇,喜闻过,事亲孝,尝为亲百里负米。初仕鲁,后仕卫。 ⑭ "由也"二句:出自《论语·公冶长》:"子曰:'道不行,乘桴浮于海。从我者,其由与!'子路闻之喜。子曰:'由也好勇过我,无所取材。'"郑注对"材"之理解已有两说:一谓无所取"材"为无所取于浮海之材。二谓"材"古通"哉",为语气词,今人多取后说。但从后文看,王安石不是把"材"作"哉"字理解,而是作材质或才质理解,否则"无所取其材"就于义难通了。 ⑮ 过于义:超过了适宜的程度。义,宜也。下文的"义",同此。 ⑯ "可以与"六句:出自《孟子·离娄下》。意谓可以施与,可以不施与,施与了就会损伤恩惠;可以死,可以不死,死了就会损伤勇敢。杨柏峻注:"伤惠、伤勇,一般人以为可以与,可以无与,则宜与;可以死,可以无死,则宜死。孟子却不然,认为与则伤惠,死则伤勇。毛奇龄《圣门释非录》引元儒金履祥之言曰:此必战国之世,豪侠之习胜,多轻施结客,若四豪之类;刺客轻生,若荆、聂之类,故孟子为当时戒耳。"(《孟子译注》) ⑰《语》:指《论语》。 ⑱ "多见"三句:出自《论语·为政》。意谓要多看看,有怀疑的地方予以保留,其余有把握的地方谨慎地去做,就可以减少后悔。阙殆,同"阙疑"。阙,同"缺"。 ⑲ 慎处于义:对于什么是义(宜),要谨慎地处理。 ⑳ 弗思:未加思考,没动脑筋。

此篇的写作年代,《王荆公年谱考略》《王荆公年谱》均无收录,惟李之亮《王荆公文集笺注》编年为"治平中居金陵时作",且不详根据。

这是一篇论说文。开篇第一段,首先便树立了论敌的观点。他所论述的问题是什么是惠?什么是勇?世人在论述这个问题时,认为"惠者轻与,勇者轻死,临财而不訾,临难而不避者",是圣人所肯定的君子的行为。王安石明确地否定了这种看法,并针锋相对地提出,这些不是圣人所取用的,恰恰是圣人所厌恶的;不是君子的行为,而是小人的做法。表面看来,世之论者所提出的看法,似乎可以为一般人所接受,没有什么错误,可王安石为什么给它当头一棒,对它全盘否定了呢?

第二段,作者便对自己的观点展开了论述。他首先指出,君子的行为有两个特征:在其行动未发之前,要谨慎小心,不能凭一时的心血来潮而贸然行动;在其已经行动的时候,要选取最恰当的时机,做到最适当的程度。即他所谓的"待义而后决""待宜而后动",这里的"义"和"宜"是互文相见,是同义词,"义"者,宜也,而非仁义之"义"。不管是行动之前的决断,还是决断之后的行动,都不是苟且随便的。古人的论证往往爱引经据典,依经立意。所以王安石首先引用了《易经·系辞下》所说的"吉凶悔吝生乎动",也就是说人的好事坏事小灾大难都产生在人的行动中,行动是把人分为贤与不肖的分野,一点不能马虎从事。所以君子的行动不苟得,处于不当得而得的时候,就不要行动。下文又转进一层,说到问题的核心了。在情理上说有可以不与、可以不死的方法,但却一定坚持施舍恩惠,坚决要去死,这是一般人所难以做到的,而君子却未必赞成这样做;反过来说,如果在情理上说,可以给与,也可以不给与,就不给与;可以去死,也可以不去死,就不去死。这是一般人都可以容易做到的,这种做法,君子未必不赞成。由此,作者得出一个结论:"尚难而贱易者,小人之行也;无难无易而惟义之是者,君子之行也。"也就是说,行为的难易程度不是区分君子与小人的界线,只有不管难易,一切行动都符合"宜"的原则,那才是"君子之行"。为了突出"惟义之是"的行为准则,作者又引用了《礼记·表记》中的两句话:"义者,天下之制也。"义者,宜也,宜是裁断天下行为的标准或准则,也是区分君子与小人的准则,这样他上面的结论就又找到了经典的根据。下文又递进一层,提出一个与上文有密切关系的新的论断;即不用义(宜)来裁断人的行为,即使这种行为是圣人所不能做到的,但仍然归结为小人之行。

第三段着重证明上段末的新论断,依然是用"依经立意"的方法,引孔子的话来证明,作者在《论语·公冶长》中找到了一个最有力的例证。孔子的弟子仲由,可以说是个贤者,尤以好勇著名,这一点孔子也自感不如。但孔子却说:仲由在勇敢方面超过我,但我对他是无所取的。仲由之勇,是圣人所不能的,为什么孔子又说他"无所取材"呢?作者将孔子的行为与子路进行了比较,认为孔子的行为是"惟义之是",而子路是"勇"过了头,"过于义"的行为,孔子是不取的,孔子说子路"无所取材"是恰当的。连类而及,既然"勇过于义,孔子不取",那么"惠之过于义",孔子亦不取自不待言。

最后一段,先引述孟子的观点来阐述他对"惠"与"勇"的独特见解。孟子与作者在这方面的看法是相似的，他们都有反世俗的特点。在一般人看来，可以与，可以无与，则宜与；可以死，可以无死，则宜死。孟子却不然，他认为在两可的情况下，“与”则伤惠，“死”则伤勇。由此又引发出“君子之动，必于义无所疑而后发，苟有疑焉，斯无动也”的结论，以呼应前文的“待义而后决”和“待宜而后动”。这表面看来与上文的论述有点重复，实则不然。此处又提出一个存疑的问题，行动一定“于义无所疑而后发”，如果有疑问，那就应该先停止行动。这是对“待义而后动”的一个补充，可见作者的思考缜密之处。紧接着他又为补充观点在圣人的言论中找到了根据，那就是孔子在《论语·为政》中所说的三句话：“多见阙殆，慎行其余，则寡悔。”意谓要多看看，有怀疑的地方先采取存疑的态度，谨慎地去做有把握的事情，这样就可以减少后悔。还是说的“君子之行当慎处于义”的问题。为了彻底驳倒论敌，作者在篇末又掀起一个余波。有人认为《孟子》传写有误，本意应该是“无与伤惠，无死伤勇”，与篇首的世之论者观点相同。作者认为这种观点已经被驳斥得体无完肤了，不值得再浪费笔墨重新驳斥，只是在一句感叹之中，指责他们未加思考、不动脑筋而已。

这是一篇五百字左右的小论文，开篇第一段像论文提要，也是一篇之纲，既有论敌的观点，也亮出自己的观点。在论证自己的观点时，作者突出的是“慎”与“义”（宜），这是一篇之骨。也是划分君子与小人的分水岭。在论证的方法上，作者采用了引经据典、依经立义的方法，在封建社会，大多的文人学士都有宗经的思想，经书是统一认识的基础。他所引的《易经》《礼记》《论语》《孟子》，都是儒家经典，在当时引儒家经典来证明自己正确是最好的论证方式。

此文说理透彻，逻辑性很强，语言缜密，可谓言之成理，持之有据。

他的基本论点并非自己创造，而是来源于《孟子》。但他有所补充，有所发挥，在论证方法上，他的创造性表现在融会贯通了儒家经典，带有很强的思辨色彩。其实《孟子》论“惠”与“勇”在战国时代是有现实意义的。元儒金履祥已经指出这一点。他说：“此必战国之世，豪侠之习胜，多轻施结客，若四豪之类；刺客轻生，若荆、聂之类，故孟子为当时戒耳。”这话说得颇有见地。王安石虽然比金履祥早生约二百年，但他们二人可谓“心有灵犀一点通”，他也看出了孟子论惠、勇在当时的警戒意义，王安石对战国四公子的养客制度是否定的，他有一篇短文《读〈孟尝君传〉》便是明证。在这一点上，他与苏东坡的观点是对立的，在《东坡志林》中，苏东坡曾肯定了六国的养士制度，认为养士制度延缓了六国灭亡的时间。王安石《书〈刺客传〉后》，对聂政、荆轲也是贬抑的，与本篇及《读〈孟尝君传〉》在思想上是相通的。　（刘文忠　刘元煌）

太　古[①]

太古之人不与禽兽朋[②]也几何[③]？圣人恶[④]之也，制作[⑤]焉以别之[⑥]。下而戾[⑦]于后世，侈裳衣[⑧]，壮宫室[⑨]，隆耳目之观[⑩]，以嚣[⑪]天下，君臣、父子、兄弟、夫妇皆不得其所当然，仁义不足泽[⑫]其性，礼乐不足锢[⑬]其情，刑政不足网[⑭]其恶，荡然[⑮]复与禽兽朋矣。圣人不作，昧者[⑯]不识所以化[⑰]之之术[⑱]，顾[⑲]引而归之太古。太古之道果可行之万世，圣人恶用[⑳]制作于其间？必制作于其间，为太古之不可行也。顾欲引而归之，是去[㉑]禽兽而之[㉒]禽兽，奚[㉓]补于化哉？吾以为识[㉔]治乱者，当言所以化之之术。曰归之太古，非愚则诬[㉕]。

〔注〕 ①太古：远古，上古。 ②与禽兽朋：与禽兽为伍，意谓人们的不开化与禽兽相近。 ③几何：有多少，即极少不与禽兽为伍，杂处在一起。 ④恶：厌恶。 ⑤制作：制作房屋、衣服、礼乐等。 ⑥别之：以便与禽兽区别开来。 ⑦戾(lì)：至，到。 ⑧侈裳衣：使人的衣裳穿得奢侈华丽。侈，奢侈。裳衣，即衣裳。 ⑨壮宫室：使人住的宫殿建得很壮丽。 ⑩隆耳目之观：使人的耳目得到尽情享受。隆，隆盛，兴盛。 ⑪嚣：喧嚣，这里有夸耀之意。 ⑫泽：润泽，感化。 ⑬锢：禁锢，控制。 ⑭网：网罗，束缚，防范。 ⑮荡然：(人性)荡然无存。 ⑯昧者：糊涂人。这里指不明上述情况的人们。 ⑰化：教化。 ⑱术：方法。 ⑲顾：反而，却。 ⑳恶用：何用。 ㉑去：离开。 ㉒之：到达。 ㉓奚(xī)：何。 ㉔识：明白，明了。识治乱者，明白治乱之理的当权者。 ㉕非愚则诬：(这些人)不是愚笨就是故意骗人。

熙宁元年(1068)四月，四十八岁的王安石以“知江宁府(今江苏南京)军府事”，奉宋神宗赵顼诏至京师越次入对。帝问：“为治何先?”答曰：“择术为先。”(《宋史·王安石传》)本文所突出强调的“化之之术”，就是作者回答宋神宗“择术”的术。这术就是“变法”，也就是用新的观点和方法，以改变朝廷上下陈旧的政治理念和思想道德观点，即如入对时他对宋神宗关于“择术”的阐发和概括所言：“至简而不烦，至要而不迂，至易而不难。”逐步改变当时积贫积弱的局面，达到富国强兵的目的。本文虽写于“入对”两年(熙宁三年，据李德身《王安石诗文系年》)以后，但基本观点还是相似的，“当有所为而发，或作于是年满朝争新法之时”(引文同上)。是一篇言简意赅的说理小品。

本文不足两百字，够短的了。作者高屋建瓴，以十分精练的语言，将我国社会进化史概括为三个阶段。即第一阶段：太古时期，人与禽兽野处杂居，生活在一起，有为“朋”共处的一面（当然为了生存，必然也有争斗的一面），这时候，人还是野蛮的，各方面的生存条件当然也很简陋，生产力低下，文化很落后，物质文明和精神文明都还谈不大上。因此，“圣人恶之”，希图改变它。第二阶段：进入漫长的阶级社会。有了房屋，有了宫殿，有了漂亮的衣裳和各种装饰品，有了国家的社会制度，有了礼乐规范，物质文明和精神文明逐渐丰富、升华、精致化，然而，君臣、父子、兄弟、夫妇的伦常往往受到破坏，情况也越来越严重，仁义、礼乐、刑政、教化等等，都无法禁锢、防范、控制他们，人性越来越堕落、腐败、不可收拾，似乎又回到与“禽兽朋”的境地。这是作者最为痛心、忧虑的，希望能彻底改变这种状况。第三阶段：就是否定再否定之后，回到理想社会。至于这理想社会的具体情况，由于实际还没有出现，当然比较含混朦胧，因而没有展开，作者是一笔带过的。

王安石把批判的矛头指向“太古不化”，认为重新原封不动地回到“太古”，是一种倒退。确实，先秦的老庄思想提出“返朴归真”，希望完全回到上古社会去，这固然与当时社会的种种黑暗和不如意处有关，但真的要完全回归太古是不现实的，也是不可能的。作者认为这样做是“非愚即诬”，如果不是愚蠢，就是别有用心。批判口气相当严厉。

那么，作为“识治乱者”，正确的道路是什么？一句话：“当言所以化之之术”，看来也只有“变法”一途。这里“化”，不只是教化之意，它的主旨是变化，大而化之，整个儿地改变社会，扫除一切恶习，真正富国强兵。　（毛水清）

兴　贤①

国以任贤使能而兴，弃贤专己②而衰。此二者必然之势，古今之通义，流俗③所共知耳。何治安之世有之而能兴，昏乱之世虽有之亦不兴，盖用之与不用之谓矣。有贤而用，国之福也，有之而不用，犹无有也。商之兴也有仲虺④、伊尹⑤，其衰也亦有三仁⑥。周之兴也同心者十人⑦，其衰也亦有祭公谋父⑧、内史过⑨。两汉之兴也有萧、曹、寇、邓⑩之徒，其衰也亦有王嘉、傅喜、陈蕃、李固⑪之众。魏、晋而下，至于李唐⑫，不可遍举，然其间兴衰之世，亦皆同也。由此观之，有贤而用之者，国之福也，有之而不用，犹无有也，可不慎欤？

今犹古也，今之天下亦古之天下，今之士民亦古之士民。古虽扰攘之际⑬，犹有贤能若是之众，况今太宁⑭，岂曰无之？

在君上用之而已。博询众庶[15]，则才能者进矣；不有忌讳，则谠直[16]之路开矣；不迩[17]小人，则谗谀者[18]自远矣；不拘文牵俗[19]，则守职者辨治[20]矣；不责人以细过[21]，则能吏之志得以尽其效[22]矣。苟[23]行此道，则何患不跨两汉、轶[24]三代，然后践[25]五帝、三皇之涂[26]哉！

〔注〕 ① 兴贤："国以任贤使能而兴"的缩写，意为一个国家只有起用贤人才能使国家兴旺起来，这是本文的主旨。 ② 专己：自己独断专行。 ③ 流俗：指一般平民百姓。 ④ 仲虺(huǐ)：商汤的左相，即中垒。 ⑤ 伊尹：商汤的宰相，曾辅佐汤伐桀灭夏，有很大的功勋，孟子称之为"圣之任者"。均见《史记·殷本纪》。 ⑥ 三仁：指商末三位贤人微子(商纣王的庶兄启)、箕子(商纣王诸父，名胥余，封于箕)、比干(商纣王叔父，因强谏被杀)。 ⑦ 十人：指周朝初年辅助武王和成王的周公、太公、召公、毕公等十人，《尚书·大诰》云："民献有十夫予翼(辅佐)，以于敉(mí，完成)宁(周文王)武(周武王)图功。" ⑧ 祭公谋父：周穆王时的卿士，谋父是字。他曾劝谏周穆王。 ⑨ 内史过：周惠王时的大臣，思想比较开明。内史为周朝的官名，相当后世的宰相，或称策内史、作命内史，西周开始设置。 ⑩ 萧：指萧何。曹：曹参。寇：寇恂。邓：邓禹。萧、曹在汉初曾先后为相，协助刘邦、刘盈，稳定西汉统治。寇、邓协助刘秀夺取天下，建立东汉政权。两者作用大致相等。 ⑪ 王嘉：曾任西汉哀帝时宰相，为人刚直严毅，后因劝谏哀帝宠幸董贤，下狱死。傅喜：哀帝时为右将军，为人恭俭修洁，忠诚忧国。哀帝去世后，王莽用事，被免职。两人事迹见班固《汉书》人物传。陈蕃：东汉末大臣，为人忠清直亮，桓帝时官拜太尉，窦太后临朝时又任太傅，社会声望很高。后谋诛宦官，事泄被杀。李固：东汉末年的大臣，从小博学正直，冲帝时为左尉，后梁冀专权，他被诬下狱，与二子一起被害。两人事迹见赵晔《后汉书》人物传。 ⑫ 李唐：指唐朝，因皇帝均姓李，后世称为李唐。 ⑬ 扰攘之际：指乱世。扰，扰乱，侵扰，纷扰。攘，攘夺。 ⑭ 太宁：指太平盛世。太，大。 ⑮ 博询众庶：广泛征求百姓意见。 ⑯ 谠(dǎng)直：正直敢谏。谠，言直。 ⑰ 迩：靠近。 ⑱ 谗谀者：进谗言和说奉承话的人。 ⑲ 不拘文牵俗：不受成规旧俗的约束。 ⑳ 辨治：能明辨是非地办事。 ㉑ 细过：小过错。 ㉒ 效：效果，功效。 ㉓ 苟：如果。 ㉔ 轶(yì)：超过，超越。 ㉕ 践：踏上。 ㉖ 涂：路。三皇五帝时代是被后世认定的理想社会。

本文作年不详，或以为是嘉祐四年(1059)作(李德身《王安石诗文系年》系于此年，云"以下各篇或均为是时作"，其中有《兴贤》在内)，大致可信。这年五月，仁宗诏安石直集贤院，累辞乃受。秋，改任三司度支判官。嘉祐四年，作者已三十九岁，有《上皇帝万言书》《上时政疏》等，认为"朝廷治乱安危，臣实预其荣辱。此臣所以不敢避进越之罪，而忘尽规之义"。从《兴贤》这篇议论小品的写作，不仅可以看出作者早就对选贤任能有关国运兴衰的重要性有明确认识，而且在当时实际上具有影响舆论，推动朝廷，提醒皇上的积极作用。虽然这时离熙宁二年(1069)神宗任命作者为参知政事、开始变法还有十年之久，但文章在实际上的意义是不可忽视的。也许我们可以说这篇小品客观上起了为熙宁变法制造舆论的作用。因为没有大量贤才的出现和参与，变法这崭新的事业是不可能成功的。事实证明，变法的归于失败，完全是由于贤才的不足和良莠不齐所致。

作为一篇议论文，它的总体风格是简劲有力，不枝蔓，不拖泥带水。具体写法上，第一，是开门见山，直奔主题。请看“国以任贤使能而兴，弃贤专己而衰。此二者必然之势，古今之通义，流俗所共知耳”，说得何等明确、坚定、简洁，不容置疑。有囊括古今、笼罩群言之势。第二，以历史为鉴，重实证。他着重举出商、周、两汉贤才的一连串（共二十二个历史人物）的名字来证明前面自己提出的基本观点，给人明确、深刻的印象。这些贤才的事迹，都是班班可考，无法否认的。作者仿佛随手拈出，毫不费劲，这说明他有丰富的历史知识，有过认真、深入的思考，并不是偶然的灵机一动。第三，到了第一段的结尾，用“由此观之，有贤而用之者，国之福也，有之而不用，犹无有也，可不慎欤？”加以归结，最后一句是针对当世的提醒，巧妙地引出下文，起了联结和过渡的作用。

第二自然段专就今世而言，作者从认识上廓清了关于贤才的几个错误观点。首先指出“今犹古也”，两者并没有什么不同，一个是“今之天下亦古之天下”，一个是“今之士民亦古之士民”，这里用对比法，将古今连在一起，使人无法回避。其次指出古代扰扰攘攘的乱世，贤能之士是多的，而今太平盛世，更应该有众多的贤能之士，问题就看君王怎样发现，怎样重用了，这是又一层的对比。对比法的着重运用，是本文的又一个写作特点。然后，作者向君王进言，希望博询众庶，打开言路，让老百姓广泛举荐，这样才能发现真正的贤能之士；希望远离小人，那么那些进谗言搞阿谀的人就走开了；希望打开说直言路，不要忌讳那么多；希望宽容人才的小缺点、小过失，那么能吏们就能尽心尽责，做出成效来；希望不受繁文俗节的拘束，那些在岗守职的人们就能明白治理政事的是与非了。一条一条，极有现实性和针对性，从五个方面向君王和高层统治者提出了兴贤用能的指导方针。这是作者长期观察和深思熟虑的结果，内容丰富，概括性强，很有指导意义。甚至可以说对于今天的现实，也有某些借鉴和启示作用。

读罢此文，我们不由得想起诸葛亮《出师表》中的话：“亲贤臣，远小人，此先汉所以兴隆也；亲小人，远贤臣，此后汉所以倾颓也。”真是言简意赅，金玉良言。王安石此文，可以说是诸葛亮《出师表》在北宋的运用、丰富和发展。本文最后以热烈的期望收束：“苟行此道，则何患不跨两汉、轶三代，然后践五帝、三皇之涂哉！”前景仿佛是美好的，好比是华彩的乐章突然顿住，令人鼓舞。但事实却是严酷的，情况远比作者的想象的要复杂得多。熙宁变法失败了，作者的命运也以悲剧告终。追昔抚往，令人感慨系之。

（毛水清）

风 俗

夫天之所爱育者民也，民之所系仰[①]者君也。圣人上承天之意，下为民之主，其要在安利之[②]；而安利之之要不在于它，在于正风俗而已。故风俗之变，迁染[③]民志，关之盛衰，不可不慎也。

君子制俗以俭[④]，其弊为奢，奢而不制，弊将若之何？夫如是，则有殚极财力，僭渎拟伦[⑤]，以追时好者矣。且天地之生财也有时，人之为力也有限，而日夜之费无穷。以有时之财、有限之力，以给无穷之费，若不为制，所谓积之涓涓而泄之浩浩[⑥]，如之何使斯民不贫且滥[⑦]也！国家奄有诸夏[⑧]，四圣继统[⑨]，制度以定矣，纪纲以缉[⑩]矣，赋敛不伤于民矣，徭役以均矣，升平之运未有盛于今也。固当家给人足，无一夫不获其所矣。然而窭人之子[⑪]，短褐未尽完[⑫]，趋末之民[⑬]，巧伪未尽抑[⑭]，其故何也？殆风俗有所未尽淳[⑮]欤？

且圣人之化，自近及远，由内及外。是以京师者风俗之枢机[⑯]也，四方之所面内而依仿[⑰]也。加之士民富庶，财物毕会[⑱]，难以俭率[⑲]，易以奢变。至于发一端，作一事，衣冠车马之奇，器物服玩之具，旦更奇制，夕染诸夏[⑳]。工者矜能于无用，商者通货于难得。岁加一岁，巧眩之性[㉑]不可穷，好尚之势多所易[㉒]，故物有未弊[㉓]而见毁于人，人有循旧而见嗤于俗[㉔]。富者竞以自胜，贫者耻其不若，且曰："彼人也，我人也，彼为奉养若此之丽，而我反不及。"由是转相慕效，务尽鲜明[㉕]，使愚下之人有逞一时之嗜欲，破终身之资产而不自知也。

且山林不能给野火，江海不能实漏卮[㉖]。淳朴之风散，则贪饕[㉗]之行成；贪饕之行成，则上下之力匮[㉘]。如此则人无完行，士无廉声；尚陵逼者[㉙]为时宜，守检押[㉚]者为鄙野；节义之民少，兼并之家多；富者财产满布州域，贫者困穷不免于沟壑[㉛]。夫人之为性，心充体逸则乐生，心郁体劳则思死。若是之俗，何法令之能避哉？故刑罚所以不措[32]者此也。

且坏崖破岩之水，原自涓涓；干云蔽日之木[33]，起于青葱[34]。禁微则易，救末则难[35]。所宜略依古之王制，命市纳贾[36]，以观好恶。有作奇技淫巧以疑众者，纠罚[37]之；下至器物馔具[38]，为之品制以节之[39]；工商逐末者，重租税以困辱之。民见末业之无用，而又为纠罚困辱，不得不趋田亩。田亩辟则民无饥矣。以此显示众庶，未有辇毂之内[40]治而天下不治矣。

〔注〕 ① 系仰：挂心仰慕。 ② 安利之：使民安乐获利。 ③ 迁染：谓性情为习俗所移。《后汉书·党锢传序》："孔子曰：'性相近也，习相远也。'言嗜恶之本同而迁染之涂异也。"李贤注："言人好恶各有本性，迁染者，由其所习。" ④ 制俗以俭：用勤俭节约来控制风俗。 ⑤ 僭渎拟伦：过分贪求享受而互相攀比。僭，过分。渎，贪求。拟伦，比拟，伦比。 ⑥ 积之涓涓而泄之浩浩：意谓天下财富一点一点地积聚起来，却一下子奔泻而尽。涓涓，小水缓流的样子。 ⑦ 滥：过度，没有节制。 ⑧ 诸夏：泛指中国。 ⑨ 四圣继统：指宋太祖、宋太宗、宋真宗、宋仁宗四位圣君先后即位。 ⑩ 纪纲以缉：法律得以整治。 ⑪ 窭(jù)人之子：穷人家的子弟。 ⑫ 短褐未尽完：穷人穿的粗布衣服还没有完备。褐，粗毛或粗麻织的短衣。 ⑬ 趋末之民：从事工商业的人。古代以农为本，以工商业为末。 ⑭ 巧伪未尽抑：商人的奸诈没有完全得到抑制。 ⑮ 淳：质朴，敦厚。 ⑯ 枢机：枢纽与机关。比喻事物的关键。 ⑰ 依仿：照样仿效。 ⑱ 会：聚集。 ⑲ 难以俭率：很难用节俭来统一要求。率，一概。 ⑳ "旦更"二句：谓京师之地早上出现衣冠车马等物的奇制，晚上便传染到全国。 ㉑ 巧眩之性：追求奇巧炫目的习性。 ㉒ 好尚之势多所易：爱好时尚的趋势屡变不穷。 ㉓ 未弊：没有坏。 ㉔ 见嗤于俗：被世俗之人所嗤笑。 ㉕ 鲜明：代指色彩耀眼的服饰等物。 ㉖ 江海不能实漏卮(zhī)：语出《淮南子·泛论》。意谓江海之水虽多也灌不满底有漏孔的酒杯。 ㉗ 贪饕(tāo)：贪得无厌。 ㉘ 匮：乏，缺乏。 ㉙ 尚陵逼者：崇尚以势逼人的人。 ㉚ 检押：规矩，法度。 ㉛ 不免于沟壑：谓死无葬身之地而填于沟壑之中。 ㉜ 措：施，施行。 ㉝ 干云蔽日之木：形容树木高大可以上干云霄隐天蔽日。 ㉞ 青葱：翠绿色。此借指树木的幼苗。 ㉟ "禁微"二句：谓事物在微弱时禁止容易，发展到后期救治就困难了。 ㊱ 命市纳贾(gǔ)：谓召取商人进行检查。命，召。纳，取。 ㊲ 纠罚：纠察处罚。 ㊳ 馔具：饮食之器，在宋代主要指瓷器。 ㊴ 为之品制以节之：为他们定下一定的规格以节制他们。 ㊵ 辇毂之内：指天子脚下，京城之内。

此文的写作年代，李之亮《王荆公文集笺注》定为"治平中居金陵时作"，不仅是没有根据而且是错误的。治平是宋英宗的年号，他是宋朝的第五代皇帝。文中有"四圣继统"一语，如写在英宗时代，王安石岂敢不把当朝皇帝当作"圣君"？所以明显的应写于仁宗时代而且是在京做官时期。文中所写的奢侈之风，以京城为最，作者主张改变不良的风俗应从京城开始。应作于皇祐六年至八年(1061—1063)四月之间，即在仁宗去世之前王安石知制诰时。嘉祐六年六月，王安石作《上时政疏》，书中有言“风俗日以薄，财力日以困穷”。此文专言风俗，笔者疑此文写于《上时政疏》前后。

此文开篇即提出正风俗的重要。这里所说的“上承天之意，下为民之主”的圣人，就是指的皇帝。皇帝的执政之要，就在于安民利民，而安民利民的重要之点，就是要正风俗，风俗的变好变坏，关系到国家的盛衰，对此是不可不慎重的。把正风俗的重要性，提到了非常重要的地位，并以此切入主题。

第二段指出风俗的“俭”与“奢”的问题，重在阐明奢侈成风是风俗的弊端，如不制止奢侈，形成殚极财力，以追时好，其后果是不堪设想的。作者进一步分析说：天地之生财有时，人之为力有限，而日夜的消费是无穷的，以有时之财、有限之力与无穷之费对比，这就是一对矛盾。如果对无穷的消费不加制止或控制，势必造成“积之涓涓而泄之浩浩”，不使人民过度贫困是不可能的。另一方面作者又分析了当今社会的大环境：自宋代开国以来，定制度、整纪纲、轻赋敛、均徭役，而且天下太平。本应家给人足，人人各得其所。但是却出现了贫穷人家的子弟，连粗布短衣都穿不上的现象；那些工商之民，他们的巧伪奸诈，却没有得到有力的控制，这是什么原因呢？大概是风俗还不够淳朴吧。作者从分析矛盾、分析形势等入手，最后又转入正题，归纳到风俗未淳上来。

第三段重在揭露京师的奢侈成风。首先指出京师之地乃风俗之枢机，一举一动都会引起四方仿效。京师民富物阜，所以节俭难、奢侈易，容易在衣冠车马、器物服玩上争奇斗胜，一旦形成风气，对四方影响极快。年复一年，浸以成俗，器物未坏便毁弃不用，谁因循旧物就受到讥笑。富者以奢自胜，贫者自惭不如。于是“转相慕效”，务尽华丽，愚下之人为了满足一时之嗜欲，竟然“破终身之资产而不自知”。此段最后又归结到奢侈之风的危害上来。

第四段又换了一个角度揭露和批判奢侈之风，着重批判的是奢侈之风给人们在道德和心灵上所造成的恶劣影响。淳朴之风的散失，不仅使上下财力匮乏，而且造成道德沦丧，追求享受促使人们贪得无厌，于是“人无完行，士无廉声”，“节义之民少，兼并之家多”，贫富两极分化，“富者财产满布州域”，田连阡陌；贫者无立锥之地，死填沟壑。风俗之变，人们的心态也改变了，崇尚权势凌逼他人者成为时宜，遵守规矩法度者被视为鄙野。世风日下，人心不古，如此风俗，法令刑罚对之无可奈何。

最后一段重点阐述的是改变奢侈风俗的具体措施。作者从“禁微则易，救末则难”的观点出发，认为禁止奢侈之风应及早动手，以行政命令的手段，对商贾进行检查，分清好坏，有作奇技淫巧之器物者，予以处罚。对工商业者所生产的器物馔具，规定一定的规格品制，即从生产环节进行抑制。对工商业者，实行重税以使其陷入困辱之境。使老百姓看到逐末不如务本，不得不弃商从事田亩之事。这些措施的实行应从京师开始，天子脚下治理得好，天下才能治理得好。

历史上的许多政治家，都很重视移风易俗，曹操曾下整齐风俗令，因为风俗之好坏，与国家的盛衰有密切的关系。有改革思想的政治家，必然把改革风俗提到议事日程上来，此文孕育着王安石的变法思想，这一点值得注意。

本文采用叙议结合又以议为主的写法，在语言风格上大变峭刻拗折之习，而是以通俗、畅达、流利为主流风格，王安石的散文很少使用骈辞偶句，此篇偶句颇多。如“衣冠车马之奇，器物服玩之具，旦更奇制，夕染诸夏。工者矜能于无用，商者通货于难得”，都是上下句相对的偶句，文字铿锵。又如“坏崖破岩之水，原自涓涓；干云蔽日之木，起于青葱”，酷似四六文的对偶。这是本篇语言风格的一大特色。

本篇在语言上的另一特色是蝉联句法颇多，且环环相扣，对奢侈之风步步紧逼，不留余地，这样给文章带来逻辑性强且很有气势的艺术效果。分析矛盾、指陈形势，往往一语中的，鞭辟入里，很有说服力。

为了引人注意，篇中还用了许多形象的比喻。如“山林不能给野火，江海不能实漏卮”。又如为了说明“禁微则易，救末则难”，他用“坏崖破岩之水，原自涓涓；干云蔽日之木，起于青葱”，来比喻事物由小到大的发展过程，以比喻禁微易、救末难的道理，为说理增添了形象的可感性。（刘文忠　刘元煌）

伤仲永

金溪[①]民方仲永，世隶耕[②]。仲永生五年，未尝识书具，忽啼求之。父异焉，借旁近与之[③]，即书诗四句，并自为其名。其诗以养父母、收族[④]为意，传一乡秀才观之。自是指物作诗立就，其文理皆有可观者。邑人奇之，稍稍宾客其父[⑤]，或以钱币乞[⑥]之，父利其然也，日扳仲永环谒[⑦]于邑人，不使学。

予闻之也久，明道中从先人还家[⑧]，于舅家[⑨]见之，十二三矣。令作诗，不能称前时之闻。又七年，还自扬州，复到舅家，问焉，曰：“泯然[⑩]众人矣！”

王子曰：仲永之通悟[⑪]，受之天也。其受之天也，贤于材人[⑫]远矣。卒之为众人，则其受于人者不至也。彼其受之天也，如此其贤也，不受之人，且为众人。今夫不受之天，固众人，又不受之人，得为众人而已邪？

〔注〕 ① 金溪：宋代县名，属江南西路抚州，治所在今江西金溪县。 ② 隶耕：属于农耕人家。 ③ 借旁近与之：借附近人家的书具给他。 ④ 收族：团结同族。《礼记·大传》："亲亲故尊祖，尊祖故敬宗，敬宗故收族。" ⑤ 宾客其父：用对待宾客的礼节对待他父亲。"宾客"作动词用。 ⑥ 乞（qì）：给，给予。 ⑦ 日扳（pān）仲永环谒：每天牵拉着仲永四处拜访。扳，挽引，拉扯。 ⑧ 明道中从先人还家：指明道二年（1033）王安石随其父王益回家乡为其祖父守丧。明道，宋仁宗年号。 ⑨ 舅家：王安石的舅家姓吴，世居金溪乌石冈。 ⑩ 泯然：消失净尽貌。 ⑪ 通悟：犹"通敏"，通达聪慧。 ⑫ 材人：有才能的人。

此文多认为写于庆历三年（1043），这是《王荆公年谱考略》的说法。李之亮《王荆公文集笺注》指此篇为康定元年（1040）王安石未中第时作，从本文提供的明道（1032—1033）中王安石在舅家第一次见到方仲永，又过了七年复到舅家问到方仲永的情况，定为作于康定元年比较合理。但从《忆昨诗示诸外弟》一诗看（《考略》卷二引录此诗），作者此次去舅家当在庆历三年任扬州判官之时，诗中有"身着青衫手持版，奔走卒岁官淮沂"之句，淮沂当指扬州，"还自扬州"到舅家，应是庆历三年事。但此与"又七年"又有矛盾。姑存疑。

《伤仲永》是一篇因事抒感、叙议结合的散文名篇，方仲永是作者的同龄人，作者用跟踪描写的手法，描写了他的人生三部曲。

方仲永出身于世代为农的家庭，幼年时天资聪颖，五岁时忽然要索取纸笔，便能写出四句诗来，并知道署上自己的姓名，好像是一个无师自通的神童，而且文思敏捷，"指物作诗立就，其文理皆有可观者"。这真是有点传奇色彩。五岁之前是谁教他读书识字的，作者没有交待。这大概是他的父亲为了显示"神童"的本领，故意将真情隐瞒，给仲永穿上一层神秘的外衣，以使邑人好奇，借此求利。

第二部曲写仲永十二三岁时的情况，也是作者由耳闻到目睹的情况，这时他已名不副实，走下坡路了，再让他作诗，和前时之闻已经不相称。又过了七年，作者再到舅家，问到方仲永的情况，幼时的聪慧已经消失净尽，已经和芸芸众生没有什么差别了。三部曲至此已经结束，以后就不必再追踪下去。

后文由叙事转入议论。本篇的主题思想就集中表现在末段的议论中。作者首先指出，仲永的聪慧是受之于天的，即来自天赋，而且他的天赋远远超过一般有才能的人。但他最终却变成和大众一样的芸芸众生，这是为什么呢？原因就是后天的教育不够。下面又纡徐委曲的转进一层，使其议论向纵深发展，指出天赋这样好的仲永，因不重视后天的教育培养，尚且沦为众人；那么本来就是天赋平常的人，如果再不重视后天的教育，最终还能做一个普普通通的人吗？结尾发人深思而又奇警。

本文题目为“伤仲永”，“伤”字为全篇之眼，含蕴相当丰富，远远超出了“小时了了，大未必佳”（《世说新语·言语门》）的说法，也不是一般意义上的“聪明反被聪明误”，而具有多层意蕴。首先这个“伤”字，含有对仲永这样一个近乎神童的天资聪颖的儿童最终沦为平常人的惋惜之情。其次，是感叹仲永虽有天赋，其父却没有给他营造一个发展其天赋的环境，给他提供一个学习上进的机会，却利用他来为自己赢取蝇头小利，结果是害了自己的孩子，这就对鼠目寸光的家长提出了批评与警告。这种批评与警告，至今仍有很普遍的现实意义。另外，作者的眼光并未局限在仲永这个个别事例上，而是由此生发，看到了社会上许许多多天资平常的人，这是大多数。这些人如不重视后天的学习，恐怕连成为“众人”都不可得，这是十分令人感慨的。由此可见，作者看问题能透过表层，看到比别人更深远的地方。

这篇不到三百字的短文，语言明快，简洁遒劲，叙事条理清晰，议论深刻透辟。最后一段，层层递进，环环相扣，既曲折尽致，又浑浩流转。结尾的问语，语尽而意未尽，颇耐人寻味。王安石的散文，向以古奥峭劲著称，此文却不见其峭刻拗折之处，而以简净畅达为特色，在王安石散文中别具一格。

（刘文忠　刘元煌）

同学[①]一首别子固[②]

江之南[③]有贤人焉，字子固，非今所谓贤人者，予慕而友之。淮之南有贤人焉，字正之[④]，非今所谓贤人者，予慕而友之。二贤人者，足未尝相过[⑤]也，口未尝相语[⑥]也，辞币[⑦]未尝相接[⑧]也。其师若友[⑨]，岂尽同[⑩]哉？予考其言行，其不相似者，何其少也！曰，学圣人而已矣。学圣人，则其师若友，必学圣人者。圣人之言行岂有二哉？其相似也适然[⑪]。

予在淮南[⑫]，为正之道子固，正之不予疑[⑬]也。还江南，为子固道正之，子固亦以为然。予又知所谓贤人者，既相似，又相信不疑也。

子固作《怀友》一首[⑭]遗[⑮]予，其大略欲相扳[⑯]以至乎中庸而后已。正之盖亦常云尔。夫安驱徐行[⑰]，辐[⑱]中庸之庭，而造[19]于其堂，舍二贤人者而谁哉？予昔非敢自必其有至也，亦愿从事于左右[20]焉尔。辅而进之[21]，其可也。

噫！官有守[22]，私有系[23]，会合不可以常[24]也，作《同学一首别子固》，以相警[25]，且相慰云[26]。

〔注〕①同学：这里指一同学习圣贤之道。②子固：曾巩的字，北宋著名文学家，"唐宋八大家"之一，尤以散文名世。③江之南：长江以南。曾巩是建昌南丰(今属江西)人，在长江之南。④正之：孙侔的字(初名庹，字正之。后改名侔，字少述)，吴兴(今浙江湖州)人，在淮河之南。⑤相过：彼此来往。过，过访。⑥相语：彼此用言语交流。⑦辞币：书信财物。⑧接：接受。⑨其师若友：介于师友之间。若，和。⑩尽同：完全相同。⑪适然：当然。⑫淮南：淮南路，宋治所在扬州(今江苏扬州市)。作者庆历二年(1042)秋始任淮南判官，开始认识孙侔。⑬不予疑：不怀疑我(的说法)。古汉语否定句常宾语提前。⑭《怀友》一首：蔡上翔《王荆公年谱考略》卷二："子固《怀友》一首，最后见收于吴氏《能改斋漫录》。此自是子固少年之文。"此文载于吴曾《能改斋漫录》卷十四。⑮遗(wèi)：赠送。⑯相扳以至乎中庸：互相牵手援引，以共同达到"中庸"的境界。扳，通"攀"。相扳，互相援引。⑰安驱徐行：稳步前进。⑱辚(lìn)：车轮碾过。⑲造：造访。⑳从事于左右：指跟随在曾巩、孙侔两人身边。这是自谦的话。㉑辅而进之：在他们的帮助下共同进步(这里指学习儒学)。㉒守：职责。守有约束之意。㉓系：牵系、牵累。㉔常：常规，经常。㉕警：警示，勉励。㉖云：语尾助词。

这篇文章，据清人蔡上翔《王荆公年谱考略》，约作于庆历三年(1043)，作者年二十三岁，时在淮南任判官。前一年三月，他以第四名考中进士。据说他本为状元，但因卷中有"孺子其明"语，引起宋仁宗不悦，犯了忌讳，因此特意将第四名杨寘卷与王安石卷对调，第一名就成了第四名。事见宋人笔记《默记》卷下(王铚撰，中华书局1981年版)，应该说是真实的。同年秋天，他被任命为淮南判官，离开汴京，后来写下了这篇短文。可见这是作者早年的作品。

这时候，北宋与西夏的战争失利，社会危机日益严重，财赋繁苛，物价飞涨，百姓贫困。而朝廷改革的呼声也越来越高，以参知政事(副宰相)范仲淹为代表的庆历新政终于在庆历三年八九月间开始出台，《答手诏条陈十事》成了他的施政纲领，整顿吏治是改革的中心。王安石作为新进的名列前茅的进士，虽然官职低微，处于权力的下层，但他也早就有"矫世变俗之志"(《宋史·王安石传》)，内心深处和这场"庆历新政"可以说是息息相通的。这篇文章读来似乎与上层的"新政"无关，但事实上其思想观念是有一致之处的。

本文的重点是谈论"贤人"的问题，吏治的改革，自然要进贤黜邪。这里的"贤人"，有些类似于稍后欧阳修写作的《朋党论》中的"君子"。认为"君子……所守者道义，所信者忠信，所惜者名节，以之修身，则同道而相益；以之事国，则同心而共济;始终如一,此君子之朋也”,不过没有这样明确地解说而已。但作者指出,他的两位友人,即江南的曾巩,淮南的孙侔,就是这样君子式的贤人。虽然“未尝相过”,没有亲密的交往,“未尝相语”,没有常常在一起交谈,“辞币未尝相接”,没有书信和礼物往还,但彼此的言行却如此相似,都同学圣人以为榜样,也都是道德君子,彼此“正于道”而不相疑。他们也是“君子与君子,以同道为朋”,“其师若友”,以共同改革社会、改革朝政的理想为基础的。当然,年轻的王安石还没有明确意识到改革作为一项艰难的事业,没有许多贤人即君子的积极参与,是不可能胜利完成的;当然更没有意识到贤人和君子也不是一成不变的,贤人和君子也有可能在改革的进程中转变为小人和奸佞之徒,使改革最终归于失败。这篇文章只是一种预示,一种呼唤而已。

本文共分四个自然段。其中第三段直接触及本题,强调作为贤人之友间“其大略欲相扳以至乎中庸而后已”。所谓“中庸”,据朱熹《四书集注》云:“子程子曰:‘不偏之谓中,不易之谓庸。中者,天下之至道。庸者,天下之定理’。此篇乃孔门传授心法。”《宋史》引朱熹论王安石说:“(王)以文章节行高一世,而尤以道德经济为己任。”他的“中庸”观是把中庸作为贤人治世的理想境界来看待的,因此贤人间应以中庸的标准互相帮助提高,以达到至境。这仿佛是理学家的口吻,似乎与他后来的“熙宁变法”无关。但我们可以把它看作作者对未来政治改革的一种朦胧的理论准备。从本来的意义上讲,作者心目中的“贤人”之友,在道德的层面上应该是纯粹的,不掺杂质的。但事实上,曾巩和孙侔都没有真正达到这个境界,我们只要读一读《宋史》中他们两人的生平事迹就大致明白了。作者的期许未免过高。

本文的写作最初是由曾巩寄赠的一首《怀友》诗引发的,全文表达了作者对贤人为师若友的强烈渴求。它从大处着眼,起点高,起势突兀,气势逼人,充满了感情色彩。但写作上又是以小见大,由近而远,平易近人,显得亲切如晤对的。这就是王安石散文的魅力之一。

(毛水清)

读孟尝君传[1]

世皆称孟尝君能得士,士以故归之,而卒赖其力以脱于虎豹之秦[2]。嗟乎!孟尝君特鸡鸣狗盗之雄[3]耳,岂足以言得士?不然,擅[4]齐之强,得一士焉,宜可以南面而制秦[5],尚何取鸡鸣狗盗之力哉?夫鸡鸣狗盗之出其门,此士之所以不至也。

〔注〕 ①《孟尝君传》：指《史记·孟尝君列传》。"孟尝君在薛，招致诸侯宾客……舍业厚遇之，以故倾天下之士，食客数千人，无贵贱一与文等。"孟尝君，姓田名文，战国时齐之公子，以好客养士著称。 ② 虎豹之秦：像虎豹一样凶残的秦国。《史记·屈原贾生列传》："秦，虎狼之国。"据《史记·孟尝君列传》，秦昭王囚孟尝君，欲杀之。孟尝君门客有能为狗盗者窃狐白裘献昭王幸宠姬，孟尝君乃得而驰去。秦昭王悔，使人追之。至函谷关，门客有能为鸡鸣者学鸡鸣，遂出关。 ③ 雄：雄长，首领。 ④ 擅：据有。 ⑤ 南面而制秦：南面称王，制服秦国。

王安石的文章，有气势磅礴、洋洋洒洒如《上仁宗皇帝言事书》这样的煌煌大文，也有不少短小精悍、强劲峭拔的短篇，如《书刺客传后》《读孟尝君传》《与司马谏议书》等。这篇被评家誉为"千秋绝调"的文章，就是王安石短文中的代表作。

这篇短论，是一篇翻案文章。它所要翻的，就是孟尝君能得士的传统看法。一开头就用三句话非常简括地点出了传统看法的主要内容，作为翻案的靶子。这三句话是相互关联有因果关系的。第一句"世皆称孟尝君能得士"是一个总案，也是全文批驳的靶心。"士以故归之"，是从"能得士"来的，二者之间存在因果关系。"卒赖其力以脱于虎豹之秦"又是"能得士""士归之"的结果。三句话把《孟尝君列传》中一大段记叙文字的内容都概括进去了，每一句都相互勾连，写得非常简练、紧凑。三句话中的"得士""士归""脱秦"在后面都有照应，都是批驳的对象，可谓语无虚设，甚至连"虎豹"这样的形容性词语，后面也自有照应。

提出了要翻的旧案以后，紧接着用"嗟乎"这个感叹语作转折，马上提出了一个与"孟尝君能得士"完全针锋相对的论断："孟尝君特鸡鸣狗盗之雄耳，岂足以言得士？"这是直接破"孟尝君能得士"的。确实如评家所说："将上文一笔折到，辞气极为骏快。"(转引自高步瀛《唐宋文举要》甲编卷七)堂堂战国四公子之首，号称最能得士的孟尝君突然被戴上一顶"鸡鸣狗盗之雄"的帽子，仿佛极为荒唐，不可思议。但正是这石破天惊的论断中隐含着作者的一个基本前提，即孟尝君所得的根本不是士，而仅仅是"鸡鸣狗盗之徒"而已，只不过没有点破，为下文留出地步而已。这个针锋相对的论断由于跟传统看法完全对立，本身就给读者一种惊奇感、新鲜感，使读者急于看个究竟。

但王安石并不从正面去论证自己提出的这个论断。因为费力地论证孟尝君是鸡鸣狗盗之雄，并不能证明他没有得士，反驳者可以指出孟尝君不只是搜罗了鸡鸣狗盗之徒，也网罗了像冯谖这样的人才；文章的本意是要证明孟尝君不足以言得士，如果仅指出其为鸡鸣狗盗之雄，并不能合乎逻辑地证明他未得士，二者之间无必然关联。王安石紧紧抓住"不足以言得士"这个中心论题，巧妙地用反推法进行论证，即从反面加以推论："不然，擅齐之强，得一士焉，宜可以南面而制秦，尚何取鸡鸣狗盗之力哉？"这是直接破上文的"卒赖其力以脱于虎豹之秦"。

在作者心目中，所谓“士”，绝非“鸡鸣狗盗之徒”，而是“国士”，是有大智大谋能为帝王师的高级人才，是像兴商的伊尹、兴周的吕望、兴汉的张良这种兴邦定国之材。有了这样的人才，再加上齐国据有的强大国力，就可以南面称王，制服虎豹之秦，哪里还用得着鸡鸣狗盗之徒的力量呢？如果你承认一个国家的兴盛富强，除了国力这个基础外，最重要的是要有具备战略眼光与杰出才能的国士，就不能不承认这个推论的正确性。齐国与秦国，在战国七雄中，国力最强，但齐最终并未南面而制秦，反为秦所灭。这个历史事实正可以从反面证明孟尝君并未得士，并未得到像管仲那样佐桓公成霸业的士，更不用说佐武王成王业的吕望那样的士了。“鸡”“狗”与“虎豹”的对照，颇含深意：靠“鸡鸣狗盗之徒”又怎能对付得了“虎豹之秦”呢？“尚何取鸡鸣狗盗之力哉”还包含另一层意思，即得一士就足以制强秦、取天下，那就根本不会发生孟尝君被困于秦的事，当然也用不着鸡鸣狗盗之徒了。这已经近乎釜底抽薪，连困秦遇险之事也给否定了。

行文至此，已将孟尝君“岂足以言得士”的论断论证得很有力了，但作者意犹未尽，抓住孟尝君用鸡鸣狗盗之徒之力这件事又翻进一层：“夫鸡鸣狗盗之出其门，此士之所以不至也。”这更是发聋振聩之论，是直接破“士以故归之”的。因为在前面的翻案文章中还留下了一点疑问：鸡鸣狗盗之徒尽管无大用，但缓急之际或许能发挥其作用，大智大谋的国士与用鸡鸣狗盗之徒不妨兼收并蓄，使两种人各自发挥所长。王安石仿佛预知有此一疑，针对这种“有用”“并收”的想法，作了斩钉截铁的回答，指出这两种人是根本不能兼收并用的。你收了鸡鸣狗盗之徒，真正的国士就会认为你根本不重士。他们之所以不至，不仅是羞于与此辈为伍，更是因为他们从搜罗任用鸡鸣狗盗之徒这件事上，看到了主人之不能成大事。这不仅破了上文的“士以故归之”之说，而且指出了两种人的绝不相容，说明孟尝君之所以不得真正的国士，恰恰是由于他搜罗了鸡鸣狗盗之徒。通过这番进一层的论证，孟尝君“岂足以言得士”的论断才真正得到最充分的证明。

这篇短论，全文仅九十个字，却有四层，层层转折，而且都是硬转直接，每层之间没有任何缓冲、过渡，读来倍感其风格的强劲峭拔。沈德潜评曰：“语语转，笔笔紧，千秋绝调。”（《唐宋八家古文读本》卷三十）可谓确评。但如果只看到这一点，就容易误认为文章的好处只在转接的技巧和文笔的简洁上。其实更本质的东西是作者识见之高，即对人才有自己的独特见解。在作者看来，并不是所有有一技之长的人都可以称为士。他心目中的士，实际上是安邦定国的大政治家。作为一个统治者，所首先要努力搜罗并加以重用的，应该是这样的士。王安石自己，就是以这样的士自命的。从战略上看，王安石的这种见解自有其正确性深刻

性。由于从这样的思想高度给"士"定位,全文翻传统看法的旧案方能高屋建瓴,势如破竹,一语中的,一锤定音。 (刘学锴)

书刺客传①后

曹沫将而亡人之城②,又劫③天下盟主④,管仲因勿背以市信一时⑤,可也。予独怪智伯国士豫让⑥,岂顾⑦不用其策耶?让诚国士也,曾不能逆策三晋⑧,救智伯之亡,一死区区⑨,尚足校⑩哉?其亦不欺其意⑪者也。聂政售于严仲子⑫,荆轲豢于燕太子丹⑬,此两人者,污隐困约⑭之时,自贵其身,不妄愿知⑮,亦曰有待焉。彼挟道德以待世者,何如哉?

〔注〕 ① 刺客传:即《刺客列传》,司马迁《史记》中的一篇,分别写了从曹沫至荆轲五人。 ②"曹沫"句:言曹沫为将军而失去了鲁国的城邑。曹沫,鲁人,以勇力事鲁庄公,庄公好力,曹沫为鲁将,与齐战,三败北。鲁庄公惧,乃献邑割地以求和,但仍用他为将。将,作动词用,为将。亡人之城,失去鲁国的城邑,指鲁以遂邑之地献给齐国而求和事。 ③ 劫:劫持。 ④ 天下盟主:指齐桓公小白。据《刺客列传》载:"齐桓公许与鲁会于柯而盟,桓公与庄公既盟于坛上,曹沫执匕首劫齐桓公,桓公左右莫敢动,而问曰:'子将何欲?'曹沫曰:'齐强鲁弱,而大国侵鲁亦甚矣。今鲁城坏即压齐境,君其图之。'桓公乃许尽归鲁之侵地。既已言,曹沫投其匕首,下坛,北面就群臣之位,颜色不变,辞令如故。" ⑤"管仲"句:言管仲劝齐桓公不要因小利而违背自己的诺言,还鲁侵地以换取信义。管仲,字夷吾,为齐相多年,辅佐齐桓公成为一代霸主。"齐桓公九合诸侯,一匡天下,管仲之力也。"(《史记·齐太公世家》)市,换取。 ⑥ 智伯国士豫让:《史记·刺客列传》载,智伯非常尊宠豫让。智伯被赵襄子与韩、魏合谋灭后,豫让屡次不顾生死,行刺赵襄子。襄子感其义,脱下衣服令豫让砍斫。豫让拔剑三击,遂自刎而死。 ⑦ 岂顾:为何却。岂,表示疑问或反诘,相当于为何。顾,却。 ⑧ 逆策三晋:应对三晋的策略。逆,迎击,迎战。三晋,指韩、赵、魏。 ⑨ 一死区区:谓死的价值微不足道。 ⑩ 校:计较。 ⑪ 不欺其意:不违背自己的意志。 ⑫ 聂政售于严仲子:《史记·刺客列传》载,严仲子与韩相侠累有隙,欲报之。至齐,闻聂政勇,奉厚金为其母寿。聂政坚不肯受,又因母在,未肯许人。久之母丧,及葬,聂政即除服,见严仲子,为其至韩刺杀侠累。一击得中,又击杀数十人,转自杀而死。 ⑬ 荆轲豢(huàn)于燕太子丹:燕太子丹入质于秦,秦王遇之无礼,思欲报之。丹因人推荐遇荆轲,厚遇之,尊之为上卿,车骑美女恣荆轲所欲,欲令荆轲劫持秦王,悉反诸侯侵地;如不可,因而刺杀之。轲请樊於期首,怀匕首及燕督亢地图献秦王。刺秦王,不中,轲为秦王嬴政所杀。事见《史记·刺客列传》。豢,豢养。 ⑭ 污隐困约:社会地位低下,生活贫困。污,下也。约,贫困。 ⑮ 不妄愿知:不轻易许诺与人,愿为人知遇。

庆历二年,王安石初入仕途,任淮南节度判官。淮南路治所在扬州,韩琦当时是扬州的知州。王安石是他的幕僚,工作比较清闲,经常通宵达旦地读书。此文即写于此时,是他读《史记》的札记,与《读孟尝君传》是姊妹篇。

《刺客列传》是《史记》中的名篇,篇末的太史公曰:“自曹沫至荆轲五人,此其义或成或不成,然其立意较然,不欺其志,名垂后世,岂妄也哉!”司马迁对他们是肯定的。历史上也有不少诗人写诗歌颂过他们,如陶渊明就写过著名的诗篇《咏荆轲》。王安石不同意司马迁的观点,他对刺客的评价否定多于肯定,对他们的行为提出疑问,可以说这是一篇翻案文章。

《刺客列传》中的五人,除了专诸刺吴王僚未加评论外,作者对其余四人都一一加以重新评价。

开篇写曹沫,开门见山,单刀直入,先贬抑曹沫是亡人之城的败军之将,大有败军之将何敢言勇之慨。但曹沫的勇敢也是不可否认的,他敢于劫持“九合诸侯,一匡天下”的盟主,其本身就是一种冒险行为。但他的冒险成功了,胁迫齐桓公答应归还侵鲁之地的目的达到了。作者认为这种成功是带有偶然性的,有它的具体条件,没有管仲劝说齐桓公不要因小利而违背自己的诺言,以失信于诸侯,曹沫的目的还是达不到,所以只能得逞于“一时”,不能得手于时时,劫持的手段是不应肯定的。

对于豫让,劈头便提出质疑,责怪豫让为什么不运用其他的策略呢?作者承认豫让还算得上一位“国士”,质问之后又对他局部加以肯定,实际上这不过是欲抑先扬之笔,紧接着笔锋陡转,又责怪豫让对三家(三晋)灭智伯不能想出对策,以挽救智伯之亡。豫让执意为智伯报仇,终为此而牺牲了自己的生命。王安石认为这种死是微不足道的,不值得计较,这就从根本上否定了“士为知己者死”的道德观念。重抑之后,又继之以轻扬,又肯定豫让的“不欺其意”,运笔可谓一波三折。

写聂政、荆轲,则换了一种写法,将二人并笔合写,双管齐下,运笔摇曳多姿,转折跌宕。“聂政售于严仲子,荆轲豢于燕太子丹”,劈头两句,既高度概括了聂、荆二人为主人所用,为其刺杀侠累与秦王的史实,又通过“售”“豢”二字,带出鲜明的贬抑色彩。重抑之后,接着又轻扬一下,指出聂、荆二人都曾处在社会地位低、生活贫困的状态下,他们当时能够“自贵其身,不妄愿知,亦曰有待焉”。这几句话主要是就聂政而言,他在老母在堂之时,不敢以身轻易许人,聂政之所待,他自己有所表述:“嗟乎!政乃市井之人,鼓刀以屠,而严仲子乃诸侯之卿相也,不远千里,枉车骑而交臣。臣之所以待之,至浅鲜矣,未有大功可以称者,而严仲子奉百金为亲寿,我虽不受,然是者徒深知政也。……老母今以天年终,政将为知己者用。”王安石在这个“待”字中,又翻起波澜,他认为那些“挟道德以待世者”,与聂政之所待相比,是不可同日而语的。

王安石是文学家，又是有改革思想的政治家。《书刺客传后》这篇短文只有一百二十四字，不过是他读史的体会与心理，他提出了一些值得思考的问题，有自己的见地。文章或采取先抑后扬，或先扬后抑，议论风生，波浪迭翻。如何评价司马迁笔下的刺客，是个比较复杂的问题。《刺客列传》中所写的五人，情况也不尽相似，曹沫是“劫客”，算不上刺客，其行动目的是为鲁国收回失地。荆轲志在报强秦，有反侵反暴的正义性。豫让是“士为知己者死”的典型。专诸和聂政都陷入了统治者内部争权夺利的斗争，充当了这种斗争的工具和牺牲品，也是感知遇之恩的“士为知己者死”的典型。应当指出，王安石说“聂政售于严仲子”是不符合原著精神的，严仲子用百金为聂政母做寿，聂政没有接受。母死之后他又谈到这一点，聂政不是卖身投靠严仲子的，王安石在这里有点强词夺理了。荆轲的出现与战国的“养士”制度有关，所以陶渊明《咏荆轲》说：“燕丹善养士，志在报强嬴。召集百夫良，岁暮得荆卿。君子死知己，提剑出燕京。”豢与养虽然意思相近，但一字之差，褒贬之义大相径庭。王安石未免有“褒贬任声，抑扬过实”之嫌。他对豫让的“独怪”与质问，也是不顾历史事实的。智伯贪心很大，刚愎自用，谋士的话他是听不进的。况豫让并非谋士，他的一生亮点，就是以死报智伯。司马迁《刺客列传》所遵奉的道德原则就是“杀身成仁，弃生取义”，以及重然诺和不欺其志，虽有历史和时代的局限，但不应苛责。　　（刘文忠　刘元煌）

书李文公集[1]后

文公非董子作《仕不遇赋》，惜其自待不厚[2]。以予观之，《诗》三百，发愤于不遇者甚众[3]。而孔子亦曰：“凤鸟不至，河不出图，吾已矣夫！”[4]盖叹不遇也。文公论高如此[5]，及观于史，一不得职，则诋审相以自快[6]。今吾于人也，听其言而观其行，言不可独信久矣。虽然，彼宰相名实[7]固有辩[8]。彼诚小人也[9]，则文公之发，为不忍于小人可也。为史者，独安取其怒之以失职[10]耶？世之浅者[11]，固好以其利心量君子[12]，以为触宰相以近祸[13]，非以其私[14]，则莫为也。夫文公之好恶，盖所谓皆过其分[15]者耳。

方其[16]不信[17]于天下，更以推贤进善为急[18]。一士之不显，至寝食为之不甘。盖奔走有力，成其名而后已。士之废兴，彼各有命。身非王公大人之位，取其任而私之[19]，又自以为贤，仆仆然[20]忘其身之劳也，岂所谓知命者耶！《记》曰：“道之不行，贤者过之，不肖者不及也。”[21]夫文公之过，抑其所以为贤欤！

〔注〕 ① 李文公集：唐李翱撰。李翱，字习之，陇西成纪（甘肃秦安东）人，曾从韩愈学古文。 ②“文公非董子”二句：西汉著名思想家董仲舒，曾作《仕不遇赋》，抒发生不逢时的感叹。李翱在《答独孤舍人书》中谓：“仆尝怪董生大贤，而著《仕不遇赋》。惜其自待不厚。凡人之畜道德、才智于身，以待时用，盖将代天理物，非为衣服、饮食之鲜肥而为也。董生道德备具，武帝不用为相，故汉德不如三代，而生人受其憔悴，于董生何苦，而为‘仕不遇’之词乎？”非，责难。厚，优厚。 ③“《诗》三百”二句：语出《史记·太史公自序》：“《诗》三百篇，大抵贤圣发愤之所为作也。” ④“而孔子亦曰”四句：语出《论语·子罕》：“子曰：‘凤鸟不至，河不出图，吾已矣夫！’”凤鸟，古代传说中的一种神鸟。传说凤鸟在舜和周文王时代都出现过，它的出现象征着“圣王”将要出世。河不出图，传说在上古伏羲氏时代，黄河中有龙马背负八卦图而出。它的出现也象征着“圣王”将要出世。所以凤鸟至、河出图，被古人看作是圣人受命而王的先兆。孔子的话是表达他生不逢盛世的悲叹。 ⑤ 论高如此：指李翱在《答独孤舍人书》所发出的非难董子的高论。 ⑥“及观于史”三句：指新旧唐书所记载李翱的行为。据史书记载，李翱性格峭鲠，他未得显官，心中极为不满，郁郁不乐，找不到发泄的地方。有一天他闯入中书省去见当时的宰相李逢吉，当面数落他的过失。谁知李逢吉又不与他计较，李翱心中不安，就向朝廷请求停官。诋，诋毁。 ⑦ 名实：外在的名和内在的实际。 ⑧ 辩，通“辨”，谓不同，区别。 ⑨ 彼诚小人也：据史书，李逢吉忌刻奸诈，多培植党羽，爱营私弄权。 ⑩“为史者”二句：批评史书的编者只记载他未得显官而发怒，而不记李翱是不忍于小人李逢吉才发怒，这是史官的失职。安，怎能。 ⑪ 世之浅者：那些只看表面现象的浅薄的人。 ⑫ 固好以其利心量君子：即俗话说的以小人之心度君子之腹。利心，功利之心。量，度量。 ⑬ 近祸：招惹灾祸。 ⑭ 私：个人私利。 ⑮ 过其分：超过界限。 ⑯ 其：代指李文公。 ⑰ 信：与伸同义。 ⑱ 以推贤进善为急：以推举引荐贤德之人为当务之急。李翱爱举荐人才，常为此不遗余力。 ⑲ 私之：作为自己的事。 ⑳ 仆仆然：奔走劳顿之状。 ㉑“《记》曰”四句：出自《礼记·中庸》：“子曰：‘道之不行也，我知之矣，知者过之，愚者不及也；道之不明也，我知之矣，贤者过之，不肖者不及也。’”

本篇题为《书李文公集后》，但并没有对李翱文集内容作任何评述，而是对李翱人品作了辨析，赞颂他好恶分明的个性和积极推贤进善的高尚品德。文章虽然短小，却抑扬顿挫，波澜起伏，具有独特的艺术魅力。

文章第一段先从李翱非难董仲舒作《仕不遇赋》谈起，分析了李翱对“不遇”的见解。董仲舒曾作《仕不遇赋》，抒发文人不遇明主的牢骚。李翱对董仲舒的怨怼态度有不同的看法，认为应该通达地看待自身之穷达，不应该“自待不厚”，大发牢骚。本文中，王安石又对李翱的批评董仲舒的言论作了辨析。作者先以《诗经》和孔子为例，说明文人发牢骚由来已久，未可厚非。再用史书记载李翱斥责宰相的事例，证明即使李翱本人也因不得志而发泄不满。这样，文章给读者引出这样一个事实，即：李翱本人对不遇的见解和史书所载他的行为并不一致。

行文至此，让人以为作者似乎是在批评李翱的言行不一。不过，若你真的这样以为，你就错了。作者上面的叙述其实只是一个引子，只是想用李翱言语与行动的矛盾来引发读者的思考和阅读的兴趣。接下来，作者笔锋一转，剖析了李翱言语与行动产生不一致的原因及该如何看待这种不一致性。他指出："今吾于人，听其言而观其行，言不可独信久矣。"就是说观察一个人，不能只听他的言论，重要的是看他的行动。接下来对李翱抵触宰相一事作了剖析：宰相李逢吉的名声与实际有可挑剔的地方，李翱的愤怒是因为"不忍于小人"而发的。著史者不能深察李翱发怒的深层原因，而仅仅记述其发怒行为，就是失职。作者还指出，世上浅薄的人往往喜欢"以其利心量君子"，认为抵触宰相会招惹祸害，李翱若不是出于私人的恩怨是不会抵触宰相的。最后，作者对李翱言行的不一致做出深层的分析："文公之好恶，盖所谓皆过其分者耳。"李翱具有好恶分明的个性，他的言语行动往往有些过分。这样，作者就把李翱言行不一的问题归结为感情太过分而造成的，不但解释了其中的原因，也抓住了理解李翱本人的关键，为下文褒扬李翱打下了基础。

第二段才转入作者的本意，热情地赞颂文公以"推贤进善为急"的高尚品德。作者先用饱含感情的语言叙述李翱行事，说他虽非高官显贵，却取其任而私之，为别人的升降进退，不顾自身的劳累，达到了不知天命的程度。再以《礼记》的话，称颂李翱的贤。最后以"夫文公之过，抑其所以为贤欤"之语对李翱做出评判。在作者看来，李翱的举动都是由其好恶"皆过其分"的性格决定的，"过其分"虽是其缺点，但也是所以为贤者的原因。

本文采取欲扬先抑的写作手法，先摆出李翱言语行动的矛盾之处，再对此作深层剖析，归结出好恶皆过其分的性格特点，最后颂扬他乐于推贤进善的高尚品德。前面为虚写，是在放烟雾幕，目的并不在于写他的言行不一，而是为了突出他"过其分"者，为后文肯定其为贤者做铺垫，后面的赞颂才是真正的目的。文章从对李翱性格缺点的剖析开始，到肯定李翱为贤者作结束。前后反差强烈，又相互照应。行文曲折有致，波澜起伏。本文的语言饱含感情色彩。作者对李翱爱憎分明的个性与贤者的高尚品德，非常敬佩，赞美之情溢于言表。这点在第二段表现得尤其明显。

这篇文章也有深刻的现实意义。王安石的变法阻力很大，攻击者往往抓住变法者某些过失而哓哓不休。王安石在这篇文章里肯定有缺点的李翱为贤者，实际也有鼓励变法的同道，不怕小的失误，勇敢承担大任的意思在里面。

（魏祖钦）

答司马谏议书

某启[1]：昨日蒙教[2]。窃以为与君实[3]游处[4]相好之日久，而议事每不合，所操之术[5]多异故也。虽欲强聒[6]，终必不蒙见察[7]，故略上报[8]，不复一一自辨。重念蒙君实视遇厚[9]，于反复[10]不宜卤莽[11]，故今具道所以[12]。冀君实或见恕[13]也。

盖儒者所争，尤在于名实[14]。名实已明，而天下之理得矣。今君实所以见教者，以为侵官[15]、生事[16]、征利[17]、拒谏[18]，以致天下怨谤也。某则以谓受命于人主[19]，议法度而修之于朝廷，以授之于有司[20]，不为侵官；举先王之政[21]，以兴利除弊，不为生事；为天下理财，不为征利；辟邪说[22]，难壬人[23]，不为拒谏。至于怨诽之多，则固前知[24]其如此也。人习于苟且非一日，士大夫多以不恤国事[25]，同俗[26]自媚于众[27]为善。上[28]乃欲变此，而某不量敌之众寡，欲出力助上以抗之，则众何为而不汹汹然[29]？盘庚之迁[30]，胥怨者民也[31]，非特朝廷士大夫而已。盘庚不为怨者故改其度[32]，度义[33]而后动，是[34]而不见可悔故也。

如君实责我以在位久，未能助上大有为，以膏泽斯民[35]，则某知罪矣。如曰今日当一切不事事[36]，守前所为[37]而已，则非某之所敢知[38]。

无由会晤，不任[39]区区[40]向往之至[41]！

〔注〕 ① 某启：旧时书信开头格式。意思是："安石陈述。"某，是人名的代字，起草时，为了省事，写作"某"，正式写信，还是写本名的。也有根据书稿编的文集，也常把"某"字照样保留下来。下文还有四个"某"字，都是这样用的。 ② 蒙教：承受教诲。这是收到来信的客气话。这里指接到司马光的来信《与王介甫书》。 ③ 君实：司马光的字。司马光时任翰林学士兼侍读学士、右谏议大夫。 ④ 游处：同游共处，指朋友往来交好。 ⑤ 所操之术：指彼此所主张的政治上的一些做法。操，持。术，方法、手段、策略。 ⑥ 强聒(guō)：勉强说给人听。聒，喧扰，嘈杂。 ⑦ 不蒙见察：不被您了解、考虑。 ⑧ 故略上报：所以简略回信。上报，写回信的一种客气说法。（司马光为反对新法，连写三函与王安石，第一封《与王介甫书》长达三千余字，王安石当即写过一封简短的复函，所以文中说："故略上报"。后经考虑，又写了这封信。） ⑨ 视遇厚：看待优厚。 ⑩ 反复：指书信往来答辩。 ⑪ 卤莽：粗疏草率，简慢无礼。 ⑫ 具道所以：详细说明我所以这样做的理由。 ⑬ 或见恕：或许被原谅。 ⑭ 名实：名称和实际。 ⑮ 侵官：侵犯原来官吏的职权。 ⑯ 生事：凭空制造事端，生事扰民。 ⑰ 征利：

求利、谋利。是说新法与民争利。 ⑱ 拒谏：拒绝劝谏、批评。 ⑲ 人主：君主。这里指宋神宗赵顼。 ⑳ 有司：指各级官吏。 ㉑ 举先王之政：实行古代贤君的政事。 ㉒ 辟邪说：批驳错误言论。 ㉓ 难壬人：斥责巧言献媚的奸佞之徒。 ㉔ 前知：事前预料到。 ㉕ 不恤国事：不关心国家大事。恤，忧虑。 ㉖ 同俗：附和世俗之见。 ㉗ 自媚于众：讨好众人。㉘ 上：指宋神宗。 ㉙ 汹汹然：大吵大闹的样子。 ㉚ 盘庚之迁：盘庚是殷代的中兴之君，他即位后，将都城从奄(今山东曲阜)迁到亳之殷地(今河南安阳)，曾遭到全国上下的反对埋怨。 ㉛ 胥怨者民也：百姓都恋其故土，不愿迁移。因此都忧愤、埋怨迁都。 ㉜ 度(duó)：计划、决定。 ㉝ 度义：考虑这样做合宜("义"同"宜")。 ㉞ 是：正确。 ㉟ 膏泽斯民：施恩惠给人民。 ㊱ 不事事：不做事情。第一个"事"字作动词用，从事，办理。 ㊲ 守前所为：墨守祖宗规法。 ㊳ 敢知：敢领教，敢承认。 ㊴ 不任：不胜。 ㊵ 区区：自称的谦词。亦表内心诚挚。 ㊶ 向往之至：仰慕到极点。

宋神宗熙宁二年(1069)春，王安石任参知政事(即副宰相)，他针对北宋王朝存在的弊政，提出变法主张，在理财、整军两大方面，制定了一系列的改革措施，得到了宋神宗的赞扬和支持。新法如果实行得好，可以在一定程度上减轻人民的负担，削减大地主、大官僚、大商人和高利贷者的部分利益，解决当时社会一些亟须解决的问题，以达到富国、强兵的目的。但是这场变法运动，却遭到了以司马光为首的保守派官僚的竭力反对。熙宁三年二月，司马光写了一篇《与王介甫书》，这封信长达三千余字，是司马光三次致书王安石的第一书，信中以咄咄逼人的口吻，对王安石变法革新横加指责，列举王安石新法有四大罪状：第一，指责新法不把财政工作交给原来主管财政的盐铁、度支、户部这三司，另外成立制置三司条例司来理财，为"侵官"。第二，指责新法废旧立新，名目繁多，为"生事"。第三，指责王安石广置使者，行新法于四方，"先散青苗钱，次欲使比户出助役钱，次又欲更搜求农田水利而行之"，是为"征利"。第四，批评王安石拒绝接受反对派的意见，为"拒谏"。最后要求王安石罢新法，恢复旧制。针对司马光的兴师问罪，王安石胸怀坦荡，态度明朗，用三百多字的短信回敬了司马光，简洁有力地驳斥了司马光错误的保守观点，并表示了自己革新政治的坚定立场与决心。文章写得言简意赅，谨严锐利，表现了王安石雄健、峭拔的论说文风格。

本文开始一段，作者首先交待两点：一是在私交上，自己与司马光是"游处相好之日久"的朋友，司马光对待自己也是"视遇厚"，他们相识、相交多年，互相敬慕，彼此尊重，私人之间不存在矛盾、恩怨。二是在政治主张上，自己与司马光之间却存在着原则分歧。即"议事每不合，所操之术多异故也"。这种政见的不合是不可调和的，不是几封信就能解决的。所以作者说："虽欲强聒，终必不蒙见察，故略上报，不复一一自辨。"王安石清醒地认识到与反对派无论怎样辩解都没有用，所以在开始接到司马光的信后，态度有些不耐烦，曾写过一封简短的复函。

考虑彼此的朋友情谊，政见不同也要保持礼数，“于反复不宜卤莽”，所以又写了这封信，详细说明自己观点。这样既表现了自己对革新政治的决心，又保持了尚礼念旧的君子风度，也为这场争论奠定了较高层次的铺垫。

本文中间一段，针对司马光来书所提主要论点加以驳复。这是信的主体部分。作者每下一语，都能说得对方哑口无言。笔锋犀利，语势劲健，作者决不引咎自责，表现作者对实行新法抱着极大的信心。作者首先提出辩论要明确一个前提，即：“盖儒者所争，尤在于名实。名实已明，而天下之理得矣”。先把名义和实际关系弄明确，是非自然清楚。司马光在信中指责王安石的罪名是哪些呢？作者归结为“侵官、生事、征利、拒谏”四项。那么实际情况又如何呢？下面作者连用了四个“不为”的排比句式，摆事实、讲道理，驳斥司马光的指责是名不副实、子虚乌有。作者逐条申辩说：“受命于人主，议法度而修之于朝廷，以授之于有司，不为侵官；举先王之政，以兴利除弊，不为生事；为天下理财，不为征利；辟邪说，难壬人，不为拒谏。”作者理直气壮，斩钉截铁地为侵官、生事、征利、拒谏一一正名，每一个罪名都不符合实际，不能成立。王安石抓住上述几个关键性问题，据理力争，论述鲜明，辞气盛满，又具有无懈可击的逻辑性。司马光在其长信中除逐项指责新法之外，还以“天下怨谤”这样的大帽子对王安石施压。司马光在信的开头就危言耸听地说：“今介甫从政始期年，而士大夫在朝廷及自四方来者，莫不非议介甫，如出一口；下至闾阎细民、小吏走卒，亦窃窃怨叹，人人归咎于介甫”，“今天下之人恶介甫之甚者，其诋毁无所不至”。原因何在呢？“故谤议沸腾，怨嗟盈路，迹其本原，咸以此也”，都是王安石变法惹的祸。司马光俨然代表天下人向王安石兴师问罪。王安石面对气势逼人的指责，并未被吓倒，而是泰然处之。因为他深信新法对国家绝对有利，且势在必行。同时对实行新法所面临的社会各方面阻力，早有思想准备。在长期担任地方官时，他做了大量社会调查。洞明世事的王安石，对于来自习惯势力的非难甚至攻击，对凝聚在人们心灵深处的停滞保守的心理积习，或者说对民族的惰性和因循守旧的思想，早已看得清清楚楚，并有所警惕，因此当以司马光为首的强大的保守势力向他发动进攻时，他表现得十分沉着冷静，不惊不慌。对于怨谤、恶语，他也清醒地认为这是不可避免的，在信中只轻描淡写地略带不屑的口吻说：“至于怨诽之多，则固前知其如此也。”一笔带过，借以回复司马光信中的责问：“不知介甫亦尝闻其言而知其故乎？”对朝野上下反对的言论以及他们认为是新法所致之故，也早有精神准备。“则众何为而不汹汹然”的缘故和根源，却不是新法所致。王安石接着深刻、尖锐地剖析说：“人习于苟且非一日，士大夫多以不恤国事，同俗自媚于众为善。”保守派长期以来苟且偷安，因循守旧，不关心国家大事，他们不去设法帮助人们清除陈旧的心理积淀，引导人们认识并接受新事物，反而迎合“人习于苟且”的惰性心理，还“同俗自媚于众”，煽动人们反对王安石的新法。对此，王安石表现了一个改革者正义凛然的勇气和决心，反击说：“某不量敌之众寡，欲出力助上以抗之。”“抗之”二字，语重千钧。显示出对以司马光为首的保守势力“汹汹然”“怨谤”的斗争精神。接着又借盘庚迁都不畏众怨的历史事实，标举自己坚定不移的意志。决心“不为怨者故改其度，度义而后动，是而不见可悔”，一定要把改革的大旗高举下去。论辩针锋相对，鞭辟入里。

本文末尾一段，作者抓住司马光的思想症结，进一步从根本上批驳司马光的错误观念。作者连用两个排列的假设句，从“知罪”和“非敢知”正反两方面，含蓄而凌厉地再一次给论敌更有力的回击。作者首先说：“如君实责我以在位久，未能助上大有为，以膏泽斯民，则某知罪矣。”这种回答，态度是实事求是的，也为自己留有余地。因为新法在执行过程当中不可能十全十美，其间存在缺欠与失误是难免的，所以愿意承担“未能助上大有为”的罪过，新法可以执行得更好，自己还可“大有为”。但是“如曰今日当一切不事事，守前所为而已，则非某之所敢知”。你责备我不能大有为是应当的，如果说现在一切改革的事都不该做，只要死守着祖宗所定的法令制度就行，这我就不敢领教了。司马光在长信中用老子《道德经》中倡导的“无为而治”的观点反对王安石变法。信中说“老子曰：‘天下神器（指帝位），不可为也，为者败之，执者失之。’又曰：‘我无为而民自化，我好静而民自正，我无事而民自富，我无欲而民自朴。’又曰：‘治大国若烹小鲜（烹小鱼不必剖肚去肠，以免将其煮烂。比喻治理国家不必实行大的改革，以免混乱）。’今介甫为政，尽变更祖宗旧法，先者后之，上者下之，右者左之，成者毁之，弃者取之，矻矻焉穷日力，继之以夜而不得息，使上自朝廷，下及田野，内起京师，外周四海，士吏兵农，工商僧道，无一人得袭故而守常者，纷纷扰扰，莫安其君”，“弃先圣之道，违天下人之心”，恐吓王安石新法“不过二三年，彼将自败……及二三年，则朝廷之患已深矣，安可救乎”，“一旦失势，必有卖介甫以自售者矣”。以上就是王安石变法，所谓“事事”“有为”的后果。其气势咄咄逼人，令人毛骨悚然。但王安石又一次看似轻描淡写，语锋却极其锐利，用简劲峻洁的话，断然拒绝保守派要他墨守成规，踏着祖宗的陈迹亦步亦趋的要求。这一段虽只有两句话，但一抑一扬，一退一进，充分表现出王安石鲜明的立场、坚毅的态度和毫不妥协的斗争精神。王安石真不愧是“中国十一世纪时的改革家”（列宁《修改工人政党的土地纲领》）。

司马光属于新法的反对派，其言论偏于保守，但他的《与王介甫书》，亦有切中时弊之处。王安石在这篇《答司马谏议书》中表现出“三不足”（“天变不足畏、祖宗不足法、人言不足恤”）的大无畏的精神，表明他决心推进改革变法的进步思想，但文中把反对意见一概斥为“邪说”，把持不同意见的人一概贬为“壬人”，虽然行文痛快，而与实际不尽相符，有失偏颇。所以明人茅坤说：“荆公之愎而自用，所以自误。”（《唐宋八大家文钞·宋大家王文公文钞》卷五）我们应把二人的信合起来认真研读，对全面了解当时那场论争是有所帮助的。

清代文学家刘熙载在其《艺概》中评论王安石文章说：“半山文瘦硬通神，只下一二语便可扫却他人数大段，是何等简贵。”《答司马谏议书》便是以少胜多的典型范例。清末古文家吴汝纶评此文说：“固由傲兀性成，究亦理足气盛。故劲悍廉厉无枝叶如此。”（《古文辞类纂》卷三十）确为精妙之语。（徐育民）

答曾公立书

某启：示及青苗①事。治道②之兴，邪人③不利。一兴异论，群聋④和⑤之，意不在于法也。孟子所言利者，为“利吾国”（如曲防、遏籴）、“利吾身”耳⑥。至狗彘食人食则检之，野有饿殍则发之⑦，是所谓政事。政事所以理财，理财乃所谓义也。一部《周礼》⑧，理财居其半，周公⑨岂为利哉？奸人者因名实⑩之近。而欲乱之，以眩上下，其如民心之愿何⑪？

始以为不请⑫，而请者不可遏；终以为不纳⑬，而纳者不可却⑭。盖因民之所利而利之，不得不然也。“然二分⑮不及一分，一分不及不利而贷之，贷之不若与之”。然不可与之而必至于二分者，何也？为其来日之不可继也。不可继则是惠而不知为政⑯，非惠而不费⑰之道也。故必贷。然而有官吏之俸，辇运⑱之费，水旱之逋⑲，鼠雀之耗，而必欲广之⑳，以待其饥不足而直㉑与之也，则无二分之息可乎？则二分者，亦常平㉒之中正㉓也，岂可易哉？

公立更与深于道者㉔论之，则某之所论无一字不合于法，而世之哓哓㉕者，不足言也。因书示及，以为如何？

〔注〕① 青苗：指王安石所推行的青苗法。青苗法规定，朝廷于青黄不接的时候贷款或

谷物给农户,收成后农户按十分之二的利息归还,如遇灾荒,可以推迟偿还。这种低息贷款对于抑制豪强地主对农户的高利贷盘剥有积极作用,因此此法遭到豪强地主们的强烈反对。②治道:治国之道,这里指王安石所推行的新法。③邪人:奸人,这里指豪强地主及其代言人。④群聋:不明事理的人。⑤和:随声附和。⑥"孟子所言"二句:语见《孟子·梁惠王上》,孟子原意是反对讲"利"的,要求讲"仁义"的,这里王安石断章取义,对孟子的话作了新的解释。曲防、遏籴(dí),事见《孟子·告子下》,齐桓公与诸侯会盟,曾规定各侯国之间"无曲防,无遏籴",意思是不得曲设堤防阻壅水路而使邻国受水旱之灾,不得设立关卡,阻止粮食出境救邻国的灾荒。⑦"至狗彘(zhì)"二句:语见《孟子·梁惠王上》,原文为:"狗彘食人食而不知检,途有饿殍而不知发。"意思是说,富人的猪狗吃掉了人的粮食,却不知用法度禁止;路上有饿死的人,却不知道开仓赈济。孟子认为这种不合理的现象可以通过施行"仁义"来消灭。王安石引用这两句话,是为了说明处理好这些事情,都是"政事"。彘,猪。检,制止。饿殍,饿死的人。⑧《周礼》:儒家重要的典籍,记载了周代各种职官礼法、物名制度,又称《周官》。王安石为了给所推行的新法造势,曾主持修撰《三经新义》,为《诗》《书》《周礼》作了新的注释,其中《周官新义》最为重要。⑨周公:姓姬,名旦,周武王的弟弟,相传《周礼》是他制定的。⑩名实:名义和实际,这里指"利"与理财。⑪其如民心之愿何:他们迷惑上下的举动置人民的意愿于何地呢?言外之意是说,新法符合人民的意愿,奸邪之人虽欲迷惑,却也无可奈何。⑫请:请求领取贷款。⑬纳:交还。⑭却:拒而不受。⑮二分:指十分之二的利息。⑯"不可继"句:不能维持下去就是对人民施恩惠而不知道怎样办理政事。⑰惠而不费:既给百姓恩惠,又不耗费钱财。⑱挽运:运输。⑲逋:拖欠、逃亡。⑳广之:增大谷本的数量。㉑直:径直。㉒常平:即常平仓,它有平定粮价、赈济灾荒的管理办法,即丰收谷贱时,增其价而籴;荒年谷贵时,减其价而粜。㉓中正:正常的办法。㉔深于道者:深知道理的人。㉕谠(náo)谠:争辩的声音。

王安石于熙宁二年(1069)被任为参知政事后,在神宗的支持下,将变法主张付诸实践,先后颁行青苗法、方田均税法、免役法、农田水利法、均输法、市易法、保甲法,这些新法触动了大官僚、大地主和富商大贾的利益,遭到了他们及其代言人的反对。青苗法规定政府贷款给农户要收取二分利息,这被反对派攻击为"图利",在社会上引起很大争议。本文是作者于熙宁三年针对反对者的责难而写的回信,是继《答司马谏议书》之后,对反对派的又一次有力回击。

反对者攻击新法"图利",作者回信毫不避讳言"利",通篇围绕"利"字展开论述,层层驳斥了所谓"图利"的责难。

文章内容分为三大段。第一段,揭露政敌的本意并不在于法本身,而是别有自私的考虑,即"治道之兴,邪人不利"。作者认为施行青苗法是政事,是理财,是义。这一段,作者一语道出反对派反对的实质是"意不在于法也"。接下来引用孟子的话,证明自己的推行新法,是所谓政事,是理财,是"义"。这样,王安石把自己的"图利"上升到了儒家的"义"的高度,堵住了攻击者的嘴。作者还用"一部《周礼》,理财居其半"来证明自己为天下理财的正确性。最后,作者又指出"利"

与"理财",名实相近,因而被奸人加以利用以迷惑世人。

第二段,分析青苗法的可行性。作者首先用新法执行中"请者不可遏"和"纳者不可却"的实际情形,证明"因民之所利而利之"的新法受到了人民的欢迎。接下来,作者又驳斥了反对者"然二分不及一分,一分不及不利而贷之,贷之不若与之"的言论,剖析要收取二分利息的原因。作者指出若不收利息,这项政策就不可持续下去,不可持续,那只是给人民恩惠,而不是为政之道;发放贷款,要扣除官吏的俸禄,运输的费用,水旱歉收的拖欠,鼠雀的损耗;还要扩充本钱以备饥荒。所以,必须收取二分的利息,而二分利息不过是按过去常平仓的办法收的,不为高。通过这样细致的剖析,论述了收取二分利息的正当性,有力地反驳了反对者的观点。

第三段,进一步表明自己的正确性及对胡乱攻击新法者的不屑态度。

这篇书信,体现出王安石一贯的行文风格。文笔犀利,如在揭露反对者的真实用心时,一针见血地指出"治道之兴,邪人不利。一兴异论,群聋和之,意不在于法也"。态度坚决,如用"邪人""群聋""奸人"指称反对者,表明作者与他们毫不妥协的态度,又在结尾称"世之说说者,不足言也",表明作者对反对者的蔑视,显示出王安石拗相公的本色。柔中含刚,如结尾说"公立更与深于道者论之,则某之所论无一字不合于法",言外之意是若还不明白其中的道理,就是见识浅薄之人,语言委婉而不失刚劲。文章结构严谨,逻辑联系紧密,环环相扣,分析透彻,雄健有力,干净利落。

(魏祖钦)

答曾子固[①]书

某启:久以疾病不为问[②],岂胜[③]向往!前书疑子固于读经[④]有所不暇,故语及之。连[⑤]得书,疑某谓经者佛经也,而教之以佛经乱俗[⑥]。某但[⑦]言读经,则何以别于中国圣人之经?子固读吾书每如此,亦某所以疑子固于读经有所不暇也。

然世之不见全经[⑧]久矣,读经而已,则不足以知经。故某自百家诸子[⑨]之书,至于《难经》、《素问》、《本草》[⑩]、诸小说[⑪],无所不读,农夫女工[⑫],无所不问,然后于经为能知其大体[⑬]而无疑。盖后世学者,于先王之时异矣。不如是[⑭],不足以尽圣人[⑮]故也。扬雄[⑯]虽为不好非圣人之书[⑰],然而墨、晏、邹、庄、申、韩[⑱],亦何所不读?彼致其知[⑲]而后读,以有所去取[⑳],故异学[21]不能乱[22]也。惟其不能乱，故能有所去取者，所以明吾道而已。子固视吾所知，为尚可以异学乱之者乎？非知我也。

方今乱俗，不在于佛，乃在于学士大夫沉没利欲，以言相尚[23]，不知自治[24]而已。子固以为如何？苦寒，比日侍奉万福[25]。自爱。

〔注〕 ① 曾子固：即曾巩。他与王安石交谊甚厚，彼此书信来往很多。但他的政治思想较保守，对王安石的新法有所非议。 ② 不为问：没有写信问候。 ③ 岂胜：怎能禁住。 ④ 经：儒家的经典。 ⑤ 连：连续。 ⑥ 乱俗：迷惑世人，败乱风俗。 ⑦ 但：只，仅。 ⑧ 全经：指经典的全貌。 ⑨ 百家诸子：指先秦至汉初各种学术流派的著述。 ⑩《难经》、《素问》、《本草》：都是古代的医药书。 ⑪ 小说：指笔记小说，一般以记载逸闻趣事、神道怪异为主，也有对名物制度予以考证的文字。 ⑫ 女工：指从事手工劳动的妇女。 ⑬ 大体：大旨。 ⑭ 不如是：不这样学习（即前文所言的广泛阅读、广泛请教）。 ⑮ 不足以尽圣人：不足以全面准确了解圣人的思想。 ⑯ 扬雄：字子云，西汉儒家学者。 ⑰ 不好非圣人之书：不喜欢非议圣人著作的书籍。 ⑱ 墨、晏、邹、庄、申、韩：墨，指墨翟，战国鲁人，墨家创始人，著有《墨子》。晏，指晏子，春秋时齐国大夫。后人搜集他的言行，编有《晏子春秋》。邹，指邹衍，战国齐人，阴阳家的代表人物，著有《邹子》。庄，指庄周，战国宋人，道家的代表人物，著有《庄子》。申，申不害，战国郑人，早期法家代表人物，著有《申子》。韩，指韩非子，战国韩人，法家代表人物，著有《韩非子》。 ⑲ 致其知：获得知识。语出《礼记·大学》："致知在格物。"汉代郑玄注："致知，知善恶吉凶之所终始。"王安石即用此意。 ⑳ 去取：取舍。 ㉑ 异学：异端之学，指儒家以外的其他学说。 ㉒ 乱：扰乱。 ㉓ 以言相尚：以言语相互推崇、吹捧。 ㉔ 自治：加强自身的学问、修养。 ㉕ 比日侍奉万福：当时写信给有父母的人的客套话，意思是祝您父母近日万福。

这篇文章的具体写作年代难以确考。王安石与曾子固是挚友，中年以后，由于两人对推行新法观点不同，思想出现分歧。王安石晚年罢居江宁，老弱多病，且好读佛经，从文章自言久病以及为自己读佛经辩论事看，当是王安石晚年所作。在这篇文章中，王安石反驳了曾子固对自己的指责，谈了自己的治学态度与方法。

文章首段交代了写信的缘由。作者与曾子固在书信往还中就读经方法问题产生了分歧。作者以为曾子固"于读经有所不暇"，而曾子固则反以"佛经乱俗"批评作者。作者写这封信就为反驳曾子固的批评。接下来的第二段，作者并不急于反驳曾子固对自己的批评，而是宕开一笔，阐述自己的治学之道。作者首先提出自己"自百家诸子之书，至于《难经》、《素问》、《本草》、诸小说无所不读"，"农夫女工，无所不问"的治学之道。然后从理论上论证了这样做的必要性：后世之人，与先王所处时代不同，不广泛阅读，不全面调查研究，就不能全面了解圣人之旨。又以扬雄为例证明，即使是“不好非圣人之书”的古代大儒扬雄，对于诸子百家著作也是无所不读的。作者对此进一步分析说，读书，要首先以儒家思想为指导，对其他学说有所取舍，这样，异端学说就不会扰乱自己的思想体系。此段表面看是阐述自己的治学之道，其实是间接反驳曾子固对自己的批评。既然仅仅读经不足以知经，既然只要能够以儒为本，读书时有所取舍，自己就不会为异学所乱，那么，读佛经也没有什么害处。行文至此，曾子固“佛经乱俗”的批评不攻自破。第三段，作者才正式转入对曾子固的反驳，指出“方今乱俗不在于佛”，而是由于世人沉没功名利欲之中，不知道用儒家的思想加强自身修养。所以，“佛经乱俗”之语也是站不住脚的。

文章虽然篇幅短小，但却逻辑严密，析理深刻。从全篇来看，作者在论述自己治学方法的同时，自然驳倒了曾子固对自己的批评，有破有立，逻辑很严密。从局部来看，第二段论述自己治学之道，既摆事实又讲道理，层层深入，把道理也说得很透彻。另外，本文语言简峭，理足气胜，态度明确，又很有分寸，如第一段，既直率地批评了曾子固对自己的误解，又用猜测的语气，委婉批评了曾子固只读经的做法，很有分寸。

这篇书信有很强的现实针对性，作者既是反驳曾子固对自己的批评，实际上又是对当时社会上独尊儒术死读儒家经典思潮和只凭主观臆想不注重调查研究的主观唯心主义认识路线的回击，他所倡导的注重调查、全面学习的方法在今天仍具有积极的现实意义。（魏祖钦）

答钱公辅[1]学士书

比蒙以铭文见属[2]，足下于世为闻人[3]，力足以得显者铭父母[4]，乃以属于不腆[5]之文，似其意非苟然[6]，故辄为之而不辞[7]。不图乃犹未副所欲[8]，欲有所增损[9]。鄙文自有意义，不可改也。宜以见还[10]，而求能如足下意者为之耳。

家庙以今法准[11]之，恐足下未得立[12]也。足下虽多闻，要[13]与识者讲[14]之。如得甲科[15]为通判[16]，通判之署[17]，有池台竹林之胜，此何足以为太夫人之荣，而必欲书之乎？贵为天子，富有天下，苟不能行道，适[18]足以为父母之羞[19]。况一甲科通判，苟粗知为辞赋，虽市井小人[20]，皆可以得之，何足道哉？何足道哉？故铭以谓“闾巷之士以为太夫人荣”，明[21]天下有识者不以置悲欢荣辱于其心也。太夫人能异于闾巷之士,而与天下有识同,此其所以为贤而宜铭者也。至于诸孙,亦不足列㉒。孰有㉓五子而无七孙者乎?七孙业文㉔有可道,固㉕不宜略。若皆儿童,贤不肖未可知,列之于义何当也?诸不具道㉖,计㉗足下当与有识者讲之。南去㉘愈远,君子惟㉙慎爱自重。

〔注〕①钱公辅:字君倚,常州武进(今属江苏)人。皇祐元年(1049)进士。仁宗时为太常丞、集贤校理,曾通判越州。其时(至和二年,1055)带有集贤院学士衔。 ②"比蒙"句:比,近。蒙,敬词,承蒙。铭文,泛指墓志铭,刻于墓碑的文字。属,同"嘱",委托。 ③闻人:有名望的人。 ④得显者铭父母:能够请到地位显贵的人为父母写墓志铭。 ⑤腆(tiǎn):美好。这里指王安石为钱公辅母亲所撰的《永安县太君蒋氏墓志铭》。 ⑥苟然:不严肃的样子。⑦辞:推辞。 ⑧"不图"句:不图,想不到。副,符合。所欲,本来的愿望。 ⑨增损:指修改。 ⑩见还:将原文退回来。 ⑪准:标准,衡量。 ⑫立:建立,指家庙,即宗族祠堂。⑬要:关键。 ⑭讲:商量。 ⑮甲科:科举考试的第一等。 ⑯通判:官名。在州府设置,地位略次于知府、知州,与地方长官共同处理政务,而且还有监察官吏的实权。 ⑰署:官署,官员办公的地方。 ⑱适:正好。 ⑲羞:羞辱。 ⑳市井小人:普通老百姓。市井,街市,旧时交易的地方。 ㉑明:说明。 ㉒列:列入,指写墓志铭。 ㉓孰有:哪有。㉔业文:以文为业,都是学习写文章的人。 ㉕固:本来。 ㉖诸不具道:种种不一一细说。㉗计:料想。 ㉘南去:指钱公辅到越州(今浙江绍兴)任通判,地在北宋首都汴京之南,而作者写此文时在京任群牧判官。 ㉙惟:唯有,只有。

这是一篇书信体的作品。古代书信体的作品,有不少名篇,风格多样。曹丕《典论·论文》指出"书论宜理",刘勰《文心雕龙·书记》亦云"述理于心,著言于翰",可见书信是适宜于说理的,尤其是对朋友和同事的书信更是如此。王安石的《答钱公辅学士书》,就是一篇长于说理的佳作。

此文作于宋仁宗至和二年(1055)三月以后(据李德身《王安石诗文系年》)。王安石当时在朝中任群牧判官,年三十五。此前,朝中同僚钱公辅请王安石为他去世的母亲永安县太君蒋氏作墓志铭,王安石答应了。但墓志铭写好给钱公辅后,却收到钱的一封来信,认为"未副所欲"(不符合钱家的要求),希望"有所增损"(意思是增加和减少内容,进行适当修改)。这很出乎王安石的意外。他不愿意改动,要求将自己起草的墓志铭退回。为此,特地写了这封信予以正面答复。

文章分两段。

第一段介绍具体的情况,说明复信的原因。既然"鄙文(指《墓志铭》)自有意义,不可改也",那么,只有请对方将原文送回,另请高明撰写。作者的态度是认真的,严肃的,不可调和的。

第二段申说"不可改"的理由。第一,指出"家庙以今法准之,恐足下未得立也”。查《宋史·礼志十二》云：“庆历元年(1041)，南郊赦书，应中外文武官并许依旧式立家庙。”但不久，又规定：正一品平章事等以上立四庙，宣徽使、尚书等，皆立三庙，“余官祭如寝”。说得比较含糊，前后也不一样。但大致说来，像太常丞、集贤校理这样的小官是不能立家庙的，只能是“祭如寝”。因此，作者认为“以今法准之”，立庙是违制的。即使以祔之的蒋氏丈夫钱冶而论，也才是“赠兵部员外郎”的职务，同样不符合立庙的标准。故而，均不能写进墓志铭里去。第二，墓主有五个儿子，除钱公辅之外，还有公竦、公谨(官郑州新郑尉)、公仪、公佐四人的官衔均不值得写入，七个孙子如果年幼，“贤不肖未可知”，也不宜列名。如果长大了，“业文有可道”，当然可以增加。至于“通判之署”，有“池台竹林之胜”，风景虽美，也不值得写进先人墓志铭中来夸耀。这已表明了作者的基本观点是重道轻俗。在作者看来，钱公辅口口声声要增加的东西都是俗不可耐的内容。作者甚至提升到“贵为天子，富有天下，苟不能行道，适足以为父母之羞”的高度，说明作为家族“行道”的重要性，至于官有多大，庙有多富丽堂皇，官署有多美丽，都是次要的，一个人斤斤于此，适足以说明为人之俗，视野之窄。第三，作者在墓志铭中强调的恰恰是钱母蒋氏的高贵品德(即儒道)，即“太君年二十一归于钱氏，与兵部君致其孝。兵部君没，太君进诸子于学(县学、州学、太学)，恶衣恶食，御之不愠(教子态度和蔼)，均众谪庶(无论自己生的、庶出的都平等对待)，有群鸤鸠之德，终不以贫故使诸子趋于利以适己”，“自其嫁至于老，中馈之事亲之惟谨(亲自下厨房)，自其老至于没(去世)，纫缝之劳(亲手操持缝补之事)犹不废”。也就是一生孝顺、勤劳、吃苦、公正、谨慎，处处体现出奉献的精神，这才是蒋太君作为一位古代妻子、母亲最可贵也最光荣的所在，也是墓志铭所应该突出和铭记不忘的。而这些，却被作为儿子的钱公辅有意无意地忽略了。这封复信反映出王安石高出一筹的见识，对于今天的读者也有重要的教育和启示作用。它让我们明白，利用先人去世来摆阔乃至为一姓一家争名争利争地位，是十分低俗、无聊的。

(毛水清)

与马运判[①] 书

运判阁下：比奉书，即蒙宠答，以感以怍[②]。且承访[③]以所闻，何阁下逮下[④]之周也。

尝以谓方今之所以穷空，不独费出之无节，又失所以生财之道故也。富其家者资之国，富其国者资之天下，欲富天下则资之天地。盖为家者，不为其子生财，有父之严而子富焉，则何求而不得？今阖门而与其子市[5]，而门之外莫入焉，虽尽得子之财，犹不富也。盖近世之言利虽善矣，皆有国者[6]资天下[7]之术耳，直相市于门之内而已，此其所以困与？在阁下之明，宜已尽知，当患不得为耳。不得为，则尚何赖于不尚者之言耶！

今岁东南饥馑如此[8]，汴水[9]又绝，其经画固劳心。私窃度之，京师兵食宜窘，薪刍[10]百谷之价亦必踊，以谓宜料[11]畿兵之驽怯者，就食诸郡，可以舒漕挽[12]之急。古人论天下之兵，以为犹人之血脉，不及则枯，聚则疽。分使就食，亦血脉流通之势也。傥可上闻行之否？

〔注〕 ① 马运判：名遵，字仲涂，饶州（治所在今江西波阳）人，时任江淮荆湖两浙制置发运判官。 ② 怍：惭愧。 ③ 访：询问、咨询。 ④ 逮下：指恩惠及于下人。 ⑤ 市：做买卖。 ⑥ 有国者：统治国家的皇帝。 ⑦ 资天下：取资于天下之民，指压榨天下百姓。 ⑧“今岁”句：庆历七年，东南地区大旱，饥荒严重。 ⑨ 汴水：指从扬州通向汴京（今河南开封）的运河。 ⑩ 薪刍：柴火草料。 ⑪ 料：挑拣。 ⑫ 漕挽：水陆运输。漕，漕运。挽，挽车。

这封信写于庆历七年（1047），当时王安石任鄞县知县。在任上，他通过自己的政治实践，积累了一些发展生产、试行新法方面的经验。《宋史》本传载：“调知鄞县，起堤堰，决陂塘，为水陆之利。贷谷与民，立息以偿，俾新陈相易，邑人便之。”其时马运判在回信中向他询问有关财政方面的问题，王安石根据几年前即已形成的理财主张——“因天下之力，以生天下之财；取天下之财，以供天下之费”（《上仁宗皇帝言事书》），结合近年的政治实践在这封信中再次明确提出了自己的理财主张。他一针见血地指出，当今国家财政的困难，不仅在于各项开支费用毫无节制，更在于缺乏正确的生财之道。他认为，要使家富有赖于国富，要使国富有赖于天下人之富，而要使天下人富必须有赖于利用自然，发展生产。先提出论断，然后连用三个排比句，层层推进，直逼出最后的结论。为了说明问题，他用了一个非常生动恰切、贴近生活实际的比喻：当家的人从不向自己的儿子敛财。父亲严格管教而儿子富裕，父亲的任何需求都可以获得。如今关起门来跟儿子做买卖，门外的财富进不来，即使把儿子的钱全弄过来，家庭的财富也一点都不会增加。他不无讽刺地下结论说：“盖近世之言利者虽善矣，皆有国者资天下之术耳。”这跟“阖门而与其子市”的行径没有不同。这是对当时理财思路、原则的本质——压榨敛取百姓财富最深刻的揭露。在揭露的同时,也表明了自己的理财思路与原则:在开源与节流二者之中,开源是最根本的。只有发展生产,繁荣经济,才能增加税源,增加财政收入。不发展生产,一味想办法在百姓身上榨取,只能形成民穷财匮的恶性循环。十一世纪的改革家这一理财思想,至今仍有启示借鉴作用。

第二段谈到当年东南饥馑,汴水断航,马运判当为粮草运输的事费神劳心,因此为其献上一计:疏散一部分守卫京城的老弱士兵到下边州郡就食,以减轻水陆运输的压力。为此,作者又打了一个比喻:"古人论天下之兵,以为犹人之血脉,不及则枯,聚则疽。分使就食,亦血脉流通之势也。"与上一段论理财的思路、原则,虽有大小之别,却都表现了青年王安石心忧天下的胸襟与关心民瘼的品格,巧设比喻,也使这一段的行文风格与上一段保持一致。

因为是书信,行文比较自由洒脱;又因巧用比喻说明事理,更增添文章的生动活泼。

(刘学锴)

答段缝[1]书

段君足下[2]:某[3]在京师时,尝为足下道曾巩善属文[4],未尝及[5]其为人也。还[6]江南,始熟而慕焉友之,又作文粗道其行[7]。惠书以所闻诋巩行无纤完[8],其居家,亲友惴畏[9]焉,怪某无文字规[10]巩,见谓有党[11]。果哉,足下之言也!

巩固不然[12]。巩文学论议[13],在某交游中,不见可敌[14]。其心勇于适道[15],殆[16]不可以刑祸利禄动[17]也。父在困厄[18]中,左右就养[19]无亏行[20],家事铢发[21]以上皆亲之[22]。父亦爱之甚,尝曰:"吾宗敝,所赖者此儿耳[23]。"此某之所见也。若足下所闻,非某之所见也。巩在京师,避兄而舍[24],此虽某亦罪[25]之也,宜足下之深攻之也。于罪之中有足矜[26]者,顾不可以书传也[27]。事固有迹[28],然而情不至是者,如不循其情而诛[29]焉,则谁不可诛耶?巩之迹固然耶?然巩为人弟,于此不得无过。但在京师时,未深接[30]之,还江南,又既往不可咎[31],未尝以此规之也。巩果[32]于从事,少许可[33],时时出[34]于中道[35],此[36]则还江南时尝规之矣。巩闻之,辄矍然[37]。巩固有以教[38]某也。其作《怀友书》两通，一自藏，一纳[39]某家，皇皇[40]焉求相切劘[41]，以免于悔者略见矣。尝谓友朋过差[42]，未可以绝，固且规之。规之从则已[43]，固且为文字自著见然后已邪？则未尝也。凡巩之行，如前之云，其既往之过，亦如前之云而已，岂不得为贤者哉？

天下愚者众而贤者希[44]，愚者固忌贤者，贤者又自守[45]，不与愚者合，愚者加怨焉。挟[46]忌怨之心，则无之焉而不谤[47]，君子之过于听者，又传而广之，故贤者常多谤，其困于下者[48]尤甚，势不足以动俗[49]，名实未加于民，愚者易以谤，谤易以传也。凡道巩之云云者，固忌固怨固过于听者也[50]。家兄[51]未尝亲巩也，顾亦过于听耳。足下乃欲引忌者、怨者、过于听者之言，县断[52]贤者之是非，甚不然[53]也。孔子曰："众好之，必察焉；众恶之，必察焉。"[54]孟子曰："国人皆曰可杀，未可也，见可杀焉，然后杀之。[55]"匡章，通国以为不孝，孟子独礼貌之以为孝[56]。孔、孟所以为孔、孟者，为其善自守，不惑[57]于众人也。如惑于众人，亦众人耳，乌[58]在其为孔、孟也？足下姑[59]自重，毋轻议[60]巩！

〔注〕 ① 段缝：作者同时代人，字约之，官至朝散大夫。其余不详。 ② 足下：古代的敬称，一般用在上下级之间，也有同辈相称的，表示客气。 ③ 某：自称。古人书信常见的对个人姓名的一种省写。 ④ 属文：写文章。 ⑤ 及：提及，道及。 ⑥ 还：回到。庆历三年(1043)五月，作者从扬州回临川家乡探亲，又去南丰(曾巩的家乡，今江西属县，与王安石的家属同一地区)，拜访曾巩，两人相熟相慕。 ⑦ "又作文"句：作文，指《同学一首别子固》。粗道，约略介绍。行，德行。 ⑧ 无纤完：连小节都不放过。 ⑨ 惴畏：恐惧害怕。 ⑩ 规：规劝。 ⑪ 有党：结为一伙。这里意为过分偏爱。 ⑫ 固不然：本来就不是你说的那样子。 ⑬ 论议：这里指口才。 ⑭ 敌：匹敌。这句话说与作者有交往的人中，没有人可与曾巩相比。 ⑮ 勇于适道：敢于追求真理。 ⑯ 殆：大概。 ⑰ 动：打动。 ⑱ 困厄：老病。 ⑲ 左右就养：侍奉在父亲左右。 ⑳ 亏行：没有亏待的地方。 ㉑ 铢发：指极小事。铢，古代计量单位，二十四铢为一两。发，头发丝。 ㉒ 亲之：亲自来做。 ㉓ 所赖者此儿耳：这句话说(吾宗)所依赖的就是这个儿子了。 ㉔ 避兄而舍：这句话说有意避开兄长，另外居住。指两兄弟不住一起。 ㉕ 罪：批评，谴责。 ㉖ 矜：同情。 ㉗ "顾不可"句：只不过无法在书信里传达出来。 ㉘ 迹：蛛丝马迹。 ㉙ 诛：诛灭，否定，责问。 ㉚ 深接：密切交往。接，接触。 ㉛ 咎：灾祸，责怪。 ㉜ 果：果断，果敢。 ㉝ 少许可：很少肯定人，称赞人。 ㉞ 出：超出。 ㉟ 中道：中庸之道。中，不偏。庸，不变。儒家以中庸为最高道德标准，一般称之为中庸之道。 ㊱ 此：这一点。 ㊲ 矍(jué)然：目不正的样子，这里指眼神四顾有些慌张。 ㊳ 教：指教。 ㊴ 纳：存。 ㊵ 皇皇：同"惶惶"，心神不安的样子。 ㊶ 切劘(mó)：

切磋。劘，磨砺。这里指在道德学问上互相鼓励、商讨。 ㊷ 过差：过，过失；差，差池。㊸ 从则已：听从后就罢了。 ㊹ 希：同“稀”。 ㊺ 自守：自己坚持操守。守，这里含有缺少与愚者交流沟通的意思。 ㊻ 挟：持有，带着。 ㊼ 无之焉而不谤：没有一处一事不毁谤的。㊽ 困于下者：长期困居下层的人。 ㊾ 动俗：改变习俗。 ㊿“固忌”句：本来就是妒忌怨恨曾巩而且是从道听途说得来的。 (51) 家兄：指作者的同父异母兄王安仁、王安道。安仁以三十七岁之年卒于皇祐三年，正与本文写作时间相后先。 (52) 县(xuán)断：凭空断定。县，同“悬”，凭空设想。断，判断，断定。 (53) 甚不然：是很不对的。 (54)“孔子曰”五句：语出《论语·卫灵公》，所引与原文句序有异。察，体察，省察，考察。作者引证孔子这段话说明亲自考察的重要性，只有经过认真的考察才能证实是好是恶。 (55)“孟子曰”五句：语出《孟子·梁惠王下》，所引对原文有删改。见可杀，亲见有可杀之罪。这里的“见”，兼含有核实之意。(56)“匡章”三句：事见《孟子·离娄下》。匡章，战国齐人。曾为齐威王将，率领部队防御秦兵入侵，打了大胜仗。年岁约略与孟子同。通国，全国(指齐)。 (57) 不惑：不受众人迷惑，说明孔、孟的判断力高，不为表面现象所迷惑。 (58) 乌：何。 (59) 姑：姑且，暂且。这里是礼貌和客气话。 (60) 毋轻议：不要轻率议论。

本文的写作时间，李德身的《王安石诗文系年》认为“安仁卒于皇祐三年，则此书系于皇祐二年也可”，大致不差。今依王运熙主编之《唐宋八大家书系·王安石卷》(中国工人出版社)，推断其作于皇祐三年(1051)。其时作者三十一岁，在舒州(安徽潜山县)通判任上。

文章是为了反驳段缝来信对挚友曾巩的攻击和诽谤而作的，是一篇有名的驳论。曾巩比作者大两岁(生于宋真宗天禧三年，1019；王则为天禧五年，1021)，又是老同乡。两人从小本无交往，后来在京都相识定交。曾巩有诗寄作者云：“忆昨走京城，衡门始相识。疏帘挂秋日，客庖留共食。”那时两人才二十岁左右的年纪。衡门，意味着未中科举贫穷时。后来作者南归省亲时，又特地去曾巩的家乡南丰县拜访，感情进一步加深，彼此互相欣赏学问、才干、道德和为人。庆历四年(1044)，曾巩上书给中书舍人、文坛领袖欧阳修，积极推荐王安石。可以说二人是志同道合，情同莫逆。因此，生性刚直的作者收到段缝这封书信，当然不会容忍，无法沉默。这篇答书充满着仗义执言的阳刚之气，表面上显得客气，礼貌周到，但骨子里却是一篇有理有节、饱含激情的辩护状，口气坚定，不容置疑，体现了一位极有主见的政治家的风范。本文写法有些与《答司马谏议书》相似，读者可以参看。

全文共分三个自然段。第一段叙事，言及三件事，第一件在京都时，两人在私下里曾谈及曾巩，作者赞扬曾巩文章写得好，没有涉及曾的为人如何，足见作者与段缝是相识的。第二件，作者回江南探亲时，曾亲去曾巩的家乡拜访，两人逐渐熟悉，互相倾慕，成为友人。于是，作者写了文章，约略介绍曾巩的德行，暗示了作者关于曾巩的文章段缝是读到了的。第三件事，段缝给作者写信，将自己所听到的关于曾巩德行的坏话转告作者，而且进行了诋毁。其中特别说到曾巩在家居的时候，亲友害怕他的情况，责备作者没有用书信规劝曾巩，指责他们变成了同伙，存在偏爱，不公正。这样把作者为何写答书的来龙去脉交代清楚了。北宋政治，往往诬政见不同者为“有党”“朋党”，庆历以来一直喧嚣不息，范仲淹和欧阳修等人不得不正面（包括著文）予以辩明，而段缝给作者写信居然也说王对曾不规劝，也是“有党”，这是作者不能沉默的直接动因之一。

第二段进一步申说曾巩的为文和为人，重点是为人。这是本文的重点。在为文方面，作者认为在他接触的人中，曾巩最善于属文，周围“不见可敌”，这评价是很高的。在为人方面，作者首先强调“其心勇于适道”，不为刑祸利禄所动，是一位捍卫儒道的勇士。作者引用曾巩父亲曾易占的话，说明曾巩是一个孝子，足以驳斥段“亲友惴畏”的谰言。至于说到曾巩在京师“避兄而舍”的事，今天看来很平常，不能认为是缺点，但按《孝经》“事兄悌”，应该是一个不足。然而，作者又云“罪中有足矜者”，即不足中有值得同情之处。个中缘由，作者没有明言，可能有不得已的苦衷，书信里也不好讲，也许段缝也不了解。因此，未可深责。作者也承认“未尝以此规之”，做得不够，态度是实事求是的。还有曾巩的个人性格，做事果断，但过于严峻，不够宽容。作者在信里表示已经在见面时规劝过了，但也还没有进一步交流和沟通，“求相切劘”。作者诚恳地说不能因为朋友有缺点就断交。段末作者归结说曾巩还是“贤者”，也就是君子。

第三个自然段有鉴于社会上贤者稀愚者众的现实，说明毁谤产生的原因，一是妒忌，二是贤者自守，没有及时与愚者交流，三是怨恨，因此越传越离谱，越传越邪乎，尤其是下层被传言围困的人更加如此，无法改变流俗（道听途说）的偏见，不能正面树立贤者的形象。结尾，作者劝告段缝，重温孔孟之言，要善于自守，不要惑于流俗道听途说之言，姑且自重，不要轻议贤者曾巩。

这篇文章的艺术特色，明显地有三个方面：

首先引证圣人著作，以强化自己的观点，增加了权威性和不可辩驳性。尤其最后一段最为突出。其中如孔子的话：“众好之，必察焉；众恶之，必察焉。”（见于《论语・卫灵公篇》，但原话为：“众恶之，必察焉；众好之，必察焉”，次序有些颠倒。）强调对人的看法不能随波逐流，盲目听信传言，必须自己去考察一番。又如引用孟子的话：“国人皆曰可杀，未可也，见可杀焉，然后杀之。”（见于《孟子・梁惠王章句下篇》，文字上也与原话有点小出入：“国人皆曰可杀，然后察之；见可杀焉，然后杀之。”）强调亲见和核实的必要性。这句话通俗易懂，我们读杜诗《不见》(题下自注：近无李白消息)“世人皆欲杀，吾意独怜才”两句，我本以为不过是实话实说，而没有领会到杜老夫子也是用《孟子》的典故。因为他是李白的挚友，如同王安石与曾巩一般，是不会轻信、轻议的。本文除语典外，还引用一个事典，即所谓匡章不孝的事，也出于《孟子》，见于该书的《离娄章句下篇》。原文说：“公都子曰：‘匡章，通国皆称不孝焉，夫子与之游，又从而礼貌之，敢问何也？’”但这回作者用的是撮录原文的办法，使文章语言更简练，而多变化。孟子的回答分析指出世俗所谓不孝有五，而匡章却一点也没有沾上，因此“通国皆称不孝”是不对的。本文显示了作者熟识和精通先秦儒学著作，对于贤者与愚者有明确的标准，因此行文说理辩驳驾轻就熟，引证似乎全不费力。

其次，本文体现了作者实事求是的人生态度和行文风格。据《宋史·王安石传》云“安石性强忮，遇事无可否，自信所见，执意不回”，我们将这段话与本文相对照，竟然是完全不相符的。王安石强忮吗？不，他对曾巩自认“慕焉友之”，称许曾巩“文学论议……不见可敌”，没有一点妒忌色彩。王安石“遇事无可否”吗？不，他的态度就像看待“熙宁变法”一样，认定曾巩为“贤者”的立场是旗帜鲜明的，他不容许段缝肆意攻击和诋毁，而不是“遇事无可否”，含糊隐忍。王安石“自信所见，执意不回”吗？不，文中他就有真诚的自我批评，如当说到曾巩在京师“避兄而居”，认为“巩为人弟，于此不能无过”，而且觉得自己回江南时没有当面规劝曾巩也是不对的，这真是一派光明磊落、至诚君子的风范，令人不由得不肃然起敬。可见史臣对作者性格和为人的描述是有失公允的。民间话本把他说成“拗相公”，也是片面的。这种实事求是和谦虚的态度在古代应属难能可贵。

再次是语言风格的朴实与明洁。清人吴闿生评论王安石之文说：“荆公崛起宋代，力追韩轨，其倔强之气，峭折之势，朴奥之词，均臻阃奥……”(转引自高步瀛《唐宋文举要》甲编卷七)这里对王文的概括相当中肯。就本文来说，倔强之气是比较明显的，朴奥之词则要作具体分析。朴即朴实，读者只要读一读本文，就可以对得上号，但奥则未必。作者观点是明朗的，文字是浅显的，态度是实实在在的，没有强加于人。因此，不如用朴实明洁四字来概括，也许比较妥当。

（毛水清）

上运使孙司谏[①]书

伏见阁下令吏民出钱购人捕盐[②]，窃以为过矣，海旁之盐，虽日杀人而禁之，势不止也。今重诱之，使相捕告，则州县之狱必蕃[③]，而民之陷刑者将众，无赖奸人将乘此势，于海旁渔业之地搔动艚户[4]，使不得成其业。艚户失业，则必有合而为盗，贼杀以相仇者，此不可不以为虑也。

鄞于州为大邑，某为县于此两年，见所谓大户者，其田多不过百亩，少者至不满百亩。百亩之直，为钱百千，其尤良田，乃直二百千而已。大抵数口之家，养生送死，皆自田出，州县百须[5]，又出于其家。方今田桑之家，尤不可时得者，钱也。今责购[6]而不可得，则其间必有鬻田以应责者。夫使良民鬻田以赏无赖告讦[7]之人，非所以为政也，又其间必有捍[8]州县之令而不时出钱者，州县不得不鞭械[9]以督之。鞭械吏民，使之出钱，以应捕盐之购，又非所以为政也。

且吏治宜何所师法也，必曰："古之君子。"重告讦之利以败俗，广诛求[10]之害，急较固[11]之法，以失百姓之心，因国家不得已之禁而又重之[12]，古之君子盖未有然者也。犯者不休，告者不止，粜盐之额不复于旧[13]，则购之势未见其止也。购将安出哉？出于吏之家而已，吏固多贫而无有也；出于大户之家而已，大家将有由此而破产失职[14]者。安有仁人在上，而令下有失职之民乎？在上之仁人有所为，则世辄指以为师，故不可不慎也。使世之在上者，指阁下之为此而师之，独不害阁下之义乎？上好是物，下必有甚者。阁下之为方尔[15]，而有司或以谓将请于阁下，求增购赏，以励告者。故某窃以谓阁下之欲有为，不可不慎也。

天下之吏，不由先王之道而主于利，其所谓利者，又非所以为利也，非一日之积也。公家日以窘，而民日以穷而怨。常恐天下之势，积而不已，以至于此，虽力排之，已若无奈何，又从而为之辞，其与抱薪救火[16]何异？窃独为阁下惜此也。在阁下之势，必欲变今之法，令如古之为，固未能也。非不能也，势不可也。循今之法而无所变，有何不可，而必欲重之乎？

伏惟阁下，常立天子之侧，而论古今所以存亡治乱，将大有为于世，而复之乎二帝、三代之隆[17]，顾欲为而不得者也。如此等事,岂待讲说而明?今退而当财利责⑱,盖迫于公家用调之不足,其势不得不权事势而为此,以纾⑲一切之急也。虽然,阁下亦过矣,非所以得财利而救一切之道。阁下于古书无所不观,观之于书,以古已然之事验之,其易知较然,不待某辞说也。枉尺直寻⑳而利,古人㉑尚不肯为,安有此而可为者乎?

今之时,士之在下者浸渍㉒成俗,苟以顺从为得;而上之人亦往往憎人之言,言有忤己者,辄怒而不听之。故下情不得自言于上,而上不得闻其过,恣所欲为。上可以使下之人自言者惟阁下,其职不得不自言者某也,伏惟留思而幸听之。文书虽已施行㉓,追而改之,若犹愈于遂行而不反也㉔。干犯㉕云云。

〔注〕 ① 运使孙司谏:即江东、两浙转运使孙司谏。运使,转运使的简称。《宋史·职官志》七:"都转运使、转运使、副使判官掌经度一路财赋,而察其登耗有无,以足上供及郡县之费。岁行所部,检察储积,凡吏蠹民瘼,悉条以上达,及专举刺官吏之事。"孙司谏,即孙甫,字之翰。许州阳翟(今河南禹州)人,天圣八年进士,历江东、两浙转运使等。《宋史》卷二百九十五有传。司谏,宋官名,宋太宗端拱元年,改左、右补阙为左、右司谏,举行谏官之职,议论朝政之得失、刑政之烦苛。 ② 令吏民出钱购人捕盐:孙甫为两浙转运使时,因海滨之民私自盗晒海盐,与官家争利,故下令募人看护海塘,有盗晒者,捕之治罪。 ③ 蕃:多,众多。 ④ 搔动艚(cáo)户:扰乱以漕运为业的船户。 ⑤ 百须:泛指各种需求。百言其多。 ⑥ 责购:责令百姓购人捕盐。 ⑦ 告讦(jié):控告揭发。 ⑧ 捍:抗拒。 ⑨ 鞭械:鞭打械夹。指用刑。鞭与械都是刑具。 ⑩ 诛求:强制征收。诛,责也。 ⑪ 较固:垄断,强买强卖欺行霸市。《唐律·杂律·卖买不和较固》:"诸卖买不和而较固取者。"长孙无忌疏议:"卖物及买物人,两不和同,'而较固取者',谓强执其市,不许外人买,故注云'较,谓专略其利。固,谓障固其市'。" ⑫"因国家"句:谓国家本已有禁私盐之法,如今又发布比国法更加严苛的购人捕盐之法。重,严苛,严重。 ⑬ 粜(tiào)盐之额不复于旧:官盐卖出的数量没有恢复到过去的水平。 ⑭ 失职:失去常业,失所。 ⑮ 方尔:犹方始,正在进行。 ⑯ 抱薪救火:喻无济于事反而更糟。《战国策·魏策三》:"以地事秦,譬犹抱薪而救火也,薪不尽,火不灭。" ⑰ 二帝、三代之隆:尧、舜与夏、商、周三代的鼎盛时期。 ⑱ 当财利责:当作责求财利的手段。 ⑲ 纾:解除,排除。 ⑳ 枉尺直寻:指损害百姓的利益而维护朝廷利益。《孟子·滕文公下》:"枉尺而直寻,宜若可为也。……且夫枉尺而直寻者,以利言也。如以利,则枉寻直尺,而利亦可为与?……枉己者,未有能直人者也。"朱熹集注:"枉,屈也;直,伸也。八尺曰寻,所屈者小,所伸者大也。" ㉑ 古人:指孟子。孟子轻利重仁义,他对枉尺直寻以求利,甚或是枉寻直尺而求利,都是反对的,并认为枉己不能直人。 ㉒ 浸渍:浸染,熏陶。 ㉓ 文书虽已施行:转运使的命令文书已下达执行。 ㉔"若犹"句:这样还是胜过实行下去一发而不可收。愈,超过。反,挽回。 ㉕ 干犯:犹冒犯。

此文的写作年代,顾栋高的《王荆公年谱》和蔡上翔的《王荆公年谱考略》都定为庆历八年(1048)知鄞县时作,是年作者二十八岁,但仔细推敲,王安石在扬州判官任上任职期满在庆历五年。庆历六年,他由临川入京。宋朝制度,新进士初入官,秩满,许可献文求试馆职。馆职是当时被人们引为荣誉的清要之职。但王安石却安心做外官,他仅做了不到一年的大理评事,就求外调为鄞县令。他初为鄞县令当在庆历七年。《王荆公年谱考略》也认为:"调知鄞县,是为庆历七年。"(见卷三"庆历七年丁亥年二十七"条)《上运使孙司谏书》安石自言"某为县于此两年",这是很重要的系年线索。据此,则此文当作于皇祐元年(1049),而不得云作于庆历八年矣。

一个年仅二十九岁的小小县令,向一个比他官阶高几级的两浙转运使上书,不仅没有阿谀奉承之话,连客套话也没有,以先声夺人之势,单刀直入,劈头一句便指出:"令吏民出钱购人捕盐,窃以为过矣。"如此开篇,令人感到奇警。接着便论证孙运使的命令为什么过当,指出私盐虽有严法峻行,但屡禁不止。今又用重利引诱,使人互相揭发,这样必然使入狱者增多,陷刑者将重,而且给无赖奸人留下可乘之机,使海滨渔业之地的漕运船户受到扰乱,以至不得成其业。失业的艚户有可能聚合为盗,也有可能因互相告讦而"贼杀以相仇者",给社会治安造成的后果是不堪设想的。这是一个不可不令人思虑的问题。

第二段重点论述购人捕盐,是"非所以为政"的做法。他分析了鄞县吏民的经济情况,提出大户之家的土地,所值有限,养生送死,州县百须,皆出自百姓,而田桑之家所缺的就是钱。责令他们出钱购人捕盐,必然会有卖地以应责者,良民卖田以赏无赖告讦之人,不是为政之道。另一方面,出不起钱的百姓必然抗拒州县之令,抗缴又不得不施以刑罚,用鞭械吏民的办法使之出钱,以应购人捕盐之需,这也不是为政之道。此段阐述了两个"非所以为政"。

第三段重点论述了两个"不可不慎"。指出吏治应师法"古之君子"。这种"重告讦之利以败俗"的做法,必然会大失人心。古之君子是不会这样做的。而且进一步分析了此种做法之弊,弊之一在于"犯者不休,告者不止,粜盐之额不复于旧",达不到预期的效果。弊之二在于,让吏民出钱而吏无钱可出,必然出于大户之家,这样大户之家将会因此而破产。"令下有失职之民",则非在上的仁人所为,故"不可不慎"。另方面又从"义"的角度立论,指出此举如让人师法,有害阁下之义。且上行下效,属下官吏将会"求增购赏,以励告者",后果不堪设想,这是第二个"不可不慎"。

第四段,从"利"与"变法"的角度论述其"购人捕盐"之不可行。王安石并不一概反对利,但反对不择手段而追求利。不择手段地追求利,官家与百姓都得不到利，造成“公家日以窘，而民日以穷而怨”的局面。而且积重难返，虽想改变也无可奈何。今实行“购人捕盐”之法，如抱薪救火，不但无济于事，反而愈来愈糟。在变法问题上，他认为“欲变今之法，令如古之为”是不可能的，只有“循今之法而无所变”，无论如何不能使法令向苛刻繁重方面变化。

第五段，先在口气上缓和了一下，用欲抑先扬之笔，对孙运使的想法略加赞扬了几句。认为他的做法，可能是迫于公家用度之不足，为一时权宜之计，解除一切之急。但即使你的动机是好的，做法也是过分的，“非所以得财利而救一切之道”。以古代的实践检验，以古人的“枉尺直寻而利”尚不肯为，再次申述“购人捕盐”之事不可为。

最后一段，茅坤评曰：“以下恐孙运怒其抗言，又调撮如此。”(《唐宋八大家文钞·王文公文钞》卷四)其所以改用调撮(调和)语言，一是担心孙运使“怒而不听”，一是担心“上不得闻其过”，而“恣所欲为”。又说孙运使是他唯一可以进言之人，而他自己的职守也不得不言，使上司无可怪罪，语言虽委婉，但锋芒仍暗含其中。最后推出上书的终极目的，希望上司收回成命，“追而改之”。其逼人之势，直贯篇末。

本文条理缜密，说理透彻。起首开门见山，振聋发聩，语言咄咄逼人。或抗言直陈，或婉转曲讽，缓急交错，腾挪有法。颇有西汉贾谊、晁错上书言事之风。贾谊的《治安策》，陈政当时形势，概括为“可为痛哭者一，可为流涕者二，可为长太息者六”。此文对“购人捕盐”之法，直陈其过，指出“不可不以为虑”者一，“非所以为政”者二，“不可不慎”者二，语言抗直峻切，可以依稀看出受贾、晁影响之迹。

文章虽为上书，实为议论文，论述与分析，逻辑性很强，论说环环相扣，语语中的，气势如此逼人，词锋如此犀利，在古文中是少见的。文笔忽而峻切，忽而缓和，连说理用的比喻，都极为奇妙，是王安石散文中的力作。蔡上翔对此文作了高度的评价。他说：“与上大夫言，绝无忌讳如此。观其上孙、杜二书及《收盐》一诗，其为爱民恻怛之心，筹画利害之明，虽复老成谋国者弗如。宜乎欧阳修《荐安石疏》云：‘议论通明，兼有时才之用，所谓无施不可者。’洵非虚誉。无如后人录公文，鲜有及之者也。”(《王荆公年谱考略》卷三)其“爱民恻怛之心”，正是日后王安石变法的思想基础。

(刘文忠　刘元煌)

上人[1]书

尝谓文者，礼教治政[2]云尔。其书诸策[3]而传之人，大体归然[4]而已。而曰"言之不文,行之不远"[5]云者,徒谓辞之不可以已[6]也,非圣人作文之本意也。

自孔子之死久,韩子作[7],望圣人于百千年中,卓然也。独子厚名与韩并,子厚非韩比也,然其文卒配韩以传,亦豪杰可畏者也。韩子尝语人以文矣,曰云云,子厚亦曰云云。疑二人者,徒语人以其辞耳。作文之本意,不如是其已也。孟子曰:"君子欲其自得之也。自得之则居之安,居之安则资之深,资之深则取诸左右逢其原[8]。"孟子之云尔,非直施于文而已,然亦可托[9]以为作文之本意。

且所谓文者,务为有补于世而已矣;所谓辞者,犹器之有刻镂[10]绘画也。诚使巧且华,不必适用;诚使适用,亦不必巧且华。要之以适用为本,以刻镂绘画为之容[11]而已。不适用,非所以为器也;不为之容,其亦若是乎?否也。然容亦未可已也,勿先之[12]其可也。

某学文久,数挟此说以自治[13]。始欲书之策而传之人,其试于事[14]者,则有待矣。其为是非邪[15]?未能自定也。执事[16],正人也,不阿[17]其所好者。书杂文十篇献左右,愿赐之教,使之是非有定焉。

〔注〕 ① 上人:呈献给人。 ② 治政:治理政事。 ③ 书诸策:写在简策(书籍)上。 ④ 大体归然:大致归结为这样。 ⑤ 言之不文,行之不远:文章缺乏文采,流传不会广远。《左传·襄公二十五年》引孔子语作"言之无文,行而不远"。 ⑥ 已:废止。 ⑦ 作:起。 ⑧"孟子曰"四句:见《孟子·离娄下》,大意谓君子钻研学问要有自己的心得,有心得就能安居于道之内,取资于道就会深,运用起来也会左右逢源。 ⑨ 托:借。 ⑩ 镂:雕刻。 ⑪ 容:外表。 ⑫ 勿先之:不要把它放在第一位。 ⑬ 自治:指导自己治学为文。 ⑭ 试于事:指付诸实践,使为文有补于世。 ⑮ 其为是非邪:即"其为是邪非邪"之省。 ⑯ 执事:指上书的对象。不直言对方,而请其左右执事之人转达。 ⑰ 阿:曲从。

这是王安石青年时代呈给人的一封信,内容是谈自己对文章的内容、社会作用及内容与形式的关系的看法。

开门见山,作者就旗帜鲜明地提出对文章内容的看法:"尝谓文者,礼教治政云尔。"这是一个带有定义性质的判断。同样的意思,他在《与祖择之书》中也表述过:"治教政令,圣人之所谓文也。"也就是说,除了有关礼教政治内容的文章外，在王安石看来，都不属于“文”的范围。为了证明这个论断，他进而指出历来书于简策流传至今者，大体上都可归结为“礼教治政”。然而，他给“文”下的这个定义性判断，首先便会遇到一个必须作出解释的问题，这就是孔子所说的“言之无文，行而不远”。他认为孔子所说的“文”，只不过是说文辞的表达不可以废止，并不是圣人作文的本意。圣人作文的本意仍然是宣扬阐明礼教政治，这是两个不同的概念。

接下来一段，通过对唐代两位杰出的古文家有关文章写作的言论的评论，说明他们所说的为文之道，同样是文辞表达方面的道理，而非作文的本意。那么，究竟什么才是作文的本意呢？作者引用了孟子的一段话：“君子欲其自得之也。自得之则居之安，居之安则资之深，资之深则取诸左右逢其原。”孟子这段话的本意在强调研究学问必须“自得”，王安石认为它不仅可施之于文，还可借来说明作文的本意，意思是一个人如对儒家之道确有自己的心得，写起文章来自然会得心应手，左右逢源，有点类似韩愈所说的“仁义之人，其言蔼如”，欧阳修所说的“道胜者文不难而自至”。总之，是强调对道的自得，而不是首先着眼于文辞的表达。

接下来，作者将论述的重点放到文章的内容与形式的关系上来，这也是本文的重心。“且所谓文者，务为有补于世而已矣”，这是作者给文下的另一个定义性判断，是从它的社会作用方面着眼的。指出文章必须对社会政治、国计民生有所裨益，这和他从内容方面给文章下的定义性判断是密切相关的。只有内容是阐扬、反映“礼教治政”的文章，才能“有补于世”。然后他举器物为例，说明文章的内容与形式的关系。文章的文辞表达，就像器物上的雕镂绘画，有的器物，虽然雕饰精巧华美，但不一定适用；有的器物，非常适用，也不一定要雕饰精巧华美。总之，是要以适用为本，以雕镂绘画作为它的外表。不适用，根本就不成其为器；没有精巧华美的外表，是不是也不成其为器了呢？显然不是的。然而外表也不能不要，只不过不要把它放在首位罢了。从这段话中，可以看出王安石的关于文章内容与形式关系的观点，是以“适用”“有补于世”的文章功能观为前提，并受它制约的。正因为文章要有补于世，适用为本，内容自然是第一位的，形式虽不能不要，但“不必巧且华”。没有华美精巧形式的文章，只要它的内容是阐扬反映礼教治政，有补于世的，仍然是文章；但反过来，光有精巧华美的形式而无礼教治政的内容，就根本不成其为文章，因为它“无补于世”，不“适用”。

最后一段，说自己为文已久，屡次用上述观点指导自己的文章写作，但能否达到“有补于世”的效果，还有所待。对自己上述观点的是与非也未能自定，希望对方赐教。

王安石所阐述的文学观,强调文章的内容应该阐扬反映“礼教治政”的大事,文章的功能应该“有补于世”,强调在内容与形式的关系上应将内容放在第一位,有它的积极意义与正确的一面。他的一系列为变法服务的诗文,便是这种主张的实践。但今天看来,他对文章内容的规定未免偏狭,对文章形式的作用更明显估计不足。文学批评史家认为他的文学观实质上是一种实用主义的文学观,有一定的道理。不过,应该看到,作为文学家的王安石,在创作实践中并非全部贯彻这种实用主义文学观,而是有许多突破,特别是他晚年写的不少抒情意味浓郁的优秀诗歌,就完全不受这种主张的约束。应该说,在实际创作中体现的文学思想,比他在这篇文章中宣扬的文学思想要开放得多,也更接近文学的多样性。

跟“适用”为本的主张一样,这篇文章也具有朴实无华的特点,但论述自己的主张,自有其内在的严密逻辑,第三段尤为突出。 (刘学锴)

君子斋[1]记

天子诸侯谓之君,卿大夫谓之子。古之为此名也,所以命天下之有德[2]。故天下之有德,通谓之君子。有天子、诸侯、卿大夫之位,而无其德,可以谓之君子,盖称其位也;有天子、诸侯、卿大夫之德而无其位,可以谓之君子,盖称其德也。位在外[3]也,遇而有之[4],则人以其名予[5]之,而以貌事之[6];德在我[7]也,求而有之[8],则人以其实予之,而心服之[9]。夫人服之以貌而不以心[10],与之名而不以实,能以其位终身而无谪[11]者,盖亦幸而已矣。故古之人以名为羞[12],以实为慊[13],不务[14]服人之貌,而思有以服人之心。非独如此也,以为求在外者[15],不可以力得[16]也。故虽穷困屈辱,乐之而弗去,非以夫穷困屈辱为人之乐者在是也,以夫穷困屈辱不足以概吾心为可乐也已[17]。

河南裴君主簿于洛阳[18],治[19]斋于其官[20]而命之曰:“君子”。裴君岂慕夫在外者,而欲有之乎?岂以为世之小人众,而躬行[21]君子者独我乎?由前则失己,由后则失人[22],吾知裴君不为是[23]也,亦曰勉[24]于德而已。盖所以榜于其前[25],朝夕出入观焉,思古人之所以为君子,而务及[26]之也。独仁不足以为君子,独智不足以为君子,仁足以尽性[27],智足以穷理[28],而又通乎命㉙,此古人之所以为君子也。虽然,古之人不云乎"德輶如毛,毛犹有伦"㉚。未有欲之而不得也㉛。然则裴君之为君子也,孰御㉜焉。故余嘉㉝其志,而乐为道之。

〔注〕 ① 斋:屋舍。多指书房、学舍。 ② 所以命天下之有德:用来称呼天下有德之人。③ 位在外:权位是人的身外之物。 ④ 遇而有之:碰上而获得它。 ⑤ 予:给予。 ⑥ 以貌事之:在表面上这样对待它。 ⑦ 德在我:德行存在于我自身。 ⑧ 求而有之:孜孜修身以求才能得到。 ⑨ 心服之:从内心敬服。 ⑩ 人服之以貌而不以心:即面服心不服的意思。 ⑪ 谪(zhé):贬斥。 ⑫ 以名为羞:以徒有虚名为耻辱。 ⑬ 慊(qiè):满足。⑭ 务:追求。 ⑮ 在外者:指名位而言。 ⑯ 不可以力得:外在的名位不是靠自己的力量就能得到的。 ⑰"非以夫"二句:(他们)不认为穷困屈辱是人的乐趣之所在,而是因为穷困屈辱不足以概括、掩盖自己内心所追求的乐趣。是,代指前面所说的"穷困屈辱"。 ⑱ 主簿于洛阳:在洛阳任主簿。 ⑲ 治:修建。 ⑳ 官:官舍。 ㉑ 躬行:身体力行。 ㉒"由前"二句:追慕外在名位,会丧失自己的人格,失去自我,独标自己为君子,则会失去人心。 ㉓ 不为是:不是这样。 ㉔ 勉:尽力。 ㉕ 榜于其前:把"君子"书写在门前。 ㉖ 及:达到。㉗ 尽性:顺应、复归人的真实本性。 ㉘ 穷理:穷通事理。 ㉙ 命:天命。 ㉚"德輶(yóu)如毛,毛犹有伦":语出《礼记·中庸》,意思是说仁德轻得像羽毛一样,施行起来非常容易;毛发虽轻,还是有可比的,施行道德也是有迹可求的。輶,轻车,这里是"轻"的意思。伦,比。㉛ 未有欲之而不得也:没有想要追求道德而不能获得的。 ㉜ 孰御:有谁能阻挡。 ㉝ 嘉:赞赏。

本文借为君子斋作记的机会,阐发自己对君子标准的看法。文章由"君子"二字生发开来,层层深入地论述了君子之义的演变及其两种不同的含义,提出君子当务实而不尚空名,重德而不慕高位的观点。

文章第一段论述"君子"之义。

首先指出君子的最初含义是称呼"天子诸侯"与"卿大夫",以命名有德之人。古者位与德相称,居上位者,皆为君子,故君子兼具"位"与"德"两种含义。随后剖析君子"名""实"两种含义。由于后世出现了德与位的分离,或有位无德,或有德而无位,于是,君子之义便析而为二:一种是那些具有高位而无德之人,称的是他们外在的位;一种是无其位而有德之人,称的是其内在的德。这样,作者就把君子的两种含义作了本质的区分。

紧承前面的剖析,接下来作者又将"位"与"德"予以比照。指出位是身外之物,可以遇而求之,人们对其恭敬只是存于表面之上;德存于自身,只能求而有之,人们会从内心佩服。两相比照,作者重实重德的观点已经很明显了。

最后,作者又从反正两方面论述自己观点。先论述有名无实的"君子",能够终身在其位而不受贬谪的,是很侥幸的。再从正面得出结论"以名为羞,以实为慊，不务服人之貌，而思有以服人之心”，并进一步剖析古人务实而不尚空名的原因：身外之物的位，是要靠机遇的，有德君子即使穷困屈辱，也乐之不去，因为他们有一种信念，追求信念的乐趣可以使其忘记自身所处的困境。

本段综合运用对比论证、分析论证、正反论证等多种方法，层层深入地论证，观点明确，逻辑严密，富有思辨色彩。

文章第二段转入正题，交代写“君子斋记”的缘由。

先介绍“君子斋”的主人、地点，再推论裴君以“君子”命名的本意和自己对裴君“勉于德”精神的推许。由于有前面对君子含义的论证阐明，此段对裴君以“君子”命名书斋的举动的称许和自己对裴君的勉励之意就很明白了。

文章为人作记，却并不直接入题。而是先从论述君子的含义入手，谈自己对君子标准的看法，最后才记述作记缘由，表达对裴君的称许勉励之意，行文简而有法，剖析极精。

（魏祖钦）

度支副使[①]厅壁题名记

三司副使，不书前人名姓。嘉祐五年，尚书户部员外郎[②]吕君冲之[③]始稽之众史[④]。而自李纮[⑤]已上至查道[⑥]，得其名；自杨偕[⑦]已上，得其官；自郭劝[⑧]已下，又得其在事之岁时。于是书石而镵[⑨]之东壁。

夫合天下之众者财，理天下之财者法，守天下之法者吏也。吏不良，则有法而莫守；法不善，则有财而莫理。有财而莫理，则阡陌闾巷之贱人[⑩]，皆能私取予之势，擅万物之利，以与人主争黔首，而放[⑪]其无穷之欲，非必贵强桀大而后能。如是而天子犹为不失其民者，盖特号而已耳。虽欲食蔬衣敝，憔悴其身，愁思其心，以幸天下之给足，而安吾政，吾知其犹不得也。然则善吾法，而择吏以守之，以理天下之财，虽上古尧、舜犹不能毋以此为先急，而况于后世之纷纷乎？

三司副使，方今之大吏，朝廷所以尊宠之甚备。盖今理财之法，有不善者，其势皆得以议于上而改为之。非特当守成法，吝出入，以从有司之事而已。其职事如此，则其人之贤不肖，利害施于天下如何也！观其人，以其在事之岁时，以求其政事之见于今者，而考其所以佐上理财之方，则其人之贤不肖，与世之治否，吾可以坐而得矣。此盖吕君之志也。

〔注〕 ① 度支副使：三司副使之一。宋沿五代制度，置三司使，总管国家财政。三司分盐铁、户部、度支三部，以三司使一人总领，各部设副使一人。度支部门“掌天下财赋之数，每岁均其有无，制其出入，以计邦国之用”(《宋史·职官志》)。 ② 尚书户部员外郎：从六品，系一种资格、品秩，非实际任职之官。 ③ 吕君冲之：吕冲之，名景初，嘉祐五年以尚书户部员外郎之官衔被任命为度支副使。 ④ 稽之众史：指查考宋代开国以来有关三司副使的文书档案史料。 ⑤ 李纮：字仲刚，宋仁宗明道年间任度支副使。 ⑥ 查道：字湛然，宋真宗咸平六年三司分部置副使时，为首任度支副使。 ⑦ 杨偕：字次公，约仁宗景祐初以尚书户部员外郎任度支副使。 ⑧ 郭劝：字仲褒，约继杨偕任度支副使。 ⑨ 镵(chán)：刻石。 ⑩ 阡陌间巷之贱人：民间没有官爵的人，此指富商豪民。 ⑪ 放：肆、纵。

壁记是嵌在壁间的碑记。唐代官署盛行壁记。《封氏闻见记》云：“朝廷百司诸厅皆有壁记，叙官秩创置及迁授始末。”州县官署亦有壁记，韩愈的《蓝田县丞厅壁记》为壁记之名作。王安石的这篇《度支副使厅壁题名记》，也同样是一篇别开生面之作。

本篇作于仁宗嘉祐五年，当时王安石任三司度支判官。度支副使吕景初从文书档案中查考出历任度支副使的姓名、官衔、任职时间，题名刻石于壁，王安石为之作记。

记文在简单交代吕景初刻石题名之事，以说明作记的缘起之后，却撇开题名而纵论理财之吏的重要性。先从正面论述财、法、吏三者之间的关系：“夫合天下之众者财，理天下之财者法，守天下之法者吏也。”三个并列的句子，意思却层层递进，紧密勾连，从财的重要逼出法的重要，又从法的重要最后逼出吏的重要。然后又从反面论证“吏不良”“法不善”“财不理”之间的必然联系，揭示“吏不良”所导致的严重后果。王安石在这里所说的富商豪民“私取予之势，擅万物之利，以与人主争黔首”的现象，实际上是指当时愈演愈烈的兼并之风。这也是他日后实行变法的重要内容之一——青苗法所要解决的问题，且在作此文两年后的鄞县知县任上就开始了这方面的试验。富商豪民大肆兼并，与人主争百姓的结果，万民之主的天子就成了一个空名号，即使生活再俭朴，内心再忧愁，想使天下富足、政局安定也必不可能。在这里，作者将理财之吏的重要性提高到关系国家安危的高度，显示出其识见的高远深刻。因此他得出结论说：“然则善吾法，而择吏以守之，以理天下之财，虽上古尧、舜犹不能毋以此为先急，而况于后世之纷纷乎？”

在精辟地论述了三司副使的人选对理财安邦的重要性后，作者又从“善法”的角度进一步指出：三司副使作为朝廷大吏，地位崇高，其职责不止是单纯的“守法”，还应“善法”，即所谓“理财之法，有不善者”，“皆得以议于上而改为之”。正因为三司副使还担负着改革旧法、创制新法的任务，“其人之贤不肖，利害施于天下”的影响就更不言而喻。最后，就势将话题归结到吕冲之刻石题名的本意上来：“观其人，以其在事之岁时，以求其政事之见于今者，而考其所以佐上理财之方，则其人之贤不肖，与世之治否，吾可以坐而得矣。”认为可以通过壁记题名，因人及时，因人及事，考见其人之贤否与世之治乱。这实际上也是作此记的深层用意。

壁记一类文章，贵在立意高远，识见超卓，既不离题目本身，又要借题发挥，表达深刻的主题。王安石这篇壁记从度支副使厅壁题名这件具体事情出发，站在国家安危治乱的高度，纵论三司副使职责、作用的重要性，强调其不仅要守善法，而且要创善法。这不但是作者对自己的期许，也是对后来者的殷切希望。文章放得开，收得拢，论述层层递进，反复周详，富有逻辑力量。（刘学锴）

芝阁记

祥符[①]时，封[②]泰山以文天下之平[③]，四方以芝[④]来告者万数。其大吏，则天子赐书以宠嘉[⑤]之，小吏若民，辄锡[⑥]金帛。方是时，希世[⑦]有力之大臣，穷搜而远采，山农野老，攀缘狙杙[⑧]，以上至不测之高，下至涧溪壑谷，分崩裂绝，幽穷隐伏，人迹之所不通，往往求[⑨]焉。而芝出于九州、四海之间，盖[⑩]几于尽矣。

至今上即位，谦让不德[⑪]。自大臣不敢言封禅，诏有司[⑫]以祥瑞告者皆勿纳[⑬]，于是神奇之产，销藏委翳[⑭]于蒿藜榛莽[⑮]之间。而山农野老不复知其为瑞也。则知因一时之好恶，而能成天下之风俗，况于行先王之治哉？

太丘[⑯]陈君学文而好奇。芝生于庭，能识其为芝，惜其可献而莫售[⑰]也，故阁于其居之东偏，掇取[⑱]而藏之。盖其好奇如此。噫！芝一也，或贵于天子，或贵于士，或辱[⑲]于凡民，夫岂不以时乎哉？士之有道，固不役志于贵贱[⑳]，而卒[㉑]所以贵贱者，何以异哉？此予之所以叹也。

皇祐五年十月日记。

〔注〕 ① 祥符：全称为“大中祥符”，为北宋真宗赵恒年号，共五年(1008—1012)。 ② 封：封禅，指历代帝王祭天地的典礼。自秦汉以来，历朝都有封泰山的活动，宋代也如此。所谓封泰山，是指在泰山上筑土为坛祭天，报天之功，称“封”。在泰山下的梁父山辟场祭地，报地之功，称“禅”。 ③ 文天下之平：保佑天下太平。文，文饰，粉饰。平，平安。 ④ 芝：灵芝草，一种菌类植物，旧时称为祥瑞。 ⑤ 宠嘉：恩宠嘉奖。 ⑥ 锡：同“赐”。 ⑦ 希世：迎合世俗。 ⑧ 狙(jū)杙(yì)：像猿猴一样攀缘。杙，小木桩。 ⑨ 求：搜求。 ⑩ 盖：大概。 ⑪ 不德：不自以为有德。 ⑫ 有司：有关部门。 ⑬ 纳：接纳。 ⑭ 委翳(yì)：丢弃和遮蔽。 ⑮ 蒿藜榛(zhēn)莽：泛指深山老林、草木丛生之处。榛，一种落叶乔木。 ⑯ 太丘：古县名，一作泰丘、敬丘，在今河南永城市西北。 ⑰ 莫售：无法实现(由于不再纳祥瑞)。 ⑱ 掇(duō)取：拾取，摘取。 ⑲ 辱：忽视，轻视。 ⑳“固不”句：这句话是说本来不希望因为贵贱而被驱使。固，本来。役，驱使。 ㉑ 卒：结果。

这篇杂记写于宋仁宗皇祐五年(1053)，作者三十三岁，时任舒州通判(王安石是皇祐三年初秋被任命为舒州通判的，前后已有三年的时间)。芝阁，顾名思义应是收藏灵芝的楼阁。事情是这样的：作者在太丘县有一位姓陈的友人，是一个好文而爱奇的人，由于他偶然在自己的庭院里发现了一棵灵芝草，当然非常高兴，就特意在住宅偏东处建了一座楼阁，并将灵芝摘来收藏在楼阁上面，将它命名为芝阁，特意请作者写一篇记。因此，这是一篇应友人之命而作的短文。

首先，作者回顾往事，揭露和批评宋真宗祥符年间，朝野以灵芝为祥瑞，一时上上下下穷搜远采，致使九州四海之间，灵芝“盖几于尽矣”。接着，表扬“今上(宋仁宗赵祯)即位，谦让不德”，故而大臣们不敢言封禅、告祥瑞，故而社会安定，百姓乐业，山农野老不识灵芝为何物，用不着攀岩入谷，四处寻求。作者感叹当时民风淳朴，不用因君王一时的好恶，让老百姓疲于奔命，连天下的风俗也改变了，更不用说推行先王之治了。最后，作者正面点出陈君因庭院发现灵芝而建芝阁的事，强调这是因为好奇，而不是将灵芝作为祥瑞上献报功，然后发了一通感慨，认为有道之士虽然坚守自己的操守，并不希望因“贵贱”而被驱使，但最终的遭际，却往往有天壤之别，与这灵芝又有什么区别呢！

本文重在议论，议论又以今昔对比之法，由大及小，从抽象到具体，写得简练从容，胜过洋洋大观，不愧是大家手笔。 (毛水清)

游褒禅山记

褒禅山①亦谓之华山，唐浮图慧褒始舍于其址②，而卒葬之③，以故其后名之曰“褒禅”。今所谓慧空禅院者，褒之庐冢④也。距其院东五里，所谓华山洞者，以其乃华山之阳名之也。距洞百余步，有碑仆道，其文漫灭[5]，独其为文犹可识，曰“花山”。今言“华”如“华实”之“华”者，盖音谬[6]也。

其下平旷，有泉侧出[7]，而记游者[8]甚众，所谓前洞也。由山以上五六里，有穴窈然[9]，入之甚寒。问其深，则其好游者不能穷也，谓之后洞。余与四人拥[10]火以入，入之愈深，其进愈难，而其见愈奇。有怠[11]而欲出者，曰：“不出，火且尽。”遂与之俱出。盖予所至，比好游者尚不能十一，然视其左右，来而记之者已少。盖其又深，则其至又加[12]少矣。方是时，予之力尚足以入，火尚足以明也。既其出，则或咎其欲出者[13]，而予亦悔其[14]随之，而不得极夫游之乐也。

于是予有叹焉。古之人观于天地、山川、草木、虫鱼、鸟兽，往往有得，以其求思之深[15]而无不在[16]也。夫夷以近[17]，则游者众；险以远[18]，则至者少。而世之奇伟瑰怪非常之观[19]，常在于险远，而人之所罕至焉。故非有志者不能至也。有志矣，不随以止[20]也，然力不足者，亦不能至也。有志与力而又不随以怠，至于幽暗昏惑[21]，而无物以相之[22]，亦不能至也。然力足以至焉，于人可为讥，而在己为有悔[23]。尽吾志也而不能至者，可以无悔矣，其孰能讥之乎？此予之所得也。

余于仆碑，又以悲夫古书之不存，后世之谬其传而莫能名者，何可胜道也哉！此所以学者不可以不深思而慎取之也。

四人者：庐陵萧君圭君玉[24]、长乐王回深父[25]，余弟安国平父、安上纯父。至和元年[26]七月某日，临川[27]王某记。

〔注〕 ① 褒禅山：在今安徽含山县北十五里。旧名华山，有起云峰、龙洞、罗汉洞、龙女泉、白龟泉等名胜。 ②“唐浮图”句：唐代僧人慧褒开始在此筑舍居住。浮图，这里指僧人。址，基。这里指山脚下。 ③ 卒葬之：死后葬在这里。 ④ 褒之庐冢：慧褒生前居住和死后安葬的地方。 ⑤ 漫灭：模糊不清。 ⑥ 音谬：字音读错了。指华山之华应读 huā（“华”是“花”的古字），如今人们读“华实”之“华”（huá）。 ⑦ 侧出：从一旁流出。 ⑧ 记游者：题名以记游踪的人。 ⑨ 窈然：幽深的样子。 ⑩ 拥：执持。 ⑪ 怠：懈怠，怠惰。 ⑫ 加：更加。 ⑬ 则或咎其欲出者：就有人责怪那个提出要出洞的人。 ⑭ 其：这里表示第一人称，指代作者自己。 ⑮ 求思之深：探求思考的深广。 ⑯ 无不在：指世间事物无不在其思考观察的范围之内。 ⑰ 夷以近：平坦而又路近。指前洞。 ⑱ 险以远：险阻而又遥远。指后

洞。⑲奇伟瑰怪非常之观：瑰丽奇特不寻常的景象。⑳随以止：随人而中止。㉑幽暗昏惑：幽深昏暗而令人迷惑。㉒无物以相(xiàng)之：没有外物来帮助自己。相，佐助，扶持。㉓“然力足以至焉”三句：首句文字有省略，意谓凭力量足可到达的地方而未到达，在别人看来是应该指责的，而对自己而言是会后悔的。讥，非难，责备。㉔庐陵：今江西吉安。萧君圭君玉：萧君圭，字君玉。㉕长乐：今属福建。王回深父(fǔ)：王回，字深父。《宋史》卷四百三十二《王回传》：“王回字深父，福州侯官人。”宋之长乐为福州长乐郡，治闽、侯官二县。㉖至和元年：公元1054年。至和，宋仁宗年号。㉗临川：今江西抚州市，为王安石的故乡。

此文写于至和元年(1054)七月，时作者年三十四岁，正在通判舒州(治所在今安徽潜山县)。

这是一篇游记，在王安石的文集中，只有两篇游记存世，一为《鄞县经游记》，一为此篇。从严格的意义上说，作者在庆历七年(1047)知鄞县时所写的《鄞县经游记》实在算不上是一篇游记，是他使县民兴修水利时下去视察，记下所经之处以及止宿之所，像一篇日记。涉及游山观景者，不过两三句话而已。如说：“辛巳，下灵岩，浮石秋之壑以望海”。但望海的目的，不是欣赏海景，而是“谋作斗门于海滨”。下文又说甲申这天，“游天童山”，仅此一句。所以《鄞县经游记》只能是他所过之地的记录。那么，堪称游记的，不过是《游褒禅山记》一篇而已。

《游褒禅山记》的首段，先写了褒禅山得名的由来。今日的褒禅山，乃昔日的华山；今日的慧空禅院，乃昔日的慧褒庐冢。又点出禅院东五里的华山洞来，为后文游洞做下铺垫。附带又从文字漫灭的仆道之碑中做了一点考证，纠正了今人的读音谬误。

第二段写游洞的经过，华山洞分前后两洞，游前洞写得极其简略，只交代了前洞的地理位置，指出“记游者甚众”，洞中之景观未着一字。重点是写游后洞。后洞在山上五六里，洞穴幽深，入洞寒气逼人，洞之深，问之莫知，虽好游者不能穷尽，真可谓深不可测，给人以神秘之感。因洞中幽黑，需持火而入。后洞的特点是“入之愈深，其进愈难，而其见愈奇”。“难”在什么地方，“奇”在什么地方，作者却未作具体描写。正在渐入佳境的时候，同行者有人累了，想出洞，而且找了一个借口，担心如不出来，火将烧尽，作者“遂与之俱出”，所到之处，与好游者相比，还比不上人家游程的十分之一。出洞之后，又感到游兴未尽。以体力与照明条件而言，还可以再坚持下去，于是后悔随人而出，“而不得极夫游之乐也”。由叙事记游为主的上半篇至此结束，在写游程的过程中引出一个“悔”字。

下半篇由叙事转入议论，以一声感叹接转，这种感叹又由“悔”字生发。作者的感叹与议论是融为一体的，大致可分为三个层次。而这三个层次，又以“求思”作为总摄，以“有得”作为总收。

第一层意思，是从游洞时所见现象概括而来："夷以近，则游者众；险以远，则至者少。"但偏偏出现这样的现象："而世之奇伟瑰怪非常之观，常在于险远，而人之所罕至焉。"由此自然地推出一层意蕴："非有志者不能至也。"比王安石晚生九百年的马克思曾经说过：在科学的道路上，是没有平坦的大道可走的，只有不畏艰险沿着崎岖的道路而前进的人，才有可能达到光辉的顶点。

第二层又翻出一层波澜。从"志""力""物"三者的关系，阐明仅有志还不够；只有志、力、物三者都具备，才能达到目的。有志可以不随人而止，不盲从他人；但是力不足，还不能达到目的。志与力都具备了，如没有外物的帮助，也不能达到目的。喻如游洞，洞中幽黑而不可见，没有照明之物，只能瞎子摸象，还是看不到"奇伟瑰怪非常之观"。志虽然起着主导作用，但还需要内部条件的力与外部条件的物，三者是缺一不可的。

第三个意层是阐述的"尽吾志"与无讥、无悔的关系问题。力足以至但随人而止而未能至，就会受到他人的讥笑或指责，自己则会感到后悔。如果自己已尽到了最大的努力但还是未达到目的，"可以无悔矣"，人亦未能讥。也就是说，要争取理想和终极目的的实现，首先在主观上要尽到最大的努力，意志坚定，尽力而为，即使条件未备，理想和目的没有达到，也要无讥、无悔。写到这里，作者用"此予之所得也"一句转收，完成了思考的全过程，获得了认识上的升华。这一段是全文的中心，也是本篇所要表达的主旨之所在。

第四段不过是文章的余波而已，它与第一段对仆碑的考证遥相呼应，由此得出"深思而慎取"的论点，这是作者的又一思想收获，是上文"有得"的一个补充，也是全文的一个副主题。

最后一小段，点出同游四人的姓名，与第二段"余与四人拥火以入"句相呼应。最后系年署名，此法从柳宗元游记中来。

此文结构严谨，层次分明，一、二段叙事记游，三、四段议论。上半篇叙事的详略取舍，都是按照后半篇的议论需要而选择的。他所以未写游前洞的感受，是因为游前洞与后半篇的议论无关。作者有意为论说而叙事，又通过记游为因由生发议论，可以说他的叙事是为议论服务的，是为议论做铺垫的。每一记游的叙事都为后文的议论提供了依据，每一个议论的观点又反转过来影写记游的叙事。前有所蓄，则后必有所发；后有所议，则前必有所本。与主旨无关的风光景物，为避免喧宾夺主，则一概弃而不写，好像不是为记游而写游记，而是在写胸中之"志"。这种写法与宋人爱发议论有关，宋代的诗文都有议论化的倾向，他们有意追求"理趣"，此文也的确富有理趣。

《游褒禅山记》的这种写法，在历史上是少见的。柳宗元所写的山水游记，虽有寄托，以抒写被贬后的郁闷心情，但他是寄情于山水，主题是表现山水之美，而不是借山水大发议论。王安石可以说把山水游记的传统写法给打破了，而且对后人写游记产生过一定的影响。清代桐城派古文家刘大櫆所写的《游三游洞记》，也是上半篇记游而下半篇抒写了因游历而引起的感慨，蹊径与此文相仿佛。

（刘文忠　刘元煌）

石门亭记

石门亭在青田县①若干里，令②朱君为之。石门者，名山也，古之人咸刻其规游之感慨，留之山中，其石相望。君至而为亭，悉取古今之刻，立之亭中，而以书与其甥之婿王安石，使记其作亭之意。

夫所以作亭之意，其直③好山乎？其亦好观游眺望乎？其亦于此问民之疾忧乎？其亦燕闲④以自休息于此乎？其亦怜夫人之刻暴剥⑤偃踣⑥而无所庇障且泯灭乎？夫人物之相好恶必以类。广大茂美，万物附焉以生，而不自以为功者，山也。好山，仁也。去郊而适野，升高以远望，其中必有概然⑦者。《书》⑧不云乎："予耄逊于荒。"《诗》⑨不云乎："驾言出游，以写我忧。"夫环顾其身无可忧，而忧者必在天下，忧天下亦仁也。人之否⑩也敢自逸？至即深山长谷之民，与之相对接而交言语，以求其疾忧，其有壅⑪而不闻者乎？求民之疾忧，亦仁也。政不有小大，不以德则民不化服⑫，民化服然后可以无讼，民不无讼，令其能休息无事，优游以嬉乎？古今之名者，其石幸在，其文信善，则其人之名与石且传而不朽，成仁之名而不夺其志，亦仁也。作亭之意，其然乎？其不然乎？

〔注〕①青田县：今浙江省青田县。　②令：县令。　③其直：难道特意，岂止是。④燕闲：安闲。　⑤暴剥：指石刻暴露山野，字迹受剥蚀而损坏。　⑥偃踣(yǎn bó)：倒下。⑦概然：感慨的样子。"概"通"慨"。　⑧《书》：指《尚书》。下文"予耄逊于荒"出自《尚书·微子》，原文是："吾家耄(mào)，逊于荒。"孔颖达疏引郑玄曰："耄，昏乱也。在家不堪耄乱，故欲遁出于荒野。"逊，逃遁。　⑨《诗》：指《诗经》。下文"驾言出游，以写我忧"二句出自《诗经·邶风》中的《泉水》篇。写，通"泻"，宣泄。　⑩否(pǐ)：本是《周易》中的卦名，与"泰"相对，"否"

是说“天地不交而万物不通”。后常用“否泰”指世道盛衰和人事通塞。这里“否”指众人处在穷困境地。　⑪ 壅(yōng)：阻塞。　⑫ 化服：教化民心，令其顺服。《管子·七法》曰：“渐也，顺也，靡也，久也，服也，谓之化。”

王安石的“记”体文章，大多写于作县令时的地方官任上，即作者青年时期的作品。这类“记”体文章是熔叙述、描写、抒情、议论为一炉的。当然由于作家材质不同，要记的对象不同，也各有偏重。王安石的“记”体文长于议论。就以这篇《石门亭记》可见，文章重点并不是记述亭的本身，而是借揣度建亭者的心意，来阐明作者所主张的哲学思想，即传统儒家倡导的“仁”。

为了突出主题，强调“仁”字，作者构思行文十分巧妙。全文围绕“作亭之意”展开，先以五个排比设问句提出问题，然后逐一回答，不枝不蔓，逐层推理论述，每一点都归为“仁”。文章写得脉络分明，井井有条，说理透辟严谨，文字朴素无华。

第一段，首先交待了石门亭所处的地理位置，建亭之人及写“记”的缘由。石门亭地处青田县境石门山上，是县令朱君建造的。石门山是一座名山，上有石门洞，至今仍是风景优美的游览胜地。古代的人都将自己观游的感慨刻在石上，留在山中，石刻相对而望，暴露荒野。县令朱君至此便建造了石门亭，并把古今之石刻都拾取来立在亭中，成一胜景，供人欣赏。同时又写信让外甥女婿王安石作篇“记”，“使记其作亭之意”。以上一段，文字简洁明快，为下文议论张本。

第二段，是本文的中心部分，全段围绕朱君“作亭之意”，分两层展开笔墨。

第一层，以五个排比设问句揣度作亭之意。一问：“其直好山乎？”二问：“其亦好观游眺望乎？”三问：“其亦于此问民之疾忧乎？”四问：“其亦燕闲以自休息于此乎？”五问：“其亦怜夫人之刻暴剥偃踣而无所庇障且泯灭乎？”作者这一连串五个设问句，以排比列出，引人入胜，发人深思，令读者急切地想了解答案。

第二层，作者便依序予以分析作答。其一，作者认为：人与万物互相爱或恶，一定有其相类似之处，即有其内在相同的某些特质。“广大茂美，万物附焉以生，而不自以为功者”，有着这样广博仁爱的胸怀，大自然中就是山了，因此喜爱山的人，当然富有“仁”爱精神。这就自然地回答了前边的“其直好山乎”的问题。论述“好山”，蕴含着深厚的“仁”意。其二，作者认为，离开城郊去往野外，登高而远眺，其心中必有某种忧伤而感慨。古书早有例证：《书》经不是说过吗，“予耄逊于荒”，《诗经》不也说过，“驾言出游，以写我忧”。作者接着分析说：“夫环顾其身无可忧，而忧者必在天下”，作为县令的朱君，其本身无可忧，那么他忧什么呢？“而忧者必在天下，忧天下亦仁也。”这就回答了前边的“其亦好观游眺望乎”的问题，并指出这位县令可不是一般地爱好观赏山景，他心中有着深厚的“忧天下”的“仁”意在。其三，说民众还处在穷困之境，怎敢自己安闲逸乐。山民生活在深山长谷之中，县令与民互相交接谈心，了解民众的疾苦忧愁，哪还有阻塞而听不到民众之心声呢？因此作者论述说：“求民之疾忧，亦仁也。”这就回答了前边的“其亦于此问民之疾忧乎”的问题。揣度县令作亭之意，是为了“求民之疾忧”，这也是一种仁爱之心的体现。其四，作者认为政事没有大小之分，不施以德治，百姓就不会教化顺服，百姓被教化顺服了，然后就可以没有诉讼之事，现在百姓还不能无讼，作为县令岂能“休息无事，优游以嬉乎”，这就回答了前边“其亦燕闲以自休息于此乎”的问题，作者好像自己否定了这一猜想，暗中还是赞扬县令是以仁德治政。其五，文章论述说：古今之名人，其石刻幸在，其文字确实很好，那么他们的名与石刻能够留传而不朽，县令这种“成仁之名而不夺其志”的善举，也是“仁”之意啊！这就回答前边“其亦怜夫人之刻暴剥偃踣而无所庇障且泯灭乎”的问题。通过以上一系列的设问、推理分析，作者将县令朱君“作亭之意”，归结到一个“仁”字。末句又风趣地说：“其然乎？其不然乎？”我论述的是这样的吗？还是不是？以设问开始，以设问作结，行文显得灵动活泼，不呆板。

王安石在文中突出一个“仁”字，一方面赞美县令朱君无论品德或为政，都以“仁”字为本，是一位忧民、忧天下的仁爱县官。另一方面，王安石也是借题发挥，阐明自己所主张的儒家的“仁”政。这篇短文，也体现了王安石在《上仁宗皇帝言事书》中指出的“仁心仁闻”，泽加百姓的“仁政”观点。他推行变法，但不能以法家名之，他的思想还是受传统儒家经典影响大些。

作为政治家、思想家的王安石，是把文学创作看作余事的。特别是他的散文创作，其目的在于经世致用，在于明道，少有浮华辞藻和无目的之作。读其文章，特别是“记”体散文，总感到文学的形象性和艺术感染力稍逊于欧阳修与苏轼，欧、苏的“记”体文，抒情议论并重，文字充满激情，韵味深厚，读起来更引人入胜。

（徐育民）

周礼义序

士弊[①]于俗学[②]久矣，圣上闵[③]焉，以经术造[④]之，乃集儒臣，训释厥旨[⑤]，将播之学校，而臣某实董《周官》[⑥]。

惟道之在政事，其贵贱有位，其后先有序，其多寡有数[⑦]，其迟数[⑧]有时。制而用之存乎法，推而行之存乎人。其人足以任官，其官足以行法，莫盛乎成周之时[⑨]；其法可施于后世，其文有见于载籍，莫具[⑩]乎《周官》之书。盖其因习以崇之，赓续[⑪]以终之，至于后世，无以复加。则岂特文、武、周公之力哉？犹四时之运，阴阳积而成寒暑，非一日也。

自周之衰，以至于今，历岁千数百矣。太平之遗迹，扫荡几尽，学者所见，无复全经。于是时也，乃欲训而发之，臣诚不自揆[⑫]，然知其难也。以训而发之之为难，则又以知夫立政造事[⑬]追[⑭]而复之之为难。然窃观圣上致法[⑮]就功[⑯]，取成于心，训迪[⑰]在位，有冯[⑱]有翼[⑲]，亹亹乎向六服[⑳]承德之世矣。以所观乎今，考所学乎古，所谓见而知之者，臣诚不自揆，妄以为庶几[㉑]焉，故遂昧冒[㉒]自竭[㉓]，而忘其材之弗及也。

谨列其书为二十有二卷，凡十余万言。上之御府[㉔]，副[㉕]在有司[㉖]，以待制诏[㉗]颁焉。谨序。

〔注〕 ① 弊：蒙蔽。 ② 俗学：世俗流行的学问。 ③ 圣上：皇上。这里指宋神宗赵顼(xū)。闵：同“悯”。同情，惋惜。 ④ 经术：儒术，指儒家的学说。造：改造，改变，扭转。⑤ 训释：解释。厥旨：其旨。旨，宗旨，指《周礼》。 ⑥ 某：作者自称。董：董理，监督。《周官》：即《周礼》，为儒家经典三礼(《周礼》《仪礼》《礼记》)之一。汉初，《周礼》曾称为《周官》，因为《周礼》主要介绍周代的官制和战国时代的各国制度。 ⑦ 数：气数，命运。 ⑧ 迟数：快慢。迟，迟缓。数，《礼记·乐记》郑玄注云：“数，读为速。” ⑨ 成周之时：周成王的时候。成王，周武王姬发之子，名姬诵。年幼时由周公辅政，后归政，天下安宁，号称盛世。 ⑩ 莫具：莫不具备。 ⑪ 赓续：继续。赓，续也。 ⑫ 揆(kuí)：估量，揣度。 ⑬ 立政造事：建立新政，采取新措施。 ⑭ 追：追随，紧跟。 ⑮ 致法：推行成法。 ⑯ 就功：成就功业。⑰ 训迪：教诲开导。迪，启迪。 ⑱ 冯(píng)：同“凭”。依靠，凭借。 ⑲ 翼：翅膀，这里作动词用，有翼蔽、辅助之意。 ⑳ 亹(wěi)亹：形容勤勉不倦的样子。向：向往。六服：相传古代天子将古代京都以外的地区按远近分为九等，称九服之地。六服，是将最远的三服(即夷服、镇服、藩服)除外。这里泛指中原地区。 ㉑ 庶几：大概可以。 ㉒ 昧冒：即冒昧，轻率，有自谦之意。 ㉓ 竭：竭诚而言。 ㉔ 御府：朝廷。 ㉕ 副：副本。 ㉖ 有司：有关部门。㉗ 制诏：皇帝的诏命。

这是王安石一篇重要的政论文，写于宋神宗熙宁八年(1075)。写作的具体时间不能确定，约在六月朝廷将《三经新义》(三经指《诗经》《书经》《周礼》)颁于学宫之前。当时作者年五十五岁。

与历史上任何的改革一样，北宋中叶的熙宁变法也碰到了重重阻力。于是，“但知经术”的王安石想到了要搞《三经新义》，来“变风俗，立法度”，配合改革。这个想法得到神宗的支持。熙宁六年(1073)三月，神宗下诏置经局，“命王安石提举”(《宋史·神宗本纪》),同时,又让吕惠卿和王安石的爱子王雱兼修撰,开始实际操作。其中《新经周礼义》二十二卷就是王安石本人完成的(该书南宋陈振孙《直斋书录解题》作《周礼新义》,也是二十二卷,只是书名小异而已。清代只十六卷,改名为《周官新义》,见《四库全书总目提要》卷十九,可见已有残缺了)。这篇序应是附于书前的。此外,他还写了《诗义序》《书义序》,也约略作于同时。

本文仅三百四十一字,写得相当简练。序是古代的一种文体,有书序、赠序之别,本文是一篇书序,序亦写作叙。王安石作为熙宁变法的主要设计者,最初得到了宋神宗政治上坚定的支持,但是随着元老大臣和两宫皇太后的反对,这种支持逐渐减弱,甚至发生了严重的动摇。尤其是熙宁七年,发生了长达九个月的久旱不雨,饥民到处逃难,这更使迷信的神宗忧形于色,长吁短叹,以为变法招来了天怒。于是四月王安石罢相,以吏部尚书、观文殿大学士出知江宁府。虽然,八个月后复相,但王安石改革的锐气已经大减,又陷入新党内部的权力之争中,渐渐趋于孤立无援的境地,神宗对他的信任更是大不如前,后来甚至“上益厌之”(《宋史·王安石传》),再加上儿子王雱因“愤恚,疽发背死”,更使他“悲伤不堪”,终于在熙宁九年十月再度罢相,这个“十一世纪时的改革家”(列宁语)的政治生涯就这样谢幕了。本文的写作正介于作者第一次罢相与复相之间。这个写作背景,对于了解文章的构思、作意和遣词用句显然是有帮助的。

全文共分四个自然段。

第一段简要说明当时朝廷重新组织儒臣训释“三经”,尤其是《周礼》的原因,是因为社会上俗学流行已久,败坏风气,不扭转不行。而《周礼》是古代的儒学经典,代表了儒家的社会理想和政治理想。孔子在《论语·八佾篇》中曾说过:“周监于二代,郁郁乎文哉!吾从周。”也说明西周是在借鉴了夏商两代的礼乐制度上建立起来的,是古代的盛世,因此值得后世学习。而当时的俗学却不是这样,这对士子们有长期不良影响。这里就直接开门见山地提出来了。作者特意说“圣上闵焉”,意为这个行动是得到神宗皇帝亲自支持的,并不是他个人一时的冲动。

第二段中说《周礼》的内容,强调成周之时的政事、任官、行法等等,“可施于后世”,“无以复加”,具有榜样作用。

第三段作者感叹周衰于今,历千百年,而“太平之遗迹,扫荡几尽”,而“学者所见,无复全经”,没有一本标准齐全的《周礼》可供时人揣摩学习。因此,不得不迎难而上,将《周礼》新义训释阐发出来,供当代的士子们学习,以为再造盛世之助。接着,作者又别有深意地将颂圣和自谦结合起来,一方面表扬宋神宗“致法就功，取成于心”，孜孜不倦，胸有成竹，使熙宁变法获得成功，另一方面又一再说自己“不自揆”“材弗及”，冒昧进言，诚恳而谦恭。

第四段则是叙事，交代《周礼》新义的卷数、字数和正副本。这是一般书序都有的，只不过有的放在前面，有的放在后面而已。

这篇文章篇幅短小，只能算是论述性的小品。作者就事论事，不驰骋笔墨，不弘肆纵论。有的该适当展开的也没有展开，如“俗学”，本有许多的心里话要说，许多的社会现象要抨击，但由于作者刚复相的处境，不便树敌过多，只得点到即止。本来作者语言省净果决，刚直使气，并非是畏首畏尾之人，但本文却连用三个“难”字，一个一个加重了分量，这固然告诉我们《周礼》新义的训发追复之难，同时也意在言外，使我们可以联想到当时的变法实行已越来越难的客观现实，作者早已没有初上台时的那种“三不足畏”的勇敢精神了，这是读者可以在细读之中体会到的。

还有作者在行文中的反复自谦卑气的情绪，虽然我们可以理解为一种礼貌，一种客气，一种臣下在皇帝面前的谦恭，但作者内心深处已感受到神宗已非昔日的“英主”，自己把扭转国家“积贫积弱”局面的希望寄托在他一个人身上，如今不免有些失望。当然，我们也不能说他的赞颂只是一种吹捧，全与事实不符。例如神宗的勤于政事，勤于学习，都是史书肯定了的。另外，即使王安石第二次罢相，神宗也还是让他回江宁（今江苏南京，父母庐墓所在），继续“领经局”，说明对他的“经术”特长，还是始终推崇的。本文作者对神宗的赞颂，更多的是一种政治需要，一种客套，恢复“六服承德之世”的目标事实上越来越渺茫了。读者对此不可轻轻放过。这篇文章的重要性实在此。（毛水清）

灵谷诗序

吾州[①]之东南有灵谷[②]者，江南之名山也。龙蛇之神，虎豹、翚翟[③]之文章[④]，楩柟[⑤]、豫章[⑥]、竹箭[⑦]之材，皆自山出；而神林[⑧]、鬼冢、魑魅[⑨]之穴，与夫仙人、释子[⑩]、恢谲[⑪]之观[⑫]，咸附托焉。至其淑灵和清[⑬]之气，盘礴[⑭]委积[⑮]于天地之间，万物之所不能得者，乃属之于人，而处士[⑯]君实生其址[⑰]。

君姓吴氏，家于山址，豪杰之望[⑱]，临[⑲]吾一州者，盖五六世，而后处士君出焉。其行孝悌忠信[⑳]，其能以文学知名于时。惜乎其老矣！不得与夫虎豹、翚翟之文章，楩柟、豫章、竹箭之材俱出㉑而为用于天下，顾㉒藏其神奇，而与龙蛇杂此土以处也。然君浩然有以自养㉓，遨游于山川之间，啸㉔歌讴吟，以寓㉕其所好，终身乐之不厌，而有诗数百篇，传诵于闾里㉖。他日出《灵谷》三十二篇以属㉗其甥㉘曰："为我读而序之。"惟君之所得，盖有伏而不见㉙者，岂特㉚尽于此诗而已？虽然，观其镵刻㉛万物，而接之以藻缋㉜，非夫诗人之巧者，亦孰㉝能至于此！

〔注〕①吾州：指王安石的家乡抚州。王是抚州临川人。②灵谷：即灵谷山，道教名山。③翚翟(huī dí)：翚，有五彩羽毛的雉鸡。翟，长尾山鸡。④文章：文采。⑤楩柟(pián nán)：楩，树名，即黄楩木。柟，树名，即楠木，两者都是南方生的优质树种。⑥豫章：树名，即樟木。⑦竹箭：泛指竹子。⑧神林：神仙所居之林。⑨魑魅(chī mèi)：古代传说中的山泽精怪。⑩释子：对出家僧人的统称。⑪恢谲：诡异怪奇。⑫观：景观。⑬淑灵：美好灵秀。和清：温和清朗。⑭盘礴：同"磅礴"，广大无边。⑮委积：积聚。⑯处士：古代称那些有才德而不仕的人为处士。⑰址：基地，这里指山脚。⑱望：望门，门族。⑲临：来到。⑳孝悌(tì)忠信：儒家的道德标准，即孝敬父母、顺从兄长、忠于君主、为人守信。㉑出：走仕途为国家效力。㉒顾：却。㉓浩然有以自养：语本《孟子·公孙丑上》"吾善养吾浩然之气"。浩然，盛大流行之貌。㉔啸：发出高而长的声音。㉕寓：寄寓。㉖闾(lǚ)里：乡里。㉗属(zhǔ)：同"嘱"，托付。㉘甥：指王安石。诗集的作者吴君是王安石的舅父。㉙伏而不见：隐藏而未显露。㉚特：只。㉛镵(chán)刻：绘绣刻画。㉜藻缋(huì)：用优美华丽的语言藻饰。㉝孰：谁。

本文是王安石为其舅父吴氏的诗集所作的序。

吴氏住在抚州东南的金溪，地处灵谷山麓，他的诗集即以灵谷命名。文章首段以吴君所处的环境"灵谷"为切入点，极言灵谷优美空灵，物产丰饶。作者首先采取铺排的方法，历数山中的物产：龙蛇之神、虎豹翚翟之文章、楩柟豫章竹箭之材，又有林峰、鬼冢、仙人、释子及种种美妙奇幻的景观。这些铺叙有力地突显了灵谷山的灵气。接下来，作者指出这种灵气凝聚在了万物之灵"人"的身上，并用"而处士君实生其址"一句，顺势引出人物。

为诗集写序却不从诗集入手，而先从作者所处的环境入手，刻意渲染烘托灵谷优美奇幻的自然环境和丰饶名贵的物产，似乎有点离题，其实不然。诗集作者处于如此自然环境之中，日日受其洗涤陶冶，自然产生淑灵和清之气，进而会融入诗歌创作中。所以，环境和人与诗是深有关联的，作者文中对环境的种种铺叙实际都是为写人物、评价诗歌而设的。

第二段叙述吴君的身世。先言吴君生于豪杰之门，"孝悌忠信"，以文学知名于时，再叙述现实中吴君不能“为用于天下”的困顿。作者拿吴君与前段灵谷山物产相比，一方面称赞了吴君和灵谷山中的名贵物产一样，富有才华；另一方面表达对其不能出而为天下所用、命运反不如物的惋惜之情。

后又转入正题，转入对吴君诗的评价。作者先描述了吴君“浩然有以自养”“遨游于山川之间”“啸歌讴吟”的诗意生活，最后才落到吴君的诗作上，称颂其诗之妙，并交代了叙述诗集作者与作者的关系及自己作序的原因。

构思独特新颖是本文的最大特色。孙琮《山晓阁选宋大家王临川全集》卷一云：“序处士诗却不说诗。先从灵谷蕴蓄之奇，说到人上，既出处士后，亦不说处士之诗，且言其行能而惜其老，以与前段相应。既出处士能诗，又不实说处士之诗，反说得不尽于诗。而赞美其诗，只于掉尾一句结出，作法绝奇。”确实如此，作者选取“灵谷”作为切入点，从环境说开去，再及其间的人物，进而论述吴君的诗，深入地剖析了自然、人与诗歌创作之间的关系，构思很独特，也颇有创见。

行文曲折，笔墨灵动，兴致淋漓，是本文另一特色。茅坤称赞本文道：“览之如游峭壁邃谷。”（《唐宋八大家文钞·王文公文钞》卷六）过珙亦曰：“起处衬起一层，结处推深一层，中间写正面处曲折顿宕，极委蛇壮浪之观，不似平冈坦途，一往无佳绪也。”（《古文评注》卷十）王安石为文，多顿挫转折，峭拔壮观，于此文可见一斑。 （魏祖钦）

张刑部[①]诗序

刑部张君诗若干篇，明而不华[②]，喜讽道[③]而不刻切[④]，其唐人善诗者之徒欤！

君并杨、刘[⑤]生。杨、刘以其文词染[⑥]当世，学者迷其端原[⑦]，靡靡然[⑧]穷日力以摹[⑨]之。粉墨青朱[⑩]，颠错丛庞[⑪]，无文章黼黻[⑫]之序；其属情藉事[⑬]，不可考据[⑭]也。方此时，自守不污者少矣。君诗独不然，其自守不污者邪？子夏[⑮]曰：“诗者，志之所之也[⑯]。”观君之志，然则其行亦自守不污者邪？岂唯其言而已！

畀[⑰]予诗而请序者，君之子彦博也。彦博字文叔，为抚州[⑱]司法，还自扬州[⑲]识之，日与之接云。庆历三年八月序。

〔注〕 ① 张刑部：名保雍，字粹之，历任太常博士、刑部郎中等职。 ② 明而不华：鲜明而不浮华。 ③ 讽道：讽喻。 ④ 刻切：尖刻，刻薄。 ⑤ 杨、刘：指宋初西昆体诗派创始人

杨亿、刘筠。 ⑥染：浸染。 ⑦端原：缘由，途径。 ⑧靡靡然：顺势而倒的样子。指当时文人跟着西昆体诗风跑。 ⑨摹：摹写，依样写作，模拟。 ⑩粉墨青朱：形容西昆体诗歌，辞藻华丽，色彩浮艳。 ⑪颠错丛庞：指西昆体作品，一味模拟前人诗句，大量堆砌典故，语意轻浅，庞杂无序，拼凑成章。 ⑫黼黻(fǔ fú)：古代礼服上所绣的花纹，有一定色彩与图形要求。 ⑬属情藉事：写情叙事，引用典故。 ⑭考据：考证。 ⑮子夏：孔子学生，孔子死后，到魏国讲学，相传《诗》《春秋》等儒家经典是由他传授下来的。 ⑯“诗者”二句：语出《毛诗序》。相传《毛诗序》为子夏所作。 ⑰畀(bì)：付与。 ⑱抚州：古州名，治所在临川(今江西抚州市)。 ⑲扬州：古州名(今江苏境内)。

这篇短文写于宋仁宗庆历三年(1043)，时王安石任淮南判官。淮南路，治所在扬州，韩琦是扬州知州，王安石是幕僚。庆历三年他因公暂回家乡临川，与张刑部之子张彦博相识，并应彦博之请，为张刑部诗集作序。王安石在序中肯定张刑部的诗歌及其“自守不污”的人品。同时，借此序言发表自己的文学主张，批判宋初浸染诗坛的西昆体诗风。

宋初，杨亿、刘筠、钱惟演曾于景德至大中祥符年间，聚集于皇帝藏书的秘阁，编纂《册府元龟》，他们把在编书之余所写的酬唱诗结集为《西昆酬唱集》。西昆体诗人宗法李商隐，其特点是专从形式上模拟李商隐，缺乏真情实感。刻板地搬用李商隐的诗题、典故、辞藻，所以被嘲为把李商隐“挦扯”得“衣服败敝”。欧阳修《六一诗话》：“盖自杨、刘唱和，《西昆集》行，后进学者争效之，风雅一变，谓之昆体。”北宋初期出现的这种诗风，在当时影响颇大，这同当时那些馆阁学士的身份，和那种升平盛世的宫廷环境，正相适合。朝廷以此取士，师友互相讲求，在宋初的诗坛，统领了半世纪以上。直待欧阳修领导北宋诗坛，才一扫西昆的华艳诗风。年轻的王安石出自欧阳修门下，对于西昆体的华艳，更是深恶痛绝，因此写下这篇《张刑部诗序》。

本文第一部分，评价张刑部的诗歌，其特点是“明而不华，喜讽道而不刻切”，说张诗形象鲜明，语言明畅，不浮华艳丽。内容充实，运用讽喻笔法，风格显得含蓄委婉，不直白苛刻。作者接着用一感叹句赞扬张刑部说：“其唐人善诗者之徒欤！”张君真是唐代擅长写诗者那样的人啊！这一评价是很高的。唐朝是我国诗歌史上的黄金时代，唐诗无论是思想内容，还是艺术形式，都取得了巨大的成就。对于这样一笔优秀的文学遗产，宋代诗人就面对着如何继承和发扬光大的任务。但西昆体的领袖杨亿、刘筠、钱惟演，对唐代传下来的诗歌产业，就像贪吃懒做的纨绔子弟，用没出息的手段，只追求形式上的摹仿，讲究“雕章丽句”，只以李商隐为宗，取其艳丽雕镂骈俪典故等形式技巧，而忽略其思想内容，玩弄夸奇斗艳的文字游戏，没有艺术感情的要求和表现，失去了唐诗的情韵。作者这里肯定了张刑部善学唐诗,也为批判西昆体诗人把学唐诗引向形式主义深渊作了伏笔。

本文的第二部分,是全文的主要部分,作者严辞批判西昆体诗风对当世诗坛的浸染。首先交待张君与西昆体领袖杨亿、刘筠是同一时期人,即北宋初期,当时正是"杨、刘以其文词染当世,学者迷其端原,靡靡然穷日力以摹之"。西昆体浸染诗坛,学者迷失方向,终日沉溺在这种浮华的诗风中,竭尽全力摹仿,使西昆风气盛行天下。散文家石介讨伐攻击西昆诗风说:"自翰林杨公唱淫词哇声,变天下正音四十年。"(《与君贶学士书》)可知当日西昆势力之盛了。其次作者概括了西昆体的弊病:"粉墨青朱,颠错丛庞,无文章黼黻之序;其属情藉事,不可考据也。"这些人学习李商隐,专取其形式技巧,而忽略其思想内容。李商隐的诗文,有他的艺术成就,也有他的缺点,他好用典故,追求辞藻和那种专求华美的四六骈文,给予宋初文坛以形式主义的不良影响。宋初的西昆体在这种影响下,一味在辞藻上用功夫,没有任何思想价值。他们只会剽窃李商隐的词句,而割裂其文义。所以说他们的诗体形式堆砌无序,抒情用典也不可考据。散文家石介尖锐地批判说:"杨亿之穷妍极态,缀风月,弄花草,淫巧侈丽,浮华纂组,其为怪大矣。"(《怪说》)《四库全书总目提要》也批评说:"《西昆酬唱集》,宗法唐李商隐。词取妍华,效之者渐失本真,惟攻组织,于是有优伶挦扯之讥。"刘攽《中山诗话》记载一则笑话:"祥符天禧中,杨大年、钱文僖、晏元献、刘子仪以文章立朝,为诗皆宗尚李义山,号'西昆体'。后进多窃义山语句。赐宴,优人有为义山者,衣服败敝,告人曰:'我为诸馆职挦扯至此。'闻者欢笑。"这段笑话,把西昆体诗风的本质,讽刺得入木三分。作者这里只用五句话,就简洁有力地概括了西昆体的特征。紧接着文章转到张君身上,在西昆体盛行的诗坛上,"自守不污者少矣。君诗独不然,其自守不污者邪?"热情赞扬张诗,能出污泥而不染,不被西昆体诗风玷污,能坚守正确的诗歌创作原则。作者由张诗联想到张君的为人。因为"诗者,志之所之也",诗言志,"观君之志"就能看出张君的人品,所作所为也一定是"自守不污"的君子,言行一致的正直诗人。以上第二段,作者从理论上严厉批判了西昆体诗风,表彰了张刑部坚守正确的创作道路,从而鲜明地表达了自己的文学主张。

第三段,交待作序缘由及写作时间。

这篇文章,写得中心突出,脉络分明,井井有条,表现出王安石散文简洁挺拔的风格。南宋陈骙说:"文简而理周,斯得其简也。"(《文则》)

西昆风气当日虽是风行天下,但从北宋诗歌的整个发展看来,它只有极局限、极短促的影响。就在当时已经有像张君这样有文学思想的作者,在那里写作和西昆体完全相反的作品，一扫西昆体的富贵气与浮艳气，而归于质朴无华、不事虚语的真实境界。但他们在文坛上的名望远不如杨亿等人大，他们只在创作上采取不合作态度，未曾在理论上积极反抗西昆。因此，彻底扫除西昆的形式主义，在理论上、创作上，给北宋文坛带来巨变，应当归功于欧阳修与王安石了。

（徐育民）

送孙正之序

时然而然①，众人②也；己然而然，君子也。己然而然，非私己也，圣人之道③在焉尔。夫君子有穷苦颠跌，不肯一失诎己以从时者，不以时胜道也。故其得志于君，则变时而之道若反手然④，彼其术素修而志素定也。时乎杨、墨⑤，己不然者，孟轲氏⑥而已。时乎释、老⑦，己不然者，韩愈⑧氏而已。如孟、韩者，可谓术素修而志素定也，不以时胜道也，惜也不得志于君，使真儒之效不白于当世，然其于众人也卓矣。呜呼！予观今之世，圆冠峨如⑨，大裙襜如⑩，坐而尧言，起而舜趋，不以孟、韩之心为心者，果异众人乎？

予官于扬，得友曰孙正之。正之行古之道，又善为古文，予知其能以孟、韩之心为心而不已者也。夫越人之望燕⑪，为绝域也。北辕而首之⑫，苟不已，无不至。孟、韩之道去吾党⑬，岂若越人之望燕哉？以正之之不已，而不至焉，予未之信也。一日得志于吾君，而真儒之效不白于当世，予亦未之信也。正之之兄官于温⑭，奉其亲以行，将从之，先为言以处予。予欲默，安得而默也？庆历二年闰九月十一日。

〔注〕 ① 时然而然：即时人说这样，自己也随声附和说这样，即人云亦云，没有主见，更无创见。 ② 众人：指普通大众。 ③ 圣人之道：指传统的儒家学说，从本文看，具体指孟、韩之道。 ④ 若反手然：即易如反掌。作者认为，如坚持圣人之道，又受君王信任重用，那么改变社会风气，达到理想目的，是轻而易举的事。 ⑤ 杨、墨：指杨朱与墨子。杨朱，战国初哲学家，魏国人。相传他反对墨子的“兼爱”与儒家的伦理思想。主张“贵生”“重己”，重视个人生命的保全，反对别人对自己的侵夺，也反对侵夺别人。孟子说他“拔一毛而利天下不为也”，极力抨击他的“为我”。他没有留下著作，关于他的片段史料，散见于《孟子》《庄子》等书中。墨子，春秋战国之际思想家，墨家的创始人，名翟。相传原为宋国人，后长期住在鲁国。曾学习儒术，后因不满儒礼，另立新说，聚徒讲学，成为儒家的反对派。力主“兼相爱，交相利”，不应有亲疏

贵贱之别。他反对掠夺战争,重视生产,强调"赖其力者生,不赖其力者不生"(《非乐》上)。认为"官无常贵,民无终贱",提出"尚贤""尚同"的政治主张。以"兴天下之利,除天下之害"为教育目的。尤重艰苦实践,服从纪律。弟子很多,墨子学说在当时思想界影响很大,与儒家并称"显学"。现存《墨子》五十三篇,是研究墨子及其学说的主要资料。 ⑥ 孟轲氏:即孟子,战国时思想家、教育家。名轲,字子舆。邹(今山东邹城)人。受业于子思的门人。一度任齐宣王客卿,因主张不见用,退而与弟子万章等著书立说。提出"民贵君轻"说,主张"法先王""行仁政"。肯定人性生来是善的,但也注意环境和教育对人的影响。要求人达到"富贵不能淫,贫贱不能移,威武不能屈"。他还提出:"劳心者治人,劳力者治于人,治于人者食人,治人者食于人"的论点。在儒家学说中形成一个理论体系,被认为是孔子学说的继承人。著有《孟子》,有"亚圣"之称。南宋朱熹把《孟子》《论语》《大学》《中庸》合为"四书"。 ⑦ 释、老:释为释迦牟尼的简称。后泛指佛教。老为老子及其哲学的省称。老子为春秋时思想家,道家的创始人。 ⑧ 韩愈:唐代思想家,文学家。他的学术思想是尊崇古代的儒家,反对佛、老。文学观是反骈重散,提倡文以载道,文道合一。 ⑨ 圆冠峨如:一派儒者装束。峨如,严肃、庄重的样子。 ⑩ 大裾襜(chān)如:形容仪表符合儒礼。《论语·乡党》:"揖所与立,左右手,衣前后,襜如也。"襜如,整齐的样子。 ⑪ 越人之望燕:南方越人北望燕国。(古代交通不方便,所以处于浙江的越人,北望处于河北北部的燕地,就认为是极荒远的地方,即下文的"绝域")。 ⑫ 北辕而首之:驾辕一直向北走不回头,唯马首是瞻,认定目标不改悔(就能到达目的地)。 ⑬ 党:朋辈。⑭ 温:温州(今属浙江省)。

孙正之,名侔,吴兴人。文章奇古,人品孤峻。名闻江淮,不求仕途,终扬州州学教授,与王安石友善。时王安石官居扬州签书淮南判官,友人孙正之将奉亲至其兄温州任所就养,应约为文以赠。

这篇赠序,是庆历二年(1042)王安石青年时期,刚刚步入仕途生涯创作的。从文中可知,他与孙正之志同道合,同为"行古之道,又善为古文",富有改革社会风气,提倡古文理想的进步青年。这篇短文明确表达了他的政治理想和古文标准,都是师法传统的儒家学说,即所谓"圣人之道"。提倡"不以时胜道",坚信遵守圣人之道不动摇,一旦"得志于君",改革理想必定实现。王安石后来的经历也证实了这点。

第一部分,明确提出用"圣人之道","孟、韩之心",实现"变时而之道"的改革理想。文章以议论开始。作者认为,一个有志改革的君子,不能"时然而然",随着潮流跑。他要"己然而然",以"圣人之道"为思想基础,唯圣人之言是从。一旦目标确定,就要高举"圣人之道"这面大旗,永不动摇。君子在改革路上,不会一帆风顺,会遇到各种"穷苦颠跌",但他们都不会因稍有失误,而屈己顺从世俗之意,即"不以时胜道"。只有这样,当他某日被君主重用,"则变时而之道若反手然"。"若反手然"四字,看似容易,但成功的背后,蕴涵多少艰辛困难,不是那些"时然而然"的"众人"所能理解的。所以作者总结说:"彼其术素修而志素定也。"

他们的儒学——圣人之道，是靠平时刻苦修习钻研得来的。他们的志向、抱负也是平素就确定，不可改变的。以上论述，反映出王安石变法革新的理论基础。王安石自幼就十分注重学习儒家经典，父亲王益也对他进行传统儒家思想教育。所以王安石少壮即树立大志，以“圣人之道”为目标，熟练掌握儒家经典。他在《忆昨诗》中写道：“端居感慨忽自寤，青天闪烁无停晖。男儿少壮不树立，挟此穷老将安归。吟哦图书谢庆吊，坐室寂寞生伊威。材疏命贱不自揣，欲与稷契遐相希。”这是与本文写作时间相近，即庆历三年在临川家乡写的。他感到时间的宝贵，在扬州任上，谢去日常应酬，通宵达旦地读书，把全部精力都投入学习儒家经典中去了。他建立了类似杜甫的“致君尧舜上，再使风俗淳”的理想。这是封建社会有抱负的知识分子的通常想法，幻想通过自己对圣君的辅佐，使国家富强，人民富足。他们努力的目标，“圣人之道”，就是传统中尧舜时代的贤相稷、契。文章接着以叙事与抒情的笔法，举出孟、韩两位儒家先哲为学习目标。在孟轲生活的时代，杨朱、墨子学派的影响很大，“杨朱、墨翟之言盈天下。天下之言，不归杨则归墨”（《孟子·滕文公下》）。但孟轲不受杨、墨之言的左右，不“时然而然”，孟子坚定地继承和发展了先圣孔子的德治思想，发展为自己的仁政学说，这就是文中说的“时乎杨、墨，己不然者，孟轲氏而已”。孟子成为先秦儒家的主要代表之一。《孟子》一书也被后世奉为儒家经典。唐代的韩愈，自幼刻苦学习儒家典籍。他把继承孔孟的“圣人之道”，使之绵延万世，作为自己的使命。他认为佛家、道家的思想与儒家的经世思想是对立的，所以竭力排击佛、道。唐宪宗于元和十三年，命宦官与僧徒将凤翔府（今陕西）法门寺塔中释迦牟尼佛指骨一节（相传三十年开塔一次，开则岁丰人安）迎入宫中，留藏禁中三日，再送京城佛寺。一时上自王公，下至百姓，奔走施舍，狂热迷恋佛骨。韩愈勇敢上谏表，批逆鳞，竟遭贬谪。这就是本文中所说：“时乎释、老，己不然者，韩愈氏而已。”王安石认为，像孟轲、韩愈这样的人，真可以说是平素对儒家有高深修养，并有坚定的志向的人物，也就是上面论述的“不以时胜道”的“君子”。文章前后呼应，勾连。叙事至此，作者忽以深情的口吻说：“惜也不得志于君，使真儒之效不白于当世，然其于众人也卓矣。”令人惋惜、遗憾的是，孟、韩都未被君王重用，他们真正的儒家学说的功用，不能被当世认识并加以施行，但是孟、韩二位哲人还是比芸芸众生优秀、卓绝。孟、韩“不以时胜道”的精神，得到王安石高度的敬仰。相反，作者对当时世俗中的一些假儒，则十分轻蔑。在本段末尾，他用感叹的语气，描绘出假儒的形象：“呜呼！予观今之世，圆冠峨如，大裾襜如，坐而尧言，起而舜趋，不以孟、韩之心为心者，果异众人乎？”这段描绘，惟妙惟肖，精彩逼真。假儒先生们，一派庄严、整齐的儒家装束，亦步亦趋地模仿儒家的仪礼，举止言行俨然古代圣君尧舜的传人，端坐时说着尧的话，行走时学着舜的步，一派冠冕堂皇的大儒架势。而实质上他们并不了解真正的圣人之道，他们和普通大众没有区别。王安石这里强调“以孟、韩之心为心”，即学习先王、先儒，不是在形式上喊几句口号，或照搬先王、先儒的理论。而要以先王、先圣之精神实质，结合当今实际去法先王，师圣人。他在《上仁宗皇帝言事书》中明确提出改易更革天下之事要“法先王之道”，而法先王“当法其意”，这和本文强调学习“孟、韩之道”，要“以孟、韩之心为心”是相通的。以上第一部分，作者调动多种艺术手法，阐明自己改革时政、时文的思想理论基础和师法的榜样。

第二部分，交待作序缘由，高度赞扬孙正之“行古之道，又善为古文”的坚毅精神，同时体现了王安石对未来改革变法充满信心。他首先用简洁的语言概括评价：“正之行古之道，又善为古文，予知其能以孟、韩之心为心而不已者也。”这里说孙正之奉行的古道，所写的古文，都师法孟、韩。古道即文中的“圣人之道”，主张思想回到古代的儒家。古文即文体要用三代、两汉的散体反对六朝的骈俪。这也是唐宋八大家古文运动共同追求的目标。王安石认为孙正之是一个以孟、韩之心为心，追求不止的人。实现理想目标，任重道远，但只要坚持不懈，勇往直前，目的就一定能达到。接着作者用形象的比喻鼓励正之：“夫越人之望燕，为绝域也。北辕而首之，苟不已，无不至。孟、韩之道去吾党，岂若越人之望燕哉？”越人望燕，虽然为绝远之地，但驾辕北跑，唯马首是瞻不回头，没有不达目标之理。比喻之后，作者反诘道：孟、韩之道距离吾辈，难道像越人望燕那样远吗？“以正之之不已，而不至焉，予未之信也。”肯定正之努力学习，一定能熟练掌握孟、韩之道。“一日得志于吾君，而真儒之效不白于当世，予亦未之信也。”肯定正之一旦被皇帝重用，就会让真儒的功效被当世认识，以实现“变时而之道”的理想。作者连用两个“未之信也”，表现出对好友孙正之的信任，也反映出王安石变法革新的伟大怀抱。文末“予欲默，安得而默也？”对友人情深意长，临别赠言，共同勉励。

这篇赠序以议论为主，又兼有描写、叙述、抒情等笔法，中心突出，语言朴素，是非分明，文章具有鼓动性、感染力。文势峻急，句句劲挺，此是荆公之长处。

（徐育民）

送胡叔才序

叔才，铜陵大宗①，世以赀名②。子弟豪③者，驰骋渔弋④为己事；谨者，务多辟田以殖其家⑤。先时，邑之豪子弟有命儒⑥

者,耗其千金之产,卒无就。邑豪以为谚[7],莫肯命儒者,遇儒冠者,皆指目[8]远去,若将浼己然[9],虽胡氏亦然。独叔才之父母不然,于叔才之幼,捐重币,逆[10]良先生教之。既壮可以游,资而遣之无所靳[11]。居数年,朋试[12]于有司,不合而归[13],邑人之訾[14]者半,窃笑者半。其父母愈笃,不悔,复资而遣之。

叔才纯孝人也,悱然[15]感父母所以教己之笃,追四方才贤,学作文章,思显其身以及其亲。不数年,遂能褎然[16]为材进士[17],复朋试于有司,不幸复诎于不己知[18],不予愚[19]而从之游,尝为予言父母之恩,而惭其邑人,不能归。予曰:"归也,夫禄与位,庸者[20]所待以为荣者也。彼贤者道弸于中[21],而襮之以艺[22],虽无禄与位,其荣者固在也。子之亲,矫[23]群庸而置子于圣贤之途,可谓不贤乎?或訾或笑而终不悔,不贤者能之乎?今而舍道德而荣禄与位[24],殆不其然[25]!然则子之所以荣亲而释惭[26]者,亦多矣!昔之訾者、窃笑者,固庸者尔,岂子所宜惭哉?姑持予言以归为父母寿[27]其亦喜无量,于子何如?"因释然寤,治装[28]而归,予即书其所以为父母寿者送之云尔。

〔注〕①铜陵大宗:铜陵县的大户人家。铜陵,宋代属江南东路池州,治所在今安徽铜陵。②世以赀名:世代以钱财多而著名。③豪:此指放荡。④渔弋:捕鱼射鸟。⑤殖其家:增值其家产。⑥命儒:称为儒生。⑦谚:很俗气的外号。⑧指目:手指而目视之。谓众人指责。⑨若将浼(měi)己然:好像要玷污自己的样子。浼,玷污。⑩逆:迎。⑪无所靳:无所吝惜。⑫朋试:与许多人一起参加科举考试。朋,比。⑬不合而归:不符合考官的意思落第而归。⑭訾(zǐ):诋毁。⑮悱然:想说而未能说出的样子。⑯褎然:谓超出同辈而居于首席。《汉书·董仲舒传》:"今子大夫褎然为举首,朕甚嘉之。"颜师古注:"褎,进也,为举贤良之首也。"⑰材进士:才干出众的新进士。此处所谓的材进士,指的是乡试中的举人,唐宋时期,举人往往被人赞为进士。⑱复诎于不己知:再次被不理解自己的考官所排斥而落第。⑲不予愚:不认为我愚昧。乃自谦之辞。⑳庸者:庸俗之人。㉑道弸(péng)于中:谓才学道德充满于内心。弸,充满。㉒襮(bó)之以艺:表现在六艺之中。襮,古通"表",表现。艺,《论语·述而》:"志于道,据于德,依于仁,游于艺。"何晏《集解》:"艺,六艺也。"邢昺疏:"六艺谓礼、乐、射、驭、书、数。"按,艺作经籍、辞章解亦可。㉓矫:纠正。㉔荣禄与位:以俸禄和官位为荣。荣,作动词用。㉕殆不其然:恐怕不是这样的吧。㉖释惭:消除惭愧心理。㉗寿:做动词用,庆寿,祝寿。㉘治装:整治收拾行李。

此文写作的确切年代失考。李之亮《王荆公文集笺注》编年说:"疑庆历中为淮南节度判官时作。"亦不详根据。笔者推测，此文可能写于作者通判舒州时期，舒州与铜陵相近，在舒州他遇到这位游学的儒生可能性较大，编年拟初定为皇祐四年(1052)年左右在舒州时所作。

这篇文章体裁属于"赠序"，内容多为惜别赠言。清人姚鼐《〈古文辞类纂〉序目》："赠序类者，……所以致敬爱陈忠告之谊也。唐初赠人始以序名，作者亦众。至于昌黎乃得古人之意，其文冠绝前后作者。"此文就是向儒生胡叔才"陈忠告之谊"的。

文章的开头先叙述胡叔才乃铜陵县的大户人家的子弟，世代以钱财多而著名。其子弟分为两种类型，较放荡的人，爱好的是骑马打猎、钓鱼射鸟，其较规矩谨慎的人，多开辟田地以繁殖财富，但都不爱读书。因为他们有一个教训，见到同县的一位富豪公子，以儒为业，耗费了巨大的钱财，最终一事无成。由此，滋生了"读书无用论"，遇到戴儒冠的人，"皆指目而去"，好像怕玷污了自己似的。胡氏一族也是如此。惟独胡叔才的父母是个例外，他们不惜"捐重币"，延请良师以教其子。积数年之功，却在科举考试中名落孙山。叔才因此受到邑人的诋毁、窃笑，但是其父母仍不灰心，给他钱让他再去游学。

叔才为父母望子成龙之心切所感动，追随四方贤才，学作文章，经数年之努力，好不容易才超出同辈成为举人，但是在考进士时又再一次落榜。叔才在精神上承受了巨大的压力，怕邑人耻笑，长期漂流在外不敢回家。

下文由叙事转入议论，作者对叔才进行了循循善诱的规劝与忠告。他首先指出，"禄与位"是庸俗的人所期待而认为是光荣的，但贤者重视的是弸中彪外，能使才学道德充满于内心，"虽无禄与位，其荣者固在也"。这就给"庸者"与"贤者"二者划清了界线。下文作者又换了一个角度，从叔才的父母方面立论，指出他的父母纠正了"群庸"的偏见，而把他置入圣贤之途。能说父母不好吗？他们不怕人诋毁、不怕人讥笑，自己认定的路赤心不悔，不贤的人能做到这一点吗？如今你舍弃道德原则而认为只有禄与位才是光荣的，恐怕不对吧！接着又折笔回锋，指出可以"荣亲而释惭者"，其方式方法是多种多样的，你为什么就认定一条路呢？接着又用一波三折之笔，指出昔日的訾者、窃笑者，本来就是庸俗之辈，不应当为他们的俗见而感到惭愧。紧笔急写之后，作者又出之以缓笔，让叔才带着自己的话回家为父母庆寿，其父母必然无限高兴。一席话多次转折，峰回路转，顿使叔才疑虑消除，"治装而归"，写此文的使命完成了。

此文用先叙后议之法，将前半篇的叙事为后半篇的说理做好了充分的铺垫。在叙事之中流露出作者对庸俗世风的批判，同时在客观的叙事中也揭示了落第科举士子的辛酸。虽然他没有从根本上否定科举取人的制度，但也从一个侧面揭露了科举考试的弊端。科举中与不中完全取决于考官的爱好与口味，合者则取，不合者则弃之。这样，有真才实学者未必能考取进士。落第士子因怕人訾笑，甚至多年不敢回家，这种心态，正反映了科举考试对他们心灵上的戕害，作为一个有改革思想的青年政治家，王安石对此是有所察觉的。

本文的重点是下半篇的议论，最突出而又有亮点的是将近二百字的一段说理文字，说理透彻，鞭辟入里。抨击世俗，有的为奇警之句，有的是点睛之笔。而且用笔多次转折，有一波三折、波谲云诡之妙。说理之中，又引入"父母之思"，既晓之以理，又动之以情，理中含情，情与理融合为一体。通篇文字简净、劲峭，实为不可多得的散文佳作。

姚鼐认为"赠序"以韩愈乃得"古人之意，其文冠绝前后作者"。韩愈的赠序，以《送李愿归盘谷序》最负盛名，与此文相较，在伯仲之间，姚氏之论，未免有点绝对了。

（刘文忠　刘元煌）

祭范颍州仲淹文[1]

呜呼我公，一世之师。由初迄终，名节无疵[2]。明肃之盛[3]，身危志殖[4]。瑶华失位[5]，又随以斥[6]。治功亟闻[7]，尹帝之都[8]。闭奸兴良[9]，稚子歌呼。赫赫之家[10]，万首俯趋[11]。独绳其私[12]，以走江湖。士争留公[13]，蹈祸不栗[14]。有危其辞[15]，谒与俱出[16]。风俗之衰，骇正怡邪[17]。蹇蹇[18]我初，人以疑嗟[19]。力行不回，慕者兴起。儒先酋酋[20]，以节相侈[21]。

公之在贬，愈勇为忠。稽前引古[22]，谊不营躬[23]。外更三州[24]，施有余泽[25]。如酾[26]河、江，以灌寻尺[27]。宿赃自解[28]，不以刑加[29]。猾盗涵仁[30]，终老无邪[31]。讲艺弦歌[32]，慕来千里。沟川障泽[33]，田桑[34]有喜。

戎孽猘狂[35]，敢齮我疆[36]。铸印刻符[37]，公屏一方[38]。取将于伍[39]，后常名显。收士至佐[40]，维邦之彦[41]。声之所加，虏不敢濒[42]。以其余威，走敌完邻[43]。昔也始至，疮痍满道。药[44]之养之，内外完好。既其无为，饮酒笑歌。百城晏眠[45]，吏士委蛇[46]。

上嘉曰材，以副枢密[47]。稽首辞让，至于六七[48]。遂参宰相[49]，釐我典常[50]。扶贤赞杰，乱冗除荒[51]。官更[52]于朝，士变于乡[53]。百治具修，偷堕勉强[54]。彼阏不遂[55]，归侍帝侧。卒屏于外[56]，身屯道塞[57]。谓宜耉老[58]，尚有以为[59]。神乎孰忍，使至于斯！盖公之才，犹不尽试。肆其经纶[60]，功孰与计[61]？

自公之贵，厩库逾空[62]。和其色辞，傲讦以容[63]。化[64]于妇妾，不靡[65]珠玉。翼翼公子[66]，弊绨恶粟[67]。闵死怜穷，惟是之奢[68]。孤女以嫁，男成厥家[69]。孰堙于深？孰锲乎厚[70]？其传甚详，以法永久[71]。

硕人[72]今亡，邦国之忧。矧鄙不肖[73]，辱公知尤[74]。承凶万里，不往而留[75]。涕哭驰辞[76]，以赞醪羞[77]。

〔注〕 ① 祭范颍州仲淹文：此文题亦作《祭范颍州文》。范颍州，即范仲淹，字希文。其先邠州（今属山西）人，后徙居江南，遂为苏州吴县（今江苏苏州）人。是宋代著名的文学家和政治家。《宋史》卷三百一十四有传。因曾移知颍州，故称范颍州。 ② 疵：瑕疵，缺点。 ③ 明肃之盛：指皇太后当权气势最盛之时。明肃，宋真宗的皇后，《宋史》卷二百四十二《后妃传》称她为章献明肃刘皇后。“真宗即位，入为美人。自章穆（皇后）崩，真宗欲立为皇后，大臣多以为不可，帝卒立之。李宸妃生仁宗，后以为己子……天禧四年，帝久病居宫中，事多决于后。宰相寇准密议奏请皇太子监国，以谋泄罢相。真宗崩，遗诏尊后为皇太后，军国重事，权取处分。”（《宋史·后妃传上》） ④ 身危志殖：言范仲淹对明肃太后的违礼行为敢于提出异议，不怕自身危险，其志可树立。殖，树立。《宋史·范仲淹传》：“天圣七年，章献太后将以冬至受朝，天子率百官上寿。仲淹极言之，且曰：‘奉亲于内，自有家人礼，顾与百官同列，南面而朝之，不可为后世法。’且上疏请太后还政，不报。寻通判河中府。”身危志殖事指此。 ⑤ 瑶华失位：指仁宗郭皇后被废事。瑶华，郭皇后废后所居之宫名，此代指郭皇后。《宋史·纪事本末》卷二十五：“景祐元年，诏：‘净妃郭氏出居瑶华宫。’” ⑥ 又随以斥：谓范仲淹因谏争废郭皇后事，随之遭到贬斥。《宋史·范仲淹传》：“会郭皇后废，（仲淹）率谏官、御史伏阁争之，不能得。明日，将留百官揖宰相廷争，方至待漏院，有诏出知睦州。” ⑦ 治功亟闻：谓治理开封府的功绩迅疾地闻名于世。亟，速疾，作屡次解亦可通。 ⑧ 尹帝之都：尹，作动词用，为府尹。帝之都，指开封。《开封府题名记》：“景祐二年十二月，天章阁待制范仲淹权知（开封府）。” ⑨ 闭奸兴良：关押奸恶之人起用善良之人。闭，关押，监禁。兴，起用。 ⑩ 赫赫之家：指京师豪门贵族之家。赫赫，显赫盛大的样子。 ⑪ 万首俯趋：言众豪强不敢逞强，皆低头趋避之。 ⑫ 独绳其私：独自纠正权豪势要营私舞弊。案，此指范仲淹指斥宰相吕夷简事。《宋史·范仲淹传》：“时吕夷简执政，进用者多出其门。仲淹上《百官图》，指其次第曰：‘如此为序迁，如此为不次，如此则公，如此则私。况进退近臣，凡超格者，不宜全委之宰相。’夷简不悦。他日，论建都之事，仲淹曰：‘洛阳险固，而汴为四战之地，太平宜居汴，即有事必居洛阳。’……帝问夷简，夷简曰：‘此仲淹迂阔之论也。’仲淹乃为四论以献，大抵讥切时政。……由是罢知饶州。” ⑬ 士争留公：谓仲淹被贬时士人谏争力图挽留住他。 ⑭ 蹈祸不栗：不怕蹈入祸灾。栗，战栗。 ⑮ 有危其

辞：有人放出危言耸听之辞。殆指吕夷简等所制造的朋党说。 ⑯ 谒与俱出：指同情仲淹的几位官员请求同范一起被贬。《宋史·范仲淹传》："于是秘书丞余靖上言曰：'仲淹以一言忤宰相，遽加贬窜……臣请追改前命。'太子中允尹洙自讼与仲淹师友，且尝荐己，愿从降黜。馆阁校勘欧阳修以高若讷在谏官，坐视而不言，移书责之。由是，三人者偕坐贬。" ⑰ 骇正怡邪：正直的人受到惊骇，邪恶的人高兴。 ⑱ 蹇蹇：忠直的样子。 ⑲ 疑嗟：怀疑嗟叹。 ⑳ 儒先酋酋：意谓士子们因仰慕范仲淹而心向崇高，使自己的境界高尚起来。酋酋，高的样子。㉑ 以节相侈：谓士人皆以名节相夸。 ㉒ 稽前引古：考察历史引证古代之事。 ㉓ 谊不营躬：坚决不为自身谋私利。谊，同"义"。 ㉔ 外更三州：指范仲淹被贬在外换了三个地方。三州，指范所知的饶州、润州、越州（见本传）。 ㉕ 施有余泽：指做地方官时对百姓多施恩泽。㉖ 釃（shāi）：疏导，分流。 ㉗ 寻尺：比喻微小的事物。釃江河，灌寻尺比喻范公移知三州乃大材小用。 ㉘ 宿赃自解：过去犯过贪赃的官吏请求自我解职。 ㉙ 刑加：加刑，治罪。㉚ 猾盗涵仁：奸猾的强盗受到感化。涵，涵濡，浸沉。 ㉛ 终老无邪：至死不再干邪恶之事。㉜ 讲艺弦歌：谓范公为官重视礼乐教化。讲艺，指讲经。古代六经又称六艺。弦歌，《论语·阳货》记子游为武城宰，以弦歌为教民之具，用典出此。 ㉝ 沟川障泽：喻兴修水利。 ㉞ 田桑：代指农夫。 ㉟ 戎孽猘（zhì）狂：指西夏元昊反叛。猘，狗发疯。 ㊱ 敢齮（yǐ）我疆：竟敢侵我疆土。齮，咬。 ㊲ 铸印刻符：喻元昊反叛后僭称帝号。 ㊳ 公屏一方：范公捍卫了一方土地。屏，捍蔽，保护。《宋史·纪事本末》卷三十："康定元年春正月，元昊寇延州。二月，命知制诰韩琦安抚陕西。琦言：'范雍节制无状，宜召知越州范仲淹委任之。'帝从之，召仲淹知永兴军。"屏一方指此。 ㊴ 伍：行伍，军中。 ㊵ 佐：佐僚，属官。 ㊶ 维邦之彦：国家之俊杰。维，发语词。 ㊷ 濒：临近。《宋史·纪事本末》卷三十："（韩）琦与仲淹在兵间久，名重一时，人心归之，朝廷倚以为重。二人号令严明，爱抚士卒，诸羌来者，推诚抚接，咸感恩畏威，不敢辄犯边境。边人为之谣曰：'军中有一韩，西贼闻之心胆寒；军中有一范，西贼闻之惊破胆。'"㊸ 走敌完邻：谓击退西夏，保全了邻好的羌汉之民。 ㊹ 药：治疗。 ㊺ 晏眠：安然而睡。㊻ 委蛇：安闲自得的样子。 ㊼ 以副枢密：指庆历三年，朝廷召拜范仲淹为枢密副使。㊽ 六七：六七次。言辞让次数之多。 ㊾ 遂参宰相：指范公被任命为参知政事。《宋史·范仲淹传》："元昊请和，召拜枢密副使，王举正懦默不任事，谏官欧阳修等言仲淹有相材，请罢举正用仲淹，遂改参知政事。仲淹曰：'执政可由谏官而得乎？'固辞不拜，愿与韩琦出行边，命为陕西宣抚使，未行，复除参知政事。" ㊿ 釐（lí）我典常：改变常定法规。釐：改变。此句指推行"庆历新政"。 51 乱冗除荒：治理裁汰冗员，免除不合情理之事。乱，治理。荒，不合情理。52 更：变化，变更。 53 乡：乡野。 54 勉强：尽力而为。 55 彼阏（è）不遂：谓范公推行庆历新政受到那些保守势力的阻遏，最终无法实现。阏，阻遏，闭塞。《宋史·范仲淹传》："仲淹以天下为己任，裁削幸滥，考核官吏，日夜谋虑兴致太平。然更张无渐，规模阔大，论者以为不可行。及按察使出，多所举劾，人心不悦。……于是谤毁稍行，而朋党之论浸闻上矣。" 56 卒屏于外：谓范公最终还是被排斥到外地去。《宋史·范仲淹传》："边陲有警，因与枢密副使请行边。于是，以仲淹为河东、陕西宣抚使。……比去，攻者益急，仲淹亦自请罢政事，乃以为资政殿学士、陕西四路安抚使，知邠州。" 57 身屯道塞：身遭屯难，其道不行。屯，屯难。《周易·屯卦》："屯，刚柔始交而难生。" 58 谓宜耇（gǒu）老：以为您应高寿。 59 尚有以为：还可有所作为。 60 肆其经纶：让他充分大展治国经邦的才能。 61 功孰与计：谁的功业能与他相比？ 62 厩库逾空：财物反而更少了。厩，代指厩中之马。 63 傲讦（jié）以容：对他的傲慢与直言不讳的批评他都能容忍。讦，直言不讳。 64 化：教化，教育。 65 靡：耗费，浪费。

㊻ 翼翼公子：指范仲淹的儿子。本传言，仲淹有四子：纯祐、纯仁、纯礼、纯粹。翼翼，恭敬谨慎的样子。 ㊼ 弊绨恶粟：穿破旧的衣袍，吃粗恶的饭食。 ㊽ 惟是之奢：惟有在闵死怜穷方面出手大方。是，指代前文之"闵死怜穷"。 ㊾"孤女以嫁"二句：谓范公置义庄而赡其亲族，为亲族的孤女寡男完其婚嫁。《宋史·范仲淹传》："仲淹内刚外和，性至孝，以母在时方贫，其后虽贵，非宾客不重肉。妻子衣食，仅能自充。而好施予，置义庄里中，以赡族人。" ㊿"孰堙于深"二句：谓谁也不能埋没破坏范公的深厚情怀。堙，埋没，泯灭。锲，用刀刻，刻去。 (71) 以法永久：让人永远效法。 (72) 硕人：贤德之人。指范公。 (73) 矧(shěn)鄙不肖：何况我乃不贤之人。作者自谦之辞。 (74) 辱公知尤：有辱范公知道我的过失。尤，过错。 (75)"承凶万里"二句：谓我接到公的凶信在万里之外，不能去吊唁，只能留下。 (76) 驰辞：驱辞运笔。指写此祭文。 (77) 以赞醪羞：以此文作为祭品的辅助吧。醪，浊酒。羞，食品。二者皆为祭祀品。

范仲淹是具有改革思想的优秀政治家，是"庆历新政"的主持者。庆历改革，因限制了权贵的利益，受到强烈的反对而失败，但为后来的王安石变法起了先导作用。皇祐四年，他以户部侍郎出知青州（今山东益都），因病请调颍州（今安徽阜阳）。五月，未到任而死在徐州，享年六十四岁。范仲淹死时，王安石才三十二岁，在舒州（今安徽安庆）任通判。他虽然当时还是一位不太知名的下级地方官，范仲淹生前已对他予以注意。据蔡上翔《王荆公年谱考略》说："公亦尝受知于范公，见重于当世大贤，固甚早也。"他自己在此祭文中，也说到"矧鄙不肖，辱公知尤"，说明二人有很深的情谊。王安石敬佩范仲淹这位"一世之师"，并把范公当作自己的老师和学习的楷模，他们都有改革的思想，有振兴国家、扭转宋廷积贫积弱的共同理想和愿望，二人可谓"心有灵犀一点通"。王安石对范公的死深感悲痛，噩耗传来，他便挥泪写下这篇祭文。

全文可分六段，每段都围绕一个中心，层次十分分明。

开篇四句："呜呼我公，一世之师。由初迄终，名节无疵。"这四句可谓总摄全篇。第一段首先突出了范公敢于谏争的精神。章献明肃太后，从参与朝政到垂帘听政多年。早在前朝真宗时代，宰相寇准稍微触犯了她，便被罢相。可见她是炙手可热的人物。在天圣七年，太后将以冬至受朝，天子将率百官为太后上寿。范公极言不可，结果范公被贬至外地。太后死后，范公被召回朝为右司谏。郭皇后被废，他又率谏官、御史伏阁谏争，未能如愿，再次遭贬。仲淹再次被召还京，权知开封府，作者写他在开封府任上，"闭奸兴良"，抑制豪强等治功。又特别突出了他与权相吕夷简的斗争，一个权知开封府的范公，敢于上《百官图》，指斥当朝宰相大肆任用私人势力，屡次和吕夷简争论。没有非凡的胆识，没有以天下之事为己任的精神和不怕丢官的勇气，是绝对不肯这样做的，但范仲淹对权贵却毫不畏惧，敢向权贵斗争。这次较量他虽然失败了，遭贬后罢知饶州，但也挫伤了吕夷简的根基，第二年，吕被罢相了，由此可见，范公的斗争是起了作用的。他是得人心的，几位志同道合者，不顾朋党之论，甘愿与他一同被贬。这就为"一世之师"作了具体的阐述。

第二段写范公"外更三州"的被贬阶段的政绩。在范公的感召下，使得"宿赃自解""猾盗涵仁"。于政务之暇，他为人讲经，以礼乐教人。他兴修水利，造福于民，深受百姓爱戴。但作者又感叹道：让他这样一位治世之能臣，移知三州，有如酾河、江以灌微小的寻尺之地，真是大材小用了。

第三段重点写范公在西夏元昊反叛宋朝的背景下，对巩固西北边防，击退元昊叛军所做的巨大贡献。在国家多事之秋，他自动请求到西北边防，破格用将，所用之人皆一时之俊杰，保卫了一方土地。声威所加，使敌人闻风丧胆，完成了"走敌完邻"的使命，把"疮痍满道"的陕西一带，治理得"内外完好"，赢得了"百城晏眠，吏士委蛇"的安定局面。这是范公一生的亮点。当时边地流传着两句歌谣："军中有一韩，西贼闻之心胆寒；军中有一范，西贼闻之惊破胆。"韩琦与范仲淹在当时可谓名重一时，朝廷也倚以为重。直到后代，范、韩仍然是令人怀念的雄镇边塞的英雄。南宋词人胡世将《酹江月》词，开篇便感叹道："神州沉陆，问谁是、一范一韩人物？"

第四段重点写范公推行"庆历新政"的一个亮点。范公从陕西宣抚使任上被召回，并被朝廷委以副枢密使的重任，与他在陕西时的战功和治绩有关，他应是当之无愧的。但范公为人谦虚，"稽首辞让"，达六七次之多，辞让没有成功，反而拜参知政事成为宰相，这是他一生官位最高的时期。于是他便着手进行改革，推行新政，改变了祖宗的常法，在吏制方面"扶贤赞杰"，惟贤是用，又裁汰冗员，"乱冗除荒"，吏治和士风为之一变，出现了"官更于朝，士变于乡"的好势头。但是"庆历新政"由于受到权贵与保守势力的阻遏，"彼阏不遂"，最终失败。因迫于形势，他在边陲有警的情况下"请行边"，外放为河东、陕西宣抚使，自请降职。这是改革家的悲剧。王安石对范公的这一遭遇是很同情的，称之为"身屯道塞"。作者认为范公应当高寿，尚可东山再起，有所作为，谁料上天不假天年，忍心让范公撒手人寰，赍志长逝。作者为此十分悲痛。范公一生，多次遭贬，他的治国才能，还没有施展开来。作者又设想，如果让范公大展经邦治国的才能，那么其功业谁能和他相比呢？这就对范公的才能，给予了充分的估价与赞扬，也流露出作者的遗憾与惋惜。

第五段重点赞美范公一生廉洁，宽容待人，能教育妻子儿女过简朴的生活。儿子个个恭敬谨慎，穿破旧的衣袍，吃粗恶的饭食。范公食不重肉，一生节俭，他没有忘记少年时代的穷苦。但是他在"闵死怜穷"方面,却最为大方。曾设义庄为族人之困难者娶妻嫁女,他的博大深厚的情怀,是任何人都无法埋没无法毁损的。这一段从日常生活、饮食起居方面,展示了范公的人格美。

结尾一段重点叙述写祭文之缘起。"硕人今亡,邦国之忧",与首段的"呜呼我公,一世之师"相呼应。作者有感于自己这个无名小辈受知于范公,深感范公之死是国家的损失,故挥泪写下这篇祭文。

这篇祭文是"铭"体,通篇全用四言,用韵多次转换。它突出地写出了范仲淹一生宦海浮沉中的几个亮点,艺术地再现了这位优秀政治家的一生。他有百折不回的毅力,他有不怕死的谏争精神,他有经邦治国的大才,又有以天下为己任和改变积贫积弱国势的理想。作者还通过范公的日常生活和对妻妾子女的教育,全面展示了范公的人格美,是一篇内涵深厚、概括力强的优秀祭文。

在语言风格上,本文简古劲峭,文字古奥、庄严,沉潜有力。

(刘文忠 刘元煌)

祭欧阳文忠公[1]文

夫事有人力之可致[2],犹不可期;况乎天理[3]之溟漠[4],又安可得而推[5]?惟公生有闻于当时,死有传于后世,苟能如此足矣,而亦又何悲!

如公器质之深厚,智识之高远,而辅学术之精微,故充于文章,见于议论,豪健俊伟,怪巧瑰琦[6]。其积于中者[7],浩如江河之停蓄[8];其发于外者[9],烂如日星之光辉。其清音幽韵,凄如飘风急雨之骤至;其雄辞闳辩[10],快如轻车骏马之奔驰。世之学者,无问乎识与不识,而读其文则其人可知。

呜呼!自公仕宦四十年,上下往复,感世路之崎岖,虽屯邅[11]困踬[12],窜斥流离,而终不可掩者,以其公议之是非[13]。既压复起,遂显于世。果敢之气,刚正之节,至晚而不衰。

方仁宗皇帝临朝之末年,顾念[14]后事,谓如公者可寄以社稷之安危[15]。及夫发谋决策,从容指顾[16],立定大计,谓千载而一时。功名成就,不居[17]而去,其出处进退,又庶乎[18]英魄灵气,不随异物腐散,而长在乎箕山[19]之侧与颍水之湄[20]。

然天下之无贤不肖,且犹为涕泣而歔欷[21],而况朝士大夫,平昔游从[22]，又予心之所向慕而瞻依[23]？

呜呼！盛衰兴废之理自古如此，而临风想望不能忘情者，念公之不可复见，而其谁与归[24]！

〔注〕 ① 欧阳文忠公：指欧阳修，宋代杰出的政治家、文学家。卒谥"文忠"。 ② 致：达到。 ③ 天理：天道。 ④ 溟漠：幽晦。 ⑤ 推：推测。 ⑥ 瑰琦：瑰丽奇伟。 ⑦ 积于中者：蓄积于内心者。 ⑧ 停蓄：汇聚蓄积。 ⑨ 发于外者：指发为文章者。 ⑩ 闳(hóng)辩：宏伟的议论。 ⑪ 屯邅(zhūn zhān)：艰难困顿。 ⑫ 困踬(zhì)：困窘挫跌。 ⑬ 以其公议之是非：因为是非终有公论。 ⑭ 顾念：眷念。 ⑮ 寄以社稷之安危：把国家的安危托付给他。 ⑯ 指顾：手指目顾，指点顾盼，形容气度之从容果断。 ⑰ 不居：不居功。 ⑱ 庶乎：差不多，近似。 ⑲ 箕山：相传尧时巢父、许由隐居于此。在今河南登封东南。 ⑳ 颍水：源出今登封西南。湄：边。晋皇甫谧《高士传》："(许)由于是遁而耕于中岳，颍水之阳，箕山之下。"欧阳修死后葬于此。 ㉑ 歔欷：悲叹。 ㉒ 游从：指与长辈交往。 ㉓ 瞻依：敬仰依恋。 ㉔ 其谁与归：该追随谁。归，归附，趋向。

欧阳修在北宋政坛、文坛上是一位地位崇高、影响很大的杰出人物。《宋史·欧阳修传》说他"奖引后进，如恐不及，赏识之下，率为闻人。曾巩、王安石、苏洵、洵子轼辙，布衣屏处，未为人知，修即游(揄扬)其声誉，谓必显于世。"王安石在文学上、政治上均得到欧阳修的延誉和推荐。《宋史·王安石传》："属文动笔如飞……见者皆服其精妙。友生曾巩携以示欧阳修，修为之延誉。擢进士上第……寻召试馆职不就，修荐为谏官，以祖母年高辞。修以其须禄养，言于朝，用为群牧判官，请知常州，移提点江东刑狱，入为度支判官，时嘉祐三年也。"至和年间，欧阳修上《荐王安石吕公著札子》，称安石"德行文学，为众所推。守道安贫，刚而不屈……久更吏事，兼有时才"。可以说，对王安石，欧阳修是有知遇之恩的。但欧阳修晚年，其温和的改革主张与王安石激进的改革措施却不免产生分歧，"守青州时，又以请止散青苗钱，为安石所诋"。这样一种原为恩知，后来政治上有歧见的关系，无形中增添了写作祭文的难度。但王安石这篇祭文，却处理得非常成功，既充分表达了对欧阳修文章、品格、功业的由衷景仰，又避开了因晚年政见分歧而引起的嫌隙，表现了一位卓越政治家的气度。

祭文开头，先从生死祸福、天道幽晦难以预测着笔，以抒发对欧阳修逝世的悲痛与无奈，这本是祭文习用的格式套路，但作者却马上掉转笔锋，说"公生有闻于当时，死有传于后世"，生前既闻名于当世，死后又有文章政绩流传后世，则虽死犹生，也就无所遗憾，无用悲伤了，将开头的悲痛与无奈推开。这个发端，显得起势突兀，转折奇峭，气度恢宏，境界高远，显示了一个大政治家对生死的超凡态度。而"生有闻于当时，死有传于后世"这两句盖棺论定的话，又引出以下三段对欧阳修文章、气节、功业的热情赞颂。

先赞其文章，却不直接赞其文章的成就，而是从人与文的关系上落笔，认为正是由于欧阳修“器质之深厚，智识之高远，而辅学术之精微”，形成内在的深厚修养，发之为文，才能达到“豪健俊伟，怪巧瑰琦”的境界。为了说明积于中者深广，发于外者灿烂的道理，作者用了“浩如江河之停蓄”“烂如日星之光辉”两个形象的比喻，前者见其浩瀚深广，后见其光辉灿烂。然意犹未足，又连下两个比喻，赞其文章的清音幽韵，凄清如同飘风急雨骤然而至；雄词宏辩，快捷如同轻车骏马之急速奔驰。前者赞其音韵之美，后者赞其辞锋之利。四个连贯而下的博喻和整齐的排比句式，将欧文的内蕴外美、思想内涵、艺术风貌形容得淋漓尽致。最后归结到“世之学者，无问乎识与不识，而读其文则其人可知”这一段论赞，一是强调欧阳修的器质才性、学问修养、学术造诣对其文章的决定性影响，强调积于中者深方能形于外者伟；二是强调人与文的统一。这可以说是抓住了欧文成就的根本。

次赞其气节。以深情赞叹起，从大处落笔。概括地指出在欧阳修四十年的仕宦生涯中，上上下下，升降迁徙，深感世路崎岖，命运多艰，然尽管遭遇多次窜斥流离，却始终不能掩其正气，原因在于是非自有公议，故“既压复起，遂显于世”。这里略去了其仕宦生活中一系列具体的“上下往复”之事，特别是贬饶州、贬夷陵、贬滁州等“窜斥流离”之事，因为这些事件同时代的人都是熟知的。略去之后文章更显省净含蓄，也更富于抒情气氛。最后，用“果敢之气，刚正之节，至晚而不衰”对其一生的气节作出总结。从中可见其与宰相吕夷简及高若讷等人的斗争中所表现出来的政治品格。

再赞其功业。欧阳修一生政绩，可书者多。这里特意选取他在仁宗晚年与韩琦一起“协定大议”，立赵曙为太子之事为典型事例，赞美其“发谋决策，从容指顾，立定大计”的政治家气度与“功名成就，不居而去”的高尚品格。认为其“出处进退”不计个人得失，完全从国家利益着眼，故就其卒后归葬之地赞其“英魄灵气”当长留天地之间。

最后两小段，先由天下人为欧阳修之逝世而涕泣悲叹落到身为“平昔游从”的自己，表达向慕敬仰依恋之情；再抒“念公之不可复见，而其谁与归”的怅惘。余波荡漾，深情无限。

全篇感情真挚深沉，气势充沛，具有感人的艺术力量。尤为可贵的是，作者既不因欧阳修对自己的恩遇而加以谀颂，更不因其晚年和自己政见上有分歧而影响到对其一生的评价。“果敢之气，刚正之节，至晚而不衰”，“至晚”二字，颇可玩味，看来，王安石是把欧阳修晚年对青苗法实施过程中显示的弊病所提的意见归结为“刚正之节”的表现而给予理解了。这显示了作者的大政治家气度。

（刘学锴）

广西转运使孙君[①]墓碑

君少学勤苦，寄食浮屠[②]山中，步行借书数百里，升楼诵之而去其阶[③]。盖数年而具[④]众经，后遂博极天下之书。属文，操笔布纸，谓为方思，而数百千言已就。

以天圣五年，同学究出身[⑤]，补滁州来安县[⑥]主簿，洪州右司理[⑦]。再举进士甲科，迁大理寺丞[⑧]，知常州晋陵[⑨]县，移知浔州[⑩]。当是时，人未趋学，乃改作庙学，召吏民子弟之秀者，亲为据案讲说，诱劝以文艺。居未几，旁州士皆来学，学者由此遂多。以选，通判耀州[⑪]，兵士有讼财而不直者，安抚使以为直，君争之不得，乃奏决于大理[⑫]。大理以君所争为是，而用君议，编于敕[⑬]。庆历二年，擢为监察御史里行[⑭]。于是奏弹狄武襄公不当沮败刘沪水洛城事[⑮]。又因日食言阴盛，以后宫为戒。仁宗大猎于城南[⑯]，卫士不及整而归以夜。明日将复出，有雉陨于殿中。君奏疏，即是夜有诏止猎。蛮唐和寇湖南[⑰]，以君安抚，奏事有所不合，因自劾，乃知复州[⑱]。又通判金州[⑲]，知汉阳军、吉州[⑳]，稍迁至都官员外郎，提点江南西路刑狱[㉑]。有言常平岁凶当稍贵其粟以利籴本者，诏从之。君言此非常平本意也，诏又从之。

侬智高反[㉒]，君即出兵二千于岭[㉓]，以助英、韶[㉔]。会除广西转运使，驰至所部，而智高方煽[㉕]，天子出大臣部诸将兵数万击之。君驱散亡残败之吏民，转刍米[㉖]于惶扰卒急[㉗]之间。又以余力，督守吏治城堑，修器械。属州多完[㉘]，而师饱以有功。君劳居多，以劳迁尚书司封员外郎[㉙]。初，君请斩大将之北[㉚]者，发骑军以讨贼。及后贼所以破灭，皆如君计策。军罢而人重困，方恃君绥抚[㉛]，君乘险阻，冒瘴毒，经理出入，启居无时。以皇祐三年三月七日卒于治所，年五十六，官至尚书工部郎中,散官[32]至朝奉郎,勋至上骑都尉。

君所为州,整齐其大体,阔略其细故[33]。与宾客谈说,弦歌饮酒,往往终日。而能听用佐属尽其力,事以不废。在御史言事,计曲直利害如何,不顾望大臣[34],以此无助。所为文,自少及终,以类集之,至百卷。天德、地业、人事之治,掇拾贯穿,无所不言,而诗为多。

君讳抗,字和叔,姓孙氏,得姓于卫[35],得望于富春[36]。其在黟县[37],自君之高祖弃广陵以避孙儒之乱[38]。至君曾大父讳师睦,善治生以致富。岁饥,贱出米谷,以斗升付籴者,得欢心于乡里。大父讳旦,始尽弃其产,而能招士以教子。父讳遂良,当终时,君始十余岁。后以君故,赠尚书职方员外郎。君初娶张氏,又娶吴氏,又娶舒氏,封太康县君。五男子,適、邈、迪、适[39]、遘。適尝从予游,年十四,论议著书,足以惊人,终永州[40]军事推官。邈今潞州上党[41]县令,亦好学能文。状君行以求铭者,邈也。君之卒也,天子以适试秘书省校书郎。二女子,一嫁太庙斋郎李简夫,一嫁进士郑安平。君以其卒之年十二月二十五日,葬黟县怀远乡上林村。

歙[42]之为州,在山岭涧谷崎岖之中。自去五代之乱百年,名士大夫亦往往而出,然不能多也。黟尤僻陋,中州能人贤士之所罕至。君孤童子,徒步宦学[43],终以就立,为朝廷显用[44]。论次终始[45],作为铭诗,岂特以显孙氏而慰其子孙?乃亦以诒其乡里[46]。铭曰:

在仁宗世,蛮跳不制[47]。馈师牧民[48],实有肤使[49]。践艰乘危,条变画奇[50]。瘭毒[51]既除,膏熨以治[52]。方迁既陨[53],哀暨山夷[54]。维此肤使,文优以仕。禄则不殖[55],其书满笥。书藏于书,铭在墓前。以告黟人[56],孙氏之阡[57]。

〔注〕 ① 孙君:即孙抗,字和叔。《宋史翼》卷一有传。 ② 浮屠:此指佛寺。 ③ 阶:阶梯。此指楼梯。 ④ 具:尽,尽知。 ⑤ 同学究出身:宋代科考合格后,按其等次先后,分别赠进士及第、进士出身、进士同出身、同学究出身等。同学究出身为考试成绩居于稍后者,其入官籍与前者相同,然授官较小而且晚。 ⑥ 滁州来安县:宋代州、县名,属淮安路,滁州治所

在今安徽滁州。来安县在滁州东北三十五里。 ⑦ 洪州右司理：宋之洪州治所在今江西南昌。右司理，即司理参军，掌讼狱勘鞫之事。 ⑧ 大理寺丞：大理寺的属官，管刑狱之事。 ⑨ 晋陵：今江苏武进。 ⑩ 浔州：今江西九江。 ⑪ 耀州：宋时属陕西路，今陕西铜川市耀州区。 ⑫ 决于大理：请大理寺复审判决。 ⑬ 编于敕：将此案例编入敕书之内。宋代的编敕，收集常法以外的特殊案例审断情况，以及不同时期朝廷新增的法律条文，汇为一编，供地方官员审理案件时比照和参考。 ⑭ 监察御史里行：官名。官阶未达到除授监察御史资格而任此官的官员，相当于监察御史的见习官，但职事、权限与监察御史同。 ⑮“于是奏弹”句：狄武襄公指狄青，字汉臣，汾州西河人。曾官至枢密使，武襄是其谥号。《宋史》卷二百九十一有传。沮败，败坏，挫败。刘沪，字子濬。康定中，为渭州瓦亭砦监押，权静边砦。西南去略阳二百里，有城曰水洛，川平土沃，又有水轮、银、铜之利，环城数万帐，汉民之逋逃者归之，教其百工商贾，自成完国。后刘沪收降水洛城，郑戬以三将兵遣董士廉助筑城，功未半，会戬罢四路招讨使，而泾原路尹洙以为不便，令罢筑，且召沪，不听，日增版趣役，洙怒，使狄青械沪，士廉下狱。详见《宋史》卷三百二十四《刘沪传》。 ⑯ 仁宗大猎于城南：《王荆公诗文沈氏注》沈钦韩注：“《长编》庆历五年十月己巳考异：按，仁宗以庆历五年十月猎于杨村；六年十一月猎于城南之东韩村；七年三月即有诏罢猎。而(孙)抗六年三月已罢御史，其谏当在五年冬。然五年冬不归以夜，又不在城南。其在城南归以夜乃六年冬事，何郯奏议可考。安石所志误也。” ⑰ 蛮唐和寇湖南：谓蛮人唐和入侵湖南。《续资治通鉴长编》卷一百五十四：“(庆历五年二月)癸丑，桂阳监言黄捉鬼余党唐和复内寇。” ⑱ 复州：北宋州名。属荆湖北路，治所在今湖北天门。 ⑲ 金州：宋属京西南路。治所在今陕西安康。 ⑳ 汉阳军、吉州：汉阳军为北宋前期军名，属荆湖北路，熙宁四年废，治所在今湖北武汉。吉州，属江南西路，治所在今江西吉安。 ㉑ 提点江南西路刑狱：《江西通志》卷九：“孙抗，江西提点刑狱，庆历中任。” ㉒ 侬智高反：侬氏乃广源州少数民族。侬智高之母阿侬原系江左武勤族，嫁与侬全福。侬氏内哄，侬全福被执，阿侬遂嫁商人，生子名智高。智高十三岁，杀其父商人，冒姓侬，后与其母出据傥犹州，建国曰大历，后又僭称南天国，改年景瑞。皇祐元年，寇邕州。详见《宋史》卷四百九十三《蛮夷传》三。 ㉓ 岭：指南岭。 ㉔ 以助英、韶：以帮助英、韶二州抗击侬智高。英州，今广东英德。韶州，今广东韶关。 ㉕ 煽：炽盛。据《宋史》卷二百九十《狄青传》载：“皇祐中，广源州蛮侬智高反，陷邕州，又破沿江九州，围广州，岭外骚动。”可见其气焰之盛。 ㉖ 转刍米：转运军粮及军需草料。 ㉗ 惶扰卒急：惊惶扰攘、仓促紧急。 ㉘ 属州多完：所属州郡多完好。 ㉙ 以劳迁尚书司封员外郎：因功升为尚书司封员外郎。《续资治通鉴长编》卷一百七十四：“(皇祐五年四月)甲戌，广南西路转运使孙抗迁官。”此文载孙抗“以皇祐三年三月七日卒于治所，年五十六。”《长编》所记可能有误。 ㉚ 北：败北。 ㉛ 绥抚：安抚。 ㉜ 散官：有官名而无固定职事之官。 ㉝ 阔略其细故：不计较细小之事。阔略，粗疏，不讲究。 ㉞ 顾望大臣：看大臣的脸色行事。 ㉟ 得姓于卫：《万姓统谱》卷二十一孙姓：“文王第八子康叔封于卫。至武公生惠孙，惠孙生耳，为卫上卿，以字为姓。”此乃孙姓的来历。卫，指春秋卫国，卫康叔乃卫国的始祖。 ㊱ 得望于富春：谓孙氏的郡望在富春。富春，即今浙江杭州市富阳区。《曾巩集》卷四十四《永州军事推官孙君墓志铭》：“孙氏世家富春，唐有徙歙之黟县者。” ㊲ 黟(yī)县：今属安徽，以黟山(今黄山)而得名。 ㊳ 孙儒之乱：孙儒，唐末河南人，初为忠武军小校。黄巢起义时，以兵属秦宗权，孙儒为其部将。杨行密(淮南节度使)得扬州，秦宗权使其弟秦宗衡争淮南，命孙儒为副将。孙儒谋杀秦宗衡，夺其兵数万，诈降于朱全忠。朱全忠命为淮南节度使。后为杨行密攻杀。孙、杨争夺期间，淮南(治扬州)受祸尤重。 ㊴ 适(guò)：作为人名读“过”。 ㊵ 永州：宋代州名，属荆湖南路，治所在今湖南永州。 ㊶ 潞州上党：北宋州、县名，属河东路。上党为潞州州治所在县，即今山西长治。 ㊷ 歙（shè）：歙州，宋之歙州，属江南西路，治所在今安徽歙县。 ㊸ 宦学：谓学习仕宦所需要的各种知识。《礼记·曲礼》："宦学事师，非礼不亲。"孔颖达引熊安生曰："宦谓学仕官之事，学谓习学六艺。" ㊹ 显用：犹"显任"，显要的职位。 ㊺ 论次终始：论定编次一生的始终。指写墓志铭。 ㊻ 诒（yí）其乡里：赠送给孙氏的乡里之人。诒，给予，赠送。 ㊼ 蛮跳不制：南荆横行没有制服。跳，横行。制，制服。 ㊽ 馈师牧民：为军队运送粮食并管理百姓。馈，运送粮食等物。牧，管理，统治。 ㊾ 肤使：指能圆满完成使命的使者。汉扬雄《法言·渊骞》："张骞、苏武之奉使也，执节没身，不屈王命，虽古之肤使，其犹劣诸。"李轨注："肤，美也。" ㊿ 条变画奇：谓长于变通、谋划奇特。条，长也。 (51) 瘭（biāo）毒：即"瘭疽"，一般生于手指或脚趾的脓疮。 (52) 膏熨以治：用施恩泽和安抚相结合的方法来治理。膏，润泽，滋润。熨，熨安，安抚。《隋书·李浑传》："（李穆）遽令浑入京，奉熨斗于高祖，曰：'愿执威柄以熨安天下也。'" (53) 方迁既陨：正要升迁之时他已经死了。 (54) 哀暨山夷：连山野蛮夷对他的死都感到非常哀痛。暨，通"及"。 (55) 禄则不殖：谓孙抗的俸禄没有增长。 (56) 黟人：黟县之人。也即孙抗的乡人。 (57) 阡：墓前的墓道。

此文的写作年代有两说。

顾栋高的《王荆公年谱》定为皇祐三年撰，这是根据碑主孙抗的卒年而定的。李之亮《王荆公文集笺注》对顾氏之系年提出异议，他说："荆公所作墓志及碑铭，多有其人卒后若干年方为之者。且文中有'仁宗大猎于城南'之语。岂有仁宗在位无庙号时便称'仁宗'之理？况皇祐三年荆公自家祸灾连连，又远在舒州通判任上，欲作此铭，岂可得乎？此必仁宗崩后，荆公在掖苑时作。"李之亮认为是嘉祐八年王安石知制诰时所作。虽动摇了顾氏之说，但嘉祐八年说也只能是作年的上限，很难遽定为嘉祐八年。姑存疑。

这篇碑板文字可分两大部分，前四个自然段为上半篇，后三个自然段为下半篇。

上半篇以写孙抗的生平仕历为主，但开篇不叙碑主的姓名、郡望，却突兀而起，先写孙抗少年学习勤苦及才思敏捷。

孙抗少年早孤，曾寄食于山中的佛寺中，为了读书，他曾步行数百里去向人借书，为了集中精力诵读所借之书，他上楼之后把楼梯去掉。积数年之勤苦努力，而读完了众多的经集，又博极天下之书。这个登楼去梯读书的情节，颇有点传奇色彩，而且有引人入胜的悬念，使之感到如此苦学之少年，日后必有成就，绝非等闲之辈。茅坤很欣赏这一段文字。评曰："事奇文亦奇。"（《唐宋八大家文钞·王文公文钞》卷十一）信然。

果然不出所料，孙抗在天圣五年（1027）二十三岁之时，以进士中的同学究出身走入仕途，又再举进士甲科，升为大理寺丞，又由知县移知浔州，官阶逐渐上升。

在移知浔州时，作者只写了他为官所做的一件事：那就是劝吏民子弟趋学，他为学生亲自“据案讲说”，又“诱劝以文艺”，因此引来了不少旁州的好学之士。在通判耀州时，也只写了他所做的一件事：那就是在断案时，他与上司安抚使有所争执，奏决于大理寺，大理寺认为他的判断正确，这个特殊案例，被编入敕书之中。此事可见其坚持真理、不顾望上司的品格。在提拔为监察御史里行时，孙抗或弹劾大臣，或上书言事，或谏争天子大猎不当夜归之事，所有奏疏，天子均多所采纳。

他又是知错必改之人。当南蛮唐和骚扰湖南之时，他奉命安抚，因上奏之事与事实有所不合，他自我弹劾请降职，乃知复州。连续做了几任地方官，又稍迁至都官员外郎，提点江南西路刑狱，仍然像过去一样敢于上书言事。

孙抗一生为官的最大亮点是在广西转运使任上为平定侬智高所作出的巨大贡献。在干戈扰攘兵荒马乱的仓促之时，他不远万里为千军万马转运粮草，又监督守吏治城堑、修器械，因此属州多完好，而其所率之师饱有战功，劳苦功高，被封为尚书司封员外郎。他又发骑兵讨贼，为破贼谋划，后来侬智高被消灭，正如他所计划的一样。在军疲人困的情况下，又靠他来安抚军民。他“乘险阻，冒瘴毒，经理出入，启居无时”，终因鞍马劳顿，积劳成疾，五十六岁便死在治所。

上半篇的最后一个自然段，笔锋一转，由叙事转入议论，论其为官、为人、为文之特点，是上半篇的总结。孙抗为官的特点，乃“整齐其大体，阔略其细故”，又能放手让下属人尽其力，调动他们的积极性。在为人方面，他是个待人接物很随和很热情的人，“与宾客谈说，弦歌饮酒，往往终日”。为人方面，上书言事，只看曲直利害如何，不看大臣的脸色行事。为人耿直，所以没人帮他说话。为文方面，重视经世致用，天德、地业、人事之治，无所不言。

下半篇与上半篇比较不是重点，先叙家世，从其高祖、曾祖、祖父、父亲写到妻子儿女，连他两个女儿嫁给何人都一一写了进去，这似乎有点冗赘，可能是应其子孙邈的要求而写的，也是人之常情。

孙抗死后，归葬于黟县怀远乡上林村，可谓万里归葬。黟县属于歙州，又因此议论到歙州的山川、地理、人物。由此过渡到“论次终始”，作铭以显孙氏慰子孙并诒其乡里的动机，以引起篇末之铭文。

此文叙事详赡，家世、出身、仕历一无所遗，写这些东西，行文容易平淡冗长。作者为了克服平板的缺点，在文章的结构上做了一些运思的工作，有意将叙家世的部分插入到文章的后半篇。这样就无平铺直叙之嫌。

其次，本文涉及孙抗的仕历较多，这样也易使文章显得平直散碎。于是作者开篇便描写了碑主"少学勤苦"、登楼去梯的情节，又在仕宦生涯中，着重表现了为官时期的几个亮点，突现出孙抗据理力争的精神和只计是非曲直利害、不顾望大臣情面的耿介性格，使碑主的人物身影和个性特点鲜明突出起来，犹如在平地之中有峰峦突起，有平中见奇之致。

在语言上，王安石的散文有的通俗平易，有的却显得古奥，此文体现了两种语言风格的结合。篇末的铭，语言风格则以古奥为主，有些词语别人很少使用，如"蛮跳""条变""膏熨""肤使"等，都有点生涩古奥。 （刘文忠　刘元煌）

给事中赠尚书工部侍郎孔公[1]墓志铭

宋故朝请大夫、给事中、知郓州军州事、兼管内河堤劝农同群牧使、上护军[2]、鲁郡开国侯，食邑一千六百户，实封二百户，赐紫金鱼袋[3]孔公者，尚书工部侍郎、赠尚书吏部侍郎讳勖之子，兖州曲阜县令、袭封文宣公、赠兵部尚书讳仁玉之孙，兖州泗水县主簿讳光嗣之曾孙，而孔子之四十五世孙也。其仕当今天子天圣、宝元之间[4]，以刚毅谅直[5]名闻天下。尝知谏院矣，上书请明肃太后[6]归政天子，而廷奏枢密使曹利用[7]、尚御药罗崇勋[8]罪状。当是时，崇勋操权利，与士大夫为市[9]；而利用悍强不逊，内外惮之。尝为御史中丞矣，皇后郭氏废[10]，引谏官、御史伏阁以争，又求见上，皆不许，而固争之，得罪然后已。盖公事君之大节如此。此其所以名闻天下，而士大夫多以公不终于大位为天下惜者也。

公讳道辅，字原鲁[11]。初以进士释褐[12]，补宁州[13]军事推官。年少耳，然断狱议事，已能使老吏惮惊。遂迁大理寺丞，知兖州仙源县[14]事，又有能名。其后尝直史馆，待制龙图阁，判三司理欠、凭由司[15]，登闻检院，吏部流内铨[16]，纠察在京刑狱，知许、徐、兖、郓、泰五州，留守南京[17]。而兖、郓、御史中丞皆再至。所至官治，数以争职不阿[18]，或绌[19]或迁，而公持一节以终身，盖未尝自诎[20]也。

其在兖州也，近臣有献诗百篇者，执政请除龙图阁直学士。上曰:"是诗虽多,不如孔道辅一言。"乃以公为龙图阁直学士。于是人度公为上所思,且不久于外矣。未几果复召,以为中丞。而宰相使人说公稍折节[21]以待迁,公乃告以不能。于是又度公且不得久居中,而公果出[22]。初,开封府吏冯士元坐狱[23],语连大臣数人,故移其狱御史。御史劾士元罪,止于杖,又多更赦。公见上,上固怪士元以小吏与大臣交私,污朝廷,而所坐如此,而执政又以谓公为大臣道地[24],故出知郓州。

公以宝元二年如郓,道得疾,以十二月壬申卒于滑州之韦城驿[25],享年五十四。其后诏追复郭皇后位号[26],而近臣有为上言公明肃太后时事者,上亦记公平生所为,故特赠公尚书工部侍郎。公夫人金城郡君尚氏,尚书都官员外郎讳宾之女。生二男子,曰淘,今为尚书屯田员外部,曰宗翰[27],今为太常博士,皆有行治,世其家。累赠公金紫光禄大夫、尚书兵部侍郎,而以嘉祐七年十月壬寅葬公孔子墓之西南百步。

公廉于财,乐振施。遇故人子恩厚尤笃。而尤不好鬼神禨祥[28]事。在宁州,道士治真武[29]像,有蛇穿其前,数出近人,人传以为神。州将欲视验以闻,故率其属往拜之,而蛇果出。公即举笏击蛇杀之,自州将以下皆大惊,已而又皆大服。公由此始知名。然余观公数处朝廷大议,视祸福无所择,其智勇有过人者,胜一蛇之妖,何足道哉?世多以此称公者,故余亦不得而略也。铭曰:

展也孔公[30],维志之求。行有险夷,不改其辀[31]。权强所忌,谗谄所仇[32]。考终厥位,宠禄优优[33]。维皇好直,是锡公休[34]。序行纳铭[35],为识诸幽[36]。

〔注〕①给事中赠尚书工部侍郎孔公:即孔道辅,《宋史》卷二百九十七有传。给事中,官名,唐代的给事中权力很大,给事中可以根据法律驳正刑部、大理寺、御史台审理案件的失当,也可以和中书舍人、侍御史组成"三司",在朝堂上受理天下冤案,并有人事任命的审核权。宋承唐制置给事中,属门下省,为寄禄官。后文常见官名不再注。　②同群牧使:地位略低于群牧使但职权相当于群牧使的人。群牧使为群牧司的长官,宋咸平三年(1000)置,总领全国马政。景德四年(1007),改群牧使为群牧司制置使,以枢密使或枢密副使充任。上护军:宋代勋官之第三阶。《宋史·职官志九》:"勋一十二,上柱国、柱国、上护军、护军、上轻车都尉、轻车都

尉、上骑都尉、骑都尉、骁骑尉、飞骑尉、云骑尉、武骑尉。” ③ 赐紫金鱼袋：古代权官服紫色，佩金鱼袋。加一“赐”字，意思是官位未够资格服紫而特赐的。《石林燕语》：“服色凡言赐者，谓于官品未合服而特赐也。” ④ 天圣、宝元之间：天圣、宝元皆为宋仁宗的年号，相当于公元1023至1041年之间。 ⑤ 谅直：诚实正直。 ⑥ 明肃太后：指章献明肃刘氏皇太后，她是真宗的皇后，仁宗的母后。事见《宋史·后妃传上》。 ⑦ 曹利用：字用之，《宋史》卷二百九十有传。曾官至枢密使，章献明肃太后临朝执政时，对曹利用颇为怨恨。会内侍罗崇勋得罪，太后使曹利用召罗崇勋戒敕之。利用去崇勋冠帻，诟斥良久，崇勋恨之。会曹利用之侄曹汭为赵州兵马监押，而州民赵德崇诣阙告曹汭不法之事。奏上，崇勋请往按治，遂穷探其狱。曹汭坐罪被酒衣黄衣，令人呼万岁，杖死。汭事初起，即罢曹利用枢密使，及汭诛，谪左千牛卫将军，知随州。又坐私贷景灵宫钱，贬崇信军节度副使，房州安置。命内侍杨怀敏护送，行至襄阳驿，怀敏不肯前，以语逼之，利用素刚，遂投缳而绝。利用性悍梗少通，力裁侥幸，而其亲旧或有因缘以进者，故及于祸。然在朝廷忠荩有守，始终不为屈，死非其罪，天下宽之。 ⑧ 罗崇勋：管皇上医药的内侍。见上注。 ⑨ 市：交易。 ⑩ 皇后郭氏废：《续资治通鉴长编》卷一百一十三：“(明道二年十二月)初，郭皇后之立，非上意，浸见疏，而后挟章献势颇骄。后宫为章献所禁遏，希得进。及章献崩，上稍自纵。宫人尚氏、杨氏骤有宠。后性妒，屡与忿争。尚氏尝于上前出不逊语侵后，后不胜忿，起批其颊，上救之，后误批上颊。上大怒，有废后意。……右司谏范仲淹因对，极陈其不可。仲淹即与权御史中丞孔道辅率知谏院孙祖德、侍御史蒋堂……诣垂拱殿门，伏奏皇后不当废，愿赐对以尽其言。护殿门者阖扉不为通，道辅抚铜环大呼曰：‘皇后被废，奈何不听台谏入言?’寻诏宰相召台谏，谕以皇后当废状。道辅等悉诣中书，语夷简曰：‘人臣之于帝后，犹子事父母也。父母不和，固宜谏止，奈何顺父出母乎?’……道辅与仲淹等退，将以明日留百官揖宰相廷争。而夷简即奏：‘台谏伏阁请对，非太平美事。’乃议逐道辅等。丙辰旦，道辅等始至待漏院，诏道辅出知泰州，仲淹知睦州。……又遣使押道辅及范仲淹亟出城。” ⑪ 字原鲁：《宋史》本传言：“孔道辅字原鲁，初名延鲁。” ⑫ 释褐：同“解褐”，初次做官。 ⑬ 宁州：北宋州名，属环庆路，治所在今甘肃宁县。 ⑭ 仙源县：北宋大中祥符五年(1012)改曲阜县为仙源县，属兖州。治所在今曲阜市东十里旧县。金天会七年(1129)复名曲阜县。 ⑮ 判三司理欠、凭由司：为三司下属机构理欠司、凭由司的通判。三司，官署名，为掌管财赋的专门机构，由盐铁、度支、户部三司组成，最高长官为三司使。三司所属机构有三司勾院、都磨勘司、都主辖支收司、拘收司、都理欠司、都凭由司、开拆司、发放司、勾凿司、催驱司、受事司等。 ⑯ 吏部流内铨：宋代在元丰改制以前，铨政分别由几个机关行使。审官东院与审官西院分掌较高的文武官铨选；流内铨与三班院掌较低文武官的铨选。 ⑰ 留守南京：宋代知应天府例兼南京(今河南商丘)留守。 ⑱ 争(zhèng)职不阿：在职权范围内极力谏诤而不曲从。争，同“诤”。 ⑲ 绌：贬斥。 ⑳ 诎(qū)：屈服，折服。 ㉑ 折节：强自克制，改变平素志行。 ㉒ 出：指出京做地方官。 ㉓ 开封府吏冯士元坐狱：《宋史》卷二百九十一《郑戬传》：“吏冯士元为奸利，有告士元受赇藏禁书者，戬穷治之。辞连宰相吕夷简、知枢密院盛度、参知政事程琳，遂逮捕夷简子公绰、公弼参劾其状。既而士元流海岛，度、琳坐尝交关士元罢去。其余绌罚者自御史中丞孔道辅、天章阁待制庞籍又十余人。” ㉔ 道地：代人事先疏通，以留余地。《汉书·酷吏传·田延年》：“丞相议奏延年‘主守盗三千万，不道。’霍将军召问延年，欲为道地。”颜师古注：“为之开通道路，使有安全之地也。”《续资治通鉴长编》卷一百二十五沈钦韩注引《东坡集杂记》：“孔道辅为御史中丞，勘冯士元事，尽法不阿，仁宗称之，有意大用。时大臣与士元通奸利，最甚者程琳。道辅既得其情矣，而退傅张士逊不喜道辅，欲有以中之。上使道辅送札子中书,士逊屏人与语久,因言公将大用,道辅喜。士逊曰:'所以致此,谁之力也?非程琳公不致此。'道辅怅然,愧而德之。不数日上殿,遂力救琳。上大怒,既贬琳,亦黜道辅兖州。道辅知为士逊所卖,感愤得疾,死中路。" ㉕滑州之韦城驿:滑州,今河南滑县。韦城驿,韦城县的驿站名。韦城在滑州东南五十里。 ㉖诏追复郭皇后位号:《续资治通鉴长编》卷一百七十一:"(景祐三年正月壬辰)追册故金庭教主冲静元师郭氏为皇后。" ㉗宗翰:《宋史》卷二百九十七有传,附在《孔道辅传》后。宗翰,字周翰,登进士第,知仙源县,历知数州。元祐初,召为司农少卿,迁鸿胪卿。以宝文阁待制知徐州,未拜而卒。 ㉘机(jī)祥:谓祈禳求福之事。 ㉙真武:即玄武。赵彦卫《云麓漫钞》卷九:"朱雀、玄武、青龙、白虎为四方之神。祥符间,避圣祖讳,始改玄武为真武。"为北方之神。 ㉚展也孔公:我察看孔公的一生。展,省视,察看,用法同王安石《上徐兵部书》"展先人之墓,宁祖母于堂"之"展"字。 ㉛"行有险夷"二句:谓不管人生的道路是险阻还是平坦,他总是按照自己认定的方向走下去,不改辕更辙。辀(zhōu),辕,车辕。 ㉜谗谄所仇:为谗谄之人所仇恨。 ㉝"考终厥位"二句:谓如果寿终于在大位之时,受到的恩宠与禄位将是优而又优的。这二句是带假设的惋惜之辞,与上文之"士大夫多以公不终于大位为天下惜者也"相呼应。考,寿。 ㉞"维皇好直"二句:谓皇上爱好正直之臣,所以赐给孔公一个美名。与上文"上亦记公平生所为,故特赠公尚书工部侍郎""累赠公金紫光禄大夫、尚书兵部侍郎"相呼应。维,发语词。锡,通"赐"。休,美好,此指美名。 ㉟序行纳铭:指为孔道辅撰写墓志铭。序,同"叙",叙述。纳,进献。 ㊱为识诸幽:以志之于墓前。识,志。诸,之于的合音。幽,坟墓。

此文写于嘉祐七年(1062)作者知制诰时。孔道辅卒于宝元二年(1039)十二月。安葬于嘉祐七年十月,中间经过二十三个年头,其子孔淘与孔宗翰经过这样漫长的时间方立碑,必有所待。推想其所待有三:其一,等待朝廷为孔公"落实政策"。孔公死在贬知郓州的途中,而被贬的原因是在审理冯士元一案时,他为因此案被牵连的宰相程琳说好话,因此激怒了皇上,使他与程琳一同被贬。这是有些冤枉的,士大夫也为他不终于大位而感到惋惜。事情过去之后,朝廷必定有个说法。后来皇上记起孔道辅的平生所为,为他特赠封号,又累赠封号,其后人总算等来了这一天。其二,孔道辅年五十四而卒,二子大者亦不过三十岁,小者可能未足三十,还不是功成名就之时。立碑之年,长子为尚书屯田员外郎,次子为太常博士,而且"皆有行治,世其家",应当说立碑所待之时机到了。欧阳修四岁丧父,为其父写《泷冈阡表》时,已六十四岁了,整整等待了六十年啊,这种心态,我们应当理解。其三,孔公之夫人尚氏,可能去世较晚,古人立碑,多在父母双亡封墓之后。

按作者篇末的铭诗所言,写墓志铭是为墓主"序行纳铭,为识诸幽"的。本文十之九以上的篇幅是为孔道辅"序行"的,即重点叙述墓主的一生行迹和"治行",所以前五个自然段都围绕这一中心题旨。

开篇首叙孔道辅的家世,他是孔子的第四十五代孙,是名门世家之后。孔子向有“素王”之称，又被后代封为“至圣文宣王”，非一般的名门世家可比。所以作者从孔道辅上溯到他的曾祖父孔光嗣，每一代都在名前加上头衔，以示家世之显赫。接着转笔写孔道辅，先一言以蔽之：“以刚毅谅直名闻天下。”以画龙点睛之笔，先概括出他的性格特点。下文便用事实证明他的“刚毅谅直”，选取了三件事：在知谏院时，他上书请章献明肃太后归政于天子，敢于冒如此之大险，动这个人物，没有“刚毅谅直”的性格是不敢为之的。另一件事是他敢于弹劾军事最高长官枢密使曹利用和皇帝身边的大红人内侍太监罗崇勋，曹利用是个“悍强不逊”、朝内朝外都怕他的人，罗崇勋是个操权弄柄又与许多士大夫互相利用的人，没有足够的胆识，不具备“刚毅谅直”的个性，谁敢在太岁头上动土。第三件，写他做御史中丞时的一个亮点。那就是谏阻废郭皇后事。这个事件一时闹得很大，孔道辅可以说是这件事的带头人，此事《续资治通鉴长编》记录得最为具体而生动。孔道辅与范仲淹率领知谏院、侍御史等言官十余人，在垂拱殿门伏阁而争，言皇后不当废，护殿门者关门合扉，把他们拒之门外，道辅竟抚殿门之铜环大呼：“皇后被废，奈何不听台谏人言？”又与吕夷简理论说：“人臣之于帝后，犹子事父母也。父母不和，固宜谏止，奈何顺父出母乎？”由于墓志铭要求叙事简洁，作者没写这些细节，但其叙述过程，是包含着这些潜台词的。这次谏争由于没得到宰相吕夷简和皇上的准许而失败了，道辅和范仲淹都得罪遭贬，一出知泰州，一出知睦州，而且是派使者押送出城的。这一事件，又一次闪耀出孔公的“刚毅谅直”来，并展现出他“事君之大节”，所以名闻天下；也引起舆论的同情，士大夫多以孔公之不终于大位而感到惋惜。作者对此也流露惋惜与同情。文章至此，已进入高峰。

第二段运用交叉描写之笔，补写孔道辅的生平仕历，重点突出他的才干：“断狱议事，已能使老吏惮惊”，迁官后“又有能名”，段末总结出，他不管在什么官位上，总是“争职不阿”，不管是贬斥还是升迁，总能“持一节以终身”而未曾屈服折节。

第三自然段写孔道辅的宦海浮沉。首段曾叙及他第一次任御史中丞时，因谏争废郭皇后事，第一次被贬黜。第二次再度为御史中丞，宰相使人说服他，让他改改自己的脾气，“稍折节以待迁”，他却斩钉截铁地回答，他不能这样做，真是一位“持一节以终身”的“刚毅谅直”之士。因此有人预见他这个御史中丞久居不了，果然被人言中。在审理冯士元一案时，因为此案牵连到当朝宰相及大臣数人，他为宰相事先疏通，以留有余地，究其实是上了别人的当，被人出卖了，于是再次遭贬。

第四段从写其身后事及其家人到叙及安葬。随着郭皇后之复位号,以及近臣有为上言及孔公让明肃太后还政于天子的事,皇上还记得他的平生所为,所以“特赠”“累赠”孔公封号,总算为他落实了一点政策。

下一段又换了一个角度,写其“廉于财,乐振施”的品德。而“遇故人子恩厚尤笃”一句,必有所指,亦可见孔公轻财而不忘故交的风范。段末所写的“举笏击蛇”的故事,作者对此有自己的看法。这是件孔道辅“由此始知名”的事,然在王安石看来,孔公数处朝廷大议,视祸福无所择,具有过人的智勇,所以他说:“胜一蛇之妖,何足道哉?”他所以写这件事,是因为“世多以此称公者,故余亦不得而略也”,多少有点勉强的成分。

篇末的铭文,也写得很有特色。全文十二句,一韵到底,而重点突出的是墓主对志向的执着追求。他不管人生道路的平坦与险阻,总是朝着认定的人生道路走下去,不屈不挠,百折不回,这是孔公“刚毅谅直”的性格特点所致,但又非此四字可以概括得了,这个未能概括进去的东西,就是他的“维志之求”。一篇好的铭文,不能停留在“序行”的浓缩与概括上,还应该升华到新的角度,不重复前文的内容。这篇铭文,是做到了这一点的。至于他遇到权强的妒忌,谗谄之人的仇恨,前文没有太明显的表述,点出这一点也很重要。“考终厥位,宠禄优优”,不过是假设之辞而已,人生是没有如果的,这种设想不过是为孔公的遭遇感到惋惜罢了。“维皇好直,是锡公休”二句,不过是门面语,封建时代,好事都要归结到皇帝身上,其实孔公两次被贬都是龙颜大怒的结果。写至此,“序行纳铭”的任务算是圆满地完成了。

碑板文字属应用文,介乎文史之间,且容易失之平板。这篇墓志铭由于突出了主人公的性格特点和“事君之大节”,把主人公放在尖锐的矛盾斗争中来描写,紧张的场面之后又继之以舒缓之笔,情节有腾挪跌宕之妙。孔道辅两次被贬,又两次再起,其宦海波折也为文章增加了波澜。此文写得最成功的是前两段,而且每段都有新的东西推出。第一段以“刚毅谅直”为纲,又过渡到写他的“事君之大节”。第二段又称其才能和“持一节以终身”而“未尝自诎”的特点。第三段又推出不愿“折节以待选”。第五段推出“廉于财,乐振施”,使孔公的人生亮点层出不穷,人物形象也更加丰满。篇末的铭诗,更增强了此文的文学性。在王安石所写的碑板文字中,此文是较为优秀的一篇。

茅坤在《唐宋八大家文钞·王文公文钞》卷十二中,对此文颇为欣赏。他在篇首评曰:“荆公第一首志铭,须看他顿挫纡徐,往往叙事中伏议论,风神萧飒处。”在“胜一蛇之妖,何足道哉”后,夹评曰:“稽击蛇一细事,感叹公之正直,作为文章烟波袅娜处。"又在篇末总评说："此篇于序事中一一点缀，而风韵焕发，若顺江流而看两岸之山，古文所谓应接不暇。"这些评点，可以启发我们更好地欣赏这篇墓志铭。 （刘文忠 刘元煌）

王平甫墓志

君临川[①]王氏，讳安国[②]，字平甫，赠太师、中书令讳明[③]之曾孙，赠太师、中书令兼尚书令讳用之[④]之孙，赠太师、中书令兼尚书令康国公讳益[⑤]之子。自丱角[⑥]未尝从人受学，操笔为戏，文皆成理。年十二，出其所为铭、诗、赋、论数十篇，观者惊焉。自是遂以文学为一时贤士大夫誉叹。盖于书[⑦]无所不该[⑧]，于词无所不工，然数举进士不售[⑨]。举茂才异等[⑩]，有司[⑪]考[⑫]其所献《序言》[⑬]为第一，又以母丧[⑭]不试。

君孝友[⑮]，养母尽力。丧三年，常在墓侧。出血和墨，书佛经甚众。州上其行义，不报[⑯]。今上[⑰]即位，近臣[⑱]共荐君材行卓越，宜特见招选，为缮写其《序言》以献，大臣亦多称之。手诏[⑲]褒异[⑳]，召试，赐进士及第，除[㉑]武昌军节度推官[㉒]，教授西京国子监[㉓]。未几，校书崇文院[㉔]，特改[㉕]著作佐郎[㉖]、秘阁校理[㉗]。士皆以谓君且显矣，然卒不偶[㉘]，官止于大理寺丞[㉙]，年止于四十七。以熙宁七年八月十七日不起[㉚]，越元丰三年四月二十七日，葬江宁府钟山母楚国太夫人[㉛]墓左百有十六步。有文集六十卷。妻曾氏，子旄、斿[㉜]，女婿叶涛，处者[㉝]四女。涛有学行，知名，旄、斿亦皆嶷嶷有立[㉞]，君祉所施[㉟]，庶[㊱]在于此。

〔注〕① 临川：今江西抚州。 ② 讳安国：王安国，王安石之弟。王安石有兄弟七人，老大(安仁)、老二(安道)为原配徐氏所生。安石排第三，安国排第四，安世排第五，安礼排第六，安上排第七。后面五兄弟均为继配吴氏所生。讳，旧时对尊长或死者不直呼其名，以示尊敬，谓之避讳。因亦以指所避讳的名字。这里是指所避讳的姓。下同。 ③ 明：王明，为安国的曾祖父。太师、中书令均为虚衔，为王安石拜相后所封赠，照例恩及三代，"并赠三世"。 ④ 用之：王用之，为安国的祖父，太师、中书令、尚书令也都是封赠之职。 ⑤ 益：王益，王安国的父亲。大中祥符八年(1015)进士，初为建安主簿。天禧中为临江军判官。天圣八年(1030)以殿中丞知韶州。景祐四年(1037)通判江宁府，改都官员外郎，卒于官，后葬于江宁牛首山。事迹见曾巩《尚书都官员外郎王公墓志铭》。文中的太师、中书令、尚书令、康国公也都是朝廷对王益去世后的赠官。 ⑥ 丱(guàn)角：即总角，形容儿童束发成两角的样子。《诗经·齐风·甫

田》："婉兮娈兮，总角丱兮。"这里泛指儿童。 ⑦ 书：书体。 ⑧ 该：具备。 ⑨ 售：卖，实现。举进士不售，意为没有考中进士。 ⑩ 茂才异等：制科考试科目名。 ⑪ 有司：指主管科举考试的官员。 ⑫ 考：考察。 ⑬《序言》：《王荆公诗文沈氏注》沈钦韩注引《东轩笔录》："安国著《序言》五十篇。上初即位，韩绛、邵亢为密副使，同以《序言》进。上御批称美。" ⑭ 母丧：王安国的母亲吴氏，抚州金溪人，嘉祐八年(1063)八月卒于京师(开封)，年六十六。十月葬于江宁蒋山(即钟山)，事迹见曾巩《仁寿县太君吴氏墓志铭》。 ⑮ 孝友：孝顺父母，友爱兄弟。 ⑯ 不报：没有回应。 ⑰ 今上：当今的皇上，指宋神宗赵顼(xū)。 ⑱ 近臣：亲近之臣。这里指在宋神宗周围的亲信官员。 ⑲ 手诏：皇帝亲手写的诏书。古代皇帝手诏有两种，即墨诏和朱诏，用白麻纸或黄麻纸书写。但宋代也有由翰林学士起草而颁行的诏书，并非皇上亲书。 ⑳ 褒异：褒扬王安国卓异的才能。 ㉑ 除：任命。 ㉒ 推官：是武昌军节度使府的属官。 ㉓ 西京：在今河南洛阳市，为北宋都城之一。国子监：我国古代的最高学府。隋始称国子监，唐宋承袭其名。 ㉔ 校书：即校书郎，崇文院的属官，负责校勘图书。崇文院：唐称崇文馆。宋太平兴国二年(977)，建三馆书院(史馆、昭文馆、集贤馆)，第二年赐名崇文院，是负责修史、藏书、校书的官署。 ㉕ 特改：特别改官，有破格提拔之意。 ㉖ 著作佐郎：为秘书省的属官，位在著作郎之后，负责修纂日历，即汇编每日时事。 ㉗ 秘阁校理：秘阁建于端拱元年(988)，地在崇文院中，"以三馆书籍真本并内出古董等墨迹藏之"(《宋史·职官志四》)。校理为管理秘阁的官员，位在直阁之下，"直阁、校理通掌阁事，掌缮写秘阁所藏"(同上)。 ㉘ 卒：结果。不偶：不顺利。 ㉙ 大理寺丞：主管刑狱的官员，为大理寺府的属官，位在卿、省卿之下。 ㉚ 不起：不治。 ㉛ 楚国太夫人：指王安国的母亲吴氏。父亲王益的又一个追封官名为楚国公，与康国公同。 ㉜ 旊(fǎng)：瓦器。斿(liú)：旌旗的下垂饰物。这是王平甫两儿取名的原意。 ㉝ 处者：处女，指未出嫁的女儿。 ㉞ 嶷(yí)嶷：崇高的样子。有立：能够自立。 ㉟ 祉：福佑，保佑。所施：所带来的结果。 ㊱ 庶：庶几，差不多。

王安国，是王安石的亲弟弟，平甫是他的字。这篇《王平甫墓志》约写于熙宁七年(1074)至元丰三年(1080)间，具体的日子待考。文章以沉稳、平静、简洁为特色，大约已在罢相并退居钟山之后。

文章分两个自然段。第一段写王安国出仕以前的经历，强调弟弟的早慧，赞誉他的学问和文学才能。第二段简述他出仕后的情况，以"卒不偶"作收煞，只"官止于大理寺丞"，就病死了，惋惜之情溢于言外。两段，上段以"母丧不试"引起下文，下段以"君孝友，养母尽力"相接，结构严密，突出了王安国顾家、尽孝的形象。这是王安国在作者心目中也是读者心目中的可爱之处。

作为一个历史人物，王安国在《宋史》中有传，排于作者、王雱(安石长子)、唐慥和大弟安礼之后，同在一个"列传"中。从本传可以看出，他对于哥哥推动的熙宁变法是持反对立场的，当宋神宗赐对时，他敢于批评大哥"知人不明"，"聚敛太急"，可以说完全切中时弊，同时对于汉文帝和前秦苻坚历史得失的分析也能深中肯綮，说明他是一个有独到见解的政治家。当然他对当时变法的重要性和意义还是认识不足的。这些情况，作为哥哥的王安石当然心中有数，一生执拗的他未必会完全同意弟弟的见解。但有些问题等到退居钟山后，可能会看得更为明白一些，更客观一些。如对吕惠卿其人，王安石本来是将他作为变法的主要助手来培养任用的，可是吕却在位高权重后处处排挤王安石，“实欲自得政，忌王安石复来”。又“因郑侠狱陷其弟安国”，甚至“发安石私书”在神宗面前直接攻击王安石（引文均见《宋史・王安石传》），真是一个忘恩负义的小人。事实证明，安国给大哥的信中“愿兄远佞人”的劝告是有先见之明，完全正确的。这些话言犹在耳，王安石在弟弟早逝后，也不可能忘记。然而，这些政治上的是是非非，本着为“亲者讳”的精神，王安石这篇短短不足四百字的墓志有意加以省略，统统没有说长道短。从行文上看，这样做也显得简洁。

作者有意用含蓄的手法，对弟弟王安国的仕途失意轻轻带过。如说到他当了著作佐郎后，“士皆以谓君且显矣”，仿佛马上就要进一步升官，跟着显贵起来了，但谁知却立即来一个转折，说“卒不偶”，终于倒霉了。作者告诉我们他生病去世以前的官不过是大理寺丞，才八品官。这样一扬一抑，无形中就暗示了他致病早逝的某种缘故。《宋史・王安国传》有一段很有意思的叙述可作为补充：“及安石罢相，惠卿遂因郑侠事陷安国，坐夺官，放归故里。”由于小人乘机落井下石，他连小官都当不成了。这就是所以“不偶”的真正原因了。作者的惜墨如金和吕惠卿的可恨于此可见。这场打击，几乎要了王安国的命。对于作者想必也是一个深刻的教训。

墓志作为一种文体，有“盖棺论定”之意，应力求公正、谨严。对此，也有人不理解，如清人王渔洋说：“《平甫墓志》，通首无兄弟字，亦无一天性之语，叙述漏略，虽曰文体谨严，而人品心术可知。”（《香祖笔记》卷十二）此即为一例。事实上王安石所作的多篇墓志都没有交代自己与墓主的关系，并非只有《王平甫墓志》如此，这与作者生前与其弟的政治观点不同没有关系。蔡上翔的《王荆公年谱考略》卷二十一已作了详尽有力的反驳，读者可以参考。至于说到王安石的人品心术不好，这自然更是一种偏见。我们读《宋史・王安国传》在“夺官，放归故里”后面有这样的描写：“诏以谕安石，安石对使者泣下。既而复其官，命下而安国卒，年四十七。”这个记载客观而生动地说明了王安石对弟弟王安国不幸遭遇的深切同情，以及对宋神宗能主持公道正确对待自己弟弟的感激之心，也正好反映了他们兄弟之间真正的“天性”所在。任何的夸大和根本否认都是不真实的。王安石作为古代的政治家和改革家，尽管有缺点和不足，但他的君子风范是当时连政敌们都不否认的。应该说这篇《王平甫墓志》不愧是言简意明、动人的典范之作。

（毛水清）

王深父墓志铭

吾友深父[1]，书足以致[2]其言，言足以遂其志。志欲以圣人之道为己任，盖非至于命弗止[3]也。故不为小廉曲谨[4]以投[5]众人耳目，而取舍、进退、去就必度[6]于仁义。世皆称其学问文章行治[7]，然真知其人者不多，而多见谓迂阔[8]，不足趣[9]时合[10]变。嗟乎！是乃所以为深父也。令深父而有以合乎彼，则必无以同乎此矣。

尝独以谓天之生夫人[11]也，殆[12]将以寿考[13]成其才，使有待而后显，以施泽[14]于天下。或者诱[15]其言，以明先王之道，觉[16]后世之民。呜呼！孰以为道不任于天，德不酬于人，而今死矣。甚哉，圣人君子之难知也！以孟轲之圣，而弟子所愿，止于管仲、晏婴[17]，况余人乎？至于扬雄[18]，尤当世之所贱简[19]，其为门人者，一侯芭[20]而已。芭称雄书以为胜《周易》[21]。《易》不可胜也，芭尚不为知雄者。而人皆曰：古之人生无所遇合，至其没[22]久而后世莫不知。若轲、雄者，其没皆过千岁，读其书，知其意者甚少。则后世所谓知者，未必真也。夫此两人以老而终，幸能著书，书具[23]在，然尚如此。嗟乎深父！其智虽能知轲，其于为雄，虽几可以无悔[24]，然其志未就[25]，其书未具[26]，而既早死，岂特[27]无所遇于今，又将无所传于后。天之生夫人也，而命之如此，盖非余所能知也。

深父讳回，本河南王氏。其后自光州之固始[28]迁福州之侯官[29]，为侯官人者三世。曾祖讳某，某官，祖讳某，某官，考[30]讳某，尚书兵部员外郎。兵部葬颍州之汝阴[31]，故今为汝阴人。深父尝以进士补亳州卫真县[32]主簿，岁余自免去。有劝之仕者，辄辞以养母。其卒以治平二年[33]七月二十八日，年四十三。于是朝廷用[34]荐者以为某军节度推官[35]，知陈州南顿县[36]事，书下而深父死矣。夫人曾氏，先若干日卒。子男一人，某，女二人，皆尚幼。诸弟以某年某月某日，葬深父某县某乡某里，以曾氏祔[37]。铭曰：

呜呼深父！维德之仔肩[38]，以迪祖武[39]。厥艰荒遐[40]，力必践取[41]。莫吾知庸[42]，亦莫吾侮[43]。神则尚反，归形此土[44]。

〔注〕 ① 深父：王回，字深父(一作深甫)，与王安石有很深的友谊，王安石曾于人前称赞他为"有道君子"。 ② 致：表达。 ③ 非至于命弗止：即生命不息，奋斗不止的意思。 ④ 小廉曲谨：细小隐曲处的廉洁谨慎。 ⑤ 投：投合。 ⑥ 度：保持于一定的界限范围之内。 ⑦ 行治：操行。 ⑧ 迂阔：迂腐。 ⑨ 趣：通"趋"。 ⑩ 合：顺合。 ⑪ 夫人：此人。 ⑫ 殆：大概。 ⑬ 寿考：长寿。 ⑭ 泽：恩泽。 ⑮ 诱：诱导。 ⑯ 觉：启发，使觉悟。 ⑰"而弟子所愿"二句：《孟子·公孙丑上》中，孟子的弟子公孙丑问孟子，能不能在齐国取得像管仲、晏子的功业。孟子回答说："子诚齐人也，知管仲、晏子而已矣！"孟子以推行王道为自己的志向，对管仲、晏子的功业深不以为然。这段对话说明其弟子并未真正了解孟子的大志。管仲，名夷吾，齐相，辅佐齐桓公成为春秋霸主。晏婴，字平仲，春秋时齐国大夫。 ⑱ 扬雄：又作"杨雄"，字子云，蜀郡成都(今四川成都)人。西汉著名辞赋家、哲学家、语言学家。他一生悉心著述，除辞赋外，又仿《论语》作《法言》，仿《周易》作《太玄》。 ⑲ 贱简：看轻怠慢。 ⑳ 侯芭：西汉巨鹿(今河北平乡)人。据《汉书·扬雄传》记载，侯芭师从扬雄学习《太玄》《法言》，扬雄死后，侯芭"为之起坟，丧之三年"。 ㉑"芭称"句：韩愈《与冯宿论文书》："昔扬子云著《太玄》，人皆笑之。子云之言曰：'世不我知，无害也；后世复有扬子云，必好之矣。'……其弟子侯芭颇知之，以为其师之书胜《周易》。" ㉒ 没：去世。 ㉓ 具：全，尽。 ㉔"其于"二句：意思是说，王回与扬雄相比，虽然几乎可以无所悔恨。几，几乎。 ㉕ 未就：未能实现。 ㉖ 未具：没有完备。 ㉗ 特：单单。 ㉘ 光州之固始：今河南固始县。 ㉙ 福州之侯官：今福建福州。 ㉚ 考：古代称已故去的父亲为考。 ㉛ 颍州之汝阴：今安徽阜阳。 ㉜ 亳州卫真县：今河南鹿邑。 ㉝ 治平二年：1065年。治平，宋英宗年号。 ㉞ 用：因。 ㉟ 推官：节度使的属官。 ㊱ 陈州南顿县：今河南项城。 ㊲ 祔(fù)：合葬。 ㊳ 惟德之仔肩：语出《诗经·周颂·敬之》："佛时仔肩，示我显德行。"郑玄笺："佛，辅也；时，是也；仔肩，任也。"意思是说，辅助(我)担当重任，示我显明的德行。 ㊴ 以迪祖武：继承祖先的业绩。迪，继承。武，足迹。 ㊵ 厥艰荒遐：道路艰难僻远。 ㊶ 力必践取：尽力求索前进。 ㊷ 莫吾知庸：没有人知道任用我。庸，通"用"。 ㊸ 亦莫吾侮：亦没人敢侮慢我。《左传·昭公七年》记正考父鼎铭："亦莫余敢侮。"侮，侮慢，轻侮。 ㊹ 神则尚反，归形此土：古时铭文常用的结语，意思是，神魂将返回人间，形体归宿于此土之中。

墓主王深父卒于宋英宗治平二年(1065)，卒年四十三岁，本文当撰于是年。王安石和王深父交谊深厚，书信来往甚多，对其道德学问赞誉有加。友人的英年早逝，使王安石深感悲痛，他曾先后撰写了祭文和此篇墓志铭，寄寓对友人的深切悲悼之情。

本篇墓志铭写法独特，并没有像一般的墓志铭那样先铺排墓主的郡望家世、官职履历，再叙述墓主的行事大节；而是"纯以议论行之"(王文濡《评校音注古文辞类纂》卷四十八)，用议论突显王深父的志向、品行与学问，寄寓作者对其不幸遭遇的深刻同情。

文章第一部分写王深父的志向与品行。王安石首先称赞他志向高远，以“圣人之道为己任”，达到了“非至于命弗止”的地步。然后称赞他禀性刚直，不愿为“小廉曲谨”以迎合众人耳目，一切行事都遵循“义”的标准，深受世人的赞誉。接下来，文笔一转，说“真知其人者不多”，感慨很少有人真正了解他。这层转折是行文的一大关键，它揭示出在王深父盛名之下掩藏的是不为众人理解的落寞，为全篇定下了痛惜、叹惋的基调。最后指出王深父不被人理解，正是由于他不愿意趋时合变的个性造成的，唯其如此，才所以为深父。结尾“嗟乎！是乃所以为深父也”的感叹，不仅揭示了王深父的性格悲剧，也寄寓了作者的深切同情。

文章第二部分慨叹王深父的不幸遭遇。文章并不直接叙述王的不幸，而是先宕开一笔，以议论开始，称天之生人，或者给他一定的生命使其成就功业，或者使其有所著述，以阐述大道启迪后人。接着转入一句简明的叙述“而今死矣”，此一句，语短情深，既有对王深父英年早逝、平生德业学问未及撰述、不能传之后世的惋惜，也有对天命不公平的拷问。作者先以“尝独以谓”，说自己相信天命，再以王深父的例子质疑天命，这种从相信到怀疑的心理转折，更好地表现出作者对天命不公的责怨和对好友不幸的惋惜悲怆的感情。接下来，又转入议论，感叹圣人君子难以被后人理解由来已久。为证明这一点，作者举了孟子和扬雄两个例子。孟子为一代硕儒，其弟子不能真正理解他，反而盲目崇拜管仲与晏婴。扬雄为一代文豪，其唯一弟子侯芭也没有真正理解他。这些议论看似与本文无涉，却是为下文埋伏笔。随后作者才转入正题，拿王深父与古人作比较：在不被人理解这一点上，王与古人相似；但孟子、扬雄以老而终，尚有著述流传给后人，以便解读，王却英年早逝，生前不被人理解，死后又没有留下著述，则王的命运，比古人更悲惨。这一部分文笔纵横，表意曲折含蓄，在反复比较中，彰显王深父遭遇的不幸，烘托出浓重的悲剧气氛。林纾评曰：“从深父身上生出天厄通人之故，举孟子、扬雄为喻，初读疑其不伦，乃一归到深父身上，立时跌落，言志未遂，书未具，又复早死，并无传于后，轻轻将以上二子抹过，辨明非过情之喻，妙绝。尤妙叙孟子处，门人愿为管、晏，叙扬雄处，知己只有侯芭，不言二子之学，但言知二子无多。然犹有知者，趁势激起深父之无人知，此所以可哀也。文吞吐含蓄，力追昌黎，是临川魅力过人处。”（《林纾选评古文辞类纂》卷八）剖析极为精当。

第三部分，简要概述王深父的身世生平、卒葬、子女情况。文中叙述他曾任县主簿，但不久就辞归；叙述他屡以养母为辞不愿仕进；叙述朝廷曾委之以县令，但“书下而深父死矣”；叙述他夫人早逝，遗孤尚幼，都在围绕他不幸遭遇展开叙述，与前文相互呼应，进一步突显其不幸的人生遭际与高尚品行和耿直禀性。

结尾以肃穆古朴的四言体式，对坚守道义始终如一的亡友致以崇高的敬意，抒发了对死者的缅怀悼念之情。

这篇墓志铭，感情真挚，行文曲折反复，有动人的艺术魅力。孙琮《山晓阁选宋大家王临川全集》卷一云：“世人知深甫，而非真知，朝廷用深甫，而不尽用，此是前后大关键处。中间反复悼惜，只是将孟扬来低徊感慨，不胜凭吊之思，而于深甫已自凄凉欲绝。高情逸致，可与子长《伯夷列传》并读。”林纾云：“此文呜咽欲绝，真巧于叙悲者也。”两者都指明了这些特点。另外，多用议论，议论中寓深情，也是本文的一大特色。 （魏祖钦）

泰州海陵县主簿许君墓志铭

君讳[①]平，字秉之，姓许氏。余尝谱其世家[②]，所谓今泰州海陵县[③]主簿[④]者也。君既与兄元[⑤]相友爱称天下，而自少卓荦不羁[⑥]，善辨说，与其兄俱以智略为当世大人所器。宝元[⑦]时，朝廷开方略之选[⑧]，以招天下异能之士。而陕西大帅范文正公[⑨]、郑文肃公[⑩]争以君所为书以荐。于是得召试为太庙斋郎[⑪]。已而选泰州海陵县主簿。贵人多荐君有大才，可试以事，不宜弃之州县。君亦常慨然自许，欲有所为。然终不得一用其智能以卒。噫！其可哀也已。

士固有离世异俗[⑫]，独行其意，骂讥、笑侮、困辱而不悔。彼皆无众人之求，而有所待于后世者也，其龃龉[⑬]固宜。若夫智谋功名之士，窥时俯仰[⑭]，以赴势物[⑮]之会，而辄不遇者，乃亦不可胜数。辩足以移万物，而穷于用说之时；谋足以夺三军，而辱于右武[⑯]之国。此又何说哉？嗟乎！彼有所待而不悔者，其知之矣。

君年五十九。以嘉祐[⑰]某年某月某甲子[⑱]，葬真州[⑲]之扬子县甘露乡某所之原。夫人李氏。子男瑰，不仕；璋，真州司户参军；琦，太庙斋郎；琳，进士。女子五人，已嫁者二人，进士周奉先、泰州泰兴县令陶舜元。铭曰：

有拔而起之[20],莫挤[21]而止之。呜呼许君!而已于斯。谁或使之?

〔注〕①讳:名讳。旧时称人名字,生曰“名”,死曰“讳”。君亲之名,生时也讳。通用于生者及死者,含有尊敬的意思。②谱其世家:王安石著有《许氏世谱》。谱中记载许平兄弟五人,都在朝为官,许平行五,官职最低。③泰州海陵县:宋淮南东路泰州治海陵县,在今江苏境内。④主簿:官名。唐宋以后各官署均设此职,但职任不如古代重要,掌管文书,办理事务等事宜。⑤兄元:指许元。《宋史·许元传》:“字子春,宣州宣城人。历知扬、越,泰州卒。元在江淮十三年,以聚敛刻剥为能,急于进取,多聚珍奇,以赂遗京师权贵……人以是愤怨,而元自以为当然,无所愧惮。”⑥卓荦(luò)不羁:优秀特出,不受拘束。⑦宝元:宋仁宗年号(1038—1040)。⑧方略之选:选拔长于计谋、策划的人才。《宋史·仁宗纪》:“宝元二年五月癸巳,诏近臣举方略材武之士各二人。”⑨范文正公:即范仲淹。⑩郑文肃公:指郑戬。《宋史·郑戬传》:“戬字天休,苏州吴县人,为陕西四路都总管兼经略招讨使,卒谥文肃。”⑪太庙斋郎:掌管帝王祖庙事务小官。⑫离世异俗:与世俗离异。⑬龃龉(jǔ yǔ):本指上下齿不相配合,比喻意见不合,不融洽。此指与世不合。⑭窥时俯仰:窥伺时机,随宜应付,所谓左右周旋,从俗浮沉,与时俯仰。⑮势物:权势和财物。又作“势利”。⑯右武:崇尚武力。⑰嘉祐:宋仁宗年号(1056—1063)。⑱某甲子:即某日。古代以干支纪年、月、日,此处干支甲子纪日。⑲真州:宋淮南路真州,治所在扬子县(今江苏仪征)。⑳有拔而起之:指范仲淹、郑戬等贵人的推荐。㉑挤:排挤,排斥。

王安石大约写了一百多篇碑志文章,在其文章中占有很大比重。梁启超在《王安石评传》中说“结构无一同者”。他确实能够因人因事立意谋篇,写出不同人的特点个性。碑志文是汉代以来古文中的重要文体,一些文章大家都写过许多墓志铭,但不少受到“谀墓”之讥。王安石碑志文虽然很多,参照史书来看,基本上还是符合实际的。这是因为他在撰写这类文章时,坚持不溢美、不写未知之事的原则。他写墓志文章的态度是十分严肃的。一些沉沦下层的文人、中下层官吏即有善行也多默默无闻,而王安石很注意为这些人写碑志,这些小人物是靠王安石得以传世的。

这篇许平的墓志铭,便是写小官吏的。文章主旨是说许君才当大用,不应当以泰州海陵县主簿之职终了,可悲可叹,无限惋惜。它在写作上很有特色。

叙事有致,描述简洁。

文章起手叙述许平生平基本情况。“君既与兄元相友爱称天下,而自少卓荦不羁,善辩说,与其兄俱以智略为当世大人所器。”寥寥数笔勾画出许君的全貌:兄友弟恭的品格,少年超群独特的个性,具有敏锐的辩才,兄弟均以出众的才智谋略为当世大人物所器重。这样一位才华超众、名扬天下的少年,未来一定大有可为,前途无量。又遇上“朝廷开方略之选,以招天下异能之士”的好时机,加之陕西大帅范仲淹、郑戬力荐，得以召试，人们想象朝廷一定会委以重任，结果如何呢？许君只得到太庙斋郎的小官，不久选派到泰州海陵县任主簿，也只是个虚职，才华总被埋没。真是长才屈于下位，令人为之惋叹！文章接着又写出一线转机。“贵人多荐君有大才，可试以事，不宜弃之州县”，客观上有权贵人士荐举，可见许君确有才略；主观上“君亦常慨然自许，欲有所为”，许君自已并未放弃上进之心，对自己仍有信心，有期望。“然终不得一用其智能以卒”，文章一折，许君始终未被朝廷重用，才智终未得以发挥，卒于县主簿这一小官任上，抱憾一生！于是作者悲叹说：“噫！其可哀也已。”以上第一段，寥寥几笔，就把一个怀才不遇、悲凉一生的小官吏的命运描述得简洁有致，一波三折，语言敏隽，意味深长。

放言高论，抒发感慨。

文章第二部分，就许君遭遇，发表议论，痛写淋漓，无限悲凉。文情若疑若信，若近若远，令人莫测。士人怀才不遇，仕途坎坷，其中有多种因素，情况十分复杂。作者概括出两大类人。一种“士固有离世异俗，独行其意，骂讥、笑侮、困辱而不悔。彼皆无众人之求，而有所待于后世者也”。这是出世之人，所谓超出尘俗之外，脱离世间束缚，独来独往，我行我素，清高不凡。他们没有世俗之人追求功名利禄的欲望，不与当世合作，待贾于未来，因此对现实的各种困顿境遇无怨无悔。这类人与世乖违，不和谐，自然遇不到好的机会。作者对这种人的描绘真是掷笔天外，轩然大波，这类人和许平显然无关，有人认为是王安石自况，也似是而非，但社会上确实存在这一类人，先放一边。另外一种“若夫智谋功名之士，窥时俯仰，以赴势物之会，而辄不遇者，乃亦不可胜数”。这是积极入世者，既是有智谋，又是追求功名之士，但就是这类趋时赴势之人，也未必得遇，这类人还不在少数。“不可胜数”四字，见出作者似说许平，又似不只说许平，而是概括社会现象而已。

文章至此，犹未为快，乃又提笔唱叹，以尽其意：“辩足以移万物，而穷于用说之时；谋足以夺三军，而辱于右武之国。”作者宕开一笔，俯仰古今，多少文才武略之士，生在用人之世，却不被重用。如战国时代的哲学家韩非，善辩说，游说韩王变法图强，不被采用，出使秦国，又被人忌妒陷害，自杀于狱中。汉武帝时代，正是尚武之时，英勇善战的李广将军，却际遇坎坷，竟至被迫自刎。千古恨事不胜枚举。所以作者慨叹说：“此又何说哉？”一句诘问收住，含义无穷，耐人深思。这一层补在前面两大类人之后，文势更显雄厚恣肆，摇曳以尽唱叹之神。至此，人们不禁要问：许平到底属于哪一类呢？作者出人意料地作结说：“嗟乎！彼有所待而不悔者，其知之矣。”忽用第一类中的词语，妙又不说尽，用笔极为诡变，令人莫测，极纵横跌宕之致，而文意尤深。以上就许平不得大用发为感慨。以见这位趋时之士，未得机遇，仍有所待而无悔，这大概就是君子所以贵自守吧！或无可奈何的命运吧！妙不言尽，神味无穷，增加了文章的文学特色。

布局谋篇，变化多端。

王安石的碑志文，不拘一格，跳出一般碑志文的体例。梁启超说他"结构无一同者"，基本属实。就以家世、卒葬、妻子儿女情况，有的写在篇首，有的写在篇中，本篇就写在篇末。有的还不写儿孙情况。这是根据具体人、具体事而定。作者不虚写，不溢美。有时请托者对王安石撰写的碑文不满意，要求增减时，他仍坚持自己的主张。如他在《答钱公辅学士书》中，对钱要求在其母之墓志铭中写上墓主有"得甲科为通判"的儿子，"通判之署有池台竹林之胜"，还要求将墓主的孙子一一列上。针对这些，王安石说："此何足以为太夫人荣"，"孰有五子而无七孙者乎"，这些子孙未来"贤不肖未可知，列之于义何当也"。而本篇却将许平夫人、四男、五女一一列上。可见结构的不同，因人而异。关于铭的写法，各篇长短不一，虚实不同，有的通篇虚景，传出神韵。而本篇铭曰："有拔而起之，莫挤而止之。呜呼许君！而已于斯。谁或使之？"这几句铭文，虚实结合，沉郁顿挫。旨意与前边文字相同，也是说许君有才能，又有大人物荐拔，不应受到排挤而止于小官地位。但可悲的是，他就终止在县主簿之职上。"谁或使之？"以诘问止，妙极！令人感慨不尽。前人评此铭：笔势瑰诡，起落无端，精神尤远出。

这篇文章不长，但颇受历代文人欣赏，成为学生学习古文的范文。曾巩在《寄欧阳舍人书》中说："千百年来，公卿大夫，至于里巷之士，莫不有铭，而传者盖少。其故非他，托之非人，书之非公与是故也。"铭以人重，传世之铭文，作者必须具备两个条件，即"畜道德而能文章者"，一是道德修养高深，一是文章写得好，二者缺一不可。王安石具备了这两条，所以请他写铭文的人很多，传世之文也颇多。就以本文来说，古文大家曾巩十分推重，据清吴汝纶说："张廉卿初见曾公，公为引声读此文，抑扬抗坠，声之敛侈，无不中节，使文字精神意态尽出。廉卿言下顿悟，不待讲说而明。自此研讨王文，笔端日益精进。此固见廉卿识解过人，亦见文字高能助学人神智，全在乎精读也。"（转引自高步瀛《唐宋文举要》甲编卷七）可见此文的艺术感染力。正因此文叙事简洁，议论纵横开阖，用笔有龙腾虎卧之势，而感慨又深挚，所以被传诵至今。

（徐育民）

王逢原[1]墓志铭

呜呼！道之不明邪，岂特[2]教之不至也，士亦有罪[3]焉。

呜呼！道之不行邪，岂特化[4]之不至也，士亦有罪焉。盖无常产而有常心者[5]，古之所谓士也。士诚有常心，以操[6]圣人之说[7]而力行[8]之，则道虽不明乎天下，必明于己[9]；道虽不行于天下，必行于妻子[10]。内有以明于己，外有以行于妻子，则其言行必不孤立于天下矣。此孔子、孟子、伯夷[11]、柳下惠[12]、扬雄[13]之徒，所以有功于世也。

呜呼！以予之昏弱不肖[14]，固[15]亦士之有罪者，而得友焉。余友字逢原，讳令，姓王氏，广陵人也。始予爱其文章，而得其所以言；中予爱其节行，而得其所以行；卒予得其所以言，浩浩[16]乎其将沿而不穷也，得其所以行，超超[17]乎其将追而不至也。于是慨然叹，以为可以任世之重[18]而有功于天下者，将在于此，余将友之而不得也。呜呼！今弃余而死矣，悲夫！

逢原，左武卫大将军[19]讳奉谭之曾孙，大理评事[20]讳珙之孙，而郑州管城县主簿[21]讳世伦之子。五岁而孤，二十八而卒。卒之九十三日，嘉祐四年九月丙申，葬于常州武进县南乡薛村之原。夫人吴氏，亦有贤行，于是方娠也，未知其子之男女。

铭曰：寿胡[22]不多？天实尔啬[23]。曰天不相[24]，胡厚亦德？厚也培[25]之，啬也推之。乐以不罢[26]，不怨以疑。呜呼天民[27]，将在于兹[28]！

（以上王安石文据《四部丛刊》影明本《临川先生文集》，吴小林点校）

〔注〕 ① 王逢原：即王令，字逢原，广陵（今江苏扬州）人。宋代诗人，仅活了二十八岁。王安石比他年长十一岁，却以他为“畏友”，并将妻的从妹嫁给他。 ② 特：仅仅。 ③ 罪：过错。 ④ 化：教化，感化。意义与“教育”相近，但有区别。 ⑤ “盖无”句：语本《孟子·梁惠王上》：“无恒产而有恒心者，惟士为能。”常产，即恒产，固定的产业。常心，即恒心。 ⑥ 操：操持，把握。 ⑦ 圣人之说：这里主要指孔孟之道，即儒家学说。 ⑧ 行：执行，推行。 ⑨ 明于己：使自己的心里明白。 ⑩ 行于妻子：自己的妻子和儿女那儿得到推行。 ⑪ 伯夷：相传为商末孤竹国君的大儿子。国君去世，他谦让不肯就位，后来逃走。周武王伐纣，他又叩马而谏，认为以臣伐君不义。武王胜利后，他不食周粟，逃到首阳山，采薇度日，终于饿死，被后世称为高士。事见司马迁《史记·伯夷叔齐列传》。 ⑫ 柳下惠：即春秋鲁大夫展禽，鲁僖公时人，柳下是他的食邑，惠是他的谥号。他与伯夷齐名，都是古代清廉高洁之士，人称夷惠。事迹可参阅《论语》《孟子》等书。孟子说：“伯夷，圣之清者也；伊尹，圣之任者也；柳下惠，圣之和者也；孔子，圣之时者也。”（《孟子·万章下》） ⑬ 扬雄：西汉的一位著名辞赋家，蜀郡成都

(今属四川)人。他的《法言》以孔子和儒家经典为唯一的评价标准,所谓“不合乎先王之法者,君子不法也”。事见《汉书·扬雄传》。　⑭ 昏弱不肖:作者的自谦之辞。昏,糊涂。弱,病弱。作者写此文的前一年(嘉祐三年,三十八岁)作《酬裴如晦》,有诗云“二年羁旅越人吟,乞得东南(任江东提点刑狱)病更侵”句,说明身体确实有点毛病。不肖,本意为子不似父,这里似有言外之意,即自谦比不上古代圣人们。　⑮ 固:本来。　⑯ 浩浩:水盛大的样子。　⑰ 超超:迅跑追赶的样子。　⑱ 任世之重:承担重要的社会责任。　⑲ 左武卫大将军:本朝廷禁军头领之一。两宋时为虚衔。　⑳ 大理评事:大理寺的一般官员,掌断天下奏狱。　㉑ 管城县:治今河南郑州市。主簿:县府的属官,主管一县的文书簿籍之事。　㉒ 胡:何。　㉓ 天实尔啬:老天爷对你实在太吝啬了。　㉔ 相:辅助。　㉕ 培:培育,培植。　㉖ 罢:通“疲”。　㉗ 天民:天生的人才。　㉘ 兹:此。

本文作于宋仁宗嘉祐四年(1059)九月,作者时年三十九岁。这年六月,王令去世。

作者是怀着巨大的悲痛和强烈的崇敬心情来写这篇墓志铭的。王令去世后,他在诗文中曾多次表示这种心情。如《王逢原挽辞》云:“蔡琰能传业,侯芭为起坟。伤心北风路,吹泪湿江云。”这里,前两句,以汉末蔡琰(字文姬)从匈奴归来,后能传父业比喻王令遗腹女的诗才;以扬雄弟子侯芭为其师起坟来形容王令弟子们的孝道。后两句描述自己的悲痛。他当时为汴京三司度支判官,而王令却葬于长江南武进县(今江苏常州)的薛村之原,因此用“吹泪湿江云”之句,来形容两地相距之远。又如《思王逢原》:“自吾失逢原,触事辄愁思。岂独为故人,抚心良自悲。我善孰相我?孰知我瑕疵?我思谁能谋?我语听者谁?……”真犹如顿失臂膀之痛,非同一般。还有《与崔伯易书》亦云“逢原遽如此,痛念之无穷”等等。因此,近人梁启超的《王安石评传》在历数四十位“交友”中才将王令称作“生平第一畏友”,这是确论,也是别具只眼的。

古人的墓志铭一般都是叙事的,生平履历,为官政绩,品格为人,乃至得病缘由,医治情况,最后归于悼亡,感慨等等。但本墓志却以议论为主,开篇写士当“操圣人之说而力行之”,否则这样的士就应被视为“有罪”。至少,要“明于己”,“行于妻子”,“不孤立于天下”。作者认为孔子、孟子、伯夷、扬雄之徒,就是这样的人,他们都有功于世,是古代的圣人。接着,他联系到自己,谦称自己是“昏弱不肖”之人,也是一个“有罪”之士,能成为王逢原的友人是一种幸运。进而简要介绍逢原的诗文和节行,说王是一个“可以任世之重而有功于天下者”,说自己要“其将沿”“其将追”而不可得,因为王才二十八岁,还没有出仕就早逝,“弃余而死”了。文中充满了无限的追悔、痛惜和崇仰之情。作者实际上是将墓主作为一个与孔孟等人并列的理想之士,来颂扬讴歌的。这种议论,带有强烈的感情色彩,是议论与抒情的一种巧妙结合,是自我贬损与赞美友人的有机统一。因此,这议论虽然没有充分展开，却仍然给人以深刻的印象。作者比墓主年长十一岁，当时“熙宁变法”还没有开始，甚至连具体的筹划也还没有进行，我们可以设想，如果王逢原能再活二十年，欣逢变法之盛，一定可以从处士而成为荆公最得力的助手。因此，今天读此文，我们不妨将“任世之重”与熙宁变法联系起来，可知作者对这个友人是早就怀着深深的期许的。我想，读者会从中读出一种弦外之音。只是由于当时作者的官还太小，也许来不及向上推荐而已。因为，他们远隔两地，对于友人之早逝多少觉得有些突然，精神准备不足。所以，作者写这篇墓志的时候，虽然已过去了三个月，内心却仍然浸着泪水，悲痛难抑。全文五个“呜呼”一个“悲夫”，真实地显出了这感情的浓度。

在议论与感叹中，墓志的最后一段才水到渠成地交代了友人王逢原的身世和家庭。从身世说，他无疑是官宦之后，但任官都不算大，可惜的是他五岁就没了父亲，生活必然经历过一番困苦和艰辛。从家庭说，也有遗憾，夫人吴氏有“贤行”，但“方娠”，正在怀孕之中，还不知是男是女（后来证明无子，见王安石诗《思王逢原》三首）。总之，短短一生，遗憾多多，命运是很不幸的。至于葬时和葬处，这当然是墓志这种文体不可或缺的了。还有四言铭文十句，也是常见的格式，要押韵。值得注意的是，一般的铭文开头往往描写墓地周围的环境，或者出葬时种种的情景，而本铭却突出怨天、疑天的主旨，将议论和感叹推向高潮，并以“呜呼天民，将在于兹”收煞全篇，有一种袅袅的余韵在，让读者难以忘怀。这也是本文的佳处之一。

（毛水清）

苏轼文

【作者小传】

苏 轼

(1037—1101)北宋文学家、书画家、政治家、哲学家。字子瞻,一字和仲,号东坡居士,眉州眉山(今属四川)人。谥"文忠",又称苏文忠公。嘉祐二年(1057)二十一岁时中进士,曾任密州、徐州、湖州等地知州,多有政绩。后朝廷御史台有人弹劾他作诗攻击新法,被捕入狱,出狱后被贬黄州(今属湖北)团练副使。哲宗即位,高太后临朝听政,还朝授中书舍人、翰林学士等职,后又知杭州、颍州、扬州等地,为当地百姓做了不少好事。哲宗亲政后,被一贬再贬,由英州(今广东英德)、惠州(今属广东),一直远贬到儋州(今属海南)。元符三年(1100),徽宗继位,遇赦北归。第二年病卒于常州,终年六十五岁。著有《苏东坡集》《东坡乐府》《东坡志林》等。苏轼堪称中国文化史上的全才,在文学方面,诗、词、文兼擅。其诗,工于写景,长于体物,既富情韵,又具理趣,宋诗工理尚意的特点在他手中正式形成。其词,突破"词为艳科"的樊篱,扩大词的题材内容,创造出高远清新的意境和豪迈奔放的风格,开创了豪放派。其文,是"唐宋八大家"之一,宋代最杰出的散文家。所作文思横溢,触处皆宜;随物赋形,尽态极妍;自然真率,灵动畅达:把古文的文学色彩和审美境界发展到前所未有的地步。苏文对明代公安派、竟陵派及清代袁枚、郑板桥等人的散文甚有影响。

(吴小林)

前赤壁赋[①]

壬戌[②]之秋,七月既望[③],苏子[④]与客泛舟游于赤壁之下。清风徐来,水波不兴。举酒属客[⑤],诵"明月"[⑥]之诗,歌"窈窕"之章[⑦]。少焉,月出于东山之上,徘徊于斗、牛[⑧]之间。白露横江,水光接天。纵一苇[⑨]之所如,凌万顷之茫然。浩浩乎如冯虚御风,而不知其所止;飘飘乎如遗世独立[⑩],羽化[⑪]而登仙。

于是饮酒乐甚,扣舷而歌之。歌曰:"桂棹兮兰桨,击空明兮溯[⑫]流光。渺渺兮予怀,望美人兮天一方。"客[⑬]有吹洞箫者,倚歌而和之,其声呜呜然,如怨如慕,如泣如诉,余音袅袅,不绝如缕。舞幽壑之潜蛟,泣孤舟之嫠妇[⑭]。

苏子愀然[⑮],正襟危坐而问客曰:"何为其然也?"客曰:

"'月明星稀,乌鹊南飞'⑯,此非曹孟德之诗乎？西望夏口⑰,东望武昌⑱,山川相缪,郁乎苍苍,此非曹孟德之困于周郎者乎？方其破荆州⑲,下江陵⑳,顺流而东也,舳舻千里㉑,旌旗蔽空,酾酒㉒临江,横槊赋诗,固一世之雄也,而今安在哉？况吾与子渔樵于江渚之上,侣鱼虾而友麋鹿。驾一叶之扁舟,举匏尊㉓以相属。寄蜉蝣㉔于天地,渺沧海之一粟。哀吾生之须臾㉕,羡长江之无穷。挟飞仙以遨游,抱明月而长终。知不可乎骤得,托遗响于悲风。"

苏子曰:"客亦知夫水与月乎？逝者如斯,而未尝往也。盈虚者如彼,而卒莫消长也。盖将自其变者而观之,则天地曾不能以一瞬;自其不变者而观之,则物与我皆无尽也,而又何羡乎？且夫天地之间,物各有主,苟非吾之所有,虽一毫而莫取。惟江上之清风,与山间之明月,耳得之而为声,目遇之而成色,取之无禁,用之不竭。是造物者㉖之无尽藏也,而吾与子之所共适。"

客喜而笑,洗盏更酌㉗。肴核㉘既尽,杯盘狼藉,相与枕藉乎舟中,不知东方之既白㉙。

〔注〕 ① 前赤壁赋:此篇原名《赤壁赋》,"前"字系后人所加,以与《后赤壁赋》并称而有别。 ② 壬戌:宋神宗元丰五年(1082)。 ③ 既望:望日的后一日。阴历每月十五日为望,十六日为既望。 ④ 苏子:苏轼自指。 ⑤ 属(zhǔ)客:属,倾注。引申为劝客人饮酒。 ⑥ 明月:指《诗经·陈风·月出》篇。 ⑦ 窈窕之章:《月出》篇的首章有"舒窈纠兮"之句。窈纠,指妇女行步舒缓。 ⑧ 斗、牛:指斗宿和牛宿二星宿。 ⑨ 一苇:语出《诗经·卫风·河广》篇之首章的"一苇杭之"。一苇,比喻小船。 ⑩ 遗世独立:超然独立于世俗之外。 ⑪ 羽化:意谓变化飞升。道教称成仙为羽化。 ⑫ 溯:逆水而上。 ⑬ 客:此指四川绵竹武都山道士杨世昌。这是一位多才多艺的方外之人,既通晓历算、卦术、星相、天文,又能酿酒、炼丹,还懂得不少医药知识,长于山水丹青,尤善鼓琴吹箫。闻苏轼遭贬,专程诣黄州探望,留住雪堂一年之久。 ⑭ 嫠(lí)妇:寡妇。 ⑮ 愀(qiǎo)然:脸色改变,凄怆之貌。 ⑯ "月明"二句:此系曹操《短歌行》中的诗句,曹操字孟德。 ⑰ 夏口:今湖北武汉市武昌。 ⑱ 武昌:今湖北鄂州。 ⑲ 荆州:治所在襄阳(今属湖北)。 ⑳ 江陵:今属湖北。 ㉑ 舳(zhú)舻千里:语出《汉书·武帝纪》:"舳舻千里,薄枞阳而出。"言其船多,前后相接,千里不绝。 ㉒ 酾(shī)酒:斟酒。 ㉓ 匏(páo)尊:葫芦制成的酒器。 ㉔ 蜉蝣(fú yóu):虫名。其成虫的生存期极短,有朝生夕死之说。详见《诗经·曹风·蜉蝣》篇。 ㉕ 须臾:片刻。 ㉖ 造物者:我国古代认为万物是天造的,因称天为"造物"或"造物者"。这里可理解为自然界。 ㉗ 更酌:重新

斟酒。㉘肴核：指菜肴和果品。㉙东方之既白：东方的天色已经发白，指天亮。

此篇作于宋神宗元丰五年(1082)阴历七月十六日。这是“乌台诗案”之后，苏轼被贬到黄州的第三个年头。

北宋元丰年间的黄州是长江边上的一个荒僻小镇。初来乍到时，苏轼曾发出“黄州真在井底”的哀叹。在这里五年之久，虽说苏轼的处境一直未见好转，但其心态前后几有天壤之别，正如他在《次韵答元素》一诗的末句所云：“已将地狱等天宫。”对于这种变化，有论者也曾提到系受庄子影响所致。今天，在我们对庄子和苏轼有了较多一些了解的基础上，是否可以这样说，苏轼在其政治前景十分黯淡之时，对人生的态度，却由悲观失望逐渐转变为由衷的乐观开朗。这一方面是与其参禅修道、著书立说有直接关联；另一方面是其私生活的苦中有乐，这主要是指苏东坡与王朝云的情爱结晶已露端倪——小名幹儿的幼子正是这段时间坐胎降生的，这对年近半百的苏轼来说是多大的欢乐和希望！矛盾和碰撞往往能够迸发出耀眼的文学火花。元丰中后期，苏轼的外部生存空间与内心世界的巨大差异，是他在短短几年之内，诗词文赋以及书、画等等多种文艺样式，均达到登峰造极的重要前提，也是《前赤壁赋》写作的时代和心理背景。

在对苏轼作品的赞语中，有“密州三曲月经天”(“三曲”指《江城子·十年生死两茫茫》《江城子·老夫聊发少年狂》及《水调歌头·明月几时有》三首词)和“三咏赤壁成绝唱”之说。“三咏赤壁”则指《念奴娇·赤壁怀古》词、《前赤壁赋》和《后赤壁赋》。这里只对《前赤壁赋》试加评析：

从中国文学史上看，受到庄子影响的诗人作家大有人在，在文学名人和大家之中，虽然阮籍、陶潜、李白等都曾深受庄子思想艺术之沾溉，但在美学上，极力推重庄子的自然天成之说者，恐怕只有苏轼。而《前赤壁赋》则堪称学《庄子》、用《庄子》和提升《庄子》的典范之作。

《前赤壁赋》写的是作者对于人生和宇宙的俯察、思考与领悟，表现了作者亲近自然、享受自然，不以得失为怀的旷达胸襟和高洁纯净的心灵世界。这一切无不是似曾相识的“庄子哲学”。在表现手法上，庄子对于看来颇为玄虚的哲学思想是通过虚构的寓言故事来表达的。故事中有人物，人物有动作、有对话。对于此种手法的运用，苏轼则有青蓝之胜，比如其对月下江游(有学者考证，苏轼此次所游并非风急浪高的长江“中流”，而是黄州府西北水平如镜的鸡窝湖)愉悦之情的表达，不是通过抽象的语言，而是诉之于眼前的景物。“清风徐来，水波不兴”的从容之景，正是与其开始泛舟时的悠闲愉悦心境十分吻合。特别是第一段末尾几句的“浩浩乎如冯虚御风，而不知其所止；飘飘乎如遗世独立，羽化而登仙”，假如不是“身闲地旷，胸无杂物”（方苞语，转引自《古文辞类纂》卷五十六）者，岂能达到这种活神仙般的境界！

第二段，从“于是饮酒乐甚”到“泣孤舟之嫠妇”，很显然这是以哀、乐对举的笔法，抒写作者的矛盾心情，假如把这说成是作者的一种含泪的笑，那么这种泪水不是挂在脸上，而是流向内心，比如“渺渺兮予怀，望美人兮天一方”，意谓“我的情怀很悠远，想看到的美人却在高天的那一边”。“美人”代指贤君圣主，也就是宋神宗。这里所表达的是苏轼一贯的忠于君主，以求为世所用的心愿。然而春秋正富的神宗皇帝是年三十五岁，一门心思支持苏之政敌王安石搞变法，年近半百的苏轼自己，得见“美人”、为其所用的希望却十分渺茫。“客”，也就是在苏轼身处逆境时，远道来看望他的道士杨世昌，既懂得上述歌词所流露的壮志难酬、怀才不遇的内涵，也很理解苏轼此时此刻的苦闷心情，他将这种抽象的“情怀”外化为笛声，自然是“呜呜然，如怨如慕，如泣如诉”。这种幽怨的笛音传到孤舟上的寡妇耳中，她也为之泣不成声。此段中的“余音袅袅，不绝如缕”等状写笛声的文字，十分精彩，早已成为传世经典之句。

第三段，从“苏子愀然”到“托遗响于悲风”。此段的意蕴可用其中“哀吾生之须臾，羡长江之无穷”来概括。毋庸讳言，这里所表达的是一种很典型的消极出世思想，也就是与此前不久作者在《念奴娇·赤壁怀古》一词中所云“浪淘尽，千古风流人物”“人生如梦”等，如出一辙。面对这种古今都无法逃避的残酷现实，怎能不令人悲从中来，从而不得不借游仙出世，以遣悲怀。这就是文本中所说的“挟飞仙以遨游，抱明月而长终”。然而，这却与苏轼一贯的人生态度背道而驰，从而引出了下一段更加发人深思的“文章”。

第四段，从“苏子曰”到“而吾与子之所共适”。这一段虽然化用的是《论语》的“逝者如斯”和《庄子》的“消息盈虚，终则有始”的语意，但却带有苏文所特有的浓郁的哲理意味和鲜明的思辨色彩。作者十分巧妙地就跟前的水与月，演绎了一通“变”与“不变”的深刻哲理，以《庄子》的“天人合一”思想为依据，道出了一番超越长短、得失的精辟见解。在苏轼看来，水滴的不断流逝，中止不了长江的洪流；月亮在每一天的盈亏升降，改变不了其千古永存的事实。这说明水与月都有变与不变的两种形态，人生也是一样，这就是原文所说的“自其不变者而观之，则物与我皆无尽也，而又何羡乎”，人本来就是大自然的一分子，同样有永恒不变的一面，又何必去羡慕水、月等事物的永恒而悲叹人生的短暂呢？这或许正是苏轼的赤壁江游为后世所留下的宝贵精神财富——“苟非吾之所有，虽一毫而莫取。惟江上之清风，与山间之明月，耳得之而为声，目遇之而成色，取之无禁，用之不竭。是造物者之无尽藏也，而吾与子之所共适”。此种警策之语，对于古今普通人解脱烦恼、超越功利，堪称一副可口之良药，洵为可贵。

第五段，虽然只有寥寥数语，却笔势振起，转悲为喜。这就圆满地完成了一篇从乍一游江之闲适，到人生短暂之悲凉，再到旷达超脱之喜的波澜起伏、余韵悠远，结构奇妙无比的千古绝唱。

最后，值得一提的是本文的体裁。它虽然名之曰“赋”，但并未刻板地按照刘勰所构建的框架去写。刘氏认为：“赋者，铺也。铺采摛文，体物写志也。”（《文心雕龙·诠赋》）文中不仅没有像汉魏六朝的赋作者那样以堆砌辞藻为能事，即使对于体现赋之为文要义的“体物写志”的这一本质特点，亦非平分秋色，而主要是“写志”。“体物”之处，不仅文笔简略，还切实做到了“体物而不滞于物”。总之，苏轼的这篇赋，既保留了主客问答的传统手法，又扬弃了旧有的骈赋和律赋束缚思想、压抑情感的一面，从而写出了这篇具有诗韵文笔之长、声韵悠扬、易于诵读的新体赋。

（陈祖美）

后赤壁赋

是岁[①]十月之望[②]，步自雪堂[③]，将归于临皋[④]。二客从予，过黄泥之坂[⑤]。霜露既降，木叶尽脱[⑥]。人影在地，仰见明月。顾而乐之，行歌相答[⑦]。已而叹曰：“有客无酒，有酒无肴，月白风清，如此良夜何？”客曰：“今者薄暮[⑧]，举网得鱼，巨口细鳞，状似松江之鲈[⑨]，顾安所得酒乎[⑩]？”归而谋诸妇，妇曰：“我有斗酒，藏之久矣，以待子不时[⑪]之需。”

于是携酒与鱼，复游于赤壁之下。江流有声，断岸千尺[⑫]。山高月小，水落石出[⑬]。曾日月之几何，而江山不可复识矣[⑭]。

予乃摄衣[⑮]而上，履巉岩[⑯]，披蒙茸[⑰]，踞虎豹[⑱]，登虬龙[⑲]，攀栖鹘[⑳]之危巢，俯冯夷[㉑]之幽宫[㉒]。盖二客不能从焉。划然长啸[㉓]，草木震动，山鸣谷应，风起水涌。予亦悄然而悲，肃然而恐，凛乎[㉔]其不可留也。反[㉕]而登舟，放乎中流，听其所止而休焉。时夜将半，四顾寂寥，适有孤鹤，横江东来，翅如车轮，玄裳缟衣[㉖]，戛然长鸣[㉗]，掠予舟而西也[㉘]。

须臾[㉙]客去，予亦就睡，梦一道士，羽衣翩跹[㉚]，过临皋之下，揖予而言曰："赤壁之游乐乎？"问其姓名，俯而不答[31]。呜呼噫嘻，我知之矣，畴昔之夜[32]，飞鸣而过我者，非子也耶？道士顾笑，予亦惊悟[33]。开户视之，不见其处。

〔注〕 ① 是岁：这一年，指宋神宗元丰五年(1082)。 ② 十月之望：指阴历十月十六日。 ③ 雪堂：元丰五年(1082)，苏轼在黄州贬所。春间，筑雪堂于东坡寓居，作《雪堂记》，始自号东坡居士。该堂因在大雪时建成，画雪景于四壁而得名。 ④ 临皋：亭名，在黄冈市长江边。时苏轼寓居于此。建雪堂时，轼往来于临皋与雪堂之间，故云。 ⑤ 黄泥之坂(bǎn)：黄冈东面东坡附近的山坡叫"黄泥坂"。坂，同"陂"，山坡。 ⑥ 脱：脱落。 ⑦ 行歌相答：且走且唱，互相酬答。 ⑧ 薄暮：接近黄昏。 ⑨ 松江之鲈：松江(今属上海)所产的鲈鱼，味美。 ⑩"顾安"句：但是去哪里能得到酒呢？顾，但是。安所，哪里。 ⑪ 不时：不定什么时候，随时。 ⑫ 断岸千尺：江岸壁立的峭岩，高达千尺。 ⑬ 水落石出：水落下去，露出了石头。 ⑭"而江山"二句：而先前游赤壁时的景色再也认不出了。 ⑮ 摄衣：撩起衣服。 ⑯ 履巉(chán)岩：踏上险峻的山崖。 ⑰ 披蒙茸(róng)：分开乱草。蒙茸，杂乱的丛草。 ⑱ 踞虎豹：坐在状如虎豹的岩石上。 ⑲ 登虬龙：登上如虬龙一样的岩峦。 ⑳ 攀栖鹘(hú)：攀登鹘鸟巢居的岩壁。鹘，一称隼，猛禽类。 ㉑ 冯(píng)夷：神话传说中的水神。 ㉒ 幽宫：深宫。 ㉓ 划然长啸：高声长啸。划，象声词。 ㉔ 凛乎：恐惧的样子。 ㉕ 反：通"返"。 ㉖ 玄裳缟(gǎo)衣：下服是黑的，上衣是白的。仙鹤身上纯白，羽尾黑色，故云。 ㉗ 戛(jiá)然长鸣：戛戛地长鸣。戛然，形容仙鹤的鸣叫声。 ㉘"掠予"句：擦过我的小船向西飞去。 ㉙ 须臾：一会儿。 ㉚ 羽衣蹁跹：指道士蹁跹而来。 ㉛ 俯而不答：低头不回答。 ㉜ 畴昔之夜：昨夜。此语出于《礼记·檀弓》上篇"予畴昔之夜"。畴，语首助词。 ㉝ 惊悟：另本为"惊寤"，惊醒。

本文写于宋神宗元丰五年(1082)，是苏轼因"乌台诗案"被贬于黄州的第三年。七月游赤壁(黄州城外)写《前赤壁赋》，此次重游赤壁是阴历十月十六日，写《后赤壁赋》。

全文分三部分——游前，游中，游后。

游前，起笔交待了游览的时间、行程、同游者、携带鱼酒以助兴。所写之景"霜露既降，木叶尽脱"，渲染了冬景的萧疏，为文中的"悲"情作了铺垫。"人影在地，仰见明月。顾而乐之，行歌相答"写月白风清之景，人之欢娱之情，又为文中的主旨——感慨人世沧桑之"悲""恐""凛然"之情，埋下伏笔，作了反衬。此段之景暗寓深情，"霜露既降，木叶尽脱"凄清萧疏的冬景，蕴含着作者被贬黄州后的凄楚情怀。

游中，此部分写游，有详有略。第二小段是水中游，略写；岸上游，详写。"江流有声，断岸千尺"，此对句写江与岸，有声有形。"山高月小，水落石出"是二对，并且句中自对，"山""月""水""石"，均是各具形态的静景，意象鲜明，富有画意；平仄交替，富有乐感。而"曾日月之几何，而江山不可复识矣"，在写景之后，发出感慨。既叹山水的自然变化,更感叹人世沧桑,蕴含着对国势日蹙的隐忧(同年九月宋将徐禧在横山建永乐城,不日,西夏大军兵临城下,断水源,城陷,宋军全覆)。江中游是衬;岸上游是主。第三段写舍舟上岸,“履巉岩,披蒙茸,踞虎豹,登虬龙,攀栖鹘之危巢,俯冯夷之幽宫”,这里用了动词“履”“披”“踞”“登”“攀”“俯”等,从不同角度描绘了山岩景物之奇险。既有岩壁之高,又有江流之幽,既有杂草之乱,又有山石之怪,更有危巢之险。而此游是独自一人,无伴相随的。这些景物虽是写实手法,但景中寓情。一路的艰难险阻,暗寓其仕途坎坷,人生遭际,艰辛跋涉之情。然后又绘声绘色地从动态上写景,“划然长啸,草木震动,山鸣谷应,风起水涌”,“划然长啸”是何等巨大,引起“草”“木”“山”“谷”“风”“水”的震动,涌起,鸣和,可见山巉静极、寂极。自然引出作者观景之感受“予亦悄然而悲,肃然而恐,凛乎其不可留也”,使文章开头的“顾而乐之”转入“悲”“恐”“凛”,情感的起伏跌宕,不仅增强了文章的气势,而且很好地表现了文章的题旨——被贬后的抑郁情怀。此段最后写“反而登舟”,结束了“游”。钟惺评此文写景曰:“后赋尤精于体物,如山高月小,水落石出,皆天然句法。”(引自《山晓阁选宋大家苏东坡全集》卷六)

游后,写作者归船,时夜将半,四顾寂寥,忽有孤鹤,横江东来,戛然长鸣,又掠舟而西。此“孤鹤”形象,既是对个人被贬黄州孤苦无依的暗寓,又使文章跌宕起伏,还为下文写梦中道士埋下伏笔。“孤鹤”这一意象在其《卜算子·黄州定惠院寓居作》亦曾出现过:“缺月挂疏桐,漏断人初静。谁见幽人独往来?缥缈孤鸿影。惊起却回头,有恨无人省。拣尽寒枝不肯栖,寂寞沙洲冷。”此词的“孤鸿”与文中的“孤鹤”均表现了“身无所寄”的惆怅情怀。后又写睡而梦见道士,问而无语,醒而无所见。此段亦真亦幻,实是作者“超然”思想的形象化的体现。正如浦起龙《古文眉诠》卷六九所云:“后赋,并刷尽文章色相矣。来不相期,游仍孤往,向后空空,人境俱夺。迁谪旷抱,远过贾傅白傅。”清李扶九亦评:“忽鹤忽道士,奇幻极矣,乃神似《南华》(《南华》即《南华经》,就是《庄子》)。”(《古文笔法百篇》卷十四)茅坤《苏文忠公文钞》卷二八曰:“借鹤与道士之梦,以发胸中旷达今古之思。”

《后赤壁赋》与《前赤壁赋》是同一年的作品,虽然都写赤壁的山水风月,但落笔绝不相同。大略有几处相异:

一、前赋所写字字秋色;后赋则句句冬景。如:前赋是“清风徐来,水波不兴”,“白露横江,水光接天”;后赋是“霜露既降,木叶尽脱”,“山高月小,水落石出”。

二、前赋所写，限于舟中；后赋则主要写岸上之岩。前赋写作者与友人在舟中饮酒、吟诗、吹箫唱歌、对话；后赋主要写作者独自登山攀岩、观景感悟。

三、前赋写实情实景；后赋写幻境幻想。前赋以主客问答法，完成了由“乐”到“悲”再到“乐”（超然物外）的题旨；后赋则由独自观景（有实有虚，以虚幻为主）感悟，也完成了由“乐”到“悲”再到“乐”（超然物外）的题旨。

四、前赋主要是借山水风月谈玄说理；后赋则侧重叙事写景，借景物描写抒发情思。前赋主调是旷达乐观；后赋则显缥缈虚无。

两篇均为意旨深出，辞采华美，音律铿锵的赋文。六朝时是骈文极盛之时，至宋代骈文趋于散文化，少用或不用典，但同样讲究对仗、排比、音律。此赋体现了这些特点，在对仗句中有宽对、工对、句中对，如“霜露既降，木叶尽脱”“山高月小，水落石出”。“攀栖鹘之危巢，俯冯夷之幽宫”此对仗在四个排比句之后，又呈现整饬中的变化美。全赋有十一处换韵，如“茸”“龙”“宫”“动”“涌”“恐”之后换“舟”“流”“休”等，形成了一种音律之美。 （赵慧文）

后杞菊赋并叙

天随生[①]自言常食杞菊[②]，“及夏五月，枝叶老硬，气味苦涩，犹食不已”。因作赋[③]以自广。始余尝疑之，以为士不遇，穷约可也，至于饥饿嚼啮[④]草木，则过矣[⑤]。而余仕宦十有九年[⑥]，家日益贫，衣食之奉[⑦]，殆不如昔者。及移守胶西[⑧]，意且一饱，而斋厨索然[⑨]，不堪其忧。日与通守刘君廷式[⑩]，循古城废圃，求杞菊食之，扪腹而笑[⑪]。然后知天随生之言，可信不缪[⑫]。作《后杞菊赋》以自嘲，且解[⑬]之云。

“吁嗟先生！谁使汝坐堂上称太守？前宾客之造请[⑭]，后掾属[⑮]之趋走[⑯]。朝衙达午，夕坐过酉[⑰]。曾杯酒之不设，揽草木以诳口[⑱]。对案颦蹙[⑲]，举箸噎[⑳]呕。昔阴将军设麦饭与葱叶，井丹推去而不齅[㉑]。怪先生之眷眷[㉒]，岂故山之无有[㉓]？”先生听然[㉔]而笑曰：“人生一世，如屈伸肘[㉕]。何者为贫？何者为富？何者为美？何者为陋？或糠覈而瓠肥[㉖]，或粱肉而墨瘦[㉗]。何侯方丈[㉘]，庾郎三九[㉙]。较丰约[㉚]于梦寐，卒同归于一朽。吾方以杞为粮，以菊为糗[㉛]。春食苗，夏食叶，秋食花实，而冬食根，庶几乎西河、南阳之寿㉜。"

〔注〕①天随生：即陆龟蒙，唐代文学家，字鲁望，自号江湖散人、天随子、甫里先生，苏州吴县(今江苏苏州)人。与皮日休友善，世称"皮陆"。其小品文最为著名，有《笠泽丛书》传世。②杞菊：枸杞和菊花。杞，即枸杞，味甘，有补肾润肺、生精益气的功能，其根称地骨皮，也有清虚热、凉血等功效。菊，此指甘菊，有疏风除热、养肝明目之功效。③赋：即《杞菊赋》。④嚼啮(jiáo niè)：用牙齿把食物咬烂。⑤则过矣：就太过分了。⑥十有九年：苏轼于神宗嘉祐二年(1057)登进士第，下推十九年，应是神宗熙宁八年(1075)，此时他正在密州(今山东诸城)太守的任上。⑦奉：供给。⑧胶西：此指密州。⑨斋厨索然：官舍的厨房里空空如也。斋，此应指西斋，是苏轼知密州时所住的官舍。索然，无物貌。⑩刘君廷式：即刘廷式，字得之，宋齐州(治今济南)人，以殿中丞为密州通判。其做官后不负婚约，仍旧迎娶此时已双目失明的未婚妻，夫妇相敬如宾，笃爱终老，妇在密州死去，廷式也没有再结婚。苏东坡很敬重他，有《书刘廷式事》记其事。宋李元纲《厚德录》等多部书籍也记有此事。⑪扪(mén)腹而笑：摸着肚子而笑，表示很满意。扪，抚摸。⑫不缪：不谬，没错。⑬解：即解释。⑭造请：请谒，邀请。⑮掾(yuàn)属：古代属官的通称。⑯趋走：奔走，效力。⑰夕坐过酉：办公直到傍晚酉时。夕坐，太守办公称坐衙，夕坐即下午坐衙。酉，十二地支之一，相当于现在的十七时至十九时。⑱诳口：欺骗嘴巴。⑲颦蹙：颦眉，愁苦的表情。⑳噎：食物堵住喉咙。㉑"昔阴将军"二句：东汉光武帝的内弟信阳侯阴就摆上麦饭和葱叶，强行邀请当时的名士井丹来就餐，借此来戏弄他，但是井丹推开麦饭根本不闻，后来换上了丰盛的菜肴，井丹才肯吃。此典故出自《后汉书》卷八十三《逸民列传·井丹》。齅，同"嗅"。㉒眷眷：依恋不舍的样子。㉓岂故山之无有：意为难道(先生)没有故乡(可归)吗？故山，故乡。㉔听(yǐn)然：张口笑貌。司马相如《上林赋》："亡(无)是公听然而笑。"㉕人生一世，如屈伸肘：人生在世，一切只如肘臂的一屈一伸那么平常，不值得去计较。㉖或糠覈(hé)而瓠(hù)肥：有的人吃糠屑也长得白白胖胖。此典故出自《史记·陈丞相世家》："陈丞相平者，阳武户牖乡人也。少时家贫。好读书……平为人长美色。人或谓陈平曰：'贫何食而肥若是？'其嫂嫉平之不视家生产，曰：'亦食糠覈耳。'"覈，指麦糠中的粗屑。㉗或粱肉而墨瘦：有的人整天吃好米肥肉却长得又黑又瘦。此典故出自《汉书·叙传》："上(汉成帝)朝东宫，太后泣曰：'帝间颜色瘦黑。'"㉘何侯方丈：此典故出自《晋书》卷三十三《何曾传》："性奢豪，务在华侈。帷帐车服，穷极绮丽。厨膳滋味，过于王者。日食万钱，犹曰：'无下箸处。'"何侯，即何曾，字颖考，承袭了父亲的爵位，魏明帝时改封平原侯，官至丞相，在废曹立晋的过程中起了相当重要的作用。晋朝建立，官封太尉，直至太保兼司徒，爵位也由侯晋升为公。朝会之时，何曾享受坐车佩剑的特权。㉙庾郎三九：典出《南齐书》卷三四《庾杲之传》："(杲之)清贫自业，食唯有韭葅、瀹韭、生韭杂菜，或戏之曰：'谁谓庾郎贫，食鲑常有二十七种。'言三九(韭的谐音)也。"此指生活清贫。㉚丰约：丰，指何曾的奢侈；约，指庾杲之的清贫。㉛糗(qiǔ)：炒熟的米、麦等物，古代指干粮。㉜庶几乎西河、南阳之寿：差不多能与子夏、南阳郡中那些喝菊泉水而活到百岁的人那样长寿。西河，指孔子弟子卜商，字子夏，孔子的得意门生，以文学见称。孔子死后，卜子夏在孔墓守孝三年，之后到西河(今河津一带)设教讲学，传播儒家思想，魏文侯等尊他为师，常向他咨询国政。据清·梁玉绳《汉书·人表考》卷三："子夏少孔子四十四岁。孔子卒时，子夏年二十九。而为魏文侯师，盖年几百岁矣。"南阳，指南阳郡的居民，他们靠喝菊泉水而能活到百岁。《抱朴子·仙药》："南阳郦县山中有甘谷水。谷水所以甘者，谷上

左右皆生甘菊。菊花堕其中,历世弥久,故水味为变。其临此谷中居民,皆不穿井,悉食甘谷水。食者无不老寿,高者百四五十岁,下者不失八九十。”

唐代著名文人陆龟蒙曾植杞菊以食,且作《杞菊赋并叙》以自广,兹录如下:

天随子宅荒,少墙屋,多隙地。著图书所前后,皆树以杞菊。春苗恣肥,日得以采撷之,以供左右盃案。及夏五月,枝叶老硬,气味苦涩。旦暮尤责儿童拾掇不已。人或叹曰:“千乘之邑,非无好事者家,日欲击鲜为具,以饱君者多矣。君独闭关不出,率空肠贮古圣贤道德言语,何自苦如此!”生笑曰:“我几年来忍饥诵经,岂不知屠沽儿有酒食耶?”退而作《杞菊赋》以自广云:

惟杞惟菊,偕寒互绿。或颖或苕,烟披雨沐。我衣敝绨,我饭脱粟。羞惭齿牙,苟且粱肉。蔓延骈罗,其生实多。尔杞未棘,尔菊未莎。其如予何!其如予何!

他在序中表达了甘愿闭门读圣贤书,而不愿开门接待“好事者家”去获取“酒食”的一种信念,并且在赋的末尾说“只要你的枸杞没有成棘,你的菊花没有成莎(两句谓不可食),我就还会一直地吃下去,我看你们能把我怎么样?”一种视富贵如浮云的高傲之气溢于文中,让人强烈地感觉到读书人的高傲气节。

而苏轼这篇作于熙宁八年(1075)的《后杞菊赋并叙》就是效仿陆龟蒙的这篇作品而作。文章的开头就先引用陆龟蒙的赋,且对陆龟蒙所说的话曾经表示过“怀疑”。因为他觉得一个士大夫在怀才不遇的情况下过着贫困的生活,这是可以想象的,但是饿到去吃树根野草,那就太过分了,简直是不可思议。接着,他就说到了他现在的遭遇,那就是做官十九年了,可是官越做越穷,家境一天不如一天。本以为迁到密州做太守,可以吃上一顿饱饭,可是府第里的厨房却是空空如也。到最后,还要和友人“循古城废圃,求杞菊食之”。至此才知道,陆龟蒙的话一点都没有夸张,也终于相信“士不遇”,也会“至于饥饿嚼啮草木”。这一疑一信之中,可见苏轼现在生活的窘迫程度。苏轼在通判杭州以后,于熙宁七年移知密州。密州虽如苏轼所说,地处京西,但其环境和生活远比杭州艰难得多。此时密州的蝗灾、旱灾非常严重,苏轼在《密州祭常山文》中详尽而具体地谈到了当时的灾情:“比年以来,蝗旱相属。中民以上,举无岁蓄,量日计口,敛不等熟。秋田未终,引领新谷。……自秋不雨,霜露杀菽。黄糜黑黍,不满囷篦。麦田未耕,狼顾相目。道之云远,饥肠谁续?”又说:“旱蝗之为虐也,三年于兹矣。东南至于江海,西北被于河汉,饥馑疾疫,靡有遗矣。”另外,地方上的叛乱也很严重,他在熙宁七年十一月所作的《论河北京东盗贼状》就说:“河北京东比年以来,蝗旱相仍,盗贼渐炽。”受这些天灾人祸的影响，密州人民的生活十分艰难。而作为一心为民的太守苏轼，其生活状况可想而知，其《超然台记》中有：“余自钱塘移守胶西，释舟楫之安，而服车马之劳；去雕墙之美，而蔽采椽之居；背湖山之观，而适桑麻之野。始至之日，岁比不登，盗贼满野，狱讼充斥，而斋厨索然，日食杞菊，人固疑余之不乐也。处之期年，而貌加丰，发之白者，日以反黑。余既乐其风俗之淳，而其吏民亦安余之拙也。”可为证。所以，他就步天随生的后尘，也作一篇《后杞菊赋》来自嘲一番。

这篇短赋采用主客对话的形式。先写客对苏轼的调侃之语，意思是，是谁让你东坡先生在堂上自称太守的？前有宾客来邀请，后又有下属小吏来登门拜访，可是从上午一直办公到傍晚，一杯酒都喝不上，只得拿点树根野草来哄哄嘴巴。对着餐桌，眉头就会皱起，举起筷子就会感到恶心。东汉时候信阳侯阴就摆上麦饭与葱叶，强请当时孤傲清高的名士井丹就餐，借机来戏弄他，但是井丹推开连闻都不闻，最后“更致盛馔”才食。只怪你对官位如此眷恋，难道你就没有家乡可以回去吗？

听了客人的话后，“主人”就张口大笑说，人的一生，不管是贫富还是宠辱，就像手肘屈伸一样平常，不需要太过计较。有的人吃糠却长得肥肥胖胖，有的人成天吃肉却又黑又瘦。西晋的何曾每次吃饭都要摆一桌子的菜都还无从下手，而南齐的庾杲之每天就是吃些韭菜之类的清淡饮食。但这又有什么区别呢？还不是人生如梦，终归面临一死，何必对丰俭计较得太多呢？我吃着这些枸杞菊花，说不定会和子夏及南阳人那样高寿呢？

在这里，苏轼通过对自身境遇的自嘲来表达一种人生哲学观，即：“人生一世，如屈伸肘。何者为贫？何者为富？何者为美？何者为陋？”庄子的相对认识论提出齐万物、一生死、齐贫富、同是非、泯得丧、等贵贱、等寿夭、合同异，这对苏轼影响极深。可以这么说，当苏轼面对种种不幸遭遇和苦难曲折时，他除了用佛教的出世观外，很多时候就是用庄子相对的眼光来看待万物和人生，等量齐观，一切都顺其自然，旷达地对待身外一切，以追求内心的和谐。

这种思想的表达，在苏轼的很多作品当中都有所体现，但本文之所以特别，还因为它意义的丰富，南宋胡仔在《苕溪渔隐丛话》前集卷四五说《后杞菊赋》是“以讥新法减刻公使钱太甚，斋醖厨膳，皆索然无备也”。“公使钱”，也称公用钱，《燕翼诒谋录》卷三说：“祖宗旧制，州郡公使库钱酒，专馈士大夫入京往来，与之官罢任旅费。……此损有余补不足，周急不济富之意也。”范仲淹在《奏乞将先减省诸州公用钱，却令依旧》云：“国家逐处置公使钱者，盖为士大夫出入及使命往还，有行役之劳。故令郡国馈以酒食，或加宴劳。盖养贤之礼，不可废也。”并且还论述了削减公用钱的弊端。宋朝自开国以来就鼓励士大夫享乐,这样既可消磨士大夫的反抗意识,又可让他们安心地为国家办事。清人赵翼所撰的《廿二史札记》卷二四就说道:“(宋朝)其待士大夫可谓厚矣。惟其给赐优裕,故入仕者不复以身家为虑,各自勉其治行。”所以说,公用钱等福利制度对于稳定士大夫的情绪是比较重要的,苏轼在熙宁二年写的《上神宗书》说:“士大夫捐亲戚,弃坟墓以从宦于四方者,宣力之余,亦欲取乐,此人之至情也。若凋敝太甚,厨传萧然,则似危邦之陋风,恐非太平之盛观。”也是希望朝廷采取措施保障大臣的经济利益,这是很合理的。但王安石的新法就没有很好地考虑到这一点,故苏轼对此非常不满,曾借诗加以讽刺,如熙宁八年所写的《次韵刘贡父李公择见寄二首》。苏轼在之后也毫不隐讳地说:此诗讥讽朝廷新法,减削公使钱太甚。及造酒不得过百石,致弦管生衣,甑有尘埃。及言蝗虫盗贼饥馑之苦,以讽朝廷政事缺失及新法不便之所致也。(见朋九万《乌台诗案》)而作于同年的这篇《后杞菊赋并叙》也是表达了同样的意思。

但苏轼又岂是为自己,为同僚们少花些公用钱而发牢骚?他是在为老百姓鸣不平呀!王安石变法由于改革步骤走得太快,用人又不得当,实施起来弊端百出,和预计的目的相差很远,苏轼对此是既痛心又无奈。他认为,老百姓生活艰难,不仅是旱、蝗等自然灾害造成的,而且也是推行新法造成的,所以他在《上韩丞相论灾伤手实书》中说:“民非独病旱蝗也,方田、均税之患,行道之人举知之。”作为一州的最高行政长官,苏轼“家日益贫”,还要“循古城废圃,求杞菊食之”,那么老百姓生活的悲惨就可想而知了。赋中调侃说自己吃草根树皮说不定也能长寿,完全是在嬉笑中透出愤慨。苏轼的高明就在于此,不作愤怒语,而愤怒之情却隐在嬉笑之中。

这篇赋采用了汉代散体赋主客问答的形式,但没有落入“写物图貌”的俗套。虽名为《后杞菊赋》,本为咏物但却不对杞菊着笔,只是借吃杞菊来表达自己的人生态度和对现实政治的不满,以及对人民痛苦生活的同情。写法上,脱离了汉赋那种整齐的句式,而是采用散文的方式行文,甚至在骈偶当中也穿插不少散句,比如本文当中的“吁嗟先生!谁使汝坐堂上称太守”等句,这样,苏轼就可更好地抒情达意,把赋写得更自由活泼,鲜活流动。可以说,苏轼是完全按自己的意绪来行文,打破了赋的各种限制。另外,这篇咏物赋所咏之物已不再只是比喻、象征之义,而与作者有着直接的联系,是作者抒情的直接因素。因为作者是因贫无以致食,只能寻杞菊以图饱,对此有所感慨,便以写此物来描述自己的困境与表达自己的思想,这样就对咏物赋有所继承又有所发展。

另外,在行文上,苏轼也是精心安排,先怀疑陆龟蒙的话,然后以自身经历来证明其话不谬,借以写出自己生活的艰辛,推己而及人,其中对百姓的同情就不言而喻了。同时也反映了他淡泊自适的生活态度、达观超然的老庄哲学,充分体现出洒脱、旷达的胸怀。语言上诙谐生动,借自嘲来讽喻新法,嬉笑怒骂中见出严肃的政治态度。所以此文被"新党"诬为讥讽朝廷减削公使钱太甚,成为"乌台诗案"的罪证之一,也不足为怪了。

(刘振娅　刘　城)

黠[①] 鼠 赋

苏子夜坐,有鼠方啮[②]。拊[③]床而止之,既止复作。使童子烛[④]之,有橐[⑤]中空。嘐嘐聱聱[⑥],声在橐中。曰:"嘻!此鼠之见闭而不得去者也。"发而视之,寂无所有。举烛而索,中有死鼠。童子惊曰:"是方啮也,而遽[⑦]死耶?向为何声,岂其鬼耶?"覆[⑧]而出之,堕地乃走,虽有敏者,莫措其手。

苏子叹曰:"异哉!是鼠之黠也。闭于橐中,橐坚而不可穴也。故不啮而啮,以声致人;不死而死,以形求脱也。吾闻有生[⑨],莫智于人。扰龙[⑩]伐蛟[⑪],登龟[⑫]狩麟[⑬]。役万物而君之,卒见使于一鼠;堕此虫[⑭]之计中,惊脱兔于处女[⑮]。乌在其为智也。"

坐而假寐[⑯],私念其故。若有告余者曰:"汝惟多学而识之,望道而未见也。不一于汝,而二于物,故一鼠之啮而为之变也。'人能碎千金之璧,不能无失声于破釜[⑰];能搏猛虎,不能无变色于蜂虿[⑱],此不一之患也。'言出于汝,而忘之耶?"余俯[⑲]而笑,仰而觉。使童子执笔,记余之作。

〔注〕①黠(xiá):狡猾。　②啮(niè):咬。　③拊(fǔ):拍。　④烛:蜡烛,此处做动词讲,是以火烛相照耀的意思。　⑤橐(tuó):一种口袋。　⑥嘐(jiāo)嘐聱(áo)聱:形容老鼠啃咬的声音。　⑦遽(jù):突然。　⑧覆:倾倒。　⑨有生:指一切生物生灵。　⑩扰龙:即驯龙。相传夏朝的刘累学扰龙于豢龙氏,以事孔甲。扰,驯养的意思,《周礼·夏官·服不氏》:"掌养猛兽而教扰之。"　⑪伐蛟:蛟是传说中掌管发大水的一种龙。古代有命渔师伐蛟的故事。　⑫登龟:古代视龟为灵物,用龟甲占卜凶吉,以登庙堂。　⑬狩麟:狩,打猎。麟,麒麟。春秋时,鲁哀公十四年出狩西郊,曾经猎取了一只灵兽,名叫麟。　⑭此虫:指文中所说的狡猾的老鼠。　⑮惊脱兔于处女:语出《孙子·九地》:"践墨随敌,以决战事。是故始如处女,敌人开户;后如脱兔,敌不及拒。"脱兔,逃脱的兔子,比喻迅速。处女,未出嫁的女子,

比喻其沉静，娴雅。 ⑯ 假寐：闭目养神，打盹儿。 ⑰ 釜：铁锅。 ⑱ 虿(chài)：蝎子一类的毒虫。 ⑲ 俯：低头。

本篇名为“赋”，实际上却是一篇深入浅出、幽默风趣的寓言故事。作品通过一只老鼠运用智能逃脱困境的过程，阐述了生活中的某些道理。形象生动，寓意深刻。

全文共分三段。

从“苏子夜坐”至“莫措其手”是第一段，这段是叙述“黠鼠”通过欺骗手段冲破困境成功逃脱的故事。

这一段紧紧围绕人、鼠之间的行为、动作进行描述，情节上起伏跌宕，扣人心弦。人和鼠的思想动态、情绪变化、智勇较量等，都透过具体的情节、动作充分地展示出来，历历分明，宛然如在目前：“黠鼠”发出啃食之声的时间不早不晚，正是作者“夜坐”时分——太早，人声嘈杂，不易察觉；太晚，人已安寝，难以调度。“黠鼠”发出啃食之声的方式非常有节奏——“拊床而止之，既止复作”，时而发作，时而休止，充满挑逗的意味，仿佛是有意与人作对。“黠鼠”发出啃食之声的表现不假掩饰——“有橐中空。嘐嘐聱聱，声在橐中”。很快就让人发现了其藏身所在。“黠鼠”用声音完成了其“诱敌深入”的策略，因为终于使得人走上前来，到此，“黠鼠”战略的第一步成功完成。接着是第二步：“黠鼠”迅速改变了策略，偃旗息鼓，寂然无声。至此，人们只能“举烛而索”，当发现“中有死鼠”时，惊异之余，采取行动——“覆而出之”。于是，“黠鼠”在人的全力帮助下完成了其第三步的策略“堕地乃走”，成功逃脱。而人在“黠鼠”的调度、指挥之下，则全然配合、协助：先是“童子烛之”，继而“发而视之”，然后是“覆而出之”，最后竟然是“莫措其手”，任其在眼前逃脱。而情绪的变化上，也是跌宕起伏，一波三折，透过两段“童子曰”足以反映出来。“嘻！此鼠之见闭而不得去者也”——“哈哈，这只老鼠被关在里面跑不出去了”。什么情绪？是幸灾乐祸。一个“嘻！”表现的是人对鼠的极端蔑视、嘲笑。当他“发而视之，寂无所有”时，他感到的是惊奇。好奇下支配的行动是“举烛而索”，仔细观察，当竟然发现“中有死鼠”时更是惊奇不已。“童子惊曰：‘是方啮也，而遽死耶？向为何声，岂其鬼耶？’”一个“惊”写出了其神情意态，而怀疑所闻之声为鬼的困惑，则加重了其“惊”的程度。当鼠走他处，童子只能“莫措其手”，目瞪口呆了。此时童子没有说话，但是确实又是“此时无声胜有声”，因为人与鼠之间的智勇已经高下分明，令人无话可说了。自此，完成了笑鼠——惊鼠——人为鼠所笑的全过程。最后，人恐怕只有捶胸顿足生气的份了吧。

从“苏子叹曰”至“乌在其为智也”是第二段，写作者对“黠鼠”行为的感叹。

这一段分两层来写，第一层感叹“鼠之黠”：因为被装在了口袋里，口袋非常坚固无法逃脱，所以黠鼠“不啮而啮，以声致人；不死而死，以形求脱也”，这是对鼠之黠的总结，也是对上段情节的说明和补充。第二层感叹“人之无智”：表面上“扰龙伐蛟，登龟狩麟”，无所不能，为万物之长，可以役使众生，自以为世间生命，“莫智于人”，但是在小小的老鼠面前，却一败涂地，简直就是不知道所有的智能跑到哪里去了。这里写人也是为了衬托黠鼠的智能，写其“惊脱兔于处女”的足智多谋和处乱不惊。

从“坐而假寐”至结尾“记余之作”为最后一段。作者坐下来，闭眼沉思，自己在心里琢磨着这件事的原因。

此段紧承第二段“黠鼠”的足智多谋、处乱不惊，反衬人的“失声”“变色”，并究其原因。“黠鼠”能够在绝对的死地借助外力——人的力量帮助其摆脱困境，可谓智勇双全。而人只不过是“能碎千金之璧”“能搏猛虎”，表面坚强，好像是无所不能，无所畏惧，但是另一方面却是“不能无失声于破釜”“不能无变色于蜂虿”，能大无畏，却不能小无畏，何也？作者认为是“此不一之患也”，全部都是由于心不够专一引起的。这里作者明确点出故事的寓意：成功来自专心致志，失败出于麻痹大意。此段作者运用告白的方式引出论点“若有告余者曰”所言，其实就是作者自己所悟。只是用这种告白的方法，避免了文章的平铺直叙，更具有警示和提醒的作用。

本篇文章在艺术上有几个特点：

第一，小中见大，寓意深刻。通过鼠而写人，写世间做事成败的道理，推理严密，具有很强的说服力量。

第二，叙事生动，波澜起伏。全文区区三百余字，但是写得声情并茂，黠鼠的智勇，童子的神态，作者的叹息与反思，宛然如在目前。而其中有叙述，有对话，有告白，有抒情，有议论，变化多样，更增加了文章的可读性。

第三，语言简洁、洗练、精警。其中有“不啮而啮，以声致人；不死而死，以形求脱”的铿锵凝练，也有“人能碎千金之璧，不能无失声于破釜；能搏猛虎，不能无变色于蜂虿”的隽永警策。尤其是后者，本是作者十岁的时候奉父亲苏洵之命作《夏侯太初论》一文时所写，苏轼视之为得意之句，故一用再用。后来他在任密州太守时所作《颜乐亭诗并叙》时也曾经引用过这个警句。　（傅秋爽）

留　侯[1]　论

古之所谓豪杰之士者，必有过人之节[2]。人情有所不能忍者，匹夫见辱[3]，拔剑而起，挺身而斗，此不足为勇也。天下有大勇者，卒然[4]临之而不惊，无故加之而不怒。此其所挟持者[5]甚大，而其志甚远也。

夫子房受书于圯上之老人[6]也，其事甚怪。然亦安知其非秦之世有隐君子者[7]出而试之？观其所以微见其意者[8]，皆圣贤相与警戒之义，而世不察，以为鬼物[9]，亦已过矣。且其意不在书。当韩之亡，秦之方盛也。以刀锯鼎镬[10]待天下之士，其平居无事夷灭[11]者，不可胜数。虽有贲、育[12]，无所复施[13]。夫持法太急者，其锋不可犯[14]，而其势未可乘[15]。子房不忍[16]忿忿之心，以匹夫之力，而逞于一击之间[17]。当此之时，子房之不死者，其间不能容发[18]，盖亦已危矣。千金之子[19]，不死于盗贼，何者？其身之可爱，而盗贼之不足以死也。子房以盖世之才，不为伊尹[20]、太公[21]之谋，而特出于荆轲[22]、聂政[23]之计，以侥幸于不死，此圯上老人所为深惜者也。是故倨傲鲜腆而深折之[24]。彼其能有所忍也，然后可以就大事，故曰："孺子可教也。"

楚庄王伐郑[25]，郑伯肉袒[26]牵羊以逆。庄王曰："其君能下人[27]，必能信用其民矣。"遂舍之。勾践之困于会稽[28]而归，臣妾于吴[29]者，三年而不倦。且夫有报人[30]之志，而不能下人者，是匹夫之刚也。夫老人者，以为子房才有余，而忧其度量之不足，故深折其少年刚锐之气，使之忍小忿而就大谋。何则[31]？非有平生之素[32]，卒然相遇于草野之间，而命以仆妾之役，油然[33]而不怪者，此固秦皇帝之所不能惊[34]，而项籍之所不能怒[35]也。

观夫高祖[36]之所以胜，而项籍之所以败者，在能忍与不能忍之间而已矣。项籍唯不能忍，是以百战百胜，而轻用其锋[37]。高祖忍之，养其全锋而待其弊[38]，此子房教之也。当淮阴破齐[39]，而欲自王[40]，高祖发怒，见于词色[41]。由是观之，犹有刚强不忍之气，非子房其谁全之[42]？

太史公[43]疑子房以为魁梧奇伟[44]，而其状貌乃如妇人女子，不称㊺其志气。而愚以为此其所以为子房欤！

〔注〕 ① 留侯：张良，字子房，辅佐汉高祖刘邦推翻秦朝打败项籍（羽），封于留（今江苏徐州市附近），称留侯。后来隐遁不知去向。 ② 节：节操。 ③ 匹夫见辱：普通的人被侮辱。 ④ 卒（cù）然：突然。卒，通"猝"。 ⑤ 所挟持者：这里指志向怀抱。 ⑥"夫子房"句：《史记·留侯世家》记载：张良遣刺客在博浪沙（今河南原阳东南）锤击秦始皇未果，乃更名改姓逃至下邳（今江苏睢宁北），在圯（yí，即桥，古代东楚方言称桥为圯）上遇一老人，老人把鞋掉到桥下，对张良说："孺子下取履"。张良当时很生气，强忍着给他取来，并且为他穿上。老人说："孺子可教矣。"便给了张良一部兵书，即《太公兵法》。并且对张良说："十三年，孺子见我，济北谷城山下黄石，即我矣。" ⑦ 隐君子者：指隐居的名士。 ⑧"观其"句：观察老人隐约表露出来的用心、做法。 ⑨ 以为鬼物：古人认为圯上老人是鬼。《论衡·自然》："张良游泗水之上，遇黄石公，授太公书，盖天佐汉诛秦，故命令神石为鬼书授人。" ⑩ 刀锯鼎镬（huò）：都是古代残酷的刑具。镬，无足大鼎，即大锅。这里借喻以暴力待人。 ⑪"其平居"句：人们无缘无故遭到杀戮灭族。夷灭，指灭族。夷，诛锄，削平。古代诛灭罪人家族称"夷"。 ⑫ 贲（bēn）、育：即孟贲、夏育。都是战国时期著名勇士。《汉书》："夏育，卫人，力举千钧。" ⑬ 无所复施：得不到施展的地方。 ⑭"其锋"句：他的锋芒不能去触犯。 ⑮"而其势"句：秦占有利形势，尚未有可乘之机。 ⑯ 不忍：不能忍耐愤怒的心情。 ⑰"而逞于"句：指张良在博浪沙狙击秦始皇的行动。《史记·留侯世家》载：秦灭韩，张良"悉以家财求客刺秦王，为韩报仇……得力士，为铁椎重百二十斤。秦皇帝东游，良与客狙击秦皇博浪沙中，误中副车。秦皇大怒，大索天下，求贼甚急，为张良故也"。 ⑱"其间"句：其间相距比一根毛发还近。比喻情势危急，差一点点就完了。 ⑲ 千金之子：指富贵家子弟。 ⑳ 伊尹：商初开国大臣。辅佐商汤灭夏，立有大功。 ㉑ 太公：指吕尚。本姓姜，因其先人封于吕，从其封姓。辅佐周武王灭商，建立周朝，封于齐。 ㉒ 荆轲：战国时齐人，受燕太子丹的指派，到秦国谋刺秦王政，失败被杀。 ㉓ 聂政：战国时轵人，曾为韩卿严遂刺杀韩相韩傀。 ㉔ 是故倨傲鲜腆（tiǎn）而深折之：倨傲鲜腆，骄傲没有礼貌。深折之，狠狠地折辱他。 ㉕ 楚庄王伐郑：此事发生在前597年。楚庄王，春秋时楚国国君（前613—前591在位）。郑，春秋时国名，国都新郑（今属河南）。 ㉖ 郑伯肉袒：郑伯，指郑襄公，春秋时郑国国君（前604—前587年在位）。肉袒，去衣露体，古代在祭祀或谢罪时表示恭敬的一种礼节。 ㉗ 能下人：能够甘居人下，屈己尊人。 ㉘"勾践"句：春秋末年越国国君（前497—前465在位）。前494年为吴王夫差战败，困于会稽山上，屈服求和，质于吴国。三年后回国，卧薪尝胆，发愤图强，终于战胜吴国。会稽，山名。在今浙江绍兴、嵊州、诸暨、东阳之间。 ㉙ 臣妾于吴：勾践被吴国打败后，和妻子在吴国忍辱做了三年奴仆。 ㉚"且夫"句：且夫（fú），语首助词。报人，向人报仇。 ㉛ 何则：为什么呢？ ㉜ 素：熟识，交往。 ㉝ 油然：和顺、舒适的样子。 ㉞ 惊：使害怕。 ㉟"项籍"句：项籍，字羽，秦末农民起义军领袖，楚汉战争中被刘邦打败。怒，激怒，使激动。 ㊱ 高祖：指西汉开国皇帝刘邦（前206—前195在位）。 ㊲ 锋：锋芒、锐气。此指精锐力量。 ㊳ 弊：疲敝。 ㊴ 淮阴破齐：淮阴指的是韩信，他曾被汉高祖封为淮阴侯。淮阴，今江苏淮安市淮阴区，今有古迹韩信故里。正当刘邦被项羽围困在荥阳（今河南荥泽西南）时，韩信夺得齐地。 ㊵ 而欲自王：打算自立为王。韩信曾派人向刘邦请求封他做"假王"。 ㊶"高祖"二句：刘邦大怒，斥道："吾困于此，旦暮望若来佐我，乃欲自立为王。"当时张良踏刘邦的脚暗示，让他不要得罪韩信，刘邦会意，当即改口道："大丈夫定诸侯，即为真王耳，何以假为！"于是派人封韩信为齐王，向他征兵击

楚。事见《史记·淮阴侯列传》。 ㊷ 非子房其谁全之：不是子房，谁来保全他。 ㊸ 太史公：指司马迁。 ㊹ 魁梧奇伟：身体壮实，个子很高。 ㊺ 称(chèn)：相当，相称。

苏轼是撰写政论、史论的高手，特别是人物论，如《乐毅论》《范增论》《贾谊论》《晁错论》《留侯论》《诸葛亮论》，写得犹如长江大河，浑浩流转。《留侯论》更是其中的代表作品。本文是宋仁宗赵祯嘉祐六年(1061)正月，苏轼应"制科"时所上"进论"中的一篇。文章并非对张良其人及其功业作全面评价，而主要是根据《史记·留侯世家》，提出自己对张良成功的主观原因的探讨和见解。

全文可分为五段。

第一段，文章开篇，便给豪杰之士自定了一个不容置疑的标准——"必有过人之节"。然后指出不能忍常人所不能忍者，是匹夫之勇，而非真勇；只有"卒然临之而不惊，无故加之而不怒"，才算"大勇者"。这是由于他的抱负很大、志向高远的缘故。汪武曹认为"'忍'字是一篇骨子"(《唐宋文举要》甲编卷八引)，《御选唐宋文醇》卷四二云："以'忍'字作骨，而出以快笔。"都是慧眼识珠之论。苏轼既为留侯张良作史论，自然认为他是豪杰之士。这层文意，隐括字里行间，蓄势而不发，读者阅读时欲求究竟，自感兴味盎然。

第二段，作者采取"逆接法"，一扫黄石公授书张良的神秘色彩，大胆提出秦末隐居名士有意启迪张良促其执行正确的策略，见解新颖独到，自出机杼，是全篇的一个思想亮点。因为作者意识到，如不拂去原作中黄石公赠书的神秘色彩，仍视之为神怪行为而非人事，则无法以常理度之，也势必极大地削弱立论的力度。清人金圣叹认为："此文得意在'且其意不在书'一句起，掀翻尽变，如广陵秋涛之排空而起也。"(《天下才子必读书》卷八《留侯论总评》)清人沈德潜也说："'其意不在书'一语，空际掀翻，如海上潮来，银山蹴起。"(《唐宋八大家文读本》卷二一)都指出此句是全文立论的关捩，也都道出本段布局的章法之妙。本段还指出张良年轻气锐，遇事不忍，博浪沙中行刺秦始皇便是不能忍的失策表现。作者还认为张良不值得同盗贼相斗而死去，像他这样出类拔萃的人才，不效法伊尹、太公那样考虑大的谋略，而只想采取荆轲、聂政那样行刺的小计，因而黄石公深深为张良的不能忍而惋惜，才故意摆出倨傲无礼的姿态，几次刁难，多番考察，屡挫其心，以磨炼他的性格，希望他能学会忍耐，成就大的事业。宋人谢枋得云："主意谓子房本大勇之人，惟年少气刚，不能涵养忍耐……老父之圯下，始命之取履纳履，与之期五更相会，数怒骂之，正所以折之不能忍之气，教之以能忍也。"(《三苏文范》卷七引)这段评议深得苏轼此文结撰之妙谛。

第三段，从正面发意，先选择两则颇有说服力的典实作为论据，以证明能忍可成就大事业。一是楚庄王攻伐郑国，郑伯肉袒牵羊以迎。楚庄王认为郑伯能甘居人下，尊人屈己，必使百姓信服而为其所用，于是收兵，放弃攻伐。一是越王勾践臣妾于吴，三年不倦，卧薪尝胆，忍辱负重，励精图治，终于灭吴，以雪前耻。然后再收束文意，归结到黄石公忧子房才有余而度量不足，故深折其刚锐之气，使之忍小忿而就大谋。在黄石老人的启迪教导下，他能接受像奴仆那样被差遣，并且泰然处之，不以为怪，这当然是秦始皇所不能惊动、项籍所不能激怒的。表明张良已经由不能忍到开始能忍。这样写，既保持着与上段意脉上的联系，在文意上又有新的拓展和延伸。

第四段，再总收文意。作者联系刘、项两家斗争的大背景，将高祖之胜归之于能忍，项籍之败归之于不能忍。高祖之能忍，"此子房教之也"。而韩信求假封为齐王，刘邦之怒变为能忍，也全由张良成全。这雄辩地表明，只有张良完成从不能忍到能忍的过程，才能成就高祖的大事业，以及自己的辉煌功业。不言而喻，这是黄石公当年启迪所结的硕果，这就极大地增强了全文立论的说服力。正如储欣所云："子房不能忍，老人教之能忍，子房又教高祖能忍，文至此，真如独茧抽丝。"（《唐宋八大家类选》卷五）

第五段，以张良状貌如妇人女子，反衬张良非凡的志气，用闲笔作结，横生情趣，不失为曲中奏雅、锦上添花之妙笔。

统观全文，作者对张良的评论不免失之偏颇。因为刘、项之争，刘胜项败的因素是多方面的。诸如双方战略、战术运用是否正确，内部是否团结，将士是否用命，社会舆论与人心向背，以及顺应时代发展的程度等等，都有关系，怎能说是张良一人之能忍而乾坤大定，岂不片面夸大个人在历史上的作用？但话要说回来，虽然张良之能忍并非其性格的主导方面，但是作者毕竟是以独到的眼光抓住了其性格的这一特征，对文章的主旨集中而反复地申说，既有典型史实的征引，也有当代人物的印证，从而使文章纵横跌宕、议论风生、证论形象、逻辑严密，令人读罢不得不承认其言之凿凿，持之有故。

苏轼晚年对于这类文章曾经清醒地认识到："轼少年时，读书作文，专为应举而已。既及进士第，贪得不已……故每纷然诵说古今，考论是非，以应其名耳。……妄论利害，搀说得失，此正制科人习气。譬之候虫时鸟，自鸣自已，何足为损益。"（《答李端叔书》）这些话确实道出了此类应举文章之不足。（李如鸾）

贾　谊[①]　论

非才之难，所以自用者实难。惜乎！贾生王者之佐，而不能自用其才也。夫君子之所取者[2]远，则必有所待；所就者大，则必有所忍。古之贤人，皆有可致之才，而卒[3]不能行其万一者，未必皆时君之罪，或者其自取也。

愚观贾生之论，如其所言，虽三代[4]何以远过？得君如汉文[5]，犹且以不用死[6]。然则是天下无尧舜[7]，终不可有所为耶？仲尼[8]圣人，历试于天下，苟非大无道之国，皆欲勉强扶持，庶几一日得行其道。将之荆，先之以子夏，申之以冉有[9]。君子之欲得其君，如此其勤也。孟子去齐，三宿而后出昼，犹曰："王其庶几召我[10]。"君子之不忍弃其君，如此其厚也。公孙丑[11]问曰："夫子何为不豫[12]？"孟子曰："方今天下，舍我其谁哉！而我何为不豫。"君子爱其身，如此其至也。夫如此而不用，然后知天下之果不足与有为，而可以无憾矣。若贾生者，非汉文之不用贾生，生之不能用汉文也。

夫绛侯[13]亲握天子玺，而授之文帝；灌婴[14]连兵数十万，以决刘、吕之雌雄，又皆高帝[15]之旧将。此其君臣相得之分，岂特父子骨肉手足哉。贾生洛阳之少年，欲使其一朝之间，尽弃其旧而谋其新，亦已难矣。为贾生者，上得其君，下得其大臣，如绛、灌之属，优游浸渍[16]而深交之，使天子不疑，大臣不忌，然后举天下而唯吾之所欲为，不过十年，可以得志。安有立谈之间，而遽[17]为人痛哭哉？观其过湘为赋，以吊屈原[18]，纡郁[19]愤闷，趯然[20]有远举[21]之志。其后卒以自伤哭泣，至于夭绝[22]。是亦不善处穷者也。夫谋之一不见用，安知终不复用也。不知默默以待其变，而自残至此。呜呼！贾生志大而量小，才有余而识不足也。

古之人有高世之才，必有遗俗[23]之累。是故非聪明睿哲[24]不惑之主，则不能全其用。古今称苻坚[25]得王猛[26]于草茅[27]之中，一朝尽斥去其旧臣，而与之谋。彼其匹夫，略有天下之半[28]，其以此哉？愚深悲贾生之志，故备论之，亦使人君得如贾谊之臣，则知其有狷介[29]之操，一不见用，则忧伤病沮[30]，不能复振；而为贾生者，亦慎其所发[31]哉。

〔注〕 ①贾谊：洛阳人，时称贾生。西汉政论家。二十岁被汉文帝召为博士，不久升为太中大夫。由于受到守旧权贵的排挤，后被贬为长沙王太傅。四年后，又被召为梁怀王太傅。怀王坠马死，贾谊自伤失职，郁郁而死。有《贾谊集》。 ②所取者：所求取的东西，指功业。 ③卒：终于。 ④三代：夏、商、周三个朝代。 ⑤汉文：汉文帝刘恒，公元前180至157年在位，在他治下出现了“文景之治”的局面。 ⑥以不用死：因为不被皇帝重用而郁郁死去。 ⑦尧舜：传说中的上古两位圣君。 ⑧仲尼：即孔子，名丘，字仲尼，鲁国曲阜人。儒家学派创始人。 ⑨“将之荆”三句：事见《礼记·檀弓上》。意谓孔子失掉鲁国司寇的职位，将去楚国谋求官职，先让子夏去表明意思，再叫冉有去重申意向。子夏，姓卜名商。冉有，名求，字子有。都是孔子的学生。 ⑩“孟子去齐”四句：事见《孟子·公孙丑下》。孟子以“王道”游说齐宣王，不被采用，便辞职离开齐国，但在昼地等待了三天，希望齐宣王改悔。孟子，名轲，与孔子并称“孔孟”。 ⑪公孙丑：孟子的学生。 ⑫豫：喜悦。 ⑬绛侯：即周勃，沛人，随刘邦起义，以军功为将军，封绛侯。他与灌婴诛杀企图夺取政权的吕产、吕禄等人，率群臣迎立刘恒为天子，即汉文帝。文帝时，他任右丞相。 ⑭灌婴：睢阳（今商丘市睢阳区）人，从刘邦征战，屡立战功，封颍阴侯。汉文帝时，继周勃为丞相。 ⑮高帝：指汉高祖刘邦。 ⑯优游：从容不迫。浸渍：逐渐渗透。 ⑰遽：突然。 ⑱过湘为赋，以吊屈原：《史记·屈原贾生列传》载，贾谊在朝中受到周勃、灌婴等老臣的排挤，被贬为长沙王太傅。他路过湘江，结合自己的遭遇，写下了《吊屈原赋》。 ⑲纡（yū）郁：缭绕的样子。 ⑳趯然：超然。趯，通“跃”。 ㉑远举：高飞，此指退隐。 ㉒夭绝：早死。 ㉓遗俗：超脱世俗。 ㉔睿哲：明智。 ㉕苻坚：十六国时前秦皇帝，357—385年在位。 ㉖王猛：字景略，北海剧县（今山东昌乐西北）人，官至前丞相。 ㉗草茅：指民间。 ㉘略有天下之半：苻坚于370年灭前燕，376年灭前凉、代，统一了北方，与东晋形成南北对峙的局面。 ㉙狷介：孤高，洁身自好。 ㉚病沮：颓废，沮丧。 ㉛所发：所作所为。

嘉祐六年（1061），苏轼经欧阳修推荐参加制科考试，在进呈《进策》二十五篇的同时，又献《进论》二十五篇，《进论》中有不少史论之作，《贾谊论》就是其中之一。其时作者仅二十六岁，正处于春风得意、英姿勃发、急于用世之时，故对历史人物多作出新颖警拔的评论。虽然不一定达到了唐顺之所谓须有一段千古不可磨灭之见，然后能剿绝古今，独立物表（《答茅鹿门知县二》）的史论高度，然而其新颖卓立、才气纵横，也不失为史论中的上品。

这篇文章围绕汉文帝时著名才士贾谊“不能自用其才”来立论，作者高明之处在于绕开了传统的思路，不从贾生的怀才不遇、沦落伤悼着手，不将批评的矛头指向贾谊所处的时代及君王的昏聩和朝臣的庸玩等，而是反其意而行之，转而从贾生自身找原因，因此得出了迥然不同的结论。开篇即自占高步，思路开阔，立论新异：“非才之难，所以自用者实难。”指出贾生虽有王佐之才，可惜不能自用其才。这样的开头，起到惊耸警众的效果。作者认为“君子之所取者远，则必有所待；所就者大，则必有所忍”。即人才要想自用其才，则必须善于等待，要学会忍受。也就是孟子所说的“天将降大任于斯人也,必先苦其心志,劳其筋骨,饿其体肤,空乏其身”之意。因为不经过艰辛痛苦的磨炼,难成大才。接着作者认为古代的贤人一般都具有可致之才,而不能为世所用,不一定是时君之罪,往往是咎由自取。以贾谊为例,他的言论确实高卓千古,若能实行,则可以达到三代那样的治世,而他遇到的是汉文帝那样的“明君”,却“以不用死”,说明责任不在君,而在贾生自己。因为退一步说:难道天下没有尧舜,就终究不能有所作为吗?像孔子那样积极谋求用世,“知其不可而为之”;像孟子那样“方今天下,舍我其谁”的自信,才是正确的态度,君子应该既要为追求理想而奋斗,又要自爱其躯,在这样不断追求、各种方法都用尽的前提下,如果还不为世用,则“知天下之果不足与有为”,才能无憾于人生。而贾生不能进退裕余地应对,竟以暂时的废弃不用而死,所以是“非汉文之不用贾生,生之不能用汉文也”。从而论证了人才能用君王也是其“自用”的必要条件,强化了人才贵自用的观点。

第二段(第三自然段),荡开一层,分析贾谊时代的历史背景。文帝是在老将周勃和灌婴的支持下才登上皇位的,这些重臣手握重兵,又亲自诛灭诸吕,才稳固了大汉江山,既功高盖天又君臣相得,超过了父子骨肉手足之情。不过,这些老臣思想保守故步自封,已经成为当时社会发展的阻力。文帝要革除弊政,就得弃旧谋新,但这在当时显然是难以实现的。而贾生想一朝去其旧臣进行改革的愿望,虽然用心良好,但必定以失败告终。那么为贾生计,应当“上得其君,下得其大臣”,然后“优游浸渍而深交之”,最终实现自己的宏图大志。可是贾生竟然性急,想顷刻之间改变现状,谋一不为用,就痛哭流涕,以至自残致死。贾生面对挫折的令人痛心的表现,显示他“志大而量小,才有余而识不足”。这里的“识”并非指贾生《治安策论》中的那种通识,而是指对当时历史环境、条件缺乏认识。再次强化、巩固了“人才贵自用”的观点。

第三段(第四自然段)再荡开一层,提出“非聪明睿哲不惑之主,则不能全其用”的观点。引用王猛相苻坚的例子,说明明君如果能像苻坚那样“一朝尽斥去其旧臣,而与之谋”,则“略有天下之半”的理想不难实现。这实际上一方面反证了贾生的才高,揭示出贾生的身世之悲,同时其现实的目标则在于警示君王应该正确对待“狷介之士”,因为这些人“一不见用,则忧伤病沮,不能复振”,实为重大的损失。因此人才的自用与君王的睿智相辅相成。此文作于作者即将踏入仕途之时,当然也有隐以贾生自警自喻之意,而主要的还是要以贾生为镜。观其后来的人生道路,黄州、惠州、儋州之贬,作者始终能隐忍自爱,不坠其志,也不能说没有从贾生身上吸取教训。

刘勰说:“论之为体,所以辨正然否……故其义贵圆通,辞忌枝碎。……论如析薪,贵能破理。斤利者,越理而横断;辞辨者,反义而取通。”(《文心雕龙·论说》)苏轼此论可以说达到了“义贵圆通”“反义而取通”的要求。纵观全文,高屋建瓴,紧紧围绕中心逐层展开,正反结合,不横生枝蔓,但又能从不同侧面强化“人才贵自用”的观点。而且在论述过程中对贾生的遭际屡次叹息,指出贾生的不能自用,实际上是希望他能够大用,同时也警醒像贾生一样的人才要“慎其所发”,要善于等待。当然,从总体上看作者还是站在保守派的立场上来立论的,并没有考虑到贾谊提出的《治安策》的进步意义,而是以承认汉文帝为明君,承认现存制度难以动摇为前提,推论贾生的不能待时。与晚唐时代的李商隐《贾生》中“可怜夜半虚前席,不问苍生问鬼神”相比,苏轼的史识确实不够犀利超迈,未能直探历史的本质,未能揭示出正是腐朽的封建制度埋没了真正的人才,在那样的社会“自用其才”又是多么难以实现的一厢情愿的空想。但是,年轻的苏轼在论文中洋溢的才华和积极用世之心以及对贾生命运的同情,还是令人钦佩的。

（吴振华）

刑赏忠厚之至论[1]

尧、舜、禹、汤、文、武、成、康[2]之际,何其爱民之深,忧民之切,而待天下以君子长者[3]之道[4]也!有一善,从而赏之[5],又从而咏歌嗟叹之,所以乐其始而勉其终[6]。有一不善,从而罚之,又从而哀矜惩创[7]之,所以弃其旧而开其新。故其吁俞之声[8],欢忻惨戚[9],见于虞、夏、商、周之书[10]。成、康既没[11],穆王立[12],而周道始衰,然犹命其臣吕侯[13],而告之以祥刑[14]。其言忧而不伤,威而不怒,慈爱而能断,恻然有哀怜无辜之心,故孔子犹取焉[15]。

《传》[16]曰:“赏疑从与,所以广恩也[17];罚疑从去,所以谨刑[18]也。”当尧之时,皋陶[19]为士,将杀人,皋陶曰“杀之”三[20],尧曰“宥之”[21]三。故天下畏皋陶执法之坚,而乐尧用刑之宽。四岳[22]曰:“鲧[23]可用。”尧曰:“不可,鲧方命圮族[24]。”既而曰[25]:“试之。”何尧之不听皋陶之杀人,而从四岳之用鲧也?然则圣人之意,盖亦可见矣。

《书》[26]曰:“罪疑惟轻,功疑惟重,与其杀不辜,宁失不经㉗。"呜呼！尽之矣。可以赏，可以无赏，赏之过乎仁；可以罚，可以无罚，罚之过乎义。过乎仁，不失为君子；过乎义，则流而入于忍人㉘。故仁可过也，义不可过也。古者，赏不以爵禄㉙，刑不以刀锯㉚。赏以爵禄，是赏之道行于爵禄之所加，而不行于爵禄之所不加也。刑以刀锯，是刑之威施于刀锯之所及，而不施于刀锯之所不及也。先王知天下之善不胜赏，而爵禄不足以劝㉛也；知天下之恶不胜刑，而刀锯不足以裁㉜也。是故疑则举而归之于仁，以君子长者之道待天下，使天下相率而归于君子长者之道，故曰忠厚之至也。

《诗》㉝曰："君子如祉，乱庶遄已。君子如怒，乱庶遄沮㉞。"夫君子之已乱㉟，岂有异术㊱哉？制其喜怒，而无失乎仁而已矣。《春秋》㊲之义，立法贵严，而贵人贵宽，因其褒贬之义以制赏罚㊳，亦忠厚之至也。

〔注〕 ① 刑赏忠厚之至论：此是嘉祐二年(1057)苏轼应礼部科举考试的试卷。 ② 尧、舜、禹、汤、文、武、成、康：此是先秦以前各代的贤君。尧，传说中父系氏族社会后期部落联盟领袖，陶唐氏，名放勋，史称唐尧，后选舜为其继位人。舜，传说中父系氏族社会后期部落联盟领袖，姓姚，有虞氏，名重华，史称虞舜。禹，姓姒，亦称大禹、夏禹，原为夏后氏部落领袖，治水有功，舜选其为继承人。汤，又称武汤、武王、成汤，商朝建立者。文，周文王，商末周族领袖，姓姬，名昌。武，周武王，周文王之子，西周王朝建立者，建都于镐(今陕西西安沣河以东)。成，周成王，西周之君，名诵，其父武王死时，因其年幼，由叔父周公旦摄政，巩固了西周王朝。康，西周之君，成王之子，名钊，在位时继续推行成王的政策，加强了统治，即为"成康之治"。 ③ 长者：敦实厚道之人。 ④ 道：此指先王的政治主张。 ⑤ 赏之：奖赏他。 ⑥ 勉其终：勉励他坚持到底。 ⑦ 哀矜惩创：以怜悯之心对其进行惩戒。哀矜，怜悯。惩创，惩罚引以为戒。⑧ 吁俞之声：表示慨叹赞同的声音。吁俞，语气词。 ⑨ 欢忻惨戚：欢欣快乐悲伤凄切。忻，同"欣"。 ⑩ 虞、夏、商、周之书：指《尚书》。《尚书》为儒家经典，是中国上古历史文献和部分追述古代事迹著作的汇编。 ⑪ 既没：已经去世。 ⑫ 穆王立：周穆王继位。周穆王，康王之孙，昭王之子，名满。相传他曾命吕侯作《吕刑》。又曾西击犬戎，东攻徐戎，使国力大衰。后世传说他曾周游天下。 ⑬ 吕侯：一作甫侯。周穆王时任司寇。 ⑭ 祥刑：即慎刑、善刑，慎用刑罚。《书·吕刑》："有邦有土，告尔祥刑。" ⑮ 犹取焉：别本为"犹有取焉"。 ⑯《传》：解说经义的文字。 ⑰"赏疑从与"二句：意谓欲赏而有疑，宁可给予，以使恩德广被。语出《汉书·冯野王传》。 ⑱"罚疑从去"二句：意谓欲罚而有疑，宁可不罚，以使刑罚慎重。谨刑，即慎用刑罚。 ⑲ 皋陶(yáo)：一作咎繇，传说中东夷族的首领。偃姓，相传曾被舜任为掌管刑法的官。 ⑳ 三：三次，多次。 ㉑ 宥(yòu)之：宽赦他。 ㉒ 四岳：传说为尧舜时的四方部落首领。一说尧臣羲和之四子，分掌四方诸侯。尧为领袖时，四岳推举舜为继承人。舜继位后，四岳又推举禹帮助舜。 ㉓ 鲧：亦作鮌。传说中部落首领。由四岳推举，奉尧命治

水。他用筑堤防水法，九年未成，被舜杀死在羽山。一说他与其子禹同为治水有功之人。㉔方命圮(pǐ)族：言因违命而危害族人。语出《书·艺典》。方命，违命、抗命。圮族，毁害族类。　㉕既而曰：不久又说。　㉖《书》：指《尚书》，儒家经典之一。　㉗"罪疑惟轻"四句：意谓判罪时还有可轻可重的疑问，就从轻量刑；赏功时如有可轻可重的疑问，就从重赏赐。与其杀害没有罪的人，宁可失之于没守正法度。失，失误。不经，没守正法度。语出《尚书·大禹谟》。　㉘忍人：残忍之人。　㉙爵禄：指爵位俸禄。　㉚刀锯：刑具、刑法。　㉛劝：指提倡、勉励。　㉜裁：裁断。　㉝《诗》：《诗经》，儒家经典之一。《诗经》原称《诗》《诗三百》，为我国第一部诗歌总集。　㉞"君子如祉"四句：为《诗经·小雅·巧言》中的第二章的后四句，全诗共六章。原诗前两句在后，后两句在前，引用时颠倒了。意思是：君子如嘉奖好人，祸乱就会很快平定；君子听了谗言如能发怒，祸乱或许很快停止。祉，福、嘉奖。遄(chuán)已，很快停止、消失。庶，差不多，将近。遄沮(jǔ)，很快停止。　㉟已乱：阻止动乱。　㊱异术：不同、特殊的办法。　㊲《春秋》：儒家经典之一。编年体春秋史。文字简约，寓有褒贬之意，后世称"春秋笔法"。　㊳"因其"句：依照《春秋》的褒贬之义来制定赏罚的办法。

此文是嘉祐二年(1057)，苏轼二十二岁考礼部进士时在考场写的文章。主考官是诗文革新运动的主将欧阳修，他以主考官身份对应考文体进行了改革，将有益时政、平易质朴的文章选为上乘，将一些险怪奇涩、号称"太学体"的时文加以贬斥。苏轼因此文纵横捭阖的论述有益时政，颇得欧阳修赏识，被擢登进士榜。

《刑赏忠厚之至论》这一考题，出自《尚书·大禹谟》孔安国的注文："刑疑附轻，赏疑从重，忠厚之至。"年轻的苏轼颇有政治抱负，主张人才"以识度为先"，文章"以体用为本"，自言"独好观前世盛衰之迹，与其一时风俗之变，自三代以来颇能论著"(《上韩太尉书》)。苏轼此文，析理透辟，雄辩滔滔，博采史书，谈锋锐利。全文可分三部分：第一部分(第一段)提出文章主旨"爱民之深，忧民之切，而待天下以君子长者之道也"，从而指出"刑赏忠厚之至"的出发点是"爱民之深，忧民之切"，是历代圣贤的治国之道。而且以咏叹开头，非同凡响，感人至深。吴楚材、吴调侯在《古文观止》中说："正是忠厚处，一篇主意，在此一句。"孙琮评曰："以咏叹作冒。"(《山晓阁选宋大家苏东坡全集》卷二)因"爱民""忧民"才可能"刑罚忠厚"。下面就论述赏罚的目的：有一善，就赏，为的是在其初始时即表示欢迎，在其终了时予以鼓励；有一不善，就罚，为的是怜悯他，惩戒他，使他弃旧图新。也就是说赏罚不是目的，而是教育的手段，是"爱民之深，忧民之切"使之如此。故而赞许悲戚之声，可见于《书经》。即或到了周穆王，周道渐衰之时，仍命其臣在《吕刑》中，记载着慎用刑罚之事。这就是孔子提倡的仁。此部分以先王的刑赏忠厚的事典为例来立论。孙琮评曰："其忠厚之意历衰世而犹存，此是暗应法。"(《山晓阁选宋大家苏东坡全集》卷二)

第二部分(第二至第三段),从如何实行刑罚忠厚之至来谈。论证时以“疑”字立骨,《古文笔法百篇》说:“‘疑’字点睛,到底不脱。”这里分两层,第一层以《传》所提的“赏疑从与”“罚疑从去”角度来谈。也就是当赏而疑,就给予赏;当罚而疑,就不罚。《古文观止》评曰:“就‘疑’字见出忠厚来,篇中不出此意。”这样做的目的在于“广恩”“慎刑”,自然刑赏忠厚之至。此段立论先引用语典,然后举出两个事典:一个是尧之时,掌刑官皋陶在执法时,说了三次“杀”,尧则说了三次“宥”(赦免),于是天下欢迎尧用刑之宽。一个是四岳推荐用鲧,尧开始认为不可用,后又试用之。这从可杀可不杀的不杀,可用可不用的用之,论说圣人如何刑赏宽厚。孙琮评曰:“此是暗锁法。”(《山晓阁选宋大家苏东坡全集》卷二)第二层以《书》所提的“罪疑惟轻”“功疑惟重”角度来谈。也就是罪可疑的,则从轻罚之;功可疑的,则从重赏之。《书经》说“与其杀不辜,宁失不经”,也就是说可杀可不杀时,就不杀,免得杀了无辜,即使自受失法之责。李扶九说:“上引《传》,此引《书》,皆见忠厚之意。”(《古文笔法百篇》)以下论述为什么“罪疑惟轻,功疑惟重”:在可赏可不赏时,赏了是仁,是君子;在可罚可不罚时,罚了就超法度,就成了残忍之人。下面又从如何赏罚进行论述:“赏不以爵禄,罚不以刀锯。”然后又进一步论述为什么:“先王知天下之善不胜赏,而爵禄不足以劝也;知天下之恶不胜刑,而刀锯不足以裁也。”最后总结道:疑罚疑赏都要“归之于仁”,此就是刑赏忠厚之至。

第三部分(第四段)谈君子如何做。先引《诗经》的话,意思是君子嘉奖好人,乱子很快就消亡;君子如谴责谗言,乱子很快就消灭。因此君子要从自身做起。最后又引《春秋》“立法贵严,而责人贵宽”之义,结束刑赏忠厚之至的论述。孙琮评此曰:“题无剩义,笔有余情。此真惨淡经营之久,而出以得意疾书者。”(《山晓阁选宋大家苏东坡全集》卷二)

此文在布局谋篇、立论说理、行文用典、议论抒情结合等方面均具特色。

一、立论有据,层层深入。全文围绕中心论点,爱民忧民,待天下以君子长者之道,才是刑赏忠厚之至。在第一段以先王赏善慎刑,孔子取其“仁”而论述。此段着重谈刑赏的出发点。第二部分谈如何进行赏罚,引用《传》中的“赏疑从与,罚疑从去”,《书》中的“罚疑惟轻,功疑惟重”,从不同角度立论,又举出各种论据(有道理,有事例),层层深入地进行论述,指出如此才能刑罚忠厚之至。第三部分又从君子自身如何做,从用“仁”教化治民而非加以刀锯的角度,进一步论述刑罚忠厚之至。过珙云:“读长公文,须学其安顿法,结构法,及触处波澜,有余不尽之意,细玩其文得之。若徒貌其一泻千里之势,则失之矣。”(引自《古文评注》

卷四十)高塘《唐宋八家钞》卷七云:“首段论冒,次段援古,三段发论,末段收结。”

二、引经据典,活脱有力。本文是考场答卷,苏轼博闻强记,在考场不翻阅资料的情况下,旁征博引经典有八处之多。有的是语典,如《传》曰,《书》曰,《诗》曰;有的是事典,概括叙述历史事实,如尧、舜、禹、汤之爱民与忧民,穆王的祥(慎)刑,《春秋》的褒贬之义,四岳举荐鲧等,绝大多数引典无误,使论点论据增强了说服力,但因在考场上,凭记忆也有差误之处,但不影响全文论证效果。如引用《诗经》有误,原文应是“君子如怒,乱庶遄沮。君子如祉,乱庶遄已”。再如皋陶三次说“杀之”,尧三次说“宥(赦)之”之事,历史上有此事,但不是尧与皋陶,而是周公与有司之事。《礼记》中《文王世子》载周公对于公族判刑的仪式:“有司谳于公,其死罪,则曰:‘某之罪在大辟。’……公曰:‘宥之’。有司又曰‘在辟。’公又曰:‘宥之’。有司又曰:‘在辟’。及三宥,不对走出。致刑于甸人。公又使追之曰:‘虽然,必赦之。’有司对曰:‘无及也。’”

三、叙事、议论、抒情结合,自然圆畅。张伯行《唐宋八大家文钞》卷八评:“东坡自谓文如行云流水,即应试论可见,学者读之,用笔自然圆畅。”茅坤《苏文忠公文钞》卷一七评曰:“东坡试论文字,悠扬宛宕。”沈德潜评:“文势如川云岭月,其出不穷。”(《唐宋八大家文读本》卷二十)此与其将叙事、议论、抒情紧密结合,理深情重有关。如第一段“何其爱民之深,忧民之切,而待天下以君子长者之道也”;又如第二段在叙述皋陶三曰杀,尧三曰宥之后,写道“故天下畏皋陶执法之坚,而乐尧用刑之宽”,此在议论中抒情,具有感人之力量。　(赵慧文)

平　王　论

太史公[①]曰:学者皆称周伐纣[②],居洛邑[③],其实不然。武王营之[④],成王使召公卜居之[⑤],居九鼎[⑥]焉,而周复都丰、镐[⑦]。至犬戎败幽王,周乃东徙于洛[⑧]。

苏子[⑨]曰:周之失计,未有如东迁之缪[⑩]者也。自平王至于亡,非有大无道者也[⑪]。髭王[⑫]之神圣,诸侯服享,然终以不振,则东迁之过也。昔武王克商,迁九鼎于洛邑,成王、周公复增营之[⑬]。周公既没,盖君陈、毕公更居焉[⑭],以重王室而已,非有意于迁也。周公欲葬成周,而成王葬之毕[⑮],此岂有意于迁哉?

今夫富民之家,所以遗其子孙者,田宅而已。不幸而有败，至于乞假[16]以生可也，然终不敢议田宅。今平王举文武成康之业而大弃之，此一败而鬻田宅者也[17]。夏商之亡，皆五六百年，其先王之德，无以过周，而后王之败，亦不减幽、厉[18]，然至于桀[19]、纣而后亡。其未亡也，天下宗[20]之，不如东周之名存而实亡也。是何也？则不鬻田宅之效[21]也。

盘庚之迁也，复殷之旧也[22]。古公迁于岐[23]。方是时，周人如狄人也，逐水草而居[24]，岂所难哉。卫文公东徙渡河，恃齐而存耳[25]。齐迁临淄[26]，晋迁于绛，于新田[27]，皆其盛时，非有所畏也。其余避寇而迁都，未有不亡。虽不即亡，未有能复振者也。

春秋[28]时，楚大饥[29]，群蛮叛之，申、息之北门不启[30]？楚人谋徙于阪高[31]。蔿贾[32]曰："不可。我能往，寇亦能往。"于是乎以秦人巴人灭庸[33]，而楚始大。苏峻之乱，晋几亡矣，宗庙宫室，尽为煨烬[34]。温峤欲迁都豫章[35]，三吴之豪欲迁会稽[36]，将从之矣，独王导[37]不可，曰："金陵[38]，王者之都也。王者不以丰俭移都，若弘卫文大帛之冠[39]，何适而不可。不然，虽乐土为墟矣。且北寇[40]方强，一旦示弱，窜于蛮越，望实皆丧矣。"乃不果迁[41]，而晋复安。贤哉导也，可谓能定大事矣。

嗟夫平王之初，周虽不如楚之强，顾[42]不愈于东晋之微乎？使[43]平王有一王导，定不迁之计，收丰镐之遗民，而修文武成康之政，以形势[44]临东诸侯，齐、晋虽强，未敢贰[45]也，而秦何自霸哉？魏惠王畏秦，迁于大梁[46]；楚昭王畏吴，迁于都[47]；顷襄王畏秦，迁于陈[48]；考烈王畏秦，迁于寿春[49]，皆不复振，有亡兆焉。东汉之末，董卓劫帝迁于长安，汉遂以亡[50]。近世李景[51]迁于豫章，亦亡。吾故曰：周之失计，未有如东迁之谬者也。

〔注〕 ① 太史公：即司马迁，西汉史学家、思想家、文学家。引文见《史记·周本纪》。② 周伐纣：公元前166年正月底，周武王姬发伐纣，纣兵倒戈，仅用了一个月就消灭了商朝。纣，殷纣王，商朝的亡国之君，淫乱好色，凶恶残暴。 ③ 洛邑：古地名，在今河南洛阳市。④ 武王营之：周武王伐纣灭商，曾在洛邑扎营驻兵。 ⑤ 成王使召公卜居之：《史记·周本纪》云："成王在丰，使召公复营洛邑。"召公，又作"邵公""召康公""太保召公"，燕国始祖，姬姓

名奭，因最初采邑在召(今陕西岐山西南)，故称召公或召伯。助周武王灭商，功成，受封于燕地。成王时为太保，与周公分陕而治。自陕以西，召公主之；自陕以东，周公主之。卜居，用占卜的方式选择地址。　⑥ 九鼎：亦名“九宝”，古代象征国家政权的传国之宝。《史记·封禅书》：“禹收九牧之金，铸九鼎。”相传成汤迁九鼎于商邑，周武王迁于洛邑，周显王四十二年，九鼎沉于泗水彭城下。　⑦ 丰、镐(hào)：都是西周的都城。丰，亦作“酆”，故址在今陕西西安市西北。镐，亦作“鄗”，故址在今陕西西安市西。　⑧“至犬戎”二句：在西周即将灭亡的前夕，幽王宠爱褒姒，废掉申后和太子宜臼(即东周平王)，改立褒姒子伯服为太子。宜臼逃到母家申侯处，幽王讨伐申国，欲杀宜臼，引起了申侯的叛乱。申侯联合缯与犬戎攻周，杀幽王于骊山下，西周遂亡。平王宜臼靠诸侯之力，东迁洛邑，建立东周。犬戎，西周北方的戎狄族，经常入侵，威胁西周的都城镐京。徙，迁移。　⑨ 苏子：苏轼自称。子，古代男子的通称，可称人，也可称己。　⑩ 缪：通“谬”，荒谬。　⑪“自平王”二句：自平王以至东周灭亡，其间二十五个国王，没有一个是无道昏君。　⑫ 髭王：即周灵王，简王之父，一生下来就有髭须，因爱子夭折，哀伤而死。在位期间，周王朝日益衰败，各诸侯国通过战争扩张势力，大诸侯国无视周天子。⑬ 成王、周公复增营之：周灭商后，周公在洛阳县东筑造新城，名叫“成周”，安置商之顽民。又在西边筑造王城。周公，姓姬名旦，周文王之子，武王之弟。是西周初年的政治家、思想家。因以周太王所居地(即今陕西岐山东北为其采邑)故称周公。　⑭“周公既没”二句：周公死后，君陈等居成周，继续监视商顽民，防备其叛乱。君陈，周公之子，伯禽之弟。毕公，周文王第十五子。　⑮“周公欲葬”二句：周公希望死后葬于成周，结果葬于毕。毕，地名，文王墓地，在今陕西省西安市附近。　⑯ 假：借。　⑰“今平王”二句：此句言平王不能守祖宗传留之业，放弃国都以东迁，就如同败落的富家子弟出卖父祖留下的田宅一样。文、武，指周文王，周武王，周朝开国之君。成、康，指周成王、周康王。成康时期，是周朝的兴旺时期，史称“成康之治”。鬻(yù)，卖。　⑱ 不减幽、厉：比幽王、厉王更坏。幽，指周幽王，宣王之子，平王之父，西周亡国之君，沉湎酒色，宠爱褒姒而亡国。厉，指周厉王，西周第十位国王，在位三十七年，一说十七年，残酷暴虐，致使国内爆发“国人暴动”，之后逃到周朝边境的彘(今山西霍州)，并死于此。⑲ 桀：即帝履癸，夏代亡国之君。　⑳ 宗：朝见。　㉑ 不鬻田宅之效：此以不鬻田宅喻不迁都。效，结果。　㉒“盘庚”二句：阳甲死，其弟盘庚立，他主张从河北迁回河南的殷(河南安阳市小屯村)。商汤原居商邱(今河南商丘)，这次迁回殷，所以说是“复殷之旧也”。盘庚在殷实行商汤之政，国泰民安，号称“中兴之主”，之后，商又称“殷”。　㉓ 古公迁于岐：古公，即古公亶父，是上古周族的领袖，即周太王，也就是周文王之祖父。原居豳(bīn)(今陕西旬邑西)，因戎狄侵逼，他不愿百姓为战争而牺牲，就率众迁于岐山下周原(今陕西岐山)。建筑城郭，开荒种地，使周强盛起来。因此，周文王尊他为太王。　㉔ 逐水草而居：追逐水草而迁居，指游牧生活。　㉕“卫文公”二句：戎狄入卫，卫文公举国东渡黄河，靠齐桓公的帮助，在楚丘建城市，造宫殿，国家殷富。卫文公，即姬辟疆，春秋时卫国国君，后改名燬，前659—前635年在位。㉖ 齐迁临淄：齐国迁都临淄。《史记·齐太公世家》：“献公元年，因徙薄姑都，治临淄。”临淄，今山东淄博市临淄区。　㉗“晋迁于绛(jiàng)”二句：晋武公由曲沃并入晋，献公建都绛(今山西翼城)，后又迁都新田(今山西曲沃南)。　㉘ 春秋：战国前的一个历史时期，即前722—前481年。　㉙ 饥：饥荒灾年。　㉚ 申、息之北门不启：申，申城，故址在今河南省南阳市北。息，息城，故址在今河南息县南七里。启，开。　㉛ 阪高：地名，即“长阪”，在今湖北当阳东北。㉜ 蔿(wěi)贾：字伯嬴，春秋时楚人，孙叔敖之父。引文见《左传·僖公二十七年》。　㉝ 巴人灭庸：巴，春秋时代的小国，地在今川东、鄂西一带。庸，古代小国，曾随同武王伐纣，春秋时地处巴、秦、楚三国之间，国都上庸，在今湖北竹山东。前611年，被楚国利用巴、秦之力所灭。㉞“苏峻”四句：苏峻，长广掖县(今山东莱州)人，字子高。王敦叛乱前夕，苏峻先后为东晋淮陵内史和兰陵相。西晋末年，率众南渡，元帝任为鹰扬将军。以破王敦功，进使持节、冠军将军、历阳内史，有锐卒万人。庾亮执政，解除他的兵权，征为大司农。他于咸和三年(328)，以讨庾亮为名，与祖约起兵反晋，攻入建康(今江苏南京)，大肆杀掠并专擅朝政。不久温峤、陶侃起兵讨伐，他战败被杀。煨烬，即灰烬。　㉟温峤欲迁都豫章：温峤，字太真，太原祁县(今山西祁县东南)人，司徒温羡的侄子、刘琨的姨夫。性聪敏，有识量。西晋末与石勒战，有功。后平王敦有功被封建宁县开国公。成帝咸和二年，苏峻反，京师倾覆，峤与陶侃合兵靖难。晋成帝咸和四年(329)四月，病终于江州任上，“江州士庶闻之，莫不相顾而泣”。豫章，地名，治今江西南昌市。　㊱三吴之豪欲迁会稽：三吴，指吴兴、吴郡、会稽(据《水经注》四十《浙江水》)。会稽，今浙江绍兴市。　㊲王导：字茂弘，晋朝琅邪临沂(今属山东)人，晋南渡后，任安东司马，他主动出谋划策，联合南北士族，拥立司马睿为帝(晋元帝)，建立东晋政权。王导官居宰辅，总揽元帝、明帝、成帝三朝国政。晋明帝时，任司徒，进位太保，受遗诏，与庾亮共辅幼主(即成帝)。他反对迁都。　㊳金陵：晋都，在今江苏南京市。　㊴卫文大帛之冠：卫文，即卫文公。大帛之冠，《左传·闵公二年》：“卫文公大布之衣，大帛之冠。”此“大帛”谓白布冠，此处形容卫文公生活俭朴。　㊵北寇：指石勒，字世龙，羯族，上党武乡(今属山西)人，为十六国后赵始主。初归效刘渊，据有襄国，后杀刘曜自称帝，拥有冀并幽司豫兖青徐雍秦十州之地。十六国中，最为强盛。在位十五年卒，谥明帝。他曾攻打洛阳。　㊶不果迁：即“果不迁”。果，果然。㊷顾：难道还。　㊸使：假若。　㊹形势：这里指丰、镐在地理方面的优势。　㊺贰：怀有二心。　㊻“魏惠王”二句：魏惠王，名罃，魏武侯子。在位时，秦、赵、齐经常入侵，都城安邑近秦，于是迁都大梁，即今河南开封市。　㊼“楚昭王”二句：楚昭王，名珍，在位时，吴兵攻入郢都，惧吴，迁都鄀。鄀(ruò)，在湖北宜城东南。　㊽“顷襄王”二句：楚顷襄王时，秦将白起攻占郢都，于是楚迁于陈城。陈，即今河南淮阳。　㊾“考烈王”二句：楚考烈王，顷襄王之子，惧怕秦国，迁都于寿春。寿春，即今安徽寿县。　㊿“东汉之末”三句：东汉末年，董卓挟献帝把国都从洛阳迁到长安。　51 李景：一般写作李璟，初名景通，字伯玉，徐州(今属江苏)人。五代时南唐中主，在位十九年，与其子李煜齐名，世称南唐二主，俱为著名词人。

苏轼于众多典籍中，尤钟情于史。少年时尝言己“及壮大，不能晓习世事，独好观前世盛衰之迹，与其一时风俗之变”(《上韩太尉书》)；晚年则“勤至手书司马氏《史记》，班氏《汉书》”(《东坡志林》卷四)。深厚的史学修养与超迈独立之气相结合，便形成了苏轼纵横捭阖的史论文章。

而这篇《平王论》则是其史论的代表作之一，本文选自《东坡志林》，苏轼在生前称此书为《志林》，但并未完稿，由后人辑成，宋刊《经进东坡文集事略》收有十六则，明刊《东坡七集》收有十三则，都是史论。茅坤曾说过：“余览《志林》十三首，按年谱，子瞻由南海归后所作。”(《唐宋八大家文钞·苏文忠公文钞》卷一二)但袁行霈先生主编的《中国文学史》则把其中多篇史论如《平王论》《留侯论》《贾谊论》等视为早年的作品(参看袁行霈主编《中国文学史》第二版，56页)，此处存疑。本文在各选本中标题不一，今从郎晔《经进东坡文集事略》及茅坤《唐宋八大家文钞》作《平王论》。

苏轼为什么要写这篇《平王论》，它的写作背景又是什么呢？我们必须要对他所处的历史年代有个清楚的了解。宋朝自建国以来就边患不断，更致命的是朝廷在大部分时间竟又推行“守内虚外”的政策，致使宋朝从未摆脱辽和西夏等北方少数民族政权的困扰，特别是辽国频繁骚扰和入侵。所以每到京城危急之时，统治者不是想着如何主动迎敌，而是想纳币求和，苟延残喘，不行了就想着迁都以避敌之锋芒。著名的例子如宋真宗景德元年(1004)，辽国对宋发动了一次大规模的入侵，并越过许多宋朝坚守的州县，向黄河边挺进，大有直逼北宋都城汴京之势。这时宋廷举朝震恐，大臣们在这危急时刻产生了主张迁都逃跑和坚决抵抗两种对立的意见。参知政事王若钦是江南人，主张迁都金陵；签枢密院事陈尧叟是四川人，主张真宗跑到成都，最后在寇准的坚持下，真宗勉强亲征才击退敌寇。但胜利的果实却化为签订“澶渊之盟”这一屈辱妥协的结局，而迁都以避敌的声音也并未从此消失。

对于这种耻辱的历史现实，知识分子表现出了极大的关注和担忧。苏轼是反对南迁的，所以就想用平王东迁的例子来给宋朝统治者敲响警钟，他认为，不去抗击敌寇而是一味想着迁都只能导致国家的灭亡。写此文，也正是想以古鉴今。

苏轼在文章起笔处就引司马迁在《史记·周本纪》的一段话，即周朝在平王时期东迁洛邑，是因为之前犬戎打败了幽王，而平王即位以后无力御敌才出此策。这就为自己在后面的论述打下一个基调，同时也寻求了一个有力的理论、事实依据。然后再摆出自己的观点：“周之失计，未有如东迁之缪者也。”指出平王东迁乃是周王朝灭亡的征兆和最根本的原因。因为苏轼认为在东周在位的二十五个国王当中，没有一个是无道昏君，周朝灭亡并非因为国王的昏庸与暴政。而后举武王、周公、君陈、毕公对洛邑的态度来说明他们并非是有意于迁都洛邑，只是由于政治形势的需要，作为前引司马迁所说的“学者皆称周伐纣，居洛邑，其实不然”的具体论证。在这里，苏轼和司马迁的论述互为对方的支持，文章显得十分周密。

接着把平王放弃国都而东迁洛邑比作破败的富家子弟出卖祖传田宅一样，丢掉了持家立身的根本，从此一蹶不振也就不奇怪了。夏商王朝的前期君主的德行比不过周的先主，而后期的国王比周厉王和幽王更残暴，但是在夏商还没灭亡的时候，王权还是很集中的，不像东周那样名存实亡。东周为什么会出现这种局面呢？苏轼说其乃“鬻田宅之效也”，是因为把国都东迁到洛邑的缘故。东周与历史上以荒淫暴虐著名的夏桀、商纣时期相比，其地位甚至不如，通过这种比较来强调平王把国都东迁洛邑是致使周朝丧国的根本原因，这一独特的观点发前人所未发，也激发了读者的阅读兴趣。

接着苏轼为了证明自己的论点，而在时间的长河中不断地搜寻着相似的历史轨迹。他以大半的篇幅把古往今来各个朝代迁都的历史及其后果一一道来，显示了他出色的历史观。盘庚迁于殷，古公亶父迁于岐，卫文公东徙渡河，齐献公迁临淄，晋武王迁于绛、于新田，这些都并非避寇而迁都，所以虽迁无害。这几句只是简单带过，为后文之过渡而已。一句"其余避寇而迁都，未有不亡。虽不即亡，未有能复振者也"立于文中，承上启下，俨然文章的警句，振聋发聩。然后再用一大段文字论述两个曾畏敌而思迁却最终未迁都，最终国家"复安"甚至国力"始大"的例子，来论证不能因畏敌而迁都，借以反衬周平王迁都的失策。文末从古至近世一鼓作气排列了魏惠王、楚昭王、楚顷襄王、楚考烈王、东汉及李璟等六个因畏敌而迁都，最终招致日趋败亡的史实，来进一步论证迁都并不是御敌的最好办法。最后一句"周之失计，未有如东迁之谬者也"是文章起始"苏子曰"的重复，首尾呼应，既起到了强调的作用，又深化了作者的观点，引人深思，苏轼渊博的历史知识及超强的思辨能力在这里也一展无遗。

文章在纷纭复杂的历史论述中并没有给人以杂乱的感觉，而是条次井然，用"迁"字一线贯穿。茅坤说："此文以'迁'之一序为案，以无畏而迁者五，以有畏而不果迁者二，以畏而迁者六，共十三国，以错证存亡处，如一线矣。"（同前）可谓中肯之语，可惜的是，苏轼在此文的担心在不久以后还是变成了事实，宋朝的迁都临安偏隅一方而最终亡国，证明了他的预见性。

其实平王东迁，并不是像司马迁、苏轼等人所说的仅仅是因为犬戎的入侵，也不是像《史记·周本纪》中所说的周幽王死后平王即迁往洛邑，它的历史背景和经过很复杂。平王东迁是有一个过程的。幽王死后，实际上是有个"周二王并立"的时期，即平王与由虢公翰拥立而为戎人支持的携王相对立。携王为晋文侯所杀后，平王并没有恢复西都丰镐，而是东迁洛邑。那是因为丰镐不仅残破，而且邻近西戎和正在崛起的秦国，不如迁往东都洛邑安全。另外，洛邑位居天下之中，经济发达，支持周王室的晋、郑、卫等国都在洛邑附近。所以平王东迁乃是上策。在西周王朝覆灭之后，东周还在洛邑存在五个多世纪之久，平王东迁所带来的深远影响于此可见一斑，所以苏轼认为平王东迁乃是周朝灭亡的最本质的原因，其实是有些偏颇的。但苏轼看到了极为关键的一点，那就是平王东迁，把丰、镐旧地完全放弃，丰、镐人民也未随迁，因此，平王在成周建国只有"晋郑焉（是）

依”(《左传·隐公六年》)。另外,他又将东部王畿大部分地区陆续封赐给晋、郑、卫等国和追随他的一些贵族大臣,以此作为对他们挽救王室功劳的酬报,并寻求他们的继续支持。后又将岐西地赠予秦伯。至此,周王室也就堕于诸侯卵翼之下。苏轼在文中所发出的“使平王有一王导,定不迁之计,收丰镐之遗民,而修文武成康之政,以形势临东诸侯,齐、晋虽强,未敢贰也,而秦何自霸哉?”这一感叹就是针对此而发。之后春秋战国的混战也是文中所谓“东周之名存而实亡”的恶果。从这个角度说,苏轼认为平王东迁为周朝败亡的根本原因也有一定的道理。

苏轼的文论观强调“有为而作”,要求“言必中当世之过”,充分发挥其“疗饥”“伐病”的社会作用。他赞赏贾谊、陆贽之学,因为他们的文章能“论古今治乱,不为空言”(《亡兄子瞻端明墓志铭》)。黄庭坚说:“东坡文章妙天下,其短处在好骂,慎勿袭其轨也。”(《答洪驹父书》)虽是批评之语,但却反映出苏轼文章内容的现实性及其用世之心。他的史论即是其中的代表,或总结历史兴亡经验教训,或评述历史人物是非功过,以古鉴今,现实针对性强,且往往爱翻新出奇,突破陈说,有时甚至故作惊人之语。如《留侯论》谓圯上老人是秦时的隐者,折辱张良是为了培育其坚忍之性;《贾谊论》一反同情贾谊的传统观点,批评贾谊不知默然自持,自取疏废。最后即呼吁人主怜才,又劝贾生者慎其所发,对激进者可谓良言。这类文章写得汪洋恣肆,雄辩滔滔,最能体现苏轼渊博的知识和横放的才思,而诸如《平王论》等文不但有上述特点,而且其前瞻性更赋予此类史论以更深远的历史眼光,显得更为厚重。

(刘振娅　刘　城)

范　增[①]　论

汉用陈平[②]计,间楚君臣,项羽[③]疑范增与汉有私,稍夺其权。增大怒,曰:“天下事大定矣,君王自为之,愿赐骸骨[④]归卒伍[⑤]。”归未至彭城[⑥],疽[⑦]发背死。苏子[⑧]曰:增之去,善矣,不去,羽必杀增,独恨其不早耳。然则当以何事去?增劝羽杀沛公[⑨],羽不听,终以此失天下。当以是去耶?曰:否。增之欲杀沛公,人臣之分也。羽之不杀,犹有君人之度[⑩]也,增曷为[⑪]以此去哉?《易》曰:“知几其神乎[⑫]!”《诗》曰:“相彼雨雪,先集维霰[⑬]。”增之去,当于羽杀卿子冠军[⑭]时也。

陈涉[⑮]之得民也,以项燕[⑯]、扶苏[⑰]。项氏之兴也,以立楚怀王孙心[⑱],而诸侯叛之也,以弑义帝[⑲]。且义帝之立,增为谋主矣。义帝之存亡，岂独为楚之盛衰，亦增之所与同祸福也。未有义帝亡，而增独能久存者也。羽之杀卿子冠军也，是弑义帝之兆也。其弑义帝，则疑增之本[20]也，岂必待陈平哉！物必先腐也，而后虫生之；人必先疑也，而后谗入之。陈平虽智，安能间无疑之主哉？

吾尝论：义帝，天下之贤主也。独遣沛公入关，而不遣项羽，识卿子冠军于稠人[21]之中，而擢以为上将，不贤而能如是乎？羽既矫[22]杀卿子冠军，义帝必不能堪[23]，非羽弑帝，即帝杀羽，不待智者而后知也。增始劝项梁立义帝，诸侯以此服从，中道而弑之，非增之意也。夫岂独非其意，将必力争而不听也。不用其言，而杀其所立，羽之疑增，必自是始也。

方羽杀卿子冠军，增与羽比肩[24]而事义帝，君臣之分未定也。为增计者，力能诛羽则诛之，不能则去之，岂不毅然大丈夫也哉！增年七十，合则留，不合则去，不以此明去就之分，而欲依羽以成功，陋[25]矣。虽然，增，高帝之所畏也，增不去，项羽不亡，呜呼！增亦人杰也哉！

〔注〕 ① 范增：秦末农民战争时期为项羽的主要谋士，被尊为“亚父”。后项羽中刘邦的反间计，范增被削弱权力，继而愤怒辞官，途中病死。 ② 陈平：西汉阳武(今河南原阳东南)人，足智多谋，屡以奇计辅佐刘邦定天下，为汉朝的开国勋臣。 ③ 项羽：名籍，字羽，下相(今属江苏宿迁西南)人。楚国大将项燕之孙，其祖世为楚国将军，随叔父项梁起义，与刘邦争天下，自封为西楚霸王。后在垓下被围，突围至乌江自刎身亡。 ④ 愿赐骸(hái)骨：古人向君王提出辞官申请的隐语。骸骨，指代身体。 ⑤ 归卒伍：回乡做平民，此指辞官归隐乡里。卒伍，周代军队编制，五人为伍，百人为卒。后泛指军队，文中指有军籍的平民。 ⑥ 彭城：今江苏徐州市。 ⑦ 疽(jū)：指痈疽，一种毒疮，多由于喜怒不定、阴阳失调而导致“五脏不调”所造成的。 ⑧ 苏子：苏轼自称。 ⑨ 沛公：指刘邦。秦末，陈胜吴广建立“张楚”政权后的一个月，刘邦和萧何、曹参等人攻取沛县(今江苏徐州市西北部)，刘邦被拥为首领，人称沛公。⑩ 君人之度：君王的度量。度，胸襟，器量。 ⑪ 曷为：同“何为”，即为何，为什么。曷，同“何”。 ⑫ 知几其神乎：能看到事情发生的征兆，那是接近神明了！此句出自《易·系辞》。几，预兆、征兆。 ⑬ 相彼雨雪，先集维霰(xiàn)：此二句出自《诗经·小雅·頍弁》，原句为“如彼雨雪，先集维霰”。意谓如果准备下雪了，那水汽一定会先集成小雪珠。霰，小雪珠，多在下雪前或下雪时降落。 ⑭ 卿子冠军：即宋义。战国时，曾任楚国令尹，秦二世二年，楚怀王以之为上将军，项羽为鲁公，为次将，范增为末将，救赵，诸别将皆属宋义。宋义是上将军，在诸将之上，故称为“卿子冠军”，后被项羽矫楚王令杀害。卿子，是当时对人的尊称。 ⑮ 陈涉：名陈胜，阳城(今河南登封东南)人，秦末农民起义领袖，建立张楚政权，后被叛徒庄贾杀害。

⑯ 项燕：下相（今江苏宿迁西南）人，战国末年楚国名将，项羽之祖父。后抵御秦将王翦的大军，兵败被杀。一说为自杀。 ⑰ 扶苏：秦始皇长子，本为太子，但前210年冬，秦始皇病逝后，弟弟胡亥为谋夺帝位而与奸臣赵高伪造诏书，逼其自杀。 ⑱ 楚怀王孙心：指熊心，战国时楚怀王熊槐的孙子。前208年，熊心在旧楚国将领项梁的协助下重新建立楚国，仍号楚怀王。秦亡后，虽名为楚主，但实为项羽的傀儡。前206年，被项羽尊为义帝。同年8月，被项羽指使英布等人杀害。 ⑲ 义帝：即熊心。 ⑳本：最根本的原因。 ㉑ 稠人：众人。 ㉒ 矫(jiǎo)：假托，诈称。 ㉓堪：忍受。 ㉔ 比肩：并肩。引申为地位相等。指义帝遣众将去救赵时，项羽为次将，范增为末将，两人同为义帝的臣下，为同僚关系，并非日后的君臣关系。㉕ 陋：见识低下浅薄。

本文选自《东坡志林》中的“论古十三首”，题为《论范增》。一本作《论项羽范增》。现据《经进东坡文集事略》，作《范增论》。

苏轼的这篇文章虽以范增为论述对象，但并非着力评价其生平功过，而是以范增该何时离开项羽为论述的中心及重点。文章开始即写范增因项羽受到陈平离间计之挑拨，而招致项羽的猜疑，继而愤怒出走之事。可谓是开门见山，直接引出中心论题——“去”。那范增该不该离开项羽呢？苏轼用一句“增之去，善矣”表示了肯定，转而又用“独恨其不早耳”表达了自己的遗憾之情。既然这样，那么苏轼认为范增什么时候离开才最为合适呢？接着他就围绕着这个“去”字做足了文章。

开篇写“去”，这里推进一层写“何时去”。苏轼先提出一个假设，即“增劝羽杀沛公，羽不听，终以此失天下。当以是去耶？”项羽在鸿门宴上没有听范增之言杀掉刘邦，以致放虎归山，招致了“失天下”的败局。范增是否应在项羽没有听自己意见的时候离开呢？苏轼答曰“否”。因为他觉得范增劝项羽杀刘邦以铲除后患，这是尽了一个臣子的责任，而项羽下不了手则显示了“君人之度”，“增曷为以此去哉？”

否定了这个假设，苏轼随后引用了《易经》和《诗经》的两句话。《易》曰：“知几其神乎！”能看到事情发生的征兆是接近神明的啊！《诗》曰：“相彼雨雪，先集维霰。”意为下雪之前一定会先落下小雪珠。这两句话都表明了预见征兆的重要性，而苏轼也借此来暗示范增在这方面做得不够，不是在最正确的时间离开项羽。这两句引言即可作为前文论述的延伸，也可作为后文论述的引子，苏轼就以此来引出范增应离开项羽的征兆——“于羽杀卿子冠军时也”。

接着，苏轼引用《史记·陈涉世家》与《史记·项羽本纪》中的历史记载，在秦末农民大起义的历史背景下，通过陈涉借项燕、扶苏之名号以得民心之事，推出相类似的事实，即项氏因立义帝而兴，因弑义帝而诸侯叛之。由义帝又引出范增，因为义帝乃范增劝项梁所立，所以义帝与范增的关系是很密切的，甚至可以说是“同祸福”。苏轼认为，既然义帝被杀死了，哪有范增“能久存”的道理？项羽杀“卿子冠军”，是将杀义帝之兆，而杀义帝的时候，已经是开始怀疑范增了。通过这一严密的推理，苏轼认为“增之去，当于羽杀卿子冠军时”，可谓是让人信服。然后他以“物必先腐也，而后虫生之；人必先疑也，而后谗入之”的道理作为论证“陈平虽智，安能间无疑之主哉”的理论依据，陈平离间计的得以实施，就是因为项羽在杀卿子冠军时已经对范增有了怀疑、防备之心。

文章似乎到这里可以结尾了，但苏轼又加了一段，对义帝、范增和宋义的关系进行更详细、深入地论述，这是否多余重复了呢？当然不是！因为之前苏轼论述“羽之杀卿子冠军也，是弑义帝之兆也。其弑义帝，则疑增之本”的时候，由于文势的需要而没有说明其中缘由，所以苏轼在这里进行更充分的分析。苏轼先论述项羽杀义帝乃不义之举，因为义帝是“贤主”，从他“独遣沛公入关，而不遣项羽”和“识卿子冠军于稠人之中，而擢以为上将”两件事为证。通过论述义帝为“贤主”的原因，来引出义帝和宋义的关系。义帝尝“召宋义与计事而大说之”，故在一次救赵国的行动当中，宋义被义帝任命为上将，项羽为鲁公，为次将，范增为末将。诸别将皆属宋义，所以宋义得了一个“卿子冠军”的美誉。可见，义帝是多么地信任宋义！而项羽竟然矫义帝旨向诸将说宋义与齐谋反楚，借故杀了宋义，这怎能让义帝忍受？所以这时义帝和项羽肯定是势不两立的。立义帝是范增出的主意，弑义帝是他不愿看到的，所以他必定会出言劝阻，而项羽没有听他的话而杀掉他所劝立的人，可见，项羽对他的怀疑是从这里开始的。文章到这里，已显得豁然开朗了。

但苏轼仍意犹未尽，又摆出一条范增于“羽杀卿子冠军”时应离开项羽的理由，那就是他和项羽在当时都是同僚，并肩事义帝，而不是后来的君臣关系。所以范增当时如有能力的话，可以杀掉项羽，不行就离开，这不也是大丈夫的所为吗？而范增不明此中道理，还想投靠对自己已有疑心的项羽以获得功名，可谓见识浅陋啊！在一长篇论范增“不知几”、不能于正确时机离开项羽，为范增感到惋惜之后，苏轼也不吝褒奖之辞，赞范增乃“人杰”。因为他的才能让刘邦畏惧，范增在项羽身边一天，项羽就不会灭亡。这么高的评价，表达了苏轼对范增的赏识之情。这一抑一扬中极尽曲折变化之妙。此写法，也得到了时人的称道，宋代的吕祖谦在《古文关键》卷下曾云：“大凡作汉唐君臣文字，前面若说他好，后面须说他些子不好处，此论前说增不足道，后却说他好，乃放他一线地。”

据《春渚纪闻》载，苏轼曾对刘景文说：“某平生无快意事，唯作文章，意之所到，则笔力曲折，无不尽意，自谓世间乐事无逾此者。”这篇六百多字的小文章，围绕着范增何时该离开项羽，苏轼确实写得是“行于所当行，常止于不可不止”，随意挥洒而又妙趣横生。自问自答，否定了自己提出范增应于鸿门宴离开项羽的假设，但不急于提出“当于羽杀卿子冠军时”离开的观点，而是借《易经》、《诗经》的话使文章作个停顿，让读者对苏轼责范增的不明征兆不会感到突然，而且宕开下文论述。又在论述宋义、义帝和范增的关系时，由一人引出另一人，三人之间的存亡又彼此相联。最后于一抑一扬之中结束全文。整篇文章叙事环环相扣，暗藏伏笔，推理严密，意思层层递进深入，让人看得是透透彻彻，十分“尽意”。所以刘熙载在《艺概・文概》中所说的“欧文优游有余，苏文昭晰无疑”即为此意。

而关于范增是否为人杰，各人有自己不同的看法，洪迈《容斋随笔》卷九“范增非人杰”条就说：“世谓范增为人杰，予以为不然。夷考平生，盖出战国纵横之余，见利而不知义者也。始劝项氏立怀王，及羽夺王之地，迁王于郴，已而弑之，增不能引君臣大谊，争之以死。怀王与诸将约，先入关中者王之，沛公既先定关中，则当如约，增乃劝羽杀之，又徙之蜀汉。羽之伐赵，杀上将宋义，增为末将，坐而视之。坑秦降卒，杀秦降王，烧秦宫室，增皆亲见之，未尝闻一言也。至于荥阳之役，身遭反间，然后发怒而去。呜呼，疏矣哉！东坡公论此事伟甚，犹未尽也。”而明代的王世贞在《读书后》卷一“书苏子范增论后”条对范增应于项羽杀卿子冠军时离去而提出异议：“（项羽）坑秦卒二十万人，失仁。失仁，法不足以取天下，（范增）一当谏也。违义帝之约而王汉王楚，失信。失信，法不足以取天下，二当谏也。弑义帝失义。失义，法不足以取天下，三当谏也。谏不从则去之，去之而无忿懥之迹以完其身可耳。若杀卿子冠军，何以去也？”

其实，不论苏轼对范增的看法正确与否，都已不重要了，因为在苏轼的很多史论中，结论的错对并不是关键，重要的是他要在文章中显示自己对历史的独特见解及史论才能。苏轼一生都喜欢写史论文章，爱评论古代的兴衰治乱和帝王将相，他说：“独好观前世盛衰之迹，与其一时风俗之变，自三代以来，颇能论著。”（《上韩太尉书》）故秦始皇、汉高帝、伊尹、周公、乐毅、韩非、留侯、贾谊、晁错、扬雄、诸葛亮、韩愈等无不在他的笔下出现过。但凭着他渊博的知识和不喜与人同的个性，这些评述古人功过是非的文章又显得新奇独特，不囿于前人之说。有些立意尖新，实属翻案之作；有些论述则过于牵强，反映了作者的书生之见，连苏轼在《答王庠书》中也说：“某少时好议论古人，既老，涉地更变，往往悔其言之过。”人们对这些作品也是褒贬不一。但不可否认的一点是，这些“诵说古今，考论是非”（《答李端叔书》）的文章基本上反映了苏轼行文奔放自如、析理清晰透彻和文辞流畅犀利等特点。此篇《范增论》可为代表。宋代的谢枋得就说:“此是东坡海外文字,一句一字增减不得,句句有法,字字尽心,后生只熟读暗记此篇,义理融明,音律谐和,下笔作文,必警世绝俗。”(《文章轨范》卷三) (刘振娅 刘 城)

策 略[1] 一

臣闻天下治乱,皆有常势[2]。是以天下虽乱,而圣人以为无难者,其应之[3]有术也。水旱盗贼,人民流离,是安之[4]而已[5]也。乱臣割据,四分五裂,是伐之[6]而已也。权臣专制,擅作威福,是诛之[7]而已也。四夷交侵[8],边鄙[9]不宁,是攘之[10]而已也。凡此数者,其于害民蠹国[11],为不浅矣。然其所以为害者有状[12],是故其所以救之者有方[13]也。

天下之患,莫大于不知其然而然[14]。不知其然而然者,是拱手[15]而待乱也。国家无大兵革[16],几百年矣。天下有治平之名,而无治平之实,有可忧之势,而无可忧之形,此其有未测者也。方今天下,非有水旱盗贼、人民流离之祸,而咨嗟怨愤,常若不安其生[17]。非有乱臣割据、四分五裂之忧,而休养生息,常若不足于用[18]。非有权臣专制、擅作威福之弊,而上下不交[19],君臣不亲。非有四夷交侵、边鄙不宁之灾,而中国皇皇[20],常有外忧。此臣之所以大惑[21]也。

今夫医之治病,切脉观色,听其声音,而知病之所由起,曰此寒也,此热也,或曰此寒热之相搏也,及其他,无不可为者。今且有人恍然而不乐,问其所苦,且不能自言,则其受病有深而不可测者矣。其言语饮食,起居动作,固无以异于常人,此庸医之所以为无足忧[22],而扁鹊[23]、仓公[24]所以望而惊也。其病之所由起者深,则其所以治之者,固非卤莽因循苟且[25]之所能去[26]也。而天下之士,方且掇拾三代[27]之遗文,补苴[28]汉唐之故事[29],以为区区之论[30]可以济世[31],不亦疏[32]乎?

方今之势,苟不能涤荡振刷[33],而卓然有所立[34],未见其可也。臣尝观西汉之衰,其君皆非有暴鸷淫虐之行[35],特以怠惰弛废[36],溺于晏安[37],畏期月之劳[38],而忘千载之患,是以日趋于亡而不自知也。夫君者，天也[39]，仲尼[40]赞《易》[41]，称天之德，曰："天行健，君子以自强不息[42]。"由此观之，天之所以刚健而不屈者，以其动而不息也。惟其动而不息，是以万物杂然各得其职而不乱。其光为日月，其文为星辰，其威为雷霆，其泽为雨露，皆生于动者也。使天而不知动，则其块然者[43]将腐坏而不能自持，况能以御万物哉！苟天子一日赫然奋其刚健之威，使天下明知人主欲有所立[44]，则智者愿效其谋，勇者乐致其死[45]，纵横颠倒[46]无所施而不可[47]。苟人主不先自断于中[48]，群臣虽有伊[49]、吕[50]、契[51]、稷[52]，无如之何[53]。故臣特以人主自断而欲有所立为先[54]，而后论所以为立之要[55]云。

〔注〕①策略：策是一种文体，始于汉。宋仁宗嘉祐六年(1061)，苏轼应制科试，针对当时社会弊病，而作《策》二十五篇，计《策略》五，《策别》十七，《策断》三。　②常势：一定的情势。　③应之：指对付天下之乱。　④安之：指安抚人民、处置灾难。　⑤而已：罢了。　⑥伐之：讨伐乱臣。　⑦诛之：诛杀权臣。　⑧四夷交侵：指外敌交相侵乱。四夷，古指东夷、西戎、南蛮、北狄，旧对华夏以外的少数民族的蔑称。　⑨边鄙：僻远之地，指边境。　⑩攘之：排除边乱。　⑪蠹(dù)国：侵害国家。　⑫有状：有形状、表现。　⑬有方：有办法。　⑭不知其然而然：不知其真实情况是什么样子。　⑮拱手：原指双手在胸前相抱以示敬意，此指无所作为。　⑯大兵革：大的战乱。　⑰不安其生：不安定的生活。　⑱不足于用：物品供应不足。　⑲上下不交：指君臣之间不能交融。　⑳中国皇皇：指宋朝之大。皇皇，大也。　㉑大惑：大为困惑。　㉒所以为无足忧：认为不足忧虑的原因。　㉓扁鹊：战国时医学家，姓秦，名越人，勃海郡郑人，有丰富的医疗实践经验，《史记》有传。　㉔仓公：西汉初期医学家。姓淳于，名意，齐临菑(今山东临淄)人。曾任齐太仓令，故又称仓公。其辨证审脉，治病多验。《史记》有传。　㉕卤莽因循苟且：鲁莽、守旧、随意。　㉖去：指排除疾病。　㉗三代：指夏、商、周三个朝代。　㉘补苴(jū)：补缀。　㉙故事：旧日的先例，此指前朝的典章制度。　㉚区区之论：不足道的议论、主张。　㉛济世：有利于社会。　㉜疏：粗疏。　㉝涤荡振刷：指涤荡旧的，振奋刷新。　㉞卓然有所立：指高超远见的政策。　㉟暴鸷淫虐之行：残暴淫虐的行为。　㊱怠惰弛废：懈怠懒惰松懈废弃。　㊲宴安：安逸享乐。　㊳期(jī)月之劳：谓短期辛劳。期，一整月或一整年。　㊴君者，天也：国君是天。　㊵仲尼：即孔子。姓孔，名丘，字仲尼。　㊶《易》：即《易经》，儒家经典之一。　㊷"天行健"二句：语出《易·乾》。孔颖达疏："行者，运动之称。……天行健者，谓天体之行昼夜不息，周而复始，无时方退。"古以帝王为天，"天行健"谓君主应运动不息，始能刚健。　㊸块然者：孤立独处。　㊹人主欲有所立：指国君打算有所作为。　㊺乐致其死：高兴地牺牲自己。　㊻纵横颠倒：犹言左右逢源，办事极顺利。　㊼无所施而不可：想干什么都可施行。　㊽自断于中：自己心中做出决断。　㊾伊：商初大臣伊尹。名伊，尹是官名。传说出身奴隶，商汤任以国政，帮助汤灭夏桀。　㊿吕：指吕尚，即姜子牙，辅佐周武王灭商有功，封于齐。　(51)契：传说中商的始祖。曾助禹治水有功，被舜任为司徒，掌管教化。　(52)稷：即后稷，古代周族的始祖。曾

在尧、舜时代做农官，教民稼穑。 ⑬ 无如之何：没有办法，无奈何。 ⑭ 欲有所立为先：要把治国策略最先确立。 ⑮ 要：指治国要务，重要事项。

此文是苏轼经欧阳修推荐于宋仁宗嘉祐六年(1061)参加制科考试，献上的《进策》之一。所献《进策》《进论》各二十五篇，系统地提出了自己的革新主张。《进策》二十五篇中计《策略》五，《策别》十七，《策断》三。《策略》五篇，带有总论性质，提出了治国理民的总政策。但各篇的议论中心各不相同。此《策略一》主要分析了当时的政治形势，提出了自己的主张。孙琮曰："此是策略第一篇，如策略之冒，只笼统大略说。至条列治之详，则于下四篇悉文。"(《山晓阁选宋大家苏东坡全集》卷四)

本文中心论点：君主应审时度势，涤旧振新，卓然有立，即治国理民，必须革新。为此，在第一段先泛论古代圣人的治国策略。"治乱""皆有常势"，"天下虽乱"，圣人"应之有术"。开头总提古代圣人治乱有术，下面用四个排比句写"水旱盗贼""乱臣割据""权臣专制""四夷交侵"之乱，及"安之""伐之""诛之""攘之"等不同的治乱之术。最后指出此数乱有"害民蠹国"之危险，但为害有状，治之有方。此段所写圣人治乱之术，不仅为下面所写的北宋形势作了铺垫，而且为君主之涤旧振新，卓然有立作了张本。

第二段从北宋政治形势来论述："天下有治平之名，而无治平之实"，此乃总的形势。以下从几个方面来谈：无水旱盗贼，而人民怨声载道；无乱臣割据，而国家财力不足；无权臣专制，而君臣上下离心离德；无四夷交侵，而常有外忧。而最大危险在于"天下之患，莫大于不知其然而然。不知其然而然者，是拱手而待乱也"。"拱手待乱"四个字，振聋发聩。指出认清北宋政治形势，卓然有立，加以革新，已到了刻不容缓的地步。作者当时虽仅二十六岁，但对当时政治形势分析透辟，有胆有识地指出"天下有治平之名，而无治平之实"。储欣云："宋立国本弱，而仁宗在位，蒙业养安，将有优柔不振之弊。此篇说当时国势处，字字切中，与苏秦、贾生比肩矣。"(《唐宋八大家类选》卷六)

第三段以医生看病为喻谈治国必须知因，了解实情，对症下药。为了进一步论述"天下之患，莫大于不知其然而然"，使君主认识"天下有治平之名，而无治平之实"的严重性，特以医生看病为例，知病因病状者好治，不知病因病状就会病入膏肓，使"扁鹊、仓公所以望而惊"。在此段最后指出："而天下之士，方且掇拾三代之遗文，补苴汉唐之故事，以为区区之论可以济世，不亦疏乎?"以反诘句道出了依照古法不能济世，只有革新才是出路的深意。

第四段提出全文中心论点："涤荡振刷，而卓然有所立"。也就是要君主荡涤旧的，创立新的政策。本段开头"方今之势，苟不能涤荡振刷，而卓然有所立，未见其可也"，此从反面提出了中心论点，更峭然有力。在前面层层深入论证的基础上，提出中心论点，水到渠成。下面又举西汉亡于"怠惰""宴安"，从反面论证革新的必要；更从哲学的高度"天之所以刚健而不屈者，以其动而不息也"，进一步论证国家之变革、政治之革新符合天道。最后希望君主要"赫然奋其刚健之威"，进行变革。茅坤云："此则先以人主自断为策略之始。"（《苏文忠公文钞》卷一九）王熙亦评："主术贵于自断。"（《古文渊鉴》卷五十）

全文深刻地分析了北宋当时的形势，提出革新以济世的主张，那他为什么在十年之后的宋神宗熙宁三年（1070）反对王安石的变法呢？其实苏轼在《进策》的其他篇章中，提出了巩固中央、解除边患、改革官制、安万民、厚货财、训军旅等许多具体改革措施，但他主张渐变、缓变；而王安石主张突变、骤变，当然在具体措施上亦有不同。由此可见苏轼的立场，与司马光的完全废除新法的保守立场还是大不相同的。

本文论点鲜明有力，论据翔实，论辩透辟。由古而今，有道理、有事实、有比喻、有典故，多方论证，层层深入，令人折服。康熙《御制文第三集》卷四评曰："理精辞决绝，无悠泛之言。"

骈散结合，气势纵横，是本文的又一特点。如第一段叙"水旱盗贼""乱臣割据""权臣专制""四夷交侵"之乱及"安之""伐之""诛之""攘之"的治乱之术，以铺陈排比的句式行文，气势纵横。又如第二段，分析北宋当时政治形势，亦用"非有……而"等四个排比句，而后用一散句"此臣之所以大惑也"，骈散结合，笔端带着深情，颇为感人。行文中的反诘句亦起了警悚、加强气势的作用，如"以为区区之论可以济世，不亦疏乎？"《御选古文渊鉴》卷五十赞道："文势起伏潆洄，精光溢出。"

（赵慧文）

决　壅　蔽[①]（策别课百官三）

所贵乎朝廷清明[②]而天下治平者，何也？天下不诉而无冤，不谒[③]而得其所欲，此尧、舜之盛也。其次不能无诉，诉而必见察[④]；不能无谒，谒而必见省[⑤]。使远方之贱吏，不知朝廷之高；而一介之小民，不识官府之难，而后天下治。

今夫一人之身，有一心两手而已。疾通疴痒，动于百体之中，虽其甚微，不足以为患，而手随至。夫手之至，岂其一一而听之心哉？心之所以素爱其身者深，而手之所以素听于心者熟，是故不待使令，而卒然[6]以自至。圣人之治天下，亦如此而已。百官之众，四海之广，使其关节脉理，相通为一，扣之而必闻，触之而必应。夫是以天下可使为一身，天子之贵，士民之贱，可使相爱，忧患可使同，缓急可使救。

今也不然。天下有不幸而诉其冤，如诉之于天；有不得已而谒其所欲，如谒之于鬼神。公卿大臣不能究其详悉，而付之于胥吏。故凡贿赂先至者，朝请而夕得；徒手而来者，终年而不获。至于故常之事，人之所当得而无疑者，莫不务为留滞，以待请属。举天下一毫之事，非金钱无以行之。

昔者汉唐之弊，患法不明，而用之不密，使吏得以空虚无据之法而绳天下，故小人以无法为奸。今也法令明具，而用之至密，举天下惟法之知。所欲排者，有小不如法，而可指以为瑕；所欲与者，虽有所乖戾，而可借法以为解。故小人以法为奸。

今天下所为多事者，岂事之诚多耶？吏欲有所鬻[7]而未得，则新故相仍，纷然而不决，此王化之所以壅遏[8]而不行也。昔桓、文[9]之霸，百官承职，不待教令而办，四方之宾至，不求有司。王猛[10]之治秦，事至纤悉[11]，莫不尽举，而人不以为烦，盖史之所记：麻思还冀州，请于猛。猛曰："速装，行矣。"至暮而符下。及山关，郡县皆已被符。其令行禁止而无留事者，至于纤悉，莫不皆然。苻坚[12]以戎狄之种，至为霸王，兵强国富，垂及升平者，猛之所为，固宜其然也。

今天下治安，大吏奉法，不敢顾私。而府史之属，招权鬻法，长吏心知而不问，以为当然。此其弊有二而已：事繁而官不勤，故权在胥吏。欲去其弊也，莫如省事而厉精。省事莫如任人，厉精莫如自上率之。今之所谓至繁，大下之事，关于其中，诉者之多，而谒者之众，莫如中书[13]与三司[14]。天下之事，分于百官，而中书听其治要。郡县钱币制于转运使，而三司受其会计⑮。此宜若不至繁多,然中书不待奏课,以定其黜陟⑯,而关与其事,则是不任有司也。三司之吏,推析赢虚⑰,至于毫毛以绳郡县,则是不任转运使也。故曰:省事莫如任人。

古之圣王,爱日以求治,辨色而视朝,苟少安焉,而至于日出,则终日为之不给。以少而言之,一日而废一事,一月则可知也,一岁则事之积者,不可胜数矣。欲事之无繁,则必劳于始,而逸于终。晨兴而晏罢,天子未退,则宰相不敢归安于私第;宰相日昃⑱而不退,则百官莫不震悚,尽力于王事,而不敢宴游。如此,则纤悉隐微,莫不举矣。天子求治之勤,过于先王,而议者不称王季⑲之晏朝,而称舜之无为;不论文王之日昃,而论始皇之量书⑳。此何以率天下之怠耶?臣故曰:厉精莫如自上率之,则壅蔽决矣。

〔注〕① 壅蔽:堵塞遮蔽。② 清明:清正廉洁的意思。③ 谒:进见请求。④ 察:洞察、昭明。⑤ 省:明白、了解。⑥ 卒然:突然,很快速的样子。⑦ 鬻(yù):卖。⑧ 壅遏:堵塞阻止的意思。⑨ 桓、文:齐桓公、晋文公,皆为春秋霸主。⑩ 王猛:前秦宰相,治国有方。⑪ 纤悉:细微的意思。⑫ 苻坚:十六国时前秦君主。原是氐族首领。字永固,一字文玉。先后灭掉前燕,取仇池;占汉中,取成都;克前凉,定代地。信任王猛,有灭晋统一域内之志。晋太元五年,苻坚大举攻晋,与谢玄等战于淝水,大败而归,国势日衰。后为姚苌所杀。⑬ 中书:宋时期以中书省主文事,枢密院主武事,时称二府。⑭ 三司:宋置盐铁使、度支使、户部使,为掌管财赋之官署。⑮ 会计:管理财务以及出纳等事务。⑯ 黜陟:进退人才。降低官职为黜,升迁官职曰陟。⑰ 赢虚:赢利和亏空。⑱ 日昃(zè):日过正午,太阳开始偏西。⑲ 王季:周文王之父,名季历。他曾"日中不暇食而待士。"(《史记·周本纪》)⑳ 量书:形容国君政务繁忙,文书多到要用秤来计算。

宋仁宗为了选拔高级人才,于嘉祐六年(1061)举行了一次"制科"考试,鼓励人们公开批评朝政,指陈时弊。所有人都可以凭借各部的推荐或提交作品而取得报名的资格。苏轼、苏辙兄弟二人,在欧阳修的荐举下报了名。苏轼进献《进策》二十五篇,包括《策略》《策别》《策断》三部分。《决壅蔽》是《策别》中的一篇。通过考试,苏轼兄弟二人都取得了很好的成绩。后来御试制策,苏轼被取为三等,并给仁宗留下了很好的印象。仁宗曾说:"朕今日为子孙得两宰相矣。"(《宋史·苏轼传》)这一年苏轼仅仅二十六岁。在《决壅蔽》一文中,苏轼阐述了清明治平的政治理想,提出了革除壅蔽,省事厉精的变革主张。表现出一个有理想、有信念、有激情、有思想的热血青年忠君爱国的情怀。

文章的第一句话,苏轼便开宗明义,指出社会最理想的政治状态应该是"朝廷清明而天下治平",具体的内容是什么呢?应该是"天下不诉而无冤,不谒而得其所欲"。普天之下,公平、公正,没有冤屈不平之事;不用央告,人们的合理愿望也都能够得到正常的满足。这样的社会,在历史上只有尧、舜那个时候才存在过并且非常流行,而尧、舜之世也正因此而国家昌盛。

尧、舜是什么时代?只是存在于近乎神话的历史记忆中。想要恢复尧舜的清明治平,显然这个理想远大得有些虚无缥缈。所以苏轼又提出了一个等而下之的"其次"方案:在这个可以企及的理想社会中,可能有诉讼,但是都能得到及时公正的判决;可能有请求,但是通过申诉,能够得到朝廷的明察并及时解决。这样,使得即使是偏远之地地位卑微的小官小吏的意见也能够很顺畅地上达决策者;即使是最普通的黎民百姓,也不觉得官府森严,当官的脸色难看,事情难办。能够这样,天下也就能够治理太平了。这里苏轼主要讲的是下情上达,百姓的疾苦和要求、下层官吏遇到的问题和困难能够及时反映给上层的决策者,使得君王能够耳聪目明,体察民情民意,做出符合民愿的决策。

为了使理想社会的样子更通俗、更形象、更易于理解,苏轼还做了形象的比喻,他说这就像一个人,有一颗心,两只手。全身上下,无论哪里,只要有痛痒,即使极其轻微,手马上就能够到达患处,不必经过反复思考就能进行相关的处置。显然,苏轼是把一个国家的政治比喻成一个人的有机整体。皇帝和朝廷无疑就是神经指挥中枢,而官员就好似是人的手,它们听命并执行中枢的指挥。疾痛疴痒则在下层百姓,他们需要解决的问题就是需"察"之"诉",需"省"之"谒"。这个比喻很形象,也很生动,不仅以通俗易懂的语言论述清楚了君、官、民的关系,而且对各自的本性和职责给予了定位:"心之所以素爱其身者深"——设定朝廷君王都是爱民如子的;"而手之所以素听于心者熟"——设定官员对朝廷和君王的政策都是能够被顺畅、正确地贯彻执行的;"疾痛疴痒,动于百体之中,虽其甚微,不足以为患"——设定百姓们所遇到的问题和社会矛盾都是能够很容易解决的。显然,苏轼是个完美的理想主义者,他在心中对种种关系给予了最大程度的美化:对君而言,不仅仅是关心民瘼,简直将百姓的任何疼痒都当成是我的痛苦,会时刻牵动着我最敏感的神经;对各级官员而言,不仅能够不折不扣地贯彻执行爱民的君意,甚至不等命令,就能够创造性地实施爱民的举措。

理想如此,那么现实实际如何呢?接下来,苏轼指陈时弊。苏轼以"今也不然"为开启,表明现实与理想社会的巨大差异。与古代的清明治平恰恰相反,百姓们遭到迫害不幸,只能求天告地,除此之外无处申冤;有需要反映的民情民意,更是言路阻塞,意见无法上达。原因是朝廷把权力都交给了地方官吏。而这些地方官吏却是只认钱,使得贪污贿赂之风盛行,有钱,事情就办得异常顺利,不管该不该办;没钱,再重大的事也都拖着不肯办。这样就造成了即使按照规定必须办的或者是举手之劳就能办的事也都不办,专等着请客送礼。苏轼形象地描绘出官场极端丑恶的社会现实。贪官污吏受贿之严重,贪赃枉法行为之公开,推诿不为风气之普遍,百姓苦难无处申诉确实都到了令人发指的程度。苏轼分析其中的原因,认为这一切的责任在统治结构的中下层。在宋之前,是法治不健全造成的,法律存在空白,不完善,无法可依,所以小人钻了空子。而到了宋代,法律很完备,但执法不得其人,是造成政令不行的原因。他驳斥了有人所言事情太多的推辞,认为并不是天下的事情太多办不过来了。而是中下层官吏要为权力寻租,不肯真心为朝廷办事,使得百姓心声无法上达,朝廷恩典无法下传。他们才是壅塞上下的绊脚石。

那么如何治理这种弊端呢?苏轼首先标举了两个古代的榜样:一个是齐桓公、晋文公时代的"百官承职",他们德才兼备,各司其位,恪尽职守;另一个是前秦宰相王猛,他治理国家,不仅事必躬亲,而且雷厉风行。凡有变革,令行禁止。只有这样才能够政通人和,国富民强。

而北宋所面临的现实又是怎样的呢?"事繁而官不勤""权在胥吏"。二十六岁的苏轼刚刚从民间来到京城,他对下层生活和广大人民的生存状况是了解的,对中下层官吏欺压百姓虎狼一般的丑恶嘴脸认识是深刻的。但对高层统治集团却因为不了解而抱有太多的美好幻想,认为大官僚们还是奉公守法的,只是大官僚们不肯勤政,州县官吏们就借机贪赃枉法,破坏纲常。于是苏轼提出自己的观点,也是本策论的中心议题——"省事而厉精"。其组织保障和制度保障是"省事莫如任人,厉精莫如自上率之"。苏轼解释,省事就是要用好人,换句话来说就是要选好干部。厉精就是要高级领导振作精神,作出表率。

文章从"今之所谓至繁"至"故曰:省事莫如任人",详细讲述了怎样才能省事。苏轼认为,天下的事情虽然很多,但是如果能够把精干守法的人选拔上来,也就是让那些道德高尚,品质优秀,办事能力强,水平高的人来担任各级官吏,繁杂之事就能各归所属。

那么"厉精"又是什么呢?在文章的最后一段,苏轼具体论述厉精的内容和道理。首先,苏轼仍以三代圣朝为榜样,他指出古代治世明君都是非常勤政的,早出晚归,不肯苟且。而勤政,在苏轼看来是不难的,首先,当朝皇帝有勤政之心,所缺乏的不过是方式方法而已,为此,苏轼举出先朝圣帝为榜样,认为当今圣上应该像古代的圣帝一样，黎明即起，行于早朝；事毕方归，不留拖欠。勤于朝政，处理的事情繁多复杂，而后就能天下太平，享受清静无为的快乐了。值得注意的是，文中的“而议者不称王季之晏朝，而称舜之无为；不论文王之日昃，而论始皇之量书”，在修辞上称为“互文见义”，就是王季、舜、文王、始皇这些个帝王都有共同的特点：晏朝、无为、日昃、量书，即勤政。以“不称……而称……”“不论……而论……”的句式排列，更增加了驳论力量、气势和节奏。苏轼认为只要这样，天下懈怠之风就能尽除。文章最后总结说：“臣故曰励精莫如自上率之，则壅蔽决矣。”如果天子作出了表率，壅蔽堵塞的现象就会彻底消除。

这是一篇政论文，中心论点是：“欲去其弊，莫如省事而厉精。”论证的方法多样化，有正论、有反论、驳论；有类比、纵论，交叉对照。例如，从古尧舜盛世的“天下不诉而无冤，不谒而得其所欲”，到“其次不能无诉，诉而必见察；不能无谒，谒而必见省”，再到“今也不然。天下有不幸而诉其冤，如诉之于天；有不得已而谒其所欲，如谒之于鬼神”，如同厉锥穿物，层层深入，直指时弊，是为纵论。“昔者汉唐之弊，患法不明……故小人以无法为奸”与“今也法令明具，而用之至密……故小人以法为奸”说明有法不行的现实，为“任人”省事做铺垫，是为平行类比。又以“不称……而称……”“不论……而论……”的驳论，来批驳错误，增强自己论据。全文结构严谨，条理清晰，纲举目张，有错综辉映之美；说理论证犹如抽茧剥笋，层层转折，步步深入，有绵密精致之美；语言修辞上运用比喻、互文见义等，手法纯熟贴切，句式铿锵果断，有节奏鲜明辞章华丽之美。

至于所论，苏轼当时毕竟只是一个涉世不深的青年，对皇帝和朝廷公卿贵族的看法不免天真，认为法律无用，将所有希望寄托于“省事”“厉精”的认识不免偏颇。但是，如果让一千年以前的人从政治制度的高度分析判断当时的社会现实，并开出能够医疗时弊的药方显然有失公允，我们不能苛责古人。（傅秋爽）

教战守[①]（策别安万民五）

夫当今生民[②]之患[③]，果安在哉[④]？在于知安而不知危，能逸而不能劳。此其患不见于今[⑤]，将见于他日。今不为之计[⑥]，其后将有所不可救者。昔者先王知兵之不可去也[⑦]，是故天下虽平，不敢忘战。秋冬之隙，致民田猎以讲武[⑧]，教之以进退坐作之方[⑨]，使其耳目习于钟鼓旌旗[⑩]之间而不乱，使其心志安于斩刈[⑪]杀伐之际而不慑。是以虽有盗贼之变，而民不至于惊溃。及至后世,用迂儒之议,以去兵为王者之盛节[12],天下既定,则卷甲而藏之[13]。数十年之后,甲兵顿弊[14],而人民日以安于佚乐[15]。卒[16]有盗贼之警,则相与恐惧讹言[17],不战而走[18]。开元[19]、天宝[20]之际,天下岂不大治,惟其民安于太平之乐,豢于游戏酒食之间[21],其刚心勇气消耗钝眊[22],痿蹶[23]而不复振。是以区区之禄山[24],一出而乘之,四方之民,兽奔鸟窜,乞为囚虏之不暇[25],天下分裂[26],而唐室固以微[27]矣。

盖尝试论之:天下之势,譬如一身。王公贵人所以养其身者,岂不至[28]哉,而其平居常苦于多疾。至于农夫小民,终岁劳苦而未曾告病。此其故何也?夫风雨霜露寒暑之变,此疾之所由生也。农夫小民,盛夏力作,而穷冬暴露[29],其筋骸之所冲犯,肌肤之所浸渍,轻霜露而狎风雨[30],是故寒暑不能为之毒[31]。今王公贵人处于重屋[32]之下,出则乘舆[33],风则袭裘[34],雨则御盖[35],凡所以虑患之具,莫不备至。畏之太甚,而养之太过,小不如意,则寒暑入之矣。是故善养身者,使之能逸而能劳,步趋动作[36],使其四体狃于寒暑之变[37],然后可以刚健强力,涉险而不伤。夫民亦然。今者治平之日久,天下之人骄惰脆弱,如妇人孺子不出于闺门。论战斗之事,则缩颈而股栗[38];闻盗贼之名,则掩耳而不愿听。而士大夫亦未尝言兵,以为生事扰民[39],渐不可长[40]。此不亦畏之太甚,而养之太过欤?

且夫天下固有意外之患也,愚者见四方之无事,则以为变故无自而有[41],此亦不然矣。今国家所以奉西北之虏[42]者,岁以百万计[43],奉之者有限,而求之者无厌[44],此其势必至于战。战者必然之势也,不先于我,则先于彼;不出于西,则出于北。所不可知者,有迟速远近,而要[45]以不能免也。天下苟不免于用兵,而用之不以渐[46],使民于安乐无事之中,一旦出身而蹈死地[47],则其为患必有所不测。故曰天下之民知安而不知危,能逸而不能劳,此臣所谓大患也。

臣欲使士大夫尊尚武勇,讲习兵法。庶人之在官者[48],教以行阵之节[49]。役民之司盗者[50]，授以击刺之术。每岁终则聚之郡府，如古都试之法[51]，有胜负，有赏罚。而行之既久，则又以军法从事。然议者必以为无故而动民，又挠以军法[52]，则民将不安，而臣以为此所以安民也。天下果未能去兵，则其一旦，将以不教之民[53]而驱之战。夫无故而动民，虽有小恐[54]，然孰与夫一旦之危哉[55]？今天下屯聚之兵，骄豪而多怨，陵压百姓而邀其上者[56]，何故？此其心以为天下之知战者，惟我而已。如使平民皆习于兵，彼知有所敌[57]，则固已破其奸谋，而折[58]其骄气。利害之际[59]，岂不亦甚明欤？

〔注〕 ① 教战守：此为《策别》之一篇，苏轼所献《进策》二十五篇，包括《策略》《策别》《策断》三部分。 ② 生民：人类，这里指国民。 ③ 患：指灾难。 ④ 果安在哉：到底在什么地方？果，究竟，到底。 ⑤ 不见(xiàn)于今：不出现、发生于今日。见，现也。 ⑥ 为之计：为它考虑，作防备。 ⑦ "昔者"句：谓古代圣王认识到军备不可废除。先王，指三代(夏商周)时期的帝王。 ⑧ "秋冬之隙"二句：古时秋冬农事毕，集中人民围猎，以讲习武事。《周礼·夏官·大司马》："中秋教治兵，如振旅之阵，遂以迩田，如搜田之法。中冬教大阅，前期，群吏戒众庶修战法。"田，同"畋"，打猎。 ⑨ "教之"句：教给他们作战时前进、撤退、休息和行军之法。《周礼·夏官·大司马》："以教坐作、进退、疾徐、疏数之节"郑玄注："习战法"。 ⑩ 钟鼓旌旗：古代军队用以发号施令的器具。 ⑪ 刈(yì)：割，砍。 ⑫ "以去兵"句：谓(迂儒)认为废除军备是为统治者最可贵的德行。苏轼认为这与孔子答子贡问政所说的"足食足兵"(《论语·颜渊》)的思想是不合的。盛节，最可贵的德行、操守。去兵，解除军备。 ⑬ 卷甲而藏之：把武器装备收藏起来。 ⑭ 甲兵顿弊：武备残损失效。 ⑮ 安于佚乐：安于逸乐的生活。佚，同"逸"。 ⑯ 卒：同"猝"，突然。 ⑰ 讹言：指谣言四起。 ⑱ 不战而走：没有迎战就逃跑了。 ⑲ 开元：唐玄宗年号(713—741)，历史称"开元之治"，此时是唐之盛世。 ⑳ 天宝：唐玄宗年号(742—756)亦是盛唐之时。 ㉑ "豢(huàn)于"句：沉溺在游戏酒食之间。豢，本为圈养牲畜之意，引申为沉溺。 ㉒ 钝眊(mào)：愚钝不明。钝，智力鲁钝。眊，眼睛失神。 ㉓ 痿蹶(wěi jué)：指肢体萎弱，精神不振。 ㉔ 禄山：安禄山，懂九蕃语言，骁勇善战，被幽州节度使张守珪养以为子，因战功受玄宗信任，兼任平卢、范阳、河东三节度使。天宝十四年(755)冬，他从范阳起兵叛乱，入长安，此是唐代著名的"安史之乱"，对唐王朝危害极重。安禄山后被其子杀死。 ㉕ "四方之民"三句：海内承平，百姓不识兵革，猝闻范阳兵起，无不震骇。安禄山所过州县望风瓦解。守令或开门出迎，或弃城而逃，或为所擒戮。事见《新唐书·禄山传》。兽奔鸟窜，喻民奔逃之状。不暇，来不及。 ㉖ 天下分裂：言唐肃宗虽能克复两京，而河朔之地，竟为藩镇所分裂，迄于唐亡，终未能取。 ㉗ 微：衰微。 ㉘ 至：周到。 ㉙ 暴露：暴露于野外。 ㉚ 狎(xiá)风雨：习惯风雨。 ㉛ 毒：苦，困扰。 ㉜ 重屋：高楼。 ㉝ 乘舆：乘车。 ㉞ 袭裘：穿上皮衣。 ㉟ 御盖：张伞。 ㊱ 步趋动作：做缓步或急步等运动。 ㊲ 四体狃(niǔ)于寒暑之变：身体适应寒暑的变化。四体，四肢，指身体。狃，习惯，适应。 ㊳ 缩颈而股栗：缩脖腿抖，畏惧不已。 ㊴ 生事扰民：惹是非，扰百姓。 ㊵ 渐不可长：谓坏事不可滋

长。渐,谓事物渐露端倪。 ㊶ 无自而有:无从发生。 ㊷ 西北之虏:指北宋时的北辽、西夏。 ㊸ 岁以百万计:指北宋王朝每年向北辽、西夏纳币以求和。仁宗庆历时每年向西夏贡奉岁币,计银、绮、绢、茶等二十五万五千,向辽输岁币银二十万两,绢三十万匹。"百万"系指总值、举成数而言。 ㊹ 无厌:不满足。 ㊺ 要:总的说来。 ㊻ 渐:指慢慢训练,使之习惯。 ㊼"一旦"句:有朝一日献身于战场。出身,投身、献身。死地,战场。 ㊽ 庶人之在官者:未授予官职却在官府服役之人,如小吏、差役。 ㊾"教以"句:教给他们行列、队形的法度。 ㊿ 役民之司盗者:指从民间抽调维护治安的人。 (51) 古都试之法:定期集合官兵于都城,演习武事。《汉书·韩延寿传》:"春秋乡射,陈钟(镗)鼓管弦,盛升降揖让,及都试讲武;设斧钺旌旗,习射御之事。"都,郡府所在地。 (52)"又挠"句:又用军法扰乱百姓。挠,扰乱。 (53) 不教之民:即没有经过训练的人。《论语·子路》:"以不教民战,是谓弃之。" (54) 小恐:小的恐惧。 (55)"然孰与"句:然而将民之小的恐惧不满与一旦将以不教之民驱向战场谁更危险呢? (56)"陵压"句:欺压百姓而又向上级邀功请赏。 (57) 敌:力量相抗衡,不分上下。 (58) 折:挫败。 (59) 利害之际:利与害的分别。际,本为界线,引申为分别。

此文是苏轼于宋仁宗嘉祐六年(1061)参加制科考试时所写《进策》中的一篇。苏轼时年二十六岁。宋朝以策论取士,制科是皇帝特诏举行的考试。《进策》计二十五篇,其中包括《策略》《策别》《策断》,本篇名《教战守》(策别安万民五),此题颇有深意,浦起龙曰:"战守,军政也,以为安民策何?习民于兵,兵事实民事也。儒者之论,至宋而绝不言兵。兵籍之分,至宋而安于养乱。"(《古文眉诠》卷六十八)也就是说此篇针对时弊:民不知兵,以至安于养乱,换句话说,要让国家强盛,百姓平安,必须让百姓居安思危,平时受军事训练,以防突发战争,因此"战守"虽是军事,实则亦是民事。沈德潜亦曰:"战,军政也,今入安民策中,得古者兵民合一之理。"(《唐宋八家文读本》卷二十二)

此篇文章针对时弊而发:宋朝自960年开国,到苏轼参加"制策"考试时,已传了四个皇帝,共一百零一年。宋仁宗号称仁君,比较重视人才,注意治理内政,但缺乏明君魄力。对外重赂求安,贪图苟安;对内往往屈服守旧势力,做事多半途而废。宋当时表面上是虚假太平,实际国力日渐衰弱,苏轼针对此种形势提出的是"富国强兵"的建议。茅坤评:"宋之嘉祐间,海内狃于晏安,而耻言兵,故子瞻特发此论。"(《苏文忠公文钞》卷二十二)

"教战守"是文章命题,教民以战守是文章主旨。文章伊始就提出生民之患在于何处?然后作答道:"在于知安而不知危,能逸而不能劳。此其患不见于今,将见于他日。今不为之计,其后将有所不可救者。"针对当时政治形势,提出"教战守"的重要性,然后分别论述。

第一段,引古证今,从历史角度谈。第一层,先从先王不废军备,不敢忘战谈起。这里引用《周礼·夏官·大司马》中有关练兵的记述,说明平日训练民众熟悉军事，一旦发生战争，“民不至于惊溃”，此从正面论述居安思危，教民以战守的重要。第二层，言“迂儒之议”为王者在天下既定之时废除军备，安佚享乐，以致遇乱时则“不战而走”。并引出唐朝“安史之乱”造成由盛而衰的具体史实，从反面论证居安思危，教民以战守的重要性。

第二段，用人身作譬，指出安逸亡身，涉险健身，犹如天下之势，除骄惰，教战守之必要。这里运用农夫小民，终岁劳苦而未尝生病，王公贵人生活安逸而常患疾，以对比法批驳了“教战守”乃“生事扰民”之说。孙琮曰：“若以逸可常耽，而劳不必习，何以贵人豢养，寒暑易乘，农夫作苦，风雨不忌？即身观民，其理显然。”（《山晓阁选宋大家苏东坡全集》卷五）此段采用比喻的方法，进一步论证题旨。

第三段，从当前形势进一步论述“教战守”的必要性。言“天下固有意外之患”，愚者认为天下无事，作者指出“战者必然之势”，此从两层来谈：一、西北有虏，索取无厌，势必战。这里以史事为根据，言之凿凿：“今国家所以奉西北之虏者，岁以百万计，奉之者有限，而求之者无厌，此其势必至于战。”此段文字正如阵廷敬评：“辩析透快，而忠义至性，尤盎然动人。”（《古文渊鉴》卷四九）二、战争不取于我，而出于敌方。为防不测，必须教民以战守。同时有力地批驳了教民以战守是“生事扰民”的谬说。孙琮曰：“以上或引证，或借喻，未及实事。转下言当日之势，必至用兵。”（《山晓阁选宋大家苏东坡全集》卷五）

第四段，谈如何教战守：士大夫应“尊尚武勇，讲习兵法”。也就是说，士大夫应首先提高思想认识，不但不以谈兵为耻，而且要“尊尚武勇”，积极地去宣讲演习兵法，在“宋之嘉祐间，海内狃于晏安而耻言兵”（茅坤《苏文忠公文钞》卷二二）的形势下，这是十分重要的问题。然后谈到基层吏役应“教以行阵”战术，民兵要“授以击刺”之术，每年以郡府为单位进行练兵比武，有赏有罚，并军法行事，如此才能习之有素，做到卫国利民。最后又论及骄兵欺压百姓之事，进一步补充论证，教民以战守，还可抑制屯聚之骄兵。

全文论点明确有力，以论证“教战守”重要性为重点。论证时采用引古证今法，类比论证法，正反论证法，以小喻大法，层层深入，极富逻辑性、论辩性。当然最主要的是作者的论述抓住宋朝重文轻武的时弊，援引西夏、北辽求索无厌，其势必至于战的现实危机，起到了振聋发聩的作用。无怪宋仁宗看了苏轼策论后赞曰为子孙得一宰相之才。过珙评此文曰：“侃侃而谈，利害较然，此真可坐而言，作而行矣。读此则知天下虽平，忘战必危之说，诚为笃论也。”（《古文评注》卷四）

苏轼行文如流水，气势恢宏恣肆，不仅论证时从正、反、侧多方入手，而且文辞精练、生动,善用排比句及骈散结合的句式,如"今王公贵人处于重屋之下,出则乘舆,风则袭裘,雨则御盖","论战斗之事,则缩颈而股栗;闻盗贼之名,则掩耳而不愿听"等等。宗臣云:"此篇文字绝好。词意之玲珑,神髓之融液,恣态之翩跹,各臻其妙。"(孙琮《山晓阁选宋大家苏东坡全集》卷五) (赵慧文)

王安石①赠太傅

敕②:朕式③观古初④,灼⑤见天意。将有非常之大事⑥,必生希世之异人⑦。使其名高一时,学贯千载。智足以达其道,辩足以行其言。瑰玮⑧之文,足以藻饰万物;卓绝之行⑨,足以风动四方。用能于期岁⑩之间,靡然⑪变天下之俗。具官⑫王安石,少学孔、孟,晚师瞿、聃⑬。罔罗六艺⑭之遗文,断以己意;糠秕⑮百家之陈迹,作新斯人。属熙宁⑯之有为,冠群贤而首用。信任之笃⑰,古今所无。方需功业之成,遽起山林之兴⑱。浮云何有⑲,脱屣如遗⑳。屡争席于渔樵,不乱群于麋鹿㉑。进退之美,雍容可观。朕方临御㉒之初,哀疚㉓罔极㉔。乃眷三朝之老㉕,邈在大江之南㉖。究观规摹,想见风采。岂谓告终之问,在予谅暗㉗之中。胡不百年,为之一涕。於戏㉘!死生用舍之际,孰能违天?赠赙㉙哀荣之文,岂不在我。宠以师臣之位,蔚为儒者之光。庶几㉚有知,服我休命。可。

〔注〕① 王安石:宋代政治家、文学家。字介甫,号半山,抚州临川人(今属江西)人。神宗熙宁二年(1069)任参知政事(副宰相),次年任同中书门下平章事(宰相),实行变法。曾罢相,复相,又罢相,后隐居江宁(今江苏南京)。是"唐宋八大家"之一。有《王临川集》。 ② 敕:原意是告诫、嘱咐,后指皇帝的命令、诏书。 ③ 式:语助词。 ④ 古初:远古。 ⑤ 灼:明显。 ⑥ 非常之大事:指熙宁时王安石变法。 ⑦ 希世之异人:指推行新法的王安石。希世,世上少有。 ⑧ 瑰玮:奇伟、卓异。 ⑨ 行:所作所为。 ⑩ 期岁:一整年。 ⑪ 靡然:风吹草偃貌。此指王安石变法迅速推行之状。 ⑫ 具官:唐宋后在公文函牍上,常把应写明的官爵品级简写为具官。 ⑬ 瞿、聃:指佛、老。旧时因释迦牟尼姓瞿昙,故常以瞿昙代指佛,老子名李聃。 ⑭ 六艺:即六经,指《诗》《书》《礼》《易》《乐》《春秋》。此古称儒家经典。 ⑮ 糠秕:米糠和瘪谷。比喻微末无用的人或物。 ⑯ 熙宁:宋神宗年号。 ⑰ 笃(dǔ):深厚、诚实。 ⑱ 山林之兴:指王安石罢相后隐居江宁。 ⑲ 浮云何有:典出《论语·述而》:"不义而富且贵,于我如浮云。" ⑳ 脱屣(xǐ)如遗:典出《淮南子·主术》:"尧举天下而传之舜,犹却行而脱屣也。"屣,鞋。 ㉑ "争席于渔樵"二句:指王安石晚年隐于江宁,与渔人樵夫麋鹿为伍。 ㉒ 临御:指哲宗时刚即位为帝。 ㉓ 哀疚:居丧哀痛。 ㉔ 罔极:指哀思无

限。 ㉕ 三朝之老：言王安石系宋仁宗、宋英宗、宋神宗三朝的老臣。 ㉖ 大江之南：指王安石逝世于江宁。 ㉗ 谅暗：指天子居丧。 ㉘ 於戏：同“呜呼”，表示哀悼。 ㉙ 赠赙(fù)：旧指以财物助人办丧事。 ㉚ 庶几：大约、差不多。

此篇是作者在元祐元年(1086)任中书舍人(掌管起草诏令)时代皇帝起草的关于追赠王安石为太傅的诰命。元丰八年(1085)三月五日神宗逝世，太子赵煦即位为哲宗，年方十岁，高太后权理国事，司马光任宰相，尽废新法。王安石次年(元祐元年)四月六日忧愤抱病而死。同年五月，追赠太傅。此敕是代哲宗草诏，故用皇帝口气为文。全篇既全面概括了王安石一生的伟绩，又肯定了他品德人格方面的“进退之美”，最后表达了对王安石逝世的哀悼之情与追封之意。最重要的是对王安石一生伟绩的赞扬肯定。言其是“希世之异人”，担任“非常之大事”，这两句对王安石及其变法做了极其概括的称颂。王安石是“中国十一世纪时的改革家”(列宁语)，早在仁宗时，他就针对北宋积贫积弱的弊政，写了有名的《上仁宗皇帝言事书》，提出了改革措施。神宗即位后，任用王安石为宰相，使他大展宏图，推行了“均输法”“青苗法”“免役法”“方田均税法”“农田水利法”“市易法”等一系列新法以改革弊政。正因其改革大刀阔斧，才取得了“用能于期岁之间，靡然变天下之俗”，一年的时间，就改变了颓风靡俗，“使其名高一时”。在肯定其业绩的同时，还赞扬了王安石的智力、辩才、文才、品德。言其“智足以达其道”，“辩足以行其言”，“文，足以藻饰万物”，“行，足以风动四方”。

然后谈王安石为什么有如此之智能，做出如此之伟绩。在第二段中指出：他肯于学孔孟搜集六艺遗文，尤其是能“断以己意”。正因为如此，才能有“熙宁”变法，成为群贤的首用之才，取得神宗的笃信，完成了大业。朗晔《经进东坡文集事略》卷三九评：“此虽褒词，然其言皆有微意，览者当自得之。”此为至评。联系苏轼其他文章，可看出文中确有微意。如“断以己意”，苏轼在《答张文潜书》中道：“文字之衰……其源实出于王氏(王安石)，王氏之文，未必不善也，而患在于好使人同己。”王安石为了推行新政，主张“经术正所以经世务”，设置专局，让其子雱与门人纂修各经新义，以为诵习的定本。《诗》《书》《官》三经新义最为重要，《周官新义》尤能阐发新政理论。王安石以“断以己意”“好使人同己”之法，统一思想，推行新政，是苏轼所反对的，故在替皇帝写的褒奖词中杂以“微意”。

王安石变法并不是一帆风顺的，这其中既有新法是否完全符合实际，更有执行者推行的差误。文中写道：“方需功业之成，遽起山林之兴”，王安石在“变法”中两次罢相，退隐江宁。然王安石志在兴新政、革弊政，非为争权踞位，故文中赞扬他具有视官爵如“浮云”，视权位如“脱屣”，有“进退之美”的高洁品格。关于此段内写“晚师瞿、聃”(即佛、老),指其被第二次罢相后的晚年。对此评家有不同看法,蔡上翔《王荆公年谱考略》认为苏轼此论不妥,说“公(指王安石)以经术自命,终生未之有易”。其实,苏轼所言“晚师瞿、聃”是符合王安石晚年实际情况的。三十年的理想,十年的奋斗,只化为烟尘,心中怎能平静?他乞灵于佛老来拂平心中块垒是自然之事,在晚年他用佛理写《字说》、疏解《楞严经》,模仿唐诗僧寒山写了偈语诗,在《中年》一诗中写道:“中年许国邯郸梦,晚年还家圹壤游。南望青山知不远,五湖春草入扁舟。”六十四岁得了一场大病,他对佛教的信仰更深了,乃上表请求舍宅为寺,自赁屋为居。

苏轼在变法问题上虽与王安石是政敌,但也同样希望改变当时“积贫积弱”之状,只是具体措施、观点不同,因此,当司马光当权完全废除新法时,苏是坚决反对的;何况,苏与王的私交还是不错的,他曾到江宁拜访过王安石,互相唱和,对于王安石的逝世,其悲痛之情就寄寓在本文之中。

此是一篇代皇帝起草的诏命,却写得极有文采与感情。句式上骈散结合,既自然流畅又有整饬之美,如“将有非常之大事,必生希世之异人”,“使其名高一时,学贯千载”,“智足以达其道,辩足以行其言。瑰玮之文,足以藻饰万物;卓绝之行,足以风动四方”,“用能于期岁之间,靡然变天下之俗”。文中还善用比喻、典故,使文风典雅华赡。如写隐于江湖,则道“屡争席于渔樵,不乱群于麋鹿”,如说王安石不贪恋高官厚禄,就化用“浮云何有”“脱屣如遗”两个典故。

(赵慧文)

上梅直讲[①]书

某官执事[②]:轼每读《诗》至《鸱鸮》[③],读《书》至《君奭》[④],常窃悲[⑤]周公之不遇。及观《史》[⑥],见孔子厄于陈、蔡之间,而弦歌之声不绝[⑦],颜渊、仲由[⑧]之徒相与问答。夫子曰:“匪兕匪虎,率彼旷野[⑨]。吾道非邪?吾何为于此?”颜渊曰:“夫子之道至大,故天下莫能容。虽然,不容何病[⑩]?不容然后见君子。”夫子油然[⑪]而笑曰:“回,使尔多财,吾为尔宰[⑫]。”夫天下虽不能容,而其徒自足以相乐如此。乃今知周公之富贵,有不如夫子之贫贱。夫以召公之贤,以管、蔡[⑬]之亲,而不知其心,则周公谁与乐其富贵?而夫子之所与共贫贱者,皆天下之贤才,则亦足以乐乎此矣。

轼七八岁时，始知读书，闻今天下有欧阳公[14]者，其为人如古孟轲、韩愈之徒；而又有梅公[15]者从之游，而与之上下其议论。其后益壮，始能读其文词，想见其为人。意其飘然脱去世俗之乐，而自乐其乐也。方学为对偶声律之文[16]，求升斗[17]之禄，自度无以进见于诸公之间。来京师逾年，未尝窥其门。今年春，天下之士群至于礼部[18]，执事与欧阳公实亲试之，轼不自意，获在第二。既而闻之人，执事爱其文，以为有孟轲之风，而欧阳公亦以其能不为世俗之文也而取焉。是以在此，非左右为之先容[19]，非亲旧为之请属[20]，而向[21]之十余年间，闻其名而不得见者，一朝为知己。

退而思之，人不可以苟富贵[22]，亦不可以徒贫贱[23]。有大贤焉而为其徒[24]，则亦足恃[25]矣。苟其侥一时之幸[26]，从车骑数十人，使闾巷小民聚观而赞叹之，亦何以易此乐也！传[27]曰："不怨天，不尤人[28]"，盖"优哉游哉，可以卒岁[29]"。执事名满天下，而位不过五品，其容色温然而不怒，其文章宽厚敦朴而无怨言，此必有所乐乎斯道也，轼愿与闻焉。

〔注〕 ① 梅直讲：即梅尧臣，字圣俞，北宋著名诗人。直讲，官名，梅尧臣当时任国子监直讲。 ② 执事：对人的敬称。 ③ 读《诗》至《鸱鸮》：《诗》，指《诗经》。《鸱鸮》，为《诗经·豳风》中的篇名，《诗序》："鸱鸮，周公救乱也。成王未知周公之志，公乃为诗以遗王，名之曰鸱鸮焉。首章三句为：鸱鸮鸱鸮！既取我子，无毁我室！"据《毛氏传疏》载，周公平定东方叛乱之后，引起成王的误解，于是作此诗以表白自己。 ④ 读《书》至《君奭》：《书》，指《尚书》。《君奭》，为《尚书》中的篇名，是周公写给召公相互诫勉的文章。据载，周武王死后，成王由周公和召公两人共同辅佐，由于周公德高望重，所以就有流言说他有篡位的野心，召公为此很不放心，周公便作此文以自辩。君，为尊敬之辞。奭，召公的名字。 ⑤ 窃悲：暗暗悲伤。 ⑥《史》：指《史记》。 ⑦"见孔子厄于"二句：事见《史记·孔子世家》。厄，受困。陈、蔡，都是周代的诸侯国名，陈属于河南淮阴，蔡在今河南上蔡和新蔡一带。 ⑧ 颜渊、仲由：颜渊和仲由都是孔子的门徒。 ⑨"匪兕匪虎"二句：语出《诗经·小雅·何草不黄》。意思是说，既非犀，也非虎，却在旷野奔波。匪，通"非"。率，沿，此处引申为奔走。 ⑩ 病：怨恨。 ⑪ 油然：温和的样子。 ⑫"使尔多财"二句：意思是说，假使你有了很多的财产，我愿意为你掌管。回，即颜渊。 ⑬ 管、蔡：管，即管叔，名鲜。蔡，即蔡叔，名度。管、蔡二人都是周公的弟弟，侮蔑周公有篡位的野心。 ⑭ 欧阳公：指欧阳修。 ⑮ 梅公：指梅尧臣。 ⑯ 对偶声律之文：指诗词文赋等文学样式。 ⑰ 升斗：一升一斗，形容其少。 ⑱ 礼部：宋代的朝廷官署之一，主要掌管礼制、科举和学校等事项。 ⑲ 先容：即先为疏通，托人作介绍。 ⑳ 请属：请求嘱托。 ㉑ 向：从前。 ㉒ 苟富贵：苟且求得富裕尊贵。 ㉓ 徒贫贱：只是安于贫贱。 ㉔"有大

贤"句：意思是作欧阳修、梅尧臣等人的门徒。㉕恃：依赖、依靠。㉖苟其侥一时之幸：如果能够求得一时侥幸。㉗传：指《论语》。㉘"不怨天"句：语出《论语·宪问》："子曰：'不怨天，不尤人，下学而上达，知我者其天乎？'"怨，抱怨。尤，责怪、归罪。㉙"优哉游哉"句：语出《左传·襄公二十一年》："诗曰：'优哉游哉，聊以卒岁。'"优哉游哉，从容自得之貌。

嘉祐二年正月，欧阳修以礼部侍郎、翰林侍读学士知贡举，主持了礼部的考试，并推荐梅尧臣担任这场考试的参详官。作为诗文革新运动的领袖，欧阳修一直主张科举制度改革。这次他出任主考，果断废除了当时考场盛行的"时文"——"太学体"，开启了宋代文学的创新风潮。苏轼非常幸运地参加了这次考试，他写了《刑赏忠厚之至论》作为答卷，文章逻辑严谨，论证朴实，文笔精练，语言生动，深得主考官欧阳修和梅尧臣的一致激赏，获得了第二名。《上梅直讲书》就是考试结果公布之后，苏轼写给梅尧臣的一封信。信中，作者打破一般感谢信的窠臼，全篇以"乐"字贯穿始终，写人生的相知之乐、守道之乐、知遇之乐、师徒之乐，不见一个"谢"字，然而对欧阳修、梅尧臣知遇之恩的感激、仰慕已久的深情、愿意终身追随的真挚浓烈的感情全都跃然纸上。

信的第一段，作者首先写了周公之"悲"以衬托孔子相知之"乐"。他说读《诗经》时，常为周公的不遇而悲伤，为孔子的弦歌之乐而高兴。周公一人之下万人之上的崇高地位，清明治平繁荣强大的盛世年景，历朝历代为人们所推崇和倾慕，他何悲之有？孔子穷愁潦倒，颠沛流离，坎坷终身，惶惶犹如丧家之犬，遭遇历来让人感慨唏嘘，他又何乐之有？苏轼有悖常理，惊世骇俗的论断，上来就紧紧抓住了读者。苏轼却振振有词地分析道：周公尽管位高权重，声誉显赫，但却得不到别人的理解，所以他的内心孤独寂寞；孔子和他的门徒虽然饥寒交迫，但是他们彼此相知，所以乐趣无穷。由于描述的精彩传神，悲与乐的评判尽管是如此地有悖常理，但是却让人心悦诚服，因为苏轼通过圣师圣徒之间问答的描绘，确实将他们心心相印、志同道合、情趣盎然、贫贱不移的高尚情操和有趣的个性都生动传神地展现出来了。让人真实地感受到其乐融融的气氛和海阔天空的胸襟。顺理成章，苏轼得出"乐"与"不乐"的标准在于有没有相知这样的结论也就让人心悦诚服了。世上如果没有相知，那么即使富贵如周公，也不如夫子之贫贱，因为他的快乐无人分享；世上如果有相知，那么即使贫贱如孔子，那么也能食之如饴，因为有天下最贤良有才能的人甘愿与之共同承受。在这里，苏轼重复的是一个异常古老但是却历久弥新的话题，那就是"乐莫乐兮心相知"。人生充满辩证：苦，因为有人分担，就能减去苦涩；乐，没人共享，也就失去了应有的快乐。韩愈在《与孟东野书》中所言："吾言之而听者谁欤？我唱之而和者谁欤？言无听也，唱无和也，独行而无徒也，是非无所与同也，足下知我心乐否也。”说的同样是这个道理，只是苏轼通过故事把道理讲得异常透彻，更能感染人。

第二段，笔锋一转，由对古人的议论，转到对欧阳修、梅尧臣的品德、才学、主张的赞颂上。在这段文字中，作者叙述了自己对两位主考官倾慕已久的心情，它的内涵十分丰富。首先，作者自述早在少年时期就已经深受欧阳修、梅尧臣二人的影响，有久仰期遇之情；其次，青年时期就为二人的才学、品行所打动，有声气相和之美；其三，尽管自己渴望追随二人的心愿由来已久，但是因为地位悬殊，平生似乎并不敢有此奢望。接着文章陡然一转，写到了刚刚举行的这场科举考试，他说对这样的结局感到出乎预料，大喜过望。想想看，默默无闻一介书生，来自遥远蜀地，在缭乱喧嚣的京城，没有权贵引荐，没有名人宣扬，孑然孤独，无所依傍，前途和命运是何等渺茫，唯一的希望恐怕只有仰仗主考官们的公正和赏识了。出乎意料，在考试中他不仅名列第二，而且得到很高的评价和褒奖，他也因此名噪士林，从此在文坛有了一席之地，在仕途有了可供施展的舞台，而这一切全部都依赖仰仗欧阳修、梅尧臣两位文坛耆宿的赏识、宣扬、褒奖，这怎能不使他感激不已，兴奋莫名呢？试想，世界上还有什么事情比发现自己深爱已久的人竟然也爱自己，自己仰慕已久的人对自己也是赞赏有加更能让人真切感受到人生的无比美好呢？这是自己科举高中之乐，更是得遇知己的相知之乐。

最后，苏轼感慨地说，即使能够得到高官厚禄，受到世人的羡慕，也比不上给大贤您做学生，强调了希望入门为徒的迫切愿望。文章的最后，再次落笔到对梅尧臣品德的颂扬上，梅公的官位并不高，但是却气定神闲，面带欣悦，这都是因为他境界高远所致。美其德，好其文，见贤思齐，苏轼表明自己与梅公有着相同的追求和人生理想。显然爱道比之爱人，在境界上更见高尚脱俗。

这篇信札在思想艺术上表现出三个特点：

第一，情感充沛饱满。该文写于苏轼的第一个人生高潮——金榜题名之时，全文洋溢着难以抑制的青春兴奋之情。全文紧紧围绕着“乐”字做文章，层层展开：十年苦读科考获胜之乐，金榜题名名列前茅之乐，鹏程万里前途光明之乐，士遇知己心愿得偿之乐，大贤赏识可以追随之乐，效古圣贤相知相悦之乐，一如潮水一般争相奔涌而出，感情真挚、饱满、昂扬、激荡，全部的快慰之意，欣喜之情，如江河滔滔，酣畅淋漓，倾泻笔端，毫不矫饰。使人如见肺腑，深受感染。最能显现出作者健康、开朗、坦率、多情的个性。

该文的第二个特点就是文笔精练而蕴涵丰富深厚。全文引古论今，将据典明志，赞人达情，曲申己志等结合的天衣无缝，错落有致。往往能够一石数投，既表达了自己喜怒哀乐等真挚的感情，又传达出自己独特的人生见解以及志向与追求。例如文章第一段，引经据典，纵论古人，看似与写信感谢梅尧臣无关，其实恰恰相反，几层深意蕴涵其中。首先，以孔子比梅公，赞其德行。梅尧臣一生在科场和仕途上都很不得意，地位卑微，家境贫寒，但是，却能在逆境之中处之坦然，自得其乐，在文学上取得了很高的成就。梅尧臣这种贫贱不移，坚持操守的高尚品德，与古代先圣的安贫乐道是一脉相承的，这就为后文颂扬梅尧臣设下伏笔。其次，暗以圣师圣徒的门生之谊，比自己得到欧阳公、梅公赞赏的知遇之恩。文中很生动形象地描绘了孔子与门徒之间那种相互欣赏崇敬的感情，那种理想一致相互理解鼓励的快乐，都折射出苏轼士遇知己的欢欣和愿意终生追随的意愿。再次，暗以孔子精神境界，比自己的人生价值观。在这里，苏轼阐述了一个人生哲学的道理，即物质的富贵，并不意味着精神的富有；而物质的贫贱，并不意味着精神的贫瘠。在苏轼看来，精神的丰富，内心的充实，对理想的执着，对事业的激情，才是一个人最大的财富和快乐。传达出科考中举后渴望将来大展宏图，有所抱负的心阔志远，情趣不凡。正如明人杨慎《三苏文范》卷十三眉批所言："此书本叙遇知己之乐，末复以乐乎斯道为梅公颂，通篇不脱一乐字贯串，意高词健。"

苏文的另外一个特点，在这篇信札中反映得尤为突出，那就是语言极富张力，从内容到节奏，给人以传情达意流畅自然的快感。如："非左右为之先容，非亲旧为之请属，而向之十余年间，闻其名而不得见者，一朝为知己。"蓄势是如此充沛，可谓千回百转，而宣泄是如此畅快，可谓一泻千里。而"人不可以苟富贵，亦不可以徒贫贱"，更以警句式的浓缩、精练、蕴涵深邃以及句式的工整、语气的铿锵，给人留下深刻的印象。

（傅秋爽）

答秦太虚[1]书

轼启：五月末，舍弟[2]来，得手书劳问[3]甚厚。日欲裁谢[4]，因循[5]至今。递[6]中复辱教，感愧益甚。比日履兹初寒，起居何如？轼寓居粗遣[7]，但舍弟初到筠州[8]，即丧一女子，而轼亦丧一老乳母[9]，悼念未衰，又得乡信，堂兄中舍[10]九月中逝去。异乡衰病，触目凄感，念人命脆弱如此。又承见喻，中间得疾不轻，且喜复健。

吾侪[11]渐衰，不可复作少年调度[12]，当速用道书方士之言，厚自养炼⑬。谪居无事,颇窥其一二。已借得本州天庆观道堂三间,冬至后,当入此室,四十九日乃出,自非废放,安得就此。太虚他日一为仕宦所縻⑭,欲求四十九日闲,岂可复得耶?当及今为之。但择平时所谓简要易行者,日夜为之,寝食之外,不及他事,但满此期,根本立矣。此后纵复出从人事,事已则心返,自不能废矣。此书到日,恐已不及⑮,然亦不须用冬至也。

寄示诗文,皆超然胜绝,亹亹⑯焉来逼人矣。如我辈,亦不劳逼也。太虚未免求禄仕,方应举求之,应举不可必⑰。窃为君谋,宜多著书,如所示论兵及盗贼等数篇,但以此得数十首,皆卓然有可用之实者,不须及时事也。但旋作此书,亦不可废应举,此书若成,聊复相示,当有知君者,想喻此意也。

公择⑱近过此,相聚数日,说太虚不离口。莘老⑲未尝得书,知未暇通问。程公辟⑳须其子履中哀词,轼本自求作,今岂可食言。但得罪以来,不复作文字,自持颇严,若复一作,则决坏藩墙㉑,今后仍复衮衮㉒多言矣。

初到黄,廪入㉓既绝,人口不少,私甚忧之。但痛自节俭,日用不得过百五十。每月朔㉔便取四千五百钱,断为三十块,挂屋梁上,平旦用画叉挑取一块,即藏去叉。仍以大竹筒别贮用不尽者,以待宾客。此贾耘老㉕法也。度囊中尚可支一岁有余,至时别作经画㉖,水到渠成,不须预虑,以此,胸中都无一事。

所居对岸武昌㉗,山水佳绝,有蜀人王生㉘在邑中。往往为风涛所隔,不能即归,则王生能为杀鸡炊黍,至数日不厌。又有潘生㉙者,作酒店樊口㉚,棹小舟径至店下,村酒亦自醇酽。柑橘椑㉛柿极多,大芋长尺余,不减蜀中。外县米斗二十,有水路可致。羊肉如北方,猪牛獐鹿如土,鱼蟹不论钱。岐亭㉜监酒胡定之㉝,载书万卷随行,喜借人看。黄州曹官㉞数人,皆家善庖膳,喜作会。太虚视此数事,吾事岂不既济㉟矣乎？欲与太虚言者无穷，但纸尽耳。展读至此，想见掀髯一笑也。

子骏㊱固吾所畏，其子亦可喜，曾与相见否？此中有黄因少府张舜臣㊲者，其兄尧臣，皆云与太虚相熟，儿子㊳每蒙批问㊴。适会葬老乳母，今勾当㊵作坟，未暇拜书。岁晚苦寒，惟万万自重。李端叔㊶一书，托为达之。夜中微被酒，书不成字，不罪，不罪。不宣。轼再拜。

〔注〕 ① 秦太虚：即北宋杰出词人秦观，字太虚，后改字少游。高邮（今属江苏）人。元丰元年谒苏轼于徐州。元丰七年，苏轼作书荐秦观于王安石。八年登进士第。元祐五年因苏轼之荐任太学博士，为"苏门四学士"中最受苏轼器重者。此信作于元丰三年（1080）仲冬苏轼贬居黄州时，其时秦观尚未登第。 ② 舍弟：指苏辙。元丰三年五月末，苏辙护送苏轼家属至黄州。 ③ 手书劳问：手书，指秦观的来信，系托苏辙带交。劳问，慰问。 ④ 裁谢：写信作答。 ⑤ 因循：拖延。 ⑥ 递：指驿车，古代用来传递文书、信件。 ⑦ 粗遣：大体上还过得去。 ⑧ 筠州：今江西高安县。因受"乌台诗案"牵连，苏辙亦由签书南京（今河南商丘，北宋时为陪都）判官贬为监筠州盐酒税。元丰三年六月九日，苏辙离黄州赴筠州。 ⑨ 老乳母：苏轼的乳母任采莲。元丰三年八月卒于黄州临皋亭寓所。 ⑩ 堂兄中舍：指苏轼堂兄苏不疑，曾官太子中舍，九月卒于成都。 ⑪ 侪（chái）：辈。 ⑫ 调度：安排。 ⑬ 养炼：养生修炼。 ⑭ 縻：束缚。 ⑮ 不及：赶不上（冬至日入室修炼）。 ⑯ 亹（wěi）亹：形容说话或文章娓娓道来，具有感人的力量。《晋书·谢安传》："弱冠诣王濛，清言良久，既去，濛子修曰：'向容何如大人？'濛曰：'北客亹亹为来逼人。'" ⑰ 应举不可必：应科举考试不一定能成功。此前秦观已数次应举未第。 ⑱ 公择：即李公择，名常，字公择，黄庭坚之舅。元丰三年十月，李公择由舒州至黄州探望苏轼。 ⑲ 莘老：即孙莘志，名孙觉，苏轼友人。时任徐州知州。 ⑳ 程公辟：程师孟，宗公辟，时任越州知州，苏轼友人。程公辟请苏轼为其子履中写哀词。 ㉑ 决坏藩墙：喻冲破不再作文章的自我约束。藩，篱笆。 ㉒ 衮（gǔn）衮：形容说话连续不断。 ㉓ 廪入：俸禄。 ㉔ 月朔：每月初一。 ㉕ 贾耘老：即贾政，苏轼之友，家贫。 ㉖ 经画：经营筹划。 ㉗ 武昌：今湖北鄂城，与黄州隔江相对。 ㉘ 王生：指蜀人王文甫，名齐愈。其弟子辩，名齐万。时居武昌东湖。 ㉙ 潘生：潘大临，字邠志，从苏轼游，诗人。 ㉚ 樊口：在今鄂城西北，因位于樊山脚下，为樊港入长江之口，故称。 ㉛ 椑（bēi）：柿的一种，今称油柿。 ㉜ 岐亭：镇名，在黄州之北，今湖北麻城境内。 ㉝ 胡定之：黄州人。时任岐亭监酒。 ㉞ 曹官：州的属官，分曹管理一州之事务。 ㉟ 既济：本《易经》卦名，此借指事情均已得到圆满解决，生活过得很惬意。 ㊱ 子骏：鲜于子骏，四川阆中人，苏轼之友。 ㊲ 张舜臣：黄冈县尉。少府是唐、宋时对县尉的称呼。 ㊳ 儿子：指自己的长子苏迈。 ㊴ 蒙批问：承舜臣叩问。 ㊵ 勾当：料理。 ㊶ 李端叔：李之仪，字端叔，扬州人，著名词人，苏轼之友。苏轼托秦观将自己写给李之仪的书信转交给他，故云："李端叔一书，托为达之。"

这是苏轼回复后辈友人秦观的书信。元丰二年十二月二十九，苏轼因"乌台诗案"被贬为黄州团练副使。因属严谴，元丰三年的正月初一便被迫匆忙上路，于二月初一抵达贬所。五月末,其弟苏辙自南京(今河南商丘)护送其妻王润之及子迨、过等到黄州,顺便捎来了秦观问候苏轼的书信。此后,秦观又由驿递寄给苏轼另一封信。这封信便是对秦观两次来信的答复。

开头一段,就从秦观的来信说起,对自己因循拖延,迟未作复深感惶愧,对秦观情意殷切、“劳问甚厚”表示感谢。接着就讲到自抵黄州后,自己与亲人所遭到的不幸:先是弟弟苏辙刚到筠州贬所,便遭遇丧女之痛,继则相随自己多年、视同家人的老乳母又在黄州去世,接着,堂兄又卒于成都。前两件事,都和“乌台诗案”所引起的政治迫害有着间接的关系。特别是乳母任氏,不仅哺育过苏轼,还带大了他的三个儿子,早已成为家庭中的亲密成员和长辈,失去这样一位老人,悲痛之情可想。这接二连三的家庭变故,使苏轼在精神上身体上都受到沉重的打击。因此他深有感慨地说:“异乡衰病,触目凄感,念人命脆弱如此。”严谴加上多起家庭变故,无疑是雪上加霜。一向乐观旷达的苏轼也深感寄身异乡,一身衰病的凄凉和生命的脆弱。这个开头,充满了沉重的人生悲慨,面对友人的问候,便情不自禁地流露出来。这实际上也是对自己“日欲裁谢,因循至今”的一种解释。

秦观在来信中,曾提及他“得疾不轻”之事,并希望苏轼保养身体,“亲近药饵方书”,故第二段紧接以上的话头,去谈自己“用道书方士之言,厚自养炼”的情况,既是对秦观的建议的答复,也是反过来向体弱的秦观介绍自己的“养炼”方法与经验心得,表示对他的关切。介绍“养炼”之事,具体而周详,看得出来苏轼对此事的认真态度,说明苏轼虽身遭废弃,却并不颓丧沉沦;虽“念人命脆弱如此”,却更珍惜生命,热爱生活。其中两次提到谪居“无事”“太虚他日一为仕宦所縻,欲求四十九日闲,岂可复得耶”,强调“养炼”之事须有闲方可实行,其中既含有因谪居无事而得“厚自养炼”的意外良机,表现了苏轼的幽默感,又暗透出对“谪居无事”的不满和对已往仕宦经历的倦。其感情内涵颇为复杂矛盾,不可草草看过。

第三段是对秦观寄示诗文的称许和对秦观提出“宜多著书”的建议。用“超然胜绝,亹亹焉来逼人”形容秦观的诗文,是对其诗文超凡脱俗境界和感人艺术力量的高度评价。但这一段的重点却不在评诗文,而是劝其“多著书”。其时秦观屡试未第,为谋政治与生活出路,自不得不应举而求禄仕,但“应举不可必”,而著书既符合当时试进士重策论的时尚,又可传之后世,故劝其“多著书”,并特别标举寄来的文章中“论兵及盗贼等数篇”均为“卓然有可用之实者”,即识见超卓,切合实际需要者。但此类文章很容易涉及时事,一不小心就会触犯当局的忌讳,因文字得祸，因此又紧接着告诫其“不须及时事也”。在强调“宜多著书”的同时，又交代“不可废应举”。最后希望书成后寄示，“当有知君者，想喻此意也”，暗示将把秦观的新著向“知君”者推荐，其后苏轼也果真向王安石推荐了秦观。这一段写得比较曲折婉转，有的地方还比较含蓄，但劝其多“著书”的主要意思和对秦观的关切之情，还是非常清楚的。

第四段由秦观谈到彼此相熟的几位友人的近况。其中提到为程公辟的儿子履中写哀词一事时，特别表明自己自从因“乌台诗案”获罪以来，“不复作文字”，而且自我约束颇严，但此次写哀词“本自求作”，不能食言，很担心此例一开，就如同冲决藩篱墙垣，又重犯“衮衮多言”的老毛病。其中有因文字得祸之后忧谗畏讥之情，更有对自己刚直倔强个性难以改变的自我认识。

秦观与友朋之事叙完，第五段转写自己在黄州如何过穷日子之法。此次严谴黄州团练副使，不得签书公事，带有明显的看管监视性质，形同罪人，“廪入既绝，人口不少”，经济十分拮据。故“痛自节俭”，规定每天用钱的最高限额为一百五十文钱。每月初一取四千五百钱，分成三十块，挂屋梁上，每天用画叉取一块，用不完的积贮起来作为待客之用。生活困窘到如此地步，对于一个当过多任州郡长官、收入颇丰，过惯了富日子的苏轼来说，实在是莫大的悲哀。但苏轼介绍这一切时，都似乎毫不在意，表情轻松，兴会淋漓，仿佛这是一大发明，末了还自抖包袱，交代出这一妙法的发明权属于穷朋友贾耘老。妙在后面又添上几句：“度囊中尚可支一岁有余，至时别作经画，水到渠成，不须预虑，以此，胸中都无一事。”即使一天一百五十文钱，在廪入既绝的情况下，也总有囊中空空的时候，东坡却满有自信地说，到时另作打算，船到桥头自会直，不必预先忧虑一年后的事。如果说，挂钱屋梁按日叉取还是过穷日子的具体办法，这几句话却越出方法的范畴，升华为一种乐观自信的人生态度。有此态度，才能达到“胸中都无一事”的人生境界和心灵境界。

第六段承上叙述自己在黄州的惬意生活。一是与众多新朋过往的乐趣：与蜀人王生游，为风涛所隔，不能即归，则对方“杀鸡炊黍，至数日不厌”，真挚淳厚的人情味，令人联想起孟浩然《过故人庄》的意境；与潘生的交往，则乘小舟直至樊口他所开的小酒店下，一起享用醇酽的村酿美酒，不但情味淳厚，更兼风光如画；借书与人，或谓之痴，而岐亭酒监胡定之却“载书万卷随行，喜借人看”，想见此公豪爽个性；而黄州曹官数人，皆善庖厨，喜作会，则东坡当常为座上客……叙到此处，不免露出东坡的美食家本色。二是物产丰饶，价格便宜，甚至到了“猪牛獐鹿如土，鱼蟹不论钱”的程度，则地虽荒僻，生活都很好过。苏轼历数当地物产之丰美便宜时，亦兴会淋漓，如数家珍，洋溢着一股对生活的热爱之情。三是所居对岸武昌，山水佳绝。总之是山美水美物美而人情更美。因此他幽默地说："太虚视此数事，吾事岂不既济矣乎"；"展读至此，想见掀髯一笑也"。读到这里，读者当亦发出会心的微笑。

末段是对彼此相熟的几位朋友情况的问候，并托秦观转交给李之仪的信。"岁晚苦寒"，"夜中微被酒，书不成字"，恍见作者悄然灯前，纸短情长，一时情景如画。

在苏轼大量的书信中，本篇篇幅较长，提到的内容和人事也比较多。书信作为一种文体，本身又是最自由随便，不拘一格的。苏轼写来，自是如行云流水，信笔挥洒，极为洒脱自如。但却散而不乱，多而不杂。大体说来，前三段主要是对秦观书信的答复和对秦观修炼身体、写作文章的建议。第四段叙及三位友人的情况，均为双方熟悉者，可以看作上三段的自然延续。第五、六段叙写自己在黄州的生活。末段以问候友人、托致书信作结。脉络条理清晰。从感情发展上看，首段提到自己连遭家庭变故，"异乡衰病，触目凄感"，感情悲凉，感慨深沉。从第二段起，感情转为平静，至五、六两段，则旷达自适，兴会淋漓，转为乐观愉悦。这也大体上符合苏轼到黄州以来十余月间心理、感情的自我调适过程。黄震《黄氏日钞》卷六十二评："《与秦太虚书》，说在黄州挂钱梁上，日用百五十钱之法，武昌山水佳绝，食物多贱，人情相与之乐，善处困者也。"这封信虽然讲了很多内容，但贯带其中的主线则是苏轼如何在困境、逆境中旷达自适的人生态度和乐观自信的情怀，无论是"厚自养炼"的养生之道，"宜多著书"的积极建议，以及挂钱梁上按日叉取的节俭之法，与新知交往过从的自得之乐，对武昌山水佳胜、黄州丰饶物产的热爱，无不贯注着这种情怀。正是这种旷达乐观情怀，使他不为目前困境所压倒，不为将来而忧虑，善于苦中觅乐，发现并充分享受山水佳胜和人情深厚之美。这种"胸中都无一事"的境界，古往今来的文学家中，也许只有陶潜和苏轼才能达到。政治上的挫折，生活上的贫困，精神上的孤寂，在这种旷达自适的人生态度面前，都无形中消解了。

与这种人生态度，心灵境界相称的是，书信的文笔极为自由洒脱、亲切自然，充满了浓郁的人情味和生活气息，显现出苏轼特有的幽默风趣。这在第五、六两段中更有淋漓尽致的表现。 （刘学锴）

答张文潜①书

轼顿首②文潜县丞③张君足下。久别思仰④。到京公私纷然[5]，未暇奉书。忽辱[6]手教，且审[7]起居佳胜，至慰！至慰！

惠示文编[8]，三复[9]感叹。甚矣，君之似子由[10]也。子由之文实胜仆，而世俗不知，乃以为不如。其为人深，不愿人知之，其文如其为人，故汪洋澹泊，有一唱三叹之声[11]，而其秀杰之气，终不可没[12]。作《黄楼赋》[13]，乃稍自振厉[14]，若欲以警发愦愦者[15]。而或者便谓仆代作，此尤可笑。是殆见吾善者机也[16]。

文字之衰，未有如今日者也。其源实出于王氏[17]。王氏之文，未必不善也，而患在于好使人同己[18]。自孔子不能使人同，颜渊之仁[19]，子路之勇[20]，不能以相移[21]，而王氏欲以其学同天下。地之美者，同于生物，不同于所生[22]。惟荒瘠斥卤之地[23]，弥望[24]皆黄茅白苇[25]，此则王氏之同也。近见章子厚[26]言，先帝[27]晚年甚患文字之陋[28]，欲稍变取士法，特[29]未暇耳。议者欲稍复诗赋，立《春秋》学官[30]，甚美。仆老矣，使后生犹得见古人之大全者[31]，正赖黄鲁直[32]、秦少游[33]、晁无咎[34]、陈履常[35]与君等数人耳。

如闻君作太学博士[36]，愿益勉之。"德輶如毛，民鲜克举之。我仪图之，爱莫助之[37]。"此外，千万善爱。偶饮卯酒[38]醉，来人求书，不能复覙缕[39]。

〔注〕①张文潜：名耒，北宋诗人。字文潜，号柯山，楚州淮阴（今江苏淮阴）人。"苏门四学士"之一。曾任太常少卿等。诗歌受白居易、张籍影响，平易流畅，能反映社会矛盾，亦能词。有《张右史文集》。　②顿首：书简中表致敬的习用语。　③县丞：张文潜其时为咸平县丞。④思仰：思念仰慕。　⑤纷然：事多繁忙。　⑥辱：意为"承蒙"，谦词。　⑦审：知道。⑧文编：指诗文稿。　⑨三复：再三诵读。《论语·先进》："南容三复'白圭'。"　⑩子由：苏轼之弟苏辙，字子由，北宋散文家。号颍滨遗老，眉山（今属四川）人。官尚书右丞、门下侍郎。与父洵兄轼，合称"三苏"，为"唐宋八大家"之一。有《栾城集》。　⑪"故汪洋"二句：（其文）气势磅礴，天然去雕饰，意味醇厚，吟咏不尽。汪洋，形容文章的气势磅礴。澹泊，自然，不用华饰。一唱三叹，一人唱，三人附和。《荀子·礼论》："《清庙》之歌，一倡（同"唱"）而三叹也。"后人用以形容诗文意味醇厚。　⑫"而其"二句：（其文之）超拔伟杰之秀，最终不能被掩没。⑬《黄楼赋》：元丰元年（1078）苏轼在徐州任时，曾筑徐州城墙，备防水患，在东门上筑一大楼，垩以黄土，谓之黄楼，苏辙为该楼写了一篇《黄楼赋》。　⑭振厉：振奋激厉，气势激昂，和"汪洋澹泊"相异。　⑮警发愦（kuì）愦者：使糊涂人醒悟奋发。警发，警醒。愦愦，糊涂。⑯"是殆"句：《庄子·应帝王》记郑有神巫季咸，能断人生死。列子引季咸去见壶子，第一次见

后说壶子活不了几天了，第二次见后说壶子虽有病却有了转机。列子问壶子为什么两次相见时距不长，会有如此变化。壶子说他第一次见我"是殆见吾杜德机也"，第二次见我"是殆见吾善者机也"。是，此。殆，大概。善，指病愈。机，气机，亦即生机。此句意谓人们把苏辙的文章当作我的文章，是因为只看到我的文章之优点而没有看到苏辙文章的优点，故而有此错觉。⑰ 王氏：指王安石。 ⑱ 好(hào)使人同己：喜欢要别人写的东西与自己的一样。 ⑲ 颜渊之仁：颜渊，春秋时鲁国人，名回，字子渊。孔子学生，以德行著称。孔子说他"其心三月不违仁"(《论语·雍也》)。早卒，孔子极悲恸。 ⑳ 子路之勇：子路，鲁国卞(今山东泗水)人。姓仲名由，字子路，孔子学生。性直爽勇敢。孔子说："由也好勇过我。"(《论语·公冶长》) ㉑ 相移：互换。 ㉒"同于生物"二句：能生长植物是土壤的共性，但所生植物各不相同。 ㉓"惟荒瘠"句：只有那些荒凉贫瘠的盐碱地。斥卤，盐碱地。 ㉔ 弥望：一望无际。 ㉕ 黄茅白苇：枯黄的茅草与白色芦苇。 ㉖ 章子厚：章惇(dūn)，字子厚，北宋建州蒲城(今属福建)人。年轻时与苏轼友谊深厚，举进士后，曾为王安石所任用，为编修三司条例官，与苏轼政见不合而对立。司马光复旧法时，被贬。哲宗亲政时，又被启用，恢复青苗、免役法等。 ㉗ 先帝：指已死的神宗。 ㉘ 患文字之陋：忧虑文风衰敝。 ㉙ 特：只是。 ㉚"议者"二句：议论科举项目的人想恢复诗赋考试，设立《春秋》之学于学校。王安石变法之后，考试取士，废诗赋，用策论；而且王安石认为《春秋》是"断烂朝报"，不立学官。议论的人认为应该恢复王氏以前的做法。学官，学校之官舍。《春秋》，儒家经典之一，编年体春秋史，相传孔子依据鲁国史官所编《春秋》加以整理修订而成。计二百四十二年，是后代编年史之滥觞。其文字简短，寓有褒贬之意，后世称为"春秋笔法"。 ㉛ 古人之大全者：前辈人之学问完备之处。 ㉜ 黄鲁直：黄庭坚，北宋诗人、书法家。字鲁直，号山谷道人，分宁(今江西修水)人。开创江西诗派，其诗奇拗。出于苏轼门下，与苏轼齐名，世称"苏黄"。书法为"宋四家"之一。有《山谷集》。 ㉝ 秦少游：秦观，北宋词人。字少游，号淮海居士，高邮(今属江苏)人。为"苏门四学士"之一。词为婉约派，有《淮海集》。 ㉞ 晁无咎：晁补之，北宋文学家。字无咎，号归来子，巨野(今属山东)人。"苏门四学士"之一。工诗词、散文，有《鸡肋集》《晁氏琴趣外篇》。 ㉟ 陈履常：陈师道，北宋诗人。字履常，号后山居士，彭城(今江苏徐州)人。是江西诗派代表作家之一，有《后山先生集》。 ㊱ 太学博士：古代设在京都的最高学府之学官。 ㊲"德輶如毛"四句：出自《诗经·大雅·烝民》，全诗赞美仲山甫从政德才。引诗之句"德輶(yóu)如毛，民鲜(xiǎn)克举之。我仪图之，爱莫助之"，意思是德行轻得像毛发，而众人却少有举起它。我们应力图做到它，但可惜有心志而无力促成。輶，轻。鲜，稀少。仪，宜，应该。爱莫助之，有良好愿望，但无能为力。㊳ 卯酒：清晨饮酒。 ㊴ 覶(luó)缕：指语言委曲详尽而条理细密。

元丰八年(1085)哲宗赵煦即位，时方十岁，由高太后执政，召苏轼回京，任起居舍人。苏轼于十二月任职，此信系到京后所写。此文对当时文坛作了评论，指出当时文风"衰"的原因，并对张耒等人寄予厚望。

第一段赞张之文风似其弟子由。然后着重谈了子由文风，"其文如其为人"，"汪洋澹泊，有一唱三叹之声"，有"秀杰之气"，即气势磅礴，天然无饰，意味醇厚，吟咏不尽，有超拔伟杰之气。还以《黄楼赋》为例，言其风格多样化，说此文警拔振厉，能振聋发聩，并谦虚地说"子由之文实胜仆"。二苏之文，风格绝不类属。茅坤评苏辙文风说："冲和淡泊，遒逸疏宕，大者万言，小者千余言，譬之片帆截海，澄波不扬，而洲岛之棼错，云霞之蔽亏，日星之闪烁，鱼龙之出没，并席之掌上而绰约不穷者已，西汉以来别调也。”(《苏文定公文钞引》)而苏轼文风，释惠洪评价说：“以其理通，故其文涣然如水之质，漫衍浩荡，则其波亦自然而成文。盖非语言文字也，皆理故也。”(《石门题跋》卷二)苏轼在《自评文》中更形象地谈道：“吾文如万斛泉源，不择地而出，在平地滔滔汩汩，虽一日千里无难。及其与山石曲折，随物赋形，而不可知也。所可知者，常行于所当行，常止于不可不止，如是而已矣。”其豪放恣肆可知。在本段苏轼强调了“文如其人”，要有自己独特的风格。从而暗写了只有提倡文章的多样化，才能避免文风之衰，为第二段作了张本。

第二段指出：今日文风衰退的原因在于王安石“好使人同己”。王安石与苏轼两人政治观点不一，其为文观点亦异。王安石在推行新政时，主张“经术正所以经世务”，设置专局，让其子雱与门人纂修各经新义，以为诵习的定本。《诗》《书》《官》三经新义最为重要，《周官新义》尤能阐发新政理论。这些举措就是苏文中所说的“患在于好使人同己”，让别人接受自己的主张，写出与自己相同的文章。王安石强调“同己”，苏轼主张“文如其人”，强调“不同”；只有“不同”才能多姿多彩，才能出现“古人之大全”，摆脱今日“文字之衰”。与论证“使人同己”的危害，特举出孔圣人均“不能使人同”，以弟子颜渊之仁、子路之勇予以反证，又以土地之美在于“不同于所生”，如果强行“同”则只能在盐碱地上“弥望皆黄茅白苇”，进行了正反论证。又以“先帝晚年甚患文字之陋”想改变取士之法，而未得时日，进一步强调了“不同”的当务之急。此文中所谈王安石的“使人同己”不仅指其文章，同时亦暗指了其政治措施等各方面，正如前人所指出的“篇中虽止论文字，而政事即在其中，惟其好人同己，而人之强与己同者至矣，彼其不惜强与己同，岂真与己同哉？亦欲各得其所欲耳，既已各得其所欲，彼亦将欲人之同己，夫然后终亦不与己同矣。吕惠卿既执政，万方以蕲致安石于死，奚能终同耶？”(乾隆《御选唐宋文醇》卷三九)此段论述可谓至评，既指出苏轼文中所论“好使人同己”不仅是文学，而且包括政事，更指出“使人同己”的危害——表面上是“同己”，实际上是为“各得其所欲”，更以野心家吕惠卿为例，言其先“同己”，后“致安石于死”，何曾“终同”！

在第二段最后谈到使后人犹得见“古人之大全者”，正赖以黄庭坚、秦观、晁补之、陈师道、张耒等数人努力。这些人虽同属“苏门六君子”，但文风各异，成就灿然。黄庭坚开创江西诗派，诗风奇险；秦观是婉约词派的代表，与苏轼开创的豪放词派无涉；晁补之诗词散文别具一格；陈师道是江西诗派代表作家之一；张耒诗文风格接近苏辙。苏轼强调“文如其人”，反对“使人同己”，主张“不同”，反对千人一面，符合文学发展的规律。

第三段回应文题，勉励张耒任太学博士后为振扬文风而努力。

本文结构严谨，全文围绕反对“使人同己”，主张“文如其人”的主旨而展开，第一段以叙为主，谈“文如其人”，第二段以论为主，反对“使人同己”，从正面、反面、侧面，多方面论证“同己”的危害性，进一步说明“不同”的必要性、重要性。第三段归至文题，鼓励张文潜为扭转颓衰文风而努力，层层推进，首尾圆合。

苏文如行云流水，滔滔不绝，善形象譬喻，旁征博引，书典语典，化用活脱。如论及王安石“好使人同己”这一错误观点时，先引用孔子教育弟子时“不能使人同”为例作为反证，又引地之美在于生物之不同，进一步反证，再引盐碱地只能长黄茅白苇为“王氏之同”的类比作正面论证，最后以黄、秦、晁、陈、张等风格之不同再次加以旁证。在多方面论证中，对“使人同己”之说作了有力的否定，从而振扬了“不使人同”的主张，推动了颓衰文风转变的局面。（赵慧文）

答谢民师[1]书

近奉违亟辱问讯[2]，具审起居佳胜，感慰深矣。轼受性刚简[3]，学迂材下，坐废累年[4]，不敢复齿缙绅[5]。自还海北[6]，见平生亲旧，惘然[7]如隔世人，况与左右无一日之雅[8]，而敢求交乎？数赐见临，倾盖如故[9]，幸甚过望，不可言也。

所示书教[10]及诗赋杂文，观之熟矣。大略如行云流水，初无定质[11]，但常行于所当行，常止于所不可不止，文理自然，姿态横生。孔子曰：“言之不文，行而不远[12]。”又曰：“辞达而已矣[13]。”夫言止于达意，即疑若不文，是大不然。求物之妙，如系风捕影[14]，能使是物[15]了然于心者，盖千万人而不一遇也。而况能使了然于口与手[16]者乎？是之谓辞达。辞至于能达，则文不可胜用矣。

扬雄[17]好为艰深之词，以文[18]浅易之说，若正言[19]之，则人人知之矣，此正所谓雕虫篆刻[20]者。其《太玄》《法言》[21]皆是类也，而独悔于赋，何哉？终身雕篆，而独变其音节[22]，便谓之经，可乎？屈原作《离骚经》[23]，盖《风》《雅》之再变者，虽与日月争光可也㉔。可以其似赋，而谓之雕虫乎？使贾谊见孔子，升堂有余矣，而乃以赋鄙之，至与司马相如同科㉕。雄之陋，如此比者甚众。可与知者道，难与俗人言也。因论文，偶及之耳。欧阳文忠公言，文章如精金美玉，市有定价㉖，非人所能以口舌定贵贱也。纷纷多言，岂能有益于左右，愧悚不已。

所须惠力法雨堂两字㉗，轼本不善作大字，强作终不佳，又舟中局迫㉘难写，未能如教。然轼方过临江，当往游焉。或僧欲有所记录㉙，当为作数句留院中，慰左右亲念㉚之意。今日已至峡山寺㉛，少留即去愈远，惟万万以时自爱。

〔注〕 ① 谢民师：谢举廉字民师，新淦（今江西新干）人，元丰八年（1085）进士。苏轼写这封信时，谢正在广州作推官。 ②“近奉”句：奉，谦辞。违，分别。亟，屡。辱，谦辞。 ③“轼受性”句：受性，禀性、天赋之性。刚，刚直。简，简易、疏略。 ④ 坐废累年：苏轼绍圣元年（1094）被贬惠州（今属广东），四年又谪儋州（今属海南），元符三年（1100）方自海南内调，故云“坐废累年”。坐废，因罪被贬。 ⑤“不敢”句：齿，列。缙绅，指士大夫。 ⑥ 还海北：指自儋州渡海北还。 ⑦ 惘然：恍惚迷惘貌。 ⑧“况与”句：左右，指对方（谢民师）。雅，平素的交谊。 ⑨ 倾盖如故：犹一见如故。倾盖，双方道中相遇，停车交谈，两车车盖向前倾斜。 ⑩ 书教：指对方书信。 ⑪ 初无定质：本无一定的体式。 ⑫“言之”二句：见《左传·襄公二十五年》引孔子语。 ⑬“辞达”句：见《论语·卫灵公》。 ⑭ 系风捕影：拴住风捉住影。 ⑮ 是物：指文学作品所要表现、反映的对象。 ⑯ 了然于口与手：指形象生动地将所要表现的事物用语言、文字表达出来。 ⑰ 扬雄：西汉末文学家，生平见《汉书·扬雄传》。 ⑱ 文：文饰、掩饰。 ⑲ 正言：直截了当地说。 ⑳ 雕虫篆刻：语本扬雄《法言·吾子》：“或问：‘吾子少而好赋？’曰：‘然，童子雕虫篆刻。’俄而曰：‘壮夫不为也。’”虫，指虫书。刻，指刻符。均为书体。雕虫篆刻，喻从事不足道的小技艺。扬雄用以称辞赋的写作技巧。 ㉑《太玄》《法言》：扬雄模仿《易经》《论语》的两部著作。 ㉒ 独变其音节：指《太玄》《法言》只是改变了辞赋用韵的音节而已，其实质仍是雕虫篆刻。 ㉓《离骚经》：王逸《楚辞章句》将屈原的《离骚》题为《离骚经》。 ㉔“盖《风》《雅》”二句：《史记·屈原列传》：“《国风》好色而不淫，《小雅》怨诽而不乱，若《离骚》者，可谓兼之矣……虽与日月争光可也。”此实本刘安《离骚传》。 ㉕“使贾谊”四句：扬雄《法言·吾子》：“如孔氏之门用赋也，则贾谊升堂，相如入室矣。”认为贾谊辞赋的成就不如司马相如，苏轼反对这种看法。 ㉖“欧阳”三句：欧阳修《苏氏文集序》：“斯文，金玉也，弃掷埋没粪土，不能消蚀。其见遗于一时，必有收而宝之于后世者。” ㉗“所须”句：惠力，寺名，一作“慧力”，在临江（治今江西樟树西南）县南。临江靠近谢民师家乡新淦，故代惠力寺向苏轼求书寺中法雨堂之“法雨”二字。 ㉘ 局迫：局促狭窄。 ㉙ 有所记录：指请苏轼题咏作诗。 ㉚ 亲念：亲近想念。 ㉛ 峡山寺：在清远峡（今广东清远东）。

这是苏轼一封以谈论文学创作为主要内容的书信，作于宋哲宗元符三年（1100）。这年五月，苏轼从海南儋州遇赦北归。九月路经广州，时为推官的谢民师曾多次携诗文登门求教。苏轼离广州北上途中，两人继续有书信往来，这是苏轼答谢民师的第二封信。

信的开头，从两人交谊叙起：自己禀性刚直疏略，学迂材下，贬谪多年，不敢再忝居士大夫之列。自从渡海北归，见到平生亲知故旧，恍如隔世。君与我并无素交，却多次见访，一见如故，别后又承蒙多次问讯，甚感欣喜过望。这些话，亲切平淡，富于含蕴，自谦之中含有对自己刚直不阿性格的自矜，感慨怅惘之中更流露出贬谪生涯的不堪回首。正是由于"坐废累年"的生活体验，才对谢民师的热情相待深为感慰。这个开头，将苏轼晚年那种历经磨难弥重真情的人生感触抒写得非常自然真切，全文就在这种新知胜似旧友的亲切随便的气氛中展开。

接下来，进入信的正题，就谢民师的来信及文章谈自己对于文学创作的见解。先称赞谢的文章"大略如行云流水，初无定质，但常行于所当行，常止于所不可不止，文理自然，姿态横生"，具有高度的自然美。这实际上也是苏轼的夫子自道。他在《文说》中自评其文道："吾文如万斛泉源，不择地而出，在平地滔滔汩汩，虽一日千里无难。及其与山石曲折，随物赋形，而不可知也。所可知者，常行于所当行，常止于不可不止，如是而已矣。"将这两段话加以联系对照，可以看出，他所赞赏推崇的这种高度自然的文章风貌，其核心在于"随物赋形"，即按照事物本身的特点与发展变化而自然真切地加以表现。按照这样的创作原则进行创作，才能达到如"行云流水"一般，"常行于所当行，常止于所不可不止，文理自然，姿态横生"的境界。这里所说的"行云流水"，并非脱离了客观事物特点和变化发展的主观任意的自由，细味"所当行""所不可不止"，其意自见。"初无定质"，也是由于客观事物的多样性使然。接着，他引了孔子两句著名的论文名言作为自己的论点，并加以创造性的阐释与发挥。"言之不文，行而不远"，一般理解为说话作文要有文采；"辞达"，通常也理解为"文从字顺"。但苏轼所说的"文"和"达"，却是一种高艺术标准的"文"和"达"。他针对通常对"达"的低层次理解，批评说："夫言止于达意，即疑若不文，是大不然。"认为把"达意"看成质朴无文是极端错误的。在他看来，所谓"达"，首先要做到"求物之妙，如系风捕影，能使是物了然于心"，也就是说，"随物赋形"并不仅仅是能生动准确地描绘出物的外在形貌，而且要深入把握物的精神实质、内在底蕴。而这种内在的奥妙，就像"系风捕影"一样，是极其困难的，能做到这点的"盖千万人而不一遇也"。这里苏轼实际上指出了文艺创作需要特殊的才能，即用艺术的方式"求物之妙"的本领。所谓"能使是物了然于心"，也就是他在《文与可画筼筜谷偃竹记》中所说的"画竹必先得成竹于胸中"。但光是"了然于心"还不够，还必须使"了然于心"的客观事物

"了然于口与手"，即通过生动形象的语言与文字将它成功地表现出来。他认为这才是真正的"辞达"，才是"笔力曲折无不尽意""得心应手"的辞达。"了然于心"与"了然于口与手"，实际上包含了创作者对客观事物的深入观察、体验、认识与艺术把握，并将这种艺术把握化为鲜明的艺术形象的创作过程。这样的辞达，自然是创作中难以企及的高境界，因此他最后总结道："辞至于能达，则文不可胜用矣。"短短一段话，对传统的"辞达"说作了极富创造性的发挥，将它提高到艺术创作规律的高度，而表述得却如此形象生动、概括精练、轻松灵妙，这本身便是"辞达"的高级样本。

接下来一段，就扬雄的创作和有关言论发表自己的见解，从批评反面现象与意见中进一步阐述"辞达"的艺术标准。先一针见血地指出"扬雄好为艰深之词，以文浅易之说"，认为这正是雕虫篆刻的文章末技；并认为他追摹《易经》《论语》而作的《太玄》《法言》便是雕虫篆刻的典型。他自悔早年作赋是雕虫篆刻，其实《太玄》《法言》只不过是改变了辞赋的音节，不押韵而已，并不能改变其单纯模仿，雕虫篆刻，以艰深文浅陋的实质。接着，进一步对扬雄将辞赋一律作为雕虫篆刻的看法进行批驳，举屈原《离骚》为例，认为它是《风》《雅》之变，可与日月争光，不能因为它是辞赋而斥之为雕虫；又对扬雄将贾谊在辞赋方面的成就置于司马相如之下进行批驳，认为屈、贾相继，贾谊的成就高于同属雕虫篆刻、以艰深文浅陋的司马相如。这一段，从对扬雄文章、言论的批评引出屈原，又引出贾谊，辗转相引，而中心则在批评创作中"以艰深文浅陋"的倾向，从中正可看出他所主张的是深入与浅出的统一，"以艰深文浅陋"正是与"辞达"相反对的。他感慨地说，上述看法，"可与知者道，难与俗人言"，言外既含视谢民师为自己的知音之意，也慨叹现实中少人会心。最后引欧阳修的话，强调文章如精金秀玉，自有定价，并不以俗人的口舌定贵贱。言外即含真正的"辞达"之文、深入浅出之文方能传之广远之意。

最后一段是对谢民师为惠力寺求字一事的答复，并顺告自己的行程。

古代文论，常有以书信形式表达者。这种形式，比较自由随意，少所拘束，对表现作者"行云流水，初无定质"的文艺观更有其天然的适应性。这封信不但本身便是"行云流水"风格的完美体现，而且还具有书信体特有的浓郁抒情气氛和亲切情趣；既给人以思想启迪，又给人以美的享受。　　（刘学锴）

又答王庠[1]书

别纸[2]累幅过当[3]。老病废忘[4]，岂堪英俊[5]如此责望[6]

邪？少年应科目[⑦]时，记录名数[⑧]沿革及题目等，大略与近岁应举者同尔。亦有少节目文字[⑨]，才尘忝[⑩]后，便被举主[⑪]取去，今皆无有。然亦无用也，实无捷径必得之术。但如君高才强力[⑫]，积学数年，自有可得之道，而其实皆命也[⑬]。但卑意欲少年为学者，每一书，皆作数过尽之。书富如入海，百货皆有。人之精力，不能兼收尽取，但得其所欲求者耳。故愿学者每次作一意求之。如欲求古兴亡治乱、圣贤作用，但作此意求之，勿生余念。又别作一次，求事迹故实、典章文物之类，亦如之。他皆仿此。此虽迂钝，而他日学成，八面受敌[⑭]，与涉猎[⑮]者不可同日而语也。甚非速化之术，可笑，可笑。

〔注〕 ① 王庠：荣州(今四川荣县)人，苏轼弟苏辙的女婿。 ② 别纸：指信函。王庠送文章给苏轼，希望得到指导和教益，所以称所附信函为别纸。 ③ 过当：推崇超过实际。这是自谦之辞。 ④ 废忘：记忆衰退。 ⑤ 英俊：此处指王庠。 ⑥ 责望：期望。 ⑦ 科目：分科取士的项目，指进士考试。 ⑧ 名数：户籍，这里指历史掌故。 ⑨ 节目文字：指应试的文章。 ⑩ 尘忝：考取进士的谦辞。 ⑪ 举主：指主考官。 ⑫ 强力：指壮年。 ⑬ 其实皆命也：指中进士与否并不全在文字。 ⑭ 八面受敌：指能解决一切疑难问题。 ⑮ 涉猎：指读书浮光掠影，不求甚解。

该文流传甚远，影响颇大。苏轼独步文坛的崇高地位和他在科举考试中异常成功的轰动效应，都使人们对他在这封信中所透露的学习方法推崇备至，甚至视为应考秘籍。

王庠，品学兼优，行文夺目，是苏轼弟弟苏辙的女婿。他对苏轼的道德学问钦佩之至，多次请教学问。苏轼对王庠的关心也非同寻常，曾在不同的场合对他赞誉推崇。这是苏轼其中一次的回信，信中针对王庠求教应考的经验和治学方法，给予了中肯的答复。

信中开头，“别纸累幅”三句，为一般的客套谦逊之语，但从中依然可见苏轼平易和蔼之风。

接着介绍了科举考试科目的基本情况并回复王庠索要当年文章的请求。苏轼一方面说多年来考试在某些科目设置和内容形式上并没有多大的变化。自己当年为应试所写的文章，并无留存。接着解释说那些东西即使留存，也没有什么大用。这段话是告诫王庠在准备应举考试的过程中，对于某些基本知识，如历史掌故、沿革流变等要下苦工夫，踏踏实实地进行知识的积累，因为这些考试内容既无轻巧便利的办法，又不能靠猜押命题投机取巧，根本没有什么捷径可走。

接着，苏轼以非常精练的语言，透彻地分析了科举考试对一个人才学德行衡量上的局限性，观点可谓一针见血，惊世骇俗："但如君高才强力，积学数年，自有可得之道，而其实皆命也。"才能高，学问好，在科举中就应该能够金榜题名，高举得中。但是苏轼说道德、学识、文章的高低优劣等与考试是否能够取得好成绩并没有必然的联系。

苏轼可谓举场得意之人。嘉祐二年正月，他以一篇《刑赏忠厚之至论》，深得主考官欧阳修的激赏，荣获第二名。欧阳修曾赞叹道："老夫当避路，放他出一头地也！"(《与梅圣俞》)预言苏轼必将取代自己而成为文坛领袖。那年的考试，苏轼是在父亲苏洵带领下，与弟弟苏辙一同进京赶考的，结果兄弟二人同时榜上有名，传为科举佳话，成为轰动一时的美谈。自己高中，但却告诉请教者"其实皆命也"，究竟是一种什么心理呢？

其实这评价确实是苏轼对科举考试的肺腑之言。其一，基于他对科举有着非常理性而透彻的理解；其二，他对现实的考试状况有着清醒而深刻的认识。

苏轼在另外一封给王庠的信中说："西汉以来，以文设科而文始衰……文章犹尔，况于道德乎？"又说："应举者志于得而已，今程试文字，千人一律，考官益厌之，未必得也……又况得失有命。"这些都可以作为他对科举弊端深刻认识的佐证。

苏轼认为对科举考试的结果不必太在意，但是对学习的方法却应该认真讲究，追求实效。苏轼告诉王庠好书要读多遍，每一遍都各有目的，各有重点；这是由书中思想的丰富性和内容的复杂性决定的，也是由人的思维记忆特点决定的。读书的时候要专心致志，这次想要了解兴亡治乱、圣贤作用，那就只注意这些方面的内容，如果想要了解事迹故实、典章文物等，那么就在下次读书的时候，专门注意这个方面的知识。漫无边际地什么都想读，则什么也得不到。这种定向专一、反复阅读的方法是苏轼根据自己的学习实践总结出来的。苏轼介绍说，这种阅读方法虽然显得有些笨拙，但是用起来却可以"八面受敌"，以一当十，非常实用。用这种方法学习所得到的东西，非常扎实，是那种浅尝辄止、蜻蜓点水的阅读所无法比拟的。这种方法，是苏轼所创的独家秘籍，我们权且称其为"苏轼阅读法"。

这种阅读方法的好处很多。第一，积极主动，融会贯通，把死书读活了。第二，促进思考，激发阅读中的再创造能力。第三，学以致用，将书本材料转化为自己的知识储备，左右逢源，灵活运用。二十一岁的苏轼同弟弟苏辙在嘉祐二年科考中双双中榜，就是此法成功的说明。那年的试题是《刑赏忠厚之至论》，此题难写之处就是如果单发议论，则不免空乏，如果要征引史实，则上古史事庞杂渺茫，没有什么可以依据的可考事实。可是苏轼的文章写得却非常精彩：

当尧之时，皋陶为士，将杀人，皋陶曰“杀之”三，尧曰“宥之”三。故天下畏皋陶执法之坚，而乐尧用刑之宽。四岳曰：“鲧可用。”尧曰：“不可，鲧方命圮族。”既而曰：“试之。”……

这些个“忠厚之至”的史例简直太精彩了。据说欧阳修曾问苏轼：“皋陶曰杀之三，尧曰宥之三，此见何书？”坡曰：“事在《三国志·孔融传》注。”欧退而阅之，无有。他日再问坡，坡云：“曹操灭袁绍，以袁熙妻赐其子丕，融曰：‘昔武王伐纣，以妲己赐周公。’操惊问：‘何经见？’融曰：‘以今日之事观之，意其如此。’尧、皋陶之事，某亦意其如此。”苏轼这种“意其如此”的推断揣摩，正是得益于他自己发明的这种独特的读书方法可以触类旁通，对所掌握的知识巧妙组合，随机生发，运用自如，竟至于当时的文坛领袖欧阳修不胜赞叹：“此人可谓善读书，善用书，他日文章必独步天下！”（杨万里《诚斋诗话》）后来的历史，果然被他说中了。

文章的最后，特意说：“甚非速化之术，可笑，可笑。”咨询者希望得到捷径，答复者却告诉人家个“笨法子”，所以这里以调侃作结，既是自谦，又不失诙谐。同时也是对当时社会普遍存在的剽窃辞藻、寻章摘句那种为应试而作立竿见影“速化”之功的一个劝诫。

此文在解答问题时，不讲空泛的大道理，不故作玄虚，只是用浅近明确的语言详尽介绍其方法，注重实际可操作性，让人感到亲切自然，颇受启发。

（傅秋爽）

答李方叔[1]书

轼顿首先辈[2]李君足下。别后递中得二书，皆未果答。专人来，又辱长笺，且审[3]比日孝履[4]无恙，感慰深矣。惠示古赋近诗，词气卓越，意趣不凡，甚可喜也。但微伤冗，后当稍收敛之，今未可也。足下之文，正如川之方增，当极其所至，霜降水落，自见涯涘，然不可不知也。录示孙之翰[5]《唐论》。仆不识之翰，今见此书，凛然得其为人。至论褚遂良[6]不识刘洎[7]，太子瑛[8]之废缘张说[9]，张巡[10]之败缘房琯[11]，李光弼[12]不当图史思明[13]，宣宗[14]有小善而无人君大略，皆《旧史》所不及。议论英发，暗与人意合者甚多。又读欧阳文忠公《志》文[15]、司马君实跋尾[16]，益复慨然。然足下欲仆别书此文入石，以为之翰不朽之托，何也？之翰所立于世者，虽无欧阳公之文可也，而况欲托字画之工以求信于后世，不亦陋乎。

足下相待甚厚，而见誉过当，非所以为厚也。近日士大夫皆有僭侈[17]无涯之心，动辄欲人以周、孔誉己，自孟轲以下者，皆怃然[18]不满也。此风殆不可长。又仆细思所以得患祸者，皆由名过其实，造物者所不能堪，与无功而受千钟者，其罪均也。深不愿人造作言语，务相粉饰，以益其疾。

足下所与游者元聿，读其诗，知其为超然奇逸人也。缘足下以得元君，为赐大矣。《唐论》文字不少，过烦诸君写录，又以见足下所与游者，皆好学喜事，甚善！甚善！独所谓未得名世之士为志文则未葬者，恐于礼未安。司徒文子问于子思[19]："丧服既除然后葬，其服何服？"子思曰："三年之丧，未葬，服不变，除何有焉。"昔晋温峤[20]以未葬不得调。古之君子，有故不得已而未葬，则服不变，官不调。今足下未葬，岂有不得已之事乎？他日有名世者，既葬而表其墓，何患焉。辱见厚，不敢不尽。冬寒，惟节哀自重。

〔注〕 ① 李方叔：名廌，华州(治今陕西渭南市华州区)人。 ② 先辈：唐代科举应试者相互之间的敬称。 ③ 审：知。 ④ 孝履：称居丧(父母死而未葬)中人的套语。 ⑤ 孙之翰：名甫，宋许州阳翟人，历任刑部郎中，充天章阁待制等。著《唐论》(即《唐史记》七十五卷)，书未及成而卒。 ⑥ 褚遂良：唐大臣、书法家。钱塘(今浙江杭州)人，一说阳翟(今河南禹州)人。太宗时任起居郎，官至中书令。直言敢谏，受太宗遗诏辅政。以谏高宗废皇后王氏，为武后所恶，贬爱州刺史，幽愤而死。 ⑦ 刘洎(jì)：字思道，荆州江陵人(今属湖北)人。唐朝宰相，性疏俊，敢言。 ⑧ 太子瑛：唐玄宗子，开元三年(715)立为太子。 ⑨ 张说：唐代文学家，字道济，一字说之，武后策贤良方正，张说年才弱冠，对策第一。开元初，进中书令，封燕国公。寻出刺相州，左转岳州，召累官至兵部尚书。 ⑩ 张巡：邓州南阳(今属河南)人。唐代名将。天宝中，为真源令。禄山之乱，巡起兵讨贼。后至睢阳，与太守许远坚守危城经年，乏食，城陷不屈而死。 ⑪ 房琯：唐河南(治今河南洛阳东)人，字次律。玄宗奔蜀，官文部尚书，同中书门下平章事。琯有重名，而疏阔好大言，至德元年自请兵讨伐安禄山，战于陈涛斜，全军覆没。 ⑫ 李光弼：唐朝杰出将领。契丹族。营州柳城(今辽宁朝阳)人。戎马一生，战功卓著，为平定安史之乱作出了重要贡献。 ⑬ 史思明：唐宁夷州突厥族人，为"安史之乱"叛军头目之一。 ⑭ 宣宗：唐宣宗李忱，846—859年在位。 ⑮《志》文：指欧阳修《尚书刑部郎中充天章阁待制兼侍读赠右谏议大夫孙公墓志铭》。 ⑯ 跋尾：指司马光《书孙之翰〈唐史记〉后》。

⑰ 僭侈(jiàn chǐ)：僭，越分，指超过身份。侈，放纵。 ⑱ 怃(wǔ)然：茫然自失的样子。 ⑲“司徒文子”句：事见《孔丛子·抗志》。子思，姓孔，名伋，孔子的孙子。孟子曾受业于他的门人，发展其学说，形成思孟学派。 ⑳ 温峤：晋太原祁县(今属山西)人，字太真。元帝时，为刘琨右司马。明帝即位，拜侍中转中书令。

此篇写于元丰三年。这年，苏轼四十五岁，居于黄州贬所。此前的一年，苏轼被人罗织罪名，遭受陷害，刚刚经历了著名的“乌台诗案”，出狱后责授检校尚书水部员外郎，充黄州团练副使。在黄州居住期间，苏轼深居简出，一心研习《周易》《论语》。《答李方叔书》写于到黄州的第一年，信中，苏轼对李的请求一一作答，表现了凛然不苟于俗的气节。

信中，苏轼首先对未能及时给对方回信表示了歉意。这段话透露出这样一个信息，就是李方叔已经不止一次来信，而且是对苏轼有所请求，且甚为殷切急迫。从“孝履无恙”四字，我们知道，苏轼已经注意并且读懂了对方的请求。

接下来，信本来应该直接回复对方的请求，但是，苏轼却“顾左右而言他”，荡开一笔，先说别的。在这段文字中，苏轼首先对对方随信寄来的诗赋给予了很高的评价，赞扬其“词气卓越，意趣不凡，甚可喜也”。接着对其中的缺陷和不足，给予了中肯的指正，认为应该力求收敛简洁。然后给予积极的鼓励，说：您的创作，就像大江大河到了汛期，正在大涨，只要工夫到家，就一定能够达到光辉的顶点。在这点上你一定要有自信，要坚持。可见，苏轼对于李方叔的创作寄予厚望。苏轼作为一代文坛泰斗，他的热情鼓舞和充分肯定对李方叔所产生的激励作用不难想见。

然后进入正题，苏轼正面回复对方的请求。

首先，作者简述了自己对李方叔请求中所涉及人和事的评价：您抄录的《唐论》我看了，我不认识其作者孙之翰，但是从作品中可以看出此人思维严谨，有凛然之气。至于他对历史的评论，见解独到，非同寻常，许多地方与我不谋而合。之后又读了欧阳修为其所写的志文，司马光写的跋，更加感慨。以上都是赞誉之语，然而下面语气一转，又批评李方叔“欲托字画之工以求信于后世”的见解很浅陋庸俗。从这段话里，我们可以了解到李方叔所请之事的具体内容，原来李方叔想要请苏轼把欧阳修的志文和司马光的跋尾书誊录下来，以便将来勒石铭刻之用。无疑，这些请求都是冲着苏轼在艺术上的地位和名气而来的。在文中，苏轼说：孙之翰即使没有欧阳修、司马光这些名人的志、跋，凭着自身文章的光彩也能够立于世。那种想要借助书画之功来求信于后世的做法是见识浅陋的表现。这是回绝的第一个理由。

回绝的第二个理由是："足下相待甚厚，而见誉过当，非所以为厚也。"作者充分肯定李方叔盛情邀请自己的一番好意，但又指出如果抬举过度，反而事与愿违。原因是这会助长当下流行的虚夸不实之风：士大夫们不顾实际，无限拔高自己，动辄就希望别人以周公、孔子的地位和成就来夸赞自己。苏轼认为"此风殆不可长"，口气坚定决绝，表现出了很强烈的社会责任感和作为一个文人应有的历史使命感。

从个人的原因而言，苏轼认为自己之所以不断遭遇祸患，都是名高所累，为上天所诟病。这等于无功受禄，也是一种不能饶恕的罪过。由己推人，他不愿意给人不实之誉，因为那样既增加自己的罪过，也给别人增添灾难。

接着，苏轼又回绝了李方叔的第二个请求。在回绝这个请求之前，苏轼对李方叔的朋友们给予了很多的肯定和赞誉："足下所与游者，皆好学喜事，甚善！甚善！"物以类聚，人以群分，苏轼通过称赞朋友来称赞李方叔本人。从这一段话里，我们可以猜测李方叔在信中可能介绍了自己所交往的朋友，和朋友为了却自己的心愿所共同作出的努力。当然这些陈述都是为了促使苏轼答应自己的请求。

接下来，苏轼笔锋再次一转，对李方叔因为没有得到名家所写的志文就不肯下葬父母提出了批评。他说古人有时不下葬，都是因为有特殊情况。苏轼质问李方叔：您现在不为父母下葬，难道也有什么不得已无法解决的特殊原因吗？显然苏轼对其以不下葬相要挟、引人同情的做法是很不满意的。但随后他又语气缓和地劝慰道：如果日后遇到名世之士，在下葬之后也能为死者来作墓志铭，您还有什么好担心的呢？这既是体恤的劝说，又是态度鲜明的回绝。

文章最后，苏轼表明自己实话实说的态度，并请对方节哀自重。

一个人死了，子女请人写个墓志铭，希望能够说些好话，来颂扬其生平，本无可厚非。但有时这种风气发展到了过分的程度：用生花妙笔，写些个并不存在的丰功伟绩，再将这等文字刻在石碑上，期望让死者借文字之力永垂不朽，流芳百世。这甚至催生出一个非常赢利的"谀墓"产业。"谀墓"之文往往有很高的"润笔"，越是名家，润笔越高。许多人都抵御不了黄金白银的巨大诱惑而屈心为之。东汉碑文大家蔡邕、"唐宋八大家"之一的韩愈，都在"谀墓"上留下了抹不掉的污点。苏轼对这种风气极为反感。他说："某从来不独不作不书铭志，但缘子孙欲追述祖考而作者，皆未尝措手也。"(《答李方叔三首》)每当人家仰慕他的大名来请他作文时，他一概拒绝："近日士大夫以某不作铭志，故变文为集引耳，已屡辞之。"(《与孔毅父二首》)可见拒绝虚假是苏轼坚守的做人原则和品格。随你屡次相求，随你搬出什么名家，随你打着什么旗号，随你说出什么理由，随你软硬兼施软磨硬泡，我自有我的主见、我的原则，永远对自己认为不能做的事情，敢于说“不”。

但立场鲜明态度坚决的苏轼，又很能体恤人情，能够将“不”说得委婉可人，让人易于接受。每当拒绝对方的一个请求之前，苏轼总要从好的方面给对方以充分的肯定，如对方的文章写得好，对方交往的朋友好等等。每次拒绝对方所请之后，也总是要给对方一个台阶下：拒绝了书写《唐论》志文跋尾时说：“之翰所立于世者，虽无欧阳公之文可也。”——孙之翰的文章太好了，即使没有欧阳修的志文都能够传之后世，言下之意是：没有我的书写就更不在话下了。劝其早日安葬父母，不要因为自己不肯写墓志铭就不让死者入土为安时说：“他日有名世者，既葬而表其墓，何患焉。”——不要因为我不肯写，你就终生遗憾，入葬之后，不也是可以等着有愿意的名人给老人写个满意的墓志铭吗？说过“不”之后，有安慰，有体恤，有鼓励，不让对方绝望，不让对方悲伤，不让对方怨恨。这就是此文的高明之处。 （傅秋爽）

答毛滂书[1]

轼启：比日[2]酷暑，不审起居何如？顷承示长笺及诗文一轴，日欲裁谢[3]，因循[4]至今，悚息[5]，悚息。今时为文者至多，可喜者亦众，然求如足下闲暇自得，清美可口者，实少也。敬佩厚赐，不敢独飨[6]，当出之知者[7]。

世间惟名实不可欺。文章如金玉，各有定价，先后进相汲引[8]，因其言以信于世[9]，则有之矣。至其品目[10]高下，盖[11]付之众口，决非一夫所能抑扬。轼于黄鲁直[12]、张文潜[13]辈数子，特先识之耳。始诵其文，盖疑信者相半，久乃自定，翕然[14]称之，轼岂能为之轻重哉？非独轼如此，虽向[15]之前辈，亦不过如此也。而况外物之进退[16]，此在造化[17]者，非轼事。辱[18]见贶[19]之重，不敢不尽。承不久出都，尚得一见否？

〔注〕 ① 答毛滂书：又题作《答毛泽民书》。毛滂，字泽民，衢州江山（今浙江江山市）人，善为文，著有《东堂集》。元祐中，苏轼知杭州，毛滂为杭州法曹。 ② 比日：近日。 ③ 裁谢：裁笺作复表示感谢。 ④ 因循：指拖沓。 ⑤ 悚息：惶恐惭愧。 ⑥ 独飨（xiǎng）：独自享受。飨，通“享”。 ⑦ 知者：了解赏识的人。 ⑧ 汲引：引荐。 ⑨ 信于世：得到社会承认。 ⑩ 品目：名目等第。 ⑪ 盖：大约。 ⑫ 黄鲁直：即黄庭坚，宋代文学家、书法家。“苏门四学士”之一。 ⑬ 张文潜：即张耒，宋代诗人。“苏门四学士”之一。 ⑭ 翕（xī）然：聚合貌，引

申为共同、一致。 ⑮ 向：从前，以往。 ⑯ 进退：指褒扬或贬抑。 ⑰ 造化：创造化育，亦指天地、自然界。 ⑱ 辱：承蒙。 ⑲ 贶(kuàng)：赠，赐。

此篇是给毛滂的复信之一。信开头写，近日酷暑，不知近况如何，所示长笺及诗文，本欲早早回谢，拖沓至今，深感惶恐惭愧。此为一般问安之辞。下面针对“为文”之事来谈。先谈今时“为文者至多，可喜者亦众”，然后谈到毛滂诗文特点“闲暇自得，清美可口”，其意是清新淡雅有情韵，这样的文风“实少也”。这里表现了苏轼对此类文风的推崇，也表现了对后学之士毛滂的称赞，所以又说不敢独自欣赏，应当拿出其文给懂得文章之道的人共同欣赏。

第二段提出一个重要的观点“世间惟名实不可欺”，意思是名与实二者的关系，应当名实相符。然后以“文章”而论，“文章如金玉，各有定价”，这里既说明文章之可贵，又点明其高下之差别。如何来评价文章优劣，有无标准，苏轼作了精辟的阐述：后学者的文章靠先辈推荐而展示于世，受到世人重视，这种情况是有的；但文章的品位高低优劣是由“众口”决定，绝不是一个人的抑扬褒贬所能左右的。这里采用了以退为进的方法，指出文章品位高下决定于“众口”而非“一夫”，这种观点是辩证的科学的，同时也暗中对毛滂求名心切，指望苏轼推荐作了委婉的规劝。为说明名实相符，评价文章高下优劣取决于“众口”，苏轼又以黄庭坚、张耒为例，说自己虽然先赏识他们的文章，但人们开始传诵作品时，有怀疑的，有肯定的，大约各占一半，时间久了，了解了，大家才一致称赞了。岂是我独自掌握轻重大权呢？后又谈，不仅自己如此，以往先辈亦是如此。这里又用苏轼与“前辈”对比说明文章高下不取决于“一夫”的道理。

最后又提出“而况外物之进退，此在造化者，非轼事”，将文章高下，推展到一切事物的进退毁誉，取决于造物者，也就是由事物本身决定，并非自己能左右的。这也就归结到名实相符取决于自己的努力，众人认识到了，肯定了，自然实至名归。结尾将文章推展到外物，将“个别”推演到“一般”，使立论上升到哲理层面，而且也起到了规劝、鼓励朋友加强自身学养，创作更好作品的目的。其谆谆之情溢于言表。年轻的毛滂不负苏轼的期望，在孜孜不倦的努力下，诗、词、文均能名于世，被《四库全书总目提要》评为“其词则情韵特胜”。

本文艺术特色之一，以小见大，从具体到一般。一封短短的书信由谈求荐者的诗文，提出名实相符的命题，进而推论到一切事物的进退在于造化者本身这一哲理，由此可见苏轼学识渊博，文思活跃，思虑深邃。

艺术特色之二，章法结构善于由浅入深，以退为进，对比论证，深入浅出。

艺术特色之三，奖掖后学热情真挚。由开头的关心起居，到迟复为歉；从肯

定后学文章，到教诲其文须名实相符，均满蕴深情。（赵慧文）

答李端叔[①]书

轼顿首再拜：闻足下名久矣，又于相识处，往往见所作诗文，虽不多，亦足以仿佛其为人[②]矣。寻常不通书问，怠慢之罪，犹可阔略[③]，及足下斩然在疚[④]，亦不能以一字奉慰。舍弟子由至，先蒙惠书，又复懒不即答，顽钝废礼[⑤]，一至于此。而足下终不弃绝，递[⑥]中再辱[⑦]手书，待遇益隆[⑧]，览之面热汗下[⑨]也。足下才高识明，不应轻许[⑩]与人，得非用[⑪]黄鲁直[⑫]、秦太虚[⑬]辈语，真以为然[⑭]耶？不肖[⑮]为人所憎，而二子独喜见誉[⑯]，如人嗜昌歜[⑰]、羊枣[⑱]，未易诘其所以然者[⑲]。以二子为妄[⑳]则不可，遂欲以移之众口[㉑]，又大不可也。

轼少年时，读书作文，专为应举而已。既及进士第[㉒]，贪得不已，又举制策[㉓]，其实何所有。而其科号为“直言极谏[㉔]”，故每纷然诵说古今，考论是非，以应其名耳。人苦不自知，既以此得[㉕]，因以为实能之，故譊譊[㉖]至今，坐此[㉗]得罪几死[㉘]。所谓“齐虏以口舌得官[㉙]”，真可笑也。然世人遂以轼为欲立异同[㉚]，则过矣。妄论利害，搀说得失[㉛]，此正制科人习气。譬之候虫时鸟，自鸣自已，何足为损益[㉜]。轼每怪时人待轼过重，而足下又复称说如此，愈非其实[㉝]。

得罪[㉞]以来，深自闭塞[㉟]，扁舟草屦[㊱]，放浪山水间。与樵渔杂处，往往为醉人所推骂[㊲]，辄[㊳]自喜渐不为人识。平生亲友无一字见及[㊴]，有书与之亦不答，自幸庶几[㊵]免矣。足下又复创相推与[㊶]，甚非所望。木有瘿[㊷]，石有晕[㊸]，犀有通[㊹]，以取妍于人[㊺]，皆物之病[㊻]也。谪居无事，默自观省[㊼]，回视三十年以来所为，多其病者。足下所见皆故我，非今我也。无乃闻其声不考其情，取其华而遗其实乎[㊽]？抑[㊾]将又有取于此[㊿]也？此事非相见不能尽[51]。自得罪后，不敢作文字。此书虽非文[52]，然信笔书意[53]，不觉累幅[54]，亦不须示人。必喻此意[55]。岁行尽,寒苦,惟万万节哀强食。不次[56]。

〔注〕①李端叔:李之仪,字端叔,工诗词文,尤工尺牍。苏轼说他"入刀笔三昧"。②仿佛其为人:想象到你的为人大略。③阔略:宽恕之意。④斩然在疚:服丧期间内心悲痛。斩然,形容悲痛的样子。在疚,指居父母之丧。《诗经·周颂·闵予小子》说周成王在周武王死后"嬛(qióng)嬛在疚"。⑤废礼:不顾礼节。⑥递:传递书信的驿车。⑦辱:承蒙。⑧待遇益隆:指李之仪第二次来信更情意深厚。⑨面热汗下:形容羞愧异常。⑩轻许:轻易赞许。⑪得非用:莫非因为。⑫黄鲁直:即宋代文学家、书法家黄庭坚。⑬秦太虚:即宋代词人秦观。⑭然:是。⑮不肖:不贤,自谦之词。⑯见誉:加以称誉。⑰昌歜(chù):即菖蒲根。《吕氏春秋·孝行览·遇合》:"文王嗜昌蒲菹,孔子闻而服之……"杜预注:"昌犓,昌蒲菹。"孔颖达《疏》以为是菖蒲根四寸大小做成的酸菜。⑱羊枣:果实小而圆的一种枣,味劣。曾子的父亲曾皙嗜羊枣,见《孟子·尽心下》。⑲"未易"句:很难问出他们爱吃这些东西的理由。诘(jié),问。⑳妄:荒诞不合理。㉑移之众口:让众人都意见一致。㉒既及进士第:等到考中进士。㉓举制策:参加制科考试。举,旧时以科考取士之称,亦指赴试或考中。制策,宋初考试制度,最重要的是进士、制科,制科以策论为主,所以叫制策。嘉祐六年(1061)苏轼又应试制科,入三等。㉔直言极谏:制策中的一科,指敢于坦率地不保留地对朝廷提出谏诤。㉕以此得:指因为诵说古今而得到名声。㉖譊(náo)譊:多说话,乱说话。㉗坐此:因此。指多言而有"乌台诗案"事。㉘几死:几乎被判死罪。㉙齐虏以口舌得官:典出《史记·刘敬叔孙通列传》,刘敬本姓娄,后来汉高祖赐姓刘,齐人。汉高祖拟建都洛阳,刘敬建议建都关中,汉高祖采纳之,任命刘敬为郎中。后汉高祖征匈奴,刘敬以匈奴狡诈,反对汉高祖出兵。汉高祖急于立功,骂敬"齐虏!以口舌得官"。齐,刘敬的籍贯。虏,奴隶,用以骂人的话。口舌得官,指刘敬由于一次口头建议(定都关中)而由役人陡然得到官爵。㉚欲立异同:想要标新立异。异同,偏义复词,义在"异"。㉛"妄论"二句:不应说话的场合中随便发表意见,这正是制科人的习气。搀(chān),插嘴。制科人,参加过制科考试的人。其文字试卷即要求评论政事的利害得失。㉜损益:减少与增益。㉝非其实:指直言进谏,并非自己的本质。㉞得罪:指"乌台诗案"后被贬黄州事。㉟闭塞:不和人往来。㊱扁舟草屦(jù):(水行)驾着小船,(陆行)踏着草鞋。㊲推骂:推搡相骂。㊳辄:常常,总是。㊴见及:指回信。㊵庶几(jī):将近,差不多。㊶创相推与:开始来赞扬推崇。㊷木有瘿(yǐng):树木有赘瘤。㊸石有晕:石头有斑纹。㊹犀有通:犀牛角有通孔。㊺取妍于人:博得人们的赞美。妍,美丽。㊻病:缺点。㊼观省:检查反省。㊽"无乃"二句:岂不是只听到流传的声誉而不查究真实情况,只撷取其花而遗弃果实吗?㊾抑:或。㊿此:指上文的"病"。[51]尽:尽言,说透彻。[52]"此书"句:指此封书信虽然不是文章。[53]书意:写自己心中的意思。[54]累幅:不止一张纸。[55]必喻此意:必然明白不须示人的原因。[56]不次:犹言不尽,不一一说了,古代书信结尾语。

此篇写于元丰三年(1080),苏轼四十五岁,被谪居黄州之时。在给李端叔的答书中,既感谢李屡次对自己的关怀推重,又写出得罪被贬的缘由与被贬黄州后的处境及自省。

李端叔,即李之仪,号姑溪居士,沧州无棣(今属山东)人。宋神宗时进士。工诗词文章,尤工尺牍,苏轼说他"入刀笔三昧",其词《卜算子》"我住长江头,君住长江尾”一首，脍炙人口，今存词九十四篇，毛晋评为“(姑溪词)小令更长于淡语、景语、情语”(《宋六十名家词·姑溪词跋》)。

此篇是苏轼与李端叔未见面时写的。他们当时仅是文字之交，书信往来，却已是推心置腹。所以在第一段中说“闻足下名久矣，又于相识处，往往见所作诗文，虽不多，亦足以仿佛其为人”。下面谈李对自己屡次关怀推重，尤其在居丧期间又惠书关怀，深表感谢，对自己未及时作复表示抱歉。然后说李氏才高识明，不应轻易赞许人，对我之推重是否受了黄庭坚、秦观等人的影响。“不肖为人所憎”一句很有分量，既写出因得罪当权者而被贬黄州的政治遭遇，又为下文埋下伏笔。对于黄、秦二人对自己的称誉，用了文王喜吃菖蒲根、曾皙喜吃羊枣的比喻，言其各有所好，很难追究为什么。并说认为黄、秦二人虚妄，是不对的；要把他们的看法加于众人之口，更是不可以的。苏轼在此向李说明推誉之言不可信，表现了对自己辩证而又客观的认识。

第二段谈自己获罪被贬的缘由及一些人对自己的误解。先从少年读书作文乃是为应举谈起，后谈中进士后又考制策科，考上直言极谏科后，就不断诵说古今，评论是非，当时认为可以凭此辅佐国政，改革时弊，谁知却因此获罪，几至于死。文中道“世人遂以轼为欲立异同”，认为“我”论“利害”得失，是立异端邪说，实际上自己仅是尽“直言极谏”的职责。然后又以“候虫时鸟”作比喻，说自己评论朝政，只是自鸣自叫，于事情并无补益。这段内容说得委婉而深刻。林云铭《古文析义》卷六云：“篇中痛扫《制策》，皆无实用。作此自嘲、自抑之词，实借此以消胸中无数垒块耳。”这段文字很重要：第一，简要地概述了获罪缘由：是被诬为讪谤朝政。熙宁四年(1071)神宗任王安石为相推行新法，轼上神宗书，论朝政得失，被贬为杭州通判。熙宁七年，王安石罢相，吕惠卿当政。轼在密州、徐州任，有政绩，移为湖州知府。元丰二年(1079)，苏轼被弹劾所作诗文“语涉讪谤”被捕，下御史台狱，险丧命，神宗不欲置其死，贬谪黄州为团练副使，不得签署公事。这就是有名的“乌台(御史台)诗案”。“坐此得罪几死”(因为直言极谏获罪几乎丧命)六个字就将获罪原因作了概括。李光地评此段文字说：“人以为牢骚玩世之语，实则自写平生实录也。”(《御选唐宋文醇》卷四)第二，对自己的直言进谏对朝政是否起到作用进行了反思，得出结论是“何足为损益”。这对于朝廷执政是个极大的讽刺，朝廷设“直言极谏”科，目的是让有志之贤良敢于毫不保留地向朝廷提出谏诤，可是实际上以吕惠卿当政，推行所谓新政，弊政多多，苏轼上书陈说利弊，反遭诬陷。此以曲笔道出，正如吴汝纶所评：“此文可谓怨而不怒。”(见王文濡《评校音注古文辞类纂》卷三十)

第三段讲被贬官黄州以后生活处境。“深自闭塞”四个字对此时生活作了高度概括，贬至黄州虽为“团练副使”，但“不得签署公事”，连吃穿住都成了问题。只能驾扁舟，穿草鞋，放浪山水间，与樵夫渔父为伍，被醉酒人推搡谩骂。这种生活苏轼反而“自喜渐不为人识”，在“自喜”中实含放达自适之情；所悲的是平生亲友不再与其往来，即使去了信连一字回音也没有，世态炎凉怎不令苏轼感叹！此时他却自省道：“回视三十年以来所为，多其病者。足下所见皆故我，非今我也。”此句将自己人生巨大变化一笔托出。年轻时以儒家积极用世思想为主，一心辅佐朝政，愿大有作为；获罪被贬后，以释道思想为主，有遁隐山林之思。故劝李不必“闻其声不考其情，取其华而遗其实”地推崇他。为什么会有这么大的变化？“此事非相见不能尽”，最后又说“自得罪后，不敢作文字”，并嘱李君此信不必给人看，可见文字狱使放达的苏东坡亦心有余悸！茅坤评曰：“看此等书，长公据几随手写出者，却自疏宕而深眇。”（《苏文忠公文钞》卷十）

此文结构严谨，前后呼应，行文回环往复，突出了苏文情感的缜密深挚。如第一段写苏轼被贬后，李君“终不弃绝”，反而推崇苏轼的人品、文品；第二段又说“足下又复称说如此”；第三段再写“足下又复创相推与”，如此就将李君人品“才高识明”作了有力的勾勒，同时，亦将世态炎凉作了有力的反衬。吕留良评曰：“率尔作出，章法如此整齐，然极不易识。”（《晚村先生八家古文精选》三）关于此文的“率尔作出”及文中所谈“信笔书意”，从苏轼所写《答秦太虚书》一文可看出确实如此：“某昨夜偶与客饮酒数杯，灯下作李端叔书，又作太虚书，便睡。今日取二书复视，端叔书犹粗整齐，而太虚书乃尔杂乱，信昨夜之醉甚也。本欲别写，又念欲使太虚于千里之外，一见我醉态而笑也。无事时寄一字，甚慰寂寥。”（《苏文忠公全集》卷五十二）

善用比喻、对比，使行文富于形象性，颇具感染力。如第一段说人各有所好，用“如人嗜昌歜、羊枣”的典故作比喻。第二段说自己因论是非虽获罪而终无补益，则道“譬之候虫时鸟，自鸣自已”。第三段谈到自己反思多年来有缺欠时，以“木有瘿，石有晕，犀有通”作比，说明“皆物之病也”。文中对比多处，使所言鲜明有力，如以李君的多次惠书，与自己未即作答对比；以获罪后“平生亲友无一字”来往与李君的“又复创相推与”对比，在世态炎凉中突现了李君的人品忠耿诚笃。

（赵慧文）

喜雨亭记

亭以雨名，志[①]喜也。古者有喜，则以名物，示不忘也。周公得禾[②]，以名其书；汉武得鼎[③]，以名其年；叔孙胜狄[④]，以名其子。其喜之大小不齐，其示不忘一也。

余至扶风[⑤]之明年，始治官舍。为亭于堂之北，而凿池其南，引流种木，以为休息之所。是岁之春，雨麦[⑥]于岐山[⑦]之阳，其占[⑧]为有年[⑨]。既而弥月[⑩]不雨，民方以为忧。越三月乙卯[⑪]，乃雨，甲子又雨，民以为未足。丁卯大雨，三日乃止。官吏相与庆于庭，商贾相与歌于市，农夫相与抃[⑫]于野。忧者以乐，病者以愈，而吾亭适成。

于是举酒于亭上以属客[⑬]，而告之曰："五日不雨，可乎？"曰："五日不雨，则无麦。""十日不雨，可乎？"曰："十日不雨，则无禾。"无麦无禾，岁且荐饥[⑭]，狱讼繁兴，而盗贼滋炽[⑮]，则吾与二三子，虽欲优游[⑯]以乐于此亭，其可得耶！今天不遗斯民[⑰]，始旱而赐之以雨，使吾与二三子，得相与优游而乐于此亭者，皆雨之赐也。其又可忘邪！

既以名亭，又从而歌之，曰：使天而雨珠，寒者不得以为襦[⑱]。使天而雨玉，饥者不得以为粟。一雨三日，繄[⑲]谁之力？民曰太守[⑳]，太守不有。归之天子，天子曰不然。归之造物，造物不自以为功。归之太空，太空冥冥[㉑]。不可得而名，吾以名吾亭。

〔注〕 ① 志：记。 ② 周公得禾：周公是西周初期的政治家。成王之弟唐叔得到两株苗合生一穗的谷子，认为是吉祥之物，献给成王，成王又转送给叔叔周公，周公写了题为《嘉禾》的文章（见《尚书·周书·微子之命》）。此文已失传，《尚书》仅存篇名。 ③ 汉武得鼎：元狩七年夏六月，汉武帝刘彻在汾水上得到一尊象征国家权力的宝鼎，便把这年的年号改为元鼎元年（前116）（见《史记·孝武本纪》）。 ④ 叔孙胜狄：春秋时鲁文公的大将叔孙得臣，曾经率军打败北狄鄋瞒国，国君长孙侨如被俘。叔孙便把自己的儿子宣伯改名为侨如（见《左传·文公十一年》）。 ⑤ 扶风：地名，即凤翔府，治所在今陕西凤翔。苏轼做过凤翔府签书判官（辅佐行政长官），仁宗嘉祐六年（1061）到任。 ⑥ 雨（yù）麦：下麦雨。龙卷风把地上的麦子卷入空中，可以产生这种现象。 ⑦ 岐山：今陕西岐山。 ⑧ 占：占卜算卦。 ⑨ 有年：指丰收。年是年成、收年。 ⑩ 弥月：整满一个月。 ⑪ 乙卯：记日的干支数。下文的"甲子""丁卯"同此。乙卯是四月初二，甲子是四月十一，丁卯是四月十四日。 ⑫ 抃（biàn）：鼓掌，表示欢欣。 ⑬ 属（zhǔ）客：劝客饮酒。属，注入，斟酒相劝。 ⑭ 荐饥：连年饥荒。荐，通"洊"，屡次，连接。 ⑮ 滋炽：越发嚣张。 ⑯ 优游：悠闲，闲暇自得的样子。 ⑰ 斯民：这些百姓。⑱ 襦（rú）：短袄。 ⑲ 繄（yī）：多用于句首，无实义，有时相当于"惟"。 ⑳ 太守：郡的最高

长官。宋代已将郡改作州或府，太守改称"知州"或"知府"。但人们仍常常以"太守"称呼知府。
㉑ 冥冥：辽远幽深。

《喜雨亭记》是一篇独具特色的亭台记。

宋仁宗嘉祐六年(1061)冬，二十六岁的苏轼步入仕途，任陕西凤翔府签书判官。这时凤翔地区久旱不雨。次年春，正当官署旁新亭落成时，云空连降甘霖，苏轼因而把此亭命名为"喜雨亭"，还写了这篇散文佳作以"志喜"。

全文可分为四段。

第一段，记叙以雨名亭的缘起。开篇"亭以雨名，志喜也"七字，将亭、雨、喜有机地绾在一起，直扣题面，领起全篇。这种开宗明义的写法，最能收到直截明快的效果。接下来没有顺承文意，而是宕开一笔，追述古代，使文章顿生波澜："古者有喜，则以名物，示不忘也。"这句话贯领下文所征引的三个历史典故，而三个典故又全由"名物"二字生发出来。文章连用一组气势流畅的排比句直陈其事。三则典实列举后，再总承一笔："其喜之大小不齐，其示不忘一也。"用来收住文意，并与前文"示不忘也"四字相呼应。这里的周公"名书"、汉武"名年"、叔孙"名子"，都暗示关合苏轼的"名亭"。这样写，是援古以自重，为本文的"志喜"以示不忘作了有力的铺垫，并隐约地透露出作者因雨而喜的心情。

第二段，写凤翔地区久旱逢喜雨，以及凤翔社会各界对喜雨的狂喜情态。文章扣住"喜""雨""亭"三字，分三层生发文意：先记亭，次写雨，后志喜。

先记亭。文章仅用三十余字，便简明地交代了建亭的时日、官亭的位置、周围环境以及建亭的目的。此处对官亭所以采用略写手法，是因为它并非本文重点，只是为"志喜"而设的陪笔。嘉祐六年(1061)冬，在亭子尚未建成时，作者便写了组诗《次韵子由岐山下诗》加以描述，可见文章详略是受题旨制约、为题旨所决定的。

次写雨。作者在正面写雨之前，先以岐山"雨麦"作为敷设，这是一扬；再用"弥月不雨，民方以为忧"，作为反跌，这是一抑。经过一扬一抑，再转入写雨。写雨以时间为序：先是"越三月乙卯，乃雨"，足见这场雨降临之迟和凤翔人民翘盼喜雨之急切；然后是"甲子又雨"，可谓给已经得到宽慰的凤翔人民再添一"喜"；然而"民以为未足"，表明这两场雨虽说及时，旱情并未完全解除。这又是一种笔意的曲折，一个文字的波澜。文章几经腾挪，暗运斤斧，最后才逼出"丁卯大雨，三日乃止"这八个力抵千钧的大字来。

后志喜。文章连用三个相同句式组成的排比和两个结构匀整的对句，形成充沛的气势，生动地描述了凤翔地区各界人士、各阶层人民对三降喜雨的欢呼雀跃的感人情景。这里的“而吾亭适成”五字紧接上文，看似补笔而非有意经营，却自有妙用。它不仅可与前文“为亭于堂之北”呼应，省却叙述建亭的笔墨；还隐然透出决定以雨名亭用来志喜的端倪；同时为下文的“举酒于亭上”起到自然承转的作用。可谓“一句三任”。苏轼作为古文大家，笔法之精，布局之严，遣词之妙，于此可见。

第三段，写亭间设宴作乐，引出关于雨水功能的议论。作者匠心独运，采用主客问答的形式，把话题围绕着喜雨展开。两问两答后，作者连续用逻辑推理，仍从反面立意，大谈对久旱不雨之忧。这是一种反衬法，用久旱不雨之忧，反衬久旱逢雨之喜，起到强烈对照的作用。然后接着议论。整段的文字，寓议论于风趣的言谈之中，以轻松的笔调含蓄地表达了作者的深刻见解。文笔极富变化，所论内容又都不离开“喜”“雨”“亭”三字之义。这不仅使文意不蔓不枝，还显豁地道出所以要用“喜雨”名亭以及撰文为念的理由，把题旨又深化了一层。

第四段，为喜雨亭作歌。根据行文常规，全文至第三段似已写尽，似可将文章结句“吾以名吾亭”移至第三段末尾，照应题面，即可煞笔。然而作者“语终情未了”，不吐不快，于是另加一首歌词，大颂喜雨之功，大抒喜雨之情，从而把文意向纵深开拓一步。这段歌词，珠圆玉润，谐美流畅，富有浪漫的奇想，把它放在散文之中，并不显得扞格难通，而是曲终奏雅，平添风趣。

综上所述，《喜雨亭》一文，流露出作者对这几场及时好雨的欢悦心情，论及了雨水对农业生产和社会治安的重要作用，表现出作者对人民疾苦的体恤和重农的进步思想。元代虞集评说此文“题小而语大，议论干涉国政民生大体，无一点尘俗气”（《三苏文范》卷十四），论述可谓公允确当。

《喜雨亭》在写作艺术上充分体现了苏轼的散文风格。

首先是笔法灵活，摇曳多姿。在全文中，作者把简要的说明、精当的记叙、生动的描写、警辟的议论以及浓重的抒情熔于一炉，有开有合，能放能收，意脉相胶，文势畅达，波澜迭起，回荡曲折，宛如一条首尾相顾、纵横不羁的游龙，既舒卷自如，又灵动洒脱。正如《古文观止》中的一段评语所云：“只就喜、雨、亭三字，分写，合写，倒写，顺写，虚写，实写，即小见大，以无化有，意思愈出而不穷，笔态轻举而荡漾，可谓极才人之雅致矣。”就章法文笔而言，此语信然。

其次是语言凝练，句法多变。全文不足三百八十字，却完满地表达了如此丰富的内涵，如不惜墨如金，断然办不到。历史典实的征引，也增加了文章厚度。散行句式中少则二三字，多则十一言，并间用骈语，或排比，或对句，时而设问作答，时而出以反诘；韵文中则多用表层进的连锁式。这样便形成了一种既错落有

致、又匀称规整，既文势畅达、又节奏鲜明的语言美。（李如鸾）

凌虚台记

国[①]于南山之下，宜若[②]起居饮食与山接也。四方之山，莫高于终南[③]。而都邑之丽[④]山者，莫近于扶风[⑤]。以至近求最高，其势必得。而太守[⑥]之居，未尝知有山焉。虽非事之所以损益，而物理[⑦]有不当然者，此凌虚之所为筑也。

方其未筑也，太守陈公[⑧]杖屦[⑨]逍遥于其下，见山之出于林木之上者，累累如人之旅行于墙外，而见其髻[⑩]也。曰："是必有异[⑪]。"使工凿其前为方池，以其土筑台，高出于屋之危[⑫]而止。然后人之至于其上者，怳然不知台之高，而以为山之踊跃奋迅[⑬]而出也。公曰："是宜名凌虚。"以告其从事[⑭]苏轼，而求文以为记。

轼复于公曰："物之废兴成毁，不可得而知也。昔者荒草野田，霜露之所蒙翳[⑮]，狐虺[⑯]之所窜伏，方是时，岂知有凌虚台邪？废兴成毁相寻[⑰]于无穷，则台之复为荒草野田，皆不可知也。尝试与公登台而望，其东则秦穆[⑱]之祈年[⑲]、橐泉[⑳]也，其南则汉武[㉑]之长杨[㉒]、五柞[㉓]，而其北则隋之仁寿[㉔]、唐之九成[㉕]也。计其一时之盛，宏杰诡丽[㉖]，坚固而不可动者，岂特[㉗]百倍于台而已哉！然而数世之后，欲求其仿佛，而破瓦颓垣，无复存者，既已化为禾黍、荆棘、丘墟、陇[㉘]亩矣。而况于此台欤？夫台犹不足恃以长久，而况于人事之得丧，忽往而忽来者欤？而或者欲以夸世而自足，则过矣。盖世有足恃者，而不在乎台之存亡也。"既已言于公，退而为之记。

〔注〕①国：本指州或府的都城，这里用作动词，建立都城。　②宜若：似乎，好像是。③终南：终南山。又名中南山、太乙山。主峰在今陕西西安市南。　④丽：附着，靠近。⑤扶风：即凤翔府，治所在今陕西凤翔。　⑥太守：郡的最高长官。宋时已改郡为州或府，太守也改称为"知州"或"知府"，但人们仍常常以"太守"称呼知州或知府。　⑦物理：事物的道理。　⑧陈公：指陈希亮。字公弼，嘉祐期间任凤翔府知府。　⑨杖屦：此指持杖着履出游。⑩髻(jì)：古时男女都留发，把头发绾束在头顶上，叫髻。　⑪有异：指有奇异或神异之处。⑫危：高耸，直立。　⑬奋迅：本来形容鸟飞或兽跑迅疾而有气势，此处形容山形突然隆起。

⑭ 从事：古代官名。汉代以后州郡长官都自行安排僚属，多称为从事。 ⑮ 蒙翳(yì)：遮蔽，覆盖。 ⑯ 虺(huǐ)：古代传说中的一种毒蛇。这里泛指毒蛇。 ⑰ 相寻：连续不断。 ⑱ 秦穆：即秦穆公，春秋时期秦国的国君，前659—前621年在位。称霸西戎。 ⑲ 祈年：宫名。秦惠公时修建。 ⑳ 橐(tuó)泉：宫名。秦孝公时修建。传说秦穆公的坟墓在此。 ㉑ 汉武：即汉武帝刘彻。前140—前87在位。其在位期间是我国历史上的强盛时期。 ㉒ 长杨：汉宫名，在盩厔(今陕西周至)，是帝王校猎场所。 ㉓ 五柞(zuò)：汉宫名，在盩厔，是帝王祀神场所。 ㉔ 仁寿：宫名。隋文帝时建立。 ㉕ 九成：唐太宗贞观五年(631)改仁寿宫为九成宫。 ㉖ 宏杰诡丽：宏伟奇丽。 ㉗ 岂特：哪里只是。 ㉘ 陇：通"垄"，田垄。

《凌虚台记》是一篇读来饶有兴趣的亭台记。在苏轼诸多亭台记中，此篇独具风格。

品读《凌虚台记》，重要的是应准确把握作者撰写本文时的特定心理和基本态度。要做到这一点，从文章的前两段中即可找出答案，前两段的字里行间已经透露出确实的消息。

全文可分为三段。

第一段，交代撰写本文的缘起。顾名思义，以"凌虚"名台，无非是强调此台之极高，高到可升高空，即凌空。所以文章就把"高"作为切入点。先写四方之山，莫高于终南；而自己所任职的扶风郡又是靠终南最近的城郭。在距山最近的地方探寻山的最高处，其势必得。这都是在作正面交代。不料下面笔意陡转，认为太守住在这里，不曾知道有山。虽说这不会有什么损失(如有碍于起居之类)，但就事物的道理来讲，近高山而不知眺览自然景色，是不当如此的。就交代写作本文缘起的角度看，行文至此，似应有些话却没有说，读者还要看完第二段，才知原委。

第二段，叙写建筑凌虚台的经过。太守陈公拄杖着履，悠闲地游览于山下，见到附近高出于林木的山峦，重重叠叠，仿佛人在墙外行走，墙内只能看到发髻一样，便说："此地必有奇异之处。"于是派工匠在山前开凿一个方池，用挖出的土夯成一座高台，台子仅高出屋檐就停止了(因土方极有限)。陈公把这座高台起名"凌虚台"，还把这番意思告诉从事苏轼，请他写一篇记文。

陈太守放着终南山四季的奇景不去眺览，是个不小的缺憾。他突发奇想，挖方池用其土筑台，然后登台眺望近处的山。这在苏轼看来似乎多余：高台既然筑成，也就算了，竟然还起名叫"凌虚"，凌虚者，升入高空也，凌空也。一方池的土怎能夯出"凌虚"的高台？显然是夸大其词了。苏轼对此，似乎也不以为然。遗憾的是，太守并未就此罢手，而是还要委托苏轼写一篇记叙文字，纪念这桩风流雅事。苏轼认为此举也似为"蛇足"，因为凌虚台本身确乎没有什么可记的。

然而苏轼对这位附庸风雅的太守，也奈何不得。陈太守是自己新的顶头上司，交给的任务不好违抗，说不定这里还有顺便考查苏轼能力的动机。在无可奈何的同时，饱读诗书、才华横溢的苏轼意识到文章写得出彩，固然并非易事，但既然上级让写，毕竟是一种信任和器重，怎能拒辞不受？所以必须凭借自己扎实深厚的翰墨功夫，尽力把这项任务完成好。这就是作者当时的心理和态度。

第三段，围绕凌虚台抒发感慨，发表议论。

“物之废兴成毁，不可得而知也”，这是有哲理内涵和哲理高度的观点，是全段感慨的核心，议论的关键，也是文章的立论。为何如此说法？遥想从前此处是荒草野地，被霜露覆盖，狐狸、毒蛇出没其间，那时哪里知晓会有今天的凌虚台呢！这是由过去的此地想到今天的此地，即从过去的废毁，论到今日的兴成。不妨作为论据看待。跟着得出“废兴成毁相寻于无穷”的结论。意思是由兴到废，再由废到兴，周而复始，交互回环，永无穷尽。这个结论在前文的立论基础上，又深入一步。并就此发意，再反复论述。“则台之复为荒草野田，皆不可知也”，这是从现今推到遥远的未来，是从台之成兴推论日后必不可免地要废毁。这是毋庸争辩的，也可作为论据看待。因为登凌虚台观览附近峰峦，似乎无甚可写（远不及眺览终南）。既然不摄取眼前实景，便索性打破时空的限制，驰思古代和前朝，从虚处落墨。作者与太守登台四望：台的东面是春秋时秦穆公的祈年、橐泉二宫；南面是汉武帝的长杨宫和五柞宫；北面是隋代的仁寿宫，唐代的九成宫。由远及近，点数秦、汉、隋、唐的兴盛时期，这些宏伟奇丽的宫殿，要远胜凌虚台何止百倍！这是写物之“成”“兴”，全从合理想象得来。然后笔锋一转：“然而数世之后，欲求其仿佛，而破瓦颓垣，无复存者，既已化为禾黍、荆棘、丘墟、陇亩矣。”这又是写物之“废”“毁”。“而况于此台欤”，坚固的建筑若干年后尚不能保，何况眼前这个土台呢？这是推论土台日后也必然会遭到“废”“毁”的命运。这段文字始终未离凌虚台，又始终围绕“物之废兴成毁”生发，所以议论并不空泛，而是集中周严。正如清人金圣叹所说：“读之如有许多层节，却只是‘兴废成毁’二段，一写再写耳。”（《天下才子必读书》卷八）段末又把文意推开一步，从议论物之兴废转入人事的得失，指出想以此台炫耀于世而感到自足，那就错了。世上也有赖之流传的，但并不在于此台的存在还是毁亡。文章引而未发、含而不露，并未说明“世有足恃者”是什么。但从苏轼青年时期所受的儒家教育，所谓“立德”“立功”“立言”为三不朽，还有他在几年后撰写的《墨妙亭记》中所说“凡有物必归于尽，而恃形以为固者，尤不可长，虽金石之坚，俄而变坏，至于功名文章，其传世垂后，乃为差久”，是不难找到答案的。

本文重点是抒发议论。作者能联系古往今来废兴成毁的历史，感叹人事万物的反复苍黄，能在人类历史长河的大背景中，展现凌虚台的废兴成毁。这既不同于凭借"宏杰诡丽"的建筑来"夸世而自足"的世俗之见，也有别于黄老逃避现实的虚无思想。他要积极探求"世有足恃者"这正是文章的精华所在，见出苏轼对生活的热爱和对理想的追求，难能可贵。

全文章法活脱自然，潇洒飘逸。议论文字虽占全文一半略强，仅为二百二十余字，却张弛有度，收放自如，跌宕起伏，抑扬顿挫，极尽纵横捭阖之能事，是最不受文章程式化约束的散文佳作。（李如鸾）

筼筜谷偃竹记[①]

竹之始生，一寸之萌[②]耳，而节叶具焉。自蜩腹蛇蚹[③]，以至于剑拔[④]十寻者，生而有之也。今画者乃节节而为之，叶叶而累之，岂复有竹乎？故画竹必先得成竹于胸中[⑤]，执笔熟视，乃见其所欲画者，急起从之，振笔直遂，以追其所见，如兔起鹘[⑥]落，少纵则逝矣。与可[⑦]之教予如此。予不能然也，而心识其所以然。夫既心识其所以然而不能然者，内外不一，心手不相应，不学之过也。故凡有见于中而操之不熟者，平居[⑧]自视了然，而临事忽焉丧之，岂独竹乎？子由[⑨]为《墨竹赋》以遗与可，曰："庖丁，解牛者也，而养生者取之[⑩]。轮扁[⑪]，斫轮者也，而读书者与之[⑫]。今夫夫子[⑬]之托于斯竹也，而予以为有道者，则非耶？"子由未尝画也，故得其意而已。若予者，岂独得其意，并得其法。

与可画竹，初不自贵重，四方之人持缣素[⑭]而请者，足相蹑于其门。与可厌之，投诸地而骂曰："吾将以为袜材！"士大夫传之以为口实。及与可自洋州[⑮]还，而余为徐州[⑯]。与可以书遗余曰："近语士大夫，吾墨竹一派，近在彭城[⑰]，可往求之，袜材当萃于子矣。"书尾复写一诗，其略曰："拟将一段鹅溪绢[⑱]，扫取寒梢[⑲]万尺长。"予谓与可："竹长万尺，当用绢二百五十匹，知公倦于笔砚，愿得此绢而已。"与可无以答，则曰："吾言妄矣，世岂有万尺竹也哉？"余因而实之，答其诗曰："世间亦有千寻竹，月落庭空影许长⑳。”与可笑曰：“苏子辩㉑矣，然二百五十匹，吾将买田而归老焉。”因以所画《筼筜谷偃竹》遗予，曰：“此竹数尺耳，而有万尺之势。”筼筜谷在洋州，与可尝令予作《洋州三十咏》，《筼筜谷》其一也。予诗曰：“汉川㉒修竹贱如蓬，斤斧何曾赦箨龙㉓。料得清贫馋太守，渭滨千亩㉔在胸中。”与可是日与其妻游谷中，烧笋晚食，发函得诗，失笑喷饭满案。

元丰二年㉕正月二十日，与可没于陈州㉖。是岁七月七日，予在湖州㉗曝书画，见此竹，废卷㉘而哭失声。昔曹孟德㉙祭桥公文，有“车过”“腹痛”之语㉚。而予亦载与可畴昔戏笑之言者，以见与可于予亲厚无间如此也。

〔注〕 ① 筼筜（yún dāng）谷偃竹记：题目又作《文与可画筼筜谷偃竹记》。筼筜谷，山谷名，在洋州（今陕西洋县）西北，其地多竹。筼筜，原为大竹名。偃竹，仰斜的竹子。 ② 萌：芽。 ③ 蜩（tiáo）腹蛇蚹（fù）：蜩腹，蝉翼，指蝉所蜕的壳。蛇蚹，蛇蜕旧皮。这里说竹子在初生时蜕脱外面的笋壳。指竹笋。 ④ 剑拔：如剑被拔出鞘，指笋长而抽成高竹。 ⑤ 画竹必先得成竹于胸中：是说画竹以前，必须心里先有完整的竹子的形态神韵。即意在笔先。 ⑥ 鹘（hú）：一种猛禽，飞得很快，动作迅捷，又名隼。 ⑦ 与可：文同，字与可，梓州永泰（今四川盐亭东）人。苏轼的从表兄。因曾任湖州（今浙江湖州）知州，世称文湖州。善画墨竹，是“文湖州竹派”的开创者。 ⑧ 平居：平常。 ⑨ 子由：苏轼之弟苏辙的字。唐宋八大家之一。 ⑩ “庖丁”三句：庖丁是解牛的，讲求养生之道的人可以从庖丁解牛的技巧中领悟到养生的道理。庖丁，厨工，名字叫丁。《庄子·养生主》有庖丁解牛的故事。庖丁解牛能顺着牛骨节解剖下去，不伤刀刃。 ⑪ 轮扁：斫轮的工匠，名字叫扁。《庄子·天道》有轮扁斫轮的故事。桓公在堂上读书，轮扁在堂下斫轮。他说桓公读的都是古人的糟粕，桓公很生气。轮扁就用自己斫轮的手艺打比喻，说精妙的技巧只有我自己清楚，无法用语言表达，连我的儿子也无法传授给他。可见，能用语言写到书上的内容，也只能是糟粕。 ⑫ 与之：赞许他。 ⑬ 夫子：此指文与可。 ⑭ 缣（jiān）素：即白绢，古人用它作画。 ⑮ 洋州：今陕西洋县。文与可当时任职洋州。 ⑯ 余为徐州：自熙宁十年（1077）至元丰二年（1079）之间，苏轼曾知徐州。 ⑰ 彭城：今江苏徐州。 ⑱ 鹅溪绢：产于鹅溪的一种绢。鹅溪，地名，在今四川盐亭西北，以产绢著名。唐时以鹅溪绢为贡品。宋时作书画，此绢更贵重。 ⑲ 扫取寒梢：指用笔作画。寒梢，指竹子。竹子耐寒，所以叫寒梢。 ⑳ 影许长：竹影像这样的长。许，这等，这样。 ㉑ 辩：指巧辩。 ㉒ 汉川：即汉水。 ㉓ 赦箨（tuò）龙：赦，放过。箨龙，竹笋的别称。 ㉔ 渭滨千亩：即渭水之滨。《史记·货殖列传》：“渭川千亩竹……其人皆与千户侯等。”是说胸中有丰富的竹子画稿。 ㉕ 元丰二年：1079年。元丰，神宗赵顼年号。 ㉖ 陈州：今河南淮阳。 ㉗ 湖州：治所在今浙江湖州。 ㉘ 废卷：此指停止晒书卷。 ㉙ 曹孟德：即曹操，字孟德，三国时期政治家、军事家、诗人。 ㉚ “车过”“腹痛”之语：《三国志·魏书·武帝纪》裴松之注记载：曹操年轻时，桥玄很赏识他，桥死后，曹路过故乡谯郡，用牛羊猪祭桥玄，并作《祀故太尉桥玄

文》。文中说："又承从容约誓之言：'殂逝之后，路有经由，不以斗酒只鸡相沃酹，车过三步，腹痛勿怪。'虽临时戏笑之言，非至亲之笃好，胡肯为此辞乎？"

苏轼的纪事抒情散文，除有的精于思辨、具有理趣外，还重在抒写性灵，写自我，表胸臆，坦率地表现封建社会文人旷达不羁、潇洒超尘的个性，并能使议论、抒情、记事、写景熔于一炉，营造出一种境界和氛围。《筼筜谷偃竹记》便是这几方面兼而有之的佳作。

文与可是北宋著名画家，"文湖州竹派"的创始者。宋郭若虚《图画见闻志》卷三称他"善画墨竹，富潇洒之姿"。苏轼对绘画也有颇高造诣，他所画竹也属于文湖州画派，并得益于文与可理论与实践方面的指导，所以这篇为悼念亡友文与可而写的纪念文章，必然离不开画竹的主题，并应以此为重点。

《筼筜谷偃竹记》一文，作于宋神宗元丰二年(1079)，时苏轼在湖州任知州。

全文可分为三段。

第一段，以议论与记言相结合的笔法，阐发文与可画竹之法的妙谛。

文章开篇便以"竹之始生"的实际情况和自然特性与当今画竹的手法相比照，指出画法的错误。幼竹每一节，在发育过程中已经形成。幼竹从逐层包着的竹笋到挺拔的修竹，所有枝叶都是先天自然形成。如今画竹却一节一节地画，一叶一叶地添，还哪有完整而具神韵的修竹呢？然后交代与可是怎样教自己画竹的。"画竹必先得成竹于胸中"，下笔前要反复细致地观察，做到竹子的形象烂熟于心，然后把心中的竹子快速而不失真地画出来。其过程犹如脱兔乍现，凶禽猛击，迅雷不及掩耳。稍有放松，则灵感全消。"与可之教予如此"，文字间充满着对与可的崇敬心情。为何苏轼心知他的话对却又做不到？这是因为画家内心所形成的艺术形象，与客观事物的外在形象不相像，心中所想，手画不出。亦即客观事物、内心感知与绘画技巧不能协调统一。因此，作者认识到是还没有深入学习、反复实践的缘故。并据此推而广之，指出不独画竹如此。这便把与可的画竹之法提到具有哲理内涵的高度，说明理论联系实际、熟能生巧的道理。下面再引胞弟子由送给与可的《墨竹赋》中所用《庄子》庖丁解牛、轮扁斫轮两则故事，意在表明，包括子由在内的任何人从与可的画竹仅能明白其中的道理，而自己还要把他的技巧学到手。由此可见，深知与可的，还是苏轼。这是在赞扬与可不仅有精辟的绘画理论，还有丰富和成功的实践经验。

第二段，从与可其言回忆与可其人，彼此交往时的情趣，诗书画赠答，戏笑之言，表现二人亲密无间的关系。通过三件事，再现与可的神采与风貌。第一件事，"与可画竹，初不自贵重"，四方之人慕名求画，"足相蹑于其门"，与可将缣素

"投诸地"，诙谐地骂道："吾将以为袜材！"表明与可对那些根本不懂艺术，又想附庸风雅，甚至想以乞画而营利的俗人的厌恶。他作为有高深修养的画家，既有精辟的艺术见解，又有高洁的道德操守，《宋史》本传说他为官清廉，"情韵高洁"，如"晴云秋月，尘埃不到"等语，与可拒绝士大夫所请，见出他淡泊名利、不慕权势、不喜应酬的品德，勾勒出他那坦率而有风趣的性格。苏轼收到信后，跟与可玩了一个幽默，向他索取二百五十匹白绢作画。而与可故作认真之态，承认"吾言妄矣"。苏轼也故作认真，以"世间亦有千寻竹，月落庭空影许长"的丰富艺术想象力，予以证实万尺修竹是存在的。与可当然知道苏轼是在戏谑巧辩，最后还是把精心绘制的自诩有"万尺之势"的《筼筜谷偃竹图》，作为珍贵礼物送给了苏轼。不难看出，两位志同道合而又是莫逆之交的艺术家，在戏谑中的心照不宣，尽情享受着精神世界的愉悦，表现出他们清高的雅趣，潇洒的风度，坦荡而有风趣的性格。行文至此，对《筼筜谷偃竹图》正式作了交代，扣住了题面。第二件事写的是两人的书信往还。苏轼为与可作《洋州三十咏》，《筼筜谷》是其中一咏，并引诗句云："料得清贫馋太守，渭滨千亩在胸中。"字面是说，千亩竹林都被嘴馋的太守吃光了；本意却是说，千亩之竹尽在画家与可的心目之中。这样写，与前文"画竹必先得成竹于胸中"遥相呼应，真是妙语双关，情趣横生。第三件事便是追忆与可当日与妻子在筼筜谷烧笋晚食，读苏轼此诗时的情景。与可的"失笑喷饭满案"，细节极其生动传神，体现了二人肝胆相照、亲厚无间的友情。正如与可曾经说过的那样："世无知我者，唯子瞻一见识我妙处。"（苏轼《书文与可墨竹诗叙》）也可见出"子瞻可谓善戏谑者也"（宋曾慥《高斋漫录》）一语的不虚。

第三段，写睹画怀人的深切悲痛。"元丰二年正月二十日，与可没于陈州"，"是岁七月七日，予在湖州曝书画"，从时间上看，时隔六个多月，从地点来看，与可逝于河南陈州，作者曝书画于浙江湖州，文章列出具体时间和地点，都具有实际的纪念意味。虽然物是人非，时过境迁，作者思念亡友却日渐沉痛，无时或已，竟至"废卷而哭失声"。文章结尾处再引曹操《祀故太尉桥玄文》中的语句，表明记述这些戏笑的言辞，目的仍然在于表现作者与文与可之间的深厚友情。

统观本文，作者采用由远及近的写法，写得忽喜忽悲，亦庄亦谐，清新自然，感情浓厚，不拘一格。就内容说，有诗赋，有书札；就表达方式说，有议论，有叙事，有抒情，三者熔为一炉；就写作技法看，有对人物性格的勾勒，有对生活细节的描写，有对二人友情的渲染，有对绘画理论的剖析，有对哲理问题的阐扬。构思新颖，章法独特。正如苏轼自己所说：其文"大略如行云流水，初无定质，但常行于所当行，常止于所不可不止"，本文很好地体现了作者这种舒展自如、不为规绳所拘囿的文风。

成语“胸有成竹”或“成竹在胸”就源自本文。如今早已脍炙人口,被普遍使用,比喻事前已有全面的考虑和安排。

作为绘画理论的术语来看,“成竹在胸”说对后世的影响可谓至深至广。概要言之,赞成推崇者居多数,也有从不同角度看待此问题者,还有给予补充完善者。现将有代表性的论述各举一二例。

持赞成推崇态度的,如沈德潜说:“写竹者必有成竹在胸,谓意在笔先,然后着墨也。惨淡经营,诗道所贵。倘意旨间架,茫然无措,临文敷衍,支支节节而成之,岂所语于得心应手之技乎?”(《说诗晬语》卷下)张伯行说:“坡公为文随手写出,触处天机,盖是心手相得之候,无意成文而文愈佳也。余独爱其论画竹必先得成竹于胸中,不可节节而为之,叶叶而累之,甚有妙理,可以旁通。”(《唐宋八大家文钞》卷八)有从不同角度看待此问题的,如龚贤云:“画柳若胸中存一画柳想,便不成柳矣。何也? 干未上而枝已垂,一病也;满身皆小枝,二病也;干不古而枝不弱,三病也。惟胸中先不着画柳想,画成老树,随意勾下数笔,便得之矣。”(《龚安节先生画诀》)给苏轼“胸有成竹”说以补充完善者,如郑板桥云:“江馆清秋,晨起看竹,烟光、日影、露气,皆浮动于疏枝密叶之间。胸中勃勃,遂有画意。其实胸中之竹,并不是眼中之竹也。因而磨墨展纸,落笔倏忽变相,手中之竹,又不是胸中之竹也。总之,意在笔先者,定则也;趣在法外者,化机也。独画云乎哉?”又云:“文与可画竹,胸有成竹;郑板桥画竹,胸无成竹。浓淡疏密,短长肥瘦,随手写去,自尔成局,其神理具足也。藐兹后学,何敢妄拟前贤。然有成竹,无成竹,其实只是一个道理。”(《郑板桥集·题画·竹》)

后二者的观点,显然与苏轼见解各异其趣,无疑,这对促进我国绘画理论的发展,是大有裨益的。只是它已超出文学作品品读的范畴,故不赘述。

(李如鸾)

张氏园亭记[①]

道京师[②]而东,水浮浊流[③],陆走黄尘[④],陂田[⑤]苍莽[⑥],行者倦厌。凡[⑦]八百里,始得灵壁[⑧]张氏之园于汴之阳[⑨]。其外修竹森然[⑩]以高,乔木蓊然[⑪]以深。其中因汴之余浸[⑫],以为陂池[⑬];取山之怪石,以为岩阜[⑭]。蒲苇莲芡[⑮],有江湖之思;椅桐桧柏[⑯],有山林之气。奇花美草,有京洛[⑰]之态;华堂厦屋[⑱],有吴蜀[19]之巧。其深可以隐，其富可以养。果蔬可以饱邻里，鱼鳖笋茹[20]可以馈四方之宾客。余自彭城[21]移守吴兴[22]，由宋[23]登舟，三宿[24]而至其下。肩舆[25]叩门[26]，见张氏之子硕。硕求余文以记之。

维[27]张氏世有显人，自其伯父殿中君[28]，与其先人通州府君[29]，始家灵壁而为此园，作兰皋[30]之亭以养其亲。其后出仕于朝，名闻一时，推其余力[31]，日增治之，于今五十余年矣。其木皆十围，岸谷隐然[32]。凡园之百物，无一不可人意者，信其用力之多且久也。

古之君子，不必仕，不必不仕。必仕则忘其身[33]，必不仕则忘其君[34]。譬之饮食，适于饥饱而已。然士罕能蹈其义，赴其节[35]。处者[36]安于故而难出，出者狃于利[37]而忘返。于是有违亲绝俗之讥，怀禄苟安之弊[38]。今张氏之先君，所以为其子孙之计虑者远且周，是故筑室艺园于汴、泗[39]之间，舟车冠盖之冲[40]，凡朝夕之奉[41]，燕游之乐[42]，不求而足[43]。使其子孙开门而出仕，则跬步市朝[44]之上；闭门而归隐，则俯仰山林之下[45]。于以养生治性，行义求志，无适而不可[46]。故其子孙，仕者皆有循吏良能[47]之称，处者皆有节士廉退[48]之行，盖其先君子之泽也。

余为彭城二年，乐其土风[49]，将去不忍，而彭城之父老，亦莫余厌[50]也，将买田于泗水之上而老焉。南望灵壁，鸡犬之声相闻，幅巾杖屦[51]，岁时往来于张氏之园，以与其子孙游，将必有日矣。元丰二年三月二十七日记。

〔**注**〕 ① 张氏园亭记：另本为《灵壁张氏园亭记》。 ② 京师：指北宋京城汴京(今河南开封)。 ③ 浊流：指黄河水质混浊。 ④ 黄尘：路上飞扬尘土。 ⑤ 陂(bēi)田：山坡田野。 ⑥ 苍莽：旷远迷茫，一望无际。 ⑦ 凡：总共。 ⑧ 灵壁：即今安徽省灵壁县。 ⑨ 汴之阳：汴水的北面。 ⑩ 森然：众多深密的样子。 ⑪ 蓊(wěng)然：茂盛的样子。 ⑫ 余浸(jìn)：余流。 ⑬ 陂池：池沼、池塘。 ⑭ 岩阜：崖岩山丘。 ⑮ 蒲苇莲芡(qiàn)：香蒲、芦苇、莲藕、芡实。 ⑯ 椅桐桧柏：椅树(又称山桐子)、桐树、桧树、柏树。《诗经·卫风·竹竿》："淇水悠悠，桧楫松舟。" ⑰ 京洛：指北宋之东京洛阳。 ⑱ 华堂厦屋：华丽的厅堂、高屋大厦。 ⑲ 吴蜀：指江苏、四川。 ⑳ 笋茹：竹笋、蔬菜。 ㉑ 彭城：今江苏徐州。 ㉒ 吴兴：即今浙江湖州市。 ㉓ 宋：今河南商丘。 ㉔ 三宿：即三日三夜。 ㉕ 肩舆：轿

子,此指乘轿子。 ㉖ 叩门:指拜访。 ㉗ 维:发语词,无义。 ㉘ 殿中君:指在朝廷做官。㉙ 通州府君:在通州任知州。 ㉚ 兰皋:化用典故,汉郑交甫至兰皋台下,遇二仙女解佩赠之。转义为芳香高雅之所。 ㉛ 推其余力:用他多余的财力。 ㉜ 岸谷隐然:岸谷弯曲回复,重重叠叠。《诗经·小雅·十月之交》:"高岸为谷。"隐然,盛貌。 ㉝ 忘其身:忘掉自我。指浮沉于宦海而不能自主。 ㉞ 忘其君:指不做官忘记了报效君王的义务。 ㉟"然士"二句:可是士人很少能够实践这道义,为此气节而献身。 ㊱ 处者:指退隐的人。 ㊲ 狃(niǔ)于利:贪于利。 ㊳"于是"二句:因此(二者)有不顾亲情、隔绝世情的讥诮,有留恋禄位苟且偷安的弊端。 ㊴ 汴、泗:汴水、泗水。汴水,河南境内古水名。泗水,源出山东泗水县,后经江苏徐州,入淮河。 ㊵ 冠盖之冲:是入仕为官舟车出行的大道,此指官吏云集的地方。冠盖,仕宦的官服与车盖,借指官吏。冲,要冲,大道。 ㊶ 朝夕之奉:一天到晚的供给。 ㊷ 燕游之乐:宴请游乐的欢愉。 ㊸ 不求而足:不求于人而自足。 ㊹ 跬(kuǐ)步市朝之上:步出家门做官,不必费多大功夫就到朝廷。跬,半步,跨一脚。 ㊺ 俯仰山林之下:指悠游山林。㊻"于以"三句:对于养生修性,实践道义,追求情志,无论怎样都可以。 ㊼ 循吏良能:为官遵纪守法,贤良而多才。循吏,指遵理守法的官吏。 ㊽ 节士廉退:有节操的人清廉谦让。㊾ 土风:本地的风俗人情。 ㊿ 莫余厌:是"莫厌余"的倒文,即不讨厌我。 51 幅巾杖屦(jù):指以儒雅装束,持杖穿便鞋来往乡野。幅巾,古代男子用绢一幅束头发,表示儒雅。屦,用麻、葛制成的鞋。

此文写于宋神宗元丰二年(1079)三月。苏轼从彭城移知湖州,乘船走了三天,中途到了灵璧县张氏园亭,见到张氏之子张硕。应张硕之请,写成此记。

全文分四段。第一段主要交待园亭位置,描写景物及写此文的缘由。张氏之园亭乃在汴水的北面。但开笔时却先从"道京师而东"写起,谈从北宋京城汴京为起点向东走,先坐船顺黄河而下,再走陆路,经过一望无际使人厌倦的黄土平原,行程共八百里,就可到灵璧县张氏园亭。为什么不直言园亭在灵璧,而要说从京城向东走呢?一则因汴京是当时政治中心,人们最为熟悉;二则与下文"出仕,则跬步市朝之上"相呼应,为全文主旨作好铺垫;三则,所写途中之景是滚滚浊流,漫漫黄尘,行走倦厌,为下面所写张氏园亭之清新明丽富庶起了反衬,以突出张氏园亭之胜。园亭之美是景物之美,描写时井然有序。先写园外,修长丛密的竹林,高大茂盛的树木。后写园中,汴水余流,引入为池;山中怪石,砌成假山。此从大的方面着笔写景,然后具体勾勒:池水上有香蒲、芦苇、莲藕、芡实,能引人江湖之思;山岩上有山桐、桧柏,有山林的气势;奇花美草,有洛阳牡丹的姿态;华堂高厦,有吴蜀园林的精巧。然后再写园林的富庶:果蔬可以饱邻里,鱼鳖可以馈宾客。此段既以"浊流""黄尘"使"行者倦厌"之景为张氏园亭之美作反衬,又有由外到内,由上到下,由山到池的花草树木、亭台楼阁、果蔬鱼鳖的细致勾勒,其目的是突出其"有江湖之思""有山林之气""其深可以隐,其富可以养",为全文主旨作了铺垫。此段以描写为主。

第二段，叙述园亭修建经过：张家世代为宦，故建此高雅之园以奉养其亲，至今五十余年，“凡园之百物，无一不可人意”，再次为全文主旨作了铺垫。

第三段，在一、二段的描写、叙述中引出全文主旨，议论道：“古之君子，不必仕，不必不仕。”此是全文重点。王文濡《评校音注古文辞类纂》卷五十六云：“从园之地址上，发出仕隐大议论来，骊珠既得，文亦挥写自如。”下面论述为什么“不必仕，不必不仕”。因为入仕为官免不了有坎坷的官涯生活，需要忘我；不入仕为官又会忘记报效君王的责任。如何办？“譬之饮食，适于饥饱而已”，以饮食为喻，做到当仕则仕，不当仕则隐。此实质是讲古人立身原则，即儒家所谓的“达则兼济天下，穷则独善其身”。下面又继续论述道：“然士罕能蹈其义，赴其节。处者安于故而难出，出者狃于利而忘返。”此讲一些士人很少懂得其中深义，实践其道义，为此气节而献身。不是苟安于山林而不仕，就是入仕后贪图利禄而不肯退隐。苏轼提出的“必仕则忘其身，必不仕则忘其君”，是他入仕以来对官场的深刻感受与个人抱负不得实现的矛盾体验。青年苏轼为报君辅国而入仕，入仕后先为地方官，后至朝中，因论朝政得失，而忤当权者，被外放杭州、密州、徐州任职，故而“仕则忘其身”，包含了无数入仕的坎坷与辛酸，即便如此，依然不忘报国为民，在徐州任上，黄河泛滥水及徐州城下，又值大雨，他急率吏卒筑长堤御水，保住城池安全，获朝廷褒奖。官涯生活之险，更使他料想不到，就在写此文之后的八月份，他便因“乌台诗案”被捕入狱，几乎丧命。下文又以张氏先人建园继续谈“不必仕，不必不仕”。他肯定其为子孙考虑深远而周密，所以建园在汴水、泗水之间，在官宦们会聚之处。平时，可以燕游其间，不求而足；必要时，便可开门而出仕，闭门而归隐，既可以“养生治性”，又可以“行义求志”，没有不合适之处，所以张氏子孙入仕皆为良吏，归隐均有节士之行。这里实际上借张氏之先人建园亭之远虑，进一步抒发自己的理想，那就是出仕应“行义求志”，为国为民做一番事业，退隐应“养生治性”，有“节士廉退之行”，也就是儒家的“达则兼济天下，穷则独善其身”。谁料这“君子不必仕，不必不仕”在“乌台诗案”中却被诬为“教天下之人必无进之心，以乱取士之法”，“是教天下之人无尊君之义，亏大忠之节”（见朋九万《乌台诗案》），而获罪几死。

第四段，写出自己调离彭城赴新任，对父老依依深情，于是准备在泗水买田以归隐，与张氏子孙相望同游。

本文艺术特色之一，构思精妙，立意深邃。一般园亭作记，或叙事或描写园亭景物及建筑情况，多以赞其工其美为主旨；而本文却以君子“不必仕，不必不仕”为中心，谈出入仕为君国，“行义求志”，不入仕应“养生治性”“有节士廉退之行”等论点，其立意之深邃可见。构思之精妙，表现在立意虽深，但各段内容又紧扣文题“张氏园亭”来组材，使全篇脉络井然，丝丝入扣，叙述、描写、议论三者巧妙结合，描写景物，叙述建园经过，均为议论的主旨作好铺垫。正如孙琮所评：“园亭胜概，及创置增治，前半大略已尽。古之君子一段，忽从出处入想，而以张氏之仕隐适宜，归本于先君子之泽，可谓独见其大。盖前幅叙园亭，似于出处无关，不知园之百物具备，全为下出处地步。后幅言出处，亦与园亭无涉。然惟筑室要冲奉养无求，故其子孙可以仕，可以隐，无不咸当也。前后若不相蒙，文情自暗暗关生。”(《山晓阁选宋大家苏东坡全集》卷六)

之二，本文有骈文气韵，无论景物描写或叙事、议论，多用对仗、排比，做到骈散结合，气韵流畅，音调铿锵。如“修竹森然以高，乔木蓊然以深”，“蒲苇莲芡，有江湖之思；椅桐桧柏，有山林之气”，“处者安于故而难出，出者狃于利而忘返”，“开门而出仕，则跬步市朝之上；闭门而归隐，则俯仰山林之下”。

之三，善用对比法，使所写所论更加鲜明突出。如开头写从京师而东是“浊流”“黄尘”，使“行者倦厌”，与灵璧张氏园亭“修竹”“乔木”“陂池”“怪石”之异，“蒲苇莲芡”奇花异草之美相对比，以突出其胜。再如，多处用隐居者与入仕者对比，以论证“古之君子，不必仕，不必不仕”，使所论凿凿。钟惺云：“记园亭而备出处之大节，坡公真立言不朽者。”(引自孙琮《山晓阁选宋大家苏东坡全集》卷六)

(赵慧文)

石钟山记

《水经》[①]云：“彭蠡之口[②]，有石钟山焉。”郦元[③]以为“下临深潭，微风鼓浪，水石相搏，声如洪钟”。是说也，人常疑之。今以钟磬置水中，虽大风浪，不能鸣也，而况石乎！至唐李渤[④]，始访其遗踪，得双石于潭上，“扣而聆之，南声函胡[⑤]，北音清越，枹止响腾，余韵徐歇”，自以为得之矣。然是说也，余尤疑之。石之铿然有声者，所在皆是也，而此独以钟名，何哉？

元丰七年六月丁丑，余自齐安[⑥]舟行适临汝[⑦]，而长子迈将赴饶之德兴[⑧]尉，送之至湖口，因得观所谓石钟者。寺僧使小童持斧，于乱石间择其一二扣之，硿硿焉，余固笑而不信也。至暮夜月明，独与迈乘小舟至绝壁下。大石侧立千尺，如猛兽奇鬼，森然欲搏人。而山上栖鹘[⑨]，闻人声亦惊起，磔磔[⑩]云霄间。又有若老人欬且笑于山谷中者，或曰此鹳鹤也。余方心动欲还，而大声发于水上，噌吰[11]如钟鼓不绝，舟人大恐。徐而察之，则山下皆石穴罅[12]，不知其浅深，微波入焉，涵澹澎湃而为此也。舟回至两山间，将入港口，有大石当中流，可坐百人，空中而多窍，与风水相吞吐，有窾坎镗鞳[13]之声，与向之噌吰者相应，如乐作焉。因笑谓迈曰："汝识之乎？噌吰者，周景王[14]之无射[15]也；窾坎镗鞳者，魏庄子[16]之歌钟也。古之人不余欺也。"

事不目见耳闻，而臆断其有无，可乎？郦元之所见闻，殆与余同，而言之不详。士大夫终不肯以小舟夜泊绝壁之下，故莫能知。而渔工水师，虽知而不能言，此世所以不传也。而陋者乃以斧斤考击而求之，自以为得其实。余是以记之，盖叹郦元之简，而笑李渤之陋也。

〔注〕 ①《水经》：传为汉桑钦撰，是一部记载水道的书。东晋郭璞曾为注，已佚。北魏郦道元再为作注，即今存《水经注》四十卷。郦注除《水经》所记一百三十七条干流外，补记支流一千二百五十二条，不仅详记流域的自然地理、人文地理，而且对其历史沿革、逸闻旧说、人物传说、方言俚语等，亦多有记述，内容较桑书扩充数十倍。此处引文当是郦道元《水经注》的佚文。② 彭蠡之口：鄱阳湖入长江之口，在今江西湖口。 ③ 郦元：即郦道元。 ④ 李渤：字濬之，洛阳（今属河南）人。唐穆宗长庆二年(822)年，官江州（今江西九江）刺史，作有《辨石钟山记》（见《全唐文》卷七一二），其中说："有幽栖者，寻纶东湖，沿澜穷此，遂跻崖穿洞，访其遗踪。次于南隅，忽遇双石焉，欹枕潭际，影沦波中。询诸水滨，乃曰石钟也，有钢铁之异焉。扣而聆之，南声函胡，北声清越，枹止响腾，余韵徐歇。若非潭滋其山，山涵其英，联气凝质，发为至灵，不然，则安能产兹奇石乎！用知山仍石名旧矣。" ⑤ 函胡：同"含糊"，模糊不清。 ⑥ 齐安：即黄州。 ⑦ 临汝：今河南汝州。 ⑧ 饶之德兴：饶州德兴，今属江西。 ⑨ 鹘(hú)：一种猛禽。 ⑩ 磔(zhé)磔：象声词，鸟鸣声。 ⑪ 噌吰(chēng hóng)：象声词，多形容钟鼓声。⑫ 罅(xià)：裂缝。 ⑬ 窾(kuǎn)坎镗鞳(tàng tà)：窾坎，撞击声。镗鞳，钟鼓声。 ⑭ 周景王：即姬贵，公元前544—前520年在位。 ⑮ 无射(yì)：古十二律之一。 ⑯ 魏庄子：即魏绛，春秋时晋臣。《国语·晋语七》："（晋悼公）十二年，公伐郑，军于萧鱼。郑伯嘉来纳女、工、妾三十人，女乐二人，歌钟二肆，及宝镈，辂车十五乘。公锡魏绛女乐一八、歌钟一肆。"

石钟山在今江西湖口鄱阳湖东岸，依南北走向分为上下二山，下石钟山在江湖交汇处，尤奇险秀美。苏轼所写的，当是今天的下石钟山。

宋神宗元丰二年(1079)，苏轼因有诗句讥切时政，被人举劾下狱，结案后责授黄州团练副使。翌年二月抵黄州（治今湖北黄冈），直至元丰七年，宋神宗才又想到他，认为"黜居思咎，阅岁滋深，人材实难，不忍终弃，可移汝州团练副使"。苏轼在黄州四年，心神抑郁，艰苦备尝。所移汝州（今属河南）属京西北路，虽未能升迁，但距京都汴梁（今河南开封）已然不远。苏轼于当年四月离开黄州，取道兴国（今湖北阳新），赴筠州（今江西高安）访苏辙，辙时监筠州盐酒税。五月，自筠州往游庐山。六月，子迈将赴饶州德兴（今属江西）尉，于是送之至江州湖口，同游石钟山，并作此记游文字。文中记其出游日期为"六月丁丑"，亦即六月九日，按公元说，则是1084年7月14日。

此时的苏轼，一则行将北上履新，一则正在送子赴任途中，其心境之畅快适意，自不待言。或许正因为如此，才使他下笔轻灵而多变。一篇原本应该以描摹山水为主的游记，却被他用来推敲事理，作翻案文章，几近乎考证。然而其写法又不同于考证所擅长的引经据典，而是运用亲身体验，夹叙夹议，写来亦庄亦谐，妙趣横生。"以辨体为记体"（清浦起龙《古文眉诠》卷六九），此可谓游记之创格，故有人称之为"坡公第一首记文"（清刘大櫆语，见《古文辞类纂》卷五六），亦有人誉为"文最奇致，古今绝调"（清吕留良、吕葆中《晚村精选八大家古文》东坡文）。此文之意蕴及匠心究在何处，不妨举几个侧面略作剖白。

首先，就通篇主旨而言，简单明了，一切只是为了说明石钟山得名之缘由。其具体推衍步骤，则显然分为两层：第一层，评析旧说，既慨叹北魏郦道元《水经注》所记过简，以为不足自明其说；又指斥唐李渤《辨石钟山记》强作解事之陋，以为不能自圆其说。第二层，提出己说，以亲身实地考察所得，增详郦道元记事所未备，证明"水石相搏"乃是石钟山冠名的主因，由此还推导出一条重要的人生哲理，认为"事不目见耳闻"，决不可"臆断其有无"，唯有注重调查研究，方可得出正确的结论。这是此文立意之可嘉处。

其次，就通篇结构而言，按其思路可分为三个段落：第一段揭出旧案，以李翱郦说为尤陋，点醒两个疑问，领起全文。第二段叙己之亲历确见，至"有大石当中流，可坐百人，空中而多窍，与风水相吞吐，有窾坎镗鞳之声，与向之噌吰者相应，如乐作焉"数句，前疑尽释，石钟山名的由来不言自明，苏翻李案亦可落听。有趣的是，此段在叙述进入考察地之前，还在开始处拈出"寺僧使小童持斧，于乱石间择其一二扣之，硿硿焉，余固笑而不信"一事，以见出李说影响之深，为己翻李案预作反衬，从而加强对比效果。第三段由翻案而引发议论，就探究山名由来这一具体事物，推导出"实践出真知"这样一种具有普遍意义的理性认识，使文章的主题摆脱就事论事而得以升华。三段之间，起落转换，流畅自然，入情入理。这是此文谋篇之可嘉处。

再次，就叙事写景而言，作者叙事的重点是石钟山“水石相搏”的情景，而浓墨重彩的写景亦集中于此，即所谓“大声发于水上，噌吰如钟鼓不绝”，“有窾坎镗鞳之声，与向之噌吰者相应，如乐作焉”。至于“钟鼓不绝”“如乐作焉”的恢宏气势，则借助“噌吰者，周景王之无射也；窾坎镗鞳者，魏庄子之歌钟也”的典故加以渲染，令人不难想见。不但如此，还在“大声”突发之前，先写了其他三种声音，一是寺僧使小童扣击乱石的“硿硿焉”，二是栖鹘惊起而“磔磔云霄间”，三是鹳鹤“若老人欬且笑于山谷中者”。写此种种声音，看似闲笔，实则要紧得很。它们皆用来为“水石相搏”造势，以彼之小以喻此之大，以彼之伏以喻此之起，使文势陡生波澜，继而以“心动欲还”跌出“大声发于水上”，然后其文字始入乎胜境。再者，栖鹘、鹳鹤虽有声，亦即无声，其所营造之氛围恰是四无人声。试想在鸟方夜鸣、四无人声之际，作者为破解心中疑团，独能以“小舟夜泊绝壁之下”，其不畏风险、勇往直前的志气，该是何等壮美！其不懈努力、探求真知的精神，该是何等坚执！由此，似亦可寻觅作者叙事写景独具匠心处。

行文至此，读者或许以为全文解析已毕，别无剩义，其实未尽然。因为石钟山之得名，古来有二说，一以声论，一以形论。自郦道元至苏轼迄于清同准等人，皆以声论，力主其得名缘于“水石相搏，声如洪钟”。而明、清以来，亦有罗洪、曾国藩、俞樾等人，力主以形论。曾、俞二说稍详，今节引俞说(《春在堂随笔》卷七)如下：

> 余亲家翁彭支琴侍郎，以舟师剿贼，驻江西最久。语余云：“湖口县钟山有二，一在城西，滨鄱阳湖，曰上钟山；一在城东，临大江，曰下钟山，即东坡所记处。然东坡谓山石与风水相吞吐，有声如乐作，此恐不然。天下水中之山多矣，凡有罅隙，风水相遭，皆有噌吰镗鞳之声，何独兹山为然乎？余居湖口久，每冬日水落，则山下有洞门出焉。入之，其中透漏玲珑，乳石如天花散漫，垂垂欲落。途径蜿蜒如龙，峭壁上皆枯蛤黏着，宛然鳞甲。洞中宽敞，左右旁通，可容千人……盖全山皆空，如钟覆地，故得钟名。上钟山亦中空。此两山皆当以形论，不当以声论。东坡当日，犹过其门而未入其室也。”

可见苏轼此文，得其一而未得其二，尚难成为不刊之论。不过此事也正好说明求知无止境，人的认识水平的提高不是一两次的耳闻目见所能奏效，而是需要在实践中不断地探索，才能有望获得真知。

要之，小眚不掩大德，若就文论文，苏轼此文则当如宋刘克庄所说：“坡公此记，议论，天下之名言也；笔力，天下之至文也。”(《坡公石钟山记》)　(许逸民)

韩魏公醉白堂记[1]

故魏国忠献韩公[2]作堂于私第之池上，名之曰“醉白”。取乐天《池上》之诗[3]，以为醉白堂之歌[4]，意若有羡于乐天而不及者。天下之士，闻而疑之，以为公既已无愧于伊、周[5]矣，而犹有羡于乐天，何哉？

轼闻而笑曰：公岂独有羡于乐天而已乎？方且愿为寻常无闻之人，而不可得者。天之生是人也，将使任天下之重[6]，则寒者求衣，饥者求食，凡不获者求得。苟有以与之，将不胜其求。是以终身处乎忧患之域，而行乎利害之途，岂其所欲哉？夫忠献公既已相三帝[7]，安天下矣，浩然将归老于家，而天下共挽而留之莫释也[8]。当是时，其有羡于乐天，无足怪者。

然以乐天之平生而求之于公，较其所得之厚薄浅深，孰有孰无，则后世之论，有不可欺者矣。文致太平，武定乱略，谋安宗庙，而不自以为功。急贤才，轻爵禄，而士不知其恩。杀伐果敢，而六军安之，四夷八蛮想闻其风采，而天下以其身为安危[9]。此公之所有，而乐天之所无也。乞身于强健之时，退居十有五年，日与其朋友赋诗饮酒，尽山水园池之乐[10]。府有余帛，廪有余粟，而家有声伎之奉[11]。此乐天之所有，而公之所无也。忠言嘉谟[12]，效于当时，而文采表于后世。死生穷达，不易其操，而道德高于古人。此公与乐天之所同也。公既不以其所有自多[13]，亦不以其所无自少，将推其同者而自托[14]焉。方其寓形于一醉[15]也，齐得丧[16]，忘祸福，混贵贱，等贤愚[17]，同乎万物，而与造物者游，非独自比于乐天而已。

古之君子，其处己也厚，其取名也廉[18]。是以实浮于名[19]，而世诵其美不厌。以孔子之圣而自比于老彭[20]，自同于丘明[21]，自以为不如颜渊[22]。后之君子，实则不至[23]，而皆有侈心[24]焉。臧武仲[25]自以为圣，白圭自以为禹[26]，司马长卿自以为相如[27]，扬雄[28]自以为孟轲[29]，崔浩[30]自以为子房[31]，然世终莫之许[32]也。由此观之，忠献公之贤于人也远矣。

昔公尝告其子忠彦[33]，将求文于轼以为记，而未果。公薨既葬，忠彦以告，轼以为义不得辞也，乃泣而书之。

〔注〕 ① 韩魏公醉白堂记：标题一本作《醉白堂记》。醉白堂，堂名，宋代宰相韩琦慕唐诗人白居易晚年以饮酒咏诗为乐而筑醉白堂。 ② 故魏国忠献韩公：即韩琦，字稚圭，相州安阳(今属河南)人。仁宗时进士，历开封府推官、三司度支判官，拜右司谏、枢密使、宰相，经英宗至神宗，执政三朝。神宗熙宁八年(1075)卒，享年六十八岁，赠尚书令，谥曰忠献，配英宗庙庭，徽宗追论琦定策勋，赠魏郡王。著有《安阳集》。 ③ 取乐天《池上》之诗：乐天，唐代诗人白居易的字。《池上》之诗，《旧唐书》本传载：文宗"大和三年(829)，乐天始得为太子宾客，分秩洛下(即洛阳)，息躬于池上"。《新唐书》本传亦载："东都(今河南洛阳)所居履道里，疏沼种树，构石楼香山，凿八节滩，自号醉吟先生。"《唐两京城坊考》卷五载：尔京外城郭"西门内，刑部尚书白居易宅"。注云："旧书本传：居易罢杭州，归洛阳，于履道里得故散骑常侍杨凭宅，竹木池馆，有林泉之致，为《池上篇》曰：都城风土水木之胜在东南偏，东南之胜在履道里，里之胜在西北隅，西闬北垣第一第，即白氏叟乐天退老之地。"按，白居易集中有写池上四时景物及悠闲生活，抒发乐天知命、知足保和心情的诗二十多首，有《池上篇并序》一篇，见《白居易集》卷六九。 ④ 醉白堂之歌：《安阳集》卷三有《醉白堂》诗一首，云："戆老新成池上堂，因忆乐天《池上篇》。乐天先识勇退早，凛凛万世清风传。古人中求尚难拟，自顾愚者孰可肩……人生所适贵自适，斯适岂异白乐天。未能得谢亦如此，得谢吾乐知谁先。" ⑤ 伊、周：伊指伊尹，商初大臣，帮助汤攻灭夏桀。汤去世后，辅佐卜丙、仲壬二王。周指周公，姬姓，周武王之弟，名旦，亦称叔旦，因采邑在周，称为周公。曾助武王灭商，武王死后，成王年幼，由他摄政，出师东征平定反叛，大规模分封诸侯，并营建洛邑(今河南洛阳)为东都。相传他制礼作乐，建立典章制度，主张"明德慎罚"。 ⑥ 将使任天下之重：将让他担当天下的重任，即下文所云"则寒者求衣……而行乎利害之途"。 ⑦ "夫忠献公"句：韩琦在仁宗、英宗、神宗三朝为相，故云。 ⑧ "浩然"二句：《宋史》本传载："神宗立，拜司空兼侍中，为英宗山陵使。琦执政三世，或病其专。"有人弹劾他，韩琦多次上书请求辞位，神宗多次挽留。 ⑨ "杀伐果敢"四句：《宋史》本传载："在魏都久，辽使每过，移牒必书名，曰'以韩公在此故也'。(其子)忠彦使辽，辽主问知其貌类父，即命工图之，其见重于外国也如此。" ⑩ "乞身于"四句：《旧唐书》本传云："大和三年(829)夏，乐天始得请为太子宾客，分秩于洛下，息躬于池上……睡起偶咏，非诗非赋……视其粗成韵章，命为《池上篇》"，云："十亩之宅，五亩之园，有水一池，有竹千竿。勿谓土狭，勿谓地偏，足以容膝，足以息肩。有堂有亭，有桥有船，有书有酒，有歌有弦。有叟在中，白须飘然；识分知足，外无求焉……优哉游哉！吾将终老乎其间。"(《白居易集》卷六十九)或为这段文字之所本。 ⑪ 家有声伎之奉：据《云溪友议》载："居易有妓樊素，善歌，小蛮，善舞，尝为诗曰：'樱桃樊素口，杨柳小蛮腰。'"《旧唐书》白居易传载："(开成)四年(839)冬，得风病，伏枕者累月，乃放诸妓女樊、蛮等"，樊、蛮即白居易家声伎樊素、小蛮。 ⑫ 嘉谟：嘉谋。 ⑬ 自多：自满、自夸。 ⑭ 自托：自己有所依托。 ⑮ 方其寓形于一醉：当他把形骸寄托于一醉时。寓，寄托。 ⑯ 齐得丧：把得失等同看待。丧，失。 ⑰ 等贤愚：把贤愚看得一样。 ⑱ "古之君子"三句：古代那些有道德的人，他对自已的要求多(即对自己严格要求)，对利禄的要求却少。厚，与"薄"相对，引申为多。廉，少。韩愈《原毁》："古之君子，其责己也重以周，其待人也轻以约。"或本句句意之所本。 ⑲ 是以实浮于名：因此他的实际业绩超过他的名声。实，实际，此指实际的业

绩。浮,超过。 ⑳ 自比于老彭:《论语·述而》:"子曰:述而不作,信而好古,窃比于我老彭。"老彭,人名,后世解释不一。一说指老子、彭祖两人;一说指殷商时代的彭祖一人;又有人说孔子说"我老彭"即"我的老彭",是与孔子相当亲密的一个人。《大戴礼·虞戴德篇》有"商老彭",或为其人。 ㉑ 自同于丘明:《论语·公冶长》:"子曰:巧言、令色、足恭,左丘明耻之,丘亦耻之。匿怨而友其人,左丘明耻之,丘亦耻之。"丘明,即左丘明,相传为《左传》的作者。 ㉒ 颜渊:《论语·雍也篇》:"子曰:贤哉,回也!一箪食,一瓢饮,在陋巷,人不堪其忧,回也不改其乐。"《论语》中谈及颜回的有十五次之多。颜渊,孔子最得意的门生颜回,字子渊,鲁国人,比孔子小三十岁,一说"三十"应为"四十"之误,约生活在公元前511—前480年之间。 ㉓ 实则不至:实际的业绩达不到他名声的高度。 ㉔ 侈心:夸耀自己之心。 ㉕ 臧武仲:即臧孙纥,春秋时鲁国大夫,卒谥武仲。其事见《左传》鲁襄公一一年,二三年等篇。 ㉖ 白圭自以为禹:《孟子·告子章句下》:"白圭曰:'丹之治水也愈于禹。'孟子曰:'子过矣。禹之治水,水之道也,是故禹以四海为壑。今吾子以邻国为壑……仁人之所恶也。'"白圭,名丹,字圭,战国时水利专家,曾任魏惠王的大臣,善于修筑堤防,兴修水利。按,另一说指战国时周人。白圭,一见于《史记·货殖列传》,一见于《孟子》,或其为一人。本注取《孟子》之说。 ㉗ 司马长卿自以为相如:司马长卿,即司马相如,长卿是他的字,蜀郡成都(今属四川)人。西汉辞赋家,明人辑有《司马文园集》。相如,指蔺相如,战国时赵国大臣。赵惠文王时曾奉命带"和氏壁"入秦,不辱使命,完璧归赵;随赵王到渑池与秦王相会,英勇机智,使赵王免于受辱。被任为上卿。他对同朝大臣廉颇的羞辱能从大局出发,容忍谦让,感动廉颇,成为团结御侮的知交。《史记·司马相如列传》:"司马相如者……少时好读书,学击剑,故其亲名之曰犬子。相如既学,慕蔺相如之为人,更名相如。" ㉘ 扬雄:一作杨雄,西汉文学家、哲学家、语言学家。 ㉙ 孟轲:即孟子,名轲,字子舆。战国时思想家、政治家、教育家。 ㉚ 崔浩:后魏崔宏之子,字伯渊,小名桃筒,少好学,博览经史、百家之言,无不该综。参与经国大事,随军为谋主。累官加侍中特进,抚军大将军,敕诸尚书,凡军国大计所不能决者,皆先咨浩然后行,宏遇为一时之冠。太平真君十一年(450)以修史暴露"国恶"之罪名被诛,灭族。 ㉛ 子房:汉初大臣张良,字子房,相传为城父(今河南郏县东)人。祖、父相继为韩国五世之相。秦灭韩后,曾图谋复韩,结交刺客在博浪沙狙击秦始皇未遂。秦末战争中归附刘邦,为重要谋士,屡出奇谋,为刘邦采纳,汉朝建立,封留侯。与萧何、韩信为刘邦之"三良"。《史记·高祖本纪》:"高祖曰:'……夫运筹策帷帐之中,决胜于千里之外,吾不如子房……'" ㉜ 莫之许:"莫许之"的倒装,即世人不赞同这种说法。 ㉝ 忠彦:韩琦长子,字师朴,少以父任,为将作监簿,复举进士。徽宗时进封左仆射兼门下侍郎,封仪国公。卒,年七十二岁。《宋史·韩琦传》附有忠彦事迹,论曰:"忠彦世济其美,继登相位,宜矣。"

本文为苏轼"记"之名篇之一,其写作时间、背景篇末已有交待。韩魏公生前曾告其子忠彦,将请求苏轼为"醉白堂"作记,这个愿望公生前未能告知,待他薨既葬,忠彦方告知苏轼,苏轼认为这是义不容辞的事,"乃泣而书之"。他是流着泪写这篇记的,短短五个字写出了作者下笔时那种哀悼伤痛之情。

这篇记的突出特点是名为"记"而实为"议"。从题目看,这是一篇山水景观记,它和韩愈《燕喜亭记》,范仲淹《岳阳楼记》,欧阳修《有美堂记》《相州昼锦堂记》和作者自己的《超然台记》《凌虚台记》《喜雨亭记》等名篇一样,标题为记建筑而作，但实际上对建筑本身多半不加精细的描写，甚至略略带过，而大量篇幅用来抒发感情，发表议论。这是唐宋以来景观记所呈现的新的特点。它作为山水散文的一种类型，与前代那些精细地模山范水的散文有很大不同。这类“记”往往以景观建筑如亭台楼阁堂室为依托进行议论、抒情，其目的不在于描写景观建筑本身，而在于表达自己的志向、情思。明代吴讷《文章辨体序说》“记”云：“窃尝考之：记之名，始于《戴记》《学记》等篇……后之作者，固以韩退之《画记》、柳子厚游山诸记为体之正。然观韩之《燕喜亭记》，亦微载议论于中。至柳之记《新堂》《铁炉步》，则议论之辞多矣。迨至欧、苏而后，始专有以议论为记者……大抵记者，盖所以备不忘。如记营建，当记月日之久近，工费之多少，主佐之姓名，叙事之后，略作议论以结之。此为正体。至若范文正公之记严祠、欧阳文忠公之记昼锦堂、苏东坡之记山房藏书、张文潜之记进学斋、晦翁之作《婺源书阁记》，虽专尚议论，然其言足以垂世而立教，弗害其为体之变也。”这段话正说出“记”的原意，和“记”之一体在唐宋以来的变化。明代徐师曾《文体明辨序说》在对众多的“记”进行考察之后也指出：“记”到欧阳修、苏轼手里起了很大变化，突出表现在议论增多，影响所及，形成风气。

这个时期以议论为主的“记”，名篇甚多，山水景观记尤其突出。因为许多和士大夫文人生活、志趣息息相关的亭台楼阁堂室在命名上往往寓有深刻含义，一些以此为题的“记”，往往从它们的命名入手，围绕命名的缘由尽情发挥，展开抒情、议论，形成这类景观记在立意与写法上的主要特点。如本文，开头一段寥寥五句话，介绍醉白堂的主人及命名缘由：“故魏国忠献韩公作堂于私第之池上，名之曰‘醉白’。取乐天《池上》之诗，以为醉白堂之歌，意若有羡于乐天而不及者。”紧接着，笔锋一转，用“天下之士，闻而疑之，以为公既已无愧于伊、周矣，而犹有羡于乐天，何哉?”提出问题，转入议论。全文没有一句记叙醉白堂的建筑经过及描写景观的，这是因为作者此记的立意不在于写建筑景观，而是要以醉堂命名的深刻寓意入手，进行议论、抒情。本篇是应醉白堂主人之请而作，其议论的目的在于颂德。韩琦在英宗时封魏国公，徽宗时追赠魏郡王，忠献是神宗给他的谥号，首句连用“故魏国忠献韩公”，已示醉白堂主人身份、地位的尊贵，再用“以为公既已无愧于伊、周矣”，肯定其功勋之伟大，已奠定本文颂德的基调。第二段承天下之士对醉白堂命名寓意的疑问进行议论，阐明自己的观点，说明韩魏公筑醉白堂的真实用意：并非仅仅是羡慕白乐天《池上》诗中所表达的那种识勇退早，过着悠闲自适的生活，而是在他“方且愿为寻常无闻之人，而不可得”的情况下的一种心态，一种寄托，一种愿望。接着论述韩魏公为什么“方且愿为寻常无闻之人,而不可得”的原因,是因为他身担重任,他的去留关系着安天下、济苍生的大局,虽然他“已相三帝”,“浩然将归老于家,而天下共挽而留之莫释也”。在这种情况下,他产生羡慕白乐天的念头,是不奇怪的。这一段,明为辨醉白堂命名之含义,肯定有羡慕乐天之意,实为歌颂韩琦这位股肱之臣以社稷苍生为重、尽忠职守、死而后已的高尚品德,也突出他朝廷倚重、人心归向的崇高威望。第三段采用宾主映衬、相辅相成之法,连用“此公之所有,而乐天之所无也”,“此乐天之所有,而公之所无也”,“此公与乐天之所同也”三层意思的排比,比较韩琦与白乐天的“有”“无”得失,颂扬韩琦“文致太平,武定乱略,谋安宗庙,而不自以为功”,“急贤才,轻爵禄,而士不知其恩”,“杀伐果敢,而六军安之,四夷八蛮想闻其风采,而天下以其身为安危”的卓越功勋和高风亮节。同时也赞扬了韩、白都能以“忠言嘉谟,效于当时,而文采表于后世。死生穷达,不易其操,而道德高于古人”的美德。既然如此,韩魏公为什么还要修醉白堂,并写《醉白堂》诗表示有羡慕乐天之意呢?苏轼接着对此加以解释,那是因为韩琦这个人“既不以其所有自多,亦不以其所无自少,将推其同类而自托焉”,实则颂扬韩魏公在为人处世上不骄人,不自卑,不计较个人得失、祸福沉浮,宅心仁厚,对世间万物、贤愚贵贱都能一视同仁,而与大自然亲近的风范。这一层,既有儒家对知识分子的道德要求,也糅合了道家的人生哲理。可以说,在苏轼的笔下,韩琦是一位古往今来的全人,无论于公于私、于文治、于武功、于业绩、于修养、于儒于道,他都堪称得上高山仰止。第四段,再以“古之君子”与“后之君子”进行比较,赞誉韩琦严于律己、淡泊名利,因此他的实际业绩超过他的名声,因此他的美名才能够得到世人永久地传颂,由此得出结论:“忠献公之贤于人也远矣。”文章到此,对韩琦的颂扬可以说达到了无以复加的地步。最后一段交待写此文的缘由和自己写作时的无限深厚的感情。全文思路清晰,议论纵横,挥洒自如。中间两段议论把个人对醉白堂主人的赞誉发挥得淋漓尽致,达到登峰造极的地步,可谓集当时颂韩诗文之大成。清人刘大櫆评价此文“精神笼盖一世”(《古文辞类纂》卷五十七),可谓至言。

那么,有人不禁要问:苏轼对韩琦是否是褒扬过分呢?否。关于韩琦的生平事迹,注释已有扼要介绍,我们还可以从更多的史料记载、当时与后世称颂他的诗文及有关传说考察,证明苏轼所说这些并非溢美不实之词。文中所颂扬的韩琦的每一点功勋、美德都有史实可以验证。对这样一位前辈,苏轼自幼充满了崇敬之情。据他所作《范文正公集叙》记载,仁宗庆历二年,苏轼八岁,入小学,师从道士张易简,一天有人从汴京带来石介《庆历圣德诗》,苏轼从旁窥看,当时便能背诵诗句,于是问老师诗中所歌颂的十一位都是什么人,老师感到惊奇,便详尽地回答了他，并且告诉他：韩琦、范仲淹、富弼、欧阳修这四位是天下人中英杰。在他幼小心灵中埋下的由衷景仰之情，成为激励他上进的动力（此事被《东坡先生年谱》及有关传记资料广为引用）。出蜀后“三苏”父子也多得韩、欧奖掖，在仕途上与韩、欧的关系密切。欧阳修与苏轼有师生之谊，情同父子；韩琦则是他敬慕的德高望重的前辈。《宋史·苏轼传》记载：治平二年，宋英宗由于赏识苏轼的才华，想把他召入翰林院，知制诰。宰相韩琦反对“骤用之”，加以阻止曰：“轼之才，远大器也，他日自当为天下用。要在朝廷培养之，使天下之士莫不畏慕降伏，皆欲朝廷进用，然后取而用之，则人人无复异辞矣……”苏轼听到韩琦这番话，不但不忌恨他，反称颂道：“公可谓爱人以德矣。”从而可以看出韩、苏之间以德相钦慕的高尚情操。王安石变法，韩琦屡次上疏反对，与苏轼政见一致。可见苏轼对韩琦的赞誉不仅有事实依据，也有深刻的思想情感基础。

本文在写作上还有一个特点，那就是抒情的隐蔽性。本文议论是显性的，但在议论中蕴含的情愫往往被人忽略。苏轼此文写在宋神宗熙宁八年，时年四十岁。此前他因与王安石政见不合，要求出任地方官，此时在密州知州任上。是年作豪放词《江城子》（老夫聊发少年狂），表达希望得到皇上了解信任，效力报国的热心；又作《超然台记》，反映他超然物外，无往而不乐的人生态度，字里行间也掩盖不住他内心深处的一丝苦闷。《醉白堂记》何尝不是他借用韩、白的酒浇自己胸中的块垒？他颂扬韩琦，是希望借韩琦那样“文致太平，武定乱略，谋安宗庙，而不自以为功”，“急贤才，轻爵禄”，“杀伐果敢，而六军安之……而天下以其身为安危”的宰相，以抒写自己的政治抱负；他写白乐天的“乞身于强健之时”，也正表达了他希望早日退隐归乡“尽山水园池之乐”的曲衷；他写韩公的“方其寓形于一醉也，齐得丧，忘祸福……而与造物者游”，实则抒发了他在进与退、仕与隐的矛盾中，希望用超然旷达的人生态度去寻求自我解脱；他写韩公的心系国家社稷思归而不得归，从而产生羡慕乐天之意，实则抒发自己作为一名臣子身负对国家社稷的责任而难以释怀的矛盾与无奈。

关于此文的主旨，历来也有争议。宋人陈鹄《西塘集耆旧续闻》卷十载：“荆公评文章，常先论体制而后论文之工拙。盖尝观子瞻《醉白堂记》，戏曰：‘文词虽极工，然不是醉白堂也（“也”字黄庭坚《书王元之〈竹楼记〉后》作“记”），乃是韩白优劣论。’”王安石的这句“戏评”在当时与后世引发颇多争议，也妨碍了对此文立意的正确理解。宋人黄震认为：“《醉白堂记》反复将白乐天、韩魏公参错相形，而终之以取名也廉之说，尊韩之意，隐然自见于言外矣。”（《黄氏日钞》卷六十二《苏文·记》）明人茅坤认为：“魏公勋名，本胜乐天，故文不誉而思特远。”（《苏文忠公文钞》卷二一)显然都是顺着“韩白优劣论”的思路来评价的,都没有搔中痒处。倒是金人王若虚的评论开拓了新的思路:“荆公谓东坡《醉白堂记》为韩白优劣论,盖以拟论之语差多,故戏云尔。而后人遂为口实。夫文岂有定法哉?意之所至而为之,题意适然,殊无害也。”(《滹南遗老集》卷三十六)可谓语中肯綮。从文体发展的角度,苏轼这篇《醉白堂记》也体现了这类山水景观记在唐宋时期的变化,有助于我们认识其所呈现的新特点。欧阳修《相州昼锦堂记》(一名《昼锦堂记》)也是从堂的命名入手进行议论,颂扬韩琦在“德彼生民而功施社稷”,“不以昔人所夸者为荣,而以为戒”的品德,从内容到写法上都与本文有相似之处,可资参考。

(刘振娅)

张君[1]宝墨堂记

世人之所共嗜[2]者,美饮食,华衣服,好声色而已。有人焉,自以为高而笑之,弹琴弈棋,蓄古法书图画。客至,出而夸观之,自以为至矣。则又有笑之者,曰:“古之人所以自表见于后世者,以有言语文章也,是恶足好。”而豪杰之士,又相与笑之,以为士当以功名闻于世,若乃施之空言,而不见于行事,此不得已者之所为也。而其所谓功名者,自知效一官,等而上之,至于伊、吕、稷、契[3]之所营,刘、项、汤、武[4]之所争,极矣。而或者犹未免乎笑,曰:“是区区者,曾何足言,而许由[5]辞之以为难,孔丘知之以为博。”由此言之,世之相笑,岂有既乎?

士方志于其所欲得,虽小物,有弃躯忘亲而驰之者。故有好书而不得其法,则锥心呕血几死而仅存,至于剖冢斫棺而求之[6]。是岂有声色臭味足以移人哉。方其乐之也,虽其口,不能自言,而况他人乎?人特以己之不好,笑人之好,则过矣。

毗陵[7]人张君希元,家世好书,所蓄古今人之遗迹至多,尽刻诸石,筑室而藏之,属余为记。余蜀人也,蜀之谚曰:“学书者纸费,学医者人费。”此言虽小,可以喻大。世有好功名者,以其未试之学,而骤出之于政,其费人岂特医者之比乎?今张君以兼人之能,而位不称其才,优游终岁;无所役其心智,则以书自娱。然以余观之,君岂久闲者,蓄极而通,必将大发之于政。君知政之费人也甚于医，则愿以余之所言者为鉴。

〔注〕①张君：张次山，字希元，苏轼友人。②嗜：喜好。③伊、吕、稷、契：指政治上建立了卓越功勋的古代高官。④刘、项、汤、武：指建立了卓越霸业的古代帝王。⑤许由：上古高士，相传曾拒绝尧的禅让逃入山中。⑥“故有”三句：事见唐人韦续所撰《墨薮》：“魏仲繇见蔡邕笔法于韦诞，自槌三日，胸尽青，因呕血。魏世祖以五灵丹救之得活。繇求之，不与。及诞死，繇令人盗掘其墓而得之。”斫，砍。⑦毗陵：古县名。治所在今江苏常州。

张希元建成“宝墨堂”，请苏轼作记，以庆其事物其名。时间在熙宁五年(1072)。作记的人多是理解邀请人心思的，按常理，一般无非是要多说些好话：称赞其堂建筑宏丽、独具一格，收藏繁富、世所罕见，堂主博学多识、堪称大家等。而苏轼此文却不循常理，不守成规，将一篇普通的记述散文写得纵横开阖，出人意表。

全文共分三段。

第一段上来就阔发议论。紧紧围绕着一个“笑”字生发开去，描述了世人的种种偏见与短识。琴棋书画爱好者们嘲笑那些喜好声色的平庸之辈，他们自己又被喜好文章的人嘲笑；而喜好功名的人对好文者同样不以为然，认为他们的文章不过是些酸腐“空言”而已；而这些追求功名的人们，即使能够像刘、项、汤、武一样掌管天下，功名达到顶点，但是他们竟依然不免被人嘲笑——在大隐士许由和大圣人孔子看来，这些功名不过都是过眼烟云，不值一提。作者以“笑”层层递进，最后以“世之相笑，岂有既乎”为结，说明世间人们的相互嘲笑已经成为规律，没完没了，无始无终，对这些嘲笑统统给予了否定。

文章的第一段中有一层，即从“弹琴”到“自以为至矣”描写了琴棋书画爱好者对文化遗存的痴迷之态。第二段文章紧承第一段对收藏者的痴情、痴态、痴行进行了进一步的延展和刻画。他们为书画“弃躯忘亲”，心无旁骛，专心致志；他们为书画“锥心呕血”，可以抛弃一切，甚至生命；他们为书画“剖冢斫棺”，可谓不择手段，用尽心思。但是作者苏轼理解他们，说人世间人们所看重的声色享乐都不足以吸引他们，转移他们的志趣。他们在书画中所得到的精神享受是连他们自己都无以言表的，其他人就更无法理解他们内心的那份痴情了。但是不理解并不能成为嘲笑他们的理由，不理解更不能成为否定他们的根据。苏轼总结说：“人特以己之不好，笑人之好，则过矣。”这不仅批评了那些嘲笑琴棋书画爱好者的人们，更将所有的同类嘲笑给予了归纳否定，依然用“笑”字串连，与上文呼应，文气贯通一体。

从“毗陵人”到“属余为记”为第三段的开端，介绍作记的缘起。本来这里应该详细地记述、描绘张希元如何爱好书画典籍，珍藏了什么，规模如何。但是作者仅寥寥数笔，便戛然而止。是没有什么可写的吗？不是。张希元“家世好书”，其风可追；“所蓄古今人之遗迹至多”，多善可陈；“尽刻诸石，筑室而藏之”，精神之嘉，可予彰表。那么是作者语言乏力，无言以叙？更不是。苏轼的才情，苏轼的文笔，举世无双，常人难以企及。那么到底为何如此简略？我认为这里体现了苏轼非常微妙的心理。苏轼以“蜀人”“蜀言”为转接承续，引出对人生道路设计、从业选择的看法。谚语“学书者纸费，学医者人费”的意思是：学习书法绘画的人，会耗费很多的纸张笔墨；从医的人初始阶段会耗费很多人的性命和健康。为什么？庸医误人。谚语虽非名人名言，但是因为其在民间口头的长期锤炼、陶冶，已经成为大众认可的至理名言、人生警句，很有说服力量。接着作者由“学医者人费”而引申到想以功名取胜的从政者，因为没有从政的本领、经验和知识，却要尝试从政，如果政令不当，必定贻害百姓。其危害无异于庸医杀人，只是危害程度要远远高于庸医。接着，作者从对从政的议论收回来，又回到堂主张希元，作者对他寄情收藏的心情，不见容于世的苦闷，希望有所抱负的志向都表示了充分的理解，并且劝慰他：您广积薄发，蓄极而通，因为做足了准备，夯实了基础，所以说不定将来也许会在从政方面能够充分施展抱负，大有可为呢！因为对方有从政的可能，所以苏轼特别郑重地谆谆告诫：“君知政之费人也甚于医，则愿以余之所言者为鉴。”那么苏轼到底希望不希望张希元从政呢？文章并没有明确地道出，只是提出了期望和警示——从政非同藏书等个人爱好，关乎芸芸众生的生死祸福，因而须得如履薄冰、小心翼翼。

表面上看，苏轼对行业、职业的评价不甚明确，观点有些含糊，但这恰恰是苏轼的高明之处。因为从政好不好，是因人而异的，一个伟大的政治家或者是爱民的官吏，本来能够最大程度地为民众创造福祉；收藏或者其他的个人癖好值不值得在社会上大力提倡推广，也有个度的把握掌控问题。提出原则，而不给具体结论，其实是最好的答案。世上有“世事洞明皆学问，人情练达即文章”之说，读苏文，信其真。

以“记”的本色而论，应该写人、写堂，而本篇文章表面看从头到尾全是议论，但是细细品味却是无一字不是写人、写堂，无一字不是记其所应记：借对世人嘲笑的议论，记述了建堂所遇到的困难、压力和阻挠，借对堂主苦恼劝解的议论，记述了堂主为收藏付出的种种牺牲、代价和承受的精神压力。可谓是句句写堂，句句写人。

本篇文章在章法上汪洋恣肆，不拘成法，如行云流水，舒卷自如。文章的第

一、二段皆从议论出，又以议论结，所言无一涉及“宝墨堂”，但峰回路转，无一不是对堂主的劝慰和告诫。整个的结构上是从大——世间广泛存在的各个行业之间的偏见，到具体的一个行业——收藏的苦乐甘甜，再到小——具体到张君对行业的选择。层次清晰，节奏鲜明。

（傅秋爽）

超然台记

凡物皆有可观。苟有可观，皆有可乐，非必怪奇伟丽者也。餔糟啜醨[①]，皆可以醉；果蔬草木，皆可以饱。推此类也，吾安往而不乐？

夫所为求福而辞祸者，以福可喜而祸可悲也。人之所欲无穷，而物之可以足吾欲者有尽。美恶之辨战乎中，而去取之择交乎前，则可乐者常少，而可悲者常多，是谓求祸而辞福。夫求祸而辞福，岂人之情也哉！物有以盖之矣。彼游于物之内，而不游于物之外。物非有大小也，自其内而观之，未有不高且大者也。彼挟其高大以临我，则我常眩乱反复，如隙中之观斗，又焉知胜负之所在？是以美恶横生，而忧乐出焉，可不大哀乎！

余自钱塘[②]移守胶西[③]，释舟楫之安，而服车马之劳；去雕墙之美，而蔽采椽[④]之居；背湖山之观，而适桑麻之野。始至之日，岁比不登[⑤]，盗贼满野，狱讼充斥，而斋厨索然，日食杞菊，人固疑余之不乐也。处之期年[⑥]，而貌加丰，发之白者，日以反黑。余既乐其风俗之淳，而其吏民亦安余之拙也。

于是治其园圃，洁其庭宇，伐安丘、高密[⑦]之木，以修补破败，为苟全之计。而园之北，因城以为台者旧矣，稍葺[⑧]而新之，时相与登览，放意肆志焉。南望马耳、常山[⑨]，出没隐见，若近若远，庶几有隐君子乎？而其东则卢山[⑩]，秦人卢敖之所从遁也。西望穆陵[⑪]，隐然如城郭，师尚父[⑫]、齐桓公之遗烈，犹有存者。北俯潍水[⑬]，慨然太息，思淮阴[⑭]之功，而吊其不终。台高而安，深而明，夏凉而冬温。雨雪之朝，风月之夕，余未尝不在，客未尝不从。撷园蔬，取池鱼，酿秫酒[⑮]，瀹脱粟[⑯]而食之,曰:乐哉游乎!

方是时,余弟子由,适在济南,闻而赋之,且名其台曰“超然”,以见余之无所往而不乐者,盖游于物之外也。

〔注〕 ① 餔(bū)糟啜醨(chuò lí):餔,食。糟,酒糟。啜,饮。醨,薄酒。 ② 钱塘:今杭州。 ③ 胶西:指密州(今山东诸城)。汉代置胶西国或胶西郡,治所在今高密,辖境在今山东胶河以西、高密以北地区。 ④ 采椽(chuán):自山采来之椽,不加砍削,言其粗朴。一说,采,木名,同“棌”,即栎木;采椽,以栎木做的椽子。 ⑤ 岁比不登:连年收成不好。 ⑥ 期(jī)年:周年。 ⑦ 安丘、高密:皆密州属县。 ⑧ 葺(qì):修缮。 ⑨ 马耳、常山:皆山名,在密州之南。 ⑩ 卢山:在诸城南三十里,因卢敖而得名,苏轼在密州所作《卢山五咏·卢敖洞》诗题下自注:“《图经》云:敖,秦博士,避难此山,遂得道。” ⑪ 穆陵:关名,苏轼《登常山绝顶广丽亭》诗有云“西望穆陵关”,在山东临朐县大岘山上。 ⑫ 师尚父:太公望吕尚,即姜子牙,遇周文王于渭滨,立为师;武王即位,尊为师尚父。辅佐武王灭殷,封于齐,为齐国始祖。 ⑬ 潍水:即今山东的潍河,《水经·潍水》:“又北过高密县西。”当年韩信伐齐,楚将龙且率二十万大军救齐,与韩信夹潍水而阵,韩信夜令为万余囊,满盛沙以遏潍水,诈败诱敌渡河,决壅囊,水大至,遂大败楚军,斩龙且于潍水。 ⑭ 淮阴:此指韩信。韩信先以功封王,后贬淮阴侯,终被吕后所杀。 ⑮ 秫(shú)酒:黏米酿成之酒,或高粱酒。 ⑯ 瀹(yuè)脱粟:瀹,煮。脱粟,糙米。

《超然台记》,熙宁八年(1075)作于密州。苏轼步入仕途,正值新旧党争剧烈,为了远离政治斗争的漩涡,他自请到外地任职多年。熙宁七年,苏轼由杭州通判改任密州知州。其时虽然还在“乌台诗案”发生之前,但是那种山雨欲来的低压氛围已经可以感受到了。他在赴密州途中所作的《沁园春》词写道:“世路无穷,劳生有限,似此区区长鲜欢。”密州是一个小小山城,始至之日,一派凋敝景象,蝗旱肆虐,路有流亡,苏轼奔走救灾,缉盗安民,正如他的诗中所写:“磨刀入谷追穷寇,洒涕循城拾弃孩。”(《次韵刘贡父、李公择见寄二首》)终将地方治理得民生安定,百业兴旺。逾年他将密州城北的旧台加以修葺,建造了超然台,自此四时游憩,共此晨夕。苏轼对超然台十分喜爱,在诗词中屡有言及。《大雪,青州道上有怀东武园亭,寄交代孔周翰》诗“超然台上雪,城郭山川两奇绝。海风吹碎碧琉璃,时见三山白银阙”是写皑皑雪景;《望江南》词则是写骀荡的无边春色,留下了脍炙人口的名句:“春未老,风细柳斜斜。试上超然台上看,半壕春水一城花,烟雨暗千家。”如果说他的诗词多写超然台的四时佳景,那么《超然台记》则是一篇自抒襟怀之作,蕴涵了一种胸次豁然的人生了悟。密州时期,也是苏轼思想臻于成熟之际,由锋芒犀利趋于旷达圆融。《超然台记》可以说是他面对“纵横忧患满人间”(《吏隐亭》,作于密州)的现实,所作的一次精神上的突围。他的《和潞公超然台次韵》“吟成超然诗,洗我蓬之心”,即透露了此义。

首段统领全篇,凌空而来,片言警策,“凡物皆有可观。苟有可观,皆有可乐,非必怪奇伟丽者也”,一语道破文章题旨,不啻唤醒人间痴迷的当头棒喝。因为迷恋“怪奇伟丽”者,乃是人之常情,而对于平居所见、日常所习者,却往往视若无睹,并不珍惜眼前拥有的一切。苏轼以犀利笔锋抉此障蔽。“看他下笔便直取‘凡物’二字,只是此二字已中题之要害。”(《天下才子必读书》卷十五)凡物皆有可观可乐,实由道家万物齐一的思想而来,《庄子·秋水》篇云:“万物一齐,孰短孰长”;“以道观之,物无贵贱”。参透此理,即便是吃酒糟、喝薄酒,亦可以醉;食野果、吃瓜菜,亦可饱。倘然不存华堂轩冕、锦衣玉食之念,而自甘淡泊如此,则将“安往而不乐”? 标举一个“乐”字,贯穿始终,超然之意,已然溢于言表。西仲云:“乐字一篇之纲”(《纂评唐宋八大家文读本》卷七引),以下横说竖说,皆以阐发超然物外、乐以忘忧之题旨。

次段是论,从反面论证此理,解剖悲多乐少的悖谬人生,论析鞭辟入里,极富思辨魅力,以一个哲人的睿智眼光,洞察人类的生存状态。苏辙的《超然台赋》叙中说:“天下之士,奔走于是非之场,浮沉于荣辱之海,嚣然尽力而忘返,亦莫自知也,而达者哀之。”兄弟二人文风不同,苏辙平实剀切;而苏轼则旷逸空灵,笔锋切入形而上的人生哲理层面,《超然台记》不仅是对沉溺红尘的芸芸众生的悲悯,而且也是自我的超越和解脱。他所探究的是人性的弱点、生命的本源。此前很少有哪位作家如此深刻透辟地揭示了人的生存困境——本欲“求福而辞祸”,而其所作所为、身体力行者,恰恰是不以自己意志为转移的“求祸而辞福”。这简直就是人的悲剧性的宿命。而境由心生,其本源盖出自人与生俱来的本性弱点——“人之所欲无穷,而物之可以足吾欲者有尽”,此句言简意赅地直抉出了人生与欲望的哲学命题。《庄子》中那个有名的寓言故事“浑沌之死”,昭示着欲望毁灭了人类。《庄子·至乐》篇云:“天下之所尊者,富贵寿善也;所乐者,身安厚味美服好色音声也。”人们为此匍匐奔走,夜以继日,戕身戕性,终至死而后止。苏轼思想与此一脉相承,他就如同一位心理分析的大师,生动地勾勒出了人的心灵图谱——“美恶之辨战乎中,而去取之择交乎前”,人生永远面临着选择,每时每刻,都面临着美恶之辨、去取之择,激战于胸,纷呈于前;而每一次的选择都是痛苦的、沉重的,都是心灵深处一场悄无声息的拼搏厮杀。苏轼还抽丝剥茧、层层深入地论析了人之所以落入悲多乐少、“求祸而辞福”的根由:“物有以盖之矣(被物所蒙蔽)。彼游于物之内,而不游于物之外。”所谓“物”,即老庄思想中之“物累”,举凡功名事业、权位利禄、富贵荣华、声色犬马的诱惑,还有蝇营狗苟、尔虞我诈、翻云覆雨乃至血雨腥风的尘网,所有这些,都足以使人沉沦。“物非有大小也”,荣辱升沉,得失否泰,本不足道;然而,苏轼却以悲天悯人的情怀道出了那些“游于物之内"的可怜的芸芸众生的惶惧和惊悚:"自其内而观之,未有不高且大者也。彼挟其高大以临我,则我常眩乱反复……"可触可感地凸现了物对人的挤压和吞噬。"彼挟其高大以临我",这个意象令人窒息,大略如今人所谓的不能承受的生命之重。而要想拯救沦落的人类,便只有"游于物之外"了。

三段是叙,从正面阐扬超然则乐之理。苏轼从西子湖畔,来到密州这个海陬山城,放弃行舟荡桨的安逸,经受骑马乘车的劳顿;离开雕梁画栋的华居,庇身原木椽子的陋室;告别湖山灵秀的景观,放眼桑麻遍野的僻壤。况到任之日,灾荒连年,盗贼满野,官民一体陷于饥馑。他的《后杞菊赋》叙云:"余仕宦十有九年,家日益贫,衣食之奉,殆不如昔者。及移守胶西,意且一饱,而斋厨索然,不堪其忧。日与通守刘君廷式循古城废圃求杞菊食之。"《寄刘孝叔》诗亦云:"公厨十日不生烟。"陷于如此困境,人们都以为他定然郁郁不乐。然而,苏轼却将逸劳、美恶、甘苦之别浑然泯于胸中,《和蒋夔寄茶》诗云:"人生所遇无不可,南北嗜好知谁贤?死生祸福久不择,更论甘苦争媸妍。"《醉白堂记》更是大彻大悟地断言:"齐得丧,忘祸福,混贵贱,等贤愚,同乎万物,而与造物者游……"正是凭着这份超然于尘埃之外的豁达洒脱,才得以化解眼前身处的逆境,胸中朗月清风,一任云舒云卷。经年之后,他的体貌丰腴,白发反黑,更为重要的是他融入了密州这片瘠土,爱上了这里的民风淳朴,而百姓也认可了他扎扎实实的政绩。

四段方始正笔落墨于超然台。斯台之建,乐在其中。伐山木,治园圃,修台阁,简捷的叙事节奏,流露了他追求生活之美的兴致盎然。这座亲手筹建的超然台,带给他无限的快慰,这就是他"放意肆志"的所在,达到精神上逍遥自由的徜徉。这是文中着意渲染的一段铺写。登临凭眺,山川形胜,抚今追昔,思如潮涌,千载之下,犹能令人感受到那份伤今吊古的怆然。南望马耳、常山,东望卢山,山峦逶迤,云横雾隐。不少文章,都认为苏轼是在思慕山中隐士,流露了他仕隐思想的矛盾。苏轼确有一些隐逸思想,在诗文中不时地流露,如《寄黎眉州》"且待渊明赋归去,共将诗酒趁流年";本文也提到避秦之难的卢敖。然而,文中插入一笔:"庶几有隐君子乎?"这带着希冀期盼之情追慕的"隐君子",是否就是遁世的山中隐士?——则未必确,他并非泛泛之语。苏轼在同一时期所作的《盖公堂记》,谈到密州滨海,四周多山,"其中多隐君子,可闻而不可见;可见而不可致,安知盖公不往来其间乎?"盖公即此邦人,秦末汉初,曹参向盖公求教治国之道,鉴于秦以酷法锻炼其民,"盖公为言治道贵清静而民自定"。曹参用其言以治天下,"至今称贤焉"。苏轼此文,明显是针对新法虐政害民而发。盖公是曹参之师而湮没无闻,苏轼求其坟墓子孙而不可得,特建盖公堂以待贤者。盖公堂和超然台一样，都是苏轼留给密州的标志性建筑，也同样为之作记。前引《大雪，青州道上有怀东武园亭，寄交代孔周翰》诗中，与“超然台上雪”并列的便是“盖公堂前雪，绿窗朱户相明灭”。由此可见，盖公是苏轼心目中高山仰止的一位本郡先贤，《超然台记》中所言之“隐君子”，指的就是像盖公一样的虽然埋没草野却胸怀治国良方的贤者。苏轼虽然超然豁达，对于生活上的艰辛困苦，可以甘之如饴，但却并未忘情世事，当他登临览胜，四顾苍茫之际，胸中汹涌的仍然是“哀民生之多艰”的郁勃情怀。西望穆陵，雄关隐隐，追慕姜太公、齐桓公的辉煌功业；北俯潍水，吊古战场，慨叹英风赫赫的一代名将韩信，功高盖世，终不免沦为政坛祭品。缅怀今古，心潮澎湃，既有“圣朝若用西凉簿，白羽犹能效一挥”（《祭常山回小猎》）的壮怀；也有对于险象环生的政局的深忧。这段描写，赖山阳称其：“铺叙宏丽，有韵有调，读之万遍不厌。”（《纂评唐宋八大家文读本》卷七引）以下陡然兜转，笔势如骏马注坡，折入台之四时宜人，它轩敞、舒适、窈深、明亮、冬暖夏凉，当雨落雪飘的清晨，风清月朗的夜晚，他常常在此游憩，宾客亦皆乐从。饮食也极其方便，采摘些园中青菜，捕捉些池中活鱼，喝着自酿的高粱酒，吃着现焖的糙米饭，便可朵颐大嚼了。曰：“乐哉游乎！”与前文之可醉可饱、可观可乐首尾呼应，将随缘自娱之理发挥到了极致。

末段点题，交代台的命名之由来。苏辙《超然台赋》叙云：“老子曰：‘虽有荣观，燕处超然。’尝试以超然命之，可乎？”老子的话，大略意谓：虽有荣华之境可以游观，然闲居静处，超然无一物累其心。文章通篇含超然意，然而直到篇末方才拈出“超然”二字，点睛之笔，关锁全文。人生百年，多少执着，多少爱恋，多少情牵梦萦的期盼，真要做到一死生、等贵贱、泯祸福，又谈何容易！“超然”者，乃是冲破千结尘网的精神上的突围。苏轼以“超然”二字命名此台，当有深意存焉。登斯台也，把酒临风，恍然蝉蜕于尘埃之外，卸却多少人生重荷。“以见余之无所往而不乐者，盖游于物之外也。”仿佛拈花一笑，昭示给人们那份参透人生三昧的了悟。

（林　薇）

放鹤亭[1]记

熙宁十年秋，彭城大水，云龙山人张君[2]之草堂，水及其半扉。明年春，水落，迁于故居之东，东山之麓。升高而望，得异境焉，作亭于其上。彭城之山，冈岭四合，隐然如大环。独缺其西十二[3]，而山人之亭适当其缺。春夏之交，草木际天。秋冬雪月，千里一色。风雨晦明之间，俯仰百变。山人有二鹤，甚驯而善飞[4],旦则望西山之缺而放焉。纵其所如,或立于陂田[5],或翔于云表,暮则傃[6]东山而归,故名之曰"放鹤亭"。

郡守苏轼,时从宾客僚吏往见山人,饮酒于斯亭而乐之,揖山人[7]而告之曰:"子知隐居之乐乎?虽南面之君,未可与易也[8]。《易》曰:'鸣鹤在阴,其子和之[9]。'《诗》曰:'鹤鸣于九皋,声闻于天[10]。'盖其为物,清远闲放,超然于尘垢之外,故《易》《诗》人以此比贤人君子、隐德之士。狎[11]而玩之,宜若有益而无损者,然卫懿公好鹤[12],则亡其国。周公作《酒诰》[13],卫武公作《抑戒》[14],以为荒惑败乱无若酒者,而刘伶、阮籍[15]之徒,以此全其真而名后世。嗟夫,南面之君,虽清远闲放如鹤者,犹不得好,好之则亡其国。而山林遁世之士,虽荒惑败乱如酒者,犹不能为害,而况于鹤乎!由此观之,其为乐未可以同日而语也。"山人忻然而笑曰:"有是哉?"乃作《放鹤》《招鹤》之歌曰:

鹤飞去兮,西山之缺。高翔而下览兮,择所适。翻然敛翼,婉将集兮[16],忽何所见矫然而复击[17]。独终日于涧谷之间兮,啄苍苔而履白石。

鹤归来兮,东山之阴。其下有人兮,黄冠草履,葛衣而鼓琴[18]。躬耕而食兮,其余以汝饱。归来归来兮,西山不可以久留。元丰元年十一月初八日。

〔注〕 ① 放鹤亭:彭城(今江苏徐州)云龙山隐士张师厚新盖的亭子,因他每天在亭上放双鹤,故称"放鹤亭"。 ② 张君:张师厚,字天骥,又字圣途,居云龙山,号云龙山人。 ③ 十二:指山如圆环而缺其西部的十分之二。 ④ 甚驯而善飞:非常驯顺而且会高飞。 ⑤ 陂(bēi)田:陂,水边。陂田指水池周围的稻田。 ⑥ 傃(sù):向。 ⑦ 揖山人:向张天骥作揖行礼。 ⑧"虽南面之君"二句:即使是做君王,也不能交换这样的隐居之乐。 ⑨"《易》曰"二句:语出《易·中孚·九二》。意谓白鹤鸣叫在山的北面,它的同类声声应和。比喻洁身修行有时誉的人。 ⑩"《诗》曰"二句:语出《诗经·小雅·鹤鸣》。皋,沼泽。九皋,指深曲的沼泽。此句以鹤比贤人,说贤人虽然隐居江湖,但名声显扬于四方,就像九皋的鹤鸣,能传到天上。 ⑪ 狎(xiá):亲近而态度不庄重,这里指与鹤过分亲密。 ⑫ 卫懿公好鹤:《左传·闵公二年》:"冬十二月,狄人伐卫。卫懿公好鹤,鹤有乘轩者。将战,国人受甲者皆曰:'使鹤,鹤实有禄位,余焉能战?'……及狄人,战于荧泽,卫师败绩,遂灭卫。" ⑬《酒诰》:《尚书》篇名。《尚书·康诰》序:"成王既伐管叔、蔡叔,以殷余民封康叔,作《康诰》《酒诰》《梓材》。"《酒诰》孔

安国传："康叔监殷民，殷民化纣嗜酒，故以戒酒诰。" ⑭《抑戒》：指《抑》，《诗经·大雅》篇名。《毛诗序》："《抑》，卫武公刺厉王，亦以自警也。"其第三章云："颠覆厥德，荒湛于酒。"(过度沉湎于酒，败坏德行) ⑮ 刘伶、阮籍：《晋书·刘伶传》："刘伶，字伯伦，沛国人也。……初不以家产有无介意。常乘鹿车，携一壶酒，使人荷锸而随之，谓曰：'死便埋我。'其遗形骸如此。"《晋书·阮籍传》："阮籍，字嗣宗，陈留尉氏人。……籍本有济世志，属魏晋之际，天下多故，名士少有全者，籍由是不与世事，遂酣饮为常。……籍闻步兵厨营人善酿，有贮酒三百斛，乃求为步兵校尉。" ⑯"翻然"二句：指鹤转身敛翅，宛然将要止歇。 ⑰ 矫然而复击：奋飞而冲向高空。⑱"黄冠"二句：写山人的隐士装扮，戴黄帽，穿草鞋，披葛布衣服，弹奏古琴。

宋神宗熙宁十年(1077)秋天，一场滚滚滔滔的洪水，使徐州城沦为一片汪洋泽国，在淹毁的无数民房中，就有云龙山人张天骥的草堂，因此他被迫于次年春天迁居于东山之麓。然而，因祸得福，这东山之景奇异万分，"春夏之交，草木际天。秋冬雪月，千里一色"。山人于是筑亭于其上，早晚放鹤以为乐，过着闲云野鹤一般的生活。因而吸引了时任徐州知州的苏轼前来游玩，并留下了这篇千古流传的美文。

"记"这种文体古人以为应以"善叙事为主"，"记者，盖所以备不忘。如记营建，当记日月之久近，工费之多少，主佐之姓名，叙事之后，略作议论以结之，此为正体"(明吴讷《文章辨体序说》)。显然这种类似记流水账的所谓"正体"，很难显示出作者的主体性情，因此，"至欧(阳修)苏(轼)而后，始专有以议论为记者"(同上)。这种以纵横捭阖的议论为记的"变体"，正是苏轼等人对呆板的"记"进行改造，而产生的风神澹荡、姿态横生的新文体。这篇文章，其艺术上最显著的特点就是能将叙述、描写与议论完美地结合起来。

首先，苏轼突破了"以记事为主"的传统樊篱，但仍遵守了"记"所应有的"简明有序"的记事要求。开头就以简括的笔法，条理清晰地交代了"放鹤亭"命名的缘由：彭城大水毁掉了云龙山人的民房，他被迫迁居，得东山之异境而作亭，于亭放鹤而闲乐，引来苏轼与山人饮酒论鹤，并作此记。苏轼的高明之处，在于从记叙之中突然插入一段"异境"的描写：先由远而近大笔勾勒，"冈岭四合，隐然如大环。独缺其西十二，而山人之亭适当其缺"，突出此亭涵虚天地的气势，为下文的展开作好铺垫。接着展现四季妙境："春夏之交，草木际天。秋冬雪月，千里一色。风雨晦明之间，俯仰百变。"运用赋的铺陈和对偶句法描绘出这样令人神往的佳境，自然引出山人的隐居之乐，景物作为背景实际上是为了映衬人物的旷达洒脱形象和闲云野鹤的诗意生活。此记也因为这段描写而特别光彩照人。可以看出苏轼的散文中经常融入诗情画意，是"文中有诗""诗中有画""画中有人"的典型例证，也可以看出苏轼散文具有"诗文交融"的特色。

第二段,作者以主要篇幅展开“隐居之乐”的议论,苏轼学问渊博,胸襟旷达,因而其诗文总是议论风生。或许张山人正如邵博批评的那样,是“一无知村夫”(《邵氏闻见后录》卷十五),并不见得有怎样的高雅情趣,而苏轼却最善于取其一端加以大肆拓展,借隐居好鹤来生发议论,抒写自己心中的感慨。先论“鹤”,引用《易》《诗》来印证“鹤”具有“清远闲放,超然于尘垢之外”的品质,是“贤人君子、隐德之士”的象征。表面上是以鹤写山人,实际上表现的是自己对这种生活的向往。次论“好鹤”,虽然对鹤“狎而玩之”于德行应该是有益无损的事,但却有卫懿公的好鹤而亡国的故事。形成议论的第一层转折,山人好鹤与懿公好鹤进行比照,结果会如何?令人悬想。接着作者宕开一笔,再引入“好酒”来陪衬“好鹤”。“好鹤”本是高尚的事,却引来了亡国之祸,那么“好酒”这样的败德之事又怎样呢?先引周公作《酒诰》和卫武公作《抑》点出酒是“荒惑败乱”之源,然而却有刘伶、阮籍这样的酒徒,凭借好酒“全其真而名后世”之事。这是第二层转折,这真是令人困惑的悖论!至此,议论已完全铺开,将好鹤亡国与好酒全真进行对照,其情势如两河分流而趋,难以汇合。作者的高明在于能将二者绾合起来:“嗟夫,南面之君,虽清远闲放如鹤者,犹不得好,好之则亡其国。而山林遁世之士,虽荒惑败乱如酒者,犹不能为害,而况于鹤乎!”可见不在于物之为“鹤”为“酒”,关键在于所好者为谁。从鲜明的对比中,其价值取向显然在于对山林遁世之士的向往。出与处一直是古代士大夫最难处理的一对矛盾,苏轼的思想中儒、释、道杂糅在一起,纵观其一生处事为人,还是以儒家思想为主,尤其在熙宁变法期间,更是以一种积极有为、干预时政的姿态出现,由于他不满变法,因此为新派所不容,八年之间只得不停地转徙于州府为地方官,故借论鹤来宣泄自己内心宦海沉浮的感慨。沈德潜说:“插入饮酒一段,见人君不可留意于物,而隐士之居,不妨轻世肆志,此南面之君未易隐居之乐也。中间‘而况于鹤乎’一句,玲珑跳脱,宾主分明,极行文之能事。”(《唐宋八家文读本》卷二十三)洵为的评。这里可以看出苏轼散文虽然议论纵横却宕而能返,能紧紧围绕中心将记叙、议论、抒情交融在一起。

苏轼是中国文学史上少见的几位能诗能文的大家,因此总是能将诗与文交融在一起。他的诗曾被南宋的严羽批评为“以文字为诗,以才学为诗,以议论为诗”(《沧浪诗话·诗辨》),实际上苏轼这是将文的异质因素移入诗中,进行新的艺术创造。而他的散文也可以说是“以诗为文”。这篇文章就是一个例证。一方面文中引用诗境来增拓文境,另一方面描写景物具有诗的意境,再一方面结尾的两首诗更具有诗境文心。从总体上看,文主叙事、议论,以疏畅条达为主,而诗道性情，以婉转含蓄为妙。苏轼此文主要叙山人隐居好鹤之乐，风景也好，人物也好，都潇洒透脱，玲珑不可凑泊，令人神往。而诗呢，则另辟新境，正好与文互补。这两首诗都运用骚体，储欣认为“（歌词）清音幽韵”（《唐宋十大家全集录》卷五），很对，但不止于此。先看《放鹤歌》，重点刻画“鹤”的形象，“高翔”四句，展现的是记中“纵其所如”的境界，记文概写，令人舒展开联想的双翼，而诗具体展示，将鹤上下翻飞选择归适之所，时而敛翼集歇时而矫首击云的情状写得非常逼真，但后两句“独终日于涧谷之间兮，啄苍苔而履白石”则写出了鹤的生活终不免寂寞而简陋，实有劝鹤归来之意，因而引出下首《招鹤歌》。后首诗重点写人，放鹤山人在记文中是何等的潇洒淡泊，是概貌描写，而诗中则是“黄冠草履，葛衣而鼓琴”的形象，他躬耕而食，并用余食来喂鹤，因此呼唤“鹤归来兮”。综合诗与文来看，文概括涵虚，而诗质实具体；文具有诗的联想性，而诗反而具有文的真切性。这样文与诗就相得益彰。从声调语气看，文主气势，奔放洒脱，而诗则咏叹往复，意切情深。文中表现对闲云野鹤生活的向往，而诗则在清苦闲适的生活中呼唤归来。苏轼具有多方面的艺术才能，为文作诗有多副笔墨。储欣说“叙次议论并超逸，歌亦清旷，文中之仙”（《唐宋八大家类选》卷十二），正是指出苏轼诗文交融方面的成就，这种成就在后来的前、后《赤壁赋》中有更典型的表现。　（吴振华）

李太白[①]碑阴记[②]

李太白，狂士也，又尝失节于永王璘[③]，此岂济世之人哉？而毕文简公[④]以王佐期之，不亦过乎！曰：士固有大言而无实，虚名不适于用者，然不可以此料天下士。士以气为主，方高力士[⑤]用事，公卿大夫争事之，而太白使脱靴殿上，固已气盖天下矣。使之得志，必不肯附权幸以取容，其肯从君于昏乎？夏侯湛[⑥]赞东方生[⑦]云：“开济明豁，包含宏大。陵轹[⑧]卿相，嘲哂[⑨]豪杰。笼罩靡前，跆籍[⑩]贵势。出不休显，贱不忧戚[⑪]。戏万乘若僚友，视俦列如草芥[⑫]。雄节迈伦，高气盖世。可谓拔乎其萃[⑬]，游方之外[⑭]者也。”吾于太白亦云。太白之从永王璘，当由迫胁。不然，璘之狂肆寝陋，虽庸人知其必败也。太白识郭子仪[⑮]之为人杰，而不能知璘之无成，此理之必不然者也。吾不可以不辩。

〔注〕 ① 李太白：即李白，字太白，号青莲居士。祖籍自称陇西成纪（今甘肃秦安东），天

宝初曾供奉翰林,唐代大诗人,所作诗歌飘逸豪放。 ② 碑阴记:墓碑背面的文字。 ③ 永王璘:即李璘,唐玄宗第十六子。开元十三年(725)封永王,安史之乱期间,为肃宗李亨猜忌,后违抗肃宗的东巡诏命,兄弟之间爆发战争,李磷兵败后为江西采访使皇甫侁所杀。 ④ 毕文简公:即毕士安,字仁叟,云中(今山西大同)人,宋朝著名宰相。一生为人正直,勤于政务,治学严谨,知人善任,曾大力推举寇准。谥文简。 ⑤ 高力士:唐代潘州(今广东高州)人,本名冯元一,一生侍候过武则天、中宗、睿宗、玄宗四个皇帝,为玄宗朝当权宦官。 ⑥ 夏侯湛:字孝若,魏晋时期谯国(今安徽亳州)人。幼有盛才,文章宏富,善构新词。与潘岳友善。时人谓之连璧。惠帝时为散骑常侍,有《新论》十卷,集十卷。下文对东方生的赞语出自他所写的《东方朔画赞》,其全称为《汉太中大夫东方先生画赞碑》。 ⑦ 东方生:即东方朔,字曼倩,西汉辞赋家,平原厌次(今山东惠民)人。武帝时任常侍郎、太中大夫等职。他性格诙谐,言词敏捷,滑稽多智,但被武帝始以俳优看待,不得重用。原有集二卷,久佚,明人张溥编有《东方太中集》,收入《汉魏六朝百三家集》中。生,为汉代以来对有才学之人,亦为读书人的通称。 ⑧ 陵轹(lì):亦作"凌轹",倾轧,欺压。 ⑨ 哂(shěn):讥笑。 ⑩ 跆(tái)籍:犹践踏。 ⑪ "出不"二句:出仕做官不骄横显贵,贫贱时不忧伤悲戚。 ⑫ "戏万乘(shèng)"二句:戏弄皇帝就像是对待自己的臣僚和朋友,视朝中的同僚如同草芥。万乘,古时一马四车叫"乘",万乘,指万辆车;又周制,王畿方千里,能出兵车万乘,后因以借指帝位或皇帝。俦(chóu)列,同辈,同一类人,文中指同僚。草芥,比喻轻微而没有价值。 ⑬ 萃(cuì):草丛生貌,引申为聚集,也指聚集在一起的人或物。 ⑭ 方之外:世外,也谓超然于世俗礼教之外。 ⑮ 郭子仪:华州郑县(今陕西渭南市华州区)人,唐代著名的军事家。安史之乱时,功居平乱之首,晋为中书令,封汾阳郡王,裴垍称其"权倾天下而朝不忌,功盖一代而主不疑"(《旧唐书》列传第七十)。

李白的"狂士"形象,一直都为后世的文人士大夫所崇敬向往,只可惜再也无人可以超越他,他的人格精神在千古之后仍然散发出迷人的魅力。而苏轼的这篇《李太白碑阴记》就把李白的"狂"生动地描绘出来,并且对李白评价中有争议的问题作了辩解。

文章一开篇就说李白乃"狂士也",开门见山地点出李白性格中最突出的一面,先声夺人,极具气势。然后在李白从李璘军这一事上,先摆出世人的一些否定观点,有人认为李白"尝失节于永王璘",参加了李璘的叛军,为李璘所利用,以致失去了文人的气节,所以算不上是什么济世之才。此观点历来都有支持者,如王安石在编选李、杜、韩、欧四家诗时,置李白于第四,且认为李白人品不高,才能和见识相左,诗歌风格和其本人的人格相违背。苏轼的弟弟苏辙在《诗病五事》中也曾说:"太白诗类其为人,俊发豪放,华而不实,好事喜名,不知义理所在也。语用兵则先登陷阵,不以为难;语游侠则白昼杀人,不以为非。……永王将窃据江淮,白起而从之不疑,遂以放死。今观其诗固然。"(《栾城第三集》卷八)甚至不少人还认为李白是李璘叛乱的帮凶,如宋代的毕士安。苏轼批判了这种过激的言论,同时也由此展开了自己的辩论。他指出,在历代的士人当中,固然有很多空有大言而没有实际才能、名不符实的,但天下的士大夫并非都如此。接着,他提出了一个著名的论断，即“士以气为主”，士人最重要的是要有气节，有节操，然后以“力士脱靴”的故事来证明李白的“狂”与“气”。高力士为李白脱靴，很早就见于唐李肇《唐国史补》卷上《李白脱靴事》、段成式《酉阳杂俎》及新、旧《唐书》等书中，但当今学者多认为此乃小说家言。高力士在玄宗朝，权倾朝野，就连玄宗都说“力士当上(值日)，我寝乃安”，太子李亨(即肃宗)呼之为“二兄”，诸王、公主称其“阿翁”，驸马辈叫其为“爷”，内外大臣更是争相巴结，如李林甫、杨国忠等就是如此，李白即使乘醉命高力士脱靴也是件不可思议之事。当代学者裴斐就在其文《李白的传奇与史实》中指出：“按李白宫中作品，和苏轼《李太白碑阴记》所说‘戏万乘若僚友，视俦列如草芥’相反，无论奉诏作词、侍从游宴或是书怀酬赠，都显得异常拘谨，说明他对自己当时的身份和处境十分清醒，实无可能做出那种荒唐事。若果有其事，满可引以自豪，出宫之后不会不讲，天宝年间不敢讲，到了高力士失势以至被流放的肃宗朝总该讲，但他至死不讲；非但自己不讲，熟知他的杜甫、魏颢、李阳冰等人亦不曾讲；足见苏轼叹为‘气盖天下’之举，源出子虚乌有先生之说。”但这个纯属子虚乌有的故事却被载于各种书籍甚至如新、旧《唐书》这样的正史中，这就在相当程度上反映了李白在人们心目中所共有的形象，即蔑视公卿，不畏权贵，即使是面对像高力士那样的权宦，他也要戏弄一番，表达自己作为一个士人的清高和孤傲。苏轼就是以此典故来论证李白的气概的，且相信其若是得势，一定不会依附权贵去博得他们的欢心，更不用说去屈从于君王的昏庸了。苏轼在叙力士脱靴的同时，也表明了自己对李白“气盖天下”之骨气的向往与追慕，苏轼的高明之处在于寓赞于辩，而不动声色。

自己的观点陈述之后，苏轼又借晋代著名文人夏侯湛在《东方朔画赞》里赞扬东方朔的话来表达自己对李白的激赏和崇敬之情。为什么苏轼要拿东方朔来比李白呢？那是因为他觉得两人有着极其相似之处。东方朔才华横溢、抱负不凡，却被汉武帝视为俳优一般的弄臣对待。而李白满怀“使寰宇大定，海县清一”(《代寿山答孟少府移文书》)的大志，却被玄宗当成御用文人，这点上两人的遭遇是多么的相似！东方朔和传说中让权宦脱靴的李白又都是那么的“狂”，可谓是“陵轹卿相，嘲哂豪杰”，“戏万乘若僚友，视俦列如草芥”，极尽嘲哂戏弄之能事。有着这样雄才大略和过人气节，真可谓是出类拔萃、超脱俗世的高人了。所以，苏轼认为李白从李璘军，应该是被胁迫而不是自愿的，不然，以李璘的狂荡放肆和丑陋的外貌，连资质平庸的人都知道他必定会失败，而李白在郭子仪还没有被发现重用的时候，就已看出他是个人杰而去营救他。苏轼认为，具有如此远见卓识的李白看不到李璘成不了事，这个道理是讲不通的。

在这里，苏轼把李白识人的两件事放在一起比较，来指出李白主动投奔李璘军队的不可能性，从而得出“太白之从永王璘，当由迫胁”的结论。李白从李璘军，学术界一般看作是李白政治生涯中不识时务及政治见识不高的证明。天宝十四年(755)，安史之乱爆发，玄宗仓皇奔蜀，天宝十五载七月十五日，唐玄宗下发分置制诏，令太子李亨做天下兵马大元帅，负责收复黄河流域的失地，永王李璘负责经营长江流域的事务。但在玄宗下达分置制诏的前三天，太子李亨在甘肃灵武即皇帝位，尊唐玄宗为“上皇天帝”，玄宗只好承认现实。而李璘在太子李亨即位后，却继续按照唐玄宗的原意，经营长江流域的军政事务，并日渐壮大，同时想伺机与肃宗一争高下。当时李白正在庐山隐居，永王璘途经九江时，想倚仗李白的才气和名声来壮大军势，李白不知永王的真实用心，以为是为了打击安史叛军，便欣然接受了邀请，加入了永王璘的幕府。他所作的《永王东巡歌》，从始至终都充满了对敌人的蔑视以及强烈的自信，他幻想着永王璘的军队此次行动能救唐王朝于危难之中，更幻想着自己凭此一战而成为一代名臣。但当李璘以叛乱罪被肃宗李亨下令讨伐时，李白也以反叛罪而入狱，并长流夜郎，他一生的梦想到此也彻底地破灭了。李白作为文学家，是一个旷世奇才，但他的政治抱负过于理想化，现实的残酷性与他的理想之间的矛盾一直在李白的人生当中交织着，造成了他悲剧的一生。所以苏轼在这里为李白辩护“太白之从永王璘，当由迫胁”，多少掺有自己的主观臆断而忽略了史实。

而文中所说的“太白识郭子仪之为人杰”，指的是李白解救郭子仪的事，晚唐裴敬《翰林学士李公墓碑》、乐史《李翰林别集序》、王琦《李太白年谱》、《学圃苏引李白集序》及《新唐书》本传均有记载，后广为流传。清人赵翼始辨其诬，当代学者多认为其纯属伪托，可参看裴斐先生《李白的传奇与史实》一文。

苏轼的这篇文章是碑阴记，但实际上却是一篇为李白辩护的辩论文。可是如果严肃地来说，它又是不合格的辩论文，因为他的论据在今天看来，很多都是传言，没有什么可靠的历史依据。但苏轼所举的这些事实，虽已基本被证实为传言及小说家言，但它为各种典籍所认可和摘录、改编，且被人们广泛接受，具有相当深厚的群众基础。在这种情况下，他的论据远比一般的史实更有说服力，读者也更为信服，这也就是此文虽收虚构之言，但读者却信之凿凿的原因。因为李白的“狂”，他的不肯屈侍权贵，已经在历史的长河中烙下了深深的印记。李白的“狂”，是自信的“狂”，是对自己才能、人格的充分肯定，所以他毫不掩饰地说“我本楚狂人，凤歌笑孔丘”(《庐山谣寄卢侍御虚舟》)。还经常“黄金白璧买歌笑，一醉累月轻王侯”(《忆旧游寄谯郡元参军》)。他不屑为世俗的礼教陈规所约束：

“昔在长安醉花柳，五侯七贵同杯酒。气岸遥凌豪士前，风流肯落他人后。”(《流夜郎赠辛判官》)在屈己求仕和身心自由之间，他毫无顾忌地大呼：“安能摧眉折腰事权贵，使我不得开心颜。”(《梦游天姥吟留别》)这就是李白的“狂”，一种为后世在宦海中苦苦挣扎而又无法解脱的士大夫所羡慕、追求的自由精神。苏轼对李白这种孤傲的人格十分欣赏，并且多次在诗词中提到，如《书丹元子所示李太白真》：“天人几何同一沤，谪仙非谪乃其游……眼高四海空无人。大儿汾阳中令君，小儿天台坐忘真。生年不知高将军，手污吾足乃敢嗔。作诗一笑君应闻。”又如《闻钱道士与越守穆父饮酒送二壶》：“一纸鹅经逸少醉，他年《鹏赋》谪仙狂。”《再次韵答完夫穆父》：“免使谪仙明月下，狂歌对影只三人。”又《念奴娇》词中有“我醉拍手狂歌，举杯邀月，对影成三客”一句。苏轼追慕李白的例子之多，数不胜数，而他在从黄州贬所赴任汝州团练副使途中所作的这篇《李太白碑阴记》也是如此。但他如此用心地为李白辩护，除了表达自己对李白的崇敬之情外，更多的也是自己人格的宣言。苏轼一生当中，政治生涯波折不断，夹在新党与旧党的斗争当中，但是却从未背离过自己的政治理想初衷去随波逐流，而是一身傲骨，在这方面，李白是他精神上的一大支柱。李白名节的被污，苏轼岂能不辩？辩，又岂能不成？故茅坤在《苏文忠公文钞》卷二十五中就评价此文道：“古来豪俊所被横口之污蔑者多，长公此一番洗刷，绝是。”

（刘振娅　刘　城）

王君宝绘堂记[①]

君子可以寓意于物[②]，而不可以留意于物[③]。寓意于物，虽微物足以为乐，虽尤物[④]不足以为病[⑤]。留意于物，虽微物足以为病，虽尤物不足以为乐。老子[⑥]曰：“五色[⑦]令人目盲，五音[⑧]令人耳聋，五味[⑨]令人口爽，驰骋田猎令人心发狂[⑩]。”然圣人[⑪]未尝废此四者，亦聊以寓意焉耳。刘备之雄才也，而好结髦[⑫]。嵇康[⑬]之达也，而好锻炼[⑭]。阮孚[⑮]之放也，而好蜡屐[⑯]。此岂有声色臭味也哉，而乐之终身不厌[⑰]。

凡物之可喜，足以说[⑱]人，而不足以移人[⑲]者，莫若书与画[⑳]。然至其留意而不释，则其祸有不可胜言者。钟繇[㉑]至以此呕血发冢[㉒]，宋孝武、王僧虔[㉓]至以此相忌，桓玄[㉔]之走舸[㉕]，王涯[㉖]之复壁，皆以儿戏[㉗]害其国，凶其身[㉘]。此留意之祸也。

始吾少时，尝好此二者，家之所有，惟恐其失之；人之所有,惟恐其不吾予[29]也。既而自笑曰:吾薄富贵而厚于书,轻死生而重于画,岂不颠倒错缪失其本心[30]也哉?自是不复好。见可喜者虽时复蓄之[31],终为人取去,亦不复惜也。譬之烟云之过眼,百鸟之感耳,岂不欣然接之,然去而不复念也。于是乎二物者常为吾乐,而不能为吾病。

驸马都尉[32]王君晋卿[33],虽在戚里[34],而其被服[35]礼义,学问诗书,常与寒士角[36]。平居攘去膏粱[37],屏远声色[38],而从事于书画。作宝绘堂于私第之东,以蓄其所有,而求文以为记。恐其不幸而类吾少时之所好,故以是告之,庶几全其乐而远其病也[39]。熙宁[40]十年七月二十二日记。

〔注〕 ① 王君宝绘堂记:题目一本作《宝绘堂记》。宝绘堂,驸马都尉王诜(字晋卿)私第之东所建的收藏历代书画的堂馆。 ② 寓意于物:即寄情于物。 ③ 留意于物:指沉溺于物。 ④ 尤物:指特异、美丽的人或物。《左传·昭公二十八年》云:初,叔向欲取申公巫臣氏,其母曰,女何以为哉。夫有尤物,足以移人。苟非德义,则必有祸。杜预注云:"巫臣氏,夏姬女。尤,异也。" ⑤ 病:祸害。 ⑥ 老子:春秋时思想家,道家的创始人。著《老子》(即《道德经》)五千言。 ⑦ 五色:青、赤、黄、白、黑五种颜色,古代以此为正色,其他为间色,此泛指各种颜色。 ⑧ 五音:亦称五声。即中国五声音阶中的宫、商、角、徵、羽五个音级。此泛指各种音乐。 ⑨ 五味:酸、甜、苦、辣、咸五种味道。此泛指各种味道。 ⑩ 令人心发狂:指丧失理智。以上四句,语出自《道德经》十二章。大意谓好看的颜色可使人眼花,好听的音乐可使人耳乱,好吃的东西可使人口爽,跑马打猎,可使人心思浮动,丧失理智。总之,人的欲望不可长。 ⑪ 圣人:人格品德高尚者,指孔子。 ⑫ 结髦(máo):用毛编织饰物。髦,一本为"旄"。《魏略》作"毦"。《三国志·诸葛亮传》裴松之注引《魏略》曰:"亮乃北行见备……备性好结毦,时适有人以髦牛尾与备者,备因手自结之,亮乃进曰:'明将军当复有远志,但结毦而已邪。'备……乃投毦而答曰:'是何言与,我聊以忘忧尔。'" ⑬ 嵇康:三国魏文学家、思想家、音乐家。"竹林七贤"之一。与魏宗室通婚,不满司马氏统治。哲学上受老庄思想影响,提出"越名教而任自然"之说。 ⑭ 锻炼:即打铁。《晋书·嵇康传》云:"康卓迈不群,恬静寡欲,性绝巧,而好锻,宅中有一柳甚茂,乃激水园之,每夏月,居其下以锻。"事亦见《世说新语·简傲》。 ⑮ 阮孚:《晋书·阮孚传》云:"孚为安东参军,蓬发饮酒,不以王务婴心。……或有诣阮,正见自蜡屐,因自叹曰:'未知一生当着几量屐。'神色甚闲畅。" ⑯ 蜡屐:用蜡涂在屐底,以利行走,叫蜡屐。屐,一种木底有齿的鞋子。 ⑰"此岂"二句:这些事物(即结髦、锻炼、蜡屐)难道有什么声色气味吗?可是他们以此为乐,终身不厌弃。臭(xiù),气味。 ⑱ 说:通"悦"。 ⑲ 移人:改变人的性情。 ⑳ 书与画:书法与绘画。 ㉑ 钟繇:三国魏大臣,书法家。博取众长,兼善各体,尤善隶楷。 ㉒ 呕血发冢:唐韦续《墨薮》云:"魏钟繇见蔡邕笔法于韦诞,自槌三日,胸尽青,因呕血。……繇求之,不与。及诞死,繇令人掘其墓而得之。" ㉓ 王僧虔:南朝齐书法家。王羲之四世族孙。喜文史,善音律,工正、行书。其书继承祖法,为当时所推崇,影响及于唐宋。 ㉔ 桓玄:东晋末权臣,反对专权的司马道子及其子司马元显,杀司马元显,掌握朝政。次年代

晋自立，国号楚，不久刘裕起兵声讨，桓玄退江陵兵败被杀。　㉕ 走舸：桓玄兵败逃难时，首先用船把书画之类的东西运走。事见《晋书·桓玄传》。　㉖ 王涯：中唐之大臣。甘露之变被宦官仇士良所杀。《旧唐书·王涯传》云："涯家书多与秘府侔，前世名书画，当以厚货钩致，或私以官，凿垣纳之，重复秘固，若不少窥者。及甘露之祸，为人破垣剔取奁轴金玉，而弃其书画于道。"王涯千方百计求购书画，把书画藏在夹壁里，后遭"甘露之祸"，人被宦官杀死，书画等也被掳走。　㉗ 儿戏：原指儿童游戏，这里指小嗜好。　㉘ 凶其身：其身遭遇不幸。　㉙ 不吾予：即"不予吾"，不给予我。　㉚ 本心：心的天赋本能。《孟子·告子上》："此之谓失其本心。"　㉛ 蓄之：收藏书画。　㉜ 驸马都尉：官名。汉武帝时置，掌副车之马，秩二千石，多以宗室及外戚与诸公子孙任之。魏晋以后，皇帝女婿例加驸马都尉，并非实官。　㉝ 王君晋卿：名诜，字晋卿，并州太原(今属山西)人，徙居开封。娶宋英宗魏国大长公主。能诗善画，与苏轼友善。　㉞ 戚里：帝王外戚居住之地。　㉟ 被服：遵循、习研。　㊱ "常与"句：言王晋卿遵循研习礼义诗书，常与出身寒微的读书人相砥砺。角(jué)，角争、砥砺。　㊲ 攘去膏粱：摒弃精美的食物。　㊳ 屏远声色：远离声乐与女色。　㊴ "庶几"句：大概能保全他的爱好而又使他避免迷乱受祸。　㊵ 熙宁：宋神宗赵顼年号(1068—1077)。

此文是为好友王诜所建的收藏书画之宝绘堂而写的一篇记文。按一般写法，常以记叙手法写建筑物的营建、结构、室内陈设与室外美景等，而此文却别开生面，以议论手法直接揭示主旨："君子可以寓意于物，而不可以留意于物"，也就是说，可寄情于物，而不可以沉溺于物，以奉劝好友。这是全文中心论点。这一命题，深刻地揭示了人与物的关系。然后层层论述。

第一段，以"可以寓意于物，而不可以留意于物"，双起发论。既而论道：寄情于物，即使微小之物也可使人快乐，即使特异之物也不会使人遭受祸害；如果沉溺于物，那么即使微小之物也会使人遭受祸害，即使特异之物也不会使人快乐。并引用老子之话，言五色、五音、五味、打猎等可使人心思浮动，丧失理智。然而孔圣人并未废此四者，并未"发狂"，其原因在于"寓意"，而未"留意"其中。进一步论证"寓意"与"留意"二者截然不同。苏轼这一观点极富哲理，实际是讲人与物之间的关系。《庄子》对人与物的关系，曾讲"不以物害己"(《秋水》)，"不以物挫志"(《天地》)，人应为主体，物应受人支配。苏轼的"寓意于物"与"留意于物"两者正是一个以人为主，一个以物为主。人成了物的奴隶，当然就没有快乐。故而他在《超然台记》中写："以见余之无所往而不乐者，盖游于物之外也。"就是要从一切物质利益束缚中超脱出来，才能自安自适。后又引刘备结髦、嵇康打铁、阮孚好以蜡涂屐等小事以为寄情之乐，进一步说明"寓意于物，虽微物足以为乐"的道理。

第二段，从与"宝绘堂"有关的书画论起。举出著名人物因"留意于物"而害其国、凶其身的道理。三国大书法家钟繇为了得到韦诞所藏蔡邕笔法，以至捶胸呕血,甚至掘其墓而得之;东晋桓玄到处搜集书画等,在兵败逃走时先运走书画,终遭杀身之祸;中唐大臣王涯一生尽收书画,后遭"甘露之祸",人画皆亡。

第三段,举自己早年与现在对书画珍爱的不同态度,早期是"留意"于画,是"颠倒错缪失其本心",现在则是"寓意于物",将物"譬之烟云之过眼,百鸟之感耳",故而常乐。孙琮《山晓阁选宋大家苏东坡全集》卷六云:"又自述少时之好,既而自悔。为晋卿规,以庶几全其乐而远其祸,与起处相照应。"

第四段,文章最后归至文题,为王诜宝绘堂作记。"恐其不幸而类吾少时之所好,故以是告之,庶几全其乐而远其病也。"交待全文论述"寓意""留意"之用心是为奉劝好友"全其乐而远其病"。至此文章以"双结"告终。张伯行《唐宋八大家文钞》卷八云:"书画虽可乐,其实与声色之好何异。寓意而不可留意,达观名言,可以醒世。"

本文在构思上极具特色,一篇记文,不以记述宝绘堂的建筑、景物等开章,先以中心论点突兀开篇,直到文末才交待为"宝绘堂"作记之事,并讲明前面所言均是好友间的谆谆"告之",是为"全其乐而远其病",一片诚挚之情跃然纸上。茅坤《苏文忠公文钞》卷二四唐顺之评:"《墨宝堂》与此(指《宝绘堂》)二篇,皆小题从大处起议论,有箴规之意焉。"

全文论点鲜明有力,富有哲理。论证时层层推进,先从道理上论述,继之以历史人物的事实从正反两方面论证,最后又以个人亲身体验进一步论证,如此翔实周密的论述,使中心论点鲜明有力,不容置疑。

此篇在语言上运用对仗、排比、比喻、化典等方法,使文章颇富文采,极有气势。如"寓意于物""留意于物"两个长句是扇面对;老子之言三句是排比句;"烟云之过眼"是比喻;"刘备""嵇康""阮孚"等三句,是鼎足对。 (赵慧文)

传 神 记

传神之难在目。顾虎头[①]云:"传形写影,都在阿堵[②]中。"其次在颧颊[③]。吾尝于灯下顾自见颊影,使人就壁模[④]之,不作眉目,见者皆失笑,知其为吾也。目与颧颊似,余无不似者。眉与鼻口,可以增减取似[⑤]也。

传神与相[⑥]一道,欲得其人之天,法当于众中阴察之[⑦]。今乃使人具衣冠坐,注视一物,彼方敛容自持,岂复见其天乎!

凡人意思各有所在,或在眉目,或在鼻口。虎头云:"颊上加三毛，觉精采殊胜。”则此人意思盖在须颊间也。优孟学孙叔敖抵掌谈笑，至使人谓死者复生[8]。此岂举体皆似，亦得其意思所在而已。使画者悟此理，则人人可以为顾、陆[9]。

吾尝见僧惟真[10]画曾鲁公[11]，初不甚似。一日，往见公，归而喜甚，曰：“吾得之矣。”乃于眉后加三纹，隐约可见，作俯首仰视眉扬而頞[12]蹙者，遂大似。南都程怀立，众称其能。于传吾神，大得其全。

怀立举止如诸生，萧然有意于笔墨之外者也。故以吾所闻助发云。

〔注〕 ① 虎头：东晋画家顾恺之，字长康，小字虎头。 ② 阿堵：这，六朝时口语。 ③ 颧颊：颧骨和面颊。 ④ 模：描摹的意思。 ⑤ 增减取似：增添或者省减（面部眉毛与口鼻）的线条以求形似。 ⑥ 相：看相。 ⑦ 阴察之：对他进行暗中观察。 ⑧“优孟学孙叔敖”二句：事见于《史记·滑稽列传》。孙叔敖是春秋时楚庄王的贤相，死后，楚庄王非常思念他。当时的著名艺人优孟就扮演孙叔敖给楚庄王看。当他学着孙叔敖的动作和谈笑的样子时，楚庄王竟然觉得孙叔敖死而复生了。 ⑨ 顾、陆：顾恺之和陆探微。陆探微是南朝宋明帝时人，南齐谢赫《古画品录》将他列在第一品。称其“穷理尽性”“古今独立”。这里以顾恺之、陆探微代指第一流的画家。 ⑩ 僧惟真：北宋画家。 ⑪ 曾鲁公：北宋仁宗朝大臣曾公亮，神宗熙宁二年（1069）封鲁国公。 ⑫ 頞（è）：鼻梁。

苏轼的多才多艺世所罕见。诗、词、文、赋、书法、绘画等无不成就斐然。绘画方面，苏轼是“文人画”的开创者，与著名的画家文同齐名，并称“文苏”。他不仅勤于实践，更善于进行理论的归纳和总结，写出了多篇生动活泼，有独特见地的艺术论著。《传神记》虽为杂记，实际就是一篇漫谈式的画论。元丰八年（1085）十月二十日，苏轼接诰命以礼部郎中召回京师。途中，经南都（今河南商丘），当地画家程怀立要给苏轼画像。于是苏轼写了这篇文章。

本文的主题是谈论绘画中人物肖像的传神问题。全文共分五层来论述主题。

第一层，论述“神”之所在，最难在眼睛，其次在颧颊。

“传神”之说起源很早。最早运用“传神”评价绘画现象并且注意眼睛在“传神”中重要作用的是东晋画家顾恺之。他说：“凡生人亡有手揖眼视而前亡所对者，以形写神而空其实对，荃生之用乖，传神之趋失矣……一像之明昧，不若悟对之通神也。”（《历代名画记》卷五）又说：“四体妍蚩本无关于妙处，传神写照正在阿堵中。”（《世说新语·巧艺》）画家历来都很重视眼睛的描画，唐代张彦远所述

“画龙点睛”的故事似乎可作为此论佐证。苏轼认同眼睛在绘画的传神中起着第一重要作用的观点，但他又承认画好眼睛确实很难。

接着，苏轼说“传神”的另一个重点“在颧颊”，他根据自己的经验，提出面颊、颧骨的轮廓线条也很重要，只要这些地方的轮廓画好了，那么就会很相像，甚至眉毛、鼻子、嘴巴等都可画可不画，因为相比之下它们显得不那么重要。

第二层，作者论述怎样才能找到“神”。

苏轼认为，人的内在气质、精神风貌，即所谓的“神”，都是与人的外在形象、行为举止相联系、相统一的。要想发现并表现出一个人的“神”，就要细心观察，透过他的言谈举止、音容笑貌等，在其自然流露中发现。而不应该让一个人正襟危坐，摆出一副威严郑重的样子，然后进行描摹。因为这样是找不到一个人的内在之“神”的。苏轼非常明确地反对用孤立的、静止的、刻板的方式来对人进行描画。而他这种从整体上、从生活真实中把握对象的主张，并非个人独创。《淮南子·说林训》就曾经说“画者谨毛而失貌”，就批评了只见局部而忽视全局，只见表面而失其精神风貌的方法；顾恺之提出“一像之明昧，不若悟对之通神”，也涉及了从人与环境的联系中观察对象的问题。

第三层，苏轼论述传神的关键所在。

苏轼认为要想传神，关键是要抓住所画之人的特征、特点、特性，抓住了这些，神韵随之也就表现出来了。在苏轼看来，不同的人，表现神韵的地方也不同，有的表现在眉毛上，有的表现在鼻子或者嘴巴上，他举顾恺之“颊上加三毛”的故事，证明自己的观点。接着又举《史记·滑稽列传》的故事进一步旁证这个观点。眼前明明是演员，为什么就是觉得他像孙叔敖呢？苏轼说那只不过是“得其意思所在而已”。由此推断说：如果画家们能够掌握“得其意思”这点，那么就都可以成为名扬千古的绘画大师了。

这里，作者实际上已经涉及了传神论中的核心，即所谓“形”和“神”的关系问题。形与神作为哲学上的概念，早在战国时代就提出来了。荀子有“形具而神生”之说，庄子有“形残而神全”之论，一个主形、神统一，一个主形、神可分。两种观点对后人都有很大影响。西汉淮南王刘安的《淮南子》发展了庄子的思想，认为神是形的主宰。其中的《说山训》指出：“画西施之面，美而不可说；规孟贲之目，大而不可畏。”其原因就是因为没有“神”作统帅，形神的思想已进入绘画领域。苏轼所举优孟学孙叔敖的例子，则更强调的是一个人的特点、特性、特征和神韵。“其意思所在”更像肖像漫画或者是人物速写的创作原则，或者我们看到的小品演员模仿某个人或某类人的神情仪态，虽然夸张，但因抓住了所描摹对象的特点、特征、神韵，所以能够“不似而似”，非常传神。

第四层，苏轼从另外一个角度进一步阐明形“大似”与“传神”的关系。苏轼在此举了僧人惟真给曾公亮画像的例子：开始画的怎么都不像，所以也就谈不上“传神”，经过反复观察，在肖像的眉后加了三道皱纹，使得人物俯首仰视而眉毛微微皱起的神态跃然纸上，“遂大似”——这个“似”既是形似，同时“传神”也就蕴涵其中了。“吾得之矣”中“得”是明白、了解、领悟的意思。画家“得”了什么？没有明确说，但根据上下文推断，应该是“形似”与“传神”之间更深一层、更为全面辩证的关系。

第五层，苏轼交待自己作《传神记》的缘由并提出“有意于笔墨之外”的理论。看来南都程怀立让苏轼另眼相看，赞赏有加的原因除了“于传吾神，大得其全”——即蕴涵“传神”的形“全”之外，更主要的是“有意于笔墨之外”。什么是“有意于笔墨之外”苏轼没有详细解释，但是我们结合他在其他诗文中的论述知道，应该是指弦外之音，言外之意。苏轼在《书吴道子画后》中就说：“出新意于法度之中，寄妙理于豪放之外。”要求不拘泥于形，而别有生动、丰富、传神之意味。

“传神”是中国绘画创作最为核心的问题，也是贯通中国画论始终的问题。先是哲学的观念，后来引入文论。顾恺之又将其引入画论，提出“以形写神”。从此有关形神的关系就成为人物绘画最核心的焦点。苏轼参与了这个画论核心问题的历史大讨论，立一家之言，成一家之说。其中所提出的观点很有见地，比如传神“其次在颧颊”，就是对顾恺之传神“在目”的大力发展和补充，他提出的描画人物要“于众中阴察之”的方法，大大丰富了对“传神”的实践指导。苏轼的理论，既有对前人绘画理论的进一步阐释和对绘画实践的总结，又有对后代人物绘画具有启迪作用和深刻久远的历史影响。他所提出的这些原则在元代以后的传神论述中得到了一致的确认。元、明、清的论者，大抵未超出此范畴。

全文在论述上层层递进，不断深入。首先论述肖像画传“神”的关键所在，一是眼睛，一是颧颊；其次论述怎样发现一个人的内在之“神”，对人们惯常的错误做法进行了批评；再次是论述怎样通过人物特性、特征，表现内在之“神”，以及“形”与“神”之间微妙的关系，夹叙夹议，叙议相生，比较完备、全面、系统地论述了有关传神主要方面的问题，既有理论建树，又有实践指导。所以为后代业界所承认并引用或者进一步阐释论证。

（傅秋爽）

李君山房记[①]

象犀[②]珠玉，怪珍之物，有悦于人之耳目，而不适于用。金石草木丝麻，五谷六材[3]，有适于用，而用之则弊，取之则竭。悦于人之耳目而适于用，用之而不弊，取之而不竭，贤不肖之所得各因其才，仁智之所见各随其分[4]，才分不同，而求无不获者，惟书乎？

自孔子圣人，其学必始于观书。当是时，惟周之柱下史老聃[5]为多书。韩宣子[6]适鲁，然后见《易象》与《鲁春秋》。季札[7]聘于上国[8]，然后得闻《诗》之风、雅、颂。而楚独有左史[9]倚相[10]，能读《三坟》《五典》《八索》《九丘》。士之生于是时，得见《六经》[11]者盖无几，其学可谓难矣。而皆习于礼乐，深于道德，非后世君子所及。

自秦汉已来，作者益众，纸与字画[12]，日趋于简便，而书益多，世莫不有。然学者益以苟简[13]，何哉？余犹及见老儒先生，自言其少时，欲求《史记》《汉书》而不可得，幸而得之，皆手自书，日夜诵读，惟恐不及。近岁市人转相摹刻诸子百家之书，日传万纸，学者之于书，多且易致如此。其文词学术，当倍蓰[14]于昔人，而后生[15]科举之士，皆束书不观，游谈无根，此又何也？

余友李公择，少时读书于庐山五老峰下白石庵之僧舍。公择既去，而山中之人思之，指其所居为李氏山房，藏书凡九千余卷。公择既已涉其流，探其源，采剥其华实，而咀嚼其膏味[16]，以为己有，发于文词，见于行事，以闻名于当世矣。而书固自如[17]也，未尝少损。将以遗来者，供其无穷之求，而各足其才分之所当得。是以不藏于家，而藏于其故所居之僧舍，此仁者之心也。

余既衰且病，无所用于世，惟得数年之闲，尽读其所未见之书，而庐山固有所愿游而不得者，盖将老焉。尽发[18]公择之藏，拾其余弃[19]以自补，庶有益乎？而公择求余文以为记，乃为一言，使来者知昔之君子见书之难，而今之学者有书而不读为可惜也。

〔注〕 ① 李君山房记：一作《李氏山房藏书记》。李君，指李常，字公择，黄庭坚之舅。秦

观有《故龙图阁直学士中大夫知成都府李公行状》,《宋史》卷三四四有传。　② 象犀：象牙犀角,均珍奇之物。　③ 六材：泛指各种用材。《后汉书·舆服志》:"是故具物以时,六材皆良。"　④ 分：天分、素质。　⑤ 柱下史老聃(dān)：指老子,曾为周柱下史。　⑥ 韩宣子：春秋晋大夫。《左传·昭公二年》:"春,晋侯使韩宣子来聘,且告为政而来见,礼也。观书于太史氏……曰:'周礼尽在鲁矣。'"　⑦ 季札：春秋吴公子。鲁襄公二十九年,季札历聘鲁、齐、郑、卫、晋诸国。　⑧ 上国：春秋时称中原诸侯国为上国。此特指鲁国。季札观周乐于鲁,鲁使乐工为之歌《诗》之十五国风、大小雅与颂。　⑨ 左史：周代史官分左、右史。　⑩ 倚相：楚人,官左史。《左传·昭公十二年》载,楚王与子革语,左史倚相趋过,王曰:"是良史也,子善视之。是能读《三坟》《五典》《八索》《九丘》(均为传说中古代典籍名)。"　⑪《六经》：指《诗》《书》《礼》《乐》《易》《春秋》。《庄子·天运》:"孔子谓老聃曰:'丘治《诗》《书》《礼》《乐》《易》《春秋》六经,自以为久矣,孰知其故矣。'"　⑫ 字画：字的笔画。　⑬ 苟简：随便草率、疏简不学。　⑭ 蓰(xǐ)：五倍。　⑮ 后生：后辈少年。　⑯ 膏味：美味。　⑰ 自如：依然如故。　⑱ 发：开启。　⑲ 余弃：指公择所遗留下来的书籍。

宋代文化较之前代,普及程度明显提高。特别是科举制度的进一步发展和印刷术的繁荣,使读书的人越来越多,书籍的刻印流传也更为简便,藏书之风因之渐趋兴盛。这篇记文借称扬李公择读书、藏书及遗书供来者之事,强调读书的重要性和遗书供来者的"仁者之心",是一篇思想见解卓越,至今仍有启示意义的文章。

开头一段,以象犀珠玉等珍异之物,虽悦目而不适用,金石草木丝麻五谷六材等日用之物,虽适用而用之则弊,取之则竭作为比衬,引出既悦目又适用,且用之不弊、取之不竭,使贤者与不肖者,仁者与智者各因其才分而均有所获的精神文化产品——书籍,充分揭示了书籍作为承载人类知识经验结晶和思想文化精华的产品对所有人的重要性。论证层层转进,而又一气呵成,非常周密细致,有说服力。

接下来一段,专门记述古代圣贤对读书的重视:"自孔子圣人,其学必始于观书。"《论语》中就有许多孔子自己勤于读书以及教育其子其门人读书的记述。圣人犹且如此,其他人更不必说。以下列举老聃、韩宣子、季札、倚相等人藏书、观书、读书的事例,说明古圣先贤"其学必始于观书"的道理。"始"字精确,说明观书是治学的始基,但学并不止于单纯接受前人的知识经验。然后由古圣贤之重视观书谈到其时士人读书的条件很困难,但却都"习于礼乐""深于道德",非后世君子所及。这一方面从对比中更突出了古圣先贤勤于读书的品质,另一方面又引出下文对后世士人"束书不观"陋习的批评。

第三段由溯古而论今。中心是强调秦汉以来,书写工具和文字本身,日趋简便易得,著书的人和书籍也越来越多,但学者却越来越苟且空疏。亦结合自己亲历，说明前辈士人因为求书不易，故勤于读书，甚至“手自书，日夜诵读，惟恐不及”；而近岁以来印刷术发达，书籍多而易得，然而“后生科举之士，皆束书不观，游谈无根”，对当世士人的空疏不学的陋习进行了尖锐的批评，前后用了“何哉”“此又何也”的发问对书多反而不读的怪现象表示莫大的困惑不解。当然，答案是有的，重要原因之一还是没有认识到读书的重要性，即第一段所阐述的道理。

第四段方落到题目，记述李公择读书，藏书、遗书于来者之事。先写公择少时读书于庐山僧舍，公择去后，山中人指其所居为“李氏山房”，“藏书凡九千余卷”，缴清“李君山房”的题目。然后指出李公择读书万卷之所获——涉流探源，采其华实，咀其膏味，且发于文词，见于行事，闻名于当世。实际上是以李公择为典型，再次强调读书的重要性。然后笔锋一转，指出“书固自如也，未尝少损”，回应首段“用之而不弊”；进又指出这近万卷藏书“将以遗来者，供其无穷之求，而各足其才分之所当得”，回应首段的“取之而不竭”“贤不肖之所得各因其才，仁智之所见各随其分”。正因为其丰富的藏书对后来的士人有这样重要的作用，故李公择“不藏于家，而藏于其故所居之僧舍”，并对他这样做的用心给予崇高评价：“此仁者之心也。”仁者爱人，遗书于众人后世，是最深刻意义上的爱人之举。

末段将自己作为“来者”的一员，表示将以“数年之闲，尽读其所未见之书”，“尽发公择所藏，拾其余弃以自补”。最后交代作记的缘由——应公择所求和目的——“使来者知昔之君子见书之难，而今之学者有书而不读为可惜也”。

在苏轼的记文中，这篇文章是写得比较中规中矩、严谨细密的。与他的许多文章的“如行云流水”“姿态横生”“超逸飘忽”有别。它的特点主要表现在思想内容，特别是思想见解的卓越上。

首先是读书的目的。自古以来，学而优则仕就是读书人牢不可破的传统观念，读书的目的就是为了做官，科举制建立后，这一观念更深入人心。唐代韩愈的《示儿》《符读书城南》，宣扬的就是赤裸裸的读书做官论：“始我来京师，止携一束书。辛勤三十年，以有此屋庐”；“两家各生子，提孩巧相如……一为马前卒，鞭背生虫蛆；一为公与相，潭潭府中居。问之何因尔，学与不学欤。”杜牧的《冬至日寄小侄阿宜诗》也同样未能免俗：“愿尔一祝后，读书日日忙。一日读十纸，一月读一箱。朝廷用文治，大开官职场。愿尔出门去，取官如驱羊！”但在苏轼这篇强调读书的重要性，劝人读书的文章中，却始终没有这类论调。它强调的是“涉其流，探其源，采剥其华实，而咀嚼其膏味，以为己有，发于文词，见于行事”，即弄清学术本身的源流，取其精华，品其美味，提高自己的文化修养，并表现在文章写作中，体现在行为实践上。总之，是通过读书来提高自身的素质和精神、文化素养，而且读书本身在咀嚼其膏味的过程中也自有乐趣。这对传统的以个人利禄为终极目的的读书观无疑是一种突破，见解独到而卓越。

其次是藏书的目的。古代有不少著名的藏书家，他们对于保存古代典籍和优秀传统文化功不可没。但不少人往往将藏书视为私产，秘不示人，使珍贵的典籍不能为更多的人阅读、利用，失去其流播的作用。这篇记特意标举李公择将自己的藏书"不藏于家，而藏于其故所居之僧舍"，以便这些书为更多的人所阅读，"供其无穷之求，而各足其才分之所当得"，并赞美这是"仁者之心"。这里所反映出来的观念，已经多少带有近代意义的图书馆观念，在当时也是一种比较超前的意识。总之，藏书的目的不是单纯的"藏"，而是为了供更多的人阅读，这是一种观念上的进步。

（刘学锴）

韩文公庙碑[①]

匹夫而为百世师[②]，一言而为天下法[③]。是皆有以参天地之化[④]，关盛衰之运。其生也有自来，其逝也有所为。故申、吕自岳降[⑤]，傅说为列星[⑥]。古今所传，不可诬也。孟子曰："吾善养吾浩然之气。是气也，寓于寻常之中，而塞乎天地之间[⑦]。"卒[⑧]然遇之，则王公失其贵，晋、楚失其富[⑨]，良、平[⑩]失其智，贲、育[⑪]失其勇，仪、秦[⑫]失其辩，是孰使之然哉？其必有不以形而立，不恃力而行，不待生而存，不随死而亡者矣。故在天为星辰，在地为河岳；幽则为鬼神，而明则复为人。此理之常，无足怪者。

自东汉已来，道丧之弊，异端[⑬]并起，历唐贞观、开元之盛，辅以房、杜、姚、宋[⑭]而不能救。独韩文公起布衣，谈笑而麾[⑮]之，天下靡然从公，复归于正，盖三百年于此矣。文起八代[⑯]之衰，而道济天下之溺，忠犯人主之怒[⑰]，而勇夺三军之帅[⑱]。岂非参天地，关盛衰，浩然而独存者乎！盖尝论天人之辨，以谓人无所不至，惟天不容伪[⑲]；智可以欺王公，不可以欺豚鱼[⑳]；力可以得天下，不可以得匹夫匹妇之心。故公之精诚，能开衡山之云[㉑]，而不能回宪宗之惑；能驯鳄鱼之暴[㉒]，而不能弭[㉓]皇甫镈[㉔]、李逢吉[㉕]之谤；能信于南海之民，庙食百世，而不能使其身一日安于朝廷之上。盖公之所能者，天也；所不能者，人也。

始潮人未知学，公命进士赵德为之师[26]。自是潮之士皆笃于文行，延及齐民，至于今，号称易治。信乎孔子之言："君子学道则爱人，小人学道则易使也[27]。"潮人之事公也，饮食必祭，水旱疾疫，凡有求必祷焉。而庙在刺史公堂之后，民以出入为艰，前守欲请诸朝作新庙，不果。元祐五年，朝散郎王君涤来守是邦，凡所以养士治民者，一以公为师。民既悦服，则出令曰："愿新公庙者听。"民欢趋之。卜地于州城之南七里，期年而庙成。

或曰："公去国万里而谪于潮，不能一岁而归[28]，没而有知，岂不眷恋于潮也审矣。"轼曰："不然。公之神在天下者，如水之在地中，无所往而不在也。而潮人独信之深，思之至，焄蒿[29]凄怆，若或见之。譬如凿井得泉，而曰水专在是，岂理也哉！"元丰七年，诏封公昌黎伯，故榜曰"昌黎伯韩文公之庙"。潮人请书其事于右，因作诗以遗之，使歌以祀公。其词曰：

公昔骑龙白云乡，手抉云汉[30]分天章[31]，天孙[32]为织云锦裳。飘然乘风来帝旁，下与浊世扫秕糠[33]，西游咸池[34]略扶桑[35]。草木衣被[36]昭回[37]光，追逐李、杜参翱翔[38]，汗流籍、湜[39]走且僵。灭没[40]倒景[41]不可望，作书诋佛讥君王，要观南海窥衡湘。历舜九疑[42]吊英、皇[43]，祝融[44]先驱海若[45]藏，约束蛟鳄如驱羊。钧天[46]无人帝悲伤，讴吟下招遣巫阳[47]，犦牲[48]鸡卜[49]羞我觞[50]。于粲[51]荔丹与蕉黄，公不少留我涕滂，翩然披发下大荒[52]。

〔注〕 ① 韩文公庙碑：一作《潮州韩文公庙碑》。韩文公，韩愈，谥"文"。唐宪宗元和十四年(819)，韩愈因谏迎佛骨，贬潮州刺史。 ② 百世师：《孟子·尽心下》："圣人，百世之师也。" ③ 天下法：天下人遵循的法则。《礼记·中庸》："行而世为天下法，言而世为天下则。" ④ 参天地之化：赞助天地的化育。《礼记·中庸》："可以赞天地之化育。" ⑤ 申、吕自岳降：《诗·大雅·崧高》："维岳降神，生甫及申。"传说周宣王、穆王时大臣申侯、吕侯(也称甫侯)诞生时有山岳降神之吉兆。此句申说"其生也有自来"。 ⑥ 傅说(yuè)为列星：傅说为殷高宗武丁时贤相，传其死后为天上星宿，见《庄子·大宗师》。此句申说"其逝也有所为"。 ⑦ "孟子曰"五

句：见《孟子·公孙丑上》。浩然之气，一种至大至刚，充塞于天地之间的正气。寻常，八尺为寻，一丈六尺为常。喻短小，犹尺寸之地。　⑧ 卒：同“猝”，突然。　⑨ 晋、楚失其富：《孟子·公孙丑下》：“曾子曰：‘晋、楚之富，不可及也。’”　⑩ 良、平：张良、陈平。汉高祖刘邦的杰出谋士。　⑪ 贲(bēn)、育：战国时勇士孟贲、夏育。　⑫ 仪、秦：张仪、苏秦，战国时著名纵横家，以能言善辩著称。　⑬ 异端：指佛、老子学。　⑭ 房、杜：房玄龄、杜如晦，唐太宗时名相。姚、宋：姚崇、宋璟，唐玄宗开元时名相。　⑮ 麾：挥斥。　⑯ 八代：指东汉、魏、晋、宋、齐、梁、陈、隋。　⑰“忠犯”句：指韩愈因谏迎佛骨，触怒宪宗，被贬为潮州刺史之事。　⑱“而勇夺”句：指镇州兵乱，军将王廷凑杀节度使田弘正自立，韩愈奉命前往宣抚，王廷凑陈甲兵列待，韩愈陈大义说服之，平息兵乱。《论语·子罕》：“三军可夺帅也，匹夫不可夺志也。”　⑲ 惟天不容伪：只有天是不容欺诈的。　⑳ 豚鱼：猪和鱼，喻微贱之物。《易·中孚》：“豚鱼，吉，信及豚鱼也。”　㉑ 开衡山之云：韩愈贬阳山令，途经衡山遇天气阴晦，潜心默祷，果云开日出。见其《谒衡岳庙遂宿岳寺题门楼》诗。　㉒ 驯鳄鱼之暴：韩愈任潮州刺史时，闻恶溪有鳄鱼扰民，乃作《祭鳄鱼文》，令其迁走，鳄鱼果离去。　㉓ 弭：止。　㉔ 皇甫镈(bó)：宪宗时宰相。宪宗见韩愈《潮州谢上表》，曾想复用，“皇甫镈恶愈狷直，恐其复用，率先对曰：‘愈终太狂疏，且可量移一郡。’乃授袁州刺史”(《旧唐书·韩愈传》)。　㉕ 李逢吉：穆宗时宰相，曾制造李绅与韩愈的矛盾，借口二人不和，罢韩愈兵部侍郎之职。　㉖“公命”句：韩愈《潮州请置乡校牒》：“赵德秀才，沈雅专静，颇通经，有文章，能知先王之道，论说且排异端而宗孔氏，可以为师矣。请摄海阳县尉，为衙推官，专勾当州学，以督生徒，兴恺悌之风。”进士，即牒称秀才。　㉗“君子”二句：见《论语·阳货》。　㉘ 不能一岁而归：韩愈元和十四年正月贬潮，十月量移袁州刺史。归，指北归。　㉙ 焄(xūn)蒿：祭品香气蒸腾。《礼记·祭义》：“其气发扬于上，为昭明，焄蒿凄怆。”　㉚ 云汉：银河。　㉛ 天章：天上的文采。　㉜ 天孙：织女星。　㉝ 扫秕(bǐ)糠：指扫荡佛道异端。　㉞ 咸池：神话中太阳沐浴处。　㉟ 扶桑：神话中太阳升起处的神木。　㊱ 衣被：蒙受。　㊲ 昭回：普照。　㊳ 参翱翔：犹比翼齐飞。　㊴ 籍、湜：张籍、皇甫湜。均游于韩门，湜为韩愈弟子。此言张籍、皇甫湜虽努力追赶亦未能及。　㊵ 灭没：形容马跑得极快。《列子·说符》：“天下之马者，若灭若没，若亡若失。”此言韩愈如千里马迅疾飞驰，其倒影亦不可望。　㊶ 景：“影”的本字。　㊷ 九疑：山名，在今湖南宁远县南。相传舜南巡不返，葬于九疑。　㊸ 英、皇：娥皇、女英，舜的两个妃子。舜南巡，二妃从之，舜死，二妃悲啼，泪洒竹尽斑。后为湘水之神。韩愈有《祭湘君夫人文》，“吊英、皇”指此。　㊹ 祝融：此指南海之神。视下“海若”可知。　㊺ 海若：海神。　㊻ 钧天：天之中央。此指朝廷。　㊼ 巫阳：古代神话中的神巫，名阳。《楚辞·招魂》：“帝告巫阳曰：‘有人在下，我欲辅之。魂魄离散，汝筮予之。’”　㊽ 犦(bó)牲：供祭礼用的犎牛。　㊾ 鸡卜：用鸡骨占卜。　㊿ 羞我觞：献酒。　51 于粲：颜色鲜明貌。　52 大荒：神话中山名。此借指仙境。韩愈《杂诗》：“翩然下大荒，披发骑麒麟。”

这是苏轼一篇脍炙人口的碑志文，作于宋哲宗元祐七年(1092)。

韩愈其人其学其文，后世常有不同的评价与议论。苏轼此文，可谓历代对韩愈的评论中极尽赞颂之能事的代表作。它在内容上的一个突出特点，就是将韩愈极力神圣化。开头一段，便是神圣化的标本。劈头两句，凌空起势，用高度概括的语言和整饬的对偶揭示出韩愈崇高的历史地位和对后世的深远影响：身为一介匹夫，却成为百世景仰的宗师；只言片语，却是为天下人遵循的法则。如果不看题目，很可能认为这是一篇孔子赞的开头。实际上，苏轼的本意正是要通过这样的历史定位将韩愈塑造成和孔子一样的百世宗师和圣人。朱熹说："向谓东坡作《韩文公庙碑》，一日思得颇久（饶录云：'不能得一起头，起行百十遭。'），忽得两句云：'匹夫而为百世师，一言而为天下法。'遂扫将去。"（《朱子语类》卷一三九）可见这个开头，是作者反复琢磨，精心构思的结果。有这两句高度概括而又极富气势的开头作为全文立论的基础，下面便如高屋建瓴，倾泻而下了。

这样一位足为百世师表的圣人，其历史作用，其生其死固不同于常人。以下便顺着这一思路进一步渲染其赞天地之化育万物，关系时世之盛衰气运的伟大作用，说他生时有申侯、甫侯那样山岳降神的吉兆，死后则如傅说之化为天上星宿。这就不仅是圣化，而且神化了。接着引孟子的话，强调韩愈乃是浩然之气的化身。它能使王公之贵，晋、楚之富，良、平之智，贲、育之勇，仪、秦之辩尽皆披靡失色。它不必有形而立，不必恃力而行，不待生而存，不随死而亡。在天则为星辰，在地则为江河，在幽处则为鬼神，在阳间则复为人。这一连串夸张的形容渲染，将韩愈从大处、高处、虚处彻底神圣化了。文思既如泉涌，文笔更显恣肆。

从大处高处虚处着笔，固然可以制造惊动性的效果，但一味如此，却易使文章蹈空，使人读后不着边际，不认为这是韩愈的庙碑。因此第二段便结合韩愈的生平行事，论赞其文章道德功业。但并不是一开头便落到韩愈本身，而是刻意从远处起势，将对韩愈历史功绩的论赞放在一个宏远的历史文化背景上。作者认为，从东汉以来，儒道沦丧，文章道弊，佛道异端之说并起。其间虽历贞观、开元盛世，有房、杜、姚、宋等贤相为辅，但对佛道异端，却始终不能制止。只有韩愈出来，才挥斥异端，使天下相从，复归于儒家正道。宏远的背景成为韩愈"复归于正"的历史功绩的有力反衬，水到渠成地引出了对韩愈功业品德的概括性论赞，而"文起八代之衰，而道济天下之溺"二语，尤为对韩愈一生历史功绩的经典性论赞。此后对韩愈的评论虽有高低起伏，但苏轼对韩愈的"道"与"文"的评论始终成为后代多数人的共识。"忠犯"二语，虽本于韩愈谏迎佛骨、奉使镇州之事，重点则在凸显其忠于朝廷的政治道德品质。有此功业道德文章，当然可以"参天地，关盛衰，浩然而独存"了。行文至此，作一小束，以与上段作呼应，使上段带有夸张色彩的歌颂落到实处。自"盖尝论"以下，以"天人之辨"为中心，结合韩愈生平遭遇，论述韩愈之"所能"与"不能"，以前者反托后者，揭示其精诚可以通天地、驯鳄鱼、感百姓，却不能回昏主之惑、止奸邪之谤，使己身安于朝廷，说明受之于天的韩愈虽能建不朽之功绩，却无法改变自己所处的人事政治环境，这是许多圣贤豪杰共同的悲剧。说韩愈"不能使其身一日安于朝廷之上"诚然有些夸张，但这句话似非单指其贬潮以后的宦历，而是概指其一生的坎坷困顿经历。或谓这是苏轼借以浇自己块垒，情或有之。

第三段才落到“潮州韩文公庙”的题目上来。先写其刺潮重视文化教育事业，兴办州学，选择良师；继写其所取得的深远的绩效，民称易治。从而引出潮民对韩公的敬仰，奉若神明，水旱疾疫，有求必祷。水到渠成，引出“庙”字。再接叙王君泽守此邦，以公为师，民既悦服，乃新其庙。由兴办州学而民称易治，由民敬韩公到守新其庙，一路写来，叙次清晰。“或曰”一段，由韩公刺潮不足一年的事实引出其忠魂“不眷恋于潮”的设疑，使文势作一顿宕，然后又以“水之在地中，无所往而不在”作巧譬，说明韩公之神明德泽，广被中国，而潮人独信之深、思之至，故有新庙之举。最后交代作碑之由、作诗之故。诗既赞韩愈一生的功绩，又用游仙诗的笔法塑造韩愈骑龙乘风，披锦裳抉云汉的神仙形象。前以神圣论起，后以神仙论结，首尾呼应。

本篇除内容上竭力将韩愈神圣化以外，在表现上的突出特点是吸取了纵横家纵横恣肆的议论和夸张渲染的手法，多用骈句、对偶、排比，以造成一种一往无前的气势。这在一、二两段中尤为突出。作为一篇论赞性的文章，它的文学性可能更超过它的学术性。

（刘学锴）

六一居士集叙[1]

夫言有大而非夸[2]，达者信之[3]，众人疑焉。孔子[4]曰：“天之将丧斯文也，后死者不得与于斯文也[5]。”孟子[6]曰：“禹抑洪水，孔子作《春秋》，而予距杨、墨[7]。”盖以是配禹[8]也。文章之得丧，何与于天[9]，而禹之功与天地并，孔子、孟子以空言配之，不亦夸乎[10]？自《春秋》作，而乱臣贼子惧[11]；孟子之言行，而杨、墨之道废。天下以为是固然，而不知其功[12]。孟子既没，有申[13]、商[14]、韩非[15]之学，违道而趋利，残民以厚主[16]，其说至陋也。而士以是罔其上[17]，上之人侥幸一切之功，靡然从之[18]。而世无大人先生如孔子、孟子者，推其本末，权其祸福之轻重，以救其惑，故其学遂行[19]。秦以是丧天下，陵夷[20]至于胜[21]、广[22]、刘[23]、项[24]之祸，死者十八九，天下萧然[25]。洪水之患，盖不至此也。方秦之未得志也，使复有一孟子，则申、韩为空言，作于其心，害于其事，作于其事，害于其政者[26]，必不至若是烈也。

使杨、墨得志于天下，其祸岂减于申、韩哉！由此言之，虽以孟子配禹[27]，可也。

太史公[28]曰："盖公[29]言黄、老[30]，贾谊[31]、晁错[32]明申、韩[33]。"错不足道也，而谊亦为之[34]，余以是知邪说之移人[35]，虽豪杰之士有不免者，况余人乎！自汉以来，道术不出于孔氏，而乱天下者多矣。晋以老、庄亡，梁以佛亡[36]，莫或正之。五百余年，而后得韩愈[37]，学者以愈配孟子，盖庶几焉[38]。愈之后二百余年，而后得欧阳子[39]，其学推韩愈、孟子，以达于孔氏，著礼乐仁义之实，以合于大道。其言简而明，信而通[40]，引物连类，折之于至理[41]，以服人心，故天下翕然[42]师尊之[43]。自欧阳子之存，世不说[44]者哗而攻之，能折困其身，而不能屈其言[45]。士无贤不肖[46]，不谋而同曰："欧阳子，今之韩愈也。"

宋兴七十余年，民不知兵，富而教之[47]，至天圣[48]、景祐[49]极矣，而斯文终有愧于古[50]。士亦因陋守旧，论卑而气弱[51]。自欧阳子出，天下争自濯磨[52]，以通经学古为高，以救时行道为贤，以犯颜纳谏[53]为忠。长育成就，至嘉祐[54]末，号称多士，欧阳子之功为多。呜呼，此岂人力也哉？非天其孰能使之！

欧阳子没[55]，十有余年，士始为新学[56]，以佛老之似，乱周孔之实[57]，识者忧之。赖天子[58]明圣，诏修取士法，风厉学者专治孔氏，黜异端[59]，然后风俗一变。考论师友渊源所自，复知诵习欧阳子之书。予得其诗文七百六十六篇于其子棐[60]，乃次[61]而论之曰："欧阳子论大道似韩愈[62]，论事似陆贽[63]，记事似司马迁[64]，诗赋似李白[65]。此非余言也，天下之言也。"欧阳子讳修，字永叔，自谓六一居士云。

〔注〕 ① 六一居士集叙：此为苏轼为欧阳修诗文集写的序言。欧阳修晚年自号"六一居士"（详见本书所收《六一居士传》）。 ② 大而非夸：看来口气大，而实际并不是虚夸。 ③ 达者信之：明智达理的人相信它。 ④ 孔子：名丘，字仲尼。春秋末期思想家、政治家、教育家，儒家的创始者。鲁国陬邑（今山东曲阜）人，有《论语》传世。 ⑤"天之"二句：语见《论语·子罕》记孔子被匡人拘囚时云："文王既没，文不在兹乎？天将丧斯文也，后死者不得与于斯文也，天之未丧斯文也，匡人其如予何！"苏轼引文意思是，天若要消灭这种文化，那我也不会参与、过问这些文化了。后死者，孔子自称。与（yù），参与，过问。 ⑥ 孟子：战国时思想家。名轲，邹

(今山东邹城)人。受业于孔子之孙子思的门人,是孔子学说的继承者,有“亚圣”之称。著有《孟子》。　⑦“禹抑洪水”三句:语见《孟子·滕文公下》:“昔者禹抑洪水而天下平,周公兼夷狄、驱猛兽而百姓宁,孔子成《春秋》而乱臣贼子惧。……能言距杨、墨者,圣人之徒也。”孟子以“禹抑洪水”“周公兼夷狄、驱猛兽”和“孔子成《春秋》”,同为人类杰出贡献,而孟子自己“承三圣”所以“距杨、墨”。禹抑洪水,指夏禹治洪水。《春秋》,儒家经典之一,编年体春秋史。相传孔子依据鲁国史官所编《春秋》加以整理修订而成。《春秋》文字简短,寓褒贬之意,后世称为“春秋笔法”。杨,杨朱,战国初哲学家。又称阳子,魏国人。他反对墨子的“兼爱”和儒家的伦理思想,主张“贵生”“重己”“为我”。孟子说他“拔一毛而利天下不为也”。未留著作,其片段史料散见先秦古籍。墨,墨翟,春秋战国时思想家、政治家,墨家创始人。宋国人,一说鲁国人,是儒家主要反对派,力主“兼爱”“尚贤”“尚同”。现存《墨子》五十三篇。杨朱学派绝对利己,墨翟学派一切为人,都和儒家伦理哲学抵触,故孟子要排斥杨、墨。　⑧以是配禹:以孔子作《春秋》,孟子距杨、墨和禹治水的功绩等同起来。　⑨“文章之得丧”二句:文章的存在丧失,和天有什么关系?与(yù),关涉。　⑩不亦夸乎:不也过分夸大了吗?　⑪乱臣贼子惧:让兴风作浪之人看了畏惧。乱臣贼子,指反对朝廷的奸臣。　⑫“天下”二句:天下人认为这本来就该如此,却不知道它们(指《春秋》作、孟子之言行)的功劳。　⑬申:申不害,战国时法家,郑国人,曾任韩昭侯相十五年。是法家中的术治派,主张法治,尤着重谈“术”,以加强君主专制。《汉书·艺文志》录《申子》六篇。　⑭商:商鞅,战国时政治家,法家代表人物。卫国人。公孙氏,名鞅,亦称卫鞅,助秦孝公变法,奠定了秦国富强基础,因功封商地,号商君,称商鞅。秦孝公死后,商鞅被诬害致死。《汉书·艺文志》有《商君》二十九篇。　⑮韩非:战国末期法家主要代表人物。出身韩国贵族,上书韩王,不见用,后出使秦国,被李斯、姚贾陷害,死于狱中。他提出“法、术、势”三者合一的封建君主统治术,著作有《韩非子》。　⑯“违道而趋利”二句:违背道义而追求利益,残害人民以加强君主权势。厚,使之有权势。　⑰罔其上:蒙蔽他们的君主。　⑱靡然从之:倾心相从。　⑲“而世无”五句:社会上没有像孔、孟那样德行高尚的人来探究它(申、商、韩非之学)的根源和末节,衡量它带来的灾难大小,来矫正它的迷乱,所以这些学说就流行起来了。大人,品德高尚之人。《易·乾》:“夫大人者,与天地合其德。”　⑳陵夷:指国势衰败。　㉑胜:陈胜,秦末农民起义领袖。字涉,阳城(今河南登封)人。　㉒广:吴广,秦末农民起义领袖。字叔,阳夏(今河南太康)人。　㉓刘:刘邦,领导起义军反秦,推翻秦朝统治,建立西汉王朝。　㉔项:项羽,秦末起义军领袖。名籍,字羽。楚国贵族出身,秦亡后,自立为西楚霸王,在楚汉战争中为刘邦击败,自杀身亡。　㉕萧然:萧条肃杀的样子。㉖“作于其心”四句:语出《孟子·滕文公下》:“距杨、墨,放淫辞,邪说者不得作。作于其心,害于其事;作于其事,害于其政。”大意是,那荒谬的学说,从心中生出便会危害实际的事,作那些实际的事,也就会危害政治。　㉗以孟子配禹:用孟子与夏禹相匹配。　㉘太史公:司马迁,西汉史学家、文学家、思想家。字子长,夏阳(今陕西韩城)人。任中书令,自称太史公,著《史记》。　㉙盖(gě)公:汉人,治黄、老言。事见《史记·曹相国世家》:曹参为齐丞相,“闻胶西有盖公,善治黄、老言,使人厚币请之。既见盖公,盖公为言治道贵清静而民自定”。　㉚黄、老:黄,黄帝。老,老子。黄老之学为战国时期兴起的哲学政治思想流派。战国时百家托古,多集于黄帝;而老子为道家创始人。黄、老之学的特点是道法结合,主张君主“无为而治”。㉛贾谊:西汉政论家、文学家。洛阳(今属河南)人。主张重农抑商,削弱诸侯势力,巩固中央集权,力抗匈奴。有《贾谊集》传世。　㉜晁错:西汉政治家,初学法家学说,汉景帝时,为御史大夫,坚持“重本抑末”政策,倡削藩以巩固中央集权。《汉书·艺文志》有晁错文三十一篇。

㉝ 明申、韩：学习倡导申不害、韩非的法家学说。 ㉞“错不足道”二句：晁错提倡申不害、韩非之学不值一提，贾谊竟也倡明申、韩，就奇怪了。苏轼认为贾谊是儒家，不该倡申、韩。《汉书·艺文志·诸子》列“贾谊五十八篇”为儒家。 ㉟ 移人：改变人的品行、信仰。 ㊱“晋以老、庄亡”二句：指晋朝士大夫崇尚老子、庄子，盛行清谈。历来士大夫都把这说成是晋朝亡国的原因。梁武帝萧衍崇信佛教，后被侯景囚禁而饿死。佛教讲空虚寂灭，和儒家相反。苏轼把崇信佛教说成是梁亡的原因。 ㊲ 韩愈：字退之，河南河阳(今河南孟州)人。为“唐宋八大家”之首，有《昌黎先生集》。 ㊳ 庶几焉：差不多罢。 ㊴ 欧阳子：欧阳修的尊称。 ㊵ 信而通：真实而畅达。 ㊶ 折之于至理：折服于至理名言。 ㊷ 翕(xī)然：一致、无异议的样子。 ㊸ 师尊之：尊他为师。 ㊹ 说(yuè)：通“悦”，高兴、同意。 ㊺ 屈其言：损害他的学说、言论。 ㊻ 士无贤不肖：士子中无论贤与不贤的人。 ㊼ 富而教之：语出《论语·子路》，言使老百姓富裕后，加以教化。 ㊽ 天圣：宋仁宗年号(1023—1032)。 ㊾ 景祐：宋仁宗年号(1034—1038)。天圣、景祐是北宋最繁荣之时。 ㊿“斯文”句：言当时礼乐教化远不及古人。 (51)“论卑”句：议论低浅，气魄荏弱。 (52) 濯磨：洗涤磨炼，加强修养。 (53) 犯颜纳谏：不畏皇帝的怒色而勇敢地提意见。 (54) 嘉祐：宋仁宗年号(1056—1063)。 (55) 没：逝世。 (56) 士始为新学：王安石变法时，为适应政治需要，主持作《诗》《书》《周礼》三经的新解，称《三经新义》，神宗诏颁于学官。又自作《字说》二十四卷。时谓“王氏新学”。 (57) 乱周孔之实：指新学以佛老的邪说淆乱周公、孔子的真道。 (58) 天子：指宋哲宗。 (59) 异端：与己不同的学派和学说。《论语·为政》：“攻乎异端，斯害也已。” (60) 棐(fěi)：欧阳棐，字叔弼，欧阳修第三子。 (61) 次：编次，排列顺序。 (62) 论大道似韩愈：欧阳修和韩愈都尊信儒家之道。反对佛老。 (63) 论事似陆贽(zhì)：陆贽，唐德宗时为翰林学士，后居相位，参与机谋。德宗避朱泚之乱于奉天，许多诏书都由他起草。所作奏议，条理精密，切中时弊，解决实际问题。此句言欧的论事之文像陆的奏议。 (64) 记事似司马迁：欧阳修撰《新唐书》和《新五代史》，可与司马迁的《史记》比美。 (65) 诗赋似李白：欧阳修诗赋可与李白诗赋比美。

此文写于元祐三年(1088)十二月，是苏轼在汴京任翰林学士时为欧阳修文集写的序言。

此文中心是赞欧阳修遵循孔孟之道，倡导诗文革新运动，其文是“简而明，信而通”，收到“折之于至理，以服人心”，天下以师尊之的业绩。

全文分四段。

第一段，言孔孟之道可与禹抑洪水媲美，可与“天地并”。因为孔子作《春秋》乱臣贼子惧，孟子之言行而杨、墨之道废。在文中充分肯定了儒家积极用世及伦理有序之说，既反对杨朱的“为我”，也反对墨子的“兼爱”，更反对申不害、商鞅、韩非的法家学说，认为法家学说“违道而趋利，残民以厚主”，并以秦之丧天下，证明其祸之大，本段是虚领，是客意，为题旨作铺垫。行文正反论述，曲折跌宕。

第二段，进一步言老、庄及佛释之说是亡国丧家之说，并举“晋以老、庄亡，梁以佛亡”为例，再次肯定了孔孟儒家积极用世之道。并以韩愈配孟子，欧阳修学习推崇韩愈、孟子以达于孔氏，“著礼乐仁义之实，以合于大道”。并引述了当时士子们不谋而合的话——“欧阳子，今之韩愈也”来赞欧阳修。在第一、二两段中引用大量史实，从正反两方面说明儒家学派对社会有极大的积极作用。在引证论述中引出欧阳修在宋代“著礼乐仁义之实，以合于大道”的重要性。文章至此进入正意，与“言有大而非夸”相呼应。

此段写欧氏“学推韩愈”“今之韩愈”并非虚言。欧阳修曾在文章中记儿时到了随州城南李姓大户的藏书楼得阅《昌黎先生文集》六卷，“读之，见其言深厚而雄博”(《记旧本韩文后》)。那新鲜的语言，充沛的感情，丰富的内容，磅礴的气势，对他具有极大的吸引力，他潜心精读韩文，希望通过努力，能够与韩愈相比并。“以达于孔氏”一句，就将欧阳修的道德文章推至极点。前面所引之古足以证今，为主旨起了很好的铺垫衬托作用，有力地阐述了欧阳修在当时社会中的地位与声望，突现了欧阳修诗文的价值。

第三段，正面论述欧阳修在宋初政坛、文坛中的地位。文章开头谈宋初政坛、文坛形势，“民不知兵，富而教之，至天圣、景祐极矣，而斯文终有愧于古。士亦因陋守旧，论卑而气弱”。宋自建国以来，虽无大战争，经济繁荣，但民不知兵，边防削弱，奢侈之风盛行，酝酿并发展着许多新的矛盾。在文坛上，延五代绮靡文风，格调卑弱。面对当时形势，文章说欧阳修“以通经学古为高，以救时行道为贤，以犯颜纳谏为忠”，处处以身作则，开拓了一代新风气。比如他在知谏院的一年多的时间里，先后向仁宗献上多达六七十篇奏议，从各个方面大胆地抒发了个人政见——主张澄清吏治，选贤任能，加强战备，指责权臣谋私，揭露腐败现象等。欧阳修是“庆历新政”的积极鼓吹者、支持者。他在《论杜衍范仲淹等罢事状》中说：“臣闻士不忘身不为忠，言不逆耳不为谏。故臣不避群邪切齿之祸，敢干一人难犯之颜，惟赖圣明，幸加省察。”正因他以“达则兼济天下”为己任，故屡次遭群邪攻击而被贬。欧阳修在诗文革新运动中的杰出作用，更在于他有意把文体革新同政治上的改革结合起来，从而把北宋诗文革新运动引向了自觉的深入。故文章赞道：“欧阳子之功为多。呜呼，此岂人力也哉？非天其孰能使之！”

第四段，写欧阳修去世后，文坛上的文风又有反复，故而“识者忧之”，待天子诏修取士法，让学者专治孔学，风气才又改变。最后对欧阳修的诗文以类比法加以赞赏，言“论大道似韩愈，论事似陆贽，记事似司马迁，诗赋似李白”，并且说“此非余言也，天下之言也”。徐杨贡云：“血脉贯串，最为警切。”(见孙琮《山晓阁选宋大家苏东坡全集》卷五)

此文构思缜密，曲折跌宕，善用类比论证、对比论证，使所论形象鲜明，用笔精警，气势纵横，文采横溢。唐顺之曰：“体大而思精，议论如走盘之珠，文之绝佳者也。"(见《苏文忠公文钞》卷二十二)孙琮《山晓阁选宋大家苏东坡全集》卷五评曰:"一篇大意,极推欧公之文,足以追韩而绍孔、孟。开口言大非夸,总冒全篇,虚领起。……太史公下,将入欧公,先以贾生陪出韩子,就韩子跌到欧公。其学推韩愈、孟子,以达于孔氏,只一句联络前文。因此宋士之盛,归功欧阳子。……束以非予之言也,天下之言也,即为天下之言,则言大非夸,自是显然。此是主意。结句点出六一居士,缴清题面。"张伯行《唐宋八大家文钞》卷八云:"以孟子配禹,以韩公配孟子,以欧阳子配韩文公,此是一篇血脉。说得欧阳公身分尽高,所谓言大非夸也。"

(赵慧文)

范文正公[1]集叙

庆历三年[2],轼始总角[3]入乡校[4],士有自京师来者,以鲁人石守道[5]所作《庆历圣德诗》示乡先生。轼从旁窃观,则能诵习其词,问先生以"所颂十一人[6]者,何人也",先生曰:"童子何用知之?"轼曰:"此天人也耶?则不敢知。若亦人耳,何为其不可?"先生奇轼言,尽以告之,且曰:"韩、范、富、欧阳,此四人者人杰也。"时虽未尽了,则已私识之矣。

嘉祐二年[7],始举进士至京师,则范公没。既葬而墓碑[8]出,读之至流涕,曰:"吾得其为人,盖十有五年[9]而不一见其面,岂非命欤?"是岁登第,始见知于欧阳公,因公以识韩、富,皆以国士[10]待轼,曰:"恨子不识范文正公。"其后三年[11],过许,始识公之仲子今丞相尧夫[12]。又六年[13],始见其叔彝叟京师[14]。又十一年[15],遂与其季德孺同僚于徐[16]。皆一见如旧,且以公遗稿见属为叙。又十三年[17],乃克为之。

呜呼!公之功德,盖不待文而显,其文亦不待叙而传。然不敢辞者,自以八岁知敬爱公,今四十七年矣。彼三杰者,皆得从之游,而公独不识,以为平生之恨。若获挂名其文字中,以自托于门下士之末,岂非畴昔[18]之愿也哉。

古之君子,如伊尹[19]、太公[20]、管仲[21]、乐毅[22]之流,其王霸之略,皆定于畎亩中[23],非仕而后学者也。淮阴侯见高帝于汉中,论刘、项短长,画取三秦[24],如指诸掌。及佐帝定天下,汉中之言无一不酬者[25]。诸葛孔明卧草庐中，与先主论曹操、孙权，规取刘璋，因蜀之资以争天下，终身不易其言[26]。此其口传耳受，尝试为之，而侥幸其或成者哉？

公在天圣中[27]，居太夫人忧[28]，则已有忧天下致太平之意。故为万言书[29]，以遗宰相，天下传诵。至用为将[30]，擢为执政[31]，考其平生所为，无出此书者[32]。今其集二十卷，为诗赋二百六十八，为文一百六十五。其于仁义礼乐，忠信孝悌，盖如饥渴之于饮食，欲须臾忘而不可得。如火之热，如水之湿，盖其天性有不得不然者。虽弄翰戏语，率然而作，必归于此。故天下信其诚，争师尊之。孔子曰："有德者必有言[33]。"非有言也，德之发于口者也。又曰："我战则克，祭则受福[34]。"非能战也，德之见于怒者也。

〔注〕 ① 范文正公：范仲淹，字希文。苏州吴县(今江苏苏州)人。北宋政治家、军事家、文学家。谥文正，世称范文正公。 ② 庆历三年：1043年。庆历，宋仁宗赵祯年号。 ③ 总角：指童年。儿童将头发梳成左右两条小辫，称总角。 ④ 乡校：古代地方学校。苏轼入乡校时年八岁。 ⑤ 石守道：石介，字守道，兖州奉符(今山东泰安)人。《宋史》有传。 ⑥ 十一人：指石介《庆历圣德诗》中所赞扬的十一个人，他们是：杜衍、章得象、晏殊、贾昌朝、范仲淹、富弼、韩琦、欧阳修、余靖、王素、蔡襄。 ⑦ 嘉祐二年：1057年。嘉祐，宋仁宗赵祯年号。 ⑧ 墓碑：指欧阳修所作《资政殿学士户部侍郎文正范公神道碑铭》和富弼所作《墓志铭》。 ⑨ 十有五年：庆历三年(1043)至嘉祐二年(1057)相距整十五年。有，同"又"。 ⑩ 国士：一国之中的杰出人才。 ⑪ 其后三年：指嘉祐五年(1060)。 ⑫"始识"句：苏轼服母丧毕自蜀返京，过许州(今河南许昌)，遇范仲淹的次子范纯仁(字尧夫)。仲，排行第二。仲子，即次子。 ⑬ 又六年：指治平二年(1065)。治平，英宗赵曙年号。 ⑭"始见"句：苏轼罢凤翔签判至京师任职，遇范仲淹第三子范纯礼(字彝叟)。叔，排行第三。 ⑮ 又十一年：指熙宁十年(1077)。熙宁，神宗赵顼年号。 ⑯"遂与"句：苏轼自密州(治所在诸城，今山东诸城)改知徐州(今江苏徐州)，时范仲淹第四子(幼子)范纯粹(字德孺)知滕县，属徐州，故称"同僚"。 ⑰ 又十三年：自熙宁十年(1077)至元祐四年(1089)，为十三年。元祐，哲宗赵煦年号。 ⑱ 畴昔：往日，从前。 ⑲ 伊尹：商初大臣，名伊，尹是官名。一说名挚。帮助商汤攻灭夏桀。 ⑳ 太公：俗称姜太公，即吕尚。辅佐武王灭商有功。 ㉑ 管仲：春秋初期政治家。被齐桓公任命为卿，尊称"仲父"。帮助齐桓公成为春秋时第一个霸主。 ㉒ 乐(yuè)毅：战国时燕将。燕昭王时任亚卿。率军破齐，先后攻下七十多城，因功封于昌国(今山东淄博市东南)。 ㉓ 畎(quǎn)亩中：耕于田间。即隐居。 ㉔ 画取三秦：韩信初见刘邦，向他献策："项王虽霸天下而臣诸侯，不居关中而都彭城……所过无不残灭者，天下多怨，百姓不亲附，特劫于威强耳"，而"大王之入武关，秋毫无所害，除秦苛法，与秦民约法三章耳，秦民无不欲得大王王秦者"，"今大王举而东，三秦可传檄而定也"。刘邦采纳其策，遂定三秦。事见《史记·淮阴侯列传》。三秦，

秦亡以后，项羽三分关中，封降将章邯为雍王，司马欣为塞王，董翳为翟王，合称三秦。后指今陕西一带。 ㉕"汉中"句：当年韩信在汉中所预言的事，没有一件没有实现。酬，实现愿望。㉖终身不易其言：指诸葛亮隆中对策，后果实现。 ㉗天圣中：指在天圣四年(1026)。天圣，仁宗赵祯年号。 ㉘居太夫人忧：范仲淹为母亲服丧期。 ㉙万言书：天圣五年，"上书请择郡守、举县令、斥游惰、去冗僭、慎选举、抚将帅，凡万余言"(《宋史·范仲淹传》)。庆历新政时，又上书论十事。 ㉚至用为将：康定元年(1040)范仲淹任陕西经略安抚副使，庆历二年(1042)改任陕西四路经略安抚招讨使。 ㉛擢为执政：庆历三年春范仲淹任枢密副使，秋改任参知政事。 ㉜无出此书者：没有背离万言书宗旨的行为。 ㉝有德者必有言：语出《论语·宪问》。 ㉞"我战则克"二句：《礼记·礼器》引孔子语，是引述知礼之人自称战则必胜，祭祀则必得福。

东坡文集中有的版本在这篇叙的结尾有"元祐四年(1089)四月二十一日"的字样，即为本文写作的日期。当时苏轼自翰林学士、知制诰兼侍读改任杭州知州，即将离京。

《苏轼文集》中有序十余篇(不包括赠序)，本文编排在序文之首，是写得最具特色、最动感情的一篇，因此较有感染力。

文章分为五段。

前两段表现作者对一代名臣良将范仲淹的景仰和终身不曾谋面的憾恨。文章以儿时一小事为切入点。宋仁宗赵祯庆历三年(1043)，当时作者八岁，入地方小学就读。(《东坡志林》卷二《道士张易简》："吾八岁入小学，以道士张易简为师。")一日，乡师见到当朝文学家石守道(《宋史》有传)所作《庆历圣德诗》，苏轼从乡师口中得知被赞颂的十一人，然后又从十一人中归结出四位人杰，其中便有范仲淹。四十七年前的一事，作者记忆仍历历如昨，包括细节都记得一清二楚(如"从旁窥观"及当时所说的关于"天人"与"人"的话)，可见范仲淹在苏轼的幼小心灵中的印象之深，形象之高大完美。这其中自然也包含着作者对前贤的无限仰慕、深切缅怀和诚挚的追悼。《三苏文范》卷十五说得好："起案便占地步，以所颂十一人，说归四人，四人说归文正公，叙事严整而有原委。"

小事叙完后，文章以时间先后为序，以作者生平不见范公为感情线索，依次铺叙下去：谈到嘉祐二年在京师，读范公墓碑至于"流涕"，以为"十有五年而不一见其面"是命运使然；谈到四人杰中得识其三，连欧阳公也以苏轼不识范公为憾，作为强烈反衬；谈到"其后三年"始识范公仲子；"又六年"始见其三子；"又十一年"与范公幼子同僚；谈到"又十三年"完成为范公遗稿作序的工作。逐一分述，不厌其烦，如数家珍。这种平铺直叙的写法，看似单调板滞，其实，这正反映出作者内心的无法平静，感情波澜的起伏。每述一件事，对作者都是一次温馨的回忆，都是一次心向往之。毫无疑问，苏轼是以先后结识范公的几位公子而感到心灵的慰藉，在一定程度上或可弥补不见范公一面的缺憾；特别是能应范公后辈之请，为《范文正公集》作序，尤感莫大荣幸。我们仅从作者确切地标示的“又×年”“又××年”中，即可悟到不见范公一面乃是苏轼终生无法释怀的情结。在撰写此篇序文的前五年（元丰八年，1085），苏轼在《跋范文正公帖》中说：“轼自省事，便欲一见范文正公，而终不可得。览其遗迹，至于泫然，人之云亡，邦国殄瘁，可不哀哉！”足见他的这个情结始终郁积在胸。

作者暗用斤斧，一路铺垫，蓄势已足，便转入文章的后半部分——赞颂范公的功德文章。

本文的后半部分，分作三步展开。

第一步，用表强烈语气的感叹词“呜呼”领起，提出范公的功德是客观存在，“不待文而显”；范公的文章也摆在那儿，“不待叙而传”（意谓自己为之写序也不会彰显范公文章）。为《范文正公集》作叙，只是“畴昔之愿”。

第二步，赞颂范公功德，列举古之君子相比附。先总说伊尹、太公、管仲、乐毅四位先贤，因为他们可作为一类人，都是“王霸之业”“定于畎亩”，“非仕而后学”：伊尹耕稼于莘（今山东曹县北）野；太公垂钓于渭（今陕西渭水）滨；管仲出身社会底层，由鲍叔牙推荐给齐桓公，终使齐桓公成为春秋第一位霸主；乐毅，燕国名将，昭王亚卿，攻齐连下七十二城。这样合写，可使文字简约，结构紧凑。下面单表韩信。韩信助刘邦建立汉朝，多次平定叛乱，功高盖世，作者仅举他向刘邦献策一事，取材突出精当。“汉中之言无一不酬者”，表明韩信的远见卓识，有军事战略家的预见性。再分述诸葛亮的功业。写诸葛亮则以“隆中对”为纲，也极概括得体，因为实现“隆中决策”是诸葛亮奋斗一生的目标。“终身不易其言”，表明诸葛亮的“三分天下”说，早已成竹在胸。这些前贤的事业都不是“口传耳受，尝试为之”，侥幸或成的。作者分述后二位先贤，这样有总写，也有分述，可使章法富于变化，叙事更显活脱。而援引六位古人事例与范公的事功相比照，则范公生平所建的卓越事功从中可见矣，无需作者条分缕析地叙述，那样反而显得琐碎无序，影响了效果。

第三步，先言早在“天圣中”，范公便有“忧天下致太平之意”，以应范公名言“先天下之忧而忧，后天下之乐而乐”。亦即在任“参知政事”（副宰相）前已有此宏伟抱负，这便与前文所云古代诸贤的“王霸之略，皆定于畎亩中，非仕而后学也”，保持着文脉上的联系。然后据范公的“万言书”发意。因天圣五年范公所上之书与“庆历新政”上书所言十事，乃范公一生从政之纲领，“考其平生所为，无出此书者”，这样写文意显豁，“纲举目张”。正如《苏长公合作》卷二所云：“范文正公百代殊绝人物，而东坡叙其文，只就公万言书发，盖公终身事业尽在是矣。”下面再总述文集中的诗文卷数，这都是写此类叙文不可或缺的笔墨。但作为晚辈，苏轼深知说话要合乎身份，文字要把握分寸，不宜对范公文章进行品评评价，议论其短长得失。最好的办法是谈个人学习的感受。苏轼正是这样做的。他的感受是：“其于仁义礼乐，忠信孝悌，盖如饥渴之于饮食，欲须臾忘而不可得。如火之热，如水之湿，盖其天性有不得不然者。虽弄翰戏语，率然而作，必归于此。”这种感受是深刻的，带有个性化的，是本叙文中具有实质性内容的精华所在，是全文的重点。文末有针对性地引用了孔子的话，援古以自重，以增强文章的说服力量。这也是一种文字技巧。

前人评论本文的布局章法，颇有确切精到之处。《三苏文范》卷十五：“前叙情，中赞美，后述意。”（杨慎语，《苏长公合作》卷二引此作钱文登语）张伯行《唐宋八大家文钞》卷八云：“上半篇叙景慕之情，中言公规模先定，末乃言其文集底蕴，要分段落看。”不妨参读。　　　　（李如鸾）

鳬绎先生[①]文集叙

孔子曰：“吾犹及史之阙文也。有马者借人乘之，今亡矣夫[②]。”夫史之不阙文，与马之不借人也，岂有损益于世也哉？然且识之，以为世之君子长者，日以远矣，后生不复见其流风遗烈[③]，是以日趋于智巧便佞[④]而莫之止。是二者虽不足以损益，而君子长者之泽在焉，则孔子识之，又况其足以损益于世者乎？

昔吾先君[⑤]适京师，与卿士大夫游，归以语轼曰：“自今以往，文章其日工，而道将散矣。士慕远而忽近，贵华而贱实，吾以见其兆矣。”以鲁人鳬绎先生之诗文十篇示轼，曰：“小子识之[⑥]，后数十年，天下无复为斯文者也。”先生之诗文，皆有为而作，精悍确苦[⑦]，言必中当时之过，凿凿[⑧]乎如五谷必可以疗饥[⑨]，断断[⑩]乎如药石必可以伐病[⑪]。其游谈[⑫]以为高，枝词[⑬]以为观美者，先生无一言焉。

其后二十余年，先君既没而其言存[⑭]。士之为文者，莫不超然出于形器之表[⑮]，微言高论，既已鄙陋汉唐[⑯]，而其反复论难，正言不讳，如先生之文者，世莫之贵矣。轼是以悲孔子之言，而怀先君之遗训，益求先生之文，而得之于其子复[17]，乃录而藏之。先生讳太初，字醇之，姓颜氏，先师兖公[18]之四十七世孙云。

〔注〕 ① 凫绎先生：颜太初，字醇之，号凫绎处士，徐州彭城人。少博学有隽才，慷慨好义，善作诗，多切中时弊。中进士后为莒县尉，累官至南京(今河南商丘)国子监说书。 ②“吾犹及”三句：语出《论语·卫灵公》。意谓我还来得及看到史书有遗缺的地方。有马者借给别人骑这种精神，现在已看不见了。 ③ 流风遗烈：前代遗留下来的好的风气和习俗。 ④ 智巧便佞：工于算计，阿谀逢迎。 ⑤ 先君：已故的父亲，即苏轼的父亲苏洵，宋代著名的散文家，号“老苏”。 ⑥ 小子识之：儿子要记住。 ⑦ 精悍确苦：精粹廉悍，严谨坚实。指凫绎写作态度严谨刻苦。 ⑧ 凿凿：确实。 ⑨ 疗饥：救治饥饿。 ⑩ 断断：确实。 ⑪ 伐病：治病。 ⑫ 游谈：浮夸无根的言论。 ⑬ 枝词：浮华琐碎的言词。 ⑭“先君”句：先父已去世，而他的话却流传下来，正切中时弊。 ⑮“士之”二句：指士大夫为文以超然尘世万物的夸饰浮词为高。超然，高出。行器，有形的器物。 ⑯ 鄙陋汉唐：瞧不起汉唐的文风。 ⑰ 复：即颜复，字长道。宋仁宗嘉祐年间赐进士，宋哲宗元祐初年为太常博士，后官至中书舍人兼国子祭酒。 ⑱ 先师兖(yǎn)公：指颜渊。

本文题一作《凫绎先生诗集叙》。“叙”，即“序”，因为苏轼的祖父名苏序，故他避祖父名讳将所作的文集“序”称为“叙”。“序”这种文体起始于汉儒说诗的“诗大序”。因为“其言次第有序，故谓之序也”(吴讷《文章辨体序说》)。“凡序文籍，当序作者之意。”(同上)苏轼这篇序文极具开合荡漾之妙，紧紧围绕时世风习，对士大夫文风进行批判。凫绎先生大约与苏轼父亲同时，诗文古朴厚正，创作态度严谨，但不为当世所重，而这种古朴风格深得苏轼父子推重，以为可以矫正当时浇薄空洞的文风。给这样一个成就并不高的诗人集子作序，很难写出深意，因此苏轼别出心裁，结构独具匠心。

前段典重开篇，由孔子的话引出古代的“流风遗烈”。孔子感叹古代“史之阙文”和“有马者借人乘之”这两件事现在都看不到了。这两件事本互不关联，“史有阙文”，即“古之良史，于书字有疑则阙之，以待知者”(《论语注疏·卫灵公》卷十五)；“有马者借人乘之”，即“有马不能调良，则借人乘习之”(同上)。前者说明史官忠于史实，不作虚浮浪语，不作随意妄解；后者说明古人诚恳大度，不自私自利，体现一种古朴淳厚的风习。这二者未必对时世有什么损益，而古人的不穿凿附会如此，古人的恳切诚实如此，足够以小见大。因为古代的君子长者，渐渐变得邈远难及，恐怕后生小子再也见不到先贤遗留的美好品德和淳朴习俗，而现在又是世风日下，人们一天天变得工于算计，阿谀逢迎，愈演愈烈，这两件小事虽不足以损益当世，但表现了君子长者的德泽，所以孔子要记下来。那么，那些足以对时世有所损益的人事又怎样呢？通过这个对比性的设问，自然引出有关凫绎先生诗文的事来。这种由古及今,迤逦一线的笔法非常巧妙,看似不着边际,实际上深寓崇尚远古、批评当时的意旨。

第二段转入叙述嘉祐元年(1056)作者随父亲“适京师,与卿士大夫游”的一件往事。有一天苏洵颇为担心地说:“从今以后,文章会日益趋于工巧,而古道渐渐消散,因为士大夫好高骛远,不喜欢脚踏实地,崇尚华靡而贬低朴实,我已经看到这种征兆了!”于是拿出凫绎先生的十篇诗文,慨叹地说:“后数十年,天下再也见不到这样的文章了。”行文至此,方悟开头一段的妙用,孔子所叹的世风日下正与目前世风浇薄、为文日趋华靡不重敦厚古朴相同,而孔子意欲恢复古道的精神又正好在凫绎先生的诗文中体现出来,因此将凫绎先生的诗文创作继承儒家传统文化精神、力求有补于世的特点揭示出来了。作者认为:凫绎先生的诗文都是有为而作,精粹廉悍,严谨坚实,所言必中当时弊病,确断详明,像五谷可以救治饥饿,像药石能够治病救人,不以浮夸无根的华词丽句为高,不以支离琐碎的言论为美,真是有补于世的良好箴言。这样的评价便将“作者之意”的内蕴揭示出来了,符合“序”体的要求。

凫绎先生诗文的价值只有与当世联系起来才能见其现实意义,因此第三段便转入对当世文风习俗的批评。果然二十年后,即神宗熙宁年间(1069—1078),苏轼的父亲去世后,他的担心竟变成了现实:士大夫为文,都竞相以超然尘世万物的夸饰浮词为高,瞧不起汉唐的苍然古朴、正大宏通、波澜壮阔的文风,而斤斤计较于支离琐屑,反复论难,尖新巧刻,寡廉鲜耻,像凫绎先生那样古朴真厚的文章是不被看重的。在这样黄茅白苇,一望同之的条件下,作者一方面深悲孔子之言,另一方面又无限缅怀先君的遗训,所以想多得到凫绎先生这样的文章。而正好从其子处得之,因此细心珍藏,并写下了这篇序。

文章并没有对凫绎先生诗集的具体内容及创作情况进行介绍,显然在达到对现实批评的目的之后,没有这个必要,因此结尾只平实地说:“先生讳太初,字醇之,姓颜氏,先师兖公之四十七世孙云。”这是一个意味深长的结尾,让人猛醒为什么会以孔子的话开篇,因为颜渊是孔子最有才华的弟子,而现在时世浇薄与孔子时代相同,又再见到颜氏后人要恢复孔道精神,这是多难能可贵啊!其意义自然是令人回味无穷。由此可见苏轼散文那种千里伏线,结尾处灵丹一点,顿显无限精神的结构艺术。 (吴振华)

江行唱和集叙

夫昔之为文者,非能为之为工,乃不能不为之为工也。山川之有云雾，草木之有华实，充满勃郁[①]而见于外，夫虽欲无有，其可得耶？自少闻家君[②]之论文，以为古之圣人，有所不能自已而作者。故轼与弟辙为文至多，而未尝敢有作文之意。

己亥之岁[③]，侍行适楚。舟中无事，博弈[④]饮酒，非所以为闺门之欢。而山川之秀美，风俗之朴陋[⑤]，贤人君子之遗迹，与凡耳目之所接者，杂然有触于中，而发于咏叹。盖家君之作，与弟辙之文皆在，凡一百篇，谓之《南行集》。将以识[⑥]一时之事，为他日之所寻绎[⑦]，且以为得于谈笑之间，而非勉强所为之文也。时十二月八日，江陵[⑧]驿[⑨]书。

〔注〕 ① 勃郁：指繁盛勃发之貌。 ② 家君：旧时称自己在世的父亲为家君。 ③ 己亥之岁：即嘉祐四年(1059)。 ④ 博弈：下棋。 ⑤ 朴陋：简单质朴。 ⑥ 识：即“志”，记。 ⑦ 寻绎：反复思考推求，《汉书·黄霸传》：“吏民见者，语次寻绎。”颜师古注：“绎，谓抽引而出也。” ⑧ 江陵：今属湖北。 ⑨ 驿：驿站，旧时供官员暂住的处所。

宋仁宗嘉祐四年(1059)十月，苏洵奉诏赴京，苏轼兄弟二人随父同行，自嘉州(今四川乐山)登舟，十二月抵达江陵，水路一千六百八十余里，舟行六十日，过郡十一，县三十有六。这六十日中，父子三人互相唱和，共作了一百篇诗赋，汇成一个集子，取名《南行前集》又名《江行唱和集》。这是苏轼为《江行唱和集》所作的一篇序文。此文除了言明此次南行的过程，也述说了这本结集的成因由来，同时更表达了苏轼自身的美学思想与文艺理论。他根据自己的创作经验，提出了“有触于中，而发为咏叹”的有感而发的创作思想，批评了无病呻吟、勉强为文的写作态度。这是体现苏轼创作思想的重要作品之一，也是其大量阐述艺术规律作品中较早的一篇。叙，本作“序”，苏轼父子因避父祖苏序的名讳，所以他们写序，都作“叙”或“引”。

文章的第一部分论述“家君之论文”。家君，指其父苏洵。文章开始便首先铺陈说明创作的观点：说从前作文的人，并非能做文而后写出好的文章，而是心中有了感触不能不抒发出来，才能写出好的文章。这是全文的主旨和中心论点。置于文首，有突兀之感，起到令人警醒的作用，同时表明自己对这个观点是非常认同并全盘接受的。接着，他用“山川之有云雾，草木之有华实”的比喻来解释创作：就像山川能够产生翻飞的云雾，草木会结出鲜花和果实一样，都是因为孕积深厚而自然呈现于外啊。就是想要不让它产生云雾结出花实，哪里又做得到呢？“自少闻家君之论文，以为古之圣人，有所不能自已而作者。”文至此，方才交代这是父亲苏洵的创作观点，并言明这个观点也不是父亲独创，而是圣人圣言，并再次强调“有所不能自已而作者”。接着指出自己和弟弟苏辙是谨守古训和父亲的教导的，虽然写的文章很多，但是却“未尝敢有作文之意”，第三次强调不能为作文而作文。

提倡有感而发作是我国文艺思想中的优良传统。《孟子·滕文公下》：“予岂好辩哉？予不得已也。……我亦欲正人心，息邪说，距诐行，放淫词，以承三圣者。岂好辩哉？予不得已也。”认为违背自己内心的真实感受而造作为文，为了要打动人、说服人，或是充满功利地要为文而文编造文章是根本不可取的。创作必须有郁积于胸中不得不发的蓬勃之气、真切之情。在这里其实是说明在创作中必须有感而发，真情主宰文情，主题先行或者是为文而文都是违背创作规律的。孟子的“岂好辩哉？予不得已也”与本文中的“虽欲无有，其可得耶”声气何其相似。

“能为之为工”与“不能不为之为工”在创作上的立足点是对立的。前者是为了作文而作文，这样就不免要东拉西扯，矫揉造作，专在雕琢文字或经营篇章布局上下工夫，但是因为缺乏打动人心的真情实感、启迪人智的敏慧思想，所以也就难以起到好文章净化、美化人心的作用。而“不能不为”之作又是什么样子的呢？苏轼曾经说：“吾文如万斛泉源，不择地而出。”(《文说》)既然是不择地而出的万斛泉源，那么，它便应该是一种内在充沛满溢而无可阻遏的随时都有可能迸发的状态，是一种外力难能控制或压抑的“充满勃郁而见于外”的力量，其实，这就是真情实感来袭时候的创作冲动。它迫使你“不能不为之”，使你处于一种“森然欲作不可回”(《自题郭祥正壁》)的态势。苏轼曾经满怀喜悦地形容这种不能自制的创作冲动：“浩然听笔之所之”(《书所作字后》)，“忽然成之而未尝有意也”(《苏氏易传》卷七)。苏洵在谈到自己的创作时也说天下至文当出自“无意乎相求，不期而相遭”(《仲兄字文甫说》)。意思是天下最好的文章都不是刻意相求所能产生的，而是在不期然间形成的。

第二部分指出正是由于遵循了创作的这个规律，所以此次出行，三人有感于沿途之中“山川之秀美，风俗之朴陋，贤人君子之遗迹”，耳目所触，有所感动和引发，最后行诸文字，才有了这本百篇之作《江行唱和集》，其中的文章全部都是得之于“谈笑之间”，非常自然而然产生的，没有“为文而文”的勉强之作。这就决定了这些作品无论摹景状物、抒发情感、批评议论，都发自内心的真情实感，风格上也都表现出未经过修饰、没有斧凿痕迹的纯朴自然。而这往往是最真也最美，最有价值的。

这篇《江行唱和集叙》观点鲜明，语言简练，是苏轼年轻时的一篇精美短文。宋人邵博评曰："时东坡年方冠，尚未第，其有发于文章已如此，故黄门论曰：'公之于文，得之于天也。'"（《邵氏闻见后录》卷十四）　　（傅秋爽）

日　喻

生而眇[①]者不识日，问之有目者。或告之曰："日之状如铜盘。"扣盘而得其声。他日闻钟，以为日也。或告之曰："日之光如烛。"扪烛而得其形。他日揣籥[②]，以为日也。日之与钟、籥亦远矣，而眇者不知其异，以其未尝见而求之人也。道之难见也甚于日，而人之未达也无以异于眇。达者告之，虽有巧譬善导，亦无以过于盘与烛也。自盘而之钟，自烛而至籥，转而相[③]之，岂有既乎！故世之言道者，或即其所见而名之，或莫之见而意之，皆求道之过也。然则道卒不可求欤？苏子曰：道可致而不可求。何谓"致"？孙武[④]曰："善战者致人，不致于人[⑤]。"子夏[⑥]曰："百工居肆以成其事，君子学以致其道。"[⑦]莫之求而自至，斯以为致也欤。

南方多没人[⑧]，日与水居也，七岁而能涉，十岁而能浮，十五而能浮没矣。夫没者，岂苟然哉？必将有得于水之道者。日与水居，则十五而得其道。生不识水，则虽壮，见舟而畏之。故北方之勇者，问于没人，而求其所以没，以其言试之河，未有不溺者也。故凡不学而务求道，皆北方之学没者也。昔者以声律取士，士杂学而不志于道。今者以经术取士[⑨]，士求道而不务学。渤海吴君彦律[⑩]，有志于学者也，方求举于礼部，作《日喻》以告之。

〔注〕 ① 眇(miǎo)：本指瞎一只眼，此指全瞎。 ② 揣籥(yuè)：揣，摸索。籥，一种管乐器。 ③ 相：察看。 ④ 孙武：春秋时齐国军事家，著有《孙子兵法》十三篇。 ⑤ "善战者"二句：《孙子兵法·虚实篇》："凡先处战地而待敌者佚，后处战地而趋战者劳。故善战者致人，而不致于人。能使敌人自至者，利之也；能使敌人不得至者，害之也。故敌佚能劳之，饱能饥之，安能动之。"致，招致，调动。 ⑥ 子夏：孔子弟子，名卜商。 ⑦ "百工居肆"二句：见《论语·子张》。肆，手工作坊。 ⑧ 没人：能潜泳者。 ⑨ "今者"句：指宋神宗熙宁四年(1071)王安石变法，"罢贡举词赋科，以经术取士"(《东都事略·本纪八》)。 ⑩ 吴君彦律：即吴琯，

字彦律。苏轼知徐州时，他以秘书省正字监徐州酒税。

本文原题作《日喻说》，现依通行本作《日喻》。据宋朋九万《东坡乌台诗案·知徐州作〈日喻〉一篇》记载，此文的写作背景是："元丰元年(1078)，轼知徐州。十月十三日，在本州监酒正字吴琯锁厅得解，赴省试，轼作文一篇，名为《日喻》，以讥讽近日科场之士，但务求进，不务积学，故皆空言而无所得，以讥讽朝廷更改科场新法不便也。"按，宋神宗熙宁四年，王安石为相，推行新法，对选举制度加以改革，主要是罢诸科，独存进士，进士罢试诗赋，改试论、策。苏轼对此"科场新法"持有异议，认为以学问论，经义、策、论较诗赋为有用，但以实际论，经义、策、论与诗赋同为无用，科举取士得人与否，全看君相有无知人之明，科场无须另行新法。(事详《宋史·选举志》)故借为吴琯送行之机，作此文以批评"今者以经术取士，士求道而不务学"之弊。

此文近取诸譬，以譬喻为说，前后两段凡两喻，一喻日，一喻水。从诠释主题的角度看，喻日为主，喻水为辅，先以喻日切入正题，再由正题引出喻水，二者相辅亦相成，一并用来说明"道可致而不可求""学以致其道"的道理。既然是以譬喻为说，那么解析此文的要害，首先在于确定"日"与"水"的指向，明白它们所喻为何事。其次，则要扣紧两个关键词，一个是"求"，一个是"学"，苏轼想要说的话，全在"求"与"学"的关系之中。

先说日喻。此举"生而眇者"问日为例，有目者对日的形容，皆贴近身边触手可及之事，不可谓不妙，如盘似烛言其形，如钟似籥言其声，形声兼而有之。然而"生而眇者"仍不能彻悟，不得其解而强为之解，贻人笑柄。推其原因，不外两条：在"有目者"一方"或即其所见而名之"；在"生而眇者"一方"或莫之见而意之"。眇者之所以不得其解，归根结底是"以其未尝见而求之人也"。由此转而论圣人之道，认为圣人之道犹如"日"，求道之人犹如"生而眇者"，从客观上说，"道之难见也甚于日，而人之未达也无以异于眇"。读至此，令人顿生山穷水尽之感，似乎圣人之道终不可求。孰料作者笔锋再一转，引入孙武、子夏之说，从善战者赢得战争、百工成就其事的事例中，推导出一条蕴涵哲理的结论："君子学以致其道。""致"之义与"至"同，也就是原文所说的"莫之求而自至，斯以为致也欤"。

再说"水喻"。上文提出"学以致道"，究应作何理解？于是举南方的"没人"(会潜水者，通晓水性者)为喻。南方的"没人"善泳，得于水之道，全赖其"日与水居"，累年积学。北方人居不见水，只是"问于没人"，不作练习便跳下河，势必会很快沉溺。"水"在这里代指圣人之道，所强调的是求道者必当如"没人"，浸淫其间，积年不辍，方有望臻乎"道"之圣域。故作者从正面说是"君子学以致其道"，而从反面说则是“凡不学而务求道，皆北方之学没者也”。若总括以上日、水二喻而言，则“日”当喻道体，“没”当喻学力，二喻相济，是说求“道”无他途，唯“学”而已矣。

最后说“求”与“学”的关系。此文屡言“求道”，其“求”字作“寻求”“需求”“求得”解，似无大碍。唯“皆求道之过也”“道可致而不可求”“莫之求而自至”数句，其中之“求”字或当有特殊意味。清浦起龙《古文眉诠》卷六十九说：“‘求’字作‘意揣’解，‘学’字作‘身习’解，两喻相济不相复。求道而不务学，针砭自来讲学家膏肓不少。”笔者附庸浦说，认为上举数句的“求”字释为“意揣”较为妥帖。“意揣”者，空言也。质诸本文，不就是“或即其所见而名之，或莫之见而意之”吗？不就是眇者问日吗？不就是北人以“没人”之言试之河吗？欲求得真知，只听别人怎么讲，然后“意揣”之是不行的，必须身体力行，下大力气去学，才能累积知识和经验，掌握事物的规律，最终到达“莫之求而自至”的境地。以眇者问日、没人习水为喻，以眇者之“求”与没人之“学”相互取势，以“学”结束主题，点化士人，这就是此文独特艺术手法的高妙处，也是此文所具有的警世钟价值之所在。

（许逸民）

稼　说[1]送张琥[2]

盍尝[3]观于富人之稼乎？其田美而多，其食足而有余。其田美而多，则可以更休[4]，而地力得全[5]。其食足而有余，则种之常不后时[6]，而敛之[7]常及其熟[8]。故富人之稼常美，少秕[9]而多实，久藏而不腐。今吾十口之家，而共百亩之田[10]，寸寸而取之[11]，日夜以望[12]之，锄耰铚艾[13]，相寻于其上者如鱼鳞[14]，而地力竭矣。种之常不及时，而敛之常不待其熟，此岂能复有美稼哉？

古之人，其才非有以大过今之人也[15]，其平居所以自养而不敢轻用[16]，以待其成者，闵闵[17]焉如婴儿之望长也。弱者养之以至于刚[18]，虚者养之以至于充[19]。三十而后仕[20]，五十而后爵[21]。信于久屈之中[22]，而用于至足之后[23]。流于既溢之余[24]，而发于持满之末[25]。此古之人所以大过人，而今之君子所以不及[26]也。吾少也有志于学，不幸而早得与吾子同年[27]，吾子之得亦不可谓不早也。吾今虽欲自以为不足，而众已妄推之矣㉘。呜呼，吾子其去此而务学㉙也哉！博观而约取㉚，厚积而薄发㉛，吾告子止于此矣㉜。子归过京师而问焉，有曰辙㉝，子由者，吾弟也，其亦以是语之㉞。

〔注〕 ① 说：是古代一种文体，如《师说》《杂说》，有的如论文，有的如杂文。 ② 张琥：字邃明，滁州全椒(今属安徽)人。嘉祐二年(1057)进士，任官多有惠政。苏轼好友。 ③ 盍(hé)尝：何曾。 ④ 更休：轮流更作，使土地得以休整。 ⑤ 地力得全：土地的生产能力得以保护。 ⑥ 不后时：不误时令。 ⑦ 敛之：收庄稼。 ⑧及其熟：等到粮食成熟。 ⑨ 秕(bǐ)：即子实不饱满。 ⑩ 百亩之田：指苏轼贬黄州生计无着，由友人帮助申请了一块荒芜的旧营田，他躬耕其中，除草开荒，春种秋收。 ⑪"寸寸"句：每寸土地均要利用。 ⑫ 望：盼望。 ⑬ 锄耰(yōu)铚(zhì)艾(yì)：指平整土地下种锄草收割等。耰，古代农具，形如榔头，用来平整土地。铚，古代一种短小的镰刀，用以收割。艾，通"刈"，收获。 ⑭"相寻"句：农具在土地上反复耕耘如鱼鳞般密集。 ⑮"其才"句：古人的才华并不比今人高多少。 ⑯"其平居"句：古人平时注重积累充实不敢轻易使用。 ⑰ 闵闵：小心的样子。 ⑱ 刚：强壮。⑲ 充：充实。 ⑳ 仕：做官。 ㉑ 爵：指获得爵位。 ㉒"信于"句：在不断的挫折中树立信念。 ㉓"而用于"句：在学有所成之后有所用。 ㉔"流于"句：在水满之后自然流出。㉕"而发于"句：在弓满之后箭自然发射。末，后。 ㉖ 不及：赶不上。 ㉗ 同年：科举同榜之人。苏轼与张琥均为嘉祐二年进士。 ㉘"而众"句：而众人已任意推崇。妄，虚妄，不实。㉙ 务学：专门从事学业。 ㉚ 博观而约取：广泛阅览而谨慎采纳。 ㉛ 厚积而薄发：多积累而少显露。 ㉜"吾告"句：我只告诉你这些。 ㉝ 辙：苏辙，字子由，苏轼之弟，"唐宋八大家"之一。 ㉞ 以是语之：把这话告诉苏辙。

此篇是苏轼被贬至黄州时所写。是送同年友人张琥时所作的一篇小品文。题目是"稼说"，但文中所谈稼穑之事，仅是导入主旨的论证而已。全文中心是谈论治学之道，其主旨是"博观而约取，厚积而薄发"。黄裳《黄氏日钞》卷六二："《稼说》论厚积薄发。"为要说明此点，先以稼穑之事，进行形象的比喻，并用了富人稼穑与自己贬官黄州躬耕田野作了对比，言富人田美而多，食足有余，田可休耕，以养地力，粮食富余，可选良种，及时播种，庄稼熟透，颗粒饱满，久藏不腐。而自己贬黄州，耕荒地，人口多，地力竭，收成差，哪有美稼可言。这里用自己贬黄州，官俸几绝，只得躬耕"东坡"，以为糊口的生活作为论证的材料，既是生动有力的，又使读者了解了他那段艰辛的生活、坎坷的处境，可谓"一石二鸟"。谢枋得云："首截托物发端，以稼喻人才。稼之美者，暗指有养之人；而稼之不美者，暗指无养之人。看后截议论自见。"(见孙琮《山晓阁选宋大家苏东坡全集》卷六)

"稼穑"与治学，表面上似乎没有联系，实际道理是相通的，都蕴含着"博""约""厚""薄"的哲理。故而在第二段谈治学之道时，不用一般的过渡词语，而是采用古人治学与今人治学对比的手法。言古人治学是"平居""自养"，"不敢轻用”,“待其成者”犹如小心翼翼望婴儿成长,又如弱者小心调养达到强壮,虚者精心调养达到充实。直到知识特别充足了,此时才出仕做官,用之于世。而今人是赶不上的。然后又对自己过早入仕(苏轼二十二岁中进士,随后进入仕途)深表遗憾!并指出友人张琥亦是入仕早,现在要去专门从事学业,从而提出中心论点“博观而约取,厚积而薄发”,以告诫友人,并让其转告乃弟,可见苏轼对此治学之道深有所悟,极为重视。林纾评:“末幅提出子由,似侪张于爱弟之列,用意尤为亲切。”(《古文辞类纂选本》卷六)

“博观而约取,厚积而薄发”的治学之道,是科学的,有辩证哲理的,是对当时的急功近利,浅尝辄止的浮躁学风的一种批判,至今有深刻的现实意义。王文濡言:“博观约取,厚积薄发,尽学之能事矣。世有轻用而限于小成者,盍读此篇。”(《评校音注古文辞类纂》卷三十二)黄裳亦云:“盖为不务学者戒也。”(《黄氏日钞》卷六十二)

本文艺术上颇具特色:

一、全篇逻辑严谨,以一“早”而“不足”贯穿全篇。林纾评:“入手说稼,即痛言‘早’字之弊。种不及时,早也;不待其熟,亦早也。不及时者,学不充也;不待熟者,学不实也。……直待到叙及同年,彼此争以早达为恨。”(《古文辞类纂选本》卷六)

二、此说理文章颇具形象性及论辩性。开章托物发端,以稼喻人才。文中多处使用比喻,如“以待其成者”,“闵闵焉如婴儿之望长也”,讲知识积累至足之后,则以水满而溢,弓拉满箭则发作比喻;同时,巧用对比,在“稼穑”段,以富人之稼与自己之稼进行对比,在“治学”一段,以古人之学与今人之学进行对比,在形象的对比中,使“博观约取”“厚积薄发”具有深刻的论辩性。孙琮评曰:“笔墨高等,意味无穷。”(《山晓阁选宋大家苏东坡全集》卷六)

三、善用排比、对仗之语,使文气舒缓流转,韵味优美。如“其田美而多,其食足而有余。其田美而多,则可以更休,而地力得全。其食足而有余,则种之常不后时,而敛之常及其熟”等处。

总之,东坡小品文笔锋细腻,娓娓动听,自然隽永,耐人寻味。　(赵慧文)

文　说

吾文如万斛[①]泉源,不择地而出。在平地滔滔汩汩[②],虽一日千里[③]无难。及其与山石曲折,随物赋形[④],而不可知也。所可知者,常行于所当行,常止于不可不止,如是而已[⑤]矣。其他，虽吾亦不能知也。

〔注〕 ① 万斛(hú)：形容极多。斛，量器名，南宋前十斗为一斛，南宋末以五斗为一斛。② 滔滔汩(gǔ)汩：滔滔，大水奔流的样子。汩汩，形容水流的声音。 ③ 一日千里：这里形容流速极快。 ④ 随物赋形：指针对客观事物本身的不同形态给予形象生动的描绘。 ⑤ 如是而已：像这样罢了。

《文说》，有的苏轼文集也题作《自评文》。是作者对自己的文学创作，特别是散文的评论。至于这番话是何时讲的，在什么情况下讲的，又是讲给谁的，今天我们已经无从知晓，但是有一点可以肯定，苏轼讲这番话，理应在他的散文成就已经斐然，已经成为古文大家，文章风格已经形成，并且创作经验已经十分丰富的时期，亦即晚年，才合情理。否则，条件尚不成熟，文声尚不彰显时，苏轼是不会那样“尊大”的。

《宋史·苏轼传》中载有这样一段文字：“尝自谓‘作文如行云流水，初无定质，但常行于所当行，止于所不可不止。’虽嬉笑怒骂之辞，皆可书而诵之。其体浑涵光芒，雄视百代，有文章以来，盖亦鲜矣。”这是对苏轼文章概括而公允的评价，不妨与苏轼的《文说》参读。

我们可以把《文说》看成是一篇完整而独立的文学作品，它讲得很精辟，道出了苏轼散文的主要特点、独特风格。

从内容到形式，欣赏本文要抓住以下几点：

一、文章首先强调的是“吾文如万斛泉源”。这是说作者要热爱生活，要有创作的冲动和激情，对客观事物能产生强烈的感受，这种感受应是个性化的独特的体悟，对社会现实要有特殊的嗅觉和敏感，要有个人的远见卓识和新鲜见解。这样才能撰写识见独到的政论和史论、辞藻繁富的文赋、诗情画意的游记、感情洋溢的颂赞、立意精警的序跋、雄辩滔滔的奏议、简约庄重的文诏、机杼独抒的杂著和感情深挚的家书。如果不学无术、胸无点墨，仅凭写作技巧，是写不出好文章的，无法涛翻浪涌，汪洋浩瀚，也无法烟波生色，草木含情。苏轼的散文热情奔放，气势雄浑，自然率真，想象丰富，挥洒自如，素有“浑涵光芒，雄视百代”的称誉，代表有宋一代古文的最高成就。

二、本文倡导的是一种天机洋溢的自然美，倡导自由表达，崇尚文理自然。但这不等于创作没有艺术规律可循，只是表示“文无定法”，不能“屈折拳曲，以合规绳”(《送水丘秀才叙》)。苏轼在《书蒲永升画后》中是这样说的：“画奔湍巨浪，与山石曲折，随物赋形，尽水之变，号称神逸。”与本文所说是一致的，他自谓文章“如行云流水，初无定质”(《答谢民师书》)，也与本篇相一致。至于“常行于所当行，常止于不可不止”，这种提法即符合一种文艺创作规律，也是作者最可宝贵的经验之谈。这其中就包含着一种敢于革新独创的精神，要靠自身的文学实践闯出一条创作的新路来。

三、就表现形式来看，通篇使用比喻，用形象的艺术手段，生动表达了较为抽象的内容，收到了很好的效果。如用“万斛泉源”，比作充沛的感情和充实的内容；用“山石曲折，随物赋形”，比作“文无定法”，无固定模式，应随体而异，应根据表现对象的不同而寻求与之相适应的形式。而“常行于所当行，常止于不可不止”，本身即是一种艺术创作规律。“其他，虽吾亦不能知也”，是表示有些创作规律尚未掌握，还需要继续摸索、探讨。本文体制虽小，仅七十余字，内容却很丰富，写得汪洋恣肆。

四、大而言之，“文如其人”。一个作家文风的形成，有着多方面的因素。诸如个人所受的教育和学养、前辈作家的文学理论和写作经验、自身的文学实践和其他门类的艺术实践（如书法、绘画等），以及自身的文学主张、学术思想和独特的审美追求，等等。其中最重要的应是本人的文学主张对其个人创作所起的潜移默化的作用。苏轼的创作实践体现了他的文艺观。他重视文学的社会功能，文章要“有为而作”，应“言必中当世之过”（《凫绎先生文集叙》）。他强调作者要有充实的生活感受，以期“充满勃郁而见于外”（《江行唱和集叙》），或“杂然有触于中，而发于咏叹”（同上）。苏轼所追求的自然美，是平和奇、枯淡和绚烂的浑然统一，是一种天然的艺术美。他勇于革新独创，所谓“出新意于法度之中，寄妙理于豪放之外”（《书吴道子画后》），而不为固定的模式所拘囿。苏轼重视文笔技巧的翻新，他用“求物之妙如系风捕影，能使是物了然于心”，进一步做到“了然于口与手”（《答谢民师书》），这都触及了文艺创作的特殊规律。苏轼的许多作品，正是这种审美追求的体现。

五、苏轼的这篇《文说》颇具实践意义和理论价值，因此对后世产生不小的影响，后来引用此文或评论此文者，代不乏人。如金王若虚《文辨三》：“东坡自言其文如万斛泉源，不择地而滔滔汩汩，一日千里无难，及其与山石曲折，随物赋形，而不自知所之者。”清赵翼《瓯北诗话·黄山谷诗》：“东坡随物赋形，信笔挥洒，不拘一格。”苏文长期沾溉后学，他那随手挥洒，涉笔成趣的短文随笔，更开明清小品文的先声。

（李如鸾）

三槐堂铭[①]并叙

天[②]可必乎？贤者不必贵，仁者不必寿。天不可必乎？仁者必有后。二者将安取衷[③]哉？吾闻之申包胥[④]曰："人众者胜天，天定亦能胜人。"世之论天者，皆不待其定而求之，故以天为茫茫。善者以怠，恶者以肆。盗跖[⑤]之寿，孔、颜之厄[⑥]，此皆天之未定者也。松柏生于山林，其始也，困于蓬蒿，厄于牛羊；而其终也，贯[⑦]四时，阅千岁而不改者，其天定也。善恶之报，至于子孙，则其定也久矣。吾以所见所闻所传闻考之，而其可必也审矣。

国之将兴，必有世德之臣，厚施而不食其报，然后其子孙能与守文太平之主，共天下之福。故兵部侍郎晋国王公[⑧]，显于汉、周之际，历事太祖、太宗，文武忠孝，天下望以为相，而公卒以直道不容于时。盖尝手植三槐于庭，曰："吾子孙必有为三公[⑨]者。"已而其子魏国文正公[⑩]，相真宗皇帝于景德、祥符[⑪]之间。朝廷清明天下无事之时，享其福禄荣名者十有八年。今夫寓物于人，明日而取之，有得有否；而晋公修德于身，责报于天，取必于数十年之后，如持左契[⑫]，交手相付。吾是以知天之果可必也。

吾不及[⑬]见魏公，而见其子懿敏公[⑭]，以直谏事仁宗[⑮]皇帝，出入侍从将帅三十余年，位不满其德。天将复兴王氏也欤？何其子孙之多贤也。世有以晋公比李栖筠[⑯]者，其雄才直气，真不相上下。而栖筠之子吉甫[⑰]，其孙德裕[⑱]，功名富贵，略与王氏等，而忠恕仁厚，不及魏公父子。由此观之，王氏之福盖未艾[⑲]也。懿敏公之子巩[⑳]，与吾游，好德而文，以世其家。吾以是录之。铭曰：

呜呼休哉[㉑]！魏公之业，与槐俱萌[㉒]；封植之勤，必世乃成。既相真宗，四方砥平[㉓]。归视其家，槐阴满庭。吾侪小人，朝不及夕。相时射利，皇[㉔]恤厥德；庶几侥幸，不种而获。不有君子，其何能国？王城[㉕]之东，晋公所庐；郁郁三槐，惟德之符，呜呼休哉！

〔注〕 ① 铭：是一种称颂功德或者警戒自省的韵文，多刻于金石器物之上。但是铭这种

文体，到了唐宋古文家的手中，又突破了四言韵语的形式，有用散行韵语的，也有不用韵的。苏轼这篇《三槐堂铭》用的是四言韵语。　② 天：古人认为天是有意志的最高权威，为万物主宰。这里指天的意志。　③ 衷：正，正确。　④ 申包胥：春秋时楚国大夫。据史书记载，楚国的伍子胥为报杀父之仇，准备投奔吴国借兵攻楚，申包胥曾对伍子胥说了本文中引用的一段话。⑤ 盗跖(zhí)：跖，据传为春秋末期人，曾率众数千人攻城略地，横行一时。旧时被诬为“盗”。⑥ 孔、颜之厄：春秋末期，孔子与其徒颜回等人在游说各国诸侯的途中曾被困于陈、蔡之间。孔、颜，孔子和颜回。　⑦ 贯：贯穿、经历。　⑧ 晋国王公：指王祐。　⑨ 三公：宋代以太尉、司徒、司空为三公，此为朝廷重臣的泛称。　⑩ 魏国文正公：王旦，王祐的次子。真宗时官至工部尚书、同中书门下平章事，封魏国公，死后谥文正。　⑪ 景德、祥符：都是宋真宗年号。祥符，全称“大中祥符”，此为略称。　⑫ 左契：古代的契约分为左右两联，债权人持左联，债务人持右联，索债时需两联当面验对。　⑬ 不及：没有赶上。苏轼为宋仁宗时生人，当时王旦已经过世。　⑭ 懿敏公：王素，王旦之子，累官至工部尚书。为人刚正不阿，不避权贵。　⑮ 仁宗：宋仁宗(1023—1063 年在位)。　⑯ 李栖筠：字贞一，世为赵郡赞皇(今属河北)人。唐时举进士高第，累进工部侍郎。　⑰ 吉甫：李吉甫，字弘宪，唐宪宗时两度为相。　⑱ 德裕：李德裕，吉甫之子。唐武宗时自淮南节度使入相，封卫国公。宣宗立，遭人打击，贬官潮州、崖州，卒于贬所。　⑲ 艾：停止。　⑳ 巩：王巩，王素之子，号清虚先生，擅作长诗，是苏轼的诗友。㉑ 休哉：美好，这是古代赞、颂一类文体常用的套语。　㉒ 荫：引申为保护、庇护。　㉓ 砥(dǐ)平：像磨刀石一样平坦。　㉔ 皇：通“遑”，闲暇。　㉕ 王城：指宋朝都城汴京。

北宋初年，尚书兵部侍郎王祐写文章、做官都很出众。他相信王家后代必出公相，于是在院内种下三棵槐树，作为标志。王祐植三槐，是借用三槐喻三公。《周礼·秋官·朝士》中有“面三槐，三公位焉”的记载。所谓三公，是朝廷中三种最高官衔的合称。后来，王祐的儿子王旦果然做了宰相，当时人称“三槐王氏”。苏轼同王旦之孙王巩是朋友，应其请求，宋神宗元丰二年(1079)在湖州任上为王巩家中的“三槐堂”题写了这篇《三槐堂铭》。

本篇由叙和铭两个部分组成。叙是记叙性的文体，主要是讲述写作本篇铭的由来，铭是正文，由四言韵体写成。

为人撰写铭文，一般都是铺叙主人公的功德懿行，但是本文却突兀不凡，以疑问发启，提出自己的困惑：天意到底如何，“必”与“不必”的命运到底又是由什么决定的呢？在现实生活中善有恶报，恶有福受的现象比比皆是，所以，随着因果报应学说的流行，对因果报应——即“天必”“天定”的神不灭理论，也就有越来越多的人提出了疑问。苏轼文首对天道提出诘难，即代表了社会普遍存在的这种疑问，紧紧抓住了读者的注意力。这种写法，正像明人钱丰寰的评语所言：“先以疑词说起，后以正意决之，方见文势曲折之妙。”(《苏文忠公文选》卷六)

接着，苏轼引入古人申包胥的观点来说明自己对这个疑问的看法：天道和人道是相互作用的，互为决定。人们之所以会有“必”与“不必”的疑问，是因为世俗之人在说天道的时候，往往不能等到其最后的时刻就谋求其结果，所以当没有看到自己所希望的结局时，就以为天道茫茫，不能扬善罚恶。如此，为善的人就懒得再做善事，为恶的人却更加肆无忌惮地干坏事。如此观察，自然就出现了"盗跖之寿，孔、颜之厄"这种反常的怪异现象。苏轼认为，这都是因为"天之未定者也"。这就像是松柏初生之时，被蓬蒿遮掩，被牛羊啃食，遭遇很多的磨难和困顿，但是长成之后却能四季常青，挺立千年，这都是天道神明在按照自身的规律行事。有关善恶之报，至于子孙，那也是恒定的。苏轼说他用所见所闻所传闻来核定验证这个道理，感到天道神明昭然若揭，不可更改的。"善恶之报，至于子孙，则其定也久矣"为全文的中心论点。这个论点，与中国传统观念中的"积善""必有余庆"，"积恶""必有余殃"的思想是非常相近的。

第二段，从"国之将兴"至"吾是以知天之果可必也"。它由第一段引接而来，回答文章开头的诘问，以三槐堂的由来和渊源变化为论据，证明"善恶之报，至于子孙，则其定也久矣"的中心论点。苏轼认为，国家将要兴盛的时候，一定会有厚德载道之人臣出现。他们好德为善，不图回报，然后他们的子孙就能和遵守法度的圣主一起享受天下太平的福祉。这是泛说前人"厚施"与后人"得报"，然后具体说明"三槐堂"的由来。王巩的先祖王祜"厚施"，侍奉了太祖、太宗两代皇帝。他文武忠孝，道德高尚，担当宰相之职应该说是众望所归，但终因过于率真而没能如愿，这看起来是"不食其报"。但是他亲手种下三棵槐树，并坚定地说：我的子孙中一定能够出贵为卿相的高官。后来他的儿子王旦果然做了真宗皇帝的宰相并充分享受了景德、祥符年间天下清明治平的幸福和高官厚禄的荣耀。

接下来，文章一个跌宕，批评了世人在报应问题上的浮浅、短见。说现在的人们，图报应恨不得如同做买卖一样，立时交换，唯恐白白做了善事福报落空。而王巩的先祖，却只是注重修炼自己的德行，将回报的事情交付于天道，而且交付于未来。所以他的善报是必然的结果。这是通过进一步论述"善恶之报，至于子孙"和"仁者必有后"，来颂扬王氏的德行，并期许更加光明昌盛的未来。

从"世有以晋公比李栖筠者"至叙结尾，进一步深入论述王氏宗族方兴未艾之势，同时进一步批判世俗对因果报应的偏见。世人有将晋公与李栖筠相比的。苏轼认为他们的志向、才能、品德等都不相上下。但是栖筠的后代们，功名富贵虽然与王氏略等，而忠信仁厚却不及王氏后代。苏轼由此推断，王氏后代的富贵才刚刚开始，更大更光明的前程还在后面。接着，苏轼交待说：懿敏公的儿子王巩因为与我交往，而且道德品性很高，也有才华，一定能够传世其家，所以我就为他写了这篇叙铭。这是介绍写作的缘由。

文章的最后，是正式的铭文。用四言韵语赞颂了王氏三槐的茂盛，德行的昌郁，进一步说明前人栽树，后人乘凉，前人积德，子孙获报的规律。启发人们扬弃浅识短见，不要侥幸能不劳而获，启发人们厚积善德，急功近利之心不可太重。

这篇叙铭，写作方法很独特，视角非常巧妙。

如果仅仅是从三槐堂本身着笔，恐怕是很难引起读者兴趣，有谁会对一个与自己不相干的堂号或者家族感兴趣呢？而且，即使是赞誉又从何下笔才能够躲避开阿谀奉承之嫌，而不至于遭人反感呢？苏轼文章的开头是从人们疑惑最多、最感兴趣的因果报应是否灵验入手，紧紧抓住读者，从而非常自然地引导着人们跟随着他来到三槐堂，听他将王氏家族光荣的历史娓娓道来。这样，轻松游览之中将其所要展现的一一铺陈，尽情勾勒，达到了纪念称誉的目的。

因果报应看似与三槐堂没有什么关系，但是苏轼却找到了其中内在的脉络，以"善恶之报，至于子孙，则其定也久矣"为主论点，以"善恶之报，至于子孙"和"仁者必有后"为其辅助，将其串联在一起。这样，三槐堂王氏成了苏轼论点的论据，同时论点又成了贯穿论据三槐堂王氏的主干，将其前辈的好善施德，子孙的贤良忠厚都一一给予了表述和彰显。使得论点更加坚实可信，使得论据更加丰满生动。

有关因果报应的疑问和解释，历来就有很多。可以说佛教传入中国的历史有多长，那么这个争论就有多久。苏轼的思想显然是受到了佛学的深刻影响，只是他通过王氏家族命运的兴衰沉浮把道理讲得更透彻、更通俗、更生动、更形象罢了。因果报应的思想在剔除其宿命论的糟粕之后，对教育人们洁身自好，谨言慎行，积德行善，以德传家等方面还是很有积极意义的，毕竟"富不过三代"的教训实在是太多、太惨痛了。前人作孽，后代遭殃，前人行善，后代受福的事情也不完全是迷信，自有其人生社会的深层次的道理。为人处事有所敬畏，于社会的避恶扬善促进和谐进步还是有益的。　（傅秋爽）

书蒲永昇画后

古今画水，多作平远细皱。其善者不过能为波头起伏，使人至以手扪之，谓有洼隆[①]，以为至妙矣。然其品格，特与印板水纸争工拙于毫厘间耳。

唐广明[②]中，处士[③]孙位[④]始出新意，画奔湍巨浪，与山石曲折，随物赋形，尽水之变，号称神逸[⑤]。其后蜀人黄筌[⑥]、孙知微[7]皆得其笔法。始知微欲于大慈寺寿宁院[8]壁作湖滩水石四堵[9]，营度经岁，终不肯下笔。一日，仓皇入寺，索笔墨甚急，奋袂如风，须臾而成。作输泻跳蹙之势，汹汹欲崩屋也。知微既死，笔法中绝五十余年。

近岁成都人蒲永昇，嗜酒放浪，性与画会，始作活水，得二孙本意。自黄居寀[10]兄弟、李怀衮[11]之流，皆不及也。王公富人或以势力使之，永昇辄嘻笑舍去。遇其欲画，不择贵贱，顷刻而成。尝与余临寿宁院水，作二十四幅，每夏日挂之高堂素壁，即阴风袭人，毛发为立。永昇今老矣，画亦难得，而世之识真者亦少。如往时董羽[12]、近日常州戚氏画水[13]，世或传宝之。如董、戚之流，可谓死水，未可与永昇同年而语也。元丰三年十二月十八日夜，黄州临皋亭西斋戏书。

〔注〕 ① 洼隆：凹凸。 ② 广明：唐僖宗(李儇)年号(880—881)。 ③ 处士：未仕或不仕的士人。 ④ 孙位：唐代画家，越州会稽(今浙江绍兴)人。黄巢之乱，僖宗奔蜀，孙位随驾避乱入蜀，遂居成都。擅长人物山水，画龙水尤精。曾在蜀中应天、昭觉等寺作壁画，笔势狂纵，极光怪陆离、淋漓酣畅之致。陶元藻《越画见闻》称其"应天画壁，云龙出没，势若飞动"。自号会稽山人，后改名孙遇。 ⑤ 号称神逸：南齐谢赫《古画品录》云画有三品：曰神、曰妙、曰能。唐朱景玄《唐朝名画录》于三品之外，更增逸品。宋邓椿《画继》称："画之逸格，至孙位极矣，后人往往益为狂肆。" ⑥ 黄筌：五代后蜀画家，成都(今属四川)人，字要叔。仕蜀为翰林待诏，累迁如京副使。国亡，与江南布衣徐熙入宋，同隶图画院。善画花竹翎毛，兼工佛道人物、山川龙水。花鸟师刁光；山水师李升；龙水师孙位；集诸家之长，无不精妙。所作花鸟画，与徐熙齐名，人称"黄徐"。元汤厚《古今画鉴》称："花鸟一科，唐之边鸾、宋之徐黄，为古今规式。所谓前无古人、后无来者是也。" ⑦ 孙知微：宋代画家，字太古，蜀之彭山(今属四川)人。善画山水、仙官、星辰、人物。性高介，尝隐居青城山。宋米芾《画史》云："孙知微作星辰，多奇异，不类人间所传，信异人也。……画龙有神彩，不俗也。"元汤厚《古今画鉴》云："孙太古《湖滩水石图》……双幅长轴，中画一石，高数尺，湍流激注，飞涛走雪，听之似觉有声。笔法甚老，黄筌不能过也。" ⑧ 大慈寺寿宁院：在成都。 ⑨ 四堵：墙之四壁。堵，墙。 ⑩ 黄居寀(cǎi)：宋代画家，黄筌之子，字伯鸾。郭若虚《图画见闻志》卷四称其"工画花竹翎毛，默契天真，冥周物理。……状太湖石尤过乃父"。据《十国春秋》载，筌子五人，以画名者：居宝、居寀、居实。黄居寀兄弟，即指此三人。 ⑪ 李怀衮：宋代画家，成都(今属四川)人。工画花竹翎毛，兼善山水。《宣和论画杂评》云："若牛戬、李怀衮之徒，亦以画花鸟为时之所知。" ⑫ 董羽：宋代画家。毗陵(今江苏常州)人，字仲翔。口吃，俗号董哑子。善画龙水海鱼。初事南唐李煜为翰林待诏，后归宋。宋太宗曾令画端拱楼下龙水四壁。后画水于玉堂北壁。《宣和论画杂评》云："宋董羽遂以龙水得名于时。" ⑬ 戚氏画水：宋常州人中善画水者有戚化元、戚文秀。《图绘宝鉴补遗》称戚化元家世画水；郭若虚《图画见闻志》卷四称戚文秀"工画水，笔力调畅"。尝画

清济灌河图,旁题云:"中有一笔长五丈。"

《书蒲永昇画后》题一作《画水记》,作于元丰三年(1080)苏轼贬居黄州期间。这是苏轼为蒲永昇画所作的一篇题跋,也是苏轼的一篇画论。蒲永昇是苏轼的同乡,也是朋友。苏轼对他的画品和人品都十分敬慕,对他的身世也寄予深厚的同情,颇有一些惺惺相惜之意。此文中提到"永昇今老矣",其后未久,苏轼在一封给友人的信中提到"旧收得蜀人蒲永昇山水四轴,亦近岁名笔,其人已亡矣"(《与赵昶晦之》),这封信应该也是作于贬居黄州期间,因为信中谈到"某亦甚乐此,安土忘怀,一如本是黄州人,元不出仕而已",足见苏轼作《书蒲永昇画后》未久,其人即已谢世。蒲永昇的画超尘绝俗,本可独步一时,却竟湮没无闻。几乎只有在苏轼的文章中记述了他的一些事迹,此外并无片言只语。即使有些图书著录了蒲永昇其人,也只是转引苏轼文章中的话而已。这位才华横溢的画家,他既枯槁当年,也不曾留名身后,竟自悄然沉没于历史的长河之中。所幸的是还留下了苏轼为他的画所作的这篇题跋,令千百年后,人们还能领略他那"落笔惊风雨"的画作,依稀看到了这位身怀绝技、埋没草野、放浪形骸、桀骜不驯的画家的身影。

宋代是中国文人写意画的自觉时代,不求工笔细描的逼肖,而追求超乎象外的神韵。古人论画有六法,其一便是气韵生动。宋郭熙《画意》阐发其义:"世徒知人之有神,而不知物之有神,此(郭)若虚(《图画见闻志》的作者)深鄙众工,谓'虽曰画而非画'者,盖止能传其形,而不能传其神也。故画法气韵生动为第一……"苏轼则有论画名句:"论画以形似,见与儿童邻。"(《书鄢陵王主簿所画折枝二首》)他亦渊源有自,欧阳修即曾有云:"古画画意不画形","忘形得意知者寡"(《盘车图》)。他们都将"神似"看得重于"形似",这体现了一种天人合一的灵犀默契,所谓云峰石迹,迥出天机,笔意纵横,参乎造化,非一点一笔求诸绳矩的画工所可同日而语。苏轼曾经专论画之形理:"世之工人,或能曲尽其形;而至于其理,非高人逸才不能辨"(《净因院画记》),理者,自然造化也,而画家所要把握的正是大自然的生命律动。

《书蒲永昇画后》专论画水,先说死水,后说活水,轩轾自见,对垒分明;由画及人,有论有史,钩隐抉微,真筌乃现。《苏长公合作》补卷下引王圣俞云:"东坡善画,故知画;知画,故言入底里。"而其中蕴涵的人世荣枯之理,又令人感慨弥深。

首段从反面着笔,拈出死水,以为鹄的。"古今画水,多作平远细皱",这是古今相沿、耳目所习的画法,虽然中规中矩,却奄奄无生气,恰应了郭熙的至理名言:“水不潺湲则谓之死水。”(《画训》)那些画得好的,不过能画出波浪起伏,以致使人仿佛觉得用手扪之,似有凹凸之感,如此便以为至善至妙了。寥寥数言,将画工匠气形容曲尽。以下总收一笔,奇峰突起,发聋振聩,断言:“然其品格,特与印板水纸争工拙于毫厘间耳。”古人论画有三病:曰板、曰刻、曰结;而印板水纸式的画,不免几于三病矣。作家辞锋凌厉,颇有一些睥睨传统的叛逆姿态。这是一段从反面铺垫的笔墨。

次段从正面着笔,写活水,写创意,纵观画史,溯本求源,着重写了创新意的两位画坛怪杰——蜀之二孙。一位便是孙位,“唐广明中,处士孙位始出新意”,落墨无端,元气淋漓,画奔湍巨浪,崩崖裂石,飞涛走雪,随着大自然的鬼斧神工而赋予水不同的形态,极尽水之千变万化之能事,号称神逸之品。可圈可点的就在一个“活”字,当其泼墨挥毫之际,水挟风至,波翻浪涌,奔腾咆哮,有生命,有个性,充分显示了画家狂恣的艺术品位。元汤厚《古今画鉴》云:“蜀人画山水人物,皆以孙位为师,龙水尤为所长者也。……尝见孙位水宫图,鱼龙出没于海涛,神思变灭于云汉,览之凛凛然,真杰作也。”另外一位便是孙知微,“始知微欲于大慈寺寿宁院壁,作湖滩水石四堵,营度经岁,终不肯下笔。一日,仓皇入寺,索笔墨甚急,奋袂如风,须臾而成”。写知微,着重刻画其创作灵感,一种稍纵即逝的神来之笔。这是中国文人写意派画之真筌,不须精描细刻,一旦捕捉到了那超乎象外的神韵,运笔如风,一挥而就。这是“性与画会”——一种物我同化的创作激情的迸发,画家所可能达到的创作的最佳巅峰状态。苏轼在诗文中多次予以描述:“当其下笔风雨快,笔所未到气已吞。”(《王维吴道子画》)“故画竹必先得成竹于胸中,执笔熟视,乃见其所欲画者,急起从之,振笔直遂,以追其所见,如兔起鹘落,少纵则逝矣。”(《文与可画筼筜谷偃竹记》)知微的画“作输泻跳蹙之势,汹汹欲崩屋也”,极写惊湍飞瀑,水石相激,迸玉溅珠之状,足以骇心眩目。苏轼《雪浪斋铭并引》云:“尽水之变蜀两孙,当不传者归九原。”一瓣心香,寄予无限遥思渴慕之意。“知微既死,笔法中绝五十余年。”斯人已逝,后来者谁?这是一段从正面铺垫的笔墨。

三段,千皴万染,方始托出作家寓意的主人公。“近岁成都人蒲永昇,嗜酒放浪,性与画会,始作活水,得二孙本意。”一个放浪不羁的酒徒,绘画就是他的生命,沉浸于物我同化的痴狂状态,得画活水之真谛,成为蜀之二孙的真正传人。“自黄居寀兄弟、李怀衮之流,皆不及也”,其中,无限感慨存焉。黄居寀、李怀衮都是当时的知名画家,即如黄居寀,郭若虚《图画见闻志》记载:黄居寀“始事孟蜀为翰林待诏,与父筌俱蒙恩遇,图画殿庭墙壁、宫闱屏障,不可胜记”。归宋后,

“太宗皇帝尤加眷遇，供进图画，恩宠优异，仍委之搜访名踪，铨定品目”。黄氏父子两朝为宫廷画师，所画多是禁苑中的珍禽瑞鸟、奇花怪石，所以谚云：“黄家富贵，徐熙野逸。”他们供奉宫廷，声名赫赫，安富尊荣，俨然画坛泰斗。对比僻处草野、浪迹江湖的画家蒲永昇，真是荣枯各异、判若云泥了。而苏轼则独具慧眼，不甘随俗俯仰，与世沉浮，颇有一些反时尚、反潮流的勇气，不免惊世骇俗，认为这些大红大紫的衮衮诸公，其实还比不上一介草民蒲永昇。“王公富人或以势力使之，永昇辄嘻笑舍去。”如此一副狂傲狷介、玩世不恭的脾性，又怎么能趋时媚上、充当宫廷画师？“遇其欲画，不择贵贱，顷刻而成。”永昇只是忠实于艺术，不弃贫贱，粪土王侯，我行我素，灵感来时，一气呵成。苏轼满怀深情地记述了他与这位同乡的交游，以及对他的画作的激赏。“尝与余临寿宁院水，作二十四幅，每夏日挂之高堂素壁，即阴风袭人，毛发为立。”所临的寿宁院水，就是孙知微所画的湖滩水石图，白浪滔天，素练飞悬，艺术魅力一至于此，竟然能够使人感到阴风砭人，一凉到骨。苏轼《与鞠持正二首（之一）》云：“蜀人蒲永昇临孙知微《水图》四面颇为雄爽。杜子美所谓‘白波吹素壁’者，愿挂公斋中，真可以一洗残暑也。”以下感慨系之，笔带悲凉。“永昇今老矣，画亦难得，而世之识真者亦少。”其中寄寓了多少人生遇与不遇于时的悲叹，英雄失路，美人迟暮，都是同类的人生悲剧。一代丹青妙手，不免蹉跎老去，画作亦渐湮没无闻，所存寥若晨星，他所面临的是寂寥的人间世。务虚名、歆美利，乃是世俗之常态，不过人云亦云、人趋亦趋、趁风头、赶热闹而已，又有几个人能够识真？令人不禁怆然涕下，伤知音之难求。“如往时董羽、近日常州戚氏画水，世或传宝之。如董、戚之流，可谓死水，未可与永昇同年而语也。”董羽也是为皇帝画宫廷壁画的，虽然得名于时，但是汤厚《古今画鉴》引米芾语：“元章云（引自米芾《画史》）‘董羽龙似鱼’……真知言哉！”苏轼则直斥董、戚之流为“死水”。可悲的是，此种赝品，却得蹿红走俏，大行其时，令人不免有“今日有谁怜骏骨”之叹。言至于此，也就无怪乎苏轼要挥斥方遒了。

在一个岁末的夜晚，枯坐于黄州临皋亭——这个水驿官亭的西斋，思潮起伏伴随着江涛澎湃，戏书此文。谓之“戏书”，带有一些自嘲自怜的无奈，浮生若梦，多少缺失，多少遗憾，只能以戏笔书悲怆了。

（林　薇）

书吴道子画后

知者创物，能者述焉[①]，非一人而成也。君子之于学，百工之于技，自三代历汉至唐而备[②]矣。故诗至于杜子美[③]，文至于韩退之[④]，书至于颜鲁公[⑤]，画至于吴道子[⑥]，而古今之变，天下之能事毕矣。

道子画人物，如以灯取影⑦，逆来顺往，旁见侧出，横斜平直，各相乘除，得自然之数，不差毫末。出新意于法度⑧之中，寄妙理于豪放之外，所谓游刃余地⑨，运斤成风⑩，盖古今一人而已。

余于他画，或不能必主其名⑪，至于道子，望而知其真伪也。然世罕有真者，如史全叔所藏，平生盖一二见而已。元丰⑫八年十一月七日书。

〔注〕 ①"知者"二句：语出《周礼·考工记》。知，同"智"。述，遵循，继承。 ②备：完善。 ③杜子美：杜甫，唐代大诗人。 ④韩退之：韩愈，唐代文学家。为"唐宋八大家"之首。 ⑤颜鲁公：颜真卿，唐代书法家。 ⑥吴道子：唐代画家。阳翟(今河南禹州)人，又名道玄。曾任小吏，漫游洛阳时，玄宗闻其名，任以内教博士。擅画佛道人物与山水，曾在长安、洛阳寺观作佛道宗教壁画三百余间，情状各异。《历代名画记》评其"笔才一二，象已应焉。" ⑦以灯取影：喻技法纯熟，如夜晚点灯，其影立现。 ⑧法度：规矩。 ⑨游刃余地：用庖丁解牛的典故，比喻技术熟练。《庄子·养生主》说：有厨师宰牛技术极熟练，文惠君问何以如此，他说："恢恢乎，其于游刃必有余地矣。" ⑩运斤成风：用快斧除白粉不伤鼻子的典故，比喻技术高超。《庄子·徐无鬼》：郑人用白灰敷鼻端，使匠人用斧砍灰，匠人一斧除去白灰而鼻子不伤。 ⑪必主其名：肯定其作者。 ⑫元丰：宋神宗赵顼年号(1078—1085)。

此篇散文虽名《书吴道子画后》，但并不单纯评吴道子之画，而是对整个文艺创作提出了一个重要的理论——智者创造，能者继承；达到古今之变，必须"出新意于法度之中"。这就是关于文学艺术的继承与创新问题。这一观点在刘勰的《文心雕龙·通变》篇中强调：既要"通"(继承)，也要"变"(创新)。其论道："名理有常，体必资于故实；通变无方，数必酌于新声。故能骋无穷之路，饮不竭之源。"意即文学艺术体制是比较固定的，创作一定要继承前人的实践经验，更应适应时代的需要进行创新，表现新的声音，新的风格。如此才能奔驰在无穷无尽的创作道路上，汲取永不枯竭的创作源泉。苏轼此文更强调了"创新"。

全文分为三段：

第一段，主要谈智者创造，能者继承，"非一人而成"，这样"古今之变"，"天下之能事"才能完善。在此举出杜甫之诗、韩愈之文、颜真卿之书、吴道子之画为例。杜诗在内容上深刻而广泛地反映了唐代社会风貌，展示了唐由盛而衰的历史过程，故有"诗史"之誉；在诗体上开创了"即事名篇"的新乐府、歌行体。吴乔在《围炉诗话》卷一中说："人于顺逆境遇所动情思，皆是诗材；子美之诗多得于此。”韩愈之文力倡“唯陈言之务去”，反对六朝以来的骈偶文风，其散文在继承先秦两汉古文的基础上，加以创新和发展，气势雄健。颜真卿之书，正楷端庄雄伟，气势开张，行书遒劲郁勃，古法为之一变，开创了新风格，对后世影响很大，人称“颜体”。在这段里所举之杜诗、韩文、颜书、吴画等已蕴含着“出新意于法度之中”的理论。黄震《黄氏日钞》卷六二曰：“‘诗至于杜子美，文至于韩退之，书至于颜鲁公，画至于吴道子，古今之变，天下之能事毕矣。’此东坡博学高识知味之言，然大要引三君子以重道子也。”

第二段，以吴道子之画作重点，论述“古今之变”关键在于“出新意于法度之中”，并且赞誉吴道子之画“盖古今一人而已”。《唐宋八家文读本》卷二十四：“举一画而他可类推。道子之画，子瞻之评，唯圣神于此艺者能之。”苏轼本人亦是丹青高手，论画自有卓见。他评吴画精深细致，言其人物画“如以灯取影，逆来顺往，旁见侧出，横斜平直，各相乘除，得自然之数，不差毫末”。此谈其笔法高超纯熟，自然生动，注重骨法与气韵。落笔或自臂起或从足先，都能不失尺度；写佛像圆光、屋宇栋梁或弯弓挺刃，不用圆规矩尺，一笔挥就。文中对吴道子画技绝妙作了深刻的总结——“出新意于法度之中，寄妙理于豪放之外”，言其绘画重视法度，更重视创新；作画有豪放风格，更将诗意哲理寄寓其间。苏轼在《凤翔八观》中评吴画时说：“道子实雄放，浩如海波翻。当其下手风雨快，笔所未到气已吞。”吴道子绘画创新，在画界有“吴带当风”及“吴装”之誉。“吴带当风”指他用状如兰叶或状如莼菜条的笔法来表现衣褶，笔势圆转，有飘举之势。此与北朝齐曹仲达笔法稠迭，衣服紧窄，绝不相属，后人称为“吴带当风，曹衣出水”，吴氏此种笔法风格影响到雕塑、铸像。“吴装”亦是道子的又一“新意”，即用焦墨勾线，略加淡彩设色，笔迹洗练劲爽。《图画见闻志》卷一《论吴生设色》：“尝观（吴道子）所画墙壁画轴，落笔雄劲而敷彩简淡。”这种淡着色风格，不仅影响后世人物画，并引申其义称浅绛山水为“吴装”，可见“出新意于法度之中”是为至评。这一段文字正面写题意，与第一段文意交融，深化了题旨。

第三段，谈自己对吴道子画极为谙熟，望而知其真伪。故王圣俞评选《苏长公小品》曰：“东坡善画，故知画；知画，故言入底里。”（引自《苏文汇评》126页）

本篇艺术特色之一，是采用类比法，将吴画与杜诗、韩文、颜书并列比衬，更可道出吴道子笔法高超，画境绝妙，堪称“画圣”。

特色之二，文中化典活脱，善用比喻，行文生动，言简意赅。如“以灯取影”喻技艺纯熟，以“游刃余地”“运斤成风”，喻绘画之炉火纯青的绝妙境界。

（赵慧文）

书黄子思[①]诗集后

予尝论书[②]，以谓钟、王[③]之迹，萧散简远[④]，妙在笔画之外[⑤]。至唐颜、柳[⑥]，始集古今笔法而尽发之，极书之变[⑦]，天下翕然[⑧]以为宗师[⑨]，而钟、王之法益微。

至于诗亦然。苏、李[⑩]之天成[⑪]，曹、刘[⑫]之自得[⑬]，陶、谢[⑭]之超然[⑮]，盖亦至矣[⑯]。而李太白[⑰]、杜子美[⑱]，以英玮绝世[⑲]之姿，凌跨百代[⑳]，古今诗人尽废[㉑]。然魏晋以来，高风绝尘，亦少衰矣[㉒]。李、杜之后，诗人继作，虽间有远韵[㉓]，而才不逮意[㉔]。独韦应物[㉕]、柳宗元[㉖]发纤秾于简古[㉗]，寄至味于澹泊[㉘]，非余子[㉙]所及也。唐末司空图[㉚]，崎岖[㉛]兵乱之间，而诗文高雅，犹有承平[㉜]之遗风。其论诗曰："梅止于酸，盐止于咸。饮食不可无盐梅，而其美常在咸酸之外[㉝]。"盖自列其诗之有得于文字之表者[㉞]二十四韵[㉟]，恨当时不识其妙。予三复[㊱]其言而悲[㊲]之。

闽人黄子思，庆历[㊳]、皇祐[㊴]间号能文者[㊵]。予尝闻前辈诵其诗，每得佳句妙语，反复数四[㊶]，乃识其所谓[㊷]。信乎表圣之言，美在咸酸之外，可以一唱而三叹也。予既与其子几道[㊸]、其孙师是[㊹]游，得窥[㊺]其家集。而子思笃行高志[㊻]，为吏有异材，见于墓志详矣，予不复论，独评其诗如此。

（以上苏轼文据《四部丛刊》本《经进东坡文集事略》，许逸民点校）

〔注〕 ① 黄子思：宋代诗人，名孝先，字子思，建州浦城（今属福建）人。天圣二年（1024）进士。为广州尉，改宿州司理。以善洽狱迁大理寺丞，知咸阳县，移绵竹。官终太常博士、通判石州。其孙黄寔的女儿嫁给苏辙之子苏远为妻，故与苏轼为姻亲。所著诗二十卷，已佚，今只存苏轼为其写的跋《书黄子思诗集后》。事迹见《能改斋漫录》卷一七、《嘉靖建宁府志》卷一五。 ② 书：指书法。 ③ 钟、王：钟，指钟繇，字符常，三国时魏国颍川（今河南许昌）人。魏明帝时官至太傅，是古代著名的书法家，兼善各体，尤精隶书、楷书。庾肩吾《书品》："钟天然第一，工夫次之。"梁武帝《书评》谓其书"若群鸿嬉海，舞鹤游天"。王，指王羲之，字逸少，琅邪临沂（今山东临沂北）人。官至右军将军，人称"王右军"，为晋代大书法家，真、行、草、隶俱佳，后人推为"书圣"。 ④ 萧散简远：指书法的风格萧闲疏散、简略幽远。 ⑤ 笔画之外：指书法在笔画之外所反映的意趣和情态，即笔外之意。 ⑥ 颜、柳：颜，指颜真卿，字清臣，京兆长安（今陕西西安）人，唐开元二十二年进士，官至太子太师，后封鲁郡开国公，史称"颜鲁公"。他是唐代著名的大书法家，殷亮《颜鲁公行状》称其"楷书绝妙"，世称"颜体"。柳，指柳公权，京兆华原（今陕西铜川市耀州区）人，元和三年登进士第，后官至工部尚书，以太子太保致仕。为唐代大书法

家，其书法自成一家，与颜真卿并称为“颜柳”，当时公卿大夫家碑板，不得柳公权手笔者，人以为不孝。⑦极书之变：极尽书法的变化。⑧翕(xī)然：形容言论、行为一致。⑨宗师：指受人尊崇、奉为师表的人。⑩苏、李：苏，指苏武，字子卿，西汉时期杜陵(今陕西西安东)人，为西汉名臣，汉武帝时曾出使匈奴被扣十九年后乃返。李，指李陵，西汉时期陇西成纪(今甘肃秦安)人，名将李广之孙。与匈奴战，力竭而降。相传苏、李曾互作诗相赠答，为五言之祖。学者多认为是伪作。⑪天成：谓其诗作自然而不雕饰。⑫曹、刘：曹，指曹植，字子建，汉、魏间著名文学家，曹操第四子，著作繁富，为建安作家之最，其诗文前期俊爽华赡，后期幽思深广，后人号称“绣虎”。刘，指刘桢，字公斡，东汉末诗人，建安七子之一，东平宁阳(今属山东)人。曹植与刘桢并称始见于钟嵘《诗品》：“次有轻浮之徒，笑曹刘为古拙。”⑬自得：谓诗作发于心声，不依法度，与上句“天成”相照应。⑭陶、谢：陶，指陶渊明，晋、宋间诗人，散文家，自号“五柳先生”，其诗开田园一派。谢，指谢灵运，晋宋间诗人。十八岁袭康乐公，世人又称“谢康乐”，为山水诗派之祖，时称“谢灵运体”。另一说指谢朓，字玄晖，陈郡阳夏(今河南太康)人，南朝齐诗人，与谢灵运同族，亦以山水诗著名，人称“小谢”，因曾任宣城太守，又称“谢宣城”。⑮超然：指意境与语句自然、超脱。⑯盖亦至矣：都是极具代表性的。⑰李太白：即李白，字太白，号青莲居士。祖籍自称陇西成纪(今甘肃秦安东)，天宝初曾供奉翰林，唐代大诗人，所作诗歌飘逸豪放。⑱杜子美：即杜甫，字子美，自称少陵野老。唐代大诗人。先世原籍襄阳(今属湖北)，迁居巩县(今河南巩义西南)。官至工部员外郎，世称“杜工部”。其诗风沉郁顿挫，全面反映当时社会现实，世称“诗史”，与李白并称“李杜”。⑲英玮绝世：卓然出众，举世无与匹配。⑳凌跨百代：超越百世。㉑尽废：意谓相比之下不值一提。㉒高风绝尘，亦少衰矣：指潇洒高洁的风度与超然出世的韵致，也渐渐地衰落了。㉓间有远韵：间或也有意旨深远的诗篇。㉔才不逮意：才力不能把意蕴完全地表达出来。㉕韦应物：唐代京兆万年(今陕西西安)人。曾任江州、苏州刺史，故称“韦江州”“韦苏州”，诗歌以写田园风物著名，风格“真而不朴，华而不绮”。㉖柳宗元：字子厚，祖籍河东(今山西永济)人，唐代著名文学家，参与王叔文改革，失败后被贬永州、柳州，世称“柳河东”或“柳柳州”，同韩愈一起倡导古文运动，为“唐宋八大家”之一，世称“韩柳”，诗风冷峻清峭。㉗发纤秾于简古：以质朴古雅的语言抒发细微浓郁的感情。纤，细微。秾，原指草木繁茂状，此指浓郁。㉘寄至味于澹泊：在朴实自然的风格之中寄托深远的韵味。澹泊，原指恬静寡欲不求名利，这里指朴实自然的风格。㉙余子：其余的人。㉚司空图：字表圣，河中虞乡(今山西永济)人，唐末诗人、理论家，其论诗强调“韵外之致”“味外之旨”，著有《司空表圣文集》。㉛崎岖：原指地面高低不平貌。这里喻指颠沛流浪、处境困难。㉜承平：太平年代。㉝“其论诗曰”五句：乃苏轼对司空图诗论的概括转述，原话出自《与李生论诗书》：“文之难，而诗之难尤难。古今之喻多矣，而愚以为辨于味，而后可以言诗也。江岭之南，凡足资于适口者，若醯，非不酸也，止于酸而已；若鹾，非不咸也，止于咸而已。华之人所以充饥而遽辍者，知其咸酸之外，醇美者有所乏耳。彼江岭之人，习之而不辨也，宜哉。”梅止于酸，梅只有酸味。盐止于咸，盐只有咸味。饮食不可无盐梅，而其美常在咸酸之外，饮食不能没有酸味和盐味，但它们的味美常常存在于咸和酸之外。㉞文字之表者：文字之外的意味。㉟二十四韵：过去注家多认为其为司空图的文艺理论著作《二十四诗品》，但现在有学者认为其指的是司空图在《与李生论诗书》中所列自己的自认为有“韵外之致”的二十四联诗。㊱三复：多次考虑。㊲悲：惋惜。㊳庆历：宋仁宗年号(1041—1048)。㊴皇祐：宋仁宗年号(1049—1054)。㊵号能文者：以能写文章著名的人。㊶反复数(shuò)四：反复多次。数四，形容次数极多。㊷乃识其所谓：方才品味出其诗句所蕴含的真正韵味。 ㊸ 几道：指黄好谦，字几道。 ㊹ 师是：指黄寔，字师是，他的女儿嫁给苏辙之子苏远为妻。 ㊺ 窥：原指从小孔、缝隙或隐僻处偷看。这里为看、读的意思。 ㊻ 笃行高志：行为诚挚、志向高尚。

黄子思是宋代的诗人，其诗集今已佚失，今只存苏轼为其所写的跋《书黄子思诗集后》。他的诗歌特色，后人也只能从这篇跋文中窥见一二。根据朱靖华先生的推测，这篇跋文大约写于宋神宗熙宁四年至元丰七年(1071—1084)这十余年间(参见其著《苏轼新评》)。这十多年里，苏轼自通判杭州再知密州、徐州、湖州直至“乌台诗案”被贬黄州，他的诗文创作达到了一个高峰时期，他的书法、绘画技艺也日趋纯熟。这期间他所写的不少论诗、书、画的文章也可看作是他创作的一个理论总结，较能反映他成熟的审美理想与理论主张。这篇跋文就是其中最具代表性的一篇。跋，是指附在书后或诗文后的带有说明性或议论性的文字。按理，这样的文字应该是对作品进行评价，或是对作者的创作作一个概述，一般来说洋溢着赞誉之情。可苏轼却并未遵循常规，而是把这篇文章当作阐述自己诗歌理论主张的平台。

文章以论书法开篇，把魏晋与唐代的书法作比较，苏轼于两者间更推崇魏晋时期钟繇、王羲之的书法。因为他们的书法“萧散简远，妙在笔画之外”，而颜真卿、柳公权虽“极书之变，天下翕然以为宗师”，为古今集大成者，但已经开始失去钟、王那种“妙在笔画之外”的风韵。在这里，他追求的是一种随意挥洒，不受羁绊而求真味在笔画之外的艺术境界。这与他称自己的书法“不及晋人”，而与唐人“仿佛近之”的观点是一致的。之后苏轼从论书过渡到论诗，认为李、杜诗歌虽集古今之大成，“以英玮绝世之姿，凌跨百代”，但还是有所遗憾，因为他认为自此“高风绝尘，亦少衰矣”，而苏轼为什么这么说呢？诗歌与书法自汉末魏晋始成为独立的艺术样式。此时的艺术创作处于初创阶段，并没有什么太多的范式可参考，作者可以发挥自己的艺术想象力来随意进行创造，而这种“天然去雕饰”的质朴古雅并非后人模仿可得。唐代诗歌、书画艺术的成熟与定型正如在苏轼《书吴道子画后》中说的“君子之于学，百工之于技，自三代历汉至唐而备矣。故诗至于杜子美，文至于韩退之，书至于颜鲁公，画至于吴道子，而古今之变，天下之能事毕矣”那样成为集古今大成之高峰，但它所形成的法则与规范，则会产生一种有形或无形的束缚，作者会不知不觉、有意无意地遵守着这种规则进行摹写，在注重笔画线条或格式等外在的形似之余而多忽略其内在的神韵及在形式之外难以极尽的味道。这样，艺术就难免走向衰败。苏轼曾以“书之美者莫如颜鲁公，然书法之坏自鲁公始；诗之美者莫如韩退之，然诗格之变自退之始”(引自《诗人玉屑》)表达了这种担忧。

在这里,苏轼用了一个“远韵”的概念,并举韦应物、柳宗元的诗与司空图的诗论为例加以阐述。其中提出了一个极其重要的理论主张,那就是“发纤秾于简古,寄至味于澹泊”,这是他赞赏韦应物、柳宗元诗风的话语,也表达了他的审美趣味。在他看来,以质朴古雅的语言抒发细微浓郁的感情,在朴实自然的风格之中寄托深远的韵味,也就是在外在的平淡中包含有丰富的意味和理趣,是诗歌创作的最高境界。他在其他场合中也不止一次地阐发类似的主张,如“渊明作诗不多,然其诗质而实绮,癯而实腴。自曹、刘、鲍、谢、李、杜诸人,皆莫及也”(苏辙《子瞻和陶渊明诗集引》中所引苏轼语),“所贵乎枯澹者,谓其外枯而中膏,似淡而实美,渊明、子厚之流是也”(《评韩柳诗》)等,这些都可以看出,苏轼追求一种平淡之美,这平淡不是直白浅陋、枯燥无味,而是表面看来质直枯槁实则内含丰腴的风韵,寄托遥旨,是两者完美的结合。陶渊明、柳宗元与韦应物的诗风正符合了这个审美标准,所以苏轼将其置于其他诗人之上。这种审美趣味的产生是与他的人生经历有关的,政治上的受挫与打击,使他的心境由早年的“气象峥嵘,采色绚烂”而趋于平淡,这种变化也反映到了他的诗歌创作与审美风尚上。之后的被贬海南,“过广州……随行有陶渊明集”(《与吴秀才书》),“流转海外……又书籍举无有,惟陶渊明一集,柳子厚诗文数册,常置左右,目为二友”(《答程全父推官》第三首),这也表明了苏轼晚年对陶、柳一派在平淡中包含“远韵”诗风的推崇,他晚年创作的一百二十首和陶诗,即是明证,周紫芝《竹坡诗话》云:“作诗到平淡处,要似非力所能。东坡尝有书与其侄云:‘大凡为文,当使气象峥嵘,五色绚烂,渐老渐熟,乃造平淡。余以不但为文,作诗者尤当取法于此。’”(《东坡事类》卷二,宋赵令畤《侯鲭录》有类似记载)说得甚是。其实,苏轼的这种审美情趣也反映了宋代诗坛所追求的“平淡”之美的整体倾向。唐诗这座不可逾越的高峰横亘在面前,宋人面对唐诗的丰神情韵,不甘亦步亦趋,而是要试图突破;加之宋代文人多转向自我内心人格、道德的修养,个性内敛而不像唐人那样个性张扬,情感多倾向于理智、平和、淡泊,所以宋诗就呈现出平淡之中见出意韵的风貌。欧阳修、梅尧臣、苏舜钦对平淡之美的倡导,黄庭坚对杜甫晚年诗作平淡境界的追求等,这些代表人物的创作实绩与主张都很明显地说明了这点,所以苏轼的理论并不是无本之木、无源之水,而是具有承前启后的意义。

苏轼的理论主张其实正符合了司空图论诗所说的“梅止于酸,盐止于咸,饮食不可无盐梅,而其美常在咸酸之外”之意,也就是所谓的“远韵”,即言有尽而意无穷,诗歌不能没有形式但又不能太重形式,作诗应以质朴、简雅的文字表现幽深的思想与深厚的情感,并在不经意的平淡形式中传达出浓烈的诗趣。在这里,不难看出苏轼的诗歌理论主张和司空图具有相承性。司空图曾在其诗歌理论代表作《与李生论诗书》中,从韵味的角度来谈诗歌意境的创造,认为好诗必须有"韵外之致""味外之旨",而这"味"乃妙在"咸酸之外",诗句是不能完全涵盖的,必须留下空白之处给读者以联想与回味,从而达到"思与境谐"的艺术"诣极"。这与作者在《与极浦书》中所标举的"象外之象,景外之景"的意思一样的,都是反对意尽于诗,强调意境的创造。之后杨万里的"风味",严羽的"空中之音""水中之月""镜中之像"等也是上接司空图与苏轼的理论而一脉相承。

跋的结尾,苏轼才提到诗集的作者黄子思,但并未以大篇幅来对他的诗文进行评述,或是对他的文学成就做一番激赏,而是简单几句话就表达了自己对他的欣赏。其中"信乎表圣之言,美在咸酸之外,可以一唱而三叹也",把黄子思诗文的特点与自己在前文所提到的自己所欣赏的诗歌审美理想联系了起来,也即赞誉黄子思的作品具有了"远韵"和"韵外之旨"这种极高的艺术境界。所以,这看似不经意的寥寥数笔却给予了黄子思莫大的肯定。这篇文章既花了浓重笔墨来谈论了自己的诗歌理论与审美理想,又巧妙地用极其简省的笔墨对文集的作者给予了极大的赞赏,苏轼文章构思之精巧凸现无遗,其挥洒自如真可谓达到了其在《答谢民师书》中所说的"大略如行云流水,初无定质,但常行于所当行,常止于不可不止,文理自然,姿态横生"的特点。这里,我们甚至分不清,苏轼谈论的诗歌理论主张与黄子思的诗文,谁才是这篇文章的主旨,因为它们是那么完美地融合在一起了。

苏轼是个多才多艺的人,他不仅在诗、词、散文等文学领域,而且在书法、绘画等艺术领域都有巨大的成就。如在散文领域,他与欧阳修并称欧苏;在诗歌的创作上与黄庭坚并称苏黄;在词方面开创了豪放词的写作,与辛弃疾并称苏辛;是文人画的开创者;还居宋代书法四大家之首。像这样的艺术全才在文学史上并不多见。他在书法、绘画方面有不少精辟的见解,并且他认为:各种体裁,各个艺术门类之间存在共同的创作规律,即"物一理也,通其意则无适而不可"(《题跋》卷四《跋君谟飞白》),又如"诗画本一律,天工与清新"(《书鄢陵主簿所画折枝》二首之一)。这种通才也在这篇文章中反映出来,文章以书法喻诗,两者互相打通,显示了苏轼驾驭各种艺术创造的才能。 (刘振娅 刘 城)

文与可飞白赞[1]

呜呼哀哉!与可岂其多好,好奇也欤[2]?抑其不试,故艺也[3]。始余见其诗与文，又得见其行草篆隶[4]也，以为止此矣。既没一年，而复见其飞白。美哉多乎！其尽万物之态也，霏霏[5]乎其若轻云之蔽月，翻翻[6]乎其若长风之卷旆[7]也。猗猗[8]乎其若游丝之萦柳絮，袅袅[9]乎其若流水之舞荇带也。离离[10]乎其远而相属，缩缩[11]乎其近而不隘也。其工至于如此，而余乃今知之，则余之知与可者固无几，而其所不知者，盖不可胜计也。呜呼哀哉！

〔注〕 ① 文与可飞白赞：文与可，名同，梓州永泰(今四川盐亭)人。北宋著名书画家，湖州竹派的代表人物，苏轼的从表兄，曾知洋州、湖州。著有《丹渊集》。飞白，汉字书体的一种，笔画露白，以枯笔所写。相传为后汉蔡邕所创。赞，一种文体，含赞美表彰之意。 ②"与可"二句：谓文与可爱好广泛，难道仅仅好奇吗？ ③"抑其"二句：语出《论语·子罕》："子云：'吾不试，故艺。'"试，用。艺，掌握多种技术。指与可因为才未得世用，故形成各种艺术技能。④ 行草篆隶：四种书法名称，即行书、草书、篆书、隶书。 ⑤ 霏霏：云雾初起貌。 ⑥ 翻翻：翻腾蒸涌貌。 ⑦ 旆(pèi)：旗帜。 ⑧ 猗(yī)猗：柔美貌。 ⑨ 袅袅：摇曳不定貌。⑩ 离离：分披繁茂貌。 ⑪ 缩缩：团成一堆貌。

文与可是北宋著名的书画家，也是苏轼的从表兄，于元丰二年(1079)去世，当时苏轼任湖州知州，曾写了著名的纪念文章《文与可画筼筜谷偃竹记》，通过睹画思人，描述了文与可的音容笑貌，表现其隐居山谷安贫乐道的精神和潜心创作精于画理的艺术造诣，寄托了对亡友的痛悼之情。可是，仅仅过了一年，苏轼也经历了人生的炼狱——乌台诗案，被贬到黄州。虽然遨游江山，叹赏风月，"侣鱼虾而友麋鹿"，日以书画饮酒为乐，貌似放怀旷达，其实多属借酒浇愁，通过诗赋书画来解忧。一天，他偶然发现了文与可的一幅"飞白"字，大为惊异，进而赞叹不已，遂生无穷感慨，于是长歌当哭，挥笔写下了这篇妙文。

这篇短文运用典重的颂赞体来抒写悲情。从内容上看，具有哀情深、赞叹深、感慨深的特点。首尾两句"呜呼哀哉"，相互呼应，倾吐出对亡友的一腔深深哀痛，这种悲情又来源于对文与可"抑其不试，故艺"的人生经历的理解，随即通过发现文与可的飞白书法，赞叹其高超的艺术造诣，来表现其绝世才华。而这样一个卓杰的人才却没世不称，以致像作者这样博学多闻的人对他的技艺也不能全面了解，这是多么深沉的喟叹！文章引用《论语》中孔子的话"吾不试，故艺"来揭示文与可多才多艺却不为世用的遭遇，这又正是天下许多怀才不遇者相同的命运，作者悲叹与可其实也是悲叹自己。这便是浸透全文的情感基调。

从艺术上看，首先，这篇文章最重要的特点是运用精细描写的手法。文与可具有多种艺术才能,作者先前已熟悉其绘画、诗文艺术成就,后来又见到他的行草篆隶,现在竟发现他还有飞白书法。飞白是一种以枯笔所写、笔画露白的汉字书体,相传为后汉蔡邕所创。这种字体的艺术特征很少见形象的描述。因此苏轼紧紧围绕飞白的特点,展开丰富的联想,运用博喻,生动描绘出文与可飞白的艺术成就。文与可的飞白达到了"尽万物之态"的艺术极境:先看形态,那淡墨有如轻烟,又如遮掩明月的轻云,令人想起曹植《洛神赋》中那位体态轻盈飘忽的女神,展现出飞白墨淡露白处清淡飘逸的神韵;看那笔势,遒劲如长风呼啸,旌旗翻卷,奔放飞动,体现出飞白书法那种肆意挥洒、墨气淋漓的气势;再看笔法,则如飘荡的柳絮牵系着一根根飘忽的游丝,又如柔嫩的荇草,飘舞于轻泻的流水清波,更见得飞白既柔婉缠络又袅袅流动的摇曳多姿;再看整体架构,字与字之间是若即若离,又不即不离,有的字仿佛要高飞远去,而分明又前后相连,有的字虽蜷缩密集,但其间却有墨气流衍,呈现出疏而不断、密而不滞、疏密相间、错落有致的结构美。

文与可的书法通过苏轼的精妙描绘得到传神的再现,美文与奇字相映生辉,不仅表现了苏轼过人的文采,更见他对书理妙境的透辟体会。

其次,这篇短文极富衬跌转折之妙。总共有五次转折,层层衬跌出新境。开篇悲叹一声之后,就说与可多才多艺不是好奇所至,一转入其人生"不试,故艺"之悲;接着说自已先前熟悉他的诗文,二转出见其"行草篆隶"的书法;本以为与可的技艺只于此,却不料再见其飞白,这是三转,越转越深,将文与可的多方面艺术才能展现出来;这样精妙的书法,作者竟到现在才知道,四转,足见文与可陶染于艺术极臻妙境却不愿标榜夸世的品质;最后,由已知推想其"所不知",由实境转入虚境,遂生无穷感慨,也将文势荡向邈远,引起人们余韵无尽的回味。苏轼散文如万斛泉流,与山石曲折,随物赋形,层层转折出妙境,即使是这样的短文也有动人的表现。

最后,本文还有声情并茂之美,这主要表现在虚词的巧妙运用上。欧阳修的《醉翁亭记》曾创造了巧用"也"字表达情感舒缓顿荡、徐纡委备的范例。苏轼的这篇仅一百六十二字的小文竟运用了二十四个虚词。其中"也"字(八次)最有特色,或表现深沉感慨(如"抑不试,故艺也","不可胜计也"),或表现深情的赞美(如"尽万物之态也","若流水之舞荇带也"),情味深长;又如"乎"字(七次),或用于句中表示提顿,或用于句尾表示慨叹;还有,用"哉"来倾吐哀痛,用"又""复""乃"来强调转折,衬跌出新境。总之,众多虚词的盘旋呼应,顿宕曲折,使这篇文章不仅跌宕起伏,而且声调谐美,情韵悠扬。 (吴振华)

韩幹[1]画马赞[2]

韩幹之马四：其一在陆，骧首奋鬣[3]，若有所望，顿足而长鸣。其一欲涉，尻[4]高首下，择所由济[5]，跼蹐[6]而未成。其二在水，前者反顾，若以鼻语；后者不应，欲饮而留行。以为厩马[7]也，则前无羁络[8]，后无箠策[9]。以为野马也，则隅目[10]耸耳，丰臆[11]细尾，皆中度程[12]。萧然[13]如贤大夫贵公子，相与解带脱帽，临水而濯缨[14]。遂与高举远引[15]，友麋鹿[16]而终天年[17]，则不可得矣。盖优哉游哉[18]，聊以卒岁而无营[19]。

〔注〕 ① 韩幹：唐画家。蓝田(今属陕西)人，一作京兆(治今陕西西安)人，亦作大梁(今河南开封)人。少时曾为酒肆送酒，得王维资助，学画十余年。尤工画马。师曹霸，重视写生，自成风格。 ② 画赞："赞"的一种，以赞颂画像中的人物为主的一种文体，也用以赞美某一画幅。晋陶潜有《扇上画赞》。本文属于后者。 ③ 骧首奋鬣(liè)：高昂着头，用力抖动马颈上的长毛。 ④ 尻(kāo)：脊骨的末端，也指屁股。 ⑤ 择所由济：选择渡河的地方。济，渡河。⑥ 跼蹐(jú jí)：滞留不进，徘徊不前。 ⑦ 厩马：马棚中的马。泛指豢养的家马。 ⑧ 羁络：马络头。 ⑨ 箠策：赶马的鞭杖。 ⑩ 隅目：眼眶棱角分明。一说斜眼而视，怒视的样子。⑪ 丰臆：丰满的胸脯。 ⑫ 皆中度程：全符合良马的标准。 ⑬ 萧然：潇洒、悠闲的样子。⑭ "临水"句：表示行为高洁，不与世俗同流合污。濯缨，清洗冠带。《楚辞·渔父》："沧浪之水清兮，可以濯吾缨。" ⑮ 高举远引：指远离喧嚣的尘世。 ⑯ 友麋鹿：以麋鹿为友。麋鹿，也叫四不像。头似马，身似驴，蹄似牛，角似鹿。是一种稀有的珍贵动物。此指回到大自然中去过自由自在的生活。 ⑰ 天年：自然的寿数。 ⑱ 优哉游哉：从容不迫、悠然自得的样子。语出《左传·襄公二十一年》。 ⑲ 营：需求、谋求，谋虑、思虑。

苏轼曾经撰写过多篇马赞，如《九马图赞》(并叙)、《三马图赞》(并引)、《李潭六马图赞》、《韩幹画马赞》等。其中《韩幹画马赞》最负盛名，不仅可视为此类题材的代表作品，还可推为画赞文章的代表作之一。

苏轼不仅用散文形式盛赞韩幹所画之马，还以诗的形式盛赞之。如《韩幹马》《书韩幹二马》《韩幹马十四匹》等。

唐人爱马，因为"地用莫如马"，经常以马代步，马是人的坐骑。还因为马可以作为个人征战建功、成就事业的得力工具。唐时国势强盛，人们有勇敢尚武的时代精神，骏马驰骋疆场，便大可派上用场。马除了实用性强以外，它的外形美和内涵美还构成了它的形象美。马勤劳、忠诚、坚忍，给人以勇敢、顽强、剽悍、勇往直前、无往不胜的气魄；马温顺、驯服、善良，吃的是草，无怨无悔，任劳任怨，无私奉献，无限忠诚。特别是马有着太多的内涵美：它是主人的战友和同志，"所向无空阔，真堪托死生”，“骅骝顾主鸣”，“青丝络头为君老”；它是报国的良将，“万马救中原”，“汗马收宫阙”；它是渴望战斗的战士，“老骥思千里”，“老马终望云”，“哀鸣思战斗，迥立向苍苍”；它可喻为朝廷的栋梁，“如今岂无騕褭与骅骝，时无王良伯乐死即休”。（以上引诗均为杜甫诗句）

正因为如此，绘画就成了表现马的完美形象、寄托作者感情的一种艺术手段。

唐代经济发达，文化繁荣昌盛，因此涌现了一些画马名家，如韦偃、曹霸、陈闳、韩幹等。其中韩幹的艺术成就最高，他所绘的马剽悍强壮、体大肥硕，神态俊逸，表现一种勇敢尚武精神。因为他是宫廷画师，又重视写生，而御马是皇帝的宠物，由专人精心饲养，除皇帝外，其他任何人不得骑坐，所以养得膘厚肉肥，韩幹所画之马自然无法例外了。

下面，我们品读《韩幹画马赞》。

开篇一句：“韩幹之马四”，指出这是韩幹所画的群马，以应题面；并交代画幅上总的马数，作为文章总冒。下面分述这四匹马的雄姿逸态：先写岸上的这一匹，它高昂着头，奋力抖动颈上鬃毛，似乎在瞻望期盼什么，马蹄不住地踢踏，不停地顾影骄嘶。另一匹在河边，像是要渡水，臀部翘起，马首向下，正在选择下水的地方，只是滞留不进，徘徊不前。这两匹是分着写的。另两匹合着写：它们都站在水里，前一匹回过头来看后一匹，像是喷着鼻息在讲什么；而后一匹没有回应，想留在原地饮水。这后两匹似乎在进行感情的交流，前者温情眷顾，后者冷漠低回，都把马写活了，真是妙笔生花。四匹马，作不同艺术处理，不仅笔法富于变化，避免单调，还节省了文字。以上全就画面发意。因为既然是画赞，就必须先用一部分文字准确状摹画面上的主体事物，这是文体所需。文章仅用六十来字，便勾勒出旷野中、水陆间的偌大背景，从而为马匹提供了活动的场所，还交代了群马之间的空间概念，表现出画面的巧妙布局，特别是马匹的各自神情：有的“骧首奋鬣”，有的“尻高首下”，有的“反顾，若以鼻语”，有的“欲饮而留行”。

如果说这篇画赞的前部分是实写，那么后部分便由实转虚。

先根据群马的形态神情作出判断：说它们是饲养的马匹吧，它们前面没有马笼头罩着，后面没有鞭杖驱打，不太像；说它们是野马吧，它们的眼睛有棱有角，短小的耳朵坚挺着，胸脯丰满，马尾很细，全都合乎良马的标准。下面便全按照良马来写，先把它们精彩地比喻成潇洒悠闲、受过良好教育、有着良好修养的贤大夫、贵公子，继而则以“贤大夫贵公子”描述它们，把它们生动地拟人化，说他们相互解带脱帽，临流濯缨，个个行为高洁，不同凡俗，他们昂首傲世，想远离尘器，隐遁于大自然，与麋鹿为伙，过着从容自在、无拘无束的生活，而难以做到，那就只好优游卒岁，闲适自得、无欲无求了。

好的画赞不能仅停留在对画幅内容的逼真描绘上，满足于做到“形似”，还应发掘画幅题材所包含的画外意蕴，并且能把作者的情思渗透其间，达到“遗貌取神”，或神形兼备。这篇画赞出色地做到了。韩幹这幅神品的超拔旷远、风神韵味，作者那处世独立、飘逸空灵的情怀都表露无遗。

从这篇画赞的结构章法看，含两层意思：一层据画面写来，多用描述的笔墨，写得较浅，也较实；一层再由画面发意，多用抒情笔墨，写得较深，也较虚。文字有浅有深，有实有虚，深浅相成，虚实相生，极有章法。正如唐彪《读书作文谱》中所说：“文章非实不足以阐发义理，非虚不足以摇曳神情，故虚实常宜相济也。浅以指陈其概要，而深以刻画其精微，故深浅不可相离也。” （李如鸾）

方山子[①]传

方山子，光、黄[②]间隐人也。少时慕朱家、郭解[③]为人，闾里之侠皆宗之。稍壮，折节[④]读书，欲以此驰骋当世，然终不遇。晚乃遁于光、黄间，曰岐亭[⑤]。庵居蔬食，不与世相闻。弃车马，毁冠服，徒步往来山中，人莫识也。见其所著帽，方屋[⑥]而高，曰：“此岂古方山冠[⑦]之遗像乎？”因谓之方山子。

余谪居于黄，过岐亭，适见焉。曰：“呜呼！此吾故人陈慥季常也，何为而在此？”方山子亦矍然[⑧]问余所以至此者。余告之故，俯而不答，仰而笑，呼余宿其家。环堵萧然[⑨]，而妻子奴婢皆有自得之意。余既耸然[⑩]异之，独念方山子少时使酒[⑪]好剑，用财如粪土。前十有九年[⑫]，余在岐下[⑬]，见方山子从两骑[⑭]，挟二矢，游西山。鹊起[⑮]于前，使骑逐而射之，不获。方山子怒马独出，一发得之。因与余马上论用兵及古今成败，自谓一世豪士。今几日耳，精悍之色，犹见于眉间，而岂山中之人哉？

然方山子世有勋阀[⑯]，当得官，使从事于其间，今已显闻。而其家在洛阳，园宅壮丽，与公侯等。河北有田，岁得帛千匹，亦足以富乐。皆弃不取，独来穷山中，此岂无得而然哉？余闻光、黄间多异人,往往阳狂[17]垢污,不可得而见,方山子倘[18]见之与!

〔注〕 ① 方山子:即陈慥(zào),字季常,方山子是人们称他的外号,见本篇第一段。苏轼在任签书凤翔府节度判官期间(仁宗嘉祐六年至英宗治平元年,1061—1064)与其结识。贬黄州期间,与之常有过往并有多首诗文酬赠记述。 ② 光、黄:光,光州,治所在今河南潢川。黄,黄州,治所在今湖北黄冈市。 ③ 朱家、郭解:西汉著名游侠,事详《史记·游侠列传》。 ④ 折节:强自克制,改变平素志行。 ⑤ 岐亭:镇名,在今湖北麻城市。 ⑥ 方屋:方顶。此指帽子顶部高耸的部分。 ⑦ 方山冠:汉代祭宗庙时乐舞人所戴之冠。唐、宋时隐士喜戴这种形状的帽子。 ⑧ 矍(jué)然:惊视貌。 ⑨ 环堵萧然:形容居室的狭小、简陋。环堵,房子四周环绕每面一丈的土墙。萧然,空寂萧条的样子。陶渊明《五柳先生传》:"环堵萧然,不蔽风日。" ⑩ 耸然:惊异貌。耸,通"悚"。 ⑪ 使酒:因酒使性。 ⑫ 前十有九年:指仁宗嘉祐八年(1063)。 ⑬ 岐下:指凤翔府,其地有岐山,唐时称岐州。 ⑭ 从两骑:后面跟着两个骑马的人。 ⑮ 鹊起:喜鹊突起于前,非乘时崛起之意。 ⑯ 世有勋阀:指其先世为有功勋的显宦勋门。据《宋史》卷二九八《陈希亮传》,陈慥父希亮,官京西、京东转运使,知凤翔府,迁太常少卿。 ⑰ 阳狂:佯狂。 ⑱ 倘:或。

唐宋古文家的作品中,常有一些人物传记,如韩愈的《圬者王承福传》、柳宗元的《童区寄传》、苏辙的《孟德传》等。这类人物传记,与正史中的人物传记往往叙其一生主要仕历有别,多为记叙现实中一些有奇才异行的人物;其写法也与一般正史人物传记多为按其行年作线性叙述不同,往往抓住人物某些方面的特点作特写式的描绘,叙事前后错杂,夹叙夹议,自由挥洒,不拘一格,实际上是写人的小品文。

苏轼的这篇《方山子传》,作于贬谪黄州期间。传文的第一段,借交代方山子这个外号的来历先对其人作概括的介绍,开头点出他目前的身份是"光、黄间隐人",为下文叙写二人在黄州重遇伏脉。然后概述其自少时至晚岁的大致经历:"少时慕朱家、郭解为人",当指其歆慕朱家、郭解仗义疏财、排难解纷、急人之难的品格,因而乡里之侠"皆宗之";"稍壮,折节读书,欲以此驰骋当世,然终不遇",说明他在青壮年时期颇有经世的抱负,并为此一变少之所为,折节读书,但却始终怀才不遇;"晚乃遁于光、黄间",不与世相闻。作者对他晚年隐于光、黄间的生活、行为、装扮作了比较具体的描写,生活俭朴、行为奇异、装扮奇特,连当地人都不知道他的来历和姓名,只看他所戴的帽子像古代方山冠的式样而给他取了一个"方山子"的外号。这些描写,主要是为了突出其晚年隐于光、黄间时"不与世相闻"的程度。这一段对方山子的概括叙写,可以看出他所走的是一条少而侠、壮而儒、晚而隐的生活道路。

第二段先叙与方山子在黄州猝然相遇的情景。由于事前双方都不知道对方就在黄州，故岐亭适然相遇使双方都感到惊异。苏轼的惊异是少慕游侠、壮怀经世之志的“故人”何以以这副装扮、这种形象出现在眼前，方山子大概也有同样的疑问，何以当年“有笔头千字，胸中万卷”，坚信“致君尧舜，此事何难”（《沁园春》）的苏轼也竟沦落至此。妙在苏轼答以贬黄之故以后，方山子的反应却是“俯而不答，仰而笑”，七个字中颇含深意，但不明白道出，让读者自己去想象。大约两人都有相似的壮岁抱负成虚的人生经历，不必明言，亦自能意会。然后写夜宿其家所见：“环堵萧然，而妻子奴婢皆有自得之意。”生活如此清苦，精神意气却如此昂扬自得；妻子奴婢尚且如此，主人更不必说。侧面着笔，虚处传神。

写到“余既耸然异之”，作者却突然撇开眼前相遇的情景，转笔追叙方山子少时“使酒好剑，用财如粪土”的侠少风貌和十九年前在凤翔所见到的壮岁方山子形象。“方山子从两骑，挟二矢，游西山。鹊起于前，使骑逐而射之，不获。方山子怒马独出，一发得之。因与余马上论用兵及古今成败，自谓一世豪士。”这一节人物形象的特写，将方山子壮岁时的文韬武略、意气抱负描绘得栩栩如生、神情毕现。

更妙的是，写到当年岐下相遇情景至兴会淋漓处，却又一笔折回目前。但眼前的方山子仍然隐约可见当年的壮采豪情：“精悍之色，犹见于眉间，而岂山中之人哉！”是则方山子虽隐而不沦，虽晚而不衰，仍然透露出一股固有的豪气。这是苏轼十九年后岐亭重遇对方山子的深刻印象。

写到这里，方山子的生活道路与作者跟他的两度相遇都已叙过，但作者又从他的家世和产业翻出另一层疑问。指出其“世有勋阀”，得官显闻，是轻而易举之事；“家在洛阳，园宅壮丽，与公侯等。河北有田，岁得帛千匹”，家境如此富裕，即使不做官“亦足以富乐”。但他对如贵显的家世和富裕的家业“皆弃不取，独来穷山中”，究竟是出于什么原因呢？苏轼用“此岂无得而然哉”的反问表达了自己对方山子“晚乃遁于光、黄间”的推断，认为他之隐当有所得于心。但究竟所得为何，却并不正面回答。而是虚晃一枪，顾左右而言他：“余闻光、黄间多异人，往往阳狂垢污，不可得而见，方山子傥见之与！”言下之意是，方山子或许是在这里遇见了“阳狂”避世的“异人”，寻觅到了志同道合的知音。此或即方山子之所得乎？

这篇人物传记写方山子，通篇主要突出一个“异”字。生活道路曲折起伏，有异常人，由任侠而求仕而隐遁，每一转折都出乎常情，这是一异；文韬武略，意气纵横，有异常人，这是二异；行为奇异，穿戴奇特，这是三异；弃贵显富足而不取，独隐于山中，这是四异；环境萧然，而意气自得，这是五异。集五异于一身，方山子的异人形象便跃然纸上了。

方山子虽走过了一条由少慕游侠，壮欲经世，晚隐光、黄的生活道路，但他身上又自始至终体现出侠的豪纵不羁之气。岐下与苏轼相遇，正值其壮岁"折节读书，欲以此驰骋当世"的时期，但他身上却没有一般士人的那种儒雅温文之气，而是英气勃勃，驰骋骑射，"马上论用兵及古今成败"，大有豪侠风采。直至晚隐光、黄，岐亭相遇，"精悍之色，犹见于眉间"。他身上固有的这种豪侠之气，正与其奇才异行相互表里。

在写法上，这篇人物传记完全摒弃了平铺直叙其家世、经历的线型叙述方式，采用了曲折起伏、纵横跌宕、夹叙夹议的方式。按时间顺序，写家世、产业应在前，写岐下相遇应在其后，而岐亭重见应在最后。而传文的二、三两段，却完全颠倒这一时间顺序，先写岐亭相遇，由相遇时"耸然异之"的印象折回到十九年前的岐下相遇，以突出其壮岁的文才武略，英雄豪气，然后又转回目前，以"精悍之色，犹见于眉间"作照应，波澜迭起，跌宕曲折，淋漓尽致。第三段更出人意料追叙其家世、家境，以突出其晚隐光、黄必有所得而然。篇末又故作荡漾不尽之笔，越显出烟波浩渺，意蕴深远。这种打破叙事常规的写法，与人物的异行侠气也正相契合。

（刘学锴）

祭欧阳文忠公[①]文

呜呼哀哉！公之生于世，六十有六年。民有父母[②]，国有蓍龟[③]，斯文有传[④]，学者有师[⑤]，君子有所恃而不恐，小人有所畏而不为[⑥]。譬如大川乔岳[⑦]，不见其运动，而功利之及于物者，盖不可以数计而周知。今公之没也，赤子无所仰庇，朝廷无所稽疑[⑧]，斯文化为异端[⑨]，而学者至于用夷[⑩]。君子以为无与为善[⑪]，而小人沛然[⑫]自以为得时。譬如深渊大泽，龙亡而虎逝，则变怪杂出，舞鳝鲤[⑬]而号狐狸。昔公之未用也，天下以为病。而其既用也，则又以为迟。及其释位而去也，莫不冀其复用。至其请老[⑭]而归也，莫不惆怅失望，而犹庶几于万一者，幸公之未衰。孰谓公无复有意于斯世也，奄[⑮]一去而莫予追。岂厌世溷浊，洁身而逝乎？将民之无禄[⑯]，而天莫之遗？昔我先君[⑰]，怀宝[⑱]遁世，非公则莫能致[⑲]。而不肖[⑳]无状，因缘[㉑]出入，受教于门下者，十有六年[㉒]于兹。闻公之丧，义当匍匐[㉓]往救，而怀禄不去，愧古人以忸怩[㉔]。缄词千里，以寓一哀而已矣。盖上以为天下恸，而下以哭吾私。呜呼哀哉！

〔注〕①欧阳文忠公：欧阳修，谥文忠。参王安石《祭欧阳文忠公文》注①。　②民有父母：称颂欧阳修为官仁惠爱民。《诗·小雅·南山有台》："乐只君子，民之父母。"　③国有蓍(shī)龟：称颂欧阳修有政治预见，能决政事之疑难。蓍，蓍草。龟，龟甲。古代用蓍草的茎和龟甲占卜吉凶。　④斯文有传：称扬欧阳修对宋代古文运动作出杰出贡献，使载儒家之道的文章传统得以传承。斯文，原指典章制度，见《论语·子罕》。此指文章。　⑤学者有师：韩愈《师说》："古之学者必有师。"　⑥不为：指不敢为非作歹。　⑦乔岳：高山。　⑧稽疑：询问疑难。稽，卜问。　⑨异端：指佛、道二教的学说。　⑩用夷：用异族的文化来改变华夏文化。《孟子·滕文公上》："吾闻用夏变夷者，未闻变于夷者也。"此反用之。　⑪"君子"句：谓君子认为无人与己一起为善。　⑫沛然：气盛貌。　⑬鰌鱓(qiū shàn)：同"鳅鳝"。泥鳅与鳝鱼。　⑭请老：以年老请求辞官退休。欧阳修曾多次请求辞官退休，至熙宁四年(1071)始退居颍州(今安徽阜阳)。　⑮奄：忽然。指其忽然逝世。　⑯"将民"句：将，或。无禄，无福。《左传·哀公十六年》载，孔子卒，鲁哀公哀诔曰："旻天不吊，慭遗一老。"　⑰先君：指作者之父苏洵。　⑱怀宝：怀抱经世之才。《论语·阳货》："怀其宝而迷其邦。"　⑲"非公"句：指仁宗嘉祐元年(1056)五月，苏洵携苏轼、苏辙兄弟入京，献文于欧阳修，修荐洵为秘书省校书郎。致，招引、罗致。　⑳不肖：苏轼自指。　㉑因缘：依凭攀附。　㉒十有六年：指自欧阳修知贡举之嘉祐二年(1057)苏轼登第(苏辙亦同科及第)，至欧阳修逝世之年(1072)，首尾十六年。　㉓匍匐：尽力。《诗·邶风·谷风》："凡民有丧，匍匐救之。"　㉔"愧古人"句：谓因居官未能效古人奔师之丧而深感羞愧。忸怩(niǔ ní)，羞愧。

欧阳修去世后，北宋政坛、文坛上两位杰出的人物王安石和苏轼都写了情辞恳挚的祭文。王安石曾受到欧阳修的称扬和荐举，苏轼不但与弟苏辙同为欧阳修的门生，且父子两代同受修之知遇。苏轼与王安石政见不同，祭文的内容也各有侧重，但都是此体中的精品，堪称并世而出的双璧。

祭文共四节，分别以"公之生于世""公之没""公之用""哭吾私"为眼目，前三节是主体，也可以用"为天下恸"来概括。

首节赞颂欧阳修在世六十六年的杰出成就与业绩。"民有父母"，赞其为官施仁政爱百姓。欧阳修一生担任过多次地方官吏，均有惠政，以"民有父母"颂之，正是抓住了欧阳修作为一个政治家的根本。"国有蓍龟"，赞其为国家为朝廷决策解疑，具有政治预见，突出的是作为朝廷重臣的才智识见。二句一偏指地方官吏的业绩，一偏指中央政府重臣的才识，合之则得其作为政治家的全面业绩才能。"斯文有传"，颂其领导宋代古文运动，使传儒道的古文传统得以继承发展，突出的是其在儒学、文学方面的业绩与成就。《宋史·欧阳修传论》谓："唐之文，涉五季而弊，至宋欧阳修又振起之。挽百川之颓波，息千古之邪说，使斯文之正气，可以羽翼大道，扶持人心。"可以作为"斯文有传"一语的注脚。"学者有师"既指其在学术上的多方成就与崇高地位，更称其在荐拔、培养人才方面的卓越功绩。前者偏重于其文学成就及其历史地位，后者偏重于其学术成就及在当时的巨大影响。四句话是对欧阳修一生业绩的高度概括，看似虚泛，实则语皆有所指所据，并非泛泛虚誉。“君子”二语，颂其在世时政治上、道德上的巨大影响力和威慑力，使正直的人得到依靠，使小人不敢为非作歹。然后以“大川乔岳”为喻，赞颂其有功于国有利于民，是无形而无限的。这是对其一生业绩的最高评价。

第二节惋惜欧公逝世将给国家、人民、文学事业、学术事业带来巨大损失。“赤子无所仰庇”四句，分别对应上节“民有父母”四句。百姓无所庇护，朝廷无所稽疑，侧重于当下；斯文化为异端，学者至于用夷，侧重于今后，因为这种变化不可能在欧公死后立即显现。作者之所以这样说，无非是为了强调欧阳修在维护儒家道统方面的作用。“君子”二句，应上节“君子”二句，谓正直的人士认为从此再无人与己一起为善，而小人则气焰嚣张自以为得时。“譬如”四句即承“小人沛然自以为得时”而言之，说欧公逝世后，小人们就像深渊大泽中的鳅鳝跳舞、狐狸嗥叫一样，变怪杂出，得意忘形。《晚村精选八大家古文》引楼昉评云：“模写小人情状，极其底蕴。介甫门下观之，能无怒乎？”按熙宁四年（欧阳修逝世的前一年），欧阳修、富弼因推行新法不力，先后退休。苏轼则屡上奏议反对新法，御史谢景温等诬奏苏轼过失，苏轼要求外放。这里所写的“舞鰌鱓而号狐狸”的情状可能是有所感而发。

第三节又从死后折回生前，围绕欧公之用与不用赞颂其以一身系天下人之望。未用时，天下以为苦；既用，则以为迟；释位，则希其复用；“请老而归”，则惆怅失望；然犹幸其未衰。层层递进，最后一句重笔折转：“孰谓公无复有意于斯世也，奄一去而莫予追。”将天下人因欧公之逝世而深感悲痛绝望的心理推至极端。然意犹未尽，复作设问语，既借揣度欧公之心抒发自己对世之溷浊的厌弃，又表达了天丧斯文，斯民无福的沉痛。至此，“上以为天下恸”的主意已充分表达，下节乃转笔写祭者个人的特殊感情。

第四节以“先君”苏洵所受于欧公的恩遇写起，而及于身受恩遇教诲十六年的经历。两世恩谊，理应亲往吊祭，而因居官（时在杭州通判任）而未能，故倍感羞愧。“盖上以为天下恸，而下以哭吾私”二句，既点醒本节之意，也就势为全文作一总束。

跟王安石的祭文比较，苏轼的这篇祭文更侧重于对作为政治家的欧阳修的政治业绩、才能和影响力的赞颂，而王安石的祭文则着重赞颂作为文学家的欧阳修的成就。尽管从表面看，王文既赞其文章、节操，亦赞其功业，苏文既赞其政治业绩，亦赞其文学成就和学术成就，似乎都全面兼顾，并未偏废。但细加考察就不难发现，王文主要是从欧阳修的人格品质、学问修养、学术造诣等方面来赞颂其文章的高度成就。而对作为政治家的欧阳修，则主要赞颂其“果敢之气”“刚正之节”，即肯定其政治节操，至于政治业绩，则仅举“协定大议”立赵曙为太子一事，而此事在欧阳修一生的政治业绩中，实非突出之事例，且系韩琦主谋，欧阳修只起“协定”的作用。这种处理，反映出王安石对欧阳修晚年政治主张偏于保守在态度上仍有所保留。而苏轼的祭文，在全面赞颂欧阳修的业绩的前提下，最看重的无疑是作为政治家的欧阳修，以一身系天下之望的巨大影响力，围绕他的任用进退，告老逝世，反复强调的就是这一点。而这又和欧阳修晚年政治主张与苏轼比较接近密切相关。政治人物写的祭文，其政治倾向无论有意无意，总是会有所透露。当然，王安石也并没有因为欧阳修晚年政见与己不合而有所褒贬，相反，还盛赞其“果敢之气，刚正之节，至晚而不衰”，这正是王安石作为一个大政治家通达大度之处。

苏、王二人都曾身受欧阳修的知遇，苏轼出于对欧公两世恩谊的感激，于祭文的最后特辟一节申述私衷，而王安石的祭文仅以“况朝士大夫，平昔游从，又予心之向慕而瞻依”数语带过。这样的处理，也多少反映了在私人友谊上欧之与苏可能更加密切一些。

（刘学锴）

亡妻王氏墓志铭

治平二年①五月丁亥，赵郡②苏轼之妻王氏，卒于京师。六月甲午，殡于京城之西。其明年六月壬午，葬于眉③之东北彭山县安镇乡可龙里先君先夫人墓之西北八步④。轼铭其墓曰：

君讳⑤弗，眉之青神⑥人，乡贡进士方之女。生十有六年，而归于轼。有子迈。君之未嫁，事⑦父母，既嫁，事吾先君先夫人，皆以谨肃闻。其始未尝自言其知书也，见轼读书，则终日不去，亦不知其能通也。其后轼有所忘，君辄能记之。问其他书，则皆略知之。由是，始知其敏而静也。从轼官于凤翔，轼有所为于外，君未尝不问知其详，曰：“子去亲远，不可以不慎。”日以先君之所以戒轼者相语也。轼与客言于外，君立屏间听之，退必反复其言曰：“某人也，言辄持两端⑧，惟子意之所向，子何用与是人言。”有来求与轼亲厚甚者，君曰：“恐不能久，其与[⑨]人锐[⑩]，其去人必速。”已而果然。将死之岁，其言多可听，类有识者。其死也，盖年二十有七而已。始死，先君命轼曰：“妇从汝于艰难，不可忘也。他日汝必葬诸其姑之侧。”未期年而先君没，轼谨以遗令葬之。铭曰：

君得从先大人于九原，余不能，呜呼哀哉！余永无所依怙[⑪]。君虽没，其有与为妇何伤乎。呜呼哀哉！

〔注〕 ① 治平二年：1065年。治平，北宋英宗年号。 ② 赵郡：郡名，治所在今河北省赵县。苏洵《苏氏族谱谱例》考其家世，“其本出于赵郡苏氏”，汉苏建七世孙苏章，为冀州刺史，“其子孙遂家于赵郡”。至唐苏味道被贬为眉州刺史，卒于官，一子留于眉，此后眉州始有苏氏。因此苏轼自称“赵郡苏轼”。苏辙《亡兄子瞻端明墓志铭》亦云“苏自栾城西宅于眉”，栾城即属赵郡。 ③ 眉：眉州，治所在今四川眉山市。 ④ 步：旧长度名，五尺为步。 ⑤ 讳：人死后书其名，名前称“讳”，以示尊敬。 ⑥ 青神：县名，属眉州。 ⑦ 事：侍奉。 ⑧ 两端：态度左右摇摆。 ⑨ 与：亲。 ⑩ 锐：快速。 ⑪ 依怙(hù)：依靠，依赖。

苏轼平生很少写墓志铭，自云：“轼于天下，未尝志墓，独铭五人，皆盛德故。”(《祭张文定公》)这篇他为亡妻王弗所写的墓志铭，笔端倾注了深情。苏轼十九岁时，与年方十六的王弗结婚，少年夫妻，伉俪情深，闺中有过一段温馨旖旎的岁月。遗憾的是恩爱夫妻不到白头，王弗只活到二十七岁就不幸夭逝，死后的第二年归葬于故乡四川眉山。苏轼失去这样一位爱侣，心灵上留下了难以愈合的创伤。十年之后，苏轼在梦中见到了亡妻，于是写下了一首千古传诵的悼亡词《江城子乙卯正月二十日夜纪梦》：

十年生死两茫茫，不思量，自难忘。千里孤坟，无处话凄凉。纵使相逢应不识，尘满面，鬓如霜。　　夜来幽梦忽还乡，小轩窗，正梳妆。相顾无言，惟有泪千行。料得年年肠断处，明月夜，短松冈。

此词成为中国文学史上最负盛名的悼亡词。比照地看，《江城子》词是抒情之作，写得沉挚深永；《墓志铭》则为纪实之作，以平实的笔调，记述了王弗倏忽而流光溢彩的一生。读了这篇《墓志铭》，便可恍然晓悟苏轼何以会对这位走进他生命的女性如此一往情深了。

作为一位封建社会的士大夫，苏轼当然不曾忽略为人妇者的社会角色定位，王弗温良贤淑，在家侍奉父母，嫁后侍奉翁姑，端庄柔顺，恪尽妇职，生前承欢膝下，死后皈依九泉。她曾给这个家庭带来和谐愉悦，得到高堂二老的爱怜。当然，最令苏轼镌刻于心的还是他们的燕婉之好，文中栩栩如生地勾勒出了他们相知、相昵的历程。“其始未尝自言其知书也”，初时尚有“低头向暗壁，千唤不一回”的羞怯风韵；“见轼读书，则终日不去，亦不知其能通也”，那样一种小儿女的娇痴婉恋之态，历历在目。较之“红袖添香夜读书”的人生惬意，尤有过之。而得诸意料之外的惊喜，则是“其后轼有所忘，君辄能记之。问其他书，则皆略知之”，苏轼本是天纵之才，大约可以称得上是学富五车、读书万卷了，此时正是才华横溢；而王弗却能成为他的闺中腻友，和他耳鬓厮磨，情投意惬，言笑晏晏，共享读书的快乐，甚至还能口角噙香，提示一二，弥补他之所忘。“由是，始知其敏而静也”，原来他的少年爱侣，竟是一位冰雪聪明、慧心灵性的女子，文静而又机敏，人生得一知己如此，夫复何求？这段闺房记乐的文字，虽然简约，不似李清照《金石录后序》中写坐归来堂烹茶一段那么纵恣，但是，那份爱恋和缅怀之情，则是同样的刻骨铭心。令人忆起“小轩窗，正梳妆”的一瞥；洞房幽轩的窗前，应是苏轼最为熟悉亲切的所在，在那里与爱妻共同度过了韶华岁月，当年，自己风华正茂，以为前途似锦，每日清晨，带着喜悦的心情，看着妻子临窗对镜梳妆，这彩虹似的一瞥，永远难以泯灭。

文中以较多笔墨记叙了“从轼官于凤翔”的往事。这是苏轼第一次离家，独自带着娇妻稚子前往长路迢迢的凤翔赴任，初涉官场，仕途多险，苏轼曾经思家思得愁眉不展，“忆弟恨如云不散，望乡心似雨难开”（《九日独不预府宴，登真兴寺阁诗》），老父、兄弟俱都不在身边，只有王弗相伴在侧，从此，就和他风雨同舟，共历宦海沉浮了。王弗不仅是他生活的伴侣，也是他心灵的凭依。其时苏轼少年得志，不免锋芒太露，如他自己后来反思忏悔所云：“是时年少气盛，愚不更事。”（《陈公弼传》）比较起来，王弗这个聪颖机敏的女子，在人情世故方面，表现出了更多的精明和智慧。她对丈夫呵护备至：“轼有所为于外，君未尝不问知其详，曰：‘子去亲远，不可以不慎。’日以先君之所以戒轼者相语也。”她深知丈夫乃是性情中人，最大弱点便是太天真、太坦率、太轻信，苏轼后来自己亦曾检讨：“余性不慎言语，与人无亲疏，辄输写腑脏，有所不尽，如茹物不下，必吐出乃已。”（《密州通判厅题名记》）如此，周旋于云谲波诡的官场，难免不遭遇“身微空志大，交浅屡言深”（《和潞公超然台次韵》）的尴尬。每当苏轼与客交谈于外，王弗在屏风之后谛听，客人去后，每每对苏轼好言规箴，一语道破：某人说话模棱两可，只是阿谀逢迎，讨好于你，何必跟他枉费口舌！这份知人之明，大概就是一个务实干练的妻子的朴素直觉。尤其对于那些特别表示亲热、做出“握手出肺肝相示”样子的人，她更加警觉，预言恐怕不能长久，他亲近人太快，那么离弃人也一定同样的快。“已而果然”，凤翔时期曾被苏轼视为好友的章惇，后来便成为苏轼后半生仕途上的克星，为了苏轼在惠州的诗句“报道先生春睡美，道人轻打五更钟”

(《纵笔》),而将他流放海南岛。王弗这样一位蕙质兰心的柔弱女子,在沧海横流的浊世中,竟然能够明辨是非,差别善恶,见识不让须眉,苏轼对此是怀着深深的钦敬与感激之情的。“将死之岁,其言多可听,类有识者”,她不仅是一位相夫教子的贤妻,更是一位能够和这个天才诗人比翼双飞的人间仙侣。苏轼晚年归自海南,回顾平生,慨然曰:“吾平生多难,常以身试之:凡免我于厄者,皆平日可畏人也;挤我于险者,皆异时可喜人也。”(《刚说》)书此句时,也许当年王弗的规箴之言,犹萦耳畔。

王弗就安葬在眉山苏老泉夫妇的墓穴之侧,苏轼在坟茔山上种了三千棵松树,希望将来能长成一片松林。自此,终其一生,他再也不曾重返眉山故里。“料得年年肠断处,明月夜,短松冈。”千里之外的荒郊月夜,在长着小松林的山冈上,朦胧的月色洒落在一座荒凉的孤坟之上——那就是亡妻的长眠之所。《墓志铭》和《江城子》都是杜鹃啼血之作,寄托了苏轼深痛沉哀的伤逝悼亡之情。

(林　薇)

与 王 元 直[①]

黄州真在井底,杳不闻乡国消息,不审比日起居何如?郎娘[②]各安否?此中凡百粗遣,江边弄水挑菜,便过一日。每见一邸报[③],须数人下狱得罪。方朝廷综核名实[④],虽才者犹不堪其任,况仆顽钝如此,其废弃固宜。但犹有少望[⑤],或圣恩许归田里,得款段[⑥]一仆,与子众[⑦]丈杨文宗[⑧]之流,往来瑞草桥,夜还何村,与君对坐庄门吃瓜子炒豆,不知当复有此日否?存道[⑨]奄忽[⑩],使我至今酸辛,其家亦安在?人还,详示数字。余惟万万保爱。

〔注〕 ① 王元直:王箴,字元直,小名三彦,小字惇叔。苏轼妻弟。 ② 郎娘:此指王箴的儿子和妻子。 ③ 邸报:汉、唐地方长官在京师设邸,邸中传抄诏令、奏章等以报于诸藩,故称。此指朝廷官报。 ④ 综核名实:考察官吏政绩,看其名实是否相符。《汉书·宣帝纪赞》:“孝宣之治,信赏必罚,综核名实,政事文学法理之士咸精其能。”此指当时朝廷主政者借考核官吏政绩排斥异己。 ⑤ 少望:微末的愿望。 ⑥ 款段:原指马行迟缓貌,此借指行动迟缓的老仆。 ⑦ 子众:指王庆源。初名王群,字子众,后改名淮奇,字宣义。王元直的叔父,苏轼之叔丈。曾为洪雅主簿、雅州户椽。谢官后,居于眉州青神县西之瑞草桥。 ⑧ 杨文宗:一作杨宗文,字君素,苏轼的长辈。 ⑨ 存道:杨从字存道,江阳(今四川眉州市彭山区东)人,治平四年(1067)进士,年四十九卒。 ⑩ 奄忽:指逝世。

贬居黄州初期，是苏轼政治上受到严重打击后心情非常苦闷、生活非常困窘的时期。元丰三年(1080)九月，妻弟王箴派人从四川故乡探望苏轼在黄州贬所的情况，苏轼写了这封信交来人带回。

因为是至亲挚友，故信一开头便撇开俗套，毫无掩饰，重笔抒慨，直截了当地揭示自己在黄州的困境，“黄州真在井底，杳不闻乡国消息”，“在井底”的比喻，将自己在黄州期间那种与世隔绝、深居闭门，与外界不通消息的处境生动逼真地显现出来。人在这种困绝之境中，最怀念的就是故乡与亲友，故首先提及对远在乡国的王箴的怀念，问候对方的起居和家人的安好。将一般书信开头的问候语放在“黄州真在井底，杳不闻乡国消息”之后，因“不闻”，故“不审”，不但顺理成章，而且别具一种恍如隔世的况味。接着便向对方叙说自己在黄州的生活状况：“此中凡百粗遣，江边弄水挑菜，便过一日。”与开头的重笔直抒悲慨相反，这里特用轻描淡写的笔调，仿佛将自己的生活点染得十分轻松悠闲。细味则其中自含终日无所事事，被剥夺了一切政治权利乃至言论、人身自由的愤郁苦闷。苏轼此次贬黄州，虽挂着团练副使的官衔，实则没有任何职权，只是一个交给当地看管的“闲人”，故看似轻松的淡语中自含郁闷和无奈。下面几句，便进一步对朝局发泄不满和牢骚，就朝廷邸报所载每有官吏下狱得罪之事，对当政者借“综核名实”，考察官吏之名，行排斥异己之实表示不满，说像这样考核官吏，即使是有才能的人也难以胜任，更何况是像自己这样固执坚持己见，不知灵活变通，迎合主政者旨意的人呢，其遭到废黜丢弃自是意料中事。用“顽钝”来称自己，似谦抑实自负，暗示自己是坚持正确政治主张，坚守正直政治品质的人。苏轼因“乌台诗案”被贬以来，一直告诫自己要谨言慎行，免得再因文字罹祸，但生性耿直，面对亲友，仍不免要发泄政治牢骚。

顺着“废弃固宜”的话头，苏轼向对方诉说自己这个“废弃”的“闲人”对将来生活的微末愿望：“或圣恩许归田里，得款段一仆，与子众丈杨文宗之流，往来瑞草桥，夜还何村，与君对坐庄门吃瓜子炒豆……”对于一个自信“笔头千字，胸中万卷，致君尧舜，此事何难”(《沁园春》)的苏轼来说，这里描绘的生活理想简直是另一个极端，反映了贬谪黄州这场政治打击对苏轼昔日怀抱的理想的巨大冲击。但对乡居朴素平凡生活中蕴含的美的欣赏流连，确实是苏轼的本色，他在《书赠王元直》中也提到：“元祐四年十月十八日夜，与王元直饮酒，掇荠菜食之，甚美。颇忆蜀中巢菜，怅然久之。”可见对故乡风物、乡居生活的热爱，苏轼无论穷达，都是一贯的。正如《苏长公合作》补卷下引凌孟昭评：“眼前景致便是诗家绝妙词。观此数语，良然。”宋人往往以俗为雅，这段话无论从内容、情趣、语言，都堪称以俗为雅的典型。然而,就是这样一种微末的愿望,是否真能实现,苏轼对照现实的困境,也感到没有把握。"不知当复有此日否",所流露的就是对自己将来的命运难以预料的情绪。

因提及与家乡亲友相往来之乐,又自然联想到已故亲友,深感酸辛,并表示对其家人的关切。

这封短简,既抒发了苏轼初贬黄州时那种与世隔绝的孤寂感、无所事事的废置感,又表现了他对当时政局的不满与牢骚,对故乡亲友的怀念、对乡居生活的向往。表达上,或重笔抒慨,或轻描淡写,或以俗为雅,亦笔法多变。(刘学锴)

答程全父推官[①](六首之三)

便舟[②]来,辱书[③]问讯既厚矣,又惠近诗一轴,为赐尤重。流转[④]海外[⑤],如逃深谷[⑥],既无与晤语者,又书籍举无有,惟陶渊明[⑦]一集,柳子厚[⑧]诗文数册,常置左右,目为二友。今又辱来贶[⑨],清深温丽[⑩],与陶、柳真为三友矣。此道[⑪]比来几熄[⑫],海北亦岂有语此者耶[⑬]?新春,伏想起居佳胜。某与小儿[⑭]亦粗遣,困穷日甚,亲友皆疏绝矣。公独收恤如旧,此古人所难也。感怍[⑮]不可言,惟万万以时自爱为祝。舶回奉启,布谢万一。不宣[⑯]。

〔注〕 ① 答程全父推官:另名为《与程全父》。 ② 便舟:意为借船之便。 ③ 辱书:承蒙写信。辱,谦辞,承蒙之意。 ④ 流转:指自己被贬多次,辗转流落。 ⑤ 海外:指儋州(今海南儋州)。 ⑥ 深谷:比喻所居的儋州荒僻,与世隔阻。 ⑦ 陶渊明:东晋大诗人。一名潜。长于诗文辞赋,开创田园诗派。 ⑧ 柳子厚:即柳宗元,字子厚。唐代文学家,散文为"唐宋八大家"之一,又工诗,风格清峭。 ⑨ 贶(kuàng):赐予。 ⑩ 清深温丽:指程诗风格清新,含义深邃和美。 ⑪ 此道:指写诗之道。 ⑫ 比来几熄:近来几乎消亡了。 ⑬ 海北亦岂有语此者耶:指中原也少有谈诗道者。海北,指儋州以北的中原广大地区。 ⑭ 某与小儿:我与小儿苏过。某,自称,代指"我"。 ⑮ 怍(zuò):惭愧。 ⑯ 不宣:不再写了,此为古代写信常用格式。

此文是绍圣四年(1097),苏轼从惠州(今广东惠阳)再贬儋州(今海南儋州)时写给程全父的信。儋州在当时是极边远荒芜之地。苏轼时年六十二岁,妻王氏、妾朝云均先后死去,只有幼子苏过同至谪所。儋州守张中见其孤苦无助,让他住于官衙。不久,朝廷闻之,遣使逐出,苏轼只好在城外购地造屋,以避风雨。为让苏轼居官屋之事,张中被罢官。苏轼年老多病,儋州气候炎热潮湿,又食饮不具，缺医少药，曾托程氏买药；程氏对他关心备至，多次写信问候、赠诗。苏轼在凄苦恶劣环境中十分感动，曾多次写信表达感谢之情。此是其中的一封。

开头几句写程氏借船来海南之便，捎信问候并赠近作之诗，苏轼对此致以深深的谢意。在这里用“问讯既厚”“为赐尤重”这样的递进句式表达深谢之情。为什么对程之信、诗认为“既厚”“尤重”。下面文字就作了说明：“流转海外，如逃深谷”，几个字对自己目前的遭遇作了简要的概括。苏氏一生坎坷，中年时被贬至黄州，虽为团练副使，却不能签署公事，只能垦黄州故营地躬耕自给；晚年，哲宗亲政，又被斥为元祐党人，被贬至惠州（今广东惠阳），又贬至儋州（今海南儋州）。儋州地远偏荒、交通不便，“居无室，食无肉，病无药，出无友”（《与程天侔书》），与世隔阻，如入深谷。“无与晤语者”“又书籍举无有”，是进一步写“如逃深谷”的情况，没有至友会晤交谈，没有书籍可阅。这种寂寞凄凉可想而知。当然对“无与晤语者，又书籍举无有”不可理解得太死，当时苏轼在儋州与当地父老士人还是相处很好的，他盖房时，有“昌化（即儋州）士人畚土运甓以助之，为屋三间”（苏辙《亡兄子瞻端明墓志铭》）；有当地士子向他求教，他培养的一黎族士子还考中进士。这里所说“无与晤语者”只不过没有当年的知己盈门罢了。“书籍举无有”也只是与过去无法相比而已，这无友无书实为艺术夸张，又为下文作好铺垫，说明视陶、柳诗文为“二友”的缘由，再为视程文与陶、柳诗文并提为“三友”的极其珍贵之由。当然程文并非真能与陶渊明、柳宗元诗文并列，这其实表达了对程全父所赠之诗极其珍爱之意。

为什么对程之诗文极其珍重，一则因当时论诗之道几近于绝，难得有友人与其谈诗论文，二则由于苏轼被贬儋州“困穷日甚，亲友皆疏绝矣”，仕途已绝，生活困顿，政治压迫日甚一日，一些势利之辈避之犹恐不及，哪里还会来信慰问，时时关心呢！程氏这种诚挚、恒久之真情，怎不令苏轼倍加感动，深以为谢呢！故信中说“公独收恤如旧，此古人所难也”，此将程全父的高尚品格做了礼赞！将程文与陶、柳诗文称“真为三友”亦含礼赞之意，岁寒三友是松、竹、梅，将陶、柳、程比之三友。陶不为五斗米折腰，写了开创性的田园诗文；柳宗元为中唐永贞革新而多次被贬仍不屈服，写了众多反映现实的诗篇及寓言、人物传记等传世诗文；程为人恒守如一，为诗文清新深邃，其人品诗品都令苏轼崇敬，故以岁寒三友暗寓之。

此文情真意切，汩汩如肺腑流出。“感人心者，莫先乎情”（白居易语），了解苏轼当时的处境，会深切地体会到这一点。

这封书简，文笔精练，概括力强，内涵丰富。如文中谈常将陶、柳之诗文置左右，“目为二友”，将书视为“友”，可见出其品格风貌，高雅不俗。陶渊明视官场如“尘网”“樊笼”，宁愿“守拙”“返自然”，苏轼此时当然视陶诗文为“友”，在儋州之时，不仅“置左右”读吟，而且还写了一百二十多首和陶诗以明心迹。苏轼曾寄书告子由说：“吾于诗人，无所甚好，独好渊明之诗。渊明作诗不多，然其诗质而实绮，癯而实腴。……吾前后和其诗凡百数十篇。……然吾于渊明，岂独好其诗也哉？如其为人，实有感焉。”（苏辙《追和陶渊明诗引》） （赵慧文）

与元老[①]侄孙(四首之二)

侄孙元老秀才[②]：久不闻问[③]，不识即日体中佳否？蜀中骨肉，想不住得安讯。老人[④]住海外如昨，但近来多病瘦瘁[⑤]，不复如往日，不知余年复得相见否？循、惠[⑥]不得书久矣，旅况[⑦]牢落[⑧]，不言可知。又海南连岁不熟，饮食百物艰难。及泉、广[⑨]海舶绝不至，药物酱酢[⑩]等皆无，厄穷[⑪]至此，委命[⑫]而已，老人与过子[⑬]相对，如两苦行僧[⑭]耳。然胸中亦超然自得，不改其度[⑮]。知之，免忧。

所要志文[⑯]，但数年不死便作，不食言也。侄孙既是东坡骨肉，人所觑看，住京凡百倍加周防[⑰]，切祝，切祝。今有一书与许下[⑱]诸子，又恐陈浩秀才不过许，只令送与侄孙，切速为求便寄达。余惟千万自重。

（以上苏轼文据世界书局1936年版《苏东坡全集》，许逸民点校）

〔注〕 ① 元老：《宋史·苏元老传》：“元老字子廷。幼孤力学，长于《春秋》，善属文。轼谪居海上，数以书往来。轼喜其为学有功，辙亦爱奖之。” ② 秀才：唐宋时期凡应举的人都称作秀才。 ③ 闻问：通音信，通消息。 ④ 老人：苏轼自称。 ⑤ 瘦瘁：消瘦、憔悴。 ⑥ 循、惠：循州、惠州。循州，治所在归善(今属广东惠阳东)。惠州，今广东惠州市一带。 ⑦ 旅况：羁旅的情怀或景况。 ⑧ 牢落：孤寂无聊。 ⑨ 泉、广：泉州(治所在今福建泉州)、广州，当时海上贸易中心。 ⑩ 酢(cù)：同“醋”。 ⑪ 厄穷：艰难困苦。 ⑫ 委命：听任命运支配。 ⑬ 过子：指苏轼的幼子苏过，当时随父在海南。 ⑭ 苦行僧：苦修的僧侣。常用以指极力克制欲望，物质生活非常艰苦的人。 ⑮ 度：此指胸襟、气量。 ⑯ 志文：此指苏轼为一位后辈所写的墓表文。见苏轼另一封《与元老侄孙》家书：“十九郎墓表，本是老人欲作，今岂推辞?”据王文诰《苏诗总案》卷四十二，谓十九郎“当即苏千运也”。是苏轼侄辈。 ⑰ 周防：防范。 ⑱ 许下：许州(治所在今河南许昌)。苏轼《答徐得之书》上说：“一家今作四处：住惠、筠、许、常也。”当时苏轼兄弟两家亲属分住于惠州、许州等地。

《与元老侄孙》是苏轼晚年贬放海南写给他从孙的一封家书。宋王明清《挥麈录·后录余话》卷二云："苏在廷元老，东坡先生之从孙，自幼即卓然，东坡许之。元符末入太学，东坡已渡海，每与其书，委曲详尽。"《苏东坡全集》今录存四封给元老侄孙的信，这是其中的第二封（有的文集作为第一封）。这类家书，不同于文学创作那样郑重其事，需要精密构思，谋篇布局，推敲文句，而是搦管作书，意随笔到，说话又全无顾忌，最易敞开心扉。仅从这封家书中，我们便能窥到苏轼那丰富的内心世界和开阔的胸襟、坚贞的节操与人格的力量。

苏轼给元老侄孙的另外三封家书：一封是勉励他"须多读书，务令文字华实相副，期于适用"；告诫他"勿令得一第后，所学便为弃物"；鼓励他"熟看《前后汉史》及韩、柳文"。一封主要谈为十九郎写墓表的事，一封是想要家乡出产的百药煎一二斤。我们不妨与此封家书参读。

苏轼是在神宗赵煦绍圣四年七月远放海南儋州的。儋州即儋耳，治所在今海南儋州西北，辖境相当于海南省西部地区。当时那里土地贫瘠，人烟稀少，且多瘴气，物质条件极为艰苦。《宋史·苏轼传》中有段文字，简述了他这个时期的生活："又贬琼州别驾，居昌化。昌化，故儋耳也，非人所居，药饵皆无有。初僦官屋以居，有司犹谓不可，轼遂买地筑室，儋人运甓畚土以助之。独与幼子过处，著书以为乐，时时从其父老游，若将终身。"在儋州大约三年，直到元符三年（1100）宋徽宗即位，先生时年六十五岁，始渡海，离开海南。翌年七月病逝于常州（治所在今江苏常州）。

品读苏轼这封家书，我们似乎应着重体会以下几点：

首先，苏轼身处逆境，"然胸中亦超然自得，不改其度"。作者垂老边荒，面对苍茫大海，政治前途，凶险难卜，艰难岁月，贬放无期，加之舶船不至，药物全无，连佐餐的酱酢都难寻觅，这是怎样一种心境，岂能不"多病瘦瘁"！但苏轼精神并未颓唐，这与诸家宗教给予的影响密不可分。无疑，他受传统儒家思想濡染最深。经世济民，致君尧舜，"养吾浩然之气"，"生死事小，失节事大"，这些信条岂可不遵！所以建功立业的思想从未泯灭，积极入世的态度从未消失。他少年时期对庄老思想，早已向往，兴趣极浓。而佛教的超尘遁世思想也在影响着他。东坡家世奉佛，自小接触佛教。居官期间，每到一处都要与高僧共游，参禅学佛。贬居黄州时，"惟佛经以遁日"（《与章子厚》）。由于兼融佛老、博采众家，思想与眼界逐渐开阔。"不改其度"，这是封建社会正直知识分子身上极为可贵的品质。

其次，苏轼是性情中人，不失长者风范。他时刻系念亲人骨肉：对元老侄孙"久不闻问"，甚是挂念；对循、惠"不得书久"，还想着他们的"旅况牢落"；并慰勉元老侄孙，可为作者的艰难处境"免忧"。而且主动表示承担对侄辈志文的写作，认为是自己义不容辞、责无旁贷的事；此外，对“许下诸子”也是一往情深。白居易曾有“共看明月应垂泪，一夜乡心五处同”之句，恐怕这时苏轼是“共看明月应垂泪，一夜乡心四处同”了。苏轼心头想必时刻萦绕着一个问题，那就是全家离散，亲人遭贬，全家遇此厄运，不都是因为自己获罪于赵氏王朝而招致的吗！

再次，封建社会罪恶深重，罄竹难书。苏轼对赵宋一朝，忠心不二，所谓“获罪”，仅是政见不同而已。他才情横溢，千载难寻，竟无辜罹此大难，致使全家受到株连。他终日惴惴不安，叮嘱家属要谨言慎行，“住京凡百倍加周防”，以防有人落井下石，遭遇不测。那是一个人情浇薄、世态炎凉的畸形社会。（李如鸾）

跋与可①纡竹②

纡竹生于陵阳③守居之北崖，盖歧竹④也。其一末脱箨⑤，为蝎所伤，其一困于嵌岩⑥，是以为此状也。吾亡友文与可为陵阳守⑦，见而异之，以墨图其形⑧。余得其摹本，以遗玉册官⑨祁永，使刻之石，以为好事者动心骇目诡特⑩之观。且以想见亡友之风节⑪，其屈而不挠者，盖如此云。

〔注〕 ① 与可：文与可，即北宋画家文同，字与可，自号“笑笑先生”，人称“石室先生”。梓州永泰(今四川盐亭)人。历官陵州、洋州等知州，元丰初出知湖州，未到任而死，人称文湖州。善诗文书画，擅画墨竹。苏轼画竹受其影响，其后画竹者多学之，有“湖州竹派”之称。存世有《墨竹图》《丹渊集》。 ② 纡(yū)竹：屈曲的竹子。 ③ 陵阳：指陵州(治今四川仁寿)，文与可于熙宁三年至四年(1070—1071)在此任知州。 ④ 歧竹：即歧竹，竹竿两出，即错出者。⑤ 箨(tuò)：俗称笋壳，竹笋时期包于笋外，在竹竿生长过程中逐渐脱落，与竹叶不同，无明显的中脉。 ⑥ 嵌岩：山石如张口貌。 ⑦ 守：太守，州的长官。 ⑧ 以墨图其形：即以墨画竹。 ⑨ 遗玉册官：送给负责珍藏秘籍的官。 ⑩ 诡特：怪异独特。 ⑪ 风节：高风亮节。

此是苏轼为文与可的墨竹图册作的跋，介绍其“纡竹”成画经过，写于文与可去世之后，文与可去世于元丰二年(1079)，苏轼此年正值“乌台诗案”，被捕下狱，几至于死，后被贬至黄州为团练副使，但不得签署公事，生活无着，借耕田营田以为生。

此文所写之“纡竹”就是一种屈曲而生的竹子，作者借“纡竹”被文与可“见而异之”并“以墨图其形”来加以作跋，既肯定了文与可的高风亮节，又抒发了自己当时被屈被压仍然“屈而不挠”之志。

此文短小精悍，可分三层。第一层言“纡竹”生长在陵阳太守居处北边的山崖，其屈曲怪异之状是一因“为蝎所伤”，一因“困于嵌岩”所致。此表面上写“纡竹”怪异之成因,实暗寓自己当时受诬被害的处境,“蝎所伤”暗寓诬罪于己的朝官,“困于嵌岩”寓当时被贬的困境:居无所,食无粮,而且不准“擅离”。第二层写亡友文与可发现“纡竹”而异之,并绘成墨竹,作者得到摹本,送给玉册官祁永,让他刻在石上,作为“好事者”观赏之用。此处“好事者”指不苟流俗之人,“动心骇目诡特”言他们看了这“纡竹”一定感到怪异奇特,从而受到感动引起思考。第三层道其写跋的缘由:借“纡竹”赞友人高风亮节,抒写身虽屈而志不可夺的意旨。此是全文重点。苏轼与文与可是表兄弟,更是志同道合的朋友,他向与可学画,赞赏文与可的诗文书画之成就,在苏轼文集中有不少文章是赞其人品、文品、画品、书品的,如《祭文与可文》《文与可画筼筜谷偃竹记》《文与可飞白赞》,赞其多才多艺。在《文与可字说》一文中引《论语·子路》篇中载有子贡与孔子的一段对话,以问答方式,全文围绕“与可”二字,层层深入,颂扬了文与可的高风亮节。文中道:“与可之为人也,守道而忘势,行义而忘利,修德而忘名,与为不义,虽禄之千乘不顾也。虽然,未尝有恶于人,人亦莫之恶也。”

此文特点:一、善以形象事物寓社会现象,如以“纡竹”寓被迫害而不屈服者,以“蝎”寓诬陷人的当权者,以“嵌岩”寓所处困境。二、文末点出主旨,前面是形象的叙述描写“纡竹”之成因,纡竹“墨图”之所得,然后水到渠成点出主旨,文笔简练而寓有深意。三、用词含蓄而有力。比如:“其屈而不挠者,盖如此云。”此处的“其”是语助词,表示揣测、反诘,此句意思是,大凡受压制而又不屈不挠者,大概都是这样的。这里既抒发了自己被诬被贬后的块垒不平之气,同时,也推而广之,社会上、人世间,甚至自然界均会有如此之状,犹如韩愈所说的“物不得其平则鸣”(《送孟东野序》),富有深刻的哲理意蕴。　　(赵慧文)

书戴嵩[①]画牛

蜀中有杜处士[②],好书画,所宝以百数。有戴嵩《牛》一轴,尤所爱,锦囊玉轴,常以自随。一日曝书画,有一牧童见之,拊掌[③]大笑曰:“此画斗牛也?牛斗,力在角,尾搐[④]入两股[⑤]间。今乃掉尾而斗,谬矣!”处士笑而然之。古语有云:“耕当问奴,织当问婢。”不可改也。

〔注〕 ① 戴嵩:唐代绘画大师,画牛独步千古。 ② 处士:原来是指有德有才而隐居不愿做官的人,后来泛指没有做过官的读书人。 ③ 拊(fǔ)掌:拍掌,轻轻击掌。 ④ 搐(chù):牵动,抽缩。 ⑤ 股:大腿。

苏轼诗文中,有大量以书法、绘画为题材的。处处表露了对绘画创作的深刻认识和对美学内在规律的真切把握,充满真知灼见。《书戴嵩画牛》也是一篇与绘画有关的精致短文,约作于熙宁元年(1068)。

戴嵩,唐代著名绘画大师之一,以画牛闻名于世。所画《斗牛图》《三牛图》《归牧图》等作品被视为绝世佳作。戴嵩的老师是画牛名家韩滉,据说他画牧童牵牛饮水,竟能从牛眼里照见牧童的影子,由此可以推断,其创作更近于工笔的刻写和描绘。画界评价说戴嵩画牛的成就超过韩滉,可能是因为戴嵩画牛能够"穷其野性筋骨之妙"(《唐朝名画录》),更见动感、气势、精神吧。

"蜀中"三句,苏轼首先说明自己是在哪里看到了这幅戴嵩画牛图。从介绍中可知杜处士是个真正的书画爱好者,收藏甚丰。

接着讲述杜处士对于戴嵩画牛图的喜爱:"锦囊玉轴",可见其珍贵;"常以自随",可见确为心上之品。但就是这样一幅珍品,有一天却受到了牧童的质疑,称其"谬矣"。原来,斗牛虽然只是头角相抵,但却是全身用力,即使是牛尾,也与之浑然一体,随之发力,所以斗牛的尾巴是紧缩在两腿之间的,但是杜处士所藏的这幅戴嵩《牛》图,牛尾却翘在身后,这个错误被小牧童发现了,并且很率真地指了出来。那么藏画者的反应如何呢?"处士笑而然之",对牧童的话表示接受。最后苏轼以古语作总结:"耕当问奴,织当问婢。"并说"不可改也",表示了真理绝对的正确性无可置疑。

这篇文章短短几十个字,非常精练,甚至精练到一些必要的交待都省略了,如故事发生的时间,故事的来源等;但是有些细节又很完备,例如故事的主人公杜处士、牧童的音容笑貌。何以如此?这与作者要表达的中心和主旨是密切相关的。虽然此篇题为《书戴嵩画牛》,但是作者却心不在嵩,也不在牛,而是借题发挥。作者的目的是要讲创作不能脱离实践,否则即便是名家名作,也会因为违反生活实际,有悖科学常识造成疏漏,而留下令人遗憾的"误笔"。全篇紧紧围绕主题展开,在写作技巧上有几点值得提出:

第一,剪裁得当,主旨明确。有关戴嵩画牛的传说很多,此篇所记故事的另外一个版本是:出身书香门第的戴嵩年少即以善画闻名。父亲的朋友求其赐画一幅《斗牛图》。画中二牛山坡上抵角相斗,尾巴横扫,很有力度,客人非常高兴。戴嵩和父亲送客人出门,迎面碰见一个牧童,挥着鞭子在驱赶牛群。客人对牧童说:"戴嵩画的牛,剽悍强壮,比你的真牛都要精神几分。"没想到牧童看了画后忍不住哈哈大笑,说:"牛斗架的时候,全身的力气都使在牛角上,牛尾巴是夹着的。可是,你画的牛尾巴却在左右摇摆……"这个故事与苏轼本文不同的是人物庞杂，增添了戴嵩的父亲、父亲的朋友，角色多了一倍；枝节旁出，戴嵩赠画、牧童赶牛、父亲朋友对画的炫耀等。人物和枝节过多，无疑会影响故事的紧凑和主题的阐述。两相比较，细细品味，我们就能感觉到苏文锤炼功底之深。这与苏轼本人在创作上的一贯主张是一脉相承的。在《与王庠书》中他就说："孔子曰：'辞达而已矣。'辞至于达，止矣，不可以有加矣。"

第二，借细节生动增加说服力。此文尽管是重神髓而轻皮毛，但是作者却不肯舍弃细节的生动真实。例如，牧童的"拊掌大笑"，即为典型。为何是童子，而非老人？老人不是更见多识广，经验丰富吗？非也。一是，斗牛姿态并不深奥，初牧之童即可尽识；二是，童子的眼睛最纯净，没有世俗权威的禁锢偏见，即使是面对名家名作也可以毫不畏惧；三是，童言无忌，敢说真话，表达淋漓尽致。这更增加了故事逻辑的真实性。

文中"杜处士"只出现两处，却不只是可有可无的陪衬。前一处言其籍贯是作者老家蜀地，表明故事并非杜撰，增加故事可信度。后面"处士笑而然之"，则借故事中人物的态度表达作者自己的态度。

第三，借用古语立论，言简意赅。在苏轼的文章中，常常有古语出现，或者是名人名言，或者是俚俗谚语，但无不起到画龙点睛、以一当十之效能。如在《传神记》中借顾恺之的"传形写影，都在阿堵中"来说明"传神之难在目"。本文中借"耕当问奴，织当问婢"的俗语，表明了实践出真知的重要性。也有以一当十，言简意赅之功效。

（傅秋爽）

记游定惠院[1]

黄州定惠院东小山上，有海棠一株，特繁茂。每岁盛开，必携客置酒，已五醉其下[2]矣。今年复与参寥师[3]及二三子访焉，则园已易主。主虽市井人[4]，然以予故，稍加培治[5]。山上多老枳木[6]，性瘦韧[7]，筋脉呈露，如老人项颈。花白而圆，如大珠累累，香色皆不凡。此木不为人所喜，稍稍[8]伐去，以予故，亦得不伐。既饮，往憩[9]于尚氏之第。尚氏亦市井人也，而居处修洁如吴越间人，竹林花园，皆可喜。醉卧小板阁上，稍醒，闻坐客崔成老弹雷氏琴[10]，作悲风晓月，铮铮然[11]，意非人间也。晚乃步出城东，鬻[12]大木盆，意者谓可以注清泉，瀹[13]瓜李。遂夤缘小沟[14]，入何氏、韩氏竹园。时何氏方作堂竹间[15]，既辟地矣，遂置酒竹阴下。有刘唐年[16]主簿者，馈油煎饼，其名为甚酥[17]，味极美。客尚欲饮，而予忽兴尽，乃径归。道过何氏小圃，乞其丛橘[18]，移种雪堂之西。

坐客徐君得之[19]将适闽中，以后会未可期，请予记之，为异日拊掌[20]。时参寥独不饮，以枣汤代之。

（以上苏轼文据津逮秘书本《东坡题跋》，许逸民点校）

〔注〕 ① 定惠院：即定慧院，在今湖北黄冈市。苏轼元丰三年（1080）二月至黄州，初寓居定惠院，后迁临皋亭，再移居雪堂。 ② 五醉其下：此文写于元丰七年三月初，苏轼每年都来此游赏，故“五醉其下”。 ③ 参寥师：僧道潜，於潜（今属浙江杭州临安区）人，苏轼朋友。能诗文，时参寥来黄州探访苏轼。 ④ 市井人：指商贾。 ⑤ 培治：培土治草修理园林。 ⑥ 枳木：木名。木如橘而小，高五七尺，叶多刺。春生白花，至秋成实。果小味酸，不能食，可入药。《周礼·考工记》序目：“橘逾淮而北为枳。” ⑦ 性瘦韧：指枳木枝干瘦劲有韧性。 ⑧ 稍稍：渐渐。 ⑨ 憩（qì）：小息。 ⑩ 雷氏琴：唐代最为著名的制琴家是四川雷氏家族，其中雷威最有名。他们所制的琴被人们尊称为“雷琴”“雷公琴”“雷氏琴”。苏轼曾藏有雷公琴一张，其中有铭云：“开元十年造，雅州灵关村雷记。八日合。”庐山道士崔成老弹之，认为其音色绝伦。（《东坡志林》卷七） ⑪ 铮铮然：形容琴声铿锵有力。 ⑫ 鬻（yù）：卖，此处指“买”。 ⑬ 瀹（yuè）：浸渍。 ⑭ 夤（yín）缘小沟：沿着小沟岸而行。夤缘，攀附，这里指沿着之意。小沟，这条小河直通长江，又与韩毅甫（韩氏）、何圣可（何氏）之竹园相邻。 ⑮ 作堂竹间：在竹林间造一所堂屋。 ⑯ 刘唐年：时任黄州主簿，苏轼的朋友。 ⑰ 为甚酥：一种米粉作的煎饼。苏轼在刘唐年家吃到这种味甚酥美的饼子，便问：“此饼何名？”主人也不知道，苏轼便道：“就叫‘为甚酥’好了。” ⑱ 丛橘：一丛橘树。 ⑲ 徐君得之：徐大正，字得之，苏轼朋友，黄州知州徐大受（君猷）之弟。 ⑳ 拊掌：拍掌，拍手（一笑）。

元丰三年（1080）二月初一，苏轼到达黄州贬所，没有落脚处，只得寄居于定惠院。后来在朋友的帮助下，苏轼移居临皋亭，再建筑雪堂，买地东坡，躬耕自给，过着比较稳定的诗酒自乐的生活。每年的春天，他都要来到定惠院游赏，因为那里有与自己仿佛患难与共的一株海棠，更因为那里有淳朴厚道的普通市民朋友，有无与伦比的乐趣。元丰七年三月初三，当他第五次畅游定惠院时，正好友人徐大正请求作记，说是作为异日拊掌的谈资，因此苏轼挥笔写下这篇游记小品。文中记叙了作者与二三友人一天愉快的游赏，信笔抒写，如一线穿珠，迤逦蜿蜒，鱼贯而下；如流水曲折，随物赋形，自然成河。

开篇即写游定惠院东面的小山观赏海棠，虽然只“特繁茂”三个字，但从“每岁盛开，必携客置酒，已五醉其下”来看，苏轼对这株海棠怀有深厚的感情，因为他初来黄州时，作《寓居定惠院之东，杂花满山，有海棠一株，土人不知贵也》诗，诗中这样描写海棠：“江城地瘴蕃草木，只有名花苦幽独。嫣然一笑竹篱间，桃李漫山总粗俗。也知造物有深意，故遣佳人在空谷。自然富贵出天姿，不待金盘荐华屋。朱唇得酒晕生脸，翠袖卷纱红映肉。林深雾暗晓光迟，日暖风轻春睡足。雨中有泪亦凄怆，月下无人更清淑。”真是极尽形容之能事，赞美了海棠幽独高洁、美丽清淑的品质，并悬想她是从“香海棠国”西蜀移来的，而作者正是蜀人谪居于此，因此大有他乡遇故知的感慨，便自然地引海棠为患难之交。如果说赏海棠带有身世之感的话，那么接下来的观枳木则带有不甘屈服的精神意志。这些老枳木“性瘦韧，筋脉呈露，如老人颈项。花白而圆，如大珠累累，香色皆不凡”，这既是写枳木，也是表现自己虽然不为世俗所容，却独具坚韧品性，也是“香色皆不凡”。在描写的过程中，苏轼巧妙地夹入叙述和交代，赏海棠时交代“园已易主”，但“以予故，稍加培治”，观枳木时，插入“此木不为人所喜，稍稍伐去，以予故，亦得不伐”，尽管带有作者强烈的主观性情趣味，但均透露出园的主人虽然是普通市民，却对作者怀有深情厚意。接下来的游历均紧紧围绕着情趣与情谊展开。“既饮”之后是憩尚氏园，尚氏也是一个与作者一样有着雅洁情趣的人，并对作者情谊深厚。他不仅打扫阁楼让作者醉卧其上，还让乐师崔成老弹雷氏琴。这雷氏琴是作者故乡的特产，苏轼曾藏有一张雷氏琴，庐山道士弹奏最为绝妙。此刻琴声“铮铮然”，如“悲风晓月”，让作者感到似非人间，既引起身世之感，也产生超越尘世之想。傍晚后他们才步出城东，又买了大木盆，浸泡瓜果。沿小河进入何氏、韩氏竹园赏竹。“不可一日无此君”的竹也是苏轼的最爱，最能体现文人雅趣。更让人感动的是园子主人的情谊，当时何氏正在竹林间筑堂，已辟好了地基，见到苏轼一行，赶忙在竹阴下置酒，大有当年“竹林七贤”啸饮竹林的流风遗韵；饮酒酣歌之际，更有刘唐年主簿馈赠油煎饼以增添乐趣。苏轼曾在刘家吃到这种味甚酥美的饼子，便问：“此饼何名？”主人也不知道，苏轼便道：“就叫‘为甚酥’好了。”后来作小诗代柬向刘讨饼吃：“野饮花间百无物，枝头惟挂一葫芦。已倾潘子错著水（酒），更觅君家为甚酥。”（《刘监仓家煎米粉作饼子……戏刘公求之》）不难想象在竹阴花下饮酒，又吃到这样美味的饼子，想起往昔的故事，主客双方其乐何极！情趣已达到高潮，文笔迅速掉转，作者兴尽而归。然而又稍作婉转，添一笔，“乞其丛橘，移种雪堂之西”，这真是情趣之外的情趣，情谊之外的情谊。苏轼在雪堂住了六年，周围花果树木众多，在这样的一次野游中，还不忘为居所再添一些爱物，足见其热爱生活之心多么天真而执着，其中也体现出园子主人的厚道和质朴。至此游览过程已全部结束，顺笔交代徐大正将适闽中，想永远记忆这次盛游，求苏轼作记。却不料结尾处再添一神来之笔：“时参寥独不饮，以枣汤代之。”看似画蛇添足，实际上耐人寻味，一方面与前面提到的“今年复与参寥师及二三子访焉”相呼应，另一方面又补充了文中叙酣饮时参寥师的情状，更重要的是，参寥师是苏轼贬官期间最早并经常来看望他的朋友，这种患难之际的友谊才是最珍贵的。写来既幽默风趣，又余味不尽。

总之，这篇小文涉及十几个人，十余件野游细事，一一写来，却不嫌堆砌，反而觉得情趣盎然。这是因为作者紧紧抓住情趣与情谊这个中心表达他热爱生活、乐观旷达的情怀，因此能够在逆境中品出生活的欢乐。写法上，景为情设，情因景生；移步换境，趣随境深；情景交融，趣味横生。因此显得灵动自然，如涓涓细泉，沁人心脾。明代袁宏道说，东坡诗作，“于物无不收，于法无不有，于情无不畅，于境无不取”（《雪涛阁集序》）。这篇游记也以简练淡雅的笔触，将情景、情味、情趣展露无遗，达到了清新隽永的神妙境界。　（吴振华）

记承天寺夜游①

元丰六年②十月十二日，夜，解衣欲睡，月色入户，欣然起行。念③无与为乐者，遂至承天寺，寻张怀民④。怀民亦未寝，相与⑤步于中庭。

庭下如积水空明⑥，水中藻荇⑦交横，盖⑧竹、柏影也。

何夜无月，何处无竹、柏？但少闲人⑨如吾两人者耳。

〔注〕 ① 记承天寺夜游：题原作《记承天夜游》，据通行本加“寺”字。承天寺，故址在今湖北黄冈市南。《黄州府志·黄冈县》：“承天寺在大云寺前，今废，即东坡乘月访张怀民处。” ② 元丰六年：1083年。元丰，宋神宗赵顼的年号。 ③ 念：想，想来，想到。 ④ 张怀民：《苏诗总案》卷二十二谓即张梦得，字怀民，又字偓佺，宋代清河（今河北清河）人，元丰年间贬居黄州，与苏轼兄弟均有交往。 ⑤ 相与：一起，相互一块儿。 ⑥ 庭下如积水空明：庭院中的月光，宛如一泓积水，清澈透明。 ⑦ 藻荇（xìng）：两种水草名。藻，叶形圆。荇，叶狭长。 ⑧ 盖：这里用作虚词，承接上文而推究其原因。 ⑨ 闲人：作者自称。因苏轼被贬安置为黄州团练副使，实是徒有其名的官职。此指不被俗务所累，悠然赏景的人。

《记承天寺夜游》是苏轼随笔式的散文佳作。表现了他落拓不羁、随缘自适的个性。写于贬官为黄州团练副使期间。

全文可分三段。

第一段，记事。叙写与友人张怀民寺庭步月，直承题目《记承天寺夜游》六字。“元丰六年十月十二日”，似乎是采用日记的写法，记下了夜游的具体日期。“夜”，径直点出文题中“夜游”之“夜”的字样。“解衣欲睡”因不为官务所累，“无案牍之劳形”，闲得简直无事可做，便想早些宽衣就寝，进入梦乡。文笔作一顿挫。不料“月色入户”，即想“欣然起行”。“月色入户”四字，在这里分量很重，它是作者“欣然起行”的前提。清光辉室，月色撩人，岂可辜负如此良宵！湖北这时正是秋冬更替的节候，清光朗照是常有的夜间景象。月色犹如故人，特地入户殷勤相邀，一下子激活了苏轼夜游的情致和灵感，所以决定“欣然起行”。“欣然”二字，见出作者当时愉悦的心情，仿佛一切烦恼的人间事，都被抛诸脑后。“念无与为乐者”，想到没有和自己一起领略这月夜乐趣的人，不免有些扫兴！文笔又故作顿挫。然后顺势托出“遂至承天寺，寻张怀民”一句，正所谓“出门无所至，动即到君家”。承天寺、张怀民，交代了夜游的地点和人物，再次坐实题目。张怀民是苏轼的朋友，素有文墨之交。他“不以谪为患”，曾筑亭“以览江流之胜”，苏轼以“快哉”名其亭，苏轼之弟苏辙还专门为此风流雅事，撰写了《黄州快哉亭记》，流传至今，传为佳话。此时张怀民寓居承天寺，或许也为诱人的月色所动，不肯舍此良夜，也没有入睡。于是二人一拍即合，“相与步于中庭”。可见张君与苏轼也有志趣相投、灵犀相通之处。至于苏轼在去承天寺途中所见所感，到承天寺后又是如何与张君相邀步月，二人是否共诉衷肠、互倾肝胆，或是交谈自放山水之间之乐，或是嘘寒问暖、相互慰勉砥砺，作者一概摒弃不书。真是“字唯期少，意唯期多”，愈见文字简约之至。

第二段，写景。描状月光的澄澈，全自实感而来。仅十八个字，全用比喻。寺院中月光如水，清澈空明。其中水草交横，原来是竹、柏在月光下的投影，这是用视觉造成的错觉从反面敷墨，可见月色之清。本段妙在不明写月色，而月色却无处不在，犹如绘画的底色，色调极为和谐，文墨精练至极，极富诗情画意。作者像经营诗篇那样，使散文也同样具有清新隽永的韵味和意境。

第三段，抒情。同样用十八个字，似乎在惋惜无人赏月，暗示世人都汲汲于名利，或为衙事所牵，或为俗务所累，可惜只有两个“闲人”具有良宵步月的雅兴，实在愧对这自然界“酬客不辞劳”的一番美意。吕叔湘先生曾经说：“东坡自称为‘闲人’，须略说数语。唐宋贬官之制：或降级改任边远之地，如韩愈之贬潮州，柳宗元之贬永州是；若予以有名无实之官，而复加何处安置字样，则谪而近于戍矣。贬官而犹有职守，仍不得为闲；谪降而本郡官承朝中之意加以监束，致言动皆不自由，亦仍不得为闲。东坡之在黄州，既无职守，复无拘箝，则真闲人也。”（《笔记文选读》）吕先生的这段精辟阐述，颇有助于我们了解苏轼当时的身份和处境。

顺便补上一笔：古代文人，同时期的作品往往是相通的。苏轼居黄期间，所写诗词，常自称“幽人”。“幽人”者，幽居之人也。如《定惠院寓居月夜偶出诗》：

"幽人无事不出门，偶逐东风转良夜。"《卜算子·黄州定惠院寓居作》："谁见幽人独往来，缥缈孤鸿影。""幽人""闲人"，不同的自称，其实一也。

通观本文，作者全然以淡雅的笔触，融记事、写景、抒情于一炉，出于一片天籁，渲染一种心境，均似在不经意之间。这对以后明朝小品文的发展，如袁宏道、张岱等人，影响是巨大而深远的。

《唐宋十大家全集录·东坡全集录》卷九，谓此文"仙笔也，读之觉玉宇琼楼，高寒澄澈"，也算是读后的一种感受。 （李如鸾）

游沙湖

黄州[1]东南三十里为沙湖，亦曰螺师[2]店。予买田其间，因往相田[3]得疾。闻麻桥人庞安常[4]善医而聋，遂往求疗。安常虽聋，而颖悟绝人，以纸画字，书不数字，辄深了人意，余戏之曰："余以手为口，君以眼为耳，皆一时异人也。"疾愈，与之同游清泉寺[5]。寺在蕲水[6]郭门[7]外二里许，有王逸少[8]洗笔泉。水极甘，下临兰溪[9]，溪水西流。余作歌[10]曰："山下兰芽短浸溪，松间沙路净无泥，萧萧暮雨子规啼。谁道人生无再少，君看[11]流水尚能西，休将白发唱黄鸡。"是日剧饮[12]而归。

〔注〕 ① 黄州：治今湖北黄冈市。 ② 螺师：一般写作"螺蛳"。 ③ 相(xiàng)田：看田地。相，看，考察。 ④ 庞安常：字安时，蕲水(今湖北浠水)人，儿时读书过目不忘，博物通古今。及长耳聋，但自学研习中医，尤善针灸，为人治病，救人无数，为乡里口碑，著有《难经辨》一书。 ⑤ 清泉寺：《大清一统志·黄州府一》："清泉寺在蕲水县东北二里。" ⑥ 蕲水：古县名，因南临蕲水得名，故城在今湖北浠水县。 ⑦ 郭门：外城城门。 ⑧ 王逸少：即王羲之，字逸少，琅邪临沂(今属山东)人。官至右军将军，人称"王右军"，为晋代大书法家，真、行、草、隶俱佳，后人推为"书圣"。 ⑨ 兰溪：在湖北省浠水县东，水出箬竹山，其侧多兰，唐置兰溪县，时兰溪之水颇有盛名。 ⑩作歌：苏轼作的这首词，调名为《浣溪沙》。 ⑪ 君看：一作"门前"。 ⑫ 剧饮：痛饮。

本文题一作《游兰溪》，作于宋神宗元丰五年(1082)三月，当时作者被贬居在黄州。之前苏轼在知湖州任上的时候，时值王安石变法，一些朝廷重臣不满新法，受到排挤，而很多"新近勇锐之人"极受王安石的重视，苏轼在《湖州上表》中说神宗"知其愚不适时，难以追陪新进；察其老不生事，或能牧养小民"的两句话刺痛了这些"新进"。元丰二年七月，御史中丞李定、御史舒亶等人就上奏诬陷苏轼，说他愚弄朝廷，妄自尊大，作诗攻击新法，犯有"谤讪讥骂"之罪，苏轼随后被捕下狱，这就是著名的“乌台诗案”。后经多方营救，苏轼于十二月出狱，被贬为黄州团练副使，本州安置，近于流放，可想而知他当时的处境是极为窘迫的。但是这篇短文有叙有歌，妙趣横生，充分反映了苏轼思想积极乐观的一面。

苏轼从来不被文体、体裁这些形式上的东西所束缚，篇名着一“游”字，但重点却不在此，而在于记人，在于抒发自己的感情。作者先用一句话来点出沙湖，但却不是特意去游览，而是因为“买田其间”，后又因“往相田得疾”，遂引出庞安常这位医者。苏轼说他“虽聋，而颖悟绝人”，只是简单以“以纸画字，书不数字，辄深了人意”数句点出。庞安常自幼聪颖过人，博古通今，但是长大以后耳聋了，就自学中医，擅长针灸，在乡里行医，救人无数。苏轼在文中并没有详述庞安常在医术方面如何如何高明，而是突出他“以眼为耳”的这一禀赋所在，这正是苏轼的高明之处，这样写，看似写他人，实际上是写自己。庞安常是一位聋人，但却“以眼为耳”而成一位名医，苏轼“以手为口”，用笔写出胸中语，是文坛领袖，庞安常有过人之处，却居乡间俨然一位隐士高人，苏轼受诗文连累而远贬他乡，两人的境遇不是有着相似之处吗？一句“皆一时异人也”的戏谑之语更是绘出苏轼的自信乐观的心态。一位“虽聋，而颖悟绝人”，而另一位乃绝世之才子，这“异”是对两人异于常人的才能的推许。而庞安常有着高明的医术却甘于老隐乡间，苏轼禀赋超人、有着远大的政治抱负却不肯随波逐流、依附他人，有着独立的人格，这“异”又是对两人异于常人的处世行为的自负和赞许。此处是借庞安常的“异”而随带出自己，但其真正的落脚点还是在抒发自己的情怀。所以说，“皆一时异人也”一句可见苏轼写此文的良苦用心而又“羚羊挂角，无迹可求”（严羽《沧浪诗话·诗辨》）。

写了与庞安常相识的经过之后，苏轼才转入“游沙湖”的正题。沙湖的不远处，有座清泉寺，寺临兰溪。《寰宇记》：“兰溪水出箬竹山，其侧多兰。”又《舆地纪胜》：“兰溪泉……凤山之阴，兰溪之阳，有泉出石罅为兰溪。其在寺庭之除，为陆羽烹茶之泉；其在凤山之阴，为逸少泽笔之井即洗笔泉。王、陆二水皆兰溪一源耳。”作为游记，苏轼并没有精心地摹写景物，或是表现自己对追寻美好景物的执着过程及付出的艰辛跋涉，而是淡淡几笔点出三处景观，然后以“溪水西流”接上一首《浣溪沙》词。在词中，我们才略微了解到沙湖兰溪的景色是：“山下兰芽短浸溪，松间沙路净无泥，萧萧暮雨子规啼。”但作者的用意又非仅此而已，下阕“谁道人生无再少，君看流水尚能西，休将白发唱黄鸡”才是苏轼写这篇游记的真正含义。白居易有《醉歌·示妓人商玲珑》诗云：“谁道使君不解歌，听唱黄鸡与白日。黄鸡催晓丑时鸣，白日催年酉前没。腰间红绶系未稳，镜里朱颜看已失。”白居易借“黄鸡催晓”叹时光易逝，人生易老。而苏轼却高歌“谁道人间无再少，君看流水尚能西，休将白发唱黄鸡。”兰溪的水尚能往西流，而你们还为什么要为白发空悲切？谁说人老了就不能再有所作为呢？东坡的豪放袒露如此。从中又可见出苏轼和白居易的异同。中唐白居易闲适达观的生活态度为宋代士大夫所效仿，其中以苏轼为代表。宋人周必大在《二老堂诗话》中说：“本朝苏文忠公（轼）不轻许可，独敬爱乐天。”南宋罗大经在《鹤林玉露》丙编卷三就说道：“本朝士大夫多慕乐天，东坡尤甚。”而苏轼也曾说自己“独敬爱乐天”。所以说苏轼在很多方面特别是对人生的态度上受白居易的影响是极大的，明人袁中道就认为白、苏两人在“心”“操”“趣”“才”“学”诸方面都可谓是“大同”，宋人王直方的《王直方诗话》、明人高鹤的《见闻搜玉》、清人赵翼的《瓯北诗话》等都有相似之语。但苏轼与白居易的不同在于，他在看透世事同时，又保持着一颗积极向上的心，显得更加洒脱，是真正意义上的“达者”。苏轼同时期在沙湖所作的《定风波·沙湖道中遇雨》可为力证：

三月七日沙湖道中遇雨。雨具先去，同行皆狼狈，余独不觉。已而遂晴，故作此词。

莫听穿林打叶声，何妨吟啸且徐行。竹杖芒鞋轻胜马，谁怕？一蓑烟雨任平生。　料峭春风吹酒醒，微冷。山头斜照却相迎。回首向来萧瑟处，归去，也无风雨也无晴。

面对同行者的狼狈，苏轼自己却从容不迫，风雨过后，雨过天晴，回首望去，哪有什么狂风暴雨？在他的眼里，人生本来就是“也无风雨也无晴”的，心定神闲地对待一切荣辱与风浪，是经历过炼狱般经历的苏轼所收获到的最大财富。即使是之后再以耳顺之年被流放到更为荒远的海南，他还是自嘲般地道出：“问汝平生功业，黄州、惠州、儋州。”

从这篇文章当中，我们可以看到，苏轼文章布局的精巧与用字的精练，以及行文的不拘一格。文章写“游沙湖”，重点却是记人、抒情。而记人，则是寥廖数句点出庞安常的“异”，而写其人的“异”，实则表明苏轼自己的异于常人，不屈之人格。之后写游览时所见之景色以地名带出，用歌词来描绘。不繁杂，安排极其得当。而词的重点又是抒发自己对人生、对世事的豁达之态度。全文可谓是意思层层递进，显得错落有致，同时，作者的感情也在不经意间娓娓道出。苏轼的山水游记就是如此，其自然山水几乎是随意入文，而非刻意地去追寻，且不重描写山水景物本身，而是把它作为自己抒发感情的一种触发点，一种载体。他不会像柳宗元那样刻意地去外出寻求奇异的景致，继而通过精雕细凿地加以刻画，他只是以轻松的心态来欣赏身边的一切。山水,很多时候在苏轼的文中只是其人生哲学的一种陪衬,一种点缀。欧阳修曾说过:“醉翁之意不在酒,在乎山水之间也。”而我们可以这么说,苏轼的山水游记,是“东坡之意,在乎山水之外也”。

(刘振娅　刘　城)

游白水书付过①

绍圣元年②十月十二日,与幼子过游白水佛迹院。浴于汤池③,热甚,其源殆④可熟物。循山而东,少北,有悬水⑤百仞⑥。山八九折,折处辄为潭,深者缒石⑦五丈,不得其所止。雪溅雷怒,可喜可畏。水崖有巨人迹数十,所谓佛迹也。暮归,倒行,观山烧,火甚,俯仰度数谷至江。山月出,击汰⑧中流,掬弄珠璧⑨。到家二鼓,复与过饮酒,食余甘⑩煮菜,顾影颓然,不复甚寐,书以付过。东坡翁。

〔注〕①过:苏轼最小的儿子。苏轼有三子,长子苏迈,次子苏迨,三子苏过。贬居时仅有苏过陪侍。②绍圣元年:1094年。绍圣,宋哲宗年号。③汤池:温泉。④殆(dài):大概,为推想之辞。⑤悬水:即瀑布。⑥百仞:古代八尺为一仞,百仞是形容非常长。⑦缒(zhuì)石:用绳系着石头向下。⑧汰(tài):水波。⑨珠璧:此指倒映在水中的月亮。⑩余甘:橄榄的别称。

此篇又名《佛迹》,亦名《游白水》,是苏轼贬官惠州(今广东惠阳)时所作。白水,山名,在今广东增城东面,罗浮山东麓。文中以游记的形式,描绘了白水山奇特的景色,美妙的风物,传达出自己与山水相亲的情怀。

文章开始,首先交代时间、地点、人物等这些必要的记事元素。时间,是年的十月十二日,苏轼等刚到惠州不久;地点,白水佛迹院,即位于惠州白水山中的佛迹院;人物,自己与爱子苏过。初看此等介绍并无什么特别之处,但是结合苏轼的遭际,就会觉得其中透露出无限深意。绍圣元年苏轼五十九岁,于他而言,这是人生的又一个大灾年。此前一年,苏轼在京任端明殿学士、礼部尚书。初夏,祸从天降,有人无事生非,罗织罪名,联合起来上奏说朝廷里川蜀之籍的官员太多了,应予以遣散。畏避灾祸,苏轼自请到越州任太守,不许。六月,以端明翰林侍读二学士除知定州。八月,苏轼续娶的妻子王闰之病逝于京城。十月苏轼到了定州就职。次年四月,改元绍圣,这时御使虞策、来之邵等人又诬陷苏轼在所作诰词中讥谤先朝,于是被诏落二学士,贬知英州。还未到贬所,六月,再责授宁远节度副使惠州安置。苏轼遣家阳羡,独与妾朝云和幼子苏过同行,十月到达惠州。想想看，自己赤诚为君，一心为民，但是却被罗织罪名，屡遭陷害、打击，到五十九垂老之岁，仍然不被放过。此时以孱弱老病之躯，孤苦伶仃之影，爱妻死别之痛，南迁万里，到达一个水土不合、风俗迥异、举目无亲、荒凉僻远的瘴疠之地，心情该是怎样的万念俱灰，怨怒难平！但是他却放下行囊，就游山玩水去了。让人不由生出万千感叹：苏轼非常人也！

接着正式描绘白水山的美丽景色。一则写山，一则写水。写水处，处处紧紧围绕着"水"字展开。分为几层。作者先写温泉之水，奇异之处是"热甚"，甚至能够煮熟食物。次写瀑布之水，奇异之处是"悬水百仞"，高高悬在山崖之上。接着写深潭之水，奇异之处一是随处可见"折处辄为潭"，一是"雪溅雷怒"，气势磅礴。对此生机和活力，作者感到异常欣喜和敬畏。写山，依然是围绕着"水"做文章。先写游览山崖佛迹，山崖上有几十个巨人的印记，传说是佛祖所遗留，佛迹院应该是因此而得名罢。山崖之上，有水痕淋漓，所以作者说是"水崖"。次写暮归山色，天色已晚，回家途中，边行边看烧山，山火高低明灭，越过几道山谷之后，终于来到了江边。有人解释这一段说是暮归途中，倒转身来往回走，边走边看，也对。再直接写江水的可爱，此时舟行江中，水花迸溅，明月照射之下，绚烂璀璨。舟到了江中，因为落差、风向、水流等关系，所以击水而行。击水竟然也有无限乐趣，因为有清风明月相伴随呀。

最后交代游后余兴。游玩一天，不言游兴，而叙饮酒食菜，不言心境，只说自己的影子好像是要醉倒了，于是写了这篇游记，交给儿子苏过。读完最后一个字，我们仍有意犹未尽之感——他总该对所游之地，所见之景，说点什么吧！但是他却什么都没有说，文章就戛然而止。其实这与苏轼的处境和心情密切相关。几十年来，苏轼动辄得咎，从著名的"乌台诗案"到此次的"诰词风波"，都是鸡蛋里面挑骨头，此时苏轼对"欲加之罪，何患无词"的体会恐怕是再深不过的了。对自己的遭受迫害，在作品中表现怨怒？不行！说自己不在乎或者是很高兴？更不行。所以，只能是客观描写景物，其余什么都不说，也不能说。

苏轼一生到过许多地方，无论沉浮穷通，他都能够到一地，爱一地。与山水相亲，与人民相近。到惠州，虽是贬谪，但他却深为惠州美好的风物所吸引，在《惠州一绝》中就写道："罗浮山下四时春，卢橘杨梅次第新。日啖荔枝三百颗，不辞长作岭南人。"在本篇记叙白水之游的见闻，从白昼到傍晚，从傍晚又到深夜，山水胜景，异地风情，历历在目，所以纵然是酒后露真情，"顾影颓然"，但是所有的郁闷和愁苦也都在美好的生活和自然中消解了，宽释了。

这篇游记最大的特点就是惜字如金。从白天游到深夜，所见甚多，所历甚奇，让现代人写怎么也要洋洋洒洒数千字。仅仅一个沐浴，温泉的喷涌，沐浴的场所，水汽的蒸腾，身在其中的舒坦，洗去征尘的畅快，没有几百字恐怕收不住笔。而苏轼仅用了“浴于汤池，热甚，其源殆可熟物”十二字而已，但是一切却尽在其中了。对其源头的推断设想，更给人无限遐想的空间和余地。这与他作文“辞至于达，止矣，不可以有加”(《与王庠书》)的一贯主张是一脉相承的。

此文的另一个特点是脉络清晰，中心突出，层次井然，段落分明。全文一个“水”字贯穿始终，为椎骨中立，景色为血肉，层层展开，移步换形，每一层仅寥寥数字，却全须全影。温泉水热，瀑布水高，幽潭水深，佛崖水幕，山谷水弯，江中水阔，月下水炫，佳酿水醉，无不个性独具，风韵鲜明。　(傅秋爽)

记游松风亭

余尝寓居惠州嘉祐寺，纵步①松风亭下，足力疲乏，思欲就亭止息②。望亭宇，尚在木末③。意谓是如何得到。良久④，忽曰：“此间有甚么歇不得处！”由是心若挂钩之鱼，忽得解脱。若人悟此，虽兵阵相接，鼓声如雷霆，进则死敌，退则死法⑤，当恁么时⑥，也不妨熟歇⑦。

〔注〕 ① 纵步：闲时信步。 ② 就亭止息：靠近松风亭停下休息。 ③ 木末：树梢。④ 良久：很久。 ⑤ 死法：受法制裁而死。 ⑥ 恁(rèn)么时：这时候。 ⑦ 熟歇：好好休息一会。

此文作于绍圣元年(1094)。绍圣元年，章惇为相，复行新法。苏轼当时在定州任知州。四月以罪贬知英州，未到任，后再贬惠州。绍圣元年十月二日，轼始至惠州，寓居嘉祐寺。明年三月，迁于合江楼行馆。苏轼在惠州写了不少寓意式散文，此文是其中一篇，以九十四字的短文，既记行，又阐发一种哲理，一种精神。

开头，记叙自己在嘉祐寺居住时，曾信步松风亭下，想靠近亭边休息。但仰望亭宇尚在山巅树梢上，真是可望而不可及，一时足力难以达到，于是提出如何才能“得到”休息的问题。在这里“足力疲乏”既写其体力不济，也暗寓其心绪不佳。“思欲就亭止息”与亭宇“尚在木末”看似写实，实含寓意，为下面的哲理思考作了张本。

“此间有甚么歇不得处！”这是全文的核心，既言足力疲乏时随时都可以歇息，更寓喻在人生遭受坎坷时，要自安自适，有豁达开朗的人生态度，而且起了承接上下文的作用，引出下面铿锵的论述，揭示了人生哲理。“若人悟此”一句，由己及彼，由一人一事，推广到人生，启示人们即使在“兵阵相接，鼓声如雷霆，进则死敌，退则死法”的残酷战争中，进退都会死的恶劣环境下，在必要时，也可休息一会。也就是说在任何困难条件下，均不应忧虑、自馁、苦闷、彷徨，要豁达开朗、自适自安、顽强不屈。苏轼正因为有此种心态，才能在人生的险风恶浪中，泰然自若，履险如夷。这种看破忧患的哲思、坦荡的情怀与倔强的性格，在其诗词中亦有表述，如《定风波》：

莫听穿林打叶声，何妨吟啸且徐行，竹杖芒鞋轻胜马，谁怕？一蓑烟雨任平生。　料峭春风吹酒醒，微冷。山头斜照却相迎。回首向来萧瑟处，归去，也无风雨也无晴。

此是他因“乌台诗案”被贬黄州时所作，同样写生活中的小事——途中遇雨，同行者狼狈，而词人却从容不迫，从小事中抒写了自己独特的人生体验与处世态度，高唱“谁怕？一蓑烟雨任平生”，坚信未来是“回首向来萧瑟处，也无风雨也无晴”。从自然界的变化，推出人生旅程亦是如此。这种深刻的感受，富有哲理的思考，也见于他的《独觉》一诗：“翛然独觉午窗明，欲觉犹闻醉鼾声。回首向来萧瑟处，也无风雨也无晴。”

本文是独具风韵的小品文，言简意赅，由叙事到议论，由实到虚，以小事寓人生哲理，将形象与哲思巧妙地融合，信笔挥洒，不假雕饰，风格隽永、自然，言有尽而意无穷。王圣俞评此文曰：“予深领此趣，难以笔舌赞也。”（《苏长公小品》，见《苏文汇评》517 页）

（赵慧文）

书上元夜游

己卯[①]上元[②]，予在儋耳[③]，有老书生数人来过，曰：“良月佳夜，先生能一出乎？”余欣然从之。步城西，入僧舍，历小巷，民夷[④]杂糅，屠酤[⑤]纷然，归舍已三鼓矣。舍中掩关熟寝，已再鼾矣。放杖而笑，孰为得失？问先生何笑，盖自笑也。然亦笑韩退之[⑥]，钓鱼无得，更欲远去[⑦]，不知钓者未必得大鱼也。

〔注〕 ① 己卯：元符（宋哲宗年号）二年，1099 年。 ② 上元：农历正月十五日为上元节。③ 儋耳：郡名，今海南省儋州市。 ④ 民夷：指汉族与当地黎族等少数民族。 ⑤ 屠酤：卖肉的卖酒的，泛指市井中的各色人等。 ⑥ 韩退之：韩愈，字退之，唐代著名的散文家、诗人。⑦“钓鱼”二句：韩愈《赠侯喜》诗：“吾党侯生字叔起，呼我持竿钓温水。平明鞭马出都门，尽日行行荆棘里。温水微茫绝又流，深如车辙阔容辀。虾蟆跳过雀儿浴，此纵有鱼何足求。我为侯生不能已，盘针擘粒投泥滓。晡时坚坐到黄昏，手倦目劳方一起。暂动还休未可期，虾行蛭渡

似皆疑。举竿引线忽有得，一寸才分鳞与鳍。是日侯生与韩子，良久叹息相看悲。我今行事尽如此，此事正好为吾规。半世遑遑就举选，一名始得红颜衰。人间事势岂不见，徒自辛苦终何为。便当提携妻与子，南入箕颍无还时。叔起君今气方锐，我言至切君勿嗤。君欲钓鱼须远去，大鱼岂肯居沮洳。"

本篇题目一作《儋耳夜书》。苏轼晚年，以六十多岁的高龄，再贬儋耳。过海之际，不免凄然，叹息"某垂老投荒，无复生还之望"(《与王敏仲书》)。在儋耳，海外穷荒之地，生活极度困窘，时常陷于狼狈境地。他所住的桄榔庵，"真蜑坞獠洞也"，东坡自述："此间食无肉，病无药，居无室，出无友，冬无炭，夏无寒泉，然亦未易悉数，大率皆无尔。"(《答程天侔书》)然而，他依然不改其放旷天真、随缘自娱的本性，坦然面对人生的种种磨难。在《与元老侄孙书》中自陈："海南连岁不熟，饮食百物艰难。及泉、广海舶绝不至，药物酱酢等皆无，厄穷至此，委命而已。老人与过子相对，如两苦行僧耳。然胸中亦超然自得，不改其度。"

本文作于他到儋耳后的第三个年头，此时他已对海南的乡风民俗感到亲切，与当地土著融洽无间。此文只有寥寥一百多字，尺幅小品，文笔湛秀，情思隽永，乃苏轼小品文中风致绝佳之极品。作家信笔行之，似不经意，摇荡一两笔，便觉风情无限。它将人们带入了一千年前海南岛的那个上元节之夜，虽无中州的繁华景象，但却气韵生动，那一片清辉的海岛月华，那一份逸兴遄飞的惬意，还有那哲人的沉思遐想，都涵泳着冰心玉壶的美感。

苏轼所结交的黎族朋友，有青年，也有老者，如符林老秀才，苏轼曾经玩笑题诗"符老风情奈老何，朱颜减尽鬓丝多"(《被酒独行》)，足见过从甚密，值此良宵佳节，几位老书生盛情邀他出游，便是意中事了。"余欣然从之"，似乎乡关万里、海角天涯的飘零之感也已淡去不少，确有一些"海南万里真吾乡"(《谪海南作诗示子由》)的融融暖意。"步城西，入僧舍，历小巷"，写畅游，城西的月色，僧舍的灯火，小巷的窈深，信步徜徉，在节日的人流中，似乎也步履轻翩了。不觉来到闹市街头，"民夷杂糅，屠酤纷然"，淡淡两笔，点染出了椰林海岛的异乡情调，小城街衢的市井喧阗：各种不同服色、不同民族的人们熙熙攘攘，和睦相处；肉坊酒肆生意红火，笑语腾喧。混迹于屠户酒徒的市井，不免有些角色易位。作为一位封建社会的士大夫，他真可以算是打入社会人生的底层了。游兴方浓，竟然纵情恣性地流连到了更深夜半。令他惬意的，究竟是一泓清辉的元宵月色，还是民风的朴厚？则在不言之中了。

"归舍已三鼓矣。舍中掩关熟寝，已再鼾矣。"家中人不但早已闭门熟寝，而且已经睡个回笼觉了。"放杖而笑，孰为得失？"此情此境，与他在黄州时所作的

《临江仙》词“夜饮东坡醒复醉，归来仿佛三更。家童鼻息已雷鸣，敲门都不应，倚杖听江声”，何其相似乃尔？同样都是在喧嚣已经逝去之后，同样都是在一个月白风清之夜，更深人寂之时，独立苍茫，对自我灵魂的审视，或者说是形与神的对话。回首前尘，再向自己大起大落的宦海生涯凝眸一瞥，荣辱沉浮，穷通得丧，都如云烟过眼。“孰为得失”，这是点睛之笔，提出了一个天问式的亘古之惑。攘攘红尘，芸芸众生，几乎概莫能外。当人生之路即将走到尽头之际，总不免回首前尘，重新打量那愈去愈远的来时路，孰为得？孰为失？——这是对生命存在价值的终极拷问。“问先生何笑，盖自笑也”，自笑，是因为自己虽然历尽宦海沉浮，但终于勘破尘网，心若“挂钩之鱼，忽得解脱”（《记游松风亭》），胸中自有翛然处，“老矣复何言，荣辱今两空”（《寄子由》），“其余梦幻去来何啻蚊虻之过目前也”（《答廖明略书》）。因此他能物我两忘，宠辱不惊，品味人生的悠然自得之乐。混迹市井渔樵，却能达到“华夷两樽合，醉笑一欢同”（《冬至与诸生饮酒》）的境界。“然亦笑韩退之，钓鱼无得，更欲远去”，苏轼和韩愈同样都是有志用世的人，只不过是韩愈陷溺过深，不免失之拘执罢了。韩愈的《赠侯喜》诗，讲了一个钓鱼的故事。门生侯喜等人邀他到洛水去钓鱼，洛水既浅又狭，只是虾蟆水蛭的嬉游之所，又有什么鱼可钓呢？钓了半天，挨到黄昏，手倦目劳，好不容易方才钓上一条一寸来长的小鱼，真是大煞风景。想来这与自己的求官经历倒是颇相吻合，半世遑遑，东奔西走，形神俱瘁，只落得白辛苦。最后韩愈勉励门生：“君欲钓鱼须远去，大鱼岂肯居沮洳”，沮洳，即泥潭。意谓钓鱼须远去大江大海，大鱼是不会住在烂泥塘里的啊！前人评曰：“大抵谓沮洳不能得大鱼，兴寄远矣。”自从姜太公八十垂钓遇文王成为君臣遇合的佳话以来，钓鱼这个意象，在中国传统诗文中，往往别有寄托，蕴涵着对政治理想、政治抱负的远大预期，韩愈所谓“高可以钓爵位”（《答窦秀才书》）是也。韩愈本人的求仕经历：他二十五岁中进士，因为没有朝中权贵的援引，困居长安三年，未得一官。他曾三次上书宰相，卑词哀恳，均被拒之门外，最后只好郁郁东归。因此就无怪乎他的诗文中常常牢骚满腹了。苏轼笑韩退之，是因为他的拘执，不能豁达地对待宦海沉浮。钓鱼这个意象，如同一个反复弹奏的旋律，在韩愈的诗中不止一次地出现，苏轼也不止一次地相嘲。韩愈的《赠刘师服》诗：“巨缗东钓傥可期，与子共饱鲸鱼脍。”抱负可谓大矣。苏轼则反唇相讥，语出惊人：“长讥韩子隘且陋，一饱鲸鱼何足脍。”（《复次放鱼前韵答赵承议陈教授》）大略是说，纵然钓到庞然大物的鲸鱼，也未必就能成为一道美味佳肴。此言真如醍醐灌顶，可谓参透人生三昧。在生命存在的价值天平上，是得？抑或是失？——尚未可知。解悟这层齐得丧、泯祸福的妙理，便可坦然，淡然，随缘自适，随遇而安了。

此则小品，叙事，洗尽铅华，喻理，情韵兼胜。如天籁，如璞玉，可与《记承天寺夜游》相媲美。掩卷思之，它留给人们的，便是一片表里澄澈的心境。

（林　薇）

赠别王文甫[1]

仆以元丰三年二月一日至黄州，时家在南都[2]，独与儿子迈[3]来，郡中无一人旧识者。时时策杖至江上，望云涛渺然，亦不知有文甫兄弟在江南[4]也。居十余日，有长而髯[5]者惠然[6]见过，乃文甫之弟子辩。留语半日，云："迫寒食，且归车湖[7]。"仆送之江上，微风细雨，叶舟横江而去。仆登夏隩[8]尾[9]高丘以望之，仿佛见舟及武昌步[10]，乃还。尔后遂相往来，及今四周岁，相过殆百数。遂欲买田而老焉，然竟不遂。近忽量移临汝[11]，念将复去此而后期[12]不可必，感物凄然，有不胜怀者。浮屠[13]不三宿桑下[14]，有以也哉！七年三月九日。

〔注〕 ① 赠别王文甫：题一作《别文甫子辩》。文甫，王齐愈，字文甫。子辩，王齐万，字子辩，齐愈之弟。嘉州犍为(今四川乐山市)人，与苏轼家乡眉州邻近。二人均苏轼妻族。 ② 南都：即南京，北宋陪都，今河南商丘市。 ③ 迈：苏迈，苏轼长子，嘉祐四年(1059)生。 ④ 江南：特指黄州江对面的武昌(今湖北鄂州)。 ⑤ 髯：颊毛。 ⑥ 惠然：对朋友的到来表示高兴、欢迎的词语。《诗·邶风·终风》："终风且霾，惠然肯来。" ⑦ 车湖：在武昌东三十里，有车武子墓。苏轼有诗《王齐万秀才寓居武昌县刘郎洑正与伍洲相对伍子胥奔吴所从渡江也》。 ⑧ 夏隩(yù)：《舆地纪胜》："夏竦守黄州，凿水入陂以藏舟，因名。"在黄冈西南二里。 ⑨ 尾：后。 ⑩ 步：船埠头。 ⑪ 量移临汝：元丰七年(1084)三月初，苏轼改授汝州(今属河南)团练副使，本州安置，不得签署公事。量移，得罪被远贬的官员任官一段时间后酌情迁官至离京城较近之地，亦有遇赦商量移者。 ⑫ 后期：以后的相会。 ⑬ 浮屠：此指僧人。 ⑭ 不三宿桑下：典出《后汉书·襄楷传》："浮屠不三宿桑下，不欲久生恩爱，情之至也。"

这篇短文作于元丰七年三月七日，当时苏轼刚接到朝廷量移汝州团练副使的调令，就写了这篇情意真挚的文章与王齐愈兄弟告别。

值得注意的是，这篇不到二百字的短文竟用了三分之二的篇幅来追叙他与王齐万初次在黄州相遇的情景。这是因为，这次相遇有着特殊的背景。苏轼于元丰三年大年初一离京赴黄州贬所，因为是严谴，匆忙上路，来不及带上时在南都的家眷，只有长子苏迈陪同，一路上风餐露宿，凄惶之状可想。到了黄州之后，"郡中无一人旧识者"，如处井底，与外界不通信息，处于与世隔绝的境地。极端的孤寂苦闷和无所事事之中，只能毫无目的地“时时策杖至江上，望云涛渺然，亦不知有文甫兄弟在江南也”，寥寥数语，传神地表现了作者当时的孤孑彷徨、茫然失落之状。正在这时，忽有“长而髯者惠然见过”，原来是大同乡兼妻族王齐愈之弟齐万。在异乡遇到故乡人，本就令人高兴，又何况是在自己初到贬所无一人旧识的孤孑境遇中得见故乡人，更何况对方是特意造访，“惠然见过”，其喜出望外自不必说。这次相遇虽仅半日(寒食节例须祭奠已故亲人)，齐万即归江南武昌的东湖寓所，但却给初到黄州、与世隔绝的苏轼带来了友情的温暖与生活的亮色，因而齐万别归之时，自己情意殷殷，特至江边送别：“仆送之江上，微风细雨，叶舟横江而去。仆登夏隩尾高丘望之，仿佛见舟及武昌步，乃还。”这在微风细雨中依依惜别，登高目送叶舟横江而去直至武昌对岸的情景，如诗似画，引人遐想。颇似李白《送孟浩然之广陵》的意境，但李白是送朋友作“烟花三月下扬州”的快意之游，故色彩明丽，而苏轼则是在孤寂苦闷中送新遇的友人归去，惜别中更增孤孑失落之感。

读到这里，方明白写与王齐万相遇之前为什么要从贬黄州叙起，而且要强调“独与儿子迈来，郡中无一人旧识者”。因为这一特殊背景赋予了这次造访与惜别特殊的情感内涵与分量，如果削去开头数语，这种特殊的情感内涵就会消失，只是一次平常的朋友间的造访而已。

初遇用了如此多的笔墨来交代背景，渲染情景，以下叙四年之中“相过殆百数”却用特简之笔，一笔带过。这是因为，就苏轼与文甫、子辩的整个交往过程而言，初次相遇乃是最具感情冲击力，也最值得回味的一次高峰体验。尽管其后的过往中也有诸如“为风涛所隔，不能即归，则王生能为杀鸡炊黍，至数日不厌”的感人经历，但相对于初次相遇所特具的背景与感情内涵而言，毕竟显得平淡一些。且作者于“相过殆百数”之后亦不忘加上一句“遂欲买田而老焉”，可见与文甫、子辩相交之深厚，以致将贬谪的伤心之地视为终老之乐地，苏轼的随遇而安的人生态度也充分显示出来了。最后点出近忽量移临汝，想到自己又将离开生活了四年的黄州和王氏兄弟这样的知交，竟不禁伤心难过，“感物凄然”，难以为怀了。并举出“浮屠不三宿桑下”的典故，抒发自己历久生恋的感情和又将离去的惆怅。表现了苏轼对患难中结交的知己情谊的看重。

苏轼对唐诗非常熟悉且有深厚造诣。他的小品文之所以耐人讽咏，一是其中颇多极具思想内涵的人生体验与感慨，二是极富诗情画意。这篇短文就兼具这两方面的优长。描绘送王生归江南的情景化用李白诗的意境已如上述，末数语又化用了刘皂《旅次朔方》“无端更渡桑乾水，却望并州是故乡”的诗意，但感情

是东坡的、个性化的，可谓浑化而无痕。（刘学锴）

记与欧公[①]语

欧阳文忠公[②]尝言：有患疾者，医问其得疾之由，曰："乘船遇风，惊而得之。"医取多年柂牙[③]，为柂工手汗所渍处，刮末[④]，杂丹砂[⑤]、茯神[⑥]之流，饮之而愈。今《本草》[⑦]注《别药性论》云："止汗，用麻黄[⑧]根节及故竹扇为末，服之。"文忠因言："医以意用药多此比，初似儿戏，然或有验，殆未易致诘[⑨]也。"予因谓公："以笔墨烧灰饮学者，当治昏惰[⑩]耶？推此而广之，则饮伯夷[⑪]之盥水[⑫]，可以疗贪；食比干之馂余[⑬]，可以已佞[⑭]；舐[⑮]樊哙[⑯]之盾，可以治怯[⑰]，齅[⑱]西子之珥[⑲]，可以疗恶疾[⑳]矣。"公遂大笑。元祐六年[㉑]闰八月十七日，舟行入颍州[㉒]界，坐念二十年前见文忠公于此，偶记一时谈笑之语，聊复识之[㉓]。

（以上苏轼文据《丛书集成》初编本《东坡志林》，许逸民点校）

〔注〕 ① 欧公：即欧阳修，北宋政治家、文学家，"唐宋八大家"之一。号醉翁，晚号六一居士。吉州吉水（今属江西）人。擅长散文、诗、词，以散文成就最高，文风平易。 ② 欧阳文忠公：欧阳修逝世后，谥文忠，世称欧阳文忠公。 ③ 柂（duò）牙：舵公掌舵时舵板上端握手处。柂，船舵。 ④ 末：细木屑。 ⑤ 丹砂：即朱砂，矿物名，深红色，古代道教徒用以化汞炼丹，中医作药用，也可制作颜料。 ⑥ 茯神：中间抱有木心的茯苓。茯苓，寄生在松根上的菌类植物，形状像甘薯，中医用以入药。 ⑦《本草》：古代著名药书《神农本草经》的简称。因书中所记各药以草类为多，故称。 ⑧ 麻黄：常绿小灌木，茎为提制麻黄素的原料。《神农本草经》卷二："麻黄，味苦温，主中风伤寒头痛温疟，发表出汗，去邪热气，止咳逆上，除寒热，破症坚积聚。" ⑨ 殆未易致诘：恐怕不容易招致追问。 ⑩ 昏惰：糊涂，懒惰。 ⑪ 伯夷：商末孤竹君长子。初孤竹君以次子叔齐为继承人。孤竹君死后，叔齐让位，他不受。后二人都投奔周。武王灭商后，他们又逃避到首阳山，不食周粟而死。 ⑫ 盥水：用于洗手、洗脸等的水。⑬ 比干之馂（jùn）余：比干吃剩下的东西。比干，商代贵族，纣王的叔父，官少师，相传因屡次劝谏纣王，被剖心而死。 ⑭ 佞：用花言巧语谄媚人。 ⑮ 舐（shì）：用舌头舔。 ⑯ 樊哙：汉初刘邦的猛将，性暴躁刚烈，后随刘邦击破臧荼、陈豨和韩信的叛乱，任左丞相，封舞阳侯。⑰ 怯：胆小害怕。 ⑱ 齅（xiù）：今作"嗅"，用鼻子闻气味。 ⑲ 珥：古代用珠玉做的耳饰，泛指耳饰。 ⑳ 恶疾：本指难以医治的疾病。清俞正燮《癸巳类稿·足阳明经胃府脉证》："崔言得疾，眉发自落，鼻梁崩倒，皮肤得疮如疥，皆目为恶疾。"这里当指难治的性病。 ㉑ 元祐六年：1091年。元祐，哲宗赵煦年号。 ㉒ 颍州：今安徽阜阳。欧阳修晚年辞官，居颍州，逝于颍州。 ㉓ 聊复识（zhì）之：姑且记载了这次谈话。识，记述，记载。

《记与欧公语》是苏轼的一篇随笔散文。属于记言小品，记述的是二十年前在颍州(今安徽阜阳)与欧阳修的一次亲切交谈。

文章主要写二人的对话,内容包括两层意思,即前后两部分。

前一部分,记述欧阳修的话。他先谈到一位患者服药治好病的事。说有个患者,医生问他病是怎么得的,他说:“坐船遇到风浪,受惊吓得的。”医生便拿出多年的舵牙,在舵工手握时出汗所渍湿之处,刮下一些细木屑,掺上丹砂、茯神一类的药,口服后病就好了。欧阳修是位大学者,博览群书,学养深厚,服药治病的事说完后,他随口引出《本草》中的注《别药性论》:“止汗,用麻黄根节及故竹扇为末,服之。”以此作为对服药治病一事的佐证。最后再由此发出议论。医生根据对病因的认识下药多半可用此作比,乍看像儿戏,然而有的也有疗效,恐怕不容易招致追问哩。有事实,有论据,有看法,层次井然。欧阳公所举舵牙治病一事,是否属实,难以稽考;是否符合药理,合乎科学,也不好明断。欧公姑妄言之,读者姑妄听之,可也。

后一部分,根据欧阳公的话,引发一番议论,是记述作者与欧阳公的对话。

苏轼先单独举一事例:“把笔墨烧成灰冲水给学习的人喝,应当可以治疗糊涂和懒惰吧!”然后推而广之,连举四例。四例中列举四位历史人物,这四位人物又都极有个性特点,四例中也各自有实有虚:喝了伯夷盥漱用的水就可以治疗慕势贪权的病,因为伯夷放着君主不做,一点权力欲、利禄心都没有。吃了比干剩下的食物,就可以治疗专好曲意逢迎、专门用花言巧语诱惑人的毛病,因为比干多次直言上谏、陈词剀切,甘冒杀身之险,甚至不惜献出生命。用舌头舔一舔樊哙御敌用的盾牌,就可以治疗胆小害怕的病,因为樊哙是员猛将,敢于冲锋陷阵,太勇敢刚烈了。用鼻子嗅一嗅美女西施的耳饰,就可以根除好色的毛病,治好恶疾,因为西施是倾国倾城的绝色美女而又感情专一。欧阳公听了这番幽默诙谐的话,不禁开怀大笑。

以上主要记述的是这次谈话的内容,地点在颍州,时间当在二十年前。正文部分到此告一段落。

文章结尾处,注明“元祐六年闰八月十七日”,是回忆上次与欧阳公谈话的日期,作者特意标出,有着纪念的意义。“舟行入颍州界”,是想起上次谈话的“触媒”,因为上次谈话的地点在颍州,欧阳公又退栖于斯、终老于斯,引起联想则是十分自然的。末尾一句“偶记一时谈笑之语”,交代了撰写本文的缘起。

欣赏本文似应重点留意以下几点。

一、欧阳公与苏轼的关系。欧阳公是北宋文坛领袖,平易近人,有长者风范。王安石、曾巩、三苏的散文都受到欧阳公的指点。欧阳公主持进士考试时,擢拔了苏轼,对苏轼有知遇之恩,颇为苏轼敬重。二人既是师生,又是文友,政见相同,文章同道,感情融洽,关系非同一般。

二、这次交谈,苏轼在长者面前,无拘无束,谈笑风生,正表明二人的关系亲密无间,才不分辈分的长幼,不论地位的高下。从苏轼的谈话中,还可见出他的性格的一面,宋曾慥《高斋漫录》中说:“子瞻可谓善戏谑者也。”诚哉斯言,从本文即可得到充分的印证。苏轼回忆这次谈话是温馨的、令人向往的,其中自然包含对欧阳公的敬慕和追怀,这种美好的感情也感染着读者。

三、记言的技巧值得学习。苏轼谈话用的是“类比法”。不仅“则饮伯夷之盥水”四项与“笔墨烧灰饮学者”保持着意脉的联系,使谈话内容形成有机的整体;而且苏轼谈话中总列的五项与欧阳公谈话的内容也是一种“类比法”,这样就保持着全文意脉的贯通和一致。文章重视修辞。如四项事例是由四个结构匀齐的分句组成的一组排比句,颇有语言气势。其中动词“疗贪”的“疗”、“已佞”的“已”、“治怯”的“治”以及“疗恶疾”的“疗”,是组近义词,用得讲究而富有变化。此外,文章前后使用了两个“因”字,极妙:“文忠因言”的“因”,起到了话题与文意自然承接的作用,使文意又深入一层;“予因谓公”的“因”起到了话题转换的作用,是文意的转折和开拓。但这个转折是由前面的话题自然引发的。后个“因”字,使交谈的两层意思过渡得自然无痕。此外,“公遂大笑”字样,穿插着描述交谈一方的动作神情,既可避免叙述的板滞,又可见出谈话的热烈效果。这些似乎不经意的地方,都可看出作者是文章高手。而这些细微之处,品读时是不应错过的。

(李如鸾)

苏辙文

【作者小传】

苏　辙

(1039—1112)字子由,一字同叔。晚年号颍滨遗老。北宋散文家。苏洵子,苏轼弟。人称"小苏"。眉州眉山(今属四川)人。嘉祐二年(1057)与兄轼同时进士及第,复举制科。神宗时为制置三司条例司检详文字,因反对新法遭贬,出为签书应天府判官等职。元丰二年(1079)兄轼因诗得罪,下御史台狱,苏辙坐贬筠州(今江西高安)监盐酒税。哲宗立,高太后听政,元祐期间(1086—1094)苏辙累迁御史中丞,拜尚书右丞,进门下侍郎。绍圣元年(1094)哲宗亲政,新法派重新得势,苏辙连遭贬谪,远谪为化州别驾,雷州安置。元符三年(1100)徽宗立,大赦天下,苏辙才得以北归,隐居于颍昌(今河南许昌)颍水之滨。政和二年(1112)病卒,谥"文定"。著有《栾城集》五十卷、《栾城后集》二十四卷、《栾城三集》十卷、《栾城应诏集》十二卷。苏辙的文学成就主要在散文方面。其散文的风格,苏轼说,子由之文"汪洋澹泊,有一唱三叹之声,而其秀杰之气,终不可没"(《答张文潜书》)。他的政论、史论文,纡徐平和,持论平妥稳当,说理严密透彻。"记"体文章,颇能体现宋人熔叙事、写景、议论于一炉的特色。苏辙的散文正如明代茅坤所说:"其疏宕嫋娜处,亦自有一片烟波,似非诸家所及。"(《唐宋八大家文钞·苏文定公文钞》卷八)

(沈惠乐)

墨　竹　赋

与可以墨为竹,视之良[①]竹也。客见而惊焉,曰:"今夫受命于天,赋形于地。涵濡[②]雨露,振荡风气。春而萌芽,夏而解弛[③]。散柯[④]布叶,逮冬而遂。性刚洁而疏直,姿婵娟[⑤]以闲媚[⑥]。涉寒暑之徂变[⑦],傲冰雪之凌厉。均一气于草木,嗟壤同而性异。信[⑧]物生之自然,虽造化其能使。今子研青松之煤[⑨],运脱兔之毫[⑩]。睥睨[⑪]墙堵,振洒缯绡。须臾而成,郁乎萧骚[⑫]。曲直横斜,秾[⑬]纤庳[⑭]高。窃造物之潜思,赋生意于崇朝[⑮]。子岂诚有道者耶?"

与可听然[⑯]而笑曰:"夫予之所好者,道也,放乎竹矣。始予隐乎崇山之阳[⑰],庐乎修竹之林。视听漠然,无概[⑱]乎予心。

朝与竹乎为游,暮与竹乎为朋。饮食乎竹间,偃[19]息乎竹阴,观竹之变也多矣。若夫风止雨霁[20],山空日出。猗猗[21]其长,森[22]乎满谷。叶如翠羽,筠[23]如苍玉。澹[24]乎自持,凄兮欲滴。蝉鸣鸟噪,人响寂历[25]。忽依风而长啸,眇[26]掩冉[27]以终日。笋含箨[28]而将坠,根得土而横逸。绝涧谷而蔓延,散子孙乎千亿。至若丛薄[29]之余,斤斧所施。山石荦埆[30],荆棘生之。蹇[31]将抽而莫达,纷既折而犹持。气虽伤而益壮,身已病而增奇。凄风号怒乎隙穴,飞雪凝沍[32]乎陂池[33]。悲众木之无赖,虽百围而莫支。犹复苍然于既寒之后,凛乎无可怜之姿。追松柏以自偶[34],窃仁人之所为。此则竹之所以为竹也。始也余见而悦之,今也悦之而不自知也。忽乎忘笔之在手与纸之在前,勃然而兴,而修竹森然。虽天造之无朕[35],亦何以异于兹焉?"

客曰:"盖予闻之,庖丁解牛者也,而养生者取之。轮扁斫轮者也,而读书者与之。万物一理也,其所从为之者异尔。况夫夫子之托于斯竹也,而予以为有道者则非耶?"与可曰:"唯唯[36]。"

〔注〕 ① 良:确实,真正。 ② 涵濡(rú):润湿。涵,沉浸。濡,沾湿。 ③ 解弛:舒放伸展,形容竹笋冲破笋壳的束缚,脱颖而出,往上生长。 ④ 柯(kē):指竹枝。 ⑤ 婵娟:姿态优美的样子。 ⑥ 闲媚:文雅美好。闲,通"娴",文雅。 ⑦ 徂(cú)变:变化。 ⑧ 信:确实,诚然。 ⑨ 青松之煤:指用松烟制成的墨。 ⑩ 脱兔之毫:指毛笔。当时多用兔毫制笔。毫,毛。 ⑪ 睥睨(pì nì):侧视。 ⑫ 萧骚:形容风吹拂竹子枝叶发出的声音。 ⑬ 秾(nóng):花木繁盛的样子。 ⑭ 庳(bēi):低下。 ⑮ 崇朝(zhāo):终朝。从天亮到早饭时。犹言一个早晨,喻时间短暂。 ⑯ 听(yǐn)然:张口笑的样子。 ⑰ 阳:山南为阳,山北为阴。 ⑱ 概:系念,放在心上。 ⑲ 偃:仰卧。 ⑳ 霁(jì):雨止天晴。 ㉑ 猗(yī)猗:长而美盛的样子。《诗·卫风·淇奥》:"绿竹猗猗。" ㉒ 森:丛生茂密的样子。 ㉓ 筠(yún):竹子的青皮。 ㉔ 澹(dàn):安静。 ㉕ 寂历:寂寞。 ㉖ 眇(miǎo):通"渺",辽远、高远。 ㉗ 掩冉:掩映柔美的样子。冉,柔弱的样子。 ㉘ 箨(tuò):笋壳。 ㉙ 丛薄:草木丛生的地方。 ㉚ 荦埆(luò què):即"荦确"。怪石嶙峋的样子。 ㉛ 蹇(jiǎn):通"謇",发语词,加强咏叹的感情色彩,多见于楚辞。 ㉜ 凝沍(hù):寒凝冻结。沍,冻结。 ㉝ 陂(bēi)池:池沼,池塘。 ㉞ 偶:匹配。 ㉟ 天造之无朕(zhèn):即"天衣无缝"的意思。朕,缝隙。 ㊱ 唯唯:应诺之声。

本文是一篇文赋,以优美生动的语言高度赞美了文与可所画的墨竹,并为文与可总结了画竹的经验。

文与可,即文同,与可是他的字。北宋梓州永泰(今四川盐亭)人,仁宗皇祐元年(1049)进士。曾任洋州(今陕西洋县)、湖州(今属浙江)知州,故称"文湖州"。他是苏辙的堂表兄,著名的画家。相传唐吴道子开始单用墨来画竹,而文与可创造了深墨为面,淡墨为背的竹叶画法,名噪一时。苏轼在《文与可画筼筜谷偃竹记》中记叙当时人请文与可作画的情景:"四方之人持缣素而请者,足相蹑于其门。"可见画名之盛。

全文可分三段,遵照赋的常例用主客问答的方法展开文字。

头段先从与可"以墨为竹"写起,他画的竹"视之良竹也"。一个"良"字,写出了墨竹的栩栩如生,以至"客见而惊焉",于是引出了下文,借托客之言赞美与可画竹技艺的高超,并提出了画技何以会如此高超的疑问。

在客看来,自然界的竹子,在天地养育、雨露滋润之下,要经过一年四季的生长过程:春天萌发出竹笋,夏天竹笋脱壳而长大,分出小枝布满枝叶,到了冬天长成。竹子具有刚直美好的品格,能经受寒暑冷热的变化,傲对冰雪而昂扬奋发。客认为竹子是根据自身的生长规律拥有这些特性的,即使是天地造化都不能随意驱使改变的,而与可只不过研墨挥毫,斜着眼对着墙,在画绢上随便挥洒,一幅青翠茂盛、曲直横斜、姿态各异、疏密高矮、错落有致的墨竹图居然就在笔下出现了,而且仿佛还能听到竹子临风发出的萧萧声。这就不由得客以为与可是窃取了造物主的深熟思考,才使墨竹形神兼备,几可乱真的,于是发出了疑问:"子岂诚有道者耶?"在这一段中作者用真竹之美来渲染、比衬画竹之美,以此突出文与可出神入化的绘竹技巧。

第二段文与可作答,申述自己画竹的感受和经验。与可应答客的疑问,首句就说"予之所好者,道也,放乎竹矣"。这个"道",有异于一般指方法、技巧的道,在此是指掌握了大自然变化规律的奥秘。他为了探求这个"道",将全身心都放在对竹子的研究上了。

接着与可叙述自己如何隐居在高山的南面,在美好的竹林中建造房屋,长期与竹相处,朝朝暮暮相伴为友,反复观察竹子的生长变化,不但熟悉了竹子的"叶如翠羽,筠如苍玉"的外观,而且领悟出了竹子坚忍不屈的品性:当严冬来临,寒风怒号,池沼结上厚冰之时,即使粗壮的大树也难以支撑,唯有竹子经受住了考验依然保持着青苍的秀色,威严地挺立而没有一点可怜的样子,它"追松柏以自偶,窃仁人之所为"。与可说他深为竹子的品格所感动,因而触发起创作的灵感,达到了忘物、忘我而身与竹化的境地:"忽乎忘笔之在手与纸之在前,勃然而兴,而修竹森然。”

这个画竹的过程与苏轼在《文与可画筼筜谷偃竹记》中所写的与可说“画竹必先得成竹于胸中，执笔熟视，乃见其所欲画者，急起从之，振笔直遂，以追其所见，如兔起鹘落，少纵则逝矣”完全一致，可见与可画竹的经验曾向苏轼兄弟传授，不然没法写得这么具体和精彩。在这段中作者以充沛的感情、酣畅的笔墨描绘竹子的美好风姿及受斤斧砍伐之后“气虽伤而益壮，身已病而增奇”的不屈身影，这是作者借竹子来比喻洁身自好、意志坚强的志士仁人，对竹子品格的礼赞，既是对志士仁人的歌颂，也是苏辙对自己人格的自许，即便在逆境中也要像竹子那样傲对外力的摧残。无怪乎苏轼也写出了这样的诗句：“可使食无肉，不可使居无竹。无肉令人瘦，无竹令人俗。”（《於潜僧绿竹筠》）表达了对竹的特殊爱好。

第三段再借托客之言，讲述听了与可话以后的感想，确认与可是一个有道的人。这不但照应了首段的“子岂诚有道者耶”，而且点明了题旨，文与可的画竹经验包含了高深的道理，不仅能帮助人学绘画，还可以推广运用于其他方面。

为了说明这个问题，作者从《庄子》中选取了两个寓言故事，一是“庖丁解牛”的故事，一是“轮扁斫轮”的故事。庖丁由于长期屠宰牛，对牛体的骨骼结构、内部的经络非常熟悉，宰牛时手起刀落，牛一下子就被肢解。而他所使用的刀，使用了十九年，屠宰了数千头牛，刀刃还是十分锋利，就像刚从磨刀石上磨过一样。因为他顺应了牛的内部结构宰牛，刀插入骨与骨的隙缝里，刀刃就不会变钝。这使人悟到了顺应自然生活，才是养生之理。轮扁是个善于斫轮的工匠，有一天，齐桓公在堂上读书，轮扁在堂下斫轮，他用自己的工作打比方，说是砍得快、砍得慢都不行，不快不慢，得心应手，才能砍出好轮子来，意思是说，他运斧斫轮之所以得心应手，全靠实践，而无法口授给别人，因此桓公光读古人的书是不行的。桓公听后开始不以为然，后来被说服了，认可了轮扁的话。文与可的画竹经验正同庖丁解牛、轮扁斫轮一样，是师法造化、顺应自然、认真实践、熟能生巧的结果。这启发人们在进行文艺创作时必须熟悉和喜爱所描写的对象，才能创作出符合客观实际并且更有典型意义的好作品。

本文的语言也颇具特色。在描写竹子的外形、品格与生长过程时运用了铺陈的方法，整齐的句式、优美的辞藻、铿锵的音节体现了赋体的写作手法；而第三段的“客曰”，运用典故由此及彼的一番议论，语言省净却意蕴丰富，凸显出宋人文章擅长言理的特点。（沈惠乐）

黄　楼　赋并叙

熙宁十年[1]秋七月乙丑[2]，河[3]决于澶渊[4]，东流入巨野[5]，北溢于济[6]，南溢于泗[7]。八月戊戌[8]，水及彭城[9]下，余兄子瞻适[10]为彭城守。水未至，使民具畚锸[11]，畜[12]土石，积刍茭[13]，完室[14]隙穴，以为水备。故水至而民不恐。自戊戌至九月戊申[15]，水及城下，有二丈八尺，塞[16]东西北门，水皆自城际[17]山。雨昼夜不止，子瞻衣制履屦[18]，庐于城上[19]，调急夫[20]发禁卒[21]以从事，令民无得窃出避水，以身帅之[22]，与城存亡，故水大至而民不溃。方水之淫[23]也，汗漫[24]千余里，漂庐舍，败冢墓，老弱蔽川而下[25]，壮者狂走[26]，无所得食，槁死于丘陵林木之上。子瞻使习水者浮舟楫，载糗饵[27]以济之，得脱者无数。水既涸[28]，朝廷方塞澶渊，未暇及徐[29]。子瞻曰："澶渊诚塞，徐则无害。塞不塞天也，不可使徐民重被其患。"乃请增筑徐城，相水之冲[30]，以木堤捍之，水虽复至，不能以病徐[31]也。故水既去，而民益亲。于是即城之东门为大楼焉，垩[32]以黄土，曰土实胜水[33]，徐人相劝成之。辙方从事于宋[34]，将登黄楼，览观山川，吊水之遗迹，乃作黄楼之赋。其词曰：

子瞻与客游于黄楼之上，客仰而望，俯而叹，曰："噫嘻！殆哉！在汉元光[35]，河决瓠子[36]，腾蹙[37]巨野，衍溢[38]淮泗，梁楚[39]受害二十余岁。下者为污泽，上者为沮洳[40]。民为鱼鳖，郡县无所。天子封祀太山[41]，徜徉东方，哀民之无辜，流死[42]不藏[43]，使公卿负薪[44]，以塞宣房[45]。瓠子之歌[46]，至今伤之。嗟惟此邦，俯仰千载。河东倾而南泄，蹈汉世之遗害。包原隰而为一[47]，窥吾墉[48]之摧败。吕梁[49]龃龉[50]，横绝乎其前；四山连属[51]，合围乎其外。水洄洑[52]而不进，环孤城以为海。舞鱼龙于隍壑[53]，阅帆樯于睥睨[54]。方飘风[55]之迅发，震鼙鼓[56]之惊骇。诚蚁穴之不救，分闾阎[57]之横溃。幸冬日之既迫，水泉缩以自退。栖流枿[58]于乔木，遗枯蚌于水裔[59]。听澶渊之奏功[60]，非天意吾谁赖。今我与公，冠冕裳衣[61]，设几布筵，斗酒相属[62]，饮酣乐作，开口而笑，夫岂偶然也哉？"

子瞻曰："今夫安于乐者，不知乐之为乐也，必涉于害者而后知之。吾尝与子凭[63]兹楼而四顾，览天宇之宏大，缭青山以为城，引长河以为带。平皋[64]衍其如席，桑麻蔚乎旆旆[65]。画阡陌之纵横，分园庐之向背。放田渔于江浦，散牛羊于烟际。清风时起，微云霮䨴[66]。山川开阖[67]，苍莽[68]千里。东望则连山参差，与水皆驰。群石倾奔，绝流而西。百步[69]涌波，舟楫纷披[70]。鱼鳖颠沛[71]，没人[72]所嬉。声崩震雷，城堞[73]为危。南望则戏马之台[74]，巨佛之峰[75]，巍乎特起[76]，下窥城中。楼观翱翔[77]，巍峨相重。激水既平，渺莽[78]浮空。骈洲接浦[79]，下与淮通。西望则山断为玦[80]，伤心极目。麦熟禾秀，离离满隰[81]。飞鸿群往，白鸟孤没。横烟淡淡，俯见落日。北望则泗水湠漫[82]，古汴[83]入焉。汇为涛渊[84]，蛟龙所蟠。古木蔽空，乌鸟[85]号呼。贾客连樯[86]，联络城隅[87]。送夕阳之西尽，导明月之东出。金钲[88]涌于青嶂[89]，阴氛[90]为之辟易[91]。窥人寰[92]而直上，委余彩[93]于沙碛[94]。激飞楹而入户[95]，使人体寒而战栗。息汹汹于群动[96]，听川流之荡潏[97]。可以起舞相命[98]，一饮千石[99]。遗弃忧患，超然自得。且子独不见夫昔之居此者乎？前则项籍[100]、刘戊[101]，后则光弼[102]、建封[103]。战马成群，猛士成林。振臂长啸，风动云兴。朱阁青楼，舞女歌童。势穷力竭，化为虚空。山高水深，草生故墟。盖将问其遗老，既已灰灭而无余矣。故吾将与子吊古人之既逝，闵[104]河决于畴昔。知变化之无在[105]，付杯酒以终日。"

于是众客释然而笑，颓然就醉。河倾月堕[106]，携扶而出。

〔注〕 ① 熙宁十年：公元1077年。熙宁，宋神宗年号。 ② 七月乙丑：古时以干支纪年月日，七月乙丑，即当年的七月十七日。 ③ 河：黄河。 ④ 澶(chán)渊：古湖泊名，又名繁渊。故址在今河南濮阳市。 ⑤ 巨野：此处为古湖泽名，位于今山东巨野。 ⑥ 济：古水名。源于河北省赞皇县南。 ⑦ 泗：源于今山东省泗水县东，四源并发，故名。流经今安徽省泗

县、江苏省泗阳等地。 ⑧ 八月戊戌：当年的八月二十一日。 ⑨ 彭城：今江苏省徐州市。 ⑩ 适：正好，恰好。 ⑪ 畚锸(běn chā)：此泛指挖运泥土的工具。畚，盛土器；锸，起土器。 ⑫ 畜：同"蓄"。 ⑬ 刍茭：干草。 ⑭ 完窒：修缮堵塞。 ⑮ 九月戊申：当年九月初一。 ⑯ 塞：此处作淹没解。 ⑰ 际：接近。 ⑱ 衣制履屦(jù)：意谓穿衣着鞋。履，穿鞋。屦，麻、葛等制成的鞋。 ⑲ 庐于城上：在城上搭棚居住。庐，居住。 ⑳ 急夫：因工事急迫而调发的役夫。 ㉑ 禁卒：此指彭城武卫营中中央直接掌握的正规军。 ㉒ 以身帅之：谓身先士卒。 ㉓ 淫：过度，过分。此处指洪水危急。 ㉔ 汗漫：广大，漫无边际。 ㉕ 老弱蔽川而下：指河中老弱的尸体遮蔽了河面，顺水漂流而下。蔽，覆盖，遮蔽。 ㉖ 狂走：乱跑，疾奔。 ㉗ 糗(qiǔ)饵：将米麦炒熟制成的食品。此泛指干粮。 ㉘ 既涸：洪水已经退去。 ㉙ 徐：即徐州。 ㉚ 相水之冲：查看易发生水患的要冲。 ㉛ 病徐：使徐州遭遇水害。病，害。 ㉜ 垩(è)：白土，泛指用来涂刷的泥土，此处用作动词，(用泥)涂刷。 ㉝ 土实胜水：我国古代五行说中，谓水、火、金、木、土相生相克，水克火，火克金，金克木，木克土，土克水。故云"土实胜水"。 ㉞ 宋：在今河南商丘市南。 ㉟ 元光：汉武帝第二个年号，公元前134—前129年。 ㊱ 瓠(hù)子：古堤名，旧址在河南濮阳境内。 ㊲ 腾蹙：迅疾前行貌。蹙，紧迫。 ㊳ 衍溢：洪水漫溢泛滥。 ㊴ 梁楚：指今河南以及湖北、鲁南、苏北一带。 ㊵ 沮洳(jù rù)：低湿之地。 ㊶ 封祀太山：封祀，古代帝王在泰山筑坛祭天的一种活动。太山，同"泰山"，在山东省。 ㊷ 流死：即淹死。 ㊸ 藏(zàng)：通"葬"，埋葬。 ㊹ 使公卿负薪：《汉书·沟洫志》："上既封禅，巡祭山川，其明年，干封少雨。上乃使汲仁、郭昌发卒数万人塞瓠子决河。于是上以用事万里沙，则还自临决河，湛白马玉璧，令群臣从官自将军以下，皆负薪置决河。" ㊺ 宣房：亦作"宣防"，宫名。《汉书·沟洫志》："于是卒塞瓠子。筑宫其上，名曰宣防。" ㊻ 瓠子之歌：汉武帝在瓠子决口之后所作的歌。《汉书·沟洫志》："上既临河决，悼功之不成，乃作歌曰：'瓠子决兮将奈何？……'" ㊼ 包原隰(xí)而为一：将高地、低地全部淹没。原隰，广平曰原，下湿曰隰，指广平低湿之地。 ㊽ 墉：城墙。 ㊾ 吕梁：指吕梁洪。在今江苏省徐州市东南。本大禹所辟，用以疏通黄河。 ㊿ 龃龉(jǔ yǔ)：此指巨石如上下牙齿参差不齐。 (51) 四山连属：指徐州四周的山均被水淹没而连成一片。 (52) 洄洑(fú)：水流回旋。 (53) 隍壑：护城壕。 (54) 睥睨(pì nì)：同"埤堄"，城上有孔的矮墙。 (55) 飘风：暴风，旋风。 (56) 鼙(pí)鼓：古代军队中用的小鼓。 (57) 闾阎：里巷的门，借指里巷。 (58) 枿(niè)：树木经砍伐后重新生长的枝条。同"蘖"。此处泛指树枝。 (59) 水裔：水边。 (60) 奏功：奏效，成功。 (61) 冠冕裳衣：戴帽穿衣，衣冠整齐。 (62) 相属：互相劝酒。 (63) 凭：靠着，倚着。 (64) 平皋(gāo)：水边平展之地。 (65) 蔚乎旆(pèi)旆：青葱茂盛貌。 (66) 霮䨴(dàn duì)：幽邃之貌，云露浓重貌。 (67) 开阖：指山川时隐时现。 (68) 苍莽：空阔辽远貌。 (69) 百步：指百步洪，在彭城东面，今江苏铜山附近。 (70) 纷披：纷乱貌。 (71) 颠沛：倾倒跌仆。此指死亡。 (72) 没人：潜水之人。 (73) 堞(dié)：城上如齿状的矮墙，又称女墙。 (74) 戏马之台：又称掠马台，在徐州。 (75) 巨佛之峰：也在徐州。 (76) 巍乎特起：独立高耸貌。 (77) 楼观翱翔：形容楼观的飞檐如鸟翼伸展。 (78) 渺莽：浩渺辽阔貌。 (79) 骈洲接浦：沙洲河汊相连。浦，水边的河汊。 (80) 玦：古代佩戴的一种玉器，环形，有缺口。"玦"与"诀"同音。寓意别离，故后文有"伤心极目"之语。 (81) "麦熟"二句：语自《诗经·王风·黍离》："彼黍离离。"离离，浓密茂盛貌。 (82) 潭(tàn)漫：水旷远貌。 (83) 古汴：古汴水，从河南荥阳开始，水分两路，东南一道流至徐州北注入泗水。 (84) 涛渊：洪水汇集处。 (85) 乌鸟：指乌鸦。 (86) 樯：船上的桅杆，代指船。 (87) 联络城隅：指客商的船在城脚连成一片。隅，角落。 (88) 金钲(zhēng)：钲，古代的一种打击乐器，形似铜锣。这里用来比喻太阳。 ⑧⑨ 青嶂：如屏障的青山。 ⑨⓪ 阴氛：此指云雾。 ⑨① 辟易：退避，倒退。 ⑨② 人寰：人间。 ⑨③ 余彩：此指月光。 ⑨④ 沙碛(qì)：沙石积成的浅滩。 ⑨⑤ 激飞楹而入户：月亮将柱子的影子照入户内。飞楹，指高楼的柱子。 ⑨⑥ 息汹汹于群动：夜深了，一切喧闹的生物均停止了活动。汹汹，喧闹杂乱的样子。群动，一切活动的生物。 ⑨⑦ 荡潏(jué)：水涌流的样子。 ⑨⑧ 起舞相命：起身舞蹈，乐声和鸣。(以示庆贺)。 ⑨⑨ 石(dàn)：重量单位。一石为一百二十斤。 ⑩⓪ 项籍：字羽，秦末下相(今江苏宿迁)人。秦亡后，自立为西楚霸王，都彭城。 ⑩① 刘戊：汉高祖弟刘交之孙，继封楚王，都彭城。后与吴王谋反，兵败被杀。 ⑩② 光弼：即李光弼，唐朝名将，安史之乱中立下战功，被封为王。 ⑩③ 建封：即张建封，中唐名将，因战功官拜徐州节度使。 ⑩④ 闵：同"悯"，怜悯。 ⑩⑤ 无在：无所不在。 ⑩⑥ 河倾月堕：星河倾斜，表示夜已很深，月亮隐没，天快亮了。

历代文论家对苏辙散文特点的评价都是纡徐平和，沉稳厚重，深淳温粹。如元刘埙云："老泉之文豪健，东坡之文奇纵，而颍滨之文深沉。"(《隐居通议》卷十五"三苏"条)清沈德潜云："老泉之才横，矫如龙蛇。东坡之才大，一泻千里，纯以气胜。颍滨渟蓄渊涵。"(《唐宋八家古文读本凡例》)这种说法一方面固然是由于苏辙散文的主体风格偏于阴柔，另一方面则是和老苏、大苏比较而言的。如果与欧曾一派诸家相比，则苏辙文仍有骏发踔厉、辞采赡富的一面。这篇《黄楼赋》就是一篇激昂踔厉之作。

此文作于元丰元年(1078)。熙宁十年(1077)四月，苏轼由密州改知徐州。七月黄河在澶渊曹村决口。八月洪水冲及徐州城下，至十月五日方退。太守苏轼因率领军民抗洪有功受到朝廷嘉奖。次年二月，在徐州城之东门建"黄楼"以纪念此事。黄楼落成后，苏辙应邀作此赋，苏东坡见后大为赞赏，亲为书写，并刻碑留存。

文章"叙"的部分记录了苏轼率领徐州百姓战胜洪水的全过程，交代了黄楼的由来，说明作赋原因。尤其详尽介绍了苏轼在抗洪过程中身先士卒的模范行为，救济灾民的功绩以及水灾平定之后增筑城池的远见卓识。叙述委曲而又能做到文字精粹。

文章"赋"的部分是苏辙的想象之词。写作此文时苏辙正在应天府(当时的南京，今河南商丘市南)签书判官任上，未及登黄楼，亦未参加庆典活动。作者虚拟了在庆典活动上苏轼与客人的一番对话，铺张扬厉，绘声绘色，令人读罢有亲临之感。

赋的前半部分，借客之口，叙说古今河决给徐州百姓造成的灾害。回忆西汉元光年间，黄河决口，徐州化为一片汪洋，郡县无所，百姓流离，于是汉武帝命大臣负薪以塞决口。从那以后徐州屡遭水患，此次又重蹈"汉世之遗害"。徐州四面环山，地势低洼，洪水潴留不退，历经月余，鱼游于城池之下，船行于城墙之外；

其声仿佛战鼓隆隆，其势即将摧城败墉，情形可谓危在旦夕。此时此刻哪怕是一个蚁穴般大小的漏洞都可能导致城毁人亡的悲剧。幸而苏轼率全城军民坚守月余，终于等到天寒水退，徐州得保平安。如今祸患已去，主客相携登楼，而枯蚌败叶，遗迹犹在，又怎能不令人感伤？这段文字以叙述为主，兼以抒情，写水灾而抒发“天意难测”“人生多忧”的感慨。写法上以散句居多，运骈于散，有一唱三叹之音。

赋的后半部分，就苏轼所见，描绘水退之后登览的景色。放眼望去，青山为城，黄河为池，风光秀逸，阡陌纵横，田野错落，屋舍俨然，桑麻蓬蓬，瓜瓞莫莫，牛羊悠哉，渔樵自乐。微云随风聚散，山川苍莽千里。向东望去：众山奔驰，群石西倾；百步洪上，舟楫穿梭，浪涛涌处，人鱼嬉戏；隆隆水声，震得女墙倾危欲坠。向南望去：戏马台、巨佛峰岿然屹立；俯视城中，楼观巍峨，檐宇翱翔；大水过后，江流浩渺，汀洲罗列，下接淮岸。向西望去：断山迷离，禾麦蒙蒙；群雁南飞，孤鸿长逝；烟波淡淡，白日西沉。向北望去：汴泗合流，汇为深渊；蛟龙盘踞，乌鸦回旋；商贾连樯，至于城隅。夕阳西下，明月东升，流光徘徊，暗窥门户，游子思妇，望而生寒。夜深人寂，唯有江流浩荡，正可以痛饮狂舞，举首高歌。此情此景，真令人忘怀忧愁，超然自得。联想到古时英雄，皆聚于此，叱咤风云，纵横捭阖，然而历史的云烟浩渺，一切终究化为虚空！凭吊古人，感伤时事，就可以感悟到变化无所不在，而忧患大可释怀。此段写景多用骈句，境界高远宏大，鲜明生动，语言气势磅礴，风格豪迈，颇有乃兄之风。

所以当时曾有人误以为此文是苏轼代作，苏轼《答张文潜书》中说：“（子由）作《黄楼赋》，乃稍自振厉，若欲以警发愦愦者。而或者便谓仆代作，此尤可笑。”苏辙散文确实以冲雅淡泊、质朴自然为主要特征，但不是说他就没有一些刻意为之的作品。像这篇《黄楼赋》就颇重雕饰。抱有这种误解的人是因为没有注意到苏辙赋体对汉赋的有意继承。

苏辙作赋尤重传统，苏籀《栾城先生遗言》中曾记录苏辙之言：“余年少苦不达为文之节度，读《上林赋》，才观君子，佩玉冠冕，还折揖让，音吐皆中规矩，终日威仪无不可观。”可见汉赋对苏辙创作的影响。如《登真兴寺楼赋》就有明显的对王粲《登楼赋》的承袭。这篇《黄楼赋》在写景方面也较多地借鉴了汉赋的写法。

汉大赋一般都结构宏阔，且多采用问答体，写法上层层铺张，节节形容，“合纂组以成文，列锦绣以为质，一经一纬，一宫一商”（《西京杂记》引司马相如语），通过铺张排比来创造出壮观的景物，产生壮大的美感。此赋结构也是对话体，文中对景物那段铺张扬厉的描写在宋赋中也是不多见的。此外,此赋境界之阔大也与汉赋类似。明王世贞《艺苑卮言》中说赋:"大抵须包蓄千古之材,牢笼宇宙之态。"具体在写法上表现为时间的辽远和空间的辽阔。汉赋叙事常好上溯,由古及今,由远及近,将历史与现实联系起来。此赋写徐州水患也从溯古开始,时间跨度大,境界错综古今。汉大赋所写景物往往从东、南、西、北、上、下、左、右、前、后、内、外等方位着眼,勾勒出一个辽阔的空间。如班固《两都赋》之写长安四郊及近县:"南望杜、霸,北眺五陵,名都对郭,邑居相承","封畿之内,厥土千里","其阳则崇山隐天","其阴则冠以九嵕","下有郑白之沃","东郊则有通沟大漕","西郊则有上囿禁苑","其中乃有九真之麟,大宛之马"。博大的空间,令人产生控引天地的壮大美感。苏辙曾自称"余《黄楼赋》学《两都》也"(《栾城先生遗言》)。这篇《黄楼赋》也是极目四顾、放眼八荒。其中子瞻登临纵谈黄楼美景一段,"东望则连山参差","南望则戏马之台","西望则山断为玦","北望则泗水漾漫",骋词铺张,确实酷似班固《两都赋》。

但是苏辙的赋比起汉大赋来又多了一层哲理的色彩,这也是时代使然。宋朝士大夫好言理,好议论。如苏轼、苏辙、王安石等人还都兼有哲学家的身份,影响到宋朝的文学创作,诗词歌赋无不带有哲理倾向。苏轼的前后《赤壁赋》就寓含了深刻的人生哲理。苏辙此赋也不例外。综观全文,立意正在"今夫安于乐者,不知乐之为乐也,必涉于害者而后知之"一句。作者是要阐明经历此番天降灾祸之后,人更应该超然于荣利得失之外,忘怀忧患,珍惜短暂人生,享受片刻欢愉。

此赋当时还有同题之作:秦观《黄楼赋》极力称赞黄楼周围的风光气势雄浑和与郡守登临黄楼的感想;陈师道《黄楼铭》则称赞宋王朝统治者和郡守的治水功劳。各有其特色。苏辙这篇《黄楼赋》写得情感超迈,文辞雅赡,骈散间行,体物浏亮,而尤以哲理见长。苏轼在黄楼建成之后,原想作一篇记,但由于"子由之赋已尽其略矣"(《书子由黄楼赋后》),就没有再写。可见此赋也是深契苏轼心意的。

(刘 汾)

新 论 上[①]

古之君子,因天下之治,以安其成功;因天下之乱,以济其不足。不诬治以为乱,不援乱以为治。援乱以为治,是愚其君也;诬治以为乱,是胁其君也。愚君胁君,是君子之所不忍,而世俗之所徼幸也,故莫若言天下之成势。请言当今之势。

当今天下之事，治而不至于安，乱而不至于危，纪纲初立而不举，无急变而有缓病。此天下之所共知，而不可欺者也。然而世之言事者，为大则曰无乱，为异则曰有变。以为无乱，则可以无所复为；以为有变，则其势常至于更制。是二者，皆非今世之忠言至计也。今世之弊，患在欲治天下而不立为治之地[2]。

夫有意于为治而无其地，譬犹欲耕而无其田，欲贾而无其财，虽有锄耰[3]车马，精心强力，而无所施之。故古之圣人将治天下，常先为其所无有而补其所不足，使天下凡可以无患，而后徜徉翱翔，惟其所欲为而无所不可，此所谓为治之地也。为治之地既立，然后从其所有而施之。植之以禾而生禾，播之以菽而生菽，艺之以松柏梧槚[4]，丛莽樸樕[5]，无不盛茂而如意。是故施之以仁义，动之以礼乐，安而受之而为王；齐[6]之以刑法，作之以信义，安而受之而为霸；督之以勤俭，厉之以勇力，安而受之而为强国。其下有其地而无以施之，而犹得以安存。最下者，抱其所有，伥伥然[7]无地而施之，抚左而右动，镇前而后起，不得以安全而救患之不给。故夫王霸之略，富强之利，是为治之具[8]，而非为治之地也。有其地而无其具，其弊不过于无功；有其具而无其地，吾不知其所以用之。昔之君子，惟其才之不同，故其成功不齐。然其能有立于世，未始不先为其地也。

昔者，伏羲[9]、神农[10]、黄帝[11]既有天下，则建其父子，立其君臣，正其夫妇，联其兄弟，殖之五种，服牛乘马，作为宫室、衣服、器械，以利天下。天下之人，生有以养，死有以葬，欢乐有以相爱，哀戚有以相吊。而后伏羲、神农、黄帝之道，得行于其间。凡今世之所谓长幼之节[12]，生养之道者，是上古为治之地也。至于尧、舜、三代[13]之君，皆因其所阙[14]而时补之。故尧命羲和历日月以授民时[15]，舜命禹平水土以定民居[16]，命益驱鸟兽[17]以安民生，命弃播五谷以济民饥[18]。三代之间，治其井田沟洫步亩之法[19]，比闾族党州乡之制[20]。夫家卒乘[21]车马之数，冠昏[22]丧葬之节，岁时交会之礼，养生除害之术，所以利安其人者凡皆已定，而后施其圣人之德，是故施之而无所龃龉[23]。举今周官三百六十人之所治者[24]，皆其所以为治之地，而圣人之德不与也。故周之衰也，其《诗》曰："虽无老成人，尚有典刑[25]。"

由此言之，幽、厉[26]之际，天下乱矣，而文、武[27]之法犹在也。文、武之法犹在，而天下不免于乱，则幽、厉之所以施之者不仁也。施之者不仁，而遗法尚在，故天下虽乱而不至于遂亡。及其甚也，法度大坏，欲为治者无容足之地，泛泛[28]乎如乘舟无楫而浮乎江湖，幸而无振风[29]之忧，则悠然唯水之所漂，东西南北非吾心也。不幸而遇风，则覆没而不能止。故三季之极，乘之以暴君，加之以虐政，则天下涂地[30]而莫之救。

然世之贤人，起于乱亡之中，将以治其国家，亦必于此焉先之。齐桓用管仲，辨四民之业[31]，连五家之兵[32]，卒伍整于里，军旅整于郊[33]，相地而衰征，山林川泽各致其时，陵阜陆墐各均其宜[34]，邑乡县属各立其正[35]，举齐国之地如画一之可数。于是北伐山戎，南伐楚[36]，九合诸侯[37]，存邢、卫[38]，定鲁之社稷[39]，西尊周室[40]，施义于天下，天下称伯[41]。晋文反国，属其百官，赋职任功，轻关易道，通商宽农，懋穑劝分，省财足用，利器明德，举善援能，政平民阜，财用不匮[42]。然后入定襄王[43]，救宋、卫，大败荆人于城濮[44]，追齐桓之烈[45]，天下称之曰二伯[46]。其后子产用之于郑[47]，大夫种用之于越[48]，商鞅用之于秦[49]，诸葛孔明用之于蜀，王猛用之于苻坚[50]，而其国皆以富强。是数人者，虽其所施之不同，而其所以为地者一也。夫惟其所以为地者一也，故其国皆以安存。惟其所施之不同，故王霸之不齐，长短之不一。是二者，不可不察也。

当今之世，无惑乎天下之不跻[51]于大治，而亦不陷于大乱也。祖宗之法具存而不举，百姓之患略备而未极，贤人君子不知尤[52]其地之不立，而罪其所施之不当，种之不生，而不知其无容种之地也。是亦大惑而已矣。且夫其不跻于大治，与不陷于大乱，是在治乱之间也，徘徊彷徨于治乱之间而不能自立，虽授之以贤才，无所为用，不幸而加之以不肖[53]，天下遂败而不可治。故曰莫若先立其地，其地立而天下定矣。

〔注〕 ① 新论上：苏辙作《新论上》《新论中》《新论下》三篇，这是其中的第一篇。② 为治之地：即治国的根本。地，基础、地位。 ③ 耰(yōu)：古农具。状如木槌，用以碎土平田。 ④ 檟(jiǎ)：楸树。落叶乔木，木材可供建筑用。 ⑤ 樸樕(sù)：也作"樕朴"，小木名。《诗·召南·野有死麕》："林有朴樕。" ⑥ 齐：整治。 ⑦ 伥(chāng)伥然：迷惘而无所适从的样子。《荀子·修身》："人无法则伥伥然。" ⑧ 具：方法，措施。《文子·微明》："老子曰：人皆知治乱之机，而莫知全生之具。" ⑨ 伏羲：中国神话中人类的始祖。传说人类由他和女娲氏兄妹相婚而产生。又传他教民结网，从事渔猎畜牧，反映中国原始时代开始渔猎畜牧的情况。 ⑩ 神农：传说中农业和医药的发明者。相传远古人民过采集渔猎生活，他用木制作耒、耜，教民农业生产。反映中国原始时代由采集渔猎进步到农业的情况。又传他曾尝百草，发现药材，教人治病。一说神农氏即炎帝。 ⑪ 黄帝：即轩辕黄帝，姬姓，传说中中原各族的共同祖先。《易·系辞下》谓黄帝时"刳木为舟，剡木为楫"，"断木为杵，掘地为臼"。 ⑫ 节：礼节。《论语·微子》："长幼之节，不可废也。" ⑬ 三代：指夏、商、周。 ⑭ 阙：同"缺"。 ⑮"故尧命"句：《史记·五帝本纪》："(尧)乃命羲和敬顺昊天，数法日月星辰，敬授民时。"《索引》："谓命羲和以历数之法观察日月星辰之早晚，以敬授人时也。"羲和，传说中掌管天文历法的官吏。⑯"舜命禹"句：《史记·五帝本纪》："舜曰：'嗟，然！禹，汝平水土，维是勉哉！'" ⑰ 命益驱鸟兽：《史记·五帝本纪》："舜曰：'谁能驯予上下草木鸟兽？'皆曰益可，于是以益为朕虞。"《集解》引马融曰："虞，掌山泽之官名。"益，一作翳。 ⑱"命弃"句：《史记·五帝本纪》："舜曰：'弃，黎民始饥，汝后稷播时百谷。'"《正义》："稷，农官也。'播时'谓顺四时而种百谷。"弃，又称后稷，擅长农业种植，古代周族始祖。 ⑲ 井田沟洫(xù)步亩之法：此指传说中的古代田制。井田，《孟子·滕文公上》："方里而井，井九百亩，其中为公田，八家皆私百亩，同养公田。"沟洫，《周礼·匠人》："九夫为井，井间广四尺，深四尺，谓之沟。方十里为成，成间广八尺，深八尺，谓之洫。"洫，田间水道。步亩，郑玄注《周礼·地官·小司徒》引《司马法》："六尺为步，步百为亩。" ⑳ 比闾族党州乡之制：比、闾、族、党、州、乡，都是周代地方基层组织。《周礼·大司徒》："令五家为比，使之相保；五比为闾，使之相受；四闾为族，使之相葬；五族为党，使之相救；五党为州，使之相赒；五州为乡，使之相宾。" ㉑ 夫家卒乘：夫家，《周礼·载师》："凡民无常业者，罚之，使出夫家之征也。"江永注："诸经凡言夫家者，犹云男女，无妻者为夫，有妻者为家。"卒乘，《左传·隐公元年》："缮甲兵，具卒乘。"杜预注："步曰卒，车曰乘。" ㉒ 冠昏：冠，指冠礼，古代男子成年时举行加冠之礼。二十岁即为成年。昏，同"婚"，指婚礼。 ㉓ 龃龉：也作"钼铻"。牙齿上下对不齐，比喻不相投合，互相抵触。 ㉔"举今周官"句：《周礼·天官》载有三百六十种官管理的事务。《周礼·冢宰》郑玄注："天有三百六十余度，天官亦总三百六十官。" ㉕"虽无"二句：语出《诗经·大雅·荡》。意思是：虽然没有老成人，还有成法常规可做榜样。 ㉖ 幽、厉：幽，指周末的昏君幽王，宠信褒姒，西夷犬戎攻幽王，幽王被杀于骊山下。厉，指周代的暴君厉王，因无道，致使天下大乱，民怨沸腾。 ㉗ 文、武：文，指周文王，姬姓，名

昌，商末周族领袖。统治期间，国势强盛，在位五十年。武，指周武王，姬姓，名发，西周王朝的建立者，继承其父文王遗志，灭商，建都于镐（今陕西西安西南沣水东岸）。 ㉘ 泛泛：飘浮的样子，广大无边际的样子。 ㉙ 振风：疾风。南朝梁江淹《诣建平王上书》："庶女告天，振风袭于齐台。" ㉚ 天下涂地：天下百姓遭受残害，惨死。 ㉛ "齐桓"二句：《国语·齐语》："桓公曰：'成民之事若何！'管子对曰：'四民者，勿使杂处，杂处则其言咙，其事易。'公曰：'处士、农、工、商若何？'管子对曰：'昔圣王之处士也，使就闲燕；处工，就官府；处商，就市井；处农，就田野。'"四民，指士、农、工、商。 ㉜ 连五家之兵：《史记·齐太公世家》："桓公既得管仲……修齐国政，连五家之兵。"《集解》："《国语》曰：'管子制国，五家为轨，十轨为里，四里为连，十连为乡，以为军令。'" ㉝ "卒伍"二句：《国语·齐语》："春以蒐振旅，秋以狝治兵。是故卒伍整于里，军旅整于郊。"韦昭注："《周礼》：'五人为伍，百人为卒。'今管子亦以五人为伍，而以二百人为卒。" ㉞ "相地而衰征"三句：《国语·齐语》："管子对曰：'相地而衰征，则民不移；政不旅旧，则民不偷；山泽各致其时，则民不苟；陆、阜、陵、墐、井、田、畴均，则民不憾。'" ㉟ "邑乡"句：《国语·齐语》："管子对曰：'……三十家为邑，邑有司；十邑为卒，卒有卒帅；十卒为乡，乡有乡帅；三乡为县，县有县帅；十县为属，属有大夫。五属，故立五大夫，各使治一属焉；立五正，各使听一属焉。'" ㊱ "于是"二句：《史记·齐太公世家》："（齐桓公）二十三年，山戎伐燕，燕告急于齐。齐桓公救燕，遂伐山戎。"又云："三十年春，齐桓公率诸侯伐蔡，蔡溃，遂伐楚。" ㊲ 九合诸侯：《史记·齐太公世家》："桓公称曰：'……寡人兵车之会三，乘车之会六，九合诸侯，一匡天下。'" ㊳ 存邢、卫：《国语·齐语》："狄人攻邢，桓公筑夷仪以封之。"又云："狄人攻卫……桓公城楚丘以封之。"韦昭注："邢，姬姓，周公之后。夷仪，邢邑也。狄人攻邢，在庄三十二年；封而迁之，在鲁僖元年。"又注："楚丘，卫地，桓公迁其国而封之，事在鲁僖二年。" ㊴ 定鲁之社稷：《史记·齐太公世家》："二十七年。鲁湣公母曰哀姜，桓公女弟也。哀姜淫于鲁公子庆父，庆父弑湣公，哀姜欲立庆父，鲁人更立厘公。桓公召哀姜，杀之。"鲁之社稷遂定。 ㊵ 西尊周室：《国语·齐语》："（齐桓公）帅诸侯而朝天子。" ㊶ "施义"二句：《国语·齐语》："桓公知天下诸侯多与己也，故又大施忠焉。……而伯功立。"伯：通"霸"。 ㊷ "晋文反国"十一句：语出《国语·晋语四》（文字略有出入）。韦昭注："属，会也。赋，受也。授职事，任有功"；"轻关，轻其税。易道，除盗贼。通商，利商旅。宽农，宽其政，不夺其时"；"懋，勉也，勉稼穑也。劝分，劝有分无。省，减，减国用。足财，备凶年"；"阜，安也。"反，通"返"。 ㊸ 入定襄王：《史记·周本纪》："十七年，襄王告急于晋，晋文公纳王而诛叔带，襄王乃赐晋文公圭鬯弓矢，为伯。" ㊹ "救宋、卫"二句：指城濮之战，我国历史上以弱胜强的著名战例。周襄王十九年（前633），楚成王率陈、蔡等国军队围攻宋国，宋向晋国求救。次年，晋文王派兵进攻楚的盟国曹、卫。晋、楚两军在城濮（今山东鄄城西南）对阵。晋军选择楚军薄弱环节，首先击溃由陈、蔡军队组成的楚军右翼。同时晋军主力伪装退却，诱使楚军左翼追击，然后回头夹攻，加以击溃，迫使楚军中间的主力也后退。战后不久，晋文公就成为霸主。 ㊺ 烈：功绩，伟业。 ㊻ 二伯：指齐桓公、晋文公。 ㊼ 子产用之于郑：子产即公孙侨，春秋时郑国政治家，执政时期实行改革，整顿田地疆界和沟洫，创立按"丘"征"赋"制度，把法律条文铸在鼎上公布，不毁乡校，听取国人意见。这些改革给郑国带来了新气象。 ㊽ 大夫种用之于越：文种，春秋末年越国大夫，楚国郢人。吴王夫差二年（前494），越被吴击破，困守会稽（今浙江绍兴）。他献计越王勾践，得免亡国。勾践归国后，授以国政，君臣刻苦图强，终于灭亡吴国。 ㊾ 商鞅用之于秦：商鞅，战国时政治家，卫国人。入秦时说秦孝公实行变法。他两次变法，奠定了秦国富强的基础。 ㊿ 王猛用之于苻坚：王猛辅佐苻坚，政绩卓著，主政公平，选拔贤才，发展农业，无罪不刑，加强国防，终于统一了北方大部分地区和东晋的益州。苻坚，氐族人，十六国时前秦皇帝。 ⑤1 跻：登，达到。 ⑤2 尤：责备，归罪。 ⑤3 不肖：不贤，品行不好。

苏辙《新论》三篇，发挥了《进策》中改革的主张，嘉祐七年(1062)作于京师开封，时年二十四岁。

本篇可分为七段。

第一段：首先提出“古之君子”分析形势的原则是“不诬治以为乱，不援乱以为治”，也就是既不丑化现实，也不美化现实。认为“援乱以为治”是欺骗君主；“诬治以为乱”是威吓君主。两者都是君子不忍心做的。这就树立了样板，以为后世师法。

第二段：前段是“说古”，本段是“论今”——分析当今形势。说当今社会安定，却还没达到天下太平、百姓安居乐业的程度；说社会有些乱哄哄，又没有出现国家危机。当前是法度初建并没有完全执行，急剧变化是不会出现，却也存在一些弊端。谈论形势的人，有的说没有动乱迹象，而持有异议的却说要有大的变故。说没有动乱迹象的，可以不必再做什么；说要有大变故的，就要改变制度。两者的言论都不可信，办法也都不好。当前社会的弊端是“没有确立治国的根本”。

第三段：承接上文文意，说“有意于为治而无其地”，先打几个通浅的比方，如同“欲耕而无其田”之类。这是从反面论证；跟着提出怎样才算“为治之地”，“常先为其所无有而补其所不足，使天下凡可以无患，而后徜徉翱翔，为其所欲为而无所不可”，这是从正面论证。紧接着再说“为治之地既立，然后从其所有而施之”所带来的巨大变化、大好形势。文章连用三个排句，指出“为王”“为霸”“为强国”的乐观前景。并将“为治之具”与“为治之地”加以比较论证，认为宁可“有其地而无以施之”也要比“为治之具”好，从而得出“昔之君子”“未始不先为其地也”的结论，以证明作者对社会存在的主要弊端揭示得正确。作者的观点用今天的话来表达，就是“治理国家要从根本下手，不能头痛医头，脚痛医脚”。

第四段：用“昔者”二字领起，援引上古三位传说中华夏民族始祖伏羲、神农、黄帝“为治之地”的具体做法：“建其父子，立其君臣，正其夫妇，联其兄弟……”这样做出现的可喜局面是：“天下之人，生有以养，死有以葬，欢乐有以相爱，哀戚有以相吊。”再用“至于”一词表示层递关系，援引其后唐尧、虞舜、夏商周三代之君“为治之地”的具体做法，他们“皆因其所阙而时补之”，除“时补”以外，还实行了农业方面的井田制，建立了社会上的隶属关系的各级组织，制定了多种重要的礼仪。文章在描述生动的氛围时，先后用了几组不同的排句，形成充沛的气势，字里行间充溢着赞美、钦敬和羡慕之情。段末用“而圣人之德不与也”一句，陡转笔锋，引用《诗经》成句作结，指出“周之哀”“虽无老成人，尚有典刑”。

第五段：承接上段《诗经》引文的含义再作论证：“幽、厉之际，天下乱矣，而文、武之法犹在也。”所以幽、厉王时，虽然“天下不免于乱”，“施之者不仁”，却“不至于遂亡”。这层文意正好与前文所论证的“有其地而无以施之，而犹得以安存”相关联。至于“天下涂地”是出现在夏、商、周的末季，那时，既“乘之以暴君”，又“加之以虐政”，国亡无日矣。

第六段：先提出一个能证明总论点的分论点：“世之贤人，起于乱亡之中，将以治其国家，亦必于此焉先之。”然后列举大量史实，逐一加以论证。先举齐桓公用管仲之例，再举晋文公返国后“追齐桓之烈”的史例。二者都采用详写的笔法，甚至不惜较多地引用古籍原文。然后再采用较为简便的胪列方式：“其后子产用之于郑，大夫种用之于越，商鞅用之于秦，诸葛孔明用之于蜀，王猛用之于苻坚，而其国皆以富强。”以排比的句式，依照朝代先后的顺序，一口气举出五位治国的贤人。这又是略写。他们共同得出“惟其所以为地者一也，故其国皆以安存”这个合乎逻辑的结论，从而进一步论证全文总论点“立为治之地”的极端重要性和必要性。由于叙述有详有略，详略得体，才避免了史料的堆砌、文字的板滞和叙写的乏味。

第七段：指出当今国家虽然没有达到大治，但也没有陷于大乱。祖宗之法都在，只是没有完全执行；百姓虽有忧患，还没有发展到严重地步。这种说法是呼应前文“当今天下之事，治而不至于安，乱而不至于危”的字样。文章指出贤人君子不知道归罪“其地之不立”，而是归咎于“其所施之不当”。目前国家正处于治与乱之间而不能自立，即使把大权授与贤才，也不会起多大作用。下面跟着所说的“不幸而加之以不肖，天下遂败而不可治”，是呼应前文“不幸而遇风，则覆没而不能止”，亦即呼应“乘之以暴君，加之以虐政，则天下涂地而莫之救”等字样，最后结论只能是“莫若先立其地，其地立而天下定矣”，紧紧扣住了全文的总论点。

综上所述，得知《新论上》属长篇政论，内涵丰富、观点独创，思想也较为深刻。现将其荦荦大者，简述如下：

第一，经过深入观察，审慎思考，作者作出判断：当今国家的弊端是“不立为治之地”。强调“为治之地”的必要性和重要性（不应是“为治之具”）。而“为治之地”就要健全和完善法制，不折不扣地按照法制办事。同时还要“施其圣人之德”（这一点很重要，文中指出在“为治之地”的前提下，“圣人之德不与”，是国衰的主要原因），国家才能“其地立而天下定”，才能“跻于大治”。体现了苏辙治国，重视法制的思想，同时也不忽视对百姓的教育。

第二，要正确估计形势、认清形势，既不能丑化，“诬治以为乱”，也不应美化，“援乱以为治”，并强调“因天下之乱，以济其不足”，“圣人将治天下，常先为其所无有而补其所不足”。认为欺骗君主或威吓君主，古之君子都是“不忍”的，做不出来的。

第三，期待当今的君主是开明的，像古代圣君唐尧、虞舜那样管理国家，使天下大治，百姓受到良好的教化，能安定地生活，像齐桓公、晋文公那样，“施义于天下”，“政平民阜，财用不匮”。期待能有贤能之臣应时出现，像管仲、子产、文种、商鞅、诸葛亮那样，辅佐君主，走向大治。作者还认为“世之贤人，起于乱亡之中，将以治其国家”，观点中含有“乱世出英雄”“时势造英雄”的意味，有进步的唯物史观的成分。

二十几岁的苏辙能写出这样议论风生、纵横捭阖的政论，并非偶然。在家庭的熏陶下，他对评史议政从来就有浓厚的兴趣，少年时期“闭门书史丛，开口治乱根”（《初发彭城有感寄子瞻》）；加上“百氏之书”“无所不读”，“求天下奇闻壮观，以知天地之广大”（《上枢密韩太尉书》），从而极大地丰富了历史知识，加强了文化修养，增强了个人历练。特别是他热爱国家、关心社稷，年轻时充满改革社会弊端的锐气和抱负、善于从卷帙浩繁、纷纭复杂的典籍史料中罗致对现实有意义的正反面经验教训，做到“学以致用”，这对他成功地撰写政论作用很大。顺便说明，他此时的文风是与其内容相适应的，并非平淡委婉，“汪洋”确实有，但不“澹泊”。明人茅坤评其《老聃论》上下篇云：“如神龙乘云于天之上。”（《唐宋八大家文钞·苏文定公文钞》卷七）庶几近之。　　（李如鸾）

上枢密韩太尉[①]书

太尉[②]执事[③]：辙生好为文，思之至深。以为文者，气之所形[④]，然文不可以学而能，气可以养而致[⑤]。孟子曰：“吾善养吾浩然之气[⑥]。”今观其文章，宽厚宏博，充乎天地之间。称[⑦]其气之小大。太史公[⑧]行天下，周览四海名山大川[⑨]，与燕、赵[⑩]间豪俊交游，故其文疏荡[⑪]，颇有奇气。此二子者，岂尝执笔学为如此之文哉？其气充乎其中[⑫]而溢乎其貌[⑬]，动乎其言[⑭]而见乎其文[⑮]，而不自知也。

辙生十有[16]九年矣，其居家所与游者[17]，不过其邻里乡党[18]之人，所见不过数百里之间，无高山大野可登览以自广，百氏之书[19]虽无所不读，然皆古人之陈迹[20]，不足以激发其志气。恐遂汩没[21]，故决然舍去，求天下奇闻壮观，以知天地之广大，过秦汉之故都[22]，恣观终南、嵩、华[23]之高，北顾黄河之奔流[24]，慨然想见[25]古之豪杰，至京师[26]，仰观天子宫阙[27]之壮，与仓廪[28]、府库[29]、城池[30]、苑囿[31]之富且大也，而后知天下之巨丽。见翰林欧阳公[32]，听其议论之宏辩，观其容貌之秀伟，与其门人贤士大夫[33]游，而后知天下之文章聚乎此[34]也。

太尉以才略[35]冠天下，天下之所恃以无忧。四夷[36]之所惮以不敢发，入则周公、召公[37]，出则方叔、召虎[38]，而辙也未之见焉。且夫人之学也，不志其大，虽多而何为[39]？辙之来也[40]，于山见终南、嵩、华之高，于水见黄河之大且深，于人见欧阳公，而犹以为未见太尉也。故愿得观贤人之光耀[41]，闻一言[42]以自壮，然后可以尽天下之大观而无憾者矣。

辙年少，未能通习吏事[43]，向[44]之来，非有取于斗升之禄[45]，偶然得之，非其所乐。然幸得赐归待选[46]，使得优游[47]数年之间，将归益治其文，且学为政。太尉苟以为可教而辱教之[48]，又幸矣[49]。

〔注〕 ① 韩太尉：名琦，字稚圭。宋仁宗时任枢密使，掌管军事大权。后任宰相，封魏国公，勋望极高，是北宋著名的政治家和军事家。 ② 太尉：枢密使的职位相当于秦、汉时的太尉，故称韩琦为太尉。 ③ 执事：指韩琦左右的办事人员，旧时书信为表示对人尊敬，不直接呼其名。 ④“以为”二句：认为文是由气形成的。曹丕《典论·论文》：“文以气为主，不可力强而致。” ⑤ 气可以养而致：精神气质能通过修养而获得。 ⑥ 浩然之气：博大刚正之气。语出《孟子·公孙丑上》。 ⑦ 称(chèn)：相称。 ⑧ 太史公：即司马迁，我国历史上伟大的史学家、文字家。 ⑨“周览”句：《史记·太史公自序》：“年十岁则诵古文，二十南游江、淮，上会稽，探禹穴，窥九嶷，浮于沅、湘，北涉汶、泗，讲业齐、鲁之都，观孔子之遗风，乡射邹、峄，厄困鄱、薛、彭城，过梁楚以归。” ⑩ 燕、赵：都是战国时国名。燕在今河北北部和辽宁西、南部，赵在今山西中部、北部、陕西东北角和河北西部一带。这里泛指北方。 ⑪ 疏荡：文笔洒脱跌宕，不拘束。 ⑫ 充乎其中：充满于心胸。 ⑬ 溢乎其貌：流露于外表。 ⑭ 动乎其言：反映在言谈中。 ⑮ 见乎其文：表现在文章里。见，同“现”，表现。 ⑯ 有：同“又”，通常用于整数和零数之间。 ⑰ 与游者：所交游的。 ⑱ 邻里乡党：古时社会组织的一些名称。《周礼·地官·遂人》以五家为邻，二十五家为里。《周礼·地官·大司徒》郑玄注：以一万二千五

百家为乡，五百家为党。　⑲ 百氏之书：诸子百家的著作。　⑳ 陈迹：过去的事迹，过去的东西。　㉑ 汩（gǔ）没：埋没，消沉。　㉒ 秦汉之故都：秦都咸阳（今陕西咸阳东北），汉都长安（今陕西西安）。　㉓ 恣观终南、嵩、华：恣观，任情观览。终南，终南山（在今西安南）。嵩，嵩山，古时称中岳，在今河南登封北。华，华山，古时称西岳，在今陕西华阴南。　㉔"北顾"句：苏辙由四川赴开封应试，黄河正在其北。　㉕ 慨然想见：追思往昔内心有所感悟。慨，叹息。㉖ 京师：此指北宋京都开封。　㉗ 宫阙：宫殿。阙，宫门外的望楼。帝王居所也称"阙"。㉘ 仓廪：粮仓。　㉙ 府库：储藏财货的地方。　㉚ 池：此指护城河。　㉛ 苑囿（yuàn yòu）：苑，帝王育花木的园子。囿，养禽兽的园林。　㉜ 翰林欧阳公：指欧阳修，他曾任翰林学士。苏辙中进士时，他是主考官。　㉝ 门人贤士大夫：指曾巩、梅尧臣、苏舜钦、徐无党等著名人士。　㉞ 聚乎此：聚集在这里。此，指欧阳修之门。　㉟ 才略：才能谋略。　㊱ 四夷：指当时边境上的少数民族。　㊲ 周公、召公：周公旦，召公奭，都是周武王的名臣，政绩卓著。㊳ 方叔、召虎：都是周宣王时的名臣，征伐猃狁、淮夷有功。这里借用周朝的四位名臣称颂韩琦出将入相，文武兼备的才能。　㊴"且夫"三句：人的研究学问，如果不立大志，即使学得多又有什么用？虽，即使。作用是表示姑且承认一种假设，然后转入正意。　㊵ 辙之来也：指到京城开封应科举考试。　㊶ 光耀：丰采，荣耀。　㊷ 闻一言：听贤人的一句话。　㊸ 通习吏事：通晓官府事务。　㊹ 向：以前，前些时候。　㊺ 斗升之禄：微薄的俸禄，这里指品级不高的官吏。　㊻ 赐归待选：准许我暂时回家，等待吏部（主管文官的任用罢免等事的机构）选用。㊼ 优游：从容闲暇。　㊽ 辱教之：意谓不以教导我为耻辱而教导我。这是一种谦逊的说法。㊾ 又幸矣：更使我感到荣幸了。

《上枢密韩太尉书》，是嘉祐二年（1057）苏辙进士及第时写给当朝权要韩琦的一封干谒信。所谓"干谒"，即对人有所求而请见，请见的都是显达的人，希望能识拔后进，从此步入仕途。古代文人也有写干谒诗的。这类诗文很不好写，容易落入俗套：阿谀奉迎对方，对对方有不切实际的溢美之词，而把自己写得委琐卑微。干谒诗文，虽然古已有之，但是如唐孟浩然《望洞庭湖赠张丞相》、李白《与韩荆州书》那样的上乘之作，却很寥寥。苏辙的这封干谒信写得不卑不亢，切合身份，而又立意高远，因而被推为佳作，为人传诵，经世不衰。

本文可分为四段。

第一段：掩住"干谒"的意图，仅介绍自己的"好为文"，并谈"为文之气"。"以为文者，气之所形"，"文不可以学而能，气可以养而致"。这就涉及了自汉以来文学史上的一个重大理论问题，不能不引起韩琦的高度重视。随后作者列举孟子及司马迁之文。分别说：孟子"吾善养吾浩然之气"，文章"宽厚宏博"；司马迁"其文疏荡，颇有奇气"。再合说二子之文，"其气充乎其中而溢乎其貌，动乎其言而见乎其文"。这样介绍，是要让韩琦了解自己"颇有识见""此其志不在小"，以便产生好感，引荐擢拔，仍是干谒内容之所需，只是说得迂回一些罢了。

本文的重要意义和价值在于苏辙对"文气"的主张，他继承和发展了曹丕、韩愈以来的“文气”理论。曹丕说:“文以气为主,不可力强而致。”(《典论·论文》)韩愈说:“气,水也;言,浮物也。水大而物之浮者大小毕异。气之与言犹是也,气盛则言之短长与声之高下者皆宜。”(《答李翊书》)孟子所云“吾善养吾浩然之气”,侧重于主观道德修养,对为文者颇为重要。作者强调司马迁之文有“奇气”是与他“周览四海”、与“豪俊交游”分不开的,这是司马迁“读万卷书,行万里路”的主张的引申,指出丰富的阅历对养气为文同样不可或缺。苏辙关于“文气”的主张是进步的,对推动文学发展具有积极的意义。

第二段:呼应上段说的“养气”,叙写求天下奇闻壮观、并与名人交游以养自身之气。实际是继续介绍自己,以使韩琦有进一步的了解。先写居家囿于见闻:“所与游者,不过其邻里乡党之人”,“所见不过数百里之间”,所读书又是“皆古人之陈迹”,这就自然托出下文的“求天下奇闻壮观,以知天地之广大”这层文意。下面依次先写北上沿途的自然景观:终南、嵩、华之高,黄河之奔流;再写京师的人文景观:天子宫阙之壮,仓廪、府库、城池、苑囿之富且大;最后落实到所见之名人“翰林欧阳公”及贤士大夫。文字间流露出的满足感,便隐含有以独未见太尉为憾之意。

第三段:暂时截住“以独不见太尉为憾”这层意思不说,而是继续“蓄势”,先表太尉的雄才大略对内修政务、外固国防的决定性作用,“天下之所恃以无忧,四夷之所惮以不敢发”,字里行间含有无限钦敬、仰慕、渴求一见以聆听教诲之情。于是水到渠成地逼出段末一句来表达“而辙也未之见焉”之憾。而要想“可以尽天下之大观而无憾”,则只有“愿得观贤人之光耀”,即韩琦能答应见上一面。

最末一段:明确提出“向之来”的目的,“非有取于斗升之禄”,把进士及第的头等大事,说成是偶然得之,非其所乐,这话就奇了,封建社会胸怀大志的知识分子梦寐以求的就是通过进士及第走上仕途,这是他们的终南捷径。苏辙也不能例外。他所以把进士及第说得很轻,似乎中与不中都无所谓,是在于强调为文养气,“求天下奇闻壮观”,一睹韩太尉的风采,“以尽天下之大观”。其实封建社会一位德高望重的重臣,再开明也不会仅凭一封干谒信便贸然接见西蜀的一名文学青年,苏辙请求韩琦接见的唯一“资本”,恐怕就是十九岁便有卓越识见中了进士。

苏辙的这封干谒信,确实立意高远,非同凡响。他把写作同个人道德修养密切联系起来,同社会和生活密切联系起来,强调增广见闻、丰富历练的重要性,这些都是正确的,并带有一定的创见。他胸有大志,积极向上,不满足于较为闭塞的居家生活,渴望走向广阔而精彩的外部世界,去寻求创作的素材和灵感,去积淀自己的生活，这种态度和锐气，都是难能可贵，值得赞许的。

本文多少还有些浮夸和阿谀的痕迹；说“文不可以学而能”，也似嫌武断，带有不可知论的神秘色彩；把“百氏之书”视之为“皆古人之陈迹”，话说得也有点过头。但这些都是白璧微瑕，是瑕不掩瑜的。

本文在艺术方面，有如下一些特色：

首先是“注意在此，而立言在彼”。清人吴楚材、吴调侯在《古文观止》卷一一中评论此文说：“注意在此，而立言在彼。”评语下得精辟而概括。本文明明是一篇干谒文字，干谒是实，想求见韩太尉，得到赏识提拔，即所谓“注意在此”；明明为文养气为虚，却偏偏从正面谈起，而将干谒的题旨掩住，即所谓“立言在彼”。这样写效果很好，同样起到“干谒”的作用，并且避免落入常人窠臼。

其次是采用烘云托月的手法。作者为了表明对韩琦的无限仰慕和崇敬，先用恣观终南、嵩、华名山及奔流之黄河来陪衬，再用仰观京师宫阙之壮及仓廪等之富且大来烘托，最后又用翰林欧阳公议论之宏辩、容貌之秀伟来渲染，便显见得遇韩太尉确乎是“高山仰止”，确乎“可以尽天下之大观”了。

复次，承袭太史公《史记》之遗风，行文疏荡，颇有奇气。正如清人沈德潜在《唐宋八家文读本》卷二十六评价此文时说：“虽以孟子、司马迁并举，然通篇文字，多从太史公周游天下数语生出。一往疏宕之气，亦如公之评太史公文。”诚哉斯言。

（李如鸾）

答黄庭坚[1]书

辙之不肖[2]，何足以求交于鲁直。然家兄子瞻[3]，与鲁直往还甚久，辙与鲁直舅氏公择[4]相知不疏。读君之文，诵其诗，愿一见者久矣。性拙且懒，终不能奉咫尺之书[5]，致殷勤于左右[6]，乃使鲁直以书先之，其为愧恨可量也？自废弃[7]以来，颓然自放，顽鄙愈甚，见者往往嗤笑，而鲁直犹有以取之。观鲁直之书，所以见爱者，与辙之爱鲁直无异也。然则书之先后，不君则我，未足以为恨也。

比闻鲁直吏事之余，独居而蔬食，陶然自得[8]。盖古之君子不用于世，必寄于物以自遣。阮籍以酒[9]，嵇康以琴[10]。阮无酒，嵇无琴，则其食草木而友麋鹿，有不安者矣[11]。独颜氏子，饮水啜菽，居于陋巷，无假于外而不改其乐[12]，此孔子所以叹其不可及也。今鲁直目不求色，口不求味，此其中所有过人远矣，而犹以问人[13]，何也？闻鲁直喜与禅僧语[14]，盖聊以是探其有无耶？渐寒，比日[15]起居[16]甚安，惟以时自重[17]。

〔注〕 ① 黄庭坚：字鲁直，自号山谷道人，又号涪翁，洪州分宁（今江西修水）人。历任校书郎、著作佐郎、国史编修等职。哲宗时期新党执政，贬为涪州别驾，再贬羁管宜州，卒于贬所。工诗文，与苏轼齐名，有"苏黄"之称。 ② 不肖：不才。这里是自谦之辞。 ③ 子瞻：苏辙兄苏轼的字。 ④ 公择：指黄庭坚舅父李常。李常，字公择，南康军建昌（今江西南城）人，历任户部尚书、御史中丞兼侍读等职，与苏轼、苏辙交好。 ⑤ 咫尺之书：代指书信。古代书信写于一尺一寸长的木简上，故后来将书信称为咫尺之书。 ⑥ 左右：古人对对方不直呼其名，而是称他的左右，以示尊敬。 ⑦ 废弃：指被废黜罢官。这里是指苏辙因受乌台诗案牵连于元丰二年（1079）二月被贬官筠州监盐酒税。 ⑧ "比闻"三句：孙升《孙公谈圃》卷下："（黄庭坚）后妻死，作《发愿文》，绝嗜欲，不御酒肉。"比闻，近来听说。 ⑨ 阮籍以酒：阮籍，字嗣宗，三国魏陈留尉氏县（今属河南）人。他处在魏晋易代之际，不满现实，纵酒自放，以求自全。《晋书·阮籍传》："（籍）闻步兵厨营人善酿，有贮酒三百斛，乃求为步兵校尉。" ⑩ 嵇康以琴：嵇康，三国魏谯郡铚县嵇山（今属安徽涡阳）人。因不满司马氏欲篡魏，终为司马氏所杀。《晋书·嵇康传》："（康）常修养性服食之事，弹琴咏诗，自足于怀。" ⑪ "则其"二句：食草木、友麋鹿，本来是隐者引以为乐的境界。但是若阮籍无酒可饮、嵇康无琴可弹，那么即使他们隐居起来，与草木麋鹿为伍，也不会心安。 ⑫ "独颜氏子"四句：语出《论语·雍也》："一箪食，一瓢饮，在陋巷，人不堪其忧，回也不改其乐。"颜氏子，指颜回，是孔子的弟子。啜菽（shū），指吃粗粮。菽，豆类的总称。无假于外，不需要借助外物。 ⑬ 犹以问人：仍然用安贫乐道的问题向人请教。黄庭坚《寄苏子由书》："恭惟闻道先我，为世和、扁，有病于此，初固闻而知之，因来尚赐药石之诲，抱疾呻吟，仁者哀怜。" ⑭ "闻鲁直"句：相传黄庭坚好与僧人交往，与高僧晦堂、惠洪、佛印等人均有诗书往来。 ⑮ 比日：近日，近来。 ⑯ 起居：指作息，代指日常生活。 ⑰ 以时自重：书信中的套语，类似于现在的"冬安""夏祺"。

本文写于元丰年间（元丰四年至七年，即公元1081—1084），当时苏辙因受苏轼乌台诗案牵连被贬谪监筠州盐酒税。时黄庭坚则在知吉州太和（今江西泰和）任上，与筠州相距不远。

黄庭坚，北宋时期著名文人。从舅父李公择（李常）游，年少即以诗闻名，曾先后得到王安石、文彦博、苏轼等人的赏识。苏轼于熙宁五年（1072）在孙莘老处读到庭坚的诗作，"耸然异之，以为非今世之人也"（《答黄鲁直书》），非常欣赏他的才华。后来二人书信来往，相得甚欢。黄庭坚文学政治主张都与苏轼相接近，苏轼对他极为爱重。黄庭坚与秦观、张耒、晁补之一道被后人称为"苏门四学士"。

早在元丰元年，黄庭坚致书苏轼时就表达了对苏辙的钦敬之情："极叹其沉冥而游刃与世故，以为古人不过如此。"（《与苏子瞻书》）数年后，他又主动致书苏辙,欲结为友好,本文就是苏辙的回信。

文章主要讲了两个意思,即表达了与黄结交的意愿及对黄安贫乐道的品格的推崇。篇幅不长,却写得一波三折,跌宕有致。作者先叙述自己由于兄长和朋友的缘故,熟知黄庭坚其人其文,早有结交之心。再写鲁直书先至,令自己心有愧恨。这些似乎还只是客套话。然而接着就写到了自己当下被"废弃"而遭人"嗤笑"的处境。自从乌台诗案以后,苏轼被软禁于黄州,自言是"不敢复与人事","多难畏人"(《与章子厚参政书》)。苏辙也受到牵连,远谪筠州做一名监盐酒税的小吏,抱负难舒,沉沦抑郁。在这个艰难时刻,鲁直却不避风险,"有以取之"而主动与他结交,则其人品与诚意可知。从黄庭坚写给苏辙的信里可以看出他对苏辙的推崇备至:"诵执事之文章,而愿见二十余年矣。……执事治气养心之美,大德不逾,小物不废,沈潜而乐易,致曲以遂直,欲亲之不可媒,欲疏之不能忘。虽形迹阔疏,而平生咏叹如千载寂寥,闻伯夷、柳下惠之风而动心者然。"(《寄苏子由书》)二人真可谓是性情相投、惺惺相惜!既然如此,那么写信谁在先谁在后,也就没有什么遗憾的了。由"恨"到"未足以为恨",文字转折自然,情感上步步贴近,二人之间的关系由朋友递进为知己,立意实在巧妙。

接着作者谈到自己对黄庭坚的了解,极力推崇鲁直的品格之高,超过阮、嵇,可以与颜回媲美。他认为阮籍、嵇康虽品格高古,终不如颜回之"无假于外而不改其乐",而鲁直能够做到如颜回的无所待而逍遥,则其胸中所养"过人远矣"可知也。早年苏轼在《答黄鲁直书》中就曾称赞黄庭坚"超逸绝尘,独立万世之表,驭风骑气,以与造物者游",同时又指出黄的为人是"必轻外物而自重者,今之君子,莫能用也"。苏轼所说的黄庭坚借"以自重"的,正是苏辙文中黄"过人远矣"的"胸中所养",也即是儒家的"道",是苏辙在《上枢密韩太尉书》里一再强调的"浩然之气"。

据考证,黄庭坚写信给苏辙时正在知吉州太和任上,他并没有像当时的一些新进士人那样拼命追随当权的改革派,而是从自己的政治实践和百姓疾苦出发,对新法的种种弊端多有诗批判,甚至因此而开罪于新党中人(如李格非)。他对于自己的政治前途却不曾挂怀,其时诗中多有归欤之叹。之所以做出这样的政治选择,正是由他以道自重的气节和安贫乐道的生活态度决定的。

宋以来的学者多喜谈禅宗,看似超脱,无所牵挂,然而实际上禅宗不过是他们平衡心理、修身养性的一个工具,骨子里他们还是执着于儒家的"道"。道在心中,则一箪食、一瓢饮,"回也不改其乐","人不知而不愠",无待于外物而能自足。虽是初交,苏辙却是深知鲁直其人,所以才会把他比作颜回。

所以这段称赞黄庭坚的话其实也是作者对士人在不为世所用时,该如何从寄情外物进一步达到超然物外、不为物累的境界这一问题的解答。只有培养壮大胸中的浩然正气,才能超越个人得失,无往而不乐。类似的思想在同一时期苏辙的《武昌九曲亭记》《黄州快哉亭记》以及苏轼的《超然台记》中都有流露。考当时苏辙的政治处境,这些话可以说是有感而发,又"观鲁直之书,所以见爱者,与辙之爱鲁直无异也",那么对鲁直的称赞也可以看作自勉之辞了。

结尾几句话是对黄庭坚来信中虚心求教的话的答复。黄庭坚在来信中曾向苏辙请教,苏辙的答复是:鲁直您如此高格,何须"问人"? 至于喜与禅僧语,想来不过是要"以是探其有无"罢了。这样的答话轻松诙谐,同时也充分体现了对对方的敬重。黄庭坚对苏轼终生执弟子礼甚恭,可是苏辙在整封信中并未以师长自居,态度谦虚而又不失真诚,显示了高超的说话技巧。

整篇文章看似信笔抒写,却立意深远。储欣在《唐宋十大家全集录·栾城全集录》卷一里的评价是"有见道语"。此文前以叙仰慕之情,说相知之意两番铺垫,后以三位古人作为衬托,最后赞扬黄"其中所有过人远矣",在敛气蓄势上可以说是下足了工夫。苏轼在《答张文潜书》中评价苏辙之文"汪洋淡泊,有一唱三叹之声,而其秀杰之气,终不可没",这篇文章应当说是最好的注脚。(刘 汾)

庐山栖贤寺新修僧堂记

元丰三年[①],余得罪迁[②]高安[③]。夏六月,过庐山,知其胜而不敢留。留二日,涉其山之阳[④],入栖贤谷[⑤]。谷中多大石,岌嶪[⑥]相倚,水行石间,其声如雷霆,如千乘[⑦]车行者,震掉[⑧]不能自持,虽三峡[⑨]之险不过也,故其桥曰三峡。渡桥而东,依山循水,水平如白练。横触巨石,汇为大车轮,流转汹涌,穷水之变。院[⑩]据其上流,右倚石壁,左俯流水,石壁之趾[⑪],僧堂在焉。狂峰怪石,翔舞于檐上。杉松竹箭[⑫],横生倒植,葱蒨相纠[⑬]。每大风雨至,堂中之人疑将压焉。问之习[⑭]庐山者,曰:"虽兹山之胜,栖贤盖以一二数[⑮]矣。"

明年,长老智迁使其徒惠迁谒[⑯]余于高安,曰:"吾僧堂自始建至今六十年矣,瓦败木朽,无以待四方之客,惠迁能以其勤力新之,完壮邃密[⑰],非复其旧,愿为文以志之。"余闻之,求道者非有饮食、衣服、居处之求,然使其饮食得充,衣服得完,居处得安，于以求道而无外扰，则其为道也轻[18]。此古之达者所以必因山林筑室庐，蓄蔬米，以待四方之游者，而二迁之所以置力而不懈也。

夫士居于尘垢之中，纷纭之变[19]，日遘[20]于前，而中心未始一日忘道。况乎深山之崖，野水之垠，有堂以居，有食以饱，是非荣辱不接于心耳，而忽焉[21]不省也哉！孔子曰："朝闻道，夕死可矣。"今夫骋骛[22]于俗学而不闻大道，虽勤劳没齿[23]，余知其无以死也[24]。苟一日闻道，虽即死无余事矣。故余因二迁之意，而以告其来者[25]，夫岂无人乎哉。四年五月初九日，眉阳苏辙记。

〔注〕 ① 元丰三年：即公元1080年。元丰是宋神宗年号。 ② 迁：贬谪。 ③ 高安：宋时筠州治所，即今江西高安。此指苏辙因乌台诗案牵连被贬官高安。 ④ 阳：山南水北为阳。 ⑤ 栖贤谷：在庐山含鄱口南面，为庐山最大峡谷。 ⑥ 岌嶪(jí yè)：山高耸险峻貌。 ⑦ 千乘：古时一车四马为一乘。这里是形容水声如万马奔腾。 ⑧ 震掉：震颤。 ⑨ 三峡：长江上游瞿塘峡、巫峡、西陵峡的合称。峡谷两岸绝壁峭立，水流湍急，以险峻著称。 ⑩ 院：此指栖贤寺。南齐张希之建。 ⑪ 趾：脚趾，此指底部。 ⑫ 竹箭：细竹竿。 ⑬ 葱蒨(qiàn)相纠：形容山上草木红绿相间。葱，青绿色。蒨，一种草，根黄色，草为红色。相纠，相互缠绕盘旋。 ⑭ 习：熟悉。 ⑮ 以一二数：数一数二。 ⑯ 谒：进见、拜见。一般用于下对上、幼对长的情形。也用作谦辞。 ⑰ 完壮邃密：完好坚固而幽深。邃，深远。 ⑱ 为道也轻：能够没有后顾之忧地探求佛家之道。轻，容易。 ⑲ 纷纭之变：纷纭复杂的变化纷争。 ⑳ 遘(gòu)：遭遇。 ㉑ 忽焉：快速貌。 ㉒ 骋骛：致力于追逐。 ㉓ 没齿：犹言没世，一辈子。 ㉔ 无以死也：死而不得其所，意谓(不是闻道而死所以)死得没有价值。以，缘由。 ㉕ 来者：将来的人，后辈。

本文写于神宗元丰四年(1081)五月。元丰三年，苏辙因受苏轼乌台诗案的牵连，被贬谪江西筠州，途经庐山栖贤寺。第二年，应栖贤寺长老智迁之请写下此记。

此文佳处首先在写景。唐宋八大家中，柳宗元以擅长写景闻名，而此文写景高处不在柳之下。清王士禛游庐山后，方知苏辙"形容之妙，如丹青画图，后人不能及也"，认为此文"造语奇特，虽唐作者如刘梦得、柳子厚妙于语言，亦不能过之"(《香祖笔记》卷十二)。那么，苏辙又是怎样来描写栖贤寺这个庐山数一数二的景观的呢？苏辙抓住了僧堂下俯流水上倚石壁的奇特地势来展开笔墨。写水声镗鞳：如雷霆，如千乘车骑；写水势变化：忽而险过三峡，忽而平如白练，忽而汇为车轮；写山势崔嵬：狂峰怪石，翔舞其上；写环境幽深：松竹倒挂，藤蔓纠葛。

将僧堂周围的景致刻画得奇峭幽森，令人身世两忘。而“每大风雨至，堂中之人疑将压焉”的补充，更是化静为动的妙笔，言尽僧堂之渺小，峰峦之奇恣，山石匍匐倾侧之姿宛然欲活。作者苦心经营声色动静的搭配，水石相形，动静互用，写景真是惟妙惟肖，连苏轼也不禁称赞：“《栖贤堂记》，读之惨懔，觉崩崖飞瀑逼人寒栗。”（《与李公择书》）

同样是清奇高妙的写景文章，比较柳宗元“永州八记”意境的凄清幽峭，苏辙笔下的山水则显得雅健秀澈，别有一种阳刚之美。其实在审美风格上，苏辙一直就很欣赏阳刚之美。早年苏轼兄弟在对唐代王维和吴道子的画的评价问题上就曾经有过争论。苏辙在《和子瞻凤翔八观八首·王维吴道子画》中说：“我非画中师，偶亦识画旨。勇怯不必同，要以各善耳。壮马脱衔放平陆，步骤风雨百夫靡。美人婉娩守闲独，不出庭户修容止。女能嫣然笑倾国，马能一蹴致千里。优柔自好勇自强，各自胜绝无彼此。谁言王摩诘，乃过吴道子。试谓道子来置女，所挟从软美。道子掉头不肯应，刚杰我已足自恃。雄奔不失驰，精妙实无比。”这是对吴道子画阳刚之美的由衷推崇。将这种审美趣味移之于诗文创作，就使得苏辙的文字刚健雅洁，也就难怪茅坤称赞它是“西汉以来别调”（《唐宋八大家文钞·苏文定公文钞引》）。

写景之后，接以抒怀。作者借修僧堂一事来说求道之理。栖贤寺建寺于南齐，由咨议参军张希之奏置，原名宝庵寺，后因唐代贤士李渤在此求学而得名。这回二迁勤力重修寺内僧堂，是要免除求道者的后顾之忧，从而使其“为道也轻”。苏辙在文章中以反诘的语气语重心长地提醒来此求道的士人不可驰骛俗学而忘记大道，更进一步强调士人无论身居尘垢抑或退隐山野，都不可一日忘道，苟终生不识道，则虽死而不得其所，而一旦得道，则虽死而无恨也！这样鲜明的立意就将这篇本是应佛教徒邀请而做的应酬文章一变而为明志抒怀之作。考当时苏辙身居偏僻的筠州，处在监盐酒税的卑职，然而这样恶劣的政治处境也未能令苏辙的求道之心有丝毫动摇。作于同一时期的《东轩记》里说：“士方其未闻大道，沉酣势利，以玉帛子女自厚，自以为乐矣。及其循理以求道，落其华而收其实，从容自得，不知夫天地之为大与死生之为变，而况其下者乎？故其乐也，足以易穷饿而不怨，虽南面之王不能加之，盖非有德不能任也。”极言得道之乐，正可以和本文相互印证。

正是文中体现的对大道的坚持令苏轼击节称赞并欣然作跋，声言：“仆当为书之刻石堂上，且欲与庐山结缘，他日入山不为生客也。”（《跋子由栖贤堂记》）大约是这篇文章引起了苏轼的心灵共鸣吧。

需要指明的是，苏辙文中所说的“道”其实是儒释道三者的融合，而以儒家思想为主。苏辙认为儒不如道释能“执天下养生报死之权”(《代张公安道答吕陶屯田启》)所以要和合三家，但道佛只不过是儒家思想的补充：“夫多病则与学道者宜，遭难则与学禅者宜。”(《筠州圣寿院法堂记》)至于他自己此时虽常以老庄自遣，但仍未熄入世之念，时刻不忘儒家所说的大道。这一点从作者借孔子之言表明心迹就可以看出来。

（刘　汾）

东　轩　记

余既以罪谪监筠州盐酒税，未至，大雨，筠水泛滥，蔑[①]南市，登北岸，败刺史府[②]门。盐酒税治舍俯江[③]之漘[④]，水患尤甚。既至，敝不可处，乃告于郡，假[⑤]部使者[⑥]府以居。郡怜其[⑦]无归也，许之。岁十二月，乃克[⑧]支其欹斜，补其圮[⑨]缺，辟听事堂之东为轩，种杉二本，竹百个，以为宴休[⑩]之所。然盐酒税旧以三吏共事，余至，其二人者适皆罢去，事委于一。昼则坐市区鬻[⑪]盐沽酒税豚[⑫]鱼，与市人争寻尺[⑬]以自效。暮归，筋力疲废，辄昏然就睡，不知夜之既旦。旦则复出营职，终不能安于所谓东轩者。每旦暮出入其旁，顾之，未尝不哑然[⑭]自笑也。

余昔少年读书，尝窃怪颜子[⑮]以箪食瓢饮，居于陋巷，人不堪其忧，颜子不改其乐。私以为虽不欲仕，然抱关击柝[⑯]，尚可自养，而不害于学，何至困辱贫窭[⑰]自苦如此。及来筠州，勤劳盐米之间，无一日之休。虽欲弃尘垢，解羁絷[⑱]，自放于道德之场，而事每劫[⑲]而留之。然后知颜子之所以甘心贫贱，不肯求斗升之禄以自给者，良[⑳]以其害于学故也。

嗟夫！士方其未闻大道，沉酣[㉑]势利，以玉帛[㉒]子女[㉓]自厚，自以为乐矣。及其循理以求道，落其华[㉔]而收其实，从容自得，不知夫天地之为大，与死生之为变，而况其下者乎？故其乐也，足以易穷饿而不怨，虽南面之王[㉕]不能加之，盖非有德不能任也。余方区区[㉖]欲磨洗浊污，晞[㉗]圣贤之万一，自视缺然[㉘]而欲庶几[㉙]颜氏之乐，宜其不可得哉。

若夫孔子周行天下，高为鲁司寇[30]，下为乘田[31]委吏[32]，惟其所遇，无所不可。彼盖达者之事，而非学者[33]之所望也。余既以谴[34]来此，虽知桎梏[35]之害，而势不得去。独幸岁月之久，世或哀而怜之，使得归休田里，治先人之敝庐[36]，为环堵[37]之室而居之，然后追求颜氏之乐，怀思东轩，优游[38]以忘其老，然而非所敢望也。元丰三年十二月初八日，眉阳苏辙记。

〔注〕 ① 蔑：毁灭，这里是淹没的意思。 ② 刺史府：即筠州州府。宋代州的长官为知州。此称刺史是沿用汉代的称呼。 ③ 江：锦江。为赣江支流，流过高安县北，在江西西部。 ④ 漘(chún)：水边。 ⑤ 假：借。 ⑥ 部使者：北宋前期，设户部、度支、盐铁专使，称“三司使”，掌管各地财赋收支和盐铁专卖事务。 ⑦ 其：代词，指“我”，作者自己。 ⑧ 克：能。 ⑨ 圮(pǐ)：坍塌。 ⑩ 宴休：闲居休息。 ⑪ 鬻(yù)：出卖。 ⑫ 豚(tún)：小猪。 ⑬ 寻尺：此指尺寸，意谓数量很小。寻，长度单位，八尺为寻。 ⑭ 哑然：笑声。 ⑮ 颜子：颜回，字子渊，孔子的学生，因贫苦勤学而早死。孔子曾赞叹道：“贤哉回也！一箪食，一瓢饮，在陋巷，人不堪其忧，回也不改其乐。贤哉回也！”后即以箪食瓢饮，形容安贫乐道。 ⑯ 抱关击柝(tuò)：守关巡夜。比喻地位低微的小吏所做的事。柝，古代巡夜者敲击的木梆，用以报更。 ⑰ 贫窭(jù)：贫寒。 ⑱ 羁絷(jī zhí)：束缚。羁，马络头。絷，绊马索。 ⑲ 劫：这里是牵制拖累的意思。 ⑳ 良：确实。 ㉑ 沉酣(hān)：沉醉迷恋。酣，饮酒尽量。 ㉒ 玉帛：玉器和丝织品，指财富。 ㉓ 子女：这里指男女佣人。 ㉔ 华：同“花”。 ㉕ 南面之王：帝王。古代以坐北朝南为尊位，君对臣，上对下，均南面而坐。 ㉖ 区区：犹“拳拳”，诚意，专一。 ㉗ 晞(xī)：仰慕，希望。 ㉘ 缺然：不足、不如的样子。 ㉙ 庶几：几许可以。表示希望。 ㉚ 司寇：古代官名，主管刑狱，为六卿之一，春秋诸国设有司寇官。鲁定公十四年(前496)，孔子任鲁国司寇。 ㉛ 乘(shèng)田：春秋时鲁国管理畜牧的小吏。 ㉜ 委吏：古代负责仓库保管、会计事务的小官。 ㉝ 学者：学习、仿效的人。 ㉞ 谴：官吏贬官谪戍称谴。 ㉟ 桎梏(zhì gù)：脚镣手铐。古代用以拘系罪人手脚的刑具。这里用以比喻一切束缚人的东西。 ㊱ 敝庐：破旧房屋。“家园”的谦称。 ㊲ 环堵：四周环着土墙。堵，土墙。环堵之室，形容居室简陋。 ㊳ 优游：悠闲自得的样子。

本文是苏辙受“乌台诗案”牵连，被谪居筠州(今江西高安)任监盐酒税时所作。

元丰二年(1079)御史李定、舒亶上书神宗皇帝，说苏轼以诗攻击新政，讪谤朝廷和圣上，例如“东海若知明主意，应教斥卤变桑田”(《八月十五看潮五绝》)是反对兴修水利，“岂是闻韶解忘味，迩来三月食无盐”(《山村五绝》)是反对盐禁等。于是神宗下令拘捕苏轼入京审问，这就是北宋著名的文字狱——“乌台诗案”。乌台是御史台的别称，因御史台中的柏树常有数千乌鸟栖息其上而得名。苏轼被捕之后，苏辙即上书皇上乞求以自己的官职为兄抵罪。当年十二月苏轼贬至黄州(今湖北黄冈)任团练副使，苏辙谪居筠州。

监盐酒税是一个负责市场管理的小官俗吏。其工作职责如文中所述,是管理市场内卖盐、卖酒,征收猪税、鱼税诸事,在与市场里的人斤斤计较中完成事务。被贬谪固已痛苦了,为俗务所缠更其烦心。作者欲以写本文记述他的生活和感想来纾解心中的苦涩。

本文主要分两大部分。前一部分记事,后一部分抒发感想。记事部分写作者上任之初的一段生活,又分两方面写来。一是写修建东轩的经过。因筠水泛滥冲坏了州府衙门,位于锦江边的监盐酒税的办公处遭遇的水患更厉害,苏辙到任后一时竟无屋可居。这就是建造东轩的缘起。接着作者就用简洁的笔墨勾勒了东轩的位置以及周围种植的竹木。二是写在东轩的生活情况。白天忙于在市场里"与市人争寻尺以自效",晚上回到东轩时已筋疲力尽,往往"昏然就睡"。就这样日复一日地过着劳累乏味的俗吏生涯,作者心中的滋味可想而知。"未尝不哑然自笑也",是一种出于无奈的自嘲自慰!于是文章顺势进入第二部分,作者抒发感想,表达自己渴求摆脱官场俗务的复杂心情。先是宕开一笔,叙述自己年轻时读《论语》的一点看法,对颜回坚持在陋巷里生活,不以一箪食一瓢饮的清贫生活为苦感到大惑不解。认为当"抱关击柝"的小吏既可自养,也不妨害读书,颜回为何要坚持不出仕而自苦如此呢?而在经过了筠州的这段生活之后,作者才体悟到了干禄和求学是一对矛盾,要两全是有困难的。要想在道德修养上下工夫,就得抛弃尘垢,不理琐事,颜回之所以甘心于贫贱而不肯求升斗之禄,正是因为惧怕俗务妨害求学。接着作者从求学进一步想到求道,将文意推进了一层。孔子曾说:"朝闻道,夕死可矣。"(《论语·里仁》)这个"道"可以解释为理想、信念。作者分析了求道过程中的三种境界:在未闻大道时,"沉酣势利,以玉帛子女自厚,自以为乐矣",一心追求物质财富,这时的士是"俗士"。待到"循理以求道"时,天地之大,死生之变都可置之度外,达到了"有德"的境界,如颜回就是这样的"德士",故能忍受穷饿而不怨恨,即使给他做帝王也不感到更快乐。而孔子的言行达到了第三种境界,"高为鲁司寇,下为乘田委吏",能上能下,无所不可,孔子是"达士"。苏辙仰慕德士,崇敬达士,感到自己只有诚心诚意地"磨洗浊污"方能学到"圣贤之万一"。这是苏辙对于自己思想行为的深刻反思。最后作者寄希望于未来,愿将来能有机会离开这里,"归休田里",在简陋的家中"追求颜氏之乐,怀思东轩,优游以忘其老"。这些感想婉曲尽致,把一个小官吏在求仕、求学、求道之间徘徊不定,自责、自愧、自勉的复杂心理都倾吐了出来,作了一番坦率真诚的自我思想剖析,极其耐人寻味。

宋人李耆卿在《文章缘起》注中说:"《禹贡》《顾命》乃记之祖,记所以叙事识物,非常议论。”王禹偁的《待漏院记》、范仲淹的《岳阳楼记》、欧阳修的《醉翁亭记》等开始突破了记体文“叙事识物”的格局,辟出新径。苏辙的这篇《东轩记》沿着前辈作家的足迹写来,对于东轩这所建筑物的修建位置等情况也是略用数笔带过,而把重心落在借题发挥上,用大段议论抒发感想。文章既紧扣题目,行文更将题旨层层开掘,酣畅淋漓而富有新意,颇可体现宋代作家对记体文的创新、发展和贡献。

(沈惠乐)

武昌九曲亭记

子瞻迁[①]于齐安,庐[②]于江上。齐安无名山,而江之南武昌诸山,陂陀[③]蔓延,涧谷深密,中有浮图精舍[④]。西曰西山[⑤],东曰寒溪[⑥],依山临壑,隐蔽松枥,萧然[⑦]绝俗[⑧],车马之迹不至。每风止日出,江水伏息,子瞻杖策载酒,乘渔舟乱流[⑨]而南。山中有二三子,好客而喜游,闻子瞻至,幅巾[⑩]迎笑,相携徜徉[⑪]而上,穷山之深,力极而息。扫叶席草[⑫],酌酒相劳[⑬],意适忘反,往往留宿于山上。以此,居齐安三年,不知其久也。

然将适西山,行于松柏之间,羊肠九曲而获少[⑭]平。游者至此必息,倚怪石,荫茂木,俯视大江,仰瞻陵阜[⑮],旁瞩溪谷,风云变化,林麓[⑯]向背,皆效[⑰]于左右。有废亭[⑱]焉,其遗址甚狭,不足以席[⑲]众客。其旁古木数十,其大皆百围[⑳]千尺,不可加以斤[㉑]斧。子瞻每至其下,辄睥睨[㉒]终日。一旦,大风雷雨,拔去其一,斥[㉓]其所据,亭得以广。子瞻与客入山,视之笑曰:“兹欲以成吾亭耶?”遂相与营之。亭成,而西山之胜始具,子瞻于是最乐。

昔余少年从子瞻游,有山可登,有水可浮,子瞻未始不褰[㉔]裳先之。有不得至,为之怅然移日[㉕]。至其翩然独往,逍遥泉石之上,撷[㉖]林卉,拾涧实,酌水而饮之,见者以为仙也。盖天下之乐无穷,而以适意为悦。方其得意,万物无以易[㉗]之。及其既厌[㉘],未有不洒然[㉙]自笑者也。譬之饮食杂陈于前,要之[㉚]一饱而同委于臭腐,夫孰知得失之所在?惟其无愧于中,无责于外,而姑寓[㉛]焉。此子瞻之所以有乐于是也。

〔注〕 ① 迁：贬官远调。 ② 庐：这里用作动词，结庐，居住。 ③ 陂陀（pō tuó）：倾斜不平。 ④ 浮图精舍：浮图，佛教名词，梵语的音译，意思是“觉者”，常指佛教徒。精舍，修行人的住处，指僧舍。这里指佛教寺塔。 ⑤ 西山：即樊山，在鄂城西，上有九曲岭。这里指西山寺。 ⑥ 寒溪：水名，在樊山下。这里指寒溪寺，一名资圣寺。 ⑦ 萧然：清静的样子。 ⑧ 绝俗：隔离尘世。 ⑨ 乱流：横渡。乱，横截水流而渡。 ⑩ 幅巾：长条形的束发巾。古代男子以绢一幅（广二尺二寸）裹头，不戴帽子，表示儒雅不俗，有隐士风度。 ⑪ 徜徉：漫步、徘徊，形容自由自在、无拘无束地游玩。 ⑫ 席草：以草地为席，即坐在草地上。 ⑬ 劳：慰劳。 ⑭ 少：稍，略微。 ⑮ 陵阜：高大的土山。 ⑯ 林麓：山林。 ⑰ 效：呈现。 ⑱ 废亭：即孙吴时所建的旧亭，到北宋时已败坏。废，败坏。 ⑲ 席：用作动词，坐下，容纳下。 ⑳ 百围：形容树木粗壮。围，计量圆周的约略单位，说法不一，两手的拇指与食指合拢起来的长度称围，两臂合抱的长度也称围。 ㉑ 斤：斧头。 ㉒ 睥睨（pì nì）：斜着眼睛看。这里是观察的意思。 ㉓ 斥：开拓。 ㉔ 褰（qiān）：把衣服提起来。 ㉕ 移日：日影移动，指时间长久。 ㉖ 擷（xié）：采摘。 ㉗ 易：交换。 ㉘ 厌：通“餍”，满足。 ㉙ 洒然：惊奇的样子。 ㉚ 要之：总之。 ㉛ 姑寓：姑且寄托。

元丰二年（1079）八月，苏轼因御史舒亶、李定在他的诗中寻章摘句、断章取义，告发他讪谤新政而下狱。这就是历史上有名的“乌台诗案”。同年十二月，苏轼被贬至黄州（治今湖北黄冈，古称齐安），任团练副使。苏辙也为此受牵连谪居筠州（今江西高安）。苏氏兄弟手足情深，“患难之中，友爱弥笃，无少怨尤”（《宋史·苏辙传》），为了慰藉相思之苦，苏辙于次年五月特地到黄州探视兄长，与苏轼同游武昌（今湖北鄂州）西山，写了《黄州陪子瞻游武昌西山》的诗，真实地记录了当时游山的欢乐意趣，可与本文互为印证。从本文中“居齐安三年，不知其久”一句来看，这篇记文当为事后所写，约成于元丰五年。

武昌九曲亭，在西山九曲岭上，本是三国时孙吴的旧迹，当时已成废亭。苏轼到黄州后，黄州守徐君猷不以罪臣视之，相待甚厚，苏轼故能常至西山游赏，重建了此亭。

文章从武昌山水着笔，落到西山九曲亭，将写景、抒情、记游熔于一炉，不但描绘了西山秀丽优美的景色，而且表达了苏轼随遇而安以山水自娱的生活情趣。因此，本文不是单纯的山水游记，而是一篇出色的借景写人之作。

全文可分三段。第一段记叙了齐安山水林泉的幽美绝俗，及苏轼游山之乐。作者先是泛说齐安无名山，然后落笔到长江南岸武昌诸山，用最简省的文字写出这些山的特点，“陂陀蔓延，涧谷深密”，描绘出了群山起伏连绵，沟壑幽深纵横的地形地貌。接着交代山中有东西两所寺院，“西曰西山，东曰寒溪”，都“依山临壑”，掩映于高大的松树枥树林中，清静萧森，与世隔绝。至此，文章展现出一幅清幽雅致的深山宝刹图。然而，无人活动之景，终究缺乏灵动之美，苏轼的出现，顿时使画面鲜活生动起来。每逢风和日丽的时光，苏轼拄着杖，带了酒，乘船至此，山中两三个好客而又喜游的友人必相迎同游。他们“穷山之深，力极而息”，“意适忘反，往往留宿于山上”。写苏轼游山的文字，不仅表现了苏轼热爱大自然的豪情雅兴，而且更凸显了苏轼豁达的精神境界和极具亲和力的人格魅力，因此，尽管处于被贬的地位，还是有人乐于陪同他游山玩水，以致“居齐安三年，不知其久也”。头段在写齐安胜景的同时也巧妙地讴歌了苏轼高洁脱俗的人品。

第二段描写九曲亭的位置、周围环境及重建的经过，特别点明亭成之后苏轼之乐。亭位于游者至西山的必经之要道，也是必息之处，至此西山胜景一览无余。可“倚怪石，荫茂木”，俯视大江，仰瞻高山，旁观溪谷，风云变化的种种景象尽收眼底。但亭子已破损，而且太小，“不足以席众客”。苏轼有意伐去亭旁的古树以扩建亭子，却又因古树太粗壮高大，无法用斧头去砍伐。“子瞻每至其下，辄睥睨终日”，形象地描绘了苏轼的无奈。幸而天助人愿，有一天大风雨拔去了亭旁的一株大树，苏轼扩建亭子的愿望终于得以实现。文章以“视之笑曰：‘兹欲以成吾亭耶？’”寥寥十多字表达了苏轼渴望重建九曲亭的豪兴，使人如闻其声，如见其人。

第三段宕开一笔，作者追叙自己少年时与苏轼一起登山浮水的情景，进一步交代了苏轼潇洒旷达的处世态度。作者凭着自己从少年起跟从兄长同游共玩山水胜景的体验，精心挑选了三种情景来描绘苏轼不同于一般的热爱山水之情。一是游兴特浓，凡“有山可登，有水可浮”之处，“子瞻未始不褰裳先之”。二是嗜游如命，“有不得至，为之怅然移日”。三是风度超凡，当苏轼翩然独往，逍遥自在地在风景宜人之处“撷林卉，拾涧实，酌水而饮”时，见到他的人惊以为神仙。由此引发了作者的一通议论，认为苏轼之所以能在逆境中泰然处之，这同他唯以“适意为悦”，不以进退得失耿耿于怀，但求“无愧于中，无责于外”的人生哲学是分不开的。这种轻外物、重自身，鄙薄功名，尊重身心的处世态度，使他能超然物外而逍遥自乐，久处逆境而不觉其久。当时苏辙自己也处在贬谪的境遇中，这通议论，既是说苏轼，也是说自身，从中可看出他们兄弟俩是心心相印、声气相通的。

自唐柳宗元的“永州八记”开始，改变了南北朝山水文章只是模山范水的写作倾向，而在山水风景中渗入了作者的思想感情，寄托了身世之感。本文虽然承袭了柳宗元所开创的写作途径，却又与柳宗元的有所不同。在“永州八记”中，柳宗元面对山水佳处或是“心凝形释，与万化冥合”（《始得西山宴游记》），以融身于大自然来忘却谪居生活中的痛苦，或是写“寂寥无人，凄神寒骨，悄怆幽邃”（《至小丘西小石潭记》)的环境来映衬凄寂郁闷的贬谪生涯;而苏辙却根据他们兄弟俩自身的性格特点,用洒脱的文笔,借景抒情,写出了身处逆境中的苏轼的旷达与豪情,表达了与柳宗元迥然不同的思想感情。　　(沈惠乐)

黄州快哉亭记

江出西陵[①],始得平地,其流奔放肆大[②]。南合沅、湘[③],北合汉、沔[④],其势益张。至于赤壁[⑤]之下,波流浸灌[⑥],与海相若。清河张君梦得[⑦],谪居齐安,即其庐之西南为亭,以览观江流之胜,而余兄子瞻,名之曰“快哉”。盖亭之所见,南北百里,东西一舍[⑧],涛澜汹涌,风云开阖。昼则舟楫出没于其前,夜则鱼龙悲啸于其下,变化倏忽,动心骇目,不可久视。今乃得玩之几席之上,举目而足。西望武昌诸山,冈陵起伏,草木行列。烟消日出,渔夫樵父之舍,皆可指数[⑨]。此其所以为“快哉”者也。至于长洲[⑩]之滨,故城之墟[⑪],曹孟德、孙仲谋之所睥睨[⑫],周瑜、陆逊之所驰骛[⑬],其流风遗迹,亦足以称快世俗[⑭]。

昔楚襄王从宋玉、景差于兰台之宫,有风飒然至者,王披襟当之,曰:“快哉,此风!寡人所与庶人共者耶?”宋玉曰:“此独大王之雄风耳,庶人安得共之!”[⑮]玉之言,盖有讽焉。夫风无雄雌[⑯]之异,而人有遇不遇之变。楚王之所以为乐,与庶人之所以为忧[⑰],此则人之变也,而风何与焉。士生于世,使其中不自得,将何往而非病?使其中坦然,不以物伤性[⑱],将何适而非快?

今张君不以谪为患,窃会计[⑲]之余功[⑳],而自放山水之间,此其中宜有以过人者。将蓬户瓮牖[㉑],无所不快,而况乎濯长江之清流,挹西山之白云,穷耳目之胜以自适也哉!不然,连山绝壑,长林古木,振之以清风,照之以明月,此皆骚人思士[㉒]之所以悲伤憔悴而不能胜者,乌睹其为快也哉?元丰六年十一月朔日,赵郡苏辙记。

〔注〕 ① 西陵:西陵峡,长江三峡之一。在今湖北省宜昌市西北。 ② 肆大:水势开阔。 ③ 沅、湘:湖南省的两条主要河流的名称,汇入长江。 ④ 汉、沔(miǎn):汉水陕西省沔县(今勉县)一段称沔水,出陕西省至汉中称汉水,至武汉市入长江。 ⑤ 赤壁:即赤鼻矶,在今湖北

黄冈市西北。因音同被误认为是“赤壁”。 ⑥ 浸灌：此言相激荡。 ⑦ 清河：今河北省清河县。张君梦得：即被贬黄州之张怀民，与苏轼有交往。 ⑧ 一舍：古代以三十里为一舍。 ⑨ 指数：指点数出。 ⑩ 长洲：泛指江边洲渚。 ⑪ 故城之墟：三国吴孙权故都的遗址。孙权于黄初元年(220)自公安迁徙武昌，武昌有孙权故宫。 ⑫ 睥睨：本义为窥视，此处指希图占有。 ⑬ 驰骛：驰骋追逐。 ⑭ 称快世俗：使世俗之人称快。 ⑮“昔楚襄王”十句：见宋玉《风赋》。《文选》吕向注：“《史记》云，宋玉，郢人也，为楚大夫。时襄王骄奢，故宋玉作此赋讽之。” ⑯ 雄雌：宋玉《风赋》把风分为大王之雄风与庶人之雌风。 ⑰“楚王之所以”二句：《风赋》中认为大王之雄风“宁体便人”，庶人之雌风“生死不卒”，故云。 ⑱ 以物伤性：因为外物伤害自己的本性。 ⑲ 会计：谓职掌赋税钱粮的工作。 ⑳ 余功：余暇。 ㉑ 蓬户瓮牖：以蓬草为门，以破缸为窗。喻极贫困的生活。 ㉒ 思士：遭遇忧患满腹愁思的人。

亭台名胜记是杂记文的一种，多重叙事，内容以介绍亭台楼阁、名胜古迹的营造，修葺及历史沿革为主，往往也加入一些作者的议论感慨。而苏辙的这篇《黄州快哉亭记》却不同，表面叙事，实为写人，亭台山水都只不过是为揭示主题而预设的一个引子，对亭主人不以迁谪为意、旷达自放的生活态度的赞扬才是文章的主旨所在。

作者行文始终围绕“快哉”二字。开篇先交代“快哉亭”之名是得自苏轼。接着叙述之所以题名为“快哉”的缘由：居亭上，山之奇、水之壮尽收眼底；“昼则舟楫”“夜则鱼龙”随可把玩；日得坐拥景致如此，岂不快哉？至于四望江滨故城，俯仰古今，追慕前朝英雄的流风遗迹，就更是令人称快。

写到这里，似乎文章已经做完。但是，读者不要忽略了前文还有一个关键词至此尚未交代，就是张君梦得的“谪居”齐安。“谪居”而能“快哉”，这两个词之间本身就有巨大的落差，作者又是怎样解释这个落差的呢？所以下文才真正进入文章的主旨部分。

接下来苏辙仍未直接落题，而是先写了一段貌似与前文无关的话。他引用了宋玉《风赋》中的一个典故：雌风雄风之辨。宋玉辩称风有雄雌，是为了讥讽楚王的以己度人、不知关心民生疾苦。苏辙用这个典故却是为了说明风无雄雌之分，而人有遇不遇之不同，不同的人即使在面对同样的自然景致也会有不一样的感受。有道是“境由心转，相由心生”，快哉亭上，放眼望去是一片连山绝壑、长林古木，对此“骚人思士”就不免悲伤憔悴而不能自胜。只有像张梦得这样心中坦然的士人，虽然是被贬谪，却能不以物伤性，故能做到无往而不快。

所以作者写作此文还有一个重要目的，就是阐述士人一旦不遇于世应该如何保持恬然自适、随遇而安的心境。文中对张梦得“不以谪为患，窃会计之余功，而自放山水之间”的旷达胸襟表示赞许，这其实也正是苏辙兄弟面对迁谪的人生态度。据考证本文作于宋神宗元丰六年(1083)。元丰二年，苏轼因“乌台诗案”

贬谪黄州，苏辙“坐兄轼以诗得罪，谪监筠州盐酒税，五年不得调”（《宋史·苏辙传》）。谪居期间，他们常将通达乐观的人生态度付诸诗文，既以此自勉，又借以相互慰藉。苏轼的《前赤壁赋》、苏辙的《武昌九曲亭记》等名篇，都反映了他们遭受打击后仍保持积极乐观的人生态度，思想感情与本文都是息息相通的。苏轼还有一首同时词作，《水调歌头·黄州快哉亭赠张偓佺（即张梦得）》，结尾名句“一点浩然气，千里快哉风”，说的正是一个人只要具备了至大至刚的浩然之气，就能坦然自适，在任何境遇中都处之泰然，享受使人感到无穷快意的千里雄风。苏轼这种在逆境中仍保持浩然之气的坦荡的人生态度，同苏辙本篇的主旨是完全一致的。

写法上本文最大的特点是叙事、议论、抒情和说理的完美结合。在前面部分，作者以情驭景，写景处处围绕“快哉”二字。后面的议论部分则以情为线索，作一波三折的正、反推理，使亭主人的“快哉”之情，超越了一般的迁客骚人。对于士人在逆境中当如何自处，作者先从反面正面反复辩难：“使其中不自得，将何往而非病”，“使其中坦然，不以物伤性，将何适而非快”。再将张梦得与悲伤憔悴不能自胜的骚人思士作一对比：令那些迁客骚人难以自处的穷山恶水，张梦得却能恬然自适、以苦为乐，正是因为“其中宜有以过人者”，靠的是平素胸中所养，因此，即使是蓬户瓮牖也会无所不快。在这段文字中作者流露出对张梦得由衷的赞赏之情。同时文中又隐藏了苏轼兄弟的政治操守、生活态度与张梦得的类比，与骚人思士的反比。这段议论由泛论至于具体，由明而暗，由人及己，渐进渐深，写得纡徐委婉、汪洋淡泊。诚如刘熙载《艺概》卷一《文概》中所说，“大苏文一泻千里，小苏文一波三折”，而如“风无雄雌之异……而风何与焉”，“将蓬户瓮牖……穷耳目之胜以自适也哉”，“连山绝壑……乌睹其为快也哉”等句，议论与情、理、景交融，娓娓道来，形成了文章沉雄雅健，情韵悠长的总体风格。这也就无怪乎《古文观止》卷十一的评注者会对本文有“文势汪洋，笔力雄壮”的评价了。

（刘　汾）

孟　德　传

孟德者，神勇[①]之退卒也。少而好山林，既为兵，不获如志[②]。嘉祐[③]中，戍秦州[④]。秦中多名山，德出[⑤]其妻，以其子与人[⑥]，而逃至华山[⑦]下。以其衣易[⑧]一刀十饼，携以入山，自念：“吾禁军[⑨]也，今至此，擒亦死，无食亦死，遇虎狼毒蛇亦死。此三死者，吾不复恤[⑩]矣。”惟山之深者往焉。食其饼既尽，取草根木实[11]食之，一日十病十愈，吐、利[12]、胀、懑[13]，无所不至。既数月，安之如食五谷，以此，入山二年而不饥。然遇猛兽者数矣，亦辄[14]不死。德之言曰："凡猛兽类[15]能识人气，未至百步，辄伏而号，其声震山谷。德以不顾死，未尝为动。须臾，奋跃如将搏焉。不至十数步，则止而坐，逡巡[16]弭耳[17]而去。试之前后如一。"

后至商州[18]，不知其商州也，为候者[19]所执，德自分[20]死矣。知商州[21]宋孝孙谓之曰："吾视汝非恶人也，类有道者。"德具道本末，乃使为自告者[22]，置之秦州。张公安道[23]适知秦州，德称病，得除兵籍[24]为民。至今往来诸山中，亦无它异能。

夫孟德可谓有道者也。世之君子，皆有所顾，故有所慕有所畏。慕与畏交于胸中，未必用也，而其色见[25]于面颜，人望而知之。故弱者见侮，强者见笑，未有特立[26]于世者也。今孟德其中无所顾，其浩然之气发越于外，不自见而物见之矣。推此道也，虽列于天地可也，曾何猛兽之足道哉！

附： 书子由孟德传后 苏轼

子由书孟德事见寄，余既闻而异之，以为虎畏不惧己者，其理似可信。然世未有见虎而不惧者，则斯言之有无，终无所试之。然曩余闻忠、万、云安[27]多虎，有妇人置二小儿沙上，而浣衣[28]于水上者，有虎自山上驰下，妇人仓惶沉水避之，二小儿戏沙上自若。虎熟视久之，至以首抵触，庶几[29]其一惧，而儿痴，竟不知怪。意虎之食人，必先被之以威，而不惧之人，威无所施欤？世言虎不食醉人，必坐守之，以俟[30]其醒。非俟其醒，俟其惧也。有人夜自外归，见有物蹲其门，以为猪狗类也，以杖击之，即逸去。至山下月明处，则虎也。是人非有以胜虎，其气已盖[31]之矣。使人之不惧皆如婴儿、醉人，与其未及知之时，则虎不敢食，无足怪者。故书其末，以信子由之说。子瞻题。

〔注〕 ① 神勇：北宋正规军的一部。 ② 如志：实现志愿。 ③ 嘉祐：宋仁宗赵祯的年号(1056—1063)。 ④ 秦州：地名。宋时治所在今甘肃天水。 ⑤ 出：休弃。 ⑥ 与人：送给他人。与，给予。 ⑦ 华山：五岳中的“西岳”，在陕西华阴市南。 ⑧ 易：交换。 ⑨ 禁军：北宋称正规军为禁军或禁兵。 ⑩ 恤：忧虑，惊怕。 ⑪ 木实：树木的果实。 ⑫ 利：通“痢”，腹泻。 ⑬ 懑(mèn)：气闷，胸闷。 ⑭ 辄(zhé)：往往。 ⑮ 类：大抵，都。 ⑯ 逡(qūn)巡：游移不前，迟疑不决的样子。 ⑰ 弭(mǐ)耳：贴着耳朵，顺从驯服的样子。 ⑱ 商州：地名。宋时治所在今陕西商洛。 ⑲ 候者：哨兵，巡逻兵。 ⑳ 自分(fèn)：自己料想。 ㉑ 知商州：即商州知州。知州，州的行政长官。 ㉒ 自告者：自首者。 ㉓ 张公安道：张方平，字安道，官至参知政事(副宰相)。参见苏洵《张益州画像记》。 ㉔ 除兵籍：在兵籍中除名，脱离军队。 ㉕ 见：同“现”，显露。 ㉖ 特立：卓然独立。 ㉗ 忠、万、云安：今重庆市忠县、万州、云安。 ㉘ 浣(huàn)衣：洗衣。 ㉙ 庶几：希望。 ㉚ 俟(sì)：等待。 ㉛ 盖：超过，压倒。

自司马迁创作《史记》开始，人物传记成了很重要的一种文体。本文是作者为退伍士兵孟德写的一篇传记。人物传记的一般写法都沿袭《史记》，先要交代传主的籍贯、家世出身，然后根据时间线索记述他的生平大事，最后对人物作出评价。可是这篇《孟德传》，写法上有很大的不同。它只是写孟德因爱好山林而如何逃离军队，并弃家入山与饥饿、猛兽作斗争，坚持生存下来的事迹。至于早年的生活经历，在军队中的种种情形及后来的结局都一概省略不提。这样的人物传记，在苏辙之前王禹偁就已开始写了，如他的《唐河店妪传》，就只写唐河店一位老妪怎样机智地将敌虏推入井中的故事。这是宋人对于传记文体的一种创格。

本文开头简单交代了传主的身份，是北宋正规军神勇部的一员士兵。接着就直奔主题，说孟德爱好山林。而这一爱好与当兵是有冲突的，当了兵就不能遁隐山林，故“不获如志”。于是作者就围绕孟德如何进入山林来做文章。孟德乘卫戍秦州的机会，偷逃至华山。不仅逃离了军队，而且休掉妻子，送走儿子，孤身一人进入了山中。这需要何等的毅力和勇气呀！可是孟德就这样做了，说明他对山林的爱，甚于对妻儿的爱。他只带了一把刀以防身，十枚饼以充饥，一心想在山林中做个回归自然的彻底的自由人。他有不怕死的决心，准备被擒死、被饿死、被虎狼毒蛇咬死。有了这样的思想准备，反而能生存下来。先是过了饮食关。食草根木实居然如同食五谷，“入山二年而不饥”。又过了猛兽关。因为他不怕死，听到猛兽震动山谷的吼声，也不惊慌。猛兽却在离他十几步前停止了，他的生命最终得到保全。后来孟德从秦州到了商州，被巡逻兵发现而抓获，因商州知州宋孝孙看他“类有道者”，就把他作为自首者重新安置到秦州。在秦州恰好逢上张安道任秦州知州，干脆将孟德解除了兵籍。孟德终于闯过了饮食、猛兽、被擒三关，而获得了自由。孟德的这段经历，不可谓不传奇，作者以简练的笔触娓娓道来，并通过人物自己的语言来写其惊险的历程，文字生动而传神，这就更能吸引读者。

传记最后部分作者紧扣文中宋孝孙说孟德“类有道者”这一点发表议论，说是一个人只要心中无所顾念，能“无慕”“无畏”，胸怀坦荡，那么就可在天地之中长存，更不用说惧怕猛兽了。强调了无私就能无畏的思想，言近旨远，富有哲理，给读者以启迪。

文中对孟德冒死逃入山中，遇到张安道后称病才得以除掉兵籍的描写，客观上暴露了当时社会的黑暗和兵役制度的严酷。孟德既不是一个风雅的文人，更不是一个衣食无忧的贵族公子，他的喜爱山林与上述两种人的喜爱山林是有本质上的区别的。尽管他从小就爱山林，但后来他的逃入山林，主要不是为了游山玩水，优游林泉，他是不愿当兵，要逃离现实社会才去山林的，目的是想在山林中做一个无羁无绊的自由人，为此他甘愿抛妻别子，置家庭与个人生死于不顾。

苏轼看了这篇《孟德传》后，特为写了《书子由孟德传后》，发表他的感想，就孟德的遇猛兽而不死、对付猛兽的方式，联系他所听到的故事，列举了戏沙于水边的小儿、醉汉、夜归人，都因不识老虎而不惧，结果都未遭虎害，来印证孟德之事，说明人在不知恐惧时自有一种无形的旺健气势令猛虎不敢伤害。两文对照着读，一唱一和，相映成趣。 （沈惠乐）

为兄轼下狱上书

臣闻困急而呼天，疾痛而呼父母者，人之至情也[①]。臣虽草芥[②]之微，而有危迫之恳，惟天地父母哀而怜之。

臣早失怙恃[③]，惟兄轼一人相须[④]为命。今者窃闻其得罪，逮捕赴狱，举家惊号，忧在不测。臣窃思念轼居家在官，无大过恶[⑤]，惟是赋性愚直，好谈古今得失，前后上章论事[⑥]，其言不一。陛下圣德广大，不加谴责。轼狂狷[⑦]寡虑，窃恃天地包含之恩[⑧]，不自抑畏[⑨]。顷年[⑩]通判杭州[⑪]及知密州[⑫]日，每遇物托兴，作为歌诗，语或轻发。向者曾经臣寮缴进，陛下置而不问[⑬]。轼感荷恩贷[⑭]，自此深自悔咎[⑮]，不敢复有所为。但其旧诗，已自传播。

臣诚哀轼愚于自信，不知文字轻易[⑯]，迹涉不逊[⑰]。虽改过自新，而已陷于刑辟[⑱]，不可救止。轼之将就逮也，使谓臣曰："轼早衰多病，必死于牢狱。死固分[19]也，然所恨者，少抱有为之志，而遇不世出之主[20]，虽龃龉[21]于当年，终欲效尺寸[22]于晚节。今遇此祸，虽欲改过自新，洗心以事明主，其道无由。况立朝[23]最孤，左右亲近，必无为言者。惟兄弟之亲，试求哀于陛下而已。"臣窃哀其志，不胜手足之情，故为冒死一言。

昔汉淳于公得罪，其女子缇萦，请没为官婢，以赎其父。汉文因之，遂罢肉刑[24]。今臣蝼蚁之诚，虽万万不及缇萦，而陛下聪明仁圣，过于汉文远甚。臣欲乞纳在身官[25]，以赎兄轼，非敢望末减[26]其罪，但得免下狱死为幸。兄轼所犯，若显有文字，必不敢拒抗不承，以重得罪。若蒙陛下哀怜，赦其万死，使得出于牢狱，则死而复生，宜何以报？臣愿与兄轼，洗心改过，粉骨报效，惟陛下所使，死而后已。臣不胜孤危迫切，无所告诉，归诚陛下，惟宽其狂妄，特许所乞。臣无任[27]祈天请命[28]，激切陨越之至[29]。

〔注〕①"臣闻"三句：语本《史记·屈原贾生列传》："人穷则反本，故劳苦倦极，未尝不呼天地；疾痛惨怛，未尝不呼父母也。"②草芥：比喻卑微没有价值。芥，小草。③怙恃(hù shì)：意指父母。语本《诗经·小雅·蓼莪》："无父何怙，无母何恃！"后遂以怙恃为父母之代称。④须：依靠。⑤过恶：过，过失。恶，恶行。⑥前后上章论事：乌台诗案前，苏轼所上奏章主要有：《议学校贡举状》《谏买浙灯状》《上神宗皇帝书》《再上皇帝书》《论河北京东盗贼状》《徐州上皇帝书》《乞医疗病囚状》等。⑦狂狷(juàn)：狂妄自大，偏激放纵。⑧天地包含之恩：此处指皇帝像天地一样宽大包容的恩德。天地，此处形容皇帝的宽大胸怀。⑨抑畏：谦虚谨慎，克制敬畏。⑩顷年：近年。⑪通判杭州：熙宁四年(1071)，苏轼任杭州通判。通判，宋代设立的州、府长官之副职，与知州、知府同理政事。⑫知密州：熙宁七年(1074)，苏轼调任密州(今山东诸城)知州。知，主持、执掌。⑬"向者"二句：王铚《元祐补录》："沈括素与苏轼同在馆阁，轼论事与时异，补外。括察访两浙，陛辞，神宗语括曰：'苏轼通判杭州，卿其善遇之。'括至杭，与轼论旧，求手录近诗一通，归即笺贴以进，云词旨讪怼。"臣寮，同"臣僚"，同为朝臣之意。缴进，交上，呈上。⑭感荷恩贷：感谢皇上的恩惠宽宥。荷，承受。贷，宽大，宽宥。⑮悔咎：悔过。咎，罪过，过失。⑯轻易：轻率随便。⑰迹涉不逊：看上去像(对朝廷)有不敬之嫌。迹涉，近似于。⑱刑辟：刑法，刑律。辟，法律，法度。⑲分(fèn)：应该的。⑳不世出之主：不是代代都有的，意味(神宗是)少有的明君。㉑龃龉(jǔ yǔ)：本意是上下齿参差不齐，此处指仕途坎坷。苏轼年少成名，后因反对新党变法，屡受攻击，被迫外任。㉒效尺寸：奉献微薄的才能。㉓立朝：在朝为官。㉔"昔汉淳于公"六句：事见《史记·孝文本纪》。汉文帝时，太仓令淳于意因罪系狱，按律当受肉刑。其女缇萦上书皇帝请求没身为奴，以赎父罪。文帝怜之，为除肉刑。肉刑，摧残肉体的刑罚，包括墨、劓、

刖、宫、大辟等。 ㉕乞纳在身官：交回现任的官职。 ㉖末减：从轻论罪或减轻处罚。 ㉗无任：不胜。 ㉘请命：请求保全其生命或从轻发落。 ㉙陨越之至：封建社会上书皇帝的套语，意谓冒犯皇上，罪该万死。

这篇文章写于神宗元丰二年(1079)。这年八月，苏轼因文字狱被捕入狱。事情缘起是苏轼知湖州时写的《湖州谢上表》内有这样几句："皇帝陛下天覆群生，海涵万族，用人不求其备，嘉善而矜不能。知其愚不适时，难以追陪新进，察其老不生事，或能牧养小民。"被御史中丞李定等人指为讽刺变法，侮谩朝廷；又从苏轼在杭州等地所作的大量诗文中找出六十多处所谓"讪上骂下""公为诋訾"的词句，参奏神宗皇帝，将苏轼下狱。这就是著名的"乌台诗案"。事情发生后，苏辙迅速写了这篇文章呈交神宗皇帝，"乞纳在身官，以赎兄轼"，"免下狱死"，希望皇上赦免苏轼的死罪。

此时苏轼正承受着"欺君犯上"、藐视朝廷等严重的罪名，在神宗盛怒几乎要治苏轼死罪的情况下该怎样为兄长辩白？苏辙只能以至情来打动皇上。

文章开头首先表明自己有呼天抢地的危迫之恳，暗指自己是急迫之下的至情流露，即使有过激之处也应该是可以原谅的。接下来替苏轼申辩冤屈：苏轼"赋性愚直，好谈古今得失"，所以在上章论事以及作文赋诗时言语可能偶有冒犯。这是认罪在先，用的是以退为进的策略。接着感激皇帝的屡次宽大处理，"置而不问"。同时申辩此次问罪的都是苏轼的旧作，此时已经"感荷恩贷""不敢复有所为"，也就是希望皇帝不要再追究旧错。接着又借苏轼下狱前的恳词替他表白"深自悔咎"、想要"改过自新"的愿望，和报效明主的决心。苏轼承认与当朝大臣(指新法人士)道不相合所以得咎，暗示此次下狱实有因政见不同遭受攻击的因素；而赞颂神宗为"不世出之主"，表明"欲效尺寸于晚节"，实则希望神宗看在他已经悔悟的份上，哀而怜之，宽大处理。

其实苏轼这次得罪，真正的原因是他在京城时连续上《上神宗皇帝书》和《再上神宗皇帝书》，集中对新法进行批评，造成了很大影响。后来在杭州通判和密州、徐州、湖州知州任上创作的诗歌中也一再对于新法之弊予以抨击，从而招致变法派的攻击陷害。他的这种性格正如其弟苏辙所言："见事有不便于民者，不敢言，亦不敢默视也。缘诗人之义，托事以讽，庶几有补于国。"(《亡兄子瞻端明墓志铭》)因此以诗得罪，成为新旧党争的牺牲品。而此中的冤屈苏辙却又无法言明，所以此文读来似有万千委屈却又不敢直言，形成了吞吐不尽的独特风格。故后来储欣评论此文是："序长公所以得罪，吐茹宜玩。"(《唐宋十大家全集录·栾城全集录》卷二)

本文最后引用汉文帝的例子来恳求神宗师法明君仁圣之举免去苏轼的死罪，用典非常贴切。值得注意的是，苏辙说“兄轼所犯，若显有文字，必不敢拒抗不承，以重得罪”，这就暗指苏轼所犯的其实是莫须有的罪名，期待皇帝能明察真相。

写作上，行文通篇围绕一个“情”字，兄弟手足亲情、对君王的款款忠诚、冒死进言的不胜惶恐之情、满腹难言之隐的委曲之情一齐喷涌而出，言辞激切诚恳，口吻却哀婉动人，真是催人泪下。作者行文虽然匆迫，但仍能顾及在不正面涉及谏官、不冒犯皇威的情况下为苏轼辩护开脱，实为难得。

元丰二年十二月，苏轼出狱，被贬为黄州团练副使，苏辙也被贬为监筠州盐酒税。苏轼能得免死，这篇文章也许起了一定的作用。文中所流露的苏辙与苏轼兄弟二人的患难友爱之情足令后人感动。《宋史·苏辙传》就称赞道：“辙与兄进退出处，无不相同，患难之中，友爱弥笃。无少怨尤，近古罕见。”堪称后世典范！

（刘　汾）

历代论引①

予少而力学②，先君③，余师也；亡兄子瞻④，予师友也。父兄之学，皆以古今成败得失，为议论之要⑤。以为士生于世，治气养心⑥，无恶于身⑦，推是以施之人，不为苟生⑧也。不幸不用，犹当以其所知，著之翰墨⑨，使人有闻焉。

予既壮而仕，仕宦之余，未尝废书。为《诗》《春秋》集传⑩，因古之遗文，而得圣贤处身临事之微意⑪，喟然太息⑫，知先儒昔有所未悟也。其后复作《古史》，所论益广，以为略备矣。

元符庚辰，蒙恩归自岭南，卜居颍川⑬。身世相忘，俯仰六年⑭，洗然⑮无所用心，复自放图史之间。偶有所感，时复论著。然已老矣，目眩于观书，手战于执笔，心烦于虑事，其于平昔之文，益以疏矣。然心之所嗜，不能自已，辄存之于纸。凡四十有⑯五篇，分五卷。

〔注〕 ① 历代论引：《历代论》是以评价历代人物为主的一组史论，共四十五篇。本文是《历代论》前的“引”。“引”是文体名称，唐代以后始有这种文体，大致如“序”而稍为简短。 ② 力学：努力学习。 ③ 先君：指已经过世的父亲苏洵。先，对死去的人的敬称。 ④ 亡兄子瞻：苏轼亡于宋徽宗建中靖国元年(1101)，此文作于徽宗崇宁五年(1106)，时苏轼已去世五年。 ⑤ 议论之要：议论的要领，议论的关键。 ⑥ 治气养心：指培养浩然正气和善良之心。是儒家的做法。 ⑦ 无恶于身：自身没有做过坏事。 ⑧ 苟生：苟且偷生。将就活着，得过

且过。 ⑨ 翰墨：笔墨。此指文章。 ⑩ 为《诗》《春秋》集传：苏辙曾经为《诗》《春秋》两部经典解释过文字，著有《诗集传》《春秋集解》。《诗》，指《诗经》，我国最早的一部诗歌总集。《春秋》，编年体史书，相传孔子据鲁史修订而成。《宋史·苏辙传》："所著《诗传》《春秋传》《古史》《老子解》《栾城文集》并行于世。" ⑪ 处身临事之微意：指对自身和外部事物的深刻用意。⑫ 喟然太息：喟然，感叹声。太息，叹气。 ⑬ "元符庚辰"三句：元符是宋哲宗赵煦年号，元符庚辰即1100年。苏辙从哲宗绍圣元年(1094)起，先后贬官汝州(今属河南)、筠州(治今江西高安)、雷州(今属广东)、循州(今广东龙川)，直到徽宗赵佶即位，才北归居颍昌(今河南许昌)，至徽宗政和二年(1112)，七十四岁病逝。卜居，选择定居的地方。 ⑭ 俯仰六年：据此可推知此文作于徽宗崇宁五年(1106)。俯仰，周旋、应付。 ⑮ 洗然：形容一尘不染。 ⑯ 有：通"又"。用于整数与零数之间。

苏辙晚年闲居颍昌(今河南许昌)，作《历代论》四十五篇。《历代论》不同于此前撰写的《进论》二十五篇。《进论》是以评论各朝得失为主，从夏商周一直到三国时期的蜀，乃至北狄、西戎、西南夷。而《历代论》则是纵论了五十一位历史人物的功过得失，从尧舜一直评论到五代时期曾经事奉四姓九君的宰相冯道。分为五卷，每卷九篇，长文不超千字，短文仅一二百字。有一人分为上下两篇写成的，如《汉光武》《贾诩》。也有二人合为一篇的，如《尧舜》《知罃赵武》《唐玄宗宪宗》《牛李》等篇。甚至还有三人，乃至五人合写的，如《三宗》《五伯》两篇。评论的人物以帝王为多，不下二十位。其次是权臣、重臣，如管仲、荀彧、羊祜、王导、牛僧孺、李德裕等。《历代论》中的最后两篇：一为《兵民》，论"分兵、民之利"；一为《燕蓟》，论"割燕、蓟之利"。内容不是对历史人物的评价。

《历代论》不是给所写的每位历史人物作全面的评价，而是择其一点加以引发，即"一事一论"，并与现实有所关合。如《汉文帝》，论"以柔御天下，则刚强者皆乘风而靡"；《管仲》，论"知小人之不可用，而无以御之"，"不能止五公子之乱"；《汉景帝》，论"忌克少恩，无人君之量"；《孙仲谋》，论"喜诸葛恪之劲悍，越众而付以后事"。这组文章名为论史，实为议政，既是史论，也是政论，有很多篇是针对现实中需要正视或亟待解决的热点问题，如当朝的积弱积贫，政事日非，忠奸不辨；如朝廷多次对西夏用兵之失和兵不能战，等等，文章中都有所影射。

苏辙的这组文章，绝非纸上谈兵，隔靴搔痒，而是"有为而作"，切中时弊。这与他熟悉古史密不可分，他长于评史议政，少年时即"闭门书史丛，开口治乱根"(《初发彭城有感寄子瞻》)。这与他身历自仁宗到徽宗五代，有着极为丰富的从政经验，以及他的坎坷遭遇，也是密不可分的。无论从史学角度看，还是从文字角度看，《历代论》都值得一读。明人茅坤曾云："《历代论》四十三首，盖子由于罢官颍上时，其年已老，其气已衰，无复向所为飘摇驰骤，若云之出岫，马之下坂者之态。然而阅世既久，于古今得失处，参验已熟，虽无心于为文，而其折衷于道处,往往中肯綮,切事情。语所谓老人之言是已。"(《唐宋八大家文钞·苏文定公文钞》卷八)此语信然。

《历代论》的最前面,写有一篇引文,作为导读。言简意赅,内容丰富,大致可分为三段。

第一段:叙写自少承受家学,深受父兄影响。父亲是老师,兄长是师友,他们都以"古今成败得失"为议论的要领或关键。议论"古今成败得失",是为了总结正面的经验和反面的教训,以便为宋王朝提供治国的借鉴。父兄认为,人生于世上,要像儒家那样,"治气养心,无恶于身",其目的除了自身外,就是为了推己及人,也让别人如此,不能苟且偷生。如果不能"施之人",才"著之翰墨","使人有闻"。可见"治气"非因一己之私,而是为了"治国",正如为文的目的是"有为而作"一样,也是为了"治国"。

第二段:叙写成年后步入仕途,"仕宦之余,未尝废书"的情况。重点谈读书心得及著书立说的成果。以与首段"犹当以其所知,著之翰墨,使人有闻焉"相呼应,表明自己继承父兄的遗愿,一以贯之,矢志不渝。

第三段:叙写卜居颍昌撰写《历代论》的环境和心情。"身世相忘,俯仰六年,洗然无所用心,复自放图史之间。偶有所感,时复论著",表明这组史论不是他有心的传世之作,而是无心为文的读书心得。其实苏辙如此表白,只是用来蒙蔽当朝势要的"障眼法""护身符",是避谗远祸的遁词而已。他虽进入老境,仍然恪守三苏"有为而作"的文学主张。文中写老境云:"目眩于观书,手战于执笔,心烦于虑事……"连用结构相同、句式匀整的排句,字里行间充溢着愤世嫉俗而又无可奈何的情绪。宋人孙汝听《苏颍滨年表》云:"辙居颍昌十三年。颍昌当往来之冲,辙杜门深居,著书以为乐。谢却宾客,绝口不谈时事。意有所感,一寓于诗,人莫能窥其际。"正是苏辙晚年生活的写照。

小引由远而近,由昔及今,谈父兄之学,叙仕宦不废书,述老境"时复论著",线索清晰,条理井然,结构严整,语言简约质朴,很好地完成了"引"文应起的作用。

（李如鸾）

汉　文　帝①

老子曰:"柔胜刚,弱胜强②。"汉文帝以柔御③天下,刚强者皆乘风而靡④。尉佗称号南越⑤,帝复其坟墓,召贵其兄弟。佗去帝号,俯伏称臣⑥。匈奴桀敖⑦,陵驾中国⑧。帝屈体遗书⑨,厚以缯絮⑩,虽未能调伏⑪,然兵戈⑫之祸,比武帝世十一二[13]耳。

吴王濞包藏祸心[14]，称病不朝。帝赐之几杖[15]，濞无所发怒，乱以不作。使文帝尚在，不出十年，濞亦已老死[16]，则东南之乱[17]无由起矣。至景帝[18]，不能忍，用晁错之计，削诸侯地[19]。濞因之号召七国，西向入关[20]。汉遣三十六将军[21]，竭天下之力，仅乃破之[22]。错言："诸侯强大，削之亦反，不削亦反，削之反疾而祸小，不削反迟而祸大[23]。"世皆以其言为信[24]，吾以为不然。

诚如文帝忍而不削，濞未必反。迁延[25]数岁之后，变故不一，徐因[26]其变而为之备，所以制之者固多术[27]矣。猛虎在山，日食牛羊，人不能堪[28]，荷戈[29]而往刺之，幸则虎毙，不幸则人死，其为害亟[30]矣。晁错之计，何以异此！若能高其垣墙，深其陷阱[31]，时伺而谨防之，虎安能必为害？此则文帝之所以备吴也。於乎[32]！为天下虑患，而使好名贪利小丈夫制之，其不为晁错者鲜[33]矣！

〔注〕 ① 汉文帝：即西汉皇帝刘恒，公元前180—前157在位。吕后死后，他以代王入为皇帝。执行"与民休息"的政策，减轻地税、赋役和刑狱，使农业生产有所恢复发展。又削弱诸侯之势力，以巩固中央集权。旧史家把他同景帝统治时期并举，称为"文景之治"。 ② "柔胜刚"二句：《老子》第三十六章："柔弱胜则强。"第七十八章："弱之胜强，柔之胜刚、天下莫不知。" ③ 御：治理，统治。 ④ 靡：倒下。 ⑤ 尉佗称号南越：尉佗姓赵，真定人。秦时曾任南海龙川令和南海尉。秦亡自立为南越武王。汉高祖十一年(前196)，帝遣陆贾使南越，封赵佗为南越王。汉高祖后四年(前184)，因不准运铁器入岭南，"佗乃自尊号为南越武帝"(据《史记·南越列传》)。南越，亦作南粤，今广东、广西一带。 ⑥ "帝复其坟墓"四句：孝文帝元年(前179)，文帝在真定为赵佗修建了坟墓，还设置了守丧的馆舍，按年节奉祀。并召见其兄弟，封官，赐以丰厚财物。当年再派陆贾赴南越，赵佗上书称臣(据《史记·南越列传》)。 ⑦ 匈奴桀敖：匈奴，中国古族名，亦称胡。汉初，不断南下攻扰，汉朝基本上采取防御政策。武帝时多次进军漠北，匈奴势力渐衰。宣帝甘露二年(前52)，呼韩邪单于附汉，其后六七十年间，汉与匈奴之间经济文化交流频繁。桀敖，凶暴而倔强。 ⑧ 陵驾中国：高出于中原地区之上。陵通"凌"。中国，指中原地区。 ⑨ 帝屈体遗书：指汉文帝曾经多次降低身份给匈奴写信议和。(见《史记·孝文本纪》和《史记·匈奴列传》) ⑩ 厚以缯(zēng)絮：汉文帝前六年(前174)，汉遗匈奴书云："使者言单于自将伐国有功，甚苦兵事，服绣袷绮衣、绣袷长襦、锦袷袍各一，比余一，黄金饰具带一，黄金胥纰一，绣十匹，锦三十匹，赤绨、绿缯各四十匹，使中大夫意、谒者令肩遗单于。"(见《史记·匈奴列传》) ⑪ 虽未能调伏：文帝的怀柔和亲政策，并未使匈奴放弃对汉的侵扰掠夺。如文帝前十四年(前166)和文帝后六年(前158)，匈奴都率大军入塞。(见《史

记·匈奴列传》）　⑫ 兵戈：兵器、甲衣的总称。此指战争。　⑬ 十一二：十分之一二。⑭ 吴王濞(bì)包藏祸心：吴王濞即刘濞，西汉诸侯王，是汉高祖刘邦的侄子，封吴王。他在封地铸钱、煮盐，积聚经济实力，并招纳“奸人”，扩张割据势力，图谋篡夺帝位。　⑮ 帝赐之几杖：文帝“赦吴使者归之，而赐吴王几杖，老，不朝，吴王得释其罪，谋亦益解”（见《史记·吴王濞列传》）。古时常以几杖表示敬老。　⑯“使文帝尚在”三句：文帝死于公元前157年，刘濞死于前154年，仅比文帝晚死四年。　⑰ 东南之乱：指景帝时吴、楚、赵、胶东、胶西、济南、菑川七国诸侯叛乱，史称“吴楚七国之乱”。　⑱ 景帝：汉景帝刘启，公元前157—前141在位，继续实行“与民休息”的政策，减轻田赋，进行“削藩”，平定叛乱，巩固中央集权。旧史家把他和文帝统治时期并举，称为“文景之治”。　⑲“用晁错之计”二句：晁错，景帝时任御史大夫，坚持“重本抑末”政策，并主张纳粟爵，又建议募民充实塞下，积极备御匈奴贵族的攻掠，以及逐步削夺诸侯王国的封地，以巩固中央集权制度，得到景帝采纳。不久，吴楚等七国以诛晁错为名，发动武装叛乱。他为袁盎等所谮，被杀。　⑳“濞因之”二句：汉景帝前三年(前154)“诸侯既新削罚，振恐，多怨晁错。及削吴会稽、豫章郡书至，则吴王先起兵，胶西正月丙午诛汉吏二千石以下，胶东、菑川、济南、楚、赵亦然，遂发兵西。”（见《史记·吴王濞列传》）　㉑ 汉遣三十六将军：“七国反书闻天子，天子乃遣太尉条侯周亚夫将三十六将军，往击吴、楚；遣曲周侯郦寄击赵；将军栾布击齐；大将军窦婴屯荥阳、监齐、赵兵。”（见《史记·吴王濞列传》）　㉒ 仅乃破之：太尉周亚夫攻吴、楚，楚王戊兵败自杀；吴王濞逃至东越，“出劳军”被杀；“胶东、菑川、济南王皆死”；“郦将军围赵十月而下之，赵王自杀”；“济北王以劫故，得不诛，徙王菑川”。吴、楚七国叛乱仅三月而溃。（见《史记·吴王濞列传》）　㉓“诸侯强大”五句：文字与《史记·吴王濞列传》稍有出入。　㉔ 信：真实，正确。　㉕ 迁延：拖延。　㉖ 因：根据。　㉗ 术：办法、策略。㉘ 堪：能承受，经得起。　㉙ 荷(hè)戈：肩扛打虎的猎具。　㉚ 亟：紧急，急迫。　㉛ 陷阱：指为捉野兽而挖的坑，上面浮盖伪装物。　㉜ 於(wū)乎：感叹词。也作呜呼。　㉝ 鲜：少。

苏辙的《历代论》四十五篇，都是“一事一论”，本文论的是“汉文帝以柔御天下，刚强者皆乘风而靡”。

全文可分为三段。

第一段：开篇便用概括的语言把论题提出来。这样写，纲举而目张，便于展开论述，也能给读者以鲜明的印象。为了使论题立得住，立得牢，毋庸置疑，引用先秦经典用以“自重”，是古代文章家习用的手法。苏辙引用了老子的“柔胜刚，弱胜强”二句，其作用是显而易见的。随后，便举了两个实例作为论据，加以证明。一是“尉佗称号南越”，文帝用“复其坟墓，召贵其兄弟”的办法，使其自动丢弃帝号，诚惶诚恐地俯首称臣。这是个大获全胜的例子。一是“匈奴桀敖，陵驾中国”，“帝则屈体遗书，厚以缯絮”，这样做虽然没有完全避免兵祸，而兵祸却也仅为汉武帝时的十之一二。这是个大见成效的例子。

第二段：再举“吴王濞包藏祸心”的典实。这个事例时间跨度较大，事件的过程也很复杂，作者因内容而变换了论证的方法。这便是对比着写：先写文帝的“柔”。吴王濞“称病不朝”本应治罪，文帝反而“赐之几杖”，表示敬老，使刘濞

"乱以不作",成效显著。再写景帝之"刚"。由于景帝采纳了晁错的"削藩"之策,导致了由刘濞号召的七国之乱,几乎把国家弄得不可收拾,后来"竭天下之力,仅乃破之"。文、景二帝对同一人物、同一事件采用的"柔"与"刚"的做法作了对比,其两种截然不同的效果也作了对比,谁高谁低,不言自明。本段末尾再引述晁错的话,一方面可以作为前文"晁错之计"的补充,使读者对景帝采纳其策有个大致的了解,一方面可以作为作者驳斥的"敌论"。本段中的"使文帝尚在,不出十年,濞亦已老死,则东南之乱,无由起矣",是作者根据实际情况作出的合乎情理的判断。有了这几句话,由文帝写到景帝便显得过渡非常自然,不露痕迹,避免文气不接,从中可见作者思维的缜密和论证的周严。

第三段:是作者对汉文帝"忍而不削"的分析,指出"濞未必反",口气虽不完全肯定却有鲜明的倾向性,并提出采用拖延战术,可以静以待变,见解独到。然后以"猛虎在山,日食牛羊"为喻。如采用"荷戈而往刺之"的"刚"的办法,非虎毙则人死,"为害亟矣",晁错"削藩"之策正类此。这便等于指出对吴王濞如对"日食牛羊"之虎,只能"柔",不能"刚";"柔"则保全,"刚"则犯险。最后水到渠成,正面提出己见:"高其垣墙,深其陷阱,时伺而谨防之",老虎怎能一定为害:坐实到"此则文帝之所以备吴也",点睛结穴,收得干净利索。然而作者意犹未尽,再用感叹词"於乎"领起,发出感叹:让好名贪利的小丈夫"为天下虑患",不像晁错那样是很少的!这便把第二段所述景帝以刚御天下之非、用人之不当,以及晁错之失策等多层意思统统涵概了进来,结得神完气足。

在写作方面,本文有这样的特点:

首先是成功地采用了例证论证法。用事实说话,事实胜于雄辩。特别是例证有正有反,既提供了成功的经验,也提供了失败的教训。而且对例证作了扼要的分析,使文章更具有说服力。其次是语言简约而概括。如写赵佗不轨,只用"尉佗称号南越"六个字,所用对策仅为"帝复其坟墓,召贵其兄弟"十字,效果则是"佗去帝号,俯伏称臣"仅八字。再如写匈奴侵扰,仅用"匈奴桀敖,陵驾中国"八字,所用对策仅为"帝屈体遗书,厚以缯絮"九字。可谓惜墨如金,无法再省了。其他如由浅入深、由表及里的结构布局,对比论证的运用,也都是很成功的。

(李如鸾)

汝州龙兴寺修吴画殿记[1]

予先君宫师[2]平生好画,家居甚贫,而购画常若不及[3]。予兄子瞻,少而知画,不学而得用笔之理。辙少闻其余[4],虽不能深造[5]之，亦庶几[6]焉。凡今世自隋、晋以上，画之存者无一二矣。自唐以来，乃时有见者，世之志于画者，不以此为师，则非画也。

予昔游成都，唐人遗迹遍于老、佛之居[7]，先蜀之老[8]有能评之者，曰：画格[9]有四，曰能、妙、神、逸[10]，盖能不及妙，妙不及神，神不及逸。称神者二人，曰范琼[11]、赵公祐[12]；而称逸者一人，孙遇[13]而已。范、赵之工，方圆不以规矩[14]，雄杰伟丽，见者皆知爱之。而孙氏纵横放肆[15]，出于法度[16]之外，循法者不逮[17]其精，有从心不逾矩[18]之妙。于眉[19]之福海精舍[20]，为行道天王[21]，其记曰"集润州[22]高座寺张僧繇[23]"。予每观之，辄叹曰："古之画者必至于此，然后为极[24]欤！"其后东游至岐下[25]，始见吴道子画[26]，乃惊曰："信矣！画必以此为极也。"盖道子之迹，比范、赵为奇，而比孙遇为正[27]。其称画圣，抑以此耶[28]？

绍圣元年[29]四月，予以罪谪守汝阳[30]，间与通守[31]李君纯绎游龙兴寺，观华严小殿。其东西夹[32]皆道子所画，东为维摩[33]、文殊[34]，西为佛[35]成道，比岐下所见，笔迹尤放。然屋瓦弊漏，途栈缺弛[36]，几侵于风雨。盖事之精不可传者，常存乎其人，人亡而迹存，达者犹有以知之。故道子得之隋、晋之余，而范、赵得之道子之后。使其遂亡，虽有达者，尚谁发之？

时有僧惠真[37]，方葺寺大殿，乃喻使先治此，予与李君亦少助[38]焉。不逾月，坚完如新。于殿危[39]之中得记曰："治平丙午[40]，苏氏惟政所葺。"众异之曰："前后葺此皆苏氏，岂偶然也哉！"惠真治石请记，五月二十五日。

〔注〕 ① 汝州：州名。治所在梁县(今河南汝州)，以州境有汝水得名。唐以来有织造业；宋元时烧造汝窑瓷器，青瓷最称佳品。龙兴寺：今已不存。吴画殿：指龙兴寺内的华严小殿，内有吴道子的画。 ② 先君：已去世的父亲。官师：东宫太师，即太子太师。苏洵后被追赠太子太师。 ③ 若不及：好像怕赶不上，形容购画时的急切心情。苏轼曾经说："(先君)顾尝嗜画，弟子门人无以悦之，则争致其所嗜，庶几一解其颜。故虽为布衣，而致画与公卿等。"(《四菩萨阁记》) ④ 闻其余：听到父兄论画的次要内容。是谦辞。 ⑤ 深造：不断前进，以达到精深的境地。 ⑥ 庶几：差不多，近似。意谓差不多与父兄一样嗜画。 ⑦ 老、佛之居：指道观、佛寺。 ⑧ 先蜀之老：指宋初黄休复，字归本。 ⑨ 格：规格，标准，品位。 ⑩ 能、妙、

神、逸：黄休复著有《益州名画录》三卷，分逸、神、妙、能四格。逸格一人，神格二人，妙格二十八人，能格二十七人。妙、能二格又分上、中、下三品。 ⑪ 范琼：唐代画家，居蜀，善画人物、佛像。 ⑫ 赵公祐：唐代画家，居蜀，善画人物、佛像。 ⑬ 孙遇：晚唐画家。即孙位，号会稽山人，祖籍东越，善画松石墨竹。 ⑭ 方圆不以规矩：校正方形和圆形不用规和矩。形容技法纯熟。规，古代校正圆形的工具。矩，古代画方形的工具，即今之曲尺。 ⑮ 放肆：此指不受固定画法的约束。 ⑯ 法度：准则，规矩。 ⑰ 不逮：赶不上，达不到。 ⑱ 从心不逾矩：随心所欲而又不超越法度。《论语·为政》："七十而从心所欲，不逾矩。" ⑲ 眉：眉州（治今四川眉山）。 ⑳ 福海精舍：福海，指福海画院。精舍，佛教徒居住讲道说法之处。 ㉑ 行道天王：佛家所谓护法神四大天王之一，名北方毗沙门天王（又名多闻天王）。此指行道天王的画像。 ㉒ 润州：古州名。治所在今江苏镇江。 ㉓ 张僧繇：南朝梁著名画家，善画人物和佛像。孙遇是学张僧繇的。 ㉔ 极：最高的准则。 ㉕ 岐下：岐山之下。嘉祐元年（1056）苏辙与其兄进京应试，曾经此地。 ㉖ 始见吴道子画：凤翔普门寺和开元寺有吴道子画的佛像。苏轼《王维吴道子画》："何处访吴画？普门与开元。"吴道子，唐画家，阳翟（今河南禹州）人。后改名道玄，在宫廷作画。擅长佛教和道教人物画。其艺术特征对后世影响深远。 ㉗ 正：此指合乎法度。 ㉘ 抑以此耶：或许因为这个缘故吧。 ㉙ 绍圣元年：即1094年。绍圣，哲宗赵煦年号。 ㉚ 予以罪谪守汝阳：指苏辙上疏并面奏反驳以历诋元祐之政的策题，引起哲宗不悦。苏辙以门下侍郎出知汝阳。 ㉛ 通守：通判。位仅逊于知州。 ㉜ 东西夹：指东西两侧的殿壁。 ㉝ 维摩：梵文音译，又作"维摩诘"，是佛典中现身说法、辩才极好的人。 ㉞ 文殊：梵文音译，又作"文殊师利"。以智慧闻名，佛教大乘菩萨之一。 ㉟ 佛：指佛教始祖释迦牟尼。 ㊱ 缺弛：缺失或毁坏。 ㊲ 惠真：事迹不详。 ㊳ 予与李君亦少助：此时苏辙"曾施百缣"修建汝州龙兴寺吴画壁。苏轼七言古诗《子由新修汝州龙兴寺吴画壁》记载了新修盛况。末二句是"他年吊古知有人，姓名聊记东坡弟"。 ㊴ 殿危：殿的高处。一本作"殿垝"，垝（guǐ），坏墙。 ㊵ 治平丙午：宋英宗赵曙治平三年（1066）。

虽然说这是一篇记叙文，记叙的是汝州龙兴寺修复吴画殿的过程，却在很大程度上表述了作者对绘画的某些理论和美学思想，所以它既具有一定的史学意义，也具有一定的理论意义和美学价值。

我国是个历史悠久、文物众多的大国，大力培养全民热爱文物、重视积极抢救濒临灭绝而无法再生的文物的意识，并能替国家社会分忧，及时伸出援助之手，做些力所能及的赞助义举，都是必要的。本文在这方面能起到很好的宣传和教育作用，因此也具有现实意义。

本文是苏辙散文中较为独特的作品。特别是苏辙之兄苏轼专门写了一篇七言古诗，题为《子由新修汝州龙兴寺吴画壁》，使其盛况更加彰显，本文的知名度也随之增强。

全文可分为四段：

第一段：本文是以绘画为题材的，因此开篇便从这个课题谈起，谈自身所受的有关绘画的启蒙教育。为文如同作诗，作者采用的是一种"从题前摇曳而来"

(清薛雪《一瓢诗话》)的写法。苏辙出身于文艺氛围极为浓厚的家庭,家学渊源,从小耳濡目染,熏陶既久,影响自会很深。“家居甚贫”,而父亲“好画”,“购画常若不及”。正如苏轼在《四菩萨阁记》一文开篇所云:“始吾先君于物无所好,燕居如斋,言笑有时。顾尝嗜画,弟子门人无以悦之,则争致其所嗜,庶几一解其颜。故虽为布衣,而致画与公卿等。”其兄子瞻(苏轼),则“少而知画,不学而得用笔之理”。而自己“少闻其余”(既属实情,也含有谦虚成分),“虽不能深造之,亦庶几焉”。这样写,便给后文所述奠定了基础。犹如一幅画所提供的必要的背景,是有助于观赏者鉴赏该画的。文意随后一转,感叹隋、晋以上之画的大量散佚,而唐代之画倒“时有见者”,应“以此为师”,这便全面罩住下文所述的“唐人遗迹遍于老、佛之居”的字样,以及其他诸层意思,便于顺势带出个人对绘画主张的表述阐扬,从而使文意过渡流转自然,此非深谙为文之道者所不能为。

第二段:直承首段文意,先说在成都“唐人遗迹遍于老、佛之居”,以与“自唐以来,乃时有见者”保持意脉上的联系;再引出“先蜀之老”对诸多唐人遗迹评以“能”“妙”“神”“逸”的“四格”之说;然后依据此说阐述自己的绘画见解。作者赞同用“四格”作为评画的标准。他认为一格比一格难,一格比一格高级。特别是“四格”中的“神”与“逸”二格更是难以达到。所谓“神”,就是“方圆不以规矩”,技法极为纯熟、老到,信手画来便能形神毕肖;所谓“逸”就是放纵,肆意挥洒,即“纵横放肆,出于法度之外”,但又不超越法度,不是野狐禅,不是旁门左道,而是“从心不逾矩”。前者更多的是合乎传统,遵守法度;而后者偏于奇,对法度有所超越。苏辙认为“正”与“奇”二者结合才算达到画的极致。吴道子所以被尊为“画圣”,正是“神”“逸”二者得兼。

这一段的重点是“论画”,有了这样的内容,就平添了文章的厚重感。作者的绘画主张是进步的。他强调法度,就是承认绘画传统的合理继承;在此基础上予以创新,表现出作者重视画家的独创意识、个性风格。如此,绘画作为艺术的一个门类,才能有所进步和发展,而不是一味墨守成规。

第三段:写绍圣元年(1094)四月,因罪谪守汝阳,得与通守李君同游龙兴寺,观华严小殿(即吴画殿)中吴道子所绘之多幅佛画,再分别介绍,并与岐下所见作了比照,以显示此处吴画之艺术价值更高,应为晚于岐下之所作,艺术造诣尤为深厚。随后文势一跌,描述吴画殿“屋瓦弊漏,途栈缺弛,几侵于风雨”,这就为后文写修复吴画殿作了必要的铺垫。在描述吴画殿的破败景象后,作者抒发了一番感慨:道子在先,人亡迹存,达者知之;而范琼、赵公祐得之道子之后,人亡迹泯,因而为无人能彰显其绘画艺术而深表遗憾和惋惜!

第四段：写吴画殿的修葺。先总写龙兴寺僧惠真主持修葺大殿时，“乃喻使先治此”，再相继交代部分资金的来源（“予与李君亦少助”）、修葺的工期（“不逾月”）、效果（“坚完如新”）。并插叙了修葺时发现治平三年（1066）修葺此殿的记载，主持那次修葺的官员恰好也姓苏，令众人惊异不已。最后交代写此记文的缘起（“惠真治石请记”），以及撰写记文的日期（绍圣元年“五月二十五日”）。这些都是本文应当交代的笔墨。作者逐一作了交代，用了不足八十字。

苏辙的文章以议论见长，记叙也自有特点。本文以时间先后作为线索，依次叙来：先记叙少时所受的家庭绘画的影响，再记叙首次参观岐下的吴道子画和后来在汝阳欣赏吴画的过程。在记事中或加以议论（“论画”的一段文字），借事明理；或杂有描述（写吴画殿破败景象），增强文字形象性；或间以抒情（对范琼、赵公祐身亡而迹泯的感慨），因情而见意。由于记叙条畅，议论深刻，描述生动，抒情深沉，并能使事与理浑然一体，理与情交相密合，从而增强了文章的深度和厚度，避免了内容的单薄和浮泛。 （李如鸾）

子瞻和陶渊明诗集引

东坡先生[①]谪居儋耳[②]，置家罗浮[③]之下，独与幼子过[④]，负担渡海，葺茅竹而居之。日啖藷芋[⑤]，而华屋玉食之念，不存于胸中。平生无所嗜好，以图史为园囿，文章为鼓吹[⑥]，至此亦皆罢去。独喜为诗，精深华妙，不见老人衰惫之气。

是时，辙亦迁海康[⑦]，书来告曰：“古之诗人，有拟古之作[⑧]矣，未有追和[⑨]古人者也。追和古人，则始于东坡。吾于诗人，无所甚好，独好渊明之诗。渊明作诗不多，然其诗质而实绮，癯而实腴，自曹、刘、鲍、谢、李、杜诸人[⑩]，皆莫及也。吾前后和其诗，凡百数十篇，至其得意，自谓不甚愧渊明。今将集而并录之，以遗后之君子，子为我志之。然吾于渊明，岂独好其诗也哉？如[⑪]其为人，实有感焉。渊明临终，疏告俨等：‘吾少而穷苦，每以家贫，东西游走。性刚才拙，与物多忤。自量为己，必贻俗患，黾勉辞世，使汝等幼而饥寒[⑫]。’渊明此语，盖实录也。吾今真有此病，而不蚤[⑬]自知，半生出仕[⑭]，以犯世患，此所以深服渊明，欲以晚节[⑮]师范其万一也。”

嗟夫！渊明不肯为五斗米⑯，一束带见乡里小人；而子瞻出仕三十余年，为狱吏所折困⑰终不能悛⑱，以陷于大难⑲，乃欲以桑榆之末景⑳，自托于渊明，其谁肯信之？虽然，子瞻之仕，其出入进退犹可考也㉑，后之君子其必有以处之矣㉒。孔子曰："述而不作，信而好古，窃比于我老彭㉓。"孟子曰："曾子、子思同道。"区区之迹㉔，盖未足以论士也。

辙少而无师，子瞻既冠㉕而学成，先君命辙师焉。子瞻尝称辙诗有古人之风，自以为不若也。然自其斥居东坡，其学日进，沛然㉖如川之方至。其诗比杜子美、李太白为有余，遂与渊明比。辙虽驰骤从之，常出其后。其和渊明，辙继之者亦一二焉。绍圣四年㉗十二月一十九日，海康城南东斋引㉘。

〔注〕 ① 东坡先生：即苏轼。苏轼在贬至黄州(治今湖北黄冈)以后，生活发生困难。他的老友马正卿为他请得城东营房废地数十亩，供他垦殖，以增加收入。这块废地，就是东坡。苏轼并因此替自己取号为"东坡居士"。 ② 儋(dān)耳：今海南儋州。苏轼于绍圣四年(1097)四月从惠州(今属广东)贬至儋耳。 ③ 罗浮：罗浮山，在今广东东江北岸。 ④ 过：苏过，苏轼的小儿子，字叔党，也称小坡，著有《斜川集》。 ⑤ 藷(shú)芋：山芋。"藷"，一本作"藷"("薯"的异体字)，又一本作"荼"。 ⑥ 鼓吹：各类合奏的乐器。 ⑦ 海康：今广东雷州。⑧ 拟古之作：指模拟汉末古诗的作品，这类拟作不必步韵。 ⑨ 追和(hè)：追随前人的作品唱和。宋时一般都步原韵而作。 ⑩ 曹、刘、鲍、谢、李、杜诸人：曹，曹植，字子建，沛国谯县(今安徽亳州)人，曹操之子，著名诗人。刘，刘桢，字公干，东平(今属山东)人，建安七子之一。鲍，鲍照，字明远，祖籍东海(郡治今山东郯城北)人，南朝宋代文学家，诗以七言歌行最有名。谢，谢灵运，祖籍陈郡阳夏(今河南太康)，世居会稽(今浙江绍兴)，南朝宋诗人，是我国第一个大量写山水诗的作家。李、杜，指唐代大诗人李白和杜甫。 ⑪ 如：于。 ⑫"渊明临终"十一句：语见陶渊明《与子俨等疏》。俨等，渊明五子名俨、俟、份、佚、佟。黾(mǐn)勉辞世，尽力辞别世人，指隐居不仕。黾勉，勤勉，努力。 ⑬ 蚤：通"早"。 ⑭ 半生出仕：意谓做了半世的官。⑮ 晚节：晚年。 ⑯"渊明"句：《晋书·陶渊明传》载，陶渊明为彭泽令，郡遣督邮至县，吏谓渊明束带见之，渊明叹曰："我岂能为五斗米折腰向乡里小儿！"即日就辞官去职。督邮是各郡的重要属吏，代表太守督察县乡，宣达教令，兼司狱讼捕亡等事。束带，整束衣带，穿着整齐，以示恭敬。五斗米，指官俸。 ⑰ 为狱吏所折困：指元丰二年(1079)朝廷以谤讪新政的罪名把苏轼逮捕入京，投入御史狱一案。 ⑱ 悛(quān)：悔改。 ⑲ 陷于大难：指绍圣元年(1094)贬官惠州，绍圣四年再贬儋州。 ⑳ 桑榆之末景：比喻人的晚年。桑榆，指日落处，谓晚暮。㉑"其出入"句：意谓苏轼在朝廷和在地方上做官的事迹，都还是可以一一查考的。出、退，指离开朝廷，贬至地方。入、进，指进入朝廷在中央机构担任重要的职务。 ㉒ 其必有以处之矣：意谓必定能正确对待苏轼的出入进退。处，对待。 ㉓ 老彭：《大戴礼·虞戴德篇》中有"商老彭"，老彭为商代人。但有人说老彭是指老子和彭祖两人；又有人说是殷商时代的彭祖一人；还有人说，孔子说"我老彭"，其人一定和孔子相当亲密，当和孔子同时。 ㉔ 区区之迹：指苏轼

在朝廷出入进退的表象。区区，小。 ㉕ 既冠：年已二十。古代男子年二十行加冠礼。 ㉖ 沛然：水流湍急的样子。 ㉗ 绍圣四年：1097 年。 ㉘ 引：作动词用，写“引”。

陶渊明是东晋大诗人，因厌恶官场的黑暗，不顾“幼稚盈室，瓶无储粟”(《归去来兮辞序》)的困难家境，不为五斗米折腰，毅然决然地弃官归隐，创作了大量的描写田园风光的诗篇。苏轼晚年经过长期的贬谪，和陶渊明的思想产生了共鸣，越来越仰慕陶渊明的为人，也越来越喜欢陶渊明的诗，几乎把陶渊明所有的诗都和遍了，还把自己所和的诗，结成了集子，请苏辙作序。本文就是苏辙所写的序。引，即序的别称。也因苏辙的祖父名序，避家讳，故不称“序”，而称“引”。

作为苏轼的弟弟，没有人比苏辙更了解、更理解苏轼以及他对陶渊明诗的爱好了。在这篇序中苏辙联系苏轼在儋耳的谪居生活，转录了苏轼写给他信中谈论陶诗的有关文字，用苏轼自己的话来对陶渊明诗歌的艺术成就及为人作评价，还烛幽显微地从进退出处等方面来阐明苏轼和陶渊明在思想感情上的联系，由此对苏轼晚年的诗歌成就作了正确的评价。

苏轼晚年经历了宦海浮沉的大风大浪，诗歌反映的现实内容更为深广，艺术风格也因内容而变得更丰富多彩。如谪居惠州时写的《荔枝叹》。这首诗一开头便是“十里一置飞尘灰，五里一堠兵火催。颠坑仆谷相枕藉，知是荔枝龙眼来”。渲染出一幅尘土飞扬、横尸遍野，有如古战场般凄厉的图景。而如此十万火急的原因，不过是进贡使“宫中美人一破颜”的荔枝龙眼而已，但却使得“惊尘溅血流千载”。苏轼十分痛恨这种谄媚取宠、荼毒百姓的卑劣行径，希望上天可怜众黎民，不要生出这样稀罕的“尤物”来害人，但求“雨顺风调百谷登，民不饥寒为上瑞”。苏轼的这首诗并非仅是对历史上进贡荔枝事的无情批判，更重要的是对当代贡茶、贡花者流的严厉谴责，甚至还指名道姓直斥当朝“名臣”丁谓、蔡襄、钱惟演等谄媚邀宠，残民以逞，与唐代贡荔枝的权奸李林甫无异，于是发出“至今欲食林甫肉”的呐喊。尽管他一再因文字罹祸，但他的诗浩然之气，至老不衰，确是“精深华妙，不见老人衰惫之气”。除了生活的历练之外，这同苏轼旷达的性格、乐观的精神状态是分不开的。他“谪居儋耳，置家罗浮之下”，这个地方在当时是穷乡僻壤，非常人所能居住。但苏轼以随遇而安的良好心态处之，即使住在茅草屋中，以芋头充饥，照样自得其乐，还写下了这样的诗句：“罗浮山下四时春，卢橘杨梅次第新。日啖荔枝三百颗，不辞长作岭南人。”(《食荔枝》)他总能在逆境中寻找快乐，尽管已“罢去”“以图史为园囿，文章为鼓吹”的平生嗜好，却仍钟情于诗，而且写出依然精深华妙的好诗。

序中作者引述了苏轼的来信,用苏轼的话对陶渊明的诗作了评价。认为陶渊明尽管作诗不多,但他的诗要超过曹植、刘桢、鲍照、谢灵运,甚至李白、杜甫,有“质而实绮,癯而实腴”的特点,即表面质朴而实际上有内在的美,表面清瘦而实际上丰腴,已达到了一种归绚丽于平淡的常人难以企及的艺术境界。这是苏轼对陶渊明诗的独到的理解。虽然置陶渊明于李白、杜甫之上,不免有因偏爱而失公正之嫌,但对陶诗特点的评价还是很确切的。苏轼还在《东坡题跋卷二》中说陶诗“外枯而中膏,似淡而实美”,措辞虽有所不同,但还是这个意思,正确地揭示了陶诗平淡自然的美学特征。陶渊明在《晋书》中被列入《隐逸传》,他的诗人地位没有得到确认。梁代昭明太子萧统编《文选》时,对陶渊明的诗收录甚少,仅有八首。钟嵘在《诗品》中把陶渊明的诗列入中品。这都说明在南北朝时陶渊明的诗并不为人所重视。唐代开始,特别是北宋以后,由于苏轼的推崇,陶渊明的诗才越来越被人所爱重,苏轼对陶诗“质而实绮,癯而实腴”的评语也被后人视为经典而引用。

序中引述的苏轼的信中还表达了对陶渊明为人的仰慕。陶渊明在临终前给儿子俨等人的书信中诉说了自己“性刚才拙,与物多忤”的性格,为此而辞官隐居,却累及子女受饥寒的折磨。对此苏轼深有感触,因为他有同陶渊明相似的性格,可是却未能像陶渊明那样及时归隐而在宦海中沉浮了半生,结果冒犯了世俗而遭受祸患。所以在和陶诗的同时,也想在晚年多少学习一点陶渊明的行为,以减少一些遗憾。对于苏轼的慕陶而出处进退与陶有所不同,作者特地引用了孔孟的话予以解释。所引孔子的话见《论语·述而》。孔子对自己的传述古籍而不随便创作,相信而且喜爱古代文化,认为可以与老彭相比。苏辙以孔子对待古代文化的态度来比况苏轼对陶渊明诗歌的爱好。所引孟子的话见《孟子·离娄下》:曾子居武城,寇至则去;子思居于卫,寇至不去。有人提出责难,孟子说,曾子和子思的表现虽不同,但他们走的是同一条道路,即他们的行为的实质是一致的,只是因为两人所处的地位不同,曾子是老师,是前辈,而子思是臣子,是小官,不得不如此。如果两人对换地位,他们的行为就会相应发生变化。苏辙以孟子对曾子、子思的评论来比喻苏轼和陶渊明,虽然一出仕,一归隐,但归根结底两人走的是同一条道路,因此,他认为小小的表面迹象,是不足据以评论士大夫的(“区区之迹,盖未足以论士也”)。

由于这篇序不仅评论了苏轼的诗,也评论了陶渊明的诗;不仅评论了两人的诗品,也评论了两人的人品,因此成为后世研究苏轼、陶渊明的重要的参考文章。

（沈惠乐）

书白乐天集后二首(之一)

元符二年[①]夏六月,予自海康再谪龙川,冒大暑,水陆行数千里,至罗浮[②]。水益小,舟益庳[③],惕然[④]有瘴暍[⑤]之虑。乃留家于山下,独与幼子远,葛衫布被,乘叶舟,秋八月而至。既至,庐于城东圣寿僧舍,闭门索然,无以终日。欲借书于居人,而民家无畜书者。独西邻黄氏世为儒,粗有简册,乃得乐天文集阅之。

乐天少年知读佛书,习禅定[⑥]。既涉世,履忧患,胸中了然,照诸幻之空[⑦]也。故其还朝为从官,小不合即舍去,分司东洛,优游终老[⑧]。盖唐世士大夫,达者如乐天寡矣。予方流转风浪[⑨],未知所止息[⑩],观其遗文,中甚愧之。然乐天处世,不幸在牛李党[⑪]中,观其平生,端而不倚,非有所附丽者也。盖势有所至,而不能已耳。会昌[⑫]之初,李文饶[⑬]用事,乐天适已七十,遂求致仕[⑭],不一二年而没[⑮]。

嗟夫!文饶尚不能置一乐天于分司中耶?然乐天每闲冷衰病,发于咏叹,辄以公卿投荒僇死,不获其终者自解,予亦鄙之[⑯]。至其闻文饶谪朱崖三绝句[⑰],刻核[⑱]尤甚。乐天虽陋,盖不至此也。且乐天死于会昌之初[⑲],而文饶之窜[⑳]在会昌末年,此决非乐天之诗,岂乐天之徒浅陋不学者附益[㉑]之耶?乐天之贤,当为辨之。

〔注〕 ① 元符二年:苏辙于哲宗绍圣四年(1097)贬到雷州(今属广东)。元符元年(1098)再贬至循州(治今广东龙川)。"元符二年"应为"元符元年"。元符,宋哲宗年号(1098—1100)。② 罗浮:山名。在广东省东江北岸,增城、博罗、河源等县之间。 ③ 庳(bì):低、矮。 ④ 惕然:忧虑、忧伤貌。 ⑤ 瘴暍(yē):瘴毒暑气。瘴,南方山林中因湿热而蒸发的空气,俗称瘴气。暍,暑热。 ⑥ 禅定:佛教禅宗修行方法之一。佛教修行者以为静坐敛心、专注一境,久之可以达到身心安稳、观照明净的境地,即为禅定。 ⑦ 诸幻之空:佛教认为世上一切事物都是因缘和合而成,如梦幻泡影,皆为虚空。 ⑧"故其还朝"四句:白居易元和年间贬为江州司马,还朝后为避祸常引病自免或求外任。后以太子宾客分司东都(洛阳)致仕。 ⑨ 流转风浪:指宦海浮沉。 ⑩ 所止息:指弃官致仕。 ⑪ 牛李党:指唐穆宗至宣宗年间(821—859),以牛僧孺、李宗闵为首的牛党和以李德裕为首的李党互相攻击,斗争非常激烈。当时大多数士人都卷入其中,未能幸免。 ⑫ 会昌:唐武宗李炎年号(841—846)。 ⑬ 李文饶:即李德裕,字

文饶。是李党的首领，会昌间官至门下侍郎同平章事（宰相），后在党争中遭对手打击，终被贬崖州司户而卒。　⑭ 致仕：古代官员退休称致仕。　⑮ 没：同“殁”，死。　⑯“然乐天”五句：指白居易元和年间（806—820）为王涯所谗，被贬为江州司马。后唐文宗大和九年（835）宰相李训等与凤翔节度使郑注等，发动旨在铲除仇士良宦官集团的甘露之变，事败王涯被杀。白居易有诗庆幸自己躲过此祸。苏辙因此对白居易的遁世避祸表示不满和鄙视。投荒，因罪被贬谪、流放至荒远边地。僇死，受僇而死。僇，同“戮”。　⑰ 闻文饶谪朱崖三绝句：《白居易集·外集》附有《李德裕相公贬崖州三首》，其三曰：“闲园不解栽桃李，满地唯闻种荆棘。万里崖州君自去，临行惆怅欲怨谁。”讥笑嘲讽，辛辣尖刻。　⑱ 刻核：苛刻。　⑲ 乐天死于会昌之初：卒于会昌六年（846）。　⑳ 窜：被贬遭驱逐。李德裕被贬崖州在唐宣宗大中二年（848）。㉑ 附益：伪托。

书后是古代一种常见的文体，类似于今天的读后感。本文就是苏辙读《乐天文集》作的二首书后之一。

文章作于宋哲宗元符元年（1098）。当年六月，苏辙从广东海康被再贬到更加偏远的龙川。贬谪原因是哲宗亲政后，新党人士上台，疯狂打击报复反对过新法的大臣，政治立场上一贯独立不倚的苏辙也在劫难逃。他冒着炎炎酷暑，跋涉数千里来到龙川贬所，借居在圣寿僧舍。在这样的政治处境中，亲戚朋友避祸唯恐不及，左邻右舍无相与言者。仕途上的兴衰沉浮，令人顿生人生如梦之感慨。而读《白乐天集》正在此时。

《白乐天集》的作者，唐代大诗人白居易可说是一位善处逆境之人。在他之前及其同时的一些不得志的骚人文士，如屈原、贾谊、柳宗元，多忧悲憔悴之叹，似有不能自遣者。而白居易却有着超越苦难的特殊能力，无论是贬谪江州还是被排挤出京城，他虽身处逆境，却能不为所累，超然物外，与世无争，在精神上达到一种无所挂碍的境界。究其原因，正是因为他“少年知读佛书，习禅定。既涉世，履忧患，胸中了然，照诸幻之空”，看淡了仕宦得失和个人荣辱，所以才能成为少有的“达人”。正如《新唐书》所说：“既失志，能顺适所遇，托浮屠生死说，若忘形骸者。”

这种凌驾于苦难之上的超越意识，到了苏轼、苏辙那里，得到了进一步的发展，而表现为对社会政治的自觉退避和对坎壈人生的超脱态度。

苏辙与白居易政治遭际颇有几分相似。二人都有治世之才：白居易在杭州刺史任上政绩斐然；苏辙曾位至副相，人评其“器足以任重，识足以致远”（秦观《答傅彬老简》）。却都深陷党争之中：白居易因身为谏官时曾直言进谏（上《论制科人状》得罪了李吉甫及其子李德裕）及为牛党姻亲之故（娶杨虞卿从妹为妻），长期为李党所排斥；苏辙则因早期对新法有所批评，尽管后来抛弃成见调和新旧（其执政时立场颇为公允，被《宋史》称赞为“君子不党，于辙见之”），但仍然成为党争的牺牲品。

同样身陷党争不得解脱的艰难政治处境使得苏辙对白居易多了一分理解和同情。在白居易后期作品中有大量的忧生避祸、明哲保身的言论，如“宦途自此心长别，世事从今口不言”(《重题》)；“面上灭除忧喜色，胸中消尽是非心”(《咏怀》)。对此陈寅恪《元白诗笺证稿》有评论说：“读白诗者，或厌于此种屡言不已之自足思想，则不知乐天实有所不得已。盖乐天既以家世姻戚科举气类之关系，不能不隶属牛党，而处于当日牛党与李党互相仇恨之际，欲求脱身于世网，自非取消极之态度不可也。”在《书后》文中，苏辙对于白居易晚年退居东都但求自保的消极政治取向，表示充分谅解(“盖势有所至，而不能已耳”)，并且赞扬白居易立朝“端而不倚，非有所附丽者也”；对他“知足不辱”“善处乎祸福之间”的处世态度则饱含赞美甚至向往之情(如对白的“小不合，即舍去，分司东洛，优游终老”，“中甚愧之”)。南宋罗大经《鹤林玉露》丙编卷三中说：“本朝士大夫多慕乐天。”苏辙应该也是其中一位。苏辙暮年赋诗，亦谓：“时人莫作乐天看，燕望端能毕此身。”当苏辙晚年退居颍昌(今河南许昌)，时人每以乐天称子由，大概也是看到了二人的相似之处吧。

在本文的后半，苏辙对白居易为人的“大醇而小疵”之处则颇有微词。“甘露之变”后，白居易作诗发表感慨，其中却多是一些庸俗的议论。如《九年十一月二十一日感事而作》：

> 祸福茫茫不可期，大都早退似先知。
> 当君白首同归日，是我青山独往时。
> 顾索素琴应不暇，忆牵黄犬定难追。
> 麒麟作脯龙为醢，何似泥中曳尾龟？

读来尽是对自己大难不死的庆幸。“甘露之变”是一场旨在剪除阉党的政变，而白居易置之事外的超然态度多少让人觉得缺乏正义感而显得格局狭小。陈寅恪《元白诗笺证稿》中说：“乐天之思想，一言以蔽之曰‘知足’。知足之旨，由老子‘知足不辱’而来。盖求不辱，必知足而始可也。”又说：“乐天皆取不如己者以为比较，可谓深得知足之妙谛矣。”在这一点上，苏辙是鄙视白居易的。

文章最后，苏辙根据时间错讹和对白居易的认识，对《李德裕相公贬崖州三首》进行了辨伪，认定“乐天虽陋，盖不至此也”。至此，这篇书后，有对书中内容的质疑、考证，对作家和对作品的评价及阅读时处境心境的描述。文字亦不拘一格：有赞有慕，有叹有愧，有鄙有辨，将叙事、议论、抒情很好地融为了一体，是一篇婉曲有致、平中见奇的好文章。　　(刘　汾)

巢 谷 传

巢谷，字元修，父中世，眉山[①]农家也。少从士大夫读书，老为里校[②]师。谷幼传父学，虽朴而博。举进士京师，见举武艺[③]者，心好之。谷素多力，遂弃其旧学，畜[④]弓箭，习骑射。久之业成，而不中第。闻西边多骁勇，骑射击刺为四方冠，去游秦凤、泾原[⑤]间，所至友其秀杰。有韩存宝者，尤与之善。谷教之兵书，二人相与为金石交[⑥]。

熙宁[⑦]中，存宝为河州[⑧]将有功，号熙河[⑨]名将，朝廷稍奇[⑩]之。会泸州[⑪]蛮乞弟[⑫]扰边，诸郡不能制，乃命存宝出兵讨之。存宝不习蛮事，邀谷至军中问焉。及存宝得罪[⑬]，将就逮，自料必死，谓谷曰："我泾原武夫，死非所惜，顾[⑭]妻子不免寒饿，橐[⑮]中有银数百两，非君莫使遗[⑯]之者。"谷许诺，即变姓名，怀银步行往授其子，人无知者。存宝死，谷逃避江淮间，会赦乃出。

予以乡闾[⑰]故，幼而识[⑱]之，知其志节，缓急可托者也。予之在朝，谷浮沉里中，未尝一见。绍圣初，予以罪谪居筠州，自筠徙雷，自雷徙循[⑲]，予兄子瞻亦自惠[⑳]再徙昌化[㉑]，士大夫皆讳[㉒]与予兄弟游，平生亲友无复相闻者。谷独慨然自眉山诵言[㉓]，欲徒步访吾兄弟，闻者皆笑其狂。元符二年春正月，自梅州[㉔]遗予书曰："我万里步行见公，不自意全。今至梅矣，不旬日[㉕]必见，死无恨矣。"予惊喜曰："此非今世人，古之人也。"既见，握手相泣，已而道平生，逾月不厌。时谷年七十有三矣，瘦瘠多病，非复昔日元修也。

将复见子瞻于海南，予愍[㉖]其老且病，止之曰："君意则善，然自此至儋[㉗]数千里，复当渡海，非老人事也。"谷曰："我自视未即死也，公无止我。"留之不可，阅其橐中无数十钱，予方乏困，亦强资遣之。船行至新会[㉘]，有蛮隶[㉙]窃其橐装以逃，获于新州[㉚]，谷从之至新，遂病死。予闻，哭之失声，恨其不用吾言，然亦奇其不用吾言而行其志也。

昔赵襄子厄于晋阳，知伯率韩魏决水围之，城不沉者三版㉛。悬釜而爨㉜，易子而食，群臣皆懈㉝，惟高恭不失人臣之礼。及襄子用张孟谈计，三家之围解，行赏群臣，以恭为先㉞。谈曰："晋阳之难，惟恭无功，曷㉟为先之？"襄子曰："晋阳之难，群臣皆懈，惟恭不失人臣之礼，吾是以先之。"谷于朋友之义，实无愧高恭者，惜其不遇襄子，而前遇存宝，后遇予兄弟。予方杂居南夷，与之起居出入，盖将终焉，虽知其贤，尚何以发之㊱？闻谷有子蒙，在泾原军中，故为作传，异日以授之。谷始名毂，及见之循州，改名谷云。

〔注〕 ① 眉山：今四川眉山。 ② 里校：乡里学校。 ③ 举武艺：科举考试中的武科。宋朝科举因袭唐制度，设武举。《新唐书·选举志》："（武后）长安二年，始制武举。其制有长垛、马射、步射、平射、筒射，又有马枪、翘关、负重、身材之选。" ④ 畜：同"蓄"，积聚、储藏。⑤ 秦凤、泾原：秦凤，路名，治所在秦州（今甘肃天水）。泾原，秦凤路有泾州，治所在泾州（今甘肃泾川）；又有原州，治所在临泾（今甘肃镇原）。 ⑥ 金石交：即金石之交，比喻友情的坚贞。⑦ 熙宁：宋神宗赵顼年号（1068—1077）。 ⑧ 河州：治所在枹罕（今甘肃临夏）一带。 ⑨ 熙河：路名，治所在熙州（今甘肃临洮）。 ⑩ 奇：赏识，看重。 ⑪ 泸州：州名，宋属梓州路，治所在江阳（今四川泸州）。 ⑫ 乞弟：居住在泸州的西南少数民族乌蛮的首领斧望箇恕的儿子。 ⑬ 及存宝得罪：据《宋史·神宗本纪》记载，元丰四年（1081），边将攻打西夏，韩存宝坐逗留无功之罪伏诛。 ⑭ 顾：只是。 ⑮ 橐（tuó）：一种无底的口袋，两头都是口，用时以绳扎紧。 ⑯ 遗（wèi）：给予，赠送。 ⑰ 乡闾：此处是同乡的意思。 ⑱ 识（zhì）：记得，认得。 ⑲"绍圣初"四句：绍圣（宋哲宗赵煦年号，1094—1098）、元符（宋哲宗赵煦年号，1098—1100）年间，苏辙接连三次遭到贬谪，先贬至筠州（今江西高安），后又贬至雷州（今属广东），再贬至循州（今广东龙川）。 ⑳ 惠：惠州，治所在归善（今广东惠阳）。 ㉑ 昌化：宋昌化军，属琼州（治所在今海南儋州）。苏轼于绍圣四年（1097）被贬为琼州别驾，昌化军安置。 ㉒ 讳：回避。 ㉓ 诵言：公开宣称。诵，通"讼"。 ㉔ 梅州：治所在今广东梅州。 ㉕ 旬日：十天。㉖ 愍（mǐn）：哀怜。 ㉗ 儋：儋耳，即昌化（今海南儋州）。 ㉘ 新会：今广东新会与江门之间。 ㉙ 蛮隶：少数民族的差役。 ㉚ 新州：治所在今广东新兴。 ㉛ 版：古代量城墙的长度单位，高二尺、长八尺为一版。 ㉜ 悬釜而爨（cuàn）：把饭锅高高挂起，因为没有一点粮食所以用不着锅子来烧饭。釜，做饭用的锅。爨，烧火做饭。 ㉝ 懈：因为群臣心中动摇暗生异心而不再注重臣子的礼节。 ㉞"及襄子"四句：《史记·赵世家》载：春秋末年，智伯率韩、魏之师伐赵，围困晋阳（今山西太原），引水灌城。赵襄子用张孟谈之计，与韩、魏交好，合谋灭智氏，三分其地。高恭，《史记》作"高共"。张孟谈，《史记》作"张孟同"。 ㉟ 曷：同"何"。㊱ 发之：替他传播（美名）。

姜夔《白石诗说》曰："诗有四种高妙：一曰理高妙，二曰意高妙，三曰想高妙，四曰自然高妙。碍而实通，曰理高妙；出自意外，曰意高妙；写出幽微，如清潭见底，曰想高妙；非奇非怪，剥落文采，知其妙而不知其所以妙，曰自然高妙。”这段话用来评价苏辙的文章也很贴切。例如苏辙的这篇《巢谷传》，就庶几达到了姜夔所标榜的自然高妙的境界。

巢谷不过一介布衣，既无显赫的功名，亦无惊天动地的事迹，原本注定要被历史遗忘，可是一经苏辙的生花妙笔点染，顿时神完气足，千载之下犹栩栩如生。苏辙在《巢谷传》中介绍了他的三件事情：一是逆时而动、弃文从武；二是冒死完成朋友韩存宝的嘱托；三是在苏氏兄弟政治处境孤危之时，万里步行来见。通过这三件事，苏辙挖掘出巢谷身上的平中之奇。

从前两件事可得知，巢谷是一位侠义尚武、重朋友情谊、“缓急可托”的民间义士，然而第三件事更可看出其义气还不仅仅限于一己之私的小恩小义，更表现为一种政治气节。据考证本文作于哲宗元符二年(1099)，时苏辙贬官循州。自哲宗亲政、新党复出，坚持政治操守、不肯改弦依附当权派的苏辙兄弟就接连遭到政敌的残酷打击，被一贬再贬，政治处境孤危。当时“士大夫皆讳与予兄弟游，平生亲友无复相闻者”。据曾枣庄《苏辙年谱》记载，就在前一年，雷州知州张逢因款待苏轼兄弟而被停职。从文中可以看出，巢谷与苏辙原本并无深交，不过是同乡关系，在苏辙兄弟于元祐年间青云直上时，甚至未曾一见。就在苏辙兄弟远谪岭南之时，巢谷不顾七十三岁的高龄和体弱多病，从家乡不远万里赶来探望二苏，这种道义上的支持怎么不让苏辙感动！可惜最后看望苏轼的夙愿未酬，竟然病死在去儋州的路上。

从这件事可看出，巢谷所坚守的“义”，不是知恩必报而不问是非的江湖义气，而是指“忠义”的政治气节。所以苏辙文中屡次称赞他的志节，并把他比作古之君子高恭。

然而，这样一位文武双全、忠勇有谋的人物(这一点从存宝邀谷至军中问策可知)，本该是朝廷的忠臣、国家的栋梁，却被弃置江湖，埋没草野，才华品格不为人知，岂不悲哉?！所以此文的立意还不仅是旌扬一位义士这么简单。在苏辙的眼里，巢谷的命运其实具有很深的悲剧意味。这就是黄钟毁弃、珠玉沉埋的悲剧，是千里马不逢伯乐、和氏璧无人赏识的悲哀。而这种悲哀又是几千年来不遇文人共同的悲哀。“学得文武艺，售予帝王家”，这是那个专制时代文人实现报国志向和个人价值的唯一途径，可是个人命运又有多少是能由自己决定的呢?

所以这篇文章的主旨最终是落在士人不遇的问题上。巢谷的瑰才奇行虽遇于“我”，“我”却“无力发之”，而“我”之不遇于朝廷，耿耿忠心又何由表白？文章最后一段,将巢谷的人生悲剧推及苏氏兄弟自身的悲剧,感情尤其沉痛。在写作上也取得了"圈晕"的效果,手法是非常纯熟自然的。

秦观在《答傅彬老简》中对比苏轼、苏辙的文章风格时说:"中书(苏轼)之道,如日月星辰,经纬天地,有生之类皆知仰其高明。补阙(苏辙)则不然,其道如元气,行于混沦之中,万物由之而不知也。"(《淮海集》卷三十)知其高妙而不知其所以高妙,看似平淡却又回味无穷,这就是苏辙行文的特色所在。 (刘 汾)

待月轩记

昔予游庐山,见隐者焉,为予言性命之理①,曰:"性犹日也,身犹月也。"予疑而诘之②,则曰:"人始有性而已,性之所寓为身;天始有日而已,日之所寓为月。日出于东,方其出也,物咸赖③焉,有目者以视,有手者以执,有足者以履④,至于山石草木,亦非日不遂⑤。及其入也,天下黯然⑥,无物不废,然日则未始有变也。惟其所寓,则有盈阙⑦,一盈一阙者月也。惟性亦然。出生入死,出而生者未尝增也,入而死者未尝耗也,性一而已。惟其所寓,则有生死,一生一死者身也。虽有生死,然而死此生彼,未尝息也。身与月皆然。古之治术者⑧知之,故日出于卯⑨谓之命,月之所在谓之身。日入地中,虽未尝变,而不为世用。复出于东,然后物无不睹,非命而何?月不自明,由日以为明。以日之远近,为月之盈阙,非身而何?此术也⑩而合于道,世之治术者知其说,不知其所以说也。"

予异其言而志⑪之,久矣,筑室于斯,辟其东南为小轩⑫,之前廓然⑬无障,几与天际⑭。每月之望⑮,开户以须⑯月之至。月入吾轩,则吾坐于轩上,与之徘徊而不去。一夕,举酒延客⑰,道隐者之语,客漫不喻⑱,曰:"吾尝治术矣,初不闻是说也。"予为之反复其理,客徐悟曰:"唯唯⑲。"因志其言于壁。

〔注〕 ① 性命之理:中国古代哲学命题之一,指性与命的关系。《易·乾》:"乾道变化,各正性命。"我国古代有哲学家认为人、物之性都是天生的,人性是天道或天理在人身上的体现。 ② 诘之:追问。 ③ 赖:依赖,依靠。 ④ 履:穿鞋子。 ⑤ 遂:完成,成就。 ⑥ 黯然:黑暗。 ⑦ 盈阙:圆缺。阙,通"缺"。 ⑧ 治术者:即研究术数五行的人,他们通过观察自然现象来推测人和国家的气数、命运。 ⑨ 卯:十二时辰之一。古以地支记时,卯时相当于早晨五

时至七时。 ⑩ 此术也：这种学问。 ⑪ 志：记住，此指记在心里。 ⑫ 小轩：此指有窗的小屋。 ⑬ 廓然：开阔、空旷貌。 ⑭ 际：会合，交往。 ⑮ 望：阴历每月十五日，日月相距最远，望月最圆，故称阴历每月十五日为“望”日。 ⑯ 须：等待。 ⑰ 延客：邀请客人。 ⑱ 漫不喻：全然不知晓。漫，全然，浑然。 ⑲ 唯唯：应答词，表示肯定。

本文作于徽宗大观元年(1107)。当时作者已年近古稀，贬谪归来闲居颍昌已有三年。适逢新屋落成，于是分别写诗作记。同时之作尚有《遗老斋记》《藏书室记》等。此文和其他几篇文章一样流露出历经宦海风波、人世沧桑之后的淡然自适的虚静心境。

文章以较大篇幅记录了往昔听一位庐山隐士谈论性命之学的一段话。这位隐士把性比作日，身比作月。因为月有盈亏，日则未尝有变；身有生死，性则一而已。身与月依赖于性与日而存在，处在不断变化之中，性与日则始终如一，不因身与月的变化而加损。

苏辙本文提到的“性”，其实就是天道在人身上的体现。老庄思想认为“天道”与“人道”本为一体，就天地万物之内在依据而言，即是“天之道”；就人世价值之本原而言，即是“天命之性”。只有“道”是绝对的，一切事物和现象都是“道”派生的，是“道”的表现，因而是相对的。据此类推，则“性”是绝对的，而“身”与“命”是相对的。“命”是指个体的现实遭际，包括贵贱寿夭；“身”则是指肉体的存在。既然命系于身而不能自已，则一切君臣遇合、因缘际会皆是由命不由身，不可强求。

苏辙的思想深受道家影响，曾自言“平昔好道，今三十余年矣”(《卜居赋》)。在对待身与命的态度上，也深受老庄学说的影响。他把身与命等一切相对性的存在皆视为“妄”，提出士大夫修身应该“去妄复性”，“惟达人知性之无坏，而身之非实也”(《老子解》第十三章)。所以士大夫应该恬然自守，保全真性，正如他在诗中所说：“此心检点终如一，时事无端日日新”(《岁暮口号》)；“岁云暮矣谁能守，唯有此心初不移”(《守岁》)，这样才能庶几达到“不以物喜，不以己悲”的境界。

作于同时的诗作《初成遗老斋待月轩藏书室三首·待月轩》就概括了《待月轩记》中的思想：“轩前无物但长空，孤月忽来东海东。圆满定从何处得？清明许与众人同。怜渠生死未能免，顾我盈亏略已通。夜久客寒要一饮，油然细酌意无穷。”月有盈亏，但实际上并无消长。人有遇不遇，但守道之志不可夺。有生必有死，但精神可以不朽。这就是苏辙“略已通”的生死盈亏之理。

所以这篇记文实是一篇明志之作，当中寄托了作者的性情，既有对“道”的执着，也有对苦难的超越。作者置身一片开阔空明几与天接的背景之中，思索着性命之理，用浅显平淡的语言表述深奥的哲学命题，以豁达之气来冲淡悲剧人生的底蕴，读之凄然，耐人回味。明茅坤评价此文说："文不着意，而援隐者之言论身与性，似入解。"（《唐宋八大家文钞·苏文定公文钞》卷十九） （刘 汾）

六 国 论

愚读六国世家[①]，窃[②]怪天下之诸侯，以五倍之地，十倍之众，发愤西向，以攻山西千里之秦，而不免于灭亡。常为之深思远虑，以为必有可以自安之计。盖未尝不咎[③]其当时之士，虑患之疏而见利之浅，且不知天下之势也。

夫秦之所与诸侯争天下者，不在齐、楚、燕、赵也，而在韩、魏。秦之有韩、魏，譬如人之有腹心之疾[④]也。韩、魏塞秦之冲，而蔽山东之诸侯[⑤]，故夫天下之所重者，莫如韩、魏也。昔者范睢[⑥]用于秦而收韩，商鞅[⑦]用于秦而收魏。昭王[⑧]未得韩、魏之心，而出兵以攻齐之刚寿[⑨]，而范睢以为忧。然则秦之所忌者，可以见矣。秦之用兵于燕、赵，秦之危事也。越韩过魏而攻人之国都，燕、赵拒之于前，而韩、魏乘之于后，此危道也。而秦之攻燕、赵，未尝有韩、魏之忧，则韩、魏之附秦故也。

夫韩、魏，诸侯之障，而使秦人得出入于其间，此岂知天下之势邪？委[⑩]区区[⑪]之韩、魏，以当强虎狼之秦，彼安得不折[⑫]而入于秦哉！韩、魏折而入于秦，然后秦人得通其兵于东诸侯，而使天下遍受其祸。夫韩、魏不能独当秦，而天下之诸侯藉之以蔽其西，故莫如厚[⑬]韩亲魏以摈秦。秦人不敢逾韩、魏以窥齐、楚、燕、赵之国，而齐、楚、燕、赵之国因得以自安于其间矣。以四无事之国佐当寇之韩、魏，使韩、魏无东顾之忧，而为天下出身以当秦兵。以二国委秦，而四国休息于内，以阴助其急，若此可以应夫无穷，彼秦者将何为哉？不知出此，而乃贪疆埸[⑭]尺寸之利，背盟败约，以自相屠灭。秦兵未出，而天下诸侯已自困矣，至使秦人得间其隙以取其国，可不悲哉！

〔注〕 ① 六国世家：指《史记》中记载齐、楚、韩、赵、魏、燕六个诸侯国事迹的文章。世家，《史记》中传记的一种体裁，主要叙述世袭封国的诸侯的事迹。 ② 窃：私下，用作表示个人意见的谦辞。 ③ 咎(jiù)：怪罪。 ④ 腹心之疾：比喻根本的祸患。 ⑤ 山东之诸侯：这里指

齐、楚、燕、赵四个诸侯国。山东，指崤山以东。　⑥ 范雎(jū)：魏国人，因在魏遭诬被辱，更名换姓逃入秦国，游说秦昭王采取"远交近攻"的策略，使秦国强大起来。任秦相，封应侯。⑦ 商鞅：卫人，公孙氏，名鞅。初为魏相家臣，后入秦，佐孝公二次变法，奠定了秦国富强的基础。因战功封商(今陕西丹凤西北)，号商君，因称商鞅。　⑧ 昭王：秦昭王，公元前306—前251年在位。　⑨ 刚寿：齐邑，在今山东东平县西南，地在韩、魏之东。　⑩ 委：丢弃，听任。⑪ 区区：小。　⑫ 折：这里指因受挫折而失败之意。　⑬ 厚：优待，重视。　⑭ 埸(yì)：边界。

本文选自《栾城应诏集·进论》。从"应诏"二字可知本文是应皇帝之命而写的，这是苏辙在嘉祐五年(1060)参加制科考试时的答卷。《进论》一组有二十五篇文章，这是其中一篇。本文评论当年六国灭亡的原因，试图让宋朝皇帝看了以后借古鉴今，汲取历史的教训，在对外政策、军事设防上有所调整。

苏洵的《六国》认为六国败亡的原因是由于"赂秦"，六国各自拿自己的土地去贿赂秦国，以"今日割五城，明日割十城"来求得一夕之安，可是秦的欲壑难填，反而更刺激了它的贪欲，六国因此破灭。苏洵的立论是有道理的，当时宋朝皇帝对契丹、西夏一味输币纳贡而不思用武力抵抗，奉行屈辱的投降政策，这篇文章很有针对性，起了针砭时弊的作用。与乃父苏洵不同，苏辙的这篇《六国论》则是从地理军事形势着眼来论述六国灭亡的原因。

文章着重指出韩、魏所处地位的重要性，位于战略要冲，对秦国来说犹如"腹心之疾"，秦国历史上一向以控制韩、魏来达到向东扩张的目的。所以，齐、楚、燕、赵四国理应全力支援处于前方的韩、魏，共同对付秦国。可是，实际上韩、魏无力拒秦，只能附秦，以致"秦人得通其兵于东诸侯"，而六国诸侯为贪图小利，"背盟败约，以自相屠灭"，终于被秦所灭。本文对六国灭亡原因的分析与苏洵所述各有侧重，可互为补充。

明代王世贞曾这样评论三苏的文章："明允(苏洵)之文浑而劲，子瞻(苏轼)之文爽而俊……子由之文畅而平。"(《艺苑卮言》卷四)就本文来看，也正如王世贞所言，显得畅达而又平和。

文章的开头从自己阅读《史记》中的"六国世家"说起，陈述自己的读书心得。"窃怪"二字用得婉转、谦逊，表示只是个人意见，对地广人众的六国诸侯被西方地仅千里的秦国灭亡而感到奇怪。然后徐徐道出自己的看法，六国落到这般地步要归咎于当时六国谋士的思虑疏略、见识浅薄，不明了天下的形势。第一段中"常为之深思远虑，以为必有可以自安之计"两句为下文分析六国的地理形势、作战策略作了预告，可谓细针密线。于是在第二段中作者就细述"自安之计"，应该利用韩、魏特殊的地理位置来牵制秦国，屏蔽燕、赵、齐、楚。作者指出秦与六国诸侯争天下，主要争夺的对象是韩、魏。韩、魏二国地理位置之重要，在战国时就已有人认识到，如《战国策·秦策》记载："秦王曰：'山东之建国可兼与？'顿子（顿弱，秦人）曰：'韩，天下之咽喉；魏，天下之胸腹。……韩、魏从，而天下可图也。'"苏辙据此在本文中加以发挥："秦之有韩、魏，譬如人之有腹心之疾也。韩、魏塞秦之冲，而蔽山（崤山）东之诸侯……"还举了秦国历史上两个著名的客卿的事例作为佐证，当年由魏入秦的范雎掌权后竭力主张秦昭王收服韩国，卫国人商鞅在帮助秦孝公变法的过程中为收服魏国出了很多力，而当秦昭王没有得到韩、魏两国的民心，却出兵攻打齐国的刚寿时，范雎就为此而忧虑。这两人都是出色的谋士，在不同时期辅助秦王扩大了疆域，他们都如此看重韩、魏，即可证明韩、魏战略地位之重要。接着苏辙就顺势分析秦国若不收韩、魏而直接攻打燕、赵，将会遇到的危险，将会出现腹背受敌的局面，"燕赵拒之于前，而韩、魏乘之于后"；而一旦韩、魏依附秦国，秦国攻打燕、赵就没有后顾之忧了。但是，当时的情况偏偏是其他四国丢下小小的韩、魏不顾，让他们去抵挡像虎狼一样强横凶狠的秦国，这就使韩、魏落到了秦国的手里，而东方四国诸侯也就失去了屏障，秦人可以长驱直入，通行无阻地用兵。行文至此，作者感叹地说："此岂知天下之势邪？"呼应了首段末尾的"盖未尝不咎其当时之士，虑患之疏而见利之浅，且不知天下之势也"。

那么，如何来把握住形势以求自安之计呢？在文章的第三段中，苏辙明确提出了齐、楚、燕、赵应当厚韩、亲魏，联合抗秦，以图共同生存的战略主张，这也就是合纵抗秦的主张，同司马光在《资治通鉴·卷七》中所说的"合从者，六国之利也，昔先王建万国，亲诸侯，使之朝聘以相交，飨宴以相乐，会盟以相结者，无他，欲其同心勠力以保家园也。向使六国能以信义相亲，则秦虽强暴，安得而亡之哉"的观点是一致的。文末作者认为如让前方的韩、魏来对付秦国，齐、楚、燕、越四国在后方休养生息，暗中来帮助韩、魏，六国就不至于灭亡了。这是在提醒宋朝皇帝，应从六国旧事中得到启发，处理好前后方的关系，要以后方支援前方，使在边防前线作战的将士无后顾之忧，奋力抵御外敌，去除边患，才能稳固江山。文章对北宋王朝前方受敌而后方逸乐、不思支前的腐败现象，作了委婉的讽刺，同苏洵的《六国》一样，也具有深刻的针砭时弊的作用。（沈惠乐）

三　国　论

天下皆怯而独勇，则勇者胜；皆暗①而独智，则智者胜。勇而遇勇，则勇者不足恃②也；智而遇智，则智者不足用也。夫惟智勇之不足以定天下,是以天下之难[3],蜂起而难平。盖尝闻之,古者英雄之君,其遇智勇也,以不智不勇,而后真智大勇,乃可得而见也。悲夫!世之英雄,其处于世亦有幸不幸邪?汉高祖[4]、唐太宗[5],是以智勇独过[6]天下而得之者也;曹公[7]、孙[8]、刘[9],是以智勇相遇而失之者也。以智攻智,以勇击勇,此譬如两虎相捽[10],齿牙气力无以相胜,其势足以相扰,而不足以相毙。当此之时,惜乎无有以汉高帝之事制之者也。

昔者项籍[11]乘百战百胜之威,而执诸侯之柄[12],咄嗟叱咤[13],奋其暴怒,西向以逆[14]高祖。其势飘忽震荡,如风雨之至,天下之人以为遂无汉矣。然高帝以其不智不勇之身,横塞其冲[15],徘徊而不进,其顽钝椎鲁[16],足以为笑于天下,而卒能摧折项氏而待其死,此其故何也?夫人之勇力,用而不已,则必有所耗竭;而其智虑,久而无成,则亦必有所倦怠而不举。彼欲就其所长,以制我于一时,而我闭而拒之,使之失其所求,逡巡[17]求去而不能去,而项籍固已败矣。

今夫曹公、孙权、刘备,此三人者,皆知以其才相取,而未知以不才取人[18]也。世人言者曰:"孙不如曹,而刘不如孙。"刘备惟智短而勇不足,故有所不若于二人者,而不知因其所不足以求胜,则亦已惑矣。盖刘备之才近似于高祖,而不知所以用之之术[19]。昔高祖之所以自用其才者,其道有三焉耳:先据势胜之地[20],以示天下之形;广收信[21]、越[22]出奇之将,以自辅其所不逮[23];有果锐刚猛之气而不用,以深折项籍猖狂之势。

此三事者,三国之君,其才皆无有能行之者,独有一刘备近之而未至。其中犹有翘然[24]自喜之心,欲为椎鲁而不能钝,欲为果锐而不能达,二者交战于中[25]而未有所定。是故所为而不成,所欲而不遂[26]。弃天下而入巴蜀,则非地也。用诸葛孔明[27]治国之才,而当纷纭征伐之冲,则非将也。不忍忿忿[28]之心,犯其所短而自将以攻人[29],则是其气不足尚[30]也。嗟夫!方其奔走于二袁[31]之间,困于吕布[32]而狼狈于荆州[33],百败而其志不折，不可谓无高祖之风矣，而终不知所以自用之方。夫古之英雄，唯汉高帝为不可及也夫！

〔注〕 ① 暗：愚昧，糊涂。 ② 恃：依仗。 ③ 难：灾难。下一句中的"难"为"难易"之难。 ④ 汉高祖：刘邦，详见前苏洵《高祖》注。 ⑤ 唐太宗：李世民，唐高祖李渊第二子。隋末与其父起兵反隋。李渊称帝，封世民为秦王。武德九年(626)继帝位，次年改元贞观。在位二十三年，励精图治，使当时的社会经济有较大的恢复和发展，被旧史家誉为"贞观之治"。 ⑥ 过：超过。 ⑦ 曹公：指曹操，三国时政治家、军事家、诗人。字孟德，小名阿瞒，谯县(今安徽亳州)人。东汉末，他在镇压黄巾起义中逐步扩大自己的势力，并迎汉献帝于许昌，挟天子以令诸侯，先后削平了吕布等割据势力。官渡之战破袁绍后逐步统一北方。后进位为丞相，封魏王。子曹丕称帝，追尊操为魏武帝。 ⑧ 孙：指孙权，字仲谋，吴郡富春(今浙江杭州市富阳区)人。东汉末，继其兄孙策据江东六郡。建安十三年(208)，联合刘备，于赤壁大败曹操。继又联曹反蜀，杀刘备大将关羽，夺取荆州，后又在夷陵之战中大败刘备。黄龙元年(229)，称帝于武昌(今湖北鄂州)，国号吴，旋迁都建业(今江苏南京)。在位期间，对江南地区开发颇有贡献。 ⑨ 刘：指刘备，三国时蜀汉的建立者。221—223年在位。字玄德，涿郡涿县(今属河北)人。汉远支皇族。东汉末起兵参与镇压黄巾起义，先后投靠公孙瓒、陶谦、曹操、袁绍、刘表，后联孙吴击败曹操于赤壁，乘机占领荆州，又夺取了益州和汉中。公元221年称帝于成都，与魏、吴鼎足而立。孙权袭取荆州，杀关羽，刘备不忍其忿，大举攻吴，以致在夷陵之战中被东吴大将陆逊打得大败，不久病卒于白帝城(今重庆市奉节东)。 ⑩ 捽(zuó)：搏斗，冲突。 ⑪ 项籍：字羽，下相(今江苏宿迁)人，楚贵族出身。少时随其叔父项梁避仇吴中，力能扛鼎，勇猛过人，吴中子弟皆惮之。陈胜起义，他助项梁杀会稽守，举吴中兵响应。梁死，秦将章邯围赵，楚怀王任宋义为上将，他为次将，往救赵。宋义行至安阳(今山东曹县)，逗留四十六日不进。他杀死宋义，自为上将，率兵渡漳水救赵，破釜沉舟，于巨鹿(今河北平乡)摧毁秦军主力，后又坑杀秦降卒二十余万。入关，自立为西楚霸王，大封诸侯王，封刘邦为汉王，屠咸阳，杀秦降王子婴，烧秦宫室。随后与刘邦争天下，历时四年，史称楚汉战争。公元前202年，他被刘邦困于垓下(今安徽灵璧)，突围到乌江(今安徽和县东北)，自刎。 ⑫ 执诸侯之柄：指项籍当时掌握有号令诸侯的权力。 ⑬ 咄嗟(duō jiē)叱咤(chì zhà)：怒斥，呼喝。形容威足气盛，不可一世。 ⑭ 逆：迎。 ⑮ 冲：要冲，交通要道。 ⑯ 椎鲁：愚钝，与"顽钝"同义。 ⑰ 逡(qūn)巡：欲进不进、迟疑不决的样子。 ⑱ 以不才取人：意谓自己虽无才，但反而能取胜人，其实是大智大勇。 ⑲ 用之之术：运用自己才能的方法。前一个"之"，指代刘备的才能。后一个"之"，结构助词"的"。 ⑳ 势胜之地：指地理形势优越的地方。胜，优越。 ㉑ 信：韩信，见苏洵《高祖》注。 ㉒ 越：彭越，字仲，昌邑(今山东金乡)人。楚汉战争时，率三万人马归附刘邦，略定梁地，曾屡断项羽粮道。汉朝建立后，封梁王，终因被告发谋反而为刘邦所杀。 ㉓ 不逮：不及。 ㉔ 翘然：出众自傲的样子。 ㉕ 中：心中。 ㉖ 遂：成功。 ㉗ 诸葛孔明：三国蜀汉政治家、军事家。名亮，琅邪阳都(今山东沂南南)人。建安十二年(207)，刘备三顾草庐，他向刘备提出占据荆(今湖南、湖北一带)、益(今四川、重庆一带)两州，谋取西南各族的支持，联合孙权，对抗曹操，统一全国的建议。后刘备根据其策略，联孙攻曹，取得了赤壁之战的胜利，并占领荆、益，建立了蜀汉政权。他辅佐刘备、刘禅父子励精图治，推行了一系列有利于政治、经济、文化发展的政策。曾五次出兵攻魏，争夺中原。建兴十二年(234)与魏司马懿在渭南相拒，病死于五丈原(今陕西岐山南斜谷口西侧)军中。谥忠武侯。 ㉘ 忿忿：心中不

平。　㉙ 自将以攻人：指关羽死后，刘备非常悲愤，亲自领兵攻吴而大败。　㉚ 尚：崇尚，夸耀。　㉛ 二袁：指袁氏兄弟。袁绍，字本初，东汉末年冀州牧。占有今辽宁、河北、山东、山西一带。其从弟（堂弟）袁术，字公路，据南阳郡（今河南南阳），称帝于寿春（今安徽寿县），被曹操击败后病死。　㉜ 吕布：字奉先，东汉五原九原（今内蒙古包头西北）人，善骑射，有勇力，曾投靠董卓，誓为父子。后又与司徒王允合谋，杀董卓，封为温侯。又依袁术，投袁绍，被曹操所杀。㉝ 狼狈于荆州：指刘备初起时经常寄人篱下，曾投靠荆州牧刘表等事。刘表时荆州的治所在今湖北襄阳，刘备时荆州的治所在今湖北荆州。

本文选自《栾城应诏集·进论》，与《六国论》一起都是苏辙在嘉祐五年(1060)参加制科考试时写的。评论历史，借古喻今，供宋朝皇帝以古为鉴吸取教训，在制订政策时作参考。

本文从题目来看，就知是论述三国的有关史实。这样的题目，一般人都往往会以议论曹操、孙权、刘备三方如何相持角逐，形成三国鼎立的局面为中心撰写文章。然而苏辙此文的写法却别具一格，把重点落在分析刘备在三国纷争中最终失败的原因，文章议论的中心人物是刘备；而且将刘备与汉高祖刘邦相比，从比较中显示刘备的弱点，从而揭示他在三国鼎立的局面中未能胜出、未能统一天下的原因。

作者以刘备为《三国论》的中心人物，或许出于这样的考虑：三国故事在北宋时民间已广为流传，当时已出现了“说三分”的专家霍四究。据苏轼《东坡志林》记载：“涂（途）巷中小儿薄劣，其家所厌苦，辄与钱，令聚坐听说古话。至说三国故事，闻刘玄德（备）败，颦蹙有出涕者。”宋代民间说三国故事已经表现出“尊刘贬曹”的鲜明倾向。再说，刘备是汉景帝子中山靖王刘胜之后，也算是天潢贵胄，汉朝皇帝的宗室后裔，可能苏辙也因此认为与曹操、孙权相比，刘备应是结束东汉桓灵以来军阀割据、皇权旁落、国家分裂局面的理想人物。可是最终历史事实并非如此，在惋惜之余，苏辙试图通过分析刘备在三国纷争中终归失败的原因，提醒当政者应如何认识自己，根据自身条件，把握住运用自己才能的时机和方法来取得胜利。

文章将刘备与汉朝的开国皇帝即刘备的祖先高祖刘邦相比，凸显刘备的不足。苏辙认为“刘备之才近似于高祖”，可是他“不知所以用之之术”，也就是说，不懂得怎样运用自己才能寻求正确的战略战术，以致犯下了致命的错误。具体地说：一、未能像刘邦那样“先据势胜之地”。刘邦进了咸阳以后，守住三秦的有利形势，以此为据点，经营帝业，而刘备却“弃天下而入巴蜀，则非地也”。巴蜀一隅是不利于进一步发展的。二、未能像刘邦那样“广收信（韩信）、越（彭越）出奇之将”。诸葛孔明是个治国之才，“而当纷纭征伐之冲，则非将也”。诸葛亮的军事才能及不上当年的韩信、彭越。三、尤其未能像刘邦那样在关键时刻沉住气，“有果锐刚猛之气而不用，以深折项籍猖狂之势”。刘备在关羽与东吴作战失败被杀后，意气用事不顾利害，毁弃孙刘联盟，攻打东吴，如果还能像初起时那样有克制之心，能忍住气周旋于袁绍、袁术之间，被吕布打败时也不灰心，那么就不至于身陷悲剧性的结局了。

文中并以“勇而遇勇，则勇者不足恃也；智而遇智，则智者不足用也”，以及“古者英雄之君，其遇智勇也，以不智不勇，而后真智大勇，乃可得而见也”的观点，来诠释楚汉相争中项羽失败的原因。认为项羽尽管有百战百胜之威，有风雨震荡之势，但是“人之勇力，用而不已，则必有所耗竭；而其智虑，久而无成，则亦必有所倦怠而不举”。项羽横冲直撞，挫尽了锐气，正好让以逸待劳的刘邦获取了最后的胜利。这种说法虽然不一定完全符合历史事实，也把楚汉相争的过程简单化了，但是倒和老子所说的“知其雄，守其雌”（知道什么是雄强，却安于雌柔的地位）、“柔弱胜刚强”有相通之处。特别是“以不才取人”的见解，也是同老子说的“大智若愚”的观点相吻合的。从作者史论的一贯宗旨来看，这样写有讽喻现实中的君主如果智勇不足，也可设法自用其不足的意思，提请他们要学汉高祖刘邦，而不要学蜀先主刘备，这样也能趋利避害战胜强敌。

作为一篇史论，本文写作上也颇具特色。文章没有一上来就直接切入三国历史，却是一番议论，用对偶、排比的句式泛泛论述英雄的“智”“勇”问题，以此振起全篇，然后再以英雄处世的“幸”与“不幸”导入正题，这样的开头给人以卓尔不凡的感觉。对三国鼎立，曹、孙、刘角逐天下的历史用“两虎相捽”来比喻，生动而又贴切。以汉高祖刘邦来比衬刘备，或举历史事实，或夹叙夹议，叙事简洁明了，议论切中要害，使刘备不如汉高祖刘邦的结论令人信服。本文视角独特，出人意表，语言富于变化，一反苏辙大部分文章平和冲淡、委婉纡徐的文风，另有一种韵致。

（沈惠乐）

臣事上第一道（进策[①]五道选一）

臣闻天下有权臣[②]，有重臣[③]，二者其迹相近而难明。天下之人，知恶夫权臣之为，而世之重臣，亦遂不容于其间。夫权臣者，天下不可一日而有；而重臣者，天下不可一日而无也。天下徒见其外而不察其中[④]，见其皆侵天子之权，而不察其所为之不类[⑤]，是以举皆嫉之而无所喜，此亦已太过也。

今夫权臣之所为者，重臣之所切齿；而重臣之所取者，权臣之所不顾也。将为权臣耶？必将内悦其君之心，委曲[6]听顺而无所违戾[7]；外窃其生杀予夺之柄[8]，黜陟[9]天下以见己之权，而没其君之威惠[10]。内能使其君欢爱悦怿[11]，无所不顺而安为之上；外能使其公卿大夫、百官庶吏[12]无所归命[13]，而争为之腹心[14]。上爱下顺，合而为一，然后权臣之势遂成而不可拔[15]。

至于重臣则不然。君有所为，不可以必争。争之不能而其事有所必不可听，则专行而不顾。待其成败之迹著，则上之心将释然[16]而自解。其在朝廷之中，天下为之踧然[17]而有所畏，士大夫不敢安肆[18]怠惰于其侧。爵禄庆赏，己得以议其可否，而不求以为己之私惠[19]；刀锯斧钺[20]，己得以参其轻重，而不求以为己之私势[21]。要[22]以使天子有所不可必为，而群下[23]有所震惧，而己不与其利。何者？为重臣者，不待天下之归己，而为权臣者，亦无所事天子之畏己也[24]。故各因其行事而观其意之所在，则天下谁可欺者？臣故曰：为天下，安可一日而无重臣也。

且今使天下而无重臣，则朝廷之事惟天子之所为，而无所可否。虽使天子有纳谏之明[25]，而百官畏惧战栗，无平昔尊重之势[26]，谁肯触忌讳、冒罪戾[27]，而为天下言者？惟其小小得失之际，乃敢上章欢哗而无所惮[28]。至于国之大事，安危存亡之所系，则将卷舌[29]而去，谁敢发而受其祸？此人主[30]之所大患也。悲夫！后世之君，徒见天下之权臣出入唯唯[31]，以其有礼，而不知此乃所以潜溃其国[32]；徒见天下之重臣刚毅果敢，喜逆[33]其意，则以为不逊[34]，而不知其有社稷之虑。二者淆乱[35]于心而不能辨其邪正，是以丧乱相仍[36]而不悟，何足伤也。

昔者卫太子聚兵以诛江充，武帝震怒，发兵而攻之京师，至使丞相、太子相与交战，不胜而走，又使天下极其所往，而翦灭其迹[37]。当此之时，苟有重臣出身而当之，拥护太子，以待上意之少解，徐发其所蔽而开其所怒[38]，则其父子之际尚可得而全也。惟无重臣，故天下皆能知之而不敢言。臣愚以为，凡为天下，宜有以养其重臣之威，使天下百官有所畏忌，而缓急之间，能有坚忍持重[39]而不可夺者。

窃观方今四海无变，非常之事宜其息而不作，然及今日而虑之，则可以无异日[40]之患。不然者，谁能知其果无有也，而不为之计哉？抑[41]臣闻之，今世之弊，弊在于法禁太密[42]，一举足[43]不如律令，法吏且以为言，而不问其意之所属。是以虽天子之大臣，亦安敢有所为于法令之外，以安天下之大事。故为天子之计，莫若少宽其法，使大臣得有所守，而不为法之所夺。昔申屠嘉为丞相，至召天子之幸臣邓通立之堂下而诘责其过。是时通几至于死而不救，天子知之亦不为怪，而申屠嘉亦卒非汉之权臣[44]。由此观之，重臣何损于天下哉！

〔注〕 ① 进策：进呈书策，进献计策。这里指文体名，是政论性文体，策的一种。 ② 权臣：有权势之臣，多指掌权而专横的大臣。《晏子春秋·内篇谏上》："今有车百乘之家，此一国之权臣也。" ③ 重臣：朝廷中居要位而有声望的大臣。《史记·汲郑列传》："右内史界部中多贵人宗室，难治，非素重臣不能任。" ④ 中：内心。指思想、动机。 ⑤ 不类：不相似。⑥ 委曲：曲从，迁就。受到不应有的指责或待遇而心里难过。 ⑦ 违戾：违背，违反。⑧ 生杀予夺之柄：指掌握生死赏罚的大权。生杀，让人活或把人处死。予夺，给予或剥夺。⑨ 黜陟：指官吏的进退升降。黜，免职，废除。陟，登，提升。 ⑩ 威惠：声威和恩泽。《三国志·魏志·王基传》："为政清严有威惠。" ⑪ 悦怿(yì)：欢乐，愉快。怿，喜悦，快乐。 ⑫ 庶吏：指百官。庶，多，众多。 ⑬ 归命：归顺。汉贾谊《上疏陈政事》："诸侯之君不敢有异心，辐凑并进而归命天子。" ⑭ 腹心：肚腹与心脏，都是人体重要器官。比喻贤智策谋的大臣。⑮ 拔：移易，动摇。 ⑯ 释然：疑虑消除的样子。 ⑰ 蹴(cù)然：惊惧不安的样子。蹴，惊异。 ⑱ 安肆：安乐放纵。《礼记·表记》："君子庄敬日强，安肆日偷。"孔颖达疏："言小人安乐放恣，则其性情日为苟且。" ⑲ 私惠：私人的恩惠。 ⑳ 刀锯斧钺(yuè)：都是刑具，此指刑罚。钺，刃圆可砍劈的刑具。 ㉑ 私势：属于个人的势力。 ㉒ 要：要领，关键。 ㉓ 群下：此指群臣。 ㉔ 无所事天子之畏己也：不打算做让天子惧怕自己的事。 ㉕ 纳谏之明：接受直言规劝的明智之举。 ㉖ 势：姿态，样子。 ㉗ 罪戾：罪过。 ㉘ 惮：畏惧，害怕。㉙ 卷舌：把舌头卷起来。指不开口、闭口不言。 ㉚ 人主：君主、帝王。 ㉛ 唯唯：谦卑的应答。引申为奉命唯谨。 ㉜ 溃其国：使其国家暗暗崩溃。 ㉝ 逆：违背，违逆。 ㉞ 不逊：不恭顺，没礼貌。 ㉟ 淆乱：混乱，混淆。宋苏舜钦《答李锐书》："心既淆乱，将求合之不暇，岂道之能专乎？" ㊱ 相仍：相继。仍，重复。 ㊲ "昔者"七句：卫太子，即汉武帝与卫夫人所生之子刘据，元狩元年(前 122)立为太子，一作戾太子。武帝晚年为病所苦，怀疑近臣用巫术诅咒所致，便于征和二年(前 91)派江充四出追查，被冤杀者数以万计。江充又诬告太子刘据

在宫中埋有木偶诅咒父王。刘据盛怒，诛讨江充，与丞相刘屈氂等战于长安，兵败遭围捕，自杀。（见《汉书·蒯伍江息夫传》）江充诬太子事败露后，为武帝所杀。　㊳ 开其所怒：开导他生气的缘由。　㊴ 坚忍持重：坚毅不懈，谨慎稳重。　㊵ 异日：来日，以后。　㊶ 抑：助词。用于句首，无义。　㊷“今世之弊”二句：苏轼《决壅蔽》：“今也法令明具，而用之至密。”密，稠密。　㊸ 一举足：即“一举一动”，每个举动。　㊹“昔申屠嘉”五句：丞相申屠嘉清廉耿直，当时邓通被汉文帝宠幸。丞相入朝，邓通怠慢。丞相提醒文帝：“朝廷之礼不可以不肃。”于是召邓通至府，如不到则斩。邓通禀知文帝后至丞相府，脱帽赤脚谢罪。丞相不为所动，以邓通在高祖的朝廷中“大不敬”，当斩。邓通叩头见血。文帝估计邓通时已被困，便派使者前去说情，邓通得免。（见《史记·张丞相列传》）

嘉祐五年（1060），苏辙按例请荐举者杨畋替他向朝廷呈送《进策》二十五篇（另包括《进论》二十五篇）。《进策》内容分三部分：第一部分五篇，是《君术策》，议论君主如何才能了解天下民情，治理好国家；第二部分十篇，是《臣事策》，议论君主如何任用文臣武将，使各得其所，各施所能；第三部分十篇，是《民政策》，议论直接关系国计民生的科举、兵制、田制、劳役等诸多社会问题，其中不乏改革的新见。后经作者亲自编定，分作五卷（每卷五篇）收在《栾城应诏集》中，即《应诏集》中的卷六至卷十。

这组《进策》见出苏辙忧国忧民，胸怀大志，有胆有识，学贯古今，而又年轻气盛，锐意进取。他以赤子之诚，直言极谏，猛烈抨击时弊，连当朝仁宗都敢批评冒犯。有些话确实说过了头。幸亏仁宗赵祯豁然大度，留用了他。用荐举者杨畋的话说：“陛下赦其狂言而收之。”

《臣事上第一道》是一篇针砭时弊、现实性很强的进策。宋朝统治者吸取了此前历代权臣窃权和晚唐五代藩镇割据的深刻教训，对一批忠臣良将也妄自猜疑，严加防范，制订的一系列措施，使他们很难发挥股肱的作用。宋太祖赵匡胤杯酒释兵权后，良将已不再启用。诸如真宗时的寇准，仁宗朝的范仲淹、韩琦、富弼等贤臣，虽都胸怀大志，愿展宏图以报君主，无奈君主猜疑，或罢相外迁，壮志难酬；或因循苟且，无所作为。正是针对这种时弊，苏辙在进策中（包括“君术策”和“臣事策”），从君主和臣子的两个角度，反复强调要充分信任朝中重臣，放权给他们，让他们放手工作。

《臣事上第一道》是二十五篇进策中的第六篇。全文可分为六段。

第一段：开篇径直提出朝廷中有“权臣”“重臣”之分：“夫权臣者，天下不可一日而有；而重臣者，天下不可一日而无也。”观点之新，语气之斩截，都能给人以振聋发聩之感。权臣“不可一日而有”，表明其对国家社稷的巨大危害性和作者对他们的深恶痛绝；重臣“不可一日而无”，见出其对国家社稷的极端重要性和作者对他们的仰慕与拥戴。立论既定,下文便沿此论点逐层展开论析。

第二段:以重臣作陪笔,重点论析权臣。先指出权臣与重臣已成水火,势不两立。然后分析权臣的本质、窃权的伎俩及形成的过程。谁想当权臣,他对内一定要讨君主欢心,即使受委屈也驯服而不违背,对外则窃夺生死赏罚、进退升降的大权,而埋没君主的声威和恩泽。在内能博得君主的宠幸欢乐,在外能让公卿大夫、百官众吏无所归顺,而后拉拢成为个人心腹。君主宠幸,臣下顺服,上下结合,权臣之势就此形成而不可动摇。

第三段:以权臣作陪笔,重点论述重臣。"至于重臣则不然",首句便表明二者判若天壤,有本质不同。"至于"是过渡性的语言标志。君主所作所为,明知不对,重臣也不必一定去争,争不到则君主办事会有不听从之处。这时重臣专心去做,无所顾忌,等到露出成功的端倪,君主会消除疑虑。重臣在朝中,君主会畏惧不安,士大夫不敢在他身旁安乐、放纵、怠惰。对于已经商议好的官爵、俸禄、庆贺、颁赏等事宜,不希求得到私人的恩惠;已经参与一起决定的判刑,也不希求得到个人的权势。关键是要让君主有些事不去做,让下属们有所震慑惧怕,而自己无利可图。原因何在?当重臣的,不盼望天下归个人所有,而权臣也不打算做天子惧怕的事。所以要根据他们的作为来考察其意图,那样谁还能欺骗天下的人!

本段论述了重臣的本质和作用。重臣以国家社稷为重,不争君主之权势,行事出以公心,不图个人私利。其作用是使君主办事有所顾忌,使群臣表现有所震慑。正因为如此,所以结论是"为天下,安可一日而无重臣也",呼应首段的论题。而"为重臣者,不待天下之归己,而为权臣者,亦无所事天子之畏己也"是关合首段"二者其迹相近而难明"一句的。而"故各因其行事而观其意之所在"则又维系着与首段"天下徒见其外而不察其中"的意脉。文字竟缜密如此。

第四段:论述国无重臣的严重性,从反面证明"重臣不可一日而无",是前一段文意的延伸。国无重臣,朝廷的事只有君主去做,所做没有可行与否之说。即使君主有接受直言极谏的开明之举,而百官畏惧颤抖,没有往昔尊重的姿态,谁又肯触犯忌讳,冒着罪过,为天下百姓代言?只有遇到小小得失的机会,才敢上奏章畅言而无所忌惮。至于关系着国家安危存亡的大事,则都三缄其口,谁敢表态而招祸?这是君主最大的祸患所在。真是可悲!后世君主空自看到天下权臣进出朝廷的恭顺、讲礼貌,而不知这正是使国家暗自崩溃的缘由;空自看到天下重臣刚毅果敢,喜欢犯上,便以为不恭顺、没礼貌,而不知他们心中考虑的是整个国家社稷。两种情况把心思都给搅乱了而无法辨别邪正,因此丧乱连续不断而不醒悟。

第五段：举汉武帝时卫太子聚兵诛江充的史例，证明因国无重臣，致使武帝父子关系不得保全，并对事例作了合乎情理、深入透辟的分析，再次表明重臣对国家社稷的重要性，从而提出“凡为天下，宜有以养其重臣之威，使天下百官有所畏忌，而缓急之间，能有所坚忍持重而不可夺者”的主张，以遥应首段之论题。

第六段：归结到现实中存在的弊端是“法禁太密”，解决的办法是“莫若少宽其法，使大臣得有所守，而不为法之所夺”。并再举汉文帝为幸臣邓通解困成功的史例，指出丞相申屠嘉终非汉之权臣，从而得出“重臣无损于天下”的结论，用来消除宋仁宗的疑虑。文章至此，完成了论证的全过程。

本文论证的主要特点是理论论证和例证论证的成功结合。只有理论论证，而无例证论证，议论便显得空泛，不实际，不解决问题；只有例证论证，而无理论论证，议论又往往停留在表象上，显得缺乏深度和理论性，难以给读者以思想上的启发。只有两者巧妙结合，所谓有理有据，并且对所举之例证进行实质性的分析，才会使文章具有雄辩的说服力。本文令人信服地做到了这一点。

（李如鸾）

刑赏忠厚之至论①

古之君子立于天下，非有求胜于斯民②也。为刑③以待天下之罪戾④，而惟恐民之入于其中以不能自出也；为赏⑤以待天下之贤才，而惟恐天下之无贤而其赏之无以加⑥之也。盖以君子先天下，而后有不得已焉⑦。夫不得已者，非吾君子之所志⑧也，民自为而召之也。故罪疑者从轻，功疑者从重⑨，皆顺天下之所欲从。

且夫以君临⑩民，其强弱之势，上下之分，非待夫与之争寻常之是非，而后能胜之矣。故宁委之于利，使之取其优，而吾无求胜焉⑪。夫惟天下之罪恶，暴著⑫而不可掩，别白⑬而不可解，不得已而用其刑。朝廷之无功，乡党⑭之无义，不得已而爱⑮其赏。如此，然后知吾之用刑，而非吾之好杀人也；知吾之不赏，而非吾之不欲富贵人也。使夫其罪可以推而纳之⑯于刑，其迹可以引⑰而置之于无罪，其功与之而至于可赏，排⑱之而至于不可赏，若是二者而不以与民，则天下将有以议我矣。使天下而皆知其可刑与不可赏也，则吾犹可以自解。使天下而知其可以无刑、可以有赏之说，则将以我为忍人⑲而爱夫爵禄⑳也。

圣人不然。以为天下之人，不幸而有罪，可以刑，可以无刑，刑之而伤于仁；幸而有功，可以赏，可以无赏，无赏而害于信㉑。与其不屈吾法，孰若㉒使民全其肌肤㉓，保其首领㉔，而无憾于其上。与其名器㉕之不僭㉖，孰若使民乐得为善之利，而无望望㉗不足之意。呜呼！知其有可以与之之道而不与，是亦志于残民㉘而已矣。且彼君子之与之也，岂徒曰与之而已也，与之而遂因以劝㉙之焉耳。故舍有罪而从无罪者，是以耻劝之也；去轻赏而就重赏者，是以义劝之也。盖欲其思而得之也，故夫尧舜三代㉚之盛，舍此而忠厚之化亦无以见于民矣。

（以上苏辙文据《四部丛刊》影明本《栾城集》，许逸民点校）

〔注〕 ① 刑赏忠厚之至论：意思是“论忠厚实施赏罚，使其作用发挥到极致”。 ② 斯民：指老百姓。《孟子·万章上》：“予将以斯道觉斯民也。” ③ 为刑：制定刑律（刑法）。为，也可解作“用”。 ④ 罪戾：罪过，罪恶。《国语·晋语四》：“余，罪戾之人也。” ⑤ 赏：奖赏，赏赐。⑥ 加：给予，施及。 ⑦ “盖以君子”二句：意谓先用君子之道善待天下之人，迫不得已再动用刑法。 ⑧ 志：心志，志向，意愿。 ⑨ “故罪疑者从轻”二句：语出《尚书·大禹谟》：“罪疑惟轻，功疑惟重。”意思是：对是否判罪有怀疑的，应当从轻处治；对是否立功有怀疑的，应当从重奖赏。孔安国《传》（解说经义的文字）云：“刑疑附轻，赏疑从重，忠厚之至。”这正是命题的根据。 ⑩ 临：监视，监临。引申为统治，治理。 ⑪ “故宁委之”三句：所以宁可让百姓处于有利的地位，让他们选取最好的，而不求去胜过他们。 ⑫ 暴著：显露，暴露。 ⑬ 别白：辩说，辩白。 ⑭ 乡党：周制以一万二千五百家为乡，五百家为党。泛称家乡，乡亲。《逸周书·官人》：“乡党之间，观其诚信。” ⑮ 爱：吝惜，舍不得。《孟子·梁惠王上》：“百姓皆以王为爱也。”朱熹《集注》：“爱，犹吝也。” ⑯ 推而纳之：经过推断把它归入。 ⑰ 引：用来做理由或证据等，引用。 ⑱ 排：消除。 ⑲ 忍人：残忍的人，硬心肠的人。 ⑳ 爵禄：官爵和俸禄。㉑ 信：信用，信誉。 ㉒ 孰若：犹“何如”。怎么比得上，表示反诘语气。《后汉书·逸民传·庞公》：“夫保全一身，孰若保全天下乎？” ㉓ 全其肌肤：指免遭皮肉之苦，即不用刑。 ㉔ 首领：头和颈。《左传·隐公三年》：“若以大夫之灵，得保首领以没。” ㉕ 名器：名号与车服仪制。奴隶社会与封建社会用以区别尊卑贵贱的等级。语本《左传·成公二年》：“唯器与名，不可以假人。” ㉖ 僭（jiàn）：超越本分，冒用地位在上者的名分、礼仪或器物等。 ㉗ 望望：失望的样子，扫兴的样子。《孟子·公孙丑上》：“望望然去之。”朱熹《集注》：“望望，去而不顾之貌。” ㉘ 残民：伤害百姓。 ㉙ 劝：勉励，奖励。《左传·成公十四年》：“惩恶而劝善。”㉚ 三代：此指夏、商、周三代。

宋仁宗赵祯嘉祐二年（1057），年仅十九岁的苏辙与其兄苏轼，一起到汴京（今河南开封）参加由尚书省礼部主持的考试。试题是《刑赏忠厚之至论》。封建社会科举的题目,多属政论或先秦典籍中的名句,难以出现佳作。其主要原因是:观点必须符合统治阶级的道德规范,不能“离经叛道”“标新立异”,如果想独出心裁,弄不好就要冒落选的风险,甚至获治罪之灾。除观点要求四平八稳之外,文风也要投主考官之所好,正所谓“文章自古无凭据,惟愿朱衣(古代穿红色官服的科举考试官)暗点头(称科举中选)”(明徐渭《女状元》第二出)。负责此次殿试的是翰林学士欧阳修,他是宋初名闻海内、力倡孔孟之道的大儒,正在倡导古文革新,力主恢复两汉三代的古朴文风,力排“五代文弊”,反对“时文磔裂诡异”。此次应试,苏辙与其兄苏轼脱颖而出,同中进士高等。

《刑赏忠厚之至论》是典型的政论试题。苏轼兄弟的两篇应试文章均为佳作,各有千秋。

从内容方面说,这篇试文应当把重点放在如何实施刑赏,才能使其作用发挥到极致,要谈深讲透。至于治理国家、管理百姓,为何要实施刑赏?因为道理较为浅显,可写也可不写。从形式方面说,布局合理,结构紧凑,语言朴实畅达,就算合乎应试的要求;如果文字带有辞采,语言充满感情,更是锦上添花。

我们且看苏辙是怎样展开论述的,他这篇试文的特点又是什么。

全文可分三段。

第一段:开篇便把作为统治者的“君子”与作为被统治者的“斯民”对举,提出前者“非有求胜于”后者。制定刑律用以等待天下犯罪的人,但唯恐百姓触犯刑律,身陷其中而不能解脱;规定奖赏用来等待天下贤德的人,但唯恐天下没有贤人,不能使奖赏施及之。这是由于君子先用其善道对待百姓,迫不得已再动用刑律。是不得已而非君子的初衷。是百姓自身的作为而使之触犯刑律或受到奖赏的。所以对是否获罪有怀疑的,应当从轻发落;对是否立功有怀疑的,应当从重奖赏。这完全顺乎百姓心愿,大家赞成执行。

本段起得高屋建瓴。明确表示君子无意争胜。“用刑”乃是不得已而为之,希望百姓少触犯或不触犯刑律,希望天下涌现贤才,多受奖赏。特别是引用《尚书》古语,揭示了实施刑赏的基本原则,怎样才算忠厚实施刑赏。文章以儒家的仁政思想立论,全文的基调,在首段便牢牢地奠实。无独有偶,在苏轼那篇同题的试文中,也是以儒家仁政思想立论,提出“爱民”“慎刑”,甚至也引用了《尚书》“罪疑惟轻,功疑惟重”的话,观点几乎完全一致。

第二段:承接首段开篇发意,论析“古之君子立于天下,非有求胜于斯民也”的原因,从而使文意得到进一步的深化和开拓。指出君主管理人民,君主在上,占有强势,斯民在下,居于弱势,无须与他们争辩一般是非而后胜过他们。所以宁愿给他们好处,让他们选择优越条件,而君主无须求胜。要知道天下的罪恶突显出来而无法掩饰,想予以辩说又解释不清,不得已才动用刑律。朝廷中无立功之人,乡里间无德义之举,不得已才吝惜奖赏。这样一来,才知晓君主用刑,不是他爱好杀人,君主吝赏,不是他不打算让人富贵。假使某种罪行可以推断用刑律来处置,而他的表现却可以引用理由或证据而归在无罪之列,某种功劳可以放在奖赏的范围,却排除不够奖赏的资格,如果不把正确的做法兑现给百姓,那么天下的人就要议论我们的君主了。假使天下的人都知晓他可以用刑或不可奖赏,那当君主的还可以解释申说;如果天下的人知晓他可以不用刑,或可以奖赏,而君主却用刑或不奖赏,那就会认为君主心肠硬,是残忍之人,爱惜官爵和俸禄不肯赐人了。

这一段是对首段首句提出的论点的具体论证,是论证的第一个层次。值得注意的是:写议论文章,只有在论点提出后,有针对性地进行论证分析,文章才会令人信服,有雄辩的说服力。本段在进行论证时,紧紧围绕"刑""赏"二字,并将古代典籍所倡导的"慎刑"而"重赏"的精神,贯彻于字里行间,这样就扣住了题目,阐发了题目的深刻内涵。因为"罪疑者从轻,功疑者从重",本身就是"刑赏忠厚之至"的体现。(孔安国《传》云:"刑赏附轻,赏疑从重,忠厚之至。")根据应试需要,封建社会决心走仕途的知识分子,不仅经文记得滚瓜烂熟,对经文的传疏也是十分熟悉的。苏辙既然能有针对性地引用《尚书》这两句话,断然不会只熟悉对这两句话的解释,只是无须点破,只要"暗扣"即可。

第三段:在上段基础上再将论点作进一步阐发,是论证的第二个层次。从而使论证逐层深入,给读者一种"倒啖蔗,渐入佳境"之感。如果说上段所论述的是开明君主对实施刑赏的普遍心态或政治态度,那么本段所论述的便是圣贤之君的心态或态度了。正如苏轼在同题试文中所论述的尧、舜、禹、商、文、武等对实施刑赏的心态或态度那样。

圣人认为天下有罪的不幸之人,可用刑也可不用刑的,用了刑会有损于"仁政"。那些有幸建功之人,可奖赏也可不奖赏,没有奖赏便会侵害了"信誉"。与其不让我们的刑律理亏,怎么比得上让百姓免遭皮肉之苦、保全性命,而使圣明君主无所遗憾("不伤于仁")。与其名器不被冒用,怎么比得上老百姓高兴地做好事而获得利益,而没有失望扫兴的样子。唉!明明知道有可以给予的道理而不给予,也是有意伤害百姓啊!何况那些圣贤之君给予百姓好处,仅仅是给予吗?在给予的同时顺便就鼓励了他们。所以舍弃有罪而定为无罪,是用知耻鼓励他们;舍弃轻赏而从重奖赏,是用义气来鼓励他们,是想让他们认真思考而有所领悟。所以才出现唐尧、虞舜、夏禹三代的鼎盛时期。放弃这些，忠厚的教化便不能从百姓身上看到了。

用今天的说法，这种写法是“透过现象看本质”。第二段谈的是表象，让读者了解什么是“刑赏忠厚”，即“知其然”。这一段讲的是理由，揭示的是本质，是由表及里，让读者了解怎样做才算“刑赏忠厚”，其目的为何，即“知其所以然”。这样一层深似一层的剖析，便把道理讲得既明白，又深透，很符合读者认识事理的一般过程和阅读的普遍心理。

本文立论平妥、观点允当，布局严谨，丝丝入扣，语言朴实、明晰。虽文字气势之盛与情感之充沛不逮其兄，亦不失为佳作。

《宋史·苏辙传》云：“辙性沉静简洁，为文汪洋澹泊，似其为人，不愿人知之。而秀杰之气终不可掩，其高处殆与兄轼相迫。”又云：“苏辙论事精确，修辞简严，未必劣于其兄。”这是就议论文而言。阅读此文，读者或能有所感受。

（李如鸾）

附录

作品辑评

韩愈文

【感二鸟赋】

欧阳修　愈尝有赋矣，不过羡二鸟之光荣，叹一饱之无时尔。此其心使光荣而饱，则不复云矣。（《欧阳文忠公文集》卷七十三《读李翱文》）

苏舜钦　观其《感二鸟赋》，悲激顿挫，有骚人之思，疑其年壮气锐，欲发其藻章，以耀于世，非其所存也。（《苏舜钦集》卷十《答马永书》）

黄震　岂真有羡于白鸟、鸜鹆？特因物托兴，使贱人贵物者知警尔。（《黄氏日抄》卷五十九）

储欣　初慷慨以悲歌，既而望古求配，一归于正，公所以卒有立者此也。（《唐宋十大家全集录·昌黎先生全集录》卷一）

【原　道】

茅坤　辟佛老是退之一生命脉，故此文是退之集中命根。其文源远流洪，最难鉴定；兼之其笔下变化诡谲，足以眩人。（《唐宋八大家文钞·韩文公文钞》卷九）

吴楚材 吴调侯　孔、孟没，大道废，异端炽，千有余年，而后得《原道》之书辞而辟之。理则布帛菽粟，气则山走海飞，发先儒所未发，为后学之阶梯，是大有功名教之文。（《古文观止》卷七）

蔡世远　其文词则如贾长沙《治安策》，而更出之以变化；其论学术治术，则如董江都《贤良策》，而更写之以明畅。（《古文雅正》卷八）

李扶九 黄鼒仁　鼒则喜其文之曲折条畅，章法谨严。（《古文笔法》卷一对偶）

林纾　昌黎于《原道》一篇，疏浚如导壅，发明如烛暗，理足于中，造语复衷之法律，俾学者循其途轨而进，即可因文以见道。（《韩柳文研究法·韩文研究法》）

吴闿生　凡为文之道，庄言正论，难于出色争胜，独退之此文为例外，由其盛气驱迈磅礴而不可御也。（《古文范》卷三）

【原　毁】

茅坤　此篇八大比，秦汉以来故无此调，昌黎公创之。然感慨古今之间，因而摹写人情曲鬯骨里，文之至者。（《唐宋八大家文钞·韩文公文钞》卷九）

金人瑞　《原毁》乃始于责己者。其责己则怠，怠则忌，忌则毁。故原之必于此焉始，并非宽套之论也。此文段段成扇，又宽转，又紧峭，又平易，又古劲，最是学不得到之笔，而不知者乃谓易学。（《批才子古文》卷十）

方苞　通篇排比开阖，其原出于《荀子》《韩非子》。（《古文辞类纂》卷二）

过珙　看来是两扇文字，亦似八股文字。责己待人，是一篇之柱。详与廉，毁之枝叶；怠与忌，毁之本根。全文不说毁而毁意自见。（《古文评注》卷六）

李扶九 黄仁鼒　体则两扇，笔则曲折，意则刻露，波澜壮阔，词意和平。结归到君上，见其所关之大，不徒为一己

原也。然篇中不明露己，泛泛说来，何等含蓄。(《古文笔法》卷一对偶)

【杂说(四首之一)】

谢枋得 此篇主意，谓圣君不可无贤臣，贤臣不可无圣君。圣贤相逢，精聚神会，斯可以成天下大功。(《文章轨范》卷五)

储欣 一意数转，神变不测。(《唐宋八大家类选》卷三)

李光地 此条寄托至深，取类至广。精而言之，则如道义之生气，德行之发为事业文章皆是也。大而言之，则如君臣之遇合，朋友之应求，圣人之兴起于百世之下皆是也。(《唐宋八家古文读本》卷一)

吴楚材 吴调侯 写得婉委曲折，作六节转换，一句一转，一转一意。若无而又有，若绝而又生，变变奇奇，可谓笔端有神。(《古文观止》卷七)

【杂 说(四首之四)】

谢枋得 此篇主意，谓英雄豪杰，必遇知己者。尊之以高爵，食之以厚禄，任之以重权，其才斯可以展布。(《文章轨范》卷五)

吕留良 吕葆中 一起一收，中分三段，逐段转接处，笔法变化入妙。(《晚村精选八大家古文》卷一)

过珙 看其凡提唱千里马者，七便有七样，转换处风云倏忽，起伏无常。韵短势长，文之极有含蓄者。(《古文评注》卷七)

林纾 《马说》之立义，固主于士之不遇而言，然收束语至含蓄。子厚《捕蛇者说》则发露无遗，读之转无意味矣。(《春觉斋论文·流别论》)

《说马》及《获麟解》，皆韩子自方之辞也。说马语壮，言外尚有希求；解麟词悲，心中别无余望。两篇均重在"知"也，篇幅虽短，而伸缩蓄泄，实具长篇之势。(《韩柳文研究法·韩文研究法》)

王符曾 满腔郁勃，出之以盘旋曲折。三首《宰相书》，一篇《进学解》，包括无遗。(《古文小品咀华》卷三)

【读 荀】

程端礼 此篇多《史记》文法。(《昌黎文式》卷三后集上卷)

茅坤 昌黎病荀不醇，而末引孔子一转，却安顿自家方好。(《唐宋八大家文钞·韩文公文钞》卷十)

张裕钊 卓识伟论，上下千古，其文势甚雄阔，而以盘劲之致行之，弥觉声光郁然。

此文虽为读《荀子》作，然直是自抒己意。论孟、荀、扬三家耳，其中宾主秩然不乱。(《古文辞类纂》卷七)

【读墨子】

朱熹 至问："……韩文公推尊孟子辟杨、墨之功，以为不在禹下。而《读墨》一篇，却谓'孔子必用墨子，墨子必用孔子'者，何也?"曰："韩文公第一义是去学文字，第二义方去穷究道理，所以看得不亲切。"(《朱子语类》卷一百三十七)

储欣　司马子长表序及诸论赞，义妥词文，抑扬变化之妙，至矣尽矣。……子长而后，无复有如子长也。子长而后，复有如子长者，吾于兹四首（指《读荀》《读鹖冠子》《读仪礼》与本篇）遇之。（《唐宋十大家全集录·昌黎先生全集录》卷一）

【师　说】

黄震　前起后收，中排三节，皆以轻重相形。……公之提诲后学，亦可谓深切著明矣。而文法则自然而成者也。（《黄氏日抄》卷五十九）

林云铭　是篇以"耻"字作关纽，而以古今之不同，与"传道""受业""解惑"等字面，前后布置穿插。细玩当作六段……但其行文错综变化，反复引证，似无段落可寻，一气读之，只觉意味无穷。（《韩文起》卷一）

吴楚材 吴调侯　通篇只是"吾师道也"一句。言触处皆师，无论长幼贵贱，惟人自择。因惜时人不肯从师，历引童子、巫医、孔子明之。总是欲李氏子能自得师，不必谓公慨然以师道自任，而作此以倡后学也。（《古文观止》卷八）

李扶九 黄仁黼　公乃以传道受业解惑高处立论，所谓高处立，阔处行也。此文于劈首即提明，下只发明道与惑，或只单言道，至篇末又以道与业言，又不言惑，此变化错综处。至畅发"师"字，前虚后实，反正互用，波澜层出，此韩文之所以如潮也。（《古文笔法》卷八正大）

【进学解】

刘昫　愈自以才高，累被摈黜，作《进学解》以自喻。（《旧唐书·韩愈传》）

王十朋　韩退之《进学解》，盖扬子云《解嘲》、班孟坚《宾戏》之流也，然文词雄伟过班、扬远矣。（《梅溪王先生文集》前集卷十九《读进学解》）

林云铭　首段以进学发端，中段句句是驳，末段句句是解，前呼后应，最为绵密。……看来无叹老嗟卑之迹，其实叹老嗟卑之心无有甚于此者，乃《送穷》之变体也。至其文，语语作金石声，尤不易及。（《古文析义》初编卷五）

方苞　退之为此文与作《毛颖传》同，以示其才无所不可，盖别调也。而茅鹿门以为正正之旗，堂堂之阵，是谓不知而强言。（《古文辞类纂》卷七十一）

蔡世远　此篇辞涉愤激，宋儒为己之学，定不如此。（《古文雅正》卷八）

林纾　《进学》一解，本于东方《客难》、扬雄《解嘲》，孙可之比诸玉川子《月蚀》诗，谬矣。……大旨不外以己所能，借人口中为之发泄，为之不平，极口肆詈，然后制为答词，引圣贤之不遇时为解。……文不过一问一答，而啼笑横生，庄谐间作，文心之狡狯，叹观止矣。（《韩柳文研究法·韩文研究法》）

【圬者王承福传】

程端礼　西山云：韩文当以此为第一。（《昌黎文式》卷一前集上卷）

茅坤　以议论行叙事，然非韩文之佳者。

（《唐宋八大家文钞·韩文公文钞》卷八）

张伯行　通篇抑扬错落，尽文字之趣，非韩文之佳，似未深知文者也。（《唐宋八大家文钞》卷二）

吴楚材 吴调侯　前略叙一段，后略断数语，中间都是借他自家说话。点成无限烟波，机局绝高，而规世之意，已极切至。（《古文观止》卷八）

李扶九 黄仁黼　起二句即时文破题，旋承四句，再作原起以为小讲，中分三段，后归到断语作束，俨然一篇小题时文。诚度世金针也。（《古文笔法》卷六感慨）

【讳　辩】

石介　《讳辨》其旨，不独为贺也，有激于时尔。（《徂徕石先生全集》卷八《辨谤》）

洪迈　韩文公作《讳辩》，论之至切，不能解众惑也。《旧唐史》至谓韩公此文，为文章之纰缪者，则一时横议可知矣。（《容斋续笔》卷十一）

谢枋得　一篇辨明，理强气直，意高辞严。最不可及者，有道理可以折服人矣，全不直说破，尽是设疑，佯为两可之辞，待智者自择，此别是一样文法。此辨文法从《孟子》中来。（《古文轨范》卷二）

金人瑞　前幅，看其层叠扶疏而起；后幅，看其连环钩股而下。只是以文为戏，以文为乐。（《批才子古文》卷十）

吴楚材 吴调侯　前分律、经、典三段，后尾抱前。婉鬯显快，反反复复，如大海回风，一波未平，一波又起。（《古文观止》卷八）

曾国藩　此种文为世所好，然太快利，非韩公上乘文字。（《求阙斋读书录》卷八）

林纾　灵警机变，时出隽语，然而人犹以为矫激。（《春觉斋论文·流别论》）

【伯夷颂】

王安石　司马迁以为武王伐纣，伯夷叩马而谏……韩子因之，亦为之《颂》，以为“微二子，乱臣贼子接迹于后世”。是大不然也。夫商衰而纣以不仁残天下，天下孰不病纣，而尤者伯夷也。……呜呼！使伯夷之不死以及武王之时，其烈岂减太公哉！（《临川先生文集》卷六十三《伯夷》）

蔡世远　激昂峻拔，读之顽夫廉，懦夫有立志。（《古文雅正》卷八）

林纾　唯《伯夷》一颂，大致与史公同工而异曲。史公传伯夷，患己之无传，故思及孔子表彰伯夷，伤己之无人也。昌黎颂伯夷，信己之必传，故语及豪杰，不因毁誉而易操。（《韩柳文研究法·韩文研究法》）

【子产不毁乡校颂】

林云铭　此欲国家大开言路而作也。所引乞言监谤，明明是人君之事，因不便斥言人君，故归重于执政，又不便突言执政，故借子产之相郑国，惜其不得大用，而以“有君无臣”四字，作笼统话，逗出立言本旨，多少浑雅。……妙在“谁其嗣之”四字，乃国

人诵子产现成语。不即不离间,有无穷之味。(《韩文起》卷七)

吴汝纶　纵横跌宕,使人忘其为有韵之文。(《古文辞类纂》卷六十)

【张中丞传后叙】

黄震　阅"李翰所为《张巡传》"而作也。补记载之遗落,暴赤子之英烈。千载之下,凛凛生气。(《黄氏日抄》卷五十九)

沈德潜　辨许远无降贼之理,全用议论。后于老人言补南霁云乞师,全用叙事。末从张籍口中述于嵩述张巡轶事。拉杂错综,史笔中变体也。(《唐宋八家古文读本》卷二)

蔡世远　气薄云霄,光争日月。李汉叙公文,所谓"诡然而蛟龙翔,蔚然而虎凤跃,锵然而韶钧鸣"者是也。巡、远在地下应掀髯起舞,读者亦应掀髯起舞。(《古文雅正》卷八)

林纾　盖仿史公传后论体,采遗事以补传中所不足也。……退之此文,历落有致,夹叙夹议。欧阳公述王铁枪事,殆脱胎于此。(《韩柳文研究法·韩文研究法》)

【燕喜亭记】

黄震　工于状物。(《黄氏日抄》卷五十九)

茅坤　淋漓指画之态,是得记文正体,而结局处特高。欧公文,大略有得于此。(《唐宋八大家文钞·韩文公文钞》卷八)

何焯　题固记其名,文是当行家语,得其剪裁之法。虽参入议论,仍不碍记事体矣。(《义门读书记》昌黎集第二卷)

【画　记】

胡应麟　东坡不喜韩退之《画记》,谓之甲乙帐簿。此老千古卓识,不随人观场者也。退之诸记,但纪事,不错议论,尚有前辈典刑,特句格太变幻,寡汉人浑朴之致耳。子瞻正与相反,用修好异,特引其言,岂定论哉!(《少室山房笔丛》卷六续甲部《丹铅新录》二)

茅坤　妙处在物数庞杂,而诠次特悉,于其记可以知其画之绝世也。(《唐宋八大家文钞·韩文公文钞》卷八)

林云铭　记本因画而作,然记中实有画。在当日画固为入神之画,而记尤为入神之记也。……凡画中所有,难以入记者,无不历历如见,所以谓之入神。(《韩文起》卷七)

【蓝田县丞厅壁记】

唐顺之　此但说斯立不得尽职,更不说起记壁之意,亦变体也。(《文编》卷五十五)

曾国藩　崔斯立之为人,必有奇崛之才,而又天趣横溢。与公相见,必彼此善谑而又相敦以古谊者。……此文则纯用戏谑,而怜才共命之意,沉痛处自在言外。(《求阙斋读书录》卷八)

张裕钊　此文纯以恢诡出之,当从傲睨一切处玩其神味。(《古文辞类纂》卷五十一)

【新修滕王阁记】

茅坤 通篇不及滕王阁中情事，而止以生平感慨作波澜，婉而宕。（《唐宋八大家文钞·韩文公文钞》卷八）

金人瑞 只是承命作记，看其凭空先撰出三段不得见滕王阁，便见今日作记，真大快活！（《批才子古文》卷十一）

朱宗洛 此一篇翻空之文。盖阁之胜景前人言之详矣，后之作者若何生出新奇。文只就欲见不得见两意，各分作三层，曲折顿挫，情词缠绵郁结，所谓“江山之好，登山之乐”，令读者自得于语言之外，真是高极横极之文。（《古文一隅》卷中）

【争臣论】

谢枋得 前五段攻击阳子，直是说他无逃避处，末一段假或人之辞以攻己，其言甚峻，其文法最高。（《文章轨范》卷二）

金人瑞 反复辨驳之文，最贵是腴。腴者，理足故也；不腴，则是徒逞口说也。（《批才子古文》卷十）

过珙 此篇到底，是讽阳子以必谏，不是讥阳子之不谏也。若说以不谏讥阳子，安见非好尽言以招人过哉！看其从宽处逼紧，更从逼紧处放宽，层层辨驳，始终只是耸动阳子。（《古文评注》卷六）

【太学生何蕃传】

程端礼 前后顿挫起伏，意悠长而文波澜。（《昌黎文式》卷一前集上卷）

储欣 此传章法独辟，以仁勇许蕃，以议论驾叙蕃事，太学诸生不从乱。他人作之，不知何等矜张。公只就问答中叙出，分外精彩。于此尤见大匠手。（《唐宋十大家全集录·昌黎先生全集录》卷八）

曾国藩 善用缩笔，纡余顿宕，如将不尽。（《求阙斋读书录》卷八）

【与孟东野书】

储欣 己之所处，足使东野悲，东野之道，又使已悲，惟共老江湖，则不悲而乐且幸矣。韩、孟贤而不遇，故其书如此。读之令人流涕。（《唐宋八大家类选》卷八）

陈衍 《与孟东野书》亦韩文之有风神者，然两用“知吾心乐否也”尚嫌作态，意无浅深，笔无轻重，句无长短也。（《石遗室论文》卷五）

【上兵部李侍郎书】

储欣 驰骋之气，固而存之。韩集中极肃括文字，学韩者尤须自其肃括入。（《唐宋十大家全集录·昌黎先生全集录》卷二）

沈德潜 得力古文。于逢迎事故，自不通晓，不得不有望于知己之振拔也。格律谨严，光焰腾上。第李巽庸劣，而以知己望之，未可谓之知人。（《唐宋八家古文读本》卷三）

张裕钊 随笔曲注，而笔力自权奇。（《古文辞类纂》卷二十八）

【后廿九日复上宰相书】

程端礼 文字有气，抑扬轻重有法，且善

占地步。(《昌黎文式》卷三后集上卷)

金人瑞　意所欲言而不便得言者,忽然托笔周公,便乃无所不言。故通篇虽有两大幅,而只是周公一大幅也。(《批才子古文》卷十)

吴楚材 吴调侯　通篇将周公与时相两两作对照,只用一、二虚字斡旋成文。直言无讳,而不犯嫌忌。末述再三上书之故,曲曲回护自己。气杰神旺,骨劲格高,足称绝唱。(《古文观止》卷八)

吴闿生　虽志在干时,而倔强兀傲之天性自不可掩,最足见公之意态。文亦伟岸奇纵,尽弃故常,独创一格。(《古文范》卷三)

【答李翊书】

金人瑞　中间自说为文之甘苦浅深,其妙更不必论。只如前起之曲折之妙,后收之荡漾之妙,皆笔墨之罕事也。(《批才子古文》卷十)

吕留良 吕葆中　前段端本在立志,后段究意在养气。从来论文,唯此和盘托出。(《晚村精选八大家古文》卷一)

朱宗洛　道德为文章之根,通篇总是勉李生进道,而以古人立意相期……此文独各竭其妙,读者于前半后半,须看其曲折取势之法,中间数层,须看他联络脱卸、层层变化之奇。(《古文一隅》卷中)

林纾　昌黎论文书不多见,生平全力所在,尽在李翊一书。(《韩柳文研究法・韩文研究法》)

【与于襄阳书】

茅坤　前半瑰玮游泳,后半婉恋凄切。(《唐宋八大家文钞・韩文公文钞》卷三)

何焯　两存地步,不失轻重,乞索书之最出拔者。(《义门读书记》昌黎集第三卷)

吴楚材 吴调侯　前半幅只是泛论,下半幅方入正文。前半凡作六转,笔如弄丸,无一字一意板实;后半又作九转,极其凄怆,堪为动色。通篇措词不亢不卑,文情绝妙。(《古文观止》卷八)

【与崔群书】

林云铭　看他每段中,具无数曲折,感慨淋漓,能令千古失意人,读之伤心欲绝。(《韩文起》卷四)

张伯行　此书只是从肝鬲中流出,想见公含毫伸纸时,心心相照,读之使人增友义之重。(《唐宋八大家文钞》卷一)

刘大櫆　公与崔群最相知,故有此本色之文,中间感贤士不遇,尤为郁勃淋漓。(《古文辞类纂》卷二十八)

【与陈给事书】

谢枋得　陈止斋作论,双关文法,皆本于此。(《文章轨范》卷一)

金人瑞　此等文字,何曾是有意必作如此章法?只是起于一行,偶然写得见与不见。后遂因风带火,不自觉笔笔入妙也。作文固以心空为第一矣。(《批才子古文》卷十)

吴楚材 吴调侯 通篇以“见”字作主。上半篇从“见”说到“不见”，下半篇从“不见”说到“见”，一路顿挫跌宕，波澜层叠，恣态横生，笔笔入妙也。（《古文观止》卷八）

【与冯宿论文书】

茅坤 中有论文章之旨，亦近名言。（《唐宋八大家文钞·韩文公文钞》卷四）

林纾 亦非论文，仍是牢骚。小惭小好，大惭大好，说得酸甜自得，非论文之极处，莫得有是语也。（《韩柳文研究法·韩文研究法》）

【应科目时与人书】

吕留良 吕葆中 逐节转换，逐句相承，不可增减一笔，文之最奇者。（《晚村精选八大家古文》卷一）

过珙 一意到底，却接连四五个转换，波兴浪作，笔无停妍。（《古文评注》卷六）

曾国藩 其意态诙诡瑰玮，盖本诸《滑稽传》。干泽文字，如是乃为轩昂，他篇皆不能自振。（《求阙斋读书录》卷八）

王符曾 风云吐于行间，珠玉生于字里。此种文，良由寝食《国策》得来。（《古文小品咀华》卷三）

【答刘正夫书】

茅坤 韩文公教人作文，大意要自树立不寻常，不取悦于今世。所谓能自树立不因寻常等，即公本来面目。（《唐宋八大家文钞·韩文公文钞》卷四）

林云铭 一篇大旨，只在“师古圣贤人”一句。……篇中有起落，有顿挫，有分合，有收束，此苏明允所谓温醇之作也。（《韩文起》卷四）

【与孟尚书书】

吕祖谦 一篇须看大开合。（《古文关键》卷上）

茅坤 翻复变幻，昌黎书当以此为第一。（《唐宋八大家文钞·韩文公文钞》卷三）

何焯 理明气畅，此文真是如潮。（《义门读书记》昌黎集第三卷）

蔡世远 绝大眼孔，绝大抱负，语皆警心动魄出之。（《古文雅正》卷八）

张裕钊 浑灏变化，千转百折，而气愈劲。其雄肆之气，奇杰之辞，并臻上乘，北宋诸家皆无能为后。（《古文辞类纂》卷二十八）

【答吕毉山人书】

储欣 抑极忽扬，抑处尽，扬处倍有声光气焰，得司马子长之神。（《唐宋十大家全集录·昌黎先生全集录》卷三）

张裕钊 此文生杀出入，擒纵抑扬，奇变不可方物，可谓极文章之能事矣。（《古文辞类纂》卷二十八）

【送孟东野序】

谢枋得 此篇凡六百二十余字，“鸣”字四十，读者不觉其繁何也？句法变化，凡二十九样。有顿挫，有升降，有起伏，有抑扬。如层峰叠峦，如惊涛怒浪。无一句懈怠，无一字尘埃。愈读

愈可喜。(《文章轨范》卷七)

茅坤　一"鸣"字成文,乃独倡机轴,命世笔力也。(《唐宋八大家文钞·韩文公文钞》卷七)

金人瑞　拉杂散漫,不作起,不作落,不作主,不作宾,只用一"鸣"字跳跃到底,如龙之变化屈伸于天,更不能以逐鳞逐爪观之。(《批才子古文》卷十一)

林纾　最岸异,然可谓之格奇而调变,不能谓有道理之文。(《韩柳文研究法·韩文研究法》)

【送李愿归盘谷序】

程端礼　丹青笔也,形容如画图。(《昌黎文式》卷二前集下卷)

吕留良 吕葆中　浑然天成,不见斤斧之迹。昔人谓唐无文章,唯此而已,殆为叹绝。(《晚村精选八大家古文》卷一)

吴楚材 吴调侯　一节是形容得意人,一节是形容闲居人,一节是形容奔走伺候人,都结在"人贤不肖何如也"一句上。全举李愿自己说话,自说只前数语写盘谷,后一歌咏盘谷,别是一格。(《古文观止》卷八)

过珙　此文极似六朝,然骨格自健,非六朝所及。(《古文评注》卷七)

【送董邵南序】

郭正域　妙在转折,意在言外。(《韩文杜律·韩文》)

过珙　劝其往,又似劝其不必往;言必有合,又似恐其未必合。语意一半是爱惜邵南,一半是不满藩镇。通篇只以"风俗与化移易"句为上下过脉,而以"古""今"二字呼应,含蓄不露,曲尽吞吐之妙。唐文章惟韩奇,此又为韩中之奇。(《古文评注》卷七)

刘熙载　文莫贵于精能变化,昌黎《送董邵南游河北序》可谓变化之至,柳州《送薛存义序》可谓精能之至。(《艺概·文概》)

王符曾　昌黎伯口齿之妙,直堪独步千古。转折顿挫,意态淋漓,篇愈短意愈长,字愈少味愈多。(《古文小品咀华》卷三)

【赠崔复州序】

谢枋得　此序讽谏于公,与《送许郢州序》同意。此序尤涵蓄,只民就穷而敛愈急,下民苦之,使于公闻之。皆劝于公宽赋敛,以安州县,以安百姓。(《文章轨范》卷五)

【送浮屠文畅师序】

吕祖谦　匡正格,体格好,就他身上说极好处。(《古文关键》卷上)

唐顺之　开辟圆转,真如走盘之珠,此天地间有数文字。通篇一直说下,而前后照应在其中。(《唐宋八大家文钞·韩文公文钞》卷七)

金人瑞　昌黎一生辟浮屠,此又欲为浮屠作文字,最是不便措笔。看他一起得力,下便更不犯手。(《批才子古文》卷十一)

【送王秀才序】

茅坤　通篇以孟子作主,是退之立自己门

户,故其文有雄视一世气。(《唐宋八大家文钞·韩文公文钞》卷七)

刘大櫆 韩公序文,扫除枝叶,体简辞足。(《古文辞类纂》卷三十一)

【荆潭唱和诗序】

茅坤 隽永。(《唐宋八大家文钞·韩文公文钞》卷七)

刘大櫆 立言甚简,而雄直之气郁勃行间。(《古文辞类纂》卷七)

【送区册序】

储欣 写阳山之穷,非复人境。……士或去家万里,官于其土,尤为黯然而销魂。(《唐宋十大家全集录·昌黎先生全集录》卷四)

林云铭 文中历历如绘,真写生妙手也。(《韩文起》卷五)

方苞 风致与柳州相近。(《古文辞类纂》卷三十一)

【送高闲上人序】

谢枋得 此序奇诡放荡,学《庄子》文,文虽学《庄子》,又无一句蹈袭。(《文章轨范》卷一)

沈德潜 汪洋恣肆,善学《庄子》之文,亦可谓文中之颠也。(《唐宋八家古文读本》卷四)

刘大櫆 奇崛之文,倚天拔地。(《唐宋八家文百篇》韩文)

【送杨少尹序】

茅坤 以二疏美少尹,而专于虚景簸弄,故出没变化不可捉摸。(《唐宋八大家文钞·韩文公文钞》卷六)

金人瑞 送杨少尹,却劈空忽请出二疏,又偷笔写自己病不能送,便生出无数波澜。(《批才子古文》卷十一)

林云铭 坊评只赞其故作波澜,而不知非得此波澜,即不能成一字。(《韩文起》卷六)

刘大櫆 驰骤跌荡,生动飞扬,曲尽行文之妙。(《古文辞类纂》卷三十一)

【送石处士序】

谢枋得 “与之语道理……”此一章譬喻,文法最奇。韩文公作文,千变万化,不可捉摸,如雷电鬼神,使人不可测。(《文章轨范》卷一)

金人瑞 一篇纯用传体写序,序之变也。(《批才子古文》卷十一)

林云铭 要说处士贤,又要说节度贤;要说目前相得,又要说异日建功。若系俗笔,敷衍便成滥套。看他特地寻出一个从事,一个祖饯之人。层层说来,段落句法无不错落古奥。(《古文析义》二编卷六)

吴楚材 吴调侯 纯以议论行序事,序之变也。看前面大夫从事,四转反复,又看后面四转祝词,有无限曲折变态,愈转愈佳。(《古文观止》卷八)

【送温处士赴河阳军序】

茅坤 以乌公得士为文,而温生之贤自见。(《唐宋八大家文钞·韩文公文钞》卷六)

金人瑞 前凭空以冀北马空起,中凭空撰

出无数人嗟怨，后又凭空结以自己嗟怨，俱是凭空文字。(《批才子古文》卷十一)

林云铭　人以为奇肆，其实乃一定之法也。但叙得淋漓跌宕，使人自见其奇肆耳。读者当玩其练局之妙。(《古文析义》二编卷六)

林纾　说乌公攘夺其友，不能无介于怀……此文字之狡狯动人处。文中"自居守河南尹"以下数行，笔笔活著，熟读之，可悟文字之波澜。(《韩柳文研究法·韩文研究法》)

【石鼎联句诗序】

茅坤　文极顿挫，后之法家多有痕迹，惟公不然，纪事纂言如太史公。(《唐宋八大家文钞·韩文公文钞》卷七)

曾国藩　傲兀自喜。此等情事，亦适与公笔势相发也。(《求阙斋读书录》卷八)

【祭田横墓文】

金人瑞　以沉郁之气，发悲凉之音。逐二句抗声吟之，真有天崩海立之势。(《批才子古文》卷十一)

过珙　韩公以命世才，每欲为知己者用，而世无其人，故有感于横之高义，借此以发胸中之愤。玩其文辞，一种敬慕之情，悲伤之意，凄然可掬。不然，横一木强人耳，又乌足为公重而荐酒陈辞哉？(《古文评注》卷七)

【欧阳生哀辞】

【题哀辞后】

林云铭　是篇始称其文名之盛，继叙其品行之优，末推其所以离亲远仕之故，实体亲心而行。所谓养志之孝，可以传之无穷，死犹不死，较之终身里闬，泯灭无闻者，相去万万。(《韩文起》卷八)

张伯行　数行题跋，而有千回百折之势，文以情深也。(《唐宋八大家文钞》卷三)

曾国藩　前半叙述矜当，后半就父母老矣反复低徊，绝耐䌷诵。(《求阙斋读书录》卷八)

【祭河南张员外文】

郭正域　奇崛琳琅。(《韩文杜律·韩文》)

刘大櫆　昌黎善为奇险光怪之语以惊人，而与张员外同出贬窜，其所经过山川险阻患难，适足供其役遣，故能雄肆如此。

退之祭文以张员外第一，李使君次之。(《古文辞类纂》卷七十三)

姚范　凄丽处独以健倔出之，层见叠耸，而笔力坚净，他人无此也。(《古文辞类纂》卷七十三)

林纾　曲折详尽，造语尤奇丽。……用字造句，固是昌黎长技，然综叙张曙生平，及与己交际，伸缩繁简，读之井井然。(《韩柳文研究法·韩文研究法》)

【祭柳子厚文】

储欣　服膺其文，悲其遇，而允其所托，勤勤恳恳，宛如面谈。(《唐宋十大家全集录·昌黎先生全集录》卷四)

林云铭 其大意谓人无不死，即生前之穷通得失，可以付之梦觉，不足轻重。所痛惜者，以盖世文章，竟不能供国家之用……末以生死相托之情，自矢不负。一片血泪，不忍多读。（《韩文起》卷八）

曾国藩 峻洁直上，语经百炼，公文如此等，乃不复可攀跻矣。（《求阙斋读书录》卷八）

林纾 文简而哀挚。文末叙及托孤，肝膈呈露，真能不负死友者。读之使人气厚。（《韩柳文研究法·韩文研究法》）

【祭十二郎文】

金人瑞 情辞痛恻，何必又说！须要看其通篇凡作无数文法，忽然烟波窅渺，忽然山径盘纡。论情事，只是一直说话，却偏有如许多文法者，由其平日戛戛乎难，汩汩乎来，实自有其素也。（《批才子古文》卷十一）

林云铭 祭文中出以情至之语，以兹为最。……总见自生至死，无不一体关情，悱恻无极，所以为绝世奇文。（《古文析义》初编卷五）

徐经 读此文，知公事业文章根于至性，所以蔚为一代大儒。（《雅歌堂文集》卷六《书祭十二郎文后》）

过珙 想提笔作此文，定自夹哭夹写，乃是逐段连接语，不是一气贯注语。……写生前离合，是追述处要哭；写死后惨切，是处置处要哭。至今犹疑满纸血泪，不敢多读。（《古文评注》卷七）

【国子助教河东薛君墓志铭】

茅坤 誉而讽。（《唐宋八大家文钞·韩文公文钞》卷十五）

储欣 写射咄咄欲活，未知读《史记·李将军传》之快，视此何如？茅鹿门评云“誉而讽”。余谓前务奇，后益弃奇，非德不恒也。少气高，而年加长，见事多，则气渐平耳。志正称其进德处，奚其讽？（《唐宋十大家全集录·昌黎先生全集录》卷五）

【试大理评事王君墓志铭】

黄震 以怪文状强士，极可观。（《黄氏日钞》卷五十九）

林云铭 “怀奇负气”四字，是王君一生本领，逐段以此作线。……篇中叙事，错落可喜，而铭词复峭拔古奥，诚昌黎得意妙文。（《韩文起》卷十一）

张伯行 叙事奇崛，其刻画琐细处，使人神彩踊跃，全是太史公笔法，铭词尤古奥，后人无从著手。（《唐宋八大家文钞》卷三）

张裕钊 寓嫖姚俶傥之慨于谲绝奇宕之中，其间翩若惊鸿处，往往使读者洒悚欲绝。（《古文辞类纂》卷四十二）

【贞曜先生墓志铭】

林云铭 较之他篇，另是一格。若文之佳，惟中间叙为诗一段，是公本色。前后古质处，直逼周、秦。此等文字，当在笔墨外寻其气味，愈读愈见其高。（《韩文起》卷十一）

沈德潜 无事业，故叙其行之贞与诗之可

传,而东野已传矣。句削字炼,此公极用意文。(《唐宋八家古文读本》卷六)

【唐故监察御史卫府君墓志铭】

茅坤　志中无他述,独指采药煮黄金一事,文旨自澹宕隽永。(《唐宋八大家文钞·韩文公文钞》卷十四)

储欣　其才可用,其惑不可解。文殆借以垂教,而属辞多辟。(《唐宋十大家全集录·昌黎先生全集录》卷六)

【南海神庙碑】

苏轼　退之仙人也,游戏于斯文。谈笑出伟奇,鼓舞南海神。(《东坡后集》卷三《顷年杨康功使高丽还奏乞立海神庙》)

林云铭　题是《南海神庙碑》,文却是孔公重修碑记。不但记重修一事,且纯是孔公广州德政碑也。……若文之佳,以排山倒海之力,济以敲金戛玉之韵,尤不易得也。(《古文析义》初编卷五)

刘大櫆　昌黎文集大成,此文以所得于相如、子云者为文,故叙祠祀而《子虚》、《上林》、《甘泉》、《羽猎》之体奔赴腕下,富丽雄奇,极才人之能事,当属碑文第一。(《古文辞类纂》卷四十)

林纾　古丽处,不惟李华不能及,即子厚亦当却步。……此等题目,不值如许张皇,然昌黎具有神力,遂成巨制。(《韩柳文研究法·韩文研究法》)

【柳州罗池庙碑】

邵博　楚词文章,屈原一人耳。宋玉亲见之,尚不得其仿佛,况其下者,惟退之《罗池词》可方驾以出。(《邵氏闻见后录》卷十四)

林纾　昌黎平日深贬佛、老之事,而此碑忽言幽冥灵迹,不能不棘时眼,实则就文论文,佳处自在。此文幽峭颇近柳州,如"天幸惠仁侯,若不化服,我则非人",此三语,纯乎柳州矣。(《韩柳文研究法·韩文研究法》)

吴闿生　此文哀子厚之穷死,因柳人之尊祀,而藉以发其不平,意旨具在言外。而文字矜庄凝练,声调色采,俊朗高骞,与公平日雕琢险怪之体有别。(《古文范》卷三)

【柳子厚墓志铭】

储欣　有抑扬隐显不失实之道,有朋友交游无限爱惜之情,有相推以文墨之意,即令先生自第所作墓志,亦当压卷此篇。(《唐宋十大家全集录·昌黎先生全集录》卷六)

过珙　于叙事中夹入议论,曲折淋漓,绝类史公伯夷、屈原二传。(《古文评注》卷七)

刘大櫆　柳州之政止载一事,而于其交友文章反复感叹,淋漓生色。(《古文辞类纂》卷四十二)

章懋勋　妙在说子厚始进时极斟酌,得罪处极含蓄,废弃后极勤敏,真瑜瑕不掩,绝不为子厚讳,就有无限淋漓处。……行文之妙,真绾束有法,感慨有情。而子厚之心事,子厚之定案,皆著之于笔端,昌黎可称千古知己矣。(《古文析观解》卷五)

【殿中少监马君墓志】

程端礼 笔如神龙变化，莫测其妙。（《昌黎文式》卷二前集下卷）

金人瑞 殿中君生平事迹略无可书，却无端忽牵连其祖、子、孙三世，写出一段情事婉约，悲叹淋漓，真无中生有之笔。（《批才子古文》卷十一）

方苞 他无可述，故独载死生离合之迹。（《古文辞类纂》卷四十一）

王符曾 将祖父来夹说，斗成异样花样，此文家善于设色处。至其局阵之奇，几疑出自先秦人手。（《古文小品咀华》卷三）

【南阳樊绍述墓志铭】

吕本中 欧阳公谓退之为《樊宗师墓志》便似樊文，其始出于司马子长为《长卿传》如其文。惟其过之，故兼之也。（《童蒙诗训·韩愈学习司马迁》）

李淦 退之志樊绍述，其文似樊绍述，志子厚，其文似子厚。春蚕作茧，见物即成性，极巧。（《文章精义》四六）

林云铭 此自首至尾，步步倒写文字也。读来却是一气呵成文字，不可以常格论。盖因绍述为文，必自己出，故意别创出此一格耳。（《韩文起》卷十二）

陈衍 谓樊文为不剽贼则可，谓“文从字顺”则不可。论韩文者，必曲为之词，无当也。樊好奇，韩亦好奇，震樊之奇，不能不赞美之。（《石遗室论文》卷四）

【故幽州节度判官赠给事中清河张君墓志铭】

王安石 退之善为铭，如《王適》、《张彻》铭尤奇也。（《古文辞类纂》卷四十二）

沈德潜 中一段凛凛有生气，何减太史公。铭辞古奥，亦韩公独创此格。（《唐宋八家古文读本》卷六）

张裕钊 介甫论韩文惟王適、张彻墓志最奇。王文叙事作意立间架实从此二篇脱化，而未能自然，所以未及退之。（《古文辞类纂》卷四十二）

【故太学博士李君墓志铭】

茅坤 公志李君而独撮其服泌药一事，以为世诫，亦变调也。（《唐宋八大家文钞·韩文公文钞》卷十五）

林纾 昌黎集中，铭墓之文多于他文。其最奇者，无如《故太常博士李君墓志铭》，中述博士服丹沙死，其下乃大发议论，极诋服食之弊，历引……皆以药死。合李君之死，用为世诫。（《韩柳文研究法·韩文研究法》）

【毛颖传】

刘昫 愈所为文，务反近体，抒意立言，自成一家新语。……又为《毛颖传》，讥戏不近人情，此文章之甚纰缪者。（《旧唐书·韩愈传》）

叶梦得 此本南朝俳谐文驴九锡、鸡九锡之类而小变之耳。俳谐文虽出于戏，实以讥切当世封爵之滥。而退之所致意，亦正在“中书君老”不任事、“今

不中书”等数语。不徒作也。(《避暑录话》卷下)

王慎中　通篇将无作有,所谓以文滑稽者。赞论尤高古,直逼马迁。(《唐宋八大家文钞·韩文公文钞》卷八)

李扶九 黄仁黼　通体全是寓言。主意在不任吾用而犹自谓尽心,则颖之无负于秦,秦之少恩于颖,自在言外。……至其结构细密,笔情轩爽,尤不得仅目为游戏文字。(《古文笔法》卷五写照)

林纾　《毛颖传》为千古奇文,旧史讥之,而柳宗元则倾服至于不可思议。文近《史记》,然终是昌黎真面,不曾片语依傍《史记》。(《韩柳文研究法·韩文研究法》)

【送穷文】

黄庭坚　《送穷文》盖出于扬子云《逐贫赋》,制度始终极相似。而《逐贫赋》文类俳,至退之亦谐戏,而语稍庄,文采过《逐贫》矣。(《谷山题跋》卷四)

谢榛　扬子云《逐贫赋》曰:……此作辞虽古老,意则鄙俗,其心急于富贵,所以终仕于新莽,见笑于穷鬼多矣。韩昌黎作《送穷文》,其文势变化,辞意平婉,虽言送而复留。(《四溟诗话》卷四)

郭正域　《上宰相书》鸣之执政而不得,《进学解》托之门徒而不畅,此又质之鬼神矣。善写悲愤,可以怨者也。(《韩文杜律·韩文》)

吴闿生　公以游戏出之,而浑穆庄重,俨然高文典册,尤为大难。(《古文范》卷三)

【鳄鱼文】

郭正域　韩公前身当从神道中来,其精神通鬼神而走风雷。(《韩文杜律·韩文》)

蔡世远　公至末年,道气益壮厉,文益雄擅,读此可见。(《古文雅正》卷八)

朱宗洛　文势一路追逼而下,末一段如万弩齐发,一时措手不及光景,真觉异样奇观。(《古文一隅》卷中)

曾国藩　文气似《谕巴蜀檄》。彼以雄深,此则矫健。(《求阙斋读书录》卷八)

【论佛骨表】

陈善　韩文公《论佛骨表》,其说始于傅奕。奕言……愈特敷衍其辞耳。(《扪虱新话》卷二)

储欣　韩文公以谏佛骨表穷,亦以谏佛骨表争光二曜。(《唐宋十大家全集录·昌黎先生全集录》卷八)

沈德潜　词严义正,千载下尚有生气。(《唐宋八家古文读本》卷二)

蔡世远　无《原道》一篇,不见韩公学问;无《佛骨》一表,不见韩公气节。(《古文雅正》卷八)

赵翼　《谏佛骨》一表,尤见生平定力。然平日所往来,又多二氏之人。……不知昌黎正欲借此以畅其议论。(《瓯北诗话》卷三)

林纾　昌黎《论佛骨》一表,为天下之至文,直臣之正气。(《韩柳文研究法·韩文研究法》)

【潮州刺史谢上表】

欧阳修 每见前世有名人,当论事时,感激不避诛死,真若知义者。及到贬所,则戚戚怨嗟,有不堪之穷愁形于文字,其心欢戚无异庸人。虽韩文公不免此累。(《欧阳文忠公文集》卷六十七《与尹师鲁第一书》)

储欣 韩公专精神致志虑之作,气盛思精,字镕句炼,天地间有数文字。(《唐宋十大家全集录·昌黎先生全集录》卷八)

颜元 表中便盈幅媚气,与《送穷文》相表里,文公所以为文人之雄,非圣贤骨力也。(《习斋记余》卷六《评潮州谢表》)

何焯 篇中并无乞怜,只自伤耳。(《义门读书记》昌黎集第四卷)

刘大櫆 通篇硬语相接,雄迈无匹,是昌黎能事。(《古文辞类纂》卷十六)

柳宗元文

【瓶 赋】

苏轼 汉黄门郎扬雄作《酒箴》,以讽谏成帝。……或曰:柳子厚《瓶赋》拾《酒箴》而作。非也。(《苏轼文集·苏轼佚文汇编》卷五《书柳文瓶赋后》)

何焯 子云《酒箴》正言若反也。(《义门读书记》河东集第一卷)

【牛 赋】

何焯 东坡书此亦以讥切当世用事者,不独喻岭表也。(《义门读书记》河东集第一卷)

柳愚 赋四字为句,起于子云《逐贫》,次则中郎《青衣》、子建《蝙蝠》,唐则柳州《牛赋》,元则袁桷《淳赋》是也。(《复小斋赋话》卷下)

【封建论】

吕祖谦 此是铺叙间架法。(《古文关键》上卷)

真德秀 此篇间架宏阔,辩论雄俊,真可为作文之法。(《古文辞类纂》卷二)

茅坤 一篇强词悍气,中间段落却精爽,议论却明确,千古绝作。(《唐宋八大家文钞·柳柳州文钞》卷八)

李贽 柳宗元文章识见议论,不与唐人班行者,《封建论》卓且绝矣,其为叔文等所奇待也宜。(《藏书》卷三十九《儒臣传·词学儒臣·柳宗元》)

林纾 《封建》一论,为古今至文,直与《过秦》抗席。(《韩柳文研究法·柳文研究法》)

【晋文公问守原议】

金人瑞 不遗余力之文,全篇中多作倒注之笔,最难学。若学得,最是好看。(《批才子古文》卷十二)

储欣 意议层出,他人为之累幅矣。(《唐宋十大家全集录·河东先生全集录》卷一)

沈德潜 文极严谨,森然法戒。前人谓借晋文之失,以讽当时宦者之祸,按时势诚有之。唐不以此鉴,后日甘露、白马之变,所以迭兴也。(《唐宋八家古文读本》卷七)

【驳复仇议】

吴楚材 吴调侯　看叙起"手刃父仇,束身归罪"八字,便见得宜旌不宜诛。中段是论理,故作两平之言。后段是论事,故作侧重之语。引经据典,无一字游移,乃成铁案。(《古文观止》卷九)

过珙　只"旌诛莫得而并"一句,便已驳倒。以下设为两段议论,深明旌诛所以不可并处,更明白痛快,萧、曹恐无此卓识。(《古文评注》卷七)

刘大櫆　子厚此等文,虽精悍,然失之过密,神气拘滞,少生动飞扬之妙,不可不辨。(《古文辞类纂》卷十六)

曾国藩　柳子厚此议最为允当。(《求阙斋读书录》卷八)

【桐叶封弟辩】

吕祖谦　此篇文字,一段好如一段。大抵做文字,须留好意思在后,令人读一段好一段。(《古文关键》上卷)

唐顺之　此篇与《守原议》、《封建论》三篇,所谓大篇短章,各极其妙。(《文编》卷三十九)

茅坤　此等文并严谨,移易一字不得。(《唐宋八大家文钞·柳柳州文钞》卷八)

吴楚材 吴调侯　前幅连设数层翻驳,后幅连下数层断案,俱以理胜,非尚口舌便便也。读之反复重叠愈不厌,如眺层峦,但见苍翠。(《古文观止》卷九)

吕留良 吕葆中　辩难文字,如抽茧丝,绪尽乃止。其间用笔有起倒,有擒纵;势有顺逆,有崄易;一篇之中有数转,一转之中有几折。初学熟此,自无平曼之病矣。(《晚村精选八大家古文》柳文)

【唐故特进赠开府仪同三司扬州大都督南府君睢阳庙碑并序】

黄震　记南霁云也。然一句一事,始终属对,全似韩、柳未出时文体,与子厚他文不类,当是少年作。(《黄氏日抄》卷六十)

储欣　子厚晚年痛除夙习,出拔骈俪,状段太尉逸事,咄咄如生,不应于南公乃有此作。然末段沉雄,又非少时可及。陈明卿曰:规模燕、许,文又一格也。(《唐宋十大家全集录·河东先生全集录》卷一)

【段太尉逸事状】

邵博　柳子厚书段太尉逸事:"解佩刀,选老躄者一人,持马至郭晞门下。甲者出,太尉笑且入,曰:'吾戴吾头来矣。'"宋景文修《新书》,曰:"吾戴头来矣"。去一"吾"字,便不成语。言戴头来者,果何人之头耶?(《邵氏闻见后录》卷十四)

沈德潜　凡逸事三:一写其刚正,一写其慈惠,一写其清节,段段如生。至于以笏击贼,此致命大节,人人共喻,不虑史官之遗也。(《唐宋八家古文读本》卷九)

孙琮　此篇叙太尉三逸事,截然是三段文字。第一段写太尉以勇服王子晞,便写得千人辟易,一军皆惊。第二段写太尉以仁愧焦令谌，便写得慈祥恺悌，不是煦煦之仁。第三段写太尉以廉服朱泚，便写得从容辞让，不是孑孑之义。末幅证献状之不谬，笔墨疏朗，不下史迁作法。（《山晓阁选唐大家柳柳州全集》卷四）

林纾　与昌黎《张中丞传后叙》，均洋洋有生气，皆良史之才也。（《韩柳文研究法·柳文研究法》）

【先侍御史府君神道表】

储欣　用先世著作为经，以缀属显晦升降事迹为纬，其气象若庙朝之上鹓班鹭序，肃肃雝雝，《太史公自序》后独辟蹊径。（《唐宋十大家全集录·河东先生全集录》卷二）

【愚溪对】

何焯　中间颇指斥举错倒谬，则后之所谓己之愚者，无非所遭之不幸，非其罪也。然稍乖敦厚。（《义门读书记》河东集第一卷）

孙琮　就溪神设为问答，读者觉得溪神之词长，柳州之词短。溪神之词长，故可尽其牢骚；柳州之词短，故不能罄其郁勃。屈子泽畔行吟，柳州愚溪问答，千古同慨。（《山晓阁选唐大家柳柳州全集》卷四）

【对贺者】

张伯行　子厚既遭贬斥，知戚戚之无用，而姑为浩浩以自排遣耳。故自道其真情而无所饰如此。（《唐宋八大家文钞》卷四）

何焯　笔语自妙。（《义门读书记》河东集第一卷）

孙琮　《解嘲》、《宾戏》等文，古无此体，而倡为之，独绝千古，此文其遗意也。坚栗淡俏，笔不能繁，而思独苦。子瞻云言止而意不尽，可移赠此文。（《山晓阁选唐大家柳柳州全集》卷四）

【答　问】

黄震　《答问》及《起废答》，自伤不复用。（《黄氏日抄》卷六十）

林纾　《答问》及《起废答》，皆解嘲语。《答问》之文不及《进学解》之恢张。《起废答》略趣，然骂世太酷，文语语皆柳州本色，惟忸于数见，故亦平易视之。（《韩柳文研究法·柳文研究法》）

【起废答】

储欣　十年不复，不及躄僧病马之有遭，言何衰也。此虽小文，亦入西汉。（《唐宋十大家全集录·河东先生全集录》卷三）

【鹘　说】

茅坤　柳子疾世之获其利而复挤之死者，故有是文，亦可以刺世矣。（《唐宋八大家文钞·柳柳州文钞》卷八）

林纾　《鹘说》主报施言，正意尚不吐露。（《韩柳文研究法·柳文研究法》）

【捕蛇者说】

吕祖谦　感慨讥讽体。（《古文关键》

上卷）

沈德潜　前极言捕蛇之害，后说赋敛之毒，反以捕蛇之乐形出，作文须如此顿跌。（《唐宋八家古文读本》卷七）

孙琮　只就“苛政猛于虎”一语，发出一篇妙文。中间写悍吏之催科，赋役之烦扰，十室九空，一字十泪，中谷哀鸣，莫尽其惨。……一片悯时深思，忧民至意，拂拂从纸上浮出，莫作小文字观。（《山晓阁选唐大家柳柳州全集》卷四）

朱宗洛　作者意中，先有“苛政猛于虎”句，因借捕蛇立说，想出一“毒”字，为通篇发论之根。（《古文一隅》卷中）

余诚　“永州”三段是言蛇之毒，“予悲”三段是言赋敛之毒甚是蛇。言蛇之毒处说得十分惨，则言赋敛之毒甚是蛇处更惨不可言。文妙在将蛇之毒及赋敛之毒甚是蛇，俱从捕蛇者口中说出。末只引孔子语作证，用“孰知”句点眼。在作者口中，绝无多语。立言之巧，亦即结构之精。末说到俟“观人风者得焉”，足见此说关系不小。（《古文释义》卷八）

【谪龙说】

储欣　柳文于凡寓言，每用一语见本意，冷绝峭绝。（《唐宋十大家全集录·河东先生全集录》卷三）

林纾　重要在“非其类而狎其谪”句。想公在永州，必有为人所侵辱者。文亦浅显易读。（《韩柳文研究法·柳文研究法》）

【罴　说】

何焯　总领三句甚健。（《义门读书记》河东集第一卷）

林纾　在“不善内而恃外”句，与《谪龙说》同。似信手拈来，得此句后，始足成全文者。（《韩柳文研究法·柳文研究法》）

王符曾　此百炼精金也。不愧与韩并驾，中、晚以后绝响矣。（《古文小品咀华》卷三）

【观八骏图说】

储欣　从骏图引入圣人，双股开合，亦一法。（《唐宋十大家全集录·河东先生全集录》卷三）

沈德潜　只尧、舜与人同意，借骏图说入圣人，剥去异说，独标正论，笔力矫然。（《唐宋八家古文读本》卷七）

孙琮　只就马之无异，说出圣人无异。前幅叙出两段世人好异，中幅从马类推八骏，从人类推圣人，俱见得无异。妙在后幅，说圣人骏马无异处，写作两段，两段又分作四段，正说反结，反说正结，令读者但见其曲折不穷，忘其反正生生之妙。（《山晓阁选唐大家柳柳州全集》卷四）

【种树郭橐驼传】

黄震　戒烦苛之扰。（《黄氏日抄》卷六十）

金人瑞　纯是上圣至理，而以寓言出之。颇疑昌黎未必有此。（《批才子古文》卷十二）

吴楚材 吴调侯 前写橐驼种树之法，琐琐述来，涉笔成趣，纯是上圣至理，不得看为山家种树方。末入官理一段，发出绝大议论，以规讽世道。守官者当深体此文。（《古文观止》卷九）

过珙 借种树以喻居官，与《捕蛇者说》同一机轴。（《古文评注》卷七）

朱宗洛 变化伸缩，则题意自达，不犯纠缠敷衍之病矣。处处朴老简峭，在柳集中应推为第一。（《古文一隅》卷中）

【童区寄传】

储欣 事奇文奇，一结有拔山之勇。（《唐宋十大家全集录·河东先生全集录》卷三）

沈德潜 此即事传事，与《梓人》、《宋清》、《郭橐驼》诸传别有寄托者异也。简老明快，字字飞鸣，词令亦复工妙。（《唐宋八家古文读本》卷九）

孙琮 事奇、人奇、文奇。叙来简老明快，在柳州集中，又是一种笔墨。即语史法，得龙门之神。（《山晓阁选唐大家柳柳州全集》卷四）

【梓人传】

黄震 喻为相者之道也。文字宏阔。（《黄氏日抄》卷六十）

沈德潜 结构精严，无一懈笔。题用譬喻，不须说出正义，令人言外思之，此则六义之比体也。先喻后正，而透发正义处，层层回抱前文。文各有体，不得以太尽议之。（《唐宋八家古文读本》卷九）

林云铭 是篇借梓人能知体要，痛发其通于相业。段段回应，井井曲尽。文中亦有规矩绳墨者，史称其善于文，且以是篇与《郭橐驼传》，均赞其文之有理。洵不易之评矣。（《古文析义》二编卷六）

李扶九 黄仁黼 一梓人耳，看出宰相之道来，小中见大，识解高卓，笔力劲健，无怪韩、柳并称也。其作意，大抵规时相耳，亦有自命之意。（《古文笔法》卷四借影）

【蝜蝂传】

黄震 讥贪者。（《黄氏日抄》卷六十）

何焯 颇峭洁，而无甚高之论。（《义门读书记》河东集第一卷）

吴德旋 柳文如《宋清传》、《蝜蝂传》等篇，未免小说气……所谓小说气，不专在字句。有字句古雅，而用意太纤太刻，则亦近小说。（《初月楼古文绪论》二五）

王符曾 偶尔游戏之笔，然力追龙门而奴视兰台，所以久传。（《古文小品咀华》卷三）

【乞巧文】

茅坤 其文与昌黎之《送穷》相上下，而所占地位下一格。（《唐宋八大家文钞·柳柳州文钞》卷十）

储欣 非自忏，实自颂也。雕刻世态，剧于《送穷》。（《唐宋十大家全集录·河东先生全集录》卷三）

林纾 意本解嘲，而体则祭祀；事属儿女，而语则牢骚。（《韩柳文研究法·柳

文研究法》）

【憎王孙文并序】

朱熹　晁氏曰：《憎王孙文》者，柳宗元之所作也。《离骚》以虬龙鸾凤托君子，以恶禽臭物指谗佞，而宗元仿之焉。（《楚辞后语》卷五《憎王孙文第四十四》）

储欣　辞可唱叹，骚味尤深。（《唐宋十大家全集录·河东先生全集录》卷三）

林纾　幽渺峭厉，能曲状小物，皆尽其致。（《韩柳文研究法·柳文研究法》）

【哀溺文并序】

储欣　柳先生以骚词发抒愤懑，而教戒愚焉，盖三百篇之遗也。其可录者最多，而《哀溺》、《招贾》其卓卓尤著者。（《唐宋十大家全集录·河东先生全集录》卷三）

林纾　与《蝜蝂传》同一命意。然柳州每于一篇寓言之中，必有一句最有力量、最透辟者镇之。……序之结尾，即曰："得不有大货之溺大氓者乎！"语极沉重，有关系。（《韩柳文研究法·柳文研究法》）

【吊屈原文】

储欣　当与贾太傅并驰，而所见似出太傅上。（《唐宋十大家全集录·河东先生全集录》卷三）

林纾　文中但叙屈原之被谗怀忠而死，极力搬演，似无甚意味。以永、邵二州，皆宜浮湘，似为谪官应有文字耳。（《韩柳文研究法·柳文研究法》）

【伊尹五就桀赞】

何孟春　柳宗元作《伊尹五就桀赞》，而苏子瞻非之，谓宗元意欲以此自解其从王叔文之罪也。宗元非其人矣。（《余冬叙录》卷四十五）

茅坤　尹之五就桀处，尹知之，吾不能言之。然而子厚揣摩亦绰有入思致处。（《唐宋八大家文钞·柳柳州文钞》卷九）

【敌　戒】

储欣　诸箴此为第一。（《唐宋十大家全集录·河东先生全集录》卷三）

【三戒并序】

孙琮　读此文，真如鸡人早唱，晨钟夜警，唤醒无数梦梦。妙在写麋、写犬、写驴、写虎、写鼠、写某氏，皆描情绘影，因物肖形，使读者说其解颐，忘其猛醒。（《山晓阁选唐大家柳柳州全集》卷四）

林纾　子厚《三戒》，东坡至为契赏。然寓言之工，较集中寓言诸作为冷隽。不作详尽语，则讽喻亦不至漏泄其意，使读者无复余味。（《韩柳文研究法、柳文研究法》）

王符曾　合观三则，随物赋形，尽态极妍，闯入史迁之室矣。（《古文小品咀华》卷三）

【舜禹之事】

王应麟　《舜禹之事》《谤誉》《咸宜》三篇，晏元献云恐是博士韦筹作。（《困学

纪闻》卷十七《柳州文可疑诸篇》)

何焯　《舜禹之事》《谤誉》此二篇颇可观,乃法韩、李者,其不出柳子,决也。(《义门读书记》河东集第二卷)

【谤　誉】

茅坤　较之昌黎《原毁》文当退一格,然亦多隽辞。(《唐宋八大家文钞·柳柳州文钞》卷十)

金人瑞　不过只是"乡人之善者好之"二句意,看他无端变出如许层折,如许转接,如许幽秀历落。(《批才子古文》卷十二)

【咸　宜】

储欣　亦双排说去,而突兀峭悍,剑戟森然。(《唐宋十大家全集录·河东先生全集录》卷三)

何焯　爽朗。(《义门读书记》河东集第三卷)

【鞭　贾】

何焯　此文何味之有?不作也可。(《义门读书记》河东集第二卷)

林纾　《鞭贾》一篇,子厚盖借以讽空空于内者。……然命题既仄,而鞭之内空外泽,又至难写。子厚偏于仄题中,能曲绘物状,匪一不肖,不惟笔妙,亦体物工也。(《韩柳文研究法·柳文研究法》)

【读韩愈所著毛颖传后题】

储欣　韩传柳题,犹伯牙鼓琴,钟期听之,宜其踊跃赏叹,不遗余力也。(《唐宋十大家全集录·河东先生全集录》卷三)

孙琮　此篇前后有前后妙处,中间有中间妙处。前幅一起,独表韩文一段,痛扫世人一段,已是写得出色。……(《山晓阁选唐大家柳柳州全集》卷三)

【杨评事文集后序】

茅坤　览此序,亦可见古之欲兼诗与文而并盛者,亦世所难,而况吾曹乎!(《唐宋八大家文钞·柳柳州文钞》卷五)

何焯　后序,故起处但述其制作所诣。此篇多法《艺文志》以为词,然稍濬彦和而清之尔,未及于古也。(《义门读书记》河东集第二卷)

【送薛存义序】

吕祖谦　虽句少,极有反复。(《古文关键》上卷)

谢枋得　章法、句法、字法皆好,转换关锁,紧严优柔,理长而味永。(《文章轨范》卷五)

金人瑞　无多十数句,看其笔势,如蛇夭矫不就捕。(《批才子古文》卷十二)

沈德潜　前规后颂,颂不忘规,牧民者宜铭座右。(《唐宋八家古文读本》卷八)

朱宗洛　文不论长短,必须有生龙捉不住光景,乃能以我之灵机,鼓动阅者。但从来灵机活泼之文,未有不于用笔间变化入神者。……细玩通篇,总是

一擒一纵，故能伸缩如意，其转换处，亦变化不测。（《古文一隅》卷中）

林纾　唯《送薛存义之任序》，真朴有理解，甚肖近来所称为公仆者。其言曰：“凡吏于上者……黜罚之矣。”文虽直起直落，无回旋渟滀之工，但一段名言，实汉、唐、宋、明诸老所未能跂及者。柳州见解，可云前无古人。（《韩柳文研究法·柳文研究法》）

【送从弟谋归江陵序】

储欣　彼此相形，一气转旋，甚悲宕。（《唐宋十大家全集录·河东先生全集录》卷四）

孙琮　此篇妙在处处写出天性至情。……反复写来，天性至情人，活活画出。而文之激扬反复，沈郁顿挫已极，毫发无遗憾矣。（《山晓阁选唐大家柳柳州全集》卷二）

【愚溪诗序】

林云铭　本是一篇诗序，正因胸中许多郁抑，忽寻出一个“愚”字，自嘲不已，无故将居山水尽数拖水浑水中，一齐嘲杀。而且以是溪当得是嘲，己所当嘲，人莫能与。反复推驳，令其无处再寻出路。然后以溪不失为溪者，代溪解嘲；又以己不失为己者，自为解嘲。转入作诗处，觉溪与己同归化境。其转换变化，匪夷所思。（《古文析义》初编卷五）

吴楚材 吴调侯　通篇就一“愚”字，点次成文。借愚溪自写照，愚溪之风景宛然，自己之行事亦宛然，前后关合照应，异趣沓来，描写最为出色。（《古文观止》卷九）

过珙　不过借一“愚”字，发泄胸中郁抑，故将山水亭堂咸以愚辱焉。词委曲而意深长。（《古文评注》卷七）

李扶九 黄仁黼　通篇就一“愚”字点染成文，写景历历在目，趣极；而末后仍露身分，景中人，人中景，是二是一，妙极。（《古文笔法》卷一就题字生情）

【序　棋】

唐顺之　推究物理，精巧之文。（《文编》卷五十三）

茅坤　此序与《序饮》，并澹宕可诵。（《唐宋八大家文钞·柳柳州文钞》卷五）

孙琮　只就棋上寓言，发出一段感慨。……后幅一段，尤写得淋漓慷慨。调侃世人不少，期望世人亦不少。（《山晓阁选唐大家柳柳州全集》卷二）

【送僧浩初序】

金人瑞　通篇如与退之辩难，殊不知都是凭空起波。前“嗜浮图言”“与浮图游”二句，如棋之势子；中二大幅，如下棋；后入浩初，如棋劫也。（《批才子古文》卷十二）

储欣　柳长于辨，一带辨击，即剑拔弩张，锋不可犯。（《唐宋十大家全集录·河东先生全集录》卷四）

陈天定　佛法金汤，总不出此数言。文品特峭洁。（《古今小品》卷二）

【永州韦使君新堂记】

金人瑞　逐段写地，写人，写起工，写毕

工，乃至写筵客起贺，皆一定自然之法度。奇亦特在起笔，斗地作二反一落，如槎桠怪树，不是常观也。（《批才子古文》卷十二）

吴楚材 吴调侯 只要表章韦使君开辟新堂之功，先说一段名胜之难得，又说一段旧址之荒秽，以起韦公于政理之暇新之，所以为有功。末特开一议，见新堂煞甚关系，是记中所不可少。（《古文观止》卷九）

沈德潜 起手陡然而来，倚天拔地，后段推到政治上。为刺史作记，自应有此一番议论，非谀之，乃规之也。中有用韵语，有雕琢语，独推作者擅长。（《唐宋八家古文读本》卷八）

过珙 疏数偃仰，变态百出。叙荒芜处便似个荒芜境界，叙修洁处便似个修洁境界。于堂记而寓箴规，斯文仅焉。（《古文评注》卷七）

【永州崔中丞万石亭记】

茅坤 崔公既搜奇抉胜，而子厚之文亦如此。（《唐宋八大家文钞·柳柳州文钞》卷七）

储欣 状物之精，化工在手。（《唐宋十大家全集录·河东先生全集录》卷四）

孙琮 前幅记石记亭，写出石之奇怪，亭之名胜，真是千态万状，令人骇目。后幅就命亭之义，生出波澜，又是无中生有，真是善颂善祷。（《山晓阁选唐大家柳柳州全集》卷三）

吴汝纶 此子厚有意抚拟退之《燕喜亭记》者。“抉其穴”云云，排偶习气未尽除。（《古文辞类纂》卷五十二）

【连山郡复乳穴记】

唐顺之 叙事奇，而束处有力。（《文编》卷五十五）

吕留良 吕葆中 读此可识作文争上流法。（《晚村精选八大家古文》柳文）

储欣 三层立局，祥不祥，飞动有谲趣。（《唐宋十大家全集录·河东先生全集录》卷四）

沈德潜 “以政不以怪”一语，可以塞千古言祥瑞者之口，知合浦珠还，亦此意也。行文谲矣，而一归于正。（《唐宋八家古文读本》卷八）

林纾 中有“连之人告尽者五载”，则乳穴当在连山郡，不在零陵。……文无他长，专在用字造句。……音节既古，笔尤狡谲。（《韩柳文研究法·柳文研究法》）

【永州龙兴寺息壤记】

储欣 题跋体，笔力如铁。（《唐宋十大家全集录·河东先生全集录》卷四）

常安 本不信有此理，妙只以淡宕出之。（《古文披金》卷十四柳文）

【永州铁炉步志】

唐顺之 转处妙。（《文编》卷五十五）

储欣 其有所讽乎？（《唐宋八大家类选》卷十）

【游黄溪记】

王应麟 《游黄溪记》仿太史公《西南夷传》，皇甫湜《悲汝南子桑》仿《庄子·

天运》，皆奇作也。（《困学纪闻》卷十七）

方苞　子厚诸记，以身闲境寂，又得山水以荡其精神，故言皆称心，探幽发奇，而出之若不经意。（《古文辞类纂》卷五十二）

刘大櫆　山水之佳，必奇峭，必幽冷，子厚得之以为文，琢句炼字，无不精工。古无此调，子厚创为之。（《古文辞类纂》卷五十二）

沈德潜　游黄溪不过十余里，却写得如千岩万壑，幽深、峭邃、平远，无境不备。手有化工，不同画笔。（《唐宋八家古文读本》卷八）

林纾　《黄溪》一记，为柳州集中第一得意之笔，虽合荆、关、董、巨四大家，不能描而肖也。（《韩柳文研究法·柳文研究法》）

【始得西山宴游记】

吕留良 吕葆中　摹写始得之趣。（《晚村精选八大家古文》柳文）

林云铭　全在"始得"二字着笔，语语指画如画。千载而下，读之如置身于其际。非得游中三昧，不能道只字。（《古文析义》初编卷五）

何焯　中多寓言，不惟写物之工。（《义门读书记》河东集第二卷）

沈德潜　从"始得"字着意，人皆知之。苍劲秀削，一归元化，人巧既尽，浑然天工矣。此篇领起后诸小记。（《唐宋八家古文读本》卷九）

汪基　生意始得，顿觉耳目一新。摹写情景入化，画家所不到。（《古文喈凤新编》）

陈天定　以幽为光，以瘦为润，作游记须让此等笔。（《古今小品》卷六）

【钴鉧潭记】

常安　最善刻画。西山八记，脉络相通，若断若续。合读之，更见其妙。（《古文披金》卷十四柳文）

孙琮　此篇第一段叙潭中形势，第二段叙士人鬻潭，第三段叙己增置。妙在第一段中，写"清而平者且十亩"一句，便是描写尽此潭。第三段中，写"中秋观月为宜"，便是赏鉴尽此潭。结处乐居而忘故土一句，便是知己尽此潭。笔墨之间，声情倍至。（《山晓阁选唐大家柳柳州全集》卷三）

【钴鉧潭西小丘记】

林云铭　子厚游记，篇篇入妙，不必复道。此作把丘中之石，及既售得之后，色色写得生活，尤为难得。末段以贺兹丘之遭，借题感慨，全说在自己身上。……读者当于言外求之。（《古文析义》初编卷五）

吴楚材 吴调侯　前幅平平写来，意只寻常，而立名造语，自有别趣。至末从小丘上发出一段感慨，为兹丘致贺。贺兹丘，所以自吊也。（《古文观止》卷九）

朱宗洛　凡前后呼应之笔，皆文章血脉贯通处。然要周匝，又要流动，要自然，又要变化，此文后一段可法。（《古文一隅》卷中）

陈衍　"嵚然相累"四句，状潭处向上向下之石，工妙绝伦。殆即从《无羊》诗“或降于阿，或饮于池”名句悟出。后“清泠之状”四句，与此相映带，用《考工记》“进于马谋，退与人谋”句法，可谓食古能化。(《石遗室论文》卷四)

【至小丘西小石潭记】

杨慎　柳子厚《小石潭记》：“潭中鱼可百许头，皆空游无所依。”此语本之郦道元《水经注》：“渌水平潭，清洁澄深，俯视游鱼，类若乘空。”(《丹铅总录》卷十八诗话类)

沈德潜　记潭中鱼数语，动定俱妙。后全在不尽，故意境弥深。(《唐宋八家古文读本》卷九)

林纾　一小小题目，至于穷形尽相，物无遁情，体物直到精妙地步矣。“潭西南而望，斗折蛇行，明灭可见。”此中不必有路，特借之为有余不尽之思。至“竹树环合，寂寥无人”，文有诗境，是柳州本色。(《韩柳文研究法·柳文研究法》)

陈衍　极短篇，不过百许字，亦无特别风景可以出色，始终写水竹凄清之景而已。而前言“心乐”，中言潭中鱼与游者相乐，后“凄神寒骨”，理似相反，然乐而生悲，游者常情。……其写鱼云：“潭中鱼……往来翕忽。”工于写鱼，工于写水之清也。(《石遗室论文》卷四)

【袁家渴记】

苏轼　“每风自四山而下，……蓊葧香气。”柳子厚、刘梦得皆善造语，若此句殆入妙矣。(《东坡题跋》卷二《书子厚梦得造语》)

沈德潜　记水、记山、记石、记树、记草，无不入妙。尤在记风一段，共九句，凡性情形势，往来动定，一一俱备，可云化工。(《唐宋八家古文读本》卷九)

常安　以精细之心得之，以太公之心传之。(《古文披金》卷十四柳文)

孙琮　读袁家渴一记，只如一幅小山水，色色画到。其间写水，便觉水有声；写山，便觉山有色；写树，便觉枝干扶疏；写草，便见花叶摇曳。真是流水飞花，俱成文章者也。(《山晓阁选唐大家柳柳州全集》卷三)

林纾　《袁家渴记》于水石容态之外，兼写草木。……综而言之，此等文字，须含一股静气，又须十分画理，再著以一段诗情，方能成此杰构。(《韩柳文研究法·柳文研究法》)

【石渠记】

茅坤　清冽。(《唐宋八大家文钞·柳柳州文钞》卷七)

沈德潜　“视之既静，其听始远”，补《袁家渴》篇写风所未及。通体俱峭洁。(《唐宋八家古文读本》卷九)

孙琮　接《袁家渴记》读去，便见妙境无穷。……洵是化工肖物之笔。(《山晓阁选唐大家柳柳州全集》卷三)

【石涧记】

茅坤　点缀如明珠翠羽。(《唐宋八大家文钞·柳柳州文钞》卷七)

储欣　有胜必穷，穷即玮丽其辞而书之，

造物尚有余藏乎?(《唐宋十大家全集录·河东先生全集录》卷四)

【小石城山记】

金人瑞　笔笔眼前小景,笔笔天外奇情。(《山晓阁选唐大家柳柳州全集》卷三)

林云铭　柳州诸记,多描写景态之奇与游赏之趣。此篇正略叙数语,便把"智者施设"一句,生出造物有无两意疑案。盖子厚迁谪之后,而楚之南实无一人可以语者,故借题发意,用寄其以贤而辱于此之慨,不可一例论也。(《古文析义》初编卷五)

王符曾　才人失路,寂寞无聊之况,开口便见。(《古文小品咀华》卷三)

【柳州山水近治可游者记】

茅坤　全是叙事,不着一句议论,却澹宕风雅。(《唐宋八大家文钞·柳柳州文钞》卷七)

沈德潜　体似太史公《天官书》,句似郦道元《水经注》,零零杂杂,不立间架,不用联络照应,真奇作也。(《唐宋八家古文读本》卷九)

孙琮　一篇无起无收,无照无应,逐段记去,仿佛昌黎《画记》。中间叙石穴一段,最为出色。(《山晓阁选唐大家柳柳州全集》卷三)

【寄许京兆孟容书】

茅坤　子厚最失意时最得意书,可与太史公《与任安书》相参,而气似呜咽萧飒矣。(《唐宋八大家文钞·柳柳州文钞》卷一)

储欣　人人道此书拟司马氏,吾则曰哀如屈原。(《唐宋十大家全集录·河东先生全集录》卷五)

徐经　储同人谓子长以无罪见刑,其辞愤;子厚以有罪见谪,其辞哀。余未见子厚之罪。即当时罪杀王叔文,亦奄寺罗织其罪,并迁怒于子厚辈耳,岂其见罪于朝廷耶?(《雅歌堂文集》卷六《柳州寄许孟容书》)

孙琮　鹿门先生谓此书与马迁《报任安书》相似,然亦有大不同处:迁书激昂,此书悲愤;迁书写得雄快,此书写得郁结;迁书慷慨淋漓,此书呜咽怜惜。分道扬镳,各臻其妙。(《山晓阁选唐大家柳柳州全集》卷一)

【与萧翰林俛书】

吕留良 吕葆中　此书与它篇异者,诉其贬谪之久。唯其久,故望援益切。(《晚村精选八大家古文》柳文)

李光地　逼真两京,柳文之绝调。(《古文精藻》)

孙琮　篇中俱述被谤获罪之故,妙在写出一片忧谗畏讥,无由自明光景。(《山晓阁选唐大家柳柳州全集》卷一)

【答元饶州论政理书】

储欣　利害烛照,信能臣也。(《唐宋十大家全集录·河东先生全集录》卷五)

孙琮　免贫者赋,而不益富者税,篇中单言乘弊政之后,不可用此法。其实乘理政之后,亦不可行。(《山晓阁选唐大家柳柳州全集》卷一)

【答周君巢饵药久寿书】

茅坤 此子厚不好仙家者之言。然太倨，且君子以其术延年却病，未必无可取者。(《唐宋八大家文钞·柳柳州文钞》卷二)

储欣 当与《送娄图南将入道序》参看。(《唐宋十大家全集录·河东先生全集录》卷五)

【贺进士王参元失火书】

何孟春 柳宗元《贺王进士失火书》，有“仆始闻而骇，中而疑，终乃大喜”之语。……文出《庄子》：北门成问于皇帝曰，帝张咸池之乐于洞庭之野，吾始闻之惧，复闻之怠，卒闻之而惑也。(《余冬叙录》卷五十二极阳闰三)

吴楚材 吴调侯 闻失火而贺，大是奇事。然所以贺之故，自创一段议论，自辟一番实理，绝非泛泛也。取径幽奇险仄，快语惊人，可以破涕为笑。(《古文观止》卷九)

陆以湉 《韩诗外传》晋平公藏宝之台烧，公子晏子独束帛而贺，柳州《贺进士王参元失火书》盖本于此。(《冷庐杂识》卷四《贺失火》)

【答韦中立论师道书】

茅坤 子厚诸书中佳处，亦其生平所为文大指处。(《唐宋八大家文钞·柳柳州文钞》卷三)

金人瑞 此为恣意、恣笔之文。恣意、恣笔之文最忌直，今看其笔笔中间皆作一折。后贤若欲学其恣，必须学其折也。(《批才子古文》卷十二)

沈德潜 前论师道，犹作谐谑语。后示为文根柢，倾囊倒困而出之。辞师之名，示师之实，在中立之自得之耳。较昌黎论文，尤为本末俱到。(《唐宋八家古文读本》卷七)

蔡世远 此篇当与昌黎《答李翊书》参看。见古人以文章名家，皆由苦心力索之功。(《古文雅正》卷九)

徐乾学 于文章之根柢条叶，数词皆备，上下千百年，作者无能出其环中。韩、欧诸公皆好论文，止自言其所得，未若此之闳深肃括也。(《古文渊鉴》卷三十七)

【祭吕衡州温文】

储欣 未出入《庄》、《骚》。(《唐宋十大家全集录·河东先生全集录》卷六)

林纾 至沉痛，以子厚与之同贬，物伤其类故耳。一矢口，即咎天。……末幅将衡州死后精灵，荡入空中摹绘，音长而韵哀，是谪宦伤逝之情怀，文人不平之骚怨。(《韩柳文研究法·柳文研究法》)

【祭弟宗直文】

储欣 韩《祭十二郎》是放声长号，柳却呜咽如有节族则不成声，皆哀之至也。(《唐宋十大家全集录·河东先生全集录》卷六)

林纾 不如昌黎《祭十二郎文》绵亘其哀音，然真挚处，乃不之逊。(《韩柳文研究法·柳文研究法》)

欧阳修文

【秋声赋】

茅坤　萧瑟可诵，虽不及汉之雅，而词致清亮。(《唐宋八大家文钞·欧阳文忠公文钞》卷三十二)

储欣　赋之变调，别有文情。(《唐宋十大家全集录·六一居士全集录》卷一)

林云铭　总是悲秋一意。……篇中感慨处，带出警悟，自是神品。(《古文析义》初编卷五)

何焯　虽非楚人之辞，然于体物自工，至后乃推论人事，初非纯用议论也。讥之者只是不识，公于文章变而不失其正尔。(《义门读书记》欧文下卷)

吴楚材 吴调侯　秋声，无形者也。却写得形色宛然，变态百出。末归于人之忧劳，……凛乎悲秋之意，溢于言表。结尾虫声唧唧，亦是从声上发挥，绝妙点缀。(《古文观止》卷十)

过珙　秋声本无可写，却借其色、其容、其气、其意，引出其声，一种感慨苍凉之致，凄然欲绝。末归到感心劳形，自为戕贼，无时非秋，真令人不堪回首。(《古文评注》卷九)

【朋党论】

吕祖谦　议论出人意表，大凡作文妙处，须出意外。(《古文关键》卷上)

黄震　谓君子有真朋，足以解万世人主之疑。(《黄氏日抄》文集卷六十一)

唐顺之　议论酣恣。(《文编》卷三十)

金人瑞　最明畅之文，却甚幽细；最条直之文，却甚郁勃；最平夷之文，却甚跳跃鼓舞。(《批才子古文》卷十三)

吕留良 吕葆中　立体既方正，用笔却能参伍入妙。(《晚村精选八大家古文》欧阳文)

何焯　自是会做文章，然久读反觉其虚夸寡味，此欧文之近苏者。(《义门读书记》欧文上卷)

余诚　此论原为倾陷君子而发，自不得不侧重君子立言。然妙在语似翻新出奇，而义实大中至正，故能感悟人主，而为万世不磨之论。(《古文释义》卷八)

【纵囚论】

吕祖谦　文最紧，曲折辩论，惊人险语，精神聚处，词尽意未尽。此篇反复有血脉。(《古文关键》卷上)

谢枋得　文有气力，有光焰，熟读之可发人才气，善于立论。(《文章轨范》卷二)

金人瑞　此论有刀斧气，横斫竖斫，略无少恕。读之增人气力。(《批才子古文》卷十三)

吴楚材 吴调侯　先以不近人情断定，末以不可为常法结之，自是千古正论。(《古文观止》卷九)

李扶九 黄仁黼　层层辩驳，数纵数擒，愈折愈警，自是老吏断狱。(《古文笔法》卷一一字骨立)

【石曼卿墓表】

茅坤　以悲慨带叙事，欧阳公知得曼卿如印在心，故描画得会哭会笑。(《唐宋

八大家文钞·欧阳文忠公文钞》卷三十）

孙琮 此篇妙在写曼卿儒者，却又是豪杰；写曼卿豪杰，却又是儒者。……非欧公与曼卿至交，未易曲尽其为人如此。（《山晓阁选宋大家欧阳庐陵全集》卷四）

吕留良 吕葆中 曼卿负跅弛之才而不尽其用，其所以不尽其用者，则以其自重而难合也。篇末特从中抽出此意以表之，盖曼卿为人混俗纵酒，疑于自轻，而欧公谓之自重，亦微显阐幽之法耳。（《晚村精选八大家古文》欧阳文）

方苞 章法极变化，语亦不蔓。（《古文辞类纂》卷四十五）

【泷冈阡表】

储欣 千百年墓表中有数文章，岂惟《居士集》之冠？（《唐宋十大家全集录·六一居士全集录》卷二）

林云铭 是作开口便擒"有待"二字，随接以太夫人教言。其有待处即决于乃翁素行……或反跌，或正叙，琐琐曲尽，无不极其斡旋。（《古文析义》初编卷五）

吴楚材 吴调侯 善必归亲，褒崇先祖，仁人孝子之心，率意写出，不事藻饰，而语语入情。只觉动人悲感，增人涕泪。此欧公用意合作也。（《古文观止》卷十）

沈德潜 不特不铺陈己之显扬，并不实陈崇公行事，只从太夫人语中传述一、二，而崇公之为孝子仁人，足以庇赖其子孙者，千载如见，此至文也。（《唐宋八家古文读本》卷十四）

过珙 以"有待"句为主，却将"能养""有后"二段实发"有待"意。逐层相生，逐层结应，篇法累累如贯珠。其文情恳挚缠绵，读之真觉言有尽而意无穷。（《古文评注》卷九）

【张子野墓志铭】

归有光 工于写情，略于序事，极淋漓骚郁之致。（《欧阳文忠公文选》卷九）

茅坤 总写交游之情，而自任及乐善宛然言外。（《唐宋八大家文钞·欧阳文忠公文钞》卷二十八）

吕留良 吕葆中 欧公之文，凡叙述故旧交游之情，缠绵凄恻，最可玩诵。是篇分明提出三件，前面但将两件极力摅写，却剩一件在后以为感慨收结，法便活动。（《晚村精选八大家古文》欧阳文）

沈德潜 叙交游聚散生死，有山阳闻笛之感，而子野可铭处自见。（《唐宋八家古文读本》卷十三）

【黄梦升墓志铭】

茅坤 叙生平交游感慨为志。（《唐宋八大家文钞·欧阳文忠公文钞》卷二十八）

刘大櫆 欧公叙事之文，独得史迁风神，此篇遒宕古逸，当为墓志第一。（《古文辞类纂》卷四十六）

吴汝纶 此文音节之美，句句可歌。（《古文辞类纂》卷四十六）

【徂徕石先生墓志铭并序】

何焯　其气象甚宏伟，然后来廓落之弊亦自此开，不如《胡先生墓表》为稳当而称情也。（《义门读书记》欧文下卷）

方苞　笔阵酣恣，辞繁而不懈。（《古文辞类纂》卷四十六）

蔡世远　欧公极力推尊，文笔健畅，读之能令顽廉懦立。（《古文雅正》卷十）

张裕钊　发端以远得逸，而以雄直之气行之，神气萧飒而兀岸，乃欧文所罕者。（《古文辞类纂》卷四十六）

【故霸州文安县主簿苏君墓志铭并序】

储欣　集中诸名士墓铭，此为第一。（《唐宋十大家全集录·六一居士全集录》卷四）

沈德潜　圣俞长于诗，故作墓志独表其诗；明允长于文，故作墓志特表其文。中间叙述生平，总以一线穿去。（《唐宋八家古文读本》卷十三）

【南阳县君谢氏墓志铭】

茅坤　法度恰好。（《唐宋八大家文钞·欧阳文忠公文钞》卷二十九）

储欣　序治家处，真贤内助。（《唐宋十大家全集录·六一居士全集录》卷四）

沈德潜　叙治家，叙知人，叙忧世，不必多及琐屑，足称贤妇人矣。字里行间，俱带凄惋之气。（《唐宋八家古文读本》卷十三）

王文濡　只就其夫言曲曲叙出，何凄婉乃尔。（《评校音注古文辞类纂》卷四十六）

【夷陵县至喜堂记】

黄震　先叙其险陋，次叙朱侯能变其俗，次自叙得善地而忘其忧。（《黄氏日抄》文集卷六十一）

茅坤　以叙事行议论。（《唐宋八大家文钞·欧阳文忠公文钞》卷二十一）

何焯　前段极言始来不乐之由，皆为下文既至而后喜之地。中间因朱君待公厚而堂又为公作也，故插叙能变陋俗以致归美之意。末仍以此作收。文字照应处得大体，所记虽止一堂，仍非独为吾一人之私也。（《义门读书记》欧文上卷）

【画舫斋记】

黄震　始言为燕居而作，次反言舟之履险，而终归舟行之乐，三节照应。（《黄氏日抄》文集卷六十一）

茅坤　兴逸。（《唐宋八大家文钞·欧阳文忠公文钞》卷二十一）

储欣　序斋有意趣。下一诘一解，俱属浅制。（《唐宋十大家全集录·六一居士全集录》卷五）

何焯　善于洗发，后束如戴帅初辈专效此种。（《义门读书记》欧文上卷）

【王彦章画像记】

黄震　述其以奇取胜，以叹时事，文字展转不穷。（《黄氏日抄》文集卷六十一）

茅坤　以叙事行议论，其感慨处多情。（《唐宋八大家文钞·欧阳文忠公文钞》卷二十一）

储欣　低徊慨慕，善善也长，欧公诸记第一作。(《唐宋十大家全集录·六一居士全集录》卷五)

沈德潜　此与昌黎《书张中丞传后》同是表章轶事，而各极神妙。作记之意，因德胜之战与己用奇取胜之意相合，借此发挥，精彩倍加，是为神来之候。(《唐宋八家古文读本》卷十二)

【吉州学记】

何焯　意思气象俱胜。句句切庆历吉州之学，其中照应极绵密。长史批，分三段看：前言宋之学久而后立，而归美于天子；次言吉州之学不久遂成，而归美于李侯；后言学之道又必久而后成，以深致责望后人之意，尤觉神理警动。(《义门读书记》欧文上卷)

沈德潜　欧文诸记中，极推典则。(《唐宋八家古文读本》卷十二)

蔡世远　欧、曾学记，虽于道之大原未能洞彻，学者下手工夫未能亲切指示，然从经史中几经研究，议论正大，文笔茂美，卓然儒者之文。(《古文雅正》卷六)

【丰乐亭记】

李塗　欧阳永叔《丰乐亭记》之类，能画出太平气象。(《文章精义》七〇)

金人瑞　记山水，却纯述圣宋功德；记功德，却又纯写徘徊山水。寻之不得其迹，曰：只是不把圣宋功德看得奇怪，不把徘徊山水看得游戏。此所谓心地淳厚，学问真到文字也。(《批才子古文》卷十三)

林云铭　古人往往于小题目中做出大文字，端非后人所能措手。若文之流动婉秀，云委波属，则欧公得意之笔也。(《古文析义》初编卷五)

朱宗洛　从滁说到天下，又从天下归到滁，又从滁推出上之恩德，因以与民同乐意结出所以名亭之故，真有擒纵由我之妙。(《古文一隅》卷下)

李扶九 黄仁黼　小题大作，唐宋八大家文往往如此，惟欧公更有一种逸致。虽悲歌慷慨，而仍和平雍容，令人爱敬。(《古文笔法》卷四)

【醉翁亭记】

茅坤　文中之画。(《唐宋八大家文钞·欧阳文忠公文钞》卷二十一)

金人瑞　一路逐步缓写，略不使气之文。(《批才子古文》卷十三)

孙琮　此篇逐段记去，觉似一篇散漫文字。及细细读之，实是一篇纪律文字。(《山晓阁选宋大家欧阳庐陵全集》卷三)

吴楚材 吴调侯　通篇共用二十个"也"字，逐层脱卸，逐步顿跌，句句是记山水，却句句是记亭，句句是记太守。似散非散，似排非排，文家之创调也。(《古文观止》卷十)

过珙　尤妙在"醉翁之意不在酒"及"太守之乐其乐"两段，有无限乐民之乐意，隐见言外，若止认作风月文章，便失千里。(《古文评注》卷八)

李扶九 黄仁黼　随记随解，记体中千古创调也，亦千古绝调也。(《古文笔法》卷三)

余诚　风平浪静之中，自具风波澜滢回之妙。笔歌墨舞纯乎化境，洵是传记中绝品。……彼谓似赋体者，固未足与言文；即目为一篇风月文章，亦终未窥见永叔底里。（《古文释义》卷八）

【菱溪石记】

唐顺之　零零碎碎作文，欧公独长。委曲幽妙。（《文编》卷五十七）

茅坤　事虽不甚紧要，却自风致翛然。（《唐宋八大家文钞·欧阳文忠公文钞》卷二十）

王文濡　因石立亭，从而及其主人富贵磨灭，子孙泯没，而此石独存，反复沉吟，借题寓慨。（《评校音注古文辞类纂》卷五十四）

【真州东园记】

归有光　徐文昭曰：分明一幅东园画，水墨淋漓尚未干。（《欧阳文忠公文选》卷七）

金人瑞　何故作离奇曲折？然而自然离奇，自然曲折；又且异样离奇，异样曲折。如先生，真足为东坡座师也。手下若无如此文，眼中亦安能识得东坡？（《批才子古文》卷十三）

方苞　范文正公《岳阳楼记》，欧公病其词气近小说家，与尹师鲁所议不约而同。欧公诸记不少秾丽语，而体制自别，其辨甚微，治古文者最宜研究。（《古文辞类纂》卷五十四）

过珙　坡公《凌虚台记》，由盛而逆料其衰；欧公《东园记》，因兴而进忆其废。俯仰之间，同一感慨。而文字变化，意到景新，可谓奇绝。（《古文评注》卷八）

【有美堂记】

唐顺之　如累九层之台，一层高一层，真是奇绝。（《文编》卷五十六）

茅坤　胸次清旷，洗绝古今。（《唐宋八大家文钞·欧阳文忠公文钞》卷二十）

吕留良　吕葆中　合二评（指上唐、茅所评），方尽是文之工。唯其笔妙古今，故能多作曲折而无层累之迹。（《晚村精选八大家古文》欧阳文）

何焯　通篇以虚景成文。（《义门读书记》欧文上卷）

沈德潜　不侈赐书之荣，不赞梅公之品，独从都会之繁华、湖山之明丽着意。见他处不能兼者，而此独兼之。逐层脱卸，累如置丸，笔下亦复烟云缭绕。（《唐宋八家古文读本》卷十二）

【相州昼锦堂记】

邵博　曾南丰读欧阳公《昼锦堂记》“来治于相”，《真州东园记》“泛以画舫之舟”二语，皆以为病。（《邵氏闻见后录》卷十六）

范公偁　韩魏公在相，曾乞《昼锦堂记》于欧公，云：“仕宦至将相，富贵归故乡。”韩公得之爱赏。后数日，欧复遣介别以本至，云前有未是，可换此本。韩再三玩之，无异前者，但于“仕宦”“富贵”下各添一“而”字，文义尤畅。先子云：前辈为文不易如此。（《过庭录》）

唐顺之　前一段依题说起，后乃归之于

正，此反题格也。(《文编》卷五十六)

林云铭 是篇先就昼锦之荣翻起，倒入魏公之志，然后叙其平昔功业，以其荣归之邦国，斡旋得体，文亦光明正大，与题相称。(《古文析义》初编卷五)

李扶九 黄仁黼 此文以“志”为骨，从魏公生来；以“荣”字为线，从昼锦堂生来。乃切人切题之法。(《古文笔法》卷三起笔不平)

【岘山亭记】

茅坤 风流感慨，正是岘山亭文字，与孟浩然岘山诗并绝古今。(《唐宋八大家文钞·欧阳文忠公文钞》卷二十)

沈德潜 跌宕多姿。史光禄是主意，然只用澹澹着笔，回绕叔子，别于俗下文字。(《唐宋八家古文读本》卷十二)

刘大櫆 欧公长于感叹，况在古之名贤兴遥集之思，宜其文之风流绝世也。(《古文辞类纂》卷五十四)

姚鼐 欧公此文神韵缥缈，如所谓吸风饮露、蝉蜕尘壒者，绝世之文也。而“其人为谁”二句，则实近俗调，为文之疵颣。(《古文辞类纂》卷五十四)

朱宗洛 一路婉转而入，其郁然深秀之致，自露行间，令人玩赏不穷，文与题正相称。(《古文一隅》卷下)

林纾 文之超尘离俗，如仙子步虚，翻空而愈奇，真神来之笔。(《古文辞类纂选本》卷九)

【释秘演诗集序】

林云铭 篇中叙事感慨，无限悲壮。其行文又如云气往来，空濛缭绕，得史迁神髓矣。(《古文析义》初编卷五)

沈德潜 从己引出曼卿，从曼卿引出秘演，为浮屠人作序，自应留己身分也。盛衰死生之感，不胜呜咽。(《唐宋八家古文读本》卷十一)

过珙 序秘演诗集，则秘演是主，曼卿是宾，欧公自己，尤宾中之宾也。通篇妙以宾主陪衬夹叙，而以“盛”“衰”二字为眼目，映带收束其间，觉文情花簇，而章法紧严矣。(《古文评注》卷八)

朱宗洛 通篇总以“奇”字作骨，而奇者必不合于中，故扬中寓抑，此欧公最善用处。(《古文一隅》卷下)

张裕钊 直起直落，直转直接，且无穷变化，纯是潜气内转，可与子长诸表序参看。(《古文辞类纂》卷八)

林纾 文顿挫伸缩，无不自如。入手极工细，写秘演状态极昂藏，到收局时，于衰飒中仍见昂藏。始终脱不去一个“奇”字。真有数之至文也！(《古文辞类纂选本》卷二)

【集古录目序】

孙琮 通篇以“好而有力”四字立一篇之议论。(《山晓阁选宋大家欧阳庐陵全集》卷三)

林云铭 把一个好字，一个聚字，缭绕盘旋到底，走盘之珠，圆转不穷。(《古文析义》二编卷七)

何焯 使子瞻为之，必不若此费力，自不逮《宝绘》诸记。(《义门读书记》欧文上卷)

沈德潜 前说天下无难聚之物，后说天下

无不散之物，好古之识与达人之见，并行不悖。(《唐宋八家古文读本》卷十一)

【苏氏文集序】

吕留良 吕葆中　欧公为子美集序，其情深至。(《晚村精选八大家古文》欧阳文)

储欣　唏嘘流涕，典则森然，诸序中匠心之构。(《唐宋十大家全集录·六一居士全集录》卷五)

何焯　子美固杜公之婿，然当时借以起事，尤在范文正公，故事甚微而斥逐不少贷。(《义门读书记》欧文上卷)

刘大櫆　沈著痛快，足为子美舒其愤懑。(《古文辞类纂》卷八)

【送杨寘序】

茅坤　此文当肩视昌黎而直上之。(《唐宋八大家文钞·欧阳文忠公文钞》卷十八)

储欣　千秋绝调，此移我情。风雨如晦，取公此序，朗读数通，亦足解幽忧之疾。(《唐宋十大家全集录·六一居士全集录》卷五)

吴楚材 吴调侯　送友序，竟作一篇琴说，若与送友绝不相关者。及读至末段，始知前幅极力写琴处，正欲为杨子解其郁郁耳。(《古文观止》卷十)

过珙　杨子心怀郁郁，而欧公借琴以解之，故通篇写说琴，而送友之意已在其中。文致曲折，古秀雅淡，言有尽而情味无穷。(《古文评注》卷八)

【送曾巩秀才序】

茅坤　既重曾巩文，不放口许曾巩，正是名公送秀才文字法家。(《唐宋八大家文钞·欧阳文忠公文钞》卷十八)

储欣　极口称许，重罪有司。结处以知文自喜，政其深奖曾文处。(《唐宋十大家全集录·六一居士全集录》卷五)

【梅圣俞诗集序】

金人瑞　不知是论，是记，是传，是序，随手所到，皆成低昂曲折。(《批才子古文》卷十三)

林云铭　以“穷而后工”四字作骨。中间先写其穷，次写其诗之工，俱在世人知不知上见之。又趁笔从“知”上转入不遇荐用，痛惜其以穷而老。婉曲淋漓，感叹欲绝。末以论次直叙作结，非圣俞不足当此。(《古文析义》初编卷五)

吴楚材 吴调侯　“穷而后工”四字，是欧公独创之言，实为千古不易之论。通篇写来，低昂顿折，一往情深。(《古文观止》卷十)

李扶九 黄仁黼　切人、切事，中复有波澜，议论亦超。余尤爱一起引言便驳，独抒所见，目无一切，真大手眼也。(《古文笔法》卷一一字骨立)

【送徐无党南归序】

吕祖谦　此篇文字，像一个阶级，自下说上，一级进一级。(《古文关键》卷上)

吕留良 吕葆中　法度变化融浑，故通篇曲折最多，而读之端如珠贯，亦六一翁

平生最得意之文，岂将引醇醪而止酒者乎？（《晚村精选八大家古文》欧阳文）

何焯 用立德、立功、立言之语而稍变之，其意盖在言不能以徒立，必附于德与功而后能必其不朽。然转至要处，却不能说出师古圣贤之实。于此见欧公之本领规橅，去韩甚远也。（《义门读书记》欧文上卷）

刘大櫆 结处抱转草木、鸟兽、众人三项，滴水不漏，然波澜出之自然，不见照应之迹，故佳。（《唐宋八家文百篇》欧文）

【廖氏文集序】

茅坤 识见韵折总属匠心。（《唐宋八大家文钞·欧阳文忠公文钞》卷十七）

储欣 学者一庸人毁之则沮，而公之所待如此，其相去何如？故立言之士，必百世以俟圣人而不惑，然后可以有立也。（《唐宋十大家全集录·六一居士全集录》卷五）

王懋竑 立意甚远，文亦绝佳。（《读书记疑》卷十六《读庐陵集》）

【江邻几文集序】

储欣 一意累折而下，纡余惨怆，言有穷而情不可终，此是庐陵独步。（《唐宋八大家类选》卷十一）

何焯 既铭其墓，又序其文，公于故交亦止三人耳，故此文以苏、梅陪说。（《义门读书记》欧文上卷）

沈德潜 为亡友志墓，为亡友序遗文，本人生极伤感事，故言言悲切。前半只大概说，暗藏邻几在内，此又一法。（《唐宋八家古文读本》卷十一）

刘大櫆 情韵之美，欧公独擅千古，此篇尤胜。（《古文辞类纂》卷八）

【薛简肃公文集序】

茅坤 大约本韩昌黎诗序中来。（《唐宋八大家文钞·欧阳文忠公文钞》卷十七）

【六一居士传】

茅坤 文旨旷达，欧阳公所自解脱在此。（《唐宋八大家文钞·欧阳文忠公文钞》卷十九）

张伯行 欧公晚年寓意之文，《东坡集》多得此解。（《唐宋八大家文钞》卷六）

【答吴充秀才书】

茅坤 论为文本乎学道，道胜者文不难而自至，最是确论。（《唐宋八大家文钞·欧阳文忠公文钞》卷十一）

孙琮 通篇只是一句，道足而文自生。持此立论，便已探骊得珠。……情文周匝，极谋篇之胜。（《山晓阁选宋大家欧阳庐陵全集》卷一）

沈德潜 道不足则溺于文，引孔、孟以证，见足于道者，不求文而文自至也。夫道不足而强言且不可，况裂文与道而二之乎？（《唐宋八家古文读本》卷十一）

【上杜中丞论举官书】

唐顺之 贯珠之文，与《高若讷书》同。

（《文编》卷四十六）

茅坤　议论明切，归元正直，而后先中彀率。（《唐宋八大家文钞·欧阳文忠公文钞》卷十）

吕留良 吕葆中　与人辨论，必先理其绪，否则杂乱无章而不达。（《晚村精选八大家古文》欧阳文）

储欣　关切大体，似不独为石介言。（《唐宋十大家全集·六一居士全集录》卷五）

【祭尹师鲁文】

孙琮　文虽分作六段，其实止是一意相贯，大概言其困厄穷窘如此之至，却能安于天命，处之泰然，随其所遇，达于生死，则是师鲁已是达人，欧公又何用悲伤？惟其交友之情，所以一辞远奠。（《山晓阁选宋大家欧阳庐陵全集》卷四）

张伯行　师鲁与公始倡为古文词，相知最厚，摈斥而死，故公特写其磊落之致，悲怆之思。抑扬跌宕，绰有情致。（《唐宋八大家文钞》卷五）

王文濡　意义叠生，大气包举，尤能善用虚字。（《评校音注古文辞类纂》卷七十四）

【祭苏子美文】

孙琮　通篇不作凄凉憔悴语，纯作豪杰自命语。一起写其文章变幻，真有蛟龙盘舞纸上，隐跃而出。后幅写其文章传世，真如日月昭垂，亘古不相磨灭。笔力之神，一至于此。（《山晓阁选宋大家欧阳庐陵全集》卷四）

何焯　激昂。（《义门读书记》欧文下卷）

王文濡　奇崛处逼似昌黎。（《评校音注古文辞类纂》卷七十四）

【祭资政范公文】

茅坤　范公与公同治同难，故痛独深。（《唐宋八大家文钞·欧阳文忠公文钞》卷三十一）

孙琮　将范公一生遭遇写作四段。一段言其被谗，二段言其不得遂志，三段言其善类中伤，四段言其身后自明，此四段也。然四段实止两意。前三段是一意，大概谓其身前被谗，后一段是一意，大概谓其死后自明，此两意也。（《山晓阁选宋大家欧阳庐陵全集》卷四）

【祭石曼卿文】

金人瑞　胸中自有透顶解脱，意中却是透骨相思，于是一笔自透顶写出去，不觉一笔又自透骨写入来。不知者乃惊其文字一何跌荡，不知非跌荡也。（《批才子古文》卷十三）

林云铭　此遣祭曼卿墓下之词，非始死而吊奠，故全在墓上着笔，而以曼卿平生之奇串入生发，其大意从雍门子鼓琴一段脱化来。文情浓至，音节悲凉，不忍多读。（《古文析义》初编卷五）

王文濡　意势矫健，音节苍凉，非六一不能为此。（《评校音注古文辞类纂》卷七十四）

【述梦赋】

刘埙　欧阳公《秋声赋》清丽激壮，摹写天时，曲尽其妙。《憎苍蝇赋》次之，用事写情，俱无遗憾。又有《述梦赋》，其词哀以思，似为悼亡而作者。（《隐居通议》卷五古赋）

【本 论】

吕祖谦 读之易使人委靡，而笔力都藏在里面了。（《古文关键》卷上）

陆九渊 欧公《本论》固好，然亦只说得皮肤。（《象山先生全集》卷三十四语录上）

孙琮 “先后”“本末”四字是此篇之纲，丰财、治兵、立制、任人、尊名五者是此篇之目……低徊扼腕，何啻长沙治安之书！中间写五者处有蝉联贯串之妙。（《山晓阁选宋大家欧阳庐陵全集》评语卷二）

【樊侯庙灾记】

唐顺之 文不过三数百字，而十余转折，愈出愈奇，文之最妙者也。（《文编》卷五十五）

孙琮 此篇大段有二：一段辨禾稼灾伤必非樊侯迁怒，此是明于人道；一段辨风霆雨雹亦非樊侯所能驱使，此是明于天道。大儒立言有本，能使群疑尽释。（《山晓阁选宋大家欧阳庐陵全集》卷三）

吕留良 吕葆中 前后分两段，亦一扬一抑之法，其警拔处全在一结。（《晚村精选八大家古文》欧阳文）

王文濡 义正词严，雪诬辟妄。（《评校音注古文辞类纂》卷五十四）

【偃虹堤记】

茅坤 摹写甚折。（《唐宋八大家文钞·欧阳文忠公文钞》卷二十一）

何焯 长史云，前段叙次又是一法。《真州东园记》只在许君口中作一大段叙出，此又分作数次问答，逐段零星，更不雷同。（《义门读书记》欧文下卷）

沈德潜 叙次简老，波澜动宕，通体无一平直之笔，是为高文。（《唐宋八家古文读本》卷十二）

【送陈经秀才序】

孙琮 通幅读去，竟似一篇游记，读至尾一行，才是送人文字。看他闲闲然似不欲作送人文字者，然已写尽送人文字之妙。……将两人情绪曲曲写出，却无一笔落相，真是古人中高手。（《山晓阁选宋大家欧阳庐陵全集》卷三）

【桑怿传】

茅坤 此本摹拟史迁，惜也，怿之行事仅捕盗耳，假令传《史记》所载古名贤，岂止此耶？（《唐宋八大家文钞·欧阳文忠公文钞》卷十九）

【上范司谏书】

吕祖谦 大率平正，有眼目筋骨，须看他前后贯穿错综抑扬处。（《古文关键》卷上）

谢枋得 当与韩文公《争臣论》并观。（《文章轨范》卷四）

金人瑞　严意行以宽笔。严，故听者竦仄；宽，故读者愉乐。（《批才子古文》卷十三）

沈德潜　文之往复曲折，步步相生，节节相引，老泉所谓纡徐委备，无急言竭论者耶？（《唐宋八家古文读本》卷十一）

过珙　极简重严正之中，自具奔腾起忽之状。初学反复熟读，行文自然容与简易，无艰难劳苦之态。（《古文评注》卷八）

朱宗洛　前有总冒，后有总束，中有过脉，是其纪律森严处。前借九卿、宰相坐陪，中借洛之士大夫作反跌，后借阳城立论，将“有待”二字连作翻驳，故一线联络中，自具千回百折之势。（《古文一隅》卷下）

【与石推官第一书】

茅坤　引誉后进，亦规训后进。（《唐宋八大家文钞·欧阳文忠公文钞》卷十一）

吕留良 吕葆中　守道矜奇负异，不肯即服，故折之一以平正之道，立言极有法则。（《晚村精选八大家古文》欧阳文）

【与高司谏书】

唐顺之　太诟詈，视《诤臣论》天渊矣。然阳、高事亦天渊。（《文编》卷三十）

吕留良 吕葆中　凡作攻击文学，须明于缓急擒纵之法，方能曲尽其意。至其刺击处，尤以尖冷为妙。

余谓见此书而尚不肯屈服，则其人概可知矣。（《晚村精选八大家古文》欧阳文）

储欣　直诋希文以自饰其不谏，公所以义激于中发上指冠也。怒骂之文，辞气砢磊不平，而文章仍有法度。（《唐宋十大家全集录·六一居士外集录》卷一）

【与尹师鲁第一书】

吴德旋　古人文章，似不经意，而未落笔之先，必经营惨淡。如永叔《与尹师鲁书》直似道家常，若不先有一番琢炼，何以能如此古雅？（《初月楼古文绪论》）

【答祖择之书】

茅坤　中多名言，吾览之当刺心缩胫。（《唐宋八大家文钞·欧阳文忠公文钞》卷十一）

何焯　更锻炼，则尤高古。（《义门读书记》欧文上卷）

沈德潜　经在即圣人在，故当师经。然第墨守而不求其义蕴，终于拘执迂阔而不知所用，与无经略相同也。公一一指点，不翅倾仓倒囷而出之，倘所谓归而求之有余师者耶？（《唐宋八家古文读本》卷十一）

【书梅圣俞稿后】

孙琮　一篇文字，前幅妙在层层脱卸，后幅妙在层层挽合。……至篇中以得之不得之作眼目，犹如秋雨芭蕉，杂拉可听。（《山晓阁选宋大家欧阳庐陵全集》评语卷四）

吕留良 吕葆中　摹韩《送孟东野序》，而春容雅淡、一唱三叹处，亦欧之所独擅。诗、乐截然分作两段，上下照应钩连，其法殊整。（《晚村精选八大家古文》欧阳文）

何焯　拟《送孟东野序》。诗本出乐，但后半于“和”字无所发明，不若昌黎所谓鸣其盛、鸣其衰说得有分晓也。（《义门读书记》欧文下卷）

【读李翱文】

金人瑞　说李文处，备极顿挫郁勃之妙。至后幅，竟纯诉自已胸前眼前，有如许可恨事，至于不啻口出。此真大臣忧时之言，非率尔信笔题署也。（《批才子古文》卷十三）

孙琮　庐陵触目时艰，寄语李君，妙在前幅将读《复性书》、《荐贤书》二段陪出《幽怀赋》，中幅又将韩昌黎陪出李翱，皆是文章绝妙波澜。后幅讥刺时人，真觉肉食者鄙，不可与谋，而哀音凄恻，骚情雅致，殆能兼之。（《山晓阁选宋大家欧阳庐陵全集》卷四）

王符曾　何人不读习之文，公独感触乃尔耶！予尝论东坡作文有诀，曰“随物赋形”；庐陵作文亦有诀，曰“触景生情”。（《古文小品咀华》卷四）

【记旧本韩文后】

沈德潜　孟子后，韩子继其绪，韩子后，欧阳子继其绪，故韩子盛称孟子，欧阳子盛称韩子，不忘得力所自也。（《唐宋八家古文读本》卷十二）

【论杜衍范仲淹等罢政事状】

孙琮　小人倾害良善，不过诬以朋党，谮为专权，自是千古确论。欧公将此四字分开两扇，极力辨白。……将四人心事洗发明白，则群宵谗谤之胆自尔洞然照破。如此行文，不特体裁严整，亦论事之极则也。（《山晓阁选宋大家欧阳庐陵全集》评语卷一）

徐乾学　君子小人各有其类。第君子尚义，故当义而必争；小人嗜利，故见利而必贰。兹极论四人之不同，所以深破朋党之疑也。（《古文渊鉴》卷四十五）

何焯　明辨恳款。（《义门读书记》欧文上卷）

【新五代史伶官传序】

金人瑞　只是一低一昂法，妙于前幅，点缀又秾至。（《批才子古文》卷十三）

林云铭　篇中以“盛衰”二字作线，步步发出感慨，而归本于人事。……其行文悲壮淋漓，可与子长、孟坚颉颃，《五代史》中有数文字也。（《古文析义》初编卷五）

吴楚材 吴调侯　起手一段，已括全篇之意。次一段叙事，中后只是两扬两抑。低昂反复，感慨淋漓，直可与史迁相为颉颃。（《古文观止》卷十）

蔡世远　惟欧公论赞，忠君爱国之心形于笔墨，欲使人主有所规戒，后世有所勤惩，其文之短长不拘，因此可觇其品识。（《古文雅正》卷十）

【新五代史宦者传论】

茅坤　通篇如倾水银于地，而百孔千窍无所不入，其机员而其情悒。（《唐宋八大家文钞·欧阳文忠公文钞》卷十六）

林云铭　此论以“宦者之害非一端”句作骨，描写历代祸乱，自始至终，无一字不曲尽，然层层说来，却以一气呵成。笔力雄大，千古无两矣。（《古文析义》初编卷五）

过珙　说出宦竖之隐，计深虑长。始失于习近而莫知，终成乎亲昵而难图，最中隐弊，故人主贵慎之于早。（《古文评注》卷八）

章懋勋　篇中开口把“宦者之害非一端”作全文纲领，见得源流皆由于积渐，就先提一句，何等卓识！（《古文析观解》卷六）

苏洵文

【心　术】

宋濂　老于孙武子，一句一理，如串八宝珍瑰，间错而不断。文字极难学，惟苏老泉数篇近之，《心术》篇之类是也。（《三苏文范》卷二）

伦文叙　此篇多名言，逐段为束语，盖本兵书典要。案古今而杂言之者，非一片起伏首尾议论也。（《三苏文范》卷二）

杨慎　篇中凡七大段，各不相属，然先后不紊。由治心而养士，由养士而审势，由审势而出奇，由出奇而守备，段落鲜明，井井有序，文之善变化者。（《三苏文范》卷二）

储欣　逐段说去，自有次第。（《唐宋十大家全集录·老泉全集录》卷一）

过珙　通篇逐段自为起讫，而层次自有浅深。……至于名言硕论，络绎奔赴，读之更足增长人之智识。（《古文评注》卷八）

【六　国】

茅坤　一篇议论，由《战国策》纵横之说来，却能与《战国策》相伯仲。当与子由《六国论》并看。（《唐宋八大家文钞·苏文公文钞》卷七）

陈克庵　老泉论六国赂秦，其实借论宋赂契丹之事，而宋卒以此亡。可谓深谋先见之智，未可以文士目之。（《三苏文范》卷二）

袁宏道　此篇论六国之所以亡，乃六国之成案。其考证处、开阖处、为六国筹画处，皆确然正议。末影宋事尤妙。（《三苏文范》卷二）

沈德潜　六国所以不能自强者，一在贪近利而互相侵伐，一在苟安而不肯用兵，此从赂事秦以至于亡也。论与子由篇相同，而笔力远过。（《唐宋八家古文读本》卷十六）

过珙　前幅推原事秦之弊，后幅为六国筹画，一当归到正旨作结。……读者须玩其言在此而意在彼之妙。（《古文评注》卷八）

【项　籍】

吴宽　此篇议论精当，笔法古健，而引喻

处具见逸思，作史论者当法。（《三苏文范》卷二）

谢迁 此借项羽事论宋时当都关中，故说羽急于救赵而失于入关，终以此失天下之势，而兆垓下之死。老泉之为宋虑深矣。（《三苏文范》卷二）

茅坤 苏氏父子往往按事后成败立说，而非其至。然其文特雄，近《战国策》。（《唐宋八大家文钞·苏文公文钞》卷七）

吕留良 吕葆中 子瞻《范增论》仿此立意。但此文疏横，《范增论》较紧密耳。（《晚村精选八大家古文》老泉文）

储欣 似非论项籍也，特借籍以明取天下者，当先图所守，而关中守之，可恃以为固耳。然而知其意者鲜矣。（《唐宋十大家全集录·老泉全集录》卷一）

【高 祖】

李廌 文字要驾空立意。……《高祖论》揣摩不去吕后之意，作一段议论。……高祖之意未必如此，皆驾空自出新意，文法最高，熟之必长于论。（《三苏文范》卷二）

吕祖谦 此篇须看抑扬、反复、过接处，将无作有，以虚为实。（《古文关键》卷下）

谢枋得 此论因高祖命平、勃即军中斩樊哙事，有所见，遂作一段文字。知有吕氏之祸，而用勃、不去吕后二事，皆是穷思极虑，刻苦作文，非浅学所到。（《文章轨范》卷三）

林云铭 此论全为汉高欲斩樊哙一节，推其为吕后之党，评者以为深文。……独其文之起落转接，灵妙无敌，不得以其论之偏而弃之。（《古文析义》初编卷六）

【御 将】

陈献章 此篇议论弘博，笔调清扬，引喻处尤见风逸。末以韩信事结束，有咏叹，亦有趣味。（《三苏文范》卷二）

杨慎 此篇有格局，一步进一步，不似他篇各为片段。（《三苏文范》卷二）

茅坤 老苏论御才将以智，而引汉高祖待韩、彭一着，似痛切矣。独不思宋祖御诸将，更有处分。“智”之一字，决非至理。（《唐宋八大家文钞·苏文公文钞》卷八）

【任 相】

王鏊 老泉此篇，议论纯正。盖当时待相之薄，而责相之重，故云。（《三苏文范》卷二）

茅坤 任相以礼。（《唐宋八大家文钞·苏文公文钞》卷八）

储欣 慷慨不及贾生，读之亦复可感。（《唐宋十大家全集录·老泉全集录》卷二）

沈德潜 即贾谊《治安策》意而曲畅言之。中间不重于周礼，亦不果于用刑，去相而出之大藩镇，此犹宋代之厚，以后更不可问矣。（《唐宋八家古文读本》卷十七）

【广 士】

钱丰寰 老泉平日镌肾锼骨以求其至者，

在《战国策》，故《权书》、《衡论》诸篇多似《战国策》。然其行文出没变化，错综吞吐处自不同。（《三苏文范》卷二）

杨慎 萑蒲之化，敦本也。求才及于不善，汉武、魏武业已行之。老泉此议，袭其故智耳。（《三苏文范》卷二）

储欣 入仕之途，宋隘唐，明又隘于宋。老苏先生《广士》篇，所以救其隘也。（《唐宋十大家全集录·老泉全集录》卷二）

【养 才】

储欣 破庸人之论。马或奔踶致千里，跅弛之士，国家固不当以常法困之。（《唐宋十大家全集录·老泉全集录》卷二）

沈德潜 大意谓奔踶之马可致千里，负俗累之士可立功名，国家宜收罗于平日，不应绳以文法，急而求之，甚或加以刑法，使之北走胡南走越也。议论发越，锋芒四露，自是老泉本色。（《唐宋八家古文读本》卷十七）

【管仲论】

吕祖谦 老苏大率多是《权书》，惟此文句句的当。前亦可学，后不可到。此篇义理的当，抑扬反复及警策处多。（《古文关键》卷下）

丘濬 通篇责管仲不能临没荐贤，起起伏伏，有许多笔法，许多光景，学者须熟读暗记，方尽其妙。（《三苏文范》卷一）

林云铭 责管仲临死不举贤自代，以致威公用三子以乱国，持论似正。……苏家立论，多自骋笔力，未必切当事情，惟文之高妙，层层翻驳不穷，确是难得。（《古文析义》初编卷六）

吴楚材 吴调侯 通篇总是责管仲不能临没荐贤。起伏照应，开阖抑扬。立论一层深一层，引证一段紧一段。似此卓识雄文，方能令古人心服。（《古文观止》卷十）

林纾 齐治归功鲍叔，此人能说到；齐乱由于管仲，此却无人道及。一读及此，必观下文。此种文字，最利于考试。（《古文辞类纂选本》卷一）

【上韩枢密书】

楼昉 议论精切，笔势纵横，开阖变化，曲尽其妙。词严气劲，笔端收敛顿挫，十分回斡精神。深识天下之势，而议论颇从韩非、孙武子等书来。（《三苏文范》卷四）

茅坤 老泉厌当时兵政之过弱，故劝韩魏公以诛戮。而其行文似西汉，疏宕雄辨可观。（《唐宋八大家文钞·苏文公文钞》卷二）

刘大櫆 雄放当属宋人书中第一。（《古文辞类纂》卷三十）

吴闿生 此篇锋颖豁达，光芒四射，盖老泉得意之文。而中幅繁芜实甚，因为删节数百字，录而存之。（《古文范》卷四）

【上欧阳内翰第一书】

朱熹 韩子与李翊书、老苏与欧公书，说他学做文时，工夫甚细密。（《三苏文

范》卷四)

姜宝 老泉此书,所以求知于欧文忠者,只是文章一脉相得,故叙其平日学文之既成,又适当数君子合而离、离而合之际,正见用之时也,其所抱负不在韩、欧下。(《三苏文范》卷四)

茅坤 此书凡三段:一段历叙君子之离合,见已慕望之切;二段称欧阳公之文,见已知公之深;三段自叙平生经历,欲欧阳公之知之也。而情事婉曲周折,何等意气,何等风神。(《唐宋八大家文钞·苏文公文钞》卷三)

黄五岳 前半感慨悲哀,后半委曲纡徐,熟之可无艰涩之弊。(《三苏文范》卷四)

储欣 老苏先生第一书。(《唐宋十大家全集录·老泉全集录》卷四)

沈德潜 从诸贤之或离或合,千回百折,折到欧公身上,极转换脱卸之妙。(《唐宋八家古文读本》卷十五)

【上韩舍人书】

茅坤 老苏强项如此,正与前篇(《上张侍郎第二书》)词旨不同。(《唐宋八大家文钞·苏文公文钞》卷三)

【与梅圣俞书】

储欣 屈膝俯首,已为寒心,若近世举扬之法,又当何如?可叹,可叹!(《唐宋十大家全集录·老泉全集录》卷四)

【张益州画像记】

楼昉 词气严整有法度。说不必有像,而亦不可无像,此三、四转奇甚。最好处是善回护人,公蜀人也,所以尤难。(《三苏文范》卷四)

茅坤 词气严重,极有法度。益州尝称老苏似司马子长,此记自子长之后,殆不多得。(《唐宋八大家文钞·苏文公文钞》卷十)

许国 此段前叙事,后议论。叙事古劲,而议论许多斡旋回护尤高。(《三苏文范》卷四)

李贽 这等文字,从《虞典》、《商谟》中脱化来,而气概春容,词调老苍,类圣世君臣都俞气象,非后来学操觚者所能仿佛也。(《三苏文范》卷四)

方苞 取法于《史记》、韩文而少变其形貌,惜不多见,要之非子瞻、子固所能望也。(《古文辞类纂》卷五十六)

【彭州圆觉禅院记】

储欣 议论正,记极简老。(《唐宋十大家全集录·老泉全集录》卷四)

【木假山记】

吴宽 作时论铺叙转照应之法,尽在此篇中,学之得其深,下笔当自过人。(《三苏文范》卷四)

杨慎 大意言天之生材甚难,而公父子乃天意所与。如此切磋琢磨,自为师友,此公所以自重不偶然也。(《三苏文范》卷四)

林希元 文字严急峻整,无一句懈怠,愈读愈不厌。(《三苏文范》卷四)

唐顺之 前段言三峰之幸,后段言三峰之可敬。(《文编》卷五十七)

林云铭　全篇层折虽多，却是一气然。一气中，亦可分两段也。……人知下段老泉自况，而不知上段已句句自况。以《上欧阳书》参看，则知其借题自写，他人移用不得。（《古文析义》初编卷六）

林纾　明允自喻，并喻其二子也。东坡才大如海，靡所不能；而子由亦隽妙活泼，不即为老泉之下。“若有以服其旁之二峰”句，不过以尊临之而已；“凛乎不可犯”，则写其二子之挺出岸异；“岌然无阿附意”，则自成一家也。（《古文辞类纂选本》卷九）

【仲兄字文甫说】

茅坤　风水之形，人皆见之，老泉便描出许多变态来，令人目眩。（《唐宋八大家文钞·苏文公文钞》卷十）

吕留良 吕葆中　“风水相遭”一段，已尽肖物之妙；又进一层，推出无意求文而文生焉，其妙乃至不可思议。则前段犹止得其形，而后段乃得其神也。（《晚村精选八大家古文》老泉文）

储欣　体物之工，词赋家当有惭色。（《唐宋十大家全集录·老泉全集录》卷十）

沈德潜　“无意为文，而不能不为文”，二语道尽文章妙理。彼道不足而强言者，恶足以语此。（《唐宋八家古文读本》卷十七）

【名二子说】

杨慎　字数不多，而婉转折旋，有无限意思，此文字之妙。观此，老泉之所以逆料二子之终生，不差毫厘，可谓深知二子矣。与《木假山记》相出入。（《三苏文范》卷四）

刘大櫆　凡作数行文字，不可使有平直之笔，须下笔有嵚崎之致，惟昌黎能之，老苏此作几并昌黎。（《古文辞类纂》卷三十二）

王符曾　只从“轼”、“辙”二字发论，而长公、次公全身都现。宾主双彰，小品中绝唱也。（《古文小品咀华》卷四）

【送石昌言使北引】

杨鼎　此作叙与昌言相遇本末，而离合悲欢俱见。……立意既高，文字复黠倔顿挫而苍古，真巨手也。（《三苏文范》卷四）

茅坤　文有生色，直当与韩昌黎《送殷员外》等序相伯仲。（《唐宋八大家文钞·苏文公文钞》卷十）

金人瑞　今日送昌言，却写自幼狎昌言。凡作四番情事，而后写到此使。后幅自欲赠言，却写往年彭任为我言，因而借意便收，真奇笔也。（《批才子古文》卷十四）

林云铭　中间“折冲口舌”四字，是一篇主脑。……妙在欲言今事，却引富公旧事；言时事，却引汉朝故事；且不斥言契丹，而曰今之匈奴。下语俱有斟酌，千古奇构。（《古文析义》初编卷六）

林纾　赠序中措词颇非易易，老泉一力避去烦难，从与昌言烦琐之交情叙起。乍观入手数行，似与题无着，不知有了昌言，便得了使北之人，由昌言身

上转入为使甚易。(《古文辞类纂选本》卷六)

曾巩文

【新序目录序】

王慎中 南丰文字于原本经训处,多用董仲舒、刘向也。(《唐宋八大家文钞·曾文定公文钞》卷四)

茅坤 见极正大,文有典型。(《唐宋八大家文钞·曾文定公文钞》卷四)

吕留良 吕葆中 《新序》只是驳杂,故痛抑而存之。前段历叙古今,说得原原本本,文亦圆畅。(《晚村精选八大家古文》曾文)

何焯 可与《王子直文集序》参观。(《义门读书记》元丰类稿第二卷)

林纾 此文初读之,似甚平衍无味,然其语气之醇,文气之厚,笔路之严重有体,亦纯学更生。盖以步武胜者,细观之自得。(《古文辞类纂选本》卷二)

【列女传目录序】

朱熹 南丰《列女传序》,说二南处好。(《朱子语类》卷一百三十九)

王慎中 宋人叙古人集及古人所著书,往往有此家数。然多以考订次第为一篇之文而已,不能如先生更有一段大议论以成其篇也。(《唐宋八大家文钞·曾文定公文钞》卷四)

茅坤 子固诸序,并各自为一段大议论,非诸家所及,而此篇尤深入,近程、朱之旨矣。(《唐宋八大家文钞·曾文定公文钞》卷四)

何焯 三代以后少此议论。词醇气洁,无一冗长之字,此宋文之不愧匡、刘者也。(《义门读书记》元丰类稿第二卷)

蔡世远 子固文本经术,古茂处亦有西京风味。(《古文雅正》卷十一)

刘大櫆 子政胎教之言已足千古,子固更进一层归之身化,深入理奥,而文亦粲然成章。(《古文辞类纂》卷九)

【战国策目录序】

吕祖谦 此篇节奏从容和缓,且有条理,又藏锋不露。初读若太羹元酒,当子细味之,若他练字好过换处,不觉其间又有深意存。(《古文关键》卷下)

金人瑞 精整不懈散之文。(《批才子古文》卷十四)

吕留良 吕葆中 当观其议论反复处,及其转换过接之妙,理致甚深,却不露一毫圭角,宋文中之最高者。(《晚村精选八大家古文》曾文)

储欣 以孔、孟抑子政,子政固欢然受之而不辞。而论战国游士之害尤切中。(《唐宋十大家全集录·南丰先生全集录》卷一)

方苞 南丰之文长于道古,故序古书尤佳,而此篇及《列女传》、《新序》目录序尤胜。淳古明洁,所以能与欧、王并驱而争先于苏氏也。(《古文辞类纂》卷九)

林纾 此为南丰审定向书后为之序者,其所以表明向之用意所在,尤极精确。(《古文辞类纂选本》卷二)

【南齐书目录序】

茅坤　论史家得失处如掌。(《南宋八大家文钞·曾文定公文钞》卷四)

储欣　史自陈寿以降，求一才如宋子京者不可得，况迁、固耶？子固序《南齐书》，直以二典责萧子显，虽至迂至愚，亦不出此，要以发其胸中史学而已，读者不可不知。(《唐宋十大家全集录·南丰先生全集录》卷一)

何焯　以经正史之失，独举史迁言之，斥子显处只数句，此《春秋》治桓、文之法。(《义门读书记》元丰类稿第二卷)

【先大夫集后序】

王慎中　先生之文，如此篇之委曲感慨而气不迫晦者，亦不多有。(《唐宋八大家文钞·曾文定公文钞》卷五)

茅坤　子固阐扬先世所不得志处，有大体。而文章措注处，极浑雄，韩、欧与苏亦当俯首者。(《唐宋八大家文钞·曾文定公文钞》卷五)

储欣　精思极构，曾序第一。(《唐宋十大家全集录·南丰先生全集录》卷一)

林云铭　穿插变换，无不极其自然。此有体有格之文，其落笔布置，曲尽良工苦心矣。(《古文析义》二编卷七)

沈德潜　阐扬先人，使读者忠孝之心油然兴起。(《唐宋八家古文读本》卷二十七)

蔡世远　通篇赞乃祖直节，兼说出所以不得大用之故。有起有收，中分数段，篇法井然。(《古文雅正》卷十一)

林纾　此文盛道其祖直不见容，实自方也。读者当能辨之。(《古文辞类纂选本》卷二)

【王深父文集序】

茅坤　深父之文不可得而见，予按王荆公所为墓铭、与其相答书，大略贤者也。(《唐宋八大家文钞·曾文定公文钞》卷五)

张伯行　深甫之为人不可考，而子固称其立言制行如是之衷于道，可不谓贤乎？噫！笃学士未得大用于世，名湮没而不彰者，岂少哉！(《唐宋八大家文钞》卷十四)

【赠黎安二生序】

黄震　二生盖东坡荐于公者，说迂阔之弊，宛转可佳。(《黄氏日抄》卷六十三)

唐顺之　议论谨密。(《文编》卷五十四)

吕留良　吕葆中　一篇之中，有诱掖，有锻炼，可为前修接引后进之法。(《晚村精选八大家古文》曾文)

林云铭　通篇挈定"里人笑为迂阔"一语，步步洗发，就作文上搀到立身行己上去，命意正大无匹。其行文似嘲似解，总言自信得过，不可移于世俗之毁誉，而以迂阔不迂阔两路，听人自择。严中带婉，此有德者之言也。(《古文析义》初编卷六)

朱宗洛　能言尽而意不尽，意尽而味不尽。(《古文一隅》卷下)

余诚　其命意之高超，立言之斟酌，补斡之精细，结构之浑成，更无不一一尽

善，读者须潜心三复。(《古文释义》卷八)

林纾　文近昌黎，唯层次少简，不及昌黎之能作千波万澜也。(《古文辞类纂选本》卷六)

王符曾　和平温厚，盛世之音。行文亦详略有法。(《古文小品咀华》卷四)

【送王希序】

何焯　碎。(《义门读书记》元丰类稿第二卷)

【上蔡学士书】

唐顺之　平正。

与《范司谏书》同体。(《文编》卷四十六)

茅坤　从欧阳公与两司谏书中脱化来。(《唐宋八大家文钞·曾文定公文钞》卷二)

张伯行　欧公与两司谏书，一激其进谏，一责其不谏，其词气奋发慷慨。此则深恐谏官不得时时进见，使庸人、邪人之说得行其间，其防微杜渐之意至深远也，原与两司谏书不同。其文词缠绵劲折，又是曾公本色。(《唐宋八大家文钞》卷十二)

【寄欧阳舍人书】

黄震　公谢其为先祖铭墓也。理密文畅，可观。(《黄氏日抄》卷六十三)

何焯　曩不甚爱此文，今复读之，如四瑚八琏，虽欲不宝贵不可得也。李云，此文盖即摹欧而为之者。按：文法多本诸韩，而先生云摹欧，此论神理。(《义门读书记》元丰类稿第三卷)

方苞　必发人所未见之义，然后文传。而传之显晦，又视其落笔时精神机趣。如此文盖兼得之。(《古文辞类纂》卷三十)

刘大櫆　文亦雍容温雅。而前半历叙作铭源流，不免纯拙駴蹇。(《古文辞类纂》卷三十)

朱宗洛　此篇最善蓄势之文。(《古文一隅》卷下)

李扶九 黄仁黼　予谓古人不滥夸人，其夸人处，必是自占地步处也。如此文中间极夸欧公处，正是为祖父占地步处也。且人如欧公，夸之非滥，正足当此。前半纡徐曲折，转入幽深；后半酣畅淋漓，言之有物，应为南丰集中第一。(《古文笔法》卷五巧避)

林纾　此书起伏伸缩，全学昌黎，妙在欲即仍离，将吐故茹。……至结构之精严，实为南丰集中有数文字。(《古文辞类纂选本》卷五)

【与王介甫第二书】

茅坤　介甫本刚愎自用之人，此书特忠告甚笃，盖亦人所难及者。但其砭剂多而讽谏少，恐亦不相入。(《唐宋八大家文钞·曾文定公文钞》卷三)

何焯　明畅。(《义门读书记》元丰类稿第三卷)

【分宁县云峰院记】

茅坤　于云峰院无涉，而意甚奇。(《唐宋八大家文钞·曾文定公文钞》卷九)

张伯行　文能不窘于题，末出脱僧道常

处，仍不放松一笔。（《唐宋八大家文钞》卷十五）

何焯　一篇俱在分宁县土俗之不善立论，然但讦其非而不明先王之道以道之，则尚未合于君子忠厚之至也。此篇本柳子激赞梁邱据之意。（《义门读书记》元丰类稿第三卷）

沈德潜　借道常以激众人，何等斟量尽善。（《唐宋八家古文读本》卷二十八）

【秃秃记】

何焯　仿解光劾赵氏书。当云“书”，秃秃事乃合。（《义门读书记》元丰类稿第三卷）

【墨池记】

茅坤　看他小小题，而结构却远而正。（《唐宋八大家文钞·曾文定公文钞》卷八）

李光地　寄意高，结体紧。（《古文精藻》）

张伯行　小中见大，得此意者随处皆可以悟学。（《唐宋八大家文钞》卷十五）

何焯　能与学两层到底，因其地为州学舍，而求文记之者即教授，故推而论之，非若今人腔子之文也。此篇如放笔数千言，即无味矣。词高旨远，后人无此雄厚。（《义门读书记》元丰类稿第三卷）

沈德潜　用意或在题中，或出于题外，令人徘徊赏之。（《唐宋八家古文读本》卷二十八）

徐经　此记，子固殆欲借一技之能，讽勉学者进道，其用意可谓厚矣。然未得右军之为人，并未得教授所以揭墨池之意。（《雅古堂文集》卷六《书曾子固墨池记》）

王符曾　因墨池会得羲之学书，从此落想，便为天地间大有关系文字。（《古文小品咀华》卷四）

【宜黄县县学记】

朱熹　南丰作《宜黄》、《筠州》上学记好，说得古人教学意出。（《朱子语类》卷一百三十九）

茅坤　子固记学，所论学之制与其所以成就人材处，非深于经术者不能，韩、欧、三苏所不及处。（《唐宋八大家文钞·曾文定公文钞》卷七）

何焯　宏肆。（《义门读书记》元丰类稿第三卷）

沈德潜　行文不用间架，每段收住处，含蕴无穷。后惟朱子之文，肖其神味；王遵岩学曾，不免有形迹在也。（《唐宋八家古文读本》卷二十八）

姚鼐　随笔曲注，而浑雄博厚之气郁然纸上。（《古文辞类纂》卷五十五）

林纾　文立义高，及收束到本位，又极恰好。惜抱谓有浑雄博厚之气，信然。（《古文辞类纂选本》卷九）

【学舍记】

王慎中　此亦是先生独出一体，在韩、欧未有。然大意亦自《醉翁亭》《真州东园》二篇体中变出，又自不同也。（《唐宋八大家文钞·曾文定公文钞》卷九）

【拟岘台记】

黄震 模写甚工,前辈取以为文法者也。(《黄氏日抄》卷六十三)

王慎中 繁弦急管,促节会音,喧动嘈杂,若不知其宫商之所存,而度数亦自皦如,使听者激竦加以欢悦,此文之谓矣。(《唐宋八大家文钞·曾文定公文钞》卷九)

茅坤 此记大略本柳宗元《訾家洲》、欧阳公《醉翁亭》等记来。(《唐宋八大家文钞·曾文定公文钞》卷九)

储欣 骨力雄刚,溪山如画,宋记特勍。(《唐宋十大家全集录·南丰先生全集录》卷二)

张伯行 景象历历如画,而归宿在民康物阜,上下同乐,有典有则之文。(《唐宋八大家文钞》卷十五)

林纾 此篇文气极张,较平日曾文颇不相类。体近李华、杜牧,绝不近柳州。子固之《道山亭记》,颇有柳州风骨,盖稍能凝敛,而融以古泽之笔。此篇则一力奔泻而下,几于一发莫收。然工夫在用无数"也"字,为之一驻。读者先领其气,当留意于收煞处,则不至于奔突如不羁之马。(《古文辞类纂选本》卷九)

【道山亭记】

茅坤 曾子固本色。(《唐宋八大家文钞·曾文定公文钞》卷九)

何焯 陆文裕以为亲至闽中乃知为工。(《义门读书记》元丰类稿第三卷)

沈德潜 建一亭无甚关系,故只就山川险远上著笔,此做枯寂题法,于无出色处求出色也。前水陆二段,何减韩、柳。(《唐宋八家古文读本》卷二十八)

【越州赵公救灾记】

黄震 救荒之委折备焉。(《黄氏日抄》卷六十三)

茅坤 赵公之救灾,丝理发栉,无一遗漏。而曾公之记其事,亦丝理发栉,而无一不入于机杼及其髻总。救灾者熟读此文,则于地方之流亡如掌股间矣。(《唐宋八大家文钞·曾文定公文钞》卷八)

王懋竑 是何心胸,是何见识,岂文人而已哉!(《读书记疑》卷十六《读南丰集》)

方苞 叙琐事而不俚,非熟于经书及管、商诸子不能为此等文。(《古文辞类纂》卷五十五)

刘大櫆 详悉如画,有用之文。起处用管子《问篇》文法,极古。(《古文辞类纂》卷五十五)

沈德潜 救灾之法,井井有条,不但可行于一方一时,实天下万世之利也。清献实政,得此文传出,后之为政者可仿而行之。经济赖文章以传,不得视为两事。(《唐宋八家古文读本》卷二十八)

曾国藩 末段文气平衍。(《求阙斋读书录》卷九)

【祭王平甫文】

储欣 文章议论,临川王氏一门,无出其右。(《唐宋十大家全集录·南丰先

生全集录》卷二）

张伯行　其文学人品，具见于尺幅中。（《唐宋八大家文钞》卷十七）

【苏明允哀辞】

茅坤　叙明允生平，亦尽有生色可观。（《唐宋八大家文钞·曾文定公文钞》卷十）

储欣　雄骏。辞如其文。（《唐宋十大家全集录·南丰先生全集》卷二）

张伯行　苏明允奋起西川，文章之杰也。南丰叙其为文处，即可以想象其为人。古人文字不溢美一词，而其人精神愈见，此类是也。（《唐宋八大家文钞》卷十七）

王安石文

【上仁宗皇帝言事书】

茅坤　此书几万余言，而其丝牵绳联，如提百万之兵，而钩考部曲，无一不贯。（《唐宋八大家文钞·王文公文钞》卷一）

储欣　荆公此书只是要改制变法，大肆更张耳。胸中有无数见解，无数话头，却寻出"人才不足"四字统之，架堂立柱，将胸中所欲言者，尽数纳入，随机大发，故议论愈多，头绪愈整，由其以一线贯千条也。（《唐宋八大家类选》卷二）

沈德潜　其行文，部勒有方，如大将将数十万兵而不乱。中间丝联绳牵，提挈起伏，照应收缴，动娴法则，极长篇之能事。（《唐宋八家古文读本》卷二十九）

梁启超　秦汉以后第一大文。（《王安石评传》）

【上时政疏】

储欣　恫疑恐喝，阚仁宗享国日久而入之，借此以警怠荒于末路可也。（《唐宋十大家全集录·临川先生全集录》卷一）

张伯行　语语欲人主以至诚恻怛之心，询考贤才，讲求法度，隐然有平治天下舍我其谁之意。其以瞑眩为言，则又逆知众论之不容，而预为此言，以先入之也。文锋妙在不露。（《唐宋八大家文钞》卷十八）

【本朝百年无事札子】

茅坤　此篇极精神骨髓，荆公所以直入神宗之胁，全在说仁庙处，可谓搏虎屠龙手。（《唐宋八大家文钞·王文公文钞》卷二）

梁启超　如《上仁宗皇帝言事书》《国家百年无事札子》……诸篇，皆藏山之文，可永为世模范者也。（《王安石评传》）

【伯　夷】

黄震　谓伯夷未尝有叩马谏伐之事，而韩子之颂为大不然，疑伯夷不过老死道路耳。果如公言，则孔子不求仁得仁又何怨之说，及饿死首阳之下民到于今称之之说，果何为而发哉？甚矣，公之好异论疾正人而不顾经训也。（《黄氏日抄》卷六十三）

【材　论】

茅坤　语曰天下信未尝无士，即此意。(《唐宋八大家文钞·王文公文钞》卷十)

梁启超　如《上仁宗皇帝言事书》……《材论》……诸篇，皆藏山之文，可永为世模范者也。(《王安石评传》)

【太　古】

唐顺之　临川诸论，语体皆方而少圆，若苏氏兄弟则圆之至也。(《文编》卷二十七)

【伤仲永】

储欣　子弟有志者，宜各书一通，当韦弦之佩。(《唐宋十大家全集录·临川先生全集录》卷二)

沈德潜　劝学之语，婉转切至，伤仲永不独为仲永也。聪明子弟，宜悬为座右箴铭。(《唐宋八家古文读本》卷三十)

林纾　介甫之文，以盘折胜。末段用天人比较，极言天之不可待。天不可待，恃学耳。仲永唯不学，所以并没其天。逼进一层，既无天资，复不恃学，并众人亦不得为。造语极危悚，又极精切。(《古文辞类纂选本》卷九)

【同学一首别子固】

茅坤　文严而格古。(《唐宋八大家文钞·王文公文钞》卷十)

金人瑞　此为瘦笔，而中甚腴。学文必当由瘦以入腴，如先学腴，既更无由得瘦也。(《批才子古文》卷十五)

张伯行　略朋友别离之情，而叙道义契合之雅，使人读之油然有感。(《唐宋八大家文钞》卷十九)

吴楚材 吴调侯　别子固而以正之陪说，交互映发，错落参差。至其笔情高寄，淡而弥远，自令人寻味无穷。(《古文观止》卷十一)

王符曾　扯正之来作伴，牵合不无痕迹，然文亦秀发，不近凡俗。(《古文小品咀华》卷四)

【读孟尝君传】

李塗　文章有短而转折多气长者，韩退之《送董邵南序》、王介甫《读孟尝君传》是也。(《文章精义》八七)

谢枋得　笔力简而健。(《文章轨范》卷五)

金人瑞　凿凿只是四笔，笔笔如一寸之铁，不可得而屈也。读之可以想见先生生平执拗，乃是一段气力。(《批才子古文》卷十五)

林云铭　百余字中，有起、承、转、合在内。警策奇笔，不可多得。(《古文析义》初编卷六)

吴楚材 吴调侯　文不满百字，而抑扬吞吐，曲尽其妙。(《古文观止》卷十一)

沈德潜　语语转，笔笔紧，千秋绝调。(《唐宋八家古文读本》卷三十)

余诚　通篇只八十八字，而有四层段落，起承转合，无不毕具，洵简劲之至。(《古文释义》卷八)

吴闿生　此文乃短篇中之极则。雄迈英爽，跌宕变化，故能尺幅中具有波涛

万里之势。(《古文范》卷四)

【书刺客传后】

杨慎　王半山之文,愈短愈妙,如《书刺客传后》云:"曹沫将而亡人之城,……何如哉?"味此文,何让《史记》乎?与《读孟尝君传》同关纽矣。(《丹铅杂录》卷七《半山妙文》)

【书李文公集后】

茅坤　看王公文字,须识得他笔力天纵处。(《唐宋八大家文钞·王文公文钞》卷十)

储欣　抑扬予夺,无铢两之差。(《唐宋十大家全集录·临川先生全集录》卷二)

【答司马谏议书】

茅坤　荆公之愎而自用,所以自误。(《唐宋八大家文钞·王文公文钞》卷五)

李光地　命意卓然,然褊逼强厉之气象亦见矣。文辞之精健雄劲,则自汉以下未有。(《古文精藻》)

姚鼐　亦自劲悍,而不如昌黎《答吕毉山人》之奇变。(《古文辞类纂》卷三十)

吴汝纶　固由兀傲性成,究亦理足气盛,故劲悍廉厉无枝叶如此,不似上皇帝书时尚有经生习气也。(《古文辞类纂》卷三十)

吴闿生　傲岸倔强,荆公天性。而其生平志量政略,亦具见于此。(《古文范》卷四)

梁启超　如《上仁宗皇帝言事书》……《答司马谏议书》……诸篇,皆藏山之文,可永为世模范者也。(《王安石评传》)

【答曾公立书】

黄震　《答司马公书》,执迷之说也。《答曾公立书》,很愎尤甚。(《黄氏日抄》卷六十三)

茅坤　荆公所自见如此。(《唐宋八大家文钞·王文公文钞》卷五)

【答曾子固书】

黄震　谓小说无所不读,然后能知大体。呜呼!此公之所以不能知大体欤?又谓方今乱俗不在于佛。呜呼!此公之所以自误而乱俗者欤?(《黄氏日抄》卷六十三)

茅坤　不放倒地步。(《唐宋八大家文钞·王文公文钞》卷五)

林云铭　介甫所言读经,连佛经亦在内,因得乱俗之说,故谓无不读为读经之法。以乱不乱推勘,尤见卓识。(《古文析义》二编卷八)

【答钱公辅学士书】

唐顺之　语甚切直,可以裁谀墓者。(《文编》卷四十八)

储欣　读此与欧阳公自解尹师鲁墓志铭,知古人文字用意精到,不得胡乱读去。(《唐宋十大家全集录·临川先生全集录》卷二)

【与马运判书】

茅坤　论理财是荆公本色。(《唐宋八大

家文钞·王文公文钞》卷五）

储欣　理财是其癖好，而此时尚置身局外，故其言无邮。（《唐宋十大家全集录·临川先生全集录》卷二）

蔡上翔　公吏县时，倦倦民事，先天下之忧而忧如此，此等文固不可不录也。（《王荆公年谱考略》卷三）

【答段缝书】

茅坤　婉曲多波澜。（《唐宋八大家文钞·王文公文钞》卷五）

储欣　闻流言不信，遮几古人之交。“天下愚者众”以下，声色严厉，段缝有知，无地可入。（《唐宋十大家全集录·临川先生全集录》卷二）

【上运使孙司谏书】

茅坤　以一县吏，而能直民之利害于运使如此。（《唐宋八大家文钞·王文公文钞》卷四）

储欣　反复晓畅，论事之豪。（《唐宋十大家全集录·临川先生全集录》卷二）

蔡上翔　与上大夫言，绝无忌讳如此。……其为爱民恻怛之心，筹画利害之明，虽复老成谋国者弗如。（《王荆公年谱考略》卷三）

【上人书】

黄震　云文者务于有补于世而已。又《与祖择之书》，谓二帝、三王，引而被之天下之民；孔子、孟子，书之策，皆圣人之所谓文也。愚谓论文至此，不其盛矣乎？（《黄氏日抄》卷六十三）

唐顺之　半山文字，其长在遒劲。（《唐宋八大家文钞·王文公文钞》卷四）

【君子斋记】

茅坤　宋文之格不入西汉处，正在此；而宋人之所自以为得，亦在此。（《唐宋八大家文钞·王文公文钞》卷八）

张伯行　主簿以君子名斋，必于穷困屈辱之况，意有未释然者，故借位衬德，以勖之古人立言，非如今之汩汩导谀有文无题者也。（《唐宋八大家文钞》卷十九）

【度支副使厅壁题名记】

茅坤　何等识见，何等笔力。（《唐宋八大家文钞·王文公文钞》卷七）

储欣　谈及理财，直搔着痒处。议论宏大，顾盼伟如，较晁家令倍为入理。此虽遇主如汉文，犹不能不为之倾倒，而况宋神乎？（《唐宋十大家全集录·临川先生全集录》卷三）

议论笔力俱卓绝。（《唐宋八大家类选》卷十二）

吴汝纶　笔力豪悍，有崩山决泽之观。（《古文辞类纂》卷五十七）

【芝阁记】

黄震　实贬题，而寄兴以及其大者，意味无穷，犹为诸记中第一。（《黄氏日抄》卷六十三）

茅坤　荆公本色之佳处。（《唐宋八大家文钞·王文公文钞》卷八）

储欣　佳处固在感触即小以见大，而行文淘洗洁精，皑若江汉。（《唐宋十大家全集录·临川先生全集录》卷三）

步步顿挫，笔笔浑脱。（《唐宋八大家类选》卷九）

李光地　与《墨池》同一机轴，盖曾、王文极有相似者。（《古文精藻》）

蔡世远　不明说献瑞之无稽，而语意自见；偏说到移风易俗，介甫热肠见矣。介甫自谓行先王之道，乃至知人不明，聚敛太急，酿成宋室之祸。然此论却是，笔亦劲峭。（《古文雅正》卷十一）

林纾　此等议论，亦属寻常，难在能蓄势而出。“因一时之好恶，成天下之风俗”二语，不是为献芝发议，一眼专注人才之显晦及王道废兴耳。有此二语，抉起“行先王之道”，方有力量。末用慨叹语作结，亦寓感之文应有之笔。（《古文辞类纂选本》卷九）

【游褒禅山记】

茅坤　逸兴满眼，而余音不绝。（《唐宋八大家文钞·王文公文钞》卷八）

李光地　借题写己，深情高致，穷工极妙。（《古文精藻》）

林云铭　凡游记，必叙山川之胜，与夫见闻之奇，且得尽其所游之乐，此常调也。兹但点出山名、洞名，随以不尽游为慨。若如此便止，有何意味？精彩处全在古人观物有得上，发出一段大议论，即抱上文所以不得尽游，重叙一番，惟尽吾志赴之，若果不能至，则与力可至而不至者异矣。（《古文析义》二编卷八）

吴楚材 吴调侯　借游华山洞，发挥学道。或叙事，或诠解，或摹写，或道故。意之所至，笔亦随之。……可谓极文章之乐。（《古文观止》卷十一）

沈德潜　有志有力，而又有物以相之，其终不能至者，则亦无如何也。借题发意，文人之常，然必说破正旨，此只于言外遇之，又是一格。用笔最折。（《唐宋八家古文读本》卷三十）

李扶九 黄仁黼　记游而影学问，用笔则曲曲深入，所谓“深入无浅语，慧心无直笔”者也。在记体则为别行一路。（《古文笔法》卷四借影）

林纾　文字之千盘百折，尽伸缩之能事，自属可贵。（《古文辞类纂选本》卷九）

【石门亭记】

茅坤　题虽小，而议论却大。（《唐宋八大家文钞·王文公文钞》卷八）

【周礼义序】

茅坤　荆公所自喜在读《周礼》，而其相业所卒自误处，亦在《周礼》。（《唐宋八大家文钞·王文公钞》卷六）

储欣　庄重古茂，气体颇仿班孟坚。（《唐宋十大家全集录·临川先生全集录》卷三）

沈德潜　不用铺排，简而能庄，诸经序中，以此篇为最。（《唐宋八家古文读本》卷三十）

蔡世远　笔力斩然，却极委婉。（《古文雅正》卷十一）

吴闿生　此三篇（编者按：指此篇和《书义序》《诗义序》）经术湛蔚，韵味渊永，尤为醇到之诣。王集中亦不多得。（《古文范》卷四）

【灵谷诗序】

茅坤 览之如游峭壁邃谷。(《唐宋八大家文钞·王文公文钞》卷六)

储欣 恒蹊亦复镵刻。(《唐宋十大家全集录·临川先生全集录》卷三)

过珙 起处衬起一层,结处推深一层,中间写正面处曲折顿宕,极委蛇壮浪之观。不似平冈坦途,一往无佳绪也。(《古文评注》卷十)

刘大櫆 兴致亦自淋漓。(《古文辞类纂》卷十)

【张刑部诗序】

蔡上翔 此序因刑部与杨、刘并世,故言其文词染世,学者迷其端原。然前乎此,石守道作《怪说》,则痛诋大年。后乎此,欧阳公以古学倡天下,而文体为之一变。亦以杨、刘为言云。(《王荆公年谱考略》卷二)

【送孙正之序】

茅坤 两相箴规,两相知己之情可掬。(《唐宋八大家文钞·王文公文钞》卷六)

【送胡叔才序】

茅坤 情婉而正。(《唐宋八大家文钞·王文公文钞》卷六)

吕留良 吕葆中 从昌黎《欧阳生哀辞》脱胎,而炼字炼意、句法字法,无不精湛。

叔才之惭其邑人,只从纯孝之恩,欲荣其亲意中翻出,分开作两件不得。(《晚村精选八大家古文》王文)

【祭范颍州仲淹文】

茅坤 范公为一代殊绝人物,而荆公祭文亦极力摹写,涕洟呜咽,可为两绝矣。(《唐宋八大家文钞·王文公文钞》卷十六)

储欣 真可作范公墓铭。(《唐宋十大家全集录·临川先生全集录》卷三)

方苞 祭韩、范诸公文,此为第一。(《古文辞类纂》卷七十四)

蔡世远 祭文特雅峭,摹写范公曲尽。余爱范公,故乐诵荆公此文。(《古文雅正》卷十一)

林纾 此文似昌黎,用字造语,皆奇创动人。中间叙事,亦能揭范文正之大节。(《古文辞类纂选本》卷十)

【祭欧阳文忠公文】

茅坤 欧阳公祭文,当以此为第一。(《唐宋八大家文钞·王文公文钞》卷十六)

储欣 一气浑脱,短长高下皆宜,祭文入圣之笔。(《唐宋八大家类选》卷十四)

林云铭 欧公文章,在当时后世鲜有不知者。然其气节功业与出处进退大节,皆无有诡于正,诚一代之完人也。是篇段段叙来,可与本传相表里。而一气浑成,渐近自然,又驾大苏而上之矣。(《古文析义》初编卷六)

沈德潜 一气奔驰,不可控抑,此即介甫诋为"在一国则乱一国,在天下则乱

天下者”也，而祭文又推服如此，岂由衷之言耶？特其文可与子瞻篇并传。（《唐宋八家古文读本》卷三十）

蔡上翔　世乃传安石既相，尝诋欧阳修在一国则乱一国，在天下则乱天下。……欧公薨，而安石为文祭之。于是欧公之其人其文，其立朝大节，其坎坷困顿，与夫平生知己之感，死后临风想望之情，无不具见于其中。……曾何所忌于欧公，而必欲挤而去之。乃生则诋其人为天下大恶，而死则誉其为天下不可几及之人，是又岂安石之所为哉？（《王荆公年谱考略》卷十七）

朱宗洛　中四段，总不出“生有闻于当时，死有传于后世”意。以文章、操守、功名、出处，分四段看。其接落处、收束处，段段相生不绝，读者当切究焉。（《古文一隅》卷下）

【广西转运使孙君墓碑】

茅坤　按次点缀。（《唐宋八大家文钞·王文公文钞》卷十一）

储欣　若孙君者，可谓贤劳之臣矣。升楼之阶，淬厉克畏。（《唐宋十大家全集录·临川先生全集录》卷三）

【给事中赠尚书工部侍郎孔公墓志铭】

茅坤　荆公第一首志铭。须看他顿挫纡徐，往往叙事中伏议论，风神萧飒处。（《唐宋八大家文钞·王文公文钞》卷十二）

方苞　北宋人志铭，欧公而外，惟介甫为知体要，此尤长篇中最著称者。其钩勒摹画处学《史记》，而风神不逮；造语质健学韩文，而深古不逮。于是益叹子长、退之于文乃天授也。（《唐宋八家文百篇》王文）

沈德潜　请太后还政及争郭皇后之废，皆大节所关，故特详之。后出知五州，皆用虚叙。天子受知后，屡见抑于执政，故隐约其词。而末以轶事作收。位置极佳，用笔亦复清刚简贵。（《唐宋八家古文读本》卷三十）

吴汝纶　笔笔腾踊，句句逆折，故峭劲百倍。（《古文辞类纂》卷四十八）

林纾　上半用提字诀，后半用补字诀。所谓提者，两用“尝”字也；所谓补者，一云“复召以为中丞”，一云“故出知郓州”也。然二处皆补笔，而补之前亦先有提笔，如“兖、郓御史中丞皆再至”也。此系荆公之长技。（《古文辞类纂选本》卷八）

【王平甫墓志】

王士祯　王介甫狠戾之性，见于其诗文，可望而知，如《明妃曲》等不一。其作《平甫墓志》，通首无兄弟字，亦无一天性之语，叙述漏略，仅四百余字，虽曰文体谨严，而人品心术可知。《唐宋八家文选》取之，可笑。（《香祖笔记》卷十二）

张裕钊　此文颇脱胎《李元宾墓志》。文之简洁谨严，殆无一剩语。其通篇承接委输处，有若一笔书。而痛惜之意，自见于词表。王渔洋不识其意，而妄疑之，过矣。（《古文辞类纂》卷四十九）

【王深父墓志铭】

茅坤 通篇以虚景相感慨，而多沉郁之思。(《唐宋八大家文钞·王文公文钞》卷十四)

吕留良 吕葆中 曾、王之文深挚，如此篇言世无真知，说来真有千载之痛。(《晚村精选八大家古文》王文)

张伯行 深父不合于时，曾南丰尝荐其文于欧公，公亟称之。介甫志其墓，以未及著书为恨，所以致惜其人者深矣。(《唐宋八大家文钞》卷十九)

吴汝纶 究极笔势跌宕自喜。(《古文辞类纂》卷四十八)

林纾 此文呜咽欲绝，真巧于叙悲者也。文言其志未成，其书未具，则本事无多，然其交情则笃。其中叙事处，不能不参以议论，妙在叙中有议，非破空而来。……文吞吐含蓄，力追昌黎，是临川魅力过人处。(《古文辞类纂选本》卷八)

【泰州海陵县主簿许君墓志铭】

黄震 亦以虚文发明。(《黄氏日抄》卷六十三)

金人瑞 如崩崖，如断岸，如欲堕不堕危石，如仄路合沓，走出仍是前溪，此为王介甫先生之笔。(《批才子古文》卷十五)

方苞 墓志之有议论，必于叙事缨带而出之。此篇及《王深甫志》则全用议论，以绝无仕迹可纪，家庭庸行又不足列也。然终属变体，后人不可仿效。(《古文辞类纂》卷四十八)

吴楚材 吴调侯 起手叙事，以后痛写淋漓，无限悲凉。总是说许君才当大用，不宜以泰州海陵县主簿终，此作铭之旨也。文情若疑若信，若近若远，令人莫测。(《古文观止》卷十一)

沈德潜 中间藏过一"命"字，郁屈瑰奇，空中发论，志铭中别开一体。(《唐宋八家古文读本》卷三十)

刘大櫆 以议论行序事，而感叹深挚，跌荡昭朗，荆公此等志文最可爱。(《古文辞类纂》卷四十八)

【王逢原墓志铭】

茅坤 通篇无事迹，独以虚景相感慨。(《唐宋八大家文钞·王文公文钞》卷十四)

张伯行 以议论为志铭，而不及其事迹，原是别体。(《唐宋八大家文钞》卷十九)

蔡上翔 韩昌黎之于李元宾，介甫之于王逢原、常夷甫，皆其所深交者也。其为志文，言甚简而其痛弥深。然非二公之才，虽欲简之而不能，未易为世俗人道也。(《王荆公年谱考略》卷七)

苏轼文

【前赤壁赋】

唐庚 东坡《赤壁》二赋，一洗万古，欲仿佛其一语，毕世不可得也。(《唐子西文录》)

谢枋得 此赋学《庄》、《骚》文法，无一句与《庄》、《骚》相似，非超然之才，绝伦

之识，不能为也。（《文章轨范》卷七）

茅坤　余尝谓东坡文章仙也。读此二赋，令人有遗世之想。（《唐宋八大家文钞·苏文忠公文钞》卷二十八）

金人瑞　游赤壁，受用现今无边风月，乃是此老一生本领，却因平平写不出来，故特借洞箫呜咽，忽然从曹公发议，然后接口一句喝倒，痛陈其胸前一片空阔了悟，妙甚！（《批才子古文》卷五）

过珙　坡公此赋，写得落落飘飘，真有御风遗世之致。一肚皮不合时宜，未知尔时消归何所？（《古文评注》卷十）

吴闿生　东坡天仙化人，其于文章，驱使惟心，无不如志，最为流俗所慕爱，学者纷纷摹拟，徒兹流弊。不知公文，天马行空，绝去羁绊，固无轨辙之可寻也。（《古文范》卷四）

【后赤壁赋】

李贽　前赋说道理，时有头巾气。此则空灵奇幻，笔笔欲仙。（《苏长公合作》卷一）

张伯行　上文字字是秋景，此文字字是冬景，体物之工，其妙难言。（《唐宋八大家文钞》卷八）

过珙　再游赤壁，仍将山川风月说个不了，便是印板文字。看其节节变换，绝不雷同。前赋已入悟界，犹未仙也，此则翩翩欲仙矣。（《古文评注》卷十）

王文濡　前篇是实，后篇是虚。虚以写实，至后幅始点醒。奇妙无以复加，易时不能再作。（《评校音注古文辞类纂》卷七十一）

【后杞菊赋并叙】

李涂　班固赋设问答最弱，如西都责东都主人之类。至子瞻《后杞菊赋》起句云："吁嗟先生，谁使汝坐堂上，称太守。"便自风采百倍。（《文章精义》六三）

【黠鼠赋】

陈天定　许大名理，说来如此透脱，前后点染，历历落落。（《古今小品》卷一）

王符曾　呆拈黠鼠，不成文理矣。会得有黠鼠，便有为黠鼠所愚者，从此发挥，笔如游龙。见役黠鼠，不堪现身说法，故借童子作陪。（《古文小品咀华》卷四）

【留侯论】

吕祖谦　一篇纲目在"忍"字。（《古文关键》卷二）

谢枋得　能忍不能忍是一篇主意。（《文章轨范》卷三）

茅坤　此文只是一意反覆，滚滚议论，然子瞻胸中见解亦本黄老来也。（《唐宋八大家文钞·苏文忠公文钞》卷十四）

吕留良 吕葆中　此篇善于用虚，都是将无作有，空中结撰，文情缥缈，千丈游丝，至其引合着实处，亦如雄搏鸷击。（《晚村精选八大家古文》东坡文）

刘大櫆　忽出忽入，忽主忽宾，忽浅忽深，忽断忽接。而纳履一事，止随文势带出，更不正讲，尤为神妙。（《古文辞类纂》卷四）

【贾谊论】

王慎中 谓贾生不能用汉文，直是说得贾生倒，而文字翻覆变幻，无限烟波。(《唐宋八大家文钞·苏文忠公文钞》卷十四)

王世贞 苏氏之工于揆事，急于持论，而不尽悉故实者，此也。(《读书后》卷二)

刘大櫆 长公笔有仙气，故文极纵荡变化，而落韵甚轻。(《古文辞类纂》卷四)

朱宗洛 人俱重责汉文，此独归过贾生，此翻案法也。……其文气之奔放，真有万壑归源之势。(《古文一隅》卷下)

【刑赏忠厚之至论】

陆游 东坡先生省试《刑赏忠厚之至论》，有云："皋陶为士。将杀人，皋陶曰：'杀之！'三。尧曰：'宥之！'三。"梅圣俞为小试官，得之，以示欧阳公，公曰："此出何书？"……东坡亦对曰："何须出处。"(《老学庵笔记》卷八)

茅坤 东坡试论文字，悠扬宛宕，于今场屋中极利者也。(《唐宋八大家文钞·苏文忠公文钞》卷十七)

沈德潜 以"罪疑惟轻，功疑惟重"二语作主，文势如川云岭月，其出不穷。(《唐宋八家古文读本》卷二十)

吴楚材 吴调侯 此长公试文也。只就本旨，从"疑"上全写其忠厚之至。每段述事，而断以婉言警语。天才灿然，自不可及。(《古文观止》卷十)

【平王论】

茅坤 此文类韩《讳辩》，非苏氏本色，分明是宋南渡一断案。予览此文，以"迁"之一字为案。(《唐宋八大家文钞·苏文忠公文钞》卷十二)

沈德潜 杂援古事，近于碎矣，而道理故自秩然，此不拘法而法自生者。(《唐宋八家古文读本》卷二十)

【范增论】

吕祖谦 这一篇要看抑扬处。(《古文关键》卷下)

金人瑞 不过"知几早去"一句，却写出许多议论，许多曲折。及至细寻，亦更无议论与曲折，只是一味换笔法耳。(《批才子古文》卷十四)

吴楚材 吴调侯 前半多从实处发议，后半多从虚处设想。只就增去不能早处，层层驳入，段段回环，变幻无端，不可测识。(《古文观止》卷十)

过珙 大意论增之去当于羽杀卿子冠军时，一句可了，却不便一口断尽，忽横插陈平一段，故作留顿。然后转入不用其言而杀其所立，羽之疑增必自是始，作明白收拾。而前波后澜，皆从此意申出。(《古文评注》卷四)

【策略一】

郑之惠 宋室凌夷，只"不自立"三字说尽。至于"不知其然"一语，则千古通弊也。此老胸中具有千古之的，而下语又足破的，所以独步。(《苏长公合作》内篇)

沈德潜　宋之受弊，由于颓堕，至南渡后尤甚，而仁宗朝其先征也。痛切言之，先言其病，后救以方，比于长沙痛哭。（《唐宋八家古文读本》卷二十二）

【决壅蔽（策别课百官三）】

杨慎　文势累累相贯，如走盘之珠。（《三苏之范》卷九）

唐顺之　前半言壅蔽之当决，后言所以决之之道。（《文编》卷二十）

【教战守（策别安万民五）】

宗臣　此篇文字绝好，词意之玲珑，神髓之融液，势态之翩跹，各臻其妙。（《三苏文范》卷九）

沈德潜　只是安不忘危意，一用引喻，便觉切理厌情。中一段可悟却疾，可悟防乱。（《唐宋八家古文读本》卷二十二）

过珙　侃侃而谈，利害较然，此真可坐而言作而行矣。读此则知天下虽平，忘战必危之说，诚为笃论也。（《古文评注》卷四）

【王安石赠太傅】

郎晔　此虽褒词，然其言皆有微意。（《经进东坡文集事略》卷三十九）

蔡上翔　此皆苏子由衷之言，洵为王公没世之光。（《王荆公年谱考略》卷二十四）

【上梅直讲书】

钱丰寰　识见高迈，笔意清婉，天下之至文也。（《苏文忠公文选》卷五）

金人瑞　文态如天际白云，飘然从风，自成卷舒。人固不知其胡为而然，云亦不自知其所以然。（《批才子古文》卷十四）

吴楚材　吴调侯　长公之推尊梅公，与阴自负意，亦极高矣。细看此文，是何等气象，何等采色。其议论真足破千古来俗肠，绝妙。（《古文观止》卷十一）

【答秦太虚书】

茅坤　此等书，并长公随手淋漓者，却自潇洒脱俗可爱。（《唐宋八大家文钞·苏文忠公文钞》卷十）

郑之惠　目前之趣，意中之事，俗人多不能知；知，人多不能言；言，人多不能罄。坡翁能知、能言、能罄，真人精也。（《苏长公合作》外篇）

陈天定　琐琐散散叙来，自成佳致。（《古今小品》卷三）

王符曾　风致嫣然，如雨后佳花，迎人而笑。（《古今小品咀华》卷四）

【答张文潜书】

王守仁　此书大抵讥斥王氏之文，而自多其伯仲独喜耳。（《三苏文范》卷十三）

【答谢民师书】

陈献章　此书大抵论文，曰“行云流水”数语，此长公文字本色。（《三苏文范》卷十二）

吕留良　吕葆中　论文到精妙处，亦唯东坡能达。（《晚村精选八大家古文》东

坡文）

郑之惠 坡翁自评其文。（《苏长公合作》外篇）

沈德潜 贬扬以伸屈、贾，议论千古。前半“行云流水”数言，即东坡自道其行文之妙。（《唐宋八家古文读本》卷二十三）

【答李方叔书】

茅坤 词旨潇洒可诵。（《唐宋八大家文钞·苏文忠公文钞》卷十）

钟惺 真有一片诚心厚道，乃可作此语，未可为蔽贤人藉口。（《三苏文范》卷十三）

【答李端叔书】

宋濂 凄惋无聊之言，却自淡宕洒趣。（《三苏文范》卷十二）

杨慎 情深笔老，反复有余味，此坡公最有旨者矣，以在得罪后故耶？（《三苏文范》卷十二）

茅坤 看此等书，长公据几随手写出者，却自疏宕而深眇。（《唐宋八大家文钞·苏文忠公文钞》卷十）

刘大櫆 本色语，自然工雅，然已开语录之渐。（《古文辞类纂》卷三十）

【喜雨亭记】

虞集 此篇题小而语大，议论干涉国政民生大体，无一点尘俗气，自非具眼者未易知也。（《三苏文范》卷十四）

林云铭 把一个太守私亭，毋论官吏、商贾、农夫，即天子、造物、太空，无不一齐搀入，岂非异样大观！（《古文析义》初编卷六）

过珙 只“喜雨”二字是正意，却用无数顿跌，无数波澜，衬贴出来。真觉如火如花，极行文之乐事。（《古文评注》卷九）

吴楚材 吴调侯 只就“喜雨亭”三字，分写，合写，倒写，顺写，虚写，实写，即小见大，以无化有。意思愈出而不穷，笔态轻举而荡漾，可谓极才人之雅致矣。（《古文观止》卷十一）

余诚 就一座私亭写出绝大关系，俾忧乐同民之意隐然言外，而又毫不着迹，立言最为得体。然非出笔潇洒，亦安能藏庄重于流丽如此也，的是风流太守之文。（《古文释义》卷八）

【凌虚台记】

郑之惠 台方成而所言皆颓废之景，别是世味外一种文字。（《苏长公合作》外篇）

金人瑞 读之如有许多层节，却只是兴成废毁二段，一写再写耳。（《批才子古文》卷十五）

赖山阳 子瞻此时二十七八，而波澜老成如此，宜乎老欧畏之。（《纂评唐宋八大家读本》卷七）

吴楚材 吴调侯 盖其胸中实有旷观达识，故以至理出为高文。若认作一篇讥太守文字，恐非当日作记本旨。（《古文观止》卷十一）

沈德潜 发明废兴成毁，湍澜洄洑，感慨欷歔，后归于不朽之三，不止作达观旷识，齐得丧忘古今也。（《唐宋八家古文读本》卷二十三）

【筼筜谷偃竹记】

丘濬　自画法说起，而叙事错列，见与可竹法之妙，而公与与可之情尤最厚也。笔端出没，却是仙品。（《三苏文范》卷十四）

茅坤　中多诙谐之言，而论画竹入解。（《唐宋八大家文钞·苏文忠公文钞》卷二十四）

郑之惠　戏笑成文。（《苏长公合作》外篇）

储欣　诙嘲游戏皆可书而诵之，此记其一班也。须知此出天才，尤不易学。学之，辄俚俗村鄙，令人欲呕矣。（《唐宋十大家全集录·东坡全集录》卷五）

张伯行　坡公为文，随手写出，触处天机。盖是心手相得之候，无意成之而文愈佳也。（《唐宋八大家文钞》卷八）

【张氏园亭记】

谢迁　篇中"仕隐"二字立义，盖因园亭间百物备具，推明其为子孙虑，令仕不忘君，隐不忘亲，得出处之大节，文字轩豁开爽快人。（《三苏文范》卷十四）

郑之惠　从园居说出仕隐一段，张氏风尚略可见矣，长公之无曲笔如此。（《苏长公合作》外篇）

【石钟山记】

郑之惠　平铺直叙，却自波折可喜，此是性灵上带来文字，今古所希。（《苏长公合作》外篇）

吕留良 吕葆中　此翻案也。李翻郦，苏又翻李，而以己之所独得，详前之所未备，则道元亦遭简点矣。文最奇致，古今绝调。（《晚村精选八大家古文》东坡文）

储欣　彭蠡有灵，致公夜泊绝壁，为名山吐气。（《唐宋十大家全集录·东坡全集录》卷五）

林云铭　其起落转换，融成一片，无迹可寻。此等笔力，惟髯苏能之。（《古文析义》初编卷六）

沈德潜　通体神行，末幅尤极得心应手之乐。（《唐宋八家古文读本》卷二十三）

刘大櫆　坡公第一首记文。（《古文辞类纂》卷五十六）

林纾　栖鹘鹳鹤之鸣，似与本文无涉，特用其声为石钟作势，以形其静。可见四无人声，鸟方夜鸣，引起石钟之声，方有着落。盖此二鸟之声，亦非闲笔。须知读古人之文，须从其不经意处思之，方悉其精神粘贯处也。（《古文辞类纂选本》卷九）

【韩魏公醉白堂记】

黄庭坚　荆公评文章，常先体制，而后文之工拙。盖尝观苏子瞻《醉白堂记》，戏曰："文词虽极工，然不是《醉白堂记》，乃是《韩白优劣论》耳。"（《山谷全集》正集卷二十五《书王元之竹楼记后》）

吕留良 吕葆中　顺题不得，反题不得，此处当玩其立言之妙，然唯魏公庶足当之无愧色。（《晚村精选八大家古文》东坡文）

【张君宝墨堂记】

邵宝　真是文章中夺胎换骨，皆从庄子变化出来。（《三苏文范》卷十四）

杨慎　此记全学韩文。韩文公序闲上人，而称张旭之神于书；苏文忠公记宝墨堂，而引钟繇之溺于书：皆含讥讽意。（《三苏文范》卷十四）

郑之惠　把“笑”字破题内“宝”字，一段生一段，一节深一节，使人读之惟恐前段之易尽，又不测后段之何指，文势变幻纡徊一至于此。（《苏长公合作》外篇）

【超然台记】

宗臣　东坡胸中本无轩冕，故其风神笔墨皆潇洒。（《三苏文范》卷十四）

金人瑞　台名“超然”，看他下笔便直取“凡物”二字，只是此二字已中题之要害。便以下横说，竖说，说自，说他，无不纵心如意也。（《批才子古文》卷十五）

方苞　子瞻记二台，皆以东西南北点缀，颇觉肤套。此类蹊径，乃欧、王所不肯蹈。（《古文辞类纂》卷五十六）

沈德潜　通篇含超然意，末路点题，亦是一法。登台四望一段，从习凿凿《与桓秘书》文脱化而出。（《唐宋八家古文读本》卷二十三）

过珙　超然哉，名台乎？亦自名其人也。吾真见其无往而不乐矣。（《古文评注》卷十）

李扶九 黄仁黼　超然物外之说，本之《庄子》，而笔亦似之。若中四方四时之波，亦古文常套。欧公集中两用，皆用简笔，长公集中两用，皆用吊古之笔，各出一奇。故虽恒径，亦不落俗，于此可悟套写之法。（《古文笔法》卷一一字骨立）

林纾　通篇把定“游于物外”四字……文前半说理，后半叙事，初无妙巧，难在有达生之言可以味耳。（《古文辞类纂选本》卷九）

【放鹤亭记】

李塗　鹤是主，酒是客，请客对主，分外精神。又归得放鹤亭隐居之意切，然须是前面陷饮酒二字，方入得来，亦是一格。（《文章精义》二三）

崔铣　他人记此亭，拘于题目，必极其所以模写隐士之好鹤，有何意思。公乃于题外酒上说入好鹤，隐然为天下第一快活，固在言外矣。（《三苏文范》卷十四）

林云铭　前段叙亭叙鹤，末段作歌，总为中段隐居之乐作衬笔耳。亏他说隐居之乐，以南面之君伴讲；说鹤，以酒伴讲。且出落转棹处极其自然，全不费力。（《古文评注》初编卷六）

吴楚材 吴调侯　记放鹤亭，却不实写隐士之好鹤。乃于题外寻出“酒”字，与“鹤”字作对。两两相较，真见得南面之乐，无以易隐居之乐。（《古文观止》卷十一）

【李太白碑阴记】

储欣　辩得是。（《唐宋十大家全集录·东坡全集录》卷五）

王圣俞　慵自修辞，只借古人文字代我笔舌。(《苏长公小品》卷一)

【王君宝绘堂记】

唐顺之　《宝墨堂记》与此二篇，皆小题从大处起议论，有箴规之意焉。(《文编》卷五十六)

茅坤　有一种达人风旨，然地位不如荆公多矣。(《唐宋八大家文钞·苏文忠公文钞》卷二十四)

郑之惠　可当收藏书画家一帖药。(《苏长公合作》外篇)

吕留良 吕葆中　要处全在“始吾少时”一段，晓悟甚切，亦颇自占地步。(《晚村精选八大家古文》东坡文)

【传神记】

杨慎　篇中深得传神之法，深得题外传神之妙。(《三苏文范》卷十四)

郑之惠　此法从顾长康来，无人道。(《苏长公合作》外篇)

【李君山房记】

茅坤　题本小，而文旨特放而远之，才不鲜腆。(《唐宋八大家文钞·苏文忠公文钞》卷二十四)

吕留良 吕葆中　只是有书要读之意。然若老实说，便是腐头巾气，妙在“何哉”“何也”两段，作疑怪醒问之辞，令人自警悟鞭策。(《晚村精选八大家古文》东坡文)

王懋竑　慨焉太息，后之学者其无惕然于此。朱子云坡公藏书文字有耿光，盖深推之矣。(《读书记疑》卷十六)

【韩文公庙碑】

洪迈　刘梦得、李习之、皇甫持正、李汉，皆称诵韩公之文，各极其挚。……及东坡之碑一出，而后众说尽废。(《容斋随笔》卷八)

朱熹　向尝闻东坡作《韩文公庙碑》，不能得一起头，起行百十遭。忽得两句云：“匹夫而为百世师，一言而为天下法。”遂扫将去。(《朱子语类》卷一百三十九)

黄震　非东坡不能为此，非韩公不足以当此，千古奇观也。(《黄氏日抄》卷六十一)

陈霆　坡公非独以颂韩也。盖公平生历履与其学业事功适有相类者，故感慨发越，于此碑露之。(《雨山墨谈》卷十四)

郑之惠　苏公作韩公庙碑及诗，即如韩公作《樊宗师墓志铭》，不独文肖其人，抑且人摹其文。(《苏长公合作》外篇)

张伯行　此文止是一气挥成，更不用波澜起伏之势，与东坡他文不同。其磅礴澎湃处，与昌黎大略相似。(《唐宋八大家文钞》卷八)

【六一居士集叙】

吕祖谦　此篇曲折最多。破头说大，故下面应亦言大。……如以文章配天，孔、孟配禹，果然大而非夸。(《古文关键》卷下)

唐顺之　体大而思精，议论如走盘之珠，文之绝佳者也。(《文编》卷五十三)

王恒叔 东坡作《潮州韩文公庙碑》、《六一居士集序》，皆精构深思之文。东坡得二公之深，故其于二公之文尤不肯苟作。(《三苏文范》卷十五)

蔡世远 读此篇，非具千古只眼者不能，是何等识力、笔力！(《古文雅正》卷十二)

【范文正公集叙】

杨慎 前叙情，中赞美，后述意。(《三苏文范》卷十五)

茅坤 此作本以率意而书者，而于中识度自远。(《唐宋八大家文钞·苏文忠公文钞》卷二十三)

储欣 历叙因缘慕望处，情文并妙，双收谨严，尤于范公切合。(《唐宋十大家全集录·东坡全集录》卷五)

林云铭 文正古今有数人物，序从何处着笔？将此向慕不得见处，层层说入，作一大段。因提功德，与文错综分叙，作两大段。末以功与文皆本于德作结。是善于取格者。(《古文析义》二编卷七)

蔡世远 长公文以雄伟闳畅胜，此篇更出以简劲。(《古文雅正》卷十二)

【凫绎先生文集叙】

茅坤 非公着意文，却亦淡宕而有深思矣。(《唐宋八大家文钞·苏文忠公文钞》卷二十三)

张伯行 论文极精确，逐于末流而忘其根本，则游谈枝词之弊兴矣。(《唐宋八大家文钞》卷八)

【日 喻】

杨慎 《日喻》与《稼说》二作，长公皆根极道理，确非漫然下笔。(《三苏文范》卷十六)

吕留良 吕葆中 前段言道之不可求，后段言求之当以学，而皆喻言之。然前段从喻入正，后段从正出喻，便两喻相承而不排。(《晚村精选八大家古文》东坡文)

林纾 东坡雄杰，轶出凡近，吾读《日喻》一篇，亦不无可疑处。入手以钟籥喻日，语妙天下。及归宿到言道处，宜有一番精实之言，乃曰“莫之求而自至”，则过于聪明，不必得道之纲要，大概类庄子所言“同乎无知，其德不离；同乎无欲，是谓素朴”者，非圣人之道也。(《春觉斋论文·忌虚枵》)

王符曾 掇百家之英，而隽异过之。(《古今小品咀华》卷四)

【稼 说送张琥】

黄震 论厚积薄发，自喻论道之难见，盖为不务学者戒也。(《黄氏日抄》卷六十二)

谢枋得 首截托物发端，以稼喻人才，稼之美者，暗指有养之人，而稼之不美者，暗指无养之人，看后截议论自见，措语更有斟酌。(《文章轨范》卷十六)

钱丰寰 隽利雅逸，读其文，可想见其人。(《三苏文范》卷十六)

张伯行 以稼喻学，字字名言。(《唐宋八大家文钞》卷八)

沈德潜 喻意说明，正义自见，与《日喻》同一作法。（《唐宋八家古文读本》卷二十四）

林纾 此篇着眼在一“早”字，归重在一“足”字。足则不亟亟望其早得，而届时自得，操之左券，不足则惟早是求，不惟不得美稼，而亦不得实求。（《古文辞类纂选本》卷六）

【文 说】

王圣俞 得失寸心知。（《苏长公小品》卷四）

【三槐堂铭并序】

金人瑞 此等题，最难是脱俗，今先生世世皆与极力表章称叹，却无一句一字不脱俗。我尝细心察之，只为其起手时，写得“天可必”“天不可必”二端，便更无有俗气得到其笔尖也。（《批才子古文》卷十五）

李扶九 黄仁黼 凡铭多有叙于前，是文叙中以“天”字为骨，铭中以“德”字为骨。叙中铺扬功德世系极其盛矣，铭中“吾侪小人”六句，有规勉其子孙意，乃为得体。若一味铺张，纵然切合，非名笔也。（《古文笔法》卷一一字骨立）

【书蒲永昇画后】

王圣俞 东坡善画，故知画；知画，故言入底里。（《苏长公合作》卷三）

沈德潜 活水死水，可悟行文之法。中苍黄入寺一段，尤能状出神来之候。盖古今妙文，无有不成于神来者，天机忽动，得之自然，人力不与也。（《唐宋八家古文读本》卷二十四）

【书吴道子画后】

沈德潜 举一画而他可类推。道子之画，子瞻之评，惟圣神于此艺者能之。（《唐宋八家古文读本》卷二十四）

【书黄子思诗集后】

李塗 此题黄子思之诗，未见得是如何。其评唐人诗，如良工善貌，极醒人眼。所引司空图论诗，尤起发人意。（《三苏文范》卷十五）

茅坤 公之诗不入诗家品题，而其论诗处，兴味自远。（《唐宋八大家文钞·苏文忠公文钞》卷二十八）

陈天定 花看蓓蕾，到烂熳时便是披离，此意要知。（《古今小品》卷七）

【文与可飞白赞】

茅坤 文有神解。（《唐宋八大家文钞·苏文忠公文钞》卷二十七）

【韩幹画马赞】

茅坤 游神言外，点缀淋漓。（《唐宋八大家文钞·苏文忠公文钞》卷二十七）

【方山子传】

茅坤 余特爱其烟波生色处，往往能令人涕洟。（《唐宋八大家文钞·苏文忠公文钞》卷二十三）

林云铭 若论传体，止前段叙事处是传，以下皆论赞矣。……议论中带出叙

事，笔致横溢，自成一格，不可以常传之格论也。（《古文析义》二编卷七）

过珙 篇法全学《史记》，然其词气淋漓跌宕，机势沛然，自是长公本色。（《古文评注》卷十）

刘大櫆 鹿门“烟波生色”四字，足尽此文之妙。（《古文辞类纂》卷三十七）

王符曾 曲折顿挫，慷慨淋漓，全部《史记》供其驱使。文至髯苏，真如挟飞仙以遨游。（《古今小品咀华》卷四）

【祭欧阳文忠公文】

茅坤 欧阳文忠公知子瞻最深，而子瞻为此文以祭之，涕入九原矣。（《唐宋八大家文钞·苏文忠公文钞》卷二十八）

郑之惠 善用长句，是太白歌行体。（《苏长公合作》外篇）

吕留良 吕葆中 只言世之不可无公，而天不慭遗，以致其哀悼之意，依仿尼父诔，其遵欧阳也至矣。（《晚村精选八大家古文》东坡文）

沈德潜 朝无君子，斯文失传，为天下恸也；叙两世见知于公，哭其私也。末语收拾通体，而情韵幽咽，自然恻恻感人。（《唐宋八家古文读本》卷二十四）

王文濡 大处落墨，劲气直达，读之想见古大臣之概。（《评校音注古文辞类纂》卷七十四）

【亡妻王氏墓志铭】

沈德潜 着墨不繁，而妇德已见。铭词可哀，不在语言之中。（《唐宋八家古文读本》卷二十四）

【书戴嵩画牛】

王圣俞 藏画者遗笑牧童，宝古者鉴之。（《苏长公小品》卷四）

【记游定惠院】

王圣俞 委蛇写尽乐趣。（《苏长公小品》卷四）

【记承天寺夜游】

王圣俞 江山风月，本无常主，闲者便是主人。（《苏长公小品》卷四）

储欣 仙笔也。读之觉玉宇琼楼，高寒澄澈。（《唐宋十大家全录·东坡全集录》卷九）

【游白水书付过】

王圣俞 不用虚而韵足，不模写而景足，如画家萧萧数笔，含意无穷，此等在东坡集皆上乘也。（《苏长公小品》卷四）

【书上元夜游】

陈天定 达甚，是何等眼，何等胸。（《古今小品》卷八）

苏辙文

【黄楼赋并叙】

陈长方 东坡辨《黄楼赋》非作于子由，此所谓欲盖而彰之也。（《步里客谈》卷下）

储欣　有秀句。(《唐宋十大家全集录·栾城全集录》卷一)

【新论上】

茅坤　此三篇原是一意。其所言“为国之地”,即子瞻所谓“为国先定其规模”之说。(《唐宋八大家文钞·苏文定公文钞》卷十五)

【上枢密韩太尉书】

楼昉　胸臆之谈,笔势规摹,从司马子长自叙中来。从欧阳公转韩太尉身上,可谓奇险。子由时方十九岁,或云老泉代作。(《三苏文范》卷十八)

茅坤　胸次博大。(《唐宋八大家文钞·苏文定公文钞》卷五)

金人瑞　上书大人先生,更不作喁喁细语,一落笔便纯是一片奇气。此一片奇气最难得。若落笔时写不得着,即此文通篇都无有。(《批才子古文》卷十五)

储欣　亦疏荡有奇气。(《唐宋十大家全集录·栾城全集录》卷一)

林云铭　篇中以“激发志气”四字做个主脑。其行文错落奔放,数百言中有千万言不尽之势。想落笔时,正当志气激发之后也。(《古文析义》初编卷六)

吴楚材 吴调侯　以作文养气,引起历见名山大川京华人物。注意在此,而立言在彼,绝妙奇文。(《古文观止》卷十一)

过珙　“养气”二字,为一篇骨子。……其意气,目空天下,眼高一世,非少年无此本色。昔人疑老泉代作,谬矣。(《古文评注》卷十)

【答黄庭坚书】

茅坤　雅致。(《唐宋八大家文钞·苏文定公文钞》卷五)

储欣　有见道语。(《唐宋十大家全集录·栾城全集录》卷一)

张伯行　尺牍甚佳,亦可想见山谷风韵高处。(《唐宋八大家文钞》卷九)

【庐山栖贤寺新修僧堂记】

苏轼　子由作《栖贤堂记》,读之便如在堂中,见水石阴森,草木胶葛。仆当为书之,刻石堂上,且欲与庐山结缘,他日入山,不为生客也。(《苏轼文集》卷六十六《跋子由栖贤堂记后》)

【东轩记】

茅坤　其怡旷之趣,不如文忠公之《超然台记》,而亦自凄怆可诵。(《唐宋八大家文钞·苏文定公文钞》卷十九)

张伯行　观此记,有厌动求静之意。于颜氏之乐,尚未亲切见得,然其文情则佳甚矣。(《唐宋八大家文钞》卷十)

【武昌九曲亭记】

茅坤　情兴心思,俱入佳处。(《唐宋八大家文钞·苏文定公文钞》卷十九)

储欣　小品之冠。(《唐宋十大家全集录·栾城全集录》卷一)

沈德潜　笔墨翛然。后半言乐因乎心而不因乎境,虽未道出孔、颜之乐,而与

子瞻《超然台》意已两心相印矣。当时四海一子由,不洵然耶?(《唐宋八家古文读本》卷二十六)

吴汝纶 此文后幅实为超妙,而前之叙次颇繁。(《古文辞类纂》卷五十六)

【黄州快哉亭记】

罗伦 子由此记,文势汪洋浩荡,笔力雄壮,与《上韩太尉书》、《御风辞》,俱为第一文字。(《三苏文范》卷十八)

王守仁 此记从谪居中生意,言其为亭以览江流,其中有以自得而不为物累者。(《三苏文范》卷十八)

茅坤 入宋调,而其风旨自佳。(《唐宋八大家文钞·苏文定公文钞》卷十九)

袁宗道 此文凡三苏集中俱不载,而此得之于草昧,喜不自胜,读之数四,愈觉心胸旷达,宠辱皆忘。(《三苏文范》卷十八)

李光地 此文气味特厚,苏家记文之极佳者。(《古文精藻》)

林云铭 全篇止挈定"快哉"二字细发,可与乃兄《超然台记》并传。按"超然"二字出《庄子》,"快哉"二字出《楚词》,皆有自乐其乐之意。……文中一种雄伟之气,可以笼罩海内,与乃兄并峙千秋。(《古文析义》初编卷六)

过珙 前半极力叙写"快"字,后半即谪居寻出"快"字意来,首尾机神一片,文字汪洋,笔力雄劲,自足与长公相雁行。(《古文评注》卷十)

【为兄轼下狱上书】

储欣 兄弟急难,不可不存。序长公所以得罪,吐茹宜玩。(《唐宋十大家全集录·栾城全集录》卷二)

沈德潜 若明辨无罪,恐于触上之怒,故认好谈古今,语或轻发,不求湔雪,只望末减,以免下狱论死为幸也。情辞哀恻,如赤子牵衣,呼吁于慈父前,至尊自应感动。(《唐宋八家古文读本》卷二十五)

【历代论引】

茅坤 《历代论》四十三首,盖子由于罢官颍上时,其年已老,其气已衰,无复向所为飘飖驰骋,若云之出岫者,马之下坂者之态。然而阅世既久,于古今得失处,参验已熟。虽无心于为文,而其折衷于道处,往往中肯綮,切事情。语所谓老人之言是已。(《唐宋八大家文钞·苏文定公文钞》卷八)

【汉文帝】

茅坤 此等见解,子由晚年还颍上,历世故多,故能为论如此。(《唐宋八大家文钞·苏文定公文钞》卷八)

储欣 恨安石、王韶之开边,而历数汉文帝之柔胜,为万世法。(《唐宋十大家全集录·栾城全集录》卷四)

王文濡 此亦有感于王韶开边而言,而于汉代当日情事未能吻合,只图说得畅快耳。(《古文辞类纂评注》卷五)

【子瞻和陶渊明诗集引】

茅坤 文不着意而神理自铸。(《唐宋八大家文钞·苏文定公文钞》卷十八)

张伯行 东坡和渊明诗,甚景慕渊明之为人也。渊明有道之士，其诗天然不可及，余读东坡所和诗仍是东坡本色，盖各有其佳处耳。颍滨此序又写得东坡性情面目出。（《唐宋八大家文钞》卷十）

【书白乐天集后二首(之一)】

茅坤　予观苏氏兄弟于斥废后，并托禅宗一脉以自解脱，此类可见。此篇虽非子由刻意为文，而以罢归颍上之后，时已得禅门宗旨。（《唐宋八大家文钞·苏文定公文钞》卷二十）

【巢谷传】

唐顺之　脱洒。（《文编》卷六十三）

茅坤　叙谷豪举处，有生色，可爱。（《唐宋八大家文钞·苏文定公文钞》卷十八）

张伯行　巢谷意趣甚高，颍滨为之作传，以不没其人，此厚道也。其叙次生动，不用粉泽，自佳。（《唐宋八大家文钞》卷十）

【六国论】

李东阳　杨龟山尝论秦未尝吞六国，乃六国自相吞耳。此为至论。颍滨亦云："秦兵未出而天下诸侯已自困矣。"可见六国之愚，读之可发一笑。（《三苏文范》卷十七）

唐顺之　此文甚得天下之势。（《唐宋八大家文钞·苏文定公文钞》卷六）

茅坤　识见大而行文亦妙。（《唐宋八大家文钞·苏文定公文钞》卷六）

余有丁　笔顺气雄，如大鹏鼓翼，天风迅发，一息万里，信文人之巨手也。（《三苏文范》卷十七）

金人瑞　看得透，写得快，笔如骏马下坡，云腾风卷而下，只为留足不住故也。此文在阿兄手中，犹是得意之作。"三苏"之称，岂曰虚语。（《批才子古文》卷十四）

储欣　老泉论六国之弊在赂秦，盖借以规宋也，故其言激切而淋漓。颍滨论天下之势在韩、魏，直设身处地为六国谋矣，故其言笃实而明著。两作未易议优劣也。（《唐宋十大家全集录·栾城全集录》卷五）

朱宗洛　一意旋折而下，起伏转换，泯然无迹，绝大神力。（《古文一隅》卷下）

【三国论】

吕祖谦　此篇要看开阖抑扬法。（《古文关键》卷下）

杨慎　此篇专以智巧才力立论。……前说不好，后略取刘备。（《三苏文范》卷十七）

茅坤　论三国而独挈刘备，亦堪舆家取窝之说。（《唐宋八大家文钞·苏文定公文钞》卷六）

李攀龙　以高帝形先主作骨子，转换处极妙。（《三苏文范》卷十七）

吕留良 吕葆中　此文抑扬予夺，出入转捩，不可捉搦，深得驭题之法。（《晚村精选八大家古文》颍滨文）

储欣　名论，名论！但其责刘备有过当处。（《唐宋十大家全集录·栾城全集录》卷五）

方苞　于刘、项，三国情事俱不切，而在作

者诸论中尚为拔出者。(《古文辞类纂》卷五)

沈德潜 苏氏父子每不足于昭烈、武侯,而以汉高帝为千古之英杰,此亦事后论成败之见也。然以昭烈为有翘然自喜之心,而不知用其所不足,此论大是。与子瞻《留侯论》能忍不能忍意,足相发明。(《唐宋八家古文读本》卷二十五)

【臣事上第一道(进策五道选一)**】**

林俊 文字开豁,笔力尤转活。(《三苏文范》卷十八)

李梦阳 人主把重臣看作权臣,所以畏重臣而不用。此作分剖,权臣如彼,重臣如此。议论精明,笔势柔缓,人主见之,真足以耸心动听。(《三苏文范》卷十八)

茅坤 古人尝云文至韩昌黎,诗至杜子美,古今能事毕矣。予独以为人臣建言,感悟君上,如子由重臣一议,则千古绝调矣。(《唐宋八大家文钞·苏文定公文钞》卷十四)

储欣 子由生其时,目睹其效,故言之亲切有味如此。大意从《远虑》篇化出,却将权臣与重臣反复相形,寻出辨端,锋铓四起,文字不辨不醒。(《唐宋八大家类选》卷二)

方苞 所论极当,而得其人甚难。其材贤,非间气不能生;其器识,非学道不能成,岂易言哉?(《古文辞类纂》卷二十三)

蔡世远 论既切中,笔复闳畅,苏氏之长技也。(《古文雅正》卷十二)

(吴小林)

八大家书目

合　集

唐宋八大家文钞　（明）茅坤编。明万历七年第一桂刻本、清康熙四十二年刻本。

唐宋八大家文钞　（明）茅坤编。上海古籍出版社1993年版。

唐宋八大家文钞　（明）茅坤编。《四库全书》本。上海古籍出版社1994年版。

唐宋八大家文钞　（明）茅坤编，陈加等校点。沈阳出版社1996年版。

唐宋八大家文钞校注集评　高海夫主编。三秦出版社1998年版。

唐宋八大家文钞插图全译　九州出版社2001年版。

文白对照唐宋八大家文钞　郭预衡主编。广东教育出版社2002年版。

晚村精选八大家古文　（清）吕留良、吕葆中选。清刻本。

唐宋十大家全集录　（清）储欣编。清光绪八年江苏书局刊本。

唐宋八大家类选　（清）储欣选评。清光绪十八年湖北官书处重刊本。

唐宋八大家文钞　（清）张伯行编。福州正谊书院刊本。

唐宋八大家文钞　（清）张伯行重订。中华书局1985年版。

唐宋八大家文钞　（清）张伯行选编，萧瑞峰校点。浙江古籍出版社1995年版。

唐宋八大家文钞注释本　（清）张伯行选编。浙江古籍出版社2000年版。

唐宋八家古文读本　（清）沈德潜编。扫叶山房石印本。

唐宋八大家古文　（清）沈德潜选。宋品如注释。中国书店1995年版。

唐宋八家文百篇　（清）刘大櫆编。清道光刊本。

海峰先生精选八家文钞　（清）刘大櫆编。清光绪丙子裔孙继重刊于邢邱。

陈太仆批选八大家文钞　（清）陈兆崙编。清光绪二十六年天津文美斋石印本。

唐宋八家钞　（清）高塘编。清光绪庚子成都书局刻本。

唐宋八大家散文总集　郭预衡主编。河北人民出版社1995年版。

唐宋八大家全集　逸凡点校。新世纪出版社1997年版。

唐宋八大家文集　郭预衡主编。人民日报出版社1997年版。

唐宋八大家全集　余冠英等主编。国际文化出版社1997年版。

唐宋八大家集　金铎主编。九州出版社2003年版。

唐宋八大家文译释　范羽翔编。黑龙江人民出版社1983年版。

唐宋八大家散文选　冯中一主编。山东人民出版社1983年版。

唐宋八大家散文选译　郭必勖等译注。贵州人民出版社1984年版。

唐宋八大家文选　牛宝彤选注。甘肃人民出版社1984年版。

唐宋八大家文选评注　谢先模主编。江西人民出版社1985年版。

唐宋八大家文选　邬霄鸣选译。陕西人民出版社 1986 年版。

唐宋八大家文选译注 陈霞村、阎凤梧编著。山西人民出版社 1986 年版。

唐宋八大家文章精华 刘禹昌、熊礼汇译注。荆楚书社 1987 年版。

唐宋八大家文选注译本 陈玄荣、林瑞泰、余辛编。福建教育出版社 1988 年版。

唐宋八大家散文精选 陈扬炯等编著。山西古籍出版社 1995 年版。

唐宋八大家名作精选 陈书良选编。贵州人民出版社 1996 年版。

唐宋八大家散文精选 谢先模等主编。江西人民出版社 1996 年版。

唐宋八大家书系 王运熙主编。中国工人出版社 1997 年版。

精注详析唐宋八大家诗文选 冯克诚主编。青海人民出版社 1998 年版。

唐宋八大家文观止 张学忠主编。陕西人民教育出版社 1998 年版。

唐宋八大家散文精品集 张宏儒、罗书华主编。团结出版社 1998 年版。

唐宋八大家散文广选·新注·集评 迟文浚主编。辽宁人民出版社 1999 年版。

唐宋八大家 乔万民、吴永哲主编。天津人民出版社 2001 年版。

唐宋八大家文选 刘洪仁等选注。巴蜀书社 2001 年版。

唐宋八大家散文对读 侯琪选译。山东友谊出版社 2002 年版。

唐宋八大家散文选 方笑一选注。汉语大词典出版社 2002 年版。

唐宋八大家 李建龙主编。中国言实出版社 2002 年版。

唐宋八大家图文精华版 李志敏主编。京华出版社 2003 年版。

唐宋八大家 齐义农主编。甘肃文化出版社 2003 年版。

唐宋八大家 陈亚美选编。中国文联出版社 2004 年版。

唐宋八大家文钞精美图文版 钟雷主编。哈尔滨出版社 2004 年版。

唐宋八大家文选 李道英编著。南海出版公司 2005 年版。

唐宋八大家散文注译评 胡永生、吴云主编。长春出版社 2006 年版。

唐宋八大家散文 韩愈等撰。北京出版社 2006 年版。

唐宋八大家笔记文选 浦金洲选注。江苏教育出版社 1990 年版。

唐宋八大家文章精华 熊礼汇编撰。湖北人民出版社 2007 年版。

唐宋八大家散文读本 张小平注译。安徽文艺出版社 2007 年版。

唐宋八大家散文 张琪编。内蒙古人民出版社 2007 年版。

唐宋八大家文选 段青峰注译。崇文书局 2007 年版。

唐宋八大家 周治主编。辽海出版社 2007 年版。

唐宋八大家文钞 张伯行选编，萧瑞峰导读/标点，张星集评。上海古籍出版社 2007 年版。

唐宋八大家散文 精美插图本。韩愈等著。三秦出版社 2007 年版。

唐宋八大家精粹　张晓琴编。广东旅游出版社2008年版。

唐宋八大家散文大典　北京出版社2008年版。

唐宋八大家文选　陈霞村、阎凤梧注析。三晋出版社2008年版。

唐宋八大家集　茅坤选编。万卷出版公司2008年版。

唐宋八大家散文选读　丁帆、杨九俊主编。江苏教育出版社2008年版。

唐宋八大家　秦长风整理。万卷出版公司2009年版。

唐宋八大家　李德哲主编。吉林大学出版社2009年版。

唐宋八大家文集　崔钟雷主编。时代文艺出版社2009年版。

唐宋八大家文选　韩愈等。内蒙古人民出版社2009年版。

唐宋八大家文钞　张伯行选评。中华书局2010年版。

唐宋八大家大全集　编委会编写。中国华侨出版社2010年版。

唐宋散文八大家　孙东平编著。吉林文史出版社2010年版。

唐宋八大家　全新校勘珍藏版。中国书店2010年版。

唐宋八大家文集　崔钟雷编。哈尔滨出版社2010年版。

唐宋八大家文选　国学典藏书系。吉林出版集团有限责任公司2010年版。

唐宋八大家散文经典　云南教育出版社2010年版。

唐宋八大家文钞　茅坤编。黄山书社2010年版。

唐宋八大家散文　张恒主编。云南人民出版社2010年版。

英译唐宋八大家散文精选　徐英才译。上海外语教育出版社2011年版。

唐宋八大家文选　徐荣强选编。吉林大学出版社2011年版。

唐宋八大家文钞　崔钟雷主编。黑龙江美术出版社2011年版。

唐宋八大家文集　武士明编著。西苑出版社2011年版。

唐宋八大家　上海市政协。上海文艺出版社2011年版。

唐宋八大家散文　刘永升主编。湖南美术出版社2011年版。

唐宋八大家　周成龙主编。光明日报出版社2012年版。

唐宋八大家文钞　张伯行选编。浙江古籍出版社2012年版。

唐宋八大家集　茅坤编选。凤凰出版社2012年版。

唐宋八大家文鉴　白春平主编。华夏出版社2012年版。

唐宋八大家文选　韩愈等著。三秦出版社2012年版。

唐宋八大家全集　王宝华主编。外文出版社2012年版。

唐宋八大家散文总集：新版校评修订本　郭预衡主编。河北人民出版社2013年版。

唐宋八大家　黎娜主编。云南人民出版社2013年版。

唐宋八大家　韩愈等著，刘雪菲点评。线装书局 2014 年版。

唐宋八大家集：插图本　茅坤选编。万卷出版公司 2014 年版。

唐宋八大家集　茅坤选编。北京联合出版公司 2014 年版。

唐宋八大家经典集　思履等主编。江苏美术出版社 2014 年版。

唐宋八大家全集　黎娜编著。北京联合出版公司 2015 年版。

唐宋八大家：双色插图版　墨香斋点评。中国纺织出版社 2015 年版。

唐宋八大家精粹　韩愈等著，陈才俊主编。海潮出版社 2015 年版。

唐宋八大家：珍藏版　谒宝峰主编。辽海出版社 2015 年版。

唐宋八大家文集　张丽丽主编。北京教育出版社 2015 年版。

唐宋八大家散文　韩愈等著，王会磊注译。长江文艺出版社 2015 年版。

唐宋八大家散文　冯慧娟编。吉林出版集团有限公司 2015 年版。

唐宋八大家　韩愈等著，刘雪菲点评。西安交通大学出版社 2015 年版。

唐宋八大家　于立元编。辽海出版社 2015 年版。

唐宋八大家散文：图文精释本　林音、金源编。上海文化出版社 2016 年版。

唐宋八大家散文选读　王玉娟编。青岛出版社 2016 年版。

唐宋八大家散文　冯慧娟主编。新疆美术摄影出版社 2016 年版。

唐宋八大家文集译注：精编本　高志忠译注。商务印书馆 2016 年版。

唐宋八大家散文　李晨森主编。黑龙江美术出版社 2016 年版。

图解唐宋八大家集　茅坤编选，崇贤书院释译。黄山书社 2016 年版。

唐宋八大家散文　线装经典编委会编。云南人民出版社 2017 年版。

唐宋八大家散文选读　尤红娟编。长春出版社 2017 年版。

唐宋八大家散文　张志彪编译。三秦出版社 2017 年版。

唐宋八大家散文选读　王朝银编。黑龙江教育出版社 2017 年版。

图解唐宋八大家：白话彩图典藏版　齐瑞编。中国华侨出版社 2017 年版。

唐宋八大家文选　张慧芸编著。团结出版社 2017 年版。

图解唐宋八大家　鸿雁主编。中国华侨出版社 2017 年版。

唐宋八大家：古代散文的典范　葛晓音选译。北京出版社 2018 年版。

唐宋八大家文选　颜兴林编注。二十一世纪出版集团 2018 年版。

韩柳二集　（宋）廖莹中辑。宋廖氏世綵堂刊本。

韩柳文　（明）游居敬辑。明嘉靖十六年南平游氏刊本。

韩柳文集合刻　明嘉靖莫如士刻本。

韩柳文百篇　杨思慎编选。民国五年(1916)刻本。

韩柳散文选　全民天编。上海合众书店 1937 年版。

韩柳散文　潘勤孟选注。春明出版社 1955 年版。

三苏文范　（明）杨慎编。姚可达书章钦刻本。

三苏先生文粹　明刻本。

合诸名家评注三苏文定　（明）杨慎选、李维祯评注。明崇祯间刻本。

静观室三苏文选　（明）钱縠选批。明万历间钱心造校刻本。

三苏全集　（清）弓翊清校。清道光十二年眉州三苏祠刊本。

三苏文集　（清）邵希雍辑。清宣统元年上海会文学社石印本。

三苏文　叶玉麟选注。商务印书馆1947年版。

经进三苏文集事略　罗振常辑。民国上海蟫隐庐刊本。

三苏文选　牛宝彤选注。四川人民出版社1983年版。

三苏选集　曾枣庄、曾涛选注。黑龙江人民出版社1993年版。

眉山三苏　陈书良选注。岳麓书社1998年版。

三苏全书　曾枣庄、舒大刚主编。语文出版社2001年版。

三苏集　苏洵、苏轼、苏辙著。万卷出版公司2008年版。

三苏集　苏洵、苏轼、苏辙著。黄山书社2014年版。

三苏集：插图本　苏洵、苏轼、苏辙著。万卷出版公司2014年版。

三苏文　叶玉麟选著，申利校订。崇文书局2014年版。

宋婺州本三苏先生文粹　苏洵、苏轼、苏辙撰。上海古籍出版社2017年版。

三苏文　关夏注释。崇文书局2017年版。

苏洵苏轼苏辙文集　苏洵、苏轼、苏辙著。北京联合出版公司2018年版。

三苏选集　曾枣庄、曾涛选注。巴蜀书社2018年版。

三苏文艺理论作品选注　曾枣庄选注。巴蜀书社2018年版。

别集、选集

东雅堂韩昌黎集注　（唐）韩愈撰，（宋）廖莹中集注。《四库全书》本。上海古籍出版社1993年影印本。

朱文公校昌黎先生集　（唐）韩愈撰。《四部丛刊》影印元刊本。

五百家注音辨昌黎先生文集　（唐）韩愈撰。《四库全书》本。

韩昌黎集　（唐）韩愈撰。蟫影庐影印。廖莹中世綵堂本。

韩昌黎集　（唐）韩愈撰。商务印书馆1958年版。

韩昌黎文集校注　（唐）韩愈撰，马其昶校注。上海古籍出版社1986年版。

昌黎先生文集　（唐）韩愈撰。上海书店1989年版。

韩昌黎全集　（唐）韩愈撰。中国书店1991年版。

昌黎先生文集　（唐）韩愈撰。上海古籍出版社1994年版。

韩愈全集校注　（唐）韩愈撰，屈守原、常思春主编。四川大学出版社1996年版。

韩昌黎全集　（唐）韩愈撰，杨义、蒋业伟今译。北京燕山出版社 1996 年版。

韩愈散文全集 （唐）韩愈撰。今日中国出版社 1996 年版。

韩愈全集 （唐）韩愈撰，钱仲联、马茂元校点。上海古籍出版社 1997 年版。

韩愈文集 （唐）韩愈撰。中国文史出版社 1999 年版。

韩愈集 （唐）韩愈撰，严昌校点。岳麓书社 2000 年版。

韩愈全集 （唐）韩愈撰，张美霞点校。时代文艺出版社 2001 年版。

韩愈文集注释 （唐）韩愈撰，阎琦校注。三秦出版社 2004 年版。

苍天酬情：唐宋八大家之韩愈散文集 （唐）韩愈撰。延边人民出版社 2004 年版。

韩愈集 （唐）韩愈撰，陈霞村、胥巧生解评。山西古籍出版社 2005 年版。

中国古代名家诗文集·韩愈集 （唐）韩愈撰。黑龙江人民出版社 2005 年版。

韩愈昌黎文评注读本 王懋注。上海大东书局民国十三年(1924)石印本。

韩愈文 庄适、臧励龢选注。上海商务印书馆民国二十年(1931)版。

韩愈文读 钱基博选注。上海商务印书馆 1935 年版。

韩愈文精选 罗芳洲选。上海中国文化服务社印《青年国学丛书》1936 年版。

韩愈文选 童第德选注。人民文学出版社 1980 年版。

韩愈诗文译释 邹进先编著。黑龙江人民出版社 1985 年版。

韩愈散文选注 殷孟伦、杨慧文选注。上海古籍出版社 1986 年版。

韩愈诗文选译 黄永年译注。巴蜀书社 1990 年版。

韩愈诗文评注 张清华评注。中州古籍出版社 1991 年版。

韩愈文集导读 钱伯城著。巴蜀书社 1993 年版。

韩愈散文精品选 高海夫编著。陕西人民出版社 1995 年版。

唐宋八大名家·韩愈 鹤鸣选编。西南师大出版社 1995 年版。

韩愈选集 孙昌武选注。上海古籍出版社 1996 年版。

韩愈散文选集 吴小如、韩嘉祥选注。百花文艺出版社 1997 年版。

韩愈散文选集 顾易生、徐粹育编撰。上海古籍出版社 1997 年版。

韩昌黎小品 洪波选注。文化艺术出版社 1997 年版。

中国古代十大散文家精品全集·韩愈 郭豫衡、侯光复主编。大连出版社 1998 年版。

韩愈诗文选 冯克诚、田晓娜主编。青海人民出版社 1998 年版。

韩愈选集 吴小林选注。人民文学出版社 2001 年版。

韩愈诗文选评 孙昌武撰。上海古籍出版社 2002 年版。

韩愈诗文选评 孙昌武撰。三秦出版社 2004 年版。

韩愈书启杂文集 （宋）魏仲举集注。山东画报出版社 2004 年版。

韩愈集 卞孝萱、张清华编。凤凰出版社

2006年版。

韩愈集：插图本 韩愈著。万卷出版公司2008年版。

韩愈集 韩愈著，陈霞村、胥巧生解评。三晋出版社2008年版。

韩愈散文选集 韩嘉祥选注。百花文艺出版社2009年版。

韩愈文集汇校笺注 韩愈著，刘真伦、岳珍校注。中华书局2010年版。

唐宋八大家韩愈卷 乔万民、吴永喆选注。天津古籍出版社2010年版。

韩愈文集：图文版 韩愈著，刘振鹏主编。辽海出版社2010年版。

韩愈诗文选译 黄永年译注。凤凰出版社2010年版。

韩愈散文选释 丁恩培著。甘肃人民出版社2012年版。

韩愈选注 孙昌武选注。上海古籍出版社2013年版。

韩愈集：插图本 韩愈著。万卷出版公司2014年版。

韩愈文 庄适、臧励和选注。李作君校订。崇文书局2014年版。

韩愈集 卞孝萱、张清华编选。凤凰出版社2014年版。

韩愈文选 河阳柳译注。中州古籍出版社2016年版。

韩愈散文 胡欢主编。阳光出版社2016年版。

韩愈文 赵曜曜、木西注释。崇文书局2017年版。

韩愈文集汇校笺注：典藏本 韩愈著，刘真伦、岳珍校注。中华书局2017年版。

韩愈诗文选评 孙昌武撰。上海古籍出版社2017年版。

韩愈文集 韩愈著，蔡晓丽注。北京联合出版公司2018年版。

韩愈文 庄适、臧励龢选注，王诚校订。商务印书馆2018年版。

河东先生集 （唐）柳宗元撰。蟫影庐影印廖莹中世綵堂本。

柳河东集 （唐）柳宗元撰。中华书局上海编辑所据蟫影庐影印宋刻世綵堂本排印。1958年版。上海人民出版社1974年重印版。

增广注释音辩唐柳先生集 （唐）柳宗元撰。《四部丛刊》影印元刊本。

诂训柳先生文集 （唐）柳宗元撰。《四库全书》本。上海古籍出版社1993年影印本。

唐柳河东集 （唐）柳宗元撰，（明）蒋之翘辑注。《四部备要》本。

五百家注柳先生集 （唐）柳宗元撰。《四库全书》本。

柳河东集 （唐）柳宗元撰。商务印书馆1958年版。

柳宗元集 （唐）柳宗元撰。中华书局1979年版。

柳河东全集 （唐）柳宗元撰。中国书店1991年版。

柳宗元散文全集 （唐）柳宗元撰。今日中国出版社1996年版。

柳宗元全集 （唐）柳宗元撰，朱玉麟等今译。北京燕山出版社1996年版。

柳宗元全集 （唐）柳宗元撰。上海古籍出版社 1997 年版。

柳宗元集 （唐）柳宗元撰，易新鼎点校。中国书店 2000 年版。

柳宗元全集 （唐）柳宗元撰，张玉霞点校。时代文艺出版社 2001 年版。

柳宗元集 （唐）柳宗元撰，宋长琨编著。时代文艺出版社 2002 年版。

圣人之道：唐宋八大家之柳宗元散文集 （唐）柳宗元撰。延边人民出版社 2004 年版。

中国古代名家诗文集：柳宗元集 （唐）柳宗元著。黑龙江人民出版社 2005 年版。

柳宗元集 （唐）柳宗元撰，景宏业解评。山西古籍出版社 2006 年版。

柳宗元文 胡怀琛选注。商务印书馆 1947 年版。

柳宗元诗文选注 湖南省柳宗元诗文选注组选注。湖南人民出版社 1979 年版。

柳宗元诗文选 贝远辰选注。人民文学出版社 1980 年版。

柳宗元诗文选注 柳宗元诗文编注组。陕西人民出版社 1985 年版。

柳宗元诗文选注 胡士明选注。上海古籍出版社 1988 年版。

柳宗元诗文选译 王松龄、杨立扬译。巴蜀书社 1991 年版。

柳宗元选集 高文、屈光选注。上海古籍出版社 1992 年版。

柳宗元选集 徐翠先选注。山西高校联合出版社 1992 年版。

柳宗元散文精品选 吴企明编著。陕西人民出版社 1995 年版。

唐宋八大名家·柳宗元 鹤鸣选编。西南师大出版社 1995 年版。

柳宗元散文选集 汪贤度编撰。上海古籍出版社 1997 年版。

柳宗元小品 汪新选注。文化艺术出版社 1997 年版。

柳宗元选集 吴文治选注。人民文学出版社 1998 年版。

中国古代十大散文家精品全集·柳宗元 郭豫衡、侯光复主编。大连出版社 1998 年版。

柳宗元诗文选 青海人民出版社 1998 年版。

柳宗元散文精选 陈尚君、陈飞雪选注。东方出版中心 1998 年版。

柳宗元柳州诗文选读 谢汉强主编。西安地图出版社 1999 年版。

柳宗元诗文选评 尚永亮著。上海古籍出版社 2003 年版。

柳宗元诗文选评 吴文治注评。三秦出版社 2004 年版。

柳宗元名作译评 陈源著。作家出版社 2004 年版。

柳宗元散文选集 吴文治选。百花文艺出版社 2005 年版。

柳宗元集 柳宗元著，景宏业解评。山西古籍出版社 2006 年版。

柳宗元集 柳宗元著，尚永亮、洪迎华编选。凤凰出版社 2007 年版。

柳宗元集 柳宗元著，景宏业解评。三晋出版社 2008 年版。

柳宗元集：插图本 柳宗元著。万卷出版公司2008年版。
柳宗元集：精编插图双色版　柳宗元著，邹斌注释。内蒙古人民出版社2009年版。
柳宗元散文选集　杨慧文、刘光裕选注。百花文艺出版社2009年版。
柳宗元文集　柳宗元著，刘振鹏主编。辽海出版社2010年版。
唐宋八大家　柳宗元卷，吴永喆、乔万民选注。天津古籍出版社2010年版。
柳宗元诗文选译　王松龄、杨立扬译注。凤凰出版社2011年版。
柳宗元永州诗文精选　杨增和主编。凤凰出版社2011年版。
柳宗元诗文选　刘万煌编著。金盾出版社2011年版。
柳宗元柳州诗文选萃　程州主编。凤凰出版社2012年版。
柳宗元集校注　柳宗元撰，尹占华、韩文奇校注。中华书局2013年版。
柳宗元集　尚永亮、洪迎华编选。凤凰出版社2014年版。
柳宗元文　胡怀琛选注，李作君校订。崇文书局2014年版。
柳宗元集：插图本　柳宗元著。万卷出版公司2014年版。
柳宗元集校注　尹占华、韩文奇校注。三晋出版社2015年版。
柳宗元散文　胡欢主编。阳光出版社2016年版。
图解柳宗元集　柳宗元著，崇贤书院释译。黄山书社2016年版。
柳宗元选集　高文、屈光选注。上海古籍出版社2016年版。
柳宗元诗文选　柳宗元著，丁晨晨选编。广陵书社2016年版。
柳宗元文　余彦君注释。崇文书局2017年版。
柳宗元诗文选评　尚永亮撰。上海古籍出版社2017年版。
柳宗元文集　柳宗元著，郭嘉敏注。北京联合出版公司2018年版。
欧阳文忠公文集　（宋）欧阳修撰。《四部丛刊》影印元刊本。
欧阳文忠公全集　（宋）欧阳修撰。清乾隆十一年孝思堂刻本。
欧阳文粹　（宋）欧阳修撰，陈亮辑。《四库全书》本。
新五代史　（宋）欧阳修撰。百衲本。浙江古籍出版社1998年版。
新五代史　（宋）欧阳修撰。中华书局1974年版。
欧阳永叔集　（宋）欧阳修撰。商务印书馆1958年版。
欧阳修全集　（宋）欧阳修撰。中国书店1986年版。
欧阳修全集　（宋）欧阳修撰，李逸安点校。中华书局2001年版。
欧阳修全集　（宋）欧阳修撰，吕雪菊点校。时代文艺出版社2001年版。
欧阳修集　（宋）欧阳修著，宋长琨编著。时代文艺出版社2002年版。
欧阳修夷陵诗文集注　尚允康编著。大众文艺出版社2003年版。
欧阳修居士集　（宋）欧阳修撰，吴松弟整理。山西画报出版社2004年版。

六一风神：唐宋八大家之欧阳修散文集 （宋）欧阳修撰。延边人民出版社2004年版。
中国古代名家诗文集：欧阳修集 （宋）欧阳修著。黑龙江人民出版社2005年版。
欧阳修集 （宋）欧阳修著，沈利华、倪培翔解评。山西古籍出版社2006年版。
归田录 （宋）欧阳修撰。江苏广陵古籍刻印社1995年版。
归田录 （宋）欧阳修撰，林青校注。三秦出版社2003年版。
欧阳永叔文 中华书局辑注。中华书局1936年版。
欧阳永叔文 黄公渚选注。商务印书馆1947年版。
欧阳修诗文选注 王锳注。贵州人民出版社1979年版。
欧阳修文选 杜维沫、陈新选注。人民文学出版社1982年版。
欧阳修文选读 陈蒲清注译。岳麓书社1984年版。
欧阳修选集 陈新、杜维沫选注。上海古籍出版社1986年版。
欧阳修诗词文选 蔡斌芳选注。中州古籍出版社1987年版。
欧阳修诗文选译 林冠群、周济夫译。巴蜀书社1990年版。
欧阳修诗文选注 宋心昌选注。上海古籍出版社1994年版。
欧阳修散文精品选 姜光斗编著。陕西人民出版社1995年版。
欧阳修散文选集 王水照、王宜媛选注。百花文艺出版社1995年版。
欧阳修散文选集 陈必祥编撰。上海古籍出版社1997年版。
欧阳修小品 安越选注。文化艺术出版社1997年版。
欧阳修诗文选 青海人民出版社1998年版。
欧阳修散文精选 汪涌豪、汪习波选注。东方出版中心1999年版。
欧阳修诗词文选评 黄进德撰。上海古籍出版社2004年版。
欧阳修集 欧阳修著，沈利华、倪培翔解评。山西古籍出版社2006年版。
欧阳修集 刘扬忠编选。凤凰出版社2006年版。
欧阳修集编年笺注 欧阳修撰，李之亮笺注。巴蜀书社2007年版。
欧阳修夷陵诗文译注 张忠民主编。湖北人民出版社2007年版。
欧阳修集 欧阳修著，沈利华、倪培翔解评。三晋出版社2008年版。
欧阳修散文选集 王水照、王宜媛选注。百花文艺出版社2009年版。
欧阳修诗文集校笺 欧阳修著，洪本健校笺。上海古籍出版社2009年版。
欧阳修集 李之亮注译。中州古籍出版社2010年版。
欧阳修文集 欧阳修著，刘振鹏主编。辽海出版社2010年版。
唐宋八大家欧阳修卷 乔万民、吴永喆选注。天津古籍出版社2010年版。
欧阳修诗词文选评 黄进德撰。上海古籍出版社2011年版。

欧阳修集　欧阳修著。广陵书社 2011 年版。
欧阳修诗文选译　林冠群、周济夫译注。凤凰出版社 2011 年版。
欧阳修赋评注　邓声国编著。江西人民出版社 2012 年版。
欧阳修集　刘扬忠编选。凤凰出版社 2014 年版。
新见欧阳修九十六篇书简笺注　（日）东英寿考校，洪本健笺注。上海古籍出版社 2014 年版。
欧阳修赋评析　邓声国编著。江西美术出版社 2015 年版。
欧阳修散文　胡欢主编。阳光出版社 2016 年版。
欧阳修全集儒藏：精华编，二〇八册，集部　北京大学儒藏编。北京大学出版社 2016 年版。
欧阳修选集　陈新、杜维沫选注。上海古籍出版社 2016 年版。
欧阳修诗文选译　宋心昌著。上海古籍出版社 2016 年版。
欧阳修文集　欧阳修著，申楠注。北京联合出版公司 2018 年版。
嘉祐集　（宋）苏洵撰。《四部丛刊》影印无锡孙氏藏影宋钞本。
嘉祐集　（宋）苏洵撰。《四库全书》本。
嘉祐集　（宋）苏洵撰。《四部备要》本。
嘉祐集笺注　（宋）苏洵撰，曾枣庄、金成礼笺注。上海古籍出版社 1993 年版。
苏洵文集　（宋）苏洵撰。中国文史出版社 1999 年版。
苏洵集　（宋）苏洵著，邱少华点校。中国书店 2000 年版。
苏洵全集　（宋）苏洵著，张玉霞点校。时代文艺出版社 2001 年版。
似水流年：唐宋八大家之苏洵散文集　（宋）苏洵撰。延边人民出版社 2004 年版。
苏明允苏子由文音注　（宋）苏洵、苏辙著。储同人选本。中华书局 1937 年版。
苏洵散文精品选　周振甫编著。陕西人民出版社 1995 年版。
苏洵苏辙散文选集　沈惠乐编撰。上海古籍出版社 1997 年版。
苏洵散文精选　王水照、罗立刚选注。东方出版中心 1998 年版。
苏洵散文选　周振甫译注。江苏教育出版社 2006 年版。
苏洵苏辙集　王琳、邢培顺编选。凤凰出版社 2007 年版。
唐宋八大家苏洵卷　乔万民、吴永喆选注。天津古籍出版社 2010 年版。
苏洵散文　胡欢主编。阳光出版社 2016 年版。
元丰类稿　（宋）曾巩撰。《四部丛刊》影印乌程蒋氏密韵楼藏元刊本。
元丰类稿　（宋）曾巩撰。《四部备要》本。
曾巩集　（宋）曾巩撰，陈杏珍、晁继周点校。中华书局 1984 年版。
南丰先生元丰类稿　（宋）曾巩撰。清长洲顾松龄刻本。
南丰先生元丰类稿　（宋）曾巩撰。上海书店 1989 年版。
曾巩散文全集　（宋）曾巩撰。中国建设出版社 1996 年版。

曾巩文集 （宋）曾巩撰。中国文史出版社 1999 年版。

曾巩集 （宋）曾巩撰，宋长琨编著。时代文艺出版社 2002 年版。

知古明道：唐宋八大家之曾巩散文集 （宋）曾巩撰。延边人民出版社 2004 年版。

曾巩文 朱凤起选注。商务印书馆 1947 年版。

曾巩诗文选译 祝尚节译注。巴蜀书社 1990 年版。

曾巩散文精品选 吴功正编著。陕西人民出版社 1995 年版。

曾巩散文选集 高克勤选注。百花文艺出版社 1997 年版。

曾巩散文选集 包敬第、陈文华编撰。上海古籍出版社 1997 年版。

曾巩散文选集 高克勤选注。百花文艺出版社 2009 年版。

唐宋八大家曾巩卷 吴永喆、乔万民选注。天津古籍出版社 2010 年版。

曾巩散文选译 祝尚书译注。凤凰出版社 2011 年版。

曾巩散文 胡欢主编。阳光出版社 2016 年版。

临川先生文集 （宋）王安石撰。《四部丛刊》影印上海涵芬楼藏明刊本。

临川先生文集 （宋）王安石撰。《四部备要》本。

王安石全集 （宋）王安石撰。上海大东书局 1935 年版。

王临川集 （宋）王安石撰。商务印书馆 1940 年版。

临川先生文集 （宋）王安石著。中华书局上海编辑所 1959 年版。

王荆公诗文沈氏注 （宋）王安石著，（清）沈钦韩注。中华书局上海编辑所 1959 年版。

王文公文集 （宋）王安石著。中华书局上海编辑所 1962 年影印线装本。

王文公文集 （宋）王安石著，唐武标校。上海人民出版社 1974 年版。

临川先生文集 （宋）王安石著。上海书店 1989 年版。

王安石散文全集 （宋）王安石著。今日中国出版社 1996 年版。

王安石文集 （宋）王安石著。中国文史出版社 1999 年版。

王安石全集 （宋）王安石著，秦克、巩军标点。上海古籍出版社 1999 年版。

王安石全集 （宋）王安石著，张玉霞点校。时代文艺出版社 2001 年版。

空山鸟语：唐宋八大家之王安石散文集 （宋）王安石撰。延边人民出版社 2004 年版。

王安石集 （宋）王安石著，魏晓虹解评。山西古籍出版社 2004 年版。

王荆公文集笺注 （宋）王安石撰，李之亮笺注。巴蜀书社 2005 年版。

王安石文 褚东郊选注。商务印书馆 1929 年版。

王安石诗文编年选释 刘乃昌、高洪奎著。山东教育出版社 1992 年版。

王安石诗文选注 高克勤选注。上海古籍出版社 1994 年版。

王安石散文精品选　谈凤梁、王欲祥编著。陕西人民出版社1995年版。
王安石散文选集　王水照、高克勤编撰。上海古籍出版社1997年版。
王临川小品　管士光选注。文化艺术出版社1997年版。
王安石文选译　刘学锴、余恕诚译注。人民文学出版社1998年版。
王安石散文精选　高克勤选注。东方出版中心1998年版。
王安石诗文选曾巩诗文选　青海人民出版社1998年版。
王安石诗文选评　高克勤撰。上海古籍出版社2002年版。
王安石集　王兆鹏、黄崇浩编选。凤凰出版社2006年版。
王安石集　王安石著，魏晓虹解评。三晋出版社2008年版。
王安石散文选集　洪本健选注。百花文艺出版社2009年版。
王安石文集　王安石著，刘振鹏主编。辽海出版社2010年版。
唐宋八大家王安石卷　乔万民、吴永喆选注。天津古籍出版2010年版。
王安石诗文选译　马秀娟译注。凤凰出版社2011年版。
王安石诗词文选注　高克勤选注。上海远方出版社2013年版。
唐宋名家文集：王安石集　李之亮注释。中州古籍出版社2013年版。
王安石文　褚东郊选注，万婵校订。崇文书局2014年版。
王安石集　王兆鹏、黄崇浩编选。凤凰出版社2014年版。
王安石散文　胡欢主篇。阳光出版社2016年版。
王安石全集　王水照主编。复旦大学出版社有限公司2016年版。
王安石集　张富祥、李玉诚注说。河南大学出版社2016年版。
王安石诗文选评　高克勤撰。上海古籍出版社2017年版。
王安石文　苏小露注释。崇文书局2017年版。
王安石曾巩集　王安石、曾巩著，彭嘉敏、蔡晓丽注。北京联合出版公司2018年版。
东坡集　（宋）苏轼撰。《四部备要》本。
东坡全集　（宋）苏轼撰。《四库全书》本。
苏东坡全集　（宋）苏轼撰。世界书局1936年版。
经进东坡文集事略　（宋）苏轼撰，（宋）郎晔注。《四部丛刊》影宋刊本。
东坡志林　（宋）苏轼撰。丛书集成初编本。
东坡题跋　（宋）苏轼撰。津逮秘书本。
东坡文选　（明）钟惺评选。明万历四十八年刊本。
苏长公小品　（明）王圣俞评选。民国三年正蒙印书局本。
苏长公合作内外篇　（明）郑之惠选评明刻本。
经进东坡文集事略　（宋）苏轼撰，（宋）郎晔注。文学古籍刊行社1957年版。
苏东坡集　（宋）苏轼撰。商务印书馆1958年版。

东坡志林·仇池笔记 （宋）苏轼著。华东师范大学出版社 1983 年点校本。
苏东坡全集 （宋）苏轼撰。中国书店 1986 年版。
苏轼文集 （宋）苏轼撰，孔凡礼点校。中华书局 1986 年版。
东坡小品 陈迩冬、郭隽杰选注。百花洲文艺出版社 1993 年版。
东坡赋译注 孙民著。巴蜀书社 1995 年版。
苏东坡全集 （宋）苏轼著，（清）王文浩注，孔凡礼点校。中华书局 1996 年版。
苏轼散文全集 （宋）苏轼著。今日中国出版社 1996 年版。
东坡志林 （宋）苏轼撰，王松龄点校。中华书局 1997 年版。
苏东坡小品 张毅、孙艳君选注。文化艺术出版社 1997 年版。
苏轼文集 （宋）苏轼著。中国文史出版社 1999 年版。
苏轼文集 （宋）苏轼著，顾之川校点。岳麓书社 2000 年版。
东坡志林 （宋）苏轼撰。刘文忠评注学苑出版社 2000 年版。
苏轼全集 （宋）苏轼著，傅成、穆俦标点。上海古籍出版社 2000 年版。
东坡志林 （宋）苏轼著，乔丽华点评。青岛出版社 2002 年版。
苏轼集 （宋）苏轼著，宋长琨编著。时代文艺出版社 2002 年版。
万斛泉源：唐宋八大家之苏轼散文集 （宋）苏轼撰。延边人民出版社 2004 年版。
中国古代名家诗文集：苏轼集 （宋）苏轼著。黑龙江人民出版社 2005 年版。
苏轼集 （宋）苏轼著，于景祥等解评。山西古籍出版社 2006 年版。
苏轼选集 刘乃昌选注。齐鲁书社 1980 年版。
苏东坡诗词文译释 郑孟彤编著。黑龙江人民出版社 1984 年版。
苏轼选集 王水照选注。上海古籍出版社 1984 年版。
东坡选集 曹慕樊、徐永年主编。四川人民出版社 1987 年版。
苏轼诗文词选译 曾枣庄、曾弢译注。人民文学出版社 1988 年版。
苏轼文选 石声淮、唐玲玲选注。上海古籍出版社 1989 年版。
苏轼散文选注 王水照、王宜媛选注。上海古籍出版社 1990 年版。
苏轼文选注 周慧珍注评。山西教育出版社 1990 年版。
苏轼海南诗文选注 海南师范学院古籍研究室主编。北京师范大学出版社 1990 年版。
苏轼黄州诗文评注 梅大圣选评。华中师范大学出版社 1992 年版。
苏轼文学散文选 孙育华注。山西高校联合出版社 1992 年版。
苏轼散文选集 崔承运选注。百花文艺出版社 1994 年版。
苏轼散文精品选 姜光斗编著。陕西人民出版社 1995 年版。
苏轼散文选集 刘乃昌、高洪奎编撰。上海古籍出版社 1997 年版。

苏轼散文精选　王水照、聂安福选注。东方出版中心 1998 年版。

苏轼诗文选　冯克诚、田晓娜主编青海人民出版社 1998 年版。

苏轼选集　张志烈、张晓蕾选注。人民文学出版社 2002 年版。

苏轼诗词文选评　王水照、朱刚撰。上海古籍出版社 2004 年版。

苏轼集　陶文鹏、郑国编选。凤凰出版社 2006 年版。

苏轼集　苏轼著，于景祥、徐桂秋、郭醒解评。山西古籍出版社 2006 年版。

苏轼诗文选　闫晓东注析。南海出版公司 2007 年版。

苏轼集　何鸿编。江西美术出版社 2008 年版。

苏轼文集：图文版　王新成编著。中国戏剧出版社 2009 年版。

苏轼散文选集　崔承运选注。百花文艺出版社 2009 年版。

苏轼全集校注　张志烈、马德富、周裕锴主编。河北人民出版社 2010 年版。

苏轼尺牍　胡杭美主编。湖南美术出版社 2010 年版。

唐宋八大家苏轼卷　吴永喆、乔万民选注。天津古籍出版社 2010 年版。

苏轼诗文词选译　曾枣庄、曾弢译注。凤凰出版社 2011 年版。

苏轼诗词文选评　王水照、朱刚撰。上海古籍出版社 2011 年版。

苏轼选集　王水照选注。上海古籍出版社 2014 年版。

苏轼徐州诗文作品辑注　管仁福主编。中国矿业大学出版社 2014 年版。

苏轼选集　王水照选注。中华书局 2015 年版。

苏轼定州诗文评注　周新华等编著。河北大学出版社 2015 年版。

苏轼散文　胡欢主编。阳光出版社 2016 年版。

苏轼诗文选　苏轼著，李之亮注析。中州古籍出版社 2018 年版。

栾城集　（宋）苏辙撰。《四部丛刊》影印上海涵芬楼藏明活字本。

栾城集　（宋）苏辙撰。《四部备要》本、《四库全书》本。

栾城集　（宋）苏辙著，曾枣庄、马德富校点。上海古籍出版社 1987 年版。

苏辙集　（宋）苏辙著，陈宏大、高秀芳校点。中华书局 1991 年版。

苏辙散文全集　（宋）苏辙著。今日中国出版社 1996 年版。

苏辙文集　（宋）苏辙著。中国文史出版社 1999 年版。

苏辙全集　（宋）苏辙著。张美霞点校时代文艺出版社 2001 年版。

秋水织锦：唐宋八大家之苏辙散文集　（宋）苏辙撰。延边人民出版社 2004 年版。

苏辙散文精品选　王拾遗、唐骥编著。陕西人民出版社 1995 年版。

苏辙散文精选　郑麦选注。东方出版中心 1999 年版。

苏辙散文选集　孙虹选注。百花文艺出版社 2003 年版。

唐宋八大家苏辙卷 吴永喆、乔万民选注。天津古籍出版社 2010 年版。

苏辙散文 胡欢主编。阳光出版社 2016 年版。

研究著作和参考资料

唐宋古文运动 钱冬父著。中华书局上海编辑所 1962 年版。

唐宋八大家名篇浅析 包启新编著。湖南教育出版社 1983 年版。

唐宋八大家散文 中央人民广播电台文艺部编。百花文艺出版社 1983 年版。

唐宋八大家 吴小林著。安徽人民出版社 1984 年版、黄山书社 1990 年版。

唐代古文运动通论 孙昌武著。百花文艺出版社 1984 年版。

唐代古文运动论稿 刘国盈著。陕西人民出版社 1984 年版。

唐宋古文八家概述 吴孟复著。安徽教育出版社 1985 年版。

唐宋八大家名篇赏析 韩兆琦等编著。北京十月文艺出版社 1987 年版。

唐宋八大家散文技法 朱世英、郭景春著。长江文艺出版社 1989 年版。

唐宋八大家鉴赏辞典 关永礼主编。北岳文艺出版社 1989 年版。

唐宋八大家汇评 吴小林编。齐鲁书社 1991 年版。

唐宋八大家鉴赏辞典 吕晴飞主编。中国妇女出版社 1991 年版。

唐宋八大家：脍炙人口的散文 邵航编著。春风文艺出版社 1993 年版。

宋文六家活动编年 洪本健著。华东师范大学出版社 1993 年版。

北宋古文运动发展史 祝尚书著。巴蜀书社 1995 年版。

唐宋八大家名作精品鉴赏：八先生文醇 全彦芳主编。中国人事出版社 1995 年版。

唐宋八大家文说 陈祥耀著。福建教育出版社 1996 年版。

唐宋八大家：古代散文的典范 葛晓音编著。中国文联出版社 1997 年版。

唐宋四大家的道论与文论 朱刚著。东方出版社 1997 年版。

唐宋八大家散文精品导读 刘衍主编。海南国际新闻出版中心 1997 年版。

唐宋八大家散文名篇鉴赏 陈友冰著。三秦出版社 1998 年版。

唐宋八大家散文鉴赏辞典 吕晴飞主编。中国妇女出版社 2004 年版。

唐宋八大家文化文章学 周楚汉著。巴蜀书社 2004 年版。

唐宋八大家与佛教 刘金柱著。人民出版社 2005 年版。

唐宋八大家散文鉴赏教师用书 语文出版社教材研究中心编。语文出版社 2005 年版。

唐宋八大家年谱 北京图书馆出版社 2005 年版。

唐宋八大家人品·文品·诗品 赵维平著。河海大学出版社 2006 年版。

唐宋八大家文赏析 吕晴飞主编。中国妇女出版社 2007 年版。

明清唐宋八大家选本研究 钟志伟著。

天津出版社有限公司 2008 年版。
唐宋八大家骈文研究 沙红兵著。人民文学出版社 2008 年版。
唐宋八大家文品读辞典 吴小林主编。新世界出版社 2008 年版。
唐宋八大家散文鉴赏 图文珍藏版。线装书局 2009 年版。
北宋古文运动的形成 冯志弘著。上海古籍出版社 2009 年版。
唐宋八大家赏析 赵春辉编著。内蒙古人民出版社 2010 年版。
唐宋八大家名篇鉴赏 李志敏。京华出版社 2010 年版。
唐宋八大家散文鉴赏教师用书 语文出版社教材研究中心。语文出版社 2010 年版。
唐宋八大家散文鉴赏 陈君慧主编。吉林出版集团有限责任公司 2011 年版。
唐宋八大家散文鉴赏大全集 雅瑟主编。新世界出版社 2011 年版。
唐宋八大家 文婕著。云南人民出版社 2011 年版。
唐宋八大家散文鉴赏读本 语文出版社教材研究中心编。语文出版社 2011 年版。
韩愈及其古文运动 龚书炽。图书出版公司 2011 年版。
北宋的古文运动 何寄澎。上海古籍出版社 2011 年版。
唐代前古文运动研究 李丹。中国社会科学出版社 2012 年版。
唐宋八大家学术档案 闵泽平主编。武汉大学出版社 2012 年版。
唐宋八大家传奇 耿江秀、邓学之主编。外文出版社 2012 年版。
唐宋八大家名篇鉴赏 李志敏主编。福建美术出版社 2012 年版。
唐宋八大家散文鉴赏 家藏经典文库编委会编著。中国工商出版社 2013 年版。
唐宋八大家游记二十篇 王少杰书。浙江大学出版社 2013 年版。
唐宋八大家的故事 李道英著。金盾出版社 2013 年版。
散文的盛世—唐宋八大家 张健编著。线装书局 2013 年版。
唐宋八大家散文鉴赏 刘青文主编。北京教育出版社 2013 年版。
唐宋八大家 刘超编著。团结出版社 2013 年版。
唐宋八大家散文选读读本 丁帆主编。江苏教育出版社 2013 年版。
唐宋古文运动与士大夫文学 朱刚著。复旦大学出版社 2013 年版。
唐宋八大家:上海名家人物画集 冯小敏主编。上海文艺出版社 2014 年版。
唐宋八大家散文鉴赏 江鸟主编。线装书局 2014 年版。
唐宋八大家散文鉴赏选修读本 蔡磊主编。团结出版社 2014 年版。
唐宋八大家散文鉴赏 罗斌主编。吉林出版集团有限责任公司 2015 年版。
唐宋八大家故事 唐晓敏著。群众出版社 2015 年版。
唐宋八大家散文鉴赏 弘丰评析。中国文联出版社 2016 年版。
唐宋八大家通论 牛宝彤编著。甘肃教育出版社 2016 年版。
清代唐宋八大家散文选本考录 付琼著。商务印书馆 2016 年版。
茅坤《唐宋八大家文抄》与明末赓续本考录 付琼著。浙江大学出版社 2017 年版。
唐宋八大家散文全鉴 陈立红解释。中国纺织出版社 2017 年版。
唐宋八大家散文鉴赏讲稿 龚林泉主编。语文出版社 2017 年版。
韩柳文研究法 林纾撰。商务印书馆 1914 年版。
韩愈志 钱基博著。商务印书馆 1935 年版、中国书店影印 1988 年版。
韩愈及其古文运动 龚书炽著。商务印书馆 1945 年版。
韩愈柳宗元文学评价 黄云眉著。山东人民出版社 1957 年版、齐鲁书社 1980 年版。
韩愈 刘国盈著。北京出版社 1979 年版。
韩愈新论 刘国盈著。北京师范学院出版社 1980 年版。
韩愈 钱冬父著。中华书局 1980 年版。
韩愈资料汇编 吴文治编。中华书局 1983 年版。
韩柳欧苏古文论 陈幼石著。上海文艺出版社 1983 年版。
韩愈及其作品 刘耕路撰。吉林人民出版社 1984 年版。
韩愈述评 陈克明编。中国社会科学出版社 1985 年版。
韩愈 倪其心著。中华书局 1985 年版。
韩集校诠 童第德著。中华书局 1986 年版。
韩愈散文艺术论 孙昌武著。南开大学出版社 1986 年版。
韩愈评传 陈克明著。中国社会科学出版社 1986 年版。
韩愈研究论文集 韩愈学术讨论会组委会编。广东人民出版社 1988 年版。
韩愈的一生 洪流等著。广东高等教育出版社 1988 年版。
韩愈新论 何法周著。河南大学出版社 1988 年版。
韩愈叙论 胡守仁著。江西人民出版社 1989 年版。
韩愈的传说 刑怀忠等编著。中原农民出版社 1989 年版。
韩愈研究 邓潭洲著。湖南教育出版社 1991 年版。
韩愈评传 刘国盈著。北京师范学院出版社 1991 年版。
韩愈年谱 （宋）吕大防等撰，徐敏霞校辑。中华书局 1991 年版。
韩愈 吴文治编著。上海古籍出版社 1991 年版。
百代文宗韩愈 刑怀忠著。王经博绘河南美术出版社 1992 年版。
中国南北文风的反差——韩欧文风的文化透视 张仁福著。云南教育出版社 1992 年版。
韩欧文探胜 曾子鲁著。中国文学出版社 1993 年版。
韩愈 王淑均著。新蕾出版社 1993 年版。

韩愈文集导读 钱伯诚著。巴蜀书社1993年版。
韩愈与阳山 李世亮著。北京三联书店1994年版。
韩愈传 陈新璋著。广东高等教育出版社1996年版。
韩愈研究(第一辑) 中州古籍出版社1996年版。
论韩愈阳山之贬及其文学评价 陈胜林著。百花文艺出版社1996年版。
韩愈 居新宇、王秋霞编著。中国国际广播出版社1996年版。
韩愈评传——转折点上的文化强人 成复旺著。广西教育出版社1997年版。
韩愈 马玉梅著。人民文学出版社1997年版。
韩愈传 钟林斌著。江海出版社1998年版。
韩愈及其作品选 吴文治撰。上海古籍出版社1998年版。
韩愈传 张清华、刘振娅著。吉林文史出版社1998年版。
韩愈评传 卞孝萱等著。南京大学出版社1998年版。
韩愈研究(第二辑) 方烈文等主编。广东高等教育出版社1998年版。
韩学研究(上册):韩愈通论 张清华著。江苏教育出版社1998年版。
韩学研究(下册):韩愈年谱汇证 张清华著。江苏教育出版社1998年版。
韩愈与柳宗元 弦子著。解放军文艺出版社1998年版。
韩愈年谱及诗文系年 陈克明著。巴蜀书社1998年版。
韩愈丛考 刘国盈著。文化艺术出版社1999年版。
韩愈 李道英著。春风文艺出版社1999年版。
韩愈 谢季祥著。海天出版社1999年版。
韩愈诗文名篇欣赏 王仲镛主编。巴蜀书社1999年版。
文章并峙壮乾坤:韩愈柳宗元研究 蒋凡著。上海教育出版社2001年版。
韩愈研究(第三辑) 张清华、杨丕祥主编。中国文联出版社2002年版。
韩愈文集探元抉导 徐发前撰。西北大学出版社2002年版。
文起八代之衰:韩愈传 任崇岳著。郑州大学出版社2002年版。
韩愈大传 张清华主编。中州古籍出版社2003年版。
韩昌黎文学传论 阎琦、周敏著。三秦出版社2003年版。
情满南疆:韩愈三度入粤纪实 洪流著。中国社会出版社2003年版。
韩愈散文诠释与解读 苏杰编著。中国少年儿童出版社2003年版。
贤令芳踪:韩愈阳山资料汇编 邓翠萍、刘英杰主编。研究出版社2004年版。
韩愈与中南文化 张清华、陈飞主编。学苑出版社2005年版。
韩愈研究(第五辑):韩愈与岭南文化 张清华等主编。学苑出版社2006年版。
韩柳文学综论 卢宁著。学范出版社2006年版。
宋代韩学研究 杨国安著。中国社会科学出版社2006年版。

鲜于枢韩愈进学解 鲜于枢书。山东画报出版社。

韩愈 洪流著。广东人民出版社2007年版。

大唐泰斗韩愈 河阳柳著。中州古籍出版社2007年版。

韩愈名篇名句赏读 余量编。远方出版社2008年版。

韩愈文化系列丛书 作家出版社2008年版。

草书韩愈进学解 元·鲜于枢法书选。黄山书社2008年版。

行书韩愈李愿归盘谷序 元·鲜于枢法书选。黄山书社2008年版。

韩愈故里在修武 石振声主编。中州古籍出版社2008年版。

许介川楷书韩愈三文 许介川书。福建美术出版社2008年版。

韩愈：敢向皇上说声不 梁海燕著。中国发展出版社2008年版。

韩愈刺潮与苏轼寓惠比较研究 杨子怡著。巴蜀书社2008年版。

韩愈 吴征、杨亚刚编著。昆仑出版社2008年版。

韩愈文集导读 钱伯城著。中国国际广播出版社2008年著。

宋代韩愈文学接受研究 查金萍。安徽大学出版社2010年版。

韩愈传 李长之著。东方出版社2010年版。

康震评说唐宋八大家韩愈 康震。中华书局2010年版。

古文领袖韩愈 王汝梅。首都师范大学出版社2010年版。

阅读韩愈 阎琦著。南京大学出版社2011年版。

韩愈评传 卞孝萱、张清华、阎琦著。南京大学出版社2011年版。

清代以前韩愈散文接受研究 余华凌著。湘潭大学出版社2011年版。

韩愈志 钱基博著。上海古籍出版社2012年版。

韩愈文读 钱基博著，傅宏星主编。华中师范大学出版社2012年版。

韩愈研究 罗联添著。天津教育出版社2012年版。

韩愈 童一秋编著。吉林文史出版社2012年版。

韩愈 王力春著。辽海出版社2012年版。

韩愈研究第六辑 张清华主编。河南大学出版社2012年版。

百代文宗·韩愈 亚刚著。企业管理出版社2012年版。

韩愈故事 毕宝魁著。长春出版社2013年版。

韩愈诗文鉴赏辞典 上海辞书出版社文学鉴赏辞典编纂中心编。上海辞书出版社2014年版。

韩愈研究第七辑 张清华主编。中国文联出版社2014年版。

昌黎韩愈文化史料 何志利主编。中国文史出版社2014年版。

韩愈与袁州论考 高建青等著。江西人民出版社2015年版。

韩愈在潮州 曾楚楠编著。暨南大学出版社 2015 年版。

文章巨公韩愈　东方慧子主编。武汉大学出版社 2015 年版。

韩愈名篇名句赏读　罗剑平主编。阳光出版社 2016 年版。

韩愈研究第八辑　王德保主编。中国社会科学出版社 2016 年版。

一代文宗韩愈传　邢军纪著。作家出版社 2016 年版。

夜阑话韩柳　金性尧著。北京出版社 2016 年版。

韩愈柳宗元教育名著导读　王凌皓主编，冯钰舒、管彩云编著。吉林文史出版社 2016 年版。

韩愈研究　张清华、胡阿祥、王景福编。文汇出版社 2016 年版。

韩愈志　钱基博著。吉林出版集团股份有限公司 2017 年版。

韩愈研究文集　林得坡主编。中州古籍出版社 2017 年版。

韩愈传　李长之著。新世界出版社 2017 年版。

康震讲韩愈　康震著。中华书局 2018 年版。

柳宗元年谱　施子愉著。湖北人民出版社 1958 年版。

柳宗元　陶剑琴编著。中华书局 1960 年版。

柳宗元　顾易生著。中华书局上海编辑所 1961 年版。

柳宗元评传　吴文治著。中华书局 1962 年版。

古典文学资料汇编·柳宗元卷　吴文治编。中华书局 1964 年版。

柳文指要　章士钊著。中华书局 1971 年版。

柳宗元简论　吴文治著。中华书局 1979 年版。

柳宗元传论　孙昌武著。人民文学出版社 1982 年版。

柳宗元散论　高海夫著。陕西人民出版社 1985 年版。

柳宗元诗文赏析集　金涛主编。巴蜀书社 1989 年版。

柳宗元散文艺术　吴小林著。山西人民出版社 1989 年版。

柳宗元新传　刘光裕、杨慧文著。上海人民出版社 1989 年版。

柳宗元·柳州　戴义开著。广西教育出版社 1989 年版。

柳宗元研究文集　谢汉强等主编。广西人民出版社 1993 年版。

柳宗元研究文献集目　谢汉强、区克沙等执笔。广西人民出版社 1993 年版。

柳宗元　刘光裕著。新蕾出版社 1993 年版。

柳宗元研究　何书置著。岳麓书社 1994 年版。

国际柳宗元研究撷英　梁超然、谢汉强主编。广西人民出版社 1994 年版。

柳宗元在永州　杜方智、林克屏主编。中州古籍出版社 1994 年版。

柳宗元　林清晖编写。人民文学出版社 1997 年版。

柳宗元评传　孙昌武著。南京大学出版社 1998 年版。

柳宗元及其作品选 顾易生、胡士明撰。上海古籍出版社1998年版。
柳宗元传 叶树发著。吉林文史出版社1998年版。
柳宗元传 梁鉴江著。广东高等教育出版社1999年版。
柳宗元 刘柯著。春风文艺出版社1999年版。
一代宗师柳宗元 翟满桂著。岳麓书社2002年版。
柳宗元国际学术研讨会论文集 蔡自新主编。珠海出版社2003年版。
柳宗元诗文研究 刘继源著。珠海出版社2003年版。
读柳札记 谢汉强著。中国文史出版社2003年版。
柳宗元大辞典 吴文治、谢汉强主编。黄山书社2004年版。
柳宗元图传 李厚全主编。广西美术出版社2004年版。
柳宗元研究文集 孙昌武主编。广西人民出版社2004年版。
柳宗元诗文十九种善本异文汇录 吴文治著。黄山书社2004年版。
柳宗元新论 张铁夫著。湖南大学出版社2005年版。
柳侯泽惠：柳宗元在柳州 谢汉强等编著。光明日报出版社2006年版。
柳宗元官德研究 李钟麟著。广西人民出版社2006年版。
柳宗元研究 王诶海主编。南海出版社2006年版。
柳宗元思想新探 骆正军著。湖南大学出版社2007年版。
柳宗元诗文创作论稿 徐翠先著。中国文联出版社2007年版。
柳宗元名篇名句赏读 孙忠杰编。远方出版社2007年版。
柳宗元评说 吕国康著。广西人民出版社2008年版。
柳宗元旅游文学研究 曹瑞丽著。广西人民出版社2008年版。
贬谪时期的柳宗元研究 龚玉兰著。凤凰出版社2010年版。
柳宗元 龙翔编文，邹越非、邹越清绘图。黑龙江美术出版社2010年版。
柳宗元与唐代思想变迁 陈弱水著。江苏教育出版社2010年版。
柳宗元国际学术研讨会论文集 蔡自新主编。湖南人民出版社2010年版。
柳宗元文化研究第一辑 蓝天强主编。广西人民出版社2010年版。
柳宗元儒佛道三教观研究 张勇著。黄山书社2010年版。
柳宗元与舜文化研究 翟满柱著。湖南人民出版社2010年版。
康震评说唐宋八大家柳宗元 康震著。中华书局2010年版。
柳宗元面面观 王一民著。广西人民出版社2011年版。
柳宗元评传 孙昌武著。南京大学出版社2011年版。
柳宗元 童一秋编著。吉林文史出版社2012年版。
柳宗元—旷野寄情的旅行者 张瑜著。海豚出版社2012年版。

柳宗元传　张俊伦著。湖北人民出版社2012年版。

柳宗元著作版本图考　吴玛霞主编，刘汉忠编撰。广西人民出版社2012年版。

唐宋柳宗元传播接受史研究　杨再喜著。中国社会科学出版社2013年版。

柳宗元故事　尹博著。长春出版社2013年版。

柳宗元诗文鉴赏辞典　上海辞书出版社文学鉴赏辞典编纂中心编。上海辞书出版社2014年版。

柳宗元研究　王晚霞主编。湖南人民出版社2014年版。

柳宗元儒学思想研究：兼论中晚唐儒学复兴　李伏清著。上海社会科学院出版社2014年版。

柳宗元文化研究第二辑　蓝天强主编。广西人民出版社2015年版。

柳宗元永州事迹与诗文考论　翟满柱著。上海三联书店2015年版。

柳宗元在永州　张国权、王金梁、荆明学著。黄河出版社2015年版。

柳宗元评说　吕国康著。广西人民出版社2015年版。

乱世文豪柳宗元　东方慧子主编。武汉大学出版社2015年版。

柳宗元传　陈为人著。北岳文艺出版社2016年版。

柳宗元评传　郭新庆著。上海古籍出版社2016年版。

柳州柳宗元文化旅游景观　蓝天强主编。广西人民出版社2016年版。

柳宗元名篇名句赏读　罗剑平主编。阳光出版社2016年版。

柳宗元文化研究第三辑　蓝天强主编。广西人民出版社2017年版。

柳宗元传　刘光裕，杨惠文著。中国书籍出版社2017年版。

康震讲柳宗元　康震著。中华书局2018年版。

欧阳修　袁行云编写。中华书局1961年版。

欧阳修　张华盛著。安徽人民出版社1981年版。

醉翁：欧阳修的故事　蔡斌芳编。河南人民出版社1981年版。

欧阳修　郭正忠编著。上海古籍出版社1982年版。

欧阳修　杨忠译注。中华书局1983年版。

一代文宗欧阳修　夏汉宁编写。江西人民出版社1986年版。

欧阳修作品赏析　陈晓芬选析。广西人民出版社1987年版。

醉翁的世界：欧阳修评传　洪本健著。中州古籍出版社1990年版。

欧阳修论稿　刘德清著。北京师范大学出版社1991年版。

欧阳修　黄进德、郭璇珠著。江苏人民出版社1991年版。

欧阳修散文艺术论　陈必祥著。上海古籍出版社、香港三联书店1993年版。

欧阳修年谱　严杰著。南京大学出版社1993年版。

欧阳修传　刘德清著。哈尔滨出版社1995年版。

欧阳修资料汇编　洪本健编。中华书局

1995 年版。

欧阳修研究 宋柏年著。巴蜀书社 1995 年版。

欧阳修诗文赏析集 曾枣庄主编。巴蜀书社 1996 年版。

欧阳修 海童主编。中国华侨出版社 1996 年版。

欧阳修传 卢家明著。吉林文史出版社 1998 年版。

欧阳修传 陈铭著。广东高等教育出版社 1998 年版。

欧阳修评传 黄进德著。南京大学出版社 1998 年版。

欧阳修及其作品选 郭正忠撰。上海古籍出版社 1998 年版。

醉翁亭记研究 管笛著。黄山书社 1999 年版。

庐陵文章耀千古：全国首届欧阳修学术讨论会论文集 刘文源编。百花洲文艺出版社 1999 年版。

欧阳修 刘德清著。春风文艺出版社 1999 年版。

斯文有传学者有师：欧阳修的文学与学术成就 顾永新著。大象出版社 2000 年版。

欧阳修散文研究 （韩）黄一权著。华东师范大学出版社 2003 年版。

欧阳修学术研究 顾永新著。人民文学出版社 2003 年版。

复古与创新——欧阳修散文与古文复兴 （日）东英寿著。上海古籍出版社 2005 年版。

欧阳修纪年录 刘德清著。上海古籍出版社 2006 年版。

欧阳修与宋代士大夫 朱刚、刘宁主编。上海人民出版社 2007 年版。

欧阳修名篇名句赏读 余亮编。远方出版社 2007 年版。

欧阳修传：达者在纷争中的坚持 王水照、崔铭著。天津人民出版社 2008 年版。

欧阳修研究：纪念欧阳修诞辰 1000 周年国际学术研讨会论文集 刘德清、欧阳明亮编。学林出版社 2008 年版。

一代文宗欧阳修 宁志斌编著。广西教育出版社 2009 年版。

康震评说唐宋八大家欧阳修曾巩 康震著。中华书局 2010 年版。

欧阳修 李鸣球编文，贺成绘。黑龙江美术出版社 2010 年版。

欧阳修评传 黄进德著。南京大学出版社 2011 年版。

天下知音—欧阳修 赵遵生著。上海锦绣文章出版社 2011 年版。

欧阳修与太守宴 武佩河著。黄山书社 2011 年版。

欧阳修 童一秋编著。吉林文史出版社 2012 年版。

欧阳修永远的课本 张兴平主编。江西教育出版社 2012 年版。

欧阳修传略 刘德清、刘菊芳著。江西人民出版社 2012 年版。

欧阳修诗文鉴赏辞典 上海辞书出版社文学鉴赏辞典编纂中心编。上海辞书出版社 2013 年版。

欧阳修传 王水照、崔铭著。天津人民出版社 2013 年版。

欧阳修大传 朱安群、徐奔著。中国文史出版社 2013 年版。

欧阳修故事 孙晓玲、苏馨著。长春出版社 2013 年版。

庆历学术与欧阳修散文 刘越峰著。商务印书馆 2013 年版。

文章太守欧阳修 李洪连著。西南交通大学出版社 2015 年版。

欧阳修传略 刘菊芳、刘德清著。江西美术出版社 2015 年版。

一代文宗欧阳修 东方慧子主编。武汉大学出版社 2015 年版。

文宗欧阳修 成都传承人文化传播有限公司编著。四川美术出版社 2016 年版。

欧阳修名篇名句赏读 罗剑平主编。阳光出版社 2016 年版。

欧阳修轶事 释根定主编。长江出版社 2017 年版。

欧阳修和他的散文世界 洪本健著。上海古籍出版社 2017 年版。

欧阳修散文“风神”研究 卓希惠著。社会科学文献出版社 2017 年版。

欧阳修情传 刘文传著。现代出版社 2017 年版。

醉翁之意欧阳修 殷向飞著。二十一世纪出版社集团 2018 年版。

康震讲欧阳修曾巩 康震著。中华书局 2018 年版。

苏洵评传 曾枣庄著。四川人民出版社 1983 年版。

苏洵 金国永著。中华书局 1984 年版。

苏洵传 王昊著。吉林文史出版社 1998 年版。

苏洵图传 曾枣庄著。河北人民出版社 2006 年版。

苏洵故事 张桂琴著。长春出版社 2013 年版。

一代才臣苏洵 东方慧子主编。武汉大学出版社 2015 年版。

苏洵古文论要 毛德胜著。华中师范大学出版社有限责任公司 2017 年版。

苏洵评传 曾枣庄著。巴蜀书社 2018 年版。

苏洵苏辙论集 曾枣庄著。巴蜀书社 2018 年版。

散文名家曾巩 刘云、黄南南编写。江西人民出版社 1986 年版。

曾巩研究论文集 江西省文学艺术研究所编。江西人民出版社 1986 年版。

曾巩评传 王琦珍著。江西高校出版社 1990 年版。

曾巩 夏汉宁著。中华书局 1993 年版。

曾巩年谱 李震著。苏州大学出版社 1997 年版。

曾巩传 王琦珍著。吉林文史出版社 1998 年版。

曾巩传 宋友贤著。广东高等教育出版社 2000 年版。

曾巩 宋友贤著。百花洲文艺出版社 2004 年版。

曾巩资料汇编 李震编。中华书局 2009 年版。

曾巩研究 李俊标著。中国社会科学出版社 2011 年版。

曾巩故事 郝桂敏著。长春出版社 2013 年版。

梦圆曾巩祠 曾永旺主编,曾永旺、倪振泷、王永明编撰。江西人民出版社 2013 年版。

曾巩家族 罗伽禄著。江西人民出版社 2014 年版。

千秋醇儒曾巩 东方慧子主编。武汉大学出版社。

一代醇儒曾巩 徐徐著。二十一世纪出版社集团 2018 年版。

王安石评传 柯昌颐著。商务印书馆 1933 年版。

王安石评传 梁启超著。世界书局 1936 年版。

王安石 邓广铭著。三联书店 1953 年版。

王荆公年谱考略 (清)蔡上翔著。中华书局上海编辑所 1959 年版。

王安石变法 漆侠著。上海人民出版社 1959 年版。

王安石 孙殷编著。中华书局 1959 年版。

中国十一世纪时的改革家:王安石 邓广铭著。人民出版社 1975 年版。

中国十一世纪时的改革家:王安石(修订本) 邓广铭著。人民出版社 1979 年版。

王安石 龚延明著。中华书局 1986 年版。

革新名将诗文圣手王安石 杨忠、马秀娟编写。江西人民出版社 1986 年版。

王安石诗文赏析 雷启洪选析。广西人民出版社 1986 年版。

王安石 张白山著。上海古籍出版社 1986 年版。

王安石诗文系年 李德身著。陕西人民教育出版社 1986 年版。

王安石传 梁超然著。海南出版社 1993 年版。

王安石 许春在著。新蕾出版社 1993 年版。

王安石年谱三种 (宋)詹大和等撰,裴汝诚点校。中华书局 1994 年版。

王安石 李浩编著。中国国际广播出版社 1996 年版。

北宋政治改革家王安石 邓广铭著。人民出版社 1997 年版。

王安石评传:中国十一世纪改革家的悲欢与是非 张祥浩著。广西教育出版社 1997 年版。

王安石传 曾子鲁著。吉林文史出版社 1998 年版。

王安石及其作品选 张白山、高克勤撰。上海古籍出版社 1998 年版。

王安石 王丕震著。四川文艺出版社 1998 年版。

王安石 李之亮著。春风文艺出版社 1999 年版。

王安石:勇进人生 汤江浩著。长江文艺出版社 1999 年版。

王安石学术思想研究 李祥俊著。北京师范大学出版社 2000 年版。

王安石全传 刘华明、郑长兴主编。印刷工业出版社 2001 年版。

出入自在:王安石与佛教 徐文明著。河南人民出版社 2001 年版。

回天转地入扁舟:王安石传 毕宝魁著。东方出版社 2001 年版。

王安石传　吴小林著。广东高等教育出版社 2001 年版。

王安石传　安开学著。京华出版社 2002 年版。

一代名臣王安石　范文汲著。中国社会科学出版社 2003 年版。

王安石　傅林辉著。百花洲文艺出版社 2004 年版。

王安石　李勤印著。中州古籍出版社 2004 年版。

王安石变法研究史　李华瑞著。人民出版社 2004 年版。

王安石与北宋文学研究　高克勤著。复旦大学出版社 2006 年版。

荆公新学研究　刘成国著。上海古籍出版社 2006 年版。

王安石评传　张祥浩、魏福明著。南京大学出版社 2006 年版。

王安石名篇名句赏读　余亮编。远方出版社 2007 年版。

北宋新学与文学：以王安石为中心　方笑一著。上海古籍出版社 2008 年版。

王安石　顾友仁、张祥浩著。云南教育出版社 2009 年版。

王安石　吴福林编文，邹越飞绘。黑龙江美术出版社 2010 年版。

改革大师—王安石　金开诚主编，马艳秋编著。吉林文史出版社 2011 年版。

王安石评传　张祥浩、魏福明著。南京大学出版社 2011 年版。

王安石大传　张丽著。商务印书馆国际有限公司 2011 年版。

变革中的文人与文学：王安石的生平与创作考论　刘成国著。浙江大学出版社 2011 年版。

王安石　童一秋编著。吉林文史出版社 2012 年版。

王安石评传　李建华、侯小明著。中国社会科学出版社 2012 年版。

大道独行王安石　李桂娟编著。中国社会科学出版社 2012 年版。

王安石故事　毕宝魁。长春出版社 2013 年版。

王安石传　梁启超著，解玺璋译写。湖南人民出版社 2013 年版。

王安石传　安开学著。北京联合出版公司 2013 年版。

王安石诗文鉴赏辞典　上海辞书出版社文学鉴赏辞典编纂中心编。上海辞书出版社 2014 年版。

大宋风月：王安石　高有鹏著。东方出版中心 2015 年版。

王安石研究论著目录索引　张保见、高青青编。四川大学出版社 2015 年版。

变法通儒王安石　东方慧子主编。武汉大学出版社 2015 年版。

王安石名篇名句赏读　罗剑平主编。阳光出版社 2016 年版。

王安石鄞县之谜　沈小宝著。中国文史出版社 2016 年版。

王安石鄞县足迹　魏峰、刘成国、郭红超著。人民出版社 2017 年版。

王安石评传：生前事与身后名　柯昌颐编。华文出版社 2018 年版。

康震讲王安石　康震著。中华书局 2018 年版。

王安石年谱长编 刘成国著。中华书局2018年版。

苏轼研究专集 四川大学学报编辑部等编。四川人民出版社1980年版。

苏东坡 颜中其著。黑龙江人民出版社1981年版。

论苏轼的创作经验 徐中玉著。华东师范大学出版社1981年版。

苏轼 王水照著。上海古籍出版社1981年版。

苏轼评传 曾枣庄著。四川人民出版社1981年版。

苏轼文学论集 刘乃昌著。齐鲁书社1982年版。

苏轼新论 朱靖华著。齐鲁书社1983年版。

苏轼著作版本论丛 刘尚荣著。巴蜀书社1983年版。

苏轼及其作品 丛鉴、柯大棵编。吉林人民出版社1984年版。

苏轼文艺理论研究 刘国珺著。南开大学出版社1984年版。

苏轼评传(修订本) 曾枣庄著。四川人民出版社1984年版。

苏轼辑事汇编 颜中其编注。岳麓书社1984年版。

苏轼论文艺 颜中其编著。北京出版社1985年版。

苏东坡写杭州 莫高著。浙江人民出版社1985年版。

东坡文论丛 苏轼研究学会编。四川文艺出版社1986年版。

东坡研究论文集(第三辑) 苏轼研究学会编。四川文艺出版社1986年版。

苏轼的故事 王元明编著。新华出版社1986年版。

论苏轼的文艺心理观 黄鸣奋著。海峡出版社1987年版。

苏东坡文集导读 徐中玉著。巴蜀书社1987年版。

苏轼作品赏析 吴子厚选析。广西教育出版社1987年版。

苏轼的故事 铁平编著。少年儿童出版社1988年版。

苏轼 王兆彤著。江苏古籍出版社1989年版。

苏轼的思想及创作新探 阎笑非著。黑龙江教育出版社1989年版。

苏文系年考略 吴雪涛著。内蒙古教育出版社1990年版。

苏东坡传 林语堂著。上海书店1992年版。

儒道佛美学思想的融合:苏轼文艺美学思想研究 王世德著。重庆出版社1993年版。

苏轼新评 朱靖华著。中国文学出版社1993年版。

苏轼 王双启著。新蕾出版社1993年版。

苏东坡在海南岛 朱玉书著。广东人民出版社1993年版。

苏轼人格研究 杨胜宽著。四川大学出版社1994年版。

苏轼散文赏析集 周先慎主编。巴蜀书社1994年版。

苏轼资料汇编 四川大学中文系唐宋文学研究室编。中华书局1994年版。

苏轼在密州　李增坡主编。齐鲁书社1995年版。

风流才子苏轼　陈显泗主编。海南国际新闻出版中心1995年版。

全国第八次苏轼研讨会论文集　儋州市政府编。四川大学出版社1996年版。

苏轼　于红霞编著。中国国际广播出版社1996年版。

苏轼论　朱靖华著。京华出版社1997年版。

苏轼密州作品赏析　李增坡主编。齐鲁书社1997年版。

苏轼——旷达人生　范军著。长江文艺出版社1997年版。

苏轼文集导读　方笑一著。四川教育出版社1997年版。

苏轼　毛健华编著。四川少年儿童出版社1997年版。

苏东坡在江苏　苏泽民著。江苏人民出版社1997年版。

苏轼传　颜邦逸、张晶著。吉林文史出版社1998年版。

苏轼及其作品选　王水照撰。上海古籍出版社1998年版。

苏轼年谱　孔凡礼撰。中华书局1998年版。

苏东坡研究　木斋著。广西师范大学出版社1998年版。

苏东坡及其同时代人——放逐与回归　洪亮著。百花洲文艺出版社1999年版。

苏轼　莫砺锋、童强著。春风文艺出版社1999年版。

苏轼——一个人生与艺术的结构文本　程义伟著。辽宁美术出版社1999年版。

苏轼研究　王水照著。河北教育出版社1999年版。

中国第十届苏轼研讨会论文集　中共诸城市委员会编。齐鲁书社1999年版。

苏东坡在黄州　饶学刚著。京华出版社1999年版。

苏轼传：智者在苦难中的超越　王水照、崔铭著。天津人民出版社2000年版。

苏文汇评　曾枣庄编。四川文艺出版社2000年版。

苏轼交游传　吴雪涛、吴剑琴辑录。河北教育出版社2001年版。

潇洒人生：苏轼与佛禅　李赓扬、李勃洋著。河南人民出版社2001年版。

苏轼研究史　曾枣庄等著。江苏教育出版社2001年版。

苏轼：文化巨人　若寒编著。延边人民出版社2002年版。

苏轼传　胡明刚著。京华出版社2002年版。

苏轼的哲学观与文艺观　冷成金著学苑出版社2003年版。

苏轼与山东　刘乃昌著。山东文艺出版社2004年版。

苏轼评传　王水照、朱刚著。南京大学出版社2004年版。

苏轼　赵权利著。河北教育出版社2004年版。

中国苏轼研究第一辑　朱靖华、刘向荣主编。学苑出版社2004年版。

苏轼与登州 臧伟腾、周恩惠编著。天津大学出版社2004年版。

苏轼文化人格与文艺思想 陈惠民著。人民出版社2004年版。

苏轼年谱 孔凡礼著。中华书局2005年版。

中国苏轼研究第二辑 朱靖华、刘向荣主编。学苑出版社2005年版。

苏轼 郭梅著。浙江少年儿童出版社2006年版。

出处死生：苏轼贬谪岭南文学作品主题研究 郑芳著。巴蜀书社2006年版。

说苏轼 黄玉峰著。上海辞书出版社2007年版。

苏轼 陈从玉编著。安徽人民出版社2007年版。

苏轼名篇名句赏读 赵艺杰编。远方出版社2007年版。

苏轼隐逸情结论 贾喜鹏著。大众文艺出版社2007年版。

苏轼—文化巨人 竞游主编。内蒙古人民出版社2007年版。

苏轼文艺美论 王启鹏著。中山大学出版社2007年版。

中国苏轼研究第三辑 朱靖华、刘尚荣、冷成金主编。学苑出版社2007年版。

苏轼与朱熹 张毅著。天津教育出版社2007年版。

天涯守望——苏东坡晚年的海南岁月 阮忠著。南方出版社2008年版。

漫话东坡 莫砺锋著。凤凰出版社2008年版。

康震评说苏东坡 康震著。中华书局2008年版。

苏轼传：智者在苦难中的超越 王水照、崔铭著。天津人民出版2008年版。

苏轼 宁建玺编著。昆仑出版社2008年版。

苏轼：任是洒脱也多情 宋东波著。中国发展出版社2008年版。

中国苏轼研究第四辑 朱靖华、刘尚荣、冷成金主编。学苑出版社2008年版。

苏轼 陈译泓著。广东人民出版社2009年版。

苏轼：一个天才穷达多变的一生 田姝著。光明日报出版社2009年版。

苏轼 邓粛著。长江文艺出版社2010年版。

苏轼 童强著。南京大学出版社2010年版。

明代苏文研究史 江枰著。江西人民出版社2010年版。

文艺精魂——苏轼 吴继路著。首都师范大学出版社2010年版。

苏轼 俞润生编文，张晓飞绘。黑龙江美术出版社2010年版。

苏轼 梁归智著。云南教育出版社2011年版。

苏轼评传 王水照、朱刚著。南京大学出版社2011年版。

文坛全才——苏轼 佟雪编著。吉林文史出版社2011年版。

阅读苏轼 朱刚著。南京大学出版社2011年版。

论苏轼的艺术哲学 许外芳著。暨南大学出版社。

苏轼　童一秋编著。吉林文史出版社2012年版。

苏轼专题研究　王怡梅、李小红著。北岳文艺出版社2012年版。

苏轼：一蓑烟雨任平生　桃花谭水著。哈尔滨出版社2012年版。

苏轼诗文鉴赏辞典　上海辞书出版社文学鉴赏辞典编纂中心编。上海辞书出版社2012年版。

苏轼传　胡明刚著。北京联合出版公司2013年版。

苏轼　李云凤编著。吉林教育出版社2013年版。

苏轼故事　李丽著。长春出版社2013年版。

苏轼　马玮主编。商务印书馆国际有限公司2014年版。

苏轼与密州研究　郑桂臻主编。中州古籍出版社2014年版。

苏轼的人生境界及其文化底蕴　（越）阮延俊著。世界图书出版公司2014年版。

苏轼在密州　李增坡主编。中州古籍出版社2014年版。

大宋风月：苏轼　高有鹏著。东方出版社2015年版。

苏轼传稿　王水照著。中华书局2015年版。

苏轼成语漫话　何加富著，杨再琪图。四川大学出版社2015年版。

苏轼研究　王水照著。中华书局2015年版。

王水照说苏东坡　王水照著。中华书局2015年版。

百代楷模苏轼　东方慧子主编。武汉大学出版社2015年版。

苏轼　俞润生编文，迎春绘画。人民美术出版社2016年版。

苏轼名篇名句赏读　罗剑平主编。阳光出版社2016年版。

奇才苏轼　杜萌著。山西教育出版社2016年版。

中国苏轼研究第五辑　冷成金主编。学苑出版社2016年版。

中国苏轼研究第六辑　冷成金主编。学苑出版社2016年版。

苏轼著述考　卿三祥、李景焉编著。四川大学出版社2016年版。

苏轼　梁归智著。陕西师范大学出版社2017年版。

苏轼小品文研究：基于文体学与文艺美学的考察　芦思宏等著。四川大学出版社2017年版。

苏轼全传　宋明刚主编。中国文史出版社2017年版。

苏轼的人间情怀　喻世华著。江苏大学出版社。

苏轼：一樽还酹江月　吴梅影著。浙江古籍出版社2017年版。

中国苏轼研究第七辑　冷成金主编。学苑出版社2017年版。

中国苏轼研究第八辑　冷成金主编。学苑出版社2017年版。

历代苏轼研究概论　曾枣庄著。巴蜀书社2018年版。

苏东坡的情感世界　龙吟著。暨南大学出版社 2018 年版。
苏轼评传 曾枣庄著。巴蜀书社 2018 年版。
苏轼论集 曾枣庄著。巴蜀书社 2018 年版。
康震讲苏东坡 康震著。中华书局 2018 年版。
苏辙年谱 曾枣庄著。陕西人民出版社 1986 年版。
苏辙 金国永著。中华书局 1990 年版。
苏辙传 蒋立文著。吉林文史出版社 1998 年版。
苏辙年谱 孔凡礼著。学苑出版社 2001 年版。
苏辙图传 曾枣庄著。河北人民出版社 2006 年版。
苏辙学术研究 谷建著。光明日报出版社 2009 年版。
苏辙研究：全国首届苏辙学术研讨会论文集 方永江、刘清泉主编。四川大学出版社 2012 年版。
苏辙故事 卢剑平著。长春出版社 2013 年版。
苏辙的筠州岁月 戴佳臻编著。江西人民出版社 2014 年版。
儒雅学士苏辙 东方慧子主编。武汉大学出版社 2015 年版。
苏辙年谱 曾枣庄著。巴蜀书社 2018 年版。
苏辙评传 曾枣庄著。巴蜀书社 2018 年版。
三苏文艺思想 曾枣庄选释。四川文艺出版社 1985 年版。
三苏研究 曾枣庄著。巴蜀书社 1999 年版。
三苏传 洪柏昭著。广东高等教育出版社 2002 年版。
三苏年谱 孔凡礼著。北京古籍出版社 2005 年版。
康震评说唐宋八大家三苏 康震著。中华书局 2012 年版。
大写三苏 熊朝东著。中国文史出版社 2013 年版。
宋人所撰三苏年谱汇刊 王水照编。中华书局 2015 年版。
三苏葬郏考略 乔建功著。中州古籍出版社 2015 年版。
三苏评传 曾枣庄著。上海书店出版社 2016 年版。
康震讲三苏 康震著。中华书局 2018 年版。
中国散文史 陈柱著。商务印书馆 1937 年版。
中国散文史(上、中、下) 郭预衡著。上海古籍出版社 1986、1993、2000 年版。
中国古代散文发展史 刘振东等著。中州古籍出版社 1991 年版。
中国散文美学史 吴小林著。黑龙江人民出版社 1993 年版。
中国散文史纲 刘衍主编。湖南教育出版社 1994 年版。
中国散文通史 漆绪邦主编。吉林教育出版社 1994 年版。
中国散文简史 郭预衡著。北京师范大学出版社 1994 年版。
中国散文发展史 张梦新著。杭州大学出版社 1996 年版。

中国古代散文史　陈玉刚著。人民日报出版社 1998 年版。

中国分体散文史　赵义山、李修生主编。上海古籍出版社 2001 年版。

古代散文简史　章明寿著。中国文联出版社 2004 年版。

中国古代散文史　刘衍著。高等教育出版社 2004 年版。

中国古代散文史稿　谭家健著。重庆出版社 2006 年版。

中国古代散文史　李艳著。青岛出版社 2007 年版。

古代散文十五讲　周振甫著。重庆大学出版社 2010 年版。

中国散文史话　萧华荣著。中国国际广播出版社 2010 年版。

中国古代散文艺术二十四讲　熊礼汇主编。武汉大学出版社 2010 年版。

中国散文史纲要　谭家健著。山西人民出版社 2011 年版。

中国古代散文思想史　马茂军、刘春霞、刘涛著。人民出版社 2011 年版。

中国古典散文理论史　陈晓芬。华东师范大学出版社 2011 年版。

中国散文史论　欧明俊著。上海三联书店 2013 年版。

中国散文通史：隋唐五代卷　康震著。安徽教育出版社 2013 年版。

中国散文通史：宋金元卷　李夏瑜、田南池、房春草著。安徽教育出版社 2013 年版。

（吴小林）

名句索引

一画

二画

〔丿〕

〔乛〕

三画

〔一〕

〔丨〕

〔丿〕

〔丶〕

〔乛〕

四画

〔一〕

〔一〕

五画

〔一〕

〔丨〕

七画

〔一〕

〔丶〕

〔乛〕

八画

〔一〕

〔丨〕

〔丿〕

〔丶〕

〔一〕

九画

〔一〕

〔丨〕

〔丿〕

〔丶〕

〔丶〕

〔乛〕

（吴小林）

篇目笔画索引

说　明

一、篇目按第一字笔画分先后，画数相同的按起笔笔形一丨丿丶乛顺序排列。第一字相同的篇目，按第二字的笔画和起笔笔形排列。以下类推。

二、字体采用中国文字改革委员会编印的《简化字总表》中的简化汉字，以及文化部和文改会发布的《第一批异体字整理表》中的选用字。

三、篇目后面的数字，表示该篇目在本辞典中的页码。

九画

〔一〕

〔丨〕

〔丿〕

〔丶〕

〔乛〕

十画

〔一〕

〔丿〕

〔丶〕

图书在版编目(CIP)数据

唐宋八大家文鉴赏辞典 / 吴小林主编. —上海：上海辞书出版社，2021(2025.1 重印)

ISBN 978-7-5326-5500-7

Ⅰ.①唐… Ⅱ.①吴… Ⅲ.①唐宋八大家-古典散文-鉴赏-词典 Ⅳ.①I207.62-61

中国版本图书馆 CIP 数据核字(2020)第 263356 号

TANGSONG BADAJIA WEN JIANSHANG CIDIAN

唐宋八大家文鉴赏辞典

吴小林 主编

责任编辑 张秋文
装帧设计 姜 明
责任印制 楼微雯

出版发行 上海世纪出版集团
上海辞书出版社(www.cishu.com.cn)
地　　址 上海市闵行区号景路 159 弄 B 座(邮编：201101)
印　　刷 苏州市越洋印刷有限公司
开　　本 890 毫米×1240 毫米 1/32
印　　张 46.375
字　　数 1 620 000
版　　次 2021 年 12 月第 1 版 2025 年 1 月第 3 次印刷
书　　号 ISBN 978-7-5326-5500-7/I·475
定　　价 148.00 元